# Grundlagen der
# praktischen Information
# und Dokumentation

Rainer Kuhlen, Thomas Seeger
und Dietmar Strauch (Hrsg.)

# Grundlagen der praktischen Information und Dokumentation

Begründet von Klaus Laisiepen,
Ernst Lutterbeck
und Karl-Heinrich Meyer-Uhlenried

5., völlig neu gefasste Ausgabe

Band 1:
Handbuch zur Einführung in die
Informationswissenschaft und -praxis

K·G·Saur München 2004

**Bibliografische Information Der Deutschen Bibliothek**
Die Deutsche Bibliothek verzeichnet diese Publikation
in der Deutschen Nationalbibliografie; detaillierte bibliografische Daten
sind im Internet über *http://dnb.ddb.de* abrufbar.


∞
Gedruckt auf säurefreiem Papier

© 2004 by K. G. Saur Verlag GmbH, München
Alle Rechte vorbehalten
In diesem Buch werden eingetragene Warenzeichen, Handelsnamen und Gebrauchsnamen verwendet. Auch wenn diese nicht als solche gekennzeichnet sind, gelten die entsprechenden Schutzbestimmungen.
Printed in the Federal Republic of Germany
Satz: Heiko Hanschke, Progris Berlin
Druck/Binden: Strauss GmbH, Mörlenbach
ISBN 3-598-11675-6

# Geleitwort

30 Jahre ist es her, dass das Programm der damaligen Bundesregierung zur Verbesserung der Lage von Information und Dokumentation, das so genannte IuD-Programm, verabschiedet wurde. Trotz mancher Kritik an dem flächendeckenden Anspruch dieses Programms – es sollte reichen von der Informationsversorgung von Wissenschaft/Technik und Wirtschaft über Politik, Verwaltung, Medien bis zum mündigen Bürger – ist unbestritten, dass damit die Professionalisierung des bis dahin leicht verschlafenen, auf jeden Fall aber stark fragmentierten Dokumentationsgebietes in die Wege geleitet wurde.

Heute sind die Informationsmärkte mit einer leistungsstarken Informationswirtschaft, unterstützt durch eine weltweit anerkannte professionelle, auch weiterhin von der Öffentlichkeit unterstützte Informationsinfrastruktur, ein gewichtiger Wirtschaftsfaktor. Ob aber die jetzigen Strukturen in der weiteren Zukunft den Fortschritt von Wissenschaft und Ausbildung und die Informationsbedürfnisse der Bürgerinnen und Bürger sichern können – das ist die Frage und zugleich Herausforderung an die Politik. Und da ist in der Tat durch die Neupositionierung der Fachinformationspolitik mit ihrer starken Ausrichtung auf die Nutzerbedürfnisse und auf den offenen Zugang zur Information Einiges in Bewegung geraten.

Fast zeitgleich mit dem IuD-Programm ist das Handbuch der praktischen Grundlagen von Information und Dokumentation in seiner ersten Auflage erschienen und hat sich sofort und über die verschiedenen Auflagen hinweg als das Standardwerk der Disziplin etabliert. Trotz mancher im Detail unvermeidbarer Fachkritik ist ebenfalls unbestritten, dass ohne das Handbuch der angesprochene Professionalisierungsschub des Fachgebietes nicht eingetreten wäre. Ganze Generationen von Studierenden haben vom Handbuch Nutzen gezogen und damit auch die Berufspraxis (und die Fachpolitik). Professionalisierung bedeutet in gewissem Ausmaß unvermeidbar auch Verwissenschaftlichung. Information und Dokumentation ist weiter Praxis, sie muss aber zunehmend theoretisch fundiert werden. Das ist das Anliegen dieser fünften Auflage. Der wissenschaftliche Anspruch ist höher geworden. Die Artikel und der Kreis der Autoren wurden beträchtlich ausgeweitet. Damit wird, nicht zuletzt durch den E-Teil des Handbuchs, auch die Fachperspektive erweitert, ohne den klassischen Dokumentationsbereich zu vernachlässigen.

Im strategischen Positionspapier des Bundesministeriums für Bildung und Forschung aus dem Jahr 2002 zur Zukunft der wissenschaftlichen Information wird als wesentliches Ziel formuliert: „Den Zugang zur weltweiten wissenschaftlichen Information für jedermann zu jeder Zeit und von jedem Ort zu fairen Bedingungen sicherstellen." Zum Zugang gehört auch Informationskompetenz. Google-Wissen wird da nicht ausreichen. Ich wünsche der fünften Auflage, hoffentlich mit ihrer bald folgenden elektronischen Bereitstellung, allen Erfolg. Dieser kann gemessen werden am Professionalisierungsgrad der aktiv im Informationsgebiet Arbeitenden.

Ministerialdirektor Dr. Peter Krause
Leiter der Abteilung 5
„Information und Kommunikation; Neue Technologien"
Bundesministerium für Bildung und Forschung

# Vorwort der Herausgeber

Die „Grundlagen der praktischen Information und Dokumentation" erschienen erstmals 1972 (642 Seiten), herausgegeben von Klaus Laisiepen, Ernst Lutterbeck und Karl-Heinrich Meyer-Uhlenried, eine zweite Ausgabe dieser Herausgeber folgte 1980 (826 Seiten). Im Jahre 1990 erschien dann die völlig neu überarbeitete, dritte Neuausgabe – erstmals in zwei Bänden (1230 Seiten) und herausgegeben von Marianne Buder, Werner Rehfeld und Thomas Seeger. Das um Dietmar Strauch verstärkte Herausgeber-Gremium konnte dann 1997 die vierte, völlig neu gefasste Ausgabe fertig stellen (1069 Seiten).

Seit dem Erscheinen der vierten Ausgabe sind erhebliche technische, methodische und organisatorische Veränderungen auf den Gebieten Information, Dokumentation und Informationswissenschaft zu verzeichnen. Die rasanten Entwicklungen der letzten Jahre machen die Neuausgabe der „Grundlagen der praktischen Information und Dokumentation" erforderlich.

Für diese Neuausgabe stand Werner Rehfeld, der ständig an die Notwendigkeit innovativer Herangehensweisen und unkonventioneller Strategien erinnert hat, nicht mehr hilfreich zur Verfügung. Er ist am 25. Mai 2001 nach kurzer schwerer Krankheit gestorben. Sein Engagement in der Sache „Informationsarbeit" hat bleibende Spuren hinterlassen. Frau Marianne Buder hat sich aus der aktiven „Herausgeberschaft" zurückgezogen. Mit dem neuen Mitherausgeber Rainer Kuhlen ist die informationswissenschaftliche Komponente, auch durch Einbeziehung vieler neuer Autoren, noch einmal verstärkt worden, ohne dass die praktische Zielsetzung der „Grundlagen" damit vernachlässigt wurde.

Kontinuität in der Struktur und bei den Autoren der Beiträge ist auch für ein Handbuch, das die Grundlagen des Fachgebietes vermitteln will, wichtig. Daher konnten einige bewährte und „gewohnte" Teile aus den Vorauflagen beibehalten und vervollständigt werden. Die Hauptkapitel A bis D sind erhalten geblieben. In Kapitel A werden die begrifflichen Grundlagen des Fachgebiets abgehandelt sowie die historischen und professionellen Entwicklungen nachgezeichnet. Kapitel B, das die methodischen Aspekte von „Informationsarbeit" behandelt, wurde allerdings stark ausgeweitet. Fortgeschrieben wurden in Kapitel C die früher unter dem Titel „Informationssysteme" behandelten besonderen Fachinformationsbereiche, ebenso die Kurzdarstellungen der institutionellen Teile des Informationswesens (Archiv, Bibliothek, Buchhandel, Technische Redaktion, Verlagswesen etc.) im Hauptkapitel D. Gänzlich neu ist Kapitel E „Information im Kontext", das der Entwicklung Rechnung trägt, dass „Information" immer mehr in vielen Fachgebieten thematisiert wird. Hier muss die Entwicklung zeigen, was davon in unser engeres Fachgebiet übernommen werden kann, das ja immer schon vom Methodenimport aus anderen Fächern gelebt hat und auch immer schon andere Fächer mit Themen und Fragestellungen angeregt hat.

Ergänzend wird diesem Handbuch ein Glossarband beigegeben, in dem wichtige Begriffe und Konzepte der Informationsarbeit definiert und beschrieben werden; ein englisches Register erleichtert den Zugang.

Die Herausgeber hoffen, dass die jetzt vorgelegte Struktur überzeugt. Letztlich muss die Fachwelt entscheiden, ob sie dem aktuellen Stand der Entwicklung des Informationsgebietes gerecht wird. Wir haben in die einzelnen – mehr als 70 – Beiträge nur sehr behutsam an wenigen Stellen eingegriffen und die Fachleute unseres Gebietes selber sprechen lassen. Dadurch konnten gewisse Überschneidungen – vielleicht sogar Inkonsistenzen – nicht ganz vermieden werden. Entsprechend sind auch die Literaturhinweise bei den einzelnen Beiträgen geblieben.

Als erster Schritt zu einer möglichen zukünftigen Online-Version des Handbuchs hat sich der Verlag entschlossen, die Beiträge aus Kapitel E und das Glossar in einem Internet-Forum der Herausgeber zugänglich zu machen.

Die Herausgeber möchten an dieser Stelle all denen danken, die mit Rat, Kritik und Tatkraft an dem Gelingen der Neuausgabe ihren Anteil hatten. Das sind an erster Stelle natürlich die Autorinnen und Autoren, ohne die das Werk nicht möglich gewesen wäre. Aber danken wollen wir auch den Mitarbeiterinnen und Mitarbeitern des Verlages für ihre exzellente Kooperation und Unterstützung und für ihre Beharrlichkeit, dass diese „Grundlagen" fortgeschrieben werden konnten.

Rainer Kuhlen
Thomas Seeger
Dietmar Strauch

# Gesamtübersicht

## Band 1: Handbuch zur Einführung in die Informationswissenschaft und -praxis

| | |
|---|---|
| Geleitwort | V |
| Vorwort der Herausgeber | VII |
| Inhaltsverzeichnis Band 1 | XI |
| Abkürzungsverzeichnis | XXXV |
| A Grundlegendes | 1 |
| B Methoden | 125 |
| C Systeme – Produkte – Dienstleistungen | 377 |
| D Bereiche der Fachinformation und -kommunikation | 495 |
| E Information im Kontext | 681 |
| Sachregister | 751 |
| Autoren- und Herausgeberverzeichnis | 759 |

## Band 2: Glossar

| | |
|---|---|
| Einleitung | V |
| Glossar A-Z | 1 |
| Englisches Register zum Glossar | 139 |

# Inhaltsverzeichnis Band 1

**Abkürzungsverzeichnis** .................................................. XXXV

## A  Grundlegendes ............................................. 1

**A 1**  **Rainer Kuhlen:**
**Information** ................................................. 3
A 1.1  Sichten ............................................................ 3
A 1.1.1  Reduktion oder Zuwachs an Ungewissheit? ................................. 3
A 1.1.2  Interdisziplinäre Sichten ............................................ 4
A 1.1.3  Variationen ......................................................... 4
A 1.1.4  Information für *eine* Wissenschaft oder für viele Wissenschaften? ............. 5
A 1.2  Information in der Informationswissenschaft ................................ 5
A 1.2.1  Warum nicht Wissenswissenschaft? „Informations..." oder „Wissens..."? ......... 5
A 1.2.2  Information im institutionellen Bereich des Faches ............................ 6
A 1.2.3  Grenzen der Terminologiedebatten ..................................... 7
A 1.2.4  Jenseits der Informationstheorie ....................................... 8
A 1.2.5  Sprachspiele und Geschichten ......................................... 9
A 1.2.6  Die DIKW-Hierarchie und ihre informationswissenschaftliche Re-Interpretation ..... 11
A 1.2.7  Informationelle Pragmatik – Aktion und Kontext ............................. 14
A 1.2.8  Weitere Implikationen der Präferenz für „Information" ........................ 16
       Literatur ........................................................... 17

**A 2**  **Thomas Seeger:**
**Entwicklung der Fachinformation und -kommunikation** .................... 21
A 2.1  Einleitung ......................................................... 21
A 2.2  Information und Dokumentation als Tätigkeit und System ..................... 21
A 2.3  Fachliche Kommunikation und professionelle Informierungsprozesse ............ 23
A 2.4  Die Quantifizierung des Wissens und seiner Nutzer ........................... 25
A 2.5  Von der „Dokumentation" zum Informationsmarkt ........................... 25
A 2.5.1  Die Pioniere der Dokumentation in Brüssel (Otlet und La Fontaine) .............. 25
A 2.5.2  Der Aufbruch zur Dokumentation ...................................... 27
A 2.5.3  Institutionelle Entwicklungen in der Information und Dokumentation
       in Deutschland ..................................................... 29
A 2.5.4  Informationsvermittlung in Deutschland zu Beginn der 90er Jahre ............... 31
A 2.5.5  Das Aufkommen des Informationsmarktes / Informationswirtschaft .............. 31
A 2.6  Strukturveränderungen durch die Informations- und
       Kommunikationstechnologien .......................................... 32
A 2.6.1  Die Qualitäten der Informationsarbeit ................................... 32
A 2.6.2  Die Organisationsstruktur der Informationsvermittlung ...................... 33
       Literatur .......................................................... 34

**A 3**  **Thomas Seeger:**
**Professionalisierung in der Informationsarbeit:**
**Beruf und Ausbildung in Deutschland** ................................... 37
A 3.1  Zur Professionalisierung des Berufsfeldes Informationsarbeit .................. 37
A 3.2  Zum Stand der Professionalisierung im IuD-Bereich in Deutschland .............. 39
A 3.3.  Ausbildung in der Information und Dokumentation .......................... 44

| | | |
|---|---|---|
| A 3.3.1 | Entwicklungen seit Mitte der 70er Jahre in der Ausbildung Information und Dokumentation | 44 |
| A 3.3.2 | Die Ausbildungskapazitäten im Informationsbereich | 47 |
| | Literatur | 50 |

## A 4 Marlies Ockenfeld: Nationale und internationale Institutionen ... 55

| | | |
|---|---|---|
| A 4.1 | Vereinigungen und Verbände der Information und Dokumentation in Europa | 55 |
| A 4.2 | Fachlich ausgerichtete Vereinigungen und Verbände in Deutschland | 56 |
| A 4.3 | Außereuropäische und internationale Institutionen und Verbände | 58 |
| A 4.4 | Politische Institutionen und Fördereinrichtungen | 58 |
| A 4.5 | Informations- und Dokumentationseinrichtungen in Deutschland (Auswahl) | 59 |

## A 5 Rainer Kuhlen: Informationsethik ... 61

| | | |
|---|---|---|
| A 5.1 | Informationsethik, Cyberethik, Computerethik | 61 |
| A 5.2 | Informationsethik als Grundlage der Professionalisierung des Informationsgebietes | 62 |
| A 5.3 | Universalisierung der Informationsethik | 63 |
| A 5.4 | Informationsethik - Formen des Umgangs mit Wissen und Information in elektronischen Räumen | 65 |
| A 5.5 | Informationsethische Diskurse | 65 |
| A 5.6 | Gegenstände der Informationsethik | 66 |
| A 5.6.1 | Aktuelle Themen der Informationsethik | 67 |
| A 5.6.2 | Methodische Alternativen | 68 |
| A 5.7 | Schluss | 69 |
| | Literatur | 70 |

## A 6 Thomas Seeger: (Fach-)Informationspolitik in Deutschland (Bundesrepublik Deutschland) ... 73

| | | |
|---|---|---|
| A 6.1 | Vorbemerkung | 73 |
| A 6.2 | Etappen in der Formulierung der deutschen IuD-Politik (Fachinformationspolitik) | 73 |
| A 6.2.1 | Indirekte Einwirkungen auf die Dokumentation im frühen 20. Jahrhundert | 73 |
| A 6.2.2 | Direkte Einwirkungen auf die Information und Dokumentation nach dem Zweiten Weltkrieg in der Bundesrepublik Deutschland | 74 |
| A 6.2.2.1 | Projektionen zu einem gesamtstaatlichen System der Information und Dokumentation | 74 |
| A 6.2.2.2 | Realisierung eines gesamtstaatlichen Systems durch institutionelle Förderungen | 76 |
| A 6.2.2.3 | Deregulierung und Privatisierung der Information, Stärkung der Rahmenbedingungen für private Initiative | 80 |
| A 6.2.2.4 | Neue strategische Ziele im Rahmen übergreifender Konzepte von Informationsgesellschaft und Wissensgesellschaft | 84 |
| A 6.3 | Ausblick | 84 |
| A 6.4 | Die Internationalisierung der (Fach)-Informationspolitik | 85 |
| | Literatur | 87 |

## A 7 Jürgen W. Goebel: Informationsrecht –Recht der Informationswirtschaft ... 91

| | | |
|---|---|---|
| A 7.1 | Einführung | 91 |
| A 7.2 | Einschlägige Rechtsmaterien und Gesetze | 91 |
| A 7.2.1 | Informationsrecht - eine homogene Materie? | 91 |

| | | |
|---|---|---|
| A 7.2.2 | Übersicht | 92 |
| A 7.3 | Schwerpunkt „Urheberrecht und gewerblicher Rechtsschutz" | 92 |
| A 7.3.1 | Grundlagen des Urheberrechts | 93 |
| A 7.3.2 | Vervielfältigung und sonstige Verwertung | 94 |
| A 7.3.3 | Grenzen des Urheberrechts | 94 |
| A 7.3.4 | Urheberschutz für Informationsdienste und -produkte | 95 |
| A 7.3.5 | Gewerblicher Rechtsschutz | 96 |
| A 7.4 | Schwerpunkt „Daten- und Knowhow-Schutz" | 96 |
| A 7.4.1 | Grundlagen des Datenschutzrechts | 96 |
| A 7.4.2 | Zulässigkeit der Verarbeitung personenbezogener Daten | 97 |
| A 7.4.3 | Rechte des Betroffenen | 98 |
| A 7.4.4 | Kontrollorgane und -instanzen | 98 |
| A 7.4.5 | Datensicherheit | 99 |
| A 7.4.6 | Knowhow-Schutz | 100 |
| A 7.5 | Schwerpunkt „Vertragliche Aspekte" | 100 |
| A 7.5.1 | Vertragstypologische Einordnung von Informationsgeschäften | 100 |
| A 7.5.2 | Rechte und Pflichten der Vertragspartner | 100 |
| A 7.5.3 | Typische Verträge in der Informationswirtschaft | 101 |
| A 7.5.4 | Wirksamkeit Allgemeiner Geschäftsbedingungen | 102 |
| A 7.5.5 | „Online-Verträge" | 103 |
| | Literatur | 103 |
| **A 8** | **Rainer Kuhlen:** | |
| | **Wissensökologie** | **105** |
| A 8.1 | Wissensökologie im Zusammenhang der Informationsethik | 105 |
| A 8.2 | Über das Drei-Säulen-Modell der Nachhaltigkeit hinaus in Richtung einer Wissensökologie | 105 |
| A 8.3 | Sichten auf Wissensökologie | 106 |
| A 8.3.1 | Die funktionale Perspektive – Produktion und (freier) Transfer von Wissen unter der Nachhaltigkeitssicht | 106 |
| A 8.3.2 | Die kommunikationsökologische Perspektive | 107 |
| A 8.3.3 | Die zukunftsethische Perspektive | 108 |
| A 8.3.4 | Die ökosoziale Perspektive | 108 |
| A 8.3.4.1 | Der Rebound-Effekt | 108 |
| A 8.3.4.2 | Politische Perspektive der ökosozialen Marktwirtschaft | 109 |
| A 8.3.4.3 | Erweiterung der ökosozialen Marktwirtschaft durch Elemente von Wissensökologie | 109 |
| A 8.3.5 | Die wissensökologische Perspektive | 110 |
| A 8.3.5.1 | Wirtschaften in elektronischen Räumen | 110 |
| A 8.3.5.2 | Wissen erschöpft sich nicht im Gebrauch | 110 |
| A 8.4 | Bausteine einer Wissensökologie | 111 |
| | Literatur | 112 |
| **A 9** | **Wolfgang Ratzek:** | |
| | **Informationsutopien –Proaktive Zukunftsgestaltung. Ein Essay** | **115** |
| A 9.1 | Informationsutopien | 115 |
| A 9.1.1 | Utopie – was ist das? | 115 |
| A 9.1.2 | Information – was ist das? | 115 |
| A 9.1.3 | Informationsutopien – Vorbereitung auf die Zukunft | 116 |
| A 9.2 | Die Utopie von der Informations- und Wissensgesellschaft | 116 |
| A 9.2.1 | Utopie Nummer eins: Zahlenfetischismus | 116 |
| A 9.2.2 | Utopie Nummer zwei: IT-Innovation gleich Erkenntniszuwachs? | 117 |

| | | |
|---|---|---|
| A 9.2.3 | Utopie Nummer drei: Internet-Hype – verändertes Rechercheverhalten und Wissensgenerierung | 117 |
| A 9.2.4 | Utopie Nummer vier: Information als Inspektionsgut tarnen | 117 |
| A 9.2.5 | Utopie Nummer fünf: Problemlösen leicht gemacht | 118 |
| A 9.2.6 | Utopie Nummer sechs: „Anything goes" | 119 |
| A 9.2.7 | Utopie Nummer sieben: Antipodische Strategie | 119 |
| A 9.2.8 | Utopie Nummer acht: Privatheit und informationelle Selbstbestimmung | 120 |
| A 9.2.9 | Utopie Nummer neun: „Ubiquitous Computing" | 120 |
| A 9.2.10 | Utopie Nummer zehn: Unsere Realität – eine Mixtur multipler Welten | 121 |
| A 9.2.11 | Utopie Nummer elf: Die tabulose Gesellschaft | 121 |
| A 9.2.12 | Utopie Nummer zwölf: Mit „Retro" in die Zukunft | 122 |
| A 9.2.13 | Utopie Nummer dreizehn: Umzingelt von Utopien | 122 |
| A 9.2.14 | Utopie Nummer vierzehn: Die Rolle von Informationsprofis – Partner und nicht Zulieferer | 122 |
| A 9.3 | Welchen Nutzen haben Informationsutopien? | 123 |
| A 9.4 | Schluss | 123 |
| | Literatur | 124 |

| | | |
|---|---|---|
| **B** | **Methoden** | **125** |
| **B 1** | **Hans-Jürgen Manecke:** **Klassifikation, Klassieren** | **127** |
| B 1.1 | Allgemeines | 127 |
| B 1.2 | Grundlagen von Klassifikationssystemen | 127 |
| B 1.2.1 | Strukturelemente | 127 |
| B 1.2.2 | Strukturen. Begriffsbeziehungen | 129 |
| B 1.2.3 | Begriffsbezeichnungen | 129 |
| B 1.2.4 | Typen, Eigenschaften und Pflege | 130 |
| B 1.2.5 | Zusammenfassung. Regeln und Normen | 131 |
| B 1.2.6 | Verwendung. Klassieren | 131 |
| B 1.3 | Beispiele von Klassifikationssystemen | 132 |
| B 1.3.1 | Internationale Dezimalklassifikation (DK) | 132 |
| B 1.3.2 | Internationale Patentklassifikation | 135 |
| B 1.3.3 | Colon-Klassifikation (nach Ranganathan) | 136 |
| B 1.3.4 | RIS Klassifikation (nach Soergel) | 138 |
| B 1.4 | Weitere Entwicklungen | 139 |
| | Literatur | 139 |
| **B 2** | **Margarete Burkart:** **Thesaurus** | **141** |
| B 2.1 | Funktion und Merkmale | 141 |
| B 2.1.1 | Thesaurusaufbau | 141 |
| B 2.1.1.1 | Eingrenzung des Bezugsrahmens | 141 |
| B 2.1.1.2 | Wortgutsammlung und Bezeichnungskontrolle | 142 |
| B 2.1.2 | Terminologische Kontrolle | 142 |
| B 2.1.2.1 | Synonymkontrolle | 143 |
| B 2.1.2.2 | Polysemkontrolle | 143 |
| B 2.1.2.3 | Zerlegungskontrolle | 144 |
| B 2.1.3 | Äquivalenzklasse – Deskriptor | 145 |
| B 2.1.4 | Begriffliche Kontrolle | 146 |
| B 2.1.4.1 | Beziehungsgefüge des Thesaurus | 147 |

| | | |
|---|---|---|
| B 2.1.4.2 | Äquivalenzrelation | 147 |
| B 2.1.4.3 | Hierarchische Relation | 148 |
| B 2.1.4.4 | Assoziationsrelation | 149 |
| B 2.1.4.5 | Begriffskombination | 149 |
| B 2.2 | Darstellung des Thesaurus | 150 |
| B 2.2.1 | Darstellung innerhalb der Deskriptorensätze | 150 |
| B 2.2.2 | Gesamtpräsentation des Thesaurus | 151 |
| B 2.3 | Thesauruspflege | 151 |
| B 2.4 | Elektronische Thesaurusunterstützung | 153 |
| | Literatur | 154 |
| | | |
| **B 3** | **Ulrich Reimer:** | |
| | **Wissensbasierte Verfahren der Organisation und** | |
| | **Vermittlung von Information** | **155** |
| B 3.1 | Thematische Beschreibung von Dokumentinhalten | 155 |
| B 3.1.1 | Traditionelle Verfahren | 155 |
| B 3.1.2 | Anforderungen an eine ausdrucksmächtigere Dokumentationssprache | 156 |
| B 3.1.3 | Terminologien und Ontologien | 157 |
| B 3.1.4 | Beschreibungslogiken | 157 |
| B 3.1.5 | Repräsentation von Dokumentinhalten und Suchanfragen | 158 |
| B 3.1.6 | Das „Semantic Web": Beschreibungslogiken und das „Web" | 160 |
| B 3.1.6.1 | XML | 161 |
| B 3.1.6.2 | RDF | 161 |
| B 3.1.6.3 | Topic Maps | 162 |
| B 3.2 | Repräsentation von Dokumentinhalten | 163 |
| B 3.2.1 | Repräsentation von Fakten | 163 |
| B 3.2.2 | Repräsentation von regelhaften Zusammenhängen | 163 |
| B 3.3 | Ausblick | 164 |
| | Literatur | 165 |
| | | |
| **B 4** | **Heidrun Wiesenmüller:** | |
| | **Informationsaufbereitung I: Formale Erfassung** | **167** |
| B 4.1 | Formale Erfassung als zentrale Aufgabe der Information und Dokumentation | 167 |
| B 4.2 | Grundlagen und Vorüberlegungen | 167 |
| B 4.3 | Wichtige Regelwerke im Überblick | 168 |
| B 4.3.1 | Die Anglo-American Cataloguing Rules | 168 |
| B 4.3.2 | Die Entwicklung in Deutschland und Österreich: PI und RAK | 168 |
| B 4.3.3 | Internationale Entwicklungen | 169 |
| B 4.4 | Prinzipien der Formalerschließung | 170 |
| B 4.4.1 | Bibliographische Beschreibung | 170 |
| B 4.4.2 | International Standard Bibliographic Description (ISBD) | 170 |
| B 4.4.3 | Erfassung der bibliographischen Beschreibung | 171 |
| B 4.4.4 | Haupt- und Nebeneintragungen | 171 |
| B 4.4.5 | Sucheinstiege | 172 |
| B 4.4.6 | Zusammenführen, was zusammengehört | 172 |
| B 4.4.7 | Ansetzungsformen für Sachtitel, Personen und Körperschaften | 173 |
| B 4.4.8 | Verweisungen, Stammsätze und Normdateien | 174 |
| B 4.4.9 | Ordnungsregeln | 174 |
| B 4.5 | Bibliographische Datenformate | 175 |
| B 4.5.1 | MAB und MARC | 175 |
| B 4.5.2 | Einflüsse aus dem Internet: Dublin Core und XML | 175 |
| | Literatur | 176 |

| | | |
|---|---|---|
| **B 5** | **Gerhard Knorz:** | |
| | **Informationsaufbereitung II: Indexieren** | **179** |
| B 5.1 | Einleitung | 179 |
| B 5.2 | Indexieren als Problemlösung | 180 |
| B 5.3 | Indexieren ist von Anforderungen und Randbedingungen abhängig | 181 |
| B 5.4 | Entwurfsentscheidungen bei der Auslegung eines Indexierungsverfahrens | 182 |
| B 5.4.1 | Prä- und Postkoordination | 182 |
| B 5.4.2 | Indexierungsverfahren | 183 |
| B 5.4.3 | Art der Indexierungssprache | 183 |
| B 5.4.3.1 | Indexierungsvokabular | 183 |
| B 5.4.3.2 | Indexierungssprachen-Syntax | 184 |
| B 5.4.3.3 | Indexierungsregeln | 185 |
| B 5.4.4 | Grundlage des Indexierens | 186 |
| B 5.5 | Qualität von Indexierung | 186 |
| B 5.5.1 | Indexierungstiefe | 186 |
| B 5.5.2 | Fehlerstatistiken und Konsistenzbewertungen | 186 |
| B 5.5.3 | Retrievaltestbewertung | 187 |
| | Literatur | 188 |
| | | |
| **B 6** | **Rainer Kuhlen:** | |
| | **Informationsaufbereitung III:** | |
| | **Referieren (Abstracts - Abstracting - Grundlagen)** | **189** |
| B 6.1 | Grundbegriffe | 189 |
| B 6.1.1 | Abstracts | 189 |
| B 6.1.2 | Abstracting | 191 |
| B 6.2 | Entwicklung und Stand des Abstracting | 192 |
| B 6.2.1 | Historische Entwicklung | 192 |
| B 6.2.2 | Typen von Abstracts | 193 |
| B 6.2.3 | Merkmale von Abstracts und Regeln zu ihrer Erstellung | 196 |
| B 6.2.4 | Abstracting und Online-Banken | 199 |
| B 6.3 | Automatische Verfahren des Abstracting | 201 |
| | Literatur | 203 |
| | | |
| **B 7** | **Norbert Fuhr:** | |
| | **Theorie des Information Retrieval I: Modelle** | **207** |
| B 7.1 | Einführung | 207 |
| B 7.2 | Boolesches und Fuzzy-Retrieval | 207 |
| B 7.3 | Vektorraummodell | 208 |
| B 7.3.1 | Basismodell | 208 |
| B 7.3.2 | Relevanzrückkopplung | 209 |
| B 7.4 | Probabilistisches Retrieval | 211 |
| B 7.4.1 | Probabilistisches Ranking-Prinzip | 211 |
| B 7.4.2 | Retrievalmodell mit binärer Unabhängigkeit | 211 |
| B 7.4.3 | Retrieval als unsichere Inferenz | 213 |
| B 7.4.4 | Statistische Sprachmodelle | 214 |
| | | |
| **B 8** | **Holger Nohr:** | |
| | **Theorie des Information Retrieval II: Automatische Indexierung** | **215** |
| B 8.1 | Einleitung | 215 |
| B 8.2 | Manuelles vs. automatisches Indexing | 216 |
| B 8.3 | Verfahrensansätze der automatischen Indexierung | 217 |

| | | |
|---|---|---|
| B 8.3.1 | Statistische Ansätze | 217 |
| B 8.3.2 | Informationslinguistische Ansätze | 219 |
| B 8.3.3 | Begriffsorientierte Ansätze | 223 |
| B 8.4 | Information Extraction | 224 |
| | Literatur | 225 |

| | | |
|---|---|---|
| **B 9** | **Christa Womser-Hacker:** <br> **Theorie des Information Retrieval III: Evaluierung** | **227** |
| B 9.1 | Grundbegriffe | 227 |
| B 9.2 | Effektivitätsmessung | 227 |
| B 9.2.1 | Relevanz | 227 |
| B 9.2.2 | Elementarparameter zur Effektivitätsbewertung | 228 |
| B 9.2.3 | Effektivitätsmaße | 228 |
| B 9.2.4 | Mittelwertbildung | 231 |
| B 9.2.5 | Die Überprüfung der Signifikanz | 231 |
| B 9.3 | Retrievaltests als Bewertungsinstrument | 231 |
| B 9.4 | Aktuelle Evaluierungsinitiativen | 232 |
| B 9.4.1 | Text REtrieval Conference (TREC) | 232 |
| B 9.4.2 | Cross-Language Evaluation Forum (CLEF) | 233 |
| B 9.4.3 | NII-NACSIS Test Collection for IR Systems (NTCIR) | 233 |
| B 9.4.4 | Initiative for the Evaluation of XML retrieval (INEX) | 233 |
| B 9.4.5 | Lessons Learned | 234 |
| B 9.5 | Ausblick | 234 |
| | Literatur | 234 |

| | | |
|---|---|---|
| **B 10** | **Walther Umstätter:** <br> **Szientometrische Verfahren** | **237** |
| B 10.1 | Szientometrie und das Wissenswachstum | 237 |
| B 10.2 | Historische Begriffsentwicklung | 237 |
| B 10.3 | Die Menge publizierter Information | 238 |
| B 10.4 | Das Zipfsche Gesetz | 239 |
| B 10.5 | Die Abschätzung der Menge publizierten Wissen | 239 |
| B 10.6 | Szientometrie und Marktwert des Wissens | 240 |
| B 10.7 | Die Zitationsanalyse | 241 |
| B 10.8 | Die Halbwertszeit | 241 |
| B 10.9 | Der Trend zur Mehrautorenschaft | 242 |
| B 10.10 | Der Impact-Factor | 242 |
| | Literatur | 243 |

| | | |
|---|---|---|
| **B 11** | **Josef Herget:** <br> **Informationsmanagement** | **245** |
| B 11.1 | Informationsmanagement – Ein schillerndes und vieldeutiges Konzept | 245 |
| B 11.1.1 | Die Wurzeln des Informationsmanagements | 245 |
| B 11.1.2 | Ist ein integriertes Informationsmanagementverständnis in Sicht? | 247 |
| B 11.2 | Integriertes Informationsmanagement – Elemente und Bausteine eines Modells | 247 |
| B 11.2.1 | Grundannahmen des integrierten Informationsmanagements | 248 |
| B 11.2.2 | Modell eines integrierten Informationsmanagement | 249 |
| B 11.2.3 | Elemente des Informationsmanagements | 249 |
| B 11.2.3.1 | Ziele und Strategien der Organisation | 249 |
| B 11.2.3.2 | Informationspotentiale | 250 |
| B 11.2.3.3 | Informationssysteme und Informationsdienste | 251 |

| | | |
|---|---|---|
| B 11.2.3.4 | Informationsinfrastruktur | 251 |
| B 11.2.3.5 | Informationsverhalten | 251 |
| B 11.2.3.6 | Informationscontrolling | 252 |
| B 11.3 | Empfehlungen zur Implementierung eines integrierten Informationsmanagements | 252 |
| B 11.4 | Informationsmanagement und Unternehmenserfolg | 253 |
| | Literatur | 254 |

| | | |
|---|---|---|
| **B 12** | **Holger Nohr:** **Wissensmanagement** | **257** |
| B 12.1 | Anlass für ein Wissensmanagement | 257 |
| B 12.2 | Grundbegriffe und Aufgaben | 257 |
| B 12.3 | Strategisches Wissensmanagement | 259 |
| B 12.4 | Operatives Wissensmanagement | 261 |
| B 12.4.1 | Interventionsebene Organisation | 261 |
| B 12.4.1.1 | Prozessperspektive | 261 |
| B 12.4.1.2 | Perspektive der Wissensorganisation | 263 |
| B 12.4.1.3 | Unternehmenskulturelle Perspektive | 264 |
| B 12.4.2 | Interventionsebene Mensch | 264 |
| B 12.4.3 | Interventionsebene Technik | 265 |
| B 12.5 | Aktuelle Trends der Forschung | 268 |
| | Literatur | 269 |

| | | |
|---|---|---|
| **B 13** | **Michael Kluck:** **Methoden der Informationsanalyse –** **Einführung in die empirischen Methoden für die** **Informationsbedarfsanalyse und die Markt- und Benutzerforschung** | **271** |
| B 13.1 | Einleitung: Empirische Methoden und ihr Einsatz in der Informationsarbeit | 271 |
| B 13.2 | Abfolge des Untersuchungsprozesses und Betrachtungsebenen der empirischen Untersuchung | 271 |
| B 13.3 | Grundprobleme einzelner Stufen des Erhebungsprozesses bei Primäruntersuchungen | 273 |
| B 13.3.1 | Hypothesengenerierung | 273 |
| B 13.3.2 | Variablen und Kodierung | 273 |
| B 13.3.3 | Analyseebenen | 274 |
| B 13.3.4 | Auswahlverfahren | 274 |
| B 13.3.5 | Messinstrumente | 276 |
| B 13.3.6 | Methoden der Datenerhebung | 276 |
| B 13.3.7 | Pretest | 277 |
| B 13.3.8 | Interpretation und Darstellung der Ergebnisse | 277 |
| B 13.4 | Kriterienkatalog zur Planung einer empirischen Untersuchung | 277 |
| B 13.5 | Spezielle Probleme wichtiger Untersuchungstechniken | 279 |
| B 13.5.1 | Die Befragung | 279 |
| B 13.5.1.1 | Fragen- und Fragebogengestaltung | 279 |
| B 13.5.1.2 | Schriftliche Befragung | 282 |
| B 13.5.1.3 | Telefonumfrage | 282 |
| B 13.5.1.4 | Persönliche Interviews | 283 |
| B 13.5.1.5 | Online-Befragung | 283 |
| B 13.5.2 | Gruppendiskussion und Gruppeninterview | 283 |
| B 13.5.3 | Inhaltsanalyse | 284 |
| B 13.6 | Anwendungsfälle in der Informationspraxis | 284 |
| B 13.6.1 | Benutzerforschung | 284 |
| B 13.6.2 | Marktforschung (Produktgestaltung, Verbesserung des Service, Qualitätsmanagement) | 285 |

| | | |
|---|---|---|
| B 13.6.3 | Informationsbedarfsanalyse | 285 |
| B 13.6.4. | Kommunikationsanalyse (Informationsquellen, Informationswege) | 286 |
| | Literatur | 286 |

**B 14** **Michael Kluck:**
**Die Informationsanalyse im Online-Zeitalter.**
**Befunde der Benutzerforschung zum Informationsverhalten im Internet ... 289**

| | | |
|---|---|---|
| B 14.1 | Einleitung und Begriffsklärung | 289 |
| B 14.2 | Allgemeines Suchverhalten im Internet | 290 |
| B 14.3 | Suchverhalten spezieller Benutzergruppen: Kinder, Schüler und Studenten | 291 |
| B 14.4 | Untersuchungen im Bibliotheksbereich | 293 |
| B 14.5 | Studien zur Benutzung und Benutzerfreundlichkeit im kommerziellen Kontext | 293 |
| B 14.6 | Benutzung von Internetangeboten im Kontext von Information Retrieval | 294 |
| B 14.7 | Zusammenfassung und Ausblick | 296 |
| | Literatur | 296 |

**B 15** **Alfred Kobsa:**
**Adaptive Verfahren –Benutzermodellierung  299**

| | | |
|---|---|---|
| B 15.1 | Motivation | 299 |
| B 15.2 | Gegenwärtige adaptierbare und adaptive Systeme | 299 |
| B 15.3 | Erwerb von Annahmen über den Benutzer | 299 |
| B 15.4 | Arten von Informationen über Benutzer | 300 |
| B 15.5 | Datenschutz | 300 |
| B 15.6 | Empirische Evaluierung | 301 |
| B 15.7 | Zusammenfassung und Ausblick | 301 |
| | Literatur | 302 |

**B 16** **Stefan Grudowski:**
**Innerbetriebliches Informationsmarketing  303**

| | | |
|---|---|---|
| B 16.1 | Informationsproduktplanung | 303 |
| B 16.1.1 | Zielgruppenanalyse | 303 |
| B 16.1.2 | Produktkatalog | 303 |
| B 16.2 | Informationspreisplanung | 305 |
| B 16.2.1 | Kostenorientierte Preisbildung | 306 |
| B 16.2.2 | Nachfrageorientierte Preisbildung | 306 |
| B 16.2.3 | Preisdifferenzierende Preisbildung | 306 |
| B 16.2.4 | Konditionale Preisbildung | 306 |
| B 16.3 | Informationsdistributionsplanung | 306 |
| B 16.3.1 | Distributionstechnologien | 306 |
| B 16.3.2 | Zentrale oder dezentrale Organisation? | 307 |
| B 16.3.3 | Planung der Informationsbeschaffung - Beschaffungsmarketing | 307 |
| B 16.3.4 | Externe Vermarktung | 307 |
| B 16.3.5 | Kunden-Präferenzen bezüglich der Distribution | 308 |
| B 16.3.6 | Abhängigkeit vom Distributionsweg | 308 |
| B 16.3.7 | Informationstools zur Selbstrecherche von Mitarbeitern | 308 |
| B 16.4 | Marketingkommunikation | 309 |
| B 16.4.1 | Persönliche Kundenkommunikation | 309 |
| B 16.4.2 | Innerbetriebliche Werbemaßnahmen | 310 |
| B 16.4.3 | Innerbetriebliche Öffentlichkeitsarbeit | 312 |
| B 16.4.4 | Verkaufsförderung | 312 |
| | Literatur | 313 |

| | | |
|---|---|---|
| **B 17** | **Marc Rittberger:** | |
| | **Informationsqualität** | **315** |
| B 17.1 | Einleitung | 315 |
| B 17.1.1 | Definition | 315 |
| B 17.1.2 | Objektive und subjektive Qualität | 315 |
| B 17.1.3 | Kunden-, produkt-, herstellungs- und wertorientierte Qualität | 315 |
| B 17.1.4 | Qualitätsmanagement | 316 |
| B 17.2 | Dienstleistungsqualität | 316 |
| B 17.2.1 | Kriterien der Dienstleistung | 316 |
| B 17.2.2 | Bewertung von Dienstleistungen | 316 |
| B 17.2.3 | Modelle der Dienstleistungsqualität | 316 |
| B 17.3 | Informationsqualität | 317 |
| B 17.3.1 | Warencharakter von Information | 317 |
| B 17.3.2 | Definition Informationsqualität | 317 |
| B 17.3.3 | Informationsqualität in der Informationswissenschaft | 317 |
| B 17.3.4 | Modelle der Informationsqualität | 318 |
| B 17.4 | Management von Informationsqualität | 318 |
| B 17.4.1 | Ebenen des Managements von Informationsqualität | 318 |
| B 17.4.2 | Messmethoden für Informationsqualität | 318 |
| B 17.5 | Informationsqualität-Framework | 319 |
| B 17.6 | Fazit | 319 |
| | Literatur | 320 |
| | | |
| **B 18** | **Bernard Bekavac:** | |
| | **Informations- und Kommunikationstechnologien** | **323** |
| B 18.1 | Meilensteine der Informations- und Kommunikationstechnologie | 323 |
| B 18.1.1 | Geeignete Zahlensysteme | 323 |
| B 18.1.2 | Die ersten Rechenmaschinen | 323 |
| B 18.1.3 | Die Notwendigkeit von Programmen | 324 |
| B 18.1.4 | Einzug der Elektrotechnik und Elektronik | 324 |
| B 18.1.5 | Das Internet | 325 |
| B 18.2 | Das binäre System | 326 |
| B 18.2.1 | Zahlendarstellung | 327 |
| B 18.2.2 | Textdarstellung | 328 |
| B 18.3 | Rechnerarchitekturen | 329 |
| B 18.3.1 | Die Von-Neumann-Architektur | 329 |
| B 18.3.2 | Die zentrale Recheneinheit (CPU) | 330 |
| B 18.3.3 | Sonstige Rechnerarchitekturen | 330 |
| B 18.4 | Hard- und Softwaresysteme | 331 |
| B 18.4.1 | Hardwarekomponenten | 332 |
| B 18.4.2 | Softwaresysteme | 333 |
| B 18.5 | Internet-Technologie | 335 |
| B 18.5.1 | Das Schichtenmodell | 335 |
| B 18.5.2 | TCP/IP | 336 |
| B 18.5.3 | Domain Name System (DNS) | 337 |
| | Literatur | 338 |
| | | |
| **B 19** | **Thomas Schütz:** | |
| | **Dokumentenmanagement** | **339** |
| B 19.1 | Grundlagen des Dokumentenmanagement | 339 |
| B 19.1.1 | Historische Entstehung und Umfeld von Dokumentenmanagementsystemen | 339 |
| B 19.1.2 | Eigenschaften von Dokumenten | 339 |

| | | |
|---|---|---|
| B 19.1.3 | Metadaten im Dokumentenmanagement | 340 |
| B 19.2 | Ziele der Dokumentenmanagementsysteme | 342 |
| B 19.3 | Funktionen und Technologien von Dokumentenmanagementsystemen | 342 |
| B 19.3.1 | Funktionsbereiche Eingabe und Indexierung | 342 |
| B 19.3.2 | Funktionsbereiche Archivierung und Verwaltung | 343 |
| B 19.3.3 | Funktionsbereiche Ausgabe und Recherche | 344 |
| B 19.3.4 | Funktionsbereich Administration | 345 |
| B 19.3.5 | Weitere Funktionsbereiche | 345 |
| B 19.4 | Architektur von Dokumentenmanagementsystemen | 345 |
| B 19.5 | Standardisierungen in Dokumentenmanagementsystemen | 346 |
| B 19.5.1 | Standardisierte Schnittstellen | 346 |
| B 19.5.2 | Dokumentenorientierte Standardisierungen | 346 |
| B 19.5.3 | SGML/XML-basierte Dokumentenstandards | 348 |
| B 19.6 | Stand und Perspektiven des Dokumentenmanagement | 348 |
| | Literatur | 349 |

| | | |
|---|---|---|
| **B 20** | **Nicola Döring:** | |
| | **Computervermittelte Kommunikation, Mensch-Computer-Interaktion** | **351** |
| B 20.1 | Computervermittelte Kommunikation (CvK) | 351 |
| B 20.1.1 | Endgeräte, Computernetze, Kommunikationsdienste | 351 |
| B 20.1.2 | Formen der CvK | 353 |
| B 20.2 | Modelle der computervermittelten Kommunikation | 354 |
| B 20.2.1 | Theorien der Medienwahl | 355 |
| B 20.2.2 | Theorien zu Medienmerkmalen | 356 |
| B 20.2.3 | Theorien zum medialen Kommunikationsverhalten | 356 |
| B 20.3 | Mensch-Computer-Interaktion (MCI) | 357 |
| B 20.3.1 | Benutzereingaben, Systemausgaben | 357 |
| B 20.3.2 | Formen der MCI | 358 |
| B 20.4 | Modelle der Mensch-Computer-Interaktion | 359 |
| B 20.4.1 | Ergonomie | 359 |
| B 20.4.2 | Usability | 360 |
| B 20.4.3 | Screen Design | 360 |
| B 20.5 | Fazit | 361 |
| | Literatur | 362 |

| | | |
|---|---|---|
| **B 21** | **Daniel A. Keim:** | |
| | **Datenvisualisierung und Data Mining** | **363** |
| B 21.1 | Einleitung | 363 |
| B 21.1.1 | Vorteile der visuellen Datenexploration | 363 |
| B 21.1.2 | Das Paradigma der visuellen Datenexploration | 364 |
| B 21.2 | Klassifizierung Visueller Data-Mining-Techniken | 364 |
| B 21.3 | Zu visualisierende Datentypen | 365 |
| B 21.4 | Visualisierungstechniken | 368 |
| B 21.5 | Interaktions- und Verzerrungstechniken | 368 |
| B 21.6 | Zusammenfassung und Ausblick | 369 |
| | Literatur | 369 |

| | | |
|---|---|---|
| **B 22** | **Jürgen Krause:** | |
| | **Software-Ergonomie** | **371** |
| B 22.1 | Natürlichsprachliche Frage-Antwort-Systeme versus grafische Benutzungsoberflächen und Etablierung der Disziplin | 371 |

| | | |
|---|---|---|
| B 22.2 | WWW, Design, Visualisierung und Gebrauchstauglichkeit: die neue Ausweitung der Fragestellungen | 373 |
| B 22.3 | Styleguides, Normen und zentrale Problembereiche | 373 |
| B 22.4 | Fazit | 374 |
| | Literatur | 374 |

## C  Systeme – Produkte – Dienstleistungen ... 377

| | | |
|---|---|---|
| C 1 | **Marlies Ockenfeld:** **Gedruckte Informations- und Suchdienste** | 379 |
| C 1.1 | Zielsetzung von Informations- und Suchdiensten | 379 |
| C 1.1.1 | Die traditionellen IuD-Dienste | 379 |
| C 1.1.2 | Aspekte zur Typisierung der Dienste | 379 |
| C 1.2 | Klassische gedruckte Dienste | 380 |
| C 1.2.1 | Current Contents | 380 |
| C 1.2.2 | Titellisten | 380 |
| C 1.2.3 | Bibliographien, bibliographische Verzeichnisse | 381 |
| C 1.2.4 | Zitierindex | 382 |
| C 1.2.5 | Kataloge und Verzeichnisse | 382 |
| C 1.2.6 | Referatedienste und Register | 383 |
| C 1.2.6.1 | Referatedienste (Abstracting Services) | 383 |
| C 1.2.6.2 | Register und Suchhilfen | 383 |
| C 1.2.6.3 | Das Beispiel Chemical Abstracts | 383 |
| C 1.2.7 | Verdichtete höherwertige Dienste | 384 |
| C 1.2.8 | Dienste aus Datenbanken | 385 |
| C 1.2.8.1 | Profildienste | 385 |
| C 1.2.8.2 | Standardrecherchen | 385 |
| C 1.3 | Qualität der Dienste | 386 |
| C 1.4 | Ausblick | 387 |
| | Literatur | 387 |

| | | |
|---|---|---|
| C 2 | **Joachim Kind:** **Praxis des Information Retrieval** | 389 |
| C 2.1 | Definition und Abgrenzung | 389 |
| C 2.2 | Grundlagen des Online Retrievals | 389 |
| C 2.3 | Arten von Online-Datenbanken | 391 |
| C 2.4 | Webbasierte Online-Datenbanken | 393 |
| C 2.5 | Praktische Recherchen in webbasierten Online-Datenbanken | 396 |
| C 2.5.1 | Recherche in einer bibliographische Datenbank | 396 |
| C 2.5.2 | Recherche in einer Firmen-Datenbank | 396 |
| C 2.5.3 | Recherche in einer Volltextdatenbank | 397 |
| C 2.6 | Ausblick | 398 |

| | | |
|---|---|---|
| C 3 | **Bernard Bekavac:** **Metainformationsdienste des Internet** | 399 |
| C 3.1 | Einleitung | 399 |
| C 3.2 | Suchverfahren im Internet | 400 |
| C 3.2.1 | Lokale Suche – Gateways zu Datenbanken | 400 |
| C 3.2.2 | Katalog- und verzeichnisbasierte Suche | 400 |
| C 3.2.3 | Roboterbasierte Suche - Suchmaschinen | 401 |

| | | |
|---|---|---|
| C 3.2.4 | Metasuchdienste | 403 |
| C 3.2.5 | Ranking der Trefferliste | 404 |
| C 3.3 | Kommerzialisierung der Metainformationsdienste | 406 |
| C 3.3.1 | Paid Submission und Paid Inclusion | 406 |
| C 3.3.2 | Positionsersteigerung (Paid Placement, Paid Listing) | 407 |
| | Literatur | 407 |

| | | |
|---|---|---|
| **C 4** | **Elke Lang:** | |
| | **Datenbanken und Datenbank-Management-Systeme** | **409** |
| C 4.1 | Definition des Begriffs „Datenbank" | 409 |
| C 4.2 | Organisation von Datenbasen | 409 |
| C 4.2.1 | Dateiverwaltungssysteme | 409 |
| C 4.2.2 | Prärelationale Datenbank-Management-Systeme | 410 |
| C 4.2.3 | Relationale Datenbank-Management-Systeme | 411 |
| C 4.2.3.1 | Charakteristika der RDBMS | 411 |
| C 4.2.3.2 | Modellierungsverfahren | 412 |
| C 4.2.4 | Postrelationale DBMS | 413 |
| C 4.2.4.1 | Objektorientierte Datenbank-Management-Systeme (OODBMS) | 413 |
| C 4.2.4.2 | Objektrelationale Datenbank-Management-Systeme (ORDBMS) | 414 |
| C 4.2.4.3 | Non-Standard-DBMS für bestimmte Anwendungsgebiete | 415 |
| C 4.3 | Einbettung von DBMS in Informationssystem-Architekturen | 416 |
| C 4.4 | Resümee und Ausblick | 417 |
| | Literatur | 417 |

| | | |
|---|---|---|
| **C 5** | **Rainer Hammwöhner:** | |
| | **Hypertext** | **419** |
| C 5.1 | Einleitung | 419 |
| C 5.2 | Was ist Hypertext? | 419 |
| C 5.3 | Wie hat sich Hypertext entwickelt? | 420 |
| C 5.4 | Texttheoretische Grundlagen | 421 |
| C 5.5 | Strukturen des Hypertexts - Hypertext-Modelle | 422 |
| C 5.6 | Informationssuche und Inhaltserschließung im Hypertext | 424 |
| C 5.7 | Gestaltung von Hypertext-Angeboten | 425 |
| C 5.8 | Ausblick | 427 |
| | Literatur | 427 |

| | | |
|---|---|---|
| **C 6** | **Ralph Schmidt:** | |
| | **Informationsvermittlung** | **429** |
| C 6.1 | Informationsvermittlung und Informationsarbeit | 429 |
| C 6.1.1 | Informationsvermittlung als Dienstleistung | 429 |
| C 6.1.2 | Informationsvermittlung als Wissenstransfer | 430 |
| C 6.2 | Agenturen der Informationsdienstleistung | 431 |
| C 6.3 | Zur Typologie der Informationsvermittlung | 431 |
| C 6.3.1 | Zur Komplexität von Vermittlungsleistungen | 432 |
| C 6.3.1.1 | Standardisierte Informationsvermittlung | 432 |
| C 6.3.1.2 | Modifizierende Informationsvermittlung | 432 |
| C 6.3.1.3 | Qualifizierende Informationsvermittlung | 433 |
| C 6.3.1.4 | Evaluierende Informationsvermittlung | 433 |
| C 6.3.2 | Institutionelle Einbindung der Informationsvermittlung | 434 |
| C 6.4 | Methoden der Informationsdienstleistung | 434 |
| C 6.4.1 | Informationsanfrage | 434 |

| | | |
|---|---|---|
| C 6.4.2 | Informationsberatungsinterview | 435 |
| C 6.4.2.1 | Ziele des Interviews | 435 |
| C 6.4.2.2 | Ablauf des Interviews | 436 |
| C 6.4.3 | Informationsbeschaffung | 437 |
| C 6.4.4 | Informationsaufbereitung und -bewertung | 437 |
| C 6.5 | Erfolgsfaktoren der Informationsvermittlung | 438 |
| C 6.5.1 | Zur Qualifikation von Informationsvermittlern | 438 |
| C 6.5.2 | Qualität der Informationsvermittlung | 438 |
| C 6.5.3 | Wirtschaftlichkeit der Informationsvermittlung | 439 |
| C 6.5.4 | Marketing für Informationsvermittlung | 439 |
| C 6.5.5 | Bedarfs- und Akzeptanzstrukturen | 440 |
| C 6.6 | Informationsvermittlung in Zeiten des Internet | 440 |
| | Literatur | 441 |

| | | |
|---|---|---|
| **C 7** | **Rainer Bohnert:** | |
| | **Technologietransfer** | **445** |
| C 7.1 | Zur theoretischen Begründung des Technologietransfers | 445 |
| C 7.2 | Technologietransfer aus informationswissenschaftlicher Sicht | 445 |
| C 7.3 | Der Zusammenhang von Technologietransfer und Technologietransferpolitik | 446 |
| C 7.4 | Zur praktischen Begründung des Technologietransfers | 447 |
| C 7.5 | Formen des Technologietransfers | 448 |
| C 7.5.1 | Personaltransfer: Technologietransfer „über Köpfe" | 448 |
| C 7.5.2 | Informationsvermittlung | 449 |
| C 7.5.2.1 | Online-Datenbanken | 449 |
| C 7.5.2.2 | Patentinformation | 449 |
| C 7.5.3 | Technologietransfer durch Kooperation | 449 |
| C 7.5.4 | Technologietransfer durch Technologienetzwerke | 450 |
| C 7.5.5 | Institutionen des nationalen Technologietransfers | 450 |
| C 7.5.6 | Technologietransferpolitik in der EU | 451 |
| C 7.5.7 | Ausblick und Trends | 451 |
| | Literatur | 452 |

| | | |
|---|---|---|
| **C 8** | **Holger Nohr:** | |
| | **Rechnergestützte Gruppenarbeit.** | |
| | **Computer-Supported Cooperative Work (CSCW)** | **453** |
| C 8.1 | Einleitung | 453 |
| C 8.2 | Begriffe und Grundlagen | 453 |
| C 8.3 | Klassifizierung | 454 |
| C 8.4 | Rechnergestützte Gruppenarbeit | 455 |
| C 8.5 | Medienwahl und Mediennutzung in der Gruppenarbeit | 456 |
| C 8.6 | CSCW-Funktionsklassen | 457 |
| C 8.6.1 | Funktionsklasse Kommunikation | 458 |
| C 8.6.2 | Funktionsklasse Gemeinsame Informationsräume | 458 |
| C 8.6.3 | Funktionsklasse Workflow Management | 458 |
| C 8.6.4 | Funktionsklasse Workgroup Computing | 459 |
| | Literatur | 460 |

| | | |
|---|---|---|
| **C 9** | **Jiri Panyr:** | |
| | **Technische Redaktion** | **461** |
| C 9.1 | Einleitung | 461 |
| C 9.2 | Technische Dokumentation und technische Redaktion | 461 |

| | | |
|---|---|---|
| C 9.3 | Traditionelle Vorgehensweise und ihre Engpässe | 462 |
| C 9.3.1 | Seiten- und Dokument-Metapher | 462 |
| C 9.3.2 | Dokument-Management-Systeme | 462 |
| C 9.3.3 | Information Retrieval | 463 |
| C 9.3.4 | World Wide Web und Elektronisches Publizieren | 463 |
| C 9.3.5 | Konsistenzproblematik / Dokumentenaustausch | 463 |
| C 9.4 | Neue Randbedingungen | 463 |
| C 9.4.1 | Kundenforderungen | 463 |
| C 9.4.2 | Qualitätsmanagement durch ISO 9000 | 464 |
| C 9.4.3 | Content Management Systeme (CMS) | 465 |
| C 9.5 | Neue Wege in der Technischen Dokumentation / Redaktion | 465 |
| C 9.5.1 | Inhaltsorientiertes Strukturieren von Dokumenten | 465 |
| C 9.5.2 | Konsistenzproblematik | 465 |
| C 9.5.3 | Auffinden von Information | 466 |
| C 9.5.4 | Durchgängigkeit im Prozess durch Dokumentenaustausch | 466 |
| C 9.5.5 | Automatisierte Erzeugung von Dokumentation | 466 |
| C 9.5.6 | Single Source Publishing / Single Source Information | 466 |
| C 9.6 | Notiz zu Produkten und Systemen | 467 |
| C 9.7 | Notiz zum Studiengang „Technische Redaktion" | 467 |
| | Literatur | 468 |
| | | |
| **C 10** | **Wolfgang F. Finke:** | |
| | **E-Learning** | **469** |
| C 10.1 | Lernen und zielgerichtetes Handeln | 469 |
| C 10.2 | E-Learning: Definitionen | 469 |
| C 10.3 | E-Learning als Erkenntnisgebiet | 471 |
| | Literatur | 473 |
| | | |
| **C 11** | **Harald H. Zimmermann:** | |
| | **Maschinelle und Computergestützte Übersetzung** | **475** |
| C 11.1 | Begriffliche Grundlagen | 475 |
| C 11.2 | Argumente für den Einsatz von MT/CAT | 475 |
| C 11.3 | Status der Entwicklungen | 475 |
| C 11.4 | Zur betrieblichen Integration von MT | 476 |
| C 11.5 | Hilfswerkzeuge | 477 |
| C 11.6 | Darstellung eines modernen CAT-Verfahrens | 478 |
| C 11.7 | Vorstellbare kurzfristige Ziele (bis 2005-2010) | 478 |
| C 11.8 | Längerfristige Ziele (bis 2015-2020) | 479 |
| | Literatur | 479 |
| | | |
| **C 12** | **Franziskus Geeb und Ulrike Spree:** | |
| | **Wörterbücher und Enzyklopädien** | **481** |
| C 12.1 | Wörterbücher und Enzyklopädien in der Informationspraxis | 481 |
| C 12.1.1 | Abgrenzung Wörterbücher, Enzyklopädie, Nachschlagewerk | 481 |
| C 12.1.2 | Kurzer historischer Rückblick: Lexika und Lexikonherstellung | 482 |
| C 12.1.3 | Lexika als Produkte auf dem Informationsmarkt | 483 |
| C 12.2 | Nachschlagewerke als spezielle Formen des organisierten, strukturierten Wissens | 485 |
| C 12.2.1 | Typologie der Wörterbücher | 485 |
| C 12.2.1.1 | Auswahl der Artikel, Lemmatisierung | 486 |
| C 12.2.1.2 | Strukturbegriffe | 486 |
| C 12.2.1.3 | Nutzertypologien | 488 |

| | | |
|---|---|---|
| C 12.3 | Online-Lexika | 489 |
| C 12.4 | Einsatz von lexikographischen Nachschlagewerken in der Praxis der Information und Dokumentation | 489 |
| C 12.4.1 | Qualitätskriterien | 491 |
| C 12.5 | „Hands on"-Tipps zur Erstellung eigener Informationsmaterialien in lexikographischer Form | 492 |
| | Literatur | 492 |

## D  Bereiche der Fachinformation und -kommunikation ........ 495

| | | |
|---|---|---|
| **D 1** | **Angelika Menne-Haritz:** | |
| | **Archive** | **497** |
| D 1.1 | Die Institution | 497 |
| D 1.2 | Bestände | 497 |
| D 1.3 | Die Benutzung von Archiven | 498 |
| D 1.3.1 | Die Findmittel | 499 |
| D 1.3.1.1 | Beständeübersichten | 499 |
| D 1 3.1.2 | Findbücher | 499 |
| D 1.3.1.3 | Andere Formen von Findmitteln | 500 |
| D 1.3.1.4 | Wurzeln der archivischen Findmittel | 500 |
| D 1.3.2 | Online-Findmittel | 500 |
| D 1.3.3 | Internationale Standardisierung: Encoded Archival Description (EAD) | 501 |
| D 1.4 | Digitalisierung und Langfristzugang | 501 |
| D 1.4.1 | Die Digitalisierung des Archivguts | 501 |
| D 1.4.2 | Digitale Aufzeichnungen aus Verwaltungsarbeit | 502 |
| | Literatur | 503 |

| | | |
|---|---|---|
| **D 2** | **Hans-Christoph Hobohm:** | |
| | **Bibliotheken** | **505** |
| D 2.1 | Abgrenzung | 505 |
| D.2.2 | Definition | 508 |
| D 2.3 | Trägerschaft und Typologie | 509 |
| D 2.4 | Bibliothekarische Arbeitsfelder | 511 |
| | Literatur | 513 |

| | | |
|---|---|---|
| **D 3** | **Günter Peters:** | |
| | **Medien, Medienwirtschaft** | **515** |
| D 3.1 | Vorbemerkung | 515 |
| D 3.2 | Medienwirtschaft in der Bundesrepublik Deutschland | 515 |
| D 3.2.1 | Dokumentationen in Medienbetrieben | 515 |
| D 3.2.2 | Dokumentationen in Pressehäusern | 516 |
| D 3.3 | Funktionen der Mediendokumentation | 516 |
| D 3.3.1 | Speicherung und Retrieval | 516 |
| D 3.4 | Technische Entwicklung in den Mediendokumentationen seit Mitte der 90er Jahre | 517 |
| D 3.4.1 | Digitalisierung | 517 |
| D 3.4.2 | Volltext | 517 |
| D 3.4.3 | Internet | 518 |
| D 3.4.4 | Automatische Verfahren | 518 |

| | | |
|---|---|---|
| D 3.5 | Ökonomische Einflüsse auf die Mediendokumentation | 519 |
| D 3.5.1 | Dokumentationen und Ökonomie | 519 |
| D 3.5.2 | Aufschwung und Krise der Medien | 519 |
| D 3.6 | Dokumentationen und Urheberrecht | 520 |
| D 3.7 | Zusammenfassung | 521 |
| D 3.8 | Ausblick | 521 |
| | Literatur | 522 |

| | | |
|---|---|---|
| **D 4** | **Ulrich Riehm:** | |
| | **Buchhandel** | **525** |
| D 4.1 | Begriff und Funktion | 525 |
| D 4.2 | Geschichte des Buchhandels und Entwicklung seiner Betriebsformen | 525 |
| D 4.3 | Besonderheiten des Buchhandels | 527 |
| D 4.4 | Direkte und indirekte Vertriebsformen | 528 |
| D 4.5 | Mehrstufigkeit der Absatzorganisation des Buchhandels | 529 |
| D 4.6 | Entwicklung der Vertriebswege seit 1980 | 529 |
| D 4.7 | Ausblick | 529 |
| | Literatur | 531 |

| | | |
|---|---|---|
| **D 5** | **Helmut Wittenzellner:** | |
| | **Transformationsprozesse für die Druckbranche** | |
| | **auf dem Weg zum Mediendienstleister** | **533** |
| D 5.1 | Standortbestimmung der Druckbranche | 533 |
| D 5.1.1 | Unternehmenstypen | 533 |
| D 5.1.1.1 | Print Factory | 533 |
| D 5.1.1.2 | Document Manager | 534 |
| D 5.1.1.3 | Media Provider | 534 |
| D 5.1.2 | Marktsegmente und Produktpalette | 534 |
| D 5.1.3 | Prozesstiefe | 536 |
| D 5.1.4 | Medientiefe | 536 |
| D 5.2 | Handlungsalternativen in der primären Wertschöpfungskette | 536 |
| D 5.2.1 | Konzeption | 537 |
| D 5.2.2 | Produktion | 537 |
| D 5.2.2.1 | Vorstufe: Repro und Prepress | 537 |
| D 5.2.2.2 | Druck | 538 |
| D 5.2.2.3 | Weiterverarbeitung / Veredelung | 538 |
| D 5.2.3 | Distribution | 539 |
| D 5.3 | Optimierung und Erweiterung der Medientiefe | 539 |
| D 5.3.1 | Arbeitsfelder zur Optimierung und Erweiterung der Medientiefe | 539 |
| D 5.3.2 | Entwicklungstendenzen der Druckindustrie | 540 |
| | Literatur | 541 |

| | | |
|---|---|---|
| **D 6** | **Dietmar Strauch:** | |
| | **Verlagswesen** | **543** |
| D 6.1 | Begriff, Definitionen, Funktion | 543 |
| D 6.2 | Historische Entwicklung | 543 |
| D 6.3 | Kennziffern für das Verlagswesen in Deutschland | 545 |
| D 6.4 | Das digitale Verlagsgeschäft als Herausforderung der Zukunft | 546 |
| | Literatur | 547 |

| | | |
|---|---|---|
| **D 7** | **Ulrich Riehm, Knud Böhle und Bernd Wingert:** | |
| | **Elektronisches Publizieren** | 549 |
| D 7.1 | Begriffe und Differenzierungen | 549 |
| D 7.1.1 | Publikationsbegriff | 549 |
| D 7.1.2 | Publizieren in der Fachkommunikation | 549 |
| D 7.1.3 | Elektronisches Publizieren | 549 |
| D 7.1.4 | Phasen des Elektronischen Publizierens | 550 |
| D 7.1.5 | Medien der Distribution | 550 |
| D 7.1.6 | Potenziale | 550 |
| D 7.2 | Elektronische Publikationen | 551 |
| D 7.2.1 | Elektronische Nachschlagewerke | 551 |
| D 7.2.2 | Elektronische Zeitungen | 552 |
| D 7.2.3 | E-Prints | 553 |
| D 7.2.4 | Elektronische Zeitschriften | 554 |
| D 7.2.5 | Elektronische Bücher | 555 |
| D 7.3 | Elektronisches Publizieren – Eine Bilanz | 557 |
| | Literatur | 558 |
| | | |
| **D 8** | **Heike Andermann:** | |
| | **Initiativen zur Reformierung des Systems** | |
| | **wissenschaftlicher Kommunikation** | 561 |
| D 8.1 | Hintergrund für die Entstehung der Initiativen des open access | 561 |
| D 8.2 | Initiativen des open access – Budapest Open Access Initiative, Public Library of Science, BioMed Central u.a. | 562 |
| D 8.3 | Open Archives – Publikationsinfrastrukturen an Hochschulen und außeruniversitären Forschungseinrichtungen | 562 |
| D 8.4 | Strategien der Kostensenkung für wissenschaftliche Fachinformation – SPARC | 563 |
| D 8.5 | Entwicklung nutzungsfreundlicher Lizenzen in elektronischen Räumen – GNU/Creative Commons | 564 |
| D 8.6 | Ausblick | 564 |
| | Literatur | 565 |
| | | |
| **D 9** | **Ute Schwens und Hans Liegmann:** | |
| | **Langzeitarchivierung digitaler Ressourcen** | 567 |
| D 9.1 | Die digitale Welt, eine ständig wachsende Herausforderung | 567 |
| D 9.1.1 | Langzeitarchivierung im digitalen Kontext | 567 |
| D 9.2 | Substanzerhaltung | 567 |
| D 9.3 | Erhaltung der Benutzbarkeit | 568 |
| D 9.4 | Infrastruktur digitaler Archive | 568 |
| D 9.5 | Technische Metadaten | 569 |
| D 9.6 | Vertrauenswürdige digitale Archive | 569 |
| D 9.7 | Verteilte Verantwortung bei der Langzeitarchivierung digitaler Ressourcen | 569 |
| D 9.7.1 | National | 569 |
| D 9.7.2 | Internationale Beispiele | 570 |
| D 9.8 | Rechtsfragen | 570 |
| | Literatur | 570 |
| | | |
| **D 10** | **Achim Oßwald:** | |
| | **Document Delivery / Dokumentlieferung** | 571 |
| D 10.1 | Bedarfssituationen für Dokumentlieferung | 571 |
| D 10.2 | Vorlageformen von Publikationen für die Dokumentlieferung | 571 |
| D 10.3 | Document Delivery Services: eine funktionale Analyse | 573 |

| | | |
|---|---|---|
| D 10.3.1 | Bestellverfahren | 573 |
| D 10.3.2 | Lieferfristen | 574 |
| D 10.3.3 | Lieferverfahren und -formate | 574 |
| D 10.3.4 | Lieferorte | 575 |
| D 10.3.5 | Kostenfaktoren und Preisbildung | 575 |
| D 10.3.6 | Abrechnungs- und Bezahlverfahren | 576 |
| D 10.4 | Dienstleistungen im Kontext der Dokumentlieferung | 577 |
| D 10.5 | Entwicklungsperspektiven der Dokumentlieferung | 577 |
| | Literatur | 578 |
| D 11 | **Willi Bredemeier und Patrick Müller:** **Informationswirtschaft** | **579** |
| D 11.1 | Fünf Definitionsvorschläge für „Informationswirtschaft" | 579 |
| D 11.2 | Der pluralistische Ansatz: Notwendige Vielfalt, Ausnutzung heuristischer Potenziale und Beschränkung auf kurzfristige Relevanz | 580 |
| D 11.3 | Der pragmatische Ansatz: Zur optimalen Abgrenzung informationswirtschaftlicher Probleme – Der Bezugsrahmen „Informationswertschöpfungskette" | 581 |
| D 11.4 | Der betriebswirtschaftliche Ansatz: Das Effizienz- und Rationalisierungsparadigma und seine notwendigen Ergänzungen | 584 |
| D 11.5 | Das gesamtwirtschaftliche („makroökonomische") Paradigma: Unabgeschlossene Liste der Definitionsversuche – Abgrenzung von Informationswirtschaft und Informationsgesellschaft | 586 |
| D 11.6 | Der empirische Ansatz: „Monitoring Informationswirtschaft" und „Elektronische Informationsdienste" | 588 |
| | Literatur | 589 |
| D 12 | **Martin Michelson:** **Wirtschaftsinformation** | **591** |
| D 12.1 | Charakter und Bedeutung von Wirtschaftsinformation | 591 |
| D 12.2 | Das Angebot an Wirtschaftsinformation | 592 |
| D 12.3 | Wirtschaftsdatenbanken | 595 |
| D 12.4 | Branchen-, Markt- und Wettbewerbsanalysen als Beispiel für Wirtschaftsinformation | 599 |
| | Literatur | 601 |
| D 13 | **Ulrich Kämper:** **Chemie-Information** | **603** |
| D 13.1 | Einleitung | 603 |
| D 13.2 | Patent-Information in der Chemie | 603 |
| D 13.3 | Faktenbanken | 603 |
| D 13.4 | Reaktions-Datenbanken | 604 |
| D 13.5 | Sequenz-Datenbanken | 605 |
| D 13.6 | Chemie-Information aus dem Internet | 605 |
| D 13.7 | Die Chemical Abstracts | 606 |
| D 13.8 | ISI | 606 |
| | Literatur | 607 |
| D 14 | **Wilhelm Gaus:** **Information und Dokumentation in der Medizin** | **609** |
| D 14.1 | Medizinische Literaturdokumentation | 609 |
| D 14.2 | Befund- und Datendokumentation | 609 |
| D 14.3 | Aufgaben und Ziele der klinischen Dokumentation | 610 |
| D 14.4 | Warum ist Medizinische Dokumentation heute wichtiger als früher? | 612 |

| | | |
|---|---|---|
| D 14.5 | Informationsfluss im Krankenhaus – Krankenhausinformationssystem | 613 |
| D 14.6 | Verflechtung der medizinischen Dokumentation mit Informatik, Statistik und Linguistik | 613 |
| D 14.7 | Dokumentation bei klinischen und epidemiologischen Studien | 614 |
| D 14.8 | Dokumentation bei Einrichtungen des Gesundheitswesens | 616 |
| D 14.9 | Ordnungssysteme | 618 |
| D 14.10 | Berufe der medizinischen Dokumentation | 618 |
| | Literatur | 619 |
| | | |
| **D 15** | **Gottfried Herzog und Hans-Jörg Wiesner:** **Normung** | **621** |
| D 15.1 | Weltweite Normung als Wirtschaftsfaktor | 621 |
| D 15.2 | Beteiligung des DIN an internationaler und europäischer Normung | 621 |
| D 15.3 | Grundgedanken der Normung | 621 |
| D 15.4 | Normenausschüsse als fachliches Forum | 621 |
| D 15.5 | Ziele der Normungsarbeit | 622 |
| D 15.6 | Organisation und Koordination der Normungsarbeit | 622 |
| D 15.7 | Die Finanzierung der Normungsarbeit | 622 |
| D 15.8 | Organisation der Internationalen Normung | 623 |
| D 15.9 | Die Organisation der Europäischen Normung | 623 |
| D 15.10 | Normung in Wissenschaft und Technik | 624 |
| D 15.11 | Aufgaben im Bereich Information und Dokumentation | 624 |
| D 15.12 | Konsensbildung national und international | 625 |
| D 15.13 | Normung für die Informationswirtschaft | 626 |
| D 15.14 | Schwerpunktthemen | 626 |
| D 15.14.1 | Codierungssysteme | 626 |
| D 15.14.2 | Strukturierung elektronischer Dokumente | 627 |
| D 15.14.3 | Datenelemente | 628 |
| D 15.14.4 | Physische Erhaltung von Dokumenten | 629 |
| D 15.14.5 | Statistik und Leistungsmessung | 629 |
| | Literatur | 629 |
| | Anhang 1: DIN- und ISO-Normen zur Transliteration (Auswahl) | 629 |
| | Anhang 2: DIN- und ISO-Normen Informationswissenschaften, Dokumentation, Bibliothekswesen und Archivsysteme (Auswahl) | 630 |
| | Anhang 3: DIN- und ISO-Normen zur Terminologie (Auswahl) | 633 |
| | | |
| **D 16** | **Jürgen Krause:** **Standardisierung und Heterogenität** | **635** |
| D 16.1 | Standardisierung in einem polyzentrischen Dokumentenraum | 635 |
| D 16.2 | Verbleibende inhaltliche Heterogenität: Bilaterale Transfermodule | 637 |
| D 16.3 | Schalenmodell | 639 |
| D 16.4 | Fazit | 640 |
| | Literatur | 640 |
| | | |
| **D 17** | **Reinhard Schramm:** **Patentinformation** | **643** |
| D 17.1 | Aufgabe der Patentinformation | 643 |
| D 17.2 | Patentdokumente | 643 |
| D 17.3 | Internationale Patentklassifikation | 649 |
| D 17.4 | Patentrecherchearten | 650 |
| D 17.5 | Patentdatenbanken | 650 |
| D 17.6 | Patentometrie | 653 |

| | | |
|---|---|---|
| D 17.7 | Patentinformationsdienstleistungen | 654 |
| | Anhang A: Deutsche Patentzentren | 655 |
| | Anhang B: Internetadressen wesentlicher Patentämter und kommerzieller Anbieter von Patentdatenbanken | 655 |
| | Literatur | 655 |

### D 18    Wolfgang Semar: E-Commerce …… 657

| | | |
|---|---|---|
| D 18.1 | Elektronische Märkte und deren Akteure | 657 |
| D 18.2 | Begriffsbestimmung | 658 |
| D 18.3 | Organisationsformen elektronischer Märkte | 659 |
| D 18.3.1 | Elektronische Einkaufsplattformen | 659 |
| D 18.3.2 | Elektronische Marktplätze | 660 |
| D 18.3.3 | Elektronische Fachportale | 660 |
| D 18.4 | Erlös- und Geschäftsmodelle | 660 |
| D 18.5 | Erfolgsfaktoren | 662 |
| D 18.5.1 | E-Commerce-Strategie | 662 |
| D 18.5.2 | Strategische Partnerschaften | 662 |
| D 18.5.3 | E-Branding | 663 |
| D 18.5.4 | Vertrauens-Management | 663 |
| D 18.5.5 | Differenziertes Preismanagement | 664 |
| D 18.5.6 | Virtual Communities | 664 |
| D 18.5.7 | Strategischer IuK-Einsatz | 665 |
| | Literatur | 665 |

### D 19    Wolfgang Semar: Kryptografie …… 667

| | | |
|---|---|---|
| D 19.1 | Grundlagen | 667 |
| D 19.1.1 | Vertraulichkeit | 667 |
| D 19.1.2 | Integrität | 667 |
| D 19.1.3 | Authentizität | 667 |
| D 19.1.4 | Verbindlichkeit | 668 |
| D 19.2 | Verfahren zur Gewährleistung von Vertraulichkeit | 668 |
| D 19.2.1 | Symmetrische Verschlüsselung | 669 |
| D 19.2.1.1 | DES und seine Varianten | 669 |
| D 19.2.2 | Asymmetrische Verschlüsselung | 670 |
| D 19.2.2.1 | RSA | 670 |
| D 19.2.2.2 | ElGamal | 670 |
| D 19.2.3 | Hybride Verschlüsselung | 670 |
| D 19.3 | Verfahren zur Gewährleistung der Integrität und der Authentizität | 671 |
| D 19.3.1 | Symmetrische Authentifikationssysteme | 671 |
| D 19.3.2 | Asymmetrische Authentifikationssysteme | 671 |
| D 19.4 | Zertifizierungsinstanzen | 672 |
| | Literatur | 672 |

### D 20    Knud Böhle: Elektronische Zahlungssysteme …… 673

| | | |
|---|---|---|
| D 20.1 | Einleitung | 673 |
| D 20.2 | Umbruch und Herausforderungen des elektronischen Zahlungsverkehrs | 674 |
| D 20.3 | Grundbegriff Zahlungsverkehr | 675 |

| | | |
|---|---|---:|
| D 20.4 | Klassifikation der Internet-Zahlungssysteme | 676 |
| D 20.5 | Das Micropayment-Problem | 677 |
| D 20.6 | Weiterführende Informationsquellen | 678 |
| | Literatur | 679 |

## E    Information im Kontext ............ 681

| | | |
|---|---|---:|
| **E 1** | **Herbert Stoyan:** | |
| | **Information in der Informatik** | **683** |
| E 1.1 | Lexika | 683 |
| E 1.1.1 | Taschenbuch der Nachrichtenverarbeitung, 1962 | 683 |
| E 1.1.2 | Lexikon der Datenverarbeitung, 1969 | 684 |
| E 1.1.3 | Lexikon der Informatik und DV | 684 |
| E 1.1.3.1 | 1. Auflage 1983 | 684 |
| E 1.1.3.2 | 3. Auflage 1991 | 685 |
| E 1.1.3.3 | 4. Auflage 1997 | 685 |
| E 1.1.4 | Wirtschaftsinformatik-Lexikon, 1986 | 685 |
| E 1.1.5 | Duden Informatik, 1989 | 686 |
| E 1.1.6 | Informatik-Lexikon der GI | 686 |
| E 1.2 | Lehrbücher | 686 |
| E 1.2.1 | Lehrbücher ohne Bezug zu Information | 686 |
| E 1.2.2 | F. L. Bauer und G. Goos: Informatik | 686 |
| E 1.2.3 | F. Kröger: Einführung in die Informatik, 1987 | 687 |
| E 1.2.4 | Informatik für Ingenieure | 687 |
| E 1.2.5 | J. Blieberger etc.: Informatik, 1990 | 687 |
| E 1.2.6 | Rembold und Levi: Einführung in die Informatik, 1999 | 688 |
| E 1.3 | Diskussion in Ethik und Sozialwissenschaften | 688 |
| E 1.3.1 | Deussen zu Information | 688 |
| E 1.3.2 | Gitt zu Information | 689 |
| E 1.3.3 | Haefner zu Information | 689 |
| E 1.3.4 | Hesse zu Information | 689 |
| E 1.3.5 | Krause zu Information | 689 |
| E 1.3.6 | Luft zu Information | 689 |
| E 1.3.7 | Marko zu Information | 689 |
| E 1.3.8 | Nake zu Information | 690 |
| E 1.4 | Mensch und Maschine | 690 |
| E 1.5 | Die Äquivalenzrelationen | 690 |
| E 1.6 | Zusammenfassung | 691 |
| | Literatur | 691 |

| | | |
|---|---|---:|
| **E 2** | **Gerhard Roth und Christian Eurich:** | |
| | **Der Begriff der Information in der Neurobiologie** | **693** |
| E 2.1 | Vorbemerkungen | 693 |
| E 2.2 | Sinnesphysiologie und neuronale Verarbeitung | 693 |
| E 2.3 | Qualitative Aspekte der Informationsverarbeitung im Gehirn | 694 |
| E 2.4 | Neuronale Codes | 695 |
| E 2.5 | Zusammenfassung | 697 |
| | Literatur | 697 |

| | | |
|---|---|---|
| **E 3** | **Margarete Boos:** | |
| | **Information in der Psychologie** .................................................. | **699** |
| E 3.1 | Informationsverarbeitung beim Individuum ......................................... | 699 |
| E 3.1.1 | Teilprozesse der Informationsverarbeitung ......................................... | 699 |
| E 3.1.2 | Gedächtnissysteme .............................................................. | 699 |
| E 3.1.3 | Gedächtnistypen ................................................................ | 701 |
| E 3.1.4 | Zusammenfassung ............................................................... | 701 |
| E 3.2 | Informationsverarbeitung in Gruppen ............................................. | 701 |
| E 3.2.1 | Gruppengedächtnis: transaktives Gedächtnissystem ................................. | 701 |
| E 3.2.2 | Informationsaustausch in Gruppen: Collective Information Sampling ................. | 702 |
| E 3.2.3 | Ausblick ....................................................................... | 703 |
| | Literatur ...................................................................... | 703 |
| | | |
| **E 4** | **Harald H. Zimmermann:** | |
| | **Information in der Sprachwissenschaft** ......................................... | **705** |
| E 4.1 | Die „Informationstheorie" von Shannon und Weaver ................................. | 705 |
| E 4.2 | Die „Theorie der Information" von Kunz und Rittel ................................ | 705 |
| E 4.3 | Semiotik/Sprachwissenschaft und Wissenstransfer .................................. | 707 |
| | Literatur ...................................................................... | 709 |
| | | |
| **E 5** | **Ulrich Glowalla:** | |
| | **Information und Lernen** ........................................................ | **711** |
| E 5.1 | Information und Wissen ......................................................... | 711 |
| E 5.2 | Vom Reiz zur Wissensstruktur .................................................... | 711 |
| E 5.3 | Repräsentation von Bedeutungen .................................................. | 711 |
| E 5.4 | Vorwissen und Lernen ........................................................... | 711 |
| E 5.5 | Repräsentation von Wissen ....................................................... | 712 |
| E 5.6 | Aufbau von Wissensstrukturen .................................................... | 713 |
| E 5.7 | Lernstrategien .................................................................. | 714 |
| E 5.8 | Fazit .......................................................................... | 715 |
| | Literatur ...................................................................... | 715 |
| | | |
| **E 6** | **Eric Schoop:** | |
| | **Information in der Betriebswirtschaft: ein neuer Produktionsfaktor?** ........... | **717** |
| E 6.1 | Wirtschaft und Wirtschaftswissenschaft ........................................... | 717 |
| E 6.2 | Planung, Entscheidung und Information ........................................... | 717 |
| E 6.3 | Betriebliche Informationssysteme ................................................. | 718 |
| E 6.4 | Informationsmanagement als betriebliche Querschnitt-Funktion ...................... | 719 |
| E 6.5 | Aktuelle Anforderungen an das Informationsmanagement .............................. | 720 |
| E 6.6 | Zusammenfassung ............................................................... | 720 |
| | Literatur ...................................................................... | 721 |
| | | |
| **E 7** | **Gerhard Vowe:** | |
| | **Der Informationsbegriff in der Politikwissenschaft –** | |
| | **eine historische und systematische Bestandsaufnahme** ........................... | **723** |
| E 7.1 | Einleitung: Zum Stellenwert des Informationsbegriffs in der Politikwissenschaft .... | 723 |
| E 7.2 | Der Informationsbegriff in der Geschichte des politischen Denkens ................. | 723 |
| E 7.3 | „Information" in den Paradigmen der modernen Politikwissenschaft .................. | 725 |
| E 7.4 | Systematik der informationsrelevanten Forschungsfelder in der Politikwissenschaft .. | 727 |
| E 7.5 | „Informationsgesellschaft" aus politikwissenschaftlicher Sicht .................... | 730 |
| | Literatur ...................................................................... | 730 |

| | | |
|---|---|---|
| **E 8** | **Jürgen Krause:** | |
| | **Information in den Sozialwissenschaften** | 733 |
| E 8.1 | Frühe Ansätze und die Informationssoziologie von Wersig | 733 |
| E 8.2 | Cognitive viewpoint | 734 |
| E 8.3 | Informationsbegriff und Informationsgesellschaft in der Soziologie | 734 |
| E 8.3.1 | Soziologischer Informationsbegriff in Degele | 735 |
| E 8.3.2 | Informationsgesellschaft | 735 |
| E 8.4 | Heterogenitätsbehandlung als Beispielbereich und Fazit | 736 |
| | Literatur | 736 |
| | | |
| **E 9** | **Holger Lyre:** | |
| | **Information in den Naturwissenschaften** | 739 |
| E 9.1 | Vorbemerkungen | 739 |
| E 9.2 | Algorithmische Informations- und Komplexitätstheorie | 739 |
| E 9.3 | Information in der Physik | 739 |
| E 9.3.1 | Thermodynamik | 739 |
| E 9.3.2 | Quantentheorie | 740 |
| E 9.3.3 | Raumzeit-Theorien | 741 |
| E 9.4 | Information in der Biologie | 742 |
| E 9.4.1 | Der genetische Code | 742 |
| E 9.4.2 | Evolution | 742 |
| E 9.5 | Information in den kognitiven Neurowissenschaften | 742 |
| | Literatur | 743 |
| | | |
| **E 10** | **Norbert Henrichs:** | |
| | **Information in der Philosophie** | 745 |
| E 10.1 | Ontologisch-erkenntnistheoretische Aspekte | 745 |
| E 10.2 | Hermeneutisch-daseinsanalytische Aspekte | 747 |
| E 10.3 | Begriffslogische Hinweise | 748 |
| | Literatur | 749 |

# Abkürzungsverzeichnis

**AACR** Anglo-American Cataloguing Rules
**AAP** Association of American Publishers
**AAPOR** American Association for Public Opinion Research
**Abb.** Abbildung
**ABD** Archiv, Bibliothek, Dokumentation
**ADSL** Asynchronous Digital Subscriber Line
**AES** Advanced Encryption Standard
**AFNOR** Association francaise de Normalisation
**AGB** Allgemeine Geschäftsbedingungen
**AHCI** Arts and Humanities Citation Index
**AiF** Arbeitsgemeinschaft industrieller Forschungsvereinigungen
**AIIM** Association for Information and Image Document
**ALA** American Library Association
**ALU** Arithmetic and Logical Unit
**ANSI** American National Standards Institute
**API** Application Programming Interface
**ARD** Arbeitsgemeinschaft der öffentlich-rechtlichen Rundfunkanstalten der Bundesrepublik Deutschland
**ARIST** Annual Review of Information Science and Technology
**ARL** Association of Research Libraries
**ARPA** Advanced Research Projects Agency
**ASCII** American Standard Code for Information Interchange
**B2B** Business to Business
**B2C** Business to Consumer; Business to Costumer
**BAT** Bundesangestelltentarif
**BDSG** Bundesdatenschutzgesetz
**BF** Benutzt für
**BfAI** Bundesagentur für Außenwirtschaft
**BFK** Benutzt für Kombination
**BGB** Bürgerliches Gesetzbuch
**BID** Bibliothek, Information, Dokumentation
**BIK** Benutzt in Kombination
**BIOS** Basic Input Output System
**Bit** Binary Digit
**BK** Benutze Kombination

**BL** British Library
**BLDSC** British Library Document Supply Centre
**BLOB** Binary Large Object
**BMB+F** Bundesministerium für Bildung und Forschung
**BMBF** Bundesministerium für Bildung und Forschung
**BMFT** Bundesministerium für Forschung und Technologie
**BMWA** Bundesministerium für Wirtschaft und Arbeit
**BOAI** Budapest Open Access Initiative
**BRD** Bundesrepublik Deutschland
**BS** Benutze Synonym
**BSU** Benutze spezifischen Unterbegriff
**BSZ** Bibliotheksservice-Zentrum Baden-Württemberg
**CA** Chemical Abstracts
**CALS** Continuous Acquisition and Life-Cycle Support
**CARB** California Air Resources Board
**CAS** Chemical Abstracts Service
**CASSI** Chemical Abstracts Service Source Index
**CAT** Computer Added Translation
**CATI** Computer Assisted Telephone Interviewing
**CAWI** Computer Assisted Web Interviewing
**CC** Colon Classification
**CD** Compact Disk
**CD-ROM** Compact Disk Read Only Memory
**CDU** Classification Décimale Universelle
**CEN** Comité Européen de Normalisation
**CENELEC** Comité Européen de Normalisation Electrotechnique
**CERN** Organisation Européenne pour la Recherche Nucléaire
**CHABLIS** Charging, Accounting and Billing for Digital Library Services
**CI** Coded Information
**CIO** Chief Information Officer
**CISC** Complex Instruction Set Comptuer
**CKM** Customer Knowledge Management

**CLEF** Cross Language Evaluation Forum
**CMC** Computer Mediated Communication
**COLD** Computer Output to Laser Disk
**CoP** Community of Practice
**CORBA** Common Object Request Broker Architecture
**CPS** Chemistry Preprint Server
**CPU** Central Processing Unit
**CSCL** Computer Supported Collaborative Learning
**CSCW** Computer Supported Cooperative Work
**CSS** Cascading Style Sheets
**CT** Computer-Tomographie
**CUI** Command-Line User Interface
**CUI** Character-based User Interface
**CvK** Computervermittelte Kommunikation
**d.h.** das heißt
**DAML/OIL** DARPA Agent Markup Language/ Ontology Interface Layer
**DAML/OWL** DARPA Agent Markup Language/ Ontology Web Language
**DARE** Digital Academic Repositories
**DARPA** Defense Advanced Research Projects Agency
**DBMS** Datenbankmanagementsystem
**DC** Dublin Core Metadata Element Set
**DCL** Data Control Languages
**DDC** Dewey Decimal Classification
**DDL** Data Definition Lanuage
**DDR** Deutsche Demokratische Republik
**DEPATIS** Deutsches Patent-Informationssystem
**DES** Data Encryption Standard
**DFG** Deutsche Forschungsgemeinschaft
**DFN** Deutsches Forschungsnetz
**DGD** Deutsche Gesellschaft für Dokumentation
**DGI** Deutsche Gesellschaft für Informationswissenschaft und Informationspraxis
**DIMDI** Deutsches Institut für Medizinische Dokumentation und Information
**DIN** Deutsches Institut für Normung
**DIW** Deutsches Institut für Wirtschaftsforschung
**DK** Dezimalklassifikation; Internationale Dezimalklassifikation
**DLL** Dynamic Link Library
**DMA** Document Management Alliance
**DML** Data Manipulation Language
**DMS** Dokumenten-Management-System
**DNA** Deutscher Normenausschuss
**DNS** Domain Name System
**DOI** Digital Object Indentifier
**DPC** Digital Preservation Coalition
**DPCI** Derwent Patents Citation Index
**DPMA** Deutsches Patent- und Markenamt
**DRAM** Dynamic Random Access Memory
**DSA** Digital Signature Algorithm
**DSS** Digital Signature Standard
**dt.** deutsch
**DTD** Document Type Definition
**DTP** Desktop Publishing
**DVD** Digital Versatile Disk
**EAD** Encoded Archival Description
**EASCII** Extended American Standard Code for Information Interchange
**ECIN** Electronic Commerce Info Net
**EDI** Eletronic Date Interchange
**EDIFACT** Eletronic Date Interchange For Administration, Commerce and Transport
**EDV** Elektronische Datenverarbeitung
**EFTA** European Free Trade Association
**EFTI** European Forum für Telecom Industry Information Interchange
**EG** Europäische Gemeinschaft
**EIV** Economist Intelligence Unit
**EMS** Electronic Meeting System
**EN** Europäische Norm
**ENIAC** Electronic Numerical Integrator And Computer
**EPA** Europäisches Patentamt
**EPC** Europäische Patentklassifikation
**EPROM** Erasable Programmable Read Only Memory
**ePSO** electronic Payment Systems Observatory
**ERP** Electronic Resource Perservation; Enterprise Resource Planning
**ERPANET** Electronic Resource Preservation and Access Network

**etc.** et cetera
**EU** Europäische Union
**EUROSTAT** Statistisches Amt der Europäischen Genmeinschaften
**EUSIDIC** European Association of Information Services
**EZB** Elektronische Zeitschriftenbibliothek
**F+E** Forschung und Entwicklung
**F2F** Face to Face Communication
**FAMI** Fachangestellte(r) für Medien- und Informationsdienste
**FAW** Forschungsinstitut für anwendungsorientierte Wissensverarbeitung
**FH** Fachhochschule
**FID** Fédération internationale d'information et de documentation
**FIZ** Fachinformationszentrum
**FRBR** Functional Requirements for Bibliographic Records
**FtF** Face to Face Communication
**FTP** File Transfer Protocol
**G2B** Goverment to Business
**G2C** Government to Citizen
**GBI** Gesellschaft für Betriebswirtschaftliche Information
**GDSS** Group Decision Support System
**GERHARD** German Harvest Automatical Retrieval and Directory
**GG** Grundgesetz
**GIF** Graphic Interchange Format
**GII** Global Information Infrastructure
**GKD** Gemeinsame Körperschaftsdatei
**GMDS** Deutsche Gesellschaft für Medizinische Informatik, Biometrie und Epidemiologie
**GPL** General Public License
**GPS** Global Positioning System
**GUI** Graphical User Interface
**HAM** Hypertext Abstract Machine
**HAT** Human Aided Translation
**HCC** Human Computer Communication
**HCI** Human Computer Interaction
**HI** Hochschulverband Informationswissenschaft
**HQMT** High Quality Machine Translation
**HSA** Hardware System Architecture

**HTML** Hypertext Markup Language
**HTTP** Hypertext Transfer Protocol
**HWK** Handwerkskammer
**HWWA** Hamburger Welt-Wirtschafts-Archiv
**i.d.R.** in der Regel
**IAO** Fraunhofer-Institut für Arbeitswirtschaft und Organisation
**IBIS** Issue-Based Information System
**ICANN** Internet Corporation for Assigned Names and Numbers
**ICAT** Interactive Computer Added Translation
**ICD** International Statistical Classification of Diseases and Related Health Problems
**ICH** International Conference on Harmonisation of Technical Requirements for Registration of Pharmaceuticals for Human Use
**ICPM** International Classification of Procedures in Medicine
**ICR** Intelligent Character Recognition
**IDEA** International Data Encryption Algorithm
**IDF** Inverse Document Frequency
**IDS** Informationsverbund Deutschschweiz
**IDW** Institut für Dokumentationswesen
**IEC** International Electrotechnical Commission
**IEEE** Institute of Electrical and Electronics Engineers
**IFIP** International Federation for Information Processing
**IFLA** International Federation of Library Associations and Institutions
**ifo** Institut für Wirtschaftsforschung
**IHK** Industrie- und Handelskammer
**IIB** Institut International de Bibliographie
**IID** Institut für Information und Dokumentation
**IIE** Institute for Information Economics
**IKT** Informations- und Kommunikationstechnologie
**IMAP** Internet Message Access Protocol
**IMPACT** Information Market Policy Actions Service
**INEX** Initiative for the Evaluation of XML retrieval
**Int. Cl.** Internationale Patentklassifikation
**IP** Internet Protocol

**IPC** International Patent Classification
**IPSI** Fraunhofer-Institut für Integrierte Publikations- und Informationssysteme
**IQ** Informationsqualität
**IR** Information Retrieval
**IRS** Information Retrieval System
**ISA** Instruction Set Architecture
**ISAD (G)** International Standard for Archival Description (General)
**ISBD** International Standard Bibliographic Description
**ISBN** International Standard Book Number
**ISDN** Integrated Services Digital Network
**ISMN** International Standard Music Number
**ISO** International Organization for Standardization
**ISP** Internet Service Provider
**ISRC** International Standard Recording Code
**ISRN** International Standard Technical Report Number
**ISSN** International Standard Serial Number
**IT** Informationstechnologie
**ITU** International Telecommunication Union
**IuD** Information und Dokumentation
**IuK** Information und Kommunikation
**IuKDG** Informations- und Kommunikationsdienstegesetz
**IVS** Informationsvermittlungsstelle
**IW** Institut der deutschen Wirtschaft
**IWF** Internationaler Währungsfond
**IZ** Informationszentrum
**JCMC** Journal of Computer Mediated Communication
**JCR** Journal Citation Reports
**JHEP** Journal of High Energy Physics
**JPEG** Joint Photographic Experts Group
**KB** Kombinationsbegriff
**KI** Künstliche Intelligenz
**KIS** Krankenhausinformationssystem
**KMK** Kultusministerkonferenz
**KMU** Kleine und mittlere Unternehmen
**KWIC** Keyword In Context
**KWOC** Keyword Out of Context

**LAMP** Linux, Apache, MySQL, PHP
**LAN** Local Area Network
**LC** Library of Congress
**LCD** Liquid Crystal Display
**LID** Lehrinstitut für Dokumentation
**LISP** LISt Processing language
**Lit.** Literatur
**LoC** Library of Congress
**LOM** Learning Objects Metadata
**MARC** Machine-Redable Cataloging
**MCI** Mensch-Computer-Interaktion
**MCK** Mensch-Computer-Kommunikation
**MD** Message Digest; Medizinischer Dokumentar
**MDA** Medizinische(r) Dokumentationsassistent(in)
**MedDRA** Medical Dictionary for Regulatory Activities Terminology
**MEDLARS** Medical Literature Analysis and Retrieval System
**MeDoc** Multimedia electronic Documents
**MIMD** Multiple Instruction - Multiple Data
**MIME** Multipurpose Internet Mail Extensions
**MISD** Multiple Instruction - Single Data
**MKS-System** Meter - Kilogramm - Sekunde (Maßsystem)
**MoDelDok** Mobilisierungskampagne zur Imageförderung dokumentarischer Berufsbilder
**MP3** MPEG 2.5 Audio Layer III
**MPEG** Motion Picture Experts Group
**MPG** Max-Planck-Gesellschaft
**MRF** Master Reference File
**MS** Microsoft
**MS-DOS** Microsoft Disc Operation System
**MSR** Messen, Steuern, Regeln
**MT** Machine Translation
**MUC** Message Understanding Conference
**MUI** Mental User Interface
**MVB** Marketing- und Verlagsservice des Buchhandels
**NABD** Normenausschuss Bibliotheks- und Dokumentationswesen
**NACE** Nomenclature d'Activités de la Communauté Européenne

**NAT**  Normenausschuss Terminologie
**NCI**  Non-Coded-Information
**NGO**  Non-Governmental Organization
**NIST**  National Institute of Standards and Technology
**NITF**  News Industry Text Format
**NSA**  National Security Agency
**NT**  New Technology
**NTCIR**  NII-NACISIS Text Collection for Information Retrieval Systems
**NVT**  Network Virtual Terminal
**NWIKO**  Neue Weltinformations- und Kommunikationsordnung
**o.a.**  oben angegeben
**OA**  Oberbegriff/Abstraktionsrelation
**OAI**  Open Archives Initiative
**OAIS**  Open Archival Information System
**OB**  Oberbegriff
**ÖB**  Öffentliche Bibliothek
**OCR**  Optical Character Recognition
**ODA**  Open Document Architecture
**ODBC**  Open Database Connectivity
**ODIF**  Open Document Interchange Format
**ODIN**  Objektorientierte Dynamische Benutzungsoberflächen
**ODMA**  Open Document Management
**OECD**  Organisation for Economic Co-operation and Development
**OIL**  Ontology Inference Layer
**OLE**  Object Linking and Embedding
**OMS**  Organisational Memory System
**OODBMS**  Object-Oriented Data Base Management System
**OOP**  Objektorientierte Programmierung
**OPAC**  Online Public Access Catalogue
**OPL**  One Person Library
**ORDBMS**  Object-Relational Data Base Management System
**OSF**  Open Software Foundation
**OSI**  Open System Interconnection; Open Society Institute
**P2P**  Person to Person
**PADOK**  Patentdokumentation

**PARSIFAL**  PARtnerSchaft InternetFähige Archiv-Lösungen
**PC**  Personal Computer
**PDA**  Personal Digital Assistant
**PDF**  Portable Document Format
**PEM**  Privacy Enhanced Mail
**PI**  Preußische Instruktionen
**PND**  Personennamendatei
**PNG**  Portable Network Graphics
**POP**  Post Office Protocol
**POS**  Point of Sale
**POSIX**  Portable Operating System Interface
**PS**  Payment Server
**pVV**  positive Vertragsverletzung
**r2c**  right to communicate
**RAK**  Regeln für die alphabetische Katalogisierung
**RAK-Musik**  Regeln für die alphabetische Katalogisierung von Ausgaben musikalischer Werke
**RAK-NBM**  Regeln für die alphabetische Katalogisierung von Nichtbuchmaterialien
**RAK-ÖB**  Regeln für die alphabetische Katalogisierung in öffentlichen Bibliotheken
**RAK-PB**  Regeln für die alphabetische Katalogisierung in Parlaments- und Behördenbibtiotheken
**RAK-UW**  Regeln für die alphabetische Katalogisierung: Sonderregeln für unselbständig erschienene Werke
**RAK-WB**  Regeln für die alphabetische Katalogisierung in wissenschaftlchen Bibiotheken
**RAM**  Random Access Memory
**RBU**  Répertoire Bibliographie Universel
**RDBMS**  Relational Database Management System
**RDF**  Resource Description Framework
**RDFS**  Resource Description Framework Schema
**RICA**  Regole Italiane di Catalogazione Autori
**RIPE**  RACE Integrity Primitives Evaluation
**RIPEMD**  RIPE Message Digest
**RIS**  Review of Information Science
**RISC**  Reduced Instruction Set Computer
**RNA**  Regeln zur Erschließung von Nachlässen und Autographen
**ROM**  Read Only Memory

**RSA** Rivest, Shamir and Adelman encryption algorithm
**RSWK** Regeln für den Schlagwortkatalog
**s.u.** siehe unten
**SC** Sub Committee
**SCI** Science Citation Index
**SDI** Selective Dissemination of Information
**SDR** Spoken Document Retrieval
**SGML** Standard Generalized Markup Language
**SHA-1** Secure Hash Algorithm 1
**SHERPA** Securing a Hybrid Environment for Research Preservation and Access
**SIC** Standard Industrial Classification
**SigG** Signaturgesetz
**SIMD** Single Instruction - Multiple Data
**SISD** Single Instruction - Single Data
**SLA** Special Libraries Association
**SMART** Simple Modular Architecture Research Tool
**SMPT** Simple Mail Transfer Protocol
**SNOMED** Systemized Nomenclature of Medicine
**SOP** Standard Operating Procedures
**SPARC** Scholary Publishing and Academic Resources
**SQL** Structured Query Language
**SRAM** Static Random Access Memory
**StGB** Strafgesetzbuch
**SUI** Speech User Interface
**TAN** Transaktionsnummer
**TC** Technisches Komitee
**TCP** Transmission Control Protocol
**TCP/IP** Transmission Control Program/Internet Protocol
**TCS** Text Catagorization Shell
**TDDSG** Teledienstedatenschutzgesetz
**TDSV** Telekommunikationsdienstunternehmen-Datenschutzverordnung
**TEI** Text Encoding Initiative
**TELNET** Terminal Emulation for TCP/IP
**TFIDF** Term Frequency Inverse Document Frequency
**TIFF** Tag Image File Format

**TKG** Telekommunikationsgesetz
**TM** Translation Memory
**TREC** Text Retrieval Conference
**TT** Top Term
**TU** Technische Universität
**u.a.** unter anderem
**u.U.** unter Umständen
**UA** Unterbegriff/Abstraktionsrelation
**UB** Unterbegriff
**UDC** Universal Decimal Classification
**UDCC** Universal Decimal Classification Consortium
**UDK** Universale Dezimalklassifikation
**UDP** User Datagram Protocol
**UdSSR** Sowjetunion
**UI** User Interface
**UMCS** Unified Medical Language System under Construction
**UMTS** Universal Mobile Telecommunications System
**UNESCO** United Nations Educational, Scientific and Cultural Organization
**UrhG** Urheberrechtsgesetz
**URI** Uniform Resource Identifier
**URN** Uniform Resource Name
**USA** United States of America
**USB** Universal Serial Bus
**USMARC** Machine-Redable Cataloging (USA)
**USP** Unique Selling Proposition
**V3D2** Verteilte Verarbeitung und Vermittlung digitaler Dokumente
**VB** Verwandter Begriff
**VDA** Verein Deutscher Archivare
**VDD** Verein Deutscher Dokumentare
**VDI** Verein Deutscher Ingenieure
**vgl.** vergleiche
**VlB** Verzeichnis lieferbarer Bücher
**W3C** World Wide Web Consortium
**WAN** Wide Area Network
**WB** Wissenschaftliche Bibliothek
**WfMS** Workflow Management System
**WG** Working Group
**WIPO** World Intellectual Property Organization

**WORM** Write Once Read Many
**WTI** Wissenschaftlich-Technische Information
**WTO** Work Trade Organization
**WWW** Word Wide Web
**WYSIWIS** What you See Is What I See
**XLS** eXtensible Style Sheet
**XML** eXtensible Markup Language
**XML-DOM** eXtensible Markup Language - Document Object Model
**XSL-FO** eXtensible Stylesheet Language Formatting Objects
**XSL-T** eXtensible Stylesheet Language Transformations
**z.B.** zum Beispiel
**ZDB** Zeitschriftendatenbank
**ZMD** Zentralstelle für Maschinelle Dokumentation

# A
# Grundlegendes

| | | |
|---|---|---|
| A 1 | Rainer Kuhlen:<br>**Information** | ... 3 |
| A 2 | Thomas Seeger:<br>**Entwicklung der Fachinformation und -kommunikation** | ... 21 |
| A 3 | Thomas Seeger:<br>**Professionalisierung in der Informationsarbeit:<br>Beruf und Ausbildung in Deutschland** | ... 37 |
| A 4 | Marlies Ockenfeld:<br>**Nationale und internationale Institutionen** | ... 55 |
| A 5 | Rainer Kuhlen:<br>**Informationsethik** | ... 61 |
| A 6 | Thomas Seeger:<br>**(Fach-)Informationspolitik in Deutschland<br>(Bundesrepublik Deutschland)** | ... 73 |
| A 7 | Jürgen W. Goebel:<br>**Informationsrecht - Recht der Informationswirtschaft** | ... 91 |
| A 8 | Rainer Kuhlen:<br>**Wissensökologie** | ... 105 |
| A 9 | Wolfgang Ratzek:<br>**Informationsutopien - Proaktive Zukunftsgestaltung. Ein Essay** | ... 115 |

# A 1 Information

Rainer Kuhlen

## A 1.1 Sichten

### A 1.1.1 Reduktion oder Zuwachs an Ungewissheit?

Dieses Handbuch und speziell dieser erste Beitrag soll Wissen über Information vermitteln. Dazu folgen hier viele Informationen über „Information". Viele Autoren haben diese Informationen dadurch in die Welt gesetzt, dass sie ihr Wissen – oft sind es nur Meinungen oder Vermutungen, oft aber auch empirisch, logisch oder kommunikativ/kollaborativ gesicherte Aussagen (zu dieser Unterscheidung Lit. 35) – in eine wahrnehmbare und damit für andere aufnehmbare Form gebracht, also in der Regel publiziert haben. Ob das nach der Lektüre dieses Artikels zu einer Reduktion von Ungewissheit führen wird, wie man es ja lange als Definition von Information angenommen hat (Lit. 72) oder – ob der Vielfalt oder sogar Widersprüche in den Aussagen über „Information" – eher zu einem Zuwachs an Unsicherheit, hängt von dem Vorwissen und der Erwartungshaltung des jeweiligen Lesers ab. Zur *Information* werden die Informationen erst, wenn jemand sie in einem bestimmten Kontext aufnimmt, sie verstehen, interpretieren, etwas mit ihnen anfangen kann, sei es direkt, z.B. um eine anstehende Entscheidung zu fällen, oder verzögert durch Aufnahme der Informationen in den schon vorhandenen eigenen Wissensbestand, mehr oder weniger damit rechnend, dass er/sie später auf sie wird zugreifen und sie dann wird verwenden können.

Schon in diesen eher essayistischen Anfangsbemerkungen stecken so viele unterschiedliche Annahmen über „Information" (und „Wissen"), dass die Aussage von Wersig aus den 70er Jahren „Informationsbegriffe gibt es nahezu so viele, wie es Autoren gibt, die darüber schreiben" (Lit. 72, S. 28) nicht übertrieben zu sein scheint. Kein Wunder. Kaum etwas ist theoretisch so komplex und damit schwierig terminologisch festzulegen wie die Begriffe „Information" und „Wissen", nicht zuletzt auch deshalb, weil beide Begriffe in so gut wie allen wissenschaftlichen Disziplinen eine Rolle spielen und weil jede Disziplin eigene Interessen an diesen Begriffen hat und weit davon entfernt ist, verbindliche Anleihen bei der Disziplin zu nehmen, die schon von der Fachgebietsbezeichnung zumindest für „Information" zuständig sein sollte. Weit entfernt vielleicht auch deshalb, weil die skeptische Bemerkung von Fox „information science is in the rather embarassing position of lacking any clear understanding of its central notion" (Lit. 27, S. 3) lange Zeit zutreffend war. Wir wollen allerdings plausibel machen, dass sich in den letzten Jahren, trotz weiter bestehender Unterschiede im Detail, zumindest in der akademischen deutschsprachigen Informationswissenschaft (Lit. 65 bis Lit. 69) ein Konsens in Richtung einer pragmatischen Sicht auf Information herausgebildet hat (Lit. 40, S. 37ff). Also konsensual gilt, dass es aus informationswissenschaftlicher Sicht um die Bedeutung, die Handlungsrelevanz und damit um den Nutzen von Information geht. Das soll im Zentrum dieses Beitrags stehen.

Schauen wir aber noch einmal auf die Aussagen im ersten Absatz. Dahinter kann man das in vielfachen und immer komplizierter gewordenen Variationen verwendete allgemeine Kommunikationsmodell erkennen, nach dem Sender Informationen in einem Zeichensystem darstellen/kodieren, über einen Kanal welcher medialen Art auch immer schikken, der bei einem Empfänger dieser Informationen endet. Geglückt ist die Kommunikation dann, wenn bei der Übertragung nicht zu viel Information verloren geht (der Kanal also sicher ist bzw. die Kodierung Redundanz zulässt). Aber das reicht wohl noch nicht. Glücken kann die Kommunikation nur dann, wenn über die Übertragung hinaus Sender und Empfänger über das gleiche Zeichensystem oder Übersetzungsmöglichkeiten verfügen oder vorsichtiger ausgedrückt: wenn die unvermeidbaren Asymmetrien in der Darstellung und in der Aufnahme von Wissen über die übertragenen Informationen durch Sender (Autoren) und Empfänger (Leser/Rezipienten) nicht zu stark werden. Darüber hinaus sind weitere Gemeinsamkeiten erforderlich, z.B. an kulturellem Hintergrundwissen und Bildungsstand – das, was wir später „Weltwissen" nennen wollen. In diesem einfachen Modell stecken aber schon viele der Gründe für die divergierenden Informationsverständnisse, je nachdem, ob exklusiv die Sender-, die Kanal- oder die Empfänger-Perspektive eingenommen wird. Das wird im Verlauf der Diskussion deutlicher werden.

## A 1.1.2  Interdisziplinäre Sichten

„Information" ist kein Besitzstand des engeren Gebiets von Information und Dokumentation. Eine Zusammenstellung der verschiedenen fachlichen Sichten haben Machlup und Mansfield schon 1983 unternommen (Lit. 47), ohne dabei eine Synthese anzustreben. Eine spannende neuere interdisziplinäre Diskussion um den Informationsbegriff hat in verschiedenen Beiträgen der Zeitschrift „Ethik und Sozialwissenschaften" stattgefunden (1998, Heft 2 und 2001, Heft 1), angestoßen durch den Artikel von Janich (Lit. 34). Janich, Philosoph und Physiker, argumentiert nicht aus physikalisch-informationstheoretischer Perspektive, sondern stellt Information in den Zusammenhang von Kommunikation, bevorzugt menschlicher Kommunikation, mit Ansätzen, Informationsbereitstellung auch Maschinen zuzubilligen. Diese kommunikative Sicht veranlasste einen der Replikanten, den Informationswissenschaftler Krause (Lit. 36; vgl. Kap. E 8), Janichs Ansatz im Sinne des pragmatischen Primats (s. unten) als informationswissenschaftlich zu verstehen. Auch Wilson verwendete den interdisziplinären Ansatz, um ein grundlegendes Konzept für Information (hier Informationsverhalten) zu gewinnen (Lit. 75). Wir setzen diese Tradition der interdisziplinären Diskussion in Kapitel E dieses Handbuchs fort.

## A 1.1.3  Variationen

Wie breit die Diskussion um Definitionsversuche für „Information" ist, zeigt auch ein kleiner Ausschnitt aus Beats Biblionetz (Lit. 03):

(1-1) „Information ist der Veränderungsprozess, der zu einem Zuwachs an Wissen führt – Christian Schucan im Buch Effektivitätssteigerung mittels konzeptionellem Informationsmanagement (1999) im Text Begriffliche Abgrenzung auf Seite 25.

(1-2) Information ist eine nützliche Veränderung der nutzbaren abstrakten Strukturen aufgrund zusätzlicher Daten und/oder abstrakter Strukturen oder aufgrund zusätzlicher Nutzung bereits verfügbarer abstrakter Strukturen. Information kann rationale Handlungen auslösen und/oder die Interpretation des Wissens verändern (ebda.)

(1-3) Information ist nutzbare Antwort auf eine konkrete Fragestellung – Carl August Zehnder im Buch Informationssysteme und Datenbanken im Text Leben mit Information auf Seite 14.

(1-4) Information ist natürlich der Prozess, durch den wir Erkenntnis gewinnen – Heinz von Foerster im Buch Wissen und Gewissen im Text Zukunft der Wahrnehmung: Wahrnehmung der Zukunft (1971).

(1-5) Unwahrscheinlicher, nichtprogrammierter Sachverhalt – Vilém Flusser im Buch Die Revolution der Bilder (1995) im Text Die lauernde schwarze Kamera-Kiste.

(1-6) Ich verstehe hier unter Information und Bedeutung eines Signals die Wirkung, die dieses Signal auf die Struktur und Funktion eines neuronalen kognitiven Systems hat, mag diese Wirkung sich in Veränderungen des Verhaltens oder von Wahrnehmungs- und Bewusstseinszuständen ausdrücken – Gerhard Roth im Buch Gedächtnis (1991) auf Seite 360.

(1-7) Das spezifische Wissen, das man in einer bestimmten Situation benötigt, um beispielsweise ein Problem zu lösen, wird Information genannt – Werner Hartmann, Michael Näf, Peter Schäuble im Buch Informationsbeschaffung im Internet (2000) auf Seite 15.

(1-8) Informationen sind kontextualisierte Daten (z.B. der Satz: „Am 3. August 1999 hat es am Cap d'Antibes um 11 Uhr vormittags 30 Grad Celsius") – ThinkTools AG , erfasst im Biblionetz am 24.05.2000.

(1-9) When organized and defined in some intelligible fashion, then data becomes information – Don Tapscott im Buch Growing Up Digital (1997) im Text The Net Generation auf Seite 32.

(1-10) Informationen sind Antworten auf Fragestellungen; Informationen füllen Informationslücken (des meist menschlichen Anwenders) – Kurt Bauknecht, Carl August Zehnder im Buch Grundlagen für den Informatikeinsatz im Text Vielfältiger Einsatz – einfache Grundlagen auf Seite 34.

(1-11) Wird eine Zeichenfolge übertragen, so spricht man von einer Nachricht. Die Nachricht wird zu einer Information, wenn sie für einen Empfänger eine Bedeutung hat – H. R. Hansen, G. Neumann im Buch Wirtschaftinformatik I (1978) im Text Planung, Entwicklung und Betrieb von Informationssystemen auf Seite 132.

(1-12) Für die Wirtschaftsinformatik [gilt]: Information ist handlungsbestimmendes Wissen über historische, gegenwärtige und zukünftige Zustände der Wirklichkeit und Vorgänge in der Wirklichkeit, mit anderen Worten: Information ist Reduktion von Ungewissheit – L. J. Heinrich im Buch Informationsmanagement im Text Einführung in das Informationsmanagement auf Seite 7.

(1-13) Information ist ein Fluss von zweckorientierten Nachrichten, d.h Know-what – Margrit Osterloh, Ivan von Wartburg im Buch Technologie-Management – Idee und Praxis (1998) im Text Organisationales Lernen und Technologie-Management auf Seite 150.

(1-14) Information („informare": „formen, bilden, mitteilen") ist in der Publizistikwissenschaft im Unterschied etwa zur Informatik keine ausschließlich technische Signalübertragung, sondern ein sinnhaftes soziales Handeln. In der Individualkommunikation bezieht sich die Information auf bekannte und in der Massenkommunikation meist auf gegenseitig unbekannte Empfänger (Rezipienten). Information kann beispielhaft definiert werden als Reduktion von Ungewissheit – Heinz Bonfadelli im Buch Einführung in die Publizistikwissenschaft (2001) im Text Was ist (Massen-)Kommunikation? auf Seite 22."

### A 1.1.4 Information für *eine* Wissenschaft oder für viele Wissenschaften?

Die Vielfalt der Informationsbegriffe bzw. die Beschäftigung vieler Disziplinen mit Information hat Autoren wie Kunz und Rittel 1972 bewogen, von „Informationswissenschaften" zu sprechen (Lit. 43). Allerdings haben sie daraus gleich den Schluss gezogen, dass „die Informationswissenschaften keine Wissenschaft im engeren, herkömmlichen Sinne" seien, und zwar mit der Begründung, dass „die Generierung von Erkenntnissen ... für sie nur Mittel zum Zweck" sei: „Das Ziel [sei] die Planung, der Entwurf und der Betrieb von Informationssystemen" (Lit. 43, S. 19). Dass, was wir heute als Informationswissenschaft ansprechen, ist für Kunz/Rittel ein Spezialfall der allgemeinen Informationswissenschaften.

Den Pluralbegriff hat die Fachdisziplin in Deutschland nicht übernommen, wenn auch im wissenschaftspolitischen Kontext zuweilen „Informationswissenschaften" als Oberbegriff für alle Einrichtungen verwendet wird, die mit Informatik, Informationswissenschaft, Information Engineering etc. zu tun haben (Lit. 45). Man hat sich bei den wenigen Hochschuleinrichtungen des Fachgebietes auf den Singularbegriff verständigt.

Ausnahmen gibt es auch hier: So heißt der FB 5 an der FHS Potsdam „Informationswissenschaften", und das Institut für Informationswissenschaft der FH Köln ist in der Fakultät für Informations- und Kommunikationswissenschaften angesiedelt. Und auch Kuriositäten gibt es: So den Fachbereich Informationswissenschaften am Staatlichen Seminar für Didaktik und Lehrerbildung (Berufliche Schulen, Karlsruhe). Auch in den USA ist „information sciences" eher ungebräuchlich – auch wenn der Plural vorkommt, z.B. in der renommierten informations- und bibliothekswissenschaftlichen Pittsburgh „School of Information Sciences" –, ist man in den amerikanischen Hochschulen doch eher an konkreten Ausbildungsprogrammen als an übergreifenden Super-Fakultätsbezeichnungen interessiert.

Im angelsächsischen Bereich ist LIS (Library and Information Science), neben CIS (Computer and Information Science), die verbreitetste Abkürzung geworden; systematisch dazu Budd (Lit. 11), historisch McCrank (Lit. 50) und Buckland/Liu (Lit. 10), ebenfalls historisch, zurückgehend bis zur „Dokumentation" des 19. Jahrhunderts Day (Lit. 19). Mit LIS und CIS sind auch die beiden zentralen (methodischen und technischen) Nachbarschaften bzw. Herkünfte benannt, die entsprechend das Informationsverständnis der Informationswissenschaft bestimmt haben, ergänzt um die klassische dokumentarische Tradition und die auch starkem Wandel unterliegenden Kommunikationstraditionen. Ob nun „Wissenschaft" oder „Wissenschaften" – die Informationswissenschaft hat schon für sich genügend Schwierigkeiten mit ihrem Kernkonzept.

## A 1.2 Information in der Informationswissenschaft

### A 1.2.1 Warum nicht Wissenswissenschaft? „Informations..." oder „Wissens..."?

Grundlegend für die Informationswissenschaft ist natürlich der Begriff der Information. Eine *Wissenswissenschaft* existiert als akademische Wissenschaft nicht, obgleich der Begriff auch verwendet wird, so – wohl eher tentativ als konstruktiv-systematisch – im Titel eines Seminars von Gernot Wersig im WS 1996/97.

Die Suchmaschine Google zeigte 1/2004 nur sechs halbwegs einschlägige Treffer für den deutschsprachigen Begriff an. *Knowledge science* scheint weltweit scheint weiter verbreitet zu sein. Dazu nur drei Beispiele. In den *USA* gibt es an der University of Calgary ein *Knowledge Science Institute*, dass sich allen Aspekten der Wissensökonomie widmet (http://ksi.cpsc.ucalgary.ca/KSI/KSI.html). In *Japan* gibt es im *Advanced Institute of Science and Technology* (JAIST) eine *School of Knowledge Science*, die sich mit Fragen des Wissensmanagement beschäftigt (http://www.jaist.ac.jp/ks/index-e.html). In *England* gibt es an der *Newcastle University* ein *Centre for Research in Knowledge Science and Society*, bei dem – die ökonomische Sicht übersteigend und den Gedanken der Nachhaltigkeit aufnehmend – der Einfluss gegenwärtiger durch Informationsverarbeitung gesteuerter Wissensproduktion und -verteilung auf alle Bereiche der Gesellschaft untersucht werden soll. Auch in der Arbeitsgruppe um Christiane Floyd wurde der Begriff im Zusammenhang einer konstruktivistischen Sicht auf Softwareentwicklung verschiedentlich verwendet (Lit. 25).

Warum es die Wissenswissenschaft nicht zu einer selbständigen Disziplin geschafft hat und auch nicht zu einer Art Metawissenschaft wie etwa die Kognitionswissenschaft, darüber kann durchaus spekuliert werden. Wir tun es hier nicht – werden aber den Begriff des Wissens in unsere folgende Analyse von „Information" natürlich einbeziehen. Information kann ja kaum etwas anderes sein als ein Referenzbegriff. Information existiert nicht für sich. Information referenziert auf Wissen. Information wird in der Regel als Surrogat bzw. Repräsentation oder Manifestation von Wissen verstanden: „knowledge is personal, individual and inaccessible. It does, however, manifest itself in (and is created and modified by) information" (Lit. 02). Das geschieht ja seit Beginn der Diskussion um das Informationsfundament der Informationswissenschaft durchgängig, von Farradane (Lit. 21), Meadows (Lit. 51), Brooks (Lit. 08), Belkin (Lit. 04), Luft (Lit. 46), über die Artikel in Feeney/Grieves (Lit. 23) bis hin zu Budd (Lit. 11), Checkland/Holwell (Lit. 15), Case (Lit. 14), Warner (Lit. 71), Capurro/Hjørland (Lit. 13) und oft genug mit eher mysteriösen und bewusst verdunkelnden Differenzierungen wie bei Gregory Bateson aus den 70er Jahren, wo Information definiert wird als „a difference that makes a difference", und Wissen: „knowledge is a difference that makes a difference that makes a difference" (zit. aus Lit. 74).

Wir wollen nur noch anmerken, dass in den letzten Jahren die lange auch politisch favorisierte „Informations"-Komponente in Begriffen wie „Informationsmanagement", „Informationswirtschaft", „Informationsgesellschaft" starke Konkurrenz durch „Wissen" bekommen hat. „Wissensmanagement" hat Konjunktur, „Wissensgesellschaft" wird als kritischer Begriff gegenüber einer überwiegend technisch bestimmten Informationsgesellschaft verwendet, so z.B. von der UNESCO und vielen zivilgesellschaftlichen Gruppen (Lit. 80) im Kontext des UN-Weltgipfels zur Informationsgesellschaft – WSIS (Lit. 42, Kap. 1). „*Information society*" hieß es bei WSIS vielleicht deshalb, weil eine technische UN-Organisation, nämlich die ITU (International Telecommunication Union), die Federführung bei der Organisation von WSIS hatte (Lit. 33). Wir wollen diese „Wende" nicht überinterpretieren, sehen aber in der Verwendung von „Wissens..." einen Versuch der Rückgewinnung der Humankomponente beim Umgang mit Wissen und Information, vielleicht als Reaktion auf die doch nicht so überzeugend eingelösten Erwartungen an stark technisiertes und medialisiertes Informationsmanagement in Organisationen, an globale Informationsmärkte, die durch Netze und Computer die digitalen Spaltungen überwinden sollten (und das nicht geleistet haben). Wir wollen mit der pragmatischen Fundierung von Information, durch die die Informationshoheit, man kann auch sagen: die Entscheidung über den Mehrwert von Information, an den Menschen zurückgebunden bleibt, die gegenüber Technikdominanz kritische Nutzungs- und Nutzensicht wieder herstellen. Aus den aus der folgenden Argumentation hoffentlich nachvollziehbaren Gründen sollte deutlich werden, dass Begriffe wie „Informationsmanagement", „Informationsgesellschaft", „Informationsmarkt" weiterhin mehr Sinn machen, als die korrespondierenden „Wissens"-Begriffe, vor allem dann, wenn „Wissen", wie es in der Regel bei der Wissensfavorisierung gilt, auf interne kognitive Strukturen des Menschen bezogen wird – „Der Mensch ist das Wesen, das sich im Wissen und durch das Wissen bzw. im Denken und durch das Denken orientiert" (Lit. 53, S. 75). Wie kann es dafür einen Markt geben? Wie kann man das „managen"?

### A 1.2.2 Information im institutionellen Bereich des Faches

„Information" muss auf den Websites der informationswissenschaftlichen Einrichtungen natürlich angesprochen werden. Auch wenn eine grundlegende konzeptionelle Diskussion dort kaum geführt wird, ist doch der anfangs angesprochene pragmatische Konsens erkennbar:

– Bei Hildesheim, Schwerpunkt Angewandte Informationswissenschaft, findet sich: „Dabei wird Information definiert als Wissen, das von einer bestimmten Person oder Gruppe in einer konkreten Situation zur Lösung von Problemen benötigt wird und daher erarbeitet werden muss" (Lit. 67).

– In Konstanz wird auf der Website des Verfassers angeführt: „Information ist Wissen in Aktion ... [Informationswissenschaft zielt] ... auf die Einlösung des pragmatischen Primats bei der Sicht auf Information, d.h. die aktuelle Nutzung und die Handlungsrelevanz bzw. der Nutzen von Information stehen im Vordergrund. Informationswissenschaft ist gleichermaßen die Reflexion auf die sozialen, kognitiven, politischen, ökonomischen, ethischen, kulturellen Rahmenbedingungen bei der Produktion und Nutzung von Information und die konstruktive Realisierung von Verfahren und Systemen zur Produktion und Nutzung von Information" (Lit. 68).

– Bei der Informationswissenschaft in Düsseldorf heißt es: „Informationswissenschaft befasst sich mit (digitalen) Informationen sowie allen Tätigkeiten, die solche Informationen betreffen ... wobei sich die Informationswissenschaft auf den Informationsinhalt (,Content') konzentriert und ökonomische bzw. informatische Aspekte nur am Rande bespricht" (Lit. 65).

– Ähnlich Graz: „Die Informationswissenschaft beschäftigt sich mit Informationsprozessen und -problemen in Wirtschaft, Wissenschaft und Gesellschaft. Sie setzt sich mit Produktion, Speicherung, Übertragung, Suche, Aufbereitung und Präsentation von Information auseinander. Darüber hinaus beschäftigt sich die Informationswissenschaft mit dem sozio-ökonomischen Umfeld dieser Informationstätigkeiten" (Lit. 66).

– Die Informationswissenschaft Saarbrücken führt an: „Information wird hierbei (eingeschränkt) als Prozess des Transfers und/oder Ergebnis des Transfers von Wissen (zwischen Menschen) verstanden. Zentral ist der Begriff der ‚Informationsarbeit'; es werden Fragen der Erschließung, Speicherung und Aufbereitung vorhandenen Wissens sowie der Vermittlung und Präsentation dieses Wissens behandelt" (Lit. 69).

– Ähnlich auch beim Fachbereich Informationswissenschaften Potsdam: „Erfassung, Speicherung und Vermittlung von Informationen. Mit der digitalen Revolutionierung der Informations- und Kommunikationstechnologien rücken die drei Berufe Archivar, Bibliothekar und Dokumentar näher zusammen" (Lit. 22).

– Zuletzt nur noch ein Beispiel aus den USA vom *Department of Information Studies* von UCLA: „Information professionals have the expertise necessary to manage the acquisition, organization, preservation and retrieval of all types of information. They have the knowledge that enables them to make best use of information – both when making individual decisions and when meeting the needs of society" (Lit. 63).

### A 1.2.3 Grenzen der Terminologiedebatten

Noch eine kurze Anmerkung zu Terminologiedebatten allgemein: Obgleich die Informationswissenschaft in ihrer Gebietsbezeichnung das Wort „Information" führt – anders als die Informatik, die sich mit der bloßen Stammform zufrieden geben muss, aber trotz dieser Schwundstufe als Disziplin durchaus erfolgreicher war –, kann man bezweifeln, ob es Sinn macht, Festlegungen von fundamentalen Begriffen (wie hier von „Information") vorzunehmen, die zwangsläufig nur zu Kontroversen und oft unproduktiven Terminologiediskussionen führen. Wissenschaften gewinnen ihre Reputation kaum über definitorische Festlegungen ihrer Grundbegriffe (z.B. die Biologie über *Leben* oder die Psychologie über *Seele*), sondern über die methodisch kontrolliert erzielten Ergebnisse bei der Untersuchung der von der Disziplin für einschlägig reklamierten Objektbereiche.

Die Objektbereiche des Informationsgebietes sind relativ deutlich bestimmt, auch wenn sich das Informationsgebiet hier viele Unterbereiche (zum Glück) mit anderen Disziplinen wie Informatik, Psychologie, Sprachwissenschaft, Wirtschaftswissenschaft – um nur diese zu nennen – zu teilen hat und auch wenn diese Objektbereiche seit den ersten Gegenstandsbestimmungen starkem Wandel unterworfen waren. Das reicht von in der dokumentarischen Traditionen stehenden Arbeiten (Lit. 07, Lit. 30, Lit. 70, Lit. 16), über kommunikationstheoretische (Lit. 73) und kognitive Ansätze (Lit. 08, Lit. 04) und über technische, der Informatik nahe stehenden Arbeiten aus dem Umfeld des Information Retrieval (Lit. 26, Lit. 55, Lit. 30, Lit. 59) und der Künstlichen Intelligenz, über Ausdifferenzierungen unter dem Generalthema des Informationsmanagement (Lit. 49, Lit. 20), heute des Wissensmanagement (Lit. 78), bis hin zu Analysen des Informationsmarktes bzw. der Informationswirtschaft (Lit. 40, Lit. 61, Lit. 62, Lit. 60) und der globalen Informationsinfrastruktur zu Zeiten des Internet (Lit. 06) und den Einordnungen in aktuellen Gesamtdarstellungen (Lit. 19, Lit. 71, Lit. 14, Lit. 13).

Zu viel scheint uns daher nicht auf dem Spiel zu stehen, wenn selbst in der engeren Fachdisziplin fundamentale Unterschiede im Verständnis von Information bestehen – diese Differenzen aber nicht daran hindern, dass konkrete (zuweilen durchaus gemeinsame) Forschung, z.B. zur Qualität von Suchmaschinen oder Indexierungsverfahren, betrieben wird. Zwar kreist die Fachdiskussion seit den terminologischen Bemühungen der Anfänge (z.B. Lit. 52, Lit. 72, Lit. 07, Lit. 12, die Artikel in Lit. 70) immer wieder und auch heute grundsätzlich um den Informationsbegriff, z.B. Manecke/Seeger in der vierten Auflage der „Grundlagen" (Lit. 14, Lit. 19, Lit. 71). Auch im Standardjahrbuch der Informationswissenschaft (ARIST) wurde in Band 37, 2003, vielleicht veranlasst durch die neue Herausgeberschaft (Cronin), seit längerer Zeit wieder eine grundsätzliche Informationsdiskussion geführt, über eine spezielle Sektion „Theorizing Information and Information Use" mit vier Artikeln, vor allem durch Capurro/Hjørland (Lit. 13). Faktisch aber kümmert sich die Disziplin, wie eine Einsicht in die führenden Fachzeitschriften zeigt, um konkrete Fragestellungen in ihren klassischen Gebieten wie Information Retrieval, Benutzerforschung, Publikationsformen, Wissensrepräsentation/Inhaltserschließung, Information Management, Wissensmanagement, Internetdienste, Qualitätsmanagement oder auch um aktuelle Themen wie Hypertext, E-Commerce, Visualisierung oder Wissensontologie, Metadaten, globale Märkte, Informationsethik und -politik. Das spiegeln ja auch die Artikel in diesem Handbuch wider, vor allem die in den Hauptkapiteln B und C.

Trotzdem soll im Folgenden versucht werden, den sich seit einigen Jahren im engeren Fachgebiet entwickelten Konsens über das Informationsverständnis – nämlich Information in erster Linie unter dem Wirkungsansatz, genauer gesagt: unter dem pragmatischen Primat zu begreifen – zu rekonstruieren und plausibel zu machen. Dies schließt, wie gesagt, keineswegs aus, dass mit anderen Verständnissen ebenfalls informationswissenschaftliche Forschung und Lehre betrieben werden kann.

### A 1.2.4 Jenseits der Informationstheorie

Wir führen dafür nur als Beispiel die immer noch verbreitete Forderung der Fundierung der Informationswissenschaft aus der durch Shannon/Weaver begründeten Informationstheorie an (vgl. Lit. 57, Lit. 79, Lit. 64). Die Informationstheorie wollte aber zumindest in ihren Anfängen nie eine allgemeine Theorie von Information sein, sondern reduzierte – und in dieser Reduzierung höchst erfolgreich (vgl. Kap. E 9) – das Informationsproblem auf das Spezialproblem der Übertragung von Information in einem technischen Kanal. Systematisch bedeutsam ist für diesen Zusammenhang hier, dass damit Information gleich von Mehrfachem losgelöst wurde (zur Kritik vgl. Lit. 71). In technischer Hinsicht interessierte hier weder der Sender noch der Empfänger, sondern nur der Weg der Informationen im Kanal. In methodischer Sicht folgenreicher war der Verzicht auf jede *Interpretation* der Informationen: Semantik, also die Bedeutung der „Informationen", und erst recht die Pragmatik der Informationen, also die Intention der Information auf Seiten des Senders und die Wirkungen auf Seiten des Empfängers, wurden systematisch ausgeklammert, wenn man vernachlässigt, dass es natürlich die Intention des Senders ist, Informationen zu übertragen und auf den Empfänger natürlich eingewirkt wird, wenn er Informationen empfängt.

Informationstheoretisch ausgerichtete Wissenschaftler wie Umstätter, der sich als Bibliothekswissenschaftler vehement für eine Fundierung der Informationswissenschaft über die Informationstheorie einsetzt (Lit. 64), anerkennen natürlich auch, dass die semiotischen Dimensionen der Semantik und Pragmatik für Nutzen und Nutzung von Information entscheidend sind, sehen darin aber keine Herausforderung für das Informationsverständnis. Kategorien wie „Interpretation" oder „Wert" seien der informationswissenschaftlichen Theorie nicht immanent: „Interpretation ist ... eine Randbedingung der Information, sie darf aber nicht mit Information verwechselt werden (Lit. 64)." Die

Konsequenzen aus der Informationstheorie dürften nicht mit der Theorie der Information selber verwechselt werden.

Keineswegs kann und soll generell angezweifelt werden, dass der informationstheoretische Begriff von Information nicht auch in der Informationswissenschaft verwendbar wäre (Lit. 64), zumal wenn quantitative Aussagen zum Informationsgehalt bei der Speicherung und der Übertragung von Wissensobjekten gemacht werden sollen (vgl. Kap. B 10), aber er kann nicht zur allgemeinen Fundierung einer auf Nutzung und Nutzen ausgerichteten *Informationstheorie* verwendet werden. Aussagen wie, dass das Universum $2^x$-Bit-Informationen, das menschliche Gehirn Potential für $2^y$-Informationen oder ein Netzwerk eine Übertragungskapazität von $2^z$-Baud (bit/sec)-Informationen haben, sind im Kontext entsprechender Theorien sinnvoll – entsprechend dem informationswissenschaftlichen Erkenntnisinteresse wird man jedoch nicht von „Information" sprechen.

Auf den radikal informationstheoretischen Ansatz hat sich die Mehrheit der Disziplin nicht verständigen können, allerdings aus durchaus vielfältigen Gründen, auch wenn die Konzentration auf die Information selber für die Informationswissenschaft durchaus produktiv als theoretische Fundierung der Disziplin sein kann. So ist der berühmte Artikel von Jason Farradane aus dem Jahr 1979 „The nature of information" auch heute noch Herausforderung und nicht eingelöste Forderung (Lit. 21). Für Farradane war Information „the written or spoken surrogate of knowledge". So simpel sich das anhört, so wichtig ist es. Wissen – wir werden das weiter ausführen – ist eine interne kognitive Struktur des Menschen und als solche nicht direkt zugänglich – bislang nicht, das mag sich ändern (Lit. 54). Farradane, vergleichbar heutigen Kritikern an einer nicht informationstheoretisch fundierten Informationswissenschaft, wies die vielen, schon damals dominierenden rezipienten-orientierten Ansätze von Information zurück, die Information auf Kriterien wie „novelty, usefulness, increasing the state of knowledge of a recipient, resolving uncertainty, value in decision making" begründeten (Lit. 21, S. 5). Das hat natürlich Informationswissenschaftler bis heute mit guten Gründen nicht daran gehindert, gerade diese Merkmale als wesentlich für eine Informationsklassifikation herauszustellen, z.B. im Reader von Walker (Lit. 70): „something that is communicated" (*transmission* – verträglich mit Farradane), „something previously unknown" (*novelty*); something that changes what one already knows" (*effectiveness*); „something needed by the receiver" (*usefulness*); „an interpretation and synthesis of factual data" (*transformation*). Auch der pragmatische Ansatz der Informationswissenschaft ist ja gewissermaßen dem rezipienten-orientierten Ansatz zuzurechnen.

Für Farradane sollte der Ausgangspunkt für eine wissenschaftliche Beschäftigung mit Information immer die Funktion von Information als Surrogat für Wissen sein. Davon ausgehend sollten – und damit könnte die Brücke vom informationstheoretischen zum pragmatischen Theorieverständnis geschlagen werden – durchaus die Reaktionen und Verhaltensweisen von Nutzern von Information auch in quantitativer Absicht untersucht werden, auch wenn es nach wie vor schwierig ist, die Beziehung zwischen „objektiver" Information und beobachtbarer Reaktion des Benutzers auszumachen, zumal eine Reaktion auf eine aufgenommene Information in vielen (vielleicht sogar den meisten) Fällen erst weit zeitverzögert erfolgt (zwischengespeichert über Erfolge des Lernens).

Wie realistisch das Forschungsprogramm des Messens von Reaktionen auf Information auch sein mag, die Konzentration auf Information als Surrogat, wir würden heute sagen als mediale und damit kommunizierbare Repräsentation von Wissen, hat praktische Relevanz. Wir können heute durchaus feststellen, in welchem Ausmaß z.B. in den Institutionen des kommerziellen und öffentlichen Informationsmarktes Wissen als Information bzw. als Informationsprodukte vorhanden ist. Hier kann unendlich Vieles gemessen und verglichen werden. Attraktiv scheint dies vor allem in der Bibliothekswissenschaft zu sein, wo weiterhin (bibliometrische/informetrische) Arbeiten in großer Zahl entstehen (vgl. Lit. 17, Lit. 28). Trotzdem muss festgestellt werden, dass sich entscheidende pragmatische Dimensionen von Information wie „Wert" oder „Nutzen" (Lit. 23, Lit. 48) weiterhin dem Farradane'schen Anspruch auf Quantifizierung und damit der Messbarkeit entziehen.

### A 1.2.5 Sprachspiele und Geschichten

Kommen wir noch kurz auf die skeptische Anmerkung zur Terminologiedebatte zurück. Eine Alternative zur terminologischen Fixierung wäre das Vertrauen darauf, dass jeder schon in etwa weiß, was unter „Wissen" und „Information" zu verstehen ist. Darauf kann man aufbauen, durchaus auch unter einer wissenschaftstheoretischen Begründung der *Ordinary Language Philosophy*, unter der Annahme, dass die natürliche Sprache bzw. die Wortverwendung in dieser die letzte, nicht weiter hintergehbare Metasprache auch für jede fachsprachliche Kommunikation ist.

Theoretische Legitimation bekam dieser Ansatz des Rekurses auf die Sprachverwendung durch die späte Philosophie von Ludwig Wittgenstein (Lit. 77), der, in Absetzung von seinem eigenem, ursprünglich neopositivistischen, der präzisen Definitionsforderung verpflichteten Denken im *Tractatus logico-philosphicus* (Lit. 76), die Idee des Sprachspiels vorschlug, wenn es darum geht zu verstehen, worüber ein Begriff handelt. Man solle sich nicht durch die Sprache verführen lassen, in der Benennungsidentität eines Wortes einen durchgängig gemeinsamen Begriff zu vermuten. Wenn man wissen wolle, was denn ein Begriff bedeute, solle man ein Sprachspiel spielen, also den Begriff in den realen Kontext seiner Verwendung stellen. Ähnliches hatte Wilhelm Schapp in der Tradition der philosophischen Phänomenologie vor, wenn er anregte, man solle eine Geschichte erzählen, wenn man wissen wolle, was unter einem Begriff zu verstehen sei (Lit. 56). Das narrative Moment der Geschichte ist sozusagen die Repräsentation der realen Lebenswelt, die, vergleichbar der Funktion der natürlichen Sprache, das letzte nicht weiter hintergehbare Metaobjekt jedes wissenschaftlichen Objektbereichs ist.

Beide realen Verwendungen oder Vorkommen – die Sprachspiele in der natürlichen Sprache und die Geschichten in realen Lebenswelten – können daher als Indikatoren für die Verwendung von Begriffen auch in der Wissenschaft gebraucht werden, zumindest dann, wenn man die Annahme zugrundelegt, dass die Aussagen und Ergebnisse der Wissenschaft etwas mit den Objekten und Vorgängen in der realen Welt zu tun haben oder zumindest Auswirkungen auf diese haben und nicht nur, in einem extrem kognitivistischen bzw. konstruktivistischen Verständnis, Simulation und Modelle von möglichen Welten sind.

Die Informationswissenschaft – und mit ihr das professionelle Gebiet von Information und Dokumentation – bindet sich funktional zurück an die Verwendung von Information in allerdings durchaus sehr heterogenen praktischen und theoretischen Anwendungssituationen und sieht es weniger als ihre primäre Aufgabe an, über Information an und für sich nachzudenken. Daher geht der Rekurs auf Sprachverwendung über Sprachspiele bzw. die Einbindung von realen Lebenswelten über Geschichten durchaus konform mit der hier im Folgenden vertretenen pragmatischen Sicht auf Information, durch die, wie wir näher herausarbeiten wollen, der Bezug zu *Wissen* dadurch hergestellt wird, dass Information als Wissen in Aktion verstanden wird.

Versuchen wir doch einmal, den Sprachspielgedanken für Information und für die Unterscheidung von Wissen und Information produktiv zu machen. Das kann ein jeder machen, wenn er einmal darauf achtet, in welchen Zusammenhängen „Wissen" und „Information" wie verwendet werden.

(2-1) Das ist keine Information, das weiß ich schon.

(2-2) Ich habe eine Information für dich.

(2-3) Mit dieser Information kann ich nichts anfangen.

(2-4) Diese Information verstehe ich nicht; dazu fehlt mir das Hintergrundwissen.

(2-5) Diese Information hätte ich gestern gebraucht – heute ist sie nutzlos.

(2-6) Ohne weitere Information kann ich nicht handeln und erst recht nicht entscheiden.

(2-7) Diese Information gehört nicht hierher.

(2-8) Dieser Information vertraue ich, da ich weiß woher sie stammt.

(2-9) Deiner Information vertraue ich, da ich dir vertraue.

(2-10) Diese Informationen bestätigen alle meine Vorurteile.

(2-11) Durch diese Information wird mir nun endlich klar, wieso es zu diesem Unfall gekommen ist.

(2-12) Vor lauter Informationen weiß ich nun überhaupt nichts mehr.

(2-13) Ich weiß genug, ich will keine weiteren Informationen.

(2-14) Diese Information ist mir 500 Euro wert.

(2-15) Dieser Rechner hat eine Informationsverarbeitungskapazität von 120 MIPS.

(2-16) Das Universum besteht aus maximal $2^n$ Informationen.

Versuchen wir in diesem Beispielen, *Information* durch *Wissen* zu ersetzen, so werden wir feststellen, dass dadurch zwar nicht gänzlich unsinnige Aussagen entstehen, aber dass sie zumindest ungewöhnlich sind. Kaum jemand würde z.B. sagen: Ich habe Wissen für dich, und als Antwort würde man kaum sagen: Das ist kein Wissen, das weiß ich schon. Wirklich passend wäre eine Ersetzung wohl nur in (2-9), absurd würde es vor allem in (2-16). Wenden wir den Substitutionstest noch einmal an: In einigen Beispielen ist es durchaus akzeptabel, *Information* durch *Daten* zu ersetzen. So gut wie immer entstehen sinnvolle Sätze – wohl kaum bei (2-15) und (2-16) –, wenn wir anstatt *Information* *Nachricht* verwenden.

Interpretieren wir in einem ersten Ansatz diese Beispiele und die Vermutung der geringen Substituierbarkeit von *Information* durch *Wissen*, der partiellen durch *Daten* und der weitgehenden durch *Nachricht/en*, so gewinnen wir die folgenden Aussagen:

(3-1) Information ist adressatenbezogen.

(3-2) Information ist durch einen Neuigkeitswert gekennzeichnet.

(3-3) Information ist kontextabhängig – zum Kontext gehört auch die Zeit.

(3-4) Information wird erst verständlich, wenn sie in einen existierenden Wissensbestand eingebunden werden kann.

(3-5) Der Zuverlässigkeitsgrad von Information hängt von der Verlässlichkeit der Quelle bzw. des übermittelnden Senders ab.

(3-6) Information ist Vertrauenssache, da Information für sich nichts über den Wahrheitswert der zugrundeliegenden Aussagen aussagt.

(3-7) Information hat Auswirkungen auf Handeln und Entscheidungen.

(3-8) Information verringert Unsicherheit.

(3-9) Zu viel Information kann neue Unsicherheit hervorbringen.

(3-10) Neue Information wird in einem Zustand von (oft nur vermeintlicher) Sicherheit abgeblockt.

(3-11) Information hat ökonomische Relevanz.

(3-12) Informationen und die Kapazität, sie zu speichern und zu verarbeiten, können quantitativ erfasst und gemessen werden.

Diese Aussagen haben natürlich eher indikatorischen Wert, basieren nicht auf einer systematischen Theorie. Ein rezipienten-orientiertes Verständnis in den umgangssprachlichen Verwendungen und damit in den daraus abgeleiteten Aussagen ist jedoch nicht zu verkennen. Darauf kann man aufbauen. Wir wollen das in einer Re-Interpretation der gängigen DIKW-Hierarchie (Daten, Information, Wissen – Data, Information, Knowledge, Wisdom) unternehmen.

### A 1.2.6 Die DIKW-Hierarchie und ihre informationswissenschaftliche Re-Interpretation

Systematisch wird „Information" in der Regel in den Zusammenhang von „Daten" und „Wissen" gestellt (Lit. 46), wobei die Abgrenzung der Information („has meaning") von Daten („individual facts") eher unproblematisch ist (Lit. 18). Die Trias wird zuweilen ergänzt um andere epistemologische Kategorien, vor allem Weisheit (*wisdom*) oder Verstehen (*understanding*) (Lit. 05). Checkland/Holwell (Lit. 15) fügen zwischen Daten und Wissen sogar noch so etwas wie „capta" ein, das sollen Daten sein, denen man Interesse schenkt – eine originelle Kennzeichnung des pragmatischen Aspekts von Information. Begnügt sich die allgemeine Semiotik in der Regel mit einem Ebenenmodell (vgl. Lit. 24), so spricht man in der Literatur des Wissensmanagement von einer Wissenshierarchie (zuweilen auch Wissenspyramide) (Lit. 58). Der Kredit für das Konzept der Wissenshierarchie wird in der Regel Ackoff gegeben, der 1988 diesen Begriff verwendet hat (Lit. 01). Dabei verstand er „Daten" als Symbole, „Informationen" als Daten, die zum Zwecke der Nutzung verarbeitet wurden und welche Antworten auf die Fragen „wer", „was", „wo", und „wann" gäben. „Wissen" gäbe auf der Grundlage von Daten und Informationen Antworten auf „wie"-Fragen; „Verstehen" könne erklären, „warum" etwas sei, während Weisheit Verstehen bewerten könne.

Bellinger et al. sehen die Hierarchie eher als Funktion des Zuwachses sowohl von Verstehen als auch des Vernetzungsgrades (*connectedness*) der einzelnen Objekte (Lit. 05; Abb. 1).

Früher (1982) hat Harlan Cleveland aus informationswissenschaftlicher Sicht diese Hierarchie als „Informationshierarchie" angesprochen und diese schon auf T. S. Eliot 1934 zurückgeführt (*Where is the wisdom we have lost in knowledge? Where is the know-*

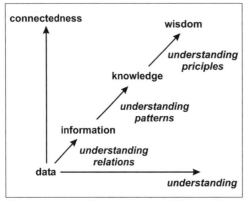

*Abb. 1: Vernetzungs-/Verstehensmodell von Bellinger et al.*

*ledge we have lost in information?* – zit. In Lit. 58). Cleveland hat sich natürlich mehr für die Merkmale von Information interessiert und dabei „expandable, not resource-hungry, substitutable, transportable, diffusive, and shareable" herausgearbeitet (zit. in Lit. 70, S. 3).

Abweichend von der üblichen DIKW-Hierarchie bzw. -Pyramide sieht man in der Informationswissenschaft, zumindest im deutschsprachigen Umfeld in den letzten 20 Jahren, die Zuordnung der drei Grundbegriffe zu den semiotischen Ebenen etwas anders (vgl. Abb. 2; Lit. 37, Lit. 38).

Daten (für das Folgende vgl. vor allem Lit. 42, Kap. 5) sind nach dieser Hierarchie gemessene Einheiten, die durch Beobachtung von natürlichen bzw. konstruierten oder simulierten Gegenständen oder Ereignissen gewonnen und nach syntaktisch wohlgeformten Regeln in einem vereinbarten Zeichensystem dargestellt werden. „Daten" wird also in der Regel synonym mit „Messdaten" verwendet. Sie

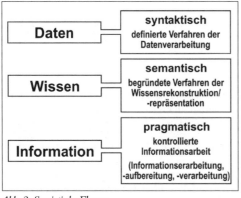

*Abb. 2: Semiotische Ebenen*

bedeuten für sich genommen nichts. Sie sind aber die Voraussetzung dafür, dass überhaupt Kommunikationsprozesse entstehen können.

In einem erweiterten Verständnis werden aber auch alle Zeicheneinheiten, die in einem Rechnersystem nach festgelegten syntaktischen Regeln gespeichert sind, z.B. entsprechend einem für eine Datenbankspeicherung festgelegten Datenmodell, als Daten bezeichnet. In diesem Sinne ist auch eine Literatur-Referenzdatenbank, also ein System für den Nachweis publizierter Information, eine Datensammlung, genauso wie Zusammenstellungen anderer medialer Objekte, wie in einer Bilddatenbank oder temporaler Objekte in Musik-, Video-Datenbanken.

In der Praxis ist hier durchaus eine gewisse terminologische Unstimmigkeit auszumachen, da solche Datensammlungen in der Regel als *Informationssysteme* bezeichnet werden, obwohl sie im strengen pragmatischen Sinn keine Informationen enthalten. Solange niemand eine Abfrage an das System startet und niemand mit den daraus ermittelten Ergebnissen etwas anfängt, sind es eben nur Daten. Die gebräuchliche Verwendung von „Informationssystem" geht aber durchaus konform mit der informationstheoretisch begründeten präferierten Sicht auf die Informationsobjekte selber. Die vermittelnde Position könnte darin bestehen, dass Daten – und damit rechtfertigt sich die Verwendung von „Informationssystem" – virtuelle Informationen sind. Sie haben das Potenzial, zur Information zu werden. So gut wie alle computergestützten Systeme sind also *real* Datenspeicher, *virtuell* Informationssysteme.

Zu Informationen werden Daten, wenn sie a) gezielt aus Daten-/Informationssystemen abgerufen und b) in einem bestimmten Kontext und/oder zu einem bestimmenden Zweck wahrgenommen werden. Geben wir zunächst ein Beispiel für (a):

Daten werden aus einem System z.B. von einem Ingenieur abgerufen, der eine Brücke zu konstruieren hat und sich Klarheit darüber verschaffen muss, ob das Material, das er für tragende Seile verwenden will, den zu erwartenden Belastungen stand hält. Findet er die für ihn passenden Daten, so sind diese für ihn zu Informationen geworden. Sie haben nun für ihn eine spezielle Bedeutung. Er kann sie z.B. für seinen Konstruktionsplan verwenden, an geeigneter Stelle eintragen, damit andere dann auch tatsächlich dieses Material verwenden, und er kann sie dann wieder vergessen. Hält er sie aber über den konkreten Anlass hinaus für wichtig, z.B. weil er Experte für Reißfestigkeit von Baumaterialien ist und er daher wahrscheinlich immer wieder mit Fällen konfrontiert werden wird, bei denen die Reißfestigkeit dieses Materials eine Rolle spielt, dann wird er die gewonnene Information speichern. Indem er diese neue Information in seine bisherige interne Wissensstruktur über Baumaterialien einordnet, hat er etwas gelernt.

Wissen entsteht durch Umsetzung von Daten über Informationen in interne Wissensstrukturen. Das ist nichts anderes als Lernen. Eine Information wird durch die Einbettung in bestehendes Wissen zu einer Wissenseinheit. Lernen heißt in erster Linie das Bilden von semantischen Relationen von den neuen Wissenseinheiten zu bestehenden oder auch nur die Erweiterung oder Einengung von bisherigen Werten schon vorhandener Wissenseinheiten.

*Wissenseinheit* wird vor allem in der Literatur der Künstlichen Intelligenz und der Psychologie mit dem sperrigen und eigentlich unpassenden Begriff des Wissensstücks (eine kognitive Struktur ist ja eigentlich gerade kein materielles *Stück*) angesprochen. Dies ist die direkte Übersetzung des in der angelsächsischen Literatur der Psychologie und Künstlichen Intelligenz gebräuchlichen *chunk of knowledge*. Wir unterscheiden Wissenseinheiten von Wissensobjekten. Damit sind nicht etwa die Objekte des Wissens gemeint, auf die sich also Wissen bezieht, sondern die Gesamtheit der zu einem bestimmten Zeitpunkt bestehenden Wissenseinheiten, die sich auf ein (reales oder fiktives) Objekt oder ein (reales oder fiktives) Ereignis beziehen, also z.B. alle auf Daten sich beziehende Wissenseinheiten zu einem bestimmten Material, von dem die Reißfestigkeit eben nur eine Wissenseinheit ist. Wissensobjekte sind jeweils die Gesamtheit der zu einem Zeitpunkt (gesicherten) Wissenseinheiten über Gegenstände oder Ereignisse der Welt.

Die Informationen, die als solche schon eine Bedeutung in der aktuellen Nutzungssituation bekommen haben, ändern durch die dauerhafte Aufnahme ihren epistemologischen Stellenwert. Dadurch dass Informationen in einen größeren kognitiven Kontext gestellt werden, werden sie zu Wissen, Teile von größeren Wissensobjekten. Wissensobjekte sind mehr als die Summe ihrer einzelnen Komponenten. Durch die vielfältige Verknüpfung mit anderen Wissenseinheiten bzw. -objekten entsteht ein semantischer Mehrwert. Wissen (als gelernte Information) ist gegenüber der aktuellen Verwendung von Information auch als *nachhaltig* zu bezeichnen. Es ist dem aktuellen Nutzungskontext entzogen und ist offen für weitere Anwendungen in der Zukunft. Nachhaltig organisiertes Wissen hält die Optionen für Entwicklungen in der Zukunft offen (Lit. 31, Lit. 42, Kap. 8).

Neue Wissenseinheiten, eingebracht über die aktuelle Informationen, erweitern nicht nur das Wissen eines Wissensobjekts, vielmehr können die neuen Wissensmerkmale/-werte auf Wissensobjekte, die als Unterbegriffe schon existieren, vererbt werden. Neues Wissen entsteht zudem durch Polyhierarchien und durch vielfältige Assoziationsrelationen, so dass das neue Wissen nicht nur relevant für *eine* Verwendung (im Beispiel oben: Reißfestigkeit), sondern auch für viele andere sein kann.

Isolierte Information wird kaum gelernt. Vielleicht gibt es bei Menschen so etwas wie einen Speicher kontext- und relationsloser Informationen, die sozusagen auf Vorrat gespeichert werden, bis sich aus ihnen ein neues Relationengeflecht und neue komplexe Wissensobjekte aufbauen lassen. Sehr leicht ist Aufnehmen bzw. dauerhaftes Speichern/Lernen von kontext- und relationslosen Informationen für Menschen nicht, sehr produktiv und kreativitätsfördernd ohnehin nicht.

Geben wir ein zweites Beispiel für den angesprochenen Fall, dass Daten erst durch den Kontext zu Informationen werden:

In Berlin wurden im Sommer 2003 als Initiative des Stadtteilmarketing Busse mit der Aufschrift „In Moabit wohnen 44870 Einwohner, davon 1482 unfreiwillig" plakatiert. Das ist gleich in mehrfacher Hinsicht interessant. Zum einen legt die Grammatik der deutschen Sprache eindeutig fest, dass mit 1482 ebenfalls Einwohner von Moabit gemeint sind. Das Datum 1482 wird durch Inferenz zur Information, d.h. seine Bedeutung kann leicht entschlüsselt werden. Von großer Relevanz ist diese Information, anders als im ersteren Fall, allerdings nicht, jedenfalls nicht im aktuellen Kontext, in dem der Bus zufällig wahrgenommen wurde.

An diesem Moabit-Beispiel ist für die Diskussion der grundlegenden Begriffe von Wissen und Information wichtig, dass wir zur vollständigen Entschlüsselung von „1482" nicht nur unser Sprachwissen, sondern auch Weltwissen bemühen müssen. Für jemanden, der das hier einschlägige Wissen nicht hat, bleibt unverständlich, wieso 1482

Personen in Moabit unfreiwillig leben. Verständlich wird es für den, der, wie jedermann in Berlin – und die Busse mit dem Aufdruck fahren nur in Berlin –, weiß, dass in Moabit das größte Berliner Gefängnis ist.

Stellen wir dieses Beispiel in den Zusammenhang von Daten, Wissen und Information. Bislang haben wir Information aus bestehendem Wissen abgeleitet, das sozusagen durch den aktuellen Kontext dynamisiert wird. Wir nehmen jedoch laufend neue Information aus unserer Umwelt auf, die zunächst nur als reine Daten oder Signale auf uns einströmen. Erst durch das in unserem Gehirn gespeicherten, also schon vorhandenen Wissen bekommen die heterogenen Daten die Struktur, die uns dann veranlasst, sie als Information anzusprechen. Das ist ein hochselektiver und interpretierender Prozess.

Wissen als Gesamtheit von Wissensobjekten, die zu einem gegebenen Zeitpunkt als Aussagen über Objekte und Ereignisse der realen oder fiktiven/virtuellen Welt von einem Individuum erworben/gelernt worden sind, entsteht also durch Aufnahme von Informationen, die aus Daten dadurch zu Informationen geworden sind, dass sie in einem bestimmten Kontext oder aufgrund eines aktuellen Bedarfs aufgenommen oder gezielt gefunden und durch Vergleich mit bestehendem Wissen interpretierbar und anwendbar wurden.

Wissen als Netzwerk von aus aktuellen Informationen gewonnenen Wissensstücken, die in größere Wissensobjekte relational eingebunden werden, ist aber nicht nur ein kohärentes Geflecht von Wissenseinheiten mit bestimmten semantischen Merkmalen, sondern gewinnt auch pragmatische Dimension dadurch, dass Wissensobjekte oder Teile von ihnen als einzelne Wissenseinheiten oder Objektpartitionen in neu entstehenden problematischen (Bedarfs-)Situationen aktiviert und dann genutzt werden können. Das ist ja wohl der Sinn des Lernens, nicht Abspeichern als Selbstzweck, auf dass man viel weiß, sondern Abspeichern in Erwartung einer möglichen Nutzung. Gebildete Menschen verfügen nicht nur über ein reiches Wissensgeflecht, sondern können aus aktuellem Anlass (welchem auch immer) Teile davon aktiv werden lassen. Aktiv werden heißt hier, auch eigenes Wissen zur Information werden lassen.

Wir sind uns bewusst, dass wir durch Abheben auf aktuelle Bedarfssituationen das Aktualisieren von bestehendem Wissen sicherlich unzulässig verkürzen. Wissen aktualisieren muss ja nicht in dem Sinne als finalisierte Handlung verstanden werden, dass das vorhandene und reaktivierte Wissen für einen aus der Welt entstandenen Zweck verwertet wird. Aktualisierungen von Wissen können auch spielerischer und vor allem sichernder Art sein. Sich Erinnern, das Repetieren von „auswendig" Gelerntem (z.B. in Form von Gedichten) muss nicht in diesen direkten Finalisierungszusammenhang gestellt werden, ebenso natürlich nicht spontane, nicht willentliche beherrschte Aktivierungen, z.B. in Träumen oder spontanen Assoziationen. Welche Zwecke diese im Einzelnen haben, ist sicher noch nicht ausreichend erforscht (bzw. uns nicht bekannt), aber unsinnige Produktionen oder Reproduktionen sind sie sicherlich nicht. Sie können daher durchaus auch in den pragmatischen Zusammenhang eingeordnet werden, wenn auch deutlich diffuser als bei Gelegenheiten, in denen die Zuordnung von aktiviertem Wissen und erfolgter Handlung eindeutig bzw. leichter nachzuvollziehen ist.

Wir können nun das Ebenen- oder Hierarchiemodell vor allem im Verhältnis von Wissen und Information ablösen durch ein dynamischeres doppeltes Transformationsmodell (Abb. 3).

### A 1.2.7 Informationelle Pragmatik – Aktion und Kontext

Fassen wir die bisherige Diskussion zusammen: Der Informationsbegriff nimmt seinen Ausgang nicht von den Daten, sondern von Wissen. Information gibt es nicht als Objekt für sich. Information ist eine Referenzfunktion. Information kann nur über eine repräsentierte/kodierte Form von Wissen aufgenommen werden. Informationen referenzieren nicht nur auf repräsentiertes Wissen, sondern entfalten diese Bedeutung nur mit Berücksichtigung der aktuellen Benutzungssituation. Informationen bedeuten etwas, aber – und das macht das pragmatische Grundverständnis aus – sie existieren nicht losgelöst von ihrer Nutzung. Von Information kann man nur im aktuellen Kontext ihrer Verwendung sprechen, unter Berücksichtigung der verschiedenen Rahmenbedingungen ihrer Benutzung. Die Rahmenbedingungen wirken auf die in Abb. 3 angesprochenen Transformationsprozesse ein.

Zu den Rahmenbedingungen gehören die individuelle Befindlichkeit des die Information verwen-

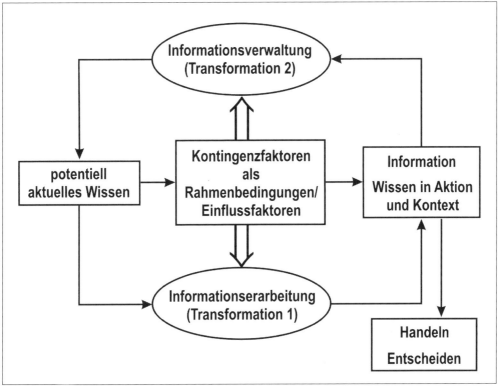

*Abb. 3: Transformationsmodell Wissen – Information*

denden Subjekts (z.B. sein bisheriger Wissensstand, seine Gedächtnisleistung, seine Informationsverarbeitungskapazität bzw. allgemein: seine Intelligenz) und situative Faktoren (z.B. die Verfügbarkeit über Zeit und andere Ressourcen wie Geld für die Informationsverarbeitung, Verwendungszweck, organisationeller Hintergrund, allgemeine Informationskultur der aktuellen Umgebung).

Dieses pragmatische Verständnis von Information – als aktiv gewordenes Wissen –, kann knapp (und damit sicher verkürzt) in den Formeln „Information ist Wissen in Aktion" und „Information ist Wissen in Kontext" ausgedrückt werden. Entsprechend diesem pragmatischen Verständnis ist Information die Menge an Wissen, das in aktuellen Handlungssituationen benötigt wird, das der aktuell Handelnde in der Regel aber nicht selber besitzt oder über das er zumindest nicht direkt verfügen kann. Durch Information als handlungsrelevantes Wissen wird keine Aussage über den Wahrheitswert gemacht. Information kann aus dem gesamten Kontinuum an Wissensausprägungen, also auch aus Meinungen oder sogar aus falschen Aussagen entstehen. Unabhängig von ihrem Wahrheitswert können Informationen in bestimmten Situationen und von Personen, die deren Wahrheitswert nicht einschätzen können, Konsequenzen für aktuelles Handeln haben.

Diese Situation des Handelns ohne Einschätzung der Validität von Information sollte natürlich vermieden werden, vor allem dann, wenn andere Personen von den Konsequenzen des Handelns betroffen sind oder wenn ein Anspruch auf wissenschaftlich gesicherte Aussagen erhoben wird. Die Leistung der Umwandlung von Information in Wissen besteht dann also darin, nicht jede aufgenommene Information gleich zu behandeln, für gleich wahr anzusehen, sondern den unterschiedlichen Wahrheitswert und seine unterschiedliche Handlungsrelevanz einschätzen zu können. Dies setzt Informationskompetenz voraus (s. unten) und ausgeprägtes *Orientierungswissen*, nämlich die aktuelle Information in das Netzwerk bestehenden Wissens nicht nur einordnen, sondern sozusagen auch mit einer Gewichtung bzw. Beurteilung versehen zu können. Darauf wollen wir mit einer Diskussion über Informationsautonomie kurz eingehen.

## A 1.2.8 Weitere Implikationen der Präferenz für „Information"

Die traditionelle Auffassung der Hierarchie von „Information" und „Wissen" steht im Zusammenhang eines Autonomieverständnisses des Menschen und damit eines Bildungsbegriffs, der darauf abzielte, durch Aus- und fortlaufende Weiterbildung jeden Menschen in die Lage zu versetzen, das Wissen zu erwerben, das er in seinen professionellen, öffentlichen und privaten Angelegenheiten benötigt. Autonomie bedeutete immer auch schon Wissensautonomie, zumindest als regulatives Ziel, obwohl faktisch niemand je hat behaupten können all das zu wissen, was in realen Situationen an Wissen gebraucht wird. In dieser regulativen Funktion ist Wissensautonomie auch ein (informations-)ethisches Konzept (vgl. Kap. A 5), das entscheidend menschliche Autonomie an sich begründet. Dieses Autonomieverständnis ändert sich grundlegend durch die gegenwärtigen medialen und technologischen Revolutionen.

Das hat Konsequenzen für das, was allgemein Informationsarbeit genannt wird und damit – durch die Auslagerung der Informationsarbeit (in unserem Modell in Abb. 3 in erster Linie „Informationserarbeitung") an (intelligente) Maschinen – auch für das Autonomieverständnis. Wissen aus Informationen erarbeiten war bislang das Privileg des Menschen. Immer war es bis in die jüngste Vergangenheit nur der Mensch, der Wissen produziert und der sich Wissen aus externalisierten Informationsprodukten aneignen kann.

Dieses Privileg des Menschen hat sich durch die Entwicklung und durch fortschreitenden Einsatz von Informationsmaschinen geändert. Die Frage der Autonomie des Menschen verwandelt sich damit auch in eine der Autonomie von Technik, hier in Form von Informationsmaschinen bzw. technischen Informationsassistenten. Informationsmaschinen sind perfektionierte Speicher- und Distributionsmaschinen, also zunächst nur Fortschreibungen der bisherigen, schon immer existierenden Wissenssurrogate/-prothesen. Aber sie sind darüber hinaus und vor allem informationsverarbeitende Apparate. Sie besitzen damit reflexive Fähigkeiten, d.h. sie können sich auf sich selber beziehen und Operationen über die in ihnen eingelagerten und aus externen Quellen erworbenen Informationen durchführen. Ohne damit die Diskussion darüber zu eröffnen, ob diese reflexiven Tätigkeiten schon als Intelligenz angesprochen werden sollen und ob die Maschinen damit schon Denkmaschinen sind (Lit. 44), leisten sie zumindest teilweise das, was bislang als Privileg von Menschen beim Umgang mit Wissen und Information angesehen wurde, z.B. gezieltes Suchen und Wiederfinden, Ableiten von Wissensstrukturen durch Vergleich oder Inferieren oder Planen und Durchführen von durchaus schon komplexen Handlungen auf der Grundlage des maschineninternen Wissens. Galten solche Fähigkeiten bislang als Merkmale menschlichen autonomen Informationshandelns, so werden sie bei der maschinellen Übernahme zu Merkmalen autonomer Technik.

Die angesprochene Auslagerung von Wissens- und Informationsarbeit bekommt damit eine neue Qualität. Nicht mehr wird nur das an Wissen ausgelagert, was das einzelne Gedächtnis nicht mehr speichern kann, schon allein weil es nie davon Kenntnis bekommen hat, sondern der Prozess der Erarbeitung von Information aus vorhandenen externen Wissensquellen als Basis der Aneignung von neuem Wissen beginnt sich ebenfalls zu verselbständigen.

Man muss kein Verfechter der Künstlichen Intelligenz sein, um zu prognostizieren, dass die kontinuierlich angestiegene und weiter ansteigende Speicher- und Verarbeitungskapazität von Rechnern in Dimensionen kommt, die menschlichem Assoziationsvermögen gleichkommen. Wir werden nicht darum kommen, Maschinen gleiche, beim Menschen auf kognitiven Strukturen beruhende Leistungen zuzugestehen. Das muss nicht beunruhigend sein, denn dass Maschinen dadurch nicht zu Menschen werden, ist evident. Menschen haben nicht nur Verstand, sie produzieren nicht nur Wissen, sie tauschen nicht nur Wissen aus ..., sondern können und tun vieles anderes, was Maschinen, weil sie eben Maschinen sind, nicht tun und auch nicht können.

Offen ist allerdings durchaus die Frage, ob die erweiterte Maschinenintelligenz und die damit zusammengehende weitere Auslagerung von Informationsarbeit zu einem Verlust an Autonomie oder zu einem neuen Gewinn, jetzt informationeller Autonomie führen wird. Zum Informationsbegriff gehört daher auch die Reflexion auf die Folgen technisierter Informationsarbeit. Versuchen wir zu bestimmen, was informationelle Autonomie (gegenüber dem alten Bildungsideal der Wissensautonomie) bedeuten kann.

*Informationell autonom* zu sein, bedeutet nicht, all das Wissen präsent zu haben, das zur Lösung eines aktuellen Problems gebraucht wird (das wäre Wissensautonomie), wohl aber in der Lage zu sein, *selber* auf die Informationsressourcen, die auf den Märkten oder in sozialen Beziehungen verfügbar sind, zugreifen und sie produktiv nutzen zu können (oder diese Arbeit bewusst und kontrolliert an entsprechende Ressourcen delegieren zu können). Informationelle Ressourcen werden benötigt, um auf konstruktive und rezeptive Weise Informationsarbeit durchführen zu können (Lit. 41, S. 152ff). *Konstruktive Informationsarbeit* dient der Darstellung von Wissen und der aktiven Teilhabe an Diskursen. *Rezeptive Informationsarbeit* dient der Aufnahme des Wissens anderer, sei es personal oder vermittelt über medial ausdifferenzierte Informationsprodukte, aber auch der Abwehr, dem Ausfiltern und Abblocken von Wissen, das man nicht auf sich einwirken lassen will.

Informationelle Autonomie ist die Voraussetzung dafür, nicht absolut, aber mit Rücksicht auf aktuelle Situationen, wissensautonom zu werden. Informationen, die wir aus Ressourcen erarbeitet haben oder die uns aus Ressourcen vermittelt worden sind, können, wie wir gezeigt haben, dann zum eigenen Wissen werden, wenn sie dauerhaft im eigenen Gedächtnis gespeichert werden. Wenn wir diese neuen aus Informationen gewonnenen Wissenseinheiten dann selber in ihrem Wahrheitswert und in ihrer Handlungsrelevanz beurteilen können, haben wir ein Gutteil an Wissensautonomie zurückgewonnen.

Entsprechend könnte das zentrale Bildungsziel von Informationsgesellschaften, in der ererbte, also nicht selber erworbene Privilegien nicht zählen sollen, darin gesehen werden, im Prinzip jedem die Voraussetzung für informationelle Autonomie zu schaffen. Wissen, zumal es sich nicht im Gebrauch verbraucht, gehört jedem/allen, wenn es denn einmal in die Welt gesetzt worden ist. Aber es kann nur zum Besitz werden, a) wenn man in technischer Hinsicht darauf zugreifen kann bzw. b) überhaupt Kenntnis von der unüberschaubar gewordenen Vielzahl der im Prinzip verfügbaren Informationsressourcen auf den internationalen Informationsmärkten sich verschaffen kann und wenn man c) Validität (die Semantik) und d) Relevanz (die Pragmatik) der selber erarbeiteten oder von anderen bereitgestellten Informationen einschätzen kann (also informationelle Urteilskraft hat).

Wichtig für die Informationsprofession ist, dass zu den unter (b) angesprochenen Informationsressourcen auch die Informationsassistenten und -mittler (in personaler und technischer Ausprägung) gehören. Es spricht nichts dagegen, diese Mittler zu den Informationsressourcen zu zählen, über die *verfügen* zu können, ebenfalls Ausdruck informationeller Autonomie ist. Darauf zu setzen, dass man Informationsarbeit in jeder Situation schon alleine wird leisten können, ist eine gefährliche Illusion. Informationskompetenz bedeutet auch, so paradox es klingen mag, die eigene Informationsarbeit an Informationsmittler des eigenen Vertrauens kontrolliert delegieren bzw. sich auf deren Leistung abstützen zu können. Informationsautonomie schließt die Delegation von Informationsarbeit nicht aus, ja beruht entscheidend auf ihr, allerdings wohl nicht auf der Basis von blindem Vertrauen. Die Fähigkeit zur kontrollierten Bildung von Vertrauen in die systematisch nicht gänzlich beherrschbare Delegation von Informationsarbeit an technische Informationsassistenz gehört zentral zur Informationskompetenz als Bedingung informationeller Autonomie. Man sollte schon wissen, warum man wem für Informationsarbeit Vertrauen schenken will. Wer sonst als die Informationsprofessionellen (die klassischen Informatoren), die die Grundlagen für Information und Dokumentation erworben haben, können diese sein?

## Literatur

01 R. L. Ackoff: From data to wisdom. In: Journal of Applied Systems Analysis, Vol. 16, 1989, 1, S. 3-9

02 D. Badenoch; C. Reid; P. Burton; F. Gibb; C. Oppenheimer: The value of information. In Lit. 23, S. 9-77

03 Beats Biblionetz Begriffe: BiblioMap zu „Information" – http://beat.doebe.li/bibliothek/w00021.html

04 N. Belkin: The cognitive viewpoint in information science. In: Journal of Information Science Vol. 16, 1990, S. 11-15

05 G. Bellinger; D. Castro; A. Mills: Data, information, knowledge, and wisdom – http://www.systems-thinking.org/dikw/dikw.htm

06 C. L. Borgman: From Gutenberg to the global information infrastructure: Access to information in the networked world. MIT Press: Boston, MA, 2000

07 H. Borko: Information science: What is it? In: American Documentation Vol. 19, 1968, S. 3-5

08 B. C. Brooks: The foundations of information science. Part 1: Philosophical aspects. In: Journal of Information Science Vol. 2, 1980, S. 125-133

09 J. S. Brown; P. Duguid: The social life of information. Harvard Business Press: Boston, MA, 2000

10 M. K. Buckland; Z. Liu: History of information science. In: M. Williams (Hrsg.): Annual Review of Information Science and Technology (ARIST) Vol. 30, 1995, S. 385-418

11 J. M. Budd: Knowledge and knowing in library and information science. A philosophical framework. Scarecrow: Lanham, MD, 2001

12 R. Capurro: Information. Ein Beitrag zur etymologischen und ideengeschichtlichen Begründung des Informationsbegriffs. Saur: München 1978

13 R. Capurro; B. Hjørland: The concept of information. In: B. Cronin (Hrsg.): Annual Review of Information Science and Technology (ARIST) Vol. 37, 2003, S. 343-412

14 D. A. Case: Looking for information. A survey of research on information seeking, needs, and behavior. Academic Press/Elsevier Science: San Diego, CA, 2002

15 P. Checkland; S. Holwell: Information, systems, and information systems – Making sense of the field. Wiley: Chichester 1998, insbesondere Kap. 4

16 B. Cronin; E: Davenport (Hrsg.): Postprofessionalism: Transforming the information heartland. Taylor Graham: London, Los Angeles 1988

17 Current theory in library and information science. In. Library Trends 50, 2002, 3, S. 309-574 (Kritik in JASIS 54, 2003, 358ff)

18 W. S. Davis; A. McCormack: The information age. Addison-Wesley: Reading et al. 1979

19 R. Day: The modern invention of information. Discourse, history, and power. Southern Illinois University Press: Carbondale, IL, 2001

20 J. J. Eaton; D. Bawden: What kind of resource is information? In: International Journal of Information Management 11, 1991, 2, S. 156-165

21 J. Farradane: The nature of information. In: Journal of Information Science Vol. 1, 1979, 1, S. 13-17

22 Fachbereich Informationswissenschaften Potsdam – http://www.fh-potsdam.de/~ABD/information/studiengang_allg.html

23 M. Feeney; M. Grieves: The value and impact of information. Bowker, Saur: London et al. 1994

24 J. Fiske: Introduction to communication studies. Routledge: London: 2. Auflage 1990

25 C. Floyd; G. Grube: Abschlussbericht der Vorbereitungsgruppe Wissenswissenschaft, Berlin-Brandenburgische Akademie der Wissenschaften, Berlin 1997

26 R. R. Flynn: An introduction to information science. M. Dekker: New York, Basel 1987

27 C. J. Fox: Information and misinformation. An investigation of the notions of information, misinformation, and misinforming. Greenwood Press: London 1983

28 G. Fröhlich: Das Messen des leicht Messbaren. Output-Indikatoren, Impact-Maße: Artefakte der Szientometrie? In: J. Becker; W. Göhring (Hrsg.): Kommunikation statt Markt – Zu einer alternativen Theorie der Informationsgesellschaft. Gesellschaft für Mathematik und Datenverarbeitung (GMD), Sankt Augustin, GMD Report 61, 27-38 (auch: http://info.uibk.ac.at/sci-org/voeb/om65.html#gf)

29 W. Gödert; H.-D. Kübler: Konzepte von Wissensdarstellung und Wissensrezeption medial vermittelter Information: Plädoyer für eine kommunikationstheoretische Betrachtungsweise. In: Nachrichten für Dokumentation Vol. 44. 1993, S. 149-156

30 R. G. Henzler: Information und Dokumentation. Sammeln, Speichern und Wiedergewinnen von Fachinformation in Datenbanken. Springer-Lehrbuch: Berlin et al. 1992

31 C. Hess; E. Ostrom: Artifacts, facilities, and content: Information as common-pool resource. Paper presented at the Conference on the Public Domain. Duke Law Scholl, Durham, North Carolina, November 9-11, 2001, S. 44-79

32 P. Ingwersen: Information science as a cognitive science. In: H. Best; B. Endres-Niggemeyer; M. Herfurth; H. P. Ohly (Hrsg.): Informations- und Wissensverarbeitung in den Sozialwissenschaften. Opladen: Westdeutscher Verlag 1994, S. 23-56

33 ITU – Deklaration und Aktionsplan von WSIS I – http://www.itu.int/wsis/documents/doc_multi-en-1161|1160.asp

34 P. Janich: Informationsbegriff und methodisch-kulturalistische Philosophie. In: Ethik und Sozialwissenschaften Vol. 9, 1998, 2, S. 169-182; S. 252-268

35 S. Kanngießer: Simulationskonzepte des Wissens und der Grammatik. In: C.-R. Rollinger: Probleme des (Text-)Verstehens. Ansätze der Künstlichen Intelligenz. Niemeyer: Tübingen 1984, S. 22-44

36 J. Krause: Alles schon da? – Der handlungsorientierte Informationsbegriff als Grundlage informationswissenschaftlicher Theoriebildung und Gestaltungsarbeit. In: Ethik und Sozialwissenschaften Vol. 9, 1998, 2, S. 223-224

37 R. Kuhlen: Information and pragmatic value-adding: Language games and information science. In: Computers and the Humanities 25, 1991, S. 93-101

38 R. Kuhlen: Pragmatische Aspekte beim Entwurf und Betrieb von Informationssystemen. In: Nachrichten für Dokumentation Vol. 42, 1991, 1, S. 43-44

39 R. Kuhlen: Hypertext – ein nicht-lineares Medium zwischen Buch und Wissensbank. Heidelberg: Springer 1991

40 R. Kuhlen: Informationsmarkt. Chancen und Risiken der Kommerzialisierung von Wissen. Schriften zur Informationswissenschaft. Bd. 15. Universitätsverlag Konstanz: Konstanz 1995

41 R. Kuhlen: Die Konsequenzen von technischen Assistenten. Was bedeutet informationelle Autonomie oder wie kann Vertrauen in Assistenten für elektronische Mediendienste in offenen Informationsmärkten gesichert werden? Suhrkamp: Frankfurt 1999 (stw 1443)

42 R. Kuhlen: Informationsethik. Formen des Umgangs mit Wissen und Information in elektronischen Räumen. UTB – Universitätsverlag Konstanz: Konstanz 2004

43 W. Kunz; H. W. J. Rittel: Die Informationswissenschaften. Ihre Ansätze, Probleme, Methoden und ihr Ausbau in der Bundesrepublik Deutschland. Oldenbourg: München, Wien 1972

44 E. Lämmert: Der Kopf und die Denkmaschinen. In: S. Krämer (Hg.): Medien – Computer – Realität. Wirklichkeitsvorstellungen und Neue Medien. Suhrkamp: Frankfurt: 1998, S. 95-118

45 Landesforschungsbeirat Baden-Württemberg: Querschnittsevalution der Informationswissenschaften an den Universitäten des Landes Baden-Württemberg o. J. – http://www.mwk-bw.de/Online_Publikationen/Evaluation_Informationswiss.pdf

46 A. I. Luft: Zur begrifflichen Unterscheidung von „Wissen", „Information" und „Daten". In: R. Wille; M. Zickwolf (Hrsg.): Begriffliche Wissensverarbeitung: Grundfragen und Aufgaben. Wissenschaftsverlag: Mannheim 1994, S. 61-79

47 F. Machlup; U. Mansfield (Hrsg.): The study of information. Interdisciplinary messages. John Wiley: New York etc. 1983

48 C. K. Malone; F. Elichirigoity: Information as commodity and economic sector: Its emergence in the discourse of industrial classification. JASIS Vol. 54, 2003, 3, S. 512-520

49 D. A. Marchand: Infotrends: A 1990s outlook on strategic information management. In: Information Management Review 5, 1990, 4, S. 23-32

50 L. J. McCrank: Historical information science. An emerging unidiscipline. Information Today: Medford, NJ, 2001

51 A. J. Meadows: The origins of information science. Taylor Graham: London 1988

52 I. Michajlov; A. I. Cernyi; R. S. Giljarevskij: Grundlagen der wissenschaftlichen Dokumentation und Information. Westdeutscher Verlag: Opladen 1982 (Original Moskau 1965; deutsch Informatik Bd. 1 Grundlagen. Staatverlag der DDR: Berlin 1979)

53 J. Mittelstraß: Leonardo-Welt. Über Wissenschaft, Forschung und Verantwortung. Suhrkamp Verlag: Frankfurt 1992 (stw 1042)

54 G. Roth: Fühlen, Denken, Handeln. Wie das Gehirn unser Verhalten steuert. Suhrkamp: Frankfurt 2003 (stw 1678)

55 G. Salton; M. J. McGill: Introduction to modern information retrieval. McGraw-Hill New York 1983 (deutsch: Information Retrieval – Grundlegendes für Informationswissenschaftler. McGraw-Hill: Hamburg et al. 1987)

56 W. Schapp: In Geschichten verstrickt. Zum Sein von Mensch und Ding. B. Heymann: Wiesbaden 1976 (erste Auflage 1953)

57 C. E. Shannon; W. Weaver: The mathematical theory of communication. Univ. of Illinois Press: Urbana 1949

58 N. Sharma: The origin of the data information knowledge wisdom hierarchy – http://www-personal.si.umich.edu/~nsharma/dikw_origin.htm

59 D. Soergel: Organizing information. Principles of data base and retrieval systems. Academic Press: Orlando et al. 1986

60 W. G. Stock: Informationswirtschaft: Management externen Wissens. Oldenbourg: München, Wien 2000

61 A. Taylor: Value-added processes in information systems. Ablex: Norwood, NJ, 1986

62 A. Taylor: The organization of information. Libraries Unlimited: Englewood, CO, 1999

63 UCLA – Department of Information Studies von UCLA – http://is.gseis.ucla.edu/about/index.htm

64 W. Umstätter: Die Skalierung von Information, Wissen und Literatur. In: Nachrichten für Dokumentation Vol. 43, 1992, 4, S. 227-242

65 Universität Düsseldorf, Informationswissenschaft – http://www.phil-fak.uni-duesseldorf.de/infowiss/content/was_heisst_info.php

66 Universität Graz, Informationswissenschaft – http://www.kfunigraz.ac.at/iwiwww/praesent.html#1

67 Universität Hildesheim, Schwerpunkt Angewandte Informationswissenschaft – http://www.uni-hildesheim.de/~anginfwi/aiw_allgemein.html.

68 Universität Konstanz, Informationswissenschaft – Website Rainer Kuhlen – http://www.inf-wiss.uni-konstanz.de/People/rk.html

69 Universität Saarbrücken, Informationswissenschaft – http://www.uni-saarland.de/fak5/fr56/index.html#kurzbeschreibung

70 G. Walker: The information environment: A reader. G.K. Hall: New York 1992

71 J. Warner: Information, knowledge, text. Scarecrow Press: Lanham, MD 2001

72 G. Wersig: Information – Kommunikation – Dokumentation. Ein Beitrag zur Orientierung der Informations- und Dokumentationswissenschaften. Verlag Dokumentation. München-Pullach, Berlin 1972

73 G. Wersig: Informations- und Kommunikationstechnologien: Eine Einführung in Geschichte, Grundlagen und Zusammenhänge. UVK Medien: Konstanz 2000

74 Wikipedia: Artikel Gregory Bateson – http://en.wikipedia.org/wiki/Gregory_Bateson

75 T. D. Wilson: Information behaviour: an interdisciplinary approach. In: Information Processing and Management Vol. 33, 1997, S. 551-572

76 L. Wittgenstein: Tractatus logico-philosophicus. Abhandlung. Suhrkamp-Verlag: Frankfurt 1964 (edition suhrkamp Bd. 12) (zuerst 1921)

77 L. Wittgenstein: Philosophische Untersuchungen. Suhrkamp-Verlag: Frankfurt 1967 (zuerst 1958)

78 P. Yates-Mercer; D. Bawden: Managing the paradox: The valuation of knowledge and knowledge management. In: Journal of Information Science Vol. 28, 2003, 1, S. 19-29

79 H. Zemanek: Elementare Informationstheorie. Oldenbourg, München 1959

80 Zivilgesellschaftliche Alternativ-Deklaration zu WSIS I unter: http://www.geneva2003.org/wsis/main_c01_02.htm; auch unter: http://www.worldsummit2003.de/download_en/WSIS-CS-Decl-08Dec2003-en.pdf

# A 2 Entwicklung der Fachinformation und -kommunikation

Thomas Seeger

## A 2.1 Einleitung

Der Düsseldorfer Informationswissenschaftler N. Henrichs (Lit. 36, S. 945) stellt rückblickend auf die Entwicklung der Informationspraxis und -wissenschaft in Deutschland ernüchternd und schnörkellos fest:

„Das ‚Henne-Ei-Problem' stellt sich nicht: Die Praxis der modernen Fachinformation kann gegenüber ihrer Theorie, genauer gesagt, gegenüber ihrer explizit und systematisch erforschten, entwickelten und beschriebenen Theorie im Sinne einer Wissenschaft von der Information, unzweifelhaft auf einen erheblichen zeitlichen Vorlauf verweisen. Im Anfang war also, darüber kann es wenigstens hierzulande keinen Zweifel geben, die Praxis."

Er erinnert weiterhin an die Tatsache, dass sich das Interesse der Berufspraktiker an einer Theorie (d.h. an der Reflexion ihrer Arbeit, ihrer Arbeitsmittel und -methoden) zunächst in den Organisationsstrukturen von Komitees der fachlich zuständigen Gesellschaften und Berufsverbände des Bibliotheks- und Dokumentationsbereichs artikulierte und nicht in wissenschaftlich motivierten Insider-Zirkeln. Als Verbindungsglied zwischen praktischer Informationsarbeit und dem wissenschaftlichen Interesse an ihr fungierte in den 60er Jahren eine zunehmende Professionalisierung der Informationsfachkräfte, die überwiegend durch äußere Einwirkungen und Entwicklungen gefördert wurde. Dazu zählten insbesondere die durch die Arbeit im Deutschen Institut für Normung (DIN) vorangetriebenen Standardisierungen der Arbeitsmethoden und -instrumente, das aufkommende Verlangen nach theoretischer Absicherung und Evaluierung der eingesetzten Verfahren und Produkte, und eine – leider nur von Wenigen geführte – Diskussion über die „Verwissenschaftlichung von Information" (Lit. 45). Dazu kamen – verstärkt in den 1970er Jahren – eine zunehmende staatliche „Aufmerksamkeit" für den Bereich durch staatlich finanzierte, langjährige Förderungsprogramme sowie eine ständige Verunsicherung der Informationspraxis durch die sprunghafte und risikoreiche (weil in ihren Konsequenzen kaum absehbare) Anwendung der Informations- und Kommunikationstechnologien.

## A 2.2 Information und Dokumentation als Tätigkeit und System

Dokumentation (Lit. 29; Lit. 54), Dokumentation und Information (Lit. 50), Information und Dokumentation (Lit. 21), Fachinformation (Lit. 19; Lit. 20; Lit. 22), Informationsvermittlung (Lit. 05; Lit. 04; Lit. 38; Lit. 69), Informationsmanagement (Lit. 78) oder Information-Resources-Management, Informationsmarkt (Lit. 06; Lit. 07; Lit. 44), Informationswirtschaft (Lit. 24; Lit. 77): Mit diesen in chronologischer Reihenfolge ihrer Entstehung aufgeführten Bezeichnungen wird seit der Jahrhundertwende zum 20. Jahrhundert ein Bereich praktischer und professioneller Tätigkeit beschrieben, welches sich der Vermittlung von Wissenswertem verschrieben hat. Neben dem Archiv- und Bibliothekswesen tritt zum Ende des vergangenen Jahrhunderts (Lit. 29) eine dritte „Spezialität" der Informationsarbeit auf den Plan, die es sich primär zum Ziel setzt, ihre Nutzer mit dem Nachweis von oder direkt mit fachlichem Wissen aus Wissenschaft und Technik zu versorgen.

Noch 1954 wurde diese Spezialität, die in der Herausbildung zum Beruf sehr unterschiedliche Namen angenommen hat, folgendermaßen beschrieben: „Bibliothekare und Archivare haben damit zu rechnen, dass eine Art jüngerer Bruder zu ihnen tritt: der Dokumentar. So nennen sich jetzt die Dokumentalisten." (Lit. 26, S. 416)

Auf ihrem langen Weg zum Beruf hin wurde diese Berufsgruppe auch als „Literaturingenieure" oder „Literarurchemiker" o. ä. bezeichnet; die Institutionen, in denen sie arbeiteten, auch als „Literarische Büros" (Lit. 03, S. 79) oder „Schrifttumsauskunftsstellen" bezeichnet.

Um fachliches Wissen (d.h. Fakten, Erkenntnisse, Gedanken über Prozesse der Natur und Gesellschaft) an andere Personen unter professionellen Kriterien weiterleiten zu können, sind spezielle Methoden, Verfahren, Instrumente und Regeln sowie Techniken und Technologien notwendig, mit deren Hilfe der Prozess des kontinuierlichen „Informierens" aufrecht erhalten werden kann. Dieses Verständnis einer professionellen Tätigkeit, die zweckdienlich das „Wissen der Welt" anderen verfügbar macht, wird deutlich in den klassischen

Definitionen (Lit. 74), wie sie die internationale Dachorganisation FID formuliert hat:

„Documentation c'est réunir, classer et distribuer des documents de tout genre dans tout les domaines de l'activité humaine." (um 1930)

„Documentation is the collection and storage, classification and selection, dissemination and utilisation of all types of information." (um 1960)

Der „Gründungsvater" der Dokumentation, Paul Otlet, ging 1907 über dieses Basisverständnis hinaus und sah in ihr eine gesonderte Form wissenschaftlicher Arbeit: „Man versteht heute unter Dokumentation die Bearbeitung der Gesamtheit aller schriftlich fixierten und graphischen Quellen unseres Wissens, soweit dieses durch Dokumente aller Art und vor allem durch gedruckte Texte gebildet wird. Sie ist die Ergänzung der anderen Forschungsmethoden: der Beobachtung, des Experiments, der Deduktion." (Lit. 54, S. 354)

Das Wort Dokumentation selbst kann vielerlei Bedeutungsnuancen annehmen:

– Beweisführung durch Urkunden

– Bezeichnung für Berechnungsgrundlagen oder Zeichnungen usw.

– Sendeform bei Rundfunk und Fernsehen, in der Tatsachenmaterial unterbreitet wird

– Verfahren zur Auswahl und inhaltlichen Erschließung (Bearbeitung) von Dokumenten und Verarbeitung von faktographischer Information (als Arbeitsstufe der Information und Dokumentation) (Lit. 32, S. 23).

Im Selbstverständnis der dokumentarisch Tätigen war es von Beginn an unbestritten, dass es sich bei der Dokumentation um die systematische Beschäftigung des Nachweises von Wissen in der Form von Schrifttum aller Art handelt (Lit. 18; Lit. 03). Aus diesem Grunde wurden die Anfänge der Dokumentation auch oft als „bibliographische Bewegung" bezeichnet und charakterisiert.

Da sich professionelle Tätigkeiten auch immer in einer organisatorischen Umgebung abspielen, kann mit der Bezeichnung Information und Dokumentation (IuD) auch ein Institutionentyp bezeichnet werden. Dies finden wir z. B. in der Gattungsbezeichnung Informations- und Dokumentationsstellen, kurz IuD-Stellen (Lit. 28; Lit. 40). Sie können als selbständige Organisationen auftreten, wie z.B. ein Fachinformationszentrum (FIZ) oder Datenbankanbieter, sie können als innerbetriebliche Informationsabteilungen eine abgrenzbare Einheit im Gesamtbetrieb bilden, es können wiederum mit einer davon verschiedenen Organisationsform Informationsvermittlungsstellen (Lit. 04; Lit. 05) sein. Darüber hinaus existieren bereits selbständige Informationsvermittler und -berater (Information Broker, Information Consultants) sowie – als neueste Entwicklung – spezielle informationelle Funktionen im organisationsübergreifenden Zusammenhang, wie etwa das „strategische Informationsmanagement".

Dieser organisationsbezogene Blickwinkel auf die IuD wird angesichts der rapiden Fortschritte in der telekommunikativen Vernetzung von Instanzen der IuD und der funktionalen Arbeitsteilung zunehmend unübersichtlicher, weil die Informierungsfunktionen sich nicht mehr eindeutig mit einer eigenständigen Organisationsform in Deckung bringen lassen. Deutlich wird dies etwa bei der virtuellen Organisation von Informierungsprozessen, wie sie sich z.B. im Internet abspielen. Die aus betriebswirtschaftlichen Effizienzerwägungen vorgebrachten Konzepte des sogenannten „Out-Sourcings" von ehemals innerbetrieblichen Informationsabteilungen zu eigenständigen privatwirtschaftlich agierenden Informationsunternehmen, sowie Konzepte der Umwandlung von Informationsstellen in sogenannte „Profit-Center" belegen, dass Informationsarbeit primär eine notwendige Funktion in allen denkbaren Organisationszusammenhängen bedeutet und eine Bindung an bestimmte Organisationsformen das Spektrum der Informationsarbeit unzulässigerweise einengen würde. Die allgegenwärtige Verfügbarkeit der leistungsfähigen Informations- und Kommunikationstechnologien in Form von direktem Zugang zu Online-Datenbanken und Internet-Informationsangeboten ist in der Lage, wesentliche Funktionen der „klassischen" Informationsinstanzen auf die Endnutzer zu verlagern. Dies bedeutet, dass frühere „gesicherte" professionelle Tätigkeiten obsolet werden können. Neu in die Diskussion um die effektive Gestaltung von Informationsprozessen sind Schlagwörter wie „Buisiness Re-engineering", „Workflow-Organisation" und „Lean-Management" von Informationsflüssen, die wiederum belegen, dass der Informierungsprozess in sehr unterschiedlichen Formen und hinsichtlich verschiedener betriebswirtschaftlicher Modelle organisiert werden bzw. stattfinden kann. Dennoch kann man – blickt man auf die IuD heute – mit Fug und Recht vom IuD-Wesen sprechen als der Summe aller Institutionen, Organisationen, deren Untergliederungen und virtuelle Organisationsformen, in denen die Funktion des professionellen Informierens wahrgenommen wird.

Als dritte Betrachtungsmöglichkeit kann die IuD in einer abstrakteren, systemtheoretischen Auffassung angesehen werden. Ein IuD-System in diesem Sinne besteht aus materiellen und konzeptionellen Elementen, die so aufeinander abgestimmt sind, dass eine optimale Informierung der Benutzer gewährleistet ist.

Unabhängig von der jeweiligen organisationellen Einbindung ist ein IuD-System beschreibbar durch den Zusammenhang von technisch-apparativen (d.h. materiellen) Ressourcen, dem fachlich zuständigen Personal, den konzeptionellen Elementen (d.h. Methoden, Instrumente, Regeln, Prozesse) und den Nutzern des Systems. Das nutzergerechte Zusammenwirken dieser Einzelelemente bildet Voraussetzung und Gewährleistung für optimale Informierung. Diese dritte Betrachtungsart, die nicht mehr von einer direkten Entsprechung der Organisationsform im Sinne einer festgefügten Institution und einer Informierungsfunktion ausgeht, ist in der Lage Informationflüsse zu beschreiben, wie sie beispielsweise durch den Zugriff einer innerbetrieblichen Informationsvermittlungsstelle auf externe Online-Datenbanken eines anderen Landes in Gang gesetzt werden. Da das Geflecht der Informationsflüsse durch die Möglichkeiten der elektronischen Übermittlung von Daten zunehmend undurchsichtiger wird, hat diese „systemische" Betrachtungsweise Vorteile, weil sie flexibler ist und den neueren Entwicklungen Rechnung trägt, die sich in den letzten Jahren besonders stark in den Bereich der Nutzung der Telekommunikationsdienste (Online-Dienste, Internet, Intranet und innerbetriebliche Vernetzung ) verlagert hat.

Somit ist die Information und Dokumentation beschreibbar

– als Funktion im Sinne zweckgerichteter Tätigkeiten (IuD-Tätigkeiten)

– als eine Menge von Organisationen und/oder Institutionen (IuD-Wesen)

– als das Zusammenwirken von Technik, Methoden, Regeln und Menschen (im Sinne des „virtuellen" IuD-Systems).

## A 2.3 Fachliche Kommunikation und professionelle Informierungsprozesse

Die Existenz professioneller Informierungsprozesse, so wie sie heute uns in Form der Dienstleistungen von Informations- und Dokumentationsstellen, der Online-Abfrage von Datenbanken und anderen Informationsdienstleistungen begegnen, lässt sich aus der zunehmenden Komplexität fachlicher Kommunikationsprozesse erklären. Ganz vordergründig betrachtet, sind fachliche Kommunikationsprozesse aus dem Bedürfnis der Gesellschaft nach Austausch und Vermittlung von Wissen über Natur und Gesellschaft zur Bewältigung und vor allem der Verbesserung der jeweils geltenden Lebenssituationen entstanden.

Zunächst soll eine weitere Besonderheit des Stoffes „Wissen" kurz erläutert werden, um deutlich machen zu können, dass dem „Wissen" selbst und in seiner aktiven, d.h. vermittelten Form, also auch „Information", zwei verschiedene Eigenarten anhaftet. „Wissen" im Sinne der fachlichen Erkenntnis (Lit. 48) hat kumulativen Charakter, d.h. dass neues Wissen, neuere Erkenntnisse in der Regel nur gewonnen werden können, wenn es auf dem bis dahin Gedachten und Gewussten aufbaut. Mit der Entstehung neuen fachlichen Wissens einher geht auch sein Austausch und seine Vermittlung im internationalen Maßstab. Dies verlangt, dass es in entwickelten Gesellschaften eine Instanz geben muss, die die Funktion des „historischen Gedächtnisses" des Wissens wahrnimmt, über raumzeitliche Grenzen und ideologische Barrieren hinweg.

Über viele Hunderte von Jahren hindurch hat das Bibliotheks- und Archivwesen die Aufgabe übernommen, den immer größer werdenden Berg des zu kumulierenden fixierten Wissens zu ordnen, zu verwalten und im Falle der Nachfrage dieses Wissen an andere weiterzuleiten. Da es sich ohne Schaden wohl keine Gesellschaft auf Dauer leisten kann, den materiellen und ideellen Wert, der in diesen Bemühungen steckt, zu vernachlässigen, haftet dieser kumulierenden und bewahrenden Funktion im Wissensumgang ein besonderer Kulturwert an, der in der gegenwärtigen politischen Diskussion über Informationsgesellschaft oder Wissensgesellschaft (Lit. 42) immer mit reflektiert werden sollte.

Wissen ist andererseits – aus der Warte des Individuums – auch kein jeweils vollständig zu verzehrendes Gut, wie dies bestimmte Waren sein können, die nach Gebrauch oder Verzehr eben aufgebraucht sind. Identisches Wissen wird immer wieder – auch wenn es von neueren Erkenntnissen laufend und in immer schnelleren Innovationszyklen aktualisiert wird – von Menschen nachgefragt werden, weil sie dieses sich nach ihrer individuellen Sozialisation, ihren Berufsanforderungen oder ihren Interessen laufend aneignen müssen. Dieser Aneignungsprozess wird als eine herausragende Kulturleistung angesehen (Lit. 31).

Dies aber angesichts der immer größer werdenden Menge an Wissen in Bezug auf die Vielzahl der Wissen nachfragenden Individuen zu organisieren und zu gestalten, stellt an die kommunikative Vermittlung dieses Wissens immer höhere Ansprüche. Wissen als solches wird also in immer wieder veränderten Zusammenhängen und Erscheinungsformen mehrfach und wiederholt benutzt und verwendet und dadurch in neue Erkenntnisse umgeformt und weiterentwickelt.

Die Notwendigkeit, stabile Systeme der Wissensvermittlung vorhalten zu müssen, ist zum einen plausibel begründbar durch die Bevölkerungsdynamik. Es wachsen fortwährend neue Generationen nach, die sich vorliegende Erkenntnisse aneignen müssen. Der historisch kumulierte Fundus an notwendigem Wissen wächst also in der Funktion von Zeit, die Zahl der Empfänger dieses Wissens vermehrt sich ebenfalls in großen Sprüngen. Zudem verschiebt sich die Qualifikationspyramide in modernen Zivilisationen in großem Maße zugunsten der Bevölkerungsanteile, die höhere und höchste Qualifikationen erwerben können, deren Berufs- und Alltagswelt also zunehmend von fremd erzeugtem Wissen abhängig wird (Lit. 25; Lit. 51; Lit. 52; Lit. 76).

Zum Zweiten ist sie begründbar durch die ständig komplexer werdenden Lebenszusammenhänge, ein hervorstechendes Merkmal der nachindustriellen Gesellschaften. Der Modernisierungsprozess verlangt dem Einzelnen immer mehr an Wissen, Kenntnissen und kognitiver Flexibilität ab, um sich im Arbeits- und Alltagsleben orientieren und mit den Veränderungen Schritt halten zu können. Die Lebenswelt des Einzelnen wird aber erst mit der Aufnahme von „neuem Wissen" transparent, beherrschbar und strukturierbar. Dieser Prozess hat der Befürchtung Ausdruck gegeben, dass nicht alle Gruppen in den entwickelten Gesellschaften an diesem ständigen Wissensaufnahmeprozess teilhaben werden und dass große Teile der Bevölkerung daraus „ausgeblendet" werden könnten. Dies hat zu der These des zunehmenden Auseinanderfallens der Bevölkerungsgruppen in die sogenannte „Information-Rich" und „Information-Poor" geführt. Neben der sozialen Orientierung von Teilname am Berufs- und Erwerbsleben scheint also in der „Informationsgesellschaft" Besitz von und Zugang zu Information eine zunehmend wichtigere Rolle zu spielen. Es ist demzufolge vorstellbar, dass sich künftig die Teilhabe an Informationsprozessen als zentrale gesellschaftliche Orientierung neben die am Erwerbsleben stellen wird.

Zum Dritten wird – besonders in Wirtschaft und Industrie – die Verfügbarkeit von Information als strategisches Mittel zur Erlangung von Wettbewerbsvorteilen erkannt (Lit. 02; Lit. 71). Hoch arbeitsteilig organisierte Gesellschaften erzeugen durch ihr zunehmendes Spezialistentum eine Komplizierung der Lebensumstände und damit die Gefahr der zunehmenden Intransparenz von Verwaltungs- und Entscheidungsprozessen. Dies wirkt nicht nur in die hochspezialisierte Arbeitswelt hinein, sondern erfasst auch immer mehr das „Alltagsleben" und breiteste Bevölkerungsschichten. Dass dieser Funktionsbereich der Informationsvermittlung auch ganz bewusst als ein Mittel zur Effektivierung von Wissenschaft, Wirtschaft und Verwaltung eingesetzt und staatlich gefördert wurde, lässt sich für die Bundesrepublik Deutschland bis in die Zeit des 1. Weltkrieges zurückverfolgen (Lit. 03; Lit. 23). Es wird in den Zitaten von Eppelsheimer, ab 1951 als Vorsitzender der DGD, deutlich ausgesprochen: Aufgabe der Dokumentation sei es, „Schritt zu halten mit der steigenden Fülle der Literatur, daneben alles abgelegte, schon Geschichte gewordenes Wissen nach mannigfaltigen Gesichtspunkten in griffbereite Ordnung zu bringen. Das sind, auf kurze Formel gebracht, die Forderungen, die wir erfüllen müssen, wenn wir unseren Platz im wissenschaftlichen und wirtschaftlichen Leben behaupten wollen". Und: „...soll es zu einer konstanten Erhöhung von ökonomischer Produktivität kommen, so bedarf es einer rationellen Beherrschung des akkumulierten Wissens" (Lit. 27, S. 4).

Beide Seiten des Charakters von Wissen, historisch kumulierendes Kulturgut und Organisationsproblem der bedarfsgerechten Wissensvermittlung zurück in die Gesellschaft, bildeten eigentlich von Beginn an die Legitimation für die Existenz von Information und Dokumentation, der Informationsvermittlung und angrenzender Bereiche.

## A 2.4 Die Quantifizierung des Wissens und seiner Nutzer

Die für die Begründung der Information und Dokumentation so häufig angeführte quantitative Analyse von Publikationen – auch unter den Stichworten Informationslawine und Literaturflut bekannt – hat ihre Ursprünge in der Wissenschaftssoziologie der 1950er und 1960er Jahre. Bereits 1962 veröffentlichte Fritz Machlup (Lit. 51) erstmals eine umfassende ökonomische Analyse der Wissensproduktion (und ihrer Produzenten), der verschiedenen Methoden der Generierung von Wissen. Er beschreibt dann später die verschiedenen Berufe, die in diesem komplexen Bereich tätig sind (Lit. 52). Mit der weiteren Quantifizierung von Veröffentlichungen, dem Anwachsen der Bevölkerungsgruppe der wissenschaftlich-technisch Tätigen, der Kosten für Wissenschaft und Forschung und weiteren Indikatoren für das Ansteigen der fixierten Quellen von Wissen verbunden sind die Arbeiten von de Solla Price (Lit. 76) für die USA und G. M. Dobrov (Lit. 25) für die damalige UdSSR. Diese Autoren haben mit Hilfe statistischer Analysen die Output-Indikatoren der Wissensproduktion analysiert, sich dabei auf den engeren Bereich der Wissenschaft und Technik beschränkt. Hinter diesen sehr aufwendigen Bemühungen stand die Erkenntnisabsicht, den Bereich der wissenschaftlich-technischen Forschung und Entwicklung, einer der Eckpfeiler der Erkenntnis- und Wissensproduktion, in seiner gesellschaftsverändernden Kraft und seiner Leitungsfähigkeit zu untersuchen (und dies auch im Vergleich der beiden damaligen Supermächte). Im Verlauf der Weiterführung dieser Arbeiten hat sich ein recht umfassendes Bild der „Vermessung der Forschung" (Lit. 80) ergeben, welches im Ablauf des Zusammenhanges wie in Abb. 1 dargestellt werden kann (statistische Daten und empirische Belege sind in den Vorauflagen dieses Kapitels nachzulesen) (Lit. 53; Lit. 74).

## A 2.5 Von der „Dokumentation" zum Informationsmarkt

Abgesehen von einer umfassenden Darstellung über der Entwicklung der Dokumentation in Deutschland bis 1945 (Lit. 03) ist nur wenig über die Entstehung und Entwicklung der Information und Dokumentation für den deutschen Sprachraum veröffentlicht (Lit. 18; Lit. 35; Lit. 70). Besonders erwähnenswert sind die jüngeren anglo-amerikanischen Arbeiten, die die Geschichte der Dokumentation in Europa aufarbeiten (Buckland, Rayword, Rieusset, Hahn, Richards, Shera). Somit gilt die Feststellung aus dem Jahre 1995 für den deutschen Sprachraum: „Die Dokumentationsgeschichte oder, weiter gefasst, die Geschichte des Informations- und Dokumentationswesens muss recht eigentlich erst geschrieben werden." (Lit. 03, S. 4)

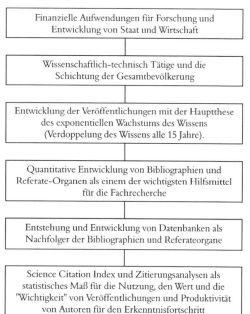

Abb. 1: Vermessung der Forschung

### A 2.5.1 Die Pioniere der Dokumentation in Brüssel (Otlet und La Fontaine)

Die Anfänge der Dokumentation in Brüssel bestechen auch heute noch durch die Konzeption des Universalrepertoires mit ihren weitgespannten Projektionen und auch zukunftweisenden Ansätzen (Lit. 10 bis 16; Lit. 33; Lit. 59 bis 67). Das von den beiden Gründern geleitete „Institut International de Bibliographie" (IIB) in Brüssel war von 1898 bis in die 1930er Jahre richtungsweisend für die Einführung der Methoden und Verfahren der dokumentarischen Informationsarbeit, für deren Technologie, Suchstrategien, Informationsdienste, das Konzept des Weltwissens, der Informationseinrichtungen und deren Kommunikationsstrukturen in Wissenschaft und Technik und vieles mehr. Der Otletsche Ansatz des Konzepts „Dokumentation" war von Beginn an viel breiter und umfassender gefasst, als er bislang zumeist verstanden wird.

1891 trat P. Otlet (1868-1944), ein junger Rechtsanwalt, in die Belgische „Gesellschaft für Soziale und Politische Studien" ein. Henri La Fontaine (1854-1943) war für die bibliographischen Arbeiten der Gesellschaft verantwortlich. Er verfügte über weitreichende gesellschaftliche und politische Verbindungen und war ab 1895 für fast 30 Jahre Mitglied des Senats des Belgischen Parlaments. Über diese Arbeiten hinaus war La Fontaine sehr aktiv in der „Friedensbewegung" (wie wir heute sagen würden), so dass ihm 1913 der Friedensnobelpreis verliehen wurde. Otlet assistierte zunächst La Fontaine in der bibliographischen Sektion der Gesellschaft. Aus dieser Sektion heraus wurde 1893 das „Internationale Büro für Soziologische Bibliographie" gegründet.

Bei der praktischen bibliographischen Arbeit entwickelte sich die zentrale Idee, wie durch die Trennung von den Inhalten eines Dokumentes von den (immer auf das ganze Dokument verweisenden) Autorenangaben ein Gesamtrepertoire von ständig kumulierendem neuen Wissens erstellt werden kann. Die aus den Büchern und Dokumenten herausgezogen Extrakts und Inhaltskomponenten sollten auf Karteikarten gesammelt, thematisch zusammengeführt in synoptischer Form präsentiert werden. Was dazu fehlte, war ein umfassendes, alle Gegenstände der materiellen und ideellen Welt abdeckendes Instrument zur Erschließung dieser Wissenskomponenten – oder wie es Otlet beschrieb – „...sehr differenzierte synoptische Umrisse von Wissen". Dieses Instrument sollte sowohl die Anordnung der Katalogkarten strukturieren als auch die Arbeit an der Kompilierung des Gesamtrepertoires des Wissens organisieren helfen. Was mit diesen Worten ausgedrückt werden sollte, war die schlichte Tatsache, dass eine umfassende Klassifikation für alle Gebiete des menschlichen Wissens benötigt wurde, die zu der Zeit vermeintlich nicht existierte. Der Legende nach soll 1895 Otlet anlässlich eines Besuches einer Tagung in England ebenso zufällig auf die „Dewey Decimal Classification" (DDC) gestoßen sein, die sich für das oben genannte Problem als Lösung erweisen sollte.

Der US-amerikanische Bibliothekar Melvil Dewey (1851-1931) hatte bereits 1876 die erste Ausgabe seiner Klassifikation vorgelegt. Diese dekadische (d.h. in 10er-Stufen unterteilte) monohierarchische Klassifikation wurde für den Einsatz in amerikanischen Öffentlichen Bibliotheken (und gleichzeitig auch als Aufstellungsordnung für die Bücher) entwickelt und ist heute noch in vielen Bibliotheken im Einsatz. Derzeit ist die 22. Ausgabe der DDC in Benutzung; eine deutsche Ausgabe ist in Vorbereitung. 1895 veranstalteten Otlet und La Fontaine die legendäre Internationale Konferenz für Bibliographie, denen bis zum Ausbruch des ersten Weltkrieges noch vier weitere folgten. Anlässlich dieser Konferenz wurde als konkretes Organisationsergebnis beschlossen, das „Institut International de Bibliographie" (IIB) zu gründen mit dem Ziel, das Wissen der Welt mit Hilfe eines sehr großen Kataloges zu erschließen. Dieser Katalog wurde „Répertoire Bibliographique Universel" (RBU) genannt – ein in systematischer Ordnung aufgebauter Katalog, dem als Klassifikation eine völlig neu bearbeitete Fassung zugrunde lag. Diese wurde nun „Classification Décimale Universelle" (CDU) (englisch „Universal Decimal Classification" (UDC) und deutsch „Internationale Dezimalklassifikation" (DK)) genannt und hat sich eigentlich bis heute als universelles Erschließungsmittel als tauglich erwiesen (vgl. auch Kap. B 1).

Das „Répertoire Bibliographique Universel" nahm recht bald stattliche Größe an; waren im Jahre 1897 im Katalog noch ca. 1,5 Mio. Einträge zu verzeichnen, verdoppelte sich ihre Zahl bereits zwei Jahre später, um dann 1912 auf 9 Mio. Einträge anzuwachsen. Mit ca. 40 Mio. Einträgen (Lit. 59) hatte vor dem Abbrechen des gesamten Unternehmens das Repertoire seinen Endausbau erreicht, welches im wesentlichen aus einem Autorenverzeichnis und einem Sachkatalog bestand.

Über diese in engeren Sinne dokumentarische Schrifttumsauswertung hinaus waren Otlet und La Fontaine auch damit beschäftigt, eine diesem „Weltentwurf" angemessene Organisationsform und Behausung zu geben. Mit der Gründung einer internationalen Gemeinschaft aller Fachgesellschaften – „Union of International Associations" – war die Errichtung eines dieser Idee angemessenen Weltzentrums verbunden. Dieser Weltbund sollte Gewähr dafür bieten, dass aus allen internationalen Fachorganisationen die relevanten Informationen dem Gesamtsystem zugeführt werden. Dem Weltzentrum, das in Brüssel dann auch einen Bau erhielt und später dann „Mundaneum" genannt wurde, sollte neben der internationalen Bibliothek, dem internationalen bibliographischen Katalog, noch das universelle Dokumentationsarchiv und ein internationales Museum angegliedert werden. Ein großartiges intellektuelles „Warenhaus" aus Büchern, Dokumenten, Nachweisen, Objekten stellt dies dar, welches die ideologischen Hintergründe des Promotors Otlet deutlich werden ließ: Eine zentralistische Konzeption und ein gleiches Organisationskonzept, gespeist aus der Idee der Einheit der Wissenschaften, untermauert durch eine positivistische und optimistische Weltsicht, dass man alles zusammenführen und zusammenhalten könne. Darin aber sehen manche Autoren auch einen Hang zum Monumentalismus.

Grundsätzliche Kritik an dem Konzept wurde im Jahre 1935 von Fritz Prinzhorn, einem der deutschen Pioniere, vorgebracht. Er erklärte, dass die Idee eines Weltrepertoriums der Literatur als gescheitert anzusehen sei. Als Beleg für das Scheitern führt er an, dass jährlich bereits über 100.000 Bücher und mehr als 1 Mio. Zeitschriften-Aufsätze erscheinen. Dies sei nicht mehr in globalem Maßstab zu leisten. Erforderlich seien deshalb dezentrale Fachdokumentationen (Bibliographien und Referateblätter) auf nationaler Ebene, um eine Vollständigkeit erreichen zu können. Die Nachweisinstrumente müssten darüber hinaus mit der Literaturversorgung verbunden werden. Nützlich wäre ein (Methoden-)koordinierendes nationales Referralzentrum (Lit. 58).

Über den für die Zeit recht imposanten quantitativen Umfang der geleisteten Arbeiten hinaus ist es wichtig, die Grundidee der Dokumentation und die Dienste des IIB (ab 1931 dann IID „Institute Internationale de Documentation") ins Bewusstsein der Profession zurück zu bringen. So wurden beispielsweise mit der Organisation der Karten und Kataloge bereits sehr moderne Prinzipien entwickelt, die eine Vervielfältigung des Repertoires (oder Teilen davon) mit den reprographischen Mitteln der Zeit erlaubten. Das System erlaubte es zudem, umfangreiche Recherchen durchzuführen; Rayward (Lit. 59) berichtet über die Gebührensätze für Recherche und Vervielfältigung der Katalogkarten. Sehr interessant (und vielleicht ein wenig euphorisch) sind die Aussagen über die Vorwegnahme des Hypermedia-Prinzips durch verschiedene Dienste, die Otlet und La Fontaine im IID anboten. In einem besonderen Informationsdienst für die Polarregionen und das Fischen und Jagen wurden neben den ausführlichen bibliographischen Text-Nachweisen, -ausschnitten und -zusammenstellungen auch alle relevanten bildlichen Dokumente verzeichnet: Photographien, Zeichnungen, Karten usw. Sie alle wurden in eine Datei eingestellt und konnten auch so nachgewiesen und mit den damaligen Mitteln vervielfältigt werden. Damit seien bereits die Grundprinzipien von Hypertext (auf manuelle Weise) realisiert, die Ent-Textlichung und Ent-Linearisierung von Wissen durch Aufnahme und Darstellung aller Formen und Typen von Dokumenten in die Datenbasis mit ihren jeweiligen inhaltlichen Bezügen zueinander. Am deutlichsten aber werden die Verdienste von Otlet und La Fontaine aber durch ihre enzyklöpädischen Konzeptionen, die sowohl die Notwendigkeiten internationaler Standards für die Informationsarbeit einschlossen, wie auch neue Organisationseinheiten (Dokumentationzentren) außerhalb der traditionellen Bibliotheken vorsahen und dieses auch schrittweise (oder zumindest in Ansätzen) realisierten. So erinnern die Vorstellungen des weltumspannenden dokumentarischen (Kommunikations-) Netzwerkes unter Wissenschaftlern und Technikern, an dem jeder teilhaben könne, an die Infrastruktur, die heute im Internet zur Verfügung steht (Lit. 13; Lit. 67).

**A 2.5.2   Der Aufbruch zur Dokumentation**

Die „Dokumentation" als eigenständiges Arbeitsfeld in Europa ist um die Jahrhundertwende entstanden aus der bibliographischen Nachweisarbeit und als „Protesthaltung gegen das die Bedürfnisse der Zeit nicht befriedigende Bibliothekswesen", wie es in der ersten Auflage dieses Buches 1972 formuliert wurde. Sie entwickelt sich als spezielle Ausdifferenzierung und Abspaltung vom damals bestehenden „monolithischen" Bibliothekswesen. Letzteres hatte wesentliche Entwicklungen im Gefüge der Informationsinstanzen und das Reagieren auf neuartige Informationsbedürfnisse der Industrie und Wirtschaft nicht nachvollziehen können, oder es konnte diesen anstehenden Wechsel aus Kostengründen nicht mittragen. Gerade hinsichtlich des vielgestaltigen Aufkommens naturwissenschaftlich-technischer Daten, der immer wichtiger werdenden naturwissenschaftlich-technischen Zeitschriftenliteratur, der geringen Beachtung sogenannter „Grauer Literatur" und der fehlenden Entwicklung zutreffender Erschließungsmittel waren Akzeptanz- und Nutzungsbarrieren für das industriell-technische Klientel eingetreten, die auf Lösungen warteten: „Nicht zuletzt die Versäumnisse auf seiten der Bibliotheken und ihrer Bibliothekare haben zur Verselbständigung eines Teils des Informationsbereichs, nämlich des Dokumentationswesens geführt" (Lit. 03, S. 4). Spannungen, Rivalitäten und Missverständnisse, Technik-Begeisterung und Technik-Furcht, Modernität und Stillstand zwischen Bibliothekaren und Dokumentaren haben seit den Anfängen der Dokumentation in Deutschland eigentlich bis heute die Auseinandersetzungen der Berufsgruppen geprägt (Lit. 68).

Für die 1920er und 1930er Jahre fasst Buder (Lit. 18, S. 41) die Situation für Deutschland zusammen: „Während die praktische Dokumentationstätigkeit aus der Bibliographie hervorgegangen ist, entwickelt sich das Selbstverständnis der Dokumentation aus der Abhebung gegenüber dem Bibliothekswesen in der Formulierung spezifischer Aufgabenstellungen, Arbeitsmethoden und Zielsetzungen." Dabei waren die folgenden Punkte in der traditionellen bibliothekarischen Arbeit ausschlaggebend für diese Abspaltung:

– Nicht-Berücksichtigung der (zunehmend wichtiger werdenden) Zeitschriftenliteratur und anderer unselbständiger Veröffentlichungen. Fast vollständige Vernachlässigung von Dokumenttypen wie Bilder, Filme, Schallplatten, Modelle, Museums- und Ausstellungsgegenstände usw. (Lit.18). Rasant steigende Publikationszahlen zum Ende des 19. Jahrhunderts und neue Publikationsformen wie z.B. die „graue Literatur", technische Schriften, Patente, Firmenschriften, Kataloge usw., die zu einer enormen Dokumentenflut führten, für die effiziente Erschließungsmethoden, verlässliche Zugriffsverfahren fehlten. Unter funktionalen Gesichtspunkten der Informationsarbeit ist mit der Orientierung auf den Nachweis eines Dokuments eine weitere Arbeitsteilung in der Informationsarbeit beobachtbar: die Trennung von Dokumentenbeständen und ihren inhaltlich erschlossenen und zusammengehörenden Nachweisen.

– Mangel an übergreifenden und fein-erschließenden Systematiken, Ordnungsmitteln oder sonstigen Verfahren, wie inhaltlich bestimmtes Wissen zusammengeführt werden könnte, um einen Gesamtüberblick über das menschliche Wissen zu erhalten. Das verkörpert die Idee des Universalrepertoires, wie Otlet es verstand. In dieser Hinsicht wird die anfängliche Entwicklung der Dokumentation auch international bis in die 1950er Jahre hinein von der Anwendung der DK weitgehend bestimmt.

– Eine frühe Hinwendung (wenn nicht gar Begeisterung) für die Techniken und Technologien der Speicherung, Wiedergabe und Vervielfältigung von Dokumenten und deren Verschlüsselung und Wiederfinden. Hier sind im Einzelnen angesprochen die reprographischen Verfahren, die die 1920er und 1930er Jahre beherrschten. Dann folgte die Vielgestaltigkeit der verschiedenen Lochkartenverfahren und ihr Einsatz zur Verschlüsselung von Inhaltskomponenten in den 1930er bis 1950er Jahren als beherrschendes Thema; und ab den 1960er Jahren war die Faszination des computergestützten Information Retrieval das Thema, das die Diskussion belebte.

– Dokumentarische Arbeit sollte von fachwissenschaftlich vorgebildetem Personal geleistet werden, das die fachliche Kompetenz im Inhaltsbereich hatte. Dies war im traditionellen Bibliothekswesen der Zeit eher die Ausnahme als die Regel; es war in dieser Zeit dominiert von geisteswissenschaftlicher Denkungsart und Qualifikation.

– Notwendigkeit zu einer aktiven Informationsvermittlung durch Auskunftstätigkeit und Umsetzung von Benutzeranforderungen in Aufbau und Struktur der Informationsdienste.

– Notwendigkeit zu fachlicher, nationaler und vor allem internationaler Kooperation.

– Eine Vision zu entwickeln, die über das Verwalten von Büchern und Dokumenten hinaus deutlich macht, dass Wissen, ihre Zusammenfassung und kreative Weiterverarbeitung eine selbständige und zentrale kulturelle Aufgabe bedeutet und in die Tradition geistlicher Fortschritte einzuordnen ist (Lit. 11 bis Lit. 16). In Deutschland sind diese frühen Visionen dann vor dem ersten Weltkrieg aufgegriffen worden und nach dem 2. Weltkrieg unter dem Vorzeichen der Potentiale der neuen Informationstechnologien mit der Formel von der „Mechanisierung geistiger Arbeit" wieder neu erstanden (Lit. 23; Lit. 79).

Betrachten wir die inhaltliche Seite der Informationsarbeit der frühen Dokumentationsbewegung in Deutschland, so schält sich im Vergleich zur „normalen" Bibliotheksarbeit ein wesentlicher Unterschied heraus. Der dokumentarisch Tätige „begann zunehmend eine aktive Rolle zu spielen: Statt die Wissenschaftler auf die Quellen zu verweisen, erschloss er selbst die relevanten Dokumente, wertete sie kritisch aus und stellte die Ergebnisse zur

Verfügung. Im Mittelpunkt der Arbeit stand nun nicht mehr das Schrifttum an sich, sondern die durch die literarischen Dokumente vermittelten Daten und Fakten" (Lit. 03, S. 79).

Auf der Seite der industriell-technischen Benutzergruppen hatte sich ebenfalls ein Wandel in den Arbeitsmethoden vollzogen, auf den die Dokumentare reagierten: „Neben der Durchführung von Versuchen im Laboratorium wurde die Literatur auch für die in der Industrie tätigen Wissenschaftler, Ingenieure und Techniker zu einem unerlässlichen Hilfsmittel ihrer Arbeit. Diesem gestiegenen Informationsbedarf seitens der Industrie und Wirtschaft konnten die bestehenden Universalbibliotheken nicht gerecht werden. Diese Haltung der staatlichen Bibliotheken war sicherlich auch ein Grund, der die Herausbildung von Industrie- und Vereinsbibliotheken beförderte. Die Hauptursache ihrer Gründung liegt aber vielmehr in den spezifischen Anforderungen, die Industrie und Wirtschaft an die Informationsbereitstellung stellten." (Lit. 03, S. 33)

Besondere Berücksichtigung beim Bestandsaufbau erfuhren daher vor allem in- und ausländische Zeitschriften, die sich zum Vermittler der aktuellsten Forschungsergebnisse entwickelt hatten. Auch hinsichtlich der Erschließung der Literatur wurden neue Wege beschritten: Zunächst wurden die oftmals gedruckten Kataloge nicht weitergeführt, sie hatten sich als unrentabel und unflexibel erwiesen. Statt dessen wurde an der Entwicklung von Schlagwortsystemen gearbeitet. Anders als in anderen Ländern (der Schweiz etwa) wurde nur in wenigen Fällen die DK als Ordnungsmittel für den „Sachkatalog" eingeführt. Zumeist handelte es sich um pragmatisch den jeweiligen Industriezweig repräsentierende Grob-Klassifikationen, die gleichzeitig auch Grundlage für die Aufstellungsordnung der Dokumente im Magazin waren. Dies alles erleichterte die Orientierung der Benutzer, denen zumeist ein freier Zugang zu den Beständen ermöglicht wurde. Hinsichtlich der formalen Erfassung (Formalkatalogisierung) wurden (aus Warte des „klassischen" Bibliothekswesens) ungewöhnliche Formen und Ansätze verfolgt. In einigen Fällen wurden „Kreuzkataloge" angelegt, in denen Autoren und Sachtitel in einem Alphabet mit den Schlagwörtern „gemischt" wurden.

Entstanden war die Dokumentation (zumindest in Deutschland) ja als qualitativ neuer Aspekt von Wissensvermittlung aus den Bedürfnissen der industriell-technischen Praxis heraus. Die Dokumentation entwickelte sich daher zum „Kern" der Aufgaben der frühen Industrie- und Vereinsbibliotheken, die ihrem Charakter nach Spezialbibliotheken waren mit zusätzlichen Informationsleistungen. Sehr praktisch greifbar formuliert das A. Predeek, einer der Pioniere der Dokumentationsbewegung in den 1920er Jahren, nachdem er die Situation in England studiert hatte: „Die Spezialbibliothek beginnt dort, wo die allgemeine Bibliothek endet: Sie ist eine Sammlung besonderer Literatur, die nach fachlichen Verfahren und durch besondere Fachleute geleitet wird. Die allgemeine Bibliothek liefert ihrem Benutzer ‚Literatur', die Spezialliteratur aber auch Auskunft aus der Literatur; jene soll den Bestand nachweisen, diese aber bis zur einzelnen Tatsache vordringen, die Literatur also aufschließen." (Lit. 57, S. 1254)

Die Ansprüche der Industrie und Wirtschaft führten zu vielfältigen und fortschrittlichen Organisationsformen der Literaturarbeit. Oftmals eingegliedert in das so genannte „literarische Büro" stellte die Bibliothek nur einen Teil des sich innerhalb der industriellen Firmen allmählich herausbildenden Informationssystems dar. Zu diesem Informationssystem gehören die Bereiche Public Relation, Werbung, Patentabteilung, Firmenarchiv, Nachrichtendienst, allgemeine Werksbücherei und zunehmend auch Zeitschriftenausschnittssammlungen, Wirtschaftinformationen über Konkurrenzunternehmungen, wirtschaftliche und soziale Probleme, die mit dem Wirtschaftshandeln der Unternehmen in Beziehung stehen, Werkszeitungen, Werbeschriften, Prospekte, Preislisten, Kataloge, Zeitschriften-Umläufe usw.

### A 2.5.3 Institutionelle Entwicklungen in der Information und Dokumentation in Deutschland

Obwohl die frühe bibliographische Bewegung und die beginnende Dokumentation nicht notwendigerweise über eigenständige Organisationsstrukturen verfügen musste, da sie sehr oft Untergliederungen oder Abteilungen von Spezial- oder Werksbibliotheken bildeten, ist es doch wichtig festzuhalten, dass bereits Anfang der 30er Jahre Verzeichnisse über diese dokumentarischen „Zellen" angelegt wurden. Dies unterstreicht ein wachsendes professionelles Selbstbewusstsein für die Sonderheit des dokumentarischen Arbeitens.

Der Deutsche Normenausschuß (DNA), heute Deutsches Institut für Normung (DIN), hatte bereits 1931 ein Verzeichnis mit dem Titel „Vermittlungsstellen für den Technisch-wissenschaftlichen Quellennachweis" herausgegeben (Lit. 18). Im Jahre 1937 erschien dann das gedruckte „Verzeichnis von Schrifttums-Auskunftsstellen der Technik und verwandter Gebiete". Durch dieses Verzeichnis ist es ermöglicht worden, eine grobe Übersicht über die Dokumentation zu gewinnen, weil diese Daten durch eine detaillierte Fragebogenerhebung gewonnen wurden. Es konnten zunächst ca. 700 Institutionen ausgemacht werden, die in irgend einer Form Bibliotheks- und Dokumentationsarbeiten ausführten. Von diesen wählte man 254 Stellen aus, die die Bedingungen einer „Schrifttumsauskunftsstelle" erfüllten. 93% der erfassten Auskunftsstellen waren mit einer Bibliothek verbunden; 97% verfügten über eigene Zeitschriftenbestände. 1938 wurde eine Neuausgabe vorbereitet, die allerdings erst 1952 als dritte vollständig überarbeitete Auflage erschien.

Die nächste verlässliche Strukturübersicht nach dem 2. Weltkrieg erfolgte 1961 und vermittelt einen breiten, aber recht oberflächlichen Eindruck über die Aufbau der IuD nach dem 2. Weltkrieg:

| Gründungsdatum | BRD | DDR | GESAMT |
|---|---|---|---|
| vor 1945 | 67 | 2 | 69 |
| 1945 – 1949 | 62 | - | 62 |
| 1950 – 1955 | 158 | 49 | 207 |
| 1956 – 1961 | 70 | 107 | 177 |
|  | 357 | 158 | 515 |

*Abb. 2: Gründungen von IuD-Stellen in der Bundesrepublik Deutschland und der DDR bis 1961 (Lit. 01)*

In dieser ersten umfassenden Institutionenerhebung konnte bis Ende 1961 die Zahl von 357 IuD-Stellen für die Bundesrepublik Deutschland und 158 für die DDR ermittelt werden. Auffällig ist, dass im Zeitraum 1951-1955 (den Anfängen des Wirtschaftsaufschwunges in der Bundesrepublik Deutschland also) der größte Anteil von Neugründungen in der Bundesrepublik feststellbar ist, während der Ausbau in der DDR dann ca. 5 Jahre später erfolgte. Auf die weitere Entwicklung der Information und Dokumentation in der DDR soll hier nicht eingegangen werden (vgl. hierzu Kap. A 2.6.2 in der Vorauflage dieses Buches).

Unter den Vorzeichen der staatlichen Förderung, insbesondere des ersten Bundesförderungsprogramms (IuD-Programm von 1974, vgl. Kap. A 6) wurden Strukturdaten über die „IuD-Landschaft" für Planung und Steuerung immer wichtiger. Im Jahre 1974 ist die Zahl der ausgewiesenen IuD-Stellen in der Bundesrepublik Deutschland (ohne DDR) auf 507 angewachsen (Lit. 40). Von denen waren ca. 10% dem Öffentlichen Dienst, ca. 51% der Wissenschaft und Forschung und ca. 39% der Privatwirtschaft zuzurechnen. Über die Hälfte der IuD-Stellen verfügte nur über 5 und weniger Mitarbeiter/innen; nur knapp 10% aller Einrichtungen verfügten über mehr als 20 Personalstellen.

Die Struktur der IuD-Stellen stellt sich im Jahre 1974 – also kurz vor dem Anlaufen der ersten offiziellen staatlichen Förderprogramme (Lit. 21) – folgendermaßen dar: Viele kleine und kleinste Einheiten – mit zumeist sehr speziellem Wissensausschnitt – stehen wenigen größeren Einheiten gegenüber, die eine gewisse Leistungsfähigkeit und einen breiteren thematischen Bereich abzudecken in der Lage sind. Zudem ist der IuD-Bereich – zumindest in seinem institutionellen Gefüge – dadurch gekennzeichnet, dass die Mehrheit der Stellen im Öffentlichen Dienst (und hier besonders im Bereich Forschung und Wissenschaft) angelagert ist, ein kleinerer Anteil aller Stellen dagegen in der Privatwirtschaft. Diese verschiedenen Organisations- und Rechtsformen bildeten auch die wesentlichen Probleme, die bei Neuordnung der IuD-Landschaft durch die staatlichen Förderprogramme anzugehen und zu lösen waren.

Wiederum knapp 10 Jahre später (1982) wird die Zahl der IuD-Stellen mit ca. 650 beziffert (Lit. 28). Durch die Auswirkungen der Förderungsmaßnahmen wird bei der differenzierten Betrachtung der Einrichtungen des Jahres 1982 deutlich, dass sich die Größe der Stellen – gemessen in Personal, Arbeitsleistung usw. – durchschnittlich erhöht hatte. Des weiteren ist erwähnenswert, dass besonders die Technologieausstattung der Stellen, die noch zu Beginn der 1970er Jahren nur in ganz geringem Umfang vorhanden war, zu diesem Zeitpunkt erheblich verbessert und der Zugriff zu den internen und externen Datenbanken in fast allen Einrichtungen realisiert war.

Die vorläufig letzte Institutionenerhebung der IuD-Stellen der Bundesrepublik Deutschland datiert aus dem Jahr 1989/1990 und weist insgesamt ca. 600 Stellen nach (Lit. 30). Ihrem Status nach wird die

IuD dominiert von staatlichen und staatlich finanzierten Stellen, der Anteil der privatwirtschaftlich verfassten IuD-Stellen ist auf ca. 20% gesunken. Der Personalbestand je Stelle erhöhte sich merklich. Circa 23% aller erfassten Stellen verfügten über 15 und mehr Mitarbeiter-Stellen.

### A 2.5.4 Informationsvermittlung in Deutschland zu Beginn der 90er Jahre

Die hier in groben Umrissen aufgezeigte Entwicklung verwendete in ihren Analysen durchgehend das Konzept der IuD-Einrichtung oder IuD-Stelle, welches nahelegte, dass nur und ausschließlich organisatorisch selbständige oder zumindest organisatorisch gut isolierbare Einheiten in Betracht gezogen wurden. Diese starre, auf einen Typus von Organisationsstruktur gerichtete Betrachtungsweise, ließ eine Reihe von informationellen Tätigkeiten unberücksichtigt, die eben nicht über diese oben beschriebenen Organisationsmerkmale verfügten: z.B. den gesamten Bereich der Informationsvermittlung im innerbetrieblichen Zusammenhang, den man unter der Bezeichnung Informationsvermittlungsstellen (Lit. 04; Lit. 05; ) zusammen fasst. Darüber hinaus gilt es die Bereiche der Technologie-Transferstellen oder Innovations-Beratungsstellen, den Aufgabenbereich des Informations-Managements in organisationellen Umgebungen und den neuen – auf die Vermarktung von Informationen – ausgerichteten Berufsrollen, wie etwa Information Broker, Informations-Berater, die qualifizierte Informationsarbeit bei Datenbank-Anbietern, im Internet oder in der informationsvermittelnden Tätigkeit anderer technologischer Konfigurationen mit in den Blick zu nehmen.

Durch eine Mitte des Jahres 1991 durchgeführte flächendeckende empirische Untersuchung (Lit. 38) sind wertvolle Strukturdaten über den organisatorischen, personellen und technischen Zustand der Instanzen der Information und Dokumentation und der Informationsvermittlung im wieder vereinten Deutschland erhoben worden. Sie sind zu verstehen als Teil der Analyse des Informationsmarktes, stellen sie doch eine wesentliche Menge der Partizipanten dieses Marktes. Insgesamt sind 1200 Leiter dieser Stellen oder Abteilungen nach Strukturdaten, Erfolgsfaktoren, Wirtschaftlichkeit und nach Problemzonen befragt worden.

Mehr als 80% der antwortenden Informationsvermittlungsstellen (IVS) hatten ihren Standort in den alten Bundesländern (386 Antworten); von diesen waren nach ihrer Organisationsverfassung rechtlich selbständig 12,5%, unselbständig 87,5%.

Nach der Trägerschaft (Status) der IVS aufgeschlüsselt, können wir annähernd gleiche Anteile von privatwirtschaftlicher und öffentlicher Trägerschaft feststellen, wie dies bei den IuD-Stellen auch anzutreffen ist: öffentlich-rechtlich 48%, privatwirtschaftlich 42%, Mischform 10%.

Hinsichtlich der Dauer ihres Bestehens ergibt sich folgendes Bild (Summe 373): bis 2 Jahre 10%, 2 bis 6 Jahre 23 %, >6 bis 15 Jahre 24%, über 15 Jahre 43%.

Die Tatsache, dass zwei Drittel aller erfassten Stellen älter als 6 Jahre und fast die Hälfte über 15 Jahre alt sind, deutet darauf hin, dass ein großer Teil der „klassischen" IuD-Stellen sich zu dem Konzept der IVS gewandelt haben muss.

Die Zahl der Mitarbeiter in den IVS zu Beginn der 90er Jahre verteilt sich bei den antwortenden IVS wie folgt (Summe 377): 16,5% bis 1 Mitarbeiter/in, 31% bis 3, 28% bis 7, 20,5% bis 20, 5% mehr als 20. Auffällig hierbei ist, dass der Anteil der kleinen und kleinsten Einheiten (bis 3 Mitarbeiter/innen) mit zusammen 47,5% deutlich unter den Durchschnittswerten der IuD-Stellen liegt.

### A 2.5.5 Das Aufkommen des Informationsmarktes / Informationswirtschaft

Profilierung und Professionalisierung der Informationsvermittlung als gesellschaftlich notwendiger Funktions- und Arbeitsbereich, verbunden mit dem zunehmend größer werdenden Verkauf von Datenbank-Inhalten, haben dazu geführt, dass seit Beginn der 1990er Jahre sich ein Informationsmarkt – im Sinne eines eigenständigen privatwirtschaftlich verfassten Erwerbssektors – herausgebildet hat. Dieses Marktsegment ist national und EU-weit sowohl empirisch (Lit. 06 bis Lit. 08) wie auch theoretisch (Lit. 44) analysiert worden. Obwohl die internen Strukturen dieses Marktes sehr vielschichtig und komplex sind, mehren sich die Anzeichen, dass dort der Schlüssel für die künftige Gestaltung der Informationsgesellschaft in Europa verborgen liegt (Lit. 09; Lit. 41). Unter dem Gesichtspunkt der strategischen Bedeutung der Information für die Unternehmen wird allerdings seit langem von der „Produktivkraft Information" (Lit. 55) gesprochen, die das Bild eines neu aufkommenden Marktes von der Abnehmerseite her abrundet.

Die Konturen dieses neuen Marktes, der die Vermarktung der Information zum Ziel hat, zeichnen sich im nennenswerten Umfang auch in der Bundesrepublik Deutschland ab. Unbestritten ist, dass die Bundesrepublik Deutschland im Weltmaßstab als Datenbank- und Datenbasenproduzent über ein noch vergleichsweise kleines Marktsegment verfügt, was der gesamtökonomischen Stellung nicht entspricht (Lit. 08; Lit. 72). Andererseits sind die Umsätze, die in Deutschland am Informationsmarkt erzielt werden, schon recht stattlich.

Durch die Entwicklungen der letzten Jahre bedingt, ist es – zumindest innerhalb der Europäischen Union – üblich geworden, dem Informationsmarkt nicht nur die klassischen Online-Datenbanken zuzurechnen, sondern auch die Realtime-Datenbanken und Offline-Datenbanken mit CD-ROM und Disketten- sowie Magnetband-Diensten. Der Teilbereich der Wirtschaftinformation (Informationen aus der und für die Wirtschaft) stellt den Hauptanteil der realisierten Umsätze (Lit. 08). Mit Wachstumsraten von durchgängig über 10% pro Jahr im Zeitraum der letzten 12 Jahre und Umsätzen, die bald die Milliarden Euro-Grenze überschreiten werden, stellt dieser Teil der Informationsarbeit zweifellos einen Wachstumsfaktor dar.

Fasst man die Institutionenentwicklung der Zeit nach dem 2. Weltkrieg zusammen, so kann man die folgenden drei Entwicklungsstränge analytisch trennen. Dabei stehen diese Institutionentypen nicht statisch nebeneinander, sondern in ihnen sind auch jeweils der Wandel und die veränderten Anforderungen an Wissen und deren Verteilung inkorporiert. Auf der stabilen Grundlage der „klassischen" IuD-Stellen und -Einrichtungen der 1950er bis 1970er Jahre entstanden in den 1980er Jahren besondere Funktionseinheiten in der Vermittlung von Informationsdienstleistungen, die man global als Informationsvermittlung bezeichnete. Als weitere arbeitsteilige Differenzierung in der Informationsarbeit gesellt sich in den 1990er Jahren der Bereich der Informationswirtschaft / des Informationsmarktes hinzu.

## A 2.6 Strukturveränderungen durch die Informations- und Kommunikationstechnologien

### A 2.6.1 Die Qualitäten der Informationsarbeit

Seit Beginn der 1970er Jahre wurden in der IuD in großem Umfang IuK-Technolgien (Online-Datenbanken) eingeführt und aufgebaut, die schrittweise die manuellen und mechanischen Verfahren ersetzten (z.B. Kataloge, Karteien, Handlochkarten etc.). Nach manch zögerlichem Anfang war der Siegeszug nicht aufzuhalten und die neuen Technologien haben der „alten" IuD einen neuen Glanz gegeben.

Betrachtet man aber die Veränderungen genauer, die sich durch das Anwenden dieser IuK-Technologien beobachten lassen, so kann man ihre grundlegenden Wirkungen auf folgende kurze Formel bringen. Diese Technologien sind imstande, menschliche Arbeit mit maschineller Intelligenz auszustatten, wie sie andererseits imstande sind, aus der geistigen Arbeit Anteile herauszuziehen und diese zu mechanisieren. Im großem Umfang stand also das gesamte Arbeitsfeld der „geistigen Arbeit" – und der immer größer werdende Dienstleistungssektor – vor einer grundlegenden Umstrukturierung, die tief in die Domäne der dem menschlichen Denken vorbehaltenen Arbeit eingreift. Es sei an dieser Stelle noch einmal an die formelhafte Vision von Pietsch (Lit. 23; Lit. 56; Lit. 79) erinnert, die der „Mechanisierung geistiger Arbeit". IuK-Technologien sind also tendenziell in der Lage, aus den Arbeitsprozessen bestimmte Anteile geistiger Tätigkeiten herauszuziehen und diese in die Maschine zu verlagern. Dies kann im trivialsten Fall eine alphabetische Sortierfunktion in Katalogen und Registern sein oder bestimmte Funktionen der systematischen oder chronologischen Ablage oder komplexe Recherchefunktionen des Auffindens von Informationen oder gar Entscheidungsfunktionen über die Relevanz und Stichhaltigkeit von Informationen. Das alles hat folgerichtig nun erhebliche Auswirkungen auf die Qualifikationsstruktur und -anforderungen der Profession und ist in besonderem Maße dafür verantwortlich, dass sich Arbeitsinhalte und -qualitäten in der Informationsarbeit ständig verändern. Arbeitsqualitäten werden zudem auch durch die zunehmende Informationsfülle komplizierter und auch technikorientierter werden.

Darüber hinaus kann die Verlagerung von Teilen geistiger Arbeitsprozesse auf die Maschine damit verbunden sein, dass eine Reduktion der vorher bestehenden Komplexität stattfindet. Dies kann zur Folge haben, dass die informationellen Daten keine „wahre und wahrhaftige" oder nützliche und angemessene Abbildung des Realitätsausschnittes darstellen. Dinge, die die menschliche Wahrnehmung in Beziehung zu anderen sieht, sie ganzheitlich und im jeweils gegebenen Verwertungszusammenhang erkennt, sind eben – auch wenn man die leistungsfähigen Systeme der Künstlichen Intelligenz, der Expertensysteme und der „Informationsassistenten" (Lit. 47) hier berücksichtigt – nur ausschnitthaft und unvollkommen im technischen System abbildbar. Beide genannten Faktoren – Qualifikation und „Entrücktheit" von Realitäten – stellen Risiken und Herausforderungen der Informationsgesellschaft dar. Dass mit der intelligenten Anwendung von IuK-Technologien erhebliche Leistungssteigerungen und Qualitätsverbesserungen der Informationsprodukte und Dienstleistungen und der effizienten Informationsvermittlung erst ermöglicht wurden, ist wohl in diesem Zusammenhang nicht weiter erklärungsbedürftig.

### A 2.6.2 Die Organisationsstruktur der Informationsvermittlung

Außerhalb der qualifikatorischen und arbeitsplatzbezogenen Dimension der IuK-Technologien ist eine strukturelle – über die Einwirkungsmöglichkeit des Einzelnen hinausgehende – Tendenz absehbar. Diese ist in der These der drohenden „Entinstitutionalisierung" der klassischen IuD-Stellen zusammengefasst worden (Lit. 74). War der Informationsvermittlungsprozess in den Anfängen in der Regel dadurch bestimmt, dass der Benutzer sich physisch zur IuD-Stelle begab, um recherchieren zu lassen oder es selbst zu tun und dann auch Dokumente oder Kopien mitzunehmen, so wandelte sich dieser Prozess durch die Einschaltung von Kommunikationstechniken. Schon das Telefon machte die Anwesenheit für Anfragen nicht mehr nötig, Kopier- und Übertragungstechniken waren in der Lage, auch den Weg zur Institution überflüssig werden zu lassen. Dennoch blieb die zentrale Funktion der Informationsrecherche Hauptaufgabe der Stelle.

Mit dem Aufkommen der online zugreifbaren Datenbanken setzte eine Entwicklung ein, die nicht mehr notwendigerweise eine fest installierte IuD-Stelle verlangt. Texte, Bilder usw. und die Daten über sie können nun direkt ohne die Sammlungs- und Aufbereitungsfunktion einer Bibliothek oder einer etablierten IuD-Stelle verfügbar gemacht werden. Nicht nur der Verleger, sondern auch ganz andere Personen und Institutionen, etwa spezielle Datenbank- und Datenbasen-Anbieter, Vereine, Hochschulen, Firmen, informelle Gruppen etc. (die Content Provider) treten jetzt als Anbieter elektronisch gespeicherter Information auf den Plan. Die Benutzer sind durch die direkte Verfügbarkeit der elektronischen Information nicht mehr gezwungen, ihren Bedarf an Informationsdienstleistungen durch die IuD-Stelle o. ä. abzudecken.

Durch die zunehmende weltweite telekommunikative Vernetzung ist es möglich, von fast jedem Ort jede Information abzurufen, wenn die entsprechende technische Ausstattung und das „Know-How" verfügbar ist. Der Gang zur IuD-Stelle wird somit tendenziell überflüssig. Die IuD-Stellen selbst verlieren in diesem Prozess der zunehmenden Auflösung des Zugangs zu den Informationsdienstleistungen einen Teil ihrer Output-gerichteten Funktionen in der Informationsvermittlung. Andererseits werden sie diesen schrittweisen Wegfall der Funktionen dadurch wettmachen können, wenn sie das Informationsangebot durch die Neu-Konzeption neuer Dienste und neuer (direkt auskunftsgebender) Datenbasen qualitativ bereichern oder sich auf andere Host-spezifische Funktionen konzentrieren (Nutzerwerbung, Entwicklung neuer elektronischer Mehrwert-Dienste usw.).

Die allgegenwärtige Verfügbarkeit von elektronisch gespeicherten Informationen, zu denen nun nicht mehr nur der Teil der wissenschaftlich-technischen Fachinformation gehört, sondern auch eine Vielzahl von wirtschaftlichen, statistischen, publizistischen und administrativen Datenbankangeboten, hat nun andererseits den Bereich der Informationsvermittlung differenziert und diesem den Informationsmarkt bzw. die Informationswirtschaft an die Seite gestellt.

Das nun um eine Vielzahl von Typen angereicherte Datenbasen-Angebot verlangt professionellere und differenziertere Vermittlung zu den jeweiligen Benutzerkreisen und ihren besonderen Informationsbedürfnissen. Das Angebot reicht von klassischen Nachweissystemen (Referenz-Systemen) über Volltext-, statistisch-numerische und Faktendatenbanken bis hin zu aktuellen Produkt-, Hersteller- und Firmeninformationen, klammert die große Gruppe der Real-Time-Wirtschaftsdatenbanken nicht aus und schließt andere neue informationelle Mehrwertdienste (e-mail, Internet) mit ein. Dieses riesige Wissenspotenzial, auf das nun in kürzester Zeit zugegriffen werden kann, bedarf der professionellen Bearbeitung und Betreuung sowie auch der Vermittlung von Personen, die im Bereich der Informationsarbeit Methoden und Techniken beherrschen und sich in die spezifischen Interessenlagen der Abnehmer von Information hineindenken können. Durch die verschiedenen Qualitäten des Datenbank-Angebots und ihrer teilweise unstrukturierten Inhaltspräsentation werden Kriterien der Qualitätsbewertung, der Selektion und Verifizierung von Information und Daten eine wahrscheinlich immer größere Bedeutung einnehmen (Lit. 37; Lit. 39). Diese Informationsfunktion wird durch die Berufsrollen Informationsvermittler/in und Information Broker oder Consultant beschrieben. Nicht explizit erwähnt, aber hierzu gehörend, ist die innerbetriebliche Informationsvermittlung und die Funktion des Information Managements, die einen Überschneidungsbereich zu den internen Datenbanken bildet.

Die hier skizzierten Strukturänderungen bei Erstellung von und Abfrage aus Wissensspeichern zeigen deutlich in eine Richtung: Die Instanzen der Informationsarbeit sowie die Informationsspezialisten werden sich auf Dauer nicht mehr mit der Rolle der professionellen Abfrager aus Informationssystemen oder als bloße Input-Lieferer zu diesen zufrieden geben, sie müssen stärker als bisher als „Master oder Beherrscher der Informationssysteme" in Erscheinung treten.

**Literatur**

01 Barlen, S.: Der Stand der Dokumentation in Deutschland. In: Nachrichten für Dokumentation. Vol. 13, 1962. S. 30-36

02 Becker, J.: Von der Informations- zur Wissensgesellschaft. In: ik-Report. Bd. 7, 1994. S. 12-23

03 Behrends, E.: Technisch-wissenschaftliche Dokumentation in Deutschland von 1900 bis 1945: unter besonderer Berücksichtigung des Verhältnisses von Bibliothek und Dokumentation. Wiesbaden: Harrassowitz, 1995. VIII, 337 (Buchwissenschaftliche Beiträge aus dem Deutschen Bucharchiv München; 51)

04 Bernhardt, U.: Bestandsaufnahme der in der Bundesrepublik Deutschland existierenden Stellen mit Informationsvermittlungs- und -beratungsfunktion. Karlsruhe: BMFT 1980. 149 S.

05 Beyer, W.: Informationsvermittlung in der Bundesrepublik Deutschland. Frankfurt a. M.: IDD Verl. 1982. 70 S.

06 Bredemeier, W.; Schwuchow, W.: 4. Jahresbericht zur Lage der deutschen Informationswirtschaft. 1994/95. Hattingen 1995. getr. Pag.

07 Bredemeier, W.; Schwuchow, W.: Internet und Multimedia in vollem Übergang zur Einnahmequelle. Informationswirtschaft weiter im 15%-Boom. 6. Jahresbericht zur Lage der deutschen Informationswirtschaft 1997. Hattingen, Köln: IIE, Sept. 1997. 128 S.

08 Bredemeier, W.; S. Graumann; W. Schwuchow: The Markets for Electronic Information Services in the European Economic Area 1994-2000. Vol. 1-2. Luxemburg: European Commission. 2000

09 Bruine, Reiner-Frans de: Der europäische Informationsmarkt. Konzepte auf dem Weg ins Jahr 2000. In: Cogito. 1994. H. 1. S. 39-43

10 Buckland, M.: Information retrieval of more than text. In: Journal of the American Society for Information Science (JASIS). Vol. 42, 1991. S. 586-588

11 Buckland, M.; Lin, Z.: History of Information Science. In: Annual Review of Information Science and Technology (ARIST). Vol. 30, 1996. S. 383-416

12 Buckland, M.: Documentation, Information Science and Library Science in the U.S.A. In: Information Processing and Management. Vol. 32. 1996. No. 1. S. 63-76

13 Buckland, M.: What Is a Document ? In: Journal of the American Society for Information Science (JASIS). Vol. 48, 1997. S. 804-809

14 Buckland, M. K.: History, Heritage and the Past: The case of E. Goldberg. Paper pres. on Second Conference of the History and Heritage of Scientific and Technical Information. Nov. 15-17, 2002. (und www.sims.berkeley.edu/buckland)

15 Buckland, M. K.: Emanuel Goldberg: Electronic Document Retrieval, and Vannevar Bush's Memex. In: Journal of the American Society for Information Science (ASIS-Journal). Vol. 43, 1992. S. 284-294

16 Buckland, M.: The Landscape of Information Science. In: Journal of the American Society for Information Science (ASIS-Journal) 50, 1999. S. 970-974

17 Buder, M.: Ansätze zur Verwissenschaftlichung der Information und Dokumentation. In: Buder, M.; G. Windel (Hrsg.): Das Verhältnis von Staat, Wissenschaft zu Information und Dokumentation. München: Verl. Dokumentation 1978. S. 29-64

18 Buder, M.: Das Verhältnis von Dokumentation und Normung von 1927 bis 1945 in nationaler und internationaler Hinsicht. Berlin: Beuth 1976. 144 S.

19 Bundesministerium für Forschung und Technologie (BMFT): Fachinformationsprogramm 1985-1988. Bonn: BMFT 1985. 127 S.

20 Bundesministerium für Forschung und Technologie (BMFT): Fachinformationsprogramm der

Bundesregierung 1990-1994. Bonn: BMFT 1990. 210 S.

21 Bundesministerium für Forschung und Technologie (BMFT): Programm der Bundesregierung zur Förderung der Information und Dokumentation 1974-1977. Bonn: BMFT 1974. 147 S.

22 Bundesrechnungshof: Gutachten über die Fachinformation in der Bundesrepublik Deutschland. Bonn 1983. 105 S. u. Anh. (Typoskript)

23 Butzek, E.; Windel, G.: Zum Verhältnis von Staat und IuD in der Bundesrepublik Deutschland. In: Buder, M.; Windel, G. (Hrsg.): Zum Verhältnis von Staat, Wissenschaft zu IuD. München: Verl. Dokumentation 1978. S. 65-136

24 Cogito (Hrsg.): Handbuch der Informationswirtschaft. 1994/95. Firmen – Produkte – Dienstleistungen. Darmstadt: Hoppenstedt 1994. 455 S.

25 Dobrov, G. M.: Das Potential der Wissenschaft. Berlin: Akademie-Verl. 1971. 157 S.

26 Eppelsheimer, H. W. : Bibliotheken und Dokumentation. In: Lit. 29, S. 416-429

27 Eppelsheimer, H. W.: Die Dokumentation als Organisation geistiger Arbeit. In: Nachrichten für Dokumentation. Vol. 1. 1950. S. 4-6

28 Frahn, S. (Red.): Verzeichnis deutscher Informations- und Dokumentationsstellen. 4. Ausgabe. München: Saur 1982. 586 S.

29 Frank, P. R. (Hrsg): Von der systematischen Bibliographie zur Dokumentation. Darmstadt: Wiss. Buchgesellschaft 1976. 556 S.

30 Gesellschaft für Mathematik und Datenverarbeitung (GMD) (Hrsg.): Verzeichnis deutscher Informations- und Dokumentationsstellen. Bundesrepublik Deutschland und Berlin (West). Ausgabe 5 – 1989. München: Saur 1990. 518 S.

31 Goody, J.; Watt, I.; Gough, K.: Entstehung und Folgen der Schriftkultur. Frankfurt/M: Suhrkamp 1986. 161 S.

32 Haake, Rudolf; Josef Koblitz; Friedrich Nestler; Georg Schmoll (Hrsg.): Handbuch der Information und Dokumentation. Leipzig: Bibliogr. Inst. 1977. 342 S. (M)

33 Hahn,T. Bellardo; Michael Buckland (Eds.): Historical Studies in Information Science. Washington D. C.: ASIS 1998

34 Hahn,T. Bellardo: Pioneers of the online Age. In: Information Processing and Management. Vol. 32. 1996. No. 1. S. 33-48

35 Hapke. T.: History of Scholary Information and Communication. A Review of Selected German Literature. In: Journal of the American Society of Information Science. Vol. 50, 1999. S. 229-232

36 Henrichs, N.: Informationswissenschaft. In: Buder, M.; W. Rehfeld; T. Seeger, D. Strauch [Hrsg]: Grundlagen der praktischen Information und Dokumentation. 4. Aufl. München, New York: Saur 1997. S. 945-957

37 Herget, J.: Qualitätsmanagement für Information Services: Strategische und konzeptionelle Ansätze. In: ik-Report. Vol. 8, 1995. S. 23-38

38 Herget, J.; Henseler, S.: Informationsvermittlung zu Beginn der 90er Jahre. T. 1-3. In: Nachrichten für Dokumentation. Vol. 43. 1992. S. 143-158, S. 293-299, S. 385-392

39 Herget, J.; Schwuchow, W. (Hrsg.): Informationscontrolling. Konstanz: UVK-Universitätsverlag 1995. 200 S. (Schriften zur Informationswissenschaft Bd. 19)

40 IDW – Institut für Dokumentationswesen (Hrsg.): Verzeichnis Deutscher Informations- und Dokumentationsstellen. Ausgabe 1 – 1974. Wiesbaden: Reichert 1974. 396 S.

41 Kommission der Europäischen Gemeinschaften (KEG): Europe and the Global Information Society. In: CORDIS FOCUS. Suppl. 2. 15. Juli 1994. S. 5-30

42 Krause, Peter: Aufbruch in die Wissensgesellschaft – Wissenschaftliche Information in Deutschland. In: Information – Wissenschaft und Praxis. Vol. 54, 2003. Nr. 5. S. 289-292

43 Kuhlen; R.: Hypertext. Ein nicht-lineares Medium zwischen Buch und Wissensbank. Heidelberg: Springer 1991. 362 S. (Edition SEL Stiftung)

44 Kuhlen; R.: Informationsmarkt. Chancen und Risiken der Kommerzialisierung von Wissen. Konstanz: UVK-Universitätsverlag 1995. 608 S. (Schriften zur Informationswissenschaft Bd. 15)

45 Kuhlen; R.: Die Verwissenschaftlichung von Information. In: Bruder, W. (Hrsg.): Forschungs- und Technologiepolitik in der Bundesrepublik Deutschland. Opladen: Westdeutscher Verl. 1986. S. 264-291

46 Kuhlen, R.; Rittberger, M. (Hrsg.): Hypertext – Information Retrieval – Multimedia. Konstanz: UVK-Universitätsverlag 1995. 342 S. (Schriften zur Informationswissenschaft Bd. 20)

47 Kuhlen, R.: Die Konsequenzen von Informationsassistenten. Frankfurt/M.: Suhrkamp 1999. 440 S.

48 Kunz, W.: Wissen und Information. In: Informationswissenschaft. Dokumentation eines Kolloquiums am 7. Juli 1978 in Konstanz. Konstanz: Universität Konstanz 1978. S. 33-52

49 La Fontaine, H.; Otlet, P.: Die Schaffung einer Universalbibliographie. In: Lit. 29, S. 143-169

50 Lutterbeck, E. (Hrsg.): Dokumentation und Information. Auf dem Weg ins Informationszeitalter. Frankfurt/M.: Umschau Verl. 1971. 322 S.

51 Machlup, F.: The Production and Distribution of Knowlwdge in the United States. Princeton, N. J.: Princeton Univ. Press 1962. 395 S.

52 Machlup, F.: Knowlwdge. Its Creation, distribution and Economic Significance. Vol. 1-3. Princeton, N. J.: Princeton Univ. Press 1980-1984

53 Manecke, H.-J.; Seeger, T.: Zur Entwicklung der Information und Dokumentation in Deutschland. In: Buder, M.; W. Rehfeld; T. Seeger, D. Strauch [Hrsg]: Grundlagen der praktischen Information und Dokumentation. 4. Aufl. München, New York: Saur 1997. S. 16-60

54 Otlet, P.: Die Dokumentation. In: Lit. 29, S. 353-362

55 Pieper, A.: Produktivkraft Information. Köln: Grewen 1986. 115 S.

56 Pietsch, E. H. E.: Dokumentation und Information auf dem Wege zur Wissenschaft. In: Nachrichten für Dokumentation. Vol. 19. 1968. S. 199-207

57 Predeek, A: Verband der Spezialbibliotheken und Nachweisbureaus ASLIB. In: Zeitschrift des Vereins deutscher Ingenieure. Vol. 72. 1928 (36) S. 1254

58 Prinzhorn, F.: Das Problem der Dokumentation und die Zusammenarbeit der Fachbibliographien. In: Lit, 29, S. 374-384

59 Rayward, W. B.: The Origins of Information Science and the International Institute of Bibliography / International Federation for Information and Documentation (FID). In: Journal of American Society for Information Science (JASIS). Vol. 48, 1997. S. 289-300

60 Rayward, W. B.: The Case of Paul Otlet, Pioneer of Information Science, Internationalist. In: Journal of Librarianship and Information Science. Vol. 23, 1991. S. 135-145 (http://www.lis.uiuc.edu/~wrayward/rayward.html)

61 Rayward, W. B.: International Library Associations. In: Wiegand, W. A.; Don G. Davis (Eds.): Encyclopedia of Library History. New York: Garland Press, 1994. S. 342-347

62 Rayward, W. B.: Visions of Xanadu. Paul Otlet (1868-1944) and Hypertext. In: Journal of American Society for Information Science (JASIS). Vol. 45, 1994. S. 235-250

63 Rayward, W. B.: The history and historiography of information science: some reflections. In: Information Processing and Management 32 (1996) 3-17

64 Rayward, W. B.: H. G. Wells's Idea of a World Brain: A Critical Re-Assessment. In: Journal of the American Society for Information Science 50 (May 15, 1999). 557-579

65 Rayward, W. B.: Restructuring and Mobilising Information in Documents. A historical perspective. In: Vakkari, P.; Cronin, B. (Eds.): Conceptions of Library and Information Science. London: Taylor Graham 1992. S. 50-68

66 Richards, P. S.: Scientific Information in Wartime. The Allied-German Rivalry 1939-1945. Westport: Greenwood 1994. (Contribution in Military Studies Nr. 151)

67 Rieusset-Lemarié, I.: P. Otlet's Mundaneum and the International Perspective in the History of Documentation and Information Science. In: Journal of American Society for Information Science (JASIS). Vol. 48, 1997. S. 301-309

68 Samulowitz, H.; Ockenfeld, M.: Bibliothek und Dokumentation – eine unendliche Geschichte. In: Information – Wissenschaft und Praxis. Vol. 54, 2003. S. 453-462

69 Schmidt, R.; Wellems, C.: Der Modellversuch Informationsvermittlung. Teil 1 und 2. In: Nachrichten für Dokumentation. Vol 42, 1992. S. 413-419 und 1993. S. 3-10

70 Schmitz, R: Der gegenwärtige Forschungsstand zur Dokumentationsgeschichte. In: Bibliothek 12 (1988) 298-303

71 Schmoch, U.: Wettbewerbsvorsprung durch Patentinformation. Köln: Verl. TÜV Rheinland 1990. 233 S.

72 Schwuchow, W.: Informationsökonomie. In: Buder, M.; Rehfeld, W.; Seeger, T.: Grundlagen der praktischen Information und Dokumentation. 3. Aufl. München, London: Saur 1990. S. 928-1006

73 Schwenke, P.: Der Kongress für Bibilographie und Dokumentation (1910). In: Lit. 29, S. 363-373

74 Seeger, T.: Zur Entwicklung der Information und Dokumentation. In: Buder, M.; Rehfeld, W.; Seeger, T.: Grundlagen der praktischen Information und Dokumentation. 3. Aufl. München, London: Saur 1990. S. 9-59

75 Shera, J. H.; Donald B. Cleveland: History and foundations of information science. Annual Review of Information Science and Technology 12 (1977) S. 249-275

76 Solla Price, D. J. de: Little Science, Big Science. Frankfurt/M.: Suhrkamp 1974. 126 S.

77 Stock, W. G.: Was heißt „Informationswirtschaft" ? In: Nachrichten für Dokumentation. Vol. 49. 1998. Nr. 3. S. 172-176

78 Vogel, E.: Informationsmanagement. Stand und Perspektiven. In: Buder, M.; Rehfeld, W.; Seeger, T.: Grundlagen der praktischen Information und Dokumentation. 3. Aufl. München, London: Saur 1990. S. 897-927

79 Windel, G.: Zur Kritik der Ideologie des Informationswesens. In: Kschenka, W.; Seeger, T.; Wersig, G.: Information und Dokumentation im Aufbruch. Festschrift für H. W. Schober. Pullach: Verl. Dokumentation. 1975. S. 122-139

80 Winterhager, M.; Weingart, P.: Vermessung der Forschung. Frankfurt/M.: Campus 1984. 263 S.

# A 3 Professionalisierung in der Informationsarbeit: Beruf und Ausbildung in Deutschland

Thomas Seeger

## A 3.1 Zur Professionalisierung des Berufsfeldes Informationsarbeit

Das Konzept der professionellen „Informationsarbeit" im hier gemeinten Sinn soll verstanden werden als ein spezifischer, eigenständiger und von anderen abgrenzbarer Ausschnitt gesellschaftlicher Arbeitsleistung. Im Zuge der fortschreitenden Arbeitsteiligkeit erfüllt Informationsarbeit die immer wichtiger werdende Funktion, Wissen, Erfahrungen, Anschauungen und Werte als Kulturleistungen über die Barrieren Zeit und Raum zu Informationen zu transformieren und diese über geeignete Organisationen und Kanäle in angemessenen Formen und Diensten und mit Hilfe zeitgemäßer Technologien an die gesellschaftlichen Akteure zu vermitteln. Mag diese Funktion in früheren Zeiten nicht von zentraler Bedeutung für die Gesellschaft gewesen sein, weil einfachere und klarere Lebenswelten die Verhältnisse transparent hielten und urwüchsige (d.h. auch spontane, instabile und unorganisierte) Vermittlungs- und Benachrichtigungsformen für den notwendigen Wissenstransfer ausreichten, so kann mit Beginn der ersten wissenschaftlich-technischen Revolution im 19. Jahrhundert ein qualitativer Sprung in dieser Entwicklung angenommen werden. Der enorme Zuwachs an Wissen und Information und die zunehmende Abhängigkeit der Akteure von Wissen und Information findet in den Schlagwörtern „Informationskultur" (Lit. 25), „Informationsgesellschaft" oder „Wissensgesellschaft" (Lit. 04, Lit. 48) ihren deutlichen Ausdruck.

Informationsarbeit, an die mit den wissenschaftlich-technischen Innovationsschüben der letzten beiden Jahrhunderte immer größer werdende Anforderungen gestellt wurden, hat sich im Verlauf der Entwicklung durch Hinzutreten neuer Kommunikationsformen und Technologien intern differenziert. Aus dieser Differenzierung sind verschiedene Institutionen und Berufsrollen (später auch Berufsgruppen) entstanden, die verschiedene Funktionen im Prozess der gesellschaftlichen Informierung einnehmen (z. B. das Bibliotheks- und Archiv- und Museumswesen, der Buchhandel und das Verlagswesen, oder die Instanzen der weltweiten elektronischen Kommunikationsnetze wie Internet; Lit. 10, Lit. 13).

War es zu Beginn der 1970ger Jahre noch möglich und sinnvoll, das gesamte Tätigkeitsfeld „Informationsarbeit" in seiner horizontalen Gliederung in Kategorien der drei Institutionentypen Archiv, Bibliothek, Information und Dokumentation (sog. ABD-Bereich) oder Museum zu beschreiben (Lit. 93), so sind angesichts des umgreifenden Einflusses der Informations- und Kommunikationstechnologien neue Funktionsbereiche neben und anstelle der alten Institutionen getreten. Mit dem Aufkommen und der breiteren Nutzung von elektronisch gespeicherten Daten bzw. Informationen sehr unterschiedlichen Zuschnitts ist eine Strukturveränderung innerhalb der Informationsarbeit vollzogen worden, die neben den „klassischen" Berufsfeldern, vor allem auch im anglo-amerikanischen Raum neue Felder haben entstehen lassen (Lit. 05, Lit. 75, Lit. 31, Lit. 56). Zu den inzwischen „klassisch" gewordenen Information Retrieval Systemen sind Multi-Media-Systeme, Daten/Fakten-Retrievalsysteme, Volltextdatenbanken, das riesige Internet-Angebot hinzu getreten und haben das erheblich angewachsene Datenbankangebot für die Bereiche Wissenschaft, Wirtschaft, Publizistik oder Statistik deutlich erweitert. Dies bewirkt eine ständige Verbreiterung in der horizontalen Differenzierung des Tätigkeitsfeldes Informationsarbeit.

Durch die Tatsache, dass Informationsarbeit durch die Flexibilität von Informations- und Kommunikationstechnologien nun nicht mehr ausschließlich in den Institutionen erbracht wurde, wie etwa in der Bibliothek oder der IuD-Stelle, setzte eine schrittweise Entinstitutionalisierung ein. Besonders hinsichtlich der Recherche nach Informationen und ihrer Bereitstellung bildeten sich außerhalb der Institutionen neue Funktionen heraus, die sehr allgemein als (professionelle) Informationsvermittlung (Lit. 71) bezeichnet wurden.

Die im „klassischen" ABD-Rollenverständnis von Informationsarbeit angelegte Selbstbeschränkung auf die Auswertung und Zurverfügungstellung von zumeist wissenschaftlich-technischer Literatur (Input-Orientierung) hat zunächst schrittweise einem übergreifenden Verständnis von Wissenstransfer

Platz gemacht und dann die umfassenden Konzepte des Information Management (IM) und Information Ressourcen Management (IRM) entstehen lassen. Diese Strategien hatten sowohl die optimale Organisation von Informationsprozessen und -abläufen als auch den funktionsgerechten Einsatz von Informations- und Kommunikationstechnologie im Auge und fanden besonders auch im Bereich von Wirtschaft, Wissenschaft und Öffentlichkeit Anwendung (Lit. 21, Lit. 23, Lit. 61, Lit. 92). War der Blickwinkel auf die Informationsarbeit bis in die 1980ger Jahre überwiegend gekennzeichnet durch eine Focussierung auf den Staat, d.h. den Öffentlichen Dienst und seine Regeln, so zeichnet sich heute eine übergreifende Betrachtungsweise ab, die besonders auch im internationalen Maßstab die Informationsarbeit als eigenständigen privatwirtschaftlichen Erwerbssektor im internationalen Zusammenhang der Informationsmärkte in den Vordergrund stellt (Lit. 73, Lit. 85). Als Stichworte seien hierfür innerbetriebliche Informationsvermittlung (Lit. 59, Lit. 33, Lit. 71), Informationsmarkt, Vermarktung von Informationsdiensten, Erzeugung informationellen Mehrwertes, Informationsmanagement, Wissenstransfer usw. genannt.

Die schrittweise Abkehr in der Orientierung auf Tätigkeitsstrukturen und -ebenen des Öffentlichen Dienstes sowie die zunehmende Entinstitutionalisierung – weg von dem starren Institutionengefüge und hin zu den virtuellen, auf Flexibilität der Informations- und Kommunikationstechnologien beruhenden Konzepten der Organisation des Wissenstransfers – hat dem Berufs- und Tätigkeitsfeld ständig neue Impulse gegeben, ihm aber ebenfalls und gleichermaßen neue interne Differenzierungen aufgenötigt.

Dies brachte in großem Umfang die Notwendigkeit des Umdenkens und der Verlagerung und Umorganisation überkommener Arbeitsroutinen mit sich, die oft zu Irritationen im Berufsfeld führten. Somit kann nach den technischen Entwicklungen und konzeptionellen Veränderungen das Berufs- und Tätigkeitsfeld Informationsarbeit nicht mehr auf bestimmte Institutionentypen ausgerichtet werden. Statt dessen muss die Funktion und der Prozess des Informierens in sehr unterschiedlichen organisatorischen Umgebungen unter Verwendung von beliebigen Systemen der Informations- und Kommunikationstechnologien in den Mittelpunkt der Betrachtung gestellt werden (Lit. 34).

Hinsichtlich der horizontalen (auf die innere Gliederung des Berufsfeldes bezogenen) Differenzierung des Berufsfeldes Informationsarbeit lassen sich analytisch unterscheiden:

– Institutionelle Bereiche: Archiv, Bibliothek, IuD-Stelle, Museum, Buch- und Verlagswesen

– Sachorientierte Bereiche: Medizinische Dokumentation, Technische Redaktion, Medieninformation, Chemieinformation, Wirtschaftsinformation

– Informationsmanagement (Lit. 44) und innerbetriebliche bzw. innerorganisatorische Informationsvermittlung und -aufbereitung

– Informationswirtschaft (Lit. 33, Lit. 86), Informationsmarkt, Erstellung und Vermarktung von Dienstleistungen und Produkten

– Anwendung von Informations- und Kommunikationstechnologien, Informationsdesign, Information Engineering.

Die hier vorgenommene Unterteilung ist bei der Analyse der Funktionen und Tätigkeiten in den Arbeitsbereichen der Informationsarbeit (IuD-Stellen, Informationsvermittlungsstellen usw.) nicht in jedem Falle trennscharf; jedoch ist global der Trend beobachtbar und durch empirische Erhebungen belegbar, dass Input-Funktionen (z.B. Erstellung von Datenbank-Angeboten) sich von sog. Output-Funktionen (z.B. Informations-Brokerage, Lit. 05), Informationsmarkt, Informationsvermittlung) trennen und dahin tendieren, sich in unterschiedlichen Organisationszusammenhängen neu zu etablieren Ein in diesem Sinne typischer Umorganisationsprozess ist in dem derzeit oft praktizierten „Outsourcing" auszumachen. Ehemals innerbetriebliche Informationsvermittlungsstellen werden in kleine, unabhängige privatwirtschaftliche Betriebe verwandelt, die dann im Informationsmarkt ihre Dienstleistungen anbieten.

Hinsichtlich der berufs- und tätigkeitsinternen Differenzierung der sog. vertikalen Differenzierung wird davon ausgegangen, dass die Wertigkeit von Arbeitsverrichtungen in der Informationsarbeit durch die erworbene professionelle Qualifikation begründet ist. Die Ebenendifferenzierung findet somit ihre Entsprechung in den fachlichen Ausbildungen und Qualifikationsabschlüssen, da sie Voraussetzung für die Wahrnehmung von Funktionen (und Arbeitsstellen) bildet:

- 1. Ebene: Postgraduale Qualifikation, z.B. Aufbaustudium, Berufsbegleitende Weiterbildung etc., z.B. Wissenschaftliche(r) Dokumentar(in)
- 2. Ebene: Hochschul- bzw. Universitätsstudium der Informationswissenschaft oder Bibliothekswissenschaft als Haupt- oder Nebenfach;
- 3. Ebene: Fachhochschulstudium (z.B. Diplom-Dokumentar(in), Diplom-Bibliothekar(in), Diplom-Informationswirt(in)
- 4. Ebene: Fachschulstudium bzw. Ausbildung Medizinische(r) Dokumentationsassistent(in), Dokumentationsassistent(in)
- 5. Ebene: Berufsausbildung, z.B. Fachangestellte(r) für Medien und Informationsdienste (FAMI).

## A 3.2 Zum Stand der Professionalisierung im IuD-Bereich in Deutschland

Aus Platzgründen kann die gesamte Breite der Informationsberufe hier nicht weiter dargelegt werden. Es muss auf die Bereiche IuD, Informationsmarkt, -wirtschaft und Informationswissenschaft beschränkt werden.

Zentrales Anliegen jeder Profession sollte es sein, das für sich beanspruchte Berufsfeld möglichst vollständig mit Personen zu besetzen, die bestimmte Merkmale (z.B. Handlungscharakteristika, Qualifikationen, Fähigkeiten professionelles Zugehörigkeitsbewusstsein u.ä.) aufweisen können. Ziel einer so verstandenen Professionalisierung muss es sein, die Zugangswege (zumindest in der Regel) von dem Nachweis bestimmter, besonders auch qualifikatorischer Erfordernisse abhängig zu machen. Dies ist natürlich ein langwieriger, über viele Berufsgenerationen gehender Prozess, der zumindest den Berufszugang regeln sollte, um somit dem Zustand der Beliebigkeit in der Rekrutierung von Fachpersonal ein Ende zu bereiten. Somit wird den Angehörigen des Tätigkeits- und Berufsfeldes ein übergreifendes Zusammengehörigkeitsgefühl vermittelt. Auf diesem langen Weg der Entstehung und Festigung von Berufen sind folgende Meilensteine zu durchlaufen, die auch den Entwicklungsstand oder die Reife der Professionalisierung anzeigen (Lit. 38).

Verfolgt man die Entwicklung der ältesten akademischen „Professionen" (Geistliche, Juristen, Mediziner etwa), dann können wir zwei wesentliche Merkmale ausmachen:

a) Diese Professionen hatten exklusiv zentrale gesellschaftliche Eckwerte zu ihrer Aufgabe gemacht, die im weitesten Sinne systemerhaltend und herrschaftsstabilisierend waren und sind (Gerechtigkeit, Gesundheit, Sinnfrage des Lebens usw.). Dies müsste auf lange Sicht auch für das Konzept Information zutreffen können.

b) Diese Professionen haben im langen Verlauf ihrer Festigung Mechanismen entwickelt, die neue Mitglieder nur dann in diese Berufsgruppen aufgenommen haben, wenn sie durch bestimmte strenge Verfahren und Regularien (Qualifikationen, Zulassungen, Kollegenkontrolle usw.) ihre Expertise und Zugehörigkeit (auch in subjektiver und moralisch-ethischer Hinsicht) zu diesem Tätigkeitsfeld unter Beweis gestellt haben. Dafür wurden und werden ihnen (durch die Herrschaftsinstanzen) das exklusive Recht zugestanden, dass nur sie und keine „Artfremden" diese Tätigkeiten exklusiv verrichten dürfen. Um dieses zu erreichen, ist es aber auch erforderlich, organisatorische, strategische und bewusstseinsfördernde Aktivitäten anzugehen, um das besondere Anliegen der Profession in der Gesellschaft und Öffentlichkeit deutlich herauszustellen und ihre Anerkennung einzufordern.

Von einer vollständigen Professionalisierung ist die Berufsgruppe der Informationsspezialisten noch recht weit entfernt. Ausgangspunkt einer beginnenden Professionalisierung ist zunächst ein (zumeist von den „Pionieren" vorgebrachtes) allgemeineres Bewusstsein, welches die spezifischen Aufgaben und Funktionen des Berufslebens als originär und unverwechselbar begreift, weil diese eben verschieden sind und gleichermaßen bedeutsam von denen anderer Tätigkeitsbereiche. Dementsprechend müssen diesen besonderen und herausgehobenen Tätigkeiten (und besonders auch den Trägern dieser Arbeit) Geltung und längerfristig gesellschaftliche Anerkennung verschafft werden. In diesem Bemühen werden dann eine Reihe von Maßnahmen ergriffen, die ganz typisch und notwendig sind für die Verankerung der Profession in Staat und Gesellschaft.

Palmquist (Lit. 63) beschreibt den Prozess der Professionalisierung der Informationsberufe in den U.S.A. ebenso, wie er in Deutschland stattgefunden hat, als einen gleichartigen, stabilen und vorhersehbaren Vorgang von aufeinander abgestimmten Maßnahmen:

- Bildung einer Berufsvereinigung
- Gründung von Ausbildungseinrichtungen
- Entwicklung eines universitären Ausbildungsprogramms
- Zusicherung der Akkreditierung von Ausbildungsanstrengungen (ob sie nun durch staatliche Anerkennung der Ausbildung erreicht wird oder – wie in anglo-amerikanischen Bildungssystemen üblich – durch große professionelle Organisationen, ist von nationalen Geflogenheiten abhängig)
- Etablierung von (berufs)ethischen Regeln (code of ethics).

**Bildung von Berufsvereinigungen (oder wissenschaftlichen Vereinen)**

Ziel der Gründung eines Vereins oder Verbandes ist es, Gleichgesinnte um sich zu versammeln, einen kontinuierlichen Erfahrungsaustausch zu organisieren und „Unbefugten" (d. h. nicht dem Berufs- und Tätigkeitsfeld Zugehörigen) den Zugang zu diesem zu verwehren oder zumindest von bestimmten Kriterien abhängig zu machen. Ziel dieser Maßnahmen ist es, eine gewisse Kontrolle über den Zugang zu den Berufspositionen zu erhalten.

Als 1943 in Deutschland und dann 1948 nochmals die Deutsche Gesellschaft für Dokumentation (DGD) gegründet wurde (Lit. 06), hatte diese sich zunächst mit methodischen, organisatorischen und institutionellen Problemen des Aufbaus der Information und Dokumentation zu beschäftigen. Ihrem Anspruch nach hatte die Gesellschaft sowohl wissenschaftlich als auch praktisch Interessierte an der Dokumentation zu sammeln beabsichtigt. Die Umbenennung in Deutsche Gesellschaft für Informationswissenschaft und Informationspraxis e.V. (DGI) erfolgte – nach einer jahrelangen Diskussion um die Bezeichnung – erst 1998 (Lit. 50). Eine wirksame berufspolitische Interessenvertretung der in der Dokumentation Arbeitenden war in den Anfängen in der Konzeption der DGD zunächst nicht explizit angelegt. Als etwa um das Jahr 1960 der Auf- und Ausbau der Dokumentation in der Bundesrepublik Deutschland in seinen wesentlichen Zügen abgeschlossen war, drang die Tatsache in das Bewusstsein der Profession, dass es unter denen, die sich diesem Arbeitsfeld zugehörig fühlten, eine Reihe von sozialen und statusmäßigen Ungereimtheiten und Ungerechtigkeiten gab, die sich besonders an Einkommens- und Besoldungsfragen sowie den Festlegungen von Tätigkeitsmerkmalen (Eingruppierung in den Bundesangestelltentarif; BAT) festmachten (VDD 1965). Diesem Mangel suchte eine Studiengruppe der DGD abzuhelfen, indem sie zunächst Tätigkeitsmerkmale des Fachpersonals für die Dienststufen des öffentlichen Dienstes festlegte, damit sie dem Bundesangestellten-Tarif zugeordnet werden konnten. Damit erfolgte ein erster Vorstoß in Richtung staatlicher Anerkennung des Berufes (DGD 1961). So war eine wesentliche Vorarbeit für den am 14.4.1961 in Bonn gegründeten berufsständigen Verein Deutscher Dokumentare e.V. (VDD) geleistet, der von nun an die berufs- und ausbildungspolitischen Interessen seiner Mitglieder vertreten sollte. Für die Mitgliedschaft im VDD sind der Abschluss einer IuD-spezifischen Ausbildung oder gleichwertige Kenntnisse Voraussetzung.

Sehr wichtig für die Pionierzeit der IuD wurde die laufende Verbesserung und Aktualisierung von Tätigkeitsmerkmalen für den Bereich IuD. In der 3. Ausgabe von 1987 (Lit. 91) wurde eine grundlegende Neuerung eingeführt. Erstmals wurden neben die Tätigkeitsbeschreibungen im öffentlichen Dienst analoge Beschreibungen für die Informationsarbeit in der Privatwirtschaft formuliert. Darüber hinaus ist eine wesentliche Aufgabenverbreiterung in den Tätigkeitsbeschreibungen vorgenommen worden, die der veränderte Berufswirklichkeit Rechnung trug. Des Weiteren wurde durch den VDD die Formulierung des Berufsbildes „Dokumentar/in" auf allen horizontalen Ebenen initiiert (Lit. 02).

Im Herbst 1985 erfolgte die Umbenennung des VDD in „Berufsverband Dokumentation, Information und Kommunikation" (VDD). Damit ist ähnlich wie bei der DGD, die etwa zeitgleich dem traditionellen Kürzel den Untertitel „Vereinigung für Informationswissenschaft und -praxis" gab, deutlich zu machen versucht worden, dass die Perspektive der Informationsarbeit ein breiteres Spektrum als die Dokumentation allein abdeckt. Der VDD ist dann um 1993 aufgelöst worden; seine Funktionen sollten vom Komitee „Human Resources" in der Deutschen Gesellschaft für Dokumentation (DGD) übernommen werden.

Ende der 80ger Jahre ist dann – auf besondere Initiative der Hochschulen – der „Hochschulverband Informationswissenschaft" (HI) gegründet worden, der die besonderen Bedürfnisse der Informationswissenschaft und der Hochschulen nach gemeinsamen Kongressen und Tagungen sowie einer eigenen Schriftenreihe abdecken sollte. Über diese drei allgemeinen Verbände hinaus wurden drei weitere Verbände, die spezielle Teilaspekte des Berufsfeldes Information und Dokumentation abdecken, gegründet:

- Gesellschaft der Medizinischen Dokumentation, Statistik und Datenverarbeitung (GMDS),

- Fachgruppe 7 (Medienarchivare und -dokumentare) im Verein Deutscher Archivare (FG 7 im VDA), eine Vereinigung der Mitarbeitern/innen von Presse, Rundfunk und verwandten Bereichen,

- Informationsring Kreditwirtschaft (ik), der von Mitarbeitern der Informationsstellen deutschsprachiger Kreditinstitute 1970 gegründet wurde.

**Qualifikationsanstrengungen und staatliche Anerkennung**

Aufgabe ist es, durch Etablierung und Ausbau von Qualifikationsmaßnahmen über alle funktionalen Ebenen eine staatliche (oder sonstige autoritative Instanz) Anerkennung und den Schutz der Berufsbezeichnungen, Ausbildungen und Abschlüsse zu erlangen und die Einführung neuer akademischer Grade durchzusetzen. Dies erleichtert die Zugangskontrolle zum Berufs- und Tätigkeitsfeld in ganz entscheidendem Maße.

Eng im Zusammenhang mit der Gründung von Verbänden stehen die Maßnahmen, die zur staatlichen Anerkennung führen. Die sind gerade in den Jahren nach dem Zweiten Weltkrieg bis in die beginnenden 1990ger Jahre von ihnen getragen und veranlasst worden. Dazu zählen insbesondere: Beteiligung und Beratung für die Konzeption neuartiger Ausbildungsgänge, die unter dem Stichwort „integrierte Ausbildung" bibliothekarische und IuD-spezifische Ausbildungsgänge in gemeinsamen Curricula in staatlich anerkannten Fachhochschulen zusammenzuführen bemüht waren (Lit. 10, Lit. 13).

Seit 1957 wurden am Lehrinstitut für Dokumentation (LID, Frankfurt a. M.) Qualifikations-Lehrgänge durchgeführt. Die Forderung, die „vorstaatlichen" Ausbildungsbemühungen in das staatliche Bildungssystem zu überführen, wurde schon Anfang der 1960ger Jahre erhoben. Das LID wurde von der DGD getragen und weitgehend von staatlichen Wissenschaftsförderungen finanziert (Lit. 01, Lit. 49, Lit. 69). In den 1980ger und 1990ger Jahren ist es gelungen, alle Qualifikationsgänge des LID in staatliche Bildungssysteme zu überführen. Bereits 1985 konnte die Ausbildung zum/r diplomierten Dokumentar(in) unter vollständiger Neuorientierung an die Fachhochschule Darmstadt überführt werden, und 1992 konnte die berufsbegleitende Ausbildung zum/r „Wissenschaftlichen Dokumentar/in" an das neu gegründete Institut für Information und Dokumentation (IID) zunächst an die Universität Potsdam (Lit. 82) und später dann an die Fachhochschule Potsdam verlagert werden. Mit der Genehmigung der Ausbildungs- und Prüfungsordnung des IID wurde auch diese Bezeichnung staatlich anerkannt ( Lit. 89).

Die weitere Absicherung der IuD-spezifischen Ausbildung im Kanon der Studienrichtungen erfolgte vordringlich an Fachhochschulen und Universitäten (Lit. 83, Lit. 01). Dazu zählen die staatlichen Anerkennungen der neuen akademischen Abschlüsse Diplom-Dokumentar/in (FH) an der Fachhochschule Hannover Anfang der 1980ger Jahre und Diplom-Informationswirt(in) (FH) an der Fachhochschule Darmstadt 1986 (Lit. 78), sowie die Einführung des postgradualen Studienabschlusses „Diplom-Informationswissenschaftler/in" an der Universität Konstanz zu Beginn der 1980ger Jahre und zu Beginn der 1990ger Jahre die Überführung der postgradualen Ausbildung „Wissenschaftliche(r) Dokumentar(in)" von Frankfurt a. M. nach Potsdam (Lit. 82, Lit. 89). Durch diese Aktionen konnte die bereits in den 60ger Jahren geforderte staatliche Anerkennung der IuD-Ausbildung zu großen Teilen verwirklicht werden.

Entsprechende Initiativen zur Konsolidierung des Berufsbildes von Dokumentar/in; Informationswissenschaftler/in; Informationswirt/in; Informationsmanager/in auf den verschiedenen Funktionsebenen sind in dem Zeitraum unternommen worden. Besonders ist hier die Anpassung des Berufsbildes an die rasch fortschreitende Berufswirklichkeit und die (teilweise den traditionellen Berufsbildern vorauseilenden) Ausbildungsmöglichkeiten zu erwähnen ( Lit. 02, Lit. 05).

Einen neueren Versuch, die Profession in der Öffentlichkeit bekannt zu machen und nachhaltig im Bewusstsein der potentiellen Arbeitgeber zu verankern wurde 1997 von den Fachhochschulen Hamburg und Potsdam durchgeführt (Lit. 64, Lit. 17). Ziel des gemeinsamen Projekts Mobilisierungskampagne zur Imageförderung dokumentarischer Berufbilder (MoDelDok) war es, den Beruf des Dokumentars im Multimedia-Bereich vorzustellen und damit bekannt zu machen. Erwartet wurde durch die empirische Befragung (qua Fragebogen oder persönlichen Interviews und Delphi-Studie) von 20 Firmen, Aufschluss darüber zu erhalten, welche Ergänzungen zu den derzeit bestehenden Ausbildungsinhalten vorzunehmen sind, um Dokumentare/innen für das Tätigkeitssegment „Multimedia" attraktiv zu machen. Auch interessant in diesem Zusammenhang ist die Initiative aus der Hochschule der Medien, Stuttgart, die die Vorgehensweisen bei der Existenzgründung im Informationswesen zum Gegenstand hatte (Lit. 58).

Hinsichtlich der fachschul- und berufsbezogenen Qualifikationen im Bereich der IuD wurde versucht, eine staatliche Anerkennung der Ausbildung und des Berufes Dokumentationsassistent/in / Informationsassistent/in (Lit. 09, Lit. 18, Lit. 51, Lit. 86) zu erreichen. Die staatlich anerkannte Einführung der neuen Qualifikationsebene Fachangestellte(r) für Medien und Informationsdienste (FAMI) für die Fachrichtung Information und Dokumentation, neben denen für Archive, Bibliotheken, Medizinische Dokumentation, Bildagenturen (Lit. 28), markiert überdies die volle Ausgestaltung des Berufes in vertikaler Sicht.

Mit der Einführung der Qualifikation Fachangestellte(r) für Medien und Informationsdienste (FAMI) für die Fachrichtung Information und Dokumentation ist auch eine dritte Qualifikationsebene, die am LID noch Dokumentationsassistent/in genannt wurde, in staatliche Obhut genommen worden.

Auch über die nationalen Grenzen hinaus wurde auf europäischer Ebene eine Anerkennung der Informationsberufe realisiert. Unter der Bezeichnung Zertifizierung werden informationsspezifische Qualifikation (durch formelle Aus- und Fortbildung oder durch Berufspraxis erworben) von ausgewählten nationalen professionellen Vereinigungen bestätigt und durch Zeugnis anerkannt. Die Deutsche Gesellschaft für Informationswissenschaft und -praxis (DGI) schloss im Oktober 2001 erstmals eine Zertifizierung von deutschsprachigen Informationsspezialisten ab. Damit war Deutschland – nach Frankreich und Spanien – das dritte europäische Land, das diese Zertifizierung mit den dazu gehörigen Bewerbungsreglements und Bewertungskriterien durchgeführt hat. Das Verfahren sieht eine professionelle Anerkennung auf drei professionellen Ebenen vor, die folgendermaßen genannt werden:

Niveau 4: Informationsexperte

Niveau 3: Informationsspezialist

Niveau 2: Informationsanalytiker (ehemals Informationsassistent).

Die Zertifizierungsidee wurde im Rahmen eines Bildungsprogramms von der Europäischen Union gefördert mit dem Ziel, für alle europäischen Länder eine professionelle Gleichrangigkeit innerhalb der Informationsberufe durch eine Zertifizierung herzustellen (Lit. 32, Lit. 67).

**Berufsbezeichnung**

Einheitliche Berufsbezeichnungen (wenn nötig und sinnvoll) sollen gewählt werden, mit denen gleichzeitig ein exklusiver Anspruch auf ein Tätigkeitsgebiet angemeldet wird. Der ältesten Bezeichnung „Dokumentar/in" (Lit. 02; überwiegend in der Bundesrepublik gebräuchlich) steht der „Dokumentarist/in" oder „Dokumentalist/in" (in Österreich und in der DDR gebräuchlich) gegenüber. Aus der ehemaligen DDR (Lit. 54) sind zudem die Bezeichnungen „Informator" bzw. „Fachinformator" überkommen. Die neueren Benennungen wie „Informations-Manager" (Lit. 19), „Informations-Broker" (Lit. 05), „Information Consultant" oder in den letzten Jahren zunehmend „Informationsvermittler", Informationsdesigner (Lit. 90) sollen besondere Berufsrollen im aufkommenden Informationsmarkt (Lit. 31) ausdrücken. Vorschläge wie etwa „Wissensingenieur" oder „Wissensvermittler" haben sich im Bereich der Information und Dokumentation nicht durchsetzen können. Jedoch sind Bezeichnungen wie etwa „Informationspraktiker" oder „Informationsspezialist" und „Informationswissenschaftler", die die Arbeitsschwerpunkte verschiedener Berufsgruppen zusammenfassen, immer noch gebräuchlich und werden (mit guten Gründen übrigens) oft auch global unter dem Begriff „Informationspersonal" zusammengefasst.

Immer mehr aber scheint sich die Bezeichnung „Informationsspezialist/in" (in Anlehnung an den anglo-amerikanischen „information specialist") durchzusetzen, wenn man nach einer übergeordneten Bezeichnung sucht. Somit besteht in der Zukunft noch die Aufgabe, eine übergreifende Bezeichnung für die Berufsgattung im Bewusstsein der professionell Tätigen und der Öffentlichkeit zu verankern, was aber nicht bedeuten soll, dass es für bestimmte Teilberufsrollen innerhalb der Profession andere Benennungen existieren können.

**Ethisch-moralische Berufsregeln (Verhaltenskodex)**

(Zu ethischen Aspekten von Information allgemein siehe besonders Kap. A 5)

Bezüglich der Ausarbeitung der eingangs beschriebenen moralisch-ethischen Verankerung in professioneller Hinsicht ist festzuhalten, dass seit Beginn der 1990ger Jahre Vorschläge zur Verankerung von ethischen Grundlagen der Informationsarbeit vorliegen (Lit. 03, Lit. 14, Lit. 20, Lit. 26). Auch bedeutsam in diesem Zusammenhang ist zudem das Konzept der „Informationskultur", welches in einer kleinen Schrift, die von einem guten halben Dutzend Vereinigungen im Bereich der Informationstechnik und -arbeit herausgegeben wurde (Lit. 30). Der wohl umfassendste Verhaltenskodex (berufsethische Regeln und Verhaltensnormen) für Informationsvermittler liegt bereits seit 1994 vor (Lit. 20). Erarbeitet von der European Association of Information Services (Europäische Gesellschaft für Informationsdienste, EUROSIDIC) werden darin die Qualitätsmerkmale der Informationsvermittlungsleistungen dargestellt und Normen für Informationsvermittler genannt. Er gilt für Informationsvermittler, worunter folgende Berufsrollen gefasst werden: Information Broker, Informationsvermittler, Informationsberater, Informationswirt, Informationsfachmann.

Ein Informationsvermittler in diesem Verständnis ist „eine natürliche oder juristische Person, die Informationsdienstleistungen anbietet". Dieser Kodex wurde für Personen aufgestellt, die selbständig oder in einem Beschäftigungsverhältnis als Informationsvermittler tätig sind und trifft Aussagen zu folgenden Punkten:

a. Ethische Grundsätze
a 1. Moralische Anforderungen
a 2. Diskretion gegenüber den Kunden
a 3. Geschäftsmoral
a 4. Objektivität
b. Qualität der Dienstleistungen
b 1. Regeln für die Geschäftspraxis
b 2. Berufliche Fähigkeiten
b 3. Diskretion
b 4. Haftung
b 5. Werbung und Wettbewerb.

An vielen Stellen wird der Hinweis auf die dringende Einhaltung geltender Rechtsnormen gegeben, wie etwa Datenschutz-, Urheber-, Vertrags-, Haftungsrecht u.v.m., ansonsten werden Verhaltensregeln des ideellen Geschäftgebarens detailliert beschrieben und auf die Notwendigkeit der Erhaltung des Ansehens des Berufes hingewiesen.

Auf dem Weg der professionellen Festigung sind Bestandsaufnahmen in der Berufspraxis und Befragungen von professionell Tätigen ebenso notwendig, wie die empirisch saubere – möglichst flächendeckende und kontinuierliche – Erhebung von Berufsverläufen von Absolventen professionsspezifischer Qualifikationsmaßnahmen, sowie Zustandsberichte und Prognosen über den Arbeitsmarkt (Lit. 35). Leider ist in der Bundesrepublik Deutschland in dieser Hinsicht immer noch zu wenig und zu wenig Systematisches getan worden, obwohl gerade in den letzten Jahren einige Studien vorgelegt wurden, die uns gute Einblicke in den Zustand der Profession gestatten (z.B. Lit. 15, Lit. 88, Lit. 37). Empirische Erhebungen werden zumeist nur vereinzelt durchgeführt. Sie sind in der Regel untereinander methodisch und strukturell nicht direkt vergleichbar und über weite Zeiträume verteilt (über die älteren Studien zum Beruf und Arbeitsmarkt wurde in den Vorauflagen dieses Buches ausführlicher berichtet; Lit. 80, Lit. 81).

**Verbleibstudien und Absolventenbefragungen**

Im Zusammenhang mit der Aus- und Fortbildung am Lehrinstitut für Dokumentation (LID) und deren Nachfolgeeinrichtung Institut für Information und Dokumentation (IID) liegen die meisten empirischen Einzelbelege vor.

Abgesehen von der kleinen Befragung zweier Absolventenjahrgänge der Diplom-Ebene im Jahr 1982 (Lit. 52) wurden besonders hinsichtlich der postgradualen Ausbildung zum/r Wissenschaftlichen Dokumentar/in Verbleibstudien durchgeführt:

- Absolventenjahrgänge: Berufseinmündung 1981-1991, veröffentlicht 1992 (Lit. 68);

- Absolventenjahrgänge 1978-1992, Ausbildungsbewertung und Berufsfindung, veröffentlicht 1993 (Lit. 43)

- Absolventenjahrgänge 1990-1999, Ausbildungsbewertung und Berufsfindung, veröffentlicht 2001 (Lit. 07, Lit. 08).

Eine gewisse Kontinuität haben die Absolventenbefragungen der Diplom-Informationswirte/innen (FH) an der Fachhochschule Darmstadt erreicht, wenngleich die Erhebungsinstrumente für die Befragungen im Verlauf der Zeit etwas verändert wurden:

- Ausbildungsbewertung und Berufseinmündung der Jahrgänge 1989-1991, veröffentlicht 1991 (Lit. 79)

- Ausbildungsbewertung und Berufseinmündung der Jahrgänge 1989-1993, veröffentlicht 1993 (Lit. 84, Lit. 65)

- Ausbildungsbewertung und Berufsverläufe der Jahrgänge 1989-1999, veröffentlicht 2000 (Lit. 42).

Aus der Fachhochschule Potsdam, Fachbereich Archiv, Bibliothek, Dokumentation (ABD), seit 2002 umbenannt in Fachbereich Informationswissenschaften (Lit. 39) ist ebenfalls eine Absolventenbefragung der Diplom-Dokumentare der Abschlussjahrgänge 1995-2002 im Jahr 2003 veröffentlicht (Lit. 69). Darüber hinaus ist 1997 eine weitere Studie erarbeitet worden, in der potentielle Arbeitgeber (Informationsstellen) nach Arbeitsplatzprofilen und wünschenswerten Qualifikationen befragt wurden (Lit. 37).

Sehr großrahmig und methodisch gründlich ist die Studie über die kurz- und mittelfristigen Arbeitsmarktchancen für Informationswirte, die gleichsam vorlaufend und begleitend zum neuen Studiengang Informationswirtschaft 1997 an der Fachhochschule Köln durchführt wurde (Lit. 59, Lit. 60, Lit. 15). Zwei Expertengruppen wurden nach den gegenwärtigen und künftigen (in 6 -9 Jahren) Arbeitsmarktchancen befragt, wobei die Antworten der befragten Industriemanager im Schnitt weniger positiv ausfielen als die der Informationsfachleute (Lit. 16).

Es ist sicher schwierig aus den punktuellen Einzelbelegen einen genauen Trend zu erkennen; jedoch eines bleibt festzuhalten: im Gegensatz zu den sehr betrüblichen Arbeitsmarktchancen für Diplom-Bibliothekare in den 1990ger Jahren (Lit. 57, Lit. 66, Lit. 87) sind die Chancen für Informationswirte und Dokumentare der Fachhochschul-Ebene deutlich günstiger und von den Einsatzmöglichkeiten her gesehen vor allem in Wirtschaft und Verbänden erheblich breiter (Lit. 88).

## A 3.3 Ausbildung in der Information und Dokumentation

### A 3.3.1 Entwicklungen seit Mitte der 70er Jahre in der Ausbildung Information und Dokumentation

Vergleicht man die Ausbildungsstrukturen Mitte der 70er Jahre in der Bundesrepublik Deutschland mit den heutigen, dann ist eine recht beachtliche Ausweitung und eine Schwerpunktverlagerung innerhalb der einzelnen Teilbereiche des Informationswesens (Archiv, Bibliothek, Museum, Buch und Verlag, Information und Dokumentation, Informationswissenschaft, Medizinische Dokumentation) zu konstatieren.

Neben dem qualifikatorisch recht gut ausgebauten Bibliotheks- und Archivwesen, gekennzeichnet zur der Zeit durch beamtenrechtliche Laufbahnvorschriften des mittleren, gehobenen und höheren Dienstes, waren die Ausbildungsbemühungen im Teilfeld der Information und Dokumentation eher bescheiden. Der Bereich der Medizinischen Dokumentation und Statistik befand sich in den Anfängen (1968 wurde in Ulm die erste Schule für Medizinische Dokumentation gegründet), im Bereich der Museen war keine höhere (d.h. Hochschul- oder Fachhochschul- oder höhere Fachschulausbildung) spezielle Ausbildung vorhanden, ebenso verhielt es sich im Bereich Verlag und Buch (Lit. 76).

Mitte der 70er Jahre waren im Wesentlichen nur vier Institutionen mit der kontinuierlichfüren Qualifizierung im Bereich IuD befasst:

- Das Lehrinstitut für Dokumentation (LID) bei der Deutschen Gesellschaft für Dokumentation, einer zwar staatlich unterstützten, aber privaten wissenschaftlichen Gesellschaft angelagert. 1957 nahm diese Ausbildungsinstitution ihren Betrieb auf und bot (im Wesentlichen) berufsbegleitende theoretische Lehrblöcke für die drei qualifikatorischen Ebenen an: Dokumentationsassistent/in; diplomierte(r) Dokumentar(in); und postgradual Wissenschaftliche(r) Dokumentar(in). Im Zeitraum von 1957 bis 1975 konnten am LID ca. 650 Fachleute der IuD qualifiziert werden.

- Freie Universität Berlin, Fachbereich Philosophie und Sozialwissenschaften, Informations- und Dokumentationswissenschaft. 1967 konnte das Fach als Nebenfach studiert werden, dann ab 1969 im Rahmen der Magisterstudiengänge als Hauptfach. Im Sommersemester 1973 studierten 12 Studenten/innen im Hauptfach, 20 im ersten Nebenfach und weitere 14 im zweiten Nebenfach. Bis dahin waren neben je einer Habilitation und Promotion drei Magisterprüfungen im Hauptfach und sechs im Nebenfach abgenommen worden (Lit. 77).

- Universität Düsseldorf; Philosophisches Institut, Forschungsabteilung für philosophische Information und Dokumentation, Haupt und Nebenfachstudium im Rahmen der philosophischen Ausbildung. Geringe Studentenzahlen im Hauptfach.

- Zentralstelle für Maschinelle Dokumentation (ZMD). Die durch die Max-Planck-Gesellschaft getragene Forschungseinrichtung bot ab 1971 einigen wenigen pro Jahr eine 2-jährige postgraduale Ausbildung mit Forschungsschwerpunkt Information Retrieval und verwandte Bereiche an.

Betrachtet man die Vielzahl der Orientierungen und Spezialisierungen in der heutigen „Informationslandschaft", so lassen sich drei große Felder unterscheiden. Dabei steht es in Frage, ob die Qualifikationsfelder Medizin-Informatik, Computerlinguistik und sachlich nahestehende Richtungen wie Linguistische Datenverarbeitung zum professionellen Kern des Konzeptes „Informationsarbeit" gerechnet werden sollten. Sie werden hier aber aus Platzgründen nicht weiter berücksichtigt:

a) Der institutionalisierte Zugang zu Information, die traditionelle Orientierung auf eine bestimmte Organisationsform der Informationsarbeit wie Archiv, Bibliothek, Informations- und Dokumentationseinrichtung, Museum, Buch- und Verlagswesen, Technische Redaktion

b) Der fachinhaltliche Zugang zu Information, der ent-institutionalisierte Kern der Informationsarbeit, der in die verschieden Fachinhalte hinein ragt, wie etwa Chemie-Information, Wirtschaftsinformation, Medieninformation, Biowissenschaftliche Information, Medizin-Information

c) Der methoden- und verfahren-orientierte Zugang zu Information, der eigentliche informationswissenschaftlich fundierte Zugang zu Information:

- Informationswissenschaftliche Studien- oder Teilstudiengänge
- Information (Ressourcen) Management
- Information Engineering
- Informationswirtschaft
- Informationsdesign
- Informationsverarbeitung.

Dieser Vielfalt gewordenen Differenzierung steht eine nicht minder vielfältige Zahl an Berufsbezeichnungen/Abschlussgraden zur Seite (die für diese Ausbildungsgänge zuständigen Institutionen werden in Klammern genannt):

### ASSISTENTEN-EBENE
**(Berufs- und Fachschulebene)**

- Archivassistent/in

- Archivsekretär/in (Bayerische Archivschule, München)

- Assistent/in an Bibliotheken

- Bibliotheksassistent/in

- Bibliothekssekretär/in (Niedersächsische Bibliotheksschule, Hannover, Badische Landesbibliothek, Karlsruhe, Bayerische Staatsbibliothek, München)

- Dokumentationsassistent/in (nicht mehr gebräuchlich), dafür Informationsassistent/in (Deutsche Gesellschaft für Informationswissenschaft und -praxis, DGI, Frankfurt a.M.)

- Medizinischer Dokumentationsassistent/in (im Jahre 2002 wurde diese Ausbildung an 20 verschiedenen Ausbildungsinstitutionen in Deutschland durchgeführt, 2-jährige Ausbildungszeit in der Regel nach Realschulabschluss. In Einzelfällen auch 3-jährige Ausbildung. Sehr häufig werden diese Ausbildungen als Umschulungen durchgeführt; insgesamt 465 Neuzulassungen pro Jahr)

- Museums- und Ausstellungstechniker/in

- Fachangestellte(r) für Medien und Informationsdienste (FAMI), 2- 3 jähriger Lehrberuf, theoretische Ausbildung erfolgt in einer Berufsschule. Es werden innerhalb dieser neuen Berufsqualifikation folgende Fachrichtungen angeboten:

- Fachangestellte(r) für Medien und Informationsdienste (FAMI) Fachrichtung Archiv
- Fachangestellte(r) für Medien und Informationsdienste (FAMI) Fachrichtung Bibliothek
- Fachangestellte(r) für Medien und Informationsdienste (FAMI) Fachrichtung Information und Dokumentation
- Fachangestellte(r) für Medien und Informationsdienste (FAMI) Fachrichtung Bildagentur
- Fachangestellte(r) für Medien und Informationsdienste (FAMI) Fachrichtung Medizinische Dokumentation

## FACHHOCHSCHULEBENE

- Diplom-Archivar/in (FH) (Archivschule Marburg; FH Potsdam, Bayerische Beamtenfachhochschule, München)
- Diplom-Bibliothekar/in (FH) Allgemein (FH Potsdam, HAW Hamburg, FH Köln, HTWK Leipzig)
- Diplom-Bibliothekar/in (FH) an öffentlichen Bibliotheken (verschiedene Fachhochschulen)
- Diplom-Bibliothekar/in (FH) an wissenschaftlichen Bibliotheken (verschiedene Fachhochschulen)
- Diplom-Dokumentar/in (FH) Allgemein (FH Potsdam)
- Diplom-Dokumentar/in (FH) Fachrichtung Mediendokumentation (HAW Hamburg)
- Diplom-Dokumentar/in (FH) Fachrichtung Medizin (FH Ulm)
- Diplom-Dokumentar/in (FH) Fachrichtung Biowissenschaften (FH Hannover)
- Diplom-Informationswirt/in (FH) Allgemein (FH Köln, HDM Stuttgart, FH Hannover)
- Diplom-Informationswirt/in (FH) Schwerpunkt Bibliothek (FH Darmstadt)
- Diplom-Informationswirt/in (FH) Schwerpunkt Chemie-Information (FH Darmstadt)
- Diplom-Informationswirt/in (FH) Schwerpunkt Medieninformation (FH Darmstadt)
- Diplom-Informationswirt/in (FH) Schwerpunkt Wirtschaftsinformation (FH Darmstadt)
- Medizinischer Dokumentar/in (Freiburg, Gießen, Greifswald, Marburg, Rostock, Ulm)
- Dipl.-Ing. (B.A.) Medizinisches Informationsmanagement (Berufsakademie Heidenheim)
- Diplom-Redakteur/in (FH) (FH Hannover)
- Diplom-Museologe/in (FH) (HWTK Leipzig und FH für Technik und Wirtschaft, Berlin)
- Diplom-Buchhandelswirt/in (FH) (HWTK Leipzig)
- Magister/Magistra für Informationsberufe (FH) Eisenstadt, Österreich
- Informations- und Dokumentationsspezialist(in) (FH) in Chur, Schweiz
- Diplom-Medizininformatiker/in (FH), (FH Gießen-Friedberg, FH Stralsund, Technische FH Berlin)
- Diplom-Informatiker/in Studienrichtung Medizinische Informatik (FH Dortmund, FH Heilbronn)
- Master of Information and Communication (HDM Stuttgart)
- Bachelor of Information and Communication mit Zusatz Informationsdesign (HDM Stuttgart)
- Bachelor of Information and Communication Fachrichtung Medien- und Kommunikationsmanagement (HDM Stuttgart)

## UNIVERSITÄTSEBENE

Im Rahmen der Studiengänge Bachelor oder Master oder Magister Artium/M.A. und zusätzlicher Promotion (in der Regel Dr. phil.) in den Fächern:

- Bibliothekswissenschaft (Humboldt-Universität Berlin)
- Informationswissenschaft (Universität Düsseldorf, Universität Regensburg, Universität des Saarlandes)
- Informationsmanagement (Universität Hildesheim, Universität Koblenz-Landau)

- Informationsverarbeitung (Universität zu Köln)
- Buchwissenschaft/Buchwesen (Universität Erlangen-Nürnberg, Universität Mainz)
- Diplom-Informationswissenschaftler/in (Konstanz)
- Diplombuchwissenschaftler (Universität München)
- Linguistische Informatik/Computerlinguistik/ Linguistische Datenverarbeitung (Universität Erlangen-Nürnberg, Universität Freiburg, Universität Heidelberg, Universität Leipzig, Universität München, Universität Potsdam, Universität des Saarlandes, Universität Stuttgart, Universität Trier)

**POSTGRADUALE EBENE**

- Archivar des höheren Dienstes (Referendariatsausbildung) (Archivschule Marburg und Bayerische Archivschule München)
- Wissenschaftlicher Bibliothekar (Referendariatsausbildung) (Bayerische Staatsbibliothek, Bayerische Bibliotheksschule, München)
- Aufbaustudium Wissenschaftliche(r) Bibliothekar/in (Humboldt-Universität, Berlin)
- Master-Aufbaustudium Bibliotheks- und Informationswissenschaft (FH Köln)
- Wissenschaftliche(r) Dokumentar/in, Information Specialist (Institut für Information und Dokumentation (IID) an der FH Potsdam)
- Master-Aufbaustudium für Mediziner: MSc Informationsmanagement (Uni Heidelberg in Koop. mit FH Heilbronn)
- Master-Aufbaustudium Musikinformationsmanagement (Hochschule der Medien, Stuttgart)
- Aufbaustudium für Mediziner, Diplom-Medizininformatiker/in (FH) (Technische FH Berlin)
- Master-Aufbaustudium Information Engineering. Schwerpunkt Informationswissenschaft (Uni Konstanz)
- Weiterbildungsstudium Wirtschafts- und Fachinformation. Universitätszertifikat: Fachinformator/in (TU Ilmenau)
- Ergänzungsstudium Information und Multimedia, Diplom-Informationswirt (FH) (FH Ansbach)
- Aufbaustudium Buchwissenschaft (Universität München)

### A 3.3.2 Die Ausbildungskapazitäten im Informationsbereich

Betrachten wir die jährlichen Aufnahmezahlen der drei akademischen Ausbildungsebenen, dann ist festzuhalten, dass seit 1995 eine deutliche Steigerung in den Ausbildungskapazitäten stattfand. 1995 begannen pro Jahr ca. 1400 Personen ihre Ausbildung; 2002 waren es bereits über 2000. Aus systematischen Zuordnungsgründen werden hier die beachtlichen Ausbildungsbemühungen im Bereich der Assistenten-Ausbildung (Fachschul-Ausbildung) und der Berufsqualifikationen für Fachangestellte(r) für Medien und Informationsdienste, FAMI) der Fachgebiete Archiv, Bibliothek, Information und Dokumentation, Bildagenturen, Medizinische Dokumentation nicht berücksichtigt, da diese Berufsausbildungen noch relativ neu sind und verlässliche Zahlen derzeit nicht verfügbar sind.

Im inneren Gefüge der Teilbereiche des Informationswesens lassen sich folgende Trends erkennen:

- Im postgradualen Bereich hat der Bibliotheksbereich deutlich Zuwächse zu verzeichnen, während alle anderen Bereiche relativ konstant blieben.
- Im Bereich der Universitätsausbildung ist der weitere Zuwachs im Bibliotheksbereich auffällig, ebenso wie die Zunahme an (offenbar) Nebenfach-Studierenden in der Informationswissenschaft.
- An den Fachhochschulen, die ohnehin quantitativ das Hauptkontingent der Informationsfachkräfte stellen, ist eine starke Zunahme im Museumswesen, eine Verdopplung der Kapazitäten in Bereich IuD und der Medizinischen Dokumentation bemerkenswert. Andererseits ist im Berichtszeitraum die sehr hohe Ausbildungskapazität im Bibliothekswesen auf eine knappe Hälfte zurück gegangen, was sicher auch mit der schlechten Arbeitsmarktsituation in den 90er Jahren zusammenhängt (Lit. 87).

Die folgende Aufstellung zeigt die Ausbildungskapazitäten (Aufnahmequoten pro Jahr) im Gesamtbereich des Informationswesens 1995, 1998 und 2002 (Lit. 27, Lit. 28, Lit. 29, Lit. 81):

**Postgraduale Ebene:**
Ausbildung Informationswesen

| Bereich | 1995 | 1998 | 2002 |
|---|---|---|---|
| Archiv | 13 | 18 | 18 |
| Bibliothek | 33 | 35 | 115 |
| Buch-/Verlag | 0 | 15 | 30 |
| IuD; Inf.-Wiss. | 108 | 94 | ca. 100 |
| Museum | 0 | 0 | 0 |
| Techn. Redakt. | 0 | 0 | 0 |
| Medizin. Dok. | k.A. | k.A. | ca. 30 |

**Hochschul-Ebene:**
Ausbildung Informationswesen

| Bereich | 1995 | 1998 | 2002 |
|---|---|---|---|
| Archiv | 0 | 0 | 0 |
| Bibliothek | ca. 30 | ca. 120 | 120 |
| Buch-/Verlag | 0 | ca. 70★ | 110 |
| IuD; Inf.-Wiss. | ca. 70 | ca. 200★★ | 240★★ |
| Museum | 0 | 0 | 0 |
| Techn. Redakt. | 0 | 0 | 0 |
| Medizin. Dok. | 0 | k.A. | k.A. |

**Fachhochschul-Ebene:**
Ausbildung Informationswesen

| Bereich | 1995 | 1998 | 2002 |
|---|---|---|---|
| Archiv | 33 | 38 | 43 |
| Bibliothek | 813 | 558 | 416 |
| Buch-/Verlag | 50 | 50 | ca. 40 |
| IuD; Inf.-Wiss. | 195 | 277 | 403 |
| Museum | 20 | 20 | 55 |
| Techn. Redakt. | 40 | 40 | 30 |
| Medizin. Dok. | k.A. | 112 | 280★★★ |

★ ohne Nebenfach-Studierende

★★ inklusive Nebenfach-Studierende

★★★ davon Medizinische Dokumentar(in) 176 Neuzulassungen pro Jahr, Diplom- Dokumentar(in) Fachrichtung Medizinische Dokumentation und Biowissenschaften 105 pro Jahr

Ein großer Teil der in den 1990er Jahren entstandenen neuen Ausbildungsstrukturen ist direkt oder indirekt durch die Wiedervereinigung Deutschlands beeinflusst oder initiiert worden. Dazu zählen: Gründung des Fachbereichs ABD an der Fachhochschule Potsdam (Lit. 36), Aufbau bzw. Weiterführung der Studienangebote im Fachbereich Buch und Museum an der Hochschule für Technik, Wirtschaft und Kultur (FH) in Leipzig, Überführung des Instituts für Bibliothekarausbildung der Freien Universität in die Humboldt-Universität bei gleichzeitiger Einstellung der Ausbildungsgänge zum/r Diplom-Bibliothekar/in. Im gleichen Zug ist jedoch auch zu konstatieren, dass ein recht großer Teil der ehemaligen Aus- und Fortbildungsaktivitäten in den neuen Bundesländern begrenzt, beschnitten oder gar ganz eingestellt wurde (Lit. 11, Lit. 41, Lit. 53; Lit. 54).

Die noch in den 1980er Jahren bestehenden verwaltungsinternen Studiengänge für Beamte des gehobenen und höheren Dienstes sind abgebaut worden und auf „freie" Studien im Rahmen der staatlichen Bildungsinstitutionen, besonders an Fachhochschulen, umgestellt worden (Lit. 83). Darüber hinaus sind neue Ausbildungs- bzw. Studienangebote mit spezifischen Schwerpunkten und Ausrichtungen hinzu gekommen. Dabei ist bemerkenswert, dass in dieser relativ kurzen Zeit die Ausbildungsstrukturen und -inhalte in ganz erheblichen Umfang geändert wurden, was zum einen an der Innovationsgeschwindigkeit der Informations- und Kommunikationstechnologien liegt, zum anderen an den bildungs- und hochschulpolitischen Strukturveränderungen (z. B. Anpassungen an Regelstudienzeiten, Verkürzungen der Praktikumsphasen, Einpassung von Ausbildungsangeboten in Hinblick auf das duale System, Anerkennung der akademischen Abschlüsse und Titel, Europäisierung und internationale Anerkennung von Abschlüssen usw.; Lit. 21).

Strukturell neu ist – mit Blick auf die Europäisierung der Ausbildungsstrukturen im tertiären Bildungsbereich – die Einrichtung von Bachelor und Master Studiengängen an Fachhochschulen. So sind an der Stuttgarter „Hochschule für Medien", Fachbereich Information und Kommunikation neben den teilweise gleichnamigen Diplom-Studiengängen (FH) folgende neue Studienangebote eingerichtet worden (Lit. 24):

– Bachelor und Master Studiengang Medienmanagement,

- Master Aufbaustudium Musikinformationsmanagement,
- Master Studiengang Informationsdesign (Lit. 90),
- Master Studiengang Informationswirtschaft.

Als wichtige und besondere Neuerungen und Veränderungen gegenüber den entsprechenden Kapiteln der Vorauflagen dieses Buches sind anzumerken (Lit. 80, Lit. 81):

- An fast allen Hochschulen sind in den letzten Jahren neue Bezeichnungen für die Hochschulen, Fachbereiche oder die akademischen Abschlüsse eingeführt bzw. umgestellt worden. So haben die Fachhochschulen in Potsdam, Köln, Hamburg, Darmstadt und Hannover den Namen ihrer Fachbereiche oder den Hochschulnamen geändert.

- An der Fachhochschule Darmstadt, Fachbereich Informations- und Wissensmanagement (neuer Name) wurde neben den Schwerpunkten Chemie, Medien- und Wirtschaftsinformation auch ein Schwerpunkt Bibliothek angeboten (Lit. 62, Lit. 72). Mit Beteiligung des Fachbereichs und in Kooperation mit drei weiteren Fachbereichen der FH Darmstadt (Gestaltung, Informatik, Sozial- und Kulturwissenschaften) wurde 1997 ein neuer Studiengang „Multi-Media-Design" eingerichtet (Lit. 46, Lit. 47).

- An der Fachhochschule Hannover, Fachbereich Informations- und Kommunikationswesen (neuer Name) ist der Abschluss Diplom-Dokumentar (FH) durch den Diplom-Informationswirt/in (FH) ersetzt worden.

- An der Fachhochschule Köln, Fachbereich Bibliotheks- und Informationswesen ist ab Wintersemester 1998/99 ein neuer Studiengang mit der Bezeichnung „Informationswirtschaft" eingerichtet worden (Lit. 59, Lit. 60); am in der Zwischenzeit umbenannten Fachbereich Informationswissenschaft (neuer Name) wurde zudem ein Master Aufbaustudium Bibliotheks- und Informationswissenschaft eingerichtet.

- Im Bereich des Museumswesens wird ab 1999 an der Berufsschule für Landesfachklassen und Fachschule für Technik in Gelsenkirchen der theoretische Ausbildungsteil zum „staatlich geprüften Techniker, Fachrichtung Museums- und Ausstellungstechnik" begonnen. Mit ca. 20 Teilnehmern/innen alle zwei Jahre ist dieser neue Qualifikationszweig quantitativ eher als bescheidener Anfang anzusehen. Neben der Ausbildung zum/r Diplom-Museologen/in (FH) in Leipzig (Lit. 25) ist an der Fachhochschule für Technik und Wirtschaft, Fachbereich Gestaltung ein zweiter gleichnamiger Studiengang mit einer jährlichen Aufnahmekapazität von 25 angelaufen.

- An den Universitäten Erlangen und Mainz werden als Haupt- und Nebenfach das Magister- und Promotionsstudium „Buchwissenschaft" angeboten. Mit dem Wintersemester 1996/97 ist an der Universität München der Aufbaustudiengang „Buchwissenschaft" angelaufen. Er schließt mit dem neuen akademischen Grad „Diplombuchwissenschaftler" ab und ergänzt den seit 1989 bestehenden, zweisemestrigen postgradualen Aufbaustudiengang Buchwissenschaft, der mit einem Zertifikat abgeschlossen wird.

- Seit Beginn des Wintersemesters 1996/1997 gibt es an der Fachhochschule Ulm, Fachbereich Informatik den Studiengang „Medizinische Dokumentation und Informatik". Mit 30 Neuaufnahmen pro Jahr wird das achtsemestrige Studium mit den Abschluss „Diplom-Dokumentar/in (FH) Fachrichtung Medizin" abgeschlossen.

- In Eisenstadt in Österreich an der dortigen Fachhochschule wurde ab 1998 ein integrierter und umfassender Studiengang „Informationsberufe" eingerichtet, der das IuD-Wesen, das Bibliothekswesen und das betriebliche Informationsmanagement einschließt. Einer dieser Bereiche kann als Schwerpunkt gewählt werden. Im Jahr 2000 konnten die ersten Diplomprüfungen abgenommen werden (Lit. 40, Lit. 55).

- Im schweizerischen Chur ist 1998 an der Hochschule für Technik und Architektur ein Studiengang Information und Dokumentation eingerichtet worden, der auf drei Jahre angelegt ist und mit dem Grad „Informations- und Dokumentationsspezialist/in (FH)" abschließt. Über diesen grundständigen Studiengang hinaus wird ein berufsbegleitendes Studium von vierjähriger Dauer angeboten (Lit. 22).

- An der Freien Universität Berlin hat die Fachrichtung „Informationswissenschaft" ihr Hauptfach-Studienangebot im Rahmen der Magisterfächer des Fachbereichs Kommunikationswissenschaft eingestellt. Seit Sommersemester 1995 werden keine Studienanfänger mehr aufgenommen (Lit. 77, Lit. 74).

- Der Berufsbereich der Medizinischen Dokumentation (und teilweise auch der Medizinischen Informatik) hat sich in den letzten Jahren – besonders auf der Ebene der Medizinischen Dokumentationsassistenten – sehr gut entwickelt. Die Ausbildung zur(m) „Medizinischen Dokumentationsassistenten(in)" wird an 7 verschiedenen Ausbildungsinstitutionen (zumindest der theoretische Teil) durchgeführt, insgesamt werden pro Jahr 193 (im Jahr 1998) Personen zur Ausbildung zugelassen.

- Für die Ausbildung zum/r „Medizinischen Dokumentar/in" bieten seit Ende der 90er Jahre 6 verschiedene „Schulen für Medizinische Dokumentation" (sie werden in einigen Fällen auch unter anderen Bezeichnungen geführt) insgesamt mindestens 112 Ausbildungsplätze pro Jahr an.

**Literatur**

01 Anders, A.; Buder, M.; Seeger, T.: 25 Jahre Aus- und Weiterbildung in der DGD. In: Nachrichten für Dokumentation, vol. 33, 1982. S. 237-245

02 Anders, M.: Diplom-Dokumentar/Diplom-Dokumentarin. 5. Aufl. Stand: März 1994. Bielefeld: Bertelsmann 1994. 46 S. (Blätter zur Berufskunde. Bd. 2- XC 30)

03 Artus, M.; Lossow, W. von: Ethik und Information: Brauchen wir einen Verhaltenskodex für Informationsvermittler. In: Nachrichten für Dokumentation, vol. 45, 1994. S. 325-334

04 Becker, J.: Von der Informationsgesellschaft zur Wissensgesellschaft. In: ik-Report. Bd. 7. 1994. S. 12-23

05 Beer, C.: Information-Broker im deutschsprachigen Raum. Branchenanalyse der freien, erwerbswirtschaftlich ausgerichteten Informationsvermittler. In: Nachrichten für Dokumentation. Vol. 52. 2001. Nr. 8. S. 488-490

06 Behrends, E.: Technisch-wissenschaftliche Dokumentation in Deutschland von 1900 bis 1945: unter besonderer Berücksichtigung des Verhältnisses von Bibliothek und Dokumentation. Wiesbaden: Harrassowitz, 1995. VIII, 337 S. (Buchwissenschaftliche Beiträge aus dem Deutschen Bucharchiv München; 51)

07 Bertram, J.; Thomas, C.: Berufsbilder in der Informationsgesellschaft – Wissenschaftliche Dokumentare der neunziger Jahre. Eine Befragung der Absolventen des Instituts für Information und Dokumentation (IID). Potsdam: Verl. f. Berlin-Brandenburg 2001. 187 S.

08 Bertram, J.; Thomas, C.: Wissenschaftliche Dokumentar/-innen in den 90er Jahren: Arbeitsmarktchancen, Tätigkeitsfelder und Berufverläufe. In: Schmidt, R. (Hrsg.): Wissen in Aktion. Wege des Knowledge Managements. Proc. der 22. Online-Tagung der DGI 2.-4.Mai 2000 in Frankfurt/Main. Frankfurt/M.: DGI 2000. S. 345-357

09 Birkmann, S.; Stock, W.: Das Berufsbild des Dokumentationsassistenten. In: Nachrichten für Dokumentation. vol. 45, 1994. S. 230-232

10 Bock, G.; Hüper, R.: Informationstransfer als Beruf. 2. Aufl. Hannover: FH Hannover 1986. 165 S.

11 Brachmann, B.: Die Ausbildung wissenschaftlicher Archivare in Potsdam und Berlin 1950 bis 1995/96. In: Archiv für Diplomatik, Schriftgeschichte, Siegel und Wappenkunde. vol. 39. 1993. S. 387-492

12 Buck, H.: Die Bibliothekarische Ausbildung in Deutschland. Von der Isolation zur Integration. In: Seeger, T. [Hrsg.]: Aspekte der Professionalisierung des Berufsfeldes Information. Konstanz: UVK Universitätsverlag Konstanz 1995. S. 377-388

13 Buder, M.; Skalski, D.; Wersig, G. et al.: Bibliothek, Information und Dokumentation als gegenwärtiger und künftiger Berufs- und Tätigkeitsbereich (Modellversuch FIABID). Karlsruhe: BMFT 1980. 393 S.

14 Capurro, R.: Ethik im Cyberspace. In: Buder, M., Seeger, T.; Strauch, D.: (Hrsg.): Grundlagen der praktischen Information und Dokumentation. 4. Aufl. München: Saur 1997. S. 1000-1007

15 Dehnert-Kleibring, D.; W. G. Stock: Der Studiengang Informationswirtschaft. Geforderte Qualifikation und Beschäftigungschancen. In: Deutscher Dokumentartag 1997. Information und Dokumentation – Qualität und Qualifikation. Regensburg 24.-26. Sept. 1997. Frankfurt/M.: DGD 1997. S. 263-284

16 Dehnert-Kleibrink, D.; Stock, W. G: Informationsspezialisten in der Informationsgesellschaft. Köln: FH Köln, Nov. 1997. 223 S. (Kölner Arbeitspapiere zur Bibliotheks- und Informationswissenschaft. Nr. 9)

17 Dokumentarische Kompetenz in der Multimedia-Branche. Eine Hamburger Delphi-Studie. Hrsg. von Mitarb. des Fachbereichs Bibliothek und Information der FH Hamburg. Projektbericht. Hamburg: FH Hamburg Juli 1997. 186 S.

18 Doering, A.; Dettweiler, G.: Berufsausbildung für Fachangestellte an Archiven, Bibliotheken, Bildagenturen sowie Dokumentationsstellen. Berlin: BIBB 1992. 258 S. (Vorabdruck)

19 Drotos, P. V.: Beyond Online. Vom Online Spezialisten zum Informationsmanager. In: Cogito 1994. H. 1. S. 16-19

20 European Association of Information Services (EUROSIDIC): Europäischer Verhaltenskodex für Informationsvermittler. Luxemburg: EUROSIDIC 1994. o. Pag.

21 Ebinger, Margit; Gaus, W.: Berufe im Informationswesen – Neue Entwicklungen in Ausbildung. In: Information – Wissenschaft & Praxis. Vol. 54, 2003. Nr. 1. S. 5-8

22 Fachhochschule HTA CHUR. Fachhochschul-Studiengang Information und Dokumentation. Studienprospekt. Chur. FH Chur 2002. (www.iudchur.net)

23 FID (International Federation of Information and Documentation): Training for Information Resources Management. P. 1-2. The Hague: FID 1994. 137 S. u. 120 S.

24 Fisch, C.: Hochschule der Medien Stuttgart. Fusion und Gründungsfeier im Herbst 2001. In: Information. Wissenschaft und Praxis. Vol. 53. 2002. Nr. 1. S. 42-44

25 Flügel. K.: Museologie – Studium in Leipzig. In: Seeger, T. [Hrsg.]: Aspekte der Professionalisierung des Berufsfeldes Information. Konstanz: UVK Universitätsverlag Konstanz 1995. S. 399-408

26 Froehlich, T. J.: Ethical Considerations of Information Professionals. In: Annual Review of Information Science and Technology. Vol. 27. 1992. S. 291-307

27 Gaus, W.: Berufe im Archiv-, Bibliotheks-, Informations- und Dokumentationswesen. 3. Aufl. Heidelberg: Springer 1994. 319 S.

28 Gaus, W.: Berufe im Archiv-, Bibliotheks-, Informations- und Dokumentationswesen. 4. Aufl. Heidelberg: Springer 1998. 329 S.

29 Gaus, W.: Berufe im Archiv-, Bibliotheks-, Informations- und Dokumentationswesen. 5. Aufl. Heidelberg: Springer 2002. 310 S.

30 Gesprächskreis Informatik (Hrsg.): Informationskultur für die Informationsgesellschaft. Aachen 1995. 19 S.

31 Goulding, A.; B. Bromham; S. Hannabuss; D. Cramer: Professional Characters: the personality of the future information workforce. In: Education for Information. Vol. 18, 2000. S. 7-31

32 Graumann, S.: Zertifizierung von Informationsspezialisten. In: Information. Wissenschaft und Praxis. Vol. 53. 2002. Nr. 1. S. 22-25

33 Graumann, S.; Bredemeier, W.; Köhne, B.: Aktualisierte Grundlagenstudie zur Informationswirtschaft. In: Information. Wissenschaft und Praxis. Vol. 53. 2002. Nr. 1. S. 211-220

34 Grudowski, S.; Reinicke, W.; Schwandt, J. [u.a]: Grundlagen der Informationssysteme und -methoden. Potsdam: Universität Potsdam 1993. S. 71-108

35 Helm, B.; Adler, G.; Schöpflin, U.: Der Bedarf an Informationswissenschaftlern und Dokumentaren bis 1985. Karlsruhe: BMFT 1978. 63 S.

36 Hennings, R.-D.; H. Millonig; V. Schockenhoff; H. Walberg: Die Studiengänge Archiv, Bibliothek und Dokumentation im Rahmen des Potsdamer Modells. In: Seeger, T. [Hrsg.]: Aspekte der Professionalisierung des Berufsfeldes Information. Konstanz: UVK Universitätsverlag Konstanz 1995. S.329-342

37 Hennings, R. D.: Berufsbilder in Information, Dokumentation und Bibliotheken. In: Nachrichten für Dokumentation. Vol. 48, 1997. H. 5. S. 273-280

38 Hesse, H. A.: Berufe im Wandel. 2. Aufl. Stuttgart: Enke 1972. 203 S.

39 Hobohm, H.-C.: „ABD" an der FH Potsdam wird „Informationswissenschaften". In: Information. Wissenschaft und Praxis. Vol. 53, 2002. Nr. 3. S. 183

40 INFORMATIONSBERUFE. Fachhochschulstudiengang Informationsberufe. FH Eisenstadt. (Studienbroschüre). Hrsg. v. Verein z. Errichtung, Führung und Erhaltung von Fachhochschulstudiengängen im Burgenland. Eisenstadt. 1997. 10 S.

41 Jänsch, W.: Anforderungen an die Ausbildung in den neuen Bundesländern. In: Deutscher Dokumentartag 1991. Ulm 30.09.-02.10.1991. Proceedings. Frankfurt/M.: Deutsche Ges. für Dokumentation 1992. S. 633-650

42 Kind, J.; Weigend, A.: Informationsspezialisten Darmstädter Prägung. Ergebnisse der Absolventenbefragung 2000. In: Information. Wissenschaft und Praxis. Vol. 52. 2001. Nr. 1. S. 41-47

43 Kluck, M.; T. Seeger: Information und Dokumentation als Ausbildung und Beruf. Potsdam: Universität Potsdam 1993. 174 S. (Modellversuch BETID. Bericht Nr. 1)

44 Kmuche, W.: Arbeitsfeld Informationsmanagement. In: Nachrichten für Dokumentation. Vol. 48. Nr. 3. 1997. S. 151-158

45 Knorz, G.: Zehn Jahre Fachbereich Information und Dokumentation an der Fachhochschule Darmstadt. In: Nachrichten für Dokumentation. vol. 46. 1995. S. 311-315

46 Knorz, G.; Seeger, T.: Media System Design – ein neuer Studiengang an der Fachhochschule Darmstadt. In: INFO 7. Vol. 12, 1997. H. 3. S. 176-182

47 Knorz, G.; Seeger, T.: Multimedia-Ausbildung an der Fachhochschule Darmstadt. In: Nachrichten für Dokumentation. Vol. 48, 1997. H. 6. S. 335-342

48 Krause, Peter: Aufbruch in die Wissensgesellschaft – Wissenschaftliche Information in Deutschland. In: Information – Wissenschaft und Praxis. Vol. 54, 2003. Nr. 5. S. 289-292

49 Kuhlen, R.: Gutachten zu den Aufgaben und Möglichkeiten einer dauerhaften institutionellen Absicherung des LID. In: INFO 7, vol. 5. 1990. H.1. S. 29-32

50 Leonhard, J.-F.: Von DGD zu DGI. Eine Fachgesellschaft gibt sich einen neuen Namen. In: Nachrichten für Dokumentation. Vol. 49. 1998. No. 7. S. 387

51 Leyrer, H. M.: Die Vorschläge des BIBB zur Assistentenausbildung. In: Deutscher Dokumentartag 1993. Qualität und Information. Frankfurt/M.: Deutsche Ges. für Dokumentation 1994. S. 257-260

52 Lieth, B.: Berufseinmündung und -verlauf von Absolventen des LID. (Hausarbeit). Frankfurt/M.: LID 1982. 45 S.

53 Manecke, H.-J.: Ilmenauer Informationswissenschaft – quo vadis? In: Nachrichten für Dokumentation. vol. 44, 1993. S. 293-298

54 Manecke, H.-J.: IuD-Entwicklungen in der ehemaligen DDR – Rückblick mit Ausblick. In: Seeger, T. [Hrsg.]: Aspekte der Professionalisierung des Berufsfeldes Information. Konstanz: UVK Universitätsverlag Konstanz 1995. S. 307-316

55 Meier, B.: Erste Diplomarbeiten und Diplomprüfungen am FH-Studiengang Informationsberufe in Eisenstadt. In: Nachrichten für Dokumentation. Vol. 52. 2001. Nr. 7. S. 407-410

56 Moore, N.: The Future Demand for Information Professionals in Europe. In: Education for Information. Vol. 16. 1998. S. 191- 208

57 Müller, M.; Ridder, C.: Berufliche Situation der Fachhochschulabsolventinnen in den bibliothekarischen Studiengängen. Ergebnisse einer Befragung des Abschlussjahrgangs 1995. In: Bibliotheksdienst. Vol. 31, 1997. H. 4. S. 590-599

58 Nohr, H.: Existenzgründungen aus Hochschulen. Initiativen und Projekte der HBI Stuttgart. In: Schmidt, R. (Hrsg.): Wissen in Aktion. Wege des Knowledge Managements. Proc. der 22. Online-Tagung der DGI 2.-4.Mai 2000 in Frankfurt/Main. Frankfurt/M.: DGI 2000. S. 319-325

59 Oßwald, A.: Informationswirte – Vermittler zwischen Wirtschaft und Wissen. In: Aufbruch ins Wissensmanagement. Proc. 21. Online-Tagung der DGI. 18.-20. Mai 1999. Frankfurt/Main: DGI 1999. S. 408-415

60 Oßwald, A.: Führungskräfte für die Informationswirtschaft – der neue Master-Studiengang an der FH Köln. In: Information Research and Content Management. Proc. 23. Online-Tagung der DGI und 53. Jahrestagung der DGI vom 8.-10. Mai 2001 in Frankfurt/Main. Frankfurt/Main: DGI 2001. S. 305-312

61 Otremba, G.: Tätigkeitsfelder des Informationsmanagements. In: Nachrichten für Dokumentation. vol. 37, 1986. S. 67-72

62 Otto, C.; Buck, H.: Informations- und Wissensmanagement an der Fachhochschule Darmstadt. In: Information – Wissenschaft und Praxis. Vol. 53. 2002. Nr. 1. S. 45-46

63 Palmquist, R.; D. G. Davis: Professional Associations for Library and Information Science Education. In: Roy, L.; B.E. Sheldon: Library and Information Studies Education in the United States. London, Washington: Mansell 1998. S. 101-117

64 Poetzsch, E.; Weber, C.: Mobilisierungskampagne zur Imageförderung dokumentarischer Berufbilder. In: Nachrichten für Dokumentation. Vol. 49, 1998. H. 1. S. 25-29

65 Portillo Hellvoigt, E.; Przemeck, R.: Die Absolventenbefragungen und der Fachbereich Information und Dokumentation aus der Sicht der Darmstädter Diplom-Informationswirte. In: Seeger, T. [Hrsg.]: Aspekte der Professionalisierung des Berufsfeldes Information. Konstanz: UVK Universitätsverlag Konstanz 1995. S. 23-41

66 Ridder, C.; M. Müller: Berufliche Situation der bibliothekarischen Studiengänge. In: Bibliotheksdienst. 35. Jg. 2001. H. 1. S. 19-27

67 Rittberger, M. et al.: Das Projekt DECIDoc in Deutschland. In: Nachrichten für Dokumentation, vol. 51. 2000. S. 147-156

68 Rother, M.: Wo sind sie geblieben? ... die LID-Absolventen. In: Info 7, vol. 7. 1992. S. 81-83

69 Samulowitz, H.: Geschichte des Lehrinstituts für Dokumentation (LID). Von den Anfängen bis zu seiner Auflösung 1991. Frankfurt/M.: DGD 1992. 61 S.

70 Schaefer, J.: Ausbildung und Arbeitsmarkt für Information Professionals. Eine Befragung der Absolventen des Studienganges Dokumentation an der Fachhochschule Potsdam. Potsdam: Verlag für Berlin-Brandenburg 2003. 125 S.

71 Schmidt, R.; Wellems, C.: Der Modellversuch Informationsvermittlung. T. 1. und T. 2. In: Nachrichten für Dokumentation. Vol. 42. 1992. S. 413-419. und Vol. 43. 1993. S. 3-10

72 Schöhl, W.: Die Darmstädter FH-Ausbildung zum Diplom-Informationswirt mit Schwerpunkt IuD in den Medien. In: Deutscher Dokumentartag 1993. Frankfurt/M.: Deutsche Ges. für Dokumentation 1994. S. 399-412

73 Schröder, T. A.: Informationswissenschaftliche Ausbildung in Europa – Stand und Perspektiven. In: Seeger, T. [Hrsg.]: Aspekte der Professionalisierung des Berufsfeldes Information. Konstanz: UVK Universitätsverlag Konstanz 1995. S. 261- 272

74 Schuck-Wersig, Petra (Hrsg.): Informationswissenschaft an der Freien Universität Berlin. Ein Facit über 30 Jahre. Aachen: Shaker Verl. 2000. 96 S.

75 Schulte, L.: Informationsspezialisten der Zukunft. In: Nachrichten für Dokumentation. vol. 44, 1993. S. 345-350

76 Seeger, T.: Ausbildungsgänge im Tätigkeitsfeld Information und Dokumentation. München: Verl. Dokumentation 1977. 183 S.

77 Seeger, T.: Die Herausbildung des Faches Informations- und Dokumentationswissenschaft an der Freien Universität Berlin. In: Information und Dokumentation im Aufbruch. Pullach: Verl. Dokumentation. 1974. S. 102-112

78 Seeger, T.: Der neue Fachbereich Information und Dokumentation an der Fachhochschule Darmstadt. In: Nachrichten für Dokumentation, vol. 36. 1985. S. 276-277

79 Seeger, T: Informationsarbeit als Beruf. In: ibv-Publikationen. Nr. 30. 24. Juni 1991. S. 1317-1323 und INFO 7. Vol. 6. 1991. H. 1. S. 26-31

80 Seeger, T.: Zum Stand der Professionalisierung: Ausbildung und Beruf. In: Buder, M.; Rehfeld, W.; Seeger, T. (Hrsg.): Grundlagen der praktischen Information und Dokumentation. 3. Aufl. München: Saur 1990. S. 1025-1041

81 Seeger, T.: Zum Stand der Professionalisierung: Beruf und Ausbildung in Deutschland. In: Buder, M.; Seeger, T.; Strauch, D.: (Hrsg.): Grundlagen der praktischen Information und Dokumentation. 4. Aufl. München: Saur 1997. S. 927-944

82 Seeger, T.: Neubeginn und Tradition. Zur Ausbildung am Institut für Information und Dokumentation in Potsdam. In: Deutscher Dokumentartag 1992. Technik und Information. Markt, Medien und Methoden. Frankfurt/M.: Deutsche Ges. für Dokumentation 1993. S. 285-296

83 Seeger, T.; Anders, A.: Fachhochschulausbildung im BID-Bereich. Frankfurt/Main: Deutsche Gesellschaft für Dokumentation 1981. 59 S.

84 Simon, H. R. et al.: Bericht zum Projekt Absolventenbefragung 1993. Darmstadt: FH Darmstadt 1993. 78 S.

85 State of the Modern Information Professional. An International View of the State of the Information Profession in 1992-1993. Comp. by International Federation for Information and Documentation (FID). The Hague: FID 1992. getr. Pag.

86 Stock, W.: Zur zukünftigen Stellung der Dokumentationsassistenten und -assistentinnen in der Informationswirtschaft. In: Deutscher Dokumentartag 1994. Blick Europa. Frankfurt/M.: Deutsche Ges. für Dokumentation 1994. S. 475-484

87 Stock, W.: Der deutsche Arbeitsmarkt für Bibliothekare. In: Nachrichten für Dokumentation. Vol. 48, 1997. H. 6. S. 351-352

88 Stock, W. G.: Einschätzungen zum deutschen Arbeitsmarkt für Informationswirte. In: Nachrichten für Dokumentation. Vol. 49. 1999. Nr. 1. S. 47-48

89 Strauch, D.: Wissenschaftlicher Dokumentar und Wissenschaftliche Dokumentarin staatlich anerkannt. In: Nachrichten für Dokumentation. vol. 44, 1993. S. 120-121

90 Thissen, F.: Informationsdesign. Ein neuer Studiengang an der Hochschule für Medien, Stuttgart. In: Nachrichten für Dokumentation. vol. 53, 2002. S.301-303

91 Verein Deutscher Dokumentare (VDD): Tätigkeitsmerkmale und Tätigkeitsbilder für Angestellte im Dokumentationsdienst. 3. Aufl. Bonn: VDD 1987. 47 S.

92 Vogel, E.: Informationsmanagement und informationswissenschaftliche Ausbildung. Teil 1 und 2. In: Nachrichten für Dokumentation. vol. 37, 1986. S. 79-85 und 151-159

93 Wersig, G.; Seeger, T.; Windel, G.: Zu einer integrierten Ausbildungskonzeption im Tätigkeitsbereich BID. Karlsruhe: BMFT 1980. 121 S.

# A 4 Nationale und internationale Institutionen

Marlies Ockenfeld

Im Umfeld von Information und Dokumentation, Wissensmanagement, Informationstechnik, Multimedia und den zugehörigen Aus- und Fortbildungseinrichtungen gibt es eine Vielzahl von Institutionen, Vereinigungen und Verbänden. Die folgende Auflistung verzeichnet diejenigen, die zum Kernbereich der Fachinformation gehören oder zu denen enge Beziehungen bestehen. Geographisch liegt der Schwerpunkt auf Deutschland und der Europäischen Union.

## A 4.1 Vereinigungen und Verbände der Information und Dokumentation in Europa

- Deutsche Gesellschaft für Informationswissenschaft und Informationspraxis e.V. (DGI), Ostbahnhofstraße 13, 60314 Frankfurt am Main, Telefon: 069 430313, Fax: 069 4909096, E-Mail: zentrale@dgi-info.de, http://www.dgi-info.de

Die Deutsche Gesellschaft für Informationswissenschaft und Informationspraxis veranstaltet die jährliche DGI-Online-Tagung verbunden mit der Fachmesse für Wissensmanagement comInfo sowie eine Reihe weiterer Fachveranstaltungen, z. T. gemeinsam mit anderen nationalen und internationalen Vereinigungen. Innerhalb der DGI gibt es folgende Fachgremien:

- Arbeitsgruppe Elektronische Medien in der Patentinformation (AGM)
- Arbeitskreis Geschichte des Informationswesens in Deutschland
- AG Infobroker
- Komitee Praxis der Inhouse Informationsvermittlung (KPI)
- Kommission Wirtschaftlichkeit der Information und Dokumentation (KWID)
- Online Benutzergruppen in der DGI (OLBG)

Auf regionaler Ebene organisieren mit der DGI verbundene Arbeitskreise den Erfahrungsaustausch und Fortbildungsveranstaltungen:

- ADI, Arbeitskreis Dresdner Informationsvermittler e. V. <http://www.fachinformation.de>

- AIT, Arbeitskreis der Informationsvermittler in Thüringen e.V. <http://www.ait-net.de>
- AKI Hamburg, Arbeitskreis für Information Hamburg <http://www.aki-hh.de>
- AKI L, Arbeitskreis für Information Leipzig <http://www.dgd.de/arbeitskreise/akil.html>
- AKI Stuttgart, Arbeitskreis für Information Stuttgart <http://aki-stuttgart.de>
- AKRIBIE, Arbeitskreis für Information Bielefeld/Ostwestfalen-Lippe e. V. <http://www.akribie.de>
- Arbeitskreis für Information Magdeburg <http://www.vdi.de/vdi/vvo/b_vereine/magdeburg/arbeitskreise/05305/index.php>
- Arbeitskreis für Information Rheinland <http://www.fbi.fh-koeln.de/service/fachinfo/aki>
- Arbeitskreis für Information RheinMain e. V. <http://aki-rheinmain.de>
- Arbeitskreis für Information Rhein-Neckar-Dreieck e. V.
- BAK Information, Berliner Arbeitskreis Information <http://bak-information.ub.tu-berlin.de>
- BRAGI, Brandenburgische Arbeitsgemeinschaft Information <http://slb.potsdam.org/bragi>
- InfonetzBayern e.V. <E-Mail: schwarz-kaske@t-online.de>
- Infotreff Ruhrgebiet <http://iat-info.iatge.de/index.html?schwerp/sik/infotreff.html>
- MAID, Münchner Arbeitskreis für Information und Dokumentation <http://www.maid-info.de>

Auf internationaler Ebene arbeitet die DGI eng mit ihren Schwesterverbänden in Österreich und in der Schweiz zusammen:

- ÖGDI, Österreichische Gesellschaft für Dokumentation & Information

c/o Wirtschaftsuniversität Wien, Augasse 9, 1090 Wien, ÖSTERREICH
Telefon: +43 1 31336-5107, Fax: +43 1 31336-905107, E-Mail: hermann.huemer@wu-wien.ac.at, http://www.oegdi.at

- SVD, Schweizerische Vereinigung für Dokumentation
Schmidgasse 4, 6301 Zug, SCHWEIZ, Telefon: +41 41726450-5, Fax: +41 41726450-9
E-Mail: protamo@swissonline.ch, http://www.svd-asd.org

Ferner verfolgt sie als Mitglied von ECIA (The European Council of Information Associations) gemeinsame Projekte mit acht weiteren dort zusammen geschlossenen europäischen Informationsverbänden:

- ABD-BVD, Association Belge de Documentation
Chaussée de Wavre 1683, 1160 Bruxelles, BELGIEN, Telefon: +32 26755862
Fax: +32 26727446, E-Mail: abdbvd@abd-bvd.be, http://www.abd-bvd.be

- ADBS, Association des professionels de l'information et de la documentation
25, rue Claude Tillier, 75012 Paris, FRANKREICH, Telefon: +33 1 43 72 25 25, Fax: +33 143723041, E-Mail: adbs@adbs.fr, http://www.adbs.fr

- AIDA, Associazione Italiana per la Documentazione Avanzata
c/o CASPUR, via dei Tizii 6 B, 00185 Roma, ITALIEN, Telefon: +39 649913845
Fax: +39 649913837, E-Mail: aida@aidaweb.it, http://www.aidaweb.it/ingaida.html

- Aslib IMI, The Association for Information Management
Temple Chambers, 3-7 Temple Ave, London EC4Y 0HP, GROSSBRITANNIEN, Telefon: +44 207583 8900, Fax: +44 207583 8401
E-Mail: roger.bowes@aslib.com, http://www.aslib.com

- INCITE, Associação Portuguesa para o Desenvolvimento da Informação Científica e Técnica, Edifício O - INETI
Sala 2.40, Estrada do Paço do Lumiar, 22, 1649 - 038 Lisboa, PORTUGAL
Telefon: +35 121 7156091, Fax: +35 121 7156091, E-Mail: incite@net.sapo.pt, http://www.terravista.pt/Ancora/7170

- SEDIC, Sociedad española de documentación científica
c/Santa Engracia 17-3°, 28010 Madrid, SPANIEN, Telefon: +34 915934-059
Fax: + 34 915934-128, E-Mail: sedic@sarenet.es, http://www.sedic.es

- TLS, The Swedish Association for Information Specialists
Grev Turegatan 14, PO Box 55580, 102 04 Stockholm, SCHWEDEN
Telefon: +46 8678 2320, Fax: +46 8678 2301
E-Mail: kansliet@tls.se, http://www.tls.se

- Tietopalveluseura, The Finnish Society for Information Services
Harakantie 2, 02600 Espoo, FINNLAND, Telefon: +35 8951 8138, Fax: +35 8951 8167, E-Mail: info@tietopalveluseura.fi, http://www.tietopalveluseura.fi/index-eng.htm

## A 4.2 Fachlich ausgerichtete Vereinigungen und Verbände in Deutschland

- AK DOK, Arbeitskreis Dokumentation
c/o Prof. Dr. Claus O. Köhler (Vorsitzender), Grünlingweg 1, 69168 Wiesloch-Frauenweiler, Telefon/Fax: 06222 537 20
E-Mail: c.o.koehler@dkfz.de

- AKEP Arbeitskreis Elektronisches Publizieren des Verlegerausschusses des Börsenvereins des Deutschen Buchhandels e.V.
Großer Hirschgraben 17-21, 60311 Frankfurt am Main, Telefon: 069 1306-517
Fax: 069 1306-399, E-Mail: waldenmaier@boev.de, http://www.akep.de

- AspB, Arbeitsgemeinschaft der Spezialbibliotheken
c/o Forschungszentrum Jülich GmbH, Zentralbibliothek, 52425 Jülich, Telefon: 02461 612907, Fax: 02461 616103, E-Mail: e.salz@fz-juelich.de, http://www.aspb.de

- BIB - Berufsverband Information Bibliothek e.V.
Gartenstraße 18, 72764 Reutlingen, Telefon: 07121 3491-0, Fax: 07121 300433, E-Mail: mail@bib-info.de, http://www.bib-info.de

- Bibliothek & Information International
c/o Staats- und Universitätsbibliothek Hamburg Carl von Ossietzky, Von Melle Park 3,

20146 Hamburg, Telefon: 040 42838-5696, Fax: 040 42838-3352, E-Mail: lang@bi-international.de, http://www.bi-international.de

- BMVI, Berufsverband Medizinischer Informatiker e.V.
  Postfach 10 13 08, 69003 Heidelberg
  Telefon/Fax: 06224 950855, E-Mail: karl-heinz_elsaesser@med.uni-heidelberg.de, http://www.bvmi.de

- DIN Deutsches Institut für Normung e. V., Normenausschuss Bibliotheks- und Dokumentationswesen (NABD)
  Dr.-Ing. Winfried Hennig, Burggrafenstraße 6, 10787 Berlin, Telefon: 030 2601-2305, Fax: +49 42784, E-Mail: winfried.hennig@din.de, http://www.nabd.din.de

- DVMD, Deutscher Verband Medizinischer Dokumentare e. V.
  Postfach 10 01 29, 68001 Mannheim, Telefon: 06205 102604, E-Mail: dvmd@dvmd.de, http://www.dvmd.de

- GAFLID, Gesellschaft der AbsolventInnen und FreundInnen des LID und des IID e.V.
  c/o Michael Rother, Am Pferchelhang 21, 69118 Heidelberg-Ziegelhausen
  Fax: 06221 892834, E-Mail: rother@gaflid.de, http://www.gaflid.de

- GBDL, Gesellschaft für Bibliothekswesen und Dokumentation des Landbaues in der AspB
  c/o Forschungszentrum Jülich GmbH, Zentralbibliothek, 52425 Jülich, Telefon: 02461 612907, Fax: 02461 616103, E-Mail: e.salz@fz-juelich.de http://hal.weihenstephan.de/gbdl

- GfKl, Gesellschaft für Klassifikation e.V.
  c/o Prof. Dr. Otto Opitz (Vorsitzender), Lehrstuhl für Mathematische Methoden der Wirtschaftswissenschaften, Universität Augsburg, 86135 Augsburg, Telefon: 0821 598-4150, Fax: 0821 598-4226, E-Mail: vorstand@gfkl.de, http://www.gfkl.de

- gGFFD, gemeinnützige Gesellschaft für Fortbildung, Forschung und Dokumentation Potsdam mbH
  Am Neuen Markt 8, 14467 Potsdam, Telefon: 0331 29835-0, Fax: 0331 29835-99, E-Mail: info@ggffd.de, http://www.ggffd.de

- GMDS, Deutsche Gesellschaft für Medizinische Informatik, Biometrie und Epidemiologie e. V.
  Schedestraße 9, 53115 Bonn, Telefon: 0228 2422224, Fax: 0228 3682647, E-Mail: gmds@dgn.de, Internet: http://www.gmds.de

- GI, Gesellschaft für Informatik, Fachgruppe Information Retrieval
  c/o Prof. Dr. Christa Womser-Hacker, Universität Hildesheim, Angewandte Informationswissenschaft, Marienburger Platz 22, 31141 Hildesheim, Telefon: 05121 883-833, Fax: 05121 883-802, E-Mail: fgir@rz.uni-hildesheim.de, http://www.fg-ir.de

- GIL, Gesellschaft für Informatik in der Land-, Forst- und Ernährungswirtschaft
  Am Tierpark 66, 10319 Berlin, Telefon/Fax: 030 51069877, E-Mail: u.a.birkner@t-online.de, http://www.agrarinformatik.de

- HI, Hochschulverband Informationswissenschaft e.V.
  Prof. Dr. Rainer Kuhlen (Vorsitzender), Universität Konstanz, 78457 Konstanz, Telefon: 07531 88-2879, Fax: 07531 88-2048 E-Mail: rainer.kuhlen@uni-konstanz.de, http://is.uni-sb.de/quellen/verbaende/hi

- IK, Informations- und Kommunikationsring der Finanzdienstleister e. V.
  Stegstraße 79, 60594 Frankfurt am Main, Telefon/Fax: 069 615266, E-Mail: ik.office@planet-interkom.de, http://www.ik-info.de

- ISKO, International Society for Knowledge Organization, Deutsche Sektion e.V.
  Peter Ohly, Informationszentrum Sozialwissenschaften, Lennéstraße 30, 53113 Bonn, Telefon: 0228 2281-142, Fax: 0228 2281-121, E-Mail: ohly@bonn.iz-soz.de, http://www.bonn.iz-soz.de/wiss-org/

- Fachgruppe Dokumentation beim Deutschen Museumsbund (DMB)
  Monika Hagedorn-Saupe, Institut für Museumskunde, In der Halde 1, 14195 Berlin, Telefon: 030 8301460, Fax: 030 8301504 E-Mail: m.hagedorn@smb.spk-berlin.de, http://www.museumsbund.de/fgdoku/dmbfgdoku.html

- KIBA, Konferenz der Informatorischen und Bibliothekarischen Ausbildungseinrichtungen, Sektion 7 im DBV
  c/o Prof. Dr. Hans-Christoph Hobohm,

Fachhochschule Potsdam, Fachbereich Informationswissenschaften, Friedrich-Ebert-Straße. 4, 14406 Potsdam, Telefon: 0331 580-1514, Fax: 0331 580-1599, E-Mail: hobohm@fh-potsdam.de, http://www.bdbibl.de/html/sektionen.html

- PAID, Pharma Arbeitskreis Information & Dokumentation
Weismüllerstraße 45, 60314 Frankfurt am Main, Telefon: 069 4001-2522
Fax: 069 4001-1244, E-Mail: jaroslava.paraskevove@viatris.de, http://www.paid.de

- tekom, Gesellschaft für technische Kommunikation e.V.
Eberhardtstraße 69-71, 70173 Stuttgart, Telefon: 0711 65704-0, Fax: 0711 65704-99
E-Mail: info@tekom.de, http://www.tekom.de

- VOI Verband Organisations- und Informationssysteme e.V.
Postfach 180160, 53031 Bonn
Telefon: 0228 9082090, Fax: 0228 9082091
E-Mail: voi@voi.de, http://www.voi.de

### A 4.3 Außereuropäische und internationale Institutionen und Verbände

- ALISE, Association for Library and Information Science Education
1009 Commerce Park Drive, Suite 150, PO Box 4219, Oak Ridge, TN 37839 USA, Telefon: +01 865 425 0155
Fax: +01 865 481 0390, E-Mail: contact@alise.org, http://www.alise.org

- ASIS&T, American Society for Information Science and Technology
1320 Fenwick Lane, Suite 510, Silver Spring, Maryland 20910, USA, Telefon: +01 301-495-0900, Fax: +01 301-495-0810
E-Mail: asis@asis.org, http://www.asis.org

- EUCLID, European Association for Library & Information Education and Research
c/o Hogskolen i Oslo, Avd. for journalistikk, bibliotek-og informasjonsfag, Bibliotek-og informasjonsstudiene, Prof. Ragnar Audunson, Pilestredet 52, 0617 Oslo, NORWEGEN, Telefon: 0047 22452600, Fax.: 0047 22452605, E-Mail: ragnar.audunson@jbi.hio.no, http://www.jbi.hio.no/bibin/euclid/index.html

- EUSIDIC Sekretariat
c/o FIZ Karlsruhe, 76344, Eggenstein-Leopoldshafen, Telefon: 07247 808403, Fax: 07247 808114, E-Mail: eusidic@fiz-karlsruhe.de, http://www.eusidic.org

- EBLIDA, European Bureau of Library, Information and Documentation Associations
Grote Marjtstraat 43, 2511 BH Den Haag, NIEDERLANDE, Telefon: +31 70 3090551, Fax: +31 70 3090558, E-Mail: eblida@debibliotheken.nl, http://www.eblida.org

- ICSTI, International Council for Scientific and Technical Information
51 boulevard de Montmorency, 75016 Paris, FRANKREICH, Telefon : +33 1 45256592, Fax : +33 1 42151262, E-Mail: icsti@icsti.org, http://www.icsti.org

### A 4.4 Politische Institutionen und Fördereinrichtungen

- Bundesministerium für Gesundheit und Soziale Sicherung (BMGS)
Rochusstraße 1, 53123 Bonn.

Zuständig für die Fachaufsicht über das DIMDI Deutsches Institut für Medizinische Dokumentation und Information ist einerseits die Projektgruppe (PG 1) des BMGS im Hinblick auf Telematik im Gesundheitswesen und andererseits das Referat 216 (Wirtschaftliche Fragen der Krankenhäuser) hinsichtlich der Weiterentwicklung der Klassifikation und damit für die medizinischen Inhalte.

- Bundesministerium für Bildung und Forschung (BMBF), Abteilung 5 Information und Kommunikation, Neue Technologien
MinDir Dr. Peter Krause, Heinemannstraße 2, 53175 Bonn, Telefon: 01888 57-3333
Fax: 01888 57-83333, E-Mail: peter.krause@bmbf.bund.de, http://www.bmbf.de

- Bundesministerium für Wirtschaft und Arbeit (BMWA), Abteilung VI Technologie- und Innovationspolitik; Neue Bundesländer, Unterabteilung VI B Informationsgesellschaft, Medienrecht, Referat VI B 4 Informationswirtschaft; IT-Anwendungen; elektronische Medien

A 4 Nationale und internationale Institutionen 59

Ministerialrat Dr. Rolf Hochreiter, Scharnhorststraße 34 - 37, 10115 Berlin, Telefon: 030 2014-6230, Fax: 030 2014-7041, E-Mail: rolf.hochreiter@bmwa.bund.de, http://www.bmwa.bund.de

- DLR Projektträger Neue Medien in der Bildung + Fachinformation
  Dolivostraße 15, 64293 Darmstadt, Telefon: 06151 869-728, Fax: 06151 869-740, E-Mail: nmbf@dlr.de, http://www.pt-dlr.de/PT-DLR/nmbf

- Deutsche Forschungsgemeinschaft
  Kennedyallee 40, 53175 Bonn, Telefon: 0228 8852358, Fax: 0228 8852272, E-Mail: lis@dfg.de. http://www.dfg.de/lis

- Kommission der Europäischen Gemeinschaften, Generaldirektion Informationsgesellschaft, Direktion E: Interfaces, Wissens- und Inhaltstechnologien. Anwendungen. Informationsmarkt
  Rue Robert Stumper, 2557 Luxembourg, LUXEMBOURG, Telefon: +352 4301 32123, Fax: +35 2441012 22-48, E-Mail: infosodesk@cec.eu.int, http://europa.eu.int/information_society/index_de.htm

## A 4.5 Informations- und Dokumentationseinrichtungen in Deutschland (Auswahl)

- GBI - the content machine
  Freischützstraße 96, 81927 München
  Telefon: 089 9928790, Fax: 089 99287999
  E-Mail: infogbi@gbi.de, http://www.gbi.de

- GENIOS Wirtschaftsdatenbanken
  Eschersheimer Landstraße 50-54, 60322 Frankfurt am Main, Telefon: 069 2424-4610
  Fax: 069 2424-4646
  E-Mail: info@genios.de, http://www.genios.de

- DIMDI Deutsches Institut für Medizinische Information und Dokumentation
  Waisenhausgasse 36-38 a, 50676 Köln
  Telefon: 0221 47241, Fax: 0221 4724444
  E-Mail: posteingang@dimdi.de, http://www.dimdi.de

- DITR Deutsches Informationszentrum für technische Regeln im DIN Deutsches Institut für Normung e.V.
  Burggrafenstrasse 6, 10787 Berlin, Telefon: 0190 002600, Telefax: 030 2628125, E-Mail: auskunft@din.de, http://www.ditr.din.de

- DPMA, Deutsches Patent- und Markenamt
  Zweibrückenstraße 12, 80331 München, Telefon: 089 2195-0, Fax: 089 2195-2221, E-Mail: post@dpma.de, https://dpinfo.dpma.de

- Fachinformationssystem (FIS) Bildung, Koordinierungsstelle im Deutschen Institut für Internationale Pädagogische Forschung (DIPF)
  Schloßstrasse 29, 60486 Frankfurt am Main, Telefon: 069 24708-331, Fax: 069 24708-328, E-Mail: fis-bildung@dipf.de, http://www.fis-bildung.de

- FIZ Chemie Berlin
  Franklinstraße 11, 10587 Berlin, Telefon: 030 399770, Fax: 030 39977134, E-Mail: info@fiz-chemie.de, http://www.fiz-chemie.de

- FIZ Karlsruhe
  Hermann-von-Helmholtz-Platz 1, 76344 Eggenstein-Leopoldshafen, Telefon: 07247 808555, Fax: 07247 808131, E-Mail: helpdesk@fiz-karlsruhe.de, http://www.fiz-karlsruhe.de

- FIZ Technik e.V.
  Ostbahnhofstraße 13, 60314 Frankfurt am Main, Telefon: 069 4308227, Fax: 069 4308215, E-Mail: kundenberatung@fiz-technik.de, http://www.fiz-technik.de

- HWWA, Hamburgisches Welt-Wirtschafts-Archiv, Informationsdienstleistungen
  Neuer Jungfernstieg 21, 20347 Hamburg, Telefon: 040 42834-256, Fax: 040 42834-360, E-Mail: info-service@hwwa.de, http://www.hwwa.de

- IRB, Fraunhofer-Informationszentrum Raum und Bau
  Nobelstraße 12, 70569 Stuttgart, Telefon: 0711 970-2500, Fax: 0711 970-2507, E-Mail: irb@irb.fraunhofer.de, http://www.irb.fraunhofer.de

- Informationszentrum für Informationswissenschaft und -praxis
  Fachhochschule Potsdam, Friedrich-Ebert-Straße 4, 14406 Potsdam
  Telefon: 0331 580-2210, Fax: 0331 580-2229
  E-Mail: falke@fh-potsdam.de, http://www.fh-potsdam.de/~BiB/neu/iz/1/iz.htm

- Informationszentrum Sozialwissenschaften
  Lennéstraße 30, 53113 Bonn, Telefon: 0228 2281-0, Fax: 0228 2281-121, E-Mail: iz@bonn.iz-soz.de, http://www.gesis.org/iz
- juris GmbH
  Gutenbergstraße 23, 66117 Saarbrücken, Telefon: 0681 5866-0, Fax: 0681 5866-274
  E-Mail: juris@juris.de, http://www.juris.de
- LexisNexis(r) Deutschland GmbH
  Feldstiege 100, 48161 Münster
  Telefon 02533 9300-0, Fax: 02533 9300-50
  E-Mail: kundenservice@lexisnexis.com, http://www.lexisnexis.de
- Umweltbundesamt, Information und Dokumentation
  Bismarckplatz 1, 14193 Berlin
  Telefon:030 8903-2756, Fax: 030 8903-2285
  E-Mail: z2.5@uba.de, http://www.umweltbundesamt.de/uba-datenbanken/d-db-uba.htm
- Zentralstelle für Agrardokumentation und -information (ZADI)
  Villichgasse 17, 53177 Bonn
  Telefon: 0228 9548-0, Fax: 0228 9548-111
  E-Mail: zadi@zadi.de, http://www.zadi.de
- Zentrum für Psychologische Information und Dokumentation (ZPID)
  Universität Trier, 54286 Trier
  Telefon: 0651 201-2877, Fax: 0651 201-2071
  E-Mail: info@zpid.de, http://www.zpid.de

# A 5 Informationsethik

Rainer Kuhlen

## A 5.1 Informationsethik, Cyberethik, Computerethik

Informationsethik ist Ethik von und für Menschen, deren Verhalten und Werte sich allerdings immer mehr in der *Infosphere*, in den Informations*umgebungen* (Lit. 01), entwickeln. Diese wiederum werden immer mehr von dem geprägt, was *Telemediatisierung* aller, auch und gerade der intellektuellen Lebenswelten genannt werden kann, also die Durchdringung dieser Lebenswelten mit Informations-, Kommunikations-, und Multi-/Hypermedia-Technologien.

Daher kann in einem ersten Zugriff Informationsethik bestimmt werden als ein offenes Ensemble von Aussagen über normatives Verhalten gegenüber Wissen und Information, das sich in fortschreitend telemediatisierten Lebenswelten und in der Auseinandersetzung mit den in bisherigen Lebenswelten gültigen Werten und normativen Verhalten entwickelt.

Die Abhängigkeit von dem Telemediatisierungsprozess könnte dazu verleiten, Informationsethik mit *Computerethik* (Lit. 02, Lit. 03) oder *Netzethik* (Lit. 04) gleichzusetzen. Nicht alles, was am Thema *Computer* ethisch relevant sein könnte, sollte die Informationsethik für sich reklamieren – so wie die Informationswissenschaft ja auch einen spezifischeren Begriff von Information hat als die Informatik (vgl. Kap. A 1).

Informationsethik ist Ethik in elektronischen Räumen. Das klingt spektakulär, ist aber doch keine Cyberethik (Lit. 05, Lit. 06), keine Ethik von *epers(ons) (electronic personas)*, durch die in der virtuellen Realität z.B. Rechte und Pflichten von intelligenten Informationsassistenten (Cyborgs, Bots, Agenten) (Lit. 07, Lit. 08) geregelt werden könnten. Solche Rechte von *epers*, wie z.B. „epers' rights include those of privacy, autonomy and anonymity" wurden und werden durchaus formuliert, so in einer ACM-Konferenz zum Thema *Ethics in the Computer Age* von 1995 (Lit. 09). Referenziert werden konnte diese Cyber-/Eper-Ethik auf die drei Asimovschen Gesetze für Roboter, die sich aber letztlich, anders als die Cyborgs und anders als die den Menschen ablösenden Maschinen von Hans Moravec (Lit. 10), noch nicht von ihren Schöpfern, den Menschen, emanzipieren durften, sondern, im Sinne der ersten beiden Asimovschen Roboter-Gesetze, sich an den Interessen der Menschen auszurichten hatten. Erst dann, wenn diesen Interessen Genüge geleistet ist, dürften die Roboter auch an sich denken und Rechte und Freiheiten für sich reklamieren.

Für Martha M. Smith in ihrem *Information-Ethics*-Artikel aus dem 32. Band der *Annual Review of Information Science and Technology* (ARIST) ist Informationsethik „concerned with the ethical conflicts and issues that arise in the use of information, information technologies, and information systems" (Lit. 11, vgl. Lit. 12), und zwar will sie dabei vor allem professionelle Aspekte angesprochen sehen, nicht Fragen persönlicher Ethik. Letztere können wir hier im Jahr 2004 nicht mehr so deutlich ausgrenzen, zumal die Bereiche professioneller Fachinformation und informationeller Alltagswelten auf den Publikumsmärkten durch die Telemediatisierung, durch die Ubiquität des Internet ineinander übergehen.

Der Universalisierung der Informationsethik haben auch die drei UNESCO-INFOethics-Konferenzen (1997, 1990 und 2000) Rechnung getragen, bei denen das Ethos der Informationsspezialisten nur am Rande eine Rolle spielte. Vielmehr spiegelten die INFOethics-Themen die ethischen (und – im Sinne einer auf Aristoteles bezogenen Trias – zugleich die politischen und ökonomischen) Herausforderungen der (globalen) Informationsgesellschaft wider – die UNESCO bevorzugt eher den Plural und *Wissens*gesellschaften:

> Herausforderungen der *Digital divide* und der Globalisierung, *Universal Access* (Zugang und Zugriff auf Wissen und Information), Bedrohung und Sicherung der *Public Domain* von Wissen und Information, Recht auf Privatheit, Schutz vor unbilligen Sicherheitsansprüchen, aber auch Schutz von Missbrauch der Freiheiten im Internet (Kinderpornographie, Diskriminierung, Computerkriminalität, Spam,...), Sicherung und Manipulation von Vertrauen auf elektronischen Märkten, Kulturelle und sprachliche Vielfalt, Ambivalenz der Intensivierung der intellektuellen Eigentumsrechte.

Trotz dieser offensichtlichen Transzendierung des informationsprofessionellen Verständnis von Ethik wollen wir knapp rekapitulieren, was in der Konsolidierungsphase des Informationsgebietes ab Anfang der 80er Jahre – das Informationsgebiet wurde über die Informationsmärkte zu autonomen Bestandteilen der Volkswirtschaften – sich als normatives Selbstverständnis der Disziplin entwickelt hat.

## A 5.2 Informationsethik als Grundlage der Professionalisierung des Informationsgebiets

Professionelle Aspekte der Informationsethik, verstanden als Berufsethik der Informationsprofessionellen, wurden 1992 zum ersten Mal in ARIST von Thomas Froehlich behandelt (Lit. 13). *Information ethics* war entsprechend als Begriff schon seit einigen Jahren in der Fachwelt eingeführt, so dass eine erste Bestandsaufnahme in ARIST nötig wurde. Martha M. Smith macht für den Beginn der Diskussion das Jahr 1988 aus, in dem von verschiedenen Autoren (z.B. von Robert Hauptmann im angelsächsischen Bereich; Lit. 14), Rafael Capurro im europäischen, deutschsprachigen Bereich (Lit. 15) Grundzüge einer professionellen Ethik formuliert wurden.

Die pragmatische und philosophische ethische (Grundlagen-)Diskussion fällt also in die Phase der Professionalisierung des Fachgebietes – im Ausgang und gleichzeitig in der Emanzipation vom traditionellen Bibliothekswesen und in der Ausrichtung auf das informationelle Marktgeschehen: Wissen und Information einerseits als Ressource für materielle Güter und Wissen und Information andererseits als Ausgang für genuine marktfähige Informationsprodukte. Welche Konflikte entstehen dadurch? Wie können diese Konflikte ethisch gelöst werden? Welches ist die Rolle der Informationsprofessionellen in dieser zunehmend kommerzialisierten Informationsumwelt?

Von so gut wie allen mit Information im weiteren Sinne befassten Fachverbänden liegen solche *Codes of Ethics* vor. Dort wird Ethik bzw. Informationsethik in der Regel nicht weiter theoretisch als Reflexion auf das faktische normative moralische Verhalten behandelt. Vielmehr werden meistens direkte Handlungsanweisungen gegeben, die die Maßstäbe dafür setzen, was als professionell ethisch angesehen wird. Beispiele hierfür sind der *Code of Ethics* der *Society of Professional Journalists*: „Journalists should be honest, fair and courageous in gathering, reporting and interpreting information (Lit. 16)". Dann folgt eine ganze Liste von „shoulds", z.B. „Test the accuracy of information from all sources." Oder die Anweisung der *Association for Information Management Professionals*, wo es u. a. heißt: „Support the creation, maintenance, and use of accurate information and support the development of information management systems which place the highest priority on accuracy and integrity (Lit. 17)."

Praxisbeistand gibt auch die *Association of Independent Information Professionals* in ihrem *Code of Ethical Business Practice*: „Give clients the most current and accurate information possible within the budget and time frames provided by the clients" und fordert zum Einhalten existierenden Rechts auf: „Recognize intellectual property rights. Respect licensing agreements and other contracts. Explain to clients what their obligations might be with regard to intellectual property rights and licensing agreements (Lit. 18)."

Aus dem engerem Fachgebiet ist nach wie vor der *Code of Ethics for Information Scientists* der *American Society for Information Science* (Lit. 19) richtungsweisend, der zwischen der Verantwortung der Informationswissenschaftler gegenüber einzelnen Personen (z.B. „protect each information user's and provider's right to privacy and confidentiality") und der Verantwortung gegenüber der Gesellschaft unterscheidet (z.B. „play active roles in educating society to understand and appreciate the importance of information promoting equal opportunity for access to information").

In Europa haben die *Ethical Principles for Information and Documentation Professionals* des *European Council for Information Associations* mit ihren praktischen Vorschlägen ebenfalls eine gewisse Leitfunktion, z.B. über Formulierungen wie: „Indicate to the client, in so far as is possible, the degree of reliability of each source including whether any data used will change with time (Lit. 20)."

Solche Texte haben durch die normativen Handlungsanweisungen wesentlich zur Herausbildung eines nötigen beruflichen Ethos beigetragen. Es entwickeln sich spezifische informationsethische Werte, zunächst nur in der Fachwelt, überwiegender der Informationsvermittler, dann aber auch als Prinzipien auf den sich in der gleichen Zeit entwickelnden kommerziellen Informationsmärkten und auf den frei Information austauschenden Informations- und Kommunikationsforen. Dazu gehören z.B. Werte wie Wahrhaftigkeit, Fachkompetenz, Informativität, Kommunikationsfähigkeit, Verlässlichkeit (reliability), Vertraulichkeit, Vertrauen, Vertrauenswürdigkeit, Handlungsrelevanz/Pragmatizität im Umgang mit bzw. in der Vermittlung und dem Austausch von Information.

## A 5.3 Universalisierung der Informationsethik

Lange Zeit waren es also die Informationsprofessionellen (natürlich einschließlich der Informatikprofessionellen, vgl. den ACM *Code of Ethics and Professional Conduct*, Lit. 21) oder die *Ethischen Leitlinien* der Gesellschaft für Informatik, Lit. 22), die das Verhalten und damit auch das normative Verhalten in diesen elektronischen Räumen bestimmt haben. Ironischerweise melden sich aber zu der gleichen Zeit, in der das weitere Informationsgebiet (Bibliotheken, Archive, Dokumentationen und entstehende Informationseinrichtungen) sich auf ihre ethischen Grundlagen und ihren Wertekanon zu besinnen beginnt, die ersten Stimmen, die von einer Post-Professionalisierung sprechen (Lit. 23).

Informationsethik verlässt schon im Moment ihrer Entstehung – in erster Linie provoziert durch den umfassenden medialen und technologischen Wandel, durch den alles, was mit Information und Wissen zusammenhängt, in die Gesellschaft allgemein eindringt – den engen Raum der Fachprofession. Informationsethik hat den Anspruch, das normative Fundament von Informationsgesellschaften allgemein, wenn schon nicht zu errichten, so doch zumindest zu reflektieren. Informationsethik hat somit zum Gegenstand das normative Verhalten aller Menschen beim Umgang mit Wissen und Information:

– Ob es ethisch unzulässig oder doch konform mit ethischen Prinzipien ist, wenn über die Anwendung der *Peer-to-Peer*-Technologie freizügig elektronische Musik- oder Video-Objekte von Millionen laufend und unter Vernachlässigung von reklamierten Rechtsansprüchen ausgetauscht werden (Lit. 24),

– ob es ethisch unzulässig oder doch konform mit ethischen Prinzipien ist, wenn der Zugriff zu Informationsobjekten fortschreitend durch technische Maßnahmen wie das *Digital Rights Management* (Lit. 25, Lit. 26) verknappt wird,

– ob es ethisch unzulässig oder doch konform mit ethischen Prinzipien ist, wenn Staaten beginnen, ihre Sicherheits- und damit Überwachungsinteressen in der Wertehierarchie als dominant gegenüber klassischen bürgerlichen Rechten wie das Recht auf Privatheit einzuschätzen.

All das sind auch und heute vor allem informationsethische Überlegungen. Was ist das Fundament dafür? Rechte und Freiheiten, die auch schon vorher in den menschenrechtlichen Texten formuliert waren, wie Informations- und Meinungsfreiheit – in Art. 19 der *Universal Declaration of Human Rights* der UN von 1948 bzw. in Art. 10 der entsprechenden *Convention for the Protection of Human Rights and Fundamental Freedoms* von 1950 oder in Art. 5 des Deutschen Grundgesetzes –, erhalten seit Anfang der 80er Jahre im Prozess der Herausbildung von formalen computerabhängigen Ressourcen (z.B. Online-Informationsbanken, Formen elektronischer Kommunikation) und deren breite Nutzung über weltweite Netze eine neue politische und vor allem ökonomische Dimension. Damit wird auch zugleich fraglich, ob die ethische Referenz auf diese *großen Texte* der Menschheit, wie sie nach dem Zweiten Weltkrieg formuliert wurden, im Informationszeitalter noch ausreichend ist.

Um den Zugriff zu den Ressourcen der Information, um Mitbestimmung bei den Inhalten, um kulturelle Vielfalt bei der Entwicklung von lokalen und regionalen Informationsgesellschaften, um persönliche, nicht mehr allein an die professionellen Medien delegierte Teilhabe an Kommunikationsprozessen – und dies alles zunehmend im globalen Maßstab – wird seit Mitte der 80er und dann noch einmal verschärft durch die Entwicklung des Internet Mitte der 90er Jahre weltweit gestritten. Der Streit, die Konflikte bei divergierenden Interessen sind Ausgang und Gegenstand informationsethischer Diskurse, in der Hoffnung, diese Konflikte, wenn schon nicht auflösen, so doch durch Diskurse transparent machen zu können.

Global ausgetragen wurden diese Prozesse und Konflikte im Zentrum der außerordentlich kontrovers geführten Diskussion um eine neue Weltinformations- und Kommunikationsordnung (NWIKO) noch zu Zeiten des Blockdenkens und der Blockrealität (um die Mitte der 80er Jahre), in zum Teil erbitterten Kämpfen zwischen den sich gerade von der Kolonialphase befreiten Entwicklungsländern, die meistens von den kommunistischen Staaten unterstützt wurden, und den um ihre

Besitzstände besorgten demokratischen Staaten des Westens und Nordens (Lit. 27, Lit. 28, Lit. 29). Dieser Streit hatte natürlich in erster Linie ökonomische Ursachen – Wer dominiert die entstehenden globalen Informations- und Medienmärkte? Wie wehrt man sich gegen einen neuen Informationskolonialismus? –, aber er machte auch die Problematik der Beharrens auf einen weltweiten Wertekonsens beim Umgang mit Wissen und Information aus, der vermutlich nicht mehr mit Rekurs auf die klassischen westlichen *Ethiken* der Platon, Aristoteles, Thomas von Aquin, Locke, Kant, Hegel, Nietzsche oder Rawls zu erzielen ist. Informationsethik, schon im Moment des Entstehens Mitte, Ende der 80er Jahre, ist nur noch in der globalen Perspektive und unter Anerkennung der kulturellen Vielfalt denkbar. Zu welchen Problemen die Wertediskussion im globalen Kontext führen kann, belegt die folgende Stellungnahme aus dem Jahr 1983 in der *heißen Phase* des NWIKO-Streits (ähnliche Argumente tauchen aber auch heute in der Auseinandersetzung um die gegenwärtige Weltordnung im Zusammenhang des Weltgipfels WSIS wieder auf):

> "...like truth, neutrality and objectivity, freedom was not a permanent, immutable quality which could be defined for all times. It was neither the heritage nor the monopoly of any people or any block. It had neither the same meaning nor the same content in Western and Eastern Europe, in Asia and in Oceania, in North Africa and south of the Sahara, in North and South America. ... from a philosophical point of view, freedom was only a recognized need. According to Western tradition, the freedom of an individual ended where the freedom of another began. In the African tradition, the freedom of an individual was contingent on that of his neighbour. Freedom was not purely individual and personal. Man could not realize his full potential as a man without social involvement, without becoming part of the community. Moreover, freedom was inseparable from responsibility. Freedom without responsibility led to abuse of freedom, anarchy and chaos. It was the antithesis of all established and freely accepted order an all life in society (Lit. 31, S. 186)."

Trotzdem – wenn überhaupt etwas, dann ist es das Ensemble der Menschenrechte, das heute den universalen Anspruch erheben kann, der ethische Konsens der Weltgemeinschaft zu sein, wenn auch dieser, zur Zeit der Entstehung nach dem Zweiten Weltkrieg, zweifellos auf den christlichen-jüdischen Traditionen und dem Menschenbild der durch die Aufklärung ethisch fundierten bürgerlichen Gesellschaft beruhte. Ob der damit verbundene Wertekanon, einschließlich der Prinzipien der Marktwirtschaft und der demokratischen Politikformen, global, ohne Alternative von allen akzeptiert werden wird, wie es z.B. Francis Fukuyama prognostiziert und postuliert (Lit. 32), muss die Geschichte zeigen.

Zu den spannendsten Problemen der Informationsethik gehört jedenfalls heute, wie die Universalität der Menschenrechte mit der Forderung nach kultureller und informationeller Unabhängigkeit der verschiedenen Regionen der Welt kompatibel zu machen ist. Ebenfalls, ob der bisherige Wertekanon ausreicht und nur interpretierend an die jetzigen Gegebenheit angepasst werden muss oder ob sich in den Umgebungen der elektronischen Räume nicht doch neue Rechte und Freiheiten entwickeln bzw. frühere, wie z.B. das Recht auf Privatheit, in ihren universalen Ansprüchen zurückgenommen werden müssen.

Mit den neuen Rechten sind vor allem das *right to communicate* oder allgemeiner die Kommunikationsrechte angesprochen, die schon im Zentrum des erwähnten NWIKO-Streits standen und heute in der WSIS-Auseinandersetzung wieder in hohem Maße konfliktär eingeschätzt wurden und wohl auch noch weiter zu interessengeleiteten und informationsethisch begründeten Auseinandersetzungen führen werden (Lit. 29). Zwar bestreitet niemand das genuin menschliche Bedürfnis nach Kommunikation. Menschen können nicht nicht kommunizieren, aber von (großen Teilen aus) Politik, Wirtschaft und den Medien wird mit Vehemenz bestritten, dass Kommunikationsrechte als Menschenrechte faktisch kodifiziert werden sollen, wie es aus weiten Teilen der Zivilgesellschaft (Lit. 33, Lit. 34) gefordert wird. Zu bedrohlich scheinen freigesetzte und menschenrechtlich gesicherte Kommunikationsrechte eines jeden für etablierte Strukturen zu sein.

Kommunikation hat im Kontext der elektronischen Räume des Internet durchaus andere Dimension angenommen, als es in dem traditionellen Kommunikationsverständnis, sei es der Sozialwissenschaft (*Face-to-face*-Kommunikation), der Informatik und Nachrichtentheorie (technische Netzkommunikation) oder der Kommunikationswissenschaft (Medienkommunikation) der Fall gewesen ist und vor allem eine andere Dimension gegenüber den bisherigen Informationsfreiheiten, die sich auf Meinungsfreiheit, Rezipientenfreiheit, auf den Zugang zur Information und auf Verteilungsfreiheit bezogen haben (entsprechend der Formulierung aus Art. 19 der Menschenrechte: „seek, receive and impart information and ideas").

Vor allem der technologisch/medial bedingte Wechsel vom Distributions- zum Interaktions- und Kommunikationsparadigma macht neue Formen der Bildung von Öffentlichkeit und in Ergänzung zu den traditionellen Medien, neue Formen kooperativer Partizipation in der Wirtschaft und in der Arbeitswelt, neue Formen deliberativer, also transparenter, offener und partizipativer Demokratie, aber auch kollaborativer Erarbeitung von Wissen und Information und dessen Verteilung in der Wissenschaft, aber auch bei der Publikumsinformation, z.B. von Musik oder Kunst allgemein, möglich. Mit diesen neuen, die bisherigen Organisations- und Geschäftsmodelle des Umgangs mit Wissen und Information sprengenden Formen entstehen neue normative Verhaltensmuster und damit auch neue Ansprüche auf neue Rechte und neue Freiheiten. Entsprechend scheint eine konstruktive Erweiterung der Menschenrechte, nicht nur ein interpretierender Stillstand, zu den zukünftigen Aufgaben der Informationsethik zu gehören.

## A 5.4 Informationsethik – Formen des Umgangs mit Wissen und Information in elektronischen Räumen

Informationsethik ist Ethik in elektronischen Räumen, keine Ethik, die aus Religion, Metaphysik oder Naturrecht abzuleiten wäre. Die Umgebungen, in denen wir leben, bestimmen, wie wir uns verhalten. Und das sind mehr und mehr die elektronischen Räume. Natürlich leben wir nicht wie in vielen Darstellungen der *Science Fiction* als virtuelle Körper in real elektronischen Räumen, wie Case in der Matrix des Neuromancer von Gibson, aber doch vor dem Bildschirm – emotional und intellektuell damit beschäftigt, Information aufzunehmen, Wissen zu erwerben, sich zu unterhalten, zu bilden, mit anderen zu kommunizieren, Handel zu treiben, einzukaufen oder einfach nur die Zeit tot zu schlagen.

Systematisieren wir die Konsequenzen dieser Aussage (ausführlicher in Lit. 35): Das Internet ist der Raum, das Ensemble der intellektuellen Lebenswelten, in dem neue Umgangsformen, neue Normen – eine neue, noch unsichere und noch unentschiedene Moral entstehen. Die aus analogen Wissenswelten stammenden Normen und ethischen Grundlagen bleiben sicherlich weiterhin einflussreich, leben wir doch nach wie vor auch in den *normalen, realen* Lebenswelten. Aber dass die mediale Grundlage für Informationsethik eine andere ist als für eine Ethik, die an die Bedingungen der Industrialisierung und der bürgerlichen Gesellschaft geknüpft war, ist sicher. Es hat einiges an Plausibilität für sich, dass dadurch andere Aussagen zum Wertesystem und zum normativen Verhalten in telemediatisierten Lebenswelten zu erwarten sind. Unverkennbar, dass sich über die weiterhin bestehenden Lebenswelten und über das in ihnen bestehende Ethos neue globale elektronische Lebenswelten mit neuen Verhaltensformen stülpen, die von den in diesen Welten/Räumen agierenden Menschen geteilt werden. Es sollten sich dabei schrittweise, vergleichbar dem in der bürgerlichen Gesellschaft geschehenen Prozess bis hin zum Konsens der Menschenrechte, neue Ausprägungen von Werten und normativen Verhaltensformen entwickeln. Wie könnte das auch anders sein, wenn wir Ethik nicht mehr auf ewiggültige und kulturunabhängige Prinzipien gründen können, die dann nur auf Informationsethik anzuwenden wären?

Normen und ethische Prinzipien entwickeln sich im Interessenausgleich, häufig gerade durch die Widersprüche und die Konflikte, die dadurch entstehen, das normative Verhalten, das sich aus anderen medialen Kontexten entwickelt hat, einfach übertragen wird auf normatives Verhalten, das sich in elektronischen Umgebungen beginnt zu entwickeln. Die dadurch entstehenden Konflikte sind Gegenstand ethischer Diskurse, an denen die verschiedenen, an Wissens-/Informations-Produktion, -Aufbereitung, -Verteilung und -Nutzung sowie deren Steuerung betroffenen Akteure und Interessenten teilnehmen sollen. Nur über sie können sich aus oft noch vagen und widersprüchlichen Verhaltensformen neue Normen und Prinzipien, neues normatives Verhalten, eine neue Moral des Umgangs mit Wissen und Information entwickeln.

## A 5.5 Informationsethische Diskurse

Informationsethik wird im Diskursansatz verstanden werden als praktizierte Aufklärung. Das Instrument für Aufklärung ist der informationsethische

Diskurs. Der Bedarf nach informationsethischen Diskursen entsteht, wenn bei wichtigen Fragen des Umgangs mit Wissen und Information divergierende Interessen aufeinander prallen und unterschiedliche Ziele miteinander konfligieren und wenn die Interessen und Ziele durch jeweils für sich durchaus plausibel anmutende Argumentationen durchaus auch moralischer Art gerechtfertigt zu sein scheinen.

Diskurse beruhen auf der nicht weiter hinterfragbaren Annahme, dass diese rational ablaufen. Diese setzt voraus, dass Interessen in den Diskurs nur eingebracht und anerkannt werden, wenn sie sich argumentativ begründen können. Weiterhin bedeutet Rationalität im Diskurs, dass jedem Teilnehmer die gleichen Rechte und damit die gleiche Gewichtung im argumentativen Austausch zugestanden werden, und schließlich bedeutet Rationalität im Diskurs, dass Entscheidungen nur zugunsten des besten Arguments oder der besten Argumentationskette getroffen werden dürfen. Informationsethische Diskurse dienen auch dazu, ethische Funktionalisierung und Instrumentalisierung auf zu decken, also den Missbrauch moralischer und ethischer Argumente für Partikularinteressen.

Informationsethische Diskurse können entsprechend wie folgt ablaufen:

– Identifikation der an der speziellen informationsethischen Fragestellung beteiligten Akteure oder Gruppierungen.

– Offenlegen der unterschiedlichen Interessen und Ziele; da diese Interessen und Ziele durchaus nicht immer eindeutig sind, auch nicht innerhalb einer ansonsten homogenen Gruppe, kann es sinnvoll sein, dabei Interessen- und Zielhierarchien oder -vernetzungen anzuzeigen.

– Offenlegen des den Interessen und Zielen zugrundeliegenden normativen Verhaltens, wobei versucht werden muss, zwischen offiziellen und verdeckten Normen und Verhaltensformen zu unterscheiden.

– Aufweis, an welchen Stellen Konflikte oder Widersprüche zwischen den verschiedenen Interessen und Zielen und den verschiedenen normativen Verhaltensformen auftreten.

– Überprüfen der normativen Verhaltensformen auf ihre ethischen Begründungsmöglichkeiten, inwieweit sie also aus allgemeinen ethischen Prinzipien abgeleitet werden können. Da es durchaus unterschiedlich fundierte ethische Begründungen geben kann, entsprechend der Vielfalt der ethischen Theorieabsätze, kann es dabei auch durchaus zu Widersprüchen kommen.

– Der Versuch – und hier kann man darüber streiten, ob das noch zur Informationsethik gehört, wenn sie damit in Praxis einzugreifen unternimmt – durch Rekurs auf ethische Prinzipien Vorschläge zur Lösung der Widersprüche bei den Interessen und Zielen und den Formen der normativen Begründung vorzulegen, um ausbalancierte Entscheidungen und Handlungen erreichen zu können.

Dass reale Auseinandersetzungen normalerweise nicht nach Prinzipien informationsethischer Diskurse ablaufen, weiß ein jeder. Interessen werden nicht oder nur teilweise offengelegt bzw. andere als wirklich verfolgte werden deklariert. Normative Verhaltensweisen oder Werteprioritäten werden nicht im Diskurs zur Disposition gegenüber Argumenten anderer gestellt, sondern bleiben im Diskurs *gesetzt*. Widersprüche werden nicht ausgehandelt, sondern über Machtpositionen entschieden. All das sind keine Argumente gegen die Gültigkeit informationsethischer Diskurse, genauso wie Prinzipien der Inklusivität, Gerechtigkeit oder Nachhaltigkeit nicht außer Kraft gesetzt werden, wenn die Realität diesen Prinzipien nicht entspricht, wenn also einzelne Menschen oder Regierungen von Staaten sich so verhalten, dass sie entgegen den Inklusivitäts-, Gerechtigkeits- und Nachhaltigkeitsprinzipien mehr Rechte (oder einen höheren bzw. exklusiveren *Verbrauch*/Gebrauch an Ressourcen, auch intellektueller Ressourcen) für sich beanspruchen als sie anderen zubilligen und sich nicht darum kümmern, dass künftige Generationen über gegenwärtiges Wissen auch so offen verfügen können, wie die Gegenwart es mit vergangenem getan hat.

## A 5.6   Gegenstände der Informationsethik

Es ist noch verfrüht, eine verbindliche Systematik der Informationsethik vorzulegen (Lit. 35). Die allgemeine Gegenstandsbestimmung

Informationsethik handelt um die Konsequenzen des Umgangs mit Wissen und Information, oder, fast schon transzendentalphilosophisch gesprochen, um die Bedingungen der Möglichkeit eines gerechten, inklusiven und nachhaltigen Umgangs mit Wissen und Information, nicht nur, aber vor allem in elektronischen, durch den Vorgang der Telemediatisierung bestimmten Räumen

kann aber vielleicht schon dadurch konkretisiert werden, dass einige der Prinzipien zusammengestellt werden, die gegenwärtig das auf Wissen und Information bezogene normative Verhalten vieler Menschen in elektronischen Umgebungen bestimmen:

– Teilen von Wissen und Information;

– direkte Kontakte (P2P) zwischen Netzteilnehmern unter Zurücknahme von Mittlerleistungen;

– kollaboratives Erarbeiten von Wissen unter Zurückstellung individueller Besitz- und Verwertungsansprüche direkt, nicht über Medien vermittelte Formen der Erstellung von Öffentlichkeit;

– Abbau statischer Präsentationsformen zugunsten interaktiver Formen;

– Rücknahme des Distributionsparadigma (klassischer Medien) zugunsten des Kommunikationsparadigmas;

– langfristige Sicherung des erarbeiteten Wissens;

– hohe Transparenz und prinzipielle Offenheit für alle bei allen Phasen der Produktion, Verteilung und Nutzung von Wissen und Information;

– Vorrang reputativer Anerkennungsverfahren gegenüber monetärer Belohnung/Gratifikation.

Diese (und vermutlich weitere) Prinzipien sollten, zusammen mit den Leitideen der Inklusivität, Gerechtigkeit und Nachhaltigkeit, bei informationsethischen Diskursen über die Themen des Umgangs mit Wissen und Information berücksichtigt werden. Wir stellen einige dieser Themen zusammen.

### A 5.6.1 Aktuelle Themen der Informationssethik

Der folgende Themen-/Frage-Katalog ist natürlich in keinem Fall auch nur annähernd erschöpfend (Lit. 35):

– Wem gehört Wissen? Soll überhaupt jemand Wissen besitzen? Was bedeutet „frei" im Prinzip des freien, universalen Zugangs und Zugriffs auf Wissen und Information?

– Was an Wissen und Information soll nicht privat angeeignet und verwertet werden, sondern in die Public domain gehören?

– Machen Urheberrechte und Copyright in elektronischen Umgebungen noch Sinn? Stören sie individuelle, soziale, wirtschaftliche und politische Entwicklung, oder sind sie weiter – in bestehenden oder neuen Formen der Balance zwischen privatem und öffentlichem Interesse – unverzichtbar?

– Nach welchen Modellen sollen Wissen und Informationen in elektronischen Räumen produziert, aufbereitet, verteilt und genutzt werden?

– Hat das klassische, auf der individuellen Leistung beruhende und diese über Belohnungs- und Anreizsysteme anerkennende Verständnis eines *Autors* von Wissen weiter Bestand? Werden kollaborative Formen der Produktion von Wissen in Zukunft überwiegen? Welche Formen der Qualitätskontrolle entwickeln sich hierbei?

– Ist das Prinzip der Nachhaltigkeit von den natürlichen Ressourcen auch auf Wissen und Information zu übertragen? Wird eine Wissensökologie, ergänzend zur Wissensökonomie, gebraucht? (vgl. Kap. A 8)

– Wodurch ist Nachhaltigkeit von Wissen und Information bedroht? Wie kann Nachhaltigkeit von Wissen und Information gesichert werden?

– Wie sind Überwachungs-, Filter-, Abblock- und Rating-Verfahren aus ethischer Sicht einzuschätzen?

– Wie sind die Widersprüche zwischen Informationsfreiheit und Missbrauch dieser Freiheit aufzulösen?

– Besteht ein Recht auf anonyme Nutzung von Wissen und Information?

– Wie sind fundamentale Informations- und Kommunikationsrechte ethisch zu begründen und rechtlich zu verankern?

– Ist das Recht zu kommunizieren (*right to communicate* – r2c) mehr als Medienfreiheit, die sich bislang unter dem Distributionsparadigma organisiert hat?

- Welche neuen interaktiven und kollaborativen Formen medialer Öffentlichkeit entwickeln sich in elektronischen Räumen? Können/sollen daneben die traditionellen (die kommerziellen und öffentlich-rechtlichen) Medienformen weiter bestehen?

- Über welche Maßnahmen können die katastrophalen globalen, aber in der näheren Umgebung der Gesellschaften auszumachenden *digital divides* überwunden werden? Gibt es einen ethischen Anspruch der Länder des Südens auf auch finanzielle Unterstützung durch den Norden/Westen? Wie sollen entsprechende Ausgleichsmodelle aussehen?

- Gehen ökonomische Interessen und ethische Pflichten bei der barrierefreien Gestaltung von Websites zusammen?

- Gibt es genderspezifische informationsethische Prinzipien?

- Was bedeutet informationelle Autonomie, was informationelle Bildung in elektronischen Räumen?

- Sind Privatheit, Anonymität, Vertrauen weiterhin auch in elektronischen Räumen gültige Werte, oder sind sie nur obsolete Relikte aus dem 19. Jahrhundert?

- Hören Privatheit und persönliche Rechte am Arbeitsplatz auf, oder sind gerade hier private und persönliche Rechte, wie Recht auf Anonymität, Informations- und Kommunikationsfreiheit, eher noch auszuweiten als Ausdruck der Mitbestimmung am Arbeitsplatz?

- Wie sollen Kompromisse, Balancen zwischen Sicherheitsinteressen (von Staaten oder von Seiten der Informationswirtschaft) und erworbenen und in den großen Texten abgesicherten Informations- und Kommunikationsfreiheiten aussehen?

- Ist kulturelle Vielfalt für persönliche und gesellschaftliche, politische Entwicklung das, was die Artenvielfalt, die Biodiversität für die Entwicklung der Natur ist? Gehören damit Erhalt und Förderung kultureller Vielfalt zu den ethischen Prinzipen oder gar zu den Menschenrechten?

- Muss – entgegen unserer Skepsis zu Beginn – eine Ethik für Roboter, für Epers, Cyborgs, intelligente Assistenten, Agenten ... formuliert werden?

### A 5.6.2 Methodische Alternativen

Fragen wie die aufgelisteten können methodisch unterschiedlich bearbeitet und beantwortet werden:

- In einem quasi *soziologischen ethnologischen* Ansatz wird das normative Verhalten von Menschen oder Kulturräumen auf seine psychologischen, biologischen, sozialen und historischen Grundlagen zurückgeführt. Hierbei werden Verhaltensweisen, Sitten, Gepflogenheiten oder moralische Vorstellungen empirisch ermittelt, ohne dass Aussagen über die Berechtigung der verschiedenen, die Moral beeinflussenden kulturellen Standards gemacht werden. Besonders erhellend sind hier angesichts der Globalisierung aller auf Wissen und Information bezogenen Vorgänge interkulturelle, auf die Gegenwart bezogene, aber auch historisch vergleichende Studien.

- Solche Studien können zu einem *kulturellen Relativismus* führen. Hierbei ist die Ansicht bestimmend, dass das Umfeld das moralische Verhalten und seine ethische Rechtfertigung prägt (Lit. 36). Die zugrundliegende Annahme ist, dass moralische Überzeugungen und Werte jedes einzelnen Menschen nicht aus individuellen Motiven oder Gefühlen abgeleitet werden können, sondern abhängig sind von der Gruppe bzw. von größeren Einheiten ganzer Gesellschaften oder Kulturen, in denen sie leben. Moralität ist dann nichts anderes als die Summe der sozial gebilligten, aktuell geltenden, aber auch auf lange Traditionen sich aufbauende Verhaltensformen. Moralität wäre dann mit geltender Sitte *(custom)* gleichzusetzen. Universale moralische Standards, die für alle Kulturen gleich seien, sind aus einem relativistischen Ansatz her nicht begründbar, da Kulturen sich divergent und, in globaler Sicht, oft unabhängig voneinander entwickelt haben. Entsprechend wird in unterschiedlichen Kulturen unterschiedlich eingeschätzt, was gut und was böse ist, erst recht was nachhaltig oder gerecht, vielleicht sogar inklusiv bedeutet bzw. welche Konsequenzen daraus zu ziehen sind.

- Der Anspruch der Relativität der Kulturen wird quasi geschichtsphilosophisch, teleologisch über einen *kulturellen und moralischen Evolutionsansatz* kritisiert (Lit. 32). Dies unter der Annahme, dass sich die Geschichte auf für alle Menschen gültige Verhaltensformen, Werte und damit auf gemeinsam von allen anerkannten ethischen Prinzipien hinzubewegt, so dass, zumindest in ihren gegenwärtigen politischen und ökonomischen Ausprägungen und in der Formulierung der Menschenrechte, die Geschichte zu einem Ende gekommen sei. Mit Widerständen gegen eine quasi geschichtsphilosophisch, evolutionstheoretisch oder historisch-soziologisch begründete Auflösung von kulturell und moralisch begründeten Gepflogenheiten ist jedoch vermutlich weiter zu rechnen – zumal, wenn durch sie faktische ökonomische und politische Dominanz legitimiert werden soll.

– Ganz anders ginge ein *normativer Ansatz* vor, bei dem Fragen wie die zusammengestellten durch allgemeine, vom historischen Wandel nicht tangierte ethische Prinzipien und Maßstäbe begründet bzw. beurteilt würden. Solche werden aus einem theoretischen Ethikkonzept oder einer einheitlichen Moralphilosophie, oft auch noch aus religiösen Vorstellungen abgeleitet werden.

– In einem normativen *gesinnungs- und pflichtenethischen Verständnis* werden entweder metaphysisch, religiös oder auch naturrechtlich abgeleitete *materiale Wertvorstellungen* zugrundegelegt, oder das Handeln wird entsprechend einem für alle Menschen verbindlichen *(formalen)* Prinzip wie dem Kantischen *kategorischen Imperativ* beurteilt („handle nur nach derjenigen Maxime, durch die du zugleich wollen kannst, dass sie ein allgemeines Gesetz werde").

– Ausgehend von einem *verantwortungs- bzw. folgenethischen Ansatz* werden Handlungen oder Aussagen danach eingeschätzt, welche Auswirkungen sie auf andere Menschen (oder die Gesellschaft zur Gänze) in der Gegenwart oder, in einer zeitlichen Perspektive, auf nachfolgende Generationen haben können. Informationsethische Fragen müssten dann entweder nach dem *Nachhaltigkeitsprinzip* (vgl. Kap. A 8) beantwortet werden oder – in einem *utilitaristischen*, in der angelsächsischen Welt dominierenden Verständnis – danach, welcher der in der Regel vielfältigen Handlungsalternativen zu dem größtmöglichen Wohl der größtmöglichen Anzahl der Menschen beitragen (können).

– Schließlich können alle diese Fragen *metaethisch* untersucht werden. Hierbei sollen Aussagen über moralisch begründetes Handeln überprüft werden. Das kann in *sprachanalytischer, diskurstheoretischer oder logischer Absicht* dadurch geschehen, dass Konsistenzen oder Inkonsistenzen, z.B. in den moralisch begründeten Aussagen oder auch ethischen Prinzipien, aufgewiesen werden. Die Überprüfung der Aussagen kann aber durchaus auch in Rückgriff auf den normativen Ansatz geschehen, indem versucht wird, die empirisch ausgemachten Aussagen in Einklang oder Widerspruch mit ethischen Prinzipien zu bringen oder indem Aussagen auch daran zu messen sind, inwieweit sie auf nachhaltige Entwicklung (als Prinzip einer Verantwortungsethik) Rücksicht nehmen.

Wir haben hier vorgeschlagen, Informationsethik konstruktiv über *Diskurse* zu fundieren, durch die, wie erwähnt, divergierende Interessen, normatives Verhalten und die ihm (offen oder verdeckt) zugrundeliegenden ethischen Prinzipien ausgemacht werden und durch die Angebote für konsensfähige Lösungen erarbeitet werden. Über solche Lösungen und Konsense wird aber dann in der Regel in anderen Kontexten, z.B. des Rechts, der Politik, der Wissenschaft oder der Wirtschaft, nach zuweilen durchaus anderen Kriterien entschieden.

## A 5.7 Schluss

Es spricht vieles dafür, dass Informationsethik genauso öffentliche Aufmerksamkeit beanspruchen und erhalten wird, wie es mit Bioethik seit geraumer Zeit geschieht. Beiden Ethiken, Bio- und Informationsethik, ist gemeinsam, dass sie keinesfalls, wie es die Einschränkungen *Information* und *Bio* nahe legen könnten, nur Ethiken mit partikularem Anspruch sind – ganz im Gegenteil: Die Fragen, die durch Informationsethik und durch Bioethik aufgeworfen werden, sind die grundlegenden Fragen von Ethik überhaupt: Wie wollen wir leben? Wie wollen wir, dass unsere Nachkommen leben? Was macht Menschsein aus? Was ist eine gerechte, was eine nachhaltige Gesellschaftsordnung? Was ist gutes, richtiges, vielleicht auch nur faires Verhalten?

## Literatur

01 L. Floridi: Information ethics: On the philosophical foundation of computer ethics. Proceedings ETHICOMP98 The Fourth International Conference on Ethical Issues of Information Technology, Erasmus University, The Netherlands, 25 to 27 March 1998 (Langversion: http://www.wolfson.ox.ac.uk/~floridi/ie.htm)

02 A. Kastendiek: Computer und Ethik statt Computerethik. Reihe Technikphilosophie Bd. 12. LIT Verlag: Münster-Hamburg-London 2003

03 D. G. Johnson: Computer ethics. Prentice Hall: Upper Saddle River, NJ 3rd 2001

04 T. Hausmanninger; R. Capurro (Hrsg.): Netzethik. Grundlegungsfragen der Internetethik. Schriftenreihe des ICIE, Band 1, München 2002

05 R. A. Spinello: Cyber ethics. Morality and law in cyberspace. Jones and Bartlett Publishers: Boston 2000

06 Baird, Robert M.; Ramsoweer, Reagan; Rosenbaum, Stuart E. (Eds.): Cyberethics. Social & moral issues in the computer age. Amherst, NY 2000

07 R. Kuhlen: Informationskompetenz und Vertrauen als Grundlage informationeller Autonomie und Bildung. Was bedeutet die fortschreitende Delegation von Informationsarbeit an Informationsassistenten? In: T. Christaller; J. Wehner (Hrsg.): Informationsagenten. Verlag Delbrück Wissenschaft: 2003, S. 186-206

08 A. Leonardo: Bots. The origin of new species. Hardwired. San Francisco 1997

09 S. Torrance: Towards an ethics for epersons. AISB-00 Symposium on AI, Ethics and (Quasi-)Human Rights – http://www.cs.bham.ac.uk/~jab/AISB-00/Rights/Abstracts/torrance.html

10 H. Moravec: Mind children. The future of robot and human intelligence. Harvard University Press: Cambridge, MA; London 1988

11 M. M. Smith: Information ethics. Annual Review of Information Science and Technology (ARIST) Vol. 32, 1997, S. 339-366

12 M. M. Smith: Information ethics. Advances in librarianship, Vol. 25, 2001, S. 29-66

13 T. Froehlich: Survey and analysis of the major ethical and legal issues facing library and information services. IFLA Professional Reports. The Hague 1992

14 R. Hauptmann: Ethical challenges in librarianship. Oryx Press: Phoenix, AZ 1988

15 R. Capurro: Informationsethos und Informationsethik – Gedanken zum verantwortungsvollen Handeln im Bereich der Fachinformation. Nachrichten für Dokumentation 39, 1988, 1-4

16 Society of Professional Journalists: Code of ethics – http://www.spj.org/ethics_code.asp

17 Association for Information Management Professionals (ARMA): The Code of Professional Responsibility – http://www.arma.org/publications/ethics.cfm

18 Association of Independent Information Professionals: Code of Ethical Business Practice – http://www.aiip.org/AboutAIIP/aiipethics.html

19 American Society for Information Science (ASIS): Code of Ethics for Information Scientists. Bulletin of the American Society for Information Science, August/September 1990, S. 25 – http://www.eff.org/CAF/library/ethics.asis

20 European Council for Information Associations: Ethical Principles for Information and Documentation Professionals – http://www.aslib.co.uk/ecia/principles.html

21 ACM Code of Ethics and Professional Conduct- http://www.acm.org/constitution/code.html

22 Gesellschaft für Informatik (GI): Ethische Leitlinien – http://www.rz.uni-freiburg.de/rzschriften/leitlinien/gi-ethik.html

23 B. Cronin; E. Davenport (eds.): Postprofessionalism: Transforming the information heartland. Taylor Graham: London, Los Angeles 1988

24 A. Oram: Peer-to-peer. Harnessing the power of disruptive technologies. O'Reilly: Sebastopol. CA 2001

25 R. Kuhlen: Napsterisierung und Venterisierung – Bausteine zu einer politischen Ökonomie des Wissens. In: PROKLA – Zeitschrift für kritische Sozialwissenschaft 32, 2002, 4, 57-88

26 H. Jonas: Das Prinzip Verantwortung. Versuch einer Ethik für die technologische Zivilisation. Suhrkamp Verlag: Frankfurt/Main 1991 (suhrkamp taschenbuch – st 1085)

27 E. Becker; W. Buhse; D. Günnewig; N. Rump (Eds.): Digital rights management. Technological, economic, legal and political Aspects, Springer: Heidelberg etc. 2003

28 V. Metze-Mangold : Es sei denn, wir wären selbst betroffen ... Ein Jahrzehnt Kommunikationsdebatte. Publizistik 29, 1984, Heft 3-4, 246-261

29 V. Rittberger (Hrsg.): Anpassung oder Austritt: Industriestaaten in der UNESCO-Krise: ein Beitrag zur vergleichenden Aussenpolitikforschung. Ed Sigma: Berlin 1995

30 R. Kuhlen: Kommunikationsrechte – „impart" oder „r2c"?. Information. Wissenschaft & Praxis November 2003

31 UNESCO: A documentary history of a new world information and communication order seen as an evolving and continuous process 1975-1986. UNESCO-Serie „Communication and Society". Vol. 19: UNESCO: Paris 1988

32 F. Fukuyama: Das Ende der Geschichte. Wo stehen wir? Kindler: München 1992

33 C. J. Hamelink : The ethics of cyberspace. London, 2000

34 Statement on behalf of the Civil Society Plenary at PrepCom 1 and the Campaign for Communication Rights in the Information Society (CRIS) to the WSIS Press Conference. Geneva, July 5, 2002 – http://www.crisinfo.org/live/index.php?section=2&subsection=1&id=1

35 R. Kuhlen: Informationsethik – Umgang mit Wissen und Information in elektronischen Räumen. UTB – UVK Konstanz: Konstanz 2004

36 D. Birsch: Ethical insights. A brief introduction. McGrawHill: Boston etc. 2nd 2002

**Weitere einschlägige Literatur:**

A. Kolb; R. Esterbauer; H.-W. Ruckenbauer (Hrsg.): Cyberethik. Verantwortung in der digital vernetzten Welt. Stuttgart: W. Kohlhammer 1998

R. Kuhlen: Die Konsequenzen von Informationsassistenten. Was bedeutet informationelle Autonomie oder wie kann Vertrauen in elektronische Dienste in offenen Informationsmärkten gesichert werden? Suhrkamp: Frankfurt a. Main 1999

L. Lessig: Code and other laws of cyberspace. Basic Books, Perseus Books Group: New York 1999

L. Lessig: The future of ideas: The fate of the commons in a connected world. Random House: New York 2001

Pourciau, Lester J. (ed.): Ethics and electronic information in the twenty-first century. West Lafayette, Indiana: Purdue University Press 1999

Rudinow, Joel; Graybosch, Anthony: Ethics and values in the Information age. Thomson Learning: Belmont, CA 2002

R. A. Spinello: Case studies in information technology ethics and policy. Prentice Hall, 2003

H. F. Spinner; M. Nagenborg: K. Weber: Bausteine zu einer neuen Informationsethik. Philo: Berlin, Wien 2001

**Umfassende Information zur Informationsethik auf Websites:**

International Center for Information Ethics – http://icie.zkm.de
(gegründet von R. Capurro 1999)

NETHICS e. V.: (Ethics in the Net) – http://www.nethics.net
(gegründet 1998 von R. Kuhlen)

L. Floridi: A Short Webliography on Computer Ethics for Philosophers – http://www.wolfson.ox.ac.uk/~floridi/ceweb.htm

L. M. Hinman: Ethics updates – http://ethics.acusd.edu

# A 6 (Fach-)Informationspolitik in Deutschland (Bundesrepublik Deutschland)

Thomas Seeger

## A 6.1 Vorbemerkung

Eine wesentlich detailliertere Darstellung der einzelnen staatlichen Förderprogramme zur Entwicklung der Information und Dokumentation (Fachinformation) in der Bundesrepublik Deutschland bis Mitte der 1990er Jahre ist in entsprechenden Kapiteln der Vorauflagen dieses Buches gegeben (Lit. 61, Lit. 62). Darüber hinaus sind Angaben über die finanziellen Aufwendungen des Bundes für die staatlichen Förderprogramme zusammengetragen worden. Dort werden auch Hinweise zu wissenschaftspolitischen Einordnungen sowie die allgemeinen forschungs- und technologiepolitischen Entwicklungen (Lit. 06) der Bundesrepublik Deutschland nach dem zweiten Weltkrieg gegeben. Im folgenden werden chronologisch die zentralen Entwicklungen in der Formulierung dieses Politikbereiches zusammengefasst. Auf eine Darlegung der Stellungnahmen aus der Fachöffentlichkeit zu den staatlichen Förderprogrammen muss aus Platzgründen verzichtet worden (vgl. dazu etwa Lit. 23, Lit. 26, Lit. 50, Lit. 39, Lit. 45, Lit. 56, Lit. 57, Lit. 63, Lit. 64, Lit. 60). Gleiches gilt auch für die Darstellung der Entwicklungen in der Deutschen Demokratischen Republik (Lit. 51).

## A 6.2 Etappen in der Formulierung der deutschen IuD-Politik (Fachinformationspolitik)

### A 6.2.1 Indirekte Einwirkungen auf die Dokumentation im frühen 20. Jahrhundert

Betrachtet man zunächst die Entwicklung der staatlichen Eingriffe und Mittelvergabe für die Dokumentation in Deutschland vor der Formulierung allgemeiner wissenschaftspolitischer Programme, so wird ein zentrales Motiv für die staatliche „Fürsorge" deutlich: Sorge zu tragen für die Verfügbarkeit von wissenschaftlich-technischen Informationen für eigene staatliche und gesamtökonomische Zwecke. Dies galt in besonderem Maße in Krisen- und Kriegszeiten, in denen die Verfügbarkeit von ausländischen wissenschaftlich-technischen Informationen zu gewährleisten und ggf. auch mit konspirativen Mitteln zu organisieren war (Lit. 54, Lit. 02).

Erste bekannt gewordene staatliche Ein- und Zugriffe in bzw. auf die Dokumentation in Deutschland reichen bis in die Zeiten des ersten Weltkrieges zurück. Im zweiten Kriegsjahr 1916 erhöhte sich der Druck auf die industrielle Produktion, besonders die mit militärischem Nutzen. Ständig wurden neue effizientere und effektivere Verfahren und Produkte erforderlich und damit wuchs auch die Notwendigkeit der Bereitstellung neuester und umfassender technisch-wissenschaftlicher „Berichterstattung", um die Produktion zu optimieren. Es stand in erster Linie die Sichtung und Aufbereitung von ausländischen Veröffentlichungen im Vordergrund mit Übersetzungen in die deutsche Sprache. So richtete das Kriegsministerium zu Beginn des Jahres 1916 an das Kultusministerium die Aufforderung, Sorge dafür zu tragen, dass das kriegstechnisch bedeutsame ausländische Schrifttum aufzubereiten und den militärischen Stellen zuzuleiten sei.

Der Verein Deutscher Ingenieure (VDI) hatte zu diesem Zeitpunkt bereits umfängliche Erfahrungen in der „technischen Berichterstattung" gesammelt und war demzufolge prädestiniert, diese Aufgabe zu übernehmen. Mit Mitteln und Beteiligung der beiden Ministerien wurde die „Technische Zeitschriftenschau" gegründet, die bis Kriegsende im Jahre 1918 insgesamt 70 Ausgaben mit fast 3.000 Referaten veröffentlichte und diese an ca. 1.000 Bezieher weiter gab (Lit. 03, S. 54f).

Auch nach dem Ersten Weltkrieg war Unterstützung und Förderung notwendig. So wird unter der Leitung von Karl Kerkhof ab 1. Januar 1920 die „Reichszentrale für naturwissenschaftliche Berichterstattung" in Berlin gegründet. Finanzielle Förderung erhält diese Institution durch das Innen- und Kultusministerium. Mit angestoßen wurde die Gründung durch die Tatsache, dass Deutschland nach dem Ersten Weltkrieg aus vielen internationalen akademischen Organisationen ausgeschlossen wurde; die ehemals guten Kooperationsbeziehungen zu ausländischen Einrichtungen waren abgeschnitten und mussten nunmehr im eigenen Lande neu organisiert werden, um den Anschluss an internationale Entwicklungen aufrecht erhalten zu können. Zentrale Aufgabe der Reichszentrale war die Beschaffung ausländischen Schrifttums und ihr Standortnachweis.

Ein tiefer Eingriff des Staates in die Aufgaben der Dokumentation erfolgte dann im zweiten Weltkrieg durch die erste Gründung der „Deutschen Gesellschaft für Dokumentation" (DGD) im Jahre 1941. Durch diese von staatlichen Stellen vorangetriebene Gründung gelangte die Dokumentation in die Sphäre der direkten Einflussnahme durch den nationalsozialistischen Staat und dessen Kriegszielen (Lit. 54).

Hintergrund dafür bildet die verheerende Wissenschaftspolitik im Faschismus, die durch den Exodus politisch und rassisch Verfolgter zu einem qualitativen Verlust und zu einem Verfall deutscher Forschung führte. Deutsche Wissenschaftler wurden von den Foren der internationalen Fachkommunikation ausgeschlossen, was naturgemäß zu einem Abbruch der Informationsströme führen musste (Lit. 03, S. 161). Dies führte zu einer Situation, die es zunehmend schwieriger werden ließ, den Informationsbedarf in Industrie und Wissenschaft mit neueren ausländischen Forschungsergebnissen zu befriedigen. Der zunehmende Mangel wiederum steigerte den Wert der gedruckten Informationsquellen und schuf gleichzeitig die Notwendigkeit, sich Informationen über die neuesten wissenschaftlich-technischen Entwicklungen des Auslands zu beschaffen. Aufgrund der großen Devisenknappheit im autarken Wirtschaftsbereich Deutschland und entsprechendem Informations-Embargo der Alliierten (Lit. 54) wurde es immer schwieriger, dieser Informationen habhaft zu werden.

Aus dieser Lage heraus wurde ab Mai 1943 die DGD beauftragt, den „Zentralnachweis für ausländisches Schrifttum" zu führen und entsprechende Informationen nur an (im Sinne des Regimes) „einwandfreie" Personen abzugeben (Lit. 03, S. 214). „Obwohl der Nationalsozialismus Bedeutung und Nutzen der Dokumentation für Wissenschaft, Wirtschaft und Industrie (besonders natürlich für die gesamte Kriegswirtschaft, Anmerkung des Autors) erkannt hatten, wurden die Vorschläge zur Schaffung einheitlicher Organisationsformen erst relativ spät gemacht." (Lit. 03, S. 167) Die Erwartungen, die die staatlichen Stellen an die Dokumentation zu der Zeit geknüpft hatten, wurden zu weiten Teilen nicht erfüllt, da die meisten Arbeiten über Planungsstadien nie hinaus kamen (Lit. 03, S. 146).

### A 6.2.2 Direkte Einwirkungen auf die Information und Dokumentation nach dem Zweiten Weltkrieg in der Bundesrepublik Deutschland

### A 6.2.2.1 Projektionen zu einem gesamtstaatlichen System der Information und Dokumentation

Nach dem Zweiten Weltkrieg lässt sich eine erste staatliche Befassung mit dem damals noch „Wissenschaftliche Dokumentation" genannten Gegenstandsbereich in das Jahr 1962 zurückverfolgen. Der Präsident des Bundesrechnungshofes legte, in seiner Funktion als Beauftragter für Wirtschaftlichkeit für die Verwaltung, ein Gutachten vor, in dem Dokumentation als kostensparendes Hilfsmittel für die Wissenschaft charakterisiert wurde (Lit. 53). Hervorstechendes Merkmal dieser Studie ist die eindeutige Bestimmung, dass Dokumentation staatliche Aufgabe sei und dies sowohl hinsichtlich der Organisation der „Landschaft" als auch der Förderung der Dokumentationsleistungen, auch wenn finanzielle und praktische Beteiligungen der Wirtschaft explizit nicht ausgeschlossen wurden. Als Organisationsprinzip wird ein Modell der koordinierten Dezentralisation empfohlen, welches an das vorhandene Institutionengerüst der IuD anknüpfen und dieses übergreifend und flächendeckend weiterentwickeln sollte.

Als Kernaussagen des Gutachtens sind festzuhalten:

– Dokumentation wird als Mittel der Leistungssteigerung in Wirtschaft, Wissenschaft und Verwaltung gesehen.

– Organisation und Förderung der Dokumentation werden wegen des allgemeinen übergreifenden Nutzens als staatliche Aufgabe erklärt, was aber eine Beteiligung Privater nicht ausschließt.

– Internationale, arbeitsteilige Kooperation mit anderen Ländern wird aus ökonomischen Gründen für sinnvoll und notwendig erachtet.

– Der vorherrschenden Zersplitterung und dem strukturlosen Zusammenhang unter den IuD-Stellen soll durch ein nationales Dokumentationsnetz entgegengewirkt werden.

Ein Jahr vor der Veröffentlichung dieses Gutachtens war unter dem Namen „Institut für Dokumentationswesen (IDW)" bei der Max-Planck-Gesellschaft (MPG) in Frankfurt am Main eine Einrichtung der Infrastruktur gegründet worden. Damit war bereits ein Grundstein für die Förderung des Dokumentationswesens, seiner Koordination und seines institutionellen Zusammenhaltens entstanden. Der Gründung dieser Einrichtung folgte dann 1964 eine weitere: Die „Zentralstelle für Maschinelle Dokumentation (ZMD)", ebenfalls in Frankfurt am Main ansässig, wurde mit der Ausrichtung auf die organisatorisch-methodische Beratung EDV-gestützter Verfahren im Dokumentationsbereich gegründet. Beide Institutionen waren auf Initiative der Grundlagenwissenschaft gegründet worden, wobei das IDW sich zunehmend als Initiator von Kooperation durch Projektmittelvergabe profilierte (Lit. 57).

Die nächste Etappe in der Festigung staatlichen Interesses an der Dokumentation kann in der Einrichtung eines Referates für die Dokumentation im damaligen Bundesministerium für wissenschaftliche Forschung (später BMFT) im Jahre 1963 gesehen werden (Lit. 23, S. 114ff). Aus diesem Referat sind dann 1964 (Lit. 46) und vor allem 1967 (Lit. 47) durch den Referatsleiter H. Lechmann zwei Beiträge entstanden, die die Vorstellung über die Gestaltung einer nationalen IuD-Politik zum Gegenstand hatten. War der Beitrag von 1964 noch von dem Bemühen gekennzeichnet, nachzuweisen, dass die IuD für die effektive Organisation von Wissenstransfer in die Bereiche Wissenschaft, Wirtschaft und Verwaltung Nutzen bringen würde und folgerichtig der Staat für diese allgemeine nutzenstiftende Aufgabe die erforderlichen organisatorischen und finanziellen Voraussetzungen schaffen müsse, stellt der Beitrag zwei Jahre später (Lit. 47) eine Reihe von konkreten Ansätzen für die Entwicklung der IuD-Landschaft vor.

In 20 Leitsätzen zur nationalen Dokumentations- und Informationspolitik werden die Konturen eines nationalen Gefüges der IuD-Organisationsstruktur vorgestellt sowie die Bedingungen genannt, die zu erfüllen sind, um auch international eingebunden werden zu können. Vorausgesetzt werden dabei einige Positionen, die im Verlauf der weiteren Entwicklungen Ansatzpunkte zur Kritik gegeben haben: IuD-Förderung als Staatsaufgabe, Entwicklung eines nationalen Systems, das auf bestehenden IuD-Stellen aufgebaut werden sollte auf überregionaler Ebene, Einbindung in das internationale IuD-Gefüge durch das Prinzip der arbeitsteiligen Kooperation.

Neben den Aussagen zur organisatorischen Gliederung dieses Systems, dem ein Muster der koordinierten Dezentralisation zugrunde gelegt wurde, sind diejenigen Aussagen auch heute noch wichtig, die auf die Barrieren für eine weitere Entwicklung hindeuten. Dies waren:

– Zuwächse in der Produktion von Wissen erzwingen maschinelle Verfahren zu deren effektiverer Bewältigung.

– Der Förderung von theoretischen und praktischen Methoden der IuD müsse besondere Aufmerksamkeit geschenkt werden, um die methodische Rückständigkeit auszugleichen.

– Nutzung von Dienstleistungen ist durch Aufklärung der Informationsverbraucher zu fördern.

– Aus- und Fortbildung sei zu entwickeln, ebenso wie der Professionalisierungsgedanke weiter voranzutreiben sei.

Mit diesen kurz zusammengefassten Leitsätzen sind – ausgehend von den Vorstellungen, die im Gutachten des Bundesrechnungshofs bereits vorformuliert waren – Eckpunkte für das erste nationale IuD-Förderungsprogramm 1974 (Lit. 17) aufgezeigt.

Begleitend und die staatliche Informationspolitik beeinflussend war sicher auch die Initiative vom „Gemeinschaftsausschuß der Technik" (GdT). Der GdT, bereits 1949 gegründet, war ein Zusammenschluss von Vertretern von Wirtschaft und Wissenschaft, die der Stellung von Wissenschaft und Technik ohne Sonderinteressen Geltung verschaffen sollte. Am 20.1.1969 wird eine Entschließung verabschiedet mit dem Titel „Information und Dokumentation in Wissenschaft und Technik" (Lit. 29), in der der Aufbau eines umfassenden deutschen Informations- und Dokumentationsnetzes für Wissenschaft und Technik gefordert wird. Dieses Netz habe die vordringliche Aufgabe, geeignete Einrichtungen zur gezielten Bereitstellung von Informationen über Ergebnisse der Forschung und Entwicklung an wissenschaftliche Institutionen, an die Industrie, an politische und wirtschaftliche Organisationen, an Parlamente und Behörden zu entwickeln. Dabei wird ausdrücklich darauf hingewiesen, dass es für sämtliche Bereiche des Wissens, für politische und juristische und soziologische Daten und nicht nur für die Technik und das Patentwesen einen jeweiligen Informationsbedarf gäbe. Die Aktivitäten des GdT haben besonders durch personelle Verflechtungen zu Ministerien in hohem Maße Einfluss auf die Formulierung von politischen Entscheidungen im Förderbereich Information und Dokumentation genommen (Lit. 57).

Zuvor sollte jedoch eine für die Gestaltung des Informationswesens wichtige Initiative erwähnt werden, die von der Bundesregierung angeregt wurde. Am 9.4.1970 wurde durch Kabinettsbeschluss die Bildung einer interministeriellen Arbeitsgruppe unter Federführung des Bundesinnenministeriums beschlossen, in der Vertreter aus den wichtigsten beteiligten Bundesressorts Vorschläge erarbeiten sollten, wie ein nationales arbeitsteiliges Informationsbankensystem (unter Einsatz modernster Technik und unter Einschluss aller Wissensgebiete und aller denkbaren Nutzerkreise) geplant und realisiert werden könne. Darüber hinaus sollten die Bezüge zu den ebenfalls in Planung befindlichen supranationalen Daten- und Informationsbanken berücksichtigt werden (Lit. 20). Hervorstechendes Merkmal dieses Konzeptes, das nie über das Planungsstadium hinaus entwickelt wurde, war die Tatsache, dass ein eher technisch definiertes Konzept eines „Informationsbankensystems" als Planungsansatz gewählt wurde und nicht etwa die unstrukturierte Vielfalt bestehender IuD-Stellen. Bemerkenswert weiterhin ist der Organisationsvorschlag, wonach die Trägerschaft eines solchen Systems keinesfalls ein staatliches Monopol darstellen müsse. Das Organisationsmodell ging von einer Zentralstelle für die Definition der allgemeinen Ziele und der gesamten Koordination aus und setzte sich über ein System von Leitstellen und Fachinformationsbanken, über Bereichsgliederungen bis zu den einzelnen Institutionen in viergliedrigem hierarchischen Aufbau fort.

Obwohl es sich bei diesem Systemdesign um ein gemäßigt dezentrales System auf freiwilliger Basis handeln sollte (so zumindest der Anspruch der Planer), ist doch auffallend, dass die Struktur des Organisationskonzeptes eine hierarchische ist. Die Festlegung der Zielvorgaben sollte auf der obersten Leitungsebene erfolgen und stufenweise sollten die Zwischenebenen soweit aufgebaut werden, bis die Systemvorgaben realisiert waren; dann wären die bereits vorhandenen Institutionen der praktischen IuD einzubeziehen.

### A 6.2.2.2 Realisierung eines gesamtstaatlichen Systems durch institutionelle Förderungen

Mit der Verabschiedung des IuD-Programms 1974 (Lit. 17), welches genau als **„Programm der Bundesregierung zur Förderung der Information und Dokumentation 1974-1977"** bezeichnet ist, liegt nun erstmals ein Handlungsmuster für die Entwicklung der IuD-Landschaft in der Bundesrepublik Deutschland vor. Aus der Analyse der zentralen Hemmnisse für eine moderne Entwicklung der IuD im Sinne dieser Programmabsichten werden Ziele genannt, an denen konkrete Förderungen einsetzen sollen. Zum Zeitpunkt der Verabschiedung dieses Programms wurden Mängel der IuD-Landschaft festgemacht an:

– der strukturlosen Vielfalt der IuD-Einrichtungen,

– ihrer unterschiedlichen Leistungsfähigkeit,

– der mangelnden Zusammenarbeit zwischen Dokumentations- und Bibliotheksdiensten,

– dem unzureichenden Einsatz moderner technischer Hilfsmittel,

– dem erheblichen Forschungs- und Entwicklungsrückstand auf dem Gebiet der IuD,

– dem Mangel bzw. der Nichtverfügbarkeit an qualifiziertem Fachpersonal.

Als Globalziele, die durch die Förderung erreicht werden sollten, werden genannt: Steigender Wissenszuwachs und zunehmender Informationsbedarf erfordern einen Ausbau der Informationsdienstleistungen, zu denen ein leichter Zugang sichergestellt werden müsse, damit das weltweit erarbeitete Wissen zur Lösung der Probleme in der Gesellschaft fruchtbar eingebracht werden kann. Weitere Ziele:

– Erhöhung der Effizienz von Forschung, Entwicklung und Ausbildung,

– Stärkung der Leistungs- und Wettbewerbsfähigkeit der Wirtschaft und Technik,

– Unterstützung der Planungs- und Entscheidungstätigkeit von Parlament, Regierung, Verwaltung und Rechtsprechung,

– Verbesserte Informationsmöglichkeit für Bürger und die gesellschaftlichen Gruppen.

Um die wenig stimulierende Ausgangssituation der IuD-Praxis mit ihren noch nicht sehr weit entwickelten Methoden und Techniken in Einklang mit den weitgespannten Zielen bringen zu können, müssen Förderungsansätze auf zwei Ebenen gleichzeitig ansetzen:

1. Die Umorganisation und Umgestaltung der „strukturlosen" IuD-Landschaft durch Schaffung leistungsfähiger Betriebseinheiten (Fachinformationssysteme), die sich zudem auf kompatible Methoden und Technologien für die Erstellung der Informationsdienstleistungen einzustellen haben.
2. Die Schaffung bzw. Verbesserung der Infrastruktur auf breiter Basis, welche im Einzelnen bestehen soll aus

   – einer zentralen Einrichtung für Infrastruktur mit dem Namen „Gesellschaft für Information und Dokumentation (GID)", die die bisher vom Bund geförderten zentralen Einrichtungen des IuD-Bereiches zusammenfasst,

   – Stärkung der Forschung und Entwicklung (F+E) im Rahmen eines umfassenden F+E-Programm für die IuD (welches zu einem späteren Zeitpunkt ausgearbeitet wurde und Starthilfen für die Entwicklung der Informationswissenschaft an Hochschulen geben sollte; vgl. dazu genauer Lit. 30, Lit. 31, Lit. 33, Lit. 34, Lit. 45),

   – Realisierung einer geschlossenen Ausbildungskonzeption für den Gesamtbereich Dokumentation, Bibliothekswesen und Archivwesen.

Hiermit ist also unter der Bezeichnung „Strukturkonzept" die anspruchsvolle Aufgabe formuliert, durch organisatorische und methodische Innovation die bestehenden IuD-Stellen in ein nationales virtuelles Gesamtsystem einzubringen und gleichzeitig F+E-Kapazität aufzubauen, die an der Verbesserung der Methoden und Technologien für das wirkungsvollere Funktionieren dieses noch gar nicht existierenden Gesamtsystems arbeiten sollte. Darüber hinaus war – jedenfalls in nicht nennenswertem Umfang – die Verfügbarkeit der fachlichen Qualifikation, die benötigt wird, um diese neuen Systeme fachgerecht betreiben zu können, nicht sichergestellt.

Die „Aktionsprogramm" genannte Sach- und Finanzierungsplanung setzte sich zum Ziel

– eine Überführung der bestehenden IuD-Aktivitäten in das Strukturkonzept zu leisten,

– für die Schaffung der Grundlagen (technisch, methodisch, organisatorisch) für den Auf- und Ausbau effizienter Informationssysteme in Wirtschaft und Technik zu sorgen,

– die Voraussetzungen für die Erfüllung internationaler IuD-Aktivitäten zu schaffen.

Im Mittelpunkt des Aktionsprogramms steht – abgesehen von der Schaffung des infrastrukturellen Vorlaufs – der sukzessive Aufbau von 16 nach Wissenschaftsdisziplinen ausgerichteten Fachinformationssystemen und 4 weiteren Informationssystemen, die quer zur Wissenschaftsorientierung nach Ziel- und Zwecksetzung organisiert werden sollten; sie wurden als Systeme mit besonderer Zweckbindung bezeichnet.

Die neue Organisationsstruktur sollte die genannten Ziele der flächendeckenden Informationsvermittlung und -versorgung für alle Bürger und die gesellschaftlichen Gruppen einlösen. Instrument der Umsetzung von Modellvorstellung in Realität bildeten die für jedes Fachinformationssystem gebildeten „Fachplanungsgruppen", die sich mit methodischen, technischen, rechtlichen, organisatorischen und bürokratischen Problemen bei der Findung eines gemeinsamen Nenners beschäftigen mussten. Die Ergebnisse dieser Planung wurden in Planungsberichten zusammengefasst. Von den ursprünglich 20 geplanten Informationssystemen hatten Anfang 1978 (dem Zeitpunkt des Auslaufens des ersten IuD-Programms) lediglich einige die formelle Gründung vollzogen – lediglich 10 der 20 Planungsberichte waren zu diesem Zeitpunkt fertig gestellt.

Die wesentlichen Problemzonen bei der Realisierung des Programms zentrierten sich um zwei Fragestellungen, die im späteren Verlauf an Bedeutung gewannen:

– Der politisch-rechtliche Komplex, der im wesentlichen mit dem Problem der Abgrenzung von Bundes- und Länderkompetenzen skizziert werden kann und vielfältige Regelungen notwendig gemacht hatte (z.B. der Gesellschaftsvertrag der GID). Darüber hinaus war das Axiom der Gründerzeit, „IuD ist Staatsaufgabe", auch unter dem Eindruck des Einspruchs der Verleger und Buchhändler ins Wanken geraten und hatte den Grenzverlauf von Staatsaufgaben versus privatwirtschaftlichen Aktivitäten im Sinne eines neuen Schubes der Deregulation neu zu bestimmen (Lit. 49, Lit. 50). Daneben ist auch für die Zeit Anfang der 80er Jahre festzuhalten, dass die zentrale Zuständigkeit für die IuD auf der Ebene des Bundes nicht mehr weiter wirkte. Es hat eine Rückverlagerung von IuD-Verantwortlichkeiten in die fachlich zuständigen Bundesressorts stattgefunden, die dem ehemaligen geschlossenen IuD-Strukturkonzept natürlich widersprach.

– Der Komplex der langfristigen Finanzierung der Dienstleistungen, der mit Einsetzen der allgemeinen Rezession besonders geballt diskutiert wurde. Durch die Veränderung der politisch-ökonomischen Verhältnisse Ende der 70er Jahre und der schrittweisen Abkehr von sozialstaatlichen Grundsätzen (etwa im Sinne IuD ist als Ganzes Staatsaufgabe) ist der Weg hin zu marktwirtschaftlichen Überlegungen gekennzeichnet. Auf der Grundlage eines sich langsam entwickelnden, bescheidenen Marktes für IuD-Dienstleistungen bildete das zunehmend marktwirtschaftliche Denken den Ansatzpunkt dafür, die ehemaligen Verpflichtungen für die IuD-Landschaft über eine gestaffelte Preispolitik von IuD-Leistungen abzumildern, wobei unbestritten ist, dass der Finanzierungsbedarf für eine Vollunterstützung des IuD-Bereiches langfristig nicht durchzuhalten war (Lit. 01, Lit. 28, Lit. 35, Lit. 52, Lit. 63, Lit. 64).

Nachdem die oben skizzierte, vitale Diskussion Ende der 1970er Jahre und Anfang der 1980er Jahre geführt war und die Zwischenphase bis zur Formulierung der folgenden Förderprogramme durch Fortschreibungen des IuD-Programms überbrückt wurde, wurde 1982 der **„Leistungsplan Fachinformation – Planperiode 1982-1984"** veröffentlicht (Lit. 15).

Offenbar als Brücke zu einem späteren Programm angelegt, beschränkt sich das Programm in seinen politischen Zielorientierungen auf die Einführung des Konzeptes privatwirtschaftliches Engagement und konstatiert erstmalig die Existenz eines Informationsmarktes. Zudem ist eine Einengung im Gegenstandsbereich zu konstatieren: Es fehlen die expliziten Erwähnungen der Wirtschaft (als potentielle Abnehmer), der Politik und der gesellschaftlichen Gruppen. Der Leistungsplan enthält darüber hinaus Hinweise über das Ausmaß des staatlichen Engagements in Abgrenzung zu kommerziell erschließbaren Teilmärkten. Für den Teilmarkt der privatwirtschaftlichen Bestätigung gelte es, Investitions- und Risikobarrieren zu vermindern, um ein Engagement des privaten Kapitals zu fördern.

Aus dieser vorsichtigen Zweiteilung der Ziele ergeben sich dann folgerichtig die Aufgaben:

– den Leistungsstand der durch das IuD-Programm zusammengefassten Einrichtungen und Dienste solange zu sichern, bis über höhere Erlöse und breitere Nutzung der Zuschussbedarf entfällt,

– Lücken im bestehenden Dienstleistungsbereich dadurch zu füllen, dass neue Daten- und Fakteninformationsdienste neben den Literaturdatenbanken aufgebaut werden,

– den Einsatz moderner Informations- und Kommunikationstechniken für die Erstellung und die Vermittlung von Diensten vorantreiben,

– die informationswissenschaftliche Forschung und Entwicklung in ihren praxisrelevanten Fragestellungen zu fördern.

Keine Erwähnung finden mehr das informationswissenschaftliche Forschungsprogramm sowie die drängenden Fragen der fachspezifischen Ausbildung. Statt dessen wird, gerade in Bezug auf das Aufgabenbündel informationswissenschaftliche F+E, deutlich darauf hingewiesen, dass über das Instrument der Projektförderung Unternehmen und Forschungseinrichtungen aufgefordert werden, sich um entsprechende auf den Kanon der Teilprogramme beziehende Aufträge zu bewerben.

Innerhalb von weniger als acht Jahren haben sich die Prämissen und Ansatzpunkte für staatliche Förderungen erheblich gewandelt. Vom globalen, vielleicht recht idealistischen Ansatz, alles Wissen allen zugänglich machen zu wollen in einem Organisationskonzept, welches als zentralen Ansprechknoten die zuständige IuD-Stelle vorsah, ist nicht viel Übergreifendes übrig geblieben. Der neue Leistungsplan und spätere Programme vermitteln eher den Eindruck eines defensiven Stückwerkes, welches aus den Lektionen der Wandlungen in Politik und Wirtschaft Rücksicht zu nehmen gelernt hat, dem aber (auch aus finanziellen Mitteln) die längere Perspektive fehlt. Deutlich wird dies in dem „Gutachten des Bundesrechnungshofes über die Fachinformation in der Bundesrepublik Deutschland" (Lit. 22). In diesem 1983 veröffentlichten Gutachten werden – unter dem Gesichtspunkt der Wirtschaftlichkeit – die IuD bzw. Fachinformation allgemein (und nicht das IuD-Programm im besonderen) bewertet und Vorschläge für eine Neugestaltung unterbreitet.

Die im Gutachten angeführten Kritikpunkte zusammen mit der Stellungnahme der Bundesregierung zu diesem Gutachten vom gleichen Jahr (Lit. 18) und eine vom Wissenschaftsrat gefertigte Stellungnahme zur Gesellschaft für Information und Dokumentation im Jahre 1984 (Lit. 68) bilden die Marksteine der Demontage der informationspolitischen Weichenstellung der 70er Jahre und münden über die Neuformulierung der Forschungs- und Technologiepolitik (Lit. 16, Lit. 55) in das 1985 veröffentlichte Fachinformationsprogramm (Lit. 12).

Im Gutachten des Bundesrechnungshofes von 1983 geht es im wesentlichen um folgende Grundsatzfragen, von deren Beantwortung eine Neugestaltung der Informationspolitik abhängig gemacht werden müsse:

– Die Notwendigkeit eines staatlichen Engagements ist in der Vergangenheit nicht im gebotenen Maße begründet worden.

– Es wurde in der Vergangenheit von einem Bedarf an Dokumentation ausgegangen, der nie hinreichend untersucht wurde.

– Das IuD-Programm von 1974 habe zu weitreichende Ziele formuliert (etwa flächendeckende Erschließung der gesamten relevanten Fachliteratur), deren Nichteinlösung eine Neuformulierung der Fachinformationspolitik erfordere.

– Zunächst müssen die Grundzüge einer neuen Fachinformationspolitik die Frage klarstellen, ob IuD als Infrastruktur öffentliche Aufgabe sei oder ein privatwirtschaftlicher Teilmarkt, für den der Staat lediglich die Rahmenbedingungen setzen soll.

– Mit der durch das Scheitern des Strukturkonzeptes verursachten Aufgabe des flächendeckenden Ansatz muss die Frage beantwortet werden, welche Felder der Privatinitiative vorbehalten bleiben, um Verlegern, Datenbankanbietern, Informationsvermittlern langfristige Orientierungen und Handlungssicherheit zu geben.

– Staatlich finanzierte Datenbankangebote müssen darauf geprüft werden, inwieweit der Bund dafür über Zuständigkeiten verfügt, inwiefern vergleichbare Angebote bereits am Markt existieren; wenn diese nicht existieren, sollten sie in Kooperation mit dem Ausland nach den Kriterien der Kosten-Nutzen-Abwägung und unter finanzieller Beteiligung der Nachfrager erstellt werden.

– Zur Frage der Finanzierung der IuD-Dienstleistungen wird das Modell der nachfrageorientierten Finanzierung vorgeschlagen, wobei kostendeckende Entgelte nur in wenigen Bereichen erreichbar sind.

– Die Aufgaben der Gesellschaft für Information und Dokumentation (GID) werden im Sinne der weiteren Standardisierung der Arbeitsmittel und Methoden präzisiert.

– Die Ausbildung von qualifiziertem Fachpersonal wird als notwendig und wichtig dargestellt, jedoch auf die Nichtzuständigkeit des Bundes für Ausbildungsfragen verwiesen.

Die in diesem Gutachten genannten Erklärungs- und Entscheidungsdefizite der IuD-Politik stellten nun – nicht unvorbereitet durch Fachbeiträge in der Öffentlichkeit – die Grundlagen und Grundannahmen in Frage, auf denen dieser Politikbereich nun einmal aufgebaut war. Und dies in einer Deutlichkeit und Dringlichkeit, die es einer Widerlegung durch das Bundesministeriums für Forschung und Technologie im gleichen Jahr sehr schwer machte (Lit. 18).

Waren im Gutachten des Bundesrechnungshofes die Passagen über die Leistungen der Gesellschaft für Information und Dokumentation (GID) noch recht neutral auf die Präzisierung der Arbeitsschwerpunkte hin ausgerichtet, spricht das 1984 fertiggestellte Gutachten des Wissenschaftsrates „Stellungnahme zur Gesellschaft für Information und Dokumentation" schon eine sehr viel deutlichere Sprache (Lit. 68). Es war zu prüfen, ob die GID noch die Voraussetzungen für die gemeinsame Förderung durch Bund und Länder erfülle. Die Stellungnahme kommt zu dem Schluss, dass die GID die Voraussetzungen für die gemeinsame Förderung durch Bund und Länder nicht erfülle. Die GID wurde schrittweise aufgelöst und – neben anderen kleineren institutionellen Neuzuordnungen – in einen Dienstleistungsbereich mit dem Namen „Gesellschaft für Elektronische Medien" und einen Forschungsbereich in die „Gesellschaft für Mathematik und Datenverarbeitung" (GMD) überführt. Der Forschungszweig der Fachinformation wurde als „Institut für integrierte Publikations- und Informationssysteme" (IPSI) ein Forschungsinstitut bei der GMD.

In der 1983 erschienenen Broschüre „Neuorientierungen der Forschungs- und Technologiepolitik" legt das Bundesministerium für Forschung und

Technologie die neuen Ziele und Grundsätze dar (Lit. 16), die im Großen und Ganzen darauf abzielten, institutionelle und projekt- bzw. programmorientierte Förderungen zurück zu fahren und auf indirekte (z.B. steuerliche Erleichterungen) Maßnahmen umzupolen.

Als neue programmatische Ideen sind die Punkte Infrastrukturverbesserung in der Forschung und Innovationsbelebung für die Wirtschaft anzusehen, die den Grundsatz der „Notwendigkeit einer konsequent marktwirtschaftlich orientierten Politik" mit verlässlichen wirtschafts-, gesellschafts- und forschungspolitischen Rahmenbedingungen und der Stärkung der Eigeninitiative (Lit. 16, S. 10) bekräftigen.

Entlang dieser Linie der Argumentation neuer Schwerpunkte und wirtschaftsnaher Förderungsmaßnahmen ist dieser Schrift auch der neue Ansatzpunkt für die Weiterentwicklung der Fachinformation zu entnehmen. Mit Hinweis auf das bereits behandelte Gutachten des Bundesrechnungshofes von 1962 (Lit. 53) und der Stellungnahme der Bundesregierung zu diesem Gutachten (Lit. 18) wird sehr deutlich gesagt,

– dass die „vollständige Verfügbarkeit der Fachinformation für Wissenschaft, Wirtschaft, Staat und Gesellschaft eine Voraussetzung sein (wird), die internationale Wettbewerbsfähigkeit der Bundesrepublik Deutschland zu erhalten und zu verbessern",

– dass aber andererseits im Rahmen der sozialen Marktwirtschaft Produktion und Vertrieb von Fachinformationen in der Regel Aufgabe der privaten Wirtschaft ist und damit privater Initiative unterliegt.

Diese Dichotomie von Vollständigkeitsanspruch und partiellem Engagement privater Anbieter wird aufgelöst durch die folgende Feststellung, die abgerundet wird durch die Ankündigung, dass der Staat selbst Fachinformation produzieren, verwalten und vertreiben kann: „Staatliche Förderung der Fachinformation zur Verbesserung der Rahmenbedingungen und der Infrastruktur für Wissenschaft, Wirtschaft, Staat und Gesellschaft ist in Teilbereichen in Betracht zu ziehen, wenn die im öffentlichen Interesse wünschenswerten Ergebnisse über den Markt nicht zu erzielen sind." (Lit. 16, S. 74)

### A 6.2.2.3 Deregulierung und Privatisierung der Information, Stärkung der Rahmenbedingungen für private Initiative

Diese Leitgedanken finden dann in dem 1985 vorgelegten **„Fachinformationsprogramm 1985-1988 der Bundesregierung"** (Lit. 12) ihre Präsisierung in der Abgrenzung des Verhältnisses von Staat und Wirtschaft. Die Zuständigkeiten des Bundes sind hier auf die im Grundgesetz ausdrücklich genannten und die ungeschriebenen verfassungsrechtlichen Zuständigkeiten sowie jene Aufgaben begrenzt worden, die sich auf die Zusammenarbeit mit den Ländern beziehen (Lit. 12, S. 15).

Die Ziele der neuen Fachinformationspolitik sind im Sinne der oben genannten Begrenzungen ausgerichtet auf

– die Verbesserung der Rahmenbedingungen des Fachinformationsmarktes,

– die Stärkung des Informationstransfers innerhalb der Wissenschaft und zwischen Forschung und Wirtschaft (über Technologietransfer und Innovationsförderung),

– die Sicherung des grenzüberschreitenden Datenverkehrs,

– die Erhöhung der Nutzung und Akzeptanz der Fachinformation in allen Bereichen der Gesellschaft,

– die Verbesserung der Marktchancen der deutschen Wirtschaft und der Zukunftssicherung der Arbeitsplätze auch in der Informationswirtschaft.

Aus diesen allgemeinen Zielen werden dann fünf Schwerpunkte abgeleitet, die die Grundlage für die neue Ära der Förderung bilden:

– Produktion und Herausgabe von Fachinformation mit Schwerpunkt der Förderung von Faktenbanken in den Bereichen Chemie, Physik, Gesundheitswesen und Umweltschutz (ca. 45% der im Berichtszeitraum vorgesehenen Förderungsmittel);

– Angebot der elektronischen Fachinformation mit dem Schwerpunkt der Förderung von internationalen Verbundsystemen für Fachinformation und der Verknüpfung mit dem Deutschen Forschungsnetz (ca. 13% der vorgesehenen Förderungsmittel);

- Nutzung der Fachinformation mit besonderem Schwerpunkt auf Modellversuchen innovationsfördernder Informationsvermittlung (ca. 32%);
- Informationswissenschaft mit dem Schwerpunkt auf Projekten über Untersuchungen zu Produkt- und Verfahrensinnovation sowie rechnergestützte Übersetzungssysteme (ca. 11%);
- Internationale Zusammenarbeit zur Vermeidung von Abhängigkeiten und Verletzlichkeit der Fachinformationsversorgung in der Bundesrepublik Deutschland (hier sind keine gesonderten Mittel ausgewiesen) (Lit. 02).

Der neu eingeführte Förderungsansatz „innovationsfördernde Informationsvermittlung", welcher immerhin 32% des Fördervolumens dieses Fachinformationsprogramms ausmachte, wurde durch den „Modellversuch Informationsvermittlung" realisiert. Ab Mitte der 1980er Jahre wurden insgesamt ca. 135 verschiedene staatliche und private Informationsvermittlungsstellen durch regressive Förderungszuschüsse an die freie Existenz im deutschen Informationsmarkt heran geführt. Mit der Einrichtung dieser zunächst überwiegend, dann nach einigen Jahren nur noch geringgradig geförderten, zumeist kleinen Informationsvermittlungsstellen, sollte die Nachfrage und Nutzung nach Fachinformation (im engeren Sinne) stimuliert und dem aufkeimenden deutschen Informationsmarkt die ersten staatlich unabhängigen Akteure hinzu gewonnen werden. Die Ergebnisse aus diesem gut fünf Jahre währenden Modellversuch sind zugleich interessant und ernüchternd (Lit. 58, Lit. 59, Lit. 24, Lit. 37): Es existiert kein nennenswerter Markt für spezielle kommerzielle Informationsdienste (Fachinformation) in Deutschland mit Ausnahme des Bereichs Wirtschaftsinformation. Es existiert kaum Nachfrage nach On-line-Information im Bereich der Kleinen und Mittleren Unternehmen (KMU), da die Informationsversorgung als ausreichend empfunden wird, die Innovationen zu selten sind, Aufmachung und Anmutung der Informationsdienstleistungen nicht akzeptiert werden, sowie wenig Bereitschaft vorhanden ist, diese Dienste zu vergüten.

Die wichtigste Lehre jedoch, die man aus diesen Förderungen schlussfolgern konnte, ist die Erkenntnis, dass sich die Tätigkeit der „reinen" Informationsvermittlung ohne zusätzliche Beratungsdienstleistungen auf dem deutschen Informationsmarkt der ausgehenden 1980er Jahre nicht als ausschließliche und sichere Erwerbsgrundlage eigne.

Deshalb sei es sinnvoll, die Dienste der Informationsbeschaffung und -vermittlung mit anderen informationellen Mehrwert schaffenden Dienstleistungen zu verknüpfen. Dies gäbe Gewähr für eine längerfristige Verankerung im Informationsmarkt außerhalb staatlicher Verantwortung.

Zeitlich einhergehend mit den Prozessen der Auflösung der ehemaligen Deutschen Demokratischen Republik und den Vorbereitungen zur Wiedervereinigung Deutschlands wurde das vorläufig letzte Fachinformationsprogramm der Bundesregierung für die Planperiode 1990-1994 dann 1990 erarbeitet (Lit. 13). Noch ganz auf die Belange der Entwicklungen der alten Bundesländer abgestellt konnte das Programm – gleichermaßen in allerletzter Minute vor der Verabschiedung – die Belange der neuen Bundesländer nur global in dem Sonderabschnitt „Innerdeutsche Zusammenarbeit" ansprechen. In dieser kurzen Passage wurde jedoch versucht, die Harmonisierung der verschiedenen Informationssysteme im europäischen Rahmen anzugehen und durch gemeinsame Projekte und unterschiedliche Formen der Zusammenarbeit die spezifischen informationspolitischen Ziele und Programmatiken auch auf das Beitrittsgebiet zu erweitern. Dennoch kann es wohl als unbestritten gelten, dass es im Rahmen dieses Förderungsprogramms Schwerpunkte im Ausbau des Angebotes und der Nutzung von Fachinformation in den Neuen Bundesländern gegeben hat. Insbesondere wird die moderne Informations- und Literaturversorgung für Forschung, Lehre, Wissenschaft und Wirtschaft als essentiell eingeschätzt, um die „unbefriedigende wissenschaftliche und wirtschaftliche Leistungsfähigkeit rasch zu steigern" (Lit. 11, S. 62).

Als weitere wichtige Tendenz ist festzuhalten, dass sich die deutsche nationale Informationspolitik zunehmend den Rahmenbedingungen und Programmen der Europäischen Gemeinschaft (EG) und ab 1995 dann der Europäischen Union (EU) anzupassen hat. Diese Entwicklung grenzt den Aktionsraum einer selbständigen nationalen Politik ein und wird längerfristig sogar die Eigenständigkeit ablösen. Entsprechende informationelle EU-Programme, wie IMPACT 1-3 (Lit. 38, Lit. 25, Lit. 41, Lit. 42) zeigen deutlich, dass die übergreifenden europäischen Initiativen deutlicher berücksichtigt werden müssen (Lit. 65).

Der im Fachinformationsprogramm 1985-88 (Lit. 12) eingeschlagenen Richtung der Deregulierung und Privatisierung von Informationsprozessen folgend, versucht das gleichnamige Folgeprogramm für die Jahre 1990-1994 (Lit. 13, Lit. 25) zunächst die Frage der Verantwortung des Staates für die Fachinformation zu klären. Staatliche Eingriffe in die Informationsvermittlung und -versorgung dürfen grundsätzlich nur dort geschehen, wo die Informationsversorgung über den Markt nicht regulierbar ist. Darüber hinaus ist es natürlich angezeigt, wenn der Staat mit der Fachinformation hoheitliche Aufgaben oder übergreifende, gesamtgesellschaftliche Aufgaben wahrnimmt, die von keiner anderen gesellschaftlichen Instanz erfüllt werden können. Von daher sind Herstellung und Angebot von elektronischen Informationsdiensten grundsätzlich privatwirtschaftlichen Aktivitäten vorbehalten; der Staat wird keinen Einfluss darauf nehmen. Neben dem Eigenbedarf an Information der staatlichen Einrichtungen (sog. ressortspezifische Informationen) wird er sich lediglich in solchen Bereichen engagieren, die im allgemeinen und gesamtgesellschaftlichen Interesse liegen, wie etwa für Zwecke der Grundlagenforschung, der Daseinsvorsorge und ähnlichen Bereichen.

Diese zunächst recht allgemein gehaltene Abgrenzung des Verhältnisses von Staat und Wirtschaft, die angesichts der flächendeckenden Konzeption des ersten IuD-Programms von 1974 unter zentralistischer staatlicher Regie die fast genaue Kehrtwendung darstellt, wird im Folgenden durch eine Zweiteilung des Informationsmarktes begründet. Der Teilmarkt der „Aktuellen Information" (Buchhandel, Verlage, Datenbank-Anbieter etc.) sei gut ausgebaut und privatwirtschaftlich organisiert. Der Teilmarkt der „Nicht-aktuellen Information" (d.h. der retrospektiven Information) bestehe aus dem Segment der Wirtschaftsinformation, der privatwirtschaftlich verfasst ist und dem Teil der wissenschaftlich-technischen Information (WTI), der neben den Fakteninformationen als staatliche Infrastruktur für die Garantie einer leistungsfähigen Forschung und Entwicklung angesehen wird und deshalb auch staatliche Unterstützung genießen kann.

Nach dieser Legitimation und der recht klaren Abgrenzung werden dann im Programm die Ziele dieses selbstbegrenzten Gegenstandsbereiches WTI und Faktendokumentation genannt:

– Auf- und Ausbau einer leistungsstarken Infrastruktur zum Nachweis und zur Bereitstellung von Fachinformation,

– Sicherung des Zugriffs auf das internationale Fachinformationsangebot durch geeignete Kooperationsformen bei der Produktion und beim Vertrieb,

– Erweiterung des deutschen Fachinformationsangebots durch besonders hochwertige Produkte für das In- und Ausland,

– Steigerung der Nutzung der Fachinformation im Bereich der Hochschulen und hier besonders in den Naturwissenschaften (Lit. 66, Lit. 67, Lit. 24) und in kleinen und mittleren Unternehmen (KMU),

– Förderung der Aus- und Fortbildung im Bereich der Fachinformation,

– Förderung der Forschung und Entwicklung in der Fachinformation.

Diesen fünf Förderzielen wurden dann die folgenden sechs Förderschwerpunkte an die Seite gestellt, deren Fördervolumen in den Jahren 1989-1994 insgesamt 2.216,7 Mio DM ausmachen sollten:

1) Fachinformationseinrichtungen (Nachweis und Bereitstellung von Fachinformation), 32% der Mittel;

2) Wissenschaftliche Bibliotheken (Dokumentversorgung), 35% der Mittel;

3) Nutzungssteigerung in Hochschulen und KMU, 4% der Mittel;

4) Produktion und Angebot von neuen hochwertigen Fachinformationsdiensten, 22% der Mittel;

5) Forschung und Entwicklung in der Fachinformation, 6% der Mittel;

6) Maschinelle Übersetzung, 1% der Mittel.

Auffällig ist, dass die Positionen 1 und 2 zusammen bereits zwei Drittel des gesamten Fördervolumens beanspruchen, obwohl im Programm selbst sehr genau Nachweis darüber geführt wird, dass der Kostendeckungsgrad der Fachinformationszentren sich auf etwa 50% habe steigern lassen.

Obwohl es die Deutsche Gesellschaft für Dokumentation (DGD) in ihrer Stellungnahme Endes des Jahres 1994 (Lit. 26) nicht für dringend geboten erachtet, dass ein weiteres eigenständiges Fachinformationsprogramm aufgelegt werden sollte, wenn nur zentrale (überwiegend marktwirtschaftliche) Kernpunkte künftiger informationspolitischer Ziele berücksichtigt werden, legt das (inzwischen umbenannte) Bundesministerium für Bildung, Wissenschaft, Forschung und Technologie (BMBF) ein neues Programm vor.

Am 14.8.1996 beschließt das Bundeskabinett das Programm „Information als Rohstoff für Innovation 1996-2000", durch das bis 1999 1,9 Milliarden DM in die folgenden Förderbereiche investiert werden sollen (Lit. 08, Lit. 25):

– Integriertes Chemieinformationssystem,

– Nutzungssteigerung in Hochschulen und Forschungseinrichtungen,

– Nutzungssteigerung in Kleinen und Mittleren Unternehmen einschließlich des Handwerks,

– Integration der neuen Länder.

Ein weiterer Schwerpunkt wird auf die Weiterentwicklung des wissenschaftlich-technischen Publikationswesens im Bereich Wissenschaft und Technik gelegt.

Für die staatliche Förderung ergibt sich aus dieser neuen Orientierung, dass die institutionelle Förderung der staatlichen Fachinformationseinrichtungen langfristig eingestellt werden wird, wenn der Kostendeckungsgrad einmal die 100%-Hürde genommen haben wird und Informationsdienste zu marktwirtschaftlichen Bedingungen angeboten werden können. In den vergangenen Jahren hat sich dieser Kostendeckungsgrad der Fachinformationseinrichtungen von 39% (1988) auf 58% (1994) steigern lassen. Durch befristete Anschubfinanzierungen sollen Entwicklungsprojekte gefördert werden, die das wissenschaftlich-technische Publikationswesen auf eine neue Stufe der Entwicklung heben sollen. Hierbei sind insbesondere die Aufbereitung und Nutzung der Information und die damit verbundene Software-Entwicklung angesprochen. Aus diesen globalen Förderungszielen werden dann folgende Förderbereiche im einzelnen ausgeführt:

– Wissenschaftlich-technische Information und Kommunikation in Datennetzen,

– Elektronische Publikation und multimediale wissenschaftlich-technische Information,

– Literatur- und Faktendatenbanken,

– Elektronische Bibliothek,

– Nutzung der wissenschaftlich-technischen Information.

Mit den neuen Förderbereichen wird offenbar versucht, den Blick für die Entstehung und Verbreitung wissenschaftlich-technischer Information zu verbreitern und dieses Konzept mit den technischen und organisatorischen Erfordernissen der Informationsgesellschaft in Einklang zu bringen. Die Beibehaltung der Förderbereiche Literatur- und Faktendatenbanken sowie der Verstärkung der Nutzung der Informationsangebote lässt auf eine (offenbar mehr erzwungene als gewollte) Kontinuität schließen, die darin begründet liegt, dass der „Rohstoff" wissenschaftlich-technische Information noch immer zu großen Teilen in Form von Literatur (in welcher medialen Form auch immer) verbreitet wird. Zweifellos wird der Bereich der Förderung für die Nutzung von Information auch künftig sinnvoll und notwendig sein, denn schon die Nutzung traditioneller Formen wissenschaftlich-technischer Informationsdienste ließ zu wünschen übrig und verlangte nach Maßnahmen zur Verbesserung von „Informationsbewusstsein". Um wie viel größer müssen künftig die Maßnahmen zur Nutzung veranschlagt werden, wenn wir uns vergegenwärtigen, dass diese Information nun in sehr verschiedenen elektronischen und multimedialen Formen erscheinen werden (Online-Datenbanken, CD-ROM, Datennetze mit unterschiedlichsten Zugriffssystemen usw.). Dafür müssen nicht nur das Informationsbewusstsein sensibilisiert werden, sondern auch und vor allem sehr konkret Nutzungs- und Zugriffshilfen gestellt werden.

Konzeptionell betreibt dieses Programm einen weiteren Rückzug aus der direkten staatlichen Verantwortung für die Erstellung und Vorhaltung von Information, setzt dabei aber auf die Entwicklung einer Informationsinfrastruktur, die in der Lage sei, die Informationsversorgung durch möglichst große wissenschaftliche und wirtschaftliche Initiativen und Selbstverwaltung zu lösen.

Dabei werden folgende Ziele verfolgt und durch entsprechende Fördermaßnahmen unterfüttert:

1) Den effizienten Zugang zu den weltweit vorhandenen elektronischen und multimedialen Volltext-, Literaturhinweis-, Fakten- und Software-Informationen vom Arbeitsplatzrechner zu eröffnen und zu sichern;

2) den durch Technologien verursachten Strukturwandel in der wissenschaftlichen und technischen Informationsinfrastruktur neu zu gestalten durch Einbindung aller Beteiligten;

3) die institutionelle Förderung in den Fällen zurückzuziehen, in denen langfristig kostendeckende Preise für Informationsprodukte und -dienstleistungen erreicht werden können.

Darüber hinaus werden Maßnahmen zur Verbesserung der Rahmenbedingungen (Urheberrecht, Datenschutz und Datensicherheit, Standards und Normen) genannt sowie die befristete Anschubförderung von innovativen Entwicklungsprojekten. Zusätzlich werden die folgenden Schwerpunkte genannt:

- Wissenschaftliche und technische Information und Kommunikation in Datennetzen,

- elektronische Publikation und multimediale Information der Fachverlage,

- Literatur- und Faktendatenbanken der Fachinformationseinrichtungen,

- Wissenschaftliche Bibliotheken und elektronische Information,

- stärkere Nutzung der Information in Wissenschaft, Wirtschaft und Staat,

- Aus- und Fortbildung,

- Internationale Zusammenarbeit, insbesondere in der Europäischen Union.

### A 6.2.2.4 Neue strategische Ziele im Rahmen übergreifender Konzepte von Informationsgesellschaft und Wissensgesellschaft

Bereits 1995 hatte das Bundesministerium für Bildung, Wissenschaft, Forschung und Technologie (BMBF) unter dem Titel „Informationsgesellschaft. Chancen, Innovationen und Herausforderungen" (Lit. 10) ein Positionspapier veröffentlicht, das – getragen von einer Vielzahl wissenschaftlicher und professioneller Verbände – eine breite Perspektive technologischer, wissensbezogener, wirtschaftlicher und sozialer Aspekte einer aufkommenden neuen Gesellschaftsstruktur formulierte. Darüber hinaus brachten zwei vom Ministerium in Auftrag gegebene Studien (Lit. 69, Lit. 70) über die Zukunft der wissenschaftlich-technischen Information ein klareres Bild über die an Wissensproduktion und -konsumtion beteiligten Institutionen und Individuen. Auf dieser Grundlage wurde dann vom BMBF das strategische Positionspapier formuliert mit den Titel „Informationen vernetzen – Wissen aktivieren" (Lit. 09, Lit. 43).

Der bereits teilweise vollzogene Einstieg in die vernetzte, virtuelle Informationswelt, die mit Ausdrücken wie „Kulturrevolution des 21. Jahrhunderts" (Lit. 10) oder „Aufbruch in die Wissensgesellschaft" (Lit. 43) paraphrasiert wird, stelle einen Paradigmenwechsel von gedruckten Produkten zu interaktiven, multimedialen Informationen dar, der neue strategische Ziele erfordere:

- Zugang für jedermann zu jeder Zeit an jedem Ort sicherzustellen,

- den Paradigmenwechsel vom Anbieter zum Nutzer durch den Einsatz der IuK-Technologien zu ermöglichen,

- die Informationsversorgung im Rahmen des Ausbaus der Wissensgesellschaft zu verbessern,

- den Aufbau von Informationssystemen mit hochwertigen Dienstleistungsprodukten zu fördern,

- die staatlichen Informationseinrichtungen effizienter zu gestalten und strategisch neu auszurichten.

Demzufolge hätte die Erhöhung von Informationskompetenz, die Fähigkeit sich methodisch und kritisch zu informieren, förderpolitisch hohe Priorität. Ebenso wird die Entwicklung neuer intelligenter Werkzeuge für den Zugriff auf Informationen und deren Weiterverarbeitung am Arbeitsplatz sowie die Transformation der traditionellen Infrastruktur von Bibliotheken und Fachinformationseinrichtungen in neue, vernetzte Organisationssysteme gefördert.

## A 6.3 Ausblick

Sehen wir von den – zumeist durch die Verknappungssituationen in Krisenzeiten hervorgerufenen – punktuellen Eingriffen des Staates einmal ab, so können wir erstmals in der Wiederaufbauphase nach dem 2. Weltkrieg ein umfassendes gesamtstaatliches Interesse am Ausbau der IuD konstatieren. Waren die 1960er Jahre in der Bundesrepublik Deutschland gekennzeichnet durch ein stetig anwachsendes gesellschaftliches und politischen Bewusstsein um die Bedeutung von Information, zeichnen sich die 1970er Jahre durch den Versuch der Schaffung einer staatlichen zentralen institutionellen Infrastruktur aus. Nach einem knappen Jahrzehnt der Förderung in diesem fest definierten Bereich staatlicher Zuständigkeit und Einflussnahme zum Nutzen der Allgemeinheit setzt zu Beginn der 1980er Jahre eine zunehmende Deregulierung ein, die die Grundannahmen bisheriger staatlichen Förderungen radikal in Frage stellt und schrittweise den Rückzug des Staates aus den von ihm geschaffenen Strukturen zugunsten einer marktwirtschaftlich orientierten subsidiären Förderpolitik einleitet. Die zweite Hälfte der 1980er Jahre sind dann förderpolitisch gekennzeichnet von den Konzepten der (privatwirtschaftlich zu organisierenden) Informationsvermittlung und der Vermarktung von Online-Diensten.

Die 1990er Jahre sind in der nationalen Perspektive getragen von dem Bemühen, die Konzepte der alten Bundesländer auch in die neuen zu übertragen und beim Aufbau und Ausbau entsprechender gleichartiger Strukturen der Informationsvermittlung zunächst die technischen Voraussetzungen zu schaffen und zu fördern. Hierin ist sicher ein faktischer Förderschwerpunkt zu sehen, der auch sicher seine Notwendigkeit und Berechtigung hat (Lit.11.); ein programmatischer Schwerpunkt im Fachinformationsprogramm ist er aber nie explizit gewesen. Zudem werden nationale Orientierungen in der Informationspolitik zunehmend stärker auf die europäische Informationspolitik abgestimmt. Gleichzeitig ist ein Rückzug bei der Bestimmung des Förderungsbereiches auf den Gegenstand der wissenschaftlich-technischen Information (WTI) festzustellen, wie er in den Anfängen der IuD bereits sehr üblich war. Deutlich festgeschrieben sind die Förderbereiche, in denen der Staat künftig tätig werden soll. Die hier genannten Bereiche sind eben die „klassischen" und tradierten Literaturnachweis- und -bereitstellungssysteme, die die Pionierzeit der Information und Dokumentation ausgemacht und gestaltet haben. Das Fachinformationsprogramm 1990-1994 ist somit faktisch gekennzeichnet durch Rückzüge aus vielen Sparten und Segmenten der Information. Es ist eher durch eine Verwaltung der historisch überkommenen „Altlasten" aus früheren Programmen gekennzeichnet als durch eine irgendwo erkennbare Vorwärtsstrategie. Im vorläufig letzten Programm „Information als Rohstoff für Innovation 1996-2000" wird ein weiterer Rückzug aus der direkten staatlichen Verantwortung für die Erstellung und Vorhaltung der Information ersichtlich. Durch die ausgewiesenen Förderungsziele des Programms wird offenbar auf die stürmische Entwicklung der überquellenden Datenangebote auf den internationalen Netzwerken reagiert. So werden in diesem Programm nun nicht mehr Informationsdienste selbst als förderungswürdig charakterisiert, sondern es werden effektivere Zugangswege und -prozeduren und die Gestaltung von entsprechenden Arbeitsplatzrechnern gefördert. Ebenso wird dem Wandel in der Informationsinfrastruktur und den neuen Nutzungsformen größere Aufmerksamkeit geschenkt.

Die jüngsten, unter den Signaturen „Wissens- und Informationsgesellschaft" geführten Projektionen aus dem Ministerium lassen durch ihre großrahmigen Ansätze Hoffnung aufkommen, dass der schrittweise eingeschränkte Zuständigkeitsbereich nun wieder ausgeweitet werden kann auf die ganze Fülle der Informationsdienste und -produkte. Das wird sich nun nicht mehr auf die konkrete Erstellung dieser Dienste beziehen können, sondern in der abgehobenen Form der Zugangsmöglichkeiten und -mittel.

## A 6.4 Die Internationalisierung der (Fach)-Informationspolitik

Die bislang dargestellte fast ausschließlich auf den nationalen Einzugsbereich abgestellte Entwicklung hat unberücksichtigt gelassen, dass es eigentlich von Beginn an auch – zunächst politisch nur formulierte, dann aber später auch zunehmend praktizierte – Integrationsbestrebungen zu den internationalen Entwicklungen gegeben hat. Dies war bereits durch die in den 1960er Jahren begonnenen internationalen Kooperationsvorhaben der klassischen Information und Dokumentation angelegt (Lit. 48) und wird angesichts der ökonomischen und technischen Entwicklungen der Informations- und Kommunikationssysteme von Wissenschaft, Technik, Verwaltung und Wirtschaft in der Folgezeit zunehmend deutlicher. So ist es in den 1990er Jahren wohl kaum noch möglich, die Entwicklung der deutschen nationalen (Fach-)Informationspolitik unabhängig von den übergreifenden Entwicklungen in der Europäischen Union und anderen internationalen und multinationalen Organisationen sehen zu können. Ebenso wie es kaum noch möglich ist, eine klare Abgrenzung von Telekommunikations- und Kommunikationspolitik von dem hier behandelten Bereich der (Fach-)Informationspolitik vorzunehmen, da die (zumindest in der nationalen Perspektive) ehemals getrennten Politikbereiche nun ineinander verschmolzen sind. Die stürmischen technischen Errungenschaften in den

Informations- und Kommunikationstechnologien der letzten 20 Jahre und die massenweise Ausbreitung von Online- und Telekommunikationsdiensten gehen einher mit dem Hineinwachsen massen- und multimedialer Dienste und Systeme in die internationale Telekommunikationsinfrastruktur, die einen neuen gemeinsamen Bereich von Telekommunikation, Massenkommunikation und Information geschaffen hat. Diese übergreifende Sichtweise von Informationspolitik als gesellschaftsbestimmende Zukunftsperspektive findet bereits 1994 ihren deutlichen Ausdruck im so genannten „Bangemann-Bericht" (Lit. 40, Lit. 04). Unter dem Titel „Europa und die globale Informationsgesellschaft" legt die Kommission der Europäischen Gemeinschaften einen übergreifenden Aktionsplan vor, der für die Akteure der Informationsgesellschaft folgende positive Entwicklungen in Aussicht stellt:

– Telekommunikations-, Kabel- und Satelliten-Betreiber werden durch Deregulierung und Privatisierung ihre Marktanteile ausweiten können;

– Dienste-Anbieter und Inhaltsproduzenten (Content Provider) können attraktive Produkte zu günstigen Preisen anbieten;

– Bürger und Nutzer profitieren vom breiten Spektrum konkurrierender Angebote;

– Telekommunikations-Anbieter und Software-Hersteller profitieren vom expandierenden Markt.

Als strategische Ansatzpunkte werden unter ordnungspolitischem Aspekt die Liberalisierung und Deregulierung der Telekommunikation gewählt, die als zentral für die Entstehung und Weiterentwicklung für einen künftigen Informationsmarkt angesehen werden. Der Telekommunikationssektor soll zunächst eine Öffnung zum freien Markt ermöglichen durch die Auflösung monopolartiger (staatlicher) Behinderungen des Kommunikationsmarktes. Des weiteren wird ein Abbau nicht-kommerzieller (d.h. politischer) Lasten gefordert und eine Festlegung von klaren Zeiträumen angemahnt, in denen die schrittweise Heranführung an eine Wettbewerbsumgebung geschehen soll.

Schon im ersten nationalen IuD-Programm von 1974 wurde deutlich gemacht, dass durch die damals bestehenden ca. 40 Verbundsysteme der internationalen arbeitsteiligen Datenbasis-Produktion auf den verschiedensten Gebieten eine Internationalität vorhanden sei, wobei die Bearbeitung der immensen Informationsflut die ökonomischen Ressourcen eines einzelnen Landes überfordert hätte. Der zweite wichtige Hinweis auf die (im Gegenstand implizit angelegte) Internationalität wurde im Aufkommen der damals als „Informationsnetze" bezeichneten technischen Telekommunikationssysteme gesehen und in diesem Zusammenhang besonders deutlich an das im Entstehen befindliche europäische Informations- und Dokumentationsnetz EURONET der Europäischen Gemeinschaften (EG) Mitte der 1970er Jahre.

Im Fachinformationsprogramm 1985-1988 kommen dann zu den bereits vorgestellten Zielen der internationalen Kooperation und der Weiterentwicklung der Verbundsysteme noch hinzu, dass es auch gelte, die Bedingungen für ein weltweites Angebot an deutscher Fachinformation zu verbessern und für die deutschen Nutzer den Zugang zu den weltweiten Fachinformationen zu sichern. Dieses habe sich auf alle übernationalen staatlichen und nicht-staatlichen Organisationen zu beziehen. Im Einzelnen ist jedoch in den Aussagen über die Kooperationsziele innerhalb der Europäischen Gemeinschaft deutlich eine Öffnung zu innovativen und kreativen Informationsdiensten und deren Verbreitung zu erkennen. Dieses wurde „Fachinformationsmarkt" genannt und hat im Kern bereits das umschrieben, was heute mit Begriffen wie etwa Mehrwertdienste und Informationsmarkt (Lit. 07, Lit. 32) beschrieben wird. Hier wolle man – besonders angeregt durch die Aktionspläne der Europäischen Gemeinschaften – die Rahmenbedingungen für die Entwicklung eines solchen Marktes durch Beseitigung der technischen, sprachlichen oder kommerziellen Hindernisse verbessern (Lit. 04, Lit. 05, Lit. 07).

Der Aspekt der Internationalität der staatlichen Förderprogramme aus der Sicht der deutschen Informationspolitik konzentriert sich recht klar auf die Entwicklungslinien, die durch die Perspektiven des Rates der Europäischen Gemeinschaft aufgezeigt worden waren. Unter den Prämissen eines europaweiten Binnenmarktes ist bereits ab 1988 ein Aktionsplan zur Schaffung eines Marktes für Informationsdienste mit dem Namen IMPACT (Information Market Policy Action) verabschiedet worden (Lit. 41, Lit. 42, Lit. 38). Entlang dieser marktwirtschaftlichen Sichtweise auf das Informationsgefüge, seiner Nutzung, Vermittlung und Vermarktung waren die Ziele dieses Programms darauf gerichtet, den EG-weiten Binnenmarkt für Informationsprodukte zu etablieren. Die Angebote der europäischen Informationsanbieter sollten durch entsprechende Förderungen soweit ausgebaut werden, dass fortschrittliche und zukunftsweisende neue Informationsdienste entwickelt werden, die im internationalen Wettbewerb bestehen können.

**Literatur**

01 Augustin, S.: Versagt die marktwirtschaftliche Koordinierung – der Wettbewerb – im Informations- und Dokumentationsbereich? In: Nachrichten für Dokumentation. Vol. 29, 1978. S. 61-67

02 Becker, J.: Datenbanken im Ost-West-Konflikt. Arnoldshein: Evang. Akademie 1985. 119 S.

03 Behrends, E.: Technisch-wissenschaftliche Dokumentation in Deutschland von 1900 bis 1945: unter besonderer Berücksichtigung des Verhältnisses von Bibliothek und Dokumentation. Wiesbaden: Harrassowitz, 1995. VIII, 337 S. (Buchwissenschaftliche Beiträge aus dem Deutschen Bucharchiv München; 51)

04 Belz, Dorothee: Europa und die globale Informationsgesellschaft. Rahmenrichtlinien der Europäischen Union. In: Hessische Staatskanzlei (Hrsg.): Forum Neue Informations- und Kommunikationstechnologien. Dokumentation des Forums vom 12. Dez. 1994 in Frankfurt am Main. Wiesbaden: Hessische Staatskanzlei März 1995, S. 29-39

05 Breede, W. E.: Neue Marktstrategien. Auf dem Wege in die globale Informationsgesellschaft. In: Cogito, 1995, H. 4. S. 35-40

06 Bruder, W.; Dose, N.: Forschungs- und Technologiepolitik in der Bundesrepublik Deutschland. In: Bruder, W. (Hrsg.): Forschungs- und Technologiepolitik in der Bundesrepublik Deutschland. Opladen: Westdeutscher Verl. 1986. S. 11-75

07 Bruine, Reiner-Frans de: Der europäische Informationsmarkt. Konzepte auf dem Weg ins Jahr 2000. In: Cogito. 1994. H. 1. S. 39-43

08 Bundesministerium für Bildung und Forschung (BMBF): Information als Rohstoff für Innovation. Programm der Bundesregierung 1996-2000. Bonn: BMBF 1996. 161 S. (www.bmbf.de)

09 Bundesministerium für Bildung und Forschung.(BMBF): Information vernetzen – Wissen aktivieren. Strategisches Positionspapier zur Zukunft der wissenschaftlichen Information in Deutschland. Bonn: BMBF 2002. 12 S. (www.bmbf.de)

10 Bundesministerium für Bildung, Wissenschaft, Forschung und Technologie (BMBF), Rat für Forschung, Technologie und Innovation: Informationsgesellschaft. Chancen, Innovationen und Herausforderungen. Bonn: BMBF Dez. 1995. 60 S.

11 Bundesministerium für Forschung und Technologie (BMFT): Deutsche Einheit in Forschung und Technologie. Stand Nov. 1991. Bonn: BMFT 1991. 63 S.

12 Bundesministerium für Forschung und Technologie (BMFT): Fachinformationsprogramm 1985-1988. Bonn: BMFT 1985. 127 S.

13 Bundesministerium für Forschung und Technologie (BMFT): Fachinformationsprogramm der Bundesregierung 1990-1994. Bonn: BMFT 1990. 210 S.

14 Bundesministerium für Forschung und Technologie (BMFT): Informationstechnik. Forschung und Entwicklung. Förderkonzept 1993-1996. Bonn: BMFT 1992. 135 S.

15 Bundesministerium für Forschung und Technologie (BMFT): Leistungsplan Fachinformation. Planperiode 1982-1984. Bonn: BMFT 1982. 77 S.

16 Bundesministerium für Forschung und Technologie (BMFT): Neuorientierungen der Forschungs- und Technologiepolitik. Bilanz 1983. Bonn: BMFT. 80 S.

17 Bundesministerium für Forschung und Technologie (BMFT): Programm der Bundesregierung zur Förderung der Information und Dokumentation 1974-1977. Bonn: BMFT 1974. 147 S.

18 Bundesministerium für Forschung und Technologie (BMFT): Stellungnahme der Bundesregierung zum Gutachten des Präsidenten des Bundesrechnungshofes als Bundesbeauftragter für Wirtschaftlichkeit in der Verwaltung. Bonn: BMFT 1983. 73 S. (Typoskript)

19 Bundesministerium für Forschung und Technologie (BMFT): Zwischenbilanz 1986 zum Fachinformationsprogramm. In: Bundesministerium für Forschung und Technologie (BMFT), Fachinformationsprogramm der Bundesregierung mit Zwischenbilanz 1986. Bonn: BMFT 1987. S. 6-84

20 Bundesministerium des Inneren (BMI): Das Informationsbankensystem. Bericht der innerministeriellen Arbeitsgruppe beim Bundesministerium des Inneren an die Bundesregierung. Bd. 1. Bonn: Heymanns 1971. 157 S.

21 Bundesministerium für Wirtschaft (BMWi): Info 2000. Deutschlands Weg in die Informationsgesellschaft. Bericht der Bundesregierung. Bonn: BMWi 1996.138 S.

22 Bundesrechnungshof: Gutachten über die Fachinformation in der Bundesrepublik Deutschland. Bonn 1983. 105 S. und Anhang (Typoskript)

23 Butzek, E.; Windel, G.: Zum Verhältnis von Staat und IuD in der Bundesrepublik Deutschland. In: Buder, M.; Windel, G. (Hrsg.): Zum Verhältnis von Staat, Wissenschaft zu IuD. München: Verl. Dokumentation 1978. S. 65-136

24 Czermak, J. M.: Zwischenbilanz zum Fachinformationsprogramm 1990-1994. In: Cogito 1993. H. 4. S. 18-21

25 Czermak, J. M.: Information als Rohstoff für Innovation. Programm der Bundesregierung 1996-2000. In: Nachrichten für Dokumentation. Vol. 48, 1997. S. 31-36

26 Deutsche Gesellschaft für Dokumentation (DGD): Stellungnahme der DGD zur künftigen Fachinformationspolitik der Bundesregierung. In: Nachrichten für Dokumentation. Vol. 45, 1994. S. 298-303

27 Donth; H. H.: Das Programm der Bundesregierung zur Förderung der IuD. In: Gutenberg-Jahrbuch. Vol. 56, 1981. S. 21-45

28 Donth, H. H.: Grundsätze für die Preispolitik von Fachinformationszentren. In: Deutscher Dokumentartag 1978. München: Saur 1979. S. 141-161

29 Gemeinschaftsausschuß der Technik (GdT): Information und Dokumentation in Wissenschaft und Technik. In: GdT-Schriften. Nr. 1. Düsseldorf: GdT 1969. S. 36-37

30 Gesellschaft für Information und Dokumentation (GID): Forschungs- und Entwicklungsprojekte in Informationswissenschaft und -praxis. 1981. Frankfurt/M.: IDD Verl. 1981. 271 S.

31 Gesellschaft für Information und Dokumentation (GID): Verzeichnis geförderter Einzelvorhaben der Information und Dokumentation 1978-1979. Frankfurt/M.: GID 1980. 197 S.

32 Geisendörfer, U.: Der Informationsmarkt und seine europäischen Dimensionen. In: Deutscher Dokumentartag 1988. 40 Jahre DGD. Perspektive Information. Frankfurt/M.: Deutsche Ges. für Dokumentation 1989. S. 15-22

33 Gesellschaft für Information und Dokumentation (GID): Verzeichnis geförderter Einzelvorhaben der Information und Dokumentation 1978-1979. Frankfurt/M.: GID 1980. 197 S.

34 Gesellschaft für Information und Dokumentation (GID): Forschungs- und Entwicklungsprojekte in Informationswissenschaft und -praxis. 1981. Frankfurt/M.: IDD Verl. 1981. 271 S.

35 Güntsch, F. R.: Zur Fortschreibung des IuD-Programms aus Sicht des BMFT. In: Deutscher Dokumentartag 1979, Willingen. München: Saur 1980. S. 273-294

36 Hapke, T.: Bausteine zur Geschichte des deutschen Informationswesens im 20. Jahrhundert. In: Information Research and Content Management. Proc. der 23. Online-Tagung der DGI und 53. Jahrestagung der DGI vom 8.-10. Mai 2001 in Frankfurt/Main. Frankfurt/ Main: DGI 2001, S. 498-506

37 Herget, J.; Henseler, S.: Informationsvermittlung zu Beginn der 90ger Jahre. In: Nachrichten für Dokumentation. Vol. 43. 1992. S. 143-158, S. 293-299, S. 385-392

38 Huber, W.: Die EG-Politik im Bereich des Informationsmarktes. In: Killenberg, H.; Kuhlen, R.; Manecke, H.-J. (Hrsg.): Wissensbasierte Informationssysteme und Informationsmanagement. Proc. des 2. Intern. Symposiums für Informationswissenschaft 1991 (ISI 1991). Konstanz: Universitätsverlag 1991. S. 11-25

39 Keren, C.: Staat und Informationspolitik der Zukunft. In: Strohl-Göbel, H. (Hrsg): Von der Information zum Wissen, vom Wissen zur Information. Deutscher Dokumentartag 1987. 23.-25.Sept.1987. Frankfurt/M.: Deutsche Ges. für Dokumentation 1988, S. 25-33

40 Kommission der Europäischen Gemeinschaften (KEG): Europe and the Global Information Society. In: CORDIS FOCUS. Suppl. 2. 15. Juli 1994. S. 5-30

41 Kommission der Europäischen Gemeinschaften (KEG): Impact Information Day. Luxembourg 6. Nov. 1991. Proceedings. Luxembourg: Dir. XIII, Nov. 1991. getr. Pag.

42 Kommission der Europäischen Gemeinschaften (KEG): IMPACT 2. Information Market Policy Actions. Arbeitsprogramm 1991-1992. Luxembourg: Dir. XIII, 1992. 37 S.

43 Krause, Peter: Aufbruch in die Wissensgesellschaft – Wissenschaftliche Information in Deutschland. In: Information – Wissenschaft und Praxis. Vol. 54, 2003. Nr. 5. S. 289-292

44 Kuhlen, R.: Informationsmarkt. Chancen und Risiken der Kommerzialisierung von Wissen. Konstanz: UVK Universitätsverlag 1995. 608 S. (Schriften zur Informationswissenschaft, Bd. 15)

45 Kuhlen, R.: Die Verwissenschaftlichung von Information. In: Bruder, W. (Hrsg.): Forschungs- und Technologiepolitik in der Bundesrepublik Deutschland. Opladen: Westdeutscher Verl. 1986. S. 264-291

46 Lechmann, H.: Dokumentation und Information als Anliegen der Bundesrepublik Deutschland. In: Nachrichten für Dokumentation. Vol. 15, 1964. S. 157-166

47 Lechmann, H.: Leitsätze für eine nationale Dokumentations- und Informationspolitik im Bereich der Wissenschaft und Technik. In: Nachrichten für Dokumentation. Vol. 18, 1967. S. 16-19

48 Lechmann, H.: Nationale und internationale Aspekte des IuD-Programms. In: Nachrichten für Dokumentation. Vol. 28, 1977. S. 3-10

49 Lenk, K.: Fachinformationsversorgung im Zeichen des technischen Wandels. In: Nachrichten für Dokumentation. Vol. 33, 1982. S. 3-8

50 Lenk, K.: Information und Dokumentation als öffentliche Aufgabe. In: Schwuchow, W. (Hrsg.): Ökonomische Aspekte der Fachinformation. München: Saur 1981. S. 37-54

51 Manecke, H.-J.; Seeger, T.: Zur Entwicklung der Information und Dokumentation in Deutschland. In: Buder, M.; W. Rehfeld; T. Seeger, D. Strauch (Hrsg): Grundlagen der praktischen Information und Dokumentation. 4. Aufl. München, New York: Saur-Bowker 1997. S. 16-60

52 Pflug, G.: Preispolitik für IuD-Dienstleistungen aus Sicht der Bibliotheken. In: Deutscher Dokumentartag 1978. Frankfurt/Main. München: Saur 1979. S. 181-193

53 Präsident des Bundesrechnungshofes (Hrsg.): Untersuchung über die wissenschaftliche Dokumentation in der Bundesrepublik Deutschland. Bonn: Feb. 1962. 128 S.

54 Richards, P. S.: Scientific Information in Wartime. The Allied-German Rivalry 1939-1945. Westport: Greenwood 1994

55 Riesenhuber, A.: Zukunftskonzept Informationstechnik 2000. In: GMD-Spiegel. 1988. Nr. 2/3. S. 41-47

56 Samulowitz, H.: IuD-Programm und die Informationsgesellschaft. In: Nachrichten für Dokumentation. Vol. 31, 1980. S. 144-146

57 Samulowitz, H.. Von der Schwierigkeit in Deutschland Informationspolitik zu betreiben. In: Nachrichten für Dokumentation. Vol. 51, 2000. S. 435-440

58 Schmidt, R.; Wellems, C.: Der Modellversuch Informationsvermittlung. In: Nachrichten für Dokumentation. Vol. 42. 1992. S. 413-419 und Vol. 43. 1993. S. 3-10

59 Schmidt, R.: Die Modelle verlassen den Laufsteg. Der BMFT-Versuch „Informationsvermittlung" nähert sich seinem Ende. In: Cogito. Vol. 5, 1988. Nr. 2. S. 28-32

60 Schwab, H.: Das IuD-Programm aus heutiger Sicht. In: Nachrichten für Dokumentation. Vol. 32, 1981. S. 165-171

61 Seeger, T.: Informationspolitik – IuD-Politik – Fachinformationspolitik. In: Buder, M.; W. Rehfeld; T. Seeger (Hrsg): Grundlagen der praktischen Information und Dokumentation. 3. Aufl. München, London: Saur 1990. S. 855-877

62 Seeger, T.: Informationspolitik – IuD-Politik – Fachinformationspolitik. In: Buder, M.; W. Rehfeld; T. Seeger; D. Strauch (Hrsg): Grundlagen der praktischen Information und Dokumentation. 4. Aufl. München, London: Saur 1997. S. 846-880

63 Stegemann, H.: Einige Bemerkungen zur Preispolitik für Dienstleistungen von IuD. In: Nachrichten für Dokumentation. Vol. 30, 1979. S. 231-236

64 Stegemann, H.: Thesen zur Finanzierung von IuD-Dienstleistungen über Preise. In: Deutscher Dokumentartag 1978. Frankfurt/M. München: Saur 1979. S. 141-154

65 Stock, W. G.: Die Informationspolitik der Europäischen Union. In: ABI-Technik. Vol. 16, 1996. Nr. 2. S. 111-132

66 Weisel, L.: Fachinformation und die Fortschritte in der Physik. In: Nachrichten für Dokumentation, Vol. 44, 1993. S. 363-367

67 Weisel, L.: Elektronische Datenbanken in der Physik. In: Cogito 1994. H. 3. S. 22-25

68 Wissenschaftsrat: Stellungnahme zur Gesellschaft für Information und Dokumentation (GID). Berlin: Nov. 1984. 83 S. (Typoskript)

69 Zukunft der wissenschaftlichen und technischen Information in Deutschland. Zusammenfassung der Analyse der WTI-Landschaft Deutschland. Zwischenbericht an das Bundesministerium für Bildung, Wissenschaft, Forschung und Technologie (BMBF). November 2001. Durchgeführt von Arthur D. Little International Inc. Wiesbaden: A. D. Little November 2001. 16 S. (Manuskript)

70 Zukunft der wissenschaftlichen und technischen Information in Deutschland. Ergebnisse der empirischen Untersuchungen über Informationsverhalten von Wissenschaftlern und Unternehmen. Zwischenbericht an das Bundesministerium für Bildung, Wissenschaft, Forschung und Technologie (BMBF). Oktober 2001. Durchgeführt von Arthur D. Little International Inc. Wiesbaden: A. D. Little November 2001. 10 S. (Manuskript)

# A 7  Informationsrecht – Recht der Informationswirtschaft

Jürgen W. Goebel

## A 7.1  Einführung

Informationsprozesse in allen gesellschaftlichen Bereichen schaffen bisweilen ebenso wie die Produktion und der Vertrieb von Waren und die Erbringung von Dienstleistungen eine Reihe von Konflikten, die aus der unterschiedlichen Interessenlage der daran Beteiligten oder davon Betroffenen natürlicherweise herrühren. Je mehr sich diese Interessengegensätze im Zuge des Ausbaus des Informationsmarktes und dessen verstärkter Kommerzialisierung zuspitzen und je mehr wir uns tatsächlich von einem hochindustrialisierten Gemeinwesen zu einer Informationsgesellschaft entwickeln, um so mehr ist die Schaffung und Anwendung eines rechtlichen Regelwerkes zu deren Befriedung erforderlich. Gleiches gilt für die Bereitstellung gesellschaftlich akzeptierter rechtlicher Rahmenbedingungen, die als Strukturvorgabe für diese Informationsgesellschaft unerlässlich sind.

Von Seiten der Rechtswissenschaften – aber auch des Gesetzgebers – ist dabei allerdings nach wie vor im Hinblick auf die Bereitstellung eines spezifischen Instrumentariums in manchen Bereichen ein regulatives Defizit zu verzeichnen. Sicherlich lassen sich durch einzelne Gesetzesnovellierungen punktuelle Probleme beseitigen und bei entsprechender Neukonkretisierung herkömmlicher Rechtsnormen und Rechtsinstitute diese dann auch auf Probleme des Informationswesens anwenden. Eine durchgängige praxisorientierte Vermittlung zwischen der normativen und der tatsächlichen Ebene wurde in diesem Bereich aber bisher kaum in Ansätzen erreicht.

Erst recht kann bisher auch nur unter Vorbehalt von einem Recht der Informationswirtschaft oder gar, insgesamt auf die Informationsgesellschaft bezogen, von einem in sich geschlossenen dogmatisch stimmigen „Informationsrecht" gesprochen werden. Auch die zahlreichen Veranstaltungen und Publikationen, die allenthalben zu Themen wie „Multimedia-Recht", „IT-Recht", „eCommerce-Recht" etc. zu verzeichnen sind, können daran nichts ändern. Es lassen sich jedoch einige Rechtsmaterien identifizieren und spezielle Rechtsfragen verorten, denen in einem „Informationsmarkt" eine hervorragende Bedeutung zukommt und die als Grundstock für ein pragmatisch verstandenes „Informationsrecht" fungieren können. Aus Gründen der Bedeutung dieser Rechtsmaterien und der Übersichtlichkeit der folgenden Ausführungen wollen wir uns dabei hier auf drei Schwerpunkte beschränken: das Urheberrecht, das Datenschutzrecht und das Vertragsrecht. Um die Spannweite des Gesamtbereichs einschlägiger Rechtsaspekte aufzuzeigen, seien aber zuvor kurz noch einige Problemfelder erwähnt, denen in der Praxis der Informationswirtschaft ebenfalls eine herausgehobene Bedeutung zukommt.

## A 7.2  Einschlägige Rechtsmaterien und Gesetze

### A 7.2.1  Informationsrecht – eine homogene Materie?

Vielerorts spricht man unter Juristen aber auch in der einschlägigen Technikszene heute bereits von „IT-Recht", „EDV-Recht" oder gar „Informationsrecht", wenn es um die rechtlichen Rahmenbedingungen von informationstechnischen Anwendungen oder um einzelne Rechtsfragen daraus geht. Vereinzelt gibt es sogar schon an Hochschulen Studienangebote im „Informationsrecht" (so etwa an der Fachhochschule Darmstadt/Dieburg). Steckt hinter dieser Begrifflichkeit ein dogmatisch anerkanntes übergreifendes und theoretisch fundiertes Gesamtkonzept, das irgendwann sogar einmal in ein kompaktes Informationsgesetzbuch münden könnte, oder haben wir es insoweit mit einem Sammelsurium unterschiedlichster Problemkreise und Einzelfragen zu tun?

Für letzteres spricht auf den ersten Blick, dass die damit beschriebene Materie sowohl auf der tatsächlichen als auch auf der rechtlichen Seite äußerst vielgestaltig und uneinheitlich erscheint. Dagegen ist aber eingewendet worden, dass alle diese tatsächlichen Phänomene und rechtlichen Regeln doch eine so genannte Querschnittmaterie bilden, die einer übergreifenden Betrachtung zugänglich ist. Mehrere Überlegungen bestätigen dies: Zum einen sei an die zunehmende Bedeutung von Information für alle Bereiche von Staat und Gesellschaft erinnert. Diese Gleichzeitigkeit und Gleichgerichtetheit des Bedeutungszuwachses, die letztlich zu dem geführt hat, was wir heute Informationsgesellschaft nennen, spricht dafür, dass insoweit auch gleichartige, verbindende inhaltliche Phänomene verantwortlich sind und neu entstehen, die auch einer in etwa gleichen rechtlichen Beurteilung zugänglich sind. Es kommt zum anderen hinzu, dass die Bedeutung der Information inzwischen einen Stellenwert überschritten hat, der durchaus einen Vergleich mit anderen Bereichen wie etwa dem Umweltschutz, der sozialen Sicherung, der Situation im Arbeitsmarkt usw. zulässt. Es liegt dann aber nahe, auch in rechtlicher Hinsicht eine Vereinheitlichung und Strukturierung der derzeit noch immer sehr verstreuten Materie vorzunehmen. Eine übergreifende Betrachtung informationeller Probleme aus rechtlicher Sicht erscheint ferner auch deshalb zulässig und notwendig, weil die insofern bisher existenten einschlägigen Rechtsvorschriften doch gewisse Ähnlichkeiten aufweisen. Geleistet werden kann dies auf lange Sicht über die Entwicklung eines an generellen und einheitlichen Leitlinien orientierten „Informationsrechts". Solange ein solches aber noch nicht durchgängig anerkannt ist, empfiehlt es sich, nur von den „Rechtsfragen des Informationsmarkts bzw. der Informationswirtschaft" zu sprechen.

### A 7.2.2 Übersicht

Rechtliche Problemstellungen und Einzelfragen in der Informationswirtschaft können sich aus den unterschiedlichsten Rechtsmaterien ergeben. Blendet man dabei die Schwerpunktbereiche Urheberrecht, Datenschutzrecht und Vertragsrecht aus und wendet man sich dann Regelungen auf der obersten Ebene unserer Rechtsordnung, nämlich dem Verfassungsrecht, zu und sichtet die insoweit einschlägigen Vorschriften des Grundgesetzes für die Bundesrepublik Deutschland (GG), so wird man bereits dort Regelungselemente feststellen, die auch für den Bereich der Informationswirtschaft von großem Interesse sind. Das beginnt mit organisationsrechtlichen Aspekten, die sich aus der grundgesetzlichen Kompetenzordnung im Hinblick auf die Wahrnehmung von Informationsaufgaben durch staatliche und andere öffentliche Funktionsträger ergeben (hierher gehört etwa die Frage, ob der Bund kompetenzrechtlich in der Lage ist, ein umfassendes juristisches Informationssystem, das Bundes- und Länderrecht enthält, zu betreiben), und endet mit der Frage, ob jedermann nach Art. 5 Abs. 1 S. 1 GG berechtigt ist, jede beliebige staatliche oder private Informationseinrichtung zu nutzen. Zutreffenderweise gilt letzteres entsprechend dem Wortlaut dieser Vorschrift nur für Informationsquellen, die nach dem Willen ihrer Begründer und Betreiber als „allgemein zugänglich" definiert sind.

Das verstärkte kommerzielle Begreifen von Information als „Rohstoff" oder „Ware" wirft auch eine ganze Reihe wirtschaftsrechtlicher Probleme vor allem aus dem gewerblichen Rechtsschutz auf. Dabei fragt es sich zunächst, ob der „Stoff" Information und daraus hergestellte Informationsprodukte und -dienstleistungen grundsätzlich den gleichen rechtlichen Regeln unterworfen werden können, die auch für den Waren- und Dienstleistungsverkehr vom Gesetzgeber geschaffen wurden. Ist Information, sind Informationsprodukte einem dieser Sektoren rechtlich zurechenbar oder sind insofern neue juristische Kategorien zu entwickeln? Im einzelnen ergeben sich Fragen, die vom Wettbewerbsrecht (etwa dem Verbot von Preis- und Gebietsabsprachen) bis wiederum in das Verfassungsrecht hinein reichen. Ferner ergeben sich vielfältige Einzelfragen im Hinblick auf den Unternehmens-, Namens- und Produktschutz.

Steuerrechtliche Fragen stellen sich bei der Tätigkeit von Informationseinrichtungen ebenso (verminderter Umsatzsteuersatz in Höhe von 7 % für gedruckte Dienste, Regelsteuersatz von 16 % für alle anderen Informationsprodukte), wie sich im Einzelfall durch Missbrauchs- und Schädigungsfälle Bezüge zu den Vorschriften über die Computer-Kriminalität (Beispiele: §§ 263a, 303a, 303b Strafgesetzbuch = StGB) herstellen lassen. Telekommunikationsrechtliche Fragestellungen können in der täglichen Arbeit des „Informations-Profis" ebenso auftauchen wie solche aus dem Teledienstegesetz oder dem sonstigen Presse- und Medienrecht.

### A 7.3 Schwerpunkt „Urheberrecht und gewerblicher Rechtsschutz"

Besondere Bedeutung für die tägliche Arbeit im Informationsbereich kommt aus juristischer Sicht dem Urheberrecht zu. Es tangiert diesen Bereich nicht nur im Hinblick auf die sogenannte Kopierproblematik, sondern hat beispielsweise auch Auswirkungen für die Beantwortung der Frage, unter welchen Voraussetzungen dort geschaffenen Produkten ihrerseits urheberrechtlicher Schutz zukommt und in welchem Fall Urhebervergütungen zu zahlen sind. Gerade im Hinblick auf elektronisch geführte Datensammlungen ergeben sich dabei vielfältige Probleme. Auch über das klassische Urheberrecht hinaus, wirft der gewerbliche Rechtsschutz zahlreiche Fragen auf.

### A 7.3.1 Grundlagen des Urheberrechts

Schutzgegenstand des Urheberrechts ist traditionell das literarische und künstlerische Werk und das daran bestehende „geistige Eigentum" ihrer Schöpfer. Dieses wird begründet durch die persönliche geistige Schöpfung (§ 2 Abs. 2 UrhG) als eine Entäußerung der Persönlichkeit des Urhebers. Daraus resultieren die Individualität und damit die engen geistigen Beziehungen zwischen dem Urheber und seinem Werk. Deshalb ist es ihm letztlich auch ideell und materiell zugeordnet. Verfassungsrechtlich ist der Schutz der ideellen Interessen des Urhebers in der Würde des Menschen (Art. 1 Abs. 1 GG) und der freien Entfaltung seiner Persönlichkeit (Art. 2 Abs. 1 GG) verankert. Urheber kann dementsprechend auch nur eine natürliche Person sein; bei ihr entsteht originär das Urheberrecht. Die materiellen Interessen des Urhebers finden in vermögensrechtlichen Befugnissen ihren Ausdruck und sind verfassungsrechtlich als Eigentum im Sinne des Art. 14 Abs. 1 GG anerkannt.

Seine konkrete Ausgestaltung hat das Urheberrecht im Gesetz über Urheberrechte und verwandte Schutzrechte (Urheberrechtsgesetz = UrhG) vom 09. September 1965 gefunden. Danach genießt der Urheber Schutz für seine Werke, oder wie das Gesetz dies nennt: für seine persönlichen geistigen Schöpfungen (§ 2 Abs. 2 UrhG). Betont sei an dieser Stelle, dass der Schutz des Urheberrechts nur für die Formgebung und Gestaltung des Werkes gilt, nicht aber für die in dem Werk verarbeiteten Ideen. Die chemische Formel beispielsweise, die ein Forscher im Labor erarbeitet hat, ist als Gegenstand naturwissenschaftlicher Erkenntnisse urheberrechtlich nicht geschützt, wohl aber die Beschreibung der Experimente, die zu ihrer Entdeckung geführt haben. Keinen urheberrechtlichen Schutz genießen Lebensweisheiten, wohl aber Erzählungen, in denen sie verdeutlicht werden. Dasselbe gilt etwa für Zahlenwerte und andere Einzelinformationen. Im Gegensatz zu diesen selbst kann deren Darstellung in tabellarischer Form und deren Gliederung nach verschiedenen inhaltlichen Gesichtspunkten aber durchaus schon als eine persönliche geistige Schöpfung anzusehen sein.

Entscheidend für die Urheberschutzfähigkeit eines Werkes ist jedenfalls eine geistige Leistung, die das Werk über die Trivialität alltäglicher Erscheinungsformen hinaushebt. Voraussetzung dafür ist, dass Möglichkeiten zu individueller Entfaltung bestehen und vom Urheber auch genutzt werden. Darin drückt sich die „Schöpfungshöhe" eines Werkes aus; für diese ist allerdings ausreichend, dass der individuelle Geist des Schöpfers erkennbar wird. Allzu strenge Anforderungen werden insoweit nicht gestellt, wie die im Urheberrecht anerkannte so genannte kleine Münze deutlich macht. Diese dogmatische Figur besagt, dass Urheberschutz schon dann gewährt wird, wenn ein anderer das Werk möglicherweise anders geschaffen hätte. Das kann bereits auf Tabellen, Formulare, Firmenschriften u.ä. zutreffen, denen eine bestimmte Eigenheit zukommt (siehe § 2 Abs. 1 Nr. 7 UrhG). Auch elektronische Produkte sind in den letzten Jahren in den Kanon urheberrechtlich geschützter Gegenstände aufgenommen worden, wie etwa Computerprogramme (§§ 69a ff. UrhG), Datenbankwerke (§ 4 Abs. 2 UrhG) und Datenbanken (§§ 87a ff. UrhG).

Die Position des Urhebers eines Werkes besteht aus zwei rechtlichen Komponenten, dem Urheberpersönlichkeitsrecht und den sogenannten Verwertungsrechten. Ersteres beruht darauf, dass das Werk Ausdruck der Persönlichkeit des Urhebers ist. Deshalb kann auch nur er darüber entscheiden, ob und wenn ja, in welcher Form sein Werk veröffentlicht wird. Solange dies nicht geschehen ist, ist es dem Urheber vorbehalten, den Inhalt des Werkes öffentlich mitzuteilen oder zu beschreiben (§ 12 UrhG). Ferner hat der Urheber das Recht auf Anerkennung seiner Urheberschaft nach § 13 UrhG. Dieses Recht schlägt sich etwa in der Pflicht zur Quellenangabe im Rahmen der gesetzlich verbürgten Zitierfreiheit (§ 51 UrhG) nieder. Schließlich kann sich der Urheber auch gegen Entstellungen seines Werkes wehren, zum Beispiel gegen eine inhaltlich fehlerhafte Darstellung (§ 14 UrhG).

Bei den Verwertungsrechten, dem anderen wichtigen Element des Urheberrechts, sind zu unterscheiden das Recht der Verwertung eines Werkes in körperlicher Form (§ 15 Abs. 1 UrhG) und das Recht, ein Werk in unkörperlicher Form öffentlich wiederzugeben (§ 15 Abs. 2 UrhG). Zu den erstgenannten Rechten gehören das Vervielfältigungsrecht (§ 16 UrhG) und das Verbreitungsrecht (§ 17 UrhG), von der zweiten Gruppe sei nur das allgemeine Recht der öffentlichen Wiedergabe genannt (§ 15 Abs. 2 UrhG). Diese Rechte sind dem Urheber zur ausschließlichen Nutzung zugewiesen. Er allein ist berechtigt, Dritten die Nutzung zu gestatten oder zu verwehren. Diese Verwertungsrechte kann der Berechtigte jedoch auf Dritte (etwa einen Verlag oder Serviceprovider) übertragen. Tut er dies im Hinblick auf ein „einfaches Verwertungsrecht" (Beispiel: einmalige Veröffentlichung eines Beitrags in einer Fachzeitschrift), so kann der Dritte dieses Recht seinerseits nicht weiterübertragen. Wird dem Dritten aber ein „ausschließliches Verwertungsrecht" eingeräumt, so kann er wie ein Autor frei über die einzelnen Verwertungsarten bestimmen und auch einzelne Rechte oder seine gesamte Rechtsposition an Dritte weiterübertragen. Diese Grundregeln können allerdings durch das Urhebervertragsrecht modifiziert werden.

### A 7.3.2 Vervielfältigung und sonstige Verwertung

Wie schon angedeutet, kann eine Verwertung eines urheberrechtlich geschützten Werkes auf unterschiedliche Art und Weise geschehen. Dabei ist die Vervielfältigung nach § 16 UrhG die für unseren Bereich wichtigste Art. In diesem Zusammenhang ist aber auf folgendes hinzuweisen.

Das Urheberrecht bezweckt nicht nur den Schutz des Urhebers oder eines sonst Verwertungsberechtigten. Es enthält auch Regelungen, die den freien Fluss der Information gewährleisten sollen. So haben insbesondere die Regelungen des § 53 UrhG zum Ziel, einen Ausgleich zwischen den Rechten des Berechtigten und dem freien Informationsfluss zu schaffen. Daneben sind auch die §§ 54 ff. UrhG zu erwähnen, die durch ihre Vergütungsregelungen einen materiellen Interessenausgleich zum Gegenstand haben.

Das Vervielfältigungsrecht nach § 16 UrhG berechtigt in diesem Zusammenhang zur Herstellung von Vervielfältigungsstücken. Dabei ist es völlig unerheblich, welches Verfahren dabei gewählt wird und welche konkrete Gestalt dieses letztlich hat. So macht es keinen Unterschied, ob das Werk durch Abschreiben, im Fotokopierverfahren oder in gedruckter Form, auf Magnetband, Diskette oder in sonstiger Weise vervielfältigt wird. Es kommt auch nicht darauf an, dass das betreffende Trägermaterial nur das jeweilige Werk aufnehmen kann. Für die Annahme einer Vervielfältigung ist ferner nicht erforderlich, dass das Werk unlösbar mit dem Träger verbunden ist. Die Dauer der Fixierung spielt ebenfalls keine Rolle. Ausreichend ist selbst die von vornherein beabsichtigte nur vorübergehende körperliche Festlegung des Werkes. Auch der maschinenlesbare Datenträger, auf den ein Werk überspielt wurde, stellt mithin ein Vervielfältigungsstück dar.

Für alle diese Vervielfältigungsvorgänge muss derjenige, der sie durchführt, eine rechtliche Legitimation haben. Diese kann in der Einwilligung des Rechteinhabers oder in einem Lizenzvertrag zu sehen sein. In Frage kommt aber auch ein gesetzlicher Erlaubnistatbestand, der ausnahmsweise auch ohne eine Mitwirkung des Rechteinhabers eine freie Vervielfältigung zulässt. Damit sind die Grenzen des Urheberrechtsschutzes angesprochen.

### A 7.3.3 Grenzen des Urheberrechts

§ 53 UrhG enthält eine Reihe von Einzelfällen, in denen Vervielfältigungen ohne weiteres von einem Dritten vorgenommen werden dürfen. Aus Platzgründen wollen wir uns dabei auf die „klassische Form" der Vervielfältigung literarischer Werke (Bücher, Zeitschriften etc.), etwa durch die Herstellung von Fotokopien, beschränken. Für elektronische Werke (Software, Datenbankwerke, Datenbanken etc.) sind im Falle der Vervielfältigung davon meist abweichende Regelungen zu beachten.

Im disem hier exemplarisch herausgestellten Fall des Fotokopierens differenziert das Gesetz nach Vervielfältigungen zum privaten Gebrauch (§ 53 Abs. 1 UrhG) und zum sonstigen eigenen Gebrauch (§ 53 Abs. 2 UrhG). Im ersten Fall dürfen einzelne Vervielfältigungsstücke eines Werkes zum privaten Gebrauch gefertigt werden. Die Vervielfältigungsstücke darf der Nutzungsberechtigte auch durch Dritte herstellen lassen. Berechtigt ist jeder, also jede natürliche oder juristische Person oder Personenmehrheit. Mit Ausnahme der Schulen (§ 53 Abs. 3 UrhG) dürfen nur einzelne, d.h. bis zu sieben Vervielfältigungsstücke hergestellt werden. Zu erwähnen sind auch die Fälle der Vervielfältigungsfreiheit für den eigenen wissenschaftlichen, archivarischen und sonstigen Gebrauch. Eigener Gebrauch ist der betriebsinterne Gebrauch im Rahmen der Berufstätigkeit. Die Vervielfältigungsstücke dürfen dabei die Sphäre des zur Vervielfältigung Berechtigten nicht verlassen. Ausgenommen sind Zeitungen und vergriffene Bücher, die, wenn sie im Rahmen des § 53 UrhG kopiert wurden, auch verliehen werden dürfen. Dasselbe gilt auch für

Bücher, Zeitschriftenbände etc., in denen beschädigte oder abhanden gekommene Seiten (kleine Teile) durch Vervielfältigungsstücke ersetzt worden sind.

Zulässig ist die Vervielfältigung eines Werkes zum eigenen wissenschaftlichen Gebrauch nach § 53 Abs. 2 Nr. 1 UrhG allerdings nur, wenn die Vervielfältigung auch geboten ist. Das beurteilt sich nach dem Aufwand für die Beschaffung des Beitrags und dem Verhältnis, in dem dieser zu den Vervielfältigungskosten steht. Geboten ist danach eine Vervielfältigung, wenn beispielsweise aus einem teuren Sammelwerk nur ein oder zwei Beiträge kopiert werden sollen oder es sich um nicht ausleihbare oder nur unter großem Aufwand beschaffbare Literatur handelt.

Zulässig ist ferner die Herstellung eines Vervielfältigungsstücks zur Aufnahme in ein eigenes Archiv nach § 53 Abs. 2 Nr. 2 UrhG; vorausgesetzt wird auch hier, dass die Vervielfältigung zu diesem Zweck geboten ist. Ferner darf als Vorlage für die Vervielfältigung nur ein eigenes Werkexemplar benutzt werden. Mit dieser Bestimmung wollte der Gesetzgeber insbesondere dem Bedürfnis der Bibliotheken nach einer raumsparenden Archivierung Rechnung tragen. Die Nutzung der als Archivexemplare dienenden Kopien zur Versorgung Dritter mit Fachliteratur war demgegenüber nicht beabsichtigt.

Nach § 53 Abs. 2 Nr. 4a UrhG dürfen weiterhin kleine Teile (d.h. bis zu circa 20 %) eines erschienenen Werkes oder einzelne Beiträge einer Zeitung oder Zeitschrift (wiederum maximal 20 %) kopiert werden, ohne dass es auf einen bestimmten Gebrauchszweck ankommt. Allerdings müssen das Werk, die Zeitschrift bzw. Zeitung, erschienen sein. Zum sonstigen eigenen Gebrauch dürfen ausschließlich solche Werke vervielfältigt werden, die seit mindestens zwei Jahren vergriffen sind (§ 53 Abs. 2 Nr. 4b UrhG).

Zum eigenen wissenschaftlichen und archivarischen Gebrauch sowie zum sonstigen eigenen Gebrauch nach § 53 Abs. 2 Nr. 4b UrhG ist auch die Vervielfältigung ganzer Werke zulässig. Für den erstgenannten Fall des wissenschaftlichen Gebrauchs (§ 53 Abs. 2 Nr. 1 UrhG) gilt jedoch eine bedeutsame Einschränkung. Außer durch Abschreiben darf ein Buch oder Zeitschrift im wesentlichen vollständig nur mit Einwilligung des Berechtigten vervielfältigt werden (§ 53 Abs. 4b UrhG). Ergänzt sei, dass diese Regelung auch die Vervielfältigung zum privaten Gebrauch gemäß § 53 Abs. 1 UrhG betrifft. Der Gesetzgeber will damit unzumutbare Eingriffe in das Vervielfältigungsrecht des Berechtigten verhindern; insbesondere soll einer Schädigung der Primärliteratur entgegengewirkt werden. Für eine so auf der Grundlage des Gesetzes legal durchgeführte Vervielfältigung ist in der Regel eine Vergütung zu zahlen.

### A 7.3.4 Urheberschutz für Informationsdienste und -produkte

Der urheberrechtliche Schutz kommt aber nicht nur fremderstellten Werken zu. Selbstverständlich kann sich ein Dokumentar oder ein Hersteller/Provider von Informationsdiensten und -produkten auch selbst auf den Schutz des Urheberrechts berufen. Den von ihm geschaffenen Ergebnissen eigenschöpferischer Tätigkeit (Sammlung bibliographischer Hinweise, Kurzreferate, Referatedienste, Datensammlungen jeglicher Art, Link-Listen, Multimedia-Systemen etc.) kann auch selbst der Urheberschutz zukommen. Das setzt allerdings voraus, dass diese Produkte jeweils selbst den Werkbegriff des § 2 Abs. 2 UrhG erfüllen.

Die Dokumentationseinheit als solche genießt dabei keinen urheberrechtlichen Schutz, da ihr Aufbau allein Zweckmäßigkeitsgesichtspunkten zu genügen hat und für eine individuelle Gestaltung nur sehr begrenzt Raum lässt. Für ihre einzelnen Kategorien gilt dies ebenfalls, soweit ihre Ausfüllung sich eher als handwerkliche, weniger als eigenschöpferische Tätigkeit darstellt. Genannt sei hier die Vergabe von Schlagwörtern, die dem Dokument entnommen werden, oder von Deskriptoren, die aus einem Thesaurus herrühren. In der Wahl der Begriffe liegt zwar in gewisser Weise auch eine individuelle, auf Grund der verhältnismäßig beschränkten Möglichkeiten zur Vergabe von inhaltserschließenden Begriffen jedoch keine schutzwürdige eigenschöpferische Leistung. Urheberschutz ist wohl auch Annotationen und Schlagwortreferaten zu versagen.

Anders verhält es sich hingegen bei Kurzreferaten als Inhaltsmitteilungen oder -beschreibungen. Zwar ist auch bei diesen informativen und indikativen Referaten bzw. deren Mischformen der urheberrechtliche Schutz angesichts ihrer Kürze bisweilen nicht unproblematisch. Soweit dies dem Urheberschutz aber nicht entgegensteht, ist zu beachten, dass sich zwar die Referate an das Original anlehnen; bei indikativen Referaten geschieht dies beispielsweise dadurch, dass neben dem Hinweis auf die behandelten Sachverhalte auch die Art ihrer Behandlung angedeutet wird. Bei informativen Referaten scheinen die Eigentümlichkeiten des Originals etwa in der Zusammenstellung der mitgeteilten Informationen, den Zielsetzungen und Schlussfolgerungen durch. Gleichwohl können derartige Abstracts aber nicht als „abhängige Bearbeitungen" eingestuft werden. Dafür spricht, dass die Inhaltskomponenten und Eigentümlichkeiten des Originals nur in Auswahl den Bedürfnissen des angesprochen Leserkreises entsprechend übernommen werden können. Der vom Original selbständige Charakter des Referats wird ferner auch dadurch unterstützt, dass der Referiertätigkeit in der Regel besondere Auswerterichtlinien zugrundegelegt werden. Indikative und informative Kurzreferate können danach durchaus urheberrechtlichen Schutz als vom Original selbständige Werke beanspruchen. Sie dürfen gemäß § 24 Abs. 1 UrhG ohne Zustimmung des Urhebers des benutzten Ausgangswerkes veröffentlicht oder verwertet werden.

Die verschiedentlich angebotenen Referatedienste in gedruckter oder in maschinenlesbarer Form genießen ebenfalls den urheberrechtlichen Schutz, soweit sie als Sammelwerk durch Auslese oder Anordnung der aufgenommenen Referate eine persönliche geistige Schöpfung darstellen (§ 4 Abs. 1 UrhG). Voraussetzung ist allerdings, dass die Gestaltung der Gliederung nicht durch fachliche Gesichtspunkte bereits derart festgelegt ist, dass für ihren eigenschöpferischen Aufbau kein Raum mehr bleibt. Auch die Zusammenstellung der Dokumentationseinheiten genießt nur dann Schutz, wenn nicht alle zu dem betreffenden Fachgebiet in einer Datenbank gespeicherten Dokumentationseinheiten aufgenommen wurden; wichtig ist, dass tatsächlich eine Auswahlmöglichkeit bestanden hat und auch in schöpferischer Weise genutzt wurde. Gegebenenfalls scheidet danach ein Urheberschutz für den Referatedienst als Sammelwerk aus, wenn eine strenge fachliche Ausrichtung der Gliederung und Zusammenstellung für eine individuelle schöpferische Leistung keinen Raum lässt. Gleichwohl ist der Referatedienst geschützt, wenn er das Ergebnis wissenschaftlich sichtender Tätigkeit darstellt und sich wesentlich von bisher bekannten Ausgaben der Werke unterscheidet (§ 70 Abs. 1 UrhG). Gleiches wie für Referatedienste gilt auch für die Anfertigung von Registern und Bibliographien.

Entstehen umfangreiche Datensammlungen, die in elektronischer Form zur Nutzung angeboten werden, haben wir es wiederum mit einem Datenbankwerk (§ 4 Abs. 2 UrhG) oder aber einer Datenbank (§ 87a UrhG) zu tun, an denen der Schöpfer oder auch deren Hersteller eigene Rechte geltend machen kann.

### A 7.3.5 Gewerblicher Rechtsschutz

Neben dem Urheberrecht gehören zum gewerblichen Rechtsschutz auch weitere Rechtsnormen und Regelwerke, die dem Schutz der gewerblich-geistigen Leistung und der damit verbundenen Interessen dienen. Dazu gehören beispielsweise das Patent- und Gebrauchsmusterrecht ebenso wie das Wettbewerbs- und Warenzeichenrecht.

## A 7.4 Schwerpunkt „Daten- und Knowhow-Schutz"

### A 7.4.1 Grundlagen des Datenschutzrechts

Nach § 1 Abs. 1 Bundesdatenschutzgesetz (=BDSG) ist es Zweck des Gesetzes, den Einzelnen davor zu schützen, dass er durch den Umgang mit seinen personenbezogenen Daten in seinem Persönlichkeitsrecht beeinträchtigt wird. Zum damit angesprochenen „Recht auf informationelle Selbstbestimmung" führt das Bundesverfassungsgericht aus:

"Freie Entfaltung der Persönlichkeit setzt unter den modernen Bedingungen der Datenverarbeitung den Schutz des Einzelnen gegen unbegrenzte Erhebung, Speicherung, Verwendung und Weitergabe seiner persönlichen Daten voraus. Dieser Schutz ist daher von dem Grundrecht des Art. 2 Abs. 1 in Verbindung mit Art. 1 GG umfasst. Das Grundrecht gewährleistet insoweit die Befugnis des Einzelnen, grundsätzlich selbst über die Preisgabe und Verwendung seiner persönlichen Daten zu bestimmen."

Dieser vom Bundesverfassungsgericht mit bindender Wirkung festgeschriebene Maßstab zieht eine Reihe von Konsequenzen nach sich, deren Tragweite bis heute noch nicht völlig ausgelotet ist. Unter anderem wurde es dadurch notwendig, durch gesetzgeberische Maßnahmen dafür zu sorgen, dass die informationelle Betätigung von Staat und Privaten eine ausreichende normative Grundlage erhält. Dies gilt auch und gerade für die moderne Informationsgesellschaft und die darin agierende Informationswirtschaft. Eine effektive

Durchsetzung der einschlägigen Vorschriften stößt allerdings angesichts der Komplexität und Globalität der Informationsvernetzung auch und gerade durch das Internet auf immer neue Fragen und Probleme. Eine Novellierung, ja gewissermaßen ein grundlegendes Revirement des gesamten Datenschutzrechts, erscheint daher dringender denn je.

Auch auf der normativen Ebene wird die Komplexität und Vielfalt der Datenschutzbestimmungen immer größer. Neben dem Bundesdatenschutzgesetz (BDSG) verfügt jedes Bundesland für die informationelle Tätigkeit seiner Behörden über ein Landesdatenschutzgesetz, zum Teil ergänzt durch neue Vorschriften, die den freien Zugang des Bürgers zu Datensammlungen (auch nicht-personenbezogener Art) bei den öffentlichen Stellen sicherstellen sollen. Daneben gibt es spezielle Kodifikationen etwa für den Bereich der Teledienste (das Teledienstedatenschutzgesetz = TDDSG), der Telekommunikation (etwa § 83 Telekommunikationsgesetz = TKG in Verbindung mit der dazugehörigen Telekommunikations-Datenschutzverordnung = TDSV) und andere informationelle Tätigkeiten sowie, verstreut über weitere Gesetze, Einzelvorschriften über den Umgang mit personenbezogenen Daten in ganz bestimmten Fällen.

**A 7.4.2 Zulässigkeit der Verarbeitung personenbezogener Daten**

Nach § 4 Abs. 1 BDSG ist die Erhebung, Verarbeitung und Nutzung personenbezogener Daten nur zulässig, soweit dieses Gesetz (also das BDSG) oder eine andere Rechtsvorschrift dies erlaubt oder anordnet oder der Betroffene eingewilligt hat. Kann auf eine derartige Bestimmung zurückgegriffen werden, bestimmt sich die Zulässigkeit der Verwendung der Daten ausschließlich nach dem betreffenden gesetzlichen oder in sonstiger Form statuierten Tatbestand – das BDSG wirkt sich dann auf die Frage der Zulässigkeit zumindest unmittelbar nicht mehr aus. Erforderlich ist jedoch, dass die betreffende Norm die Verarbeitung von personenbezogenen Daten in den einzelnen Phasen konkret anspricht. Es genügt nicht, dass die Verarbeitung bestimmter Informationen nur „stillschweigend" vorausgesetzt wird.

Wenn keine Rechtsnorm die Verarbeitung der Daten erlaubt, ist die „Erlaubnis" durch den Betroffenen erforderlich. § 4 Abs. 1 nennt als dritten Erlaubnistatbestand die Einwilligung, d.h. die vorherige Einverständniserklärung des Betroffenen. Der Begriff „Einwilligung" entspricht der Terminologie des BGB (§ 183: Einwilligung = vorherige Zustimmung) und auch der Tatsache, dass in der wissenschaftlichen Erörterung der Begriff „Einwilligung" verwendet wird, wenn ein Eingriff in das Persönlichkeitsrecht des Betroffenen mit dessen Einverständnis erfolgt.

Ob der Betroffene einwilligt oder nicht, muss seiner freien Entscheidung unterliegen (§ 4a). Demgemäß muss er wissen, worin er einwilligt. Dies setzt hinsichtlich seiner Person die Einsichtsfähigkeit in die Tragweite seiner Entscheidung voraus. Da die Einwilligung sich auf tatsächliche Handlungen – nämlich den Eingriff in das Persönlichkeitsrecht – bezieht, und nicht rechtsgeschäftlichen Charakter hat, ist Geschäftsfähigkeit nicht erforderlich. Die Einwilligung muss nicht persönlich erteilt werden, sie kann durch einen Vertreter erklärt werden. Eine diesbezügliche Vollmacht muss sich jedoch ausdrücklich auf die Erteilung der Einwilligung erstrecken.

In § 4a Abs. 1 S. 2 wird nunmehr die zuvor bereits in Literatur und Rechtsprechung bejahte Hinweispflicht festgeschrieben. Der Betroffene kann nur frei über die Einwilligung entscheiden, wenn er die vorgesehenen Verarbeitungen kennt und daher auch eine hinreichend bestimmte Erklärung abgeben kann. Eine Erklärung des Betroffenen, er sei mit jeder weiteren Form der Verarbeitung seiner Daten einverstanden, kann nicht ausreichen. Der Betroffene muss wissen, was mit den Daten geschehen soll. Dazu muss er zunächst wissen, auf welche personenbezogenen Daten sich die Einwilligung bezieht.

Gemäß § 4a Abs. 1 S. 3 bedarf die Einwilligung grundsätzlich der Schriftform. Ein Verstoß dagegen würde in entsprechender Anwendung der §§ 125, 126 BGB die Einwilligung unwirksam machen und zur Unzulässigkeit der darauf basierenden Datenverarbeitungen führen. Nur unter besonderen Umständen kann eine andere Form angemessen sein.

Durch § 4a Abs. 1 S. 4 soll weiterhin verhindert werden, dass die Einwilligung bei Formularverträgen im sogenannten „Kleingedruckten" versteckt wird und der Betroffene sie durch seine Unterschrift erteilt. Die Einwilligungsklausel ist also in derartigen Fällen an deutlich sichtbarer Stelle drucktechnisch von dem anderen Text abgesetzt darzustellen. Ein Hinweis auf die Allgemeinen Geschäftsbedingungen, in denen die Einwilligung –

wenn auch in Fettschrift – enthalten ist, genügt jedoch den gesetzlichen Anforderungen nicht.

### A 7.4.3   Rechte des Betroffenen

Zur Sicherstellung der Verarbeitung personenbezogener Daten gemäß den datenschutzrechtlichen Vorgaben kann der Betroffene eine Reihe von Rechten geltend machen, so etwa das Recht auf Auskunft (§§ 19 und 34), auf Berichtigung, Löschung oder Sperrung (§§ 20 und 35); er hat ein Recht auf Widerspruch, wenn es um die Verwendung seiner Daten für Zwecke der Werbung oder der Markt- und Meinungsforschung geht (§ 28 Abs. 4). In Einzelfällen kann er nach den §§ 7 und 8 auch Schadensersatz verlangen oder die Offenbarung personenbezogener Daten von vornherein verweigern, wenn er nicht eingewilligt hat und auch sonst keine Rechtsgrundlage für die Verarbeitung seiner personenbezogenen Daten existiert.

Jeder Betroffene hat nach Maßgabe des BDSG ein Recht auf Auskunft über die zu seiner Person gespeicherten Daten. Zusammen mit der Angabe der einzelnen Daten muss die speichernde Stelle ihm auch mitteilen, zu welchem Zweck die Daten gespeichert werden, wo sie die Daten herbekommen hat, welche Verarbeitungsvorgänge damit bereits durchgeführt wurden und an wen die Daten weitergegeben wurden. Der Betroffene ist auch darüber zu unterrichten, wenn über seine Person keine Daten gespeichert sind.

Zum Recht des Betroffenen auf Berichtigung bestimmen die §§ 20 Abs. 1, 35 Abs. 1 lapidar, dass personenbezogene Daten zu berichtigen sind, wenn sie unrichtig sind. Was bedeutet das im Einzelnen? Der Begriff „unrichtig" ist weit auszulegen. Die Unrichtigkeit kann darin bestehen, dass gespeicherte Daten falsch, also nicht mehr in Bezug zur Realität stehen, d.h. die Realität nicht mehr zutreffend abbilden; ferner, wenn gespeicherte Daten unvollständig sind, also lückenhaft sind; gespeicherte Daten veraltet und damit überholt sind; oder gespeicherte Daten im Hinblick auf den Verwendungszweck nicht bei der richtigen Stelle gespeichert sind und damit gespeicherte Informationen entstellen. Der Berichtigungsanspruch ist gegenüber der verantwortlichen Stelle geltend zu machen. Problematisch ist dabei, wer (die verantwortliche Stelle oder der Betroffene) zu beweisen hat, dass ein Datum unrichtig ist. Da unrichtige Daten nicht gespeichert werden dürfen, hat die speichernde Stelle die Richtigkeit dann zu beweisen, wenn sie der Betroffene bestreitet; kann die speichernde Stelle die Richtigkeit nicht beweisen, der Betroffene aber deren Unrichtigkeit, so ist zu berichtigen; im non-liquet-Fall (beide können weder Richtigkeit noch Unrichtigkeit beweisen) sind die davon betroffenen Daten zu sperren; verlangt der Betroffene, dass diese Daten gelöscht werden, muss er deren Unrichtigkeit beweisen. Die Berichtigung von Daten kann dadurch geschehen, dass gespeicherte Daten verändert und damit wieder zu einem zutreffenden Abbild der Realität gemacht werden (Meldung bei der Schufa, dass die noch offene Kreditschuld inzwischen getilgt ist; entsprechende Änderung der Schuldner-Datei); unrichtige Bestandteile eines Datensatzes können gelöscht werden (etwa bei Verjährung von Straftaten, Löschung der Angaben im Strafregister); neue, bisher noch nicht gespeicherte Informationen können in den Datensatz aufgenommen werden (etwa bei Geburt eines Kindes der Änderung des Datensatzes beim Meldeamt).

Die Rechte auf Sperrung und Löschung gespeicherter Daten sind jeweils eigenständige Rechte des Betroffenen. Da sie vom Gesetz jedoch recht eng miteinander verzahnt sind, sollen sie auch hier zusammen behandelt werden. Der Betroffene hat dann das Recht auf Sperrung der zu seiner Person gespeicherten Daten, wenn die Voraussetzungen des § 20 Abs. 3 oder § 35 Abs. 3 vorliegen. Das Sperren bedeutet ein eingeschränktes (= relatives) Nutzungsverbot; das Löschen ein uneingeschränktes (= absolutes) Nutzungsverbot. Der Betroffene hat ein Recht auf Löschung der zu seiner Person gespeicherten Daten, wenn (nach § 20 Abs. 2 oder § 35 Abs. 2) die Speicherung unzulässig war; oder (wahlweise neben dem Recht auf Sperrung) die ursprünglich erfüllten Voraussetzungen für das Speichern weggefallen sind.

### A 7.4.4   Kontrollorgane und -instanzen

Ebenso wie in anderen Bereichen gibt es auch beim Schutz personenbezogener Daten bestimmte Kontrollinstanzen, die die Ordnungsmäßigkeit der Datenverarbeitung und die zutreffende Anwendung des Datenschutzrechts überwachen. Im Einzelnen üben dabei folgende Instanzen eine Kontrollfunktion aus: der Betroffene selbst; der betriebliche oder behördliche Datenschutzbeauftragte; externe Datenschutzkontrollinstitutionen, wie etwa der Bundesdatenschutzbeauftragte, die Aufsichtsbehörden der Länder und die Länderdatenschutzbeauftragten; ferner aber auch die Gerichte.

Eine Kontrolle der Ordnungsmäßigkeit der Datenverarbeitung durch den Betroffenen geschieht zunächst dadurch, dass er seine Rechte geltend macht, also neben der Informationsverweigerung die Rechte auf Auskunft, Berichtigung, Sperrung und Löschung. Insbesondere das Recht auf Auskunft erlaubt es ihm, diese Kontrolle auszuüben und entsprechende Gegenmaßnahmen (etwa einen Antrag auf Berichtigung, Sperrung oder Löschung) zu ergreifen. Diese Maßnahmen könnte man als unmittelbare Kontrolle bezeichnen. Daneben gibt es aber auch noch eine mittelbare Kontrolle, die darin besteht, dass sich der Betroffene an Datenschutzkontrollinstanzen wendet, etwa den Bundesbeauftragten für Datenschutz, die Länderdatenschutzbeauftragten, die Aufsichtsbehörden, aber auch den betrieblichen Datenschutzbeauftragten. Bei diesen kann er anregen oder beantragen, eine Kontrolle darüber auszuüben, ob die verantwortliche Stelle seine personenbezogenen Daten korrekt behandelt.

Die Einrichtung und Befugnisse des damit auch angesprochenen betrieblichen oder behördlichen Datenschutzbeauftragten bei der Datenverarbeitung nicht-öffentlicher und öffentlicher Stellen sind jetzt geregelt in den §§ 4f und 4g, wobei die frühere Trennung nach öffentlichen und nicht-öffentlichen Stellen aufgegeben wurde. Im einzelnen gilt zum internen Datenschutzbeauftragten folgendes. Eine Pflicht zu dessen Bestellung besteht, wenn bei maschineller Datenverarbeitung mindestens fünf Personen personenbezogene Daten verarbeiten. Bei manueller Datenverarbeitung gilt dies, wenn damit mindestens 20 Arbeitnehmer ständig beschäftigt sind.

Eine externe Kontrolle der datenverarbeitenden Stellen wird ausgeübt durch die Aufsichtsbehörden für den privaten (= nicht-öffentlich) Bereich (§ 38), den Bundesbeauftragten für den Datenschutz (§§ 21 bis 26) und, entsprechend für Länderstellen, durch die Landesbeauftragten für den Datenschutz für den öffentlichen Bereich.

Die von den Ländern für den nicht-öffentlichen Bereich einzurichtenden Aufsichtsbehörden nach § 38 (bei den Regierungspräsidien oder beim Innenministerium) können tätig werden, wenn der Betroffene ihnen gegenüber begründet darlegt, dass er in seinen Rechten verletzt wurde, oder aber auch aus eigener Initiative. Ferner hat die Aufsichtsbehörde den internen Beauftragten für den Datenschutz beratend zu unterstützen. Die verantwortlichen Stellen haben gegenüber der Aufsichtsbehörde eine Auskunftspflicht. Die Auskunft ist unverzüglich und in der Regel schriftlich zu erteilen. Ein Verstoß gegen die Auskunftspflicht ist ordnungswidrig. Die Auskunftspflicht erstreckt sich auch auf solche Daten, die dem Betroffenen gegenüber nicht mitgeteilt werden müssen. Der Aufsichtsbehörde steht der verantwortlichen Stelle gegenüber ein Zutrittsrecht zu. Erklärt sich diese nach Eingreifen der Aufsichtsbehörde bereit, den Missstand abzustellen, ist die Aufgabe der Aufsichtsbehörde beendet. Bei besonders schweren Verstößen gegen die Bestimmungen des Datenschutzrechts können gegen die verantwortliche Stelle auch gewerberechtliche Sanktionen verhängt werden gemäß § 38 Abs. 7 (bis hin zur Gewerbeuntersagung).

Der Bundesbeauftragte für den Datenschutz (und ebenso die Landesdatenschutzbeauftragten) steht als Mittler zwischen Bürger und Verwaltung, die er datenschutzmäßig überwacht. Der Bürger kann sich an ihn wenden, wenn er sich in seinen Rechten verletzt sieht.

Sofern die verantwortlichen Stellen weder auf Kontrollmaßnahmen des Betroffenen noch auf solche der nach dem BDSG oder einem Landesdatenschutzgesetz vorgesehenen Kontrollinstanzen reagieren, kann der Betroffene sich zur Durchsetzung seiner Rechte auch an die Gerichte wenden. Das Datenschutzrecht sieht dafür keinen einheitlichen Rechtsweg vor. Im Streitfall hat das Gericht zu entscheiden, in dessen fachliche Zuständigkeit das Rechtsverhältnis fällt, für das die umstrittenen Daten gespeichert wurden. Im öffentlichen Bereich sind danach die Verwaltungsgerichte sowie die Sozial- und Finanzgerichte zuständig. Im privaten und gewerblichen Bereich führt der Rechtsweg zu den ordentlichen Gerichten und den Arbeitsgerichten.

### A 7.4.5 Datensicherheit

Häufig verwechselt wird die „Datensicherheit" mit dem gesamten Datenschutz. Nach § 9 versteht das Gesetz darunter aber lediglich den kleinen Ausschnitt der technischen und organisatorischen Maßnahmen, durch die ein effektiver Datenschutz praktisch umgesetzt werden soll. Welche Maßnahmen dabei im Einzelnen notwendig sind, hängt nicht nur von der Art der Daten ab, sondern ebenso von der Aufgabe, den organisatorischen Bedingungen, den räumlichen Verhältnissen, der personellen Situation und anderen Rahmenbedingungen bei der verantwortlichen Stelle. Das Gesetz verzichtet deshalb darauf, bestimmte einzelne Maßnahmen zwingend vorzuschreiben, sondern verlangt nur allgemein, „die technischen und organisatorischen Maßnahmen zu treffen, die erforderlich sind, um die Ausführung der Vorschriften dieses Gesetzes ... zu gewährleisten."

Welche Wirkung diese Maßnahmen im Bereich der automatisierten Verarbeitung haben müssen, legt das Gesetz in Form einer Anlage zu § 9 katalogmäßig fest. Die Maßnahmen müssen beispielsweise geeignet sein, Unbefugten den Zutritt zu Datenverarbeitungsanlagen zu verwehren; zu verhindern, dass Datenverarbeitungssysteme von Unbefugten genutzt werden können; zu gewährleisten, dass die zur Benutzung eines Datenverarbeitungssystems Berechtigten ausschließlich im Rahmen ihrer Zugriffsberechtigung zugreifen können und personenbezogene Daten bei der Verarbeitung, Nutzung und nach der Speicherung nicht unbefugt gelesen, kopiert, verändert oder entfernt werden können; sowie zu gewährleisten, dass zu unterschiedlichen Zwecken erhobene Daten getrennt verarbeitet werden können.

Bei den technischen und organisatorischen Maßnahmen ist von entscheidender Bedeutung, dass sie als ein zusammenwirkendes Schutzsystem verstanden werden. Viele Maßnahmen des Datenschutzes wirken zugleich im Sinne einer Sicherung, des ordentlichen Betriebsablaufs. Deshalb ist es wichtig, das Datenschutzkonzept jeweils in engem Zusammenhang mit sonstigen Sicherheitskonzepten zu entwickeln und anzuwenden. Relevant sind in diesem Zusammenhang auch die Vorschriften des § 9a (Datenschutzaudit) und § 10 (Einrichtung automatischer Abrufverfahren).

### A 7.4.6 Knowhow-Schutz

Vom Datenschutz streng zu unterscheiden ist der Schutz nicht-personenbezogener Daten. Derartige Informationen, Unterlagen, Datensammlungen, Betriebsgeheimnisse oder sonstiges Knowhow unterfallen nicht dem Anwendungsbereich des Datenschutzrechts. Das bedeutet zwar nun nicht, dass derartiges Knowhow überhaupt keinen rechtlichen Schutz genießt. Insoweit können durchaus das Patentrecht, das Wettbewerbsrecht oder auch das Vertragsrecht (etwa über Geheimhaltungsvereinbarungen) schützende Wirkung entfalten. Sehr informativ ist dazu aber Lit. 03.

## A 7.5 Schwerpunkt „Vertragliche Aspekte"

### A 7.5.1 Vertragstypologische Einordnung von Informationsgeschäften

Welche Vertragsart zwischen einem Informationsanbieter und einem Nutzer vorliegt, welche Rechte und Pflichten damit den Vertragsparteien zukommen und was dies letztlich für die im Einzelfall anzuwendenden Gewährleistungs- und Haftungsregeln bedeutet, hängt vor allem von der Qualifizierung der Rechtsbeziehung zwischen Informationsanbieter und Nutzer und der Art des Informationsproduktes, um das es geht, ab. Es soll dabei im folgenden davon ausgegangen werden, dass die zwischen Informationsanbieter und -nutzer bestehende Rechtsbeziehung (wie in der Regel) privatrechtlicher Natur ist. Denkbar sind im Einzelfall natürlich auch öffentlich-rechtliche Nutzungsverhältnisse.

Nach wie vor ungeklärt ist in der juristischen Dogmatik die abschließende vertragstypologische Einordnung des Informationsgeschäfts in das Vertragssystem des Bürgerlichen Rechts. Zwar gibt es dazu einige interessante Literaturbeiträge, nicht jedoch eine einschlägige und klärende höchstrichterliche Rechtsprechung. Der Bundesgerichtshof und andere Obergerichte haben es bisher stets erfolgreich vermieden, eine eindeutige und abschließende Stellungnahme zur Rechtsnatur von Informationsverträgen abzugeben.

### A 7.5.2 Rechte und Pflichten der Vertragspartner

Diese ungeklärte Situation wirkt sich insbesondere dann aus, wenn die Fragen zu beantworten sind, welche Rechte und Pflichten die jeweiligen Vertragspartner haben und insbesondere welche Gewährleistungsrechte einem Nutzer zustehen, der fehlerhafte Informationen, Informationsprodukte oder -dienste erhalten hat, und in welchen Fällen ein Informationsanbieter oder -vermittler sogar für Schäden haften muss, die aus diesen fehlerhaften Informationen adäquat kausal entstanden sind. Denn die im Einzelfall gegebenen Ansprüche richten sich wiederum nach dem Vertragstyp, der dem jeweiligen Rechtsgeschäft zugrunde liegt. Nimmt man insoweit einen Kaufvertrag an, so stehen dem Nutzer auch die kaufrechtlichen Gewährleistungsrechte zu. Zu denken ist in diesem Zusammenhang bei mehr äußerlichen Fehlern des Dienstes etwa an die Rechte, den Vertrag rückgängig zu machen, also die Wandlung (§ 437 BGB), die Herabsetzung des Entgelts (= Minderung) oder die Neulieferung. Treten Fehler in den Inhalten des Dienstes auf, so ist dieser fehlerhaft im Sinne des § 434 BGB, wenn er für den gewöhnlichen Gebrauch untauglich ist, wenn er also die ihm beigelegten Funktionen nicht (mehr) erfüllen kann. Dem Nutzer stehen in diesem Fall ebenfalls die kaufvertraglichen Ansprüche auf Wandlung oder Neulieferung zu.

Die Haftung des Informationsanbieters für die durch die Schlechtlieferung entstandenen weiteren Schäden richtet sich grundsätzlich nach den Regeln der positiven Vertragsverletzung (so genannte pVV). Als solche weiteren Schäden sind diejenigen anzusehen, die dem Benutzer infolge der Mangelhaftigkeit des Dienstes an anderen Rechtsgütern, etwa seinem Eigentum oder Vermögen, entstehen. Die Voraussetzungen für einen Anspruch aus positiver Vertragsverletzung eines Kaufvertrags nach § 280 BGB sind: die Lieferung eines fehlerhaften Produktes, der Eintritt eines Mangelfolgeschadens, die Ursächlichkeit des auf fehlerhaften Informationen beruhenden Verhaltens für den geltendgemachten Mangelfolgeschaden sowie das Verschulden. Um zu ermitteln, inwieweit den Informationsanbieter an der Fehlerhaftigkeit des Informationsproduktes ein Verschulden trifft, ist der zum Informationsprodukt führende Verarbeitungsprozess in seinen einzelnen Phasen auf ein mögliches schuldhaftes Fehlverhalten der Angestellten oder der externen Mitarbeiter des Anbieters hin zu untersuchen; deren Verschulden hat er sich dann gemäß § 278 BGB zurechnen zu lassen. Bei fahrlässigem Handeln der informationsverarbeitenden Stelle muss der später eingetretene Schaden schließlich auch voraussehbar und vermeidbar gewesen sein.

Diese Regeln über den Kaufvertrag werden auf ein Informationsgeschäft aber wiederum nicht mehr angewendet werden können, wenn dessen Gegenstand eher die Erbringung eines individuellen Informationsservice (Datenbank-Recherche mit zusätzlicher Analyse der gefundenen Dokumente oder ähnliches) darstellt. In diesem Fall dürfte eher das Werkvertragsrecht (§§ 631 ff. BGB) mit den ihm spezifischen Gewährleistungsansprüchen zur Geltung kommen. In einem dritten Fall mögen vielleicht eher das Dienstvertragsrecht (§§ 611 ff. BGB) oder die Regelungen der Miete (§§ 535 ff. BGB)

einschlägig sein. In jedem Fall ist eine individuelle Würdigung des Informationsgeschäfts im Hinblick auf seine vertragstypologische Einordnung unumgänglich.

Um diese unsichere Rechtssituation zu beseitigen, sind viele Informationsproduzenten, -anbieter und -vermittler dazu übergegangen, sich für die mit ihren Kunden abzuschließenden Verträge eine eigene Rechtsordnung zu schaffen. Dies geschieht in der Praxis durch die Formulierung und Verwendung standardisierter Verträge (so genannte Formularverträge) oder durch Allgemeine Geschäftsbedingungen (AGB). Ein Beispiel dafür sei im Folgenden kurz skizziert.

### A 7.5.3 Typische Verträge in der Informationswirtschaft

Man findet in der Informationsszene immer wieder Muster- und Formularverträge sowie Allgemeine Geschäftsbedingen vor, die sich auf die jeweils angebotenen Produkte und Dienstleistungen beziehen. Als Beispiele seien etwa genannt: Lizenzverträge, Online-Nutzungsbedingungen, AGB von Informationsvermittlern, Verträge mit Internet-Providern, Wartungs- und Pflegeverträge und vieles andere mehr. Einschlägige Nachschlagewerke (Lit. 07) präsentieren einen „bunten Strauß" solcher Klauselwerke. Dabei sei die Lektüre derartiger Sammlungen durchaus empfohlen. Allerdings sei auch ausdrücklich davor gewarnt, solche Muster 1:1 auf den konkreten Fall anwenden zu wollen. Es ist bei jeder Übernahme eines solchen Musters für das jeweilige Rechtsverhältnis unabdingbar, selten kleine aber meist umfangreiche Anpassungen vorzunehmen. Dazu sollte man sich eines professionellen Rechtsberaters bedienen.

Als Beispiel für derartige Klauselwerke sei auf die folgende Checkliste hingewiesen, die die wichtigsten Regelungspunkte für AGB eines Online-Benutzungsvertrags anspricht. Prinzipiell können in Online-AGB beliebige und zahlreiche Punkte geregelt werden, vorausgesetzt es liegt kein Verstoß gegen zwingende Gesetzesvorschriften, insbesondere die §§ 305 ff. BGB vor. In jedem Fall sind aber die folgenden Aspekte regelungswürdig und meistens auch -bedürftig.

**(1) Leistungsbeschreibung:** Hier ist in generalisierter Form festzulegen, welche Leistungen des Informationsanbieters der Nutzer erwarten kann. Zur näheren Ausgestaltung kann auf Datenbankbeschreibungen und ähnliche Unterlagen verwiesen werden, die dann als Anlage zum Vertrag zu nehmen sind und damit auch Vertragsinhalt werden.

**(2) Rechte und Pflichten des Nutzers:** Hierher gehört die grundsätzliche Pflicht des Nutzers, die für die Datenbank-Recherche anfallenden Entgelte zu bezahlen ebenso wie sein Recht, in diesen Datenbanken (etwa zu bestimmten Zeiten oder rund um die Uhr) zu recherchieren, die Datenbanken aber nicht zu zweckfremden Zielen zu verwenden.

**(3) Erteilung der Zugriffsberechtigung:** In diesem Punkt ist festzulegen, wie die Prozedur zur Erlangung des Passwort erfolgt; gegebenenfalls kann hier auch klargestellt werden, dass der Nutzer für die Schaffung der technischen Infrastruktur zur Online-Recherche selbst verantwortlich ist.

**(4) Nutzungsrechte:** Ein zentraler Punkt von Online-AGB ist die Festlegung, in welchem Umfang und zu welchen Zwecken der Nutzer in den Datenbanken recherchieren darf. Dabei ist auch zu regeln, ob Recherche-Ergebnisse an Dritte weitergegeben werden dürfen und ob dies entgeltlich oder unentgeltlich geschehen darf. Auch die Zulässigkeit/Unzulässigkeit einer professionellen Informationsvermittlung aus den Datenbanken ist hier festzulegen. In der Praxis finden sich häufig zu diesem Aspekt sehr detaillierte Regelungen, die allerdings ebenso häufig den Nachteil haben, dass ihre Einhaltung nicht kontrolliert werden kann.

**(5) Downloading:** Als Spezialfall der Datenbank-Nutzung kann das Downloading separat geregelt werden. Darunter versteht man das langfristige Speichern von Recherche-Ergebnissen in maschinenlesbarer Form beim Nutzer, um später in anderen Zusammenhängen wieder auf die gefundenen Dokumente zurückgreifen zu können.

**(6) Urheberrecht:** In dieser Klausel behält sich der Informationsanbieter üblicherweise alle Rechte an den Datenbanken vor.

**(7) Preise und Verzug:** Unter dieser Überschrift werden in der Praxis die Preislisten der Informationsanbieter in den Vertrag mit einbezogen. Außerdem werden der Fälligkeitszeitpunkt für Entgeltforderungen sowie die Folgen des Zahlungsverzugs des Nutzers (Zinsen, Sperrung des Anschlusses etc.) geregelt.

**(8) Einstehen für Pflichtverletzungen:** Dieser Klausel kommt häufig ebenfalls eine zentrale Bedeutung zu. Einerseits werden hier die Gewährleistungsrechte des Nutzers festgelegt (meistens ein Recht auf Nachrecherche = Nachbesserung und im Falle des Scheiterns der Nachbesserung auf Wandlung des Vertrags). Andererseits versuchen in dieser Klausel die Informationsanbieter ihre Haftung für Schäden aus fehlerhaften Informationen so weit als möglich einzuschränken (Haftung nur für vorsätzliches oder grob fahrlässiges Handeln).

**(9) Vertragsdauer/Beendigung:** Da Online-Verträge in der Regel auf Dauer angelegt sind, bedarf die Frist für eine Beendigung des Vertrags durch ordentliche Kündigung der Festlegung. Das Recht zur außerordentlichen fristlosen Kündigung aus wichtigem Grund bleibt selbstverständlich vorbehalten.

**(10) Datenschutz/Vertraulichkeit:** In dieser Klausel wird dem Nutzer häufig eine vertrauliche Behandlung seiner Suchanfragen und -profile zugesichert. Außerdem wird er auf die Verarbeitung seiner personenbezogenen Daten im Rahmen des Vertragsverhältnisses hingewiesen.

**(11) Sonstiges:** Schließlich findet man in Online-AGB häufig noch Regelungen über das anzuwendende Recht, den Gerichtsstand für Rechtsstreitigkeiten, das Schriftformerfordernis für Vertragsänderungen und -aufhebungen sowie Regelungen über die Teilnichtigkeit einzelner AGB-Klauseln.

### A 7.5.4  Wirksamkeit Allgemeiner Geschäftsbedingungen

Werden Allgemeine Geschäftsbedingungen (= AGB), Lizenzbedingungen oder ähnliches zur Anwendung gebracht, entfalten diese jedoch nur dann rechtliche Wirkung, wenn sie einerseits materiellrechtlich unbedenklich sind und sie andererseits korrekt in den jeweiligen Vertrag einbezogen werden.

Die rechtliche Zulässigkeit von AGB bzw. einzelner Klauseln richtet sich im wesentlichen nach den Bestimmungen der §§ 305 ff. BGB. Nach § 307 Abs. 1 BGB sind Bestimmungen unwirksam, wenn sie den Vertragspartner des Verwenders (hier also den Nutzer) entgegen den Geboten von Treu und Glauben unangemessen benachteiligen. Das ist nach § 307 Abs. 2 BGB im Zweifel anzunehmen, wenn eine AGB- oder Lizenzklausel mit wesentlichen Grundgedanken der gesetzlichen Regelung, von der durch die Klausel abgewichen wird, nicht zu vereinbaren ist, oder wesentliche Rechte oder

Pflichten, die sich aus der Natur des Vertrages ergeben, einschränkt. In den §§ 308 und 309 BGB sind Fälle aufgeführt, in denen von einer Unwirksamkeit der betreffenden Klausel auszugehen ist. Als besonders wichtiges Beispiel sei dabei etwa auf § 309 Nr. 7 BGB hingewiesen. Danach ist in AGB stets unwirksam ein Ausschluss oder eine Begrenzung der Haftung für einen Schaden, der auf einer grob fahrlässigen Vertragsverletzung des Verwenders oder auf einer vorsätzlich oder grob fahrlässigen Vertragsverletzung eines gesetzlichen Vertreters oder Erfüllungsgehilfen des Verwenders beruht; dies gilt auch für Schäden aus der Verletzung von Pflichten bei den Vertragsverhandlungen.

Zur Wirksamkeit von AGB oder Lizenzbedingungen ist neben der Beachtung dieser inhaltlichen Anforderungen aber auch in formaler Hinsicht notwendig, dass diese in rechtlich einwandfreier Weise in das jeweilige Vertragsverhältnis einbezogen werden. Nach § 305 Abs. 2 BGB ist dazu erforderlich, dass der AGB-Verwender bei Vertragsschluss die andere Vertragspartei ausdrücklich oder durch deutlich sichtbaren Aushang am Ort des Vertragsabschlusses (also im Geschäftslokal) auf sie hinweist. Der Verwender muss ferner der anderen Vertragspartei die Möglichkeit verschaffen, in zumutbarer Weise von ihrem Inhalt Kenntnis zu nehmen. Schließlich und endlich muss die andere Vertragspartei mit der Geltung der AGB einverstanden sein. Besondere Probleme bei der Einbeziehung von AGB in den Vertrag entstehen häufig bei telefonischer Auftragserteilung oder gar beim Abschluss von Verträgen über Online-Systeme. Auch hier müssen in spezifischer Weise die Einbeziehungsvorschriften der §§ 305 und 305a BGB beachtet werden, wobei auf das typische Gepräge des jeweiligen technikgestützten Kommunikationsvorgangs Rücksicht zu nehmen ist. Kann etwa ein Nutzer einen Vertrag über eine Datenbankrecherche im Online-Dialog abschließen, so muss er vor dem eigentlichen Abschluss die Möglichkeit haben, sich auch die entsprechenden Nutzungsbedingungen am Bildschirm ansehen zu können und zwar kostenlos.

### A 7.5.5   „Online-Verträge"

Zunehmend wird die Online-Infrastruktur (E-Mail-Systeme, Mailboxen, Internet und ähnliche Netzwerke) nicht nur zur Informationsbeschaffung oder -verteilung sowie zum Austausch unverbindlicher Nachrichten und Nettigkeiten verwendet.

Vielmehr werden über derartige Kommunikationswege immer mehr rechtlich relevante Erklärungen abgegeben, Verträge abgeschlossen und, soweit dies technisch möglich ist, auch sogleich abgewickelt. Dabei stellen sich aus rechtlicher Sicht u.a. folgende Fragen:

- Sind online abgegebene rechtsrelevante Erklärungen überhaupt wirksam?
- Wie und zu welchem Zweck und mit welchem Inhalt können Verträge online abgeschlossen werden?
- Welche Rechtsvorschriften gelten, wenn es bei derartigen Vertragsschlüssen zu (rechtlichen) Störungen kommt?
- Können online „schriftliche" Erklärungen abgegeben werden?
- Wenn es bei derartigen Verträgen zu gerichtlichen Auseinandersetzungen kommt, ergeben sich darüber hinaus häufig schwerwiegende beweisrechtliche Fragen.

Internet-Angebote, die auch einen Online-Vertragsschluss erlauben, unterliegen inzwischen bestimmten Anforderungen (Impressumspflicht, Hinweis auf Widerrufsrecht bei Konsumentenverträgen, Vorgaben für die „bildschirmgerechte" Einbeziehung von AGB in den jeweiligen Vertrag u.a. mehr). Werden diese beachtet, bestehen gegen die rechtliche Wirksamkeit solcher Verträge keine Bedenken.

### Literatur

01 Bull, H. P.: Die Grundprobleme des Informationsrechts, Alfred Metzner Verlag, Frankfurt a. M. 1985.
02 Fromm, F. K./Nordemann, W.: Urheberrecht, Kommentar Kohlhammer, 9. Aufl., Stuttgart 1998.
03 Harke, D.: Ideen schützen lassen? Beck-Rechtsberater, 1. Auflage, München 2000.
04 Hoeren, T.: Grundzüge des Internetrechts, Beck, 2. Aufl., München 2002.
05 Kloepfer, M.: Informationsrecht, Beck, 1. Aufl., München 2002.
06 Loewenheim, U./Koch, F.: Praxis des Online-Rechts, Beck, 1. Aufl., München 2001.
07 Mehrings, J.: Vertragsabschluß im Internet. In: Multimediarecht = MMR 1998, S. 30ff.
08 Redeker, H. (Hrsg.): Handbuch der IT-Verträge, Köln 2003.
09 Schneider, J.: Handbuch des EDV-Rechts, O. Schmidt Verlag, 3. Auflage, Köln 2002.
10 Simitis, S. (Hrsg.): Kommentar zum Bundesdatenschutzgesetz, Nomos, 5. Aufl., Baden-Baden 2003.

# A 8 Wissensökologie

Rainer Kuhlen

## A 8.1 Wissensökologie im Zusammenhang der Informationsethik

Wissensökologie ist im Zusammenhang von Informationsethik zu sehen. Deren zentrale Zielsetzung, nämlich die Bedingungen der Möglichkeit eines inklusiven und gerechten Umgangs mit Wissen und Information auszuloten, kann nur dann erreicht werden, wenn der Gedanke der Nachhaltigkeit zur Anwendung kommt. Der nachhaltige Umgang mit Wissen und Information soll Wissensökologie genannt werden.

Wissensökologie bezieht die für Ökologie allgemein grundlegende Idee der Nachhaltigkeit nicht allein auf die natürlichen Ressourcen, sondern schließt den nachhaltigen Umgang mit den intellektuellen Ressourcen mit ein. Dazu muss das klassische Drei-Säulen-Modell der (sozialen, ökonomischen und ökologischen) Nachhaltigkeit um die kulturelle und informationelle Dimension erweitert werden.

Nachhaltigkeit ist seit dem Einzug des Konzepts in die allgemeine ökologische Diskussion so etwas wie eine moralische Norm im Sinne von inter- und intragenerationeller Gerechtigkeit und Verantwortlichkeit geworden (Lit. 01, S. 203ff). Viele Entscheidungen, die auch im Bereich von Wissen und Information getroffen werden, haben globale Konsequenzen. Sie lassen heute und zukünftigen Generationen die Optionen offen, sich auf der Grundlage überlieferten Wissens fortzuentwickeln, oder aber sie verstellen ihnen diese Optionen, indem bislang erarbeitetes Wissen verknappt oder der Zugang zu ihm nicht mehr (oder nur einer jeweils spezifizierten Elite) möglich gemacht wird. Dies zu analysieren und dazu beizutragen, dass Letzteres nicht geschieht, ist Aufgabe der Wissensökologie.

## A 8.2 Über das Drei-Säulen-Modell der Nachhaltigkeit hinaus in Richtung einer Wissensökologie

Das Thema *Nachhaltigkeit* hat seit ca. 10 Jahren im Gefolge der *UN Conference on Environment and Development* in Rio 1992 Konjunktur. Geht man 20 Jahre zurück, so waren weder Begriff noch Benennung der Nachhaltigkeit (als Übersetzung des englischen *sustainable development*, später von *sustainability*) in der Öffentlichkeit eingeführt. In Langenscheidts *New College German-English Dictionary* von 1995 wird das deutsche Adjektiv *nachhaltig* nur mit *lasting* übersetzt. Entsprechend finden sich im englischen Teil weder *sustainable* noch *sustainability*.

Der Nachhaltigkeitsbegriff geht auf das 18. Jahrhundert zurück und stammt aus der Forstwirtschaft. Er beinhaltet das Prinzip, nicht mehr Holz zu schlagen, als nachwachsen kann (Lit. 02): „Der Ausdruck *Nachhalt* oder *nachhaltig* bezieht sich also ursprünglich auf Ressourcen, deren optimale langfristige Nutzung nur dann gewährleistet ist, wenn ihr Bestand gegen kurzfristige Interessen normativ abgeschirmt wird" (Lit. 03, S. 213; vgl. Lit. 04). Es ist erst gut 15 Jahre her, dass mit dem Brundtland-Report *Nachhaltigkeit* breiter bekannt wurde als „a process of change in which the exploitation of resources, the direction of investments, the orientation of technological development, and institutional change are all in harmony and enhance both current and future potential to meet human needs and aspirations" (Lit. 05, S. 46).

Seitdem unterscheidet man unter dem Prinzip der Nachhaltigkeit systematisch zwischen den ökonomischen, ökologischen und sozialen Aspekten gesellschaftlicher Entwicklung und spricht entsprechend von dem Drei-Säulen-Modell der Nachhaltigkeit bzw. auch zunehmend von ökologisch nachhaltigen, ökonomisch nachhaltigen und sozial nachhaltigen Informationsgesellschaften (Lit. 06). Das Drei-Säulen-Modell liegt auch dem umfassenden Bericht der Enquete-Kommission *Schutz des Menschen und der Umwelt* des 13. Deutschen Bundestages (1998) zu Grunde (Lit. 07).

Eine ganz neue Dimension kommt in das Verständnis von Wissensökologie, wenn man die Unterscheidung von *schwacher* und *starker* Nachhaltigkeit aufnimmt, die u.a. in Lit. 01 diskutiert wird. Bei einer Positionierung zu Gunsten starker Nachhaltigkeit wird gefordert, dass das Naturkapital dauerhaft, also auch für zukünftige Generationen, konstant bleiben muss. Nur so viel darf verbraucht werden, wie sich wieder regenerieren kann. Bei einer schwachen Nachhaltigkeit kommen Wissen und Information ins Spiel, weil sie die wesentlichen Regenerationsfaktoren sind, durch die Verluste bei den natürlichen Ressourcen durch Substitute kompensiert werden können: „Das Konzept [der schwachen Nachhaltigkeit] geht vom Grundsatz einer zwar nicht vollständigen..., aber doch weitgehend, im Prinzip immer statthaften Substituierbarkeit aller Sorten von Kapital aus. Substituierbarkeit darf immer in Erwägung gezogen werden. Es wäre dann in der Konsequenz auch eine weitgehend artifizielle Welt mit Grundsätzen intergenerationeller Gerechtigkeit vereinbar, d.h. es wäre nicht prinzipiell unfair, eine Welt ohne Natur zu hinterlassen. In der Konzeption schwacher Nachhaltigkeit ist Wissen die entscheidende Ressource..., die uns dabei hilft, neuartige Substitute für verbrauchtes Naturkapital zu entwickeln." Schwierig, diese schwache Nachhaltigkeit in das Konzept der Wissensökologie zu integrieren.

Der Begriff der Nachhaltigkeit droht heute allerdings fast in terminologische umgangssprachliche Beliebigkeit zu verfallen. Nachhaltig kann danach alles sein, was eine längere Wirkung hervorbringt oder nur *durchschlagend* erfolgreich ist. Eine Unternehmensstrategie oder selbst eine Werbekampagne kann dann nachhaltig sein, wenn sie den erwünschten Erfolg kurzfristig vielleicht zwar bringt – aber gerade nicht nachhaltig im ursprünglichen Sinne ist.

Mit dem Begriff der Wissensökologie soll eine Revitalisierung des Begriffs unternommen werden, gerade durch die Übertragung der ursprünglichen Bedeutung auf die neuen Objektbereiche von Wissen und Information. Dieser Bezug bedeutet offenbar aber eine für klassische Ökologie- und Nachhaltigkeitsvertreter problematische oder sogar als gefährlich empfundene Ausweitung der klassischen Nachhaltigkeitsdiskussion. Es wird als problematisch angesehen, den nachhaltigen Umgang mit den natürlichen Ressourcen durch die intellektuellen Ressourcen von Wissen und Information zu erweitern. In der Informations-, aber auch in der Wirtschaftswissenschaft wird allerdings der Begriff der Ressource selbstverständlich auch auf Wissen und Information angewendet. Als gefährlich könnte diese Ausweitung angesehen werden, weil damit die öffentliche Aufmerksamkeit für die Bedeutung des Umweltschutzes im klassisch ökologischen Sinne zu Gunsten des momentan spektakuläreren Themas der Informationsgesellschaft verringert werden könnte.

Der Begriff der Wissensökologie soll in Ergänzung zum etablierten Begriff der Wissensökonomie eingesetzt werden. *Wissensökologie* wird gegenüber *Informationsökologie* für passender gehalten, da über Wissen der entscheidende Aspekt der Nachhaltigkeit besser besetzt werden kann als über Information, die sich auf die aktuelle Verwendung von Wissen bezieht. Wissen, nachhaltig gesichert, kann auch in Zukunft für immer neue Aufgaben verwendet werden. Allerdings gehört es auch zum Nachhaltigkeitspostulat, dass einmal erarbeitete Information nicht nach Gebrauch quasi weggeworfen und vergessen wird, sondern mit Blick auf eine mögliche spätere Wiederverwendung entweder individuell gelernt oder von einem Informationssystem gespeichert wird. Daher kann eine Organisation, die die in ihr aus internen und externen Ressourcen erarbeiteten Informationen nicht nur (einmalig) nutzt, sondern auch *lernt*, als *nachhaltig* bezeichnet werden. Der schonende Umgang mit erarbeiteter Information kann durchaus ökonomische Relevanz haben, z.B. wenn eine für einen aktuellen Zweck notwendige aufwändige Patentrecherche anlässlich einer späteren modifizierten Fragestellung reaktiviert werden kann.

## A 8.3 Sichten auf Wissensökologie

Zur Präzisierung des Verständnisses von Wissensökologie kann zwischen fünf Sichten auf Wissensökologie bzw. auf nachhaltige Wissensgesellschaften unterschieden werden:

– Die funktionale Perspektive (Produktion und Vermittlung von Wissen unter der Nachhaltigkeitssicht)

– Die kommunikationsökologische Perspektive

– Die zukunftsethische Perspektive

– Die ökosoziale Perspektive

– Die wissensökologische Perspektive.

### A 8.3.1 Die funktionale Perspektive – Produktion und (freier) Transfer von Wissen unter der Nachhaltigkeitssicht

Der Zusammenhang von Nachhaltigkeit und Wissen und Information wird bislang überwiegend unter funktionaler Perspektive gesehen (Lit. 08, S. 187). Das Ziel dabei ist in erster Linie ein sozusagen primär-ökologisches, also die Sicherung der natürlichen Ressourcen, und dazu sollen Wissen und Information beitragen, z.B.

– indem Wissenschaft und Technik den Wissensstand über den Zusammenhang des Verbrauchs natürlicher Ressourcen und der Umweltbeschädigung erhöhen,

– indem über die Medien und die Ausbildung Wissen über nachhaltige Entwicklung in die allgemeine Öffentlichkeit, aber auch in die politischen Entscheidungsprozesse auf allen Ebenen gebracht wird (insbesondere muss die Vermittlung ökologischen Wissens und Erwerb von ökologischer Kompetenz Bestandteil aller Curricula im Bildungssystem sein),

– indem Wissenschaft und Technik durch die Entwicklung geeigneter Verfahren nachhaltige und finanzierbare Entwicklungen in allen Bereichen von Wirtschaft und Gesellschaft begünstigen.

Gegenwärtig trifft zu, dass das verfügbare Wissen über die langfristige Beeinträchtigung der Umwelt durch von Menschen verursachte Belastungen genauso wie das Wissen darüber, wie diesen Entwicklungen gegengesteuert werden kann, noch sehr unvollständig bzw. unterkomplex ist (Lit. 09). Daher sollen alle Bereiche von Wissenschaft, Technik und Wirtschaft aus sich heraus, aber auch gefördert über politische Maßnahmen (Programme, Normen, Richtlinien, finanzielle Anreize etc.), das Postulat der Nachhaltigkeit stärker als bisher in den Fokus ihres Interesses und ihrer Maßnahmen stellen. Wurden dafür zunächst in erster Linie (Natur)Wissenschaft und Technik nach dem aktuellen Paradigma westlicher Kulturen für zuständig erklärt, so setzt sich zunehmend die Erkenntnis durch, dass für einen ökologisch nachhaltigen Nutzen kulturelle und soziale Faktoren ebenfalls eine gewichtige Rolle spielen und daher sozialwissenschaftliche Forschung stärker in die Nachhaltigkeitsdebatte einzubringen ist (Lit. 04, Lit. 09, Lit. 10, Lit. 11). Das geht zusammen mit der Einsicht, dass traditionelles indigenes Wissen durchaus mit ökologischen Maximen verträglicher ist als das westliche naturwissenschaftliche Verbrauchs- und Gebrauchswissen. Nicht umsonst wird heute lokales biologisches Wissen als Ressource für moderne Produkte z.B. der Pharmaindustrie interessant (was im Übrigen dann sofort die Frage nach dem Besitz und der Verfügung von Wissen aufwirft.).

Wirksam werden kann erarbeitetes Wissen über ökologische Zusammenhänge natürlich nur, wenn der Zugriff auf dieses Wissen für jedermann möglich ist. Nachhaltig wirksames Wissen ist daher in bevorzugter Weise als öffentliches, alle Menschen angehendes Wissen anzusehen, das nicht aus privaten Interessen verknappt werden darf. Das informationsethische Postulat des freien Zugriffs auf Wissen muss in der Wissensökologie ohne Einschränkung zur Anwendung kommen.

### A 8.3.2 Die kommunikationsökologische Perspektive

Als Vorläufer der Wissensökologie ist die Kommunikationsökologie anzusehen, die sich als Analyse der wechselseitigen Durchdringung von technisierter Kommunikation und menschlicher Natur, Kultur und Gesellschaft versteht (Lit. 12). Kommunikationsökologische Vorarbeiten hat es in Deutschland schon in den 80er Jahren gegeben, vor allem im Umfeld des Ende der 80er Jahre in Essen gegründeten Instituts für Informations- und Kommunikationsökologie. Kommunikationsökologie stellt sich damit in die Tradition der allgemeinen Technikfolgenabschätzung.

Heute versteht man unter *Kommunikationsökologie* in erster Linie eine Disziplin im Schnittfeld von *Kommunikations*wissenschaft und Human*ökologie*. Entsprechend werden die Auswirkungen technisierter Kommunikation auf Mensch, Natur und Gesellschaft untersucht und unter dem Leitbild der ökologischen Kommunikation Vorschläge zur Entwicklung nachhaltigen und humanen Austauschs von Information entwickelt (Lit. 13). Theoretisch stützt sich die Kommunikationsökologie u.a. auf Gedanken von Neil Postman ab, der mediale Entwicklung in Analogie zur Ökologie der Umwelt betrachtet (Lit. 14), und leitet sich allgemein theoretisch u.a. aus der Medientheorie von M. McLuhan ab. Deren Grundgedanke besteht darin, dass Medien nicht sozusagen neutral auf gesellschaftliche Strukturen reagieren, sondern diese mitprägen (vgl. Lit. 15).

Angesichts der weitgehenden Eingriffe technisierter Kommunikation in alle individuellen und gesellschaftlichen Lebensbereiche/Umwelten wird in Lit. 13 die Forderung nach einer allgemeinen ökologischen Perspektive für die Wissenschaft aufgestellt. Wissenschaft sei verpflichtet, sich auf eine ökologische Theorie der Kommunikation zu verständigen.

### A 8.3.3 Die zukunftsethische Perspektive

Eine spezielle Sicht auf Nachhaltigkeit von Wissen wurde am Lehrstuhl für Technikphilosophie der BTU Cottbus entwickelt. In Lit. 16 wird die wissensethische Frage untersucht, unter welchen Bedingungen Auswahl und Weitergabe von Wissen an Menschen zu organisieren sind, die die gegenwärtige Generation nicht mehr persönlich kennen lernen werden. Verantwortlich für diesen Aspekt der Nachhaltigkeit sind entsprechende Informations-, Dokumentations- und Langzeitarchivierungssysteme, die sichern, dass der Wissenstransfer in eine ferne Zukunft gelingen kann (Lit. 17, Lit. 18).

### A 8.3.4 Die ökosoziale Perspektive

Wissens-/Informationsökologie wird unter dieser Perspektive verstanden als Beitrag zu einer ökosozialen Marktwirtschaft im Zeichen der Globalisierung. Theoretisch ist dieser Ansatz fundiert durch die Arbeiten im Umfeld des Ulmer Forschungsinstituts für anwendungsorientierte Wissensverarbeitung (FAW) (Lit. 19 bis Lit. 22). Die ökosoziale Marktwirtschaft stellt explizit den Zusammenhang zwischen der klassischen Ökologie als Theorie (und Praxis) eines schonenden Umgangs mit den natürlichen Ressourcen und dem Ressourcenverbrauch durch Informations- und Kommunikationstechnologien her. Praktisches Ziel dieser Ausprägung von Wissens-/Informationsökologie ist es,

a) den Verbrauch natürlicher Ressourcen und von Energie bei der Verwendung von IKT zurückzuschrauben (z.B. durch global organisierte Recycling-Verfahren oder der Verlängerung des „Lebens"zyklus von IKT-Geräten) und

b) die Entwicklung der Länder des Südens und Ostens zu fördern, um die verschiedenen Ausprägungen des *digital divide* zu überwinden.

Sprengkraft bekommt dieser Ansatz dadurch, dass der klassische ökologische Ansatz, wie er unter (a) angesprochen wird, mit der globalen politik-ökonomischen Analyse (als Folge von b) verbunden wird. D.h. die Ursache sowohl für die eher zunehmende Armut in den Ländern des Südens als auch für die Zunahme der weltpolitischen Spannungen zwischen den Reichen des *Nordens* und den Armen des *Südens* wird in der systemimmanenten, gerade auch bei IKT (entgegen der intuitiven Erwartung) deutlich werdenden Ressourcenverschwendung des gegenwärtigen globalen ökonomischen Systems gesehen.

### A 8.3.4.1 Der Rebound-Effekt

Die bisherigen Erwartungen an IKT gingen dahin, dass sie umweltfreundliche Technologien seien, da sie zum einen sparsam mit natürlichen Ressourcen umgingen, zum andern die Hypermobilität in gegenwärtigen Gesellschaften durch Formen elektronischer Kommunikation einschränkten. Dieses lange der Informationstechnik zugebilligte Image einer umweltfreundlichen Technologie können Computer kaum noch für sich reklamieren. Dies beruht auf der empirisch gesicherten Annahme (Lit. 21), dass das Internet (stellvertretend für elektronische Räume schlechthin) den Ressourcenverbrauch eher erhöhen wird, falls der Umgang mit den Gütern sich ähnlich weiterentwickelt wie in der Vergangenheit. Erklärt wird das zum Teil mit dem *Rebound-*(oder auch *Bumerang-*)*Effekt*.

Dieser Effekt beruht allgemein darauf, dass der technische Fortschritt (in allen Bereichen der Wirtschaft) zwar durchaus zu umweltschonenden Verfahren der Produktion beitragen kann, dass dieser Fortschritt aber dadurch häufig zunichte gemacht wird, dass wegen der in der Regel damit verbundenen Kostenreduktion bei jedem einzelnen Exemplar der Konsum insgesamt derart angestachelt wird, dass die Gesamtsumme der Belastung wieder erheblich größer wird.

Dieser allgemeine, auf technische Güter bezogene Rebound-Effekt erweist sich auch und insbesondere als zutreffend auch für IKT-Geräte, die für sich zwar in der Produktion immer umweltfreundlicher geworden sind, aber die durch die immer größer werdenden Stückzahlen und den fortlaufend notwendig werdenden Wiederkauf bei immer kürzeren Technologieschüben die Umwelt insgesamt immer mehr belasten. Für die Umwelt zählen eben nur die absoluten Werte, nicht die relativen Erfolgsquoten pro einzelnes Objekt. Die Stückzahlen, hier bei den Computern, insbesondere steigend bei den *Laptops/Notebooks*, die in der Gesamtheit mehr Ressourcen verbrauchen als früher die (wenigen) energie- und materialintensiven Großrechner, fressen die singulären Gewinne auf.

Man unterscheidet zwischen dem *primären Rebound-Effekt*, der sich direkt auf den Ressourcenverbrauch (Elektrizität oder Material) bezieht, und dem *sekundären Rebound-Effekt*, der durch die Veränderung in den Lebensstilen entsteht. Bezüglich des letzteren muss man bislang feststellen, dass die elektronische Kommunikation den realen Mobilitätsbedarf eher erhöht und insgesamt eher additiv als substitutiv wirkt.

Erhöhte, durch Kommunikation induzierte physische Mobilität geht durchaus einher mit erhöhter kommunikativer Mobilität, so dass auch kommunikative *Rebound*-Effekte mit gleichermaßen steigendem Ressourceneinsatz und drastisch ansteigender Kommunikationszeit zu verzeichnen sind. Der ressourceneinsparende Vorteil einer einzigen Email gegenüber einem traditionellen Kommunikationsmittel wird längst durch die Überflutung mit einer Vielzahl der täglich, ja stündlich eingehenden elektronischen Nachrichten (nicht nur Emails) hinfällig. Mit Internetzugriff ausgestattete Benutzer verbringen derzeit weitaus mehr Zeit mit Kommunikation als mit klassischen Medien, ohne dass sich dies unbedingt effizienz- noch effektivitätssteigernd auswirkt.

Dieser kommunikative *Rebound*-Effekt kann allgemein auf den Umgang mit Wissen und Information übertragen werden. Wurde in der Vor-Internet-Zeit die Informationsarbeit überwiegend an Spezialisten delegiert (z.B. an Bibliothekare oder Informationsvermittler, an Assistenten jeder Art oder auf den Publikumsmärkten an Reisebüros, Ticket-Center oder Makler), so bedeuten die endnutzerausgerichteten Informationsleistungen im Internet zunächst in jedem Einzelfall einen Zuwachs an Informationsautonomie jedes Einzelnen. Sie sind in der Summe aber sicherlich eher zu einer Belastung geworden. Anders formuliert, sie sind zu einer Ressourcenverschwendung dergestalt geworden, dass vergleichsweise triviale Tätigkeiten von hochqualifizierten und entsprechend teuren Personen durchgeführt werden.

### A 8.3.4.2 Politische Perspektive der ökosozialen Marktwirtschaft

Umsetzen lässt sich eine nachhaltige Wissensökologie nach Vertretern der ökosozialen Marktwirtschaft nur durch eine neue Weltordnung, jenseits der ressourcenverbrauchenden gegenwärtigen Weltwirtschaft (Lit. 19, Lit. 20, Lit. 22). Ausgangspunkt der Überlegungen eines Marshall-Plans zugunsten der Länder des Südens (als Teil eines neuen Weltgesellschaftsvertrags im Rahmen eines *Global-Governance*-Systems) sind grundlegende ethische Prinzipien wie die der Inklusivität und Gerechtigkeit, die nur zusammen mit Nachhaltigkeit wirken können.

Die gegenwärtig ungerechte Verteilung der Inanspruchnahme von Ressourcen jeder Art sollte durch global wirksam werdende Ausgleichsmodelle überwunden werden (Lit. 19, Lit. 22). Solche Modelle, wie sie auch das europäische System des Ausgleichsverfahrens zwischen den unterschiedlich entwickelten Staaten in der EU anwendet, sollen bestehende Inbalancen, Klüfte oder Asymmetrien zu Gunsten einer kohärenten Integration überwinden. Das bedeutet aber nicht, dass alle Menschen auf das gleiche Niveau der Menschen mit dem höchsten Ressourcenverbrauch gebracht werden sollen – dies könnte nur katastrophale Wirkungen für die Ökobilanz der Welt haben. Unter der Annahme einer prinzipiell pro Kopf gleichen Ressourcen-Inanspruchnahme bedeutet das, dass diejenigen, die einen höheren Verbrauch und Gebrauch für sich reklamieren, denjenigen eine Ausgleichszahlung leisten müssen, die, aus welchen Gründen auch immer, in geringerem Ausmaß knappe, also nicht beliebig vermehrbare oder nicht beliebig belastbare Ressourcen in Anspruch nehmen. Eine solche Belastung, sozusagen in Form einer globalen Ökosteuer (Lit. 20), die die Ressourcennutzung verteuert, könnte den doppelten Effekt einer Reduzierung der Ressourcenbelastung einerseits und der sukzessiven Angleichung der Verteilung von Reichtum andererseits bewirken.

### A 8.3.4.3 Erweiterung der ökosozialen Marktwirtschaft durch Elemente von Wissensökologie

Bislang ist in dem Modell der ökosozialen Marktwirtschaft das klassische ökonomische und ökologische Denken dominierend, den Ressourcenverbrauch in erster Linie mit den Mitteln der Verknappung (z.B. private Verfügung oder Ökosteuer) zu steuern. Zu einer umfassenden Wissensökologie kann die ökosoziale Marktwirtschaft entwickelt werden, wenn stärker noch berücksichtigt wird, dass das Marktgeschehen selber insgesamt immer mehr von immateriellen Wissens- und Informationsprozessen bestimmt wird, die, obgleich auch nach nachhaltigen Prinzipien zu steuern, gerade nicht dem Verknappungs- oder Begrenzungsprinzip unterliegen. Das schließt aber natürlich nicht aus, sondern macht es insbesondere erforderlich, dass der andere zentrale Gedanke der ökosozialen Marktwirtschaft, nämlich die Umverteilung der Ressourcenbeanspruchung über Ausgleichsmodelle auch bei einer expliziten Wissensökologie zum Tragen kommen muss.

## A 8.3.5 Die wissensökologische Perspektive

Wissen und Information unter dem Prinzip der Nachhaltigkeit direkt zu betrachten, geht über die skizzierten bisherigen Ansätze und Perspektiven hinaus. Nachhaltigkeit muss nicht nur ökonomisches, ökologisches, soziales und kulturelles Prinzip mit Blick auf die natürlichen Umgebungen und Ressourcen sein, sondern muss auch den Umgang mit Wissen und Information, nicht zuletzt in elektronischen Räumen, steuern.

### A 8.3.5.1 Wirtschaften in elektronischen Räumen

Versuchen wir den wissensökologischen Ansatz zunächst mit einer begriffstheoretischen Überlegung zu fundieren. Für Wissensökologie spielen zunächst die konkreten, auf die physikalische Welt bezogenen Konzepte des Raumes und der Umwelt die entscheidende Rolle. Rekurrieren kann man auf das griechische Wort *Oikos*, das gleichermaßen die etymologische Grundlage für Ökonomie und Ökologie darstellt. *Oikos* umreißt, in der Regel auf das konkrete „Haus" bezogen, den gemeinsamen Lebensraum z.B. einer Familie oder im übertragenen Sinne, den Raum als Teil der Welt, in dem sich eine Gemeinschaft bewegt und in der sie Wirtschaft betreibt. Sein *Haus* (seinen *Haushalt*) in Ordnung zu halten, bedeutet also, mit den finanziellen und natürlichen Ressourcen effizient und effektiv umzugehen. Effizienter Umgang schließt bei knappen natürlichen Gütern immer auch ein, dass man vorausschauend den Ressourceneinsatz plant, damit nicht eine Überverknappung oder gar Erschöpfung eintreten kann.

Heute sind zunehmend die elektronischen Räume die Umgebungen, in denen wir uns unabhängig von räumlichen und zeitlichen Beschränkungen *bewegen* und aus denen wir unser intellektuelles Leben reproduzieren. Sie bestimmen unsere Sicht von Welt. Auch diese Umgebungen müssen unter Prinzipien der Nachhaltigkeit gestaltet werden. Wir hängen von Wissen und Information genauso ab wie von Wasser, Luft und Energie. Das galt immer schon, aber genauso, wie die natürlichen Ressourcen heute durch Über- oder falsche Nutzung verbraucht oder verschmutzt werden, so kann heute Wissen und Information in einem bislang ungekannten Ausmaß durch künstliche Verknappung *verschmutzt* und nicht mehr brauchbar gemacht werden.

Zwar gilt auch weiter in der Informationsgesellschaft, dass die natürlichen Ressourcen die entscheidenden Grundlagen für die Entwicklung industrieller Produkte sind – Autos, Kühlschränke, Lebensmittel etc. verwenden weiter die natürlichen Ressourcen. Aber zunehmend werden Produktion, Vertrieb und Nutzung von Gütern (welcher Art auch immer) über immaterielle Ressourcen bestimmt. In der allgemeinen Wirtschaft werden Wissen und Information zudem schon länger nicht mehr alleine unter dem Aspekt gesehen, wie durch sie Produktion, Distribution und Nutzung materieller Güter befördert werden, sondern auch, wie durch sie genuine immaterielle Informationsprodukte als Zweck in sich selbst erzeugt werden. Eine Gesellschaft, die mit diesen intellektuellen Ressourcen nicht nachhaltig umgeht, verbaut sich die Entwicklung in die Zukunft.

### A 8.3.5.2 Wissen erschöpft sich nicht im Gebrauch

Wie soll nun Nachhaltigkeit mit Blick auf Wissen und Information begründet werden, wenn das entscheidende Argument der Knappheit und Erschöpfbarkeit natürlicher Ressourcen, das die ökologische Initiative so leicht nachvollziehbar und schließlich auch akzeptierbar gemacht hat, für Wissen und Information zunächst nicht anwendbar zu sein scheint? Wir werden in der Argumentation ein Stück weiterkommen, wenn zwischen Knappheit und Erschöpfbarkeit unterschieden wird.

Natürliche Ressourcen müssen knapp gehalten werden, weil sie sich erschöpfen, wenn sie nicht nachwachsen können (wie Rohstoffe aus der Natur) oder weil sie sich durch Über- oder falsche Nutzung dergestalt erschöpfen, dass sie Menschen und anderen Lebewesen nicht mehr von Nutzen sind oder sie sogar schädigen (wie die Skipisten in den Alpen, verschmutztes Wasser oder unsaubere Luft). Auf dem Zusammenhang von Knappheit und Erschöpfbarkeit beruht auch das von Garrett Hardin ins Spiel gebrachte Argument des *tragedy of the commons* (vgl. Lit. 23). Es besagt, dass öffentliche Güter ohne Kontrolle und ohne Regulierung nicht nachhaltig Bestand haben können, sondern tendenziell durch Übernutzung vernichtet werden. Dies wird in der Regel als Gegenargument zu einer Allmendewirtschaft verwendet, in der das öffentliche Weidegut jedermann zur freien Nutzung zur Verfügung steht. Verhindert werden kann das nur, so das Argument, dass entweder die Gemeinschaft insgesamt über Verordnungen der Regierungen bzw. Volksvertretungen, Verknappungsstrategien entwickelt oder dass über den Weg der Privatisierung und der damit ebenfalls einer gehenden Verknappung der vormals öffentlichen Güter Schutzmechanismen gegen Übernutzung eingebaut werden. Entweder regelt der Staat die Nutzung öffentlicher Güter oder die Wirtschaft die Verwendung nun privat in Besitz genommener Güter.

Dieses Argument ist aber kaum auf Wissen (als gewiss öffentliches Gut) zu übertragen. Wissen erschöpft sich nicht im Gebrauch (Lit. 24, Lit. 23). Die Verknappung dient hier nicht der Verhinderung von Erschöpfung, sondern sichert den privaten Nutzen. Die der privaten Wirtschaft zugestandene Schutzfunktion – Erhalt eines an sich öffentlichen Gutes – „Weltgesellschaftsvertrag" im Rahmen eines *Global-Governance*-Systems hat sich in den letzten Jahren zur Legitimation der privaten Aneignung verselbständigt. Das ging so lange gut, wie trotz des nun weitgehend privat gewordenen Charakters des Gutes *Wissen und Information* die Mehrheit in der Gesellschaft einen größeren Nutzen aus dem Gut ziehen kann, und sei es nur indirekt durch positive Nebenfolgen, als es bei der Gefahr oder gar der Realität einer Übernutzung oder bei staatlicher Reglementierung der Fall ist.

Erst auf den Fundamenten einer Wissensökologie, also unter Anerkennung des Prinzips der Nachhaltigkeit auch für Wissen und Information, werden sich die neuen, elektronischen Umgebungen angemessenen Umgangsformen mit Wissen und Information entwickeln lassen. Nachhaltigkeit setzt einen Akzent gegen die derzeit dominierende Kommodifizierung von Wissen und Information, die eher auf kurzfristige Verwertung und künstliche Verknappung des an sich freien Gutes des Wissens abhebt als auf langfristige Absicherung der Freizügigkeit beim Umgang mit Wissen und Information (Lit. 25). Nicht umsonst beruft sich die Open Access Initiative mit der Berliner Erklärung von Oktober 2003, die sich gegen die Kommerzialisierung und proprietäre Publikationsverwertung von wissenschaftlichen Forschungsergebnissen wendet, auf das Prinzip der Nachhaltigkeit – auf den offenen, freien Zugriff auf wissenschaftliches Wissen und auf die Langzeitsicherung des publizierten Wissens (vgl. Kap. D 8 und Kap. D 9).

## A 8.4 Bausteine einer Wissensökologie

Wir stellen im Folgenden erste materiale Bausteine einer Wissensökologie unter nachhaltigen Prinzipien zusammen:

1. *Freier Zugriff auf Wissen und Information:* Zentrales Ziel einer nach nachhaltigen Prinzipien organisierten Wissensgesellschaft ist, dass in der Gegenwart, aber auch für zukünftige Generationen der freie Zugriff auf Wissen und Information gesichert bleibt. Es muss die Chance erhalten bleiben, das Wissen der Gegenwart und Vergangenheit zur Kenntnis nehmen und davon Nutzen ziehen zu können. *Freier Zugriff* muss nicht *kostenloser Zugriff* heißen, aber der Zugriff auf Wissen in jeder medialen Art muss für jedermann, zu jeder Zeit, von jedem Ort und zu fairen Bedingungen möglich sein.

2. *Diskriminierungsverbot – Überwindung der digital divides:* Nachhaltige Wissensgesellschaften können sich nur entwickeln, wenn bestehende Klüfte im Zugriff und in der Nutzung von Wissen beseitigt werden. Solche Klüfte bestehen z.B. aus der *Gender-Perspektive* vor allem in der Benachteiligung von Frauen in der Verfügung über Wissen und Information; im *Bildungsbereich*, hier vor allem hinsichtlich der Entwicklung von Informations- und Kommunikationskompetenz; aber vor allem in *globaler Perspektive* in der ungleichen, ungerechten Verfügung über die Wissensressourcen der Welt, gleichermaßen hinsichtlich des Zugriffs auf diese, aber auch bezüglich der Möglichkeit, das eigene Wissen (den eigenen kulturellen *content*) in die elektronischen Ressourcen einspeisen zu können.

3. *Sicherung des Commons:* Wissen ist Erbe und Besitz der Menschheit und damit vom Prinzip her frei. Das kommerziell verwertete Wissen ist dem gegenüber die Ausnahme. Wissen gehört allen und wird in der gegenwärtigen amerikanischen Diskussion (Lit. 23, Lit. 24, Lit. 26) als *Commons* (synonym mit *public domain information*) angesprochen. *Commons* ist etwas, was nicht in die vollständige private Verfügung gestellt werden kann bzw. nicht darf, denn es stellt das Reservoir dar, aus dem neues Wissen geschaffen wird. Sicherung des *Commons Wissen* ist zentrale Zielsetzung einer nachhaltigen Wissensökologie.

4. *Sicherung kultureller Vielfalt:* Die Diskussion um das Nachhaltigkeitsprinzip des Wissens als *Com-*

*mons* wird konkret u.a. auch über das Konzept der kulturellen Vielfalt geführt. In seinen Anmerkungen zu der auf der UNESCO-Generalkonferenz in Paris 2001 verabschiedeten *Universal Declaration on Cultural Diversity* (Lit. 27) erhob der Generaldirektor Koichiro Matsuura „cultural diversity" in den Rang eines „common heritage of humanity", das für die Menschheit und ihre evolutionäre Entwicklung genauso wichtig sei wie die Bewahrung von „bio-diversity in the natural realm".

5. *Bewahrung von Kreativität und Innovation:* Ökonomische Nachhaltigkeit, also die dauerhafte Absicherung wirtschaftlicher Entwicklung, ist nur dann möglich, wenn eine vernünftige, faire und nachhaltig wirksam werdende Balance zwischen privater (kommerzieller) Verfügung und öffentlicher freier Nutzung von Wissen und Information gefunden wird.

6. *Sicherung medialer Vielfalt:* Wissensökologie bedeutet auch Sicherung medialer Vielfalt und öffentlicher Meinung als Bedingung der Entwicklung demokratischer Gesellschaften. In einer nachhaltigen Wissensgesellschaft muss der Gefahr, dass wenige globale Medienakteure unter Einsatz digitaler Techniken die Inhalte und damit die öffentliche Meinung bestimmen, gegengesteuert und der Bedeutung medialer Vielfalt und des Angebots auch nichtkommerzieller medialer Information für den Erhalt einer aufgeklärten Öffentlichkeit Rechnung getragen werden (Lit. 28). Wissensökologie ist in diesem Sinne Medienökologie.

7. *Neue Modelle von Öffentlichkeit:* Mediale Vielfalt bedeutet auch das Recht auf Kommunikation. Die neuen direkten partizipativen Potenziale der Informations- und Kommunikationstechnologien erlauben das Experimentieren mit neuen Modellen von Öffentlichkeit *(agenda setting)* und Meinungsvielfalt. Nicht zuletzt auch in öffentlicher Verantwortung müssen sich neue Formen der Ausgestaltung der Potenziale der digitalen Medien entwickeln können, z.B. durch erweiterte *Public-Service*-Anbieter, Kommunikationsforen und durch offene, direkte, zivilgesellschaftliche Organisationsformen mit freier Beteiligung aller Bürger.

8. *Kontrolle technischer Informationsassistenz durch Entwicklung von Informationskompetenz:* In elektronischen Umgebungen werden immer mehr technische Informationsassistenten eingesetzt (in der einfachen Form als Suchmaschinen im Internet, in fortgeschrittenen Formen als intelligente Software-Agenten), die uns die eigene Informationsarbeit der Suche, der Auswahl und sogar der Bewertung und Entscheidung, abnehmen. Es muss dafür Sorge getragen werden, dass diese Delegation nicht zu einer Entmündigung und zu einem Verlust von Informationsautonomie führen wird (Lit. 19). Nur informationell kompetente Personen können ihre Zukunft autonom gestalten. Zum Programm der Wissensökologie gehört die Entwicklung eines nachhaltigen Bildungssystems, das die Entwicklung von Informationskompetenz in das Zentrum stellt.

9. *Langzeitarchivierung/-sicherung von Wissen:* Angesichts des flüchtigen Charakters elektronischer Information und des raschen Wechsels von Hardware und Software müssen geeignete Verfahren entwickelt und entsprechende Organisationsmaßnahmen getroffen werden, um die Langzeitverfügbarkeit auch des elektronisch repräsentierten Wissens und damit das kulturelle Erbe zu sichern. Bei der Langzeitsicherung ist in erster Linie auf Konvergenz und Interoperabilität der verschiedenen Systeme auch in temporaler Sicht zu achten. Dies ist nicht zuletzt durch die Entwicklung und den Einsatz entsprechender Metadaten zu erreichen. Langzeitarchivierung ist also nicht nur ein technisches (Gerätekompatibilität), sondern auch ein Ordnungsproblem. Langzeitarchivierung ist Bestandteil einer nachhaltigen Wissensökologie.

10. *Sicherung von Freiräumen privater Entwicklung:* Nicht zuletzt gehört zu einer Wissensökologie, dass grundlegende Werte moderner bürgerlicher Gesellschaften, wie Recht auf den Schutz der Privatsphäre, bewahrt und gesichert werden können (Lit. 30). Eine Gesellschaft, in der jedes Handeln in privaten, professionellen und öffentlichen Angelegenheiten Gegenstand von Überwachung durch staatliche Organe oder der Auswertung durch Interessen der Informationswirtschaft werden kann, kann sich nicht nachhaltig entwickeln. Die Spielräume zur freien, unkontrollierten Entwicklung jedes einzelnen Menschen in der Gegenwart und Zukunft müssen offen bleiben.

**Literatur**

01 K. Ott: Zu einer Konzeption „starker" Nachhaltigkeit. In: M. Bobbert; M. Düwell; K. Jax: Umwelt – Ethik – Recht. Francke: Tübingen 2003, S. 202-229

02 O. Renn; A. Knaus; H. Kastenholz: Wege in eine nachhaltige Zukunft. In: B. Breuel (Hg.): Agenda 21. Vision: Nachhaltige Entwicklung. Campus: Frankfurt, New York 1999, S. 17-74

03 K. Ott: Nachhaltigkeit des Wissens – was könnte das sein?. In: Heinrich-Böll-Stiftung (Hrsg.): Gut zu Wissen. Links zur Wissensgesellschaft (konzipiert und bearbeitet von A. Poltermann). Westfälisches Dampfboot: Münster 2002, S. 208-237

04 K. Kruppa; H. Mandl; J. Hense: Nachhaltigkeit von Modellversuchsprogrammen am Beispiel des BLK-Programms SEMIK. In: Forschungsbericht Lehrstuhl für Empirische Pädagogik und pädagogische Psychologie. München, Nr. 150, Juni 2002

05 Brundtland-Report. Our common future. World Commission on Environment and Development (WCED), Oxford (Oxford University Press) 1987

06 T. Schauer: The sustainable information society. Vision and risks. Universitätsverlag: Ulm 2003.

07 Deutscher Bundestag (Hrsg.): Enquete-Kommission des Deutschen Bundestags „Schutz des Menschen und der Umwelt". Schlussbericht. Leske + Budrich: Opladen 1998

08 A. Moser; J. Riegler: Konfrontation oder Versöhnung. Ökosoziale Politik mit der Weisheit der Natur. Leopold Stocker Verlag: Graz, Stuttgart 2001

09 K. Kraemer: Wissen und Nachhaltigkeit. Wissensasymmetrien als Problem einer nachhaltigen Entwicklung. Vortrag ISKO-Berlin 2001 (http://www.uni-hildesheim.de/~chlehn/isko2001/texte/kraemer.pdf

10 K.-W. Brand: Kommunikation über Nachhaltigkeit – Eine resonanztheoretische Perspektive, in: W. Lass; F. Reusswig: Strategien der Popularisierung des Leitbildes „Nachhaltige Entwicklung" aus sozialwissenschaftlicher Perspektive, Tagungsdokumentation zum 5. UBA-Fachgespräch zur sozialwissenschaftlichen Umweltforschung, Bd. II, Potsdam 1999, S. 46-59.

11 K.-W. Brand; V. Fürst; H. Lange; G. Warsewa: Bedingungen einer Politik für Nachhaltige Entwicklung. Endbericht für das BMBF. Bremen/München Oktober 2001

12 B. Mettler von Meibom; M. Donath (Hrsg.): Kommunikationsökologie: Systematische und historische Aspekte. Reihe Kommunikationsökologie. LitVerlag: Münster etc. 1998

13 M. Donath: Kommunikationsökologie. Eine Einführung. In: Lit. 12

14 N. Postman: Das Technopol. Die Macht der Technologien und die Entmündigung der Gesellschaft. S. Fischer Verlag: Frankfurt/Main 1992 (engl. Originalausgabe 1991)

15 R. J. Deibert: Parchment, printing, and hypermedia. Communication in world order transformation. Columbia University Press: New York 1997

16 K. Kornwachs; S. Berndes: Wissen für die Zukunft. Lehrstuhl für Technikphilosophie. BTU Cottbus 1999 (ISSN 1436-2929) – www.physik.tu-cottbus.de/ztg/Techphil/ Forsch/Download/ wfdz99band2.doc

17 OECD/NEA (ed.): Environmental and ethical aspects of long-lived radioactive nuclear waste disposal, Proceedings of an International Workshop, Paris, September 1-2, 1994, OECD, Paris

18 R. Posner: Mitteilungen an die ferne Zukunft. Hintergrund, Anlaß Problemstellung und Resultate einer Umfrage. Zeitschrift für Semiotik 6, 1984, S. 195-228

19 F. J. Radermacher: Balance oder Zerstörung. Ökosoziale Marktwirtschaft als Schlüssel zu einer weltweiten nachhaltigen Entwicklung. Ökosoziales Forum Europa Wien: Wien 2002

20 Weltweiter Ordnungsrahmen für eine nachhaltige Informationsgesellschaft. In: D. Klumpp; H. Kubicek; A. Rossnagel: Next generation information society? Notwendigkeit einer Neuorientierung, Tahlheimer: Mössingen-Talheim 2003, S. 66-78

21 T. Schauer: The sustainable information society. Vision and risks. Universitätsverlag: Ulm 2003.

22 T. Schauer; F. J. Radermacher: Gleichheit & Vielfalt im Informationszeitalter. Universitätsverlag: Ulm 2003

23 C. Hess: E. Ostrom: Artifacts, facilities, and content: Information as common-pool resource. Paper presented at the Conference on the Public Domain. Duke Law School, Durham, North Carolina, November 9, 2001, S. 44-79

24 J. Boyle: The second enclosure movement and the construction of the public domain. Law and Contemporary Problems 66, 1&2, 2003, S. 33-74

25 Charta der Bürgerrechte für eine nachhaltige Wissensgesellschaft (Charter of Civil Rights for Sustainable Knowledge Societies). (http://www.worldsummit2003.de/)

26 L. Lessig: The future of ideas: The fate of the commons in a connected world. Random House: New York 2001

27 UNESCO: Declaration on cultural diversity. (Generalkonferenz 2.11.2001) – http://www.unesco.org/culture/pluralism/diversity/html_eng/decl_en.shtml

28 V. Wiedemann: Gesamtziel: Vielfalt. Audiovisuelle Medien in den GATS-Verhandlungen. epd medien 92, 23.11.2002, S. 3-38

29 R. Kuhlen: Informationskompetenz und Vertrauen als Grundlage informationeller Autonomie und Bildung. Was bedeutet die fortschreitende Delegation von Informationsarbeit an Informationsassistenten? In: T. Christaller; J. Wehner (Hrsg.): Informationsagenten. Verlag Delbrück Wissenschaft: 2003, S. 186-206

30 R. Grötker (Hrsg.): Privat! Kontrollierte Freiheit in einer vernetzten Welt. Heise Zeitschriften Verlag: Hannover 2003

# A 9 Informationsutopien – Proaktive Zukunftsgestaltung
Ein Essay

Wolfgang Ratzek

*„Die Zukunft wird so aussehen,
wie wir sie gestalten"*
*Jean Fourastie*

## A 9.1 Informationsutopien

„Informationsutopien" – was soll das heißen? Wo ansetzen? Bei Gutenberg (Buchdruck mit beweglichen Lettern), bei Daniel Bell (nachindustrielle Gesellschaft), beim Weinberg-Report (Lit. 25; Rolle von Informationsspezialisten), bei McLuhan (Gutenberg-Galaxis) oder bei Simon Nora und Alan Minc (L'informatisation de la société/Telematik)? Vielleicht sollten wir umwälzende Ereignisse zum Ausgangspunkt nehmen, wie den Sputnik-Schock von 1957 oder den Terroranschlag auf das World Trade Center vom 11. September 2001? Denn obwohl 44 Jahre zwischen beiden Ereignissen liegen, die Bundesregierung mit Millionenbeträgen zahlreiche Förderprogramme finanziert hat, die Informations- und Kommunikationstechnologie eine rasante Entwicklung genommen hat, viele spezifische Studiengänge ins Leben gerufen worden sind, ist uns eines immer noch nicht gelungen: Daten, Information und Wissen zu so managen, dass Katastrophen, Pleiten oder Flops vermieden werden können. Wie dem auch sei, auf jeden Fall sollten wir uns erst einmal darüber verständigen, was wir unter „Utopie", „Information" und „Informationsutopie" verstehen wollen. Dann hätten wir eine Basis für einen Diskurs.

### A 9.1.1 Utopie – was ist das?

„Utopie" besitzt eine Wurzel im Griechischen und Lateinischen mit der Bedeutung „nirgendwo". In dem Roman „Utopia" (1516) kritisiert Thomas Morus (1478-1535) die europäische Staats- und Gesellschaftsordnung und entwirft ein ideales Gemeinwesen, das er auf die Insel Utopia verlegt. Es liegt auf der Hand auch gleich nach einer Interpretation von „Vision" zu fragen. Eine Vision ist allgemein „eine im Hinblick auf die Zukunft entworfene, oft träumerische Vorstellung, z. B. die Vision einer völlig konfliktfreien Welt". Eine Utopie (oder Vision) ist somit ein Zukunftsbild oder Wunschbild. Da auch Utopien eine Basis brauchen, wollen wir uns hier nicht der völligen Beliebigkeit hingeben. Warum? Weil der Unterschied zwischen einem „Spinner" und einem „Visionär" ein gravierender ist. Ersterer wird belächelt und nicht ernst genommen, der Visionär wird bewundert, hofiert und gelegentlich verehrt, aber auch manchmal gehasst. All das trifft beispielsweise auf Bill Gates zu. Utopien (Visionen) bergen auch Gefahren: Die Auswirkungen durch die Ausbeutung der Natur, Ikarus' Höhenflug oder der Nationalsozialismus sind Beispiele dafür.

### A 9.1.2 Information – was ist das?

In dem vorliegenden Handbuch geht es um das komplexe und variantenreiche Etwas, das da „Information" heißt. Aber was ist „Information"? Die Antwort auf diese Frage dürfte Informationsprofis leicht fallen, beschäftigen wir uns doch jeden Tag damit, außerdem gibt es doch zahlreiche Ausbildungsangebote, deren Abschlüsse in irgendeiner Weise „Information" im Titel tragen. Da wären zum Beispiel zu nennen Informatik (und deren diverse fachliche Varianten wie Bioinformatik, Geoinformatik, Medieninformatik, Rechtsinformatik oder Wirtschaftsinformatik), Informationswissenschaft, Informationswirtschaft, Informationsdesign, der Ausbildungsgang „Fachangestellter für Medien- und Informationsdienste (FAMI)" u.v.a.m. Jede dieser Disziplinen besitzt seine Sicht. Da es keine einheitliche Definition gibt, unterlassen es viele Informationsprofis einfach, darüber zu „informieren", was den Kern ihrer Tätigkeit bildet. Aufschlussreich ist das Ergebnis von Lehner/Hildebrand/Maier (Lit. 10, S. 272), die nach 107 Seiten über Daten, Information, Wissen zu dem Ergebnis kommen: „Von den Autoren wird jedoch nicht beabsichtigt, allgemeingültige, d.h. auch außerhalb der Wirtschaftsinformatik brauchbare Definitionen zu entwickeln. Dies erscheint aufgrund der vielschichtigen Bedeutungsinhalte des Begriffs Information und aufgrund der unterschiedlichen Blickwinkel verschiedener Wissenschaftsdisziplinen als (derzeit) nicht angebracht."

Unsere Profession, die häufig mit dem Akronym BID (Bibliothek, Information, Dokumentation) oder der Abkürzung IuD (Information und Dokumentation) umschrieben wird, darf sich dieser Auffassung nicht anschließen, wollen wir uns doch in der scientific community, in der Wirtschaft, in der Politik oder in der allgemeinen Öffentlichkeit als kompetente Partner positionieren, wenn es um den sinnvollen Umgang mit Daten, Information, Wissen und Innovation geht.

Aus der Fülle der Interpretationen orientieren wir uns an Rainer Kuhlens „Wissen in Aktion" und Gernot Wersigs „Reduzierung von Ungewissheit". Der Vollständigkeit wegen benötigen wir noch eine Interpretation von „Wissen". Mein Vorschlag: Wissen ist die höchste Instanz zur Generierung von geprüften und ständig aktualisierten Informationskontexten (Lit. 21).

### A 9.1.3 Informationsutopien – Vorbereitung auf die Zukunft

Nach diesem Vorlauf können wir „Informationsutopien" umschreiben als „Entwürfe für den Umgang mit Information und Wissen, die einen, mehrere oder alle Teilbereiche einer Informationsgesellschaft betreffen und den aktuellen Erkenntnisstand widerspiegeln". Denn: Ohne Menschen ist das Thema Information sinnlos, deshalb gehört Information und Wissen in einen Kontext von Gesellschaft, Kultur, Politik, Technik, Wirtschaft. Hieraus resultiert eine Tätigkeit, die von BID-Profis ausgeübt wird: die qualitative Umwandlung von Daten – Information – Wissen – Innovation. Das Ziel heißt dann: Menschen mit Informationsbedarfen im Berufsalltag (Fachinformation), in sozialen Bewegungen („Kampagnen"-Information), aber auch für das persönliche Befinden (Wellness, Bildung, Esoterik), bei der Bewältigung ihrer Informationsprobleme zu begleiten.

## A 9.2 Die Utopie von der Informations- und Wissensgesellschaft

Unser Erkenntnisgegenstand selbst ist bereits eine Utopie/Vision. Denn: Es existiert keine Informations- und Wissensgesellschaft, sondern nur Pläne (d.h. die geistigen Vorwegnahmen von zukünftigen Zuständen). So unterscheidet sich – global betrachtet und ohne Wertung – die Entwicklung in den USA von der in Deutschland, von der in den afrikanischen und nordischen Ländern. Hinzu kommt noch, dass innerhalb jeder Nation zum Teil unterschiedliche Entwicklungsniveaus herrschen, wie das beispielsweise in Indien oder in der ehemaligen Sowjetunion der Fall ist. Jede Nation hat somit ihre eigenen Vorstellungen bei der Setzung von Prioritäten für die Entwicklung von dem, was allgemein mit Informations- und Wissensgesellschaft bezeichnet wird. Da wären Fragen der Ausbildung, der präferierten IT-Systeme, der Verantwortlichkeiten, der Zugangskosten u.v.a.m. zu klären. Vielleicht wäre es dann doch realistischer von einer Informations- und Wissenswirtschaft zu sprechen, die sich durch eine förderliche Wirtschafts- und Sozialpolitik entfalten kann. Für einen Visionär wäre auch die Beantwortung von Fragen durch die Promotoren einer Informations- und Wissensgesellschaft interessant, wie: Leben wir bereits in einer Informationsgesellschaft oder leben wir erst auf einer Vorstufe? Worin unterscheidet sich eine Informations- von einer Wissensgesellschaft? Offen ist auch die Frage: Werden wir mit einer früher oder später realisierten Informations- und Wissensgesellschaft einen Endzustand erreicht haben? Was könnte danach kommen? Leo Nefiodow propagiert bereits den 6. Kondratieff (psychosoziale Gesundheit), der damit den 5. Kondratieff („Informationsgesellschaft") ablöst (Lit. 13; Lit. 14).

### A 9.2.1 Utopie Nummer eins: Zahlenfetischismus

Am besten wirken Zahlen: Statistiken, Kennzahlen, Prognosen. Sie suggerieren Genauigkeit. Sie vermitteln Sicherheit. Wer wagt zu widersprechen, wenn beispielsweise ein Kanzler aufgrund einer Prognose den bevorstehenden wirtschaftlichen Aufschwung verspricht, obwohl die Prognosen der Vorjahre nicht hielten, was sie versprachen. Mit der ceteris-paribus-Methode lässt sich im Prinzip alles (weg-)erklären. Am prägnantesten soll das einmal Sir Winston Churchill formuliert haben: Ich glaube nur der Statistik, die ich selbst gefälscht habe.

Die Erwerbslosenstatistik ist ein hervorragendes Beispiel für diese These. Sie suggeriert, dass bei einer Erwerbslosenquote von 10 Prozent 90 Prozent in Lohn und Brot stehen. Das ist Zahlenkosmetik. Das ist solange legitim, wie die Basisdaten korrekt sind. Das ist unseriös, wenn die Daten geschönt bzw. gefälscht sind, wie das im Falle einiger Unternehmen der New Economy der Fall war.

Wir werden mit Daten in Form von Zahlen(-Reihen) überhäuft, die im Prinzip als „Pseudo-Information" daherkommen, weil wir kaum in der Lage sind, den „Wahrheitsgehalt" zu prüfen, sei es, weil wir keine Zeit haben oder weil uns das nötige Hintergrundwissen fehlt.

Diese Reduzierung der Sichtweise findet mit dem „Internet" eine Fortführung: Die Digitalisierung unserer (Lebens-)Welt schreitet voran und verstellt oft den Blick für Alternativen, z.B. für die Face-to-face-Kommunikation, für das Original anstelle des (reduzierten) Abbilds. Ulrich Becks Beispiel legt das Problem offen: „Eltern weisen nach, dass Messergebnisse nur deshalb im Rahmen des ‚Zulässigen' liegen, weil die Spitzenwerte aus hochbelasteten Stadtbezirken mit Werten aus grünen Wohnvierteln gemittelt werden und damit ‚weggerechnet' werden. ‚Unsere Kinder', sagen sie, ‚erkranken aber nicht am Mittelwert'. (Lit. 01, S. 82)"

### A 9.2.2 Utopie Nummer zwei: IT-Innovation gleich Erkenntniszuwachs?

Wie kommen wir zu Erkenntnissen oder wie erlangen wir Wissen? Kognitionswissenschaftler, Psychologen, Informationswissenschaftler, Biologen, Philosophen oder die Anhänger der Künstlichen Intelligenz beschäftigen sich mit diesem transdisziplinären Forschungsfeld. Eine trügerische Sicherheit geben sich jene hin, die glauben, dass das Internet – genauer: das WWW – eine Art Zaubermittel bedeutet. Vereinfacht gesagt, aber *cum grano salis*: was „Google" nicht weiß, existiert nicht. Wenn diese Auffassung vom „Googling" um sich greift, und dafür gibt es Hinweise, dann steht es nicht besonders gut um die Content orientierten Informationsberufe (Lit. 16).

Viele von uns verbinden mit dem IT-Fortschritt auch gleich einen Fortschritt in der Wissensgenerierung. In der Praxis sieht es dann ganz anders aus: die Vielzahl der Quellen (Quantität) bedeutet nicht in jedem Falle einen qualitativen Erkenntniszuwachs; ganz im Gegenteil, der Suchaufwand und die Verbreitung identischer Botschaften nimmt zu. Viele Vertreter einer Informations- und Wissenswirtschaft verfolgen eine Strategie, die darauf hinausläuft, dass uns „Alter Wein in neuen Schläuchen" oder eine „ständige Variation des Gleichen" als Patentlösung offeriert werden. In diesem Zusammenhang greift auch das Schlagwort „Produktionsparadoxon", das besagt, „Die Unmöglichkeit, einen direkten, regelhaften Bezug zwischen Informationstechnik und Mehrwert zu entdecken..." (Lit.15, S. 196). Aus meiner Sicht kommt es hier, wie bereits mehrfach betont, auf das Leistungsvermögen von Informationsprofis an, die aus den verschiedensten Quellen etwas formen, das zur Bewältigung von Informationsproblemen beiträgt.

### A 9.2.3 Utopie Nummer drei: Internet-Hype – verändertes Rechercheverhalten und Wissensgenerierung

Ein Information overload oder Information overkill senkt den Wert von Information und Wissen. Es ist kaum möglich – was die IuD-Wissenschaft einst beflügelte – den Stand der Dinge im Blick zu haben, die Mittel und Wege zu deren Erschließung im Griff zu haben. Wir bewegen uns auf eine Zeit zu, in der nur noch das gilt, was in elektronischen Speichern vorgehalten wird. Das von Vint Cerf entwickelte WWW herrscht als „global brain" der Informations- und Wissensgenerierung. Mit dem „Internet-Hype" verändert sich auch unser Rechercheverhalten. Hieß es früher noch Recherche – im Sinne von Suchen, Erforschen – hieß es dann in den späten 1970ern Online-Recherche und heute „surfen" wir (im Internet), oder reduzierter: wir betreiben „Web-Search".

Bildeten bei der klassischen Recherche und bei der Online-Recherche noch mehr oder weniger kontrollierte Bestände das Potenzial, so haben wir im WWW keine Ahnung von der Grundgesamtheit. Ein Nachteil, wenn es um den Nachweis der Recherchequalität geht: Haben wir wirklich alle relevanten Dokumente (Recall) gefunden? Bewertet ein Auftraggeber die gefundenen Dokumente als relevant?

Des Weiteren bewegen wir uns sehr häufig auf dem Surface-Web und das Deep-Web bleibt dabei verschlossen. Umso bedauerlicher ist es, wenn einige Studierende der Informationsberufe als Ergebnis eines Rechercheauftrages das Statement abliefern: „Es gibt nichts, weil ich im Internet nichts gefunden habe." Ein Bibliotheksleiter beklagte sich neulich, dass Studierende häufiger in die Bibliothek kommen, über den OPAC die Signaturen erhalten und dann fragen: „Haben Sie nichts online?"

### A 9.2.4 Utopie Nummer vier: Information als Inspektionsgut tarnen

Daten-Chaos, Informationsflut, Information overload oder overkill usw. signalisieren, dass wir trotz leistungsfähiger IT-Systeme ein Problem nach wie vor nur unzureichend bewältigt haben: Durch zielgruppengerechte Dienstleistungen zur Bewältigung von Informationsproblemen beizutragen.

Eine neue Sicht der Dinge lenkt von diesem Problem ab. Nach dem Motto „Wir machen Ihnen Informationsangebote – Sie müssen entscheiden, was Sie wollen", wird das Problem auf die Nutzer abgeschoben. Das ist genauso problematisch wie der Uralt-Slogan der Onliner: Das gesamte Weltwissen in Sekundenschnelle per Knopfdruck zu Ihrer Verfügung. Damit noch nicht genug. Weil es sich um „hochwertige" Angebote handelt, geht die Tendenz dahin, dass die Nutzer bereits für den Teaser zahlen müssen, und dann selbstverständlich noch für das Ansehen des Dokuments und für das Downloaden.

Das ist im Prinzip in Ordnung. Hochwertige Information hatte und hat ihren Preis. Wie steht es aber um die Bewertung des Informationsgehalts durch den Nutzer? Die folgende Einteilung in Inspektions-, Erfahrungs- und Vertrauensgut ist hier hilfreich und könnte als Grundlage für eine qualitäts- und content-orientierte BID-Kampagne dienen (Lit. 09, S. 139f; Lit. 20):

– Bei einem Inspektionsgut ist für den Nutzer sofort erkennbar, ob das (Medien-)Angebot nützlich ist. In der Boulevardpresse wird das beispielsweise durch Headlines und/oder Fotos erzielt.

– Bei einem Erfahrungsgut kann ein Nutzer erst durch die Verwendung in einem Handlungskontext feststellen, ob der Erwerb eine nützliche Investition war. Aktienempfehlungen wären hier zu nennen. Das Problem liegt jedoch tiefer.

– Informationsprodukte im Sinne von Content sind Vertrauensgüter, d.h. für Nutzer und immer häufiger auch für Anbieter sind in der Regel Authentizität, Reliabilität und Validität des Angebots nur sehr schwer einzuschätzen.

Marketingspezialisten finden immer wieder neue Wege, (Informations-)Produkte zu variieren oder zu recyceln. Die hier nur angedeutete Problematik wird sich noch verschärfen, wenn die Tendenz zum Content-Syndications und Content-Sharing umgeht. Die ständige Variation des Gleichen führt zu einem erhöhten finanziellen Aufwand bei einer geringeren Trefferquote.

### A 9.2.5 Utopie Nummer fünf: Problemlösen leicht gemacht

Die IT-Industrie besetzt mit „Problemlösung" den Schlüsselbegriff der Informations- und Wissenswirtschaft und vermarktet diesen in hervorragender Weise. Ebenso wie viele Informationsprofis nicht hinterfragen, was denn nun der qualitative Unterschied zwischen Daten – Information – Wissen – Innovation sei, „lösen" sie tagtäglich „Probleme", ohne zu hinterfragen,

– ob es einen qualitativen Unterschied zwischen Aufgabe und Problem gibt,

– welche Auswirkungen eine Komplexitätsreduzierung auf die „Problemlösung" hat.

**Problemdefinition** nach Heinz Vetter (Lit. 24, S. 178): „Unter einem Problem versteht man die Barriere zwischen einem unerwünschten, problematischen Anfangszustand (Ist-Zustand) und einem gewünschten mehr oder weniger problemfreien Endzustand (Soll-Zustand). Und für die Überwindung der Barriere ist im Moment kein Weg bekannt."

**Komplexität** ist „... gekennzeichnet durch eine Vielzahl von miteinander in Wechselbeziehung stehenden Einflußfaktoren, die in der Zeit veränderlich sind und in nicht vorhersagbarer Weise aufeinander einwirken. Komplexe Systeme sind dauernd in Bewegung. ... Sie besitzen eine Eigendynamik." (S. 181)

**Entscheidung:** „1. Eine Entscheidung ist die Wahl einer Handlungs- oder Reaktionsmöglichkeit in einer Situation, in der mehrere Möglichkeiten bestehen. 2. Eine Entscheidung ist ein Schritt im Rahmen einer Problemlösung, bei dem nach der Bewertung von Handlungsalternativen eine Alternative ausgewählt wird." (S. 209ff)

**Aufgabe:** Eine zielorientierte Handlung, bei der alle Variablen zur Zielerreichung bekannt sind. In diesem Fall wäre es sinnvoll auch von Lösungen zu sprechen und von Bewältigung, wenn es sich um Problem handelt.

Anstelle des inflationären Gebrauchs von „Problemlösung" wäre es sinnvoller von „Problembewältigung" zu sprechen. Der Grund: Eine Problembewältigung führt zu einer Reduktion von Komplexität, sodass für den Akteur eine lösbare Aufgabe entsteht, wobei jedoch ein mehr oder weniger bewusster Teils des Problems unberücksichtigt bleibt, dieser aber unter Umständen eine unkontrollierte Eigendynamik entwickeln und damit eine neue Problemlage auslösen kann. Wir haben es dann mit einer Pseudo-Lösung zu tun. Vor diesem Hintergrund wird deutlich, welche Aufgabe ein Frühwarnsystem übernimmt. In einer IT-orientierten Welt, in der nur noch das zur Geltung kommt, was in digitaler Form zur Verfügung steht, gehen die so genannten „schwachen Signale" (Ansoff) verloren. Denn: Katastrophen und andere Problemlagen werfen ihre Schatten voraus; sie treten selten abrupt ein, sie sind häufig Folgen von Entscheidungen auf der Basis von Komplexitätsreduzierung. Daraus ergeben sich für alle Individuen, vor allem aber für Entscheider in Wirtschaft, Politik, Kultur, Gesellschaft, Non Governmental Organisations (NGO) vier miteinander vernetzte Gebiete (s.o.), auf denen sich Informationsprofis mit zielgruppengerechten Informationsdienstleistungen etablieren können.

### A 9.2.6 Utopie Nummer sechs: „Anything goes"

Wenn wir uns mit zukünftigen Entwicklungen beschäftigen, sollten wir uns fragen: Was war gestern? Was ist heute? Was wird morgen sein? Das Problem besteht eben nur darin, dass die Zukunft – und das ist entscheidend – kein Gedächtnis und kein Bewusstsein besitzt. Zukunft ist Projektion von Menschen, in der Hoffnung, dass die geistige Vorwegnahmen eines zukünftigen Zustandes (eine plausible Definition für Planung) auch eintreten wird. Paul Feyerabends „anything goes" (Lit. 06), das heraklitische „panta rhei" oder Laotses „der Weg ist das Ziel" erscheinen als eine gute Basis für dieses Vorhaben.

Da unser physisches Dasein von unbestimmter Dauer, aber mit Sicherheit begrenzt ist, sind wir gezwungen, uns Lebensentwürfe oder Handlungsoptionen für uns und nicht selten auch für andere auszudenken und dafür Mitstreiter zu finden. Wohlwissend, dass es keinen verlässlichen Blick in die Zukunft geben kann, werden trotzdem mit hohem finanziellen und personellen Aufwand Zahlenwerke produziert, Prognosen genannt, was dann sehr selten tatsächlich so eintritt. Es kann dann nicht überraschen, dass neben den (wissenschaftlich basierten) Prognosen, deren Herleitungen kaum jemand im Detail versteht, auch ein Markt für Prophezeiungen entsteht. Hexen, Sekten, Außerirdische haben Konjunktur.

Welche Kraft dahinter steht, wissen wir aus dem Hörspiel „Der Krieg der Welten" (1938) von Orson Welles. Die amerikanische Bevölkerung geriet in Panik, als im Radio über den Angriff von Marsbewohnern auf der Erde berichtet wurde. Die literarische Vorlage gleichen Titels (1898) lieferte H. G. Wells (1866-1946). Wären noch die Trendforscher zu erwähnen, wie zum Beispiel Daniel Bell, Mathias Horx, Li Edelkoort. Bei den Trendsettern geht es erst einmal um eine produktlose Inszenierung für eine bestimmte Zielgruppe. Ist ein (Markt)-Potenzial erkennbar, werden Produkte als Trendverstärker offeriert (Prosumer-Philosophie).

Auf den Standpunkt kommt es eben an! Was in einer bestimmten Zeit, in einem Kulturkreis oder in einem Paradigma als „wahr" oder „falsch", was als „akzeptabel" oder „inakzeptabel" gilt, was „umgesetzt" oder „blockiert" wird, bestimmen Opinion Leader, Multiplikatoren, Gesetzgeber, Pressure Groups. Alles wird einer gewissen Beliebigkeit preisgegeben. Je nach Standpunkt herrscht Chaos, „neue Unübersichtlichkeit" (Habermas), Eklektizismus. Die etablierten Institutionen wie Familie, Wissenschaft, Politik, Kirche verlieren an Bedeutung und an Glaubwürdigkeit.

Die hier nur angedeutete Thematik rückt Informationsdienstleister in ein besonderes Licht, da sie Datenquellen als auch deren Inhalte auswählen, bewerten und anbieten, und somit auch Verantwortung dafür tragen, was sie verbreiten. Durch die Fokussierung auf virtuelle Quellen entsteht eine besondere Problematik. Während bei einer Fachzeitschrift oder einem Fachbuch durch den Verlag, Redaktion (Peer Review) und die AutorInnen (Reputation) eine bestimmte Qualität erwartet werden kann, ist das bei Linksammlungen und elektronischen Dokumenten kaum möglich. Damit sprechen wir ein heikles Thema an: Wer oder was genießt einen Marktwert: eine Datenbank, ein Host oder ein Rechercheur?

### A 9.2.7 Utopie Nummer sieben: Antipodische Strategie

„Antipoden" sind Menschen, die auf der anderen Seite des Erdballs leben, aber auch Menschen mit einer entgegengesetzten Geisteshaltung. Aus dem Letztgenannten lässt sich gut Kapital schlagen. Eine antipodische Strategie verfolgt jemand, der das Gegenteil dessen propagiert, was gerade aktuell ist. So leb(t)en Meinungs- und Marktforschungsinstitute sowie Unternehmensberater lange Zeit sehr gut davon, dass sie Manager verunsichertern, indem sie in der Gegenwart ein Zukunftsbild – eine Vision also – mal(t)en, das für einen Auftraggeber und/ oder für die Öffentlichkeit als Orientierung dient(e) oder eine Rechtfertigung für das eigene Handeln bot/bietet. Ein Prinzip, dass auch in Zukunft seine Wirkung zeigen wird.

Vereinfacht dargestellt, wird das Gegenteil dessen propagiert, was noch als Paradigma gilt. Wer seine Wettbewerbsfähigkeit erhalten wollte, musste diversifizieren, später war dann „Lean" angesagt, dann wurde mal wieder die Parole „auf Überlebensgröße wachsen" ausgegeben, nun stehen (wertschöpfende) Kernkompetenzen im Mittelpunkt.

Der antipodische Ansatz lässt sich auch bei den Organisationsprinzipien nachvollziehen. War lange Zeit die zentrale Organisation das Non-plus-ultra, wurde dieses Prinzip von der dezentrale Organisation abgelöst, um nun die virtuelle Organisation auszurufen, also eine über IT-Netzwerke realisierte dezentral-zentrale Organisation. All diese Ansätze verursachen einen enormen Beratungs- und Implementierungsaufwand.

In dem Büro eines Werksleiters eines optoelektronischen Werkes am Bodensee, wo ich als Berater tätig war, hing ein Spruch an der Wand, der das hier Gemeinte verdeutlicht: Die Unternehmensberater gehen, die Probleme bleiben.

### A 9.2.8 Utopie Nummer acht: Privatheit und informationelle Selbstbestimmung

Hier soll nicht vom zunehmenden Verzicht auf „Privacy" die Rede sein, wie das bei Reality-Formaten wie Big Brother oder bei den Osbournes der Fall ist, sondern im Sinne der Trueman-Show, des Panopticons von Jeremy Bentham und Michel Foucault oder George Orwells' Big Brother in dessen Roman „1984".

Nach den terroristischen Anschlägen der jüngsten Zeit entstand ein erhöhter Bedarf an „intelligenten" Sicherheitssystemen zur Überwachung von Räumen (Luftraum, öffentliche Einrichtungen), zur Kontrolle von Zugangsberechtigungen (biometrische Verfahren wie Iris-Scanner, Finger-Print-Systeme) und zur Identifizierung von Verhaltensmustern (Rasterfahndung). Der gläserne Bürger, in anderen Ländern wie den USA und den skandinavischen Ländern weitgehend realisiert, wird auch in Deutschland keine Vision bleiben. Videoüberwachung in Kaufhäusern, auf öffentlichen Plätzen, am Arbeitsplatz (Kassenbereich) stehen für die mehr oder weniger offen sichtliche Überwachung und Kontrolle. Dabei gehören Online-Regierungen, Teilnahme an Bonusprogrammen, Einsatz der smart card als Gesundheitspass, Personalausweis und ID-card im e-Commerce, die DNA-Analyse oder Nannycams zu den mehr oder weniger freiwilligen Verfahren und Anreizsystemen zur Preisgabe von persönlichen Daten, wobei Eltern ihre Kinder frühzeitig – durch Nannycams – vermitteln, dass Überwachung und Kontrolle zum Alltag gehört.

Eine andere Problemlage entsteht durch Überwachungs-, Identifizierungs- und Ortungssysteme, die von den Betroffenen nicht wahrgenommen werden. Ein Bereich, in dem sowohl autorisierte Institutionen (Geheimdienste, Staatsanwaltschaft) agieren als auch illegale Akteure ihr Unwesen treiben. Geheimdienste beispielsweise investieren erhebliche Summen für die FuE „intelligenter" Informations- und Kommunikationstechnologien zur (teilweisen) Substitution von Agenten aus Fleisch und Blut. Seit langem wissen Physiker, dass elektromagnetische Wellen und Mikrowellen vom Hörsystem direkt im Gehirn aufgenommen, aber vom empfangenen Mensch nicht wahrgenommen werden.

Provokativ gewendet besitzen diejenigen in einer Informations- und Wissensgesellschaft einen potenziellen Vorteil, wenn sie über exklusive Handlungsinformation verfügen. Das geht über Innovation, aber auch durch Spionage. Im Extremfall versucht dann jeder jeden auszuspionieren. Damit entsteht nicht nur ein Markt für Spyware (Schnüffelsoftware), sondern auch zur Abwehr von Intrudern (Hackern, Crackern, Virenattacken), zum Beispiel durch eine Firewall bzw. durch ein Virenabwehrprogramm. Mit anderen Worten: die Informations- und Wissensgesellschaft ist eine sehr verwundbare, zumindest dort, wo wettbewerbsstrategische, sicherheitspolitische und FuE-relevante Aspekt im Mittelpunkt stehen.

### A 9.2.9 Utopie Nummer neun: „Ubiquitous Computing"

Informations- und Kommunikationssysteme diffundieren in praktisch alle Bereiche der Berufs- und Alltagswelt. Jürgen Bohm u.a. führen dazu aus: „Mit der weiter zunehmenden Miniaturisierung der Computertechnologie werden in absehbarer Zukunft Prozessoren und kleinste Sensoren in immer mehr Alltagsgegenständen integriert, wobei die traditionellen Ein- und Ausgabemedien von PCs, wie etwa Tastatur, Maus und Bildschirm verschwinden und wir stattdessen direkt mit unseren Kleidern, Armbanduhren, Schreibstiften oder Möbeln kommunizieren und diese wiederum untereinander und mit den Gegenständen anderer Personen (Lit. 02, S. 195)."

Für diese „Allgegenwart des Computers" prägte Mark Weiser den Begriff „Ubiquitious Computing", eine Entwicklung, die „dem Menschen im Alltag und Beruf unsichtbar und unaufdringlich im Hintergrund dient, mit der Zielsetzung, ihn bei seinen Arbeiten und Tätigkeiten zu unterstützen bzw. ihn von lästigen Arbeiten und Tätigkeiten zu befreien (Lit. 02, S. 196)."

Trendverstärkend wirken hierbei auch die FuE-Ergebnisse aus den Ingenieurs- und Naturwissenschaften: Lichtemittierende Polymere ermöglichen Displays aus hochflexiblen, dünnen und biegsamen Plastikfolien. Die Entwicklung einer elektronischen Tinte und eines „smart paper" würden das Papier quasi zum Computer verwandeln. Aber auch die Ergebnisse der Mikrosystemtechnik und Nanotechnik tragen zum „Ubiquitious Computing" bei.

Bei aller Euphorie über den technischen Fortschritt dürfen die Folgen nicht außer Acht gelassen werden. Jürgen Bohm u.a. kommen zu der Schlussfolgerung: „Ubiquitious Computing wird langfristig wahrscheinlich weitaus umfassendere Konsequenzen für unseren Alltag und unsere ethischen Werte nach sich ziehen, als es das Internet mit all seinen Diskussionen um Spam-E-Mails, Cybercrime und Kinderpornographie jemals haben wird (Lit. 02)."

### A 9.2.10 Utopie Nummer zehn: Unsere Realität – eine Mixtur multipler Welten

Das, was wir als reale Welt wahrnehmen, ist ein Produkt unserer Imaginationskraft. Wir sehen das, was wir sehen wollen. Die Psychologen nennen das selektive Wahrnehmung. Optische Täuschungen, Vexierbilder, Gestaltgesetze und Platons Höhlengleichnis zeigen uns, dass wir auch dazu neigen, Zusammenhänge zu sehen, die so an sich nicht existieren. Deshalb ist es mit der Objektivität so eine Sache. Es kann eben nicht ausgeschlossen werden, dass auch zwei, drei, hundert oder mehr Menschen einem „Trugbild" folgen können.

Das reichhaltige Spektrum der Medienkonvergenz bringt ständig neue Formen mit realem Bezug hervor. Computergestützte Simulationen treten immer stärker in den Vordergrund. Entwicklungen im Bereich von Virtuellen Realitäten gehen in Richtung Cyberspace (Überwindung der Mensch-Maschine-Barriere) sowie Joined Reality (Vernetzung von realer und virtueller Welt) und Mixed-Reality (Synthese aus realer und virtueller Welt) (Lit. 18).

So treibt beispielsweise MIT-Professor Marvin Minski die Vision von einem maschinellen Geist an, der dem menschlichen Geist überlegen sei. Marvin Minski ist davon so besessen, dass er sich gerne selbst substituieren würde. KI-Forscher und Technologiekritiker Joseph Weizenbaum (ELIZA) nimmt Bezug auf Moravecs These in dessen Buch „Mind Children", wenn er ausführt, „dass in so ungefähr 30 Jahren die Roboter entdecken werden, dass sie besser ohne uns auskommen können, und das wird dann der Anfang vom Ende der menschlichen Rasse sein. Wir kommen zu einer Welt, in der es keine Biologie gibt. (Lit. 12, S. 7)"

### A 9.2.11 Utopie Nummer elf: Die tabulose Gesellschaft

Im Brockhaus finden wir unter „Tabu" folgenden Eintrag: „Funktion des T(abus, W. R.) ist der Schutz der Tradition und der Gemeinschaft. Dies führt zu Meidungen aller Art, aber auch zu Vorstellungen von Unreinheit und Unberührbarkeit." Mit anderen Worten: Es geht um Bereiche und Dinge, über die jemand möglichst nicht sprechen sollte bzw. die jemand nicht tun sollte. Das Klonen von Menschen, Pornographie, aktive Sterbehilfe, Nekrophilie, Sodomie u.v.a.m. wären hier zu nennen. Häufiger betreten auch „Science Comedians" die Bühne. Vertreter dieser Richtung wären unter anderem der Pathologe Gunther von Hagens und dessen Körperwelten, der Fortpflanzungs-Mediziner Severino Antinori und Clonaid-Direktorin Brigitte Boisselier, die angeblich Klonbabies produziert haben will und der Raeliander-Sekte (UFO-Sekte) angehört. Ebenso wird das Muster einer Unterwelt, Halbwelt und Oberschicht, in der sich, stark verallgemeinert, Gangster, Gauner und die Elite bewegen, durchlässiger. So kann es nicht verwundern, dass auch die „Stützen der Gesellschaft" (Henrik Ibsen) in den Blickpunkt der Ermittlungsbehörden geraten. Der investigative Journalismus wird hier in Zukunft noch weitere Intrigen, Skandale und Straftaten aufdecken. All diese Entwicklungen überschwemmen, wegen ihrer auf Wirkung abzielenden Inszenierung, die Medienlandschaft und erschweren eine Orientierung.

## A 9.2.12 Utopie Nummer zwölf: Mit „Retro" in die Zukunft

Es geht voran, indem wir Vergangenheits-Revival betreiben. Das Zauberwort heißt „Retro". Retro-Design, Retro-Katalogisierung, aber auch Remake, Remix bestätigten die zahlreichen Aktivitäten auf diesem Gebiet. Totgeglaubte leben länger. Das trifft zum Beispiel auf die Vinylschallplatte zu. Durch die CD-Audio in eine Nische gedrängt, erlebt sie nun wieder ein Revival als Massenmedium.

High-Speed-Marketing und Time-to-Market-Strategie betonen das „Time ist money" und bergen die Gefahr des sich selbst Überholens (Innovationsfalle). Wer dagegen eine Strategie der neuen Langsamkeit (Paul Virilio) verfolgt oder lange genug wartet und das nötige Kapital besitzt, kann irgendwann einmal up-to-date sein. Ein aktuelles Beispiel sehen wir in der New und Old Economy, wo die Tendenz besteht, dass Unternehmen der New Economy zunehmend von Unternehmen der Old Economy geschluckt werden.

## A 9.2.13 Utopie Nummer dreizehn: Umzingelt von Utopien

Wir leben bereits mit Utopien. Wir glauben, dass stetes Wirtschaftswachstum möglich ist, obwohl die Realität uns etwas anderes lehrt. Radioastronomen suchen nach Leben auf anderen Planeten. Vulkanologen stellen immer wieder überrascht fest, dass ein Vulkan ausgebrochen ist. Anhänger der Künstlichen Intelligenz versuchen, Computer Intelligenz einzuimpfen. Unser eigener Lebensentwurf enthält auch utopische Elemente. Die einen leben in der Vergangenheit (die goldenen Zwanziger Jahre), die anderen in der Zukunft („Phantasten", „Träumer"), wiederum andere genießen das hier und jetzt in vollen Zügen (Hedonisten). Einige sind zumindest für eine gewisse Zeit erfolgreich, andere sind nicht in der Lage ihren Lebensentwurf zu realisieren und träumen von einer Karriere als Popstar, Schauspieler, Schriftsteller, Maler.

In einer Zeit mit unübersichtlichen bis chaotischen Strukturen bietet eine Erfinde-Deine-eigene-Zukunft-Strategie, oder konkreter, ein Trendsetting, eine Orientierung: Trendsetting besitzt den Vorteil, dass vorerst „nur" in Visionen und Kommunikationsarbeit investiert werden muss, während in der Entwicklung von (physischen) Produkten – im Gegensatz zur immateriellen Dienstleistung – die Produktion für einen chaotischen Markt mit vielen Ungewissheiten anläuft. Beim Trendsetting geht es erst einmal um Atmosphäre. Wenn es genügend „Mitläufer" gibt, dann benötigen sie Trendverstärker.

## A 9.2.14 Utopie Nummer vierzehn: Die Rolle von Informationsprofis – Partner und nicht Zulieferer

Ebenso wie unsere Vorfahren wollen auch wir wissen, was uns die Zukunft bringt. Waren damals Schamanen, Hexen und Seher am Werke, so sind das in der Informations- und Wissensgesellschaft Trendforscher, Trend-Scouts, Meinungsforscher, Science-Fiction-Autoren, Wissenschaftler und vielleicht auch Informationsprofis.

Im Prinzip sind wir alle Informationsprofis, wir beweisen dies tagtäglich, andernfalls wären wir nicht überlebensfähig. Was ist dann unsere Aufgabe als BID-Professionals? Was ist unser Ziel? Was in früheren Jahrzehnten noch einigermaßen funktionierte, mit Vergangenheits- und/oder Gegenwartsdaten eine zukünftige Entwicklung zu beeinflussen (Extrapolation), erweist sich in der Gegenwart zunehmend als unhaltbar. Problemlagen wie soziale Gerechtigkeit, Globalisierung, Erhalt der individuellen (Employability) und nationalen Wettbewerbsfähigkeit sind derart komplex, vernetzt und chaotisch, dass die Voraussage eines nächsten Entwicklungszustandes im Prinzip, wenn überhaupt, sich nur auf kürzeste Zeiträume beziehen kann.

„Wissen ist Macht", aber nichts Wissen macht auch nichts, weiß der Volksmund zu berichten. Ist der ideale Informationsprofi vielleicht auch ein Prophet, ein Guru, eine Schamane? Wir nennen uns nur anders: Information Broker, Information Consultant, Information Manager, Knowledge-Engineer. Während die einen die Kommunikationsmittel Glaskugel, Pendel oder Tarotkarten einsetzen oder mit fremden Mächten kommunizieren, entwickeln wir unsere magische Aura um den Computer, der uns einen Zugang zu einer Welt ermöglicht und per Mouseclick Lösungen für all unsere Probleme hervorzaubert. Aber, so müssen wir uns fragen: Was tun wir, wenn handlungs- und/oder entscheidungsunterstützend für Kunden aktiv werden?

Unser Problem: Ein Paradoxon. Es besteht darin, dass wir trotz einer „Informations"flut an einer Wissensarmut leiden (Lit. 08; Lit. 17; Lit. 22). Die

Vision lautet: Wir legitimieren uns dadurch, weil wir FuE-Vorhaben begleiten, im Datenchaos für Orientierung sorgen, Unsicherheit reduzieren, positive und negative Marktentwicklungen erkennen, soziale Bewegungen unterstützen. Kurz: weil wir sinnstiftend wirken. Aber das behaupten auch Wirtschaftsinformatiker, Controller, Betriebswirte. Wo ist also der Unterschied zu anderen Professionen? Die Antwort lautet: Wir Informationsprofis tragen Verantwortung dafür, dass wir uns für den sinnvollen Umgang mit Information und Wissen engagieren. Dazu gehört

– eine vernetzte BID-Forschungslandschaft auf mindestens dem bestehenden Niveau,

– eine fundierte „handwerkliche" Ausbildung von BID-Fachleuten, ergänzt durch Controlling-, Marketing-, Organisations- und Management-Kenntnisse,

– BID-Professionals mit einem Interesse für Entwicklungen in der Lebens- und Systemwelt,

– eine konzertierte Public Awareness-Kampagne, um den Unterschied zu den Informatik-Professionen herauszustellen, in der wir wieder Content den Vorrang vor IT einräumen.

Informationsprofis sind keine beliebig substituierbaren Zulieferer. BID-Verbände, aber auch wir Informationsprofis, müssen stärker in die Imagebildung investieren, mit einer angemessenen Wertschätzung unser Leistungen. Wie oben angedeutet, dürfen wir unsere handwerklichen Kompetenzen nicht zugunsten eines „Googling" aufgeben. Denn ein Problem der Informations- und Wissenswirtschaft nimmt in Zukunft noch zu: Das Erschließen, Strukturieren und Präsentieren von Daten aus den verschiedensten Quellen zur Schaffung, Erhaltung und zum Ausbau wertschöpfender Prozesse.

## A 9.3 Welchen Nutzen haben Informationsutopien?

Marketingfachleute definieren „Nutzen" als einen objektiv wie subjektiv wahrgenommenen Vorteil. Wie ernst sind dann (Informations-)Utopien zu nehmen? Sie sollen ein Gefühl dafür vermitteln, dass es keine dauerhaft stabilen Strukturen gibt und das einzig verlässliche in unserer Zeit der ständige Wandel ist. Das damit verbundene Veränderungsmanagement (Change Management) braucht Change Agents, zu denen auch Informationsprofis gehören, um die Veränderungsprozesse zu initiieren, zu begleiten und eventuell zu korrigieren.

Die Entwicklung von Informationsutopien ermöglicht den Informationsprofessionals, mit den ihnen zugänglichen Quellen, Zukunft zu gestalten, indem sie Visionen (Szenarien) entwickeln und für diese Mitstreiter gewinnen, die dann aus dieser Vision Realität entstehen lassen. Die Devise heißt: Anything goes (Feyerabend), panta rhei (Heraklit) und „der Weg ist das Ziel" (Laotse). All das hat auch etwas mit Charisma, mit Kommunikation zu tun. Ein Ansatz, der im Management bereits bei Max Weber beschrieben ist und in den 1990er Jahren unter dem Label „New Leadership Approach" zu neuer Blüte kommt. Das Potenzial, aus dem proaktive BID-Profis schöpfen können, ist riesig. Eine fundierte Ausbildung und ein ausgeprägtes Interesse für Trends in Wirtschaft, Politik, Kultur und Gesellschaft prägen den BID-Profi.

## A 9.4 Schluss

Nach wie vor leben wir mit der Vision (Ideologie) der ubiquitären Beherrschbarkeit. Wir glauben fest daran, dass durch den Einsatz von (IT-)Technologien alles machbar wird, obwohl wir erfahren müssen, dass komplexe Problemlagen selten mit einfachen Lösungen zu bewältigen sind, die Natur zunehmend aggressiver auf unsere Operationen reagiert, die kontinuierlich sprudelnden Informationsquellen zu einer „Informationsflut", zu einer „Wissensarmut" führen und eine Orientierung zunehmend erschweren, das „Science Comedians", bestimmte TV-Formate, Künstler, Moderatoren, Politiker den Weg in die tabulose Gesellschaft ebnen und somit die Gefahr eines destabilisierenden Werteverfalls bergen, das der dramatische Abbau durch IT-induzierte Rationalisierungsmaßnahmen durch den Einsatz des Wundermittels IT kompensiert werde.

Einfallsreiche Menschen (er-)finden immer wieder neue Variationen, neue Verbindungen oder völlig neue Sichtweisen, Produkte und Dienstleistungen. Das sorgt für wirtschaftlichen Aufschwung, soziale Gerechtigkeit, kulturelle und gesellschaftliche Impulse. Was hier so euphorisch klingt, hat auch seine Tücken. Vielleicht wäre es besser, hätten wir bestimmte Innovationen nicht. Dass sich hinter der Konzeption einer Informations- und Wissensgesellschaft eine von wirtschaftlichen Interessen getriebene IT-Orientierung verbirgt, verraten Synonyme wie Global Information Infrastructure (GII), Information Superhighway. Trend-Scouts, Visionäre, Trendforscher, Markforscher u.v.a. sollten auch Fragen beschäftigen wie die folgenden: Was wird aus dem Internet? Wird es in zehn, zwanzig oder gar fünfzig Jahren noch eine dominierende Rolle spielen? Wird es zu einer Marginalie? Oder wird es gar verschwinden, wie es anderen einst innovativen Verfahren und Technologien ergangen ist. Der unschlagbare Vorteil von BID-Professionals ist, dass sie gelernt haben – im Gegensatz zu (Wirtschafts-)Informatikern beispielsweise – Informationsprobleme inhaltlich zu bewältigen. Dabei bildet die Online-Welt nur eine Ressource. Persönliche Gespräche mit Kollegen, Interviews mit Wettbewerbern, Konferenzteilnahmen, das Lesen von Print-Dokumenten aller Art gehören zum USP (Unique Selling Proposition) eines proaktiven BID-Profis. Denn: eine hypermoderne IT-Infrastruktur besitzt keinen Nutzen, wenn es nicht mindestens zwei Menschen gibt, die sich was zu sagen haben. Es sei denn, wir gehören zu den Anhängern einer leblosen Maschine-Maschine-Kommunikation.

## Literatur

01 Beck, Ulrich: Risikogesellschaft. Auf dem Weg in eine andere Moderne. Frankfurt am Main 1986

02 Bohm, Jürgen; Coroama, Vlad; Marc Langheinrich; Mattern, Friedemann; Rohs, Michael: Allgegenwart und Verschwinden des Computers. Leben in einer Welt smarter Alltagsdinge. In: Lit. 07, S. 195-245

03 Brockhaus Enzyklopädie in 24 Bänden. 19. völlig neu bearb. Aufl. 1993, Bd. 21

04 Dörner, Dietrich: Problemlösen als Informationsverarbeitung. 3. Aufl. Stuttgart 1987

05 Doku: High-Tech-Spinne. Vorstoß ins Unbekannte. N24 vom 22.07.2003

06 Feyerabend, Paul: Wider den Methodenzwang. Frankfurt am Main 1976

07 Grötker, Ralf (Hrsg.): Privat! Kontrollierte Freiheit in einer vernetzten Welt. Hannover 2003

08 Hennings, Ralf- Dirk; Grudowski, Stefan; Ratzek, Wolfgang (Hrsg.): (Über-)leben in der Informationsgesellschaft. Zwischen Informationsüberfluss und Wissensarmut. Wiesbaden 2003

09 Kiefer, Marie Luise: Medienökonomik. München, Wien 2001

10 Lehner, Franz; Maier, Ronald; Hildebrand, Knut: Wirtschaftsinformatik. Theoretische Grundlagen. München 1995

11 Lester, Tobby: Die Wiederentdeckung der Privatsphäre. Neue Geschäftsfelder im Kampf um den „Privacy Space". In Lit. 07, S. 121-137

12 Medienforum Folge 13/2001: Goodbye Gutenberg. Vortrag von Prof. Dr. Joseph Weizenbaum. Manuskript zur Sendung am 4. November 2001. Baden-Baden 2002

13 Nefiodow, Leo A.: Der sechste Kondratieff. 4. aktual. Aufl. St. Augustin 2000

14 Nefiodow, Leo A.: Der fünfte Kondratieff. 2. Aufl. Wiesbaden 1991

15 Picot, Arnold; Reichwald, Ralf; Wigand, R.T. (Hrsg.): Die grenzenlose Unternehmung. Information, Organisation und Management. 4. Auflage. Wiesbaden 2001

16 Ratzek, Wolfgang: Public Awareness im BDI-Bereich – Wider den Informatik-Mimikry. In: Information – Wissenschaft und Praxis 6/2001, S. 315-320

17 Ratzek, Wolfgang: Informationsdienstleistungen für den Fortschritt. Informationswissenschaftliche Überlegungen zu einem unterbelichteten Bereich. In: horizonte 18/2001, S. 22-23

18 Ratzek, Wolfgang: Virtual Networking – Navigation zwischen realen und virtuellen Welten. In: Information – Wissenschaft und Praxis 7/2002, S. 401-410

19 Ratzek, Wolfgang: Suum Quique – Jedem das Seine. In: Lit. 08, S. 33-64

20 Ratzek, Wolfgang: Synopse einer Informations- und Wissensgesellschaft. Teil 1: zeichenbasierte Kommunikation. In: B.I.T. online 2/2003, S. 137-144

21 Ratzek, Wolfgang: Synopse einer Informations- und Wissensgesellschaft. Teil 2: das IT-geprägte Paradigma. In: B.I.T. online 2/2003, S. 223-224, 226, 228-232

22 Ratzek, Wolfgang: Gut sein reicht heute nicht mehr aus: der Erfolgsfaktor Mitarbeiter gewinnt an Bedeutung. In: Buch und Bibliothek 9/2003, S. 561-567

23 Ratzek, Wolfgang; Zwicker, Marietta: Integriertes Wissensmanagement als strategischer Erfolgsfaktor der Zukunft? In: Information – Wissenschaft und Praxis 6/1999. S. 339-353

24 Vetter, Heinz: Systematisches Problemlösen. In: Steiger, Th.; Lippmann, E. (Hrsg.): Handbuch angewandte Psychologie für Führungskräfte. 2 Bde. 2. Aufl. 2003, Bd. 1, S. 177-228

25 Seeger, Thomas: Der Weinberg-Bericht von 1967. Ein deutscher Rückblick nach 40 Jahren. In: Information – Wissenschaft und Praxis 2/2003, S. 95-98

26 Zach, Manfred: Monrepos oder Die Kälte der Macht. Tübingen 1996

# B
# Methoden

| B 1 | Hans-Jürgen Manecke:<br>**Klassifikation, Klassieren** | ... 127 |
| --- | --- | --- |
| B 2 | Margarete Burkart:<br>**Thesaurus** | ... 141 |
| B 3 | Ulrich Reimer:<br>**Wissensbasierte Verfahren der Organisation und Vermittlung von Information** | ... 155 |
| B 4 | Heidrun Wiesenmüller:<br>**Informationsaufbereitung I: Formale Erfassung** | ... 167 |
| B 5 | Gerhard Knorz:<br>**Informationsaufbereitung II: Indexieren** | ... 179 |
| B 6 | Rainer Kuhlen:<br>**Informationsaufbereitung III: Referieren (Abstracts - Abstracting - Grundlagen)** | ... 189 |
| B 7 | Norbert Fuhr:<br>**Theorie des Information Retrieval I: Modelle** | ... 207 |
| B 8 | Holger Nohr:<br>**Theorie des Information Retrieval II: Automatische Indexierung** | ... 215 |
| B 9 | Christa Womser-Hacker:<br>**Theorie des Information Retrieval III: Evaluierung** | ... 227 |
| B 10 | Walther Umstätter:<br>**Szientometrische Verfahren** | ... 237 |
| B 11 | Josef Herget:<br>**Informationsmanagement** | ... 245 |
| B 12 | Holger Nohr:<br>**Wissensmanagement** | ... 257 |
| B 13 | Michael Kluck:<br>**Methoden der Informationsanalyse - Einführung in die empirischen Methoden für die Informationsbedarfsanalyse und die Markt- und Benutzerforschung** | ... 271 |
| B 14 | Michael Kluck:<br>**Die Informationsanalyse im Online-Zeitalter. Befunde der Benutzerforschung zum Informationsverhalten im Internet** | ... 289 |
| B 15 | Alfred Kobsa:<br>**Adaptive Verfahren - Benutzermodellierung** | ... 299 |

B 16   Stefan Grudowski:
       **Innerbetriebliches Informationsmarketing**                                    ... 303

B 17   Marc Rittberger:
       **Informationsqualität**                                                         ... 315

B 18   Bernard Bekavac:
       **Informations- und Kommunikationstechnologien**                                ... 323

B 19   Thomas Schütz:
       **Dokumentenmanagement**                                                        ... 339

B 20   Nicola Döring:
       **Computervermittelte Kommunikation, Mensch-Computer-Interaktion**              ... 351

B 21   Daniel A. Keim:
       **Datenvisualisierung und Data Mining**                                         ... 363

B 22   Jürgen Krause:
       **Software-Ergonomie**                                                          ... 371

# B 1 Klassifikation, Klassieren

Hans-Jürgen Manecke

## B 1.1 Allgemeines

Unter *Klassifikation* wird ganz allgemein eine Gruppierung oder Einteilung des gesamten Wissens, der Wissenschaft und ihrer Disziplinen nach einheitlichen methodischen Prinzipien verstanden (Lit. 01). Die Elemente (Bestandteile) der Klassifikationen werden als Klassen bezeichnet. Bei der Verwendung des Begriffs „Klassifikation" ist zu unterscheiden zwischen

- dem Prozess der Klassifikationserarbeitung (d.h. der Klassenbildung);
- dem Klassifikationssystem als Ergebnis des Klassenbildungsprozesses;
- dem Prozess des Klassierens bzw. des Klassifizierens, d.h. dem gegenseitigen Zuordnen von Objekten und Klassen des Klassifikationssystems.

Dieses Zuordnen erfolgt auf der Grundlage mindestens eines gemeinsamen klassifikatorischen Merkmals (*Klassem*), das den einzelnen Objekten einer bestimmten Klasse eigen ist und sie von Objekten anderer Klassen unterscheidet. Gleichartige Objekte bzw. Sachverhalte, d.h. diejenigen, die mindestens ein identisches Merkmal haben, werden in einer Klasse zusammengefasst. Eine derartige Objektklassifikation ist Grundlage beispielsweise der Faktendokumentation, bei der Daten über Objekte, Sachverhalte etc. direkt gespeichert und abgefragt werden können.

Ein Klassifikationssystem ist insgesamt das Ergebnis eines schrittweisen Strukturierungsprozesses, bei dem jeder Klasse in dem System ein bestimmter Platz zugeteilt wird. So erfüllen die Klassifikationen vor allem eine Ordnungsfunktion (Gleiches zu Gleichem), die ganz offensichtlich einem Grundbedürfnis des Menschen entspricht. Bereits in den Ländern des alten Orients und in der antiken Welt gab es Klassifikationen.

Hinter jeder Klasse verbirgt sich ein dreistufiger Abstraktionsprozess, d.h. zunächst die Abstraktion vom *Objekt* bzw. Sachverhalt einer Klasse zum *Begriff*, der die Merkmale bestimmt, die diese Klasse von einer anderen unterscheidet. Dieser Begriff ist dann in einer nächsten Abstraktionsstufe durch eine äquivalente *Bezeichnung* auszudrücken.

In diesem Abschnitt stehen Klassifikationssysteme für die Referenzdokumentation, d.h. ihr Einsatz als *Dokumentationssprache* bei der Erarbeitung von Referenzbeschreibungen für Wissensquellen, im Vordergrund. Sie zählen zu den am weitesten verbreiteten Dokumentationssprachen und zeichnen sich durch die ihnen innewohnende Systematik aus.

Ein derartiges Klassifikationssystem ist eine strukturierte Zusammenstellung von Begriffen (Begriffssystematik), in der die Beziehungen zwischen den Begriffen (meist Über- und Unterordnung) durch systemabbildende und von natürlichen Sprachen unabhängige Bezeichnungen (*Notationen*) dargestellt sind (Lit. 02). Eine Notation ist demnach eine nach bestimmten Regeln gebildete Zeichenfolge, die eine Klasse (Systemstelle) repräsentiert und deren Stellung im systematischen Zusammenhang abbildet.

Diese Notationen werden bei der Inhaltserschließung als inhaltskennzeichnende Merkmale (Indexterms) vergeben und sind somit Grundlage für das Speichern und Wiederauffinden. Hauptfunktion von Klassifikationen dieser Art ist also das Ordnen der Sachverhalte und Aussagen (der Essenz), die bei der Analyse von Publikationen und anderer Wissensquellen als wesentlich erkannt und mit Hilfe von Notationen repräsentiert worden sind.

Die Erläuterung der nachfolgenden Grundlagen bezieht sich vor allem auf die Verwendung von Klassifikationen als Begriffssystematik. Sie gelten aber auch in analoger Weise für die o.a. Objektklassifikation, beispielsweise für die International Classification of Diseases (ICD). Sie dient weltweit für die Verschlüsselung von Diagnosen.

Ausführlichere Erläuterungen enthält ein kürzlich zum Selbststudium entwickeltes einführendes Lehrbuch zum Thema Wissensorganisation (Lit. 03).

## B 1.2 Grundlagen von Klassifikationssystemen

### B 1.2.1 Strukturelemente

Grundlage für die Einordnung von Sachverhalten in das jeweilige System ist vor allem die hierarchi-

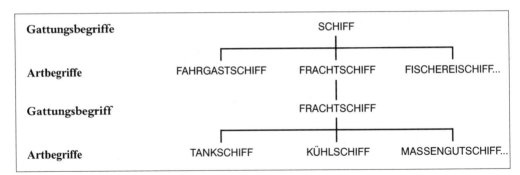

Abb. 1: *Monohierarchische Unterteilung*

sche Unterteilung der einzelnen Begriffe (meist nach dem Prinzip Gattung – Art). Dabei muss beachtet werden, dass mindestens ein Merkmal für die Unterteilung maßgebend sein muss, denn nur so schließen die gebildeten Unterbegriffe einander aus. Auf einen Gattungsbegriff folgt so eine Reihe von Artbegriffen, die in der nächsten Hierarchieebene ihrerseits zu Gattungsbegriffen werden können, um dann weiter unterteilt zu werden (vgl. Abb. 1).

In diesem Beispiel werden klassifikatorische Ketten (Schiff – Frachtschiff – Kühlschiff.. ) und Ebenen (Fahrgastschiff – Frachtschiff – Fischereischiff .. bzw. Tankschiff – Kühlschiff – Massengutschiff) sichtbar, die in ihrer Gesamtheit eine Art Koordinatensystem bilden, auf dem das Hierarchiegefüge des Klassifikationssystems abbildbar ist. Hinsichtlich dieses Gefüges kann zwischen Monohierarchie und Polyhierarchie unterschieden werden.

Eine starke Hierarchie ( = Monohierarchie) liegt vor, wenn zu jedem Begriff mehrere Unterbegriffe existieren. Es entsteht eine Art Begriffspyramide, bei der jeder Artbegriff umgekehrt nur einen Oberbegriff hat (vgl. Abb. 1). Eine Recherche ist hier logischerweise nur nach einem Aspekt möglich ( = eindimensionale Suche).

Eine schwache Hierarchie ( = Polyhierarchie) liegt vor, wenn ein und derselbe Begriff auf Grund der Berücksichtigung mehrerer unterschiedlicher Merkmale jeweils zwei oder mehr Oberbegriffen zugeordnet wird (vgl. Abb. 2). Das ermöglicht eine gleichzeitige Recherche unter mehreren Aspekten ( = mehrdimensionale Suche).

Polyhierarchien können in den typischen hierarchischen Klassifikationen beispielsweise durch das Einarbeiten von Verweisungen oder durch die Mehrfacheinordnung eines Begriffs dargestellt werden. Die bisherige Konzentration auf monohierarchische Strukturen und damit auf eindimensionale Recherchen ist durch den verstärkten EDV-Einsatz bei der Erarbeitung, Pflege und Anwendung von Klassifikationen vielfach in Richtung auf flexiblere Strukturen aufgegeben worden.

Die Einordnung der Begriffe in das Hierarchiegefüge muss unter Beachtung der Grundregeln der formalen Logik geschehen, um widerspruchsfreie Klassifikationen zu erhalten. Derartige Regeln sind beispielsweise:

– Die Extension, d.h. der Begriffsumfang des Gattungsbegriffs, muss mit den Extensionen der Artbegriffe übereinstimmen;

– Die Artbegriffe müssen disjunkt sein, d.h. dass ihre Extensionen sich nicht überschneiden dürfen;

– es darf nicht gleichzeitig nach verschiedenen Merkmalen gegliedert werden;

– die Gliederung darf keine Sprünge machen.

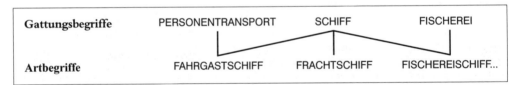

Abb. 2: *Polyhierarchische Unterteilung*

Diese idealtypischen Postulate können in der Praxis nicht immer eingehalten werden. Nützlichkeitserwägungen stehen oft gegenüber Untergliederungsformalismen im Vordergrund.

### B 1.2.2  Strukturen. Begriffsbeziehungen

Die Struktur der Klassifikationen wird nicht nur durch das vorherrschende Einteilungsprinzip, sondern auch durch die Anzahl der in ihr zusammengeführten Elemente bestimmt. Bei der Erarbeitung von Klassifikationen werden in der Regel viele Begriffe und Begriffskombinationen von vornherein festgelegt ( = Präkoordination), um für alle bei der inhaltlichen Erschließung auftauchenden Sachverhalte über eine möglichst vollständige Begriffssystematik zu verfügen. Dadurch haben Klassifikationen vielfach einen geschlossenen, starren Charakter, der eine Weiterentwicklung und Anpassung an die Entwicklungen auf dem jeweiligen Gebiet erschwert.

In einem engen Zusammenhang zur Struktur der Klassifikation stehen die in ihr realisierbaren Begriffsbeziehungen (paradigmatische bzw. syntagmatische) als wichtiges Charakteristikum für die Ausdrucksstärke einer Dokumentationssprache.

Klassifikationen gelten im allgemeinen als relativ ausdrucksschwache Dokumentationssprachen, da von den Möglichkeiten paradigmatischer Begriffsbeziehungen (z.B. Äquivalenz, Hierarchie, Assoziation) meist nur – wie weiter oben erläutert – die hierarchischen Beziehungen ihr Systemgefüge bestimmen. Zum Teil werden aber auch Assoziationen (durch Verweise) ermöglicht.

Durch das bei Klassifikationen vorherrschende Prinzip der Präkoordination (im Gegensatz zur Postkoordination, wo erst bei der Inhaltserschließung Begriffe und Begriffskombinationen entsprechend dem Inhalt des Dokuments als Indexterms zusammengeführt werden) sind in ihnen auch die Möglichkeiten syntagmatischer Begriffsbeziehungen (z.B. Funktionsanzeiger, Verknüpfungsanzeiger, Relatoren, Modifikatoren) eher schwach entwickelt. Denn Klassifikationen, bei denen dieser Verknüpfungsapparat (zu vergleichen mit einer primitiven Grammatik) weit ausgebaut worden ist, können leicht unübersichtlich und damit unhandlich werden.

### B 1.2.3  Begriffsbezeichnungen

Innerhalb von Klassifikationssystemen werden üblicherweise zwei Bezeichnungsarten nebeneinander verwendet. Zum einen sind das die verbalen Bezeichnungen (oder Benennungen) der in der Systematik zusammengeführten Begriffe. Diese Bezeichnungen können auch aus mehreren Worten zusammengesetzt sein. Im Interesse einer praktikablen und widerspruchsfreien Handhabung von Klassifikationen ist eine sorgfältig gewählte und kontextfrei verständliche Bezeichnung zu fordern. Häufig finden sich aber in der Praxis eher vage Umschreibungen von Begriffen.

Die andere Bezeichnungsart sind künstliche Bezeichnungen in Form von Notationen. Ergänzt werden die Bezeichnungen erforderlichenfalls durch (meist kurze) Erläuterungen oder Definitionen (vgl. Abb. 3).

Die Notationen entsprechen inhaltlich den Begriffsbezeichnungen. Sie bilden insgesamt ein die jeweilige Klassifikation repräsentierendes und charakterisierendes *Notationssystem*. Von der Kapazität und Mächtigkeit des Notationssystems hängt letztlich ab, in welchem Maße die klassifikatorischen Ketten und Ebenen entwickelt werden können. Bestimmende Faktoren sind dabei der Zeichenvorrat der Notation und die durch sie gegebenen Unterteilungsmöglichkeiten in jeder Ebene.

Zum üblichen *Zeichenvorrat* einer Notation gehören Buchstaben, Ziffern und Sonderzeichen sowie Kombinationen dieser Zeichen. Je nach ihrer Verwendung werden Alpha-Notationen (nur Buch-

| | |
|---|---|
| Begriff | SCHIFF |
| Notation (aus der DK) | 629.123 |
| Verbale Bezeichnung | SCHIFFE FÜR SEESCHIFFFAHRT. SEESCHIFFE |
| Erläuterung | EINSCHLIESSLICH SCHIFFE FÜR GROSSE SEEN UND STRÖME |

DK = Internationale Dezimalklassifikation

*Abb. 3: Begriffsbezeichnungen in einer Klassifikation*

| Sachverhalt | VERHÜTUNG VON HAUTKRANKHEITEN BEI CHEMIEARBEITERN |
|---|---|
| Notation | CgHeMbi |
| Erläuterung | Cg = HAUTKRANKHEITEN (Aus der Facette C = Berufskrankheiten)<br>He = VERHÜTUNGSMASSNAHMEN (Facette H = Arbeitsschutz)<br>Mbi = CHEMIEARBEITER (Facette M = Berufsgruppen) |

*Abb. 4: Beispiel aus einer Facettenklassifikation*

staben), Ziffernnotationen (nur Ziffern, vgl. Abb. 3) und alphanumerische Notationen (Buchstaben und Ziffern) unterschieden. Für Notationssysteme werden sehr häufig folgende Unterteilungsmöglichkeiten genutzt:

– Dezimale Unterteilung: Zur Notationsbildung werden die Ziffern 0 bis 9 verwendet, pro Ebene wird eine Stelle beansprucht. Die Hierarchie ist gut überschaubar, nachteilig ist häufig die Beschränkung auf maximal zehn Unterteilungen. Wichtigster Vertreter dieser dezimalen Klassifikationen ist die Internationale Dezimalklassifikation (DK).

– Nonische Unterteilung: Zur Notationsbildung werden auch hier Ziffern verwendet, wobei in der Regel auf die Null verzichtet wird. Ihr werden in den entsprechenden nonischen Klassifikationen andere Funktionen zugeordnet (z.B. eine Verwendung als Anhängezahl).

– Polydezimale Unterteilung: Mit ihr werden mehr als zehn Unterteilungen ermöglicht, z.B. durch die Verwendung von Buchstaben an Stelle von Ziffern (26 Möglichkeiten im deutschen Alphabet) oder durch die Verwendung mehrerer Stellen pro Position und Ebene. Polydezimale Klassifikationen mit zwei Stellen haben bei der Verwendung von Ziffern bereits 100 Möglichkeiten, bei der Verwendung von zwei Buchstaben insgesamt 676 Möglichkeiten zur weiteren Unterteilung.

### B 1.2.4 Typen, Eigenschaften und Pflege

Bei der Entwicklung und Anwendung von Klassifikationen wird im Allgemeinen zwischen zwei Typen, den analytischen und den analytisch-synthetischen Systemen, unterschieden. In einer typischen, starr strukturierten analytischen Klassifikation werden die in der Systematik zusammengeführten Begriffe entsprechend den Gegebenheiten des Wissensgebietes von oben nach unten, vom Allgemeinen zum Speziellen, immer feiner untergliedert (vgl. Abb. 1). Bei der Vergabe von Indexterms darf nur das verwendet werden, was in der Klassifikation präkoordiniert enthalten ist.

Im Gegensatz dazu gehen analytisch-synthetische Klassifikationen (auch Facettenklassifikationen genannt) (vgl. Lit. 04) von den in einer Systematik zusammengestellten, gleichrangigen Merkmalsbegriffen eines Wissensgebietes aus (z.B. Objekte, Eigenschaften, Personen, Zeit), denen entsprechende Einzelbegriffe (auch Foci oder Isolate genannt) zugeordnet werden. Derart entstandenen Begriffsgruppen werden als Kategorien oder Facetten bezeichnet. Die notwendige Untergliederung erfolgt durch weitere (Unter-)Facetten. Klassifikationen dieser Art sind in der Regel ahierarchisch und mehrdimensional. Mit ihnen können postkoordinativ, d.h. erst bei der Erschließung von Wissensquellen, auch sehr komplexe Sachverhalte, deren Bestandteile analytisch ermittelt wurden, durch Zusammenführen (= Synthese) von Begriffen aus verschiedenen Facetten (meist mit Hilfe einer sog. „Facetten- oder Kategorienformel") wiedergegeben werden (vgl. Abb. 4).

In der Praxis sind Prinzipien beider Klassifikationstypen oft miteinander vermischt worden. Wir finden z.B. streng hierarchische Klassifikationen, bei denen mitunter nach bestimmten Merkmalen weiter untergliedert wird. Damit wird versucht, die Vorteile beider Arten zu vereinen und systemspezifische Nachteile (z.B. Starrheit) zu vermeiden. Bei den vorgestellten Beispielen finden sich dafür viele Belege, wie etwa bei der Internationalen Dezimalklassifikation (DK).

Die große Verbreitung, die viele Klassifikationen als Begriffssystematik in der Praxis der Informationsarbeit gefunden haben, beruht vor allem auf drei *Eigenschaften*:

– Universalität, d.h. die Orientierung auf den gesamten Bereich der Wissenschaft (als Universalklassifikation) bzw. auf viele ihrer Teilgebiete (als Fachklassifikation);

– Kontinuität, d.h. die Verwendbarkeit über einen längeren Zeitraum hinweg;
– Aktualität, d.h. die Fähigkeit zur Berücksichtigung neuer Erkenntnisse.

Diese fachliche Aktualität von Klassifikationen ist eng mit den Möglichkeiten zu einer systemgerechten Pflege verbunden. Ziel ist eine erhöhte *Flexibilität* der Systeme. Diese wird vor allem durch Erweiterungsmöglichkeiten in der Kette und in der Ebene (auch als Hospitalität bezeichnet), durch Möglichkeiten zur Streichung von Begriffen und zur Bildung neuer Begriffsklassen erreicht. Die *Expansivität*, d.h. die Fähigkeit, das Klassifikationssystem in unterschiedlichen Gliederungsebenen darzustellen und zu benutzen, ist ein weiteres Flexibilitätskriterium.

### B 1.2.5 Zusammenfassung. Regeln und Normen

Die speziellen Merkmale typischer hierarchischer Klassifikationen werden vor allem im Vergleich zu den Merkmalen eines Thesaurus deutlich.

Das zeigt folgende Gegenüberstellung der beiden hauptsächlichen Begriffssysteme:

| KLASSIFIKATIONEN | THESAURI |
|---|---|
| sind systematisch (meist monohierarchisch) geordnet | sind alphabetisch geordnet |
| sind von natürlichen Sprachen unabhängig | benutzen einen natürlichsprachigen Zugang |
| verfügen über viele Wortkombinationen | verfügen über wenige Wortkombinationen |
| sind präkoordiniert und starr | sind flexibel, lassen sich postkoordiniert nutzen |
| sind weniger ausdrucksfähig | sind ausdrucksfähiger |

Aus diesen Merkmalen kann nicht unbedingt auf die wesentlichen Verwendungsgebiete der einzelnen Dokumentationssprachen geschlossen werden, vor allem, weil bei neueren Entwicklungen durchaus mit Erfolg versucht worden ist, Flexibilität und Ausdrucksfähigkeit von Klassifikationen zu verbessern. Somit ist die noch vor Jahren verbreitete Ansicht, dass Klassifikationen an eine Verwendung in traditionellen Retrievalsystemen (beispielsweise Steilkarteien) gebunden sind und dass nur Thesauri sich für einen Einsatz in rechnergestützten Retrievalsystemen eignen, längst nicht mehr aufrecht zu halten.

Diese Ansicht war aber die Ursache, dass Klassifikationen lange Zeit dem Konkurrenzdruck der natürlichsprachigen Thesauri ausgesetzt waren. Noch bis in die 70er Jahre gab es – je nach Verwendungszweck – ein heftiges Pro und Kontra. Neuere Untersuchungen zeigen jedoch, dass beide Dokumentationssprachen oft gemeinsam eingesetzt werden, beispielsweise bei der sog. Hybriderschließung (s.u.).

Da auch die früher beschränkten rechentechnischen Möglichkeiten zur Handhabung von Dokumentationssprachen im PC-Bereich wesentlich verbessert worden sind, spielt es heute praktisch keine Rolle mehr, ob Klassifikationen oder Thesauri zur Erschließung von Wissensquellen herangezogen werden. Entscheidend ist allein die Zweckmäßigkeit, nicht mehr das technische Mittel.

Die in Deutschland gültigen Regeln zur Erarbeitung und Weiterentwicklung von Klassifikationssystemen sind in folgender Norm festgelegt:

DIN 32705. Klassifikationssysteme. Erstellung und Weiterentwicklung von Klassifikationssystemen. Berlin, Januar 1987, 12 S.

In ihr werden Klassifikationssysteme als Hilfsmittel zur Ordnung von Gegenständen oder Wissen über Gegenstände definiert. Sie zeigt im Einzelnen, wie Begriffe, Arten von Beziehungen sowie Merkmale identifiziert, geordnet, zusammengestellt und ausgedrückt und wie den Bezeichnungen Notationen zugeordnet werden. Außerordentlicher Wert wird dabei auf eine eindeutige Zuweisung jedes Eintrags zu einer bestimmten Stelle in der Über- und Unterordnung der Elemente gelegt. Damit wird den oben skizzierten neueren Überlegungen zur Weiterentwicklung in Richtung auf flexiblere Klassifikationen aber kaum Rechnung getragen.

### B 1.2.6 Verwendung. Klassieren

Verwendet werden die Klassifikationen vor allem zum *Klassieren*, d.h. zur Zuteilung von Notationen zu Objekten (Lit. 02). Angewendet auf die Inhaltserschließung hat das Klassieren die Gesamtheit des Inhalts einer Wissensquelle im Blickfeld und ordnet aus dem Vorrat an Notationen des jeweilig verwendeten Klassifikationssystems diejenigen zu, die den Inhalt am besten und vollständigsten wiedergeben. Insofern handelt es sich beim Klassieren um eine spezielle Variante des Indexierens, um das sog. additive Indexieren.

Beim Klassieren kommen folgende wesentliche Eigenarten einer Klassifikation zum Tragen, die sich insgesamt positiv auf die Leistungsfähigkeit von Retrievalsystemen auswirken:

– Klassifikationsnotationen ermöglichen eine „mechanisierte" Gruppenbildung. Das bedeutet, dass beim Retrieval mittels eines Oberbegriffs im allgemeinen auch alle Wissensquellen gefunden werden, die richtigerweise mit detaillierten Unterbegriffen klassiert worden sind. Es muss daher nicht jede einzelne Notation als Suchmerkmal festgelegt werden, es genügt die Notation des gemeinsamen Oberbegriffs.

– Klassifikationsnotationen erleichtern die Bedeutungsklärung von Fachausdrücken (= Desambiguierung). In dieser Eigenschaft tragen sie zur Ballastvermeidung beim Retrieval bei.

– Mit Hilfe von Klassifikationsnotationen wird vermieden, dass scheinbare Verwandtschaftsbeziehungen beim Retrieval wirksam werden können (Die Suche nach dem Metall Silber mit Hilfe des Fragments *silber* ergibt z.B. auch „Silberne Hochzeit" oder „Silbertanne". Derartige Fehler sind bei der Verwendung von Notationen nicht möglich.

– Mit Notationen lassen sich rascher Begriffe eindeutig beschreiben, insbesondere dann, wenn es noch an von der Allgemeinheit akzeptierten Wortschöpfungen für die verbale Bezeichnung mangelt oder wenn bestimmte Begriffe nur mit längeren Paraphrasen beschrieben werden können (beispielsweise entspricht in der DK die Notation „663.432" der Paraphrase „Waschen und Weichen von Gerste zur Malzbereitung in der Brauerei. Weichwasserbehandlung").

Mitunter wird bei der Inhaltserschließung das Klassieren mit dem Indexieren verknüpft, beispielsweise bei Patentschriften. Das Klassieren mit Hilfe der Notationen der IPC führt zu einer Grobbeschreibung des Objekts der Erfindung. Die Ergänzung um Lösungsdetails, Problemdetails und Objekteigenschaften führt zur Feinbeschreibung der Erfindung. Diese Ergänzungen können mit natürlichsprachigen Deskriptoren indexiert werden. Eine derartige Verknüpfung von Klassieren und Indexieren wird als *Hybriderschließung* bezeichnet. Auch sie führt in diesem speziellen Fall zu einer wesentlichen Verbesserung (Präzision) der Retrievalergebnisse.

## B 1.3 Beispiele von Klassifikationssystemen

### B 1.3.1 Internationale Dezimalklassifikation (DK)

Deutschsprachige Standardwerke zum Thema Internationale Dezimalklassifikation stammen von Karl Fill (Lit. 05) und Peter Herrmann (Lit. 06). Sie stellen noch heute unentbehrliche Hilfsmittel für diejenigen dar, die sich näher mit dieser am weitesten ausgebauten und international anerkannten Klassifikation befassen wollen. Neueren Datums ist der Leitfaden von McIlwaine (Lit. 07).

Die Internationale Dezimalklassifikation (DK) ist eine auf dem Prinzip der Zehnerteilung basierende, im wesentlichen monohierarchische Universalklassifikation (UDK), deren Notationen aus Ziffern und Zeichen bestehen. In ihr wird das gesamte aufgezeichnete Wissen (das „Universum der Information") als System von zueinander in Beziehung stehenden Teilen ( = kohärentes System) betrachtet. Deswegen enthält die DK an vielen Stellen auch durch Verweise auf ähnliche Fachgebiete und durch Kombinationsmöglichkeiten mit Hilfe sogenannter Anhängezahlen eine facettenartige Komponente.

**Entwicklung:** Die DK geht auf den Amerikaner Melvil Dewey (1851-1931) zurück, der 1876 die erste Ausgabe seiner Dewey Decimal Classification (DDC) vorlegte. Noch heute (derzeit wird mit der 22. Ausgabe gearbeitet) ist die DDC in den Bibliotheken der USA weit verbreitet. Seit einigen Jahren gibt es auch verstärkte Bemühungen um die Einführung der DDC im deutschen Sprachraum (Lit. 08).

Die Eigenständigkeit der DK begann 1904 mit der Herausgabe des „Manuel du repertoire bibliographic universel" durch die Belgier Paul Otlet (1868-1944) und Henri La Fontaine (1854-1943). Sie enthielt damals 33000 Begriffe. Seit 1938 wird die DK durch die International Federation for Information and Documentation in Den Haag (FID) betreut.

Eingereichte Ergänzungsvorschläge wurden zunächst als P-Notes (Proposals for revision or extension ..) veröffentlicht und so der Fachwelt zur Diskussion gestellt. Erst nach mehrmonatiger Einspruchsfrist waren sie verbindlich und durch die jährlich erscheinenden „Extensions and Corrections to the UDC" bekannt gemacht worden.

In Abstimmung mit der FID erschienen in vielen Ländern nationale DK-Ausgaben. Die Gesamtausgabe bzw. Teilausgaben gibt es inzwischen in 23 Sprachen. Die Erstauflage der zehnbändigen Deutsche Gesamtausgabe wurde 1953 abgeschlossen. Sie enthält rund 180000 Begriffe. Etwa ein Viertel dieses Umfangs (37000 Begriffe) enthält die zweibändige Handausgabe der DK, knapp ein Zehntel (12000 Begriffe) die deutsche bzw. auch die dreisprachige (Deutsch-Englisch-Französisch) Kurzausgabe. Verschiedene Fach- oder Teilausgaben (z.B. für Geodäsie oder Elektrotechnik) enthalten spezielle Auszüge aus der Gesamtausgabe der DK.

Seit dem 1. Januar 1992 ist das UDC Consortium (UDCC) mit Vertretern aus der FID und aus einigen nationalen Organisationen für die Weiterentwicklung und Verbreitung der DK verantwortlich.

**Struktur:** Das gesamte menschliche Wissen ist bei der DK in 10 Hauptabteilungen gegliedert, die nacheinander von 0 bis 9 bezeichnet werden:

0 Allgemeines

1 Philosophie

2 Religion. Theologie

3 Sozialwissenschaften. Recht. Verwaltung

4 z.Z. frei (früher: Sprachwissenschaft und Philologie)

5 Mathematik. Naturwissenschaften

6 Angewandte Wissenschaften. Medizin. Technik

7 Kunst. Kunstgewerbe. Photographie. Musik. Spiel. Sport

8 Sprachwissenschaft. Philologie. Schöne Literatur. Literaturwissenschaft

9 Heimatkunde. Geographie. Biographien. Geschichte

Jede Hauptabteilung enthält wieder bis zu 10 Abteilungen, zu deren Bezeichnung jeweils eine zweite Ziffer hinzugefügt wird usw. Beispielsweise wird die Hauptabteilung 5 wie folgt weiter unterteilt:

51 Mathematik

52 Astronomie. Geodäsie

53 Physik

54 Chemie. Mineralogische Wissenschaften

55 Geologie und verwandte Wissenschaften. Meteorologie

56 Paläontologie

57 Biologische Wissenschaften

58 Botanik

59 Zoologie

Es findet also eine fortschreitende Unterteilung vom Allgemeinen zum Besonderen statt. Die DK-Zahl ( = Notation) für den Begriff „Kernreaktionen durch Deuteronen" beispielsweise ist das Ergebnis folgender Untergliederungshierarchie:

| | |
|---|---|
| 5 | Mathematik. Naturwissenschaften |
| 53 | Physik |
| 539 | Physikalischer Aufbau der Materie |
| 539.1 | Kernphysik. Atomphysik. Molekülphysik |
| 539.17 | Kernreaktionen |
| 539.172 | Individuelle Kernreaktionen |
| 539.172.1 | Kernreaktionen durch Atomkerne |
| 539.172.13 | Kernreaktionen durch Deuteronen |

Die so gebildeten DK-Zahlen haben, numerisch betrachtet, den Wert von Dezimalbrüchen, bei denen die am Anfang stehende Null (0,..) weggelassen wurde. Durch Anhängen beliebig vieler Ziffern kann dann nie die zur Ausgangszahl stellengleiche nächst höhere Zahl erreicht werden. So ist die DK im Prinzip unbegrenzt erweiterungsfähig. Die Einführung neuer Unterabteilungen zerstört das Gesamtschema nicht. Zur besseren Übersicht wird hinter jeder dritten Ziffer ein Punkt gesetzt.

Die DK besteht aus einer *Haupttafel* und den *Hilfstafeln*. Aus ihnen können die DK-Zahlen entnommen bzw. nach bestimmten Regeln zusammengesetzt werden. Dabei enthält die Haupttafel die aus den 10 Hauptabteilungen durch immer weitere Untergliederung abgeleiteten sogenannten Haupt-DK-Zahlen. Bestimmte Begriffe werden – je nach

| | |
|---|---|
| Sachverhalt | WARTUNG VON HEISSDAMPFTURBINEN |
| Notation | 621.165.52-7 |
| Erläuterung | Haupt-DK-Zahl (für Heißdampfturbinen)  621.165.52<br>Anhängezahl (für Wartung und Pflege von Maschinen)  -7 |

*Abb. 5: Beispiel für die Anwendung der Dezimalklassifikation*

Gesichtspunkt – an verschiedenen Stellen in der Haupttafel eingeordnet ( = Doppelstellen). Außerdem enthält die Haupttafel die *Besonderen Anhängezahlen*, die je nach Geltungsbereich den entsprechenden Abteilungen vorangestellt sind (gekennzeichnet durch einen senkrechten Strich am Seitenrand) und die an die entsprechenden Haupt-DK-Zahlen im Wesentlichen mit der Zeichenfolge .0 bzw. - angehängt werden können. Sie sind Notationen für Begriffe, die sich innerhalb eines Fachgebietes häufig wiederholen und die – wie Modifikatoren – die durch Haupt-DK-Zahlen ausgedrückte Begriffe weiter spezifizieren (vgl. Abb. 5).

Die Hilfstafeln enthalten einmal die für die sachliche Verbindung mehrerer Haupt-DK-Zahlen anzuwendenden Symbole, zum anderen die sog. Allgemeinen Anhängezahlen, die durch bestimmte Zeichen oder Zeichenfolgen erkennbar sind und an jede Haupt-DK-Zahl angehängt werden können.

Die *Verbindung*, durch die die Ausdrucksfähigkeit der DK in starkem Maße erhöht wird, kann je nach Sachverhalt interpretiert werden als

– Beiordnung bzw. Zusammenführung von nicht aufeinander folgenden Begriffen
Symbol **+**
Beispiel: Theoretische und angewandte Chemie 541 + 66

– Erstreckung bzw. Zusammenführung von aufeinanderfolgenden Begriffen
Symbol /
Beispiel: Chemische Dynamik 541.124/.128

– Beziehung zwischen Begriffen, wobei die Reihenfolge auch umkehrbar ist
Symbol :
Beispiel: Lastkraftwagen in der Landwirtschaft 629.114.4:631

– Kennzeichnung von Komplexbegriffen, bei denen die Reihenfolge bestimmt ist
Symbol ::
Beispiel: Autoscheinwerfer 628.946::629.113 bzw. Scheinwerferauto 629.113::628.946

– Zusammenfassung (Synthese) von Teilnotationen der gleichen Hierarchie
Symbol '
Beispiel: Natriumchlorid 546.33'13

Die *Allgemeinen Anhängezahlen* kennzeichnen sehr allgemeine Begriffe, die, wenn es sinnvoll ist, an jede Haupt-DK-Zahl angehängt werden können. Es gibt sie für

– Sprache
Symbol =
Beispiel: 860=20, d.h. Spanische Literatur in Englisch

– Form
Symbol **(0...)**
Beispiel: 31(058), d.h. Statistisches Jahrbuch

– Ort
Symbol **(...)**
Beispiel: 622.33(493), d.h. Kohlenbergbau in Belgien

– Rassen und Völker
Symbol **(=...)**
Beispiel: 299.9(=995), d.h. Religion der Papuas

– Zeit
Symbol "..."
Beispiel: 943"1848", d.h. Deutsche Geschichte 1848

– Gesichtspunkt
Symbol **.00**
Beispiel: 674.004.8, d.h. Abfallnutzung in der Holzindustrie

– Person
Symbol **-05**
Beispiel: 655.1-05, d.h. Buchdrucker

Außerdem können Buchstaben bzw. Namen wie Anhängezahlen verwendet werden. So kennzeichnet die Notation 929.2"Bismarck" die Familiengeschichte der Bismarcks.

Für die Bildung zusammengesetzter DK-Zahlen und für die Ordnung in Speichern gelten feste Regeln. Neben der Haupttafel und den Hilfstafeln gehört zur DK auch ein alphabetisch geordnetes Sachwortregister.

Zusammenfassend sind drei Konstruktionsprinzipien der DK erkennbar:

- Das hierarchische Fundament wird durch die in den Klassen der Haupttafeln aufgeführten DK-Zahlen dargestellt.
- Die Hilfstafeln mit ihren Anhängezahlen, die den DK-Zahlen angehängt werden können, bilden die facettierte Ergänzung.
- Mit Hilfe der Sonderzeichen können zwei oder mehrere DK-Zahlen/DK-Notationen in Beziehung/Relation gesetzt werden. Sie bilden die Syntax.

**Vor- und Nachteile:** Als Vorteile der DK gelten vor allem ihre Universalität, ihre theoretisch fast unbegrenzten Erweiterungsmöglichkeiten, die international organisierte Aktualisierung, eine relativ gute Ausdrucksfähigkeit durch Verknüpfung von Dezimalprinzip (das außerdem zu einer rasch überschaubaren Struktur führt) und Facettierungselementen sowie die durch die Verwendung von Ziffernnotationen international gute Verständlichkeit.

Zu den immer wieder genannten Nachteilen zählen die heute veraltete Hauptgliederung, die dadurch bewirkten Disproportionen bei der Verteilung der Sachinhalte auf die Hauptabteilungen (beispielsweise stehen für die in der Gegenwart expandierenden Zweige nur die Klassen 5 und 6 zur Verfügung), Mängel in der hierarchischen Anordnung der Begriffe, relativ viele Doppelstellen trotz monohierarchischen Aufbaus und die vielen Anwendungsregeln, die große Sachkenntnis erfordern, um Fehlklassifikationen zu vermeiden. Hauptmangel ist aber die durch internationale Abstimmung immer wieder herausgezögerte Aktualisierung, die dazu führte, dass trotz intensiver Bemühungen viele Abteilungen der DK dem jeweiligen Entwicklungsstand nicht mehr gerecht wurden. Zum Teil waren sie fast hoffnungslos veraltet.

**Anwendung:** Die DK war in den 60er Jahren vor allem für die systematische Ordnung in Literaturkarteien favorisiert und in mehr als 50 Ländern zum verbindlichen Ordnungssystem erklärt worden. Mit dem Übergang zu rechnergestützten Retrievalsystemen büßte sie an Bedeutung ein. Lange war

es aber mehr die mangelnde Aktualität, die einer möglicher Renaissance der DK als Universalklassifikation enge Grenzen setzte. Eine Reform der DK schien dringend erforderlich, und sie ist auch seit Anfang der 90er Jahre des vorigen Jahrhunderts das Hauptanliegen des UDC Consortiums. Die Revisionen stützen sich auf dem jährlichen Update des elektronisch gespeicherten Master Reference File (MRF). Diese Datenbasis wird konsequent und effektiv weiterentwickelt werden (Lit. 09). Im Jahre 2002 waren beispielsweise folgende Revisionen geplant oder in Arbeit: Psychologie (Neuordnung), Klasse 53 Physik (Neuordnung), Klasse 54 Chemie (umfangreiche Nachbesserungen), Klasse 61 Medizin (Neuordnung) und Klasse 77 Fotografie (umfangreiche Nachbesserungen).

### B 1.3.2 Internationale Patentklassifikation

Die Internationale Patentklassifikation (IPC bzw. Int. Cl.) gehört zu den monohierarchischen, präkoordinierten Klassifikationssystemen. Mit ihr können technische Gegenstände sowohl funktionsorientiert als auch anwendungsorientiert eingeordnet werden. Sie dient weltweit einheitlich zur Klassifikation der Schwerpunkte oder der wichtigsten Bestandteile von Erfindungen, die entsprechenden Notationen werden auf den Patentschriften aufgedruckt. Die IPC umfasst in ihrem Begriffsumfang die gesamte Technik und solche Teile der angewandten Naturwissenschaften, die in den meisten Ländern dem Patentschutz zugänglich sind. Sie ist somit ein wesentliches Hilfsmittel für das Einordnen und Auffinden von Patentdokumenten.

**Entwicklung:** Die IPC, die auf eine internationale Übereinkunft aus dem Jahre 1954 zurückgeht, löste im Laufe der Zeit die nationalen Patentklassifikationen ab, z.B. die seit Arbeitsaufnahme des Kaiserlichen Patentamtes im Jahre 1877 eingeführte deutsche Patentklassifikation. Etwa seit Mitte der 1970er Jahre verwenden die meisten Patentämter die IPC, die heute rund 70000 Unterteilungen aufweist. Betreuung, Revision und laufende Ergänzung der IPC erfolgen entsprechend dem Straßburger Klassifikationsabkommen von 1971 in internationaler Zusammenarbeit durch den IPC-Verband bei der Weltorganisation zum Schutz des geistigen Eigentums (WIPO), Genf.

Die Revisionsarbeit ist straff organisiert, so dass in regelmäßigen Abständen (etwa alle fünf Jahre) neue Fassungen der IPC vorgelegt werden konnten, die sowohl das System verbesserten als auch der technischen Entwicklung Rechnung trugen. Die erste Fassung stammte vom 1. September 1968, die siebente galt vom 1. Januar 2000 an. Die IPC ist in mehrere Sprachen (u.a. Deutsch, Japanisch, Chinesisch, Russisch, Spanisch) übersetzt worden, als offizielle Versionen gelten die englische und die französische Fassung.

**Struktur:** In der IPC, die über vier Einteilungsebenen verfügt, werden alphanumerische Notationen benutzt. Die erste Ebene wird von folgenden 8 Sektionen gebildet:

| | |
|---|---|
| Sektion A | Täglicher Lebensbedarf |
| Sektion B | Arbeitsverfahren |
| Sektion C | Chemie und Hüttenwesen |
| Sektion D | Textil und Papier |
| Sektion E | Bauwesen, Bergbau |
| Sektion F | Maschinenbau, Beleuchtung, Heizung, Waffen, Sprengen |
| Sektion G | Physik |
| Sektion H | Elektrotechnik |

Die weiteren Ebenen sind:

Klasse (z.B. A 41 – Bekleidung)

Unterklasse (z.B. A 41 B – Unterbekleidung)

Hauptgruppen (z.B. A 41 B 1/00 – Hemden)

Die Hauptgruppen (oder /00-Gruppen) sind weiter in Untergruppen aufgeteilt:

Untergruppen
(z.B. A 41 B 1/02 – Hemden mit Vorhemdeinsätzen)

Innerhalb der Untergruppen kann die Hierarchie noch weitergeführt werden, beispielsweise in der Hauptgruppe „Start- und Landegestelle" nach folgendem Schema:

| | |
|---|---|
| Hauptgruppe | |
| B 64 C 25/00 | Start- bzw. Landegestelle |
| 1-Punktuntergruppe | |
| B 64 C 25/02 | . Fahrgestelle |
| 2-Punktuntergruppe | |
| B 64 C 25/08 | .. Nicht fest angeordnet, z.B. abwerfbar |
| 3-Punktuntergruppe | |
| B 64 C 25/10 | ... Einfahrbar, ... o. dgl. |
| 4-Punktuntergruppe | |
| B 64 C 25/18 | .... Betätigungsmittel usw. |

Innerhalb des Klassifikationssystems sind noch sogenannte Querverweise angeordnet, die darauf hinweisen, dass bestimmte Sachverhalte an einer anderen Stelle angeordnet sind. Von genereller Bedeutung ist auch die bereits erwähnte Trennung von Funktion und Anwendung. Verfahren und Einrichtungen „zum Messen allgemein" werden in der Unterklasse G 01 B behandelt, während spezielle Messverfahren, wie z.B. das Maßnehmen, in der „Bekleidungsklasse" (A 41 H 1/00) untergebracht sind.

**Bewertung:** Die IPC ist eine für ein spezielles Anwendungsgebiet (Patentklassifikation) entwickelte Dokumentationssprache, die dieser Spezifik in allen wesentlichen Belangen entspricht und die durch ständige Überarbeitung der technischen Entwicklung laufend angepasst wird. Dem Verlangen nach einer detaillierteren Inhaltskennzeichnung von Patentschriften (z.B. Fragen nach dem Erfindungsgegenstand) wird dagegen erst die Hybriderschließung gerecht. Das Europäische Patentamt hat durch das Hinzufügen von Untergruppen die IPC verfeinert. Dieses verfeinerte System, Europäische Patentklassifikation (EPC) genannt, wird außerdem jährlich revidiert.

### B 1.3.3 Colon-Klassifikation (nach Ranganathan)

Die Colon-Klassifikation (CC) ist eine teilfacettierte Universalklassifikation, bei der der Doppelpunkt (englisch: colon) und andere Interpunktionszeichen wichtige Bestandteile der Notation bilden. Sie verfügt lediglich über eine knappe, an wenigen Stellen entwickelte Hierarchie, danach werden die Einzelbegriffe in ihren jeweiligen Facetten aufgeführt.

**Entwicklung:** Die Entwicklung der CC geht auf den Inder Shiyali Ramamrita Ranganathan (1892-1972) zurück. Er führte in den 1920er Jahren das Prinzip der Facettierung in die Klassifikationspraxis der Universitätsbibliothek Madras ein, bevor die CC 1933 in ihrer ersten Auflage erschien. Im Jahre 1972 wurde die siebente der ständig verbesserten und erweiterten Ausgaben vorgelegt.

**Struktur:** Die CC besteht aus mehr oder weniger logisch angeordneten Klassen, zu deren Bezeichnung meist die Großbuchstaben des Alphabets verwendet werden, z.B.

A Wissenschaft (allgemein)
B Mathematik
C Physik
...
L Medizin
M Nützliche Künste usw.

Diese Klassen werden systematisch in Unterklassen geteilt, als Notationen dabei über mehrere Ebenen hinweg arabische Ziffern benutzt. Das führt beispielsweise zu folgender Gruppierung bei den „Nützlichen Künsten":

| | |
|---|---|
| M | Nützliche Künste |
| M1 | Buchproduktion und -beschreibung |
| M13 | Papierherstellung |
| M14 | Drucken usw. |
| ... | |
| M143 | Druck |
| M1435 | Offsetdruck |

Klassen können auch zu Doppelklassen zusammengefasst werden, dementsprechend mit Doppelbuchstaben bezeichnet. Danach folgen die in Facetten unter einem Oberbegriff zusammengefassten Einzelbegriffe (Foci oder Isolate), die beispielsweise für das Gebiet der Medizin (Klasse L) in Ausschnitten wie folgt aussehen:

Facette O: Organe des menschlichen Körpers
| | |
|---|---|
| 1 | Organismus insgesamt |
| 2 | Verdauungsorgane |
| 23 | Speiseröhre |
| 24 | Magen |
| 25 | Darm |
| 3 | Kreislaufsystem |
| 32 | Herz |
| 35 | Blut |

Facette P: Probleme der Medizin
| | |
|---|---|
| 1 | Allgemeine Probleme |
| 2 | Morphologie |
| 3 | Physiologie |
| 4 | Krankheiten |
| 41 | Allgemeine Krankheiten |
| 411 | Atrophie |
| 42 | Infektionskrankheiten |
| 421 | Tuberkulose |

Facette H: Pflege und Heilung
| | |
|---|---|
| 1 | Ernährung |
| 3 | Diagnostik |
| 4 | Heilung |

Die Facetten lassen sich folgenden fünf Grund- bzw. Fundamentalkategorien zuordnen:

| Kategorie | Abkürzung | verbindendes Symbol |
|---|---|---|
| Personality (Individualität) | P | , |
| Matter (Material) | M | ; |
| Energy (Energie) | E | : |
| Space (Raum) | S | . |
| Time (Zeit) | T | . |

Zu den Facetten zählen ferner auch allgemeine, für alle Klassen geltende genormte Reihen von formbeschreibenden, chronologischen und geographischen Begriffen sowie Unterteilungen nach Sprachen ( = divisions). Bei den zwischen den Begriffen bestehenden Beziehungen (phases) werden fünf Arten unterschieden, nämlich: Allgemeine, unbestimmte Beziehungen (general), Ausrichtung (bias), Vergleich (comparison), Unterschied (difference) und Einfluss (influence). Sie erhalten Kennzeichnungen durch Kleinbuchstaben. Als Indikator wird die Null vorangestellt.

Für die Anwendung der Facettenmethode, d.h. für die Kombination der Einzelbegriffe aus den Facetten entsprechend den Inhalten der zu erschließenden Wissensquelle, ist die Folge der fünf Grundkategorien (P - M - E - S - T) als verbindliche Reihenfolge (citation order) festgelegt worden.

Ein Beispiel aus dem Gebiet der Volksgesundheit (Diagnostik der Lungentuberkulose in Frankreich im Jahre 1989) ist unter Verwendung der o.a. Facetten in Abb. 6 wiedergegeben.

**Bestandteile:** Hauptbestandteile sind die Tafeln der Klassen, der ihnen zugeordneten Facetten, der allgemeinen formbeschreibenden, chronologischen, geographischen und sprachlichen Unterteilungen sowie ein alphabetisches Register.

**Bewertung:** Die CC wird wegen ihrer ausgeprägten Bezüge auf die nationale indische Thematik international nicht und selbst in Indien in nur geringem Umfang benutzt. Ihr Einfluss aber auf die Entwicklung von Klassifikationssystemen ist unübersehbar, wurde doch mit ihr der Typ der Facettenklassifikation begründet und damit ein entscheidender Schritt in Richtung auf verbesserte Mög-

| Sachverhalt | Diagnostik der Lungentuberkulose in Frankreich 1989 | | |
|---|---|---|---|
| Notation | L,45:421:3.53.N89 | | |
| Erläuterung | Fachgebiet (Klasse) | L | Medizin |
| | P-Facette | 45 | Lunge (Organe ... ) |
| | E-Facette | 421 | Tuberkulose (Probleme ... ) |
| | E-Facette | 3 | Diagnostik (Pflege und ... ) |
| | S-Facette (=division) | 53 | Frankreich |
| | T-Facette (=division) | N89 | 1989 |

*Abb. 6: Beispiel für die Anwendung der Colon-Klassifikation*

lichkeiten zum postkoordinativen, mehrdimensionalen Erschließen und Beschreiben selbst neuer und komplexer Sachverhalte getan. Erwähnenswert sind bei der CC auch die ihr eigene Phasen- und Facettenanalyse, ihre Erweiterungsfähigkeit und ihr gut ausgebautes Regelwerk.

Weitere wesentliche Impulse zur Verbesserung der Facettenklassifikation kamen insbesondere von der im Jahre 1952 in Großbritannien gegründeten *Classification Research Group*, zu der auch Brian Campbell Vickery (Lit. 04) gehörte. Hingewiesen sei außerdem auf das Standardwerk von Krishan Kumar (Lit. 10) zum Thema Klassifikation indischer Schule.

### B 1.3.4 RIS Klassifikation (nach Soergel)

Seit Juli 1996 verfügt die Informationswissenschaft über ein begutachtetes e-journal, die Review of Information Science (RIS). Zu dieser elektronischen Zeitschrift entwickelte Dagobert Soergel eine Klassifikation, die u.a. der Auswahl der Gutachter zugrunde gelegt wird.

**Struktur:** Die RIS Klassifikation ist ein recht geschlossenes, alle Gebiete der Informationswissenschaft umfassendes System mit alphanumerischen Notationen. Die Benennungen sind englischsprachig, z.T. mit deutschsprachigen Entsprechungen.

Für die sechs Hauptklassen werden Großbuchstaben des Alphabets wie folgt verwendet:

- A  Foundational themes
- B  Information in society and organizations
- C  Information systems, services, and techniques
- D  Information technology
- E  Application areas
- F  Information science as a field. Related disciplines

Zur weiteren Unterteilung dienen Ziffern. Untergruppen werden bei Bedarf hinzugefügt. Als Beispiel sind die Gruppen C5.1. bis C5.5 wiedergegeben:

- C5.  Information functions and techniques
- C5.1.  Knowledge representation. Index languages and classification. Data modeling – Wissensrepraesentation
- C5.2.  Data structure
- C5.3.  Information generation
- C5.4.  Information acquisition
- C5.5.  Content analysis (indexing/abstracting) / Inhaltserschliessung (Indexieren/Referieren)
- C5.5.1.  Intellectual Content analysis (indexing/abstracting) / Inhaltserschliessung (Indexieren/Referieren)
- C5.5.2.  Automatic indexing

**Bewertung:** Die RIS-Klassifikation ist eine übersichtliche, das Fachgebiet auf dem neuesten Stand gut repräsentierende Klassifikation moderner Prägung. Sie ist allerdings für die Inhaltserschließung spezifischer Dokumente weniger gut geeignet als für den Zweck, für den sie entwickelt wurde: Der Auswahl geeigneter Gutachter zur Bewertung der Beiträge zur Review of Information Science.

## B 1.4 Weitere Entwicklungen

Klassifikationen gehören zu den ältesten Dokumentationssprachen. Auch viele der heute noch verwendeten wurden bereits vor rund hundert Jahren geschaffen (DDC, DK), damals überwiegend als streng monohierarchische Begriffssysteme mit all ihren Beschränkungen. Im Laufe der Zeit war eine ständige Weiterentwicklung zu verzeichnen, mit der insbesondere versucht wurde, sie

- **erstens** den Fortschritten in Wissenschaft und Technik anzupassen,
- **zweitens** ihre Ausdrucksfähigkeit zu erhöhen, um so eine immer bessere Erschließung des Inhalts von Wissensquellen zu ermöglichen und
- **drittens** zu Instrumenten einer immer besseren Erschließung der Internet-Inhalte zu machen (Beispiel: CyberDewey, d.h. die Anwendung der DDC als Ordnungs- und Navigationsinstrument im World Wide Web).

Gleiches gilt für die DK, während der Suchdienst Yahoo! (und andere) auf dem Prinzip der Navigation in einer eigens für diesen Suchdienst entwickelten Klassifikation beruht. Gute Übersichten über die Verwendung von Klassifikationen bei der Erschließung von Internetressourcen stammen von Traugott Koch (Lit. 11), Wolfgang W. Stock (Lit. 12) und V. Broughton (Lit. 13). Auch die Internet-Portale sind am Prinzip der Klassifikation orientiert.

Insgesamt waren bei der Verwendung als Dokumentationssprache folgende Trends erkennbar:

- Umwandlung der DK zu einer „Vielfacettenklassifikation";
- Erarbeitung anderer universeller Dokumentationssprachen, die vor allem als „Schaltsprache" (= Verbindungsmechanismus) zwischen Informationssystemen mit unterschiedlichen Dokumentationssprachen, beispielsweise zwischen Klassifikationen und Thesauri, fungieren (z.B. das Broad System of Ordering, seit 1973 von der UNESCO und der FID entwickelt und 1978 erstmals herausgegeben) (Lit. 14; Lit. 15);
- Entwicklung von polyhierarchischen und mehrdimensionalen Fachklassifikationen (z.B. die Fachordnung Technik).

In den letzten Jahren verstärkten sich aber vor allem *Konvergenztendenzen*, d.h. Bemühungen zur Überwindung der Trennung zwischen den natürlichsprachig (Thesauri) und künstlichsprachig (Klassifikationen) basierten Dokumentationssprachen.

Auch hier ging die Entwicklung in verschiedene Richtungen:

- Ansätze zu exakteren Klassenbeschreibungen unter Nutzung thesaurusartiger Strukturen (z.B. Integration von Synonymen);
- Vermischung von Thesaurus- und Klassifikationselementen in einer Dokumentationssprache, wobei an der (Benutzer-)Oberfläche wahlweise der eine oder der andere Typ erscheinen kann;
- Entwicklung von Thesauri höherer Ordnung, bei denen Begriffe der natürlichen Sprache als Deskriptoren zur Verfügung stehen, die Beziehungen zwischen ihnen aber nach strengeren klassifikatorischen Prinzipien hierarchisch dargestellt sind (z.B. *Classaurus*) (Lit. 16).

Ähnlich angelegte Entwicklungen sind für die Zukunft vermehrt zu erwarten. Standard ist es inzwischen geworden, Klassifikationen zur Ordnung und zur Navigation in Hypertext-Systemen einzusetzen (Lit. 17; Lit. 18).

## Literatur

01 Dahlberg, Ingetraud: Grundlagen universaler Wissensordnung. Probleme und Möglichkeiten eines universalen Klassifikationssystems des Wissens. Pullach: Verl. Dokumentation 1974 (DGD-Schriftenreihe Bd. 3)

02 Fugmann, Robert: Theoretische Grundlagen der Indexierungspraxis. Frankfurt/Main: Indeks-Verl., 1992

03 Kiel, Ewald u. Friedrich Rost: Einführung in die Wissensorganisation: Grundlegende Probleme und Begriffe. Würzburg: Ergon Verlag, 2002

04 Vickery, Brian Campbell: Facettenklassifikation. Pullach: Verl. Dokumentation 1969

05 Fill, Karl: Einführung in das Wesen der Dezimalklassifikation. 4. Aufl. Berlin, Köln: Beuth 1981 (FID-Publ. 437)

06 Herrmann, Peter: Praktische Anwendung der Dezimalklassifikation. 6. Aufl. Leipzig: Bibliogr. Inst. 1970

07 McIlwaine, Ia C.: The Universal Decimal Classification: guide to ist use. The Hague: UDC Consortium, 2000 (UDC Publ. P035)

08 Gödert, Winfried: „Die Welt ist groß – Wir bringen Ordnung in diese Welt": Das DFG-Projekt DDC Deutsch. In: Information – Wissenschaft und Praxis (nfd) 53 (2002) H. 7, S. 395-400

09 McIlwaine, Ia C.: UDC in the twenty-first century. In: The future of classification, ed. R Marcella and A. Maltby. Aldershot: Gower, 2000, S. 93-104.

10 Kumar, Krishan: Theory of classification. 4. Ed. New Delhi: Vikas 1988

11 Koch, Traugott: Nutzung von Klassifikationssystemen zur verbesserten Beschreibung, Organisation und Suche von Internetressourcen. In: Buch und Bibliothek 50 (1998) H. 5, S. 326-335

12 Stock, Wolfgang W.: Informationswirtschaft: Management externen Wissens. München u.a.: Oldenbourg, 2000. S. 178 ff.

13 Broughton, V., Lane, H: Classification schemes revisited: applications to web indexing and searching. In: Thomas, A. and Shearer, J.: Internet searching and indexing; the subject approach. New York; Haworth Press, 2000. S. 143-155

14 Coates, Eric u.a.: BSO : Broad System of Ordering: schedule and index. 3. Rev. The Hague: FID, UNESCO, 1978 (FID-Publ. 564)

15 Coates, Eric u.a.: The BSO Manual: the development, rationale and use of the Broad System of Ordering. The Hague: FID, UNESCO, 1979 (FID-Publ. 580)

16 Fugmann, Robert: Subject Analysis and Indexing. Frankfurt/Main: Indeks -Verl., 1993. S. 154-155

17 Aboud, M.: Querying a hypertext information retrieval system by the use of classification. In: Inf. Proc. & Manag. 29 (1993) H. 3, S. 387-396

18 Hoffmann, Martin und Lothar Simon: Problemlösung Hypertext: Grundlagen, Entwicklung, Anwendung. München, Wien: Hanser, 1995

Als eine der führenden Fachzeitschriften ist zu empfehlen:

**Knowledge Organization** (früher: International Classification; Untertitel: Concept Theory, Classification, Indexing and Knowledge Representation), herausgegeben von der International Society of Knowledge Organization (ISKO). Hinzuweisen ist auch auf die Tagungsberichte der 1989 gegründeten Deutschen Sektion der ISKO sowie auf die Tagungen und Publikationen der 1977 in Deutschland gegründeten Gesellschaft für Klassifikation (GfKl). Sie ist auch Mitglied in der International Federation of Classification Societies (IFCS).

International wirksam ist darüber hinaus das **Classification Research Committee** (FID/CR) der International Federation for Information and Documentation (FID).

# B 2 Thesaurus

Margarete Burkart

## B 2.1 Funktion und Merkmale

Der Thesaurus als Dokumentationssprache wird in der DIN 1463-1 (Lit. 02) in seinen wesentlichen Merkmalen beschrieben. Dort wird der Thesaurus im informationswissenschaftlichen Sinne so definiert:

"Ein Thesaurus im Bereich der Information und Dokumentation ist eine geordnete Zusammenstellung von Begriffen und ihren (vorwiegend natürlichsprachigen) Bezeichnungen, die in einem Dokumentationsgebiet zum Indexieren, Speichern und Wiederauffinden dient. Er ist durch folgende Merkmale gekennzeichnet:

a) Begriffe und Bezeichnungen werden eindeutig aufeinander bezogen („terminologische Kontrolle"), indem
   – Synonyme möglichst vollständig erfasst werden,
   – Homonyme und Polyseme besonders gekennzeichnet werden,
   – für jeden Begriff eine Bezeichnung (Vorzugsbenennung, Begriffsnummer oder Notation) festgelegt wird, die den Begriff eindeutig vertritt,

b) Beziehungen zwischen Begriffen (repräsentiert durch ihre Bezeichnungen) werden dargestellt."

Diese Definition wäre zu ergänzen um folgende:

c) Der Thesaurus ist präskriptiv, indem er für seinen Geltungsbereich festlegt, welche begrifflichen Einheiten zur Verfügung gestellt werden und durch welche Bezeichnungen diese repräsentiert werden.

Im Folgenden sollen die wichtigsten Elemente und Prinzipien von Thesauri und die Thesaurusmethodik vorgestellt werden. Dies kann in diesem Rahmen nur auf eine sehr kursorische und allgemeine Art und Weise geschehen. Außerdem beschränkt sich die Darstellung auf den Thesauruseinsatz im klassischen Bereich von Information und Dokumentation. Auf die Behandlung von Spezialproblemen oder auf besondere Thesaurusformen (z.B. mehrsprachige Thesauri; vgl. hierzu Lit. 03) kann hier nicht eingegangen werden, ebenso auf die erweiterten Anforderungen, die an Thesauri im Kontext von Wissensrepräsentation oder Hypertext zu stellen sind. Allerdings überschneidet sich der klassische IuD-Bereich zunehmend mit erweiterten Formen (etwa im Rahmen von Internetanwendungen). Da der Thesaurus im dokumentarischen Sinn alle Grundelemente des Thesaurusprinzips in klarer Form aufweist, wird dieser Bereich für eine Einführung gewählt. Für eine intensivere Auseinandersetzung mit der Thematik wird die Lektüre von Wersig (Lit. 08) empfohlen, auf den sich auch die folgenden Ausführungen in weiten Teilen stützen. Eine weitere grundsätzliche Einführung in diesen Bereich, allerdings eher ausgerichtet auf die Spezifika des englischen Sprachraums, findet sich bei Lancaster (Lit. 06).

### B 2.1.1 Thesaurusaufbau

Um von der natürlichen Sprache als Ausgangsmaterial zum kontrollierten Vokabular eines Thesaurus zu gelangen, müssen mehrere kontrollierende und definierende Prozesse durchlaufen werden:

#### B 2.1.1.1 Eingrenzung des Bezugsrahmens

Während die natürliche Sprache für grundsätzlich alle Themen und Situationen Vokabular zur Verfügung stellt, kann ein Thesaurus den Anforderungen bezüglich Eindeutigkeit, Verbindlichkeit und Übersichtlichkeit nur dann gerecht werden, wenn der Kontext (universe of discourse), den er abdecken soll, klar umrissen ist. Ein universaler Thesaurus ist zwar zugegebenermaßen faszinierend, aber alle bisherigen Versuche dazu müssen als fehlgeschlagen oder nicht vollendet betrachtet werden.

Die folgenden Elemente des Bezugsrahmens sollten zu Beginn der Thesaurusarbeit abgesteckt werden:

– Gegenstandsbereich oder Thematik des Thesaurus (Schwerpunkte, Randgebiete)

– Spezifität des Thesaurus (Begriffe bis zu welcher Spezifität oder bis zu welchem Allgemeinheitsgrad sollen einbezogen werden)

– Sprachstil des Thesaurus (mehr wissenschaftlich orientiert oder auch für Nichtfachleute verständlich)

– Umfang des Thesaurus (Umfang des Vokabulars, Umfang der ausgewiesenen Begriffsbeziehungen und Beziehungsarten).

Für diese Parameter können keine allgemeingültigen Angaben gemacht werden, vielmehr hängen sie vom Benutzerkreis, den zu erschließenden Dokumenten, der angestrebten Erschließungstiefe ab. Wenn dieser Rahmen festgelegt ist, kann mit dem eigentlichen Erarbeiten des Thesaurus begonnen werden.

### B 2.1.1.2 Wortgutsammlung und Bezeichnungskontrolle

Entsprechend der aufgestellten Kriterien für Spezifität, Sprachstil und Umfang des Thesaurus sind die Quellen auszuwählen, denen Wortgut entnommen werden kann. Geeignete Quellen können sein (nach DIN 1463-1):

a) potentielle Benutzer und Fachleute

b) international oder national verbindliche Fachwörterbücher und Normen

c) die aktuelle Fachliteratur

d) terminologische Abhandlungen oder Bezeichnungslisten

e) existierende Therauri oder klassifikatorische Systeme

f) Nomenklaturen

g) Register zu Fachzeitschriften

h) Referatedienste

i) Lehrbücher, Handbücher und Standardwerke

k) Ergebnisse experimentellen Indexierens von Dokumenten.

Dabei bringt jeder Quellentyp Vokabular unter seinem spezifischen Schwerpunkt ein. Deshalb ist eine gesunde Mischung wichtig: Neben Quellen, die die notwendigen Grundbegriffe eines Gebietes recht systematisch, aber eher traditionell, einbringen (z.B. b, d, e, f, i,) sollten auch ausreichend Quellen berücksichtigt werden, die die aktuellen und zukunftsorientierten Bereiche vertreten (z.B. a, c und k). Ergänzend zu den Vorschlägen von DIN 1463-1 können die in Datenbanken des entsprechenden Sachgebietes formulierten Suchfragen eine wertvolle Quelle sein.

Bei der Durchsicht der Quellen wird das Wortgut einer ersten Bezeichnungskontrolle unterworfen und über Aufnahme einer Bezeichnung in die Wortgutsammlung entschieden. Es ist empfehlenswert, eine Grobklassifikation zu entwickeln, der die Bezeichnungen zugeordnet werden. Da eine größere Menge Vokabular kaum überblickt werden kann, sollen dadurch kleinere Einheiten von Vokabular für die weiteren Bearbeitungsschritte entstehen. Die Klassifikation sollte so gewählt werden, dass die einzelnen Klassen voraussichtlich mit ca. 50 bis 150 Bezeichnungen belegt werden.

Das aus den Quellen selektierte Wortgut sollte nach einem einheitlichen Erfassungsschema erfasst werden, das als Kategorien umfasst:

– Bezeichnung

– Quelle(n)

– Zuordnung zur Grobklassifikation.

Soweit in der Quelle bereits vorhandene Begriffsbeziehungen ausgewiesenen werden, sollten sie übernommen werden. Weiter ergänzt werden kann das Schema durch zusätzliche Angaben wie Definitionen, Belegungshäufigkeit, Status (Deskriptor oder Nicht-Deskriptor) in der Quelle, Bearbeiterkommentare etc. Außerdem können auch bereits bestimmte formale Anpassungen (z.B. Vereinheitlichung von Singular/Plural, Auflösung von Abkürzungen) vorgenommen werden. Dieses erfasste und einer Bezeichnungskontrolle unterzogene Vokabular sollte alphabetisch und möglichst zusätzlich nach der Grobordnung sortiert werden. In dieser Form bildet das Vokabular die Grundlage für die terminologische Kontrolle.

### B 2.1.2 Terminologische Kontrolle

Die erstellte Wortgutsammlung enthält noch alle Mehrdeutigkeiten und Unschärfen der natürlichen Sprache. Durch die terminologische Kontrolle sollen die Mehrdeutigkeiten aufgelöst und die beziehungslos nebeneinander stehenden Bezeichnungen in das feste Raster der Äquivalenzklassen eingeordnet werden. Hierzu sind als Kontrollläufe notwendig:

– Synonymkontrolle

– Polysemkontrolle

– Zerlegungskontrolle.

In der Regel laufen diese drei Schritte jedoch nicht nacheinander, sondern gemeinsam ab, da erst die nähere Analyse der Bezeichnungen zeigt, welche Kontrollen hier notwendig sind. Ein erster Schritt wird aber immer das Zusammenbringen von Gleichem oder Ähnlichem sein.

### B 2.1.2.1 Synonymkontrolle

Synonymie erscheint in unterschiedlichen Abstufungen:

a) Vollständige Synonymie tritt in Reinform sehr selten auf, in der Regel handelt es sich dabei um Schreibweisenvarianten,

    z.B. Photographie – Fotografie
           Friseur – Frisör
           Otto-Motor – Ottomotor

oder die Alternierung zwischen Kurzform und Vollform,

    z.B. UN – UNO – Vereinte Nationen

b) In den meisten Fällen weisen die Synonyme zumindest unterschiedliche Konnotationen auf, gehören verschiedenen Sprachstilen an oder haben eine unterschiedliche räumliche oder zeitliche Verbreitung,

    z.B. Pferd – Gaul
           Myopie – Kurzsichtigkeit
           Samstag – Sonnabend
           Schüler – Pennäler

c) Der Bedeutungsunterschied ist so geringfügig, dass er kaum wahrgenommen oder beachtet wird, bzw. eine pars-pro-toto-Übertragung zwischen Ober- und Unterbegriff stattgefunden hat,

    z.B. Schauspiel – Theaterstück
           Rundfunk – Hörfunk

Diese Bezeichnungen werden auch in der natürlichen Sprache als synonym empfunden. Im Rahmen eines Thesaurus werden darüber hinaus auch Bezeichnungen als Synonyme behandelt, die zwar unterschiedliche Bedeutung haben, diese Bedeutungsdifferenz ist aber unter dem Blickwinkel des im Thesaurus behandelten Gegenstandsbereiches so wenig relevant, dass beide Bezeichnungen zu einer Einheit (d.h. einer Äquivalenzklasse) zusammengefasst werden sollen. Man spricht in diesem Fall von Quasisynonymen. Dabei kann es sich handeln um

– unterschiedliche Spezifität, z. B. Sprachwissenschaft – Linguistik

– Antonyme, z. B. Härte – Weichheit

– zu spezieller Unterbegriff, z. B. Weizen – Winterweizen

– Gleichsetzung von Verb und Substantiv bzw. Tätigkeit und Ergebnis oder Gegenstand, z. B. Wohnen – Wohnung.

Die Entscheidung, ob zwei Bezeichnungen als Quasisynonyme zu behandeln sind, ist daher immer nur thesaurusspezifisch zu treffen. Mit der Zusammenfassung von Bezeichnungen in einer Äquivalenzklasse wird das Rastermaß bestimmt, nach dem die inhaltliche Erschließung der Dokumente erfolgt. Werden zu viele Bezeichnungen in einer Äquivalenzklasse zusammengefasst, besteht die Gefahr, dass das Raster zu grob gerät, wird zu stark in verschiedene Äquivalenzklassen differenziert, besteht die Gefahr der Fehlinterpretation und des Informationsverlustes bei der Recherche.

### B 2.1.2.2 Polysemkontrolle

Dabei handelt es sich um den der Synonymkontrolle entgegengesetzten Vorgang: eine Bezeichnung weist unterschiedliche Bedeutungen auf, die auf mehrere Äquivalenzklassen aufgeteilt werden.

Sprachwissenschaftlich ist zu unterscheiden zwischen

– **Homonymen**, das sind verschiedene Bezeichnungen, die durch die sprachliche Entwicklung „zufällig" zur gleichen Zeichenfolge geworden sind. In der Regel liegen ihre Bedeutungen weit auseinander. Homonymie kann nur auf lautlichen Ebene vorliegen als Homophonie (Homophone: Lehre – Leere), nur auf der graphischen Ebene als Homographie (Homographe: Tenor – Tenor) oder auf beiden Ebenen (Tau, Reif usw.).

– **Polysemen**, das sind Bezeichnungen, die ausgehend von einer Bedeutung, durch Übertragung, Analogie, geschichtliche oder regionale Auseinanderentwicklung zu unterschiedlichen Bedeutungen geführt haben (z.B. Fuchs, Leitung), oder so allgemein sind, dass sie in ganz unterschiedlichen Kontexten verwendet werden (z.B. Verfahren, System). Polysemie entsteht häufig auch durch umgangssprachliches Weglassen eines ursprünglich vorhandenen spezifizierenden Elements (z.B. Schirm für Regenschirm, Bildschirm usw.).

Im Thesaurus werden Homonyme und Polyseme jedoch gleich behandelt, weshalb eine eindeutige Zuordnung zu einem der beiden Typen nicht ausschlaggebend ist. Daher wird in der Regel einheitlich vom Polysemieproblem gesprochen und Homonymie mit darunter subsumiert.

Eine Behandlung der Polysemie wird erst dann notwendig, wenn innerhalb des Gegenstandsbereichs des Thesaurus beide bzw. alle Bedeutungen auftreten können. Ist dies der Fall, gibt es mehrere Möglichkeiten, die Polysemie aufzulösen:

a) Nur ein Bedeutungsteil wird im Thesaurus beibehalten, die anderen werden explizit ausgeschlossen. Dies muss für die Benutzer in einer Hinweiskategorie genau erläutert werden (s. u.).

b) Die verschiedenen Bedeutungsteile werden jeweils durch Synonyme ersetzt, z.B. „Boxen" durch „Boxsport" und „Stereoboxen". Fehlt für einen Bedeutungsteil ein geeignetes Synonym, kann dafür auch die polyseme Bezeichnung beibehalten werden, muss dann aber in ihrem Bedeutungsumfang erläutert werden.

c) Liegen keine geeigneten nicht polysemen Bezeichnungen vor, auf die man ausweichen kann, muss die polyseme Bezeichnung durch einen ergänzenden Zusatz (Qualifikator) in verschiedene Bezeichnungen aufgespalten werden. Als Qualifikator bietet sich entweder der Bereich an, in dem die Bedeutung auftritt, oder ein formales Zeichen. Im letzteren Fall muss die Bedeutung allerdings in einer Erläuterung dargestellt werden,

    z.B.   Morphologie (Biologie)
           Morphologie (Sprachwissenschaft)
    oder  Morphologie 1
           Morphologie 2.

Während im Synonymfall jede Bezeichnung auf genau eine Äquivalenzklasse verweist, ist dies im Polysemfall nicht mehr gegeben.

### B 2.1.2.3 Zerlegungskontrolle

Theoretisch besteht die Möglichkeit, bis hinunter zur spezifischsten begrifflichen Einheit, alles in den Thesaurus zu integrieren – gerade eine Sprache mit einer starken Tendenz zur Kompositabildung (Donaudampfschifffahrtsgesellschaftskapitän) verführt dazu.

Dies würde jedoch zumindest zwei Nachteile mit sich bringen:

– Der Thesaurus wird sehr umfangreich und damit sehr unübersichtlich.

– Zu den einzelnen Äquivalenzklassen können keine oder nur sehr wenige Dokumente nachgewiesen werden.

Die Gegenposition wurde bei dem als Thesaurusvorläufer geltenden UNITERM-Verfahren (von Mortimer Taube 1950 entwickelt) vertreten. Dort versuchte man, alle Komposita zu vermeiden und nur Wörter zu verwenden, die nicht weiter in Bedeutungsbestandteile zerlegbar sind; diese Einheiten nannte man Uniterms. Zur Wiedergabe eines Sachverhaltes wurden dann die entsprechenden Uniterms miteinander verkettet (Postkoordination). Nachteil dabei ist, neben oft sehr künstlichen Wortbildungen, eine große Unschärfe beim Retrieval, da aus den Uniterms ganz verschiedene Kombinationen gebildet werden können. Im Nachhinein ist jedoch nicht mehr rekonstruierbar, welche der möglichen Kombinationen in einem konkreten Dokument gegeben war. So kann z.B. Baum + Stamm für Baumstamm ebenso wie für Stammbaum stehen.

Die Thesaurusmethode versucht daher, eine mittlere Position zwischen der völligen Postkoordination des UNITERM-Verfahrens und einer extremen Präkombination zu finden. Wann zerlegt werden, wann präkombiniert werden soll, ist daher in den einzelnen Thesauri systemspezifisch zu entscheiden und muss bis zu einem gewissen Grad immer eine subjektive Entscheidung bleiben. Deshalb ist es besonders wichtig, dies im Thesaurus möglichst weitgehend nachvollziehbar zu verankern.

Bei der Zerlegung ist es wichtig zu beachten, dass die vorliegenden Bezeichnungen nur die Repräsentanten der Begriffe sind. Was eigentlich zu zerlegen ist, ist der Begriff in Begriffskomponenten, nicht das Wort in Wortteile.

Die **morphologische Zerlegung** bleibt auf der Wortebene und teilt ein zusammengesetztes Wort in seine Grundwörter auf. Im Thesaurus sollte diese Zerlegungsart nur dann angewendet werden, wenn die Kombination der zerlegten Bestandteile tatsächlich den Begriff des zusammengesetzten Wortes wiedergibt. Dies ist seltener der Fall, als es auf den ersten Blick scheinen mag.

Ein günstigeres Ergebnis liefert die **semantische Zerlegung**, die den von der Bezeichnung repräsentierten Begriff in seiner Begriffsteile zerlegt. Diese Begriffsteile werden durch im Thesaurus vorhandene Bezeichnungen ausgedrückt. Es ist daher in den meisten Fällen wenig sinnvoll, einen Begriff zu zerlegen, wenn eigens für diese Zerlegung neue Deskriptoren in den Thesaurus eingeführt werden müssten.

Vorteil der Zerlegungen ist, dass – ohne die Anzahl der Äquivalenzklassen des Thesaurus zu erhöhen – eine Bereicherung des Zugriffsvokabulars erreicht wird. Die Probleme dieser Methode sollten allerdings nicht unterschätzt werden:

- Bei der „Rückübersetzung" der zerlegten Teile können falsche Kombinationen entstehen.
- Die mit den beiden Zerlegungsteilen indexierten Dokumente werden auch bei jeder Suche nach nur einem der Teile mitgefunden. Besonders bei morphologischen Zerlegungen wird dies als störend empfunden.
- Die Thesaurusstruktur wird dadurch komplizierter, Indexierer und Benutzer müssen das Zerlegungsprinzip beherrschen.

### B 2.1.3   Äquivalenzklasse – Deskriptor

Durch die terminologische Kontrolle wurde die Sammlung von natürlichsprachlichen Bezeichnungen, die den Ausgangspunkt bildete, künstlich verändert:

- Durch die Synonymkontrolle wurden mehrere Bezeichnungen zu einer begrifflichen Einheit zusammengefasst.
- Durch die Polysemkontrolle wurden Bezeichnungen, die mehrere begriffliche Einheiten beinhalten, entsprechend dieser Einheiten auf voneinander differenzierte Bezeichnungen aufgeteilt.
- Durch die Zerlegungskontrolle wurde versucht, ein für den Gegenstandsbereich des Thesaurus angemessenes Spezifitätslevel der begrifflichen Einheiten zu erreichen und zusätzliche sprachliche Einstiegsmöglichkeiten zu schaffen.

Die so entstandenen begrifflichen Einheiten werden als Äquivalenzklassen bezeichnet, da in ihnen alle für den Geltungsbereich des Thesaurus als in etwa gleich bewerteten Bezeichnungen zusammengefasst sind. Sie bilden eine Art Schleuse, durch die alle Indexierungsergebnisse und Suchfragen hindurchgeführt werden.

Für die Behandlung und Darstellung der Äquivalenzklassen im Thesaurus bestehen folgende Möglichkeiten:

In einem **Thesaurus ohne Vorzugsbenennung** werden alle Elemente der Äquivalenzklasse gleichbehandelt und können unterschiedslos für Indexierung und Retrieval genutzt werden. Die Äquivalenzklasse wird in diesem Fall von einer Begriffsnummer repräsentiert, die das Bindeglied zwischen den verschiedenen Bezeichnungen bildet. Diese Darstellungsform hat als Vorzüge:

- Bei Indexierung und Retrieval können alle Bezeichnungen direkt verwendet werden.
- Bei einigen Systemen ist es möglich, mit einer gewählten Bezeichnung wahlweise über die gesamte Äquivalenzklasse oder über nur genau diese Bezeichnung zu recherchieren.
- Änderungen innerhalb der Äquivalenzklasse können schnell und einfach vorgenommen werden.

Verloren geht jedoch bei Thesauri dieses Typs weitgehend der präskriptive, sprachnormierende Charakter. Außerdem kann der Bedeutungsumfang der Äquivalenzklasse, der sich ja aus der Summe der Bedeutungen ihrer Elemente zusammensetzt und von der natürlichsprachlichen Bedeutung wegentwickelt haben kann (s. u. Begriffliche Kontrolle), von den einzelnen Elementen mehr oder weniger gut repräsentiert werden. Da der Gesamtumfang nicht ohne weiteres einsehbar ist, sind Fehlinterpretationen der Bezeichnungen hier leichter gegeben.

Bei **Thesauri mit Vorzugsbenennung** wird ein Klassenelement der Äquivalenzklasse als Vorzugsbenennung ausgewählt. Dieses ausgewählte Element wird als **Deskriptor** bezeichnet. Alle anderen Elemente haben den Status von Nicht-Deskriptoren oder Synonymen. Sie werden in den Thesaurus aufgenommen, bilden einen Bestandteil des Zugangsvokabulars, können aber selbst nicht zur Indexierung und Recherche verwendet werden, sondern verweisen auf den entsprechenden Deskriptor.

In diesem Fall sind an die zum Deskriptor gewählte Bezeichnung besondere Anforderungen zu stellen und bestimmte formale Kriterien zu erfüllen: Der Deskriptor sollte

- seine Äquivalenzklasse möglichst umfassend, zweifelsfrei und genau darstellen,
- am Sprachgebrauch des Fachgebietes orientiert sein,
- einprägsam und möglichst unkompliziert sein.

Je besser diese Kriterien erfüllt werden, desto mehr selbsterklärend ist der Thesaurus und kann auf zusätzliche Erläuterungen wie Scope notes und Definitionen verzichten.

Im Gegensatz zum UNITERM-Verfahren können auch Komposita oder Syntagmen als Deskriptoren benutzt werden, es ist jedoch zu beachten, dass je komplizierter die Wortform, desto schlechter die Reproduzierbarkeit, d.h. das spontane korrekte Erinnern bei Indexierung und Retrieval des Deskriptors.

Für den deutschen Sprachraum hat sich als präferierte Deskriptorenform das Substantiv im Singular durchgesetzt (englische Thesauri bevorzugen häufig den Plural). Daneben sind auch Adjektive und Verben als Deskriptoren möglich, sie sollten bei der Indexierung jedoch nur zusammen mit einem anderen (substantivischen) Deskriptor verwendet werden, da sie meist modifizierenden Charakter haben.

Auch bei Schreibweisenvarianten ist einheitlich zu verfahren (z.B. immer f oder immer ph, Transliteration nach einem Schema). Alle sprachlichen Varianten, die nicht durch eine grundsätzliche Regel ausgeschlossen sind, sollten als Nicht-Deskriptoren in den Thesaurus einbezogen werden.

Eine einheitliche Regelung innerhalb des Thesaurus ist auch erforderlich bezüglich der Einbeziehung von (Eigen-)Namen. Je nach Fachgebiet kann die Einbeziehung von Namen den Umfang des Thesaurus stark ausweiten. Besonders bei Personen- und Institutionennamen ist die Abgrenzung, welche Namen aufgenommen werden sollen und welche nicht, schwierig zu treffen und wird von den Benutzern dann vielfach als willkürlich empfunden.

Wenn Namen erfasst werden, müssen sie ebenso einer terminologischen Kontrolle unterzogen werden wie Allgemeinbegriffe. Gerade bei Institutionsbezeichnungen erweist sich das Synonymproblem als besonders komplex.

Beispiel:
  Bundesminister des Innern
  Der Bundesminister des Innern
  Bundesinnenminister
  Innenminister (Bundesrepublik Deutschland)
  Bundesministerium des Innern
  Bundesinnenministerium
  Innenministerium
  Otto Schily
  Innenminister Schily
  usw.

Namen sollten innerhalb des Thesaurus als besondere Einheiten selektiert werden können, daneben können sie zusätzlich an den entsprechenden sachlichen Stellen eingebunden werden.

## B 2.1.4  Begriffliche Kontrolle

Bei der terminologischen Kontrolle wurde bereits deutlich, dass innerhalb des Thesaurus eine Bedeutungsverlagerung auftreten kann zwischen einer Bezeichnung x der natürlichen Sprache und dem Deskriptor x eines Thesaurus. Häufig handelt es sich dabei sogar um einen mehrstufigen Prozess (vgl. Abb. 1).

Diese Bedeutungsverschiebungen müssen im Thesaurus behandelt und die in seinem Bereich gültige Bedeutung muss explizit dargelegt werden. Fachsprachliche Bedeutungen, die vom eigenen Gebiet weit entfernt sind, können zwar häufig von einer Behandlung ausgeschlossen werden. Umgangssprachliche Bedeutungen können zumindest die Präferenz einer Bezeichnung beeinflussen (z.B. bei positiv oder negativ belegten Konnotationen). Zu-

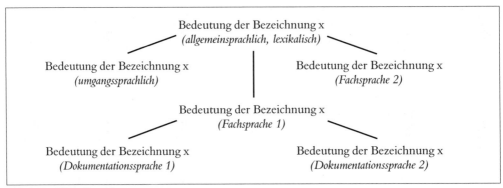

*Abb. 1: Begriffliche Kontrolle*

mindest die Differenz zwischen Fachsprache und Dokumentationssprache muss aufgezeigt werden, wenn ein Begriff im Thesaurus eingegrenzt oder erweitert wurde. Zum Teil geschieht dies indirekt, indem alle zur Äquivalenzklasse gehörenden Bezeichnungen und alle mit diesem Begriff in Beziehungen gesetzten Begriffe angezeigt werden. Reicht dies nicht aus, muss die Bedeutungsveränderung in einem Erläuterungsfeld für den Begriffssatz erklärt werden.

### B 2.1.4.1 Beziehungsgefüge des Thesaurus

Als Ergebnis der terminologischen Kontrolle erhält man eine Menge von Äquivalenzklassen, die zunächst noch jeweils für sich isoliert stehen. Bei der begrifflichen Kontrolle treten Beziehungen zwischen den Begriffen zu Tage. Diese Bezüge sind in einem weiteren Schritt zu einem umfassenden Beziehungsgefüge auszubauen, so dass ein semantisches Netz über den Gesamtbereich des Thesaurus entsteht. Dieses semantische Netz ist nicht zur Befriedigung eines sprachwissenschaftlichen Perfektionismus gedacht, sondern soll primär von einem Einstiegsbegriff ausgehend alternative, für den Sachverhalt möglicherweise zutreffendere Begriffe aufweisen und so zu besseren Ergebnissen bei Indexierung und Retrieval führen.

Beziehungen zwischen Begriffen können vielfältiger Natur sein, im Rahmen von Thesauri beschränkt man sich meistens auf wenige Beziehungsarten. DIN 1463-1 (Lit. 02) sieht folgende Beziehungsarten oder Relationen vor:

– Äquivalenzrelation

– Hierarchische Relation

– Assoziationsrelation.

Für die Darstellung der Relationen werden in den meisten Fällen Alphakürzel verwendet (DIN 1463-1 schlägt hier Standardkürzel vor), es ist aber auch möglich, Symbole oder graphische Mittel dafür zu verwenden. Alle Relationen eines Deskriptors bilden gemeinsam mit den ergänzenden Angaben den Deskriptorensatz.

### B 2.1.4.2    Äquivalenzrelation

Die Äquivalenzrelation ist streng genommen keine Begriffsrelation, sondern eine innerbegriffliche Relation zwischen Bezeichnungen. Bei Thesauri mit Vorzugsbenennung grundsätzlich in der Form Nicht-Deskriptor --> Deskriptor. Die Äquivalenzrelation sollte immer reziprok dargestellt werden, d.h. nicht nur vom Nicht-Deskriptor auf den Deskriptor verweisen, sondern zu jedem Deskriptor alle Nicht-Deskriptoren aufweisen, um den vollen Bedeutungsumfang der Äquivalenzklasse darzustellen. Unter Verwendung der Standardkürzel ergeben sich als Einträge:

Sonnabend    **BS**    Samstag
Samstag      **BF**    Sonnabend

Dabei steht **BS** für „*Benutze Synonym*" und **BF** für „*Benutzt für*". Im obigen Beispiel verweist also das Synonym Sonnabend auf den Deskriptor Samstag.

Es ist auch möglich, für bestimmte Formen von Synonymen jeweils eigene Synonym-Kategorien und Kürzel festzulegen, z.B. für

– Abkürzungen

– fremdsprachige Synonyme

– Deskriptoren anderer Dokumentationssprachen

– Quasi-Synonyme

– Hinweis auf den Oberbegriff (s. u.), der für diese Bezeichnung verwendet werden soll.

Durch die Aufsplittung der Äquivalenzrelation ergibt sich eine komplexere, aufwändigere Thesaurusstruktur, andererseits sind Überarbeitungen des Thesaurus so oft einfacher und nützliche Nebenprodukte (z.B. Abkürzungsliste oder fremdsprachiges Register) können erzeugt werden.

Ein besonderer Fall von Äquivalenzrelation ergibt sich bei Polysemen. Von der polysemen Bezeichnung ausgehend muss nicht auf eine, sondern auf mehrere Vorzugsbenennungen verwiesen werden, die je nach Kontext alternativ zu benutzen sind:

Morphologie
  **BS**   Morphologie (Biologie)
oder
  **BS**   Morphologie (Sprachwissenschaft)

Eine analoge Struktur ergibt sich auch, wenn ein allgemeiner Begriff durch einen spezifischeren Unterbegriff ersetzt werden soll. Dann kann statt dem Standardkürzel **BS** auch das exaktere **BSU** „*Benutze spezifischen Unterbegriff*" und reziprok **BFO** „*Benutzt für Oberbegriff*" verwendet werden (vgl. Lit. 08, S. 119), z.B.

Naturwissenschaft **BSU** Biologie
Chemie
Physik
Biologie **BFO** Naturwissenschaft

### B 2.1.4.3  Hierarchische Relation

Durch die hierarchische Relation wird eine begriffliche Über-/Unterordnung ausgedrückt. Es können folgende Typen der hierarchischen Relation unterschieden werden:

a) Die **Generische Relation** (oder Abstraktionsrelation) wird von DIN 1463-1 definiert als „eine hierarchische Relation zwischen zwei Begriffen, von denen der untergeordnete Begriffes (Unterbegriff) alle Merkmale des übergeordneten Begriffs (Oberbegriff) besitzt und zusätzlich mindestens ein weiteres spezifizierendes Merkmal".

Damit entspricht dieser Relationstyp ziemlich genau der Klassenbildung von Klassifikationssystemen. Das Verfahren, die Unterordnung durch ein zusätzliches Merkmal zum Ausdruck zu bringen, d.h. die Blickrichtung von oben nach unten, ist jedoch problematisch, da jeder Begriff eine Fülle von Merkmalen aufweist. Das Herausgreifen eines Merkmals als Unterteilungskriterium muss immer mit einer gewissen Subjektivität behaftet sein. Angesichts der polyhierarchischen und polydimensionalen Möglichkeiten, die die Thesaurusstruktur bietet, ist dies eine vermeidbare Engführung.

Dem Thesaurusprinzip besser angemessen scheint die Blickrichtung von unten nach oben, bei dem ausgehend vom (merkmalsreicheren, komplexeren) Unterbegriff die (merkmalsärmeren, einfacheren) Oberbegriffe gesucht werden. Diese Methode mag zuerst weniger systematisch und vordergründig pragmatischer erscheinen als das Vorgehen über Merkmalsspezifikation, kann sich aber auf eine lange systematische wissenschaftliche Tradition berufen. So empfiehlt bereits Thomas von Aquin: „Aber weil die Wesen jener (einfachen) Substanzen für uns verborgener sind, daher muss man mit den Wesen der zusammengesetzten Substanzen beginnen, damit das Verfahren vom Leichteren her angemessener wird." (Lit. 07)

b) Die **Partitive Relation** (oder Bestandsrelation) ist „eine hierarchische Relation zwischen zwei Begriffen, von denen der übergeordnete (weitere) Begriff (Verbandsbegriff) einem Ganzen entspricht und der untergeordnete (engere) Begriff (Teilbegriff) einen der Bestandteile dieses Ganzen repräsentiert" (DIN 1463-1),

z.B. Baum
- Baumstamm
- Krone
- Wurzel

Die partitive Relation ist durch ihre Definition deutlich abgehoben von der generischen. Die meisten Thesauri fassen beide Relationen in einer allgemeinen hierarchischen Beziehungsart zusammen, DIN 1463-1 schlägt für diese Beziehungsart die Kürzel UB für Unterbegriff und OB für Oberbegriff vor, so dass sich als Einträge ergeben:

Obstbaum **UB** Steinobstbaum
Steinobstbaum **OB** Obstbaum

Baum **UB** Baumstamm
Baumstamm **OB** Baum

Die Beziehung ist grundsätzlich reziprok zu gestalten. Eine getrennte Ausweisung der beiden Relationen kann jedoch durchaus vorteilhaft sein, zumindest in Bereichen, in denen partitive Untergliederungen ein gebräuchliches Denkmuster bilden.

Bei einer Aufspaltung auf zwei Beziehungsarten sieht DIN 1463-1 für die genetische Relation vor:

Obstbaum **UA** Steinobstbaum
*(für Unterbegriff / Abstraktionsrelation)*

Steinobstbaum **OA** Obstbaum
*(für Oberbegriff / Abstraktionsrelation)*

Baum **TP** Baumstamm
*(für Teilbegriff)*

Baumstamm **SP** Baum
*(für Verbandsbegriff)*

Die Entscheidung, ob die beiden Relationsarten gemeinsam oder getrennt dargestellt werden, ist thesaurus- bzw. fachspezifisch zu treffen. Es gibt Bereiche, die stark partitiv orientiert sind und daher eine Trennung nahelegen (z.B. Chemie), bei anderen Gebieten wirkt eine Trennung oft künstlich. Wichtig ist, dass die gewählte Darstellungsform dann auch im gesamten Thesaurus einheitlich durchgehalten wird.

c) Ein weiterer Typ von hierarchischer Relation wird von Jansen (Lit. 04) mit der **Zugehörigkeitsrelation** vorgeschlagen, bei der er Begriffe vorstellt, bei denen der zweite Begriff im Zusammenhang mit dem ersten zu sehen ist, z.b.:

Tier – Tierernährung

Diese Relation kann hier ein Beispiel für einen allgemein festzustellenden Trend sein, das starre Beziehungsgefüge des Thesaurus durch zusätzliche Relationsarten zu erweitern. Benutzerspezifisch definierte zusätzliche Relationen können eine hilfreiche Ergänzung sein, wenn es gelingt, allen Anwendern des Thesaurus die Art der Relation zu verdeutlichen, und wenn nicht durch zu viele Relationsarten der Überblick verloren geht.

### B 2.1.4.4 Assoziationsrelation

„Eine Assoziationsrelation ist eine zwischen Begriffen bzw. ihren Bezeichnungen als wichtig erscheinende Relation, die weder eindeutig hierarchischer Natur ist, noch als äquivalent angesehen werden kann." (DIN 1463-1) Bereits in dieser Definition, die letztlich nur aussagt, was nicht als Assoziationsrelation verstanden wird, kommt die Problematik dieser Relationsart zum Ausdruck. Häufig gerät sie zu einem Sammelbecken, in das alles hineingepackt wird, was im weiteren Sinne mit dem Ausgangsbegriff zu tun hat. Die Beziehungen, die hier verankert sein können, haben ganz unterschiedlichen Charakter (z.B. instrumental, kausal, temporal, Antonymie, Vorgänger-Nachfolger, Rohstoff-Erzeugnis) und oft entstehen lange Reihen solcher *„verwandter Begriffe"*. Dabei wird verkannt, dass es im Thesaurus nicht darum gehen kann, möglichst vollständig alle Zusammenhänge auszuweisen, in die ein Begriff gestellt sein kann. Vielmehr ist der eigentliche Sinn dieser Relation, zusätzlich zur hierarchischen Struktur Querbeziehungen zu anderen, für die Formulierung des Sachverhaltes möglicherweise geeigneten Deskriptoren anzubieten.

Zur Darstellung der Assoziationsrelation schlägt DIN 1463-1 das Kürzel VB (Verwandter Begriff) vor, das in beiden Richtungen verwendet wird:

Obst **VB** Obstbaum
Obstbaum **VB** Obst

Da die eigentliche Assoziationsbeziehung ungerichtet ist, wird in manchen Thesauri auf die Ausweisung der reziproken Beziehungen verzichtet. Das Beziehungsgefüge wird dadurch jedoch leicht unübersichtlich und besonders beim Updating können Probleme auftreten, so dass auch verwandte Begriffe immer reziprok dargestellt werden sollten.

### B 2.1.4.5 Begriffskombination

Ein weiterer Relationstyp ergibt sich im Thesaurus, wenn von der Möglichkeit der Begriffskombination Gebrauch gemacht wird. Der zusammengesetzte Begriff, der im Thesaurus durch die Kombination von zwei Deskriptoren wiedergegeben werden soll, ist formal ein Nicht-Deskriptor. Er gehört jedoch nicht den Äquivalenzklassen der Deskriptoren an, durch die er kombiniert wird, vielmehr wäre seine Äquivalenzklasse eine Schnittmenge der beiden Äquivalenzklassen der Deskriptoren. Diese existiert im Thesaurus als solche a priori nicht, sondern wird erst bei der Benutzung einer Kombination gebildet. Deshalb ist es wichtig, die Begriffskombination von der Äquivalenzrelation getrennt zu halten. DIN 1463-1 schlägt dafür die Kürzel **BK** (Benutze Kombination) und **KB** (Kombinationsbegriff) vor. Die entsprechenden Einträge sehen dann so aus:

Botschaftsgebäude
**BK** Verwaltungsgebäude +
 Diplomatische Vertretung

Verwaltungsgebäude
**KB** Botschaftsgebäude

Diplomatische Vertretung
**KB** Botschaftsgebäude

Dies ist der Mindeststandard an expliziter Darlegung, der auf jeden Fall eingehalten werden sollte.

Aufwändiger, aber exakter und daher zu präferieren, ist die von Wersig (Lit. 08, S. 118) vorgeschlagene Darstellungsform. Dabei wird der reziproke Eintrag in drei Teile zerlegt (für die beiden Kombinationselemente und für den zusammengesetzten Begriff), so dass von jedem der drei Teile aus der vollständige Zusammenhang erkenntlich ist. (Bei der Kurzform des einteiligen reziproken Eintrags bleibt offen, welches das weitere Kombinationselement ist. Dazu wäre ein weiteres Nachschlagen unter „Botschaftsgebäude" notwendig.) Der ausführlichere Kombinationseintrag sieht dann so aus:

Botschaftsgebäude
  BK  Verwaltungsgebäude +
       Diplomatische Vertretung
Verwaltungsgebäude
  BIK  Diplomatische Vertretung
  BFK  Botschaftsgebäude
Diplomatische Vertretung
  BIK  Verwaltungsgebäude
  BFK  Botschaftsgebäude

Hier steht **BIK** für „Benutzt **in** Kombination" und **BFK** für „Benutzt **für** Kombination".

Da bei der Verwendung eines Deskriptors in mehreren Kombinationen der Bezug zwischen BIK und BFK verwirrend werden kann, sollten die Einträge entweder alternierend dargestellt oder mit Indikatoren versehen werden.

## B 2.2  Darstellung des Thesaurus

Die verschiedenen Relationen und sonstigen Angaben zur Äquivalenzklasse werden in einem gemeinsamen Satz zusammengefasst. Da die meisten Thesauri mit Vorzugsbenennungen arbeiten, hat sich dafür die Bezeichnung Deskriptorensatz durchgesetzt. Sowohl für die Darstellung der einzelnen Elemente innerhalb eines Deskriptorensatzes als auch für die Gestaltung des Thesaurus insgesamt sind verschiedene Punkte zu berücksichtigen.

### B 2.2.1  Darstellung innerhalb der Deskriptorensätze

Neben den vorstehend beschriebenen Elementen können noch weitere Angaben im Deskriptorensatz hinzutreten. Für die Handhabung des Thesaurus, besonders beim Updating, ist es sinnvoll, jedem Deskriptorensatz eine eigene **Begriffsnummer** zuzuordnen. Maschinell erzeugte Datensatznummern können hierfür verwendet werden, wenn sichergestellt ist, dass diese bei Update-Läufen nicht automatisch geändert werden.

Außerdem ist es zumindest bei umfangreicheren Thesauri empfehlenswert, eine Notation zu verwenden und den Thesaurus klassifikatorisch zu erschließen. Dafür kommen primär Grobklassifikation oder facettierende Systeme in Frage. Über die Klassifikation ist es möglich, den Thesaurus bei Bedarf in kleinere Subthesauri zu portionieren, die dann besser überschaut werden können. Hier kann auch die Verknüpfung mit einem externen Klassifikationssystem erfolgen. Dadurch wird es möglich, von einem Erschließungsmittel auf das andere überzuwechseln; damit wird das Potential beider Systeme erhöht (vgl. Lit. 01).

Einige Thesauri geben an Stelle einer Notation oder auch zusätzlich neben dem direkten Oberbegriff eines Deskriptors den obersten Begriff innerhalb der hierarchischen Kette an. Dafür wird das Kürzel **TT** (vom englischen **Top Term**) verwendet. Obwohl dies eigentlich eine hierarchische Beziehung ist, wird sie nicht reziprok ausgewiesen, sondern hat nur erläuternden Charakter.

Ein **Einführungs- oder Änderungsdatum** ist für die Thesauruspflege hilfreich und kann vor allem bei retrospektiven Recherchen die Auswahl geeigneter Deskriptoren erleichtern.

In der **Scope note** oder Erläuterungskategorie werden Hinweise zum spezifischen Gebrauch eines Deskriptors festgehalten entsprechend der bei terminologischer und begrifflicher Kontrolle erfolgten Abweichungen, Einschränkungen oder Ausweitungen im Vergleich zum Sprachgebrauch in der natürlichen Sprache.

Während die Definitionen oder Festlegungen in der Scope note immer nur für den jeweiligen Thesaurus Gültigkeit haben, werden in der Definitionskategorie Begriffsdefinitionen angegeben, die für das Fachgebiet allgemeine Verbindlichkeit haben (etwa aus Normen, Lexika, Handbüchern, Terminologiesammlungen).

Weitgehend durchgesetzt hat sich etwa die folgende Reihenfolge der Angaben im Deskriptorensatz:

– Begriffsnummer*
– Notation(en)*
– Scope note
– Definition*
– Synonyme
– Oberbegriffe
– Unterbegriffe
– Verwandte Begriffe
– Kombinationsbegriffe*
– Einführungs- / Streichungsdatum*

Gemäß den Gegebenheiten kann diese Reihenfolge modifiziert werden, die mit * gekennzeichneten Kategorien haben nur fakultativen Charakter. Für die Orientierung innerhalb der Begriffssätze ist es jedoch notwendig, eine verbindliche Abfolge der Angaben beizubehalten.

Normalerweise wird im Deskriptorensatz nur je eine Hierarchieebene nach oben und unten angezeigt. Es besteht aber auch die Möglichkeit, alle Ebenen aufzuführen, dann wird vergleichbar dem Ebenenindikator bei Notationssystemen das Beziehungskürzel um die Ebene ergänzt (OB-1, OB-2 usw.). Eine vollständige Einbeziehung der Hierarchieebenen ist allerdings nur zu empfehlen, wenn die Anzahl der Ebenen im Thesaurus beschränkt ist (z.B. maximal nur 7 Ebenen).

### B 2.2.2 Gesamtpräsentation des Thesaurus

Auch wenn heute die meisten Thesauri elektronisch geführt werden, ist parallel dazu eine gedruckte Ausgabe des Thesaurus empfehlenswert, weil eine Orientierung über größere Mengen an Einträgen hier leichter als am Bildschirm möglich ist. Für die Anlage des gedruckten Thesaurus bieten sich alphabetische und/oder systematische Form an. Ist der Thesaurus nicht zu komplex oder umfangreich, kann auch eine graphische Darstellungsform gewählt werden.

Alphabetische und systematische Ausgaben sind komplementär; wenn der Aufwand einer Ausgabe in beiden Formen nicht geleistet werden kann, sollte zumindest ein Register in der nicht gewählten Form angelegt werden.

Die systematische Thesaurusausgabe kann nach der für den Thesaurus gewählten Klassifikation erfolgen. Innerhalb der Klassen werden die Einträge dann wieder alphabetisch geordnet.

In einer vollständig hierarchischen Thesaurusausgabe wird die gesamte hierarchische Struktur des Thesaurus bei der Anordnung nachvollzogen. Polyhierarchien können hierbei zu Problemen bei der Darstellung führen, da immer nur eine hierarchische Kette sukzessive nach unten verfolgt werden kann. In diesem Fall sind für die an einer Stelle nicht direkt weiterverfolgten Ketten zumindest Verweisungen anzubringen. Außerdem führen die Polyhierarchien dazu, dass Deskriptorensätze entsprechend ihrer polyhierarchischen Einbindung mehrfach erscheinen, wodurch der Umfang des gedruckten Thesaurus stark erweitert werden kann.

Die übersichtlichste Lösung für eine systematische Anordnung ist sicher die graphische (Diagramme oder Beziehungsgraphen).

### B 2.3 Thesauruspflege

Dass das einzig Beständige der Wandel ist, gilt gerade auch für Thesauri. Im Gegensatz zur natürlichen Sprache, wo Sprachwandel allein durch Sprachbenutzung mehr oder weniger unbemerkt geschieht, muss im Thesaurus jeder Wandel explizit initiiert und in die Thesaurusstruktur eingepasst werden. Um im Thesaurus rechtzeitig die erforderlichen Änderungen einbringen zu können, ist zuerst genaues Beobachten nötig und zwar

– Beobachtung der Entwicklung der Forschungsschwerpunkte des Faches

– Beobachtung der fachsprachlichen Entwicklung

– Beobachtung des Indexierungsverhaltens

– Beobachtung der Indexierungsergebnisse

– Beobachtung des Benutzerverhaltens

– Beobachtung der Rechercheergebnisse.

Eine grundlegende Thesaurusrevision sollte in regelmäßigen Abständen durchgeführt werden. In dem Intervall zwischen den Revisionen kann mit einem Kandidatenvokabular gearbeitet werden, d.h. fehlendes Wortgut kann mit einem provisorischen Status eingebracht werden, eine endgültige Einbindung in den Thesaurus bzw. eine Eliminierung muss bei der nächsten Revision erfolgen. Damit das Kandidatenvokabular seinen Zweck erfüllen kann und nicht nur eine ad-hoc-Lösung eines Indexierungsproblems bleibt, muss das Kandidatenvokabular der gesamten Sprachgemeinschaft (Indexierern und Benutzern) des Thesaurus bekannt gemacht werden.

Dafür eignen sich Listen oder spezielle Hinweise beim Systemstart. Daneben sollten die Kandidaten wenigstens ansatzweise mit vorhandenen Deskriptoren verknüpft werden, da nur so die Notwendigkeit des Deskriptorvorschlages im Gesamtkontext beurteilt werden kann.

Bei der Revision ist neben der letztlichen Entscheidung über das Kandidatenvokabular das gesamte Wortgut zu überprüfen:

– Deskriptoren und Nicht-Deskriptoren, die nicht oder fast nicht benutzt wurden, sollten gelöscht werden.

– Deskriptoren, die sehr häufig bei Indexierung und Retrieval verwendet wurden, sollten durch mehr Vokabular im Umfeld entlastet werden

**Accra**
    W1230
  OB  Ghana
        Hauptstadt

**Afrika**
    W0010
  UB  Afrika südlich der Sahara
  BIK  *Anglophones Land*
      BFK *Anglophones Afrika*
  BIK  *Frankophones Land*
      BFK *Frankophones Afrika*
  BIK  *Lusophones Land*
      BFK *Lusophones Afrika*

**Afrika südlich der Sahara**
    W0120
  OB  Afrika
  UB  Westafrika

*Anglophones Afrika*
  BK  Afrika + Anglophones Land

**Anglophones Land**
    S0010
  UB  Ghana
  BIK  *Afrika*
      BFK *Anglophones Afrika*

**Bissau**
    W1230
  OB  Guinea-Bissau
        Hauptstadt

**Burkina Faso**
    W1230
  OB  Frankophones Land
        Westafrika
  UB  Ouagadougou

**Conacry**
    W1230
  OB  Guinea
        Hauptstadt

*Frankophones Afrika*
  BK  Afrika + Frankophones Land

**Frankophones Land**
    S0020
  UB  Burkina Faso
        Guinea
  BIK  *Afrika*
      BFK *Frankophones Afrika*

**Ghana**
    W1230
  OB  Anglophones Land
        Westafrika
  UB  Accra
  VB  Golf von Guinea

**Golf von Guinea**
    M0500
  VB  Ghana
        Guinea

**Guinea**
    W1230
  OB  Frankophones Land
        Westafrika
  UB  Conacry
  VB  Golf von Guinea

**Guinea-Bissau**
    W1230
  OB  Lusophones Land
        Westafrika
  UB  Bissau

**Hauptstadt**
    U6000
  OB  Stadt
  UB  Accra
        Bissau
        Conacry
        Ouagadougou

*Lusophones Afrika*
  BK  Afrika + Lusophones Land

**Lusophones Land**
    S0030
  UB  Guinea-Bissau
  BIK  *Afrika*
      BFK *Lusophones Afrika*
  BF  *Portugiesischsprachiges Land*

**Ouagadougou**
    W1230
  OB  Burkina Faso
        Hauptstadt

*Portugiesischsprachiges Land*
  BS  Lusophones Land

**Stadt**
    U6000
  UB  Hauptstadt

**Westafrika**
    W1230
  OB  Afrika südlich der Sahara
  UB  Burkina Faso
        Ghana
        Guinea
        Guinea-Bissau

*Abb. 2: Alphabetischer Ausdruck eines polyhierarchischen Thesaurus*

(zusätzliche Unterbegriffe, verwandte Begriffe) bzw. durch eine Einschränkung des Bedeutungsumfangs spezifiziert werden.

- Fehlende Deskriptoren sind zu ergänzen.
- Veraltetes oder nicht benutztes Zugangsvokabular (Nicht-Deskriptoren) ist zu entfernen.
- Fehlendes Zugangsvokabular ist zu ergänzen.
- Fehlende Relationen sind zu ergänzen.
- Überhierarchisierungen und zu extensive Assoziationsrelationen sollten entfernt werden.

Hierbei ist zu berücksichtigen, dass jede Veränderung nicht nur auf der sprachlichen Ebene erfolgt (etwa einer Textkorrektur vergleichbar), sondern einen Eingriff in das begriffliche Gefüge darstellt. Deshalb sollte beachtet werden:

- Jede Löschung eines Deskriptors entspricht dem Herausschneiden eines Knotens aus einem Netz. Danach müssen die losen Enden neu verbunden werden.
- Jede Einfügung erfordert einen Umbau der hierarchischen Verkettung.
- Alle Änderungen müssen reziprok ausgeführt werden.
- Wenn bereits Dokumente mit dem zu löschenden und zu ändernden Deskriptor indexiert wurden, sollte der Sachverhalt neu indexiert werden. Wo dieser Aufwand nicht geleistet werden kann, sollte im Deskriptorensatz zumindest das Änderungsdatum angegeben werden. Gelöschte Deskriptoren müssen ohne Neuindexierung für die Suche trotzdem vorrätig gehalten werden.

## B 2.4 Elektronische Thesaurusunterstützung

Sowohl Thesaurusaufbau und -pflege als die Arbeit mit Thesauri verlagert sich zunehmend auf elektronische Systeme. Obwohl die Grundelemente des Thesaurusprinzips davon nicht berührt werden, ergeben sich in der Praxis neue Aspekte der Handhabung von Thesauri.

Eine Auslagerung von Thesaurusaufbau und Thesauruspflege auf eigene, darauf spezialisierte Softwarepakete bietet die Möglichkeit, den Thesaurus losgelöst vom Informationssystem und dessen Beschränkungen zu bearbeiten und das Arbeitsergebnis dann in das Informationssystem einzuspielen

bzw. auch Druckausgaben des Thesaurus zu erstellen. Ein Beispiel für eine solche Lösung stellen Kunkel, Klos und Stys (Lit. 05) vor.

Die wichtigsten Vorteile bei Thesaurusaufbau und Thesauruspflege sind folgende:

- Beim Thesaurusaufbau kann schon vorliegendes Vokabulars zur weiteren Bearbeitung importiert werden.
- Plausibilitätskontrollen nach dem Datenimport oder bei der Eingabe verhindern strukturelle Fehler. Zirkuläre und blinde Verweise sowie Doubletten werden dadurch vermieden.
- Reziproke Einträge werden automatisch erzeugt (Abb. 3).
- Korrekturen werden in allen betroffenen Deskriptorensätzen ausgeführt.
- Ganze Zweige des Thesaurus können umgehängt werden und an einer anderen Stelle der Hierarchie eingefügt werden. Bei einer solchen Umordnung werden alle Relationen automatisch mit geändert.
- Zur dezentralen Bearbeitung von Thesaurusteilen durch Fachspezialisten können Thesauri gesplittet und wieder zusammengeführt werden.
- Bei mulitlingualen Thesauri können Übersetzungen dezentral bearbeitet und anschließend zusammengeführt werden.
- Flexible Aufbereitungen des Thesaurus für alphabetische und systematische Ausgaben sind möglich.

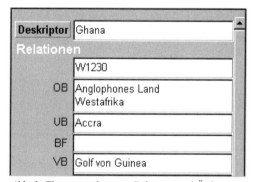

*Abb. 3: Thesauruseditor zur Erfassung und Änderung von Thesauri*

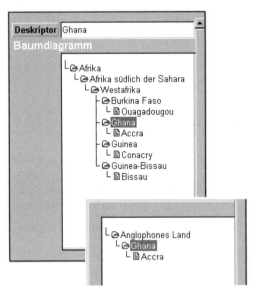

Abb. 4: Präsentation der Systematik mit Navigationsmöglichkeit

- Die Verwaltung und Pflege von Thesauri in elektronischen Systemen bietet die Chance, auch sehr große Äquivalenzklassen anzulegen und somit ein breites und vielfältiges Zugangsvokabular für Benutzer zur Verfügung zu stellen.
- Der elektronische Thesauruszugriff erfolgt in der Regel mehr punktuell, so dass alphabetische und systematische Darstellung nicht so stark ins Gewicht fallen. Ein alphabetischer Zugriff mit Trunkierungsmöglichkeiten bietet einen flexiblen Einstieg in das Vokabular.
- Graphische Baum-Darstellungen lassen auf den ersten Blick erkennen, auf welcher Ebene der Term in der Hierarchieleiter steht, d.h. wie er in eine Struktur von Ober- und Unterbegriffen eingebettet ist. Eine Hypertextstruktur bietet die Möglichkeit zur komfortablen Navigation innerhalb des Vokabulars. Dies erhöht die Transparenz des semantischen Netzes für den Benutzer (Abb. 4).

Die Aufbereitung von HTML-Anwendungen ist für die Thesauruspräsentation und die plattformunabhängige Nutzung von zentraler Bedeutung. Thesauri können so in beliebige Web-Applikationen integriert und lokal, in Netzwerken oder dezentral als Ressource verfügbar gemacht werden.

Werden Thesauri in elektronischen Informationssystemen zur Recherche eingesetzt, kann ihr hierarchischer Aufbau gezielt genutzt werden, um die Präzision der Recherche zu variieren: Abgesehen von der direkten Suche nach Deskriptoren besteht zum Beispiel auch die Möglichkeit, alle Unterbegriffe eines Deskriptors in die Suche einzubeziehen.

In elektronischen Systemen kann bei mehrsprachigen Thesauri eine flexible Sprachumschaltung angeboten werden. Grundsätzliche Erwägungen zur Erstellung und Weiterentwicklung mehrsprachiger Thesauri finden sich in DIN 1463-2 (Lit. 03).

Trotz der Vorteile elektronischer Thesauri stellen sie keinen Ersatz für die konventionellen Präsentationsformen dar: Nur für gedruckte Ausgaben von Thesauri ist ein Regularium vorhanden, das deren Archivierung auf die Dauer in der Deutschen Bibliothek und den Nachweis in der Nationalbibliografie sichert.

**Literatur**

01 Burkart-Sabsoub, Margarete; Wersig, G.: Kombinatorischer Einsatz von Dokumentationssprachen. Berlin 1982, 23 S. (PROGRIS PKS 7/82)

02 DIN 1463-1: Erstellung und Weiterentwicklung von Thesauri. Einsprachige Thesauri. Berlin: Beuth 1987, 12 S.

03 DIN 1463-2: Erstellung und Weiterentwicklung von Thesauri. Mehrsprachige Thesauri. Berlin: Beuth 1993, 20 S.

04 Jansen, Rolf: Thesaurusrelationen als instrumentelle Hilfsmittel für Hypertext und Wissensbanken? In: NfD 44. 1993, S. 7-14

05 Kunkel, Paul; Klos, A. J.; Stys, Thomas: Thesauri entwickeln und anwenden mit MIDOS-Thesaurus. In: Information – Wissenschaft und Praxis (NfD) 5. 2003, S. 273-280

06 Lancaster, F.W.: Vocabulary Control for Information Retrieval. 2.ed. Arlington, Vir., 1986, 270 S.

07 Thomas von Aquin: De ente et essentia. Das Seiende und das Wesen. Stuttgart: Reclam. 2. Aufl. 1987, S. 9

08 Wersig, Gernot: Thesaurus-Leitfaden. 2. erg. Aufl. München u.a., 1985, 394 S.

# B 3  Wissensbasierte Verfahren der Organisation und Vermittlung von Information

Ulrich Reimer

Dieses Kapitel befasst sich mit neueren, wissensbasierten Verfahren für die Ablage und Bereitstellung von Information. Diese Verfahren haben ihren Ursprung im Gebiet der wissensbasierten Systeme, das sich mit der formalen, von einem Rechner interpretierbaren Repräsentation von Wissen befasst, um „intelligente" Systeme zu realisieren (Lit. 29).

## B 3.1  Thematische Beschreibung von Dokumentinhalten

Unter der thematischen Repräsentation von Dokumentinhalten verstehen wir die Beschreibung, *worüber* ein Dokument handelt – im Gegensatz zur formalen Darstellung des Dokumentinhalts selber. Thematische Dokumentbeschreibungen (oder Dokumentindexierungen) erlauben leistungsfähigere Retrieval-Systeme als das zur Zeit verbreitete Freitext-Retrieval, das lediglich die in einem Dokument auftretenden Wörter berücksichtigt. Die Erstellung von Dokumentbeschreibungen erfordert jedoch einen zusätzlichen, in der Regel manuell zu leistenden Aufwand, der bei Freitext-Retrival nicht anfällt.

Je detaillierter eine Indexierung ist, desto genauere Retrieval-Ergebnisse lassen sich erzielen (im Sinne von Precision und Recall – siehe Kapitel B 9). Eine Indexierung sollte deshalb möglichst nicht auf eine Liste von Schlagwörtern beschränkt sein, sondern dokumentspezifische Beziehungen zwischen den Schlagwörtern zulassen.

### B 3.1.1  Traditionelle Verfahren

Zu den traditionellen Verfahren der inhaltlichen Erschließung von Dokumenten gehören die Klassifikationsverfahren. Die **Dezimalklassifikation** (vgl. Kapitel B 1) legt alle für eine Inhaltsbeschreibung verwendbaren Kategorien im voraus fest. Man bezeichnet sie deshalb auch als präkoordinierend. Diese Kategorien sind in einer Hierarchie immer spezieller werdender Begriffe angeordnet, wobei die der Hierarchie zugrundeliegende Spezialisierungsbeziehung eine wenig klare Semantik aufweist (z.B. sind die Begriffe *Flüsse* sowie *Ufer und Böschungen* und *Entstehung von Wasserläufen* dem Begriff *Binnengewässer* (627.1) untergeordnet). Die Nachteile der Dezimalklassifikation sind ihre (für eine manuelle Ablage konzipierte) monohierarchische Ordnung, die eine in vielen Sachgebieten auftretende polyhierarchische Begriffsordnung nur unzureichend wiedergeben kann, sowie ihre geringe Aktualität für sich schnell entwickelnde Sachgebiete.

Die **Facettenklassifikation** (vgl. Kapitel B 1) ist postkoordinierend und gibt Begriffskategorien vor, die nach bestimmten Regeln (z.B. unter Berücksichtigung einer Rangfolge zwischen verschiedenen Facettentypen) zur Kennzeichnung eines Dokumentinhalts zusammen gesetzt werden (z.B. *Instrument:Glas:Herstellung* für *Die Herstellung von Glasinstrumenten*). Eine Schwäche der Facettenklassifikation besteht in der weitgehenden Ignorierung der Art der Beziehungen zwischen den Einzelbegriffen – lediglich die Benennung des Facettentyps macht hierzu gewisse Angaben. So kann in dem einfachen Beispiel

Industrieroboter (P): Herstellung (E)

sowohl die Herstellung von Industrierobotern als auch die Herstellung mit Industrierobotern gemeint sein.

Bei der Verwendung von **Schlagwörtern** zur Dokumentbeschreibung besteht die Möglichkeit, einzelne Schlagwörter um Rollenindikatoren (vgl. Kapitel B 1) zu ergänzen, sowie durch Satzbildung oder durch Verwendung von Indexzahlen (Lit. 16) die Zusammengehörigkeit von Schlagwörtern deutlich zu machen. Auch hier ist eine Angabe zur Art der Beziehung zwischen den Schlagwörtern nicht möglich. Beispielsweise können die folgenden beiden, jeweils durch Satzbildung aus zwei Schlagwörtern zusammengesetzten Schlagwortgruppen für denselben Sachverhalt der Herstellung mit Industrierobotern stehen:

(Herstellung, Industrieroboter) für *Herstellung mit Hilfe von Industrierobotern*

(Industrieroboter, Herstellung) für *Industrieroboter für die Herstellung*

Die erste Schlagwortgruppe kann aber auch die Bedeutung *Herstellung von Industrierobotern* haben.

Auch die in einem **Thesaurus** (vgl. Kapitel B 2) beschriebenen semantischen Relationen zwischen Deskriptoren können nicht für die Beschreibung von Dokumentinhalten herangezogen werden. Sie dienen einer kontrollierten Vergabe von Schlagwörtern, sind somit begriffsorientiert und unabhängig von dokumentspezifischen Beziehungen zwischen Schlagwörtern.

Als weitere Variante der Inhaltserschließung bieten Abstracts zwar eine große Unterstützung, wenn es darum geht, aus mehreren Dokumenten einige (manuell) auszuwählen, doch sind Abstracts durch Rechner ebenso schlecht interpretierbar wie Volltexte und tragen für ein automatisches Dokument-Retrieval nicht bei.

Wir fassen zusammen, dass traditionelle Verfahren der Inhaltserschließung die Schwäche aufweisen, lediglich rein syntaktische Gruppierungen von Schlagwörtern vorzunehmen, weshalb in einer Dokumentbeschreibung verschiedene *Arten von Beziehungen* zwischen Schlagwörtern nicht differenziert werden können.

### B 3.1.2  Anforderungen an eine ausdrucksmächtigere Dokumentationssprache

Aus der kritischen Betrachtung traditioneller Verfahren im vorangegangenen Abschnitt lassen sich die folgenden Forderungen an eine ausdrucksmächtigere Dokumentationssprache ableiten:

**1. Dokumentspezifische Beziehungen zwischen Begriffen:** Zur Beschreibung eines Dokumentinhalts sind nicht nur die Schlagwörter relevant, sondern auch, welche Beziehungen zwischen ihnen das Dokument thematisch charakterisieren. Eine Dokumentationssprache sollte diese Möglichkeit der Inhaltsbeschreibung zulassen. Entsprechend legt ein kontrolliertes Vokabular nicht nur die als Schlagwörter zur Verfügung stehenden Begriffe fest, sondern zusätzlich, welche Beziehungen als Teil einer Inhaltsbeschreibung verwendet werden können.

Beispiel:
Ein Dokument, das über den Staatsbesuch eines Diktators in einem demokratischen Land handelt, könnte (zunächst noch vereinfacht) folgendermaßen beschrieben sein:
*Staatsbesuch: besuchender Politiker: Diktator*
*Staatsbesuch: besuchtes Land: Demokratischer Staat*

Dabei sind *Staatsbesuch*, *Diktator* und *Demokratischer Staat* Begriffe, während *besuchender Politiker* und *besuchtes Land* Beziehungen zwischen den Begriffen sind.

**2. Merkmale von Begriffen:** So wie Beziehungen zwischen Begriffen mögliche Bestandteile einer Dokumentbeschreibung sind, so kann die Aussage, dass ein Dokument ein bestimmtes Merkmal eines Begriffs behandelt, wesentlich für dessen Inhaltsbeschreibung sein. Analog wie für Beziehungen zwischen Begriffen sind im kontrollierten Vokabular für jeden Begriff die Merkmale, die in einer Inhaltsbeschreibung verwendbar sind, festgelegt.

Beispiel:
Ein Dokument, das über die Inflationsrate verschiedener Industrienationen handelt, könnte folgendermaßen beschrieben sein:
*Industrienation: Inflationsrate*
Hierbei wäre im kontrollierten Vokabular *Inflationsrate* als Merkmal des Begriffs *Industrienation* vorgesehen.

**3. Begriffshierarchie:** Das kontrollierte Vokabular für die Schlagwörter sollte in einer Begriffshierarchie angeordnet sein, um durch die damit gegebene Orientierungshilfe das Auffinden relevanter Begriffe in einem umfangreichen Vokabular zu erleichtern. Dies gilt sowohl für die (manuelle) Erstellung einer Dokumentindexierung als auch für die Formulierung einer Suchanfrage. Ferner lassen sich Anfragen so durch Aufsteigen in der Begriffshierarchie bei Bedarf generalisieren.

Beispiel:
Der Begriff *Umweltkatastrophe* ist Oberbegriff zu Begriffen wie *Ölpest, Erdbeben* und *Hochwasser*.

Eine Suchanfrage nach Dokumenten über den Zusammenhang zwischen Rückversicherungsprämien und Umweltkatastrophen kann den Begriff *Umweltkatastrophe* verwenden, anstatt alle darunter fallenden Begriffe explizit (in einer Oder-Verknüpfung) aufzuzählen.

**4. Instanzen und Unterbegriffe bestehender Begriffe als neue Schlagwörter:** Das kontrollierte Vokabular gibt die als Schlagwörter zur Verfügung stehenden Begriffe vor. Nicht darin enthalten sind Instanzen dieser Begriffe, z.B. Personen des öffentlichen Lebens, Nationalstaaten, oder Firmen. Um genügend detailliert sein zu können, müssen in einer Dokumentbeschreibung auch

Schlagwörter zulässig sein, die Instanzen von Begriffen daraus sind, auch wenn sie selber nicht zum kontrollierten Vokabular gehören. Aus dem gleichen Grund können auch neue Begriffe, die Unterbegriffe von Begriffen aus dem kontrollierten Vokabular sind, als Schlagwörter verwendet werden.

Beispiel:
Das oben gegebene Beispiel einer Inhaltsbeschreibung verwendet die Begriffe *Staatsbesuch*, *Diktator* und *Demokratischer Staat*. Die Angabe des besuchenden Diktators und des besuchten Landes (beides sind Instanzen) vergrößert den Detaillierungsgrad.

Ein kontrolliertes Vokabular, welches den Anforderungen der obigen Ausführungen genügt, entspricht von der Idee her einem Thesaurus, geht aber weit darüber hinaus: Die in einem Thesaurus enthaltenen Relationen sind nicht als Teil einer Dokumentbeschreibung gedacht, sondern dienen der Auswahl geeigneter Schlagwörter. Ebensowenig sehen Thesauri Merkmale für Begriffe vor. Wenn wir im weiteren von einem kontrollierten Vokabular sprechen, meinen wir deshalb nicht einen Thesaurus, sondern eine *Ontologie*.

## B 3.1.3 Terminologien und Ontologien

Unter einer **Terminologie** versteht man eine Menge von Begriffen und die ihnen zugeordneten Bezeichner. Ein Begriff ist eine gedankliche Einheit, die durch einen Bezeichner identifiziert wird. Ein Begriff besitzt eine Extension und eine Intension. Die Extension ist die Menge aller Objekte, die unter den Begriff fallen, während die Intension eine Definition ist, die festlegt, wann ein Objekt als zugehörig zu der Extension des Begriffs anzusehen ist, also eine Instanz des Begriffs ist.

Eine **Ontologie** ist die formale, explizite Spezifikation einer Konzeptualisierung eines Weltausschnitts, die innerhalb einer Gemeinschaft geteilt wird (vgl. Lit. 11). Unter Konzeptualisierung versteht man dabei die Bildung eines Modells der realen Welt.

Im Gegensatz zum Begriff einer Terminologie verlangt der Begriff einer Ontologie den formalen Charakter der Begriffsdefinitionen und betont den Aspekt, dass die Definitionen von allen Mitgliedern einer Gemeinschaft akzeptiert sind und von ihnen in gleicher Weise verstanden werden. Ferner sind Begriffe in einer Ontologie durch ihre Merkmale und Beziehungen zu anderen Begriffen näher charakterisiert, während man allein die Festlegung einer Menge von Begriffen und ihrer Bezeichner schon als Terminologie bezeichnen kann.

Formale Begriffsdefinitionen, wie sie für Ontologien erforderlich sind, benötigen eine formale Sprache. Hierfür haben sich die so genannten Beschreibungslogiken (oder terminologischen Logiken) herausgebildet. Sie entstanden aus den frühen Ansätzen wissensbasierter Systeme, wie z.B. semantische Netze und Frame-Repräsentationssprachen, und beheben deren grundlegendes Defizit, dass lediglich ihre Syntax, jedoch nicht ihre Semantik explizit festgelegt war (Lit. 27). Ein Austausch von semantischen Netzen oder Frame-Repräsentationen zwischen unterschiedlichen Systemen war deshalb nicht ohne weiteres möglich, denn das Zielsystem wusste nicht, wie es eine solche Repräsentation zu interpretieren hatte. Erst eine verbindliche (formale) Semantik eröffnet die Möglichkeit, dass mehrere unabhängige Systeme eine Ontologie (inklusive der damit erstellten Repräsentationen wie Dokumentbeschreibungen) teilen können. Im Zeitalter der Vernetzung von Systemen ist das eine zentrale Anforderung. Beschreibungslogiken spielen deshalb eine wichtige Rolle im Semantic Web (siehe Abschnitt B 3.1.6).

## B 3.1.4 Beschreibungslogiken

Beschreibungslogiken (Lit. 01) wurden für die Repräsentation von Begriffen und Begriffshierarchien entworfen. Von ihrer Ausdrucksmächtigkeit her sind sie eine Teilmenge der Prädikatenlogik erster Ordnung. In der prädikatenlogischen Sicht stellen Begriffe einstellige Prädikate dar, die als eine Menge von Objekten interpretiert werden, während Beziehungen zwischen Begriffen als zweistellige Prädikate für binäre Relationen zwischen Objekten interpretiert werden (solche Beziehungen heißen in Beschreibungslogiken Rollen, wir werden hier aber weiter von Beziehungen sprechen). Eine Beschreibungslogik verfügt über eine Menge von Sprachkonstrukten, durch die Begriffe und Beziehungen zwischen Begriffen definiert werden können.

Unter den Begriff Beschreibungslogik fällt eine Familie von konkreten Logiken, die über verschiedene Sprachkonstrukte verfügen und deshalb unterschiedliche Ausdrucksmächtigkeit aufweisen. Im Folgenden beschränken wir uns auf die Konstrukte zur Begriffsdefinition, mit denen sich die in Abschnitt B 3.1.2 aufgestellten Anforderungen an eine Dokumentationssprache abdecken lassen. Konstrukte zur Definition von Beziehungen als eigenständige Entitäten werden nicht behandelt, da sie den Rahmen dieses Kapitels sprengen würden. Zugleich wird auf jegliche formale Darstellung verzichtet zugunsten einer Vermittlung der wesentlichen Ideen.

a) Eine **Eigenschaftsklasse** für einen Begriff legt fest, dass alle zum Begriff gehörenden Instanzen einen bestimmten Typ von Eigenschaft besitzen. Ein konkreter Wert der Eigenschaft ist nicht bestimmt, jedoch welches die möglichen Werte sind.

Beispiel:
Die Definition des Begriffs *Nationalstaat* sieht die Eigenschaftsklasse *Inflationsrate* vor. Eine Instanz des Begriffs weist als Eigenschaft eine positive Prozentangabe auf:
*Nationalstaat: Inflationsrate: [ > 0% ]*

b) Eine **Eigenschaft** für einen Begriff legt fest, dass alle zum Begriff gehörenden Instanzen diese Eigenschaft besitzen.

Beispiel:
Der Begriff, der für alle im Jahr 2003 erfolgten Staatsbesuche steht, kann folgendermaßen definiert sein:
*Staatsbesuch-2003: Jahr: 2003*

c) **Beziehungen zwischen Begriffen**: Eine Begriffsdefinition kann festlegen, dass jede zu dem Begriff gehörende Instanz eine bestimmte Beziehung zu einer Instanz eines bestimmten anderen Begriffs aufweist.

Beispiel:
Die Definition des Begriff eines Staatsbesuchs sieht eine Beziehung *besuchender Politiker* zum Begriff *Politiker* vor sowie eine Beziehung *besuchtes Land* zum Begriff *Nationalstaat*:
*Staatsbesuch: besuchender Politiker: Politiker*
*Staatsbesuch: besuchtes Land: Nationalstaat*

d) **Beziehungen zu Begriffsinstanzen**: Schließlich kann eine Begriffsdefinition vorsehen, dass jede Instanz des Begriffs eine bestimmte Beziehung zu einer angegebenen Begriffsinstanz aufweist.

Beispiel:
Der Begriff, der für alle Staatsbesuche des amerikanischen Politikers Clinton steht, wäre folgendermaßen zu repräsentieren:

*Staatsbesuch-Clinton: besuchender Politiker: Clinton* wobei *Clinton* als Instanz des Begriffs *US-Politiker* eingeführt ist:
*Clinton instanz-von US-Politiker*

**Begriffshierarchien** entstehen in Beschreibungslogiken auf zweierlei Weise. Einerseits kann ein neuer Begriff explizit als Unterbegriff eines anderen eingeführt werden. Dies bedeutet, dass alle Instanzen des Unterbegriffs auch Instanzen des Oberbegriffs sind, die Extension des Unterbegriffs somit eine Teilmenge der Extension des Oberbegriffs ist.

Daneben können Ober-/Unterbegriffsbeziehungen, die nicht eingeführt wurden, aber aus den vorliegenden Begriffsdefinitionen folgen, u.U. mittels so genannter **terminologischer Inferenzen** hergeleitet werden (Lit. 02). Das ist der Fall, wenn aufgrund der Begriffsdefinitionen alle Instanzen des einen Begriffs notwendigerweise auch Instanzen des anderen sind, der erstere damit ein Unterbegriff des zweiten ist. Der Oberbegriff muss in einem solchen Fall so detailliert definiert sein, dass er notwendige und hinreichende Bedingungen angibt, die eine zugehörige Instanz erfüllen muss. Notwendige Bedingungen machen Aussagen darüber, welche Eigenschaften und Beziehungen ein Objekt aufweist, falls es eine Instanz des Begriffs ist, z.B. für den Begriff eines Junggesellen, dass jede Instanz die Eigenschaft *männlich* besitzt. Hinreichende Bedingungen charakterisieren eine Instanz derart, dass bei Vorliegen eines Objekts geschlossen werden kann, ob es eine Instanz des betreffenden Begriffs ist oder nicht. Für den Begriff eines Junggesellen muss dazu zusätzlich definiert sein, dass jede Instanz die Eigenschaft *unverheiratet* besitzt.

Die Herleitung von Ober-/Unterbegriffsbeziehungen spielt eine wichtige Rolle beim Aufbau großer Begriffshierarchien, denn sie hilft, diese konsistent und vollständig zu halten. Auch die Auswertung von Suchanfragen basiert auf der Herleitung von Ober-/ Unterbegriffsbeziehungen.

### B 3.1.5 Repräsentation von Dokumentinhalten und Suchanfragen

Die oben beschriebenen Konstrukte einer Beschreibungslogik erlauben die Einführung einer Ontologie, die das Vokabular für die Erstellung von Dokumentbeschreibungen festlegt. Eine **Doku-**

**mentbeschreibung** kann nun bestehen aus einer Menge von

- Begriffen aus der vorgegebenen Ontologie,
- neuen Unterbegriffen zu Begriffen aus der Ontologie,
- neuen Instanzen zu Begriffen aus der Ontologie,
- zusätzlichen Beziehungen zwischen Begriffen, die sich nicht aus den Definitionen der zugehörigen Begriffe ergeben, sondern darüber hinaus gehende Aussagen über den Dokumentinhalt machen.

Abb. 1 illustriert die Beschreibung eines Dokuments, das über eine Ölpest in der Nordsee handelt, die durch eine Tankerhavarie verursacht wurde. Dort sind die Begriffe *Ölpest-1* und *Havarie-1* neu eingeführte Unterbegriffe zu den Begriffen *Ölpest* und *Havarie* der zugrundeliegenden Ontologie.

Bei *bewirkt-1* handelt es sich um eine Kausalbeziehung. Es ist eine zusätzliche Beziehung, die nicht Teil einer bestehenden Begriffsdefinition ist wie die Beziehungen *Ort* und *Beteiligte*. Es handelt sich vielmehr um eine Aussage *über* die beiden relationierten Begriffe. Obwohl *bewirkt-1* für eine Beziehung steht, behandeln wir sie hier darstellungsmäßig wie einen Begriff. Das ist möglich, denn es ist letztlich eine reine Sichtfrage, ob eine Entität als ein Begriff oder eine Beziehung aufgefasst wird.

Es gibt oft kein absolutes Entscheidungskriterium, ob eine Entität als eine Instanz oder ein Begriff aufzufassen ist, z.B. ob der Euro-Wechselkurs bereits eine Instanz ist oder erst der Wechselkurs zu einem bestimmten Zeitpunkt. Dagegen ist *Euro* sicherlich eine Instanz des Begriffs *Währung*. In den folgenden Beispielen sind im Zweifelsfall immer Begriffe statt Instanzen dargestellt.

*Ölpest-1 is-a Ölpest*
*Havarie-1 is-a Havarie*
*Ölpest-1: Ort: Nordsee*
*Havarie-1: Beteiligte: Tanker*
*bewirkt-1 is-a bewirkt*
*bewirkt-1: Verursacher: Havarie-1*
*bewirkt-1: Verursachtes: Ölpest-1*

*Abb. 1: Beispiel für eine Themenbeschreibung*

Ebenso ist die Unterscheidung zwischen Beziehungen und Eigenschaften nicht absolut, sondern eine Frage der Sichtweise. So kann der Ort einer Ölpest eine Eigenschaft sein oder als eine Beziehung aufgefasst werden. Im ersten Fall wäre *Nordsee* in Abb. 1 eine Eigenschaft, in dem anderen eine Instanz. Die Wahl zwischen der Modellierung einer Eigenschaft oder einer Beziehung ist eine Frage des Detaillierungsgrads der Ontologie. Ist *Nordsee* als eine Instanz modelliert (und *Ort* somit eine Beziehung), liegen Aussagen darüber vor. Ist *Nordsee* dagegen eine Eigenschaft, so wird nichts weiter darüber ausgesagt.

Ein zweites Beispiel einer thematischen Dokumentrepräsentation in Abb. 2 steht für ein Dokument, das den Einfluss der Konjunkturentwicklung und des Wechselkurses des Euro auf die europäischen Börsen behandelt. Die Beschreibung übernimmt den Begriff *Konjunkturentwicklung* aus der Ontologie, führt den Begriff *europäische Börse* als neuen Unterbegriff ein und spezifiziert eine Beziehung zwischen beiden Begriffen. Es könnte der Begriff *europäische Börse* auch schon in der Ontologie vorhanden sein und würde dann direkt in die Dokumentbeschreibung übernommen werden (wie der Begriff *Konjunkturentwicklung*). Analog wird der Begriff *Euro-Wechselkurs* eingeführt, der den Begriff *Wechselkurs* aus der Ontologie spezialisiert, und es wird eine Beziehung zu *europäische Börse* dargestellt.

*Konjunkturentwicklung*
*europäische Börse is-a Börse*
*europäische Börse: Ort: [London, Paris, Frankfurt, ...]*
*einfluß-1 is-a einfluß*
*einfluß-1: Beeinflussendes: Konjunkturentwicklung*
*einfluß-1: Beeinflußtes: europäische Börse*
*Euro-Wechselkurs is-a Wechselkurs*
*Euro-Wechselkurs: Währung: Euro*
*Euro instanz-von Währung*
*einfluß-2 is-a einfluß*
*einfluß-2: Beeinflussendes: Euro-Wechselkurs*
*einfluß-2: Beeinflußtes: europäische Börse*

*Abb. 2: Zweites Beispiel einer thematischen Dokumentrepräsentation*

Eine **Suchanfrage** ist im Prinzip nichts anderes als eine Dokumentbeschreibung. Die Auswertung der Anfrage identifiziert alle Dokumente, deren Beschreibung unter die in der Suchanfrage angegebene Beschreibung fällt, also von ihr *subsumiert* werden. Die folgenden Suchanfragen identifizieren die Dokumentbeschreibung in Abb. 1 als relevant:

1. Alle Dokumente über Umweltkatastrophen:
   *Umweltkatastrophe*
   Es wird angenommen, dass in der zugrundeliegenden Ontologie folgende Beziehung modelliert ist:
   *Ölpest is-a Umweltkatastrophe*
   Dann enthält diese Anfrage einen Begriff, der genereller ist als ein Begriff in der Dokumentbeschreibung, in diesem Fall *Ölpest-1*, welcher Unterbegriff von *Ölpest* ist und somit auch Unterbegriff von *Umweltkatastrophe*. Die Anfrage subsumiert deshalb die Dokumentbeschreibung, und das zugehörige Dokument qualifiziert sich als Ergebnisdokument.

2. Alle Dokumente über eine Ölpest:
   *Ölpest*
   Diese Anfrage subsumiert mit der gleichen Argumentation die Dokumentbeschreibung aus Abb. 1.

3. Alle Dokumente über eine Ölpest in der Nordsee:
   *Ölpest-2 is-a Ölpest*
   *Ölpest-2: Ort: Nordsee*
   Der Begriff *Ölpest-2* entspricht dem Begriff *Ölpest-1* in der Dokumentbeschreibung, so dass diese von der Suchanfrage subsumiert wird. Die Namen von Begriffen, die in einer Dokumentbeschreibung oder einer Suchanfrage neu eingeführt werden, spielen keine Rolle bei der Anfrageauswertung. Es ist lediglich von Bedeutung, zu welchen Begriffen in der Ontologie sie Unterbegriff sind, und welche weiteren Beschreibungsmerkmale sie aufweisen.

4. Alle Dokumente über eine Ölpest, die durch eine Tankerhavarie verursacht wurden:
   *Tankerhavarie is-a Havarie*
   *Tankerhavarie: Beteiligte: Tanker*
   *bewirkt-2 is-a bewirkt*
   *bewirkt-2: Verursacher: Tankerhavarie*
   *bewirkt-2: Verursachtes: Ölpest*
   Auch diese Anfrage subsumiert die Dokumentbeschreibung aus Abb. 1.

Damit sind die wesentlichen Aspekte der Repräsentation von Dokumentinhalten durch Beschreibungslogiken eingeführt. Der folgende Abschnitt geht auf neuere Entwicklungen im Zusammenhang mit dem Semantic Web ein und setzt die oben gemachten Ausführungen dazu in Beziehung.

### B 3.1.6 Das „Semantic Web": Beschreibungslogiken und das „Web"

Unter dem Schlagwort *Semantic Web* (Lit. 04) versteht man eine Erweiterung des bestehenden Internets, in der jedes Dokument (bzw. jede Informationseinheit) um Meta-Informationen angereichert ist, die Angaben zum Inhalt des Dokuments und zu seinem Kontext machen, z.B. für welchen Zweck es von wem und wann erstellt wurde, worüber es handelt, bis hin zur expliziten Darstellung darin enthaltener Aussagen. Solche ergänzenden Angaben zu einem Dokument nennt man **Annotationen**. Die Idee, Seiten auf dem Internet mit Annotationen semantisch anzureichern, wurde erstmalig mit den Systemen Shoe (Lit. 23) und Ontobroker (Lit. 08) verfolgt.

Die Meta-Informationen liegen in einem Format mit festgelegter Syntax und Semantik vor, so dass sie von rechnergestützten Informationssystemen automatisch verarbeitet werden können. Gemeinsam mit der Bereitstellung von Ontologien, die ebenfalls über das Internet zugreifbar sind, bilden diese Meta-Informationen die Basis für völlig neuartige Informationsdienste. Autonome **Software-Agenten**, sogenannte (Semantic) Web-Services (Lit. 24), stellen unter Verwendung der Meta-Informationen unterschiedlichste Dienste bereit, wie die Kombination von Informationen aus verschiedenen Wissensquellen, die Induktion neuen Wissens (Data Mining und Text Mining), die Suche weiterer Agenten, deren Dienste anschließend in Anspruch genommen werden, bis hin zur automatischen Aushandlung der Bedingungen, unter denen ein Agent seine Dienste einem anderen zur Verfügung stellt.

Die Ansätze des Semantic Web sind nicht auf das Internet beschränkt, sondern auch für Intranets anwendbar.

Meta-Informationen, die spezifizieren, worüber ein Dokument (oder generell eine Informationseinheit) handelt, basieren auf den in den vorangegangenen Abschnitten vorgestellten Ansätzen. Sie sind im wesentlichen nur um geeignete „syntaktische Verpackungen" zu ergänzen. Im folgenden gehen wir kurz auf zwei solcher Verpackungen ein: XML und RDF.

## B 3.1.6.1 XML

Analog wie HTML ein Dokument mit Formatierungsangaben versieht, erlaubt XML (Lit. 03) die inhaltliche Strukturierung von Dokumenten durch Hinterlegung entsprechender Markierungen („tags"; vgl. Abb. 3).

```
<Konzert>
    <Wochentag>Montag</Wochentag>
    <Datum>8. September</Datum>
    <Uhrzeit>18:30</Uhrzeit>
    <Werk>Tannhäuser</Werk>
    <Dirigent>Welser-Möst</Dirigent>
    <Regie>Herzog</Regie>
    <Sänger>Kringelbom, Kabatu, Jankova,
        Seiffert, Muff, Hampson</Sänger>
</Konzert>
```

*Abb. 3: Ausschnitt eines Opernprogramms mit XML inhaltlich markiert*

Dadurch können die Dokumente durch Rechner inhaltlich interpretiert werden, was im Falle reiner Textdokumente kaum möglich ist. Um die korrekte Interpretation eines XML-Dokuments durch unterschiedliche Software-Agenten sicherzustellen, muss eine verbindliche Dokumentstruktur und das für die inhaltlichen Markierungen verwendete Vokabular vereinbart und diese Vereinbarung zur Verfügung gestellt werden. XML wurde dazu um die Sprache XML-Schema erweitert (Lit. 31). Abb. 4 zeigt ein Beispiel.

```
<complexType name="Staatsbesuch">
    <element name="besuchender Politiker"
        type="Politiker"/>
    <element name="besuchtes Land"
        type="Nationalstaat"/>
</complexType>
<complexType name="Politiker">
    <element name="Nationalität"
        type="string"/>
</complexType>
<simpleType name="Nationalstaat">
    <restriction base="string">
        <enumeration value="Frankreich"/>
        <enumeration value="Deutschland"/>
        ...
    </restriction>
</simpleType>
```

*Abb. 4: Typdefinitionen mit XML-Schema*

Das mit XML-Schema definierte Vokabular (dort Typen genannt) kann in einem XML-Dokument verwendet werden, um Textabschnitte inhaltlich zu markieren. Beispielsweise könnte man einen Textabschnitt, in dem es um die Beschreibung eines Staatsbesuchs geht, mit Hilfe des in Abb. 4 eingeführten Typs *Staatsbesuch* markieren (vgl. Abb.5). Damit wird eine automatische Interpretation des Textabschnitts möglich.

```
<Staatsbesuch>
    Der Besuch des <besuchender Politiker>
        <Nationalität>französischen</Nationalität>
        Ministerpräsidenten</besuchender Politiker>
        in<besuchtes Land>Deutschland
        </besuchtes Land> begann mit ...
</Staatsbesuch>
```

*Abb. 5: Ein XML-Text mit dem in Abb. 4 definierten Typ*

Da XML entworfen wurde, Dokumente und Daten nach inhaltlichen Kriterien zu strukturieren und so einer maschinellen Verarbeitung zugänglich zu machen, ergibt sich eine Abhängigkeit zwischen den Markierungen und der Textoberfläche. Für eine thematische Dokumentbeschreibung eignet sich XML deshalb kaum. Beispielsweise sieht die Definition des Typs *Staatsbesuch* ein Unterelement *besuchtes Land* vor, dessen Werte mit *Frankreich, Deutschland*, etc. angegeben sind. Enthält der Text von Abb. 5 statt der Zeichenfolge „Der Besuch [...] in Deutschland begann mit ..." die Zeichenfolge „Der Besuch [...] begann in Berlin mit ...", ist Deutschland nur implizit über Berlin erwähnt und der Text passt nicht mehr in das durch den Typ vorgegebene starre Strukturierungsraster.

Eine Loslösung der inhaltlichen Beschreibung eines Dokuments vom Dokumenttext würde dieses Problem lösen. In diesem Fall sind jedoch nur noch die von den Markierungen erfassten Textteile relevant und nicht mehr der gesamte Text. Es ergibt sich eine inhaltliche Beschreibung des Dokuments, die von dem eigentlichen Dokumenttext losgelöst behandelt werden kann. Eine Sprache für das Semantic Web, die dieses leistet, ist RDF.

## B 3.1.6.2 RDF

RDF (Lit. 25) ermöglicht, Meta-Informationen zu einem Dokument vollkommen unabhängig von seiner Textoberfläche und seiner Strukturierung darzustellen. Die Meta-Informationen können in das Dokument eingebettet sein und werden bei seiner Präsentation ignoriert oder sind getrennt davon, z.B. in einer Datenbank gespeichert, wobei dann natürlich eine Referenz auf das Dokument mit abgelegt sein muss (Lit. 07).

Die RDF zugrundeliegende Idee ist an sich einfach: RDF erlaubt die Formulierung von Aussagen, die einer Entität (in RDF spricht man von einer „Resource") für eine Eigenschaft bzw. Beziehung einen bestimmten Wert zuordnen, beispielsweise der Entität *Staatsbesuch-1* für die Beziehung *besuchtes Land* den Wert *Deutschland*.

In der auf XML basierenden Syntax von RDF lässt sich diese Aussage vereinfacht folgendermaßen notieren (wir lassen hier und im folgenden die Angabe der so genannten Name Spaces weg, die angeben, aus welchem Kontext syntaktische Elemente wie *Description* oder *besuchtes Land* stammen):

```
<Description about="Staatsbesuch-1">
    <besuchtes Land> Deutschland
    </besuchtes Land>
</Description>
```

Mit RDF lassen sich auf diese Weise in einem Dokument beliebige Aussagen als Meta-Information hinterlegen. Mit Hilfe der Ontologiesprache RDF-Schema (Lit. 25) wird das für die Formulierung von Aussagen zur Verfügung stehende Vokabular festgelegt. Die in XML-Schema dargestellte Typdefinition aus Abb. 4 ist in Abb. 6 in RDF-Schema formuliert. Es werden dort Begriffe (über das Konstrukt *Class*) sowie Eigenschaften und Beziehungen (über das Konstrukt *Property*) definiert.

Die Einführung von Instanzen geschieht nicht mit Hilfe von RDF Schema, sondern ist Angelegenheit von RDF. Die Einführung von *Frankreich* als Instanz des Begriffs *Nationalstaat* würde in RDF folgendermaßen aussehen:

```
<Description about="Frankreich">
    <type="Nationalstaat"/>
</Description>
```

Die Beziehung *type* zeigt dabei die Instanz-Beziehung an.

```
<Class ID="Staatsbesuch">
    <subClassOf="Resource"/>
</Class>

<Property ID="besuchender Politiker">
    <domain resource="Staatsbesuch"/>
    <range resource="Politiker"/>
</Property>

<Property ID="besuchtes Land">
    <domain resource="Staatsbesuch"/>
    <range resource="Nationalstaat"/>
</Property>

<Class ID="Nationalstaat">
    <subClassOf="Resource"/>
</Class>

<Class ID="Politiker">
    <subClassOf="Resource"/>
</Class>

<Property ID="Nationalität">
    <domain resource="Politiker"/>
    <range resource="string"/>
</Property>
```

*Abb. 6: Typdefinitionen in RDF-Schema (syntaktisch vereinfacht)*

Abb. 7 illustriert, wie sich die in Abb. 1 gegebene Themenbeschreibung in RDF darstellt. Es werden die nicht in der Terminologie vorhandenen Begriffe *Ölpest-1*, *Havarie-1* und *bewirkt-1* eingeführt und mit dem Dokument, dessen Inhalt sie beschreiben, verknüpft. Das referenzierte Dokument wird über seine URL identifiziert.

```
<Description about="Ölpest-1">
    <subClassOf> Ölpest </subClassOf>
    <Ort> Nordsee </Ort>
</Description>

<Description about="Havarie-1">
    <subClassOf> Havarie </subClassOf>
    <Beteiligte> Tanker </Beteiligte>
</Description>

<Description about="bewirkt-1">
    <subClassOf> bewirkt </subClassOf>
    <Verursacher> Havarie-1 </Verursacher>
    <Verursachtes> Ölpest-1 </Verursachtes>
</Description>

<Description about="http://archiv/2002/
        artikel249.doc">
    <hat-thema> Ölpest-1 </hat-thema>
    <hat-thema> Havarie-1 </hat-thema>
    <hat-thema> bewirkt-1 </hat-thema>
</Description>
```

*Abb. 7: Die Dokumentbeschreibung aus Abb. 1 in RDF (syntaktisch vereinfacht)*

Für das Retrieval von in RDF notierten Aussagen stehen verschiedene Anfrageformalismen zur Verfügung, mit deren Hilfe sich auch thematische Suchanfragen an Dokumente formulieren lassen (für einen Überblick siehe Lit. 20).

### B 3.1.6.3 Topic Maps

Als ein weiterer Ansatz zur Beschreibung von Dokumentinhalten haben sich in den letzten Jahren die Topic Maps herausgebildet (Lit. 26). Eine Topic Map besteht aus einer Menge von Begriffen und Begriffsinstanzen, „Themen" genannt, die über verschiedene Beziehungen, so genannte Assoziationen, miteinander verbunden sind. Die Themen sind mit den Dokumenten (über Vorkommensangaben oder „Occurrences") verbunden, deren Inhalt sie charakterisieren. Eine Topic Map enthält somit thematische Beschreibungen mehrerer Dokumente, wobei die Themenbeschreibungen miteinander in Beziehung stehen. Auf diese Weise lässt sich eine themenorientierte Navigation über eine beliebig große Menge an Dokumenten realisieren. Die aufgrund der schieren Größe solcher Netze resultierende Unübersichtlichkeit ist jedoch ein potenziell ungelöstes Problem. Da große Überlappungen zwischen RDF und Topic Maps bestehen, gibt es Bestrebungen, beide Ansätze miteinander zu verbinden.

Unabhängig davon, welchen Ansatz man für die Repräsentation von Dokumentinhalten bevorzugt, ist in allen Fällen eine Ontologie Voraussetzung. Die Entwicklung von Ontologien, ihre Bereitstellung über das Internet, ihre fortlaufende Weiterentwicklung und die Kombination mehrerer Ontologien sind deshalb wichtige Themen (Lit. 21). Als Standard für eine Ontologie-Sprache des Semantic Web etabliert sich gegenwärtig OWL, eine Beschreibungslogik, die (im Wesentlichen) RDF-Schema als Teilsprache enthält und somit ausdrucksmächtiger als dieses ist (Lit. 17).

### B 3.2 Repräsentation von Dokumentinhalten

Anders als die Referenzdokumentation befasst sich die Datendokumentation mit der Darstellung von Sachverhalten. Klassische Anwendungen der Datendokumentation sind Faktendatenbanken, in denen beispielsweise Werkstoffeigenschaften, Patente, DIN-Normen und Wirtschaftsdaten erfasst und abfragbar sind.

Im Zeitalter des Internets und des neu entstehenden Semantic Web eröffnen sich hier gänzlich neue Anwendungsszenarien.

### B 3.2.1 Repräsentation von Fakten

In Abschnitt B 3.1.6 haben wir mit der Diskussion von RDF aufgezeigt, wie Faktenwissen im Internet (oder in einem Intranet) verfügbar gemacht werden kann – entweder an ein Dokument gekoppelt oder losgelöst davon in einer Datenbank, wo es effizient abfragbar ist. Diese Möglichkeit ist besonders interessant in Kombination mit Verfahren zur automatischen Faktenextraktion aus Dokumenten wie Text Mining bzw. Information Extraction (Lit. 05, Lit. 15). Die durch solche Verfahren aus einem Dokument extrahierten Fakten können mit Hilfe von RDF abgelegt und so zur Verfügung gestellt werden. Darauf basierend ließen sich komfortable Frage-Antwort-Systeme realisieren (wie z.B. das in Lit. 18 beschriebene). Obwohl es aufgrund der Komplexität natürlicher Sprache sehr schwierig ist, automatisch Fakten aus Texten zu extrahieren, gewinnt diese Entwicklung zunehmend an Bedeutung.

### B 3.2.2 Repräsentation von regelhaften Zusammenhängen

Wissen über einen Weltausschnitt zeichnet sich neben dem reinen Faktenwissen vor allem durch die Kenntnis genereller Zusammenhänge aus. Für die formale Repräsentation solchen Wissens sind Formalismen nötig, die ausdrucksmächtiger und allgemeinerer Natur sind als die bislang behandelten. Hier lassen sich im wesentlichen auf mathematischer Logik basierende Formalismen sowie Termersetzungssysteme unterscheiden.

Wissen über regelhafte Zusammenhänge kann man in zwei Kategorien einteilen, wobei die Unterscheidung eine Sichtfrage ist:

– Wissen über **regelhafte Zusammenhänge** sind von der Form *wenn Aussage A zutrifft, dann trifft auch Aussage B zu*.

– Wissen über **einschränkende Bedingungen** bezieht sich auf die (Un-) Zulässigkeit von Zuständen oder Zustandsänderungen.

Einschränkende Bedingungen kann man auch als regelhafte Zusammenhänge auffassen und umgekehrt. Der regelhafte Zusammenhang *„wenn die Erde zwischen Sonne und Mond steht, dann besteht eine Mondfinsternis"* kann als eine einschränkende Bedingung angesehen werden, die besagt, dass kein Zustand möglich ist, wo die Erde zwischen Sonne und Mond steht und keine Mondfinsternis besteht.

Für die Repräsentation von Wissen über regelhafte Zusammenhänge eignen sich vor allem logikbasierte Formalismen (Lit. 10).

Ein wesentliches Merkmal logikbasierter Formalismen besteht darin, dass aus einer Menge gegebener Aussagen unter Zuhilfenahme so genannter Inferenzregeln neue Aussagen hergeleitet werden können, die in der bisherigen Aussagenmenge nur implizit enthalten waren. Auf diese Weise lässt sich mit Hilfe des logischen Schließens menschliches **Schlussfolgern** nachbilden (Lit. 10).

Die Auswahl eines logikbasierten Formalismus für die Repräsentation von Wissen sollte davon geleitet sein, nicht mehr an Ausdrucksmächtigkeit bereitzustellen, als für die Anwendung benötigt wird (z.B. einen Hornklausel-Formalismus statt einer Prädikatenlogik erster Ordnung; Lit. 10). Der Grund liegt darin, dass mit steigender Ausdrucksmächtigkeit die Schlussfolgerungen komplexer und zeitaufwändiger werden – bis hin zur Situation, dass bestimmte Aussagen formal nicht herleitbar sind, obwohl sie eigentlich in einer Menge von Fakten und Regeln enthalten sind. Man spricht dann von fehlender Entscheidbarkeit (Lit. 30).

Neben den logikbasierten Formalismen gibt es die **Produktionsregeln** (Lit. 27). Unter einer Produktionsregel versteht man eine mit einer Vorbedingung versehene Aktion. Die Aktion gilt als ausführbar, wenn die Vorbedingung erfüllt ist. Die Vorbedingungen werden auf einer Menge bekannter Fakten ausgewertet. Eine durch eine Produktionsregel angestoßene Aktion kann in der Faktenmenge Änderungen vornehmen. Eine Menge von Produktionsregeln, eine zugehörige Faktenmenge und ein Mechanismus, der Produktionsregeln auf Ausführbarkeit testet und ihre Aktionsteile bei erfüllter Vorbedingung zur Ausführung bringt, nennt man ein Produktionssystem. Ein Beispiel für eine Produktionsregel zeigt Abb. 8.

**Wenn** fristüberschreitung(X) und
instanz-von(X,Rechnung) und
ist-debitor(X,Y)
**dann führe aus** schreibe-mahnung(X,Y)

*Abb. 8: Einfaches Beispiel einer Produktionsregel*

Ein Ausführungszyklus eines Produktionssystems besteht aus drei Schritten. Im ersten Schritt wird festgestellt, welche Produktionsregeln ausführbar sind. Dazu wird geprüft, ob ihre Vorbedingungen in Bezug auf die vorgegebene Faktenmenge erfüllt sind. Enthält eine Vorbedingung Variablen, sind sie derart zu belegen, dass sie erfüllt wird.

Der zweite Schritt eines Ausführungszyklus besteht darin, aus mehreren ausführbaren Produktionsregeln eine auszuwählen. Diesen Vorgang nennt man Konfliktauflösung. Im dritten und letzten Schritt wird die selektierte Produktionsregel angewandt, also ihr Aktionsteil ausgeführt.

Eine wichtige Teilklasse von Produktionsregeln sind Regeln, die als Aktionen nur das Hinzufügen und das Löschen von Fakten zulassen. Solche Regeln nennt man **Termersetzungsregeln** (Lit. 27), da ihre Anwendung die auf der linken Seite (die Vorbedingung) aufgelisteten Fakten durch die Fakten der rechten Seite ersetzt. Abb. 9 zeigt Beispiele für Ersetzungsregeln, wie sie in einem elektronischen Laden (e-shop) auf dem Internet eingesetzt werden könnten. Sie illustrieren, wie in Abhängigkeit von schon vorhandenen Fakten weitere Fakten hinzugefügt werden können.

**Ersetze** lieferfrist( Produkt, 24h )
**durch** lieferfrist( Produkt, 24h ),
zusatzporto( Produkt, 8euro )

**Ersetze** kundenkategorie( Kunde, frequent )
**durch** kundenkategorie( Kunde, frequent ),
rabatt( Kunde, 4prozent )

*Abb. 9: Beispiel für Ersetzungsregeln (Variablennamen beginnen mit Großbuchstaben)*

Die Bereitstellung von Wissen über regelhafte Zusammenhänge über das Internet ist z.B. für Anwendungen in den Bereichen E-Business (z.B. für Geschäftsbedingungen, Weisungen, Produktkonfiguration) und E-Government (z.B. für Gesetze und Vorschriften) notwendig. Im Rahmen des Semantic Web werden deshalb hierfür geeignete Regelsprachen entwickelt – analog zu den in Abschnitt B 3.1.6 diskutierten Sprachen zur Repräsentation von Faktenwissen (Lit. 06, Lit. 22).

## B 3.3   Ausblick

In diesem Kapitel wurden Ansätze für die Formulierung detaillierter Dokumentindexierungen vorgestellt, die genauere Retrieval-Fragen ermöglichen und so helfen, der Informationsflut Herr zu werden. Ferner wurden Ansätze zur Annotation von Dokumenten diskutiert, die eine gewisse automatische Interpretation ihrer Inhalte erlauben. Basis aller Ansätze ist die Verwendung von Ontologien.

Der Einsatz ausdrucksstärkerer Dokumentationssprachen bringt neben den diskutierten Vorteilen jedoch auch Nachteile mit sich:

- Aufgrund der größeren Ausdrucksmächtigkeit gegenüber einfacheren Verfahren, wie Schlagwortlisten, ist die Erstellung der Dokumentbeschreibungen aufwändiger.
- Im Vergleich zur Wartung einfacher Schlagwortlisten ist auch der Aufwand für die Erstellung und kontinuierliche Pflege einer Ontologie deutlich höher.

Verfahren der automatischen Indexierung können helfen, den ersten der beiden Nachteile zu mildern. Der gegenwärtige Stand der Technologie ermöglicht die automatische Erstellung von Indexierungen, die aus einer Liste relevanter Begriffe bestehen. Die zusätzliche Berücksichtigung dokumentspezifischer Beziehungen zwischen den Begriffen erhöht die Komplexität der Aufgabe jedoch so sehr, dass sie nur manuell möglich ist, außer in stark eingeschränkten Anwendungsgebieten und unter Einsatz von formal repräsentiertem Domänenwissen (Lit. 13).

Um den Aufwand für Aufbau und Pflege von Ontologien zu reduzieren, wird zur Zeit an semi-automatischen Verfahren gearbeitet, die aus einer Menge von vorgegebenen Texten einen ersten Vorschlag für eine Ontologie erstellen (Lit. 09, Lit. 14). Um den Gesamtaufwand in Grenzen zu halten, sollte der Umfang und die Komplexität einer Ontologie in jedem Fall so klein gehalten werden, wie für die intendierte Anwendung noch sinnvoll ist (siehe auch Lit. 12).

Der Aufwand für den Aufbau einer Ontologie und eine darauf basierende manuelle Indexierung lohnt sich immer dann, wenn das damit bereitgestellte Wissen von entsprechend großem Nutzen ist. In Frage kommende Anwendungsszenarien lassen sich oft auf einen bestimmten Weltausschnitt einschränken, so dass sich der Aufwand für die Ontologie-Erstellung in Grenzen hält (vgl. Lit. 19, Lit. 28).

Aufgrund ihrer zentralen Stellung für Themen wie Semantic Web, E-Business und Wissensmanagement ist zu erwarten, dass die in diesem Kapitel vorgestellten Ansätze erheblich an Bedeutung hinzugewinnen werden.

**Literatur**

01 Baader, F.; Calvanese, D.; McGuiness, D.; Nardi, D.; Patel-Schneider, P.: The Description Logic Handbook. Cambridge University Press, 2003.

02 Baader, F.; Nutt, W.: Basic Description Logics. In: Baader, F.; Calvanese, D.; McGuiness, D.; Nardi, D.; Patel-Schneider, P.: The Description Logic Handbook. Cambridge University Press, 2003.

03 Behme, H.; Mintert, S.: XML in der Praxis. Addison-Wesley, 2000.

04 Berners-Lee, T.; Hendler, J.; Lassila, O.: Mein Computer versteht mich. In: Spektrum der Wissenschaft, August 2001.

05 Berry, M.: Survey of Text Mining: Clustering, Classification, and Retrieval. Springer-Verlag, 2003.

06 Boley H.; Tabet, S.; Wagner, G.: Design Rationale of RuleML: A Markup Language for Semantic Web Rules. In: Int. Semantic Web Working Symposium (SWWS), July 30 – August 1, 2001, Stanford University, California, USA.

07 Broekstra, J.; Kampman, A.; van Harmelen, F.: Sesame: A Generic Architecture for Storing and Querying RDF and RDF Schema. In: J. Davies, D. Fensel, F. van Harmelen (eds): Towards the Semantic Web. Ontology-Driven Knowledge Management. John Wiley, 2003, pp. 71-89.

08 Decker, S.; Erdmann, M.; Fensel, D.; Studer, R.: Ontobroker: Ontology Based Access to Distributed and Semi-Structured Information. In R. Meersman et al. (eds): Semantic Issues in Multimedia Systems. Proceedings of DS-8. Boston: Kluwer Academic Publisher, 1999, 351-369.

09 Engels, R.H.P.; Lech, T.Ch.: Generating Ontologies for the Semantic Web: OntoBuilder. In: J. Davies, D. Fensel, F. van Harmelen (eds): Towards the Semantic Web. Ontology-Driven Knowledge Management. John Wiley, 2003, pp. 91-115.

10 Genesereth, M.R.; Nilsson, N.J.: Logical Foundations of Artificial Intelligence. Palo Alto/Cal.: Morgan Kaufmann, 1987 (deutsche Übersetzung im Vieweg-Verlag, 1989).

11 Gruber, T.R.: A Translation Approach to Portable Ontologies. In: Knowledge Acquisition, Vol. 5, No. 2, 1993, pp. 199-220.

12 Gruber, T.R.: Towards Principles for The Design of Ontologies Used for Knowledge Sharing. In: N. Guarino, R. Poll (eds): Formal Ontology in Conceptual Analysis and Knowledge Representation. Kluwer, 1995.

13 Hahn, U.; Reimer, U.: Knowledge-Based Text Summarization – Salience and Generalization Operators for Knowledge Base Abstraction. In: I. Mani, M. Maybury (eds): Advances in Scalable Text Summarization. Cambridge/MA: MIT Press, 1999, pp. 215-232.

14 Hahn, U.; Romacker, M.: On 'Deep' Knowledge Extraction from Documents. In: RIAO'2000 – Conference Proceedings of the 6th RIAO Conference. Content-Based Multimedia Information Access. Vol. 2. Paris, April 12-14, 2000.

15 Hearst, M.A.: Untangling Text Data Mining. In: Proc. of ACL'99: The 37th Annual Meeting of the Association for Computational Linguistics, 1999. San Francisco: Morgan Kaufmann, pp. 3-10.

16 Henrichs, N.: Dokumentenspezifische Kennzeichnung von Deskriptorenbeziehungen. Funktion und Bedeutung. In: Deutscher Dokumentartag 1974, Band 1. München: K.G.Saur, 1975, pp. 343-353.

17 Horrocks, I.; Patel-Schneider, P. F.; van Harmelen, F.: From SHIQ and RDF to OWL: The Making of a Web Ontology Language. In: Journal of Web Semantics, 2003. To appear.

18 Hovy, E.H.; Gerber, L.; Hermjakob, U.; Junk, M.; Lin, C.-Y.: Question Answering in Webclopedia. In: Proc. of the Ninth Text Retrieval Conference (TREC-9), 2001, pp. 655-664.

19 Iosif, V.; Mika, P.; Larsson, R.; Akkermans, H.: Field Experimenting with Semantic Web Tools in a Virtual Organization. In: J. Davies, D. Fensel, F. van Harmelen (eds): Ontology-driven Knowledge Management. Exploiting the Semantic Web. John Wiley, 2002, pp. 219-244.

20 Karvounarakis, G.; Alexaki, S.; Christophides, V.; Plexousakis, D.; Scholl, M.: RQL: A Declarative Query Language for RDF. In: Proc. WWW2002: Eleventh International World Wide Web Conference. ACM Press, 2002, pp. 592-603.

21 Klein, M.; Ding, Y.; Fensel, D.; Omelayenko, B.: Ontology Management: Storing, Aligning and Maintaining Ontologies. In: J. Davies, D. Fensel, F. van Harmelen (eds): Towards the Semantic Web. Ontology-Driven Knowledge Management. John Wiley, 2003, pp. 47-69.

22 Lee, J. K.; Sohn, M. M.: The eXtensible Rule Markup Language. In: Communications of the ACM, Vol. 46, No. 5, pp. 59-64, 2003.

23 Luke, S.; Spector, L.; Rager, D.; Hendler, J.: Ontology-based Web Agents. In: Proceedings of First International Conference on Autonomous Agents 1997. ACM Press, 1997.

24 McIlraith, S.; Son, T. C.; Zeng, H.: Semantic Web Services. In: IEEE Intelligent Systems. Special Issue on the Semantic Web, Vol. 16, No. 2, 2001, pp. 46-53.

25 Powers, Sh.: Practical RDF. O'Reilly, 2003.

26 Rath, H. H.: GPS des Web – XML Topic Maps: Themenkarten im Web. In: ix Magazin für professionalle Informationstechnik, No.6, 2002, pp. 115

27 Reimer, U.: Einführung in die Wissensrepräsentation. Netzartige und schema-basierte Repräsentationsformate. Stuttgart: Teubner, 1991.

28 Reimer, U.; Brockhausen, P.; Lau, Th.; Reich, J. R.: Ontology-Based Knowledge Management at Work: The Swiss Life Case Studies. In: J. Davies, D. Fensel, F. van Harmelen (eds): Ontology-driven Knowledge Management. Exploiting the Semantic Web. John Wiley, 2002, pp. 197-218.

29 Russell, S. J.; Norvig, P.: Artificial Intelligence: Modern Approach. Prentice Hall, 2nd Edition, 2002.

30 Tuschik, H.-P.; Wolter, H.: Mathematische Logik, kurzgefaßt. Grundlagen, Modelltheorie, Entscheidbarkeit, Mengenlehre. Spektrum Akademischer Verlag, 2002.

31 van der Vlist, E.: XML Schema. O'Reilly, 2003.

# B 4 Informationsaufbereitung I: Formale Erfassung

Heidrun Wiesenmüller

## B 4.1 Formale Erfassung als zentrale Aufgabe der Information und Dokumentation

Formale Erfassung wird auch als formale Analyse, Formalerschließung, Formalkatalogisierung, alphabetische Katalogisierung oder Titelaufnahme bezeichnet. Dabei wird der letzte Terminus nicht nur für den Vorgang der Erfassung verwendet, sondern kann auch sein Ergebnis beschreiben. Andere Bezeichnungen dafür sind Katalogisat oder Metadaten (Daten über Daten). Unter formaler Erfassung versteht man die konsistent nach bestimmten Regeln erfolgende Beschreibung und das Wiederauffindbar-Machen von Objekten nach äußerlichen, formalen Kriterien. Gegenstand einer formalen Erfassung können Objekte aller Art sein, also beispielsweise auch die Produktionspalette eines Industrieunternehmens. Im Informations- und Dokumentationswesen bezieht sich die formale Erfassung üblicherweise auf Dokumente (z. B. Druckschriften, audiovisuelle Materialien, Archivalien, Internet-Ressourcen, Museumsobjekte), wobei je nach Dokumenttyp unterschiedliche Merkmale zu erfassen sind.

Die Formalerschließung (grundlegende Einführungen: Lit. 01, Lit. 02, Lit. 03) stellt seit jeher eine zentrale Aufgabe von IuD-Institutionen dar. Sie bildet sozusagen das Fundament, auf dem die inhaltliche Erschließung aufsetzt. Diese erfolgt im deutschsprachigen Raum oft erst in einem zweiten, deutlich getrennten Arbeitsschritt. Im angelsächsischen Gebiet werden hingegen formale und sachliche Erschließung typischerweise gleichzeitig und durch denselben Bearbeiter vorgenommen.

## B 4.2 Grundlagen und Vorüberlegungen

Eine wichtige Vorüberlegung bei der formalen Erfassung ist die Frage nach der Erschließungstiefe: Soll z. B. eine Musik-CD nur als Ganzes erfasst werden oder auch die einzelnen Musikstücke, die sich darauf befinden? Universalbibliotheken erschließen im Print-Bereich traditionell nur Monographien und Periodika, Dokumentationsstellen und Spezialbibliotheken hingegen auch unselbstständig erscheinende Literatur wie Aufsätze in Zeitschriften und Sammelbänden oder Zeitungsartikel. Allerdings findet man auf Grund der Integration von Regional- oder Fachbibliographien mittlerweile in manchen Verbundkatalogen auch Aufsatzliteratur. Durch verstärkte Einbeziehung von Internet-Ressourcen wird sich die Unterscheidung künftig weiter verwischen: Denn im Internet wird vieles formal monographisch publiziert, was unter den Bedingungen der Printwelt als Zeitschriftenbeitrag erschienen wäre.

Welche Dokumente zu erschließen sind, hängt zudem von der jeweiligen Intention ab: Soll eine Bibliographie oder ein Katalog erstellt werden? Erstere sind der Theorie nach unabhängig vom Bestand einer bestimmten Sammlung. Durch den Paradigmenwechsel von „ownership" zu „access" werden aber verstärkt auch für Kataloge Dokumente verzeichnet, die die betreffende Institution nicht selbst besitzt, zu der sie jedoch einen Zugang vermitteln kann. Auch die Form, in der die Bibliographien oder Kataloge vorliegen – ob konventionell (z. B. in Listenform oder als Zettelkartei) oder als Datenbank – wirkt sich auf die Art und Weise der Erfassung aus. Trotz der inzwischen allgegenwärtigen Erfassung in Datenbanken orientieren sich bibliothekarische Regelwerke wie RAK und AACR (vgl. B 4.3) noch weitgehend am Kartenkatalog. Manche Bestimmungen sind deshalb eigentlich obsolet, wohingegen in anderen Bereichen Normierungen fehlen, z. B. bei der Gestaltung von Kurz- und Volltitelanzeigen in bibliographischen Datenbanken.

Bei der Entscheidung, welches Regelwerk und ggf. welches Datenformat (vgl. B 4.5) für die Formalerschließung zu Grunde gelegt wird, sind mehrere Aspekte abzuwägen: Hausregeln sind flexibler und können exakt an die speziellen Bedürfnisse angepasst werden, jedoch bedeutet ihre Entwicklung und Pflege zusätzlichen Aufwand. Die Benutzung anerkannter Standards erleichtert zudem den Datenaustausch und trägt damit zur Rationalisierung bei. Fremddatenübernahme und kooperative Formalerschließung in Form von Verbundkatalogen war bisher zwar meist auf größere wissenschaftliche Bibliotheken beschränkt, der Trend geht jedoch zu einem verstärkten Datenaustausch auch für kleinere Bibliotheken und Dokumentationsstellen. Von immer größerer Bedeutung wird überdies künftig der Aufbau von Metasuchinstrumenten und umfassenden Informationsportalen sein; auch in diesem Zusammenhang sind „Insellösungen" eher kontraproduktiv.

## B 4.3  Wichtige Regelwerke im Überblick

Trotz aller Standardisierungstendenzen dürfte die Zahl der im IuD-Bereich tatsächlich angewendeten Regelwerke zur Formalerschließung auch heute noch unübersehbar sein, wobei die Benutzung zum Teil nur auf eine einzige Institution oder gar nur eine bestimmte Datenbank beschränkt ist. Andere Regelwerke wie z. B. das „Regelwerk Hörfunk Wort" (Lit. 04) der ARD haben einen größeren Nutzerkreis gefunden. Ein speziell auf die Bedürfnisse im Dokumentationsbereich zugeschnittenes Regelwerk wurde 1976 von der „Zentralstelle für Dokumentation" vorgelegt (Lit. 05). Von zentraler Bedeutung sind jedoch die seit den 1960er Jahren entstandenen nationalen bibliothekarischen Regelwerke – etwa die französischen AFNOR-Regeln, die „Regole italiane di catalogazione per autori" (RICA), die russischen Katalogisierungsregeln (RKP) oder die spanischen „Reglas de catalogación". Sie alle orientieren sich mehr oder weniger stark an den Prinzipien internationaler Katalogisierungskonferenzen (Pariser Konferenz 1961, Kopenhagener Treffen 1969) und haben daher trotz aller Unterschiede gewisse gemeinsame Wurzeln.

### B 4.3.1  Die Anglo-American Cataloguing Rules

Die weiteste Verbreitung haben die „Anglo-American Cataloguing Rules" (AACR) gefunden, die keineswegs nur in den USA und Großbritannien zur Anwendung kommen. Über 30 Länder (darunter viele afrikanische) haben sie uneingeschränkt übernommen, einige weitere – u. a. die skandinavischen Länder und die Türkei – setzen sie in adaptierter Form ein, wiederum andere haben nur einzelne Teile des Regelwerks übernommen, z. B. Indien und Irland (!). Seit 2001 katalogisieren auch die Schweizerische Landesbibliothek in Bern und der Informationsverbund Deutschschweiz (IDS) nach AACR – allerdings in zwei unterschiedlichen Regelwerksvarianten.

Die erste Ausgabe (AACR1) stammt von 1967; die zweite Ausgabe (AACR2) erschien 1978. Seither gab es drei Revisionen des Textes (1988, 1998 und 2002; derzeit gültige Fassung: Lit. 06, deutsche Übersetzung: Lit. 07, Einführung: Lit. 08). Die AACR gelten als sehr komplexes und eher konservatives Regelwerk. Der Text besteht aus zwei Teilen (I. Description, II. Entry and Heading). Im Gegensatz zu den RAK sind die Bestimmungen für Sondermaterialien wie Nicht-Buch-Materialien oder Landkarten in das Hauptwerk integriert.

### B 4.3.2  Die Entwicklung in Deutschland und Österreich: PI und RAK

In Deutschland und Österreich sind die „Regeln für die alphabetische Katalogisierung" (RAK) seit den 1980er Jahren weit verbreitet. Sie lösten die „Preußischen Instruktionen" (PI) (Lit. 09, Kommentar: Lit. 10) von 1908 ab, deren Kenntnis heute fast nur noch zur Benutzung älterer Bibliothekskataloge nötig ist. Die auffälligsten Kennzeichen der PI sind die Ordnung der Einträge nach der grammatischen statt nach der mechanischen Wortfolge (z. B. ordnet „Bibliothekarisches Grundwissen" unter „Grundwissen" und nicht unter „Bibliothekarisches") sowie das Fehlen von Eintragungen unter Körperschaften.

Die erste Ausgabe der RAK erschien 1976 für die DDR und 1977 für die Bundesrepublik; ab 1983 folgte eine mehrbändige Ausgabe. Die zweite Auflage der RAK-WB, der Version für die wissenschaftlichen Bibliotheken (Gegenstück: RAK-ÖB), wurde 1993 als Loseblattausgabe publiziert (Lit. 11, Einführung: Lit. 12) und erfuhr seitdem vier Ergänzungslieferungen (1995, 1996, 1998, 2002). Zusätzlich sind folgende gesonderte Teile zu nennen, die mehr oder weniger eng zur RAK-Familie gehören (jeweils mit dem Jahr der aktuellsten Fassung):

– RAK-Karten: Sonderregeln für kartographische Materialien (1987)

– RAK-UW: Sonderregeln für unselbständig erschienene Werke (Entwurf 1986)

– RAK-NBM: Regeln für die alphabetische Katalogisierung von Nichtbuchmaterialien, früher RAK-AV (1996-)

– RAK-Musik: Regeln für die alphabetische Katalogisierung von Musikdrucken, Musiktonträgern und Musik-Bildtonträgern (1997-)

- Regeln für die alphabetische Katalogisierung in Parlaments- und Behördenbibliotheken (RAK-PB, 1989)
- Regeln für die Katalogisierung alter Drucke (1994)
- Regeln zur Erschließung von Nachlässen und Autographen (RNA, 1997)

Der Stand des Regelwerks ist bei den Sondermaterialien also durchaus uneinheitlich. Besonders unbefriedigend ist, dass die RAK-UW im Entwurfsstadium stehengeblieben sind, weshalb in der Praxis viele Varianten angewendet werden. Dringend nötig wären zudem fixierte Regeln für die Erfassung von Homepages und ähnlichen Online-Publikationen, für die derzeit nur Empfehlungen vorliegen (Lit. 13).

Die RAK-WB sind ebenso komplex wie die AACR2 und wie diese wenig geeignet für Online-Kataloge. Unter dem Arbeitstitel „RAK2" wurde deshalb seit Mitte der 1990er Jahre an einer umfassenden Revision des Regelwerks gearbeitet (vgl. Lit. 14). Diese sollte neben Vereinfachungen, größerer Wirtschaftlichkeit und Online-Fähigkeit auch bessere internationale Kompatibilität sowie Vereinheitlichung mit den „Regeln für den Schlagwortkatalog" (RSWK) erreichen. Im Jahr 2001 kam es jedoch zu einer Kehrtwende: Der Standardisierungsausschuss, in dem primär die regionalen Verbünde und einige sehr große Bibliotheken vertreten sind, stoppte die Arbeit an den RAK2 und sprach sich stattdessen für einen Umstieg auf die AACR2 aus. Dies löste heftige Diskussionen aus (vgl. Lit. 15) und wurde von vielen Seiten kritisiert. In der Tat muss man sich fragen, ob der gigantische Aufwand in einem sinnvollen Verhältnis zum erhofften Nutzen stünde bzw. ob nicht auf anderen Wegen ebenso gute Ergebnisse erzielt werden könnten. In einer Studie wird derzeit die Möglichkeit eines Regelwerkswechsels geprüft; wie die endgültige Entscheidung ausfallen wird, ist noch unklar.

Sehr eng an die RAK lehnen sich die vom „Normenausschuss Bibliotheks- und Dokumentationswesen" (NABD) im Deutschen Institut für Normung (DIN) erstellten Bestimmungen an. Hier ist besonders die Norm DIN 1505 Titelangaben von Dokumenten (Lit. 16 bis Lit. 20, vgl. auch Angaben in Lit. 02) zu nennen.

### B 4.3.3 Internationale Entwicklungen

Die Weiterentwicklung der nationalen bibliothekarischen Regelwerke wird seit einigen Jahren im Rahmen der „International Federation of Library Associations" (IFLA) wieder intensiv diskutiert. U. a. ist eine Art Neuauflage der internationalen Katalogisierungskonferenzen geplant, die 2003 mit einer Vorkonferenz in Frankfurt eingeleitet wurde. Die Vision weltweit einheitlicher Bestimmungen wurde mittlerweile aufgegeben, doch bleiben gegenseitige Annäherung und Harmonisierung der Regelwerke ein erklärtes Ziel. Neben gemeinsamen Basisstandards wird dabei die Entwicklung von Metainstrumenten wie z. B. virtuellen Normdateien (vgl. B 4.4.8) von Bedeutung sein.

Als grundlegendes Datenmodell für zukünftige Entwicklungen gelten die „Functional Requirements for Bibliographic Records" (Funktionale Anforderungen an bibliographische Daten; FRBR). Eine unter diesem Titel 1998 veröffentlichte IFLA-Studie (Lit. 21) untersucht mit Blick auf unterschiedliche Benutzerbedürfnisse, Dokumenttypen und Anwendungsarten, welche Aufgaben die Formalerschließung erfüllen muss. Auf dieser Basis wird eine strukturierte Konzeption zur Darstellung bibliographischer Informationen entwickelt. Ein zentrales Element dieser neuen Katalogtheorie ist die Unterscheidung von vier Ebenen, auf denen ein Werk identifiziert werden kann:

- work (Werk): „a distinct intellectual or artistic creation"
- expression (Ausgabe, Ausprägung): „the intellectual or artistic realization of a work"
- manifestation (Version): „the physical embodiment of an expression of a work"
- item (Exemplar): „a single exemplar of a manifestation"

Ein Werk ist nach diesem Verständnis also etwas gänzlich Abstraktes, das in unterschiedlichen Ausgaben realisiert werden kann (z. B. Original und Übersetzung). Die Ausgaben wiederum können in verschiedenen physischen Formen, den Versionen, vorliegen (z. B. Buch und Hörbuch), von denen es jeweils ganz konkret einzelne Exemplare gibt. Mit der bisher in den Regelwerken verwendeten Terminologie stimmt dies derzeit erst zum Teil überein; entsprechende Überarbeitungen sind zu erwarten.

## B 4.4 Prinzipien der Formalerschließung

Unabhängig davon, für welches Regelwerk man sich entscheidet, bleiben die Prinzipien der formalen Erschließung stets dieselben. Der Vorgang kann in mehrere Schritte zerlegt werden: Erstens die Anfertigung der bibliographischen Beschreibung (vgl. B 4.4.1 bis B 4.4.3), zweitens die Festlegung der Elemente, unter denen das Dokument suchbar sein soll (vgl. B 4.4.4 bis B 4.4.5), drittens die Bestimmung der Ansetzungsformen (vgl. Abschnitt B 4.4.6 bis B 4.4.8) und schließlich das Einordnen der Titelaufnahme (vgl. B 4.4.9).

### B 4.4.1 Bibliographische Beschreibung

Die bibliographische Beschreibung stellt eine Charakterisierung des zu Grunde liegenden Dokuments nach seinen formalen Merkmalen – z. B. Verfasser, Sachtitel oder Erscheinungsjahr – dar. Sie soll knapp sein, jedoch ausführlich genug, um einerseits eine gute Vorstellung vom beschriebenen Dokument zu vermitteln und dieses andererseits von etwaigen ähnlichen Dokumenten (z. B. einer anderen Auflage desselben Werkes) eindeutig zu unterscheiden. Beschreibungsregeln legen je nach Dokumenttyp die zu erfassenden Merkmale (sogenannte Auswertungselemente), ihre Reihenfolge und die Art ihrer Wiedergabe fest. Zu klären ist beispielsweise bei Sachtiteln, inwieweit die Typographie des zu beschreibenden Dokuments – der sogenannten Vorlage – erhalten bleiben soll, wie mit Ziffern, Symbolen, Formeln oder nichtlateinischen Alphabeten umzugehen ist, ob Abkürzungen aufzulösen oder offensichtliche Schreibfehler zu verbessern sind etc. Manche Auswertungselemente werden sinnvollerweise in normierter Form erfasst (z. B. das Erscheinungsjahr stets mit vier arabischen Ziffern). Ebenso muss definiert werden, woraus die Informationen zu den einzelnen Auswertungselementen zu ziehen sind. Beispielsweise stellt die primäre Informationsquelle für den Hauptsachtitel gemäß RAK die Haupttitelseite dar, und nicht etwa der (meist gekürzte) Rückentitel.

Bei Dokumenten in nichtlateinischen Schriften kann die Umsetzung in lateinische Schrift entweder als Transliteration oder als Transkription erfolgen. Bei der Transliteration werden die Zeichen der Originalschrift nach einer festgelegten Konkordanz mit lateinischen Buchstaben (teils mit diakritischen Zeichen) wiedergegeben, z. B. das griechische 'χ' durch 'ch'. Für einige Sprachen liegen DIN-Normen vor (Lit. 22 bis Lit. 25), die z. T. auch den Transliterationstabellen der RAK-WB (Anlage 5) zu Grunde liegen. Die Transkription geht hingegen von der Aussprache aus, so dass sich in Abhängigkeit von der Zielsprache jeweils unterschiedliche Formen ergeben (z. B. dt. Tschechow vs. engl. Chekhov). Während nach RAK transliteriert wird, bevorzugen die AACR die Transkription. Ziel der künftigen Entwicklung muss es sein, neben einer (oder mehreren) Umschriften auch die Originalschrift zu erhalten. Dies wird derzeit noch durch die beschränkten Zeichensätze behindert; Besserung wird vom verstärkten Einsatz von Unicode erwartet.

Grundsätzlich soll die Beschreibung nach Autopsie erfolgen, d. h. unter Vorliegen des Dokuments selbst. Ausnahmen gibt es, wenn das Dokument noch gar nicht vorliegt (z. B. beim „Cataloguing in Publishing") oder wenn der Aufwand dafür zu hoch wäre, z. B. bei der Retrokonversion von PI-Zettelkatalogen in maschinenlesbare Form.

### B 4.4.2 International Standard Bibliographic Description (ISBD)

Für die Darstellung der bibliographischen Beschreibung gibt es einen internationalen, von allen wichtigen bibliothekarischen Regelwerken übernommenen Standard, die „International Standard Bibliographic Description" (ISBD). Sie geht auf das Kopenhagener Treffen von 1969 zurück und wird seitdem von der IFLA stetig weiterentwickelt. Die Grundversion definiert acht bibliographische Bereiche, die in einer verbindlichen Reihenfolge aufzuführen und jeweils durch die Deskriptionszeichen Punkt, Spatium, Gedankenstrich, Spatium voneinander zu trennen sind:

– Sachtitel- und Verfasserangabe

– Ausgabevermerk

– materialspezifische Angaben

– Erscheinungsvermerk

– physische Beschreibung

– Gesamttitelangabe

– Fußnoten (auf neuer Zeile)

– Standardnummern u. ä. (auf neuer Zeile)

Standardnummern (vgl. Lit. 03) sind international verbindliche Codes, die ein Dokument eindeutig kennzeichnen. Am bekanntesten sind die ISBN (International Standard Book Number) für Monographien und die ISSN (International Standard Serial Number) für Zeitschriften. Daneben gibt es die ISMN (International Standard Music Number) für Musikalien, die ISRC (International Standard Recording Code) für Ton- und Bildaufzeichnungen und die ISRN (International Standard Technical Report Number) für Forschungsberichte. Mit einer URN (Uniform Resource Name) oder einem DOI (Digital Object Identifier) sollen künftig auch Internet-Ressourcen eindeutig identifizierbar sein.

Ein großer Vorteil der ISBD ist, dass sie bibliographische Beschreibungen übersichtlich präsentiert und unabhängig von ihrer Beschreibungssprache verständlich macht. Derzeit liegen folgende ISBD-Versionen vor (Übersicht: Lit. 26):

– ISBD(G): General

– ISBD(M): Monographic Publications

– ISBD(CR): Serials and Other Continuing Resources, früher ISBD(S): Serials

– ISBD(CM): Cartographic Materials

– ISBD(PM): Printed Music

– ISBD(A): Older Monographic Publications (Antiquarian)

– ISBD(NBM): Non-Book Materials

– ISBD(ER): Electronic Resources, früher ISBD(CF): Computer Files

### B 4.4.3  Erfassung der bibliographischen Beschreibung

Bei Erfassung in konventioneller Form – z. B. auf einer Katalogkarte – wird die bibliographische Beschreibung en bloc gemäß den verwendeten Regeln und mit den vorgeschriebenen Deskriptionszeichen aufgeschrieben; sie stellt das sogenannte „Korpus" der Karte dar. In einer bibliographischen Datenbank entspricht der Katalogkarte ein Datensatz. Die einzelnen Elemente werden dafür nicht fortlaufend, sondern in strukturierter Form erfasst: Alle Auswertungselemente werden bestimmten nummerierten Datenfeldern (Kategorien) zugeordnet. Orientieren kann man sich dabei an der Norm DIN 31631 „Kategorienkatalog für Dokumente" mit sieben Teilen (vgl. Angaben in Lit. 02) sowie dem „Allgemeinen Datenerhebungskatalog" der Bundesverwaltung (Lit. 27). Jede Kategorie verfügt über Feldkennung, Benennung und Definition ihres Inhalts. Beim in Deutschland weit verbreiteten MAB-Format (vgl. B 4.5.1) wird etwa der Ausgabevermerk in die Kategorien 410 (Erscheinungsort), 412 (Verlag) und 425 (Erscheinungsjahr) geschrieben, z. B.:

410 Köln
412 Greven
425 2000

Die Deskriptionszeichen für eine ISBD-gerechte Anzeige in der Form „Köln : Greven, 2000" werden automatisch vom Programm erzeugt. Allerdings werden die Treffer in bibliographischen Datenbanken oft nicht mehr fortlaufend im ISBD-Format, sondern nach Kategoriengruppen aufgegliedert angezeigt, wodurch die ISBD an Bedeutung verlieren könnte. Bei EDV-gestützter Erfassung werden über die eigentliche bibliographische Beschreibung hinaus außerdem häufig noch zusätzliche Informationen in codierter Form erfasst (z. B. Dokumenttyp, Sprachkennung, Erscheinungsland). Diese können bei der Recherche zur Einschränkung der Treffermenge verwendet werden.

### B 4.4.4  Haupt- und Nebeneintragungen

Ist die bibliographische Beschreibung angefertigt, so müssen im nächsten Schritt die Zugriffspunkte – die so genannten „Eintragungen" – für das beschriebene Dokument festgelegt werden. Deren Zahl ist bei konventionellen alphabetischen Verzeichnissen und Karteien aus praktischen Gründen eng begrenzt: Bei einer gedruckten Bibliographie etwa steigt mit der Zahl der Eintragungen auch der Umfang und die Höhe der Druckkosten. Bei einem Zettelkatalog bedeutet jede weitere Suchmöglichkeit eine zusätzliche Katalogkarte, die angefertigt und in den Katalog eingelegt werden muss.

Gemäß den auf der Pariser Konferenz von 1961 aufgestellten Grundsätzen können Eintragungen unter Namen von Personen, Namen von Körperschaften sowie Sachtiteln angelegt werden. Oft sind an einem Werk mehrere Personen (z. B. Verfasser, Herausgeber, Übersetzer) oder mehrere Körperschaften beteiligt; auch können mehrere Titel vorkommen (z. B. Übersetzungstitel oder Paralleltitel in anderen Sprachen). Die Regelwerke unterscheiden detailliert zwischen verschiedenen Fällen und legen mit zum Teil sehr komplexen Regelungen fest, welche Eintragungen zu machen sind. Im Folgenden können daher nur einige grundlegende Beispiele angeführt werden. Zu unterscheiden ist jeweils zwischen dem primären Sucheinstieg – der Haupteintragung – und etwaigen Nebeneintragungen. Die Haupteintragung stellt in konventionell geführten Verzeichnissen den vollständigsten Nachweis eines Dokuments dar, da etwaige Nachträge und Ergänzungen nur hier angebracht werden – ein Nachführen aller Nebeneintragungen wäre zu aufwändig.

In der Mehrzahl der Fälle wird die Haupteintragung unter einem Personennamen angelegt, nämlich dem Namen des Verfassers. Gemeint ist dabei ein Verfasser im engeren Sinn, also nicht ein Herausgeber, Bearbeiter o. ä. (unter diesen können nur Nebeneintragungen angelegt werden). Ein von zwei Autoren verfasstes Dokument erhält nach RAK die Haupteintragung unter dem hervorgehobenen bzw. ersten Verfasser; unter dem anderen wird eine Nebeneintragung gemacht. Nach konventioneller Arbeitsweise wird dafür zunächst die Katalogkarte, auf die die bibliographische Beschreibung getippt wurde, mit einer Ordnungszeile (Kopf) für den ersten Verfasser versehen. Diese Karte (nach RAK auch als „Einheitsaufnahme" bezeichnet) wird nun für die Nebeneintragung vervielfältigt und erhält einen neuen Kopf. Im beschriebenen Fall besteht die Ordnungszeile der zweiten Karte aus dem Namen des zweiten Verfassers und dem Sachtitel. Das Dokument kann also auch gefunden werden, wenn nur der zweite Verfasser bekannt ist. Dagegen ist eine Eintragung unter dem Sachtitel nach RAK nicht vorgesehen – wer also keinen der beiden Verfasser kennt, wird im Zettelkatalog nicht fündig. Anders in der angloamerikanischen Tradition: Weit verbreitet ist hier der Kreuzkatalog (dictionary catalogue), in dem neben den Verfassern grundsätzlich auch alle Titel gesucht werden können. Nach AACR2 wird deshalb bei Verfasserwerken stets eine Nebeneintragung unter dem Sachtitel gemacht.

Bei mehr als drei Verfassern (z. B. einem Aufsatzsammelband) gilt das Dokument als „anonym" nach RAK. Die Haupteintragung wird dann entweder unter einer Körperschaft gemacht, wenn diese als Urheber gilt oder – falls es keinen solchen Urheber gibt – unter dem Sachtitel. Urheberschaft definiert sich nach RAK dadurch, dass eine Körperschaft eine Veröffentlichung veranlasst und herausgegeben hat. Formale Kriterien wie bestimmte Formulierungen (z. B. „Schriftenreihe des Stadtarchivs Augsburg") helfen bei der Entscheidung, ob eine Körperschaft als Urheber gilt und damit die Haupteintragung erhält; unter dem Sachtitel wird in diesem Fall eine Nebeneintragung gemacht. Die AACR2 entscheiden hingegen eher nach inhaltlichen Kriterien, ob eine Körperschaft die Haupteintragung erhält (z. B. wenn das Dokument über die Körperschaft handelt). Gibt es weder Verfasser noch Urheber, so wird nach RAK die Haupteintragung unter dem Sachtitel angelegt, ebenso bei einigen besonderen Typen von Veröffentlichungen wie völkerrechtlichen Verträgen oder Bildbänden.

### B 4.4.5 Sucheinstiege

Unter den Bedingungen einer Datenbank ist das aus der Welt der Zettelkarteien übernommene Konzept der Eintragungen nur noch bedingt sinnvoll: Zum einen können hier nicht nur diejenigen Elemente recherchiert werden, die gemäß den Regeln eine Eintragung erhalten haben, sondern – je nach Architektur des Systems – meist noch weitere Auswertungselemente: Auch bei einem Verfasserwerk ist beispielsweise jederzeit die Suche nach dem Sachtitel oder Stichwörtern daraus möglich, oft kann man z. B. ebenso nach einer ISBN-Nummer oder einem Verlag suchen. Zum anderen gibt es faktisch keinen Unterschied zwischen Haupt- und Nebeneintragungen. Denn unabhängig davon, über welches Auswertungselement man auf ein Dokument stößt, wird immer derselbe Datensatz mit den vollständigen bibliographischen Informationen angezeigt.

Die RAK2-Entwürfe (vgl. B 4.3.2) sprechen deshalb nicht mehr von Eintragungen, sondern von „Sucheinstiegen". Sie bieten dem Erfassenden außerdem die Möglichkeit, zusätzliche Sucheinstiege anzulegen, die nach RAK-WB nicht vorgesehen sind – z. B. Sucheinstiege auch unter vier oder mehr Verfassern. Auch bei einem Verzicht auf das Konzept der Eintragungen muss es freilich weiterhin Zitatregeln geben, die eindeutig festlegen, wie ein bestimmtes Dokument etwa in einer Literaturliste oder Bibliographie anzugeben ist.

### B 4.4.6 Zusammenführen, was zusammengehört

Eine typische Situation bei der Verwendung bibliographischer Werkzeuge ist die so genannte „known-item search": In diesem Fall weiß der Benutzer schon, was er sucht – z. B. weil ihm bereits ein Zitat des Dokuments aus einer Literaturliste vorliegt. Um diese Aufgabe zu erfüllen, muss die Formalerschließung sich möglichst eng an der Vorlage orientieren. Kataloge und Bibliographien haben jedoch auch die Aufgabe der „collocation search" zu erfüllen: Sie sollen Zusammengehöriges zusammenführen, beispielsweise alle Werke eines Verfassers oder alle Ausgaben eines bestimmten Werkes. Deshalb ist bei der formalen Erschließung nicht nur zu entscheiden, *welche* Eintragungen für ein Dokument anzulegen sind, sondern auch, *wie* die Eintragungen genau auszusehen haben. Denn um sicher zu gehen, dass beispielsweise alle Werke eines Verfassers in einem Zettelkatalog an derselben Stelle auffindbar sind, muss dieser in der Ordnungszeile immer gleich geschrieben werden – unabhängig davon, ob er in einem Dokument vielleicht mit abgekürztem und im nächsten mit ausgeschriebenem Vornamen genannt wird. Die jeweils maßgebliche Schreibung (so genannte Ansetzungsform) für eine Person, eine Körperschaft oder einen Sachtitel wird nach Ansetzungsregeln bestimmt, die in den bibliothekarischen Regelwerken breiten Raum einnehmen.

### B 4.4.7 Ansetzungsformen für Sachtitel, Personen und Körperschaften

Erscheint ein Werk in mehreren Ausgaben mit unterschiedlichen Sachtiteln – beispielsweise im Original und in Übersetzungen – so wird ein Einheitstitel bestimmt. Agatha Christies Roman „Murder on the Orient Express" wurde z. B. in Deutschland zumeist als „Mord im Orientexpress" aufgelegt; es gibt aber auch eine Version mit dem Titel „Der rote Kimono"; in Frankreich heißt der Roman „Le crime de l'Orient express". Alle diese Ausgaben erhalten – zusätzlich zum tatsächlich in der Vorlage verwendeten Titel – nach RAK eine Eintragung unter dem Einheitstitel „Murder on the Orient Express" (mit Zusatz für die Sprache, z. B. <dt.>). Durch die zweifache Erfassung – einmal Einheitstitel, einmal Vorlagetitel – kann der Katalog oder die Bibliographie sowohl die Frage nach allen Ausgaben des Romans beantworten (Sucheinstieg: Einheitstitel) als auch die Frage nach einer bestimmten Ausgabe (Sucheinstieg: Vorlagetitel).

Bei Personen kommen häufig mehrere Namensformen vor – man denke an ausgeschriebene und abgekürzte Vornamen, Pseudonyme, Mädchen- und Ehenamen, unterschiedlich transkribierte Formen, lateinische und nationalsprachliche Namensformen (z. B. lat. Horatius, dt. Horaz, engl. Horace), Namen von Fürsten (z. B. Friedrich der Große vs. König Friedrich II. von Preußen) oder geistlichen Herrschern (z. B. Papst Johannes Paul II. vs. Karol Wojtyla) etc. In solchen Fälle muss eindeutig geregelt werden, welche Variante als Ansetzungsform zu verwenden ist. Nach RAK gilt die Grundregel, dass eine Person in der von ihr selbst gebrauchten Namensform anzusetzen ist. Nur wenn diese nicht eindeutig festzustellen ist, wird ersatzweise der gebräuchlichste Name für die fragliche Person verwendet. AACR2 folgen hingegen generell dem Prinzip, Personen unter dem Namen anzusetzen, unter dem sie (im eigenen Sprachraum) am bekanntesten sind. Deswegen wird beispielsweise Horaz im angelsächsischen Raum gemäß der gebräuchlichen englischsprachigen Variante als „Horace" angesetzt, während er in Deutschland und Österreich unter der vollständigen lateinischen Form „Horatius Flaccus, Quintus" firmiert. Doch wie lässt sich überhaupt herausfinden, welcher Name der gebräuchlichste ist? Hier spielt das Nachschlagewerkprinzip eine große Rolle, d.h. man wählt diejenige Namensform, die in Nachschlagewerken zu finden ist. Freilich darf nicht ein beliebiges Lexikon verwendet werden, sondern es existiert eine Liste von Nachschlagewerken, die in einer bestimmten, ebenfalls genau festgelegten Reihenfolge zu konsultieren sind.

Darüber hinaus gibt es in den Regelwerken zahlreiche zusätzliche Regeln für bestimmte Personengruppen. Regierende Fürsten werden beispielsweise nach RAK unter ihrem persönlichen Namen angesetzt. Territorium und Fürstentitel (jeweils in der Sprache des regierten Landes) sowie evtl. die Zählung folgen als Ordnungshilfe in Winkelklammern (z. B. Louis <France, Roi, XI.>). Nach AACR2 lautet die Ansetzung in diesem Fall: Louis XI., King of France. Bei modernen Personen ist u. a. die Ansetzung von Namen mit Präfixen zu klären. Sowohl die RAK als auch die AACR2 machen das Vorgehen dabei von der Nationalität der anzusetzenden Person abhängig (sogenanntes „Staatsbürgerprinzip"). So wird der Franzose Louis de Broglie nach RAK und AACR2 angesetzt als „Broglie, Louis de", jedoch der Italiener Eduardo de Filippo als „De Filippo, Eduardo" (RAK).

Ein wichtiger Unterschied zwischen den AACR2 und den RAK betrifft den Umgang mit gleichnamigen Personen. Erstere sehen in solchen Fall einen Zusatz vor (z. B. die Lebensdaten), um die Personen unterscheidbar zu machen. Der Dichter Thomas Mann wird z. B. angesetzt als „Mann, Thomas, 1875-1955", der Bibliothekar gleichen Namens als „Mann, Thomas, 1948-". Hingegen ist eine solche Individualisierung nach RAK nur für Gestalten der Antike und des Mittelalters sowie Herrscher vorgesehen; bei modernen Personen wird der Ermittlungsaufwand für zu hoch gehalten. In einem RAK-Katalog gibt es daher nur eine Ansetzungsform („Mann, Thomas") – die Werke des Dichters und des Bibliothekars werden einfach ineinander geordnet.

Noch größer als bei den Personen sind die Regelwerksunterschiede bei der Ansetzung von Körperschaften, zu denen auch Geographika gehören (die RAK sprechen in diesem Fall von „Gebietskörperschaften"). Ein unterschiedliches Verständnis von dem, was eine Körperschaft ist, führt dazu, dass etwa nach dem einen Regelwerk Körperschaften angesetzt werden, die es im anderen überhaupt nicht gibt, oder dass im einen eine selbstständige Körperschaft vorliegt, die gemäß dem anderen nur die Unterabteilung einer anderen Körperschaft ist etc. Es gibt also keine 1:1-Übereinstimmung, sondern je nach Regelwerk entstehen ganz unterschiedliche „Entitäten". Auch bei den Ansetzungsformen differieren RAK und AACR2 deutlich, wobei auch hier die Vorliebe der AACR2 für die eigene Sprache eine wichtige Rolle spielt. So wird etwa Rom angesetzt als „Rome (Italy)", nach RAK hingegen in der originalsprachlichen Form als „Roma". Werden die AACR2 in einem nicht englischsprachigen Land eingesetzt, ist entsprechend die dort vorherrschende Sprache zu verwenden.

### B 4.4.8   Verweisungen, Stammsätze und Normdateien

Ist die Ansetzungsform bestimmt, so wird von anderen Formen auf diese verwiesen. In einem Zettelkatalog wird dafür jeweils eine Verweisungskarte eingelegt, z. B. „Horaz s. Horatius Flaccus, Quintus". Die Benutzer werden also von Alternativformen zur Ansetzungsform geleitet, unter der sämtliche zugehörige Werke im Katalog eingeordnet sind.

Erfolgt die Erfassung in einer Datenbank, so legt man Ansetzungs- und Verweisungsformen in eigenen Datensätzen (so genannten Stamm- oder Normdatensätzen) ab. Über ihre Identnummer werden diese mit den zugehörigen Titeldatensätzen verknüpft. Diese Technik ist sehr effizient: Soll z. B. eine Verweisung ergänzt werden, muss dies nur an einer einzigen Stelle geschehen, nämlich im Stammdatensatz. Automatisch sind dann alle damit verknüpften Titeldatensätze auch unter der neuen Form suchbar. Im angelsächsischen Bereich ist es stattdessen üblich, Ansetzungs- und Verweisungsformen direkt in die Titeldatensätze hineinzukopieren. Jede Änderung oder Ergänzung muss folglich in allen zugehörigen Datensätzen nachvollzogen werden, was mittlerweile meist durch maschinellen Abgleich erfolgt.

Von besonderer Bedeutung für die Standardisierung sind die überregionalen Normdateien – in Deutschland und Österreich vor allem die „Gemeinsame Körperschaftsdatei" (GKD) für die Ansetzungs- und Verweisungsformen von Körperschaften sowie die „Personennamendatei" (PND). Die Anfänge der GKD reichen in die 1970er Jahre zurück; sie hat einen sehr großen Umfang und hohen Qualitätsstandard erreicht und ist z. B. in alle Verbundkataloge integriert. Die PND ist jünger und noch recht heterogen; sie wird daher meist nur als Informationsdatei genutzt. Auch die Zeitschriftendatenbank (ZDB) kann als eine Art Normdatei für die Titel von Periodika betrachtet werden. Die zentrale Normdatei im angelsächsischen Bereich sind die „Library of Congress Authorities", die neben Namen von Personen und Körperschaften auch Normdatensätze für Einheitstitel und Serien enthalten. Seit einigen Jahren verfolgt die IFLA in verschiedenen Projekten die Vision einer „virtuellen internationalen Normdatei". Dafür sollen die Datensätze der nationalen Normdateien auf Metaebene miteinander verknüpft werden (vgl. Lit. 28). Ein solches Instrument wäre ausgesprochen nützlich, allerdings stößt seine Entwicklung immer dann auf Schwierigkeiten, wenn sich nach den Regelwerken unterschiedliche Entitäten ergeben (vgl. B 4.4.7).

### B 4.4.9   Ordnungsregeln

Bei der formalen Erfassung eines Dokuments nach konventioneller Methode, z. B. im Zettelkatalog, müssen schließlich noch die entstandenen Karten für Haupt- und Nebeneintragungen sowie Verweisungskarten an der jeweils richtigen Stelle eingelegt werden. Dafür gibt es Ordnungsregeln, die u. a. die Einheiten festlegen, nach denen die Eintragungen anzuordnen sind. Beispielsweise werden Personennamen zunächst nach ihrer ersten Ordnungsgruppe (Nachname) und dann nach der zweiten Ordnungsgruppe (Vornamen) geordnet. Geregelt wird aber z. B. auch, wie Umlaute und Akzente behandelt werden oder dass bei Sachtiteln einleitende Artikel zu übergehen sind. Bei den RAK sind die Ordnungsregeln ins Regelwerk integriert, für AACR gibt es separate „filing rules". In Datenbanken werden die Sortierungen (z. B. für die Anzeige in Registern) programmtechnisch gesteuert.

## B 4.5 Bibliographische Datenformate

### B 4.5.1 MAB und MARC

Um Dokumente in einer Datenbank erfassen zu können, muss zunächst ein entsprechendes Datenformat definiert werden. Dieses bestimmt nicht nur die verschiedenen Datenfelder, in welche die Auswertungselemente eingetragen werden (vgl. B 4.4.3), sondern legt auch Funktions- und Steuerzeichen fest und ordnet ggf. die Bezüge von Datensätzen untereinander (z. B. Verknüpfungen von Titel- und Stammdatensätzen). Man unterscheidet Austausch- und Internformate (Übersicht: Lit. 29). Erstere sind für den Austausch von Datensätzen zwischen IuD-Einrichtungen gedacht; sie sind daher standardisiert und auf das Wesentliche beschränkt. Bei den Internformaten herrscht weit größere Vielfalt, denn jede eingesetzte Datenbank kann ihr eigenes Format haben. Internformate sind außerdem komplexer als Austauschformate, weil sie zusätzliche Aufgaben erfüllen müssen (z. B. Verwaltung von Exemplardaten und Verknüpfung zu Ausleihsystemen). Formate sind theoretisch unabhängig vom verwendeten Regelwerk, in der Praxis werden jedoch die RAK zumeist mit dem Austauschformat MAB (Maschinelles Austauschformat für Bibliotheken) und AACR2 mit MARC (Machine-Readable Cataloguing) betrieben.

MARC existiert seit 1969 in zahlreichen Varianten. Die heute wichtigste wird als MARC21 (früher USMARC) bezeichnet. Die erste Version von MAB (MAB1) wurde 1972 entwickelt; seit 1995 liegt MAB2 vor. Typisch für MARC-Formate ist die Aufgliederung von Kategorien in Teilfelder. So wird z. B. ein Ausgabevermerk „Köln : Greven, 2000" nicht wie bei MAB in drei Felder aufgesplittet (vgl. B 4.4.3), sondern alle Auswertungselemente werden – durch bestimmte Zeichen getrennt – in dasselbe Feld (Kategorie 260) eingetragen:

260 $aKöln : $bGreven, $c2000.

Ein weiterer wichtiger Unterschied besteht darin, dass MARC generell keine Verknüpfung von Datensätzen vorsieht. MAB hingegen ermöglicht hierarchische Bezüge, z. B. bei einem mehrbändigen Werk die Verknüpfung eines Hauptsatzes für das Gesamtwerk mit Untersätzen für die einzelnen Bände.

### B 4.5.2 Einflüsse aus dem Internet: Dublin Core und XML
(vgl. auch Kapitel B 19)

Seit den 1990er Jahren werden Online-Ressourcen verstärkt mit Metadaten versehen, um sie im Internet besser auffindbar zu machen. Von den Anbietern selbst wird dafür (typischerweise im Kopf des Dokuments) eine Art bibliographischer Beschreibung angebracht. Weit verbreitet ist das 1995 auf einem Workshop in Dublin/Ohio entwickelte „Dublin Core Metadata Element Set" (DC) mit mittlerweile 15 Datenelementen, die für die Beschreibung von Dokumenten für wichtig gehalten werden (vgl. Lit. 30):

– Title (Sachtitel)
– Author or Creator (Verfasser, Urheber, Produzent)
– Subject and Keywords (Schlag- oder Stichwort)
– Description (inhaltliche Beschreibung)
– Other Contributors (sonstige beteiligte Personen)
– Date (Datum)
– Resource Type (Objekt- / Dokumenttyp)
– Format (Format)
– Identifier (Identifizierungskennzeichen)
– Source (Datenquelle)
– Language (Sprache)
– Relation (Beziehung zu anderen Dokumenten / Objekten)
– Coverage (Räumliche oder zeitliche Maßangaben)
– Rights (Copyright-Angaben, Benutzungsbedingungen)

DC ist außerhalb der bibliothekarischen Welt entstanden und trifft keinerlei Regelungen für die inhaltliche Füllung dieser Datenfelder. Bei im Internet vorliegenden Metadaten kann man deshalb nicht davon ausgehen, dass sie bibliothekarische Anforderungen wie die Verwendung von Normdatensätzen erfüllen. Vor einer Übernahme in Kataloge und Bibliographien müssen vorliegende Metadaten daher stets geprüft und bearbeitet werden. Nichtsdestoweniger ist der Quasi-Standard DC auch für IuD-Institutionen von großer Bedeutung. So wird etwa in vielen bibliothekarischen Internet-Projekten die DC-Struktur in Kombination mit einem Regelwerk angewendet, z. B. bei Hochschulschriftenservern (Software OPUS).

Vergleichsweise wenig hat man sich hingegen noch mit der seit 1996 entwickelten „Extensible Markup Language" (XML) beschäftigt, einer Ableitung der SGML („Standard Generalized Markup Language"). XML ist eine Datenbeschreibungssprache, die – ebenso wie die „Hypertext Markup Language" (HTML) – mit Tags arbeitet, welche wiederum von entsprechenden Werkzeugen verstanden und aufbereitet werden können. Während jedoch bei HTML die Tags rein formalen Inhalt haben (z. B. Tags für Überschrift, Tabellenfeld, Zeilenumbruch), werden in XML auch inhaltliche Tags benutzt; denkbar sind z. B. <author>, <title> oder auch <MAB2-Kategorie 410>. Freilich müssen diese Tags für die einzelnen Anwendungen zunächst definiert (sogenannte Dokumenttypdefinitionen) und entsprechende Verarbeitungssoftware zur Verfügung gestellt werden. XML ist daher kein eigenes Format, sondern vielmehr eine neue Methode zur Verpackung und Übertragung von strukturierten Inhalten (z. B. einem Datensatz in MAB2) im Internet (vgl. Lit. 31). Zu erwarten ist, dass künftig auch im IuD-Bereich verstärkt Daten in XML-Struktur angeboten werden.

**Literatur**

01 Haller, Klaus: Katalogkunde. Eine Einführung in die Formal- und Sacherschließung / Klaus Haller. – 3., erw. Aufl. – München: Saur, 1998.

02 Krischker, Uta: Formale Analyse von Dokumenten. In: Grundlagen der praktischen Information und Dokumentation / Marianne Buder (Hrsg.) ... – 4., völlig neu gefasste Ausg. – München [u.a.] : Saur, 1997, S. 63-87.

03 Payer, Margarethe: Grundlagen der Formalerschließung : Skript. – Fassung vom 21. November 1999. – URL: http://www.payer.de/grundlagenfe/fegscr00.htm

04 Regelwerk Hörfunk Wort. Richtlinien für die Formalbeschreibung, Inhaltserschließung und Feststellung der Dokumentationswürdigkeit von Wortproduktionen / Arbeitsgruppe Regelwerk Hörfunk Wort. – Frankfurt: Dt. Rundfunkarchiv, 1987. – Losebl.-Ausg.

05 Leitfaden für die formale Erfassung von Dokumenten in der Literaturdokumentation / Christiane Hitzeroth ... – München : Verl. Dokumentation, 1976.

06 Anglo-American cataloguing rules / prep. under the dir. of the Joint Committee for Revision of AACR, ed. by Michael Gorman ... – 2. ed., 2002 revision. – Ottawa u.a.: Canadian Library Assoc. u.a., 2002. – Losebl.-Ausg.

07 Anglo-amerikanische Katalogisierungsregeln. Deutsche Übersetzung der Anglo-American Cataloguing Rules, second edition, 1998 revision, einschließlich der Änderungen und Ergänzungen bis März 2001 / erarb. unter der Leitung des Joint Steering Committee for Revision of AACR. Hrsg. und übers. von Roger Brisson ... – München : Saur, 2002.

08 Wynar, Bohdan S.: Wynar's introduction to cataloging and classification / Bohdan S. Wynar ; Arlene G. Taylor. – 9. ed. – Englewood, Colo.: Libraries Unlimited, 2000 (Library Science Text Series).

09 Instruktionen für die alphabetischen Kataloge der preußischen Bibliotheken vom 10. Mai 1899. – 2. Ausg. in der Fassung vom 10. August 1908. – Berlin, 1908 (mehrere unveränd. Nachdrucke).

10 Fuchs, Hermann: Kommentar zu den Instruktionen für die alphabetischen Kataloge der preußischen Bibliotheken / Hermann Fuchs. – 5., unveränd. Aufl. – Wiesbaden : Harrassowitz, 1973.

11 Regeln für die alphabetische Katalogisierung in wissenschaftlichen Bibliotheken (RAK-WB) / Red. Bearb. Hans Popst. – 2., überarb. Ausg. – Berlin: Dt. Bibliotheksinst., 1993. – Losebl.-Ausg.

12 Haller, Klaus: Katalogisierung nach RAK-WB / Klaus Haller ; Hans Popst. – 6., erw. u. aktual. Ausgabe 2003. – München: Saur, 2003.

13 Empfehlungen für 'Continuing integrating resources'. Empfehlungen für die Katalogisierung von Online-Ressourcen mit fortlaufender, integrierender Erscheinungsweise / Arbeitsstelle für Standardisierung ; Zeitweilige Expertengruppe Elektronische Ressourcen. – Frankfurt: Die Deutsche Bibliothek, 2002. – URL: http://www.ddb.de/professionell/pdf/empf_cir.pdf

14 Münnich, Monika: Reform der Regeln im Hinblick auf Migration und Globalisierung : Ergebnisse der Arbeitsgruppe Formalerschließung. In: Bibliotheksdienst 32 (1998), Heft 8, S. 1382-1395.

15 RAK versus AACR. Projekte, Prognosen, Perspektiven – Beiträge zur aktuellen Regelwerksdiskussion / hrsg. von Petra Hauke. – Bad Honnef: Bock + Herchen, 2002.

16 Norm DIN 1505-1. Titelangaben von Dokumenten; Titelaufnahme von Schrifttum. Mai 1984.

17 Norm DIN 1505-2. Titelangaben von Dokumenten; Zitierregeln. Januar 1984.

18 Norm DIN 1505-3. Titelangaben von Dokumenten; Verzeichnisse zitierter Dokumente (Literaturverzeichnisse). Dezember 1995.

19 Vornorm DIN V 1505-4. Titelangaben von Dokumenten; Titelaufnahme von audio-visuellen Materialien. Juni 1998.

20 Norm-Entwurf DIN 1505 Beiblatt 1. Titelangaben von Dokumenten; Abkürzungen. März 1978.

21 Functional requirements for bibliographic records. Final report / IFLA Study Group on the Functional Requirements for Bibliographic Records. – München: Saur, 1998 (UBCIM publications / New series 19).

22 Norm DIN 1460. Umschrift kyrillischer Alphabete slawischer Sprachen. April 1982.

23 Norm DIN 31634. Umschrift des griechischen Alphabets. April 1982.

24 Norm DIN 31635. Umschrift des arabischen Alphabets. April 1982.

25 Norm DIN 31636. Umschrift des hebräischen Alphabets. April 1982.

26 Family of ISBDs (as of September 2003). – URL: http://www.ifla.org/VI/3/nd1/isbdlist.htm

27 Allgemeiner Datenerhebungskatalog für die Dokumentation in der Bundesverwaltung : ADEK 2. – Bonn-Bad Godesberg : Bundesministerium des Innern, 1975.

28 Tillett, Barbara: Authority Control on the Web. In: Proceedings of the Bicentennial Conference on Bibliographic Control for the New Millenium / ed. by Ann M. Sandberg-Fox. – Washington, D.C.: Library of Congress, 2001, S. 207-220.

29 Eversberg, Bernhard: Was sind und was sollen bibliothekarische Datenformate? Überarb. und erw. Neuausg. – WWW-Version mit Ergänzungen. – Braunschweig: UB der TU, 1999. – URL: http://www.biblio.tu-bs.de/allegro/formate/formate.htm

30 Henze, Volker; Schefzcik, Michael: Metadaten. Beziehungen zwischen Dublin Core Set, Warwick Framework und Datenformaten. In: Bibliotheksdienst 31 (1997), Heft 3, S. 413-419.

31 Dobratz, Susanne: XML-basierte elektronische Publikationen in Universitätsbibliotheken – eine Frage von Dokumenttypdefinitionen?. In: Bibliotheksdienst 34 (2000), Heft 7/8, S. 1264-1274.

# B 5 Informationsaufbereitung II: Indexieren

Gerhard Knorz

## B 5.1 Einleitung

Im Zeitalter der Volltextretrievalsysteme und der Suchmaschinen in Internet und Intranet scheinen dem inhaltsorientierten Zugriff auf Dokumente kaum Schranken gesetzt zu sein: Über jedes inhaltstragende Wort kann ein Dokument per Suchanfrage gefunden werden. Und dennoch: Selbst wenn wir uns genau an ein spezifisches Dokument erinnern, das wir neulich am Bildschirm überflogen haben, auch wenn wir genau wissen, dass die Suchmaschine das Dokument kennt, erweist es sich oft als sehr schwierig und manchmal als praktisch unmöglich, es mit vertretbarem Aufwand wieder zu finden.

Eine ganz andere Ausgangssituation liegt vor, wenn beispielsweise papiergebundene Informationsbestände nicht direkt, sondern nur bibliographisch erschlossen zur Verfügung stehen. Wie soll man ein Buch „Feuer, Farben und Fontänen: Bilder aus der Welt der ruhelosen Berge" finden können, wenn man Material über Vulkane sucht?

Das Problem tritt beim Suchen auf und ein Lösungsansatz liegt in der Entwicklung leistungsfähigerer Retrievalverfahren – ein Weg, auf dem gerade in den vergangenen Jahren deutliche Fortschritte erzielt wurden, der aber Grenzen hat. Es liegt auf der Hand, dass geeignete Strategien bei der Aufnahme des Dokuments in ein maschinelles Retrievalsystem einen wirksamen Beitrag zur Verbesserung der Retrievalqualität leisten können. Es geht also um die Frage, wie Dokumente (oder auch andere später zu suchende Objekte) so aufbereitet, so inhaltlich „erschlossen" werden können, dass sie später zuverlässig gefunden werden können. Klassieren (siehe Kap. B 1) und Indexieren sind solche Strategien, und insbesondere um Letztes geht es in diesem Beitrag.

Es erscheint hilfreich, das Thema „Indexieren" an einem klassischen Beispiel einzuführen und zu diskutieren. Die exemplarische Dokumentationseinheit aus dem Bereich der Physik-Datenbasis (Abb. 1) illustriert den Gegenstandsbereich dieses Kapitels:

| AN | 87(17):81072 PHYS |
|---|---|
| TI | Oxygen content of superconducting Ba2YCu 306.5 + x. |
| AU | Hauck, J.; Bickmann, K.; Zucht, F.<br>(Inst. für Festkörperforschung,<br>Kernforschungsanlage Jülich (Germany, F. R.)) |
| SO | Z. Phys., b. (Jul 1987)v. 67(3) p. 299 -- 302<br>ISSN 0722-3277; CODEN ZP880 |
| CY | GERMANY, FEDERAL REPUBLIC OF |
| DT | Journal |
| TC | Experimental |
| LA | English |
| AB | Single-phase non-stoichiometrie Ba2YCu306.5 + x with -0.248 ≤ x < 0.300 can be obtained by annealing prereacted samples at 0.01-1 bar oxygen parial pressure. Samples with x = -0.248 are semiconducting, samples at 0.239 ≤ x ≤ 0.300 are metallic with Tc increasing from 92.2 to 94.0 K for annealing in 0.02-1 bar 02. (orig.) |
| CC | *7470; 7410; 8140 |
| CT | barium oxides; *yttrium oxides; copper oxides; quaternary compounds; cuprates; stoichiometry; annealting; electric conductivity; *superconductivity; transition temperature; low temperature; x-ray diffraction; thermal gravimetrie analysis; temperature dependence; quantity ratio |
| ET | Ba*Cu*O*Y; Ba sy 4; sy 4; Cu sy 4; O sy 4; Y sy 4; Ba2YCu306.5 + x; Ba cp; cp; Y cp; Cu cp; O cp; 02 |

*Abb. 1: Dokumentationseinheit einer Physik-Datenbasis (PHYS, FIZ Karlsruhe)*

Die Beschreibung des Dokuments in einer bibliographischen Datenbasis setzt sich aus verschiedenen Kategorien (Attributen) zusammen, von denen die meisten (formalen) Kategorien AN, AU, SO, CY, DT, und LA im folgenden nicht weiter interessieren (siehe dazu Kap. B 4). Stattdessen konzentrieren wir uns zunächst auf die Kategorien CC und CT:

**CC:** Jedes Dokument wird in einige wenige Klassen (hier: durchschnittlich in 2 bis 3) eingeordnet, die durch eine formale Zeichenfolge, eine *Klassifikationsnotation* bezeichnet werden. Grundlage ist ein 3-stufiges analytisches Klassifikationssystem, bestehend aus der ersten, der zweiten und den beiden folgenden Dezimalen. Insgesamt stehen über 500 verschiedene Klassen zur Verfügung.

**CT:** Jedem Dokument werden nach den für die Datenbasis zuständigen Indexierungsregeln (hier) durchschnittlich ca. 12 Deskriptoren aus einem Thesaurus (siehe Kap. B 2) mit über 20.000 Begriffen zugeordnet.

Das CT-Feld ist demnach des ***Ergebnis des Indexierens***, bei dem Index Terms einer dokumentarischen Bezugseinheit nach einem vorgegebenem Indexierungsverfahren zugeordnet werden (Lit. 10).

Das CC-Feld ist das ***Ergebnis des Klassierens***, bei dem Elemente (hier: Dokumente) Klassen (hier: benannt durch Klassifikationsnotationen) zugeordnet werden (Lit. 10).

Drei Eigenschaften des hier gezeigten CT-Feldes sind für das Weitere bemerkenswert:

– Die Index Terms, hier im vorliegenden Fall Deskriptoren, entstammen aus einem kontrollierten, verbindlichen Vokabular. Wie beispielsweise hier „electric conductivity" müssen sie im Text des Dokumentes nicht notwendigerweise explizit vorkommen *(Additionsmethode).*

– Die zugeteilten Deskriptoren stehen offensichtlich völlig gleichrangig und ohne gegenseitige Bezüge nebeneinander *(gleichordnende Indexierung).* Tatsächlich ist es jedoch so, dass (hier nicht sichtbar) einige Deskriptoren als so genannte „Main Headings" ausgezeichnet sind, denen jeweils noch ein anderer Deskriptor als „Qualifier" zugeordnet ist. Diese reduzierte und in der Form komplexere Indexierung hat jedoch nur für ein zusätzlich gedrucktes Register Bedeutung.

– Die Deskriptoren wurden in einem zweistufigen Prozess zugeteilt: Ein Programm (das AIR-System; siehe dazu Lit. 08 und Kap. B 8) analysiert Titel und Abstract und ermittelt auf der Grundlage eines umfangreichen Regel-Wörterbuchs die potentiell relevanten Deskriptoren. Ein Indexer kontrolliert die automatisch erzeugte Indexierung anhand des Originaldokumentes und modifiziert sie gegebenenfalls. Ziel dieses *maschinell gestützten Vorgehens* war die Verbesserung der Qualität gegenüber sowohl rein automatischer als auch manueller Bearbeitung (siehe dazu Lit. 09).

Als Ergebnis einer speziellen Art automatischer Indexierung kann das **ET-Feld** aufgefasst werden: Es enthält die im Titel oder Abstract vorkommenden Formeln in einer standardisierten und damit besser recherchierbaren Form. Im Gegensatz zum CT-Feld entstammen die Index Terms direkt aus dem Text *(Extraktionsmethode)*, und die zugeteilten Ausdrücke haben auch eine syntaktische Struktur.

Der Treatment-Code im **TC-Feld** ordnet die Arbeit in die Klasse der experimentellen, theoretischen oder sonstigen Dokumente ein (Klassifikation einfachster Art).

Die Tatsache, dass alle sinntragenden Textwörter im Titel (**TI**) und in der Kurzfassung (**AB**) recherchierbar sind, kann ebenfalls als eine vom Verfahren her triviale, wenngleich zweifellos effektive Art von „*automatischer Indexierung"* aufgefasst werden.

Die für dieses Kapitel einschlägigen Normen sind die drei Teile der DIN 31623 (Lit. 02), auf die sich Terminologie und Darstellung im Folgenden ohne Zitierung im Einzelnen abstützen. Die zusätzliche Lektüre dieser Norm wird dem Leser empfohlen. Darüber hinaus soll auf folgende Literatur hingewiesen werden: Lit. 01, Lit. 03, Lit. 04, Lit. 07, Lit. 11.

## B 5.2  Indexieren als Problemlösung

Der Shift von bibliographischen Datenbanken zu Volltextdatenbanken und Suchmaschinen hat den Stellenwert des (manuellen) Indexierens deutlich verändert. Die personalintensive Standard-Investition klassischer Informationsdienstleister steht unter Kosten-Nutzen-Gesichtspunkten in vielen Fällen auf dem Prüfstand.

Was heißt Indexieren genau und wann werden wir uns dafür entscheiden? Indexieren drückt den Inhalt eines Dokumentes mit den Mitteln einer Dokumentationssprache (Vokabular und Syntax) aus.

Indexieren ist demnach ein zentraler Teil der inhaltlichen Erschließung und erfordert ein analytisches Lesen des Dokumentes. Bei Fehlen ausreichender Fachkenntnisse sind nur oberflächliche und qualitativ minderwertige Ergebnisse zu erwarten. Gutes Indexieren erfordert Antworten auf folgende Fragen: Was sind die wesentlichen/wichtigen Themen des Dokumentes, wofür wird sich der spätere Nutzer interessieren, für welche Suchanfragen würde der Nutzer das Dokument als Treffer erwarten/wünschen. Indexierungsregeln können spezifische Fragenkataloge vorgeben. Beispielsweise: Was wird untersucht, wer führt die Untersuchung durch, welche Methoden werden angewandt, welche Ergebnisse werden erreicht? Implizite Themen dürfen nicht übersehen werden, triviale randständige Themen sollten ausgeschlossen bleiben, um nicht bei der Recherche den Ballast zu produzieren, der typisch für Freitextretrieval ist.

In einem zweiten Schritt müssen die selektierten Themen in die Dokumentationssprache „übersetzt" werden. Dies kann bedeuten, die treffenden Begriffe einer Ontologie, die passenden Deskriptoren aus einem Thesaurus, die zuständigen Notationen eines Klassifikationssystems auszuwählen oder ein einfaches oder zusammengesetztes Schlagwort zu formulieren. Anhand des verwendeten Ordnungssystems sollte nun überprüft werden, ob nicht vielleicht (noch) treffendere, spezifischere Index Terms zur Verfügung stehen, die stattdessen zu verwenden sind. Gegebenenfalls müssen anschließend die gefundenen lexikalischen zu komplexeren Einheiten weiterentwickelt werden.

Indexieren war und ist immer dann zumindest wünschenswert, wenn anderenfalls kaum ein inhaltsorientierter Zugriff auf Objekte möglich ist, die später gefunden werden sollen. Dies gilt natürlich weiterhin für Dokumente bibliographischer Datenbanken, auf die anderenfalls nur über formale Attribute und Titelstichwörter zugegriffen werden kann. Das gilt darüber hinaus auch für alle weiteren Systeme, die sich im Wesentlichen auf Metadaten abstützen. Ein Beispiel ist der Standard IEEE/LOM (Learning Objects Metadata, http://ltsc.ieee.org/wg12/), der Suche, Bewertung, Beschaffung und Verwendung von (elektronischen) Lernobjekten unterstützen soll. Neben zahlreichen klassifikatorischen Datenfeldern umfasst er ein Datenelement „keyword": Hierüber soll und muss vorhersehbar mittels Indexieren Lehrmaterial inhaltlich referenzierbar gemacht werden. Ähnlich ist die Sachlage, wenn etwa Personen (Experten) oder Veranstaltungen in einem Wissensmanagementsystem mit Themen und Begriffen in Verbindung gebracht werden sollen.

Darüber hinaus bleibt (manuelle) Indexierung eine teure, aber ernstzunehmende Option, wenn Recherchequalität einen ganz besonderen Stellenwert hat, wie etwa in der klinischen Dokumentation. Standard-Recherchemöglichkeiten genügen den Ansprüchen nicht, wenn

– die Trefferquote zu gering ist, weil eine Reduktion auf das Wesentliche nicht möglich ist;
– die Vollständigkeit der Suchergebnisse mangelhaft ist, weil sich nicht vorhersehen lässt, wie die gesuchten Sachverhalte sprachlich ausgedrückt wurden oder weil das Thema aus den verwendeten Worten nicht in einfacher Weise hervorgeht.

Indexieren bietet sich auch dann an, wenn die Nutzerperspektive sehr speziell ist und das Retrievalsystem auf die zu erwartenden Anfragen zugeschnitten werden soll. In einem Intranet beispielsweise würde eine Information über die Rückgabe von Bahnkarten in erster Linie unter dem Suchwort „Dienstreise" gesucht, auch wenn die originale Information diesen Kontext gar nicht hat.

Ein manuelles Indexieren lohnt sich für Retrievalzwecke nur dann, wenn nach der Additionsmethode gearbeitet wird oder aber eine syntaktische Indexierung benötigt wird. Ohne ein Verständnis des Dokumentinhaltes, ohne ein Erkennen der für das Retrieval wesentlichen Sachverhalte und Themen kann auf (aufwendiges) manuelles Arbeiten zugunsten alternativer maschineller Verfahren in jedem Falle verzichtet werden. Die Tätigkeit des Indexierens mit dem (abschließenden) Aussuchen bzw. Formulieren passender Deskriptoren gleichzusetzen, wäre unzulässig verkürzt gesehen.

## B 5.3 Indexieren ist von Anforderungen und Randbedingungen abhängig

Entscheidend für die Auslegung eines Indexierungsverfahrens, auch hinsichtlich der Entscheidung zwischen manueller und automatischer Indexierung, sind die *Anforderungen*, die an das aufzubauende Informationssystem gestellt werden:

- Welchen Stellenwert hat die Aktualität der nachgewiesenen Dokumente?
- Gibt es a priori Präferenzen hinsichtlich Toleranz gegenüber *Ballast* oder gegenüber *unvollständigen* Suchergebnissen?
- Gibt es spezielle Problemklassen für die Formulierung von Suchfragen? Beispielsweise Schulenabhängige Begriffsysteme (wie etwa in der Politikwissenschaft), sehr präzise definierte Sachverhalte (die auch entsprechend präzise selektiert werden sollen) wie in der Kernphysik oder der Chemie, oder aber unscharf definierte Zielinformation (wie etwa bei der Recherche nach Namen, die nur lautsprachig bekannt sind).
- In welcher Weise geht das Retrievalsystem mit dem Ergebnis der Indexierung um? Welche Retrievaloperationen lässt es zu?

Wichtige Gesichtspunkte bei der Auswahl eines Indexierungsverfahrens liefern *Eigenschaften* der zugrundeliegenden (bzw. der zu erwartenden) *Dokumentenmenge*:

- Die Größe und vor allem die **inhaltliche und formale Heterogenität** der Sammlung: Sie bestimmt wesentlich die Trennschärfe, mit der bei der Indexierung gearbeitet werden muss. Mehrsprachigkeit und multimediale Dokumente erschweren die Suche und können Erschließungsaufwand notwendig machen.
- Der Stellenwert, den **Probleme sprachlicher Benennungen** in dem vorgegebenen Textmaterial haben: Homonymie, Polysemie, Wortformen-Varianten (z.T. sprachabhängig), Formulierungsvarianten, Abkürzungen (speziell: Ad-hoc-Abkürzungen!), implizite Darstellungen, verschleiernde Darstellungen (wie z.T. etwa im Patentbereich), besonders standpunktabhängige Beschreibungen (z.B. in den Sozialwissenschaften).
- Die **Selbständigkeit des einzelnen Dokumentes**: Bürodokumente oder WWW-Dokumente nehmen vielfach Bezug auf andere Dokumente.

Weiterhin ist nach den verfügbaren Ressourcen zu fragen:

- Sind qualifizierte Indexierer(innen) vorhanden? Inwieweit ist eine manuelle Indexierung vom Zeitaufwand und der organisatorischen Einbettung her überhaupt möglich?
- Welche Werkzeuge (Ontologien, Thesauri, Klassifikationssysteme, Wortlisten) sind vorhanden?
- Inwieweit ist maschinelle Unterstützung (für Wörterbuchzugriff, Eingabe, Ergebniskontrolle, Vorbereitung der Indexierung) verfügbar?
- Welche Möglichkeiten automatischer Indexierung sind verfügbar? Welcher Aufwand für Einführung und Betrieb fällt an, welche Kosten und Qualität ist zu erwarten?

Die neben allen fachlichen Aspekten entscheidende Frage nach dem insgesamt akzeptiertem Aufwand für Inhaltserschließung schließt den Kreis: Inhaltserschließung ist Mittel zum Zweck und wenn der resultierenden Informationsdienstleistung geringe Bedeutung zugemessen wird, kann beim Aufwand für den Input nur entsprechend knapp kalkuliert werden.

## B 5.4 Entwurfsentscheidungen bei der Auslegung eines Indexierungsverfahrens

Welches sind nun die methodischen Freiheitsgrade, mit denen auf unterschiedliche Zweckbestimmungen und Ausgangsvoraussetzungen reagiert werden kann?

### B 5.4.1 Prä- und Postkoordination

Der Benutzer heutiger Textdatenbanken versucht, seine Suchfrage als Kombination von einzelner Index Terms auszudrücken. Damit setzt er das komplexe Suchthema zum Retrievalzeitpunkt aus einfacheren Suchbegriffen zusammen: *Post-Koordination*. Die Alternative ist, die einzelnen Index Terms bereits zum Indexierungszeitpunkt zu komplexen Themenbeschreibungen zusammenzusetzen: *Präkoordination*. Sind solche Themenbeschreibungen bereits im Vokabular verankert (als Komposita oder Nominalgruppen), so spricht man von *Präkombination*.

- Ein Beispiel präkombinierter Systeme ist die Analytische Klassifikation, die in allen Fällen, in denen nachvollziehbare Einteilungsgesichtspunkte in einer natürlichen Reihenfolge gefunden werden können, durch ihre einfache und effiziente Struktur besticht. Wenn ein Weltausschnitt jedoch – was die Regel ist – tatsächlich vielschichtiger ist, dann wirken sich die Unbeweglichkeit und die vielfach nicht vermeidbaren inneren Widersprüche des Klassifikationssystems für die Anwendung negativ aus.

- Beispiele für präkoordinierte Systeme sind Facettenklassifikationen oder auch komplexe Nominalgruppen zur Darstellung der in Dokumenten behandelten Themen. Der Weg von einer Suchfrage zu einer zugeteilten Nominalgruppe kann aber wegen der größeren Flexibilität und des größeren Variantenreichtums natürlicher Sprache nicht ganz so einfach sein wie der zu einer zugeteilten Klassifikationsnotation.

Das Prinzip der Postkoordination wurde in den frühen 1950er Jahren als Reaktion auf die damals gebräuchlichen Klassifikationssysteme und deren grundsätzliche Beschränkungen von *Mortimer Taube* eingeführt. Er entwickelte für Forschungsberichte der US ASTIA ein System von elementaren Basisbegriffen *(Uniterms)*, von denen einem Dokument etwa 10 bis 20 zugeordnet wurden. Für Speicherung und spätere Postkoordination war ein spezielles Karteikartensystem notwendig. Dass der Rechner das geeignete Instrument für die Anwendung und Weiterentwicklung dieses Ansatzes war, liegt auf der Hand. Die Nachteile des puristischen Uniterm-Verfahrens sind ebenfalls leicht einzusehen: Eine auf elementaren Basiskonzepten beruhende Indexierung ohne zusätzliche syntaktische Ausdrucksmittel muss notwendigerweise bei steigender Dokumentenanzahl eine unzumutbare Zahl von Fehl-Koordinationen provozieren:

*Maschine, Mensch, Indexierung, Anwendung, Test*

lässt völlig offen, ob es um „die Anwendung manueller Indexierung und den Test automatischer Indexierung" oder um „Test und Anwendung einer maschinell gestützten Indexierung" geht. Weitere Interpretationen des Beispiels sind möglich.

### B 5.4.2 Indexierungsverfahren

Bei der **Extraktionsmethode** werden die Index Terms direkt dem Text entnommen. Viele automatische Indexierungsverfahren arbeiten so. Manuelle Stichwortextraktion macht gegenwärtig nur noch in speziellen Anwendungskontexten Sinn. Sie kann leicht während der Texterfassung als zusätzliche Markierung von Textwörtern etwa zur Aufnahme in ein Register mit erledigt werden und enthält, im Gegensatz zu gängigen maschinellen Alternativen, eine tatsächliche dokumentbezogene Relevanzentscheidung. Ein für den Dokumentinhalt nebensächliches oder gar irreführendes Wort wird ein Mensch in keinem Fall indexieren: Beispiel „*Sackgasse*" in „*Autobahnen –eine Sackgasse der Verkehrspolitik?*" Auch die Vereindeutigung und Hervorhebung von Passagen einer Nachrichtenmeldung im Kontext eines XML-Formats (News Industry Text Format, NITF),

Beispiel: <PERSON> <FUNCTION> Brandenburgs Ministerpräsident</ FUNCTION> <NAME.GIVEN>Manfred</ NAME.GIVEN><NAME.GIVEN>Stolpe</ NAME.GIVEN> <PERSON>

kann als eine spezielle, wenngleich komplexe Art von Stichwortindexierung angesehen werden (Lit. 06).

Bei der **Additionsmethode** können die Index Terms direkt aus dem Text stammen, müssen es aber nicht. Die Schlagwörter, Deskriptoren, Klassifikationsnotationen werden also frei zugeteilt. Wenn von manueller Indexierung die Rede ist, wird normalerweise die Additionsmethode vorausgesetzt.

Lässt man dasselbe Dokument testweise unabhängig parallel indexieren, so ist Konsistenz zwischen konkurrierenden Extraktionsverfahren offensichtlich leichter sicherzustellen als zwischen Additionsverfahren. Dies wird (oft auch in Zusammenhang mit maschineller Indexierung) missverständlicherweise als Qualitätsargument vorgebracht. Zwar ist es richtig, dass schlechte Konsistenz (Aspekt: Vorhersehbarkeit) sich negativ beim Retrieval auswirken muss. Gute Konsistenz wirkt sich aber nur dann positiv auf das Retrieval aus, wenn damit gemeint ist, dass ähnliche Sachverhalte in verschiedenen Dokumenten konsistent indexiert sind. Ob die systembedingte gute Konsistenz bei Extraktionsverfahren dieses Ziel erreicht, oder aber wegen der Fixierung auf den Sprachgebrauch des Autors eher verfehlt, kann nicht allgemein entschieden werden. Als die einfachere Methode hat das Extrahieren in jedem Fall den Vorteil der schnellen und nachvollziehbaren Bearbeitung für aktuelle Informationsdienste.

### B 5.4.3 Art der Indexierungssprache

#### B 5.4.3.1 Indexierungsvokabular

Beim *Vokabular* einer Indexierungssprache ist ein kontrolliertes, verbindliches von einem offenen, freien Vokabular zu unterscheiden.

Ein **kontrolliertes Vokabular**, wie es etwa die Notationen eines Klassifikationssystems, die Begriffe einer Ontologie oder die Deskriptoren eines Thesaurus darstellen, vermeidet viele Probleme offener Systeme, die sich etwa der in den Dokumenten vorkommenden Fachbegriffe bedienen: Die Form der Benennung und die systembezogene Bedeutung kann grundsätzlich soweit erforderlich festgelegt werden. Andererseits muss jedes Mehr an Kontrolle (beispielsweise in Form einer Relationierung von Deskriptoren) mit recht hohem Aufwand für Erstellung und Pflege bezahlt werden. Die Analyse von Indexierungsfehlern zeigt, dass bei Verwendung umfangreicher Thesauri auch der erfahrene und spezialisierte Indexierer ohne Nachschlagen in keinem Falle auskommt. Die Nachteile aus fachlicher Sicht zeigen sich, wenn zur Indexierung eines Sachverhalts keine adäquaten Deskriptoren zur Verfügung stehen: Dies geschieht schon deshalb zwangsläufig, weil die fachliche Entwicklung eines Gebietes auch dem aktuellsten (verbindlichen) Vokabular (mindestens) einen Schritt voraus ist. Es empfiehlt sich daher, neben verbindlichem Vokabular auch freies Vokabular ergänzend zuzulassen.

Bei einem **freien Vokabular** gilt es je nach Erschließungstiefe zu entscheiden, ob mit *weiten Schlagwörtern* (z.B. *Inhaltserschließung, Bibliothek, Gesetz*) oder *engen Schlagwörtern* (*automatische Indexierung, öffentliche Bibliothek, Studienguthabensgesetz*) gearbeitet werden soll. Bei *unterteilten Schlagwörtern* (mit Haupt und Nebenschlagwort) kombiniert man Robustheit bei gleichzeitig größerer Detaillierung (*Indexierung, automatische; Bibliothek, öffentliche*). Detaillierte Richtlinien für die Begriffs- und Benennungsanalyse bei der Formulierung freier Deskriptoren sind in Lit. 02 zu finden.

### B 5.4.3.2 Indexierungssprachen-Syntax

Die *Syntax* (zur Darstellung syntagmatischer Beziehungen) ist bei den meisten Indexierungssprachen sehr schwach ausgeprägt. Der Einsatz syntaktischer Sprachmittel dient primär der präziseren Darstellung von Themen und damit (beim Retrieval) der Reduzierung von Ballast. Er erfordert ein tieferes Verständnis des Dokumentinhalts und eine besondere Sorgfalt, wenn ein in sich konsistentes Indexierungsergebnis erreicht werden soll, das den erhöhten Aufwand rechtfertigt.

– Bei der **gleichordnenden Indexierung** (coordinate indexing) fehlt jede Art von (syntagmatischen) Beziehungen zwischen Deskriptoren: Die Indexierung besteht aus einer *Menge* (im mathematischen Sinn) von gleichberechtigten Index Terms.

– Wann immer eine Indexierung zugeteilte Index Terms nicht völlig gleichberechtigt meint, sind mehr oder weniger ins Auge fallende *syntaktische Mittel* unverzichtbar, um die Relationen zwischen den Zuteilungen auszudrücken. Aus diesem Grund hat sich die unglückliche Bezeichnung *syntaktische Indexierung* etabliert (und findet sich so auch in der DIN wieder), die nicht den Charakter des Gemeinten ausdrückt, sondern ein damit verbundenes Oberflächenphänomen. Als treffendere Bezeichnung könnte **strukturierte Indexierung** gewählt werden.

Als strukturierte Indexierung der einfachsten Form kann bereits ein Text verstanden werden, der im „Freitext" unter Verwendung von Kontextoperatoren recherchierbar ist: Jedes bedeutungstragende Wort ist ein suchbares Stichwort, und so besteht die Indexierung aus einer *Folge* (Sequenz) von Index Terms. Die Nachbarschaftsbeziehungen der einzelnen Wörter bleiben erhalten und können bei der Suche berücksichtigt werden.

Eine andere Interpretation einer Reihung liegt vor, wenn Index Terms nach *Wichtigkeit* geordnet sind. Vor allem automatische Indexierungsverfahren ordnen Deskriptoren oft Gewichte zu, die eine weitere Differenzierung darstellen (siehe Kap. B 8).

*Indexierung, Linguistisches Verfahren, Evaluierung*

oder:

*Indexierung (1.00), Linguistisches Verfahren (0.8), Evaluierung (0.4)*

Genauso wie man in der natürlichen Sprache über die Neubildung zusammengesetzter Wörter (Präkombination) hinaus komplexe Begriffe als Nominalphrasen oder Teilsätze konstruieren kann, so können mehrere Index Terms durch syntaktische Mittel zu einer neuen Einheit zusammengesetzt werden, um den gemeinten Begriff präziser zu benennen:

*Filter, Reinigung, Wasser* als gleichordnende Indexierung lässt offen, ob es um „Filter zur Reinigung von Wasser" oder aber um „Wasser zur Reinigung von Filtern" geht. Mit einer Klammerstruktur, die die Abhängigkeitsstruktur nachzeichnet, lässt sich das Gemeinte klarlegen:

*(Filter ← (Reinigung ← Wasser))* oder aber
*(Wasser ← (Reinigung ← Filter))*

Diese Art der Darstellung gibt an, welcher Begriff durch welchen anderen Begriff spezifiziert wird. Sie geht bereits über solche einfache Varianten hinaus, mit denen mittels so genannter **Links** (Verbindungsdeskriptoren, Kopplungsindikatoren) markiert wird, welche Index Terms inhaltlich zusammen gehören, wenn in einer Dokumentationseinheit verschiedene getrennte Sachverhalte behandelt werden:

Forschung (1), Evaluierung (1), automatisches Verfahren (1), Indexierung (1, 2), Dokumentationseinrichtung (1,2), Wirtschaftlichkeit (2), manuelles Verfahren (2)

für

[Forschung, Evaluierung, automatisches Verfahren, Indexierung, Dokumentationseinrichtung] + [Indexierung, Dokumentationseinrichtung, Wirtschaftlichkeit, manuelles Verfahren]

In der Regel überschneiden sich die einzelnen Deskriptor-Teilmengen. Das (technische) Zusammenfassen und Abgrenzen verschiedener Teilmengen von Indexierungsergebnissen kann auf unterschiedliche Weise erfolgen: Durch separate Indexierungsfelder, durch andere Gliederungseinheiten des Retrievalsystems oder aber durch Nummern (Verbindungsdeskriptoren) wie im Beispiel. Es soll hier auf solche Details nicht eingegangen werden (siehe dazu Lit. 02).

Für die Präzisierung von Fällen wie *„Reinigung durch Filter"* vs. *„Reinigung von Filtern"* reichen Abhängigkeitsstrukturen nicht aus. Die natürliche Sprache, die sich hier der Präpositionen bedient, stellt das Problem der nahezu unerschöpflichen Formulierungsvarianten mit der Schwierigkeit, die Übereinstimmung bzw. semantische Nähe verschiedener Formulierungen formal bestimmen zu lassen *(Filterreinigung, durch Filter gereinigtes Wasser, eine mittels Filter bewerkstelligte Reinigung, das zunächst grob gereinigte Filter, zur Reinigung der Anlage mit ihren Filtern wird...).*

Das Problem lässt sich grundsätzlich durch entsprechend präkombinierte Deskriptoren lösen:

"Berillium (Target)"
Berillium als Target in einer Reaktion

"Berillium (Result)"
Berillium als Reaktionsergebnis

"Bestrahlung (Therapie)"
Bestrahlung als Therapie

"Bestrahlung"
Bestrahlung, möglicherweise als Krankheitsursache

In einem so stark präkombinierenden System wird allerdings die Auswahl der *richtigen* Index Terms (und damit sowohl Indexierung als auch Retrieval) immer schwieriger. Es gibt Bereiche, in denen es ausgeprägt auf differenzierte Darstellung ankommt, beispielsweise in der Chemie, für die eine Formelsprache (mit graphischer Repräsentation) nicht erst erfunden zu werden braucht oder in der klinischen Dokumentation. In solchen Fällen empfiehlt sich als Alternative zur lexikalischen Präkombination die syntaktisch realisierte Präkoordination mittels Funktionsdeskriptoren (Rollenindikatoren, „roles"), die mit den anderen inhaltlichen Deskriptoren zu kombinieren sind: Beispielsweise *Target, Result, Therapie* (s.o.) oder *Ursache, Wirkung, Nebenwirkung.*

Der Einsatz strukturierender Indexierungssprachen führt zunehmend in Richtung einer Modellierung von Sachverhalten, die von der Idee gleichartig, allerdings im Erscheinungsbild „ungewohnt" im Kontext einer differenzierten Nutzung von Ontologien oder Wissensnetzen auftritt. Ein Dokument (oder ein anderes Objekt), das in ein Begriffsnetz eingebettet wird, kann durch unterschiedliche Relationstypen begrifflich angebunden werden. Es ist offensichtlich, dass sich mittels Funktionsdeskriptoren und differenzierten Relationstypen dasselbe ausdrücken lässt.

### B 5.4.3.3 Indexierungsregeln

Die *Indexierungsregeln* sind Bestandteil der Indexierungssprache. Sie sind ein wichtiges Instrument, die Indexierung für das Retrieval effektiv zu machen. Zu den allgemeinen Indexierungsregeln gehört, dass von mehreren konkurrierenden Index Terms stets der am meisten spezifische auszuwählen ist und dass Deskriptoren nur für solche Themen zugeteilt werden, die im Dokument tatsächlich behandelt (nicht nur berührt oder nur erwähnt) werden.

Spezielle Indexierungsregeln müssen sich am systemspezifischen Bedarf ausrichten und legen fest, in welcher Weise Klassen von Sachverhalte durch Index Terms auszudrücken sind.

Beispiel 1:
Deskriptoren in der Rolle als Werkzeug sollen nicht indexiert werden.

Beispiel 2:
Namen von Firmen, zu deren Geschäftspolitik etwas gesagt wird, stets indexieren.

Für bestimmte Klassen von Dokumenten können Indexierungsregeln genau vorschreiben, welche Aspekte wie zu indexieren sind. Dies hilft insbesondere dahingehend, implizite oder versteckte, aber für den Nutzer wichtige Informationen nicht zu übersehen.

Darüber hinaus werden die Behandlung spezieller Phänomene (Zahlenangaben, Formeln, Namen) geregelt, der Gebrauch von Werkzeugen, die Verwendung und Bildung freier Deskriptoren, Annahmen über den Informationsbedarf der Benutzer und organisatorische Maßnahmen zur Qualitätssicherung. Ziel ist es, die Konsistenz der Indexierung und damit die Vorhersehbarkeit und den Gebrauchswert bei der Benutzung zu erhöhen.

### B 5.4.4    Grundlage des Indexierens

Manuelle Indexierung arbeitet zumeist mit dem Anspruch, die Originalarbeit als Grundlage heranzuziehen. Dies kann in der Routinesituation kaum ein vollständiges Lesen der Arbeit bedeuten, wohl aber ein zielgerichtetes Suchen nach relevanten Informationen im Dokument, speziell in Autoren-Kurzfassung, Einleitung, Schluss, in und unter Abbildungen und Tabellen. In jedem Fall macht die Originalarbeit den Indexierer unabhängig(er) von der Qualität der Kurzfassung.

Recherche von *Bildern, Ton-* und *Bewegtbild-Dokumenten* geschieht gegenwärtig immer noch weitestgehend über Navigationstechniken (Hypermedia) sowie über kategorisierte Beschreibungen, textuelle Surrogate und manuelles Indexieren, auch wenn erste maschinelle Indexierungsverfahren existieren.

## B 5.5    Qualität von Indexierung

Wenn Indexierungsergebnisse verbindlich bewertet werden sollen, kann es keinen anderen Maßstab geben als die damit zu erwartende Retrievalqualität. Die Tatsache, dass Retrievaltests einen enormen Aufwand verlangen und auch methodisch längst nicht abschließend geklärte Probleme aufwerfen, hat für viele grundlegende Fragen des Indexierens über lange Zeit hinweg spekulative Antworten auf der Basis lokaler Kriterien zugelassen. Wenn die Indexierung einzelner Dokumente (etwa in einer Lehrsituation) beurteilt werden soll, stehen ohnehin nur Möglichkeiten ohne Retrievalbewertung zur Verfügung.

### B 5.5.1    Indexierungstiefe

Wenn Indexierung den Inhalt eines Dokumentes für das Retrieval erschließen soll, dann wird Vorhersehbarkeit und die Genauigkeit der Wiedergabe (mit den Mitteln der Dokumentationssprache) angestrebt.

Das Bewertungskriterium der Wiedergabegenauigkeit bzw. *Indexierungstiefe* ist allerdings nur schwer zu operationalisieren. Man betrachtet deshalb Indexierungstiefe als Kombination zweier unabhängiger Kriterien, die sich leichter fassen lassen: *Indexierungsbreite* und *Indexierungsspezifität*.

Indexierungsbreite ist das Ausmaß der Abdeckung des fachlichen Inhalts des Dokumentes. Üblicherweise wird als Indikator für die Indexierungsbreite die durchschnittliche Anzahl der vergebenen Index Termini pro Dokument verwendet. Eine Steigerung der Indexierungsbreite lässt einen Zuwachs an Recall beim Retrieval erwarten.

Eine hohe Indexierungstiefe liegt dann vor, wenn die vergebenen Index Termini die Themen des Dokumentes sehr spezifisch treffen. Als Indikator für Indexierungstiefe lassen sich die Dokumenthäufigkeit der Termini heranziehen (Anzahl der Dokumente in der Datenbasis mit diesem Index Term), die Anzahl der Lexeme einer komplexen Begriffsbenennung oder (sofern eine Ontologie oder ein Thesaurus vorliegt) das generische Niveau der indexierten Deskriptoren. Eine Steigerung der Indexierungstiefe lässt einen Zuwachs an Precision beim Retrieval erwarten.

### B 5.5.2    Fehlerstatistiken und Konsistenzbewertungen

Wenn eine Indexierungsmethode so beschaffen ist, dass ein „ideales" Indexierungsergebnis (im Sinne der Methode) verbindlich vorgegeben werden kann, kann die Abweichung von diesem vorgegebenen Standard in einer Fehlerstatistik erfasst werden. Durch Klassifikation der Fehler kann die Bewertung differenziert und eine Fehlerbehebung unterstützt werden.

Soll etwa ein automatisches Indexierungsverfahren eine Grundformreduktion und Kompositazerlegung durchführen, so werden die fehlerhaften Indexierungsergebnisse manuell ermittelt, ausgezählt (*Staatsexamen → Staat + Sex + amen*) und bewertet.

Wenn ein Indexierungs-Standard nicht mit letzter Verbindlichkeit vorgegeben werden kann, sollte man nicht von Fehlern, sondern nur von Abweichungen sprechen. Diese Abweichungen werden ausgezählt und zu einer formalen Bewertung der Konsistenz mit der vorgegebenen Vergleichsindexierung umgerechnet.

Sei $I_1$ die Menge der einzelnen Elemente der Vergleichsindexierung (Deskriptoren, syntaktische Relationen, ...), $I_2$ die Menge der Elemente im zu bewertenden Indexierungsergebnis. Die Konsistenz k zwischen $I_1$ und $I_2$ berechnet sich üblicherweise wie folgt:

$$k = \frac{|I_1 \cap I_2|}{|I_1 \cup I_2|}$$

Der Wert k schwankt zwischen k=0 (keine Gemeinsamkeit) und k=1 (vollständig identisch).

Konsistenzbewertungen sind vielfach als (vorläufige) Bewertung automatischer Indexierungsverfahren (mit manueller Indexierung als Standard) verwendet worden. In Lit. 05 werden Experimente beschrieben, bei denen eine automatische Indexierung auf englischsprachigen Dokumenten eine Konsistenz von 0.5 mit einer thesaurusbasierten manuellen Indexierung aufweist, einer Größenordnung, die auch beim Vergleich zweier manueller Indexierungen aus der Routinearbeit erwartet werden kann. Da das Konsistenzmaß symmetrisch bzgl. $I_1$ und $I_2$ ist, kann es auch für den Vergleich zweier beliebiger Indexierungsergebnisse von gleichen Dokumenten verwendet werden. *Inter-Indexerkonsistenz* sagt aus, wie konsistent verschiedene Indexierer arbeiten, *Intra-Indexerkonsistenz* misst, wie konsistent ein Indexierer dasselbe Dokument (zu verschiedenen Zeiten) bearbeitet.

Die Konsistenz ist in jedem Fall ein Indikator für den Qualitätsparameter „Vorhersehbarkeit", denn schließlich können Deskriptoren, die nur von einem der Indexierer zugeteilt werden, höchstens mit einer Chance von 50% vorhergesehen werden, da dem Suchenden ja nicht bekannt sein kann, wer nun das zu findende Dokument indexiert hat.

### B 5.5.3   Retrievaltestbewertung

Eine Indexierung ist genau dann besser als eine andere, wenn die damit erzielten Retrievalergebnisse besser sind. Schon bei oberflächlicher Betrachtung werden die Schwierigkeiten sichtbar, vor der eine Umsetzung dieser einfachen Erkenntnis in konkrete Testergebnisse steht, wenn verschiedene Indexierungsverfahren vergleichend bewertet werden sollen:

– Retrievalergebnisse sind nicht nur von gewählten Indexierungsverfahren abhängig, sondern von einer Vielzahl anderer Parameter (Sprache, Fachgebiet, Größe und „Dichte" der Datenbasis, Art der Retrievalfragen, verfügbare Retrievaloperationen, Ausgestaltung der Benutzerschnittstelle, Status und Kompetenz des Rechercheurs, Art der Relevanzbeurteilung).

– Ein Retrievaltest muss, wenn er verallgemeinerungsfähige Aussagen liefern soll, möglichst viele repräsentative Dokumente und Fragen einbeziehen. Es ist dementsprechend aufwändig.

– Konkurrierende Indexierungen sind zu erzeugen und die Rechercheergebnisse im einzelnen zu bewerten und auszuwerten. Nicht nur die Konzeption eines Retrievaltests (s.o.), sondern auch seine Auswertung werfen beachtliche methodische Probleme auf. Die Standardmaße der Bewertung von Retrievalantworten sind Precision (Trefferquote) und Recall (Vollständigkeit) (vgl. Kap. B 9).

Ein aktueller offener Wettbewerb von Retrieval- und damit auch Indexierungsverfahren unter dem Namen TREC (Text Retrieval Conference), vom National Institute for Standardisation and Technology (NIST) organisiert, hat mittlerweile dem Thema *Evaluierung* einen neuen Stellenwert gegeben (Lit. 12). Auf Volltexten und Test-Datenbasen im Gigabyte-Bereich werden unterschiedliche Retrievalaufgaben gestellt und die Antworten vergleichend ausgewertet.

## Literatur

01 Cleveland, Donald.B.; Cleveland, Ana D.: Introduction to Indexing and Abstracting. 3. Aufl., Westport CT (USA): Greenwood Press, 2000.

02 DIN 31623: Indexierung zur inhaltlichen Erschließung von Dokumenten. Berlin: Beuth, 1988.

Teil 1: Begriffe, Grundlagen (Sept. 1988, 5 S.);

Teil 2: Gleichordnende Indexierung mit Deskriptoren (Sept. 1988, 16 S.);

Teil 3: Syntaktische Indexierung mit Deskriptoren (Sept. 1988, 4 S.).

03 Fugmann, Robert: Theoretische Grundlagen der Indexierungspraxis. Frankfurt/M: Indeks Verlag 1992.

04 Gaus, Wilhelm: Dokumentations- und Ordnungslehre. Theorie und Praxis des Information Retrieval. 4. Aufl., 2003, Heidelberg: Springer

05 Knorz, Gerhard: Automatisches Indexieren als Erkennen abstrakter Objekte. Linguistische Datenverarbeitung, Tübingen: Niemeyer, 1983. 243 S.

06 Knorz, Gerhard; Wiebke Möhr: Semantisches Markup zur Inhaltserschließung von Agenturmeldungen. In: Möhr, W.; Schmidt, I. (Hrsg.): SGML und XML – Anwendungen und Perspektiven. Reihe Fachbuch Informatik, Heidelberg: Springer, 1999, S. 279-306

07 Ladewig, Christa: Grundlagen der inhaltlichen Erschließung. Berlin: Institut für Information und Dokumentation (Vertrieb), 1997.

08 Lustig, Gerhard (Hg.): Automatische Indexierung zwischen Forschung und Anwendung. Linguistische Datenverarbeitung. Hildesheim: Olms, 1986. 182 S.

09 Lück, W.; Rittberger, W.; Schwantner, M.: Der Einsatz des Automatischen Indexierungs- und Retrieval-Systems (AIR) im Fachinformationszentrum Karlsruhe. In: Kuhlen, Rainer (Hrsg.): Experimentelles und praktisches Information Retrieval. Konstanz: Universitätsverlag Konstanz, 1992, S. 141-170

10 Neveling, U. (Red.); Wersig, G. (Red.); KTS/DGD (Hrsg.): Terminologie der Information und Dokumentation. DGD-Schriftenreihe, München: Verlag Dokumentation, 1975. 307 S.

11 Salton, G.; McGill, M. J.: Information Retrieval – Grundlegendes für Informationswissenschaftler. (Deutsche Bearbeitung Wolfgang von Keitz). Hamburg: McGraw-Hill Company 1987. 465 S.

12 Voorhees, Ellen and Donna Harman: NIST Special Publication 500-250: The Tenth Text Retrieval Conference (TREC 2001, Proceedings), Department of Commerce, National Institute of Standards and Technology Government, 2001. (Bezug über Printing Office (GPO), SN003-003-03750-8, bzw. URL: http://trec.nist.gov/pubs/trec10/t10_proceedings.html)

# B 6 Informationsaufbereitung III: Referieren (Abstracts – Abstracting – Grundlagen)

Rainer Kuhlen

## B 6.1 Grundbegriffe

### B 6.1.1 Abstracts

Was ein **Abstract** (im Folgenden synonym mit Referat oder Kurzreferat gebraucht) ist, legt das *American National Standards Institute* in einer Weise fest, die sicherlich von den meisten Fachleuten akzeptiert werden kann: „An abstract is defined as an abbreviated, accurate representation of the contents of a document" (Lit. 03, S. 19); fast genauso die deutsche Norm DIN 1426 (Lit. 21.): „Das Kurzreferat gibt kurz und klar den Inhalt des Dokuments wieder." Abstracts gehören zum wissenschaftlichen Alltag. Weitgehend allen Publikationen, zumindest in den naturwissenschaftlichen, technischen, informationsbezogenen oder medizinischen Bereichen, gehen Abstracts voran, „preferably prepared by its author(s) for publication with it" (Lit. 03, S. 19). Es gibt wohl keinen Wissenschaftler, der nicht irgendwann einmal ein Abstract geschrieben hätte. Gehört das Erstellen von Abstracts dann überhaupt zur dokumentarischen bzw. informationswissenschaftlichen Methodenlehre, wenn es jeder kann? Was macht den informationellen Mehrwert aus, der durch Expertenreferate gegenüber Laienreferaten erzeugt wird? Dies ist nicht so leicht zu beantworten, zumal geeignete Bewertungsverfahren fehlen, die Qualität von Abstracts vergleichend „objektiv" zu messen. Abstracts werden in erheblichem Umfang von Informationsspezialisten erstellt, oft unter der Annahme, dass Autoren selber dafür weniger geeignet sind. Vergegenwärtigen wir uns, was wir über Abstracts und Abstracting wissen.

Ein besonders gelungenes Abstract ist zuweilen klarer als der Ursprungstext selber, darf aber nicht mehr Information als dieser enthalten: „Good abstracts are highly structured, concise, and coherent, and are the result of a thorough analysis of the content of the abstracted materials. Abstracts may be more readable than the basis documents, but because of size constraints they rarely equal and never surpass the information content of the basic document" (Lit. 15, S. 3). Dies ist verständlich, denn ein „Abstract" ist zunächst nichts anderes als ein Ergebnis des Vorgangs einer Abstraktion. Ohne uns zu sehr in die philosophischen Hintergründe der Abstraktion zu verlieren, besteht diese doch „in der Vernachlässigung von bestimmten Vorstellungs- bzw. Begriffsinhalten, von welchen zugunsten anderer Teilinhalte abgesehen, ‚abstrahiert' wird. Sie ist stets verbunden mit einer Fixierung von (interessierenden) Merkmalen durch die aktive Aufmerksamkeit, die unter einem bestimmten pragmatischen Gesichtspunkt als ‚wesentlich' für einen vorgestellten bzw. für einen unter einen Begriff fallenden Gegenstand (oder eine Mehrheit von Gegenständen) betrachtet werden" (Lit. 02). Abstracts reduzieren weniger Begriffsinhalte, sondern Texte bezüglich ihres proportionalen Gehaltes. Borko/Bernier haben dies sogar quantifiziert; sie schätzen den Reduktionsfaktor auf 1:10 bis 1:12 (Lit. 10, S. 5). Wir wollen für das Folgende aus dieser Eingangsdiskussion zweierlei festhalten:

a) Die Reduktion (die Abstraktion) kann nicht objektiv sein; wäre sie es, dann müsste es im Durchschnitt einen etwa zehnprozentigen Bedeutungskern in Texten (nehmen wir diese einmal als primäre Referenz von Abstracts) geben, der in 90% Redundanz eingebettet wäre. Das aber ist nicht sehr plausibel. Wenn man Abstracts schreibt, selektiert man. Der Philosoph oben erwähnte den „pragmatischen Gesichtspunkt", der die Abstraktion bzw. die Selektion steuert. Dokumentare würden vom Benutzerinteresse sprechen. Diese Forderung nach einem pragmatischen Primat (vgl. Lit. 62) bei der Erstellung von Abstracts ist allerdings bislang kaum einlösbar. Abstracts sind in der Regel vorfabrizierte, d.h. auf ein Fachgebiet und auf einen weitgehend anonymen Benutzer hin erstellte Abstraktionen. Ein Gegenbeispiel findet sich bei Borko/Bernier (Lit. 10, S. 18 ff.), in dem einem Text drei verschiedene „special-purpose" Abstracts aus medizinischer, biologischer und chemischer Sicht zugeteilt wurden; aber dies ist eher eine Ausnahme und löst auch nicht das Anonymitätsproblem (vgl. allerdings den Typ des „slanted abstracts", siehe Abschnitt B 6.2.2).

b) Durch die unter a) angedeuteten „Abstraktionsleistungen" wird ersichtlich, dass das einmalige, in der Regel vertextete Abstract keine quasi naturgegebene Form der informationellen Ab-

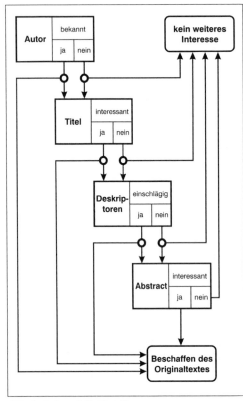

*Abb. 1: Referenzielle Textakte*

Bleiben wir aber bei den klassischen Abstracts. Was sind ihre wesentlichen Vorteile? Ihre Beliebtheit erklärt sich wohl dadurch, dass sie in ihrer Indikations- bzw. Referenzleistung, nämlich auf einschlägige Originaltexte hinzuführen und dabei die nichteinschlägigen zu diskriminieren, anderen Referenzformen, z.B. Titeln von Dokumenten, eindeutig überlegen sind (vgl. Lit. 84). Abb. 1 beschreibt diese Leistungen als referenzielle Textakte. Abstracts haben per se in gewissem Umfang pragmatische Eigenschaften, sie fordern zum Handeln auf, entweder die Originaltexte zu ignorieren oder sie genauer zur Kenntnis zu nehmen („Abstracts assist readers in deciding whether they should consult the full text of the material that is abstracted"; Lit. 15, S. 4). Die Funktion von Abstracts erlischt, wenn Leser anfangen, sich mit dem Originaltext auseinander zu setzen.

Wir halten die Referenzfunktion für die wesentliche Eigenschaft von Abstracts. Zu einer Zeit, in der die Primärproduktion von Texten immer noch stark ansteigt und zunehmend mehr Volltexte in maschinellen Speichern aufbewahrt werden, in denen man nicht so leicht „browsen" kann, sind dokumentarische Verfahren, die den Zugang zur Primärinformation offen halten, sehr wichtig. Borko/Bernier (Lit. 10, S. 6 ff.) führen insgesamt die folgenden Vorteile an:

a) Abstracts ersparen Lesezeit. Borko/Bernier erwähnen erneut den durchschnittlichen Faktor von 1:10 Einsparung.

b) Abstracts erlauben ein besseres Assimilieren und Integrieren des Gelesenen in die eigenen Wissensbestände, weil die Originaltexte zu umfänglich sind: „for putting words to work, condensations may be better vehicles than originals" (Lit. 10, S. 7).

c) Abstracts gestatten besser als andere Formen, wie z. B. Titel, die Selektion von relevanten Originaltexten (dies ist identisch mit der oben angeführten Referenzfunktion).

d) Abstracts sind ein nützliches Hilfsmittel, Sprachbarrieren zu senken. Da viele der internationalen Referateorgane bzw. Datenbasen in englischer Sprache produziert werden, reichen einfache Englischkenntnisse aus, um zumindest (im Sinne der Referenzfunktion) die relevanten von den irrelevanten Originaltexten zu trennen und gegebenenfalls die ersteren übersetzen

straktion sein muss. DIN 1426 bleibt bei den Texten und unterscheidet zwischen Inhaltsverzeichnis, Auszug, Zusammenfassung, Annotation, Kurzreferat (Abstract), Sammelreferat, Rezension bzw. Sammelrezension und Literaturbericht, während Borko/Bernier ihrer Phantasie freieren Spielraum lassen. Sie schlagen als „document surrogates" vor: „abridgement, annotation, aphorism, axiom, brief, code, command, compendium, conclusion, databook, epitome, excerpt, extract, maxim, precept, precis, resume, review, selection, summary, summation, synopsis, and terse conclusion" (Lit. 10, S. 5). Für diese Variabilität ist möglicherweise der neutralere, auch für multimediale und automatische Formen offene Begriff des Kondensierens bzw. des Kondensats geeignet (vgl. Lit. 60; Lit. 89). Automatisch erzeugte Abstracts bzw. Kondensate können variabler generiert werden und könnten sich daher flexibler an variable Benutzerbedürfnisse anpassen (Lit. 41; Lit. 44; Lit. 45; Lit. 83).

zu lassen. Abstracts (darin vergleichbar Titeln) mit ihren in der Regel reduzierten syntaktischen Formen und beschränkten terminologischen Variationen sind auch schon bei dem heutigen Stand der Technik auf akzeptablem Niveau automatisch übersetzbar.

e) Abstracts verbessern die Indexing-Qualität, sicherlich aber die Geschwindigkeit des Indexierens (Lit. 10; Faktor 2:4), falls – was in der Dokumentationspraxis häufig der Fall ist – nicht mehr auf den Originaltext zurückgegriffen wird (vgl. Lit. 67). In der Informationswissenschaft wird daher verschiedentlich das Erstellen von Abstracts als fundamentaler angesehen; in den meisten Gesamtdarstellungen wird zuerst das Abstracting beschrieben (z.B. Lit. 86). Auch automatische Verfahren des Indexing stützen sich häufig eher auf die Abstracts als auf die Volltexte ab. Dies ist zwar zunächst historisch bedingt (geringe Verfügbarkeit von maschinenverarbeitbaren Volltexten bis in die siebziger Jahre), ist aber auch systematisch, z.B. aus Konsistenz-/Kohärenz-Gründen erklärbar, bzw. negativ aus dem Fehlen geeigneter Volltextverfahren (vgl. Lit. 54; Lit. 60).

f) Abstracts erleichtern die Erstellung von Übersichtsartikeln *(reviews, state-of-the-art reports)* und Bibliographien.

### B 6.1.2 Abstracting

Abstracting (im Folgenden synonym mit Referieren benutzt) ist ohne Zweifel im Bewusstsein derjenigen, die sich professionell und praktisch damit beschäftigen, eher eine Kunst als ein regelgeleiteter Routineprozess. Nicht umsonst nennt Edward T. Cremmins, mit der Erfahrung einiger tausend produzierter Abstracts im Hintergrund, sein ISI-Buch *The art of abstracting*: „The art of abstracting demands the application of extensive reading, thinking, writing, and editing skills" (Lit. 15, S. 3). Vermutlich ist die Zubilligung von „Kunst" etwas übertrieben (im englischen ist „art" ja auch eher die Kunst des Handwerklichen), wenn man sich die Millionen in der Regel unter Zeitdruck produzierten Abstracts in den großen Referateorganen bzw. entsprechenden Online-Versionen anschaut: *Chemical Abstracts* mit einem Zuwachs von mehr als eine halbe Million DE pro Jahr; *Biological Abstracts* mit mehr als 250.000 DE pro Jahr Zuwachs. Auf jeden Fall – so die einhellige Meinung – setzt der Vorgang des Abstracting in hohem Maße Kompetenz im Fachgebiet der zu referierenden Texte voraus: „Abstracts can only be made by persons fully aware of ... research problems, and, if possible, should be made by scientists and engineers" (Lit. 52, S. 18).

Der Ausdruck „Kunst" wird wohl auch deshalb gerne gebraucht, um die Skepsis bezüglich einer Automatisierbarkeit des Vorgangs des Referierens auszudrücken. Diese Skepsis spiegelt sich in der Stellungnahme eines Dokumentars wider, der anlässlich einer Erhebung von Abstract-Regeln seine Meinung zum automatischen Abstracting darlegte (vgl. Lit. 63, S. 134): Zur Analyse von „technisch/wissenschaftlichen Texten gehört Sachverstand, Berufserfahrung und Kenntnis vom Benutzerbedarf... Der mechanische ... Prozess kann die Texte immer nur in einer Ebene auswerten, die dem Wert wissenschaftlicher Arbeit oder Industrieerfahrung nicht gerecht wird. Hier ist der Einsatz des Rechners nach unserer Auffassung einmal tatsächlich so gefährlich, wie er in polemischen Darstellungen so oft beschrieben wird." Der mechanische Prozess wird der Kunst gegenüber gestellt. Nicht zuletzt die Forschungsansätze der Künstlichen Intelligenz (KI) und der Computerlinguistik (auch auf der Grundlage neuronaler Netzwerke) scheinen den Schluss zu erlauben, dass der mechanische Prozess vielleicht nicht mehr so mechanisch sein muss, sondern auf Verfahren beruhen kann, die der oben angeführten intuitiven Beschreibung des Dokumentars gar nicht so fern stehen: Dem Sachverstand wird durch leistungsstarke Wissensbasen mit Fakten und (auch heuristischen) Regeln Rechnung getragen; Kenntnisse vom Benutzerbedarf können in entsprechende Benutzermodelle oder durch Auswertung von Anfrageinformationen eingebracht werden. Berufserfahrung kann ein Rechner natürlich nicht erwerben, aber man kann ihm Lernstrategien, z.B. Verfahren der Analogiebildung und des induktiven und deduktiven Schließens, beibringen, mit denen er so etwas wie „Erfahrung" gewinnen kann.

Wie dem auch sei, ob Kunst oder Mechanik, Abstracting, sei es intellektuell oder automatisch, wird nur dann Gegenstand dokumentarischer oder informationswissenschaftlicher Ausbildung sein können, wenn Aussagen darüber gemacht werden können, wie Abstracts von Dokumentaren oder Rechnern angefertigt werden können (Lit. 31). Dass über dieses z.B. in Regeln bzw. Handlungsanweisungen formulierte Wissen hinaus noch etwas als menschliche Leistung hinzukommen kann, was man dann eben als Kunst oder Begabung bezeichnet, sei unbestritten. Besonders Cremmins stellt darauf ab, dass Abstracting nicht bloß eine Kopier- und Extracting-Funktion ist, sondern in hohem Maße eine produktive intellektuelle Funktion ist: „Abstractors must have a good grasp of and be able to apply the principles of analytical reading, logical thinking, informative writing, and concise editing (Lit. 15, S. 13)." Die Abhängigkeit von der individuellen intellektuellen Leistung bringt natürlich auch Probleme mit sich. Schon in frühen Studien (z.B. Lit. 82; Lit. 77) hat man eine geringe Konsistenz zwischen verschiedenen Abstractern bei der Selektion von Sätzen aus Texten für Abstracts festgestellt, allerdings eine gewisse Präferenz für so genannte *topic-Sätze*. Ähnliche Ergebnisse liegen aus dem *Indexing-Bereich* vor, so dass die etwas makabre These nahe liegt, dass automatische Verfahren (des Abstracting oder Indexing) möglicherweise schlechtere Leistungen als entsprechende intellektuelle erbringen, dafür aber verlässlicher, da konsistenter, sind.

Zu der Frage der Kunst des Abstracting gehört sicherlich auch die Qualifikation des Abstracters. Die Qualität des Abstracts hängt von der Vertrautheit des Referierers mit der Sprache des Originaldokuments, aber entscheidender wohl von seinem Wissen über den Gegenstandsbereich ab. Untersuchungen haben nach Mathis/Rush (Lit. 77) ergeben, dass Experten dazu neigen, zu wenig Information aus Texten herauszuholen, Laien dagegen nur unzureichend zwischen wichtigen und bekannten Daten unterscheiden können. Am besten scheint eine mittlere Qualifikation zwischen den Extremen „of expertise and passing knowledge" (Lit. 77, S. 111) zu sein. Vielleicht ist es leichter, Experten das Referieren als Referierern Expertenwissen beizubringen. Entsprechend ist wohl auch die Einstellungspraxis von Dokumentationszentren und Abstract-Diensten – ob berechtigt oder nicht –, nämlich zuerst auf die Fachqualifikation und dann erst auf die informationsmethodische und literarische Qualifikation zu achten.

## B 6.2 Entwicklung und Stand des Abstracting

### B 6.2.1 Historische Entwicklung

Historisch gesehen ist das Entstehen von Kondensierungsverfahren, zu denen prominent das Referieren zählt, Ausdruck der Notwendigkeit, die seit der Ausdifferenzierung der Bürgerlichen Gesellschaft in allen Fachgebieten ständig ansteigende Produktion von Texten überschaubar zu halten (vgl. Lit. 64; auch für das Folgende). Den Überblick müssen sowohl diejenigen behalten, die an der Produktion neuen Wissens arbeiten (Wissenschaftler) und dabei nicht mehr die Zeit haben, alles zu lesen, sondern nur noch das Relevante, als auch diejenigen, die Wissen anwenden und dabei nicht riskieren wollen, dass ihnen Wesentliches entgeht (z.B. Techniker, Journalisten, Politiker, Verwaltungsfachleute, Manager).

Nach allgemein anerkannter Meinung (vgl. Lit. 10; Lit. 77; Lit. 88) leiten sich verstärkte Anstrengungen, wissenschaftliche Untersuchungen in einen organisierten Zustand zu bringen, aus dem 17. Jahrhundert ab. Als wesentlicher Einschnitt wird Bacons Vorschlag zur Gründung eines „college of research" angesehen. Der Gründung der „Royal Society of London" (1665) folgten viele weitere europäische Gesellschaften. Die ersten „Proceedings" (The Philosophical Transactions) als Überblicksleistungen erschienen schon im Gründungsjahr der „Royal Society". Zu Beginn des 19. Jahrhunderts (1821) ist mit der Publikation der „Jahresberichte über die Fortschritte der physischen Wissenschaften" durch Berzelius eine neue Systematisierungsform gefunden. Auch schon im 18. Jahrhundert gab es ähnliche Anstrengungen, z.B. das „Berlinische Jahrbuch für die Pharmacie und die damit verbundenen Wissenschaften", das bis 1840 erschien. Dies waren allerdings Jahrbücher bzw. State-of-the-Art-Berichte.

Der erhöhte Bedarf nach kontinuierlicher Information in einem Fachgebiet findet seinen Niederschlag in den Abstracts des „Pharmaceutischen Centralblattes" (1830). Danach steigt die Zahl der Referateorgane kontinuierlich an. Bis in die Mitte des 20. Jahrhunderts sind Referateorgane die beliebteste und vorherrschende Form der Referenzinformation (Lit. 04), und sie werden bis in die Gegenwart stark genutzt, natürlich immer mehr über den Zugriff über die Online-Datenbanken. Die Schätzungen über die Anzahl der regelmäßig produzierten Referateorgane schwanken so beträchtlich, dass genaue Angaben schwierig auszumachen sind. Gaus legt sich auf eine Zahl von 3.500 Referatezeitschriften zum Zeitpunkt 1983 fest (Lit. 39); dazu kommen sicherlich noch eine Vielzahl an organisationsinternen Referateblättern. Vickery/Vickery (Lit. 98, S. 305) führen allein für das Jahr 1979 für Großbritannien 339 Indexing- und

Abstracting-Dienste mit insgesamt 157 Verlegern an. Dass Abstracts weiter populär sind und benötigt werden, den Überblick zu behalten, sieht man auch daran, dass Suchmaschinen (nach Umfang) flexible, wenn auch wenig intelligente Summarizing-Verfahren anbieten.

### B 6.2.2 Typen von Abstracts

DIN 1426 (Oktober 1988) (Lit. 21, S. 2) stellt Abstracts in den allgemeinen Kontext der Inhaltsangaben als „verkürzte Darstellung[en] des Inhalts [von] Dokument[en]" und unterscheidet, wie schon erwähnt, zwischen:

a) Inhaltsverzeichnis
b) Auszug
c) Zusammenfassung
d) Annotation
e) Kurzreferat (Abstract)
f) Sammelreferat
g) Rezension und Sammelrezension
h) Literaturbericht.

In diesem Zusammenhang sind vor allem die Formen b, c, d, e einschlägig, so dass deren Beschreibungen nach DIN 1426 hier wiedergegeben werden sollen:

**Auszug:** Ein Auszug ist die verkürzte Wiedergabe eines Dokuments durch ausgewählte, repräsentative Teile. Hierbei können auch Teile ausgewählt werden, die im Originaldokument nicht direkt aufeinander folgen (Sätze, Abschnitte, bei Filmen: Schnittfolgen).

**Zusammenfassung:** Eine Zusammenfassung ist die Darstellung der wesentlichen Ergebnisse und Schlussfolgerungen eines Dokuments oder von Teilen eines Dokuments und steht meist am Ende des Textes, den sie im Allgemeinen zu ihrem Verständnis voraussetzt. Dadurch unterscheidet sie sich vom „Kurzreferat"; die Benennungen „Zusammenfassung" und „Kurzreferat" sollten daher nicht synonym benutzt werden.

**Annotation:** Die Annotation ist eine möglichst kurze allgemeine Charakterisierung eines Dokuments. Sie ist bestimmt durch folgende Merkmale:

a) Sie ist möglichst redundanzfrei, d.h. sie enthält keine Angaben, die aus dem Titel eines Dokuments oder in Verbindung mit dem Titel erschlossen werden können.

b) Sie dient dem weiteren Verständnis des Titels eines Dokuments unabhängig von bestimmten Benutzerbedürfnissen und soll den Hauptgegenstand des Dokuments verdeutlichen.

c) Sie ist rein deskriptiv, braucht nicht aus vollständigen Sätzen zu bestehen und darf nur Angaben enthalten, die aus dem Dokument erschlossen werden können.

**Kurzreferat (Abstract):** Das Kurzreferat gibt kurz und klar den Inhalt des Dokuments wieder. Das Kurzreferat soll informativ ohne Interpretation und Wertung (Ausnahme siehe kritisches Referat) und auch ohne die Originalvorlage verständlich sein. Der Sachtitel soll nicht wiederholt, vielmehr, wenn nötig, ergänzt oder erläutert werden. Es müssen nicht alle Inhaltskomponenten des Dokuments dargestellt werden, sondern es können diejenigen ausgewählt werden, die von besonderer Bedeutung sind.

Da das Abstract hier im Vordergrund steht, wollen wir dessen Hauptformen und später seine Merkmale weiter diskutieren.

Bezüglich des Verfassers wird allgemein zwischen Autoren- und Fremdreferaten unterschieden. Cremmins (Lit. 15, S. 5) nennt die letzteren Access-Abstracts, die, in der Regel von Informationsspezialisten geschrieben, einen besseren Einstieg in Publikationsdienste bzw. Online-Datenbanken ermöglichen. Autorenreferate sind nach Rowley (Lit. 86) zu den „homotopic abstracts" zu rechnen, welche dadurch charakterisiert sind, dass sie zur gleichen Zeit wie die Originaltexte publiziert werden. Daher sind „homotopic abstracts" meistens Autorenreferate. DIN 1426 legt besonderen Wert darauf, dass ein Autorenreferat deutlich als solches zu kennzeichnen sei. Die Mehrheit der Fachleute ist skeptisch bezüglich des Informationswertes von Autoren-Abstracts (vgl. auch Lit. 10, S. 13), auch wegen der rechtlich schwierigen Situation bei der Übernahme von Autorenreferaten in Referateorgane bzw. Online-Banken. Allerdings spricht der Zeitvorteil („homotopic") zugunsten der Autorenreferate.

Nach dem inhaltlichem Bezug wird unterschieden nach

– informativen Referaten

– indikativen Referaten

– informativ-indikativen Referaten als Zwischenform.

DIN 1426: „Das informative Kurzreferat gibt so viel Information wieder, wie Typ und Stil des Dokuments zulassen. Es gibt insbesondere Auskunft über das behandelte Gebiet, Zielsetzungen, Hypothesen, Methoden, Ergebnisse und Schlussfolgerungen der im Originaldokument enthaltenen Überlegungen und Darstellungen, einschließlich der Fakten und Daten.

Das indikative Referat gibt lediglich an, wovon ein Dokument handelt. Es weist den Leser auf die im Dokument behandelten Sachverhalte hin und deutet die Art der Behandlung an, aber gibt nicht konkrete Resultate der im Dokument enthaltenen Überlegungen oder dargestellten Untersuchungen wieder.

Das informativ-indikative Referat ist eine Mischform, die den Benutzer über ausgewählte Sachverhalte informiert und andere Sachverhalte nur erwähnt.

Im Normalfall soll informativ referiert werden. In begründeten Fällen, z.B. bei längeren Texten, wie Übersichtsdarstellungen, Literaturberichten und vollständigen Monographien, kann ein indikatives Referat verwendet werden. Für das informativ-indikative Referat soll man sich insbesondere dann entscheiden, wenn Beschränkungen bezüglich der Länge des Kurzreferats oder Typ und Stil des Dokuments ein informatives Referat nicht möglich machen. Dabei können Sachverhalte exemplarisch oder nach spezifischen Benutzerbedürfnissen oder wegen ihres Neuigkeitswertes herausgehoben werden."

Beispiele für diese drei Typen von Kurzreferaten sind in der Norm auf S. 6 angeführt. Wir wollen hier ein Borko/Bernier (Lit. 10) entnommenes Beispiel für ein modulares Abstract anführen (Abb. 2), da in ihm die wesentlichen Formen (auch der Typ des kritischen Referats) zusammengeführt worden sind.

Wir haben eingangs erwähnt, dass Abstracts in der Regel mit Blick auf einen anonymen Benutzerkreis hin produziert werden. Eine Ausnahme stellen die sogenannten „slanted abstracts" dar, die meistens für betriebsinterne Zwecke auf einen genau definierten Benutzerkreis hin erstellt werden. Dabei ist das Abstraktionskriterium das Benutzerprofil der

---

**Ablation of fiberglass-reinforced phenolic resin.** R. E. Rosensweig and N. Beecher. American Institute of Aeronautics and Astronautics Journal 1, 1802 - 9 (1963).

**Annotation:**
A model is developed for charring and melting a composite material with glassy ablation combined with char-layer-molten-glass reactions.

**Indicative:**
Variables in ablation of a fiberglass-phenolic-resin composite include glass ablation and plastic pyrolysis, flow of melt, mass loss, reaction-heat absorption, mass injection, and coupling between pressure and chemical reaction. Mathematical development and approximation are discussed. Parametric examinations are made.

**Informative:**
Melting and pyrolysis and other chemical reactions are considered in this theory of ablation of phenolic-resin-fiberglass composite. In this theory, reaction occurs in a surface film in which carbon from pyrolysis of the resin reacts with the glass. For IRBM reentry, there is little temperature drop in the reaction zone, usually less than 1 % and 6 % maximum. Depth of the reaction zone was one-thousandth that of the thermal thickness. The unreacting runoff in the melt was 40 - 80 % and was a function of the possible reaction-enthalpy level. More than 99 % of the material reaching the reaction zone was affected. At 1400 - 2000°C the reaction assumed was: $SiO2 + 3 C = SiC + 2 Co$. Up to 25 % increase in the ablation rate appeared only at lower reaction rates. Changing reaction enthalpy three times changed the reaction rate less than 10 %. The value calculated according to this theory for peak reentry ablation rate was 38 % below the experimental value.

**Critical:**
This theory of ablation of carbon-contaminated glass extends the work of Bethe and Adams (Cr. Avco-Everett Research Laboratory, Research Report No. 38, Nov. 1985) on glasses. Experimental ablation was 38 % greater than that calculated by this theory. Thorough error analysis was not included. Spalding (Aero Quarterly 237 - 74 (Aug. 1961)) and Scala (General Electric Co. MSVD, report R59SD401 (July 1959); ARS Journal 917 - 24) have treated similar problems.

*Abb. 2: Modulares Abstract (Quelle: Figure 1.4 aus Lit. 12, S. 17)*

Zielgruppe (vergleichbar damit der SDI-Dienstleistung). Solche Abstracts müssen also keine Zusammenfassungen von Texten sein, sondern filtern die Texte gezielt nach bestimmten Informationen. Ähnliche Ansätze sind auch in der Yale-Schule der KI beim automatischen Textverstehen und -zusammenfassen verwendet worden (vgl. Lit. 18), bei denen Texte „überflogen" („skimming") werden und eine detailliertere Analyse von Textpassagen erst dann unternommen wird, wenn es Hinweise dafür gibt, dass sie für vorabdefinierte Interessen relevant sein könnten. Rowley rückt diese „slanted abstracts" in die Nähe von „missionoriented abstracts" („an abstract which is prepared for a mission-oriented abstracting service, or an abstracting service that has been charged to cater for the application of a specific branch of knowledge"; Lit. 86, S. 16) oder von „findings-oriented abstracts", bei denen nicht spezielle Gruppeninteressen als Filter dienen, sondern das Interesse an Forschungsergebnissen. Weitere Formen sind leicht vorstellbar. In eher populären Fachzeitschriften kommen auf Titelseiten oder bei Inhaltsverzeichnissen häufiger sogenannte „highlight abstracts" (vgl. Lit. 86, S. 17) zum Einsatz, die in Ergänzung zum Titel von Beiträgen oder zu systematischen Stichwörtern mit einigen „highlights" aus den Artikeln das Interesse der Leser erwecken sollen. Dabei wird auf eine Zusammenfassung des gesamten Originalbeitrags in der Regel aber kein Wert gelegt.

Zur Vervollständigung sei noch auf das Strukturreferat hingewiesen, das allerdings in der Praxis trotz seines hohen Informationswertes bislang sehr wenig zum Einsatz kommt, da die Erstellung im intellektuellen Prozess aufwendig ist. Das Strukturreferat, auch Positionsreferat, ist „einheitlich nach vorgegebenen Kategorien in einer meist vorgegebenen Reihenfolge gegliedert. Beispiele solcher Kategorien sind: Zielsetzung, Gegenstand, Verfahren und Methode, Ergebnis, Anwendung, Zeitraum, geographischer Raum" (DIN 1426). Die einzelnen Kategorien können, falls das Originaldokument dies erlaubt, mit Texten, aber auch mit Deskriptoren oder anderen informationellen Einheiten gefüllt werden. Nützlich ist diese Form sowohl aus Sicht des Herstellers des Abstracts (vorgegebene Kontrollstruktur) als auch des Rezipienten (erleichtert die Orientierung). Abb. 3 zeigt ein weitgehend formal gehaltenes Strukturreferat, wie es z.B. für die Beschreibung von Proceedings-Beiträgen verwendet werden könnte. Wie man am Eintrag „Vortragender" erkennt, können die Strukturen auf weiteren Ebenen ausdifferenziert werden. Die lineare Darstellung stößt allerdings dann bald auf Grenzen.

Die Form von Strukturreferaten erinnert an Strukturen, wie sie aus der Wissensrepräsentationstechnik bei *Frame-Sprachen* oder Skripts üblich sind. Eine prinzipielle Erweiterung des Strukturrefera-

| VORTRAG | |
|---|---|
| **Thema** | Graphische und textuelle Erzeugung flexiblerKondensate aus Textwissensstrukturen. Die Systemleistung von TWRM-TOPOGRAPHIC als Prototyp eines neuartigen Informationssystems |
| **Anlass** | Deutscher Dokumentartag |
| **Zeit** | 29.9.1988 |
| **Ort** | Aachen |
| **Vortragender** | Name: Rainer Kuhlen<br>Institution: Universität Konstanz, Fachgruppe Informationswissenschaft<br>Adresse: D-7750 Konstanz, Postfach 5560<br>Qualifikation: Hochschullehrer |
| **Zielgruppe** | Dokumentare, Informationswissenschaftler, KI-ler, Informatiker, Linguisten, Datenbasisproduzenten, Datenbankanbieter |
| **Veröffentlichung** | vermutlich in den Proceedings des Dokumentartags |
| **Honorar** | nicht vorgesehen |

*Abb. 3: Strukturreferat für Beiträge zu einem Proceedings-Band*

tes ist dann möglich, wenn bei einer Organisation von Kondensierungsstrukturen als Hypertexte die Einträge in Tiefe und Umfang variabel und multimedial gestaltet werden können. Aber damit löst sich prinzipiell die textuell-diskursive Struktur von Referaten/Kondensaten auf (wie auch schon in Abb. 3 angedeutet). Dieser Fall ist in der Norm 1426 noch nicht vorgesehen.

Zum Abschluss der Typendiskussion sei noch daran erinnert, dass Textzusammenfassungen nicht naturgegeben textueller Art sein müssen. In der Geschichte des Information Retrieval ist verschiedentlich mit graphischen Darstellungs- und Ausgabeformen experimentiert worden (Lit. 45; Lit. 64). Vor allem angesichts der referenziellen oder indikativen Funktion des Retrieval (also auf die einschlägigen Texte zu verweisen) spricht einiges dafür, neben Texten auch Graphiken einzusetzen, auch unter der Annahme, dass strukturierte graphische Darstellungen den Verständnisprozess fördern können.

Wir weisen hier nur auf zwei Stationen in der Entwicklung hin, deren Möglichkeiten wegen des fortgeschrittenen Technologiestandes erst heute voll ausgeschöpft werden können. Schon in den frühen Arbeiten von Doyle (Lit. 22; Lit. 23) wurde versucht, Wissen in Assoziationsnetzen/-karten graphisch darzustellen, wobei die dermaßen kondensierte Darstellung gleich auf ganze Bibliotheken abzielen sollte. Die „Wissens"netze sollten entsprechend dem damaligen Stand der statistischen Linguistik nach Assoziationsmaßen auf der Basis von Konkurrenzen berechnet werden, wobei die Intensität einer relationalen Beziehung durch Entfernung der Knoten bzw. durch gewichtete und unterschiedlich graphisch gestaltete Kanten dargestellt wurde. Dienten die Netze zunächst beim Retrieval der Orientierung über den Beständen, also der Unterstützung der Frageformulierung, wobei auch hierfür einfache Stilmittel, wie unterschiedliche Fonts für die Konzepte darstellenden Knoten, benutzt wurden, so sollten sie auch zu diagrammatischen Repräsentationen individueller Dokumente (Lit. 23, S. 385) oder in einer Endstufe zu kondensierten Darstellungen ganzer Bibliotheken führen. Mehr Linguistik wurde von Strong (Lit. 91) im Kontext des ADAM-Projektes der Ohio State University eingebracht, wobei sowohl eine vollständige Syntaxanalyse zum Einsatz kam als auch semantische Relationen auf der Basis der Fillmore'schen Kasusgrammatik, angereichert durch semantische Merkmale, verwendet und graphisch dargestellt wurden. Hierbei wurden als Stilmittel vor allem unterschiedliche Kantentypen verwendet. Allerdings beruhen die bei Strong (Lit. 91) angeführten graphischen Surrogate der Texte zwar wohl auf algorithmischen Verfahren, sind aber graphisch nicht automatisch generiert (vgl. auch Lit. 93).

### B 6.2.3 Merkmale von Abstracts und Regeln zu ihrer Erstellung

Die allgemeinen Merkmale von Referaten sind in der Fachliteratur weitgehend unbestritten, auch wenn Einigkeit darüber besteht, dass sie nur annäherungsweise zu realisieren sind (z. B. Konflikte zwischen Vollständigkeit und Kürze). Die Ausprägungen dieser allgemeinen Merkmale variieren natürlich je nach Abstract-Typ, so dass die Norm zur Vermeidung von Missverständnissen vorschlägt, die Bezeichnung „Referat" nur in Komposita und Zusammensetzungen zu benutzen (z.B. indikatives Referat). Wir folgen auch hier der Formulierung der Norm:

a) **Vollständigkeit.** Das Kurzreferat muss für den Fachmann des jeweiligen Bereichs ohne Rückgriff auf das Originaldokument verständlich sein. Alle wesentlichen Sachverhalte sollen auch im Hinblick auf die maschinelle Recherche im Kurzreferat explizit enthalten sein. Hierzu gehören: Hypothese, Zielsetzung, Gegenstand, Verfahren und Methode, Ergebnis, Schlussfolgerung, Anwendung, Zeitraum, geographischer Raum. Der Titel soll jedoch im Kurzreferat nicht wiederholt werden. Um Fehlinformationen der Benutzer und Ballast bei der maschinellen Recherche zu vermeiden, sollen Nebenthemen nur dann berücksichtigt werden, wenn das Originaldokument ausreichend informative Aussagen enthält und ein besonderer Grund vorliegt.

b) **Genauigkeit.** Das Kurzreferat soll genau die Inhalte und die Meinung der Originalarbeit wiedergeben, d.h. es soll weder die Akzente des Originals verschieben noch im Original nicht enthaltene Angaben bringen.

c) **Objektivität.** Das Kurzreferat soll sich jeder Wertung enthalten. Zwar bedeuten Auswahl und Darstellung der referierten Sachverhalte immer einen subjektiven Einfluss des Referenten, doch soll dieser soweit wie möglich reduziert werden. Deshalb empfiehlt es sich, den Aufbau des Kurzreferats am Aufbau des Originaldokuments auszurichten sowie die Terminologie des Autors und direkte Zitate zu übernehmen.

d) **Kürze.** Das Kurzreferat soll so kurz wie möglich sein. Überflüssige Redewendungen sind daher zu vermeiden. Allgemein bekannte Abkürzungen sowie – in einigen Fachbereichen – der Einsatz von graphischen Hilfsmitteln (z.B. Strukturformeln) können ebenfalls zur Kürzung der Inhaltsangabe beitragen.

e) **Verständlichkeit.** Das Kurzreferat soll verständlich sein. Dies ist zu erreichen durch: Verwendung möglichst weit verbreiteter Fachausdrücke, Verwendung national oder international eingeführter Nomenklaturen, Maßangaben, Formelzeichen, Symbole und Abkürzungen, Vermeidung ungebräuchlicher Fachausdrücke (vom Verfasser der Originalarbeit neu eingeführte Ausdrücke sollen erwähnt und erläutert werden).

DIN 1426 regt ausdrücklich an, im konkreten Fall eigene Regelwerke zu erstellen, die je nach Verwendungszweck die Merkmalsbeschreibungen eindeutig machen sollen. DIN 1426 ist also nicht als unmittelbare Handlungsanweisung zu verstehen, sondern bedarf der jeweiligen Anpassung. Entsprechend viele Regelwerke mit zum Teil detaillierten Anweisungen liegen vor (vgl. Lit. 63 mit einem Verzeichnis von Regelwerken, die in der Dokumentationspraxis zum Einsatz kommen). In der angelsächsischen Welt wird ISO 214 (Lit. 53) häufiger direkt als Regelwerk verwendet.

Dass Regelwerke manchmal ganz knapp gehalten werden können, wird bei Borko/Bernier (Lit.12, S. 47) belegt (Abb. 4).

In Form von Handlungsanweisungen fasst Cremmins (Lit. 15, S. 10) seine langen Erfahrungen (und die des ANSI) bei der Herstellung von Abstracts wie folgt zusammen:

– Prepare an abstract that access services can reproduce with little or no change, copyright permitting.

– State the purpose, methods, results, and conclusions presented in the original document, either in that order or with initial emphasis on results and conclusions.

– Make the abstract as informative as the nature of the document will permit, so that readers may decide, quickly and accurately, whether they need to read the entire document.

– Unless otherwise instructed, use fewer than 250 words for most papers and portions of monographs and fewer than 100 words for notes and short communications. For long reports and theses, do not exceed 500 words.

– Avoid including background information or citing the work of others in the abstract, unless the study is a replication of their work.

– Do not include information in the abstract that is not contained in the textual material being abstracted.

– Verify that all quantitative information or qualitative information used in the abstract agrees with the information contained in the full text of the document.

– Use standard English and precise technical terms, and follow conventional grammar and punctuation rules.

– Give expanded versions of lesser known abbreviations and acronyms, and verbalize symbols that may be unfamiliar to readers of the abstract.

– Omit needless words, phrases, and sentences.

---

**DDC Rules for Preparing Abstracts**

Outline

In brief:
1. Always an informative abstract if possible
2. 200 - 250 words
3. Same technical terminology as in report
4. Contents
   a. Objectives or purpose of investigation
   b. Methods of investigation
   c. Results of investigation
   d. Validity of results
   e. Conclusions
   f. Applications
5. Numerals for numbers when possible
6. Phrases for clauses, words for phrases when possible
7. No unconventional or rare symbols or characters (…)
8. No uncommon abbreviations
9. No equations, footnotes, preliminaries
10. No descriptive cataloguing data
11. Security Classification
12. Dissemination controls, if any
13. Review it

*Abb. 4: Regelwerk für die Erstellung von Abstracts (Quelle: Lit. 10, S. 47)*

Regelwerke betonen meistens lediglich die formalen Eigenschaften von Abstracts (z.B. Umfang, Syntaxmuster). Man kann ihnen kaum entnehmen, woraus denn der eigentliche intelligente Prozess (die Kunst) besteht, der zu einem guten Abstract führt. Wir haben schon auf die vier Prinzipien Cremmins des analytischen Lesens, des logischen Denkens, des informierenden Schreibens und des konsistenten Editierens hingewiesen, die er detailliert ausführt (vgl. auch Lit. 16). In Abb. 5 sind die wesentlichen Einsichten zusammengefasst.

In verschiedenen Arbeiten ist darauf aufmerksam gemacht worden (vgl. Lit. 29; Lit. 30; Lit. 31), dass für den Prozess der Erstellung von Abstracts sowohl die Ergebnisse der eher praktisch bzw. deskriptiv ausgerichteten Schreib- und Leseforschung (Lit. 01; Lit. 35; Lit. 47; Lit. 05; Lit. 78) und der theoretischen Textlinguistik (vor allem Kintsch, van Dijk: Lit. 58; Anwendungen: Lit. 19; Lit. 20) für das Abstracting einschlägig sind. Dabei muss darauf geachtet werden, inwieweit Aussagen über die allgemeine Produktion von Texten auf den Spezialfall der Produktion von informierenden Texten, der beim Abstracting gegeben ist, angewendet werden können. Es scheint jedoch sinnvoll zu sein, die bislang überwiegende Beachtung der Fachkompetenz von Abstractern durch stärkere Berücksichtigung der kognitiven und sprachlichen Momente des Texterstellungsprozesses und seiner Rahmenbedingungen (z.B. Benutzung von technischen Hilfsmitteln, integrierte Autorenarbeitsplätze, informationelle Absicherung durch Zugriff auf externe Ressourcen, Kontakte mit Autoren und Distributoren) zu ergänzen. Das Schreiben von Abstracts ist eine hochwertige kognitive und sprachliche Leistung (Lit. 57) und sollte in seinem Umfeld entsprechend dem Stand des technisch und methodisch Möglichen unterstützt werden. In der Habilitationsschrift von Endres-Niggemeyer (Lit. 31) wird dieser kognitive Ansatz auf der Grundlage reicher empirischer Studien als Grundlage für eine erweiterte Theorie des Abstracting ausgebaut. Aus der Textlinguistik scheint vor allem das von Kintsch/van Dijk 1983 (Lit. 58) vorgelegte Modell zum Verstehen und Zusammenfassen von Texten für das Abstracting produktiv zu sein. Texte werden in diesem Modell aus einer allgemeinen semantischen Struktur (macrostructure) abgeleitet: „The result of the comprehension process is a well-organized text base in the memory of the reader. For every reader, the macrostructure may be different, depending on goals and strategies of comprehension. The reduction process is performed by macrostrategies. They cooperate with other supporting strategies of text comprehension. At each level of reduction, they produce a coherent text, consisting of macropropositions. The derived text is shorter and more abstract and may – at a certain point of reduction – correspond to an informative abstract." (Lit. 30)

| Stages | Techniques | Results |
| --- | --- | --- |
| 1. Focusing on the basic features of the materials to be abstracted | Classifying the form and content of the materials | Determination of the type of abstract to be written, the relative length, and the degree of difficulty |
| 2. Identifying relevant information (sometimes done simultaneously with Stage 1) | (a) Searching for cue or function words and phrases, structural headings and subheadings; (b) expanding the search based on the results of (a) | Identification of a representative amount of relevant information for extraction |
| 3. Extracting, organizing, and reducing the elevant information | Organizing and writing the extracted relevant information into an abstract, using a standard format | Preparation of a concise, unified, but unedited abstract |
| 4. Refining the relevant information | Editing or review of the abstract by the originator or editorial or technical reviewer | Completion of a good informative or indicative abstract |

*Abb. 5: Stufen im menschlichen Abstracting-Prozess (Quelle: Lit. 15, S. 17)*

Eine explizit informationswissenschaftliche Theorie des Abstracting bzw. der „Aboutness" (Lit. 06) hat unter dem Einfluss der Prager Textlinguistik (vor allem unter Verwendung der textuellen Progressionsmuster von Danes, Lit. 17) Hutchins (Lit. 50; Lit. 51) vorgelegt (vgl. auch die folgenden Ausführungen zur Textlinguistik mit Blick auf automatisches Generieren und Kondensieren).

Im weiteren Sinne zu den Regeln des Abstracting gehören auch Kriterien, nach denen Originaldokumente zum Zwecke des Abstracting ausgewählt werden (Abstract-Würdigkeit). Rowley (Lit. 86, S. 22f) hat die folgenden Punkte zusammengestellt:

a) pertinent to the interests of clients

b) novel contributions to a given field of endeavour

c) final reports, or other reports well supported by sound methodology and convincing evidence

d) those which convey information that is likely to be difficult to access, such as foreign documents or internal reports and memoranda and other documents with a limited circulation

e) significant advances and reviews

f) those which contain information located in sources known to be reliable, such as the information in professional and technical journals with an established reputation

g) sources, in particular journals or reports issued by a specific organization, for which the abstracting agency has undertaken to give comprehensive coverage.

## B 6.2.4  Abstracting und Online-Banken

Interessanterweise hat das Aufkommen der Online-Informationsbanken die informationsmethodische Beschäftigung mit Referaten nicht eingeschränkt. Zwar mag es sein, dass Online-Informationsbanken das sukzessive Ende von Referateorganen in ihrer gedruckten Form bedeuten können, der angesprochene referenzielle Informationswert von Abstracts beim Überfliegen von Retrievalergebnissen scheint den Nutzern von Informationssystemen jedoch nach wie vor hoch zu sein. Entsprechend wird auch heute noch viel methodische Energie beim Formulieren von Regeln zum Referateerstellen aufgebracht. Viele Regeln aus der Dokumentationspraxis sind erst neueren Datums (vgl. Lit. 61). Zunehmend wird bei diesen Regeln der Tatsache Rechnung getragen (auch in der neuen Version von DIN 1426 von 10/88), dass Abstracts beim *Online-Retrieval* zum Einsatz kommen.

In diesem Zusammenhang sind die Empfehlungen einschlägig, die Fidel (Lit. 36) aufgrund einer Untersuchung an 57 Datenbasen zusammengestellt hat (Abb. 6). Diese 57 Datenbasen waren eine Teilmenge aus insgesamt 123 Datenbasen, die alle im Online-Betrieb recherchierbare Abstracts enthielten. Lediglich bei diesen 57 Datenbasen enthielten die Abstracts-Richtlinien der dafür zuständigen 36 Datenbasenproduzenten ausdrückliche Freitext-Anweisungen, die darauf abzielen, den Informationswert von im Freitext-Retrieval invertierten Dateien möglichst hoch zu halten (vgl. auch Lit. 99), vor allem durch die Verwendung von Begriffen aus einem kontrollierten Vokabular für das Formulieren von Referatetexten.

Die fortschreitende Automatisierung von Informationssystemen ist laufend Anlass, den Wert von klassischen dokumentarischen Techniken neu zu bedenken. In mittlerer Perspektive scheinen dabei die Produkte des automatischen Textkondensierens noch keine realistische Konkurrenz zum intellektuell erstellten Referat zu sein. Eine solche Konkurrenz sind aber offenbar für viele Datenbankanbieter des internationalen Informationsmarktes die Verfahren des Freitextretrievals, die wegen der fortfallenden Kosten der intellektuellen Arbeit attraktiv zu sein scheinen. Beruht die dafür erforderliche Invertierung der Textwörter auf den Referatetexten, so ergibt sich eine beim Retrieval zuweilen nützliche Koalition zweier Verfahren. Beruht sie auf den Volltexten selber, so entsteht eine in der Regel zuungunsten der Abstracts ausgehende Konkurrenzsituation. Volltextdatenbanken sollen – so die Annahme der Anbieter – die Diskriminierungs- und Referenzleistung von Abstracts übernehmen und sie dadurch sogar übertreffen, dass die Referenz dann tatsächlich zu den vollen Texten führt. Volltextdatenbanken werden nicht zuletzt auch durch den zunehmenden Einsatz von CD-ROM (Volltextdaten mit entsprechender Retrievalsoftware auf optischen Speichern) attraktiv (vgl. Lit. 48). Obgleich man sich in der Forschung einig ist (vgl. Lit. 75; Lit. 55; Lit. 08; Lit. 62; Lit. 94; Lit. 80), dass durch eine bloße Volltextinvertierung keine zufriedenstellenden Retrievalergebnisse zu erzielen sind, mag die Einschätzung und das Verhalten der Datenbankanbieter verständlich sein: fehlen

## THE CONTENT OF ABSTRACTS

*General statements*
Use 'important' concepts and terms (e.g. those which will enhance free-text retrieval, those for which a document gives enough information, or key words).

*Index terms*
Co-ordinate concepts used in abstracts with assigned descriptors.
(a) Assign concepts in abstracts that are identical to descriptors.
(b) Assign concepts in abstracts that complement descriptors (e.g. relevant terms that are missed in descriptor indexing and in titles, terms that are more specific than descriptors, or a particular type of term that is important to the subject area, such as geographic names).
(c) Assign concepts in abstracts that both complement and are identical to descriptors.
Enhance indexing independent of any index language used.

*Check lists*
Follow a list of retrieval-related elements that should be included in abstracts.
Forms of check lists:
(a) Categories that should be included in abstracts (e.g. materials, properties and processes) and the conditions under which they should be included (e.g. only when they are discussed elaborately, or whenever mentioned).
(b) Specific and particular guidelines (e.g. ‚whenever dealing with a new product, mention the company name).

## THE LANGUAGE OF ABSTRACTS

*Use of author language*
Use author language.
Do not use author language.
Use standardised and concrete terms specific to a subject area.
Use both author language and synonyms.

*Relationship to index language used*
Co-ordinate terms in abstracts with descriptors.
Complement descriptors with terms in abstracts (e.g. use synonyms or more specific terms).
Use specific and well-accepted terms for particular categories (such as materials, processes and products).

*Practices to avoid*
Do not use negative (e.g. use sick instead of not healthy).
Do not list terms which have a common last word as series (such as 'upper, middle, and working class').

*Word forms*
Follow local language practices (e.g., change American spelling for British databases).
Always spell out terms in certain categories (such as processes, materials, products).
When a term and a descriptor are the same, record the term in the form used by the descriptor.
Express terms both in their abbreviated and in their complete form.

*Abb. 6: Empfehlungen zur Erstellung von Abstracts mit Blick auf ihren Einsatz in Online-Banken (Quelle: Lit. 36, S. 15)*

doch nach wie vor entsprechende einsatzbereite Verfahren der Wissensrepräsentation von Volltexten oder der flexiblen automatischen Textkondensation.

Die intellektuelle Arbeit der Inhaltserschließung, hier bezogen auf das Referieren, erweist sich nach wie vor als Engpass des Information Retrieval. Offenbar besteht hier ein tatsächlicher Bedarf nach automatisierten Verfahren. Wir geben daher zum Schluss einige Hinweise auf Möglichkeiten des automatischen Abstracting bzw. des automatischen Textkondensierens, ohne im Zusammenhang dieses Beitrags auch nur annähernd beanspruchen zu können, eine repräsentativen Überblick über den Stand der Kunst des automatischen Abstracting/Summarizing zu geben (vgl. dazu Lit. 31; Lit. 33; Lit. 41; Lit. 44, mit Blick auf Anwendung für wissenschaftliche Literatur Lit. 95). Einen Überblick über „Automatic Abstracting & Summarizing Tools" geben Lit. 97; vgl. Lit. 11; Lit. 32; Lit. 34.

Zwar sind auch heute noch nicht diese Verfahren derart robust, dass sie in der realen Dokumentationspraxis routinemäßig zum Einsatz kommen könnten. Jedoch sind die Konzepte so weit entwickelt und die experimentellen Arbeiten so weit vorwärts getrieben (vgl. Lit. 33; Lit. 40; Lit. 45; Lit. 65), dass sich die Fachleute in der Dokumentationspraxis eine Meinung über die Leistungsmöglichkeit dieser Verfahren bilden und entsprechende Maßnahmen für einen sinnvollen Transfer des Wissens in die Praxis einleiten können. Die Zeit scheint reif zu sein für größere Entwicklungsprojekte des automatischen Textkondensierens. Die (gewiss noch unzulänglichen) Summarizing-Angebote im Internet sind ein Hinweis darauf, dass Zusammenfassungsleistungen nützlich sind und im Spektrum elektronischer Dienste, wie auch Übersetzungsdienste, erwartet werden.

## B 6.3 Automatische Verfahren des Abstracting

Nicht unumstritten in der Literatur ist die These von Mathis/Rush: „Before any attempt is made to automate the process of abstracting, it is important to understand how humans produce abstracts" (Lit. 77, S. 113), da weder die Äquivalenz in der Leistung eine Identität der dafür verwendeten Methoden/Algorithmen notwendig bedingt (dies wird in der KI unter dem Gesichtspunkt der kognitiven Plausibilität von Verfahren diskutiert) noch es als gegeben angenommen werden kann, dass die menschliche Leistung beim Referieren dergestalt befriedigend ist, dass sie für maschinelle Verfahren als Vorbild und Anregung dienen müsste (vgl. Lit. 61). Wir haben auf pragmatische Defizite, Starrheit in der Präsentationsform und auf Inter-Abstracter-Inkonsistenzen hingewiesen, so dass man argumentieren kann: „such emulation would lead simply to a faster rate of production of consistently poor abstracts" (Lit. 77, S. 117). Es ist also zumindest fraglich, ob es viel Sinn macht, menschliche und maschinelle Abstracting-Leistungen zu vergleichen. Allerdings kann es aber durchaus sein, dass eine maschinelle Leistung nicht nur eher akzeptiert wird, wenn sie einer bekannten menschlichen sehr nahe kommt, sondern dass das Computerangebot auch objektiv als optimal angesehen werden kann, wenn es die kognitive Leistung von Menschen simulieren kann.

Der Wert des maschinellen Abstracting besteht aber vermutlich nicht in der Nachahmung menschlicher Leistung, sondern im Angebot neuer, flexibler Formen des Textkondensierens und des Reagierenkönnens auf variable Bedürfnisse. Dies war allerdings außerhalb der Reichweite der frühen, weitgehend auf statistischen Verfahren beruhenden Ansätze. (Für eine Darstellung dieser frühen Verfahren vgl. Lit. 103; Lit. 77; ein Gesamtüberblick bei Lit. 31; Lit. 40; Lit. 64)

Techniken des automatischen Abstracting waren bis Ende der siebziger Jahre weitgehend Extracting-Verfahren. Borko/Bernier stellten 1975 (Lit. 10, S. 14) in ihrer Untersuchung zum computer-gestützten Abstracting fest, „that the computer may select representative sentences, but it does not yet prepare abstracts – merely extracts". Seit dem ersten Experiment mit dem Luhn-Algorithmus (Lit. 69) konzentrieren sich die Verfahren darauf, relevante Sätze im Gesamttext aufgrund vorgegebener Kriterien erkennen und in eine Rangfolge bringen zu können und in einer Sequenz auszugeben (vgl. Lit. 13; Lit. 25; Lit. 26; Lit. 27). Aus historischen Gründen sei das mit dem Luhn-Algorithmus erste automatisch produzierte Abstract angeführt (Abb. 7).

Als Kriterien für die Erkennung von relevanten Sätzen können z.B. dienen:

– Konzentration von Wörtern (laufende Textwörter, Grundformen, Stammformen) mit hoher absoluter oder relativer Häufigkeit (wobei die Wörter in der Regel mit einfachen morphologischen

> **Exhibit I**
>
> Source: The Scientific American. Vol. 196, No. 2, 86-94, February, 1957
>
> Title: Messengers of the Nervous System
>
> Author: Amodeo S. Marazzi
>
> Editor's Sub-heading: The internal communication of the body is mediated by chemicals as well as by nerve impulses. Study of their interaction has developed important leads to the understanding and therapy of mental illness.
>
> **Auto-Abstract**
>
> It seems reasonable to credit the single-celled organisms also with a system of chemical communication by diffusion of stimulating substances through the cell, and these correspond to the chemical messengers (e.g. hormones) that carry stimuli from cell to cell in the more complex organisms. (7.0)
>
> Finally, in the vertebrate animals there are special glands (e.g., the adrenals) for producing chemical messengers, and the nervous and chemical communication systems are intertwined: for instance, release of adrenalin by the adrenal gland is subject to control both by nerve impulses and by chemicals brought to the gland by blood. (6.4)
>
> The experiments clearly demonstrated that acetylcholine (and related substances) and adrenalin (and its relatives) exert opposing actions which maintain a balanced regulation of the transmission of nerve impulses (6.3)
>
> It is reasonable to suppose that the tranquilizing drugs counteract the inhibitory effect of excessive adrenalin or serotonin or some related inhibitor in the human nervous system. (7.3)

*Abb. 7: Erstes automatisch produziertes Abstract (Extrakt) (Quelle: Lit. 69)*

Verfahren der Reduktion auf Stamm- oder Grundformen normalisiert werden);

– Konzentration von „sprachlichen Einheiten" mit bestimmten syntaktischen Merkmalen (Wortklassenzugehörigkeit, bevorzugt Substantive; Grundmuster von Nominalphrasen, Nominalgruppen mit angehängten Präpositionalphrasen (NP(art n) PP (präp NP))

– Konzentration von „sprachlichen Einheiten", die mit Einträgen in einer Positiv-Wortliste oder auch mit Titelwörtern übereinstimmen.

Berücksichtigt werden können dabei auch die Position des Vorkommens relevanter Sätze. Als relevant werden häufig sogenannte *topic*-Sätze angesehen, also Sätze, die bevorzugt am Anfang oder am Ende einer größeren textuellen Einheit (Absatz, Abschnitt, Kapitel) vorkommen. Die zugrundeliegende Hypothese für die *topic*-Sätze-Präferenz ist, dass am Anfang einer größeren textuellen Einheit das Thema bzw. Unterthema angesprochen wird und am Ende eben dieser Einheit eine Zusammenfassung stehen sollte.

Der erste Schritt solcher Extracting-Verfahren besteht also aus dem Identifizieren von potentiell relevanten Sätzen. Der zweite Schritt besteht aus der Gewichtung der Abstract-Kandidaten-Sätze. Auch hier kann die volle Bandbreite statistischer Assoziations- und Clustering-Verfahren zum Einsatz kommen. In wieweit sie kognitiv plausibel sind, ist umstritten; sie sind jedoch hervorragend geeignet, durch Einstellen verschiedener cut-off-Werte unterschiedlich lange Abstracts zu produzieren. Die relevantesten Sätze werden dann in der Reihenfolge ihres Vorkommens im Originaltext ausgegeben.

Einen repräsentativen Überblick über diese statistischen und oberflächenlinguistischen Ansätze des automatischen Abstracting gewinnt man durch die verschiedenen Darstellungen des an der *Ohio State University* von verschiedenen Autoren (z.B. Mathis, Rush, Salvador, Zamora, später auch Strong) in den siebziger Jahren entwickelten ADAM-Systems. Hier sind auch zum ersten Mal (weitgehend auf strukturalistischen Grammatiken beruhende) textsyntaktische Experimente (Lit. 76) aufgrund der Einsicht durchgeführt worden, dass eine Auflistung extrahierter Sätze aus Lesbarkeitsgründen zumindest einer kohäsiven Aufbesserung bedarf. Abstracts sind eben auch Texte, deren Sätze nicht unverbunden sind, sondern intersententiell verknüpft werden müssen, z.b. durch Koreferenzen oder Konjunktionen (Beispiele für automatisch produzierte Abstracts des ADAM-Systems bei Cremmins, Lit. 15) (vgl. Lit. 104).

Methodisch wurde in den 80er Jahren das Abstracting durch die KI-Forschung als exemplarisches Übungsfeld zur Simulation menschlicher intelligenter Leistungen angesehen. Entsprechend sind hier zahlreiche Summarizing-Arbeiten entstanden, z.B. DeJong (Lit. 18; Lit. 44; Lit. 66; Lit. 95; Lit. 34; Lit. 45); Hobbs (Lit. 49); Lehnert/Black/Reiser (Lit. 68); Cook/Lehnert/McDonald (Lit. 14). Einigkeit bestand darüber, dass hochwertige Leistungen der Analyse von natürlicher Sprache (und der Synthese in Form von Abstracts/Summaries) nicht nur durch sprachimmanente Verfahren der Grammatik und Semantik zu erreichen sind, sondern zusätzlich durch Wissen um den in dem jeweiligen Sprachfragment angesprochenen Kontext (in der KI spricht man von Weltwissen; in der Informationspraxis von Fachinformation). Dies angewendet auf Verfahren des automatischen Abstracting bedeutet, dass das Erstellen von Abstracts sich nicht nur auf die Texte selber beziehen kann, sondern Weltwissen heranziehen muss, weniger, um zusätzliches Wissen in den Abstracts unterzubringen (was ja nach der Abstract-Theorie untersagt ist, s. oben), sondern um das in den Texten niedergelegte Wissen überhaupt erst einmal durch Rechner identifizieren zu können. Dies macht den Paradigmenwechsel aus: Nicht länger sind Grundlage des Abstracting die als relevant extrahierten Sätze von Texten, sondern mit Hilfe von Weltwissen erkannte Textwissensstrukturen. Abstracts werden dann nicht mehr direkt aus Texten abgeleitet, sondern eher aus Wissensstrukturen generiert (vgl. Lit. 37; Lit. 38; Lit. 73; Lit. 92; Lit. 71; die Beiträge in Lit. 56, vor allem Lit. 85; Lit. 74; Lit. 89).

**Literatur**

01 Adler, M. J.; van Doren, C. (1972): How to read a book: the classic guide to intelligent reading. New York: Simon and Schuster, Inc.

02 Acham, K. (1971): Artikel „Abstraktion IV". In: J. Ritter (Hg.): Historisches Wörterbuch der Philosophie, Bd. I A-C, Basel/Stuttgart: Schwabe & Co, Spalten 59-63

03 ANSI (1979): American National Standards Institute, Inc. American National Standard for Writing Abstracts. ANSI Z39.14 – 1979. New York: American National Standards Institute, Inc.

04 Baker, D. B.; Horiszny, J. W.; Metanomski, W. V. (1980): History of abstracting at chemical abstracts. Journal of Chemical Information and Computer Sciences 20 (4) 193-201

05 Beaugrande, R. de (1984): Text production. Toward a science of composition. Norwood, NJ: Ablex

06 Beghtol, C. (1986): Bibliographical classification theory and text linguistics: aboutness analysis. Intertextuality and the cognitive act of classifying documents. Journal of Documentation 42 (2) 84-113

07 Bernier, C. L.: Abstracts and abstracting. In: Dym (1985), 423-444

08 Blair, D. C.; Maron, M. E. (1985): An evaluation of retrieval effectiveness for a full-text document-retrieval system. Communications of the ACM 28 (3) 289-299

09 Borko, H.; Chatman, S. (1963): Criteria for acceptable abstracts: a survey of abstracters' instructions. American Documentation 14, 2, 149-160

10 Borko, H.; Bernier, C. L. (1975): Abstracting concepts and methods. New York/London: Academic Press, Inc.

11 Brandow, R.; Mitze, K.; Rau, L. F. (1995): Automatic condensation of electronic publications by sentence selection. Information Processing and Management Vol. 31 (5) 675-685

12 Cleveland, D. B.; Cleveland, A. D. (1983/2000): Introduction to indexing and abstracting. Littleton: Libraries Unlimited (3. Auflage 2000)

13 Climenson, W. D.; Hardwick, N. H.; Jacobson, S. N. (1961): Automatic syntax analysis in machine indexing and abstracting. American Documentation 12 (3) 178-183

14 Cook, M. E.; Lehnert, W. G.; McDonald, D. D. (1984): Conveying implicit content in narrative summaries. In: COLING 84: Proceedings of the 10th International Conference on Computational Linguistics & 22nd Annual Meeting of the Association for Computational Linguistics. Stanford Univ., CA, July 2-6: ACL, 5-7

15 Cremmins, E. T. (1982): The art of abstracting. Philadelphia, PA: ISI Press

16 Cremmins, E. T.; Trachtman, M. (1981): Writing good quality human and machine abstracts using the three r's of reading, rules, and relationships. In: L. F. Lunin et al. (eds): The Information Community. Proceedings of the 44th ASIS Annual Meeting, Washington, October 25-30, 1981. White Plains, NY: Knowledge Industry Publ., 157-159

17 Danes, F. (1974): Functional sentence perspective and the organization of the text. In: F. Danes (ed): Papers on Functional Sentence Perspective. Prague: Academia, 106-128

18 DeJong, G. F. (1979): Skimming stories in real time: an experiment in integrated understanding. Yale Univ. (Ph.D./Diss.)

19 Dijk, T. A. van (1979): Recalling and summarizing complex discourse. In: W. Burghardt; K. Hölker (eds): Text Processing: Papers in Text Analysis and Text Description. Berlin etc.: de Gruyter, 49-118 (= Research in Text Theory 3)

20 Dijk, T. A. van (1980): Macrostructures: an interdisciplinary study of global structures in discourse, interaction, and cognition. Hillsdale/NJ: Erlbaum

21 DIN 1426 (1988): Inhaltsangaben von Dokumenten. Kurzreferate, Literaturberichte. Deutsche Norm. Normenausschuss Bibliotheks- und Dokumentationswesen (NABD) im DIN Deutsches Institut für Normung e. V. Berlin: Beuth Verlag

22 Doyle, L. B. (1961): Semantic road maps for literature searchers. Journal of the ACM 4, 553-578

23 Doyle, L. B. (1962): Indexing and abstracting by association. American Documentation 4, 378-390

24 Dym, E. D. (ed.) (1985): Subject and information analysis. New York etc.: Dekker

25 Earl, L. L. (1970): Experiments in automatic extracting and indexing. Information Storage and Retrieval 6 (4) 313-334

26 Edmundson, H. P. (1969): New methods in automatic extracting. Journal of the ACM 16 (2) 264-285

27 Edmundson, H. P.; Wyllis, R. E. (1961): Automatic abstracting and indexing – survey and recommendations. Communications of the ACM 4, 226-234

28 Endres-Niggemeyer, B. (1985): Referierregeln und Referate – Abstracting als regelgesteuerter Textverarbeitungsprozess. Nachrichten für Dokumentation 36 (1) 38 -50

29 Endres-Niggemeyer, B. (1988): Informationsorientiertes Schreiben oder die Produktion von textuell dargestelltem Wissen. LDV-Forum 5 (4) 21-37

30 Endres-Niggemeyer, B. (1988): Modelling content analysis as a task-oriented writing process. Proceedings, Writing – an international workshop. Padova 1.-2. Dez.

31 Endres-Niggemeyer, B. (1998): Summarizing Information. Berlin: Springer 1998 (Habilitationsschrift, Universität Konstanz: Abstrahieren, Indexieren und Klassieren. Ein empirisches Prozeßmodell der Dokumentrepräsentation)

32 Endres-Niggemeyer, B. (2000): SimSum: an empirically founded simulation of summarizing. Information Processing & Management 36 (4) 659-682

33 Endres-Niggemeyer, B.; Hobbs, J.; Sparck Jones, K. (eds.) (1995): Summarizing text for intelligent communication. Dagstuhl Seminar, 13.12.-17.12.1993. Dagstuhl-Seminar-Report, 79. Schloß Dagstuhl 1995

34 Endres-Niggemeyer, B.; Elisabeth Neugebauer (1998): Professional summarizing: No cognitive simulation without observation. JASIS 49 (6) S. 486-506

35 Faigley, L.; Chery, R. D.; Jollife, D. A.; Skinner, A. M. (1985): Assessing writer's knowledge and processes of composing. Norwood, NJ: Ablex

36 Fidel, R. (1986): Writing abstracts for free-text searching. Journal of Documentation 42 (1) 11-21

37 Fum, D.; Guida. G.; Tasso, C. (1986): Forward and backward reasoning in automatic abstracting. In: J. Horecky (ed.): COLING-82: Proceedings of the 9th International Conference on Computational Linguistics, Prague, 1982. Prague: Akademia, 83-88

38 Fum, D.; Guida, G.; Tasso, C. (1985): Evaluating importance: a step towards text summarization. In: IJCAI-85: Proceedings of the 9th International Joint Conference on Artificial Intelligence. Los Angeles, CA, USA, August 18-23, 1985. Los Altos, CA: Kaufmann, 840-844

39 Gaus, W. (1983): Referate. Lektion 6 von: Dokumentations- und Ordnungslehre. Berlin etc.: Springer-Verlag, 43-47

40 Hahn, U. (1986): Methoden der Volltextverarbeitung in Informationssystemen. Ein State-of-the-Art-Bericht. In Lit. 63, 195-216

41 Hahn, U.; Inderjeet, M. (2000): The challenges of automatic summarization. Computer 33 (11) 29-36

42 Hahn, U.; Reimer, U. (1986): TOPIC essentials. In: COLING-86: Proceedings of the International Conference on Computational Linguistics. Bonn, FRG, August 25-29, 1986, 497-503

43 Hahn, U.; Reimer, U. (1986): Semantic parsing and summarizing of technical texts in the TOPIC system. In Lit. 63, 153-193

44 Hahn, U.; Reimer, U. (1999): Knowledge-based text summarization: Salience and generalization operators for knowledge base abstraction. In: Inderjeet Mani; Mark T. Maybury (Eds.), Advances in Automatic Text Summarization. Cambridge/MA, London/England: MIT Press, S. 215-232

45 Hammwöhner, R.; Kuhlen, R.; Sonnenberger, G.; Thiel, U. (1989): TWRM/TOPOGRAPHIC. Ein wissensbasiertes System zur situationsgerechten Aufbereitung und Präsentation von Textinformation in graphischen Retrievaldialogen. Informatik. Forschung und Entwicklung 4 (2) S. 89-10

46 Harbeck, R.; Lutterbeck, E. (1986): Inhaltsangaben in der Dokumentation. Nachrichten für Dokumentation 19, 2, 15-18

47 Hayes, J. R.; Flower, L. S. (1980): Writing as problem solving. Visible Language 14, 4, 388-399
48 Helgerson, L. W. (1986): CD-ROM search and retrieval software: the requirements and realities. Library Hi Tech 4 (4) 69-77
49 Hobbs, J. R. (1982): Towards an understanding of coherence in discourse. In: W. G. Lehnert; M. H. Ringle (eds): Strategies for natural language processing. Hillsdale, NJ etc.: Erlbaum, 223-243
50 Hutchins, W. J. (1977): On the problem of 'aboutness' in document analysis. Journal of Informatics 1 (1) 17-35
51 Hutchins, W. J. (1987): Summarization: some problems and methods. In: Jones, K. P. (ed.): Informatics 9, Proc. of a Conference. King's College Cambridge, March 26-27, 1987, London: Aslib, 151-173
52 IRRD (1982): Working rules. International Road Research Documentation (IRRD), Chap. IV.2: Preparation of abstracts. January, 18-20
53 ISO 214 (1976): International Organisation for Standardisation: Documentation: Abstracts for publication and documentation. Genf: ISO
54 Jonak, Z. (1984): Automatic indexing of full texts. Information and Management 20 (5/6) 619-627
55 Karlgren, H; Walker, D. E. (1983): The polytext system: a new design for a text retrieval system. In: F. Kiefer ( ed. ): Questions and Answers. Dordrecht etc., 273-294 (= Linguistic Calculation 1)
56 Kempen, G. (ed.) (1987): Natural language generation. New results in artificial intelligence, psychology and linguistics. Dordrecht: Nijhoff
57 Kennedy, A. (1983): On looking into space. In: Rayner, K. (ed.): Eye movement in reading perceptual and language processing. New York etc., 237-250
58 Kintsch, W.; van Dijk, T. A. (1983): Strategies of discourse comprehension. Orlando, FLA: Academic Press
59 Koblitz, J. (1972): Referieren von Informationsquellen. Lehrbrief. Berlin: Institut für Bibliothekswissenschaft und wissenschaftliche Information
60 Kuhlen, R. (1983): Volltextanalyse zum Zwecke des Abstracting. In: Deutsche Gesellschaft für Dokumentation (DGD) (ed.): Deutscher Dokumentartag 1982: Fachinformation im Zeitalter der Informationsindustrie. 27.-30.9.1982, Lübeck-Travemünde. München etc.: Saur KG, 300-312
61 Kuhlen, R. (1984/1986): Some similarities and differences between intellectual and machine text understanding for the purpose of abstracting. In: H. J. Dietschmann (ed.): Representation and exchange of knowledge as a basis of information processes. Proceedings von IRFIS 5 Heidelberg 5.-7. Sept. 1983. Amsterdam u.a., North-Holland, 87-109 (auch in Lit. 63, 133-151)
62 Kuhlen, R. (1985): Verarbeitung von Daten, Repräsentation von Wissen, Erarbeitung von Information. Primat der Pragmatik bei informationeller Sprachverarbeitung. In: B. Endres-Niggemeyer; J. Krause (eds): Sprachverarbeitung in Information und Dokumentation. Proceedings der Jahrestagung der Gesellschaft für Linguistische Datenverarbeitung (GLDV) in Kooperation mit der Fachgruppe 3 „Natürlichsprachliche Systeme" im FA 1.2 der Gesellschaft für Informatik (01). Hannover, 5.-7. März, 1985. Berlin etc.: Springer, I -22 (= Informatik Fachbericht 114; Subreihe KI)
63 Kuhlen, R. (1986): Informationslinguistik. Theoretische, experimentelle, curriculare und prognostische Aspekte einer informationswissenschaftlichen Teildisziplin. Tübingen: Niemeyer
64 Kuhlen, R. (1989): Information Retrieval: Verfahren des Abstracting. In: Batori, I. S.; Lenders, W.; Putschke (eds.): Computational linguistics. An international handbook on computer oriented language research and applications. Berlin etc.: de Gruyter
65 Kuhlen, R. (1989): Graphische und textuelle Erzeugung informationeller Objekte als ein Beitrag zur Flexibilisierung und Individualisierung von Information. Nachrichten für Dokumentation
66 Kupiec, J.; Pedersen, J.; Chen, F.: A trainable document summarizer. Proceedings of the 18th annual international ACM SIGIR Conference on Research and Development in Information Retrieval. July 09-13, 1995, Seattle, Washington, United States, S. 68-73
67 Lancaster, F. W. (2003): Indexing & Abstracting in Theory & Practice. University of Illinois Graduate School
68 Lehnert, W. G.; Black, J. B.; Reiser, B. J. (1981): Summarizing narratives. In: IJCAI-81: Proceedings of the 7th International Joint Conference on Artificial Intelligence. Vancouver, Canada. August 24-28, 1981, Vol I. Menlo Park, CA: AAAI, 184-189
69 Luhn, H. P. (1958): The automatic creation of literature abstracts. IBM Journal April, 159-163
70 McGirr, C. J. (1978): Guidelines for abstracting. Technical Communication 2, 2-5
71 McKeown, K. R. (1986): Language generation. Applications, issues, and approaches. In: Proceedings of the IEEE 74 (7) 961-968
72 Maizell, R. E.; Smith, J. F.; Singer, T. E. R. (1971): Abstracting scientific and technical literature. New York: Wiley-Interscience (ISA 72-2147)
73 Mann, W. C. (1984): Discourse structures for text generation. In: COLING-84: Proceedings of the 10th International Conference on Computational Linguistics. Stanford, CA, 367-375
74 Mann, W. C.; Thompson, S. A. (1987): Rhetorical structure theory: description and construction of text structures. In Lit. 56, 85-96

75 Maron, M. E. (1982): Problems with full-text searching. In: Office Automation Conference, April 5-7. Moscone Center, San Francisco, 379-384

76 Mathis, B. ( 1972): Techniques for the evaluation and improvement of computer-produced abstracts. OSU-CISRC-TR-79-15. The Computer and Information Science Research Center, The Ohio State University, Columbus

77 Mathis, B. A.; Rush, J. E. (1985/1975): Abstracting. The nature and definition of abstracting. In Lit. 24, 445-484

78 Molitor, S. (1984): Kognitive Prozesse beim Schreiben. DIF (Deutsches Institut für Fernstudien). Tübingen: Universität Tübingen, Forschungsbericht 31

79 O'Connor, B. C. (1996): Explorations in Indexing and Abstracting: Pointing, Virtue, and Power. Libraries Unlimited Inc.

80 PADOK (1986): PADOK: Test und Vergleich von Texterschließungssystemen für das Deutsche Patent- und Fachinformationssystem. Endbericht. 1.1.1985-31.3.1986. Regensburg: Univ. Regensburg, Linguistische Informationswissenschaft

81 Pfeiffer-Jäger, G. (1980): Referat und Referieren: Linguistische Beiträge zu ihrer Applikation in der Information und Dokumentation. Germanistische Linguistik 1/2, 1-180

82 Rath, G. J.; Resnick, A.; Savage, T. R. (1961): The formation of abstracts by the selection of sentences. Part 1: Sentence selection by men and machines. American Documentation 12, 139-141

83 Reimer, U.; Hahn, U. (1988): Text condensation as knowledge base abstraction. In: Proceedings of the 4th IEEE Conference on Artificial Intelligence Applications, San Diego, CA. Washington, D. C. Comp. Soc. of the IEEE, 338-344

84 Resnick, A. (1961): Relative Effectiveness of document titles and abstracts for determining relevance of documents. Science 134, 1004-1005

85 Rösner, D. (1987): The automated news agency: SEMTEX a text generator for German. In Lit. 56, 133-148

86 Rowley, J. (1988; 1989): Abstracting and indexing. London: Clive Bingley (2. Auflage 1989)

87 Schwartz, C.; Eisenmann, L. M. (1986): Subject analysis. In: M. E. Williams (ed.): Annual Review of Information Science and Technology (ARIST) 21, 37-61

88 Skolnik, H. (1979): Historical development of abstracting. Journal of Chemical Information and Computer Science 19 (4) 215-218

89 Sonnenberger, G. (1988): Flexible Generierung von natürlichsprachigen Abstracts aus Textrepräsentationsstrukturen. In: Wiener Workshop „Wissensbasierte Sprachverarbeitung". 4. Österreichische Artificial Intelligence Tagung, Wien 29.-31. August 1988. Berlin etc.: Springer, 72-82 (= Informatik Fachberichte 176, Subreihe KI)

90 Stibic, V: (1985): Printed versus displayed information. In: Nachrichten für Dokumentation 36 (4/5) 172-178

91 Strong, S. M. (1974): An algorithm for generating structural surrogates of English text. Journal of the ASIS 1, 10-24

92 Tait, J. (1985): Generating summaries using a script-based language analyzer. Cambridge: Acorn Computers

93 Taylor, S. L.; Krulee, K. (1977): Experiments with an automatic abstracting system. Proceedings of the ASIS. Vol. 14. White Plains, NY: Knowledge Industry Publ.

94 Tenopir, C. (1985): Full-Text databases. In: M. E. Williams (ed.): Annual Review of Information Science and Technology (ARIST) 20, 215-246

95 Teufel, S.; Moens, M. (2002): Summarizing scientific articles: experiments with relevance and rhetorical status. Computational Linguistics 28 (4) S. 409-445

96 Travis, I. L.; Fidel, R. (1982): Subject analysis. In: M. E. Williams (ed.): Annual Review of Information Science and Technology (ARIST) 17, 123-157

97 Varun, V. K.: Automatic Abstracting & Summarizing Tools – http://itt.nissat.tripod.com/itt0202/ ruoi0202.htm

98 Vickery, B. C.; Vickery, A. (1987): Information science in theory and practice. London etc.: Butterworths

99 Wagers, R. (1983): Effective searching in database abstracts. Online 7 (5) 60-77

100 Weil, B. H.; Zarember, I.; Owen, H. (1963): Technical-abstracting fundamentals 11. Writing principles and practices. Journal of Documentation 3 (2) 125-132

101 Wellish, H. H. (1980): Indexing and abstracting. An international bibliography. Santa Barbara, CA: ABC-Clio.

102 Wellish, H. H. (1984): Indexing and abstracting: an international bibliography. Teil 2 (für den Zeitraum 1977-1981). Santa Barbara, CA: ABC-Clio.

103 Wyllis, R. E. (1967): Extracting and abstracting by computer. In: Borko, H. (ed.): Automated Language Processing. New York etc., 127-179

104 Zechner, K. (1995): Automatic text abstracting by selecting relevant passages. Master's thesis, Centre for Cognitive Science, University of Edinburgh, Edinburgh

# B 7  Theorie des Information Retrieval I: Modelle

Norbert Fuhr

## B 7.1  Einführung

Information-Retrieval-(IR-)Modelle spezifizieren, wie zur einer gegebenen Anfrage die Antwortdokumente aus einer Dokumentenkollektion bestimmt werden. Dabei macht jedes Modell bestimmte Annahmen über die Struktur von Dokumenten und Anfragen und definiert dann die so genannte Retrievalfunktion, die das Retrievalgewicht eines Dokumentes bezüglich einer Anfrage bestimmt - im Falle des Booleschen Retrieval etwa eines der Gewichte 0 oder 1. Die Dokumente werden dann nach fallenden Gewichten sortiert und dem Benutzer präsentiert.

Zunächst sollen hier einige grundlegende Charakteristika von Retrievalmodellen beschrieben werden, bevor auf die einzelnen Modelle näher eingegangen wird.

Wie eingangs erwähnt, macht jedes Modell Annahmen über die Struktur von Dokumenten und Fragen. Ein *Dokument* kann entweder als Menge oder Multimenge von so genannten Termen aufgefasst werden, wobei im zweiten Fall das Mehrfachvorkommen berücksichtigt wird. Dabei subsummiert 'Term' einen Suchbegriff, der ein einzelnes Wort, ein mehrgliedriger Begriff oder auch ein komplexes Freitextmuster sein kann. Diese *Dokumentrepräsentation* wird wiederum auf eine so genannte *Dokumentbeschreibung* abgebildet, in der die einzelnen Terme gewichtet sein können; dies ist Aufgabe der in Kapitel B 5 beschriebenen Indexierungsmodelle. Im Folgenden unterscheiden wir nur zwischen ungewichteter (Gewicht eines Terms ist entweder 0 oder 1) und gewichteter Indexierung (das Gewicht ist eine nichtnegative reelle Zahl).

Ebenso wie bei Dokumenten können auch die Terme in der *Frage* entweder ungewichtet oder gewichtet sein. Daneben unterscheidet man zwischen linearen (Frage als Menge von Termen, ungewichtet oder gewichtet) und Booleschen Anfragen.

Im Folgenden verwenden wir zur genaueren Beschreibung der einzelnen Modelle eine Reihe von Bezeichnungen:

$T = \{t_1,...,t_n\}$ bezeichnet die Menge aller Terme in der Dokumentkollektion (Indexierungsvokabular)

$q$: eine Frageformulierung

$Q$: die Menge aller erlaubten Anfragen des jeweiligen Retrievalmodells

$d$: ein Dokument

$\vec{d} = \{d_1,...,d_n\}$: Beschreibung des Dokumentes $d$ als Vektor von Indexierungsgewichten, wobei $d_i$ das Gewicht von $d$ für den Term $t_i$ angibt.

## B 7.2  Boolesches und Fuzzy-Retrieval

Beim *Booleschen Retrieval* sind die Frageterme ungewichtet und durch Boolesche Operatoren miteinander verknüpft. Die Dokumente haben eine ungewichtete Indexierung. Die Menge $Q$ der erlaubten Anfragen kann man wie folgt definieren:

1. Jeder Term $t_i \in T$ ist eine Anfrage.
2. Ist $q$ eine Anfrage, so ist auch 'NOT $q$' eine Anfrage.
3. Sind $q_1$ und $q_2$ Anfragen, so ist auch '$q_1$ AND $q_2$' eine Anfrage,
4. Sind $q_1$ und $q_2$ Anfragen, so ist auch '$q_1$ OR $q_2$' eine Anfrage.
5. Das sind alle Anfragen.

Die Retrievalfunktion $\varrho(q,d)$, die das Retrievalgewicht des Dokumentes $d$ für die Anfrage $q$ berechnet, kann dann analog dieser Struktur wie folgt definiert werden:

1. $t_i \, \epsilon \, T \Rightarrow \varrho(t_i, \vec{d}) := d_i$
2. $\varrho(q_1 \text{ AND } q_2, \vec{d}) = \min(\varrho(q_1, \vec{d}), \varrho(q_2, \vec{d}))$
3. $\varrho(q_1 \text{ OR } q_2, \vec{d}) := \max(\varrho(q_1, \vec{d}), \varrho(q_2, \vec{d}))$
4. $\varrho(\neg q, \vec{d}) := 1 - \varrho(q, \vec{d})$

Aufgrund der ungewichteten Indexierung der Dokumente liefert Boolesches Retrieval nur Retrievalgewichte von 0 und 1. Zwar ist diese scharfe Trennung zwischen gefundenen und nicht gefundenen Dokumenten von Vorteil, wenn man nach formalen Kriterien sucht; bei inhaltsbezogenen Kriterien ist das Ignorieren von Vagheit und Unsicherheit durch die fehlende Gewichtung aber von Nachteil. Zudem sind die meisten Endnutzer mit der Verwendung der Booleschen Logik überfordert.

*Fuzzy Retrieval* verwendet die gleiche Struktur der Anfragen, allerdings in Kombination mit gewichteter Indexierung (wobei die Indexierungsgewichte aber auf das Intervall [0,1] beschränkt sind). Meist wird dieselbe Retrievalfunktion wie oben beim Boolesches Retrieval verwendet. Als Retrievalgewichte ergeben sich daher Gewichte aus dem Intervall [0,1], wodurch eine echte Rangordnung der Dokumente entsteht.

Als Beispiel nehmen wir ein Dokument $d$ mit folgenden Indexierungsgewichten an: 0.9 Alpen, 0.5 Rodeln, 0.8 Abfahrtsski, 0.3 Skilanglauf.

Für die Anfrage $q=$'Alpen AND (Rodeln OR Skilanglauf)' ergibt sich dann $\varrho(q,d) = \min(0.9, \max(0.5, 0.3))$ = 0.5. Hätte in diesem Dokument der Term 'Alpen' nur das Gewicht 0.5, so würde sich immer noch das gleiche Retrievalgewicht für unsere Anfrage ergeben. Dies ist intuitiv nicht einsichtig und führt auch praktisch zu relativ schlechten Retrievalergebnissen; man kann allerdings durch andere Definitionen der Retrievalfunktion zu besseren Resultaten gelangen. Eine bessere Definition der Retrievalfunktion für AND- und OR-Verknüpfungen ist folgende:

- $\varrho(q_1 \text{ AND } q_2, \vec{d}) := \varrho(q_1, \vec{d}) \cdot \varrho(q_2, \vec{d}))$
- $\varrho(q_1 \text{ OR } q_2, \vec{d}) := \varrho(q_1, \vec{d}) + \varrho(q_2, \vec{d}) - \varrho(q_1, \vec{d}) \cdot \varrho(q_2, \vec{d}))$

Damit erhalten wir für unser obiges Beispiel $\varrho(q,d) = 0.9 \cdot (0.5 + 0.3 - 0.5 \cdot 0.3) = 0.584$. Sänke das Gewicht für 'Alpen' von 0.9 auf 0.5, so würde das Retrievalgewicht auf 0.325 zurückgehen.

Die wenigen vorliegenden experimentellen Vergleiche von Fuzzy- und Booleschem Retrieval mit anderen Verfahren zeigen, dass erstere eine relativ schlechte Retrievalqualität liefern. Beide haben den Nachteil der wenig benutzerfreundlichen Anfragesprache, und zudem konnte bislang noch niemand den theoretischen Vorteil von Modellen mit Booleschen Anfragen gegenüber solchen mit linearen Anfragen experimentell belegen.

## B 7.3  Vektorraummodell

### B 7.3.1  Basismodell

Dem Vektorraummodell liegt eine geometrische Interpretation zugrunde, bei der Dokumente und Anfragen als Punkte in einem Vektorraum aufgefasst werden, der durch die Terme der Kollektion aufgespannt wird.

Anfragen besitzen somit eine lineare Struktur, wobei die Frageterme aber gewichtet sein können (meist geht man hierzu von einer natürlichsprachigen Anfrage aus, auf die man das gleiche Indexierungsverfahren wie für die Dokumente anwendet). Die Anfrage wird somit als Vektor $\vec{q} = \{q_1,...q_n\}$ dargestellt, wobei $q_i$ das Fragetermgewicht von $q$ für den Term $t_i$ angibt.

Als Retrievalfunktion kommen Vektor-Ähnlichkeitsmaße zur Anwendung, im einfachsten Fall das Skalarprodukt:

$$\varrho(q,d) = \vec{q} \cdot \vec{d} = \sum_{i=1}^{n} q_i \cdot d_i$$

Betrachten wir hierzu eine Suche nach einem Wintersportort in den Alpen, der Rodeln und Skilanglauf bietet, aber möglichst keinen Heli-Ski. Tabelle 1 zeigt einen möglichen Fragevektor sowie vier Beispieldokumente mit ihren Indexierungsgewichten und den zugehörigen Retrievalgewichten. Entsprechend den Retrievalgewichten werden die Dokumente in der Reihenfolge $d_3$, $d_1$, $d_4$, $d_2$ ausgegeben.

| $t_i$ | $q_i$ | $d_{1_i}$ | $d_{2_i}$ | $d_{3_i}$ | $d_{4_i}$ |
|---|---|---|---|---|---|
| Rodeln | 2 | 1 | 0.5 | 1 | 1 |
| Skilanglauf | 2 | 1 | 1 | 1 | 1 |
| Wintersportort | 1 | 1 | | 1 | |
| Alpen | 1 | | 1 | 1 | 0.5 |
| Heli-Ski | -2 | | 1 | | |
| $\varrho(q, d_m)$ | | 5 | 2 | 6 | 4.5 |

Tabelle 1: Beispiel zum Skalarprodukt im Vektorraum

Häufig werden Dokument- und Fragevektoren auch normiert, so dass sie alle die Länge 1 haben; dadurch kann insbesondere verhindert werden, dass lange Dokumente beim Retrieval bevorzugt werden. Dies kann man auch durch durch die Anwendung der Cosinus-Maßes als Retrievalfunktion erreichen:

$$\cos(\vec{q}, \vec{d}) = \frac{\vec{q} \cdot \vec{d}}{|\vec{q}| \cdot |\vec{d}|} = \frac{\sum_{i=1}^{n} q_i \cdot d_i}{\sqrt{\sum_{i=1}^{n} q_i^2} \cdot \sqrt{\sum_{i=1}^{n} d_i^2}}$$

Geometrisch lässt sich dieses Maß als der Cosinus des Winkels zwischen Frage- und Dokumentvektor deuten, der also maximal wird, wenn beide Vektoren in die gleiche Richtung zeigen.

Zahlreiche experimentelle Untersuchungen haben die hohe Retrievalqualität des Vektorraummodells belegt. Die meisten Web-Suchmaschinen basieren auf diesem Modell.

Es gibt Varianten des Vektorraummodells, die versuchen, die Abhängigkeiten zwischen Termen zu berücksichtigen. Die bekannteste davon ist *latent semantic indexing*: Basierend auf Kookkurenzdaten wird hier eine Reduktion der Dimensionalität des Vektorraums durchgeführt. Allerdings ist das Verfahren rechnereisch sehr aufwändig und führt auch nur selten zu besseren Retrievalergebnissen. Auch Modelle basierend auf *neuronalen Netzen* versuchen (durch subsymbolische Repräsentation) Termabhängigkeiten zu berücksichtigen, liefern aber bestenfalls durchschnittliche Retrievalqualität.

### B 7.3.2  Relevanzrückkopplung

Das Vektorraummodell ist eines der Modelle, die *Relevanzrückkopplung* (relevance feedback) ermöglichen. Hierbei werden dem Benutzer einige Antwortdokumente zu einer initialen Anfrage vorgelegt, die er bezüglich ihrer Relevanz beurteilen soll. Aus diesen Urteilen kann man dann eine modifizierte Frageformulierung berechnen, die in der Regel zu besseren Antworten führt.

Im Falle des Vektorraummodells berechnet man einen modifizierten Fragevektor, indem man zunächst die Zentroiden (Mittelpunkte) der als relevant bzw. irrelevant beurteilten Dokumente bestimmt. Bezeichne $D^R$ ($D^I$) die Menge der relevanten (irrelevanten) Dokumente, dann berechnet man

$$\vec{q^R} = \frac{1}{|D^R|} \sum_{d \in D^R} \vec{d} \quad \text{und} \quad \vec{q^I} = \frac{1}{|D^I|} \sum_{d \in D^I} \vec{d}$$

Der theoretisch optimale Fragevektor für die Menge der beurteilten Dokumente ist dann der Verbindungsvektor der beiden Zentroiden, also $\vec{q}_{opt} = \vec{q^R} - \vec{q^I}$. Abbildung 1 zeigt ein Beispiel hierzu (relevante Dokumente sind als '+' dargestellt, irrelevante als '–'). Alle Dokumente, die auf der gestrichelten Linie liegen (die senkrecht auf dem Fragevektor steht) haben den gleichen Retrievalwert; gleichzeitig wird deutlich, dass noch bessere Fragevektoren möglich wären, die hier relevante und nichtrelevante Dokumente perfekt trennen würden, die aber durch dieses Verfahren nicht gefunden werden.

Schwerwiegender ist allerdings die Tatsache, dass dieser Vektor keine guten Ergebnisse liefert, wenn man mit ihm Retrieval auf der restlichen Kollektion durchführt. Daher geht man über zu einer heuristischen Kombination aus diesem theoretisch optimalen Vektor und dem ursprünglichen Vektor, wobei man zudem den Einfluss der relevanten und irrelevanten Dokumente unterschiedlich gewichtet. Bezeichne $\vec{q}$ den ursprünglichen Fragevektor, so berechnet sich der verbesserte Vektor $\vec{q'}$ zu

$$\vec{q'} = \vec{q} + \alpha \cdot \vec{q^R} - \beta \cdot \vec{q^I}$$

Hierbei sind $\alpha$ und $\beta$ heuristische Konstanten, die abhängig von der Art der Kollektion und der Anzahl der beurteilten Dokumente zu wählen sind (z.B. $\alpha = 0.75$ und $\beta = 0.25$). Insgesamt ergibt sich somit folgender Ablauf für Relevanzrückkopplung:

1. Bestimme den Fragevektor $\vec{q}$ zur initialen Anfrage des Benutzers

2. Retrieval mit dem Fragevektor $\vec{q}$

3. Relevanzbeurteilung der obersten Dokumente der Rangordnung durch den Benutzer.

4. Berechnung eines verbesserten Fragevektors $\vec{q'}$ aufgrund der beurteilten Dokumente.

5. Retrieval mit dem verbesserten Vektor.

6. Wiederholung der Schritte 3 - 5, bis der Benutzer zufrieden ist.

Bei experimentellen Untersuchungen ergaben sich signifikante Steigerungen der Retrievalqualität beim Einsatz von Relevanzrückkopplung. Andererseits ergab sich bei Experimenten mit realen Benutzern, dass diese oft wenig bereit sind, Relevanzurteile abzugeben.

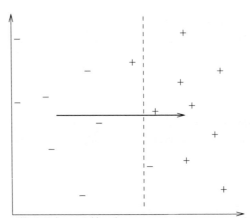

Abb. 1: Relevanzrückkopplung:
Verbindungsvektor der beiden Zentroiden

## B 7.4 Probabilistisches Retrieval

### B 7.4.1 Probabilistisches Ranking-Prinzip

Die bislang beschriebenen Retrievalmodelle berechnen unterschiedliche Arten von Ähnlichkeiten zwischen Frage- und Dokumentbeschreibungen. Dabei wird jedoch innerhalb des jeweiligen Modells keine Aussage darüber gemacht, inwieweit die jeweilige Vorschrift zur Berechnung des Retrievalwertes das angestrebte Ziel erfüllt, eine hohe Retrievalqualität zu erreichen. Man kann nur durch experimentelle Untersuchungen feststellen, in welchem Maße dies jeweils zutrifft.

Im Unterschied dazu kann für probabilistische Retrievalmodelle gezeigt werden, dass ein solcher Zusammenhang zwischen Modell und Retrievalqualität tatsächlich existiert. Probabilistische Modelle schätzen die *Relevanzwahrscheinlichkeit P(R|q,d)*, dass das Dokument *d* auf die Frage *q* als relevant beurteilt wird, und ordnen die Dokumente nach dieser Wahrscheinlichkeit. Diese Vorgehensweise bezeichnet man als *probabilistisches Ranking-Prinzip*. Man kann nun zeigen, dass eine solche Rangordnung zu optimaler Retrievalqualität führt. Hierzu wird angenommen, dass ein Benutzer die Dokumente der Rangliste von oben nach unten durchschaut und irgendwann abbricht; bricht er nach einer vorgegebenen Anzahl von Dokumenten ab, so sind Recall und Precision maximal; will er eine bestimmte Anzahl relevanter Dokumente (vorgegebener Recall), so ist die Precision wiederum maximal.

Neben der Rechtfertigung über Retrievalmaße (die theoretisch recht anspruchsvoll ist) kann man das PRP auch entscheidungstheoretisch über Kosten begründen: Hierzu nimmt man an, dass durch das Retrieval eines Dokumentes in Abhängigkeit von dessen Relevanz unterschiedliche Kosten entstehen: Bezeichne $C$ die Kosten für das Retrieval eines relevanten Dokumentes und $\bar{C}$ die Kosten für ein irrelevantes Dokument, wobei $\bar{C} > C$. Wenn wir nun ein Verfahren zur Schätzung der Relevanzwahrscheinlichkeit $P(R|q,d)$ haben, so können wir auch den Erwartungswert der Kosten berechnen, die durch das Retrieval des Dokumentes *d* entstehen würden:

$$EC(q,d) = C \cdot P(R|q,d) + \bar{C} \cdot (1 - P(R|q,d))$$

Führt ein Benutzer nun Retrieval durch und bricht das sequenzielle Durchschauen der Dokumente der Rangliste an beliebiger Stelle ab, so sollen die Gesamtkosten aller angeschauten Dokumente minimiert werden. Dies ist offensichtlich dann der Fall, wenn wir die Dokumente nach absteigenden (Erwartungswerten für die) Kosten ordnen: Wenn $EC(q,d) < EC(q,d')$, dann muss *d* vor *d'* ausgegeben werden; da $\bar{C} > C$, ist diese Bedingung äquivalent zu $P(R|q,d) > P(R|q,d')$, also eine Rangordnung nach fallender Relevanzwahrscheinlichkeit.

### B 7.4.2 Retrievalmodell mit binärer Unabhängigkeit

Es gibt eine ganze Reihe von probabilistischen Retrievalmodellen, die dem probabilistischen Ranking-Prinzip genügt. Hier soll nur das bekannteste davon kurz vorgestellt werden. Das Retrievalmodell mit binärer Unabhängigkeit basiert auf folgenden Annahmen:

1. Eine Anfrage besteht aus einer Menge von Termen (lineare Anfragestruktur)

2. Dokumente haben eine ungewichtete (binäre) Indexierung.

3. Die Verteilung der Indexierungsterme in den relevanten und den irrelevanten Dokumenten wird jeweils als unabhängig angenommen.

Anstelle der Relevanzwahrscheinlichkeit berechnet das Modell die Chancen $O(R|q,d)$, dass *d* zu *q* relevant ist, wobei die Chancen als Quotient von Wahrscheinlichkeit und Gegenwahrscheinlichkeit definiert sind: $O(R|q,d) = P(R|q,d)/P(\bar{R}|q,d)$ (hier bezeichnet $\bar{R}$ das Ereignis, das das zugehörige Frage-Dokument-Paar als nicht relevant beurteilt wird).

Im Folgenden steht $q^T$ für die Menge der Frageterme und $d^T$ für die Menge der im Dokument $d$ vorkommenden Terme; $t_i$ bezeichnet das Ereignis, dass der Term im Dokument vorkommt, und $\bar{t}_i$ das Gegenteil. Dann berechnen sich die Chancen, dass $d$ relevant zu $q$ ist, wie folgt:

$$O(R|q,d) = O(R|q) \prod_{t_i \in q^T \cap d^T} \frac{P(t_i|R,q)}{P(t_i|\bar{R},q)} \cdot \prod_{t_i \in q^T - d^T} \frac{P(\bar{t}_i|R,q)}{P(\bar{t}_i|\bar{R},q)}$$

Hierbei läuft das erste Produkt über alle Terme, die Frage und Dokument gemeinsam haben, und das zweite Produkt bezieht sich auf alle Frageterme, die nicht im Dokument vorkommen.

In dieser Formel kommen folgende Parameter vor:

$O(R|q)$ bezeichnet die Chancen, dass ein zufälliges Dokument der Kollektion relevant ist. Da dieser Faktor konstant ist für alle Dokumente zu einer Anfrage, wird er für bloßes Ranking der Antwortdokumente nicht benötigt.

$P(t_i|R,q)$ ist die Wahrscheinlichkeit, dass der Term $t_i$ in einem (zufälligen) relevanten Dokument vorkommt; $P(\bar{t}_i|R,q) = 1 - P(t_i|R,q)$ ist die Wahrscheinlichkeit, dass der Term nicht in einem solchen Dokument vorkommt.

$P(t_i|\bar{R},q)$ bezeichnet die Wahrscheinlichkeit, dass der Term $t_i$ in einem (zufälligen) nichtrelevanten Dokument vorkommt; $P(\bar{t}_i|\bar{R},q) = 1 - P(t_i|\bar{R},q)$ ist die Wahrscheinlichkeit, dass der Term nicht in einem solchen Dokument vorkommt.

Obige Formel lässt sich in eine einfache log-lineare Form überführen, wenn man nur die Dokumentabhängigen Faktoren berücksichtigt. Sei $u_i = P(t_i|R,q)$ und $v_i = P(t_i|\bar{R},q)$, dann erhält man

$$\varrho(q,d) = \sum_{t_i \in q^T \cap d^T} \log \frac{u_i(1-v_i)}{v_i(1-u_i)}$$

Die einzelnen Summenglieder kann man als Fragetermgewichte auffassen. Für ein einzelnes Dokument muss man also nur die Gewichte der darin vorkommenden Frageterme aufsummieren, um das Retrievalgewicht zu berechnen.

Es bleibt das Problem der Schätzung der Parameter $u_i$ und $v_i$. Letzteren kann man auch ohne Relevanzrückkopplung wie folgt schätzen: Sei $N$ die Anzahl der Dokumente in der Kollektion und $n_i$ die Anzahl derjenigen Dokumente, in denen $t_i$ vorkommt. Da in der Regel nur sehr wenige Dokumente der Kollektion relevant zu einer Anfrage sind, nimmt man näherungsweise an, dass alle Dokumente irrelevant sind, und schätzt $v_i$ durch die relative Dokumenthäufigkeit ab: $v_i = P(t_i|\bar{R},q) \approx n_i/N$. Bei fehlender Relevanzinformation kann man für $u_i$ einen konstanten Wert annehmen, wobei sich für $u_i = 0.5$ die diesbezüglichen Faktoren in Zähler und Nenner gegenseitig aufheben, so dass man eine Gewichtung entsprechend der inversen Dokumenthäufigkeit (inverse document frequency, idf) erhält:

$$\varrho_{idf}(q,d) = \sum_{t_i \in q^T \cap d^T} \log \frac{1 - \frac{n_i}{N}}{\frac{n_i}{N}} = \sum_{t_i \in q^T \cap d^T} \log \frac{N - n_i}{n_i} \approx \sum_{t_i \in q^T \cap d^T} \log \frac{N}{n_i}$$

Diese Formel lässt sich somit für die initiale Anfrage anwenden. Beurteilt der Benutzer dann einige der Antwortdokumente bezüglich ihrer Relevanz, dann kann man die Parameter $u_i$ wie folgt schätzen: Sei $r$ die Anzahl der als relevant beurteilten Dokumente, von denen $r_i$ den Term $t_i$ enthalten, dann kann man $u_i = P(t_i|R,q) \approx r_i/r$ als die relative Häufigkeit des Terms in den relevanten Dokumenten abschätzen.

Experimente haben gezeigt, dass aufgrund der kleinen Stichproben diese Schätzungen systematisch falsch sind und sich bessere Resultate mit der Schätzung $u_i = (r_i+0.5)/(r+1)$ ergeben.

Tabelle 2 zeigt ein Beispiel für die Anwendung des Retrievalmodells mit binärer Unabhängigkeit bei einer Frage mit zwei Termen $t_1$ und $t_2$, wobei allerdings die unmodifizierten Schätzformeln angewandt wurden (also $u_i$ und $v_i$ als relative Häufigkeiten der Terme in den relevanten bzw. irrelevanten Dokumenten). Man erhält hier $u_1 = 8/12$, $v_1 = 3/8$, $u_2 = 7/12$ und $v_2 = 4/8$. Zusammen mit $O(R|q) = 12/8$ ergeben sich dann aus Formel 1 und über die Beziehung $P(x) = O(x)/(1+O(x))$ die Relevanzwahrscheinlichkeiten für die vier verschiedenen Dokumentklassen (je nachdem, welche der beiden Terme im Dokument vorkommen) zu $P(R|q,(1,1)) = 0.76$, $P(R|q,(1,0)) = 0.69$, $P(R|q,(0,1)) = 0.48$ und $P(R|q,(0,0)) = 0.4$; somit würden zuerst alle Dokumente ausgegeben, die beide Anfrageterme enthalten, dann alle, in denen nur $t_1$ vorkommt, dann alle mit $t_2$ und zum Schluss diejenigen, die keinen der beiden Anfrageterme enthalten.

| $d_i$ | 1 | 2 | 3 | 4 | 5 | 6 | 7 | 8 | 9 | 10 | 11 | 12 | 13 | 14 | 15 | 16 | 17 | 18 | 19 | 20 |
|---|---|---|---|---|---|---|---|---|---|---|---|---|---|---|---|---|---|---|---|---|
| $t_1$ | 1 | 1 | 1 | 1 | 1 | 1 | 1 | 1 | 1 | 1 | 0 | 0 | 0 | 0 | 0 | 0 | 0 | 0 | 0 | 0 |
| $t_2$ | 1 | 1 | 1 | 1 | 1 | 0 | 0 | 0 | 0 | 0 | 0 | 1 | 1 | 1 | 1 | 1 | 1 | 0 | 0 | 0 |
| $r(q,d_i)$ | $R$ | $R$ | $R$ | $R$ | $\bar{R}$ | $R$ | $R$ | $R$ | $R$ | $\bar{R}$ | $\bar{R}$ | $R$ | $R$ | $R$ | $\bar{R}$ | $\bar{R}$ | $\bar{R}$ | $R$ | $R$ | $\bar{R}$ |

*Tabelle 2: Beispiel für das Retrievalmodell mit binärer Unabhängigkeit*

## B 7.4.3 Retrieval als unsichere Inferenz

Als eine Erweiterung der probabilistischen Modelle hat Rijsbergen eine logische Sicht auf IR-Systeme vorgeschlagen. Analog zur logischen Sicht auf Datenbanken wird hier (zunächst ohne Berücksichtigung von Unsicherheit) angenommen, dass man beim Retrieval nach Dokumenten sucht, die die Anfrage logisch implizieren, also die Formel $d \rightarrow q$ gilt. Ein einfaches Beispiel für Boolesches Retrieval möge diese Sichtweise verdeutlichen: Nehmen wir an, wie hätten ein Dokument $d_1$, das mit den Termen 'Rodeln', 'Abfahrtsski', 'Skilanglauf' und 'Alpen' indexiert sei, und die Anfrage $q_1$ laute 'Rodeln AND Skilanglauf'. Betrachtet man das Dokument nun als logische Konjunktiom der darin enthaltenen Terme, so ist klar, dass das Dokument die Anfrage impliziert: Wenn die Formel 'Rodeln AND Abfahrtsski AND Skilanglauf AND Alpen' wahr ist, dann ist natürlich auch 'Rodeln AND Skilanglauf' wahr, also $d_1 \rightarrow q_1$. Der Vorteil der logischen Sichtweise wird klar, wenn man zusätzliche Wissensquellen berücksichtigen möchte. Laute unsere Anfrage $q_2$ etwa 'Wintersport AND Alpen', dann würde das Dokument zunächst nicht gefunden. Steht aber ein Thesaurus zur Verfügung, so kann man die darin enthaltenen hierarchischen Beziehungen als logische Implikationen auffassen, also etwa 'Rodeln $\rightarrow$ Wintersport'. Mit diesem zusätzlichen Wissen impliziert das Dokument auch die neue Anfrage.

Um über Boolesches Retrieval hinauszugehen, muss man unsichere Inferenz zulassen. Nehmen wir etwa an, ein zweites Dokument $d_2$ sei nur mit dem Term 'Wintersport' indexiert, und die Anfrage $q_3$ laute 'Abfahrtsski'. Auch wenn der Anfrageterm nicht direkt im Dokument vorkommt, so besteht dennoch eine gewisse Wahrscheinlichkeit, dass das Dokument auf die Anfrage relevant ist. Daher sollte man auch unsichere Inferenz berücksichtigen, etwa in der Form $P(\text{Wintersport} \rightarrow \text{Abfahrtsski}) = 0.5$. Mit solchem unsicheren Wissen würde das Dokument wieder die Anfrage (unsicher) implizieren: $P(d_2 \rightarrow q_3) = 0.5$.

Die wesentliche Innovation von Rijsbergen besteht nun darin, die Wahrscheinlichkeit für die Implikation als bedingte Wahrscheinlichkeit zu interpretieren, also $P(d \rightarrow q) = P(q|d) = P(d \cap q)/P(q)$. Abbildung 2 verdeutlicht dies an einem Beispiel: Nehmen wir an, die Terme seien alle gleich wahrscheinlich, aber disjunkt, dann können wir die bedingte Wahrscheinlichkeit als Quotient der entsprechenden Termanzahlen berechnen, und wir erhalten $P(d \rightarrow q) = 2/3$.

Man kann zeigen, dass sich durch Variation der Annahmen über die Unabhängigkeit / Disjunktheit der Terme, die Wahrscheinlichkeitsverteilung über die Terme sowie die Implikationsrichtung ($P(d \rightarrow q)$ vs. $P(q \rightarrow d)$) die meisten bekannten Retrievalmodelle als Spezialfälle dieses allgemeinen Modells erklären lassen.

Allerdings bleibt die Frage nach dem Zusammenhang zwischen der Implikationswahrscheinlichkeit *P(d → q)* und der Relevanzwahrscheinlichkeit *P(R|q,d)* noch offen. Im einfachsten Fall kann man diese gleichsetzen, oder man kann über die totale Wahrscheinlichkeit einen linearen Zusammenhang herleiten:

$$P(R|q,d) = P(d \to q)P(R|d \to q) + (1 - P(d \to q))\,P(R|d \not\to q)$$

Hierbei sind *P(R|d → q)* und *P(R|d ↛ q)* zwei zusätzliche Faktoren, die die 'Strenge' der Relevanzurteile widerspiegeln (mit welcher Wahrscheinlichkeit beurteilt der Benutzer ein Dokument als relevant, wenn es seine Anfrage impliziert, bzw. nicht impliziert?).

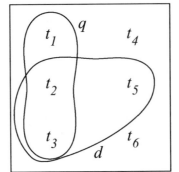

Abb. 2: Retrieval als unsichere Inferenz *P(d → q)*

### B 7.4.4 Statistische Sprachmodelle

Mit der Hinwendung zu statistischen Modellen in der Computerlinguistik sind in den letzten Jahren auch im IR so genannte *language models* sehr populär geworden – nicht zuletzt aufgrund ihrer hervorragenden Retrievalqualität.

Ein statistisches Sprachmodell $\theta$ ist eine Wahrscheinlichkeitsverteilung über die Terme des betrachteten Vokabulars, gegeben als Wahrscheinlichkeiten $P(t_i|\theta)$ für $t_1,.....,t_n$. Nun nimmt man an, dass jedes Dokument $d$ durch ein dem jeweiligen Dokument zugrunde liegendes Sprachmodell $\theta_d$ erzeugt wurde (wobei verschiedene Dokumente unterschiedliche Sprachmodelle haben).

Eine Anfrage $q$ ist wieder als Menge von Termen $q^T$ gegeben. Analog zu Retrieval als unsicherer Inferenz *P(d → q)* = *P(q|d)* berechnet man nun die Wahrscheinlichkeit, dass diese Anfrage vom gleichen Sprachmodell erzeugt wurde, das auch dem Dokument zugrunde liegt:

$$P(q|\theta_d) = \prod_{t_i \in q^T} P(t_i|\theta_d).$$

Das Hauptproblem besteht in der Bestimmung der Wahrscheinlichkeiten des Sprachmodells $\theta_d$, für das man ja nur spärliche Daten in Form eines einzelnen Dokumentes zur Verfügung hat. Um dieses Problem zu entschärfen, bestimmt man $\theta_d$ als Mischung aus den Dokument-spezifischen und den Kollektions-spezifischen Häufigkeitsdaten. Für einen Term *t* bezeichne *tf* dessen Vorkommenshäufigkeit im Dokument *d*, *|d|* die Länge von *d*, *N* die Anzahl der Dokumente der Kollektion und *n* die Anzahl der Dokumente, in denen *t* vorkommt. Dann berechnet man

$$P(t|\theta_d) \approx \alpha \frac{tf}{|d|} + (1-\alpha)\frac{n}{N}$$

wobei $\alpha$ das Mischungsverhältnis zwischen Dokument- und Kollektions-spezifischen Häufigkeiten angibt.

# B 8 Theorie des Information Retrieval II: Automatische Indexierung

Holger Nohr

## B 8.1 Einleitung

Ein großer Teil der Informationen – Schätzungen zufolge bis zu 80% – liegt in Organisationen in unstrukturierten Dokumenten vor. In der Vergangenheit wurden Lösungen für das Management strukturierter Informationen entwickelt, die es nun auch zu erreichen gilt für unstrukturierte Informationen. Neben Verfahren des Data Mining für die Datenanalyse treten Versuche, *Text Mining* (Lit. 06) auf die Textanalyse anzuwenden.

Um gezielt Dokumente im Repository suchen zu können, ist eine effektive Inhaltserkennung und -kennzeichnung erforderlich, d.h. eine Zuordnung der Dokumente zu Themengebieten bzw. die Speicherung geeigneter Indexterme als Metadaten. Zu diesem Zweck müssen die Dokumenten*inhalte* repräsentiert, d.h. indexiert oder klassifiziert, werden.

Dokumentanalyse dient auch der Steuerung des Informations- und Dokumentenflusses. Ziel ist die Einleitung eines „Workflow nach Posteingang". Eine Dokumentanalyse kann anhand erkannter Merkmale Eingangspost automatisch an den Sachbearbeiter oder die zuständige Organisationseinheit (Rechnungen in die Buchhaltung, Aufträge in den Vertrieb) im Unternehmen leiten. Dokumentanalysen werden auch benötigt, wenn Mitarbeiter über einen persönlichen Informationsfilter relevante Dokumente automatisch zugestellt bekommen sollen. Aufgrund der Systemintegration werden Indexierungslösungen in den Funktionsumfang von DMS- bzw. Workflow-Produkten integriert. Eine Architektur solcher Systeme zeigt Abb. 1. Die Architektur zeigt die Indexierungs- bzw. Klassifizierungsfunktion im Zentrum der Anwendung. Dabei erfüllt sie Aufgaben für die Repräsentation von Dokumenten (Metadaten) und das spätere Retrieval.

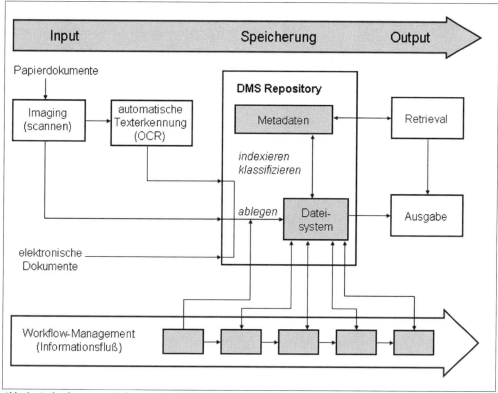

*Abb. 1: Architektur eines Dokumenten-Managementsystems*

Damit werden Verfahren des Information Retrieval relevant. In einer Studie gaben 20% befragter Unternehmen an, Werkzeuge zur automatischen Indexierung/Klassifizierung in der Dokumentenverwaltung zu nutzen (Lit. 01). Ca. 15% der Unternehmen setzen Werkzeuge zur automatischen Extraktion von Informationen ein (Rechnungsnummer und -betrag, Kundennummer usf.).

Automatische Verfahren der Dokumenterschließung lassen sich unterschieden in automatische Zusammenfassung von Dokumenten (Automatic Text Summarization) und automatische Indexierung von Dokumenten (Automatic Indexing).

## B 8.2 Manuelles vs. automatisches Indexing

Indexierung gilt klassisch als *manuelles* und *intellektuelles* Verfahren der inhaltlichen Dokumenterschließung, das die Arbeitsschritte begriffliches Erfassen des Inhalts eines Dokuments (Inhaltsanalyse) und Repräsentation dieses Inhalts durch sprachliche Elemente einer Indexierungssprache (Deskriptoren eines Thesaurus, Notationen einer Klassifikation) umfasst.

Der intellektuelle Vorgang bedingt eine Inhaltsanalyse, d.h. ein Verstehen des Dokuments. Diese Form der Indexierung ist weit verbreitet und unumgänglich dort, wo Texte in nicht-elektronischer Form vorliegen oder Dokumente aus nicht-sprachlichen Darstellungsformen (Bilder, Fotos, Filme) bestehen, eine Textanalyse also nicht möglich ist.

Indexieren erfüllt den Zweck der inhaltlichen Repräsentation von Dokumenten durch Metadaten mit dem Ziel, sie für das Retrieval such- und findbar zu machen. Indexterme werden i.d.R. einer kontrollierten und normierten Indexierungssprache entnommen, die nicht nur Strukturen der Sprachoberfläche abbildet sondern Begriffe eindeutig repräsentiert. Der intellektuelle Ansatz verfolgt eine *begriffliche* Wiedergabe des Dokumenteninhalts, d.h. er verlässt die sprachliche Ebene eines Textes.

Im Gegensatz zu intellektuellen Verfahren arbeiten automatische Methoden mehr oder weniger mit der sprachlichen Oberfläche von Dokumenten – mit Termen (im Sinne von Zeichenketten) und nicht bzw. zunächst nicht mit der Bedeutung dieser Terme bzw. ganzer Texte. Unter **automatischer Indexierung** verstehen wir Verfahren, die vollautomatisch Dokumente analysieren und abgeleitet aus dieser Analyse entweder ausgewählte Terme aus dem Dokument extrahieren und als Indexterme abspeichern (Extraktionsverfahren) oder Deskriptoren einer Indexierungssprache dem Dokument als Inhaltsrepräsentanten zuweisen (Additionsverfahren).

Seit der Verfügbarkeit automatischer Verfahren stehen intellektuelle und automatische Ansätze in Konkurrenz. Dieses Konkurrenzverhältnis scheint unauflösbar, da beiden Verfahren unterschiedliche Ausgangspositionen und Grundannahmen zugrunde liegen (Lit. 14):

– **Intellektuelle Verfahren** streben die korrekte und konsistente Repräsentation von Dokumenteninhalten (der Bedeutungsebene) an, indem sie die durch Inhaltsanalyse erkannten Gegenstände durch normierte Benennungen einer Indexierungssprache wiedergeben.

– **Automatische Verfahren** wollen Dokumente in einer Weise aufbereiten, dass sie für ein Retrieval über Indexterme eine bestmögliche Wiederauffindbarkeit herstellen.

Kritiker der Automatisierung führen die sprachliche Vielfalt und den Variantenreichtum sprachlicher Produktionen an. Diese seien durch maschinelle Verfahren nicht erkenn- oder gar verstehbar. Nicht jedes Thema könne daher korrekt und konsistent repräsentiert werden. Automatischer Indexierung liege die irrige Annahme zugrunde, es genüge aus Termen eines Dokuments eine Auswahl für die Generierung eines Index zu treffen. Eine Rückführung sprachlicher Ausdrücke auf ihre Bedeutung unterbliebe ebenso wie die Lexikalisierung von Paraphrasen oder die Ausweisung begrifflicher Relationen. Kurz, Indexierung sei kein formalisierbarer Prozess und daher nicht geeignet für eine Automatisierung. Folgt man sprachwissenschaftlichen Theorien, die eine Bedeutung von sprachlichen Ausdrücken aus dem Kontext ableiten, so kann dieser Argumentation sicher gefolgt werden.

Anhänger automatischen Indexierens verweisen dagegen auf die Unmöglichkeit der intellektuellen Behandlung der Dokumentmengen und versuchen durch empirische Untersuchungen (Retrievaltests) zu belegen, dass automatische Verfahren, verglichen mit intellektuellen, mindestens gleich gute Resultate bei der Wiederauffindung von Dokumenten erzielen. Dieser Nachweis gelingt in einer Vielzahl durchgeführter Tests (Lit. 14, Lit. 18).

## B 8.3 Verfahrensansätze der automatischen Indexierung

- **Einfache Stichwortextraktion/Volltextinvertierung:** Obwohl dieses Verfahren vollautomatisch arbeitet, indem es alle Wörter (Zeichenketten) eines Textes in invertierten Listen ablegt, kann es nicht zu den Indexierungsverfahren gezählt werden. Weder trifft dieses Verfahren eine Auswahl, noch werden Wörter bearbeitet.

- **Statistische Verfahren:** Für die statistischen Verfahren der Indexierung stehen die klassischen Ansätze von Luhn, Salton oder Sparck Jones. Unter den Indexierungsverfahren sind statistische Methoden historisch die ersten Ansätze. In der Praxis stellen die statistischen Verfahren die verbreiteste und ausgereifteste Verfahrensklasse dar.

- **Informations- bzw. Computerlinguistische Verfahren:** Informationslinguistische Verfahren analysieren und bearbeiten Texte in linguistischer Hinsicht. Sie können in regelbasierte und wörterbuchgestützte Ansätze unterschieden werden. Kombinationen beider Ansätze sind sinnvoll und können in der Praxis vorkommen.

- **Begriffsorientierte Verfahren:** Begriffsorientierte Ansätze schließen aufgrund einer Textwort- bzw. Textanalyse auf Inhalte, um diese durch zugeteilte Indexierungsterme einer Indexierungssprache zu repräsentieren.

### B 8.3.1 Statistische Ansätze

Die „Initialzündung" statistischer Indexierung geht von Luhn aus, der 1958 (Lit. 11) folgende Prämisse formulierte: „It is here proposed that the frequency of word occurrence in an article furnishes a useful measurement of word significance." Luhn ging es um die Erzeugung von Abstracts, wenn er über die Wortfrequenzen auf die Signifikanz von Sätzen abhebt. Seine Grundannahme, die Signifikanz von Wörtern für die Bedeutung eines Textes auf statistischem Wege ermitteln zu können, wurde zur Ausgangsthese statistischer Indexierung.

Voraus ging die Erkenntnis, dass Sprachen unabhängig von Sprecher, Autor oder Thema gewissen statistischen Gesetzmäßigkeiten folgen. Eine wichtige Erkenntnis geht auf Zipf zurück (Lit. 22); in dem nach ihm benannten *Zipfschen Gesetz* konnte er eine konstante (C) Beziehung zwischen dem Rang (r) eines Wortes in einer Häufigkeitsliste und der Frequenz (f), mit der dieses Wort in einem Text vorkommt nachweisen: $r \times f = C$.

Die statistischen Indexierungsansätze gehen von den folgenden zwei Grundpositionen aus:

a) Nicht alle Terme eines Dokuments sind als Indexterme geeignet – es muss daher eine geeignete Auswahl getroffen werden.

b) Nicht alle ausgewählten Indexterme besitzen bzgl. der inhaltlichen Bedeutung die gleiche Wertigkeit – es muss daher eine Gewichtung der Indexterme vorgenommen werden.

Diese Differenzierung zwischen Termen wird anhand der Häufigkeit ihres Auftretens ermittelt (Termfrequenzen). Statistische Maßzahlen werden als semantische Indikatoren verwendet, d.h. die Frequenz eines Terms in einem Dokument bzw. einer Dokumentsammlung wird als Anhaltspunkt für eine geringere oder höhere Bedeutung bzgl. des Inhalts gesehen.

Dem Termfrequenzansatz liegen zwei grundsätzliche Annahmen zugrunde:

1. Häufig auftretende Wörter haben bzgl. der Bedeutung für *ein Dokument* eine höhere Signifikanz als Wörter mit geringer Frequenz.

2. Seltener auftretende Wörter haben in der *Dokumentenkollektion* einen höheren Diskriminanzeffekt als häufig auftretende Wörter und sind aus dieser Sicht bessere Indexterme.

Sparck Jones nimmt daher an, dass die Bedeutsamkeit eines Terms proportional zur Häufigkeit des Terms im Dokument i ist (analog zu Luhn), aber umgekehrt proportional zur Gesamtanzahl der Dokumente, in denen dieser Term auftritt (Lit. 21). Um in der Praxis der Indexierung beide Faktoren in ein Verhältnis zu setzen, wird die *inverse Dokumenthäufigkeit (IDF)* herangezogen. Die Frequenz eines Terms (t) in einem Dokument (d) wird ermittelt zu der Anzahl der Dokumente, in denen (t) auftritt: $IDF(t) = FREQ_{td}/DOKFREQ_t$.

„Gute Indexterme" (i.S. der Entscheidungsstärke) weisen eine hohe Frequenz bei gleichzeitig niedriger Dokumentfrequenz auf, d.h. sie kommen relativ häufig in einzelnen Dokumenten vor, zugleich nur in wenigen Dokumenten der Kollektion. Je höher der Wert der IDF ist, desto entscheidungsstärker ist ein Indexterm. Die Entscheidungsstärke beschreibt die Fähigkeit eines Indexterms, im Retrievalprozess relevante Dokumente aus einer Kol-

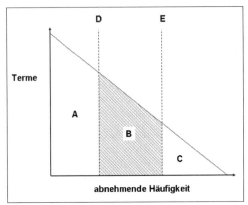

*Abb. 2: Termhäufigkeitsverteilung*

lektion zu selektieren und zugleich irrelevante Dokumente zurückzuweisen.

Entscheidungsstärkste Terme liegen im mittleren Frequenzbereich (B). Hoch- (A) und niedrigfrequente (C) Terme erfüllen das Kriterium der Entscheidungsstärke nicht, sie werden über Schwellenwerte (D), (E) ausgeschlossen. Niedrigfrequente Terme sind nicht signifikant, hochfrequente Terme (Artikel, Pronomen, Adverbien) sind für die Syntax eines Textes relevant, tragen allein aber kaum Bedeutung. Hochfrequente Terme können auch domänenspezifisch typische Wörter sein, die in vielen Dokumenten der Domäne auftreten und daher wenig entscheidungsstark sind („Computer" in der Informatik). Die Ermittlung geeigneter Schwellenwerte ist eine wichtige Aufgabe bei der Anwendung statistischer Verfahren.

Diese Berechnungsmethode wurde vielfältig modifiziert und verfeinert, besteht im Kern aber fort (Lit. 19). Als Verfeinerung können in die Berechnung eingehende Terme bereits einer Wichtung unterzogen werden, indem ihr Vorkommensort im Dokument berücksichtigt wird. Terme aus Titel oder Kapitelüberschriften können höher gewichtet werden als Terme aus dem Textkörper. Entsprechende Abschnitte müssen durch Auszeichnung identifizierbar sein.

Entscheidender Faktor der Gewichtungsfunktion ist die Definition der Terme. Die Formen eines Wortes können als *verschiedene Terme* oder als *ein Term* angesehen werden. So ist zu klären, ob *Monopol, Monopols, Monopole, Monopolisierung* für die Berechnung der Termfrequenz zu *einem* Term zusammenzuführen sind und wie entsprechende Bestandteile von Komposita (Angebots*monopol*, Nachfrage*monopol*, *Monopol*kapitalismus) behandelt werden sollen. Achtung ist geboten vor falschen Zusammenführungen (Wie wird „Monopoly" behandelt?). Hier ist die Verbindung statistischer mit informationslinguistischen Verfahren angedeutet. Als Terme werden meist Grundformen definiert, d.h. vor einer Berechnung sind Wortformen auf ihre Grundform zurückzuführen. Im Beispiel würde die Wortform *Monopole* in die Berechnung der Grundform *Monopol* eingehen.

Als notwendige Voraussetzungen für eine statistische Anwendung gelten:

a) *Mindestens Referate:* Es wird eine für statistische Analysen ausreichende Textbasis je Dokument benötigt, die durch Volltexte oder Referate gegeben ist. Inhaltsorientierte Referate führen zu besseren Ergebnissen als Volltexte.

b) *Ein homogener Diskursbereich:* D.h. ein Themenbereich, in dem Terme ein grundsätzlich ähnliches Gewicht für den fachlichen Diskurs besitzen. Bei einer Anwendung in sich thematisch überschneidenden Diskursbereichen bieten die Ergebnisse statistischer Verfahren tendenziell keinen Mehrwert, zudem steigt die Gefahr der Mehrdeutigkeit.

c) *Große Dokumentsammlung:* Kleine Dokumentkollektionen bieten keine hinreichende Basis für eine statistischen Auswertung und führen zu unpraktikablen Ergebnissen.

Statistische Verfahren erkennen keine Homographen und können folglich verschiedene Bedeutungen nicht unterscheiden. Problematischer erscheint noch die Nichtbehandlung von Mehrwortbegriffen. „Total Quality Management" oder „Kosten- und Leistungsrechnung" werden nicht als begriffliche Einheit erkannt, in ihre Einzelworte aufgelöst und separat behandelt. Dabei würde für „Kosten-" auch keine Wortbindestrichergänzung zu „Kostenrechnung" durchgeführt. Komposita bilden einen weiteren Problembereich. „Qualitätsinformationssystem" kann durch statistische Verfahren nicht zusätzlich unter „Qualität" und „Informationssystem" indexiert werden. Abhilfe können informationslinguistische Verfahren schaffen, wenn sie einer statistischen Analyse vorgeschaltet werden.

Ein weiterführendes Modell entsteht, wenn auf Basis der Termfrequenzen Dokumentähnlichkeiten berechnet werden. Damit wird ein *Vektorraummodell* erzeugt. Das Modell wurde in den 60er Jahren von Salton entwickelt und in SMART getestet (Lit. 19), es ist in zahlreichen IRS im Einsatz.

Im Vektorraummodell wird der Dokumentenraum durch n Indexterme aufgespannt. Vektorräume sind vieldimensionale Räume, in denen jedes Dokument aufgrund der gewichteten Indexierung als Dokumentvektor repräsentiert wird (Abb. 3 zeigt einen dreidimensionalen Raum). Jedes Dokument wird als Punkt im Vektorraum dargestellt. Suchfragen an ein vektorraumbasiertes IRS werden analog der Dokumente behandelt und ebenfalls durch einen Vektor repräsentiert. Zwischen Dokumentvektoren und Anfragevektoren kann ein Ähnlichkeitsabgleich vorgenommen werden, wobei eine größere Nähe einer größeren Ähnlichkeit entspricht (Lit. 04, Lit. 19). Auf diese Weise können relevantere und weniger relevante Dokumente bzgl. einer Anfrage in einem stufenlosen Ranking ermittelt werden.

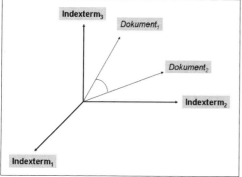

*Abb. 3: Vektorraummodell*

Paarweise Dokument-Dokument-Ähnlichkeiten können über das Skalarprodukt berechnet werden, d.h. die Termgewichte werden jeweils paarweise miteinander multipliziert und aufsummiert: Niedrigfrequente Terme verringern die Ähnlichkeit zwischen Dokumenten, da sie seltener auftreten. Hochfrequente Terme steigern die Ähnlichkeit, da sie in vielen Dokumenten auftreten. Terme mittlerer Frequenz gliedern eine Kollektion in inhaltlich verwandte Cluster.

Das Vektorraummodell erlaubt mittels automatischer Clusterung eine Klassifizierung der Dokumente. Clusteranalytische Verfahren werden eingesetzt, um komplexe Strukturen (Klassen, Hierarchien von Clustern) in hochdimensionalen Räumen aufzufinden, wenn diese mit einem Distanzmaß ausgestattet werden können. Dem Verfahren liegt die Annahme zugrunde, dass eine Struktur von Klassen innerhalb dieses Merkmalsraumes existiert. Cluster sind Mengen ähnlicher Dokumente, die bereits bei der Anlegung der Kollektion ermittelt und gespeichert werden. Es wird angenommen, dass die Ähnlichkeit zwischen Dokumenten über die Relevanz von Dokumenten bzgl. einer gestellten Suchanfrage entscheidet (Lit. 04, Lit. 16). Die Ähnlichkeit zwischen Dokumenten wird aufgrund von gegebenen Merkmalen berechnet. Merkmale sind auch in diesem Fall typischerweise die Textterme.

### B 8.3.2 Informationslinguistische Ansätze

Informationslinguistische Indexierungsverfahren sind auch Extraktionsverfahren, gehen aber insofern einen Schritt weiter, als sie auf die Bearbeitung der Terme setzen. Informationslinguistik hat über die Indexierung hinaus Bedeutung für das Retrieval, denn es ist gleichgültig, ob ein Suchwort zu allen Wortformen expandiert wird oder ob Wortformen bei der Indexierung auf Grundformen reduziert werden.

Statistische Indexierungsverfahren berücksichtigen keine Phänomene der Sprachebene. So würden folgende Terme bei der Frequenzermittlung jeweils eigenständig behandelt:

*Beispiel 1:* Zahlung, Zahlungen, Zahlungstermin, bargeldlose Zahlung
*Beispiel 2:* Haus, Häuser, Hausmakler, Bürohaus
*Beispiel 3:* Niederschlag, niederschlagen, Niederschlagung, niedergeschlagen

Die Beispiele zeigen sprachliche Probleme, die sich betrachten lassen vor dem Hintergrund,

a) informationslinguistische Lösungen in Vorbereitung für eine statistische Indexierung einzusetzen (bspw. in Vorbereitung auf den Termfrequenzansatz) oder

b) informationslinguistische Lösungen allein zur automatischen Indexierung anzuwenden.

Bei informationslinguistischen Verfahren geht es darum, folgende Aufgaben zu lösen:

– Nicht sinntragende Wörter eliminieren, um sie damit aus der Indexierung auszuschließen,

– grammatische Flexionsformen auf eine Grundform oder Stammform zu bringen,

– Komposita in sinnvolle Bestandteile zu zerlegen,

– Phrasierungen (Mehrwortbegriffe) zu erkennen sowie

– Pronomina korrekt zuzuordnen.

Informationslinguistik untersucht sprachliche Probleme der Textanalyse, wie sie im Information Retrieval auftreten. Sie befasst sich mit der Verarbeitung natürlicher Sprache in bzw. für Informationssysteme. Informationslinguistik und Indexierung sind abhängig vom gegebenen Sprachsystem. So treten für die deutsche Sprache Probleme auf, die für das Englische keine Rolle spielen (Lit. 22) wie Lemmatisierung oder die Kompositumszerlegung.

Graphemisch-phonologische Verfahren sowie Schreibfehlerkorrektur sollten der Indexierung voraus gehen. Für die Erkennung und Zusammenführung von Schreibvarianten bzw. die Korrektur von Schreibfehlern liegen Verfahren bereit, wie das SOUNDEX-Verfahren (Lit. 14, Lit. 22) und die N-Gramm-Analyse.

Linguistische Analyseverfahren können auf drei Ebenen der Sprache ansetzen, morphologisch, syntaktisch und semantisch. Durch die Lösung dieser Aufgaben erreichen informationslinguistische Verfahren eine Unabhängigkeit von der jeweils verwendeten sprachlichen Ausdrucksform zur Darstellung von Sachverhalten. Dieser Ansatz trägt damit dem Variantenreichtum sprachlicher Ausdrucksformen Rechnung.

Realisierte Indexierungssysteme bieten keine erschöpfenden Lösungen (Lit. 07). Perfekte Lösungen für komplexe Analysen bedürften der Realisierung aller drei Analyseschritte, dabei entstehen unverhältnismäßig aufwändige Verfahren. Das o.a. dritte Beispiel, mit seinen kontextabhängigen semantischen Differenzierungen, ist ohne aufwändige Verfahren unlösbar.

Eine Annäherung an perfekte Lösungen kann in Ansätzen gesehen werden, eine Syntaxanalyse (Parsing) durchzuführen (Lit. 20). Syntaktische Analysen dienen der korrekten Grundformenreduktion und der Identifizierung von Homographen. Der weitestgehende Anspruch liegt in der Erschließung kompletter syntaktischer Strukturen. Dabei wird versucht, über die Wortebene hinaus, Einheiten der Sprache zu identifizieren, die aus mehreren Elementen („Mehrwortgruppen") bestehen.

Folgende oberflächensyntaktische Strukturen müssen erkannt werden, um Nominalgruppen als Indexterme zu gewinnen: Adjektivattribut – Substantiv, Substantiv – Genitivattribut, Substantiv – Präpositionalattribut, Substantiv – beigeordnetes Substantiv. Es ist z.B. Aufgabe einer Analyse, aus dem Satz: „... wenn sie *unvollständige* oder entstellende *Angaben* enthalten", die Adjektivattribut-Substantiv-Struktur „unvollständige Angabe" zu identifizieren.

In der Syntaxanalyse können Ansätze des vollständigen und des partiellen Parsing unterschieden werden. Vollsyntaktische Ansätze haben sich jedoch nicht bewährt, da sie schnell zu aufwändigen und hochkomplexen Lösungen führen, ohne befriedigende Indexierungen zu erreichen (Lit. 15, Lit. 05).

Informationslinguistische Verfahren sind heute meist pragmatisch ausgelegt, sie stellen „bereinigte" Wortformen für ein Retrieval bereit. Dafür stellt die *Morphologie* den theoretischen Hintergrund bereit, sie beschäftigt sich mit Regularien der inneren Struktur von Wörtern und der Bildung von Wortklassen. Die Flexionsmorphologie beschäftigt sich mit der Abwandlung von Wörtern, um grammatikalische Kontraste in Sätzen auszudrücken (z.B. Singular/Plural), die Derivationsmorphologie untersucht Prinzipien, die der Konstruktion neuer Wörter zugrunde liegen.

Die Suchmaschine ScoutMaster setzt das System EXTRAKT für Wortformreduktion/-expansion ein. Die Sucheingabe „automatische indexierung" wird in folgende Anfrage umgesetzt (ODER-Verknüpfung in einer Zeile, UND-Verknüpfung zwischen den Zeilen):

| Suche im ganzen Text |
|---|
| automatische indexierung, automatisch, automatische, automatischem, automatischen, automatischer, automatisches |
| und in +/- 1 Zeile automatische indexierung, Indexierung, Indexierungen |

Informationslinguistische Verfahren lassen sich unterscheiden in regelbasierte und wörterbuchbasierte Verfahren (Mischformen sind möglich).

Regelbasierte Ansätze versuchen Regeln einer Sprache in Algorithmen zu fassen. Die Implementierung von Regeln ist eine „einmalige", generalisierende Aufgabe. Dieser Ansatz ist relativ wenig aufwändig, da keine individuelle Auseinandersetzung mit Wörtern oder Wortgruppen stattfindet und die Pflege implementierter Lösungen unterbleiben kann. Neue Wörter werden durch Regeln korrekt analysiert und bearbeitet. Gleichwohl kann die Umsetzung sprachlicher Regeln in Algorithmen ein komplexes Problem darstellen. Limitierungen regelbasierter Verfahren bestehen in der Bearbeitung unregelmäßiger sprachlicher Phänomene. Schwer lösbar ist die regelbasierte Zerlegung auftretender Komposita.

Wörterbuchgestützte Verfahren beruhen auf „Einzelfalllösungen", d.h. zu analysierende Terme müssen mit allen Möglichkeiten der Behandlung in Wörterbüchern abgelegt sein. Dies gilt auch für Mehrwortbegriffe. Damit sind diese Verfahren durch kontinuierliche Wörterbuchpflege arbeits-, zeit- und kostenintensiv, i.d.R. aber zuverlässiger durch individuelle Berücksichtigung sprachlicher Unregelmäßigkeiten. Durch die praktisch unendliche Kombinationsmöglichkeit der Sprache zu neuen Komposita und Mehrwortbegriffen bleiben lexikalische Lösungen in diesen Bereichen mehr oder weniger unzulänglich.

Für die morphologisch wenig komplexe englische Sprache sind regelbasierte Verfahren mit Erfolg entwickelt worden, für die morphologisch komplexere deutsche Sprache bleiben sie unzureichend. Die von Kuhlen (Lit. 09) beschriebenen Algorithmen führen unterschiedlich weitgehende Reduktionen durch. Die Reduktionen können auf die *Formale Grundform*, die *Lexikalische Grundform* oder die *Stammform* ausgeführt werden.

Die Grundformenreduktion dient dazu, verschiedene Wortformen auf formale oder lexikalische Grundformen zu reduzieren. Die Reduktion auf die Stammform findet nach der Grundformreduktion statt. Das Beispiel einer Reduktion zeigt Abb. 4. Es wird die unterschiedlich weitgehende Wirkung verschiedener Reduktionsalgorithmen deutlich. Alle Varianten der Reduktion funktionieren nur, wenn die Wortformenbildung regelmäßig ist, d.h. keine Veränderung des Wortstamms impliziert.

Zur Demonstration betrachten wir für die englische Sprache einen einfachen aber wirkungsvollen Algorithmus für eine lexikalische Grundformenreduktion. Die Bearbeitungsregeln a) bis e) beziehen sich auf Substantive, die Regeln f) bis h) auf Verbformen.

**Notation**
% alle Vokale, einschl. Y
★ alle Konsonanten
! Länge des Wortes
/ „oder"
§ Leerzeichen
→ „zu"
← „aus"
\ „nicht"

**Regeln des Algorithmus**
a) IES → Y
b) ES → § nach ★ O/CH/SH/SS/ZZ/X
c) S → § nach ★ /E/%Y/%O/OA/EA
d) S' → §
   IES' → Y
   ES' → §
e) ´S → §
   ´ → §
f) ING → § nach ★★/%/X
   ING → E nach %★
g) IED → Y
h) ED → § nach ★★/%/X
   ED → E nach %★

Die Regeln werden sequenziell durchlaufen, die erste passende Regel findet Anwendung. Die Wortform *making* würde bspw. durch den zweiten Fall der Regel f) bearbeitet werden, da die fragliche Zeichenfolge *ing* nach einer Kombination aus Vokal (*a*) und Konsonant (*k*) auftritt. Durch die Bearbeitungsregel wird die Zeichenfolge *ing* ersetzt durch das Zeichen *e* und so die Grundform *make* generiert. Es muss betont werden, dass auch dieser Algorithmus nicht fehlerfrei arbeitet, es in Einzelfällen zu falschen Reduktionen kommen kann.

Analysefehler resultieren aus zwei Fehlerklassen (Lit. 07):

a) Aus einer zu weitgehenden Reduktion (*Overstemming*), d.h. verschiedene Wortformen mit gleicher Grund- bzw. Stammform werden falsch

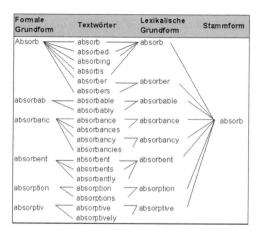

*Abb. 4: Reduktionsalgorithmen und ihre Wirkungsweise nach Kuhlen (Lit. 09)*

zusammengeführt: das Eis~en ⇒ eis, des Eis~es ⇒ eis

b) Aus einer Reduktion, die im konkreten Fall nicht weit genug operiert (dem *Understemming*), verschiedene Wortformen mit gleicher Grund- bzw. Stammform werden nicht zusammengeführt: die Them~en ⇒ them, des Thema~ ⇒ thema.

Beispiel für ein wörterbuchbasiertes Indexierungssystem ist IDX, das umfangreiche Wörterbücher benötigt, da Erkennungs- und Indexierungsfunktionen an entsprechende Einträge gebunden sind. Grundsätzlich geht IDX von einer Freitextindexierung aus, wobei eine Reihe informationslinguistischer Funktionen bereitstehen, um Textwortformen zu bearbeiten:

– Markierung und Eliminierung von Stoppwörtern.

– Reduktion von Textwortformen auf relevante Grundformen.

– Komposita werden *zusätzlich* mit ihren sinnvollen Bestandteilen für die Indexierung bereitgestellt (Dekomposition).

– Wortableitungen (Derivationen) werden zusätzlich in ihrer Grundform bereitgestellt.

– Soweit lexikalisiert, identifiziert IDX Mehrwortbegriffe und Wortbindestricherergänzungen.

– Soweit lexikalisiert, können diskontinuierliche Verbteile ihrem Hauptbestandteil zugeordnet werden.

– Einbindung von Wortrelationen, bis hin zu der Funktion eines „echten" Thesaurus.

– Außerdem bietet das IDX-Verfahren eine wortbezogene Übersetzung an. Damit sind einsprachige Indexierungen für eine mehrsprachige Dokumentenkollektion möglich.

Die Erkennung von Mehrwortgruppen (elektronischer Marktplatz, Frankfurter Neuer Markt) ist eine wichtige Aufgabe informationslinguistischer Analysen. Eine Erkennung dieser sprachlichen Formen als Einheit und ihre Aufnahme in den Index kann über die Implementierung von Mehrwortgruppen-Wörterbüchern erfolgen. Eine wörterbuchgestützte Lösung hat den Nachteil, nur enthaltene Mehrwortgruppen erkennen zu können und überaus pflegeaufwändig zu sein, sie funktioniert insbesondere bei neuen Ausdrücken nicht.

Eine Lösung der Erkennung von Mehrwortgruppen besteht in der Zerlegung des Textes in „Klumpen" (Lit. 22). Um dies zu erreichen, wird eine ausführliche Stoppwortliste erstellt, die u.a. Adverbien, Hilfsverben und Verben enthält. Diese werden als Begrenzer interpretiert, die eine mögliche Mehrwortgruppe einleiten und abschließen (Begrenzerverfahren). Im Text bleiben zwischen den Begrenzern Textklumpen übrig. Sind dies Einzelwörter, spielen sie keine Rolle. Bleiben mehrere nacheinander stehende Wörter übrig, sind dies mögliche relevante Mehrwortbegriffe.

Ein Beispiel: „Das Konzept der drei Konkurrenz-Konzerne zielt hingegen auf einen elektronischen Marktplatz für die Zulieferindustrie."

Der Mehrwortbegriff „elektronischen Marktplatz" wird links- und rechtsbündig von Stoppwörtern begrenzt. Tritt dieser Mehrwortbegriff häufiger in diesem oder anderen Dokumenten auf und überschreitet er dabei einen definierten Schwellenwert, wird er als Indexbegriff zugelassen und automatisch in ein entsprechendes Lexikon aufgenommen. Dieses Verfahren ist bei Lexis-Nexis (für die englische Sprache) erfolgreich implementiert (Lit. 22).

Im beschriebenen Verfahren wird die Welt der Mehrwortgruppen auf einen einfachen Ausschnitt möglicher Vorkommensformen reduziert. Stellen wir uns vor, der o.g. Satz lautete: „Das Konzept der drei Konkurrenz-Konzerne zielt hingegen auf einen **Marktplatz** für die Zulieferindustrie in **elektronischer** Form."

Beide Sätze geben die inhaltlich identische Information wieder, geändert hat sich die Stellung der Komponenten der Mehrwortgruppe. Das geschilderte Verfahren führt hier nicht zum Erfolg. Zur Lösung dieses Problems kann eine Verfahrenskombination aus einem Mehrwortgruppen-Wörterbuch und einem einfachen Parsing eingesetzt werden:

Zunächst werden einzelne Komponenten einer Mehrwortgruppe identifiziert. Anschließend wird überprüft, ob die weiteren Komponenten innerhalb eines definierten maximalen Abstandes ebenfalls im Text auftreten. Ist dies der Fall, muss eine Bewertung anhand der folgenden formalen Kriterien vorgenommen werden:

– Abstand zwischen den einzelnen Komponenten der potenziellen Mehrwortgruppe.

– Für jede Komponente der potenziellen Mehrwortgruppe wird geprüft, ob die gefundene Wortform mit der Grundform im Wörterbuch oder nur mit der Stammform übereinstimmt.

– Es wird geprüft, ob die Reihenfolge der Komponenten im Text gleich der Reihenfolge der Mehrwortgruppe im Wörterbuch ist.

– Schließlich wird geprüft, ob die Komponenten im gleichen Satz aufgefunden werden.

### B 8.3.3  Begriffsorientierte Ansätze

Begriffsorientierte Verfahren abstrahieren von der gegebenen Wortwahl auf die Bedeutung der Texte. Die erkannte Bedeutung (der Inhalt) eines Dokuments wird anschließend auf eine kontrollierte Indexierungssprache abgebildet und durch deren Deskriptoren repräsentiert. Begriffsorientierte Verfahren sind Additionsverfahren, die inhalts- und nicht termzentriert arbeiten. Daher kommen sie einer intellektuellen Indexierung näher als Extraktionsverfahren. Tatsächlich *simulieren* begriffsorientierte Verfahren die Arbeitsweise eines menschlichen Indexierers insofern, als sie versuchen die *Bedeutung* eines Textes zu ermitteln und zu repräsentieren. Da auch hier ein wirkliches Verstehen vorliegender Dokumente nicht implementiert werden kann, wird letztlich über die Sprachoberfläche auf Bedeutungen geschlossen. Für diese Analyse wird meist wieder auf statistische und/oder informationslinguistische Methoden zurückgegriffen. Die angestrebte *Simulation* menschlichen Indexierens ist damit lediglich eine Simulation des Arbeitsergebnisses, nicht des Arbeitsprozesses.

Die Annahme einer Korrelation zwischen sprachlichem Ausdruck und Bedeutung des Ausgesagten gewinnt bei diesen Verfahren an Gewicht, da sie explizit eine Repräsentation von Dokumenten*inhalten* anstreben auf der Grundlage sprachoberflächlicher Analysen. Die moderne sprachwissenschaftliche Position geht hingegen von der Annahme aus, die Bedeutung von Wörtern könne nur aus dem Kontext ihres jeweiligen Gebrauchs erschlossen werden. Analyseverfahren müssten daher den Kontext auftretender Wörter berücksichtigen. Statistische Analysen erfüllen diesen Anspruch nicht, informationslinguistische Methoden nur unzureichend (Lit. 15). Eine Lösung wird von Mustererkennungsverfahren erhofft.

Im Bereich begriffsorientierter Verfahren wird auch in eine wissensbasierte Richtung geforscht. Diese Analysemodelle aus der Künstlichen Intelligenz zeichnen sich durch die Einbeziehung von Welt-

wissen aus und sind in der Lage, ihre Wissensbasis selbst zu erweitern (Wissensakquisition). Praktisch sind diese Ansätze heute nur für begrenzte und homogene Domänen geeignet, da die diskursunabhängige Implementierung von Weltwissen bislang nicht gelungen ist. Bereits für kleine Domänen sind diese Systeme extrem aufwändig. In der Praxis spielen diese Ansätze z.Zt. kaum eine Rolle. Ein Indexierungssystem dieses Typs ist TCS (Text Categorization Shell) (Lit. 07).

AIR/X ist ein probabilistisches Indexierungsmodell, das versucht die Wahrscheinlichkeit zu ermitteln, mit der ein Deskriptor einem Dokument zuzuteilen ist (Lit. 07; Lit. 12). Daneben beinhaltet der AIR-Ansatz auch den weitgehend automatischen Aufbau der benötigten Wörterbücher. Voraussetzung dafür ist, dass bereits eine umfangreiche Kollektion manuell indexierter Dokumente vorliegt, aus dem das automatische Verfahren „lernen" kann, d.h. Wörterbuchrelationen aufbauen kann.

Eine Indexierung läuft nach dem AIR-Ansatz in den folgenden Schritten ab:

1. Erkennung aller Terme, die einen relevanten Begriff darstellen könnten.

2. Auswahl der Terme, die tatsächlich einen relevanten Begriff darstellen.

3. Repräsentation dieser Begriffe durch Deskriptoren des Thesaurus.

Im ersten Schritt werden auftretende Terme mit einem Wörterbuch verglichen, das aus Termen (Einzelwörter, Mehrwortgruppen) und den Deskriptoren eines Thesaurus besteht. Zwischen Termen und Deskriptoren bestehen verschiedene Relationen: Deskriptor-Deskriptor-, Term-Deskriptor- (Use), Term-Deskriptor-Relation.

Im Zuge der Indexierung wird für jeden Term geprüft, ob im Wörterbuch eine Relation auf einen Deskriptor eingetragen ist. Nicht jede Relation zwischen Term und Deskriptor bedingt automatisch die Zuteilung des Deskriptors. Im zweiten Schritt werden nicht-relevante Begriffe erkannt. Die Zuteilungsentscheidung beruht auf der Berechnung der *Wahrscheinlichkeit* (Probabilistik), dass ein Deskriptor s zuzuteilen ist, wenn ein Term t im Test auftritt.

Hier wird die Problematik der *Simulation* menschlichen Indexierens deutlich: Indexierer entscheiden nach einer auf Verstehensprozessen beruhenden Inhaltsanalyse. Das automatische Verfahren macht die Entscheidung einer Zuteilung von Deskriptoren am Vorhandensein bestimmter Textterme fest. Die Analyse in AIR beruht auf statistischen und heuristischen Ansätzen (Lit. 12).

GERHARD (GERman Harvest Automated Retrieval and Directory) ist ein Web-basiertes Informationssystem für den Nachweis deutscher wissenschaftlicher WWW-Seiten. Die durch den Harvest Gatherer gesammelten und nachgewiesenen Seiten werden automatisch einer oder mehreren Klassen der Universellen Dezimalklassifikation (UDK) zugeordnet (Lit. 14).

Das Verfahren der automatischen Indexierung in GERHARD basiert auf informationslinguistischen und statistischen Methoden. Ziel ist es, den Inhalt der Dokumente auf die UDK abzubilden und damit eine Klassifikation der Dokumente zu erreichen. Der Indexierungsprozess besteht aus den Verfahrensschritten: Erstellung eines UDK-Lexikons, Aufbereitung der zu indexierenden (klassierenden) Dokumente, Analyse der Notationen.

### B 8.4  Information Extraction

Bei der Informationsextraktion (Information Extraction) handelt es sich um eine Forschungsrichtung, deren Anfang mit den *Message Understanding Conferences (MUC)* Ende der 1980er Jahre in Verbindung gebracht wird (Lit. 02). Ziel von Information Extraction ist es, in semi- oder unstrukturierten Texten domänenspezifisch relevante Informationen zu identifizieren, diese zu extrahieren und in ein formales Modell zu übertragen (Lit. 14). Welche Informationen als relevant gelten, wird über domänenspezifische Wörterbücher oder Regeln definiert (Lit. 13). Umfang und Korrektheit der extrahierten Informationen hängt von der Genauigkeit dieser Festlegungen ab.

Typische Informationen, die aus *semi-strukturierten* Dokumenten (Rechnungen, Auftrags- oder Bestellformularen usf.) extrahiert werden sollen, sind Kunden-, Produkt-, Bestell- oder Rechnungsnummern, Mengenangaben oder Liefer- und Rechnungsadresse. Diese Angaben finden sich i.d.R. in standardisierter und auch maschinell identifizierbarer Form auf formularähnlichen Schreiben und können identifiziert, extrahiert und in operative Systeme eines Unternehmens und/oder ein Data Warehouse übernommen und weiterverarbeitet werden.

Anspruchsvoller wird die Aufgabe, wenn *unstrukturierte* Dokumente wie Wirtschaftsmeldungen von Nachrichtendiensten, Marktforschungsberichte oder E-Mails vorliegen. Analysen können in diesen Fällen nicht auf vorstrukturierte Dokumente aufsetzen, sondern müssen relevante Informationen aus einem Fließtext filtern. Erschwerend kommt hinzu, dass es selten um relativ eindeutige Nummernfolgen geht, sondern vielmehr um textsprachig kodifizierte Informationen, wobei Zusammenhänge von besonderem Interesse sind. An folgender Meldung können wir diese Aufgabe erläutern:

> Bonn, 16. Jul (Reuters) – Der ehemalige Aufsichtsratsvorsitzende der Deutschen Telekom, Helmut Sihler, wird für eine Zeitdauer von längstens sechs Monaten Vorstandschef des Unternehmens und soll einen neuen Chef suchen. Der amtierende Aufsichtsratschef Hans-Dietrich Winkhaus sagte am Dienstag nach einer mehrstündigen Aufsichtsratssitzung, Sihler solle das Unternehmen nach dem Rücktritt des bisherigen Vorstandschefs Dr. Ron Sommer für längstens sechs Monate führen.

Aus der Meldung müssen die Deutsche Telekom (Unternehmen), die Position des Vorstandschefs, Ron Sommer als Vorgänger und Helmut Sihler als Nachfolger auf dieser Position erkannt werden. Die Zusammenführung einzelner Daten zur relevanten Information wird erschwert, da sie über mehrere Sätze verstreut sind. Es handelt sich bei den relevanten Informationen i.d.R. um komplexe, zusammenhängende Antwortmuster bezüglich wer, was, wem, wann, wo und eventuell warum (Lit. 13). Die identifizierten Informationen werden in Form von Templates spezifiziert, also Bündeln von Attribut/Wert-Paaren. Für unser Beispiel:

| | |
|---|---|
| Organisation | Deutsche Telekom AG |
| Position | Vorstandsvorsitzender |
| PersonOut | Ron Sommer |
| PersonIn | Helmut Sihler |
| TimeOut | 16.07.2002 |
| TimeIn | 16.07.2002 |

Über Wörterbücher können ggf. Informationen aus Meldungen in standardisierter Form in das Template übernommen werden (bspw. Vorstandschef = Vorstandsvorsitzender).

Ein Information Extraction-Tool ist ein Werkzeug, das unstrukturierte Informationen aus Text überführt in strukturierte Datenbankeinträge. Nach der Überführung in die strukturierte Form, können Analysen durchgeführt werden (Lit. 14).

Da es auch darum geht, komplexe Szenarien zu erkennen, reicht eine statistische Ermittlung von Auftrittshäufigkeiten nicht aus. Für die Identifizierung relevanter Informationen in einem Text bedarf es u.a. einer lexikalischen Analyse, die Bezug auf eine Domäne nimmt. Wichtig ist die Erkennung von Namen. Bezugnahmen und Abhängigkeiten werden über eine partielle Syntaxanalyse und über die Analyse von Referenzen erreicht. Da diese linguistischen Teilaufgaben nur mit hohem Aufwand umsetzbar sind, werden pragmatische Lösungen bevorzugt, die u.a. mit Heuristiken arbeiten.

Abhängig von der Komplexität der Extraktionsaufgabe erreichen Tools unterschiedliche Ergebnisse. Neumann (Lit. 13) berichtet über Testergebnisse im Rahmen von MUC-7, dass bei einfachen Aufgaben, wie der Erkennung von Namen, die meisten Systeme sowohl bei der Vollständigkeit (recall) als auch bei der Präzision Werte über 90% erreichten. Die schwierigste Aufgabe war die Zusammenstellung von Szenario-Templates. Die Ergebnisse lagen hier lediglich bei r = 40 bis 50% und p = 60 bis 70%.

**Literatur**

01 Altenhofen, Christoph; Stanisic-Petrovic, Mirjana; Junker, Markus; Kieninger, Thomas: Werkzeugeinsatz in der Dokumentenverwaltung. In: Computerworld 15/2002, S. 6-11

02 Appelt, Douglas E.; Israel, David: Introduction to Information Extraction Technology: IJCAI-99 Tutorial; August 2, 1999, Stockholm. Menlo Park, CA: SRI International

03 Eikvil, Line: Information Extraction from World Wide Web – A Survey. Norwegian Computer Group, Report 945, 1999, 40 S.

04 Ferber, Reginald: Information Retrieval: Suchmodelle und Data-Mining-Verfahren für Textsammlungen und das Web. Heidelberg: dpunkt-Verlag, 2003, 340 S.

05 Goeser, Sebastian: Linguistik und Wissensrepräsentation im Information Retrieval. In: it + ti – Informationstechnik und Technische Informatik 36 (1994) 2, S. 19-26

06 Grothe, Martin; Gentsch, Peter: Business Intelligence: Aus Informationen Wettbewerbsvorteile gewinnen. München: Addison-Wesley, 2000

07 Knorz, Gerhard: Automatische Indexierung. In: Wissensrepräsentation und Information Retrieval. Potsdam, 1994. S. 138-196

08 Krause, Jürgen: Principles of Content Analysis for Information Retrieval Systems: An Overview. In: Zuell, C.; Harkness, J.; Hoffmeyer-Zlotnik, J. (Hrsg.): ZUMA-Nachrichten Spezial: Text Analysis and Computers. Mannheim: ZUMA, 1996. S. 76-100

09 Kuhlen, Rainer: Morphologische Relationen durch Reduktionsalgorithmen. In: Nachrichten für Dokumentation 25 (1974) 4, S. 168-172

10 Lepsky, Klaus: Automatische Erschließung von Internetquellen: Möglichkeiten und Grenzen. In: Buch und Bibliothek 50 (1998) 5, S. 336-340

11 Luhn, H. P.: The Automatic Creation of Literature Abstracts. IBM Journal of Research and Development 2 (1958) 2, S. 159-165

12 Lustig, Gerhard: Automatische Indexierung und Information Retrieval – Erfahrungen und Perspektiven. In: Wille, R. (Hrsg.): Klassifikation und Ordnung. Frankfurt a.M.: Indeks Verlag, 1989. S. 137-148

13 Neumann, Günter: Informationsextraktion. In: Carstensen, K.-U. (Hrsg.): Computerlinguistik und Sprachtechnologie – Eine Einführung. Heidelberg: Spektrum Akademischer Verlag, 2001. S. 448-455

14 Nohr, Holger: Grundlagen der Automatischen Indexierung: Ein Lehrbuch. Berlin: Logos Verlag, 2003, 153 S.

15 Reimer, Ulrich: Verfahren der automatischen Indexierung. Benötigtes Vorwissen und Ansätze zu seiner automatischen Akquisition. In: Kuhlen, R. (Hrsg.): Experimentelles und praktisches Information Retrieval. Konstanz: Universitätsverlag, 1992. S. 171-194

16 Rijsbergen, C. J. van: Information Retrieval. 2. Auflage – London: Butterworths, 1979

17 Riggert, Wolfgang: Betriebliche Informationskonzepte. 2. Aufl. Braunschweig: Vieweg, 2000. 350 S.

18 Sachse, Elisabeth; Liebig, Martina; Gödert, Winfried: Automatische Indexierung unter Einbeziehung semantischer Relationen: Ergebnisse des Retrievaltests zum MILOS-II-Projekt. Fachhochschule Köln 1998, 65 S.

19 Salton, Gerard; McGill, Michael J.: Information Retrieval – Grundlegendes für Informationswissenschaftler. Hamburg: McGraw-Hill, 1987, 465 S.

20 Schneider, Christine: Automatische Indexierung und Syntaxanalyse: Zur Entwicklung sprachanalytischer Komponenten von Informationssystemen auf empirischer Grundlage. Hamburg: Buske, 1985, 231 S.

21 Sparck Jones, Karen: A Statistical Interpretation of Term Specifity and its Application in Retrieval. In: Journal of Documentation 28 (1972), S. 11-21

22 Stock, Wolfgang G.: Informationswirtschaft: Management externen Wissens. München: Oldenbourg, 2000, 532 S.

# B 9 Theorie des Information Retrieval III: Evaluierung

Christa Womser-Hacker

Information-Retrieval-Systeme wurden bereits sehr früh aus einer bewertenden Perspektive betrachtet. Jede neu entwickelte Komponente sollte effektivitätssteigernd für das gesamte System wirken und musste ihre Funktionalität unter Beweis stellen oder den Vergleich zu existierenden Verfahren antreten (z.B. automatische Indexierung vs. manuelle Erschließung von Informationsobjekten). 1963 fanden die Cranfield-II-Experimente statt und begründeten die Evaluierungsprinzipien im Information Retrieval. Somit haben auch Bewertungsverfahren, -ansätze und -methoden bereits eine lange Tradition. Die von Sparck Jones (Lit. 20) eingebrachte Feststellung, dass die genauen Gründe für das Verhalten von Information-Retrieval-Systemen oft im Dunklen lägen, führte zu der Forderung nach einer exakten und expliziten Evaluierungsmethodologie und experimentellen Überprüfbarkeit. Als generelle Herangehensweise hat sich ein indirektes Verfahren zur Bewertung von Information-Retrieval-Systemen etabliert, bei welchem das System an sich als *black box* gesehen und nur der Retrievaloutput als Grundlage für die Bewertung herangezogen wird. In den Experimenten stand die Systemperspektive im Vordergrund, um zu einer bewertenden Aussage zu gelangen. Es wurde gemessen, wie gut die Systeme in der Lage sind, die an sie gestellten Anforderungen zu erfüllen, relevante Dokumente zu liefern und nicht-relevante zurückzuhalten. Durch die zunehmende Komplexität der Systeme sowie die immer stärkere Einbeziehung von Benutzern, die nicht über die Kompetenz und Professionalität von Informationsfachleuten verfügen, wurde es immer schwieriger, Einzeleigenschaften vom Gesamtsystem zu isolieren und experimentell zu bewerten. Erst im Zeitalter der Suchmaschinen ist man zu der Ansicht gelangt, dass den Benutzern der Systeme eine entscheidende Rolle bei der Bewertung zukommt. Die Verfahren der Qualitätsbewertung müssen – wie dieses Beispiel zeigt – ständig weiterentwickelt werden. Die Benutzermerkmale können heterogen sein und sich einer genauen Kenntnis entziehen, was eine vollständige Formalisierung bzw. Quantifizierung erschwert.

Neueren Datums sind Studien, die sich auf interaktive Information-Retrieval-Systeme oder auf die Qualitätsbestimmung bestimmter Teilkomponenten spezialisiert haben wie z.B. die Erschließungs- oder Visualisierungskomponente, die Gestaltung der Benutzungsschnittstelle aus softwareergonomischer Sicht oder auch die Multilingua-Fähigkeit.

## B 9.1 Grundbegriffe

Bei der Bewertung von Information-Retrieval-Systemen unterscheidet man zwischen zwei prinzipiellen Sichtweisen, die auf verschiedenen Gütekriterien aufbauen. Zum einen werden wirtschaftliche Faktoren mit den Retrievalergebnissen in Relation gesetzt (Kosten pro Dokument, Antwortzeitverhalten, maschinelle und menschliche Ressourcen u.ä.), wobei man dann von Effizienzbewertung oder Kosten-Nutzen-Analyse spricht. Andererseits steht die Qualität der Antwortdokumente im Zentrum des Interesses. Diese Art der Bewertung wird als Effektivitätsbewertung bezeichnet und ist die in der Tradition des Information Retrieval meist entwickelte Form. Gerade in letzter Zeit kommt der Begriff der Performanz hinzu, der Effizienz und Effektivität verbindet. Jedoch hat sich bisher keine standardisierte Art der Formalisierung etabliert.

## B 9.2 Effektivitätsmessung

Ein effektives Information-Retrieval-System verfügt über die Fähigkeit, relevante Dokumente wiederaufzufinden und gleichzeitig nicht-relevante zurückzuhalten. Bei Ranking-Systemen wie den gängigen Suchmaschinen spielt die Positionierung der Ergebnisobjekte zusätzlich eine wichtige Rolle. Es geht darum, die relevantesten Dokumente in den vordersten Rängen der Ergebnislisten zu präsentieren. Dahinter steht die Annahme, dass ein derartiges System den Benutzer am besten zufrieden stellen wird.

### B 9.2.1 Relevanz

Ein Großteil der Bewertungsmaße basiert auf der Differenzierung der Ergebnisdokumente in relevant und nicht-relevant. Häufig ist es jedoch gerade die Relevanzbestimmung, welche Kritik an der Retrievalmessung hervorruft. Es wird ein Widerspruch zwischen der statistisch-quantitativen Anwendung von Maßen und der relativ unscharfen, nur schwer in quantitativen Kategorien fassbaren Basis der Relevanzbewertung gesehen. Das traditionelle Verständnis des Relevanzbegriffs geht von einer Relation zwischen einer bestimmten Anfrage und den Ergebnisdokumenten aus. Die Forderung nach objektiver Relevanzbestimmung durch einen unabhängigen Juror ist schwer einlösbar. Einige wenige Untersuchungen analysieren die Relevanzurteile sowie die Umstände ihrer Abgabe, aber auch die Kategorie der „subjektiven Relevanz", die durch verschiedene Benutzerbedürfnisse und Relevanzvorstellungen entstehen kann (Lit. 12; Lit. 15). Man begegnet dieser Problematik durch den Einsatz komparativer Evaluierungsverfahren, welche die beteiligten Information-Retrieval-Systeme gleich behandeln, so dass die Ergebnisse im Vergleich ihre Gültigkeit bewahren, jedoch nicht als Einzelbewertung pro System valide sind. In den neueren Studien hat man sich intensiv mit der Subjektivität von Relevanzurteilen und deren Konsequenzen auseinandergesetzt (Lit. 22).

### B 9.2.2 Elementarparameter zur Effektivitätsbewertung

Wie so oft im Information Retrieval wurde die Grundlage der Effektivitätsbewertung im Bereich des Booleschen Retrieval entwickelt und anschließend ohne großen Paradigmenwechsel an die Bedürfnisse von Ranking-Verfahren angepasst. So liegt nach wie vor meist eine zweistufige Relevanzskala zugrunde, d.h. ein Dokument ist bezüglich einer Anfrage entweder relevant oder nicht-relevant. Mehrstufige Skalen wurden zwar manchmal eingesetzt, aber für die eigentliche Berechnung wieder zu einer binären Aufteilung zusammengeführt.

Im einfachsten Fall der zweistufigen Skalen wird der Dokumentenbestand im Booleschen Retrieval in vier Teilmengen zerlegt:

- S ist die Menge der vom System selektierten Dokumente.

- S* ist die Menge der vom System nicht-selektierten Dokumente.

- R ist die Menge der als relevant eingestuften Dokumente.

- R* ist die Menge der als nicht-relevant eingestuften Dokumente.

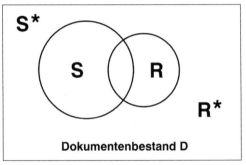

Abb. 1: Grundmengen für die Bewertung von Information-Retrieval-Systemen

Aus diesen Grundmengen werden die elementaren Parameter für die Bewertung abgeleitet, was zu den folgenden Schnittmengenbildungen führt:

|  | relevant / R | nicht-relevant / R* | Σ |
|---|---|---|---|
| selektiert | $a = |R \cap S|$ | $b = |R^* \cap S|$ | $a + b = |S|$ |
| nicht-selektiert | $c = |R \cap S^*|$ | $d = |R^* \cap S^*|$ | $c + d = |S^*|$ |
| Σ | $a + c = |R|$ | $b + d = |R^*|$ | n |

Tab. 1: Elementarparameter

### B 9.2.3 Effektivitätsmaße

Die vielen im Information Retrieval entwickelten Maße zur Bewertung der Retrievaleffektivität sind sich zum großen Teil sehr ähnlich, da sie fast alle auf den sogenannten Standardmaßen recall und precision basieren oder ähnliche Parameter anwenden. Recall und precision wurden bereits 1966 benutzt. Cleverdon führt sie unter den sechs messbaren Größen zur Evaluierung auf (Lit. 03). Die anderen Größen wie Zeitverhalten der Systeme, Benutzungsaufwand, Input- und Outputgestaltung etc. lassen sich nicht alle durch rein quantitativ-statistische Verfahren erfassen und wurden in komplexen Evaluierungsstudien je nach Zielsetzung additiv eingesetzt.

Für die Verwendung der Maße recall und precision gibt es auch in heutiger Zeit gute Gründe. Sie sind am weitesten verbreitet, einfach zu interpretieren und ihre Schwachstellen sind bekannt. Bei der Interpretation der Ergebnisse ist dies zu berücksichtigen.

Für Benutzer stellt es ein wesentliches Qualitätskriterium dar, wie viele relevante Dokumente ein Information-Retrieval-System auf eine Anfrage nachweist, d.h. wie vollständig das Retrievalergebnis ist. Diese Fähigkeit des Systems, relevante Dokumente zu selektieren, wird durch den recall gemessen. Der recall stellt das Verhältnis zwischen selektierten relevanten Dokumenten und im Dokumentenbestand vorhandenen relevanten Dokumenten dar. Setzt man die entsprechenden Elementarparameter aus obiger Tabelle ein, ergibt sich für den recall folgende Formel:

$$r = \frac{a}{a+c}$$

Der Wertebereich des recall liegt zwischen 0 und 1, wobei 0 das schlechteste Ergebnis und 1 das bestmögliche darstellt. Durch Multiplikation mit 100 lässt sich der recall als Prozentwert interpretieren.

Die Kritik, die am recall geübt wurde, betrifft im wesentlichen die folgenden Punkte:

a) Der recall bezieht die Ballastquote nicht mit ein. Sollte der absurde Fall eintreten, dass ein Information-Retrieval-System den gesamten Dokumentenbestand als Antwortmenge auf eine Anfrage ausgibt, so erzielt es damit einen hundertprozentigen recall. Dies verdeutlicht, dass der recall alleine nicht ausreicht, um eine umfassende Bewertung eines Retrievalergebnisses vorzunehmen.

b) Da es bei umfangreichen Retrievalexperimenten nicht möglich ist, den gesamten Dokumentenbestand bzgl. jeder Anfrage/Aufgabe einer Relevanzbewertung zu unterziehen, muss für die Größe c im Nenner der recall-Formel ein Schätzwert angenommen werden.

Verschiedene Methoden wurden entwickelt, um eine möglichst genaue Annäherung an die Gesamtzahl aller relevanten Dokumente vorzunehmen. Neben der sogenannten known-item-search (Suche nach bekannten Dokumenten), der Generalisierung auf der Basis eines genau bewerteten, repräsentativen Subset und der Schätzung durch Experten hat sich vor allem die sog. Pooling-Methode bewährt (Lit. 06), die sich bei der vergleichenden Evaluierung einsetzen lässt. Dabei werden pro System z.B. die 1000 vorderen Ränge der Ergebnislisten durch unabhängige Juroren bewertet. Aus der Gesamtanzahl der relevanten Dokumente über die Systeme ergibt sich der Schätzwert für c. Varianten dieser Methode finden sich z.B. im Cross-Language Evaluation Forum (CLEF; Lit. 16).

Bei der Berechnung des recall muss der Fall, dass keine relevanten Dokumente gefunden wurden und auch keine in der Dokumentgrundlage vorhanden sind, speziell betrachtet werden. Rechnerisch führt er zu einem Quotienten 0/0, der mathematisch nicht definiert ist. Um diese Lücke in der Bewertung zu füllen, müssen heuristische Ersatzlösungen gefunden werden (Lit. 25).

Als komplementäres Maß zum recall wird die precision zur Messung der Genauigkeit eines Retrievalergebnisses herangezogen. Die precision bezieht sich auf die Fähigkeit eines Information-Retrieval-Systems, unerwünschte Ballastdokumente auszufiltern. Sie ist definiert als der Quotient aus der Anzahl der selektierten relevanten und der Gesamtanzahl der nachgewiesenen Dokumente:

$$p = \frac{a}{a+b}$$

Wie auch beim recall liegt der Wertebereich wiederum zwischen 0 und 1.

Da die precision für sich alleine zu einer ebenso unvollständigen Bewertung des Retrievalergebnisses führt, weil sie nur die Filterfunktionalität misst, liegt eine paarweise Verwendung der Maße recall und precision nahe. Das folgende Beispiel soll das Zusammenspiel der beiden Maße aufzeigen:

Gegeben sei ein System, das als Mittelwert über eine signifikante Menge an Suchaufgaben einen recall von 0,7 und eine precision von 0,3 ergibt. Für den Benutzer heißt das, dass er im Mittel mit 7 relevanten von insgesamt 10 relevanten Dokumenten rechnen kann, aber einen Ballast von ca. 2 Dokumenten für jedes relevante in Kauf nehmen muss.

Recall und precision können sowohl von Seiten der Indexierung als auch von Seiten des Retrieval durch die Wahl der Deskriptoren beeinflusst werden. Die Ausweitung der Indexierungstiefe ist theoretisch mit einer Erhöhung des recall verbunden und gleichzeitig mit einer precision-Reduzierung. Umgekehrt nimmt man bei einer Spezifizierung der Indexierung eine precision-Erhöhung zuungunsten des recall an. Hier liegt also ein inverses Verhältnis vor, was die gemeinsame Nutzung beider Maße nahe legt (Lit. 03). In empirischen Verteilungen lassen sich diese theoretischen Annahmen nicht immer nachvollziehen. Vor allem ist es die Suchstrategie der Benutzer (z.B. in bezug auf die Anfrageexpansion), die sich auf die Maße recall und precision auswirkt.

Zur Koordination von recall und precision haben sich im Booleschen Retrieval sogenannte *single-*

*number measures* und zur Bewertung von ranking-Listen recall-precision-Graphen bewährt, die gleichzeitig ein Visualisierungsinstrument darstellen. Den größten Bekanntheitsgrad hat wohl das E-Maß nach Van Rijsbergen (Lit. 21) erzielt, das neben recall und precision eine Konstante einbezieht, welche eine Gewichtung von recall und precision ermöglicht:

$$e = 1 - \frac{(\beta^2+1)pr}{\beta^2 p + r}$$

Das E-Maß kann einige Ausprägungen der Maße nicht abbilden und darf daher nicht unkontrolliert eingesetzt werden (Details vgl. Lit. 25).

Die Bewertung von ranking-Ergebnissen ging zunächst von der Einführung sogenannter Benutzerstandpunkte („elementary viewpoints") aus, die intuitive Vorstellungen der Benutzer über die Systemgüte mit formalen Kategorien in Einklang brachten (Lit. 02). Benutzer wurden z.B. über folgende Stereotypen modelliert:

a) Dem Benutzer genügt ein relevantes Dokument.

b) Der Benutzer möchte alle relevanten Dokumente zu einem Thema und ist bereit, Ballast in Kauf zu nehmen.

c) Der Benutzer möchte einen Überblick zu einem Thema und begnügt sich mit einer relativ geringen Anzahl relevanter Dokumente; der Ballast soll dabei so gering wie möglich sein.

Bei der Bewertung von ranking-Systemen wird die Positionierung der Dokumente in die Formalisierung der Benutzerstandpunkte einbezogen:

a) Der Benutzer inspiziert 20 Ränge.

b) Der Benutzer bricht nach fünf aufeinanderfolgenden irrelevanten Dokumenten ab.

c) Der Benutzer inspiziert die Liste solange, bis er fünf relevante Dokumente gefunden hat.

Verschiedene Projekte wie z.B. PADOK zur Bewertung des Patentretrieval (Lit. 13) haben gezeigt, dass diese formalen Standpunkte oft sehr weit von den Benutzervorstellungen in der Realität entfernt sind.

Tradition haben auch der normalisierte recall sowie die normalisierte precision, welche die tatsächliche Rangverteilung einer idealen (alle relevanten Dokumente in den vordersten Rängen) gegenüberstellen und auf der Basis der Differenz die Qualität des ranking beurteilen.

In der Praxis der laufenden Evaluationsinitiativen TREC, CLEF und NTCIR hat man zur Bewertung von ranking-Ergebnissen aufgrund der genannten Eigenschaften weitgehend auf eine Berechnung des recall verzichtet und den Fokus auf die precision gelegt. Dies hängt auch damit zusammen, dass sich die Vorstellungen von Qualität in den Augen der Benutzer verschoben haben. Während in den Anfängen des Booleschen Retrieval der Schwerpunkt auf dem Wiederauffinden des relevanten Materials lag, steht heute die Fähigkeit der Systeme, den Ballast herauszufiltern, im Vordergrund. Damit gewinnt die precision eine stärkere Bedeutung.

Gemessen wird die precision in ranking-Systemen vor allem an bestimmten Punkten, den cut-offs. Es werden z.B. precision-Werte nach Rang 5, 10, 15, 20, 25 etc. berechnet und anschließend gemittelt (frozen-ranks method). Alternativ oder ergänzend findet eine Messung an standardisierten recall-Punkten (z.B. 0.1, 0.2, 0.3 etc.) mit anschließender Mittelwertbildung statt.

Die folgenden beiden Abbildungen visualisieren solche Retrievalergebnisse:

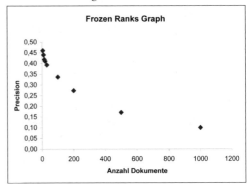

*Abb. 2: Frozen-Ranks-Graph*

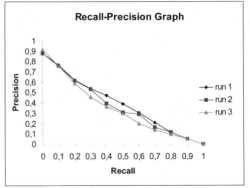

*Abb. 3: Recall-Precision-Graphen im Vergleich*

## B 9.2.4 Mittelwertbildung

Die nächsten Schritte im Fortgang der statistischen Bewertung nach der Berechnung der Maße sind in der Auswahl geeigneter Mittelwertbildungsverfahren und Signifikanztests zu sehen.

Zunächst ist die Frage zu klären, auf welcher Grundlage die Mittelwertbildung erfolgen soll. Hier haben sich die Makro- und Mikromittelung etabliert:

– Bei der Makromethode wird das gewählte Bewertungsmaß für jedes Retrievalergebnis (d.h. für jede Anfrage/Aufgabe) getrennt berechnet; anschließend werden die erzielten Werte arithmetisch gemittelt.
– Bei der Mikromethode werden die Elementarparameter des Retrievalergebnisses (d.h. die Anzahl der relevanten und nicht-relevanten Antwortdokumente) über den gesamten Aufgabenbestand addiert; dann erfolgt auf dieser Basis die verallgemeinernde Berechnung des entsprechenden Bewertungsmaßes.

Bei der dokumentorientierten Mikromethode fallen überdurchschnittlich hohe Retrievalergebnisse stärker ins Gewicht als bei der anfragenorientierten Makromethode. Werden z.B. 10 von 10 möglichen relevanten Dokumenten bei einer Aufgabe erzielt, so wird ebenso ein recall von 1.0 vergeben, als wenn sich nur ein relevantes Dokument bei einem möglichen ergibt. Bei der Makromethode geht jede Anfrage/Aufgabe gleichgewichtig in den Mittelwert ein, während bei der Mikromethode jedes Antwortdokument gleich stark einbezogen wird.

Problematisch sind bei der Mittelung die Nullantworten. Falls bei derartigen Aufgaben, die keine relevanten Dokumente liefern, intellektuell Werte für Maße wie recall und precision zugewiesen werden, so gehen diese in die Makrobewertung, nicht aber in die Mikrobewertung ein.

Als konkretes Berechnungsverfahren findet bei der Retrievalbewertung das arithmetische Mittel am häufigsten Verwendung, da es i.d.R. zuverlässige Schätzwerte für die Grundgesamtheit liefert. Bei einer geringen Anzahl ordinalskalierter Messwerte in asymmetrischen Verteilungen sollte man auf den Median ausweichen.

## B 9.2.5 Die Überprüfung der Signifikanz

Bei der Überprüfung der Signifikanz werden die Ergebnisse bzgl. ihrer Generalisierbarkeit auf die Grundgesamtheit bewertet. Es wird dabei entschieden, ob ermittelte Unterschiede zwischen Systemen für die Annahme einer realen und nicht-zufälligen Differenz ausreichen.

Nach der Operationalisierung der Fragestellung sind Nullhypothese und Alternativhypothese aufzustellen, die es zu verifizieren bzw. falsifizieren gilt. Die Nullhypothese $H_0$ wird dabei in der Forschungspraxis meist entgegen der bestehenden Theorie formuliert. Unter Beachtung verschiedener Parameter ist ein geeignetes Testverfahren samt Signifikanzniveau $\alpha$ auszuwählen. $H_0$ wird dann zurückgewiesen, wenn der Signifikanzwert einen Kennwert liefert, dessen Überschreitungswahrscheinlichkeit bei Gültigkeit von $H_0$ gleich oder kleiner ist als das festgelegte Signifikanzniveau $\alpha$.

Die Auswahl eines geeigneten Signifikanzprüfverfahrens ist von der Verteilung der Grundgesamtheit, dem Umfang der Stichprobe, der Abhängigkeit bzw. Unabhängigkeit der zu vergleichenden Stichproben, der Stärke des Tests sowie nicht zuletzt der inhaltlichen Adäquatheit abhängig. Bewährt haben sich der Wilcoxon-Vorzeichenrang-Test sowie der Friedman-Test (Lit. 25). In der Evaluierungspraxis sind Signifikanzüberprüfungen relativ selten. Das bedeutet, dass die Ergebnisse im strengen Sinn nur als Tendenzen, nicht aber als zuverlässige Werte angesehen werden dürfen. Sollten sich allerdings weitreichende Entscheidungen an die Evaluierung anschließen, sind Signifikanzüberprüfungen unabdingbar.

## B 9.3 Retrievaltests als Bewertungsinstrument

Retrievaltests verfolgen das generelle Ziel, die reale Situation und die Wirkungsweise von Information-Retrieval-Systemen möglichst genau abzubilden. Bei der Durchführungsmethodik und Architektur von derartigen Tests konkurrieren zwei Positionen, die in unterschiedliche Verfahrensweisen münden: das Experiment und die Untersuchung. Während Experimente unter Laborbedingungen einer strengen Kontrolle im Hinblick auf die einflussnehmenden Variablen unterliegen, legen Untersuchungen den Schwerpunkt auf möglichst große Realitätsnähe in allen den Testaufbau betreffenden Faktoren: z.B. „echte" Benutzer, realistische Größenverhältnisse bei der Testkollektion, „natürliche" Formulierung der Aufgabenstellung.

Das Design eines Retrievaltests muss der Zielsetzung, die erreicht werden soll, folgen. So bestand die Aufgabenstellung im PADOK-Projekt (Lit. 13, Lit. 25) darin, die adäquateste Form der inhaltlichen Erschließung für die Deutsche Patentdatenbank auf einem zuverlässigen empirischen Fundament zu ermitteln.

Bei der Planung des Retrievaltests musste man sich mit folgenden praktischen Fragestellungen auseinandersetzen:

– Wie kann ein Test-Dokumentenbestand selektiert werden, der in Größe, Struktur und Inhalt möglichst repräsentativ ist, so dass Generalisierungen der Ergebnisse zugelassen sind?

– Wie werden Test-Aufgaben „formuliert" und den Testpersonen vermittelt, welche die Bandbreite der (späteren) Anwendungssituationen abdecken?

– Welche und wie viele Testpersonen sind zu beteiligen und wie lässt sich ihr Kompetenzniveau erfassen?

– Wie und von wem werden Relevanzurteile gefällt und wie wird ihre Konsistenz sichergestellt?

– Wer koordiniert den gesamten Retrievaltest und wie kann die objektive Neutralität der Evaluierer sichergestellt werden?

Im Fall von PADOK wurde ein Dokumentenbestand bestehend aus 10.000 Patenten mit den auf dem damaligen Markt zur Verfügung stehenden automatischen Erschließungsverfahren indexiert. Die 300 Aufgaben bestanden jeweils aus der ersten Seite von Offenlegungsschriften, so dass sich eine „natürliche" Aufgabenstellung ergab, nämlich eine Auswahl geeigneter Patente als Entgegenhaltung aufzufinden. Als Testpersonen wurden ausschließlich Experten aus den Patentämtern, Patentanwaltskanzleien, industriellen Patentstellen sowie den Fachinformationszentren beteiligt. Die Relevanzurteile fällte unabhängig ein Patentprüfexperte, der nicht an den Tests beteiligt war. Die Überprüfung der Konsistenz dieser Urteile wurde durch Mehrfachbewertung und Vergleich verschiedener Experten sichergestellt. Als neutrale Instanz lag die Koordination in der Hand einer informationswissenschaftlichen Universitätsinstitution.

## B 9.4 Aktuelle Evaluierungsinitiativen

Die Evaluierung hat im Information Retrieval eine lange Tradition. Die frühen Tests wie z.B. Cranfield-II, SMART, MEDLARS (Lit. 04, Lit. 20, Lit. 18) wurden wegen ihrer Inkomparabilität und des geringen Umfangs kritisiert, dienten aber dennoch als Ausgangsbasis für die neuen Initiativen, die sich Anfang der 90er Jahre etablierten. In Deutschland sind in erster Linie die Evaluierungen im Rahmen der Projekte AIR (Lit. 14, Lit. 01) und PADOK (Lit. 25, Lit. 13) zu nennen. AIR bezog sich auf die PHYS Datenbank des Fachinformationszentrums Karlsruhe, PADOK verfolgte das Ziel, auf empirischer Grundlage ein geeignetes automatisches Erschließungsverfahren für das Deutsche Patentinformationssystem zu selektieren.

### B 9.4.1 Text REtrieval Conference (TREC)

TREC begann 1992 unter der Leitung von Donna Harman als offizielles, von der DARPA gefördertes Projekt am National Institute of Standards and Technology (NIST) in Gaithersburg, Maryland und etablierte sich seither als dynamische Plattform zur Evaluierung von Retrievalverfahren (Lit. 06, Lit. 07, Lit. 24, Lit. 23). TREC verfolgt das Ziel, umfangreiche, standardisierte Testkollektionen und Bewertungsprozeduren auf der Grundlage realistischer Anwendungsgebiete bereitzustellen. Die Hauptaufgabe (main task) wird im sogenannten *Adhoc Retrieval* gesehen, wobei eine statische Menge von Dokumenten anhand verschiedener Aufgaben, sog. *topics*, durchsucht wird. Pro Jahr stellt TREC ca. 2 GB Dokumente (Zeitungsartikel, kurze Depeschenmeldungen, Regierungsberichte, Patente etc.) und 50 topics zur Verfügung, welche die teilnehmenden Systeme als Ausgangsbasis für die Formulierung ihrer Anfragen nutzen können. Bei der Zusammenstellung achtet man darauf, dass eine große Breite von Dokumenteigenschaften bzgl. Vokabular, Stil, Länge etc. vertreten ist. Die topics basieren auf natürlichen Informationsbedarfen und werden in strukturierter Form (title, description, narrative etc.) präsentiert., wobei mit verschiedenen Ausprägungen experimentiert wurde (kurze vs. lange topics). Pro topic werden die Ergebnisse mehrerer Retrievalläufe (runs) an die TREC-Evaluierer zurückgesandt und vom NIST einer Relevanzbewertung unterzogen. In einem standardisierten statistischen Verfahren werden verschiedene

Maßzahlen ermittelt und ein Vergleich der Systeme in visualisierter Form bereitgestellt. Einmal im Jahr findet eine TREC-Konferenz statt, wo die Ergebnisse im Kreis der Teilnehmer und Evaluierer präsentiert und diskutiert werden. Im Laufe der Zeit kamen zu den zentralen Zielsetzungen der Adhoc- und Routing-Aufgaben weitere sog. tracks hinzu, die sich auf Filtering, Web-Retrieval, Question-Answering, Natural Language Processing, Cross-Language Retrieval, monolinguales Retrieval (insbesondere Spanisch und Chinesisch) u.v.m. spezialisierten.

### B 9.4.2 Cross-Language Evaluation Forum (CLEF)

Da sich TREC nur sehr rudimentär auf mehrsprachiges Retrieval bezog, entwickelte sich als Europäische Initiative das Cross-Language Evaluation Forum (Lit. 16, Lit. 17). Seit 2000 wird ebenso in einjährigen Phasen mehrsprachiges Information Retrieval erprobt und evaluiert. Trotz der starken Analogie zwischen den beiden Projekten standen bei CLEF neue Herausforderungen im Vordergrund, die sich vor allem auf die Etablierung mehrsprachiger topics und mehrsprachiger Dokumentgrundlagen bezogen. Für die Relevanzbewertung mussten Juroren gefunden werden, die über umfassende Sprachkenntnisse in den beteiligten Sprachen verfügten. Ausgehend von den europäischen Kernsprachen Englisch, Französisch, Italienisch, Spanisch und Deutsch wurde die Menge der Sprachen beständig erweitert, und im Laufe der Zeit kamen folgende weitere Sprachen hinzu: Finnisch, Niederländisch, Schwedisch und Russisch. Eine Schlüsselrolle nahm der Topic-Generierungsprozess ein, der jede Sprache beteiligte. D.h., es wurden topics in jeder Sprache formuliert, in einem iterativen Verfahren mit allen beteiligten Sprachgruppen diskutiert und in die jeweiligen Zielsprachen übersetzt. Auf dieser Ausgangsbasis konnten mehrsprachige Information-Retrieval-Systeme aufsetzen, um die Aufgaben auszuführen. Zentral war dabei das cross-linguale Retrieval, das ausgehend von einer Sprache Retrieval in anderen Sprachen zulässt. Zusätzlich konnten Systeme unter bestimmten Bedingungen auch mit bilingualen oder monolingualen Zielsetzungen teilnehmen. Im Laufe der Zeit wurde CLEF um weitere Aufgabengebiete angereichert, wie z.B. interactive CLEF, SDR (spoken document retrieval), imageCLEF etc. Die beteiligten Korpora umfassten Presseartikel verschiedensprachiger Zeitungen wie z.B. La Stampa, Le Monde, Schweizerische Depeschenagentur, Frankfurter Rundschau, Der Spiegel, Los Angeles Times, Algemeen Dagblad. Die Parallelität wurde durch die Wahl eines einheitlichen Jahrgangs und umfassende Vorrecherchen hergestellt. Außerdem waren Texte aus verschiedenen Fachdisziplinen (z.B. der Soziologie) vertreten. Die teilnehmenden Systeme kamen zum größten Teil aus den europäischen Ländern, aber auch aus Asien und den USA.

### B 9.4.3 NII-NACSIS Test Collection for IR Systems (NTCIR)

Ähnliche Ziele wie TREC und CLEF verfolgt seit Ende 1997 das japanische Projekt NTCIR (Lit. 10, Lit. 11, Lit. 09, Lit. 08), das durch das National Institute of Informatics (NII) in Tokyo betrieben wird. Auch hier soll in erster Linie eine Infrastruktur für Retrievalevaluierungen in umfassendem Rahmen zur Verfügung gestellt werden, um Technologien zu erproben, die sich mit dem Zugriff auf Information (Information Retrieval, Text Summarization, Question Answering, Text Mining etc.) befassen. Der Schwerpunkt liegt auf den ostasiatischen Sprachen wie z.B. Japanisch, Chinesisch und Koreanisch, die Information-Retrieval-Systeme im Vergleich zu den europäischen Sprachen aufgrund ihrer vollkommen anderen Struktur vor völlig andere Herausforderungen stellen. Auch Englisch wurde als „Pivot-Sprache" zwischen Asien und den europäischen/indogermanischen Sprachen von Anfang an mit einbezogen.

Die im Abstand von 18 Monaten stattfindenden NTCIR Workshops befassen sich mit Disziplinen wie Cross-Language Information Retrieval, Patentretrieval, Question Answering, Text Summarization und Web IR. Die Teilnehmeranzahl hat bei der vierten NTCIR-Runde 100 überschritten, wobei alle Disziplinen intensiv vertreten sind.

Hinsichtlich Format und Struktur unterscheiden sich topics und Testkollektionen kaum von TREC und CLEF, allerdings erhält bei NTCIR die domänenspezifische Fachinformation (z.B. Einbeziehung von Patenten) einen größeren Stellenwert.

### B 9.4.4 Initiative for the Evaluation of XML retrieval (INEX)

INEX ist eine Evaluierungsinitiative, die sich auf XML-Dokumente spezialisiert, wie sie z.B. im Rahmen digitaler Bibliotheken die Regel sind. Unter der Leitung von Norbert Fuhr startete dieses Evaluierungsprojekt im April 2002 (Lit. 05). Die Prinzipien sind analog zu den großen Studien wie TREC und CLEF gewählt, jedoch liegt das spezielle Interesse hier auf der Bewertung von Information-Retrieval-Systemen, die sich mit strukturierten Dokumenten befassen. Die Kollektion umfasst wissenschaftliche Publikationen der IEEE Computer Society in XML-codierter Form. Bisher besteht die Dokumentgrundlage aus mehr als 12.000 Artikeln aus 18 verschiedenen Zeitschriften aus der Zeit von 1995 bis 2002, wobei ein Artikel ca. 1.500 XML-Knoten umfassen kann. INEX verfolgt ein kollaboratives, methodisches Konzept, d.h. die teilnehmenden Systeme beteiligen sich bei der Topic-Generierung sowie bei der Relevanzbewertung. Verschiedene Topic-Typen werden einbezogen, solche, die ausschließlich auf den Inhalt ausgerichtet sind, und solche, die Inhalt und Struktur zum Ziel haben. Enge und breite Fragestellungen aus realistischen Informationsbedürfnissen sind erwünscht.

### B 9.4.5 Lessons Learned

Die dargestellten Evaluierungsinitiativen umfassen mittlerweile eine immense Zahl an Einzelexperimenten und finden nach wie vor große Resonanz bei den Systementwicklern, was sich in der ständig wachsenden Zahl der teilnehmenden Systeme und Herkunftsländer niederschlägt. Das Wissen über eingesetzte Verfahren, Technologien und Ressourcen sowie über deren Qualität und Verfügbarkeit ist in deutlichem Maße gewachsen. Insbesondere Bereiche wie die Termgewichtung, die automatische Anfrageexpansion, die Fusion verschiedener Bereiche (Ranking-Listen, Sprachen etc.) haben eine klare Erkenntniserweiterung erzielt. Auch haben die beteiligten Systeme enorm von der Diskussion und vom Austausch profitiert und fast alle Effektivitätssteigerungen erfahren.

Um jedoch der Komplexität und Heterogenität der verschiedenen Systeme gerecht zu werden, muss sich auch die Evaluierungsmethodik beständig weiterentwickeln und hinterfragt werden. Auch hier gibt es deutliche Hinweise, an welchen Stellen Erweiterungen und Modifikationen im Testdesign notwendig sind (z.B. Konsistenzerhöhung bei Relevanzurteilen, Einbeziehung von Benutzern).

### B 9.5 Ausblick

Die Evaluierung von Information-Retrieval-Systemen hat sich im Laufe der Jahre stetig weiterentwickelt und kann ein solides Fundament vorweisen. Die wichtigsten Herausforderungen werden zukünftig in der Bereitstellung realistischer Kollektionen und geeigneter Evaluierungsverfahren im Multimedia- (Image-, Video-, Musikretrieval etc.) und Multilinguabereich liegen. Ein wesentlicher Fortschritt kann auch durch die Integration realer Benutzer erzielt werden. Die zentrale Aufgabe im Sinne einer Meta-Evaluierung besteht nun darin, die vielen erzielten Ergebnisse einer detaillierten Analyse zu unterziehen, sie zu interpretieren und zusammenzuführen.

### Literatur

01 Biebricher, P.; Fuhr, N.; Niewelt, B. (1986), Der AIR-Retrievaltest. In: Lustig, Gerhard (Hrsg.), Automatische Indexierung zwischen Forschung und Anwendung, pp. 127-143.

02 Bollmann, P.; Cherniavsky, V. S. (1980), Probleme der Bewertung von Information-Retrieval-Systemen. In: Kuhlen, R. (Hrsg.), Datenbasen, Datenbanken, Netzwerke. Praxis des Information Retrievals. Band 3: Nutzung und Bewertung von Retrievalsystemen. München et al., pp. 97-121.

03 Cleverdon, C.W. (1972), On the inverse Relationship of Recall and Precision. Journal of Documentation 28 (1972), pp. 195-201.

04 Cleverdon, C.W.; Mills, J. (1963), The Testing of Index Languages Devices. ASLIB Proceedings 15, pp. 106-130.

05 Fuhr, N.; Gövert, N.; Kazai, G.; Lalmas, M. (Eds.) (2003), Initiative for the Evaluation of XML Retrieval (INEX). Proceedings of the First INEX Workshop. Dagstuhl, Germany, December 8-11, 2002.

06 Harman, D. K. (Ed.) (1993), The First Text REtrieval Conference (TREC-1). NIST Special Publication, pp. 500-207.

07 Harman, D. K. (Ed.) (1994), Proceedings of the second Text REtrieval Conference (TREC-2).

08 Kando, N. (Ed.) (1999), NTCIR Workshop 1: Proceedings of the First NTCIR Workshop on Research in Japanese Text Retrieval and Term Recognition. Tokyo Japan, 30 August – 1 September, 1999. ISBN: 4-924600-77-6.

09 Kando, N. (Ed.) (2001), NTCIR Workshop 2: Proceedings of the Second NTCIR Workshop on Research in Chinese and Japanese Text Retrieval and Text Summarization. Tokyo Japan, June 2000 – March 2001. ISBN: 4-924600-96-2.

10 Kando, N. (Ed.) (2002), NTCIR Workshop 3: Proceedings of the Third NTCIR Workshop on Research in Information Retrieval, Question Answering and Summarization, Tokyo Japan, October 2001 – October 2002. ISBN: 4-86049-016-9.

11 Kando, N. (2002), CLIR system evaluation at the second NTCIR workshop. In: Proceedings of the second Cross-Language Evaluation Forum (CLEF 2001), Darmstadt, Germany, September 3-4, 2001, Springer, 2002, pp. 371-388 (Lecture Notes in Computer Science; 2406).

12 Karlgren, J.; Hansen, P. (2003), SICS at iCLEF 2002: Cross-Language Relevance Asessment and Task Context. In: Peters, C.; Braschler, M.; Gonzalo, J.; Kluck, M. (Eds.) (2003), Advances in Cross-Language Information Retrieval. CLEF 2002, Rome, Italy, September 2002, Springer 2003, pp. 383-391 (Lecture Notes in Computer Science 2785).

13 Krause, J.; Womser-Hacker, Ch. (Hrsg.) (1990), Das Deutsche Patentinformationssystem. Entwicklungstendenzen, Retrievaltests und Bewertungen. Köln et al.

14 Lustig, G. (Hrsg.) (1986), Automatische Indexierung zwischen Forschung und Anwendung. Hildesheim et al.: Olms Verlag.

15 Moser, A. (1977), Zur Analyse und Bewertung informationaller Prozesse und Systeme. Stuttgart-Bad Canstatt.

16 Peters, Carol (Ed.) (2001), Cross-Language Information Retrieval and Evaluation. Workshop of the Cross-Language Evaluation Forum, CLEF 2000, Lisbon, Portugal, September 21-22. Lecture Notes in Computer Science 2069, Springer 2001.

17 Peters, Carol; Braschler, Martin; Gonzalo, Julio; Kluck, Michael (Eds.) (2002), Evaluation of Cross-Language Information Retrieval Systems. Second Workshop of the Cross-Language Evaluation Forum, CLEF 2001, Darmstadt, Germany, September 3-4. Lecture Notes in Computer Science 2406, Springer 2002.

18 Salton, G. (1981), The SMART Environment for Retrieval System Evaluation – Advantages and Problem Area. In: Sparck Jones, K. (Ed.), Information Retrieval Experiment. London et al., pp.316-329.

19 Sparck Jones, Karen (1995), Reflections on TREC. Information Processing & Management, 31 (3) 291-314.

20 Sparck Jones, Karen (Ed.) (1981), Information Retrieval Experiment. Butterworth: London et al.

21 Van Rijsbergen, C.J. ($^2$1979), Information Retrieval. London – Boston.

22 Voorhees, E. M. (1998), Variations in relevance judgements and the measurement of retrieval effectiveness. In: Proceedings of ACM SIGIR '98, pp. 315-323.

23 Voorhees, E.; Buckland, L.P. (Eds.) (2002), Proceedings of the Eleventh Text REtrieval Conference (TREC-11). NIST Special Publication 500-251.

24 Voorhees, E.; Harman, D. (Eds.) (2000), Proceedings of the Eighth Text REtrieval Conference (TREC-8). NIST Special Publication 500-246.

25 Womser-Hacker, C. (1989), Der PADOK-Retrievaltest. Zur Methode und Verwendung statistischer Verfahren bei der Bewertung von Information-Retrieval-Systemen. Hildesheim et al.

# B 10 Szientometrische Verfahren

Walther Umstätter

## B 10.1 Szientometrie und das Wissenswachstum

Die Szientometrie beschäftigt sich mit der Messbarkeit wissenschaftlicher Leistungen anhand bibliothekarisch nachweisbarer Publikationsergebnisse (Lit. 01). Bei genauer Betrachtung ist es ihr Ziel, die Wissenszunahme der Wissenschaft zu messen. Die wissenschaftliche Produktion in Form von Publikationen wächst seit über dreihundert Jahren konstant mit ca. 3,5% pro Jahr. Das entspricht einer Verdopplungsrate von 20 Jahren, die zuerst dem Bibliothekar Fremont Rider 1948 bei Büchern auffiel und die 1963 von Derek J. de Solla Price (Lit. 02) auch für das Wachstum von Zeitschriften und Bibliografien bestätigt wurde. Die Konstanz dieser Evolution, unabhängig aller sich ereignenden Katastrophen, ist nur zum Teil verstanden (Lit. 03, Lit. 04), macht aber den unaufhaltsamen Fortschritt der Wissenschaft deutlich. Alle 20 Jahre wird so viel publiziert wie in allen Jahrhunderten davor. Eine etwa gleiche Zunahme verzeichnen die Wissenschaftler, die damit etwa gleich produktiv bleiben. Von ihnen allen sind damit ca. 87% unsere heutigen Zeitgenossen. Aus diesem Wachstum heraus können wir abschätzen, dass in 100.000 laufenden Zeitschriften heute etwa 10 Mio. Publikationen jährlich erscheinen, die von 10 Mio. Wissenschaftlern verfasst werden. Dabei definieren sich nur die als Wissenschaftler, die durchschnittlich eine Publikation jährlich verfassen. Die gesamte Produktion an Buchtiteln, die bisher erschien, dürfte bei etwa 100 Mio. liegen. Davon sind etwa 20 Mio. als wissenschaftlich einzustufen. Wenn folglich 87% aller Wissenschaftler noch heute leben, so betrug die Gesamtzahl der Wissenschaftler in der Welt bisher 11,5 Mio., die in ihrem Leben durchschnittlich 1,5 Bücher pro Kopf verfassten, und etwa das 10-20fache an Zeitschriftenbeiträgen leisteten. Ein Teil dieser Bücher sind allerdings Neuauflagen und Übersetzungen.

Nach Lotka, A. J. (Lit. 05) ist die Produktivität der Wissenschaftler eine schiefe Verteilung von der Form $A/n^2$, wobei A die Zahl der Autoren mit nur einer Publikation ist und n die Publikationen pro Autor. Während Price in seinen „Networks of Scientific Papers" (Lit. 06) Vergleichswerte von $n^{2,5}$ bis $n^3$ angab, zeigten Untersuchungen am Science Citation Index (SCI), die auf die gesamte naturwissenschaftliche Literatur hochgerechnet wurden, eher einen Wert von $n^{1,7}$ (Lit. 07).

Auf die Tatsache, dass eine Verdopplungsrate der Wissenschaftler von 20 Jahren und eine solche der Menschheit von etwa 50 Jahren dazu führt, dass eines Tages alle Menschen Wissenschaftler werden, hat Price bereits 1963 hingewiesen. Dieser Zustand müsste bei 10 Mio. Wissenschaftlern und 6 Mrd. Menschen in etwa 300 Jahren eintreten, ein nur scheinbar absurder Gedanke, wenn man bedenkt, dass man sich vor 300 Jahren auch kaum vorstellen konnte, dass alle Menschen Lesen, Schreiben und Rechnen lernen können, und dass wir uns ungebildete Menschen immer weniger leisten können.

## B 10.2 Historische Begriffsentwicklung

Szientometrie, Bibliometrie und Informetrie sind nahe verwandte Teilgebiete mit unterschiedlichen Schwerpunkten. Der Begriff „Bibliometrie" breitete sich seit 1969 durch A. Pritchard (Lit. 08) aus, obwohl er schon 1934 bei Paul Otlet in dessen *Traité de Documentation* auftauchte. Als bibliometrische Einheit kann eine durchschnittlich bedruckte Seite mit rund 2.000 bis 3.000 Zeichen, der Zeitschriftenaufsatz mit durchschnittlich 10 Seiten, oder auch das Buch mit ca. 200-300 Seiten angesehen werden. Der Terminus „Librametry", den Ranganathan 1948 vorschlug, konnte sich auch noch nicht durchsetzen.

Nach Angaben von E. Garfield (Lit. 09) betrieb bereits E. Windham Hulm in seinen Lehrveranstaltungen über „statistical bibliography" (1922) in der University of Cambridge Bibliometrie. Bis heute beruhen alle szientometrischen Methoden auf Statistik und Wahrscheinlichkeitstheorie, ebenso wie die „mathematical theory of communication" von C. Shannon (Lit. 10). Als eine der frühesten szientometrischen Untersuchungen gilt die Arbeit von F. J. Cole und N. Eales: „The history of comparative anatomy" von 1917, in der Publikationen zum Thema gezählt und die Entwicklung aufgezeichnet wurde. Nalimov benutzte das Wort Naukometria = scientometrics 1966.

Die Kalibrierung von Dokumenten ist nicht unproblematisch. Sie sind als Oberbegriff verschiedener Dokumenttypen wie Akten, Bilder, Briefe, Bücher, CD-ROMs, Ton- und Videoaufzeichnungen oder Zeitschriften handhabbare informetrische Einheiten, die sich auf verschiedenen Informationsträgern befinden können und damit sehr unterschiedlichen Umfang und variable Gestalt zeigen. Ihre Archivierbarkeit kann aufgrund hoher Authentizität beim Kopieren, aber auch durch hohe Haltbarkeit des Informationsmediums gewährleistet sein.

Bedingt durch das äußerst weite Spektrum an Dokumenttypen muss insbesondere die Informetrie (Lit. 11) auf Vergleichbarkeit des jeweils untersuchten Materials achten. Unter diesem Aspekt ist die Bibliometrie im Gegensatz zur Szientometrie nicht ausschließlich auf wissenschaftliche Publikationen und die Informetrie nicht nur auf Bücher, Zeitschriften und andere Publikationen beschränkt, sondern bezieht auch Dokumente aus Archiven, Dokumentationseinrichtungen und dem Internet mit ein. Speziell mit der Untersuchung von Patenten beschäftigt sich die Patentometrie.

Zu den untersuchten Materialien der Informetrie gehören in den letzten Jahrzehnten insbesondere die Dokumente in maschinenlesbarer Form, bei denen sich speziell die Cybermetrics oder Webometrics der Analyse der Internetangebote widmen. Beide werden bisher synonym verwendet, wobei Cybermetrics bevorzugt wird. Bei ihr stehen Analysen von Hyperlinks, Evaluation und Nutzung der e-Books bzw. e-Journals sowie das kooperative Informationsmanagement im Internet im Vordergrund. Bei letzterem ist zu berücksichtigen, dass das internationale Knowledge Mangagement in der Wissenschaft in Richtung einer Fließbandproduktion des Wissens voranschreitet (Lit. 12). Diese weltweite elektronische Kooperation der neuen „invisible colleges" ermöglicht den Einsatz neuer automatischer Verfahren der Szientometrie.

## B 10.3 Die Menge publizierter Information

Die Messung jedweder Information erfolgt im Rahmen der Infometrie bzw. Kommunikationstheorie in Bit. J. W. Tukey prägte dieses Akronym für „binary digit" und versuchte 1963 im Weinberg Report die Menge an Information in der Library of Congress (LC) mit $10^{13}$ Bit erstmals abzuschätzen. Sie ergab sich aus der einfachen Multiplikation der Zahl an Büchern (ca. 2 Mio.), mit den Seiten (ca. 250), den Zeichen pro Seite (ca. 2500) und den Bit pro Zeichen (8). Auch wenn die Angabe in Bit zunächst sehr viel exakter erscheint, so enthält sie natürlich die gleiche Fehlertoleranz, die wir in der Bibliometrie in Kauf nehmen müssen.

Diese Abschätzung enthielt zwei Fehler. Sie vernachlässigte alle grafischen Elemente in den Büchern sowie die Bild- und Tondokumente, womit sich der Wert von $10^{13}$ auf das etwa Hundertfache ca. $10^{15}$ erhöht hätte. Anderseits ließe sich mit entsprechenden Kompressionsprogrammen in heutigen Computern die Information der LC auf etwa 1% konzentrieren. Im Jahre 2000 schätzte man den Informationsgehalt der LC auf etwa 20 Terabyte ($1{,}6 \times 10^{14}$ Bit), was bei ebenso grober Schätzung im gleichen Jahr auch der Größe des Internets entsprach. Trotzdem sind beide insofern kaum vergleichbar, da sich das Internet mit etwa 1,8 Jahren verdoppelt und die Digitalisierung der LC ein kaum zu bewältigendes Problem darstellt. Große Teile des Internets sind inhaltlich und qualitativ mit denen der LC auch nicht vergleichbar. Sie können als ephemer publik gemacht, aber nicht als Publikationen, im Sinne verlegter Werke angesehen werden. Allein Google bearbeitet täglich ca. 150 Mio. Suchanfragen in diesem Netz (2003). Dazu kommt noch das sogenannte Deep Net, das nach heutigen Schätzung ein Hundertfaches betragen soll, aber nicht allgemein zugänglich ist.

Der wirkliche Anteil an Information, sowohl in der LC als auch im Internet dürfte auch heute noch weit unter $10^{13}$ Bit liegen, wenn man die Redundanz und das Rauschen stärker als bisher herausfiltern würde. Szientometrisch betrachtet muss der Anteil an Wissen um mehrere Potenzen niedriger sein.

Da Information im Sinne der Kommunikationstheorie nichts mit der Bedeutung von Bezeichnungen zu tun hat, erwächst daraus die Frage, wie hoch zunächst der begriffliche Anteil ist. Er ergibt sich neuerdings aus der Einführung von Ontologien. Erst die Relation von Benennungen zueinander, sowie wir sie in der Dokumentation aus den Thesauri kennen, schafft Bedeutungsinhalte (Lit. 13). Dabei ordnet die Semiotik, die sich aus Semantik, Syntaktik und Pragmatik ergibt, in der Semantik bestimmten Objekten Benennungen zu, während die Pragmatik eine Rekonstruktion der Bedeutung von Objekten aus der Beziehung der Benennungen untereinander zulässt. Insofern ist es auf der Bedeutungsebene bei Ontologien präziser von semiotischen Thesauri zu sprechen, wenn man nicht die herkömmlichen Thesauri der Dokumentation zur Erschließung von Dokumenten meint.

In einem Gedankenaustausch muss die Zuordnung von Zeichen zu Objekten (Semantik) auf der Senderseite mit der Pragmatik auf der Empfängerseite weitgehend übereinstimmen. Wir können damit im Grundsatz der Terminologie von C. W. Morris (Lit. 14) folgen, der die Semantik als „relations of signs to the objects to which the signs are applicable" und die Pragmatik als „relation of signs to interpreters" definierte. Semiotische Thesauri können im Sinne des Konstruktivismus beliebig erzeugt werden und, im Sinne des radikalen Konstruktivismus, völlig fiktive Welten darstellen.

## B 10.4  Das Zipfsche Gesetz

Im sprachlichen Bereich hat sich G. K. Zipf schon 1929 in seiner Dissertation und 1949 in seinem berühmt gewordenen Buch „Human behavior and the principle of least effort" mit der Häufigkeitsverteilung von Worten beschäftigt. Er ordnete Worte von Texten nach ihrer Häufigkeit und stellte fest, dass diese der Regel A/x und damit der Funktion einer Hyperbel folgen. In erster Näherung ist somit das Wort „the" in der englischen Sprache ebenso häufig wie alle Worte zusammengenommen, die nur ein einziges mal in einem Buch erscheinen. Da die deutsche Sprache an Stelle des englischen „the", „der", „die" und „das" unterscheidet, kommen diese vergleichsweise seltener vor. Andererseits gibt es hier sehr viel mehr Worte, die nur einmal vorkommen, weil im Deutschen zusammengeschriebene Worte häufiger sind. Das Zipfsche Gesetz beschreibt dieses Phänomen, dessen Gründe noch nicht ganz verstanden sind mit dem verbreiteten Potenzgesetz $A/x^b$, wobei b im Deutschen <1 ist.

Wie kommt es zu diesem Phänomen? Alle Menschen betreiben meist unbewusst eine Informationskompression bei der sprachlichen Kommunikation, die sie mit Hilfe der Syntax erreichen. Sie beschreiben komplexe Gegenstände, die sie im Folgenden mit nur zwei oder drei Buchstaben, wie „er", „es", „sie" ... benennen. So kann das gesamte Buch von Zipf mit mehreren Megabyte, mit den beiden Buchstaben „es" (2 Byte) bezeichnet werden. In anderem syntaktischen Zusammenhang kann dieses „es" im selben Text auch für das „Bibliotheks-" oder auch das Informationswesen stehen. Aus dem Prinzip des geringsten (Sprach)aufwands ergibt sich, warum bestimmte Worte besonders häufig Verwendung finden. Ihre Bedeutung wechselt mit der jeweiligen Syntax.

Solche Formen des Rankings, in denen Worte, aber auch Klassen von Objekten nach Häufigkeit geordnet werden, stellen als Äquivalenzklassen immer eine Abstraktion und damit einen gewissen Verlust an Information dar. Genau betrachtet wird bei der Bildung von Klassen grundsätzlich Information in Redundanz umgewandelt. In der Dokumentation ist damit das Problem der Homonyme angesprochen. Solche Homonyme, die als Worte in einer Klasse zusammengefasst werden, haben durch ihre syntaktische Beziehung im Text unterschiedliche Bedeutungen. Diese Bedeutungen können aber in semiotischen Thesauri zu Äquivalenzklassen zusammengefasst und so erheblich komprimiert werden.

## B 10.5  Die Abschätzung der Menge publizierten Wissen

Noch weiter oberhalb der Informations- und der semiotischen Ebene müssen wir, wie erwähnt, die Wissensebene als eine herausragende Form der Bedeutungsebene ansehen. Sie versetzt uns in die Lage bestimmte Ereignisse mehr oder minder exakt vorherzusagen. Wissen als begründete Information bzw. als *evidence based information* im Sinne der Kommunikationstheorie kann damit leicht gemessen werden, indem eine zu erwartende Information mit der real eintreffenden Bit für Bit verglichen wird (Lit. 15). Damit ist nur ein Bruchteil an bedeutungstragenden Zeichen als Wissen einzustufen und szientometrisch relevant.

Zu berücksichtigen sind bei dieser Messung des Wissens mit Hilfe von Computern neben der Übereinstimmung der Bits die Präzision, mit der eine Vorhersage getätigt wird, die Zuverlässigkeit, mit der dieses Wissen richtige Ergebnisse zeitigt und der Aussagenbereich, für den das Wissen Gültigkeit hat. Hinzu kommt die Kompression, mit der ein Wissen darstellbar ist. So ist es insbesondere für narrative Wissenschaften typisch mit umfangreichen Beschreibung zu arbeiten, während andere Bereiche das Wissen mit möglichst knappen chemischen oder mathematischen Formeln darstellen.

Das hat dazu geführt, dass Wissenschaftler in der Geschichte wiederholt zu der Erkenntnis gelangten, dass die Wissenschaftlichkeit von Fächern weitgehend auf dem Einsatz mathematischer Methoden beruht. Manfred von Ardenne hat 1969 (Lit. 16) dokumentiert, wie oft diese Aussage inhaltlich neu entdeckt worden ist. Wissenschaft beginnt aber immer narrativ, bevor sie im Sinne von Galilei das Unmessbare messbar macht.

Die Messung von Wissen ist ebenso wie die der Information eine wahrscheinlichkeitstheoretische, in der durch statistische Signifikanz geprüft werden muss, wie weit zufälligerweise richtige Vorhersagen getroffen werden können. Mit der Messung von Wissen in Bit ergeben sich für die Szientometrie in Zukunft völlig neue Perspektiven der Erfassung von Wissenszuwächsen.

Der Wert, insbesondere der Marktwert von Wissen bzw. wissenschaftlichen Ergebnissen hat mit der Messung von Wissen ebenso wenig zu tun wie die Länge mit dem Marktwert eines Meters. Dem MKS-System gegenüber ist beim Bit auch noch bemerkenswert, dass dies keine lineare, sondern eine logarithmische Skalierung hat (Lit. 17).

Die Kompression von Information durch Wissen ist es, die uns die Möglichkeit gibt, in der immer größeren Menge gespeicherter Information nicht unterzugehen. Szientometrisch betrachtet ist die oft beklagte Informationsflut nicht real. Sie entsteht vielmehr aus der Jagd nach Information, um im Wissenswettbewerb schneller zu sein als die weltweite Konkurrenz. Neben den geschätzten $< 10^{10}$ Bit Wissen in der LC muss noch das so genannte *tacit knowledge* der Menschheit, auf dem das publizierte Wissen aufbaut, gesehen werden. Über seinen Umfang haben wir bisher noch keine klare Vorstellung, weil es sich um unter- und unbewusstes Wissen handelt. Sein Betrag ist aber vergleichsweise groß, wenn wir berücksichtigen, mit wie viel Aktivitäten wir täglich unser Überleben seit Jahrmillionen gesichert haben.

## B 10.6 Szientometrie und Marktwert des Wissens

Szientometrie ist ein wichtiger Teil der modernen Bibliothekswissenschaft geworden, weil Bibliotheken der wichtigste Rationalisierungsfaktor zur Senkung der Kosten in Bildung und Wissenschaft sind, oder wie es A. v. Harnack 1921 ausdrückte, Bibliothekswissenschaft die „Nationalökonomie des Geistes" verkörpert. Ihr marktwirtschaftlicher Anteil wird seit langem erhöht, auch wenn es außer Zweifel steht, dass Wissen nur in sehr begrenztem Maße eine marktwirtschaftliche Ware sein kann und darf.

1. Weil Wissen beliebig oft reduplizierbar ist, in den Köpfen von Menschen, im Internet oder auf CD-ROMs. Das gilt für keine andere Ware wie Rohstoffe, Nahrungsmittel oder Verbrauchsgüter.

2. Weil publiziertes wissenschaftliches Wissen immer nur einmal weltweit entdeckt werden muss und dann der gesamten Menschheit zur Verfügung steht.

3. Weil es vier diametral unterschiedliche Formen von Wissen gibt. Solches,
   – das mit seiner Verbreitung dem Urheber Gewinn bringt
   – das mit seiner Verbreitung den Empfängern Gewinn bringt
   – das mit seiner Verbreitung dem Urheber Verluste bringt und
   – das mit seiner Verbreitung den Empfängern Verluste bringt.
   Wissenschaft darf darauf zunächst keine Rücksicht nehmen.

4. Weil Wissen fast beliebig oft parallel erzeugt und nur mit großer Anstrengung so verknappt werden kann, dass es marktfähig wird.

Die gezielte Verknappung von Wissen und Information ist oft teuer und verstößt gegen die fundamentale Aufgabe des Bibliotheks- und Dokumentationswesens, das gleichzeitig der Garant gegen versehentliche Doppelarbeit und geistigen Diebstahl ist. Szientometrie macht erkennbar, warum wissenschaftliche Produktion nur in sehr geringem Maße marktfähig ist, weil sich im SCI deutlich zeigt, dass nicht die Produkte, die den größten Wissensanteil enthalten, die größten Zitationsraten auf sich vereinigen, sondern die, die am meisten widersprüchlich oder umstritten sind. Dementsprechend würden, wenn es keine Bibliotheken gäbe, die höchsten Einkünfte mit den zweifelhaftesten Produkten erzielt, weil sich die Fachwelt mit ihrer Falsifikation am eingehendsten beschäftigen muss, um sie zu widerlegen. Auch wenn dieser Effekt durch das Bibliothekswesen nicht gänzlich verhindert werden kann, so trägt es zumindest dazu bei, die damit verbundenen Gefahren einzudämmen.

Als Beispiel sei hier Niklas Luhmann genannt, der im SCI sogar als deutscher Autor mit Büchern hoher Auflagenzahl auf Zitationsraten von etlichen Tausend kommt. Dieses hohe Interesse beruht erkennbar auf der Widersprüchlichkeit Luhmanns, der selbst vom Labyrinth seiner Gedanken sprach und eine große Zahl von Gegnern und Anhängern hat. Auch bei Darwin ist der Bekanntheitsgrad und damit seine wiederholte Zitation auf die Umstrittenheit der Evolutionstheorie und weniger auf das Maß an Wissen darin zurückzuführen.

## B 10.7 Die Zitationsanalyse

Im Arts and Humanities Citation Index (AHCI) wurden 1980-1992 am häufigsten Zitiert: 1. Marx, 2. Lenin, 3. Shakespeare, 4. Aristoteles, 5. die Bibel, 6. Plato, 7. Freud, 8. Chomsky, 9. Hegel und 10. Cicero. Auch in den Geisteswissenschaften stehen damit eher spekulative denn wissenschaftlich fundierte Werke an der Spitze der Zitationen. Die am häufigsten zitierte Arbeit, war „The Structure of Scientific Revolutions" von T. S. Kuhn von 1962. Die dort geäußerte Vorstellung über die Ausbreitung von Theorien und die damit verbundenen Paradigmenwechsel sind bis heute umstritten und beziehen sich eindeutig noch auf die Zeit der Little Science. Nur wenige der vielen umstrittenen Hypothesen in der Wissenschaft erweisen sich später als wirkliche Theorien.

Das ist kein Widerspruch zu der Feststellung E. Garfields, dass ein durchschnittlicher Nobelpreisträger etwa das fünffache dessen erzeugt, was ein durchschnittlicher Wissenschaftler im SCI nachweisbar publiziert, wobei seine Arbeiten ca. 30 mal so häufig zitiert werden. Das ergibt sich insbesondere dadurch, dass 95% der Nobelpreisträger mindestens eine Publikation hatten, die zu den „most cited articles" im SCI gehören.

H. Zuckerman hat in den 1960er Jahren Interviews mit Nobelpreisträgern geführt, die wiederholt äußerten, dass hervorragende Wissenschaftler überproportional bekannt sind. Daraus ergab sich die Hypothese des Matthäuseffekts, nach der bekannte Autoren immer bekannter werden. Er ist eine von Merton 1968 (Lit. 18) postulierte Erscheinung, die auch Price mit den Worten „success breeds success" umschrieben hat.

## B 10.8 Die Halbwertszeit

Eine zunehmende Zitationsrate für bestimmte Aufsätze findet sich im SCI so gut wie nicht. Im Gegenteil, die am häufigsten zitierten Arbeiten haben eine Halbwertszeit von nur 3,6 Jahren, während die allgemeine Halbwertszeit bei ca. 5 Jahren liegt; d.h. 50% aller Zitationen erstrecken sich auf die letzten 5 Jahre, der Rest auf die gesamte Zeit davor. Damit im Zusammenhang steht auch die Benutzung der zitierten Literatur mit ebenfalls 5 Jahren. Dies ist, wenn man nicht zu kleine Spezialgebiete wählt, für alle Disziplinen etwa gleich. Wobei es für die oft geäußerte Annahme, in den Geisteswissenschaften sei die Halbwertszeit erheblich größer als in den Naturwissenschaften, keine Anhaltspunkte gibt. Sie beträgt sogar für Belletristik in Öffentlichen Bibliotheken 5 Jahre (Lit. 19).

Die Beschäftigung mit der Halbwertszeit zitierter Literatur geht auf die Untersuchungen von Burton und Kebler 1960 zurück. Seitdem finden wir auch Halbwertszeiten bei der Durchsicht der neusten Literatur von etwa 5 Tagen (Lit. 20) und beim Studium der bereits kopierten Literatur von etwa 5 Monaten (Lit. 21). Eine erkennbare Abweichung von der Halbwertszeit zitierter Literatur finden wir bei den „ciatation classics", die um etwa 5% häufiger zitiert werden, als es eine reine Halbwertszeitfunktion von 5 Jahren vorhersagt.

Bei den „citation classics" beobachten wir Halbwertszeiten von etwa 20 Jahren, so dass es, in Relation zur Verdopplungsrate der Literatur, zu einer etwa konstanten Zitation von Klassikern wie Plato, Galilei oder Descartes kommt. Das Phänomen wurde erstmals an den Untersuchungen zu den Chladnyschen Klangfiguren beschrieben und ergibt sich im Prinzip daraus, dass wir seit langem offene Fragen als solche wach halten. Anders gesagt, haben wir dem „cogito ergo sum" von Descartes bis heute nichts wesentlich neues an Wissen hinzuzufügen. Folglich werfen wir diese Frage immer wieder neu auf. Mit dem Veralten der Literatur (*engl. obsolescence*) hat die Halbwertszeit nur wenig zu tun, denn ein wissenschaftliches Ergebnis, wie die Erkenntnis der Gravitation, erfordert heute nicht, dass man auf Newton oder Galilei zurückgehen muss. Sie ist bereits in den Lehrbüchern enthalten. Ihre Antipoden, die *most* oder *highly cited articles*, die E. Garfield in seinen „Essays of an Information Scientist" synonym behandelt, haben dagegen, wie erwähnt eine Halbwertszeit von 3,6 Jahren.

## B 10.9 Der Trend zur Mehrautorenschaft

Seit dem Beginn der Big Science, den wir in zeitlichen Zusammenhang mit dem Big Bang der Atombombe in der Mitte des letzten Jahrhunderts bringen können, beobachtet man in der Wissenschaft allgemein eine Zunahme an Zusammenarbeit. Während früher vereinfacht gesagt ein Autor einen wissenschaftlichen Aufsatz pro Jahr schrieb, sind es heute statistisch 3 Autoren, die 3 Aufsätze pro Jahr gemeinsam schreiben. Die Produktivität pro Autor ist damit weder gewachsen noch gesunken. Sie ist aber, wie Price (Lit. 23) vermerkte, eine Funktion der Projektgröße, an denen die Wissenschaftler teilnehmen. Extremes Beispiel sind die Publikationen vom europäischen Forschungszentrum CERN, von dem wiederholt Zeitschriftenaufsätze mit hunderten von beteiligten Autoren an einem einzigen Zeitschriftenaufsatz erscheinen.

Durch die Mehrautorenschaft werden Ergebnisse rascher veröffentlicht. Außerdem können unterschiedliche Spezialisten zusammenarbeiten. Die Interdisziplinarität in der Wissenschaft ist damit aber keinesfalls gestiegen. Sie war schon immer hoch. Es sei nur an Universalgelehrte wie Leibniz und Goethe, aber auch an Schiller erinnert, der in der Medizin mit einem eher biologischen Thema 1780 promovierte.

Der Übergang von der Little Science zur Big Science, die Harnack als Großforschung mit dem so genannten Harnack-Prinzip in Deutschland gefördert hat, war szientometrisch betrachtet ein über viele Jahrzehnte ablaufender Prozess. Er hat die Little Science, zu der nach Price nur 6-8% der Gesellschaft genügend Begabung haben, nicht beseitigt, sondern nur ergänzt. Während das Humboldtsche Prinzip der Wissenschaft typisch für die Little Science war, in dem man hervorragenden Wissenschaftlern Geld für die Forschung gibt und ihnen frei überlässt, welche Probleme sie damit angehen, war das Harnack-Prinzip eine Übergangslösung, in der man um hervorragende Persönlichkeiten Arbeitsgruppen mit bestimmten Zielrichtungen etablierte. In der Big Science werden für Probleme, bei denen deutlich wird, dass sie mit bestimmtem finanziellem Aufwand lösbar sind, ad hoc Projektgelder an eigens dafür zusammengestellten Teams vergeben. Die Wissenschaft selbst wird in diesen Bereichen zur planbaren Wissenschaft.

Es lässt sich szientometrisch zeigen, dass mit jedem gelösten Problem die Zahl der Probleme keinesfalls kleiner wird, sondern dass damit neue und größere Probleme lösbar werden (Lit. 03). Dies führt zu dem beobachteten konstanten Wachstum der wissenschaftlichen Publikationen. Versuche die Wissenschaft zu beschleunigen führen damit zu immer größeren neuen Problemen, während eine Abstinenz die vorhandenen Probleme immer virulenter werden lässt, bis man sich gezwungen sieht sie zu lösen.

## B 10.10 Der Impact-Factor

Im Durchschnitt hat eine Publikation in einer Zeitschrift 10 Referenzen (im SCI heute 15), während sie, je nach Impact Factor, in dem Untersuchungszeitraum nur etwa 2 Zitationen auf sich zieht. Dabei ist diese Zahl im Zeitraum 1945-1995 im SCI von 1.3 auf 2.3 gestiegen. Dies hängt allerdings mit der Auswahl der Zeitschriften im SCI zusammen, die zunehmend Reviewcharakter haben. Etwa die Hälfte der erscheinenden Aufsätze werden nicht zitiert, während andererseits etwa 10% keine Referenzen enthalten.

Im Rahmen der Zitationen sind die Selbstreferenzen in der Szientometrie umstritten. Während einerseits abschätzig von Inzest-Rate gesprochen wird, gibt es ebenso Fälle, in denen Autoren eigene frühere Arbeiten verschweigen, deren Zitierung wissenschaftlich unabdingbar wäre. Das sind die Fälle, für die Einstein den Ausdruck der Eselei verwendete, als er einen früheren Irrtum selbst erkannte. Negative Selbstzitate sind kaum zu finden. Insofern wird eher zu wenig selbst zitiert als zu viel.

Ohne Zweifel ist das wichtigste Instrument der Szientometrie der SCI (Science Citation Index), den es seit 1963 gibt. Ihm folgten 1973 Social Sciences Citation Index und 1978 der Arts and Humanities Citation Index. 1998 erreichte der SCI einen Umfang von ca. 20 Millionen „source documents", die mehr als 300 Mio. Zitate enthielten.

Garfield und Sher haben damit schon 1963 den Journal Impact-Factor bestimmt, der sich aus der Anzahl aller Zitate, die sich im Zitierungsjahr auf ein betrachtetes Journal beziehen, geteilt durch die Anzahl der dort erschienen Artikel berechnet. Dabei wurde die Aussagekraft dieses Faktors dadurch optimiert, dass nur die beiden letzten Jahre vor dem Zitierungsjahr Berücksichtigung finden. Der Impact Factor ist in den Journal Citation Reports (JCR) für etliche Zeitschriften jährlich verzeichnet und ist ein interessanter Vergleichswert, weil er eine Aussage darüber macht, wie oft ein durchschnittlicher Aufsatz in einer Zeitschrift zitiert wird.

## Literatur

01 Ewert, Gisela und Umstätter, Walther: Lehrbuch der Bibliotheksverwaltung. Hiersemann Verl. Stuttgart (1997)

02 Price, Derek J. de Solla: Little Science Big Science. Columbia Univ. Press. (1963) – deutsche Ausgabe Suhrkamp Frankfurt a.M. (1971)

03 Umstätter, Walther: Ergebnisse anwenden bevor sie entdeckt sind. Computerunterstützte Dokumentationssysteme erleichtern Entscheidungen. Umschau 84 (5) S.130-131 (1984)

04 Umstätter, Walther: Die Rolle der Bibliothek im modernen Wissenschaftsmanagement. Humboldt-Spektrum 2 (4) 36-41 (1995)

05 Lotka, Alfred James: The frequency distribution of scientific productivity. J. of the Washington Academy of Science 16, 1926.

06 Price, Derek J. de Solla: Network of Scientific Papers. Science 149, S. 510-515 (1965)

07 Umstätter, Walther und Rehm, Margarete: Bibliothek und Evolution. Nachr. f. Dok. 35 (6) S. 237-249 (1984)

08 Pritchard, Alan: Statistical Bibliography or Bibliometrics? Journal of Documentation. London. 25 (4) S. 348-349 (1969)

09 Garfield, Eugene: Citation Frequency as a Measure of Research Activity and Performance. Current Contents 31.1.1973

10 Shannon, Claude: A Mathematical Theory of Communication. The Bell System Technical Journal, 27, S. 379-423, 623-656, July, October, 1948.

11 Nacke, Otto: Informetrie: ein neuer Name für eine neue Disziplin. Nachrichten für Dokumentation 30 (6) S. 219-226 (1979)

12 Umstätter, Walther: Die Nutzung des Internets zur Fließbandproduktion von Wissen. In: Organisationsinformatik und Digitale Bibliothek in der Wissenschaft. Wissenschaftsforschung Jhb. 2000 Hrsg. Fuchs-Kittowski, K.; Parthey, H. Umstätter, Walther und Wagner-Döbler, R. S. 179-199 (2001)

13 Schwarz, Iris und Umstätter, Walther: Die vernachlässigten Aspekte des Thesaurus: dokumentarische, pragmatische, semantische und syntaktische Einblicke. nfd Information – Wissenschaft und Praxis 50 (4) S. 197-203 (1999)

14 Morris, Charles William: Foundation of the theory of signs. Chicago. (1938)

15 Umstätter, Walther: Über die Messung von Wissen. Nachrichten für Dokumentation 49 (4) S. 221-224 (1998)

16 Ardenne, Manfred v.; Reball, S.: Die Dokumentenflut und die Wege zur Überwindung der gegenwärtigen Informationskrise. Informatik 16 (4) 21-26 (1969)

17 Umstätter, Walther: Die Skalierung von Information, Wissen und Literatur. Nachr. f. Dok. 43 (4) 227-242 (1992)

18 Merton, Robert K.: The Matthew Effect in Science. The reward and communication systems of science are considered. Science, 159 (3810) 56-63, January 5, 1968

19 Umstätter, Walther: Öffentliche Bibliotheken und ihre Nutzung. Unbeliebte Gedanken zu Rationalisierungsmaßnahmen. ABI-Technik 6 (1) S. 1-12 (1986)

20 Umstätter, Walther und Rehm, Margarete: Über die Zeitschriftenbenutzung in einer Freihandbibliothek. Beobachtungen in der Universitätsbibliothek Ulm. DFW 30 (1) S. 17-19 (1982)

21 Umstätter, Walther; Rehm, Margarete und Dorogi, Z.: Die Halbwertszeit in der naturwissenschaftlichen Literatur. Nachr. f. Dok. 33 (2) S. 50-52 (1982)

22 Garfield, Eugene: Historiographs, Librarianship and the History of Science (1973). Reprint in Essays of an Information Scientist, ISI Press Vol. II S. 136-150 (1977)

23 Price, Derek J. de Solla: Multiple Authorship. Science 212, S. 986 (1981)

24 Umstätter, Walther und Rehm, Margarete: Einführung in die Literaturdokumentation und Informationsvermittlung. K.G. Saur Verl. München (1981)

25 Goffman, W.: Mathematical approach to the spread of scientific ideas – the history of mast cell research. Nature 212, S. 449-452 (1966)

26 Avramescu, A.: Modelling scientific information transfer. International Forum on Information and Documentation 1 (1) S.13-19 (1975)

27 Umstätter, Walther: Bibliothekswissenschaft als Teil der Wissenschaftswissenschaft – unter dem Aspekt der Interdisziplinarität. In: Interdisziplinarität – Herausforderung an die Wissenschaftlerinnen und Wissenschaftler. Hrsg. Umstätter, Walther und Karl-Friedrich Wessel, Kleine Verlag, Bielefeld, S. 146-160 (1999)

# B 11 Informationsmanagement

Josef Herget

## B 11.1 Informationsmanagement – Ein schillerndes und vieldeutiges Konzept

Seit etwa 1980 erfreut sich der Terminus Informationsmanagement einer zunehmenden Beliebtheit: Die Anzahl der themenrelevanten Publikationen stieg stetig und hält sich seit dem auf einem hohen Niveau, unzählige Konferenzen zum Thema finden mittlerweile seit gut 20 Jahren statt und zahlreiche Ausbildungsprogramme in Informationsmanagement wurden an Hochschulen weltweit etabliert. Informationsmanagement scheint folglich – unterstellt man obige Indikatoren als Beleg – ein tragfähiges und zukunftsweisendes Konzept zu sein. Die Bedeutungsinhalte in Wissenschaft und Praxis sind aber, wie auch jüngste Untersuchungen aufzeigen (Lit. 25), noch immer diffus und mehrdeutig.

### B 11.1.1 Die Wurzeln des Informationsmanagements

Im Folgenden werden die unterschiedlichen Entstehungskontexte des Informationsmanagements skizziert und die wesentlichen Charakteristika heraus gestellt. Diese sind zumeist relativ unabhängig voneinander entstanden, auch wenn natürlich die auslösenden Faktoren und Treiber die gleichen sind: eine ungebrochene Innovationsdynamik in der Entwicklung von Informationstechnologien und neuen Medien, eine zunehmende Globalisierung der Märkte einhergehend mit erhöhtem Informations- und Kommunikationsbedarf, ein ökonomischer Strukturwandel in wissensintensivere Bereiche, eine sich mit modernen Managementkonzepten ändernde Kultur der Information und Kommunikation in Unternehmen und zunehmend besser ausgebildete Mitarbeiter mit spezifischeren Informations- und Kommunikationsbedürfnissen, um nur einige Aspekte des allgemeinen Wandels zu nennen. Die Informations- und Wissensintensität der Produkte und Dienstleistungen, aber auch der Anteil des Informations- und Kommunikationssektors an der volkswirtschaftlichen Wertschöpfung nimmt in entwickelten Volkswirtschaften kontinuierlich zu. Das Management von Information und Wissen rückt folgerichtig mehr in den Vordergrund und entwickelt sich zu einem Schlüsselfaktor erfolgreichen Wirtschaftens. Die zunehmende Betrachtung der Rolle der Informationsarbeit und des Einsatzes von Informationstechnologien mit ihren mannigfachen Auswirkungen auf Organisationen (die Begriffe Organisation und Unternehmen werden in diesem Beitrag synonym verwendet) aller Art wurde von verschiedenen Disziplinen aufgegriffen, die zu jeweils unterschiedlichen Perspektiven führen.

**Zunehmender Einsatz und Verbreitung von Informationstechnologien in Organisationen:** Seit Beginn der 60er Jahre des letzten Jahrhunderts befindet sich die Informationstechnologie in allen Organisationen auf dem Vormarsch. Die Informationstechnologie (IT) als Sammelbegriff für Hardware, Software und Netzwerke wurde in den Anfängen in einer Abteilung für die Elektronische Datenverarbeitung (EDV), auch Rechenzentrum genannt, in Organisationen etabliert. In Folge wurden immer mehr Arbeitsprozesse durch Informations- und Kommunikationstechnologien unterstützt, durchdrungen oder gar vollständig automatisiert. Der Begriff Informationsmanagement wurde in den 80er Jahren zunehmend verwendet als modernerer Begriff für die Fortentwicklung der betrieblichen Datenverarbeitung im Sinne eines *Managements der Informationstechnologie*. Sowohl die Investitionen in Informations- und Kommunikationstechnologien als auch das Personal, mit Informatikaufgaben in verschiedenen Organisationsstellen betraut, nahmen stetig zu und vereinnahmen mittlerweile einen hohen Kostenblock an den Gesamtausgaben einer Organisation. Der Anteil an den Gesamtkosten schwankt je nach Branche zwischen ca. 1,5% bis 15%, dabei handelt es sich aber lediglich um die Kosten für die IT und das IT-Personal. Die „versteckten" Kosten der Informationsarbeit, betrachtet man dabei jeden Arbeitsplatz, liegen weitaus höher.

Die Bedeutung von Informationstechnologien für das Funktionieren von Organisationen wurde immer wichtiger, strategische Gestaltungsoptionen für die künftige Marktstellung rückten im Sinne der Erzielung von Wettbewerbsvorteilen zunehmend in den Fokus. Durch die erreichte Komplexität dieser Gestaltungsaufgabe wurden wissenschaftlich begründete Methoden und Instrumente benötigt. Im deutschsprachigen Raum etablierte sich vor allem die Wirtschafsinformatik, im englischsprachigen Umfeld die Disziplin (Management) Information Systems, zu deren zentralen Forschungsobjekten sich der Einsatz von Informationstechnologien in Unternehmen entwickelte. Das Informationsmanagement als ein Teilgebiet der Wirtschaftsinformatik beschäftigt sich mit der zielgerichteten Anwendung und Nutzung von Potentialen der Informationstechnologie zur Erreichung von organisatorischen Zielen und Zwecken. In dieser technologisch orientierten Ausprägung wird die Bezeichnung Informationsmanagement vor allem für drei unterscheidbare Ausrichtungen verwendet (Lit. 25, S. 55ff):

a) Datenmanagement: hier stehen die Datenadministration, das Datenbankmanagement und die Datenmodellierung im Vordergrund;

b) Informationstechnologiemanagement: behandelt den Einsatz von Informationstechnologien und -anwendungen in Unternehmen und

c) Strategische Informationssystemplanung: thematisiert die Schaffung von Wettbewerbsvorteilen durch den Einsatz von Informationstechnologien und -systemen.

Diese unterschiedlichen Orientierungen verdeutlichen den Gegenstandsbereich des technologisch orientierten Begriffsverständnisses des Informationsmanagements.

**Informationsinhalte als Ausgangspunkt:** Die Informationswissenschaft entwickelte parallel zu der oben beschriebenen Entwicklung ein eigenes Verständnis des Informationsmanagements. Der Ursprung der informationswissenschaftlichen Ansätze im hier betrachteten Kontext liegt in den Bereichen Informations- und Dokumentationsstellen, Bibliotheken (organisationsinterne Spezialbibliotheken), Archive und Schriftgutverwaltung (Records Management), die in vielen grösseren Unternehmen vorhanden sind. Dabei werden als Bezugsobjekte vor allem Dokumente und externe Informationen betrachtet, die zumeist in unstrukturierter Form vorliegen. Im Zentrum des hier dominierenden Verständnisses steht das *Management von Informationen*, also der Beschaffung, Organisation, Distribution und Nutzung der Ressource Information zur organisationalen Aufgabenerfüllung. Dieses Verständnis stützt sich denn auch in den Organisationen – im Unterschied zum wirtschaftsinformatischen Aufgabenverständnis – auf andere Funktionsbereiche: neben den oben bereits aufgeführten sind es beispielsweise noch Knowledge Center, Competitive Intelligence Einheiten, Patentdokumentationen und weitere Einrichtungen der betrieblichen Informationswirtschaft. Diese Stellen bezwecken, die Ressource Information (in der oben beschriebenen Ausprägung) im organisationalen Leistungserstellungsprozess möglichst optimal bereitzustellen und einer Nutzung zuzuführen. Hier wird häufig der Terminus *Fachinformation* verwendet, der verdeutlichen soll, dass es sich dabei vor allem um eine an den Inhalten (und nicht Transaktionen) orientierte Ausprägung von Informationsarbeit handelt. Auch für diese Aufgabenkomplexe, obwohl als einzelne Funktionsbereiche in der Praxis zumeist parzelliert, wurde zunehmend die Bezeichnung Informationsmanagement verwendet.

**Information Resources Management – der Paperwork Reduction Act als die administrative Orientierung:** Eine weitere Entwicklungslinie kann in der US-amerikanischen Verwaltung Mitte der 70er Jahre ausgemacht werden. Zum Ausgangspunkt des hier entstehenden Informationsmanagements führte unter anderem der politisch wahrgenommene Umstand, dass die Verwaltungen zunehmend die Unternehmen und Bürger durch zahlreiche unkoordinierte Erhebungen mit Informationssammeltätigkeiten belastet haben. Um Vorschläge zur Minimierung des von der Verwaltung induzierten Aufwandes für die Öffentlichkeit (und Unternehmen) zu erarbeiten, wurde vom amerikanischen Kongress die Federal Paperwork Commission einberufen. Diese sollte Ursachen für Ineffizienzen im Umgang mit Daten und Informationen identifizieren und Lösungskonzepte erarbeiten. Im 1977 erschienenen Endbericht stellte der Leiter dieser Kommission, F. W. Horton, die Forderung auf, Informationen nicht länger als freies und unentgeltliches Gut zu betrachten, sondern als Ressource, ebenso wie die klassischen Wirtschaftsgüter Kapital, Arbeit und Boden (oder im betriebswirtschaftlichen Sinne: Betriebsmittel, menschliche Arbeit und Werkstoffe) (Lit. 14, S. 4). Dies führte in US-amerikanischen Behörden zur Einführung des Paperwork Reduction Act und damit zusammenhängend zur Etablierung der Funktion *Information Resource(s) Management*. So trivial die formulierte Forderung auch anmutet, so zentral wurde sie für das Verständnis des Informationsmanagements: Der Umgang mit Information (individuell, in Organisationen und Gesellschaften) muss geplant, organisiert und kontrolliert werden. Die informationsbezogenen Tätigkeiten in Unternehmen müssen koordiniert und gesteuert werden. Zur optimalen Ressourcenallokation ist die Bewirtschaftung der Ressource Information den gängigen Managementprinzipien zu unterwerfen.

Häufig wurde die Funktion mit *Resources* im Plural beschrieben, dabei wurde dann Information als *eine* Ressource des Informationsmanagements betrachtet, die anderen Ressourcen daneben sind: Personal, Technologien, Anwendungen und Daten. Die mittlerweile eher übliche Bezeichnung Informationsmanagement (Information Management) konzentriert sich dabei nicht nur auf die optimale Ausschöpfung der Ressource Information, sondern verbreitert die Perspektive um die weiteren zur Bewirtschaftung des Produktionsfaktors Information notwendigen Strukturen und Prozesse und eröffnet damit eine integrative Sichtweise.

Dieser Ansatz, der bereits früh Eingang in die informationswissenschaftliche Diskussion fand, kommt einem umfassenden, integrierten Informationsmanagement-Konzept am nächsten. Dennoch blieb seine Verbreitung zunächst sehr begrenzt und er wurde auch – gemessen am eigenen Anspruch – nur unzulänglich umgesetzt, wie eine Überprüfung in den 90er Jahren aufgezeigt hat (Lit. 20), die dann auch zu einer Neuformulierung führte (Lit. 28). Vom Konzept her blieb dieser Ansatz vor allem auf US-Verwaltungen begrenzt. Dennoch erfreute er sich gerade in der Informationswissenschaft einer großen Popularität und wird auch als die bestimmende Grundlage für ein integriertes Informationsmanagement betrachtet. Wir werden später zentrale Elemente dieses Konzeptes im vorgeschlagenen Informationsmanagement-Modell aufgreifen.

**Persönliches Informationsmanagement als Reaktion auf die zunehmende Digitalisierung der Arbeitsumgebung:** Schließlich wird der Begriff Informationsmanagement auch zur Beschreibung des persönlichen Informationsmanagements verwendet. Dies als Reaktion darauf, mit der zunehmenden Informationsflut, der elektronisch gestützten Kommunikation und der voranschreitenden Digitalisierung der persönlichen Arbeitsumgebungen mit den zur Verfügung stehenden computergestützten Werkzeugen besser umgehen zu können (siehe z.B. Lit. 26). Dieser Ansatz, der sich auf die individuelle Informatik-, Medien- und Informationskompetenz abstützt, stellt somit eine transfunktionale Betrachtung dar; die Beherrschung von Methoden und Prinzipien des Infor-

mationsmanagements wird für jeden modernen Informationsarbeiter zum notwendigen Repertoire, um erfolgreich wirken zu können.

### B 11.1.2 Ist ein integriertes Informationsmanagementverständnis in Sicht?

Das Konzept Informationsmanagement wird also in unterschiedlichen Kontexten von verschiedenen Berufsgruppen und akademischen Disziplinen mit jeweils eigenem Verständnis verwendet. Die unterschiedliche organisatorische Zuordnung der mit Informationsaufgaben betrauten Stellen, eine anders gewachsene berufliche Sozialisation und Professionalität der Akteure, der unterschiedliche Informationsarten und -quellen umfassende Ansatz führen in den meisten Organisationen zu einer Koexistenz verschiedener Informationsmanagementverständnisse. Ein integriertes, koordiniertes Management sämtlicher mit Informationsaufgaben betrauten Stellen in einer Organisation findet in der Praxis auch nicht statt, wie empirische Untersuchungen (Lit. 03, Lit. 25) belegen.

Im folgenden Abschnitt wird der Versuch unternommen, in einem Modell die unterschiedlichen Ausprägungen des Informationsmanagements in einer integrativen Sicht darzustellen.

## B 11.2 Integriertes Informationsmanagement – Elemente und Bausteine eines Modells

Das verbindende Element der unterschiedlichen Konzepte des Informationsmanagements stellt die Betrachtung des *Umgangs mit Information in organisationalen Kontexten* dar: Gegenstandsbereich des Informationsmanagements ist die effektive und effiziente Bewirtschaftung des Produktionsfaktors Information in Organisationen. Effektivität bezieht sich auf die Zielgerichtetheit der informationsbezogenen Aktivitäten, die sich an den Organisationszielen zu orientieren haben. Effizienz stellt die Rahmenbedingungen des ökonomischen Kalküls: Der Nutzen des Informationsmanagements sollte die Kosten übersteigen.

Information als Betrachtungsgegenstand kann aus internen oder externen Quellen stammen. Dabei ist die Repräsentationsform der Information unerheblich: sie kann u.a. vorliegen papiergebunden (Akten, Dossiers, Zeitschriften, Berichte, Bücher etc.), auf optoelektronischen Trägern (CD, DVD), in elektronischer Form (Office-Systeme, Datenbanksysteme, Internet) oder gar als Know-how in den Köpfen der Mitarbeiter (Wissen). Informationen sind entweder in verschiedenen Abteilungen innerbetrieblich oder außerhalb der Organisationsgrenzen lokal, regional oder global in verschiedenen Formaten und auf unterschiedlichen Trägern gespeichert, organisiert und zugreifbar. All diese informationellen Ressourcen erfordern, folgt man dem integrierten Ansatz, eine gemeinsame Sichtweise. Eines der zentralen Probleme ist es folglich, wie die organisationsinternen Informationen (oder Wissensbestände), die in verschiedenen Zuständigkeitsbereichen organisiert sind, als eine Ressourcenkategorie zu begreifen und zu einer möglichst optimalen Ausschöpfung durch die Organisationsmitglieder zu bringen. Gleichrangig gilt es, die organisationsexternen Informationen für die Organisationsmitglieder nutzbar zu machen. Koordination und Kooperation stellen daher wichtige Anknüpfungspunkte dar. Allerdings findet bis jetzt eine *integrierte Betrachtung sämtlicher Informationsressourcen in Organisationen* in der Funktion des Informationsmanagements bis jetzt so gut wie gar nicht statt (Lit. 03, Lit. 16, Lit. 25).

Informationsmanagement stellt also den Umgang mit Informationen in Organisationen ins Zentrum der Betrachtung. Damit greift das Informationsmanagement in sämtliche Phasen des Informationslebenszyklus ein:

– Informationsbedarfsbestimmung (Welche Informationen werden in der Organisation benötigt?)

– Suche und Beschaffung von Informationen (intern und extern)

– Erschließung und Organisation der Informationsressourcen

– Produktion von Informationsgütern (Wie und in welcher Qualität sollen Informationsprodukte hergestellt, aufbereitet und als Informationssysteme oder -dienste angeboten werden?)

– Distribution (Auf welchen Kanälen soll wer welche Informationsprodukte und Informationsdienste erhalten, respektive zugreifen können?)

– Nutzung und Verwertung der zur Verfügung stehenden Informationen (Wie können eine Informationssensibilität gefördert, vorhandene Informationsbarrieren abgebaut und eine Nutzung in Problemlösungs- und Entscheidungssituationen verbessert werden?)

– Organisation des gesamten Prozesses der Informationsversorgung (Wie kann die Erreichung der Organisationsziele durch professionelle Informationsarbeit optimiert werden?).

Im Zuge dieser Betrachtung hat sich auch der Gedanke der Informationslogistik (Lit. 01, Lit. 27) immer mehr zum Leitprinzip des Informationsmanagements entwickelt. Unter Informationslogistik werden die Verfahren subsumiert, die die optimale Bereitstellung der Informationsgüter zum Nutzer gewährleisten sollen:

– die richtige Information
– im richtigen Umfang
– in der richtigen Qualität
– zur richtigen Zeit
– mit möglichst geringem Aufwand
– bei der richtigen Person.

### B 11.2.1 Grundannahmen des integrierten Informationsmanagements

Aus dem Konzept des Information Resource Managements lassen sich folgende vier Grundannahmen heraus destillieren (Lit. 02, S. 270 ff), die für unsere integrierte Sicht wichtig sind:

**1. Anerkennung und Bewirtschaftung von Information als eine Ressource:** Die Anerkennung von Information als eine wichtige unternehmerische Ressource wird mittlerweile allgemein akzeptiert. Aussagen wie: Information ist der vierte Produktionsfaktor oder Information als Wettbewerbsfaktor legen den Schluss nahe, die Ressource Information ebenso wie andere betrieblichen Ressourcen zu behandeln und ihrer Planung, Organisation und Steuerung die gleiche Aufmerksamkeit zukommen zu lassen.

**2. Integrierter Managementansatz:** Wenn die Information in all ihren Erscheinungsweisen und ihren verschiedenen Entstehungsorten als unternehmerische Ressource betrachtet wird, sollte sie koordiniert und integrativ gemanaged werden. Dies ist allerdings in kaum einer Organisation der Fall, wie mehrere Untersuchungen (Lit. 03, Lit. 16, Lit. 25) belegen. Zu fragen bleibt daher, ob eine integrierte Betrachtung überhaupt sinnvoll ist und die unterschiedlichen Träger der Informationsmanagement-Aufgaben, zum Beispiel die klassische EDV und die Bibliothek, **einer** Koordination zu unterstellen sind, denn sowohl das Selbstverständnis als auch die Aufgaben können in der Praxis so unterschiedlich sein, dass die Vorteile einer Koordination durch die möglicherweise entstehenden Nachteile mehr als aufgewogen werden. Aber gerade dieses Beispiel zeigt: die Integration auf der technologischen Ebene wird mittlerweile praktiziert (die Bibliothek als Funktion auf dem Intranet) und durch die zunehmende Vernetzung und Integration der unterschiedlichen Informationsfunktionen stellt sich die Frage nach einer Koordination zukünftig eher verschärft. Die Integration der Informationen in gemeinsamen Plattformen verlangt geradezu nach einer Koordination. Die Lösung muss keinesfalls eine Zentralisierung bedeuten, begreift man jedoch die Information als unternehmerische Ressource, wird das Management von Informationen gesamthaft betrachtet werden müssen, wie dies auch bei den anderen unternehmerischen Ressourcen schon lange selbstverständlich geworden ist.

3. **Management des Informationslebenszyklus (Information-Life-Cycle):** Information durchläuft verschiedene Phasen des Lebenszyklus: a) die aktive Phase, b) die semi-aktive Phase und c) die inaktive Phase. In der aktiven Phase wird Information für die tägliche Aufgabenerfüllung benötigt. Die aktuelle Information erreicht ihren höchsten Wert. In der semi-aktiven Phase wird Information zum Beispiel aus rechtlichen, administrativen oder finanziellen Gründen vorgehalten, aber nicht für den täglichen Gebrauch. In der inaktiven Phase schließlich verliert Information an Wert und wird aus der Organisation ausgeschieden (vernichtet, gelöscht, entsorgt) oder sie wird aus anderen Gründen – zum Beispiel historischen oder wissenschaftlichen – archiviert, also aus nicht primär unternehmerischen Gründen. Das Management des Informationslebenszyklus betrachtet alle Phasen der Information in einer Organisation und trifft entsprechende Dispositionen.

4. **Verknüpfung mit strategischer Planung:** Eine weitere Forderung des Informationsmanagements ist die Ableitung und Abstimmung aller Informationsaktivitäten mit der strategischen Planung der jeweiligen Organisation. Die Betrachtung von Information als einer unternehmerischen Ressource bedingt, dass ihr Vorhandensein und ihre Nutzung von organisatorischen Zielen und Zwecken bestimmt wird. Dies wird durch eine in der Regel explizite Informationsstrategie gewährleistet. Diese gilt als der Rahmen für sämtliche Informationsaktivitäten in einer definierten Periode und stellt sicher, dass sämtliche Informationsaktivitäten einen Mehrwert für die Organisation erbringen. Diese Forderung wird zunehmend in der Praxis erfüllt, auch wenn hier die Informationsmanagementeinheiten des informationswissenschaftlichen Verständnisses (Bibliotheken, Informations- und Dokumentationsstellen, ...) eher weniger repräsentiert sind und im unternehmerischen Planungsprozess kaum Berücksichtigung finden.

### B 11.2.2 Modell eines integrierten Informationsmanagements

Im Folgenden wird ein Modell eines integrierten Informationsmanagement-Konzepts vorgestellt. Zur Erklärung des Wirkens und der Zusammenhänge im Informationsmanagement findet vor allem das Referenzmodell von Wollnik (Lit. 30) eine große Verbreitung. Dieses Modell liegt als Basis dem hier vorgestellten Modell zu Grunde, es wurde jedoch in der Perspektive erweitert und vor allem durch zusätzliche Bausteine ergänzt. Vor allem die Perspektiven der Informationspotentiale und des Informationsverhaltens sind neu, die Berücksichtigung der Ziele und Strategien der Organisation (als Organisationskontext) und das Informationscontrolling werden als integrale, koordinierende Bestandteile des Informationsmanagements ebenfalls explizit als Gestaltungsobjekte neu eingeführt.

### B 11.2.3 Elemente des Informationsmanagements

Im folgenden werden die sechs Elemente eines integrierten Informationsmanagements näher betrachtet.

#### B 11.2.3.1 Ziele und Strategien der Organisation

Das Informationsmanagement ist immer in einen organisatorischen Kontext eingebettet, es hat keinen Selbstzweck. Das dem Informationsmanagement immanente Leistungspotential hat die Organisation wirkungsvoll zu unterstützen. Es ist daher unabdingbar, das wettbewerbliche Umfeld, die Ziele und die Strategien zu kennen. Aus diesen leiten sich die Anforderungen an die Gestaltung der Informationsmanagement-Funktion ab, diese hat durch die bereitzustellenden Potentiale die Wett-

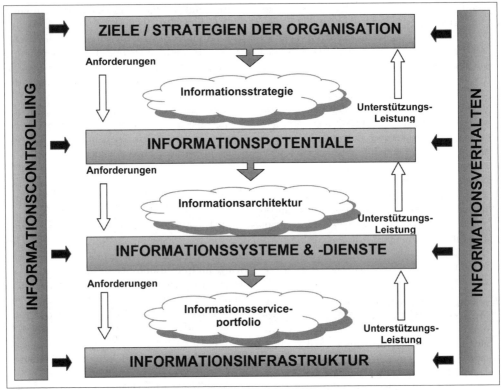

Abb. 1: *Modell eines integrierten Informationsmanagements*

bewerbsposition der Organisation nachhaltig zu unterstützen. Dies sollte jedoch kein einseitiger Top-Down-Prozess sein, denn auch die Potentiale des Informationsmanagements können neue Chancen und Geschäftsmöglichkeiten für die Organisation eröffnen. Diese mögliche Wechselwirkung legt es daher nahe, das Informationsmanagement im obersten Management zu verankern respektive bei Entscheidungen dort entsprechend zu berücksichtigen. Die Forderungen nach einem Chief Information Officer (CIO), der möglichst auf der Vorstandsebene angesiedelt ist, findet darin ihren Ausdruck. Das Resultat dieses systematischen Handelns führt zur Entwicklung einer Informationsstrategie, die mit der Geschäftsstrategie der Organisation abgestimmt ist. Diese stellt den Handlungsrahmen für das Informationsmanagement ab.

### B 11.2.3.2 Informationspotentiale

Welche Informationen in welcher Form sollen in der Organisation vorliegen, damit diese ihre Ziele und Strategien erreichen kann? Mit diesem Themenkomplex beschäftigt sich der zweite hier betrachtete Baustein. Ausgangspunkt sind die Informationsbedürfnisse der Mitarbeiter, deren Bedarf an informationeller Unterstützung ergibt sich aus den Entscheidungs- und Arbeitszusammenhängen ihrer jeweiligen Tätigkeit. Der Charakter der bereitzustellenden Informationen differiert hier erheblich, er beinhaltet im operativen Prozess zu verarbeitende Informationen, Kunden-, Auftrags-, Verwaltungsinformationen z.B., die hochgradig strukturiert vorliegen und durch die betrieblichen Anwendungssysteme verarbeitet werden, genauso aber können diese Informationen unstrukturiert vorliegen, wie beispielsweise Informationen über Marktstrukturen, technologische Entwicklungen oder auch Geschäftsvorgänge, die aus zahlreichen Einzeldokumenten bestehen können. Die Quellen der Informationen können intern oder extern sein. Zu regeln sind vor allem auch Aspekte der Informationsqualität, der eine hohe Bedeutung zukommt (siehe hierzu Lit. 10). In der Praxis herrscht in den meisten Organisationen eine große Intransparenz bezüglich der vorhandenen und benötigten Informationen vor. Die systematische Beschäftigung mit den Informationspotentialen resultiert in einer Informationsarchitektur, die aufzeigt, wo welche Informationen in der Organisation vorliegen und wie auf diese zugegriffen werden kann. Damit wird hier ein anderer Architekturbegriff verwendet als das in der Wirtschaftsinformatik der Fall ist (z. B. Lit. 15). Hier geht es vor allem um die Erstellung einer Informationslandkarte (Information Map), wie dies beispielsweise auch von Horton/Burk (Lit. 05) und Davenport (Lit. 09) gefordert wird. Die Informationsarchitektur zeigt wie ein Bauplan eines Gebäudes auf, wo welche Informationsressourcen verfügbar sind.

### B 11.2.3.3 Informationssysteme und Informationsdienste

Die vorhandenen Informationen sind zu organisieren und zu mehrwerterzeugenden Produkten zu verarbeiten. Dies kann in der Form von computergestützten Informationssystemen wie Kundendatenbanken, Konkurrenzdatenbanken, Mitarbeiterdatenbanken erfolgen, aber ebenso durch Informationssysteme wie Bibliotheken, Archive, Dokumentationen, die zwar auch computergestützt vorliegen können (digitale Bibliotheken, Dokumentationen oder Archive) oder die sich computergestützter Informationssysteme zum Verwalten der Metadaten bedienen, deren Bestände jedoch auch physisch zugreifbar sein können. Zum computergestützten Verarbeiten vor allem strukturierter Informationen kommen in den Unternehmen zunehmend integrierte Informationssysteme zum Einsatz, für die der Begriff Enterprise Resource Planning (ERP) verwendet wird, die aus einzelnen Modulen wie Finanzbuchhaltung, Warenwirtschaft und Personaladministration bestehen.

Informationsdienste können sowohl computergestützt sein, wie beispielsweise elektronische Newsletter oder ein Intranetportal, genauso aber traditionell, wie etwa ein Zeitschriftenumlauf und ein Themendossier. Gerade hier verändern die neuen Medien die Erscheinungsform nachhaltig, zunehmend werden die physischen Informationsdienste durch digitale Informationsdienste (eJournals, eDossiers) nicht nur ergänzt, sondern substituiert.

Die systematische Gestaltung dieser Teilfunktion führt zu einem Informationsportfolio, also einer Zusammenstellung des Informationsangebotes einer Organisation. Der Unterschied zur Informationsarchitektur besteht darin, dass hier der Verarbeitungsaspekt konstitutiv hinzukommt, es handelt sich also nicht um eine bloße Darstellung, wo welche „Rohinformationen" vorliegen, sondern durch welche konkreten Systeme und Dienste diese auch unmittelbar genutzt werden können. Ein Informationsdienst kann sich daher zahlreicher Informationsquellen bedienen, wie beispielsweise ein Konkurrenzdossier sowohl interne als auch externe Daten umfassen kann, diese aber filtert, verdichtet, inhaltlich und visuell aufbereitet.

### B 11.2.3.4 Informationsinfrastruktur

Die Informationsinfrastruktur bezeichnet die notwendigen technischen und organisatorischen Vorrichtungen, damit Informationen in Organisationen verarbeitet werden können. Zum einen umfasst sie den Betrieb der Informationstechnologie, diese Funktion wird als IT-Abteilung oder Rechenzentrum bezeichnet, die Konfigurationen können zentral, dezentral oder auch gemischt vorkommen. Zum anderen gehören zur Informationsinfrastruktur auch weitere Einrichtungen wie Bibliotheken, Informationsvermittlungsstellen, Archive und andere Stellen der Informationswirtschaft. Bei computergestützten Infrastrukturen geht es um Software, Hardware und Netzwerke. Diese haben den Betrieb von Informationssystemen zu gewährleisten und ebenso die Produktion von Informationsdiensten. Die Bedeutung der Infrastrukturen liegt vorwiegend im operativen Bereich, wenngleich das Funktionieren der Informationsinfrastruktur für die meisten Organisationen unverzichtbar geworden ist. Dies wird gerade an den wichtigen Aufgaben der Datensicherheit und des Risikoschutzes (Viren, Hacker) deutlich. Zu den Aufgaben der Informationsinfrastruktur zählt aber auch das Angebot eines Helpdesk oder von Schulungen, damit die Infrastruktur von den Nutzern kompetent genutzt werden kann.

### B 11.2.3.5 Informationsverhalten

Informationen werden von Menschen nachgefragt, genutzt und verwertet. Sie treffen Entscheidungen und lösen Problem- und Aufgabenstellungen in betrieblichen Kontexten. Das Informationsmanagement stellt folglich den Menschen als informationsverarbeitendes Individuum ins Zentrum der Betrachtungen. Dies setzt bei der Sensibilisierung für die Notwendigkeit eines bewussten Umgangs mit Informationen ein, beschäftigt sich mit Problemen der Informationsbarrieren und Informationspathologien, mit der individuellen und kollektiven Informationsverarbeitung, dem organisationalen Informationsklima und der Informationskultur, der Stimulierung der Informationsnachfrage und der Förderung des Informationsaustausches. Das Informationsverhalten beeinflusst sämtliche Ebenen des Informationsmanagements: sowohl den strategischen Bereich zur Nutzung der Ressource Information zur Erzielung von Wettbewerbsvorteilen bis zur operativen Bedienbarkeit der Systeme in Form einer Basis-Informationskompetenz. Der Mensch mit seinen Informationsbedürfnissen ist der Ausgangspunkt, die zielgerichtete Nutzung und Verwertung von Informationen zum überlegenen Handeln im betrieblichen Kontext stellt den Endpunkt der Betrachtung dar. Dieses durch gezielte Maßnahmen zu fördern ist die Gestaltungsaufgabe eines integrierten Informationsmanagementverständnisses.

### B 11.2.3.6 Informationscontrolling

Das Informationscontrolling beschäftigt sich mit den Rahmenbedingungen der Bewirtschaftung von Ressourcen: sowohl die Effektivität des Einsatzes von Informationen in Organisationen als auch die Effizienz der Bewirtschaftung der Ressource Information gilt es zu steuern. Effektivität bedeutet dabei das „Richtige" zu tun, also die Zweck-Mittel-Relation, Effizienz orientiert sich am wirtschaftlichen Handeln, das bedeutet, mit einem möglichst geringen Mitteleinsatz ein gewünschtes Ergebnis zu erzielen, respektive mit den gegebenen Mitteln ein maximales Ergebnis zu erreichen. Diese Gestaltungsaufgabe vollzieht sich ebenso über sämtliche Ebenen des Informationsmanagements. Auch die Ziele und Strategien müssen im Sinne eines Prämissencontrollings ständig evaluiert werden, der Aufwand und Ergebnis der Maßnahmen in den abgeleiteten Ebenen müssen sich stets am erzielten Erfolg messen lassen. Das praktizierte Informationsmanagement sollte schließlich zu einer verbesserten Wettbewerbsposition führen, nur dann ist es effektiv und effizient zugleich.

### B 11.3 Empfehlungen zur Implementierung eines integrierten Informationsmanagements

Zahlreiche Studien (siehe hierzu die Zusammenstellung in Lit. 02, S. 289) sind der Frage nachgegangen, warum die Implementierung eines integrierten Informationsmanagements in der Praxis immer noch unzulänglich ist beziehungsweise nur in Ansätzen gelingt. Die Gründe lassen sich folgenden vier Kategorien zuordnen:

1. Mangel an gut definierten Informationsmanagement-Konzepten, Praktiken, Vorgehensweisen und Werkzeugen;

2. Unvermögen der Organisationen, Information wirklich als Ressource zu betrachten und entsprechend zu managen;

3. Unzulänglichkeit, die Kosten und den Wert von Information zu messen und

4. Widerstand zum organisatorischen Wandel, zum Beispiel zu Veränderungen der Organisationsstrukturen, -politiken und -strategien, -prozesse und zu neuen Rollen der sogenannten Information Professionals.

Neben Untersuchungen zu Barrieren bei der Implementierung eines umfassenden Informationsmanagements wurden in einer Fallstudie in zehn

| Entscheid zum Wandel | Wandel steuern | Wandel unterstützen |
|---|---|---|
| 1. Erkenne und kommuniziere die Notwendigkeit zum Wandel der Informationsmanagement-Praktiken | 4. Verankere strategische Planung in Kundenbedürfnisse und Projektziele | 9. Etabliere Kunden/Lieferantenbeziehungen zwischen der Linie und den Information Professionals |
| 2. Beziehe das Linienmanagement in den Prozess ein und schaffe Verantwortlichkeiten (Ownership) | 5. Messe die Performanz der wichtigsten Prozesse des Projektes | 10. Positioniere den Chief Information Officer (CIO) als Partner des obersten Managements |
| 3. Beginne den Prozess und behalte das Momentum bei | 6. Fokussiere auf die Prozessverbesserung im Kontext der Architektur | 11. Verbessere die Fähigkeiten und das Wissen der Linie und der Information Professionals |
| | 7. Manage Informationssystemprojekte als Investments | |
| | 8. Integriere den Planungs-, Budgetierungs- und Evaluationsprozess | |

führenden Organisationen des privaten und öffentlichen Sektors Best Practice Beispiele analysiert, um herausragende Beispiele zum funktionierenden Informationsmanagement zu identifizieren (Lit. 28). Dabei wurden elf fundamentale Praktiken herauskristallisiert, die von den Organisationen angewendet und als unverzichtbar bezeichnet wurden, um eine erfolgreiche Informationsmanagement-Infrastruktur aufzubauen. Diese Praktiken wurden in ein Modell des Organisationswandels mit drei Phasen eingeteilt, die Praktiken sind diesen Phasen zugeteilt.

## B 11.4 Informationsmanagement und Unternehmenserfolg

Gibt es einen Zusammenhang zwischen Informationsmanagement und unternehmerischem Erfolg? Kaum eine Frage beschäftigt seit vielen Jahren zahlreiche Forscher und vor allem Praktiker mehr: Wie lässt sich nachweisen, dass ein überlegenes Informationsmanagement zu einer besseren Wettbewerbspositionierung führt? Oder anders gefragt: Wie können die hohen (und zumeist stets wachsenden) Investitionen in Informationstechnologien und Personal vor dem Management gerechtfertigt werden? Diese Frage wurde allerdings zumeist verkürzt gestellt und zielte vor allem nur auf den Einsatz von Informationstechnologien. Nach dem zu Beginn der 80er Jahre des letzten Jahrhunderts zahlreiche Fallstudien zur strategischen Rolle der Informationstechnologie erschienen und der Zusammenhang zwischen Informationstechnologie-Einsatz und Unternehmenserfolg als gegeben unterstellt wurde, kamen in den 90er Jahren zunehmend kritischere Studien, die diesen Zusammenhang nicht nur in Frage stellten, sondern sogar zum Schluss kamen, dass ein eher tendenziell negativer Zusammenhang zwischen der Höhe des Investments in Informationstechnologien und dem Unternehmenserfolg zu attestieren ist (siehe hierzu die Zusammenstellung in Lit. 29). Dieses als „Informationsproduktivitätsparadoxon" bezeichnete Phänomen führte zu mehr und mehr kritischerer Betrachtung des Einsatzes von Informationstechnologien in Unternehmen. Wegweisende Ergebnisse präsentierten beispielsweise Hitt/Brynjolfsson (Lit. 13) in ihren Untersuchungen zum Zusammenhang zwischen dem Investment in Informationstechnologien (neben direkten Investitionen in Informationstechnologien wurden auch sämtliche Personalkosten, die mit der Informationstechnologie im Zusammenhang standen inkludiert) und Unternehmenserfolg. Sie kamen zum Resultat, dass Investments in Informationstechnologien keinen Zusammenhang zum Unternehmenserfolg aufweisen, jedoch einen zur Unternehmensproduktivität. Die höhere Wirtschaftlichkeit lässt sich aufgrund der verschärften Konkurrenzsituation auf den Märkten allerdings nicht in höhere Margen umsetzen, sondern sie wird aufgrund des intensivierten Wettbewerbs durch sinkende Preise für die Produkte an die Kunden weitergegeben. Die „Profiteure" des zunehmenden Investments in Informationstechnologien stellen demnach die Konsumenten dar. Die Unternehmen hingegen müssen in Informationstechnologie investieren, damit sie durch verbesserte Kostenstrukturen aufgrund gesteigerter Produktivität wettbewerbsfähig bleiben. Dafür wurde der Ausdruck der Wettbewerbsnotwendigkeit anstelle Wettbewerbsvorteilen kreiert.

Schließlich entfachte Carr (Lit. 06) eine breite Diskussion durch seinen in der Harvard Business Review erschienenen Beitrag *IT doesn't matter*, in dem er die Informationstechnologie als Infrastruktur bezeichnete, vergleichbar mit Strassen, Wasserwegen, Elektrizität oder Telefon, deren Existenz also zum Funktionieren von Unternehmen unverzichtbar ist, aber deren Beherrschung zu keinem Wettbewerbsvorteil mehr führt.

Folgen wir nun weiter der Frage, ob ein überlegenes Informationsmanagement gemäß unseres Verständnisses zur besseren Performanz von Unternehmen führen kann, so verdient der Ansatz von Marchand/Kettinger/Rollins (Lit. 18), den die Autoren „Information Orientation" nennen, eine besondere Beachtung. Dieser Ansatz deckt sich weitgehend mit unserem Verständnis von Informationsmanagement. Das zugrunde gelegte Mess-Konstrukt *Information Orientation* setzt auf folgenden Faktoren auf:

– **Informationstechnologie-Praktiken:** Einsatz der Informationstechnologie-Anwendungen zur Unterstützung

  o der operativen Transaktionen

  o der Geschäftsprozesse

  o Generierung von Innovationen

  o der Managemententscheidungen.

- **Informationsmanagement-Praktiken:** Management der Informationsinhalte in ihrem Lebenszyklus bezüglich
  - o Umwelt- und Wettbewerbsbeobachtung
  - o Sammlung
  - o Organisation
  - o Verarbeitung
  - o Pflege.
- **Informationsverhalten und -einstellungen:** Förderung des Informationsverhaltens und Wertschätzung der Informationen für die effektive Nutzung in Bezug auf
  - o Integrität der Information
  - o Formalisierung der Information
  - o Kontrolle der Information
  - o Transparenz der Information
  - o Austausch und
  - o Proaktivität des Informationsverhaltens.

Mit diesem Konstrukt gelingt es Marchand/Kettinger/Rollins (Lit. 18) nachzuweisen, dass Unternehmen mit einem hohen Reifegrad in der Ausprägung der einzelnen Faktoren zu einer hohen Informationsorientierung gelangen und diese mit dem Unternehmenserfolg gemessen an

a) Marktwachstum,

b) finanziellen Ergebnissen,

c) Innovationsgrad bezüglich neuer Produkte und

d) überlegenem Ruf des Unternehmens

korreliert. Die Autoren betonen die Wichtigkeit, in allen drei Bereichen „gute" Praktiken und Ergebnisse aufzuweisen, um zum nachhaltigen Unternehmenserfolg beizutragen. Mit diesen empirisch gestützten Ergebnissen wird belegt, dass im Zentrum des Informationsmanagements die Interaktion zwischen Mensch, Information und Informationstechnologie stehen muss, nur in dieser Verbindung lassen sich die Potentiale des Informationsmanagements ausschöpfen und dadurch die Organisation zu einem erfolgreichen Agieren befördern. Weder eine überbetonende Informationstechnologieorientierung, noch eine Vernachlässigung der Organisationsziele und -zwecke im Umgang mit Informationen, noch eine Vernachlässigung der menschlichen Aufgabenträger können zu einem erfolgreichen Informationsmanagement führen. Erst die ausgewogene Kombination dieser Elemente des Informationsmanagements manifestiert sich zu einer überlegenen Gestaltung der Funktion Informationsmanagement.

## Literatur

01 Augustin, S.: Information als Wettbewerbsfaktor. Informationslogistik – Herausforderung an das Management, Köln: TÜV Rheinland, 1990

02 Bergeron, P.: Information Resources Management. In: Annual Review of Information Science and Technology, 31 (1996), Medford: Information Today, 1996

03 Bergeron, P.: A Qualitative Case-Study Approach to Examine Information Resources Management. In: Canadian Journal of Information and Library Science, 22 (1997) 3-4

04 Best, D. P. (Ed.): The Fourth Resource. Information and its Management. Aldershot: Gower, 1996

05 Burk, C. F.; Horton, F. W.: InfoMap: A Complete Guide to Discovering Corporate Information Resources. Englewood Cliffs: Prentice Hall, 1988

06 Carr, N. G.: IT Doesn't Matter, Harvard Business Review, Vol. 81, No. 5, May 2003

07 Cronin, B.; Davenport, E.: Elements of Information Management. Metuchen: Scarecrow, 1991

08 Davenport, T.: Saving IT´s soul: Human-centered Information Management. In: HBR 72 (1994) 119-131

09 Davenport, T.: Information Ecology: Mastering the Information and Knowledge Environment. New York: Oxford University Press, 1997

10 Eppler, M. J.: Managing Information Quality, Berlin: Springer, 2003

11 Hars, A.; Scheer, A. W.: Paradigmenwechsel im Informationsmanagement. In: Information Management, Nr. 2/1994, 6-11

12 Herget, J.: Vom Einsatz der Informationstechnologie zur Informationsnutzung: Ein Perspektivenwechsel mit Konsequenzen für das betriebliche Informationsmanagement. In: Schulz-Wolfgramm, C. (Hrsg.): Informationsverarbeitung 1994: Optimierung des IS-Ressourcen, Online '94. Velbert: Online, 1994

13 Hitt, L.M.; Brynjolfsson, E.: Productivity, Business Profitability, and Consumer Surplus: Three Different Measures of Information Technology Value, MIS Quarterly 1996, 20 (2) 121-142

14 Horton, F. W.; Marchand, D. A. (eds.): Information Management in Public Administration: An Introduction and Resource Guide to Government in the Information Age. Arlington, 1982

15 Krcmar, H.: Informationsmanagement. Berlin: Springer 2003.

16 Lewis, D. A.; Martin, W. J.: Information management: state of the art in the United Kingdom. Aslib Proceedings, 1989, 41, 225-250

17 Marchand, D. A.; Horton, F. W.: Infotrends. Profiting from your Information Resources. New York: Wiley, 1986

18 Marchand, D. A.; Kettinger, W. J.; Rollins, J. D.: Information Orientation. The Link to Business Performance. New York: Oxford University Press, 2001

19 Matarazzo, J. M.; Drake, M. A. (eds.): Information for Management: a Handbook. Washington: Special Libraries Association, 1994

20 McClure, C.; Wigand, R. T.; Bertot, J. C.; McKenna, M.; Moen, W.; Ryan, J.; Veeder, S. B.: Federal Information Policy and Management for Electronic Services Delivery. Syracuse, NY: School of Information Studies, Syracuse University, 1992

21 McGee, J. V.; Prusak, L.: Managing Information Strategically. New York: Wiley 1993

22 Pejova, Z.; Horton, F. W. (eds.): Consultancy on Strategic Information Planning. Ljubljana: ICPE 1993

23 Picot, A.; Reichwald, R.; Wigand, R. T.: Die grenzenlose Unternehmung. Wiesbaden 1996

24 Rüttler, M.: Information als strategischer Erfolgsfaktor. Konzepte und Leitlinien für eine informationsorientierte Unternehmensführung. Berlin: Erich Schmidt, 1991

25 Schlögl, C.: Bestandsaufnahme Informationsmanagement: Eine szientometrische, qualitative und empirische Analyse. Wiesbaden: Gabler, 2001

26 Seidensticker, F.-J.: Information Management mit Hypermedia-Konzepten. Hamburg: Steuer- und Wirtschaftsverlag, 1990

27 Stroetmann, K. A. (Hg.): Informationslogistik. Proceedings 6. Internationale Fachkonferenz in Garmisch-Partenkirchen, Frankfurt: DGD, 1992

28 U.S. Office of Management and Budget: Management of Federal Information Resources. Revision of Office of Management and Budget Circular No. A-130, 1994

29 Weitzendorf, T.: Der Mehrwert von Informationstechnologie: Eine empirische Studie der wesentlichen Einflussfaktoren auf den Unternehmenserfolg. Wiesbaden: Gabler, 2000

30 Wollnik, M.: Ein Referenzmodell des Informationsmanagements. In: Information Management (1988) 3, 34-43

# B 12 Wissensmanagement

Holger Nohr

## B 12.1 Anlass für ein Wissensmanagement

Das Management von Wissen wird in Anbetracht veränderter Rahmenbedingungen wie der Entwicklung zu einer Informations- und Wissensgesellschaft, sich rasch vollziehender technologischer Entwicklungen sowie der globalen Vernetzung der Wirtschaftsbeziehungen und dem unmittelbaren Zugang zu weltweit vorhandenen Informationen zu einem zentralen Faktor für Unternehmen (Lit. 12; Lit. 18). Gerade in den letzten Jahren ist aufgrund rascher Entwicklungen vor allem im Bereich der Informations- und Kommunikationstechnologie (Datenbanken, Wissensmanagement-Software, Internet und Intranet, Portaltechnologie) die Bedeutung der Ressource Wissen für Unternehmen erheblich gestiegen und damit der Bedarf an einem funktionierenden Wissensmanagement. Wir sprechen bereits von „wissensintensiven Unternehmen", deren Wertschöpfung vor allem auf den vierten Produktionsfaktor Wissen zurückgeführt wird (vgl. Lit. 12; Lit. 31). Getrieben durch diese Entwicklungen ist den heutigen Ansätzen des Wissensmanagements eines gemeinsam: Es geht vorrangig um das Management des im Unternehmen bereits vorhandenen Wissens, um den Aufbau einer gemeinsamen und geteilten Wissensbasis. Im Mittelpunkt stehen Aspekte der Produktivitäts- und Effizienzsteigerung vorwiegend operativer Prozesse (vgl. Lit. 01).

Das Wissensmanagement ist ein Anliegen vieler Disziplinen. Relevante Beiträge stammen u.a. aus der Betriebswirtschafts- und Managementlehre (u.a. Strategisches Management, Organisationslehre, Human Resource), der Wirtschaftsinformatik, der Informatik, der Organisationspsychologie oder der Philosophie. Die Vielfalt der Sichtweisen sowie die vergleichsweise Neuheit des Themas sind verantwortlich dafür, dass wir keine allgemein akzeptierte Methodik präsentieren.

## B 12.2 Grundbegriffe und Aufgaben

Für eine ausführliche Beschäftigung mit den begrifflichen und theoretischen Grundlagen des Wissensmanagements sei auf Lehr- und Textbücher (vgl. Lit. 12; Lit. 23; Lit. 05) verwiesen. Zum Verständnis des vorliegenden Beitrags seien nur einige zentrale Begriffe eingeführt.

Wissen wird als Phänomen kognitiver Systeme aufgefasst, das als Gesamtheit der Kenntnisse, Erfahrungen, Fähigkeiten, Fertigkeiten und Wertvorstellungen verstanden wird. Damit stellt es einerseits den Strukturrahmen für die Aufnahme, Bewertung und Eingliederung neuer Erfahrungen und Informationen, andererseits ist es handlungsleitend für Individuen. Wissen kann darüber hinaus als emergentes Phänomen in kollektiven Systemen (bspw. Systeme der Organisation) auftreten. In Unternehmen wird Wissen vielfach in Form von Information in Dokumenten und Informationssystemen gespeichert, die damit eine wichtige Unterstützungsfunktion für das Wissensmanagement bieten. Auf der organisationalen Ebene fließt Wissen in Routinen, Prozesse oder Normen ein, die damit ein Beschäftigungsfeld des Wissensmanagements sind (vgl. Lit. 06).

Mit der Etablierung von Wissensmanagement in Unternehmen hat die klassische Definition von *Information* der Betriebswirtschaftslehre, nach der Information zweckorientiertes Wissen sei, eine entsprechende Differenzierung erfahren. Heute muss Information vielmehr als ein immaterielles Gut beschrieben werden, das dazu dient, zweckorientiertes Wissen zu bilden.

Der bislang vorherrschenden organisationsinternen Ausrichtung auf bereits vorhandenes Wissen und einer geteilten Wissensbasis folgend werden als Aufgaben an das Wissensmanagement formuliert (z.B. in Lit. 12; Lit. 18):

– Erschließen von Wissen (Best Practices, Erfahrungen) für alle Mitarbeiter, die dieses im Rahmen ihrer organisationalen Rolle benötigen.

– Verfügbarmachen von Wissen am Ort und zum Zeitpunkt anstehender Entscheidungen.

– Erleichtern des effektiven und effizienten Entwickelns von neuem Wissen (bspw. F&E-Aktivitäten, Lernen auf der Basis von historischen Fällen).

– Sicherstellen, dass jeder Mitarbeiter in der Organisation weiß, wo Wissen verfügbar ist.

– Umsetzen dieser Kompetenzen in neue Produkte und Dienstleistungen.

Dabei wird deutlich, dass einerseits verschiedene Formen des Wissens und andererseits unterschiedliche Komplexitätsgrade adressiert werden, Wissen aber auch eine zeitliche Komponente besitzt (Abb. 1). Wissensmanagement setzt sich – hier unterscheidet es sich vom Informationsmanagement – nicht nur mit *explizitem Wissen* sondern auch mit dem *impliziten Wissen* der Mitarbeiter auseinander. Implizites Wissen ist das persönliche Wissen von Menschen, während explizites Wissen nach einem Prozess der Kodifizierung in externen Speichern (Dokumenten, Datenbanken) in Form von Information abgelegt wird. Gerade das implizite Wissen wird als besonders wertvoll angesehen (Erfahrungen von Experten), allerdings zugleich als eine Ressource, die sich einem direkten Management weitgehend entzieht. Auch die verschiedenen Komplexitätsgrade des Wissens – Know-what, Know-why und Know-how – sind zu beachten, da sie unterschiedliche Managementansätze erfordern. Know-what gilt bspw. als leicht explizierbar, Know-how hingegen kaum, da es hauptsächlich auf spezifischen Erfahrungen beruht. Neben aktuellem Wissen in unterschiedlicher Form und Komplexität spielt „zukünftiges Wissen" eine Schlüsselrolle für die Wettbewerbsfähigkeit der Unternehmen, da hier ihre Innovationsfähigkeit angesprochen wird.

Das organisationsweit geteilte Wissen bildet die Wissensbasis eines Unternehmens. Die organisationale Wissensbasis ist ein komplexes Gebilde, das sich aus Komponenten der organisationalen Ebene (bspw. Gruppen, Routinen, Prozesse als Wissensspeicher), Mitarbeiterebene (Mensch als Wissensträger) und technischer Ebene (verschiedenste Informations- und Kommunikationssysteme) zusammensetzt. Wissensmanagement beschäftigt sich mit den Möglichkeiten der Gestaltung und der Einflussnahme (Intervention) auf diese Wissensbasis. Der Forschungsstand zum Wissensmanagement wird entsprechend in den Handlungsebenen Organisation, Mensch und Technik dargestellt, über deren Relevanz in der Literatur weitgehend Einigkeit besteht (vgl. Lit. 14; Lit. 18; Lit. 27). Weniger Einigkeit besteht hinsichtlich der Frage, welche Handlungsebene als „Leitebene" zu fungieren hat. In diesem Beitrag sprechen wir diese Funktion der Handlungsebene der Organisation zu, da sie zugleich als Integrationsebene der handelnden Menschen sowie der technischen Systeme fungiert. Eine aktuelle Studie (vgl. Lit. 24) zeigt, dass diese Sicht in der Praxis geteilt wird.

Ansätze des Wissensmanagements sind in verschiedenster Weise klassifiziert worden. Die Klassifizierungen sind dabei jeweils abhängig vom Bezugsrahmen. Die folgende Tabelle 1 zeigt beispielhaft drei Ansätze der Klassifizierung:

Die Klassifizierung von Reinmann-Rothmeier und Mandl geht von einem Bezugsrahmen Gesellschaft aus und benennt diese sowie ihre Elemente Organisationen sowie Individuen als Interventionsebenen. Bei Lehner und Nohr wird die Organisation als Bezugsrahmen angesehen. Während Lehner

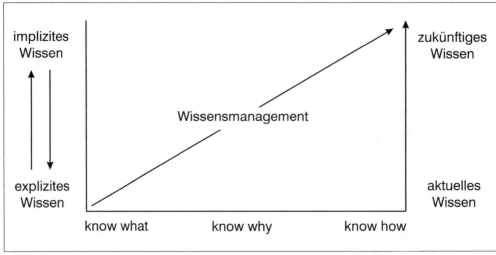

*Abb. 1: Dimensionen des Wissens*

| Klassifizierung | | |
|---|---|---|
| – Persönliches oder individuelles Wissensmanagement<br>– Organisationales Wissensmanagement<br>– Gesellschaftliches Wissensmanagement | – Humanorientierter Ansatz<br>– Technologischer Ansatz<br>   – Prozessorientierte Sicht<br>   – Objektorientierte Sicht<br>– Integrativer Ansatz | – Strategisches Wissensmanagement<br>– Geschäftsprozessorientiertes (operatives) Wissensmanagement<br>– Technologieorientiertes Wissensmanagement |
| Reinmann-Rothmeier und Mandl (Lit. 27) | Lehner (Lit. 16) | Nohr (Lit. 20) |

Tab. 1: Klassifizierung von Wissensmanagement-Ansätzen

Akteure (Mitarbeiter und technische Systeme sowie ihre Integration) als Interventionsebene ansieht, stellt Nohr aufeinander aufbauende Managementebenen als Handlungsfelder in den Mittelpunkt.

Die Bedeutung von Wissen für die Wettbewerbsfähigkeit von Unternehmen wurde eingangs bereits angesprochen. Abb. 2 veranschaulicht diesen Zusammenhang in der Darstellung einer „Wissenstreppe" und stellt zudem die unterschiedlichen Ausgangspositionen eines strategischen bzw. eines operativen Wissensmanagements dar. Beide Perspektiven werden im Verlaufe des Beitrags näher betrachtet.

## B 12.3 Strategisches Wissensmanagement

Der Umgang mit der Unternehmensressource Wissen bedarf einer strategischen Planung und Steuerung, die ihrer Bedeutung entspricht. Wissensmanagement muss in das strategische Management des Unternehmens integriert und aus diesem abgeleitet werden. Strategisches Management dient hauptsächlich einer zukunftsorientierten Identifikation, Gestaltung, Nutzung und Erhaltung interner und externer Erfolgspotenziale eines Unternehmens. Wissen gehört unzweifelhaft zu den wichtigsten Erfolgspotenzialen der Unternehmen. Die Ziele einer Beschäftigung mit Wissen müssen einerseits aus den strategischen Unternehmenszielen abgeleitet werden, haben andererseits aber selbst auch Einfluss auf die Ziele, die Organisation und die Strategien eines Unternehmens. Es findet eine Rückkopplung durch organisationale Lernprozesse auf die strategische Ausrichtung der Unternehmung statt.

Strategisches Wissensmanagement beschäftigt sich zunächst mit der Identifizierung erfolgskritischen Wissens, den sogenannten Kernkompetenzen des Unternehmens. Kernkompetenzen bestehen aus einem Bündel von Wissen, Fähigkeiten, Fertigkei-

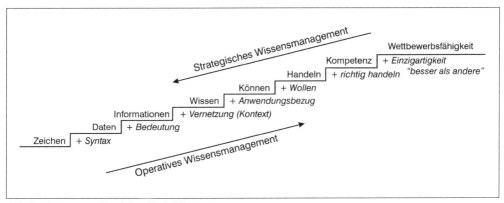

Abb. 2: Wissenstreppe (nach Lit. 23, S. 39)

ten und Technologien, die durch ihren Niederschlag in (Kern-)Prozessen einen spezifischen Kundennutzen generieren (vgl. Lit. 17; Lit. 08). Kernkompetenzen zeichnen sich neben der Generierung eines spezifischen Kundennutzens weiterhin dadurch aus, dass sie transferierbar sind auf neue Produkte, neue Märkte oder neue Geschäftsfelder und damit Basis einer innovativen und nachhaltigen Unternehmensentwicklung sind. Damit eine Nachhaltigkeit gegeben ist, dürfen Kernkompetenzen zugleich jedoch für andere Unternehmen nur schwer oder gar nicht imitierbar oder substituierbar sein.

Die Kernkompetenzen sind damit der Ausgangspunkt für eine langfristige Entwicklung und die Quelle von Wettbewerbsvorteilen eines Unternehmens. Die Ausrichtung von Wissenszielen auf die Kernkompetenzen kann einen kontinuierlichen Ausbau der Stärken eines Unternehmens sichern und damit den Erhalt von Wettbewerbsvorteilen. Denn in Kernkompetenzen drücken sich immer auch Wissensvorsprünge aus, die in Wettbewerbsvorteile und Kundennutzen umgesetzt wurden. Mit dieser Orientierung der Wissensziele an den Kernkompetenzen ist daher auch eine Kundenorientierung des Wissensmanagements verankert, da diese bereits auf einen Kundennutzen ausgerichtet sind. Die aktuellen Forderungen nach einem kunden-

orientierten Wissensmanagement, einem so genannten *Customer Knowledge Management (CKM)* (s.u.) ist mit der strategischen Ausrichtung auf unternehmerische Kernkompetenzen bereits in Grundzügen angelegt.

Die Kernkompetenzen können durch eine Kompetenzanalyse ermittelt werden. Neben weiteren Methoden werden für die Identifizierung von Kernkompetenzen häufig eine Stärken-Schwächen-Analyse sowie die Portfoliotechnik eingesetzt. Die Kompetenzanalyse führt somit zu einem Kompetenzportfolio, wie es in Abb. 3 für ein Reiseunternehmen beispielhaft dargestellt ist. Bei der Beurteilung der Kompetenzstärke gilt es u.a. die Transferierbarkeit und die Möglichkeit der Nachahmung durch andere Unternehmen zu berücksichtigen (vgl. Lit. 08). Im Portfolio wird der Kompetenzstärke jeweils der Nutzen für die Kunden gegenüber gestellt.

Auf der Basis eines Kompetenzportfolios können vielfältige unternehmensstrategische Entscheidungen getroffen werden. Es stellt sich bspw. die Frage, wie die mangelhaften Kompetenzen (bei einem gleichzeitig hohen Nutzen in den Augen der Kunden) im Quadranten II (den Kompetenz-Gaps) erworben werden können. Kompetenzen können einerseits selbst erworben werden, bspw. indem vorhandene Kompetenzen in der Produktentwick-

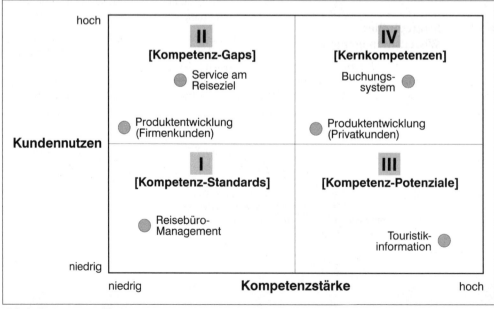

*Abb. 3: Kompetenzportfolio*

lung im Privatkundenbereich (im Quadranten IV zu den Kernkompetenzen gerechnet) auf den Firmenkundenbereich übertragen werden. Andererseits können Kompetenzen ergänzt werden, in dem strategische Partner mit entsprechenden Fähigkeiten gewonnen werden, die z.B. die Serviceleistung am Reiseziel übernehmen und damit eine Kompetenzlücke schließen. Für die Touristikinformation (Quadrant III) müssen Überlegungen angestellt werden, wie die hohe Kompetenz in diesem Bereich in einen Kundennutzen umgesetzt werden kann (z.B. durch eine Integration in Buchungssysteme oder zur Unterstützung der Serviceleistungen am Reiseziel). Für das Wissensmanagement ergeben sich aus der Portfoliodarstellung sowie den getroffenen Entscheidungen künftige Wissensziele für das Unternehmen. Dabei gilt es in erster Linie, die bereits bestehenden Kernkompetenzen auch in Zukunft auszubauen, um in bestehende Stärken zu investieren und konkrete Wissensziele für die Verbesserung und Durchführung von Kernprozessen aufzustellen. Nur Unternehmensprozesse, die einen maßgeblichen Beitrag zu den Kernkompetenzen leisten, sind als Kernprozesse anzusehen (vgl. Lit. 15, S. 154). Ob bei den bestehenden Kompetenz-Gaps in den Aufbau von Knowhow investiert werden soll, hängt von den getroffenen unternehmerischen Entscheidungen ab.

Die kontinuierliche Bewertung von Wissen dient der Rückkopplung auf die Wissensziele sowie der Ermittlung des Erfolgs eingeleiteter Maßnahmen, sowohl für das Wissensmanagement als auch für die Prozessgestaltung. Damit wird u.a. ein kontinuierlicher Verbesserungsprozess (KVP) der Geschäftsprozesse implementiert. Es gilt zu beachten, dass eine Rückkopplung auf die Unternehmensstrategie insgesamt stattfinden muss und nicht nur auf die Durchführung von bestehenden Prozessen beschränkt bleiben darf. Ein erfolgreiches Instrument für den angedeuteten Managementkreislauf „Zielsetzung – strategische Planung – operative Maßnahmen – Erfolgskontrolle" ist beispielsweise die Balanced Scorecard (vgl. Lit. 13), die ausgehend von allgemeinen strategischen Planungen eines Unternehmens auch auf konkrete Planungen und Maßnahmen für ein Wissensmanagement Anwendung finden kann.

Eine Bewertung bzw. Messung der Unternehmensressource Wissen kann darüber hinaus einer zukunftsorientierten Darstellung dienen, indem beispielsweise Wissensbilanzen bzw. eine Bilanzierung immaterieller Vermögenswerte für (potenzielle) Investoren aufgestellt und veröffentlicht werden (vgl. Lit. 12; Lit. 13).

## B 12.4 Operatives Wissensmanagement

### B 12.4.1 Interventionsebene Organisation

Im Rahmen der organisatorischen Perspektive gewinnt eine Prozesssicht im Sinne eines geschäftsprozessorientierten Wissensmanagements zunehmend an Bedeutung, da auf dieser Ebene eine Anknüpfung an die Leistungserbringung und die Arbeitsumgebung der Mitarbeiter erfolgt. Wir werden daher einen Schwerpunkt auf diese Sicht legen.

#### B 12.4.1.1 Prozessperspektive

Wissensmanagement kann in mehrfacher Hinsicht prozessorientiert betrachtet werden (vgl. Lit. 01; Lit. 20; Lit. 21; Lit. 28):

**(a) Wissens(management)-Prozesse**

Die Wissensmanagement- und Wissensprozesse im engeren Sinne waren konzeptioneller Ausfluss einer frühen Phase der Beschäftigung mit dem Thema Wissensmanagement. Die dabei entstandenen handlungs- bzw. prozessorientierten Modelle, deren bekanntestes das Baustein-Modell (Abb. 4) von Probst et al. (vgl. Lit. 25) ist, zeichnen sich durch die Identifizierung und Anordnung verschiedener operativer *Wissensprozesse* (die sechs Bausteine des inneren Kreislaufs) aus. Manche Modelle formulieren darüber hinaus *Wissensmanagement-Prozesse* (der äußere Kreislauf), die den Rahmen setzen für die Wissensprozesse und Anlehnung nehmen am klassischen Managementprozess. Über die Wissensmanagement-Prozesse sollte eine Anbindung an die Unternehmensziele und -strategien erfolgen.

Die Bausteine des Wissensmanagements zeigen Interventionsebenen auf und zielen zugleich auf explizites und implizites Wissen sowie auf alle Komplexitätsgrade. Neben dem Baustein-Modell existieren weitere Modelle, die teilweise andere, allerdings doch jeweils vergleichbare Wissensprozesse formulieren. Weitere Beispiele werden bei North (Lit. 23) und Hopfenbeck et al. (Lit. 12) beschrieben. Den Modellen ist meist gemeinsam, dass sie keine explizierte Anknüpfung an das strategische

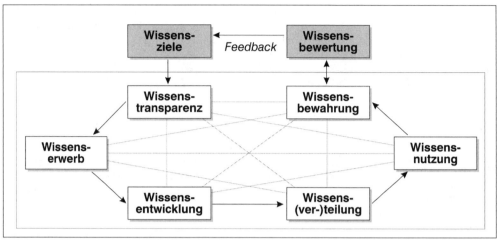

Abb. 4: Bausteine des Wissensmanagements (nach Lit. 25, S. 58)

Management bzw. an die Geschäftsprozesse nehmen. U.a. aus dieser Tatsache resultiert eine häufig beklagte Lücke zwischen Theorie und Praxis des Wissensmanagements.

**(b) Wissensbasierte Gestaltung von Geschäftsprozessen**

Die Produktivitäts- und Effizienzsteigerung operativer Prozesse beginnt mit einer optimalen Gestaltung der Prozesse selbst. Wissen über eine optimale Organisation der Abläufe ist daher zu einem wichtigen Ansatz des Wissensmanagements geworden. Es geht darum, Geschäftsprozessmanagement durch Wissensmanagement anzureichern, um so eine wissensbasierte Gestaltung von Prozessen zu erreichen (Lit. 29). Über die Modellierung von Geschäftsprozessen wird zuvor häufig implizites Wissen expliziert und über automatisierte Routinen (im Extremfall vollständig) automatisiert (vgl. Lit. 01; Lit. 11). Die unter (a) skizzierten Wissensprozesse werden durchgeführt, um Prozesswissen zu identifizieren, zu verteilen und letztlich im Rahmen des Geschäftsprozessmanagements anzuwenden. Damit findet eine erste Anknüpfung der Wissensmanagement- und der Wissensprozesse an Unternehmensprozesse statt. Die wissensbasierte Gestaltung von Geschäftsprozessen behandelt insbesondere aktuelles Wissen, welches für eine Modellierung explizierbar sein muss. Gängige Werkzeuge für das Geschäftsprozessmanagement (z.B. ARIS, vgl. Lit. 29) beinhalten inzwischen Modellierungsansätze für Wissensprozesse.

**(c) Integration in Geschäftsprozesse**

Die dritte prozessorientierte Perspektive beschäftigt sich mit der Integration von Funktionswissen in die Durchführung der Geschäftsprozesse (vgl. Lit. 02; Lit. 20; Lit. 21; Beispiele in Lit. 01), um diese Prozesse besser durchführen zu können. Die dafür notwendige Voraussetzung ist eine Analyse der Wissens- und Informationsbedarfe der zu Rollen zusammengefassten Instanzen sowie der Wissensflüsse im Unternehmen.

Hauptsächlich lassen sich drei Wissensflüsse in und zwischen Geschäftsprozessen identifizieren (Abb. 5), die es durch Wissensmanagement zu unterstützen gilt (vgl. Lit. 20). Hierfür sind ergänzende Wissensprozesse zu identifizieren, zu modellieren und in geschäftsprozessunterstützende Informations- und Kommunikationssysteme abzubilden. Im Fall (a) wird Wissen zwischen einzelnen Instanzen eines Geschäftsprozesses ausgetauscht, d.h. in einer Instanz generiertes Wissen wird an die nächste(n) Instanz(en) weitergegeben. Der Fall (b) beschreibt den Austausch von Erfahrungen zwischen verschiedenen Geschäftsfällen eines Prozesses. Dabei steht in zeitlich früheren Vorgängen erworbenes Wissen in analogen Situationen erneut zur Verfügung (bspw. Informationen über Kunden, ein bestimmtes Vorgehen oder Entscheidungen). Der Fall (c) überschreitet die Grenzen eines Geschäftsprozesses und stellt das in einem Prozess erzeugte Wissen einem anderen Prozess zur Verfügung. Hier könnte z.B. in Vertriebsprozessen erworbenes Wissen entsprechenden Instanzen in Produktentwicklungsprozessen zur Verfügung gestellt werden. Die Wissensflüsse finden in der Regel indirekt über den Umweg eines Organizational Memory-Systems

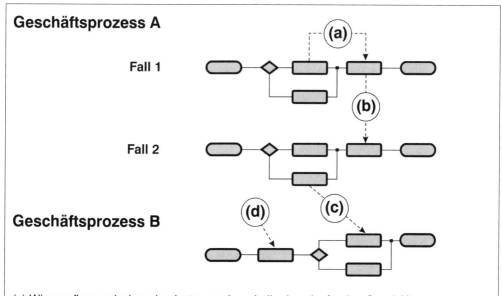

(a) Wissensfluss zwischen den Instanzen innerhalb eines laufenden Geschäftsprozesses
(b) Wissensfluss zwischen Instanzen verschiedener Fälle eines Geschäftsprozesses
(c) Wissensfluss zwischen verschiedenen Geschäftsprozessen
(d) Externe Integration in Geschäftsprozesse

*Abb. 5: Wissensflüsse in Geschäftsprozessen (Lit. 20, S. 18)*

(OMS) (vgl. Lit. 16) statt. Ausnahmen können im Fall (a) vorliegen, wenn ein direkter Wissensfluss zwischen zwei Instanzen stattfindet. In einer Instanz oder einem gesamten Prozess erzeugtes Wissen wird im OMS gespeichert. Zeitlich und örtlich unabhängig können andere Instanzen benötigte Wissensobjekte abrufen bzw. werden aktiv durch das OMS benachrichtigt. Neben den dargestellten Fällen können Geschäftsprozesse zudem durch externe Wissensressourcen versorgt werden (d). Über technische Systeme können Wissensprozesse direkt an Geschäftsprozesse angebunden werden (vgl. Lit. 21). Die Integration von Wissen in Geschäftsprozesse zielt auf explizites und implizites Wissen aller Komplexitätsgrade und kann begrenzt „zukünftiges Wissen" berücksichtigen.

### B 12.4.1.2 Perspektive der Wissensorganisation

Auch die Aufbauorganisation der Unternehmen hat einen zu- oder abträglichen Einfluss auf das Wissensmanagement. Diese formale Aufstellung der Unternehmung kann ebenso aus der Wissensperspektive betrachtet werden. Dabei werden bestimmte Wissensprozesse durch eine konkrete aufbauorganisatorische Struktur gefördert, andere eher behindert. North (vgl. Lit. 23) geht auf innovative Organisationskonzepte (bspw. die unendlich flache Organisation, die Hypertextorganisation, die Netzwerkorganisation) aus der Wissensperspektive ein.

Wir wollen in diesem Beitrag eine grundsätzlichere Perspektive auf die „Wissensorganisation" einnehmen. Die Wissensorganisation wird beschrieben als eine Kombination aus Verfahren, Techniken und Regeln, die das Wissen im Innern einer Körperschaft organisiert (vgl. Lit. 07, S. 9). Eine Form, Wissensmanagement zu organisieren und einen ganzheitlichen Rahmen zu geben, ist die Übertragung der Marktmetapher auf die intraorganisationale Ebene. Ein Unternehmen wird so als ein *Wissensmarkt* betrachtet und beschrieben (vgl. Lit 06; Lit. 19). Grundsätzlich wird davon ausgegangen, dass Wissen eine knappe Ressource ist und nur unter Wettbewerbsbedingungen entwickelt und geteilt werden kann. Ein solches Marktmodell des Wissensmanagements definiert daher marktähnliche Regeln sowohl für den Austausch von Wissen innerhalb der Organisation als auch entsprechende Rollen für die Mitglieder der Organisation. Dieses Szenario sieht Mitarbeiter als Anbieter und

Nachfrager von Wissen sowie als Intermediäre (Knowledge Broker). Diese Akteure auf dem Wissensmarkt können nacheinander oder auch gleichzeitig verschiedene Rollen einnehmen. Darüber hinaus werden Spielregeln und regulative Rahmenbedingungen für einen Wissensmarkt definiert, die den Austausch von Wissen fördern und regeln. Zu diesen zählen in der Hauptsache ein Preissystem (Anreize) für den Wissenstausch und Bewertungsmöglichkeiten hinsichtlich der Qualität der Angebote.

Grundsätzlich wird mit dem Modell eines Wissensmarktes versucht, ökonomische Marktstrukturen in das Unternehmen zu übertragen und damit Rahmenbedingungen, Transparenz und Anreize für eine florierende Wissenskooperation zu schaffen. Da die häufige – aus welchen Gründen auch immer – Verweigerung von Mitarbeitern, Wissen und ihre Erfahrungen mit anderen Mitgliedern der Organisation zu teilen, als eine der größten Barrieren für ein erfolgreiches Wissensmanagement angesehen wird, kann ein solches Modell potenziell Erfolg versprechend sein, da es über transparente Anreize individuellen Nutzen generiert.

Das Marktmodell eines Wissensmanagements zeigt deutlich, dass organisatorische Rollen wie die eines Wissensmanagers (in US-Unternehmen wird häufig vom „Chief Knowledge Officer" gesprochen) zwar notwendig sind, um eine Verankerung in der Unternehmensführung zu erreichen, Wissensmanagement aber dennoch – analog zum Qualitätsmanagement – Aufgabe jedes einzelnen Mitarbeiters ist.

Wissenskooperation findet jedoch nicht nur im Rahmen geschaffener organisatorischer Strukturen statt. Unabhängig von dieser Ebene bilden sich Gruppen von Mitarbeitern, die ihr Wissen auf freiwilliger und selbstdefinierter Basis austauschen. Diese Gruppen zeichnen sich durch ein gemeinsames fachliches Interesse bzw. Aufgabengebiet aus, welches über einen gewissen Zeitraum von Relevanz ist. Solche Gruppen werden üblicherweise *Communities of Practice (CoP)* (vgl. Lit. 23) genannt (der deutsche Ausdruck *Wissensgemeinschaften* hat sich nicht etabliert). Communities of Practice bilden einen relevanten Teil der informellen Organisation in Unternehmen, der sich auch von der Unternehmensführung ungewollt etabliert. Schon immer findet Lernen und Wissensaustausch in der betrieblichen Lebenswelt vornehmlich auf dieser Ebene, in diesen Gruppen, statt – früher meist direkt (face-to-face), heute medial vermittelt in virtuellen Communities (vgl. Lit. 19, S. 9-26). Virtuelle Communities können als eine Art elektronischer Wissensmarktplatz verstanden werden. Aufgabe des Wissensmanagements ist es, diese selbstorganisierten Strukturen zu fördern, um deren Erfahrungen für die Organisation nutzbar zu machen. Auf der Ebene dieser Praxisgemeinschaften nimmt Wissensmanagement häufig auch erstmals den Sprung über die Unternehmensgrenzen, wenn bspw. Mitarbeiter über Unternehmensgrenzen hinweg sich zu Communities zusammenschließen.

### B 12.4.1.3 Unternehmenskulturelle Perspektive

Barrieren für ein erfolgreiches Wissensmanagement ergeben sich häufig aus unternehmenskulturellen Ursachen. Erfolgreiches Wissensmanagement lebt von einer offenen, zum Wissensaustausch anregenden Unternehmenskultur („wissensfreundliche Kultur"). In vielen Organisationen – privaten wie öffentlichen – sind allerdings noch kulturelle Barrieren zu überwinden, damit Wissenskooperation tatsächlich einen wertvollen und funktionierenden Beitrag für den Erfolg der Organisation leisten kann. Noch bestehen Ängste der Mitarbeiter, in ihrer persönlichen Freiheit eingeengt oder überwacht zu werden, den neuen Anforderungen nicht gewachsen zu sein oder durch Wissenspreisgabe letztlich überflüssig zu werden (vgl. Lit. 12, S. 291-294; Lit. 32). Diese Befürchtungen können nur über ein entsprechendes kulturelles Setting überwunden werden.

Wissensmanagement bedarf einer an der Notwendigkeit des Wissensaustauschs und der -nutzung orientierten Veränderung der Unternehmenskultur. Die Wissensorientierung eines Unternehmens wird entscheidend durch die kulturelle Offenheit bestimmt, mit der Wissen – ohne Ansehen der hierarchischen Stellung im Unternehmen – ausgetauscht und angenommen wird (vgl. Lit. 06). Eine solche „wissensfreundliche Kultur" wird nicht per Dekret geschaffen, sondern durch einen entsprechenden Führungsstil und durch das Vorleben einer solchen Kultur durch das Management.

### B 12.4.2  Interventionsebene Mensch

Der Mitarbeiter ist in mehrfacher Funktion ein entscheidender Faktor im Wissensmanagement. Einerseits ist er Träger und Anbieter impliziten

Wissens, andererseits Anwender des Wissens im Rahmen seiner Aufgaben innerhalb der Organisation. Entsprechendes Verhalten der Mitarbeiter ist abhängig von deren Motivation. Motivation ist Voraussetzung für zielorientiertes Verhalten und damit der Ansatz für eine gezielte Beeinflussung.

Die Mitarbeiter als Wissensträger (Wissensanbieter in der Terminologie des Marktmodells) besitzen die Verfügungsrechte (Property Rights) an ihrem impliziten Wissen. Die institutionenökonomische Theorie der Verfügungsrechte unterstellt, dass jeder individuelle Akteur seinen Nutzen zu maximieren sucht und daher opportunistisches Verhalten an den Tag legt. Nutzen wird dabei jeweils individuell definiert werden (dies können bspw. Einkommen, Prestige, Karriereaufstieg, Verantwortlichkeit für interessante Projekte usf. sein) und ist letztlich auch durch ein innerhalb der Organisation verbreitetes und geteiltes Wertesystem (Unternehmenskultur) bestimmt. Die durch (Arbeits-)Verträge geregelte Übertragung dieser Verfügungsrechte von Mitarbeitern der Organisation auf die Organisation ist hier faktisch nicht tragfähig, da es auf Grund der Immaterialität des Wissens keine wirklich greifende Kontrolle der Einhaltung solcher Vereinbarungen geben kann. Es gilt in diesem Zusammenhang außerdem festzustellen, dass der hier verwendete traditionelle Begriff des „Mitarbeiters" in der heutigen Wirtschaft immer weniger zutreffend ist. „Wissensarbeiter" identifizieren sich hauptsächlich mit ihrer Aufgabe und ihrem Wissensgebiet, weniger mit dem Unternehmen, dem sie augenblicklich angehören bzw. mit dem sie z.Zt. im Rahmen von Projekten vernetzt sind. Der neue Begriff des „Intrapreneurs" scheint diesem Typus des neuen Arbeitnehmers weit mehr gerecht zu werden (Lit. 12, S. 163-166).

Das skizzierte Marktmodell kann den relativ transparenten Rahmen setzen, damit die Mitarbeiter den zu erwartenden Nutzen abschätzen können, der sich durch Gebrauch oder Übertragung ihres Verfügungsrechts ergeben wird. Bisherige Erfahrungen mit Wissensmanagement in Unternehmen zeigen, dass neue, an ökonomischen Strukturen orientierte Anreizsysteme wie sie das Wissensmarktmodell beinhaltet, zu einer erheblich höheren Akzeptanz bei den Mitarbeitern führen und der künftigen Arbeits- und Beschäftigungswelt wesentlich besser gerecht werden.

In der Praxis wissensintensiver Unternehmen (z.B. Beratungsunternehmen) werden speziell auf eine Wissenskooperation zugeschnittene Anreizsysteme eingeführt (vgl. Lit. 03). Diskutiert werden sowohl extrinsische als auch intrinsische Anreize, deren wichtigste Anforderung die Transparenz ist. Anreize sind situative Bedingungen, die Mitarbeiter aufgrund ihrer individuellen Bedürfnisse zu einem bestimmten Verhalten motivieren können. Verhalten wird also aufgrund von Anreizen, die vorhandene Motive aktivieren, ausgelöst. Durch die Integration von speziell auf das Wissensmanagement zielende Komponenten in bestehende Anreizsysteme soll die Bereitschaft zur Wissenskooperation angeregt werden.

Die Aufgabenverteilung zwischen Mensch und Technik im Wissensmanagement ist kontrovers diskutiert worden. Die Frage, auf die eine ausgewogene Antwort gefunden werden muss, lautet: Wie gelingt es, Mensch und Technik innerhalb eines organisatorischen Rahmens für das Management von Wissen erfolgreich gemeinsam einzusetzen? Die Implementierung eines Wissensmanagements hat daher immer beide Elemente zu berücksichtigen: die Mitarbeiter und die Informationssysteme der Organisation („hybrides Wissensmanagement").

Damit wird die Rolle der Menschen in Unternehmen aufgewertet, da sie mit ihrem Wissen und ihren Fähigkeiten, Wissen zu generieren und sinnvoll zu strukturieren die wichtigsten Träger eines Wissensmanagements sind.

### B 12.4.3 Interventionsebene Technik

Eine prozessorientierte Herangehensweise an Unternehmensorganisation bedeutet immer auch eine Betrachtung möglichst effizienter Unterstützung der Prozesse durch Informations- und Kommunikationstechnologie. Informations- und Kommunikationssysteme sind daher notwendige Werkzeuge für das Wissensmanagement. Nach anfänglichen Diskussionen um sogenannte „Wissensmanagement-Systeme" setzt sich inzwischen die Erkenntnis durch, dass hauptsächlich bereits bekannte IuK-Systeme für das Wissensmanagement genutzt werden müssen. Dabei sind allerdings drei Aspekte durch eine Ausrichtung auf die Anforderungen des Wissensmanagements stärker in das Blickfeld gerückt:

(01) Es wird über die Idee der Unternehmensportale (Corporate Portals, Enterprise Information Portals) eine weitgehende Anwendungs- und In-

formationsintegration verfolgt, mit dem Ziel einer Zusammenführung der Unternehmensprozesse, der auf diese Prozesse bezogenen Informations- und Wissensressourcen (Content) sowie möglichst aller Anwendungen, die Aktivitäten des Wissensmanagements unterstützen (Collaboration) (vgl. Lit. 02; Lit. 09; Lit. 21). Dabei wird den Nutzern durch die Möglichkeit einer Personalisierung eine Reduktion von Komplexität und Informationsüberfluss angeboten. Dieser Ansatz ist letztlich eine Evolution der Intranets.

(02) Den Unternehmensportalen liegt eine Wissensstruktur (auf der Grundlage von Knowledge Maps, Topic Maps oder Ontologien) zugrunde (vgl. Lit. 30). Diese Wissensstruktur bietet eine unternehmenseinheitliche Sicht auf alle Ressourcen und Objekte. Wenn die Wissensstruktur orientiert auf die Unternehmensprozesse modelliert wurde, steht eine Verbindungsschicht zwischen den Prozessen und den Informationsquellen und -objekten im OMS zur Verfügung (vgl. Lit. 01; Lit. 21). Auf technischer Handlungsebene liegt in der Modellierung von Wissensstrukturen ein Schwerpunkt des Wissensmanagements.

(03) Der letzte Aspekt betrifft die Verwaltung der Informationsbestände (Informationsobjekte).

Der Gedanke, dass Wissensmanagement ein „Organisationsgedächtnis" (Organizational Memory) benötigt (vgl. Lit. 16), zielt auf eine intensivere Vernetzung und damit die Einbettung in Kontexte der Informationsobjekte, als dies über herkömmliche Datenbanken möglich wäre. Sie integrieren strukturierte und unstrukturierte Informationen. Das Modell des Organizational Memory nimmt die Metapher kognitiver Systeme auf. Konzept und Systeme des OM können auch auf Einheiten der Organisation bezogen werden („Gruppengedächtnisse", „Team Memory"; vgl. Lit. 10).

Die beschriebenen Aspekte kommen in der Darstellung eines Unternehmensportals in der Abb. 6 zum Ausdruck. Die angegebenen Wissens- und Informationsquellen sind dabei exemplarisch gewählt. Grundsätzlich bieten verschiedene Systemklassen für jeweils unterschiedliche Aufgaben des Wissensmanagements Unterstützung an. Böhmann und Krcmar (Lit. 04) beziehen sich auf eine Unterscheidung zwischen explizitem und implizitem Wissen und den aus dieser Unterscheidung abgeleiteten Aktivitäten des Wissensmanagements, der Sozialisation, Externalisation, Kombination und Internalisation von Wissen. Diesen Aktivitäten werden folgende Technologiebündel gegenübergestellt (vgl. Lit. 04, S. 83):

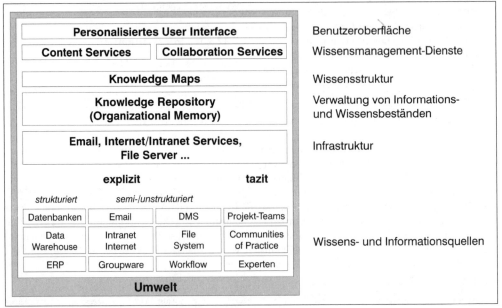

Abb. 6: Architektur eines Unternehmensportals (nach Lit. 20)

- *Bibliotheken / Archive:* bspw. Dokumentenmanagement (DMS), Information Retrieval-Systeme, Suchmaschinen
- *Kartographie:* bspw. Werkzeuge für die Visualisierung von und die Navigation in Wissensstrukturen, Information Retrieval-Systeme, Yellow Pages
- *Team- / Community-Unterstützung:* bspw. CSCW-Systeme (Groupware, Decision Support Systeme usf.)
- *Wissensfluss:* bspw. Agenten, Koordinationssysteme (Workflow), Geschäftsprozess-Managementsysteme

Eine andere Einteilung trifft Lehner (Lit. 16), indem er die Funktionen der Wissensakquisition, der Informationsdistribution, der Interpretation von Information sowie der technischen Realisierung des Organizational Memory durch jeweils verschiedene Systeme unterstützt sieht.

Letztlich bleiben Funktion-System-Zuordnungen unbefriedigend und unvollständig, wie u.a. auch die folgende Einteilung von Raimann und Back (vgl. Lit. 26) zeigt. Einerseits sind die verschiedenen Werkzeugklassen keinesfalls überlappungsfrei bzw. eindeutig definiert, andererseits kann auch die jeweils zugesprochene Unterstützungsfunktion nicht eindeutig sein. Systemklassen wie Intranet oder Enterprise Portals decken diverse Wissensprozesse ab, die durch eine „Integration" kaum hinreichend bezeichnet sind. Zudem fehlen in der Übersicht Systemklassen wie bspw. betriebliche ERP-Systeme, die einen erheblichen Beitrag für das Wissensmanagement leisten können. Dennoch kann die Einteilung in der Praxis wertvolle Hinweise geben.

Wissensmanagement wird also durch ein Bündel verschiedener IuK-Systeme unterstützt, die selbst immer mehr zu einem Bündel verschiedener technischer Funktionalitäten zusammen wachsen. So finden wir auf dem Markt heute Systeme, die DMS-, Groupware-, Community-, Workflow- und weitere Funktionalitäten zu den angesprochenen Unternehmensportalen integrieren (Lit. 09). Die zu unterstützenden Aufgaben sind durch die Darstellung in Abb. 7 lediglich angedeutet. So kann bspw. die medial vermittelte Kommunikation durch die ganze Bandbreite entsprechender CSCW-Werkzeuge verschiedenartig unterstützt werden. Die aufgaben- und situationsangemessene Wahl des richtigen Mediums ist entscheidend für den Erfolg der technischen Unterstützung des Wissensmanagements.

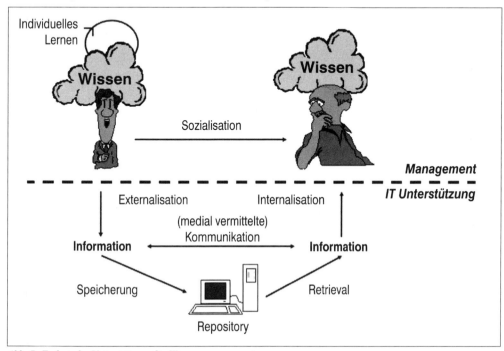

*Abb. 7: Technische Unterstützung für Wissensmanagement*

| Systemklasse | Abdeckung der Wissensprozesse ||||| 
|---|---|---|---|---|---|
| | Wissens-generierung | Lokalisieren und Erfassen | Transferieren und Teilen | Wissens-anwendung | Integration der Wissens-prozesse |
| Intranet | | | | | ■ |
| Groupware | ■ | | ■ | | |
| Community Tools | ■ | | ■ | | |
| Search and Retrieval | | ■ | | | |
| (Intelligent) Agents | ■ | | | | |
| KM Suites | | | | | ■ |
| Video/Audio Conferencing | | | ■ | | |
| Data Conferencing | | | ■ | | |
| Video/Audio Streaming | | | ■ | | |
| Messaging/E-Mail | | | ■ | | |
| Visualisation Tools | ■ | | | ■ | |
| Personal Information Management | | | | | ■ |
| Data Warehousing / Business Intelligence | | ■ | | | |
| Push Technologies | | | ■ | | |
| Archiving/Document Management | | ■ | | | |
| Learning Platforms | | | | ■ | |
| Enterprise Portals | | | | ■ | ■ |
| Simulation and Modelling Tools | ■ | | | | |
| Workflow Management | | | ■ | | |
| Summarization Tools | | ■ | | | |
| Clustering | ■ | | | | |
| Skill Mining | | ■ | | | |
| Categorization | | ■ | | | |
| Collaborative Filtering | | ■ | | ■ | |
| Expert Representation | | ■ | | | |
| Problem Solving Tools | ■ | | | ■ | |

Tab. 2: Kern-Wissensprozesse und ihre Unterstützung durch Software (nach Lit. 26, S. 69)

## B 12.5 Aktuelle Trends der Forschung

Ein erheblicher Forschungsbedarf besteht nach wie vor zur Integration von Wissensmanagement in den Arbeitsprozess sowie den Prozess der Leistungserbringung. Die diskutierte Anbindung an die Unternehmensprozesse oder auch spezifische Ausrichtung des Wissensmanagements auf wissensintensive Funktionsbereiche, bspw. auf das Qualitätsmanagement im Sinne eines „Quality Knowledge Management", steht derzeit noch am Anfang. Lükken zwischen theoretischen Erkenntnissen und der Umsetzung in eine Praxis resultieren aus dieser Tatsache. Die Einführung von Wissensmanagement scheitert häufig gerade an der Integration der Handlungsebenen Organisation, Mensch und Technik.

Die Bewertung bzw. Messung des organisationalen Wissens gehört zu den bislang am wenigsten durchdrungenen Problemen des Wissensmanagements. Etablierte Messverfahren und Kennzahlen existieren bislang nicht. Da allerdings die Erreichung formulierter Wissensziele einer Überprüfung bedürfen, besteht in dieser Aufgabe ein zentrales Forschungsfeld.

Die Öffnung von Wissensmanagement über die Grenzen der Unternehmung nach Außen ist für die Forschung als größte Herausforderung anzusehen. Der Bedarf dieser Forschung kann aus Studien angeleitet werden (vgl. z.B. Lit. 14), in denen Unternehmen ihre Motivation zur Einführung von Wissensmanagement in erster Linie mit einer verbesserten Kundennähe beschreiben. Diese Kundennähe kann aber nur erreicht werden, wenn Wissen über Kunden und Wissen von Kunden in die unternehmerischen Prozesse der Innovation und Leistungserbringung integriert werden. Diesem Problem widmen sich derzeit verschiedene Projekte unter der Überschrift Customer Knowledge Management (CKM) (vgl. Lit. 17, S. 271-285; Lit. 22). Offene Fragen innerhalb der Unternehmungen, z.B. Motivation der Mitarbeiter zur Wissenskooperation, Integration des Wissens in Geschäftsprozesse usf., stellen sich im Verhältnis zum Kunden bzw. zum Kundenwissen in noch erheblich stärkerer Weise. Dabei kann die beschriebene Sicht des internen Wissensmanagements wenigstens teilweise über die Unternehmensgrenze fortgeschrieben werden. Als Stichwörter seien beispielhaft genannt: Die Anbindung der Kundenprozesse an die betrieblichen Prozesse, Integration der jeweiligen Wissensprozesse, eine Wissenskooperation in unternehmensübergreifenden Communities – realisiert auf Portalplattformen.

## Literatur

01 Abecker, Andreas; Hinckelmann, Knut; Maus, Heiko; Müller, Heinz Jürgen (Hrsg.): Geschäftsprozessorientiertes Wissensmanagement: Effektive Nutzung bei der Planung und Umsetzung von Geschäftsprozessen. Berlin: Springer, 2002, 472 S.

02 Bach, Volker; Österle, Hubert; Vogler, Petra: Business Knowledge Management in der Praxis: Prozessorientierte Lösungen zwischen Knowledge Portal und Kompetenzmanagement. Berlin; Springer, 2000, 351 S.

03 Bilz, Petra: Auswirkungen von Anreizsystemen im Wissensmanagement. In: Nohr, Holger; Roos, Alexander W. (Hrsg.): Customer Knowledge Management: Aspekte des Managements von Kundenwissen. Berlin: Logos, 2003, S. 127-164

04 Böhmann, Tilo; Krcmar, Helmut: Werkzeuge für das Wissensmanagement. In: Antoni, Conny H.; Sommerlatte, Tom (Hrsg.): Report Wissensmanagement. 4. Aufl., Düsseldorf: Symposion, 2001, S. 82-91

05 Choo, Chun Wei; Bontis, Nick (Hrsg.): The Strategic Management of Intellectual Capital and Organizational Knowledge. New York: Oxford University Press, 2002, 748 S.

06 Davenport, Thomas H.; Prusak, Laurence: Wenn Ihr Unternehmen wüßte, was es alles weiß ...: Das Praxishandbuch zum Wissensmanagement. Landsberg/Lech: Verlag Moderne Industrie, 1998, 349 S.

07 Dick, Michael; Wehner, Theo: Wissensmanagement zur Einführung: Bedeutung, Definition, Konzepte. In: Lüthy, Werner et al. (Hrsg.): Wissensmanagement-Praxis: Handlungsfelder und Fallbeispiele, Zürich: vdf Hochschulverlag, 2002, S. 7-27

08 Fengler, Jörg: Strategisches Wissensmanagement: Die Kernkompetenzen des Unternehmens entdecken. Berlin: Logos Verlag, 2000, 178 S.

09 Firestone, Joseph M.: Enterprise Information Portals and Knowledge Management. New York: Butterworth-Heinemann, 2003, 422 S.

10 Frölich, Carolin: Team-Memory zur Projektfortschrittsdokumentation. In: Schmidt, Ralph (Hrsg.): Wissen in Aktion: Wege des Knowledge Managements; 22. Online-Tagung der DGI, Frankfurt: DGI, 2000, S. 365-374

11 Habermann, Frank: Management von Geschäftsprozesswissen. Wiesbaden: Gabler, 2001

12 Hopfenbeck, Waldemar; Müller, Manuela; Peisl, Thomas: Wissensbasiertes Management: Ansätze und Strategien zur Unternehmensführung in der Internet-Ökonomie. Landsberg/Lech: Verlag Moderne Industrie, 2001, 504 S.

13 Kaps, Gabriele; Nohr, Holger: Erfolgsmessung im Wissensmanagement mit Balanced Scorecards. In: Information – Wissenschaft und Praxis 52 (2001) 2, S. 89-97 und 52 (2001) 3, S. 151-158

14 KPMG: Bedeutung und Entwicklung des multimediabasierten Wissensmanagements in der mittelständischen Wirtschaft. Hamburg: KPMG, 2001, 64 S.

15 Krüger, Wilfried; Homp, Christian: Kernkompetenzmanagement. Wiesbaden: Gabler, 1997, 323 S.

16 Lehner, Franz: Organisational Memory: Konzepte und Systeme für das organisatorische Lernen und das Wissensmanagement. München: Hanser, 2000, 503 S.

17 Leibold, Marius; Probst, Gilbert; Gibbert, Michael: Strategic Management in the Knowledge Economy. Wiley, 2002, 353 S.

18 Nohr, Holger: Wissensmanagement: Wissen wird zum Fokus betrieblichen Managements. In: Blum, Askan (Hrsg.): Bibliothek in der Wissensgesellschaft. München: Saur, 2001, S. 413-421

19 Nohr, Holger (Hrsg.): Virtuelle Knowledge Communities im Wissensmanagement: Konzeption – Einführung – Betrieb. Aachen: Shaker, 2001, 140 S.

20 Nohr, Holger: Wissensmanagement als Stütze der Unternehmensziele. In: Wissensmanagement, 4. Jg. (2002), Nr. 6, S. 16-20

21 Nohr, Holger: Geschäftsprozessorientiertes Wissensmanagement mit Unternehmensportalen. In: WM 2003: 2. Konferenz Professionelles Wissensmanagement – Erfahrungen und Visionen; Luzern, 2. bis 4. April 2003. Bonn: Köllen Verlag, 2003. S. 151-155

22 Nohr, Holger; Roos, Alexander W. (Hrsg.): Customer Knowledge Management: Aspekte des Managements von Kundenwissen. Berlin: Logos, 2003, 216 S.

23 North, Klaus: Wissensorientierte Unternehmensführung: Wertschöpfung durch Wissen. 3. Aufl., Wiesbaden: Gabler, 2002, 340 S.

24 Ortega, Carlos: Es kommt wieder Bewegung in's Spiel, in: Wissensmanagement, 5. Jg. (2002), Nr. 1, S. 50-52

25 Probst, Gilbert; Raub, Steffen; Romhardt, Kai: Wissen managen: Wie Unternehmen ihre wertvollste Ressource optimal nutzen. 3. Aufl., Wiesbaden: Gabler, 1999, 474 S.

26 Raimann, Jörg; Back, Andrea: Software-Tools und Architekturmodell für das Wissensmanagement. In: ControllerNews Heft 3, 2000, S. 69-72

27 Reinmann-Rothmeier, Gabi; Mandl, Heinz: Individuelles Wissensmanagement. Bern: Huber, 2000, 122 S.

28 Remus, Ulrich: Prozessorientiertes Wissensmanagement: Konzepte und Modellierung. Wirtschaftswissenschaftliche Fakultät der Universität Regensburg 2002 (Diss.), 325 S.

29 Scheer, August-Wilhelm: ARIS – Vom Geschäftsprozess zum Anwendungssystem. 4. Aufl. Berlin: Springer, 2002, 186 S.

30 Staab, Steffen: Wissensmanagement mit Ontologien. In: Informatik Spektrum 25. Jg. (2002), Nr. 3, S. 194-209

31 Sveiby, Erik: Wissenskapital: Das unentdeckte Vermögen. Landsberg/Lech: Verlag Moderne Industrie, 1997, 286 S.

32 Wehner, Theo; Dick, Michael: Die Umbewertung des Wissens in der betrieblichen Lebenswelt: Positionen der Arbeitspsychologie und betroffener Akteure. In: Schreyögg, Georg (Hrsg.): Wissen in Unternehmen: Konzepte, Maßnahmen, Methoden. Berlin: Erich Schmidt, 2001, S. 89-117

# B 13 Methoden der Informationsanalyse – Einführung in die empirischen Methoden für die Informationsbedarfsanalyse und die Markt- und Benutzerforschung

Michael Kluck

## B 13.1 Einleitung: Empirische Methoden und ihr Einsatz in der Informationsarbeit

Im Bereich der Informationsanalyse, zu der die Benutzerforschung, die Kommunikationsanalyse, die Informationsbedarfsanalyse sowie die Erforschung der Bedienungsfreundlichkeit zu rechnen sind, werden die Methoden der empirischen Sozialforschung angewandt. Unabhängig von der theoretischen Grundausrichtung werden die Verfahrensweisen der quantitativen Sozialforschung weitgehend von allen Theorierichtungen der Sozialwissenschaften gleichermaßen anerkannt (vgl. Lit. 37, S. 31f). Bei der theoretischen Fundierung der quantitativen Sozialforschung geht man davon aus, dass alle Aussagen einer empirischen Wissenschaft prinzipiell an der Erfahrung scheitern können müssen (vgl. Lit. 37, S. 33, Lit. 47, S. 259; vgl. auch Lit. 07, S. 26-38). Es ist demnach festzustellen: „Aussagen der Erfahrungswissenschaften (Hypothesen, Theorien) sollen über die Realität eines Gegenstandsbereiches, für den sie aufgestellt wurden, informieren. Sie müssen an eben dieser Realität, für die sie gelten sollen, scheitern können. Dieser Anspruch grenzt [quantitative] empirische Theorien von anderen wissenschaftlichen und sonstigen Aussagesystemen ab" (Lit. 37, S. 35).

Die idealtypische Vorgehensweise für den Entwurf und die Realisierung eines (quantitativen) empirischen Forschungsdesigns ist also nach diesem Ansatz:

– Explikation der Theorie oder des theoretisch fundierten Modells,

– Formulierung von Hypothesen,

– empirischer Test der Hypothesen,

– bei Falsifikation: Umformulierung der Hypothesen bzw. Korrektur der Theorie oder des Modells,

– bei Verifikation: Verschärfung bzw. Ausdifferenzierung der Testbedingungen und Weiterentwicklung der Theorie oder des Modells.

Für die quantitative Sozialforschung gilt: „Die empirische Sozialforschung ermittelt durch Messprozesse Daten über die untersuchte Wirklichkeit, um von dieser Basis Aussagen über soziale Phänomene abzuleiten oder behauptete Zusammenhänge zu überprüfen." (Lit. 42, S. 121)

Auf der Basis wissenschaftstheoretisch fundierter Kritik an den Methoden und Ergebnissen der quantitativen Sozialforschung haben sich qualitative Untersuchungsansätze etabliert, die gerade in der methodischen Anlage und den Messverfahren der quantitativen Sozialforschung eine Quelle für die unzureichende Erfassung der sozialen Wirklichkeit sehen und einen grundsätzlich anderen theoretischen Ansatz wählen (vgl. Lit. 56, Lit. 59, Lit. 38, Lit. 30, generell zu qualitativen Methoden: Lit. 13, Lit. 17). Dennoch kann man als gemeinsame Gütekriterien für beide Theorierichtungen die Zunahme an empirischem Gehalt, die Erhöhung der internen Konsistenz und die Steigerung der Anschlussfähigkeit formulieren (vgl. Lit. 30, S. 25 f). Inzwischen haben sich interessante Diskussionen über die Möglichkeit und Zulässigkeit der Kombination von quantitativen und qualitativen Methoden ergeben (Lit. 39), oft wird dabei von Methoden-Triangulation gesprochen. Zu den qualitativen Auswertungsverfahren siehe die unten stehenden Abschnitte. In der folgenden Darstellung werden primär die quantitativen Methoden behandelt, andernfalls wird dies ausdrücklich vermerkt. Der Schwerpunkt der Darstellung liegt auf den praxisrelevanten Grundlagen empirischer Sozialforschung; die theoretische Fundierung und Diskussionen sind der zitierten Literatur zu entnehmen.

## B 13.2 Abfolge des Untersuchungsprozesses und Betrachtungsebenen der empirischen Untersuchung

Die generelle Abfolge des Untersuchungsprozesses lässt sich genauer analysieren, wenn wir uns die verschiedenen Betrachtungsebenen einer empirischen Untersuchung genauer vor Augen füh-

| Ebene | Fragestellung / Arbeitsbereich |
|---|---|
| **Qualität der Erkenntnisgewinnung** | 1. Verhältnis von Subjekt und Objekt in der sozialen Realität<br>2. Verhältnis von Begriff und sozialen Objekten im jeweiligen Realitätsausschnitt<br>3. Rolle des Empirikers im Untersuchungsprozeß |
| **Theorie / Modellbildung** | 1. Aufarbeiten der bekannten Daten, Theorien und Modelle, Explikation des theoretischen Hintergrundes<br>2. Einbeziehung spezieller Modelle der Informationswissenschaft: Informationsverhalten, Informationsfluss, Kommunikationsmodell, Informationsbedarf, Rezipientenforschung, Information Retrieval, Usability |
| **Methodologie / Untersuchungsstrategie** | 1. Qualitativer oder quantitativer Ansatz und Umfang der Untersuchung: z.B. repräsentative Erhebung, Exploration, Vollerhebung, Handlungsforschung, Grounded Theory<br>2. Formulierung von Hypothesen<br>3. Definition von Begriffen, Isolierung relevanter Variablen<br>4. Untersuchungsanordnung (Methoden-Mix, Abfolge)<br>5. Validitätsüberlegungen<br>6. Verläßlichkeitserwägungen |
| **Methoden** | 1. Testverfahren<br>2. Methodenfestlegung<br>3. Auswahlverfahren, Stichprobenziehung<br>4. statistische Auswertungsverfahren |
| **Instrumente** | 1. Fragebogen, Interviewerleitfaden, Kodeplan, Zeitplan, Kodeblatt, Auswertungsbogen, Kategorienschema<br>2. Anschreiben, Einleitungstext: Aufklärung über Absicht und Zweck, Datenschutzhinweis, Anonymitätszusage<br>3. Adressenakquisition |
| **Datensammlung und Durchführung der Erhebung** | 1. Pretest (gegebenenfalls Reformulierung des Fragebogens und erneuter Pretest)<br>2. Hauptuntersuchung (Interview, Befragung, Expertengespräch, teilnehmende Beobachtung, Inhaltsanalyse usw.)<br>3. Nachfassaktion, Rücklaufkontrolle, Rücklaufstatistik (Ausschöpfungsquote) |
| **Datenaufbereitung und Datenanalyse** | 1. Auswertungsbögen ausfüllen, Kodierungen vornehmen<br>2. Datenerfassung (manuell, technik- oder programmgestützt, online durch Befragte)<br>3. Kontrolle und Korrektur der Datenerfassung<br>4. Statistikprogramm einsetzen: Grundtabellen erstellen, höhere Statistikverfahren anwenden<br>5. Erstellen von Tabellen<br>6. Erstellen von Grafiken |
| **Interpretation und Darstellung** | 1. Beschreibung, Analyse, Erklärung<br>2. Hypothesenprüfung (Verifizierung/Falsifizierung)<br>3. Professionelle Standards einhalten<br>4. Veröffentlichung der Ergebnisse durch Vorträge, Publikationen, Webseiten |
| **theoretische Schlussfolgerungen** | 1. Erweiterungen bzw. Korrekturen der Theorie oder des Modells<br>2. Formulierung von Desiderata der Forschung |
| **Umsetzung in die Praxis** | 1. Anwendungsbezug realisieren<br>2. Vorschläge zur Umsetzung formulieren<br>3. Soziale Planung |

ren. In der Übersicht zu den Ebenen und Fragestellungen sind für jede Ebene des Forschungsprozesses die jeweils zu bearbeitenden Fragestellungen bzw. die zugehörigen Arbeitsbereiche beispielhaft dargestellt (vgl. Lit. 01, Lit. 20).

## B 13.3 Grundprobleme einzelner Stufen des Erhebungsprozesses bei Primäruntersuchungen

Die grundsätzlichen Probleme und Regeln, die auf den verschiedenen Stufen des Untersuchungsprozesses bei Primäruntersuchungen zu beachten sind, werden in diesem Kapitel entsprechend ihrer Relevanz für die Informationsanalyse dargestellt. Dabei werden die wissenschaftstheoretischen, philosophischen und begriffslogischen Probleme nicht näher behandelt (vgl. Lit. 30, Lit. 53). Sekundäranalysen werden hier ebenfalls nicht näher betrachtet; sie sind jedoch methodisch nach denselben Prinzipien wie Primäruntersuchungen zu behandeln.

### B 13.3.1 Hypothesengenerierung

Während man unter einer Theorie ein System logisch widerspruchsfreier Aussagen über den betreffenden Untersuchungsgegenstand einschließlich der verwendeten Definitionen der Begriffe versteht, sind Hypothesen Vermutungen über den Zusammenhang von Sachverhalten, wobei zunächst noch das tatsächliche Verhältnis dieser Beziehungen offen ist. Die Formulierung von Hypothesen muss am Beginn der Überlegungen zur Gestaltung des eigentlichen Forschungsprozesses liegen. Erst die Formulierung von Hypothesen erlaubt es, die angemessenen Untersuchungsmethoden und Analyseverfahren auszuwählen. Bei der qualitativen Sozialforschung erfolgt die Hypothesengenerierung oder Begriffsbildung erst im Zuge der Auswertung (vgl. z.B. Lit. 59).

Die Hypothesen werden aus bereits bekannten Vorarbeiten, Untersuchungen und Theorien entwickelt. Sie enthalten daraus deduzierte Annahmen über die jeweiligen zu untersuchenden Strukturen und Beziehungen, Verhaltensweisen und Einstellungen. Für die Formulierung von Hypothesen gelten folgende Regeln:

- Sie müssen sich aus dem theoretischen Bezugsrahmen bzw. aus dem Modell plausibel ableiten lassen.

- Sie müssen sich zunächst einmal prinzipiell auf erfahrbare Realität beziehen. Sie müssen also empirisch überprüfbar sein; d. h. sie müssen für empirische Beobachtungen und statistische Analyse geeignet sein.

- Sie müssen in einem systematischen Zusammenhang miteinander stehen, sich auf den gleichen Gegenstandsbereich beziehen und aus den Untersuchungsfragestellungen abgeleitet werden.

- Sie müssen auf den operationalisierten Begriffsbestimmungen aufbauen.

- Sie dürfen sich nicht gegenseitig logisch ausschließen.

- Sinnvollerweise werden die Hypothesen nach Axiomen (unabhängigen Aussagen, Postulaten, Prämissen) und Theoremen (abgeleiteten Aussagen) geordnet, dadurch können logische Widersprüche besser aufgedeckt werden (vgl. Lit. 37, S. 42).

- Die als Hypothesen formulierten Beziehungen dürfen nicht zufällig oder einmalig sein, sondern müssen im Rahmen des zu Grunde gelegten Modells konsistent, realistisch und plausibel sein. Einschränkende Bedingungen müssen deutlich gemacht werden.

### B 13.3.2 Variablen und Kodierung

Die Umsetzung des theoretischen Konzepts und der Hypothesen in erhebbare Informationen erfordert die Operationalisierung der Begriffe. Zur Operationalisierung eines Begriffs sollten mehrere Indikatoren benutzt werden. „Allerdings sollte vermieden werden, theorielos einfach mehrere Indikatoren zu suchen..." (Lit. 53, S. 140).

Variablen sind Merkmale von Elementen (d. h. der Untersuchungseinheiten, z.B. Einzelpersonen oder Gruppen); diese Merkmale haben verschiedene Ausprägungen, die für den Zweck der Auswertung durch Kodes repräsentiert werden. Zum Beispiel können die Benutzer einer Online-Datenbank nach ihrem Berufsstand aufgeschlüsselt werden: Student, wissenschaftlicher Mitarbeiter/Forscher, Dozent/Professor, Bibliothekar/Informationsbroker. Als unabhängige Variablen werden diejenigen Merkmale bezeichnet, die Bedingungen bzw. Voraussetzungen für bestimmte Strukturen, bestimmtes Verhalten oder bestimmte Einstellungen darstellen. Abhängige Variablen sind diejenigen Merkmale, die sich in der Folge anderer Merkmale ergeben bzw. verändern. So wären bei der folgenden fiktiven Aussage: „Je größer die Zahl der zugelassenen Kraftfahrzeuge ist, desto höher ist die Zahl der Verkehrsunfälle" die Zahl der Kfz-Zulassungen die unabhängige Variable und die Zahl der Verkehrsunfälle die abhängige Variable.

Von intervenierenden Variablen spricht man dann, wenn die Beziehung zwischen der abhängigen und der unabhängigen Variablen von einer weiteren Bedingung abhängt, die auf die abhängige Variable einwirkt bzw. interveniert. Genau genommen zeigt das Vorhandensein einer intervenierenden Variablen, dass die Hypothese nicht ausreichend durchdacht war und unter Einbeziehung der intervenierenden Variablen reformuliert und gegebenenfalls aufgesplittet werden sollte.

Als Kontrollvariablen bezeichnet man dritte Variablen, die man einführt, um zu testen, ob ein anderes (logisch dem untersuchten Zusammenhang vorhergehendes) Merkmal den vermuteten Zusammenhang zwischen der abhängigen und der unabhängigen Variablen beeinflusst. Gibt es eine solche Kontrollvariable, dann hat sich die Vermutung als Scheinbeziehung entpuppt und muss durch den nunmehr aufgedeckten Zusammenhang erklärt werden (vgl. dazu näher Lit. 08, S. 280ff und Lit. 22, S. 250ff).

Unter Kodierung versteht man die Zuweisung von Aussagen und/oder Werten zu den untersuchten Merkmalen. Die Kodierung der Variablen soll in der Weise erfolgen, dass sich erstens jede Ausprägung einem Kode zuordnen lässt, dass sich zweitens die Kodes gegenseitig ausschließen und dass drittens der Kode nur eine Dimension hat und vollständig ist. Mehrere Variablen oder Indikatoren können zu einem so genannten Index zusammengefasst werden, der praktisch eine neue, zusammengesetzte Variable darstellt.

### B 13.3.3 Analyseebenen

Zwischen folgenden Ebenen der Analyse kann prinzipiell unterschieden werden: Erhebungseinheit, Untersuchungseinheit und Aussageeinheit. Erhebungseinheit ist die Einheit, auf die sich die Stichprobe bezieht (z. B. alle Haushalte). Untersuchungseinheit ist die Einheit, auf die sich die Untersuchung bezieht (z. B. bestimmte Personen im Haushalt). Aussageeinheit ist die Einheit, auf die sich die Ergebnisse und Aussagen beziehen (zum Beispiel die Familien). Alle drei Ebenen oder zwei der drei Ebenen können auch zusammenfallen (nach Lit. 20, S. 126).

### B 13.3.4 Auswahlverfahren

Nur in wenigen Fällen wird es möglich sein, alle Elemente eines Objektbereiches zu untersuchen. Dieser Ausnahmefall wird als Vollerhebung oder Totalerhebung bezeichnet. In der Regel wird man sich wegen der großen Anzahl der zu untersuchenden Elemente auf die Untersuchung einer Auswahl von Elementen beschränken müssen. Diese Auswahl nennt man eine Stichprobe, die aus der Grundgesamtheit aller betreffenden Elemente gezogen wird. Dabei ist es notwendig, die Stichprobe in der Weise anzulegen (zu ziehen), dass anhand der Ergebnisse eine Verallgemeinerung für die Grundgesamtheit möglich ist, d. h. mit anderen Worten, dass die Stichprobe repräsentativ ist (siehe hierzu Lit. 25, S. 27). Diese Verallgemeinerung beruht auf der Anwendung statistischer Annahmen und Verfahren, die hier nicht näher diskutiert werden.

Eine Stichprobe hat daher die folgenden Bedingungen zu erfüllen:

– Die Stichprobe muss ein verkleinertes Abbild der Grundgesamtheit hinsichtlich der Heterogenität der Elemente und in Bezug auf die zu prüfenden Variablen sein.

– Die Analyseebenen (Erhebungseinheit, Untersuchungseinheit, Analyseeinheit) müssen definierbar sein.

– Die Elemente der Grundgesamtheit und der Stichprobe müssen definierbar und angebbar sein.

– Ebenso muss das Auswahlverfahren angebbar und repräsentativ sein.

Von der möglichst exakten Bestimmung und Bestimmbarkeit der Grundgesamtheit hängt es ab, wie gut die Stichprobe gezogen werden kann und welche Exaktheit die Aussage über die Repräsentativität hat.

Auch die Überlegungen zur Bestimmung der Grundgesamtheit sind alles andere als trivial. Schon das Beispiel „Bevölkerung" zeigt die unterschiedlichen Definitionsmöglichkeiten. „Bevölkerung" kann beispielsweise heißen: 1. alle Bewohner des Staatsgebietes (oder des Bundeslandes, des Landkreises, der Gemeinde), die sich zum Zeitpunkt der Stichprobenziehung dort aufhalten, unabhängig davon, welcher Nationalität sie angehören, ob sie in Anstalten (Klöstern, Kasernen, Gefängnissen) wohnen und wie alt sie sind; oder 2. alle inländischen Erwachsenen ab 18 Jahren außerhalb von Anstalten, die einen festen Wohnsitz haben.

Die Auswahl kann bewusst (bzw. gezielt) oder aufgrund einer Zufallsstichprobe erfolgen. Bei der bewussten Auswahl haben nicht alle Elemente die gleiche Chance, in die Auswahl einbezogen zu werden; d.h. die Elemente werden anhand eines oder mehrerer Merkmale oder anhand der Ausprägungen eines Merkmals ausgewählt, ohne in jedem Fall genau zu wissen, ob und inwieweit gerade dieses Element bzw. dessen Eigenschaften repräsentativ für die Grundgesamtheit sind.

Weitere Möglichkeiten der bewussten Auswahl sind die Auswahl extremer Fälle (d.h. nach der extremen Ausprägung eines Merkmals, z.B. häufiger Kunde, hoher Umsatz, eifriger Kirchgänger), die Auswahl typischer Fälle (d.h. nach subjektiven Kriterien des Forschers) und das Schneeballverfahren (d.h. aus der Auswahl eines Elementes der Grundgesamtheit folgt die Auswahl des nächsten Elementes, z.B. ein Mitschüler oder Freund des ersten befragten Schülers, ein Arbeitskollege des ersten befragten Schlossers). Ein weiteres Verfahren der bewussten Auswahl, das auch in der Informationspraxis Anwendung finden kann, ist die Auswahl nach dem Konzentrationsprinzip. Dabei werden nur diejenigen Fälle ausgewählt, bei denen ein Merkmal so stark ausgeprägt ist, dass davon fast die gesamte Grundgesamtheit betroffen ist: z. B. die wichtigste Nutzergruppe oder die umsatzstärksten Kunden.

Ein anderes spezielles Verfahren der bewussten Auswahl ist die Quota-Stichprobe, die vielfach aus Kostengründen in der Markt- und Meinungsforschung eingesetzt wird, jedoch nach der Meinung vieler Soziologen keinen statistisch gesicherten Schluss auf die Grundgesamtheit zulässt (siehe dazu Lit. 20, S. 133ff und Lit. 53, S. 309ff). Trotz dieser verbreiteten Kritik wird das Quota-Verfahren auch in der wissenschaftlichen Sozialforschung relativ häufig angewandt (siehe Lit. 46, S. 83). Eigentlich ist eine Schlussfolgerung aus einer Stichprobe auf die Grundgesamtheit nur zulässig, wenn die Stichprobe repräsentativ ermittelt wurde. Bei der Quota-Stichprobe werden mehrere Merkmale in ihrer Kombination vorgegeben, so dass die Grundgesamtheit in einem gewünschten Verhältnis abgebildet wird. Die Quoten können sich auf die regionale Verteilung (Bundesländer, Regierungsbezirke, Wahlkreise), auf Gemeindegrößenklassen und auf weitere Merkmale wie Alter, Ausbildung, Berufstätigkeit, berufliche Position, Geschlecht, Einkommensklassen usw. beziehen. Die Auswahl der einzelne Befragten wird dann von den Interviewern im Rahmen der vorgegebenen Quoten willkürlich vorgenommen. Die Informationen über diese Strukturmerkmale der Grundgesamtheit werden aus sekundärstatistischen Daten (Mikrozensus, Volkszählung, andere Befragungen auf der Basis einer Zufallsstichprobe) gewonnen. Die Markt- und Meinungsforschungsinstitute, die das Quota-Verfahren häufig anwenden und die Vergleichbarkeit seiner Ergebnisse mit Zufallsstichproben behaupten, weisen aber darauf hin, dass dieses Verfahren große Erfahrungen und ein gut geschultes und weit verzweigtes Netz von Interviewern erfordert (Lit. 40, S. 110); daher ist es für Gruppen, die nur gelegentlich Befragungen durchführen, ungeeignet.

Nur die Zufallsstichprobe gibt die Möglichkeit, von der Stichprobe mit einer angebbaren Wahrscheinlichkeit auf die Grundgesamtheit zu schließen. Die Zufallsstichprobe kann mit Hilfe einer einfachen Zufallsstichprobe, einer systematischen Auswahl, einer Klumpenstichprobe (d.h. die Grundgesamtheit wird vor der Ziehung in räumliche Einheiten eingeteilt und dann werden alle Elemente einer zufällig gewählten Einheit ausgewählt) oder einer geschichteten Auswahl (d.h. die Grundgesamtheit wird vor der Ziehung in homogene Gruppen eingeteilt und es werden dann einfache Zufallsstichproben gezogen) erfolgen. Diese Verfahren können auch mehrstufig angewendet werden (vgl. Lit. 20, S. 135ff, Lit. 37, S. 207ff; Lit. 53, S. 285 u. 288ff). Für repräsentative Aussagen über die Gesamtbevölkerung eines Landes bewegen sich die Stichprobengrößen zwischen 1000 und 3000 Personen. Auch ein Pretest sollte mit Hilfe einer Zufallsstichprobe ausgeführt werden.

Eine willkürliche Auswahl entspricht demnach nicht den Ansprüchen für ein wissenschaftliches Vorgehen; sie kann allenfalls für explorative Zwecke nützlich sein. Zu den Vor- und Nachteilen der verschiedenen Auswahlverfahren bietet Kromrey (Lit. 37, S. 226ff) eine tabellarische Übersicht.

## B 13.3.5 Messinstrumente

Die in der jeweiligen Untersuchung gewonnenen Informationen müssen im Rahmen des Prozesses der Beobachtung, der Interpretation oder Befragung festgehalten werden, um der weiteren Analyse als Daten zur Verfügung stehen zu können. „Daten sind also die in geeigneter Form festgehaltene und abrufbare symbolische Repräsentation der bei den Untersuchungseinheiten beobachteten Merkmale (Eigenschaften)." (Lit. 37, S. 162)

Um mit den Daten statistische Operationen durchführen zu können, sind einige Grundregeln des Messens und der Skalenbildung zu beachten. Messen ist die systematische Zuordnung einer Menge von Zahlen oder Symbolen zu den Ausprägungen einer Variablen, mithin auch zu den Objekten. Es gelten daher die gleichen Anforderungen der Eindeutigkeit und Ausschließlichkeit. Die Zuordnung (oder genauer: Abbildung) soll so erfolgen, dass die Relationen unter den Zahlenwerten den Relationen unter den Objekten entsprechen (Lit. 20, S. 97). Zum Beispiel: Die Zuordnung von Zahlen zu einer Alterangabe als Einzelwert: 27 Jahre, als Altersklasse: 25 bis weniger als 30 Jahre.

Die Messung beruht auf der Übertragung der Ausprägungen einer Variablen in Werte auf einer Skala. Eine Skala kann man sich als die Übertragung dieses Einteilungsprinzips auf eine horizontale Achse vorstellen, indem auf deren Abschnitten die Ausprägungen abgetragen werden (vgl. Lit. 53, S. 145).

Die gebräuchlichste Klassifizierung von Skalen unterscheidet zwischen Nominal-, Ordinal-, Intervall- und Ratioskalen. Diese Skalentypen unterscheiden sich hinsichtlich der auf sie anwendbaren Transformationen bzw. Rechenoperationen.

Bei Nominalskalen ist jedes Objekt genau einer Klasse zugeordnet, z. B. das Geschlecht (männlich – weiblich) oder die Automarke (VW – Opel – BMW usw.). Die Zuordnung ist eindeutig und vollständig und gibt keine Abstände oder Wertigkeiten an. Die den Klassen zugeordneten Zahlen sind beliebig, sie müssen nur eindeutig sein. Durch eventuell vorgenommene mathematische Operationen darf sich die Eindeutigkeit der Zuordnung einer Klasse zu einer Zahl nicht verändern.

Ordinalskalen geben darüber hinaus Auskunft über die Rangordnung der Objekte. Dementsprechend müssen die jeweils zugeordneten Zahlen diese Rangordnung wiedergeben und die durchgeführten mathematischen Operationen dürfen diese Reihenfolge nicht verändern. Beispiele sind: 1. Schulnoten, die zwar die Rangordnung der Leistung abbilden sollen, aber nicht äquidistant sind, oder 2. Aussagen über die Zufriedenheit in der Form „sehr zufrieden – zufrieden – weder/noch – unzufrieden – sehr unzufrieden".

Eine Skala, die zusätzlich zur Rangordnung noch die Bedingung der Äquidistanz einhält, nennt man Intervallskala. Die Intervalle und die ihnen entsprechenden Zahlen müssen also gleiche Größe bzw. Distanz haben. Die mathematischen Operationen, die auf diese Zahlen angewendet werden, dürfen also die Größe der Intervalle nicht oder alle Intervalle nur in gleichem Ausmaß verändern. Beispiele sind die Temperatur nach Celsius oder der Intelligenzquotient.

Als Ratioskalen werden solche Skalen bezeichnet, die zusätzlich zur Rangordnung und zur Äquidistanz einen natürlichen Nullpunkt aufweisen können. Hier ist als mathematische Operation nur noch die Multiplikation mit einer Konstanten (ungleich 0) erlaubt. Beispiel sind die Temperatur nach Kelvin oder das Alter.

Die Zuordnung einer Skala zu einem dieser Skalentypen wird auch Skalenniveau oder Messniveau genannt. „Das Messniveau einer Skala wird um so höher, je weniger Transformationen der Messwerte zulässig sind. Je höher das Messniveau einer Skala wird, um so mehr mathematische Verfahren können auf die gewonnenen Daten angewendet werden. Im allgemeinen wird der Informationsgehalt einer Messung um so höher, je höher das Messniveau wird." (Lit. 53, S. 150f) Allerdings basieren „die meisten Messungen in den Sozialwissenschaften auf vermuteten Zusammenhängen zwischen Indikatoren und den eigentlich interessierenden Konstrukten" (Lit. 53, S. 151).

## B 13.3.6 Methoden der Datenerhebung

Die sozialwissenschaftlichen Methoden der Datenerhebung sind die Inhaltsanalyse, die Beobachtung und die Befragung.

Die empirische Inhaltsanalyse ist eine Forschungsmethode, mit deren Hilfe man aus jedweder Art von Bedeutungsträgern (Texte, Bilder, Gegenstände, Filme, Musik usw.) durch systematische und objektivierte Identifizierung ihrer Elemente Schlüsse ziehen kann, die über das einzelne analysierte Element hinaus verallgemeinerbar sind (vgl. Lit. 37, S. 232).

Die Beobachtung als Verfahren zielt auf das Erfassen des Ablaufs und der Bedeutung von einzelnen Handlungen und Handlungszusammenhängen, die sich während des Beobachtens ständig verändern (vgl. Lit. 37, S. 255). Es lassen sich fünf Dimensionen der Beobachtung benennen: 1. mit verdecktem oder offenem Beobachter, 2. mit teilnehmendem oder nicht teilnehmendem Beobachter, 3. als systematische oder unsystematische Beobachtung, 4. in natürlicher oder künstlicher Beobachtungssituation (Labor), 5. als Selbstbeobachtung oder Fremdbeobachtung (vgl. Lit. 37, S. 258 f).

Alle voll standardisierten Verfahren können als quantitative Sozialforschung bezeichnet werden. Bei teilstandardisierten und nicht standardisierten Verfahren der Datenerhebung wird von qualitativer Sozialforschung gesprochen. Zur qualitativen Sozialforschung gehören neben dem mündlichen Experteninterview, der Gruppendiskussion, dem narrativen, situationsflexiblen Interview, dem Leitfadengespräch und der schriftlichen informellen Expertenbefragung auch die Inhaltsanalyse, die objektive Hermeneutik, die dokumentarische Methode, die biographische Methode und die Textinterpretation. Qualitative Erhebungsmethoden korrelieren häufig mit qualitativen Auswertungsverfahren wie z.B. der Interpretation im Sinne der Hermeneutik (vgl. Lit. 51).

Der Vollständigkeit halber seien hier noch das Experiment, die Soziometrie und die Handlungsforschung als weitere Erhebungsverfahren genannt, die sich in die obige Rubrizierung nicht vollständig einfügen lassen und die für den Bereich der Informationsbedarfsanalyse selten in Betracht kommen werden.

### B 13.3.7 Pretest

Vor der eigentlichen Hauptuntersuchung sollte – zumindest bei neuen, bislang noch nicht ausgetesteten Fragestellungen – soweit nur irgend möglich ein Pretest (Voruntersuchung) durchgeführt werden. Während die Exploration der Ideen- und Hypothesengenerierung dient, richtet sich der Pretest auf die Überprüfung der Handhabbarkeit des entwickelten Forschungsplanes und insbesondere des Fragebogens. Mit Hilfe des Pretests können die Struktur und die Formulierung der Fragen, der Aufbau des Fragebogens (Abfolge der Fragen, Benutzerfreundlichkeit), die Angemessenheit der gewählten Indikatoren und die Annahmen über den Zugang zum Feld überprüft werden. Es finden sich in jeder Untersuchung Punkte, die durch einen Pretest vorgeklärt werden können. Damit kann zum Teil erheblicher Aufwand bei der Hauptuntersuchung und vor allem bei der Auswertung vermieden werden.

### B 13.3.8 Interpretation und Darstellung der Ergebnisse

Die Darstellung der Ergebnisse sollte die Mindeststandards erfüllen, wie sie z. B. von der American Association for Public Opinion Research (AAPOR) (Lit. 41, S. 243ff) oder von der Deutschen Gesellschaft für Soziologie und dem Berufsverband Deutscher Soziologen (Lit. 15, S. 190ff) formuliert worden sind. Diese Standards fordern die Darstellung folgender Punkte im Ergebnisbericht:

– den Namen des Auftraggebers, des Förderers, des Finanziers oder des Veranlassenden der Studie,
– die Definition der Hypothesen,
– die Festlegung der Grundgesamtheit,
– die Größe der Stichprobe,
– die Methode der Stichprobenziehung,
– die Abbildung oder Kopie der vollständigen Instrumente, die tatsächlich verwendet wurden (Fragebogen, Leitfaden, Anschreiben usw.),
– die Angabe der Zeitpunkte bzw. der Zeitintervalle für die einzelnen Untersuchungsschritte und die Angabe der Gesamtzeit,
– die Angabe über die Menge der Daten, die den jeweiligen Interpretationen zugrunde liegen (Grundgesamtheit, volle Stichprobe, Teilmengen, jeweils zu jeder Frage).

Zur besseren Überprüfbarkeit der Repräsentativität und für Replikationen ist auch eine genaue Definition und Berechnung der Ausschöpfungsquote von großer Bedeutung.

### B 13.4 Kriterienkatalog zur Planung einer empirischen Untersuchung

In Anlehnung an die von Friedrichs (Lit. 20, S. 160 ff, Übersicht 14) und Kromrey (Lit. 37, S. 59f) vorgelegten Übersichten werden im folgenden Kriterien für die Planung einer empirischen Untersuchung aufgelistet. „Bei jedem der genannten Punkte sollte man sich fragen, warum man sich für die jeweilige Alternative entscheidet und welche Konsequenzen diese Entscheidung für die anderen Teile des Forschungsplanes hat." (Lit. 20, S. 160)

**1. Konzeptualisierung**

- Welches ist das Forschungsproblem oder das allgemeine Forschungsgebiet?
- Für welche Zwecke sollen die Ergebnisse verwendet werden? Gibt es einen speziellen Auftraggeber oder Förderer, für den das Forschungsvorhaben durchgeführt wird?
- Welche Dimensionen der Realität werden durch die Problemstellung direkt angesprochen, welche werden berührt, ohne direkt angesprochen zu sein?
- Auf welche vorangegangenen Forschungen kann man sich beziehen? In welchen generellen theoretischen Bezugsrahmen lässt sich die Studie einordnen?
- Welche hauptsächlichen Begriffe werden als Variablen verwendet, und wie sind sie definiert? Sind die Definitionen für die Fragestellung zweckmäßig und umfassen sie die Komplexität oder schränken sie diese ein?
- Haben die Begriffe einen direkten empirischen Bezug, d. h. sind sie direkt beobachtbar bzw. messbar? Welche Dimensionen der Realität werden durch die Begriffe abgebildet?
- Wie können Indikatoren für nicht direkt beobachtbare Sachverhalte gewonnen werden?
- Welche Annahmen liegen der Einbeziehung bestimmter Variablen in die Untersuchung zu Grunde? Lassen sich diese Annahmen in Form von Hypothesen explizieren? Lässt sich ein Diagramm der Beziehungen zwischen den Variablen anfertigen?
- In welcher Form lassen sich die generellen Annahmen in Hypothesen und Unterhypothesen transformieren? Lässt sich anhand der Hypothesen und Unterhypothesen spezifizieren, welche Variablen als unabhängige, abhängige, intervenierende oder Kontrollvariablen anzusehen sind?
- Welche operationale Definition der einzelnen Variablen ist möglich? Welche Operationalisierungen haben andere Autoren vorgenommen?

Ist die Operationalisierung (oder das empirische Relativ) ein valider Indikator der Variablen?

- Exaktheit: Lassen sich die Hypothesen durch mehrfache Operationalisierung der in ihnen enthaltenen Variablen prüfen? Reicht die Skalenqualität der Variablen aus, um die gewünschte Exaktheit der Hypothesenprüfung zu gewährleisten?
- Welche Indizes, Skalen, Tests etc. lassen sich aus anderen Untersuchungen übernehmen oder müssen entwickelt werden?

**2. Untersuchungsplan**

- Welche Art von Untersuchung (z. B. Stichprobenerhebung, Experiment, Sekundäranalyse) ist dem Problem angemessen?
- Welches ist die geeignete Forschungsmethode? Ist sie die einzig angemessene Methode oder sollten auch andere Methoden angewendet werden? Welche Konsequenzen ergeben sich aus der Wahl der Methode für die Operationalisierung der Hypothesen und der Unterhypothesen? Wie zuverlässig ist die Forschungsmethode für das zu untersuchende Problem? Welche Gültigkeit können die Aussagen beanspruchen (oder sind sie nur plausibel)?
- Was sind die Erhebungseinheit, die Untersuchungseinheit und die Aussageeinheit der geplanten Studie?
- Ist die Stichprobe der Hypothesenprüfung angemessen? Ist die Stichprobe groß genug, um die angestrebte Generalisierung der Aussagen zu rechtfertigen? Welches Stichprobenverfahren ist sinnvoll? Welche Quellen stehen zur Verfügung, um die Stichprobe zu ziehen? Mit welchen Ausfallquoten muss man rechnen?
- Wie ist die Erhebungssituation beschaffen?
- Ist ein Pretest erforderlich?

**3. Ausführung der Studie**

- Datenerhebung: Wer führt die Feldarbeit durch (Forscher, Forschungsteam, Hilfskräfte, kommerzielles Institut)? Zu welchem Zeitpunkt soll die Untersuchung durchgeführt werden? Ist dieser Zeitpunkt zur Prüfung der Hypothesen geeignet? Lässt sich zu diesem Zeitpunkt die beabsichtigte Stichprobe ziehen (Beachtung von Ferienterminen, Wochenende, Prüfungsterminen, Zeitverschiebung)? Wo soll die Untersuchung

durchgeführt werden? Welchen Einfluss wird die Befragungssituation auf die Betroffenen haben? Welche Kontrollmöglichkeiten bestehen, wenn Dritte die Erhebung durchführen?
- Welche Arbeitsschritte werden bei der Kodierung und der maschinellen Verarbeitung der Daten anfallen? Welche Statistik- und Grafikprogramme stehen zur Verfügung?
- Welche statistischen Methoden zur Überprüfung der Hypothesen sollen herangezogen werden? Wird bei einer mehrdimensionalen Tabellierung die Zahl der Fälle groß genug sein? Welches Signifikanzniveau ist zur Prüfung der Hypothesen angemessen?
- Welche Schlüsse wird man aus den erhaltenen Ergebnissen ziehen können? Was besagt ein bestimmter Prozentsatz? Welche Schlüsse lassen sich aus den nichtsignifikanten Ergebnissen ziehen? Welche Erklärungen lassen sich finden, wenn sich einzelne oder alle Hypothesen nicht bewähren (methodische Fehler, methodologische Fehler, alternative Hypothesen)?

## B 13.5 Spezielle Probleme wichtiger Untersuchungstechniken

Bezüglich ausgewählter Problembereiche und der für die Informationsanalyse besonders relevanten Untersuchungstechniken werden die spezifischen Probleme und Anwendungsbereiche skizziert. Zu anderen Methoden wie z.B. dem Leitfadengespräch (Lit. 53, S. 390) und zu komplexeren Methoden wie z.B. der Prognose mit Hilfe der Delphi-Methode (Lit. 54) oder der Paneluntersuchung (Lit. 24) ist die einschlägige Literatur heranzuziehen. Gleiches gilt für die Inhaltsanalyse, die sich auf ein bereits vorher festgelegtes Auswertungsschema (z.B. ein Kategorienschema oder ein Begriffslexikon) stützt oder das jeweilige Objekt darauf hin untersucht, inwieweit sich in ihm selbst Indikatoren für die Analyse finden lassen (Lit. 26 und Lit. 53, S. 326).

### B 13.5.1 Die Befragung

Das immer noch dominierende Verfahren in der empirischen Sozialforschung ist die Befragung. Die Befragung ist ein indirektes Verfahren der Ermittlung von Aussagen über Sachverhalte bzw. über Eigenschaften von Sachverhalten. Durch eine Befragung werden speziell für die jeweilige Untersuchung Daten „künstlich" produziert. Es werden also nicht normale soziale Prozesse beobachtet, sondern ein spezifischer Ausschnitt wird erzeugt. Insofern kann man sagen, dass jede Befragung „etwas von der Künstlichkeit einer Laborsituation an sich hat" (Lit. 37, S. 269).

Grundsätzlich unterscheidet man zwischen drei Formen der Befragung: 1. nicht standardisiert, 2. teilstandardisiert, 3. voll standardisiert. Diese können jeweils mündlich oder schriftlich erfolgen. Die nicht standardisierte mündliche Befragung kann als Experteninterview, als Gruppendiskussion oder als narratives, situationsflexibles Interview stattfinden. Die schriftliche nicht standardisierte Befragung hat die Form einer informellen Umfrage bei Experten oder Zielgruppen. Die mündliche teilstandardisierte Befragung wird entweder als Leitfadengespräch bzw. Intensivinterview oder als Gruppeninterview durchgeführt. Die schriftliche teilstandardisierte Befragung wird als Experten- oder Zielgruppenbefragung bezeichnet. Die mündliche voll standardisierte Befragung findet als Einzelinterview (Unterform: Telefoninterview) oder Gruppeninterview statt. Die schriftliche voll standardisierte Befragung findet als postalische Befragung, als Online-Befragung, durch direkte Verteilung und Abholung oder als Befragung in der Gruppensituation statt (vgl. Lit. 37, S. 287).

Hinsichtlich der Validität und Repräsentativität von Befragungen ist zu berücksichtigen, „dass sich trotz systematischer Auswahl mit dem Ziel, repräsentative Untersuchungseinheiten zu erhalten, vor allem Befragte einer Erhebungssituation stellen, die über entsprechend hoch ausgebildete Komponenten der Individualebene (Motivation, Kognition, Empathie) verfügen" (Lit. 50, S. 8).

#### B 13.5.1.1 Fragen- und Fragebogengestaltung

Ausgehend von den formulierten Hypothesen sind die Fragen zu formulieren, die von den Befragten beantwortet werden sollen. Die Fragen sind Transformationen der Forschungsfragestellung in die Sprache bzw. den Bezugsrahmen des Befragten. Dabei sind einige Grundsätze zu beachten (vgl. auch ausführliche Darstellungen mit einzelnen Beispielen in Lit. 55 und Lit. 20, S. 195-207):

- Erstens sollten die Fragen so einfach wie möglich formuliert und möglichst kurz sein. Die elaborierte Sprache des Wissenschaftlers muss in eine eher gegenständlich orientierte, dem Erfahrungs- und Bildungshintergrund der Befragten angemessene Sprache verwandelt werden. Einfache, möglichst wenig verschachtelte Sätze sollten benutzt und Abkürzungen vermieden werden. Schwierige Zusammenhänge sollten stufenweise erfragt werden.

– Zweitens müssen Fragen eindeutig und möglichst konkret sein. Der jeweils erwartete Bezugsrahmen ist klar anzugeben. Dies gilt sowohl hinsichtlich der verwendeten Begriffe als auch hinsichtlich der Angaben zu Zeit(punkt) und Raum.

– Es darf jeweils nur eine Frage zur gleichen Zeit gestellt werden, d. h. in einem Fragetext dürfen nicht zwei Antworten bzw. Antwortdimensionen abgefragt werden. Teilaspekte oder Präzisierungen müssen stufenweise abgearbeitet werden.

– Fragen dürfen keine doppelten Negationen enthalten.

– Die Fragen sollten ausbalanciert sein, d. h. sie sollten alle sinnvollen, und vor allem sowohl die positiven und als auch die negativen Antwortmöglichkeiten enthalten.

– Der Befragte darf nicht überlastet werden. Hilfsmittel wie Antwortvorgaben, visualisierte Skalen, Listen und Karten mit alternativen Antworten sollten genutzt werden, um eine Überfrachtung mit Fragen zu vermeiden.

– Die Fragen dürfen nicht suggestiv formuliert oder einseitig geladen sein.

– Die Abfolge der Fragen sollte thematisch gebündelt sein (außer bei Kontrollfragen, mit deren Hilfe die Zuverlässigkeit von Antworten getestet werden soll) und vom allgemeinen zum besonderen führen.

– Zu einem Themenbereich sollten möglichst mehrere Fragen gestellt werden.

– Der Fragebogen darf nicht langweilen.

– Durch Filterfragen sollte auf die jeweils zutreffenden Unterpunkte einer Frage hingelenkt werden.

– Bei schriftlichen Befragungen und Online-Befragungen ist auch auf die grafische Gestaltung und die Übersichtlichkeit des Fragebogens zu achten.

– Der Ausstrahlungseffekt der unmittelbar vorher gestellten Fragen und der Platzierungseffekt für die jeweiligen Fragenkomplexe ist zu berücksichtigen.

– Fragen zu einem Gegenstand, der den Befragten vermutlich nicht oder nur vage bekannt ist, sollten mit einem Beispiel oder einer Erläuterung begonnen werden.

– Fragen zu Handlungsabsichten, Einstellungsfragen, Fragen zu hypothetischem Verhalten, Meinungsfragen sollten weitgehend vermieden werden.

– Soweit möglich sollten Fragen bei den Antwortmöglichkeiten auch eine Kategorie „weiß nicht" oder „keine Angabe" enthalten, um die Befragten nicht zu unzutreffenden Angaben zu verleiten, wenn sie nicht antworten können oder wollen bzw. sich nicht entscheiden können. Dagegen sollte eine Vorgabe für eine dezidierte Unentschiedenheit wie „teils/teils" vermieden werden.

Hinsichtlich der Form der Fragen unterscheidet man zwischen offenen Fragen und geschlossenen Fragen. Die offene Frage überlässt dem Befragten die Formulierung seiner Antwort in eigenen Worten. Die geschlossene Frage gibt dem Befragten feste Antwortmöglichkeiten vor, z. B. „ja – nein", „ist wichtig – ist unwichtig".

Teilweise werden Antwortvorgaben gemacht, die eine Rangordnung beinhalten, sogenannte Ratingskalen; dies kann verbal oder in graphischer Form (Zeichnung, Flächenvergleich, bezifferte Skala) erfolgen. Einige anschauliche Beispiele für Ratingskalen zeigt Abb. 1.

Manchmal werden geschlossene Fragen um die Möglichkeit einer offen Antwortvorgabe ergänzt, z. B. „sonstiges, und zwar ..." oder „weitere Gründe, und zwar...". Solche Fragen werden halboffene Fragen oder auch Hybridfragen genannt.

„Nicht zuletzt erfordern offene Fragen einen erheblichen zusätzlichen Auswertungsaufwand insofern, als im nachhinein Auswertungskategorien (mit den dazugehörigen Merkmalsausprägungen) gebildet werden müssen. Da hierbei in aller Regel auch wieder Zusammenfassungen von Antwortmustern vorgenommen werden müssen, um eine quantifizierende Analyse zu ermöglichen, sollte die Verwendung gut konzeptualisierter, theoretisch begründeter und durch einen Pretest geprüfter geschlossener Fragen vorgezogen werden." (Lit. 53, S. 341) Andererseits erlauben offene Fragen den

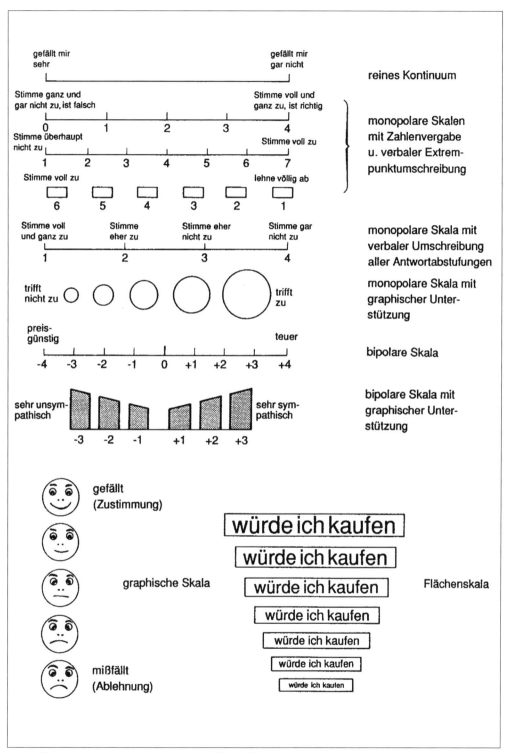

Abb. 1: Typische Beispiele für Ratingskalen (Lit. 09, S. 72)

Befragten eine eigene Form der Beschreibung ihrer Einschätzungen und können – sparsam verwendet – die Motivation zur Beantwortung erhöhen.

### B 13.5.1.2 Schriftliche Befragung

Bei der schriftlichen Befragung entfällt die persönliche Kommunikation zwischen Interviewer und Befragtem; sie ist ein indirektes Verfahren. Gegenüber dem mündlichen Interview ist die schriftliche Befragung wesentlich kostengünstiger.

Die schriftliche Befragung hat jedoch eine Reihe von Problemen:

– eine geringe Rücklaufquote (15 % bis 40 %),

– verzerrte Stichproben durch unbekannte oder fehlerhafte Adressen,

– Unkontrollierbarkeit der Erhebungssituation,

– die Motivation kann nur durch das Anschreiben und den Fragebogen selbst erreicht werden,

– die Beantwortung ist selbst bei genereller Antwortbereitschaft nicht bzw. nicht zeitgerecht bis zum Abschluss der Auswertung sichergestellt.

Dagegen hat die Länge des Fragebogens offensichtlich keinen negativen Einfluss auf die Antwortrate, solange der Fragebogen maximal zwölf Seiten lang ist und die Zahl der Items kleiner als 125 ist (vgl. Lit. 19, S. 50). Wesentlich bedeutsamer sind die Gestaltung und der Inhalt des Begleitschreibens zur Befragung. Das Schreiben soll die Befragten über Inhalt und Ziel der Befragung informieren und die Wichtigkeit der Teilnahme aufzeigen.

Folgende Elemente sollte also das Begleitschreiben enthalten:

– die untersuchende Institution und den Auftraggeber,

– Inhalt, Zweck und Ziel der Befragung,

– Art der Auswahl der Befragten,

– Betonung der Wichtigkeit der Befragung,

– überzeugende Zusicherung der Vertraulichkeit der Datenerhebung und Datenaufbereitung sowie der Gewährleistung der anonymisierten Datenanalyse,

– Dank für die Mitarbeit,

– gegebenenfalls das Angebot, den Befragten die Ergebnisse oder Informationen über die Form der Veröffentlichung zukommen zu lassen.

Die schriftliche Befragung eignet sich besonders als Untersuchungsverfahren

– „je mehr Interesse am Untersuchungsthema von den Auskunftspersonen zu erwarten ist,

– je homogener die Zielgruppe ist und je weniger bildungsbedingte Schwierigkeiten (Lese-, Verständnis-, Schreib- und Formulierungsschwierigkeiten, Reaktionshemmnisse usw.) zu befürchten sind,

– je quantitativer der Charakter der zu erhebenden Daten ist,

– je weniger Frageverzweigungen erforderlich sind,

– je mehr sich die Fragen streng systematisieren lassen (geschlossene Fragen, einfache Antwortmöglichkeiten)" (Lit. 09, S. 107).

Das Kodebuch oder der Kodeplan sollte zu demselben Zeitpunkt fertig gestellt sein wie der Fragebogen. Im Kodebuch sind die Fragenummern, die Fragetexte, die Variablennamen, die Antwortvorgaben und die den Antwortvorgaben zugeordneten Werte.

### B 13.5.1.3 Telefonumfrage

Die Telefonumfrage ist eine – in der Regel standardisierte – Befragung, bei der das Interview nicht in einer Situation von Angesicht zu Angesicht erfolgt, sondern mittels des Telefons. Spezielle Probleme des Telefoninterviews sind die Auswahl, die Ziehung der Stichprobe, die Ausfälle und zusätzliche Anforderungen an die Fragebogenkonstruktion und an die Führung des Interviews (Lit. 27). Die Sprachkompetenz der Interviewpartner spielt eine noch stärkere Rolle als beim Face-to-face-Interview.

Hinsichtlich der Auswahl sind die Ausstattung der Haushalte eines Landes mit Telefonanschlüssen und die Verzerrungen bei der Verteilung auf die Haushalte zu berücksichtigen: z. B. sind Arme, Junge, Kranke, Behinderte, Schichtarbeiter signifikant geringer in Telefonumfragen vertreten (Lit. 22, S.97f). Die Stichprobenziehung erfolgt entweder durch Random-Digit-Dialing (Generierung von Telefonnummern aus zufälligen Zahlenkombinationen) oder durch Auswahl der Stichprobe mit Hilfe eines Telefonbuches und anhand eines einfachen Zahlenschlüssels (ausführlich in Lit. 19 und Lit. 21).

Bei der Telefonumfrage muss in besonderer Weise die Bereitschaft des Angerufenen zur Teilnahme am Telefoninterview geweckt werden. Das gesamte Interview muss vom Befragten und vom Interviewer leicht zu handhaben und zu verfolgen sein. Andererseits ermöglicht das Telefoninterview den unmittelbaren Einsatz von Computerprogrammen (CATI = computer assisted telephone interview system), was den Aufwand für die Erhebung und für die Auswertung erheblich verringern kann (siehe Lit. 21). Es werden drei wesentliche Vorteile im Vergleich zum traditionellen Verfahren genannt:

– Fehlerhafte Einträge und Inkonsistenzen können während des Interviews aufgedeckt und korrigiert werden.

– Datensammlung, Dateneintrag und Redaktion werden in einem Schritt durchgeführt.

– Die Arbeit des Interviewers wird einfacher. Da der Computer die richtige Abfolge der einzelnen Frage durch den Fragebogen hindurch sicher stellt, kann sich der Interviewer auf das Stellen der Fragen konzentrieren (Lit. 10, S. 25).

### B 13.5.1.4 Persönliche Interviews

Das Interview ist ein reaktives Messinstrument das in einer asymmetrischen Kommunikationssituation angewandt wird (vgl. Lit. 37, S. 301). Für den Erfolg des Interviews ist eine intensive Interviewerschulung eine wichtige Voraussetzung. Die Interviewerschulung sollte folgende Aspekte umfassen: die Ziele und Inhalte der Untersuchung, die Methoden der Auswahl der Befragten, die Erläuterung des Fragebogens (alle Fragen, Filterfragen, Besonderheiten einzelner Fragekomplexe), die Sicherstellung der Vertraulichkeit und Anonymität, das Verfahren der Kodierung geschlossener Fragen und der Notierung offener Fragen, die Möglichkeiten der Kontaktaufnahme mit den zu befragenden Personen, die Vorstellung und Begründung der Untersuchung gegenüber dem Befragten, Verhaltensregeln für die Interviewsituation (Neutralität, non-verbales Verhalten, Vermeidung von Bias) (vgl. Lit. 18, S. 112f).

Es gibt eine Reihe von Möglichkeiten von Antwortverzerrungen, die sich zwei Hauptursachengruppen zuordnen lassen: 1. der Zustimmungstendenz, 2. den sozial erwünschten Antworten (vgl. Lit. 53, S. 386ff). Dieser Gefahr der Verzerrung sollte möglichst vorgebeugt werden. Die Dauer des Interviews sollte 60 Minuten nicht überschreiten, alleräußerste Grenze sind 90 Minuten.

### B 13.5.1.5 Online-Befragung

Mit der steigenden Verbreitung des Internets wird zunehmend die Online-Befragung, auch CAWI (Computer Assisted Web Interviewing) genannt, eingesetzt, wenn auch repräsentative Erhebungen mit diesem Verfahren noch nicht möglich sind (Lit. 06, S. 46, Lit. 10, S. 39). Die starke Tendenz zur Selbstselektion und die angemessene Form der Rekrutierung von Interviewpartnern (z. B. über E-Mail, Werbebanner, als n-ter Besucher einer Website) sind als die wichtigsten, aber nicht einzigen Probleme dieses Verfahrens zu nennen (Lit. 06, S. 49ff). Andererseits gibt die Online-Befragung die Möglichkeit, durch eine wohl organisierte Abfolge und Filterfragen selbst bei umfangreichen Fragebögen nur die relevanten Fragen zustellen und die irrelevanten zu überspringen (Lit. 10, S. 39).

Wegen der vielen Nachteile von selbstrekrutierten Befragungen geht der Trend bei Internetbefragungen hin zu personalisierten Umfragen. Hierfür werden eigens große Access-Panels geschaffen, die einen Rahmen für nicht durch den Probanden bestimmbare Stichproben bilden und Befragungen mit sehr kurzen Feldzeiten erlauben. Insgesamt können folgende Vorteile von WWW-Erhebungen benannt werden:

– Schnell und einfach erreichbare Population,

– einfach auszufüllen,

– alle klassischen Fragetypen können verwendet werden,

– gutes Webdesign macht die Darstellung von Fragebögen attraktiv,

– Daten können ohne Medienbruch an Analyseprogramme weitergereicht werden,

– keine Interviewerkosten und keine Effekte durch Anwesenheit von Interviewern (Lit. 23, S. 56).

### B 13.5.2 Gruppendiskussion und Gruppeninterview

Im folgenden beziehen wir uns auf das teilstandardisierte Gruppeninterview, das als Gruppendiskussion bezeichnet wird. „Die Gruppendiskussion ist eine in der Markt- und Sozialforschung häufig angewendete Kreativtechnik, bei der etwa sechs bis acht Personen unter Betreuung eines Diskussionsleiters über ein festgelegtes Thema anhand eines Gesprächsleitfadens diskutieren. Die Gruppendiskussionen sollen einen ersten Einstieg in einen Problembereich ermöglichen, sie dienen der Informationssammlung und können gleichzeitig zu einer gemeinsamen Problemlösung führen. Die Diskussionsergebnisse sind nicht quantifizierbar und können auch nicht repräsentativ für alle tatsächlichen und potentiellen Benutzer des untersuchten Fachbereichs sein. Wir haben hier aber ein Instrument zur Verfügung, das kostengünstig und schnell Einstellungen, Motive und Meinungen ermittelt, die auch eine IuD-Stelle mit häufigem Nutzerkontakt nicht alle selbst erfahren kann. Außerdem sind Gruppendiskussionen eine notwendige Vorbereitung zur Fragebogenerstellung einer repräsentativen Benutzerbefragung." (Lit. 28, S. 143f)

„Die Teilnehmer wurden nach Merkmalen wie Fachbereich, berufliche Tätigkeit, Funktion und Ausbildungsniveau ausgewählt. Eine Homogenität der Gruppen wurde in dem Maße angestrebt, dass ein gemeinsames Problemverständnis bei allen Teilnehmern gewährleistet war. Heterogenität ist in Bezug auf einige statistische Merkmale erforderlich, um unterschiedliche Standpunkte erfahren zu können." (Lit. 28, S. 144)

### B 13.5.3 Inhaltsanalyse

Die Inhaltsanalyse als Datenerhebungsmethode befasst sich – im Gegensatz zur Befragung – mit Informationsträgern über bereits abgelaufene soziale Prozesse, also mit Dokumenten verschiedenster Provenienz und auf verschiedenen Trägermedien, die über bereits stattgefundene Aktionen oder Aktivitäten Auskunft geben. Die Inhaltsanalyse ist darüber hinaus ein nicht-reaktives Verfahren.

Die Inhaltsanalyse kann sich auf ein bereits vorher festgelegtes Auswertungsschema (z.B. ein Kategorienschema oder ein Begriffslexikon) stützen oder das jeweilige Dokument daraufhin untersuchen, inwieweit sich in ihm selbst Indikatoren für die Analyse finden lassen.

Die Zuverlässigkeit der Inhaltsanalyse wird durch eine vorhergehende gute Operationalisierung der Kategorien und eine intensive Schulung der Verkoder sichergestellt, damit die relevanten Dimensionen erkannt und in der erwarteten Weise kodiert werden. Dabei sind sowohl die Intrakodiererreliabilität (Stabilität der Kodierung durch ein und denselben Kodierer) als auch die Interkodiererreliabilität (Wiederholbarkeit der gleichartigen Kodierung desselben Sachverhaltes durch verschiedene Kodierer) von Bedeutung (Lit. 36, S. 130 ff)

Ein tiefgehendes Verständnis der Sprache bzw. der Symbole, die in den analysierten Dokumenten verwendet werden, ist unerlässlich.

Die Inhaltsanalyse kann aber auch innerhalb anderer Erhebungsverfahren als Auswertungsinstrument betrachtet werden, das vorhandene Texte – z.B. auch solche, die mit Hilfe einer Befragung bei der Beantwortung offener Fragen oder im Rahmen eines narrativen Interviews gewonnen wurden – oder Benutzereingaben aus Log Files einer quantifizierenden Analyse unterzieht (Lit. 53, S.410 und als Beispiel einer qualitativen Log-file-Analyse Lit. 32). Hierbei ist dann die Inhaltsanalyse nur in Bezug auf den verschriftlichten Text selbst, nicht aber in Bezug auf die Erhebungssituation ein nicht-reaktives Verfahren; sie fungiert dann als Hilfstechnik, aber nicht als eigentliches Erhebungsverfahren.

### B 13.6 Anwendungsfälle in der Informationspraxis

Anhand mehrerer Beispiele sollen die Einsatzmöglichkeiten empirischer Verfahren in der betrieblichen Praxis und bei der Planung von Informationsstellen illustriert werden. Die dargestellten Fälle sind realen Situationen und Analysen entlehnt. Die Beispiele beziehen sich auf die Bereiche Benutzer- bzw. Rezipientenforschung, Marktforschung, Informationsbedarfsanalyse und Kommunikationsanalyse.

### B 13.6.1 Benutzerforschung

Ein konkretes Beispiel sinnvoller, anwendungsbezogener Benutzerforschung ist die Befragung der Abonnenten eines gedruckten SDI-Dienstes. Um festzustellen, ob das Produkt in seiner formalen und inhaltlichen Gestalt sowie der Erscheinungsweise (Periodizität) den Bedürfnissen der tatsächlichen Käufer, soweit sie selbst die Endnutzer sind, oder der durch die Käufer versorgten Endnutzer entspricht, wurde an die Abonnenten des SDI-Dienstes ein Fragebogen versandt.

Die ursprüngliche Vorstellung bei der Konzipierung des SDI-Dienstes war, dass ein periodisch (dreimal im Jahr) erscheinendes gedrucktes Informationsmedium für die persönliche Benutzung der jeweiligen Käufer geschaffen werden sollte, dessen Inhalt nicht längerfristig aufbewahrt wird, sondern direkt zum Kauf oder der Ausleihe z. B. eines Buches, zur direkten Aufnahme des Kontaktes mit einem Forscher oder zum Anlegen einer Karteikarte im persönlichen Zettelkasten genutzt wird. Daher war ein Loseblattsystem gewählt worden.

Durch die Entscheidung, nur die Abonnenten und nicht die Gelegenheitskäufer einzelner Exemplare anzuschreiben, sollte die Homogenität der Befragten – nämlich im Hinblick auf ein auf längere Frist angelegtes Nutzungsbedürfnis – gesichert werden. Die schriftliche Befragung wurde als geeignetes Mittel angesehen, unterschiedliche Benutzergruppen (Einzelpersonen, Institute, Bibliotheken), die zudem über den ganzen deutschsprachigen Raum verteilt waren, gleichermaßen erreichen und ansprechen zu können.

Der Fragebogen selbst enthielt nur eine geringe Anzahl von Fragen. Sie bezogen sich auf die bisherige Art des Produktes und auf mögliche neue Formen. In den Vorschlägen für die neue Form wurden bereits Anregungen aus dem Bereich der Bibliotheken aufgegriffen (Reduzierung des Formats von A4 auf A5, fester Einband/keine losen Blätter) und ökonomische Zwänge (Reduzierung der Herstellungskosten) berücksichtigt. Gleichzeitig sollte der Fragebogen der Imagepflege dienen: Anknüpfen an Nutzerwünsche, Beteiligung der Benutzer an der Entscheidung, allgemeine Kontaktpflege.

Wenn auch der Rücklauf im Verhältnis zu sozialwissenschaftlichen Standards niedrig war, so verdeutlichte er doch die Bereitschaft der Kunden, sich an der Neugestaltung des Produktes zu beteiligen, und erbrachte erstmals empirisch ermittelte Erkenntnisse zu den Nutzungsgewohnheiten.

### B 13.6.2 Marktforschung (Produktgestaltung, Verbesserung des Service, Qualitätsmanagement)

Ein interessantes Beispiel zur Nutzung der Auswahl der Befragten nach dem Konzentrationsverfahren ist eine Telefonumfrage bei den wichtigsten (= häufigsten oder den umsatzstärksten) Nutzern einer Informationsvermittlungsstelle. Um einen Eindruck von der Bandbreite der Anwendung von Rechercheergebnissen, die im Auftrag von Kunden durch die Informationsvermittlungsstelle erstellt wurden, zu erhalten, wurden nur die umsatzstärksten Mehrfachkunden befragt (Konzentrationsprinzip). Damit war die große Zahl der Einzelnutzer ausgeschlossen.

Untersuchungsziel war es, zu erfahren, für welche Verwendungszwecke die Mehrfachkunden die Ergebnisse benutzen und welche Kritik oder Anregungen von ihrer Seite kommen. Gleichzeitig sollte auch hier eine Imagepflege bei einem festen Kundenstamm erfolgen. Der Verwendungszusammenhang war eine Legitimation gegenüber den Aufsichtsgremien des Institutes dafür zu erhalten, dass die Aufgabe als Informationsvermittlungsstelle wahrgenommen wurde. Die Telefonumfrage bot sich als Instrument an, weil die Zahl der Befragten klein war und weil kurzfristig Ergebnisse vorgelegt werden sollten. Die Befragung wurde durch einen Interviewleitfaden und die telefonische Vorankündigung und Terminabsprache vorbereitet.

Die Befragten waren fast ausnahmslos zur Teilnahme bereit und zeitlich auch in der Lage. Die Ergebnisse haben einen ersten empirischen Eindruck von den Verwendungszusammenhängen ergeben und führten zu einigen Überlegungen, wie diese Dienstleistung verbessert werden könnte.

### B 13.6.3 Informationsbedarfsanalyse

In der Phase der Planung der Informationssysteme im Rahmen des ersten IuD-Programms der deutschen Bundesregierung wurden u. a. das Informationsverhalten und der Informationsbedarf von Juristen untersucht. Zur Vorbereitung der Untersuchung wurden Gruppendiskussionen mit Richtern und Staatsanwälten, Rechtsanwälten, Professoren, Dozenten, Assistenten und Studenten der Rechtswissenschaft, Verwaltungsjuristen sowie Steuerberatern und Wirtschaftsprüfern durchgeführt. „Aufgabe der Gruppendiskussion war es, Einstellungen, Präferenzen und Vorbehalte von Juristen zu bestimmten Problemen der fachlichen Informationsgewinnung, -aufbereitung, und -verarbeitung qualitativ zu erfassen. (... ) Die Gruppendiskussionen dienten der unmittelbaren anschaulichen Information und lieferten zudem Hypothesen und Fragestellungen, die später in normierten Interviews bei einem repräsentativen Sample von Juristen überprüft und quantifiziert werden konnten." (Lit. 29, S. 1) Nach einem Pretest wurde der Fragebogen überarbeitet.

Um die Frage zu prüfen, welche Informationsquellen nutzen die Juristen, wurde u.a. die folgende Frage gestellt und anhand einer Liste mit einer vorgegebenen Einstufungsskala beantwortet: „Könnten Sie mir bitte anhand der oben stehenden Skala sagen, wie wichtig die einzelnen Informationsquellen für Sie persönlich sind, um fachlich auf dem laufenden zu bleiben?" (Lit. 29, S. 129, Liste S. 112) Verschiedene Informationsquellen wurden benannt. Zur Einstufung der Wichtigkeit dieser Informationsquellen standen Bewertungskriterien zur Verfügung. Die Untersuchung hat wichtige Entscheidungshilfen für den Aufbau des juristischen Informationssystems erbracht.

### B 13.6.4 Kommunikationsanalyse (Informationsquellen, Informationswege)

Ein Beispiel für eine Untersuchung zum Zwecke des Information Resources Management in Form einer Kommunikationsanalyse ist ein Expertengespräch über die Gewinnung und Verwendung von Adressdaten und -dateien in verschiedenen Abteilungen eines Unternehmens.

Hier ist die Methode des Expertengesprächs am sinnvollsten, da die Analyse der objektiven Zusammenhänge komplex ist und vorhandene Interessenkonflikte (z. B. Informationszurückhaltung aus Machtaspekten, Angst vor der Aufdeckung von Unzulänglichkeiten) beachtet werden müssen. Ein standardisiertes Interview, gleichgültig ob schriftlich oder mündlich durchgeführt, würde einerseits ein Antizipieren vieler noch offener Fragen erfordern und andererseits die vorhandenen Vorbehalte nur schwer aufbrechen können. Außerdem würde die Chance vertan, den Analysator als sensibles und – in diesem Kontext – einzig wirklich verlässliches Instrument zu nutzen (Lit. 61, S. 188).

Im Expertengespräch kann flexibler auf die jeweiligen Befindlichkeiten der Akteure und die inhaltlichen Schwerpunkte eingegangen werden. Natürlich ist eine vorgängige Systematisierung der relevanten Problembereiche erforderlich, aber eben nur als grober Leitfaden für die Gespräche mit den einzelnen Experten der verschiedenen Organisationseinheiten. Auf die Auswahl der Experten sollte große Sorgfalt verwendet werden, um einen problemadäquaten Querschnitt der Mitarbeiter (z.B. Vorgesetzte, Sachbearbeiter) einzubeziehen.

Gegebenenfalls ist es sinnvoll, die Befragung zunächst als Expertengespräch mit den einzelnen Abteilungen und in einer zweiten Runde, gestützt auf die Auswertung der ersten Gespräche, als Gruppendiskussion in der Gesamtheit aller beteiligten Experten zu fuhren, um die Ergebnisse zu verdichten, zu validieren und ein kooperatives Klima für die spätere Implementation einer Systemlösung zu schaffen. Dieses Vorgehen wäre der Delphi-Methode angenähert (Lit. 54, Lit. 44).

Ein anderes Beispiel dafür, wie bei explorativen Studien qualitative und quantitative Verfahren verbunden werden, stellt die Untersuchung von Kovacs/Robinson/Dixon (Lit. 35) dar: Die Analyse der Nutzung von elektronischen Konferenzen wurde via E-Mail durchgeführt und der elektronische Fragebogen enthielt eine große Zahl offener Fragen. Es werden Trendaussagen zum Nutzen, zur Nutzung und zu den Nutzern elektronischer Konferenzen im BID-Bereich gemacht.

### Literatur

01 Heine von Alemann: Der Forschungsprozeß. Eine Einführung in die Praxis der empirischen Sozialforschung. Stuttgart: Teubner 1977 (Teubner Studienskripten, Bd. 30)

02 Klaus Allerbeck: Die Entscheidung über die Erhebungsmethode in der Wirtschafts- und Sozialforschung. München 1981

03 Arbeitskreis Deutscher Marktforschungsinstitute (ADM) (Hrsg.): Muster, Stichproben, Pläne: für Bevölkerungsstichproben in der Bundesrepublik Deutschland und West-Berlin, bearb. v. Felix Schaefer. München 1979

04 ADM Arbeitskreis Deutscher Markt- und Meinungsforschungsinstitute; AG.MA Arbeitsgemeinschaft Media-Analyse (Hrsg.): Stichproben-Verfahren in der Umfrageforschung: Eine Darstellung für die Praxis. Opladen 1999

05 Peter Atteslander; Christiane Bender; Jürgen Cromm; Busso Grabow; Gisela Zipp: Methoden der empirischen Sozialforschung. Berlin: de Gruyter 1991 (7. neu bearb. Aufl.) (Sammlung Göschen, Bd. 2001)

06 Wolfgang Bandilla: Chancen und Probleme einer internet-basierten Datenerhebung. In: Lit. 16, S. 45-53

07 Wilhelm Baum; Kay E. González: Karl R. Popper. Berlin: Morgenbuch Verl. 1994 (Köpfe des 20. Jahrhunderts, Bd. 126)

08 Hans Benninghaus: Einführung in die sozialwissenschaftliche Datenanalyse. München: Oldenbourg 1991 (2., völlig überarb. Aufl., mit Diskette; 2001) [neu: 6. überarbeitete Auflage, Buch mit CD-ROM]

09 Ludwig Berekoven; Werner Eckert; Peter Ellenrieder: Marktforschung. Methodische Grundlagen und praktische Anwendung. Wiesbaden: Gabler 1991 (5., durchges. u. erg. Aufl.)

10 Jelke Bethlehem: New Techniques and Technologies in Data Collection – An Overview: In: Lit. 16, S. 21-42

11 Ralf Bohnsack: Rekonstruktive Sozialforschung. Einführung in die Methodologie und Praxis qualitativer Forschung. Opladen: Westdeutscher Verl. 1991 (neu: 4. durchgesehene Aufl. 2000)

12 Jürgen Bortz: Lehrbuch der Statistik. Für Sozialwissenschaftler. Berlin 1989 (3. Aufl.)

13 Thomas Brüsemeister: Qualitative Forschung. Ein Überblick. Wiesbaden: Westdeutscher Verlag 2000

14 Günter Clauß; Heinz Ebner: Grundlagen der Statistik für Psychologen, Pädagogen und Soziologen. Frankfurt am Main 1982 (4. Aufl.)

15 Deutsche Gesellschaft für Soziologie (DGS), Berufsverband Deutscher Soziologen (BDS) (Hrsg.): Ethik-Kodex. In: Kölner Zeitschrift für Soziologie und Sozialpsychologie, 45. Jg., 1993, H. 1, S. 190-194

16 Manfred Ehling; Joachim Merz (Hrsg.): Neue Technologien in der Umfrageforschung. Anwendung bei der Erhebung von Zeitverwendung. Baden-Baden: 2002

17 Uwe Flick; Ernst von Kardorff; Ines Steinke: Qualitative Forschung. Ein Handbuch. Hamburg. Rowohlt 2000

18 Floyd J. Fowler: Survey Research Methods. Newbury Park: Sage 1993 (2. Aufl.) (Applied Research Methods, Vol. 1)

19 James H. Frey; Gerhard Kunz; Günther Lüschen: Telefonumfragen in der Sozialforschung. Methoden, Techniken, Befragungspraxis. Opladen: Westdeutscher Verl. 1990

20 Jürgen Friedrichs: Methoden empirischer Sozialforschung. Reinbeck: Rowohlt 1973 (rororo Studium, Bd. 28) [neue Auflage: 14. Aufl. Opladen: Westdeutscher Verl. 1990 (WV-Studium, Bd. 28)]

21 Marek Fuchs: Umfrageforschung mit Telefon und Computer. Einführung in die computergestützte telefonische Befragung. Weinheim: Beltz 1994

22 Nigel Gilbert (Hrsg.): Researching Social Life. London: Sage 1993

23 Lorenz Gräf: WWW-Erhebungsinstrumente: Anforderungen, Gestaltung und Datenqualität. In: Lit. 16, S. 55-63

24 Ute Hanefeld: Das sozio-ökonomische Panel. Grundlagen und Konzeption. Frankfurt am Main: Campus 1987 (Sozioökonomische Analysen für die Bundesrepublik Deutschland, Bd. 1)

25 Christian von der Heyde: Allgemeine Theorie von Random-Stichproben. In: ADM/AD.MA 1999, S. 23-34

26 Günter L. Huber (Hrsg.): Qualitative Analyse. Computereinsatz in der Sozialforschung. München: Oldenbourg 1992

27 Volker Hüfken (Hrsg.): Methoden in Telefonumfragen. Opladen: Westdeutscher Verlag 2000

28 Knut Jungjohann: Erfahrung und Ergebnisse aus empirischen Untersuchungen. In: Lit. 58, S. 140-154

29 Knut Jungjohann; Ulrich Seidel; Werner Sörgel; Sigmar Uhlig: Informationsverhalten und Informationsbedarf von Juristen. Eine Erhebung von Infratest Sozialforschung, München, im Auftrag des Bundesministeriums der Justiz und der Gesellschaft für Mathematik und Datenverarbeitung. Teil 1: Analyse-Band. Berlin: Schweitzer 1974 (Datenverarbeitung im Recht, Beiheft 2)

30 Udo Kelle: Empirisch begründete Theoriebildung: zur Logik und Methodologie interpretativer Sozialforschung. Weinheim: Deutscher Studien Verl. 1994 (Status Passages and the Life Course, 6)

31 Gerhard Kleining: Qualitativ-heuristische Sozialforschung. Schriften zur Theorie und Praxis. Hamburg: Fechner 1994

32 Michael Kluck; Susanne Politt: Navigationsverhalten im Internet – eine qualitative Analyse von typischen Suchstrategien der Nutzer des Deutschen Bildungsservers. Vortrag auf der Herbsttagung der Kommission Medienpädagogik der Deutschen Gesellschaft für Erziehungswissenschaften, Empirische Ansätze und Theoriefragen zu neuen Medien, 10.-11. Oktober 2002, Berlin. Vortragstext siehe: http://www.educat.hu-berlin.de/~kluck/vortrag-dbs-suchverhalten.doc oder http://www.educat.hu-berlin.de/~kluck/vortrag-dbs-suchverhalten.pdf, Vortragsfolien siehe: http://www.educat.hu-berlin.de/~kluck/ Navigationsverhalten im Internet.ppt

33 Michael Kluck; Thomes Seeger: Qualifikation und Bedarf im Berufsfeld der Informationsarbeit. Eine Befragung von Arbeitgebern aus den Berufsbereichen Dokumentation, Information, Informationsvermittlung und Informationswirtschaft. Potsdam: 1993 (Universität Potsdam, Informationswissenschaft, Modellversuch BETID, Bericht Nr. 2)

34 Heinz Koch: Fehlerminimierungsstrategien bei der sozialwissenschaftlichen Datengewinnung am Beispiel der postalischen Befragung in einem epidemiologischen Forschungsbereich. Ein Leitfaden für Sozial- und Wirtschaftswissenschaftler, Epidemiologen und Mediziner. Bochum: Brockmeyer 1993 (Aus der Praxis empirischer Sozialforschung)

35 Diane K. Kovacs; Kara L. Robinson; Jeanne Dixon: Scholarly E-Conferences on the Academic Networks. How Library and Information Science Professionals Use Them. In: JASIS, 1995, Jg. 46, H. 4, S. 244-253

36 Klaus Krippendorff: Content Analysis: An Introduction to its Methodology. Beverly Hills: Sage 1980 (The Sage CommText Series, Bd. 5)

37 Helmut Kromrey: Empirische Sozialforschung. Modelle und Methoden der Datenerhebung und Datenauswertung. Opladen: Leske u. Budrich 1991 (5. überarb. u. erw. Aufl.) (Uni-Taschenbücher, Bd. 1040)

38 Siegfried Lamneck: Qualitative Sozialforschung. Band 1: Methodologie. Band 2: Methoden und Techniken. Weinheim: Beltz, Psychologie-Verlagsunion 1993 (2., korrigierte u. erw. Aufl.)

39 Philipp Mayring: Kombination und Integration qualitativer und quantitativer Analyse. In: Forum Qualitative Sozialforschung, Vol. 2, No. 1 [Online-Journal verfügbar unter: http://qualitative-research.net/fqs/fqs.htm, eingesehen: 08.07.2003]

40 Gerd Meier; Jochen Hansen: Quoten-Stichproben. In: ADM/AG.MA 1999, S. 103-112

41 M. M. Miller; H. Hurd: Conformity to AAPOR-Standards. In: Public Opinion Quarterly, Vol. 46, 1982, S. 243-249

42 Ekkehard Mochmann: Welchen Beitrag kann die empirische Sozialforschung zur Benutzerforschung leisten? In: Lit. 58, S. 120-139

43 Malte Möhr; Ingegerd Schäuble: Bewertung von Informationsdienstleistungen durch Benutzerrückmeldung. Konzeption und empirische Anwendungen. Frankfurt am Main: IDD Verlag 1983 (Informationswissenschaft und -praxis, Bd. 4)

44 Delia Neumann: High School Students' Use of Databases. Results of a National Delphi Study. In: Journal of the American Society for Information Science, 1995, Jg. 46, H. 4, S. 284-298

45 Elisabeth Noelle-Neumann: Umfragen in der Massengesellschaft. Einführung in die Methoden des Demoskopie. Hamburg 1967 (29.-33. Tausend)

46 Manuela Pötschke; Julia Simonson: Konträr und ungenügend? Ansprüche und Qualität einer sozialwissenschaftlichen Methodenausbildung. In: ZA-Information, Nr. 52, 2003, S. 72-92

47 Karl Raimund Popper: Logik der Forschung. Tübingen: Mohr (Siebeck) 1976 (6. verb. Aufl.) (Die Einheit der Gesellschaftswissenschaften, Bd. 4)

48 Rolf Porst: Praxis der Umfrageforschung. Stuttgart: Teubner 2000 (2. überarb. Aufl.) (Teubner Studienskripten, Soziologie, Bd. 126)

49 Peter H. Rossi; James D. Wright; Andy B. Anderson (Hrsg.): Handbook of Survey Research. San Diego: Academic Press 1983 (Quantitative Studies in Social Relations)

50 Jost Reinecke: Interviewer- und Befragtenverhalten. Theoretische Ansätze und methodische Konzepte. Opladen: Westdeutscher Verl. 1991 (Studien zur Sozialwissenschaft, Bd. 106)

51 Christel Schachtner: Zum empirischen Vorgehen einer interpretativen Psychologie. In: Keupp, Heiner (Hrsg.): Zugänge zum Subjekt. Perspektiven einer reflexiven Sozialpsychologie. Frankfurt am Main: Suhrkamp 1994, S. 275-294 (Suhrkamp Taschenbuch Wissenschaft, Bd. 1102)

52 Ingegerd Schäuble: Benutzerforschung. In: Marianne Buder; Werner Rehfeld; Thomas Seeger (Hrsg.): Grundlagen der praktischen Information und Dokumentation. Ein Handbuch zur Einführung in die fachliche Informationsarbeit. München: Saur 1990 (3. völlig neu gefasste Ausg.), Bd. 2, S. 1013-1024

53 Rainer Schnell; Paul B. Hill; Elke Esser: Methoden der empirischen Sozialforschung. München: Oldenbourg 1992 (3., überarb. u. erw. Aufl.)

54 Thomas Seeger: Die Delphi-Methode. Expertenbefragungen zwischen Prognose und Gruppenmeinungsbildungsprozessen. Überprüft am Beispiel von Delphi-Befragungen im Gegenstandsbereich Information und Dokumentation. Freiburg: Hochschul-Verlag 1979 (Hochschulsammlung Philosophie: Sozialwissenschaften, Bd. 8)

55 Paul B. Sheatsly: Questionnaire Construction and Item Writing. In: Lit. 49, S. 195-230

56 Walter Spöhring: Qualitative Sozialforschung. Stuttgart: Teubner 1989 (Teubner Studienskripten, Bd. 133)

57 Ingeborg Stachnik: Besucherbefragungen in Bibliotheken. Grundlagen, Methodik, Beispiele. Berlin: Deutsches Bibliotheksinstitut 1995 (Arbeitshilfen Deutsches Bibliotheksinstitut)

58 Hagen Stegemann; Robert Funk (Hrsg.): Informationsmarketing und Benutzerforschung. Aktuelle Probleme in Bibliotheken, Dokumentations- und Informationseinrichtungen. Berlin: Berlin Verl. 1980 (Veröffentlichungen des Instituts für Bibliothekarausbildung der Freien Universität Berlin, Bd. 22)

59 Anselm L. Strauss: Grundlagen qualitativer Sozialforschung. Datenanalyse und Theoriebildung in der empirischen soziologischen Forschung. München: Fink 1994 (UTB. Bd. 1776)

60 Robert Philip Weber: Basis Content Analysis. Beverly Hills: Sage 1990 (2. Aufl.) (Quantitative Applications in the Social Sciences, Bd. 49)

61 Gernot Wersig: Organisations-Kommunikation: Die Kunst, ein Chaos zu organisieren. Baden-Baden: FBO-Verl. 1989

# B 14 Die Informationsanalyse im Online-Zeitalter
Befunde der Benutzerforschung zum Informationsverhalten im Internet

Michael Kluck

## B 14.1 Einleitung und Begriffsklärung

Die Notwendigkeit des professionellen Einsatzes von empirischen Methoden als Grundvoraussetzung für den Entwurf und die Gestaltung von Informationsdiensten, Informationsprodukten und Informationssystemen ist seit den frühen sechziger Jahren in der Informationsarbeit erkannt worden. Anfänglich wurde – ausgedrückt durch die Bezeichnung „Benutzerforschung" oder „fachliche Rezipientenforschung" – versucht, den Informationsbedarf von unterschiedlichen Benutzergruppen (im Rahmen einer Typologie der Benutzer von Informationssystemen) zu messen und aufgrund dieser Daten zu Einschätzungen von Art, Menge, Umfang und Tiefe von Informationsbedürfnissen zu gelangen.

„Benutzerforschung sollte den Lebensweg von Informationsprodukten beziehungsweise Informationsdiensten begleiten. Sie kann erste Anregungen geben, sie liefert Entscheidungshilfen im Planungsstadium und kontrolliert dann, ob, wo und wie sich der geplante Erfolg tatsächlich eingestellt hat." (Lit. 19, S. 154)

In den siebziger und achtziger Jahren traten dann Fragestellungen in den Vordergrund, die den allgemeinen Nutzen der Information und besonders der Strukturen und Prozesse der Informationsvermittlung empirisch zu beschreiben versuchten. Darüber hinaus wurden mit dem in den siebziger Jahren dann vollzogenen Einsatz der Informations- und Kommunikationstechnologien in den Bibliotheken und Informationsstellen Fragestellungen wichtig, die unter dem Begriff „Kommunikationsanalysen" etwa die Ansätze der Informationsbedarfsmessung mit der empirischen Analyse des Einsatzes von Informations- und Kommunikationstechnologien verbanden. Ein weiteres Einsatzfeld empirischer Untersuchungen ergab sich aus dem langsamen Entstehen eines Marktes für elektronische Informationsprodukte, wodurch sowohl empirische Marktforschungsstrategien als auch empirische Marketingansätze in die Informationsarbeit hineingetragen wurden. Schließlich traten Untersuchungen der Benutzerfreundlichkeit von Informationssystemen und ihrer Bedienbarkeit sowie dann die allgemeinen Kriterien der Softwareergonomie hinzu. Ferner werden seit den 90er Jahren durch die Nutzung des Internets als Angebotsmedium Aspekte der Kundenorientierung und Fragen der empirischen Nutzungsforschung und der Bedienungsfreundlichkeit (Usability) zunehmend wichtiger.

Dementsprechend haben sich auch die Begrifflichkeiten für die Benutzerforschung in Bibliotheken gewandelt: Von Benutzung, Benutzerbedürfnisse, Benutzerforschung, Benutzerfreundlichkeit über Benutzerorientierung, Benutzerzufriedenheit, Benchmarking, Qualitätsmanagement, Bibliotheksmarketing hin zu Kundenorientierung, Kundenzufriedenheit, Service (vgl. Lit. 47). Hinsichtlich der Internet-Angebote kamen dann Aspekte des Benutzerverhaltens und der Bedienungsfreundlichkeit der Software bzw. der Benutzerschnittstellen hinzu.

Allen Konzepten ist gemeinsam, dass sie im weitesten Sinne den Prozess der gesellschaftlichen Informationsvermittlung auf einer übergreifenden Ebene verstehbar machen: Aus der Sicht des Nutzers von Information, aus der Sicht manifester und latenter Informationsbedürfnisse, aus der Sicht technisch unterstützter fachlicher Informations- und Kommunikationsprozesse der Information und Dokumentation oder aus der Sicht technischer und ästhetischer Gestaltung. Diese hier grob unterschiedenen Ansätze werden nun unter dem Begriff Informationsanalyse zusammengefasst.

Die Informationsanalyse richtet sich also auf die Analyse unterschiedlicher Problemkomplexe; einige seien hier beispielhaft aufgeführt (vgl. auch Lit. 38, S. 1021 f):

– Informationsflussstudien

– Studien zur Benutzungssituation

– Benutzerstudien: sozio-strukturelle Untersuchungen zur Zielgruppe, Definition von Benutzertypen

– Studien zur Zielgruppe der Nicht-Nutzer von bestimmten Informationsdienstleistungen

– Studien über Struktur und Verhaltensgewohnheiten von potentiellen oder tatsächlichen Benutzern

- Untersuchungen der Benutzerzufriedenheit und Bedienungsfreundlichkeit auch in Bezug auf die Softwareergonomie
- Analysen des Benutzerbedarfs
- Studien zu Nutzungsbarrieren
- medienbezogene Studien zur Leistungsfähigkeit von einzelnen Informationsdienstleistungen
- Multiplikatorenforschung
- Informationsverhalten, u.a. Anfrage- und Suchstrategien, Information Retrieval im Kontext des Internets
- Modellierung von Benutzungssituationen und Benutzerverhalten
- Benutzerbeteiligung bei der Softwareentwicklung und beim Prototyping
- ästhetische Gestaltung der Benutzerschnittstelle
- psychologische Faktoren der Informationsverarbeitung und Wissensgenerierung

Ein Überblick über aktuelle Untersuchungen zur Analyse des Informationsverhaltens zeigt, dass diese gegenwärtig stärker auf das konkrete Benutzerverhalten als auf die intensive Analyse des Bedarfs und der Interessenlagen der Benutzer gerichtet ist, sie klammert auch die Nicht-Nutzer weitgehend aus.

## B 14.2 Allgemeines Suchverhalten im Internet

Zum tatsächlichen Suchverhalten von Endnutzern liegen nicht viele quantitative empirische Untersuchungen und auch nur wenige qualitative Untersuchungen vor. Die meisten empirischen Untersuchungen mit Benutzern finden mit Studenten der Informatik oder Informationswissenschaft statt, um Systemleistungen und Benutzerverhalten zu testen. Dabei ist die Zahl der untersuchten Personen meist gering (ca. 10-20, manchmal auch bis ca. 150) und die Probanden sind auch nicht repräsentativ ausgewählt, so dass die Schlussfolgerungen mit Vorbehalt zu betrachten und eher als Ergebnisse explorativer Untersuchungen zu werten sind. Außerdem gibt es einige generelle Aussagen über Internetnutzer, die auf den allgemeinen Statistiken der Anbieter von Suchmaschinen beruhen und von daher sehr große Nutzer- bzw. Nutzungszahlen umfassen, aber nicht das Vorgehen der einzelnen Benutzer betreffen, sondern nur Überblicksinformationen zu Suchwörtern, Seitenabrufen, Iterationen der Suche usw. bieten. Ferner werden im kommerziellen Kontext der Internetanbieter und bei Benutzerstudien (halb-)öffentlicher Anbieter wie Bibliotheken Log-File-Analysen (Protokolldaten der Recherchen) ausgewertet (z.B. Lit. 46) und Messgrößen wie Page Impression oder Page View (Anforderung einer HTML-Seite) oder Visits (zusammenhängende Nutzungsvorgänge) analysiert (z.B. Lit. 04).

In generellen Untersuchungen zum Verhalten von Internetnutzern wurde hinsichtlich der Recherchen in den Suchmaschinen von Alta Vista und Excite folgendes Benutzerverhalten beschrieben (Lit. 16, Lit. 40, Lit. 41 und Lit. 48):

- Bei 42% bzw. 85% der Suchanfragen wird nur der erste Bildschirm mit Resultaten betrachtet.
- Ca. zwei Drittel der Sitzungen umfassen nur 1 Frage (ohne weitere Modifikation der Anfrage im weiteren Verlauf).
- Nur 20% der Anfragen enthalten mehr als 3 Suchbegriffe.
- Von den jeweiligen Benutzern werden 1-2 Anfragen pro Sitzung gestellt.
- Nur 1-2 Seiten der Ergebnisliste werden angesehen; 70% der Benutzer sehen sich nur die ersten zehn Treffer an.
- Boolesche Operatoren (einschließlich „+") werden bei 5% bis 30% der Anfragen eingesetzt (damit ist aber noch nicht gesagt, dass sie richtig verwendet werden: mindestens jeder zweite Benutzer macht dabei Fehler).
- Die Suche von Phrasen (Begriffe, die in Anführungszeichen gesetzt sind) wird nur von ca. 6 % genutzt.
- In ca. 5-10 % der Anfragen wird bei Excite das Relevanzfeedback genutzt.

Für Web-Neulinge oder Gelegenheitsbenutzer bzw. für die Benutzer eines Bildungsportals (Deutscher Bildungsserver) wurde zum Beispiel festgestellt (Lit. 15, Lit. 20), dass sie

- die angebotenen einfachen und komplexen Operatoren und Mechanismen kaum nutzen, mit Ausnahme des „+-Operators". UND-Verknüpfungen sind zwar häufiger als ODER-Verknüpfungen, die Mehrheit der Benutzer benutzt aber generell kaum die Möglichkeit, mehrere Wörter zu kombinieren. Am häufigsten werden Einwort-Abfragen gestellt.

- Manche Nutzer scheinen eine UND-Suche mit verschiedenen Begriffen anzustreben, indem sie jedes Wort einzeln eingeben, die Variante „alle Wörter" wählen und dann jedes Mal für das einzelne Wort eine gesonderte Suche starten. Eventuell erwarteten sie, dass die Einzelabfragen gespeichert und kombiniert werden.
- seltener direkt eine bestimmte Suchmaschine ansprechen, sondern eher auf den Suchknopf von Netscape Navigator/Internet Explorer drücken, um eine Suche zu starten,
- öfter die Suchanfrage wiederholen (und zwar mit ein und demselben Suchbegriff ohne irgendeine Modifikation) oder wieder neu beginnen, statt die ersten Ergebnisse näher zu betrachten und die Suchanfrage weiter zu verfeinern,
- öfter zu vorherigen Ergebnissen/Schritten zurückkehren als erfahrene Benutzer,
- wesentlicher häufiger Fehleingaben machen (Schreib- und Strukturfehler: z.B. Lekasthenie) oder Tippfehler nicht erkennen und die fehlerhafte Eingabe (mehrfach) wiederholen,
- generell größere Probleme mit der Formulierung sinnvoller Anfragen haben, ein Großteil der Nutzer sehr unsystematisch vorgeht. Häufig werden umgangssprachliche Eingaben von längeren Phrasen mit allen Verbindungs- und Füllwörtern benutzt.
- Manchmal scheint es, als würde die Suchmaschine nicht nur als technisches Hilfsmittel genutzt, sondern als würden die Nutzer mit dem Rechner „kommunizieren". Wenn eine Suche nicht klappt und die gewünschten Ergebnisse nicht erzielt werden, geben anscheinend manche Nutzer ihre Ratlosigkeit oder ihre Unmutsäußerung gleich noch mal als Abfrage ein (z. B.: „wo hin wenn man was sucht?"; oder: „fuck u").

Solche eher qualitativen Aussagen über das Navigationsverhalten und die Suchstrategien lassen sich nur in explorativen Studien gewinnen, die das Verhalten und die Abfolge der Interaktionen im Detail und auf der Basis sowohl fachspezifischer als auch informationswissenschaftlicher Kenntnisse auswerten.

Die Strategien der Websuche werden auch anhand der vorhandenen großen Datenmengen über die von den Benutzern bei bestimmten Suchmaschinen durchgeführten Suchanfragen analysiert. Neuere Analysen bei AlltheWeb haben ergeben, dass die Länge der Anfragen sich weiter verkürzt und sehr einfache Suchfragen gestellt werden. Die Suchthemen scheinen sich in Europa auszuweiten und im pornografischen Bereich zurückzugehen. Die Mehrheit der Suchenden im Web sehen sich weniger als fünf Dokumente an und verweilen nur wenige Sekunden bei den einzelnen Dokumenten (vgl. Lit. 17).

Weiterhin stellt sich heraus, dass das Benutzerverhalten im Laufe des Tages Veränderungen unterliegt: Am Morgen untersuchen die Benutzer die Suchergebnisse länger und die Zahl der Anfragen und Benutzer ist zu dieser Zeit viel höher, andererseits bleiben die Zahl der Suchbegriffe pro Anfrage (ca. 2,5) und die Zahl der Neuformulierungen der Fragen im Tagesverlauf weitgehend gleich (5-10 %) (Lit. 33, S. 473).

## B 14.3 Suchverhalten spezieller Benutzergruppen: Kinder, Schüler und Studenten

Die Ergebnisse bezüglich der Internetnutzer generell gelten natürlich auch für die Nutzer von Bildungsportalen bzw. die Nutzergruppen Kinder, Schüler und Studenten (siehe auch Lit. 11; Lit. 20; zur generellen Evaluation von Bildungsportalen und speziell dem Deutschen Bildungsserver siehe Lit. 04), allerdings sind einige spezifische Beobachtungen zu machen bzw. stellen sich einige Probleme in zugespitzter Form. Es gibt auch spezielle Untersuchungen zu Benutzungsstudien mit Kindern im Kontext kommerzieller Softwareentwicklung und zu der Verlässlichkeit und Bewertung ihrer Angaben (Lit. 27).

Für Kinder und Schüler wurden die im folgenden aufgelisteten Verhaltensweisen bei der Internetsuche ermittelt (zusammengestellt aus Lit. 02, Lit. 11, Lit. 24, Lit. 32, Lit. 34, Lit. 35, Lit. 37, Lit. 39). Dieser Überblick gilt für mehr als 10 Jahre alte Kinder und Schüler:

- Frage- und Suchformulierung stellen ein großes Problem dar. Primarschüler haben Probleme, effektive Suchbegriffe auszuwählen. Sie wissen nicht, welche Begriffe sie für die Suche wählen sollen.

- Schüler sind eher passive Empfänger von Aufgaben, unkritisch gegenüber dem Wert und der Angemessenheit der gefundenen Information aus dem Internet. Die Relevanzbewertung fällt Kindern schwer. Kinder schätzen alle gefundenen Informationen in hohem Maße als glaubwürdig ein.

- Schüler arbeiten eher unsystematisch, ohne Überprüfung der eigenen Vorgehensweise.

- Kinder wenden bei der Suche im Internet reaktive Strategien an, d.h. sie hangeln sich von einem gefundenen Ergebnis zum anderen und planen ihre Internetsuche nicht systematisch.

- Schüler neigen ebenfalls eher zu blinder Aktivität und arbeiten eher interaktiv als systematisch. „It is not surprising to find that children browsed more sites and made more analytic searches than did graduate students, especially since they took more time to complete the task. In addition, children seemed to be less focussed on the task than were graduate students..." (Lit. 02, S. 660).

- Schüler haben Schwierigkeiten mit dem Alphabet und mangelhaftes Lesevermögen.

- Meistens browsen die Kinder durch die Datenbestände und orientieren sich nicht an analytischen, schlagwort-gestützten Suchstrategien. Sie können deshalb mit Hilfe des Internet eher offene Fragestellungen beantworten als exakt definierte Aufgaben.

- Hilfeinformationen werden von Kindern vollständig ignoriert, sie konzentrieren sich weitgehend auf die Bildschirmmitte.

- Erst ab 10/11 Jahren beginnen Kinder abstrakt zu denken und entsprechende Strukturen (z.B. Klassifikationen, Verweise) zu nutzen.

- Nach einem Null-Ergebnis sind viele Kinder ratlos und finden keine alternativen Formulierungen.

- Von Kindern werden überwiegend einfache, konkrete Suchbegriffe eingegeben, komplexe Suchformulierungen bilden ein Problem und sind häufig Fehlerquellen.

- Primarschüler haben um so mehr Probleme, je mehr Konzepte in eine Suchstrategie eingebaut werden müssen. Primarschüler sind erfolgreicher, wenn sie mit konkreten Aufgaben befasst sind als bei abstrakten Problemen.

- Kinder sind nicht so gut in der Lage, mit der Sprache zu spielen und Suchstrategien zu formulieren. Kinder haben sogar bei speziell für Kinder konstruierten Suchmaschinen Probleme mit der Suchformulierung. Kinder und Jugendliche sind oft nicht in der Lage, mit Suchmaschinen im Internet umzugehen, und können viele Angebote noch nicht ohne Unterstützung oder Unterweisung durch Erwachsene nutzen.

- Logische Operatoren und andere Funktionalitäten werden von Kindern nicht verstanden und ggf. widersinnig verwendet (wie bei Erwachsenen!). Kindern fehlt das für eine erfolgreiche Suche im Internet wichtige Verständnis, wie Suchmaschinen aufgebaut sind und funktionieren.

- Domänenspezifische Vorkenntnisse sind hilfreich für das Lernen mit dem Internet.

- Die Fähigkeit, kritisch mit den Informationen umzugehen, ist ausschlaggebend für den Lernerfolg mit dem Internet.

- Gezieltes Suchen und globales Überblick-Verschaffen sind sehr erfolgreiche Strategien.

- Schüler, die viel Text aus dem Internet kopieren, haben schlechtere Lernerfolge als solche, die die Texte weitgehend selbst verfassen.

- Schlüsselqualifikation für die Internetsuche ist die Fähigkeit zur Selektion der Quellen.

Für Hochschulstudenten in den USA wurde in einer neueren Untersuchung festgestellt, dass sie wesentlich mehr Wert auf einfache (= leichte) Benutzbarkeit legen als auf das Retrieval genauer Ergebnisse (Lit. 01) Dies illustriert die auch durch andere Untersuchungen gewonnene Erkenntnis, dass bei Schülern und Studenten eine deutlicher Mangel hinsichtlich ihrer Informationskompetenz besteht (Lit. 20).

Generell kann man davon ausgehen, dass sich die Ergebnisse hinsichtlich des Suchverhaltens für Kinder über 10 Jahren, Schüler und Studenten wiederum weitgehend auf Erwachsene übertragen lassen. Dies gilt jedoch nicht in bezug auf die Interpretation der Nützlichkeit, hier unterscheiden sich die Befunde für Erwachsene stärker.

## B 14.4 Untersuchungen im Bibliotheksbereich

Im Bibliotheksbereich sind neben den klassischen Nutzungsformen der Suche am Katalog oder Regal, der Beratung, der Lesesaalnutzung und der Ausleihe der vorgehaltenen Medieneinheiten (Bücher, Disketten, Tonbänder, CD-ROM, DVD, Filme, Bilder, Spiele, Computerprogramme oder beliebige Kombinationen daraus) auch neue Nutzungsformen wie die Suche am OPAC oder im Internet, der Internetzugriff, der Zugriff auf elektronisch gespeicherte Dokumente (Texte, multimediale Objekte) und ihr direkter Abruf auf elektronischem Wege zu untersuchen. Bibliotheken führen Nutzerstudien zu verschiedenen Fragestellungen durch. Sie wollen u.a.

– Art, Häufigkeit, Erfolg der Nutzung
– Nutzerbedürfnisse, Nutzererwartungen, Nutzerwünsche, Nutzervorlieben für bestimmte Sammlungen, Dienstleistungen und Systeme
– Nutzerzufriedenheit mit Produkten, Sammlungen, Dienstleistungen, Personal, Webseiten, Suchmasken
– Qualität der Dienstleistungen, Benchmarking im Vergleich mit anderen Bibliotheken und Informationsangeboten
– Veränderungen des Nutzerverhaltens und der Nutzermeinung
– Relevanz der Sammlungen und Dienstleistungen für die Ausbildung der Studenten

ermitteln und dabei auch für ihre Sammlungen und Dienste werben (vgl. Lit. 44 , Lit. 12).

In einer qualitativen Studie wurden die Probleme der gleichzeitigen Nutzung mehrerer digitaler Bibliotheken untersucht, dabei wurden die größten Probleme in

– der unerwarteten Reaktion der verschiedenen Systeme,
– den unterschiedlichen Lizenzbedingungen, die einer Zugriff auf alle gefunden Resultate verhinderten,
– den Sackgassen (Null-Resultate) bzw. übergroßen Treffermenge bei der Suche,
– der Herbeiführung bzw. Bewältigung von „serendipity" (= zufällige Entdeckungen),
– dem Wechsel zwischen Systemen bzw. Systemzuständen

gesehen (Lit. 03, S. 189 f).

Andere Studien werten intensiv die Protokolldateien aus, um das Nutzerverhalten und die Systemfunktionalitäten (Freitextsuche, feldbezogene Suche, Struktur der Suchmaske, Nutzung der logischen Operatoren usw.) im Detail kritisch zu analysieren. (Lit. 46)

## B 14.5 Studien zur Benutzung und Benutzerfreundlichkeit im kommerziellen Kontext

Bereits im Entwicklungsstadium von Software und Internetangeboten wird Nutzerstudien eine zunehmende Bedeutung zugemessen. Eine Untersuchung über den Nutzen von Benutzerstudien im Kontext industrieller Produktentwicklung und kommt zu den Schlüssen:

– Eine frühe Einbeziehung der Nutzer ist auf jeden Fall nützlich, auch wenn nur ein kurzer Zeitraum und wenig Finanzmittel zur Verfügung stehen.
– Der Benutzerforschungsansatz ist ein praktikabler Weg, um Benutzer einzubeziehen und ihre Bedürfnisse zu ermitteln.
– Bei der Einführung von Benutzerforschung in die Produktentwicklung stellen kleine Pilotstudien und interdisziplinäre Arbeitsgruppen eine effektive Strategie dar (Lit. 22, S. 49).

Weitere empirische Untersuchungen bekräftigen Wichtigkeit und Erfolg einer möglichst frühen Einbeziehung von Benutzern in die Systementwicklung nochmals (Lit. 23, S. 11 f). Von einer anderen Forschergruppe wird ein interessantes Konzept zur Messung der Benutzerzufriedenheit im Kontext von kommerziellen Anwendungen bei Webseiten vorgestellt und empirisch validiert (Lit. 29).

Eine Übersicht über empirische Untersuchungen zur Benutzermodellierung (Lit. 07) gibt Hinweise auf Grundregeln für eine solche Untersuchung und Empfehlungen für geeignete (psychologische) Testmethoden und Auswertungsverfahren. Generelle Prinzipien der Untersuchung von Benutzerfreundlichkeit unter technischen Blickwinkel (Lit. 05) lassen sich auch im Kontext der Informationsanalyse anwenden. Es wurden Methoden zur Clusterbildung von Benutzerdaten aus Log-Files entwickelt, die eine verlässliche und skalierbare Gruppierung von Benutzerverhalten ermöglichen (Lit. 13).

Interkulturelle Studien haben deutlich gemacht, dass die kulturellen Unterschiede der Benutzer bereits bei der Anlage der Untersuchung zu berücksichtigen sind (Lit. 10).

## B 14.6 Benutzung von Internetangeboten im Kontext von Information Retrieval

Quantitative empirische Untersuchungen mit Stichprobengrößen zwischen 10 und 150 Probanden und mit Populationen fast ausschließlich aus dem Bereich Informatik bzw. Informationswissenschaft sind leider noch nicht sehr aussagekräftig bzw. nicht repräsentativ für alle Internetnutzer, dennoch geben sie zumindest erste Hinweise auf wichtige Faktoren des Benutzerverhaltens und der Benutzerzufriedenheit. Besonders wichtig ist im Hinblick auf die Zufriedenheit mit den Ergebnissen einer Benutzeranfrage der Komplex des Information Retrieval (IR). Es wird aber auch immer wieder das Interaktionsverhalten der Benutzer gegenüber Suchmaschinen und Datenbanken untersucht. Dabei stehen sowohl das Design der Benutzerschnittstelle als auch das Retrievalverhalten im Mittelpunkt. Darüber hinaus geht es auch um den gesamten Interaktionsprozess beim Information Retrieval als Prozess des Wissenserwerbs und als Lernprozess. „In order to create an ideal online IR system, user involvement needs to focus on how to make conceptual judgments and decisions, and system role needs to work on how to extend users' knowledge structure and assist them to make various types of decisions." (Lit. 51, S. 918)

Da den integrierten Informationssystemen bei der Informationsversorgung von Wissenschaft und Praxis eine immer stärkere Bedeutung zukommt, werden zunehmend entsprechende interaktive und kontextsensitive Modelle entwickelt, die den oben genannten Forderungen entsprechen. Dabei stellt die Unterschiedlichkeit der verfügbaren Datenbestände bezüglich ihrer formalen Struktur und inhaltlichen Erschließung die Entwickler von Informationssystemen vor neue Herausforderungen. Die Entwicklung entsprechender Modelle für die Gestaltung von grafischen Benutzungsoberflächen, die ein abgestimmtes Bündel von Konzepten und Oberflächenelementen zur Behandlung von Heterogenität enthält, sind von erhöhter Bedeutung. Ein gutes Beispiel ist das Modell ODIN (Lit. 42), das zum einen eine neue Syntax für adaptive und adaptierbare Benutzungsoberflächen einführt, die dem Nutzer sowohl auf seinem Weg vom Anfänger zum Experten als auch in unterschiedlichen Kontexten einen konsistenten und erwartungskonformen Interaktionsmodus bieten soll. Zum anderen ermöglicht ODIN die Exploration und aktive Nutzung von Metadaten über die Heterogenität in einem Informationssystem und integriert unterschiedliche Verfahren zur Heterogenitätsbehandlung mit den informationellen Prozessen des Nutzers. Die Prinzipien von ODIN sind in den Projekten Virtuelle Fachbibliothek Sozialwissenschaften (www.vibsoz.de), INFOCONNEX und VASCODA angewendet worden.

Bei VASCODA (www.vascoda.de) handelt es sich um ein gemeinsames deutsches Portal von Virtuellen Fachbibliotheken (www.vifanet.de), EconDoc (www.econdoc.de), GetInfo (www. getinfodoc.de), INFOCONNEX (www.infoconnex.de), MedPilot (www.medpilot.de) und der Elektronischen Zeitschriftenbibliothek (http://rzblx1.uni-regensburg.de/ezeit). INFOCONNEX bietet eine hochwertige spezialisierte Suche in den führenden Datenbanken und Spezialbibliotheken für Pädagogik, Sozialwissenschaften und Psychologie im deutschsprachigen Bereich. Die Suche in VASCODA oder INFOCONNEX ist wahlweise fachspezifisch oder interdisziplinär.

Softwareergonomie und Grafik Design sind zwei weitgehend unabhängig voneinander operierende Schulen der Gestaltung von Benutzungsschnittstellen. Während die Softwareergonomie den Fokus auf eine effiziente Bedienung legt, stehen beim Grafik Design ästhetische Aspekte im Vordergrund. Entsprechend unterschiedlich fallen die entwickelten Oberflächen aus: entweder leicht zu bedienen, aber optisch wenig ansprechend, oder attraktiv, aber schwer zu bedienen. Ein Beispiel für die mögliche Verbindung beider Ansätze ist DEVID (Grafik Design und Softwareergonomie integrierende Visualisierung für Dokument-Retrieval-Systeme). DEVID unterstützt den Anwender bei der Recherche in Datenbanken und integriert dabei Boolesche Recherche, probabilistisches Ranking und vages Retrieval in einer Oberfläche. Bei der Gestaltung flossen neben ergonomischen auch ästhetische Aspekte mit ein; Softwareergonomie und Design werden gemeinsam zur Gestaltung von Benutzungsoberflächen herangezogen (Lit. 08).

Die Gesichtspunkte des Grafik Design können bereits bei der Modellierung und Strukturierung von Benutzungsszenarios einbezogen werden. Mit Hilfe visualisierter Szenarien wird in Fallstudien versucht, das Design von Webseiten benutzer- und anwendungsbezogen zu modellieren (Lit. 36).

Nach wie vor wird auch die Benutzerschulung als wesentlich angesehen. Die Bedeutung der Schulung und des Designs der Benutzeroberfläche werden hervorgehoben, sowie der Effekt ihrer Interaktion für den Sucherfolg als auch für die Einstellung gegenüber dem Suchprozess. Benutzer, die nicht über grundlegende Kenntnisse in Boolescher Suche verfügten, erzielten mit Hilfe eines unterstützenden Suchtools signifikant bessere Ergebnisse. Sie benötigten zwar auch Zeit für die Suche, waren aber wesentlich zufriedener (Lit. 43).

In einer Längsschnittstudie mit 22 Psychologiestudenten wurde untersucht, welchen Effekt der steigende Kenntnisstand hinsichtlich der untersuchten Fragestellung und der Sucherfahrungen auf die Veränderung der Suchstrategien und Suchbegriffe hat (Lit. 45). Als Ergebnis wurde festgestellt, dass sich zwar das Vokabular und die Suchbegriffe erweitert haben, aber die generellen Suchstrategien und verwendeten Operatoren weitgehend gleich geblieben sind. Als ein Ergebnis zeigte sich, dass in 95 bis 81% der Fälle der „AND"-Operator verwendet wurde und damit erfolgreiche Suchen durchgeführt wurden. Immerhin haben die Benutzer in der zweiten Phase einige Male auch den „ODER"- bzw. den „NOT"-Operator eingesetzt.

„Insbesondere Teilnehmer, die weder über Web-Expertise noch über Inhaltswissen verfügen, agieren sehr unflexibel und kommen meist gar nicht in die Nähe einer korrekten Lösung." (Lit. 14). Eine weitere Untersuchung ergab, dass viele Benutzer die Arbeitsweise der Suchmaschinen bei Verarbeitung ihrer Anfrage nicht verstehen bzw. missverstehen.

Untersuchungen zur automatischen Bewertung der Ergebnisqualität von Internet-Suchmaschinen scheinen viel versprechend zu sein (Lit. 06). Anhand von 8 Suchmaschinen und 25 Suchanfragen wurde die Übereinstimmung zwischen maschineller und menschlicher Relevanzbewertung getestet. „Our experiments show a high level of statistically significant consistency between the automatic and human-based assessment both in terms of effectiveness and also in terms of selecting the best and worst performing search engines." Solch ein automatisiertes Verfahren lässt sich für verschiedene Zwecke nutzen: zur Auswahl besonders geeigneter Suchmaschinen, zur Stimulation von Verbesserungen, zur Entwicklung benutzerspezifischer Meta-Suchmaschinen und als Benchmarking-Instrument zur Ermittlung der am besten geeigneten Suchmaschinen. Nach wie vor ist aber die Überlappung zwischen den relevanten Treffern verschiedener Suchmaschinen sehr gering. Dies gilt sogar für Suchmaschinen, die dieselbe Suchtechnologie verwenden, aber in unterschiedlichem Gewande bzw. unter verschiedenen Namen dem Benutzer gegenübertreten, wobei allerdings nicht erkennbar ist, in welchem Maße sich die jeweiligen Konfigurationen unterscheiden.

Aus psychologischer Sicht wird auch die Selbstwirksamkeit (self-efficacy), also der Glaube an die eigene Fähigkeit, Aktivitäten im Internet organisieren und durchführen zu können, als ein wichtiger Faktor angesehen, um die digitale Kluft zwischen Nutzern und Neulingen bzw. Nicht-Nutzern zu schließen.

Das sozialpsychologische Konzept der Erwartung von Selbstwirksamkeit wird auch an anderer Stelle als entscheidender Faktor für eine erfolgreiche Benutzung von Suchmaschinen ermittelt (Lit. 50, S. 441 f): Die auf die Anwendung bezogene Erwartung von Selbstwirksamkeit hatte einen signifikanten Einfluss auf die Einschätzung der Einfachheit und des Erfolgs der Benutzung, dieselbe Wirkung hatte auch der Spaß, den die Benutzung machte.

Psychologisch wird auch die Lesbarkeit der Internetseiten betrachtet: „Für das Lesen eines orientierenden Textes mit geringem Vorwissen ist der lineare Text geeigneter als der Hypertext, da mehr Wissen erworben wird und weniger Orientierungsprobleme berichtet werden." (Lit. 30 , Lit. 31)

„Zuriedenheit mit der Präzision" und „Zufriedenheit mit den Ergebnissen" werden als für die Benutzer wichtigste Faktoren ermittelt (Lit. 18, S. 13 f). Es wird festgestellt, „that user satisfaction with precision held the strongest correlation with user ratings of effectiveness". Allerdings wird auch darauf hingewiesen, dass die Beurteilungen der Benutzer „indicate that there was perhaps some expectation that the system would provide some assistance in modifying the query and that would impact on evaluation of system interaction" (Lit. 18, S. 15).

## B 14.7 Zusammenfassung und Ausblick

Die wesentliche Aussage der allgemeinen Internetstudien ist, dass die Benutzer zu mehr als 95% nur ein bis zwei Suchbegriffe eingeben, maximal zwei Seiten Ergebnisse anschauen und schnell neue Suchen beginnen, ohne die erste Suche tatsächlich für die Verfeinerung ihrer ursprünglichen Anfrage zu nutzen. Die meisten Benutzer sind sich offensichtlich auch über die Funktionalitäten der jeweiligen Suchmaschinen nicht im Klaren und können weder Boolesche Logik noch Trunkierung oder andere Zusatzfunktionen richtig verwenden oder einschätzen. Schließlich sind sie nicht in der Lage, die Ergebnispräsentation zu verstehen, die meist auf statistisch ermitteltem Ranking beruht. Ein solches Verständnis wird durch die Geheimhaltung dieser Mechanismen seitens der Suchmaschinenanbieter und immer wieder veränderte Konfigurationen der Suchmaschinen erschwert. Damit bleibt den Benutzern auch nichts anderes übrig als mit sehr einfachen Suchanfragen und mit Browsing zu versuchen, ihrem Informationsbedarf Genüge zu tun. Hinzu kommt, dass den Benutzern die Bewertung der Ergebnisse nach Relevanz, Vollständigkeit und Zuverlässigkeit sehr schwer fällt.

Insgesamt bestätigt sich das Bild, das in intensiveren Studien für Studenten und Schüler gewonnen wurde, dass es den Benutzern an Informationskompetenz mangelt. Umgekehrt wird klar, dass gerade die positive Einschätzung der Selbstwirksamkeit zu einer verbesserten Handhabung der Suche führen kann. Voraussetzung dafür ist aber eine ausreichende Basiskenntnis. Wenn sich Benutzer mit den Systemen auseinandersetzen und Erfahrungen mit der Bedienung haben, stellen sich eigene innovative Vorschläge und eine bewusste Handhabung eines elaborierten Suchinstrumentariums ein. Allerdings muss bei der Gestaltung der Benutzerschnittstelle eine Konzeption verfolgt werden, die adaptive und adaptierbare Elemente enthält und so den Benutzer kontextsensitiv führt und unterstützt. Die Benutzeroberfläche sollte gleichzeitig designerischen und ergonomischen Gestaltungsregeln folgen und den kognitionspsychologischen Hintergrund berücksichtigen.

Allerdings ist von den kommerziell betriebenen Suchmaschinen nicht zu erwarten, dass sie diese Zielsetzungen in Gänze erfüllen werden, hier sind eher die Open-Source-Produkte ein Weg zur Integration wissenschaftlicher Erkenntnisse, generalisierter Benutzerbedürfnisse und frei verfügbarer Informationsressourcen. Wenn solche Produktentwicklungen mit einer gesteigerten Informationskompetenz verbunden werden, für die bereits in der Schulbildung der Grundstock gelegt und die in der Hochschule qualitativ ausgebaut wird, können die im Internet verfügbaren Informationen in angemessener Weise verwendet werden.

### Literatur

01 Augustine, Susan; Green, Courtney: Discovering How Students Search a Library Web Site: A Usability Case Study. In: College and Research Libraries, 63 (2002) 4, S. 354-365

02 Bilal, Dania; Kirby, Joe: Differences and similarities in information seeking: children and adults as Web users. In: Information Processing and Management, 38 (2002) 5, S. 649-670

03 Blandford, Ann; Stelmaszewska, Hanna; Bryan-Kinns; Nick (2001): Use of Multiple Digital Libraries: A Case Study. In: JCDL '01, S. 179-187

04 Brenstein, Elke; Kos, Olaf (2002): Evaluation von Bildungsportalen – Empirische Untersuchungen zur Nutzung des Deutschen Bildungsservers. Vortrag auf der Herbsttagung der Kommission Medienpädagogik der Deutschen Gesellschaft für Erziehungswissenschaften, Empirische Ansätze und Theoriefragen zu neuen Medien, 10.–11. Oktober 2002, Berlin. Vortragstext siehe: http://www.educat.hu-berlin.de/~kluck/Brenstein_Kos0902.pdf

05 Byerley, Paul F.; Barnard, Philip J.; May, Jon (eds.): Computers, Communication and Usability; Design Issues, Research and Methods for Integrated Services. Amsterdam u.a.: North-Holland 1993 (= North-Holland Studies in Telecommunication, Vol. 19)

06 Can, Fazli; Nuray, Rabia; Sevdik, Ayisigi B.: Automatic performance evaluation of Web search engines. In: Information Processing and Management, 40 (2004) [in press, online 2 July 2003]

07 Chin, David N.: Empirical Evaluation of User Models and User-Adapted Systems. In: User Modelling and User-Adapted Interaction, 11 (2001), S. 181-194

08 Eibl, Maximilian: Visualisierung im Document Retrieval: Theoretische und praktische Zusammenführung von Softwareergonomie und Graphik Design. Bonn: Informationszentrum Sozialwissenschaften 2000 (= Forschungsberichte; Band 3)

09 Easti, Matthew S.; LaRose, Robert: Internet Self-Efficacy and the Psychology of the Digital Divide.

In: Journal of Computer-Mediated Communication, 6 (2000) 1, http://www.ascuse.org/jcmc/vol6/issue1/eastin.html

10 Evers, Vanessa: Cross-Cultural Applicability of User Evaluation Methods: A Case Study amongst Japanese, North-American, English and Dutch Users. In: CHI '02 extended abstracts on Human factors in computer systems, April 2002, S. 740-741

11 Feil, Christine: Kinder im Internet. Angebote, Nutzung und medienpädagogische Perspektiven. In: DISKURS, 10 (2000) 1, S. 15-24

12 Follmer, Robert; Guschker, Stefan; Mundt, Sebastian: Gemeinsame Benutzerbefragung der nordrhein-westfälischen Universitätsbibliotheken – methodisches Vorgehen und Erfahrungen. In: Bibliotheksdienst, 36 (2002) 1, S. 20-29

13 Heer, Jeffrey; Chi, Ed H.: Separating the Swarm: Categorization Methods for User Sessions on the Web. In: Proceedings of the SIGCHI conference on Human factors in computing systems: Changing our world, changing ourselves, April 2002, CHI letters 4 (2002) 1, S. 243-250

14 Hölscher, Christoph (o.J.): Informationssuche im World Wide Web – Messung von Benutzerverhalten. http://www.iig.uni-freiburg.de/cognition/members/hoelsch/holesch.html

15 Hölscher, Christoph; Strube, Gerhard: Web Search Behavior of Internet Experts and Newbies. In: 9th International World Wide Web Conference, The Web: The Next generation, Amsterdam, May 15-19 2000, Conference Proceedings, available at: http://www9.org/w9cdrom/81/81.html

16 Jansen, Bernhard J.; Spink, Amanda; Saracevic, Tefko: Real life, real users, and real needs: a study and analysis of user queries on the web. In: Information Processing and Management, 36 (2000) 2, S. 207-227

17 Bernard J. Jansen, Amanda Spink: An analysis of Web searching by European AlltheWeb.com users. In: Information Processing and Management, 40 (2004) [in press, available online 30 August 2003]

18 Johnson, F. C.; Griffiths, J. R.; Hartley, R. J.: Task dimensions of user evaluations of information retrieval systems. In: Information Research, 8 (2003) 4, paper no. 157 [available at: http://informationr.net/ir/8-4/paper157.html]

19 Jungjohann, Knut; Seidel, Ulrich; Sörgel, Werner; Uhlig, Sigmar: Informationsverhalten und Informationsbedarf von Juristen. Eine Erhebung von Infratest Sozialforschung, München, im Auftrag des Bundesministerium für Justiz und der Gesellschaft für Mathematik und Datenverarbeitung, Teil 1: Analyse-Band: Berlin: Schweitzer 1974 (Datenverarbeitung im Recht, Beiheft 2)

20 Klatt, Rüdiger; Gavriilidis, Konstantin; Kleinsimlinghaus, Kirsten; Feldmann, Maresa u.a.: Nutzung elektronischer wissenschaftlicher Information in der Hochschulausbildung: Barrieren und Potenziale der innovativen Mediennutzung im Lernalltag der Hochschulen, Endbericht, Studie im Auftrag des Bundesministeriums für Bildung und Forschung, Projektträger Fachinformation. Dortmund: Sozialforschungsstelle Dortmund 2001, http://www.stefi.de

21 Kluck, Michael; Politt, Susanne: Navigationsverhalten im Internet – eine qualitative Analyse von typischen Suchstrategien der Nutzer des Deutschen Bildungsservers. Vortrag auf der Herbsttagung der Kommission Medienpädagogik der Deutschen Gesellschaft für Erziehungswissenschaften, Empirische Ansätze und Theoriefragen zu neuen Medien, 10. – 11. Oktober 2002, Berlin. Vortragstext siehe: http://www.educat.hu-berlin. de/ ~kluck/vortrag-dbs-suchverhalten.pdf , Vortragsfolien siehe: http://www.educat.hu-berlin.de/~kluck/Navigationsverhalten im Internet.ppt

22 Kujala, Sari: User Studies: A Practical Approach to User Improvement for Gathering User Needs and Requirements. Espoo; Finish Academies of Technology 2002 (= Acta Polytechnica Scandinavica, Mathematics and Computing Series No. 116)

23 Kujala, Sari: User involvement: a review of the benefits and challenges. In: Behaviour and Information Technology, 22 (2003) 1, S. 1-16

24 Large, Andrew; Beheshti, Jamshid (2000): The Web as a Classroom Resource: Reactions from the User. In: Journal of the American Society for Information Science, 51 (12), S. 1069-1080

25 Lindgaard, Gitte; Dudek, Cathy: What is this evasive beast we call user satisfaction? In: Interacting with Computers, 15 (2003), S. 429-452

26 Lüthje, Christian: Characteristics of innovating users in a consumer goods field: An empirical study of sport-related product consumers. In: Technovation (2004) [in press, available online 15 February 2003)

27 Markopoulos, Panos; Bekker, Mathilde: On the assessment of usability testing methods for children. In: Interacting with Computers, 15 (2003) S. 227-243

28 Muramatsu, Jack; Pratt, Wanda: Transparent Queries: Investigating User's Mental Models of Search Engines. In: SIGIR '01, Sept. 2001, New Orleans, S. 217-224

29 Muylle, Steve; Moenaert, Rudy; Despontin, Marc: The conceptualization and empirical validation of web site user satisfaction. In: Information and Management (2004) [in press, available online 10 September 2003]

30 Naumann, Anja; Waniek, Jacqueline; Krems, Josef F. (1999): Wissenserwerb, Navigationsverhalten und Blickbewegungen bei Text und Hypertext. In: U.-D. Reips, B. Batinic, W. Bandilla, M. Bosnjak, L. Gräf, K. Moser, & A. Werner (Eds./Hrsg.), Current Internet science – trends, techniques, results. Aktuelle Online Forschung – Trends, Techniken, Ergebnisse. Zürich: Online Press. http://dgof.de/tband99/ pdfs/i_p/naumann.pdf

31 Naumann, Anja, Waniek, Jacqueline; Krems, Josef F. (2001): Vergleich von Wissenserwerb und Navigationsstrategien bei linearen Texten und Hypertexten. In: W. Frindte, T. Köhler, P. Marquet, E. Nissen (Hrsg.). IN-TELE 99 – Internet-based teaching and learning 99. Frankfurt am Main: Peter Lang, S. 305-310

32 Neuman, Delia: High School Students' Use of Databases: Results of a National Delphi Study. In: Journal of the American Society for Information Science, 46 (1995) 4, S. 284-298

33 Ozmutlu, Seda; Spink, Amanda; Ozmutlu, Huseyin C.: A day life of Web searching: an exploratory study. In: Information Processing and Management, 38 (2003) 4, S. 473-490

34 Priemer, Burkhard; Schön, Lutz-Helmut (2002): Physiklernen mit dem Internet. In: Deutsche Physikalische Gesellschaft (Hrsg.): Didaktik der Physik. Vorträge der Frühjahrstagung der DPG. Leipzig, im Druck, preprint unter http://www.physik.hu-berlin. de/gruppen/didaktik/forschung/internet/priemer_dpg_ 2002.PDF

35 Priemer, Burkhard; Schön, Lutz-Helmut: Können Schüler Physik mit dem Internet lernen? In: R. Brechel (Hrsg.): Zur Didaktik der Physik und Chemie. Berlin: Leuchtturm, 2002, S. 186-188

36 Sawadichai, Napawan; Poggenpohl, Sharon: User Purposes and Information-seeking Behaviors in Web-based Media: A User-centered Approach to Information Design of Websites. In: DIS Conference, London, June 2002

37 Schacter, John; Chung, Gregory K.W.K; Dorr, Aimee: Children's Internet Searching on Complex Problems: Performance and Process Analyses. In: Journal of the American Society for Information Science, 49 (1998) 9, S. 840-849

38 Schäuble, Ingegerd: Benutzerforschung. In: Marianne Buder; Werner Rehfeld; Thomas Seeger (Hrsg.): Grundlagen der praktischen Information und Dokumentation. Ein Handbuch zur Einführung in die fachliche Informationsarbeit. München: Saur 1990 (3. Ausgabe), Bd. 2, S. 1013-1024

39 Schulz, Ursula (1998): Das Projekt 'Kinder-OPAC' am Fachbereich Bibliothek und Information der FH Hamburg. http://www.bui.fh-hamburg.de/projekt/buecher-reise/kopart.htm

40 Silverstein, Craig; Henzinger, Monika; Marais, Hannes; Moricz, Michael: Analysis of a Very Large AltaVista Query Log. SRC Technical Note 1998-014

41 Spink, Amanda; Xu, Jack L.: Selected results from a large study of Web searching: the Excite study. In: Information Research, 6 (2000) 1, http://informationr.net/6-1/paper90a.html

42 Stempfhuber, Maximilian: Behandlung semantischer und struktureller Heterogenität in Informationssystemen mit den Mitteln der Softwareergonomie: Objektorientierte Dynamische Benutzungsoberflächen – ODIN. Bonn: Informationszentrum Sozialwissenschaften 2003 (= Forschungsberichte; Band 6)

43 Topi, Hekki; Lucas, Wendy: Searching the Web: operator assistance required. In: Information Processing and Management, 40 (2004) [in press, available online 20 January 2003]

44 Troll, Denise: Usage and Usability Assessment: Library Practices and Concerns. In: Digital Library and Information Resources, 2002, http://www.clir.org/pubs/reports/ pub105/contents.html

45 Vakkari, Peertti; Pennanen, Mikko; Serola, Sami: Changes of search terms and tactics while writing a research proposal: A longitudinal case study. In: Information Processing and Management, 39 (2003) 3, S. 445-463

46 Weichert, Manfred: „Gibt es auch Wahnsinn". Benutzungsuntersuchungen an einem Hamburger WebOPC. In: Bibliothek, 26 (2002) 2, S. 142-149

47 Wilmsmeier, Silke: „....und was haben die Benutzer davon?" Kundenorientierung im Bibliotheks- und Informationswesen. In: Bibliothek, 23 (1999) 3, S. 277-315

48 Wolfram, Dietmar; Spink, Amanda; Jansen, Bernhard J.; Saracevic, Tefko: Vox populi: The public searching of the web. In: Journal of the American Society of Information Science, 52 (2001) 12, S. 1073-1074

49 Wolfram, Dietmar; Xie, Hang (Iris): Traditional IR for web users: a context for general audience digital libraries. In: Information Processing and Management, 38 (2002) 5, S. 627-648

50 Yi, Mun Y.; Hwang, Yuong: Predicting the use of web-based information systems: self-efficacy, enjoyment, learning goal orientation, and the technology acceptance model. In: International Journal of Human-Computer Studies 59 (2003), S. 431-449

51 Xie, Hong (Iris): Supporting ease-of-use and user control: desired features and structure of Web-based online IR systems. In: Information Processing and Management, 39 (2003) 6, S. 899-922

# B 15 Adaptive Verfahren – Benutzermodellierung

Alfred Kobsa

## B 15.1 Motivation

Informationssysteme werden laufend komplexer und funktionsreicher und die damit zugreifbaren Informationsräume immer umfangreicher. Auf der anderen Seite steigt die Anzahl und insbesondere auch die Vielfalt der Nutzer solcher Systeme. Der weitaus größte Anteil von neuen Nutzern sind dabei keine technischen Experten, sondern Berufstätige in nicht-technischen Disziplinen, ältere Personen und Kinder. Diese Computerbenutzer weisen große Unterschiede auf in Bezug auf ihre Computererfahrung, Fachkenntnisse, Aufgaben und Ziele, Motivation und Stimmungslage, als auch ihre intellektuellen und physischen Fähigkeiten.

Um diesen sehr heterogenen Nutzergruppen trotzdem zu ermöglichen, die Komplexität und Reichhaltigkeit gegenwärtiger Informationssysteme zu bewältigen, wurde die Benutzung dieser Systeme bisher sehr einfach gestaltet, und damit auf den „kleinsten gemeinsamen Nenner" aller Benutzer abgestellt. Zunehmend können solche Systeme jedoch manuell auf die individuellen Bedürfnisse jedes einzelnen Benutzers einstellt werden. Einige neuere Systeme gehen noch darüber hinaus: Sie sind innerhalb gewisser Grenzen in der Lage, Benutzerbedürfnisse selbst zu erkennen und sich entsprechend anzupassen. Die Terminologie von Oppermann (Lit. 12) aufgreifend wollen wir hier die erstere Art von Anwendung als „(benutzer)-adaptierbar" bezeichnen und die letztere als „(benutzer)-adaptiv". Die im System gespeicherten Informationen oder Annahmen über den Benutzer werden üblicherweise „Benutzermodell" oder „Benutzerprofil" genannt.

## B 15.2 Gegenwärtige adaptierbare und adaptive Systeme

Benutzeradaptierbare Systeme existieren derzeit bereits in großer Anzahl. Fast alle kommerziellen Anwendungen erlauben es, Systemparameter zu verändern und individuelle Benutzerpräferenzen einzustellen. Web-Portale gestatten die Vorauswahl von Daten (etwa bestimmter Aktienkurse oder Nachrichtenthemen) sowie die Wahl ihrer Präsentationsform. Online-Läden können zur Interaktionsvereinfachung Daten ihrer Kunden speichern, wie etwa Versandadresse und Kreditkartennummer, Käufe und Zahlungen in der Vergangenheit, Wunschlisten für zukünftige Käufe und Geburtstage von Verwandten und Bekannten.

Adaptive Systeme sind im Gegensatz dazu derzeit noch etwas rar. Einige Online-Läden geben Kunden Kaufempfehlungen, die auf ihrem vergangenen Kaufverhalten und dem Kaufverhalten aller anderen Kunden beruhen. In vielen amerikanischen High Schools wird Lernsoftware verwendet, die ihr Lehrverhalten an das derzeitige Wissen jedes einzelnen Schülers anpasst. Handy-Benutzern in Japan und Korea wird Werbung gezielt dann zugeschickt, wenn sie sich in bestimmten eng begrenzten Gebieten aufhalten. Suchmaschinen zeigen bestimmte Werbebanner nur solchen Benutzern an, die nach bestimmten Begriffen suchen.

Benutzeradaptierbarkeit und -adaptivität erlangte in den letzten Jahren unter dem Schlagwort „Personalisierung" große Popularität auf dem World Wide Web. Dies ist unter anderem darauf zurückzuführen, dass der Benutzerkreis von Websites oft noch inhomogener ist als derjenige der meisten Anwendersoftware. Des Weiteren wurde Personalisierung als wichtiges Instrument zur Kundenbindung erkannt (Lit. 10).

## B 15.3 Erwerb von Annahmen über den Benutzer

Zur Gewinnung von Informationen über den Benutzer, die nachfolgend eine Anpassung an diesen ermöglichen, stehen mehrere Quellen zur Verfügung. Im einfachsten Falle kann der Benutzer direkt gefragt werden, üblicherweise mittels eines einfachen Eingabeformulars zu Beginn der Interaktion. Die Anzahl der Fragen muss dabei allerdings sehr begrenzt werden (üblicherweise auf fünf oder weniger). Computernutzer sind nämlich im allgemeinen nicht willens, selbst nur geringfügige Anstrengungen für Zwecke zu unternehmen, die nicht unmittelbar ihren gegenwärtigen Aufgaben dienen, selbst wenn die Benutzer davon auf längere Sicht gesehen profitieren würden (Lit. 04). In einigen Arten von Anwendungssystemen, speziell tutoriellen Systemen, können solche Interviews in Prüfungen oder Spiele gekleidet werden und damit einen größeren Umfang annehmen. In der nahen Zukunft werden Basisinformationen über Benutzer auch auf Smartcards zur Verfügung stehen. Diese können vor Dialogbeginn durch einen Kartenleser gezogen oder auch auf Distanz gelesen werden, während der Benutzer sich dem Computerterminal nähert.

Des Weiteren existieren eine Reihe von Methoden, mit denen ein adaptives System aus Beobachtungen der Benutzerinteraktion Annahmen über den Benutzer ziehen kann. Dazu gehören einfache Regeln, mittels derer von bestimmten Benutzeraktionen auf bestimmte Benutzereigenschaften geschlossen oder der Benutzer in eine oder mehrere vorher identifizierte Benutzergruppen mit gemeinsamen Eigenschaften eingeordnet wird (letzteres wird auch als „Stereotypenansatz" bezeichnet; Lit. 13). Probabilistische Methoden berücksichtigen Unsicherheit von Schlussfolgerungen und multiple Evidenzen dafür. Planerkennungsmethoden zielen darauf ab, Benutzeraktionen auf zugrunde liegende Benutzerziele und -pläne zurückzuführen. Maschinelle Lernverfahren versuchen, Regularitäten im Benutzerverhalten zu entdecken und mittels der gelernten Muster zukünftiges Benutzerverhalten verherzusagen. Cliquen-basierte („kollaborative") Filtering-Methoden identifizieren diejenigen Benutzer, die in einem gegebenen Eigenschaftsraum die größte Ähnlichkeit mit dem derzeitigen Benutzer aufweisen, und verwenden diese zur Voraussage von noch unbekannten Eigenschaften des gegenwärtigen Benutzers. Clusterverfahren gestatten es, Abstraktionen von Benutzern mit ähnlichem Verhalten oder ähnlichen Eigenschaften zu erzeugen, und diese als Stereotype zu verwenden.

### B 15.4  Arten von Informationen über Benutzer

Verschiedenste Arten von Daten über Benutzer wurden bislang zu Personalisierungszwecken in Betracht gezogen. Zu den Hauptgruppen gehören (Lit. 10):

*Benutzerdaten*, wie etwa demographische Daten, sowie Informationen oder Annahmen über das Wissen und die Fähigkeiten, Interessen, Präferenzen, Ziele und Pläne des Benutzers.

*Benutzungsdaten*, wie etwa

- Selektionen des Benutzers (etwa von Webseiten oder Hilfetexten mit bestimmten Inhalten),
- zeitliches Benutzungsverhalten (insbesondere das „Überspringen" von Webseiten und das Stoppen von strömenden Medien wie Audio oder Video),
- Bewertungen durch den Benutzer (etwa über die Brauchbarkeit von Produkten oder die Relevanz von Informationen),
- Käufe und verwandte Benutzeraktionen etwa in elektronischen Einkaufskörben oder Wunschlisten, und
- Regularitäten im Benutzungsverhalten, wie etwa Benutzungshäufigkeit, Situations-Aktions-Korrelationen und häufig vorkommende Aktionssequenzen.

*Umgebungsdaten*, etwa über die Hardware- und Software-Umgebung des Benutzers, seinen Aufenthaltsort (wobei die Granularität variieren kann zwischen dem Staat, in dem sich der Benutzer befindet, und den exakten Positionskoordinaten) sowie personalisationsrelevante Charakteristika des Aufenthaltsorts.

### B 15.5  Datenschutz

Die Sammlung und Speicherung von Benutzerdaten zu Personalisierungszwecken ist hochgradig datenschutzrelevant. Zahlreiche Konsumentenbefragungen in den letzten Jahren zeigen übereinstimmend, dass Web-Benutzer sehr besorgt über den Schutz ihrer Daten sind. Dies betrifft auch personalisierte Systeme auf dem Web (Lit. 17). Einige populäre Personalisierungsmethoden stehen auch im Konflikt mit Datenschutzgesetzen, die in mehr als 30 Ländern für die Daten von identifizierten und identifizierbaren Personen gelten. Diese Gesetze verlangen üblicherweise Datensparsamkeit, Zweckgebundenheit und Kenntnis oder sogar Zustimmung des Benutzers zur Sammlung und Verarbeitung personenbezogener Daten. Die Datenschutzgesetze mancher Länder regulieren auch den grenzüberschreitenden Datenverkehr oder haben extraterritoriale Geltung. Selbst wenn Websites nicht nationalen Datenschutzgesetzen unterworfen sind, können sie daher trotzdem noch von ausländischen Bestimmungen betroffen sein, sofern sie

Daten von im Ausland ansässigen Personen verarbeiten (Lit. 09). Personalisierte Systeme benötigen also eine wohlgestaltete Benutzerschnittstelle, die Benutzern die zu erwartenden Vorteile von Personalisierung sowie die Datenschutzkonsequenzen erklärt und ihnen damit ermöglicht, eine wohlinformierte Entscheidung zu treffen. Auch ist eine flexible Architektur vonnöten, die eine Optimierung von Personalisierungsleistung innerhalb der Grenzen gestattet, die von Benutzerpräferenzen und gesetzlichen Regelungen bezüglich Datenschutz gesetzt sind. Alternativ kann auch anonyme aber trotzdem personalisierte Interaktion angeboten werden, die dann üblicherweise von Datenschutzgesetzen nicht mehr betroffen ist (Lit. 11).

## B 15.6 Empirische Evaluierung

In einer Reihe empirischer Untersuchungen in verschiedenen Anwendungsbereichen konnte bereits gezeigt werden, dass gut gestaltete adaptive Anwendungen Benutzern beträchtlichen Nutzen bieten können. Boyle und Encarnacion (Lit. 02) demonstrierten, dass die automatische Anpassung der Erklärungstiefe eines Hypertext-Dokuments an die vermutlichen technischen Terminologiekenntnisse des Benutzers im Vergleich mit einem statischen Hypertext signifikant das Textverständnis und die Suchgeschwindigkeit erhöht. Conati et al. (Lit. 05) präsentierten Belege, dass Studenten bessere Lernerfolge zeigen, wenn das Lehrsystem diese zu Erklärungen dann auffordert, wenn im gegenwärtigen Studentenmodell dafür Indikationen vorliegen. Corbett und Trask (Lit. 06) zeigten, dass eine bestimmte Lehrstrategie (nämlich „subgoal scaffolding", welche auf permanentem Verfolgen des Benutzerwissensstands basiert), die durchschnittlich benötigte Problemlösezahl zur vollständigen Beherrschung der Programmiersprache Lisp verringert. Mehrere Experimente (siehe Lit. 15) führten zur Beobachtung, dass sich die Lernzeit und die Behaltedauer von Lernmaterial dann signifikant verbesserten, wenn Lernende mit geringen Vorkenntnissen strikte Empfehlungen über den nachfolgenden Lernschritt erhielten (was bedeutete, dass alle Alternativen ausgeschlossen waren), während Studenten mit hohen Vorkenntnissen nicht-verpflichtende Empfehlungen bekamen. Strachan et al. (Lit.16) wiesen nach, dass Benutzer eines Hilfesystems für ein kommerzielles Steuerberatungssystem die personalisierte Version signifikant besser bewerteten als die nicht-personalisierte Version.

Personalisierung für E-Commerce erfuhr zu einem bestimmten Grade ebenfalls eine positive Evaluierung, sowohl aus Benutzer- als auch aus Anwendersicht. Jupiter Communications stellte fest, dass die Einführung von Personalisierung an 25 betrachteten Websites im ersten Jahr die Anzahl der Kunden um 47% und den Umsatz um 52% steigerte (Lit. 07). Nielsen NetRatings berichtete, dass registrierte Benutzer von Web-Portalen (die präsentierte Informationen an ihre Bedürfnisse anpassen können) die dreifache Zeit an ihren personalisierten Portalen verbrachten und drei- bis viermal mehr Seiten besuchten als Benutzer von nichtpersonalisierten Portalen (Lit. 18). Ferner weist Nielsen NetRatings darauf hin (Lit. 08), dass E-Commerce Websites, die personalisierte Dienste anbieten, ungefähr zweimal mehr Besucher in Käufer konvertieren als solche, die keine Personalisierung anbieten. In einer Studie von Alpert et al. (Lit. 01) über Personalisierung in einem web-basierten Beschaffungssystem zeigten Versuchspersonen aber das starke Bedürfnis, „eine volle und explizite Kontrolle über die Daten und die Interaktion zu besitzen" und „im Verhalten einer Website Sinn zu erkennen, d.h. die Gründe für die Präsentation eines bestimmten Inhalts zu verstehen".

## B 15.7 Zusammenfassung und Ausblick

Benutzeradaptierbare und -adaptive Systeme haben vielversprechende Ergebnisse in mehreren Anwendungsbereichen gezeigt. Die steigende Zahl und Variabilität von Computerbenutzern lässt für die Zukunft eine noch größere Bedeutung solcher Systeme erwarten. Die klassische Beobachtung von Browne (Lit. 03) hat aber weiterhin Gültigkeit: „Lohnende Adaption ist systemspezifisch; sie hängt von den Benutzern eines Systems ab und von den Anforderungen, die dieses System erfüllen soll." Umfassende Benutzerstudien mit einem Fokus auf erwarteten Nutzen durch Personalisierung sind daher für praktische Anwendungen unabdingbar.

## Literatur

01 Alpert, S. R.; J. Karat; C.-M. Karat; C. Brodie and J. G. Vergo (2003). User Attitudes Regarding a User-Adaptive eCommerce Web Site. User Modeling and User-Adapted Interaction 13 (4), 373-396.

02 Boyle, C. and A. O. Encarnacion (1994). MetaDoc: An Adaptive Hypertext Reading System. User Modeling and User-Adapted Interaction 4 (1), 1-19.

03 Browne, D. (1993). Experiences from the AID Project. In: M. Schneider-Hufschmidt, T. Kühme and U. Malinowski, eds: Adaptive User Interfaces: Principles and Practise. Amsterdam, Netherlands, Elsevier.

04 Carroll, J. and M. B. Rosson (1989). The Paradox of the Active User. In: J. Carroll, ed. Interfacing Thought: Cognitive Aspects of Human-Computer Interaction. Cambridge, MA, MIT Press.

05 Conati, C.; A. Gertner and K. VanLehn (2002). Using Bayesian Networks to Manage Uncertainty in Student Modeling. User Modeling and User-Adapted Interaction 12 (4), 371-417.

06 Corbett, A. T. and H. Trask (2000). Instructional Interventions in Computer-Based Tutoring: Differential Impact on Learning Time and Accuracy. Proceedings of ACM CHI'2000 Conference on Human Factors in Computing Systems, Den Haag, Niederlande, 97-104.

07 Hof, R.; H. Green and L. Himmelstein (1998). Now it's YOUR WEB. Business Week October 5: 68-75.

08 ICONOCAST (1999). Brand Conversion. http://www.iconocast.com/issue/1999102102.html.

09 Kobsa, A. (2002). Personalized Hypermedia and International Privacy. Communications of the ACM 45 (5), 64-67. http://www.ics.uci.edu/~kobsa/papers/2002-CACM-kobsa.pdf.

10 Kobsa, A.; J. Koenemann and W. Pohl (2001). Personalized Hypermedia Presentation Techniques for Improving Customer Relationships. The Knowledge Engineering Review 16 (2), 111-155. http://www.ics.uci.edu/~kobsa/papers/2001-KER-kobsa.pdf.

11 Kobsa, A. and J. Schreck (2003). Privacy through Pseudonymity in User-Adaptive Systems. ACM Transactions on Internet Technology 3 (2), 149-183. http://www.ics.uci.edu/~kobsa/papers/2003-TOIT-kobsa.pdf.

12 Oppermann, R., Ed. (1994). Adaptive User Support: Ergonomic Design of Manually and Automatically Adaptable Software. Hillsdale, NJ, Lawrence Erlbaum.

13 Rich, E. (1979). User Modeling via Stereotypes. Cognitive Science 3, 329-354.

14 Rich, E. (1983). Users are Individuals: Individualizing User Models. International Journal of Man-Machine Studies 18, 199-214.

15 Specht, M. and A. Kobsa (1999). Interaction of Domain Expertise and Interface Design in Adaptive Educational Hypermedia. Proceedings of Second Workshop on Adaptive Systems and User Modeling on the World Wide Web at WWW-8, Toronto, Canada, and UM-99, Banff (Canada), 89-93. http://www.ics.uci.edu/~kobsa/papers/1999-WWW8UM99-kobsa.pdf

16 Strachan, L.; J. Anderson; M. Sneesby and M. Evans (2000). Minimalist User Modelling in a Complex Commercial Software System. User Modeling and User-Adapted Interaction 10 (2-3), 109-146.

17 Teltzrow, M. and A. Kobsa (2004). Impacts of User Privacy Preferences on Personalized Systems – a Comparative Study. In: C.-M. Karat, J. Blom and J. Karat, eds: Designing Personalized User Experiences in eCommerce. Dordrecht, Netherlands, Kluwer Academic Publishers.

18 Thompson, M. (1999). Registered Visitors Are a Portal's Best Friend. The Industry Standard. Print http://www.thestandard.net.

# B 16 Innerbetriebliches Informationsmarketing

Stefan Grudowski

Die Marketingplanung innerbetrieblicher IuD-Abteilungen konkretisiert sich in folgenden vier Schritten:

- Informationsproduktplanung,
- Informationspreisplanung,
- Informationsdistributionsplanung und
- Kommunikationsplanung.

## B 16.1 Informationsproduktplanung

Zunächst ist zu erwähnen, dass der Begriff Informationsprodukt hier synonym mit dem der Informationsdienstleistung verstanden wird. Es hat sich im Dienstleistungsmarketing eingebürgert, von Produkten statt von Dienstleistungen oder Projekten zu sprechen. So spricht man heute im Marketingjargon beispielsweise von Bankprodukten und nicht von Bankdienstleistungen. Ähnlich wollen wir hier von Informationsprodukten sprechen, auch wenn man sie als Dienstleistungen bezeichnen könnte. So ist z.B. eine Presserecherche ein Informationsprodukt der IuD-Abteilung des Unternehmens. Unter dem Begriff „Produkt" im Sinne des Sprachgebrauchs des Produktmarketings und des Produktmanagements werden subsumiert: Informations-Dienstleistungen, -Produkte und -Projekte.

### B 16.1.1 Zielgruppenanalyse

Der erste Schritt ist die Zielgruppenanalyse. Um ein effektives Informationsangebot für das Unternehmen entwickeln zu können ist es notwendig, die Zielgruppen der IuD-Abteilung genau zu analysieren. Bei der Zielgruppenanalyse ist es wichtig zwischen der faktischen Zielgruppe, also der bestehenden Nutzerschaft und der potentiellen Zielgruppe, den möglichen Nutzern zu unterscheiden. So ist möglich, dass eine IuD-Abteilung die Hauptzielgruppe im mittleren Management und bei Ingenieuren der F+E-Abteilung hat, das Top-Management jedoch die IuD-Abteilung nicht nutzt. Hier wäre im Rahmen der Zielgruppenanalyse die Frage zu klären, ob auch das Top-Management eine potentielle Zielgruppe bei einem für diese Zielgruppe maßgeschneidertem Informationsangebot sein könnte. Nur wenn man die einzelnen Zielgruppen mit ihren Informationsbedürfnissen, ihrem Kenntnisstand bezüglich der Informationsversorgung und ihrer üblichen Arbeitsweise mit Informationen studiert, kann ein zielgruppenorientiertes Informationsangebot geleistet werden. Zielgruppen für IuD-Abteilungen werden analog der Organisationsstruktur des Unternehmens und nach der jeweiligen Nutzungshäufigkeit gegliedert.

In den meisten Fällen sind IuD-Abteilungen gut beraten, klare Zielgruppen zu definieren und diese mit der Unternehmensführung zu diskutieren. Denn eine IuD-Abteilung kann aufgrund der Vielfältigkeit der Informationsmöglichkeiten und Spezialisierung des Personals es nicht jeglicher Gruppe bzw. Abteilung im Unternehmen „Recht machen", sondern muss klare Schwerpunkte hinsichtlich der Befriedigung klar definierter Zielgruppen setzen.

Für umfangreiche Zielgruppenanalysen können die Methoden der sogenannten Benutzerforschung und Informationsbedarfsanalyse genutzt werden. Speziell für den IuD-Bereich ist die Benutzerforschung – moderner: Nutzerforschung – von der Informationswissenschaft als Methode entwickelt worden. Sie stellt in einigen Teilen eine Konkretisierung der Marktforschung hinsichtlich spezieller IuD-Anforderungen dar. Die Benutzerforschung ist ein Hilfsmittel zur Erforschung der Kundenwünsche bzw. Informationsnutzerwünsche und des Informationsbedarfs jeweiliger Zielgruppen. Aus den Ergebnissen einer Benutzerforschung kann eine Informationseinrichtung Rückschlüsse bezüglich der Verbesserung ihrer Produkte und Dienstleistungen ziehen. Sie erhält auch Informationen darüber, warum potentielle Nutzer keinen oder nur wenig Gebrauch von ihrem IuD-Angebot machen. Die Benutzerforschung als Methode besteht aus besonderen Anwendungsmöglichkeiten der empirischen Sozial- und Kommunikationsforschung für IuD-Abteilungen. Auch hier stehen spezielle Fragebögen und Interviewtechniken im Vordergrund.

### B 16.1.2 Produktkatalog

Im Produktkatalog legt die IuD-Abteilung genau fest, welche Produkte sie ihren Kunden anbietet.

Zunächst hört sich dies trivial an, jedoch zeigt die praktische Erfahrung, dass eine genaue Definition und Festlegung der Produkte, deren festgelegte Namensgebung und deren klare Abgrenzung einen erheblichen Diskussionsaufwand zwischen den Mitarbeitern der IuD-Abteilung untereinander und dann mit ihren Kunden erfordert. Die Erstellung des Produktkatalogs erfolgt praktischer Weise in einem Workshop mit den Mitarbeitern der IuD-Abteilung. Bewährt hat sich hierbei die Arbeit mit der Metaplan-Methode. In diesem Workshop werden die einzelnen Produkte klar definiert und voneinander abgegrenzt und danach hinsichtlich ihrer Qualität, ihres Preises und ihres Mengengerüstes im sogenannten Produktkatalog beschrieben. Der Produktkatalog enthält eine Übersicht der angebotenen Produkte, in der Regel in Produktgruppen oder nach Kernleistungsprozessen der IuD-Abteilung gegliedert. Weiter enthält der Produktkatalog für jedes Produkt ein Produktblatt, indem das einzelne Produkt kurz („auf einem Blatt") aber genau beschrieben ist.

Die Erarbeitung des Produktkatalogs hat eine klare Beantwortung bzw. Festlegung für die Mitarbeiter der IuD-Abteilung zum Ziel, aber ebenso auch für die Kunden und das übergeordnete Management: Welche Informationsprodukte sollen in welcher Qualität zu welchem Preis, mit welchen Service-Level dem Kunden angeboten werden?

Die weitere Erarbeitung und Diskussion des Produktkatalogs mit dem Kunden umfasst somit alle Entscheidungstatbestände hinsichtlich der Informationsprodukte, die den Nutzern/Kunden angeboten werden. Dazu gehört, Entscheidungen über Neuentwicklung, Differenzierung, Änderung sowie Eliminierung von Informationsprodukten und Informationsdienstleistungen zu fällen. Letzten Endes geht es um eine Standardisierung der Produktpalette, mit welcher sowohl die Mitarbeiter der IuD-Abteilung wie auch die Kunden einverstanden sind.

Die gründliche Erarbeitung des Produktkatalogs macht aus Marketingsicht mehrfachen Sinn:

– Der Produktkatalog definiert Produkte und grenzt sie sauber voneinander ab.

– Er schafft einen Überblick über das Sortiment der IuD-Abteilung und damit Transparenz für Mitarbeiter und Kunden.

– Er gibt den Produkten eindeutige Namen und fördert den einheitlichen Sprachgebrauch gegenüber dem Kunden.

– Zu ihm gehört eine Produktbeschreibung mit Qualitäts- und Zielgruppenkriterien, Service-Level, Informationsquellen, inhaltlicher Tiefen-Beschreibung, graphischen Ausarbeitungs-Standards anhand von Musterbeispielen, Mengengerüsten und Produktpreisen.

– Er kann Verweise auf Musterprodukte bzw. Musterbeispiele für das „Aussehen" des Informationsprodukts enthalten, die den Kunden gezeigt werden können (Zeigehilfe bei der Erklärung von Informationsprodukten im persönlichen Gespräch mit dem Kunden).

– Für das Qualitätsmanagement enthält er eine Qualitätsdefinition für jedes Produkt.

– Zusätzlich kann die Verantwortung für das Produkt und seine Qualität personell festgeschrieben werden, damit ein konkreter Ansprechpartner pro Produkt für den Kunden da ist (ähnlich Produktmanager).

Wichtig im Rahmen der Informationsangebotspolitik ist somit, eindeutig zu definieren, welche Information die IuD-Abteilung leistet und welche Art von Information sie nicht leisten kann. Dieses muss im Einverständnis mit den Informationsnutzern und allen Mitarbeitern der IuD-Abteilung geschehen. Dazu ist der Produktkatalog bzw. seine Diskussion mit Mitarbeitern und Kunden ein nützliches Kommunikationsinstrument.

Besitzt eine IuD-Abteilung keinen Produktkatalog, der für den Kunden übersichtlich und verständlich einsehbar ist, bekommt die Abteilung häufig Anfragen, für die sie nicht zuständig ist bzw. die sie nicht beantworten kann, weil der Nutzer über das Produktangebot nicht Bescheid weiß und damit auch nicht über die Zuständigkeiten und Kompetenzen der IuD-Abteilung. Dies ist auf Dauer ein unerfreulicher Zustand, der dem Image der IuD-Abteilung und den dort arbeitenden Mitarbeitern schadet. Auf der anderen Seite können die Nutzer bzw. Unternehmensmitglieder von dem Informationsspezialisten verlangen, dass sie durch einen Produktkatalog über die Möglichkeit und Unmöglichkeit der Informationsbeschaffung klare Antworten und Begründungen bekommen.

## B 16.2 Informationspreisplanung

Im Rahmen des innerbetrieblichen Informationsmarketings ist es wichtig, sich Gedanken über den Preis für die Informationsprodukte zu machen. Bei innerbetrieblichen IuD-Abteilungen wird der Preis in Form eines internen Verrechnungspreises als Kosten auf Kostenstellen oder Kostenträger umgeschlagen oder von Projektetats oder auch Informationsbudgets abgebucht. Manche Unternehmen, wie beispielsweise Unternehmensberatungsfirmen, können auch Informationsprodukte externen Kunden berechnen. Sinnvoll ist es, den Preis eines Informationsprodukts ausgehend von der Arbeitszeit bzw. dem Stundensatz der beteiligten Mitarbeiter zu berechnen. Zusätzlich können die Kosten addiert werden, die für die Informationsbeschaffung aus externen Quellen entstehen. Angenommen ein Informationsvermittler recherchiert eine Stunde in den Wirtschaftsdatenbanken von Genios mit einem Stundensatz von 100 Euro und wendet zusätzlich noch eine Stunde für die Auswertung und Bearbeitung der Informationen auf, dann entstehen Arbeitszeitkosten von 200 Euro. Addieren müsste man dann noch die Datenbankbenutzungskosten von Genios von rund 100 Euro. So kostet dann die Recherche ausgehend von einem realistischen Schätzwert rund 300 Euro.

Wie hoch der Verrechnungs- oder Marktpreis im jeweiligen Unternehmen sein sollte, ist nicht allein eine Marketingfrage, sondern auch eine Frage der Kostenrechnung des jeweiligen Unternehmens, in das die IuD-Abteilung eingebunden ist. Inwieweit diese Kosten innerbetrieblich umverteilt werden, sollte von Fall zu Fall entschieden werden, denn jedes Unternehmen hat hier unterschiedliche Verrechnungsmodi und interne Verrechnungspreise. Zudem kann die interne Kostenverrechnung ein Kontrollmechanismus sein: Nur wenn andere Abteilungen des Unternehmens bereit sind, von ihrem Etat die IuD-Abteilung zu bezahlen, hat sie eine Existenzberechtigung. Denn wenn keine oder zu wenig Abteilungen bereit sind, für die Information Geld zu zahlen, dann ist die Information diesen Abteilungen auch nicht viel wert. Die Preise für die Informationsprodukte einer IuD-Abteilung schwanken also zwischen dem, was die Kostenrechnung des Unternehmens vorgibt und dem Marketinggesichtspunkt der Nachfragesteuerung.

Für die IuD-Abteilung besteht die Möglichkeit, die Nachfrage durch innerbetriebliche Verrechnungspreise zu steuern. Bei dem oben angenommenen Beispiel wird sich ein Auftraggeber schon überlegen, ob er die IuD-Abteilung beauftragt und ihm diese zwei Stunden Datenbankrecherche – etwa für eine Presserecherche – die 300 Euro wirklich wert sind. Mitarbeiter können durch hohe Stundensätze von Trivialanfragen entlastet werden, denn nur wenn die Information wirklich wichtig ist und selber vom Anfrager nicht beschafft werden kann, wird der Auftraggeber den verhältnismäßig hohen Preis dafür bezahlen. Andererseits können logischerweise hohe Stundensätze der IuD-Abteilung auch die Informationsnachfrage zu sehr einschränken. Ziel des IuD-Abteilungsleiters sollte die volle, aber nicht übermäßige Auslastung der Abteilung sein. Erhebt die IuD-Abteilung überhaupt keine Preise oder nur zu geringe, ist klar, dass sie unter Auftragsfülle „erstickt", denn jedes Unternehmensmitglied würde versuchen sich das Leben durch kostenlose Informationsbelieferung zu erleichtern.

In dem oben genannten Stundensatz von 100 Euro könnte eine Profitspanne von 50%, also 50 Euro eingerechnet sein, so dass der IuD-Abteilung im oben geschilderten Beispiel, wo die Recherche rund 300 Euro kostet, ein Gewinn von rund 100 Euro bleibt.

Als dritte Determinante wird der Preis vom freien Markt bestimmt, sofern vergleichbare Informationsdienstleistungen und -produkte auf dem Markt angeboten werden, was nur selten der Fall ist.

Der Preis wird also zusammenfassend bestimmt durch

– Ertragsziele (Kostendeckung, Umsatzsteigerung, Gewinnmaximierung),

– im öffentlichen Bereich durch vorgeschriebene Gebühren bzw. Gebührenordnung,

– Nachfragesteuerung (Erhöhung der Nutzerzahl durch niedrige Preise oder Begrenzung der Nachfrage durch hohe Preise oder Schutzgebühren),

– Imageüberlegungen der IuD-Abteilung,

– Make-or-Buy-Überlegungen und

– Benchmarking (Vergleich mit dem, was in der Branche üblich ist und sich als erfolgreich erwiesen hat).

Von der Preispolitik des allgemeinen Marketings lassen sich für das innerbetriebliche Informationsmarketing folgende Preisstrategien ableiten.

## B 16.2.1 Kostenorientierte Preisbildung

Bei der „Kostenorientierten Preisbildung" dienen die Kosten, eventuell einschließlich eines Gewinnzuschlags, als Preisberechnungsbasis. Eingerechnet werden häufig:

- Produktentwicklungskosten
- Materialkosten (Materialeinzelkosten, Materialgemeinkosten, wie z.B. Materiallagerkosten)
- Fertigungskosten (Fertigungslöhne, Maschinenkosten, Fertigungsgemeinkosten, wie Abschreibungs-, Zins-, Energiekosten)
- Sondereinzelkosten der Fertigung, wie z.B. Entwicklungskosten, Prototypkosten oder Spezialwerkzeuge
- Verwaltungsgemeinkosten
- Vertriebskosten (akquisitorische und logistische Vertriebskosten, Vertriebsgemeinkosten)
- Ein eventueller Gewinnzuschlag.

## B 16.2.2 Nachfrageorientierte Preisbildung

Bei der „Nachfrageorientierten Preisbildung" ist die Beziehung zwischen dem Produktpreis und der Preisbereitschaft des Kunden entscheidend:

- Wichtig ist die Beobachtung über Reaktionen der Nachfrager auf Preisänderungen (Preiselastizität).
- Der Produktnutzen und die Wertvorstellungen der Nachfrager sind entscheidend. Es gibt Informationsprodukte, deren Preis vom Nachfrager auch als ein Qualitätsmaßstab interpretiert wird.
- Das Marken- und Produktimage beeinflusst häufig den Produktpreis.
- Verkauffförderungsaktivitäten können mit speziellen Preismaßnahmen gekoppelt werden, z.B. Sonderpreise oder Probierpreise.
- Bei der so genannten aktiven Preisverhandlung handeln die Vertragspartner sämtliche Bedingungen des Kaufabschlusses aus (Individualpreis).
- Bei der passiven Preisforderung legt der Anbieter den gleichen Preis für alle Abnehmer fest, der vom Nachfrager akzeptiert oder abgelehnt wird (Einheitspreis).

## B 16.2.3 Preisdifferenzierende Preisbildung

Bei der „Preisdifferenzierenden Preisbildung" werden meist Produktdifferenzierungen für Preisvarianten genutzt:

- Verschiedene Produktvarianten – häufig nur geringfügig abweichende Varianten – werden zu unterschiedlichen Preisen angeboten, z.B. unterschiedliche Ausarbeitung von Presserecherchen.
- Zeitliche Variationen, z.B. Werktags- oder Wochenendtarife oder
- Express-Preise bei schneller Dienstleistung und
- Service-Zusatzleistungen.

## B 16.2.4 Konditionale Preisbildung

Bei der „Konditionalen Preisbildung" wird der Preis durch Vertrags-, Lieferungs- und Zahlungskonditionen beeinflusst:

- Allgemeine Vertragskonditionen wie z.B. Mengenstaffel, Funktionsrabatte, Schulung und Beratung;
- Personelle Zuordnung von Informationsspezialisten für bestimmte Abteilungen wie z.B. chinesisch sprechender Informationsspezialist für die Tochterfirma in China oder Informationsspezialist für Chemieinformation für die Abteilung „Unternehmensberatung für die Chemieindustrie" einer großen Unternehmensberatungsfirma.

## B 16.3 Informationsdistributionsplanung

Die Distributionsplanung besteht darin, zu planen, wie die Information am besten und sinnvollsten zum Endnutzer gelangt. Die Distribution ist die Brücke, über die der Informationsaustausch zwischen der IuD-Abteilung und dem Endnutzer erfolgt, also eine wichtige Entscheidungsvariable für das Informationsmarketing. Im Rahmen der Distributionsplanung sind grundsätzliche Entscheidungen zu fällen, die in den folgenden Unterpunkten erläutert werden.

### B 16.3.1 Distributionstechnologien

Welche Distributionstechnologien bzw. Medien sind für eine optimale Informationsdienstleistung notwendig? Diese Entscheidung betrifft die Wahl der technischen Übermittlungsformen und Informationsmedien. Die Informationsmedien für eine IuD-Abteilung haben sich in den letzten Jahren vervielfältigt und werden sich in der Zukunft revolutionär wandeln. Neben Papier sind als Medien zum Datenaustausch LANs bzw. Client-Server-/Archiv-Server-Netzwerke, E-Mail-Systeme und das Intranet verwendbar. International und informationsintensiv arbeitende Unternehmen wie z.B. die internationalen Unternehmensberatungsfirmen nutzen ein Informations- und Kommunikationssystem, welches es ermöglicht, eine Information weltweit zwischen den Büros in über 30 Ländern austauschen zu können unter der Prämisse, dass es egal sein muss, von wo, zu wem und zu welcher Zeit die Information ausgetauscht wird. Die Zukunft liegt darin, dem Nutzer Orts- und Zeitprobleme abzunehmen und einen eigenen Zugriff auf Online-Informationsquellen zu bieten. Die Vision ist, dass der Nutzer, egal von wo und zu welcher Zeit, mit seinem Notebook weltweit Online-Informationen von anwenderfreundlichen UMTS-Systemen abrufen kann, das heißt kabellos – ähnlich der Mobilfunkkommunikation.

In Zukunft werden PCs standardmäßig mit eingebauten Mobilfunk- bzw. UMTS-Modems ausgerüstet sein. Ein Zukunftsthema ist deshalb die kabellose (wireless) Datenübertragung per UMTS. Ähnlich wie heute Mobilfunk eine selbstverständliche Technologie ist, wird sich auch die mobile Datenübertragung von Notebook zu Notebook oder von Notebook zu Netzserver in Zukunft durchsetzen.

### B 16.3.2 Zentrale oder dezentrale Organisation?

Soll der Standort der IuD-Abteilung zentral oder dezentral im Unternehmen strukturiert sein? Eine wichtige Entscheidung ist, ob man bei einer dezentralen Organisationsstruktur des Unternehmens auch die IuD-Abteilung des Unternehmens dezentral organisieren soll. Der Vorteil der Dezentralisierung besteht darin, dass dezentral arbeitende Unternehmenszweige einen direkten Zugang zu dezentral aufgegliederten Informationsstellen haben. Ist beispielsweise die F+E-Abteilung eines Unternehmens dezentral organisiert, kann es von Vorteil sein, wenn auch entsprechende Informationsfachleute parallel dezentral angesiedelt sind. Zum Beispiel kann dann ein Chemiker der F+E-Abteilung „Chemie" ein paar Bürotüren weiter zum Informationsvermittler oder zur Dokumentation gehen, während er bei einer zentralen IuD-Abteilung vielleicht erst 500 Meter über das Werksgelände laufen müsste oder als anderes Beispiel von Frankfurt nach Berlin telefonieren müsste und einen Stapel Papier als Vorlage für die Recherche dem Informationsvermittler erst faxen müsste. Der Informationsvermittler selber müsste ebenfalls die Rechercheergebnisse über eine lange Strecke übermitteln. Die persönliche Kontaktpflege zwischen den Kernzielgruppen der IuD-Abteilung und den Informationsvermittlern spielt aus Marketinggesichtspunkten ebenfalls eine große Rolle. Auch ist zu überlegen, ob durch die Mitwirkung des Nutzers am Ort der Informationsvermittlung die Qualität dieser Dienstleistung gesteigert werden könnte und deswegen eine dezentrale geführte IuD-Abteilung sinnvoll ist.

### B 16.3.3 Planung der Informationsbeschaffung – Beschaffungsmarketing

IuD-Abteilungen sind nicht nur Sender von Informationen, sondern auch selber Empfänger. Das heißt, dass jede IuD-Abteilung Informationen von anderen Stellen benötigt, um mit ihnen arbeiten zu können. Seien es externe Online-Datenbanken, Presseinformationen von anderen Firmen, die Auskunft von staatlichen Stellen, die Mitbenutzung anderer Bibliotheken usw. Auch in dieser Richtung muss Marketing betrieben werden, welches die Informationsbeschaffung erleichtert. Zum einen ist an die richtige Kommunikationstechnik zu denken, aber auch an persönliche Kontakte, die aufgebaut werden müssen. Entscheidend ist auch, dass die Informationsnachfrage bei externen Stellen marketingorientiert geschieht. Fragen dazu sind beispielsweise: Wird ein bestehendes gutes Firmenimage für die Informationsbeschaffung genutzt? Sind die Mitarbeiter gut vorbereitete Kommunikatoren? Verhandeln sie geschickt, um Informationen zu erhalten und wirken sie am Telefon seriös? Beachten sie ethische Grundsätze bei der Informationsnachfrage? Wenn dies nicht geschehen würde, könnten spätere Anfragen auf Ablehnung stoßen.

### B 16.3.4 Externe Vermarktung

Sollen Informationen außerhalb des Unternehmens verkauft werden? Um Informationen nach außen verkaufen zu können, ist ein erfolgversprechender Vertriebsweg nötig. Folgende Möglichkeiten bieten sich an:

- Vertrieb einer Datenbasis über Hosts bzw. Online-Datenbankanbieter,

- Produktion von gedruckten oder als CD-ROM-Version gepresster Informationsprodukte im Direktvertrieb,

- Angebot von Informationen über Internet,

- kostenlose Versendung von Informationen an Kunden des Unternehmens im Sinne einer Unternehmenswerbung (evtl. Versendung mit Schutzgebühr).

- Zukunftsweisend ist die Nutzung eines sog. Content-Management-Systems für das Informationsangebot nach außen.

### B 16.3.5 Kunden-Präferenzen bezüglich der Distribution

Welche Präferenzen hat die Zielgruppe des Informationsangebots hinsichtlich der Informationsübermittlung? Kunden bzw. Nutzer von einer IuD-Abteilung haben ganz bestimmte Präferenzen, wie ihnen die Informationsdienstleistung angeboten werden soll. Diese Präferenzen können sich bei einer Nutzerschaft über Jahre entwickelt haben und fest verwurzelt sein. Obwohl sie manchmal altmodisch sind, sind sie trotzdem nicht leicht zu verändern. Die IuD-Abteilung muss sie genau analysieren, manchmal ihnen auch nachgeben. Wichtige Präferenzen, die auf alle Fälle analysiert werden sollten, sind:

- Wertvorstellungen und Gewohnheiten der Kunden,

- Akzeptanz technischer Informations- und Kommunikationsmedien und ihr Beeinflussungsgrad der Informationsnutzung der Zielgruppe,

- Bequemlichkeit bei der Erteilung des Informationsauftrags,

- Bequemlichkeit bei der Informationsabnahme und -nutzung,

- technische Grundausstattung der Nutzerschaft,

- Wunsch nach Exklusivität von erhaltener Information,

- Präferenzen für bestimmte Informationsvermittler-Persönlichkeiten (z.B. feste Ansprechpartner,

die mit individuellen Informationsbedürfnissen vertraut sind);

- Normen, die die Informationskultur des Unternehmens vorgibt.

### B 16.3.6 Abhängigkeit vom Distributionsweg

Welche gegenseitige Abhängigkeit besteht zwischen dem Informationsprodukt und dem Distributionsweg? Informationsprodukt und Distributionsweg beeinflussen sich in ihrer Ausgestaltung gegenseitig. Teilweise sind sie nicht unabhängig voneinander zu planen. Folgende Fragen sollen dies veranschaulichen:

- Wie wird die Qualität des Informationsproduktes vom Vertriebsweg beeinflusst (z.B. Schnelligkeit der Übermittlung)?

- Was ist für ein Informationsprodukt der billigste Übermittlungsweg?

- Welche Art und Qualität des Kundenservice wird benötigt, um sowohl die Informationsdienstleistung als auch die Distribution des Informationsproduktes zu unterstützen?

- Inwieweit lassen sich Informationen elektronisch übermitteln? Lohnt es sich, Informationen, die in gedruckter Form vorliegen, zu scannen, damit sie elektronisch übermittelt und gespeichert werden können?

### B 16.3.7 Informationstools zur Selbstrecherche von Mitarbeitern

Welche Informationsmedien sollen zur Selbstrecherche den Mitarbeitern des Unternehmens frei zugänglich gemacht werden? Diese Frage ist nicht trivial, denn es gibt im Internet zunehmend mehr für Laien recherchierbare Informationsangebote. Damit wird der Umgang mit Volltext-Retrieval zum Allgemeinwissen. Diese modernen Programme sind für den Nicht-Informationsfachmann einfach zu erlernen. Daraus leiten sich folgende Fragen ab, die den Vertrieb von Information bzw. die Organisation der Nutzung von Informationsmedien im Unternehmen betreffen:

- Sollen Informationstools zur Selbstrecherche für die Nicht-Informationsfachleute im Unternehmen eingerichtet werden?

- Oder ist es besser die Informationsrecherchen nur von Informationsfachleuten durchführen zu lassen?
- Ist es sinnvoll, Nicht-Informationsfachleuten im Unternehmen die Online-Recherche zu erklären bzw. die Recherche Software auf deren eigenen PC einzurichten?
- Oder sollen Online-Recherchen nur von den Mitarbeitern der IuD-Abteilung durchgeführt werden?

Es gibt verschiedene Argumente für die eine wie für die andere Alternative. Aus der Sicht des Verfassers kann die IuD-Abteilung moderner Prägung nicht der alleinige Flaschenhals sein, durch den die Informationen fließen. Die Distribution von Information im Unternehmen wird sich wandeln, indem die Informationsvermittlung zunehmend darin bestehen wird, Informationsmedien bereitzustellen und deren Anwendungsmöglichkeiten zu zeigen und zu schulen. Während heute noch der Nicht-Informationsfachmann auf den Informationsvermittler angewiesen ist, der ihm Informationen aus den Datenbanken beschafft, wird dies in naher Zukunft nicht mehr in allen Fällen bzw. für jegliche Informationsnachfrage der Fall sein.

## B 16.4 Marketingkommunikation

Eine Informationseinrichtung darf nicht nur an die reine Fachinformation denken. Um erfolgreich zu sein, muss sie gegenüber Nutzern, Kunden und Geldgebern auch Meta-Information betreiben. Meta-Information bedeutet in diesem Zusammenhang Information über die Fachinformation. Das heißt, die IuD-Abteilung sollte planmäßig und kontinuierlich über den Nutzen ihrer Arbeit und ihre Informationsprodukte informieren, insbesondere die Unternehmensführung, die allzu oft nur diffuse Vorstellungen über die Arbeit der IuD-Abteilung hat. Erfahrungsgemäß werden aber derartige Informationen, wenn sie erst einmal bekannt sind, interessiert und dankbar aufgenommen. Diese Informations- und Kommunikationsaktivitäten umfassen im Rahmen des Marketings:

- Werbung für die IuD-Abteilung und ihre Leistungen,
- Einleitung von Verständigungsprozessen über die Arbeit und die Ziele der IuD-Abteilung mit Nicht-Informationsfachleuten bzw. Laien,
- Persönliche Beratung von Nutzern der IuD-Abteilung,
- Erstellung und Verteilung von sachlich-technischen Informationsmedien, wie Broschüren, Ratgebern, Demo-Informationsprodukten,
- Präsentation der IuD-Abteilung auf innerbetrieblichen Ausstellungen, Versammlungen, Informationsbörsen oder sonstigen Kommunikationsanlässen sowie
- Verkaufsförderungsmaßnahmen.

In der Marketingsprache werden diese Informations- und Kommunikations-Aktivitäten auch als „Interne Kommunikationspolitik" eines Unternehmens bezeichnet. Für eine Informationseinrichtung verstehen wir unter Kommunikationspolitik die Möglichkeiten, in Austausch mit potentiellen Informationsnutzern zu treten, für die Aufnahme der Kommunikation mit der IuD-Abteilung sowie für deren Leistungen zu werben, die erfolgreiche fachliche Kommunikation mit dem Nutzer durch geeignete Hilfsmittel positiv zu fördern, bei der fachlichen Kommunikation mit dem Nutzer ein bestimmtes Kommunikationsklima zu erwirken, und letztlich auf der Nutzerseite einen positiven Eindruck von der Informationseinrichtung entstehen zu lassen.

### B 16.4.1 Persönliche Kundenkommunikation

Die direkte Kommunikation mit dem Kunden bzw. dem Nutzer ist der wichtigste Ansatz der Kommunikationspolitik für die IuD-Abteilung. Sie hat keine Streuverluste und ist von der Kontaktqualität jeder anderen Werbeform überlegen. Der Nutzer einer Informationseinrichtung ist in der Regel im Gespräch freigiebig in der Preisgabe seiner Informationsbedürfnisse und willig, neue Lösungen seiner Informationsprobleme, die ihm die Einrichtung anbietet, auszuprobieren. Im Verlauf des Gesprächs hat der Informationsvermittler die Möglichkeit, irrige Annahmen zu revidieren und direkt auf die Wünsche des Kunden einzugehen. Zwar wird er mit einer gebotenen Zurückhaltung zu agieren haben, um nicht sofort in den Verdacht zu kommen, doch nur verkaufen zu wollen. Aber seine Möglichkeiten, ein positives, vertrauensvolles Gesprächsklima zu schaffen, sind sehr groß. Deshalb sollte die Auftragsannahme möglichst in Form eines persönlichen Gesprächs vonstatten gehen. Von der schriftlichen Auftragsannahme, z.B. in Form von ausgefüllten Anfrageformularen, ist, wenn möglich, abzuraten. Dies gilt auch für die Übergabe des Informationsprodukts; auch hier sollte das persönliche Gespräch, ggf. mit Erklärungen des Ergebnisses genutzt werden.

Im Rahmen der persönlichen Beratung und des persönlichen Verkaufs von Informationsdienstleistungen kann oder sollte der Informationsvermittler folgende Ziele umsetzen:

- Verkaufsunterstützung durch Beratung,
- Erlangung von Aufträgen,
- Gewinnung von Informationen über den Kunden und weiterer potentieller Kunden (z.B. zur Verbesserung der Informationsprodukte oder weiterer Akquisition),
- Aufbau eines Vertrauensverhältnisses,
- Bildung einer positiven Einstellung gegenüber der Informationseinrichtung (Imagebildung),
- Abwicklung bzw. Endgegennahme von Aufträgen und damit zugleich Erledigung eines Teils der Dienstleistung.

Hauptsäulen der Verkaufsarbeit im persönlichen Kontakt sind: Sympathie, Fachwissen, Autorität, Unkompliziertheit. Informationsdienstleistungen sind häufig sehr erklärungsbedürftig. Eine Unkenntnis und Unsicherheit auf Kundenseite hemmt oft die Nutzung. Deshalb hat der Informationsvermittler im Gespräch mit dem Kunden die Chance, Dienstleistungen und technische Produkte und Hilfsmittel zu erklären. Dabei darf jedoch der Anschein, dass der Kunde unerfahren, kenntnisarm oder unsicher ist, nicht auftreten. Der Kunde will sich nicht anders behandelt fühlen als ein mit der Informationsnutzung erfahrener Kunde; wenigstens dürfen ihm seine Informationsdefizite nicht laufend verdeutlicht werden. Letzten Endes sollte der Kunde das Gefühl haben, seine Entscheidung allein getroffen zu haben. Es sollte Interesse an den Informationsproblemen des Kunden gezeigt werden. Negative Informationen über Konkurrenzeinrichtungen oder alternative Informationsmöglichkeiten sollten, wenn überhaupt, nur vorsichtig bzw. dezent gemacht werden.

### B 16.4.2 Innerbetriebliche Werbemaßnahmen

Informationsfachleute können aufgrund moderner Informationswerkzeuge, wie z.B. Desktop Publishing, einige Werbemedien selber und daher kostengünstig erstellen. Informationseinrichtungen können je nach Etatvolumen folgende Werbemedien in Erwägung ziehen:

- Abteilungseigene Website im Intranet,
- Prospekte,
- Anzeigen und Beilagen in Fachzeitschriften, Werkzeitschriften sowie in Verbandszeitschriften, Messe- und Ausstellungskatalogen und Nachschlagewerken,
- Werbeartikel,
- Werbebriefe (Direktwerbung),
- Telefonmarketing (rechtlich jedoch umstritten, in manchen Fällen verboten, ähnlich Werbung per Telefax),
- Beilagen zu Informationsprodukten sowie
- anspruchsvolle Visitenkarten.

Dabei muss aber unbedingt das Corporate Design des Unternehmens eingehalten werden.

Daneben sollten auch die im Folgenden aufgelisteten Medien zur Sekundärnutzung für Werbezwecke in Erwägung gezogen werden. Das heißt, dass sich in diese Medien Werbeinhalte integrieren lassen und dass diese Medien zu Imagezwecken der IuD-Abteilung genutzt werden können und auch aus diesem Blickwinkel analysiert und gestaltet werden müssen:

- Geschäftsberichte,
- Tätigkeitsberichte,
- Informationsmaterialien aller Art (Bluesheets bzw. Datenbankenverzeichnisse, Kurzübersichten über Retrievalsprachen),
- Handbücher,
- Schulungsunterlagen (z.B. für Schulung von Retrievalsprachen),
- Informationsträger und Verpackung (z.B. Mappe in der Ausdrucke übergeben werden),
- Preislisten,
- Briefköpfe bzw. Briefwechsel.

Sogar Rechnungsformulare und -ausdrucke, die dem Kunden zugehen, können einen imagebildenden Faktor darstellen. Deshalb sind alle Medien zwischen Informationseinrichtung und Kunden bzw. Nutzer hinsichtlich möglicher Werbenutzung und -wirkung zu analysieren.

Wichtig ist, in der IuD zwei grundsätzliche Werbearten zu unterscheiden: Image- und Aktionswerbung. Bei der Imagewerbung geht es darum, das Image, welches Nutzer von einer Informationseinrichtung oder von Informationsdienstleistungen haben, positiv zu beeinflussen. Unter positiver Beeinflussung ist beispielsweise zu verstehen: Personen, die nur wenige oder sehr undeutliche Vorstellungen über eine Informationsdienstleistung und deren Nutzen haben, aufzuklären.

„Gut informiert zu sein" ist ein gesellschaftlich hoch anerkannter Wert, insbesondere im Berufsleben. Imagewerbung für die Informationseinrichtung bedeutet, diese Einstellung werblich als Imagefaktor für sich zu nutzen (Begriff: Imagetransfer).

Der Nutzen einer Informationseinrichtung bzw. deren Produkte wird häufig nicht eindeutig und objektiv gemessen. Er wird deshalb häufig durch subjektive Werturteile und Erfahrungen bestimmt. Eine Informationseinrichtung kann im Rahmen der Imagepflege versuchen, objektive Nutzenkriterien herauszustellen, die sie erfüllt. Die subjektive Bewertung des Nutzens derselben Informationseinrichtung kann aufgrund der Subjektivität von Person zu Person recht unterschiedlich sein. Aufgabe der Imagewerbung einer Informationseinrichtung ist deshalb auch, schlechten subjektiven Urteilen positive gegenüberzustellen.

Geeignet ist auch die Vorlage glaubwürdiger Referenzen bereits zufriedener Kunden, welche die Informationsprodukte regelmäßig nutzen.

Informationen sind aufgrund ihres immateriellen Charakters nicht materiell greifbar. Im Gegensatz zu physischen Produkten kann man sie nicht begutachten, bevor man sie erwirbt. Wenn ein Kunde eine IuD-Abteilung mit einer Marktrecherche beauftragt, kann er das Resultat der Recherche, den Marktbericht, nicht vor Bezug der Leistung sehen; erst nach Ausführung der Recherchetätigkeit weiß er, ob Literaturangaben zu seiner Themenstellung gefunden wurden und welchen Nutzen sie für ihn haben. Dies führt zu einer gewissen Unsicherheit des Kunden bei Erst-Aufträgen. Ist der Kunde nach dem ersten Auftrag nicht zufrieden, wird sein Bild von der Qualität der Informationsprodukte der IuD-Abteilung zunächst vielleicht negativ geprägt sein. In dieser Hinsicht spielt das Image der IuD-Abteilung, welches Neukunden von Informationsprodukten und -dienstleistungen sowie von der Informationseinrichtung insgesamt haben, eine besondere Rolle.

Im Gegensatz zur Imagewerbung sollen Aktionswerbemaßnahmen den Nutzer direkt zur Nutzung eines Informationsproduktes motivieren bzw. aktivieren. Aktionswerbemaßnahmen richten sich deshalb auf

– Darstellung konkreter Angebote und Produkte,

– Aktivierung des Nutzers zum Informationshandeln und

– Kopplung mit besonderen Promotionaktionen, wie z.B. Anbieten einer Gratis-Recherche innerhalb eines bestimmten Zeitraums.

Ein typisches Beispiel für eine Form der Aktionswerbung, welche sich als Instrument des Informationsmarketings besonders eignet, ist die so genannte Dialogwerbung, die den Nutzer/Kunden zur Kontaktaufnahme – die ja letztendliches Ziel der Werbung ist, um persönliche Beratung ansetzen zu können – auffordert. Sie ist sinnvoller werblicher Ansatz zur Neukundenakquisition, da sie dem Kunden die Kontaktaufnahme direkt vorschlägt, deren Abwicklung u.U. erleichtert und die Entscheidung forciert, vom Lesen der Anzeige oder des Internet-Angebots aus eigener Motivation zur Aufnahme eines Kontaktes der werbenden Informationseinrichtung zu kommen. Zudem bietet sie die Möglichkeit, Feedback-Mechanismen einzubauen wie zum Beispiel einen Antwortkupon in einer Werbeanzeige oder in einem Internet-Angebot. Die Antwort des Kunden zum Beispiel in Form eines Antwortkupons kann dazu genutzt werden,

– neue Interessenten aufzuspüren, die dann von einem Informationsvermittler persönlich angesprochen werden können,

– ihm gezielt weiteres evtl. ausführlicheres Informationsmaterial zu schicken,

– Werbewirkungskontrollen zu machen (z.B.: In welcher Fachzeitschrift hat eine Anzeige am meisten Rückantworten gebracht und somit die Zielgruppe am besten erreicht?).

### B 16.4.3 Innerbetriebliche Öffentlichkeitsarbeit

Öffentlichkeitsarbeit hat nach neuerer Ansicht für Großunternehmen einen externen und einen internen Aspekt. Das heißt, dass nicht nur in der das Unternehmen umgebenden Öffentlichkeit um Verständnis, Vertrauen und Anerkennung geworben wird, sondern Großunternehmen auch interne Öffentlichkeitsarbeit betreiben, wobei die Zielgruppe dafür die Mitarbeiter des eigenen Unternehmens sind. Öffentlichkeitsarbeit wird so im Sinne von innerbetrieblicher Mitarbeiterinformation betrieben. Innerbetriebliche Informationseinrichtungen können darauf achten, dass sie bei Maßnahmen der internen Öffentlichkeitsarbeit bzw. Mitarbeiterinformation berücksichtigt werden, sich quasi in diese „einschalten". Sie können sich dafür einsetzen, dass über ihre Arbeit und Leistungen im Unternehmen informiert wird. Auch können sie z.B. darauf achten, dass sie in Einführungsprogrammen für neue Mitarbeiter (Betriebsführung, Trainer-Programme u.m.) berücksichtigt werden oder über ihre Abteilung in der Betriebszeitschrift berichten dürfen.

Für die innerbetriebliche Öffentlichkeitsarbeit einer Informationseinrichtung stehen in der Regel folgende Instrumente zur Verfügung:

- Veröffentlichungen im Intranet, in Tätigkeitsberichten, Geschäftsberichten, Jubiläumsschriften, Prospekten, audio-visuellen Materialien
- Veranstaltungen (Pressekonferenzen, Seminare, „Tag der offenen Tür" für Kunden und Nutzer, Feiern, Beteiligung an Ausstellungen und Messen sowie Tagungen)
- Reden und Vorträge.

Zur Öffentlichkeitsarbeit sind auch sachlich-technische Informationsmedien (z.B. Bluesheets, Preislisten, technische Ratschläge, Schulungen und Schulungsunterlagen, Vorträge, Beiträge im redaktionellen Teil von Fachzeitschriften) innerhalb der Kommunikationspolitik zu berücksichtigen. In sachlich-technische Informationen können Werbe- und PR-Elemente integriert werden. Dies gilt besonders für

- Vorträge, die von Mitarbeitern der Informationseinrichtung gehalten werden,
- Schulungen, die die Informationseinrichtung für Nutzer durchführt,
- Beiträge in Fachzeitschriften.

Sachlich-technische Informationen haben einen imagebildenden Effekt bzw. können Bestandteil der Imagewerbung sein: Sie zeugen für die Fachkompetenz der Einrichtung! Sind die Informationsmaterialien der Informationseinrichtung über ihre eigenen Belange schlecht, kann sie wahrscheinlich auch keine guten Informationsdienstleistungen für Kunden erfüllen. Sie sind häufig für den Nutzer von höherem beruflichen bzw. fachlichen Interesse als Werbemittel, da sie detaillierte technische Erklärungen, Begriffsdefinitionen und Fakten enthalten. Sie werden deshalb vom Nutzer eher gründlich gelesen, aufgehoben und an Kollegen weitergereicht als dies bei reinen Werbemitteln der Fall ist. Ihnen ist deshalb – ähnlich den Werbemitteln – ästhetische Aufmerksamkeit bei der Herstellung zu widmen. Diese Medien sollten nicht weniger aufwendig gestaltet sein als Werbemedien. Im günstigen Falle können sie für Image- und Produktwerbung sekundär genutzt werden, indem werbliche Inhalte geschickt integriert werden. Sie können durch neuartige Medien vermittelt werden und diese dem Kunden gegenüber bekannt machen. Dem Kunden wird beim Rezipieren der Informationen dann gleich das für ihn neuartige Medium bzw. die neuartige Präsentation von Information bewusst und über einen längeren Zeitraum vertraut. Beispiele sind: Sachlich-technische Kundeninformationen auf einer Demo-CD-ROM oder Einsatz einer Multimedia-Präsentation während einer Schulung.

### B 16.4.4 Verkaufsförderung

Für erwerbswirtschaftliche Informationseinrichtungen gilt es schließlich noch innerhalb der Kommunikationspolitik die Verkaufsförderung zu berücksichtigen. Unter Verkaufsförderung („sales promotion") werden alle räumlichen, optischen und psychologischen Maßnahmen verstanden, die am Ort des Angebots, dem Point of Sale (POS), dem Kunden den Kaufentscheid bzw. die Auftragserteilung für ein bestimmtes Informationsprodukt oder ein bestimmte Informationsdienstleistung erleichtern. Einige Dienstleistungsunternehmen, wie z.B. Banken, haben in den letzten Jahrzehnten eine durchdachte Verkaufsförderung in ihr Marketing integriert. Für Informationseinrichtungen fehlen hier noch weitgehend Ansätze. Allerdings kann folgendes hierzu gesagt werden:

Verkaufsförderung umfasst auch die Gestaltung bzw. Atmosphäre der Räumlichkeiten, der Beratungszone und der Verkaufsmöbel, wo der Kundenkontakt stattfindet. Dies ist auch hinsichtlich der Informationseinrichtungen zu berücksichtigen, da dies wesentlich darüber entscheidet, ob sich ein Kunde gerne in einer solchen Einrichtung aufhält und sich während des Beratungs- und Verkaufsgesprächs wohlfühlt. Auffällig ist hier beispielsweise der Vergleich zwischen einer wissenschaftlichen Bibliothek, wie sie uns in der Regel begegnet, und der einer Bank. So wenden die Banken für das Ambiente zunehmend mehr auf (Büroeinrichtung, Kunst am Point of Sale usw.), aber die wissenschaftlichen Bibliotheken aufgrund von Etatkürzungen immer weniger.

Für die Kundenzufriedenheit ist natürlich in erster Linie das Ergebnis der Dienstleistung ausschlaggebend, also Qualität der erhaltenen Information. Allerdings muss eine Informationseinrichtung davon ausgehen, dass diese nicht zu hundertprozentig die Kundenzufriedenheit bestimmt. Der Kunde verlangt von der Informationseinrichtung mehr: Wenn er auf Personal der Informationseinrichtung trifft, um sein Informationsproblem zu beschreiben, erwartet er eine kompetente, sympathische und vertrauensvolle Zusammenarbeit. Kompetentes Personal gehört somit zum Angebot der Informationseinrichtung und muss als solches bei der Angebotsofferierung auch so in Erscheinung treten. Weiter gehören neben dem Preis der Dienstleistung auch die Zeitspanne der Auftragserfüllung sowie kundenfreundliche Öffnungs- und Dienstzeiten der Informationseinrichtung zum Angebot.

Langfristig soll die interne Verkaufsförderung darauf hinwirken, im eigenen Verkauf eine bessere Beratungs- und Verkaufstechnik sowie Argumentationstechnik und eine größere Produktkenntnis sicherzustellen, den Einsatzwillen des Beratungs- und Verkaufspersonals hinsichtlich einer intensiveren und überzeugenderen Beratung positiv zu beeinflussen. Im Sinne der Bereitstellung optimalen Beratungspotentials ist die Qualität der Informationsvermittler durch intensive und wiederholte Weiterbildungsmaßnahmen sicherzustellen. Gesprächsführungs-, Beratungs- und Verkaufstechniken sind folglich auch im Informationswesen wichtige Instrumente des Marketings.

Zur Beratungs- und Verkaufsförderung gehören auch Mittel der Verkaufsunterstützung. Zu denken ist an die Bereithaltung von Argumentarien, Beratungsanleitungen, Recherche-Beispielen, Verkaufshandbüchern (engl. sales manuals), Zeigebroschüren (mit Diagrammen, Ablaufschemata, Präsentationen) und anderen Verkaufshilfen. Wichtig sind vorgedruckte Formulare, die die Auftragserfassung bzw. Erfassung des Informationsproblems erleichtern. Diese müssen klar gegliedert sein, Arbeitszeit einsparen helfen und, sofern der Kunde die Vordrucke ausfüllen muss, verständlich sein.

### Literatur

01 Grudowski, Stefan: Einführung in das Informationsmarketing. In: Einführung in das Projektmanagement. In: J. W. Goebel; S. Grudowski; J. Herget; M. Kluck; T. Seeger: Projekt und Dienstleistungsmanagement in der Information und Dokumentation. Universität Potsdam, Potsdam 1994. S. 73-126

02 Grudowski, Stefan: Marketing für Informationsvermittlung. In: M. Buder; W. Rehfeld; T. Seeger; D. Strauch (Hrsg.): Grundlagen der praktischen Information und Dokumentation. Ein Handbuch für die fachliche Informationsarbeit. 4. Aufl., K. G. Saur, München u. a. 1997, Bd. 2, S. 822-845

03 Kotler, Philip: Marketing-Management. Analyse, Planung, Umsetzung und Steuerung. 8. Aufl. Stuttgart 1995

# B 17 Informationsqualität

Marc Rittberger

## B 17.1 Einleitung

### B 17.1.1 Definition

Qualität (vom lateinischen qualis = wie beschaffen) beschreibt die Güte, den Wert bzw. die Beschaffenheit (Lit. 01) oder auch die Gesamtheit der charakteristischen Eigenschaften einer Sache oder Person (Lit. 02). Die Beschaffenheit und die Unterscheidungsmerkmale einer Ware oder einer Dienstleistung in bezug auf ihre Vorzüge oder Mängel gegenüber anderen Waren oder Dienstleistungen sind dabei von besonderer Bedeutung (Lit. 03).

Diesem allgemeinsprachlichen Verständnis steht eine Definition der DIN ISO Norm 8402 gegenüber, die Qualität als „die Gesamtheit von Eigenschaften und Merkmalen eines Produktes oder einer Dienstleistung, die sich auf deren Eignung zur Erfüllung festgelegter oder vorausgesetzter Erfordernisse beziehen" beschreibt. Qualität ist also nicht ein abstraktes Gut, welches Dienstleistungen oder Produkten anhaftet. Vielmehr bezieht sich die Qualität eines Produktes oder einer Dienstleistung auf eine konkrete Situation oder Problemstellung, in deren Kontext die Qualität bestimmt wird. Diese Sichtweise auf Qualität, die zweckorientiert im Hinblick auf bestimmte, festgelegte Bedürfnisse ist, nennt man teleologisch (Lit. 04; Lit. 05).

Qualität wird in beiden Definitionen als eine Größe formuliert, die sich aus bestimmten Kriterien zusammensetzt (Gesamtheit der charakteristischen Eigenschaften, Gesamtheit von Eigenschaften und Merkmalen) und für das entsprechende Produkt oder die Dienstleistung typisch sind. Es gibt also nicht die absolute Qualität, sondern immer nur eine zusammengesetzte Größe. Das bedeutet auch, dass Qualität keine binäre Größe ist, sondern dass zur Bewertung von Qualität eine kontinuierliche Skala notwendig ist. Möchte man die Qualität messen, so benötigt man also zumindest Ordinalskalen oder auch Intervallskalen.

### B 17.1.2 Objektive und subjektive Qualität

Schon aus diesen kurzen Bemerkungen wird das Spannungsfeld, in dem sich Qualität befindet, deutlich. Zunächst scheint es so, dass auf Grund der Zweckorientiertheit es keine objektive Qualität, sondern nur subjektive Qualitätsurteile geben kann. Allerdings gibt es Messgrößen, die absolut und genau zu messen sind. Wird Qualität in unmittelbarer Abhängigkeit solcher Größen definiert, so kann sie durchaus objektiv sein, da auch unter Beibehaltung der Werteskala, unabhängig vom Prüfer die gleiche Bewertung erfolgt und sich somit das gleiche Qualitätsurteil ergibt. Bspw. werden Umweltstandards nach diesem Verfahren erstellt und die Reinheit von Luft und Wasser als qualitativ gut betrachtet, sofern sie bestimmte Messwerte nicht überschreiten. Unter Beibehaltung dieser Werteskala kommt jede Interpretation einer bestimmten Messung zum gleichen Urteil.

Auf der anderen Seite kann man anhand des gleichen Beispiels auch die subjektive Sicht auf Qualität beschreiben. Das eigentliche Problem besteht in der Skalierung, was als akzeptabel, schlecht und gut zu gelten hat. Auch wenn der Gesetzgeber sich bemüht, das Risiko schlechter, d.h. gesundheitsgefährdender Luft durch Festlegung der Grenzwerte zu beschreiben, so muss diese vorgegebene Skalierung nicht unbedingt akzeptiert werden, sondern man kann auch eine andere Gefahrensicht auf Grenzwerte haben.

### B 17.1.3 Kunden-, produkt-, herstellungs- und wertorientierte Qualität

„Qualitiy is fitness for use" (Lit. 06) oder „quality lies in the eyes of the beholder" (Lit. 07) stellt den Nutzer und seine Erwartungen als Massstab für die Qualität in den Mittelpunkt der Betrachtung. Diese eher menschliche Blickwinkel, auch als Juran School bekannt, hat besonders im Dienstleistungsbereich eine hohe Aufmerksamkeit erfahren. Neben dieser nutzerorientierten Sicht auf Qualität, die im Rahmen des strategischen Qualitätsmanagements und der Zertifizierung Bedeutung erlangte, können noch die transzendente „innate excellence" (Lit. 08), produktorientierte (messbare, unterscheidbare Kriterien), produktions- oder herstellungsorientierte „Quality is conformance of requirements" (Lit. 09, S. 13) und wertorientierte Sicht (Qualität in Abhängigkeit von Preis und Kosten) unterschieden werden (Lit. 07, S. 40) und (Lit. 05, S. 8).

### B 17.1.4 Qualitätsmanagement

Unter einem Qualitätsmanagementsystem wiederum ist „die Zusammenfügung verschiedener Bausteine unter sachlogischen Gesichtspunkten zu verstehen, um unternehmensintern und -extern eine systematische Analyse, Planung, Organisation, Durchführung und Kontrolle von qualitätsrelevanten Aspekten des Leistungsprogramms eines Unternehmens sicherzustellen" (Lit. 10, S. 55).

## B 17.2 Dienstleistungsqualität

### B 17.2.1 Kriterien der Dienstleistung

Der Übergang von der Industriegesellschaft in die Dienstleistungs- und schließlich Informationsgesellschaft hat auch Konsequenzen für das Qualitätsmanagement. Dienstleistung wollen wir im Folgenden als Abgrenzung zu Sachgut verstehen. Diese Unterscheidung ist nicht ganz unproblematisch, da beide, Sachgut und Dienstleistung, in vielen Fällen zusammen erbracht werden. Als die wichtigsten, charakterisierenden Faktoren für Dienstleistung gelten die Immaterialität, das Zusammenfallen von Leistungserstellung und -verwertung (Uno-Actu-Prinzip) sowie die Integration des externen Faktors (Lit. 05). Bruhn (Lit. 10), sich auf Corsten und Mudie/Cottam berufend (Lit. 11; Lit. 12) erweitert diese Liste um die Kriterien Intangibilität, Vergänglichkeit, Standortgebundenheit und Individualität. Ein Teil dieser Aspekte und deren Ausprägung beruht allerdings auf der Annahme, dass Dienstleistungen häufig mit materiellen Sachgutleistungen einhergehen. Für Informationsdienstleistungen ist offensichtlich, dass die Standortgebundenheit von geringerer Bedeutung ist.

### B 17.2.2 Bewertung von Dienstleistungen

Die Bewertung von Dienstleistungen, insbesondere Informationsdienstleistungen beruht auf den häufig hohen Anforderungen bei der Erstellung und der individualisierten Erbringung von Dienstleistungen, wie etwa bei Informationsvermittlungsleistungen für ein Forschungsprojekt. Dabei sind in Analogie zu den möglichen Definitionen des Begriffs Dienstleistung drei Sichtweisen der Erbringung von Dienstleistungsqualität von Bedeutung (Lit. 05; Lit. 10; Lit. 13):

- Potenzial: Hier steht die Leistungsfähigkeit des Dienstleistungsanbieters im Vordergrund. Sein Potenzial, die Fähigkeit und die Bereitschaft zur Ausübung der Tätigkeit sind wesentlich für die Erbringung der Dienstleistung (Lit. 14).

- Prozess: Der Leistungserstellungsprozess wird beschrieben als „ ... durch die Aktivierung der Bereitstellungsleistung ausgelöste Tätigkeit, bei der interne und gegebenenfalls externe Produktionsfaktoren zum Zwecke der Bedarfsdeckung in einen Produktionsprozess integriert werden" (Lit. 15).

- Ergebnis : Diese Perspektive stellt das eigentliche Ergebnis der Dienstleistungserstellung in den Mittelpunkt der Betrachtung. Bspw. stellen die Rechercheergebnisse nach der Beratung durch den Information Broker das Ergebnis der Dienstleistung dar.

Weiterhin können drei verschiedene Evaluierungsmöglichkeiten für die Nutzer von Dienstleistungen unterschieden werden (Lit. 16):

- Suchqualitäten können durch den Kunden schon vor Inanspruchnahme und vor dem Kauf der Leistung beurteilt werden, bspw. durch Inaugenscheinnahme der Produkte.

- Erfahrungsqualitäten können erst während des Konsumptionsprozesses oder nach dem Kauf beurteilt werden.

- Vertrauensqualität bezeichnet alle jene Leistungen, die sich einer genauen, unmittelbaren Beurteilung entziehen, eventuell nur mit großem zeitlichen und inhaltlichen Aufwand bewertet werden können oder deren Wert und Nutzen überhaupt nicht genau bestimmt werden kann.

Aus den vorgestellten Charakteristika von Dienstleistungen und den genannten Phasen Potenzial, Prozess und Ergebnis geht hervor, dass die Beurteilung von Dienstleistungen ein komplexes Vorhaben ist. Erschwert wird sie dadurch, dass eine Beurteilung im vorhinein, manchmal selbst nachdem die Dienstleistung erbracht wurde, für den Kunden gar nicht möglich ist, weil es ihm bspw. an dem nötigen Fachwissen mangelt.

### B 17.2.3 Modelle der Dienstleistungsqualität

In der Literatur werden zahlreiche Modelle der Dienstleistungsqualität genannt. Sie dienen hauptsächlich dazu die Qualitätswahrnehmung der Dienstleistung durch den Kunden zu beschreiben

(Lit. 10). Haller (Lit. 05) unterscheidet zwischen potenzialorientierten und phasenorientierten Modellen. Bruhn (Lit. 10) nutzt den Zeitaspekt, um zwischen statischen Modellen (z.B. dem GAP-Modell – Lit. 17), welche die Dienstleistungsqualität zu einem bestimmten Zeitpunkt beschreiben, und dynamischen Modellen, welche den prozessualen Charakter von Dienstleistungsqualität mit berücksichtigen, zu differenzieren.

## B 17.3 Informationsqualität

Der nicht unproblematische Term der Qualität wird mit dem nicht minder problematischen Begriff Information kombiniert. Die Formel „Information ist Wissen in Aktion" (Lit. 18), die den Zusammenhang, dass Information handlungsrelevantes Wissen ist, in knapper Form verständlich macht, dient uns als Arbeitsgrundlage.

### B 17.3.1 Warencharakter von Information

Wichtig in unserem Zusammenhang ist insbesondere der Warencharakter von Information. Für die Bewertung von Informationsdienstleistungen ist von Bedeutung, dass im Gegensatz zu den meisten Waren Information „annähernd beliebig reproduzierbar" ist, sie „kann leicht gefälscht, gestohlen, versteckt, transportiert oder unbrauchbar gemacht werden. Ihr Konsum führt zu keinerlei Verbrauch, und ihre Entstehung ist nicht selten kostenlos. Gerade darum ist der Aufwand, sie zu überwachen, ihren Vertrieb zu kontrollieren und sie durch Zugangsbarrieren zu verknappen, besonders hoch" (Lit. 19, S. 40).

### B 17.3.2 Definition Informationsqualität

Die Verbindung der zwei stark kontextabhängigen Begriffe Information und Qualität lässt eine Vielzahl von Definitionen zu, etwa in Bezug auf die Kundenorientierung mit „Information Quality is the characteristic of information to meet or exceed customer expectations" (Lit. 20). Eher dem Informationsvermittlungsprozess nahe versteht Nohr (Lit. 21) unter Informationsqualität „die Gesamtheit der Anforderungen an eine Information bzw. ein Informationsprodukt, die sich auf deren Eignung zur Erfüllung gegebener Informationsbedarfe beziehen." Er unterscheidet zwischen konstruktiver und rezeptiver Informationsqualität und bezieht sich dabei auf die Unterscheidung von Kuhlen (Lit. 22, S. 148) zu konstruktiver und redaptiver Informationsarbeit.

Im engeren informationswissenschaftlichen Feld orientiert sich die Qualität von Informationsgütern stark an der kundenorientierten Sicht von Qualität, die bspw. Kuhlen (Lit. 18) sich auf Herget (Lit. 23) berufend mit der „Übereinstimmung von zwischen dem Kunden und dem Produzenten vereinbarten Anforderungen, also Erwartungen des Kunden, und dem aktuell gelieferten Produkt oder der erbrachten Dienstleistung" beschreibt. Dem hält Marchand (Lit. 24, S. 9) eine allgemeinere Sicht auf Informationsqualität entgegen, die sich den fünf unterschiedlichen Definitionen der Qualität nach Garvin (Lit. 07) orientiert. Eher den schwer fassbaren Charakter und die Kontextabhängigkeit betonend äussert sich Basch (Lit. 25) zum Thema Informationsqualität mit „quality is, like ethics, situational – at least in my universe – and I suspect in that of most search professionals." Im Umfeld der Informationsökonomie werden die Eigenschaften und der Wert von Information als Gut diskutiert (Lit. 26, S. 932 und Lit. 27, S. 14-17). Bei der Diskussion zum Wert einer Information wird die unbedingte Kenntnis des Kontextes und der Nutzer deutlich, ohne die jegliche Werteinschätzung zum Scheitern verurteilt ist – „the value of information is a concept which depends on the user of information and the context of the information being sought" (Lit. 28, S. 391) oder „the value of information has meaning only in the context of its usefulness to users. There is no way of analysing value of information except by reference to the environment of those who are its intended clientele". (Lit. 29, S. 12)

### B 17.3.3 Informationsqualität in der Informationswissenschaft

Fasst man die Diskussion zusammen, so ist zu erkennen, dass Informationsqualität unter vielen Gesichtspunkten betrachtet werden kann. Sicherlich massgebend ist die kundenorientierte Sicht, welche Informationsqualität als „information that is fit for use by information consumers" (Lit. 30, S. 45) beschreibt. Diese Sicht kommt der informationswissenschaftlichen Anforderung, dass Information immer handlungsrelevant ist, sehr nahe. Nur dann ist eine Information geeignet – fit for use – wenn sie zur rechten Zeit am rechten Ort im gefragten Kontext relevant ist. Dieser Anforderung kann Information aber nur genügen, sofern sie auch erwartungskonform präsentiert wird. D.h., sie muss gewisse Kundenanforderungen und Spezifikationen erfüllen, für deren Einhaltung der Hersteller zuständig ist, und die den (vor)gegebenen Spezifikationen entsprechen. Wir wollen Informationsqualität unabhängig von der Kundensicht definieren, um explizit auch die wertorientierte, produkt- und produzentenorientierte Sicht mit einzubeziehen, die bei vielen anderen Definitionen unberücksichtigt bleibt:

Informationsqualität bezeichnet das Maß mit dem Informationen relevant im gegebenen Kontext einem Informationsbedarf entsprechen. Rahmenbedingungen für eine hohe Informationsqualität sind der Gehalt der Information, der Zugang zur Information, die Präsentation der Information, die technische und methodische Unterstützung zur Organisation und Strukturierung der Informationen sowie die sozialen Rahmenbedingungen, die bei der Nutzung der Information von Bedeutung sind.

### B 17.3.4 Modelle der Informationsqualität

Tague-Sutcliffe (Lit. 31) gibt als Ziel der Bewertung von Informationsdiensten die Informiertheit („informativeness") des Individuums oder einer Gruppe durch einen Informationsdienst vor. Damit sollen Fragen wie „how much information does the service provide to its community, relative to the information needed by the community over a period of time?" oder „how valuable has the service been to the community?" (Lit. 31, S. 19) beantwortet werden. Anhand von Funktionen, wie der Aufbau von Informationseinheiten, Zugang zu Informationseinheiten, Klassifikation, Indexing, Suche von Informationseinheiten u.a. wird ein Informationsdienst beschrieben. Die Informiertheit wird dann als einzelnes Ereignis bei der Interaktion zwischen dem Nutzer und einer Informationseinheit geschildert, die zu einer bestimmten Zeit an einem bestimmten Ort auftritt. Abhängig ist die Messung von Informiertheit nach Tague-Sutcliff (Lit. 31) von der Datenkollektion, der Beschreibung, dem Retrieval und der Präsentation.

Ein anderes Modell unterscheidet in drei Verantwortungsbereiche für Informationsqualität. Es nennt die Informationseinheiten mit dem eigentlichen Inhalt, das technische System, welches die Daten zur Verfügung stellt und präsentiert, und die organisatorischen Rahmenbedingungen, in denen bspw. Geschäftspolitik und Marketing bestimmt werden (Lit. 32).

## B 17.4 Management von Informationsqualität

### B 17.4.1 Ebenen des Managements von Informationsqualität

Um Informationsqualität zu planen, zu kontrollieren, zu messen und zu sichern, also zu managen, können vier Ebenen und eine Reihe zugehöriger Aufgaben unterschieden werden (Lit. 33, S. 34):

– „auf strategischer Ebene die Auswahl geeigneter prozess- und dienstleistungsorientierter Qualitätsmodelle zur Identifikation der Ansatzpunkte für Motivations- und Kontrollmethoden,

– auf taktischer Ebene die Konzeption und Entwicklung von Modellen und Methoden zur Messung der IQ an den identifizierten Punkten,

– auf operativer Ebene die Entwicklung spezifischer, an die Situation oder an die beteiligten IS angepasster Kriterien sowie

– die Verifikation der Qualität mittels Erhebungstechniken wie Nutzerumfragen oder Soft- und Hardwaretests."

### B 17.4.2 Messmethoden für Informationsqualität

Methoden des Informationsqualitätsmanagements lassen sich aus den Charakteristiken von Informationsprodukten und Informationsdienstleistungen erklären. Sie sind geprägt erstens durch den Produktionsprozess, der häufig eine hohe Interaktion zwischen Anbieter und Nachfrage bedingt, zweitens durch die Kompetenz der Produzenten und des Kundenkontaktpersonals sowie drittens durch das Endprodukt, welches durch eine große Anzahl, meist leicht diffuser Kriterien gekennzeichnet ist. In Analogie zu den Phasen Potenzial, Prozess, und Ergebnis aus Abschnitt B 17.2.2 kann der Unterscheidung von rezeptiver und konstruktiver Informationsqualität (Lit. 21) eine wissens-, kompetenz- und empathieorientierte Sicht hinzugefügt werden. Dabei werden die bei der Erstellung oder Erbringung von Informationsdiensten benötigten Kenntnisse und Qualifikation des beteiligten Personals betrachtet.

Im Umfeld der Dienstleistungsqualität gibt es eine Reihe bekannter Messmethoden (Lit. 10). Sie lassen sich der kompetenz-empathieorientierten, konstruktiven und rezeptiven Sicht zuordnen:

- Kompetent: Eher mitarbeiterorientierte Ansätze, welche die Fähigkeiten und Kenntnisse der Mitarbeiter untersuchen. Diese sind bei der Erstellung von Informationsdienstleistungen häufig besonders hohen Anforderungen ausgesetzt. Typische Bewertungsverfahren sind die Beobachtung durch Experten, die sequentielle Ereignismethode, Qualitätsaudits, das Vier-Augen-Prinzip, ein Vorschlagswesen oder die Problem Detecting-Methode.

- Konstruktiv: Eher produktions- und prozessorientierte Bewertung von Informationsqualität mittels bspw. Fishbone-Analyse oder Ishikawa-Diagramme mit denen vorwiegend Schwachstellenanalysen vorgenommen werden können. Mit der ISO 900X Serie oder mit multiattributiven Verfahren wird die Konformität mit vorgebeben Mustern und Regeln gemessen.

- Rezeptiv: Eher kundenorientierte Sicht auf Qualität meist ereignisgesteuert, häufig durch negative oder merkmalsorientierte Erfahrungen. Unmittelbar auf die Kunden oder die Beziehung zwischen Kunden und Informationsdienstleistung gehen Silent-Shopper, Willingness-to-Pay, Penalty-Reward-Faktorenansatz, Story-Telling ein. Vignette oder multiattributive Kennzahlensysteme eignen sich zur detaillierten Betrachtung des Informationsproduktes unter einer Vielzahl relevanter Kriterien

Beispiele für die Einsetzbarkeit der unterschiedlichen Methoden insbesondere im konstruktiven und rezeptiven Bereich etwa für die Produktion und Bewertung von Online-Datenbanken geben Lit. 32; Lit. 34 bis Lit. 39.

## B 17.5 Informationsqualität-Framework

Die Bewertung mit Informationsqualität-Frameworks steht unter der Annahme, dass die Wahrnehmung von Qualität die Summe vieler individueller Einschätzungen ist, „d.h., dass ein globales Qualitätsurteil die Summe einer Vielzahl (Multi) bewerteter Qualitätsmerkmale (Attribute) darstellt" (Lit. 10). Eppler/Wittig (Lit. 40) fordern vier Merkmale, die ein nutzbringendes, multiattributives Evaluierungsverfahren erfüllen muss.

- „provide a systematic and concise set of criteria according to which information can be evaluated",

- „provide a scheme to analyze and solve information quality problems",

- „provide the basis for information quality measurement and proactive management",

- „provide the research community with a conceptual map that can be used to structure a variety of approaches, theories, and information quality related phenomena."

Zur Sammlung und Bearbeitung von Kriterien eignen sich Kriterienbäume besonders, die auf der oberen Ebene eher abstrakte, meist wiederverwendbare Kenngrössen enthalten und je nach Bewertungsobjekt im Detail sich ausdifferenzieren.

Das wohl bekannteste Framework (Lit. 30), welches die genannten Forderungen im Umfeld der Informationsqualität erfüllt, basiert auf einer Reihe von empirischen Untersuchungen. Es unterscheidet in intrinsische, kontextuelle, repräsentierende und erreichbare Informationsqualität.

Weitere wichtige Frameworks bewerten Datenbanken (Lit. 41), Data-Warehouse-Systeme (Lit. 42), unstrukturierte Daten (Lit. 43), Informationsressourcen im World Wide Web (Lit. 44; Lit. 45), Anwendungen in der Medienindustrie (Lit. 21), Webseiten (Lit. 46), Information Service Provider (Lit. 32) und wissensintensive Prozesse (Lit. 47).

## B 17.6 Fazit

Während in prozessorientierten Bewertungsverfahren auch bei Informationsdienstleistungen die ISO 900x Serie zunehmend Akzeptanz findet (Lit. 48), werden merkmalsorientierte, multiattributive Kennzahlverfahren bei der Bewertung sowohl bei prozess- als auch produktorientierten Verfahren angewandt. Im kompetenzorientierten Ansatz wird häufig auch über Befragungen der Kunden eine Bewertung vorgenommen. Zunehmend setzten sich bei der Messung der unmittelbaren Kompetenz von Dienstleistungserbringern aber auch Autoevaluationsverfahren durch, wie beispielsweise bei der Zertifizierung von Informationsexperten im europaweiten Kontext (Lit. 49).

## Literatur

01 Drosdowski, G. (1989). Duden 'Etymologie': Herkunftswörterbuch der deutschen Sprache. Mannheim: Dudenverlag, 2. Aufl.

02 Herrmann, J., Kostka, C., und Bellabarba, A. (2000). Von der Qualitätskontrolle zum Qualitätsmanagement. In: Qualität durch Kommunikation sichern. Vom Qualitätsmanagement zur Qualitätskultur. Erfahrungsberichte aus Industrie, Dienstleistung und Medienwirtschaft. Held, B. and Ruß-Mohl, S. (eds.); Frankfurt a.M.: F.A.Z.-Institut, 31-40

03 o.V. (1992). Qualität. In: Brockhaus Enzyklopädie in vierundzwanzig Bänden. Mannheim: F.A.Brockaus

04 Wimmer, F. (1975). Das Qualitätsurteil des Konsumenten: Theoretische Grundlagen und empirische Ergebnisse. Bern: Lang

05 Haller, S. (1998). Beurteilung von Dienstleistungsqualität: dynamische Betrachtung des Qualitätsurteils im Weiterbildungsbereich. Wiesbaden: Deutscher Universitäts-Verlag

06 Juran, J. M. (1951). Quality control handbook. New York: McGraw-Hill

07 Garvin, D. A. (1988). Managing quality. The strategic and competitive edge. New York: Free Press

08 Prisig, R. M. (1974). Zen and the art of motorcycle maintenance. New York: Bantam Books

09 Crosby, P. B. (1979). Quality is free. New York: New American Library

10 Bruhn, M. (2001). Qualitätsmanagement für Dienstleistungen. Grundlagen, Konzepte, Methoden. Heidelberg: Springer

11 Corsten, H. (1985). Die Produktion von Dienstleistungen. Grundzüge einer Produktionwirtschaftslehre des tertiären Sektors. Berlin: Erich Schmidt

12 Mudie, P. & Cottam, A. (1999). The Management and Marketing of Services. Oxford: Butterworth-Heinemann

13 Corsten, H. (1988). Dienstleistungen in produktionstheoretischer Interpretation. Das Wirtschaftsstudium, 17 Nr. 2, 81-87

14 Meyer, A & Mattmüller, R. (1987). Qualität von Dienstleistungen. Entwurf eines praxisorientierten Qualitätsmodells. Marketing, 9 Nr. 3, 187-195

15 Engelhardt, W. H., Kleinaltenkamp, M., und Reckenfelderbäumer, M. Leistungsbündel als Absatzobjekte – Ein Ansatz zur Überwindung der Dichotomie von Sach- und Dienstleistungen. Zeitschrift für betriebswirtschaftliche Forschung, 45, 395-426

16 Zeithaml, V. A. (1984). How consumer evaluation processes differ between goods and services. In: Services Marketing. Lovelock, C. H. (ed.); Englewood Cliffs, NJ: Prentice Hall, 191-199

17 Zeithaml, V. A., Parasuraman, A. und Berry, L. L. (1992). Qualitätsservice. Was Ihre Kunden erwarten – was Sie leisten müssen. Campus-Verlag: Frankfurt am Main

18 Kuhlen, R. (1995). Informationsmarkt. Chancen und Risiken der Kommerzialisierung von Wissen. Universitätsverlag Konstanz: Konstanz

19 Umstätter, W. (2000). Die Entökonomisierung des Informationsbegriffs. In: Auf dem Weg zur Informationskultur. Wa(h)re Information? Schröder.T.A. (ed.); Düsseldorf: Universitäts- und Landesbibliothek, 31-42

20 Kahn, B. K. & Strong, D. M. (1998). Product and service performance model for information quality: an update. In: Proceedings of the 1998 Conference on Information Quality. Chengular-Smith, I. & Pipino, L. L. (eds.); Boston: M.I.T., 102-109

21 Nohr, H. (2001). Management der Informationsqualität. Arbeitspapiere Wissensmanagement, Nr. 3/2001, Datum: 30.8.2003; http://www.hbi-stuttgart.de/nohr/KM/KmAP/Informationsqualität.pdf

22 Kuhlen, R. (1999). Die Konsequenzen von Informationsassistenten. Was bedeutet informationelle Autonomie oder wie kann Vertrauen in elektronische Dienste in offenen Informationsmärkten gesichert werden? Frankfurt/Main: Suhrkamp

23 Herget, J. (1993). Qualitätsbewertung von Informationsdiensten: Ansätze, Methoden, Ergebnisse. In: Qualität von Informationsdiensten. 7. Internationale Fachkonferenz der Kommission Wirtschaftlichkeit der Information und Dokumentation KWID e.V. Schwuchow, W. (ed.); Frankfurt: Deutsche Gesellschaft für Dokumentation e.V., 172-181

24 Marchand, D. (1990). Managing information quality. In: Information Quality: definitions and dimensions. Wormsell, I. (ed.); London: Taylor Graham, 7-17

25 Basch, R. (1992). Decision points for databases. Database, August, 46-50

26 Schwuchow, W. (1991). Informationsökonomie. In: Grundlagen der praktischen Information und Dokumentation. Ein Handbuch zur Einführung in die fachliche Informationsarbeit. Buder, M, Rehfeld, W., und Seeger, T. (eds.); München: K.G.Saur, Kap. F6, 928-1006

27 Flowerdew, A. D. J. & Whitehead, C. M. E. (1974). Cost effectiveness and cost-benefit analysis in information science: report to OSTI on project S1/97/03. London: London School for Economics an Political Science

28 Morehead, D. R. & Rouse, W. B. (1985). Online assessment of the value of information for searchers of a bibliographical database. Information Processing & Management, 21 Nr. 5, 387-399

29 Taylor, R. S. (1986). Value-added processes in information systems. Ablex: Norwood, NJ

30 Huang, K. T., Lee, Y. W. und Wang, R. Y. (1999). Quality information and knowledge. Prentice Hall: Englewood Cliffs, NJ

31 Tague-Sutcliffe, J. (1995). Measuring information. An information services perspective. Academic Press: San Diego, London

32 Rittberger, M. (2001). Quality measuring with respect to electronic information markets and particularly online databases. Kent, A. (ed.); New York, NY: Marcel Dekker, Vol. 31, Nr. 68, 274-295

33 Wiethaus, J. (2001). Entwicklung und Nutzung eines Information-Quality-Rating-Tools am Beispiel von Content-Management-Systemen. Universität Konstanz. http://www.ub.uni-konstanz.de/kops/volltexte/2002/758 Datum: 30.8.2003

34 Kempa.S. (2002). Qualität von Online-Fachinformation. Düsseldorf: Kempa

35 Georgy, U. (2003). Qualitätsmanagement bei Datenbankherstellern und -anbietern. Information, Wissenschaft & Praxis, 54 Nr. 3, 163-168

36 Jasco, P. (1997). Content Evaluation of Databases. In: Annual Review of Information Science and Technology (ARIST). Williams, M. E. (ed.); Information Today: Medford, NJ, Vol. 32, Kap. 5, 231-267

37 Xie, M., Wang, H., und Goh, T. N. (1998). Quality dimension of Internet search engines. Journal of Information Science, 24 Nr. 5, 365-372

38 Wilson, T. (1998). EQUIP: A European survey of quality criteria for the evaluation of databases. Journal of Information Science, 24 Nr. 5, 345-357

39 Basch, R. (1995). Electronic Information Delivery. Ensuring Quality and Value. Aldershot: Gover

40 Eppler, M. & Wittig, D. (2000). Conceptualizing information quality: A review of information quality frameworks from the last ten years. In: Proceedings of the 2000 Conference on Information Quality. Klein, B. D. & Rossin, D. F. (eds.); Boston: M.I.T., 83-91

41 Redman, T. C. (1996). Data quality for the information age. Norwood, MA: Artech House

42 English, L. P. (1999). Improving data warehouse and business information quality : methods for reducing costs and increasing profits. New York, NY: Wiley

43 Königer, P. & Reithmayer, P. (1998). Management unstrukturierter Informationen. Wie Unternehmen die Informatiosnflut beherrschen können. Frankfurt a.M.: Campus Verlag

44 Hofman, P. & Worsfold, E. (1997). Specification for resource description methods Part 2: Selection Criteria for Quality Controlled Information Gateways. Datum: 30.8.2003; http://www.ukoln.ac.uk/metadata/desire/quality/title-page.html

45 Cross, P., Ferguson, N., Hooper, T., undPlace, E. (2000). DESIRE: Making the Most of the Web. Exploit Interactive, Nr. 5, Datum: 30.8.2003; http://www.exploit-lib.org/issue5/desire/

46 Alexander, J. E. & Tate, M. A. (1999). Web wisdom. How to evaluate and create information quality on the web. Mahwah, NJ: Lawrence Erlbaum Associates

47 Eppler, M. (2003). Managing Information Quality: Increasing the Value of Information in Knowledge-intensive Products and Processes. Heidelberg: Springer

48 Müller, H. (2003). Übergang auf die Norm ISO 9001:2000. Erfahrungen mit der Neuen im FIZ CHEMIE Berlin. Information, Wissenschaft & Praxis, 54 Nr. 3, 159-163

49 Rittberger, M. (2003). CERTIDoc – Europaweite Zertifizierung für Informationsspezialisten. ARBIDO Nr. 7, 18-20

# B 18 Informations- und Kommunikationstechnologien

Bernard Bekavac

## B 18.1 Meilensteine der Informations- und Kommunikationstechnologie

### B 18.1.1 Geeignete Zahlensysteme

Betrachtet man die Geschichte der Informatik (Lit. 01) in ihrer Gesamtheit, so kann man rückblickend sagen, dass eine der wichtigsten Voraussetzungen für das heutige Computerzeitalter das Finden eines geeigneten Zahlensystems war.

Als die Menschen zu rechnen begannen, waren es wohl die Finger der beiden Hände, die als erstes Hilfsmittel sowohl zur Berechnung als auch zur Visualisierung genutzt wurden. Für den Umgang mit großen Zahlen war diese Rechenweise natürlich nicht brauchbar und man bediente sich der ersten physikalischen Hilfsmittel wie der Darstellung von Zahlen durch kleine Steinchen oder man ritzte einfach Kerben in Stein bzw. Holz. Letzteres führte dazu, dass man zur vereinfachten oder besser gesagt zur komprimierten Darstellung anfing Zahlen durch Symbole darzustellen. Aus dieser frühen Zeit heute noch am bekanntesten wird wohl die Darstellung von Zahlen durch das römische Zahlensystem sein (3. Jh. v. Chr.), welches die Buchstaben M (1000), D (500), C (100), L (50), X (10), V (5) und I (1), in Klammer die jeweilige dezimale Entsprechung, verwendete. Beliebige Zahlen wurden durch Addition bzw. Subtraktion der Symbolwerte vorgenommen, somit entspricht die Jahreszahl 2004 der Symbolfolge MMIV. Diese Schreibweise ist allerdings für das Berechnen von Zahlen gänzlich ungeeignet. Die Bedeutung von Zahlen bzw. Zahlensystemen wurde allerdings schon früher von dem griechischen Philosophen und Mathematiker Pythagoras (6. Jh. v. Chr.) erkannt: Er betrachtete Zahlen als Bausteine des Universums.

Im fünften Jahrhundert wurde in Indien ein Zahlensystem entwickelt, welches den Wert einer Ziffer in Abhängigkeit von ihrer Position darstellte. Al-Chwarismi, ein persischer Mathematiker und Astronom, veröffentlichte um 820 ein Rechenbuch, welches den Gebrauch dieser indischen Zahlzeichen und somit das schriftliche Rechnen erläuterte. Erst mit der Übersetzung seines Buches in das Lateinische im 13. Jahrhundert drangen Al-Chwarismis Ideen nach Europa. Im Jahr 1522 wirbt Adam Riese für dieses neue Rechensystem und das schriftliche Rechnen. Es war das Dezimalzahlensystem, welches wir heute noch verwenden und welches die Positionen einer Ziffer zur Basis 10 multipliziert. Dies hat eben den großen Vorteil, dass man die Berechnung mit den vier Grundrechenarten auf Papier systematisieren konnte. In der Schule wird die Systematik bzw. das „Rechnen" immer noch gelehrt, in der Zeit der (Taschen-)Rechner schwindet deren Bedeutung jedoch zunehmend.

Die Darstellung von Zahlen mit Ziffern in Abhängigkeit von Position und Wert ist allerdings mit jeder beliebigen Basis möglich. Verwendet man den Wert 2 als Basis, so wird vom dualen oder binären Zahlensystem gesprochen. Angewendet wurde es in Europa erstmalig im 17. Jahrhundert von Leibniz, chinesische Gelehrte sollen es aber schon im 10. Jahrhundert verwendet haben. Doch erst durch die Computerisierung im 20. Jahrhundert gewann das Dualzahlensystem an höchster Bedeutung: Es wurde innerhalb von elektrischen oder elektronischen Rechenmaschinen verwendet, da es sich besonders gut eignete, die dort ebenfalls binären Werte „Strom/kein Strom" bzw. „Spannung/keine Spannung" darzustellen und weiterzuverarbeiten.

### B 18.1.2 Die ersten Rechenmaschinen

Die Verwendung von Steinchen zur Darstellung von Zahlen entwickelte sich zur ersten „Rechenmaschine" überhaupt, dem Abakus (11. Jh. v. Chr.). Dabei bohrt man kleine Löcher durch die Steinchen und fädelt diese so auf, dass die Steinchen hin und her bewegt werden können. Mehrere solcher Steinchenfäden werden dann in einem Rahmen befestigt. Durch diese Vorrichtung konnten erstmals Berechnungen mit den Grundrechenarten mechanisiert angewendet werden. Der Abakus wird bis zum heutigen Tag noch in Asien zur Berechnung von Zahlen eingesetzt, wobei die Menschen, die damit umgehen können, fast genauso schnell damit summieren und multiplizieren wie dies mit einem Taschenrechner getan wird (die Zeit zum Eintippen von Zahlen natürlich miteinbezogen).

Aber auch der griechische Philosoph und Mathematiker Aristoteles (4. Jh. v. Chr.) machte sich schon Gedanken über Automaten, die menschliche Arbeit übernehmen könnten. Doch erst mit dem Einzug des Dezimalzahlensystems in Europa und unter Verwendung von Zahnrädern, welche eine gleichartige Zuordnung von Ziffern auf 10 Zähne eines Ziffernrades erlauben, konnten die ersten mechanischen Maschinen zur Berechnung von Zahlen konstruiert werden. Der Tübinger Professor für Sprachen und Astronomie, Wilhelm Schickard, erbaut 1623 für den Astronomen Kepler als erster eine mit Zahnrädern arbeitende Rechenmaschine, welche alle vier Grundrechenarten beherrscht. Im Jahre 1642 baut der französische Mathematiker und Physiker Blaise Pascal, ganz unabhängig von Schickards Rechenmaschine, eine mechanische Additionsmaschine, welche zwei sechsstellige Zahlen addieren und durch eine spätere Weiterentwicklung auch subtrahieren konnte.

1673 war es dann Leibniz, der Pascals Rechenmaschine mit einer Staffelwalze (mit unterschiedlichen Staffellängen für die Ziffern 0 bis 9) ausstattet und die Maschine dadurch auch zur Multiplikation und Division befähigt.

### B 18.1.3 Die Notwendigkeit von Programmen

Um nicht nur einzelne Rechenschritte, sondern auch eine Folge von Berechnungen bewerkstelligen zu können, musste so etwas wie ein Speicher sowohl für Zwischenwerte als auch für die Festlegung der Berechnungsabfolge, dem Programm, vorhanden sein. Schon im 14. Jahrhundert gab es eine erste Art eines solchen Speichers in Form einer Stiftwalze, welche in mechanischen Automaten wie Wasserorgeln oder Turmuhren eingesetzt wurde.

Der Mechaniker Falcon baut 1728 einen automatisch gesteuerten Webstuhl, indem er als erster eine Lochkarte zur Programm- und Datenspeicherung verwendet. Sein Konzept wird um 1800 vom französischen Erfinder Jacquard aufgegriffen und weiter verbessert. Mehrere, dünne, gelochte Holzbretter werden zur Steuerung seiner „Webmaschine" eingesetzt, welche Stoffe mit hochkomplizierten Mustern und komplexen Schnitten in nahezu gleicher Qualität wie die aus der Handarbeit hervorbringt. Zudem war es nun möglich, dass nur eine Person gleich mehrere Webmaschinen bedienen konnte.

Der Brite Charles Babbage konstruierte zwei Rechenmaschinen, 1822 die *Difference Engine* und ca. 20 Jahre später die *Analytical Engine*: Die Differenzmaschine sollte eine festgelegte Aufgabe mit zwei Differenzen und acht Dezimalstellen berechnen und ausdrucken können. Trotz großem Aufwand und finanzieller Unterstützung durch die britische Regierung scheiterte die Umsetzung der Maschine an der zu hohen technischen Komplexität (ca. 25.000 Einzelteile). Babbage gab jedoch nicht auf und verbesserte seinen Entwurf durch das Konzept der analytischen Maschine, welche mit sieben Differenzen und 20 Dezimalstellen nicht nur von ihrer Kapazität her der ersten überlegen war, sondern auch mit einem Rechenwerk, Steuereinheit und Programmspeicher ausgestattet war und so einen programmierbaren Allzweckrechner darstellte. Obwohl auch diese Maschine nie fertiggestellt wurde, gilt sie dennoch als Vorläufer des modernen Computers.

Die Programmbefehle der ersten programmierbaren Rechenmaschinen waren fest auf die jeweilige Maschine abgestimmt. Dieser so genannte Maschinencode wurde nur von wenigen Personen (Systemprogrammierer) beherrscht und war bis weit in das 20. Jahrhundert der vorherrschende Weg, einen Rechner zu programmieren. Mitte des 20. Jahrhunderts entstanden dann die ersten höheren Programmiersprachen wie Fortran (1957) und Cobol (1960), welche unabhängig von den verwendeten Rechenmaschinen waren und durch Bereitstellung von Befehlen auf einer höheren logischen Ebene das Programmieren auch Personen ermöglichten, die nicht mit den Interna der verwendeten Computers vertraut waren. Neben weiteren Sprachen wie Basic, Pascal und C folgten auch neuartige Programmierparadigmen wie die logische (z.B. bei LISP) oder die heutzutage weit verbreitete objektorientierte Programmierung (z.B. bei C++ oder Java).

### B 18.1.4 Einzug der Elektrotechnik und Elektronik

Aus den bisher rein mechanischen (Rechen-)Automaten entstanden mit der fortschreitenden Elektrotechnik neue Konzepte, welche vor allem in Richtung Kapazität, Geschwindigkeit und Miniaturisierung der reinen Mechanik überlegen waren. Aus der Lochkarte entstanden mit Hilfe der Pneumatik die ersten Schreibautomaten und Orgeln. Dabei wurde jedem Loch ein Buchstabe oder ein Ton zugeordnet. Dann wurden elektronische Bauelemente wie Relais, Schaltwerke und Wähler entwickelt, um die damals zunächst viel wichtigere Telegraphie bzw. Telephonie voranzubringen.

In Amerika nahm der Erfinder Herman Hollerith diese Neuentwicklungen auf und konstruierte eine Methode, wie man Daten auf Karten durch ausgestanzte Löcher verschlüsseln kann. Dabei verbindet die Karte einen Stromkreis an den Stellen, an denen Löcher auftreten. Auf dieser Basis baut er dann eine Maschine, welche die „Datenkarten" mittels dieser elektrischen Kontakte auslesen und die Löcher zählen konnte. Der Einsatz von Holleriths Maschine bei der Volkszählung im Jahre 1890 in den USA wurde zum bahnbrechenden Erfolg und bedeutete den Einzug von Datenverarbeitungsanlagen in die Büros und Verwaltungen. Hollerith gründete daraufhin die *Tabulating Machine Company*, aus der später eines der bedeutendsten Computerunternehmen überhaupt wurde, die IBM (*International Business Machines Corporation*).

Der deutsche Ingenieur Konrad Zuse (s.a. http://zuse.de [10/2003]) erkannte als erster, dass sich das binäre Zahlensystem wesentlich besser für Rechenmaschinen eignet als das bisher verwendete Zehnersystem. Er baut daraufhin eine Rechnerfamilie, welche als die ersten modernen Computer gelten: Der Z1 (1936) arbeitete mit dem binären Zahlensystem, war allerdings noch mechanisch. Die Weiterentwicklung resultierte dann im Jahre 1941 in dem elektromechanischen Modell Z3 (Z2 diente nur einer Zwischenkonstruktion), welches mit ca. 2.500 Relais arbeitete und den ersten betriebsfähigen programmgesteuerten „Digitalrechner" überhaupt darstellte. Der Z3 hatte eine Speicherfähigkeit von 64 Zahlen mit je 22 Dualstellen und konnte 15-20 Rechenoperationen pro Sekunde durchführen. Ähnlich wie Hollerith gründete auch Zuse seine eigene Firma, die Zuse KG, welche später dann in der Siemens AG aufging.

Parallel zu Zuses Erfindungen wurden auch in den USA programmgesteuerte elektrische Rechenmaschinen auf Basis des binären Systems gebaut, wie z.B. der Relaisrechner „Mark I" (1944) von Howard Hathaway Aiken oder der aus Elektronenröhren bestehende Allzweckrechner „ENIAC" (*Electronic Numerical Integrator and Automatic Calculator*; 1946) von Eckert und Mauchly. Nahezu alle in dieser Periode entwickelten Computer dienten ausschließlich der Anwendung im militärischen Bereich. Erst zu Beginn der fünfziger Jahre verlagert sich dann die Nutzung von Computern in wissenschaftliche und wirtschaftliche Bereiche.

Die nächst höhere Leistungsstufe der Computer wird mit der Entwicklung des Transistors in Jahre 1947 durch William Shockley (Nobelpreis 1956) eingeläutet. Die Firma Texas Instruments baut auf der Basis des Transistors sowie weiteren Bauelementen wie Kondensatoren und Widerständen im Jahre 1958 den ersten integrierten Schaltkreis auf einem Chip und ebnet damit den Weg zur Miniaturisierung der Computer. 1971 bringt die Firma Intel mit dem Intel 4004 den ersten Prozessor auf den Markt, der alle zentralen Bereiche eines Rechners in einem Chip vereinigte. Damit war die Voraussetzung für den Bau von Computern gegeben, welche auch auf einem Schreibtisch Platz finden, den PCs (*Personal Computer*). Ihre Leistungsfähigkeit wurde bis zum heutigen Tag immer weiter verbessert, ein Ende ist nach wie vor nicht abzusehen.

### B 18.1.5 Das Internet

Die seit Anfang der 90er Jahre fortschreitende weltweite Vernetzung von Computern durch das Internet ist sicherlich einer der bedeutendsten Meilensteine in der Geschichte der Informatik (vgl. Lit. 06, Lit. 07). Seinen Ursprung hat das Internet in den 60er Jahren, als die Amerikaner im Bereich Weltraumtechnologie gegenüber der Sowjetunion in Rückstand geraten waren: Die Sowjets schossen 1957 den ersten Weltraumsatelliten „Sputnik" in das All. Als Antwort darauf und auf eine eventuelle militärische Auseinandersetzung unter Einsatz von Nuklearwaffen gründeten die Amerikaner das Projekt ARPA (*Advanced Research Projects Agency*), welches sich mit Technologien im Bereich Kommunikation und Datenübertragung beschäftigte. Mit der Vernetzung wichtiger Knotenrechner versprach man sich nicht nur eine bessere Zusammenarbeit im Bereich der Forschung. Im Ernstfall sollte sich der Ausfall einzelner Knotenrechner nicht auf die Funktionstüchtigkeit des ganzen Systems auswirken.

Um dies zu realisieren musste eine Netzwerkarchitektur entwickelt werden, bei der alle Rechner den gleichen Stellenwert haben. Es sollte keine übergeordneten oder untergeordneten Knoten geben, alle sollten gleich wichtig sein und die Kompetenz haben, Daten beliebiger Absender zu empfangen und weiterzuleiten. Dadurch war im Prinzip bei einem eventuellen Ausfall jeder Knoten durch einen anderen ersetzbar.

Die erste Umsetzung gelang 1969 mit der Bereitstellung des Computernetzwerks ARPANET, über welches die Rechner der University of California in Los Angeles und Santa Barbara sowie des Stanford Research Institute und der University of Utah miteinander kommunizieren konnten. Kurz darauf entstanden auch die ersten relativ einfach zu bedienenden Dienste wie TELNET, um auf entfernten Rechnern arbeiten zu können, sowie FTP (*File Transfer Protocol*) zur Übertragung von Dateien. Später folgten dann Email, Usenet News und andere. In der Internet-Übertragungstechnologie etablierte sich das Protokoll TCP/IP (*Transmission Control Program / Internet Protocol*), welches die Daten in einzelne Pakete von einer bestimmten Größe zerlegt, adressiert und mit einer eindeutigen Nummer versieht. Jedes Paket wird dann mit der Adresse des Anfangsknotens und der Adresse des Zielknotens ausgezeichnet. Auf diese Art können die Pakete verschiedene Wege im Netz zurücklegen und werden erst auf dem Zielrechner wieder zusammengefügt.

Trotz guter Vernetzung, vor allem im Hochschulbereich, wurde das Internet bis zu Beginn der 90er Jahre hauptsächlich von facheinschlägigen Personen genutzt. Tim Berners-Lee stellt 1989 seinen Kollegen am Schweizer Atomforschungszentrum CERN (*European Council for Nuclear Research*) einen von ihm neu entwickelten Internetdienst namens World Wide Web vor. Er sollte den Physikern dort den Umgang mit dem Internet vereinfachen, indem Dokumente auf Basis der Hypertext-Metapher aufgebaut werden und per Mausklick vereinfacht aus dem Netz geholt werden können. Die Idee wurde jedoch nicht nur von seinen Kollegen begrüßt, sie fand weltweit großen Anklang. Binnen relativ kurzer Zeit entstanden die notwendigen Softwarebausteine in Form von Web-Server und grafisch basiertem Web-Browser, welche den Umgang mit dem Internet auch der breiten Öffentlichkeit möglich machten. Der Internet-Boom reißt seitdem nicht mehr ab, sogar der Begriff Internet wird in der Öffentlichkeit auf den WWW-Dienst reduziert. Neben Computern werden inzwischen auch andere Geräte wie z.B. Mobiltelefone, Kameras oder Navigationssysteme angeschlossen, so dass inhaltlich nahezu alle Lebensbereiche durchdrungen werden.

## B 18.2    Das binäre System

Die kleinste Einheit, um innerhalb eines Rechners Informationen darstellen zu können, ist das Bit (*Binary Digit*). Es kann nur zwei Zustände annehmen, die technisch gesehen z.B. als Strom/kein Strom bzw. über Magnetpole realisiert und divers interpretiert werden können, z.B. wahr/falsch, ja/nein oder einfach nur als 1 und 0. Alle komplexeren Informationen erfordern mehrere zusammengehörende Bits, so genannte Bitfolgen. Da jedes einzelne Bit zwei mögliche Werte zulässt, können mit zwei Bit $2^2 = 4$ Werte, mit drei Bit entsprechend $2^3 = 8$ Werte und mit n Bit $2^n$ Werte dargestellt werden. Hat man zwei Bit zur Verfügung, so kann man damit z.B. die vier Himmelsrichtungen codieren: 00 für Norden, 01 für Süden, 10 für Osten und 11 für Westen (die Zuordnung der Bitmuster kann hier frei gewählt werden).

In der Informatik betrachtet man eine Zusammenfassung von acht Bit als eine Einheit mit der Bezeichnung Byte. Es dient als die eigentliche Maßeinheit in Computern, da die Arbeit mit einzelnen Bit zu ineffizient wäre. Dass ein Byte genau acht Bit besitzt, hat keine Notwendigkeit aus der Systematik heraus, im Grunde genommen bestand es eine Zeit lang aus sechs, dann sieben Bit, später benötigte man vor allem bei Zeichendarstellungen in Texten noch mehr verschiedene Werte und so manifestierte es sich auf acht Bit. Das Byte ist zugleich auch die kleinste adressierbare Einheit innerhalb eines Rechners, auf einzelne Bit kann direkt gar nicht zugegriffen werden.

Nahezu alle Angaben in der Informationsverarbeitung, vor allem im Speicherbereich, beruhen heutzutage auf Vielfachen von Bytes. Dabei haben kleinere Gruppen von Bytes eine besondere Bezeichnung:

| | | |
|---|---|---|
| 4 Bit = | ½ Byte = | **Nibble** |
| 16 Bit = | 2 Byte = | **Halbwort** |
| 32 Bit = | 4 Byte = | **Wort** |
| 64 Bit = | 8 Byte = | **Doppelwort** |
| 128 Bit = | 16 Byte = | **Quadwort** |

*Tab. 1: Bezeichnungen kleinerer Bytegruppen*

Größere Mengen von Bytes haben Präfixe, welche auch in anderen Bereichen üblich sind:

| Bezeichnung (Abk.) | Wert |
|---|---|
| 1 Kilobyte (KB) | $2^{10}$ = 1024 Byte |
| 1 Megabyte (MB) | $2^{20}$ = 1 048 576 Byte |
| 1 Gigabyte (GB) | $2^{30}$ = 1 073 741 824 Byte |
| 1 Terabyte (TB) | $2^{40}$ = 1 099 511 627 776 Byte |

*Tab. 2: Bezeichnungen größerer Bytegruppen*

Allerdings entstammen die Bezeichnungen Kilo (=$10^3$, Tausend), Mega (= $10^6$, Million) etc. dem Zehnersystem. Bei Speicherbausteinen ergeben sich daher des Öfteren Differenzen zwischen Herstellerangaben, die gerne die Entsprechung des Zehnersystems verwenden, und dem ausgewiesenen Speicher innerhalb des Rechners, der nur mit dem binären System arbeitet (ein Giga = $10^9$, ein GB hat jedoch ca. 73 MB mehr!).

**B 18.2.1   Zahlendarstellung**

Da in einem Rechner jedoch schwerpunktmäßig Zahlen verarbeitet werden, gilt es hauptsächlich diese durch die Bitfolgen darzustellen. Hierbei bedient man sich einfach der über die Jahrhunderte entwickelten Zahlensysteme, welche die Werte in Abhängigkeit zu ihrer Position bestimmen. Betrachtet man dabei zunächst das Zehnersystem, dann lässt sich jede Zahl über die Summe der Ziffernwerte (0-9) multipliziert mit ihren jeweiligen Positionswerten herleiten. Dabei entspricht jede Position, von rechts nach links aufsteigend betrachtet, einer 10er-Potenz beginnend mit 0. Die Zahl 123 lässt sich so auch mit

$1·10^2 + 2·10^1 + 3·10^0$ (= $1·100 + 2·10 + 3·1$)

berechnen. Dass wir Menschen nicht tatsächlich so rechnen (müssen), liegt nur daran, dass wir von klein auf mit dem Zehnersystem vertraut gemacht werden und alle Zahlen mit diesem darstellen.

Da mit einem Bit keine Ziffernwerte 0-9, sondern eben nur zwei Werte (0 und 1) dargestellt werden können, entsprechen die jeweiligen Positionen einer Bitfolge auch nur 2er- anstatt 10er- Potenzen:

| Bit-Position | Dezimaler Wert |
|:---:|:---:|
| 7 | $2^7$ = 128 |
| 6 | $2^6$ = 64 |
| 5 | $2^5$ = 32 |
| 4 | $2^4$ = 16 |
| 3 | $2^3$ = 8 |
| 2 | $2^2$ = 4 |
| 1 | $2^1$ = 2 |
| 0 | $2^0$ = 1 |

*Tab. 3: Positionabhängige Dezimalwerte eines Bytes*

Die Bitfolge 101 entspricht demnach der Dezimalzahl

$1·2^2 + 0·2^1 + 1·2^0 = 4 + 0 + 2 = 6$.

Was in diesem Beispiel dezimal also nur mit einer einzigen Ziffer dargestellt werden kann, benötigt im binären Zahlensystem schon drei Ziffern bzw. Bit. Hat man jedoch genügend Bit zur Verfügung, so lässt sich auch im binären Zahlensystem jede beliebige Zahl darstellen.

Der umgekehrte Weg, also die Umwandlung einer Dezimal- in eine Dualzahl, erfolgt durch die Verwendung von Werten, die sich aus der ganzzahligen Division ergeben (vgl. Lit. 02, S. 1011). Hierbei werden folgende zwei Operatoren angewandt: DIV, der nur den Quotienten bei einer Division errechnet, z.B. ergibt 5 DIV 2 = 2 (anstatt 2,5 bei der normalen Division) und MOD, welcher nur den Restwert nach einer Division angibt, z.B. 5 MOD 2 = 1 (also 5-2x2). Möchte man nun eine Dezimalzahl in eine Dualzahl umwandeln, so teilt man diese ganzzahlig (DIV) und fortlaufend (rekursiv) durch 2. Der jeweilige Restwert (MOD) jeder Teilung, von rechts nach links angeordnet, ergibt dann die entsprechende Dualzahl. Folgendes Schema wandelt z.B. die Zahl 36 in eine Dualzahl um:

| 36 DIV 2 | = 18 Rest 0 | = 36 MOD 2 = 36 - 18x2 |
|---|---|---|
| 18 DIV 2 | = 9 Rest 0 | |
| 9 DIV 2 | = 4 Rest 1 | |
| 4 DIV 2 | = 2 Rest 0 | |
| 2 DIV 2 | = 1 Rest 0 | |
| 1 DIV 2 | = 0 Rest 1 | = 1 MOD 2 = 1 - 0x2 |

Die Anordnung der Restwerte von rechts nach links ergibt die zugehörige Dualzahl: **100100**.

Die Frage, wie viel Bit man zur Darstellung einer bestimmten Zahl benötigt, lässt sich am einfachsten durch die Umkehrung der Frage angehen: Welche (maximale) Zahl kann man mit einer gegebenen Anzahl Bits darstellen? Betrachtet man hierzu das oben abgebildete Byte, so wird bei voller Belegung mit dem Wert 1 die Zahl 255 dargestellt (= 128 + 64 + 32 + 16 + 8 + 4 + 2 + 1). Zählt man hierzu noch die volle Belegung mit 0en (entspricht auch der 0), so können insgesamt 256 Werte = $2^8$ mit einem Byte dargestellt werden. Da die Null im Allgemeinen zwar als Ziffer, jedoch nicht als Zahl angesehen wird (außer in der Informatik: da wird immer ab 0 gezählt, s.a. Bit-Position in Tabelle), kann man also höchstens die Zahl 255 = $2^8-1$ darstellen. Verallgemeinert betrachtet, lassen sich zwar mit n Bits $2^n$ verschiedene Werte darstellen, möchte man damit jedoch eine Zahl interpretieren, so entspricht der maximale Wert immer $2^n-1$.

Mit der Darstellung von Zahlen im Dualsystem kann nach dem gleichen System gerechnet werden wie im Zehnersystem. Möchte man zwei Zahlen z.b. addieren, so schreibt man diese untereinander und addiert jeweils die einzelnen Ziffern. Treffen dabei zwei 1en aufeinander, so wird eine 0 geschrieben und eine 1 übertragen (siehe Tab. 4).

| Zahl 1 (= 90)  | 0 | 1 | 0  | 1  | 1 | 0  | 1 | 0 |
|---|---|---|---|---|---|---|---|---|
| Zahl 2 (= 27)  | 0 | 0 | $0_1$ | $1_1$ | 1 | $0_1$ | 1 | 1 |
| **Summe (= 117)** | 0 | 1 | 1  | 1  | 0 | 1  | 0 | 1 |

*Tab. 4: Addition zweier Dualzahlen*

Die bisher verwendete Darstellung funktioniert natürlich nur mit natürlichen Zahlen (ganze positive Zahlen). Möchte man ganze Zahlen (also auch negative) binär darstellen, dann muss auch ein Vorzeichen mitcodiert werden. Hierfür wird einfach das höchstwertige Bit (die genaue Position ist abhängig davon, wie viele Bytes für die Darstellung von Zahlen verwendet werden) für das Vorzeichen reserviert. Bei negativen Zahlen wird das Vorzeichenbit auf 1, sonst auf 0 gesetzt. Für den Wert der Zahl selbst stehen demnach nur noch n-1 Stellen zur Verfügung, allgemein betrachtet kann also höchstens die Zahl $\pm(2^{n-1} - 1)$ dargestellt werden. Handelt es sich z.B. nur um ein Byte, dann kann jetzt noch maximal die Zahl ±127 dargestellt werden, Bit-Position 7 ist das Vorzeichen. Bei dieser recht einfachen Variante werden zur Darstellung der 0 allerdings zwei Werte ver(sch)wendet, +0 und -0. Um effizienter zu arbeiten, könnte man auch die +0 zu den positiven Zahlen werten und die -0 als -1 interpretieren, dann könnte man mit einem Byte alle Zahlen von -128 bis +127 darstellen. Beide Varianten haben jedoch einen entscheidenden Nachteil: Mit den Darstellungen kann dann nicht mehr ohne weiteres nach dem obigen System gerechnet werden. Zudem ist bei der ersten Variante keine eindeutige Codierung der „0" möglich. Genau an dieser Stelle begann die Informatik ihre eigenen Überlegungen zu Zahlensystemen zu machen: Da vor allem zu Beginn der elektronischen Rechenanlagen jedes Byte und auch die geringste Rechenzeit von großer Bedeutung waren, galt es, die internen Rechenabfolgen so effizient wie nur möglich zu gestalten.

Dabei war das geschilderte Problem bei der Darstellung negativer Zahlen noch relativ einfach zu lösen (durch die so genannte Zweierkomplement-Darstellung, Lit. 04, S. 49 ff), vielmehr musste auch eine effiziente Lösung für die Fließkommazahlen (reelle Zahlen) gefunden werden. Hierzu wurde die Gleitpunktdarstellung entwickelt, welche sowohl von der Darstellung der reellen Zahlen her als auch von der Anwendung arithmetischer Operationen auf diesen wesentlich komplexer als bei der Darstellung ganzer Zahlen ausfällt.

### B 18.2.2 Textdarstellung

Ähnlich wie bei den Zahlen müssen auch Texte durch Bitfolgen dargestellt werden (vgl. Lit. 02, S. 1004 ff). Hierbei lag es nahe, einzelne Textzeichen wie Klein- und Großbuchstaben, Ziffern, Satzzeichen sowie diverse andere Zeichen (+, -, & etc.) durch kleinere Bitfolgen darzustellen. Die Texte ergeben sich dann aus einer Anordnung der entsprechenden Zeichenbitfolgen. Auch hier setzte sich letztendlich die Darstellung einzelner Zeichen auf Byte-Ebene durch. Die Zuordnung von Bytes zu Zeichen wird durch die standardisierte ASCII-Codierung (*American Standard Code for Information Interchange*) festgelegt. Dabei ist die Zuordnung der ersten 128 Zeichen (also 7 Bit) international und umfasst das lateinische Alphabet, die Ziffern 0 bis 9, international übliche Sonderzeichen sowie einige Steuerzeichen wie Zeilenumbruch oder Tabulator. Die restlichen 128 Zeichen, auch als erweiterter ASCII-Zeichensatz (EASCII) bezeichnet, sind landesspezifisch und wurden von der ISO (*International Standardization Organization*) normiert. So enthält z.B. die ASCII-Erweiterung *Latin-1* (ISO 8859-1) alle schriftspezifischen Zeichen für westeuropäische und amerikanische Sprachen. Zum Teil überschneiden sich auch die ASCII-Erweiterungen. *Latin-2* (ISO 8859-2) enthält schriftspezifische Zeichen für die meisten mitteleuropäischen und slawischen Sprachen, die deutschen Umlaute sind z.B. in beiden enthalten (auch unter derselben Position).

Die Verwendung der diversen nationalen ASCII-Erweiterungen war zunächst problemlos, schließlich verwendet man bei den Computern auch unterschiedliche landesspezifische Tastaturen. Mit dem Internet hat sich die Lage jedoch grundlegend geändert: Der Zugriff auf Web-Seiten bzw. Dokumente aus anderen Ländern ist alltäglich geworden. „Kennt" der Web-Browser dabei den länderspezifischen Zeichensatz des Dokuments nicht, so wird der Text, zumindest teilweise, falsch dargestellt. Um diesem Problem zu begegnen, hat die ISO einen speziellen Zeichensatz, den Unicode (http://unicode.org [10/2003]), entwickelt und normiert (ISO 10646). An Unicode ist das Besondere, dass dieser 2 Byte als Einheit für ein Zeichen verwendet und so 65536 verschiedene Zeichen darstellen kann. Die ersten 128 Zeichen entsprechen dabei dem „normalen" ASCII-Zeichensatz, die zweiten 128 der Latin-1-Erweiterung. Die restlichen Positionen enthalten alle Zeichen aus den anderen Erweiterungen, also auch griechische, kyrillische oder chinesische Schriftzeichen. Der Vorteil liegt auf der Hand: Systeme, welche den Unicode benutzen, können alle Dokumente darstellen, ohne dass der Zeichensatz gewechselt werden muss.

## B 18.3 Rechnerarchitekturen

Unter dem Begriff Rechnerarchitektur versteht man den „inneren" Aufbau, den so genannten Systemaufbau, eines Computers. Sie beschreibt die Zusammensetzung und Zusammenarbeit diverser Einzelkomponenten wie z.B. Prozessoren, Speicherbausteine, Bussysteme (interne Datenübertragung) etc. auf einer Ebene, die noch ganz unabhängig von bestimmten Hardwareprodukten und elektronischen Standards ist. Ebenso wird die Schnittstelle vom Rechner zur „Außenwelt" spezifiziert, wobei diese sowohl benutzer- (z.B. Eingabe-/Ausgabegeräte) als auch systemorientiert (z.B. Speicher, Netzwerkverbindung) sein können.

Die grundlegende Architektur von Rechnern unterteilt sich in zwei Bereiche: Die Organisation der Hardware (HSA – *Hardware System Architecture*), welche Angaben über die CPU (*Central Processing Unit*) oder das Speichermanagement enthält, und die sogenannte Befehlssatzstruktur (*Instruction Set Architecture - ISA*), welche grundlegende Anweisungen spezifiziert, die der entsprechende Rechner ausführen können soll. Diese entsprechen keineswegs den Befehlen höherer Programmiersprachen wie z.B. C oder Java, sondern sind ganz „primitive" Anweisungen auf Hardwareebene, welche von Betriebssystemen und Systemprogrammierern angewandt werden, damit ein Rechner überhaupt durch Anwender oder andere Softwaresysteme genutzt werden kann. Die Trennung dieser zwei Bereiche gibt der Rechnerarchitektur eine sehr wichtige und notwendige Flexibilität: So können z.B. unter dem gleichen Befehlssatz z.T. grundverschiedene Hardwaresysteme gebaut werden. Nur so ist es möglich, dass ein und dieselbe Software, allen voran die komplexen Betriebssysteme, sowohl auf Hard-

waresystemen verschiedener Hersteller als auch auf immer wieder neu entwickelten und leistungsstärker werdenden Prozessoren ablaufen können. Da zusätzlich die Anwendungssoftware in der Regel betriebssystemabhängig erstellt wird, wäre eine Neuerstellung von Betriebssystemen bei Neuentwicklungen oder gar nur Verbesserungen von Prozessoren schlicht undenkbar.

Die am weitesten verbreitete und wohl bekannteste Rechnerarchitektur wurde von John von Neumann aufgestellt. Sein schon 1945 zum ersten Mal vorgestelltes Konzept hat sich bis heute bewährt und bildet die Basis nahezu aller auf dem Markt befindlichen Rechnersysteme.

### B 18.3.1 Die Von-Neumann-Architektur

Nach dem Von-Neumann-Konzept (vgl. Lit. 02, S. 652) besteht ein Rechner aus verschiedenen Komponenten bzw. Funktionseinheiten (vgl. Abb. 1): Dem Rechenwerk, welches arithmetische Operationen und Befehle durchführt, dem Arbeitsspeicher, welcher Daten und Programmcode beinhaltet, dem Steuerwerk, welches Befehle und Daten zwischen den Komponenten transportiert und die Arbeitsabläufe koordiniert sowie einem Eingabe- und Ausgabewerk, welches die Schnittstelle des Rechners nach außen bildet. Steuer- und Rechenwerk werden dabei unter der Bezeichnung zentrale Recheneinheit oder CPU zusammengefasst.

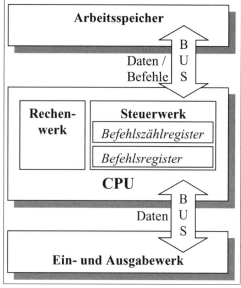

*Abb. 1: Von-Neumann-Rechnerarchitektur*

Nach Neumann muss ein Rechner universal einsetzbar sein, d.h. völlig unabhängig von bestimmten Aufgaben. Programme und Daten befinden sich im Arbeitsspeicher und sind binär codiert. Alle Befehle eines Programms sind durchnummeriert und werden, von einem Befehlszähler gesteuert, einzeln nacheinander (sequenziell) ausgeführt. Spezielle Sprungbefehle innerhalb der Programme ermöglichen es von der Sequenz abzuweichen. Erst die so ausgeführten Programme definieren die bestimmten Aufgabenstellungen und machen den Computer arbeitsfähig.

### B 18.3.2 Die zentrale Recheneinheit (CPU)

Die CPU ist die komplexeste Einheit eines Rechnersystems. Hier treffen alle Befehle und Daten zusammen, egal ob diese vom Betriebssystem oder von Anwendungsprogrammen stammen. Obwohl in der heutigen Zeit nahezu alle Computersysteme als Multiuser-/Multitasking-fähig bezeichnet werden und somit sowohl Benutzer als auch Programme/Prozesse parallel bedienen, findet auf der Ebene der CPU keine echte Parallelverarbeitung von Befehlen statt. Es ist nur die Geschwindigkeit heutiger Prozessoren, die es ermöglicht, innerhalb kürzester Zeit von einem Programm zum anderen zu wechseln und somit dem Benutzer eine quasi gleichzeitige Verarbeitung zu suggerieren.

Wie oben schon skizziert, muss bei einem ablaufenden Programm jeder auszuführende Befehl (Anweisung, Operation) zuerst aus dem Arbeitsspeicher in die CPU geladen werden. Falls weitere Operanden (Daten) notwendig sind, so müssen auch diese über den Datenbus in das Innere der CPU gelangen. Für den reibungslosen Ablauf dieser Transferarbeiten sorgt das Steuerwerk, es ist mit allen anderen Komponenten des Rechners verbunden. Es besitzt kleine Speichereinheiten, so genannte Register. Das Befehlszählregister (Befehlszähler, engl.: *program counter*) enthält die aktuelle Adresse eines Befehls im Arbeitsspeicher. Nach dem Laden des Befehls, welcher zunächst in codierter Form vorliegt, wird dieser im Befehlsregister abgelegt. Nach Interpretation des Befehls durch das Steuerwerk werden alle an der Ausführung beteiligten Funktionseinheiten mit den jeweiligen Informationen versorgt und die Abarbeitung der Anweisung veranlasst. Ist die Ausführung abgeschlossen, so wird der Befehlszähler um eins erhöht (inkrementiert) und somit die nächste Programmanweisung in das Befehlsregister geladen. Auf diese Weise wird das Programm sequenziell bis zur letzten Anweisung abgearbeitet. Nur so genannte Sprungbefehle können selbst den Befehlszähler mit einer anderen Adresse versehen und ermöglichen so die Unterbrechung der Sequenz. Auf diese Art können Programmteile übersprungen (z.B. bei IF-Anweisungen) oder wiederholt ausgeführt werden (z.B. bei Schleifen u.ä.).

Wie es die Bezeichnung schon sagt, ist das Rechenwerk für das Rechnen innerhalb eines Computers zuständig. Hier werden arithmetische Operationen sowie eine Reihe logischer Verknüpfungen (z.B. UND, ODER, NICHT) durchgeführt. Die gängige englischsprachige Bezeichnung ist deshalb *Arithmetic Logical Unit* (ALU). Auch das Rechenwerk besitzt mehrere Register, in denen Operanden sowie Zwischen- und Endergebnisse festgehalten werden. Der Ablauf einer Rechenoperation fällt allerdings recht primitiv aus: Vielmehr als einfaches Addieren und logisches Verknüpfen sowie das Verschieben von Bits innerhalb der Register ist nicht möglich. Auch hier spielt die Geschwindigkeit die zentrale Rolle: Alle komplexen arithmetischen Rechenoperationen lassen sich auf die vier Grundrechenarten zurückführen. Und diese wiederum können durch einfache Additionen ersetzt werden: Subtraktion wird durch Addition des um eins erhöhten Komplements, Multiplikation durch wiederholte Addition, Division durch wiederholte Subtraktion realisiert. So lässt sich jede beliebige Berechnung in mehrere einzelne Zwischenanweisungen transformieren, die nur noch die Addition benötigen. Hierbei steht dem Rechenwerk wiederum das Steuerwerk zur Seite und übernimmt die Aufsplittung komplexer arithmetischer Anweisungen.

### B 18.3.3 Sonstige Rechnerarchitekturen

Die so genannten Nicht-von-Neumann-Rechner basieren auf diversen anderen Überlegungen, wie Rechnerkomponenten zusammengesetzt und zugehörige Befehlssätze effizient ausgeführt werden könnten. J. M. Flynn hat verschiedene Rechnerarchitekturen analysiert und diese nach Art ihrer Befehlsausführung klassifiziert (vgl. Lit. 02, S. 653). Dabei wird unterschieden, ob zu einem Zeitpunkt ein oder mehrere Befehle (*single/multiple instruction*) abgearbeitet werden und ob Befehle auf den gleichen oder auf unterschiedlichen Daten (*single/multiple data*) angewendet werden können (s. Tab. 5).

|                     | single data | multiple data |
|---------------------|-------------|---------------|
| single instruction  | SISD        | SIMD          |
| multiple instruction| MISD        | MIMD          |

*Tab. 5: Klassifikation von Rechnerarchitekturen nach Flynn*

Die Architektur des Von-Neumann-Rechners fällt hierbei in die Klasse der SISD-Architekturen. Rechner dieser Bauart haben also nur einen Prozessor und operieren mit einer sequenziellen Befehlsabarbeitung nur auf einem Datenstrom.

SIMD-Rechner führen identische Befehle zu einem Zeitpunkt gleich auf mehreren Datenströmen aus. Diese Architektur wurde bei den so genannten Feld- und Vektorrechnern angewandt, welche mit mehreren Prozessoren bestückt waren und als Höchstleistungsrechner (*supercomputer*) nur in geringer Stückzahl gebaut wurden. Ein weiteres Beispiel sind Prozessorarrays, welche mit einer Vielzahl von relativ einfachen Prozessoren kleinere Berechnungen auf großen Datenmengen (z.B. in der Bildverarbeitung) ausführen können. SIMD-Rechner eigenen sich also für Anwendungen, die große Mengen von Daten verarbeiten müssen. Der Nachteil dieser Architektur ist, dass keine flexible Einteilung der Prozessoren auf unterschiedliche Anwendungen möglich ist. Trotz mehrerer oder vieler Prozessoren können also nur eine oder wenige Anwendungen gleichzeitig abgearbeitet werden. Aufgrund dieser Inflexibilität spielt die SIMD-Architektur heute keine wesentliche Rolle mehr.

Rechner der MIMD-Klasse besitzen ebenfalls mehrere Prozessoren und können, im Gegensatz zu SIMD, auch Befehle mehrerer Anwendungen ausführen. Jeder Prozessor übernimmt dabei zu einem Zeitpunkt eine bestimmte Aufgabe (engl. Task) in Form der Abarbeitung einer Anwendung oder einer Betriebssystemfunktion. MIMD-Rechner führen also tatsächlich das gleichzeitig aus, was bei den handelsüblichen PC nur „quasi parallel" abläuft (PC haben also immerhin MIMD-Eigenschaften). Die Flexibilität dieses Konzepts hat natürlich ihren „Preis", der sich nicht nur im Warenwert wiederspiegelt: Betriebssystem und Anwendungen sind wegen der hohen Anforderungen an Synchronisation und Datenaustausch zwischen den verschiedenen Anwendungen sehr aufwändig zu programmieren. Nahezu alle Arten von modernen Multiprozessorsystemen (z.B. Parallelrechner), die für Anwendungen mit extrem hohen Rechenanforderungen (z.B. bei der Verarbeitung von Satellitendaten) eingesetzt werden, sind in der Regel nach dem MIMD-Konzept aufgebaut.

Die Klasse MISD ist eher theoretischer Natur, da es in der Praxis kaum Anwendungen dafür gibt, bei denen verschiedene Befehle auf demselben Datenstrom ausgeführt werden müssten.

## B 18.4 Hard- und Softwaresysteme

Bei den heute auf dem Markt befindlichen Computersystemen wird prinzipiell zwischen drei Typen unterschieden:

– *Personal Computer* (Desktop-Rechner/Notebook)

– *Workstations*

– *Mainframes* (Großrechner).

Der Begründer der traditionellen Datenverarbeitung und in der Vergangenheit dominierende klassische Mainframe verliert gegenüber den heutigen Rechnersystemen auf Client/Server-Basis immer weiter an Bedeutung. Seine einstigen Stärken, die Multitasking-/Multiuserfähigkeit sowie die große Speicherkapazität werden inzwischen von modernen Betriebssystemen auf PC-Basis und durch die immer größer werdenden Speicherkapazitäten heutiger Festplatten und sonstiger Speichermedien kompensiert. Moderne Kommunikationsnetze erlauben zudem nicht nur eine Aufteilung der notwendigen Verarbeitungs- und Speicherfunktionen auf kleinere Einheiten, sondern sorgen auch für eine maximale Flexibilität.

PCs und Workstations sind heute die dominierenden Computersysteme. Sie unterscheiden sich weniger von ihrer Rechnerarchitektur her, sondern vielmehr von der Leistungsfähigkeit einzelner Komponenten wie Prozessorgeschwindigkeit oder Speichergröße sowie im Bereich der Sicherheitsanforderungen. Ihr Einsatz ist entsprechend aufgeteilt: PCs in Form von größeren Desktop-Rechnern und den kleinen mobilen *Notebooks* (zunächst unter dem Namen *Laptop* auf dem Markt eingeführt) dienen dem Endbenutzer, der selbst die Ausstattung (damit auch die Leistung) und die Zusammensetzung der installierten Anwendungen bestimmt. Die Workstations sind Hochleistungsrechner und werden hauptsächlich im Serverbereich eingesetzt. Hierbei gilt es meist eine bestimmte Funktion (z.B. als Web- oder Datenbankserver) zu erfüllen, die mit hohen Anforderungen an Leistungsfähigkeit und Sicherheit einhergeht. Aber auch in Bereichen, bei denen rechenaufwändige Anwendungen (z.B. Multimediaproduktion) erforderlich sind, kommen Workstations zum Einsatz.

Neben der technischen Ausstattung unterscheiden sich PCs und Workstations auch aus Sicht der eingesetzten Software. Hier sind es vor allem verschiedenartige Betriebssysteme und Softwarewerkzeuge wie z.B. die Datenbankmanagementsysteme (DBMS), die auf die jeweiligen Bereiche zugeschnitten sind.

### B 18.4.1 Hardwarekomponenten

Die Hardwarekomponenten eines Computers können prinzipiell in den eigentlichen Rechner und die peripheren Geräte unterteilt werden (Abb. 2), wobei die Abgrenzungen nicht immer eindeutig sind. Zentraler Bestandteil des Rechners ist die Hauptplatine (engl. *motherboard*), auf der zahlreiche elektronische Bauelemente miteinander über einen Datenbus verbunden sind (vgl. Lit. 02, S. 28ff). Hier ist die CPU, heutzutage selbst auf einer eigenen Prozessorkarte mit einem schnellen Zwischenspeicher (Cache) untergebracht, mit Speicherbausteinen und anderer Schnittstellenhardware (Festplattencontroller, Grafikkarte, Netzwerkkarte etc.), die dem Zugriff auf die Peripherie dient, verbunden. Bei der CPU selbst wird zwischen CISC und RISC-Prozessoren unterschieden: CISC-Prozessoren (*complex instruction set computer*) besitzen einen umfangreichen Befehlssatz auf Maschinenebene und gelten immer noch als Standard im PC-Bereich, z.B. Prozessorfamilien der Firmen Intel (80486, Pentium pro, Pentium I-IV) und AMD (K6, K6-2 und Athlon). RISC-Prozessoren (*reduced instruction set computer*) hingegen stellen zwar nur einige wenige Befehle zur Verfügung (dies bedeutet mehr Aufwand bei der Programmierung des Betriebssystems), sind dafür aber wesentlich schneller als die der Bauart CISC. Der Geschwindigkeitsunterschied wird von Prozessorgeneration zu Prozessorgeneration größer, so dass immer mehr RISC-Prozessoren, derzeit vorzugsweise im High-End Bereich wie in Workstations (z.B. SPARC/Ultra-SPARC der Firma Sun oder PowerPC 6xx der Firmen Motorola und IBM), eingesetzt werden.

Bei den Speicherbausteinen unterscheidet man zwischen flüchtigen (RAM – *Random Access Memory*) und festen (ROM – *Read Only Memory*) Speichern. Flüchtige Speicher können ihren Zustand bzw. die Daten nur bei Stromzufuhr halten, feste Speicherchips auch ohne. Bei den RAM-Bausteinen handelt es sich um einen Schreib-Lese-Speicher, der einen wahlfreien (engl.: *random*) Lese- oder Schreibzugriff auf die Speicherzellen ermöglicht. Dabei kommen zwei Technologien zum Einsatz: Als SRAM (*Static* RAM) behält der Baustein seinen Zustand, solange die Stromzufuhr gesichert ist, in Form eines DRAM (*Dynamic* RAM) verliert der Baustein auch unter Strom nach relativ kurzer Zeit seinen Zustand (10-50ms) und macht so ein Wiederauffrischen der Ladung (Refresh) notwendig. Dieser Nachteil wird jedoch durch eine höhere Speicherdichte und kostengünstigere Produktion aufgewogen, so dass Speicherbausteine (z.B. Arbeitsspeicher) in der Regel in DRAM-Technologie gefertigt werden.

ROM-Speicher werden innerhalb von Computern dort eingesetzt, wo gespeicherte Daten und Programme auch ohne Stromzufuhr vorhanden sein müssen. Paradebeispiel ist hierfür das BIOS (*Basic Input Output System*)-ROM: Es enthält alle notwendigen Befehle und Daten, welche die CPU direkt nach Einschalten der Betriebsspannung benötigt, um den Computer „hochzufahren". Inzwischen wird dieser Speicher als wiederbeschreibbarer EPROM (*Erasable Programmable* ROM) gefertigt und ermöglicht so die Anpassung des BIOS an neue Hardware.

Zu den Standardgeräten der Peripherie gehören im Eingabebereich Tastatur und Maus (bei Notebooks das *Touchpad*) und im Ausgabebereich Bildschirm, Drucker und Lautsprecher. Die Speichermedien können je nach Verwendung sowohl der Ein- als auch der Ausgabe zugerechnet werden. Hierbei gehören Festplatte, mit einem schnellem Bus über einen Controller mit der Hauptplatine verbunden, sowie Disketten- und optische Laufwerke (CD, DVD) zur Standardausstattung.

Eine Vielzahl von genormten Schnittstellen ermöglicht die Kommunikation mit den peripheren Geräten. Zu den älteren zählen hierbei die serielle (RS232C) und die parallele (*Centronics*) Schnittstelle, die zur Datenübertragung und als Druckerverbindung verwendet werden. Neuere Schnittstellennormen, wie USB (*Universal Serial Bus*) oder *FireWire* (IEEE 1394), ermöglichen den Anschluss unterschiedlichster Geräte wie Digital-Kamera, Scanner, externe Festplatte, aber auch Tastatur und Maus. Der Vorteil liegt in einer standardisierten

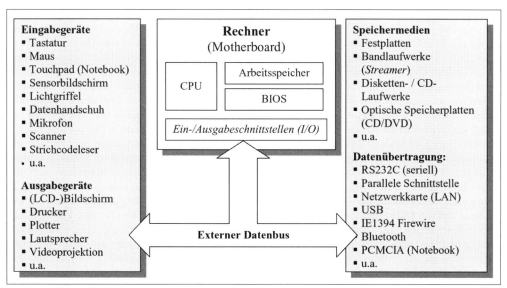

Abb. 2: *Rechner und Peripherie*

überlagernden Kommunikation, so dass mehrere Geräte über eine einzige Geräteschnittstelle (*Controller*) auf dem Motherboard, auch gleichzeitig, betrieben werden können.

**B 18.4.2 Softwaresysteme**

Das bedeutendste Programm eines Computers ist sein Betriebssystem (Lit. 05). Es ist zuständig für den grundsätzlichen Betrieb der Rechenanlage und bildet zusammen mit den Eigenschaften der Rechenanlage die Grundlage für die Anwendungssoftware. Zu den wichtigsten Aufgaben gehören unter anderem das Initialisieren des Rechners nach Einschalten der Betriebsspannung, Zuordnung von Betriebsmitteln (Prozessorzeit, Arbeitsspeicher etc.), Betrieb und Überwachung von wichtigen Ein- und Ausgabegeräten wie Tastatur, Maus und Ausgabemedien, Verwaltung und Zugriffskontrolle auf Dateien und (Dienst-)Programme. Zudem ist es zuständig für die Ausführung und Überwachung von Programmen und bildet somit die Schnittstelle bzw. das Bindeglied zwischen der Computerhardware und Anwendungssoftware. Die frühere relativ komplexe Bedienung eines Betriebssystems über einzelne Befehle auf Kommandozeilenebene machte eine längere Einarbeitung in das jeweilige System erforderlich und sorgte so bei vielen Computer-Novizen für eine gewisse Abneigung gegenüber dem Umgang mit den Rechnern. Erst mit der Entwicklung grafischer Benutzeroberflächen, kombiniert mit der Maus als Eingabegerät, wurden Betriebssysteme einfach bedienbar, so dass auch Benutzer ohne viel Hintergrundwissen den Zugang zu den Funktionen des Rechners praktisch spielerisch erlernen konnten.

Die weitest verbreitetsten Betriebsysteme im PC-Bereich sind die der Windows-Familie des US-Unternehmens Microsoft. Dabei lassen sie sich in zwei Gruppen aufteilen, die eine mit den Versionen Windows95/98/ME, welche noch auf der veralteten Technologie des PC-Ur-Betriebssystems MS DOS (*Microsoft Disc Operating System*) basieren, und die mit den Versionen Windows2000 bzw. XP, welche auf NT (*New Technology*) aufbauen und in vielen Bereichen wie z.B. beim Multitasking oder in Netzwerken der anderen Gruppe weit überlegen sind.

Im Workstation-Bereich dominieren Unix-Systeme, welche ihren Ursprung in den 60er Jahren haben und von der Technologie her sogar den NT-Betriebssystemen von Microsoft weit voraus waren. Unix wurde im wissenschaftlich-universitärem Umfeld entwickelt und lange Zeit auch nur dort eingesetzt. In den 80er Jahren begann dann die Kommerzialisierung, allerdings ohne eine einheitliche Linie bzw. Strategie. Verschiedene Firmen, darunter AT&T, IBM, DEC, Siemens, Sun Microsystems, HP (Hewlett & Packard), und sogar Microsoft, benutzten einen gemeinsamen Kern

(*Kernel*) von Unix und programmierten um diesen ihre eigenen konkurrierenden Versionen, so genannte „Derivate". Selbst Standardisierungsprojekte wie POSIX (*Portable Operating System Interface for Unix*), welche eine einheitliche Schnittstelle für Unix definierten, sowie ein Konsortium namhafter Firmen namens *Open Software Foundation* (OSF) mit dem Ziel einer einheitlichen Version namens OSF/1 konnten letztendlich keine Einheit im Unix-Umfeld erzielen. Nahezu alle Hersteller von Workstations bieten auch gleich ihr eigenes Unix-Derivat an (z.B. SINIX/Siemens, Solaris/Sun Microsystems, HP-UX/HP). Microsoft, welches einst die Entwicklung des eigenen Unix-Derivates Xenix zu Gunsten von MS DOS einstellte, spielt im Workstation-Bereich erst mit, seitdem dort auch leistungsstarke PC eingesetzt werden. Als Betriebssystem wird allerdings Windows2000/-XP eingesetzt.

Mit dem Beginn der Entwicklung von Linux durch den damals 21jährigen Linus Torvalds Anfang der 90er Jahre zog Unix nicht nur in den PC-Bereich ein, es formierte sich mit Hilfe des aufkommenden Internets auch ein bis dahin nicht bekanntes Phänomen einer freien weltweit-gemeinschaftlichen Softwareentwicklung. Unter dem Begriff General Public License (GPL) bzw. OpenSource wurde ein kostenloser Zugang zum Quellcode des Linux-Betriebssystems eingerichtet. Entwickler hatten so Einblick in sämtliche Quellcodes und konnten dadurch neue Funktionen in Linux integrieren bzw. Programmierfehler schneller finden und eliminieren. Der Erfolg dieser OpenSource-Bewegung war bahnbrechend und hält nach wie vor an: Linux wuchs zu einem modernen kostenlosen Betriebssystem und es folgten Nachahmer des „frei verfügbaren Quellcodes" in nahezu allen Software-Bereichen. Die als Plattform bezeichnete Produktkombination Linux, Apache (Web-Server), MySQL (Datenbank) und PHP (*Php Hypertext Preprocessor*, Scriptsprache für Web-Anwendungen), kurz LAMP, basiert auf GNU und macht inzwischen im Workstation-Bereich auf PC-Basis den Microsoft-Produkten ernsthafte Konkurrenz.

Nach dem Laden des Betriebssystems ist der Computer praktisch universell einsetzbar und zur Ausführung von Anwendungssoftware bereit. Die Art dieser Software ist nahezu beliebig und wird durch den Einsatzzweck des Computers bestimmt. Die Spannbreite geht von allgemeinen Anwendungen, welche häufig und generell benötigt werden wie z.B. Büro- oder Internetanwendungen, bis hin zu Programmen, welche für ganz spezielle Problemstellungen (Individuallösungen) bestimmt sind. Es können in sich abgeschlossene Gesamtlösungen sein oder aber auch Programme, welche häufig gebrauchte Funktionalitäten für andere Anwendungen bereitstellen wie z.B. Datenbanksysteme oder Netzwerksoftware. Bei den weit verbreiteten Anwendungsgebieten konnten sich bestimmte Softwaresysteme zur so genannten Standardsoftware etablieren. Darunter versteht man Anwendungen, die für den Massenmarkt entwickelt wurden und sehr hohe Installationszahlen aufweisen wie z.B. Microsoft Office bei Büroanwendungen oder SAP im betriebswirtschaftlichen Bereich. Da die Nachfrage in diesem Bereich sehr groß ist, verteilen sich die Entwicklungskosten auf die hohen Stückzahlen, und die Programmpakete können so preisgünstiger angeboten werden als bei wenigen Installationen oder bei den noch teureren Individuallösungen. Erfüllt eine Standardsoftware zwar im Groben, jedoch nicht alle Anforderungen einer bestimmten Problemstellung, so bemüht man sich häufig mit Hilfe von Skript- und Programmiersprachen eine vorhandene Standardsoftware dem individuellen Einsatzzweck anzupassen (z.B. Makroprogramme, Datenbankzugriff). Hierzu bieten die meisten Standardpakete eine fest definierte und gut dokumentierte Programmierschnittstelle (kurz API – *Application Programing Interface*) an, über die Daten in die bzw. aus der Standardsoftware übertragen und weitere Funktionalität hinzugefügt werden kann. Die Gefahr von Standardsoftware liegt in der Monopolisierung, die dann neben der Preisbestimmung auch technische Abhängigkeiten (z.B. Datenformate) nach sich zieht.

Programmiersprachen und Programmentwicklungsumgebungen dienen der Erstellung von Computerprogrammen allgemein (z.T. auch von Betriebssystemen oder anderen Programmiersprachen). Ein Programm ist genau genommen die präzise Formulierung eines Algorithmus bzw. einer Problemlösung durch Aneinanderreihen von Anweisungen einer bestimmten Programmiersprache. Die für den Programmierer relativ einfach verständlichen Anweisungen (Quellprogramm) höherer Programmiersprachen können allerdings vom Prozessor nicht direkt verarbeitet werden, sie müssen zuerst in die abstrakte binäre Maschinensprache (ausführbares Programm) des jeweiligen Prozessortyps übersetzt werden. Hierzu gibt es zwei verschiedene Verfahren: Interpreter („Dolmetscher") und Compiler („Übersetzer"). Der Interpreter liest eine Anweisung des Quellprogramms, übersetzt diese in die Befehle der Maschinensprache und veranlasst den Prozessor sie sofort auszuführen. Der Compiler hingegen übersetzt zuerst alle Anweisungen des Quellprogramms in Maschinensprache und generiert daraus ein ausführbares Programm (engl. *executable file*) für einen bestimmten Prozessortyp. Dieses aus reinem Maschinencode bestehende Programm kann zu einem beliebigen Zeitpunkt aufgerufen werden und kommt dann sofort zur Ausführung. Compilierte Programme werden im Vergleich zu denen von Interpretersprachen nicht nur deutlich schneller ausgeführt, da die Anweisungen schon vorher übersetzt wurden, sie haben auch den Vorteil, dass sie nicht mehr für den Menschen „lesbar" sind und so die intellektuelle Leistung der Problemlösung in Form von Algorithmen nicht ohne weiteres nachgeahmt werden kann. Interpreterprogramme haben dafür den Vorteil, dass sie auf allen Prozessortypen lauffähig sind, ohne dass sie vorher neu übersetzt werden müssen.

Programmiersprachen werden häufig in verschiedene Generationsklassen eingeteilt:

1. **Generation, Maschinensprachen:** Binäre Prozessorbefehle, absolute (direkte) Speicheradressen.

2. **Generation, Assemblersprachen:** Mnemotechnische (symbolische) Abkürzungen für binäre Prozessorbefehle, Verwendung von Variablen (z.B. anstatt absoluter Speicheradressen). Assembler werden heute noch für systemnahe und technische Anwendungen verwendet.

3. **Generation, Problemorientierte Sprachen** (z.B. FORTRAN, COBOL, C++, JAVA): Eigene Anweisungen unabhängig von Prozessortyp und Rechenanlage. Beinhalten diverse Hilfskonstrukte zur Formulierung von Algorithmen wie Schleifen, Auswahl, Unterprogrammaufruf etc. sowie verschiedenartige Programmierparadigmen (imperativ / objektorientiert).

4. **Generation, Spezielle (datenorientierte) Sprachen** (z.B. SQL, NATURAL): Beschreiben nicht mehr den Lösungsvorgang, sondern bestimmen nur noch Ergebniseigenschaften. Sie eignen sich nur für spezielle Bereiche wie z.B. Datenbankabfragen.

5. **Generation, wissensorientierte Sprachen** (z.B. LISP, PROLOG): Anwendung im Bereich der KI (Künstliche Intelligenz). Es werden Lösungen mit Hilfe von Logik-basierten Konstrukten (Regeln, Funktionen, Rekursion, Backtracking etc.) aufgestellt.

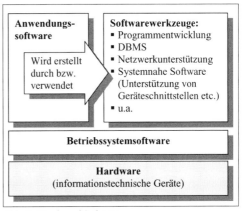

*Abb. 3: Hard- und Software*

## B 18.5 Internet-Technologie

Die Basis des Internets bildet ein Netzwerksystem (Lit. 08), welches sowohl einzelne Rechner in kleineren lokalen Rechnernetzen (LAN – *Local Area Network*) miteinander verbindet als auch diese Netzwerke selbst zu weitreichenden größeren Netzwerken (WAN – *Wide Area Network*) vereint. Eine Verbindung bedeutet hierbei lediglich, dass zwei Rechner (innerhalb von Netzwerken auch als „Host" bezeichnet) miteinander kommunizieren, d.h. Daten austauschen können. Dies geschieht in erster Linie über feste Leitungen wie Netzwerk- bzw. Telefonkabel, es kommen aber immer mehr kabellose Funksysteme sowohl bei kürzeren (WLAN – *Wireless* LAN) als auch bei längeren Distanzen (Satellitenverbindung) zum Einsatz.

### B 18.5.1 Das Schichtenmodell

Damit zwei oder mehrere Rechner miteinander kommunizieren können, müssen neben der rein technischen Verbindung auch Regeln, sogenannte Protokolle, für den Nachrichtenaustausch definiert werden. Dies ist vergleichbar mit der Verwendung von *Roger* und *Over* im Sprechfunkverkehr: Mit *Roger* wird der Empfang einer Nachricht quittiert und mit *Over* wird das Wort an den Gesprächspartner übergeben. Natürlich ist die Kommunikation in Computernetzwerken wesentlich aufwändiger, schließlich ist die Kommunikation in beide Richtungen gleichzeitig möglich und es müssen diverse physikalische und logische Vereinbarungen wie Übertragungsrichtung und -geschwindigkeit, Datenformat, Fehlererkennung u.a. getroffen werden. Aufgrund dieser hohen Komplexität werden die Aufgaben auf mehrere Protokolle bzw. Protokollschichten aufgeteilt (vgl. Lit. 02, S. 1143). Diese können so autonom agieren und untereinander über feste Schnittstellen kommunizieren. Dies hat den Vorteil, dass die Gesamtkomplexität reduziert wird und die einzelnen Schichten auf verschiedene Einheiten (Hardware oder Software) und Hersteller aufgeteilt werden können. Die *International Standards Organisation* (ISO) hat hierzu ein Schichtenmodell mit der Bezeichnung *Open Systems Interconnection* (OSI), kurz ISO-OSI-Referenzmodell, herausgegeben, welches die verschiedenen Protokollfunktionen auf sieben hierarchisch angeordnete Schichten aufteilt (siehe Tab. 6), wobei jede einzelne Schicht autonom ist und der jeweils übergeordneten bestimmte Dienstleistungen anbietet (vgl. Lit. 02, S. 1146):

**Anwendungsschicht** (*Application layer*): Eigentliche Anwendungen bzw. Dienste des Internet wie z.B. WWW, E-Mail und FTP .

**Darstellungsschicht** (*Presentation layer*): Damit Daten zwischen verschiedenen Systemen ausgetauscht und korrekt dargestellt werden können, werden hier standardisierte Datenformate wie ASCII, Unicode, HTML (*HyperText Markup Language*), MIME (*Multipurpose Mail Extensions*), NVT (*Network Virtual Terminal*) etc. vereinbart und u.U. konvertiert (z.B. Alphabetumwandlungen, Datenkompression).

**Kommunikationsschicht** (*Session layer*): Hier befinden sich die Protokolle der verwendeten Dienste wie z.B. HTTP beim WWW-, SMTP beim E-Mail-, FTP beim gleichnamigen FTP-Dienst (File Transfer). Sie dienen der Sitzungs- bzw. Dialog- und Kommunikationssteuerung (Synchronisation). Auf dieser Ebene werden Verbindungen zwischen Clients und Servern aufgebaut sowie die Daten über Anfrage/Antwort-Nachrichten (Request/Response) übertragen.

**Transportschicht** (*Transport layer*): Die zugehörigen Protokolle wie z.B. TCP (*Transmission Control Protocol*) oder UDP (*User Datagram Protocol*) übertragen Daten unabhängig von der Netzwerkart und den verwendeten Diensten/Anwendungen. Die Daten werden auf dynamische Speicherbereiche, sogenannte Ports, weitergeleitet und werden dort von den zugeordneten Diensten übernommen.

**Vermittlungsschicht** (*Network layer*): Netzwerkabhängige Übertragung der Daten auf Rechnerebene. Neben der Adressierung und dem Verbindungsaufbau der Rechner findet hier auch das Routing (Weg der Dateneinheiten/Pakete) und eine eventuelle Fehlerbehebung statt. Das IP (Internet Protocol) ist dieser Schicht zuzuordnen.

**Sicherungsschicht** (*Data link layer*): Die zu übertragenden Daten werden in kleinere Datengruppen eingeteilt und über ein System von Sender-/Empfängerquittungen gesichert übertragen, d.h. es wird geprüft, ob das was abgeschickt wurde, auch beim Empfänger angekommen ist. Protokollbeispiele hierfür sind Ethernet, ISDN (Integrated Services Digital Network) und ADSL (Asynchronous Digital Subscriber Line).

**Bitübertragungsschicht** (*Physical layer*): Regelung der Übertragung von Bits über physikalische Verbindungen. Dies betrifft insbesondere die Übertragungsgeschwindigkeit, Codierung sowie die Zuordnung einzelner Leitungen bzw. Frequenzbereiche und ist stark abhängig vom Übertragungsmedium.

### B 18.5.2 TCP/IP

Das ISO-OSI-Referenzmodell definiert allerdings nur die Funktionalität der einzelnen Schichten und ist völlig unabhängig von konkreten Protokollen und Technologien. Damit jedoch alle Rechner, die über Internet verbunden sind, miteinander kommunizieren können, ist eine „gemeinsame Sprache" in den Protokollschichten Transport und Vermittlung unabdingbar. Während der frühen Internetentwicklung einigte man sich diesbezüglich auf das Protokollpaar TCP/IP (siehe Tab. 6, vgl. Lit. 08, S. 39). Die Entwicklung lokaler Netzwerke (LAN) benutzte lange Zeit diverse unterschiedliche Protokolle, die z.T. nicht mit TCP/IP kompatibel waren (nur Unix-Systeme verwenden in der Regel ausschließlich TCP/IP). Erst seit dem Internetboom Anfang der 90er Jahre wurde auch bei den kleineren Netzwerktechnologien immer mehr auf TCP/IP umgestellt, so dass eine Anbindung an das Internet relativ problemlos zu bewerkstelligen

| ISO-OSI Schichten | TCP/IP | | | |
|---|---|---|---|---|
| | TCP/IP-Konzept | WWW | E-Mail | FTP |
| Anwendung | Dienste / Anwendungen | Hypertext | Elektr. Post | Dateiübertragung |
| Darstellung | | HTML u.a. | MIME u.a. | NVT |
| Kommunikation | | HTTP | SMTP | FTP |
| Transport | End-zu-End-Verbindung | TCP / UDP | | |
| Vermittlung | Netzverbindung | IP | | |
| Sicherung | Datenübertragung | Ethernet, ISDN, ADSL etc. | | |
| Bitübertragung | | Koaxial-, Glasfaserkabel, drahtlose Systeme etc. | | |

Tab. 6: ISO-OSI Schichtenmodell und TCP/IP-basierte Dienste

war. Dennoch existieren auch heutzutage noch Sub-Netze im Internet, die nicht über TCP/IP laufen. Diese werden über sogenannte Gateway-Rechner an das Internet angeschlossen, welche für die notwendigen Umwandlungen zur Sicherung der Kompatibilität sorgen.

Das Charakteristische an der Protokollfamilie TCP/IP ist die paketorientierte Aufteilung der zu übertragenden Daten und die Adressierung von Rechnern über IP-Nummern. Dabei übernimmt IP zunächst die Zerlegung der Daten in kleinere Pakete, versieht jedes Paket mit der Adresse des Zielrechners und schickt diese ab. Auf Empfängerseite werden die Pakete aufgrund der Paketnummerierung wieder in der richtigen Reihenfolge zusammengesetzt. TCP überprüft dabei über Prüfziffern, ob Daten fehlen oder fehlerhaft übertragen wurden. Sind solche Fehler aufgetreten, so fordert TCP eine erneute Versendung der entsprechenden Pakete über die IP-Schicht an.

Jedem Rechner im Internet wird eine weltweit eindeutige Adresse in Form einer IP-Nummer zugeordnet. Damit nicht zwei Rechner die gleiche IP-Nummer bekommen, wird die Adressvergabe von zentraler Stelle bei der *Internet Corporation for Assigned Names and Numbers* (ICANN) koordiniert. In der noch aktuellen Version IPv4 wird eine IP-Adresse durch eine 32Bit-Zahl dargestellt. Zur besseren Übersichtlichkeit wird diese in vier Bytes aufgeteilt und durch Punkte getrennt dezimal ausgeschrieben. Die Schreibweise für die 32-Bit-IP-Nummer 11000011 10010000 00110010 11010110 ist demnach 195.144.50.214.

Damit ICANN selbst nicht für jeden einzelnen Rechner auf der Welt eine IP-Nummer vergeben muss, wird die Vergabe hierarchisch organisiert und auf eigenständige internationale und nationale Institutionen verteilt. Damit bei jeder IP-Adresse der Zuständigkeitsbereich festgelegt werden kann, wurde der Adressraum auf drei so genannte Netzwerkklassen eingeteilt, welche verschieden große Netzwerke verwalten können: Class-A- (max. 128 Netze mit bis zu 16.777.214 Hosts), Class-B- (max. 16.384 Netze mit bis zu 65.534 Hosts) und Class-C-Netzwerke (max. 2.097.152 Netze mit bis zu 254 Hosts). Trotz des relativ großen Adressraumes werden die Adressen im Class-B Bereich immer knapper, da vor allem Firmen und Internet Service Provider (ISP) solch eine Adresse für ihre eigenen Netzwerke einfordern. Gerade die zuletzt Genannten behelfen sich momentan damit, dass sie ihren Privatkunden während deren Online-Zeit von zu Hause aus eine dynamische IP-Adresse zuweisen. Eine generelle Lösung ist aber auch schon in Sicht, denn in der neueren Version *IPv6* werden 128 Bits zur Verfügung stehen.

### B 18.5.3 Domain Name System (DNS)

Trotz der technischen Vorteile der Host-Adressen in Form von IP-Nummern hatten diese zunächst zwei nicht zu unterschätzende Nachteile: Zum einen sind sie aufgrund der vielen Ziffern für Menschen nur schwierig zu merken und zum anderen musste jede Veränderung einer IP-Nummer (z.B. beim Austausch eines Servers) den Beteiligten im Internet bekannt gemacht werden. Deshalb wurde in den 80er Jahren ein neues Namenskonzept für das Internet mit der Bezeichnung *Domain Name System* (DNS, Lit. 08, S. 282ff) entwickelt, welches dezentral aufgebaut ist und eine einfache Adressierung auf Basis von Buchstaben ermöglicht. Das

Grundkonzept von DNS basiert auf einem eigenen hierarchischen Netzwerk von so genannten *Domain-Name*-Servern. Jede Hierarchieebene verwaltet hierbei einen bestimmten Teil (Zone) im Namensraum. Jeder *Name-Server* beinhaltet eine Tabelle mit logischen Namen und zugeordneten IP-Nummern. Die Host- bzw. Domain-Namen selbst sind ebenfalls hierarchisch angeordnet und bestehen aus verschiedenen Levels, die durch einen Punkt getrennt dargestellt werden. Die *Top-Level*-Domains gliedern sich in die Bereiche Generic wie „com", „net", „org" etc. und nationale Country-Codes wie „de", „ch", „at" etc. Die oberste Serverhierarchie im DNS, die so genannten *Root-Server*, enthalten Informationen über die Name-Server, welche diese *Top-Levels* verwalten. Diese wiederum verweisen auf Name-Server, die den *Second-Level* verwalten. Letzterer bildet den eigentlichen Domain-Namen, der unter gewissen Regeln (Lit. 09) frei wählbar ist und in der Regel etwas über den Inhalt bzw. Inhaber der Domain aussagt (z.B. Firmen-, Institutions- oder Personennamen). Ab dem *Third-Level* ist dann der jeweilige Name-Server des Inhabers (häufig auch vom ISP betrieben) für die Verwaltung weiter untergeordneter Domain-Namen (Subdomain) zuständig. Die Name-Server selbst beinhalten eine Tabelle mit den jeweils zuständigen Domain-Namen und der zugeordneten IP-Nummer, wobei einer Nummer auch mehreren Domain-Namen zugewiesen werden können.

Bevor also ein Host durch einen Internetdienst über dessen Domain-Namen kontaktiert werden kann, muss zuerst die zugehörige IP-Nummer im DNS herausgefunden werden. Das dafür zuständige Programm, der sogenannte *DNS-Resolver*, ist meist Bestandteil des Betriebssystems. Dabei wird die DNS-Hierarchie von unten nach oben abgefragt: Zuerst wird der direkt zugeordnete Name-Server des verwendeten Rechners angesprochen. Enthält dieser keinen entsprechenden Eintrag, so wird der nächst höhere Name-Server in der Hierarchieebene kontaktiert etc. Kann kein Name Server auf dem Weg nach oben in der DNS-Hierarchie den Domain-Namen auflösen, gelangt man letztendlich zum Root-Server, welcher dann den Pfad zum zuständigen Name-Server einleitet. Damit das DNS an für sich die Arbeit im Internet nicht verlangsamt oder erschwert, wird jeder Name-Server zwecks Sicherheit doppelt betrieben (primärer/sekundärer Name-Server) und mit einem Cache versehen, welcher bereits aufgelöste Domain-Namen enthält (nach einem bestimmten Domain-Namen muss so nicht mehrmals im DNS gesucht werden).

### Literatur

01 Friedrich Naumann: Vom Abakus zum Internet. Die Geschichte der Informatik. Primus Verlag 2001, ISBN 389678224X

02 Hans R. Hansen; Gustaf Neumann: Wirtschaftsinformatik 1. Grundlagen betrieblicher Informationsverarbeitung. UTB Stuttgart 2001, ISBN: 3825208028

03 Gernot Wersig: Informations- und Kommunikationstechnologien. Eine Einführung in Geschichte, Grundlagen und Zusammenhänge. Universitätsverlag Konstanz (UVK) 2000, ISBN: 3896692763

04 Ulrich Rembold; Paul Levi: Einführung in die Informatik für Naturwissenschaftler und Ingenieure. Hanser Fachbuch 2002, ISBN: 3446181571

05 J. Nehmer; P. Sturm: Systemsoftware – Grundlagen moderner Betriebssysteme. dpunkt-Verlag 2001, ISBN: 3898641155

06 Katie Hafner; Metthew Lyon: ARPA Kadabra oder Die Geschichte des Internet. dpunkt-Verlag 2000, ISBN: 3932588592

07 Internet Society: All about the Internet. http://www.isoc.org/internet/history/

08 Sikora, Axel: Technische Grundlagen der Rechnerkommunikation. Internet-Protokolle und Anwendungen. Hanser Fachbuchverlag 2003, ISBN: 3446224556

09 Florian Huber; Daniel Dingeldey: Ratgeber Domain-Namen. BoD GmbH, Norderstedt 2001, ISBN: 3831122407

# B 19 Dokumentenmanagement

Thomas Schütz

## B 19.1 Grundlagen des Dokumentenmanagement

Das Dokumentenmanagement soll das betriebliche Informationsmanagement um geeignete Methoden zur hardware- und softwaregestützten Verarbeitung aller Arten von Dokumenten unter organisatorischen Rahmenbedingungen (z.B. personelle oder rechtliche Aspekte) erweitern (vgl. Lit. 15). Einem Dokumentenmanagement kommt dabei eine Integrations- und Dokumentationsfunktion zu, die Daten und Dokumente aus unterschiedlichen Quellen entgegennimmt (vgl. Lit. 15). Dokumente kommen aus unterschiedlicher Anwendungssoftware (z.B. SAP R/3 für die Auftragserfassung oder Leistungsabrechnung), Büro-Software (z.B. Office-Anwendungen für die Erstellung eines Angebotes oder eines Vertrages) oder aus unterschiedlichen Abteilungen, z.B. stellen Entwicklungsabteilungen Post Sales-Dokumentationen (Bedienungshandbücher, Montage- oder Aufbauanleitungen) und Marketingabteilungen Pre Sales-Dokumentationen (Werbebroschüren, Preislisten) bereit (Lit. 15). Das Dokumentenmanagement umfasst dabei den kompletten „Dokument-Life-Cycle": das Erstellen, Digitalisieren, Indizieren, Archivieren, Wiederfinden, Weiterleiten und Vernichten von Dokumenten (vgl. Lit. 04). Hard- und Softwareunterstützung erhält das Dokumentenmanagement durch Dokumentenmanagementsysteme.

### B 19.1.1 Historische Entstehung und Umfeld von Dokumentenmanagementsystemen

Dokumentenmanagementsysteme sind aus den in den in den 1960er Jahren entwickelten Archivsystemen entstanden, deren Ziel das Scannen und die Archivierung von Dokumenten ist, auf die bei Bedarf erneut zugegriffen werden kann (vgl. Lit. 18). In den 1980er Jahren wurde die revisionssichere und zulässige Nutzung von Dokumentenmanagementsystemen erkannt und seitdem fortlaufend weiter entwickelt. Seit 1990 wurden insbesondere Funktionen der ebenfalls in den 1980er Jahren entstandenen Workflowsysteme integriert, deren Potenzial im computergestützten standardisierten Transport- und Verarbeitungsablauf eines Dokumentes durch das Unternehmen liegt (vgl. Lit. 18). Typisches Beispiel stellt die im Posteingang eingehende Bestellung dar, die eingescannt und an alle notwendigen Instanzen ohne Medienbruch weitergeleitet wird. Seit Ende der 1990er Jahre stehen Dokumentenmanagementsysteme im engen Bezug zu weiteren dokumentenorientierten Systemen, vor allem:

- zu Wissensmanagement-Systemen (auch Knowledge-Managementsysteme genannt), die den wissensidentifizierenden, -bewahrenden, -erwerbenden, -nutzenden, -entwickelnden und -verteilenden Prozess (vgl. Lit. 14) in einer sozial-kulturellen Umgebung in den Vordergrund stellen. Dokumente werden dabei als Träger von explizitem Wissen und Dokumentenmanagementsysteme als Basis für das Wissensmanagement heraus gestellt (vgl. Lit. 16),

- zu Content-Managementsystemen, die seit Ende der 90er Jahre den Web-Auftritt einer Organisation (Lit. 18, Lit. 12) z.B. mit Redaktionsunterstützung und einem Link-Mangement softwaretechnisch unterstützen. Dokumentenmanagementsysteme bieten sich dabei als eine gemeinsame Datenbasis für flexible Publikationsformen (z.B. für die unternehmensexterne Bereitstellung von Produktbroschüren über den Distributionskanal des Webs) an.

Die Grenzen zwischen diesen Systemen sind fließend geworden und es zeigt sich eine Konvergenz der Technologien (Lit. 18, Lit. 09, Lit. 10). Beispielsweise erweitern Anbieter den Umfang von Dokumentenmanagementsystemen mit Funktionen von typischen Funktionen von Wissensmanagement-Systemen und von Content-Managementsystemen. Der gemeinsame Markt dieser Systeme ist intransparent und gekennzeichnet von Firmenübernahmen und Firmenverschmelzungen (vgl. Lit. 18). In Analysen dieses Marktes werden die genannten Systeme oft unter dem Begriff Dokumenten-Technologien (vgl. Lit. 18) subsumiert.

### B 19.1.2 Eigenschaften von Dokumenten

Ein Dokument stellt im Dokumentenmanagement eine Einheit dar, die in Papierform, Mikrofilm oder in elektronischer sowie in analoger Form (z.B. Video-, Audio-Cassetten) vorliegt, die inhaltlich ohne einen Bedeutungsverlust weiter nicht getrennt werden kann (vgl. Lit. 06). Eine Rechung kann als ein Dokument betrachtet werden, dessen inhaltliche Bestandteile (Empfänger, Rechnungspositionen) zwar logisch getrennt werden können, aber ihre Bedeutung dadurch verlieren (Lit. 06).

Liegen Dokumente nicht in elektronischer Form vor, werden Dokumente durch eine Konvertierung z.b. durch Scannen in eine computerverarbeitbare Form digitalisiert. Dokumente in nicht reinem Textformat z.B. im binären Format werden als NCI -Dokumente („Non-Coded-Information") bezeichnet. Im Gegensatz dazu sind elektronische Dokumente in reiner Textform CI-Dokumente („Coded-Information"), die vom Computer leicht zu interpretieren sind (vgl. Lit. 09, Lit. 06, Lit. 04).

Für die elektronische Weiterverarbeitung elektronischer Dokumenten sind die folgenden Eigenschaften relevant (vgl. Lit. 01):

- **Dokumententyp** (bzw. Dokumentenklasse – Lit. 08) nach einer inhaltlichen Typisierung der Dokumente, z.B. in Korrespondenz, Zeitschriftenartikel, Rechnungswesenbelege. Diese Typisierung kann immer detaillierter spezifiziert werden, bis auf einen konkreten Dokumententyp (z.B. Lieferantenrechnung), der – ähnlich der objektorientierten Software-Entwicklung – instanziert werden kann (Lit. 06).

- **Dokumentenart** nach der Darstellungsform der Dokumente (z.B. Text, Bild/Video, Zeichnung), entsprechend der Überlegung, dass eine gleiche logische Information unterschiedlich darstellbar ist (Lit. 06). Eine besondere Dokumentenart stellen die so genannten Compound Documents dar, die neben Text noch weitere verlinkte oder eingebettete Objekte (z.B. über OLE-/DLL-Techniken) wie Tabellen und Grafiken beinhalten (Lit. 08).

- **Dokumentenformat** (bzw. Dateiformat) beschreibt die technische Aufbereitung des Dokumentes, also die Art der Codierung und die innere Struktur der Datei, welche das Dokument repräsentiert (Lit. 06).

## B 19.1.3 Metadaten im Dokumentenmanagement

Die Notwendigkeit von Metadaten im Dokumentenmanagement wird durch die Vorstellung offenbart, ein bestimmtes digitales Bild (Image) in einer Sammlung von Bildern über eine Suchmaschine zu finden, wenn diese Suchmaschine keine weiteren beschreibenden Informationen über diese Images besitzt. Metadaten werden im Allgemeinen als „Daten über Daten" bezeichnet. Auch die allgemeinsprachliche Verwendung des Präfix „Meta" drückt meistens eine abstraktere Ebene aus (z.B. Meta-Suchmaschinen). Metadaten können definiert werden als Daten, die ausgewählte Aspekte anderer Daten beschreiben (Lit. 16). Für das Dokumentenmanagement können die folgenden Kategorien von Metadaten (als ausgewählte Aspekte) heraus gestellt werden:

- **Semantische Metadaten** beschreiben den Inhalt eines Dokumentes, die insbesondere den suchenden und navigierenden Zugriff auf Dokumente unterstützen. Dazu gehören die klassischen inhaltserschließenden Attribute wie Volltextindizierungswerte, Schlagwörter, Abstracts oder klassifizierende Attribute. Auch qualitative (bzw. bewertende) und quantitative Metadaten (z.B. „Anzahl der Zugriffe auf ein Dokument"), die eine Suchtrefferermittlung beeinflussen können, können genannt werden. Auch relationale Metadaten können berücksichtigt werden, beispielsweise kann ein Dokument A ein anderes Dokument mit zusätzlichen Attributen erweitern (vgl. Lit. 16).

- **Strukturelle Metadaten** beschreiben den inneren Aufbau eines Dokuments (Mikrostruktur). Die Attribute wie Titel, Betreff, Kapitel oder Abschnitt können den Autor beim strukturierten Verfassen eines Dokuments unterstützen.

- **Administrative Metadaten** dienen insbesondere der Verwaltung des Dokumentes z.B. Zugriffsrechte, Bearbeitungsstatus, Copyrights oder Archivierungsfristen.

- **Technische Metadaten** dienen insbesondere der softwaretechnischen Verwaltung von Verarbeitungsanweisungen zur Formatierung, zum Dateiformat oder dem Kompressionsverfahren.

Selbstverständlich, dass diese Kategorisierung analytisch und nicht faktisch anzusehen ist, d.h. ein Attribut (z.B. Autor) kann durchaus sowohl den semantischen als auch den administrativen Metadaten zugeordnet werden.

In die Analyse der Metadaten ist die Semantik der Metadaten ebenfalls einzubeziehen, da gemäß dem semiotischen Dreieck ein bestimmtes Symbol (konkreter: ein Wort) einen bestimmten Begriff erweckt, der als Referenz für ein reales Ding in der Welt steht. Homographe und Polyseme können beim Empfänger einer Nachricht unterschiedliche Interpretationen hervorrufen (Lit. 16). Bei der Definition von Metadaten muss dieser Aspekt berücksichtigt werden, dabei geht es nicht nur um die menschliche eindeutige Interpretation eines Begriffs, sondern auch um die computergestützte eindeutige Interpretation von Daten, die mit den folgenden drei Konzepten realisiert werden kann:

- **Metadatenstandards** liefern eine Sammlung von Elementen, die als Metadaten dienen können, über deren eindeutige Bezeichnung und Semantik sich eine nationale oder internationale Gruppierung geeinigt hat. Insofern ermöglicht ein Metadatenstandard eine gemeinsame Sprache für die Beschreibung eines Dokumentes. Der prominenteste Metadatensatz ist der sog. „Dublin Core Element Set", der von der Dublin Core Metadata Initiative (Lit. 05) erarbeitet wurde. Dieser Satz umfasst 15 Kernelemente u.a. zur Identifikation von Informationseinheiten im WWW (siehe Tab. 1). Dieser Metadatensatz ist bewusst minimal gehalten worden und kann mit eigenen Elementen erweitert werden. Eine Anforderung war u.a., dass die definierten Bezeichnungen auch von einem menschlichen Benutzer eindeutig interpretiert werden können. Eine Software kann einen bestimmten Wert (z.B. Thomas Schütz) im Zusammenhang mit einer eindeutigen Bezeichnung eines DC-Elements (z.B. DC.Creator) eindeutig interpretieren. Weitere bedeutungsvolle Metadatenstandards liefert der IEEE 1484 mit Learning Objects Metadata (LOM) für die Beschreibung von Lernressourcen oder der vom W3C (World Wide Web-Consortium) vorgeschlagene PICS-Standard (Platform for Internet Content Selection System) zur Bewertung von Inhalten von Web-Ressourcen, um beispielsweise Kinder vor verbotenen oder schädlichen Inhalten zu schützen.

- **Resource Description Framework (RDF) und -Schema (RDFS)** ist ein Konzept und eine Empfehlung des W3C, das die softwaretechnische Repräsentation von Ressourcen mit ihren Eigenschaften und Statements ermöglicht. Eine Ressource stellt das zu beschreibende Objekt dar, das über einen Uniform Resource Identifier (URI) eindeutig identifiziert werden kann. Eine

| Formale Kriterien | Geistiges Eigentum | Inhalt |
|---|---|---|
| 1. Title | 2. Creator | 7. Date |
| 3. Subject | 5. Publisher | 8. Type |
| 4. Description | 6. Contributor | 9. Format |
| 11. Source | 15. Rights | 10. Identifier |
| 12. Language | | |
| 13. Relation | | |
| 14. Coverage | | |

*Tab. 1: Kernelemente des Dublin Core Element Sets*

Eigenschaft stellt einen Aspekt einer Ressource dar, der ebenfalls mit einem URI eindeutig identifiziert werden kann. Ein Statement besteht aus einer Ressource, die durch eine Eigenschaft beschrieben wird, und dem Wert dieser Eigenschaft. Der Wert dieser Eigenschaft kann wiederum eine Ressource oder ein einfacher String sein. Diese Statements können beliebig zu einer komplexen Struktur kombiniert werden. Auch der Dublin-Core-Standard kann mit RDF repräsentiert werden: Beispielsweise kann eine Web-Seite als Ressource dargestellt werden und DC-Elemente (z.B. „DC.Creator") die Eigenschaften dieser Ressource z.B. mit dem Wert des Autorennamens bilden. Mit dem Konzept der URIs als Identifizierung können auch mehrere Metadatensätze in einem RDF-Modell kombiniert werden. RDFS definiert ein Typsystem, das die Typisierung von Ressourcen und Eigenschaften ermöglicht, insofern lassen sich Aussagen auf einer abstrakteren Ebene modellieren, die für die Modellierung einer Sprache genutzt werden können (vgl. Lit. 01, Lit. 03).

- **Ontologien** erweitern RDF-Schemata mit einer zusätzlichen semantischen Schicht mit einer Ontologiesprache (z.B. DAML/OIL oder OWL). „Eine Ontologie ist eine formale, explizite Spezifikation einer gemeinsamen Konzeptualisierung. Unter Konzeptualisierung versteht man ein abstraktes Modell bestimmter Phänomene und Domänen mit deren identifizierten relevanten Begriffen" (Lit. 07 zitiert nach. Lit. 17). „Ontologien erlauben Ableitungen (wie semantische Netze), benutzen Klassifikationen (wie Taxonomien), beschreiben Begriffe, auf die sich eine Gruppe von Benutzern geeinigt hat (wie Thesauri)" (Lit. 16). Ein Anwender kann mit seinen Metadaten auf verschiedene Ontologien referenzieren und somit das Wissen über seine Metadaten erweitern (Lit. 16).

Die Bedeutung dieser Konzepte ist für derzeitige Dokumentenmanagementsysteme zwar gering, da diese Konzepte noch in der Forschung stehen und eher dem Wissensmanagement zugerechnet werden (vgl. Lit. 16), aber in Hinblick des Anteils von explizitem Wissen in Dokumenten stellen Dokumentenmanagementsystem eine notwendige Basis für Wissensmanagement-Systeme dar ( Lit. 16).

## B 19.2  Ziele der Dokumentenmanagementsysteme

Als strategische Ziele des Dokumentenmanagement werden Kostenreduktion, Optimierung der Geschäftsprozesse und Qualitätsverbesserung genannt (vgl. Lit. 04). Tab. 2 stellt typische Unterziele zur Formulierung einer Projektdurchführung ausschnittsweise zusammen (Lit. 04, vgl. auch die Zusammenstellung von Einsparungspotenzialen in Lit. 08):

## B 19.3  Funktionen und Technologien von Dokumentenmanagementsystemen

In einer Grobstruktur eines Dokumentenmanagementsystems lassen sich die Funktionsbereiche

– Eingabe: Eingang und Indizierung von Dokumenten,

– Ablage: Verwaltung und Archivierung von Dokumenten,

– Ausgabe: Recherche und Präsentation von Dokumenten sowie

– Administration des Systems

heraus stellen, die mit den integrierten workflowspezifischen Funktionen ergänzt werden (Lit. 03).

### B 19.3.1  Funktionsbereiche Eingabe und Indexierung

Einem Dokumentenmanagementsystem sollen alle Arten von Dokumenten zugeführt werden können.

| Ziel | Teilziel |
|---|---|
| Quantitative Formalziele | • Kürzere Ablage-, Transport- und Zugriffszeiten, da Dokumente elektronisch transportiert werden.<br>• Kürzere Suchzeiten, da mit einem Dokumentenmanagementsystem schneller und differenzierter gesucht werden kann.<br>• Reduzierung der Raum- und Bürokosten durch geringere Archivierungsfläche für die Lagerung von Akten bzw. durch Einsparung von Schränken.<br>• Personalkostenreduzierung durch verbesserte Produktivität.<br>• Druck- und Kopierkostenreduzierung durch Papiervermeidung. |
| Qualitative Formalziele | • Beschleunigung von Entscheidungsprozessen.<br>• Informationserhaltung und -transfer bei Mitarbeiterfluktuation.<br>• Job Enrichment, da der Dokumentenzugriff für die Mitarbeiter schneller und bequemer erfolgt.<br>• Verbesserung der Auskunftsbereitschaft durch schnellere Informationsverfügbarkeit. |
| Sachziele | • Dezentraler, gleichzeitiger Zugriff auf Dokumente durch mehrere Personen.<br>• Integrierte und ganzheitliche Dokumentenbearbeitung mit Schnittstellen zu Fremdsystemen (eMail, Büroapplikation, Workflow-Systeme, SAP R/3).<br>• Vermeidung von Medienbrüchen.<br>• Höhere Dokumentenkonsistenz durch zentrale Dokumentenspeicherung.<br>• Einfaches, rechnergestütztes und automatisiertes Sichern und Kopieren; die Dokumente können nicht beschädigt und nicht verfälscht werden. |

*Tab. 2: Ziele des Dokumentenmanagements*

Mit der Aufnahme der Dokumente erfolgt gleichzeitig eine Ermittlung der Attribute (s.o. Metadaten) für alle Dokumente; dieser Vorgang wird in der Praxis als Capturing bezeichnet (Lit. 12). Gemäß einem sog. „Check-in"-Mechanismus dürfen Dokumente nur über einen kontrollierten Weg dem System zugeführt werden (Lit. 06).

Die Erfassung und Ermittlung von Dokumenten und deren Metadaten erfolgt mit Hilfe:

– von manuellen Eingaben der Benutzer,

– durch Scannen von unterschiedlichen Papierformaten

– und/oder durch Importieren von elektronischen Daten aus externen Applikationen.

In allen Bereichen kommen für die Attributierung alle grundlegenden manuellen und automatischen inhaltserschließenden Verfahren des Indexing, Abstracting, Thesaurus und Klassifikation zur Anwendung, deren Grundlagen in diesem Buch nachgelesen werden können, insofern wird in diesem Abschnitt nur auf einige Besonderheiten aufmerksam gemacht.

Bei der manuellen Eingabe werden vom Dokumentenmanagementsystem elektronische, dokumententypadäquate Formulare mit verschiedenen Gestaltungselementen (Freitext, Auswahloptionen) vom Dokumentenmanagementsystem zur Verfügung gestellt (Lit. 06). Die softwaretechnische Erfassungskomponente stellt ein proprietärer Client des Dokumentenmanagementsystems, eine externe Office-Anwendung oder ein universeller Web-Browser dar. Liegen Dokumente in Papierformaten vor, wird im ersten Schritt mit Hilfe von Scannern eine Konvertierung in eine elektronische Form durchgeführt. Dieses Verfahren wird auch als Imaging (Lit. 12) (Dokumentenformat = Image) bezeichnet. Das Image ist eine Abbildung in der Form eines Rasterbilds, das sich aus einzelnen Bildpunkten zusammen setzt. (Lit. 08)

Die Ermittlung der Metadaten wird mit der folgenden Verfahren unterstützt:

– Barcode-Verfahren ermöglichen das Entschlüsseln von Strichcodes, die mit fest definierten Aktenzeichen, Auftragsnummer oder Belegarten verbunden sein können. Oft werden über die Entschlüsselung einer Vorgangsnummer über Drittsysteme (z.B. Buchhaltungssysteme) zusätzliche inhaltliche oder beschreibende Daten (z.B. Empfängeradresse) für die Weiterverarbeitung ermittelt oder mit weiteren Systemvariablen wie Datum ergänzt (vgl. Lit. 08).

– OCR- (Optical Character Recognition) und ICR-Verfahren (Intelligent Character Recognition) ermöglichen die computergestützte Erkennung von numerischen und alphanumerischen Informationen, die das Konvertieren eines Images zu einem CI-Dokument erlaubt. Die Konvertierung kann auf das gesamte Dokument angewendet werden, so dass der gesamte Inhalt zur Verfügung steht (z.B. für die Volltext-Indexierung) oder auf bestimmte Dokumentenbereiche (z.B. Firmenlogo, Betreffzeile, Sachbearbeiter) beschränkt werden, um den zeitlichen Aufwand der Konvertierung zu verringern (Lit. 08). Das auf Teilbereiche beschränkte Verfahren wird beispielsweise für die automatische Klassifikation eines Dokumentes und einer anschließenden automatische Weiterleitung über die Workflow-Komponenten angewendet (Lit. 02).

In vielen Fallen liegen die Dokumente für die Eingabe in das Dokumentenmanagementsystem schon als CI-Dokumente einer externen Applikationen z.B. Office-Anwendungen vor, die daher nur importiert und indexiert werden müssen. Für die Indexierung können entsprechende Felder in dem zu importierenden Dokument markiert werden, um beim Import des Dokumentes automatisch ausgelesen zu werden (Lit. 06). Eine weiter gehende Integration von externen Applikationen als Client-Anwendung des Dokumenten-Managementsystems lässt sich mit der ODMA (Open Document Management Alliance)-Schnittstelle realisieren (siehe Abschnitt B 19.5.1).

Eine Besonderheit stellt die COLD (Computer Output on Laser Disk)-Funktion zur Verfügung. Mit dieser Funktion wird eine Archivierungsfunktion im Dokumentenmanagementsystem bezeichnet, die importierte Massendaten aus einer unternehmensinternen Anwendung (z.B. Rechnungen aus SAP R/3) entgegen nimmt, Indexierungsparameter automatisch extrahiert und direkt auf optische Speichermedien archiviert (Lit. 09).

### B 19.3.2 Funktionsbereiche Archivierung und Verwaltung

Die Kernkomponente eines Dokumentenmanagementsystems stellt die Archivierung und Verwaltung dar, die auch als Ablagekomponente oder

-Server bezeichnet wird (vgl. Lit. 09, Lit. 08), da diese die Sicherung der Verfügbarkeit, der Performance und des Datenschutzes (Lit. 06) hinsichtlich Vertraulichkeit der Daten, Verhinderung von fahrlässiger und vorsätzlicher Manipulation der Daten und des Verlusts der Daten (Lit. 09) gewährleistet. Diese Kernkomponente besteht aus zwei Teilbereichen:

– einem Archivsystem, das die Speicherung der Dokumente ähnlich einer Endablage organisiert und

– einer Metadatenbank, die alle Daten zum Zugriff auf Dokumente (Indizierungsparameter, Bearbeitungsdaten, Zugriffsrechte, Protokoll-Logbuch und dem Speicherort im Archivsystem) speichert und für Administrations-, Recherche- und Ausgabekomponente bereit stellt (Lit. 06). Insofern hat der Nutzer keinen direkten Kontakt zu dieser Ablagekomponente. Für die Speicherung der Metadaten werden proprietäre Datenbanken tendenziell durch relationale Datenbanken abgelöst (Lit. 06).

Die Speicherung von Dokumenten im Archivsystem erfolgt überwiegend mit optischen Speichermedien (sog. WORM-Medien – „Write Once Read Many" -, z.B. CD-ROM, CD-DVD). Dazu existieren sog. „Jukeboxen", die sich aus einer Vielzahl von einzelnen optischen Datenträgern und einer eigenen hardware- und softwaretechnischen Verwaltungseinheit zusammen setzen, die zur gezielten lesenden oder schreibenden Ansteuerung einer Cartridge mit einem Robotermechanismus dient. Mikrofilme kommen ebenfalls immer noch zum Einsatz, wenn es um die kostengünstige Langzeitarchivierung mit einer Garantie von 100 Jahren geht, im Gegensatz zu einer CD-ROM, deren Speicherungsgarantie mit 30 Jahren angegeben wird (Lit. 06). Für die Mikrofilmherstellung wird ein DIN A6-großes Filmblatt mit einer Titelleiste und einem Datenblatt erstellt.

Die Kernkomponente Archivierung und Verwaltung bietet meistens noch eine Cachefunktion an, die einen Speicherbereich für performante Zugriffszeiten meistens auf Magnetplatten und redundant zur optischen Ablage anbietet. Diese bietet sich insbesondere für bestimmte neue Dokumente an, denen i.d.R. die Eigenschaft einer anfangshäufigen Bearbeitung zukommt (Lit. 06).

### B 19.3.3 Funktionsbereiche Ausgabe und Recherche

Den Zugriff auf Dokumente ermöglichen Suchfunktionen mit den bekannten Suchoptionen: Eingabemöglichkeiten (mit Fuzzy Search-Optionen) von Begriffen zur Suchtreffereinschränkung, die mit Booleschen-, Kontext-, Trunkierungs-, relationalen und gewichtenden Operatoren verknüpft werden können. Ergänzend gibt es Suchoptionen hinsichtlich bestimmter Dokumententypen (z.B. Rechnungen, Verträge) oder Werte in bestimmten inhaltsbeschreibenden Metadaten-Elementen (z.B. Autoren, eindeutige Referenznummer für den Direktzugriff auf bestimmte Dokumente).

Für den navigierenden Zugriff auf Dokumente wird eine multihierarchische Struktur in der Metapher einer Papierablage angeboten, in der Dokumente unterschiedlichen Typs und Herkunft in Schränke, Schubladen, Ordner und Mappen, die in einem logischen Zusammenhang stehen, abgelegt und wiedergefunden werden können (Lit. 06). Softwaretechnisch werden dazu nur Verweise gesammelt und diese in einem Container-Objekt gespeichert; insofern wird mit einer Zuordnung eines Dokuments keine redundante Speicherung des Dokuments vorgenommen.

Die Suchtrefferanzeige erfolgt nach dem Abschikken der Suchanfrage durch die Auflistung der gefundenen Dokumente. Viele Systeme ermöglichen die Speicherung der Suchanfrage und der Suchtreffer für einen erneuten komfortablen Zugriff.

Für die Anzeige stellen Dokumentenmanagementsysteme eigene Dokumenten-Viewer zur Verfügung oder rufen hinsichtlich bestimmter Dokumentenformate externe Programme auf der Client-Seite auf. Immer häufiger werden aufgrund der Plattformabhängigkeit und der standardisierten Übertragsmöglichkeit universelle Web-Browser genutzt.

Für das Drucken stehen Funktionen im Dokumenten-Viewer oder in den entsprechenden externen Anwendungen zur Verfügung. Für größere Dokumentenmengen steht auch Batchverarbeitungen in der Druckerwarteschlange bereit. Für anderweitige Reproduktionen können unterschiedliche Konvertierungsfunktionen für Dokumentenauslagerung und -austausch genutzt werden. Für eine Minimierung wiederholter Metadatenerfassung beim Empfänger können dabei entsprechende Metadaten mit den elektronischen Dokument verbunden werden.

## B 19.3.4 Funktionsbereich Administration

Dieser Funktionsbaustein ist für die Installation und Pflege aller Daten zuständig. Wichtige Einstellungen betreffen:

- die Benutzerverwaltung zur Sicherstellung der korrekten Authentifizierung der Nutzer.
- Zugriffsberechtigungen hinsichtlich der differenzierten Steuerung von lesenden und schreibenden Zugriffen auf Dokumente und Metadaten.
- Parametrisierung der Clients, z.B. Aktivierung des Scannerzugangs oder des OCR-Programms.
- Schnittstellenintegration (Erstellung von Integrationsmöglichkeiten zu Host-Anwendungen).
- Sichern von Metadaten und Dokumenten (Bakkup und Recovery).
- die Möglichkeiten für statistische Auswertungen, z.B. Protokoll-Dateien und Zugriffshäufigkeiten.

Die Anpassung eines Dokumentenmanagementsystems an die anwenderspezifischen Anforderungen wird als Customizing bezeichnet. Zum Customizing stehen verschiedene Werkzeuge wie z.B. elektronische Eingabeformulare und APIs (Application Program Interface) zur Verfügung.

## B 19.3.5 Weitere Funktionsbereiche

Weitere Funktionen ergeben sich aus den Anforderungen der gruppenspezifischen Bearbeitung von Dokumenten. Solche wesentlichen Workflow-Funktionen ermöglichen (vgl. Lit. 06):

- die Steuerung der Verteilung von Dokumenten innerhalb eines Unternehmens zu bestimmten Arbeitsplätzen,
- die Verwaltung eines Bearbeitungsstatus zu jedem Dokument (wie „in Bearbeitung", „warten auf", „bearbeitet"),
- die Anwendung so genannter „Check out"-Mechanismen, die den schreibenden Zugriff eines Dokuments für den Bearbeiter öffnen und den Zugriff für andere Benutzer während dieser Bearbeitung sperren,
- die Kontrolle der Versionen eines Dokuments um jederzeit auf alte Versionen zurück greifen zu können,
- die Annotation von Dokumenten durch Benutzer, die das Dokument nur lesen und mit be-

stimmten Objektgrafiken kommentieren können,

- und die Anwendung von digitalen Signaturen, die zumindest firmenintern für die Bestätigung von Kenntnisnahmen im Rahmen von vorgesehenen Workflows dienen.

## B 19.4 Architektur von Dokumentenmanagementsystemen

Die Hersteller von Dokumentenmanagementsystemen stellen zukünftigen Anwendern eine hohe Anzahl von unterschiedlichen Produkten (100-200 Produkte mit unterschiedlichem Funktionsumfang) zur Verfügung (Lit. 09, Lit. 10). Auch hinsichtlich der grundlegenden softwaretechnischen Architektur reicht das Spektrum von monolithischen Anwendungen bis zu verteilten Systemen. Ein Trend geht allerdings zu einer offenen, verteilten Client-Server-Architektur, die modular und schnittstellenbasiert aufgebaut ist, um einfaches Zufügen und Entfernen einzelner Komponenten hinsichtlich der Anforderungen eines Anwenders zu ermöglichen (Lit. 08). Die Abb. 1 stellt eine typische Architektur dar, deren softwaretechnische Realisierung mit notwendigen standardisierten Schnittstellen in dem folgenden Abschnitt erläutert wird.

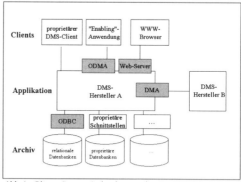

Abb.1: Client-Server-Architektur (vgl. Lit. 09)

Bei dieser Architektur wird von verschiedenen Anwendungen, z.B. zum Eintragen und Indexieren, Suchen, Anzeigen und Bearbeiten als Client (Workplace-Funktionalitäten), auf unterschiedliche Komponenten der Server-Ebene (Werkservice-Funktionalitäten) zugegriffen (Lit. 09), die insbesondere eine Zugriffs- und Metadatendatenverwaltung und verschiedene Archivierungskomponenten umfasst.

## B 19.5 Standardisierungen in Dokumentenmanagementsystemen

Softwaretechnische Standardisierung unterstützen im Allgemeinen Anwender bei:

- der Inversionssicherheit durch Offenheit und Interoperabilität der Systeme,
- der Erhaltung der qualitativen und quantitativen Ausbaufähigkeit der Systeme,
- der Integrationsfähigkeit in eine neue oder bestehende Computerlandschaft,
- Langlebigkeit durch Unabhängigkeit von Neuentwicklungen und
- Vergleichbarkeit der Produkte und eine transparente Darstellung des Marktes (Lit. 09, vgl. Lit. 06).

Hersteller nutzen Standardschnittstellen und Formate (Lit. 09):

- für die Produktentwicklung und Modularisierung ihres Produktangebots,
- zur Sicherung der Qualität ihrer Produkte und
- zur Vereinfachung der Gewährleistung bei Ersatzansprüchen.

Bei den Standardisierungen ist zwischen offiziellen Standards, die von nationalen (z.B. DIN) und internationalen Gremien (z.B. ISO, ANSI) erarbeitet und verabschiedet werden und zwischen De-facto-Standards zu unterscheiden, die proprietäre Standards darstellen und sich aufgrund hoher Qualität und/oder hoher Verbreitung eines Produktes gebildet haben. Die relevanten Standardisierungen im Dokumentenmanagement umfassen (vgl. Lit. 08):

- Standardisierte Schnittstellen in Dokumentenmanagementsystemen (siehe Abschnitt B 19.5.1) und
- Dateiformate, die zur Strukturierung der Information innerhalb einer Datei eingesetzt werden (siehe Abschnitt B 19.5.2).
- Kodierungsverfahren, die die Kodierung (z.B. von Texten, Audio-Daten) und die Komprimierung der Daten (z.B. JPEG für Bilder, MPEG für Videodaten) ermöglichen. Hinzu kommen noch die Formatierung von Aufzeichnungsformaten für Magnet- und optische Speichermedien und Dateisystemformate, die zwar ebenfalls relevant sind, aber nicht spezifisch für das Dokumentenmanagement sind (s. Lit. 08).

### B 19.5.1 Standardisierte Schnittstellen

Unter der Obhut der AIIM (Association for Information and Image Management) haben sich zwei Standardisierungsgremien für Dokumentenmanagementsysteme gebildet: die DMA (Document Management Alliance) und ODMA (Open Document Management API), die sich beide aus führenden Dokumentenmanagementsystem-Anbietern und Applikationshersteller zusammen setzen (Lit. 09, Lit. 08). Insofern handelt es sich nicht um eine nationale oder internationale unabhängige Normierung wie die ISO, sondern um einen Industriestandard. Die folgenden Schnittstellen wurden spezifiziert (vgl. Lit. 09, Lit. 08, Lit. 10):

- **DMA-API** für die Interoperabilität von Dokumentenmanagementsystemen von unterschiedlichen Herstellern innerhalb dieses Gremiums. Die DMA-Schnittstelle fungiert als Middleware zwischen verschiedenen DMA-konformen Komponenten. Ein DMA-Client eines anderen Herstellers greift daher nicht mehr direkt auf das Dokumentenmanagementsystem zu, sondern nutzt die vereinheitlichte Zugriffsmethode der DMA-Schnittstelle.

- **ODMA-API** zur Integration von Dokumentenmanagementsystem-Funktionen direkt in einer Client-Anwendung, um mit unterschiedlichen Clients auf das Dokumentenmanagementsystem zugreifen zu können. Beispielsweise soll mit einer Office-Anwendung die Eingabe eines Dokuments direkt in einem Dokumentenmanagementsystem erfolgen.

### B 19.5.2 Dokumentenorientierte Standardisierungen

Zur Strukturierung der Daten innerhalb einer Datei dienen Dateiformate (Lit. 08), die auch als Dokumentenformate (Lit. 09) bezeichnet werden. Das Dateiformat ergibt sich aus den Formatierungsmöglichkeiten, Art und Inhalt der Dokumente und den Aspekten der weiteren Nutzung (Lit. 08). Die zentralen Aspekte der weiteren Nutzung im Dokumentenmanagement umfassen (Lit. 09):

- die Langzeitarchivierung und die zeitlich unbegrenzten Reproduktionsmöglichkeiten der Dokumente,

- Revisionssicherheit durch eine verlustfreie Speicherung der Dokumente,
- Portabilität hinsichtlich der Übertragung auf unterschiedliche Plattformen,
- Kompatibilität hinsichtlich der Unterstützung von älteren Formaten und
- Verbreitungsgrad hinsichtlich der Unterstützung von verschiedenen Anwenderprogrammen.

Als relevante Formate für das Dokumentenmanagement gelten (vgl. Lit. 08, vgl. Lit. 12):

- **ASCII** (American Standard Code for Information Interchange) und Unicode. Diese bieten sich für die Datencodierung von reinem Text aufgrund seiner Verbreitung und Normierung (ISO 8859/1) an. Wegen seines begrenzten Zeichensatzes (128-256 Zeichen) und daraus resultierender begrenzter Anzahl von Sonderzeichen und möglichen grenzüberschreitenden Fehlinterpretationen ist dieser nur bedingt zur revisionssicheren Dokumentenarchivierung geeignet. Mit der Unicode-Version 2 (ISO 10646) bestehen derzeit Bemühungen zur Beseitigung dieses Mangels.
- **TIFF**-Format (Tag Image File Format). Dies ist ein weit verbreitetes Format für Rastergrafiken, das fast in allen Dokumentenmanagementsystemen zur binären Speicherung von monochromen Abbildungen und als De-facto-Standard auch für Scanner und Faxgeräte verwendet wird. Das ursprüngliche gemeinsam von Microsoft und Aldus entwickelte Format zur Speicherung von Rasterbildern und Grafiken bietet sehr vielseitig unterschiedliche Rastertiefen, -größen, Farbraster und Zusatzinformationen, die auch als Indizierungsparameter genutzt werden können. Auch als Anzeige-Format bietet sich für CI-Dokumente die Langzeitarchivierung im TIFF-Format an, um eine Entkopplung von der entsprechenden Anwendungssoftware zu erreichen. Das Problem ist die Komplexität und Formenvielfalt. Beispielsweise sieht das Format proprietäre Erweiterungen vor, die ein anderer Anwender unter Umständen nicht verarbeiten kann.
- **PostScript**. Dies ist ein patentierter Algorithmus der Firma Adobe zur plattform- und applikationsunabhängigen Seitenbeschreibung von Dokumenten und Druckeransteuerung.
- **PDF** (Portable Document Format). Diese Entwicklung von Adobe gilt als Nachfolger von PostScript mit einer Reihe von Erweiterungen, die auf die Portabilität formatierter Dokumente über unterschiedliche Systemplattformen abzielen. Die Erstellung von PDF-Dateien kann mit verschiedenen Werkzeugen (z.B. mit Acrobat Distiller) erfolgen. Ansicht und Ausdruck einer PDF-Datei erfolgen mittels eines PDF-Viewers.
- **ODA/ODIF** ist eine Norm (ISO 8613) für den elektronischen Austausch von Dokumenten in verteilten Büroumgebungen (Lit. 09), die als Open Document Architecture (ODA) bezeichnet wird. ODIF (Open Document Interchange Format) ist ein Teil von ODA und definiert die Kodierung von ODA-Dokumenten zum Austausch zwischen Applikationen. ODA definiert dazu die Struktur und den Inhalt eines Dokumentes und eignet sich auch für Compound Documents. Diese Norm scheint jedoch gescheitert zu sein, da nur wenige Produkte das Format anwenden oder mit proprietären Erweiterungen implementieren. Zu beobachten ist auch, dass die Komplexität eines Standards oft zu hoch ist (Lit. 09).
- **CALS** (Continuous Acquisition and Life-Cycle Support) ist aus historischer Sicht bedeutend für das heutige Dokumentenmanagement. Im Auftrag des amerikanischen Verteidigungsministeriums wurden von der CALS-Initiative zahlreiche Definitionen von Standards zum elektronischen Dokumentenaustausch erarbeitet, die seit Ende der 1980er Jahre als Wegbereiter für die Standards EDIFACT für den Austausch von Handelsdaten, STEP für den Austausch von Produktdaten und SGML für den Austausch von Dokumenten (vgl. Lit. 15) gelten.
- **EDI/EDIFACT**: EDI (Electronic Data Interchange) bezeichnet einen Obergriff für Konzepte zum elektronischen Austausch von strukturierten Dokumenten zwischen Computeranwendungen verschiedener Geschäftspartner mittels Datenfernübertragung. Der EDIFACT-Standard (Electronic Data Interchange For Administration Commerce and Transport) beinhaltet einen branchenübergreifenden, internationalen Formatstandard für den Austausch von verschiedenen Daten. Obwohl EDIFACT mit hoher Zustimmung verabschiedet wurde (ISO 9735, EN 29735, DIN 16556), wird es in vielen Fällen als zu komplex und kostenintensiv eingestuft und hat daher nicht die erhoffte Akzeptanz erlangt.

**B 19.5.3 SGML/XML-basierte Dokumentenstandards**

Der ISO-Standard SGML (Standard Generic Markup Language) und XML (eXtensible Markup Language), eine Empfehlung des W3C (World Wide Web Consortium), bieten ein plattform- und anwendungsunabhängiges, erweiterbares Konzept mit Regeln zur Deklaration eines Dokumententyps und Regeln für die Auszeichnung eines Dokuments. Mit diesen Regeln lassen sich eine standardisierte Syntax und die Konformität eines Dokumentes zum definierten Dokumententyp sicher stellen. Obwohl die Implementierung auf Basis von SGML umfangreich und mächtig ist (vgl. Lit. 13), kommt dem XML-Konzept eine bedeutsamere Zukunft zu, da XML weitaus kompakter ist und die Internet-Technologie umfassend nutzt. Das XML-Konzept sieht vor, dass der Inhalt eines Dokuments in einer XML-konformen Auszeichnung („well-formed" bzw. „wohlgeformt") in monohierarchisch angeordneten Textsegmenten steht, die grafisch eine Baumstruktur darstellt. Das Potenzial von XML – nicht nur im Dokumentenmanagement – liegt in der standardisierten softwaregestützten Weiterverarbeitung von XML-konformen Dokumenten, die sich generisch beschreiben lässt:

- Im **Datenaustausch** zwischen verschiedenen softwaretechnischen Applikationen. Für die Transformation einer XML-Baumstruktur in eine andere Anordnung stehen mit XML-DOM (Document Object Model) und XSL-T (eXtensible Stylesheet Language for Transformation) standardisierte Transformationsmechanismen zur Verfügung.

- Für die **flexible Publikation** einer gleichen Datenbasis steht mit XSL-FO (Extensible Stylesheet Language for Formating Objects ) ein weiterer standardisierter Mechanismus für die Transformation der Inhalte eines XML-Dokuments in „Formating Objects" zum Zweck der Formatierung zur Verfügung, die Objekte einer Seitengestaltung darstellen und für Zielanwendungen (z.B. PDF Acrobat Reader) unterschiedlich interpretiert werden können.

- Für einfache und komplexe **Auswertungsmöglichkeiten** steht mit den XML-CO-Standards XPath und XPointer eine komfortable Ansteuerung von bestimmten Segmenten eines XML-Baums bereit. Die Beantwortung komplexer Fragestellungen wird damit möglich, z.B. für die Suche nach Experten wie „Gib mir alle Textsegmente vom Typ ‚Name', die in einer hierarchischen Beziehung zum Inhalt des Textsegments ‚Informationswissenschaft' stehen".

- Für die **inhaltliche Qualitätssicherung** bei der Verfassung eines Dokumentes können obligatorische Textsegmente vom Autor angefordert werden. Mit der Unterstützung von DTDs und XML-Schemas liegt ein standardisierter Mechanismus für die Definition eines Dokumententyps und der Validierung eines Dokuments bezüglich dieses Dokumententyps vor.

- Die **formale Qualitätssicherung** ist beim Verfassen eines Dokumentes durch die von XML geforderte inhaltsadäquate Auszeichnung gewahrt. Der Autor hat keine Möglichkeiten zur Formatierung, da sich die Formatierung nach inhaltlichen Textsegmenten richtet.

**B 19.6 Stand und Perspektiven des Dokumentenmanagement**

Das Dokumentenmanagement wird heute als ein Basissystem wie E-mail- oder Druckdienste angesehen (Lit. 09) und Dokumentenmanagement als ein Werkzeugkasten mit verschiedenen Methoden für die dokumentenorientierte Verarbeitung in Unternehmen, aus dem sich Anwender entsprechend ihren Bedürfnissen bedienen können. Die offene, verteilte softwaretechnische Architektur der Dokumentenmanagementsysteme lässt die Integration von Komponenten wie Datenbanken, OCR-/ICR-Verfahren und vorhandener Büro-Software von Drittherstellern zu.

Die größte Herausforderung ist die Konvergenz der Dokumentenmanagement-, Wissensmanagement- und Contentmanagement-Systeme. Dabei stellen XML-Technologien ein großes Integrationspotenzial dar, die sowohl ein flexibles Dokumentenformat als auch eine Basis für die genannten Metadaten-Konzepte liefern. XML ermöglicht dabei in einer Art Schichtenmodell die unterste Schicht zu bilden, auf der die Konzepte RDF, RDFS und eine Sprache für die Repräsentation einer Ontologie (z.B. DAML/OIL, OWL) aufbauen. Die dadurch gewonnenen Potenziale für den gezielten Informationszugriff und der Kommunikation zwischen Menschen und Maschine und Maschinen untereinander sind immens. Diese Möglichkeiten stehen im Einklang mit der Vision des Semantic Web, wobei Dokumentenmanagementsysteme zumindest für diese Vision das Wissen der Dokumente bereit stellen.

## Literatur

01 Angele, J.: XML reicht nicht aus. in: Mertens, Peter: XML-Komponenten in der Praxis. Berlin; Heidelberg [u.a.]: Springer 2003. S. 329-336

02 Bleisinger, Rainer: Intelligente Eingangspostbearbeitung mit wissensbasierter Dokumentenanalyse. In: Wirtschaftsinformatik (41) 1999. S. 371-377

03 Conen, Wolfram; Klapsing Reinhold: RDF – Grundlage des Semantic Web. In: Mertens, Peter: XML-Komponenten in der Praxis. Berlin; Heidelberg [u.a.]: Springer 2003. S. 337-381

04 Dandl, Jörg: Dokumenten-Management-Systeme. Eine Einführung, in: Arbeitspapiere WI, Nr. 9/1999 Mainz: Hrsg.: Lehrstuhl für Allg. BWL und Wirtschaftsinformatik, Johannes Gutenberg-Universität: 1999. 20 S.

05 Dublin Core Metadata Initiative: http://dublincore.org/

06 Götzer, Klaus: Dokumenten-Management. Informationen im Unternehmen effizient nutzen. 2., aktual. und erw. Aufl. Heidelberg: dpunkt-Verl., 2001. 304 S.

07 Gruber, Tom: A translation approach to portable ontology specifications. in: Knowledge Acquisition, 6 (2) 1993. S. 199-221

08 Gulbins, Jürgen; Seyfried, Markus; Strack-Zimmermann Hans: Dokumenten-Management. Vom Imaging zum Business-Dokument. 3., überarb. und erw. Aufl. Berlin; Heidelberg: Springer 2002. 761 S.

09 Kampffmeyer, Ulrich; Merkel, Barbara: Dokumenten-Management. Grundlagen und Zukunft. 2. überarb., aktualisierte und erw. Aufl. Hamburg: Project Consult GmbH, 1999, 318 S.

10 Klingelhöller, Harald: Dokumentenmanagementsysteme. Handbuch zur Einführung. Berlin. Heidelberg u.a.: Springer 2001. 254 S.

11 Kokaly, Raid: Trends der Dokumententechnologien in Deutschland. Ergebnisse einer Studie der Gartner Group. In: ndf (51) 2000. S. 43-46

12 Limper Wolfgang: Dokumenten-Management. Wissen, Informationen und Medien digital verwalten. München: Dt. Taschenbuch-Verl., 2001. 382 S.

13 Möhr, Wiebke; Ingrid Schmidt: SGML und XML: Anwendungen und Perspektiven. Berlin; Heidelberg [u.a.]: Springer 1999. 380 S.

14 Probst, Gilbert; Steffen Raub; Kai Romhardt: Wissen managen. Wie Unternehmen ihre wertvollste Ressource optimal nutzen. 4. Aufl. Wiesbaden: Gabler, 2003. 474 S.

15 Schoop, Eric: Dokumentenmanagement. in: WISU 10/99. S. 1346-1360

16 Staab, Steffen: Wissensmanagement mit Ontologien und Metadaten. in: Informatik Spektrum. Nr. 3/2002. S. 194-209

17 Studer, Rudi; Erdmann, Michael; Maedche, Alex; Oppermann, Henrik; Schnurr, Hans-Peter; Staab, Steffen; Sure, York; Tempich, Christoph: Arbeitsgerechte Bereitstellung von Wissen – Ontologien für das Wissensmanagement. Forschungsgruppe Wissensmanagement, Institut AIFB, Karlsruhe, 2001.

18 Versteegen, Gerhard: Management-Technologien. Konvergenz von Knowledge-, Dokumenten-, Workflow- und Contentmanagement. Berlin; Heidelberg: Springer, 2002. S. 291

# B 20   Computervermittelte Kommunikation, Mensch-Computer-Interaktion

Nicola Döring

## B 20.1   Computervermittelte Kommunikation (CvK)

Unter **computervermittelter Kommunikation** (CvK) bzw. *Computer-Mediated-Communication* (CMC) versteht man soziale (d.h. im weitesten Sinne zwischenmenschliche) Kommunikation, die über Computernetzwerke vermittelt wird. Damit Botschaften computervermittelt übertragen werden können, müssen sie digital vorliegen (d.h. in einer Binärcodierung: 0-1), weshalb man computervermittelte Kommunikation auch als *digitale Kommunikation* bezeichnen kann. Weitere Synonyme sind *Online-Kommunikation*, *Netzkommunikation* und *Cyberkommunikation*.

Die computervermittelte Kommunikation steht neben anderen Formen der *technisch vermittelten Kommunikation* (z.B. Telefon-Kommunikation, Telefax-Kommunikation, Radio-Kommunikation, Fernseh-Kommunikation). Oftmals wird sie mit der technisch unvermittelten *Face-to-Face-Kommunikation* (FtF, F2F) kontrastiert. Im Unterschied zur technisch vermittelten Telekommunikation und Massenkommunikation, bei der die Beteiligten räumlich getrennt sind, ist es für die Face-to-Face-Kommunikation notwendig, dass die Kommunizierenden alle zur selben Zeit am gleichen Ort zusammenkommen (*Kopräsenz*), um sich verbal und nonverbal auszutauschen. Diese Restriktion der Face-to-Face-Kommunikation verhindert viele Kommunikationsprozesse, weil bestimmte Personen beispielsweise keine Gelegenheit zur Kopräsenz haben, weil in der Kopräsenz immer nur einzelne das Wort ergreifen können und weil diverse Themen wegen sozialer Normen und Tabus im direkten Austausch ausgespart bleiben.

Wenn zwischenmenschliche Kommunikation computervermittelt abläuft, heißt dies nicht, dass Face-to-Face-Botschaften einfach über einen anderen (nämlich computertechnischen) Kanal übertragen werden. Vielmehr werden durch CvK *neue Kommunikationssituationen* geschaffen, in denen teilweise andere Personen miteinander in Kontakt treten und/oder andere Themen in anderer Weise behandelt werden. So eröffnet sich beispielsweise Menschen mit Suizidgedanken in einem entsprechenden Online-Forum die Möglichkeit, unzensiert und anonym über ihre Befindlichkeit zu schreiben. In diesem Szenario wird Face-to-Face-Kommunikation nicht durch Netzkommunikation verdrängt, sondern das bisherige Schweigen der Betroffenen überwunden. Unter welchen Bedingungen die neuen Online-Kommunikationsszenarien für welche Individuen und Gruppen hilfreich oder schädlich sind, ist eine zweite Frage. So mag ein *Suizidforum* durch den unzensierten emotionalen Austausch mit Gleichgesinnten das Gefühl von Einsamkeit reduzieren und somit die Befindlichkeit bessern, es könnte aber andererseits durch den Austausch über Suizidmethoden die Suizidabsicht verstärken. Entsprechende Fragen sind nur durch theoriegeleitete empirische Studien zu klären (für einen Forschungsüberblick zu Suizidforen im Internet siehe Lit. 07). Generell gilt, dass soziale Kommunikation außerhalb wie innerhalb des Netzes nicht auf bloße Informationsübermittlung zwischen Sender und Empfänger zu reduzieren ist, sondern eine wechselseitige Verständigung impliziert.

### B 20.1.1   Endgeräte, Computernetze, Kommunikationsdienste

Computervermittelte Kommunikation, die räumlich verteilte Personen verbindet, basiert aus Nutzersicht medientechnisch auf jeweils spezifischen

1. Endgeräten,
2. Computernetzen und
3. Kommunikationsdiensten.

Bei den **Endgeräten** ist zwischen *stationären* Geräten (Desktop-Computer) und *portablen/mobilen* Geräten zu unterscheiden. Portable Endgeräte zerfallen in drei große Gruppen:

1. Portable Computer (Notebook, Laptop etc.),
2. Elektronische Notizbücher (Handheld, Palmtop, Organizer, Personal Digital Assistant PDA etc.) und
3. Mobile Telefone (Mobiltelefon, Handy, Smartphone etc.).

Die stationären und portablen Endgeräte zeigen Tendenzen der *Funktionskonvergenz* (z.B. E-Mail-Kommunikation per Desktop-Computer, Notebook, Organizer und Handy), zum anderen aber auch Tendenzen der *Funktionsdivergenz* (z.B. differenzielle Ausstattung von unterschiedlichen Handy-Modellen mit MP3-Player und/oder Radio und/oder digitaler Fotokamera und/oder digitaler Videokamera und/oder GPS etc.).

Im Unterschied zu den meist *verdrahtet vernetzten stationären Geräten* (wired devices) erlauben es die *drahtlos vernetzten portablen Endgeräte* (wireless devices), in stärkerem Maße *zeit- und ortsungebunden* (anytime, anywhere) computervermittelt zu kommunizieren (z.B. E-Mail-Kommunikation und Web-Recherchen per Handy in öffentlichen Verkehrsmitteln).

Bei den Computernetzen sind folgende vier Differenzierungskriterien sehr wichtig:

- *Drahtgebundenheit:* Handelt es sich um ein drahtgebundenes Netzwerk (Online-Kommunikation) oder um ein drahtloses Netzwerk (Funknetz, Mobilkommunikation)?
- *Bandbreite:* Handelt es sich gemäß übertragbarem Datenvolumen um ein schmalbandiges oder um ein breitbandiges Netzwerk?
- *Öffentlichkeit:* Handelt es sich um ein öffentlich zugängliches Netzwerk (z.B. Internet) oder um ein geschlossenes Netzwerk (z.B. organisationsinternes Intranet)?
- *Kommerzialität:* Handelt es sich um ein nichtkommerzielles Netzwerk (z.B. Internet, Mailboxnetz) oder um ein kommerzielles Netzwerk (z.B. proprietärer Online-Dienst wie AOL oder T-Online)?

Die in Computernetzwerken angebotenen **Kommunikationsdienste** basieren technisch jeweils auf spezifischen *Kommunikationsprotokollen* (z.B. Protokoll des World Wide Web: Hypertext Transfer Protocol HTTP; Protokolle von E-Mail: Senden via Simple Mail Transfer Protocol SMTP und Empfangen via Post Office Protocol POP oder Internet Message Access Protocol IMAP). Auf der Basis der Dienste lassen sich **Kommunikationsanwendungen** nutzen, wenn auf Nutzerseite entsprechende *Anwendungsprogramme* zur Verfügung stehen (z.B. Web-Browser, E-Mail-Programm). Zwei Differenzierungskriterien sind für Kommunikationsanwendungen zentral:

- *Zeitbezug:* Man spricht von *asynchroner computervermittelter Kommunikation*, wenn der Dienst die ausgetauschten Daten zwischenspeichert, so dass sie zu beliebigen Zeiten produziert und rezipiert werden können (z.B. E-Mail, Web). *Synchrone computervermittelte Kommunikation* erfordert dagegen die zeitgleiche Aktivität der Kommunizierenden, da hier die Eingaben einer Seite unmittelbar (d.h. mit minimaler übertragungsbedingter Verzögerung) ohne Zwischenspeicherung auf den Monitoren der anderen Parteien angezeigt werden (z.B. Chat). Während bei der asynchronen CvK Beiträge in Ruhe ausgearbeitet werden können, besteht bei der synchronen CvK ein sehr großer Druck, unmittelbar zu antworten. Dementsprechend sind Botschaften in der asynchronen CvK oft inhaltlich tiefgründiger und umfangreicher, während bei der synchronen Kommunikation ein- bis zweizeilige Mitteilungen dominieren. Die synchrone CvK, wie sie z.B. per Online-Chat realisiert wird, bietet dafür den Vorteil, dass sie den Beteiligten die Erfahrung unmittelbaren gemeinsamen Erlebens verschafft. Beim synchronen Online-Austausch ist neben Kommunikation auch Interaktion im Sinne gemeinsamen *virtuellen Handelns* möglich. Virtuelle Handlungen wie z.B. „/me umarmt dich" können mehr oder minder spielerisch oder ernsthaft aufgefasst werden. Offensichtlich hängt es von der Person und der Situation ab, ob eine virtuelle Geste als belanglose, nicht-reale und unverbindliche Spielerei abgetan wird, oder ob sie als bedeutungsvolle, reale Interaktion angesehen wird, aus der sich weitere Erwartungen und Handlungen – innerhalb und außerhalb des Netzes – ableiten (zu asynchroner und synchroner CvK sowie zu virtuellem Handeln siehe Lit. 06, Kap. 2).

- *Medialität:* Ein großer Teil der computervermittelten Kommunikation erfolgt rein textbasiert, so dass nur der Kommunikationscode „Text" (monocodal) und die Sinnesmodalität „sehen" (monomodal) beteiligt sind (z.B. E-Mail, Text-Chat). Vereinfacht wird von *monomedialen Anwendungen* gesprochen. Es existieren jedoch auch Dienste und Anwendungen, die andere Codes (z.B. Bilder, Töne) und somit auch andere Modalitäten (z.B. hören) einbeziehen und vereinfacht als *multimediale Dienste und Anwendungen* bezeichnet werden (z.B. World Wide Web, Online-Videokonferenz). Wenn all jene Darstellungsformen, die sich nicht auf Text beschränken, als „multimedial" etikettiert werden, handelt es sich jedoch um einen sehr verkürzten und teilweise falschen Multimedia-Begriff (zum Multimedia-Begriff siehe Lit. 21).

Neben einzelnen Diensten lassen sich auch *funktional* integrierte Angebote der computervermittelten Kommunikation betrachten. Dies sind etwa Online-Shops, Online-Archive, Online-Spiele oder Online-Lernumgebungen, die verschiedene Dienste und Anwendungen für konkrete Nutzungsziele verbinden.

### B 20.1.2  Formen der CvK

Die bis hierher angesprochenen Differenzierungen der computervermittelten Kommunikation sind *medientechnisch* geprägt. Eine *medienökonomische* Betrachtung (z.B. kommerzielle versus nicht-kommerzielle Computernetze; Geschäftsmodelle für Online-Shops oder Online-Zeitschriften) wird nur angerissen. Betont werden soll jedoch die **medien- und kommunikationswissenschaftliche Perspektive** auf computervermittelte Kommunikation, die sich auf die Produktion und Rezeption der vermittelten Inhalte sowie ihre Wirkungen konzentriert. Anhand von Art und Anzahl der jeweils involvierten Kommunikatoren und Adressaten bzw. Publika lassen sich generell vier Kommunikationsformen unterscheiden, die allesamt auch computervermittelt realisiert werden:

– *Intrapersonale Kommunikation:* Denkende, sprechende oder anderweitig symbolische Selbstkommunikation (computervermittelt realisiert z.B. mit einem elektronischen Terminkalender).
– *Interpersonale Kommunikation:* Verbale und nonverbale Kommunikation zwischen Individuen in Dyaden, Kleingruppen, Großgruppen und Organisationen (z.B. computervermittelt realisiert durch Mailinglisten oder Foren).
– *Unikommunikation:* Ein Massenpublikum wird durch ein Individuum adressiert (z.B. Individuum kommuniziert einen politischen Slogan über einen Aufkleber auf dem eigenen Auto oder durch einen Banner auf der eigenen Homepage im WWW).
– *Massenkommunikation:* Ein Massenpublikum wird durch eine Medienorganisation adressiert, wobei im Internet sowohl die klassischen Medienorganisationen aktiv sind (z.B. Zeitungen, Radiosender, Fernsehsender) als auch neue Medienorganisationen aktiv werden (z.B. Online-Werbeagenturen).

Im größten und wichtigsten Computernetzwerk – dem Internet – werden mit den unterschiedlichen Diensten und Anwendungen alle genannten Kommunikationsformen realisiert (siehe Tab. 1). Das Internet ist somit durch seine Dienste und Anwendungen ein Medium sowohl für intra- und interpersonale Kommunikation als auch für Uni- und für Massenkommunikation. Es integriert die Einzelmedien zu einem *Hybrid-Medium, Transmedium, Meta-Medium* oder *Netz-Medium* bzw. zu einer *Informations- und Kommunikations-Infrastruktur*. Es ist somit irreführend, das Internet als „ein Medium" zu etikettieren.

Ebenso ist es unzulässig, pauschale Aussagen über „die computervermittelte Kommunikation" oder „die Kommunikation im Internet" zu treffen, ohne die jeweiligen *technischen und sozialen Nutzungsbedingungen* zu konkretisieren: Schließlich ist es etwas völlig anderes, ob ein Liebespaar im Chat Cybersex betreibt, eine Bibliothek auf ihrer Homepage Recherchetipps weitergibt, eine studentische Arbeitsgruppe per E-Mail ein Referat abstimmt oder ein Ärzteteam per Online-Videokonferenz einen Befund diskutiert. Generell sind die Merkmale und Konsequenzen einer computervermittelten Kommunikation nicht durch das Medium determiniert, sondern sind Ergebnis der *Wechselwirkungen* zwischen Medienmerkmalen einerseits und

| CvK-Formen | asynchron | | synchron | |
| --- | --- | --- | --- | --- |
| | monocodal | multicodal | monocodal | multicodal |
| **Intrapersonal** | Kalender | Website | | |
| **Interpersonal** | E-Mail Mailingliste Newsgroup Newsboard | Website | Text-Chat Instant Messenger | Grafik-Chat Telefonkonferenz Videokonferenz Online-Spiel |
| **Uni** | | Website | | |
| **Massen** | | Website | | Website |

*Tab. 1: Formen der computervermittelten Kommunikation (Auswahl)*

Nutzungsverhalten der jeweils beteiligten Personen andererseits. So mag E-Mail-Kommunikation ganz unterschiedlich ausfallen, je nach dem, wie gern die Beteiligten schreiben, wie viel E-Mail-Erfahrung sie mitbringen, welches Verhältnis sie zum Kommunikationspartner haben, wie viel Zeit ihnen gerade zur Verfügung steht und aus welchem Anlass sie eine E-Mail verfassen. Insofern ist es auch nicht sinnvoll, eine vermeintlich einheitliche und spezifische „E-Mail-Sprache" oder „Chat-Sprache" zu postulieren.

Strukturierungsprobleme sind im Feld der computervermittelten Kommunikation medienimmanent aufgrund der flexiblen sozialen Nutzungsweisen und der technischen Konvergenzprozesse. Die in Tab. 1 vorgenommene *Klassifikation der CvK-Dienste und -Anwendungen* ist dementsprechend weder erschöpfend, noch trennscharf, sondern repräsentiert *typische* Verwendungsweisen der jeweiligen Dienste und Anwendungen. Per *E-Mail* können neben der in der Tabelle ausgewiesenen interpersonalen Kommunikation (z.B. E-Mail-Austausch zwischen Freunden oder Kollegen) auch Uni- und Massenkommunikation realisiert werden (z.B. massenhafter Versand von Werbe-Botschaften durch Einzelpersonen oder Medienunternehmen). Allerdings stellt diese Verwendungsweise von E-Mail in der Regel illegalen *Spam* dar.

Die *Website* kann der intrapersonalen Kommunikation dienen, etwa wenn die Beschäftigung mit der eigenen persönlichen Homepage die Identitätsentwicklung einer Person beeinflusst (vgl. Lit. 05). Wenn durch Passwortschutz eine Website nur für eine eingegrenzte Zielgruppe zugänglich ist, so handelt es sich um interpersonale Kommunikation. Wenn sich eine Person mit ihrer Hompepage an ein großes Publikum wendet, liegt Unikommunikation vor, während der Webauftritt eines Fernsehsenders als Massenkommunikation einzuordnen ist. Eine Website wird vom asynchronen zum synchronen Angebot der Massenkommunikation, wenn sie beispielsweise der Übertragung einer Livesendung per Web-TV dient. Obwohl Websites existieren, die rein textbasiert sind, sind multicodale Webangebote typischer, die ihre Texte durch Bilder, Filme, Musik, O-Töne usw. ergänzen. Einen Überblick und Einstieg in die einzelnen Dienste und Anwendungen im Internet (die ähnlich auch in anderen Computernetzwerken zur Verfügung stehen), bietet der kostenlose Online-Internet-Kurs von Bernd Zimmermann (www.www-kurs.de).

## B 20.2 Modelle der computervermittelten Kommunikation

*Theoretische Modelle der computervermittelten Kommunikation* sollten gemäß der kommunikationswissenschaftlichen Lasswell-Formel darauf zielen, die Frage zu beantworten: „Wer sagt was auf welchem Wege zu wem mit welcher Wirkung?". Dabei konzentriert sich die in den 1980er Jahren unter anderem in Psychologie, Soziologie, Kommunikationswissenschaft, Politikwissenschaft begonnene *CvK-Forschung* in ihrer Theoriebildung vor allem auf die interpersonale Kommunikation. Intrapersonale Kommunikation sowie Uni- und Massenkommunikation im Netz werden seltener thematisiert.

Bei der theoretischen Konzeptualisierung der computervermittelten interpersonalen Kommunikation spielt der Vergleich mit der Face-to-Face-Kommunikation eine große Rolle, seltener wird etwa mit Brief-, Telefon- oder Radiokommunikation verglichen. Obwohl sich die *Kontrastierung von Online-Welt versus Offline-Welt* bzw. von *Cyber Life versus Real Life* als Heuristik bewährt hat, so birgt sie doch die große Gefahr einer konzeptuellen Spaltung von Erfahrungswirklichkeiten, die im Alltag vieler Menschen eng verwoben sind. So ist E-Mail-Kommunikation heute keinesfalls automatisch Bestandteil eines alltagsfremden „Netzlebens", vielmehr werden gerade Kontakte zu vertrauten Menschen aus dem persönlichen oder beruflichen Umfeld häufig online realisiert. Andererseits werden im Netz aber auch nicht selten neue Kontakte angeknüpft oder bewusste alltagsferne, anonyme Kommunikations-Szenarien kultiviert.

Die gängigen *CvK-Theorien* lassen sich gemäß dem medienökologischen Rahmenmodell (Lit. 06, Kap. 3) in drei Blöcke gruppieren: Theorien zur Medienwahl, Theorien zu Medienmerkmalen und Theorien zum medialen Kommunikationsverhalten (siehe Abb. 1).

Es ist zu beachten, dass sich die hier vorgestellten Theorien der computervermittelten Kommunikation in erster Linie auf textbasierte Kommunikation über stationäre Endgeräte beziehen und etwa Online-Videokonferenzen oder E-Mail-Kommunikation per Handy nur bedingt einschließen. In den Bereichen der multimedialen Online-Kommunikation (Lit. 16) sowie der Mobilkommunikation (Lit. 02) steht die Theoriebildung noch am Anfang.

Die hier referierten theoretischen Modelle der computervermittelten Kommunikation betonen

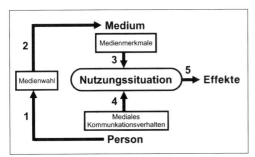

Abb. 1: *Medienökologisches Rahmenmodell*

jeweils unterschiedliche Aspekte und stehen insgesamt eher in einem Ergänzungs- als in einem Konkurrenzverhältnis (für eine ausführliche Darstellung und kritische Würdigung siehe Lit. 06, Kap. 3). Um CvK-Theorien empirisch zu überprüfen, lassen sich die herkömmlichen sozialwissenschaftlichen Forschungsdesigns und -methoden einsetzen (experimentelle und nicht-experimentelle Studien; Datenerhebung durch Beobachtung, Interview, Fragebogen, Inhaltsanalyse usw.). Das Methodeninventar wird zusätzlich durch spezifische *Online-Methoden* ergänzt (vgl. Lit. 06, Kap. 4). Über den aktuellen Stand der CvK-Forschung informiert unter anderem das kostenlose, referierte *Journal of Computer-Mediated-Communication* (JCMC; www.ascusc.org/jcmc). Einen Einstieg in die Online-Forschungs-Methodik bietet das Portal www.online-forschung.de.

## B 20.2.1 Theorien der Medienwahl

*Theorien der Medienwahl* lenken unsere Aufmerksamkeit darauf, dass der computervermittelten Kommunikation immer eine Entscheidung für das Netzmedium (bzw. einen konkreten Online-Dienst) und gegen ein anderes Medium (z.B. Telefon, Brief oder persönliches Gespräch) vorausgeht. Solche Entscheidungen werden aufgrund rationalen Kalküls, sozialer Normen oder interpersonaler Abstimmungen getroffen, sofern es sich eben nicht um unreflektierte Gewohnheiten handelt. Bei angemessenen Medienwahl-Entscheidungen soll computervermittelte Kommunikation eine Bereicherung darstellen:

– Das **Modell der rationalen Medienwahl** geht davon aus, dass wir im beruflichen und privaten Alltag mit Kommunikations- und Kooperationsaufgaben konfrontiert sind, die sowohl auf sachlich-inhaltlicher als auch auf sozial-emotionaler Ebene unterschiedlich anspruchsvoll sind. Gleichzeitig stehen uns diverse Kommunikationsmedien zur Verfügung, die sich in eine Rangreihe bringen lassen, wenn man betrachtet, wie hoch jeweils der Komplexitätsgrad der übermittelten Informationen ist (media richness, Lit. 03) bzw. wie viel persönliche Nähe und Lebendigkeit während der Kommunikation empfunden werden (social presence, Lit. 15, S. 64ff.). An der Spitze der Medienhierarchie steht die Face-to-Face-Kommunikation, gefolgt von Videokonferenz, Audio-Konferenz, Chat-Konferenz und Email. Eine rationale Medienwahl wird immer dann getroffen, wenn man in einer konkreten Situation genau das Medium wählt, das den sachlichen und sozialen Anforderungen der Kommunikationsaufgabe am besten gerecht wird. Ein Medium mit zu geringer Reichhaltigkeit bzw. zu geringer sozialer Präsenz würde den Kommunikationserfolg gefährden, ein zu anspruchsvolles Medium dagegen wäre unökonomisch und könnte situationsspezifisch sogar unangenehm erlebt werden (z.B. lästiger Zwang zum Small Talk bei einer Face-to-Face-Benachrichtigung im Unterschied zur knappen Email-Benachrichtigung).

– Auf die Grenzen individueller Nutzenkalkulationen weist das **Modell der normativen Medienwahl** hin (Lit. 08). So sind Medienwahlen gerade im organisationalen Kontext durch soziale Normen stark beeinflusst (z.B. routinemäßige Mediennutzung im Kollegenkreis, Medieneinstellungen von Vorgesetzten) und können somit durchaus ungünstig ausfallen (z.B. wenn bestimmte Medien nur aus Prestigegründen genutzt oder eben aufgrund von Vorurteilen gemieden werden).

– Individuelle Medienwahlentscheidungen müssen jedoch nicht nur mit den sozialen Normen der Bezugsgruppe harmonieren (sofern eine solche relevant ist), sondern gemäß dem **Modell der interpersonalen Medienwahl** (Lit. 09) vor allem auch auf das konkrete Gegenüber abgestimmt sein. So kann das Gegenüber sich unseren individuellen Medienpräferenzen entziehen (z.B. Emails nicht regelmäßig lesen) oder uns umgekehrt bestimmte Medienwahlen aufdrängen (z.B. penetrantes Hinterher-Telefonieren). Der Erfolg medialer Kommunikation ist also auch davon abhängig, wie einvernehmlich die Beteiligten ihre jeweiligen Medienpräferenzen miteinander aushandeln.

## B 20.2.2 Theorien zu Medienmerkmalen

Ist die Medienwahl-Entscheidung zugunsten einer bestimmten Form von computervermittelter Kommunikation ausgefallen (z.B. E-Mail, Chat, Online-Videokonferenz), so stellt sich die Frage, von welchen spezifischen Medienmerkmalen der folgende Kommunikationsprozess dann in welcher Weise besonders beeinflusst wird. Die Reduktion der Kommunikation auf den maschinenschriftlichen Textkanal sowie die Tatsache, dass digitalisierte Botschaften ausgetauscht werden, sind für *Theorien zu Medienmerkmalen* besonders einschlägig:

- Das populärste Modell zur medialen bzw. computervermittelten Kommunikation ist das **Kanalreduktionsmodell**. Man findet es in der Fachliteratur (z.B. Lit. 11), es ist aber auch im Alltagsverständnis verbreitet. Dieses kultur- und technikkritische Modell geht davon aus, dass bei technikbasierter Kommunikation im Unterschied zur Face-to-Face-Situation die meisten Sinneskanäle und Handlungsmöglichkeiten fehlen und dieser allgemeine Informations- und Aktions-Verlust den zwischenmenschlichen Austausch verarmt. Enträumlichung, Entzeitlichung, Entsinnlichung, Entemotionalisierung, Entwirklichung und schließlich auch Entmenschlichung sind Stichworte, die den defizitären Charakter medialer Kontakte unmissverständlich hervorheben sollen. Gemäß dem Kanalreduktions-Modell greifen wir wegen äußerer Zwänge, unreflektierter Gewohnheiten und diverser Kommunikationspathologien auf technische Kommunikationsmedien zurück, obwohl wir diese zugunsten persönlichen Zusammenseins lieber meiden sollten.

- Während das Kanalreduktions-Modell implizit das Vorhandensein möglichst vieler Sinneskanäle für den Kommunikationserfolg fordert, konzentriert sich das **Filter-Modell** (Lit. 10) auf die konkrete Bedeutung der auf unterschiedlichen Sinneskanälen übermittelten Informationen. Das Modell hebt hervor, dass bei textbasierter medialer Kommunikation vor allem Hintergrundinformationen bezüglich sozialer Kategorien (z.B. Geschlecht, Alter, Ethnizität, sozialer Status) herausgefiltert werden. Dieses Herausfiltern von markanten Gruppenzugehörigkeiten führt zu kommunikativer Enthemmung. Enthemmung wiederum hat (jeweils situationsspezifische) sozial erwünschte Effekte zur Folge (z.B. Egalisierung, soziale Unbefangenheit, verstärkte Selbstoffenbarung, Intimisierung), birgt andererseits aber auch soziale Probleme (z.B. Regellosigkeit, Egozentrismus, Aggressivität).

- Das **Digitalisierungs-Modell** hebt nicht wie das Kanalreduktions- und das Filter-Modell darauf ab, dass es sich bei der computervermittelten Kommunkation um eine Schreiben-und-Lesen-Kommunikation handelt, sondern es konzentriert sich auf das technische Datenformat. Denn erst das digitale Datenformat erlaubt es in umfassender Weise, Informationen kostengünstig und bequem in großer Geschwindigkeit über weite Strecken an vielfältige Teilnehmerkreise zu verbreiten, Dokumente automatisch zu archivieren, zu modifizieren und zu verknüpfen, Dienste parallel und kombiniert zu nutzen. Diese digitale Verarbeitung geht mit einer Reihe von genuin neuen Kommunikationseffekten einher, die oftmals in ihren sozialen Folgen ambivalent sind: Schnellere Errreichbarkeit kann soziale Netzwerke verdichten, andererseits aber auch zu Überlastung und Stress führen. Automatische Verarbeitung vergrößert einerseits unsere Kontrolle über das Kommunikationsgeschehen, erhöht gleichzeitig aber auch das Risiko einer Fremdkontrolle und Überwachung.

## B 20.2.3 Theorien zum medialen Kommunikationsverhalten

*Theorien zum medialen Kommunikationsverhalten* konzentrieren sich darauf, wie die Beteiligten während der computervermittelten Kommunikation agieren. Wie verarbeiten sie die zur Verfügung stehenden Informationen, welche Phantasien und kreativen Selbstentwürfe kommen ins Spiel und inwieweit orientiert man sich an spezifischen Kommunikationsnormen der Netzkultur?:

- Das **Modell der sozialen Informationsverarbeitung** (Lit. 19) geht nicht davon aus, dass mediale Kommunikation notgedrungen mit einem allgemeinen oder spezifischen Informationsverlust einhergeht und deswegen entweder ganz gemieden (Kanalreduktions-Modell, siehe oben) oder allenfalls für einfache Kommunikationsaufgaben gewählt werden sollte (Modell der rationalen Medienwahl, siehe oben). Stattdessen betont das Modell, dass mediale Einschränkungen durch das Nutzungsverhalten kompensierbar sind. Dementsprechend sind bei textbasierter computervermittelter Kommunikation nicht etwa Emotionen ausgeblendet, Gruppenzugehörigkeiten herausgefiltert oder individuelle Besonderheiten eliminiert (wie z.b. das Filter-Modell behauptet, siehe oben), vielmehr werden diese Informationen nur einfach anders dargestellt (z.b. häufigere verbale Explizierung von Gedanken und Gefühlen, Gestaltung umfangreicher öffentlicher Selbstdarstellungen auf persönlichen Homepage, deren Adresse man in Emails oder beim Chat mitliefert). Gemäß dem Modell der sozialen Informationsverarbeitung ist mediale Kommunikation nur dann verarmt, wenn die Beteiligten nicht über genügend Zeit und Kompetenz verfügen, um die medienspezifischen Ausdrucksmöglichkeiten aktiv im Sinne befriedigender Kommunikation auszuschöpfen.

- Informationslücken bei der computervermittelten Kommunikation werden vom **Imaginations- und Konstruktions-Modell** als spezifische Vorteile aufgefasst. Informationslücken evozieren nämlich bei der interpersonalen Wahrnehmung in verstärktem Maße Fantasiebilder, so dass die Kommunikation nicht selten als besonders anregend und wohltuend empfunden wird. Um auszudrücken, dass sich bei der computervermittelten Kommunikation die emotionale Qualität herkömmlicher sozialer Bezüge teilweise sogar steigert, spricht Walther (Lit. 20) von *hyperpersonalen Interaktionen*: Die Aussicht auf eine längere Kommunikationsbeziehung und das Vorhandensein positiver Erwartungshaltungen sorgen für einen besonders positiven Eindruck, der im Face-to-Face-Kontext durch dissonante Nebensächlichkeiten womöglich getrübt wäre. Unsere Imagination kann im Zuge computervermittelter Wahrnehmung anderer Personen die soziale Wirklichkeit produktiv aufwerten. Ähnliches gilt bei der Selbstdarstellung. Eine medienbedingte Beschränkung der Sinneskanäle lässt nicht nur Äußerlichkeiten in den Hintergrund treten, die sonst regelmäßig Anlass sozialer Stereotypisierung sind, sondern ermöglicht es auch, Selbst-Aspekte in den Vordergrund zu rücken, die in Face-to-Face-Kontakten oft unberücksichtigt bleiben (so ist z.B. ein schüchterner Mensch per E-Mail oder Homepage vermutlich eher in der Lage, seinen Humor zum Ausdruck zu bringen als etwa im mündlichen Gespräch; vgl. Lit. 18).

- Das **Modell der Netzkultur** (z.B. Lit. 22) beschreibt und erklärt Besonderheiten bei der computervermittelten Kommunikation auch als Resultat der Interessen, Werte und Wissensbestände der Nutzerinnen und Nutzer. Dass implizite und explizite soziale Übereinkünfte das Mediennutzungsverhalten maßgeblich beeinflussen, betont bereits das Modell der normativen Medienwahl. Das Netzkultur-Modell geht einen Schritt weiter und adressiert neben Normen zur Medienwahl auch soziale Verabredungen hinsichtlich der Kommunikationsregeln, ihrer Sanktionierung sowie der präferierten Kommunikationsinhalte. So sind diverse Merkmale computervermittelter Kommunikation (z.B. Emoticons, Akronyme, Netiquetten, Science-Fiction-Bezug, politisches Bekenntnis zur Informationsfreiheit, Ökonomie des Schenkens und Tauschens) in Internet- und Mailbox-basierten nicht-kommerziellen Kulturräumen entstanden und natürlich auch stark geprägt von den Spezialkulturen dominanter Nutzergruppen (v.a. US-amerikanische männliche Computerexperten).

## B 20.3 Mensch-Computer-Interaktion (MCI)

Unter **Mensch-Computer-Interaktion/-Kommunikation** (MCI/MCK) bzw. *Human-Computer-Interaction/-Communication* (HCI/HCC) versteht man die Interaktion oder Kommunikation zwischen Mensch und Computer. Diese Interaktion ist kein Selbstzweck, sondern zielt auf die Bewältigung bestimmter Aufgaben bzw. das Erreichen bestimmter Ziele ab. Dabei kann es sich um Informationsabruf, Unterhaltung oder erfolgreiche computervermittelte zwischenmenschliche Kommunikation handeln.

### B 20.3.1 Benutzereingaben, Systemausgaben

Als Spezialfall der *Mensch-Maschine-Kommunikation* umfasst die Mensch-Computer-Interaktion:

- die Interpretation des Computers und vor allem der Benutzerschnittstelle (User Interface UI) durch die Nutzerinnen und Nutzer,

- die Eingaben der Benutzer an der Schnittstelle über entsprechende Eingabegeräte (Computer-Tastatur, Handy-Tastatur, Touchscreen, Touchpad, Maus, Joystick, Datenhandschuh etc.),

- die Verarbeitung der Benutzereingaben durch den Computer und

- die Ausgaben des Computersystems an der Schnittstelle über die jeweiligen Ausgabegeräte

(Computer-Monitor, Handy-Display, Lautsprecher, Datenhelm, Drucker, Plotter etc.).

Mensch-Computer-Interaktion unterscheidet sich in zweierlei Hinsicht von *Mensch-Mensch-Interaktion*:

– Während zwar der Mensch sich auf den Computer intentional handelnd, fühlend und denkend einlässt (vgl. Lit. 13), reagiert der Computer mit seinen Systemausgaben nur nach festgelegten Algorithmen. Im Mensch-Computer-Dialog ist somit eine *wechselseitige Verständigung* im Sinne von Empathie oder gemeinsamer Konsens- und Zielbildung wie bei der zwischenmenschlichen Kommunikation *nicht* möglich. Im Unterschied zu einem menschlichen Gegenüber weist der Computer als maschinelles Gegenüber dafür diverse Vorteile im Dialog auf: Er reagiert z.B. nicht mit Ermüdung, Ungeduld, unerwünschten Annäherungsversuchen, Antipathien oder Vorurteilen.

– Die *Kommunikationscodes* sind in der Mensch-Computer-Interaktion stark eingeschränkt. Insbesondere die für zwischenmenschliche Kommunikation zentralen mündliche und schriftliche Sprachkommunikation sowie die mimische und gestische Kommunikation können als Nutzereingaben vom Computer (bislang) nicht zufriedenstellend verarbeitet werden (Spracherkennung, Handschrifterkennung, Mimikerkennung, Gestenerkennung), stattdessen sind Steuerbefehle über die Eingabegeräte notwendig. Ebenso sind die Systemausgaben des Computers in ihren Codes und Modalitäten eingeschränkt (z.B. mangelnder Einbezug von Bewegung im Raum oder von Geruch). Die Nutzung des Computers erfordert also starke Anpassungsleistungen auf Seiten des Menschen an den Computer.

Die Mensch-Computer-Interaktion ist nicht nur von der Mensch-Mensch-Interaktion, sondern auch von der *Computer-Computer-Interaktion* (bzw. allgemeiner: Maschine-Maschine-Kommunikation) abzugrenzen, die z.B. die Interaktion zwischen Eingabe- und Ausgabegeräten beinhaltet.

## B 20.3.2 Formen der MCI

Verschiedene Formen der MCI werden gemäß der Art der möglichen Benutzereingaben klassifiziert. Dabei sind in den heute verbreiteten Computeranwendungen meist unterschiedliche Benutzerschnittstellen gemischt (z.B. Kommando-Eingaben oder Shortcuts für Profis und Menüeingaben für Anfänger). Hauptsächlich unterscheidet man zwischen:

– CUI (Character-based/Command-line User Interface): Die Usereingaben erfolgen als Kommandos, Dialog-Antworten oder Formular-Eintragungen unter Nutzung der *Tastatur*.

– GUI (Graphical User Interface): Die Usereingaben erfolgen durch Wahlen in Menüs oder direkte Manipulation von Icons (verschieben, löschen etc.) unter Nutzung von *Zeigegeräten* (Maus, Touchpad, Joystick etc.).

– SUI (Speech-based User Interface): Usereingaben erfolgen durch natürliche Sprache über *Mikrofon*, was jedoch bislang nur eingeschränkt funktioniert.

– MUI (Mental User Interface): Die Usereingaben erfolgen direkt durch gezielten Einsatz von Gehirnstromaktivität über entsprechende *Sensoren*.

Generell sollten Benutzerschnittstellen auf Seiten von Hardware und Software so gestaltet sein, dass Nutzerinnen und Nutzer möglichst ungehindert auf die gewünschten Informations- und Kommunikationsmöglichkeiten zugreifen können. Die Schnittstelle darf also keine Barriere darstellen, sondern sollte durch intuitive, unaufwändige Bedienbarkeit in den Hintergrund treten und den Blick auf die angezielten Informationen und Kommunikationsprozesse freigeben (*Transparenz*).

Eine gute Schnittstelle muss den *spezifischen Bedürfnissen unterschiedlicher Nutzergruppen* gerecht werden, die sich z.B. aus Alter, Geschlecht, Bildung, körperlicher Verfassung usw. ergeben. Darüber hinaus wird es heute als wünschenswert angesehen, dass Computer und ihre Steuerung nicht immer als *Primärartefakte* die gesamte Aufmerksamkeit binden, sondern als Sekundärartefakte in den Alltag integriert sind und z.B. durch *implizite Benutzereingaben* angesteuert werden. Hierbei werden dann über Sensoren, die z.B. in die Kleidung oder in Gegenstände integriert sind, Statusmeldungen an den Computer übermittelt. Entsprechende Entwicklungsrichtungen werden mit *Invisible Computing*, *Wearable Computing* und *Ubiquitous Computing* etikettiert.

## B 20.4 Modelle der Mensch-Computer-Interaktion

Während die Forschung zur computervermittelten zwischenmenschlichen Kommunikation primär *sozialwissenschaftlichen* Charakter hat, weist die Forschung zur Mensch-Computer-Interaktion eine stärker *technikwissenschaftliche* Ausrichtung auf: Es geht nicht nur darum, Mensch-Computer-Interaktionen zu beschreiben und zu erklären, sondern vor allem auch darum, sie technisch zu gestalten und zu verbessern. Bei Gestaltungsentscheidungen werden notgedrungen immer auch bestimmte kulturelle Werte und Normen technisch festgeschrieben.

Neben den Hochschulen sind industrielle Forschungs- und Entwicklungslabore im Feld der MCI sehr aktiv (z.B. Microsoft Research; Xerox PARC; Bell Communications Research/Bellcore). Angesichts der wachsenden Bedeutung komplexer Technologien und damit auch der *zugehörigen Gestaltungs- bzw. Designprozesse* gewinnt eine fundierte wissenschaftstheoretische Begründung von *Gestaltungs- und Designwissenschaft* (science of design) an Bedeutung (vgl. Lit. 14).

Um das Feld der Mensch-Computer-Interaktion abzustecken, werden im Folgenden drei Ansätze herausgegriffen: Ergonomie, Usability und Screen Design. Die Grenzen dieser Ansätze überlappen sich, können aber grob durch die Schwerpunkte Hardware, Software und Inhaltsdarstellung getrennt werden.

### B 20.4.1 Ergonomie

Die *Ergonomie* (ergonomics; gr. Gesetze der Arbeit) beschäftigt sich zentral mit der Gestaltung von Geräten (Hardware), der Einrichtung von Arbeitsplätzen (z.B. Körperhaltung, Beleuchtung), der Definition von Arbeitsaufgaben und der Arbeitsorganisation (z.B. Pausengestaltung). Beteiligte Fächer sind neben technikwissenschaftlichen Disziplinen bio- und sozialwissenschaftliche Fächer wie Anatomie, Physiologie und Psychologie.

Ziel der Ergonomie ist es, dass Menschen definierte (Arbeits-)Aufgaben

– *effektiv* (d.h. erfolgreich) und

– *effizient* (d.h. mit guter Kosten-Nutzen-Relation) bewältigen können und

– dabei *keine Beeinträchtigungen ihrer Gesundheit* erleben (d.h. keine Haltungsschäden, Kopfschmerzen, Augenentzündungen etc.).

Üblicherweise wird im Sinne einer menschenzentrierten (human-centered) Vorgehensweise das Arbeitsumfeld an die Person angepasst. Umgekehrt kann im Sinne der Ergonomie aber auch die Person an den Arbeitsplatz angepasst werden (z.B. durch Personalauswahl und Training), wobei dann aber wieder Arbeitseffizienz und Gesundheit Zielkriterien sind. Der Ergonomie-Gedanke lässt sich von der Arbeit auf die Freizeit ausdehnen, denn auch hier ist effizientes und gesundheitserhaltendes Vorgehen erstrebenswert (z.B. bei der Computernutzung am Feierabend).

Die Beschäftigung mit Computern und Computerarbeitsplätzen ist nur ein Teilgebiet innerhalb der Ergonomie. In diesem Teilbereich spielt etwa die Entwicklung von neuen Eingabe- und Ausgabegeräten für den Computer eine wichtige Rolle. Wichtige Zielsetzungen solcher Neuentwicklungen können sein: 1. Intuitive Bedienbarkeit, 2. größerer Umfang an Funktionen, 3. Einsparung von Platz.

Innovativ sind etwa *Mentale Benutzerschnittstellen* (Mental User Interfaces MUI), bei denen die Gehirnstromaktivität über Sensoren abgenommen und dazu genutzt wird, den Computer oder andere elektronische Geräte an- und auszuschalten (z.B. MindSwitch-Technologie, www.mindswitch.com.au) oder sogar per „Gehirnfinger" die Maus zu steuern (z.B. Cyerlink-Technologie: www.brainfingers.com). Entsprechende Schnittstellen sind besonders hilfreich für Menschen mit anatomischen oder motorischen Handicaps. Darüber hinaus werden hierbei grundsätzlich neue Wege der direkten („freihändigen") Mensch-Computer-Interaktion deutlich. Unter Ergonomie-Gesichtspunkten stellt sich die Frage, wie entsprechende mentale Schnittstellen zu gestalten sind, damit sie leicht erlernbar, zuverlässig einsetzbar und ohne gesundheitliche Beeinträchtigungen nutzbar sind.

Die Internationale Standardisierungsorganisation ISO definiert in der *ISO-Norm 9241* (Teil 1-9) Kriterien zur ergonomischen Konzeption, Gestaltung und Bewertung von Bildschirmarbeitsplätzen (display units). Ebenso macht die Bildschirm-Richtlinie der EU (Richtlinie 90/270/EWG) hierzu Vorgaben. Ergonomische Standards für Computerarbeitsplätze spielen aufgrund ihrer Gesundheitsrelevanz im Rahmen des Arbeitsschutzes eine wichtige Rolle.

## B 20.4.2 Usability

Wenn die Schnittstelle bei der Mensch-Computer-Interaktion hardwareseitig ergonomisch gestaltet ist, bleibt die Frage nach der menschengerechten Software-Gestaltung. Man spricht von *Software-Ergonomie* oder häufiger von *Usability*, wenn es darum geht, ob eine Software eine optimale Mensch-Computer-Interaktion ermöglicht. Auch hier ist die bereits erwähnte *ISO-Norm 9241* zuständig (diesmal in den Teilen 10-17). Zentrale Zielkriterien sind wie bei der Ergonomie zunächst einmal die Effektivität und die Effizienz. Anstelle der Gesundheitsorientierung bei der Ergonomie steht bei der Usability die *Nutzerzufriedenheit* im Mittelpunkt.

*Usability* wird als Fachbegriff auch im Deutschen verwendet. Die populäre Übersetzung *Benutzerfreundlichkeit* ist problematisch, da das Stichwort „benutzerfreundlich" oftmals empirisch völlig ungesichert in werblichen Kontexten verwendet wird. Die etwas unhandlichere Übersetzung *Gebrauchstauglichkeit* soll dagegen signalisieren, dass es sich hier um Aussagen handelt, die auf der Grundlage technischer Kriterien (v.a. ISO-Normen) und darauf basierender standardisierter Prüfverfahren getroffen werden – und zwar empirisch in objektiver (d.h. intersubjektiv nachvollziehbarer), reliabler (d.h. messgenauer) und valider (d.h. kriterienangemessener) Weise.

Typische empirische Methoden für die Überprüfung der Usability einer bereits vorliegenden oder in Entwicklung befindlichen Software sind folgendermaßen zu skizzieren:

- In mündlichen und/oder schriftlichen *Nutzerbefragungen* werden Vor- und Nachteile des Programms aus Nutzersicht erfragt.
- In *Usability-Tests* bearbeiten einige möglichst repräsentative Nutzer jeweils allein konkrete Aufgaben mit dem Programm. Die Sitzungen werden typischerweise auf Video aufgezeichnet. Zudem werden die Testpersonen gebeten, ihre Gedankengänge bei der Programmnutzung zu verbalisieren („lautes Denken"). Auf diese Weise lassen sich Schwächen des Programms aufdecken. Zudem können die Arbeitsergebnisse von Usability-Tests (z.B. Bearbeitungszeit, Ergebnisqualität) herangezogen werden, um Effektivität und Effizienz zu messen.
- Bei *Workthroughs* wird das Programm von einem Experten schrittweise durchgegangen, um Probleme zu entdecken und Gestaltungsalternativen zu entwickeln.
- Bei *Expertenbeurteilungen* wird auf der Basis einer Kriterien-Checkliste das Programm in seinen verschiedenen Aspekten von einem Experten eingestuft. Solche Checklisten-Evaluationen erlauben einen direkten Vergleich unterschiedlicher Programme bzw. Programmversionen.

Es ist zu beachten, dass Usability kein Merkmal der Software ist, sondern ein Merkmal der kontextspezifischen Nutzung der Software für bestimmte Aufgaben durch bestimmte Personen. So kann beispielsweise dieselbe Software, die Anfänger des betreffenden Inhaltsbereiches zufrieden stellt, von Fortgeschrittenen sehr negativ bewertet werden (z.B. wegen umständlicher Bedienung oder mangelnder Funktionen). Im Bereich der empirischen Usability-Prüfung wird aus pragmatischen Gründen in der Regel mit Stichprobenumfängen im einstelligen Bereich gearbeitet, die damit weit unter den im Bereich der empirischen Sozialforschung üblichen Stichprobengrößen liegen (Lit. 01). Umso wichtiger ist die Frage, inwieweit die wenigen Testpersonen tatsächlich die Bandbreite der Zielgruppe des Programms abbilden. Da historisch vor allem junge gesunde Männer als Testpersonen eingesetzt wurden, blieb oftmals unberücksichtigt, ob etwa unterschiedliche Gruppen von Nutzerinnen mit dem Programm ebenfalls zufrieden sind oder ob Menschen mit Handicaps effizient mit dem Programm arbeiten können. Die Frage der geschlechterausgewogenen Usability-Gestaltung wird heute als Teilbereich genereller Maßnahmen zum *Gender Mainstreaming* betrachtet. Die Usability für Menschen mit besonderen Anforderungen wird unter dem Begriff *Barrierefreiheit (Accessibility)* erforscht und umgesetzt (vgl. Lit. 04).

## B 20.4.3 Screen Design

Von der Computersoftware im Sinne von Anwendungsprogrammen (z.B. E-Mail-Programm, Web-Browser) sind die auf dem Computerbildschirm dargestellten Inhalte (z.B. Websites) zu unterscheiden. Das *Screen-Design* beschäftigt sich mit der benutzer-, aufgaben- und mediengerechten Darstellung von Daten auf einem Computer-Monitor bzw. Screen (Lit. 17). Begrifflich wird – gerade im Online-Bereich – dabei die Grenze zur Usability oftmals aufgeweicht. So spricht man im Zusammenhang mit der Gestaltung von Websites sowohl von *Web Usability* als auch von *Screen Design für das Web*, bzw. sogar ganz speziell von *Web Design*. Tatsächlich mischen sich bei der Gestaltung einer Website in der Praxis unterschiedliche Anforderungen. Zum einen geht es sehr grundlegend um Fragen der Gebrauchstauglichkeit, weil etwa unübersichtliche Navigation, zu kleine Schriftgröße oder kontrastarme Farbgebung eine effektive Nutzung verhindern können. Für die Verbesserung der *Web-Usability* auf dieser groben Ebene stehen im Internet zahlreiche Checklisten zur Verfügung, deren Kriterien nichtsdestotrotz oftmals verletzt werden, wie etwa der Web-Usability- und Web-Design-Experte Jakob Nielsen regelmäßig in seinen Schriften (z.B. Lit. 12 und auf seiner Website) moniert (www.useit.com).

Auf übergeordneter Ebene spielen bei der Webgestaltung dann Fragen des *Screen Design im engeren Sinne* eine Rolle. Hier geht es – in enger Kooperation mit der jeweiligen Inhaltsredaktion – darum, die Aufbereitung der Inhalte am Bildschirm auch ästhetisch und emotional ansprechend zu gestalten und dabei ggf. noch das Corporate Design der jeweiligen Organisation zu integrieren (z.B. Unternehmensfarben, Logos) oder bestimmte didaktische Prinzipien zu erfüllen. Hier sind maßgeschneiderte Design-Lösungen gefragt, die sich kaum in allgemeingültige Checklisten bringen lassen.

## B 20.5 Fazit

Wenn ein global verteiltes Arbeitsteam internetbasiert kollaboriert, dann nutzt es typischerweise eine Reihe von Online-Diensten, um miteinander zu kommunizieren und Ergebnisse zu produzieren (z.B. E-Mail, Chat, Mailingliste, Newsboard, eigene Website). *Die Forschung zur computervermittelten Kommunikation* beschäftigt sich nun beispielsweise damit, ob und wie sich die Arbeits- und Gruppenprozesse unter den Bedingungen der Virtualität von denen der Kopräsenz unterscheiden: Kommt eine virtuelle Gruppe zu besseren Entscheidungen? Braucht sie länger, um Vertrauen zu etablieren? Entwickelt sie spezifische Normen und Regeln? Zur Untersuchung derartiger Fragen muss genau differenziert werden, welche Aufgaben von welcher Art von Gruppenmitgliedern (z.B. Fachexpertise, Interneterfahrung, soziale Kompetenz) unter welchen Situationsbedingungen (z.B. Zeit, Budget) unter Rückgriff auf welche Internet-Dienste bzw. computerbasierten Kollaborationswerkzeuge bearbeitet werden. Zur theoretischen Modellierung sind einerseits herkömmliche Gruppentheorien, andererseits aber auch spezifische Theorien der computervermittelten Kommunikation heranzuziehen. Methodisch lässt sich hier mit Dokumentenanalyse, Beobachtung, Interview, Fragebogen usw. arbeiten. Empirisch identifizierte Probleme bei der virtuellen Teamarbeit können möglicherweise durch Veränderungen bei Medienwahlen (z.B. im Konfliktfall lieber telefonieren als mailen) und/oder durch modifiziertes mediales Kommunikationsverhalten gelöst werden (z.B. kürzere Beiträge in Foren, geringere Latenz bei E-Mail-Antworten, ausführlichere persönliche Selbstbeschreibung auf der Homepage am Projektbeginn).

Die *Forschung zur Mensch-Computer-Interaktion* würde im Zusammenhang mit virtueller Teamarbeit auf das Geschehen an den verschiedenen Benutzerschnittstellen fokussieren. Aus Sicht der Ergonomie geht es etwa darum, ob bei den vom Team durchgeführten Online-Videokonferenzen die Bild- und Tonqualität ausreichend ist oder andere Kameras und Mikrofone verwendet werden sollten. Unter Usability-Gesichtspunkten interessiert unter anderem, ob die verwendete Kollaborationsplattform im Web effizientes und zufriedenstellendes Arbeiten ermöglicht: Können neue und alte Dokumente auf den ersten Blick unterschieden werden? Weiß man jederzeit, wo im System man sich befindet und welche Aktivitäten von hier aus möglich sind? Hinsichtlich des Screen Designs lässt sich schließlich fragen, ob die Kollaborationsplattform in einer Weise gestaltet ist, die auch emotional positiv anspricht und damit motivationssteigernd bzw. -erhaltend wirkt. Als Methoden zur Überprüfung der Qualität der Mensch-Computer-Interaktion stehen unter anderem Nutzerbefragungen, Expertenbeurteilungen und Nutzungstests zur Verfügung.

Werden im Rahmen der Evaluation der Benutzerschnittstellen Probleme identifiziert, so sollten sie durch die Wahl anderer Hard- und Software bzw. durch Modifikationen oder Neuentwicklungen beseitigt werden. Bei diesen Designprozessen müssen die Anwenderinnen und Anwender von vorne herein einbezogen werden. Um die psycho-sozialen Erfordernisse auf Anwenderseite mit der technischen Umsetzung zu koppeln ist ein *interdisziplinäres Vorgehen* notwendig, das technikwissenschaftliche und sozialwissenschaftliche Disziplinen (z.B. Informatik und Psychologie) unter dem Vorzeichen menschengerechter und aufgabenangemessener Gestaltung verbindet.

## Literatur

01 Bortz, J.; Döring, N. (2002). Forschungmethoden und Evaluation für Human- und Sozialwissenschaftler (3., überarbeitete Auflage). Berlin: Springer.

02 Brown, B.; Harper, R.; Green, N. (Eds.) (2001). Wireless World. Social and Interactional Aspects of the Mobile Age. New York: Springer.

03 Daft, R. L.; Lengel, R. H. (1986). Organizational information requirement, media richness and structural design. Management Science, 32, 554-571.

04 Döring, N. (2002). Behindert im Netz? Von der Barrierefreiheit zum Empowerment. medien praktisch – Zeitschrift für Medienpädagogik, 4/2002, 53-56.

05 Döring, N. (2002). Personal Home Pages on the Web: A Review of Research. Journal of Computer-Mediated Communication 7 (3). http://www.ascusc.org/jcmc/vol7/issue3/doering.html

06 Döring, N. (2003). Sozialpsychologie des Internet. Die Bedeutung des Internet für Kommunikationsprozesse, Identitäten, soziale Beziehungen und Gruppen (2., vollständig überarbeitete und erweiterte Auflage). Göttingen: Hogrefe.

07 Fiedler, G.; Neverla, I. (2003). Suizidforen im Internet. Überblick zum Forschungsstand und weiterführende Perspektiven. Medien & Kommunikationswissenschaft, 51 (3-4), 557-571.

08 Fulk, J.; Schmitz, J.; Steinfield, C. W. (1990). A social influence model of technology use. In J. Fulk: C. W. Steinfield (Eds.), Organizations and communication technology (pp. 117-140). Newbury Park, CA: Sage.

09 Höflich, J. (1997). Technisch vermittelte interpersonale Kommunikation. Grundlagen, organisatorische Medienverwendung, Konstitution „virtueller Gemeinschaften". Opladen: Westdeutscher Verlag.

10 Kiesler, S.; Siegel, J.; McGuire, T. W. (1984). Social psychological aspects of computer-mediated communication. American Psychologist, 39, 1123-1134.

11 Mettler-von Meibom, B. (1994). Kommunikation in der Mediengesellschaft. Tendenzen – Gefährdungen – Orientierungen. Berlin: Sigma.

12 Nielsen, J. (2001). Designing Web Usability. München: Markt + Technik.

13 Reeves, B.; Nass, C. (1998). The Media Equation: How People Treat Computers, Television, and New Media like Real People and Places. Cambridge: Cambridge University Press.

14 Routio, P. (2003). Arteology – The Science of Design. [Web Publication, 6.12.2003] http://www2.uiah.fi/projects/metodi/

15 Short, J.; Williams, E.: Christie, B. (1976). The social psychology of telecommunications. London: Wiley.

16 Soukup, C. (2000). Building a theory of multimedia CMC: An analysis, critique and integration of computer-mediated communication theory and research. New Media & Society, 2 (04), 407-426.

17 Thissen, F. (2003). Kompendium Screen Design. Effektiv informieren und kommunizieren mit Multimedia. Berlin: Springer.

18 Turkle, S. (1995). Life on the screen: Identity in the age of the Internet. New York, NY: Simon and Schuster.

19 Walther, J. B. (1992). Interpersonal Effects in Computer-Mediated Interaction: A Relational Rerspective. Communication Research, 19, 52-90.

20 Walther, J. B. (1996). Computer-mediated communication: Impersonal, interpersonal and hyperpersonal interaction. Human Communication Research, 23, 1-43.

21 Weidenmann, B. (2002). Multicodierung und Multimedia im Lernprozess. In L. J. Issing; P. Klimsa (Hrsg.), Information und Lernen mit Multimedia (3. Aufl.) (S. 45-61). Weinheim: PVU.

22 Wetztein, T. A.; Dahm, H.; Steinmetz, L.; Lentes, A.; Schampaul, S.; Eckert, R. (1995). Datenreisende. Die Kultur der Computernetze. Opladen: Westdeutscher Verlag.

# B 21 Datenvisualisierung und Data Mining

Daniel A. Keim

## B 21.1 Einleitung

Die rasante technologische Entwicklung der letzten zwei Jahrzehnte ermöglicht heute die persistente Speicherung riesiger Datenmengen durch den Computer. Forscher an der Universität Berkeley haben berechnet, dass jedes Jahr ca. 1 Exabyte (= 1 Million Terabyte) Daten generiert werden – ein großer Teil davon in digitaler Form. Das bedeutet aber, dass in den nächsten drei Jahren mehr Daten generiert werden als in der gesamten menschlichen Entwicklung zuvor. Die Daten werden oft automatisch mit Hilfe von Sensoren und Überwachungssystemen aufgezeichnet. So werden beispielsweise alltägliche Vorgänge des menschlichen Lebens, wie das Bezahlen mit Kreditkarte oder die Benutzung des Telefons, durch Computer aufgezeichnet. Dabei werden gewöhnlich alle verfügbaren Parameter abgespeichert, wodurch hochdimensionale Datensätze entstehen. Die Daten werden gesammelt, da sie wertvolle Informationen enthalten, die einen Wettbewerbsvorteil bieten können. Das Finden der wertvollen Informationen in den großen Datenmengen ist aber keine leichte Aufgabe. Heutige Datenbankmanagementsysteme können nur kleine Teilmengen dieser riesigen Datenmengen darstellen. Werden die Daten zum Beispiel in textueller Form ausgegeben, können höchstens ein paar hundert Zeilen auf dem Bildschirm dargestellt werden. Bei Millionen von Datensätzen ist dies aber nur ein Tropfen auf den heißen Stein.

### B 21.1.1 Vorteile der visuellen Datenexploration

Für ein effektives Data Mining ist es wichtig, den Menschen in den Datenexplorationsprozess mit einzubinden, um die Fähigkeiten des Menschen – Flexibilität, Kreativität und das Allgemeinverständnis – mit den enormen Speicherkapazitäten und Rechenleistungen moderner Computersysteme zu kombinieren. Die Grundidee der visuellen Datenexploration ist die geeignete Darstellung der Daten in visueller Form, die es dem Menschen erlauben, einen Einblick in die Struktur der Daten zu bekommen, Schlussfolgerungen aus den Daten zu ziehen sowie direkt mit den Daten zu interagieren.

Visuelle Data-Mining-Verfahren haben in den letzten Jahren einen hohen Stellenwert innerhalb des Forschungsbereichs Data Mining erhalten. Ihr Einsatz ist immer dann sinnvoll, wenn wenig über die Daten bekannt ist und die Explorationsziele nicht genau spezifiziert sind. Dadurch dass der Mensch direkt am Explorationsprozess beteiligt ist, können die Explorationsziele bei Bedarf verändert und angepasst werden.

Die visuelle Datenexploration kann als ein Prozess zur Generierung von Hypothesen aufgefasst werden. Sie ermöglicht dem Menschen ein tieferes Verständnis für die Daten, wodurch er neue Hypothesen über die Daten aufstellen kann. Die Hypothesen können dann wiederum mit Hilfe visueller Datenexplorationsverfahren untersucht und verifiziert werden. Die Verifikation kann jedoch auch mit Hilfe von Techniken aus dem Bereich der Statistik und der künstlichen Intelligenz durchgeführt werden. Die Hauptvorteile der Einbindung des Menschen in den Prozess der Datenexploration im Vergleich zu vollautomatischen Verfahren aus der Statistik bzw. Künstlichen Intelligenz sind:

– Der visuelle Datenexplorationsprozess kann stark inhomogene und verrauschte Daten verarbeiten,

– der Benutzer benötigt keine Kenntnisse von komplexen mathematischen oder statistischen Algorithmen und Parametern, und deshalb kann die Datenexploration auch durch Nicht-Spezialisten durchgeführt werden.

Zusammenfassend kann man feststellen, dass die visuelle Datenexploration in vielen Fällen eine einfachere Exploration der Daten erlaubt und oft auch bessere Ergebnisse erzielt, insbesondere wenn die herkömmlichen automatischen Algorithmen nur unzureichende Ergebnisse liefern. Die visuelle Datenexploration bietet darüber hinaus ein besseres Verständnis des Datenexplorationsprozesses sowie der erzielten Ergebnisse. Visuelle Datenexplorations-Techniken werden deshalb in vielen Anwendungsbereichen eingesetzt und in Verbindung mit automatischen Algorithmen sind sie ein unentbehrliches Verfahren zur Exploration wichtiger Informationen aus großen Datenbanken.

## B 21.1.2 Das Paradigma der visuellen Datenexploration

Nach Shneidermann (Lit. 22) kann die visuelle Datenexploration in drei Schritte untergliedert werden:

– overview,

– zoom and filter,

– details-on-demand.

Diese Gliederung wird auch als Information Seeking Mantra (Lit. 22) bezeichnet. Der Benutzer braucht beim visuellen Datenexplorationsprozess zuerst einen Überblick über die Daten (overview). In dieser ersten visuellen Darstellung kann der Benutzer interessante Muster in den Daten erkennen, die dann im folgenden mit Hilfe von Zoom- und Selektionstechniken (zoom and filter) genauer untersucht werden. Für eine genaue Analyse der Muster benötigt der Benutzer eine Möglichkeit, auf Details der Daten zuzugreifen (details-on-demand). In allen drei Schritten der visuellen Datenexploration können Visualisierungstechniken eingesetzt werden: Visualisierungstechniken können einfach einen Überblick über die Daten erzeugen und erlauben es einem Benutzer, interessante Teilmengen innerhalb der Visualisierung schnell zu erkennen. Während des Fokussierens auf interessante Teilmengen ist es wichtig, einen Überblick über die Daten beizubehalten, was zum Beispiel durch eine interaktive Verzerrung der visuellen Überblicksdarstellung bezüglich der Foki erfolgen kann. Für die weitere Exploration interessanter Teilmengen benötigt der Datenanalyst eine Möglichkeit, die Daten genauer zu betrachten, um Details zu verstehen. Es ist in diesem Zusammenhang wichtig, dass Visualisierungstechniken nicht nur grundlegende Verfahren für alle drei Schritte bereitstellen, sondern auch die Schwierigkeiten bei den Übergängen zwischen diesen Schritten überbrücken helfen.

## B 21.2 Klassifizierung Visueller Data-Mining-Techniken

Visuelles Data Mining bzw. Informations-Visualisierung konzentriert sich auf Daten, die keine 2D- oder 3D-Semantik besitzen und damit keine Standardabbildung auf die zweidimensionale Darstellung des Bildschirms besitzen. Für solche Datenmengen gibt es mittlerweile eine Reihe guter Visualisierungstechniken wie zum Beispiel x-y-Plots, Liniendiagramme und Histogramme. Diese Techniken können für die visuelle Datenexploration hilfreich sein, jedoch sind sie im allgemeinen beschränkt auf relativ kleine und niedrigdimensionale Datenmengen. In den vergangenen Jahren wurde eine Vielzahl neuartiger Techniken für hoch-

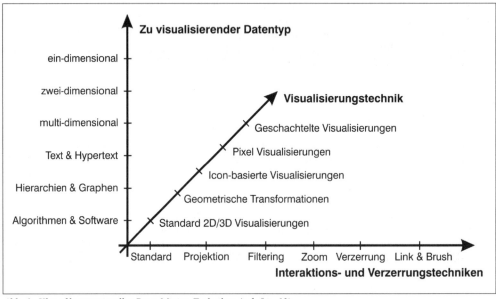

*Abb. 1: Klassifikation visueller Data-Mining-Techniken (vgl. Lit. 12)*

dimensionale Datenmengen ohne interne 2D- oder 3D-Semantik entwickelt. Ein Überblick über diese Verfahren wird in den aktuellen Büchern gegeben (Lit. 06, Lit. 28, Lit. 25, Lit. 24). Die Techniken können anhand folgender drei Kriterien klassifiziert werden (Lit. 12; siehe Abb. 1):

(1) der zu visualisierende Datentyp,

(2) die verwendete Visualisierungstechnik und

(3) die verwendeten Techniken für Interaktion und Verzerrung.

Der zu **visualisierende Datentyp** kann wie folgt untergliedert werden (Lit. 22):

– **Ein-dimensionale Daten**, wie zum Beispiel zeitabhängige Daten (vgl. ThemeRiver Visualisierung in Abb. 2)

– **Zwei-dimensionale Daten**, wie zum Beispiel geographische Karten (vgl. Gridfit Visualisierung, Lit. 13)

– **Multi-dimensionale Daten**, wie zum Beispiel tabellarische Daten aus relationalen Datenbanken (vgl. Parallele-Koordinaten-Visualisierung, Lit. 10 und Abb. 3)

– **Text und Hypertext**, wie zum Beispiel Nachrichten oder Web-Dokumente (vgl. ThemeView Visualisierung, Lit. 30, Lit. 29)

– **Hierarchien und Graphen**, wie zum Beispiel Telefon- oder Internetverbindungen (vgl. Skitter Visualisierung, Lit. 08 und Abb. 4)

– **Algorithmen und Software**, wie zum Beispiel Debugging-Operationen (vgl. Tarantula Software Visualisierung, Lit. 07).

Die **Visualisierungstechniken** können wie folgt untergliedert werden:

– **Standard 2D/3D**-Visualisierungen, wie zum Beispiel Balkendiagramme oder X-Y-Diagramme

– **Geometrische Transformationen**, wie zum Beispiel künstliche Landschaften (Lit. 29) und Parallele Koordinaten (Lit. 10, Abb. 3)

– **Icon-basierte Visualisierungen**, wie zum Beispiel die „Strichmännchen"-Visualisierung (Lit. 19)

– **Pixel-Visualisierungen**, wie die Recursive Pattern oder Circle Segments Techniken (Lit. 11)

– **Geschachtelte Visualisierungen**, wie zum Beispiel Treemaps (Lit. 21) oder Dimensional Stacking (Lit. 27).

Die dritte Kategorie der Klassifikation sind die Interaktions- und Verzerrungstechniken. Sie erlauben es dem Benutzer, direkt mit den Visualisierungen zu interagieren. Interaktions- und Verzerrungstechniken können wie folgt untergliedert werden:

– Interaktive Projektion wie im GrandTour System (Lit. 03)

– Interaktive Selektion wie im Polaris System (Lit. 26)

– Interaktives Zooming wie im Spotfire System (Lit. 23)

– Interaktive Verzerrung wie im Hyperbolic Tree (Lit. 17, Lit. 18)

– Interaktives Linking and Brushing wie im XGobi System (Lit. 20, Lit. 04).

Man beachte, dass die drei Dimensionen unserer Klassifikation als orthogonal betrachtet werden können. Orthogonal bedeutet in diesem Zusammenhang, dass für eine zu visualisierende Datenmenge eine beliebige Visualisierungstechnik in Verbindung mit einer beliebigen Interaktions- und Verzerrungstechnik verwendet werden kann. Man beachte ferner, dass ein System mehrere unterschiedliche Datentypen und eine Kombination mehrerer Visualisierungs- und Interaktionstechniken unterstützen kann.

## B 21.3  Zu visualisierende Datentypen

Die im Bereich Informations-Visualisierung vorkommenden Daten besitzen in der Regel eine große Anzahl von Datensätzen. Jeder Datensatz entspricht dabei einer Beobachtung, wie zum Beispiel einer Messung bei einem physikalischen Experiment oder einer Transaktion in einem E-Commerce-System, und besitzt eine feste Anzahl an Attributen. Die Anzahl der Attribute kann dabei stark variieren – von einigen wenigen Attributen bis hin zu Tausenden von Attributen. Da bestimmte Attribute wie zum Beispiel die Zeit oder die geographischen Koordinaten eine besondere Bedeutung haben, werden diese in der Regel auch besonders behandelt.

**Eindimensionale Daten** besitzen in der Regel ein kontinuierliches Attribut, das eine vollständige Ordnung auf den Daten definiert. Ein typisches Beispiel für eindimensionale Daten sind zeitabhängige Daten. Jedem Zeitpunkt können dabei mehrere Datenwerte zugeordnet sein. Beispiele für eindimensionale Daten sind Aktienkurs-Verläufe oder Zeitreihen von Zeitungsmeldungen (vgl. Theme-River Visualisierung, Lit. 09 und Abb. 2).

**Zweidimensionale Daten** besitzen zwei spezielle Dimensionen, die jeden Punkt eindeutig charakterisieren. Ein klassisches Beispiel für zweidimensionale Daten sind geographische Koordinaten. Für die Darstellung von zweidimensionalen Daten eignen sich zum Beispiel Standard X-Y-Plots.

**Multi-dimensionale Daten**: Viele Daten besitzen mehr als drei Attribute und können von daher nicht mittels einfacher 2D- oder 3D-Darstellungen visualisiert werden. Typische Beispiele für mehrdimensionale Daten sind Tabellen in relationalen Datenbanken, die oft mehrere hundert oder sogar tausend Attribute besitzen. In den meisten Fällen existiert keine einfache Abbildung dieser Attribute in die zweidimensionale Ebene, so dass neuartige Techniken für ihre Visualisierung benötigt werden. Die Parallele-Koordinaten-Technik (Lit. 10) ist ein Beispiel für eine Visualisierungstechnik, die auf einfache Art und Weise die Visualisierung von multidimensionalen Daten erlaubt (siehe Abb. 3).

**Text und Hypertext:** Im Zeitalter des World Wide Web sind Text und Hypertext zwei wichtige Datentypen. Text und Hypertext unterscheiden sich von den bisher vorgestellten Datentypen, da sie nur

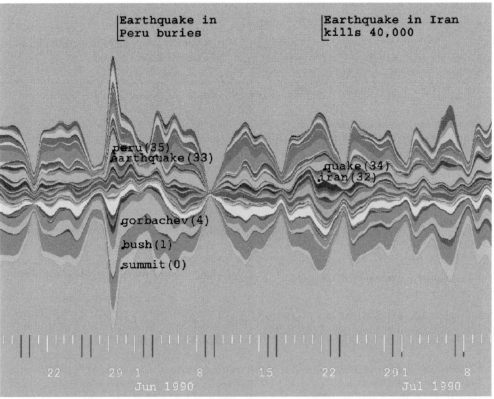

*Abb. 2: Die ThemeRiver Visualisierungstechnik (Lit. 09) stellt die thematischen Veränderungen in großen Mengen von Textdokumenten über die Zeit dar. Der Fluss fließt von links nach rechts. Die sich verändernde Breite der einzelnen Segmente des Flusses visualisiert die thematischen Veränderungen. In unserem Beispiel wird ein Archiv von Associate Press Nachrichtenmeldungen von Juni-Juli 1990 visualisiert. Die wichtigsten Ereignisse dieses Zeitraums, wie das Erdbeben in Peru und das Gipfeltreffen zwischen Bush und Gorbatschow, können dabei gut identifiziert werden (im Original farbig; verwendet mit Erlaubnis von Pacific Northwest National Laboratory (PNNL); PNNL wird vom Battelle Memorial Instituts für das US Department of Energy betrieben. © PNNL).*

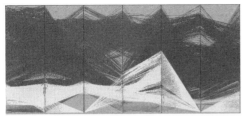

*Abb. 3: Parallele Koordinaten-Visualisierung (im Original farbig)*

schwierig durch einfache Datentypen mit fest definierter Größe beschrieben werden können. Viele der bekannten Standard-Visualisierungstechniken können deshalb nicht für ihre Visualisierung verwendet werden. Damit aber Text und Hypertext dennoch visualisiert werden können, werden sie in den meisten Fällen in sogenannte Beschreibungsvektoren (Feature-Vektoren) transformiert.

Ein Beispiel für eine einfache Transformation ist das Zählen aller nicht-trivialen Wörter im Text.

**Hierarchien und Graphen:** Eine Vielzahl von Datensätzen lässt sich nicht durch die bisherigen Datentypen beschreiben, da die Datensätze komplexe Beziehungen untereinander besitzen. Diese Beziehungen können mit Hilfe von Graphen modelliert werden. Ein Graph besteht aus einer Menge von Objekten, den Knoten, und Verbindungen zwischen diesen Objekten, den Kanten. Eine Hierarchie von Objekten kann dabei als eine spezielle Art von Graph aufgefasst werden, bei der die Verbindungen nur in Top-Down-Richtung verlaufen. Beispiele für Hierarchien und Graphen sind die Verbindungen in Telefon- oder Computernetzwerken, das Kaufverhalten von Kunden in E-Commerce-Angeboten, das Filesystem auf Festplatten und die Hyperlinks im World Wide Web.

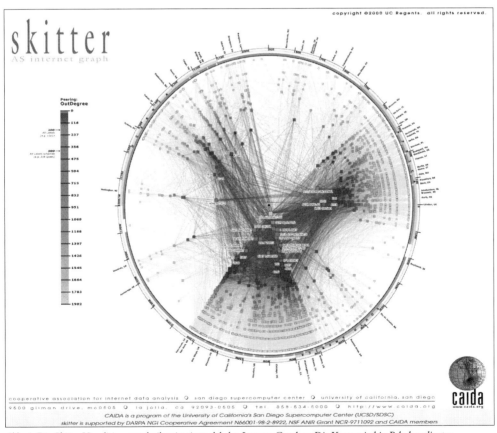

*Abb. 4: Die Skitter-Visualisierungstechnik zeigt einen globalen Internet-Graphen. Die Knoten sind in Polarkoordinaten angeordnet, wobei die wichtigen Knoten mit einer hohen Anzahl von Verbindungen weiter innen liegen als die Knoten mit einer geringen Anzahl von Verbindungen (im Original farbig; verwendet mit Erlaubnis von CAIDA –Cooperative Association for Internet Data Analysis, k claffy „Skitter Graph" Internet Map © 2000 Regents of the University of California).*

**Algorithmen und Software:** Eine weitere interessante Klasse von Datentypen sind Algorithmen und Software. Die Erstellung großer Softwareprojekte ist nach wie vor eine Herausforderung. Das Ziel der Visualisierung ist die Vereinfachung der Softwareentwicklung durch ein besseres Verständnis der Algorithmen und des Quellcodes. Das kann zum Beispiel durch eine geeignete Visualisierung der Struktur der Software (z.B. des Funktions-Aufrufgraphen) geschehen oder durch eine Visualisierung aller von Fehlern betroffenen Teile des Programms erreicht werden

## B 21.4 Visualisierungstechniken

Für die Visualisierung von Daten existieren eine Vielzahl von Visualisierungstechniken. Neben den weitverbreiteten Standard-2D/3D-Techniken, wie zum Beispiel x-y-(bzw. x-y-z-)Diagrammen, Balkendiagrammen, Liniendiagrammen usw., stehen heute eine Reihe weiterentwickelter Techniken zur Verfügung:

**Geometrische Transformationen** versuchen interessante Projektionen der multidimensionalen Datenmenge zu finden, um sie dann visuell darzustellen. Die Klasse der Visualisierungstechniken, die auf geometrischen Transformationen basieren, umfassen Verfahren der explorativen Statistik wie zum Beispiel Scatterplot-Matrizen (Lit. 02, Lit. 05) und Techniken, die unter dem Oberbegriff Projection Pursuit zusammengefasst werden.

**Icon-basierte Visualisierungen:** Eine visuelle Darstellung wird dabei durch die Abbildung der Attribute eines Datensatzes auf die Eigenschaften eines Icons erzeugt.

**Pixel-Visualisierungen** mit Abbildung jedes Datenwerts auf ein farbiges Pixel. Dabei werden die Pixel gemäß der Dimensionen gruppiert (siehe Abb. 5), bei der Recursive Pattern Technik (Lit. 16) in rechteckigen Teilbereichen und bei der Circle Segments Technik (Lit. 01) in Kreissegmenten. Die Pixel, die zu einem Datensatz gehören, sind dementsprechend über die Teilbereiche verstreut und stehen nur über die relative Position innerhalb der Teilbereiche in Beziehung. Über die visuelle Beziehung zwischen den Teilbereichen ist es möglich, lokale Beziehungen zwischen den Attributen, Korrelationen und Ausnahmen zu finden.

**Geschachtelte Visualisierungen** (Stacked Display Techniques) partitionieren die Daten gemäß eines oder mehrerer Attribute und visualisieren die Daten dann in hierarchischer Form, wobei die Wertebereiche der Attribute ineinander geschachtelt werden.

## B 21.5 Interaktions- und Verzerrungstechniken

Für eine effektive Datenexploration sind Interaktions- und Verzerrungstechniken unverzichtbar. Durch Verwendung von Interaktionstechniken kann der Datenanalyst die Visualisierungen gezielt bezüglich der Explorationsziele verändern. Interaktionstechniken erlauben zudem eine Kombination verschiedener Visualisierungstechniken. Verzerrungstechniken helfen bei der Fokussierung auf Details, ohne dabei den Überblick über die Daten zu verlieren. Die Idee von Verzerrungstechniken (distortion techniques) ist das Hervorheben von Ausschnitten der Visualisierung mit vielen Details

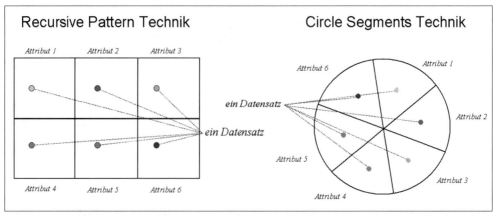

*Abb. 5: Pixel-Visualisierung (im Original farbig)*

unter Beibehaltung der Darstellung aller übrigen Teile der Visualisierung mit geringerem Detaillierungsgrad. In diesem Zusammenhang unterscheidet man zwischen dynamischen und interaktiven Techniken. Während bei dynamischen Techniken Veränderungen der visuellen Darstellung automatisch vorgenommen werden, erfolgen bei interaktiven Verfahren Veränderungen an der visuellen Darstellung durch Benutzerinteraktion. Man unterscheidet:

– Dynamische Projektion,
– Interaktive Filterung,
– Interaktives Zooming,
– Interaktive Verzerrung,
– Interaktives Linking and Brushing.

## B 21.6 Zusammenfassung und Ausblick

Die Exploration großer Datenmengen ist ein sehr wichtiges, aber schwieriges Problem. Informations-Visualisierungs-Techniken können helfen, dieses Problem zu lösen. Die Verwendung von Informations-Visualisierungs-Techniken in zahlreichen Systemen hat gezeigt, dass sie zum Aufspüren interessanter Informationen (wie zum Beispiel Korrelationen, Cluster, funktionale Abhängigkeiten und Ausnahmen) in großen Datenmengen beitragen können. Die Zahl der Anwendungen, die Informations-Visualisierungs-Techniken für eine verbesserte Datenexploration verwenden, steigt stetig an. Beispiele für Bereiche, in denen die visuelle Datenexploration heute schon erfolgreich eingesetzt wird, sind Betrugserkennung, Marketing und Data Mining zum Beispiel in bio-molekularen Datenbanken. Die Aufgabe zukünftiger Forschung ist die Integration von Informations-Visualisierungs-Techniken mit traditionellen Techniken aus den Bereichen Statistik, maschinelles Lernen und Operations-Research. Erste Ansätze in diese Richtung sind zu finden und auch kommerzielle Systeme beginnen sich in diese Richtung zu orientieren. Der Vorteil einer solchen Integration ist eine Steigerung der Qualität und Effizienz des Datenexplorationsprozesses. Zusätzlich müssen die visuellen Data-Mining-Techniken mit großen Datenbank- und Data-Warehouse-Systemen verbunden werden. Das ultimative Ziel ist ein integriertes, leicht bedienbares und verständliches Datenexplorationssystem, das eine schnelle Exploration sehr großer Datenmengen ermöglicht.

## Literatur

Dieser Aufsatz basiert auf dem detaillierteren Beitrag von Daniel A. Keim: Datenvisualisierung und Data Mining. Datenbank Spektrum 2 (2) S. 30-39, 2002 - http://www.datenbank-spektrum.de

01 M. Ankerst; D. A. Keim and H.-P. Kriegel. Circle segments: A technique for visually exploring large multidimensional data sets. In Proc. Visualization 96, Hot Topic Session, San Francisco, CA, 1996.

02 D. F. Andrews. Plots of high-dimensional data. Biometrics, 29: 125-136, 1972.

03 D. Asimov. The grand tour: A tool for viewing multidimensional data. SIAM Journal of Science & Stat. Comp., 6: 128-143, 1985.

04 A. Buja; D. F. Swayne and D. Cook. Interactive high-dimensional data visualization. Journal of Computational and Graphical Statistics, 51: 78-99, 1996.

05 W. S. Cleveland. Visualizing Data. AT&T Bell Laboratories, Murray Hill, NJ, Hobart Press, Summit NJ, 1993.

06 S. Card; J. Mackinlay and B. Shneiderman. Readings in Information Visualization. Morgan Kaufmann, 1999.

07 J. Eagan; M. J. Harrold; J. A. Jones and J. Stasko. Visually encoding program test information to find faults in software. In Technical Report, Georgia Institute of Technology, GIT-GVU-01-09, 2001.

08 B. Huffaker; A. Broido; K. Claffy; M. Fomenkov; S. McCreary; D. Moore and O. Jakubiec. Visualizing internet topology at a macroscopic scale. In http://www.caida.org/analysis/topology/as core network, 2001.

09 S. Havre; B. Hetzler; L. Nowell and P. Whitney. Themeriver: Visualizing thematic changes in large document collections. Transactions on Visualization and Computer Graphics, 2002.

10 A. Inselberg and B. Dimsdale. Parallel coordinates: A tool for visualizing multidimensional geometry. In Proc. Visualization 90, San Francisco, CA, pages 361-370, 1990.

11 D. Keim. Designing pixel-oriented visualization techniques: Theory and applications. Transactions on Visualization and Computer Graphics, 6 (1): 59-78, Jan-Mar 2000.

12 D. Keim. Visual exploration of large databases. Communications of the ACM, 44 (8): 38-44, 2001.

13 D. Keim and A. Herrmann. The gridfit approach: An efficient and effective approach to visualizing large amounts of spatial data. In Proc. Visualization 98, Research Triangle Park, NC, pages 181-189, 1998.

14 D. A. Keim; M. C. Hao; U. Dayal and M. Hsu. Pixel bar charts: A visualization technique for very large multi-attribute data sets. Information Visualization Journal, 1 (1): 1-14, Jan. 2002.

15. D. A. Keim and H.-P. Kriegel. Visdb: Database exploration using multidimensional visualization. Computer Graphics & Applications, 6: 40-49, Sept. 1994.

16. D. A. Keim; H.-P. Kriegel and M. Ankerst. Recursive pattern: A technique for visualizing very large amounts of data. In Proc. Visualization 95, Atlanta, GA, pages 279-286, 1995.

17. J. Lamping; R. Rao and P. Pirolli. A focus + context technique based on hyperbolic geometry for visualizing large hierarchies. In Proc. Human Factors in Computing Systems CHI 95 Conf., pages 401-408, 1995.

18. T. Munzner and P. Burchard. Visualizing the structure of the world wide web in 3D hyperbolic space. In Proc. VRML '95 Symp, San Diego, CA, pages 33-38, 1995.

19. R. M. Pickett and G. G. Grinstein. Iconographic displays for visualizing multidimensional data. In Proc. IEEE Conf. on Systems, Man and Cybernetics, IEEE Press, Piscataway, NJ, pages 514-519, 1988.

20. D. F. Swayne; D. Cook and A. Buja. User's Manual for XGobi: A Dynamic Graphics Program for Data Analysis. Bellcore Technical Memorandum, 1992.

21. B. Shneiderman. Tree visualization with treemaps: A 2D space-filling approach. ACM Transactions on Graphics, 11 (1): 92-99, 1992.

22. B. Shneiderman. The eye have it: A task by data type taxonomy for information visualizations. In Visual Languages, 1996.

23. B. Shneiderman. Dynamic queries, starfield displays, and the path to spotfire. In http://www.cs.umd.edu/hcil/spotfire, 1999.

24. H. Schumann and W. Müller. Visualisierung: Grundlagen und allgemeine Methoden. Springer, 2000.

25. B. Spence. Information Visualization. Pearson Education Higher Education publishers, UK, 2000.

26. C. Stolte; D. Tang and P. Hanrahan. Polaris: A system for query, analysis and visualization of multi-dimensional relational databases. Transactions on Visualization and Computer Graphics, 2002.

27. M. O. Ward. Xmdvtool: Integrating multiple methods for visualizing multivariate data. In Proc. Visualization 94, Washington, DC, pages 326-336, 1994.

28. C. Ware. Information Visualization: Perception for Design. Morgen Kaufman, 2000.

29. J. A. Wise. The ecological approach to text visualization. Journal of the American Society for Information Science, 50 (13): 1224-1233, 1999.

30. J. A. Wise; J. J. Thomas; K. Pennock; D. Lantrip; M. Pottier; A. Schur and V. Crow. Visualizing the non-visual: Spatial analysis and interaction with information from text documents. In Proc. Symp. on Information Visualization, Atlanta, GA, pages 51-58, 1995.

# B 22 Software-Ergonomie

Jürgen Krause

Menschen- versus Technikzentrierung ist die eigentliche Leitlinie, die das Aufkommen der Ergonomie als wissenschaftliche Disziplin bestimmte. Die industrielle Revolution hatte mit ihrem ökonomiefördernden Einsatz von Maschinen dazu geführt, dass Menschen nur noch Lücken füllten, die die technologischen Werkzeuge offen ließen. Die Maschinen standen im Vordergrund, der Arbeitnehmer hatte sich anzupassen. Die Folgen traten als gesundheitliche Schädigungen zutage. Deshalb begann man über Gestaltungsrichtlinien für die Bedienung der technischen Werkzeuge und den Ablauf der Arbeitsprozesse nachzudenken und sie zum Schutz der Menschen rechtsverbindlich festzulegen. Mit dem Aufkommen der Computer wurden diese Überlegungen auf die neuen Werkzeuge übertragen (Hardware-Ergonomie). Die klassische Software-Ergonomie (international human factors-Forschung) tat dann im Kern nichts anderes, als den Schutzgedanken vom Körper auf den Geist des Menschen, von den anthropometrischen und psychologischen Faktoren auf die menschliche Informationsverarbeitung auszudehnen. Arbeitswissenschaft, Psychologie und Informatik verbinden sich zu einem neuen Wissenschaftsfeld, das den Menschen zum Ausgangspunkt nimmt, nicht die Technik. Negative Auswirkungen wie unnötige geistige Belastungen, hoher Einarbeitungsaufwand, erzwungenes Arbeiten gegen die gewohnten und natürlichen Arbeitsweisen, sinnlose Teilarbeiten als Anpassung an programmtechnische Effizienzüberlegungen, geistige Fließbandarbeit und ähnliches sollen vermieden werden (Lit. 14). Benutzerfreundlichkeit und Effizienz der Bedienung werden zu Kernbegriffen der Softwareergonomie. Nicht der Mensch soll sich an den Computer anpassen, sondern der Computer an die Bedürfnisse, Fähigkeiten und Eigenschaften des Menschen.

Auch wenn die Softwareergonomie erst in den achtziger Jahren stärker Fuß fasst, induziert durch das Paradigma der grafischen Benutzungsoberflächen, gibt es bereits 20 Jahre vorher ein eigenständiges Paradigma, das die Forderung nach einem benutzerfreundlichen Zugang nicht visuell-grafisch, sondern sprachlich interpretiert, die natürlichsprachlichen Benutzungsoberflächen. Sie entstanden schwerpunktmäßig in einer eigenen Teildisziplin, der Computerlinguistik, wurden aber schon immer auch der human factors-Forschung zugeordnet.

## B 22.1 Natürlichsprachliche Frage-Antwort-Systeme versus grafische Benutzungsoberflächen und Etablierung der Disziplin

Beide Vertreter eines benutzerfreundlichen Zugangs zu Computern richteten sich gegen die kommandoorientierten, formalsprachlichen Verfahren, die als „unnatürlich" empfunden wurden. Beide bildeten einen Teil des Konzepts der „fifth generation computers", die „user natural in its human factors" sein sollten (Lit. 11). Die Natürlichkeit der natürlichsprachlichen Interaktion liegt darin, dass die Benutzer diesen Modus bereits beherrschen. Das vorhandene Verständigungswissen aus dem zwischenmenschlichen Bereich (Altwissen) ersetzt die Notwendigkeit, eine neue Form der Interaktion zu lernen. Das Wie der Verständigung wird weitgehend im Wortsinne selbsterklärend.

Natürlichsprachliche Frage-Antwort-Systeme (mit ihrer Eingabe über Tastatur) überschritten nach einer mehr als zwanzigjährigen Forschungsphase in den 80er Jahren in breiter Front die Grenze zur kommerziellen Nutzung (z. B. NLMenu und Question and Answer). In den 90er Jahren haben sie den Kampf gegen die zweite „natürliche" Modalität, die grafischen Benutzungsoberflächen, im kommerziellen Bereich verloren. Das wohl ausgereifteste kommerzielle Produkt Language ACCESS von IBM (siehe Lit. 04) wurde nach nur sechsmonatiger Verkaufszeit 1993 wieder vom Markt genommen. Die Resonanz blieb aus.

Die grafischen Benutzungsoberflächen waren demgegenüber sehr schnell kommerziell ein Erfolg und von Anfang an wissenschaftlich akzeptiert. Sie benötigten seit ihrer Einführung 1982 (XEROX Star-Oberfläche und LISA-Rechner von Apple) nicht einmal 10 Jahre, um quasi eine Monopolstellung einzunehmen.

Grafische Benutzungsoberflächen lassen sich durch ein ganzes Bündel von Techniken und Theorien charakterisieren. Neben dem Einsatz von Fenstern, Menüs und Ikonen (siehe Lit. 07) bleiben bis heute das Metaphernkonzept und die Direktmanipulation zentral.

- Die kognitionspsychologische Basiserkenntnis, die hinter dem Metaphernkonzept steht, ist einfach: Neue Dinge (neues Wissen) lassen sich leichter und schneller lernen und erinnern, wenn Anknüpfungspunkte zu Bekanntem (Altwissen) bestehen. Bei der Textverarbeitung bietet sich zum Beispiel die Bürowelt als solch ein Anknüpfungspunkt an. Deshalb gestaltet man den Bildschirm als Schreibtischoberfläche, realisiert Textverarbeitungsfunktionen in Analogie zur gewohnten Schreibmaschine und bezieht bei Funktionen, die über die herkömmliche Schreibtisch- und Schreibmaschinenarbeit hinausgehen, das gesamte Büro als Vorbild für die elektronische Darstellung mit ein (Sinnbilder für Schränke, Ordner, Papierkorb usw.). Damit bedient der Benutzer die Software analog zur ihm bereits bekannten Bürowelt. Er nutzt sein Vorwissen; die elektronische Welt wird ihm gewohnter.

- Zur Verdeutlichung des Gedankens der Direktmanipulation rekurriert Shneiderman (Lit. 23) auf das Autofahren. Statt eine Reihe von Funktionstasten für die Richtung, in die man fahren will (links, rechts, Winkelangabe), zu bedienen, statt eines formalsprachlichen Kommandos oder auch einer natürlichsprachlichen Angabe wie „Steuerrad 30 Grad nach links drehen", wird das Steuerrad selbst bewegt. Man sieht sofort, zu welchen Veränderungen die Aktion führt und kann entsprechende Feinkorrekturen vornehmen. Statt zu verbalisieren, handelt man direkt. Auf die gleiche Art operiert der Benutzer im elektronischen Büro mit den bildlich dargestellten Objekten. Er wird explizit ermuntert, in physikalischen (statt elektronischen) Einheiten und realen Handlungsschritten zu denken. Er erprobt am Bildschirm räumlich handelnd Dinge, die in der realen Welt einen Sinn ergeben.

Trotz des raschen Erfolgs der grafischen Benutzungsoberflächen gab es bereits sehr früh Evaluierungsstudien (z. B. Lit. 03), die zu negativen Ergebnissen führten. Sie machten klar, dass sich das Potential der Grundideen grafischer Oberflächen nicht quasi von selbst durchsetzt. Die Probleme beginnen mit der Gestaltung der Details. Ansätze wie die zu den „visual formalisms" (Lit. 19) oder die Überlegungen zum WOB-Modell (Lit. 15) versuchen, diesen Schwierigkeiten durch konzeptuelle Weiterentwicklung und Modellverbesserungen auf der Basis empirischer Tests zu begegnen. Auch auf der Ebene des postulierten Gedächtnismodells, als wesentlichem Bestandteil der kognitionspsychologischen Basis, gab es Fortschritte, die helfen, multimediale Interaktionsformen besser zu verstehen. Entgegen der dualen Kodierungstheorie geht man heute davon aus, dass sowohl Texte als auch Bilder doppelt repräsentiert werden, deskriptional und depiktional, wobei unterschiedliche Kontextfaktoren die Repräsentationskonstruktion und Abfrage beeinflussen (Lit. 22).

Es wurde auch versucht, ein Gegenmodell zu den grafischen Benutzungsoberflächen über die Ansätze der virtuellen Realität aufzubauen. Das sich Bewegen in einer virtuellen Umwelt mit einer 1:1-Kopie der Realität sollte viele der inhärenten Probleme grafischer Oberflächen durch einen erneuten Paradigmawechsel gegenstandslos machen. Zweck sieht sogar die derzeitigen Lösungen der virtuellen Realität nur als Zwischenschritt: „... müssen realistisch gesehen als Übergangstechnologie angesehen werden. Die weitere Entwicklung dürfte zu direkter Steuerung ... durch das menschliche Gehirn führen" (Lit. 26, S. 101). Überlegungen dieser Art münden in Zukunftsszenarien virtueller Welten, in denen die Grenze zwischen realer und computervermittelter Weltsicht durch eine 1:1-Simulation geschlossen wird. Es ist verlockend, sich mit der allgemeinen Grundthese von der Überlegenheit virtueller Welten den Problemen der grafischen Benutzungsoberflächen zu entziehen, sie als zeitbedingte und damit wissenschaftlich uninteressante Phänomene einzuordnen. Einer näheren Betrachtung halten diese Thesen jedoch nicht stand (siehe Lit. 16).

Parallel zum Aufkommen der grafischen Benutzungsoberflächen etablierte sich die Softwareergonomie rasch als interdisziplinäre Forschungsdisziplin mit Lehrbüchern (Lit. 08, Lit. 13, Lit. 14, Lit. 02) und in Deutschland mit einer zweijährigen Tagungsserie (von 1983 bis 1999).

Die Informationswissenschaft integrierte die Softwareergonomie in den 90iger Jahren erstmals in Regensburg als informationswissenschaftliche Teildisziplin in ihr Curriculum. Schwerpunkt blieben bis heute das Wie der Interaktion und Benutzungsoberflächen zum Information Retrieval (siehe Lit. 09, Lit. 25).

## B 22.2 WWW, Design, Visualisierung und Gebrauchstauglichkeit: die neue Ausweitung der Fragestellungen

Mit der Etablierung des Web und der zunehmenden Verbreitung multimedialer CD-ROMs befassten sich verstärkt andere Wissenschaftsdisziplinen mit den Arbeitsfeldern der Softwareergonomie. Softwareergonomie auf der einen Seite und Interface- bzw. Mediendesign, wie es an Kunsthochschulen gelehrt und praktiziert wird, auf der anderen kristallisierten sich als zwei weitgehend unabhängig voneinander operierende Schulen heraus. Während die Softwareergonomie den Schwerpunkt auf eine möglichst effektive und benutzerfreundliche Bedienung legt, steht beim Mediendesign der künstlerisch-gestalterische Aspekt im Vordergrund. Bürdek (Kunsthochschule Offenbach) drückte das so aus: „... wenn es nicht zu bedienen ist – aber gut aussieht – dann ist es eben Design ... wenn es (anscheinend) gut zu bedienen ist – aber grausam aussieht, dann ist es Ergonomie" (Lit. 06).

Die begonnene Zusammenführung beider Ansätze verspricht einen deutlichen Fortschritt (Lit. 05, Lit. 09 als Beispiel). Sie ist auch erklärtes Ziel eines „Memorandums zur Entwicklung eines zentralen Zukunftsthemas im deutschsprachigen Raum" mehrerer Wissenschaftlergruppen innerhalb und außerhalb der Gesellschaft für Informatik. Es betont „die Gebrauchstauglichkeit der neuen Technik als zentrales Thema. Erfolgreiche Geräte und Systeme müssen gleichzeitig nützlich für die zu erledigenden Aufgaben, benutzbar im Sinne einer intuitiven Verständlichkeit und möglichst geringen Ablenkungen von der Aufgabe und ansprechend im Sinne von Ästhetik und Spaß an der Nutzung gestaltet sein" (Lit. 20, S. 1).

Als Folge der damit postulierten Neuausrichtung wurde die Serie der bisherigen deutschen Software-Ergonomie-Tagungen eingestellt. Die Nachfolgetagungen „Mensch & Computer", 2001 erstmals in Bonn (Lit. 21), folgen diesem neuen Konzept. Einen Einblick in diese Ausrichtung, die die Grenzen zwischen Softwareergonomie, Mensch-Computer-Interaktion, Interface Design und Visualisierung weitgehend einebnet, geben auch das Sonderheft „Easy and Enjoy" der Zeitschrift für Information Management & Consulting, No. 3, 1999 (Lit. 07 und Lit. 12).

## B 22.3 Styleguides, Normen und zentrale Problembereiche

Soll ergonomisch korrekte Software entwickelt werden, scheint dies auf den ersten Blick unproblematisch. Der Entwickler zieht eine Reihe von Styleguides der Betriebssystemhersteller oder auch Firmen heran, z. B. den AQUA Styleguide von Apple (Lit. 01), den für die Microsoft-Welt (Lit. 18) oder für das WWW den von Lynch/Horton (Lit. 17). Hier bekommt er klare Detailanweisung, z. B. wie viele Einträge ein Menü haben soll.

Zusätzlich wurden rechtsverbindliche Normen geschaffen, die die Gestaltung im Sinne einer von Arbeitnehmern einklagbaren Forderung regeln. Die wichtigsten sind

– DIN EN ISO 9241 Ergonomische Anforderungen für die Bürotätigkeiten mit Bildschirmgeräten, Teil 10: Grundsätze der Dialoggestaltung (Juli 1996)

und die neue Multimedianorm vom Mai 2000

– DIN EN ISO 14915 Softwareergonomie für Multimedia-Benutzungsschnittstellen, Teil 1: Gestaltungsgrundsätze und Rahmenbedingungen (Normenüberblick siehe Lit. 10).

Erstere Norm nennt als Hauptkriterien, die jeweils an Beispielen verdeutlicht werden: Aufgabenangemessenheit, Selbstbeschreibungsfähigkeit, Steuerbarkeit, Erwartungskonformität, Fehlertoleranz, Individualisierbarkeit und Lernförderlichkeit. Die Multimedianorm ergänzt diese Grundprinzipien um vier weitere:

– Eignung für kommunikatives Ziel
„wenn sie ... sowohl den Zielen des ... Anbieters ... der zu übermittelnden Information, als auch dem Ziel oder der Aufgabe der Benutzer oder Empfänger dieser Information entspricht" (§ 5.2.4).

– Eignung für Wahrnehmung und Verständnis
„wenn ... die zu übermittelnde Information leicht wahrgenommen und verstanden werden kann" (§ 5.2.5).

Als hierzu untergeordnete Kriterien werden genannt: Klarheit, Unterscheidbarkeit, Kompaktheit, Konsistenz, Erkennbarkeit, Lesbarkeit und Verständlichkeit.

– Eignung für Informationsfindung
„wenn ... der Benutzer eine relevante oder inter-

essante Information mit geringem oder ohne Vorwissen in Bezug auf Art, Umfang oder die Struktur der Information oder die durch die Anwendung verfügbare Funktionalität finden kann" (§ 5.2.6).

- Eignung für Benutzerbeteiligung
„wenn sie die Aufmerksamkeit der Benutzer auf sich zieht und sie motiviert, mit ihr zu interagieren. Ein interessanter oder anregender Inhalt kann fesselnd sein. Beispielsweise ist es wahrscheinlich, dass eine Simulation durch einen hohen Realitätsgrad ansprechend wird" (§ 5.2.7).

Warum gibt es trotz Normen und Styleguides so viele softwareergonomisch schlecht realisierte Produkte, trotz eines Paradigmas, das die „natürliche" Bedienung zum Kern der Designbemühungen macht?

Eine wichtige Ursache liegt darin, dass softwareergonomisches Wissen bei den kommerziellen (und universitären) Entwicklungsgruppen zu wenig verbreitet ist. Das wäre zumindest im Einzelfall behebbar. Schwerwiegendere Gründe ergeben sich aus der Wirkungsweise der Softwareergonomie selbst und aus dem Stand ihrer Entwicklung. Es gehört zum Wesen ergonomischer Regeln, Widersprüche zu erzeugen. Ihre Teilziele stehen sich oft gegenseitig im Wege, sobald es um die konkrete Gestaltung geht. Ein Anfänger verlangt z. B., dass ihm alle Möglichkeiten am Bildschirm explizit vorgegeben werden und dass notfalls über Textzusätze eine hohe Selbsterklärungsfähigkeit erreicht wird. Unvermeidlich führt dies jedoch zu einem hohen Platzverbrauch und damit zu längeren Bedienzeiten. Dies stört den fortgeschrittenen Benutzer, der die Vorlageleistung nicht mehr braucht. Für solche inhärenten Widersprüche durch innovative Ideen nicht nur eine Lösung zu finden, die beide Ziele suboptimal verfolgt, macht die eigentliche Herausforderung softwareergonomischen Gestaltens aus.

Ein weiterer Grund liegt in der Entwicklungsdynamik des Feldes, die immer wieder zu ungeregelten Bereichen führt. Die Industrie produziert in rascher Folge neue Gestaltungselemente und -möglichkeiten, für die es noch keine wissenschaftlich fundierten Überlegungen, geschweige denn empirische Erfahrungen gibt.

## B 22.4    Fazit

Am Beginn der Entwicklung der Softwareergonomie stand – parallel zur Informationswissenschaft – die Erkenntnis, dass nur eine nutzerorientierte Sichtweise benutzerfreundliche und gebrauchstaugliche Software ermöglicht und dies wiederum das Zusammengehen mehrerer bisher getrennt agierender Wissenschaftsdisziplinen erforderlich macht. Diese Erkenntnis umzusetzen, ist heute noch genauso wichtig wie vor 20 Jahren. Derzeit geht es um eine erneute Ausweitung der Sichtweise, bei der die Integration von Mediendesign und Softwareergonomie eine wesentliche Rolle spielt.

## Literatur

01 Apple Inc. (June 2002): AQUA Styleguide für den MAC. (http://developer.apple.com/ documentation /UserExperience/Conceptual/AquaHIGuidelines/ index.html)

02 Balzert, Helmut (1996): Lehrbuch der Software-Technik. Software-Entwicklung. Heidelberg: Spektrum, Akademischer Verlag.

03 Birss, E.W. (1984): The integrated software and user interface of Apple's Lisa. In: Frailey, D.J. (ed.): AFIPS Conference Proceedings. Nevada, Las Vegas. Virginia, Reston. S. 319-328.

04 Blaser, Albrecht (2001): The Heidelberg Science Center: User Oriented Informatics and Computers in Science. An Overview. Sindelfingen: Röhm.

05 Bürdek, Bernhard E.; Eibl, Maximilian; Krause, Jürgen (1999): Building a Visualization on the Foundations of Software Ergonomics and Media Design. In: Mudur, S.P.; Shikhare, D.; Encarnacao, J.L.; Rossignac, J. Proceedings International Conference on Visual Computing (ICVC'99). Goa (Indien). S. 204-210.

06 Bürdek, Bernhard E. (1999): Beyond Interfaces. Internet: www.sap.com/germany/se99/video.htm

07 Cooper, Alan; Reimann, Robert (2003): About Face 2.0: The Essentials of Interaction Design. Indianapolis: Wiley.

08 Eberleh, E.; Oberquelle, H.; Oppermann, R. (Hrsg.) (1994): Einführung in die Softwareergonomie. Berlin/New York: de Gruyter.

09 Eibl, Maximilian (2000): Visualisierung im Document Retrieval: theoretische und praktische Zusammenführung von Softwareergonomie und Graphik Design. Bonn: IZ Sozialwissenschaften Forschungsberichte Bd. 3.

10 Eibl, Maximilian (2003): WEB Usability. Normen zur Gestaltung von Webauftritten. Bonn: IZ-Arbeitsbericht.

11 Gaines, B.R.; Shaw, M.L.G. (1986): From time-sharing to the sixth generation: the development of human-computer-interaction. Part I, International Journal of Man-Machine Studies 24. S. 1-27.

12 Green, William S.; Jordan, Patrick W. (eds.) (2002): Pleasure With Products: Beyond Usability. London: Taylor & Francis.

13 Helander, M. G.; Landauer, T. K.; Prabhu, P. V. (eds) (1997): Handbook of Human-Computer Interaction. 2nd ed., Amsterdam.

14 Herczeg, Michael (1994): Software-Ergonomie. Grundlagen der Mensch-Computer-Kommunikation. Bonn et al.: Addison-Wesley.

15 Krause, J.(1997): Das WOB-Modell. In: Krause, J.; Womser-Hacker, C. (Hg.) (1997): Vages Information Retrieval und graphische Benutzeroberflächen. S. 59-88.

16 Krause, Jürgen (1999): Kunst, Design und Software-Ergonomie: zur Zukunft und Weiterentwicklung graphischer Benutzungsoberflächen. IM. Die Fachzeitschrift für Information, Management & Consulting, Jg. 14, No. 3. S. 29-35.

17 Lynch, Patrick J.; Horton, Sarah (2002): Web Style Guide. Basic Design Principles for Creating Web Sites. third ed, New Haven: Yale University Press.

18 Microsoft Corporation (1999): Official Guidelines for User Interfaces Developers and Designers. Redmond, Washington: Microsoft Press (jeweils letzte Version unter http://msdn.microsoft.com/library/default.asp?url=/library/en-us/dnwue/html/welcome.asp, eingesehen am 31.06.2003)

19 Nardi, B.A.; Zarmer, C.L.: Beyond Models and Metaphors: Visual Formalisms in User Inter-face Design. Journal of Visual Languages and Computing 4, 1993. S. 5-33.

20 Oberquelle, Horst et al. (1999): Mensch & Computer 2000: Information, Interaktion, Kooperation; Memorandum zur Entwicklung eines zentralen Zukunftsthemas im deutschsprachigen Raum. Memorandum. Hamburg.

21 Oberquelle, Horst; Oppermann, Reinhard; Krause, Jürgen (Hrsg.) (2001): Mensch & Computer 2001: 1. Fachübergreifende Konferenz. Stuttgart: Teubner.

22 Schnotz, Wolfgang; Bannert, Maria (1999): Einflüsse der Visualisierungform auf die Konstruktion mentaler Modelle beim Bild- und Textverstehen. Zeitschrift für Experimentelle Psychologie 46, 3. S. 216-235.

23 Shneiderman, Ben (1983): Direct Manipulation: A Step Beyond Programming Languages. IEEE 8. S. 57-69.

24 Shneiderman, Ben (1998): Designing the User Interface: Strategies for Effective Human-Computer Interaction. 3rd ed. Reading, Massachusetts: Addison-Wesley.

25 Stempfhuber, Maximilian (2003): Objektorientierte Dynamische Benutzungsoberflächen (ODIN). Behandlung semantischer und struktureller Heterogenität in Informationssystemen mit den Mitteln der Softwareergonomie. Bonn: IZ Sozialwissenschaften Forschungsberichte Bd. 6.

26 Zweck, A. (1997): Technikfolgenabschätzung und Virtuelle Realitäten, in: Encarnacao, J.L. u. a.: Wirklichkeit versus Virtuelle Realität: Strategische Optionen, Chancen und Diffusionspotentiale, Baden-Baden. S. 93-111.

# C
# Systeme – Produkte – Dienstleistungen

C 1 Marlies Ockenfeld:
Gedruckte Informations- und Suchdienste ... 379

C 2 Joachim Kind:
Praxis des Information Retrieval ... 389

C 3 Bernard Bekavac:
Metainformationsdienste des Internet ... 399

C 4 Elke Lang:
Datenbanken und Datenbank-Management-Systeme ... 409

C 5 Rainer Hammwöhner:
Hypertext ... 419

C 6 Ralph Schmidt:
Informationsvermittlung ... 429

C 7 Rainer Bohnert:
Technologietransfer ... 445

C 8 Holger Nohr:
Rechnergestützte Gruppenarbeit. Computer-Supported Cooperative Work (CSCW) ... 453

C 9 Jiri Panyr:
Technische Redaktion ... 461

C 10 Wolfgang F. Finke:
E-Learning ... 469

C 11 Harald H. Zimmermann:
Maschinelle und Computergestützte Übersetzung ... 475

C 12 Franziskus Geeb und Ulrike Spree:
Wörterbücher und Enzyklopädien ... 481

# C 1  Gedruckte Informations- und Suchdienste

Marlies Ockenfeld

## C 1.1  Zielsetzung von Informations- und Suchdiensten

### C 1.1.1  Die traditionellen IuD-Dienste

Informations- und Suchdienste erfüllen angesichts der inflationären Zunahme von Veröffentlichungen mehr denn je wichtige Funktionen bei der Vermittlung und Gewinnung von Wissen. Wesentlich sind die folgenden drei, die bereits sehr früh Triebfedern für die Erarbeitung von Dokumentationsdiensten waren:

1. Informationsdienste sollen zu einem Thema, einer Fragestellung, einem Sachverhalt eine umfassende und gezielte, ballastarme Information ermöglichen. Sie leisten eine thematische Zusammenschau von einzelnen Angaben, Meinungen, Erfahrungen, Ergebnissen usw., die aus einer großen Anzahl verstreut vorhandener Quellen zusammengetragen werden. Dadurch können sie jeden, der auf der Suche nach Informationen ist, gleich gut bedienen, unabhängig davon, ob er einfachen Zugang zu einer großen Bibliothek hat oder nicht. Sie sind so auch ein Mittel, um Informationsprivilegien auszugleichen, weil sie den Zugang zum gesamten öffentlich verfügbaren Wissen praktisch eröffnen.

2. Informationsdienste ermöglichen Personen, die routinemäßig ausgewählte Informationsquellen benutzen, den Zugang zu weiteren Informationen, an denen sie interessiert sein könnten und machen sie auf Quellen aufmerksam, an die sie bisher nicht gedacht haben. Sie leisten einen Beitrag zum Abbau von Informationsbarrieren, indem sie auch Informationsquellen, die in weniger geläufigen Sprachen abgefasst sind, auswerten und die wesentlichen Aussagen in einer vertrauten Sprache wiedergeben. Sie haben also eine Orientierungsfunktion.

3. Schließlich besitzen Informationsdienste eine Archivfunktion, indem sie den Kenntnisstand zu einem Thema oder Sachverhalt zu einem bestimmten Zeitpunkt festhalten. Solche Dokumentationen werden in den kommenden Jahren an Bedeutung eher zu- als abnehmen, denn die Zunahme an elektronisch ausgetauschten Daten und die Schnelligkeit, mit der Wissen umgeschlagen wird, machen es in hohem Maße erforderlich, den Stand der Dinge zu einem gegebenen Zeitpunkt regelmäßig dingfest zu machen und in einer nicht veränderbaren Form sozusagen als historischen Beleg zu speichern.

Dieses Kapitel ist gedruckten Diensten gewidmet. Ein gedruckter Dienst ist jedoch im Zeitalter des Crossmedia Publishing immer nur *ein* ausgewähltes Produkt aus einer Vielzahl von möglichen Informations- und Suchdiensten, die alle aus ein und demselben Informationsspeicher hergestellt werden könnten. Sie haben zwar aufgrund ihrer Eigenschaft, in einem festen Layout gedruckt und in papiergebundener Form vorzuliegen, ganz bestimmte Vor- und Nachteile gegenüber anderen, die als Diskettendienst, als CD-ROM, als online abfragbare Informationsbank oder als Verzeichnis von Dokumenten im Internet angeboten werden (vgl. Kap. C 3 und C 5), doch unterscheiden sie sich von deren Produktion im Grunde oft nur unwesentlich.

### C 1.1.2  Aspekte zur Typisierung der Dienste

Aus einer einzigen Informationsbasis lässt sich heute ein ganzes Kontinuum von Informations- und Suchdiensten erzeugen. Trotz der fließenden Übergänge zwischen ihnen lassen sich die Dienste danach einteilen, ob sie

– auf Initiative des einzelnen Informationskunden zurückgehen, also angefordert wurden,

– von Informationslieferanten für Gruppen potenzieller Kunden bereitgestellt werden oder

– aktiv von Informationsvermittlungsinstanzen aufgrund eines allgemeinen Interessenprofils der Kunden angeboten werden.

Zur ersten Gruppe gehören einmalige oder wiederkehrende Recherchen zu einer vom Informationskunden geäußerten Frage. Zur zweiten Gruppe gehören die meisten Nachschlagewerke, Verzeichnisse, Datensammlungen und Literaturnachweisdienste oder Standardprofildienste. Zur dritten Gruppe schließlich zählen Impulsdienste oder Signalinformationen, mit denen Informationsvermittler ihre Kunden auf Neuigkeiten aufmerksam machen, für die sie ein Interesse vermuten.

Informationsdienste lassen sich nach ihrer Zweckbestimmung gruppieren in solche, die

- laufend einen allgemeinen Überblick ermöglichen und regelmäßig erstellt werden (Titellisten, Referatedienste, laufende Bibliographien, Forschungsdokumentationen, Datenbanken),

- Antworten zu einer bestimmten Problemstellung oder Frage liefern und ggf. auch speziell dazu erarbeitet werden (z. B. Recherchen),

- gezielt eingesetzt werden, um aktiv auf neue Entwicklungen oder aktuelle Themen hinzuweisen (z.B. Signalinformationen, die auf herkömmlichen Kommunikationswegen oder über elektronische Kanäle ihre Empfänger erreichen), und schließlich solche, die

- regelmäßig Hinweise zu einem bestimmten eingeschränkten Themenfeld oder einer bestimmten Fragestellung liefern (z.B. Profildienste, aktuelle Ausschreibungen).

## C 1.2  Klassische gedruckte Dienste

Einige traditionelle gedruckte Dienste werden heute nicht mehr ausgedruckt vertrieben, sondern statt dessen als Druckvorlage in Form einer PDF-Datei über das World Wide Web bereitgestellt oder auf einer CD-ROM ausgeliefert. Wer das Werk häufig benutzt und die Informationen nicht am Bildschirm lesen will, kann sich am eigenen Drucker dann eine Papierversion herstellen. Vorteile der elektronisch gelieferten Dienste sind in vielen Fällen die Möglichkeit der Volltextsuche im gesamten Textbestand sowie die Möglichkeit, aktuelle Ergänzungen zur Verfügung zu haben.

Die unterschiedlichen Dienste werden im Folgenden nach zunehmender Dichte und Benutzerorientierung der in ihnen enthaltenen Angaben geordnet. Deutlich werden sollen die unterschiedlichen Grundsätze, nach denen sie erarbeitet werden, und die verschiedenen Informationszwecke, denen sie dienen.

### C 1.2.1  Current Contents

Current Contents bezeichnet einen einfachen, aber wirkungsvollen Dienst von hoher Akzeptanz. Contents (steht für Inhaltsverzeichnisse) und diese geben regelmäßig die Inhaltsverzeichnisse von Fachzeitschriften und Periodika wieder. Dabei können die Inhaltsverzeichnisse entweder als Foto-Offset hintereinander abgedruckt werden oder die Angaben aus den Inhaltsverzeichnissen werden neu erfasst und dabei formal vereinheitlicht, so dass beispielsweise Autorennamen, Titel und Seitenzahlen immer gleichartig angeordnet sind, und nicht wie in den verschiedenen Zeitschriften in unterschiedlicher Reihenfolge.

Der bedeutendste und umfassendste derartige Dienst sind die Current Contents® des Institute for Scientific Information® (Thompson ISI®) in Philadelphia. Sie erscheinen wöchentlich in sieben verschiedenen Serien, die älteste, Life Sciences, gibt es seit 1958, die jüngste, Arts & Humanities, seit 1979. Jede Serie berücksichtigt etwa tausend Zeitschriften und etliche Hundert Bücher. Vor allem im wissenschaftlichen Bereich, in Universitäten, Forschungseinrichtungen und in forschungsintensiven Industriezweigen werden sie viel genutzt. Sie erlauben eine rasche, laufende Information über neue Veröffentlichungen in einer Vielzahl von Fachzeitschriften, die ein Wissenschaftler in der Regel sonst nicht alle zur Verfügung hat. Je aussagekräftiger der Titel eines Beitrags ist, um so besser lässt sich selbstverständlich eine Entscheidung über seine Relevanz fällen. Renommierte Fachzeitschriften achten auf präzise Formulierungen im Titel. Inzwischen werden die Current Contents® auch nicht mehr gedruckt ausgeliefert, sondern auf Diskette, CD-COM oder per Filetransfer-Protokoll (ftp) auf den Arbeitsplatzrechner des Kunden übertragen bzw. im World Wide Web als Current Contents Connect® angeboten. Hat der Leser einen Titel entdeckt, der ihn interessiert, so muss er sich den entsprechenden Beitrag auf den üblichen Wegen, auf denen er seine Fachliteraturwünsche befriedigt, besorgen. Dies ist zunehmend auch elektronisch möglich, indem der Volltext per Dateitransfer über das Internet übermittelt wird.

### C 1.2.2  Titellisten

Titellisten sind ebenfalls sehr einfache Dienste, die lediglich die bibliographischen Angaben von Beiträgen aus periodischen Publikationen verzeichnen. Dabei fassen sie in ihrem Hauptteil die Beiträge jedoch nicht nach Zeitschriftenheften zusammen, sondern benutzen die Titel der Beiträge zur Ordnung. Um einschlägige Arbeiten finden zu können, bieten sie neben einem Autorenregister ein weiteres besonderes Register. Es entsteht, indem die Titel alphabetisch nach den in ihnen vorkommenden Sinn tragenden Wörtern angeordnet werden. Satztechnisch geht man dabei so vor, dass jedes der Sinn tragenden Wörter – in der Regel alle Nomen – einmal in der Mitte der Zeile steht und der übrige Text des Titels dann quasi um dieses Wort herum permutiert wird. Man kann sich das so vorstellen, dass der Titel zu einem Kreis gebogen wird und man sich so viele Kreise erstellt, wie der Titel Sinn tragende Worte enthält. Nun trennt man jeden der Kreise links vor einem solchen Wort auf und ordnet die so entstandenen Wortfolgen, die permutierten Titel, alphabetisch untereinander. Die dabei entstehenden Wortfolgen werden automatisch auf die Zeilenlänge gekürzt, so dass von langen Titeln nur jeweils kleine Stücke übrig bleiben. Dieses Verfahren, das dank der elektronischen Datenverarbeitung mühelos anwendbar ist, nennt man KWIC (Key Word In Context). Die durch die alphabetische Ordnung entstandene Auflistung wird als KWIC-Index bezeichnet. Selbstverständlich steht und fällt der Nutzen eines solchen Registers mit der Aussagekraft und Genauigkeit der Titel. Hat man im KWIC-Index ein Reizwort gefunden, das im Zusammenhang des Titels eine wichtige Arbeit vermuten lässt, kann man im bibliographischen Verzeichnis die kompletten Daten des Beitrags ermitteln. Steht das Schlüsselwort vorangestellt, so spricht man von einem KWOC-Index (Key Word Out Context).

## C 1.2.3  Bibliographien, bibliographische Verzeichnisse

Eine traditionsreiche Form der Literaturauskunftsmittel und gewissermaßen die Wiege der Dokumentation sind Bibliographien. Sie verzeichnen grundsätzlich die Titel von Veröffentlichungen, wozu selbstverständlich auch Audio- und Videodokumente, Bilder und Grafiken, CD-ROM, DVD u.a. gehören, und ermöglichen damit einen Überblick über die von ihnen berücksichtigten Publikationen. Bibliographien lassen sich nach vielen verschiedenen Grundsätzen und für viele verschiedene Zwecke zusammenstellen. Je nachdem, ob sie selbständige oder unselbständige, im Buchhandel erhältliche oder graue Literatur verzeichnen, ob sie sich auf bestimmte Literaturgattungen, Dokumentarten oder Regionen beschränken, lassen sie sich verschieden Gruppen bibliographischer Nachschlagewerke zuordnen. Unterscheidet man sie danach ein, wie ausführlich die Information zu den einzelnen verzeichneten Veröffentlichungen ist, so gibt es

– einfache Bibliographien, die sich auf die reinen bibliographischen Angaben beschränken, und

– annotierte Bibliographien mit zusätzlichen Hinweisen bei den einzelnen Eintragungen. Hinweise können Empfehlungen über die Eignung der betreffenden Arbeit für bestimmte Zielgruppen (Lesetipps) oder zusätzliche, inhaltskennzeichnende Sachwörter sein.

Eine andere Einteilung unterscheidet

– Bibliographien alphabetisch nach dem Namen der Verfasser oder Herausgeber, und solche, die die verzeichneten Arbeiten

– systematisch ordnen und so in ihrem Hauptteil eine sachliche Zuordnung zu bestimmten Themenkreisen treffen.

Ergänzt werden solche Bibliographien zweckmäßigerweise durch Register, wobei alphabetisch geordneten Hauptteilen Sachregister und systematisch geordneten Hauptteilen alphabetische Autorenregister beigegeben werden.

Hinsichtlich des Inhalts der Bibliographien lassen sich z. B. folgende Einteilungen treffen:

– Bibliographien, die die Veröffentlichungen einzelner Länder verzeichnen. Hierzu zählen z.B. die National- oder Landesbibliographien.

– Bibliographien, die einzelne Sprachräume abdecken, wie beispielsweise das „Répertoire des Thèses de doctorat sountenues devant les universités de langue française", in dem Dissertationen von etwa 140 französischsprachigen Universitäten in 29 Ländern der Welt verzeichnet werden.

– Bibliographien, die sich auf einzelne Publikationsgattungen spezialisieren. Hierzu gehören z.B. der Index to Scientific & Technical Proceedings mit Konferenzbeiträgen, die Patentblätter, die über angemeldete und erteilte Patente berichten, oder der world translations index, ein bibliographisches Verzeichnis von Übersetzungen wissenschaftlich-technischer Veröffentlichungen, die in weniger geläufigen Sprachen erschienen sind.

– Bibliographien, die die Veröffentlichungen einzelner Institutionen, beispielsweise einer Universität, eines Unternehmens oder einer internationalen Organisation verzeichnen,

– Jahresbibliographien für einzelne Sammelgebiete, wie etwa die Jahresbibliographie der Bibliothek für Zeitgeschichte in Stuttgart,

- Bibliographien, die die Publikationen eines geographischen oder politischen Raumes auflisten, wie die Hessische Bibliographie,
- Personalbibliographien, die das Werk einzelner Personen verzeichnen,
- Buchhandelsbibliographien, die die im Buchhandel erhältlichen Veröffentlichungen nachweisen, wie zum Beispiel das Verzeichnis Lieferbarer Bücher des Börsenvereins der MVB Marketing- und Verlagsservice des Buchhandels GmbH.

Die Aktualität von Bibliographien hängt unter anderem davon ab, ob jeweils die Veröffentlichungen eines bestimmten Zeitabschnitts in einem Band zusammengefasst werden sollen, oder ob sich die Berichtszeiträume in den einzelnen Bänden überschneiden und jeweils nur bis zum Stichtag erfasste Veröffentlichungen aufgenommen werden.

### C 1.2.4   Zitierindex

Einen besonderen Zugang zu einschlägigen Veröffentlichungen bieten Zitierindexe. Der erste und bekannteste ist der seit 1961 erscheinende Science Citation Index® (SCI) des Institute for Scientific Information®. 1969 kam der Social Science Citation Index® und 1977 der Arts & Humanities Citation Index® hinzu. Ausgangspunkt für diese Dienste ist die Überlegung, dass wissenschaftliche Autoren in der Regel diejenigen Arbeiten zitieren, deren Gedanken oder Ergebnisse sie verwenden, weiterentwickeln oder falsifizieren. Der SCI verzeichnet paarweise wissenschaftliche Beiträge und die in ihren zitierten Arbeiten. Er macht so Beziehungen zwischen einer dem Leser bereits bekannten Veröffentlichung und neueren Arbeiten, in denen diese Veröffentlichung zitiert wurde, nachschlagbar.

Der Aufbau der drei Dienste ist weitgehend einheitlich. Es gibt jeweils drei Hauptteile, den Citation Index, den Source Index und den Permuterm Subject Index. Der Citation Index verzeichnet die zitierten Arbeiten und gibt an, wo und von wem sie zitiert werden. Eine Altersbeschränkung für die aufgenommenen zitierten Arbeiten gibt es nicht. Der Source Index enthält die vollständigen bibliographischen Angaben aller im Citation Index vorkommenden Werke alphabetisch nach Autoren oder Herausgebern geordnet. Im alphabetisch nach Stichwörtern geordneten Permuterm Subject Index werden Paare von jeweils zwei Sinn tragenden Wörtern des Titels oder Untertitels gebildet. Dabei werden in der alphabetischen Folge die Hauptstichwörter (Primary Terms) aufgeführt und die anderen Stichwörter als Co-Terms beigeordnet.

Unterschiede gibt es bei den drei Zitierindexen bezüglich der weiteren Suchhilfen und Verzeichnisse. Gemeinsam ist ihnen ein Corporate Index, der die Veröffentlichungen nach der Institutionsanschrift des ersten genannten Autors erschließt. Er ist in ein geographisches Verzeichnis und eine Auflistung nach Organisationen unterteilt. Mit ihm ist es möglich, Veröffentlichungen etwa aus einer bestimmten Universität oder einem bestimmten Forschungszentrum ausfindig zu machen.

Selbstverständlich sind die genannten Zitierindexe auch als Datenbanken verfügbar, was die ständige Benutzung erleichtert, denn Schriftgröße, Anordnung der Einträge und Layout der gedruckten Werke stellen leider sehr hohe Anforderungen an die Konzentration und Geduld des Lesers. Solche Zitierdienste lassen sich auch besonders gut in Hypertext-Systemen wie dem World Wide Web anbieten (Web of Science®).

### C 1.2.5   Kataloge und Verzeichnisse

Sammlungen von Daten und Fakten existieren in der Regel als Kataloge und Verzeichnisse. Die Grundsätze, nach denen sie aufgebaut werden, sind weitgehend einheitlich. Die folgende Auswahl beschränkt sich auf einige für alle Fachgebiete gleichermaßen wichtige Beispiele.

**Hersteller und Produkte:** Angaben über Anbieter oder Hersteller bestimmter Produkte, Anlagen oder Dienstleistungen finden sich von jeher in gedruckten Verzeichnissen der unterschiedlichsten Art. Zu ihnen gehören die Gelben Seiten (Yellow Pages) mit recht knappen Informationen ebenso wie die durch Register erschlossenen Lieferantenverzeichnisse und Einkaufsführer oder Messekataloge. Auch Datenbankführer gehören zur Gruppe der Produktverzeichnisse.

**Firmen:** Beispiele von Diensten, die Angaben über Firmen als Teilnehmer (Player) am Wirtschaftsleben und wirtschaftliche Verflechtungen enthalten sind die Handbücher von Hoppenstedt, in denen für jedes verzeichnete Unternehmen neben sämtlichen Kommunikationsdaten zahlreiche wirtschaftliche Kenngrößen und Angaben über die Geschäftstätigkeit gespeichert sind.

**Forschungsvorhaben:** Verzeichnisse über laufende Forschungsvorhaben sollen, schon bevor konkrete Ergebnisse und Berichte oder andere Veröffentlichungen vorliegen, die Kommunikation zwischen Wissenschaftlern und Praktikern erleichtern. Angegeben werden in der Regel die Anschriften der forschenden Stelle, Namen der beteiligten Personen, die Laufzeit des Vorhabens und eine kurze Beschreibung des Projekts und seiner Zielsetzung. Auch das Bundesministerium für Bildung und Forschung (BMB+F) veröffentlicht jährlich einen derartigen Förderungskatalog.

## C 1.2.6 Referatedienste und Register

### C 1.2.6.1 Referatedienste (Abstracting Services)

Referatedienste sind Hinweis- und Nachweisdienste über vor allem unselbstständige Veröffentlichungen. Zum einen sollen sie die Frage beantworten, ob ein bestimmtes Problem in der Literatur bereits behandelt worden ist, zum anderen sollen sie Dokumente nachweisen und darüber so viele Informationen liefern, dass die Entscheidung getroffen werden kann, ob sich die Beschaffung und die eingehende Beschäftigung mit dem Originaldokument lohnt. Die Mehrzahl der Referatedienste ist fachlich ausgerichtet. Wie bei den Bibliographien gibt es jedoch auch hier quellenspezifische Dienste, die über ausgewählte Arten von Veröffentlichungen informieren. Hierzu gehören Patentinformationsdienste, zum Beispiel der ehemals gedruckte Derwent World Patent Index®, sowie der britische Index to Theses als Referatedienst über Dissertationen.

### C 1.2.6.2 Register und Suchhilfen

Die Referate (Abstracts) sind im Hauptteil des Dienstes systematisch geordnet, wobei die Sachgliederung meistens speziell für den einzelnen Dienst ausgearbeitet wurde. Nur noch wenige Dienste bedienen sich der Dezimalklassifikation oder anderer international verbreiteter Sacheinteilungen. Allerdings führte die Deutsche Bibliographie 2004 wieder die Sachgliederung nach der Dewey Decimal Classification ein. Ergänzt wird der Hauptteil durch verschiedene Register, im Englischen als Index bezeichnet. Die Register oder Indexe (nicht Indices!) dienen dazu, die im Hauptteil des Informationsdienstes verzeichneten Einträge mit Hilfe weiterer Suchkriterien finden zu können. Einige Register sind unabhängig vom Fachgebiet, wie etwa Autorenregister, Ortsregister, alphabetisches Sachregister, Namensregister, Institutionenregister. Es gibt aber auch fachspezifische Register, etwa Patentnummernregister, Summenformelregister oder Register von Liedanfängen.

Register sind jedoch nicht nur Hilfsmittel zur zeitsparenden Benutzung der Dienste, sondern sie stellen in einzelnen Fällen auch eigenständige Informationsquellen dar, wie das Beispiel Chemical Abstracts® zeigt. Ergänzt werden die Register häufig durch weitere Suchhilfen. Üblich sind beispielsweise Verzeichnisse der verwendeten Abkürzungen für Sprachangaben, Publikationsarten und Zeitschriftentitel, der Ländercode sowie Listen der laufend beobachteten oder ausgewerteten periodischen Veröffentlichungen. In einigen Fällen werden in einem gesonderten Anhang auch Anschriften von Organisationen und Institutionen, die zu den referierten Arbeiten in engem Bezug stehen, aufgeführt, z.B. Patentämter, Herausgeber, Bibliotheken, die die nachgewiesenen Arbeiten besitzen.

Der Einsatz der elektronischen Datenverarbeitung bei der Herstellung der Dienste erleichtert es, zahlreiche tief aufgeschlüsselte Register für einen gedruckten Dienst zusammenzustellen. Allerdings geht man dazu über, die Register nicht mehr zu drucken, sondern dem gedruckten Referatedienst eine CD-ROM als Suchhilfe beizufügen. So lassen sich einschlägige Referate wesentlich einfacher auch mittels verknüpfter Suchen finden als durch das Blättern in dicken Registern.

Ein besonders tief gegliedertes und umfassendes System von Registern zeichnet die Chemical Abstracts®, den führenden Referatedienst der Chemie, aus. Da sich an ihm besonders gut und anschaulich zeigen lässt, wie Register den Zugang zu einschlägigen Publikationen eröffnen können und welche gewissenhafte und kontinuierliche Auswertung andererseits erforderlich ist, um eine wertvolle Informationsbasis schaffen zu können, wird ihm hier ein eigenes Unterkapitel gewidmet.

### C 1.2.6.3 Das Beispiel Chemical Abstracts

Der Chemical Abstracts Service (CAS®) hat das Gesamtgebiet der Chemie, über das er referiert, in 80 Sachgebietsgruppen (Sections) eingeteilt, von denen jede einzelne im Subject Coverage Manual genau eingegrenzt und ausführlich beschrieben wird. Arbeiten unseres Gebiets sind etwa in Section 20 – History, Education, And Documentation zu finden. Innerhalb der einzelnen Sektionen wird die Reihenfolge der Referate zunächst nach der Art der zugrunde liegenden Publikationen bestimmt. Es werden sieben Gruppen von Originalarbeiten unterschieden, beginnend mit Zeitschriftenartikeln und endend mit Patentschriften. Dissertationen sowie neue Bücher und audiovisuelle Materialien bilden ebenfalls eigene Gruppen. Innerhalb einer Publikationsart werden die Referate den verschiedenen Untersektionen zugeordnet.

Jedes der wöchentlich erscheinenden Referatehefte enthält drei Heftregister,

- das Stichwortregister (Keyword Index)
- das Patentregister (Patent Index) und
- das Autorenregister (Author Index),

deren Einträge aus den Referaten abgeleitet sind. Sie unterscheiden sich damit qualitativ und quantitativ von den im Halbjahresrhythmus erscheinenden Bandregistern (Volume Index). Die Bandregister fußen auf der Originalliteratur. Ihre Einträge werden nach dem bis ins Einzelne ausgearbeiteten umfassenden Regelwerk des CAS® und einem normierten Wortschatz (controlled vocabulary) erarbeitet. Sie bieten daher für die Recherche eine große Zuverlässigkeit. Alle fünf Jahre werden die Bandregister zu einem Sammelregister (Collective Index) vereint. Den Schlüssel zu den Bandregistern stellt ein regelmäßig fortgeschriebener gesonderter Registerführer, der Index Guide, dar. Er ermöglicht es u.a., Querverbindungen zwischen Trivialnamen, Handelsnahmen, Akronymen, Synonymen und Sachverhaltsbezeichnungen mit dem im jeweiligen Zeitraum von CAS® benutzten Bezeichnungen herzustellen und so zweifelsfrei diejenigen systematischen CA-Verbindungen oder diejenigen Sachverhaltsbezeichnungen zu finden, die in den zugehörigen Bandregistern verwendet werden.

Fünf einzelne Halbjahresregister bilden zusammen das Bandregister:

- das Allgemeine Sachregister
  (General Subject Index),
- das Verbindungsregister
  (Chemical Substance Index),
- das Register der Summenformeln
  (Formula Index),
- das Autorenregister (Author Index) und
- das Patentregister (Patent Index).

Weitere Hilfen auf dem Weg zur Primärinformation bietet der CAS® Source Index (CASSI). Dies ist ein Verzeichnis aller für den CAS® sowie für das Chemische Zentralblatt und Beilsteins Handbauch der Organischen Chemie zurück bis 1830 ausgewerteten Publikationen mit Hinweisen auf Bibliotheken in 29 Ländern, in denen die betreffende Veröffentlichung vorhanden ist. Ferner sind sämtliche Verlage und Vertriebsstellen, deren Publikationen von CAS® berücksichtigt werden, mit ihren Anschriften aufgeführt. Weitere Informationsinstrumente des CAS® sind das Registry Handbook mit den beiden Teilen Number Section und Common Names sowie das Ring Systems Handbook.

Das Registry Handbook verzeichnet alle bisher vergebenen CAS Registry Numbers® und nennt in seinem Registriernummernverzeichnis den zugehörigen systematischen CA-Registriernamen. Im Namensverzeichnis werden zusätzlich auch die halbsystematischen, die die Autoren in der Originalarbeit verwenden, sowie Handels- und Trivialnamen verzeichnet und der zugehörigen Registry-Number zugeordnet. Zur Vorbereitung einer online-Recherche ist dies ein äußerst nützliches Hilfswerk.

Das Handbuch der Ringsysteme enthält alle bekannten Grundstrukturen von ringförmigen und käfigartigen chemischen Verbindungen. Es besteht aus drei Teilen:

- Verzeichnis der Ringsysteme (Ring Systems File),
- Register (Ring Formula Index, Ring Name Index) und
- Ergänzungsbände (Supplements).

Es erlaubt nicht zuletzt dank der Abbildungen der Strukturformeln, den systematischen CA-Registriernamen zu ermitteln, bevor eine Suche in den gedruckten oder elektronischen Diensten durchgeführt wird.

### C 1.2.7 Verdichtete höherwertige Dienste

Die bisher vorgestellten Informationsdienste werden im Unterschied zur Originalliteratur, der *Primärliteratur*, als *Sekundärliteratur* bezeichnet. Es gibt darüber hinaus noch eine dritte Verdichtungsstufe der in der Primärliteratur niedergelegten Erkenntnisse und Meinungen, die zur sogenannten *Tertiärliteratur* führt. Hierunter lassen sich folgende Informationsdienste und -werke zusammenfassen:

**Fortschrittsberichte, Literaturberichte, Reviews:** Sie beschreiben den Stand der Technik in einem bestimmten Fachgebiet und werden in der Regel von anerkannten Wissenschaftlern oder Fachleuten des betreffenden Gebietes auf der Grundlagen der im Berichtszeitraum erschienenen Literatur verfasst. Damit bieten sie einen zwar subjektiv gefärbten, aber kritisch ausgewählten und von einem Fachmann vertretenen Überblick über den veröffentlichten Forschungsstand und die Entwicklungslinien in einem bestimmten meist eng begrenzten Gebiet. Einige Übersichtsberichte erscheinen jährlich, was sich in Titeln wie „Annual Review of..." äußert. Fortschrittsberichte sind aber auch für bestimmte Zielgruppen wie etwa mittelständische Betriebe, die praxisorientierte Zusammenstellungen brauchen, bedeutsam. Ein Beispiel hierfür sind die Knowledge Summaries oder Unternehmens-Dossiers von GBI.

**Handbücher:** Sie unterziehen die ausgewertete Literatur einer kritisch bewertenden fachlichen Prüfung und treffen im Unterschied zu Sekundärinformationsdiensten eine Auswahl der wichtigsten Schlüsselveröffentlichungen. Nach strengen formalen Regeln werden die aus der Literatur extrahierten Daten und Sachverhalte in einer sprachlich sehr konzentrierten Form verzeichnet. Ein Beispiel ist Landolt-Börnstein, ein Handbuch mit Zahlenwerten und Funktionen aus verschiedenen Gebieten der Physik. Erarbeitet werden solche Handbücher ebenfalls von Wissenschaftlern der entsprechenden Fachgebiete. Dass es sich dabei um wissenschaftliche Arbeit handelt, wird besonders deutlich, wenn man die Geisteswissenschaften betrachtet, wo die wissenschaftliche Bearbeitung eines Themas häufig in ein den naturwissenschaftlich-technischen Handbüchern ebenbürtiges Werk mündet.

**Enzyklopädien:** Sie versuchen das gesamte Wissen alphabetisch nach Stichworten und Namen geordnet so vollständig und komprimiert wie möglich allgemein zugänglich und verständlich darzubieten. Bekanntestes Beispiel ist die 1768 gegründete umfangreiche Encyclopedia Britannica. Sie ist unterteilt in die Micropaedia und die Macropaedia. Die Micropaedia enthält kürzere Eintragungen zu Personen und Sachverhalten, die Macropaedia ausführlichere, aber präzise und konzentriert geschriebene Beiträge zu allen wichtigen Themen in einer festgelegten sachlichen Ordnung. Inzwischen ist auch dieses Werk auf CD-ROM erhältlich und im WWW erreichbar.

### C 1.2.8 Dienste aus Datenbanken

#### C 1.2.8.1 Profildienste

Wer fortlaufend auf einem bestimmten Teilgebiet oder zu einer definierten Fragestellung informiert werden möchte, kann dies mit Hilfe eines Profildienstes erreichen. Unterschieden werden Standardprofildienste und individuelle Profildienste. Standardprofildienste werden in der Regel direkt von den Produzenten der Informationsdatenbanken erstellt, indem regelmäßig themenbezogene Auszüge aus einer oder mehreren Informationsbanken als eigenständige Druckerzeugnisse vertrieben werden. Beispiele sind die alle zwei Wochen erscheinenden CA-Selects® des Chemical Abstracts Service®, die es zu fast 200 verschiedenen Themen gibt, der sozialwissenschaftliche Fachinformationsdienst soFid des IZ Sozialwissenschaften zu knapp 30 Themenbereichen, die FIZ-Technik Informationsdienste für etwa 150 Fachthemen oder die Themendienste von Presseagenturen wie dpa.

Individuelle Profildienste sind auf die persönlichen Interessenprofile einzelner Informationskunden zugeschnitten. Der Profillauf, also der maschinelle Vergleich der gespeicherten Suchfrage mit den neu in die Datenbank eingespeisten Einträgen, erfolgt, wenn die neuen Einträge eingefügt werden. Der Rhythmus, mit dem der Profildienst erstellt wird, entspricht dann der Fortschreibungsfrequenz der Informationsbank.

OnlineFirst™ ist ein solcher Informationsversorgungsdienst des Springer Verlags, in dem die Kunden Zeitschriftenbeiträge ihres Interessengebietes elektronisch angekündigt und auf Wunsch auch in der Druckaufmachung angezeigt bekommen, noch bevor sie gedruckt erscheinen.

#### C 1.2.8.2 Standardrecherchen

Standardrecherchen werden von Informationsvermittlern vorsorglich durchgeführt, wenn aufgrund aktueller Entwicklungen oder Erfahrung angenommen wird, dass es ein heißes Thema gibt, das von vielen Kunden an sie herangetragen wird oder für das Interesse geweckt werden könnte. Solche Recherchen, in die meistens mehrere Informationsbanken einbezogen werden, sind häufig als Druckerzeugnis oder PDF-Datei erhältlich. Das IZ Sozialwissenschaften erarbeitet solche Dienste unter dem Reihentitel *Gesellschaft im Fokus der Sozialwissenschaften*.

Lexikonverlage nutzen ihre umfangreichen strukturierten Informationsbestände vermehrt, um daraus kurzlebige aktuelle Druckwerke zu produzieren.

## C 1.3 Qualität der Dienste

Wichtige Merkmale zur Beurteilung von Informationsdiensten sind ihre Vollständigkeit, Zuverlässigkeit, Aktualität und Sprache.

Die Herstellungsverfahren von Nachweisdiensten und Verzeichnissen können sehr unterschiedliche sein. Ihre Auswirkungen auf die Qualität muss dem Benutzer bekannt sein, damit er abschätzen kann, ob ein bestimmter Dienst zur erschöpfenden Beantwortung seiner Frage ausreichen kann oder nicht.

Insbesondere Vollständigkeit und Zuverlässigkeit der verzeichneten Angaben hängen in starkem Maße davon ab, wie sorgfältig, sachkundig und verantwortungsbewusst bei der Erhebung von Daten und ihrer Beurteilung vorgegangen wird. Zur Ermittlung der Angaben für Verzeichnisse werden im Wesentlichen zwei Methoden einzeln oder kombiniert eingesetzt:

- direkte Erhebung mittels Fragebogen oder formlos (schriftlich, telefonisch, per Telefax, E-Mail, Formularen im WWW) und

- indirekte Auswertungen von Quellen (Firmenschriften, Anzeigen, Zeitungsartikel, Programme, andere Veröffentlichungen).

Beides kann zu bestimmten Stichtagen, in größeren Zeitabständen oder fortlaufend erfolgen. Je nach dem Charakter des Dienstes, seiner angestrebten Aktualität und Vollständigkeit sowie der mittleren Gültigkeitsdauer der verzeichneten Angaben ist eine Entscheidung über die am besten geeignete Vorgehensweise zu fällen.

**Vollständigkeit und Zuverlässigkeit:** Eine empfindliche Schwachstelle von Verzeichnissen ist, dass ihre Aufnahmekriterien häufig entweder gar nicht offen gelegt werden oder nur angegeben wird, wie viele der ursprünglich in die Erhebung einbezogenen Stellen geantwortet haben. Fehlanzeigen fehlen häufig, so dass der Benutzer nicht weiß, ob eine ihn interessierende Stelle nicht geantwortet hat oder ob sie beispielsweise mitgeteilt hat, dass sie die entsprechenden Veranstaltungen nicht mehr durchführt, die erhobenen Produkte nicht mehr herstellt oder vielleicht sogar ihren Betrieb eingestellt hat.

Um die Preise ihrer Verzeichnisse für die Käufer auf einem vertretbarem Niveau halten zu können, beteiligen die Produzenten die verzeichneten Personen oder Einrichtungen und Firmen gelegentlich an den Kosten für die Erarbeitung ihrer Verzeichnisse. Allerdings führt dies dazu, dass eine aus Benutzersicht eher willkürliche Auswahl derjenigen getroffen wird, die bereit sind, für ihre Eintragung zum Beispiel im „Who is Who" zu bezahlen. Seriöse Dokumentationsdienste müssen in ihren Benutzungshinweisen solche Einschränkungen deutlich machen. Je größer der fachliche, zeitliche oder geografische Bereich ist, der von einem gedruckten Verzeichnis abgedeckt werden soll, um so lückenhafter und um so unzuverlässiger wird es tendenziell sein müssen.

**Aktualität:** Es ist davon auszugehen, dass gedruckte und gebundene Verzeichnisse schon allein aufgrund ihres zeitaufwendigeren Herstellungs- und Vertriebsprozesses weniger zeitnah sind als etwa die zugehörigen elektronischen Dienste (Online-Datenbanken, CD-ROM, Web-Angebote) oder Profildienste aus Datenbanken. Im Unterschied zu den meisten Literaturnachweis- und Referatediensten, die gewöhnlich mindestens einmal im Monat erscheinen, ist ihre Erscheinungsweise daher auch in der Regel auf einen mindestens halbjährlichen Rhythmus ausgelegt. Zwischendurch werden bei einigen Diensten Ergänzungen (Supplemente) in weniger aufwändiger Aufmachung hergestellt. Mit neuen Verfahren des elektronischen Publizierens und Druckens, bei denen direkt aus den Verlagsdatenbanken heraus ohne den Zwischenschritt der Druckvorlagenherstellung gedruckt werden kann (Computer-to-Print), lassen sich allerdings Produktionszeiten für Druckwerke dramatisch verkürzen. Bereits jetzt lässt sich feststellen, dass diejenigen Informationsdienste, die auf einem ständig gepflegten und fortgeschriebenen elektronischen Speicher fußen, häufiger erscheinen können als diejenigen, deren Informationsbasis nicht auf dem laufenden gehalten wird, sondern für die jeweils nur zu bestimmten Stichtagen Erhebungen durchgeführt werden. Das Erscheinen eines verlässlichen Dienstes ist auf Dauer jedoch unabhängig von der eingesetzten Technik nur gewährleistet, wenn seine Produzenten in ständigem Kontakt mit den Stellen sind, deren Angaben verzeichnet werden. Eine sinnvolle und für den Informationsvermittler oder

Nutzer sehr günstige Kombination stellen Dienste dar, bei denen mit dem Kauf eines beispielsweise jährlich erscheinenden umfassenden Verzeichnisses die Möglichkeit geboten wird, die nach Redaktionsschluss neu aufgenommenen Eintragungen in die zugrunde liegende redaktionsinterne Informationsdatenbank bei einem Auskunftsdienst der Redaktion abfragen zu können. Solche Dienste bieten etwa die Duden-Redaktion, aber auch viele Herausgeber von Loseblatt-Sammlungen oder Zeitschriften. Immer häufiger stellen sie auch Zusatzinformationen als Fax-Abrufdienste (Fax-Polling) bereit oder bieten an, sich in eine geschlossene elektronische Verteilerliste für Abonnenten eintragen zu lassen oder direkt auf die zugrunde liegenden Datenbanken zuzugreifen.

Gerade Kommunikationsdaten (Telefon, Telefax, E-Mail-Adresse, Postanschrift) und die Namen von Ansprechpersonen ändern sich häufig. Es ist deshalb konsequent, dass solche Werke zunehmend in elektronischer Form als CD-ROM oder Online-Dienste angeboten werden und die Auflagen der Druckausgaben zurückgehen oder ganz eingestellt werden.

**Sprache:** Die zunehmende Kommerzialisierung des Fachinformationsbereichs im Sinne einer Informationsindustrie, die für einen weltweiten Informationsmarkt produziert, hat in den letzten fünfzehn Jahren zu einem schier unlösbaren Dilemma bei Produktion und Nutzung von gedruckten Informationsdiensten geführt oder es zumindest offenkundig werden lassen.

Einerseits ist die Geschäftspolitik der Hersteller von Fachinformationsdiensten darauf ausgerichtet, einen ausreichend großen Absatzmarkt bedienen zu können. Andererseits wird angenommen, dass diese Dienste von großer Bedeutung für die heimische Wirtschaft sind und nur Unternehmen, die eine gut funktionierende Informationslogistik haben und solche Fachinformationsangebote nutzen, im Wettbewerb bestehen können. Benutzt werden sie aber nur, wenn sie benutzerorientiert sind, wenn ihr Inhalt problemlos gelesen und leicht erfasst werden kann, wenn sie also in der Muttersprache vorliegen. Ein deutschsprachiger Dienst lässt sich jedoch auf dem Weltmarkt nicht in ausreichenden Stückzahlen absetzen und die potenziellen Kunden im deutschsprachigen Raum können oder wollen die Produktionskosten alleine über den Kaufpreis nicht aufbringen. Dies führt dazu, dass auch traditionsreiche deutsche Hersteller von Informationsdiensten zunehmend für den internationalen Absatzmarkt in englischer Sprache produzieren.

Automatische Übersetzungssysteme bzw. mehrsprachige Wörterbücher werden hier in absehbarer Zeit wirksame Hilfe leisten können. Sprachneutrale Formen der Wissensvermittlung und vielsprachige Suchdienste werden an Bedeutung und Verbreitung gewinnen. Solche Systeme werden an vielen Stellen entwickelt.

## C 1.4   Ausblick

Heutzutage bilden gedruckte Dienste noch immer eine wichtige Komponente der umfassenden Informationsvermittlung. Auch wer über Zugriffsmöglichkeiten auf elektronische Informationsdienste verfügt, sollte gelegentlich die zugehörigen gedruckten Dienste zur Hand nehmen, denn sie bieten einen ungleich anschaulicheren Eindruck vom Aufbau des Informationsdienstes. Das Herumstöbern und Blättern in einem gedruckten Dienst ist dann, wenn die Einträge einigermaßen lesefreundlich gestaltet sind, noch immer anregender und angenehmer als das Browsing oder Navigieren in einer Datenbank oder im World Wide Web. Die Stärke der elektronischen Dienste liegt in der Schnelligkeit bei der kombinierten Suche nach einer Vielzahl von Merkmalen oder beim gezielten Aufsuchen einer bestimmten Information in einer riesigen Menge von Daten. Vieles ist jedoch noch nicht für jeden und an jedem Ort auf einfache, kostengünstige, benutzergerechte und aufgabenbezogene Weise elektronisch verfügbar. Papiergebundene Dienste sind nicht nur als klassische Fachinformationsdienste bedeutsam; sie haben vielmehr für absehbare Zeit in der Informationsvermittlung als kompakte und übersichtliche Informationsquellen auch noch eine Zukunft.

### Literatur

01  2004 CAS Catalog. Access to the world's scientific research. www.cas.org. Columbus (OH), USA : Chemical Abstracts Service, 2004, 147 S.

# C 2 Praxis des Information Retrieval

Joachim Kind

## C 2.1 Definition und Abgrenzung

Im Mittelpunkt dieses Kapitels steht die **praktische** Informationssuche (Information Retrieval, Online Retrieval, Online Recherche) in den **qualitativ hochwertigen** und gut **strukturierten Online-Datenbanken** (Informations-Datenbanken). Die hohe Qualität ihrer Informationsinhalte wird durch eine entsprechende fachliche Auswahl und Bearbeitung der Informationen schergestellt. Die detaillierte Strukturierung der gespeicherten Datenbank-Inhalte in Felder (z.B. Namen, Umsatz, Beschäftigte, Jahr) ist eine wichtige Voraussetzung für die Beantwortung komlexer und sehr **spezifischer** Fragestellungen professioneller Nutzer. Diese – kostenpflichtigen – traditionellen Online-Datenbanken behaupten sich weiterhin wegen der genannten Vorteile gegenüber den in der Regel kostenlosen Informationsangeboten des „chaotischen" Internets (siehe Kap. C 3 Metainformationsdienste im Internet). Da alle Online-Datenbanken über eine entsprechende Web-Oberfläche von den Nutzern erreicht werden können, wurden damit die Recherchedurchführung erleichtert und neue Nutzergruppen erschlossen.

Die Benutzung dieser Online-Datenbanken wird nachfolgend an Hand **praktischer** Recherchebeispiele erläutert, über die theoretischen Grundlagen des Information Retrievals informieren die Kap. B 7 - B 9. Die Internet-Suchmaschinen werden in Kap. C 3 behandelt.

## C 2.2 Grundlagen des Online Retrievals

Die Durchführung einer erfolgreichen Online-Recherche umfasst in der Regel folgende Schritte:

– **Präzisierung** der Suchfrage

– **Auswahl** der geeigneten **Datenbank(en)**

– **Suchworte** und **Eingabe** der Suchfrage

– **Aufbereitung** der Suchergebnisse

Am Beginn einer Recherche steht die **Präzisierung** der Suchfrage. Eine häufig nur vage formulierte Problemstellung des Auftraggebers muss vom Rechercheur durch Nachfragen präzisiert werden. Dabei können zusätzlich genannte Fachbegriffe ebenso helfen wie relevante Quellen, die dem Auftraggeber bereits bekannt sind. Neben der inhaltlichen Abklärung der Suchfrage ist häufig auch eine Eingrenzung nach formalen Suchkriterien sinnvoll. Bei einer Suche nach Literaturhinweisen in einer bibliographischen Datenbank kann z.B. auf bestimmte Sprachen, auf bestimmte Quellen oder auf einen bestimmten Zeitraum eingeschränkt werden. Bei der Suche nach Patentinformationen sind ggf. nur bestimmte Anmelder oder bestimmte Anmelde- und Prioritätsdaten zu berücksichtigen. Werden Firmeninformationen gesucht, ist häufig eine Einschränkung auf vorgegebene Firmengrößen (Umsatz, Mitarbeiterzahl) oder Regionen notwendig.

Für die **Auswahl** der geeigneten Datenbank(en) mit den zugehörigen Hosts stehen Datenbankführer in gedruckter Form oder als Online-Datenbank zur Verfügung. Eine solche *Datenbank der Datenbanken* ist z.B. GDDB (Gale Directory of Databases) bei dem Host Datastar. Sucht ein Nutzer z.B. eine Datenbank zum Thema *Informationssysteme und Informationsmanagement*, liefert GDDB nach Eingabe der entsprechende Suchfrage (Abb. 1) drei Datenbanknamen (Abb. 2).

Unter den drei Treffern ist auch die deutschsprachige Datenbank INFODATA (Treffer 2). Eine Kurzbeschreibung (siehe Abb. 3) informiert u.a. über den Inhalt von INFODATA, über den Produzenten (FH Potsdam) und die Hosts, die INFODATA anbieten (u.a. FIZ Technik). Der interessierte Nutzer könnte nun bei FIZ-Technik in der Datenbank INFODATA eine komplexe Recherche im Themengebiet *Informationssysteme und Informationsmanagement* durchführen. Hier findet er zusätzlich eine wesentlich detailliertere Beschreibung der Datenbank, die neben den Angaben zu den abgedeckten Sachgebieten, zu Umfang und Aktualisierung auch ein Beispiel-Dokument mit den wichtigsten Feldern (Kategorien) enthält. Ohne Kenntnis der Felder und ihrer Indexierungsart ist eine effiziente Recherche nicht möglich.

Nach der Auswahl einer geeigneten Datenbank wird der Rechercheur bei einer komplexen Suchfrage die unterschiedlichen Aspekte herausarbeiten, diese durch zutreffende **Suchworte** abbilden

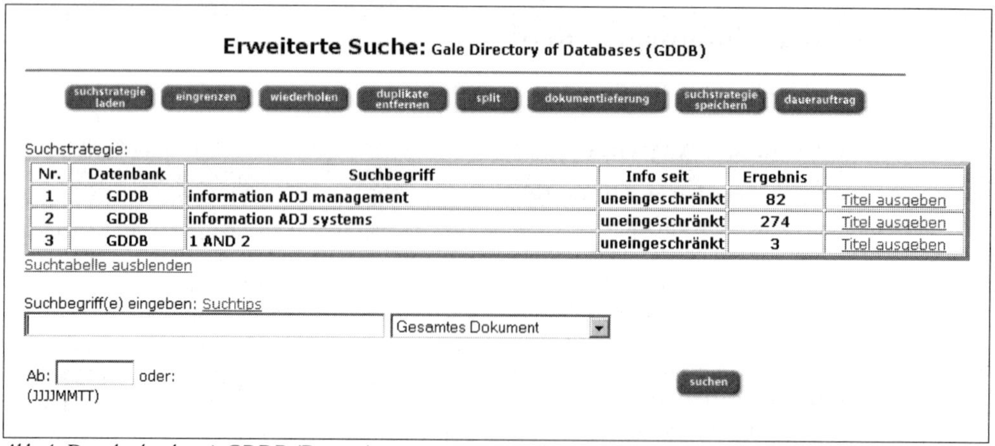

*Abb. 1: Datenbanksuche mit GDDB (Datastar)*

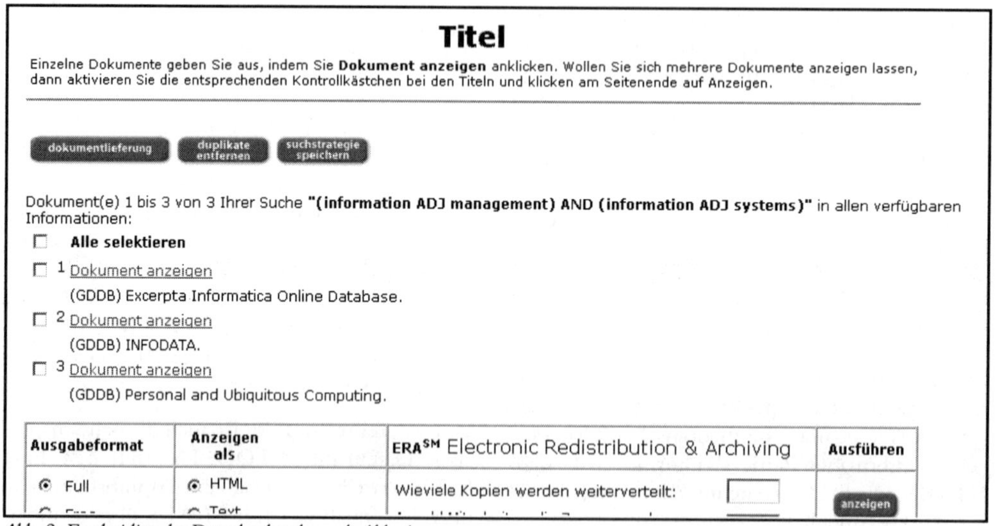

*Abb. 2: Ergebnisliste der Datenbanksuche nach Abb. 1*

und anschließend in die **Suchoberfläche eingeben**. Z.B. enthält das Thema *Auswirkungen von Gewaltdarstellungen im Fernsehen auf Kinder* die drei Aspekte Gewalt, Kinder und Fernsehen, für die man folgende Synonyme bei der Recherche verwenden kann:

– Gewalt: Gewalt, Verbrechen, Vergehen, Kriminalität

– Kinder: Kind, Kinder, Kleinkinder, Kindheit

– Fernsehen: Fernsehen, TV, Fernsehsendung, Fernsehprogramm.

Mit diesen Suchworten wird die Recherche begonnen. Ist die Zahl der gefundenen Informationen zu gering, kann man zu den drei Aspekten weitere Synonyme hinzufügen, die man aus dem Text oder aus den Deskriptoren der Treffer des ersten Suchschritts entnehmen oder aber durch Blättern in den Indexen gewinnen kann. Mit dieser veränderten Suchformulierung wird die Datenbank erneut durchsucht. Je nach Suchergebnis ist eine nochmalige Veränderung der Suchformulierung notwendig.

Als Beispiel einer **Suchoberfläche** einer Online-Datenbank ist in Abb. 4 die Suchoberfläche der Volltextdatenbank Süddeutsche Zeitung beim Host GBI wiedergegeben. Hier kann der Nutzer entscheiden, ob er im gesamten Artikel suchen will (Feld: überall) oder nur in bestimmten Feldern

**Title**
  INFODATA.
**Produzent**
  Fachhochschule Potsdam
  Informationszentrum für Informationswissenschaft und Informationspraxis ((IZ).
**Producer address**
  Friedrich-Ebert-Str. 4
  D-14467 Potsdam, Germany.
**Database type**
  Bibliographic (BIB).
**Sprache**
  English (EN), German (GE).
**Abstract**
  Contains more than 88,000 citations, with abstracts, to the worldwide literature on information science and its applications. Covers information systems, computer languages, telecommunications, standardization, utilization research, classification research, thesauri, administration of information and documentation, training and education, information policy, and legal issues relating to information science. Sources include journal articles, monographs, standards and regulations, research reports, proceedings, congress reports, and thesauri published in English, German, and other languages. ....
**Umfang**
  Geographic coverage: International
  Time span: 1976 to date
  Update frequency: 250 records a month.
**Vendor**
  FIZ Technik ...

*Abb. 3: Datenbankkurzbeschreibung (Auszug) aus GDDB*

(Felder: Titel, Ressort, Autor usw.). Um einen Überblick über das vorhandene Wortmaterial zu erhalten, kann er in Indexen blättern. Diese Indexe enthalten die Suchworte wort- oder phrasenindexiert in alphabetischer Reihenfolge mit Angabe der Häufigkeit. (Abb. 5).

*Abb. 4: Suchoberfläche der Süddeutschen Zeitung (SZ) (GBI)*

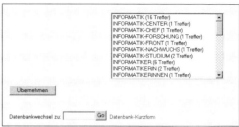

*Abb. 5: Index der Titelworte (Ausschnitt) ( SZ bei GBI)*

Die Suchfelder sind untereinander automatisch durch das logische AND verknüpft. Für eine Zeiteinschränkung ist in dieser Suchoberfläche das Feld Datum vorgesehen. Je nach Datenbankart, Datenbankinhalt und Host sind die Suchoberflächen unterschiedlich gestaltet.

Nach Durchführung der Recherche können – je nach Problemstellung und Kundenwunsch – die Rechercheergebnisse zusammengefasst und grafisch **aufbereitet** werden: Dreißig relevante Volltexte als Ergebnis einer Recherche werden dem eiligen Nutzer effizienter in einer halbseitigen Zusammenfassung präsentiert und eine mehrspaltige unübersichtliche Tabelle aus einer statistischen Datenbank wird in einem Säulen- oder Tortendiagramm überschaubarer und verständlicher. Die grafische Aufbereitung der Rechercheergebnisse erfolgt mit Hilfe der bekannten PC-Tools oder aber mit speziellen Programmen der Hosts.

## C 2.3 Arten von Online-Datenbanken

Die Online-Datenbanken lassen sich in Textdatenbanken und Faktendatenbanken unterteilen. Die weitere Unterteilung dieser zwei Gruppen zeigt Tab. 1:

**Textdatenbanken:**
- Referenzdatenbanken
  - Bibliographische Datenbanken
  - Firmen-Datenbanken
  - Experten-Datenbanken
- Volltextdatenbanken

**Faktendatenbanken:**
- Statistische Datenbanken
- Börsen-Datenbanken

*Tab. 1: Arten von Online-Datenbanken*

**Referenzdatenbanken** enthalten **Hinweise** auf die Originalinformation. *Bibliographische Datenbanken* enthalten Literaturhinweise, die mit Titel, Inhaltangabe, Deskriptoren, Schlagworten und Quellenangaben die Auswahl der wirklich wichtigen Originalveröffentlichungen erlauben. Firmenhinweise aus *Firmen-Datenbanken* enthalten u.a. Angaben zu Firmenname, Umsatz, Beschäftigtenzahl, Management und Tochterfirmen. *Experten-Datenbanken* erlauben die Recherche nach Fachleuten in unterschiedlichen Funktionen, Institutionen und Wissensgebieten. Abb. 6 zeigt ein Beispiel für einen Firmenhinweis mit Angabe der recherchierbaren Felder (Kategorien).

**Volltextdatenbanken** enthalten den vollständigen Text und z.T. auch Bilder und/oder Tabellen der Originalveröffentlichung. Pressedatenbanken mit den Artikeln von Tages- und Wochenzeitungen und Zeitschriften sind die wichtigsten Vertreter dieser Datenbankart. Abb. 7 enthält einen gekürzten Artikel aus der Übungsdatenbank VDI-Nachrichten beim FIZ-Technik.

---

**CO:** OLMO Reinigungstechnik GmbH
**ST:** Werner-von-Siemens-Str. 5b
**LO:** D-58730 Fröndenberg
**PZ:** 58730
**TL:** Telefon: (02373) 9787-0
Telefax: (02373) 9787-30
E-Mail: mail@olmo.de
Internet:http://www.olmo.de
**MM:** Gesellschafter: Frank Beskow u.a.
**IC:** Ne Chemisch-technische Industrie
Ne Chemotechnical industry
**PE:** Deutsch:
Autopflegemittel; Reinigungsmittel (chemisch-technische)
English: automotive care products; cleaning agents (chemical-technical)
**TX:** Deutsch:
Reinigungs- und Pflegemittel für Kraftfahrzeug- und Industriebetriebe, Gebäudereinigungsmittel unter dem Markennamen KOBELLA
English:
Cleaning agents and care products for motor vehicles and industrial plants, building cleaning agents brand KOBELLA
**EM:** Beschäftigte: 16
**CA:** Kapital: 51.129.- EUR
**RG:** Handelsregistereintrag: Amtsgericht Unna, HRB 1113
**YR:** Gegründet: 1989
**BK:** Bankverbindungen: Volksbk. Unna, Stadtspk.
**UP:** 20030311
**NO:** EURL, FIZ Technik LEARN-DB: ABC Europa
(C) ABC-Verlag A14383100

*Abb. 6: Firmenhinweis aus ABC-Europa (FIZ-Technik)*

---

**MJ:** Technik & Wirtschaft
**TI:** Gentechnik: Zwei Forscherteams haben das Reisgenom geknackt Reis-Rätsel gelöst
**SO:** VDI-Nachrichten, Band 56, Heft 017 (26.04.2002), Seite 022
**AB:** Das Genom der meistverzehrten Pflanze der Welt ist entziffert. Der Agrokonzern Syngenta will nun neue Reissorten kreieren und so Märkte in der Dritten Welt erobern.
**TX:** VDI nachrichten, Düsseldorf, 26. 4. 02 Syngenta feiert den Reis. Im Basler Hauptsitz des Schweizer Agrokonzerns serviert der Kantinenkoch der Belegschaft erlesene Reisgerichte, aus Übersee fliegen Forscherpersönlichkeiten ein und halten eine Laudatio. Der Grund: Forscher des Saatgut-Multis haben das Reisgenom entschlüsselt. Seit Jahren versuchen Forscher der ganzen Welt, den Code der DNA-Bausteine vom Reis zu knacken. Neben den Syngenta-Wissenschaftlern ist auch noch eine amerikanisch-chinesische Forschergruppe ans Ziel gelangt. Beide Teams haben jetzt die Sequenz im Wissenschaftsmagazin "Science" publiziert.
**YR:** 2002
**IS:** 017
**PD:** 20020426
**PA:** 022
**UP:** 20020503
**NO:** VDIL, FIZ Technik Frankfurt: VDIL, Copyright VDI-Verlag GmbH.
200201702201

*Abb. 7: Artikel aus einer Volltextdatenbank*

**Faktendatenbanken** enthalten z.B. physikalische, chemische oder technische Daten. Es können Wirtschaftsstatistiken (Import- und Exportzahlen, Branchenstatistiken oder Produktionsstatistiken) oder Finanzdaten von Wertpapieren recherchiert werden (siehe Kap. D 13). Abb. 8 zeigt als Ergebnis einer Recherche in der Datenbank German Business Statistics (FAKT) zum Thema *Anzahl der Mobiltelefonnutzer und von Telefonhauptanschlüssen* zwei Tabellen. Zusätzlich können in dieser Datenbank auch folgende Felder recherchiert werden: publication date, country, keywords und descriptors.

Tabelle 1:
Anzahl der Nutzer von Mobiltelefonen 2002 *
Land pro 100 Einwohner

| | |
|---|---|
| Finnland | 86 |
| Norwegen | 83 |
| Schweden | 83 |
| Italien | 80 |
| Oesterreich | 79 |
| Großbritannien | 77 |
| Schweiz | 74 |
| Deutschland | 74 |
| Belgien | 71 |
| Irland | 70 |

* Stand Februar 2002.
Quelle: Forrester Research

Tabelle 2:
Anzahl von Telefon-Hauptanschluessen 2002
Land pro 100 Einwohner

| | |
|---|---|
| Schweiz | 73 |
| Daenemark | 72 |
| USA | 70 |
| Schweden | 68 |
| Niederlande | 62 |
| Deutschland | 61 |
| Großbritannien | 59 |
| Japan | 59 |
| Frankreich | 58 |
| Norwegen | 53 |

Quelle: ITU 2002, Monitoring Informationsgesellschaft, Bundesmin. fuer Wirtschaft (BMWI).

*Abb. 8: Tabelle aus FAKT (Datastar)*

## C 2.4 Webbasierte Online-Datenbanken

Der Zugang zu den Online-Datenbanken erfolgt in der Regel über das Internet und eine webbasierte Suchoberfläche für die jeweilige Datenbank. Der klassische Zugang über andere Telekommunikationsnetze wird hier nicht weiter erläutert. Der webbasierte Zugang bietet folgende Vorteile:

– Online-Werkzeuge zur **Datenbankauswahl**

– **Online-Zugriff** auf die **Datenbankbeschreibungen** und andere **Suchhilfen** zu jedem Zeitpunkt der Recherche

– **Einfache Eingabe** der Recherchefrage

– **Rechercheergebnisse** im HTML-, PDF- oder Text-Format

Der Nutzer kann z.B. für eine Recherche beim Host FIZ-Technik zuerst an Hand der angebotenen Grobklassifikation (siehe Abb. 9) das für seine Problemstellung geeignete Fachgebiet **auswählen**. Wählt er beispielsweise das Fachgebiet Informationstechnik aus, bekommt er im nächsten Schritt alle zugehörigen Datenbanken mit einer Kurzangabe angezeigt (Abb. 10). Zu jeder dieser Kurzangaben kann er die zugehörige **Datenbankbeschreibung** und weitere Suchhilfen aufrufen. Diese Datenbankbeschreibungen enthalten u.a. eine genaue Angabe zur Datenbankstruktur, die in Abb. 11 beispielhaft gezeigt ist. Zu jedem Feld erfährt der Nutzer, ob es suchbar ist, ob es sich um ein Textfeld oder ein numerisches Feld handelt, ob es wort- oder phrasenindexiert ist und ob es als kostenloses Freiformat ausgegeben werden kann. So sind in dieser beispielhaft ausgewählten Datenbank INFODATA beim FIZ-Technik die Institution und die Klassifikation phrasenindexiert, während z.B. Titel und Abstract wortindexiert sind. Bei der Ausgabe der Rechercheergebnisse kann sich der Nutzer das Format aus den anzeigbaren Feldern selbst zusammenstellen oder aber ein vom Host vordefiniertes Format (SHORT, STD, FREE, ALL) verwenden.

Neben der Datenbankbeschreibung sind ggf. weitere Suchhilfen wie Zeitschriftenliste, Klassifikation oder Thesaurus online verfügbar.

Dank der von den Hosts bereitgestellten **Suchoberflächen** ist die Eingabe der Suchfrage in der Regel recht einfach. Eine Titel-Suche nach Artikeln, die von *von Mitte Juni 2003 über die Ausbreitung von SARS in China veröffentlicht wurden*, wird z.B. in die FAZA-Datenbank (Datastar) wie in Abb. 12 eingegeben. Dabei wurden die Titel-, Zeit- und Ländereinschränkungen über die Suchmaske realisiert. Für die Ländereinschränkung wurde die online verfügbare Klassifikation verwendet.

Die Rechercheergebnisse können in unterschiedlichen Formaten als HTML- oder als Text-Dokumente angezeigt werden. Ein Graphik-Tool (Web-Charts) für eine graphische Ausgabe ist ebenfalls vorgesehen (Abb. 13).

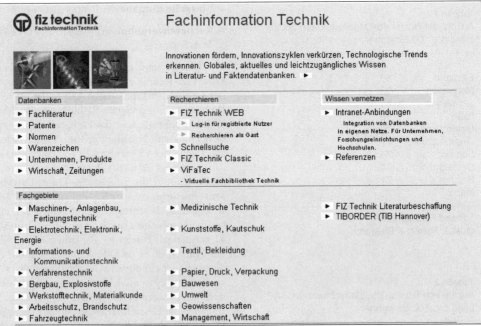

*Abb. 9: Fachgebiete für die Datenbankauswahl (FIZ-Technik)*

*Abb. 10: Datenbanken zum Fachgebiet Informationstechnik (FIZ Technik)*

C 2 Praxis des Information Retrieval

*Abb. 11: Datenbankstruktur (INFODATA bei FIZ-Technik)*

*Abb. 12: Suche in FAZA (Datastar)*

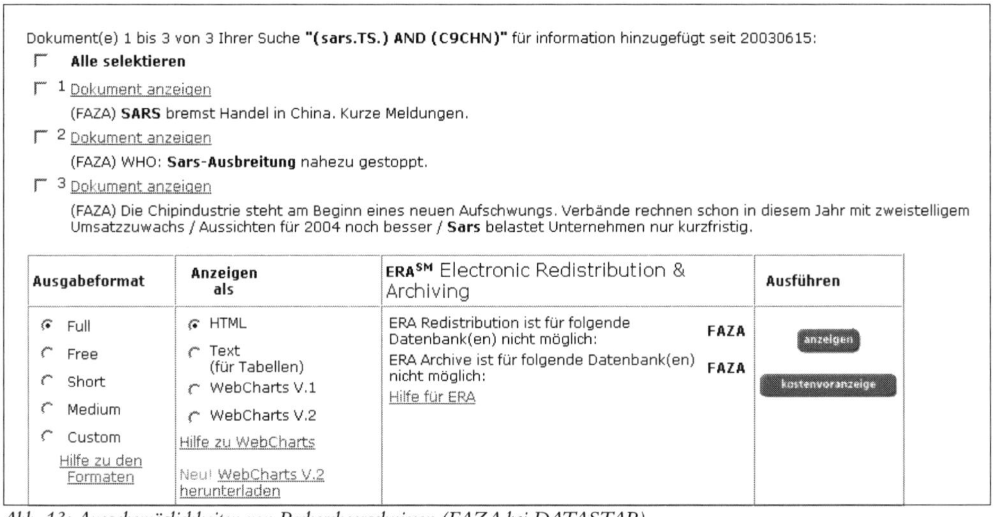

*Abb. 13: Ausgabemöglichkeiten von Rechercheergebnissen (FAZA bei DATASTAR)*

## C 2.5 Praktische Recherchen in webbasierten Online-Datenbanken

Nachfolgend wird an drei konkreten Beispielen gezeigt, wie die Recherchen in unterschiedlichen Online-Datenbanken mit unterschiedlichen Suchoberflächen durchgeführt werden können.

### C 2.5.1 Recherche in einer bibliographischen Datenbank

*Es wird der (die) internationale Autor (Autorin) gesucht, der (die) seit 2002 besonders viel über Information Broker veröffentlicht hat.*

Es wird die Datenbank Information Science & Technology Abstracts ausgewählt, die beim Host DIALOG als Datenbank 202 aufliegt. Die Suchformulierung ist Abb. 14 zu entnehmen.

In der ersten Zeile (S1) ist der Aspekt Information Broker durch zwei Synonyme abgebildet, die mit dem ?-Zeichen maskiert sind, um andere Freitextworte mit dem gleichen Wortstamm mitzurecherchieren. Die geforderte Zeiteinschränkung ist in der Zeile 2 (S2) realisiert. Unter S3 werden S1 und S2 verknüpft (418 Treffer).

Diese Treffer werden mit einem Rank-Kommando in die benötigte Rangfolge gebracht und man erhält zwei Autorinnen auf Platz 1 und 2 (Abb. 15).

### C 2.5.2 Recherche in einer Firmen-Datenbank

*Es werden Management-Beratungsfirmen mit Sitz in New York mit einem Umsatz zwischen 100 und 600 Mio. $ und einer Beschäftigtenzahl größer 100 gesucht. Die fünf umsatzstärksten Unternehmen sollen als Tabelle ausgegeben werden.*

Die Recherche wird in der Datenbank D&B-International Market Identifier (516) bei DIALOG durchgeführt (siehe Abb. 16).

Nach der Suche aller Firmen mit Sitz in New York (S1) werden alle Management-Beratungsfirmen mit dem entsprechenden SIC-Code gesucht (S2). Nach der Suche aller Firmen mit Umsätzen zwischen 100 und 600 Mio. Dollar (S3) erfolgt im nächsten Schritt die notwendige Verknüpfung (S4). Die gefundenen 24 Treffer werden noch auf die erforderliche Beschäftigtenzahl eingeschränkt (S6). Mit S7 wird die Sortierung nach fallendem Umsatz durchgeführt. Das Report-Kommando sorgt schließlich für die Ausgabe als Tabelle (Abb. 17).

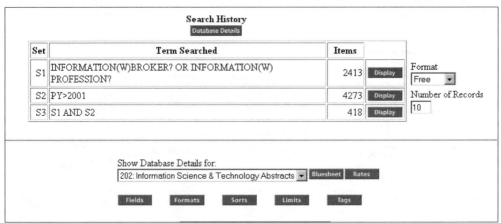

*Abb. 15: Ranking zur Suchfrage 1*

*Abb. 14: Suchformulierung in der Datenbank 202 (DIALOG)*

## C 2 Praxis des Information Retrieval

### C 2.5.3 Recherche in einer Volltextdatenbank

In der FAZ-Datenbank bei Datastar soll nach einigen Artikeln zum Thema *Evaluierung von Professoren durch Studierende* gesucht werden. Abb. 18 zeigt die verwendete Suchformulierung.

Dabei ist zu beachten, dass in einer **Volltextdatenbank** bei der Verknüpfung der Suchbegriffe an Stelle des AND sinnvolle Abstandsoperatoren (hier: same, with) verwendet werden. Mit dem Abstandsoperator *same* werden Dokumente gefunden, die die beiden Suchworte evalu$ und professor$ im selben Absatz enthalten, mit dem Abstandsoperator *with* werden Dokumente gefunden, die die beiden Suchworte im gleichen grammatikalischen Satz enthalten. Dadurch wird die Trefferzahl reduziert und die Relevanz erhöht (siehe die letzten drei Zeilen in Abb. 18).

Abb. 19 zeigt einige gefundene Titel.

*Abb. 16: Suchformulierung in der Datenbank 516 (DIALOG)*

*Abb. 17: Suchergebnis zur Suchfrage 2*

*Abb. 18: Suchformulierung bei FAZA (Datastar)*

*Abb. 19: Rechercheergebnisse zu 3*

## C 2.6   Ausblick

Online-Datenbanken bieten qualitativ hochwertige Informationen zu allen Fach- und Wissensgebieten. Der Input wird von Fachleuten sorgfältig ausgewählt, redigiert und mit entsprechend vorgegebenen Regelwerken indexiert. Die so aufbereiteten Fachinformationen werden in strukturierten Datenbanken gespeichert, die eine effiziente Suche auch zu komplexen Fragestellungen erlauben. Die Web-Suchoberflächen erleichtern die Recherche und machen das Erlernen komplizierter Suchbefehle weitgehend überflüssig. Darüber hinaus bieten sie den Online-Zugriff zu Suchhilfen wie Datenbankbeschreibungen, Klassifikationen, Zeitschriftenlisten und Thesauri, die für eine professionelle Recherche zu komplexen Fragestellungen wichtig sind. Die Ausgabe der Rechercheergebnisse ist in den unterschiedlichen Formaten möglich, die graphische Aufbereitung wird durch entsprechende Werkzeuge unterstützt.

Wegen dieser genannten Vorteile bleiben Online-Datenbanken ein unerläßliches Hilfsmittel für die Recherche und Aufbereitung von seriösen Fachinformationen.

# C 3  Metainformationsdienste des Internet

Bernard Bekavac

## C 3.1  Einleitung

Diverse Metainformationsdienste, allen voran natürlich die Suchmaschinen, ermöglichen das Auffinden von Informationen im Internet. Diese Aufgabe ist nicht leicht, denn die Problematik liegt nicht nur darin, dass inzwischen Milliarden von Dokumenten über das Internet zugreifbar sind, sondern auch in der hohen Dynamik bezüglich neuer oder geänderter Inhalte, den heterogenen Datenformaten und medialen Formen und uneinheitlich strukturierten Inhalten, einer großen Vielfalt an unterschiedlichen natürlichen Sprachen zur Bildung der textuellen Daten sowie einer hohen Anzahl von Dokument-Dubletten, die u.a. durch das Kopieren (Spiegeln bzw. Mirroring) von Inhalten zu Stande kommen.

Die Web-Seiten der zahlreichen Anbieter sind nicht nur inhaltlich umfangreich, sondern auch vom Aufbau her komplex. Oft kommt der Text aus Deutschland, die Grafiken z.B. aus den USA. Die angegebenen Links führen dann nach England oder Japan. Die Quellen der publizierten Informationen spielen dabei nur eine untergeordnete Rolle. Kann man sich bei kommerziellen Online-Datenbanken noch weitgehend sicher sein, dass hinter den Informationsbeständen seriöse und kompetente Produzenten und Anbieter stehen, so ist die Einspeisung von Informationen in das WWW prinzipiell von jeder Person möglich, der Speicherplatz auf einem Web-Server (i.d.R. Provider oder Arbeitgeber) zur Verfügung steht. Beim Betrachten der multimedialen WWW-Dokumente ist die inhaltliche Kompetenz der dahinterstehenden Autoren daher nur schwer abzuschätzen, oft können diese nicht einmal eindeutig bestimmt werden. Von einer Konsistenz im Sinne von Wiederauffindbarkeit, Aktualität oder gar Qualität der Informationsbestände im WWW kann nicht die Rede sein. Inhalte einzelner WWW-Seiten oder deren URLs werden laufend verändert bzw. gelöscht. Die zentralen Technologien des WWW, das Übertragungsprotokoll HTTP und die Seitenbeschreibungssprache HTML bieten weder die Möglichkeit einer automatischen Aktualisierung der auf diese Seiten verweisenden Hyperlinks noch kann ein tatsächliches Erstellungs- bzw. Änderungsdatum für die Inhalte der einzelnen Dokumente identifiziert werden.

Nützliche formal-inhaltliche Dokumentattribute wie Titel, Autor, Erscheinungsjahr usw. sind im WWW häufig nicht vorhanden oder unzutreffend und sind, wenn überhaupt, nur über die Inhalte der WWW-Dokumente selbst ausfindig zu machen. Alle diese Eigenschaften erschweren zusätzlich zu der immensen im Web verfügbaren Dokumentenmenge die Suche und Lokalisierung von Informationen.

Auf der anderen Seite stehen Benutzer, die nach Eingabe weniger Suchbegriffe von den Suchmaschinen wahre Wunder in Form von relevanten Dokumenten erwarten. Jedoch ist die Dokumentmenge, die zu den eingegebenen Suchbegriffen passt, nicht selten so groß, dass es für die Benutzer zu aufwändig wäre sich alles anzuschauen. Die von den Suchmaschinen angewandten Sortierverfahren (Ranking), welche versuchen die relevantesten Dokumente unter den ersten Plätzen der Ergebnisseiten zu platzieren, scheitern zu oft an der großen „Ähnlichkeit" der Dokumente.

Alternativ zu den Suchmaschinen können auch Web-Kataloge bzw. -Verzeichnisse verwendet werden, über die ganz bestimmte Interessensgebiete gezielt angesteuert werden können. Der größte Vorteil hierbei ist sicherlich der Kontext der gefundenen Informationen, der sich durch die ausgewählten Rubriken und Sachgebiete während der Navigation widerspiegelt. Nachteilig ist die sehr geringe Abdeckung des weltweiten Informationsraumes, da Kataloge im Gegensatz zu den Suchmaschinen die Quell-Informationen nicht automatisiert beziehen.

Ganz anders hingegen Meta-Suchdienste, die selbst weder einen eigenen Index besitzen noch sich Gedanken über eine inhaltliche Strukturierung des Internet machen. Sie befragen ganz einfach andere Metainformationsdienste verschiedenster Art und sehen ihre Leistung in der benutzergerechten Zusammenführung der erhaltenen Treffermengen.

Auch wenn die Suchoberflächen der im Internet befindlichen Suchdienste in der Regel mehrere der hier genannten Suchmöglichkeiten anbieten, die dahinter verborgenen Suchverfahren, vor allem die Gewinnung von Metainformationen, sind recht unterschiedlich.

Seit der Krise in der New Economy und dem Rückzug der Venture Capital-Unternehmen, welche bis dahin die Finanzierung vieler Internet-Unternehmen sicherten, stehen bei den Suchdienste-Anbietern immer mehr die ökonomischen Interessen im Vordergrund. Neben der Werbung gehört die Aufnahme von Web-Sites in die Index-Datenbank sowie der Verkauf von Top-Positionen innerhalb der Trefferlisten zur Vermarktungsstrategie nahezu aller heute noch bedeutenden Suchdienste-Anbieter. Durch die Konzentration auf bestimmte Kerngeschäfte und großangelegte Unternehmensübernahmen schwindet ihre Zahl immer weiter und kann gegenwärtig auf folgende Hauptakteure reduziert werden (vgl. Lit. 05): Google (http://google.com [9/2003]) im Suchmaschinenbereich und Yahoo! (http://yahoo.com [9/2003]) mit dem größten Web-Katalog.

## C 3.2 Suchverfahren im Internet

Voraussetzung einer jeden professionellen Suche im Internet ist, neben einer gewissen Erfahrung und einer geeigneten Suchstrategie (vgl. Lit. 01, Lit. 02, Lit. 03), auch das Wissen über den Background, und zwar sowohl der Suchtechnologie als auch der Rankingverfahren. Letztere tragen schließlich entscheidend zum Erfolg einer Suche im Internet bei.

### C 3.2.1 Lokale Suche – Gateways zu Datenbanken

Die Stichwortsuche innerhalb eines WWW-Servers war eine der ersten Möglichkeiten, dem Benutzer die gezielte Suche nach Informationen im WWW zu ermöglichen. Dabei handelt es sich um eine einfache Stichwortsuche, die auf das Dokumentverzeichnis des lokalen WWW-Servers zugreift und schon von Beginn an von den WWW-Erfindern implementiert wurde. Zunächst war diese Suchmöglichkeit ausreichend. Soll die Suche jedoch nicht nur auf Volltextsuche und einfache Information Retrieval-Methoden beschränkt sein, sondern auch Dokumentstruktur, bestimmte Felder (URL, HTML-Elemente usw.) oder Relevanzgrade in die Suche miteinbezogen und dem Benutzer die Möglichkeit des Gebrauchs von Operatoren gegeben werden, so müssen zusätzliche Softwarekomponenten in Verbindung mit Datenbanken auf der Server-Seite die Anfragenbearbeitung erledigen.

Über den Web-Browser können Daten über diverse Eingabefelder bzw. Formulare eingegeben und diese Eingaben auf Server-Seite an Hintergrundprogramme (über CGI-Schnittstelle o.a.) weitergeleitet werden.

Wird dieses Verfahren für die Suche nach WWW-Dokumenten verwendet, so können fast uneingeschränkt Information Retrieval-Methoden implementiert und genutzt werden. Eine große Anzahl von Web-Servern bieten inzwischen solche sogenannten Gateways an, die den Nutzern eine professionelle Suche im lokalen Dokumentenbestand ermöglichen.

Ein weiterer Vorteil der Gateway-Lösung ist, dass die Suchmöglichkeiten nicht unbedingt auf WWW-Dokumente beschränkt sein müssen. Viele Datenbankanbieter und Produzenten des klassischen Informationsmarktes nutzen diese Technik, um ihre Bestände über komfortable WWW-Schnittstellen anzubieten. Ein weiteres Beispiel sind Literaturrecherchen in Bibliotheken: Über ein Gateway zu den vorhandenen OPAC-Katalogen wird eine Suche unter Verwendung diverser literaturüblicher Suchfelder (Autor, Titel, Verlag, Erscheinungsjahr usw.) ermöglicht. Beispiele hierfür sind der Lieferdienst der Bibliotheken für Aufsätze und Bücher (http://subito-doc.de [9/2003]) oder das Netzwerk von Bibliotheken und Informationsstellen in der Schweiz (http://www.nebis.ch [9/2003]).

### C 3.2.2 Katalog- und verzeichnisbasierte Suche

Die intuitiv naheliegenden und Hypertext-erprobten Mittel textueller Übersichten, realisiert durch manuell aufgebaute Link-Sammlungen, kennzeichneten den Übergang von der lokalen zur globalen Suche im Internet. Die Entwickler des WWW bauten als erste solch eine Zusammenstellung auf, um das WWW zu verbreiten, aber auch um diese Verbreitung mitzuverfolgen. Daraus entstand einer der umfangreichsten WWW-Kataloge, die WWW Virtual Library (http://vlib.org [9/2003]), die auch heute noch vorhanden und auf mehrere Institutionen weltweit verteilt ist. Parallel dazu entstanden auch andere Kataloge großen Umfangs und dienten zunächst der Web-Welt als einzige globale Suchmöglichkeit.

Das Suchverfahren in Katalogen basiert auf der Navigation in den hierarchisch aufgebauten Sachgebieten. Dadurch, dass nicht zu viele Dokumente auf einer Ebene sein dürfen, da sonst Benutzer schnell das Interesse durch ein informationelles

Überangebot verlieren könnten, sind die Organisatoren von Katalogen gezwungen, nach „guten" Startseiten zu den einzelnen Themen zu suchen. So wurden vorerst nur bekannte und themenrelevante WWW-Dokumente aufgenommen.

Dieser zentrale Aufbau der Web-Kataloge bzw. -Verzeichnisse musste jedoch bald aufgrund des starken Wachstums und der Unübersichtlichkeit immer neu erscheinender Web-Sites in eine dezentrale Form übergeführt werden: Web-Autoren bzw. Administratoren bekamen die Möglichkeit, über Web-Formulare ihre eigenen Angebote bei den Katalogdiensten als Link, meist mit einer Kurzbeschreibung, einzutragen. Der positive Effekt war eine rege Beteiligung und eine schnell zunehmende Anzahl von Einträgen in den vorgegebenen Rubriken. Nur so konnte die ohnehin schwache Abdeckung des WWW-Informationsangebotes etwas ausgeweitet werden. Die Richtigkeit der gemachten Angaben sowie die Aktualität der Kataloge konnte allerdings nicht mehr sichergestellt werden, da diese nur von den Eintragenden selbst abhingen.

Kataloge eignen sich vor allem, wenn man zu einem gewissen Thema bzw. Sachgebiet einen Einstieg finden will, ohne dabei ganz konkret nach einer bestimmten Information zu suchen. Das Browsen des Benutzers in einem Katalog ermöglicht auch Serendipity-Effekte, die beim Einstieg in neue Gebiete durchaus wünschenswert sind und bei der reinen Stichwortsuche eher schwächer ausfallen. Aber auch die Kataloge selbst erreichten schnell eine Größe, bei der die navigatorische Suche mühsam war und nicht mehr adäquat schien. So wurden diese mit einer Stichwortsuche und diversen Suchmethoden, wie Boolesche Operatoren, innerhalb der Katalogeinträge ausgestattet. Diese Indexsuche ist aber für den Benutzer meist wenig zufriedenstellend, da die Suche nicht auf den Volltexten basiert, sondern nur auf Link-Texten der referenzierten Dokumente und deren Beschreibungen aufgebaut ist.

Es gibt aber auch Kataloganwendungen, bei denen die Stichwortsuche eine größere Rolle spielt als die Navigation, wie z.B. bei Email-Adressverzeichnissen. Email-Adressen können im Gegensatz zu Web-Seiten nicht automatisch bzw. nur eingeschränkt abgefragt werden: Sie werden nur dann über Suchdienste referenziert, wenn sie vom Besitzer entweder bei einem Suchdienst für Email-Adressen angemeldet wurden oder die Email-Adresse auf einer Homepage angegeben wird, von wo aus sie durch eine roboterbasierte Suchmaschine erfasst und auffindbar gemacht werden kann. Der Anwender ist in beiden Fällen weniger daran interessiert, in einem Email-Verzeichnis zu stöbern, sondern eher über die Stichwortsuche die gewünschte Email-Adresse schnell ausfindig zu machen.

Aus den zunächst auf den allgemeinen Benutzer zugeschnittenen und mit breiten Inhalt gefüllten Web-Katalogen bzw. Verzeichnissen entstanden die sogenannten Portale. Sie bilden ebenfalls Einstiegspunkte im WWW und werden meistens von bekannten Providern oder Suchdiensteanbietern, wie z.B. AOL oder Yahoo!, bereitgestellt. Hierbei steht allerdings das wirtschaftliche Interesse im Vordergrund: Durch Bereitstellung von Angeboten und Mehrwertdiensten diverser Anbieter, wie z.B. Firmen, Banken, Kaufhäuser oder Wetterdienste werden Benutzer zu potentiellen Kunden.

### C 3.2.3 Roboterbasierte Suche – Suchmaschinen

Durch das rapide Wachstum des WWW wurde schnell klar, dass die Grundlage einer fortgeschrittenen Suche neben der globalen Ausrichtung auch eine wesentlich höhere Abdeckung haben sollte sowie auf Volltexten basieren muss (ähnlich dem Vorbild aus dem klassischen Retrieval). Diese Anforderung konnte mit einer bis dahin einzigartigen Weise der automatisierten Dokumentbeschaffung, kombiniert mit inhaltserschließenden Methoden des automatischen Indizierens, erfüllt werden. Für die automatische Beschaffung von Dokumenten waren die Web-Technologien geradezu prädestiniert. Prinzipiell musste nur die Navigationsmetapher, also das Folgen von Hypertextverweisen, durch ein Programm automatisiert werden (Abb. 1, rechter, grau unterlegter Bereich): Eine HTML-Seite wird geladen und einer Inhaltserschließung unterzogen. Danach werden alle von dieser HTML-Seite referenzierten Dokumente geladen und wieder das gleiche Prinzip angewendet. Da dieses rekursive Verfahren automatisierbar ist, wird auch von einem maschinellen bzw. roboterbasierten Verfahren gesprochen. Die traversierenden Programme selbst werden neben Roboter auch als Spider, Wanderer oder Worm bezeichnet, wobei die Unterschiede nur geringfügig sind. Die einen verfolgen Linkpfade über mehrere Seiten hinweg, orientieren sich also primär an der Linktiefe (Depth-First), während die anderen zuerst allen abgehenden Verweisen einer Seite nachgehen (Breadth-First). Durch diese Verfahren wird nach und nach die zentrale Adressenliste aufgebaut, die zusätzlich noch manuell durch Benutzereintragungen (bei einer Suchmaschine selbst) und durch die Suchmaschinenanbieter (z.B. Übernahme von attraktiven URL-Listen anderer Suchdienste) erweitert wird.

Bei der Inhaltserschließung, dem Aufbau einer resultierenden Indexdatenbank und der Suche in dieser kann natürlich auf bereits bewährte Techniken des Information Retrieval zurückgegriffen werden. Roboterbasierte Suchverfahren, inzwischen in Kombination mit Web-Katalogen, sind bis heute die dominierenden Werkzeuge zur Suche im WWW.

Die Anwendungsmöglichkeiten für solche Roboterprogramme sind breit gefächert: Von statistischen Analysen zu Web-Servern und Dokumenten über das Aufspüren von nicht mehr erreichbaren Verweisen (Dead-Links), Unterstützung der Duplizierung von WWW-Seiten (Mirroring) und zugehörige Transformation der absoluten/relativen Adresskonvertierung bis zu der eigentlich wichtigsten Anwendung von Robotern, der Auffindung weltweiter Dokumente für eine Suchmaschine.

In den letzten Jahren wurden diverse Suchmaschinen (engl.: *search engine*) in Betrieb genommen, deren Roboter große Teile des Webs laufend abarbeiten. Die zugehörigen Volltextindizes oder auch nur Teilindizes der Dokumente werden in Datenbanken gespeichert. Diese Datenbanken bilden die Grundlage für die Suchmaschinen bzw. Suchserver, die über Benutzerschnittstellen mit diversen Abfrageformularen die Suche nach WWW-Dokumenten ermöglichen (Abb. 1, linker Bereich).

Die Vorteile des roboterbasierten Suchverfahrens liegen auf der Hand. Über Abfrageformulare, mit deren Hilfe viele Suchmethoden und -operatoren des klassischen Information Retrieval angewendet werden können, kann der Benutzer durch Eingabe von Stichworten weltweit nach Informationen suchen. Die Suchanfrage wird in einer üblicherweise sehr kurzen Zeit vom Suchserver abgearbeitet und das Ergebnis dem Benutzer in Form einer meist nach Relevanzgrad sortierten Trefferliste präsentiert. Teilweise werden zu den Treffern auch Teile des Originaldokuments oder automatisch generierte Abstracts sowie andere Zusatzinformationen hinzugefügt, die den Benutzern helfen sollen, die Relevanzbestimmung zu erleichtern. Diese können dann direkt zu den Trefferdokumenten navigieren und von dort aus, falls nötig, über weitere Navigation die gewünschte Information erarbeiten.

Neben der traditionellen Indexierung von Dokumenten, die als HTML-Dateien im World Wide Web vorliegen, sind Suchdienste mittlerweile auch

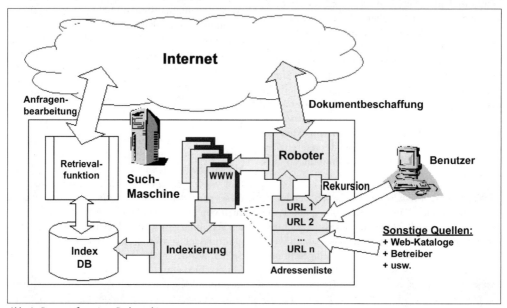

*Abb. 1: Systemaufbau einer Suchmaschine*

in der Lage, weitere Dokumentformate wie PDF *(Portable Document Format)*, Postscript oder von Office-Programmen zu laden und inhaltlich zu erschließen. Die z.Zt. wohl bekannteste Suchmaschine Google (http://google.com [9/2003]) war Vorreiter in diesem Bereich und verarbeitet u.a. PDF-, PS-, DOC-, XLS-, PPT-Dokumente. Aber auch Bitmaps wie Compuserve GIF (Graphic Interchange Format), PNG (Portabel Networks Graphic) und JPEG (Joint Picture Motions Expert Group) werden von Suchmaschinen verarbeitet und nach bestimmten Merkmalen nachgewiesen. Google Image (http://images.google.com [9/2003]) z.B. untersucht Bitmap-Dateien innerhalb von Web-Seiten auf textuellen Inhalt unter Verwendung von Verfahren der optischen Zeichenerkennung (OCR – Optical Character Recognition), welche technologisch der Erkennung von Textzeichen in mittels Scanner erfassten Textdokumenten entstammen.

Der große Vorteil der automatischen Verarbeitung und Referenzierung von Web-Dokumenten bei den roboterbasierten Suchdiensten birgt aber auch einen schwerwiegenden Nachteil: Die semantische Zusammengehörigkeit von Web-Seiten sowie die hierarchische Struktur beginnend ab der Home-Page, die WWW-Kataloge wenigstens ansatzweise wiedergeben, lassen roboterbasierte Verfahren weitgehend außer Acht. So werden in den zugehörigen Trefferlisten nur einzelne Web-Seiten referenziert, ohne dem Benutzer den inhaltlichen Kontext der entsprechenden Seite liefern zu können.

Aber auch die ständigen Zugriffe der Suchmaschinen sind nachteilig für die weltweiten Web-Server. Die Belastung von WWW-Servern durch Roboter hängt zum einem von der Anzahl der Roboter und ihrer Zugriffshäufigkeit ab und zum anderen von der Strategie des Zugriffs. Dabei wird unterschieden, ob parallel auf mehrere Dokumente zugegriffen wird oder ob die WWW-Seiten sukzessive abgerufen werden. Sowohl die eine als auch die andere Zugriffsstrategie kann sich bei WWW-Servern negativ auf die Performance auswirken. Natürlich spielen dabei auch weitere Faktoren eine Rolle, wie z.B. die Leistungsfähigkeit einer Server-Maschine.

Immerhin gibt es die Möglichkeit, über den „Standard for Robot Exclusion" (Lit. 04) Web-Server vor Roboterzugriffen zu schützen. Dabei handelt es sich um eine spezielle Datei im Serververzeichnis, über die Roboter erfahren, welche Dokumente bzw. Teile des Servers gelesen werden dürfen. Dies ist jedoch kein echter Zugriffsschutz, sondern eine Art Abmachung unter den Betreibern der Suchdienste.

Die Popularität von Suchservern spiegelt sich in ihrem Zugriff wider: Die bekanntesten Suchmaschinen bearbeiten, laut ihren Betreibern, bis zu mehreren Dutzend Millionen Anfragen pro Tag. Die Verarbeitung und Aktualisierung einer stark wachsenden Anzahl von WWW-Dokumenten weltweit sowie die große Menge von Suchanfragen stellen die höchsten Ansprüche an Hard- und Software des Suchservers. Meistens sind die Aufgaben in solchen Systemen auf mehrere in einem Netz verbundene Rechner verteilt. Dabei werden unterschiedliche Softwarekomponenten eingesetzt. Welche Programme dies konkret sind, ist von Dienst zu Dienst unterschiedlich. Als Hauptkomponenten kann man aber auf jeden Fall Roboter, Datenbank und die Anfragenbearbeitung herausstellen.

Aber auch Suchmaschinen stoßen an ihre Grenzen: Ein erheblicher Teil an Dokumenten und Daten, die im World Wide Web für die Nutzung durch unmittelbaren Zugriff des Menschen bereitstehen, sind für Suchmaschinen nicht zu erreichen und können demnach auch nicht in ihren Index aufgenommen bzw. auffindbar gemacht werden. Das betrifft Dokumente, die z.B.

– neu erstellt oder gerade aktualisiert wurden,

– nicht verlinkt sind und so von keiner Suchmaschine gefunden werden können,

– abhängig sind von Benutzereingaben (diese können Roboter nicht ersetzen),

– nur über eine Benutzerkennung erreichbar sind

– oder durch den Roboter-Exclusion-Standard bzw. META-Robots-TAG zugangsgeschützt sind.

Man spricht in diesem Zusammenhang von einem deep oder invisible web, welches Schätzungen zu Folge um ein Vielfaches mehr an Dokumenten enthält als die heutigen Suchmaschinen nachweisen können (vgl. Lit. 05). Deshalb ist es nicht verwunderlich, dass dieser für Suchmaschinen momentan nicht erreichbare Bereich erklärtes Ziel der Suchdienste-Betreiber ist.

### C 3.2.4 Metasuchdienste

Metasuchdienste *(Multi-Search Engines)* erlauben die gleichzeitige Suche bei mehreren Suchdiensten.

Wichtig dabei ist, dass diese Suchdienste nur über eine einzige Schnittstelle angesprochen werden. Denn fälschlicherweise werden auch WWW-Seiten mit einfachen Schnittstellen, d.h. mehrere Suchmasken verschiedener Suchmaschinen, als Metasuchdienste bezeichnet. Diese zwar nicht „echten" Metasuchdienste haben dennoch gewisse Vorteile:

- Suchformulare mehrerer Suchmaschinen werden auf einer WWW-Seite angeboten,

- erspart das Laden der Homepages einzelner Suchmaschinen,

- guter Überblick über verschiedene aktuelle Suchmaschinen.

Ebenso existieren „Pseudo-Metasuchdienste" (z.B. http://www.purge.com [9/2003]), die zwar nur eine Schnittstelle (Suchformular) aufweisen, bei denen aber der Nutzer die abzufragende Suchmaschine manuell auswählen muss, um dann die Suche automatisch einzuleiten. Der zusätzliche Vorteil dieser Dienste besteht darin, die Suchanfrage für die Abfrage mit evtl. mehreren Suchmaschinen nur einmal erfassen zu müssen.

„Echte" Metasuchdienste (www.profusion.com) weisen hingegen folgende Charakteristiken auf:

- Mehrere Suchdienste, in der Regel meist nur Suchmaschinen und Kataloge, werden automatisch über eine Schnittstelle (Suchformular) befragt.

- Die verschiedenen Suchdienste werden vorgegeben, können manchmal aber auch vom Benutzer ausgewählt werden.

- Funktionalität und Operatoren der verschiedenen Suchdienste werden verwendet. Hierbei wird eine Anpassung der Anfrage auf die einzelnen Suchdienste vorgenommen. Mindestens die Booleschen Verknüpfungen AND und OR sollten zur Verfügung stehen.

- Die spezifischen Eigenschaften der unter der Meta-Maschine liegenden Suchdienste dürfen für die Bedienung keine Rolle spielen, der Anwender muss nichts darüber wissen müssen.

- Kurzbeschreibungen der ausgewiesenen Suchtreffer z.B. als Titel oder Inhaltszusammenfassung werden übernommen und dargestellt.

- Eliminierung von Mehrfachtreffern aus den Ergebnissen der verschiedenen Suchdienste. Die Ergebnisse werden zusammengeführt und einheitlich dargestellt.

- Zeitvorgaben und maximale Treffergrenzen können gesetzt werden. Die Zeit für die Suche ist dabei so einstellbar, dass der letzte nachgewiesene Treffer eines Suchdienstes noch erfasst werden kann.

Das zentrale Problem der Metasuchdienste ist das Ranking der gemischten Treffermenge. Da die Rankingwerte der einzelnen Suchdienste unterschiedlich und die Verfahren meist nicht offiziell bekannt sind, wird die Treffermenge meist nach den Suchdiensten gruppiert. Auch die Eliminierung von Mehrfachtreffern beschränkt sich bisher nur auf den Vergleich der Dokumentadressen (URL). Ein Einsatz von Inhaltsanalysen, mit denen gleiche Dokumente mit unterschiedlichen URLs aufgespürt werden könnten, ist bisher noch nicht bekannt.

Metasuchdienste eignen sich vor allem bei ganz speziellen Informationsproblemen, bei denen einzelne Suchdienste nur wenige Treffer aufweisen. Sie sind in der Regel auf dem neuesten Stand und beinhalten ganz neue Suchdienste oder ganz spezielle Datenbanken, die sonst noch gar nicht verbreitet bzw. bekannt sind.

## C 3.2.5  Ranking der Trefferliste

Das Angebot an erweiterter Funktionalität bei einem bestimmten Suchdienst ist natürlich abhängig von der Inhaltserschließung der Dokumente. Je besser die Analyse und Indizierung der HTML-Seiten ist, desto umfangreicher kann das Angebot an Suchhilfen bzw. Suchoperatoren (z.B. Boolesche Verknüpfungen, Abstandsoperatoren, Trunkierung) letztendlich werden. Bei den meisten Suchdiensten kann zwischen einer einfachen Stichwortsuche mit einem Eingabefeld und einer fortgeschrittenen Suchmaske mit diversen Funktionen ausgewählt werden.

Ist die Suchanfrage abgeschickt, wird dem Benutzer sekundenschnell das Ergebnis in Form einer Trefferliste, sortiert nach einer internen Relevanzberechnung (Ranking) präsentiert. Das Ranking der Treffermenge ist wohl der (erfolgs-)kritischste Ablauf bei einer Suche im Internet. Vor allem bei den großen Suchmaschinen werden zu einer Suchanfrage meist mehrere tausend, manchmal gar mehrere hunderttausend, Dokumente gefunden, welche mit den gesuchten Begriffen übereinstimmen. Diverse Benutzerbeobachtungen kommen jedoch zu dem Ergebnis, dass in der Regel nur die ersten ein bis zwei Trefferlisten (also 10-20 Referenzen) von den Benutzern tatsächlich betrachtet werden. Finden sich innerhalb dieser Menge keine relevanten Dokumente, dann wird meist nicht die nächste Trefferseite geladen, sondern die Suchanfrage neu formuliert und eine neue Suche gestartet.

Bei den Methoden der Sortierung der Trefferliste halten sich die Betreiber der Suchmaschinen nach wie vor weitgehend bedeckt. Schließlich kann man sich genau hier von der Konkurrenz auf dem Suchdienstemarkt etwas absetzen. Nach dem, was heutzutage bekannt ist (vgl. Lit. 05), werden aus den Dokumenten eine Reihe von statistischen Werten berechnet und im Rankingalgorithmus verwendet. Die wichtigsten Kenngrößen sind sicherlich die

- Häufigkeit eines Suchbegriffs: Je häufiger ein Begriff in einem Dokument vorkommt *(Term Frequency)*, desto höher ist auch sein inhaltswiedergebender Wert. Jedoch kann dieser Wert durch die Gesamthäufigkeit des Begriffes *(Inverse Document Frequency)* über alle Dokumente in der Datenbank wieder relativiert werden. Je höher diese Gesamthäufigkeit ausfällt, desto niedriger wird die Bedeutung des Begriffs im Allgemeinen (z.B. ist der Begriff „WWW" auf nahezu allen Web-Seiten zu finden). Diese zwei Größen bilden die Grundlage für ein verbreitetes statistisches Verfahren namens TFIDF *(Term Frequency Inverse Document Frequency)* für die Ermittlung von Relevanz bei Suchergebnissen.

- Anzahl gefundener Suchbegriffe aus der Anfrage: Dabei wird die Gesamtanzahl aller Suchbegriffe pro Dokument gemessen. Falls nicht durch Boolesche Operatoren eingeschränkt, werden Dokumente, die alle Suchbegriffe beinhalten, als „besser" bewertet.

- Funktion (Position) der gefundenen Begriffe: Z.B. werden Begriffe aus URL und vorderen Dokumentbereichen (z.B. Überschrift) stärker gewichtet, ebenso wie besonders formatierte bzw. hervorgehobene Textteile.

- *Proximity:* Die Nähe der Suchbegriffe untereinander innerhalb eines Textes spielt ebenfalls eine wichtige Rolle.

Die Rankingalgorithmen der verschiedenen Suchmaschinenanbieter wurden lange Zeit fast ausschließlich mit den beschriebenen rein statistischen Werten gespeist. Die Relevanz der Trefferdokumente nahm jedoch stetig ab. Insbesondere bei sehr wenigen Suchbegriffen in der Anfrage wurden zu viele Dokumente als gleichwertig erachtet. Zudem waren die statistischen Werte seitens der Inhalte-Anbieter leicht zu manipulieren. Sogenannte „Spam"-Techniken, wie die Wiederholung von Begriffen, z.T. unsichtbar gemacht durch geschickte Verwendung von Text- und Hintergrundfarben, sowie falsche Inhaltsangaben wurden vor allem bei den Anbietern fraglicher Inhalte eher die Regel als die Ausnahme.

Zunächst konzentrierten sich die Suchmaschinenbetreiber auf die Abwehr solcher Spam-Seiten, doch nach und nach wurde klar, dass eine Verbesserung der Sortierung erst dann erzielt werden kann, wenn auch Kriterien außerhalb der Dokumentinhalte betrachtet werden. In diesem Sinne wurden zunächst die berechneten Trefferlisten selbst analysiert und mit in die Sortierung einbezogen: Je häufiger sich ein Dokument unter den ersten Plätzen befand, desto stärker wurde es bei einem erneuten Rankingverfahren gewichtet. Ebenso wurde die Klickhäufigkeit *(Click popularity)* auf Dokumente aus den Trefferlisten gezählt. Hierbei liegt die Annahme zugrunde, dass solche Dokumente gegenüber anderen Web-Seiten tatsächlich auch eine höhere Relevanz haben. Dann wurde das Feedback einer ausgewählten Benutzergruppe zu bestimmten Suchanfragen eingeholt und die als besonders gut bewerteten Dokumente bekamen ebenfalls höhere Gewichtungen im Ranking. Auch durch die bei manchen Suchdiensten verwendete Kombination von roboterbasierten Verfahren und WWW-Katalogen (z.B. http://yahoo.com [9/2003]) ergeben sich Synergieeffekte bezüglich der Relevanzbeurteilung: Durch die Suchmaschine nachgewiesene Dokumente, die gleichzeitig auch im Katalog verzeichnet sind, bekommen einen höheren Relevanzgrad. Doch aufgrund der immer größer werdenden Anzahl referenzierter Web-Sites konnten auch mit diesen Methoden keine wesentlichen Verbesserungen erzielt werden.

Erst als Google mit dem PageRank-Verfahren auch der Hyperlink-Struktur der vernetzten Web-Dokumente eine zentrale Rolle zugestand, wurden merkliche Verbesserungen bezüglich der Relevanz möglich. Dabei wird vor allem die Anzahl eingehender Verweise *(Backlinks)* auf ein bestimmtes Dokument betrachtet: Je mehr dieses von anderen Web-Seiten referenziert wird, desto mehr kann man davon ausgehen, dass es sich um ein inhaltlich hochwertiges Dokument handelt. Dies ist jedoch nicht das einzige Kriterium, denn auch die „Qualität" der Referenzen spielt eine wichtige Rolle. Sind z.B. die referenzierenden Dokumente selbst schon als „hochwertig" erachtet worden oder werden sie von bekannten Web-Katalogen bzw. einschlägigen Web-Sites referenziert, so geht dies zu Gunsten des betrachteten Dokuments. Sogar der Text der Hyperlinks bzw. der Text im Umfeld von Hyperlinks wird auf Begriffsebene analysiert, um weitere Anhaltspunkte für die Relevanz der Dokumente zu erhalten, auf die verwiesen wird.

Der große Erfolg von Google ist nicht zuletzt auf dieses Verfahren zurückzuführen. Gerade bei kurzen Anfragen wird auf diese Weise häufig eine sehr hohe Relevanz *(Precision)* im vorderen Bereich der Trefferliste erzielt. Ein weiterer Vorteil ist, dass die Manipulation von Web-Seiten, wie sie durch die beschriebenen Spam-Techniken bei den statistischen Kriterien möglich ist, hierbei einen vergleichsweise hohen Aufwand erfordert. Schließlich hat man kaum Einfluss auf die Referenzierung der eigenen Web-Seite durch andere Dokumente bzw. Anbieter. An Manipulationsversuchen mangelt es dennoch nicht: So genannte „Linkfarmen" bauen Netzwerke von aufeinander verweisenden Seiten auf, um so bei Google eine bessere Positionierung zu erzielen. Ein sicherlich größerer Nachteil des Google-Verfahrens ist, dass neue Dokumente bzw. solche, die zwar hoch relevant sind, aber kaum von anderen verlinkt werden, auch selten zu den oberen Trefferpositionen gelangen. Dies führt wiederum dazu, dass diese auch in Zukunft weniger verlinkt werden als diejenigen, die gefunden werden. Die Konsequenz daraus ist, dass sich auf diese Weise zu jeweils bestimmten Suchbegriffen eine Gruppe von Google-hochwertigen Dokumenten bildet, bei der es für neue Dokumente kaum möglich wird hinzuzukommen.

## C 3.3 Kommerzialisierung der Metainformationsdienste

Die Benutzung von Suchmaschinen ist nach wie vor noch kostenlos. Auch die Anmeldung der eigenen Web-Seiten bei den Suchdiensten war bis zum Ende der 90er Jahre in der Regel frei. Suchmaschinen finanzierten sich meist über Werbung auf ihren Webseiten, indem z. B. bei Eingabe bestimmter Suchbegriffe entsprechend assoziierte Werbebanner eingeblendet wurden *(Key Word Sponsoring)*.

Im Laufe der Zeit hat sich allerdings gezeigt, dass vor allem erfahrene Internet-Surfer die Bannerwerbung geistig „ausblenden" und sich nur auf das Wesentliche, die Trefferliste, konzentrieren. Zusätzlich führte der Einbruch der New Economy zum Wegfall vieler Werbekunden. Die Werbeeinnahmen reichten letztendlich nicht aus, um kostendeckend zu arbeiten, sogar einige bekannte Suchdienste wie z.B. *Infoseek* mussten ihren Betrieb einstellen. Es mussten also neue Wege zur Finanzierung der Dienste gefunden werden. Da der Nachweis durch Suchmaschinen für viele Web-Sites immer mehr über Erfolg oder Misserfolg ihres Internetauftritts entscheidet, wurden deren Anbieter als erste zur Kasse gebeten.

Eine gute Positionierung innerhalb der Trefferliste ist für jeden Anbieter einer Web-Site wünschenswert. Die Suchdienste haben darin eine neue Einnahmequelle erkannt: Für die Anmeldung oder häufigere Indizierung und somit Aktualisierung einer Web-Seite (*Paid Submission* und *Paid Inclusion*) wird eine Gebühr verlangt (vgl. Lit. 06). Eine andere Möglichkeit ist der Verkauf bzw. die Versteigerung von Platzierungen in der Trefferliste (Positionsersteigerung). Solange diese bezahlten Einträge in der Trefferliste deutlich erkennbar sind, ist dieses Vorgehen aus Benutzersicht weitgehend unproblematisch. Fragwürdig ist es aber, wenn der Benutzer nicht mehr zwischen objektiver Ergebnisliste und bezahlten Einträgen trennen kann.

### C 3.3.1 Paid Submission und Paid Inclusion

Normalerweise werden Web-Seiten vor der Registrierung in einem Web-Katalog, manchmal auch vor der Aufnahme in den Index einer Suchmaschine, redaktionell begutachtet. Dieser Prozess kann bis zu mehreren Wochen dauern. Mittlerweile wird vor allem bei Webverzeichnissen und -katalogen eine Gebühr für die Bearbeitung der Anmeldung erhoben. Dieses System bezeichnet man als *„Paid Submission"*. Je nach Zahlungswilligkeit des Anbieters kann dadurch auch die Bearbeitungszeit der Anmeldung verkürzt und die Frequenz der späteren Aktualisierung erhöht werden. Eine bestimmte Position im Ranking wird dadurch jedoch nicht zugesichert. Die Suchdienste-Anbieter behalten sich zudem vor, eine Seite trotz Bezahlung abzulehnen (z.B. bei fragwürdigen Inhalten oder Spam-Versuchen). Beim Web-Katalog *Yahoo!* wird beispielsweise die Gebühr allein schon für die Begutachtung einer Homepage fällig *("Pay for Consideration")*. Ob überhaupt und unter welcher Rubrik ein Katalogeintrag erfolgt, entscheidet die Redaktion.

Etwas anders ist die Situation bei den Suchmaschinen. Die Anmeldung ist in den meisten Fällen auch heute noch kostenlos. Verschiedene Suchmaschinen bieten allerdings gegen Gebühr eine schnellere Bearbeitung der Anmeldung, garantierte Registrierung im Index und manchmal auch häufigere Aktualisierung an. Zudem werden bei Bezahlung gleich mehrere Seiten einer Web-Site aufgenommen. Zwar wird auch hier keine bestimmte Position im Ranking der Suchmaschine zugesichert, aber wenn mehrere Seiten indiziert werden, erhöht sich die Wahrscheinlichkeit, dass eine Seite gefunden wird und verbessert somit die Position in der Trefferliste indirekt. Dieses Verfahren ist in gewissem Sinn ein Spezialfall der *Paid Submission* und wird als *„Paid Inclusion"* bezeichnet. Die Suchmaschine *AltaVista* arbeitet nach diesem Prinzip.

Der Benutzer hat das Problem, dass er in der Regel nicht erkennt, welche Web-Seiten auf normalem Weg angemeldet wurden und welche gegen Bezahlung aufgenommen wurden. Bei entsprechend sorgfältiger redaktioneller Begutachtung kann zwar die Einschlägigkeit der Ergebnisse sichergestellt werden, die Trefferliste verliert dennoch an einer gewissen Objektivität.

### C 3.3.2  Positionsersteigerung (Paid Placement, Paid Listing)

Dass sich manche Suchdienste-Betreiber für die höhere Positionierung von Web-Seiten von deren Anbietern bezahlen lassen, wird schon lange gemunkelt, es gibt jedoch auch Anbieter, die das offiziell machen: Der US-amerikanische Suchdienst *„GoTo"* (inzwischen *Overture*, http://overture.com [10/2003]) war der erste, der Suchbegriffe vermarktet hat. Dabei handelt es sich um eine Veräußerung von Suchbegriffen in einer Art Versteigerung: Der Meistbietende wird bei der Suche nach dem gekauften Begriff im Ranking der Treffermenge an die erste Position gesetzt. Die Gebühr wird meistens erst dann fällig, wenn der Link in der Trefferliste tatsächlich angeklickt wird *(Pay per Click)*. Sogar der letztendliche Kaufbetrag wird dem suchenden Benutzer in der Trefferliste offen angezeigt.

Dieses zunächst sehr befremdlich wirkende System weist inzwischen vor allem im B-to-B-Bereich gewisse Erfolge auf: Unternehmen, die dafür bezahlen, um in Trefferlisten ganz weit oben zu stehen, haben meist ein seriöses Interesse, ihre Produkte zu vermarkten bzw. Kunden- und Geschäftsbeziehungen aufzubauen. Dass dafür auch nur die tatsächlich branchenrelevanten Begriffe gekauft werden, liegt alleine schon an den damit verbundenen Kosten. Einige der *Pay-per-Click*-Suchdienste, wie z.B. Overture, legen sogar die Kaufbeträge der auf der Trefferliste referenzierten Anbieter offen. So kann der Informationssuchende zumindest sehen, wie viel es dem jeweiligen Unternehmen wert ist, bei dem gesuchten Begriff ganz vorne zu stehen. Unter Umständen kann dieses Verfahren dem Web-Seiten-Anbieter schnell hohe laufende Kosten bereiten, denn bei *Pay per Click* wird der Kaufbetrag bei jedem Klick auf den Link in der Trefferliste fällig, egal, ob dadurch ein Geschäft zu Stande kommt oder nicht.

### Literatur

01 Suchseiten der Informationswissenschaft (http://www.inf-wiss.uni-konstanz.de/suche [09/2003]). Weiterführende Informationen zu der Thematik „Suche im Internet/WWW", Such-Tutorial sowie Auflistung und Systematisierung von Suchdiensten

02 Babiak, Ulrich: Effektive Suche im Internet. O'Reilly, Köln 2001. ISBN 3-89721-272-2

03 Karzauninkat, Stefan: Die Suchfibel: Wie findet man Informationen im Internet. (auch unter http://www.suchfibel.de [9/2003]). Klett Schulbuch Verlag, Stuttgart 2002, ISBN 3-12-238106-0.

04 Home Page des World Wide Web Consortium (http://www.w3.org [9/2003]). Informationen über alle technischen und politischen Entwicklungen bezüglich des World Wide Web – englischsprachig

05 SearchEngineWatch.com (http://www.searchenginewatch.com [9/2003]). Hintergrundinformationen über Suchdienste (Suchmaschinen, Web-Kataloge etc.) sowohl aus technischer als auch ökonomischer Sicht (z.T. gebührenpflichtig) – englischsprachig

06 @-web (http://www.at-web.de [10/2003]). Hintergrundinformationen über Suchdienste (Suchmaschinen, Web-Kataloge etc.) sowohl aus technischer als auch ökonomischer Sicht.

# C 4 Datenbanken und Datenbank-Management-Systeme

Elke Lang

Datenbanken haben inzwischen eine Tradition, die ein halbes Jahrhundert umfasst – sieht man davon ab, dass sie oft auf noch wesentlich ältere papiergestützte Datensammlungen zurückgehen. Wie sieht es aber mit Datenbank-Management-Systemen aus? Jede Datenbank braucht Programme zur Verwaltung und Suche ihrer Daten. Trotzdem hat sich der Begriff des Datenbank-Management-Systems (DBMS) erst wesentlich später entwickelt, und er wird auch nicht auf jedes Programmsystem angewendet, das zum Verwalten und Durchsuchen von Datenbanken bestimmt ist. Im Folgenden wird daher die sich gegenseitig beeinflussende Entwicklung von Datenbanken und DBMS nachgezeichnet, um die aktuelle Situation und die sich andeutenden Entwicklungen einschätzen zu können.

## C 4.1 Definition des Begriffs „Datenbank"

Nach intuitiver Interpretation des Begriffs „Datenbank-Management-System" ist ein DBMS ein System, das (mindestens) eine Datenbank verwaltet. Der Begriff „Datenbank" scheint ebenso eindeutig zu sein. Tatsächlich jedoch gibt es in den verschiedenen Disziplinen, die sich mit Datenbanken befassen, deutlich unterschiedliche Definitionen. Während im Bereich der Information und Dokumentation als Datenbank primär eine Datensammlung gesehen wird, deren Organisationsform nicht explizit spezifiziert sein muss, wird in der Informatik als Datenbanksystem nur eine bestimmte Architektur von Programmen und Datenbeständen betrachtet, die bestimmte formale Anforderungen erfüllen muss. Der Inhalt der Datenbestände ist für diese Betrachtung zweitrangig; seine physische Organisation wird durch das Gesamtsystem bestimmt und verwaltet. Dies bedeutet im Extremfall, dass der Informationspraktiker ein Dateisystem als Datenbank bezeichnet, während der Informatiker dies nicht tut. Dafür betrachtet der Informatiker jedoch ein System als Datenbanksystem, das (noch) gar keine Daten enthält, aber der formalen Definition im Sinne der Informatik genügt. Gelegentlich wird zwischen „Datenbank" und „Datenbasis" unterschieden, indem man als Datenbasis die zugrundeliegenden Daten, als Datenbank dagegen diese Daten in ihrer vorliegenden physischen Organisationsstruktur betrachtet. Oft werden die Begriffe jedoch auch synonym gebraucht.

## C 4.2 Organisation von Datenbasen

Die traditionellen Verfahren zur Ablage von papiergestützten Datensammlungen bildeten das „Kern-Know-How" für den Entwurf der ersten rechnergestützten Datenbanken vor ca. 50 Jahren. In der Folge ging die Entwicklung der Datenbanken weg von der „Karteikasten-Analogie" und brachte Implementierungsformen hervor, die in ihren vielfältigen Abfrage- und Aufbereitungsmöglichkeiten das ursprüngliche Modell weit übertrafen. Der Benutzungskomfort nahm dabei im selben Maße zu wie die Komplexität der Software zur Verwaltung der Datensammlungen. Stark vereinfacht kann man folgende Epochen unterscheiden:

– Dateiverwaltungssysteme

– Prärelationale DBMS (Netzwerk, hierarchisch – CODASYL)

– Relationale DBMS

– Postrelationale (Non-Standard) DBMS (objektrelationale und objektorientierte DBMS, sonstige).

An der Nomenklatur dieser Einteilung ist deutlich zu sehen, dass die aktuelle Epoche (noch) von den relationalen DBMS als Standard geprägt wird.

### C 4.2.1 Dateiverwaltungssysteme

Die Datei als sequentielle Abfolge von gleichförmig strukturierten Datensätzen war das digitale Gegenstück zum Karteikasten mit Karteikarten. In der praktischen Handhabung gibt es weitgehende Analogien: Beide Organisationsformen haben eine physische Reihenfolge, die für den Zugriff auf einzelne Datensätze genutzt werden kann; alle anderen Suchkriterien müssen durch sequentielle Suche überprüft werden. Um dies zu vermeiden, ist die Indexerstellung bei beiden Formen ein wichtiges Verfahren.

Dateiverwaltungssysteme zeichneten sich durch die enge Verflechtung von Dateien und Zugriffsprogrammen aus: beide Komponenten wurden für eine bestimmte Anwendung gemeinsam entworfen und entwickelt und waren aufeinander abgestimmt. Änderungen in einer Komponente verlangten die entsprechende Anpassung der anderen. Erst nach einigen Jahren entstanden Programmpakete für die Handhabung von Dateien, die grundlegende Aufgaben (Einfügen, Ändern oder Löschen einzelner Datensätze, Sortieren von Dateien, Indexerstellung) als fertige Algorithmen anboten. Die Ebene der Anwendungslogik wurde von derartigen Programmen nicht unterstützt, sondern musste durch dedizierte Anwendungsprogramme bedient werden. Daher werden die Dateiverwaltungsroutinen dieser Epoche meist nicht als Datenbank-Management-Systeme eingestuft. Obwohl Dateiverwaltungssysteme erfolgreich auch für sehr große Datenbestände eingesetzt wurden, zeigten sich allmählich Nachteile, die dazu führten, dass Programmsysteme entwickelt wurden, die mehr Verwaltungsaufgaben für den Datenbestand übernehmen und dafür die Anwendungsprogrammebene entlasten. Nachteilig war insbesondere die Notwendigkeit, bestimmte Datenelemente mehrfach bzw. in mehreren Dateien abzulegen, um ein schnelleres Auffinden bestimmter Datensätze zu ermöglichen. Dies machte Änderungen im Datenbestand kompliziert und brachte eine große Inkonsistenzgefahr mit sich. Datensammlungen, die selten Änderungen einzelner Datensätze erfordern, werden dagegen auch heute noch gelegentlich als Dateiverwaltungssysteme realisiert.

## C 4.2.2 Prärelationale Datenbank-Management-Systeme

Die Erfahrungen mit den Nachteilen der Dateiverwaltungssysteme zeigten, dass die Ebene der physischen Datenablage von der Ebene der Anwendungslogik getrennt werden muss. Dadurch können Änderungen auf jeder der beiden Ebenen durchgeführt werden, ohne die andere zu beeinflussen. In den Sechziger Jahren wurden zwei Modelle entwickelt, die in der Praxis weite Verbreitung gefunden haben: das hierarchische und das Netzwerkmodell, beide benannt nach den Beziehungen, die sie zwischen den einzelnen Datenelementen erlauben (Lit. 01).

Beide Modelle sind in ihrer Struktur recht komplex. Grundprinzip des hierarchischen Modells ist, dass jeder Knoten (jedes Datenelement) nur genau einen Vorgänger in der Modellstruktur haben kann, wohl aber beliebig viele Nachfolger. Im Netzwerkmodell sind sogar beliebig viele Vorgängerknoten zugelassen. Diese Eigenschaften machen die Navigation in einer derartigen Datenbank sehr aufwändig: die physische Speicherung kann nur sequentiell erfolgen; die logische Baum- oder Netzwerkstruktur muss durch eine entsprechende Verweisstruktur (Verzeigerung) auf der logischen Ebene geschaffen werden. Besonders aufwändig und fehlerträchtig ist das Einfügen und das Löschen von Datenelementen mit der entsprechenden Anpassung aller Verweise. Bei beiden Modellen gibt es keine vollständige Trennung von physischer und logischer Ebene: die Art der Verzeigerung, also der Vorgänger-Nachfolger-Beziehungen zwischen den Datenelementen, muss zur Navigation in der Datenbank auch auf der Anwendungsebene bekannt sein, entsprechend kompliziert sind die Zugriffs- und Manipulationsprogramme. Die Vorteile von hierarchischem und Netzwerk-Modell gegenüber dem später eingeführten relationalen Modell sind sehr schnelle Zugriffszeiten bei den geplanten und implementierten Zugriffskriterien sowie platzsparende, effiziente Datenspeicherung. Daher haben sich beide Systeme in der Praxis schnell verbreitet und sind auch heute noch in manchen Anwendungsbereichen im Einsatz. Allerdings wurden die Nachteile dieser Systeme bald nach ihrer praktischen Einführung sichtbar: die immer noch enge Verzahnung zwischen physischer Ebene (Daten-

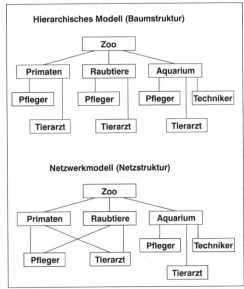

*Abb. 1: Im hierarchischen Modell ist nur die Baumstruktur zugelassen. Das Netzwerkmodell erlaubt mehrfache Beziehungen.*

speicherung) und logischer Ebene (Anwendung) führten dazu, dass Änderungen auf der Anwendungsebene, z. B. die Implementierung neuer Suchanfragen, umfangreiche Änderungen in der Verzeigerungsstruktur (und damit oft ein Umspeichern des Datenbestandes) und das Anpassen der Zugriffsprogramme erforderten. Den prärelationalen Systemen blieben daher vor allem diejenigen Anwendungsdomänen erhalten, in denen das Profil der Suchanfragen klar umgrenzt ist und in einer dedizierten Benutzungsoberfläche angeboten werden kann. Es gibt jedoch auch Beispiele großer Datenbestände (z.B. Fachinformations-Datenbanken), für die eine proprietäre Suchsprache entwickelt wurde, die von einem Parser in die entsprechenden physischen Zugriffsbefehle übersetzt wird. Besonders umfangreiche Datenbestände profitieren von der ressourcensparenden Organisation prärelationaler Architekturen, die sowohl mit wenig Massenspeicherplatz als auch mit geringem Hauptspeicher auskommen.

## C 4.2.3 Relationale Datenbank-Management-Systeme

Das Konzept der relationalen DBMS wurde bereits 1970 von E. F. Codd (Lit. 02) vorgestellt, zu einem Zeitpunkt, als die prärelationalen Systeme sich allmählich zu marktfähigen Produkten entwickelt hatten. Während diese relativ schnell ihre Blütezeit erreichten und ihnen eine hohe Marktdurchdringung beschieden war, blieb das relationale Modell zunächst weitgehend unbeachtet. Charakteristisch für das relationale Modell ist seine konsistente theoretische Basis, die auf der Relationenalgebra beruht. RDBMS haben eine in drei Schichten gegliederte Architektur, die noch konsequenter als bei den prärelationalen Systemen für eine vollständige Trennung zwischen Anwendung und Datenverwaltung sorgt (Lit. 03).

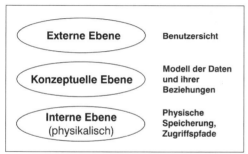

Abb. 2: 3-Ebenen-Architektur zur Trennung zwischen physischer, konzeptueller und Anwendungs-Ebene

### C 4.2.3.1 Charakteristika der RDBMS

Diese theoretisch fundierte Organisation ist in der Praxis meist weniger effizient als die der früheren Systeme, was in Zeiten knapper Hardware-Ressourcen zunächst für Ablehnung sorgte. Populär wurden die relationalen DBMS erst durch die elegante Anfragesprache SQL (Structured Query Language), die im Vergleich zu den Vorgängerkonzepten leicht erlernbar und sehr mächtig ist (Lit. 04). SQL bot erstmals als eine von bestimmten Anwendungskontexten völlig unabhängige Sprache die Möglichkeit, Suchanfragen ad hoc zu formulieren. Anwender waren nicht gezwungen, alle gewünschten Suchanfragemöglichkeiten während der Datenbank-Entwicklungsphase endgültig festzulegen; statt dessen hatten sie die Chance, das Anwendungssystem im Gebrauch weiter zu entwickeln und auszubauen. Ein Übriges taten die auf dem relationalen Modell basierenden PC-Datenbanksysteme der Achtziger Jahre wie z.B. DBase, die zwar als Einzelplatzsysteme zunächst gar nicht die theoretischen Anforderungen an ein „echtes" Datenbanksystem erfüllten, aber in kurzer Zeit das relationale Modell populär machten und für seine weitere Verbreitung auch im Großrechnerbereich (z.B. SQL/DS) sorgten.

Die physische Speicherung der Daten bleibt dem Anwender, aber auch dem Administrator, bis auf wenige Ausnahmen verborgen. Zu diesen Ausnahmen gehören das Anlegen von Indizes, die aber nicht als separate Indexdateien zugänglich werden, die Festlegung der Verteilung großer Datenbestände auf mehrere physische Speichereinheiten sowie einige Parametereinstellungen, mit denen die Eigenschaften der physischen Speichermedien (z.B. Blockgrößen) berücksichtigt werden können. Ein direkter Zugriff auf die gespeicherten Daten ist nicht mit Anwendungsprogrammen üblicher Art möglich. Statt dessen umfasst das relationale Modell spezielle Sprachen, die jeweils für bestimmte Zwecke eingesetzt werden:

– Data Definition Language (DDL)

– Data Manipulation Language (DML)

– Data Control Language (DCL).

In der Praxis sind diese Sprachen Bestandteil von SQL. Ein typisches DDL-Kommando ist z.B. „CREATE TABLE...", der Befehl, mit dem Tabellen angelegt und spezifiziert werden. Das wichtigste DML-Konstrukt ist „SELECT spalteninhalt FROM tabelle WHERE bedingung". Die DCL befasst sich mit der Steuerung des Arbeitsablaufs während einer Datenbank-Sitzung, z.B. der Freigabe von Zwischenergebnissen durch „COMMIT WORK". Die logische Organisation der Daten erfolgt in Relationen, also in (mathematischen) Mengen von Entitäten (voneinander unterscheidbare Datenobjekte) und ihren Attributen (Eigenschaften) sowie den Beziehungen zwischen ihnen. Die Ergebnisdarstellung erfolgt in relationalen Systemen meist in Tabellenform, daher werden die Relationen inzwischen oft als „Tabellen" bezeichnet, entsprechend werden ihre Tupel „Zeilen" und die Attribute „Spalten" genannt. Die Erzeugung, Änderung und Suche von Daten erfolgt mit Operationen der Relationenalgebra, die jedoch in den genannten Sprachen verborgen bleibt und nach außen hin als leicht merkbare SQL-Befehlswörter erscheint.

**Datenbank Zoo**

**Tabelle Abteilung**

| A# | A-Name |
|---|---|
| A1 | Primaten |
| A2 | Aquarium |
| A3 | Raubtiere |

**Tabelle Personal**

| P# | P-Name | Beruf |
|---|---|---|
| P1 | Meier | Pfleger |
| P2 | Müller | Pfleger |
| P3 | Schmidt | Techniker |
| P4 | Benn | Tierarzt |

**Tabelle Abteilung - Personal**

| A# | P# |
|---|---|
| A1 | P1 |
| A3 | P1 |
| A2 | P2 |
| A2 | P3 |
| A1 | P4 |
| A3 | P4 |

*Abb. 3: Relationen der Datenbank Zoo. Durch die Beziehungstabelle Abteilung - Personal kann ebenso wie im Netzwerk-Modell dargestellt werden, dass manche Mitarbeiter für mehrere Abteilungen zuständig sind.*

### C 4.2.3.2 Modellierungsverfahren

Im Laufe der Siebziger Jahre wurde das ursprüngliche relationale Konzept um einige Modellierungsregeln ergänzt, mit denen die Erstellung korrekter, in sich schlüssiger Datenbank-Schemata unterstützt werden soll. Ausgangspunkt war die Notwendigkeit, statt der physischen Zusammenhänge zwischen den Daten, die in den früheren Systemen prägend waren, ihre logischen Zusammenhänge zu identifizieren und für die Modellierung zu nutzen. Dabei ist im relationalen Modell das Konzept des Schlüsselattributs entscheidend: eine Merkmalsausprägung oder eine Kombination von Merkmalsausprägungen muss ein Tupel eindeutig von allen anderen Tupeln unterscheidbar machen (identifizieren), um den Zugriff auf genau dieses Tupel zu ermöglichen. Die Position eines Tupels in einer physischen Reihenfolge hat damit, wie es durch die Ebenentrennung gefordert wird, keine Bedeutung mehr. Dies bringt jedoch auch einige Bedingungen mit sich, die an die Struktur der Daten gestellt werden. Diese Bedingungen werden als Normalformen bezeichnet. Von insgesamt fünf Normalformen sind drei in der Praxis bedeutsam:

– Die erste Normalform verlangt eine flache Organisation der Datenelemente, sie dürfen keine innere Struktur wie z.B. Aufzählung oder Zusammensetzung aus mehreren Attributen besitzen.

– Die zweite Normalform verlangt, dass alle Attribute eines Tupels in ihren Wertausprägungen vollständig durch das Schlüsselattribut bestimmt werden und nicht etwa eigenständige Schlüsselattribute sind.

– Die dritte Normalform verlangt darüber hinaus, dass es keine indirekten Abhängigkeiten vom Schlüsselattribut gibt, also Abhängigkeiten, die nicht direkt sichtbar sind, sondern über eine Verkettung von Abhängigkeiten zwischen mehreren Attributen einer Relation auftreten.

Die Identifikation geeigneter Schlüsselattribute und die Normalisierung können recht schwierig sein. Im Prinzip können sie nur für einen bestimmten Tupelbestand geprüft und garantiert werden. Die realistische Situation beim Datenbankentwurf ist jedoch, dass nur einige konkrete Beispieltupel bekannt sind und das Hinzukommen vieler weiterer mit potenziellen Duplikatwerten vorausschauend berücksichtigt werden muss. Dies macht den Datenbankentwurf zu einer anspruchsvollen Herausforderung, die tiefes Wissen über die Semantik des Anwendungsgebiets verlangt.

Als weitere Richtschnur bei der Modellierung sind einige Integritätsregeln zu beachten. Sie sichern z.B.

ab, dass Attribute nur bestimmte zulässige Werte annehmen dürfen oder sich die Werte nur auf eine bestimmte Art ändern dürfen. Die referentielle Integrität verlangt, dass Wertänderungen bestimmter Attribute zwingend die notwendigen Wertänderungen aller von ihnen abhängigen Attribute nach sich ziehen. In modernen RDBMS können diese Integritätsregeln, soweit sie nicht beim Entwurf angewendet werden, sondern die Dynamik der fertigen Datenbank beeinflussen, als Prozeduren abgespeichert werden, so dass ihre Anwendung automatisiert wird und nicht versäumt oder umgangen werden kann.

Weitgehend konsolidiert seit den Achtziger Jahren ist die Theorie der RDBMS. Ab den späten Achtziger Jahren erreichten sie eine weite Verbreitung auf dem Markt und gelten momentan als Standard. In den letzten zehn Jahren wurden jedoch zunehmend die Grenzen des relationalen Modells spürbar: komplex strukturierte Daten lassen sich wegen der Anforderungen der Ersten Normalform nicht adäquat modellieren, sie werden entweder durch die Normalisierung zerlegt, wobei ihre Zusammenhänge aufwändig durch Metadaten konserviert werden müssen, oder sie werden unter absichtlicher Verletzung der Ersten Normalform (Non First Normal Form) in unstrukturierten Datenfeldern (meist als binary large objects, BLOBs, bezeichnet) abgespeichert, wo sie nicht direkt durchsuchbar sind. Daher eignen sich relationale DBMS schlecht für die Speicherung objektorientiert modellierter Daten und hierarchischer Daten, wie sie z.B. typisch für XML sind. In diesen Bereichen wird durch die erwähnten Hilfskonstrukte (zusätzliche Speicherung der beim Zerlegen verlorenen Zusammenhänge oder physisch zusammenhängende Speicherung ohne Beachtung der inneren Struktur) die vollständige Trennung von physischer und logischer Ebene durchbrochen, und die Mächtigkeit der Sprache SQL wird auf die wenigen konservierten Zusammenhänge und Strukturen reduziert.

Heute sind daher im kommerziellen Bereich kaum noch „rein relationale" Systeme anzutreffen. Die leistungsfähigen Systeme sind vielmehr mit zahlreichen Erweiterungen versehen worden, die eine bessere Handhabung der genannten Problemfälle ermöglichen. In der Praxis am weitesten verbreitet sind objektrelationale Systeme, die durch Integration von Konzepten aus der objektorientierten Modellierung die Unzulänglichkeiten des relationalen Modells kompensieren.

### C 4.2.4 Postrelationale DBMS

In den frühen Neunziger Jahren entwickelten sich, ausgelöst durch die zunehmend in der Praxis spürbaren Unzulänglichkeiten des relationalen Modells, allmählich alternative Konzepte. Zum einen gab es Bemühungen, das objektorientierte Modell um das Konzept der Persistenz (dauerhafte Speicherung) zu erweitern und so den Konzeptbruch zwischen der objektorientierten Programmierung und der relationalen Datenspeicherung zu vermeiden. Zum anderen haben sich in vielen Anwendungsbereichen mit komplex strukturierten Daten spezielle Systeme entwickelt, die interessanter Weise wieder eher den scheinbar veralteten prärelationalen Systemen und Dateiverwaltungssystemen gleichen. Diese speziellen, oft domänenspezifischen Systeme zeichnen sich nicht durch ein einheitliches Konzept der Modellierung oder Speicherung aus, sie zeigen jedoch einige Gemeinsamkeiten, die sie kennzeichnen. Objektorientierte Datenbanken, und vor allem die genannten, keinem einheitlichen Konzept zuzuordnenden Datenbanken, werden etwas vage als „Non-Standard-Datenbanken" bezeichnet, da es kein präziseres Charakteristikum gibt, das sie insgesamt beschreiben könnte.

#### C 4.2.4.1 Objektorientierte Datenbank-Management-Systeme (OODBMS)

Das Schicksal der objektorientierten Datenbanken gleicht ein wenig dem der RDBMS. Ihr theoretisches Konzept ist unbestritten fundiert und optimal an die objektorientierte Programmierung angepasst, jedoch wurde ihnen, lange Zeit mit Recht, geringe Praxistauglichkeit wegen des hohen Ressourcenverbrauchs und der schlechten Zugriffsgeschwindigkeiten nachgesagt. Bislang sind die rein objektorientierten Datenbanken kaum verbreitet, jedoch gibt es inzwischen einige Systeme auf dem Markt, die dieses Prinzip konsequent umsetzen und nicht als relationale Systeme mit objektorientierten Erweiterungen implementiert sind.

Die OODBMS sind aus den objektorientierten Programmiersprachen (OOP) heraus entstanden. Pate stand hierbei der Wunsch, die OOP um das Konzept der Persistenz zu erweitern, also eine Möglichkeit zu schaffen, Daten in ihrer objektorientierten Struktur ohne nötige Transformation in ein anderes Modell über die Laufzeit eines bestimmten Prozesses hinaus aufzubewahren und später wieder aus dem externen Speicher holen zu können (Lit. 05, Lit. 06). Typische Strukturen im objektorientierten Modell sind hierarchische Konstrukte („Vererbung" bzw. Generalisierung – Spezialisierung) und bestimmte Arten von Beziehungen (Assoziation mit den Untertypen Aggregation und Komposition). Darüber hinaus müssen objektorientierte Datenbanksysteme zusammengesetzte Datentypen wie z.B. Listen handhaben können, die im relationalen Modell während der Normalisierungsschritte aufgelöst werden. Während die Beziehungstypen in ähnlicher Form auch im relationalen Modell vorkommen, führt die Vererbung zu Baum-artigen Datenstrukturen, bei Zulassung von Mehrfachvererbung sogar zu Netzwerk-artigen. Damit zeigt sich eine starke Ähnlichkeit mit der Datenmodellierung der prärelationalen Systeme – mit einem entscheidenden Unterschied: das objektorientierte Modell verlangt strikte Kapselung der Daten (Geheimnisprinzip, information hiding). Verzeigerte Zugriffsverfahren, die offen in den Anwendungsprogrammen zugänglich sind und physisch direkten Zugang zu Datenelementen ermöglichen, sind nach dem objektorientierten Modell nicht zulässig. Statt dessen muss eine Zugriffssprache (z.B. die SQL-ähnliche Sprache OQL) den Kontakt zwischen Anwendungsprogramm und Datenbank übernehmen. Dieses Konstrukt hat nicht nur den Vorteil der strikten Einhaltung des Geheimnisprinzips, sondern es bietet auch ähnlichen Komfort wie die relationale Sprache SQL, mit der es deutliche syntaktische Übereinstimmungen hat. Die objektorientierten Erweiterungen sind z.B. die Spezifikation von Datentypen für die Ergebnismenge (zur Wiedergewinnung komplexer Datentypen) und die Angabe von Klassenhierarchien innerhalb von Anfragen.

Der Nachteil dieses Komforts ist die große Kluft zwischen der logischen und der physischen Datenorganisation. Während die prärelationalen Systeme ihre Effizienz in Zeit- und Speicherbedarf aus der engen Kopplung zwischen Anwendung und physischer Datenablage schöpften, bringt der hohe Abstraktionsgrad bei den OODBMS starke Transformationsverluste zwischen logischer und physischer Ebene mit sich. Da die ad-hoc-Definition von Suchanfragen auch bei den OODBMS eine grundlegende Forderung ist, können keine für bestimmte Zugriffswege optimierten physischen Speicherstrukturen implementiert werden. Die praktischen Probleme mit rein objektorientierten Datenbanken haben dazu geführt, dass zur Zeit überwiegend objektrelationale DBMS im kommerziellen Einsatz zu finden sind.

## C 4.2.4.2 Objektrelationale Datenbank-Management-Systeme (ORDBMS)

Wegen der Kinderkrankheiten der rein objektorientierten Systeme und wegen der großen Verbreitung der relationalen DBMS lag es nahe, statt des theoretisch durchgehend konstruierten rein objektorientierten Ansatzes ein hybrides Modell zu entwickeln, das die Beschränkungen des relationalen Modells überwindet, gleichzeitig aber dessen vergleichsweise hohe Alltagstauglichkeit erhält (Lit. 06). In diesem Fall wurde ein Konzept, das die Datenpersistenz garantiert, um objektorientierte Strategien erweitert. Die Ausgangsbasis für derartige Überlegungen sind die durchaus hohen Ähnlichkeiten zwischen den relationalen und den objektorientierten Modellierungskonzepten. Bestimmte Arten von Beziehungen sind in beiden Fällen Grundkonstrukte, auch die Generalisierungs-Spezialisierungs-Beziehung kann im relationalen Modell abgebildet werden. Das Geheimnisprinzip wird auch im relationalen Modell eingehalten, insofern entsprechen Entität und Objekt sowie Entitätentyp und Klasse sich direkt. Deutliche Unterschiede, die bei der objektorientierten Erweiterung des relationalen Modells überwunden werden mussten, sind beim objektorientierten Konstrukt der Methoden und bei der Handhabung strukturierter Daten (z.B. Listen und Vektoren) zu finden. Der dynamische Aspekt, der beim objektorientierten Modell durch die (jeweils bestimmten Klassen bzw. ihren Objekten zugeschriebenen) Methoden verkörpert wird, ist im relationalen Modell eher inkonsequent und schwach an mehreren Stellen realisiert. Standardverfahren wie Summen- oder Durchschnittsbildung sind im Sprachumfang von SQL enthalten. Weitere Funktionen können je nach SQL-Dialekt in gespeicherten Prozeduren realisiert werden; soweit dies nicht ausreicht, müssen Bearbeitungsschritte in einem aufrufenden Anwendungsprogramm erfolgen. Spracherweiterungen zur Verbesserung des relationalen Modells waren vor allem in diesen Problembereichen nötig. Entsprechend zeichnen sich leistungsfähige objektrelationale Modelle besonders durch die Fähigkeit zur Handhabung komplex strukturierter Daten aus. Dies bedeutet eine erhebliche Reduzierung des Arbeitsaufwandes bei der Modellierung. Während objektorientierte Programmierung und Nutzung eines rein relationalen DBMS einen erhöhten Aufwand für die Analyse und Entwicklung in zwei verschiedenen Denkweisen und die Anwendung oft komplizierter und fehlerträchtiger Abbildungsstrategien bedeutet, ist die Entwicklungsarbeit im Kontext von OOP und ORDBMS wesentlich homogener und geradliniger.

### C 4.2.4.3 Non-Standard-DBMS für bestimmte Anwendungsgebiete

Der Sammelbegriff für diese Kategorie lässt bereits ahnen, dass eine kurze und vollständige Beschreibung nicht möglich ist. Allgemeine Kennzeichen dieser Datenbanken sind komplex strukturierte Daten mit engen Beziehungen untereinander, oft auch Daten, die keine einheitliche Struktur zeigen (semistrukturierte Daten), mitunter auch Daten mit besonderen dynamischen Eigenschaften. Als Beispiele seien Multimediale Datenbanken, temporale Datenbanken, XML-Datenbanken, Geographische Informationssysteme und molekularbiologische Datenbanken genannt. Diese besonderen Arten von Datenbanken weisen Eigenschaften und Anforderungen auf, die in wichtigen Aspekten nicht von gängigen anwendungsunabhängigen DBMS erfüllt werden können. Das Dilemma der speziellen Anwendungen ist gerade dieser enge Anwendungsbezug: für einzelne der im Folgenden aufgeführten Problemtypen sind bereits hervorragende dedizierte Lösungen entwickelt worden, die jedoch nur in einem engen Kontext eingesetzt werden können und nicht auf einen anderen übertragbar sind.

Beispiele für diese besonderen Anforderungen und Kontexte sind:

- **Multimodale Daten.** Bild-, Bewegtbild- und Audiodaten haben jeweils unterschiedliche Speicherformate. In Datenbanken müssen oft die Zusammenhänge zwischen diesen Daten (z.B. zeitliche Synchronisation zwischen Bild und Ton) konserviert werden, außerdem ist eine Suchmöglichkeit anhand inhaltlicher Kriterien erstrebenswert. Die explizite Repräsentation von Zusammenhängen und die Ableitung geeigneter Metadaten zur problemorientierten Suche sind Herausforderungen an die Konstruktion multimedialer Datenbanken.
- **Temporale (zeitbezogene) Daten.** Viele Anwendungen erfordern das Archivieren von Zustandsbildern verschiedener Referenzzeitpunkte, seien es Quartalsberichte für bestimmte Geschäftskennzahlen oder die Messwerte und Diagnosen einer Patientengeschichte. Auch sehr kleinteilige Zeitreihen wie z.B. moleküldynamische Simulationen mit Zeitabständen von wenigen Femtosekunden fallen in diesen Bereich. Die gespeicherten Daten müssen immer in Bezug auf ihren Entstehungszeitpunkt, eventuell auch auf ihren Erfassungszeitpunkt, gesehen werden und besitzen dadurch eine logische Reihenfolge, die durch entsprechende Schlüsselwerte (aus Zeitmarken generiert) gesichert und bei der Verarbeitung rekonstruiert werden muss.
- **XML-Dokumente.** Die innere Struktur von XML-Dokumenten erlaubt ihre Vergleichbarkeit und einheitliche Bearbeitung. Diese Vorteile sollen auch bei der Ablage von XML-Dokumenten in Datenbanken erhalten bleiben. Für die Bewältigung dieser wichtigen Aufgabe haben sich inzwischen mehrere Lösungsansätze etabliert, die entweder geeignete Erweiterungen bzw. Abbildungsverfahren aufweisen, wie z.B. XML-Erweiterungen für das relationale Modell, oder proprietäre Lösungen, die besondere Zugriffs- und Verarbeitungsroutinen umfassen. Beiden Lösungswegen gemeinsam ist, dass sie aus Benutzersicht komfortable Suchmöglichkeiten bieten, die in ihrer Syntax meist an bekannte Sprachen angelehnt sind, z.B. XQL.
- **Graphen.** Bei einigen Anwendungen zeichnen sich die Daten durch eine Graphstruktur aus. Sie haben Adjazenzbeziehungen (Vorgänger, Nachfolger, Nachbarn) und bestimmte Eigenschaften der Graphknoten, z.B. räumliche Koordinaten. Sofern es sich um räumliche Gebilde handelt, muss außerdem zwischen den Beziehungen auf 2D-Graph-Ebene (Entfernungsangabe als Anzahl der zwischen zwei Knoten liegenden Knoten und Kanten) und auf 3D-Ebene (Entfernungsangabe als Differenz zwischen den Werten der Koordinatentripel) unterschieden werden. Je nach Anwendung sind bestimmte Referenz-Koordinatensysteme (z.B. geographische Referenzpunkte als Bezugspunkte oder inneres Koordinatensystem eines Moleküls basierend auf seinen Schwerpunkt-Koordinaten) zu berücksichtigen. Die Algorithmen zur Bearbeitung von Graphen sind vielfältig und aufwändig. Schon allein für den Ähnlichkeitsvergleich zwischen Graphen oder für die Suche des größten gemeinsamen Teilgraphen oder des Enthaltenseins eines vorgegebenen Graphen in einem anderen sind jeweils zahlreiche Algorithmen bekannt, die bei bestimmten Grapheigenschaften sehr effizi-

ent sind, bei anderen jedoch einen hohen Rechenzeitbedarf haben. Derartige Datenbanksysteme werden daher auch heute noch weitgehend als Dateiverwaltungssysteme mit sehr speziellen Verwaltungsprogrammen erstellt. Diese erfüllen fast nie alle theoretischen Anforderungen an DBMS hinsichtlich der Trennung von physischer, logischer und Konzeptebene, daher können auch sie im strengen Sinne oft nicht als DBMS bezeichnet werden.

## C 4.3 Einbettung von DBMS in Informationssystem-Architekturen

Abgesehen von den semantischen Aspekten der Datenorganisation gibt es noch besondere technische Aspekte, die in der letzten Dekade an Bedeutung und Ansprüchen stark zugenommen haben. Kaum ein Datenbanksystem wird noch als ein sich geschlossenes System betrieben, statt dessen sind die Standardisierung von Schnittstellen (z.B. ODBC, Open Database Connectivity) zu weiteren Softwaresystemen und der Integrationsstrategien in Client-Server-Systeme immer wichtiger geworden (z.B. CORBA, Common Object Request Broker Architecture).

Schon immer war es der Anspruch an ein vollwertiges DBMS, verteilte Zugriffe (lesend und schreibend) durch besondere Schutzmechanismen zu ermöglichen. Inzwischen ist auch die Verteilung in der anderen Richtung, der Zugriff auf verteilte Datenbestände, zu einer wichtigen Anforderung geworden. Auch die Entwicklung von den statischen HTML-Seiten der mittleren Neunziger Jahre hin zu benutzerfreundlichen, dynamisch generierten Oberflächen für Web-basierte Datenbanken war eine technische Herausforderung, deren erfolgreiche Bewältigung das Datenbank-Angebot in seinen finanziellen und logistischen Aspekten tiefgreifend verändert hat.

Beide Neuerungen wurden durch wesentliche Entwicklungen in der Informatik, vor allem im Bereich der Datenbanksysteme, der Mensch-Maschine-Schnittstellen und der Datenübertragung, ermöglicht. Die Verteilung von Datenbeständen wurde schon allein aus Mangel an Speicherplatz seit Jahrzehnten praktiziert. Lange Zeit war die Voraussetzung dafür jedoch eine eindeutige Trennung zwischen den einzelnen Datenbeständen, die jederzeit eine einfache Entscheidung darüber ermöglichte, wo neue Daten zu speichern oder wo

bestimmte Daten zu finden waren. Heute dagegen erfordert die verteilte Speicherung und Verwaltung von Datenbeständen leistungsfähige Mechanismen, die das Zusammenwirken mehr oder weniger autonomer lokaler Datenbestände ermöglichen. Die Vermeidung oder Kontrolle von Redundanz, die Koordination teilweise übereinstimmender Inhalte und die Möglichkeit der gemeinsamen gleichzeitigen Bearbeitung bestimmter Objekte sind komplexe Anforderungen auf diesem Gebiet (Lit. 07).

Eine rasante Verbreitung haben Web-basierte Datenbanken in den letzten zehn Jahren erlebt (Lit. 08). Mit der Möglichkeit des World Wide Web, mittels eines Web-Browsers den graphisch basierten interaktiven Zugriff von entfernten Standorten aus auf HTML-Seiten zu ermöglichen, bot sich auch der einfache und plattformunabhängige Zugriff auf Datenbanken an. Die technische Voraussetzung dafür war die Schaffung von Skriptsprachen, deren Befehle in HTML-Seiten eingebettet werden können und die dynamisch (abhängig von Ereignissen, die erst zur Laufzeit eintreten) HTML-Code generieren können. Dadurch war es möglich, von HTML-Seiten aus interaktive Eingaben für Suchanfragen zu generieren, diese an den Datenbank-Server zu schicken und das Suchergebnis wiederum auf einer dynamisch generierten HTML-Seite zu präsentieren. Weiterhin muss ein Anwendungs-Server (application server) als Vermittler (middleware) fungieren, um den Datenbank-Server mit Eingaben zu bedienen (Umsetzung in die Datenbank-Sprache) und dessen Ergebnisse aufzubereiten. Die erforderlichen Komponenten, Webserver, Skriptsprache und als (R)DBMS ein Datenbank-Server, sind auch kostenlos verfügbar, z.B. in der verbreiteten LAMP (Linux, Apache, MySQL, PHP)-Konfiguration. Die Verfügbarkeit der Web-basierten Techniken ließ daher eine Fülle von Datenbank-Angeboten entstehen. Vor allem im wissenschaftlichen Bereich ist diese Form der Datenbank-Angebote, das so genannte „Deep Web" („tiefgehend", da dessen Inhalte nicht von Suchmaschinen erfasst werden können), bereits sehr umfangreich. Die fast immer kostenlosen Angebote stellen in manchen Bereichen eine ernst zu nehmende Konkurrenz für kommerzielle Anbieter dar, denn nicht wenige dieser Angebote sind qualitativ hochwertig und sichern durch Rahmenvereinbarungen z.B. mit Zeitschriftenverlagen oder Forschungseinrichtungen die Vollständigkeit ihres Inhalts ab.

## C 4.4 Resümee und Ausblick

Die letzten Jahre haben eine vielfältige, dabei auch stark divergierende Entwicklung auf dem Gebiet der Datenbank-Management-Systeme gezeigt. In der Tradition derjenigen DBMS, die eine konsistente Theorie verkörpern, stehen die objektrelationalen und die objektorientierten DBMS. Sie sind völlig unabhängig von bestimmten Anwendungsgebieten; der Anwendungsbezug entsteht erst durch Entwurf und Implementierung von Datenbanken für bestimmte Anwendungsgebiete. Der Nachteil derartiger DBMS sind ihre Unzulänglichkeiten gegenüber den Anforderungen zahlreicher spezieller Gebiete.

Die Komplexität und die besonderen Anforderungen einiger Anwendungsgebiete, die sich seit den Achtziger Jahren rasant entwickelt haben, lassen seit einiger Zeit vermehrt dedizierte DBMS entstehen, die nur in einem bestimmten Anwendungskontext einsetzbar sind und genau auf diesen zugeschnitten wurden. Dadurch ist inzwischen eine Vielfalt von proprietären Systemen entstanden, die jeweils nur ein sehr schmales Anforderungssegment bedienen. Dem Vorteil, optimal auf bestimmte Bedürfnisse zugeschnitten zu sein, stehen bei diesen DBMS die Nachteile eines sehr engen Marktes und oft mangelnde Transparenz der Implementierungsdetails entgegen.

Sehr neu sind die Charakteristika der gegenwärtigen Situation nicht. Trotz der inzwischen über 40-jährigen Bestrebungen, umfassende, anwendungsunabhängige und leistungsfähige DBMS zu konstruieren, gab es zu allen Zeiten erfolgreiche Datenbanken, die nicht auf einer dieser Standard-Architekturen aufsetzten – nicht nur als Legacy-Anwendungen, sondern auch als bewusst von Grund auf neu mit einem speziell entwickelten DBMS ausgestattete Systeme. Vertreter beider Prinzipien sind in der Vergangenheit oft gegeneinander zu Felde gezogen. Es erscheint immer fraglicher, ob Eifer an dieser Stelle am besten eingesetzt ist. Zur Zeit scheint eher eine mehrgleisige Entwicklung wahrscheinlich: das umfangreiche Angebot an mehr oder weniger anwendungsunabhängigen DBMS kann je nach Preis und Leistungsumfang inzwischen die Mehrzahl von Anforderungen bedienen. Damit ist es für die meisten Anforderungen möglich, mit Standardmitteln leistungsfähige Datenbanken zu bauen. Darüber hinaus gehender Bedarf muss durch speziellere Werkzeuge gedeckt werden, wobei es für einige häufiger vorkommende Fragestellungen inzwischen bereits fertige kontextspezifische Systeme gibt.

Die Zukunft wird sicher ein paar Überraschungen bereit halten – sei es, dass der schon lange beschworene und bislang nur im Labormaßstab implementierte Assoziativspeicher auf der Hardware-Seite einige altbekannte Speicherzugriffsprobleme löst, sei es, dass neue Mechanismen den ebenfalls schon lange prognostizierten Durchbruch von Wissensbanken ermöglichen. Ganz sicher aber wird es sowohl eine organische Weiterentwicklung und Konsolidierung der heutigen Standard-DBMS geben, als auch zahlreiche und vielfältige Entwicklungen auf dem Gebiet der Non-Standard-Datenbanken.

### Literatur

01 Schlageter, Gunter; Stucky W.: Datenbanksysteme. Konzepte und Anwendungen. Stuttgart: Teubner 1983

02 Codd, E. F.: A Relational Model of Data for large Shared Data Banks. CACM 13, Nr. 6, 1970

03 Tsichritzis, Dennis C.; Klug, A.: The ANSI/X3SPARC DBMS framework report of the study group on database management system. Information Systems 3/3 (1978) 173-191

04 Achilles, Albrecht: SQL. Standardisierte Datenbanksprache vom PC bis zum Mainframe. München: Oldenbourg 2000

05 Heuer, Andreas: Objektorientierte Datenbanken – Konzepte, Modelle, Standards und Systeme. 2. Aufl. Bonn: Addison-Wesley 1997

06 Balzert, Heide: Lehrbuch der Objektmodellierung. Analyse und Entwurf. Heidelberg: Spektrum 1999

07 Dadam, Peter: Verteilte Datenbanken und Client/Server-Systeme. Berlin: Springer 1996

08 Abiteboul, S.; Buneman, P.; Suciu, D.: Data on the web – from relations to semistructured data and XML. San Francisco: Morgan Kaufmann 2000

# C 5 Hypertext

Rainer Hammwöhner

## C 5.1 Einleitung

Seit dem ersten internationalen Workshop über Hypertextsysteme 1987 in Chapel Hill hat das Hypertext-Gebiet eine außerordentlich dynamische Entwicklung erfahren. Hypertext-Komponenten sind in eine Vielzahl von Informationssystemen und Benutzungsoberflächen integriert, ohne dass sie – wie z.B. bei Dateisystemen – noch als solche wahrgenommen würden. Das World Wide Web (WWW) hat sich als weltumspannendes Medium etabliert, dessen konsistente Weiterentwicklung durch stets erweiterte Standards von einer eigenen Organisation, dem WWW-Consortium (Lit. 50) gesteuert wird. Elektronische Bücher kann man auf CD-ROM in fast jeder mittelgroßen Buchhandlung kaufen. Große Firmen setzen auf die Weiterbildung ihrer Mitarbeiter durch virtuelle, oft hypertext-basierte Lehre, für die wiederum eigene Standards – z.B. das Shareable Content Object Reference Model (Scorm) (Lit. 48) – entwickelt werden.

Dieser weite Einsatzbereich bringt allerdings auch ein erhebliches methodisches Problem mit sich. Hinter den disparaten Anforderungen der jeweiligen Einsatzgebiete droht eine zusammenhängende Theorie von Hypertext zu verschwinden. Ob eine solche überhaupt zu formulieren ist, ist ohnehin fraglich. Schon eine umfassende Theorie von Text konnte bisher nicht oder nur auf sehr abstraktem Niveau formuliert werden. Die im Zusammenhang mit dem Aufbau und der Nutzung von Hypertexten und Hypertextsystemen auftretenden Fragestellungen sind vielfach interdisziplinärer Natur, die z.T. auch einzelwissenschaftlich mit etwas verengter Perspektive untersucht werden. Die Informatik sieht in Hypertext eine Spezialform multimedialer Systeme, die besonders unter dem Gesichtspunkt der Datenverwaltung, bestehender Kommunikationsstandards und Software-Architekturen zu untersuchen sind (Lit. 32). Lerntheorien aus Pädagogik und Psychologie sind die Grundlage für den Aufbau und die Nutzung von Lehrhypertexten (Lit. 41). Hyperfiction – hypermediale Belletristik – profitiert von und speist sich aus den Strömungen der gegenwärtigen Literaturtheorie (Lit. 29).

Hier soll Hypertext vor allem unter informationswissenschaftlichen Fragestellungen behandelt werden. Einer kurzen definitorischen Eingrenzung des Gegenstands folgen texttheoretische Überlegungen zum Hypertext. Sodann wird auf die Informationssuche in Hypertexten und die Gestaltung von Hypertexten eingegangen.

## C 5.2 Was ist Hypertext?

Hypertext ist ein in isolierte Blöcke – Knoten, Units, Objekte, informationelle Einheiten – fragmentierter Text. Diese Einheiten werden durch textinterne Verweise, textuelle Deixis, untereinander verbunden. Aufgrund dieser Verweise stellt der Leser, ausgehend von einem vorgegebenen oder individuell ausgewählten Startknoten, eine Lesesequenz (Ergebnis einer Navigation oder eines Browsing) zusammen, die seinen persönlichen Rezeptionsgewohnheiten und seinem Informationsbedarf entsprechen. Eine vorgegebene lineare Lesefolge wie bei einem Buch ist allenfalls als zusätzliches Strukturierungsangebot vorhanden. Diese weitergehenden Anforderungen an die Handhabung bedingen, dass Hypertexte im Gegensatz zu konventionellen Texten elektronisch repräsentiert sein müssen und nur vermittels eines Computers oder e-books o.ä. unter Einsatz einer speziellen Software, eines Hypertextsystems gelesen und geschrieben werden können. Die Auswahl der Verknüpfungen, die im Text besonders gekennzeichnet sind, erfolgt dann durch direkte Manipulation der als Verknüpfung (Link) gekennzeichneten Objekte.

Die elektronische Repräsentation in Verbindung mit mächtigen Interaktionswerkzeugen lässt im Hypertext die Grenzen zwischen den Medien verschwinden. Ohne weiteres können in Hypertexte weitere statische Medien wie Fotografien, Zeichnungen etc. integriert werden. Aber auch dynamische Medien, wie Film und Audio, können in den Hypertext eingebunden werden. Soll der Aspekt der Mediendiversifikation betont werden, wird häufig auch von Hypermedia gesprochen, während man eher von Hypertext spricht, wenn man sich auf die Vernetzungsstruktur, eben auf textuelle Aspekte bezieht.

Durch die mittlerweile weltweite Vernetzung von Computern innerhalb des Internets ist eine Verteilung des Hypertexts über eine Vielzahl von Rechnern möglich. Hier stellt sich die Frage, ob die Gesamtheit der im Netz verfügbaren Hypertext-Einheiten als *ein* Hypertext aufzufassen ist, oder ob hier ein Netzwerk von in sich komplex strukturierten Hypertexten vorliegt. Aber das ist wohl eher eine akademische Frage.

Eine Typologie von Texten stellt Aarseth (Lit. 01) vor. Dabei können Texte – Hypertexte stellen hier einen Spezialfall dar – nach folgenden Kriterien unterschieden werden:

- **Topologie:** Welche Struktur ordnet die Menge der Text-Einheiten? Ist sie linear – dies ist der Sonderfall des konventionellen Texts – hierarchisch oder netzwerkartig?

- **Dynamik:** Hier wird unterschieden, ob Verknüpfungen oder Inhalte des Textes statisch vorgegeben sind oder an die Rezeptionssituation angepasst sein können. Dies kann etwa durch eine regelmäßige Aktualisierung von Inhalten geschehen oder durch die Auswahl von Verknüpfungen oder Inhalten aufgrund von Benutzerprofilen.

- **Determinierbarkeit:** Ist die Traversierungsfunktion deterministisch in dem Sinn, dass Abfolgebeziehungen unveränderlich bleiben?

- **Ablauf:** Ist der Ablauf der Präsentation zeitgesteuert wie bei einer zeitsynchronisierten Multimedia-Präsentation, oder ist eine Aktion des Lesers erforderlich?

- **Steuerbarkeit:** Welche Traversierungsfunktionen stehen für die Lektüre des Hypertexts zur Verfügung, wie z.B. „Verknüpfung folgen" oder „Rücksprung zum Startknoten"?

Ergänzen ließe sich diese Typologie um Kriterien, welche die Medialität der Hypertexteinheiten (Text, Bild, Video, ...) und die Interaktionsmodalität (deiktisch, gesprochensprachlich, ...) erfassen. Wichtig ist auch die Unterscheidung zwischen Hyperdokumenten, die sich vom Leser, etwa durch Annotationen oder eigene Verknüpfungen, modifizieren lassen, und solchen, die für ihn unveränderlich sind. Die Sichtbarkeit dieser Änderungen wiederum kann sich auf den privaten Bereich beschränken oder auch andere Leser einschließen.

## C 5.3    Wie hat sich Hypertext entwickelt?

Als „Überväter" aller Hypertextsysteme gelten heute *Memex* und *Xanadu*, zwei Systeme, die überhaupt nicht oder nie vollständig realisiert wurden. *Memex* wurde 1945 von Vannevar Bush (Lit. 36), damals Berater des amerikanischen Präsidenten, konzipiert, um dem Fachexperten oder Informationsspezialisten Mittel zur Bewältigung der auf ihn einströmenden Informationsmengen an die Hand zu geben. *Memex* organisierte Textmengen durch Netzwerke von *Trails*, welche analog zu den Assoziationsnetzen der menschlichen Kognition konzipiert waren. Während die theoretische Vision des Systems sich als zukunftsweisend herausstellte, setzte die praktische Konzeption – entsprechend dem damaligen Stand der Technologie als elektromechanisches auf Mikrofilm beruhendes System – auf eine technische Sackgasse. Das theoretische Konzept von *Memex* als privatem „Kognitionsverstärker" kann aber noch heute als Grundlage von individuellen Lernsystemen und Ideenstrukturierungstools etc. angesehen werden.

Ted Nelson griff Bushs Ideen auf und prägte für die entstehenden netzwerkartigen Textstrukturen den Namen *Hypertext*. Nelson setzte im Gegensatz zu Bush nicht nur auf die kognitive sondern auch auf die kommunikative Funktion von Text. Sein Xanadu (Lit. 33) war schon frühzeitig als weltweit vernetztes Kommunikations- und Archivierungssystem geplant. Lösungen für viele Detailprobleme, wie z.B. die Adressierungsschemata und die Gewährleistung des Copyrights für beliebig kleine Medienfragmente, waren gefunden, zumindest theoretisch. Dieser extreme Perfektionismus verzögerte jedoch die Realisierung von Xanadu so weit, bis es durch den Siegeszug eines anderen, einfacheren Systems, des WWW, obsolet geworden war.

Als sehr einflussreich erwies sich auch die Entwicklung des Augment-Systems, das eng mit dem Namen Doug Englebart verbunden ist (Lit. 11). Zum einen wurden hier viele Techniken der computerbasierten Textverarbeitung im Speziellen und der Mensch-Maschine-Interaktion im Allgemeinen entwickelt – Fenstertechnik, Computermouse. Zum anderen wurde hier das Konzept einer textorientierten computerbasierten Zusammenarbeit in Teams formuliert, wie es sich heute im System des Computer Supported Cooperative Work (CSCW) wiederfindet.

Diese Ideen wurden bis 1987 in kleineren Forschungsgruppen weiter entwickelt und als jeweils proprietäre Hypertextsysteme implementiert. Besonders einflussreich und erfolgreich war die Gruppe um Andries van Dam an der Brown University, aus deren Arbeit die Hypertext-Systeme *Fress* und *Intermedia* (Lit. 51) hervorgingen, und die Gruppe um Halasz am Xerox Parc mit ihrem NoteCards-System. Diese Systeme und ihre Nachfolger implementierten viele richtungsweisende Konzepte für Hypertext-Anwendungen, die bis heute den Publikumsmarkt des WWW noch nicht erreicht haben. Beispielgebend und die Theorie fundierend waren auch die empirischen Untersuchungen im Umfeld der Weiterentwicklung von NoteCards (Lit. 20).

Der internationale Workshop über Hypertext 1987 in Chapel Hill mit seiner für alle Beteiligten überraschenden internationalen Resonanz gab dem Forschungsfeld einen erheblichen Impuls. Forschergruppen entstanden auch außerhalb der USA. Nennenswerte Forschung wurde im Bereich der Strukturierung von Hypermedia-Dokumenten, benutzerfreundlichen Interaktionsformen, der Integration mit wissensbasierten Systemen und zahlreichen anderen Problemfeldern betrieben. Mit Hypercard (für Macintosh) und Guide (für PC/Windows) wurden erste Systeme entwickelt, die eine breite Anwenderschaft auch im Publikumsmarkt erzielten.

Die Notwendigkeit eines netzbasierten Zugriffs auf Hypertexte und das Potential des Internet wurden damals aber erheblich unterschätzt. Als Resultat dieser Fehleinschätzung wurde das WWW ab 1992 außerhalb der Hypertext-Forschergemeinde entwickelt. Wegen des ungeheuren Erfolges des WWW kam es dann in Folge zu einer gewissen Austrocknung der ursprünglichen Forschungsszene, wodurch viele der potenziell für das WWW fruchtbaren Forschungsergebnisse nicht rezipiert wurden.

## C 5.4  Texttheoretische Grundlagen

Hypertext ist, zumindest aus der Sicht einer allgemeineren Semiotik, eine Spezialform von Text. Dennoch bestehen zu konventionellem, für die lineare Lektüre vorgesehenem gedrucktem Text hinlängliche Unterschiede in der Struktur und der Rezeptionssituation, so dass es sinnvoll erscheint, nach Erfolgsbedingungen für eine hypertextbasierte Kommunikation zu fragen. Theorien können aus Textlinguistik und Literaturwissenschaft entlehnt werden (Lit. 23).

Die Textlinguistik liefert mit ihren Textualitätskriterien (Lit. 09), welche weniger eine Definition von Text als einen Kanon von Voraussetzungen für den Erfolg textueller Kommunikation darstellen, einen ersten Anhalt. Wir wollen diese hier kurz, jeweils nur unter dem Gesichtspunkt spezifischer Interpretation für Hypertexte ansprechen.

Ein Text ist nur dann ein sinnvolles Kommunikat, wenn er als zusammenhängende Zeichenfolge wahrgenommen werden kann. Sprachlich wird dieser Zusammenhang durch syntaktische, semantische und pragmatische Mittel hergestellt. Die Textsyntax stellt mit Proformen, Deixis und Wortwiederholungen, Rekurrenz, Mittel zur Herstellung der *Kohäsion* von Texten zur Verfügung. Mit Ausnahme der Rekurrenz sind diese Mittel in Hypertexten nur innerhalb von Hypertextknoten tauglich, da ansonsten der Bezugspunkt fehlt. Auf der makroskopischen Ebene wird Kohäsion in Hypertexten durch die Verknüpfungen hergestellt, die einzelnen Hypertext-Knoten müssen kohäsiv geschlossen, d.h. ohne Außenbezug sein (Lit. 26, S. 34).

Auf der semanto-pragmatischen Ebene wird *Kohärenz* durch konsistente Referenz (referenzielle Kohärenz) auf ein eingegrenztes Inventar von Objekten und durch eine widerspruchfreie Menge von Aussagen (propositionale Kohärenz) im Sinne einer durchgängigen Kommunikationsabsicht erzeugt (illokutionäre Kohärenz). Kohärenz in diesem Sinne ist allenfalls von Hypertexten geringer Größe zu erwarten, die von einem Autor oder von einem Autorenkollektiv mit einer gemeinsamen Absicht konzipiert und geschrieben wurden. Große Hypertexte, wie im Extremfall das WWW, verfolgen keine übergreifende Absicht und können auch inkonsistente Aussagen enthalten. Die von einem Leser gelesene Abfolge von Hypertext-Einheiten sollte jedoch stets als kohärent interpretierbar sein. Hilfreich ist in diesem Zusammenhang eine Auszeichnung der Semantik von Verknüpfungen, um so die inhaltliche Beziehung der verbundenen Hypertext-Knoten zu verdeutlichen. Auch dies ist eine Funktionalität, die bis heute kaum in WWW-Umgebungen realisiert ist.

*Intentionalität*, also das Vorliegen einer durchgängigen Äußerungsabsicht, ist, wie oben schon angemerkt, von großen Hypertexten nicht zu erwarten, wenngleich manche Autoren dem WWW schon die Grundstufen einer „Schwarmintelligenz" zumessen (Lit. 30, S. 169 ff). Es gehört jedoch zu den Stärken von Hypertext, die Leserintentionen gegenüber den postulierten Autorenintentionen höher zu gewichten, als dies in konventionellen Texten möglich ist. Es gewinnen deshalb die Kriterien der *Akzeptabilität, Informativität* und *Situationalität* an Bedeutung, die in einem weitgehenden Zusammenhang stehen. Sie können erfüllt werden, wenn der Hypertext allgemeine Kommunikationsmaximen erfüllt, wie sie von Grice formuliert wurden (Lit. 17).

Die *Quantitätsmaxime* betrifft die Informationsmenge, die genau dem Bedarf des Lesers entsprechen soll. Dies betrifft zunächst den Textinhalt. Hier bieten Hypertexte Vorteile, weil sie dem Leser die Möglichkeit des selektiven Lesens eröffnen. Dynamische Hypertexte können diesen Effekt durch situationsspezifische Informationsauswahl, etwa durch Benutzermodelle, sowie durch die automatische Berücksichtigung aktueller Information verstärken (Lit. 25). Zur Primärinformation tritt beim Hypertext noch die erforderliche Metainformation, die dem Leser erlaubt, das bisher erreichte und die verbleibenden Handlungsoptionen einzuschätzen. Die Informationsmenge muss zudem an die aktualen Rezeptionsbedingungen angepasst werden. Dazu gehören auch ergonomische Parameter (s.u.). Die Qualitätsmaxime fordert die Verlässlichkeit der angebotenen Information.

Probleme entstehen hier bei Hypertext bevorzugt im Zusammenhang mit Aktualisierung und Restrukturierung. Mangelnde Aktualität führt zu inkorrekter Information. Inkonsistente Restrukturierung führt – häufig im Zusammenhang mit Suchmaschinen und Indexen – zu fehlerhaften Verweisen. Die *Maxime der Relation* fordert die Relevanz der Äußerungen. Bezüglich der Inhalte bietet, wie schon erwähnt, dynamischer Hypertext hier weitgehende Möglichkeiten. Hinsichtlich der präsentierten Metainformation und Verknüpfungsoptionen besteht die Gefahr einer Überforderung des Lesers durch ein Übermaß an Verknüpfungsangeboten (*cognitive overload*). Die *Modalitätsmaxime* zielt auf die Klarheit des Ausdrucks. Für Hypertexte ist die Transparenz der Gesamtstruktur zu fordern, für jede Verknüpfung sollte deutlich sein, welchem Zweck sie dient. Darüber hinaus fließen hier Fragen des Schnittstellendesigns ein, wie sie von Seiten der Software-Ergonomie gestaltet werden (s.u.).

Auch konventionell gedruckte Texte enthalten zusätzlich zum „eigentlichen" Text weitere zumeist textuell repräsentierte Information, den sogenannten Paratext, der die Lesbarkeit des Primärtextes überhaupt erst gewährleistet (Lit. 16). Dazu gehören Titel, Autorenangaben, Überschriften, Inhaltsverzeichnisse, Indexe, Seitenzahlen usw. Dieser Paratext ist für gewöhnlich hoch konventionalisiert, seine Nutzung erfordert vom Leser nur ein Minimum an intellektueller Leistung. Manche dieser paratextuellen Elemente, wie z.B. Inhaltsverzeichnisse sind mit gewissen Modifikationen auf Hypertexte übertragbar. Andere mussten neu entwickelt werden. In den letzten Jahren hat hier bereits eine zunehmende Konventionalisierung eingesetzt, die zum einen, wie bei Impressumsangaben, auf den rechtlichen Rahmenbedingungen der Online-Kommunikation beruhen, während andere eine Anpassung an Nutzergewohnheiten und den Erfolg im Gebrauch darstellen – man vergleiche z.B. den WWW-Auftritt von Tageszeitungen oder politischen Magazinen (Süddeutsche Zeitung, Spiegel, Focus etc.).

Eine besondere Rolle spielen Paratexte, die nicht für die maschinelle Auswertung vorgesehen sind und nur selten von Menschen gelesen werden. Dazu gehören z.B. inhaltliche Deskriptoren, die von Suchmaschinen ausgewertet werden.

## C 5.5 Strukturen des Hypertexts – Hypertext-Modelle

Die simple Grundstruktur von Hypertexten – Knoten und Verknüpfungen – ist im Prinzip ausreichend, um sehr komplexe diskursive Strukturen abzubilden. Allerdings sind selbst diese einfachen Strukturen schon unterschiedlich interpretiert worden. Verknüpfungen können Knoten nur in einer Richtung oder bidirektional verbinden, sie können sogar mehrere Knoten gleichzeitig verknüpfen. Manche Hypertextsysteme bieten die Möglichkeit, Verknüpfungen nach unterschiedlichen Kriterien zu unterscheiden (Lit. 26, S. 113 ff). Dies kann durch Vergabe sinnvoller Etiketten geschehen oder durch die Zuordnung von eigenen Datentypen mit spezifischen Verhaltensausprägungen und Konsistenzregeln. Grundlagen der Unterscheidungen können sein:

– der Inhalt der verknüpften Knoten (Assoziation, Begriffserläuterung etc.),

- die rhetorische oder argumentative Funktion der verknüpften Knoten (Bestätigung, Widerspruch etc.), wie sie z.B. von issue based information systems erfasst werden (Lit. 08),
- das Navigationsverhalten (Austausch von Inhalten, Pop-Up-Window, Fly-Out etc.) und Aktivierungsbedingungen (Mouseclick, Berühren mit dem Cursor, Ereignis aus einer Animationsfolge etc.).

Eine Typisierung – im Gegensatz zu einer bloßen Etikettierung – von Verknüpfungen erwies sich als wichtig vor allem für Autorensysteme. Während die Systeme Topographic (Lit. 22) und WITH (Lit. 23) einen automatischen Aufbau von Hypertexten anhand von Verknüpfungsdefinitionen anstrebten, stellte SEPIA (Lit. 19) eine aufwändige, wissensbasierte Entwicklungsumgebung für den Autor zur Verfügung.

Auch die Integration mehrerer Medienobjekte innerhalb eines Knotens findet unterschiedliche Lösungen. Schon frühzeitig erwies es sich jedoch als von zentraler Bedeutung, auch komplexe Gruppierungen von Knoten und Verknüpfungen als explizite Strukturen verwalten zu können (Lit. 20). Dies ist zum einen dem Umstand geschuldet, dass nicht nur Assoziation sondern auch Aggregation in der menschlichen Kognition fest verankert zu sein scheint. Zum anderen können Hypertextsysteme auf der Basis aggregativer Strukturen erweiterte Dienstleistungen anbieten. Es sollen die wichtigsten dieser Strukturierungsmittel hier eingeführt und die zugehörigen Dienstleistungen erläutert werden:

- Aggregate aus Hypertext-Knoten, die als Teilvon-Beziehung zu interpretieren sind, erlauben starke Analogien zu den traditionellen Druck-Medien mit ihren Hierarchien von Text-Segmenten (Kapitel, Unterkapitel, Abschnitt, ...) oder zu den Dateistrukturen von Betriebssystemen. Aufgrund der geringeren Komplexität erlauben Hierarchien eine schnellere Orientierung als allgemeine Graphen. Eine Übersicht über den Inhalt von Hypertexten kann direkter gewonnen werden. Durch Ausnutzung inhaltlich motivierter hierarchischer Strukturen können automatische Suchprozesse erheblich an Effektivität und Effizienz gewinnen. Mehrfachhierarchien bieten eine – wenngleich komplexere, so doch immer noch gut nachvollziehbare Möglichkeit einer inhaltlich differenzierten Zuordnung von Knoten.

Der jeweils im Fokus des Lesers befindliche Zweig der Mehrfachhierarchie kann auch den Kontext für eine situative Auswahl von Verknüpfungsnetzen darstellen (Lit. 10).

- Aggregate aus Hypertext-Verknüpfungen bieten die Möglichkeit, eine vorgegebene Menge an Knoten mit einer alternativen Verknüpfungsmenge zu versehen und sie situativ in andere Netze einzubetten. Sequenzen von Verknüpfungen können im Sinne von *Guided Tours* oder Pfaden vorbereitete Wege durch den Hypertext markieren und somit die Orientierung erleichtern. Derartige Pfade können wie konventioneller Text linear angelegt sein, aber auch Verzweigungen enthalten. Die Auswahl aus den Alternativen einer Pfadverzweigung kann dabei aufgrund der Entscheidung des Lesers oder aufgrund von Kontextbedingungen automatisch erfolgen.
- Zeitliche Aggregation von Hypertext-Objekten: Die Interaktion des Lesers mit dem Hypertext-System hinterlässt eine Spur besuchter Knoten und ausgewählter Verknüpfungen. Die dadurch entstandene Dialoghistorie kann Grundlage für die Analyse des Leseverhaltens und damit für die Generierung verhaltensangepasster Pfade sein.
- Spezifische Aggregate können der Versionierung von Hypertexten dienen und jeweils die einer Version zugehörigen Objekte eines Hypertexts zusammenfassen (Lit. 37).
- Vorgefertigte Teilstrukturen (Templates) können als Standardbausteine für einen effizienten und konsistenten Aufbau von Hypertextstrukturen dienen (Lit. 07).

Die unterschiedliche Interpretation des Hypertext-Konzepts führte schließlich zu Problemen im Vergleich von Hypermediasystemen sowie in der systemunabhängigen Nutzung von Hypertexten. Ein erster Versuch, ein Modell für ein Hypertextsystem mit einer Kernfunktionalität zu definieren, resultierte in HAM, der Hypertext Abstract Machine (Lit. 05). Es folgten weitere, durch formale Spezifikationssprachen festgelegte Modelle. Von Interesse ist heute, dass es durchaus Modelle für Hypertext gibt, die auf das graphbasierte Modell von Knoten und Verknüpfungen verzichten und auf eine mengentheoretische Reformulierung setzen. Damit werden Beziehungen zwischen einzelnen Hypertextknoten durch solche zwischen Knotenmengen ersetzt, die durchaus auch – etwa durch räumliche Nachbarschaften – unscharf definiert werden können (Lit. 31).

Von den abstrakten Hypertextmodellen ist als einziges das Dexter-Hypertext-Referenzmodell (Lit. 21) von nachhaltiger Wirkung geblieben. Als wichtigstes Ergebnis der Formulierung des Dexter-Modells kann die vollständige Trennung von Medieninformation und Verknüpfungsinformation angesehen werden. Dies ist eine notwendige Voraussetzung für die Wiederverwendung von Medieninhalten in unterschiedlichem Verknüpfungskontext und damit zur Realisierung wünschenswerter Flexibilisierungsmaßnahmen, die weiter oben schon angesprochen wurden. Auf diesem Modell aufbauend wurden Modelle für offene Hypertextsysteme definiert, die als eine Menge von Diensten aufgefasst werden können, welche über wohldefinierte Schnittstellen kommunizieren (Lit. 38, Lit. 46). Spezifische Dienste sind z.B. für die Datenhaltung, die Verwaltung der Verknüpfungen oder die Informationssuche vorgesehen.

An dieser Stelle sind weitere Anmerkungen über das WWW als Hypertextsystem angemessen. Ohne Zweifel ist das WWW heute das einzige Hypertextsystem, das von einem Massenpublikum genutzt, wenngleich kaum als solches wahrgenommen wird. Scholastische Diskussionen darüber, ob das WWW wirklich ein Hypertextsystem sei, haben sich als wenig fruchtbar für den Gegenstand erwiesen. Ohne Zweifel verwaltet das WWW eine Menge von Hypertexten. Es blieb aber lange in der Konzeption hinter den etablierten Hypertextsystemen zurück. Dies betraf vor allem die mangelhafte Trennung von Struktur und Inhalt, sowie von Layout und Inhalt, die mangelnden Möglichkeiten inhaltlicher Textauszeichnung usw. Dies war in erster Linie auf Eigenschaften der Textauszeichnungssprache HTML zurückzuführen. Diese Probleme sind aber Gegenstand von Innovationsbemühungen um das Web, deren Vollzug allerdings wegen langwieriger Standardisierungsbemühungen und zum Teil auch konzeptioneller Probleme zum Teil auf sich warten lässt. Die sich derzeitig abzeichnende Architektur des WWW ist jedenfalls durchaus zukunftsfähig: Dazu trägt eine klare modulare Struktur bei (Lit. 50), welche es erlaubt, neue Herausforderungen durch spezifische neu standardisierte Auszeichnungssprachen zu erfassen.

Durch *URIs* sind Dokumente/Dokumentfragmente im Netz eindeutig und mnemotechnisch günstig anzusprechen. Die Auszeichnungssprache XML bietet eine Syntax für eine weitgehende inhaltliche Strukturierung von Dokumenten, die durch Transformationsspezifikationen (*XSL*) in HTML umgewandelt und durch Stylesheets (*CSS*) in ihrer Erscheinungsform beschrieben werden können. Weitergehende Standards betreffen die Behandlung von Spezialtexten, etwa mathematischen Formeln (*MATHML*) oder mulimediale, synchronisierte Dokumente (*SMIL*). Der künftige Nutzer des WWW ist auch nicht mehr, wie häufig kritisiert, auf eine passive Rolle festgelegt. Er wird z.B. Dokumente mit Annotationen versehen können, die in eigenen Annotationsservern verwaltet werden (*Annotea*). Besondere Bedeutung für den Informationsspezialisten erhalten die Standards um die Behandlung von Metadaten. Auf diese Problematik wird im nächsten Abschnitt näher eingegangen.

## C 5.6 Informationssuche und Inhaltserschließung im Hypertext

Bei der Informationssuche in Hyperdokumenten muss zunächst zwischen eher kleinen, in ihrer Struktur einem einheitlichen Editionsplan folgenden Hypertexten und großen uneinheitlichen Dokumentbeständen unterschieden werden. Beispiele für erstere sind cd-basierte Lehrtexte oder Texteditionen, während das WWW oder große Unternehmens-Intranets für letztere stehen.

Generell kann festgestellt werden, dass Hypertext mit seinen auf den Verknüpfungen beruhenden Interaktionstechniken – nicht von ungefähr spricht man hier von *Browsing* oder *Navigation* – sehr geeignet ist, explorative Techniken der Informationssuche zu unterstützen, die auch bei unscharf formuliertem Informationsbedarf zum Erfolg führen können (Lit. 03). Voraussetzung ist die Wahl eines geeigneten Startpunkts und das Angebot aussagekräftiger und konsistenter Verknüpfungen.

Kleinere Hypertexte können mit einer vom Autor vorgegebenen Zahl angemessener Startpunkte versehen und durch intellektuell vergebene Verknüpfungen vollständig vernetzt werden. Bei Änderungen der Struktur oder des Inhalts ist aber schon hier der Einsatz eines Dokumentenmanagementsystems anzuraten, um Inkonsistenzen – Verknüpfungen ohne Ziel oder solche ohne inhaltlichen Bezug – zu vermeiden. Darüber hinaus sind bei kleinen Hypertexten, die nur einen geschlossenen

Gegenstandsbereich behandeln, fortgeschrittene Verfahren der Volltextsuche sehr erfolgreich, um relevante Hypertextknoten zu isolieren (Vektorretrieval, Probabilistisches Retrieval). Verbessern lassen sich die Ergebnisse, wenn Information über die Verknüpfungen mit in die Suche einbezogen wird. Die vom Rechercheur gesuchte Information kann sich im Hypertext in einem Knoten konzentriert finden, sie kann aber auch auf mehrere verteilt sein. Diese relevanten Knoten werden, eine angemessene Verknüpfungsstrategie vorausgesetzt, dann untereinander verknüpft sein. Relevanzmaße, welche neben dem Volltext eines Knotens auch die Inhalte verknüpfter Knoten einbeziehen, wurden schon frühzeitig entwickelt (Lit. 45).

Diese Techniken sind für große Hypertexte, unter denen das WWW den Extremfall darstellt, nur mit vermindertem Erfolg einzusetzen. Zwar sind auch hier thematisch zugeordnete Startseiten in Form von Portalen aufzufinden. Auch eine inhaltliche Verknüpfung innerhalb von Websites und darüber hinaus ist üblich. Eine vollständige Erschließung ist hier aber, aufgrund der Informationsmenge und der Änderungsfrequenz selbst mit automatischen Mitteln nicht zu erreichen. Hier sind andere Mittel einzusetzen. Ein Problem großer, heterogener Hypertexte ist auch die sehr unterschiedliche Qualität der Quellen. Dies betrifft sowohl die Inhalte der Dokumente als auch deren Erschließungstiefe. Bei der Informationssuche kann man dem mit verschiedenen Strategien begegnen. So kann man Knoten (*Authorities*), auf die von zahlreichen externen Dokumenten verwiesen wird, im Ranking anheben, da sie von vielen Autoren als hochwertig angesehen werden (Lit. 24). Ebenso sind Knoten (*Hubs*) zu bevorzugen, die auf viele weitere relevante Inhalte verweisen und somit eine gewisse referenzielle Portalfunktion wahrnehmen können. Bisher fehlten aber Instrumente, die es dem Informationsanbieter erlaubten, eine für die Informationssuchenden nachvollziehbare qualitätsvolle Aufbereitung der Information vorzunehmen. Hierzu sind technische und inhaltliche Standards zu definieren, welche von Software-Herstellern bei der Entwicklung von Informationswerkzeugen (z.B. Browsern) als auch von Informationsanbietern berücksichtigt werden. Zur Zeit vermag es vor allem das WWW-Consortium (W3C), das für die Weiterentwicklung des WWW zuständig ist, die erforderliche Sach- und Entscheidungskompetenz zu bündeln und mehrere Initiativen zur inhaltlichen Verbesserung des WWW zu betreiben. Diese richten sich vor allem auf die Bereitstellung qualitativ hochwertiger Metainformation und strukturierter Primärinformation. Damit wird dem Umstand Rechnung getragen, dass, bedingt durch die großen zu rezipierenden Informationsmengen, häufig nicht nur eine Automatisierung der Informationssuche, sondern auch einer Vorverarbeitung der gefundenen Information anzustreben ist.

Die Basis für diese Ziele ist RDF (Lit. 50), das Resource Description Framework. Es erlaubt die explizite Repräsentation von Information im Netz. RDF beruht auf einer XML-basierten Syntax und einer modelltheoretisch definierten Semantik. Die vermittels RDF formulierten Ausdrücke benutzen ein Vokabular, das zuvor in einer eigenen Sprache – RDFS (RDF-Schema) – definiert worden ist. Damit ist eine formale Basis für weitgehende Aktivitäten gelegt. RDF und RDFS eignen sich z.B., um die im Rahmen der Metasprache Dublin Core (Lit. 49) inhaltlich festgelegten Metadaten zu erfassen. Aufbauend auf RDF können aber auch komplexe Repräsentationsformalismen definiert werden, welche, anknüpfend an die strukturorientierten Repräsentationsformalismen der KI, weitergehende Schlussfolgerungen erlauben (Lit. 12). Durch formal definierte Ontologien (Lit. 43) wird eine effektivere inhaltliche Auszeichnung von Dokumenten möglich. Sie ist auch eine Voraussetzung für weitergehende Dienste, wie die Extraktion von Information aus Dokumenten, die automatische Zusammenfassung oder die Übersetzung von Dokumenten usw. Die Grenze setzen hier vor allem die Bedingungen des WWW, vor allem große verteilte Dokumentenmengen, die eine effiziente Verarbeitung nur bei eingeschränkter Komplexität zulassen.

## C 5.7 Gestaltung von Hypertext-Angeboten

Hypertextsysteme und mit ihnen die dargestellten Hypertexte unterliegen zunächst den gleichen Ansprüchen an eine benutzungsfreundliche Gestaltung, wie sie für alle Softwaresysteme gelten (Lit. 42). Auf diese allgemeinen Aspekte soll hier nicht weiter eingegangen werden. Insbesondere sollen auch Bedienelemente von Hypertext-Browsern nicht besprochen werden. Im Falle von Hypertexten sind besondere Gesichtspunkte zu beachten, die hier kurz ausgeführt werden sollen.

Mehr als bei anderen Software-Systemen steht der Entwickler von Hypertexten vor Zielkonflikten. Einerseits soll jede Verknüpfung ein klares Navigationsangebot darstellen, andererseits soll dieses Angebot die Leseeffizienz nicht mindern, welche durch visuelle Textauszeichnungen deutlich reduziert wird. Dazu kommt, dass vom Bildschirm weniger effizient gelesen wird als vom Papier, so dass kurze und visuell klar gegliederte Texte empfehlenswert sind.

Trifft ein Leser auf eine interessante Verknüpfung, so besteht die Wahrscheinlichkeit, dass er ihr unmittelbar folgt. Wird er dann aber später zur Ausgangsseite zurückkehren, um ihre Lektüre zu beenden? Wie kann erreicht werden, dass der Leser die relevante Information eines Hypertextknotens aufnimmt, bevor er einer Verknüpfung folgt? Hier zeigt sich eine Informationsverteilung im Text als vorteilhaft, die ähnlich wie bei konventionellem Text, das Neue erst am Ende eines Hypertext-Knotens einführt bzw. den eigentlich informationstragenden Text von Verknüpfungsinformation frei hält.

Das Desorientierungsproblem wurde seinerzeit als wichtige Frage der Gestaltung von Hypertexten empfunden (Lit. 26, S. 132 ff). Sind die Leser in der Lage, sich in den komplexen Netzwerken zurechtzufinden? Viele Überlegungen wurden auf die Vermeidung von Desorientierung verwendet, während Landow (Lit. 28) die ganze Fragestellung schlicht als Scheinproblem bezeichnet. Ein Großteil Unsicherheiten, die im Umgang mit Hypertext entstehen können, wurde schon von Nievergelt für Informationssysteme allgemein beschrieben: „Wo bin ich? Woher komme ich? Was kann ich hier tun?" (Lit. 34) Für Hypertext wäre noch zu ergänzen: „Wohin kann ich gelangen? Was sollte ich noch lesen?"

Es hat sich mit der Zeit ein Kanon an Orientierungsinstrumenten und Gestaltungskonventionen entwickelt, durch den das Orientierungsproblem zumindest entschärft werden konnte:

- Dialoghistorien und zugehörige einfache Backtrack-Funktionen erlauben dem Leser immer, zu vormals besuchten Knoten zurückzufinden. Ein vollständiges „Verirren" ist also nicht möglich. Durch das „Zurücklaufen" kann jedoch ein erhöhter Interaktionsaufwand entstehen.

- Durch besondere Markierung werden die Knoten kenntlich gemacht, die schon gelesen wurden, so dass ein versehentliches mehrfaches Besuchen der gleichen Seiten unwahrscheinlich wird.

- Durch Lesezeichen können vormals besuchte, interessante Seiten leicht wiederauffindbar gemacht werden.

- Jeder Hypertextknoten sollte klar identifizierbar und adressierbar sein.

- Jeder Hypertextknoten sollte einen Verweis auf eine Start- oder Portalseite enthalten. von der aus ein sinnvolles weiteres Durchstöbern des Hypertext stattfinden kann.

Während obige Orientierungsmittel heute zum Standard gehören, den ein Entwickler nicht ohne besonderen Grund verletzen darf, sind folgende Mittel eher optional einzusetzen:

- Viele Hypertexte besitzen eine grundlegende hierarchische Struktur. In diesem Fall sollte diese Hierarchie, die eine einfache Orientierung erlaubt, von anderen eventuell nicht-hierarchischen Verknüpfungen gut unterscheidbar sein. Als Orientierungsmittel haben sich explizite Positionsangaben, die auf die hierarchische Struktur Bezug nehmen, bewährt.

- Graphische Darstellungen ermöglichen einen Überblick über komplexe Eigenschaften eines Hyperdokuments, etwa Verknüpfungsstruktur, Themenstruktur oder Navigationsverhalten etc. Einen guten Überblick über diese komplexe Fragestellungen geben Lit. 18 und Lit. 06. Die Verfahren unterscheiden sich dabei jeweils hinsichtlich der Auswahl der abzubildenden Information und des visuellen Formalismus. Fisheye Views (Lit. 15) sind paradigmatisch für Verfahren, die, von einer vorgegebenen Position im Hyperdokument ausgehend, Hypertextknoten bis zu einem gewissen Abstand berücksichtigen. Dabei wird die Detaillierung der Darstellung mit zunehmendem Abstand verringert. Visualisiert werden können die ausgewählten Hypertextfragmente dann als Graphen, etwa als Hyperbolic Trees (Lit. 27) oder Cone Trees (Lit. 39). Dokumentinhalte können auch durch eine „Document Lens" (Lit. 40) auf flächige Strukturen – Perspective Walls (Lit. 39) – projiziert werden. Für große Hyperdokumente sind Präsentationen impliziter Strukturen, die durch Clusteranalyse oder ähnliche Verfahren gewonnen und dann als Cluster Maps dargestellt werden von großer Bedeutung (Lit. 14).

Obwohl die obigen Gesichtspunkte mehr oder minder für alle Hypertexte gelten dürften, gelten dennoch für verschiedene Hypertext-Typen ganz eigene Gestaltungsregeln. Der Unterschied zwischen einer Lehr-CD, die im Buchhandel erworben kann, und einer Web-Site besteht – ähnlich dem Unterschied zwischen Zeitung und Buch – darin, dass im Web die Aufmerksamkeit des Lesers durch besondere Gestaltungsmittel geweckt und gehalten werden muss, da weitere, ablenkende Informationsangebote locken. Andererseits sind im Bereich der Zeitschriften Konvergenzen zwischen Online- und Print-Angeboten festzustellen (Lit. 04, Lit. 44).

Web-Angebote richten sich – im Gegensatz zu CD-basierten Hypertexten – häufig an eine weniger klar zu umgrenzende Leserschaft. Diese Situation erschwert die Durchführung systematischer Benutzungstests. Ergebnisse von derartigen Tests haben darüber hinaus nur kurzfristig Validität, da das Medium und seine Nutzer immer noch in einem gegenseitigen Anpassungsprozess begriffen sind. Dieser Effekt wird durch ergänzende und konkurrierende Angebote anderer Medien – etwa der Mobiltelephonie – verstärkt. Der Entwurf von Hypertexten wird als Folge zumeist von einem Methodenmix aus Erfahrungswissen, Expertenurteil und kleinen, wenig aufwendigen Benutzungstests getragen (Lit. 35).

## C 5.8 Ausblick

Man kann heute davon ausgehen, dass Hypertext als neue, elektronisch repräsentierte Form von Text in der Medienlandschaft und als theoretisches Konstrukt in der Theorie der Informationsverarbeitung (Lit. 02) fest etabliert ist. Indem das Nutzungspotential erweitert wird, wird das Erscheinungsbild ständig angepasst werden. Die technischen Fragen der Mediengestaltung werden dabei immer weiter in den Hintergrund treten und abgelöst werden von der Problematik einer angemessenen inhaltlichen Nutzung des dann auch nicht mehr so neuen Mediums (Lit. 47).

## Literatur

01 Aarsetz, E.J.: Nonlinearity and Literary Theory. In G.P. Landow (Hrsg.): Hyper/Text/Theory. The Johns Hopkins University Press, 1994, S. 51-86.

02 Bardini, T.: Hypertext. In: Lit. 13, S. 248-260.

03 Bates, M.J.: An Exploratory Paradigm for Online Information Retrieval. In B.C. Brooks (Hrsg.): Intelligent Information Systems for the Information Society. Proc. of the 6th Int. Research Forum in Information Science. S. 91-99, 1985.

04 Blum, J. und H.J. Bucher Die Zeitung: Ein Multimedium. UVK Medien. 1998.

05 Campbell, B. und J.M. Goodman. HAM: A General-Purpose Hypertext Abstract Machine. Communications of the ACM, Bd. 31, Nr. 7, 1988, S. 856-861.

06 Card, S.K.; J.D. Mackinlay und B. Shneiderman: Information Visualization. Using Vision to Think. Morgen and Kaufmann, 1999.

07 Catlin, T. und N. Garrett: Hypermedia Templates: An Author's Tool. In Proc. Hypertext '91, San Antonio, 1991, S. 147-160.

08 Conklin, J.; M.L. Begemann: gIBIS: A Hypertext Tool for Team Design Deliberation. In Hypertext '87 Papers, Chapel Hill, 1987, S. 247-251.

09 de Beaugrande, R.A. und W.U. Dressler: Einführung in die Textlinguistik. Niemeyer, Tübingen, 1981.

10 Delisle, N. und M. Schwartz: Contexts: A Partitioning Concept for Hypertexts. ACM Transactions on Office Information Systems, Bd. 5, Nr. 2, 1987, S. 168-186.

11 Englebart, D.C. und W.K. English: A research center for augmenting human intellects. In I. Greif (Hrsg.), Computer-supported cooperative work: a book of readings. S. 81-105. Morgan Kaufman, 1988.

12 Fensel, D.; J. Hendler; H. Lieberman und W. Wahlster (Hrsg.): Spinning the semantic web. MIT Press, 2003.

13 Floridi, L. (Hrsg.): The Blackwell Guide to the Philosophy of Computing and Information. Blackwell Publishing, 2004.

14 Fluit, C.; M. Sabou und F.v. Harmelen : Ontology-based Information Visualization. In Lit. 18, S. 36-40.

15 Furnas, G.W.: The Fisheye View: A New Look at Structured Files. In Lit. 06, S. 312-330.

16 Genette, G.: Paratexte. Campus, 1989.

17 Grice, H.P.: Logik und Konversation. In: G. Meggle (Hrsg.), Handlung, Kommunikation, Bedeutung, S. 243-265. Suhrkamp, 1993.

18 Groimenko, V. und C. Chen: Visualizing the semantic web. Springer, 2003.
19 Haake, J. und B. Wilson: Supporting Collaborative Writing of Hyperdocuments in SEPIA. In J. Turner und R. Kraut (Hrsg.): CSCW '92 Sharing Perspectives, Proc. of the Conference on Computer-Supported Cooperative Work, S. 138-146, 1992.
20 Halasz, F.G.: Reflections on NoteCards: Seven Issues for the Next Generation of Hypermedia Systems. Communications of the ACM, Bd. 31, Nr. 7, S. 836-852, 1988.
21 Halasz, F.G. und M. Schwartz. The Dexter Hypertext Reference Model. In Proc. of the Hypertext Standardization Workshop, NIST Special Publication 500-178, S. 95-133, 1990.
22 Hammwöhner, R.: Automatischer Aufbau von Hypertext-Basen aus deskriptiv expositorischen Texten. Universität Konstanz, Dissertation, 1990.
23 Hammwöhner, R.: Offene Hypertextsysteme. Universitätsverlag Konstanz, 1996.
24 Kleinberg, J.: Authoritative Sources in a Hyperlinked Environment. In Proc. of the 9th ACM SIAM Symposium on Discrete Algorithms, 1998, S. 668-677.
25 Kobsa, A.; D. Müller und A. Nill: KN-AHS: An Adaptive Hypertext Client of the User Modeling System BGP-MS. In Fourth International Conf. on User Modeling.1994, S. 99-105.
26 Kuhlen, R.: Hypertext – ein nicht-lineares Medium zwischen Buch und Wissensbank. Springer, 1991.
27 Lamping, J. und R. Rao: A Focus + Context Technique für Visualizing Large Hierarchies. In Lit. 06, S. 382-408.
28 Landow, G.P.: Popular Fallacies about Hypertext. In D.H. Jonassen; H.Mandl (Hrsg.): Designing Hypermedia for Learning. NATO ASI Series, 1989, S. 39-59.
29 Landow, G.P.: Hypertext. The convergence of contemporary critical theory and technology. The Johns Hopkins University Press, 1992.
30 Mainzer, K.: KI – Künstliche Intelligenz. Grundlagen intelligenter Systeme. Primus, 2003.
31 Marshal, C.C. und F.M. Shipman: Searching for the Missing Link: Discovering Implicit Structure in Spatial Hypertext. In Proc. Hypertext '93, Seattle, S. 217-230. ACM, 1993.
32 Mühlhäuser, M.: Multimedia. In P. Rechberg; G. Pomberger (Hrsg.), Informatik-Handbuch. Hanser, 1999. S. 870 ff.
33 Nelson, T.H.: Literary Machines. 1987.
34 Nievergelt, J.: Errors in Dialog Design and How to Avoid Them. In International Zürich Seminar, 1982, S. 199-205.
35 Nilsen, J.: Designing Web Usability. New Riders Publishing, 2000.
36 Nyce, J.M. und P. Kahn (Hrsg.): From Memex to Hypertext. Academic Press 1991.
37 Østerbye, K.: Structural and Cognitive Problems in Providing Version Control for Hypertext. In Proc. ECHT '92, Milano, 1992, S. 33-42.
38 Østerbye, K. und U.K. Wiil: The Flag taxonomy of open hypermedia systems. In Proc. Hypermedia '96. ACM, S. 129-139.
39 Robertson, G.G.; S.K. Card und J.D. Mackinlay: Information Visualization Using 3D Interactive Animation. In Lit. 06, S. 521-529.
40 Robertson, G.G. und J.D. Mackinlay: The Document Lens. In Lit. 06, S. 562-569.
41 Schulmeister, R.: Grundlagen hypermedialer Lernsysteme. Oldenbourg, 1997.
42 Schneiderman, B.: Designing the user interface. Addison-Wesley, 1998.
43 Smith, B.: Ontology. In Lit. 13, S. 155-166.
44 Turtschi, R.: Mediendesign. Niggli, 1998.
45 Weiss, R.; B. Vélez; M.A. Sheldon; C. Namprempre; P. Szilagyi; A. Duda; D.K. Gifford: HyPursuit: A Hiearchical Network Search Engine that Exploits Content-Link Hypertext Clustering. In Proc. Hypertext '96, ACM, S. 180-193.
46 Wiil, U.K. und J.J. Leggett: The HyperDisco approach to open hypermedia systems. In Proc. Hypertext '96, ACM, 1996, S. 140-148.
47 Winkler, H.: Docuverse. Zur Medientheorie der Computer. Boer, 1997
48 www.adlnet.org: Homepage der Advanced Distributed Learning Initiative (7.8.2003)
49 www.dublincore.org: Homepage der Dublin Core Metadata Initiative (7.8.2003)
50 www.w3c.org: Homepage des Worldwide-Web-Consortiums (20.7.2003)
51 Yankelovich, N.; J.B. Haan, N.K. Meyrowitz und S.M. Drucker. Intermedia: The Concept and the Construction of a Seamless Information environment. IEEE Computer, Bd. 21, Nr. 1, S. 81-96, 1988.

# C 6 Informationsvermittlung

Ralph Schmidt

Informationen zu vermitteln heißt, Antworten auf Fragen anderer zu finden. Informationsvermittlung ist rechercheorientierte Informationsarbeit, die darauf abzielt, aktive Hilfestellung bei der Minimierung von Wissensdefiziten zu leisten. Die fortschreitende Technisierung des Informationssektors, die umfassende Digitalisierung öffentlich zugänglicher Datenbestände sowie die Zunahme an elektronischen Übertragungswegen und Zugriffsmöglichkeiten hat dazu beigetragen, dass heute mehr Informationsangebote zur Verfügung stehen und genutzt werden können als je zuvor (Lit. 07). Diese Ausweitung des Informationsterrains bewirkt jedoch auch einen Verlust an Übersichtlichkeit und Orientierung. Die Differenzierung und Spezialisierung im Informationsmarkt, die daraus resultierende Intransparenz des Informationsangebots und der vielen heterogenen Rechercheinstrumente sowie die zunehmende Komplexität von Erkenntnis- und Wissensstrukturen hat auch die Entwicklung und Etablierung einer Vielzahl neuer Tätigkeiten, Dienste und Berufe im Umkreis der Intermediation von Information begünstigt (Lit. 41).

## C 6.1 Informationsvermittlung und Informationsarbeit

Zur *Informationsarbeit* zählt jede Tätigkeit, die durch Organisation von Wissen dazu beiträgt, Informationsbedarf zu decken. Im weiteren Sinne fallen darunter alle Aktivitäten und Methoden der nachfrage- und bedarfsorientierten Erarbeitung, Verarbeitung, Aufbereitung, Verwaltung, Verbreitung und Präsentation von Wissensobjekten bzw. Wissensdarstellungen. Nach Kuhlens Theorie des Informationsmarktes umfasst der Begriff Informationsarbeit insbesondere alle Methoden und Verfahren, die im Verlauf der Wertschöpfungskette informationelle Mehrwerte produzieren (Lit. 23).

### C 6.1.1 Informationsvermittlung als Dienstleistung

Als *Informationsdienstleistung* kann jener Teil der Informationsarbeit aufgefasst werden, der zur Deckung von Informationsdefiziten den professionell beratenden Kontakt zwischen Auftragnehmer und Auftraggeber voraussetzt. Danach werden Informationsdienstleistungen von geschulten Informationsspezialisten gezielt und im gegenseitigen Kontakt mit individuellen Nachfragern und in deren Auftrag für die Befriedigung aktueller und latenter Informationsbedürfnisse und zur Lösung konkreter Informationsprobleme unter Ausnutzung aller verfügbaren Ressourcen des Informationsmarktes angeboten und ausgeführt. *Informationsdienste* sind hingegen mediengebunden und werden Ihrem Produktcharakter entsprechend für einen festgelegten, meist periodisch auftretenden Informationszweck erstellt, sie werden in geeigneter Form verteilt und können vom Nutzer selektiv in Anspruch genommen werden (Lit. 26).

Der Begriff *Informationsvermittlung* wird in der Regel noch enger verwendet (Abb. 1). Im Gegensatz zur journalistischen Informationsvermittlung, wie sie sich in den Massenmedien repräsentiert, anders auch als in der bildungsorientierten Informationsvermittlung, die die didaktische Aufbereitung von Wissen in den Vordergrund stellt, handelt es sich bei der fachlichen Informationsvermittlung um Prozesse und Dienstleistungen, die zur Befriedigung eines individuell abgrenzbaren Informationsbedarfs den gegenseitigen interaktiven Kontakt von Anbieter und Nachfrager erfordern. Informationsvermittlung umfasst also die in der Regel professionelle Tätigkeit der Recherche, Selektion, Beschaffung, Bewertung, Aufbereitung und Weitergabe von Daten, Texten, Materialien und Medien zur Deckung von Informationsbedürfnissen Dritter. Damit übernimmt Informationsvermittlung eine Brückenfunktion zwischen Informationsangebot und Informationsnachfrage und konkretisiert sich sowohl als Tätigkeit und Methode (von Informationsspezialisten, Rechercheuren, Information Brokern) als auch Institution und Programm (z. B. in Informationsagenturen, Informationsvermittlungsstellen, Bibliotheken, Informationszentren). Allerdings bekommt die personalisierte und institutionalisierte Informationsvermittlung in den letzten Jahren zunehmend Konkurrenz durch intelligente, benutzerfreundlich gestaltete Intermediationssysteme, die den Endnutzer in die Lage versetzen, direkt auf internet-vermittelte Informationsquellen zuzugreifen.

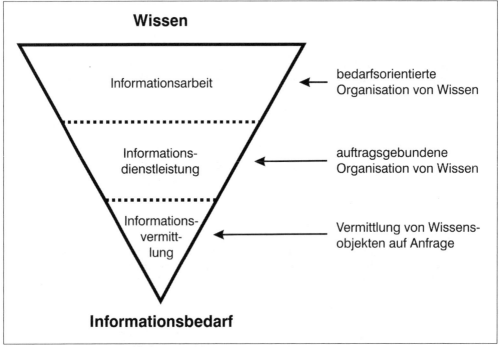

*Abb..1: Informationsvermittlung als Informationsarbeit*

Die Terminologie zur Beschreibung des Phänomens Informationsvermittlung hat sich im Lauf der Jahre verändert. Nachdem zunächst der ursprünglich im Bibliotheksbereich verankerte Begriff später auch in den privatwirtschaftlichen Sektor Eingang fand, nährte bald darauf der aus den USA importierte Begriff Information Broker (Informationsmakler) Hoffnungen und Erwartungen auf neue und profitträchtige Dienstleistungsnischen (Lit. 25). Als *Information Broker* werden heute kommerziell orientierte und privatwirtschaftlich selbstständige Informationsunternehmen bezeichnet, die auf Anfrage gegen Honorar online-basierte Informationsrechercheleistungen anbieten (vgl. Lit. 03; Lit. 30, Lit. 44). Aufgrund unzureichender Nachfrage nach Dienstleistungen der Informationsvermittlung, die sich auf die Lieferung von Rechercheergebnissen aus Datenbanken beschränkt, können Information Broker jedoch nur dann wirtschaftlich operieren, wenn sie die Palette ihrer Informationsdienstleistungen ausweiten, ihr Angebot durch Mehrwertdienste ergänzen und so dem tatsächlichen Informationsbedarf beim Kunden anpassen (Lit. 11). Heute ist das Verständnis vom technisch versierten Informationsvermittler und ausschließlich datenbankorientiert arbeitenden Information Broker weitgehend vom Verständnis eines beratend wirkenden Information Consultant abgelöst worden (Lit. 43).

## C 6.1.2 Informationsvermittlung als Wissenstransfer

Mit zunehmender technischer Komplexität und struktureller Verflechtung der Informationsinfrastruktur in den industrialisierten Ländern wächst auch der Bedarf an Fachleuten, die sich in den vernetzten Strukturen und Inhalten der Fachinformationsbestände auskennen, die das technische und methodische Informationsinstrumentarium beherrschen und die zwischen den vielfältigen Informationsangeboten und dem aktuellen wie potenziellen Informationsbedarf vermitteln können (Lit. 33). Als problembezogene Unterstützungs- und Beratungstätigkeit ist Informationsvermittlung ein Teil des Wissenstransfers, in dem alle Arten von Daten, Informationen, Bewertungen und Prognosen zu einem wirkungsorientierten Problemlösungskonzept integriert sind. *Wissenstransfer* zielt darauf ab, die in wissenschaftlichen, technischen und praktischen Erkenntnissen enthaltene Information als Handlungswissen in den Produktions-

und Anwendungsbereich zu überführen und für weitergehende Problemlösungen nutzbar zu machen.

Die im Wissenstransfer involvierten Mittlerinstanzen übernehmen weitreichende Übersetzungs-, Vermittlungs- und Adaptionsaufgaben und befassen sich mit allen technologischen, betriebswirtschaftlichen, sozialwissenschaftlichen und gestalterischen Aspekten des Wissensaustausches. Im Zuge der Globalisierung des Informationsmarktes ist ein deutlicher Trend zur Entinstitutionalisierung von Informationsfunktionen zu beobachten. Der Schwerpunkt der Informationsarbeit hat sich dabei von der Sammlung von Daten und der Pflege von Informationsbeständen hin zur Lösung wissenschaftlicher, technischer und wirtschaftlicher Probleme mit Methoden der Wissensvermittlung verlagert. Nur ein kleiner Teil aller Prozesse im Wissenstransfer stützt sich dabei auf die klassische Fachinformation und -dokumentation. Von weitaus größerer Bedeutung ist in diesem Zusammenhang der Informationstransfer durch „verkörpertes Wissen" wie er z. B. in der Unternehmensberatung, dem Personal- und Know-how-Transfer und in Kooperationsprojekten zum Tragen kommt.

## C 6.2 Agenturen der Informationsdienstleistung

In ihrer Grundfunktion dienen die intermediären Informationsdienstleistungen der Vermittlung fachlicher Information zwischen Informationsproduzenten, Informationsanbietern und Endnutzern. Darüber hinaus erfüllt Informationsvermittlung drei zusätzliche Funktionen:

– Fast immer soll die vermittelte Information die Lösung konkreter Probleme fördern, die ohne Rückgriff auf die Ressourcen des Informationsmarktes nicht zu lösen wären;
– Informationsvermittlung trägt zum horizontalen und vertikalen Informations-, Technologie- und Wissenstransfer bei und begünstigt Innovationsprozesse;
– Informationsvermittlung ist ein Element der fachlichen Kommunikation und übernimmt damit eine wichtige interdisziplinäre Brückenfunktion.

Träger dieser Funktionen sind eine Vielzahl informationsvermittelnder Unternehmen, Institutionen oder Personen, die als professionalisierte Informationsagenturen ihre Dienste anbieten und flexibel auf Informationsnachfragen reagieren. Solche *Informationsagenturen* zeichnen sich dadurch aus, dass sie einen intensiven Kontakt zu Anfragern bzw. Auftraggebern pflegen, nicht an ein Verständnis von klassischen Informationsinstitutionen gebunden sind, handlungsorientiert und auf Informationswirkung bedacht arbeiten und sich flexibel auf bestehende und absehbare Nutzerbedürfnisse einstellen. Dabei nutzen sie vielseitig und medienübergreifend alle zur Verfügung stehenden Ressourcen und Möglichkeiten des Informationszugangs und der Informationsgewinnung.

Informationsagenturen können als Unternehmensberatungen oder Gründer- und Technologiezentren auftreten, sie können als Innovationsberatungsstellen oder Technologie-Transferstellen arbeiten, und sie sind in Industrie- und Handelskammern, Wirtschaftsverbänden und berufsständischen Vertretungen angesiedelt. Diesen im Wissenstransfer etablierten Institutionen, Instanzen und Akteuren ist gemeinsam, dass sie über gute und bewährte Kontakte zu institutionellen und informellen Wissens- und Know-how-Quellen aller Art verfügen und (anders als bei der Konsultation eines technischen Informationssystems) ihre Beratungs- und Auskunftsleistungen auf die Bedürfnisse ihrer anfragenden Klienten einstellen. Informationsagenturen sammeln im Lauf ihrer Arbeit ein reiches Erfahrungswissen, das sie wieder für andere Aufträge nutzen können, und sie stellen sich aktiv auf zukünftige Entwicklungen und Anforderungen in ihrem speziellen Wirkungsfeld ein (Lit. 42).

## C 6.3 Zur Typologie der Informationsvermittlung

Es gibt eine breite Palette unterschiedlicher Modelle, Konzepte und Formen von Informationsagenturen und -dienstleistungen (Lit. 35). Aus mehreren Gründen erweist sich dabei eine Systematisierung und Typisierung der Informationsvermittlung als schwierig:

– Da in einer modernen Dienstleistungsgesellschaft die meisten Dienstleistungsformen in der einen oder anderen Form die Beschaffung, Verarbeitung und individuelle Verbreitung von Information beinhalten, lassen sich administrative, organisatorische oder strukturelle Dienstleistungen kaum von der eigentlichen Informationsvermittlungsleistung abzugrenzen.

– Die Palette bestehender, sich entwickelnder oder noch zu etablierender Informationsdienstleistungen ist so umfangreich und reichhaltig, dass kaum geeignete Klassifizierungsmerkmale für eine logische und sachbezogene Typisierung anzugeben sind.

– Zuletzt sind typische Informationsdienstleistungen in reiner Form nirgends zu finden, da Informationsunternehmen, die ihre Auftraggeber in Informationsangelegenheiten unterstützen, eine Vielzahl von sich durchdringenden Diensten anbieten, um ihr Dienstleistungsspektrum für möglichst viele Zielgruppen attraktiv zu machen.

## C 6.3.1 Zur Komplexität von Vermittlungsleistungen

Als geeignetes Merkmal, mit dem Leistungen der Informationsvermittlung typisiert werden können, kann deren Komplexität herangezogen werden. Dabei bezieht sich dieses Merkmal sowohl auf die Komplexität der Probleme, mit deren Lösung das Unternehmen beauftragt wird, als auch auf die bereitzustellende Informationsverarbeitungskapazität der Dienstleistungsagentur und auf die Komplexität der erarbeiteten Auskunft oder Problemlösung. Während sich z. B. die einzelne Auskunftsleistung in einer Bibliothek auf verhältnismäßig wenige Informationsquellen stützt, in der Regel sehr rasch erfolgt und wenig Kapazität bindet, wird im Rahmen aufwändiger und langfristiger Beratungsaufträge eine sehr differenzierte und breite Wissensbasis zu Rate gezogen. In der folgenden Einteilung sollen Beispiele für Informationsvermittlungstypen nach dem unterschiedlichen Grad ihrer Komplexität dargestellt und verdeutlicht werden.

### C 6.3.1.1 Standardisierte Informationsvermittlung

Die Vermittlung von nicht veränderten Fachinformationen aus konventionellen bibliothekarischen und dokumentarischen Quellen oder aus elektronisch gespeicherten Datenbeständen eignet sich als eigenständige Dienstleistung nur für spezielle Einsatzbereiche. Standardisierte Informationsdienstleistungen, bei denen schematisierbare Rechercheprozesse einen Hauptanteil des Dienstes ausmachen, können in solchen Bereichen gewinnbringend genutzt werden, in denen ein wissenschaftlich geschultes Informationsverhalten vorherrscht und wo regelmäßig größere Mengen an standardisierter Referenz- und Fakteninformation benötigt werden.

Informationsvermittler, die ihre Recherchen fast ausschließlich mit der Nutzung von Online-Datenbanken realisieren und die die gefundenen Daten und Literaturreferenzen inhaltlich nicht weiterverarbeiten, sind z. B. als fest angestellte Rechercheure bei größeren Konzernen, Unternehmen und Institutionen tätig. Standardisierte Informationsdienstleistungen werden demzufolge in den Entwicklungsabteilungen großer Maschinenbaufirmen, in chemischen Hochschulinstituten, in Labors der Pharmaindustrie, in Marketingabteilungen internationaler Konzerne, bei der Bonitätsprüfung durch Bankinstitute oder in den Informationsabteilungen der Massenmedien genutzt. Auch bei wirtschaftsnah arbeitenden Infrastruktureinrichtungen wie Industrie- und Handelskammern, Handwerkskammern, Landesgewerbeämtern, Berufs- und Fachverbänden oder Technologiezentren können die angeschlossenen Mitglieder standardisierte Informationsvermittlungsdienste in Anspruch nehmen.

### C 6.3.1.2 Modifizierende Informationsvermittlung

Als modifizierend können Informationsdienstleistungen bezeichnet werden, die recherchierte Informationen den Nutzerbedürfnissen entsprechend selektiv und strukturell verändern, ohne die Inhalte der Informationen wesentlich zu verarbeiten und zu transformieren. Rechercheergebnisse vorwiegend aus Online-Datenbanken werden einer themenkritischen Auswahl unterzogen, die gefundene themenrelevante Literatur wird beschafft und das gesammelte Material zu einem strukturierten, aber nicht bewerteten Ergebnis zusammengestellt.

Diese Form der Informationsvermittlung findet sich vor allem bei selbstständigen Information Brokern, die ihre Dienstleistungen bevorzugt Nutzern aus Wirtschaft und Industrie anbieten (Lit. 02). Einen Sonderfall stellen Patentberichterstatter dar. Diese Berufsgruppe hat sich darauf spezialisiert, für Patentanwälte oder im Auftrag von Patentabteilungen größerer Unternehmen zum Teil in Patentdatenbanken, zum Teil in den Patentauslegestellen nach gewerblichen Schutzrechten zu suchen, die für Patentanmeldungen, für Stand-der-Technik-

Recherchen, für Einspruchsverfahren oder für Markt- und Technologieanalysen verwendet werden.

### C 6.3.1.3 Qualifizierende Informationsvermittlung

Das Endergebnis eines qualifizierenden Informationsdienstes trägt wesentlich zur Vorbereitung und Begründung von informationsabhängigen Entscheidungen bei. Typische Produkte dieser Form der Informationsvermittlung sind Expertisen, Dossiers, Fortschrittsberichte oder Übersichtsstudien, die die Resultate umfangreicher Informationsrecherchen systematisieren, zusammenfassen, gewichten und dem Wissensstand des Klienten entsprechend aufbereiten. Solche Dienstleistungen müssen sich inhaltlich und intellektuell intensiv mit den Fragestellungen des Klienten auseinandersetzen und können deshalb kaum standardisiert werden. Andererseits bewirkt das Ergebnis nicht unmittelbar eine konkrete Problemlösung, sondern befähigt den Auftraggeber und Nutzer der Informationsdienstleistung zu qualifizierten Entscheidungen und Argumentationen.

Um Informationsdossiers und Gutachten erstellen zu können, werden neben Online-Datenbanken und traditionellen Informationssystemen auch informelle Informationsquellen wie externes Expertenwissen, Auskünfte durch Fachverbände oder Anfragen bei anderen Informationsagenturen genutzt. Abnehmer für solche Informationsdienste sind große und mittlere Unternehmen, Marktforschungsinstitute, Unternehmensberatungen oder Behörden, die die zu einer Entscheidung notwendigen Daten und Informationen nicht selbst beschaffen können.

Qualifizierte Informationsdienste werden von selbstständigen Informationsberatern, von Recherchebüros, von Beratungsfirmen, in besonderen Fällen aber auch von spezialisierten Forschungsinstituten, von anerkannten Fachgutachtern oder von Expertengremien übernommen. Besonders in angelsächsischen Ländern haben sich größere Informationsunternehmen etabliert, die im Rahmen ihrer Tätigkeit qualifizierende Literaturstudien, Auftragsanalysen oder Fortschrittsberichte erstellen.

### C 6.3.1.4 Evaluierende Informationsvermittlung

Dienstleistungen, die dem Nutzer die problembezogene Bewertung und anwendungsorientierte Transformation von nachgefragten Informationen abnehmen, können als evaluierende Informationsdienstleistungen bezeichnet werden. Die Bewertung von Daten und Fakten und damit die Überführung von Information in Anwendungswissen ist neben der Umsetzung dieses Wissens in Problemlösungen die Endstufe eines Verdichtungsprozesses, den hochqualifizierte Informationsagenturen im Rahmen ihrer Dienstleistungstätigkeit durchführen. Informationsagenturen wirken dabei wie Filter, die aus den Informationsströmen, die auf sie wie auf ihre Klienten einwirken, die problemrelevanten Informationen recherchieren, selektieren und beschaffen, danach verdichten und in einer letzten Phase bewertend umsetzen. Evaluierende Informationsdienste nutzen die so transformierten Informationen als integrierten Bestandteil einer umfassenden Beratungstätigkeit.

Die Integration von Informationsrecherchen in komplexere Aufgabenbereiche der Beratung und Unterstützung hat sich bei privaten Dienstleistungsunternehmen als erfolgversprechendstes Modell der Informationsvermittlung erwiesen. Technische oder betriebswirtschaftliche Unternehmensberatungen, die für größere Betriebe oder für Unternehmen der mittelständischen Wirtschaft arbeiten, sind typische Vertreter dieses Informationsvermittlungsmodells. Die Nutzung von Informationsquellen und -medien geschieht hier in der Regel nur innerbetrieblich, und oft kann der Endnutzer einer Informationsdienstleistung nicht erkennen, welche Informationen wie und wo zur Erstellung einer Beratungsleistung recherchiert worden sind.

Neben den klassischen Unternehmensberatungen, die immer häufiger auf die Möglichkeiten der Online-Recherche zurückgreifen, sind in den letzten Jahren zahlreiche Institutionen entstanden, die im Rahmen der Wirtschafts-, Innovations- und Technologieförderung beraten, Informationen vermitteln und kleine und mittlere Unternehmen unterstützen. Die Motive der beratenen Unternehmen können dabei sehr unterschiedlich sein: Die angeforderten Beratungsleistungen erstrecken sich auf die Bewertung technischer Ideen, Entwicklungsvorhaben oder Umstellungen in technischer und wirtschaftlicher Hinsicht, sie umfassen die Mithilfe bei der Lösung technischer Detailprobleme oder sie bieten zusätzliche Informationen zu bereits konzipierten oder vorgeschlagenen Lösungswegen. Oft reicht es auch aus, wenn die Beratungsagenturen Hinweise auf Hilfestellungen bei der Inanspruchnahme öffentlicher Finanzierungshilfen geben oder wenn sie einmal eingeschlagene Problemlösungswege und Geschäftsstrategien bestätigen oder nachträglich legitimieren.

### C 6.3.2 Institutionelle Einbindung der Informationsvermittlung

Je nach organisatorischen Einbindung, institutioneller Zuordnung und Ausrichtung lassen sich Informationsvermittlungsstellen (IVS) im Wesentlichen in vier Gruppen unterteilen:

– Die *interne IVS* ($IVS_i$), die sich als innerbetriebliche Abteilung in Produktions- und Dienstleistungsunternehmen zur Unterstützung anderer Bereiche wie z. B. Beratung, Forschung, Entwicklung mit Aufgaben der Marktbeobachtung, Beschaffung produktionsrelevanter Fachinformation oder Recherchen zum Stand der Technik und Methodik befasst. $IVS_i$ finden sich in allen innovationsorientierten Bereichen und Branchen, insbesondere in Forschungs- und Entwicklungsabteilungen oder Marketingabteilungen von Großunternehmen, im Bereich der technischen oder betriebswirtschaftlichen Unternehmensberatung, bei großen Ingenieurbüros oder in Unternehmen des Finanz- und Kreditwesens (Lit. 28).

– Die kommerziell orientierte, *externe IVS* ($IVS_e$), deren erklärtes Ziel es ist, mit der Vermittlung von Fachinformationen für externe Auftraggeber Profite zu erwirtschaften. $IVS_e$ arbeiten unter anderem in den Informationssektoren der Chemie- und Pharmaindustrie, des Patentwesens, der Rechtsprechung sowie der Marktbeobachtung und -analyse.

– *Mischformen* ($IVS_m$), die sowohl innerbetriebliche Funktionen erfüllen, als auch als Profit-Center ihre Broker-Dienste für Dritte anbieten. $IVS_m$ existieren als Instrumente der Verkaufsförderung z. B. im Bereich der Unternehmensberatungen, der Marktforschungsunternehmen, der Kreditberatung oder der Steuer- und Anlageberatung.

– *Traditionelle Informationsunternehmen* ($IVS_t$), die schon immer für Dritte Informationen vermittelt haben, im Zuge der IVS-Diskussion und aufgrund einer zunehmend intensiveren Nutzung elektronischer Instrumente der Informationsbeschaffung jetzt auch in den Verzeichnissen der Informationsbranche als IVS geführt werden.

$IVS_t$ finden sich vor allem im Patentbereich (Patentberichterstatter, Patentanwälte), im Bereich der Innovationsberatung (IHK, Handwerkskammer, Technologieberatungsstelle) oder im Sektor Wirtschaftsauskunft.

### C 6.4 Methoden der Informationsdienstleistung

Als Bindeglied zwischen Informationsproduzenten und Informationsrezipienten schließt die Informationsvermittlung eine organisatorische Lücke zwischen Informationsangebot und -nachfrage. Der Vermittlungsprozess lässt sich je nach Umfang und Komplexität des jeweiligen Auftrags in unterschiedliche Phasen zerlegen. Bezogen auf die standardisierte Informationsvermittlung, wie sie in Bibliotheken und Informationsabteilungen großer Unternehmen Praxis ist, eignet sich das von *Eisenberg* und *Berkowitz* entwickelte Modell der „six big skills" zur Strukturierung des Vermittlungsprozesses (Lit. 10). In diesem Modell folgt auf die Phase der Aufgabendefinition, während der das Informationsproblem abgegrenzt und der Informationsbedarf ermittelt wird, die Entwicklung einer geeigneten Recherchestrategie, um das Spektrum der möglichen Informationsquellen zu bestimmen und zu gewichten. In der dritten Phase werden die relevanten Quellen lokalisiert und beschafft, in der vierten gesichtet und ausgewertet, um danach die extrahierten Informationen organisieren und präsentieren zu können. Zuletzt wird nicht nur das Ergebnis der Recherche, sondern der gesamte Rechercheprozess selbst beurteilt.

Für komplexere Aufgaben der qualifizierenden und evaluierenden Informationsvermittlung soll hier eine etwas andere Unterteilung des Vermittlungsprozesses vorgeschlagen und erläutert werden. Je nach Art des Informationsauftrags und der Lösungserwartung des Auftraggebers werden die im folgenden beschriebenen Phasen der Informationsdienstleistung in unterschiedlicher Form und Intensität realisiert.

### C 6.4.1 Informationsanfrage

Eine Informationsanfrage erfolgt in der Regel aufgrund eines Informationsproblems bzw. eines Wissensdefizits bei einem Auftraggeber. Bei komplexen Informationsproblemen ist oft unbekannt, welche Informationen tatsächlich benötigt und gesucht werden. Meistens kann das Informationsdefizit des Nachfragers nur vage und unpräzise umrissen werden.

Informationsvermittler müssen das vorliegende Informationsdefizit nicht nur erkennen, verstehen und analysieren, sondern sie müssen auch das zugrundeliegende Problem von der Denk- und Verstehenswelt des Klienten in die eigenen Denkstrukturen übersetzen. Dabei sind Fehlinterpretationen und Missverständnisse selten auszuschließen. Der Prozess des gegenseitigen Erklärens und Verständlichmachens eines Informationsproblems ist vielschichtig und kann je nach Komplexität des Problems in mindestens elf Phasen untergegliedert werden. Jede dieser Phasen birgt für die Kommunikation zwischen Klient und Informationsberater eigene Hindernisse und Übersetzungsprobleme und wirkt sich auf Erfolg und Qualität der Informationsvermittlung aus (Abb. 2).

### C 6.4.2 Informationsberatungsinterview

Nur über das persönliche Gespräch in einem Beratungsinterview lassen sich durch geeignete Gesprächstechniken die vom Klienten artikulierten Informationsbedürfnisse ergründen, die Bedeutungsgehalte einer Anfrage interpretieren, lassen sich informationelle Motive und Verwertungsabsichten des Anfragers, Bedeutungsinhalte und Konkretisierungen einer Informationsanfrage zuverlässig ermitteln und der objektive Informationsbedarf analysieren und antizipieren (Lit. 36). Voraussetzung für einen solchen verstehenden Dialog sind drei Eigenschaften des Vermittlers:

– Aktives Zuhören;

– Informationsempathie verstanden als die Fähigkeit, sich in die persönliche Informationswelt und die informationsbezogenen Aufgaben anderer zu versetzen (Lit. 37);

– die Bereitschaft zu Verstehen und Verstandenes in einfacher Form wiederzugeben.

Diese Fähigkeit, im Gespräch von den eigenen Wertvorstellungen und Interessen abstrahieren zu können und gewissermaßen ein Problem durch die Augen anderer zu sehen, ist wichtige Voraussetzung dafür, Informationsanfragen verstehen und für die Nutzer befriedigend beantworten zu können (Lit. 38).

#### C 6.4.2.1 Ziele des Interviews

Im Informationsberatungsinterview zwischen Vermittler und Klient machen Inhalt und mögliche Lösung eines Informationsauftrags nur einen Teil des Gesprächs aus. Gleichzeitig soll der Anfrager aufgrund des Gesprächs den Eindruck gewinnen, dass er es mit einem kompetenten und vertrauenswürdigen Informationsspezialisten und Beratungspartner zu tun hat, dem man die eigenen Informationsprobleme anvertrauen und auf dessen Verschwiegenheit, Integrität und Professionalität man sich verlassen kann.

Hinzu kommt, dass Klienten die Möglichkeiten, die die Suche in Datenbanken bietet, oft nur schwer beurteilen können und dass sie sich in der Regel

---

1. **Informationsbedarf**
   Welche Information wird vom Klienten benötigt?

2. **Informationsbedürfnis**
   Was wird vom Klienten als nötig empfunden?

3. **Frageformulierung**
   Wie wird die Frage, der Wunsch/Auftrag formuliert?

4. **Frageinhalt**
   Was war tatsächlich gemeint?

5. **Interpretation des Vermittlers**
   Was wird verstanden?
   Wie wird interpretiert?

6. **Operationalisierung des Auftrags**
   Wo wird wie wonach gesucht?

7. **Codierung des Problems**
   Wie wird die Anfrage in Retrievalsprache übersetzt?

8. **Potenzial des Informationssystems**
   Was kann ermittelt werden?

9. **Form der Präsentation**
   Was wird wie weitergegeben?

10. **Interpretation des Klienten**
    Was wird verstanden und gefolgert?

11. **Resultat**
    Was hat das Ergebnis bewirkt?

*Abb. 2: Kommunikationshürden der Informationsanfrage und -interpretation*

über Herkunft und Verlässlichkeit der recherchierten Informationen im Unklaren sind. Wenn es dem Informationsvermittler also gelingt, im Beratungsinterview eine solide Vertrauensbasis mit dem Klienten aufzubauen, dann entwickelt sich eine offenere Gesprächsatmosphäre, es kommt im weiteren Beratungsverlauf zu weniger Missverständnissen, und die Rechercheergebnisse werden vom Klienten bereitwilliger akzeptiert. Um dieses Ziel zu erreichen, muss sich der Informationsvermittler ganz auf die Person, die Bedürfnisse und das individuelle Verhalten eines Besuchers einstellen können.

### C 6.4.2.2 Ablauf des Interviews

Aus Sicht der Kommunikationspsychologie handelt es sich bei einem Beratungsinterview zwischen Informationsanfrager und -vermittler um ein diagnostisches Gespräch mit dem Ziel des kooperativen Problemlösens. Der gesamte Ablauf eines solchen Informationsberatungsinterviews lässt sich in mehrere Phasen untergliedern:

1. Während der *Kontaktphase* muss der Vermittler einem neuen Klienten die Gelegenheit zur Orientierung und Gewöhnung geben. Der erste Eindruck, den ein Besucher vom Vermittler bekommt, kann dabei entscheidend für den gesamten Beratungserfolg sein. Wichtigstes Ziel für den Vermittler ist es in dieser Phase, eine positive Gesprächsatmosphäre herzustellen, die vertrauensbildend wirkt und den Charakter des weiteren Beratungsablaufs maßgeblich mitbestimmt. Zu Beginn des Beratungsinterviews wird der Berater noch keine tiefergehenden inhaltlichen Fragen zum Rechercheauftrag stellen, sondern mit dem Anfrager über seine berufliche Position, seine aktuellen fachlichen Aufgaben oder bei Bedarf über die konkreten Funktionen des Informationsvermittlers sprechen.

2. In der Phase der eigentlichen *Problemdefinition* lässt sich der beratende Informationsvermittler das Informationsproblem des Anfragers beschreiben. Zunächst ohne zu unterbrechen versucht sich der Vermittler ein Bild von der eigentlichen Aufgabenstellung zu machen. Erst später wird er oder sie dazu übergehen, sich genauer nach inhaltlichen Details, nach konkreten Informationswünschen oder nach der Bedeutung einzelner Fachbegriffe zu erkundigen. Indem der Vermittler die Problemschilderung paraphrasiert, d. h. einzelne Aussagen mit eigenen Worten wiederholt und umschreibt, können beide Gesprächspartner besser kontrollieren, ob das Informationsproblem verstanden und erkannt worden ist.

3. In einem weiteren Schritt sollte der Vermittler eine *Bedingungsanalyse* für das zugrundeliegende Informationsproblem anstellen. Im Gespräch versucht man jetzt weitere Hintergrundinformationen und Rahmenbedingungen zu erfragen, die für ein tieferes Verständnis des Informationsproblems bedeutsam sein können. In dieser Phase ist es besonders wichtig, jede detailliertere Frage zu erläutern und im Kontext möglicher Recherchestrategien darzustellen, damit der Gesprächspartner nicht das Gefühl bekommt, er oder sie würde ausgefragt. Zur Bedingungsanalyse eines Rechercheauftrags gehören auch Fragen nach formalen Kriterien wie Umfang, Art, Aktualität, Sprache und Form des zu erwartenden Rechercheergebnisses.

4. Nachdem das Informationsproblem für beide Seiten deutlicher und präziser herausgearbeitet worden ist, wird der Informationsberater jetzt versuchen, im Rahmen einer *Zielanalyse* die verschiedenen Wege und Chancen einer Informationsrecherche zu umreißen. Der Ratsuchende kann sich jetzt darüber klar werden, ob und inwieweit eine Informationsrecherche bei der Lösung des Problems nützlich sein kann.

5. Die *Lösungsrealisation* selbst ist nicht Teil des Informationsberatungsgesprächs. Die technische und organisatorische Planung und Durchführung der Recherche liegt allein beim Vermittler; die Beteiligung der Ratsuchenden bei der Recherchetätigkeit erscheint dabei als wenig hilfreich.

6. Noch wichtiger für den Beratungserfolg ist die Phase der *Lösungskontrolle*. Dem Vermittler ist zu empfehlen, das erarbeitete Rechercheergebnis dem Auftraggeber persönlich zu präsentieren und zu erläutern. So ergibt sich die Gelegenheit, die Resultate mit der ursprünglichen Aufgabenstellung zu vergleichen und die Recherchequalität zusammen mit dem Klienten zu bewerten. Durch die gemeinsame Sichtung und Interpretation der Rechercheergebnisse können z. B. gewisse Unzulänglichkeiten eines Datenbankausdrucks besser erklärt oder auf real bestehende Lücken im Informationsangebot aufmerksam gemacht werden. Die Präsentation

und Analyse der ermittelten Informationen schafft eine zusätzliche Klientenbindung und führt in der Regel zu einer höheren Zufriedenheit des Auftraggebers (Lit. 15).

### C 6.4.3 Informationsbeschaffung

Die Vielfalt der elektronischen wie konventionellen Informationsmöglichkeiten erfordert von einem qualifizierten Informationsberater ein breites Spektrum fachlicher und informationsmethodischer Kenntnisse, um die gesamte Palette der zur Verfügung stehenden Informationsmöglichkeiten effektiv nutzen zu können. Neben die traditionellen bibliothekarischen, dokumentarischen und informellen Informationsquellen sind heute zunehmend neue Verfahren der elektronischen, computergestützten und technisch vermittelten Informationsbereitstellung getreten. Zu einer umfassenden Informationsrecherche gehört die Kenntnis der Organisation des Fachinformationssystems und des geeigneten Informationszugangs ebenso wie die Fähigkeit, Retrievalsysteme zu bedienen, effiziente Recherchestrategien zu entwickeln oder relevante Informationen zu identifizieren und zu selektieren.

### C 6.4.4 Informationsaufbereitung und -bewertung

Der Nachweis isolierter Daten, das Auffinden einzelner Fakten, die Recherche nach Referenzen oder die Beschaffung von Originaldokumenten reichen in der Regel nicht aus, um den gesamten Informationsbedarf eines Klienten zu befriedigen. Je nach Art der Anfrage und Vorkenntnis des Klienten müssen die recherchierten Daten zu nützlichen und brauchbaren Informationen komprimiert werden. Der Prozess der Informationsanalyse zielt darauf ab, durch Selektion, Vergleich, Bewertung, Aufbereitung und Verdichtung von Rechercheergebnissen informationellen Mehrwert zu schaffen, neues Wissen zu generieren und Wissensdefizite zu identifizieren (Lit. 04).

Der Aufbereitungsgrad der Recherche hängt dabei von mehreren Faktoren ab: von den wissenschaftlichen und fachlichen Vorkenntnisse des Klienten, von dessen Auffassungsvermögen und seiner Rezeptionsbereitschaft. Zielsetzung und Verwendungszweck der Recherche sowie das zugrundeliegende Problem sollten bei der Präsentation und Gestaltung des Rechercheergebnisses ebenso berücksichtigt werden wie der zu erwartende Arbeitsaufwand, die Verfügbarkeit von Informationsressourcen, zeitliche Restriktionen und Kosten/Nutzen-Überlegungen. Nach ihrem Komplexitätsgrad können vermittelnde Informationsdienstleistungen in drei unterschiedliche, aber nicht eindeutig abgrenzbare Kategorien unterteilt werden:

– Die *synthetische Informationsvermittlung* stellt die aufgrund einer spezifischen Anfrage recherchierten Daten zu problemorientiert strukturierten Informationssammlungen zusammen. Das Rechercheergebnis ermöglicht dem Nutzer eine systematische Orientierung in dem recherchierten Fachgebiet – eine Lösung von Informationsproblemen kann mit einer einfachen synthetischen Recherche nicht erzielt, allenfalls vorbereitet werden. Zu den synthetischen Informationsdienstleistungen ist das Information Brokering bzw. die datenbank-orientierte Informationsvermittlung zu rechnen oder die Tätigkeiten von Auskunftsdiensten und Clearing-Stellen (Lit. 34).

– Die *synoptische Informationsvermittlung* zielt darauf ab, zu einem oft interdisziplinären Forschungsthema, zu einer fachübergreifenden Fragestellung oder zu einem spezifischen Verfahrensproblem eine aktuelle Wissensübersicht zu geben, die den anfragenden Wissenschaftler, Techniker oder Manager in die Lage versetzt, anhand einer fachlichen Positionsbestimmung eigene Arbeiten und Zielsetzungen besser dem gegebenen Stand des Wissens anpassen zu können. In Form von Literatur- oder Fortschrittsberichten, Stand-der-Technik-Übersichten oder thematischen Sachstandsvergleichen liefern komplexe Informationssynopsen ein Orientierungswissen, mit dem Einzelfragen in einen umfassenderen Sach- und Sinnkontext eingeordnet werden können.

– Die *analytische Informationsvermittlung* verdichtet recherchierte Daten zu Expertisen, thematischen Studien und wissenschaftlichen Analysen, die auf der Grundlage der Fakten- und Literaturlage neue Erkenntnisse und mögliche Problemlösungen formulieren; diese Form der Wissensaufbereitung und -verarbeitung gilt als wichtiges Element im Wissenstransfer und bereitet nicht selten weitere beratungsbezogene Dienstleistungen vor.

Oft werden die Ergebnisse einer Informationsanalyse durch eine bewertende Qualitätsbeurteilung ergänzt. Dabei bezieht sich die Informationsbewertung zum einen auf die Einschätzung des monetär berechneten Wertes bestimmter Informationsressourcen (Einsparungseffekte, Rationalisierungspotenziale, Wettbewerbsvorteile durch Information), zum anderen wird auch die Relevanz, Präzision und Vollständigkeit, die Pertinenz (bedarfsbezogene Qualität) und der Wirkgehalt einzelner Rechercheergebnisse in Hinblick auf eine konkrete Problemlösung beurteilt.

## C 6.5 Erfolgsfaktoren der Informationsvermittlung

Probleme der fachlichen Qualifikation, der Wirtschaftlichkeit, des Marketing sowie der Akzeptanz erschweren Markterfolg und Konsolidierung neu entstehender Informationsunternehmen. So werden die Möglichkeiten, einen neuen Markt für spezialisierte Informationsdienste zu entwickeln, oft stark überschätzt (Lit. 17). Gleichzeitig werden manche der neuen Dienstleistungen ohne Rücksichtnahme auf real existierende Bedarfsstrukturen entwickelt und angeboten. Hinzu kommt, dass kommerzielle Informationsdienste mit dem traditionellen Informierungsverhalten der potenziellen Nutzergruppen (wie z. B. kleine und mittlere Unternehmen, Handwerksbetriebe, Ingenieurbüros) konkurrieren müssen, die ihren Informationsbedarf über bewährte Informationskanäle und informelle Kommunikationsnetzwerke decken.

### C 6.5.1 Zur Qualifikation von Informationsvermittlern

Die Fertigkeiten und Kenntnisse, die einen Informationsspezialisten für seinen Beruf qualifizieren, umfassen eine breite Skala methodischer, technischer, organisatorischer und sogar psychologischer Erfahrungen und Fähigkeiten. Neben dem grundlegenden methodischen Wissen über Informationstechnik, Informationsquellen und Informationsstrukturen wird auch die Fähigkeit erwartet, komplexe Informationsprobleme erfassen, analysieren, strukturieren und lösen zu können. Zusätzlich sollten Informationsberater und -vermittler vertrauensfördernde Beraterqualitäten aufweisen, sie müssen als Übersetzer zwischen unterschiedlichen Fachsprachen und Wissensstrukturen vermitteln (Lit. 08), sie sollten als Wissensingenieure alle Spielarten der modernen Informations- und Kommunikationstechnik beherrschen, und sie müssen als Pfadfinder im Informationsdschungel alle Wege, Kanäle und Quellen der Informationslandschaft

kennen (Lit. 21). Andere Untersuchungen bescheinigen der Informationsvermittlungsarbeit als wesentliche Voraussetzung Ganzheitlichkeit, Intuition, Nicht-Linearität, Emotionalität und Erfahrungswissen (Lit. 27). Die Deutsche Gesellschaft für Informationswissenschaft und Informationspraxis vertritt den Standpunkt, dass gerade für Information Broker eine mehrjährige Berufspraxis als Informationsvermittler in einem Betrieb oder in einer Institution genauso wichtig ist wie eine qualifizierende Ausbildung in einem IuD-Hochschulstudium. Im Zuge der Integration des europäischen Arbeitsmarktes werden in jüngster Zeit außerdem Bestrebungen zur Zertifizierung von Informationsdienstleistern unternommen (Lit. 29).

Zu den unabdingbaren Kenntnissen und Fähigkeiten, über die professionelle Informationsvermittler verfügen sollten, gehören:

– ein fundierter Überblick über die grundlegenden Online- und Offline-Quellen eines Fachgebiets;

– Sicherheit beim Retrieval in verschiedenen Informationssystemen;

– Kenntnisse der Inhalte des WWW und des Umgangs mit Datennetzen;

– umfassende Kenntnisse konventioneller Datensammlungen;

– Erfahrung in der Entwicklung und Praxis von Recherchestrategien;

– Erfahrung in der synoptischen Aufbereitung von Rechercheergebnissen;

– Erfahrung in der Kalkulation von Informationsdienstleistungen (Lit. 09).

### C 6.5.2 Qualität der Informationsvermittlung

Eine nachhaltige Akzeptanz vermittelnder Informationsdienstleistung kann nur durch eine deutliche Verbesserung und damit durch eine stärkere Wertschätzung der Dienstleistungen bei den Zielgruppen erreicht werden. Als Kriterien für die Qualität von Informationsdiensten werden in erster Linie Merkmale wie Problembezug der Leistung oder Verständlichkeit des Informationsprodukts und erst im weiteren die Eigenschaften Vollständigkeit und Aktualität der Ergebnisse genannt. Versuche, Informationsunternehmen nach Qualitätsnormen (wie z. B. ISO 9004) zu zertifizieren, d. h. normierte Kriterien für die Qualität von Dienstleistungen zu überprüfen und zu bescheinigen, scheitern allerdings an der Schwierigkeit, den Wert vermittelter Informationen und die Qualität von Problemlösungen evaluieren zu müssen. Jedes noch so ausgefeilte betriebswirtschaftliche Bewertungsmodell wird der Komplexität der vielfältigen Informationsbeziehungen und -bedürfnisse in einem Unternehmen nicht gerecht.

Informationsprozesse sind gleichzeitig Kommunikationsprozesse und damit soziale Prozesse. Es ist daher zu vermuten, dass die Qualität und damit die Effizienz von Informationsleistungen immer auch von der methodischen, kommunikativen und sozialen Kompetenz derjenigen abhängen, die Informationsaufgaben übernehmen. Der Messbarkeit der Qualität und Effizienz von Informationsdienstleistungen sind prinzipielle Grenzen gesetzt, weil die Bemessungsstandards für die Güte einer Informationsleistung zu aller erst und ausschließlich von subjektiven Werturteilen geprägt sind (Lit. 38). Auch erscheinen Bemühungen, Berufsethos, Qualitätsanspruch und Selbstwertgefühl von Informationsvermittlern durch einen freiwilligen Verhaltenskodex aufzuwerten, mehr als fragwürdig. Denn solange solide Informationsvermittlung noch auf Reputation und Vertrauen gründet, erscheinen solche Etikettierungen als überflüssig (Lit. 01).

### C 6.5.3 Wirtschaftlichkeit der Informationsvermittlung

Unternehmen, die auf dem Markt Dienstleistungen der Informationsvermittlung anbieten, können nur dann wirtschaftlich operieren, wenn die Erträge aus den Informationsdienstleistungen höher sind als deren Aufwendungen. Die Nachfrage nach reinen Recherchediensten ist jedoch nach wie vor so gering, dass ein Informationsunternehmen nur dann ökonomisch arbeiten kann, wenn es das Angebot der Dienstleistungen ausweitet und dem Kundenbedarf anpasst. Eine Reihe von Broker-Firmen ist deshalb dazu übergegangen, den eigentlichen Umgang mit Online-Informationen zur Leistung untergeordneter Priorität zu machen und den Kunden umfassendere Beratung beim Aufbau von informations- und kommunikationstechnischen Lösungen, Unterstützung im Informationsmanagement, Rechercheschulung oder die Betreuung von Firmen-Websites anzubieten (Lit. 39).

Die Ausweitung der Dienstleistungspalette und die Komplettierung des Angebots durch komplexe Informationsberatungsleistungen erscheint daher aus ökonomischen Gründen zwingend erforderlich. Unter Informationsberatung ist eine kommerzielle entscheidungs- und planungsbegleitende Hilfeleistung zu verstehen, die sich zur Lösung eines Informationsproblems auf die Aufbereitung und Anwendung von Informationsressourcen konzentriert. Informationsunternehmen werden sich auf lange Sicht nur dann am Markt behaupten können, wenn sie weniger auf die Menge an erbrachten Vermittlungsleistungen als vielmehr auf deren Qualität setzen.

### C 6.5.4 Marketing für Informationsvermittlung

Der schwer darzustellende Wert der Ware Information mag auch Ursache dafür sein, dass manche Informationsdienste nicht erfolgreich genug im Markt platziert werden können. Strategien des Informationsmarketings und damit der Werbung für Informationsdienste könnten bei richtiger Gestaltung und Anwendung womöglich den Bekanntheitsgrad der Branche Informationsvermittlung fördern. Doch hat sich gezeigt, dass der Erfolg solcher flankierender Maßnahmen, die den mengenmäßig rentablen Verkauf von Informationsrecherchen unterstützen sollen, überschätzt werden (Lit. 22). Bei der Kundenakquisition führen nur solche Maßnahmen zum Ziel, die den potenziellen Kunden direkt und persönlich erreichen und die geeignet sind, eine größere Klientel langfristig an das Informationsunternehmen zu binden. Zu diesem Zweck bieten sich zur Unterstützung des strategischen Marketings von Informationsvermittlungsstellen Maßnahmen in den vier Gestaltungsfeldern Informationsstrategie, Informationsbereitschaft, Informationspotenziale und Informationsfähigkeit an (Lit. 18).

Im traditionellem Beratungsbereich, wo seit jeher Informationen recherchiert, problemorientiert aufbereitet und als Dienstleistung vermarktet werden, erübrigen sich aufwändigere Marketingkonzepte. Oft wird jedoch der Verweis auf firmeninterne Möglichkeiten zur Nutzung von Online-Datenbanken als imageförderndes Marketinginstrument eingesetzt (Lit. 06). So versuchen manche Beratungsunternehmen sich dadurch Wettbewerbsvorteile zu verschaffen, dass sie im Rahmen ihrer Akquisitionsbemühungen auf die Vorteile einer eigenen Informationsvermittlungsstelle aufmerksam machen, um dadurch potenzielle Klienten von der eigenen technischen und fachlichen Beratungskompetenz zu überzeugen.

### C 6.5.5 Bedarfs- und Akzeptanzstrukturen

Als Beratungsdienstleistung, in klassischer Auskunftsfunktion oder als gutachterliche Tätigkeit ist Informationsvermittlung bekannt, bewährt und akzeptiert. Jedoch stößt die Akzeptanz neuer Dienste, die auf die Vermittlung und den Verkauf von Online-Informationen festgelegt sind, in Wirtschaft und Industrie auf Hürden. Die Nachfrage von kleinen und mittelständischen Betrieben nach onlinerecherchierten Datenbankinformationen bleibt auch deshalb verhalten, weil die Qualität und Aufbereitung standardisierter Informationsdienste den tatsächlichen Informationsbedürfnissen der Firmen oft nicht entspricht. Online-Informationsvermittlung unterschätzt die anwendungsferne Komplexität von Datenbankinhalten, sie ignoriert die informatorischen Rahmenbedingungen unternehmerischen Informationsverhaltens, und sie verkennt allzu oft den tatsächlichen Informationsbedarf der Betriebe. Die in Datenbanken recherchierbaren Fachinformationen liefern lediglich den Rohstoff, der durch intellektuelle Weiterbehandlung und problemorientierte Veredelung noch zu einem anwendbaren Informationsprodukt verarbeitet werden muss. So ist der größte Anteil der am Informationsmarkt nachgefragten Informationen Wirtschafts- und Finanzinformationen und nur zu einem geringen Teil wissenschaftlich-technische Fachinformation und Patentinformation.

Deshalb wenden sich ratsuchende Unternehmen mit ihren Fragen und Problemen in der Regel nur an solche Beratungsagenturen, zu denen sich nach einer längeren Phase der gemeinsamen Problembewertung und Zusammenarbeit ein ausreichendes Vertrauensverhältnis aufbauen lässt. Als Ursache, warum die Nutzung elektronischer Fachinformation bei den meisten Unternehmen auf Akzeptanzbarrieren trifft, lassen sich sechs miteinander verknüpfte Gründe nennen:

1. Ein Bedarf an elektronisch vermittelter Fachinformation im Bereich der mittelständischen Wirtschaft und des Handwerks ist eher gering, da die bestehenden Informationsmedien und -kanäle, insbesondere nach Einführung des Internets, als ausreichend angesehen werden.

2. Situationen, in denen innovative Betriebe ein aktuelles Fachinformationsbedürfnis haben, treten zu selten und zu sporadisch auf, um die Unternehmen an die Kooperation mit Informationsvermittlern gewöhnen zu können.

3. Die Ergebnisse der Online-Informationsvermittlung können von den Unternehmen oft nicht verwertet werden, da sie wegen der ungeeigneten Qualität (bibliographische Nachweise, fremdsprachige Literatur) abgelehnt werden oder nicht direkt in betriebliche Problemlösungen umgesetzt werden können.

4. Die privaten Anbieter von Informationsdienstleistungen genießen bei den potenziellen Nutzern in den Unternehmen nicht das erforderliche Vertrauen, das den Beratern in Kammern und Verbänden von den Betrieben entgegengebracht wird.

5. Die Bereitschaft (nicht nur) in der mittelständischen Wirtschaft, die Leistung von Information Brokern aufwandsgerecht zu vergüten, ist eher gering, da im betrieblichen Bereich Wissenserwerb traditionellerweise über eher informelle Tauschprozesse geregelt wird.

6. Statt des isolierten Tatsachen- und Faktenwissens, das die herkömmliche Informationsvermittlung anzubieten hat, benötigt das innovative Unternehmen zur wettbewerbsorientierten Weiterentwicklung vor allem Orientierungswissen, Handlungswissen sowie erfahrungsgeprüfte und bewertete Informationen.

### C 6.6 Informationsvermittlung in Zeiten des Internet

Auch wenn kaum verlässliche Zahlen zur Anzahl, Struktur und wirtschaftlichen Situation der Informationsvermittlung in Deutschland vorliegen (Lit. 06; Lit. 14), so lässt sich doch mit hoher Wahrscheinlichkeit vermuten,

– dass heute innerbetriebliche IVS gegenüber externen IVS und Information Brokern in der Überzahl sind;

– dass sich externe Informationsvermittlung nach wie vor nicht kommerziell trägt;

– dass Informationsvermittlung insbesondere dort gute Chancen hat, wo Innovationen intensiv und in größerem Maßstab gedacht, erforscht, geprüft, ermittelt und transferiert werden.

Die noch in den 1990er Jahren optimistisch eingeschätzte Entwicklung des an sich problematischen Marktes für Informationsvermittlung (Lit. 19) zeigt sich aufgrund der Etablierung des Internet und der vielen damit verbundenen Online-Dienste, netzvermittelten Dienstleistungen, elektronischen Informationsprodukte und innovativen Anwendungen wieder rückläufig (Lit. 12). Zwar bedeutet das Internet für kommerzielle Vermittler eine neue Chance, als „cybermediaries" (Lit. 32) ihre Dienste auf den neuen elektronischen Marktplätzen auf breiter Front bekannt zu machen, anzubieten, zu vermarkten und zu distribuieren (Lit. 13; Lit. 31; Lit. 40). Doch gleichzeitig haben auch die Informationsnachfrager die erschöpfenden und kostengünstigen Recherchemöglichkeiten im Internet entdeckt.

In vielen Unternehmen gehört die so genannte Enduser-Recherche heute zum Alltag. Die Mitarbeiter haben Zugriff auf unterschiedlichste Informationsquellen, die bislang dem Zugriff von Informationsspezialisten vorbehalten waren (Lit. 24). Dieser als *Disintermediation* bezeichnete Begriff steht für einen Entwicklungsprozess im Online-Informationsmarkt, bei dem die Nachfrage nach professioneller, expertengebundener Informationsvermittlung zunehmend an Bedeutung verliert, weil Informationsrecherchen aufgrund verbesserter und vereinfachter Zugriffsmöglichkeiten auf in der Regel internet-vermittelte Informationsangebote vom Endnutzer weitgehend selbstständig durchgeführt werden (Lit. 16). Dabei werden als *Endnutzer* jene Benutzer von Informationssystemen bezeichnet, der nicht über speziell geschulte Kenntnisse und Fähigkeiten im Umgang mit der Informations- und Kommunikationstechnik verfügen.

Der Begriff Endnutzung bringt zum Ausdruck, dass im Rechercheprozess zwischen Online-Informationsquellen und Informationsnachfrager keine professionelle Vermittlungsinstanz zur Unterstützung der Informationssuche eingeschaltet ist (Lit. 24). Disintermediation wurde nicht zuletzt aufgrund der Einführung der Internet- und Intranet-Technologie, durch die Entwicklung komfortabler Benutzungsoberflächen für Datenbanken und Informationssysteme sowie durch das ausgeweitete Angebot intuitiv bedienbarer Retrievalsysteme, Suchmaschinen und elektronischer Vermittleragenten erst ermöglicht (Lit. 20). Doch ist zu befürchten, dass die Endnutzer von dem reichhaltigen und unüberschaubaren Angebot im Internet oft überfordert sind und dazu nur den qualitativ minderwertigen (weil kostenfreien) Informationsquellen den Vorzug geben (Lit. 11). Dies wiederum mag dazu führen, dass sich wieder ein Bedarf an Endnutzerförderung und -schulung durch die Information Professionals einstellt (Lit. 05).

**Literatur**

01 Artus, Helmut M.; von Lossow, Wilfried: Ethik und Information. Brauchen wir einen Verhaltenskodex für Informationsvermittler? In: Nachr. f. Dok. 45 (1994) Nr. 6, S. 325-334

02 Bachmann, Jutta: Der Information-Broker. Informationen suchen, sichten, präsentieren. München: Addison-Wesley, 2000

03 Bates, Mary Ellen; Basch, Reva (Ed.): Building and running a successful research business. A guide for the independent information professional. Medford, NJ: Information Today, 2003

04 Benz, Roger; Peterhans, Markus: Informationsmanagement. Ein Glossar wichtiger Begriffe mit deutschen und englischen Definitionen [online]. Zürich: Univ. Zürich, Institut für Informatik, Forschungsgruppe Informationsmanagement, 1993 (Institutsbericht; 93.23). – ‹http://www.ifi.unizh.ch/ikm/wi_inf/Benz93OCRd.pdf› (Zugriff: 2004-01-31)

05 Bowman, Benjamin F.: Endnutzer-Förderung durch Informationsvermittler. Ein Erfahrungsbericht. In: Ockenfeld, Marlies (Hrsg.); Schmidt, Ralph (Hrsg.): 20. Online-Tagung der DGD. Host Retrieval und Global Research (Proceedings, Frankfurt am Main 1998). Frankfurt am Main: DGD, 1998 (DGD-Schrift; OLBG 19), S. 105-112

06 Bredemeier, Willi: Neue Geschäftsbereiche für Informationsvermittler auf internen und externen Märkten. In: Manecke, Hans-Jürgen (Hrsg.): Human Relations in der Informationsvermittlung. Proceedings des 20. Kolloquiums über Information und Dokumentation (Oberhof/Thüringen 1998). Frankfurt am Main: DGD, 1998, S. 67-92

07 Brellochs, A.: Aspekte zukünftiger Informationsvermittlung vor dem Hintergrund sich ändernder Rahmenbedingungen. In: Neubauer, Wolfgang (Hrsg.): Deutscher Dokumentartag 1995. Zukunft durch Information (Potsdam 1995). Frankfurt am Main: DGI, 1995 (DGD-Schrift 2/95), S. 203-213

08 Carter-Sigglow, Janet: Die Rolle der Sprache bei der Informationsvermittlung. In: Schmidt, Ralph (Hrsg.): Information Research & Content Management. Orientierung, Ordnung und Organisation im Wissensmarkt. 23. Online-Tagung der DGI und 53. Jahrestagung der Deutschen Gesellschaft für Informationswissenschaft und Informationspraxis

(Frankfurt am Main 2001). Frankfurt am Main: DGI, 2001 (Tagungen der Deutschen Gesellschaft für Informationswissenschaft und Informationspraxis; 4), S. 119-129

09 Deutsche Gesellschaft für Informationswissenschaft und Informationspraxis (DGI): Die freien Information Broker in Deutschland [online]. – ‹http://www.dgd.de/infobroker/› [Zugriff: 2004-01-31]

10 Eisenberg, Michael B.; Berkowitz, Robert E.: Information problem-solving. The six big skills approach to library and information skills instruction. Norwood, N.J.: Ablex Pub. Corp, 1990 (Contemporary Studies in Information Management, Policies & Services)

11 Fikes, Richard; Farquhar, Adam; Pratt, Wanda: Information brokers. Gathering information from heterogeneous information sources. In: Stewman, John H. (Hrsg.): Proceedings of the Ninth Florida Artificial Intelligence Research Symposium (FLAIRS '96, Key West, Fl.). 1996, S. 192-197

12 Gellman, Robert: Disintermediation and the Internet. In: Government Information Quarterly 13 (1996), Nr. 1, S. 1-8

13 Giaglis, George M.; Klein, Stefan; O'Keefe, Robert M.: The role of intermediaries in electronic marketplaces. Developing a contingency model. In: Information Systems Journal 12 (2002), Nr. 3, S. 231-246

14 Graumann, Sabine: Die europäischen Märkte für Inhouse- und kommerzielle Informationsvermittlung. Der erste Durchbruch in der europäischen Nutzerforschung. In: Neubauer, Wolfram (Hrsg.); Schmidt, Ralph (Hrsg.): 18. Online-Tagung der DGD. Information ohne Grenzen – Wissensvermittlung im Zeitalter der Datennetze (Proceedings, Frankfurt am Main 1996). Frankfurt am Main: DGD, 1996 (DGD-Schrift, OLBG 17), S. 341-353

15 Grudowski, Stefan: Die „klassische" Informationsvermittlung kommt in die Krise. „Smart Information" als neues Konzept soll helfen. In: Herget, Josef (Hrsg.); Schwuchow, Werner (Hrsg.): Strategisches Informationsmanagement. Proceedings der 9. Internationalen Fachkonferenz der Deutschen Gesellschaft für Dokumentation e.V. (DGD) in Zusammenarbeit mit der Gesellschaft für Informatik e.V. (GI), Schweizerischen Vereinigung für Dokumentation e.V. (SVD) und der Fachgruppe Informationswissenschaft an der Universität Konstanz. Konstanz: Univ.-Verl. Konstanz, 1997 (Schriften zur Informationswissenschaft; 29), S. 152-174

16 Henzler, Rolf G.: Information und Dokumentation. Sammeln, Speichern und Wiedergewinnen von Fachinformation in Datenbanken. Berlin: Springer, 1992 (Springer-Lehrbuch)

17 Herget, Josef: New trends in information brokerage in Germany. An overview of the German information market. In: Information Services and Use 15 (1995), Nr. 2, S. 137-145

18 Herget, Josef: Strategisches Management für Informationsvermittlungsstellen. Informationsmanagement als Herausforderung. In: Herget, Josef (Hrsg.); Schwuchow, Werner (Hrsg.): Strategisches Informationsmanagement. Proceedings der 9. Internationalen Fachkonferenz der Deutschen Gesellschaft für Dokumentation e.V. (DGD) in Zusammenarbeit mit der Gesellschaft für Informatik e.V. (GI), Schweizerischen Vereinigung für Dokumentation e.V. (SVD) und der Fachgruppe Informationswissenschaft an der Universität Konstanz. Konstanz: Univ.-Verl. Konstanz, 1997 (Schriften zur Informationswissenschaft; 29), S. 8-17

19 Herget, Josef; Hensler, Siegfried: Informationsvermittlung zu Beginn der 90er Jahre. Teil 2: Problembereiche. In: Nachr. f. Dok. 43 (1992), Nr. 5, S. 293-299

20 Janssen, Marijn: Designing Electronic Intermediaries. An agent-based approach for designing interorganizational coordination mechanisms. Delft, NL: Univ. of Technology, 2001, Doctoral Dissertation

21 Jobrobot, die deutsche Jobsuchmaschine: Bewerbungstipps, Berufsbild Info-Broker/in (Informationsvermittler/in) [online]. Hamburg: JobRobot, 2004. – ‹http://www.jobrobot.de/content_0500_bewerbungstips.htm?BEITRAG_ID=47&beitragseite_id=114› (Zugriff: 2004-01-31)

22 Klaus, Hans G.; Schmidt, Ralph: Marketing von Informationsvermittlern in den USA. In: Nachr. f. Dok. 40 (1989), Nr. 2, S. 87-92

23 Kuhlen, Rainer: Informationsmarkt. Chancen und Risiken der Kommerzialisierung von Wissen. 2. Aufl. Konstanz: Univ.-Verl. Konstanz, 1996 (Schriften zur Informationswissenschaft; 15)

24 Naegeli-Frutschi, Urs H.: Information Professionals im Spannungsfeld zwischen Disintermediation und zentraler Informationsvermittlung. Ein Erfahrungsbericht zur Neupositionierung einer zentralen IVS als First Level Supportstelle für Endnutzer. In: Schmidt, Ralph (Hrsg.): Content in Context – Perspektiven der Informationsdienstleistung. 24. Online-Tagung der DGI (Proceedings, Frankfurt am Main 2002). Frankfurt am Main: DGI, 2002 (Tagungen der Deutschen Gesellschaft für Informationswissenschaft und Informationspraxis; 5), S. 19-28

25 Nink, Hermann: Informationsvermittlung: Aufgaben, Möglichkeiten und Probleme. Wiesbaden: Dt. Univ. Verl., 1991 (DUV: Wirtschaftswissenschaft)

26 Ockenfeld, Marlies: Klassische Informationsdienste. In: Buder, Marianne (Hrsg.); Rehfeld, Werner (Hrsg.); Seeger, Thomas (Hrsg.); Strauch, Dietmar (Hrsg.): Grundlagen der praktischen Information und Dokumentation. Ein Handbuch zur Einführung in die fachliche Informationsarbeit. 4. völlig neu gefasste Ausg., Bd. 1. München: Saur, 1997 (DGD-Schriftenreihe), S. 257-279

27 Pfeiffer, Sabine: Dem Spürsinn auf der Spur. Subjektivierendes Arbeitshandeln an Internet-Arbeitsplätzen am Beispiel Informations-Broking. München: Rainer Hampp, 1999

28 Pörzgen, Rainer; Schreiber, Martin: Die Informationsvermittlungsstelle: Planung, Einrichtung, Betrieb. München: Saur, 1993 (Bibliothekspraxis; 33)

29 Rittberger, Marc: Qualität von Informationsdienstleistungen als Marketinginstrument. In: Schmidt, Ralph (Hrsg.): 21. Online-Tagung der DGI. Aufbruch ins Wissensmanagement (Proceedings, Frankfurt am Main 1999). Frankfurt am Main: DGI, 1999, S. 341-354

30 Rugge, Sue; Glossbrenner, Alfred: The information broker's handbook. 3. ed. New York: McGraw-Hill, 1997

31 Rusch-Feja, Diann: Informationsvermittlung, Informationsretrieval und Informationsqualität im Internet. In: Ztschr. für Bibliothekswesen u. Bibliographie 43 (1996), Nr. 4, S. 329-360

32 Sarkar, Mitra Barun; Butler, Brian; Steinfield, Charles: Intermediaries and cybermediaries. A continuing role for mediating players in the electronic marketplace [online]. In: Journal of Computer-Mediated Communication 1 (1995), Nr. 3. – ‹http://www.ascusc.org/jcmc/vol1/issue3/sarkar.html› (Zugriff: 2004-01-31)

33 Schmidt, Ralph: Berater, Bearbeiter, Broker: Beiträge zur Systematisierung der Informationsdienstleistung. In: Herget, Josef (Hrsg.); Kuhlen, Rainer (Hrsg.): Pragmatische Aspekte beim Entwurf und Betrieb von Informationssystemen. Proceedings des 1. Internationalen Symposiums für Informationswissenschaft. Konstanz: Univ.-Verlag Konstanz, 1990 (Konstanzer Schriften zur Informationswissenschaft; 1), S. 530-545

34 Schmidt, Ralph: Konzept Auskunftsagentur. Zur Vernetzung innovationsorientierter Dienstleistungen. In: Nachr. f. Dok. 42 (1991), Nr. 2, S. 131-139

35 Schmidt, Ralph: Modelle der Informationsvermittlung. Analyse und Bewertung eines experimentellen Programms. Heidelberg: Physica, 1992 (Wirtschaftswissenschaftliche Beiträge; Bd. 71)

36 Schmidt, Ralph: Kuck mal, wer da fragt! Nutzeranalyse und Empathie in der Informationsvermittlung. In: Neubauer, Wolfram (Hrsg.); Schmidt, Ralph (Hrsg.): 17. Online-Tagung der DGD. Proceedings (Frankfurt am Main 1995). Frankfurt am Main: DGD, 1995 (DGD-Schrift, OLBG 16), S. 111-126

37 Schmidt, Ralph: Informationsempathie, der Schlüssel zum Nutzer. Thesen zur alterozentrierten Informationsarbeit. In: Manecke, Hans-Jürgen (Hrsg.): Human Relations in der Informationsvermittlung. Proceedings des 20. Kolloquiums über Information und Dokumentation (Oberhof/Thüringen 1998). Frankfurt am Main: DGD, 1998, S. 27-31

38 Schmidt, Ralph; Müller, Raymund; Schwuchow, Werner: Qualitative und quantitative Aspekte der Wirtschaftlichkeit von Informationsdienstleistungen. In: Nachr. f. Dok. 41 (1990), Nr. 3, S. 175-183

39 Schönert, Ulf: Wie, wo, wann, wieviel. Dem neuen alten Beruf des Info-Brokers auf der Spur. In: Die Zeit; Zeit-Chancen (1999-06-10), Nr. 24

40 Vaux, Janet; Gilbert, Nigel: Intermediaries on the World Wide Web. Literature and Issues [online.pdf]. In: EICSTES – European Indicators, Cyberspace and the Science-Technology-Economy System: Website. – ‹http://www.eicstes.org/reports.asp› (Zugriff: 2004-01-31)

41 Wersig, Gernot: Neue Dienstleistungen und Informationsvermittlung. Gedanken zum Methodischen in der Information und Dokumentation. In: Nachr. f. Dok. 31 (1980), Nr. 4/5, S. 169-171

42 Wieck, Hans-A.: Informationsvermittlung in der Unternehmensberatung. Ein Bericht aus der Consulting-Praxis. In: Cogito 6 (1990), Nr. 2, S. 68-71

43 Zelewski, Stephan: Der Informationsbroker. In: Betriebswirtschaft 47 (1987), Nr. 6, S. 745-748

44 Zollner, Wolfgang A.: Handbuch Informationsvermittlung. Aufbau und Durchführung des Informations-/Wissensmanagements. 12. Aufl. Freising: Zollner Managementberatung, 2004

# C 7 Technologietransfer

Rainer Bohnert

## C 7.1 Zur theoretischen Begründung des Technologietransfers

Der Technologietransfer bezieht seine Bedeutung und Begründung aus den zwei Annahmen,

- dass es eine Diskrepanz zwischen der Menge des produzierten technologischen Wissens und seiner tatsächlichen Verwendung in der Gesellschaft gibt, und
- dass das Schließen oder Verringern dieser Diskrepanz gesamtgesellschaftlich wünschenswert ist.

Bei der Beschäftigung mit dem Thema Technologietransfer wird auf analytischer Ebene untersucht, wo in der Gesellschaft technisches Wissen entsteht, in welchen Bereichen es ökonomisch verwandt wird, wie die „Diffusion" des technischen Wissens zwischen verschiedenen Bereichen der Gesellschaft vonstatten geht, und vor allem welche Umstände dafür verantwortlich sind, dass nicht alles Wissen dort zur Verfügung steht, wo ein gesellschaftlicher Bedarf besteht.

Praktisch bedeutet Technologietransfer die Auseinandersetzung mit der Frage, wie die Grenzen, die der breitest möglichen Nutzung des vorhandenen Wissens im Wege stehen, aus dem Weg geräumt werden können.

Dabei ist der ökonomische Hintergrund zu beachten, vor dem die Beschäftigung mit dem Thema „Technologietransfer" stattfindet: Technologie wird als Motor der Innovation angesehen, die die Wettbewerbsposition des einzelnen Unternehmens sichert oder ausbaut und im volkswirtschaftlichen Zusammenhang die Wettbewerbs- und Leistungsfähigkeit fördert und damit das wirtschaftliche Wachstum sichert.

Technologietransfer ist – in Anlehnung an die Definition von Corsten – kein Selbstzweck sondern der „planvolle, zeitlich limitierte Prozess der Übertragung einer Technologie, sowohl inter- als auch intrasystemar, zur Reduzierung der Diskrepanz von potentiellem und aktuellem Nutzungsgrad einer Technologie, die beim Technologienehmer mit dem Ziel der organisatorischen und/oder technologischen Veränderungen im Hinblick auf unternehmerische und/oder volkswirtschaftliche Innovation oder Diffusion einhergeht" (vgl. Lit. 01, S. 11).

Transferiert werden sollen dabei Technologien, die entweder:

- ökonomisch relevant und bereits in der Anwendung befindlich sind, oder
- ökonomisch relevant, technisch realisierbar, aber noch nicht in der Anwendung befindlich sind, oder
- ökonomisch noch nicht relevant, technisch aber realisierbar erscheinen oder
- ökonomisch noch nicht relevant und technisch noch nicht ausgereift sind.

Die Betonung liegt in diesen Fällen auf dem „noch". Das ökonomische Interesse steht vielleicht nicht immer im Vordergrund, immer aber am Ende der Transferketten:

Abb. 1 verdeutlicht zudem, dass Technologietransfer sowohl innerorganisatorisch (beispielsweise von der Forschungsabteilung eines Unternehmens in die Entwicklungsabteilung) als auch intraorganisatorisch stattfinden kann, dass Technologietransfer als horizontaler Technologietransfer auf der selben Technologiestufe, als vertikaler Technologietransfer, von der Grundlagenforschung in die angewandte Forschung, beziehungsweise von dort in die Produktentwicklung stattfinden kann.

## C 7.2 Technologietransfer aus informationswissenschaftlicher Sicht

Oben wurde bereits dargestellt, dass es eine Diskrepanz zwischen vorhandenem technologischem Wissen und der Nutzung des technologischen Wissens gibt. Dieser Diskrepanz ist es geschuldet, wenn eine Invention nicht in eine Innovation übergeht, eine Innovation keine Diffusionsprozesse auslöst. Fasst man diese Diskrepanzen an Wissen als unternehmerische oder volkswirtschaftliche Probleme auf, die es zu lösen gilt (um beispielsweise die Wettbewerbsposition eines Unternehmens zu sichern), so wird der Bezug zur Informationswissenschaft deutlich:

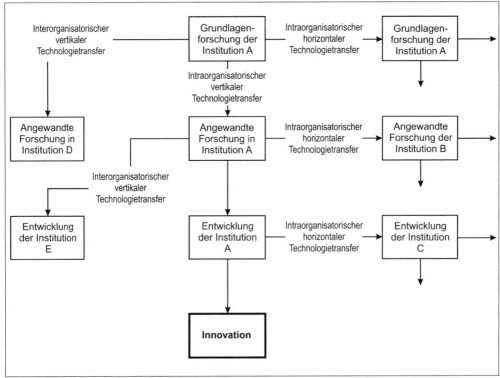

*Abb. 1: Vertikaler und horizontaler Technologietransfer (Lit. 01, S. 32)*

Information ist (kurz definiert) „Wissen in Aktion" (Lit. 02, S. 34), eingesetzt zur Lösung professioneller Problemsituationen. Wo, wenn nicht in der mangelnden Nutzung der Ergebnisse von Forschung und Entwicklung liegt eine solche professionelle Problemsituation, in der Wissen zwar vorhanden ist, aber unzureichend genutzt wird?

Da sich eine eigene Disziplin der Informationswissenschaft – die Informationsvermittlung – mit der Beschreibung und Gestaltung der Prozesse der Verteilung von Wissen beschäftigt, überrascht es nicht, dass Kuhlen zum Schluss kommt, dass es aus informationswissenschaftlicher Perspektive keinen Unterschied zwischen Technologietransfer und Informationsvermittlung gäbe (Lit. 02, S. 343).

Und es überrascht auch nicht, dass sich die verschiedenen Modelle der Informationsvermittlung, die formalisierte, personale und direkte Informationsvermittlung, in den verschiedenen Formen des praktischen Technologietransfers widerspiegeln (Lit. 03, S.14).

## C 7.3  Der Zusammenhang von Technologietransfer und Technologietransferpolitik

Oben wurde Technologietransfer als „planvoller" (also steuerbarer) Prozess definiert, der unternehmerische und volkswirtschaftliche Innovations- und Diffusionsprozesse einleiten soll. Damit liegt die wirtschaftspolitische Bedeutung des Technologietransfers auf der Hand. Etwa seit den 80er Jahren des letzten Jahrhunderts ziehen sich daher Aussagen wie die folgende durch die wirtschaftspolitischen Programme der verschiedenen Bundes- und Länderregierungen:

„Auf der Schwelle zum 21. Jahrhundert ist Wissen zum wichtigsten Rohstoff geworden. Der Erfolg einer modernen Industrienation wie der Bundesrepublik Deutschland im internationalen Wettbewerb bemisst sich immer mehr daran, wie es schnell gelingt, Wissen in neue Produkte und Verfahren umzusetzen. Schlüsselfaktor für erfolgreiche Innovationen ist das effiziente Zusammenspiel der Partner in Wissenschaft und Wirtschaft, zwischen Forschung, Entwicklung und Produktion." (Lit.04,S.1)

Wenn daher im Folgenden die Methoden des Technologietransfers dargestellt werden, lassen sich diese nicht von den Methoden der Technologietransferpolitik trennen. Diese Methoden effizient einzusetzen ist das Ziel der Technologietransferpolitik.

Damit wird auch deutlich wo – zumindest in der Bundesrepublik Deutschland – Technologietransferpolitik gemacht wird: Es sind vor allem die Wirtschaftsministerien, die hier die Federführung haben. Aufgrund des starken Bezugs zu Wissenschaft und Forschung stimmen sie sich dabei mit den Ressorts für Bildung/Wissenschaft ab. Die Technologietransferpolitik steht damit auch in engem Zusammenhang zur Fachinformationspolitik und zur Wirtschaftsförderungspolitik.

Andere Ministerien spielen in Spezialfragen eine Rolle: Das Bundesministerium für Wirtschaftliche Zusammenarbeit, wenn es in Fragen des transnationalen Technologietransfers um entwicklungspolitische Fragen geht, das Bundesministerium für Justiz, wenn es beispielsweise um das wichtige Thema „Patentrecht" geht.

Wenn an dieser Stelle von Technologietransfer die Rede ist, ist vor allem der externe, institutionenübergreifende Technologietransfer gemeint. Dessen Zielgruppe, zumindest wenn er Gegenstand politischer Steuerung ist, sind wiederum in erster Linie kleine und mittlere Unternehmen (KMUs). Dafür gibt es zwei Gründe:

- Von Innovationsprozessen, die bei diesen Unternehmen ausgelöst werden, erhofft man sich eine besondere wirtschaftliche Dynamik.
- Außerdem geht man innerhalb dieser Gruppe von besonderen Defiziten in der systematischen Verwertung von Technologien aus – Defiziten, die durch den Technologietransfer als Mittel der Wirtschaftspolitik wieder wettgemacht werden sollen.

Selbstverständlich findet Technologietransfer auch in großen Unternehmen statt. Diese unterhalten eigene Forschungs- und Entwicklungsabteilungen und stehen daher vor der Aufgabe, den internen Technologietransfer planen, steuern und kontrollieren zu müssen. Die Methoden, die dabei zum Einsatz kommen, leiten sich von Informationsmanagement ab. Als Gegenstand der Technologietransferpolitik sind Großunternehmen eher als Produzenten denn als Abnehmer von Technologie zu verstehen.

### C 7.4  Zur praktischen Begründung des Technologietransfers

Das ökonomische Interesse eines Unternehmens am Technologietransfer kann vielfältig sein:

- Die Nutzung von Technologien Dritter ermöglicht die Vertiefung der Arbeitsteilung und die Spezialisierung eines Unternehmens sowie die Konzentration auf seine Kernkompetenzen.
- Das eigene Forschungs- und Entwicklungspotential eines Unternehmens ist zu gering oder kann nicht wirtschaftlich eingesetzt werden.
- Die Technologien für Forschung und Entwicklung sind nicht in ausreichendem Maße vorhanden oder es werden Technologien benötigt, die nur von der Grundlagenforschung angeboten werden.
- Eigene Forschungs- und Entwicklungsprozesse müssen beschleunigt werden.
- Es wird eine Qualität der Ergebnisse von Forschung und Entwicklung benötigt, die im Unternehmen nicht zu erreichen ist.

Obwohl die Vorteile des Technologietransfers für ein Unternehmen offensichtlich sind, existieren Hemmnisse, die sich der Nutzung fremder Technologien entgegenstellen. Dazu gehören:

- Transaktionskosten für den Technologietransfer, die nicht als gerechtfertigt erscheinen
- Ein Technologieangebot, das nicht mit der Technologienachfrage übereinstimmt
- Fehlendes Wissen über Technologieanbieter und verfügbare Technologien
- Das Streben nach Exklusivität bei der Nutzung von Technologien sowie das Streben nach Exklusivität von (potentiellen) Technologieanbietern
- Mangelndes Marketing für existierende Technologieangebote
- Mangelnde Kompetenz im Management des Technologietransfers
- Unsicherheit über die juristischen Folgen der Verwendung „fremden Wissens".

Aus dieser Vielzahl der Gründe resultiert eine Vielzahl der Methoden des Technologietransfers, die sich häufig mit anderen Disziplinen überlappen: Zu diesen Disziplinen gehört zum Beispiel die Unternehmensberatung im Hinblick auf Innovationsprozesse, die Finanzierungsberatung oder die Marketingberatung.

## C 7.5 Formen des Technologietransfers

### C 7.5.1 Personaltransfer: Technologietransfer „über Köpfe"

Den direktesten Zugang zu aktuellen Technologien erhält ein Unternehmen über „die Technologen" selber. Die Menschen als Träger von Wissen und vor allem auch von den Erfahrungen, wie mit diesem Wissen umgegangen werden kann, tragen am stärksten zur Verbreitung und zur Nutzung moderner Technologien bei.

Wenn im Technologietransfer vom „Transfer über Köpfe" die Rede ist, sind damit vor allem (ehemalige) Mitarbeiter und Forscher von Aus- und Weiterbildungsinstitutionen gemeint, die im Unternehmen angestellt werden, um Inventions- und Innovationsprozesse in Gang zu setzen oder erfolgreich weitertreiben zu können. Ziel ist es, nicht nur kurzfristig vom Wissen des Absolventen oder Wissenschaftlers profitieren zu können, sondern auch deren Kontakte zur Forschungswelt und ihre persönlichen Beziehungsnetzwerke zu nutzen.

Von Forschungs- und Entwicklungseinrichtungen wird damit verlangt, dass sie die Fluktuation ihres Personals unterstützen. Je mehr sie sich dabei an den Unternehmen orientieren, je mehr setzen sie sich der Gefahr aus, wichtiges Personal zu verlieren. Langfristig wirkt sich das nur dann für sie positiv aus, wenn sie damit selber Mitglied neuer „Netzwerke" ihrer ehemaligen Mitarbeiter werden und damit beispielsweise in den Genuss industrieller Forschungsaufträge kommen können.

Eine Variante des Technologietransfers im Rahmen des Personaltransfers sind die Ausgründungen von Unternehmen aus bestehenden Universitätsinstituten und Forschungseinrichtungen. Daher zielen viele Maßnahmen zur Förderung von Existenzgründungen im Technologiesektor genau auf diese Zielgruppe ab, und suchen sie mit speziellen Förder- und Beratungsangeboten zu unterstützen.

Für den Unternehmensgründer hat eine solche Ausgründung aus einer Forschungs- und Entwicklungseinrichtung zwar den großen Vorteil, dass er die Infrastruktur seiner „Mutterinstitution" nutzen kann, bis er sein Produkt oder seine Dienstleistung zur Marktreife gebracht hat. Für die Universität ist das mit dem Nachteil verbunden, dass sie damit nicht nur einen Wissenschaftler verliert, sondern auch „um die Früchte" ihrer Arbeit gebracht wird. Nicht zuletzt deswegen hat der Gesetzgeber das Hochschullehrerprivileg im Jahre 2002 dahingehend reformiert, dass die Universitäten das Recht erhalten, sämtliche Erfindungen ihres Personals an sich zu ziehen und zum Patent anzumelden.

Die Institutionalisierung der strategischen Ausrichtung von Forschungseinrichtungen auf die Förderung von Ausgründungen sind häufig die Gründungen von An-Instituten, an denen die kommerzielle Verwertung von Forschungsergebnissen stattfindet. Auch diese An-Institute nutzen die Infrastrukturen von Hochschulen und Forschungseinrichtungen. Sie ermöglichen es ihnen aber immerhin, diese Kooperationen auch in ihrem Sinne zu steuern und beispielsweise Unternehmen langfristig an die Einrichtung zu binden.

Eine weitere Möglichkeit des Technologietransfers über Köpfe ist es, selber als Institution der Weiterbildung aufzutreten. Dabei können vor allem Hochschulen nicht nur bereits vorhandenes Wissen gewissermaßen „zweitnutzen", dass sie in kommerziell angebotenen Seminaren zur Verfügung stellen, sondern auch auf ihre Kompetenz in der Lehre aufbauen.

Um auch KMUs in den „Genuss" des Technologietransfers über Köpfe kommen zu lassen, existieren in vielen Bundesländern sogenannte Innovationsassistentenprogramme, die die Anstellung von Hochschulabsolventen finanziell fördern. Die Innovationsassistenten sollen den Wissenstransfer von einer Forschungseinrichtung in kleine und mittlere Unternehmen unterstützen und damit die wirtschaftliche Verwertung von Ergebnissen aus Forschung und Entwicklung beschleunigen. Gefördert werden dabei typischerweise vom Mittelgeber als zukunftsträchtig identifizierte Technologiefelder mit besonderer Bedeutung für den Strukturwandel am jeweiligen Standort. Der Innovationsassistent soll neue wissenschaftliche Kenntnisse und Methoden mitbringen und somit den innerbetrieblichen Innovationsprozess in technischer wie in betriebswirtschaftlicher Hinsicht fördern.

## C 7.5.2 Informationsvermittlung

### C 7.5.2.1 Online Datenbanken

Der formalisierten Informationsvermittlung entspricht im Technologietransfer insbesondere die Informationsvermittlung aus Online-Datenbanken. Diese hatte vor allem in der „Frühzeit" des organisierten Technologietransfers hohe Priorität.

Sie ging zeitlich einher mit der Investition des Staates vor allem in deren „Komplementäre" in der Informationsvermittlung, der Online-Datenbankhosts. Eine Vielzahl staatlicher Programme suchte deren Nutzung direkt und indirekt zu steigern. Zu diesem Zweck wurden insbesondere an Universitäten und in Technologieagenturen Informationsvermittlungsstellen eingerichtet, die Gründern, kleinen und mittleren Unternehmen sowie den Forschern an den Universitäten kostenlosen oder vergünstigten Zugang zu Datenbankinformationen verschafften. Diese Programme waren letztlich nur so lange erfolgreich, wie sie aufrecht erhalten wurden. Eine nachhaltige Steigerung der Nutzung von Datenbankinformationen hatten sie nicht zur Folge. In der Folge wurde diese Art der Subventionierung der Informationsvermittlung mehr und mehr zurückgefahren.

Die Förderung der Nutzung elektronischer Fachinformationsdienste mit dem Ziel der Auslösung von Innovationsprozessen bei KMUs ist mit dem Aufkommen des WWW in die Förderung der Nutzung elektronischer Informationsdienste im allgemeinen aufgegangen.

### C 7.5.2.2 Patentinformation

Die Patentinformation als formale Informationsvermittlung hat allerdings weiterhin große Bedeutung im Technologietransfer. Zum einen ist die Patentinformation der einzige Bereich der Informationsvermittlung im Technologietransfer, dem noch politisches Interesse und damit wirtschaftliche Förderung zuteil wird. Zum anderen haben die zu vermittelnden Informationen direkten Technologiebezug: Die in gewerblichen Schutzrechten (insbesondere in Gebrauchsmustern und Patenen) enthaltenen technischen Informationen sind für das Innovationsmanagement im Unternehmen wichtige Wissensquellen.

Um insbesondere kleinen und mittleren Unternehmen die Nutzung dieser Informationen zu erleichtern, existiert ein Netz von Patentinformationszentren sowie verschiedensten Unterstützungsangeboten zur Nutzung von Patentinformation (z. B. INSTI-Netzwerk: http://www.insti.de).

Diese Patentinformationszentren ermöglichen den Zugang zu Patenten und leisten Hilfestellung bei der Recherche nach innovationsmanagementrelevanten, in Patenten (möglicherweise) enthaltenen Informationen.

Die Bedeutung der Patentinformationszentren wird dadurch unterstrichen, dass einige von ihnen nach der Novellierung des Patentgesetzes dazu berechtigt sind, auch Patentanmeldungen entgegenzunehmen. Diese Tätigkeit war bis bislang dem Deutschen Patentamt vorbehalten.

## C 7.5.3 Technologietransfer durch Kooperation

Häufig verfügen kleine und mittlere Unternehmen weder über das erforderliche Know How noch über ausreichende Wirtschaftskraft und Managementerfahrung, um eigenes Wissen zu erzeugen und/oder am Markt in Produkte umzusetzen. Daher sind sie auf Kooperationen – sei es mit Forschung und Entwicklung als Erzeugern externen Wissens, sei es mit anderen Unternehmen – angewiesen. Kooperationsprojekte ermöglichen es ihnen, nicht nur fremde Wissensquellen „anzuzapfen". Sie können langfristige Kontakte zu Wissenschaftlern oder Einrichtungen aufbauen und Erfahrung im Umgang mit Technologieproduzenten sammeln.

Projektspezifische Kooperationen ermöglichen es den beteiligten Kooperationspartnern, ihre spezifischen Stärken in den Innovationsprozess einzubringen und damit Zeit, Ressourcen und Transaktionskosten für die Akquise fremden Wissen einzusparen. Darüber hinaus führt der Kontakt zu „neuer Technologie" zu Lerneffekten: Wissen über Technologien wandert während des Kooperationsprojektes von einem Partner zum andern. Der Technologietransfer geht quasi „nebenbei" vonstatten.

Was hier als wünschenswerter und angestrebter Effekt von Kooperationsprojekten dargestellt wird, ist allerdings auch ihr größtes Hemmnis: Geheimhaltung von Wissen, das Anstreben von Wettbewerbsvorteilen durch Nutzung proprietärer Technologien sind oft Hindernisse für Kooperationsprojekte.

Selbst wenn patent- oder lizenzrechtliche Fragen prinzipiell gelöst werden können, so verlangt die Lösung selber oft nach Ressourcen, die in kleinen und mittleren Unternehmen nicht vorhanden sind. So muss beispielsweise nicht vorhandene juristische Kompetenz durch Fachanwälte von außen ersetzt werden. Das ist unter Umständen nicht nur eine finanzielle Belastung – auch der Umgang mit diesen muss erst gelernt werden.

Prinzipiell können Kooperationsprojekte nur dann gelingen, wenn beide Parteien bereit sind, in das Projekt zu investieren, ihr Wissen zur Verfügung zu stellen und am Erfolg des Projektes mitzuarbeiten. Aufgrund der vielfältigen und komplizierten Abstimmungsprozesse und vor allem der Notwendigkeit zu „vertrauensbildenden Maßnahmen" ist die Anbahnung und Begleitung der Kooperationsvorhaben im Rahmen des systematischen Technologietransfers sehr wichtig.

### C 7.5.4 Technologietransfer durch Technologienetzwerke

Im Gegensatz zu Kooperationsprojekten, die mittelfristig mit definierten Methoden auf ein definiertes Ziel hinarbeiten, sind Technologienetzwerke eher informelle Einrichtungen des Technologietransfers.

Trotz ihrer informellen Struktur ist die systematische Netzwerkbildung ein weiteres Mittel der Technologietransferpolitik. In ihnen werden viele verschiedene Akteure zusammengebracht, die im Innovationsprozess zueinander komplementäre Leistungen erbringen. Die Akteure sind dabei zum Beispiel Universitäten, An-Institute, außeruniversitäre Forschungseinrichtungen, forschungs- und entwicklungsorientierte Unternehmen sowie weitere Dienstleister und Mittler im Technologietransferprozess.

Ihre unterschiedlichen Interessen und Kompetenzen im Innovationsprozess sollen sich gegenseitig ergänzen, um beispielsweise einen Austausch von Informationen in beiderseitigem Interesse zu ermöglichen und Synergien zwischen den beteiligten Netzwerkpartnern zu entwickeln.

Die Bildung solcher Netzwerke kann durchaus spontan vonstatten gehen. Tut sie das nicht (sei es weil es den passenden Mitgliedern an Informationen übereinander mangelt, sei es, weil existierende informelle Netzwerke die Zeitläufte nicht überstanden haben – wie es zum Beispiel in der Forschungslandschaft der neuen Bundesländer der Fall war), wird die Netzwerkbildung durch die Arbeit von Mittlern im Technologietransfer unterstützt, die die notwendigen Kontakte vermitteln, den Informationsaustausch in Gang setzen und die Netzwerkbildung über die Zeit beratend unterstützen.

### C 7.5.5 Institutionen des nationalen Technologietransfers

Aufgabe der Institutionen des Technologietransfers ist es, die oben genannten Methoden im Alltag anzuwenden. Ziel ist es dann, Innovationsprozesse in der Wirtschaft anzustoßen und damit langfristig zum Erhalt der Wettbewerbsfähigkeit der Wirtschaft beizutragen.

Auch wenn die Institutionen des Technologietransfers Mittler zwischen Forschung und Entwicklung und der Wirtschaft sind, so stehen sie nicht in der Mitte zwischen diesen beiden Lagern. Typischerweise nehmen Technologietransferstellen entweder eine forschungsnahe oder eine unternehmensnahe Position ein – unabhängig von den spezifischen Dienstleistungen, die sie anbieten.

Forschungsnahe Technologietransferstellen haben die Aufgabe, das Wissen, das in ihren Mutterinstitutionen entstanden ist, nach außen zu tragen. Eine weitere Aufgabe ist es, bestimmte Aufgaben wahrzunehmen, die im typischen Forschungsbetrieb zu kurz kommen, bzw. bestimmte Dienstleistungen für den Forschungsbetrieb wahrzunehmen: Dazu gehört zum Beispiel die Beratung zu Patent- und Lizenzfragen sowie zur Patentinformation.

Die Stärke der universitätsnahen Technologietransferstellen – die Forschungsnähe – ist gleichzeitig auch ihre Schwäche: Das Wissen um das „Wie" der Umsetzung in marktgerechte Produkte fehlt ihnen häufig.

Die wirtschaftsnahe Seite des Technologietransfers wird von einer Vielzahl verschiedener Einrichten wahrgenommen. Zu ihnen zählen:

– Spezialisierte Technologieagenturen

– Technologiezentren

– Innovations- und Technologieberatungsstellen bei den IHKs und HWKs

– Technologieberater bei Förderinstitutionen wie den Förderbanken etc.

– Transferstellen bei wirtschaftsnahen Forschungseinrichtungen sowie die AiF (Arbeitsgemeinschaft industrieller Forschungsvereinigungen).

Der speziellen Aufgabe des Technologietransfers folgend zählen sie vor allem kleine und mittlere Unternehmen zu ihren Kunden. Ihre Stärke ist ihre Wirtschaftsnähe. Typischerweise ist der Technologietransfer damit nur eine der Leistungen ihres Portfolios. Allgemeine Technologieberatung, Finanzierungsberatung oder Qualitätsmanagementberatung gehören häufig ebenfalls zu ihren Aufgaben (Lit. 06, S. 135). Damit sind sie unternehmensnäher aufgestellt und können für sich in Anspruch nehmen, die Technologieverwertungsseite besser zu kennen; ihnen fehlt es aber zumindest im Hochtechnologiebereich an eigener Kompetenz – sie sind also bei ihrer Arbeit immer auf die Kooperation mit Forschungs- und Entwicklungseinrichtungen als Technologielieferanten angewiesen.

### C 7.5.6 Technologietransferpolitik in der EU

Technologietransferpolitik als Teil der Wirtschaftspolitik wird typischerweise auf Bundes- und Landesebene „gemacht" und auf regionaler Ebene umgesetzt. Von den Experten „vor Ort" erhofft man sich genaue Kenntnisse der regionalen Wirtschaftsstruktur und enge Kontakte zu den Unternehmen, Hochschulen und Forschungseinrichtungen als auch zu anderen Akteuren, die für den Technologietransfer bedeutsam sind.

Trotzdem ist Technologietransfer auch ein Feld der europäischen Politik. Die Europäische Kommission sieht sich immer dann berufen, eigene Akteure und Methoden ins Spiel zu bringen „wenn die europäische kritische Masse durch zentrale Koordinierung und Durchführung oder durch die EU-weite Vernetzung lokaler Agenten einen realen Mehrwert schaffen kann" (Lit. 05).

Die Methoden der Europäischen Technologietransferpolitik unterscheiden sich im Grundsatz nicht von denen der nationalen oder regionalen Politiken. Sie sind jedoch an die Besonderheiten der transnationalen Ausrichtung des Transfers orientiert.

Die europäische Forschungsförderungspolitik wird durch sogenannte Rahmenprogramme umgesetzt, für deren Laufzeit (ca. 4 Jahre) die jeweiligen Methoden und Ziele der Forschungsförderung definiert sind. Ein Teil der eingesetzten Mittel und Aufwände ist jeweils der Innovationsförderung, der Weiterverbreitung und der kommerziellen Verwertung der Forschungsergebnisse, also dem Technologietransfer gewidmet.

Breiten Raum bei der Förderung des Technologietransfers nehmen verschiedene Initiativen ein, die man der Kommunikationspolitik im Rahmen des Marketings für Technologietransfer zurechnen kann.

Neben der reinen Beschreibung dessen, was in verschiedenen Projekten erreicht wurde, werden auf diesen Websites auch immer mehr zusätzliche Beratungsdienstleistungen angeboten, die Transferprozesse unterstützen sollen:

– Beratungsangebote zum Thema Finanzierung und Schutz der Rechte am geistigen Eigentum

– Werkzeuge für die Erstellung und Beurteilung von Businessplänen

– Datenbanken zu Investitionsmöglichkeiten und Finanzquellen

– Kontakte zu Netzwerke für lokale Unterstützung und lokalen Technologietransferstellen.

Die Anbahnung transnationaler Technologiekooperationen soll in erster Linie durch das Netzwerk der Innovation Relay Centres unterstützt werden. Mitglied dieses europaweiten Netzwerks (das sich nicht nur auf die Mitgliedsländer der europäischen Union und ihrer Beitrittsstaaten beschränkt) sind typischerweise Institutionen des regionalen und nationalen Technologietransfers, die im Auftrag und mit finanzieller Unterstützung der Europäischen Kommission ihre Dienstleistungen im Hinblick auf grenzüberschreitende Technologiekooperationen anbieten. Die ersten Schritte dieser Technologiekooperationen geschehen auf nationaler Ebene: Die Kontaktaufnahme zu den Unternehmen und die Identifikation von Technologiepotentialen und Bedürfnissen. International wird dann entweder durch direkte Ansprache durch Netzwerkpartner, durch internationale Branchenveranstaltungen oder durch Organisation von Unternehmerreisen versucht, Kooperationspartner zu finden.

### C 7.5.7 Ausblick und Trends

Die Notwendigkeit von Technologietransfer wurde oben aus einem Mangel an Wissen abgeleitet. Will Technologietransfer aber erfolgreich sein, kann er sich nicht darauf beschränken, zu versuchen, diesen Mangel auszugleichen. Vielmehr muss er auch die Prozesse begleiten, die sich um den Ausgleich dieser Wissenslücken herum gruppieren.

Sabisch identifiziert acht Erfolgfaktoren des Technologietransfers (Lit. 07, S. 17ff):

1. Marktorientierung aller Innovationen
2. Innovationskultur in den Unternehmen und Forschungseinrichtungen
3. Professionelles Innovationsmanagement
4. Partnerschaft mit anderen Innovationsakteuren/Networking
5. Innovationsfördernde Schutzrechtspolitik (IPR-Management)
6. Unternehmertum und Schaffung neuer Geschäftsfelder
7. Finanzierung von Innovationen und Transferleistungen
8. Verbindung des Wissens- und Technologietransfers mit der Aus- und Weiterbildung

Es ist ein deutlicher Trend, dass sich Technologietransferinstitutionen dieser eher managementorientierten Aufgaben annehmen. Die Instrumente des direkten Wissenstransfers nehmen dabei an Bedeutung eher ab.

**Literatur**

01 Corsten, Hans: Der nationale Technologietransfer: Formen – Elemente – Gestaltungsmöglichkeiten – Probleme. Berlin: E. Schmidt, 1982

02 Kuhlen, Rainer: Informationsmarkt: Chancen und Risiken der Kommerzialisierung von Wissen. Konstanz: UVK, 1995.

03 Pleschak, Franz in: Pleschak, Franz: Technologietransfer – Anforderungen und Entwicklungstendenzen. Karlsruhe: Fraunhofer IRB Verlag, 2002.

04 Bundesministerium für Bildung und Forschung, Bundesministerium für Wirtschaft und Technologie: Wissen schafft Märkte, Aktionsprogramm der Bundesregierung Berlin, Bonn: 2001.

05 Innovation & Technologietransfer, Sonderausgabe Oktober 2002. Maßnahmen der Kommission zur Förderung von Innovation. URL: http://www.cordis.lu/itt/itt-de/home.html

06 Allesch, Jürgen in: Pleschak, Franz: Technologietransfer – Anforderungen und Entwicklungstendenzen. Karlsruhe: Fraunhofer IRB Verlag, 2002.

07 Sabisch, Helmut in: Pleschak, Franz: Technologietransfer – Anforderungen und Entwicklungstendenzen. Karlsruhe: Fraunhofer IRB Verlag, 2002.

# C 8 Rechnergestützte Gruppenarbeit. Computer-Supported Cooperative Work (CSCW)

Holger Nohr

## C 8.1 Einleitung

Unter dem Schlagwort Telekooperation wird die räumlich-zeitliche Entkopplung von Arbeits- und Kooperationsprozessen beschrieben (Lit. 10, Lit. 15), wie sie einerseits durch neue Formen der Organisation wie Team- oder Gruppenarbeit bzw. virtuelle Organisationsformen entstehen, andererseits durch die Entwicklung und Anwendung integrierter Informations- und Kommunikationstechnologien unter den Begriffen Computer-Supported Cooperative Work (dt.: rechnergestützte Gruppenarbeit) oder Groupware erst möglich werden.

Dieser Beitrag gibt eine kurze Einführung in CSCW, wobei als Ausgangspunkt die Gruppenarbeit, d.h. kooperative Prozesse, gewählt wird, nicht die sie unterstützende Technik. Wir wählen diesen Ansatz, um die von Krcmar (vgl. Lit. 05) beschriebene organisatorische Seite zu betonen (ausführlich in Lit. 02 und insbesondere Lit. 14). Zunächst werden notwendige begriffliche Klärungen und anschließend Modelle der Klassifizierung von CSCW-Anwendungen vorgestellt. Damit sind Grundlagen gelegt, um Merkmale der rechnergestützten Gruppenarbeit näher zu betrachten und Theorien der Medienwahl und Mediennutzung zu erläutern. Danach werden CSCW-Funktionsklassen mit ihren wesentlichen Merkmalen vorgestellt.

## C 8.2 Begriffe und Grundlagen

Für das Gebiet der rechnerunterstützten Gruppenarbeit wurden in der Literatur eine Vielzahl von Bezeichnungen verwendet (Lit. 02, S. 91-92). Der Begriff CSCW wurde 1984 von Greif und Cashman eingeführt (Lit. 11). Für das gesamte Forschungsgebiet hat sich folgende Definition weitgehend etabliert: „Computer Supported Cooperative Work (CSCW) ist die Bezeichnung des Forschungsgebietes, welches auf interdisziplinärer Basis untersucht, wie Individuen in Arbeitsgruppen oder Teams zusammenarbeiten und wie sie dabei durch Informations- und Kommunikationstechnologie unterstützt werden können. Ziel aller Bemühungen im Gebiet CSCW ist es, unter Verwendung aller zur Verfügung stehenden Mittel der Informations- und Kommunikationstechnologie, Gruppenprozesse zu untersuchen und dabei die Effektivität und Effizienz der Gruppenarbeit zu erhöhen." (Lit. 17, S. 17).

Diese Definition macht deutlich, dass nicht eine bestimmte Technologie der rechnergestützten Gruppenarbeit zugrunde liegt, sondern eine Vielzahl verschiedener CSCW-Anwendungen (häufig verkürzend auch mit der Bezeichnung Groupware beschrieben) Gegenstand der Betrachtung sind.

Ausgangspunkt ist damit ein Verständnis von kooperativen Prozessen in Arbeitsgruppen, d.h. der *Gruppenarbeit*. Unter Gruppenarbeit verstehen wir aufgabenbezogene Tätigkeiten von Mitgliedern einer Arbeitsgruppe, die an einer gemeinsamen Aufgabe arbeiten und ein Gruppenziel verfolgen. Während in Arbeitsgruppen Tätigkeiten individuell gelöst werden können (Kooperation), ist in Teams ein Zusammenwirken für die Zielerreichung (Kollaboration) erforderlich (vgl. Lit. 09).

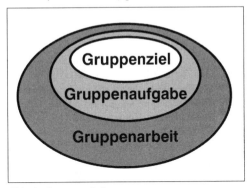

*Abb. 1: Gruppenarbeit*

Damit Gruppenarbeit adäquat durch IuK-Technologien unterstützt werden kann, muss nach den elementaren Prozessen gefragt werden, die eine kooperative Zusammenarbeit ausmachen.

Arbeitsteilung in der beschriebenen Form verlangt die elementaren Gruppenprozesse *Kommunikation*, *Koordination* und *Kooperation* (vgl. Lit. 01). Kommunikation dient dabei der Verständigung zwischen Personen. „Koordination bezeichnet jene Kommunikation, welche zur Abstimmung aufgabenbezogener Tätigkeiten, die im Rahmen von Gruppenarbeit ausgeführt werden, notwendig ist." (Lit. 17, S. 13)

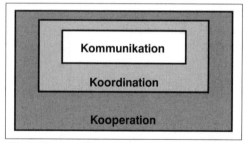

Abb. 2: Elementare Gruppenprozesse

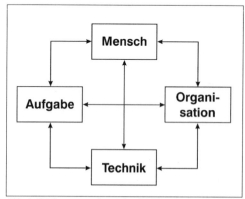

Abb. 3: Wirkzusammenhänge bei CSCW

„Kooperation bezeichnet jene Kommunikation, die zur Koordination und zur Vereinbarung gemeinsamer Ziele notwendig ist." (Lit. 17, S. 12) Kommunikation ist damit ein grundlegender Prozess, ohne dessen reibungsloser Ablauf Koordination und Kooperation unmöglich sind. Die elementaren Gruppenprozesse Kommunikation, Koordination und Kooperation werden später als Klassifizierungsansatz von CSCW-Anwendungen erneut aufgegriffen.

Ein spezielles Feld für die Computerunterstützung kooperativer Prozesse innerhalb von Gruppen ist die Unterstützung von Lerngruppen. In diesem Zusammenhang wird von Computer-Supported Cooperative Learning (CSCL) gesprochen (vgl. Lit. 16).

Da die Rechnerunterstützung sich auf das Arbeitssystem bezieht (Abb. 3), ist CSCW ein multidisziplinäres Forschungsfeld. Die Komponenten eines Arbeitssystems (Aufgabe, Mensch, Organisation, Technik) sind Gegenstand verschiedener Disziplinen, z.B. der Organisationslehre, der Arbeitswissenschaft, der Informatik, der Soziologie oder der Gruppenforschung. Da neben den einzelnen Komponenten vor allem deren Wirkzusammenhänge von Bedeutung sind, können Forschung und Entwicklung im CSCW-Umfeld nur im Zusammenwirken der Disziplinen erfolgen (Lit. 02).

## C 8.3 Klassifizierung

CSCW-Anwendungen können nach verschiedenen Kriterien klassifiziert werden. Die beiden wichtigsten Einteilungen sollen kurz vorgestellt werden.

**Raum-Zeit-Matrix:** Der wohl bekannteste Systematisierungsansatz wählt den Ort (gleicher Ort – verschiedener Ort) und die Zeit (gleiche Zeit – *synchron*) / verschiedene Zeit – *asynchron*)) zur Grundlage einer Einteilung (vgl. Lit. 11, Lit. 17). Dadurch werden vier grundsätzliche Situationstypen gebildet, denen verschiedene Anwendungen zugeordnet werden können (vgl. Tab. 1). Bei der Zuordnung ist zu beachten, dass nicht disjunkte Klassen gebildet werden, sondern verschiedene Anwendungen in mehreren Situationstypen als Unterstützung dienen können (z.B. die Gruppeneditoren). Konkrete CSCW-Systeme unterstützen im Allgemeinen mehrere bis alle vier Situationstypen.

| Raum / Zeit | Gleiche Zeit (synchron) | Verschiedene Zeit (asynchron) |
|---|---|---|
| **Gleicher Ort** | Face-to-face-Sitzung<br>Sitzungsunterstützungssysteme | Bulletin Boards<br>Gruppeneditoren |
| **Verschiedener Ort** | Videokonferenz<br>Mobilfunkkonferenz<br>Application Sharing<br>Whiteboards<br>Gruppeneditoren | E-Mail<br>Gruppeneditoren<br>Bulletin Borads<br>Communities<br>Vorgangsbearbeitung |

Tab. 1: Raum-Zeit-Modell

**Das 3K-Modell:** Ein weiterer Ansatz der Klassifizierung bedient sich der bereits eingeführten elementaren Gruppenprozesse Kommunikation, Koordination und Kooperation (vgl. Lit. 01, Lit. 17). Aus dieser Einteilung entsteht das sog. 3K-Modell, wie es in der Abb. 4 dargestellt ist.

Aus der Einordnung der CSCW-Systeme lassen sich die vier Systemklassen Kommunikation, gemeinsame Informationsräume, Workgroup Computing und Workflow Management ableiten (vgl. Lit. 01, Lit. 17). In aller Regel unterstützen CSCW-Systeme Prozesse der Kommunikation, der Koordination und/oder der Kooperation. Auch in dieser Einteilung lassen sich daher keine ausschließlichen Zuordnungen ableiten, sondern nur Entscheidungen nach dem Grad der Unterstützung treffen. Die abgeleiteten Systemklassen werden wir in Abschnitt C 8.6 für eine Beschreibung aufgreifen.

## C 8.4 Rechnergestützte Gruppenarbeit

Arbeitsgruppen lassen sich nicht durch die einfache Addition ihrer Mitglieder und ihrer Merkmale begreifen, sondern als spezielle soziale Gebilde mit eigenen Interaktionsprozessen. Will man die Abläufe einer Gruppe auf CSCW-Anwendungen übertragen, muss man die Abläufe einer Gruppe verstehen und ihren speziellen Gruppenphänomenen Rechnung tragen. Die Anforderungen an Kommunikation, Koordination und Kooperation innerhalb einer Gruppenarbeit (*Kommunikationsgrade*) und damit an die Wahl einer CSCW-Anwendung (Medienwahl; siehe nächster Abschnitt) sind abhängig von verschiedenen Parametern, insbesondere von

– der Art und Struktur der Aufgabe,

– dem Status, der Struktur sowie dem Verhalten der Gruppe,

– dem Verhalten einzelner Gruppenmitglieder und

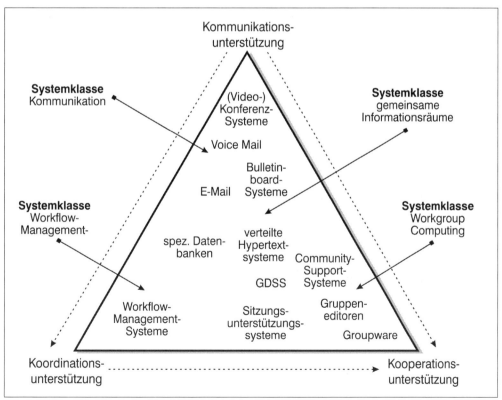

*Abb. 4: 3K-Klassifizierung*

– der Interaktionsstruktur und den Formen des Meinungsbildungsprozesses.

Über die oben angeführte Definition der Gruppenarbeit hinaus, weisen Gruppen eine Reihe weiterer Merkmalen auf, insbesondere

– eine Gruppengröße, die Formen der Zusammenarbeit beeinflusst,
– ein gemeinsames Gruppenbewusstsein zwischen den Mitgliedern einer Gruppe (Gruppenwahrnehmung - Awareness),
– eine Gruppenstruktur (Hierarchie, Rollen, Arbeitsteilung usf.),
– ein typisches Interaktionsverhalten (wer kommuniziert mit wem, wer hat das Themenbestimmungsrecht usf.?) sowie
– ein Set gemeinsamer Normen und Werte (akzeptiertes Verhalten, Sanktionen usf.).

Eine elektronische Arbeitsumgebung für die Gruppe hat Parameter wie z.B. Gruppengröße oder die Gruppenstruktur zu berücksichtigen und muss zugleich Möglichkeiten bereitstellen, Gruppenphänomene (Interaktionsverhalten, Meinungsbildungsprozesse oder Awareness zu analysieren und differenziert abzubilden (ausführlicher Lit. 14, S. 33-45).

## C 8.5 Medienwahl und Mediennutzung in der Gruppenarbeit

Eine erfolgreiche Unterstützung der Gruppenarbeit durch CSCW-Systeme hängt von der angemessenen Auswahl der Werkzeuge (Medienwahl) in Abhängigkeit verschiedener Parameter der Gruppenarbeit ab (vgl. Lit. 07, Lit. 09). Verschiedene Theorien der Medienwahl stellen unterschiedliche Aspekte in den Vordergrund.

Nach der **Media-Richness-Theorie** (vgl. Lit. 09, Lit. 10) gibt es „arme" und „reiche" Medien hinsichtlich der Kapazitäten zur Übertragung analoger und digitaler Informationen. Die Face-to-face-Kommunikation ist mit ihren verschiedenen Kanälen zur Übertragung von Sprache, Mimik, Gestik usf. eine reichhaltige Kommunikationsform, Email eine weniger reichhaltige, da sich die Kommunikation auf die Schriftsprache beschränkt. Die Theorie stellt allerdings kein objektives Ranking der Medien hinsichtlich ihrer Reichhaltigkeit her. Vielmehr wird abhängig von der Komplexität der zu lösenden Aufgabe ein Bereich effektiver Kommunikation identifiziert, der zwischen einer unnötigen Komplizierung und einer zu starken Simplifizierung durch das Medium angesiedelt ist: Die Kommunikation über „reiche" Medien ist umso effektiver, je komplexer die zu lösende Aufgabe ist. Die Kommunikation über „arme" Medien ist umso effektiver, je strukturierter eine Aufgabe ist.

Die **Media-Synchronicity-Theorie** (vgl. Lit. 08, Lit. 09) beschreibt einen kausalen Zusammenhang zwischen der Art des Gruppenkommunikationsprozesses und der spezifischen Eignung von Medien. Die Theorie unterscheidet divergente Prozesse der *Informationsübermittelung* und konvergente Prozesse der *Informationsverdichtung*. Die Art des Kommunikationsprozesses und dessen Anforderung an die Informationsverarbeitungskapazität eines Mediums bestimmen die adäquate Mediennutzung. Unter Mediensynchronizität wird das Ausmaß verstanden, in dem Individuen an der gleichen Aufgabe zur gleichen Zeit zusammenarbeiten, d.h. einen gemeinsamen Fokus haben. Das damit angesprochene Potenzial von Medien macht die Media Synchronicity-Theorie an fünf Faktoren fest:

– Geschwindigkeit des Feedbacks:
 Wie schnell kann ein Kommunikationspartner auf Nachrichten antworten?

– Symbolvarietät:
 Auf wie viele und welche Weisen kann Information übermittelt werden?

– Parallelität:
 Auf wie vielen Kanälen können wie viele Personen gleichzeitig in und in unterschiedlichen Kommunikationsvorgängen kooperieren und kommunizieren?

– Überarbeitbarkeit:
 Wie umfassend und häufig kann der Sender seine Nachricht vor dem Absenden überarbeiten?

– Wiederverwendbarkeit:
 Wie gut kann der Empfänger eine erhaltene Nachricht wieder verwenden?

Damit bleibt festzuhalten, dass nicht jeder Kommunikationsprozess ausschließlich mit technischen Medien hinreichend und erfolgreich geführt werden kann und ebenso wenig jedes Medium per se geeignet ist, jeden Kommunikationsvorgang hinreichend zu unterstützen.

Prozesse innerhalb von Gruppen oder Teams sind nicht statisch, sondern durchlaufen im Allgemeinen verschiedene Stadien. Diese Stadien werden im **Team-Performance-Modell** beschrieben (vgl. Lit. 17). Es unterscheidet sieben Stadien und die jeweils zugeordneten Aufgaben. Sind die jeweiligen Aufgaben erfolgreich bewältigt, wechselt das Team in die nächste Stufe. Bei Misserfolg fällt das Team wieder in das vorherige Stadium zurück (Abb. 5). Die Stadien 1 bis 4 bilden die Entstehungsphase, die Stadien 5 bis 7 die Produktionsphase.

Die Kenntnis der Charakteristika von Teamprozessen ist sowohl für das Management als auch für die Unterstützung des Teams durch CSCW-Systeme von Bedeutung. Den Stadien des Team Performance Modells können angemessene CSCW-Szenarien zugeordnet werden (Lit. 17). In den beiden ersten Stadien finden Face-to-face-Sitzungen, unterstützt durch Sitzungsunterstützungssysteme, statt. In den Stadien 3 und 4 können verteilte aber synchrone Sitzungen (Video- oder Desktopkonferenz) stattfinden. Im Implementierungsstadium (Stadium 5) werden eventuell noch synchrone, insbesondere aber asynchrone Werkzeuge (Email, Bulletin Boards, gemeinsame Informationsräume usw.) benötigt, die auch im Stadium der eigentlichen Leistungserbringung (Stadium 6) eingesetzt werden. Eine Erneuerungsphase kann wieder Face-to-face-Kommunikation notwendig machen.

Die Wahl der angemessenen Werkzeuge zur Unterstützung der Gruppenarbeit stellt sich damit als komplexe Aufgabe dar, die mindestens das Potenzial der Medien, die Art des Kommunikationsprozesses sowie den Status einer Arbeitsgruppe zu berücksichtigen hat.

## C 8.6 CSCW-Funktionsklassen

Aus dem beschriebenen 3K-Modell wurden vier Systemklassen abgeleitet, die im Folgenden kurz beschrieben werden. Wir wollen in diesem Beitrag treffender von Funktionsklassen sprechen, da die einzelnen Systeme bestimmte Funktionen im Rahmen der Gruppenarbeit erfüllen.

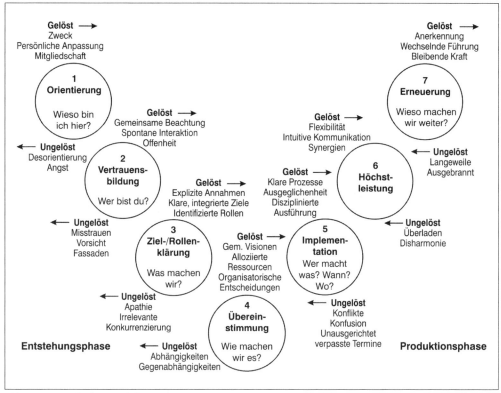

*Abb. 5: Team-Performance-Modell*

## C 8.6.1 Funktionsklasse Kommunikation

Kommunikationssysteme ermöglichen den expliziten Informationsaustausch zwischen den Mitgliedern einer Gruppe, sie überbrücken vor allem Raum- und Zeitdifferenzen.

Die Systeme dieser Klasse können in **Nachrichtensysteme** und **Konferenzsysteme** eingeteilt werden. Nachrichtensysteme erlauben den asynchronen Austausch multimedialer Nachrichten und deren Verwaltung. Beispiele sind Email oder Bulletin-Board-Systeme. Konferenzsysteme können sowohl für die asynchrone als auch für die synchrone Kommunikation eingesetzt werden. Von besonderem Interesse sind dabei die synchronen Werkzeuge. Synchrone Computerkonferenzen können bspw. via Chat-System geführt werden. Audio- und Video-Kommunikation werden durch Video- und Desktop-Konferenzsysteme ermöglicht (vgl. Lit. 15).

In Video- bzw. Desktopkonferenzen werden in der Regel Werkzeuge zum Anzeigen von Unterlagen (Viewer) oder zum gemeinsamen bearbeiten von Materialien (Whiteboards) benötigt. Die gemeinsame Bearbeitung von Material in einer Konferenz erfolgt nach dem Prinzip WYSIWIS (What You See Is What I See). *Striktes WYSIWIS*: jeder Teilnehmer sieht zu jedem Zeitpunkt den gleichen Stand und den gleichen Bildschirm. *Abgeschwächtes WYSIWIS*: Individuelle Aufteilungen der Arbeitsbereiche und der Bildschirmgestaltung sind möglich, erfordern jedoch eine wesentlich höhere Aufmerksamkeit. Ein zentrales Problem ist die Kontrolle konkurrierender Zugriffe auf gemeinsame Informationen bzw. Materialien. Mechanismen der *Nebenläufigkeitskontrolle* (vgl. Lit. 02) sollen dieses Problem regeln. Erfahrungen mit Videokonferenzen zeigen, dass eine Reihe von Phänomenen abweichend zu „normalen" Besprechungen auftreten, so ist z.B. zu beobachten, dass Aufmerksamkeit und Fokussiertheit der Teilnehmer weniger gewährleistet ist, insbesondere Ablenkungen an einzelnen beteiligten Standorten auftreten. Allgemein ist eine größere Explizitheit der sprachlichen Kommunikation erforderlich, da die nonverbale Kommunikation eingeschränkt ist. Die Trägheit des Mediums führt zu verzögerter Kommunikation, die zu Missverständnissen führen kann.

Populäre Beispiele für synchrone Konferenzsysteme sind MS NetMeeting oder der Yahoo! Messenger.

## C 8.6.2 Funktionsklasse Gemeinsame Informationsräume

Gemeinsame Informationsräume dienen dem impliziten Informationsaustausch zwischen Gruppenmitgliedern. Gemeinsam nutzbare Informationen sind ein essentieller Teil jeder Gruppenarbeit. Sie dienen einmal als Kommunikationsmedium zum Transfer von Wissen und Tatsachen. Eine zweite Funktion erfüllen Informationsräume, indem sie als Mittel zum Festhalten der Diskussions- und Arbeitsabläufe sowie Ergebnisse der Gruppenarbeit dienen (Gruppengedächtnis). Eine dritte Funktion liegt darin begründet, dass Informationsräume Informationen über die Arbeitsgruppe bzw. über die Kooperation abbilden (vgl. Lit. 03), z.B. Informationen über die beteiligten Personen (Profile), über Rollen, über Kommunikationsbeziehungen oder über die Struktur der Arbeitsgruppe.

In der rechnergestützten Gruppenarbeit wird das klassische Kommunikationsmodell – die Informationsübertragung vom Sender zum Empfänger über einen Kanal – erweitert um einen Speicher. In der Kommunikationssituation wird auf das gemeinsame Material der Gruppe referenziert und so ein Kontext gebildet, der sonst explizit erklärt werden müsste.

Beispiele für gemeinsame Informationsräume sind Datenbanksysteme, verteilte Hypertextsysteme (z.B. die WikiWikiWebs im Internet) und verstärkt Hypermediasysteme, aber auch Bulletin-Boards. Die Funktionen eines geteilten Informationsraums kann ebenso durch Elemente von Sitzungsunterstützungs- oder Argumentationssystemen erfüllt werden.

Die Systeme dieser Klasse sind in der Regel integraler Bestandteil anderer CSCW-Systeme. Systeme wie BSCW, Livelink oder Lotus Notes stellen im Kern Anwendungen und Funktionen für den Aufbau und die Verwaltung gemeinsamer Informationsräume zur Verfügung.

## C 8.6.3 Funktionsklasse Workflow Management

Workflow Management-Systeme (WfMS) unterstützen strukturierte Aufgaben (Vorgänge bzw. Workflows; Lit. 17). Ein Workflow ist eine automatisiert ablaufende Gesamtheit von Aktivitäten, die sich auf Teile eines Geschäftsprozesses oder andere organisatorische Vorgänge bezieht. Er hat einen definierten Anfang, einen organisierten Ablauf und ein definiertes Ende. „Workflow-Management umfasst alle Aufgaben, die bei der Modellierung, Spezifikation, Simulation sowie bei der Ausführung und Steuerung der Workflows erfüllt werden müssen." (Lit. 02, S. 346)

Anwendungsfelder sind Vorgänge, in die eine hohe Anzahl Personen oder Applikationen einbezogen werden müssen, die einen hohen Grad an Strukturiertheit und eine geringe Komplexität aufweisen oder die eine hohe Wiederholungsfrequenz haben und wenige Ausnahmebehandlungen erfordern. Damit liegt der Schwerpunkt der Unterstützung auf der Koordination arbeitsteiliger Aktivitäten und der mit ihnen verbundenen Informationsflüsse.

Das betriebswirtschaftliche Ziel des Einsatzes von Workflow-Management ist die Optimierung der organisatorischen Leistungsfähigkeit. Konkret bedeutet dies, eine höhere Qualität der Geschäftsprozesse zu erreichen, die Durchlaufzeiten zu verkürzen, Prozesskosten zu reduzieren sowie eine höhere Informationsverfügbarkeit durch weniger Medienbrüche zu erreichen. Insbes. Durchlaufzeiten können Studien zufolge unter bestimmten Voraussetzungen um bis zu 80 % verkürzt werden.

Der Ablauf eines Workflow wird auf der Grundlage von modellierten Vorgangstypen (Workflowtypen) gesteuert. Die Modelle können mit den WfMS selbst erstellt oder aus speziellen Werkzeugen für die Geschäftsprozessmodellierung übernommen werden. Die Workflows lassen sich mit dem WfMS simulieren, steuern (Prozesssteuerung), kontrollieren (Prozesskontrolle) und verwalten (Prozessverwaltung).

Beispiele für Workflow Management-Systeme sind Ultimus, SERfloware oder – als Integrationslösung – Livelink.

### C 8.6.4 Funktionsklasse Workgroup Computing

Ziel der Systeme dieser Klasse ist die Unterstützung der engen Kooperation von Gruppenmitgliedern, insbesondere bei mittel oder schwach strukturierten Aufgaben. Diese Anwendungen zeichnen sich durch ihre Flexibilität aus, die den schwach strukturierten Aufgaben gerecht wird. Beispiele dieser Funktionsklasse sind verteilte Gruppeneditoren und Sitzungsunterstützungs- bzw. Gruppenentscheidungssysteme (GDSS), die in Face-to-face-Sitzungen eingesetzt werden oder Systeme, die einen virtuellen Gruppenarbeitsraum zur Verfügung stellen.

Gruppeneditoren unterstützen die verteilte Arbeit an gemeinsamen Materialien (Texte, Zeichnungen, Software usf.). Gruppeneditoren integrieren neben Funktionalitäten der kooperativen Bearbeitung und der verteilten Datenhaltung in der Regel auch Funktionen, die Gruppenbewusstsein (Awareness) zwischen den Beteiligten fördert. Die Systeme zeichnen sich durch einen hohen Grad an nebenläufigen Zugriffen aus, was hohe Anforderungen an die Sperrmechanismen und die Schreibvorgänge stellt. Da Gruppeneditoren in unterschiedlichen CSCW-Situationen eingesetzt werden, ist die Integration in andere Systeme, z.B. Videokonferenz-Systeme, notwendig. Beispiel für einen Gruppeneditor ist IRIS. Funktionen von Gruppeneditoren werden zunehmend in Textverarbeitungssysteme übernommen.

Sitzungen können verteilt, z.B. unterstützt durch Video-Konferenzsysteme, oder als Face-to-face-Meeting abgehalten werden.

Face-to-face-Sitzungen können rechnerunterstützt in speziell dafür ausgestatteten Sitzungsräumen (elektronische Gruppenarbeitsräume) durchgeführt werden (Beispiel in Abb. 6). Die Systeme werden als Electronic Meeting Systems (EMS) oder – da in der Regel die Entscheidungsfindung einer Gruppe unterstützt wird – Group Decision Support Systems (GDSS) bezeichnet (vgl. Lit. 13).

Sitzungen können indirekt durch CSCW-Systeme unterstützt werden, indem ein Moderator den Sitzungsverlauf am PC begleitet und auf einer Projektionswand darstellt. Eine direkte Unterstützung findet durch Systeme statt, die alle Teilnehmern die Arbeit an einem PC erlaubt, der mit einer Projek-

*Abb. 6: GDSS Labor der Lappeenranta University of Technology*

tionswand bzw. einer elektronischen Tafel verbunden ist. Die Arbeit erfolgt wahlweise auf dem PC oder auf der elektronischen Tafel. Diese Arbeitsweise wird durch spezielle Sitzungsunterstützungssysteme, wie DOLPHIN oder GroupSystems unterstützt, elektronische Tafeln (Smart Boards) bietet bspw. SMART Technologies an.

Argumentationssysteme dienen der Diskussion von Problemen in synchronen oder asynchronen Sitzungen. Ausgangspunkt ist eine Problemfrage, auf die durch Positionen und Argumente eingegangen wird. Argumentationssysteme wie bspw. QuestMap bedienen sich der Methode IBIS (Issue-Based Information System, vgl. Lit. 02, S. 332ff), die zur Untersuchung „verzwickter" Probleme entwickelt wurde.

Geteilte virtuelle Arbeitsräume (shared Workspaces) bieten Gruppen ein Bündel verschiedener Anwendungen aus unterschiedlichen Funktionsklassen mit dem Ziel, computerunterstützte Gruppenarbeit integriert auf einer Plattform zu bündeln um so verschiedenen Situationstypen gerecht zu werden. Dabei entstehen sog. CSCW-Suiten bzw. Community- oder Portallösungen (vgl. Lit. 01, Lit. 07), die eine enge Verbindung mit anderen Techniken (z.B. Dokumentenmanagement) eingehen. In diesem Sektor werden teils öffentliche Plattformen im Internet angeboten (z.B. Yahoo! Groups, freeoffice oder office-im-netz) sowie kommerzielle Produkte, die geeignet sind Intranets zu ergänzen bzw. sie zu ersetzen (z.B. Hyperwave, Livelink, BSCW). Ein Arbeitsbereich in BSCW verwaltet z.B. folgende Objektklassen: Dokument, Dokument unter Versionsverwaltung, Notiz, URL, Suchergebnis, Ordner, Diskussion, Kalender, Projekt, Dokumentsammlung. Die Möglichkeiten des Internets erlauben zunehmend, Kooperationsunterstützung auf dieser Ebene und unternehmensübergreifend (virtuelle Organisationsformen) anzusiedeln (vgl. Lit. 04, Lit. 06). Rechnerunterstützte Gruppenarbeit wird künftig auf integrierten Plattformen und ortsunabhängiger geleistet werden.

## Literatur

01 Back, Andrea; Seufert, Andreas: Computer Supported Cooperative Work (CSCW) – State-of-the-Art und zukünftige Herausforderungen. In: HMD – Praxis der Wirtschaftsinformatik, Heft 213, 2000, S. 5-22

02 Borghoff, Uwe M.; Schlichter, Johann H.: Rechnergestützte Gruppenarbeit: Eine Einführung in Verteilte Anwendungen. 2. Aufl. Berlin: Springer, 1998, 557 S.

03 Burger, Cora: Groupware: Kooperationsunterstützung für verteilte Anwendungen. Heidelberg: dpunkt-Verlag, 1997, 279 S.

04 Ehrenberg, Dieter; Krause, Dirk: Potenzial von internetbasiertem Know-how-Management zur Problemlösung in flexiblen Unternehmensstrukturen. In: Industrie Management 18 (2002) 3, S.36-39

05 Krcmar, Helmut: Groupware: Quo vadis?. In: is report 5 (2001) 1, S. 39-41

06 Nastansky, Ludwig; Huth, Carsten: Groupware zur Unterstützung neuer Organisationsformen in der Industrie: Aufbau- und Prozeßorganisation im virtuellen Unternehmen. In: Industrie Management 16 (2000) 6, S. 69-73

07 Nohr, Holger: Virtuelle Knowledge Communities im Wissensmanagement: Konzeption – Einführung – Betrieb. Aachen: Shaker 2001, 140 S.

08 Nohr, Holger: Elektronisch vermittelte Wissenskommunikation und Medienwahl. In: Information Wissenschaft und Praxis 52 (2002) 3, S. 141-148

09 Ostertag, Annette: Medienwahl für elektronische Wissensaustausch- und Kommunikationsprozesse. Stuttgart: Hochschule der Medien. Arbeitspapiere Wissensmanagement 1/2002, 36 S.

10 Reichwald, Ralf; Möslein, Kathrin; Sachenbacher, Hans; Englberger, Hermann: Telekooperation: Verteilte Arbeits- und Organisationsformen. 2. Aufl. Berlin: Springer 2000, 351 S.

11 Schlichter, Johann; Reichwald, Ralf; Koch, Michael; Möslein, Kathrin: Rechnergestützte Gruppenarbeit (CSCW). In: i-com, Heft 0/2001, S. 5-11

12 Schwabe, Gerhard: Objekte der Gruppenarbeit: Ein Konzept für das Computer Aided Team. Wiesbaden: Gabler, 1995

13 Schwabe, Gerhard: (T)Räume der Zusammenarbeit – Probleme und neue Ansätze der Sitzungsunterstützung. In: i-com, Heft 1/2002, S. 4-10

14 Schwabe, Gerhard; Streitz, Norbert; Unland, Rainer (Hrsg.): CSCW-Kompendium: Lehr- und Handbuch zum computerunterstützten kooperativen Arbeiten. Berlin: Springer, 2002, 622 S.

15 Springer, Johannes: Telekooperation – Vernetzte Arbeit mit integrierten Informations- und Kommunikationssystemen. Aachen: Shaker, 2001, 293 S.

16 Stahl, Gerry: Contributions to a Theoretical Framework for CSCL. In: Stahl, Gerry (Hrsg.): Computer Support for Collaborative Learning: Foundations for a CSCL Community. Proceedings of CSCL 2002. Boulder, CO. 2002. S. 62-71

17 Teufel, Stephanie; Sauter, Christian; Mühlherr, Thomas; Bauknecht, Kurt: Computerunterstützung für die Gruppenarbeit. Bonn: Addison-Wesley, 1995, 278 S.

# C 9 Technische Redaktion

Jiri Panyr

## C 9.1 Einleitung

Der Bereitstellung, Verarbeitung und dem Austausch von Informationen kommt in der Informationsgesellschaft eine überragende Bedeutung zu. Dennoch wird der Effizienz und der Effektivität beim Umgang mit ihnen nur geringe Bedeutung beigemessen, besonders dann, wenn Informationen in der Dokumentform vorliegen. Es wird dabei in der Regel ein erheblicher Aufwand für die Darstellung von Dokumenten (d.h. für Layout und Typografie), nicht aber für ihre inhaltlich logische Strukturierung geleistet. Das schlägt sich nieder in den zum Einsatz kommenden DTP-Werkzeugen (Desktop-Publishing-Werkzeuge) und -Formaten und findet im Boom der Web-basierten Informationsdistribution seine erneute Bestätigung.

Besonders die Dokumentation von technischen Systemen (weiter als Technische Dokumentation bezeichnet) wurde bisher im Wertschöpfungsprozess eher als notwendiges Übel betrachtet. Die Strukturierung erfolgte mittels Layout auf der grafischen Ebene, nicht aber auf der logisch semantischen Ebene. Die entsprechenden Anwendungen setzten in der Regel weiter auf das alte gesamtdokument- bzw. präsentations- und seitenorientierte Paradigma auf. Dieses Paradigma ist bei der Erstellung der Technischen Dokumentation weiter präsent, darüberhinaus setzen sich neuere Ansätze zunehmend durch, die auf der Trennung von Inhalt und Layout basieren und somit eine effizientere und konsistentere Redaktion und Produktion der Technischen Dokumentation ermöglichen. Die nächsten Betrachtungen behandeln zwar die beiden Paradigmen, jedoch priorisieren sie das zuletzt genannte. Sie stellen keinen Redaktionsleitfaden dar, sie versuchen lediglich auf wichtige methodische Aspekte der Technischen Redaktion stichwortartig hinzuweisen.

## C 9.2 Technische Dokumentation und technische Redaktion

Die Technische Dokumentation ist die Gesamtheit aller notwendigen und zweckdienlichen Informationen über ein Produkt und seine Verwendung, die in strukturierter Form – sei es auf Papier oder als elektronische Medien – festgehalten sind (Lit. 04, S. 13). Als „Produkte" sind in diesem Zusammenhang nicht nur Gegenstände zu verstehen, sondern auch Dienstleistungen jeder Art, die einer Beschreibung für den Nutzer oder Kunden bedürfen. Im Bereich der technischen Dokumentation gehören dazu auch die technischen Unterlagen, die eine Produktentwicklung von Anfang an begleiten ( wie z.B. Lit. 08, S. 245):

(1) Produktunterlagen
(2) Angebotdokumentation
(3) Lasten-, Pflichtenhefte (bzw. A10, A20, A30)
(4) Entwicklungsdokumentation, Software- und Hardwareunterlagen
(5) Bedien-Handbücher, Anleitungen
(6) Service- und Wartungshandbücher

Die **Technische Redaktion** erzeugt die für den Kunden (Nutzer) und Hersteller notwendigen technischen Dokumente. Zusätzlich zu den oben aufgeführten Dokumententypen (1), (5) und (6) können dazu u.a. noch die Warnhinweise an Maschinen, Qualitätsmanagementhandbücher, das Schulungsmaterial oder die Online-Hilfe und Online-Dokumentation gehören. Die anderen oben aufgeführten Dokumententypen (2) bis (4) werden der *Entwicklungsdokumentation* eines Produkts oder Systems zugerechnet. Zur Unterstützung der redaktionellen Aktivitäten werden am Markt verschiedene Software-Systeme angeboten, die auch als *Redaktionssysteme* bezeichnet werden (zur Übersicht siehe Abschnitt C 9.6). Die Grenzen zu den *Content Management Systemen* (CMS) sind inzwischen relativ fließend (vgl. Abschnitt C 9.4.3).

Die technische Dokumentation ist ein wichtiger Bestandteil komplexer technischer Systeme. Sie ist als *Informationsressource* sowohl für den Kunden als auch für den Hersteller von entscheidender Bedeutung. Wesentlich ist dabei ihre inhaltliche Konsistenz, Austauschbarkeit und Wiederverwendung. Je umfangreicher und komplexer die technische Dokumentation ist, umso wichtiger ist ihre inhaltliche Strukturierung. Dies bedingt einige neue Anforderungen an die Fähigkeiten eines Redakteurs der technischen Dokumentation und leitete schließlich einen neuen Berufszweig eines **Technischen Redakteurs** ein (vgl. Abschnitt C 9.7).

## C 9.3 Traditionelle Vorgehensweise und ihre Engpässe

Die Probleme mit den traditionellen Dokumentationsparadigmen werden im Folgenden an einigen ausgewählten Beispielen aufgelistet. Diese Vorgehensweise ist heute noch dominierend (vgl. Lit. 04).

### C 9.3.1 Seiten- und Dokument-Metapher

Die gängigen *Textverarbeitungssysteme* (wie z.B. Word etc.) und auch *Desktop Publishing Systeme* (DTP-Systeme, wie z.B. Interleaf) arbeiten primär immer noch präsentationsorientiert, d.h. die dokumentarischen Bezugseinheiten sind ganze Dokumente, während die Präsentationselemente die Dokumentseiten sind (Ausnahme: FrameMaker mit SGML). Man spricht in diesem Kontext auch von Dokumenten- bzw. Seiten-Metapher. Im Vordergrund steht bei allen Ansätzen nicht der Inhalt, sondern primär das Layout. Dies führt u.a. zu folgenden Nachteilen:

- **Seitenorientierte Navigation / Logische Einheiten nicht als Sprungziel**

  Bei der Navigation in Dokumenten wird unabhängig davon, ob Verweise präzise auf eine bestimmte Textstelle zeigen, von einer Reihe von Viewern (wie z.B. Adobe, Frame, Interleaf) nach dem „Anklicken" lediglich der Anfang der Seite, die das Querverweisziel enthält, angezeigt. Eine präzisere Positionierung innerhalb einer Seite ist in einem Viewer ohne weiteres nicht möglich.

- **Unzureichende Methodik und Systematik**

  Obwohl auch DTP-Systeme gewisse Strukturierungshilfe (wie z.B. Komponenten) bieten, sind diese so gut wie nicht genutzt, da eine logische Systematik (Vorschrift) und Methodik bzgl. ihrer Nutzung fehlt. Komponentennamen werden willkürlich vergeben. Komponenten haben auch in gleich gearteten Dokumenten oftmals eine unterschiedliche Benennung und Gestaltung (Eigenschaften), obwohl sie die gleiche Position und Funktion im Text inne haben.

- **Informationsverlust bei Konvertierung**

  Die Konvertierung der von DTP-Systemen verwendeten Formate (wie ps, pdf) führt zu einem erheblichen Informations- und Layoutverlust. Die Erhaltungsfunktionalität basiert in der Regel noch immer auf Formaten (wie z.B. DIF, DCA, RTF, MIF), die inhaltliche Erweiterungen bei der Konvertierung nicht berücksichtigen.

Die o.g. Darstellungsorientierung unter gleichzeitiger Vernachlässigung der inhaltlichen Aspekte beim Textaufbau führte und führt immer noch zu einer Reihe von Problemen bei der inhaltlichen Erschließung von Dokumenten und Wiedergewinnung von Informationen sowie bei ihrer Präsentation in einer Hypertext-Umgebung.

### C 9.3.2 Dokument-Management-Systeme

Konventionelle *Dokument-Management-Systeme* (DMS) verwalten Versionen und Varianten, kontrollieren die Zugangsberechtigung und die Freigabe von Dokumenten, verfügen über Änderungs- und Revisions-Management und meist geringfügige Workflow-Funktionalität. Kennzeichnend für alle Systeme ist das speicher-orientierte Management von Dokumenten. Es werden Files verwaltet, jedoch nicht Information. Die kleinste managebare Einheit ist das File und nicht die Information. Der Zugriff auf Information in Dokumenten erfolgt nicht über die logische Struktur der Dokumente, sondern über die Attribute von Files. Information Retrieval findet dokumentenbezogen statt und kann nicht auf bestimmte Teile fokussiert werden. Die Funktionalität von traditionellen Dokument-Management-Systemen ist größtenteils File-orientiert. Dokument-Management-Systeme sind somit eher komfortable File-Management Systeme und weniger Informations-Datenbasen.

Des Weiteren nutzen konventionelle *Dokument-Management-Systeme* die Erkenntnisse aus der *DB-Technologie* so gut wie nicht (Beispiel: Datenstrukturierung, Redundanzfreiheit, zentraler Zugriff, benutzerspezifische Views, Normalisierung), d.h. sie sind lediglich unvollkommene Datenhaltungsinstrumente. Es bestehen Schwierigkeiten z.B. bei Wiederverwendung und Ähnlichkeitsnutzung dieser Dokumente. So wird z.B. auch Ähnlichkeitsplanung bei CAD/CAP-Dokumenten nicht unterstützt, da die im DMS abgelegten Dokumente de facto nicht präzis recherchierbar sind.

Auch wenn der Speicherung strukturierter Rohdaten in XML in einigen DMS nichts mehr im Wege steht, fehlt noch überall der Bezug zum gedruckten Dokument. Die Konzepte *Cascaded Style Sheets* (CSS), wie sie in HTML zur Browser-Darstellung genutzt werden, oder *Extensible Style Sheet Language* (XSL bzw. XSLT oder XSLFO), auch wenn diese von *W3C* schon normiert sind, werden in ihrem Gesamtumfang von derzeit keinem einzigen Produkt unterstützt (vgl. Lit. 10, S. 25).

## C 9.3.3 Information Retrieval

Die *präsentationsorientierte Dokumentgestaltung* verursacht bei der inhaltlichen Erschließung und bei der gezielten Wiedergewinnung (Retrieval) von technischen Informationen eine Reihe von Problemen, insbesondere bei längeren, inhaltlich nicht weiter strukturierten Dokumenten. Nicht ohne Grund werden bis jetzt die besten Retrievalergebnisse mit Dokumenten in Form eines Abstracts erzielt. Eine automatische oder zumindest semi-automatische Erstellung eines signifikanten Textextrakts oder eines redundanzfreien Textabstracts wurde bisher vor allem durch ungenaue auf den ganzen Text anwendbare syntaktisch-semantische Werkzeuge versucht. Bei größeren Dokumenten ist daher eine sinnvolle Selektion der bedeutungstragenden Wörter kaum möglich. Semantische Textanalysen allein sind nicht ausreichend. Daher ist vonnöten, die zu erschließenden Texte schon bei ihrer Erstellung einer inhaltlichen Gliederung zu unterziehen, mit konsequenter Trennung von Inhalt und Layout.

## C 9.3.4 World Wide Web und Elektronisches Publizieren

Das World Wide Web (WWW) besteht aus vernetzten Seiten ohne erkennbare Struktur. Bei der Gliederung der Seiten ist jeder Autor völlig frei, weil sich mit der im WWW verwendeten Sprache HTML (bisher in der Regel HTML 3.0 als Standard) nur die Gestaltung des Inhalts steuern lässt und nicht die inhaltliche Struktur eines Dokuments. Dies hat sich zwar inzwischen bei HTML 4.0 als eine Reaktion auf das Konzept von XML etwas gebessert, es ist dennoch z.B. nicht möglich, im Rahmen einer Qualitätssicherung zu überprüfen, ob eine Seite ganz bestimmte, dort notwendige Angaben enthält. Wegen fehlender inhaltlicher Strukturen ist es nicht möglich, die Suche in den WWW-Dokumenten auf bestimmte inhaltliche Strukturen einzuschränken.

Ein großer Vorteil des WWW liegt im *elektronischen Publizieren* von Dokumenten. Durch Plug-Ins können moderne WWW-Browser inzwischen auch Dokumente mit proprietären Formaten (PDF, WinWord usw.) darstellen. Damit lassen sich diese zwar anzeigen, lesen und drucken, eine Weiterverarbeitung, wie etwa bei einer automatischen Indexierung durch Suchmaschinen, setzt proprietäre Software zur Konversion des verwendeten Formats voraus. Zusätzlich wird durch den Einsatz von proprietären Browsern, d.h. solche, die nur bestimmte HTML-/XML-Sprachvarianten unterstützen, der weltweite Zugriff auf die gesuchte Information zunehmend eingeschränkt.

WWW ist ein hervorragendes Medium, Informationen zu publizieren; zur maschinellen Weiterverarbeitung oder gar Verwaltung der publizierten *Informationen* dagegen ist das WWW ungeeignet, weil es keine inhaltlichen Strukturen kennt.

## C 9.3.5 Konsistenzproblematik / Dokumentenaustausch

Die inhaltliche Konsistenz von Technischer Dokumentation mit inhaltlichen Bezügen kann verletzt werden, wenn Änderungen nicht adäquat propagiert werden. Es gibt hier drei Klassen von inhaltlichen Bezügen in elektronischer Dokumentation: Wiederverwendung, Querverweise und sonstige Bezüge zwischen Informationseinheiten.

Bei der *Wiederverwendung* existieren z.B. die gleichen Informationseinheiten an verschiedenen Stellen im Dokument, evtl. angepasst an den jeweiligen Kontext. Wird nun eine dieser Stellen verändert, müssen die Änderungen an allen anderen nachgezogen werden, um die inhaltliche Konsistenz beizubehalten. Weitere inhaltliche Bezüge liegen schließlich z.B. zwischen *Übersetzungen* vor: Nach Änderungen am Original müssen alle bereits existierenden Übersetzungen nachgezogen werden.

Der gängige, auf dem so genannten *Document Interchange Format* (DIF; 7-bit-Codierung) oder auf der *Document Content Architecture* (DCA; 8-bit-Codierung) bzw. auf den Formaten RTF und MIF basierende Dokumentenaustausch führt durch die Vermischung von logischer und physischer (Layout) Struktur zu einer erheblichen Layoutveränderung bzw. zu einem Layoutverlust und somit auch zu einer Minderung des Informationswertes bei ausgetauschten Informationseinheiten.

## C 9.4 Neue Randbedingungen

### C 9.4.1 Kundenforderungen

Technische Dokumentation dient zur Kommunikation des technischen Wissens zwischen Hersteller und Kunden. Gleichzeitig sind die in den Dokumenten enthaltenen Informationen für den Betreiber von langlebigen technischen Systemen wertvoll und bedeutsam, weil zur Wartung und Reparatur auf die benötigten Unterlagen auch noch nach Jahren oder Jahrzehnten zugegriffen werden muss. Angesichts zunehmend kürzerer Innovationszyklen in der Softwareentwicklung müssen daher bei der Archivierung von elektronischer Dokumentation auch die zur Ansicht und Weiterverarbeitung benötigten Applikationen aufgehoben werden.

Dies wurde bereits in den 1980er Jahren vom amerikanischen Verteidigungsministerium (DoD) erkannt. Um die allein durch den Besitz eines komplexen technischen Systems anfallenden Kosten (cost of ownership) zu senken, forderte das DoD im Rahmen der CALS-Initiative u.a. von seinen Zulieferern, die gesamte technische Dokumentation in einem herstellerunabhängigen Format (CALS-DTD) auszuliefern, mit dem auch gleichzeitig die Inhalte der Dokumentation explizit gekennzeichnet wurden. Grundlage dieses Formats ist der ISO-Standard SGML, der seitdem immer häufiger zur Definition von branchenspezifischen *Austauschformaten* herangezogen wird. Heute wird zu diesem Zweck immer häufiger die Auszeichnungssprache XML verwendet, die als eine vereinfachte Untermenge von SGML entwickelt wurde.

Im Folgenden werden wichtige Initiativen aus der Vergangenheit kurz beschrieben:

– **TBL-P Projekt:** Die Deutsche Telekom forderte im Rahmen des TBL-P Projekts, an dem u.a. Alcatel SEL und der damalige Siemens Geschäftsbereich ÖN als Zulieferer beteiligt waren, die technische Dokumentation in SGML bezüglich einer vorgegebenen, inhaltlichen Struktur (Telekom DTD), in der Informationseinheiten wie z.B. *Kommando, Warnungshinweis* usw. gekennzeichnet sind.

– **European Forum for Telecom Industry Information Interchange** (EFTI3): Aus dem ESPRIT-Projekt *TecPad* (EP 8793) hervorgegangen ist die Initiative *EFTI3*, an der neben den Herstellern der Siemens Geschäftsbereich ÖN (heute ICN bzw. ICM), Italtel, Ericsson, Alcatel und Nokia auch die Betreibergesellschaften Teledanmark und British Telecom beteiligt waren. Dieses Forum hat inzwischen eine Austauschstruktur verabschiedet, die es einem Kunden ermöglicht, die Dokumentation von verschiedenen Herstellern mit einer stets gleichen Struktur zu beziehen um sie danach intern weiterzuverarbeiten.

– **Telecommunications Industry Forum** (TCIF): In Amerika gibt es mit TCIF eine ähnliche Initiative wie *EFTI3*, an der u.a. Bellcore, CISCO Systems, Lucent Techn., Newbridge, Northern Telecom und Siemens Stromberg-Carlson auf der Herstellerseite beteiligt sind sowie u.a. AT&T, Bell Atlantic, MCI Communications, Pacific Bell und Sprint Corp. auf der Betreiberseite.

Auch in der Automobilbranche wurde zunehmend SGML zum Austausch von inhaltlich strukturierter technischer Dokumentation eingesetzt. In dem sehr ambitionierten Projekt *MSR* (Messen, Steuern, Regeln) z.B. sind Mercedes Benz und Bosch federführend beteiligt, zudem Volkswagen, BMW und Porsche.

– **SAEJ2008:** In Amerika gibt es den Industrie-Standard SAE J2008 zum Austausch von strukturierter Servicedokumentation für alle umweltrelevanten Bestandteile von Automobilen. Vom California Air Regulations Board (CARB) wurde gefordert, dass der Austausch von Servicedokumentation konform zur SAE J2008 stattfinden muss, um in Kalifornien ab dem Jahr 2002 Fahrzeuge verkaufen zu können.

Seit 1996 gibt es die – unter der Schirmherrschaft des *World-Wide Web Consortiums* (W3C) stehende – Initiative *Extensible Markup Language* (XML), mit der sich im Internet zukünftig Informationselemente publizieren lassen, und nicht mehr nur darstellungsorientierte HTML-Seiten. Microsoft und Netscape wurden an der Spezifikation von XML beteiligt. Das W3C entwickelte für die Ausgabe von XML-Dateien (neben der seit HTML 4 bekannten Sprache *Cascading Style Sheets* CSS, die von Internet Explorer 5 und Netscape 6 unterstützt wird) die *Extensible Style Sheet Language* XSL. XSL formt die XML-Daten in ein Ausgabeformat, das von einem Programm angezeigt werden kann. XML ist die vereinfachte Menge von SGML, die daher auch wesentlich leichter zu handhaben ist.

### C 9.4.2 Qualitätsmanagement durch ISO 9000

Die Dokumentation von Verfahrensanweisungen, Ergebnissen und Produkten bildet einen zentralen Aspekt beim Qualitätsmanagement. Darüber hinaus spielen Dokumente eine tragende Rolle im Rahmen der Produkthaftung. Dies alles findet in den europäischen Normen EN ISO-90xx seinen

Niederschlag, schwerpunktmäßig im Kapitel 4 *Forderung an die Qualitätssicherung / Qualitätsdarlegung* und speziell in den Unterkapiteln 4.4 *(Designlenkung)*, 4.5 *(Lenkung der Dokumente)* und 4.16 *(Lenkung von Qualitätsaufzeichnungen)*. Auch wenn die EN ISO 90xx keine direkten Vorgaben für Art, Ausführung und Umfang von Dokumenten gibt, so stellt sie aus qualitativer Sicht hohe Ansprüche an die Dokumentation als solche, vor allem an das Dokumenten-Management. Es wird gefordert, dass Dokumente mit korrektem Ausgabestand und richtigen Inhalt zum richtigen Zeitpunkt am richtigen Ort sind. Ungültige und/oder überholte Dokumente sind sofort an allen Stellen zu entfernen. Dokumente, die aus rechtlicher Sicht oder zur Erhaltung des Wissensstandes aufbewahrt werden, sind entsprechend zu kennzeichnen. Änderungen von Dokumenten und Daten sind, wo durchführbar, erkennbar in der Dokumentation selbst oder in geeigneten Anlagen auszuweisen. Für Designunterlagen gilt insbesondere, dass das Designergebnis in einer Form dokumentiert werden muss, das in Bezug auf die Designvorgaben verifiziert und validiert werden kann. Hiermit wird grundsätzlich eine Beziehungs-Transparenz gefordert, welche das State-of-the-art Dokumenten-Management a priori nicht erfüllen kann.

Die Verlängerung der gesetzlichen *Mindestgewährleistungsfrist* für Handelsprodukte von 6 Monate auf 24 Monate wird die Instruktionspflicht des Herstellers noch stärker ins Gewicht fallen lassen. Als Teil des Produktes unterliegt auch die technische Dokumentation der verlängerten Frist. Enthält die Dokumentation die Nutzung des Produktes beeinträchtigende Fehler, gilt dies als Mangel des Produktes mit allen daraus folgenden Konsequenzen für den Hersteller (detaillierter Lit. 04, S. 19ff).

### C 9.4.3 Content Management Systeme (CMS)

Die Trennung von Inhalt und Layout (wie sie z.B. bei SGML und XML möglich ist) führt direkt zu der Idee des *Content Management*. Dem liegt die Vorstellung zugrunde, dass ein Technischer Redakteur sich dann nur auf die Inhalte („Contents") zu konzentrieren braucht, die zunächst ohne Rücksicht auf ihre spätere Präsentation erfasst und verwaltet („managed") werden. Aus den Inhalten (den eigentlichen Informationsquellen) lassen sich dann mit Hilfe von geeigneten Stilvorlagen und Seitenlayouts je nach der Anwendung z.B. geeignete Internetseiten oder Druckvorlagen generieren. Einige Autoren (vgl. z.B. Lit. 03, S. 47) verwenden daher *(Internet-)Redaktionssystem* und *(Web-)Content-Management-System* synonym. In dieser Situation wird der technische Redakteur primär zu einem Content-Manager, dem dann noch andere Berufe zur Hand stehen (wie z.B. der Mediendesigner – vgl. Lit. 05, S. 71).

## C 9.5 Neue Wege in der Technischen Dokumentation / Redaktion

### C 9.5.1 Inhaltsorientiertes Strukturieren von Dokumenten

Auf Grund der enormen Bedeutung von Technischer Dokumentation im Wertschöpfungsprozess, der stetig wachsenden Kundenanforderungen, der Erfordernisse in Bezug auf die Informationsdistribution und das Qualitätsmanagement ist es notwendig, auch bei Dokumenten die Informationssicht in den Vordergrund zu stellen. Basis hierfür ist eine logisch inhaltliche Strukturierung von Information und Dokumentation, die die erforderliche Transparenz und Präzision in allen Phasen beim Umgang mit Information und Dokumentation sicherstellt. Bei der dazu notwendigen technologischen Grundlage für modulares Design stehen im Mittelpunkt

– die Trennung von logischem Inhalt und grafischer Darstellung,

– die Modellierung komplexer Dokument- und Informationsstrukturen und

– Konzepte und Methoden der Wiederverwendung.

### C 9.5.2 Konsistenzproblematik

Inkonsistenzen entstehen, wenn nach bestimmten Veränderungen am Dokumenteninhalt die dadurch notwendig gewordenen Folgeänderungen unterbleiben (s. o. Abschnitt C 9.3.5). Es gibt bislang kein Werkzeug, um die Autoren beim Erstellen einer inhaltlich konsistenten Dokumentation zu unterstützen, weil mit heutigen Textverarbeitungssystemen in der Regel nicht der Inhalt von Dokumenten manipuliert werden kann, sondern nur die Darstellung dieser Inhalte. Lassen sich die Inhalte von Dokumenten maschinell verarbeiten, wurden also die Informationen in den Dokumenten kodiert, können die Autoren von Dokumentation jedoch hinsichtlich der oben (im Abschnitt C 9.3.5) beschriebenen Konsistenzproblematik durch semiautomatische Verfahren unterstützt werden.

### C 9.5.3 Auffinden von Information

Dokumentenarchitekturen, welche die logische und physische (Layout) Struktur von Dokumenten unabhängig von spezieller Hard- und Software (meist in hierarchischer Form) beschreiben, ermöglichen auch eine effektive und effiziente inhaltliche Erschließung von Dokumenten und somit auch ein verlust- und ballastarmes Retrieval von Information. Ein Vertreter solcher Architekturen ist ODA. Mit SGML/XML wird mit einem völlig anderen Ansatz das gleiche Ziel, die Trennung von Logik und Layout, verfolgt. Der Benutzer kann durch Angabe von inhaltlichen Teilen festlegen, welche Textteile für die Recherche berücksichtigt werden sollen. Einerseits werden die Probleme mit der Indexierung von großen Dokumenten in die inhaltliche Beschreibung ihrer thematisch zusammenhängenden Komponenten verlagert, andererseits werden relevante Informationen in einer ausreichenden Qualität und Quantität schneller und präziser ermittelt.

### C 9.5.4 Durchgängigkeit im Prozess durch Dokumentenaustausch

Bei Dokumentformaten, mit denen nicht der Inhalt, sondern die Darstellungsanweisungen kodiert werden, kann kein Informationsaustausch erfolgen, lediglich ein Layout-Austausch. Damit ist es nicht möglich, die in einem Dokument enthaltenen Informationen wiederzuverwenden, automatisch weiterzuverarbeiten oder für ein nutzergerechtes Verteilen aufzubereiten.

Um beim Dokumentenaustausch einen durchgängigen Informationsfluss zu ermöglichen, bedarf es einerseits eines gemeinsamen Verständnisses der auszutauschenden Information sowie eines Austauschformats, mit dem sich die Informationseinheiten im Dokument beschreiben lassen.

### C 9.5.5 Automatisierte Erzeugung von Dokumentation

Technische Dokumentation wird bislang fast ausschließlich von Redakteuren geschrieben. Wenn sich Dokumentation auch nicht vollständig automatisiert erzeugen lässt, kann der Autor jedoch weit mehr Unterstützung durch das Textverarbeitungssystem erwarten, als z.B. das Erstellen von Verzeichnissen oder das automatische Nummerieren von Überschriften. Den Inhalt der Dokumentation (Content) bereitzustellen, bleibt Aufgabe des Redakteurs; er kann jedoch sowohl beim Erzeugen der erforderlichen Dokumentstruktur und beim Auffüllen dieser Struktur mit bereits existierenden Informationen unterstützt werden, als auch bei einem späteren Veredeln der Dokumentation (z.B. mit Verweisen auf andere Quellen, Indizes und Verzeichnissen). Steht fest, welche Struktur das zu erzeugende Dokument haben muss, welche Informationen möglich und welche notwendig sind, kann eine leere Struktur des Dokuments automatisch erzeugt werden, die der Autor oder ein Generator nur noch mit den jeweiligen Inhalten füllen muss.

Automatisiertes Erzeugen Technischer Dokumentation ist vor allem aus Kosten- und aus Qualitätssicht bedeutsam. Aus Kostensicht, weil Dokumentation gezwungener Maßen meist als „Abfallprodukt" gesehen wird. Aus Qualitätssicht, weil nur eine weitgehend automatisierte Verarbeitung die erforderliche Qualität sichert. Es kann davon ausgegangen werden, dass die hier betrachtete Information und Dokumentation i.a. logisch inhaltlich gut bis sehr gut strukturierbar ist. Es liegt also die Forderung nach einer automatisierten Erzeugung nahe.

Ein zentraler Schwerpunkt dabei ist die strukturelle *Transformation* von Dokumenten (Werkzeuge Metamorphosis, Balise, XSLT etc.). Damit ist es möglich, Dokumentation und Information für die jeweiligen Bedürfnisse maßzuschneidern. Aus der Distributionssicht führt dies zu *Single-Source-Publishing*, aus konzeptueller Sicht zu *Single-Source-Information*.

### C 9.5.6 Single Source Publishing / Single Source Information

Technische Dokumentation wird in der Regel in mehreren Varianten publiziert, entweder um bestimmte Zielgruppen (Sprachvarianten, nutzungsspezifische Varianten u.a.) oder um verschiedene Publikationsmedien (HTML, PDF, Papier etc.) zu bedienen. Bislang wird zunächst ein Originaldokument erstellt, aus dem anschließend alle benötigten Varianten erzeugt werden. Dabei besteht zum einen die Gefahr, dass es bei Änderungen an redundant dokumentierten Informationen zu inhaltlichen Inkonsistenzen kommen kann. Zum anderen ist beim Erzeugen gerade von verschiedenen Publikationsvarianten oft ein manueller Konvertierungsaufwand erforderlich, der zudem bei jeder nachfolgenden Veränderung erneut anfällt. Daher sollte die Information redundanzfrei in einem einzigen Dokument verwaltet werden, aus dem – nach Bedarf – das jeweils gewünschte Publikationsformat generiert wird (*Single Source Publishing*). Die Voraussetzung dafür ist erneut, dass die *Informationen* im Dokument zugreifbar sind und dass spezifiziert ist, wie diese Informationen in den verschiedenen Formaten dargestellt werden sollen und welche Sichten auf das Dokument jeweils gewünscht werden. Ändern sich die Anforderungen an das Layout, muss das Ausgangsdokument nicht verändert werden, sondern lediglich die Anweisung, wie die Informationseinheiten im jeweiligen Format dargestellt werden sollen. Die Pflege der Informationen erfolgt zentral (*Single Source Information*).

Unter Abwägung von Aufwand und Nutzen ist von einem Idealszenario auszugehen, bei dem die Quelle für jedes Dokumentationsfragment und jede Informationseinheit eindeutig verifizierbar ist. Dies gestattet, sowohl einzelne Dokumente als auch ganze Dokumentverbände als Informationsressource, ähnlich einer Datenbank zu nutzen. Voraussetzung hierfür ist die Einführung *konzeptueller Dokument- und Informationsschemata* (Document Type Definition – DTD) und die formale *inhaltlich-logische Strukturierung* (Logical Markup).

## C 9.6 Notiz zu Produkten und Systemen

Auf die Produkte und Systeme für die traditionelle Vorgehensweise aus dem Kapitel C 9.3 wird nicht näher eingegangen. Sie entsprechen überwiegend den am Markt schon seit langem vorhandenen proprietären Werkzeugen und sind schon häufig behandelt. Eine Übersicht kann z.B. in Lit. 04 gefunden werden. In Bezug auf die moderneren Werkzeuge werden im Weiteren die aktuellen Informationsquellen lediglich exemplarisch aufgeführt.

Zu modernen DM-Systemen existiert inzwischen auch eine Studie, die eine sehr gute Übersicht über die innovativsten Entwicklungen im diesem Bereich anbietet (Lit. 10). Die neuesten DMS berücksichtigen schon z.T. die SGML- bzw. XML-Schnittstellen (vgl. jedoch die Einschränkungen in Abschnitt C 9.3.2).

Die proprietären Werkzeuge sollten möglichst gemieden werden, da sie nicht gewährleisten, dass die augenblicklich genutzte Formate auch in den nächsten Jahren lesbar sind. Es werden stattdessen offene Standards bevorzugt, die dieses Problem nicht kennen, d.h. SGML- oder XML-Anwendungen. Eine Übersicht über Redaktionssysteme kann in Lit. 09 und Lit. 11 gefunden werden (vgl. auch die Übersicht über die Online-Redaktionssysteme in Lit. 01, S. 275 ff oder in Lit. 03).

Die CM-Systeme werden häufig mit Redaktionssystemen gleichgesetzt. Am Markt gibt es heute eine Reihe von preiswerten und leistungsfähigen Lösungen (diese Systeme im Vergleich vgl. Lit. 02). In Lit. 09 wird eine ausführliche Übersicht über diese Systeme angeboten.

## C 9.7 Notiz zum Studiengang „Technische Redaktion"

Glaubt man den Prognosen, so fehlen in Deutschland fast eine viertel Million Technischer Redakteure (vgl. Lit. 06). Technische Redaktion ist noch ein relativ wenig bekanntes Studium, es ist jedoch trotz seiner Spezialisierung sehr praxisbezogen und bedarfsorientiert. Mittlerweile kann man Technische Redaktion an mehreren Hochschulen studieren, wie z.B. FH Gelsenkirchen, FH Hannover, FH Magdeburg, FH Furtwangen, FH Gießen, RWTH Aachen, TU Berlin oder FH der Telekom Leipzig. In Karlsruhe kann der Titel Diplom-Ingenieur „Technische Redaktion" durch ein Aufbaustudium, ebenso wie ein Zertifikat in einem berufsbegleitenden Kontaktstudium, in der Kooperation mit der IHK, erworben werden. Interessierten Ingenieuren winkt an der Hochschule für Technik in Ulm eine Zusatzqualifikation „Technische Dokumentation".

**Literatur:**

01 Alkan, S. R.: Handbuch Online-Redaktion. Bonn: Galileo Press 2003.

02 Bager, J.; Sachs, A.: Inhalts-Dompteure – Acht günstige Lösungen für Content Management. In: c't – magazin für computer technik 2002, Heft 20, S. 178-186.

03 Gerk, M.; Rommel, M.; Dohmann, H.: Internet-Redaktionssysteme. In: Funkschau 2000, Heft 23, S. 46-49.

04 Hoffmann, W.; Hölscher, B. G.; Thiele, U.: Handbuch für die technische Autoren und Redakteure. Produktinformation und Dokumentation im Multimedia-Zeitalter. Berlin, Offenbach: vde-verlag gmbh 2002.

05 Jakobs, E.-M.: Technische Dokumentation. In: Becker-Mrotzek M.; Brünner, G.: Cölfen, H. (Hrsg.): Lingustische Berufe – Ein Ratgeber zu aktuellen linguistischen Berufsfeldern. Forum Angewandte Linguistik 37. Frankfurt/Main et al.: Lang 2000, S. 71-78.

06 jobpilot – Ingenieur-Center: Beruf der Woche – Technische/r Redakteur/in. In: http://www.jobpilot.de/content/ing/ beruf/technisch_redakteur.html (3 Seiten), jobpilot 2003 (09.09.03).

07 Juhl, D.: Technische Dokumentation – Praktische Anleitungen und Beispiele. Berlin, Heidelberg, New York: Springer-Verlag 2002

08 Panyr, J.; Zucker, W.: Informations- und Wissensmanagement durch strukturierte Dokumente. In: Knowledge Management und Kommunikationssysteme – Workflow Management, Multimedia, Knowledge Transfer. H. H. Zimmermann, V. Schramm (Hrsg.). Proceedings des 6. Internationalen Symposiums für Informationswissenschaft, Prag, 11'1998. Konstanz: Universitätsverlag UVK 1998, S. 235-252.

09 Produktübersicht – Redaktionssysteme / Dokumenten Management Systeme. In: contentmanager.de – die deutsche content manager site, Feig & Partner 1999-2003; http://www.contentmanager.de/itguide/marktuebersicht.html (16.10.2003).

10 VOI – voice of information (Hrsg.): Dokument-Management-Systeme – Marktübersicht, Hersteller und Produkte. Bonn: Verband Organisations- und Informationssysteme e.V. , Herbst 2002.

11 Redaktionssysteme.xls. In: http://www.studio-c.de/download/redakt.pdf (9 Seiten; 16.10.2003).

# C 10 E-Learning

Wolfgang F. Finke

## C 10.1 Lernen und zielgerichtetes Handeln

Menschen, Organisationen und Gesellschaften stehen einer sich dynamisch entwickelnden Umwelt gegenüber, in der sie geeignet agieren und reagieren müssen, um Zielsetzungen effizient und zeitgerecht zu verwirklichen. Die hierzu erforderlichen Handlungskonzepte basieren auf dem generellen Wissen von Individuen und Gruppen über relevante Umweltfaktoren und deren Zusammenwirken sowie auf ihrer Kompetenz, die situativ erforderlichen Informationen aus diesem Wissen zu generieren und im Rahmen komplexer Handlungssituationen in zweckgerichtete, ggf. innovative Handlungskonzepte umzusetzen.

Aus der Komplexität und Dynamik vieler Handlungsfelder sowie aufgrund einer sich häufig verändernden/erweiternden Wissensbasis folgt die Notwendigkeit zur Rekonstruktion vorhandener und zum laufenden Erwerb neuer Wissensbausteine, Kompetenzen und generalisierter Handlungsmuster: Menschliches Lernen kann folglich als ein konstituierendes Merkmal des Menschseins interpretiert werden, richtet sich auf eine große Zahl unterschiedlicher Wissens- und Kompetenzgebiete und durchzieht alle Lebensphasen und -bereiche. Komplementär zum Themenbereich des individuellen Lernens kann das Organisationslernen (Konzept der lernenden Organisation) gesehen werden, bei dem die Intensivierung und systematische Verwertung expliziten und impliziten organisatorischen Wissens zur Verbesserung der Leistungsfähigkeit von Organisationen im Mittelpunkt steht (Wissensmanagement). (Lit. 11, S. 71)

Eine Reihe von wissenschaftlichen Disziplinen haben menschliches Lernen zum Gegenstand ihrer Arbeit gemacht und unterschiedliche, auf die Erkenntnisziele ihres Wissenschaftsbereichs ausgerichtete Definitionen des Lernbegriffs vorgeschlagen. Lernen soll hier jedoch allgemein definiert werden als „Process of acquiring modifications in existing knowledge, skills, habits, or tendencies through experience, practice, or exercise. Learning includes associative processes..., discrimination of sense-data, psychomotor and perceptual learning..., imitation, concept formation, problem solving, and insight learning" (Lit. 02). Lernen kann folglich als Prozess interpretiert werden, der darauf abzielt, bei einem aktiven Lerner die Veränderung/Verbesserung seines individuellen Wissens- oder Kompetenz-Niveaus zu bewirken.

## C 10.2 E-Learning: Definitionen

Lernprozesse können in vielfältiger Weise durch interpersonelle Kommunikationsprozesse unterstützt oder ergänzt werden: Beispielsweise werden Lerninhalte und -anweisungen im Rahmen von Kommunikationsprozessen an den Lerner übermittelt, oder das vom Lerner erreichte Kompetenzniveau wird auf Basis von Kommunikationsprozessen evaluiert. Es liegt deshalb nahe, Internet-basierte IuK-Systeme (E-Learning-Software, Learning Management Systems etc.) zu entwickeln und einzusetzen, die Lerner beim Wissens- und Kompetenzerwerb umfassend unterstützen bzw. Lehrern (oder Organisatoren, Learning Facilitators, Master Teachers) die gezielte und individuelle Unterstützung Lernender oder auch das Überwachen von Lernprozessen ermöglichen.

Anders als es der (modische) Begriff des E-Learning suggeriert, ist die Unterstützung bzw. das Management von Lernprozessen mit Systemen der Informations- und Kommunikationstechnik jedoch nicht neu, und ihr Einsatz lässt sich beispielsweise bis in die 60er Jahre zum PLATO-System zurückverfolgen (Lit. 01, Lit. 13). Trotzdem befinden wir uns bzgl. der Entwicklung und Implementierung von E-Learning-Anwendungen sowie der organisatorischen/didaktischen Ausgestaltung computerunterstützter Lernprozesse noch in der Anfangsphase, und die wissenschaftliche Aufarbeitung des Themenkomplexes E-Learning hat mit dem großflächigen Einsatz und der explosionsartigen Verbreitung von Bildungsdienstleistungen auf E-Learning-Basis nicht Schritt gehalten – Meyen et al. berichten von einer Zahl von fast 710.000 OnLine-Studenten in den USA in 1998 (Prognose für 2002: 2,2 Mio) (Lit. 07, S. 733; Lit. 09, S. 4). Das Themengebiet E-Learning hat insbesondere aufgrund der starken und wachsenden Verbreitung des Internets – verbunden mit dem in vielen Lebensbereichen durch Globalisierungsphänomene erzeugten Druck zu einer immer schnelleren Verwertung von Wissen – sowohl als Wirtschaftsfaktor/Geschäftsfeld als auch als Themenkomplex der wissenschaftlichen Forschung seit Mitte der 90er Jahre an Bedeutung gewonnen (Lit. 04, S. 2). Diese Bedeutung wird zusätzlich dadurch verstärkt, dass mittelfristig wachsende und voraussichtlich durch traditionelle lokale Bildungsdienstleistungen nicht abdeckbare Ausbildungsvolumen in asiatischen Schwellenländern entstehen werden (Lit. 05, S. 82). Ebenfalls ist für Afrika aufgrund der Effekte der AIDS-Katastrophe mit erheblich steigenden Ausbildungserfordernissen zu rechnen.

In der Literatur finden sich eine Vielzahl von Definitionen für den Begriff E-Learning. Conner führt beispielsweise die folgenden Varianten auf (Lit. 08; Lit. 09, S. 6):

1. „The convergence of the Internet and learning, or Internet-enabled learning.

2. The use of network technologies to create, foster, deliver, and facilitate learning, anytime and anywhere.

3. The delivery of individualized, comprehensive, dynamic learning content in real time, aiding the development of communities of knowledge, linking learners and practitioners with experts.

4. A phenomenon that delivers accountability, accessibility, and opportunity allowing people and organizations to keep up with the rapid changes that define the Internet world.

5. A force that gives people and organizations the competitive edge to allow them to keep ahead of the rapidly changing global economy."

Häufig werden technische oder (multi-)mediale Aspekt in die Begriffsdefinition einbezogen. Waller/Wilson schlagen beispielsweise eine Arbeitsdefinition des E-Learning-Begriffs wie folgt vor: „E-Learning is the effective learning process created by combining digitally delivered content with (learning) support and services" und versuchen eine Abgrenzung von E-Learning gegenüber anderen „computer assisted learning"-Formen (z.B. CD-ROM-basiertes Lernen) vorzunehmen (Lit. 12, S. 1). Nach dieser Definition würde beispielsweise ein Internet-basiertes Lernverfahren, welchem ein klassisches Lehrbuch für eine erste Stufe der individuellen Wissensaufnahme zugrunde liegt und bei dem dann anschließend VideoConferencing oder andere kollaborative elektronische Verfahren für die Diskussion von Fallstudien im Rahmen einer geographisch verteilten Lerngruppe eingesetzt würden, nicht als E-Learning bezeichnet, da der skizzierte Lernprozess im engeren Sinne nicht mit digital bereitgestellten Lerninhalten arbeitet. Definitionen des E-Learning-Begriffs, die sich beispielsweise an der Nutzung bestimmter Medien oder technischer Systeme orientieren, führen zu willkürlichen und aus Systemsicht ungeeigneten Abgrenzungen.

Naidu/Bernath fassen den E-Learning-Begriff weiter und beziehen den Aspekt des Lehrens explizit mit ein: „E-Learning refers to the use of networked information and communications technology to leverage the core processes of learning and teaching namely; subject matter representation, activation of learning and engagement of students with that subject matter content, encouragement of socialization and interaction between and among students, assessment of learning outcomes, and provision of feedback to students." (Lit. 10) Diese Begriffsdefinition erscheint für die Abgrenzung eines Gegenstandsbereichs E-Learning besser geeignet, da sie bei den Kernprozessen des Lernens und Lehrens ansetzt, die im Rahmen des E-Learning durch vernetzte Systeme der Informations- und Kommunikationstechnik unterstützt werden können. Die Aufzählung der wesentlichen Prozesse bleibt beim aktuellen Stand der Diskussion um den Gegenstandsbereich E-Learning jedoch zwangsläufig unvollständig: Eine elektronische Evaluierung des Wissens- und Kompetenzprofils von Lernern zur Abschätzung/Individualisierung der im bevorstehenden Lernprozess zu bewältigenden Wissens- und Kompetenzdifferenz wäre beispielsweise kein Thema des Erkenntnisbereichs E-Learning. Dies würde ebenfalls für das Management von E-Learning-Prozessen gelten, wie etwa die Zuordnung von Lernern und Lernteams zu Instruktoren/Learning Facilitators oder das Management von Learning Facilitators durch einen Master Teacher (Lit. 04, S. 175).

Es wird deutlich, dass der Begriff E-Learning aus unterschiedlichen Perspektiven betrachtet und auf unterschiedliche Verwendungszusammenhänge hin definiert werden kann. Beispielsweise geht es um:

1. E-Learning aus Lernersicht als aktiver Prozess zur Verbesserung des Wissens- und Kompetenzniveaus, der durch Computer- und Kommunikationssysteme unterstützt wird;

2. E-Learning aus Lehrersicht (Organisator-/Managersicht) als Organisations-, Steuerungs- und Motivationsprozess;

3. E-Learning aus Sicht eines sich herausbildenden eigenständigen Wissenschaftsgebietes bzw. eingebettet als Segment eines Forschungsgebiets Educational Management.

Unterstellt man, dass eine Begriffsdefinition als Orientierungs- und Integrationsrahmen für die unter Beteiligung mehrerer Wissenschaftsgebiete zu bewerkstelligende Aufarbeitung des Themenkomplexes E-Learning geeignet sein soll, dann erscheint ein systemorientierter Definitionsansatz zweckmäßig. Es muss folglich darum gehen, die Subsysteme und Elemente mit ihren relevanten Charakteristiken und Gestaltungsmerkmalen zu identifizieren, die wesentliche Bausteine für die Durchführung von E-Learning-Prozessen sind, um anschließend ihr Zusammenwirken im Hinblick auf die Erarbeitung von Gestaltungsempfehlungen und die Konstruktion von E-Learning-Systemen zu analysieren und die Optimierung der mit diesen Systemen realisierten Lernprozesse zu betreiben.

Als Ergebnis der vorangegangenen Diskussion soll die folgende, beim aktuellen Stand der wissenschaftlichen Aufbereitung des Gebietes vorläufige und pragmatische Definition für den Begriff E-Learning formuliert werden:

E-Learning bezeichnet die Nutzung vernetzter computergestützter Informationssysteme (Menschen, Hardware, Software, Kommunikationsnetze, Datenressourcen, Prozessregeln – zusammenfassend als E-Learning-Anwendungssystem bezeichnet) zur systematischen Organisation und Unterstützung von Lernprozessen, in denen Lerner das Ziel verfolgen, ihr Wissen und ihre Kompetenzen zu aktualisieren und/oder zu erweitern.

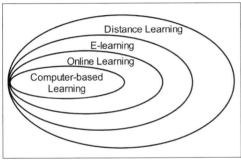

*Abb. 1: Subsets of Distance Learning*

E-Learning als entstehendes Forschungsgebiet kann entsprechend komplementär definiert werden als:

Wissenschaftsgebiet, welches sich mit der umfassenden Analyse von Wirkzusammenhängen beim Einsatz von E-Learning-Anwendungssystemen aus informationstechnologischer, lerntheoretischer und organisatorischer Sicht sowie mit der Entwicklung und Implementierung von Gestaltungskonzepten für E-Learning-Systeme befasst.

E-Learning kann weiterhin zu seinem begrifflichen Umfeld in Beziehung gesetzt werden (vgl. Abb. 1): Urdan/Weggen weisen darauf hin, dass E-Learning in der Literatur beispielsweise als Teilbereich des Distance Learning verstanden wird, Online-Learning als Teilbereich des E-Learning und Computer-based Learning wiederum ein Teil des Online-Learning (Lit. 15, S. 8).

## C 10.3 E-Learning als Erkenntnisgebiet

Die seit etwa Mitte der 90er Jahre zu beobachtende rasante Ausbreitung des Einsatzes von E-Learning-Anwendungssystemen sowie die schnell wachsende Zahl der Lerner, die mit diesen Systemen arbeiten, stehen im Gegensatz zu der wissenschaftlichen Aufarbeitung des Themengebietes: Bisher stehen nur unzureichend abgesicherte Aussagen über Lernsystem-Modelle, ihre Gestaltung und ihre Effizienz zur Verfügung, und zusätzlich erscheint die Intensität der Forschungsanstrengungen im E-Learning-Bereich noch als unzureichend (Lit. 06; Lit. 09, S. 11; Lit. 14).

Bei der Vielschichtigkeit des Erkenntnisbereichs E-Learning – es geht beispielsweise um Fragestellungen aus dem Bereich der Pädagogik, des menschlichen Lernens, des Managements von Lernsystemen und um Themen aus dem Bereich der Informations- und Kommunikationstechnologie – besteht zudem die Gefahr, dass die aus den Perspektiven unterschiedlicher wissenschaftlicher Disziplinen zu leistenden Forschungsarbeiten anschließend schwer zu einem Gesamtbild integriert werden können. Auch erscheint die bisher gegebene Definition des E-Learning-Begriffs als zu schwache Ausgangsbasis für die Abgrenzung von E-Learning-Forschungssegmenten und -fragestellungen. Der detaillierten systemorientierte Beschreibung des Erkenntnisgebiets E-Learning und seines Umfeldes sowie der von Meyen et al. vorgeschlagenen

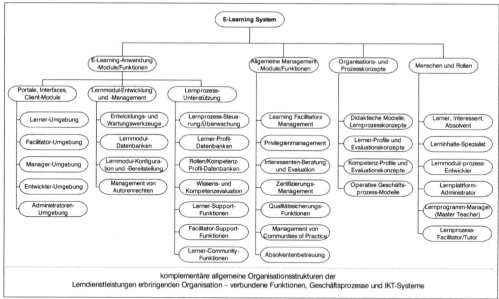

*Abb. 2: Teilbereiche und Funktionen von E-Learning-Systemen*

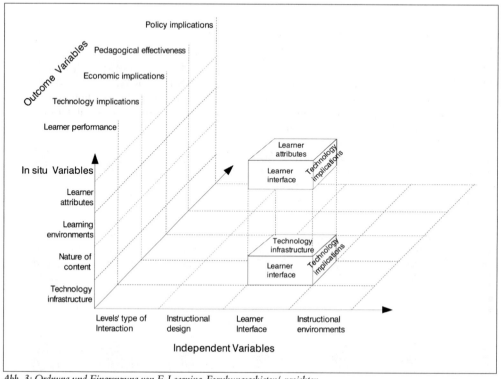

*Abb. 3: Ordnung und Eingrenzung von E-Learning-Forschungsgebieten/-projekten*

Erarbeitung eines Forschungs-Rahmenkonzepts („programmatic research construct") kommt deshalb eine wesentliche Bedeutung für die weitere wissenschaftliche Bearbeitung des Themenkomplexes zu (Lit. 09, S. 12).

In Abb. 2 wird eine vorläufige Liste der Teilbereiche, Module und Systemfunktionen von E-Learning Systemen vorgeschlagen, die einen Eindruck von der Vielschichtigkeit des Erkenntnisgebiets E-Learning vermitteln (Lit. 14; Lit. 04, S. 156). E-Learning-Systeme werden dabei auf oberster Ebene in vier Bereiche gegliedert: E-Learning-Anwendungssysteme im Sinne von IKT-unterstützten Funktionen, Modulen und Systemen für die Entwicklung und Durchführung von E-Learning-Pozessen, allgemeine Management-Funktionen und -Module, Organisations- und Prozesskonzepte sowie Menschen und Rollen.

Das von Meyen et al. vorgeschlagene „Programmatic Research Construct" benutzt ebenfalls einen Systemansatz. Dieser setzt bei der Klassifikation unterschiedlicher Lerner-Gruppen an und versteht E-Learning („Engaging e-Learning Experience") als Prozess, der durch die Elemente („Elements of e-Learning Environments and Technology Infrastructure") Pädagogik, Evaluation, Inhalt, Instruktions-Durchführung, Instruktions-Management sowie Standards und Regularien getragen wird (Lit. 09, S. 5). Durch die Definition von Relationen zwischen den Lerner-Gruppen und den Elementen des E-Learning-Systems sollen die unterschiedlichen „Learning Environments" spezifiziert werden. Diese spezifische Learning Environments werden dabei definiert durch: Art eines E-Learning Programms, Lerner-Attribute und die bevorzugten/verfügbaren Lernbedingungen. Als Beispiel für die Charakterisierung einer Lernumgebung wäre etwa ein Fachlehrer zu nennen, der online von seinem häuslichen Arbeitsplatz oder von einem Computerlabor seiner Schule aus online an einem beruflichen Weiterbildungsprogramm teilnimmt (Lit. 09, S. 8).

Aufbauend auf diesen Überlegungen wird ein vorläufiges Konzept mit drei Variablen-Kategorien vorgeschlagen: Ergebnisvariablen („variables associated with the consequences of implementing or engaging in e-learning that can be measured"), situative Variablen (Lerner-Merkmale, Charakteristiken von Lernumgebung, Lerninhalten und technischer Infrastruktur) und unabhängige Variablen (Charakteristik von Interaktionen zwischen Lernprozessbeteiligten oder technischen Systemkomponenten, Instruktionsdesign, Bedieneroberfläche von Lern-Anwendungsmodulen, Lerner-Arbeitsumgebung), mit denen vorhandene Wissensbausteine geordnet und Forschungsbereiche/-projekte systematisch eingegrenzt werden sollen (vgl. Abb. 3; Lit. 09, S. 18).

So könnten beispielsweise in dem in Abb. 3 eingegrenzten Forschungsgebiet (unterer Block) Fragestellungen nach dem Einfluss unterschiedlicher technischer Infrastrukturen auf die Gestaltungsmöglichkeiten von E-Learning Bedieneroberflächen bearbeitet werden (Lit. 09, S. 17). In dem durch den oberen Block gekennzeichnete Bereich des Erkenntnisgebiets würden entsprechend Fragestellung der Eignung unterschiedlicher Lerner-Bedieneroberflächen für unterschiedliche Lerner-Typen untersucht.

Abschließend sei nochmals darauf hingewiesen, dass es sich sowohl bei den hier vorgestellten Definitionen als auch bei dem skizzierten „Programmatic Research Construct" von Meyen et al. um vorläufige Konzepte handelt, die im Rahmen der E-Learning-Forschung noch weiter ausgearbeitet werden müssen.

### Literatur

01 elearningpost (Ed.): Exclusive Interview with Professor David Jonassen. January 31, 2001, http://www.elearningpost.com/features/archives/001012.asp, 29.07.03

02 Encyclopedia Britannica Ultimate Reference Suite: Keyword „Learning", http://www.britannica.com, 12.08.03

03 Commission of the European Communities (Hg.): Communication from the Commisson to the Council an the European Parliament – The eLearning Action Plan – Designing tomorrow's education, Brussels, 28.3.2001, COM(2001)172 final, http://europa.eu.int/eur-lex/en/com/cnc/2001/com2001_0172en01.pdf – 23.07.03

04 Finke, Wolfgang F.: Lifelong Learning in the Information Age – Organizing Net-based Learning and Teaching Systems, Bueren: Fachbibliothek Verlag 2000

05 Finke, Wolfgang F.: Netzgestützte Bildungsdienstleistungen auf Hochschulniveau, in: Hans Mathieu (Hg.), Bildung im Wettbewerb, Gutachten der Friedrich-Ebert-Stiftung, Berlin 2002.

06 Hettrich, Alexander; Natascha Koroleva: Marktstudie – Learning Management Systeme (LMS) und Learning Content Management Systeme – Focus Deutscher Markt, IAO – Fraunhofer Institut Arbeitswirtschaft und Organisation, Stuttgart 2003, http://www.e-business.iao.fhg.de/Publikationen/Learning_Management_Studie_2003.pdf – 2.8.03

07 Jansen, W. et al: The Added Value of E-learning, in: Procedings of ISS2002 Information Science + IT Education Conference, June 19-21, 2002, Cork/Ireland, S. 733-746,

http://ecommerce.lebow.drexel.edu/eli/2002Proceedings/ – 23.07.03

08 Conner, Marcia (Hg.): E-Learning. eLearning. „e"Learning. elearning. in: LiNE ZINE – Learning in the New Economy Magazine, Fall 2000, http://www.linezine.com/elearning.htm – 23.07.03

09 Meyen, Edward L. et al.: e-Learning: A Programmatic Research Construct for the Future, in: JSET ejournal – Journal of Special Education Technology, Technology and Media Division of the Council for Exceptional Children, Volume 17, Number 3, Summer 2002, University of Nevada/Las Vegas, http://jset.unlv.edu/17.3/smith/smith.pdf – 31.07.03

10 Naidu, Som; Ulrich Bernath: Training the Trainers in the Essentials of Online Learning, Arbeitspapier University of Melbourne/Carl von Ossietzky Universität Oldenburg 2002, http://www.col.org/pcf2/papers/naidu_1.pdf – 30.07.03

11 Nonaka, Ikujiro; Hirotaka Takeuchi: The Knowledge-Creating Company – Jow Japanese Companies Create the Dynamics of Innovation, New York: Oxford University Press 1995

12 Open and Distance Learning Quality Council (Hg.): A Definition for E-Learning, in: Newsletter October 2001 of the ODLQC Open and Distance Learning Quality Council, http://www.odlqc.org.uk/n19-e.htm – 31.07.03

13 Plato Learning, Inc. (Hg.): Company Overview – John Murray, President and CEO, http://www.plato.com/company.asp – 29.07.03

14 Schulmeister, Rolf: Gutachten für das BM:BWK – Selektions- und Entscheidungskriterien für die Auswahl von Lernplattformen und Autorenwerkzeugen, BM:BMWK Bundesministerium für Bildung, Wissenschaft und Kultur der Republik Österreich, Wien 2000, http://serverprojekt.fh-joanneum.at/noflash/thema/lernpl/material/Plattformen.pdf – 05.08.03

15 Urdan, Trace A.; Cornelia C. Weggen: Corporate E-Learning: Exploring a New Frontier, WR Hambrecht + Co – Equity Research, March 2000, http://www.spectrainteractive.com/pdfs/CorporateELearingHamrecht.pdf – 31.07.03

# C 11 Maschinelle und Computergestützte Übersetzung

Harald H. Zimmermann

## C 11.1 Begriffliche Grundlagen

Unter Maschineller Übersetzung (Machine Translation, MT) wird im Folgenden die vollautomatische Übersetzung eines Textes in natürlicher Sprache in eine andere natürliche Sprache verstanden. Unter Human-Übersetzung (Human Translation, HT) wird die intellektuelle Übersetzung eines Textes mit oder ohne maschinelle lexikalische Hilfen mit oder ohne Textverarbeitung verstanden. Unter computergestützter bzw. computerunterstützter Übersetzung (CAT) wird einerseits eine intellektuelle Übersetzung verstanden, die auf einer maschinellen Vorübersetzung/Rohübersetzung (MT) aufbaut, die nachfolgend intellektuell nachbereitet wird (Postedition); andererseits wird darunter eine intellektuelle Übersetzung verstanden, bei der vor oder während des intellektuellen Übersetzungsprozesses ein Translation Memory und/oder eine Terminologie-Bank verwendet werden. Unter ICAT wird eine spezielle Variante von CAT verstanden, bei der ein Nutzer ohne (hinreichende) Kenntnis der Zielsprache bei einer Übersetzung aus seiner Muttersprache so unterstützt wird, dass das zielsprachige Äquivalent relativ fehlerfrei ist.

## C 11.2 Argumente für den Einsatz von MT/CAT

Zwei Ziele führen dazu, dass ein Unternehmen MT/CAT in den Produktionsprozess von Übersetzungen einbindet:

– Zeitersparnis, d.h. die Erstellung einer Übersetzung in deutlich kürzerer Zeit, als dies bei der HT möglich ist. Als Argument wird vorgebracht, dass gerade bei der sogenannten Lokalisierung von kurzlebigen Produkten in über- oder internationalen Märkten die Zeit Geld Wert ist („time-to-market").

– Kostenersparnis, d.h. die Erhöhung der Übersetzungsleistung des einzelnen Übersetzers je Einheit.

Als weiteres Argument wird gerne genannt, dass über MT/CAT auch die terminologische Konsistenz eines Textes (vor allem umfangreicher Dokumentationen) gewahrt werden kann. Wenn mehrere Humanübersetzer zeitparallel verschiedene Teile einer Dokumentation bearbeiten, ist die terminologische Kontrolle erschwert; MT/CAT kann hier bis zu einem gewissen Grade unterstützend wirken, da ihr die entsprechenden Fachtermini zur Übersetzung vorgegeben werden können.

Für Außenstehende ist es sehr schwer, die vorwiegend in Firmenreports genannten Zahlen empirisch nachzuvollziehen. Neutral erhobene nachvollziehbare Statistiken liegen meines Wissens nach wie vor nicht vor. Dennoch kann als Faustregel gelten, dass nach lexikalischer und textstruktureller Adaption an das jeweilige Fachgebiet (etwa im Automobilbereich: Wartungsanleitungen) und bei angemessener Integration in den betrieblichen Informationsfluss (s.u.) die Kosten für den „reinen" Übersetzungsanteil durch die Verwendung am Markt verfügbarer MT-Systeme je Übersetzungsobjekt mindestens halbiert werden können und die Aufwandsersparnis mehr als 50% betragen kann.

## C 11.3 Status der Entwicklungen

Die prinzipielle Machbarkeit von MT/CAT im Sinne einer Kostenreduktion und/oder Zeitersparnis gegenüber der HT ist inzwischen erwiesen. Die Einschränkung „prinzipiell" soll andeuten, dass die Aussage nur bei Erfüllung von Rahmenbedingungen wie „eingeschränktes Fachgebiet", „umfangreiches maschinelles Lexikon" und „relativ einfache Satzstrukturen" gilt. Für die Einsetzbarkeit der MT zur Herstellung eines der HT vergleichbaren endnutzungsfähigen Produkts, d. h. die unmittelbare Verwendung einer maschinellen Übersetzung über den einer halbwegs brauchbaren Verstehenshilfe hinaus, ist der Nachweis bislang nicht eindeutig geführt.

Bei der HT konnte der Durchsatz, gemessen in Seiten pro Tag, bereits durch den Einsatz der Textverarbeitung um etwa ein Drittel (von ca. 7-8 Seiten auf 10-12 Seiten) gesteigert werden. CAT mit integrierter MT und einer Steigerung der Übersetzungsleistung auf etwa das Doppelte der HT mit vergleichbarer Qualität, d.h. auf 16 Seiten pro Tag, ist heute (2003/4) nur auf wenige Sprachpaare und Sprachrichtungen – wenn auch die höherfrequenten – anwendbar, so dass ein global agierendes

Unternehmen mit Lokalisierungsbedarf in vielen Ländern allenfalls nur in Teilen von der CAT-Funktion profitiert.

(Kostenlose) Rohübersetzungen im Internet (vgl. http://www.freetranslation.com/; http://www.worldlingo.com/; http://www.systransoft.com/) sind in der Regel als Werbung für kostenpflichtige Software anzusehen, die Nutzungsfähigkeit als „Informativübersetzung" ist weitgehend umstritten.

Als ein Highlight der Forschung zur Maschinellen Übersetzung in Deutschland hatte sich in den 90er Jahren des letzten Jahrhunderts das Projekt Verbmobil (Lit. 15) entwickelt. Ziel war die (prototypische) Übersetzung gesprochener Sprache in ausgesuchten (eingeschränkten) Welten. Die weitere Entwicklung in Anwendungsbereiche bleibt hier abzuwarten.

Durch Verbesserung der Rahmenbedingungen – weniger durch Verbesserung der Übersetzungsqualität – können die Einsatzfähigkeit und insbesondere die Akzeptanz eines MT-Systems im Rahmen der CAT noch deutlich gesteigert werden. Dazu gehören:

- die automatische Erkennung von Fachgebieten (und deren Nutzung, etwa bei der Bedeutungsdifferenzierung),
- die Verwendung nutzerseitiger (d. h. extern vorliegender) Glossare und deren Verwendung bzw. computergestützte Codierung „on the spot" im Zusammenhang mit einer konkreten Übersetzung,
- die kontextbasierte Erkennung und entsprechende Behandlung von Eigennamen und Abkürzungen,
- die satzübergreifende und kontextbasierte Disambiguierung von Polysemen (durch Techniken, die nicht notwendig Bestandteil der „internen" MT-Maschine sind),
- die automatische Rückkopplung von Posteditionen zur „automatischen" Verbesserung des terminologischen Inventars und der kontextbasierten Disambiguierungsverfahren.

Auch der Einsatz von MT ohne Nachbereitung kann von diesen Funktionen profitieren, so dass sich die Brauchbarkeit der Rohübersetzung als „Verstehenshilfe" (Informativ-Übersetzung) verbessert und die Sinnhaftigkeit der Nutzung (etwa im Internet) wahrscheinlicher wird.

## C 11.4 Zur betrieblichen Integration von MT

Ein wesentlicher Faktor bezüglich der Frage der Nutzung ist die Integration bzw. Integrierbarkeit von MT/CAT in den Produktions- und Vertriebsprozess von Produkten. Während man lange Zeit die Übersetzung (mit oder ohne Computer) sozusagen als einen Fremdkörper betrachtete, der im Entwicklungsprozess eher störte, hat die Dokumentation und mit ihr die Übersetzung einen deutlich höheren Stellenwert bekommen (man denke an den Bereich des „Technical Writing" bzw. das Berufsbild des „Technischen Redakteurs"). In diesem Zusammenhang sucht man heute nach Lösungen, die es erlauben, ein MT-System angemessen zu integrieren. Die Lieferanten und Produzenten von MT-Lösungen haben dies inzwischen erkannt und ihr Produkt an die „Produktionsumgebung" entsprechend angepasst. Dazu gehören:

- Die Anbindung an die verschiedensten Textformate auf den unterschiedlichsten Plattformen (sog. Filter). Tabellen oder Grafiken machen kaum mehr Probleme (es sei denn, die Textteile sind nicht zeichencodiert, sondern in Pixelform erfasst, auch die bei der Übersetzung erzeugten unterschiedlichen Textlängen können schon einmal ein Kästchen „sprengen"; es kommt auch zu Problemen, wenn der Autor aus technischen Gründen ein Wort „zerhackt" hat u.a.m.). Filter für gängige Formate wie PDF, FrameMaker, auch SGML, HTML oder neuerdings XML (in der Verbindung mit Internet-Applikationen) stehen vielfach bereits zur Verfügung.

- Die Möglichkeit, nutzerseitig Wörter (z.B. Namen) oder Textteile (z.B. Zitate) durch entsprechende Markierungen vor der Übersetzung zu schützen; dies kann z.T. auch in Regeln und Tabellen festgehalten werden (sog. Pattern Matcher).

- Die Einbeziehung elektronischer Glossare, die dem Nachredakteur (Übersetzer) zur Verfügung stehen, in die Posteditionsphase.

Schließlich soll nicht unerwähnt bleiben, dass die maschinelle Übersetzung heute noch sehr stark von der Qualität des zu übersetzenden Textes abhängt. Tippfehler und sonstige Oberflächen-Fehler (falsche Endungen usw.) führen bei den meisten Systemen zu Übersetzungsfehlern. Da am Markt inzwischen schon gute Verfahren zur Rechtschreibkontrolle und zum Teil auch zur grammatikalischen

Kontrolle verfügbar sind, ist eine solche Vorüberprüfung dringend zu empfehlen.

Die meisten Übersetzungssysteme sind also nicht besonders „robust" im Hinblick auf Tolerierung von Fehlern in der Dateneingabe. Die derzeitigen Entwicklungen gehen dementsprechend in diese Richtung, wobei es sich hier allerdings um Komponenten handelt, die zielsprachenunabhängig sind und daher auch außerhalb der vorliegenden Thematik von Bedeutung sind.

Maschinelle Übersetzungssysteme bringen zudem bessere Ergebnisse, wenn die Texte/Sätze nicht zu komplex sind. Unternehmen (bzw. Personen), die – unabhängig von der MT-Anwendung – darauf achten, dass ihre Texte/Dokumentationen lesbar und verständlich sind, profitieren also besonders beim Einsatz von MT-Systemen. Dies gilt natürlich auch für den Einsatz „reduzierter" Sprache, allerdings ist dieses Konzept in der Regel keine prinzipielle Voraussetzung für die Anwendung.

Dem Informations-Management im Betrieb kommt damit die Aufgabe zu, darüber zu entscheiden, wie die Integration der Übersetzung allgemein und die Verwendung von MT-Systemen im Speziellen optimiert werden kann. Dabei stehen die meisten Unternehmen bzw. Organisationen vor einem zusätzlichen Problem: Die am Markt verfügbaren Übersetzungssysteme decken häufig nur einen Teilbereich an Sprachen ab, der in einem Unternehmen gebraucht wird. Die Vorstellung, dass praktisch von einer beliebigen Sprache aus alle (auch „gängigen") Zielsprachen (etwa des europäischen Marktes) mit MT erreicht werden, ist zumindest vorläufig nicht erfüllt. Dazu sind die erforderlichen Investitionen bei den Entwicklern zu hoch und die Märkte noch zu gering.

Die breiteste Nutzung ist heute über eine Strategie zu erreichen, die sich zudem viele Unternehmen auch „ohne" die MT-Problematik zu Eigen gemacht haben: die Benutzung von Englisch (amerikanischem Englisch) als Ausgangs- oder zumindest als Zwischensprache. MT-Systeme, die von anderen Sprachen nach Englisch und umgekehrt übersetzen, sind fast zu allen größeren Weltwirtschaftsbereichen verfügbar, etwa Deutsch-Englisch, Französisch-Englisch, Spanisch-Englisch, Italienisch-Englisch, Japanisch-Englisch (wenn auch nicht notwendig bei allen Anbietern). Es bietet sich also für einen deutschen Produzenten, der seinen Markt sowohl in englischsprachigen als auch in französischsprachigen Ländern hat, entweder an, seine Dokumentationen in Englisch als Quellsprache zu erstellen und dann nach Deutsch bzw. Französisch zu übersetzen (anschließend Postedition in beiden Sprachen), oder aber vom Deutschen ins Englische zu übersetzen, eine Postedition vorzunehmen und anschließend das postedierte Dokument ins Französische zu übersetzen und die Übersetzung zu postedieren (bei etwa gleichem Aufwand).

Aus Gründen der Akzeptanz erscheint es jedoch erforderlich, (heuristische) Funktionen zu entwickeln, die eine automatische Bewertung eines Textes mit Bezug zur erwarteten Übersetzungsqualität der Rohübersetzung erlauben, wobei entweder das Ergebnis dem Nutzer zur Entscheidung mitgeteilt wird oder aber ggf. auch zu einer automatischen „Verweigerung" einer MT führt.

## C 11.5 Hilfswerkzeuge

*Translation Memory (TM):* Ein wichtiges Hilfswerkzeug, das vor allem bei der Übersetzung von Texten/Dokumenten genutzt wird, bei denen sich bei Produktentwicklungen nicht alle Textteile völlig ändern (Beispiel: Wartungs- und Bedienungsanleitungen), ist das sogenannte Translation Memory. Hierbei wird vor Bereitstellung eines Textes oder Satzes zur maschinellen oder auch intellektuellen Übersetzung ein Segment elektronisch mit einem Speicher verglichen, der einmal übersetzte (und geprüfte oder korrigierte) Segmente („Sätze") enthält. Dabei kann unterschieden werden zwischen einer völligen Übereinstimmung und teilweiser Übereinstimmung (sog. Fuzzy Matching). Beim Vergleich werden zum Teil mathematische Ähnlichkeitsverfahren benutzt. Unterscheiden sich das TM-Segment und das Textsegment (nur) in Datums- oder Preisangaben, Ortsnamen u.ä.m., so werden die Daten automatisch „angepasst". Das Translation-Memory-Verfahren kann bei MT wie bei CAT verwendet werden, es kann also den Prozess der Humanübersetzung ebenso wie den der maschinellen Übersetzung flankieren.

Die Erstellung und Pflege eines TM erfolgt dadurch, dass Korpora von Quelltexten, zu denen (intellektuell kontrollierte) Übersetzungen vorliegen, zunächst parallelisiert werden, wobei kleinstmögliche Segmente gebildet werden (sog. Alignment). In der Regel entspricht zwar ein Satz einer Quellsprache auch einem Satz in der Zielsprache, doch kann z.B. ein quellsprachiger Satz in der Zielsprache durch zwei Sätze übersetzt worden sein usf.

*Terminologie-Banken/Elektronische Lexika:* Hierbei handelt es sich um elektronische Vokabulare, die während der Übersetzung entweder vom menschlichen Übersetzer individuell angesprochen oder auch bei einer maschinellen Vorlage des Quelltexts automatisch (im Hintergrund) „nachgeschlagen" werden. Es ist heute kaum mehr denkbar, dass ein Übersetzer ohne diese Hilfen arbeitet.

Auch hier ist es vorstellbar, dass das Vokabular mit den Übersetzungen „wächst", wobei es entweder intellektuell gepflegt wird oder in Verbindung mit einem TM-Verfahren zumindest halbautomatisch ergänzt wird.

*Codierhilfen zur Erweiterung des MT-Vokabulars:* Ein MT-System benötigt eine Reihe von formalen Merkmalen, die in intellektuell genutzten Terminologien und Lexika nicht verzeichnet werden (müssen), da sie jeder Übersetzer (ja jeder Mensch) internalisiert hat und implizit – oft auch unbewusst – beim Verstehensprozess nutzt. Dies betrifft vor allem sprach-semantische Eigenschaften (aber auch „Weltwissen"), die (meistens) zur Vereindeutigung von „an sich" mehrdeutigen Wörtern eines Textes/Satzes über den Kontext führen. Ein Beispiel für die Problematik soll hier zur Veranschaulichung genügen: DER GEFANGENE SINGT – DER WASSERKESSEL SINGT – DIE NACHTIGALL SINGT – DER KLEINE JUNGE SINGT. Bei Sprachen, bei denen sich daraus unterschiedliche lexikalische Übersetzungsäquivalente ergeben, müssen spezifische Merkmale (ggf. auch Phasen) für ein MT-System explizit verfügbar sein, um die Qualität der Übersetzung zu verbessern. Gerade die häufig fehlende lexikalische Aufbereitung ist mit ein Grund (nicht der einzige!) dafür, dass vollautomatische Verfahren noch eine so geringe Akzeptanz haben. Inzwischen verfügen jedoch die meisten MT-Systeme über Codierhilfen, die es erlauben, die Adaptionskosten an eine „Anwenderwelt" zu reduzieren.

## C 11.6 Darstellung eines modernen CAT-Verfahrens

Geht man von einer maschinellen Vorlage des Quelltextes aus (ggf. kann es heute sogar kostengünstig sein, dazu eine gedruckte Vorlage mit einem OCR-System in eine maschinen-verarbeitbare zeichencodierte Form zu überführen), so bietet sich für ein modernes CAT folgende Verfahrensweise an:

(1) Der maschinenlesbare Quelltext wird mit einem Translation Memory System abgeglichen (wobei ein Schwellwert bzgl. der Übereinstimmungsgenauigkeit zugrundegelegt ist). Parallel dazu wird der gesamte Text über ein MT-System übersetzt, dessen Vokabular (Term-Bank) mit Hilfe eines semiautomatischen Codiersystems an das MT-System adaptiert wurde. Parallel dazu wird die Terminologie-Bank abgefragt und ein Glossar der möglichen Übersetzungen (nach Wahrscheinlichkeiten geordnet) erstellt.

(2) Der Ergebnis-Bildschirm zeigt in einem Fenster den Originaltext, in einem weiteren das Resultat des TM-Abgleichs, kombiniert mit dem Ergebnis der maschinellen Übersetzung eines nicht über das TM identifizierten Segments. In einem dritten Fenster wird das Ergebnis des terminologisch-lexikalischen Abgleichs angezeigt.

(3) Das Textbearbeitungswerkzeug des Übersetzers erlaubt eine beliebige Manipulation des Zieltextes (Postedition) inkl. der Übernahme lexikalischer Äquivalenten aus dem Glossar.

(4) Das Übersetzungsergebnis wird nach einer Qualitätskontrolle genutzt, um das lexikalische Glossar wie das TM zu erweitern.

## C 11.7 Vorstellbare kurzfristige Ziele (bis 2005-2010)

Die Entwicklungen sollten sich auf die Realisierung weiterer Sprachpaare als Quell- und Zielsprache konzentrieren, um (größeren) Unternehmen, die heute bereits ein MT-System im Sinne der letztendlichen Kostenreduktion von HT-Übersetzungen (gegenüber „reinen" HT-Verfahren) „profitabel" einsetzen (könn(t)en), eine größere Bandbreite an Lösungen zu bieten. Inwieweit dabei ein Redesign einer MT-Maschine einhergeht, etwa um linguistisch basierte Verfahren zu verbessern, müsste im Einzelfall entschieden werden.

Es ist eine größere Flexibilität in Bezug auf die Textsorten einzubringen, um die Robustheit gegenüber einem (im Sinne des grammatischen Regelwerks einer natürlichen Sprache) „fehlerhaften" Input zu steigern (Einbindung einer automatischen Rechtschreibkorrektur, ggf. Verzicht auf die Satzstrukturierung unter Nutzung der – oft fehlerhaft gesetzten – Satzzeichen …).

Das verfügbare lexikalische Inventar ist drastisch zu steigern, um in den gängigen Fachgebieten nicht zu große Lücken aufzuweisen.

## C 11.8 Längerfristige Ziele (bis 2015-2020)

Die Verfahrensweise am Markt verfügbarer Übersetzungssysteme erlaubt es nach wie vor nicht, Übersetzungen der Qualität zu erreichen, wie man sie vom menschlichen Übersetzer beziehungsweise der „reinen" Humanübersetzung (HT) erwartet. Die MT hoher Qualität (HQMT) kommt ohne spezifische Maßnahmen der Textgestaltung im Vorfeld (Prädition), der Interaktion, d.h. während der Übersetzung, und/oder der Nachbereitung einer Maschinenübersetzung (Postedition) nicht aus, es sei denn, sie ist hochspezialisiert.

Es sind Standards zu schaffen, deren Beachtung aus Nutzersicht die Möglichkeit eröffnet, ohne größere technische Schwierigkeiten entweder von einem am Markt verfügbaren System zu einem anderen umzusteigen oder aber mehrere Systeme für Übersetzungen in unterschiedlichen Sprachen und/oder Textsorten zu benutzen.

Die Entwicklung von ICAT-Systemen (Interaktiv-Übersetzung von der jeweiligen Muttersprache in beliebige Zielsprachen) sollte es auch dem nicht geschulten Nutzer ermöglichen, qualitativ hinreichend gute Übersetzungen seines muttersprachlichen Textes in (eine) ihm nicht oder nicht hinreichend bekannte Fremdsprache(n) zu realisieren.

Die MT in Form einer Rohübersetzung für den Endnutzer (Informativübersetzung) erschließt einen großen (bisher nicht genutzten) Markt, dadurch dass hinreichend valide Übersetzungen zu extrem günstigen Preisen angeboten werden (etwa 1 $ pro Seite).

*Erforderliche Schritte:*

– Stärkere Zusammenarbeit der „führenden" MT-Systemproduzenten mit dem Ziel, entsprechende Standards zu definieren (Open MT Systems).

– Erhebliche Investitionen im lexikalischen Bereich.

– Zügige Ausweitung des Inventars an verfügbaren Quell- und Zielsprachen.

Wegen der erforderlichen Investitionen erscheint es sinnvoll, strategische Allianzen dergestalt anzugehen, dass im lexikalischen Bereich stärker kooperiert und bei der Ausweitung der Sprachen Prioritäten abgestimmt werden.

*Erfolgswahrscheinlichkeit:* Die maschinelle Übersetzung ist und bleibt ein wichtiges Desiderat in einer polyglotten Weltgesellschaft. Eine Entwicklung in Richtung auf die alleinige Anwendung einer Universalsprache wie Esperanto oder den alleinigen Gebrauch von Englisch würde der kulturellen Vielfalt nicht gerecht, die eben auch mit der jeweiligen Sprache verbunden ist. Auch wenn man aus kommunikativen Gründen das Konzept mitträgt, dass man neben seiner Muttersprache mindestens die Welt-Verkehrssprache Englisch beherrschen sollte, bleibt noch genügend Raum für die maschinelle Übersetzung, zumindest mit den Sprachrichtungen X -> Englisch und Englisch -> X.

Zu wünschen ist nicht allein ein unternehmerischer Mut – den haben Personen wie Peter Toma, Jean Gachot oder Budd Scott genügend gezeigt -, sondern vor allem die Bereitschaft zu einer Art weltweiter Zusammenarbeit, auch im Wettbewerb, um die notwendigen Standards zu setzen, um die Transparenz der Systeme und Lösungen zu erhöhen, um das Vertrauen der Anwender zu stärken – und nicht zuletzt auch Kreativität, um aus den ausgefahrenen Gleisen etwas herauszukommen. Das sind Aufgaben, die jungen Wissenschaftlern und Ingenieuren ein weites Arbeitsfeld bieten.

### Literatur

Allein eine Recherche in INFODATA mit dem Thesaurus-Stichwort „Maschinelle Übersetzung" brachte die Zahl von 994 Treffern (Stand Dezember 2003), so dass die nachfolgende Liste nur als eine kleine Auswahl zu verstehen ist:

01 Boitet, Ch. (2002): A Roadmap for MT. In: Computerlinguistik – Was geht, was kommt? (ed. G. Willée; B. Schröder; H. C. Schmitz), Sankt Augustin, S. 26-33.

02 Doug, A; Balkan, L.; Meijer, S.; Humphreys, L; Sadler, L. (1995): Machine Tranbslation. An Introductory Guide. http://www.essex.ac.uk/linguistics/clmt/MTbook/

03 Hutchins, W. J. (1986) : Machine Translation: Past, Present, Future. Chichester.

04 Hutchins, W. J.; Somers, H. L. (1992): An Introduction to Machine Translation. Chichester.

05 Hutchins, W. J. (2002): Machine Translation Today and Tomorrow. In: Computerlinguistik – Was geht, was kommt? (ed. G. Willée; B. Schröder; H. C. Schmitz), Sankt Augustin, S. 159-162.

06 Lehrberger, J.; Bourbeau, L. (1988): Machine Translation – Linguistic Characteristics of MT Systems and General Methodology of Evaluation. Amsterdam.

07 Luckhardt, H.-D.; Zimmermann, H. H. (1991): Computergestützte Maschinelle Übersetzung – Praktische Anwendungen und Angewandte Forschung. Saarbrücken.

08 Melby, A. (1995): Should 1 use MT? Draft 13.4.1995; http://humanities.byu.edu/trg/mt4me.htm

09 Nagao, M. et al. (1982): An English-Japanese Machine Translation System of the Titles of Scientific and Engineering Papers. In: COLING 1982, Amsterdam.

10 Nagao, M. (1989): Machine Translation – How far can it go? Oxford.

11 Newton, J. (Ed., 1992): Computers in Translation; A Practical Appraisal. London: Routledge.

12 Nirenburg, S.; Somers H. A; Wilks, Y. A. (Ed., 2002): Readings in Machine Translation.

13 Rinsche, A. (1993): Evaluationsverfahren für maschinelle Übersetzungssysteme. Kommission der EG; Informationsmanagement. Bericht EUR 14766 DE.

14 Van Slype, G. (1982): Conception d'une méthodologie générale d'évaluation de la traduction automatique. Multilingua 1-4, S. 221-237.

15 Wahlster, W. (Ed., 2000): Verbmobil. Foundations of Speech-to-Speech Translations. Berlin.

16 Zimmermann, H. H.; Kroupa, E.; Luckhardt, H.-D. (1987): STS – Das Saarbrücker Übersetzungssystem. Veröffentlichungen der Fachrichtung Informationswissenschaft. Saarbrücken.

17 Zimmermann, H. H. (1990): Linguistisch-technische Aspekte der maschinellen Übersetzung. In: Grundlagen der praktischen Information und Dokumentation (ed. Buder, M.; Rehfeld, W.; Seeger, Th.), München – London – New York – Paris (3., völlig neu bearbeitete Auflage), S. 264-274.

18 Zimmermann, H. H. (1997): Maschinelle Übersetzung. In: Grundlagen der praktischen Information und Dokumentation (ed. Buder, M.; Rehfeld; W; Seeger, Th.; Strauch, D.), München – New Providence – New York – Paris 1997 (4., völlig neu gefasste Auflage), S. 244-253.

19 Zimmermann, H. H. (2002): Stand und Perspektiven der Sprachtechnologie mit dem Beispiel der Maschinellen Übersetzung. In: Computerlinguistik – Was geht, was kommt? (ed. G. Willée, G.; Schröder, B.; Schmitz, H. C.), Sankt Augustin, S. 287-294.

# C 12  Wörterbücher und Enzyklopädien

Franziskus Geeb und Ulrike Spree

## C 12.1  Wörterbücher und Enzyklopädien in der Informationspraxis

Als allgemeine Informationsmittel erlauben Wörterbücher und Enzyklopädien einen gezielten Zugriff auf Fakteninformationen (vgl. Lit. 24). Angesichts des extrem dynamischen Marktes und des hohen Grades der inhaltlichen Spezialisierung, besonders wenn man die zahlreichen elektronischen Produkte mit einbezieht, ist es nicht möglich einen umfassenden systematischen Überblick über den gängigen Bestand von Wörterbüchern und Enzyklopädien zu liefern. Dieser Beitrag wird sich auf einige wenige exemplarische Beispiele beschränken, wesentliche Strukturmerkmale aufzeigen und daneben geeignete Kriterien zur Auswahl und Evaluierung der Qualität von Nachschlagewerken anbieten. Seit einigen Jahren beschäftigen sich Informationswissenschaftler und -praktiker verstärkt mit Wörterbüchern und Enzyklopädien in Hinblick auf die hier seit Jahrhunderten praktizierten Formen der strukturierten Informations- und Wissensaufbereitung. Ein Trend, der durch zwei Entwicklungen entscheidend befördert wurde, den Einsatz von Datenbanken zur Verwaltung lexikographischer Informationen, unabhängig in welchem Medium sie erscheinen, und die Durchsetzung von XML als Auszeichnungssprache für lexikographische Daten (vgl. Lit. 10).

### C 12.1.1  Abgrenzung Wörterbücher, Enzyklopädie, Nachschlagewerk

Die Internet-Enzyklopädie „Wikipedia" definiert Wörterbuch als „ein Nachschlagewerk mit einer meist alphabetisch geordneten Sammlung von lexikalischen Einheiten (Wörter, Phrasen, Morpheme) oder Begriffen, die dem Benutzer sprachliche Informationen gibt wie z.B. die Definition eines Wortes, den Hinweis auf synonyme Wörter oder die Entsprechung in einer Fremdsprache" (Lit. 22).

Andere Definitionsversuche beziehen die Unterscheidung in verschiedene Typen von Wörterbüchern ein. So das Online-Portal „wissen.de", wo es unter dem Eintrag Wörterbuch heißt: „...alphabetisch angeordnetes Verzeichnis von Wörtern entweder nur einer Sprache oder mit Übersetzungen in eine andere Sprache oder mit Erläuterungen allgemein oder auf ein Fachgebiet (z. B. die Kaufmannssprache), eine Mundart *(Idiotikon)* oder eine Gruppe von Wörtern beschränkt" (vgl. Lit. 42).

Zur Frage der definitorischen Abgrenzung der Begriffe Wörterbuch und Enzyklopädie besteht eine lange, facettenreiche und bis heute nicht abgeschlossene Diskussion (vgl. Lit. 20, S. 102). Die auf den ersten Blick einleuchtende Unterscheidung in Wörterbücher als Nachschlagewerke, die Wörter erklären, und Enzyklopädien als solche, die Begriffe (Gegenstände, Sachverhalte, Dinge, Ereignisse) erklären, ist in der Praxis angesichts der Tatsache, dass Wörterbücher aufgrund des Verweischarakters der Sprache stets auch Sachinformationen enthalten, und Enzyklopädien auch linguistische Informationen liefern, wenig trennscharf. Vielmehr sind die Übergänge zwischen beiden Formen fließend und es ist hilfreich sich Wörterbuch und Enzyklopädie als zwei Pole vorzustellen, zwischen denen sich die unterschiedlichen konkreten Werke auf einer Skala ansiedeln lassen.

Die Bedeutung von Wörterbüchern und Enzyklopädien für die Informationserschließung und -vermittlung erschließt sich aufgrund dreier gemeinsamer Charakteristika:

1. Die strukturierte Anordnung der Einträge nach einem vorgegebenen Ordnungsprinzip, die vor allem darauf abzielt, den Gebrauch als Nachschlagewerk zu erleichtern.

2. Hieraus ergibt sich die atomistische Betrachtungsweise der Inhalte, die jeden Eintrag einzeln betrachtet. Auf diese Weise machen Wörterbücher und Enzyklopädien Informationen punktuell zugänglich und sind in der Regel nicht zur linearen Lektüre vorgesehen (vgl. Lit. 24).

3. Wörterbücher und Enzyklopädien zeichnen sich durch ihre primär praktisch-informative Zielsetzung aus, das heißt die Orientierung an konkreten Informationsbedürfnissen des Nutzers. In ihrer Konzeption orientieren sie sich vorrangig daran, Zweifel des Nutzers in Hinblick auf den Gebrauch einzelner Worte oder Begriffe aufzulösen. Aus informationstheoretischer Sicht kann man formulieren: Wörterbücher und Enzyklopädien streben die Reduktion von Unge-

wissheit auf Seiten des Nutzers an (vgl. Lit. 23, S. 36).

## C 12.1.2 Kurzer historischer Rückblick: Lexika und Lexikonherstellung

Historisch lassen sich Wörterbücher und Enzyklopädien auf gemeinsame Wurzeln zurückführen (vgl. Lit. 08). Beide Genres entstanden aus Instrumenten der Wissensvermittlung und „Gedächtnisstützen" für die Lernenden, also aus einem pädagogisch-didaktischen Interesse heraus.

Vorläufer einer systematischen Darstellung des Wissens finden sich in allen antiken Hochkulturen. Der Begriff Enzyklopädie lässt sich vermutlich auf das griechische enkýklios paideia zurückführen, was übersetzt in etwa „Kreis des Wissens" bedeutet und mit unserem Begriff der „allgemeinen Bildung" korrespondiert (vgl. Lit. 20, S. 39, allgemein zur Geschichte vgl. Lit. 44). Die mittelalterlichen Scholastiker knüpften an die antiken Traditionen an und verfeinerten den systematischen Zugriff durch die Entwicklung feiner Taxonomien. Im Mittelalter und der frühen Neuzeit entstanden auch zahlreiche Wörterbücher in Form von Lehr- und Lernmitteln zur Unterstützung des Studiums in den gelehrten Sprachen Griechisch, Latein und Hebräisch. Streng genommen handelt es sich um Glossarien, in denen nicht die gesamte Sprache erfasst wird, sondern besonders schwierige Wörter. Mehrsprachige Wortlisten tauchen vor allem für Kaufleute seit dem 15. Jahrhundert auf. Die Erklärung von Sachen und Worten lässt sich in der mittelalterlichen Philosophie nicht voneinander trennen, da Sprache nicht als beliebiges Zeichen für einen Sachverhalt aufgefasst wurde, sondern der Sprache an sich eine von Gott gegebene tiefer gehende Bedeutung zugeschrieben wurde. Das 18. Jahrhundert gilt als die Zeit der großen Universallexika, die sich als Spiegel des zeitgenössischen Wissensstandes auf allen Sachgebieten in überschaubarer Form verstanden. Realisiert wurde diese Zusammenschau des Wissens etwa durch beigefügte Register oder Systematiken. Repräsentatives Beispiel für Deutschland ist Zedlers „Universallexikon" (1732-1754; als Faksimile online zugänglich unter http://mdz.bib-bvb.de/digbib/lexika/zedler/). Die in den Jahren 1751 bis 1780 von Denis Diderot und Jean le Rond d'Alembert herausgegebene „Encyclopédie" ist ein den Gedanken der Aufklärung verpflichtetes Nachschlagewerk neuen Typs, dem eine wichtige Rolle in der gedanklichen Vorbereitung der französischen Revolution zugeschrieben wird. Die enzyklopädische Form wurde als politische Waffe genutzt, um abweichende politische und vor allem religiöse Haltungen im Alphabet zu verstecken (vgl. Lit. 28). Parallel zur Entwicklung der Nationalstaaten und der Vereinheitlichung der Nationalsprachen seit dem Ende des 18. Jahrhunderts wurden große Wörterbuchprojekte ins Leben gerufen, mit denen die Herausgeber die Festschreibung einer gemeinsamen „sprachlichen Heimat" einer Nation als Vorstufe für eine noch zu schaffende staatliche Heimat intendierten (vgl. Lit. 18, Lit. 12). Volkssprache und „Kraftausdrücke" fanden in dieser Form von Wörterbüchern, die auf die Normierung des „richtigen" Sprachgebrauchs abzielten, zunächst keinen Platz.

Im Übergang vom 18. zum 19. Jahrhundert entstand im deutschen Sprachraum aus den Zeitungslexika das Konversationslexikon, dessen erklärter Zweck es war, gerade so viel Wissen zu vermitteln, wie zu einer gebildeten Unterhaltung notwendig war. Die Zusammenstellung der Inhalte erfolgte nach dem aktuellen Interesse. Adressat war die neu entstehende Gesellschaftsschicht des „gebildeten" Bürgertums, speziell auch die Frauen. Die Verlegerfamilie Brockhaus baute das „Konversationslexikon" im Verlauf des 19. Jahrhunderts zu einer ganzen Familie von allgemeinen Nachschlagewerken aus. Der Verlag war in der Produktdiversifikation (in rascher Folge entstanden ein- bis vielbändige Versionen sowie thematisch ausgerichtete Speziallexika) und im damit eng verbundenen Aufbau einer eigenständigen Lexikonredaktion, die durch zahlreiche Experten in- und außerhalb der Universitäten ergänzt wurde, so erfolgreich, dass der Name Brockhaus bis in die Gegenwart synonym für lexikographische Nachschlagewerke schlechthin verwandt wird (vgl. Lit. 29, S. 95 ff.).

Im Verlauf des 19. und 20. Jahrhundert haben sich mehrere grundlegende Wandlungen im Selbstverständnis der Lexikonhersteller vollzogen. Von der lehrbuchartigen, auch moralisierenden und meinungsbildenden, Wissensvermittlung wandelte sich die Intention mit der Gattung des Konversationslexikons zur Gesprächshilfe. Die Verdoppelung des Fachwissens innerhalb eines Fachgebiets alle drei bis zehn Jahre machte es immer schwieriger für den Laien diesen Entwicklungen in ihren theoretischen und technischen Zusammenhängen zu folgen. Diese Entwicklungen spiegeln sich auch in den verlegerischen Strategien und in einer Ausdifferenzierung der Gattung lexikographischer Nachschlagewerke in unterschiedliche Typen wider. Auf der einen Seite standen, gewissermaßen als Wissensbasis, die umfangreichen Enzyklopädien (am bekanntesten wohl die berühmte britische „Encyclopaedia Britannica"). Solche Werke wiesen bis zu 2000 Mitarbeiter aus, darunter renommierte Fachwissenschaftler, und die Artikel sind meist signiert. Die Wissenspräsentation erfolgt alphabetisch nach weiten Schlagwörtern, was sich in der vergleichsweise geringen Zahl von Artikeln zwischen 50.000 und 60.000 niederschlägt. Der Gegenstand wird in größere Zusammenhänge gestellt. Engere Sachbegriffe und weniger bedeutende Personen erhalten keine eigenen Artikel. Kontroverse Standpunkte werden referiert, wodurch die Artikel auf einen beträchtlichen Umfang anwachsen können. In der Regel wird weiterführende Literatur angegeben. Die komplexen Artikel werden durch zusätzliche Register erschlossen. Auf der anderen Seite entwickelte sich aus der Gattung des Konversationslexikons ab 1860 das Universallexikon. An die Stelle einer zusammenhängenden wissenschaftlichen Systematik trat eine allgemeinverständliche Darstellung und eine hohe Stichwortzahl, die das Gewünschte schnell finden ließ. Die Artikel beschränkten sich auf die Aufzählung ausgewählter Fakten und verzichteten auf Begründungsketten (vgl. Lit. 13, S. 110). Für die Inhalte der unsignierten, alphabetisch nach engem Schlagwort zusammengestellten Artikel zeichnet eine Lexikonredaktion verantwortlich. Angesichts der kurzen Artikel sind keine Register notwendig und inhaltliche Zusammenhänge werden nur über Verweise hergestellt.

Die im 10. Jahrhundert in Byzanz entstandene Suda, oder Suada, gilt als das erste bekannte alphabetisch geordnete allgemeine Nachschlagewerk. Die alphabetische Ordnung blieb hingegen die Ausnahme und bis zum 16. Jahrhundert boten Enzyklopädien und Wörterbücher einen primär systematischen Zugriff auf die Inhalte (vgl. Lit. 08; Lit. 20, Lit. 21). Der Siegeszug der alphabetischen Ordnung von Wörterbüchern und Enzyklopädien begann erst im 17. Jahrhundert. Die systematische Darstellung aller Zweige des Wissens erwies sich als zunehmend unpraktikabel, da man sich nicht mehr auf ein System der Weltordnung einigen konnte. Angesichts der stetigen Zunahme des potentiell „Wissbaren" war auch kein Mensch, auch kein Gelehrter, mehr dazu in der Lage, fachfremde Gegenstände systematisch zu suchen.

Auch wenn man zunächst auf der Oberfläche, etwa was die primäre Zugangsstruktur angeht, die allgemeine Durchsetzung der alphabetischen Ordnung konstatieren muss, ist die Geschichte der Lexikographie durch das ständige Bemühen um einen Ausgleich zwischen alphabetischer Ordnung und der zusätzlichen systematischen Erschließung der Wissensbestände gekennzeichnet. Die 2001 gegründete Online-Enzyklopädie Wikipedia beispielsweise bietet neben dem alphabetischen Zugriff auf die Artikel auch verschiedene systematische Zugriffe an. Neben der gängigen Ordnung nach wissenschaftlichen Disziplinen werden weitere Kategorisierungen berücksichtigt wie die Library of Congress classification, Dewey Decimal System, IEEE SUMO classes, chronologische Ordnung, Jahrestage, geographische Ordnung, Biographien, HowTo und aktuelle Ereignisse.

Einen Überblick über Vorzüge und Mängel systematischer und alphabetischer Zugriffe bietet die Abb. 1.

### C 12.1.3 Lexika als Produkte auf dem Informationsmarkt

Die Produktion und Vermarktung von lexikographischen Nachschlagewerken zeichnet sich durch eine intensive Durchdringung des privatwirtschaftlichen Bereichs mit dem staatlich-öffentlichen Bereich aus. Zahlreiche Wörterbuchprojekte werden in hohem Maße oder vollständig öffentlich gefördert (Wortschatz Deutsch, Goethewörterbuch, Rechtswörterbuch). Gleichzeitig sind Lexikonproduzenten im privatwirtschaftlichen Bereich seit jeher Vorreiter in der Entwicklung neuer Geschäftsmodelle gewesen, etwa durch das Aufgreifen neuer Distributionsformen und Vertriebsstrategien wie Verkauf eines umfangreichen Werkes in einzelnen Lieferungen, Subskriptionsangebote und den Vertrieb über den Kolportage- und Reisebuchhandel (vgl. Lit. 29, S. 134 ff.). Mit lexikographischen Inhalten wurde auch erfolgreich die Mehrfachvermarktung und Syndication praktiziert, wenn etwa Artikel zunächst exklusiv in einem mehrbändigen hochpreisigen Werk erscheinen und anschließend ausgewählte Artikel in gekürzten einbändigen oder thematisch gegliederten Einzelwerken vermarktet werden. Große Lexikonverlage bieten parallel zur aktuellen Ausgabe eine ältere Ausgabe im wesentlich günstigeren Taschenbuchformat an. Der Printmarkt für Lexika ist durch die Marktführerschaft

| | **Alphabetische und systematische Ordnung** | | | |
|---|---|---|---|---|
| | alphabetische Ordnung | Bewertung | systematische Ordnung | Bewertung |
| Auffindbarkeit für den Laien | Leichte Auffindbarkeit für den Laien, der kein System erlernen muss. Das Alphabet ist ein eindeutiges Ordnungssystem. | ☺ | Der Benutzer muss die Struktur kennen. Klassifikationen sind mehrdeutige, für Interpretation offene Ordnungssysteme. Ein falscher Einstieg führt dazu, dass die gesuchte Information nicht aufgefunden wird. | ☹ |
| Eindeutigkeit der Zuordnung | Einzelne Aspekte eines Gegenstandes können auf verschiedene im Alphabet verteilte Lemmata verteilt werden. | 😐 | Ein Sachverhalt kann aus unterschiedlichen Perspektiven betrachtet werden. Um das abzubilden, müssten die selben Sachverhalte polyhierarchisch zugeordnet werden, was zu Problemen in der Eindeutigkeit der Zuordnung führt. | ☹ |
| Erweiterbarkeit | Neues Wissen kann leicht ergänzt werden | ☺ | Systematische Ordnungen sind starr und können nicht mit dem Entwicklungstempo der Wissenschaften mithalten. Umstrukturierungen eines Ordnungssystems sind aufwändig. | ☹ |
| Zusammenhang | Trennt inhaltlich Zusammengehöriges und stellt Unzusammenhängendes nebeneinander | ☹ | Inhaltlich Zusammengehöriges bleibt zusammen | ☺ |
| Fachkenntnisse | Der Benutzer muss das Stichwort kennen, unter dem der Inhalt abgelegt ist. | ☹ | Information kann auch gefunden werden, wenn die Terminologie nicht genau bekannt ist. | ☺ |
| Systematische Einordnung | Entstehung von Redundanzen, da Stellung innerhalb des Ordnungssystems an jeder Stelle dargelegt werden muss. | ☹ | Die Stellung in einem Ordnungssystem liefert Zusatzkenntnisse zur Sache. | ☺ |
| Erkennen von Wissenslücken | nicht möglich | ☹ | Wissenslücken können identifiziert werden. | ☺ |
| Übersetzbarkeit in andere Sprachen | Schwierig zu übersetzen, da an Sprache gebunden, in der Lemmatisierung erfolgt. | ☹ | Gute Übersetzbarkeit bei kulturunabhängigen Fachgebieten wie Technik; da gewisse Sprachunabhängigkeit gegeben. Bei kulturabhängigen wie z.B. Jura ist das auch mit einer Systematik sehr schwer; wenn auch leichter als mit einer alphabetischen Ordnung. | 😐 |

*Abb. 1: Vor- und Nachteile alphabetischer und systematischer Ordnungen (in Anlehnung an Lit. 21)*

einiger großer Verlage gekennzeichnet. International bekannte Verlage sind neben der in Chicago ansässigen „Encyclopaedia Britannica", Funk and Wagnalls, bekannt durch die Herausgabe der ersten renommierten Online-Encyclopädie „Encarta" und die „Columbia Encyclopedia". Neben dem Bertelsmann Club-Lexikon bestehen in Deutschland nur drei selbstständige Lexikonverlage: das Bibliographische Institut, Harenberg und Knaur. Duden, Brockhaus und Meyer werden alle unter dem Dach des Bibliographischen Instituts produziert, und oft werden weitgehend textgleiche Inhalte in verschiedenen unterschiedlich aufgemachten Lexika vermarktet (vgl. Lit. 32).

Seit einigen Jahren geraten die großen Lexikonverlage durch das Internet unter ökonomischen Druck und sehen sich angesichts der Erwartungen des Publikums nach frei zugänglicher Information über das Internet gezwungen, neue Geschäftsmodelle zu entwickeln. Mittlerweile sind verschiedene Lexikonportale entstanden, die mit einer Kombination aus kostenfreien, über Werbung finanzierten, Angeboten und kostenpflichtigen Angeboten experimentieren (vgl. http://www.encyclopedia.com; http://www.search.com/; http://www.wissen.de).

Mit den neuen Möglichkeiten des Internet kehrt die Enzyklopädie aber auch in gewisser Weise wieder zu ihren Anfängen als kooperatives Gelehrtenprojekt zurück. Bei der Online-Enzyklopädie „Wikipedia" handelt es sich um ein offenes Gemeinschaftsprojekt. Jeder kann über das Internet nicht nur Artikel lesen, sondern sogar ohne Anmeldung neue Artikel schreiben und vorhandene Artikel bearbeiten. Das 2001 in den USA ins Leben gerufene Projekt arbeitet bereits an über 160.000 Artikeln (10.2003), und die deutsche Version weist immerhin bereits über 30.000 Artikel auf. Mit der „Wikipedia" ist das Experiment geglückt, dass unterschiedliche Autoren, teilweise renommierte Wissenschaftler, die sich persönlich überhaupt nicht kennen, ohne eine zentrale Redaktion zusammenarbeiten.

## C 12.2 Nachschlagewerke als spezielle Formen des organisierten, strukturierten Wissens

Wesentliche Leistungen der Lexikographie der letzten 20 Jahre bestehen in der Entwicklung von Wörterbuchtypologien und der exakten Beschreibung lexikographischer Strukturen. Wie in jeder ausdifferenzierten wissenschaftlichen Disziplin ist auf diesem Gebiet eine ganz eigene Terminologie entstanden. Zwar sind die zentralen Strukturbegriffe vor allem auf der Grundlage der Analyse von Sprachwörterbüchern geprägt worden, lassen sich aber zum großen Teil auch auf Sachwörterbücher und Enzyklopädien übertragen. Die Überschneidungen und Berührungspunkte mit anderen Formen der Wissensorganisation wie Klassifikationen, Thesauri und Ontologien sind vielfältig. Anders als die genannten Dokumentationssprachen bieten konkrete lexikographische Nachschlagewerke jedoch stets auch den Durchgriff auf Fakteninformation, sei es linguistischer oder enzyklopädischer Art.

### C 12.2.1 Typologie der Wörterbücher

Durch ein zeitgemäßes Abrücken von der traditionellen wortgebundenen Darstellung ergibt sich an Stelle des Fachterminus Wörterbuch die Bezeichnung lexikographisches Nachschlagewerk. Lexikographische Nachschlagewerke vermitteln als genuinem Zweck einem Benutzer (Mensch, Maschine) durch lexikographische Daten Sprach- und Sachinformation in systematisierter Form. Eine Wörterbuchtypologie kann aus Produktionssicht, Anwendersicht, inhaltsstruktureller Sicht und aus der Sicht des Lebenszyklus lexikographischer Nachschlagewerke erstellt werden (vgl. Lit. 09). Die Produktbezeichnung Wörterbuch durch Verlage etc. ist dagegen kein eindeutiges Zeichen für die Zugehörigkeit zur Gruppe der lexikographischen Nachschlagewerke. Die Abgrenzung zu anderen Typologien von (nichtlexikographischen) Nachschlagewerken kann nicht endgültig definiert werden. Innerhalb der lexikographischen Nachschlagewerke lassen sich jedoch zwei Typen unterscheiden: *allgemeinsprachliche lexikographische Nachschlagewerke* und *fachsprachliche lexikographische Nachschlagewerke* (vgl. Lit. 02, S. 43 ff.). Voraussetzung ist die Annahme einer Allgemeinsprache und von Fachsprachen (Sprachen, die in Fachgebieten gesprochen werden), die sich mit der Allgemeinsprache in Teilbereichen decken. Die Lexikographie der *Allgemeinsprache* unterscheidet sich durch die Benutzerdefinition (s.u.) von der *Fachlexikographie* (Lexikographie der Fachsprachen), die ihrerseits in vielen Punkten mit der *Terminologiewissenschaft* verglichen werden kann und sich mit dieser in der *Terminographie* trifft.

In der Typologisierung von Wörterbüchern sind vor allem die folgenden *inhaltlichen Kriterien* zu finden:

– Anzahl der Sprachen,

– thematische Spezialisierung,

– Beziehung der Lemmata zueinander (z.B. Synonyme),

– verschiedene Informationstypen (Redewendungen, Sprichwörter),

– Sprachvariationen (Fremdwörter, Fachsprachen, Sprachstadien).

Aus der Sicht der Produktion ergeben sich *projektspezifische Kriterien*: Lexikographische Nachschlagewerke im Aufbau bzw. vollendete Projekte.

Bekannte *formale Kriterien* zur Wörterbuchtypologisierung sind:

– Publikationsform (gedruckt: Buch, Loseblattsammlung; digital: offline, online),

– Verweismechanismen (Hypertextualisierung),

– Medialität (Integration von Multimedia),

– Formen des Zugriffs (alphabetisch, systematisch; Informationszugriff (vgl. Lit. 27).

### C 12.2.1.1 Auswahl der Artikel, Lemmatisierung

Eine umfassende Aufgabe bei der Erstellung lexikographischer Nachschlagewerke stellt die *Lemmatisierung* dar. Die Lemmatisierung (vgl. Lit. 01; Lit. 02, S. 285 ff.) ist der Vorgang der Auswahl von Elementen für Lemmalisten (Abfolge der Artikel und damit der Lemmata im lexikographischen Nachschlagewerk). Bei der Lemmatisierung werden die verschiedenen Wortformen zu einem *Lexem* zusammengefasst und das Lexem als Lemma in die Lemmaliste aufgenommen (gebe, gib, gab, gegeben = Lexem geben = Lemma geben). Die Auswahl der Lemmata für ein lexikographisches Nachschlagewerk kann auf verschiedene Weise durchgeführt werden, wobei diese Formen in der Praxis oft gemeinsam angewandt werden:

1. Bestehende Wortlisten aus lexikographischen Nachschlagewerken,

2. das persönliche (Fach-)Wissen der LexikographInnen und/oder hinzugezogener ExpertInnen,

3. Fachliteratur/-zeitschriften (einschl. ihrer Inhaltsangaben und Register),

4. Internetrecherchen in Suchmaschinen (ca. seit 1993),

5. Korpusbasierte Lemmatisierung. Hier werden die Lexeme aus einen Textkorpus (= Textmenge) gefiltert.

### C 12.2.1.2 Strukturbegriffe

Gleichartige Eigenschaften in Wörterbüchern lassen sich empirisch zu Strukturelementen zusammenfassen oder theoretisch und a priori mit Blick auf die Bedürfnisse des Benutzers im Verhältnis zum gewählten Medium (Buch, CD, Online) entwickeln (vgl. Lit. 15, S. 325 ff.). Die Forschung ist bei Anzahl, Umfang und Inhalt der Strukturbegriffe in der Lexikographie kontrovers, als wesentliche Strukturelemente finden sich aber *Rahmenstruktur, Verteilungsstruktur, Makrostruktur, Mikrostruktur, Verweisstruktur* und *Zugriffsstruktur* (vgl. Lit. 04; Lit. 01, S. 1762 ff.). Der Hauptteil eines lexikographischen Nachschlagewerks besteht aus Artikeln. Jeder Artikel besteht aus mindestens einem *Lemma* (Stichwort; gr. Empfangenes) und lexikographischen Daten zu diesem Lemma.

Die **Rahmenstruktur** (Wörterbuchtextstruktur, Megastruktur) beschreibt die übergeordneten Elemente eines lexikographischen Nachschlagewerks in ihrem Zusammenspiel: *Umtexte* und *Lemmaliste(n)*. Umtexte enthalten alle die Teile des lexikographischen Nachschlagewerks, die nicht Teil der Lemmaliste(n) sind: *Vorwort, Benutzerführung, Einleitung, Fachliche Einführung, Grammatik, Register* und *Anhänge* sowie ausgelagerte längere und im Bezug auf die lemmatisierten Lexeme übergreifende (Fach-)Artikel. In elektronischen lexikographischen Nachschlagewerken wird bei Rahmentexten auf Grund des Mediums die aus dem Buch bekannte lineare Abfolge der Elemente in eine horizontale Informationsarchitektur aufgebrochen.

Durch die **Verteilungsstruktur** wird die Anordnung sprachlicher und sachlicher Daten im lexikographischen Nachschlagewerk erfasst. Diese Daten existieren nicht nur in den einzelnen Artikeln, sondern auch in *Einleitung, Grammatik* oder auch *Rahmenartikeln* (Sachinformationen in einer größeren Gesamtdarstellung). Wenn die Länge der einzelnen Artikel nicht über ein zugangsfreundliches, lesbares Maß wachsen soll, ist es vor allem in fachlich spezialisierten und inhaltlich klar definierten lexikographischen Nachschlagewerken sinnvoll, gesonderte *fachliche Einleitungen* oder Artikel zu erstellen.

Die **Makrostruktur** (vgl. Lit. 34; S. 360 ff.) beschreibt die allgemeinen Eigenschaften der Anordnung von Lemmata in einem lexikographischen Nachschlagewerk. Die Lemmata werden in (mindestens) einer Liste dargestellt, deren Ordnungsform variieren kann. Unterschieden werden:

1. Alphabetische Makrostruktur: Lemmata in Reihenfolge des Zugangsalphabets (Alphabet des lexikographischen Nachschlagewerks; gemäß „normalem" Alphabet unter Berücksichtigung von z.B. Umlauten oder Sonderzeichen).
2. Systematische Makrostruktur: Die Lemmata erscheinen in fachlich/inhaltlich motivierter Abfolge. In gedruckten lexikographischen Nachschlagewerken ist in der Regel hierbei lediglich eine Über-/Unterordnung und eventuell eine Gleichordnung z.B. durch eine Ziffernnotation realisierbar.

Eine gute alphabetische Makrostruktur zeichnet sich durch eine möglichst intuitiv verständliche Alphabetisierung aus. Die genaue Zusammensetzung des *Zugangsalphabets* muss in einer entsprechenden Benutzerführung des lexikographischen Nachschlagewerks (z.B. Einleitung) dargestellt werden. Die überwiegende Mehrheit der alphabetischen Makrostrukturen in der westeuropäischen Lexikographie sind *initialalphabetisch* (A gefolgt von B – im Gegensatz zur *finalalphabetischen* Liste). Unterschieden werden in der alphabetischen Makrostruktur:

1. *Striktalphabetische Makrostruktur:* Die Lemmata werden streng nach Zugangsalphabet gelistet: *Glattalphabetische Makrostruktur* ohne weitere Gruppierung der Lemmata in der Liste. *Nischenalphabetische Makrostruktur:* Etymologisch (oder anderweitig) zusammengehörige Lemmata, die in der Lemmaliste unmittelbar aufeinander folgen (Beachtung des Zugangsalphabets), werden unter einem Lemma in einem einzigen Artikel mit einem *Nesteingangslemma* und 1-n *Sublemmata* gruppiert (Makrostruktur mit Gruppierung).
2. *Nichtstriktalphabetische Makrostruktur:* Das Alphabet wird bei der Lemmatisierung der Sublemmata durchbrochen: *Nestalphabetische Makrostruktur:* Das *Nesteingangslemma* wird von 1-n *Sublemmata* gefolgt, wobei die Sublemmata die alphabetische Ordnung aller Lemmata (z.B. aus etymologischen Gründen) durchbrechen: Nest- und Nischeneingangslemmata folgen immer dem Zugangsalphabet.

Die Mehrheit aller gedruckten Wörterbücher bedient sich der alphabetischen Makrostruktur. Das Alphabet setzt für den Benutzer eines lexikographischen Nachschlagewerks keine Fachkenntnis zum Fachgebiet z.B. eines fachlexikographischen Nachschlagewerks voraus. Für Lexikographen und Benutzer ist das Alphabet prinzipiell die einsichtigste aller Makrostrukturen. Im Gegenzug können Wörterbücher mit einer systematischen Struktur dem Benutzer zusätzlich zum gesuchten Lemma einen Einblick in die benachbarten und sinnverwandten Lemmata geben.

Vor allem in Naturwissenschaften als weitgehend kulturunabhängigen Fachgebieten (im Gegensatz zu z.B. Rechtswissenschaft) sind systematische Zugänge zu (fach-)lexikographischen Nachschlagewerken bekannt. Eine Mischung beider Formen z.B. durch eine alphabetische Wortliste mit Verweisen auf eine systematische Makrostruktur der Lemmata ist eine gute, aber auch aufwändige Lösung. In der Online-Lexikographie hat sich bisher der systematische Zugang ebenfalls noch nicht durchgesetzt. Auch hier sind die Gründe wie im Druckbereich die Gewöhnung der Lexikographen und Benutzer an das Alphabet als Zugangsweg einerseits, und die höheren Kosten bei der Erstellung einer systematischen Makrostruktur durch eine tiefer greifende Beschäftigung der Lexikographen mit dem Inhalt der Lemmata andererseits. Ein eindeutiger systematischer Zugriff setzt darüber hinaus immer eine absolut eindeutige Benutzerdefinition im Verhältnis z.B. zu einem Fachbereich voraus. Eine (Voll-)Textsuche bei elektronischen Wörterbüchern durchbricht das Zugangsprinzip der Makrostruktur, birgt aber bei unqualifizierten Volltextrecherchen (z.B. trunkierte Ein-Wortsuche) auch erhebliche Gefahren der Desinformation des Benutzers.

Die **Mikrostruktur** (vgl. Lit. 35, S. 409 ff.; Lit. 36, S. 462 ff.) beschreibt die Anordnung der Elemente eines Artikels zu dem *Eingangslemma*. In der Regel werden die Artikel in einem lexikographischen Nachschlagewerk zumindest jeweils einer Wortklasse nach demselben zuvor festgelegten Schema mikrostrukturell aufgebaut. Zu unterscheiden sind *Formkommentar* (Angaben zur schriftlichen und mündlichen Form des Lemmas) und *Semantischer Kommentar* (inhaltliche Angaben). Der Formkommentar steht in der Regel direkt nach dem Lemma. Zu dem Formkommentar zählen vor allem Angaben zur *Abkürzung, Aussprache, Formvarianten, Genus, Grammatik, Rechtschreibung, Trennung, Wortart* usw. Auf den Formkommentar folgt in der Regel der semantische Kommentar und darin bei mehrsprachigen Wörterbüchern auch die *Äquivalente* (Übersetzungen) der Lemmata. Je nach Ausrichtung des mehrsprachigen lexikographischen Nachschlagewerks (intendierte Nutzung des lexikographischen Nachschlagewerks zur Übersetzung in eine oder aus einer Fremdsprache) treten hinter dem Äquivalent weitere Formkommentare zu den Äquivalenten auf. Im semantischen Kommentar finden sich darüber hinaus hauptsächlich und abhängig von dem Konzept des lexikographischen Nachschlagewerks Angaben (Reihenfolge frei) zu *Antonymen, Synonymen, Bedeutungserklärung, Belegen, Fachgebieten, Wortverbindungen (Kollokationen) u.a.)* etc. In der Bedeutungsangabe oder prinzipiell an allen anderen Orten des Artikels sind Verweise zu Wörterbuchteilen (andere Artikel, Umtexte wie Einleitung, Grammatik etc.) möglich. Weitere Daten im semantischen Kommentar sind die verschiedenen Arten der Markierungen wie z.B. diatechnische Markierungen (abgekürzte Fachgebietsangaben, die auf eine Liste von Fachgebieten z.B. an anderer Stelle des lexikographischen Nachschlagewerks verweisen).

Abb 2. zeigt das Beispiel einer Mikrostruktur eines zweisprachigen Wörterbuchs Deutsch-Englisch (www.pons.de), Suchwort *Haushalt*.

Jeder Artikel im lexikographischen Nachschlagewerk hat eine konkrete Mikrostruktur. Verschiedene Artikel in diesem lexikographischen Nachschlagewerk können durchaus verschiedene Mikrostrukturen aufweisen. Die Summe aller Merkmale der vorhandenen Mikrostrukturen bildet die abstrakte Mikrostruktur. Diese Form der Strukturierung (Mikrostruktur) ist eine der Errungenschaften lexikographischer Forschung; und die abstrakte hierarchische Mikrostruktur ist Voraussetzung für eine konsistente Daten- und Informationsmodellierung. Die **Verweisstruktur** (Mediostruktur) (vgl. Lit. 37) enthält die Elemente, die von lexikographischen Daten auf andere (lexikographische) Daten verweisen. Verweise können *explizit* („siehe") oder *implizit* sein. Die **Zugriffsstruktur** (vgl. Lit. 04) beschreibt die Merkmale der Schritte, die ein Benutzer bis zum Auffinden der gewünschten Informationen beschreiten muss. In der äußeren Zugriffsstruktur werden dabei Merkmale des Zugriffs auf das lexikographische Nachschlagewerk (Titel, Umschlag, ..) beschrieben. Die innere Zugriffsstruktur beschäftigt sich mit den Merkmalen der Benutzung innerhalb des lexikographischen Nachschlagewerks (Auffinden und Verstehen der Lemmaliste(n), Zugriff auf Umtexte etc.).

### C 12.2.1.3 Nutzertypologien

Das ideale lexikographische Nachschlagewerk gibt dem Benutzer genau die Informationen, die er zu einem gegebenen Zeitpunkt in einer gegebenen Situation benötigt – und dies auf einem möglichst schnellen Weg (vgl. Lit. 09). Als Folge dieser Grundvoraussetzung der lexikographischen Arbeit muss sich die praktische und theoretische Lexikographie mit der Beschreibung des Benutzers auseinandersetzen. Die Differenzierung der Benutzer und ihrer Situation (Typologisierung in Form der *Benutzerstruktur*) ermöglicht die Produktion typengerechter lexikographischer Daten. In der *Benutzerstrukturbeschreibung* sind folgende Eckwerte zu unterscheiden: *Benutzervoraussetzung* (z.B. Laie, gebildeter Laie, Halbfachmann, Fachmann im Verhältnis zu einem gegebenen Fachgebiet), *Benutzersituation*

| | | **Formkommentar** |
|---|---|---|
| Zeile 1 | \|der\| Haushalt | Lemma mit voran gestelltem Artikel |
| Zeile 2 | <-(e)s, -e> | Grammatische Angabe, Deklination |
| Zeile 3 | Substantiv | Wortklassenangabe |

| | | **Semantischer Kommentar** |
|---|---|---|
| Zeile 4 | 1.(Hausgemeinschaft) household | Bedeutungsdifferenzierende Angabe (diatechnische |
| Zeile 5 | 2. Finanzwesen Politik (Etat) | Angabe) und englisches Äquivalent |
| Zeile 6 | budget | |
| Zeile 7 | jemandem den Haushalt führen | Kollokation |
| Zeile 8 | keep house for someone | Äquivalent zur Kollokation |

*Abb. 2: Mikrostruktur*

(Textproduktion, Textrezeption, Übersetzung) und *Benutzerintention* (Informationsbedarf im Bereich sprachliches oder sachliches Wissen). Zur Ermittlung dieser Werte kann der *lexikographische Benutzerdiskurs* (tatsächliche Benutzung eines lexikographischen Nachschlagewerks durch Benutzer) entweder empirisch analysiert werden (Beschreibung des/der *realisierten Benutzer(s)*), oder es wird ein idealer Benutzer mit fest definierten und beschriebenen Eigenschaften angesetzt *(intendierter Benutzer)*. Auf der Grundlage eines so entstandenen Benutzerprofils in einer Benutzermatrix können die lexikographischen Daten adäquat zur Benutzerstruktur dargestellt werden (vgl. Lit. 09).

## C 12.3 Online-Lexika

Zur Erstellung von Online-Lexika und -Nachschlagewerken stehen zahlreiche Technologien aus der Webtechnologie zur Verfügung. Aus datenstruktureller Sicht und im Hinblick auf die Modellierung der Daten sind im wesentlichen Ansätze mit Datenbanken (in der Regel *relationale Datenbanken*) und Auszeichnungssprachen (vor allem *XML*) zu unterscheiden (vgl. Lit. 10; Lit. 11). Im Gegensatz zur Printlexikographie können bei der Online-Lexikographie Interface und Datengrundlage deutlich getrennt werden. Bei entsprechender Kennzeichnung mit einer Auszeichnungssprache wie XML können die Elemente der Mikro- und der Makrostruktur für ein gezieltes Retrieval genutzt werden. Tatsächlich orientiert sich eine Vielzahl von Produkten der Onlinelexikographie aber bereits in der Datengrundlage am geplanten Interface bzw. vermischt beides z.B. durch die gemeinsame Nutzung von HTML für Datengrundlage und Layoutpräsentation.

Während bestimmte Formen der Wissensorganisation wie alphabetischer Zugriff und Unterscheidung der Zugriffsstrukturen in elektronischen Nachschlagewerke auch weiterhin Bestand haben, bietet die Digitalisierung auch grundlegend neue Möglichkeiten für die Produktion und Nutzung von Nachschlagewerken:

1. Das Internet bietet Möglichkeiten für neue, **kooperative Formen** der Lexikonherstellung. Hierdurch können z. B. Korrekturen, das Schließen von Lemmalücken oder die Zusammenarbeit von Spezialisten wesentlich vereinfacht werden.

2. Durch die angemessene Nutzung von **Hypertext** ist eine vielfältige (auch kontextsensitive) Einbindung der Umtexte möglich, Browsing- und Stöberfunktionen können ausgebaut werden. Der geschickte Einsatz von intratextuellen und extratextuellen Links erlaubt es dem Nutzer das Wissensniveau selber zu steuern.

3. Der gezielte Einsatz von **Multimedia** kann die Anschaulichkeit der Beiträge erhöhen, wobei die Informationen der unterschiedlichen Kanäle gut aufeinander abgestimmt werden müssen.

4. Die **Datenbankbasierung** erleichtert die Schaffung unterschiedlicher Zugriffsstrukturen, die Verknüpfung der Online-Wörterbücher mit einer Datenbasis und die einfache Implementierung von Suchfunktionen sowie eine schnelle Aktualisierung.

5. Durch Nutzung **interaktiver Funktionen** kann z. B. dem Nutzer ermöglicht werden, eigene Einträge zu ergänzen; Nachschlagewerke können durch Foren ergänzt werden. Auch für die Entwicklung neuer Geschäftsmodelle spielen interaktive Komponenten eine wichtige Rolle (vgl. Lit. 31).

## C 12.4 Einsatz von lexikographischen Nachschlagewerken in der Praxis der Information und Dokumentation

Bei Enzyklopädien handelt es sich um Sammlungen von Informationen, die zu einem bestimmten Zeitpunkt als gesichert und traditionswürdig gelten und Individuen, sozialen Gruppen oder ganzen Gesellschaften zur Bestätigung, Erweiterung oder Neukonstituierung individueller Wissenssegmente bereitgestellt werden (vgl. Lit. 24). Hieraus ergibt sich, dass für die Nutzung in der Praxis der Information und Dokumentation stets der jeweilige Entstehungskontext eines Nachschlagewerkes berücksichtigt werden muss. Zeitgenössische Lexika verstehen sich als „Brücke zwischen Wissenschaft und Gesellschaft" (vgl. Lit. 13, S. 113). Dieses Selbstverständnis steckt die Grenzen für den Einsatz von Universallexika in der Informationspraxis ab. Man wird das Universallexikon zum ersten Einstieg in ein Thema verwenden, nicht jedoch zum Zwecke der Verifikation.

Darüber hinaus sehen sich die Produzenten lexikographischer Nachschlagewerke mit einer Reihe von allgemeinen Problemstellungen konfrontiert, die ebenfalls vor der Nutzung berücksichtigt werden sollten.

1. Grundsätzlich gilt es Entscheidungen über die Auswahl und die Eingrenzung des Stoffes zu treffen. Prinzipiell universell angelegte Projekte wie die Wikipedia stehen thematisch eingegrenzten Ansätzen gegenüber.

2. Es gilt zu klären, wie und ob ein Zusammenhang des Wissens über Systematiken, Register oder Verweise hergestellt werden soll.

3. Lexika unterscheiden sich in der Darstellungstiefe, die von der Faktendarstellung über die Erklärung detaillierter Kausalzusammenhänge bis hin zu groben Überblicksdarstellungen schwanken kann.

| Kriterium | Beispiel für Testfragen | Beispiele für Qualitäts-Hinweise |
|---|---|---|
| *Glaubwürdigkeit und Autorität* | • Ist das äußere Erscheinungsbild der Quelle seriös?<br>• Ist die Information durch eine 'dritte Partei' gefiltert?<br>• Findet eine Qualitätskontrolle statt?<br>• Ist die Information gut recherchiert?<br>• Wird im Vorwort zum Umgang mit kontroversen Ansichten Stellung bezogen?<br>• Wenn ein parteiischer Standpunkt vertreten wird, ist dieser deutlich kenntlich gemacht?<br>• Ist der Urheber motiviert verlässliche Informationen zu liefern? | • Literaturangaben und Bibliographien sind vorhanden<br>• Zusammensetzung der Redaktion, Autorenliste, die Mitarbeit von Fachwissenschaftlern.<br>• Im Vorwort werden die Ziele des Lexikons und der Umgang mit parteiischen Informationen bzw. mit aktuell umstrittenen Themen offen gelegt |
| *Inhaltliche Tiefe* | • Gibt es offensichtliche Lemmalücken?<br>• Ist die Auswahl der Artikel ausgewogen?<br>• Ist das Werk im Aufbau begriffen oder abgeschlossen?<br>• Sind die Artikel aktuell? | • Angaben zum Umfang<br>• Das Werk wird regelmäßig aktualisiert<br>• Es werden aktuelle Zusatzinformationen angeboten (z. B. Jahreschroniken)<br>• Ähnliche Themen werden ähnlich behandelt |
| *Usability / Gebrauchstauglichkeit* | • Nutzergruppenorientierung | |
| *Geltungsbereich* | • Ist die Zielgruppe genau angegeben? | • In einem medizinischen Fachwörterbuch für Mediziner werden die lateinischen Fachtermini als Lemma gewählt, während ein für Laien bestimmtes Werk den Einstieg über die allgemeinsprachlichen Lemmata liefert. |
| *Schreibstil* | • Ist der Schreibstil der Nutzergruppe angemessen? | • Verständliche Formulierungen<br>• Vereinfachte Darstellung von komplexen Sachverhalten<br>• Übersichtlichkeit |

| | | |
|---|---|---|
| **Struktur und Zugang** | • Ist ein Index/Register vorhanden?<br>• Ist die Lemmatisierung einleuchtend?<br>• Ist die Wahl des Zugangsalphabets angemessen?<br>• Ist ein systematischer Zugang auf die Information möglich? Entspricht die gewählte Systematik den Nutzergewohnheiten?<br>• Wird Hypertext sinnvoll eingesetzt?<br>• Ist die Mikro- und Makrostruktur konsistent?<br>• Suchoptionen (elektronisch)<br>• Verweisungen / Links<br>• linguistische Erläuterungen | • Es werden unterschiedliche Zugänge zu den Inhalten angeboten<br>• speziell für elektronische Werke:<br>   o intratextuelle Links erlauben, das Wissensniveau selber zu steuern<br>   o extratextuelle Links ermöglichen Zugriff auf Korpustexte oder Quellentexte<br>   o Angebot von Suchfunktionen<br>   o Browsing- und Stöberfunktion wird angeboten |
| **Zeitaufwand bei der Recherche** | • Die Verweisungsstruktur von gedruckten Enzyklopädien kann das Zusammensammeln von Informationen aus mehreren Bänden bedeuten. Das verlängert den Zeitaufwand bei der Recherche.<br>• Bei elektronischer Recherche können Links und Animationen vom Rechercheweg abführen und so ebenfalls den Zeitaufwand erhöhen. | • Für die Benutzer wird deutlich erkennbar zw. internen und externen Links unterschieden. Animationen sind jederzeit ausschaltbar. |
| **Kosten** | • Ist das Preis-Leistungsverhältnis angemessen?<br>• In welchem Verhältnis stehen die Anschaffungskosten für die gedruckte Version zur elektronischen Version?<br>• Bietet der Verlag zusätzliche Dienstleistungen (z. B. Recherchedienst) an? | • Fachlexika sind für gelegentliche Nutzer im 'pay per view'-Verfahren zugänglich. |

*Abb. 3: Qualitätskriterien*

4. Jedes Lexikon muss sich der Frage des Umgangs mit Parteilichkeit stellen. Lexika können bewusst Partei ergreifen, einen pluralistischen Ansatz verfolgen und verschiedene Stimmen zu Wort kommen lassen oder eine „neutrale" Haltung anstreben.

5. Da der Anspruch auf gesicherte Informationen konstitutiv für das Selbstverständnis von Nachschlagewerken ist, gilt es die jeweils angewandten Verfahren der Verifikation zu prüfen, die ebenfalls historischen Wandlungen unterliegen.

## C 12.4.1 Qualitätskriterien

In der informationspraktischen Arbeit ist es wichtig, schnell einen angemessenen Eindruck über die Qualität eines Informationsmittels zu erhalten. Hilfreich sind in diesem Zusammenhang heuristische Kriterienkataloge, die für den jeweiligen Anwendungsfall operationalisierbar sein sollen. Mittlerweile stehen zahlreiche Kriterienkataloge allgemeiner Art <http://www.sosig.ac.uk/desire/internet-detective.html> als speziell auf gedruckte (vgl. Lit. 17) und elektronische (vgl. Lit. 31) Nachschlagewerke bezogen zur Verfügung. Die obige Tabelle bietet ein Orientierungsraster, das jeweils für den Einzelfall durch spezielle Fragen ergänzt werden sollte.

## C 12.5 „Hands on"-Tipps zur Erstellung eigener Informationsmaterialien in lexikographischer Form

Mit den neuen digitalen Möglichkeiten wird die Lexikonherstellung auf technischer Ebene so einfach, dass auch Laien in der Lage sind, ansprechende lexikographische Nachschlagewerke in elektronischer Form herzustellen und über das Internet zugänglich zu machen. Die wichtigsten Punkte bei der Erstellung eigener Informationsmaterialien in lexikographischer Form (elektronisch und gedruckt) sind:

- Benutzerprofil erstellen – immer in Bezug zu beteiligten Fachgebieten,

- Lemmatisierung: Datengrundlage im Bezug auf Benutzer/Fach definieren und erstellen,

- Lemmaauswahl im Bezug auf Benutzer und beteiligte Fachgebiete durchführen,

- Definition des Projekts anhand der Strukturbegriffe (Rahmenstruktur, Verteilungssystem, Makrostruktur, Mikrostruktur, Verweisstruktur, Zugriffsstruktur),

- Lemmaredaktion mit Validierung der verarbeiteten und präsentierten Daten,

- Definition des Lebenszyklus der Daten und ihrer Revalidierung/Löschung.

### Literatur

01 Bergenholtz, Henning: Probleme der Selektion im allgemeinen einsprachigen Wörterbuch. In Lit. 14: Handbücher zur Sprach- und Kommunikationswissenschaft, hrsg. v. Hugo Steger und Herbert Ernst Wiegand. Band 5. Ein internationales Handbuch zur Lexikographie, hrsg. v. Franz Josef Hausmann, Oskar Reichmann, Herbert Ernst Wiegand und Ladislav Zgusta, Berlin, New York: Walter de Gruyter 1989, S. 772-779

02 Bergenholtz, Henning: Zehn Thesen zur Fachlexikographie. In: Lit. 25, S. 43-56

03 Bergenholtz, Henning: Fachsprache und Gemeinsprache: Lemmaselektion im Fachwörterbuch. In: Lit. 25, S. 285

04 Bergenholtz, Henning, Sven Tarp: Manual of Specialised Lexicography. Amsterdam: John Benjamins 1995

05 Bergenholtz, Henning, Sven Tarp, Herbert Ernst Wiegand: Datendistributionsstrukturen, Makro- und Mikrostrukturen in neueren Fachwörterbüchern. In: HSK 14: Handbücher zur Sprach- und Kommunikationswissenschaft, hrsg. v. Hugo Steger und Herbert Ernst Wiegand. Band 14. Fachsprachen, hrsg. v. Lothar Hoffmann, Hartwig Kalverkämper und Herbert Ernst Wiegand, Berlin, New York: Walter de Gruyter 1998, S. 1889-1909

06 Bibliotheca lexicorum: kommentiertes Verzeichnis der Sammlung Otmar Seemann; eine Bibliographie der enzyklopädischen Literatur von den Anfängen bis zur Gegenwart, unter besonderer Berücksichtigung der im deutschen Sprachraum ab dem Jahr 1500 gedruckten Werke / bearb. von Martin Peche. Hrsg. von Hugo Wetscherek. Wien: Inlibris 2001

07 Collison, Robert: Encyclopaedias: Their history throughout the ages. New York, London: Hafner 1964

08 Encyclopaedias. In: The New Encyclopaedia Britannica. Macropaedia, Vol. 18, 15th edition, Chicago, etc.: Helen Hemingway Benton 1974, S. 366-382

09 Geeb, Franziskus: Semantische und enyzyklopädische Informationen in Fachwörterbüchern. Aarhus: Handelshøjskolen Aarhus 1996

10 Geeb, Franziskus: leXeML - Vorschlag und Diskussion einer metalexikographischen Auszeichnungssprache, in: Sprache und Datenverarbeitung. International Journal for Lanugage Data Processing 2001. S. 27-61

11 Geeb, Franziskus: Perspektiven der Rechneranwendung in der Lexikographie. in: Symposium on Lexicography XI: Proceedings of the Eleventh International Symposium on Lexicography May 4-6, 2000 at the University of Copenhagen / ed. by Henrik Gottlieb, Jens Erik Mogensen und Arne Zettersten Tübingen: Niemeyer 2004 (im Druck)

12 Green, Jonathan: Chasing the sun: Dictionary-Makers and the dictionaries they made. London: Jonathan Cape 1996

13 Hadding, Günther: Aus der Praxis moderner Lexikographie. In: Koch, Hans-Albrecht (Hrsg.): Welt der Information: Wissen und Wissensvermittlung in Geschichte und Gegenwart. Stuttgart: J. B. Metzlersche Verlagsbuchhandlung 1990, S. 109-122

14 Hausmann, Franz Josef, Oskar Reichmann, Herbert Ernst Wiegand, Ladislav Zgusta (Hrsg.): Wörterbücher. Ein internationales Handbuch zur Lexikographie. In: Handbücher zur Sprach- und Kommunikationswissenschaft, hrsg. v. Hugo Steger und Herbert Ernst Wiegand, Band 5, 1-5, 3. Berlin, New York: Walter de Gruyter 1989

15 Hausmann, Franz Josef, Herbert Ernst Wiegand: Compoment parts and Structures of General Monolingual Dictionaries: A Survey. In: Lit. 14, S. 328-360

16 Henningsen, Jürgen: Enzyklopädie: Zur Sprach- und Bedeutungsgeschichte eines pädagogischen Begriffs. In: Archiv für Begriffsgeschichte, 10, 1966, S. 270-356

17 Katz, William A.: Introduction to reference work, Vol. 2: Reference services and reference processes. 8ed. Boston u. a.: McGraw-Hill 2002

18 Landau, Sidney I.: Dictionaries: The Art and Craft of Lexicography. New York: The Scribner Press 1984

19 Lemberg, Ingrid, Bernhard Schröder, Angelika Storrer: Chancen und Perspektiven computergestützter Lexikographie. Tübingen: Niemeyer 2001

20 McArthur, Tom: Worlds of reference: Lexicography, learning and language from the clay tablet to the computer. Cambridge, New York, New Rochelle u. a.: Cambridge University Press 1986

21 Michel, Paul: Darbietungsweisen des Materials in Enzyklopädien. In: Tomkowiak, Ingrid (Hrsg.): Populäre Enzyklopädien. Gedenkschrift für Rudolf Schenda. Zürich: Chronos Verlag 2002

22 Nachschlagewerk. Artikel in der Wikipedia (http://de.wikipedia.org/wiki/Nachschlagewerk)

23 Porto Dapena, José-Alvaro: Manual de Técnica Lexicográfica. Madrid: Arco/Libros 2002

24 Rösch, Herrmann; Harkönen, Sonja (Mitarbeit): Lehrveranstaltung Allgemeine Informationsmittel - Allgemeinbibliographie: Begleitende Informationen. Fachhochschule Köln: August 2001 (URL: http://www.fbi.fh-koeln.de/fachbereich/personen/Roesch/Material_Roesch/WS01/Roesch_Informationsmittel_WS01.htm)

25 Schaeder, Burkhard, Henning Bergenholtz: Fachlexikographie. Fachwissen und seine Repräsentation in Wörterbüchern. Tübingen: Gunter Narr 1994

26 Schlaefer, Michael: Lexikologie und Lexikographie. Eine Einführung am Beispiel deutscher Wörterbücher. Berlin: Erich Schmidt 2002

27 Schütz, Thomas: Vorlesungseinheit "Wörterbücher". Im Rahmen der Vorlesungsveranstaltung "Informationsaufbereitung" [zit. 2004-03-11] (http://www.inf-wiss.uni-konstanz.de/CURR/summer01/ia/woerterbuecher.pdf )

28 Selg, Anette; Wieland Rainer: Die Welt der Encyclopédie. Frankfurt am Main: Eichborn AG 2001

29 Spree, Ulrike: Das Streben nach Wissen: Eine vergleichende Gattungsgeschichte der populären Enzyklopädie in Deutschland und Großbritannien im 19. Jahrhundert. Tübingen: Niemeyer 2000

30 Stein, Achim: Folien zum Seminar Französische Lexikographie. Universität Stuttgart, Winter 2000. [zit. 2004-03-11] (http://www.uni-stuttgart.de/lingrom/stein/kurs/lexikographie/folien/index.html)

31 Storrer, Angelika: Hypermedia-Wörterbücher: Perspektiven für eine neue Generation elektronischer Wörterbücher. In: Herbert Ernst Wiegand (Hrg.): Wörterbücher in der Diskussion III: Vorträge aus dem Heidelberger Lexikographischen Kolloquium. - Tübingen: Niemeyer 1998, S. 107-141

32 Test 11/98: Blättern oder klicken? Lexika (Bücher und CD-ROMS), S. 87-92

33 Volpers, Helmut: Idee und Begriff der Enzyklopädie im Wandel der Zeit. In: Rösch, Hermann (Hrsg.): Enzyklopädie im Wandel: Schmuckstück der Bücherwand, rotierende Scheibe oder Netzangebot. In: Kölner Arbeitspapiere zur Bibliotheks- und Informationswissenschaft Bd. 32 (April 2002). Köln: Fachhochschule Köln, Fachbereich Informationswissenschaft 2002, S. 6-35 ( http://www.fbi.fh-koeln.de/fachbereich/papers/kabi/volltexte/band032.pdf)

34 Wiegand, Herbert Ernst: Aspekte der Makrostruktur im allgemeinen einsprachigen Wörterbuch: alphabetische Anordnungsformen und ihre Probleme. In: Lit. 14, S. 371-409

35 Wiegand, Herbert Ernst: Der Begriff der Mikrostruktur: Geschichte, Probleme, Perspektiven. In: Lit. 14, S. 409-462

36 Wiegand, Herbert Ernst: Formen von Mikrostrukturen im allgemeinen einsprachigen Wörterbuch. In: Lit. 14, S. 462-501

37 Wiegand, Herbert Ernst: Über die Mediostrukturen bei gedruckten Wörterbüchern. In: K. Hyldegaard Jensen, V. Hjornager Pedersen, A. Zettersen (Hrsg.): Symposium on Lexicography VI. Proceedings of the Sixth International Symposium on Lexicography May 7-9 1992 at the University of Copenhagen. Tübingen: Niemeyer 1994, S. 315-329

38 Wiegand: Fachlexikographie. Lexicography for Special Purposes. Zur Einführung und bibliographischen Orientierung. In: Lexicographica 11/1995, S. 1-14

39 Wiegand, Herbert Ernst: Wörterbuchforschung. Untersuchungen zur Wörterbuchbenutzung, zur Theorie, Geschichte, Kritik und Automatisierung der Lexikographie. 1. Teilband. Berlin/New York: de Gruyter

40 Wikipedia. Die freie Enzyklopädie [URL: http://www.wikipedia.de]

41 Winchester, Simon: Der Mann, der die Wörter liebte : Ein wahre Geschichte. München: Knaus 1998

42 Wissen.de. Artikel "Wörterbuch". In: wissen.de-Lexikon. [zit. 2004-03-11] (http://www.wissen.de)

43 Wright, Sue Ellen, Gerhard Budin (Hrsg.): Handbook of Terminology Management. John Benjamins: Amsterdam 1997 (2 Bde.)

44 Zischka, Gert A.: Index Lexicorum: Bibliographie der lexikalischen Nachschlagewerke. Wien: Hollinek 1959

# D
## Bereiche der Fachinformation und -kommunikation

| | | |
|---|---|---:|
| D 1 | Angelika Menne-Haritz:<br>**Archive** | ... 497 |
| D 2 | Hans-Christoph Hobohm:<br>**Bibliotheken** | ... 505 |
| D 3 | Günter Peters:<br>**Medien, Medienwirtschaft** | ... 515 |
| D 4 | Ulrich Riehm:<br>**Buchhandel** | ... 525 |
| D 5 | Helmut Wittenzellner:<br>**Transformationsprozesse für die Druckbranche auf dem Weg zum Mediendienstleister** | ... 533 |
| D 6 | Dietmar Strauch:<br>**Verlagswesen** | ... 543 |
| D 7 | Ulrich Riehm, Knud Böhle und Bernd Wingert:<br>**Elektronisches Publizieren** | ... 549 |
| D 8 | Heike Andermann:<br>**Initiativen zur Reformierung des Systems wissenschaftlicher Kommunikation** | ... 561 |
| D 9 | Ute Schwens und Hans Liegmann:<br>**Langzeitarchivierung digitaler Ressourcen** | ... 567 |
| D10 | Achim Oßwald:<br>**Document Delivery / Dokumentlieferung** | ... 571 |
| D11 | Willi Bredemeier und Patrick Müller:<br>**Informationswirtschaft** | ... 579 |
| D12 | Martin Michelson:<br>**Wirtschaftsinformation** | ... 591 |
| D13 | Ulrich Kämper:<br>**Chemie-Information** | ... 603 |
| D14 | Wilhelm Gaus:<br>**Information und Dokumentation in der Medizin** | ... 609 |
| D15 | Gottfried Herzog und Hans-Jörg Wiesner:<br>**Normung** | ... 621 |
| D16 | Jürgen Krause:<br>**Standardisierung und Heterogenität** | ... 635 |
| D17 | Reinhard Schramm:<br>**Patentinformation** | ... 643 |

| | | |
|---|---|---|
| D18 | Wolfgang Semar:<br>**E-Commerce** | ... 657 |
| D19 | Wolfgang Semar:<br>**Kryptografie** | ... 667 |
| D20 | Knud Böhle:<br>**Elektronische Zahlungssysteme** | ... 673 |

# D 1 Archive

Angelika Menne-Haritz

## D 1.1 Die Institution

Archive stellen interne Aufzeichnungen für einen breiten Nutzerkreis zur Einsicht bereit, nachdem die Unterlagen dort, wo sie entstanden sind, nicht mehr für ihre ursprünglichen Zwecke benötigt werden. Archive wählen das für die Einsicht dauerhaft erforderliche Material aus, bereiten es mit provenienzorientierten Erschließungsverfahren auf und organisieren die Benutzung durch Dritte. Die Träger der Archive sind wegen dieser engen Beziehung zwischen Entstehung und Bereitstellung des Archivguts die verantwortlichen Einrichtungen für die Verwaltungen oder Organisationen, bei denen das Material produziert wurde. Es entspricht der Entwicklung zum modernen Archivwesen seit dem 19. Jahrhundert, wenn die Archivinstitutionen auf einer stärker zentralisierten Ebene als die Ursprungsbehörden angesiedelt sind. So werden die Archive einer Landesverwaltung als Landesarchiv oder die Archive einer Partei als Parteiarchiv organisiert. Dadurch können die abgelieferten Bestände eines Ministeriums besser in Verbindung zu Beständen aus den übrigen Behörden untersucht werden. Außerdem wird damit eine eindeutigere Trennung zwischen dem noch nicht abgeschlossenen Schriftgut und dem archivierten, also für Dritte geöffneten Material gezogen. Eine Verwaltung oder eine Organisation, die für das in ihrem Verantwortungsbereich entstandene Material ein selbstständig organisiertes Archivwesen unterhält, demonstriert damit ihre Offenheit und Bereitschaft zur Transparenz.

## D 1.2 Bestände

Die Bestände von Archiven wachsen durch Abgaben und Übernahmen von Behörden oder Organisationen aus ihrem Zuständigkeitsbereich, der dem Verantwortungsbereich ihrer Trägereinrichtung entspricht. In einzelnen Fällen gibt es Überschneidungen, wenn etwa Behörden des Bundes eine regional begrenzte Zuständigkeit haben, wie z.B. in der Wasser- und Schifffahrtsverwaltung. Deren Unterlagen werden an die jeweiligen Landesarchive statt an das Bundesarchiv abgegeben, auch wenn das Archivgut der obersten Verwaltungsebene dieses Geschäftsbereichs, also des Bundesverkehrsministeriums im Bundesarchiv bereitgestellt wird. Die Organisation des Archivwesens folgt also der Verwaltungsstruktur und ist entsprechend dem Provenienzsystem aufgebaut.

Die Bestandsbildung innerhalb der einzelnen Archive folgt ebenfalls den Entstehungszusammenhängen. Nach Möglichkeit wird das Archivgut, das aus einer Behörde oder einer anderen Organisationseinheit stammt, als Bestand zusammengelassen, auch wenn Teile davon zu verschiedenen Zeitpunkten abgegeben und übernommen werden. Probleme können sich dabei aus häufigen Organisationsänderungen ergeben, wie sie etwa in den Verwaltungsbereichen Jugend und Sport, Atomenergie oder Frauenangelegenheiten in den letzten Jahrzehnten auftraten. Der Aufbau der Beständestruktur kann solche Veränderungen berücksichtigen, weil er sich gleichzeitig nach drei parallel in der Verwaltungsarbeit wirkenden inneren Strukturen richtet:

1. der Organisationsstruktur, also im Landesarchiv dem Aufbau der Ministerien und der nachgeordneten Behörden, im Kommunalarchiv dem Aufbau der Ämter, unter Berücksichtigung des Entstehens von neuen Behörden oder der Schließung anderer;

2. der Verteilung von Kompetenzen innerhalb der Organisationsstruktur, wobei ebenfalls Kompetenzen neu entstehen, oft zunächst als neuer Aufgabenbereich innerhalb der bestehenden Kompetenzverteilung und erst später durch Gesetze definiert werden, während andere Aufgaben durch Veränderung äußerer Bedingungen verschwinden, wie etwa beim Asylverfahren nach gesetzlicher Neuregelung;

3. der Organisation der Aufzeichnungen und der Schriftgutverwaltung, die durch die jeweils Verantwortlichen unterschiedlich gehandhabt worden sein kann und besonders beim Einsatz von IT umwälzenden Veränderungen mit Auswirkung auf die Archivierungsmethoden unterworfen ist.

Die Entwicklung dieser drei Strukturen sind anhand der Akten nachvollziehbar und sollen als Kontext für das Verständnis der Aufzeichnungen bei der Auswertung transparent bleiben. Ziel der

Archivierung sind Bestände, in denen sowohl die Zusammenhänge und Vernetzungen im größeren Kontext wie die besonderen Details der jeweiligen Verwaltung in ihrer Zeit deutlich werden. Die Struktur des Bestände ist die Tektonik, die sie wie ein Gebäude zusammenhält. Falls neue Bestände angelegt werden, wird die logische Zuordnung in dieser Struktur berücksichtigt. Die Tektonik liegt der Beständeübersicht jedes Archivs zugrunde und erlaubt einen ersten Überblick über die Bestände und den Einstieg in die Benutzung eines noch unbekannten Archivs.

## D 1.3    Die Benutzung von Archiven

Das Archivgut der öffentlichen Archive (Staats-, Landes- und Kommunalarchive) steht auf Grund gesetzlicher Bestimmungen ab einem Zeitraum von 30 Jahren nach der Entstehung jedem auf Antrag zur Einsicht offen. Einschränkungen des Zugangsrechts sind nur möglich, wenn wiederum gesetzlich festgelegte Rechte der Offenlegung widersprechen. Das betrifft etwa den Schutz von Personen, die Informationen über sich selbst in einem Antragsverfahren mitgeteilt haben. Diese Informationen sind zweckgebunden für die Prüfung eines Anspruchs erhoben worden und dürfen entsprechend dem informationellen Selbstbestimmungsrecht laut Archivgesetz erst 30 Jahre nach dem Tod der Person an Dritte weitergegeben werden. Außerdem können für dem Archiv überlassene persönliche Unterlagen, etwa in Nachlässen, andere Beschränkungen gelten.

Das allgemeine Zugangsrecht gilt für alle archivierten Unterlagen, die öffentliche Archive in Ausübung ihrer Zuständigkeit übernommen haben. Für die Realisierung des Rechtes bieten Archive eine Infrastruktur für die Einsichtnahme vor Ort an und beantworten Anfragen. Die Einsichtnahme findet im Lesesaal statt, in dem auch eine Beratungsmöglichkeit erreichbar ist. Eine kommerzielle Nutzung von Archivgut ist gegen Gebührenzahlung möglich. Die Rechte an dem bereitgestellten Archivgut liegen bei dem jeweiligen Archiv und sind damit öffentlich. Reproduktionen können auf Bestellung, teilweise von Firmen, die mit dem jeweiligen Archiv zusammenarbeiten, angefertigt werden.

Die Arbeit mit dem Archivgut im Lesesaal eines Archiv benötigt eine eigene Recherchestrategie. Weil Archivgut für eine interne Koordinierung unter gemeinsam arbeitenden Mitgliedern einer Organisation entstanden ist, lässt es deren Kommunikation beobachten, behandelt die Archivbenutzer aber als Außenstehende, denen zunächst nichts mitgeteilt wird. Es gibt keinen Autor, der seinen Lesern etwas nahe bringen möchte, noch gibt es etwas wie einen Buch- oder Aufsatztitel, der die Informationen auf den Punkt bringt. Der Titel der Akten kann nur beschreiben, zu welchem Zweck das Material entstanden ist, was ursprünglich gemeint war, als die Akte angelegt und ergänzt wurde und was bei der archivischen Erschließung als passende Charakterisierung gewählt wurde. Information in Archivgut will entdeckt werden. Dazu ist Nachdenken, Vergleichen, Interpretieren, Überprüfen von eigenen Hypothesen, also Arbeit erforderlich. Archivbenutzung ist davon gekennzeichnet, dass man nicht immer vorher schon benennen kann, was man sucht, aber die eigenen Fragen fortschreitend präzisieren kann. Doch auch, wenn man benennen kann, was man sucht, etwa einen Gehaltsnachweis für eine bestimmte Person und für einen bestimmten Zeitraum, ist oft ein ähnliches, schlussfolgerndes Vorgehen mit Hilfe von Kontexten das einfachste und zügigste Verfahren.

Unterlagen in Archiven gibt es nur einmal. Das was schon bekannt ist, ist meist weniger interessant als das noch Unbekannte. In Akten gibt es viel zu entdecken. Doch muss man sie dazu vor sich liegen haben, hin- und herblättern, auf alles mögliche achten. Manchmal gibt etwas ganz unscheinbares, wie eine geänderte Papierqualität, einen Hinweis, der wie ein Schlussstein das Argumentationsgebäude zusammenhält. Akten muss man interpretieren. Sie enthalten selten fortlaufende Texte, und wenn, ist meist das eigentlich Interessante das, was mit dem Text gemeint und gemacht wurde, wie er verstanden wurde und was er bewirkte. Damit kommt man den Ereignissen auf die Spur und kann sich die Zusammenhänge klar machen.

Die Offenlegung der Aufzeichnungen im Archiv ist eine bei ihrer Entstehung so nicht geplante Verwendung. Es besteht sogar die Gefahr der Unbrauchbarkeit der Aufzeichnungen für die eigentlichen, koordinierenden Zwecke, wenn bei der Abfassung von Notizen und Vermerken mehr an die Rechtfertigung der eigenen Person gegenüber Vorgesetzten oder Prüfungsinstanzen gedacht wird, also die potenzielle Nutzung als Quelle mehr berücksichtigt wird als die Erfordernisse der aktuellen Kommunikation. Paradoxerweise enthalten solchermaßen geplante Aufzeichnungen gerade für die mitgedachten Dritten sehr viel geringere Information über das, was ihnen mitgeteilt werden soll als über die Person, die den Vermerk angelegt hat, und ihre nicht formulierten Absichten. Die besonderen Eigenschaften von Verwaltungsaufzeichnungen haben die Entwicklung spezifisch archivischer Arbeitsmethoden für die Bewertung, Erschließung und Bestandserhaltung gefördert, die auf die Bereitstellung dieser Art von Material für eine Interpretation durch Dritte orientiert sind. Diese Arbeitsmethoden und ihre archivwissenschaftlichen Begründungen sind Gegenstand der archivischen Fachausbildung.

### D 1.3.1  Die Findmittel

Die Findmittel der Archive geben Auskunft über ihre Bestände. Die Erschließung bietet Zugänge auf zwei Ebenen an, der Ebene des zusammenfassenden Überblicks über alle Bestände in der Beständeübersicht und der Ebene der Findbücher, die zu den bestellbaren Einheiten führen. Beständeübersichten und Findbücher werden zunehmend als intern verlinkte Online-Versionen mit hohem Nutzungskomfort auf den Webseiten der Archive präsentiert und zu einem geringeren Teil daneben weiterhin als gedruckte Bände herausgegeben. Die Online-Versionen von Beständeübersichten und Findbüchern geben die Möglichkeit der Navigation in der Struktur, des Blätterns wie in einem gedruckten Buch und der Volltextrecherche nach bekannten Begriffen oder Namen.

#### D 1.3.1.1  Beständeübersichten

Beständeübersichten geben einen strukturierten Überblick über alle Bestände eines Archivs und ordnen sie dabei in die Tektonik des Archivs ein. Die Tektonik wird im Inhaltsverzeichnis oder im Navigationsbaum der Beständeübersicht abgebildet. Jeder einzelne Bestand, der in der Regel die archivierten Unterlagen einer Organisation oder Behörde umfasst, ist mit einer Bestandsnummer, einer Bestandsbezeichnung und der Laufzeit der dort zusammengefassten Unterlagen gekennzeichnet. Ausführliche Beschreibungen der einzelnen Bestände geben Informationen zur Behördengeschichte und zur Entwicklung sowie zum Schicksal des Bestandes bis zu seiner Übernahme in das Archiv. Außerdem wird der Erschließungszustand erläutert und auf Findmittel zum Bestand verwiesen. Soweit Online-Findbücher bereitstehen, sind sie von dieser Stelle aus mit einem Link erreichbar.

Beständeübersichten sind als erster Einstieg in die Recherche in einem Archiv nützlich. Sie geben einen Eindruck davon, was in dem jeweiligen Archiv vorhanden ist, wie es strukturiert ist und wie es am besten genutzt werden kann.

#### D 1.3.1.2  Findbücher

Findbücher inventarisieren und präsentieren die bestellbaren Einheiten innerhalb der Bestände in ihren Zusammenhängen. Sie werden für einzelne Bestände, manchmal auch für kombinierte Bestände oder zusammengehörige Beständegruppen angelegt. Auf der Titelseite wird die Bestandsbezeichnung und die Bestandssignatur angegeben, die bei einer Bestellung von Einheiten neben der Einzelsignatur benötigt wird. Die Liste der bestellbaren Einheiten in einem Bestand wird nach den Zusammenhängen der ursprünglichen Verwaltungsarbeit gegliedert. Die Gliederung bildet im Online-Findbuch die Grundlage des Navigationsbaumes und im gedruckten Findbuch den Kern des Inhaltsverzeichnisses.

Ein typisches Findbuch, analog oder digital, umfasst zur Unterstützung der verschiedenen Recherchestrategien folgende Bestandteile:

– Die Einleitung: In der Einleitung werden Informationen zur Entstehung des Bestandes und zur Entwicklung der Behörde oder Organisation, aus deren Arbeit er stammt, gegeben. Außerdem gibt es hier oft eine Gebrauchanweisung mit Hinweisen für die Benutzung, die Zitierweise und bereits vorliegende Publikationen.

– Die Listen der bestellbaren Einheiten: Die Listen können durchblättert werden und zeigen, was im Archiv vorhanden ist. Sie sind nach den Gliederungsgruppen des Bestandes geordnet. Im Onlinefindbuch wird die Liste je einer Gliederungsgruppe auf einmal angezeigt. Jeder Eintrag in der Liste besteht zumindest aus dem Titel und einem eventuellen Enthältvermerk, der Laufzeit des Materials und einer Signatur, die für die Bestellung in den Lesesaal benötigt wird. Wenn sinnvoll, werden weitere Angaben wie zu eventuellen alten Signaturen, zu Konversionsformen oder zum Umfang gemacht. In Online-Findbüchern können außerdem Zusatzinformationen über die Erschließung oder Bewertung angeboten und Abbildungen mit den Titeln verknüpft werden.

– Der Index: Im Index werden Begriffe aufgelistet, die bei der Erschließung als relevant für die einzelne Verzeichnungseinheit ausgewählt wurden. Der Index verweist in der Online-Präsentation mit Angabe der anklickbaren Signatur auf den jeweiligen Titel oder in gedruckten Findbüchern auf die Seitenzahl, da die Signaturen nicht unbedingt in numerischer Reihenfolge verwendet werden.

– Anhänge: In Anhänge werden Abbildungen aus den Beständen, Konkordanzen von alten und neuen Signaturen oder Organigramme aufgenommen. In Online-Findbüchern werden sie teilweise durch direkte Links zu Zusatzinformationen, digitalen Objekten oder Zusammenfassungen bei den Verzeichnungseinheiten oder den Gliederungsgruppen ersetzt.

### D 1.3.1.3   Andere Formen von Findmitteln

Neben Findbüchern sind in vielen Archiven auch noch Karteien vorhanden, die teilweise als Vorform für Findbücher entstanden sind und inzwischen schrittweise in digitale Form überführt werden. Die Digitalisierung dient dabei sowohl der direkten Erstellung von Online-Findbüchern wie auch der internen Bereitstellung früherer Erschließungen in bearbeitbarer Form für eine zügige Rückstandsbearbeitung. Große Mengen an Erschließungsinformationen sind in Datenbanken vorhanden. Sie werden vorwiegend zur internen Recherche verwendet. Der externe Zugang zu solchen Daten wird teilweise über eine Konversion in Online-Findbücher realisiert.

### D 1.3.1.4   Wurzeln der archivischen Findmittel

Die archivischen Findmittel verdanken ihre Form verschiedenen Traditionen. Eine ihrer Wurzeln sind die früheren Repertorien in den Registraturen bis zum Beginn des 20. Jahrhunderts, die der Struktur des zuvor festgelegten Aktenplans folgten. Repertorien halfen bei der Ermittlung vorhandener Akten und gaben ohne lange Suche abschließend und eindeutig Auskunft, auch darüber, ob es bestimmte Akten gab oder nicht. Aus dieser Tradition ergibt sich die strukturierte Anlage der Findmittel, die eine Ermittlung unbekannter Unterlagen unterstützt.

Die andere, im Archivwesen wirksame Tradition ist die der bibliothekarischen Titelaufnahme für Zettelkataloge. Sie hat den Einsatz von Datenbanken für die Erschließung im Archiv begünstigt, weil sie die Arbeit auf die einzelnen Verzeichnungseinheiten orientiert und eine konsistente Arbeitsweise unterstützt, bei der für jede Einheit ein Datensatz angelegt wird, eine eindeutige Signatur als Bestellnummer vergeben wird und weitere Angaben wie zur Laufzeit gleichförmig erfasst werden. Die Anzahl der Felder pro Datensatz ist im Archiv jedoch vergleichsweise gering. Auch ist ein Titel bei Schriftgut aus Verwaltungsarbeit nicht immer vorhanden oder hat sich ungeplant verändert und muss deshalb bei der Erschließung gebildet werden. Die archivische Titelbildung setzt deshalb ein Verständnis der Unterlagen in ihren Kontexten voraus, und eine Einschätzung, welche Informationen über die jeweilige Verzeichnungseinheit erforderlich sind, um sie für die Benutzung möglichst genau zu kennzeichnen.

Beide Traditionen haben eine Entwicklung bei der Findmittelerstellung begünstigt, die zur Nutzung der Internettechnologie und der Bereitstellung von Online-Findmitteln führt.

### D 1.3.2   Online-Findmittel

Für die Online-Präsentation von Findmitteln hat sich ein Format herausgebildet, das ursprünglich von der Entwicklungsgemeinschaft PARSIFAL (PARtnerSchaft InternetFähige ArchivLösungen, ein Konsortium aus Bundesarchiv, Landesarchivdirektion Baden-Württemberg und Archivschule Marburg, gegründet 1999) unter der Bezeichnung MIDOSA-Präsentationsformat entwickelt wurde. Das Präsentationsformat umfasst die folgenden Funktionen:

– Es erlaubt eine Hyper-Navigation, die der Entdeckung bisher unbekannter Materialien und Zusammenhänge dient.

– Es sichert die Orientierung, indem zu jedem Zeitpunkt der Recherche der Kontext der aktuellen Position sichtbar ist und bei allen Änderungen an einer Stelle, etwa beim Blättern durch die Listen oder beim Anklicken des Navigationsbaumes, alle übrigen Anzeigen aktualisiert werden.

– Es erlaubt das Verlassen der Präsentation zu jedem Zeitpunkt, um sich etwa den übergeordneten Zusammenhang in der Beständeübersicht klar zu machen, zur Homepage des Archivs zu gehen oder Hilfsmittel wie ein Abkürzungsverzeichnis aufzurufen.

– Es präsentiert die Listen der erschlossenen Materialien in einer Form, die wie ein Buch durchgeblättert werden kann.

### D 1.3.3 Internationale Standardisierung: Encoded Archival Description (EAD)

Die IT-gestützte Erarbeitung und Online-Präsentation von Findmitteln steht im Zusammenhang der weltweiten Entwicklung von archivischen Erschließungsstandards. Anfang der 90er Jahre hatte der Internationale Archivrat den International Standard of Archival Description (General) (ISAD (G)) angenommen. Er wurde 1994 in deutscher Übersetzung von der Archivschule Marburg publiziert. 2000 wurde er überarbeitet und 2002 erschien die Übersetzung wiederum in der Reihe der Archivschule. Kennzeichen für ISAD (G) ist das Konzept der mehrstufigen Erschließung (Multilevel Description), bei der Redundanz vermieden wird, indem beschreibende Informationen, die für mehrere Einheiten einer Stufen gelten, auf der nächst höheren Stufe zusammengefasst werden. Für jede Ebene wurde ein Elementebestand standardmäßig definiert. Damit sollte die Austauschbarkeit der Erschließungsangaben archivübergreifend realisierbar werden.

Daneben entwickelte sich seit Mitte der 90er Jahre, beeinflusst von der Text Encoding Initiative (TEI) in der Society of American Archivists EAD als Austauschformat für Findbücher, zunächst als SGML-Kodierung, seit 2000 als XML-DTD. Mit „encodinganalogue"-Attributen wurde EAD mit ISAD(G) kompatibel gemacht. Der Elementebestand von EAD ist sehr umfangreich und bildet die häufigsten Erscheinungsformen der bis dahin wenig strukturierten amerikanischen Findbücher ab, die in viel stärkerem Ausmaß als in der europäischen Tradition mit pauschalisierten Angaben, erläuternden Texten und Serienbildung und in sehr viel geringerem Maß mit der Erfassung in Datenbanken arbeiteten. Beide Normen unterstützen und fördern eine strukturierte Erschließung.

EAD liegt als XML-DTD vor und kann von der Library of Congress bezogen werden. Es ist mit umfangreichen Erläuterungen ausführlich dokumentiert und seine Anwendung wurde in mehreren Publikationen beschrieben. Daneben gibt es „Best Practice Guidelines" für bestimmte Anwenderkreise, die eine konsistente Anwendung fördern sollen. EAD wird in zahlreichen Archiven in den USA eingesetzt, daneben liegt es dem britischen Archivportal Access to Archives (A2A) zugrunde und wird in der französischen Archivverwaltung speziell für die historischen Bestände genutzt. Für Deutschland liegt mit MidosaXML (vgl. www.midosa.de) ein erstes Werkzeug vor, mit dem u.a. Findbücher editiert und im EAD-Format exportiert werden können. EAD wird außerhalb der Archive in zahlreichen Bibliotheken und Museen eingesetzt, wenn Einzelstücke im Zusammenhang erschlossen und provenienzgestützte Zugänge bereitgestellt werden sollen.

EAD hat in den USA einen großen Stellenwert als Alternative zu den Versuchen, den bibliothekarischen Standard MARC für Archivgut anzuwenden. In den vorhandenen MARC-Records in großen Suchmaschinen etwa bei der Research Libraries Group (RLG) finden sich vorwiegend Angaben auf der Ebene der Bestände oder Findbücher, nicht der Archivguterschließung. Ebenso werden in EAD encodinganalogue-Attribute zum Dublin Core (DC) nur für die Angaben zum Findbuch vorgesehen. EAD markiert auch in den USA einen Durchbruch bei der Anwendung modernster IT-Technologien für lange bewährte, an Provenienzen orientierte archivische Fachverfahren.

Die Normen ISAD(G) und EAD beziehen sich auf die Kodierung der Erschließungsangaben, legen Kategorien fest und stellen eine Syntax bereit, mit der Strukturen abgebildet werden können. Bisher sind die Präsentationsformen für EAD- und ISAD(G)-kodierte Findmittel international noch sehr unterschiedlich. Trotzdem bewirkt die Diskussion um die Standardisierung eine neue Vergleichbarkeit archivischer Dienstleistungen weltweit und befördert damit einen Professionalisierungsschub im archivischen Beruf.

## D 1.4 Digitalisierung und Langfristzugang

### D 1.4.1 Die Digitalisierung des Archivguts

Entgegen früheren Erwartungen ist es inzwischen deutlich, dass die Digitalisierung von ursprünglich analogen Aufzeichnungen nicht sinnvoll für die langfristige Erhaltung und als Ersatz für Originalformen eingesetzt werden kann. Im Gegenteil bereitet schon die kurzfristige Erhaltung ursprünglich digitaler Aufzeichnungen heute noch so viele Probleme, dass zumindest auf absehbare Zeit ein digitales Abbild weder eine technische und schon gar keine wirtschaftliche Alternative zur Erhaltung analoger Aufzeichnungen in ihrer ursprünglichen Form sein kann. Die öffentlichen Archive verwenden eine kombinierte Strategie aus Mikroverfilmung für die Erhaltung und der davon hergestellten digitalen Reproduktionen für die Nutzung. Die Digitalisierung bringt, sowohl als Bild, wie als Textdigitalisierung einen enormen Gewinn an Nutzungskomfort mit den Möglichkeiten unterschiedlicher Darstellung, Übertragung und Wiederverwendung.

Die Anforderungen an die Bild-Digitalisierung von Archivgut betreffen einerseits die Form der Digitalisate und ihre Bereitstellung, andererseits die Verfahren ihrer Produktion. Archive haben eine langjährige Erfahrung mit den Angeboten für die Reprographie von Archivunterlagen auf Mikrofilm. Die Digitalisierung bietet jedoch gegenüber der analogen Reprographie mehr Wahlmöglichkeiten, bei denen die beabsichtigte Nutzung bestimmte Faktoren des Produktes, also etwa die Auflösung oder den Übermittlungsweg, bestimmt. Hiervon sind Strategien bestimmt, die Digitalisierung on Demand und neue Formen digitaler Praktika umfassen.

Mit der Kodierungstechnik in der Erschließung und der Entwicklung von Präsentationsformaten sind inzwischen auch Werkzeuge vorhanden für eine strukturierte Bereitstellung von größeren Mengen von Images. EAD wird in einigen Archiven in den USA und in Frankreich bereits zu diesem Zweck eingesetzt.

Die Textdigitalisierung reichert bisherige gedruckte Editionen zentraler Unterlagen um zusätzliche Nutzungsqualitäten an, indem Angaben in den editorischen Anmerkungen mit weiterführenden Seiten verlinkt werden, eine Navigationsstruktur einen direkten Zugriff auf gesuchte Texte ermöglicht und eine Volltextsuche angeboten werden kann. (Beispiel: Die Edition der Kabinettsprotokolle auf der Website des Bundesarchivs.)

### D 1.4.2 Digitale Aufzeichnungen aus Verwaltungsarbeit

Erfahrungen mit der Archivierung elektronischer Daten liegen in Deutschland vor allem aus der Arbeit des Bundesarchivs vor. Sie betreffen bisher hauptsächlich die Archivierung von Datenbanken mit flacher Struktur, die zunächst im EBDIC-Format, später als ASCII-files und teilweise im .csv-Format gespeichert werden kann, das in gängige Datenbanksysteme übernommen werden kann und dort genutzt und ausgewertet wird. Zu den archivierten Daten gehört eine technische Dokumentation, eine Beschreibung der Entstehungszwecke und der ursprünglichen Verwendung sowie ein Nachweis aller archivischen Bearbeitungsschritte. In einem anderen Fall wurden Versuche mit der Umwandlung von Daten in ein XML-Format unternommen und dabei festgestellt, dass dadurch dem Verlust struktureller und funktionaler Information, der bei der Migration von komplexen Datenbeständen durch Dokumentationsunterlagen kompensiert werden muss, relativ einfach und wirksam vorgebeugt werden kann.

Beispielhaft hat das amerikanische Nationalarchiv damit begonnen, zusammen mit kompetenten Partnern und mit hohen finanziellen Investitionen die „Archive der Zukunft" aufzubauen. Die angestrebte Lösung soll kein IT-System im üblichen Sinn sein. Denn jedes System, das als Lösung für die Archivierung programmiert würde, unterläge notgedrungen selbst der technologischen Obsoleszenz, die es gerade überwinden soll, selbst wenn es alle heute bekannten Risiken berücksichtigen würde. Stattdessen soll eine virtuelle archivische Werkbank nach dem OAIS-Referenzmodell (Open Archival Information System) entstehen, die aus den drei Bereichen für die Übernahme und Aufbereitung digitaler Daten, für die Speicherung und für die Bereitstellung besteht. Jeder Bereich ist allein durch seine Funktion bestimmt und besitzt zahlreiche, leicht auswechselbare Werkzeuge für einzelne Aufgaben. Dazu gehört kommerzielle Software, die auch in der Verwaltung eingesetzt wird, als unterste Schicht sowie Werkzeuge, die aus dem Bereich des Grid-Computing und der Peer-to-Peer-Netzwerke stammen und als Mediatoren in der Mittelschicht für Schnittstellen und Konversionen eingesetzt werden. Darauf setzen dann als oberste Schicht archivische Spezialwerkzeuge auf.

Die Aufbereitung und Speicherung der Daten setzt vorrangig XML-Technologien ein, die im Rahmen des mit dem Supercomputer-Center in San Diego zusammen entwickelten Ansatzes der „Collection Based Persistent Archives" eine zentrale Rolle einnehmen. Dazu werden zunächst alle signifikanten, also für eine spätere Rekonstruktion erforderlichen Eigenschaften beschrieben und in einem formalen Modell abgebildet. Das geschieht mit Hilfe der

XML-Dokumenten-Typ-Definition (DTD) oder eines Schemas, während das Erscheinungsbild der Aufzeichnung mit einem Stylesheet erfasst wird. Komplexere Bestände werden mit XML-Topic Maps modelliert. Die Aufzeichnungen selbst werden mit den Markierungen entsprechend ihrer DTD versehen und alle proprietären oder software- und hardwareabhängigen Bestandteile, die veralten können, werden entfernt. Im Speicher werden keine strukturierten Bestände aufbewahrt, sondern nur flache Daten zusammen mit ihren formalen Beschreibungen, wobei die Beschreibung jeweils auch für andere gleichgeformte Aufzeichnungen gelten kann. Erst bei der Benutzung werden die Schreiben, Vermerke, ganze Akten oder Serien in ihrer ursprünglichen Form rekonstruiert und innerhalb der ursprünglichen Struktur angezeigt. Auf diese Weise müssen die Aufzeichnungen selbst ebenso wie die Modelle und Metadaten nicht migriert werden. Nur die Mediatoren, die sie in die aktuellste Technologie übersetzen, werden regelmäßig modernisiert.

Diese Lösung beruht auf vier wesentlichen Prinzipien:

1. Es werden keine speziellen Anforderungen für die Archivierbarkeit der Aufzeichnungen bei ihrer Entstehung und Nutzung gestellt, sondern das Archiv wird in die Lage versetzt, alle Formen und Formate nutzen und konvertieren zu können.

2. Es wird auch für die ältesten archivierten Daten die jeweils neueste Technologie zu ihrer Bereitstellung genutzt.

3. Die Entstehungszusammenhänge der Aufzeichnungen werden als Erklärungskontext nachvollziehbar erhalten.

4. Die Rekonstruktion der ursprünglichen Erscheinungsform ersetzt die physisch materielle Speicherung.

Diese Lösung verzichtet bewusst auf Anforderungen an die Erzeuger der Aufzeichnungen und bleibt deshalb offen für neue Entwicklungen und alle möglichen Formen. Das ist eine der wichtigsten Voraussetzungen für die Gewährleistung der dauerhaften Zugänglichkeit. Außerdem verwendet sie Rekonstruktion bewusst als Nutzungsstrategie. Es wird dabei davon ausgegangen, dass Rekonstruktion eher authentische Informationsquellen liefern kann als eventuell bereits mehrfach migrierte Dokumente, bei denen keine Spuren der Migration eventuelle Eingriffe und Änderungen von Format und Datenbestand nachvollziehbar machen. Außerdem macht die Zerlegung von Aufzeichnungen in ihre Formbeschreibung und ihren Inhalt den zwischenzeitlichen Zugriff über die ursprüngliche Software unmöglich. Sie stabilisiert also als ein Nebeneffekt die ursprünglichen Aufzeichnungen und sichert so ihre Integrität ohne zusätzliche, eventuell störanfällige Verfahren.

## Literatur

01 Adolf Brenneke, Archivkunde, Leipzig 1953.

02 Encoded Archival Description Application Guidelines, Society of American Archivists (Hrsg.), Chicago 1999.

03 Bettina Martin-Weber, Erschließung und Nutzbarmachung digitaler Unterlagen im Bundesarchiv, in: Karl-Ernst Lupprian (Hrsg.), Virtuelle Welten im Magazin, München 2003, S. 69-76.

04 Angelika Menne-Haritz (Hrsg.), Online-Findbücher, Suchmaschinen und Portale, Marburg 2002.

05 Ulf Rathje, Technisches Konzept für die Datenarchivierung im Bundesarchiv, in: Der Archivar, 55, 2002, 117-120.

06 Kenneth Thibodeau, Building the Archives of the Future. Advances in Preserving Electronic Records at the National Archives and Records Administration, in D-Lib Magazine, February 2001 (URL: http://www.dlib.org/dlib/february01/thibodeau/02thibodeau.html).

07 Reagan Moore et al. „Collection-Based Persistent Digital Archives – Part 1." D-Lib Magazine, Vol. 6, No. 3 (March, 2000), and Reagan Moore et al. „Collection-Based Persistent Digital Archives – Part 2." D-Lib Magazine, Vol. 6, No. 4 (March, 2000).

# D 2  Bibliotheken

Hans-Christoph Hobohm

## D 2.1  Abgrenzung

„Historisch betrachtet ist also die Dokumentation nichts anderes als die Weiterentwicklung der bibliothekarischen Arbeit. Ihr Ausgangspunkt ist die Sache, das Problem, und nicht der Bestand einer Bibliothek..." (Lit. 26, S. 448f), so formuliert Horst Kunze, einer der führenden Bibliothekswissenschaftler. Er zitiert an anderer Stelle das Bild von Jaroslav Drtina, die Dokumentation sei das Geldstück gewesen, das auf der Schwelle der Bibliothek gelegen habe, und das die Dokumentare nur aufgehoben hätten (Lit. 25, S. 377).

Damit ist schon die grundsätzliche Position der Bibliotheken gegenüber der Dokumentation behauptet als ihr Ursprung und ihre Basis. Die Entstehung der *special librarians*, die ja im amerikanischen am ehesten den Dokumentaren entsprechen, als Abspaltung der SLA (*Special Libraries Association*) aus der ALA (*American Libraries Association*) im sogenannten Veranda Meeting (1909) (Lit. 27, S. 400) wie auch die gesamte Entwicklung der UDC (*Universal Decimal Classification*) und der FID (*Fédération Internationale de Documentation* – bis zu ihrem Ableben im Jahre 2001 in den Armen der IFLA, der *International Federation of Library Associations and Institutions*) bezeugt die enge Beziehung der beiden Tätigkeitsfelder.

Auf der anderen Seite gibt es eine gewisse Konkurrenz zu der Welt der Archivare, die für sich in Anspruch nehmen, vor den Bibliotheken da gewesen zu sein. Bestenfalls kann man hier behaupten, dass nicht ganz klar ist, ob in „babylonischen" Zeiten anzutreffende frühe Sammlungen von Medien oder Dokumenten vorwiegend die eine oder die andere Funktion hatten. Dies soll auch hier nicht entschieden werden.

Zur Abgrenzung und potenziellen Begriffsklärung wird eine Auslotung der in den drei „Institutionen" anzutreffenden Gegebenheiten in Tab. 1 versucht. Es handelt sich dabei um idealtypische Gegenüberstellungen, bei denen sofort erkennbar wird, dass es die reine Ausprägung „des Archivs" oder „der Bibliothek" in dieser Form gar nicht gibt. Auch werden Schnittstellen und Übergänge deutlich. Die Matrix hat zunächst rein heuristischen Charakter: nicht jede „Funktion" ist dabei erfasst, nicht jede Verortung – vor allem der Felder der Nachbardisziplinen – endgültig, und nicht immer handelt es sich bei den Begrifflichkeiten um die gleichen Dimensionen.

Gerade in letzter Zeit hat sich eine noch nicht abgeschlossene neue Diskussion um den Status der ersten beiden Institutionen ergeben vor allem im Zusammenhang der sogenannten „Medienarchäologie", die meist aus den Kulturwissenschaften kommend die Institutionen für Gedächtnis, Erinnerung und Aufmerksamkeit und ihre Medienpraktiken genauer untersucht und dabei teilweise zu erstaunlich neuen Sichtweisen gelangt (Lit. 01, Lit. 02, Lit. 41, Lit. 08, Lit. 09, Lit. 40).

Damit ist aber auch gleichzeitig ein wesentlicher Aspekt der *differentia specifica* der Bibliothek zur Dokumentation benannt. Durch ihre Nähe zum Archiv wird ihre Funktion als kulturelles und wissenschaftliches Gedächtnis deutlich, ihr Charakter als Speicher und Magazin. Mit Bibliotheken und Archiven werden Begriffe wie das „kulturelle Erbe" und „Kulturgut" verbunden, was im Bereich der Dokumentation trotz ihrer 100jährigen Geschichte selten geschieht. Bibliotheken werden als das „Gedächtnis der Menschheit" apostrophiert oder ins Mythische gehoben als „Schatztruhe des menschlichen Geistes".

Diese generell positive Bewertung der Institution kontrastiert stark mit dem Image von Bibliothekaren, worauf auch die Zwitterstellung der Bibliothek zwischen Archiv und Dokumentation hindeutet. Aktuelle gesellschaftspolitische Diskussionen über ethische und anthropologische Grundlagen des menschlichen Handels wie aber auch die informationstechnologischen Entwicklungen der Informationsgesellschaft geben dem „Modell" der Bibliothek in letzter Zeit zunehmend Auftrieb, nachdem es vielfach als Auslaufmodell verschrien war. Dennoch entspricht das aktuelle ökonomische Handeln vieler Volkswirtschaften nicht immer dieser Erkenntnis – was allerdings den gesamten Bereich von gesellschaftsrelevanter Informationsverarbeitung und Wissensproduktion betrifft (Lit. 18, als realisiertes Gegenmodell Lit. 22).

Aus der Geschichte der Bibliotheken (Lit. 22) lassen sich drei prinzipielle Funktionen dieser Institution ableiten, die bei genauer Betrachtung auch den heutigen Stand bibliothekspolitischer Diskussion widerspiegeln. Bibliotheken waren und sind stets zugleich:

– Speicher für das kulturelle Gedächtnis,
– kultisch-herrschaftlicher, hegemonialer Ort,
– Werkstatt und Instrument zur Beförderung menschlicher Erkenntnis.

Die Nähe zu Archiv, Verwaltung und Bürokratie ist auch heute noch offensichtlich, wenn man sich z.B. die Legitimationsfunktion des wissenschaftlichen Publizierens vor Augen führt, die Verlagen und Bibliotheken gleichermaßen eine wesentliche Existenzgrundlage bietet: ohne Qualitätssicherung und dauerhafte Zugriffsmöglichkeit auf die Resultate wissenschaftlicher Arbeit, die sich in wissenschaftlichen Publikationen niederschlagen, erscheint der Prozess des wissenschaftlichen Fortschritts nicht denkbar. Im Zweifelsfall findet sich der publizierte Nachweis einer wissenschaftlichen Entdeckung im Archiv eines Verlages oder in einer Bibliothek.

Daraus erklären sich im Grunde die beiden anderen Funktionen. Die mögliche Legitimationsfunktion des Archivs macht aus ihm – wenn es wie die Bibliothek aus dem Schatten des reinen Magazins heraustritt – einen kultisch-hegemonialen Ort. Dies lässt sich beobachten in der Urgeschichte der Institution in Antike und Vorantike, aber auch über die enge Verbindung von früher religiöser und staatlicher Zensur mit dem Aufbau absolutistischer Büchersammlungen in Kirche und Staat in der Neuzeit. Erst die Emanzipation der Gelehrtenrepublik in der Renaissance und die Emanzipation der Bürgertums in der politischen Öffentlichkeit (Lit. 16, S. 68ff) verleiht dieser Funktion einen anderen Charakter, was die Nutzer *und* die dort ge-

|  | **Archiv** | **Bibliothek** | **Dokumentation** |
|---|---|---|---|
| **Perspektive** | retrospektiv | distributiv | prospektiv |
| **Dimension** | Gedächtnis | Wissen | Information |
| **Aufgabe** | Bewahrend | nutzend | erschließend |
| **Beruf(ung)** | (Er)Forschung | non-Profit | Profit |
| **Image** | klassisch | postmodern? | modern |
| **Träger** | „Gesetz" | öffentliche Hand | Unternehmen/Wirtschaft |
| **Ort** | „Staat" | Öffentlichkeit | Unternehmen |
| **Information** | Erzählung | Bildung | Fakten |
| **Nutzer** | Historiker | Jedermann | Wirtschaft |
| **Aktivität** | belegen | lernen | anwenden |
| **Erschließung** | hierarchisch | systematisch | indexierend |
| **Instrument** | Findbuch | Katalog | Datenbank |
| **Retrieval** | Sequentiell | browsing / prä-koordiniert | post-koordiniert |
| **Technologie** | Speicherung | Disposition | Retrieval |
| **Form** | Akt(e) / record | Monographie | Aufsatz |
| **Medium** | Papier / DB | Papier / CD | elektronisch / Netz |
| **Lektüre** | seriell | linear / Intertext | Hypertext |
| **Bezugs-wissenschaft** | Geschichts-wissenschaft | jede/Literatur-wissenschaft | Natur-/Wirtschafts-wissenschaft |
| **Objekt** | Monument | Monument/Dokument | Dokument |
| **Kapital** | Zeit | Nutzer | Information |
| **blinder Fleck** | „Spur", Erinnerung | Lesen, Ort | Nutzer |

*Tab. 1: ABD Matrix*

speicherten Medien betrifft. Dennoch bleibt die Funktion die gleiche, zieht man in Betracht, dass die meisten aktuellen Staatswesen auf der (wissenschaftlichen = gelehrten) Rationalität der Moderne und der Autorität der demokratischen Öffentlichkeit aufbauen. Auch der „kultische" Anteil dieser Funktion ist uns durchaus noch präsent, nicht nur durch die (manchmal allerdings nur noch symbolisch-bildliche) Mythisierung der Bibliothek als „Schatz der Bildung" schlechthin, sondern auch in Begrifflichkeiten der offiziellen Bibliotheksplanungen, die z.B. von der „kulturellen Daseinsvorsorge" als Hauptaufgabe öffentlicher Bibliotheken sprechen (Lit. 05).

Die dritte Funktion findet sich ebenfalls in der Urgeschichte der Bibliotheken wie in ihren jüngsten Aktualisierungen. Die symbolische „Urmutter" aller Bibliotheken, die Bibliothek von Alexandria, war in erster Linie Werkstatt und Instrument zur Förderung hegemonialen Wissens als Teil der Prinzenschule. Sie trug deshalb auch nicht den Namen Bibliothek, sondern ist bekannt geworden als „Museion". In dieser Hinsicht ähnelt sie sehr der platonischen Akademie, die es aber wegen Platons Ablehnung der Schrift nicht bis zur gleichzeitigen Speicherfunktion brachte und damit nicht materialisierte wie wenige Jahrhunderte später die Bibliotheken in Alexandria und Pergamon. Werkstatt, Speicher und Hegemonie als gemeinsame Funktion verdeutlichen sich allerdings dann später sehr anschaulich im mittelalterlichen Skriptorium der Klosterbibliotheken.

In jüngerer Vergangenheit wurde gerade der Werkstattaspekt von Seiten der Geisteswissenschaft für das deutsche Bibliothekswesen (wieder) eingefordert (Lit. 12) und erfolgreich implementiert (z.B. mit der „Sammlung deutscher Drucke" sowie der systematischen Erschließung von für die Geisteswissenschaften wichtigen Beständen in deutschen Bibliotheken). Obwohl diese Funktion immer wird gerne von idealistischen Verteidigern der Bibliothek ins Feld geführt, finden sich zunehmend rationale und ökonomische Bestätigungen dafür, dass der Ort der Bibliothek auch unter reinen Effizienzgesichtspunkten eine nicht zu vernachlässigende Größe ist und nicht kurzfristigen Kostenüberlegungen geopfert werden sollte (Lit. 24). In so aktuellen und modischen Trends wie dem „Knowledge Management" wird gerade der Funktion der Bibliothek als Instrument für Innovation und Wandel innerhalb einer Organisation (eines sozialen Systems) wieder besondere Bedeutung beigemessen (Lit. 23).

In Themenbereichen wie dem lebenslangen Lernen und der wieder zunehmenden Bedeutung des Lesens als Basis für Bildung kommt die Funktion der Werkstatt ebenfalls wieder für öffentliche Bibliotheken zum Tragen, wobei in diesem Zusammenhang der Bezug zwischen diesem „kulturellen Gedächtnis" (Speicher) und der Gesellschaftsform der Demokratie (Hegemonie) auch in der öffentlichen Diskussion über Bibliotheken hergestellt wird.

In die aktuellen politischen Beschreibungen der Aufgaben öffentlicher Bibliotheken werden stets ähnliche Funktionen beschrieben, so z.B. im „UNESCO Manifest" (Lit. 39) oder in der sogenannten „Kopenhagener Erklärung" europäischer Politiker zur Rolle der Öffentlichen Bibliotheken in der Informationsgesellschaft, in der u.a. die nationale Politik aufgefordert wird, für eine stabile Bibliotheksgesetzgebung zu sorgen, die es z.B. in Deutschland nicht gibt (Lit. 36). In der Kopenhagener Erklärung finden sich vier eher gesellschaftspolitische Absichtserklärungen für die Bedeutung von Bibliotheken im engen Zusammenhang mit:

– Democracy and Citizenship,

– Economic and Social Development,

– Lifelong Learning,

– Cultural and Linguistic Diversity,

während in einer ähnlich gelagerten Studie der EU vier eher deskriptive Funktionen betont werden (Lit. 38, S. 3). Die Bibliothek sei:

– Partner für Demokratie und Informationsfreiheit,

– Ort für Bildung und Lernen; Lieferant des Rohstoffes für Wissen,

– Informationstechnikzentrum,

– kultureller Ort.

Hält man sich vor Augen, welche Bedeutung Unternehmenskultur, Teamorientierung, Informationsreichtum und partizipativer Führungsstil für Innovation und Produktivität im Unternehmen haben (Lit. 20), so kann man diese Beschreibungen der Bibliothek in Stadt und Gesellschaft durchaus auf die Situation der Spezialbibliothek im Unternehmen übertragen. Das engere wie das weitere soziale System (Unternehmen wie Gesellschaft), wenn es sich denn als lernende, d.h. sich an die Umweltveränderungen anpassende Organisation versteht, ist auf die bibliothekarischen Funktionen und wahrscheinlich auch den Ort der Bibliothek angewiesen.

Solche grundsätzlichen Funktionsbeschreibungen des Bibliothekarischen werden allerdings häufig von außen vorgenommen. Der Korpus der (theoretischen) Selbstreflexion der Bibliotheken ist erstaunlich dünn, womit sich teilweise ihre immer wieder unsichere Situation in der Praxis erklären ließe. Während die Bibliothekswissenschaft immer wieder nur mit Fragen der Effizienz der Einrichtung beschäftigt ist (Lit. 07), thematisiert sie die ihr offensichtlich zentralen Themen wie das „Lesen", die „Bildung", die „Medien" oder den „Ort" praktisch gar nicht (Lit. 41, Lit. 19, Lit. 33). Den umfangreichen Korpus von Leserforschung und Lesergeschichte, Fragen der Didaktik und Pädagogik und der Rezeption von unterschiedlichen Medienformen oder die Frage, was den „funktionierenden" Ort der Bibliothek ausmacht, überlässt sie anderen Disziplinen wie der Literaturwissenschaft (Lit. 40, Lit. 37), der Geschichte (Lit. 09), der Pädagogik, der Medienwissenschaft (Lit. 28), der Anthropologie oder der Ästhetik und dem Marketing, ohne deren Erkenntnisse wirklich zu rezipieren. Wie wichtig jedoch gerade in Zeiten des Umbruchs eine fundierte Reflexion der eigenen Position ist, zeigen die aktuellen sehr unterschiedlichen Ansätze zur Entwicklung der Bibliothek der Zukunft (Lit. 30, Lit. 21, Lit. 06, Lit. 04).

Wenn die Politik das Schlagwort der „virtuellen Bibliothek" zum Anlass nimmt, den Bibliotheksbau zu stoppen, so liegt dies auf der gleichen Linie einer Vernachlässigung des Ortes zugunsten kurzfristiger Fragen der Effizienz im Zusammenhang mit aktueller Informationstechnik. Schließlich ist es die Literatur selber, die uns erahnen lässt, welche Schätze und Möglichkeiten – gerade vor dem Hintergrund der Entwicklung des Internet – in der bibliothekarischen Funktion liegen, wie uns eindrucksvoll der ehemalige Nationalbibliothekar und große Novellist Jorge Luis Borgès in seiner 1941 geschriebenen Novelle „Die Bibliothek von Babel" vorgeführt hat (Lit. 03, Lit. 14, Lit. 19).

## D 2.2 Definition

Folgende Definition scheint derzeit die pragmatischste und akzeptabelste Anleitung für bibliothekarisches Handeln zu sein:

„Die Bibliothek ist eine Einrichtung, die unter archivarischen, ökonomischen und synoptischen Gesichtspunkten publizierte Information für die Benutzer sammelt, ordnet und verfügbar macht." (Lit. 11, S. 966)

Sie findet sich in Tab. 1 wieder und soll hier nur in den wesentlichen Zügen noch mal erläutert werden. Zunächst wird festgestellt, dass es sich um eine „Einrichtung" handelt, wobei durch die Verwendung des neutralen Begriffs angedeutet wird, dass es sich tatsächlich nicht nur um einen physischen Ort handeln muss, sondern analoge verortete Funktionen z.B. auch in einer virtuellen Bibliothek (im Internet) möglich sind. Es ist andererseits aber auch nicht gesagt, dass es sich lediglich um eine technische Funktion handelt, denn „Einrichtung" beinhaltet neben dem rein organisatorischen Rahmen auch eine institutionelle Präsenz. Man könnte hinzufügen, dass gerade hiermit die (im Sinne der Semiotik) pragmatische Komponente in der Definition der Bibliothek zentral verankert bleibt: der Ort des Handelns.

Die archivarischen und ökonomischen Aspekte der Definition sind oben schon angesprochen worden, wobei nun klar wird, wie sehr hier tatsächlich archivarische und dokumentarische Tätigkeiten im eigentlichen Sinn zusammenkommen. Die wissenschaftlich exakte (intensionale) Definition kann aber die wirkliche Verortung der Bibliothek im Spannungsfeld ihrer Nachbardisziplinen nicht leisten. Erst im Zusammenhang wird ihre Eigenart klar. So sind die Elemente „Sammeln, Ordnen und Verfügbarmachen" auch in der Definition der Dokumentation von Paul Otlet wieder zu finden (*„réunir, classer et distribuer"*). Als *differentia specifica* in der einen und der anderen Richtung wird hier jedoch die Art der Information und die Art ihrer Erschließung und Bereitstellung betont. Die Einbettung in die Welt der publizierten, veröffentlichen Information differenziert die Bibliothek vom Archiv wie auch von der z.B. unternehmensinternen Dokumentation und führt sie zurück auf einen Teil ihrer eingangs erwähnten hegemonialen Funktion besonders in demokratischen (öffentlichen/offenen) sozialen Systemen.

Dem materiellen Anteil der „Einrichtung" entspricht eine materielle Form der Erschließung und Bereitstellung der Information – hier beschrieben als „synoptisch" – wie sie einerseits durch Freihandaufstellung der Bestände in Aufstellungssystematiken und andererseits durch aktive Informationsarbeit in Form von Zeitschriftenauslagen oder Informationsvermittlung und Informationskompetenz-Schulungen repräsentiert sind. Dies müssen Archive und Dokumentationen im Kern nicht leisten, und man erkennt hier, wie die Dokumentation wieder über die Schwelle der Bibliothek treten kann. Die Weiterentwicklung der bibliothekarischen Klassifikationen durch Melvil Dewey und die Geschichte der FID und UDC zeugen ja gerade davon, dass man sich von der physischen Aufstellung lösen wollte und die abstrakte Wissensrepräsentation (unabhängig von den vorhandenen Medien) anstrebte.

In diesem Sinn wichtig ist auch die Betonung „die Benutzer" in der o.g. Definition. Es handelt sich bei „den" Benutzern von Bibliotheken in höherem Maße um definierte (existente) Benutzerkreise als dies beim Archivwesen und der genuin dokumentarischen Tätigkeit der Fall ist (Lit. 17). Beide haben in unterschiedlicher Weise einen eher potenziellen Nutzer im Blick – auch wenn dieser konkret beschreibbar ist.

Dies ist der zentrale Aspekt der berühmten fünf Bibliotheksgesetze des indischen Mathematikers und Bibliothekswissenschaftlers Shiyali Ramamrita Ranganathan, die dieser 1931 formulierte (Lit. 34) und die vor allem im angloamerikanischen Bereich die Basis bibliothekarischen Credos sind:

1. Books are for use

2. Every reader, his book

3. Every book, its reader

4. Save the time of the reader

5. A library is a growing organism

Man kann am eigenen Leib leicht nachvollziehen, dass in manchen realen Bibliotheken diese Prinzipien nicht voll realisiert werden. So knapp sie formuliert sind, so sehr verlangen sie – bei aller medialer Anpassung: wir würden heute nicht mehr nur von Büchern und Lesern sprechen – im Einzelnen auch große (eben prinzipielle) Anstrengung. Als „Gesetze" sollen sie jeden Aspekt bibliothekarischer Tätigkeit erfassen. So meint eben „save the time of the reader" mitnichten nur die effiziente Bibliotheksverwaltung, sondern auch die nutzeradäquate Erschließung, die auch in den ersten drei Gesetzen angesprochen ist. Und das fünfte Gesetz überkommt so überraschend wie mysteriös von Zeit zu Zeit sowohl Bibliothekare wie Bibliotheksplaner und Politiker, vor allem wenn man sich dabei im Sinne der obigen Definition nicht nur auf Bücher bezieht. Es sind verschiedentlich Versuche gemacht worden, die Gesetze Ranganathans zu „aktualisieren" und gerade die Hilflosigkeit dieser Versuche zeigte, wie allgemeingültig sie noch sind.

## D 2.3   Trägerschaft und Typologie

Aus dem oben Gesagten wird deutlich, dass jede Organisation (jedes soziale System) ihre bibliothekarische Funktion und Einrichtung haben kann (bzw. muss, folgt man Poppers Welt III Theorie, vgl. Lit. 15). Damit wird jede Typologie von möglichen Trägern und Erscheinungsformen von Bibliotheken zum Abbild sozialer Organisationsformen einer Gesellschaft. Heinrich von Kleist formulierte dies einmal zynisch mit dem bekannten Ausspruch: „Nirgends kann man den Grad der Kultur einer Stadt und überhaupt den Geist ihres herrschenden Geschmacks schneller und doch zugleich richtiger kennenlernen, als – in den Lesebibliotheken." (Brief vom 14.9.1800)

Insofern gibt es eine ziemlich große Anzahl an möglichen Bindestrich-Bibliotheken, deren schiere Aufzählung am Ende eher belustigend wirkt. Da ist neben der Stadtbibliothek die Schul- oder die Hochschulbibliothek und die (meist wissenschaftliche) Spezialbibliothek, um zunächst die drei großen typologischen Gattungen aufzuzählen. In erster Linie ist die Unterteilung in öffentliche (ÖB) und wissenschaftliche Bibliotheken (WB) relevant, wobei „öffentlich" nicht nur den Zugang, sondern die Trägerschaft meint und dabei konkret meist die Kommunen. In Deutschland zählt man ca. 14.200 „öffentliche" Bibliotheken. Bis vor wenigen Jahren gab es im Berufsbild und in der Ausbildung von Bibliothekaren noch recht strikte Trennungen zwischen ÖB und WB. Die große Zahl der insgesamt weit über 4.000 wissenschaftlichen Bibliotheken in Deutschland ist ebenfalls in öffentlicher Trägerschaft, allerdings lassen sich genaue Zahlen hier nur schwer ermitteln, da der Übergang zu der unternehmensinternen Spezialbibliothek und Fachinformation fließend ist.

Da in Deutschland im Gegensatz zu anderen Ländern kein verpflichtendes Bibliotheksgesetz existiert, gehört die Unterhaltung einer öffentlichen Bibliothek zu den freiwilligen Aufgaben einer Gemeinde. Rund die Hälfte aller Gemeinden in Deutschland haben deshalb keine kommunale Bibliothek. In einigen Bundesländern gibt es von Landesseite finanzielle Zuwendungen für kommunale Bibliotheksarbeit, aber auch diese wird zunehmend weniger. Vor allem Aspekte der sogenannten sozialen und der aufsuchenden Bibliotheksarbeit, die andernorts als eine Möglichkeit sozialer Integration gesehen werden, fallen meist als erstes tagespolitischen Sparversuchen zum Opfer. Obwohl vollmundig von der Politik „lebenslanges Lernen" und Bildung propagiert wird, muss man feststellen, dass nur 10% deutscher Schulen über eine adäquate schulbibliothekarische Versorgung verfügen. Eine Kausalbeziehung zum schlechten Abschneiden deutscher Schüler in internationalen Leistungsvergleichen (PISA-Studie der OECD) liegt vor allem deshalb nahe, weil gerade die Länder mit besseren Schulbibliotheken auch besser bei solchen Studien abschneiden.

Gewisse Ausgleichsfunktionen könnten kirchlich getragene Bibliotheken übernehmen. Doch auch bei den rund 5.000 kirchlichen öffentlichen Bibliotheken sieht die aktuelle Situation nicht besonders gut aus, vor allem im Hinblick auf Ausstattung, Personal und dementsprechend die Öffnungszeiten und die Nutzung.

Zur Unterstützung der bibliothekarischen Flächenversorgung unterhalten die Bundesländer entsprechend ihrem Kulturauftrag 32 „Staatliche Fachstellen für Öffentliche Bibliotheken". Doch diese bieten in den seltensten Fällen eigene bibliothekarische Dienstleistungen an: sie haben lediglich beratende und unterstützende Funktion. In Einzelfällen entstehen deshalb Bibliotheken in eher privater Trägerschaft in Form von Vereinen oder Stiftungen, aber dies bleibt eher die Ausnahme. Zur weitergehenden Flächenversorgung bedienen sich die Kommunen oder die Landkreise des Typus der Fahrbibliothek (oder Bücherbus), der lediglich eine besondere Form von Zweigstelle einer Zentralbibliothek eines Stadtbibliothekssystems darstellt. (Unter unterschiedlichen lokalen und klimatischen Bedingen kann diese Form der Bibliothek in anderen Ländern der Welt dann als Motorrad-, Boots- oder Kamelbibliothek auftreten.)

Andere Typen von Bibliotheken sind z.B. die Krankenhaus-, die Werks-, Gefängnisbibliotheken, Truppenbüchereien oder Kinder-, Jugend-, Patienten- und Blindenbibliotheken. Hierbei sind es jeweils entweder konkrete Institutionen oder „besondere Benutzergruppen", die als soziale Organisation den Bezug für die Bibliotheksarbeit im oben genannten Sinn bilden. Hierbei muss allerdings gesagt werden, dass die Kinder- und Jugendbibliotheksarbeit zentraler Bestandteil der „normalen" Stadtbibliothek ist und dort meist auch sehr viel Raum einnimmt.

Der Bereich der wissenschaftlichen und Spezialbibliotheken ist weniger von spezifischen Benutzergruppen als ganzes als von ihrem jeweiligen Arbeitskontext, ihrem Fachgebiet und den von ihnen benötigten Medien- und Publikationsformen geprägt. In Form von Artotheken, Mediotheken oder Musikbibliotheken gibt es im kommunalen Bibliotheksbereich auch medienbedingte „Spezialbibliotheken", aber im wissenschaftlichen ist eine typologische Differenzierung praktisch nur noch durch den wissenschaftlichen oder wirtschaftlichen Arbeitskontext der Nutzer möglich.

Im Gegensatz zu der auf den aktuellen Bedarf ausgerichteten Bestandspolitik kommunaler Bibliotheken kommt bei wissenschaftlichen eine erhöhte Archivfunktion hinzu. Dies zeigt sich besonders bei den großen Bibliotheken mit nationalen und überregionalen Aufgaben wie den Landesbibliotheken, den Staatsbibliotheken, den Zentralen Fachbibliotheken oder nationalen Sondersammlungen (historische Drucke, DFG-Sondersammelgebiete der Universitätsbibliotheken). Diese Bibliotheken zeichnen sich meist auch durch einen großen Bestand aus, und Bestandserhaltungsarbeiten und retrospektive Bestandspflege haben hier entsprechend große Bedeutung. Die größte Bibliothek dieser Art ist als nationale Archivbibliothek „Die Deutsche Bibliothek" in Frankfurt, Leipzig und Berlin mit über 14 Mio. Bänden. In ihr wird unter anderem über die Pflichtexemplarabgabe die gesamte deutsche Verlagsproduktion gesammelt, erschlossen und (in letzter Instanz) zur Verfügung gestellt. Nächstgrößte ist die Staatsbibliothek zu Berlin Preußischer Kulturbesitz mit ca. 10 Mio. Bänden, während eine normale (große) Universitätsbibliothek ca. zwei bis drei Millionen Bände aufweist.

Während in den meisten Fällen die öffentliche Hand Träger auch der wissenschaftlichen Bibliotheken ist, gibt es auch zunehmend Bibliotheken in staatsunabhängigeren Rechtsformen z.B. in Form von Stiftungen. Die Stiftung Preußischer Kulturbesitz aber auch die Zentral- und Landesbibliothek Berlin sind hierfür klassische Beispiele. Sollten zunehmend Universitäten in private oder Stiftungsträgerschaft überführt werden, so wird sich diese Rechtsform für Bibliotheken weiter verbreiten. Sie kommen damit in die Nähe unternehmensinterner Spezialbibliotheken, die zwar teilweise auch beachtliche Größe haben können (wie z.B. die Kekulé-Bibliothek der Bayer AG in Leverkusen), die aber meist direkt in die privatwirtschaftliche Unternehmenspolitik eingebunden sind mit der Konsequenz, dass sie oftmals mehr als andere ihren Wert für die sie tragende Organisation beweisen müssen (und auch können) (Lit. 31).

Die Zahl der Spezialbibliotheken lässt sich nicht nur aus typologischen Gründen nicht genau ermitteln. In vielen Fällen werden entsprechende Einrichtungen in Unternehmen nicht nur nicht unter diesem Namen geführt (und sind manchmal mit der Fachinformation, der Markt- und Patentrecherche oder dem Archiv verquickt), sondern werden in den Statistiken nicht als Bibliothek geführt, weil sie nicht von bibliothekarischem Personal betreut werden oder die Firma die innerbetriebliche Infrastruktur nicht öffentlich machen will. Dennoch muss davon ausgegangen werden, dass die Zahl der Unternehmen, die die bibliothekarischen und informationsversorgenden Funktionen komplett nach außen verlagern (outsourcen) nicht so groß ist wie offizielle Statistiken suggerieren.

Ein wesentliches Kennzeichen von Spezialbibliotheken ist jedoch, dass sie häufig nur von einer einzigen bibliothekarischen Fachkraft betreut werden und deshalb als „One Person Libraries" (OPL) bezeichnet werden können. Diese übernehmen dann in großem Umfang Tätigkeiten, die letztlich eher dem deutschen Verständnis eines Dokumentars entsprechen.

(Für weitergehende Informationen zum Bibliothekssystem in Deutschland vgl. Lit. 35 und Lit. 32.)

## D 2.4 Bibliothekarische Arbeitsfelder

Im Sinne der oben diskutierten Definition ähneln die konkreten bibliothekarischen Tätigkeiten denen von Dokumentaren. Es handelt sich in Einzelfällen nur um graduelle Verschiebungen, die hier auch nur exemplarisch angedeutet werden können.

Der einzige wirkliche Unterschied ergibt sich aus der Tatsache, dass die Bibliothek stets an die „Einrichtung", d.h. den Ort gebunden ist, und in größerem Ausmaße als die Dokumentation diesen selbst zu organisieren hat. Man könnte in diesem Sinne sagen, dass alle auf die Einrichtung und die Räumlichkeit der Dokumentation bezogenen Tätigkeiten bibliothekarisch (geblieben) sind. Aus diesem Grund ergibt sich häufig eine Unschärfe des Begriffes „Informationsmanagement", der ja teilweise eher „Management von Informationseinrichtungen" meint – im Bibliothekarischen hat sich mittlerweile der Begriff Bibliotheksmanagement durchgesetzt (vgl. Lit. 07), obwohl auch „Bibliotheksverwaltung" noch immer verwendet wird (vgl. Lit. 10 und Lit. 29). Hierbei handelt es sich in erster Linie um die Übertragung von Erkenntnissen der Betriebswirtschaftslehre und Managementpraxis auf das Feld einer Non-Profit-Organisation im Bereich des wirtschaftswissenschaftlich gesehen sehr komplexen Informationsmarktes und der Informationsdienstleistung. Neben klassischen Managementleistungen im Personal- und Finanzbereich ist hier besonders konzeptionelle Arbeit im Sinne von Marketing erforderlich. Es müssen Produkte und Dienstleistungen in Portfolios definiert, Markpositionen herausgearbeitet und mit den Unterhaltsträgern vereinbart werden. Dies ist bei bibliothekarischen Dienstleistungen ein schwieriges Unterfangen. Daneben muss im Sinne eines zielorientierten strategischen Management anhand von abgestimmten Indikatoren kontinuierlich die Qualität der erbrachten Dienstleitung überprüft werden. Hierzu kommen in erhöhtem Maße sozialwissenschaftliche Erhebungsmethoden zum Einsatz (Umfrage-, Evaluations- oder Qualitätstechniken). In vielen Fällen kommen schließlich sogar Fragen des Bibliotheksbaus bzw. des alltäglichen *facility managements* hinzu.

Die normale „Informationsarbeit" unterscheidet sich wie gesagt vom Dokumentarischen nur wenig. Eine ggf. größere Medienorientierung ergibt im einzelnen Unterschiede in der Art und Tiefe der Erschließung, und die Einrichtung der Bibliothek als Ort ergibt in vielen Fällen (zunehmend) eine vielleicht vorerst noch größere Orientierung auf die Nutzer als Personen im Direktkontakt (Lit. 17).

Das Sammeln von Informationsmedien (z.B. als Datenbankaufbau) geht ebenfalls von einer Informationsbedarfsanalyse der zu betreuenden Zielgruppe aus und wird nach einer Marktsichtung zu einer Profilbildung der eigenen Sammlung, bibliothekarisch gesprochen: des Bestandes kommen. Da der Bestandsaufbau seine Medien im Normalfall aus dem kommerziellen Publikationsmarkt bezieht, spielen hierbei Preis- und Kostenüberlegungen sowie das Aushandeln von Rechten und Lizenzen eine große Rolle. Wenn möglich versucht man den Bestandsaufbau und die Marktbearbeitung kooperativ z.B. über Einkaufskonsortien oder über profilierte Erwerbungspolitik auf der Basis systematischer Bestandsevaluation z.B. nach dem sogenannten Conspectus Modell abzuwickeln. Kontinuierliche Bestandsevaluation gibt dem Erwerbungsbibliothekar vor allem in Öffentlichen Bibliotheken Anleitung zur ständigen Erneuerung der Sammlung, wobei Stadtbibliotheken unter Marketinggesichtspunkten anstreben, innerhalb von zehn Jahren den kompletten Bestand einmal ausgetauscht zu haben.

Die Beschreibung, Analyse und Pflege des Bestandes bzw. einzelner Medien hat vor allem bei gewachsenen, historischen Sammlungen einen hohen Stellenwert. Hinzu kommt zunehmend die Frage, in welchem Ausmaß vorhandene und neue Informationsbestände ausschließlich digital, als „Digitale Bibliothek", oder zusätzlich physisch-analog, als „hybride Bibliothek", angeboten werden sollen. Gesammelt werden allerdings im Sinne einer optimalen Informationsdienstleistung für die Zielgruppe nicht nur physisch in der Einrichtung vorhandene Medien, sondern auch Verweise auf Informationsquellen und Medien in anderen Einrichtungen (*referral*). Bildet sich daraus eine als „dauerhafte Einrichtung" organisierte Website mit professioneller Informationsarchitektur, so spricht man meist von einer „Virtuellen Bibliothek".

Bei der Erschließung des Bestandes ergibt sich traditionsgemäß eine größere Betonung auf die Formalerschließung, da die zu erschließenden Medien im bibliothekarischen Kontext meist umfangreicher sind als im dokumentarischen. Wichtige Errungenschaft der Bibliothekswelt ist bekanntlich die ISBD (International Standard Bibliographic Description) und die weltweit darauf aufbauenden Katalogisierungsregeln und Datenformate. In den meisten Fällen erfolgt die Katalogisierung von Medien jedoch kooperativ im Verbund, so dass die Formalerschließung in der bibliothekarischen Praxis normalerweise durch „Fremddatenübernahme" in großem Ausmaß unterstützt ist und nur noch in Sonderfällen reale Erschließungsarbeit erfordert. Das neue Konzept bibliographischer Erschließungsarbeit, die *„Functional Requirements of Bibliographic Records"*, mit dem eine Arbeitsgruppe der IFLA in den 90er versucht hat Katalogisierungsarbeit mit modernen Datenbankkonzepten zu versöhnen, wird sicherlich zu grundsätzlichen Änderungen des bibliothekarischen Tuns führen.

Es wurde schon darauf hingewiesen, dass bibliothekarische Erschließung vorwiegend synoptisch vorgeht. Bei weniger umfangreichen Sammlungen von Medien ist es ohne weiteres möglich, als Erschließung lediglich eine Aufstellungssystematik zu entwickeln. Manche Medienarten bieten sich grundsätzlich auch eher zur Auslage an, wie Zeitungen und Zeitschriften. Und auch bei größeren Magazinbeständen wird das sogenannte Freihandmagazin, in dem der Nutzer stöbern und „browsen" kann, nach Möglichkeit dem geschlossenen und nur formal geordneten Magazin vorgezogen. Auch hier erkennt man erneut die Bedeutung des physischen Ortes der Bibliothek und die Präsenz des Nutzer in diesem Ort: die reine Medien- und Informationsvermittlung über formalisierte Informations- und Kommunikationskanäle kann zwar im Einzelfall effizient sein, sie ist aber normalerweise nicht effektiv für den an neuen Informationen interessierten.

Aus diesen Gründen ist für die Bibliothek die Frage des Zurverfügungstellens der Informationen und Medien ein zentraler Arbeitsbereich, der durch Rationalisierungseffekte im Bereich des Sammelns und Erschließens auch ständig an Bedeutung gewinnt. Im kommunalen Bibliotheksbereich orientiert man sich z.B. teilweise an den Erfahrungen des Buchhandels und legt zunehmend Wert auf Gestaltung und Warenpräsentation. Dies ist besonders wichtig zur Stimulierung der Ausleihe, während in vielen eher wissenschaftlichen Präsenzbibliotheken, aus denen keine Medien ausgeliehen werden können, mit anderen Mitteln für anregende oder besonders konzentrierte Arbeits- bzw. Kommunikationsatmosphäre gesorgt wird. Das geschieht in der Öffentlichen Bibliothek häufig z.B. in Form eines Lesecafés und in der wissenschaftlichen durch Arbeitskabinen (*carrels*) oder durch Gruppenarbeitsräume. Aber auch Fragen des externen Leihverkehrs und der Dokumentenlieferung sowie der klassischen Informationsvermittlung haben einen zentralen Stellenwert.

Entsprechend der technologischen Entwicklung der Medien sowie der Informations- und Kommunikationstechnologien hat sich der Arbeitsschwerpunkt der meisten Bibliothekare aber auf die Gestaltung von Websites, Intranets, Extranets, Datenbanken, Dokumentenservern, Digitalen und Virtuellen Bibliotheken verlagert, ohne dass die Arbeit „vor Ort" weniger würde. In zunehmendem Maße wird in unterschiedlichsten Institutionsformen erkannt, welche Bedeutung die *inhouse*-Bibliothek im jeweiligen Lern- und Bildungsprozess hat. Durch verstärkte Übernahme von Schulungen der Benutzer zur Erhöhung ihrer allgemeinen Informationskompetenz entwickelt sich die Bibliothek vielfach zur „*Teaching Library*" oder vereint sich mit dem Institutsrechenzentrum zum „*Learning Resource Center*".

## Literatur

01 Assmann, Aleida: Erinnerungsräume. Formen und Wandlungen des kulturellen Gedächtnisses, München: Beck, 1999.

02 Aufmerksamkeiten, hrsg. v. Aleida Assmann und Jan Assmann, München: Fink, 2001. (Archäologie der literarischen Kommunikation; 7)

03 Borgès, Jorge Luis: Die Bibliothek von Babel. Eine Erzählung, Göttingen: Steidl, 2001. (Typographische Bibliothek)

04 Bruijnzeels, Rob; van Tiggelen, Nicole: Bibliotheken 2040. Die Zukunft neu entwerfen, Bad Honnef: Bock+Herchen, 2003.

05 Bundesvereinigung Deutscher Bibliotheksverbände: Bibliotheken '93. Strukturen – Aufgaben – Positionen, Berlin, Göttingen: Bundesvereinigung Deutscher Bibliotheksverbände, 1994.

06 Bundesvereinigung Deutscher Bibliotheksverbände; Bertelsmann Stiftung: Bibliothek 2007. Bibliotheksentwicklung in Deutschland, Gütersloh 2002ff – http://www.bibliothek2007.de

07 Erfolgreiches Management von Bibliotheken und Informationseinrichtungen, hrsg. v. Hans-Christoph Hobohm und Konrad Umlauf, Hamburg: Dashöfer, 2002ff (Loseblattsammlung mit vierteljährlicher Aktualisierung).

08 Ernst, Wolfgang: Das Rumoren der Archive. Ordnung aus Unordnung, Berlin: merve, 2002.

09 Ernst, Wolfgang: Im Namen von Geschichte. Sammeln – Speichern – Er/zählen, München: Fink, 2003.

10 Ewert, Gisela; Umstätter, Walther: Lehrbuch der Bibliotheksverwaltung, Stuttgart: Hiersemann, 1997.

11 Ewert, Gisela; Umstätter, Walther: Die Definition der Bibliothek. Der Mangel an Wissen über das unzulängliche Wissen ist bekanntlich auch ein Nichtwissen. In: Bibliotheksdienst, 33, 6 (1999), 957-971.

12 Fabian, Bernhard: Buch, Bibliothek und geisteswissenschaftliche Forschung, Göttingen: Vandenhoek & Ruprecht, 1983.

13 Follett, Brian; Joint Funding Council's Library Review Group: Report, Bristol: Higher Education Funding Council for England (HEFCE), 1993. („Follett Report") [cf. http://www.ukoln.ac.uk/ services/papers/ follett/report/]

14 Foucault, Michel: Un „fantastique" de bibliothèque. In: Schriften zur Literatur, Frankfurt/M u.a.: Ullstein, 1979, S. 157-177.

15 Gödert, Winfried: Der konstruktivistische Ansatz für Kommunikation und Informationsverarbeitung. In: Wolfenbütteler Notizen zur Buchgeschichte, 27, 2 (2002), 199-218.

16 Habermas, Jürgen: Strukturwandel der Öffentlichkeit. Untersuchungen zu einer Kategorie der bürgerlichen Gesellschaft, Darmstadt: Luchterhand, 1962.

17 Hobohm, Hans-Christoph: Vom Leser zum Kunden. Randbedingungen der Nutzerorientierung im Bibliotheksbereich. In: Zeitschrift für Bibliothekswesen und Bibliographie, 44 (1997), 265-280.

18 Hobohm, Hans-Christoph: Was Bibliotheken wert sind. Die wirtschaftliche Bedeutung der Bibliothek und ihre Ausrichtung auf die Informationsgesellschaft. In: Buch und Bibliothek, 50 (1999), 36-43.

19 Hobohm, Hans-Christoph: Bibliothek – Mythos, Metapher, Maschine. Oder: Der Ort der Bibliothek in der Lebenswelt der Stadt. In: Civitas. Geometrie und Lebenswelt. Eine Ringvorlesung zur Stadt, hrsg. v. Helene Kleine, Potsdam: Fachhochschule Potsdam, 2001, S. 58-65.

20 Hobohm, Hans-Christoph: Veränderungsmanagement: Innovationen initiieren und Veränderungen zum Erfolg bringen. In: Erfolgreiches Management von Bibliotheken und Informationseinrichtungen, hrsg. v. Hans-Christoph Hobohm und Konrad Umlauf, Hamburg: Dashöfer, 2003, Kap. 3.6.2. (Loseblattsammlung mit vierteljährlicher Aktualisierung)

21 Information Imagineering – Meeting at the Interface, hrsg. v. Milton T. Wolf, Pat Ensor und Mary Augusta Thomas, Washington: ALA Editions, 1998.

22 Jochum, Uwe: Kleine Bibliotheksgeschichte, 2. erw. Aufl. – Stuttgart: Reclam, 1999.

23 Knowledge Management. Libraries and Librarians Taking Up the Challenge, hrsg. v. Hans-Christoph Hobohm, München: Saur, 2004. (IFLA Publications; 108)

24 Koenig, Michael E. D.: Information Service and Productivity: A Backgrounder. In: Knowledge Management For The Information Professional, hrsg. v. Michael E. D. Koenig und T. Kanti Srikantaiah, Medford: Information Today, 2000, S. 77-97.

25 Kunze, Horst: Grundzüge der Bibliothekslehre, 4. Aufl., Leipzig: VEB Buch- und Bibliothekswesen, 1977.

26 Kunze, Horst: Bibliothek und Information. In: Von der systematischen Bibliographie zur Dokumentation, hrsg. v. Peter R. Frank, Darmstadt: Wiss. Buchgesellschaft, 1978, S. 439-449.

27 McKenna, Frank E.: Special Libraries and the SLA. In: Encyclopedia of Library and Information Science, hrsg. v. Allen Kent, Harold Lancour und Jay E. Daily, Bd. 28, New York, Basel: Marcel Dekker, 1980, S. 386-443.

28 Medien, Computer, Realität. Wirklichkeitsvorstellungen und neue Medien, hrsg. v. Sybille Krämer, Frankfurt/M: Suhrkamp, 2000.

29 Die moderne Bibliothek: Ein Kompendium der Bibliotheksverwaltung, hrsg. v. Rudolf Frankenberger und Klaus Haller, München: Saur, 2004.

30 Odlyzko, Andrew M.: Silicon Dreams and Silicon Bricks: the Continuing Evolution of Libraries. – In: Library Trends 46 (1997), 152-167.

31 Portugal, Frank H.: Valuating Information Intangibles. Measuring the Bottom Line Contribution of Librarians and Information Professionals, Washington: SLA, 2000.

32 Plassmann, Engelbert; Seefeld, Jürgen: Das Bibliothekswesen der Bundesrepublik Deutschland. Ein Handbuch, 4. Aufl., Wiesbaden: Harrassowitz, 2004.

33 Radford, Gary P.: Trapped in Our Own Discursive Formations: Toward an Archaeology of Library and Information Science. In: The Library Quarterly, 73, 1 (2003), 1-18.

34 Ranganathan, Shiyali Ramamrita: The Five Laws of Library Science, Nachdruck der 2. Aufl. von 1963, Bangalore: Sarada Ranganathan Endowment for Library Science, 1996.

35 Seefeldt, Jürgen; Syré, Ludger: Portale zu Vergangenheit und Zukunft – Bibliotheken in Deutschland, 2., durchges. Aufl, Hildesheim u.a.: Olms, 2003.

36 Something for Everyone – Public Libraries and the Information Society – „The Copenhagen Declaration", in: Bibliotheksdienst, 33 (1999) 2100-2102.

37 Stocker, Günther: Schrift, Wissen und Gedächtnis. Das Motiv der Bibliothek als Spiegel des Medienwandels im 20. Jahrhundert, Würzburg: Königshausen & Neumann, 1997.

38 Thorhauge, Jens; Larsen. G.; Thun H-P.; Albrechtsen, H.: Public Libraries and the Information Society, hrsg. v. M. Segbert. Brüssel: European Commission, DG XIII/E.4, 1997. (EUR 17648 EN)

39 UNESCO: Public Library Manifesto 1994 – Öffentliche Bibliothek. Manifest der Unesco 1994, 2. überarb. Aufl., Berlin: Deutsches Bibliotheksinstitut, 1997.

40 Wegmann, Nikolaus: Bücherlabyrinthe. Suchen und Finden im alexandrinischen Zeitalter, Köln u.a.: Böhlau, 2000.

41 Wiegand, Wayne A.: Tunnel Vision and Blind Spots. What the Past Tells Us About the Present; Reflections on the Twentieth-Century History of American Librarianship. In: Library Quarterly, 69 (1999), 1-32.

# D 3 Medien, Medienwirtschaft

Günter Peters

## D 3.1 Vorbemerkung

Medien und Medienwirtschaft in der Bundesrepublik Deutschland haben seit Mitte der 90er Jahre eine wechselhafte Entwicklung durchlebt: eine traditionsreiche, von Inhalten und Vermarktung her besondere Branche wurde im Zuge des durch die Entwicklung des Internets ausgelösten Wirtschaftsbooms zu einer der wichtigsten Wachstumsbranchen, bevor der vorläufige Zusammenbruch der Internetwirtschaft eine zumindest in Deutschland so noch nicht gekannte Krise der Medienwirtschaft auslöste. Eine „normale" Entwicklung von Mediendokumentationen darzustellen, ist angesichts der Euphorien einerseits und Verwerfungen andererseits, die in den letzten 8 bis 10 Jahren auftraten, schwer möglich.

Deshalb wird im folgenden Kapitel die Entwicklung von Archiven und Dokumentationen in Medienbetrieben „normalisiert" dargestellt. Technische (Volltext und Internet), ökonomische (Kostenrechnung) und juristische (Urheberrecht) Entwicklungen zogen Veränderungen in Arbeitsweise und Funktionen der betroffenen Dokumentationen nach sich. Als Ergebnis dieser Veränderungen zeichnet sich eine strukturelle und funktionale Änderung der Medienwirtschaft und der Mediendokumentationen ab.

## D 3.2 Medienwirtschaft in der Bundesrepublik Deutschland

Unter Medienwirtschaft wird hier die Gesamtheit der in Presse, Hörfunk und Fernsehen tätigen Institutionen verstanden. Es gab 2002 in Deutschland 408 Tages- und Wochenzeitungen, 2220 Publikumszeitschriften und 3646 Fachzeitschriften (Lit. 05, Lit. 34, Lit. 52).

Die beiden öffentlich-rechtlichen Rundfunkanstalten inklusive der 3. Programme, 3Sat und Arte verbreiteten 2002 565.240 Stunden Hörfunk und 97.105 Stunden Fernsehen. Die neun privaten Fernsehsender RTL, RTL 2, Super RTL, Sat 1, ProSieben, Vox, Tele 5, Kabel 1 und DSF strahlten im selben Jahr 64.404 Stunden Fernsehen aus (Lit. 05, Lit. 34, Lit. 52).

Seit seinem Auftauchen verzeichnet das Internet bei der Mediennutzung die höchsten Zuwachsraten, die tägliche Verweildauer bei der Onlinenutzung hat sich an Werktagen von 1997 (71 Minuten) auf 2003 (121 Minuten) fast, am Wochenende mehr als verdoppelt (1997: 76 Minuten, 2003: 182 Minuten) (Lit. 01). Das Internet hat bei den 14- bis 19jährigen Mediennutzern einen hohen Stellenwert eingenommen, ihre Onlinenutzung ist höher als die anderer Altersgruppen (Lit. 02, Lit. 08, Lit. 14). Die Auswirkungen der Internet-Nutzung werden messbar: sie hat zu einer Ausweitung des Medienkonsums geführt, von 425 Minuten im Jahr 2000 auf 442 Minuten 2002 (Lit. 05, Lit. 34, Lit. 52). Die höhere Onlinenutzung geht bei der Gruppe der 14- bis 19jährigen auf Kosten der Nutzung der Tageszeitungen, während ansonsten in den anderen Altersgruppen die Nutzung der verschiedenen Medien relativ stabil blieb (Lit. 44).

In der Medienkrise ab 2001 zeigte sich die Abhängigkeit der Medien von der Werbewirtschaft. Diese, in ihrer Geschäftstätigkeit selbst ein Reflex auf die allgemeine wirtschaftliche Entwicklung und privaten Konsum, trug jahrelang zum Wachstum der Medienindustrie bei. Als nach 2001 die Werbewirtschaft zum erstenmal seit den 50er Jahren in eine Krise geriet, zeigte sich, dass der deutsche Medienmarkt übersetzt war. Sparmaßnahmen und Insolvenzen, die vor allem Multimedia-Firmen trafen, hatten auch Auswirkungen auf die Aufwendungen für Redaktionen und Dokumentationen in traditionellen Medienhäusern.

### D 3.2.1 Dokumentationen in Medienbetrieben

Unter Dokumentationen in Medienbetrieben werden Einrichtungen und Abteilungen verstanden, die mit der Sammlung, Aufbereitung, Weitergabe und Vermarktung von Informationen beschäftigt sind. Diese Informationen können durch die jeweiligen Verlage oder Hörfunkinstitutionen selbst erzeugt worden oder Produkte fremder Institutionen sein.

Die Bezeichnungen für dokumentarische oder archivarische Einrichtungen in Medienbetrieben haben sich in den letzten Jahren erweitert – sie reichen vom traditionellen „Archiv" über die „Dokumentation" bis hin zu „Infopool" oder „Newsarchiv". Die Namensgebung zeigt die Entwicklung von Aufgaben und Aktivitäten, die die Dokumentationen in den letzten Jahren erlebten. Zusätzliche Tätigkeiten wie Marketing und Vertrieb der eigenen elektronischen Daten, zusätzliches Know-How wie Kundenberatung und urheberrechtliche Kenntnisse wurden Ende der 90er Jahre von den Dokumentationen verlangt. Das neue Jahrtausend begann dann mit Rationalisierungen und personellen Einsparungen, wobei ein Teil der vormals erworbenen Kenntnisse und Tätigkeiten überflüssig wurden.

### D 3.2.2 Dokumentationen in Pressehäusern

Die oben angekündigten Entwicklungen und Einflüsse können meines Erachtens am besten an den Dokumentationen von Presseverlagen dargestellt werden. Zum einen, weil Pressearchive zur Aufbewahrung der eigenen Titel und von Artikeln aus fremden Titeln eine lange Tradition besitzen. Die Aufgaben von Pressedokumentationen waren definiert, die Institutionen waren bei Redaktionen und Geschäftsleitungen anerkannt. Die Veränderungen, die Mediendokumentationen unterworfen sind, können also paradigmatisch an diesen entwickelten und leistungsfähigen Einrichtungen dargestellt werden.

Die Digitalisierung von analogen Vorlagen hat sich zunächst in Pressedokumentationen entwickelt, weil für die Speicherung von gescannten Presseartikeln vergleichsweise wenig Speicherkapazität benötigt wird. Die dort gemachten Erfahrungen gelten mit zeitlicher Verzögerung und in anderen Strukturen auch für Dokumentationen anderer Medien (Video, Musik, Sprache). Insofern macht es Sinn, die durch die technische Entwicklung bedingten Veränderungen von Mediendokumentationen am Beispiel der Pressedokumentationen darzustellen.

### D 3.3 Funktionen der Mediendokumentation

Die wesentliche Funktion von elektronischen wie konventionellen Archiven und Dokumentationen ist die der Versorgung der jeweiligen Medienhäuser mit den für die Erstellung der Medienprodukte benötigten Informationen. Diese Informationsversorgung besteht zunächst aus der Speicherung der eigenen Produkte: Artikel, Sendungen, Videos, Musik und Wortbeiträge. Hinzu kommt eine Auswahl relevanter Artikel, Sendungen, Videos oder Musik aus fremden Quellen. Durch die Ausweitung der Produktpalette von Verlagen, Rundfunkanstalten und Fernsehsendern im Zuge des Internet-Booms erhielten auch die Archive und Dokumentationen weitere Aufgaben bei Produktion und Vermarktung der Produkte ihrer Häuser. So wurden für die Einrichtung und Führung von Internetseiten Bestände digitalisiert, mussten Arbeitsabläufe so verändert werden, dass die Aufbereitung und Speicherung von Informationen schneller und aktueller geschehen konnte.

### D 3.3.1 Speicherung und Retrieval

Die Umstellung von konventioneller Ablage zu elektronischen Datenbanken führte zu signifikanten Veränderungen bei der Arbeitsweise der Dokumentationen und Dokumentare, nicht aber zur Veränderung ihrer wesentlichen Aufgaben. Die Komplettspeicherung des eigenen Bestandes und ausgewählter externer Bestände ist nach wie vor die Grundlage der Dokumentationstätigkeit. Allerdings bedeutet die elektronische und digitale Speicherung den Einstieg in neue Strukturen, eine einfache Übertragung von Systematiken und Arbeitsabläufen vom konventionellen auf das elektronische Archiv würde Möglichkeiten verschenken. Elektronisierung zwingt zur Beschäftigung mit neuen, angemessenen Systematiken, Archivstrukturen und Arbeitsabläufen. In der Regel werden Systematiken natürlichsprachig und in den Hierarchien flacher, werden die Datenbanken nach der besten Möglichkeit für ein schnelles Retrieval strukturiert und die Arbeitsabläufe auf eine möglichst zeitnahe, aktuelle Speicherung der benötigten Medien angelegt.

Voraussetzung für die Einführung von elektronischen und digitalen Speichern ist das Vorhandensein von entsprechendem Know-How, wozu unter anderem der Überblick über angebotene Datenbanksysteme gehört. In der Regel ist eine Konsequenz der Führung von elektronischen Speichern eine enge, bis an Abhängigkeit gehende Zusammenarbeit mit hauseigenen EDV-Abteilungen oder die Implementierung von dokumentationseigenem EDV-Wissen.

## D 3.4 Technische Entwicklung in den Mediendokumentationen seit Mitte der 90er Jahre

Zwei technische Entwicklungen haben seit Beginn der 90er Jahre die Arbeit von Dokumentaren – nicht nur in Medienbetrieben – verändert: die Möglichkeit der Digitalisierung von Informationen und der produktive Einsatz von Volltexten.

### D 3.4.1 Digitalisierung

Als Gruner + Jahr 1972 mit dem Aufbau der damals einzigen Pressedatenbank einer Verlagsdokumentation in Deutschland begann, gab es technisch keine Möglichkeit, Artikel elektronisch oder digital zu speichern. Die G+J Pressedatenbank entwickelte sich in einer Archiv- und Dokumentationslandschaft, die ausschließlich aus Papierarchiven bestand. Erst in den 80er Jahren wurden von GBI (Gesellschaft für betriebswirtschaftliche Informationen) und Genios Artikeldaten außerhalb von G+J elektronisch gespeichert und angeboten. Doch bis zur Entwicklung des Internets und der Online-Anbindung von Redaktionen war das Papierarchiv eine gängige Institution in Presseverlagen, gab es eine parallele Entwicklung von konventioneller und elektronischer Speicherung.

Im Jahre 2003 stellten die beiden letzten großen Pressedokumentationen, die noch mit dem Papier als Massenspeicher arbeiteten, der Infopool der Axel Springer AG und das Archiv der Frankfurter Allgemeinen Zeitung, die Führung ihrer Papierarchive ein. Seitdem kann nicht mehr von einem Nebeneinander von konventionellen und elektronischen Archiven gesprochen werden, seitdem ist die Ära des Papierarchivs in kommerziellen Dokumentationen beendet.

Die Pressedatenbank, die Gruner + Jahr 1972 aufbaute, war wegen der damaligen technischen Restriktionen eine Verweisdatenbank. Sie bestand aus Schlagworten, in denen die Dokumentare recherchieren konnten. Um an die Artikel selbst heranzukommen, benötigten sie ein Papier- und Mikrofichearchiv. Immerhin enthielt jede Verschlagwortung eine Adresse, aus der hervorging, wo der betreffende Artikel zu suchen war.

Durch die Verschlagwortung konnte ein Artikel deutlich häufiger als in einem konventionellen Archiv wiedergefunden werden, aber ein entscheidender Vorteil einer Datenbank im Vergleich zum Papierarchiv wurde aufgrund der technischen Restriktionen nicht ermöglicht: der gleichzeitige und ortsunabhängige Zugriff auf die Artikel.

Abhilfe brachte die Bildplatte, die professionelle Variante der CD-Rom, die ab 1981 einsetzbar war. Die hatte eine Speicherkapazität von 1Gb pro Plattenseite, was zu einer Speicherung von 9.000 bis 13.000 Faksimileseiten von Presseartikeln ausreichte. Deren Einsatz führte dazu, dass die Gruner + Jahr Dokumentation ab 1986 kein Papierarchiv mehr führte. Als Standardspeicher hat sich die Bildplatte allerdings in den Mediendokumentationen nicht durchgesetzt. Denn als die Mehrheit dieser Dokumentationen von papierner auf elektronische Speicherung umstellte, war die Möglichkeit zur Speicherung von Volltexten so entwickelt, dass auf die Faksimilespeicherung mit Bildplatten verzichtet werden konnte.

Bis zum produktiven Einsatz von Volltextdatenbanken blieben Verweis- oder Referenzdatenbanken zusammen mit bibliographischen Datenbanken die einzig möglichen Datenbankentypen.

### D 3.4.2 Volltext

Für eine Revolution für die Dokumentationen sorgte der produktive Einsatz von Volltexten, der in Deutschland 1992/1993 begann. Möglich wurde dieser Einsatz durch die Entwicklung von kostengünstigen Speichern und leistungsfähigen Rechnern. Alle Wörter eines Artikels konnten nun recherchiert werden. Das waren und sind häufig mehr Informationen als benötigt werden, aber die Möglichkeit der Volltextsuche hat die Mediendokumentationen stark verändert. Die Recherchemöglichkeiten potenzierten sich, Volltext-Datenbanken wurden eine Konkurrenz zu verschlagworteten oder bibliographischen Datenbanken und überholten sie bald in der Relevanz für dokumentarische Recherchen.

Der Einsatz von Volltexten wirkte sich auch auf den Input, die Aufbereitung von Artikeln, aus: Dokumentare konnten sich nun bei der Verschlagwortung von Volltexten auf die Wiedergabe der Artikelinhalte beschränken, die nicht explizit im Text auftauchen. Die dokumentarische Erfassung hat seitdem darüber hinaus die Aufgabe, das Recherchevokabular zu vereinheitlichen und Informationen über die Artikelinhalte zu hierarchisieren. Die Nacherzählung von Artikelinhalten wurde überflüssig.

### D 3.4.3 Internet

Große Auswirkungen auf Mediendokumentationen hatte ab 1995 die Entwicklung des Internets. Der Zugang zu Informationen wurde sehr erleichtert, die Recherchemöglichkeiten vergrößerten sich exponentiell. Durch das Internet wurde ermöglicht, dass die redaktionellen Abnehmer der Dokumentationen, die Redakteure, selbst auf Informationen zugreifen. Wenn sie wollten, auch auf die, die in Datenbanken stecken, die Dokumentare erstellen. Aber natürlich auch auf alle mehr als 3 Milliarden Seiten, die bis Mitte 2003 im World Wide Web (WWW) vorhanden waren (Lit. 29). Damit wurde die Recherchekompetenz von Dokumentationsabteilungen in Frage gestellt, nicht nur von Verlagsleitungen, sondern auch von Redakteuren, zu deren Know-How mittlerweile die eigene Online-Recherche gehört.

So wurde ein Teil des dokumentarischen Expertenwissens bei der Datenbankrecherche, die Kenntnis von Befehlssprachen und Datenbankstrukturen, in den Augen vieler Internetnutzer überflüssig. Immer weniger Informationswünsche werden an dokumentarische Experten weiter gegeben, weil Suchmaschinen wie Google suggerieren, schnell und einfach jede verfügbare Information zu finden. In der Tat haben Suchmaschinen seit den Anfängen von Yahoo! im Jahr 1995 eine erstaunliche Entwicklung genommen. Vor allem die für Endnutzer wesentlichen Suchkriterien (kurze Antwortzeiten, Einfachheit der Bedienung und Übersichtlichkeit der Suchergebnisse) sind konsequent beachtet worden, so dass zum Standard einer journalistischen Recherche eine Google-Suche fast dazu gehört, aber nicht nur aus ihr bestehen sollte. Denn Internet-Recherchen sind eigentlich Volltextrecherchen in einem unüberschaubaren Bestand, dazu in Feldern, die Informationen enthalten, die von den Urhebern der Seiten zusammen gestellt wurden. Für erfolgreiche Recherchen im Internet ist eine gute Kenntnis von Recherchemöglichkeiten und -methoden in Volltextdatenbanken eine wichtige Voraussetzung.

Durch die Verlagerung eines großen Teils der anfallenden Recherchen aus den Dokumentationen in die Redaktionen ging die Nachfrage nach Dienstleistungsrecherchen für die Redaktionen durch die hauseigenen Dokumentationen zurück. Die Möglichkeit, in den von den Dokumentationen geführten Datenbanken selbst zu recherchieren, wird allerdings in der Regel von den Redaktionen ebenfalls stark genutzt.

Die Konsequenz für Dokumentationen aus dieser Entwicklung besteht darin, das Internet als Medium der Kundenansprache und -bindung zu nutzen, konkret: die Informationen der eigenen Datenbanken über Intranet oder Internet den Endnutzern zur Verfügung zu stellen.

### D 3.4.4 Automatische Verfahren

Seit 1999 sind automatische Verfahren zur Klassifizierung beziehungsweise Verschlagwortung von Volltexten und so genannte intelligente Volltextretrieval-Tools einsatzreif. Automatische Klassifizierungssoftware ist in der Lage, Volltexte automatisch zu verschlagworten. Die ersten eingesetzten Systeme gründeten auf der Text Mining Technologie von IBM und arbeiten fast ausschließlich mit statistischen Methoden (Lit. 09). Diese Tools benötigen ein Training, wobei korrekt verschlagwortete „Vorbildartikel" durch Dokumentare angefertigt werden müssen. Sie können somit nur eingesetzt werden, indem Dokumentare die Ergebnisse dieser Tools überprüfen. Deshalb ist mit der derzeit verfügbaren Software auch nur ein halbautomatischer Einsatz möglich, bei dem aber Kosten in Form von Personalkapazität eingespart werden sollen.

Anfang 2004 waren solche Systeme unter anderem in den Dokumentationen des Heinrich Bauer Verlags, der Frankfurter Allgemeinen Zeitung, der Neuen Züricher Zeitung, der Süddeutschen Zeitung, der Stuttgarter Zeitung, Gruner +Jahr und des ZDF im Einsatz. Die Spiegel-Dokumentation arbeitet mit einer Eigenentwicklung.

Intelligente Volltext-Retrieval-Systeme oder so genannte Assoziative Verfahren klassifizieren oder verschlagworten nicht nur auf Grund von Training oder eigenen Kategoriensystemen, sie indizieren die Volltexte zusätzlich nach jeweils eigenen Verfahren. Damit werden nicht nur die in einem Volltext vorhandenen Begriffe recherchierfähig gemacht, sondern auch Kontexte und Sinnzusammenhänge, die nicht auf der Wortebene zu suchen sind, sondern durch Analyse und Speicherung der Kontexte der Wörter entstanden. Damit sind im Prinzip von ungeübten Endnutzern Zusammenhänge recherchierbar.

Denkbar ist, dass durch den Einsatz solcher Verfahren nicht nur die Datenaufbereitung automatisiert, sondern auch das Retrieval methodisch verändert wird. Neue Angebote für Endnutzer sind durch den Einsatz solcher Verfahren denkbar. Der

Einsatz solcher Verfahren in Dokumentationen steht noch aus, auf Grund der Erfahrungen mit dem Einsatz automatischer Klassifikationssysteme und von Tests ist ein konkreter Nutzen solcher Systeme noch unklar.

## D 3.5  Ökonomische Einflüsse auf die Mediendokumentation

### D 3.5.1  Dokumentationen und Ökonomie

Seit Mitte der 90er Jahre unterliegen Archive und Dokumentationen immer größerem ökonomischem Druck, der sich zunächst durch die Einführung der Kostenrechnung in den Etats zeigte. Da die Medienwirtschaft sowohl private als auch öffentlich-rechtliche Einrichtungen umfasst, ist die konkrete Kostenrechnung in den einzelnen Dokumentationen unterschiedlich. Generell gilt, dass dokumentarischen Arbeitsbereichen und Tätigkeiten Kostenarten zugeordnet und Etats festgelegt wurden, deren Einhaltung obligatorisch ist. Einige kommerziell geführte Pressearchive erlebten eine Weiterentwicklung von Abteilungen, in denen Kostenarten zugeordnet wurden (Cost Center), zu Abteilungen, die am Ende eines Geschäftsjahres einen Gewinn ausweisen sollen (Profit Center).

Ab 2001 gerieten viele Mediendokumentationen und -archive im Zeichen der ökonomischen Krise unter einen erhöhten Kostendruck, der wesentlich dem Wegbrechen von Erlösen geschuldet war (Lit. 15, Lit. 27, Lit. 28, Lit. 56). Darauf reagierten die betroffenen Verlage durch Einsparungen. Diese Einsparungen und sowieso enge Etats zwangen die Dokumentationen und Archive zur Neubestimmung ihrer Position und Funktion im Unternehmen, zur Konzentration auf ihr Kerngeschäft und zu Umstrukturierungen und veränderten Arbeitsweisen.

### D 3.5.2  Aufschwung und Krise der Medien

Die deutsche Medienlandschaft war jahrzehntelang geordnet und wirtschaftete mit bewährten ökonomischen Modellen: kommerzielle Presse, öffentlich-rechtlicher Rundfunk. Für eine nachhaltige Belebung des Medienmarktes sorgte die Einführung des privaten Hörfunks und Fernsehens nach 1982. Auch danach blieben die Märkte weitgehend abgesteckt: Presse agierte in der Regel lokal und regional, Hörfunk und Fernsehen in der Regel überregional.

Mit der Durchdringung der Medienmärkte durch das Internet ab 1995 entstand schnell eine neue Situation: nicht die reale Performanz eines Mediums wurde bewertet, sondern die möglichen Veränderungen in Mediennutzung und Konsumverhalten. Triebfeder des Internet-Booms war nicht die reale Marktdurchdringung, sondern waren erwartete Gewinne in einer nahen oder fernen Zukunft („Internet-Phantasie").

Der Ausbruch des Internet-Booms ab ca. 1997 führte zunächst zu einer Ausweitung der Funktionen von Dokumentationen. Es ergaben sich durch die Ausweitung des WWW neue Recherchemöglichkeiten. Dann benötigten redaktionelle Internet-Angebote archivierte Inhalte und nicht zuletzt entstand die Möglichkeit eines komfortablen Datenaustausches.

So führte die Entwicklung des Internets für einige Jahre zu einer Ausweitung der Einsatzmöglichkeiten von Dokumentaren: nicht nur beschäftigten Suchmaschinen Dokumentare und Archivare, sie wurden auch in vielen Internet-Firmen eingesetzt, um Content zu verwalten, der gespeichert und vermarktet werden musste. Dafür benötigte man Fachleute und die kamen in der Regel von den Fachhochschulen für Information, Dokumentation, Mediendokumentation oder Informationsmanagement. Diese Entwicklung endete Ende 2000, denn da begann die ökonomische Krise, die seitdem als „Medienkrise" diese Branche erschüttert.

Die Gründe für diese Krise werden hier nur kursorisch wiedergegeben: der überhitzte Börsenboom nach der Internet-Euphorie mit einer explodierenden Ausweitung von Marketing- und Werbungsaufwendungen führte zu einem Anzeigenwachstum, das Anfang 2001 abrupt stoppte. Die Brutto-Werbeinvestitionen in den klassischen Werbemedien Print, Fernsehen, Elektronik und Plakat gingen im Jahr 2001 im Vergleich zum Vorjahr um 6,2%, die Brutto-Werbeumsätze der Printmedien im selben Jahr um 7,1% zurück. 2002 betrug der Rückgang im Vergleich zum Vorjahr bei den klassischen Werbemedien 3%, bei den Printmedien beim Brutto-Werbeumsatz 2,3%. Erst im Jahr 2003 kam es zu einem Zuwachs der Brutto-Werbeeinnahmen um 3,3%, bei den klassischen Werbemedien um 3,7%.

Dies traf eine Branche, die seit Ende der 50er Jahre eigentlich nur Zuwächse kannte. Und die nun, um ihrer ersten tiefen Krise zu begegnen, die bekannten und anderweitig erprobten Mittel anwandte: Rückzug auf das so genannte Kerngeschäft und Kostenminimierung sowie Reduzierung von Personalkosten durch Stellenabbau (Lit. 26). Einige Beispiele – ohne Anspruch auf Vollständigkeit:

- „Die Woche" (Jahreszeiten Verlag), „Bizz" (Gruner + Jahr) und die „Telebörse" (Verlagsgruppe Handelsblatt) wurden eingestellt, aber auch Lokalzeitungen wie die „Honnefer Volkszeitung" nach 121 Jahren Erscheinen oder die „Speyrer Tagespost" nach 50 Jahren Erscheinen.

- Der Axel Springer Verlag baute in den Jahren 2002 und 2003 12% seiner ehemals circa 14.000 Stellen ab.

- Beim Verlag der „Süddeutschen Zeitung" sollen bis Ende 2004 circa 1000 Mitarbeiter von ehemals circa 5000 entlassen werden.

- Die „Frankfurter Rundschau" wird bis 2004 über 200 Stellen abbauen und mit 40% weniger Personal auskommen müssen als 2002.

- Die „Frankfurter Allgemeine Zeitung" hat die „Berliner Seiten" eingestellt und insgesamt 200 bis 300 von ehemals 1450 Mitarbeitern abgebaut.

- Gruner + Jahr trennte sich von seinem Berliner Verlag mit der „Berliner Zeitung" und spart mit einem besonderen Einsparungsprogramm Kosten im dreistelligen Millionenbereich (Lit. 33, Lit. 06, Lit. 49, Lit. 31, Lit. 32).

Im Fernsehbereich ist es mit dem Zusammenbruch des Kirch-Konzerns im Frühjahr 2002 zu einer der größten bundesdeutschen Unternehmensinsolvenzen gekommen (Abbau von ca. 2000 von vormals circa 10.000 Arbeitsplätzen) (Lit. 21).

Auch der öffentlich-rechtliche Rundfunk gerät in finanzielle Probleme: die Erhöhung der Rundfunkgebühren stößt auf Widerstand, Radio Bremen meldet Überschuldung, der MDR hat finanzielle Probleme (Lit. 04, Lit. 40).

In dieser Situation wuchs der ökonomische Druck auf Dokumentationen und Archive. Dies bedeutete Sparen bei den Sachmitteln, also Überprüfung der Anzahl von lektorierten und gespeicherten Titeln und Artikeln. Die Anzahl der Mitarbeiter wurde geringer, die Ansprüche an die Dokumentationen und Archive nicht.

Die betroffenen Dokumentationen und Archive waren durch die ökonomische Krise in eine Situation geraten, in der sie mit weniger Sachmitteln und Mitarbeitern eine ähnlich hohe Leistung und Qualität anbieten sollten wie in den Jahren zuvor. Sie mussten Abstriche bei archivierten Beständen wie Tätigkeiten machen. Online-Beratung, Teilnahme an Marketing, der Verkauf von Informationen, wurden daraufhin überprüft, ob diese Angebote mit der aktuellen Ausstattung der Dokumentationen noch im Einklang standen. Und im Zweifel wurden die Angebote abgespeckt. Es fand eine Konzentration auf die Kerntätigkeiten von Archiven und Dokumentationen statt, nämlich die Aufbereitung und Speicherung von eigenen Daten und die Informationsversorgung der eigenen Redaktionen.

Auch wurde der Aufwand für Aufbereitung und Verschlagwortung von Artikeln in Frage gestellt und reduziert, soweit dies möglich war. Dies setzte den Prozess fort, der durch die technische Entwicklung begonnen wurde, allerdings in einer verschärften Form.

## D 3.6  Dokumentationen und Urheberrecht

Mit seinem Grundsatzurteil 1998 zur digitalen und elektronischen Speicherung von Presseartikeln in einem Archiv hat der Bundesgerichtshof entschieden, dass Archive zur elektronischen Speicherung von Artikeln für eigene Zwecke die Einwilligung der Urheber benötigen (Lit. 46). Dieser Unterschied zur analogen Speicherung nach §53.1 des „Gesetzes über Urheberrecht", der Vervielfältigungen eines (analogen) fremden Werkes zur Aufnahme in ein eigenes Archiv erlaubte, zwang die betroffenen Dokumentationen und diejenigen, die nach 1998 ihre Bestände digitalisierten, zum Abschluss von entsprechenden Lizenzverträgen. Damit wurden die eigenen elektronischen Bestände aufgewertet und die Speicherung fremder Texte verteuert. Es entstand ein Datenhandel zwischen den Dokumentationen, der in der Regel in Marketingkonzepte eingebettet wurde. Dies alles war für die Dokumentationen neu und musste erst gelernt werden.

Das „Gesetz zur Änderung des Urheberrechts in der Informationsgesellschaft" vom April 2003 wirkt sich auch auf die Informationsversorgung durch

Dokumentationen aus, weil z. B. das Angebot von elektronischen Daten in einem Intranet als öffentliche Wiedergabe definiert wird (Lit. 03). Und diese ist nur mit Einwilligung des Urhebers gestattet. Bei der elektronischen Speicherung von Pressetexten, aber auch von digitalen Fotos und Videos, ist die Verfügbarkeit über das Recht zur Speicherung und Weitergabe von eigenen und fremden Daten ein entscheidendes Kriterium geworden. Die Möglichkeit zur Speicherung fremder Artikel im elektronischen Archiv hängt wesentlich von der Klärung der Urheberrechte ab. Nachdem die EDV-Kosten für Datenbanken durch Standardprogramme, kostengünstige Speicher und schnelle Übertragungsleitungen gesunken sind, stellen die Lizenzen zur Speicherung fremder Medienprodukte mittlerweile einen erheblichen Kostenfaktor dar.

## D 3.7 Zusammenfassung

Man kann davon ausgehen, dass die ökonomische Krise in eine strukturelle Veränderung der Medienlandschaft münden wird, zumindest eine Veränderung der Marktbedingungen der Presseverlage. Deren Einnahmequellen sind die Vertriebs- und Anzeigenerlöse. Ein großer Teil dieser Anzeigen, zum Beispiel für Gebrauchtwagen, ist in das Internet abgewandert (Lit. 51, Lit. 54). Diese Anzeigen, die bislang eine Domäne der Zeitungen waren, werden auch in einer besseren ökonomischen Situation im Internet geschaltet werden.

Für Archive und Dokumentationen bedeuten diese Veränderungen des Pressemarktes, dass der Kostendruck, der in den letzten Jahren aus ökonomischen Gründen ausgehalten werden musste, einem Kostendruck weichen wird, der aus strukturellen Gründen auf sie ausgeübt wird. Die Situation der Dokumentationen und Archive wird sich nicht verbessern, wenn sich die ökonomische Situation der Verlage und Fernsehanstalten bessern sollte. Nach der Erfahrung dieser Krise und in einer sich strukturell verändernden Medienlandschaft werden Verlagsleitungen weiterhin sehr sparsam und vorsichtig in Bezug auf die Kosten der Unternehmen agieren.

In den Krisenjahren 2001 bis 2003 gerieten gerade Verlage unter Druck, die anspruchsvollen Journalismus betreiben und die zur Produktion der Titel Dokumentationen und Archive benötigten. Diese wurden wie die Redaktionen in die Einsparungen einbezogen.

Im Zusammenhang mit einer weiteren Verbreitung des Internets, die sich auf das Rechercheverhalten redaktioneller Nutzer auswirkt, ergaben sich Veränderungen von Berufsbild, Berufschancen und Arbeitsmarkt von Dokumentaren. Medienübergreifend gilt, dass die ökonomischen Rahmenbedingungen auf die Arbeit der Dokumentationen durchschlagen, mit Konsequenzen wie Kostenbegrenzung, Personaleinsparung, Einsatz von Elektronik und automatischen Verfahren, Kooperationen und Konzentration.

## D 3.8 Ausblick

Es stellt sich also die Frage, ob der heutige Aufwand für die Produktion von Qualitätsjournalismus in Redaktionen und Dokumentationen auch in einigen Jahren noch so betrieben werden wird. Die Bewältigung der Medienkrise ab 2001 zeigt, dass die betroffenen Verlage Kosten auch im redaktionellen und dokumentarischen Bereich sparten und es in Zukunft darum gehen wird, Qualitätsjournalismus zu deutlich geringeren Kosten, also geringerem personellen Aufwand, zu betreiben als bis zum Jahr 2001.

Konzentration auf das Kerngeschäft, Abstoßen von zusätzlichen Leistungen und Angeboten und Kooperation auch mit Konkurrenten scheinen die Aktivitäten zu sein, mit denen die Medienbetriebe aus der jetzigen ökonomischen Krise herauskommen wollen und den sich abzeichnenden strukturellen Veränderungen begegnen wollen.

Diesen Prozess werden die Dokumentationen und Archive begleiten. Und übersetzt auf deren Tätigkeit zeichnen sich folgende Tendenzen ab:

Konzentration auf das Kerngeschäft bedeutet Priorität für die Bedürfnisse und Belange der eigenen Häuser. Dokumentationen wurden bislang von Medienhäusern als Teil ihrer „informellen Selbstbestimmung" begriffen, teilweise als ein Konkurrenzvorteil. Aber diese Dienstleistung muss sich den engeren Kostenrahmen anpassen: nur noch die Qualität wird bezahlt, die wirklich und unbedingt nötig zur Durchführung der jeweiligen Informationsaufträge ist. Dies bedeutet, dass sich die Mittel der Dokumentationen aus dem finanziellen Rahmen des Medienhauses ergeben, in dem sie arbeiten und dass innerhalb dieses Rahmens das Maximum an möglicher Qualität hergestellt werden muss. Dies ist ein Paradigmenwechsel, denn bislang ergaben sich die finanziellen Mittel von Dokumentationen aus ihren Aufgaben. Nun ist es umgekehrt.

Der brisante Punkt bei der Krisenbewältigung ist der der Kooperationen zwischen Konkurrenten, also zwischen bis dato konkurrierenden Archiven. Kooperation kann Zusammenarbeit auf technischer Ebene, das Hosting von Daten und Informationen anderer Verlage auf dem Rechner eines Partners, Tausch von Verschlagwortungen, Arbeitsteilung beim Input bedeuten. Bilaterale Projekte hatten bislang eine größere Chance auf Realisierung als solche mit mehreren Beteiligten. Es gibt neben dem PAN-Projekt der ARD und dem Archivverbund von ZDF, Hessischem Rundfunk und Bayerischem Rundfunk nur Beispiele für Kooperationen von zwei Dokumentationen (Lit. 18).

Der Funktionswandel der Mediendokumentationen wirkt sich auf die Beschäftigungssituation und die Tätigkeiten der Dokumentarinnen und Dokumentare in Medienhäusern aus. Dokumentare und Archivare als Verwalter der elektronischen Bestände werden in Medienbetrieben weiterhin benötigt, ihre Zahl wird stagnieren oder geringer werden (es sei denn, es gäbe eine Vergrößerung der Anzahl der Medienbetriebe), die Ansprüche an sie werden größer: auf der einen Seite ist nach wie vor fachliches Wissen notwendig, denn zumindest die Dokumentare sollten verstehen, worum es in den recherchierten Artikeln und Informationen geht.

Auf der anderen Seite ist die Fähigkeit, Endnutzer im Informationsdschungel an die für sie richtigen Informationen zu führen, eine immer wichtiger werdende Aufgabe. Es geht bei der Zusammenarbeit mit den Redaktionen also nicht mehr in erster Linie um das Wissen und die Fähigkeit, Informationen zu sammeln, aufzubereiten und wieder zu finden, sondern darum, Dienstleistungen für Redaktionen in einem sich ändernden ökonomischen und medialen Umfeld zu erbringen und diese immer wieder an die sich verändernden Bedingungen anzupassen. Und dies zu geringeren Kosten als bisher. Dies ist ein anderes Berufsbild, als es bislang vorhanden war.

**Literatur**

01 ARD-Online-Studie 1997; ARD/ZDF-Online-Studien 1998-2003. In: ARD intern. Medien Basisdaten, www.ard.de/intern/

02 Bauer, Antonie: Der Internet-Boom fängt erst an. In: Süddeutsche Zeitung, 10./11.1.2004, S. 17

03 Beger, Gabriele: Bundestag beschloss Urheberrechtsnovelle. In: Information, Nr. 54, 2003, S. 229

04 Boldt, Klaus: Wimmern und Rauschen. In: Manager Magazin, 1.8.2003, S. 54

05 Bundesverband Deutscher Zeitungsverleger e.V. (BDZV): Markttrends & Daten. Zur Lage der Zeitungen in Deutschland 2003. In: www.bdzv.de

06 FTD: „Frankfurter Rundschau" kappt weitere 130 Stellen. In: Financial Times Deutschland, 18.7.2003, S. 6

07 FTD: Marktforscher meldet Wachstum im Werbemarkt. In: Financial Times Deutschland, Nr. 11, 16.1.2004, S. 6

08 Fritz, I.; Klingler, W.: Zeitbudgets und Tagesablaufverhalten in Deutschland: Die Position der Massenmedien. In: Media Perspektiven, 2003, Nr. 1, S. 12

09 Gaese, Volker; Geisler, Stefan; Peters, Günter: Das Projekt „DocCat" – Ein automatisches Verschlagwortungssystem in der Gruner + Jahr Textdokumentation. In: Info 7, 2002, Nr. 1, S. 22

10 Gangloff, Tilman B.: Was Hänschen nicht liest ... In: Die Welt, Nr. 188, 14.8.2003, S. 30

11 Gasterich, Franz-Josef: Das Internet-Archiv der Frankfurter Allgemeinen Zeitung. Ein Protagonist entgeltlicher Archiv-Angebote im Internet. In: Info 7, 2001, Nr. 3, S. 131

12 Gehrmann, W.; Hamann, G.; Littger, P.: Sparen, Schließen, Schassen. In: Die Zeit, Nr. 27, 27.6.2002, S. 11

13 Gerhards, Maria; Mende, Annette: Nichtnutzer von Online: Kern von Internetverweigerern? In: Media Perspektiven, 2002, Nr. 8, S. 363

14 Gerhards, M.; Klingler, W.: Mediennutzung in der Zukunft. In: Media Perspektiven, 2003, Nr. 3, S. 115

15 Gruner + Jahr AG, Fachbereich Anzeigen, Marktanalyse: Werbemittel Januar - Dezember 2003. Hamburg 2004, S. 2

16 Hamann, Götz: Selbstmord aus Angst vor dem Tod. Interview mit Professor Siegfried Weischenberg, Universität Hamburg. In: Die Zeit, Nr. 27, 27. 6. 2002, S. 14

17 Hauer, Manfred: Chancen und Grenzen der maschinellen Indexierung. In: Info 7, 2002, Nr. 2, S. 88

18 Heffler, Michael: Der Werbemarkt 2002. In: Media Perspektiven, 2003, Nr. 6, S. 269

19 Heimann, Klaus: Das PresseArchivNetzwerk (PAN) innerhalb der ARD. In: Info 7, 2003, Nr. 1, S. 27

20 Heller, Michael: Der verschwiegene Riese zeigt sich mitteilsam. In: Stuttgarter Zeitung, Nr. 146, 27.6.2002, S. 15

21 Hornig, Frank; Schulz, Thomas: „Irreparable Schäden". In: Der Spiegel, Nr. 12, 17.3.2003, S. 196

22 Jakobs, Hans-Jürgen; Ott, Klaus: Neue Eigentümer für Kirchs TV-Sender. In: Süddeutsche Zeitung, 20.12.2002, S. 19

23 Karle, Roland: Die Talsohle ist durchschritten. In: Horizont, Nr. 47, 21.11.2002, S. 66

24 kel: ZAW hofft auf steigende Werbeausgaben. In: EPD Medien, Nr. 43, 4.6.2003, S. 22

25 Khr: Axel Springer Pläne für Stellenabbau verunsichern Belegschaft. In: Kontakter, 10.11.2003, S. 19

26 Kleinoeder, Helmut H.; Puzicha, Jan: Automatische Kategorisierung am Beispiel einer Pilotanwendung. In: Info 7, 2002, Nr. 1, S. 19

27 Langer, Bettina: „Krise? So etwas kannte die Branche nicht mehr". Interview mit Horst Röper. In: Stuttgarter Zeitung, 14.9.2002, S. 15

28 Lazuly, Pierre: The World according to Google. In: Tageszeitung, Beilage Le Monde Diplomatique, 10.10.2003, S. 5

29 Leyendecker, Hans: Fakten – in Zukunft der große Schwindel? In: Info 7, 2003, Nr. 1, S. 15

30 Leyendecker, H.; Peters, G.; Weischenberg, S.: Podiumsdiskussion „Krise der Medien" auf der Frühjahrstagung der FG 7 des VDA am 8.4.2003 in Mainz. In: Info 7, 2003, Nr. 1, S. 20

31 Lili: Kräftige Einschnitte bei der Verlagsgruppe Handelsblatt. In: epd Medien, 50, 29.6.2002, S. 10

32 Lili: FAZ-Gruppe verschärft Sparkurs. „Berliner Seiten" werden eingestellt – Abbau von Arbeitsplätzen. In: EPD Medien, 29.6.2002, S. 11

33 Lili: FAZ-Verlag setzt personelles „Sparprogramm" fort. In: EPD Medien, 28.6.2003, S. 12

34 mbe: Süddeutscher Verlag kommt aus der Krise. Restrukturierung greift. In: Süddeutsche Zeitung, 7.8.2003, S. 19

35 Media Perspektiven (Hrsg.): Daten zur Mediensituation in Deutschland 2003. Frankfurt am Main 2003.

36 Meier, Lutz: Verlage stellen sich auf Fusionswelle ein. In: Financial Times Deutschland, 19.12.2003

37 Meier, Lutz: Zeitungen rücken in der Krise zusammen. In: Financial Times Deutschland, Nr. 201, 18.10.2002, S. 6

38 Middelhoff, Thomas: Ideen und Geld zählen. In: Werben & Verkaufen, 8.1.2004, S. 76

39 Mielke Ralf: Bis zur Schmerzgrenze. In: Berliner Zeitung, 16.10.2002, S. 13

40 Mp: Wieder Wachstum erwartet. In: Kontakter, 12.1.2004

41 Müller, Uwe: Ans Eingemachte gehen. In: Die Welt, 18.11.2003, S. 30

42 Ott, Klaus; Jakobs, Hans-Jürgen: Medien. Eine Art Leuchtturm. In: Süddeutsche Zeitung, 15.3.2003, S. 20

43 Ott, Klaus: Sender freies Bremen. In: Süddeutsche Zeitung, 12.6.2004, S. 17

44 Pries, Knut: Die Brandmauer. Probleme der Zeitungen mit Geld und Unabhängigkeit. In: Frankfurter Rundschau, 15.5.2003, S. 15

45 Rager, Günther: Jugendliche als Zeitungsleser: Lesehürden und Lösungsansätze. In: Media Perspektiven, 2003, Nr. 5, S. 180

46 Röper, Horst: Formationen deutscher Medienmultis 2002. In: Media Perspektiven, 2002, Nr. 9, S. 406

47 Rohan, Hanus: Archiv ist nicht Archiv. In: Kress Report, Nr. 33, 18.12.1998, S. 11

48 Rüdell, Norbert: Zeitungskrise / „Wir wollen den regionalen Sockel stärken". Interview mit Günter Kamissek, Verlagsgeschäftsführer der „Frankfurter Rundschau". In: Horizont. Nr. 16, 17.4.2003, S. 34

49 Seel, Christian: „Journalisten sind derzeit wohlfeil zu haben". Interview mit Wolfgang Fürstner, Geschäftsführer des Verbandes Deutscher Zeitschriftenverleger (VDZ). In: Die Welt, Nr. 265, 13.11.2002, S. 29

50 Siebenhaar, H.-P; Lipinski, G.: Zeitungshaus und Fernsehkonzern bieten erstmals vernetzte Reklamemöglichkeiten. Springer mit Pro Sieben gegen Werbekrise. In: Handelsblatt, 12.3.2003, S. 17

51 Siepmann, Ralf: Heimspiele. Regionalzeitungen im Anpassungsprozess. In: epd Medien. 22.11.2003, S. 5

52 Theurer, Marcus: Medien in der Krise. In: Frankfurter Allgemeine Zeitung, Nr. 184, 10.8.2002, S. 9

53 Verband Deutscher Zeitschriftenverleger (VDZ): Branchendaten. Zeitschriftenmarkt. In: www.vdz.de

54 Vogel, Andreas: Publikumszeitschriften: Dominanz der Großverlage gestiegen. In: Media Perspektiven, 2002, Nr. 9, S. 433

55 Vogel, Andreas: Onlinestrategien der Pressewirtschaft. In: Media Perspektiven, 2002, Nr. 12, S. 590

56 Weber, Stefan: Unternehmen kürzen Werbeausgaben drastisch. In: Süddeutsche Zeitung, 2.9.2002, S. 21

57 Weischenberg, Siegfried: Darwin, Riepl oder …? Funktionsdifferenzierung und Qualität der Medien in der Krise. In: Info 7, 2003, Nr. 1, S. 9

58 Wendel, Thomas H.: Brüchige Brücke über den digitalen Graben. In: Berliner Zeitung, 10.12.2003

59 Wg: Sparkurs / Die Verlags-Reißleine wird dünner. In: Horizont, Nr. 30, 25.7.2002, S. 33

# D 4 Buchhandel

Ulrich Riehm

## D 4.1 Begriff und Funktion

Im allgemeinen Sprachgebrauch wird unter „Buchhandel" ein Wirtschaftszweig verstanden, der sich mit dem Vertrieb von Büchern und anderen Medien, im Wesentlichen Druckwerken, befasst. Die Buchhandlung als Ladengeschäft gilt dafür als die prototypische Betriebsform. Im fachlichen Sprachgebrauch wird der Begriff „Buchhandel" differenziert in die beiden großen Bereiche des herstellenden Buchhandels (auch Verlagsbuchhandel, vgl. Kap. D 6) und des verbreitenden Buchhandels (insbesondere der Sortimentsbuchhandel). Die folgende Darstellung konzentriert sich auf den verbreitenden Buchhandel (für eine umfassende Darstellung vgl. Lit. 08).

Der verbreitende Buchhandel nimmt eine vermittelnde Funktion ein zwischen den Produzenten von Büchern, im Wesentlichen den Verlagen, und den Endabnehmern von Büchern, die sich aus Privatkunden wie aus institutionellen Kunden (Bibliotheken, Unternehmen etc.) zusammensetzen. Folgt man der betriebswirtschaftlichen Handelstheorie, übernimmt der Buchhandel die folgenden Funktionen (vgl. Lit. 12, S. 108ff.; Lit. 15, S. 154f.):

- Der Buchhandel sorgt dafür, dass die Waren vom Ort der Herstellung zum Verbrauchsort oder in die Nähe des Verbrauchs transportiert werden *(Transportfunktion)*.
- Üblicherweise werden Bücher in Auflagen gedruckt, die über einen längeren Zeitraum verkauft werden. Der Buchhandel überbrückt durch seine Lagerbildung den zeitlichen Unterschied zwischen der Produktion und dem Bedarf an Büchern beim Abnehmer *(Lagerfunktion)*.
- Der Buchhandel sorgt durch die Bündelung der Produktangebote vieler Verlage auf der einen Seite und der Nachfrage vieler Buchkonsumenten auf der anderen Seite für eine Reduktion der Kontakte zwischen Herstellern und Abnehmern. Auf diese Weise können Transport- und Transaktionskosten gesenkt werden *(Aggregationsfunktion)*.
- Der Buchhandel stellt die Infrastruktur und die Dienstleistungen zur Verfügung, die für den Warenumschlag und die Abwicklung von Kaufakten notwendig sind *(Bereitstellung der Infrastruktur und Dienstleistungen der Verkaufsabwicklung)*.
- Der Buchhandel begutachtet und bewertet die Angebote der Verlage und selektiert die Waren im Hinblick auf die Bedürfnisse seiner Abnehmer *(Selektions- und Sortimentsfunktion)*.
- Der Buchhandel vermittelt auf der einen Seite Informationen über die von ihm angebotenen Bücher an seine Kunden und auf der anderen Seite liefert er Informationen aus seinem Handelsgeschäft über Kundenbedürfnisse und Absatzzahlen an seine Lieferanten *(Informations-, Beratungs- und Servicefunktion)*.
- Im deutschen Buchhandel ist die Preissetzungsfunktion durch die Buchpreisbindung beschränkt auf die Verlage, die die Endverkaufspreise verbindlich festsetzen, und die Buchhandelsbetriebe, die mit Büchern handeln, die nicht der Buchpreisbindung unterliegen, z.B. modernes Antiquariat *(Preissetzungsfunktion)*.
- Der Buchhandel sorgt in letzter Instanz für die Realisierung eines geldwerten Handelsgeschäfts mit der Übermittlung und Durchsetzung von Forderungen *(Zahlungsabwicklungsfunktion)*.

Die Existenz des Buchhandels und die Vielfalt seiner Vertriebsformen ergeben sich aus seiner Fähigkeit durch Spezialisierung auf den Vertrieb von Büchern an Endkunden Transaktionskostenvorteile zu realisieren, Marktpotenziale besser zu erschließen und Marktrisiken zu reduzieren (vgl. Lit. 11).

## D 4.2 Geschichte des Buchhandels und Entwicklung seiner Betriebsformen

In seiner immer noch als Standardwerk geltenden „Geschichte des deutschen Buchhandels" stellt Wittmann (Lit. 22, S. 9) fest, dass die Geschichte des Sortiments, also des verbreitenden Buchhandels, sowie des Zwischenbuchhandels im Vergleich mit historischen Darstellungen des Verlagsbuchhandels immer noch kaum erforscht sei. Allerdings unternimmt der Börsenverein des Deutschen Buchhandels, der älteste Wirtschaftsverband Deutschlands, momentan erhebliche Anstrengungen, die Geschichte des deutschen Buchhandels in neu erarbeiteten Darstellungen umfassend und auf dem aktuellen Forschungsstand zu präsentieren (Lit. 07; Lit. 09).

Nach der Erfindung des Buchdrucks durch Gutenberg Mitte des 15. Jahrhunderts bildeten Drucker, Verleger und Händler zunächst eine Personalunion. Das Anwachsen der Buchproduktion und der Buchnachfrage – allein die Zahl der Neuerscheinungen verzehnfachte sich zwischen 1763 und 1805 – förderte die Entwicklung eines eigenständigen Sortiments. Aber erst nach dem Übergang vom Tauschhandel zum Bargeschäft konnte sich der verbreitende Buchhandel als eigenständige Unternehmensform herausbilden. Während die Verlage noch im 16. und 17. Jahrhundert auf Messen ihre Waren nach Gewicht tauschten, behinderte diese primitive Handelsform die weitere Entwicklung des Marktes. Sie wurde abgelöst ab dem 18. Jahrhundert durch das Bargeschäft und den Konditionshandel (auch Bedingtverkehr), der für nichtverkaufte Bücher ein Rückgaberecht (Remission) an den Verlag vorsah. Als erste selbständige Buchhandlung im heutigen Sinne gilt die 1796 in Hamburg gegründete Buchhandlung von Friedrich Christoph Perthes (Lit. 06; Lit. 18, S. 28).

1825 wurde der *„Börsenverein der deutschen Buchhändler"* in Leipzig gegründet, der zunächst nur die Geschäftsgepflogenheiten des Handels mit Büchern auf der Leipziger Börse regelte (Lit. 20). Erst nach und nach entwickelte sich aus diesem Börsenverein ein Branchenverband, der nach innen moderierend und nach außen Brancheninteressen artikulierend wirkte (umfassend zur Geschichte des Börsenvereins vgl. Lit. 07).

1852 wurde von Louis Zander das erste *Barsortiment* in Leipzig gegründet, das 1861 von F. Volckmar übernommen wurde. Das Barsortiment verkaufte an den Bucheinzelhandel gebundene Bücher, während die Verlage damals ihre Titel überwiegend nur broschiert, d.h. ohne festen Bucheinband auslieferten. Die Barsortimente waren für die Verlage vorteilhaft, da sie die bestellte Ware „bar" bezahlten und nicht auf Kommission nahmen; für das Sortiment wurde das Barsortiment attraktiv auf Grund seiner Bündelungsfunktion („Lieferung aus einer Hand") (Lit. 18, S. 46). Die Barsortimente als Logistikspezialisten waren und sind bis heute Motor der Rationalisierung des Handels.

Im letzten Drittel des 19. Jahrhunderts entwickelte sich der Buchmarkt zum *Massenmarkt*. 1890 wurden über sieben Tausend buchhändlerische Unternehmen gezählt. Der Streit über die Geschäftsgepflogenheiten in der Branche konzentrierte sich damals, so Titel (Lit. 20, S. 43), auf

– die Verbindlichkeit des Ladenpreises,

– die Beziehungen zwischen Verlagen und Sortiment,

– die Funktion des Kommissionshandels,

– und des daraus erwachsenen Barsortiments.

Einen Abschluss fand diese Auseinandersetzung in der sogenannten *Krönerschen Reform* 1887/1888. Das Prinzip des festen Ladenpreises (Buchpreisbindung) ist seitdem und bis heute, wenn auch keineswegs unumstritten, in der Branche verankert. Zuletzt fand es seinen gesetzlichen Niederschlag im Buchpreisbindungsgesetz (BuchPrG), das am 1.10.2002 in Kraft trat. Neben der Buchpreisbindung wurde eine buchhändlerische Verkehrsordnung etabliert.

Das Sortiment des 19. Jahrhunderts, das in erster Linie auf das wohlhabende Bildungsbürgertum zielte, wurde den neuen Anforderungen durch die Massenproduktion von Büchern immer weniger gerecht. So bildeten sich neue konkurrierende Vertriebsformen (Lit. 22, S. 290f.) wie die *Bahnhofsbuchhandlungen* (seit 1854), *Buchgemeinschaften* (seit 1872) und *Kaufhausbuchhandlungen*. Eine nicht zu unterschätzende Bedeutung als nichtstationäre Vertriebsvariante im ausgehenden 19. und beginnenden 20. Jahrhundert hatte auch der *Reise- und Kolportagebuchhandel*. Der Kolportagebuchhandel richtete sich mit volkstümlicher, nicht zu teurer belletristischer wie Ratgeberliteratur an breite Schichten der Bevölkerung. Über Leih- und Volksbüchereien konnte eine zusätzliche Nachfrage nach Büchern befriedigt werden, die über den Verkauf von Büchern nicht gedeckt werden konnte. Solange die Verlage ihre Bücher broschiert vertrieben, waren auch *Buchbindereien* ein wichtiger Vertriebsort für Bücher. Als die Verlage dazu übergingen, ihre Bücher selbst mit einem Einband zu versehen, suchten die Buchbindereien zwar ihre Position als Buchvertriebsstätte zu verteidigen, allerdings letztlich ohne Erfolg. Ob Buchbindereien (und Druckereien) zukünftig im Kontext von dezentralen Printing-on-Demand-Konzepten und der digitalen Lieferung elektronischer Bücher (vgl. Kap. D 7 in diesem Band) eine neue Chance als Buchvertriebspartner erlangen könnten, ist eine durchaus offene und wenig diskutierte Frage.

Obwohl bis heute das Bild des Buchhandels durch die spezifische Form des Sortimentsbuchhandels geprägt ist, differenzierten sich die Vertriebsformen im 20. Jahrhundert weiter aus (Lit. 03; Lit. 15; Lit. 17). Der *Versandbuchhandel* sowie der Buchvertrieb über so genannte *Nebenmärkte*, z.B. Tankstellen oder Supermärkte, gewann an Bedeutung. Seit den 1980er Jahren kann als neuer Trend im Sortiment das Entstehen von *Großbuchhandlungen* (auch Buch- bzw. Medienkaufhäuser) sowie eine zunehmende *Filialisierung* konstatiert werden. Seit den 1990er Jahre trat als neueste Vertriebsform der *Online- bzw. Internet-Buchhandel* zu den bestehenden Vertriebsformen hinzu. Vom Internet hat insbesondere auch der Handel mit gebrauchten und antiquarischen Büchern profitiert (vgl. Lit. 01; Lit. 19; Lit. 21). In *Antiquariatsbuchhandlungen* sowie dem sogenannten *Modernen Antiquariat* werden gebrauchte bzw. neuwertige, aber aus der Preisbindung herausgenommene Bücher, zu frei kalkulierten Preisen verkauft. Es handelt sich hier um einen expandierenden Markt, der auf 10% des gesamten Sortimentsumsatzes geschätzt wird. Ca. 15% der verkauften gebrauchten Bücher werden online bestellt. Dieser Wert liegt deutlich über dem des Online-Verkaufsanteils von preisgebundenen, neuen Büchern (4,5% im Jahr 2002).

## D 4.3 Besonderheiten des Buchhandels

Das Buch ist zwar eine Ware, aber eine Ware mit besonderen Eigenschaften. So werden Bücher aus Sicht der Informationsökonomie als *„Erfahrungsgüter"* gekennzeichnet, was für den Kauf eine spezifische Informationsasymmetrie bedingt: Der Käufer kann die Eigenschaften des Buches letztlich erst nach dem Gebrauch (der Lektüre) erkennen und beurteilen. Zur Abmilderung dieser Informationsasymmetrie sind spezifische Beratungsleistungen – durch den Buchhandel, Rezensenten, Freunde und Bekannte etc. – erforderlich, die Vertrauen voraussetzen. Der Handel mit Büchern gilt – in einer eher traditionellen Sicht – als besonders *riskant*, da sich der Erfolg und der damit verbundene Absatz eines Buches kaum planen und voraussehen lasse. Durch moderne Marketingmethoden wird allerdings in den letzten Jahren immer mehr und auch mit Erfolg versucht, das Buch zum betriebswirtschaftlich durchkalkulierten und durchgeplanten Markenartikel zu entwickeln. Überraschungserfolge wie Rowlings Harry Potter stützen dagegen die eher traditionelle Sichtweise.

Der Buchhandel zeichnet sich im eigenen Selbstverständnis durch einen besonderen kulturellen Auftrag aus. Dieser wird begründet durch den *Doppelcharakter des Buches als Ware und Kulturgut*. Das Buch als Träger von Ideen wird als wesentlicher Bestandteil einer offenen und demokratischen Gesellschaft angesehen; ein möglichst breites Angebot an Büchern und möglichst förderliche Bedingungen für die Verbreitung von Büchern liegen deshalb im öffentlichen Interesse. Daraus leiten sich besondere Handelsbedingungen für das Buch ab, zu denen u.a. ein reduzierter Mehrwertsteuerbetrag, besonders günstige Gebühren im Postversand und insbesondere die Buchpreisbindung zählen.

Das *Buchpreisbindungsgesetz* (vgl. Lit. 05), das in Deutschland am 1.10.2002 in Kraft trat und im Wesentlichen die bisherige über hundertjährige Praxis der Buchpreisbindung in Deutschland nun gesetzlich festschreibt, sieht vor, dass der Verlag den Laden- bzw. Endverkaufspreis verbindlich vorschreibt und der Letztverkäufer, in der Regel also der Buchhändler, daran gebunden ist. Das Gesetz schreibt weiter vor, dass die Verlage bei den Preisen, die sie dem Zwischen- und Einzelhändler in Rechnung stellen, deren Beitrag zur flächendeckenden Versorgung und deren spezifische buchhändlerische Vertriebsleistung angemessen berücksichtigen müssen. Neben der kulturpolitischen Komponente der Buchpreisbindung („Schutz des Kulturgutes Buch") verfolgt die Buchpreisbindung auch das Ziel den kleinen und mittelständischen Buchhandel zu schützen, da er als besonders geeignet erscheint, ein breites Buchangebot flächendeckend zu gewährleisten. Im langjährigen Vergleich – ohne Berücksichtigung der Folgen der deutschen Einheit – stieg sogar die Zahl der Buchhandlungen und lag im Jahr 2003 bei 4.529 (Mitglieder des Börsenvereins des Deutschen Buchhandels in der Kategorie verbreitender Buchhandel).

Obwohl die Buchpreisbindung zu den offiziellen Glaubensbekenntnissen in der deutschen Buchbranche gehört, war sie von Anfang an und bis heute nie unumstritten (Lit. 10). Umstritten ist, ob die beabsichtigte Wirkung tatsächlich erreicht wird. Konfliktträchtig innerhalb der Branche ist immer wieder ihre konkrete Umsetzung: so in der Frage der Rabatte, die Verlage dem Zwischenbuchhandel, dem Bucheinzelhandel sowie branchenfremden Buchvertriebsstellen gewähren, oder bezüglich der Praxis, preisgebundene Bücher per Sonder- oder Buchclubausgaben billiger anzubieten. Ein Blick ins Ausland zeigt, dass die Buchpreisbindung zwar weit verbreitet, aber doch nicht überall etabliert ist. In der EU verfügen fast alle Länder, mit Ausnahme von Finnland, Großbritannien und Irland, über Buchpreisbindungsgesetze oder bereiten diese vor (Belgien und Dänemark). In der Schweiz wurde 1999 die Buchpreisbindung durch die Schweizer Wettbewerbskommission für unzulässig erklärt, eine gerichtliche Beschwerde dagegen ist letztinstanzlich noch nicht entschieden. In den USA gibt es keine Buchpreisbindung.

Die Buchpreisbindung verhindert Preiswettbewerb; sie verhindert allerdings nicht, wie oft fälschlich impliziert wird, Wettbewerb im Buchhandel überhaupt. Dieser wird ausgetragen sowohl zwischen den verschiedenen Betriebsformen als auch über die spezifischen Leistungen des einzelnen Buchhandelsbetriebs. Dies betrifft z.B. die Erreichbarkeit (Lage des Ladengeschäfts, telefonische oder elektronische Bestellmöglichkeiten), die Breite und Tiefe des Angebots, die Serviceleistungen bei der Bestellung, die Qualität der Beratung, die besondere Atmosphäre, Zahlungskonditionen, Botendienste und vieles mehr.

Eine weitere bemerkenswerte Besonderheit des deutschen Buchhandels ist die Organisation der Branche über alle Handelsstufen hinweg – also Verlage, Zwischenbuchhandel, Bucheinzelhandel umfassend – in einem einheitlichen Wirtschaftsverband, dem *Börsenverein des Deutschen Buchhandels*. Der Börsenverein vertritt die Interessen der Buchbranche nach außen und trachtet nach innen, die durchaus unterschiedlichen Interessen von Verlagen, Zwischenbuchhandel und Bucheinzelhandel sowie von großen und kleinen Unternehmen auszugleichen. Diese spartenübergreifende Organisation führt immer wieder zu Konflikten, die zuletzt 1985 im sogenannten „Spartenpapier" (Papier über buchhändlerische Verhaltensgrundsätze) beigelegt wurden. Es heißt dort u.a.: „Statt eines die Rationalität des Vertriebs störenden Verdrängungswettbewerbs innerhalb der und unter den Sparten soll ein ausgewogenes System beschriebener Aufgabe gelten, das insbesondere auch im Einklang mit den Grundsätzen der Preisbindung steht. ... Das Sortiment ist der Hauptvertriebspartner der Verlage. Die Verlage beachten das bei ihren Vertriebs- und Werbemaßnahmen" (zitiert nach Lit. 13, S. 256 f.).

## D 4.4 Direkte und indirekte Vertriebsformen

Grundsätzlich kann man einen *direkten* und einen *indirekten Buchvertrieb* unterscheiden (vgl. Abb. 1). Beim direkten Vertrieb liefert der Produzent direkt an den Endkunden. Die beiden hauptsächlichen Varianten des Direktvertriebs erfolgen entweder durch die Autoren oder durch die Verlage (siehe die Pfeile 1 und 2 in Abb. 1). Der *Autor als sein eigener Verleger* ist ein in der Geschichte des Buchhandels immer wieder diskutiertes und erprobtes Modell, das bisher allerdings ohne dauerhaften Erfolg blieb. Der *Direktvertrieb durch Verlage* scheint insbesondere dort attraktiv zu sein, wo es sich um relativ klar umrissene Kundengruppen handelt, die man per Post, E-Mail oder Vertreter gut erreichen kann.

Beim *indirekten Vertrieb* gibt es wiederum zwei Hauptgruppen (siehe die Pfeile 3 und 4 in Abb. 1): der Verlag beliefert den Bucheinzelhandel direkt oder es wird der Zwischenbuchhandel mit einbezogen. Weitere Kombinationen wären denkbar, so z.B. der Autor als Selbstverleger, der den Buchhandel als Vertriebspartner mit einbezieht; oder der Zwischenbuchhändler, der sich unter Umgehung des Einzelhandels direkt an die Konsumenten wen-

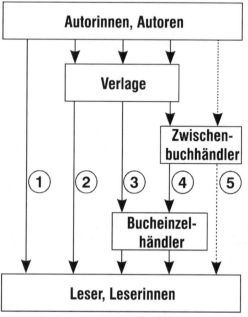

*Abb. 1: Direkte und indirekte Vertriebsformen im Buchhandel*

det (siehe Pfeil 5 in Abb. 1), eine Tendenz, die durch Entwicklungen im Online-Buchhandel denkbar geworden ist bzw. bereits faktisch, wenn auch nicht nach den handelsrechtlichen Beziehungen, realisiert wurde (Lit. 15, S. 80ff).

## D 4.5 Mehrstufigkeit der Absatzorganisation des Buchhandels

Der Vertrieb von Büchern erfolgt grundsätzlich über zwei Stufen, den *Zwischenhandel* und den *Bucheinzelhandel*. Der Zwischenhandel tritt im Wesentlichen in zwei Varianten auf (vgl. zum Zwischenbuchhandel insbesondere Lit. 02): Einerseits als *Barsortiment*, das sind Buchgroßhandlungen, die auf eigene Rechnung Bücher bei den Verlagen kaufen und an den Bucheinzelhandel weiter verkaufen; andererseits *Kommissionäre*, die im Auftrag von Verlagen und auf deren Rechnung eine Buchvertriebsleistung erbringen und zwar in Deutschland insbesondere in der Form der *Verlagsauslieferung*, des *Büchersammelverkehrs* und der *Buchbestellanstalten*.

Der Zwischenbuchhandel ist der Logistikspezialist der Branche, der durch Einsatz moderner Informationstechnologien und Logistikkonzepte die Bestellwege, die Abrechnungen und die Auslieferung besonders effizient abwickelt und Motor ständiger Innovationen auf diesem Gebiet ist. Die Barsortimente liefern die Bücher, die nachmittags bestellt werden, am nächsten Morgen deutschlandweit bei ihren Buchhandlungen aus, eine weltweit einzigartige logistische Leistung. Dies gelingt offensichtlich nur bei einer ausreichenden Unternehmensgröße mit einer entsprechenden Finanzkraft und Kompetenz. Die Konzentration bei den Barsortimenten ist, ganz im Gegensatz zum Bucheinzelhandel, hoch. Neben den beiden Marktführern Lingenbrink (Libri) und KNO-K&V, die etwa 90% des Barsortimentsumsatzes auf sich vereinen, ist nur noch das Barsortiment Umbreit in diesem Marktsegment tätig.

Für den Bucheinzelhandel ist das Barsortiment das Hintergrundlager. Für diese Leistung der Vorratshaltung und schnellen Belieferung nimmt der Buchhandel einen gegenüber der Verlagsbestellung etwas niedrigeren Rabatt in Kauf. Obwohl die Verlage „nur" ca. 20% ihrer Buchproduktion über die Barsortimente an den Bucheinzelhandel vertreiben und der Bucheinzelhandel „nur" ca. 30% bei den Barsortimenten beziehen (Lit. 03), ist die wirtschaftliche Bedeutung der Barsortimente für die gesamte Branche weit höher einzuschätzen. Dies erklärt sich auch dadurch, dass die Barsortimente noch in weiteren Funktionen tätig sind, so als Kommissionäre und Auslieferer für Verlage, als Schaltstelle für die Übermittlung von Bestellungen zwischen Buchhandel und Verlag (Bestellanstalt), als Dienstleister im Internet-Buchhandel oder als Betreiber eines Zentrallagers für Großbuchhandlungen.

## D 4.6 Entwicklung der Vertriebswege seit 1980

Tab. 1 gibt einen Überblick über die wichtigsten Vertriebswege für Bücher im langjährigen Vergleich gemäß der Statistik und Aufteilung des Börsenvereins des Deutschen Buchhandels.

Die Tabelle zeigt einige Trends auf, insgesamt aber keinen dramatischen Wandel, wie er z.B. mit dem Entstehen des Online-Buchhandels prognostiziert wurde. Die Fettstellungen in der Tabelle heben die Minimal- und Maximalwerte hervor. Der Anteil des *stationären Vertriebs* lag über viele Jahre mehr oder weniger bei 75%. Seit Mitte der 90er Jahre sinkt dieser Anteil jedoch. Besonders der Sortimentsbuchhandel, der 1985 einen Spitzenwert von 64% auswies, verlor bis zum Jahr 2002 sieben Prozentpunkte.

Bei den *nicht stationären* Vertriebswegen fällt insbesondere der kontinuierliche Anstieg des Anteils des Direktvertriebs durch Verlage von 11,3% im Jahr 1980 auf 17,2% im Jahr 2002 auf. Der Reise- und Versandbuchhandel hat mit 9,1% im Jahr 2002 den höchsten jemals erreichten Wert erreicht. Der Internet-Buchhandel (Lit. 14), der wegen unterschiedlicher Erhebungsmethoden in der obigen Tabelle nicht gesondert aufgeführt wird, hat mit einem Anteil am gesamten Buchhandelsumsatz von 4,5% zu diesem Anstieg im Versandhandel wesentlich beigetragen. Online-Vertriebsanteile von 20 oder gar 25%, die noch vor wenigen Jahren für das Jahr 2005 vorausgesagt wurden, sind auf absehbare Zeit jedoch nicht zu erwarten.

## D 4.7 Ausblick

Der Buchhandel unterliegt, wie andere Einzelhandelsbranchen auch, einem ständigen Strukturwandel. Dieser Strukturwandel, der sich z.B. in betrieblichen Zusammenschlüssen und Filialisierungs-

|  | 1980 | 1985 | 1990 | 1995 | 2000 | 2001 | 2002 |
|---|---|---|---|---|---|---|---|
| Sortimentsbuchhandel | 61,9 | **64,0** | 60,2 | 60,2 | 58,2 | 57,8 | **57,0** |
| Sonstige Verkaufsstellen | **7,5** | 7,6 | 9,3 | **9,5** | 8,9 | 8,7 | 8,7 |
| Warenhäuser | **5,3** | 5,3 | 4,9 | 5,0 | 4,6 | 4,6 | **4,6** |
| Zwischensumme *stationärer* Vertrieb | 74,7 | **76,9** | 74,4 | 74,7 | 71,7 | 71,1 | **70,3** |
| Reise- und Versandbuchhandel | 6,5 | **5,8** | 7,8 | 6,4 | 8,1 | 8,5 | **9,1** |
| Verlage direkt | **11,3** | 11,4 | 13,8 | 14,7 | 16,6 | 16,8 | **17,2** |
| Buchgemeinschaften | **7,5** | 5,9 | 4,0 | 4,2 | 3,7 | 3,6 | **3,4** |
| Zwischensumme *nicht stationärer* Vertrieb | 25,3 | **23,1** | 25,6 | 25,3 | 28,4 | 28,9 | **29,7** |
| Gesamt | 100,0 | 100,0 | 100,0 | 100,0 | 100,0 | 100,0 | 100,0 |
| Umsatz in Mrd. Euro gesamt | 4,0 | 4,7 | 6,5 | 8,5 | 9,4 | 9,4 | 9,2 |

*Tab. 1: Vertriebswege der Umsätze buchhändlerischer Betriebe 1980-2002 (in Prozent) (Quelle: Lit. 04). Es handelt sich um geschätzte Umsätze zu Endverbraucherpreisen, die neben Büchern die Vertriebserlöse für Fach- und wissenschaftliche Zeitschriften enthalten sowie die Umsätze für audiovisuelle Medien, soweit diese von Buchverlagen stammen.*

konzepten, in neuen Betriebs- und Vertriebsformen, wie Buchkaufhäuser oder dem Online-Buchhandel, oder in der Verlagerung von Aufgaben zwischen den Buchhandelssparten ausdrückt, findet bedingt durch die besonderen wirtschaftspolitischen Rahmenbedingungen – Buchpreisbindung und geregelte Handelsusancen – nur gedämpft statt. Die fortschreitende Digitalisierung der Medien, auch von Büchern, hat bisher nur sehr begrenzt einen Innovationsschub im Buchhandel ausgelöst. Solange das Buch als gedrucktes Buch den Markt dominiert, wird auch der stationäre Buchhandel seine herausragende Bedeutung verteidigen können. Dies bedeutet allerdings nicht, dass nicht langfristig bedeutende Umsatzanteile von Publikationen, die dann nur noch digital und online angeboten werden – man denke z.B. an Nachschlagewerke, an sehr stark spezialisierte und wissenschaftliche Literatur, aber auch an belletristische „Gebrauchsliteratur" – dem traditionellen Buchhandel entzogen werden. So kommen zu den allgemeinen Tendenzen des Strukturwandels die besondere Herausforderung durch den Medienwandel hinzu, der bisher überwiegend die Buchhandelsorganisation betraf (elektronische Bestellabwicklung, Warenwirtschaftssysteme etc.), nun aber auf das Handelsgut, das Buch selbst, übergreift.

Eine Folge der Digitalisierung von Buchproduktion und -distribution wird sein, dass die Zahl der auf den Markt drängenden Buchtitel weiter zunehmen wird. Dies wird erreicht durch die mit dem EDV-Einsatz verbundenen Effizienzsteigerungen. Um mit dieser neuen „Titelflut" zurecht zu kommen, sind besondere Anstrengungen logistischer, katalogisierender, selektierender und bewertender Art erforderlich. Der klassische Buchhandel wird hierbei vermutlich nur eine geringe Rolle spielen, während alte und neue Verlage, die Barsortimente, Bibliotheken sowie neue Intermediäre sich in diesem Feld positionieren können.

Der Prozess der Digitalisierung von Buchinhalten ist nicht aufhaltbar. Welche erfolgreichen Formen der Vermarktung, Distribution und Rezeption sich daraus ergeben werden, ist noch weitgehend offen. Die heute verfügbaren elektronischen Bücher sind nur die Vorboten weitreichender Wandlungsprozesse. Der genaue Zeitpunkt und die konkrete Form, an dem sich dieses Wandlungspotenzial Bahn bricht, ist nur schwer vorauszusagen, da eine ganze Palette von technischen, rechtlichen, ökonomischen und nicht zuletzt kulturellen Faktoren hierbei eine Rolle spielen.

## Literatur

01 Abebooks: „Old meets new" – Antiquariare als Trendsetter im E-Commerce. Düsseldorf: Abebooks Europe 2002

02 Bez, Thomas: ABC des Zwischenbuchhandels. Börsenblatt Extra 169 (2002) 20, S. 1-28

03 Bez, Thomas: Branche in Bewegung. Teil II. Funktionsverschiebung im Buchhandel. Buch-Markt 31 (1996) 12, S. 84-90

04 Börsenverein des Deutschen Buchhandels (Hrsg.): Buch und Buchhandel in Zahlen 2003. Frankfurt am Main: MVB 2003 (sowie weitere zurückliegende Jahrgänge)

05 Franzen, Hans; Wallenfels, Dieter; Russ, Christian: Preisbindungsgesetz. Die Preisbindung des Buchhandels. München: Beck 2002, 4., vollständig neubearbeitete Auflage

06 Füssel, Stephan: Die Reformbestrebungen im Buchhandel bis zur Gründung des Börsenvereins (1765-1825). In: Füssel, Stephan; Jäger, Georg; Staub, Hermann; Estermann, Monika (Hrsg.): Der Börsenverein des Deutschen Buchhandels 1825-2000. Ein geschichtlicher Aufriss. Frankfurt am Main: Buchhändler-Vereinigung 2000, S. 17-29

07 Füssel, Stephan; Jäger, Georg; Staub, Hermann; Estermann, Monika (Hrsg.): Der Börsenverein des Deutschen Buchhandels 1825-2000. Ein geschichtlicher Aufriss. Frankfurt am Main: Buchhändler-Vereinigung 2000

08 Heinold, Wolfgang Ehrhardt; Keuchen, Gernot; Schimming, Ulrike: Bücher und Buchhändler. Buchhandlungen in der Informationsgesellschaft. Heidelberg: C. F. Müller 2001, 4., völlig neubearbeitete Auflage (UTB 2229)

09 Jäger, Georg (Hrsg.): Geschichte des deutschen Buchhandels im 19. und 20. Jahrhundert. Das Kaiserreich 1870 bis 1918. Teil 1. Frankfurt am Main: Buchhändler-Vereinigung 2001

10 May, Frank Christian: Der gebundene Buchpreis. Eine ökonomische Betrachtung. Köln: Institut für Rundfunkökonomie an der Universität zu Köln 2000 (Arbeitspapiere des Instituts für Rundfunkökonomie, Heft 132)

11 Müller-Hagedorn, Lothar: Zur Erklärung der Vielfalt und Dynamik der Vertriebsformen. Zeitschrift für Betriebswirtschaft 42 (1990) 6, S. 451-466

12 Müller-Hagedorn, Lothar: Der Handel. Stuttgart: Kohlhammer 1998

13 Paulerberg, Herbert (Hrsg.): ABC des Buchhandels. Wirtschaftliche, technische und rechtliche Grundbegriffe des herstellenden und verbreitenden Buchhandels. Würzburg: Lexika 1998, 9. völlig überarbeitete und erweiterte Auflage

14 Riehm, Ulrich: Online-Buchhandel revisited. In: Gerhard Fuchs; Irene Purschke; Barbara Teutsch (Hrsg.): E-Commerce revisited – Workshop Dokumentation. Stuttgart: Akademie für Technikfolgenabschätzung in Baden-Württemberg 2003, S. 76-91 (Arbeitsberichte der TA-Akademie, Nr. 239)

15 Riehm, Ulrich; Orwat, Carsten; Wingert, Bernd: Online-Buchhandel in Deutschland. Die Buchhandelsbranche vor der Herausforderung des Internet. Karlsruhe: Forschungszentrum Karlsruhe 2001

16 Riehm, Ulrich; Böhle, Knud; Wingert, Bernd: Elektronisches Publizieren, Kap. D 7 in diesem Band

17 Rodehack, Edgar: Filial- und Großbuchhandels-Konzepte im deutschen Sortimentsbuchhandel. München: Münchner Buchwissenschaft 2000 (Buchhandel der Zukunft. Aus der Wissenschaft für die Praxis, Band 1)

18 Schulz, Gerd: Buchhandels-Ploetz. Abriß der Geschichte des deutschsprachigen Buchhandels von Gutenberg bis zur Gegenwart. Freiburg, Würzburg: Ploetz 1990, 5. aktualisierte Auflage

19 Schwietert, Sabine: Aus zweiter Hand. Börsenblatt für den Deutschen Buchhandel 170 (2003) 39, S. 12-16

20 Titel, Volker: Von der Gründung des Börsenvereins bis zur Krönerschen Reform (1825-1888). In: Füssel, Stephan; Jäger, Georg; Staub, Hermann; Estermann, Monika (Hrsg.): Der Börsenverein des Deutschen Buchhandels 1825-2000. Ein geschichtlicher Aufriss. Frankfurt am Main: Buchhändler-Vereinigung 2000, S. 30-59

21 Wertz, Boris: Gewinner im E-Commerce. Börsenblatt für den Deutschen Buchhandel 171 (2004) 2, S. 20-21

22 Wittmann, Reinhard: Geschichte des deutschen Buchhandels. Ein Überblick. München: Beck 1991

# D 5 Tranformationsprozesse für die Druckbranche auf dem Weg zum Mediendienstleister

Helmut Wittenzellner

## D 5.1 Standortbestimmung der Druckbranche

Neue Herausforderungen des Informationszeitalters gebieten es für die Unternehmen der Druckindustrie sich intensiv auf die Anforderungen der Zukunft auszurichten. Im Transformationsprozess von einer Industrie- zur Dienstleistungsgesellschaft rückt die Beschaffung von Produktionsmitteln zugunsten der Schaffung von Kundennutzen in den Hintergrund der Bemühungen. Die Verantwortlichen in den Unternehmen der Druckindustrie sind bemüht, die heutige Situation ihres Unternehmens zu analysieren, um die Handlungsspielräume eines Unternehmens besser beurteilen zu können.

### D 5.1.1 Unternehmenstypen

Die Einordnung in eine Typenmatrix bietet Ansätze für diese Bemühungen und die Bestimmung des weiteren Vorgehens. Übliche Typisierungen wie Akzidenz- oder Zeitungsdrucker haben den Nachteil, dass sich Betriebe innerhalb dieser Gruppen noch sehr stark unterscheiden und eine eindeutige Zuordnung noch nicht möglich ist. Eine exaktere Typisierung erfolgt mit Hilfe einer Matrix, als deren Grundlage die Prozesstiefe dient. Sie setzt sich aus acht übergeordneten Prozessen zusammen und gibt an, welche Glieder des Wertschöpfungsprozesses in dem Unternehmen vorhanden sind. Demgemäß lassen sich Druckereien in die Unternehmenstypen „Print Factory", „Document Manager" und „Media Provider" mit folgenden Merkmalen einordnen (Lit. 06, Kap. 2.2, S. 1ff):

1. Konzeption: Die Kreativleistung enthält die Produktionsgestaltung und Produktentwicklung aller Medien. Enthalten sind Idee, Konzept, Design und Redaktion. Sie wird in der Regel von einer Agentur erbracht und ist normalerweise nicht Bestandteil des Wertschöpfungsprozesses in einem Unternehmen der Druckindustrie.

2. Datenhandling: Umfasst das medienübergreifende Datenmanagement und die Layout-Umsetzung (vom Flyer bis zum Werbespot).

3. Reproduktion: Beinhaltet Text- und Bildbearbeitung, Composing, Grafikerstellung und das Erstellen von Printdaten.

4. Prepress: In Datenform gelieferte Vorlagen werden in diesem Prozess zu Druckformen verarbeitet. Dazu gehören Datenübernahme, Proof und Druckformherstellung.

5. Druck: Beim Druckprozess handelt es sich um die Kernkompetenz grafischer Betriebe.

6. Weiterverarbeitung: Falzen, Schneiden, Heften usw.

7. Veredelung: Typische Veredelungsverfahren sind z. B. Laminieren, Prägen, Stanzen oder Lackieren.

8. Distribution: Lagerung sowie Logistik der fertig produzierten Erzeugnisse: Portooptimierung, Adressierung, Verpackung, Versand usw.

Anhand dieser Prozesse werden die drei Hauptunternehmenstypen weiter unterteilt. Für jeden lässt sich daraus schnell erkennen, welchem Typ er angehört. Aus dem jeweiligen Typ heraus ergeben sich für jedes Druckunternehmen verschiedene Handlungsalternativen.

#### D 5.1.1.1 Print Factory

Print Factories umfassen alle Unternehmen der Druckindustrie, bei denen Datenhandling und Repro fehlen. Im Normalfall verfügen sie jedoch über Prepress-Systeme um Druckformen herzustellen. Die Hauptaufgabe einer Print Factory ist das Vervielfältigen fertig angelieferter, druckreifer Vorlagen. Ihre Aufgabe besteht ausschließlich darin, die Informationen auf verschiedene Bedruckstoffe zu übertragen.

Die Druckerei bekommt von einer Agentur oder direkt vom Kunden Filme oder Daten, die nicht mehr bearbeitet werden müssen, um sie drucken zu können. Die Daten werden entweder auf Film ausbelichtet oder mittels Computer-to-Plate direkt zur Plattenherstellung genutzt. Das Unternehmen trägt keine Verantwortung für den Inhalt, sondern nur für die Umsetzung. Dies ermöglicht eine hohe Termintreue.

Häufig haben sich Print Factories auf bestimmte Marktnischen und Produkte spezialisiert. Dadurch können Kosten reduziert werden und der Betrieb kann sich vom Wettbewerb abheben. Außerdem lassen wenig zeitkritische und hohe Auflagen eine gleichmäßige Auslastung der Kapazitäten zu.

### D 5.1.1.2 Document Manager

Die größte Gruppe der Druckbetriebe gehört dem Typ des Document Managers an. Er verfügt in der digitalen Vorstufe neben Prepress-Systemen zusätzlich über eine Reproduktion mit Text- und Bildbearbeitung. Das wichtigste Merkmal eines Document Managers ist das Datenmanagement. Es beinhaltet den Datentransfer, die Datenpflege sowie einen umfassenden Datenservice für den Kunden. Bei diesem Druckereityp handelt es sich um die üblichen kleineren und mittelständischen Betriebe.

### D 5.1.1.3 Media Provider

Der Media Provider erweitert sich gegenüber den anderen Unternehmenstypen um ein medienübergreifendes Datenhandling. Er ist in der Lage, Daten für die unterschiedlichsten Ausgabemedien aufzubereiten. Seine Kernkompetenz jedoch bleibt der Druck. Diesen Unternehmen kann zusätzlich zur Datenkompetenz auch noch die Medienkompetenz zugesprochen werden. Die Dateninformationen müssen nicht nur speziell für das Druckprodukt, sondern auch medienübergreifend aufbereitet werden.

Aber nicht alle Medien fertigt der Media Provider aus einer Hand. Er hat, genau wie jedes andere Unternehmen der Branche, Kernkompetenzen. Plant der Auftraggeber einen Auftritt in einem Medium außerhalb dieser Kernkompetenz, stellt der Media Provider dafür die Daten zur Verfügung. Vorraussetzung für diese Dienstleistung ist die Kooperationsbereitschaft mit kompetenten Partnern und medienübergreifendes Know-how.

### D 5.1.2 Marktsegmente und Produktpalette

Als weitere Kriterien zur Standortbestimmung einer Unternehmung dienen die Marktsegmente und die Produktpalette, auf die sich ein Unternehmen in seiner Tätigkeit schwerpunktmäßig ausrichtet. Hierbei kommen zu den bisherigen Produkten neue hinzu, die nicht mehr gedruckt, sondern als digitale Daten in anderen Medien ausgegeben werden. Doch die Entwicklungspotenziale der verschiedenen Printmedien auf diesem Sektor sind sehr unterschiedlich. Es gilt, die Chancen und Risiken abzuschätzen. Dabei lassen sich fünf Druckprodukttypen unterscheiden (Lit. 06, Kap. 2.1.1, S. 6ff):

– Die „Ergänzbaren": Sie werden in friedlicher Koexistenz mit elektronischen Produkten kooperieren. Gekoppelte Erzeugnisse, wie beispielsweise die CD-ROM zur Computerzeitschrift, führen zu einer Win-Win-Situation.

– Die „Gefährdeten": Sie sind am ehesten von der Substitution durch elektronische Medien betroffen und können deshalb nicht mit der Entwicklung anderer Druckproduktgruppen mithalten. Hierzu zählen zum Beispiel Lexika und Handbücher.

– Die „Felsen": Produkte wie Zeitschriften, Zeitungen und Bücher bilden die „Felsen in der elektronischen Brandung". Sie stellen für den Rezipienten die Alternative dar, Informationen ohne tägliche Bildschirmnutzung aufzunehmen.

– Die „Unersetzlichen": Aufgrund ihrer spezifischen Charakteristika können diese nicht substituiert werden. Dies gilt z.B. für Unternehmen der Verpackungsindustrie, denn eine virtuelle Verpackung kann es niemals geben.

| Typen | Konzeption (meist Agenturleistung) | Medienübergreifendes Datenhandling | Repro | Prepress | Druck | Weiterverarbeitung | Veredelung | Distribution | |
|---|---|---|---|---|---|---|---|---|---|
| 1 | | | | ◆ | ◆ | | | | Print Factory |
| 2 | | | | ◆ | ◆ | ◆ | | | Print Factory |
| 3 | | | ◆ | ◆ | ◆ | ◆ | | | Print Factory |
| 4 | | | ◆ | ◆ | ◆ | ◆ | ◆ | | Print Factory |
| 5 | | | ◇ | ◇ | ◇ | | | | Document Manager |
| 6 | | | ◇ | ◇ | ◇ | | | | Document Manager |
| 7 | | | ◇ | ◇ | ◇ | ◇ | | | Document Manager |
| 8 | | | ◇ | ◇ | ◇ | | | ◇ | Document Manager |
| 9 | | | ◇ | ◇ | ◇ | ◇ | | ◇ | Document Manager |
| 10 | ◆ | | ◆ | ◆ | ◆ | | | | Media Provider |
| 11 | ◆ | ◆ | ◆ | ◆ | ◆ | | | | Media Provider |
| 12 | ◆ | | ◆ | ◆ | ◆ | ◆ | | | Media Provider |
| 13 | ◆ | ◆ | ◆ | ◆ | ◆ | | | ◆ | Media Provider |
| 14 | ◆ | ◆ | ◆ | ◆ | ◆ | ◆ | | ◆ | Media Provider |

*Abb. 1: Übersicht Unternehmenstypen (modifiziert aus Lit. 06, Kap. 2.2, S. 3)*

D 5 Transformationsprozesse für die Druckbranche

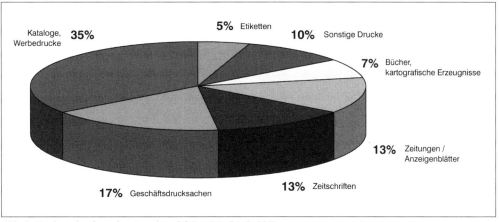

Abb. 2: Struktur der deutschen Druckproduktion (Lit. 04, S. 301)

– Die „Wachstumsstarken": Darunter versteht man die Druckprodukte mit den höchsten Wachstumsraten. Diese sind bei den gedruckten Werbemitteln zu erwarten.

Je nachdem, welche Produkte die Unternehmen produzieren, also welchen Tätigkeitsschwerpunkten sie nachgehen, lassen sich drei Hauptmarktsegmente bilden, Werbedruck, Verlagsdruck und Verpackungsdruck (Lit. 06, Kap. 2.1.1.2, S. 10). Diese unterscheiden sich erheblich in Kundenstruktur, Marktlage und geschäftlichem Umfeld:

– **Werbedruck:** Dieses auch häufig mit dem Begriff Akzidenzdruck belegte Segment umfasst zum Beispiel Anzeigenblätter, Beilagen, Broschüren, Kataloge, Direct Mails und Geschäftsdrucksachen. Diese Produkte lassen sich also überwiegend den „Wachstumsstarken" zuordnen. Der Werbedruck bildet das wachstumsstärkste Segment und bietet damit das größte Potenzial für die Druckmedien, aber auch große Chancen auf neuen Märkten.

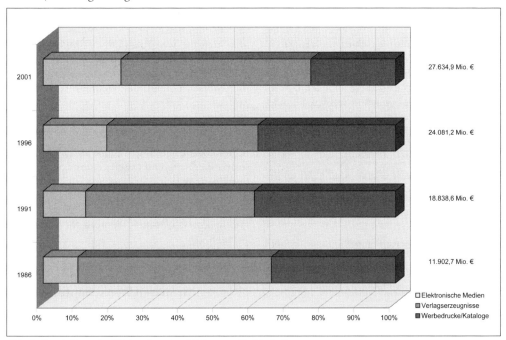

Abb. 3: Entwicklung der Werbeträger (modifiziert aus Lit. 01, S. 5)

- **Verlagsdruck:** Dazu zählen beispielsweise Anzeigenblätter, Bücher, Buchumschläge, Grußkarten, Landkarten, Kalender, Zeitschriften und Zeitungen. Vergleicht man diese mit den oben aufgeführten Produktkategorien, lässt sich erkennen, dass es sich hierbei vor allem um die Gruppe der „Gefährdeten", der „Ergänzbaren" und der „Felsen" handelt. Für die Zukunft werden sich daraus teilweise Chancen ergeben, neue Marktsegmente zu erschließen. Andere Produkte werden in der herkömmlichen Form bestehen bleiben oder auch verschwinden.

- **Verpackungsdruck:** Dieses Segment ist eindeutig in den Bereich der „Unersetzlichen" zu rechnen. Aufkleber, Banderolen, Etiketten und Faltschachteln werden niemals durch virtuelle Medien zu ersetzen sein.

Daraus ergibt sich, dass die Zukunft der Druckindustrie in entscheidendem Maße von der Entwicklung der Werbung abhängt, denn die Werbeausgaben der Wirtschaft entscheiden über fast zwei Drittel des Umsatzes.

## D 5.1.3 Prozesstiefe

Die Prozesstiefe ist ein Stufenmaß für die Fertigungstiefe eines Unternehmens der Druckindustrie. Einstufige Unternehmen konzentrieren sich auf den Druck. Sie verfügen zumindest über eine Prepress-Abteilung für die Druckformherstellung und den Druck. Vollstufige Betriebe verfügen in der Regel über eine Vorstufe mit Repro und Prepress, Druck und Weiterverarbeitung. Die Prozesse, die ein Unternehmen nicht anbietet, können als Prozesspotenziale bezeichnet werden. Da in jeder Druckerei der Prozess „Druck" vorhanden ist, bieten vor- und nachgelagerte Bereiche besonders viele Entwicklungsmöglichkeiten. Im Bereich der Prozesstiefe muss zunächst eine Bestandsaufnahme vorgenommen werden, die zu einer Analyse der innerbetrieblichen Prozesse führt. Abb. 4 skizziert die Prozesse im Druckbetrieb (Lit. 06, Kap. 2.1.3, S. 1).

## D 5.1.4 Medientiefe

Bis zu Beginn des 20. Jahrhunderts waren die Printmedien ohne Konkurrenz. Erst das 20. Jahrhundert brachte durch Innovationen wie Telegrafie, Telefon, Rundfunk und Fernsehen sowie den verschiedensten Zweigen elektronischer Datenspeicherung und -übermittlung Mitbewerber für die gedruckten Medien auf den Markt und schuf die Voraussetzungen für Cross-Media, d. h. Publizieren quer durch alle Medienwelten.

Neben dem Medium Druck sind gleichberechtigt Online-Datenbanken, Intra- und Internet, die CD-ROM und immer mehr auch die DVD getreten. Sie wiederum verknüpfen sich mit der Welt der digital übertragenen bewegten Bilder. Die Medientiefe gibt an, in welchem Umfang Unternehmen der Druckindustrie Inhalte über papierbasierende Medien hinaus verwerten.

Inhalte werden folglich über verschiedene Medien und Plattformen mehrfach verwendet. Cross-Media-Strategien werden als Diversifikationsstrategien von Druckunternehmen definiert, die andere Medienmärkte als Zielmärkte fokussieren. In einer Situation steigender Wettbewerbsintensität müssen die Unternehmen die eigene Marktposition sichern und gleichzeitig neue Erlösquellen erschließen.

Gründe dafür, in diesem Sinne zu handeln, sind marktorientierte und ressourcenorientierte Überlegungen um sich zum einen vor stärkerem Wettbewerbsdruck zu schützen und zum anderen um möglichst viele der begrenzten, dem Markt zur Verfügung stehenden Ressourcen für sich zu gewinnen.

## D 5.2 Handlungsalternativen in der primären Wertschöpfungskette

Eine Lösung, mit der individuellen Kundenbedürfnissen Rechnung getragen werden kann, ist der dynamische Digitaldruck in professioneller Quali-

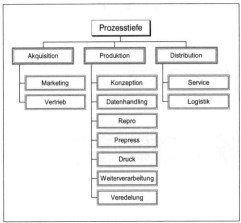

*Abb. 4: Prozesstiefe (Lit. 06, Kap. 2.1.3, S. 1)*

tät und Quantität. Seite für Seite können Inhalte verändert werden. Den Gestaltern eröffnen sich dadurch ganz neue Möglichkeiten. Allerdings müssen die meisten Agenturen das dynamische Drucken als „Normaltechnologie" erst noch entdecken. Dass dies bislang wenig geschah, liegt an einem vermeintlich banalen Grund, der jedoch in der Konsequenz die Komplexität der gesamten Materie offenbart: Die Agenturen wissen nicht, wie sie mit der Variabilität der Daten umgehen sollen (Lit. 10, S. 30f).

Die technischen Möglichkeiten sind gegeben. Individualisierung im Druck kann jedoch nur auf der Basis geeigneter und entsprechend aufbereiteter Daten erfolgen. Je systematischer mit Daten umgegangen und je besser die Datenverwendung kanalisiert und organisiert wird, desto kontinuierlicher kann der Digitaldruck als ein Instrument des 1-to-1-Marketing eingesetzt werden (Lit. 10, S. 30f).

Dabei geht es nicht um die Beherrschung des „Druckens an sich", sondern um die Beherrschung des Inhalts: Dynamischer Digitaldruck ist „Content Management" in seiner wirklichen Bedeutung. In diesem Abschnitt werden die grundsätzlichen Handlungsalternativen von Unternehmen dargestellt, die sich an den unterschiedlichen Schritten des Produktionsprozesses orientieren.

### D 5.2.1 Konzeption

Konzeption ist die Fähigkeit, Wünsche und Bedürfnisse von Kunden innerhalb feststehender Gestaltungsrichtlinien in fertige Lösungen umzuwandeln. Dieser Prozessschritt ist Aufgabe einer Werbeagentur und in der Regel nicht die eines Unternehmens der Druckindustrie. Für diese Unternehmen ist es sinnvoll, Kooperationen mit Agenturen einzugehen. Diese übernehmen Gestaltungsaufgaben als Leistungen vor der Vervielfältigung durch Druck im Bereich des Layouts, der Redaktion und der Werbung, der Informationsbeschaffung oder der Werbekundenakquisition. Die typischen Agenturleistungen umfassen Visualisierung, Grafik/Design, Präsentation, Textgestaltung, Bildgestaltung (Lit. 06, Kap. 4.2.3.2.1, S. 11).

### D 5.2.2 Produktion

Medienübergreifendes Datenhandling umfasst die Prozesse Datenmanagement und Layout-Umsetzung. Die Aufgabe eines Media Providers, der über den Prozessschritt medienübergreifendes Datenhandling verfügt, ist die Verwaltung und Ausgabe der bereitgestellten Inhalte in verschiedensten Formen. Das erfordert zumindest den Aufbau einer medienübergreifenden Datenbank sowie sehr leistungsfähige Server und Datenspeicher (Lit. 06, Kap. 4.2.3.2.1, S. 13).

#### D 5.2.2.1 Vorstufe: Repro und Prepress

Die Entwicklung vom Druck- zum Medienhaus bedeutet vor allem einen Turnaround der Vorstufe. Ob Allmedia-Dienstleistungen in bestehende Unternehmen integriert werden können, die in ihrer Marktpräsenz druckorientiert sind, hängt natürlich von den Gegebenheiten des Einzelfalles ab. Kooperationen können aber bei der Vermarktung von Kernkompetenzen Synergie-Effekte freisetzen.

Die Entwicklung der DV-Technik und die Perspektiven der Informations- und Kommunikationstechnologie geben den Rahmen für die Umbrüche der letzten Jahre in der Medienproduktion. Der Zwang zur Rationalisierung und ebenso die Forderung nach spezifischer Qualifikation und professioneller Kompetenz zwingen zu klaren und arbeitsteiligen Abläufen.

Die Vorstufenbetriebe der Druckindustrie haben diese Chance begriffen und neue professionelle cross-mediale Dienstleistungen erschlossen, die eine einschränkende Verbindung mit dem klassischen Printmedium auflösen. Diese Betriebe be-

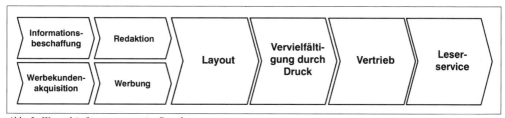

*Abb. 5: Wertschöpfungsprozesse im Druck*

herrschen komplexe Abläufe mit vielen Beteiligten, und sie können wie nur wenige mit Inhalten verantwortlich umgehen. Der heutige Stand der industriellen Standardisierung des digitalen Workflows von Datenaustausch über ausgabemedienneutrale Datenhaltung bis zum neutralen Farbraum wäre ohne die Beteiligung dieser professionellen Branche nicht denkbar (Lit. 08, S. 26ff).

Die Branche hat ihre Dienstleistungen diversifiziert und ausgeweitet. Jedoch gibt es Unterschiede in Umfang und Qualifikation, die ihrerseits wieder Anstoß zu strategischen Partnerschaften und Kooperationen geben können. Der Aufbau neuer Qualifikationen ist sehr schwierig, insbesondere in den Bereichen, in denen kein Know-how vorhanden ist. Der einstufige Drucker sollte beispielsweise nicht gerade zum Provider werden wollen – hier sind Partnerschaften gefragt.

In der Folge weicht die traditionelle Linienorganisation funktionalen bzw. prozessorientierten Organisationsformen, die sich an digitalen Workflows orientieren und vielfältige Schnittstellen zu Kunden und Kooperationspartnern bieten (Lit. 05, S. 215ff).

Das vorhandene oder noch zu erwerbende Knowhow beeinflusst im Weiteren auch die Druckformherstellung. Diese kann in drei Digitalisierungsstufen unterteilt werden (Lit. 06, Kap. 4.2.3.2.2, S. 23f):

1. Computer to Film: Für viele Akzidenzdruckereien ist CtFilm der Einstieg in die digitale Druckformherstellung. Hier kann das Knowhow erworben werden, um später in CtPlate oder CtPress einzusteigen.

2. Computer to Plate: CtPlate ist die Zukunft für konventionellen Bogen- und Rollenoffsetdruck im mittleren Auflagenbereich mit deutlich besserer Qualität als bei der herkömmlichen Druckformherstellung. Außerdem trägt das System zur gesteigerten Kleinauflagen-Wirtschaftlichkeit bei. Die Einführung von CtPlate-Systemen ist ein wichtiger Optimierungsschritt für Print Factories und Document Manager. Nur so kann die vorhandene Datenkompetenz aus der Vorstufe direkt und ohne Umwege in den Prozessschritt Druck erfolgen.

3. Computer to Press: Das Verfahren setzt einen vollständigen digitalen Workflow sowie Erfahrung in der Beherrschung der Vorstufen-Prozesse voraus.

### D 5.2.2.2 Druck

Auch in den Bereichen der Kernkompetenz der Unternehmen der Druckindustrie vollziehen sich weitreichende Veränderungen. Die hohe Automatisierung macht immer kleinere Auflagen wirtschaftlich. Es gilt, immer bessere und differenzierte Produkte zu minimalen Kosten zu ermöglichen, wobei sich bei allen Druckverfahren Optimierungsmöglichkeiten bieten (Lit. 06, Kap. 4.2.3.2.3, S. 27ff):

– Im **Bogenoffset** bietet die Vernetzung hohe Rationalisierungspotenziale. Internationale Schnittstellenstandards wie CIP3/CIP4 und JDF werden die Verbreitung der horizontalen und vertikalen Vernetzung entscheidend fördern. Darunter versteht man die direkte Einbindung der Bogenoffsetmaschinen in den digitalen Vorstufenworkflow bzw. die Verknüpfung mit Management-Informations-Systemen.

– Generell treffen die Aussagen des Bogenoffsets besonders auch auf den **Rollenoffset** zu. Besondere Möglichkeiten ergeben sich im Coldset. Durch Selected Commercials können an Zeitungsrotationen weitere Deckungsbeiträge erwirtschaftet werden.

– Der **Digitaldruck** zeichnet sich durch veränderbare Inhalte auf jeder einzelnen Seite aus. Digitaldrucksysteme sind für Kleinstauflagen ideal. Größere Auflagen werden durch den proportionalen Anstieg der Verbrauchsmaterialkosten schnell unwirtschaftlich. Klassische Offsetdrucker richten normalerweise ihr Hauptaugenmerk nicht auf den Digitaldruck, da sie einen anderen Markt bedienen. Der Einstieg eines Document Managers in den Digitaldruck setzt umfangreiche Vorstufenkenntnisse voraus.

### D 5.2.2.3 Weiterverarbeitung / Veredelung

Die Weiterverarbeitung steht am Ende des Fertigungsprozesses, bei dem das gedruckte Produkt die gewünschte Form und Gebrauchseigenschaft erhält. Kunden fordern von den Druckunternehmen ein vielfältiges Angebot an Weiterverarbeitungsmöglichkeiten. Da eine Druckerei unmöglich über alle Prozessschritte verfügen kann, bieten sich in diesem Bereich Kooperationen mit auf Weiterverarbeitung spezialisierten Partnern an (Lit. 06, Kap. 4.2.3.2.4, S. 31).

Die Prozessschritte der Veredelung erzielen so spezielle visuelle oder haptische Effekte, dass sie kaum vom Druckunternehmen selbst angeboten werden. Strategische Kooperationen mit professionellen Partnern sind in diesem Bereich absolut notwendig.

### D 5.2.3 Distribution

Nach dem erfolgreichen Abschluss einer vertraglichen Vereinbarung gilt es, den Inhalt dieses Vertrages in die Realität umzusetzen. Die Bedeutung beispielsweise exakt eingehaltener Lieferzeiten oder einer korrekten Abwicklung der erforderlichen Zahlungsströme für die Kundenzufriedenheit wurde lange Zeit zumindest in ihrer vollen Tragfähigkeit nicht wahrgenommen. Bei einer genaueren und prozessorientierten Betrachtung wird jedoch unmittelbar deutlich, wie wichtig eine Integration dieser Aufgaben in die Wertschöpfungskette einer Unternehmung ist. (Lit. 03, S. 861f) Die Unternehmen der Druckindustrie müssen sich deshalb im Bereich der Distribution mit folgenden Fragestellungen beschäftigen (Lit. 06, Kap. 4.2.3.3, S. 34):

- Ist es sinnvoller, die Druckprodukte zentral zu erzeugen und sie anschließend zu verteilen, oder sollte mit Kooperationspartnern ein dezentraler Druck erfolgen, der den Distributionsaufwand minimiert?

- Sollen die Kunden mit einem eigenen Fuhrpark beliefert werden, oder ist die Kooperation mit einer Spedition sinnvoll?

Darüber hinaus können Druckunternehmen mit Adress- und Lagerverwaltung zusätzliche Dienstleistungen anbieten, um ihr Full-Service-Angebot abzurunden.

## D 5.3 Optimierung und Erweiterung der Medientiefe

### D 5.3.1 Arbeitsfelder zur Optimierung und Erweiterung der Medientiefe

Voraussetzung für Unternehmen, die Handlungsalternativen im Bereich der Medientiefe wahrnehmen möchten, ist eine ausgebaute Vorstufe mit Layout, Repro und Prepress, sowie zusätzlich ein medienneutrales Datenhandling (Lit. 06, Kap. 4.2.2, S. 1). Auf dem Weg zum Cross-Media-Dienstleister gilt es die folgenden Arbeitsfelder im Unternehmen zu analysieren (Lit. 07, S. 2f):

1. **Geschäftsleitung:** Das Thema Cross Media kann seitens der Geschäftsleitung nicht ohne weiteres als zusätzliche Dienstleistung definiert werden, die einfach neben das bestehende Angebot gestellt wird. Solange das Selbstverständnis des Druckereibetriebes darin besteht, Film zu schwärzen und Druckschriften herzustellen, kann eine Beschäftigung mit Cross Media nicht erfolgreich sein.

   Notwendig ist ein Paradigmenwechsel in vielen traditionell ausgerichteten Unternehmensführungskonzeptionen. Dieses neue Selbstverständnis stellt den Kundennutzen in den Mittelpunkt sämtlicher Geschäftsaktivitäten. Der moderne Unternehmer sieht sich heute als Teil der Kommunikationsindustrie, die dem Kunden individuelle Lösungen bietet, sei es auf dem Papier, als CD-ROM oder auch als Online-Dienst. Möglichkeiten zur Wertschöpfung entstehen dabei gerade in den neuen Dienstleistungen wie z.B. Datenmanagement.

2. **Verkauf:** Der Verkauf hat die Aufgabe, die neuen Dienstleistungen der Druckereien optimal zu vermitteln. Die Verkaufsberater sollen kompetente Gesprächspartner für die vorhandene Nachfrage in den digitalen Bereichen werden. Es gilt, beim Kunden sicher zu agieren, verlässlich Auskünfte geben zu können und weitere Nachfrage zu generieren, indem der Zusatznutzen für den Kunden dargestellt wird.

3. **Technik:** Die Technik muss durch die Verbindung von Satztechnik und Multimedia-Technolgien eine geeignete Infrastruktur schaffen. Voraussetzungen sind technische Grundlagen und Praxis im Umgang mit den elektronischen Medien, speziell in Verbindung zum traditionellen Printgeschäft, die Definition intelligenter Schnittstellen zu Lieferanten und Kunden und die Konzeption eines dynamischen Datenpools als Basis für medienneutrale Aufbereitung von Inhalten.

4. **CrossMedia:** Eine CrossMedia-Strategie fordert den Einstieg in das „lernende Unternehmen". Erfolgsfaktoren sind flexible und hochqualifizierte Mitarbeiter sowie flexible Strukturen in der Aufbau- und Ablauforganisation. Neue Produktionsprozesse müssen gelernt und effektive Kommunikationswege definiert werden. Es gilt, neue Angebotsformen zu entwickeln und darzustellen.

## D 5.3.2 Entwicklungstendenzen der Druckindustrie

Den meisten Printprodukten wird für die nächsten Jahre ein geringes Wachstum prognostiziert. Doch für hochwertige Verpackungen und Direct-Mailings stehen die Marktchancen einer Umfrage unter Medienexperten nicht schlecht (Lit. 02, S. 100f).

Ein wesentlich höheres Wachstum wird den digitalen Produkten mit Ausnahme der CD-ROM prognostiziert, die vermutlich in naher Zukunft von der DVD verdrängt werden wird. Die folgende Abbildung veranschaulicht die Möglichkeiten der Unternehmensentwicklung.

Die Abbildung lässt vermuten, dass sich die Industrie in zwei völlig unterschiedliche, in der Unternehmenskultur nicht vergleichbare Segmente spalten wird:

– Die industriellen Drucker, die gemäß einer Strategie der Kostenführerschaft, anstreben, zu geringsten Kosten „Farbe aufs Papier" zu bringen und

– Die Mediendienstleister, die Kommunikationsaufgaben der Kunden als Auftrag übernehmen, die Produktion koordinieren und immer mehr kreative Leistung mit verkaufen.

Weiterhin ist zu erwarten, dass die durchschnittlichen Auftragsgrößen noch schneller sinken sowie der Anteil an Marketinginvestitionen für das Internet als Kommunikationsinstrument weiter steil steigen wird, vor allem im Business to Business Bereich, mit entsprechendem Anteil der Onlinenutzung, ohne dass eine Substitution der Printmedien erfolgt.

Unternehmerische Entscheidungen werden sich noch mehr in den Bereich Ausrichtung (Produkte

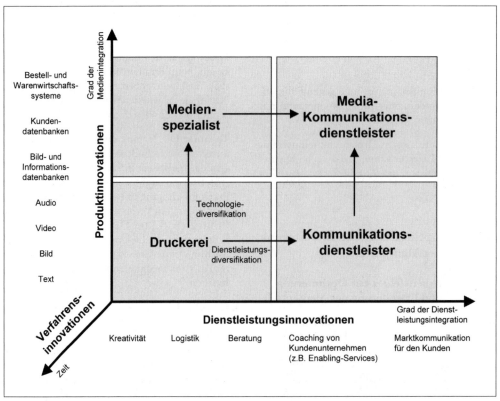

*Abb. 6: Produkt-, Dienstleistungs- und Verfahrensinnovation (Lit. 02, S. 105)*

und Technologien) und Networking (Kooperationen) verschieben. Dem schnellen Wandel auf der Kundenseite ist nur mit einer schnellen Anpassung der Leistungsangebote und einer größeren Leistungstiefe beizukommen. Das Anforderungsprofil an den „Manager" wird sich deshalb noch mehr zum „Visionär mit Überzeugungskraft" verändern.

Die Digitalisierung und Vernetzung der Gesellschaft wird weiter fortschreiten und zur alles beherrschenden Technologie werden. Die strukturierte Vernetzung zwischen Kunden und Lieferanten wird entscheidungsbildend für die Vergabe von Aufträgen und für den wirtschaftlichen Erfolg sein. E-commerce, nicht im Sinne des Produktverkaufs, sondern der Daten-Vernetzung wird auch für Druckereien unerlässlich.

Um das Prozesspotenzial weiter auszunutzen, sowie durch die Vielfalt unterschiedlicher Kommunikationsmittel wächst das Bedürfnis an „Integrierter Kommunikation" (Lit. 09, S. 1). Darunter ist die strategische Vernetzung sämtlicher Marketingmaßnahmen – von der Öffentlichkeitsarbeit über die klassische Werbung und die Internet-Präsenz bis hin zum Direktmarketing und der internen Kommunikation zu verstehen. Die zunehmende Konvergenz der Medien ermöglicht es, neue Konzepte für integrierte Kommunikation zu entwickeln (Lit. 01, S. 1ff).

So gelangen immer mehr Werbetreibende zu der Erkenntnis, dass breit gestreute Massenkommunikation in vielen Fällen ineffizient ist. Der steigende Informations- und Kommunikationsbedarf ihrer Kunden muss deshalb immer zielgruppenadäquater befriedigt werden. Mit den Begriffen 1-to-1-Marketing sowie Customer Relationship werden die Potenziale beschrieben, die in einem konsequenten Marketing liegen. Diese zu nutzen, ist der Erfolgsfaktor für alle Unternehmen der Druckindustrie, egal welcher Größe.

Abschließend ist festzustellen, dass eine für jedes Unternehmen der Druckbranche allgemeingültige Empfehlung nicht gegeben werden kann. Dies ist wegen der Heterogenität der Unternehmen nicht möglich. Der Erfolg einer Druckerei hängt von mehreren Faktoren ab, die von Fall zu Fall unterschiedlich gewichtet werden müssen. Der entscheidende Faktor bleibt aber die Orientierung an den Kundenbedürfnissen.

**Literatur:**

01 Bundesverband Druck und Medien (Hrsg.): Die Druckindustrie als Mediendienstleister 2001/2002. 2002

02 Bundesverband Druck und Medien e.V. (Hrsg.): Future of Print & Publishing: Chancen in der mediaEconomy des 21. Jahrhunderts. 2002

03 Corsten, H. und Reiß, M. (Hrsg.): Betriebswirtschaftslehre. 1999

04 Heinold, W. E.: Bücher und Büchermacher. 2001

05 Kerst, C.: Unter Druck – Organisatorischer Wandel und Organisationsdomänen: Der Fall der Druckindustrie. 1997

06 Matt, B. J. und Finkbeiner, G. (Hrsg.): Waypoints. 2000

07 Stephan, P.: Die neuen Cross-Media Dienstleistungen: Erfahrungen eines Consulters und Produzenten. 1996

08 Theiss, B.: Neue Dienstleistungen: Vom Druck- zum Medienhaus, 1999-06

09 Upplegger, A.: Marketing-Perspektiven in der Druckindustrie. 1993

10 Wenke, H.-G. und Nicolay, K.-P.: 1-to-1-Marketing als Printmedienstrategie. 2003-05

# D 6 Verlagswesen

Dietmar Strauch

## D 6.1 Begriff, Definitionen, Funktion

Verlage sind die Unternehmen im Bereich des Buchhandels, die die Schriften eines Autors vervielfältigen und dem Publikum anbieten. Im Gegensatz zum „Verbreitenden Buchhandel", der den Weg von der Herstellung bis zum Kunden überbrückt (vgl. Kap. D 4), wird die Branche der Verlage als „Herstellender Buchhandel" oder „Verlagsbuchhandel" bezeichnet (Lit. 02).

Das Deutsche Wörterbuch der Gebrüder Grimm weist im Mittelhochdeutschen das Wort „verlegen" nach mit der Bedeutung „was man hinwegsetzt, an einen anderen Ort bringt". Weiter heißt es da: „Heute hat sich Verlag besonders im Buchhandel festgesetzt, wo es das Verlegen, das Hingeben der Kosten für die Herstellung und Vertreibung des Buches, Übernahme des Aufwandes für Herstellung eines Druckwerkes bedeutet." Ein Verleger ist demnach ein Unternehmer, der Werke der Literatur, Kunst, Wissenschaft oder Musik vervielfältigt und über den Handel verkauft. Er erwirbt das Manuskript eines Autors und sorgt für Druck und Produktion des Werkes, besorgt die Werbung und den Vertrieb.

Der Journalist Jochen Hörisch beschreibt das Wesentliche des Buches sehr treffend: „Das Buch der Welt, das Buch der Schöpfung, das Buch der Geschichte, das Buch der Natur, das Buch des Lebens; schon diese wirkungsträchtigen Wendungen weisen darauf hin, wie sehr unsere Weltbilder von der Idee des Buches und der Schrift geprägt sind. Die Figur des lese- und schreibfähigen Buch-Menschen erscheint uns (noch) als der klassische Inbegriff des Menschen überhaupt." (Lit. 03)

Aber bleibt dies so? Das Dauerthema „Ende des Buches – ja oder nein?" soll hier nicht um eine weitere Facette erweitert werden, nur soviel: Die häufiger zu hörende Prognose vom „Ende der Gutenberg-Galaxis" meint eines nicht, dass es keine Bücher und Printmedien mehr geben wird. Im Hinblick auf das „gute alte Buch" und die „Tageszeitung" unterliegt die Funktion der Printmedien einer Ausdifferenzierung. Für die schnelle Information sind Radio- und TV-Meldungen zuständig. Für die Abstand nehmende, auch zeitlich verschobene Aufarbeitung der Information, bleiben die Printmedien prägend.

Der Medientheoretiker Marshall McLuhan schrieb 1962 – unter dem Eindruck des damals neuen Mediums Fernsehen – sein Werk „Gutenberg Galaxis. Das Ende des Buchzeitalters" (Lit. 04). Er versucht zu belegen, dass erst durch den Buchdruck der zivilisatorische Fortschritt der Neuzeit ermöglicht wurde. Allerdings habe das Gutenberg-Zeitalter den Blick des Menschen „linear" und „monokausal" verengt, ihn zum passiven Rezipienten gemacht. Jahrhunderte lang gab es nur eine Möglichkeit, Informationen und Mitteilungen aufzuzeichnen, zu speichern und weiterzureichen, nämlich Zeichen auf Papier oder vergleichbares Material zu bannen. Heute aber bewegen wir uns in einer anderen Medien-Galaxis. Mit den massenhaft verbreiteten AV (audiovisuellen)-Medien wie Radio und Fernsehen wird der Kosmos der Schrift und des Buches vollends an den Rand gedrängt – so McLuhan. Alles in allem – wenn sich Marshall McLuhan nicht geirrt hat, dann hat er den Zeitraum des Niedergangs der Schriftkultur zu kurz bemessen. Das Ende scheint noch lange nicht erreicht.

## D 6.2 Historische Entwicklung

Die Geschichte des handgeschriebenen Buches beginnt rund 500 v. Chr. in Athen, Alexandria und Pergamon, wird dann im Römischen Reich mit den „Librarii" – den Abschreibern und ersten Buchhändlern – fortgesetzt. Der kommerzielle Buchhandel setzt dann nahezu ein Jahrtausend aus, die Bibel als „Buch der Bücher" beherrscht die Szene. Die in Klöstern zur Perfektion entwickelte kalligraphische Kunst schafft Meisterwerke der abendländischen Kultur. Im 15. Jahrhundert entwickeln sich erste Formen der kommerziellen Formen des Handschriftenvertriebs, die zunehmende Alphabetisierung und ein – wenn auch langsam – wachsendes Lesepublikum macht die Erfindung des Buchdrucks „notwendig" und langfristig auch rentabel.

Die Meilensteine des Verlagswesen in früher Zeit sind geprägt von der Vollendung der 42-zeiligen

Gutenbergbibel (1454), dem ersten Erscheinen wissenschaftlicher Zeitschriften in Deutschland (Ende des 17. Jahrhunderts), der ersten Buchmesse in Leipzig (1791), von Erfindungen bzw. Weiterentwicklungen wie Holzschnitt, Kupferstich, Lithographie, Papiermaschine, Papierleimung, Bindekunst oder immer leistungsfähigerer Druckpressen, von religiös motivierten oder politisch begründeten Versuchen der Bevormundung und Zensur.

Mit der Reformation und damit auch der zunehmenden Publikation in der Volkssprache wird das Buch zu einem Massenmedium. Erschienen in Deutschland zwischen 1513 und 1517 etwa 500 deutschsprachige Buchtitel, sind es im folgenden Fünfjahreszeitraum bereits mehr als 3.000 (Lit. 06, S. 44).

Während anfangs zunächst Druckerei, Verlag, Buchbinderei und Buchhandel in einer Hand vereinigt sind, differenzieren sich die Funktionen im Laufe des 16. Jahrhunderts langsam aus. 1545 veröffentlicht Konrad Gesner die erste allgemeine Bibliographie, zur Frankfurter Buchmesse erscheinen ab 1564 die Messeneuheiten in einem gedruckten Katalog, dem Frankfurter Meßkatalog. Die Produktion aller bibliographischen Einheiten im deutschen Sprachraum wird für das 16. Jahrhundert auf immerhin rund 150.000 geschätzt (Lit. 06, S. 68).

Um 1700 schafft sich das frühbürgerliche Lesepublikum der städtischen Oberschichten ein neues Medium: Die Zeitschrift – die „Acta Eruditorum" in Leipzig ist die erste – ersetzt nach und nach die Gelehrtenkorrespondenz oder auch das Buch. Um diese Zeit gewinnt auch der literarische Buchmarkt neben dem streng wissenschaftlich-gelehrten an Bedeutung. Parallel dazu steigt die Bedeutung der deutschen Sprache; 1681 übersteigt die Zahl der deutschsprachigen Neuerscheinungen erstmals die der lateinischsprachigen. Das 18. Jahrhundert bringt einen enormen Aufschwung, da die Preise sinken und das Lesepublikum zunimmt. Waren es Anfang des Jahrhunderts lediglich 750 Neuerscheinungen pro Jahr, sind es gegen Ende des Jahrhunderts 5.000. Das moderne Verlagswesen entsteht mit den ersten Großverlegern und den – damals schon – heftigen Streitereien um das Copyright. Da es kein Verlags- und Urheberrecht gibt, wird munter nachgedruckt. So wie die politische Landkarte einem Flickenteppich gleicht, so zersplittert sind die Einzugsgebiete und Einflussbereiche der Verlage.

Im 19. Jahrhundert erreicht die Professionalisierung ihren ersten Abschluss: Der „Börsenverein der Deutschen Buchhändler" wird 1825 gegründet (1834 erscheint die erste Ausgabe des „Börsenblatts für den Deutschen Buchhandel"); technische Neuerungen wie die Gießmaschine für die Letternproduktion und die Setzmaschine ermöglichen eine stetig wachsende Produktion – ungeachtet politisch bedingter Schwankungen. 1843 wird ein Gipfel mit mehr als 14.000 Neuerscheinungen erreicht. In diesem Jahrhundert erfolgt auch der Aufstieg der beiden „Conversationslexika" von Friedrich Arnold Brockhaus und Carl J. Meyer sowie die Werke zahlreicher Nachahmer. 1870 wird durch König Wilhelm von Preußen das erste Urheberrechtsgesetz erlassen. 1912 wird in Leipzig die „Deutsche Bücherei" mit Beteiligung des Börsenvereins gegründet, die dann später ab 1931 die „Deutsche Nationalbibliographie" herausgibt.

Das weitere 20. Jahrhundert erlebt nach dem Einbruch durch den Ersten Weltkrieg in der Weimarer Republik wieder einen Aufschwung des Verlagswesens. Vor allem die Zahl der Zeitschriften nimmt in Folge der Spezialisierung der Wissenschaften deutlich zu: 1930 werden über 7.300 Titel gezählt, fast doppelt so viel wie zehn Jahre zuvor. Besonders intensiv ist die literarische Produktion, 1932 sind 84 Prozent der belletristischen Werke Erstausgaben. Die Zeiten sind hektisch, Verlagsgründungen und -pleiten erreichen Rekordzahlen. Als erfolgreiche Verlagsform etabliert sich die „Buchgemeinschaft" mit preiswerten Massenauflagen wie die „Büchergilde Gutenberg" mit 80.000 Mitgliedern oder der „Volksverband der Bücherfreunde" mit einer stolzen Mitgliederzahl von 500.000. Die „Bücherkrise" gegen Ende der zwanziger Jahre wird mit ähnlichen Argumenten wie heute diskutiert. So analysiert der Verleger S. Fischer: „Man treibt Sport, man tanzt, man verbringt die Abendstunden am Radioapparat, im Kino, man ist neben der Berufsarbeit vollkommen in Anspruch genommen und findet keine Zeit, ein Buch zu lesen." (zitiert nach Lit. 06, S. 308)

Im Dritten Reich – nach Bücherverbrennung und Vertreibung der „rassisch untragbaren" Autoren – wird das Verlagswesen neben allen anderen Kulturbereichen gleichgeschaltet und Verlage sind nun Zwangsmitglied in der „Reichschrifttumskammer". Berufsverbote, Bücherverbote, „Arisierungen" wie beim Ullstein-Verlag sind die Folge mit deutlichen

Folgen für die Kulturleistung des Buches, aber auch für die Produktionszahlen. Die Rekordzahl von 1925 mit 32.000 Publikationen wird nie mehr erreicht, 1934 sind es nur noch 20.000 und zehn Jahre später im Zweiten Weltkrieg dann weniger als 10.000. Spitzenreiter bei den Buchtiteln werden nun die vom „Zentralverlag der NSDAP" verlegten Propagandabücher einer menschenverachtenden „Weltanschauung".

Nach 1945 und einer anfangs strengen Kontrolle der Buchproduktion durch die Besatzungsmächte werden ab 1949 Verlage wieder- oder neugegründet, mit Vorzensur und weiteren Lizenzierungsbedingungen. Die erste Lizenz in allen vier Besatzungszonen erhält H. M. Ledig-Rowohlt, der mit seinen Ro-Ro-Ro-Ausgaben (Rowohlts Rotations Romane) im Zeitungsformat ab 1946 mit hunderttausender Auflagen Verlagsgeschichte schreibt.

1958 wird die Preisbindung für Bücher gesetzlich verankert, die seitdem immer wieder für heftige kultur- und wirtschaftspolitische Diskussionen sorgt. Weitere wichtige Entwicklungen sind die Gründung der „Deutschen Bibliothek" (1947), die Wiedereröffnung der Frankfurter Buchmesse, das „Verzeichnis lieferbarer Bücher" sowie die Gründung von Ausbildungseinrichtungen.

Die Einführung des Taschenbuchs sowie die weitere Erfolgsgeschichte der Buchgemeinschaften beleben den Buchmarkt und erhöhen die Produktionszahlen von den 1950er Jahren mit ca. 14.000 Titeln bis heute (rund 80.000 Titel) auf bisher nicht gekannte Rekorde.

## D 6.3 Kennziffern für das Verlagswesen in Deutschland

**Verlage:** Das „Adressbuch für den deutschsprachigen Buchhandel 2002/03" verzeichnet etwa 24.000 Betriebe, die im weitesten Sinne dem Buchhandel zuzurechnen sind. Dazu zählen allerdings alle Formen des verbreitenden Buchhandels sowie zahlreiche Firmen oder Institutionen (wie Universitätsinstitute, Vereine und dgl.), die nur gelegentlich publizieren. Im Börsenverein des Deutschen Buchhandels – der Spitzenorganisation des gesamten Buchhandels in Deutschland – sind rund 1.900 Betriebe organisiert, die ausschließlich oder überwiegend Bücher, Fachzeitschriften oder wissenschaftliche Zeitschriften verlegen (vgl. Lit. 01, auch für die nachfolgenden quantitativen Werte). Seit etwa 1999 ist die Zahl der Verlage leicht rückläufig, von 2002 auf 2003 ging die Anzahl der Verlage um 4,4% zurück. „Verlagshauptstadt" in Deutschland ist München mit 234 Verlagen, gefolgt von Berlin (190) und Hamburg (129).

**Umsätze:** Die folgende Tab. 1 zeigt die Umsätze der deutschen Verlage im Vergleich 1998-2002.

Der Umsatz der Branche ging 2002 um rund 2% zurück, beträgt aber immer noch stolze 9 Milliarden Euro. Der Anteil der Fachbücher (einschließlich Schulbücher) beträgt davon 35%, der Anteil der Fach- und wissenschaftlichen Zeitschriften knapp 10%. Verlierer waren das Publikumsbuch (Belletristik, Sachbuch usw.) mit minus 3,1% und das wissenschaftliche Fachbuch mit minus 2,9%, während Fach- und wissenschaftliche Zeitschriften um 1,9% zulegen konnten. Bei den Zeitschrif-

|  | 1998 | 1999 | 2000 | 2001 | 2002 | Änderung |
|---|---|---|---|---|---|---|
| Fachbuch/Wissenschaft/Schulbuch | 3,186 | 3,219 | 3,273 | 3,323 | 3,228 | - 2,9 |
| Allgemeine Literatur | 4,966 | 5,061 | 5,219 | 5,242 | 5,133 | - 2,1 |
| davon Taschenbuch | 877 | 899 | 921 | 1,102 | 1,096 | - 0,5 |
| ... Belletristik, Sachbuch etc. | 3,468 | 3,518 | 3,636 | 3,469 | 3,360 | - 3,1 |
| ... Restauflagen | 622 | 644 | 662 | 671 | 677 | + 0,9 |
| Bücher insgesamt incl. AV-Medien | 8,153 | 8,279 | 8,492 | 8,565 | 8,361 | - 2,4 |
| Fach- und wiss. Zeitschriften | 936 | 945 | 929 | 847 | 863 | + 1,9 |
| Insgesamt | 9,088 | 9,225 | 9,421 | 9,412 | 9,224 | - 2,0 |

*Tab. 1: Umsatzentwicklung zu Endverbraucherpreisen in Mio. Euro. Die Veränderungen von 2001 gegenüber 2002 sind in der letzten Spalte in Prozent angegeben. Quelle: Lit. 01, S. 21*

ten ist allerdings zu berücksichtigen, dass die oben genannten Zahlen sich lediglich auf die Vertriebserlöse beziehen, während die Anzeigenerlöse – von denen der Händler nicht profitiert – gesondert zu betrachten sind. Sie machen mehr als die Hälfte des Gesamtumsatzes dieser Verlage aus und gingen 2002 um rund 10% zurück; insgesamt ergibt sich also auch in dieser Sparte ein Minus von rund 5%.

**Preisentwicklung:** Die Preisentwicklung bei Büchern ist 2002 nach Erhebungen des Statistischen Bundesamtes relativ unbedeutend gewesen, es wird eine durchschnittliche Preiserhöhung von nur 0,3% ermittelt. Aber diese Zahl berücksichtigt nicht die Umsatzgewichtung und bezieht nur die neu erschienenen Titel ein. Die Wirklichkeit sieht so aus, dass die Fachbücher mit steigenden Preisen die Durchschnittsangaben nach oben treiben, während im Publikumsbereich die Preise eher sinken. 2002 kostete ein Titel der Belletristik im Schnitt ca. 14 Euro, dagegen ein Titel aus Mathematik und Naturwissenschaften 46 Euro.

**Produktion:** 2002 wurden in Deutschland über 700 Millionen Bücher hergestellt; allerdings sind fast 300 Millionen davon Adressbücher und ähnliche „untypische" Erzeugnisse. Beträchtliche Rückgänge gab es bei Belletristik um 7%, Kinderbüchern (9,9%) oder Schulbüchern (4,9%). Fast 60.000 Erstausgaben und 19.000 Neuauflagen bedeuten einen erheblichen Rückgang um mehr als 7%.

Tab. 2 gibt einen Überblick über die Verteilung auf die einzelnen Erzeugnisse, Tab. 3 auf die einzelnen Sachgebiete:

| | |
|---|---|
| Adressbücher, Broschüren und ähnliche Druckerzeugnisse | 40,1 |
| Belletristik, Sachbücher | 29,9 |
| Schulbücher | 8,5 |
| Bücher in losen Bogen, Loseblattwerke | 8,4 |
| Kinderbücher | 5,9 |
| Geistes- und Sozialwissenschaften | 3,1 |
| Naturwissenschaften, Technik | 2,5 |
| Bilderbücher, Zeichen- und Malbücher | 1,6 |

*Tab. 2: Mengenmäßige Buchproduktion nach Warengruppen 2002. Angaben in Prozent. Quelle: Lit. 01, S. 60*

| | |
|---|---|
| Übrige Sachgebiete | 40,1 |
| Belletristik | 13,9 |
| Kinder- und Jugendliteratur | 7,7 |
| Recht | 6,1 |
| Schulbücher | 5,0 |
| Wirtschaft | 4,9 |
| Christliche Religion | 4,9 |
| Medizin | 4,5 |
| Geschichte und historische Hilfswissenschaften | 3,6 |
| Informatik, Datenverarbeitung | 3,4 |
| Geographie, Reisen, Heimat- und Länderkunde | 3,0 |
| Erziehung, Bildung, Unterricht | 2,9 |

*Tab. 3: Titelproduktion (Erstausgaben) nach Sachgruppen 2002. Angaben in Prozent. Quelle: Lit. 01, S. 63*

**Bilanz:** Mitte das Jahres 2003 stellt sich die Situation für die Verlage so dar, dass sie die anhaltend schwache Konjunktur spüren und wie fast alle Bereiche unter der schwachen Konsumbereitschaft (oder -fähigkeit) sowie dem Kostendruck in Bildung, Verwaltung und Wissenschaft leiden. Die Verlagsbranche kann sich der Medienkrise nicht entziehen, die sich vor allem in den Bereichen Presse, Fernsehen und Film bemerkbar macht, dort verstärkt durch den Rückgang im Anzeigengeschäft, die im Buchbereich keine so herausragende Rolle spielt.

## D 6.4 Das digitale Verlagsgeschäft als Herausforderung der Zukunft

Angesichts der Situation Anfang des 21. Jahrhunderts und unter dem Eindruck des wachsenden Wettbewerbsdrucks durch die Internet-Konkurrenz wird hier und da von einer „Krise" des Verlagswesens gesprochen (vgl. Lit. 05). Krisensymptome sind erkennbar, Ursachen sind neben den allgemeinen Konjunkturproblemen und gesättigten Märkten offenbar auch eine gewisse Ratlosigkeit gegenüber der Herausforderung durch die digitale Zukunft. Jedenfalls lassen sich kaum Konzepte erkennen, wie sich die entstandenen Verluste bei der Substitution von klassischen Verlagsprodukten durch (kostenlose) Online-Produkte sowie der Rückgang des Anzeigengeschäfts stoppen lassen könnten.

In einer Studie aus dem Jahre 2003 (Lit. 05) werden folgende Prognosen für das Verlagswesen diskutiert:

– Die Nutzungsintensität und die dafür getätigten Aufwendungen werden weitgehend konstant bleiben, wobei der Substitutionsprozess hin zu elektronischen Produkten sich weiter verstärken wird.
– Auch in der näheren Zukunft wird es nicht gelingen, nennenswerte Umsätze mit der Verlagerung von klassischen Produkten auf das Internet zu erreichen.
– Die fehlenden Wachstumsperspektiven werden einen Druck auf die Branche ausüben, der sich in der Zusammenlegung von Redaktionen, dem Rückgang der Titelanzahl und einer weiteren Verlagskonzentration bemerkbar machen wird.
– Die weiterhin stagnierenden oder sogar sinkenden Anzeigenerlöse durch die Abwanderung in das Internet werden sich kaum durch neue Werbeformen kompensieren lassen.
– Wegen der fehlenden Wachstumschancen auf der Einnahmeseite werden konsequent Einsparungs- und Professionalisierungsmöglichkeiten bei der Produktion genutzt werden müssen.

Vielleicht ist die Online-Zeitschrift ein Vorbild für die Verlage. Zumindest im Wissenschaftsbetrieb setzt sich diese Art der Publikation anscheinend durch. Seit die großen wissenschaftlichen Verlagshäuser – wie Elsevier, Kluwer und Springer – in den letzten Jahren angefangen haben, einen Teil ihres Zeitschriftenbestands in elektronischer Form anzubieten, ist die Zahl der Online-Zeitschriften nahezu exponentiell angestiegen. Der Branchengigant Elsevier Science bietet bereits mehr als 1.200 Titel in elektronischer Form an, beim deutschen Konkurrenten Springer sind es etwa 400. Neben naturwissenschaftlichen und technischen Fachzeitschriften sind auch mehr und mehr Periodika in Bereichen wie Recht oder Sozialwissenschaften per Internet zugänglich.

Was Online-Zeitschriften für den Benutzer attraktiv macht, sind die bequeme Erreichbarkeit, elektronische Querverweise und weitere Suchmöglichkeiten.

### Literatur

01 Börsenverein des Deutschen Buchhandels e.V.: Buch und Buchhandel in Zahlen 2003. Frankfurt am Main 2003
02 Bramann, Klaus-Wilhelm; Joachim Merzbach; Roger Münch: Sortiments- und Verlagskunde. München: Saur 1993
03 Hörisch, Jochen: Der Mensch als lesendes Wesen schlechthin – Die friedliche Koexistenz der ‚Gutenberg-Galaxies' mit audiovisuellen Medien. Rheinpfalz, Nr. 91/1997
04 McLuhan, Marshall: The Gutenberg Galaxy. Toronto: University of Toronto Press, 1962
05 Möhr, Wiebke; Schmidt, Ingrid: Rezension zu Marc Ziegler und Andreas Becker: Brennpunkt Verlage. Standortbestimmung und Handlungsfelder an der Schnittstelle zwischen klassischem und digitalem Verlagsgeschäft. White Paper. Detecon & Diebold Consultants. Oktober 2003. In: Information – Wissenschaft und Praxis 2004, 55 (1) S. 59
06 Wittmann, Reinhard: Geschichte des deutschen Buchhandels. Ein Überblick. München: Beck 1991

# D 7 Elektronisches Publizieren

Ulrich Riehm, Knud Böhle und Bernd Wingert

## D 7.1 Begriffe und Differenzierungen

### D 7.1.1 Publikationsbegriff

Publizieren bezeichnet einen indirekten, räumlich und zeitlich entkoppelten Kommunikationsprozess, der über ein Artefakt, die Publikation, vermittelt wird. Nicht jedes Dokument, das erstellt, und nicht jede Information, die verbreitet wird, ist eine Publikation. Eine Publikation ist für die Öffentlichkeit, für ein mehr oder weniger anonymes Publikum bestimmt. Der Publikationsprozess selbst ist in der Regel arbeitsteilig organisiert. Am Anfang des Publikationsprozesses steht die Annahme oder die Ablehnung eines Manuskripts; danach erfolgt die weitere Aufbereitung zur Publikation. Durch Selektion und inhaltliche wie gestalterische Aufbereitung wird eine besondere Qualität erzeugt. Akteure, Verfahren und Qualitätskriterien des Publikationsprozesses sind historisch gewachsen und unterliegen einem ständigen Wandel, der durch technische Innovationen beeinflusst wird.

### D 7.1.2 Publizieren in der Fachkommunikation

In der (wissenschaftlichen) Fachkommunikation geht ein Arbeitsprozess, in dem Wissen produziert wird, dem Publikationsprozess voraus und die anschließende Rezeption der Publikation wird zum Bestandteil eines neuen Arbeitsprozesses. Diese Verknüpfung von Arbeitsprozess und Publikationsprozess ist die wesentliche Unterscheidung zum Publikationsgeschehen bei den Massenmedien.

Das Publizieren in der Fachkommunikation folgt der Maxime des freien Informationsaustausches und ist gleichzeitig Ausdruck der Konkurrenz unter Fachkollegen, die über das Formulieren von Ansprüchen auf Urheberschaft ausgetragen wird. Da Publizieren als Qualitätsbeweis gilt, kann es als Vehikel für Reputation und Karriere fungieren. Doch die Formel „publish or perish", auf die der amerikanische Soziologe Logan Wilson bereits 1942 den Publikationszwang der Akademiker brachte und in die Literatur einführte (Lit. 45, S. 197; Lit. 14), verweist auf die Kehrseite: um jeden Preis publizieren. Die Attraktivität des Elektronischen Publizierens in der Wissenschaft könnte, unter dem Aspekt des Publikationszwangs, aus den sich neu ergebenden Publikationschancen erklärt werden.

Typisch für das wissenschaftliche Publikationssystem ist eine Mischfinanzierung, die teils durch die öffentliche Hand, teils über den Markt erfolgt. Der Markt verbindet ökonomisches Kalkül und publizistische Qualität auf widersprüchliche Weise. Denn einerseits kann das ökonomische Kalkül zur Intensivierung der Qualitätskontrolle und zur Steigerung der Qualität durch Begutachtung, Lektorat und ansprechende Aufmachung führen, weil hohe Qualität sich letztlich besser verkauft. Andererseits mag das ökonomische Kalkül den unerwünschten Effekt haben, dass Wichtiges unpubliziert bleibt, weil es sich nicht rechnet. Eine ähnliche Spannung besteht zwischen dem Prinzip der freien Zugänglichkeit und dem Marktmechanismus, der den Zugang zu Informationen an die Kaufkraft bindet, selbst wenn ein Mangel an zahlungsfähiger Nachfrage durch die öffentliche Hand, die die Bibliotheks- und die Netzinfrastruktur unterhält, teilweise kompensiert wird (Lit. 24).

### D 7.1.3 Elektronisches Publizieren

Das Spezifikum des Elektronischen Publizierens ergibt sich daraus, dass eine Klasse von Publikationen auftritt, die einerseits die genannten Kriterien des Publizierens erfüllt, deren Nutzung jedoch andererseits an spezifische informationstechnische Mittel geknüpft ist. Das Besondere des *Elektronischen* Publizierens liegt so gesehen zunächst nur darin, dass zur Nutzung technische Hilfsmittel – Software, Hardware, Anschluss an die Netzinfrastruktur – benötigt werden. Es lässt sich also in Anlehnung an eine frühere Definition (Lit. 04; Lit. 36, S. 10) formulieren: Elektronisches Publizieren umfasst öffentliche und zeitpunktunabhängige Formen indirekter Kommunikation über anerkannte Kanäle von derzeit überwiegend textlichen und grafischen Informationen in digitaler Form, wobei computerspezifische und multimediale Möglichkeiten zunehmend zum Einsatz kommen. Für die Nutzung elektronischer Publikationen wird Hard- und Software vorausgesetzt. Die Definition hebt auf den Kommunikationsprozess ab und liefert damit eine Abgrenzung zu Konzepten des

„Printing-on-Demand" oder des elektronischen „Document Delivery" (Lit. 34), bei denen die Publikation zwar aus einer digitalen Vorlage erzeugt (Printing-on-Demand) oder digital übertragen wird (Document Delivery), für deren Nutzung aber nicht unbedingt Hard- und Software benötigt wird.

### D 7.1.4 Phasen des Elektronischen Publizierens

Die geschlossene elektronische Publikationskette ohne Medienbruch ist das Ideal des elektronischen Publizierens, das nicht immer erreicht wird und je nach Problem- und Interessenlagen auch nicht immer erreicht werden muss. Denn der Einsatz elektronischer Arbeitsmittel ist prinzipiell in jeder Phase des Publikationsprozesses möglich: in der Phase der Kreation, Selektion, Redaktion, Produktion, des Vertriebs, der Rezeption, der Zugänglichmachung und der Aufbewahrung (Speicherung).

Der Einsatz elektronischer Arbeitsmittel in einer Phase erleichtert das elektronische Publizieren in den folgenden Phasen. Aber bei jedem Publikationsschritt stellt sich die Frage nach dem Einsatz von Computer und elektronischer Kommunikation neu. Es ist deshalb sinnvoll, die folgenden Aspekte zu unterscheiden (vgl. hierzu auch Lit. 13, S.29ff.): produktionsorientiertes, distributionsorientiertes, rezeptionsorientiertes und speicherorientiertes Elektronisches Publizieren.

### D 7.1.5 Medien der Distribution

Man kann zwei Distributionsformen für elektronische Publikationen unterscheiden: Offline- und Online-Medien, d.h. Disketten, CD-ROM, DVD und andere portable Speichermedien sowie alle Distributionsformen, die über Telekommunikationsnetze abgewickelt werden. Wenn auch die portablen Speichermedien für die Distribution nicht obsolet geworden sind, so haben sie doch im Laufe der letzten 10 Jahre ihre dominierende Stellung eingebüßt. Dies liegt im Wesentlichen an der breiten Verfügbarkeit der Telekommunikation für die Datenübertragung und an der erheblichen Steigerung der Übertragungsraten.

Im *Online-Bereich* ist das dominierende Medium für Elektronisches Publizieren das Internet. Es verfügt über eine Reihe von Informations- und Kommunikationsdiensten, die mehr oder weniger für das Publizieren geeignet sind, etwa Usenet News, E-Mail-Verteillisten, FTP, Gopher, WAIS, WWW, Wikis, Blogs. So sind beispielsweise E-Mail-Verteillisten relativ verbreitet für die Distribution von Newslettern oder für die Ankündigung einer neuen Ausgabe einer elektronischen Zeitschrift, deren Artikel dann im WWW abgerufen werden können. Mit dem WWW wurde das Hypertextprinzip im Internet eingeführt, das neue Formen verteilter Publikationsangebote – vom einzelnen Artikel mit Hypertextverknüpfungen bis zu umfangreichen vernetzten Sammlungen – zulässt. Es stellt heute das dominierende elektronische Publikationsmedium dar. Der Web-Browser ist in der Lage, die unterschiedlichen Internetdienste zu integrieren.

### D 7.1.6 Potenziale

Eine Reihe von Potenzialen werden typischerweise mit dem Elektronischen Publizieren verbunden:

– Aus der Perspektive der Rationalisierung des Publikationsprozesses werden das Potenzial der Beschleunigung und Kostenreduktion gesehen sowie neue Möglichkeiten der Mehrfachverwertung.

– Der Zwang zur Selektion und zur Umfangsbegrenzung von Publikationen könnte auf Grundlage der fast beliebig großen digitalen Speicher entfallen.

– Der Zugriff auf eine elektronische Publikation könnte prinzipiell von überall und jederzeit erfolgen.

– Die Nutzung eines „Exemplars" schlösse eine weitere Nutzungen nicht aus, wie dies bei gedruckten Publikationen der Fall ist.

– Elektronisches Publizieren böte das Potenzial der Integration von dynamischen Medien (Ton und Bewegtbild), Interaktivität, Volltextsuche und Weiterverarbeitung (Kopieren, Annotieren, Verknüpfen etc.).

– Schließlich verbinden die verschiedenen Akteure mit dem Elektronischen Publizieren die Hoffnung, sie könnten ihre Position im Publikationsgeschehen neu definieren und verbessern. Dies wird z.B. deutlich, wenn Autoren unter Umgehung herkömmlicher Verlage, des Buchhandels und der Bibliotheken das Internet als Publikationsplattform nutzen wollen.

Diese Potenziale des Elektronischen Publizierens werden sich nicht in jedem Fall und unter allen Bedingungen realisieren lassen. Dies liegt zum einen an Begrenzungen der technisch-organisatorischen Lösungen oder ihrer ungenügenden Umsetzung; zum anderen spielen die unterschiedlichen und teilweise gegensätzlichen Interessen der Akteure im Publikationsgeschehen eine Rolle.

## D 7.2 Elektronische Publikationen

Wie sich bei den gedruckten Publikationen bestimmte typische Publikationsarten herausgebildet haben, so auch bei den elektronischen Publikationen. Letztere orientieren sich noch im Wesentlichen an den herkömmlichen Vorbildern, dem Buch und der Zeitschrift mit ihren Varianten. Für das Neue fehlen oft noch die überzeugenden Beispiele oder auch die geeigneten Begriffe. Im Folgenden wird an konkreten Beispielen ein Überblick über die bisherige Entwicklung gegeben, der gegenwärtige Stand – auch im Vergleich zum betreffenden Segment des herkömmlichen Publizierens – geschildert und auf wesentliche Probleme hingewiesen.

### D 7.2.1 Elektronische Nachschlagewerke

Unter elektronischen Nachschlagewerken sollen Publikationen verstanden werden, deren Inhalte stark strukturiert und nach einer bestimmten Zugriffsregel systematisch geordnet sind. In ihnen wird in erster Linie nach spezifischen Informationen gesucht, was zur Folge hat, dass sie nicht als Ganzes rezipiert werden, sondern nur in kleinen Ausschnitten. Beispiele sind Bibliographien, Kataloge, Adressverzeichnisse, Wörterbücher, Lexika.

Nachschlagewerke sind für das Elektronische Publizieren aus Sicht der Herstellung aus drei Gründen besonders gut geeignet: Die Dokumenteinheiten sind klar strukturiert und mit Verweisen versehen, was sich „datenbankgestützt" besonders gut abbilden lässt; Nachschlagewerke werden immer wieder in neuen Auflagen publiziert – diese Datenpflege lässt sich in Datenbanken besonders effektiv durchführen; schließlich unterstützt das „datenbankgestützte Publizieren" die Mehrfachverwertung in dem Sinne, dass aus einer Datenquelle Druckvorlagen als auch Dateien für das Angebot auf CD-ROM oder im Internet erzeugt werden können.

Von daher ist es nicht überraschend, dass elektronische Nachschlagewerke zu den frühen Anwendungsfällen des Elektronischen Publizierens gehören und dass hier auch die Konkurrenz der Angebotsformen – Druck, CD-ROM, Online – besonders sichtbar wird, wie die folgenden drei Beispiele verdeutlichen.

Das *Verzeichnis lieferbarer Bücher (VlB)* wird seit 1971 durch den Verlag des Börsenvereins des Deutschen Buchhandels herausgegeben und hat das Ziel, einen vollständigen Nachweis aller in Deutschland lieferbaren Bücher zu geben (im Folgenden nach Lit. 07; Lit. 17; Lit. 38). Es umfasst heute fast eine Million Titeleinträge. Das VlB kann als Beispiel für die Koexistenz von gedruckter und elektronischer Publikation herangezogen werden. Seit 1989 gibt es das VlB auf CD-ROM. CD-ROM-Laufwerke waren damals noch kaum verbreitet und kosteten einige Tausend DM. Während die CD-ROM-Ausgabe mit einer Auflage von rund 5.000 Exemplaren heute der wesentliche Umsatzträger ist, ist die Druckauflage von über 10.000 Exemplaren in den 1980er Jahren auf heute unter 1.000 Exemplare gesunken. Bei welcher Auflage sie sich für den Verlag nicht mehr rechnet und eingestellt wird, bleibt abzuwarten. Das VlB ist seit 1997 auch im Internet zugänglich und zwar in zwei Funktionen: als endnutzerorientiertes und gebührenfreies Recherche- und Vertriebsinstrument unter dem Namen Buchhandel.de (Lit. 37, S. 76 ff.) und für die Verlage zur direkten Neuanmeldung von Buchtiteln und Pflege des Titelbestands.

Der Einkaufsführer „Wer liefert was?" ist eine weit verbreitete Quelle für professionelle Einkäufer in der Wirtschaft. Er enthält in elf Sprachen Informationen über Produkte und Dienstleistungen von rund 410.000 Herstellern und Lieferanten aus 15 europäischen Ländern (im Folgenden nach Lit. 31). Anfang der 1990er Jahre wurden 80.000 Exemplare gedruckt. Im Laufe der 1990er Jahre sank diese Auflage auf nur noch 3.000 Exemplare, und 2001 wurde „Wer liefert was?" als gedrucktes Handbuch eingestellt. Online-Versionen gibt es seit den 1980er Jahren bei Datenbankanbietern wie Genios oder FIZ-Technik. 1986 wurde eine erste CD-ROM herausgegeben, deren Auflage von 2.000 Exemplaren im Jahr 1992 auf einen Spitzenwert von rund 300.000 im Jahr 2000 anstieg. Seitdem macht sich die Konkurrenz des Internets bemerkbar und die CD-ROM-Auflage sinkt wieder. Das Angebot im Internet, seit 1995, umfasste zunächst nur Teile, seit 2001 dann den vollständigen Datenbestand; die Nutzung ist kostenlos. Der Verlag finanziert sich mit einem Gesamtumsatz von 50 Millionen Euro fast vollständig aus Werbeeinnahmen.

Zu den großen, umfangreichen und traditionsreichen Universallexika gehört die *Encyclopædia Britannica*. Auch diese zählte zu den Pionieren beim Elektronischen Publizieren (vgl. zu frühen Überlegungen und Prognosen Lit. 35; zum Folgenden Lit. 01; Lit. 33; Lit. 39; Lit. 40 sowie Website der Britannica). Bereits ab 1981 konnte man die elektronische Volltextversion der Britannica beim Datenbankanbieter Mead Data Central kostenpflichtig durchsuchen und abrufen. 1994 wurde die erste CD-ROM auf den Markt gebracht und gleichzeitig mit Britannica-Online der Gang ins Internet gewagt. Die Verkaufszahlen der gedruckten Ausgabe gingen in den 1990er Jahre allerdings dramatisch zurück, von über 100.000 im Jahr 1990 auf etwa 20.000 im Jahr 1997. Die Ursachen für diese Entwicklung sind vielfältig: so wurde mit der Orientierung auf elektronische Produkte der Direktvertrieb eingestellt, was die Verkäufe der gedruckten Ausgabe reduzierte. Die Billigangebote von Lexika-CD-ROMs, z.B. Microsofts Encarta, für weniger als 100 US-Dollar traten in Konkurrenz zum Kauf einer gedruckten Enzyklopädie für über 1.000 US-Dollar. Der Mitte der 1990er Jahre in seiner schwersten Krise stehende Verlag konnte nur durch die Übernahme durch einen finanzkräftigen Investor gerettet werden. Seit 2001 werden wieder aktualisierte Druckausgaben des 32-bändigen Werkes aufgelegt und für rund 1.400 US-Dollar verkauft. Die CD-ROM-Versionen haben sich dagegen dem allgemeinen Preisniveau von 30-70 US-Dollar angepasst. Ein tragfähiges Geschäftsmodell für das Internet wurde dagegen noch nicht gefunden. Zunächst wurde die Britannica-Online zu einem Pauschalpreis an Universitäten und Schulen lizenziert; dann wurde dieses Angebot für alle Endnutzer für einen Jahrespreis von zunächst 150, dann 85 US-Dollar geöffnet – mit relativ wenig Erfolg. 1999 wurde die Nutzung im Internet ganz freigegeben; das Angebot sollte sich über Werbung finanzieren, was sich allerdings nicht realisieren ließ. So wurde 2001 das Geschäftsmodell abermals geändert und ein kostenpflichtiger „Premiumservice" mit einem werbefreien Zugriff auf die kompletten Inhalte der Britannica für 60 US-Dollar etabliert, während ein inhaltlich begrenztes Angebot mit Werbung weiterhin frei zugänglich blieb.

### D 7.2.2 Elektronische Zeitungen

Bei Tages- und Wochenzeitungen kann man bereits auf eine lange Geschichte des elektronischen Publizierens zurückblicken; deshalb werden sie im Folgenden behandelt, obwohl sie für den Bereich der Fachinformation nicht von zentralem Interesse sind. Die technischen Voraussetzungen für elektronische Zeitungsangebote wurden bereits in den 1970er Jahren mit der Einführung von elektronischen Redaktions- und Produktionssystemen gelegt. Elektronische Zeitungen werden bisher kaum als eine Bedrohung der gedruckten Zeitungen angesehen; experimentiert wird vielmehr mit der richtigen Positionierung der elektronischen zur gedruckten Ausgabe. Soll die elektronische Zeitung sich ganz eigenständig darstellen, die gedruckte Zeitung ergänzen oder stellt sie nur einen elektronischen Ableger im Sinne einfacher Mehrfachverwertung dar? Das sind die wesentlichen Publikations- und Geschäftsmodelle, die gegenwärtig in der Diskussion sind (vgl. hierzu etwa Lit. 16).

Zu den frühen Angeboten von Zeitungsvolltextdatenbanken in Deutschland gehörten die VDI-Nachrichten (seit 1984) und das Handelsblatt (1985). Aber erst seit Mitte der 1990er sind alle bedeutenden überregionalen Tageszeitungen und Wochenblätter Deutschlands in elektronischer Form zugänglich, zunächst als kostenpflichtiges elektronisches Archiv bei kommerziellen Datenbankanbietern wie Genios (ca. 50 tagesaktuelle deutsche Zeitungen, Stand: Oktober 2003) oder GBI (ca. 30 tagesaktuelle deutsche Zeitungen, Stand: Oktober 2003), aber dann auch vermehrt auf CD-ROM und im Internet. 1995 war die „taz" die erste deutsche Tageszeitung, die ihr redaktionelles Angebot vollständig und ohne Nutzungsgebühren im Internet zur Verfügung stellte (Digitaz). Insbesondere die Internetangebote der Tageszeitungen sind nach einem optimistischen Start in den späten 1990er Jahren heute – auch im Kontext der allgemeinen Pressekrise – in einer Phase der Neuorientierung. Deutlich wurde, dass Internetredaktionen allein über Werbung kaum zu finanzieren sind. Im Wesentlichen wird heute mit Strate-gien der Produkt- und Preisdifferenzierung experimentiert. Die Vielfalt der Möglichkeiten veranschaulichen die folgenden Beispiele:

– Die aktuellen Artikel (des Tags, der Woche) werden kostenfrei zur Verfügung gestellt, Archivrecherchen im Gesamtbestand kosten dagegen etwas.

– Artikel werden z.B. bei Wochenmagazinen bereits vor Erscheinen der gedruckten Ausgabe kostenpflichtig angeboten.

- Einen kostenfreien Zugang zum Internetangebot erhalten nur Abonnenten der gedruckten Ausgabe, andere müssen dafür bezahlen.
- Die Internetausgabe profiliert sich als eigenständiges Publikationsmedium mit größerer Aktualität, mehr Hintergrund- und Serviceinformationen, multimedialen Inhalten, Interaktivität und Möglichkeiten, das Angebot auf die eigenen Interessen abzustimmen.
- Verstärkt werden elektronische Zeitungen im Original-Seitenlayout der gedruckten Zeitung angeboten, während bisher elektronische Zeitungen überwiegend artikelweise und als reiner Fließtext aufbereitet wurden.
- Suchmaschinen treten als neuartige Anbieter „individualisierter" Zeitungen auf, die nach einem vorgegebenen Suchprofil des Kunden aus einem umfangreichen Nachrichten- und Artikelpool eine individuelle Artikelsammlung im Internet bereit stellen oder an die E-Mail-Adresse, das Faxgerät, das Mobiltelefon oder den Personal Digital Assistent versenden.

Ein allgemeingültiges, auch geschäftlich erfolgreiches Publikationsmodell hat sich noch nicht herauskristallisiert.

### D 7.2.3 E-Prints

Elektronische Preprints – oder wie sie auch genannt werden: „E-Prints" – konnten sich in einigen Bereichen der Wissenschafts- und Fachkommunikation zu einem neuen Publikationstyp zwischen grauer Literatur und Zeitschriftenaufsatz etablieren. Der Umfang elektronisch zugänglicher wissenschaftlicher Dokumente ist schwer abschätzbar. Das „E-print Network" schätzt, dass weltweit auf 12.000 Websites fast eine Million E-Prints zum Abruf zur Verfügung stehen (Stand Juli 2003).

Ein früher Strang der Diskussion um elektronische Preprints geht zurück auf die Frage der Bedeutung „Grauer Literatur" in der wissenschaftlichen Kommunikation und die Lösung des Lieferproblems. Eine andere, aktuellere Diskussion hat die Reformierung des Systems des wissenschaftlichen Publizierens zum Inhalt (Lit. 02). Diese Reformbewegung hatte teilweise einen ausdrücklich „antiverlegerischen", „antikommerziellen" Impuls und propagiert den allgemeinen, freien und kostenlosen Zugang zur wissenschaftlichen Information („open access"), die Speicherung wissenschaftlicher Publikationen in elektronischen Archiven oder „repositories" und in ihrer extremsten Variante ein vom Autor selbst gesteuertes Publizieren. Damit soll eine Verbesserung der Sichtbarkeit von Literatur und eine Förderung des wissenschaftlichen Austausches über Literatur erreicht werden.

Befördert wurde diese Diskussion ganz wesentlich durch den Erfolg eines elektronischen Preprint-Archivs auf dem Gebiet der Hochenergiephysik (Lit. 15; Lit. 41; Lit. 44). Dieses ging 1991 in Los Alamos in Betrieb und wird heute unter dem Namen „arXiv" von der Cornell University finanziert und betrieben. Es fungiert als E-Print-Server mittlerweile auch für weitere Subdisziplinen der Physik, Mathematik, Informatik und Biologie. Das Archiv umfasste im Oktober 2003 250.000 Beiträge. Davon entstammten ungefähr 30%, also 80.000 Beiträge, dem Bereich der Hochenergiephysik. Im Jahr 2002 kamen 10.000 Beiträge neu hinzu. Um einen Vergleichsmaßstab für den Umfang und die Bedeutung von arXiv für die Hochenergiephysik zu gewinnen, wird hier der Umfang der SPIRES-Datenbank angeführt, die den Anspruch hat, die Literatur der Hochenergiephysik vollständig abzudecken. SPIRES enthielt im Jahr 2003 über 500.000 Titelnachweise, allein im Jahr 2002 kamen über 60.000 neu hinzu. Danach enthält arXiv in etwa 10 bis 15% der Literatur der Teilchenphysik (Lit. 08). Als positive Bedingungen für den Erfolg von arXiv werden angeführt (Lit. 12, S. 10 ff.; Lit. 15; Lit. 23; Lit. 44, S. 11):

a) Die Forscherinnen und Forscher in der Hochenergiephysik bilden eine fachlich gut abgegrenzte wissenschaftliche Gemeinschaft mit einer ausgeprägten Diskussionskultur;

b) es gab bereits eine vorelektronische „Preprint-Kultur";

c) die Hochenergiephysiker waren den Umgang mit Computern gewöhnt;

d) das Schreibsystem TeX als allseits akzeptierter gemeinsamer Standard erleichterte den Austausch elektronischer Manuskripte;

e) das Interesse, die Priorität einer Entdeckung durch eine Veröffentlichung zu dokumentieren, ist höher als wirtschaftliche oder patentrechtliche Interessen;

f) wichtige etablierte Verleger im Bereich der Physik haben die Aufnahme von E-Prints in den Review-Prozess ihrer Zeitschriften ausdrücklich unterstützt;

g) die Qualität der Preprints ist so hoch, dass letztendlich 70% in Zeitschriften und weitere 20% in Konferenzbänden veröffentlich werden.

Keine Frage, die Gemeinde der Hochenergiephysiker hat vorgemacht, wie ein anderer Modus des wissenschaftlichen Publizierens unter den Bedingungen leistungsfähiger elektronischer Schreib-, Datenbank- und Kommunikationstechnik sowie globaler Vernetzung funktionieren kann. Mit den Mitteln des Elektronischen Publizierens und des Internets scheint das „Access-" und „Lieferproblem" technisch wie ökonomisch gelöst. „Graue Literatur" ist besser erschlossen und einfacher, schneller sowie billiger zugänglich als Zeitschriftenliteratur (Lit. 41). E-Prints werden auch vermehrt in Zeitschriftenartikeln zitiert (Lit. 08).

Es bleibt das „Qualitäts- und Selektionsproblem" (Lit. 09). Hier argumentieren die Promotoren der E-Print-Bewegung, wie Ginsparg, dass mit den Mitteln elektronischer Archive dieses Problem wesentlich besser bewältigt werde könne als im herkömmlichen Publikationssystem, das sich überholt habe. Während durch Peer-Review viele wertvolle Beiträge aus der wissenschaftlichen Kommunikation ausgeschlossen würden, kenne das E-Print-Archiv-System vielfältige Möglichkeiten, strukturierende und bewertende Beschreibungen den Beiträgen hinzuzufügen („The journal as an overlay on preprint databases", Lit. 15; Lit. 41). Letztlich müsse der Leser seine Auswahlentscheidungen sowieso in eigener Verantwortung treffen. Die Befürworter von Open-Access-Zeitschriften dagegen halten am herkömmlichen „Peer-Review" fest, wollen aber die Finanzierung vom Leser auf den Autor verlagern.

Die Entwicklungen in der Physik strahlen auf andere Fachwelten und das etablierte, kommerziell orientierte Publikationssystem aus. So betreibt z.B. der Wissenschaftsverlag Elsevier den Chemistry Preprint Server (CPS) nach den Prinzipien der Open Archive Initiative (OAI). Trotzdem ist nicht zu erwarten, dass sich der Erfolg in der Hochenergiephysik in allen Wissenschaftsdisziplinen wiederholen wird, sind doch die disziplinären und institutionellen Rahmenbedingungen jeweils ganz andere (Lit. 22; Lit. 28; Lit. 44).

### D 7.2.4 Elektronische Zeitschriften

Die Geschichte elektronischer wissenschaftlicher Zeitschriften reicht bis in die 1970er Jahre zurück. 1972 wurden bei der International Federation for Information Processing (IFIP) erste Überlegungen zur Entwicklung eines elektronischen Nachrichtenblattes („Compact Journal") angestellt; 1973 publizierten Sondak und Schwartz den nach Lancaster (Lit. 26) ersten Artikel über elektronische Zeitschriften unter dem Titel „The paperless journal"; auf dem Weltkongress der IFIP 1980 in Tokio wurde dann der erste elektronische Prototyp des „IFIP Compact Journal" vorgestellt, das dann als „Computer Compacts" bei North Holland in gedruckter Form von 1983 bis 1986 sowie online beim FIZ-Karlsruhe erschien (Lit. 36, S. 7ff.).

Standen zunächst im Vordergrund noch technische Probleme (Sonderzeichen, Grafik im Text), der Netzzugang für Autoren, Redaktion, Gutachter und Leser, mangelnde Computerkompetenz sowie fehlende Attraktivität für Autoren wegen der geringen Bekanntheit und Reputation der elektronischen Zeitschrift und für Leser wegen ihres geringen Artikelangebots, so sind heute elektronische Zeitschriften kein Phänomen einer publizistischen „Gegenkultur" und kein Einzelfall mehr, sondern bei Verlagen, Bibliotheken und Nutzern etabliert.

Das Geschäft mit Zeitschriften, egal ob gedruckt oder elektronisch, ist für die großen wissenschaftlichen Verlage eine der wesentlichen Einnahmequellen. Der weltweit größte wissenschaftliche Verlag Elsevier publiziert allein 1.800 Zeitschriften in elektronischen Versionen mit einigen hunderttausend Artikeln pro Jahr. Die meisten Artikel werden immer noch gedruckt herausgegeben. Insgesamt wird die Weltproduktion auf gewaltige 12.000 bis 20.000 Zeitschriftentitel mit 1-2 Millionen Artikeln pro Jahr geschätzt (Lit. 06, S. 95). Elektronische Ausgaben von Zeitschriften stehen bei den Großverlagen und den von ihnen in erster Linie betreuten Disziplinen (Naturwissenschaft, Technik, Medizin) mehr oder weniger flächendeckend zur Verfügung. Der Prozess ihrer Erstellung und Distribution ist industriell organisiert, was bei einem solchen Produktionsvolumen auch nicht anders vorstellbar ist.

Das Angebot elektronischer Zeitschriften lässt sich an der „Elektronischen Zeitschriftenbibliothek" der Universität Regensburg (Lit. 19) ablesen. Diese weist mit Stand Sommer 2003 16.490 Zeitschriftentitel zu allen Fachgebieten nach, davon über 4.000 aus der Medizin, 1.600 aus den Wirtschaftswissenschaften, 1.500 aus der Biologie und über 1.000 aus der Chemie. 5.680 Fachzeitschriften sind im Volltext frei zugänglich, bei den restlichen müssen Lizenzverträge abgeschlossen oder bestimmte Auflagen erfüllt werden. 1.886 sind reine Online-Zeitschriften ohne ein gedrucktes Pendant.

Dieses Angebot findet eine immer breitere Nutzung, wie eine Reihe von Studien zeigen (Lit. 21; Lit. 30; Lit. 43). Danach wird ein Anstieg des Leseumfangs wissenschaftlicher Literatur pro Wissenschaftler in den letzten 25 Jahren von 150 auf 216 Artikel pro Jahr festgestellt. Dieser Anstieg wird u.a. auf die verbesserten Möglichkeiten der Recherche in Literaturdatenbanken und die Verfügbarkeit von elektronischen Zeitschriften zurückgeführt. Alles in allem lag der Anteil des Lesestoffs, der aus elektronischen Zeitschriften stammte, in drei exemplarisch untersuchten US-amerikanischen Universitäten 2000 bis 2003 bei etwa 40 Prozent.

Wurde die Diskussion in der Verlegerschaft noch vor Jahren stark dahingehend geführt, dass elektronische Ausgaben gedruckter Zeitschriften ja nur abgeleitete, sekundäre Publikationen seien, so ist das Primat der gedruckten Ausgabe heute aufgegeben. In der Regel erscheinen Zeitschriftenartikel bereits online, bevor sie in ein Heft aufgenommen und gedruckt werden; der Bezug der elektronischen Ausgabe – über viele Jahre an den Bezug der gedruckten Ausgabe gebunden – kann nun auch exklusiv online erfolgen; die elektronischen Ausgaben nutzen Möglichkeiten des elektronischen Mediums, wie z.B. die Integration von Animationen, Videos oder die Aufnahme zusätzlicher Materialien, wie z.B. Quellcodes oder experimentelle Daten, die in der gedruckten Ausgabe nicht möglich sind; dies betrifft auch die „Verlinkung" der zitierten Literatur, die – z.B. innerhalb des verlagsübergreifenden Systems „CrossRef" – per Mausklick direkt im Volltext zugänglich gemacht wird.

Die Kritik am herkömmlichen, als schwerfällig und innovationsfeindlich angesehenen Verlagssystem ist eines der Motive, das zur Entwicklung elektronischer Zeitschriften geführt hat. Nach Jahrzehnten des Experimentierens zeigt sich, dass die Verlage ihre Lektion gelernt haben und deutliche Verbesserungen erreicht wurden. Dies stärkt ihre Position im Vertrieb, wo sie mit den Abnehmern auf elektronischem Weg direkt in Verbindung treten und immer mehr dazu übergehen, Einzelartikel direkt an den Endkunden zu verkaufen („pay-per-view").

Betrachtet man E-Prints und elektronische Zeitschriften im Zusammenhang, dann zeigen sich Anpassungen an die herkömmlichen Publikationsformen. E-Prints und Open-Access-Zeitschriften sind keine alleinige Domäne nichtkommerzieller Institutionen mehr, denn auch kommerzielle Verlage treten als Dienstleister und Anbieter auf diesem Feld auf. Während z.B. mit der 2003 erfolgten Neugründung von „PLoS Biology" (Public Library of Science) große Anstrengungen unternommen werden, Open-Access-Zeitschriften als „core journals" zu etablieren, wurde z.B. beim Journal of High Energy Physics (JHEP) das Konzept des freien Zugangs wieder auf die kostenpflichtige Abgabe von Artikeln umgestellt („paid access"). Die Tragfähigkeit des Open-Access-Geschäftsmodells – freier Zugang und Finanzierung über Artikelgebühren durch die Autoren bzw. deren Institutionen – hat sich noch nicht erwiesen. Die bisherige Scheidelinie zwischen E-Print und herkömmlichem, wissenschaftlichem Aufsatz – das Begutachtungsverfahren – wird durch die Neugründung von Open-Access-Zeitschriften mit „peer review" wieder relativiert. So erscheinen die E-Print-Archive und elektronischen Zeitschriften heute eher als eine weitere technologisch ermöglichte Ausdifferenzierung des Publizierens und weniger als ein Mittel der Zurückdrängung oder gar der Ablösung des Sektors kommerzieller Zeitschriften. Diese Einschätzung ist nicht unumstritten. So prognostiziert Meier (Lit. 32) in einer aktuellen Studie über den STM-Zeitschriftenmarkt dessen völlige „Destruktion".

### D 7.2.5 Elektronische Bücher

Die Diskussion um das elektronische Publizieren hat sich in den letzten Jahren überwiegend auf Zeitschriften konzentriert. Elektronische Bücher gelten als ein schwieriger und eher kleiner Markt. Gleichwohl zeigt eine genauere Analyse, dass die Diskussion um elektronische Bücher mindestens genauso weit zurückreicht wie diejenige um elektronische Zeitschriften. Bereits 1968 präsentierte Alan Kay sein Konzept eines Dynabook (Lit. 20). Relativ früh wurden interessante und wegweisende Experimente und Entwicklungen zu Benutzeroberflächen und innovativen, medienangemessenen Formen elektronischer Bücher durchgeführt (für eine Übersicht vgl. Lit. 05, S. 89-95; aus neuester Zeit etwa Lit. 46). Schließlich ist das Angebot elektronischer Bücher durchaus beachtlich.

Doch was ist ein elektronisches Buch eigentlich (Lit. 05; Lit. 18; Lit. 37, S. 115ff.)? Der Versuch einer exakten Definition ist deshalb besonders schwierig, weil erstens im elektronischen Buch Eigenschaften des gedruckten Buchs bewahrt und gleichzeitig überwunden werden sollen und weil sich zweitens die Publikationstypen durch die Digitalisierung immer weiter vermischen. Auf jeden Fall ist die Unterscheidung zwischen dem Inhalt und der Form des elektronischen Buches von Bedeutung. Der digitale Inhalt benötigt ein Präsentations- oder Rezeptionsmittel, die äußere Form des elektronischen Buches. Dies kann ein dediziertes Spezialgerät (also eine spezifische Kombination aus Hard- und Software) oder ein „E-Book-Reader" (also nur Software) sein, der auf einem PC oder z.B. einem Personal Digital Assistent (PDA) läuft. Des weiteren kann von elektronischen Büchern im eigentlichen Sinn nur dann gesprochen werden, wenn diese für das Lesen und Arbeiten am Bildschirm speziell aufbereitet sind, bzw. die Rezeptionsmittel (Hard- oder Software) entsprechende Funktionalitäten bereit halten. Nicht jedes elektronische Dokument ist gleich ein „E-Book".

Von den dedizierten *Lesegeräten* für elektronische Bücher sollen zwei erwähnt werden: Der Sony Data Discman, in einer erweiterten Version dann auch „Bookman" genannt, ein „Electronic Book Player", der von 1990 bis zu seinem Scheitern 1993 international vermarktet wurde, sowie das Rocket eBook von Gemstar bzw. NuvoMedia, das seit 1998 kommerziell verfügbar war und dessen Vertrieb 2003 wieder eingestellt wurde. Obwohl der technologische Fortschritt zwischen beiden Generationen, insbesondere was Größe und Auflösung des Displays, die Nutzungsdauer der Batterien und die Einbeziehung des Internets angeht, beachtlich war, konnte auch Anfang des 21. Jahrhunderts kein tragfähiges Geschäftsmodell gefunden werden (zu den Gründen des Scheiterns vgl. etwa Lit. 11).

Unter den *Softwarebuchoberflächen* dominiert seit 1994 der Acrobat Reader für das Portable Document Format (PDF), der kostenlos verbreitet wird. Dies hat zu einem breiten Angebot frei zugänglicher elektronischer Dokumente geführt. Ab den späten 1990er Jahren wurden dann auch verschlüsselte PDF-Files von kommerziellen Verlagen und Online-Buchhändlern angeboten und damit der kommerzielle Handel mit elektronischen Büchern eröffnet. Microsoft zog mit einer eigenen Buchlesesoftware, dem Microsoft Reader, und einem eigenständigen Buch-Format (LIT) im Jahr 2000 nach.

Das Angebot elektronischer Buchtitel teilt sich auf in einen relativ kleinen kommerziellen Markt und einen kaum überblickbaren nichtkommerziellen Bereich. 2.500 elektronische Buchtitel weist das „Deutsche EBook-Portal" im Oktober 2003 nach. Das ist bei rund 80.000 Neuerscheinungen auf dem deutschen Buchmarkt und fast einer Million lieferbarer Bücher nur ein marginales Angebot. Über das breiteste Angebot an E-Book-Titeln (nur PDF-Format) in Deutschland verfügt der Online-E-Book-Händler Ciando mit fast 2.000 Sach-, Fach- und Lehrbüchern von über 70, teilweise renommierten Verlagen (Stand Ende 2003).

Insbesondere im Wissenschaftsbereich ist es heute gängige Praxis, dass Forschungsberichte (sowie Diplomarbeiten, Dissertationen etc.) auch (oder nur) elektronisch gespeichert und über das Internet bereitgestellt werden. Dieses Angebot wird allein für Deutschland in die Zigtausende gehen und ist völlig unüberschaubar. Die Nachweise in der Deutschen Bibliothek geben diesbezüglich nur ein unvollkommenes Bild. Dort waren im Oktober 2003 insgesamt 33.000 „Elektronische Ressourcen" nachgewiesen, davon 10.000 auf Offline-Medien und 23.000 online, die Mehrzahl davon Dissertationen. Die Anzahl der elektronischen Dissertationen ist relativ gut dokumentiert: Im August 2003 wurden bei der Deutschen Bibliothek 18.000 nachgewiesen. Damit liegt ihr Anteil an allen Dissertationen bei rund 20%. Die Unterschiede zwischen den einzelnen Disziplinen sind allerdings beachtlich, wenn auch nicht unerwartet. Insbesondere in den Naturwissenschaften gehört die Abgabe digitaler Dissertationen schon fast zur Norm. Die Online-Anteile für das Erscheinungsjahr 2002 betrugen in absteigender Rangfolge in der Chemie 44%, der Biologie und der Veterinärmedizin je 43%, der Mathematik 42% und der Physik und Astronomie 41% (Lit. 03; Lit. 10).

In der Entwicklung elektronischer Bücher mussten zunächst die herkömmlichen Elemente und Funktionen des Buchmodells erkannt und in Software umgesetzt werden. Das war die nützliche Funktion der Buch-Metapher. Bei interaktiven Monographien, „expanded books", hypermedialen Studiersystemen oder wie auch immer die gewählten Begriffe heißen, geht es um neue Wege der publizistischen Gestaltung unter Ausnutzung der spezifischen Potenziale des Computers. Das kann durch Zugabe von Ton, Video, Animationen, Modellen, „Demos" geschehen oder etwa durch einen geschickt aufgebauten interaktiven Rezeptionsmodus im Zusammenhang mit Menütechniken und Hypertextverknüpfungen. Solche sich erst langsam herausbildenden neuen Publikationsformen erfordern neue Schreib-, Gestaltungs- und Produktionsabläufe. Interaktive Monographien findet man z.B. bei Kinderbüchern, die sich selbst vorlesen können, als speziell aufbereitete Fachbücher oder komplette Studiersystemen (vgl. zu De-signüberlegungen Lit. 05; zu Leseerfahrungen mit „Hyperfiction" Lit. 47). Allerdings ist der enorme Entwicklungsaufwand für solche Art Publikationen ein wesentliches Hindernis für ein breiteres Angebot.

Eine andere Entwicklungsrichtung elektronischer Bücher besteht darin, die Speicherdichte elektronischer Medien, die strukturierte Organisation von Informationen in Datenbanken und das Hypertextpotential zu nutzen und sie zu großen aufbereiteten Informationssammlungen auszubauen. Diese Sichtweise macht beispielsweise Clifford Lynch stark, wenn er die Zukunft von Büchern nicht in portablen „electronic books" sieht, sondern in portablen „personal digital libraries", also großen persönlichen, jederzeit zugänglichen Text- und Materialsammlungen (Lit. 29). Vom Buch als relativ abgeschlossener, eigenständiger Publikationseinheit bleibt dann wenig übrig. Der Zugriff erfolgt auf das einzelne Kapitel, die Passage, gar den einzelnen Satz. Das, ernst genommen, stellt neue, weitgehend noch unbekannte und unerforschte Anforderungen an das Schreiben und Lesen. Denn die digitale, verlinkte Informationssammlung zeigt ihr Doppelgesicht darin, dass sie vom Lesen ablenkt und es erweitert. „Reading is linear and requires concentration. A ... link takes the reader away from the author's linear design and focuses his or her attention on other text" (Lit. 11).

## D 7.3 Elektronisches Publizieren – Eine Bilanz

Vor 25 Jahren schrieb Frederic W. Lancaster, einer der frühen wissenschaftlichen Promotoren des Elektronischen Publizierens, sein viel zitiertes und diskutiertes Buch „Toward Paperless Information Systems" (Lit. 25). Es ist erstaunlich, wie relativ weitsichtig und präzise er dort die Situation des Wissenschaftlers im Jahr 2000 vorwegnahm: er oder sie verfügt über ein „Terminal", das sowohl Arbeits- und Kommunikations-/Informationsabrufgerät ist und freien Zugang zu einer Vielzahl weltweit verfügbarer Datenbanken und Kommunikationsnetzwerken eröffnet. Lancaster erwartete durch die elektronischen Medien eine Bedeutungszunahme der informellen und ihre Verknüpfung mit den formellen Formen der Kommunikation. Er entwickelt den Gedanken eines zweistufigen Begutachtungsverfahrens: neben dem herkömmlichen, offiziellen Begutachtungsverfahren werde sich ein Bewertungsprozess durch direkte Rückmeldungen der Rezipienten etablieren. Auch die Idee der „E-Print-Archives" wird in gewisser Weise vorweggenommen, wenn er von „second-level publishing databases" spricht, die Dokumente aufnehmen, die durch den offiziellen „review" ausgeschieden wurden oder sich diesem nicht ausgesetzt haben.

Es besteht heute kein Zweifel mehr daran, dass die Unterstützung des Publikationsprozesses durch elektronische Mittel, die Distribution über elektronische Netze sowie das Angebot elektronischer Publikationen nach einer gut 25-jährigen Entwicklungs- und Experimentierphase sich im Publikationsgeschehen fest etabliert hat und nicht mehr in Frage gestellt wird. Allerdings ist die Orientierung an den herkömmlichen Publikationskonzepten und Publikationstypen auffällig. Das Buch wird zum elektronischen Buch und die Zeitschrift zur elektronischen Zeitschrift. Selbst die herkömmlichen Preprints heißen weiterhin „E-Prints". Innovationstheoretisch bestätigt sich darin, dass die technologischen Innovationen in der Regel darauf angewiesen sind, Anschluss zu finden an die herkömmlichen Systeme. Doch gleichzeitig ist das innovative Potenzial der Computermedien – man denke an Interaktivität und Multimedialität, neue Displaytechniken (wie z.B. „electronic paper") oder mobile Endgeräte – für die Überwindung der herkömmlichen Publikationsformen erst in Ansätzen ausgeschöpft. Die Suche nach neuen Publikationsformen wird vermutlich in den nächsten 25 Jahren andauern. Zwei Erwartungen sind aber sicherlich unrealistisch: Die neuen elektronischen Publikationsformen werden die herkömmlichen weder einfach verdrängen noch unangetastet lassen. Verdrängung als auch Ausdifferenzierung und Koexistenz unterliegen vielfältigen Bedingungen, die weder im Voraus genau auszumachen noch hier zu diskutieren sind. Wichtig ist aber: Die technologische Entwicklung treibt aus sich heraus nicht in die eine oder andere Richtung, sondern es sind auch die Akteure und die jeweiligen Rahmenbedingungen, die den technologischen Wandel in die eine oder andere Richtung lenken.

In der gegenwärtigen Umbruchphase von einem papier- und druckdominierten zu einem elektronischen Publikationsparadigma ist beobachtbar, dass die herkömmlichen wie auch die neu hinzukommenden Akteure ihre „claims" neu abzustekken suchen. Die neuen technologischen Möglichkeiten werden auch deshalb ergriffen, um die eigene Position abzusichern und zu stärken. Ob Autoren nun selbst zu Verlegern werden, Verlage den Buchhandel im Vertrieb ihrer Publikationen übergehen, Bibliotheken nun auch selbst Bücher publizieren – all dies sind Anzeichen für Verschiebungen von Aufgaben innerhalb der Publikationskette. Die Auseinandersetzungen, die hier geführt werden, gehen letztlich darum, zu welchen Lasten der technologische Wandel geht und wer die Innovationsdividende einstreichen kann.

Lancaster selbst zeigt sich in einem seiner letzten Artikel im Jahr 1999 „Second thoughts on the paperless society" (Lit. 27) von Zweifeln über den technologischen „Fortschritt" befallen. Er bemängelt den Verlust beruflicher Qualifikationen und die mangelnde Nutzerorentierung im Informationswesen; der direkte Zugang zu mehr digitalen Informationen bedeute in den wenigsten Fällen einen besseren und gezielteren Zugriff auf die wirklich relevanten Informationen; der Computer sei zum Selbstzweck verkommen. Man muss diese „altersweise" Sicht eines bedeutenden Wissenschaftlers nicht teilen, aber man sollte den Hinweis darauf Ernst nehmen, dass mit den beschriebenen Fortschritten beim Elektronischen Publizieren nicht nur beabsichtigte, sondern auch unbeabsichtigte Folgen verbunden sind.

## Literatur

01 Albrecht, Jörg: Wie der Geist zur Beute wird. Die Zeit, Ausgabe 12, 14.3.2001

02 Andermann, Heike: Initiativen zur Reformierung des Systems wissenschaftlicher Kommunikation, siehe Kap. D 8 in diesem Band

03 Babendreier, Jürgen: Dissertationstausch – Vervielfältigung, Verbreitung und Archivierung von Hochschulschriften im elektronischen Zeitalter. ABI-Technik 23 (2003) 1, S. 12-23

04 Böhle, Knud: Elektronisches Publizieren. In: Buder, M.; Rehfeld, W.; Seeger, T.; Strauch, D. (Hrsg.): Grundlagen der praktischen Information und Dokumentation. München: Saur 1997, 4. Auflage, Band 1, S. 397-424

05 Böhle, Knud; Riehm, Ulrich; Wingert, Bernd: Vom allmählichen Verfertigen elektronischer Bücher. Ein Erfahrungsbericht. Frankfurt am Main u.a.: Campus 1997 (Veröff. des Instituts für Technikfolgenabschätzung und Systemanalyse (ITAS) Bd. 5)

06 Bolman, Pieter: Open Access. Marginal or core phenomenon? A commercial publisher's view. Information Service & Use 23 (2003) 2-3, S. 93-98

07 Braun-Elwert, Rudolph: Handlungsbedarf. Das VlB – ein Leistungskriterium des Buchhandels. Börsenblatt für den Deutschen Buchhandel 161 (1994) 66, S. 4-6

08 Brown, Cecelia: The coming of age of e-prints in the literature of physics. Issues in Science and Technology Librarianship (2001) 31 <http://www.istl.org/01-summer/index.html>

09 Carim, Lara: Personal View: Serial killers: How great is the e-print threat to periodical publishers? Learned Publishing 15 (2002) 2, S. 153-155

10 DDB (Die Deutsche Bibliothek): Online-Hochschulschriften (Stand Oktober 2003). Frankfurt am Main: 2003 <http://deposit.ddb.de/netzpub/web_online-hochschulschriften_stat.htm>

11 Esposito, Joseph J.: The processed book. First Monday 8 (2003) 3 <http://firstmonday.org/issues/issue8_3/esposito/index.html>

12 Friedlander, Amy; Bessette, Rändi S.: The implications of information technology for scientific journal publishing: a literature review. Arlington, VA: National Science Foundation 2003

13 Frühschütz, Jürgen: Dynamik des elektronischen Publizierens. Daten, Märkte, Strategien. Frankfurt am Main: Deutscher Fachverlag 1997

14 Garfield, Eugene: What is the primordial reference for the phrase „publish or perish"? The Scientist 10 (1996) 12, S. 11

15 Ginsparg, Paul: Electronic research archives for physics. In: Butterworth, Ian (Hrsg.): The impact of electronic publishing on the academic community. An International Workshop organized by the Academia Europaea and the Wenner-Gren Foundation. Wenner-Gren Center, Stockholm, 16-20 April 1997. Colchester, London: Portland Press 1998 <http://www.portlandpress.com/pp/books/online/tiepac/contents.htm>

16 Haldemann, Alexander: Electronic Publishing. Strategien für das Verlagswesen. Wiesbaden: Gabler 2000

17 Hammacher, Clemens (MVB Marketing- und Verlagsservice des Buchhandels): Persönliche Mitteilung vom 14.10.2003

18 Hillesund, Terje: Will e-books change the world? First Monday 6 (2001) 10 <http://www.firstmonday.org/issues/issue6_10/hillesund/index.html>

19 Hutzler, Evelinde: EZB – Elektronische Zeitschriftenbibliothek. 10 Fragen von Bruno Bauer an

Evelinde Hutzler, Projektverantwortliche für die EZB an der Universitätsbibliothek Regensburg. Medizin, Bibliothek, Information 2 (2002) 3, 26-30

20 Kay, Alan; Goldberg, Adele: Personal dynamic media. IEEE Computer 10 (1977) 3, S. 31-41

21 King, Donald W.; Tenopir, Carol; Montgomery, Carol Hansen; Aerni, Sarah E.: Patterns of journal use by faculty at three diverse universities. D-Lib Magazine 9 (2003) 10 <http://mirrored.ukoln.ac.uk/lis-journals/dlib/dlib/dlib/october03/king/10king.html>

22 Kling, Rob; McKim, Geoffrey: Not just a matter of time: Field differences and the shaping of electronic media in supporting scientific communication. Journal of the American Society for Information Science (JASIS) 51 (2000) 14, S. 1306-1320

23 Kling, Rob; McKim, Geoffrey; King, Adam: A bit more to it. Scholarly communication forums as socio-technical interaction networks. Journal of the American Society for Information Science and Technology (JASIST) 54 (2003) 1, S. 47-67

24 Kuhlen, Rainer: Wie viel Virtualität soll es denn sein? Zu einigen Konsequenzen der fortschreitenden Telemediatisierung und Kommodifizierung der Wissensmärkte für die Bereitstellung von Wissen und Information durch Bibliotheken. Teil I und Teil II. BuB – Forum für Bibliothek und Information (2002) 10/11, S. 621-632; 12, S. 719-723

25 Lancaster, Frederick Wilfrid: Towards Paperless Information Systems. New York: Academic Press 1978

26 Lancaster, Frederick Wilfrid: The evolution of electronic publishing. Library Trends 43 (1995) 4, S. 518-527

27 Lancaster, Frederick Wilfrid: Second thoughts on the paperless society. Library Journal 124 (1999) 5, S. 48-50

28 Lawal, Ibironke: Scholarly communication: The use and non-use of e-print archives for the dissemination of scientific information. Issues in Science and Technology Librarianship (2002) 36 <http://www.istl.org/02-fall/article3.html>

29 Lynch, Clifford A.: The battle to define the future of the book in the digital world. First Monday 6 (2001) 6 <http://www.firstmonday.org/issues/issue6_6/lynch/index.html>

30 Marcum, Deanna B.; George, Gerald: Who uses what? D-Lib Magazine 9 (2003) 10 <http://mirrored.ukoln.ac.uk/lis-journals/dlib/dlib/dlib/october03/george/10george.html>

31 Mattscheck, Markus (Verlag „Wer liefert was?"): Persönliche Mitteilung vom 10.10.2003

32 Meier, Michael: Returning science to the scientist. Der Umbruch im STM-Zeitschriftenmarkt unter Einfluss des Electronic Publishing. München: Ipeniopel 2003

33 Melcher, Richard A.: Dusting off the Britannica. A new owner has digital dreams for the august encyclopedia. Business Week vom 20.10.1997 <http://www.businessweek.com/1997/42/b3549124.htm>

34 Oßwald, Achim: Document Delivery / Dokumentlieferung, siehe Kap. D 10 in diesem Band

35 Preece, Warren E.: Notes toward a new encyclopaedia I and II. Scholarly Publishing 12 (1980) 1, S. 13-30; 12 (1981) 2, S. 141-157

36 Riehm, Ulrich; Böhle, Knud; Gabel-Becker, Ingrid; Wingert, Bernd: Elektronisches Publizieren. Eine kritische Bestandsaufnahme. Berlin u.a. Springer-Verlag 1992

37 Riehm, Ulrich; Orwat, Carsten; Wingert, Bernd: Online-Buchhandel in Deutschland. Die Buchhandelsbranche vor der Herausforderung des Internet. Karlsruhe: Forschungszentrum Karlsruhe 2001

38 Riethmüller, Hermann-Arndt.: Strategiewechsel? buch+medien Online im Umbruch. In: Sortimenter-Ausschuss des Börsenvereins des Deutschen Buchhandels (Hrsg.): forum management für Sortiment und Verlag 2000. Frankfurt am Main: Buchhändler-Vereinigung 2000, S. 10-16

39 Rossney, Robert: Encyclopaedia Britannica online? Wired 3 (1995) 8 <http://www.wired.com/wired/archive/3.08/brittanica.html>

40 Rötzer, Florian: Encyclopaedia Britannica öffnet kostenlos die Internetpforten. Telepolis vom 21.10.1999 <http://www.heise.de/tp/deutsch/inhalt/on/5402/1.html>

41 Smith, Arthur P.: The journal as an overlay on preprint databases. Learned Publishing 13 (2000) 1, S. 43-48

42 Sondak, N. E.; Schwartz, R. J.: The paperless journal. Chemical Engineering Progress 69 (1973) 1, S. 82-83

43 Tenopir, Carol; King, Donald W.: Reading behaviour and electronic journals. Learned Publishing 15 (2002) 4, S. 259-265

44 Till, James E.: Predecessors of preprint servers. Learned Publishing 14 (2001) 1, S. 7-13

45 Wilson, Logan: The academic man: a study in the sociology of a profession. London: Oxford University Press 1942

46 Wilson, Ruth; Landoni, Monica; Gibb, Forbes: The WEB Book experiments in electronic textbook design. Journal of Documentation 59 (2003) 4, S. 454-477

47 Wingert, Bernd: Quibbling oder die Verrätselung des Lesers. In: Jakobs, E.-M.; Knorr, D.; Pogner, K.-H. (Hrsg.): Textproduktion. HyperText, Text, KonText, Bd. 5. Frankfurt am Main u. a.: Lang 1999, S. 55-72

# D 8 Initiativen zur Reformierung des Systems wissenschaftlicher Kommunikation

Heike Andermann

## D 8.1 Hintergrund für die Entstehung der Initiativen des open access

Auslöser für die Entstehung neuer Initiativen zur Reformierung des Systems wissenschaftlicher Kommunikation sind die Konflikte zwischen den beteiligten Akteuren in der Publikationskette, die sich im Übergang zum elektronischen Medium verschärfen. Von Vertretern des open access wird die zunehmende Beeinträchtigung des Zugangs zu Wissen und Information kritisiert. Peter Suber, Herausgeber des SPARC OPEN ACCESS-Newsletter, unterscheidet zwischen Preisbarrieren („price barriers") und Zugänglichkeitsbarrieren („permission barriers"), die den freien Umgang mit Wissen und Information zunehmend einschränken. (Lit. 14) Hierzu zählen im einzelnen:

### a) Preissteigerungen für den Bezug wissenschaftlicher Fachzeitschriften

Informationsinfrastruktureinrichtungen sind bereits seit mehreren Jahren mit massiven Preissteigerungen für wissenschaftliche Fachzeitschriften, insbesondere in den Fachgebieten der Naturwissenschaft, Technik und Medizin, konfrontiert. In Deutschland verzeichnet die Bundesvereinigung deutscher Bibliotheksverbände in einem Zeitraum von nur vier Jahren (1997-2000) eine Preissteigerung von über 50% in den natur-, ingenieurwissenschaftlichen und medizinischen Fachgebieten. Die durch die Preissteigerungen hervorgerufenen Abbestellungen ziehen wiederum Preissteigerungen durch die Verlage nach sich. (Lit. 03, Lit. 06) Aus diesem Kreislauf resultiert die Krise der wissenschaftlichen Informationsversorgung (Zeitschriftenkrise).

### b) Restriktive Geschäftsmodelle

Subskription, Lizenzierung und pay-per-view sind die dominierenden Geschäftsmodelle. Bei diesen Geschäftsmodellen ist der Zugang zur wissenschaftlichen Information abhängig von der Zahlungsfähigkeit und -bereitschaft der Informationsinfrastruktureinrichtungen. Durch die weiter anhaltenden Preissteigerungen sind diese jedoch nur noch begrenzt in der Lage, den Zugang zur wissenschaftlichen Fachinformation für den Endnutzer zu gewährleisten. Diese Entwicklung gefährdet wiederum die Produktion neuer Forschungsergebnisse, da diese nur auf der Basis publizierter (und öffentlich zugänglicher) Forschungsergebnisse entstehen können.

### c) Restriktive Verlagsverträge

Verlage sichern sich das Recht auf die exklusive Verwertung der wissenschaftlichen Fachartikel durch eine entsprechende vertragliche Gestaltung. Verbreitet sind so genannte „Buy-out-Verträge", indem der Wissenschaftler sämtliche Nutzungsarten an den Verlag (als Rechteverwerter) überträgt. (Lit. 13) Die Verlagspolitik besteht darin, nur solche Artikel zu publizieren, die in einer anderen Zeitschrift bzw. in einem anderen Medium noch nicht erschienen sind. (Lit. 07) Diese Politik erschwert z.B. die Anwendung von so genannten Preprint-Servern zur Veröffentlichung von Vorab-Publikationen (Preprints), obwohl diese dem Bedarf nach einer beschleunigten Kommunikation in vielen Fachgebieten besser gerecht werden würden. Die langen Zeiträume zwischen dem Einreichen eines Manuskriptes und der Veröffentlichung des begutachteten Fachartikels in einer Zeitschrift stehen den Bedürfnissen der Wissenschaftler nach einer raschen Distribution der Forschungsergebnisse eher entgegen.

### d) Nutzungseinschränkungen und technische Schutzmaßnahmen in elektronischen Räumen

Änderungen des US-amerikanischen Copyrights und der europäischen Urheberrechtsrichtlinie befördern die Entwicklung technischer Schutzmaßnahmen (Digital Rights Management) für einen kontrollierten Einzelzugriff auf elektronische Dokumente. Die zukünftigen Geschäftsmodelle für wissenschaftliche Information in elektronischen Räumen werden auf der Grundlage dieser technischen Schutzmaßnahmen entwickelt. Vertreter des open access befürchten, dass der rechtlich definierte Anspruch auf Nutzung und Kopie der wissenschaftlichen Information für private und wissenschaftliche Zwecke (fair use), der in der „analogen Welt" verbreitet war (vgl. Kapitel D 10), durch den rechtlich legitimierten Einsatz der neuen Software ausgehöhlt wird. Es ist zu erwarten, dass sich mit Hilfe der DRM-Technologien die Kontrolle des Zugriffs auf das elektronische Dokument auf einer individuellen Ebene und effektiver als das Copyright durchsetzen lässt. (Lit. 09) Auf dem Gebiet der wissenschaftlichen Fachzeitschriften, so Rainer Kuhlen, befinden wir uns mitten in dem Prozess des „Pricing for Information", der individuellen Einzelabrechnung für wissenschaftliche Information. (Lit. 09)

Diese Entwicklungen führten seit Mitte der neunziger Jahre des letzten Jahrhunderts zur Gründung zahlreicher Initiativen, deren Zielsetzungen sich zusammenfassen lassen in der Forderung nach einem in rechtlicher, technischer und finanzieller Hinsicht wissenschaftsfreundlichen Zugang, d.h. freien Zugang zu wissenschaftlicher Information. Den neuen Technologien wird dabei ein erhebliches Potenzial für die Reformierung des Systems wissenschaftlicher Kommunikation zugewiesen. Durch die Digitalisierung und den Einsatz des Internets lässt sich nicht nur der Publikationsprozess beschleunigen, wissenschaftliche Ergebnisse können weltweit verfügbar gemacht werden und in unbegrenzter Anzahl in einer gleichbleibend hohen Qualität kopiert werden. Die Digitalisierung und das Internet eröffnen somit neue Wege der Produktion und Distribution wissenschaftlicher Information. (Lit. 11)

### D 8.2 Initiativen des open access – Budapest Open Access Initiative, Public Library of Science, BioMed Central u.a.

Mit der Budapest Open Access Initiative (BOAI) aus dem Jahr 2001 liegt eine Forderung von Wissenschaftlern und Vertretern wissenschaftlicher Institutionen nach einem weltweiten freien Zugang (open access) zu elektronischen Archiven und wissenschaftlicher Zeitschriftenliteratur in allen akademischen Feldern vor. Open access im Sinne der BOAI heißt, dass Zeitschriftenliteratur „ ... kostenfrei und öffentlich im Internet zugänglich sein sollte, so dass Interessierte die Volltexte lesen, herunterladen, kopieren, verteilen, drucken, in ihnen suchen, auf sie verweisen und sie auch sonst auf jede denkbare legale Weise benutzen können, ohne finanzielle, gesetzliche oder technische Barrieren jenseits von denen, die mit dem Internet-Zugang selbst verbunden sind." (Lit. 02) Das Open Society Institute (OSI), Initiator der BOAI, unterstützt diese Entwicklung im Rahmen des „Information Program" durch die Bereitstellung finanzieller Hilfen für solche Projekte, die den freien Zugang zu wissenschaftlicher Zeitschriftenliteratur realisieren. Hierzu zählt auch die Entwicklung geeigneter Geschäfts- und Finanzierungsmodelle für Fachzeitschriften. Von zahlreichen Initiativen und Unternehmungen wird bereits ein Geschäftsmodell angewendet, das der Forderung der BOAI nach einem freien Zugang zur wissenschaftlichen Information entspricht. Hierzu zählt die non-profit-Organisation Public Library of Science, der Online-Verlag BioMed Central und weitere öffentlich geförderte Initiativen, die als Herausgeber wissenschaftlicher Fachzeitschriften vorrangig in naturwissenschaftlich-technischen Feldern tätig sind. (Lit. 01) Das Geschäftsmodell, das hier zur Anwendung kommt, sieht eine Finanzierung durch Artikelbearbeitungsgebühren bzw. Autorengebühren vor, d.h. die Finanzierung erfolgt nicht länger durch die Abnehmer der wissenschaftlichen Information, sondern durch die Urheber, die Wissenschaftler bzw. durch die Institution, der die Wissenschaftler angehören (institutionelle Mitgliedschaft). Der Vorteil dieses Modells ist darin zu sehen, dass der Zugang zu wissenschaftlicher Information frei (kostenlos) ist und die Potenziale des Internets (weltweite Verbreitung und maximale Sichtbarkeit der wissenschaftlichen Information) für den wissenschaftlichen Kommunikationsprozess ausgeschöpft werden können. Die rechtliche Situation ist zugunsten der Autoren geregelt. Die Veröffentlichung als preprint in elektronischen Archiven ist möglich und die Veröffentlichung des begutachteten Artikels unter Nennung des erstveröffentlichenden Verlages ist auch in anderen Zeitschriften bzw. elektronischen Archiven gewährleistet.

### D 8.3 Open Archives –Publikationsinfrastrukturen an Hochschulen und außeruniversitären Forschungseinrichtungen

Im Jahr 1999 wurde die Open Archives Initiative (OAI) ins Leben gerufen mit dem Ziel, den wissenschaftlichen Kommunikationsprozess durch die Entwicklung einheitlicher Zugänge zu den elektronischen Archiven verschiedener Fachdisziplinen zu verbessern. Die Wurzeln der OAI liegen in der e-print bzw. preprint-Kultur der naturwissenschaftlichen und technischen Fachgebiete und ihrem Bedarf an beschleunigten Publikations- und Kommunikationsverfahren. Heute bezieht sich der Begriff „Archives" nicht länger nur auf preprints, sondern umfasst alle wissenschaftlichen Dokumente, z.B. qualitätsgeprüfte Fachartikel, Qualifikationsarbeiten, Lehr- und Lernmaterialien etc. Während der Begriff „open access" auf den freien, d.h. kostenlosen Zugang zur wissenschaftlichen Information abzielt, verbindet sich mit dem Begriff „Open Archives" eine software-technische Lösung, die einen einheitlichen Zugang zu verteilt vorliegenden elektronischen Archiven gewährleisten soll. Diese als Interoperabilität bezeichnete technische Lösung wird durch die Anwendung der Metasprache Extended Markup Language (XML), den Dublin Core Metadaten und dem Protokoll für Metadaten Harvesting ermöglicht. (Lit. 10) International ist der Aufbau elektronischer Archive, so genannter fachlicher und institutioneller Repositorien an Hochschulen und außeruniversitären Forschungseinrichtungen, zu beobachten. Für Wissenschaftler wird eine Publikationsumgebung bereitgestellt, in der sie ihre Dokumente archivieren und schneller verbreiten können (Self-Archiving). (Lit. 08) Beispiele für fachliche Repositorien sind der 1991 für das Fachgebiet Physik von Paul Ginsparg entwickelte e-print-Server ArXiv und das nach diesem Vorbild für die Kognitionswissenschaften entwickelte Repositorium CogPrints sowie RePEC, ein Archiv für das Fachgebiet der Wirtschaftswissenschaften. Um ein fachliches Repositorium mit einem erweiterten Spektrum an wissenschaftlichen Dokumenten handelt es sich bei dem Forum Qualitative Sozialforschung (FQS), einem interdisziplinären und mehrsprachigen elektronischen Archiv für qualitative Methodenforschung.

Während sich das fachliche Repositorium auf ein Fachgebiet konzentriert, zeichnet sich das institutionelle Repositorium durch die Einbeziehung aller Fachgebiete, Abteilungen, Institute, Forschungsprojekte etc. in eine elektronische Publikationsumgebung aus. Kennzeichnend für das Konzept der institutionellen Repositorien ist die institutionelle Ausrichtung, der wissenschaftliche Inhalt, Wachstum und Dauerhaftigkeit (Langzeitarchivierung), Interoperabilität und der freie Zugriff auf die wissenschaftlichen Dokumente. (Lit. 05) Mit dem Aufbau der institutionellen Repositorien verbindet sich das Ziel, den traditionellen Publikationsprozess strukturell zu reformieren. Die Publikation wissenschaftlicher Ergebnisse soll nicht länger nur den Verlagen überlassen werden: Hochschulen übernehmen Aufgaben, die mit dem elektronischen Publizieren verbunden sind, z. B. die technische Aufbereitung der Dokumente, die Distribution und die Archivierung der wissenschaftlichen Information. Mit der Schaffung hochschuleigener Publikationsinfrastrukturen soll das fehlende Gleichgewicht zwischen Verlagen und Hochschulen in der Publikationskette wiederhergestellt werden. Gegenwärtig stellen die Publikationsinfrastrukturen der Hochschulen gegenüber den traditionellen Verlagspublikationen keine Konkurrenz, sondern eine ergänzende Publikationsumgebung für solche wissenschaftlichen Ergebnisse dar, die von Verlagen nicht veröffentlicht werden. Mit Hilfe dieser Publikationsumgebungen wird der Zugriff auf die Information beschleunigt und es werden öffentlich zugängliche elektronische Räume geschaffen, die vor dem Hintergrund einer zunehmenden Einschränkung des Zugangs zu wissenschaftlicher Information eine immer größere Bedeutung erhalten. Beispiele für solche institutionellen Repositorien sind eScholarship (USA), DSpace (USA), SHERPA – Securing a Hybrid Environment for Research Preservation and Access (England), DARE- Digital Academic Repositories (Niederlande) und ETH-E-Collection (Schweiz).

### D 8.4 Strategien der Kostensenkung für wissenschaftliche Fachinformation –SPARC

Bei der Scholarly Publishing & Academic Resources Coalition (SPARC) handelt es sich um eine Initiative der im amerikanischen Bibliotheksverband „Association of Research Libraries" (ARL) zusammengeschlossenen Bibliotheken und einzelner Wissenschaftler, die als Reaktion auf die so genannte Zeitschriftenkrise gegründet wurde. Ziel ist es, den Prozess wissenschaftlicher Kommunikation neu zu gestalten und neue Kooperationsformen zwischen Wissenschaftlern, Verlagen, Hochschulen und Bibliotheken zu entwickeln. Um dies auch auf europäischer Ebene realisieren zu können, wurde im Jahr 2002 SPARC Europe gegründet. Die Initiative hat drei Arbeitsschwerpunkte:

a) SPARC – „Leading Edge Program": Entwicklung neuer Modelle wissenschaftlicher Publikation, neuer Technologien, neuer Geschäftsmodelle;

b) SPARC „Scientific Communities": Unterstützung von Kooperationen zwischen Bibliotheken, Wissenschaftlern, Fachgesellschaften und akademischen Institutionen, die zur Reformierung des wissenschaftlichen Publikationsprozesses beitragen;

c) SPARC „Alternative Program".
Im Rahmen des „Alternative Program" unterstützt

SPARC die Produktion solcher Zeitschriften, die in direkter Konkurrenz zu hochpreisigen Fachzeitschriften grosser kommerzieller Fachverlage herausgegeben werden. Mit der Publikationsalternative sollen die Wettbewerbsbedingungen auf dem Markt wissenschaftlicher Information wiederhergestellt werden und die Preissteigerung für die Fachzeitschriften dieser Verlage verlangsamt werden. SPARC koordiniert diesen Prozess und unterstützt die kooperierenden Partner durch eine offensive Informationspolitik.

Hintergrund dieser Initiative ist die Tatsache, dass insbesondere in den hochgradig spezialisierten Fachdisziplinen oftmals nur eine Zeitschrift existiert, die von der Wissenschaftlergemeinschaft als renommiertes Publikationsorgan anerkannt wird. Für die Fachzeitschriften dieser Disziplinen können die Verlage fast beliebige Preissteigerungen durchsetzen, da es an Wettbewerbsmechanismen zwischen mehreren renommierten Fachzeitschriften fehlt. Mit der Herausgabe von Konkurrenzzeitschriften soll diese monopolistische Preisstruktur zugunsten eines Wettbewerbs zwischen zwei bzw. mehreren gleichrangigen Fachzeitschriften aufgebrochen werden. Das Programm umfasst derzeit elf Fachzeitschriften, die als Konkurrenzzeitschriften herausgegeben werden. Als Kriterien für eine Kooperation gelten: Förderung des Wettbewerbs auf dem Markt wissenschaftlicher Information, eine internationale Perspektive, Nutzung der Internettechnologien zur Kostenreduzierung, klare Zielsetzung und wirtschaftliche Tragfähigkeit des Projektes, Reputation der Kooperationspartner und bibliotheksfreundliche Geschäftspraktiken, wissenschaftsfreundliche Nutzungsrechte, Sicherung des langfristigen Zugriffs, Qualität und Renommee der Herausgeber und Autoren. (Lit. 04)

### D 8.5 Entwicklung nutzungsfreundlicher Lizenzen in elektronischen Räumen – GNU/Creative Commons

Der freie Umgang mit Wissen und Information wird durch die oben beschriebenen rechtlichen Rahmenbedingungen und den Einsatz zugangs- und nutzungskontrollierender Software (DRM) in elektronischen Räumen zunehmend eingeschränkt. Um den Austausch digitaler Werke in elektronischen Räumen und eine innovationsfreundliche Copyright-Kultur zu befördern, ist ein flexibler Umgang mit dem Copyright bzw. dem Urheber-

recht nötig. Mit der GNU General Public License hat die Free Software Foundation ein eigenes so genanntes „Copyleft" entwickelt, eine alternative Form des Schutzes geistigen Eigentums. Diejenigen, die die urheberrechtlich geschützte Software anwenden, haben das Recht zur Nutzung, Änderung und Verteilung. Sie müssen diese Rechte jedoch den weiteren Nutzern der Software auch zur Verfügung stellen, d.h. die Software darf nach einer Änderung nicht in eine proprietäre Form überführt werden. Die Software unterliegt dem „Copyleft" und die Nutzer müssen sich mit den Vertriebs- und Nutzungsbedingungen einverstanden erklären. Das „Copyleft" bezieht sich jedoch nur auf den Austausch urheberrechtlich geschützter Software-Programme und nicht auf digitalisierte Werke. Um die Weitergabe und den Austausch wissenschaftlicher Arbeiten, Musikstücke, Fotografien etc. in elektronischen Räumen zu fördern, hat die non-profit-Organisation Creative Commons einen alternativen Rechtsrahmen für den Umgang mit digitalisierten Werken in frei zugänglichen elektronischen Räumen entwickelt. Creative Commons ist im Jahr 2002 von Urheberrechtsexperten, Web-Publishern und Informatikern mit Unterstützung der Stanford Law School gegründet worden. Autoren und andere Kreative sollen ermutigt werden, die Nutzungsbedingungen in den elektronischen Räumen flexibler zu gestalten, als dies bei den gegebenen Urheberrechtsbestimmungen der Fall ist. Mit Hilfe der von Creative Commons entwickelten Lizenzierungswerkzeuge können die Urheber die Nutzungsrechte und -bedingungen selbst festlegen. Die Urheber sollen möglichst viele Nutzungsmöglichkeiten in der public domain anbieten und die Verbreitungsmöglichkeiten der neuen Technologien ausschöpfen. Für die Urheber wissenschaftlicher Information bietet sich die Möglichkeit einer grösseren Autonomie hinsichtlich der Verbreitung und Nutzung elektronischer Dokumente, ohne auf einen urheberrechtlichen Schutz verzichten zu müssen.

### D 8.6 Ausblick

Freier Zugang zu und Austausch von wissenschaftlicher Information ist die gemeinsame Zielsetzung, die die beschriebenen Initiativen verbindet. Der zukünftige Erfolg dieser Initiativen ist von mehreren Faktoren abhängig: von der Verbreitung des elektronischen Publizierens (vgl. Kapitel D 7), der Durchsetzung des elektronischen Dokuments als

Basisversion eines jeden Dokuments, von einer Veränderung des Publikationsverhaltens der Wissenschaftler, von der Unterstützung durch die Hochschulen und von einer verstärkten Kooperation zwischen den Bibliotheken, Rechenzentren und Medienzentren der Universitäten.

## Literatur

01 Andermann, Heike; Degkwitz, Andreas: Neue Ansätze in der wissenschaftlichen Informationsversorgung. Ein Überblick über Initiativen und Unternehmungen auf dem Gebiet des elektronischen Publizierens. 2003. Elektronisches Dokument, als Preprint zugänglich unter: http://www.bibliothek-saur.de/preprint/2003/andermann.pdf

02 Budapest Open Access Initiative
*Zugang: http://www.soros.org/openaccess/g/index.shtml*

03 Bundesvereinigung Deutscher Bibliotheksverbände u.a.: Wissenschaftsstandort Deutschland in Gefahr! In: Nachrichten für Dokumentation. Zeitschrift für Informationswissenschaft und -praxis 52, 1, 2001.

04 Case, Mary M.: Igniting Change in Scholarly Communication: SPARC, Its Past, Present, and Future. In: Advances in Librarianship, 2002, Vol. 26, S.1-27.

05 Crow, Raym: The Case for Institutional Repositories. A SPARC Position Paper. Washington 2002.
*Zugang: http://www.arl.org./sparc/IR/ir.html*

06 Griebel, Rolf; Tscharntke, Ulrike: Analyse der Etatsituation der wissenschaftlichen Bibliotheken 1998/1999. Studie im Auftrag des Bibliotheksausschusses der DFG. Teil 1. München Klostermann 1999

07 Harnad, Stevan: Ingelfinger Over-Ruled: The Role of the Web in the Future of Refereed Medical Jounal Publishing. In: The Lancet 256, 2000.
*Zugang: http://www.ecs.soton.ac.uk/~harnad/Papers/Harnad/harnad00.lancet.htm*

08 Harnad, Stevan: The Self-Archiving Initiative. In: Nature, 410, 2001, S.1024-1025
*Zugang: http://www.nature.com/nature/debates/e-access/Articles/harnad.html*

09 Kuhlen, Rainer: Wissen als Eigentum? Wie kann der freie Zugang zu den Ressourcen des Wissens in globalen Informationsräumen gesichert werden? Elektronisches Dokument auf den Seiten der Heinrich-Böll-Stiftung (www.wissensgesellschaft.org) 2001.
*Zugang: http://www.wissensgesellschaft.org/themen/publicdomain/wisseneigentum.html*

10 Lagoze, Carl; Van de Sompel, Herbert: The Open Archives Initiative: Building a low-barrier interoperability framework. Elektronisches Dokument (undatiert)
*Zugang: http://www.openarchives.org/OAI/openarchivesprotocol.htm*

11 Meier, Michael: Returning Science to the Scientists. Der Umbruch im STM-Zeitschriftenmarkt unter Einfluss des Electronic Publishing. 1. Auflage, München: Peniope, 2002.

12 Scholarly Publishing & Academic Resources Coalition (SPARC)
*Zugang: http://www.arl.org/sparc/core/index.asp?page=c1*

13 Schröder, Madeleine: Der (Copyright-)Vertrag des Wissenschaftlers mit dem Verlag. In: Die Zukunft des wissenschaftlichen Publizierens: Der Wissenschaftler im Dialog mit Verlag und Bibliothek, Schriftenreihe des Forschungszentrums Jülich, 2002, Bd.10.

14 Suber, Peter: How should we define „open access"? (SOAN) SPARC Open Access Newsletter 08, 4, issue 64, 2003 / Zugang: https://mx.2arl.org/lists/SPARC-OANews/Message/96.html (01.09.2003)

# D 9 Langzeitarchivierung digitaler Ressourcen

Ute Schwens und Hans Liegmann

## D 9.1 Die digitale Welt, eine ständig wachsende Herausforderung

Nicht nur die Menge und Heterogenität der originär in digitaler Form vorliegenden Informationen wächst beständig an. In großem Umfang werden ursprünglich analog vorliegende Daten digitalisiert, um den Benutzerzugriff über Datennetze zu vereinfachen. Im Tagesgeschäft von Behörden, Institutionen und Unternehmen werden digitale Akten produziert, für die kein analoges Äquivalent mehr zur Verfügung steht. Sowohl die wissenschaftliche Fachkommunikation wie der alltägliche Informationsaustausch sind ohne digitale Informationsvermittlung nicht mehr vorstellbar.

Mit der Menge der ausschließlich digital vorliegenden Information wächst unmittelbar auch ihre Relevanz als Bestandteil unserer kulturellen Überlieferung sowie die Bedeutung ihrer dauerhaften Verfügbarkeit für Wissenschaft und Forschung. Denn das in der scientific community erarbeitete Wissen muss, soll es der Forschung dienen, langfristig verfügbar gehalten werden, da der Wissenschaftsprozess immer wieder eine Neubewertung langfristig archivierter Fakten erforderlich macht. Die Langzeitarchivierung digitaler Ressourcen ist daher eine wesentliche Bedingung für die Konkurrenzfähigkeit des Bildungs- und Wissenschaftssystems und der Wirtschaft. In Deutschland existiert eine Reihe von Institutionen (Archive, Bibliotheken, Museen), die sich in einer dezentralen und arbeitsteiligen Struktur dieser Aufgabe widmen.

Im Hinblick auf die heutige Situation, in der Autoren und wissenschaftliche Institutionen (Universitäten, Forschungsinstitute, Akademien) mehr und mehr selbst die Veröffentlichung und Verbreitung von Publikationen übernehmen, erscheint auch weiterhin ein verteilter Ansatz angemessen, der jedoch um neue Beteiligte an der Publikationskette erweitert werden muss.

### D 9.1.1 Langzeitarchivierung im digitalen Kontext

Mit „Langzeitarchivierung" meint man in diesem Zusammenhang mehr als die Erfüllung gesetzlicher Vorgaben über Zeitspannen, während der steuerlich relevante tabellarisch strukturierte Daten verfügbar gehalten werden müssen. „Langzeit" ist die Umschreibung eines nicht näher fixierten Zeitraumes, währenddessen wesentliche nicht vorhersehbare technologische und soziokulturelle Veränderungen eintreten, die sowohl die Gestalt als auch die Nutzungssituation digitaler Ressourcen in rasanten Entwicklungszyklen vollständig umwälzen werden. Dabei spielen nach bisheriger Erfahrung das Nutzerinteresse der Auf- und Abwärtskompatibilität alter und neuer Systemumgebungen eine Rolle nur dann, wenn dies dem Anbieter für die Positionierung am Markt erforderlich scheint. „Langzeit" bedeutet für die Bestandserhaltung digitaler Ressourcen nicht die Abgabe einer Garantieerklärung über fünf oder fünfzig Jahre, sondern die verantwortliche Entwicklung von Strategien, die den beständigen, vom Informationsmarkt verursachten Wandel bewältigen können.

Der Bedeutungsinhalt von „Archivierung" müsste hier nicht näher präzisiert werden, wäre er nicht im allgemeinen Sprachgebrauch mit der fortschreitenden Anwendung der Informationstechnik seines Sinnes nahezu entleert worden. „Archivieren" bedeutet zumindest für Archive, Museen und Bibliotheken mehr als nur die dauerhafte Abspeicherung digitaler Informationen auf einem Datenträger. Vielmehr schließt es die Erhaltung der dauerhaften Verfügbarkeit digitaler Ressourcen mit ein.

## D 9.2 Substanzerhaltung

Eines von zwei Teilzielen eines Bestandserhaltungskonzeptes für digitale Ressourcen ist die unversehrte und unverfälschte Bewahrung des digitalen Datenstroms: die Substanzerhaltung der Dateninhalte, aus denen digitale Objekte physikalisch bestehen. Erfolgreich erreicht wird dieses Teilziel dann, wenn die aus heterogenen Quellen stammende und auf unterschiedlichsten Trägern vorliegenden Objekte möglichst früh von ihren originalen Trägern getrennt und in ein homogenes Speichersystem überführt werden. Die verantwortliche archivierende Institution wird vorzugsweise ein funktional autonomes Teilsystem einrichten, dessen vorrangige Aufgabe die Substanzerhaltung digitaler Ressourcen ist. Wichtige Bestandteile dieses Systems sind automatisierte Kontrollmechanismen, die den kontinuierlichen systeminternen Datentransfer überwachen. Die kurze Halbwertszeit technischer Plattformen macht auch vor diesem System nicht halt und zwingt zum laufenden Wechsel von Datenträgergenerationen und der damit möglicherweise verbundenen Migration der Datenbestände.

Dauerhafte Substanzerhaltung ist nicht möglich, wenn die Datensubstanz untrennbar an einen Datenträger und damit an dessen Schicksal gebunden ist. Technische Maßnahmen zum Schutze der Verwertungsrechte (z. B. Kopierschutzverfahren) führen typischerweise mittelfristig solche Konfliktsituationen herbei. Ein digitales Archiv wird in Zukunft im eigenen Interesse Verantwortung nur für solche digitalen Ressourcen übernehmen, deren Datensubstanz es voraussichtlich erhalten kann. Ein objektspezifischer „Archivierungsstatus" ist in dieser Situation zur Herstellung von Transparenz hilfreich.

## D 9.3   Erhaltung der Benutzbarkeit

Substanzerhaltung ist nur eine der Voraussetzungen, um die Verfügbarkeit und Benutzbarkeit digitaler Ressourcen in Zukunft zu gewährleisten. „Erhaltung der Benutzbarkeit" digitaler Ressourcen ist eine um ein Vielfaches komplexere Aufgabenstellung als die Erhaltung der Datensubstanz. Folgen wir dem Szenario eines „Depotsystems für digitale Objekte", in dem Datenströme sicher gespeichert und über die Veränderungen der technischen Umgebung hinweg aufbewahrt werden, so steht der Benutzer/die Benutzerin der Zukunft gleichwohl vor einem Problem. Er oder sie ist ohne weitere Unterstützung nicht in der Lage, den archivierten Datenstrom zu interpretieren, da die erforderlichen technischen Nutzungsumgebungen (Betriebssysteme, Anwendungsprogramme) längst nicht mehr verfügbar sind. Zur Lösung dieses Problems werden unterschiedliche Strategien diskutiert, prototypisch implementiert und erprobt.

Der Ansatz, Systemumgebungen in Hard- und Software-Museen zu konservieren und ständig verfügbar zu halten, wird nicht ernsthaft verfolgt. Dagegen ist die Anwendung von Migrationsverfahren bereits für die Substanzerhaltung digitaler Daten erprobt, wenn es um einfachere Datenstrukturen oder den Generationswechsel von Datenträgertypen geht. Komplexe digitale Objekte entziehen sich jedoch der Migrationsstrategie, da der für viele Einzelfälle zu erbringende Aufwand unkalkulierbar ist. Aus diesem Grund wird mit Verfahren experimentiert, deren Ziel es ist, Systemumgebungen lauffähig nachzubilden (Emulation). Es werden mehrere Ansätze verfolgt, unter denen die Anwendung formalisierter Beschreibungen von Objektstrukturen und Präsentationsumgebungen eine besondere Rolle einnimmt.

Die bisher genannten Ansätze setzen durchgängig erst zu einem späten Zeitpunkt auf, zu dem das digitale Objekt mit seinen für die Belange der Langzeitarchivierung günstigen oder weniger günstigen Eigenschaften bereits fertig gestellt ist. Darüber hinaus wirken einige wichtige Initiativen darauf hin, bereits im Entstehungsprozess digitaler Objekte die Verwendung langzeitstabiler Datenformate und offener Standards zu fördern. Welche der genannten Strategien auch immer angewandt wird, die Erhaltung der Benutzbarkeit wird nicht unbedingt korrespondieren mit der Erhaltung der ursprünglichen Ausprägung des „originalen" Objektes. Es wird erforderlich sein, die Bemühungen zu konzentrieren auf die Kernfunktionen digitaler Ressourcen, vordringlich das, was ihren wesentlichen Informationsgehalt ausmacht.

## D 9.4   Infrastruktur digitaler Archive

Der ISO-Standard 14721:2001 – Reference Model for an Open Archival Information System – OAIS (Lit. 01) beschreibt die Infrastruktur eines digitalen Archivs in Form eines Modells. Durch die Abgrenzung und eindeutige Benennung von Funktionsmodulen, Schnittstellen und Typen von Informationsobjekten ist es gelungen, eine über die Grenzen der Anwendergemeinschaften Archive, Datenzentren und Bibliotheken hinweg geltende allgemeine Sicht auf die Kernfunktionen eines digitalen Archivs zu schaffen. Dies bildet eine wertvolle Grundlage für die Nutzung von Synergien bei der Beauftragung, Planung und Implementierung produktiver Systeme durch die verantwortlichen Systembetreiber. OAIS beschreibt mehrere Funktionsmodule, die dem Datenfluss und den Arbeitsabläufen des Archivs entsprechend angeordnet sind: Eingangsbearbeitung (ingest), Metadatenverwaltung (data management), Objektspeicherung (archival storage), Erhaltung der Langzeitverfügbarkeit (preservation planning), Administration und Bereitstellung (access).

Das Funktionsmodul „Erhaltung der Langzeitverfügbarkeit" besteht aus wiederum vier Teilsystemen, deren Aufgabe es ist, die Umgebungsbedingungen des Archivsystems zu beobachten, Auswirkungen von technischen Veränderungen möglichst früh zu erkennen und die Planungsgrundlage für die Erhaltung der Langzeitverfügbarkeit der im System gespeicherten Objekte zu liefern.

Die Funktion „Monitor Designated Community" stellt durch Interaktion mit der Außenwelt des Archivsystems sicher, dass aktuelle Informationen über die Nutzerbedürfnisse gesammelt werden. Die gesammelten Informationen dienen dazu, die Bereitstellungsverfahren des Archivsystems laufend an die sich ändernden Gewohnheiten der Nutzerwelt anpassen zu können. Dies betrifft z.B. bevorzugte Datenformate, Zugriffsprotokolle und die allgemeine Kommunikation über die Aussenschnittstelle des Systems.

Mit der Funktion „Monitor Technology" wird die Entwicklung digitaler Technologien in der Außenwelt des Systems beobachtet. Es sollen diejenigen Entwicklungen frühzeitig identifiziert werden, die schädliche Auswirkungen auf die Benutzbarkeit der im System gespeicherten Objekte haben können.

Die Funktion „Develop Preservation Strategies and Standards" empfängt die Informationen der beiden ersten Module und setzt sie in Aktivitätsempfehlungen an die Systemadministration um. Solche Empfehlungen können sich z.B. auf die Anwendung neuer Standards bei der Aufnahme von Publikationen in das Archiv beziehen.

Über die Funktion „Develop Packaging Designs and Migration Plans" werden die Vorgaben der Systemadministration technisch implementiert. Dazu gehört die Umsetzung von Migrations- und Emulationsstrategien. Die Informationspakete, die an den Schnittstellen der einzelnen Module unseres Archivsystems ausgetauscht werden, erhalten durch diese Funktionseinheit die Vorschriften über ihre innere Struktur.

## D 9.5 Technische Metadaten

Die Erhebung und strukturierte Speicherung technischer Metadaten ist eine wichtige Voraussetzung für die automatisierte Verwaltung und Bearbeitung digitaler Objekte im Interesse ihrer Langzeitarchivierung. Zu den hier relevanten Metadaten gehören z.B. Informationen über die zur Benutzung notwendigen Systemvoraussetzungen hinsichtlich Hardware und Software und die eindeutige Bezeichnung und Dokumentation der Datenformate, in denen die Ressource vorliegt. Spätestens zum Zeitpunkt der Archivierung sollte jedes digitale Objekt über einen eindeutigen beständigen Identifikator (persistent identifier) verfügen, der es unabhängig vom Speicherort über Systemgrenzen und Systemwechsel hinweg identifiziert und dauerhaft nachweisbar macht.

## D 9.6 Vertrauenswürdige digitale Archive

Digitale Archive stehen erst am Beginn der Entwicklung, während Archive für traditionelles Schriftgut über Jahrhunderte hinweg Vertrauen in den Umfang und die Qualität ihrer Aufgabenwahrnehmung schaffen konnten. Es werden deshalb Anstrengungen unternommen, allgemein akzeptierte Leistungskriterien für vertrauenswürdige digitale Archive aufzustellen, die bis zur Entwicklung eines Zertifizierungsprogramms reichen. Die Konformität zum OAIS-Referenzmodell spielt dabei ebenso eine wichtige Rolle wie die Beständigkeit der institutionellen Struktur, von der das Archiv betrieben wird. Es wird erwartet, dass Arbeitsmethoden und Leistungen der Öffentlichkeit präsentiert werden, sodass aus dem möglichen Vergleich zwischen inhaltlichem Auftrag und tatsächlicher Ausführung eine Vertrauensbasis sowohl aus Nutzersicht wie auch im Interesse eines arbeitsteiligen kooperativen Systems entstehen kann.

## D 9.7 Verteilte Verantwortung bei der Langzeitarchivierung digitaler Ressourcen

### D 9.7.1 National

Hinsichtlich der Überlegungen zur Langzeitarchivierung digitaler Quellen in Deutschland muss das Ziel sein, eine Kooperationsstruktur zu entwickeln, die entsprechend der Strukturen im analogen Bereich

– die Bewahrung und Verfügbarkeit aller digitalen Ressourcen gewährleistet, die in Deutschland, in deutscher Sprache oder über Deutschland erschienen sind,

– die Bewahrung und Verfügbarkeit der wichtigsten Objekte jedes Fachgebiets organisiert, unabhängig davon, ob es sich um Texte, Fakten, Bilder, Multimedia handelt,

– sowie die Bewahrung und Verfügbarkeit digitaler Archivalien garantiert. Das Auffinden der Materialien soll dem interessierten Nutzer ohne besondere Detailkenntnisse möglich sein, d. h. ein weiteres Ziel einer angestrebten Kooperationsstruktur muss sein,

– die Verfügbarkeit durch Zugangsportale zu erreichen, die die Nutzer dorthin lenken, wo die

Materialien liegen, wobei unter Umständen Zugriffsrechte, Kosten u. a. verwaltet werden müssen.

Beim Aufbau einer solchen Struktur sind vor allem die Bibliotheken, Archive und Museen gefordert. In Deutschland sollen in ein entstehendes Kompetenznetzwerk Langzeitarchivierung aber auch die „Produzenten" digitaler Ressourcen, d. h. Verlage, Universitäten, Forschungseinrichtungen, Wissenschaftler sowie technische Dienstleister wie Rechen-, Daten- und Medienzentren und Großdatenbankbetreiber einbezogen werden.

### D 9.7.2 Internationale Beispiele

Ein Blick ins Ausland bestärkt den kooperativen Ansatz. In Großbritannien ist im Jahr 2001 die Digital Preservation Coalition (DPC) eingerichtet worden mit dem Ziel, die Herausforderungen der Langzeitarchivierung und -verfügbarkeit digitaler Quellen aufzugreifen und die Langzeitverfügbarkeit des digitalen Erbes in nationaler und internationaler Zusammenarbeit zu sichern. Die DPC versteht sich als ein Forum, welches Informationen über den gegenwärtigen Forschungsstand sowie Ansätze aus der Praxis digitaler Langzeitarchivierung dokumentiert und weiterverbreitet. Die Teilnahme an der DPC ist über verschiedene Formen der Mitgliedschaft möglich.

In den USA ist im Jahr 2000 ein Programm zum Aufbau einer nationalen digitalen Informationsinfrastruktur und ein Programm für die Langzeitverfügbarkeit digitaler Ressourcen in der Library of Congress (LoC) verabschiedet worden (Lit. 02). Die Aufgaben sollen in Kooperation mit Vertretern aus anderen Bibliotheken und Forschung sowie kommerziellen Einrichtungen gelöst werden. Darüber hinaus hat die LoC in Folge ihrer Jubiläumskonferenz im Jahre 2000 einen Aktionsplan aufgestellt, um Strategien zum Management von Netzpublikationen durch Bibliothekskataloge und Metadatenanwendungen zu entwickeln. Der Ansatz einer koordinierten nationalen Infrastruktur, auch unter den Rahmenbedingungen einer äußerst leistungsfähigen Nationalbibliothek wie der LoC, bestätigt die allgemeine Einschätzung, dass zentralistische Lösungsansätze den künftigen Aufgaben nicht gerecht werden können.

Im Archivbereich wird die Frage der Langzeitverfügbarkeit digitaler Archivalien in internationalen Projekten angegangen. Besonders zu erwähnen ist das Projekt ERPANET, das ebenfalls den Aufbau eines Kompetenznetzwerks mittels einer Kooperationsplattform zum Ziel hat. InterPares ist ein weiteres internationales Archivprojekt, das sich mit konkreten Strategien und Verfahren der Langzeitverfügbarkeit digitaler Archivalien befasst. Die Anlage und Zielsetzung dieser Projekte aus dem Archivbereich verdeutlichen, wie ähnlich die Herausforderungen der digitalen Welt für alle Informationsanbieter und Bewahrer des kulturellen Erbes sind und lassen Synergieeffekte erwarten.

Ein umfassender Aufgabenbereich von Museen ist das fotografische Dokumentieren und Verfahren von Referenzbildern für Museumsobjekte. Die Sicherung der Langzeitverfügbarkeit der digitalen Bilder ist eine essentielle Aufgabe aller Museen. Im Bereich des Museumswesens muss der Aufbau von Arbeitsstrukturen, die über einzelne Häuser hinausreichen, jedoch erst noch nachhaltig aufgebaut werden.

### D 9.8 Rechtsfragen

Im Zusammenhang mit der Langzeitarchivierung und -verfügbarkeit digitaler Ressourcen sind urheberrechtlich vor allem folgende Fragestellungen relevant:

– Rechte zur Durchführung notwendiger Eingriffe in die Gestalt der elektronischen Ressourcen im Interesse der Langzeiterhaltung,

– Einschränkungen durch Digital Rights Management Systeme (z. B. Kopierschutz),

– Konditionen des Zugriffs auf die archivierten Ressourcen und deren Nutzung.

Die EU-Richtlinie zur Harmonisierung des Urheberrechts in Europa greift diese Fragestellungen alle auf, die Umsetzung in nationales Recht muss aber in vielen Ländern, darunter auch Deutschland, noch erfolgen. Erste Schritte sind in dem „ersten Korb" des neuen deutschen Urheberrechtsgesetzes erfolgt.

### Literatur

01 Open Archival Information System – Reference Model. ISO 14721:2003.

02 Preserving Our Digital Heritage: Plan for the National Digital Information Infrastructure and Preservation Program. Washington: Library of Congress, 2002. [http://www.digitalpreservation.gov/repor/ndiipp_plan.pdf]

# D 10 Document Delivery / Dokumentlieferung

Achim Oßwald

Document Delivery oder Dokumentlieferung ist jene Dienstleistung in der Vermittlung wissenschaftlicher Ergebnisse, die lange Zeit als zentrale Alternative zur nationalen und insbesondere internationalen Fernleihe galt. Sie war häufig nur gegen relativ hohes Entgelt und damit faktisch eingeschränkt verfügbar. Entwicklungen in den 90er Jahren haben diese Situation deutlich verändert. Der nachfolgende Beitrag verdeutlicht die strukturellen Eckpunkte heutiger Dokumentlieferangebote.

## D 10.1 Bedarfssituationen für Dokumentlieferung

Typische Bedarfssituationen für den Bezug publizierter Dokumente (im Regelfall Zeitschriftenaufsätze) oder Dokumentauszüge via Document Delivery sind naturwissenschaftlich-technische Arbeitskontexte. Ein deutlicher Schwerpunkt der Nachfrage kommt dabei aus dem medizinisch-pharmazeutischen Bereich. Die Nachfrage aus anderen Wissenschafts- und Anwendungsbereichen wie z.B. den Wirtschafts- oder den Geistes- und Sozialwissenschaften ist im Vergleich dazu eher gering. Angesichts der strukturellen Veränderungen bei der Bereitstellung von Wissenschaftspublikationen einerseits und den durch die Zeitschriftenkrise ausgelösten Abbestellungen von Printzeitschriften andererseits (vgl. Kap. D 8) ist zwar davon auszugehen, dass es hier zu Veränderungen kommen wird, die Nachfrageschwerpunkte aber mittelfristig bestehen bleiben.

## D 10.2 Vorlageformen von Publikationen für die Dokumentlieferung

Die Originalpublikationen, von denen Dokumentkopien geliefert werden, sind auch heute noch überwiegend gedruckt. Die aktuell zunehmende Publikationstätigkeit ist einerseits gekennzeichnet von einer Konzentration auf international tätige Unternehmen, andererseits von einer weiter steigenden Zahl kleiner und kleinster Verlage. Darüber hinaus sind die folgenden Publikationstrends erkennbar:

– eine zunehmende Zahl von digitalen Parallelpublikationen im Zeitschriftenbereich, wobei diese Angebotsvariante von den wissenschaftlichen Verlagen entweder aggregiert bei Dokumentlieferdiensten oder von den Verlagen selbst vermarktet werden;
– wissenschaftliche Eigenpublikationen, die originär digital (born digital) publiziert und zunehmend zumindest für bestimmte Zielgruppen auf der Basis alternativer Kostenmodelle lizenzfrei bereitgestellt werden (vgl. hierzu auch Kap. D 8);
– digitalisierte Sekundärpublikationen zu Archivierungszwecken sowie zur verbesserten Bereitstellung von originär gedruckten Publikationen, z.B. in den Projekten JSTOR (*www.jstor.com*) und DigiZeitschriften (*www.digizeitschriften.de*).

Dennoch erfolgt bislang die Lieferung von Dokumenten zumeist auf der Grundlage gedruckter Veröffentlichungen. Von diesen werden dann entweder digitale oder papierne Kopien erstellt und übermittelt bzw. ausgeliefert.

Sofern vorhanden können digitale Versionen ursprünglich gedruckter Publikationen nur unter eingeschränkten (urheber- und lizenz)rechtlichen Bedingungen für eine dann automatisierbare und beschleunigte Dokumentlieferung genutzt werden. Dienstleister wie z.B. ingenta (*www.ingenta.com*) streben deshalb durch die Übernahme entsprechender Lizenzen (oder deren Eigentümer) eine Beschleunigung der Dienstleistung und damit Wettbewerbsvorteile an. Aus urheberrechtlichen und wirtschaftlichen Gründen – u.a. wegen der hohen fachlichen Streubreite der Dokumentnachfragen und der sich daraus ergebenden geringen Wiederholungsrate bei Bestellungen – wird bislang die systematische digitale Speicherung einmal gescannter Vorlagen meist nicht praktiziert. Anders stellt sich der Sachverhalt dar, wenn Publikationen nicht mehr zu kommerziellen Zwecken digital veröffentlicht und vorgehalten werden (vgl. Kap. D 8).

**Exkurs: Fernleihe – Vorform und Basisangebot heutiger Dokumentlieferdienste**

Verfahrenstechnischer Ausgangs- und Orientierungspunkt der heutigen Dokumentlieferangebote ist die weiterhin von Bibliotheken als kooperative Dienstleistung angebotene Fernleihe. Nahezu alle funktionalen und konzeptionellen Alternativen wurden in Abgrenzung zu ihren Defiziten entwickelt. Anders als entgeltpflichtige kommerzielle – auch von Bibliotheken angebotene – Dokumentlieferdienstleistungen beruht die Fernleihe auf einem Rechtsverhältnis zwischen Bibliotheken unter Einbeziehung von deren Nutzern. Insbesondere von Hochschulbibliotheken erfolgt hierzu die Bereitstellung von Literatur für Wissenschaft und Forschung auf der Basis gegenseitiger, nicht verrechneter Dienstleistungen. Faktisch bietet die Fernleihe in Deutschland heute – auf der Grundlage von Online-Bestellungen und zum Teil auch Online-Lieferungen – einen funktional optimierten Basisdienst der Dokumentlieferung. Dieses Konzept sowie seine Umsetzung erfuhr in den letzten Jahren einen grundlegenden Wandel, der sich in einer Neufassung der sogenannten Leihverkehrsordnung durch einen Beschluss der Kultusministerkonferenz (KMK) vom 19.9.2003 ausdrückt (vgl. Lit. 05). Deren wesentliche Änderungen sind u.a.:

- Das Regionalprinzip, d.h. die prioritäre Beschaffung von Dokumenten aus jener Fernleihregion, der die bestellende Bibliothek angehört, bleibt – u.a. wegen kurzer Transportwege z.B. für den Bücherautodienst – bestehen, kann aber zugunsten einer schnelleren Belieferung umgangen werden. Darüber hinaus wird – zumindest für einzelne Regionen – auch an der Erwartung an die Unterhaltsträger festgehalten, insbesondere den Hochschulbibliotheken einer Leihverkehrsregion einen aufeinander abgestimmten, komplementären Bestandsaufbau zu ermöglichen – was faktisch in Konflikt mit der politisch geförderten Hochschulkonkurrenz steht.
- Die Online-Bestellung ist vorrangiges Bestellprinzip.
- Die Lieferbibliothek erhält von der bestellenden Bibliothek einen überregional abgestimmten Betrag für jede positiv erledigte Online-Bestellung, der über die regionalen Verbundsysteme abgewickelt wird.
- Vom Benutzer wird weiterhin lediglich eine Schutzgebühr/Auslagenpauschale (nach einer Empfehlung der KMK 1,50 EUR) und kein kostendeckendes Lieferentgelt erhoben.

Die verstärkte Einbeziehung der Besteller in die Verfahrensabläufe ist dabei als Entlastung der Bibliotheken konzipiert. Inwieweit die Umkehr der Entgelt- und damit auch der Lastenverteilung zu Motivationsveränderungen führen wird, bleibt abzuwarten.

Der Ablauf einer Fernleihe stellt sich – u.a. abhängig von der Implementierung einer Online-Bestellroutine – in den verschiedenen deutschen Verbundregionen derzeit unterschiedlich dar. Zumeist sieht er aktuell wie folgt aus:

Sofern die Suche nach einer Publikation im lokalen Bibliotheksbestand nicht erfolgreich war, wird versucht, im online zugänglichen überregionalen Bestandsverzeichnis, dem regionalen Verbundkatalog, ggf. aber auch im Katalog einer Spezialbibliothek die bibliografischen Daten und einen Bestandsnachweis zu ermitteln. Sofern eine Online-Bestellroutine implementiert ist, können die Mitarbeiter der Bibliotheken oder in manchen Verbundregionen auch die Benutzer selbst die Online-Fernleihbestellung auslösen. In wachsendem Maße erfolgt auch die Anbindung der Online-Bestellroutine an die jeweiligen Lokalsysteme und damit die Möglichkeit, anfallende Entgelte und dienstleistungsbezogene Daten direkt auf dem Bibliothekskonto des Kunden zu verbuchen. Sofern die Bestellung in der jeweiligen Verbundregion nicht erfüllt werden kann, erfolgt – aktuell zumindest schon zwischen den großen Verbünden – eine verbundübergreifende Bearbeitung durch Übergabe der Bestellung an einen besitzenden Verbund. Die Lieferung erfolgt dann direkt aus diesem Verbund (vgl. Lit. 02).

Für nicht rückgabepflichtige Dokumente werden in den Fernleihregionen schon seit Jahren online zugängliche Zeitschriftenbestandsverzeichnisse (regionale Auszüge aus der Zeitschriftendatenbank) sowie selbst aufgebaute oder von kommerziellen Anbietern lizenzierte Datenbanken mit Zeitschrifteninhaltsverzeichnissen als Recherche- und Findmittel angeboten. Nach der Ermittlung der gesuchten bibliografischen Daten können diese dann für eine formularbasierte Bestellung übernommen werden. Die Lieferung nicht rückgabepflichtiger Dokumente erfolgt heute immer häufiger als digitale Kopie – aber auch, wenn gewünscht, in anderer Form. Damit ist faktisch eine verfahrenstechnische Überschneidung zu den kommerziellen Document-Delivery-Diensten gegeben.

## D 10.3 Document Delivery Services: eine funktionale Analyse

Die heute in Deutschland relevanten Dokumentlieferdienste wurden in den 90er Jahren des letzten Jahrhunderts aufgebaut (vgl. hierzu auch Lit. 06). Sie entwickelten sich zuerst in den großen Verbundregionen, z.B. JASON-NRW (vgl. *www.ub.uni-bielefeld.de/databases/jason/*) für den nordrhein-westfälischen Verbund (*www.hbz-nrw.de*) und GBVdirekt (*www.gbv.de/du/direkt/infodirekt.shtml*) für den Gemeinsamen Bibliotheksverbund (*www.gbv.de*), der mittlerweile – ausgehend von Niedersachsen als großem Flächenland – sieben Bundesländer bedient. Durch entsprechende Subventionen wurden die Entgelte für den jeweiligen Basisdienst denen der Fernleihe angenähert. Der Aufsatzlieferdienst JASON wurde zum 1.7.2003 als Fernleihdienst des Landes Nordrhein-Westfalen etabliert und ist damit nur noch von eingetragenen Nutzern der in NRW zum Leihverkehr zugelassenen Bibliotheken nutzbar (vgl. *www.ub.uni-bielefeld.de/databases/jason/jason_neu.htm*).

Der Dienst subito (*www.subito-doc.de*) ist das Ergebnis des gleichnamigen Projektes in den 90er Jahren und hat sich zwischenzeitlich mit jährlich über einer Million Bestellungen zum bedeutendsten Dokumentlieferdienst im deutschsprachigen Raum entwickelt (Statistik unter *www.subito-doc.de/base/subito-info/Page04.htm*). Im Gegensatz zur Fernleihe steht subito allerdings allen potenziellen Nutzergruppen offen – aus rechtlichen Gründen neuerdings mit Einschränkungen auch jenen des Auslands.

Subito wurde damit auch zu einer Konkurrenz zu den in den 80er Jahren aufgebauten Schnelllieferdiensten einzelner deutscher Sondersammelgebiets- und Spezialbibliotheken, die außerhalb der Fernleihe thematisch hochspezialisierte, dringende Dokumentlieferwünsche gegen zusätzliches Entgelt bedienten – und sich (oder ihren Unterhaltsträgern) damit zusätzliche Einnahmen verschafften. Mittelfristig ist anzunehmen, dass diese Dienste mit subito verschmelzen werden.

Subito unterscheidet zwischen verschiedenen Nutzergruppen: Während die Preise speziell für die Nutzergruppe 1 (Angehörige öffentlich geförderter Institutionen) stark subventioniert sind, werden für andere Kundengruppen marktfähige Preise berechnet. Subito wurde mittlerweile zu einer starken Konkurrenz für den Dokumentlieferdienst der British Library (BL Document Supply Centre; BLDSC; *www.bl.uk/services/document.html*), dem über lange Zeit dominierenden, aber im Vergleich zu deutschen Anbietern relativ teuren Dienst.

In eingeschränktem Maße gilt dies auch für die thematisch oder auf andere Zielgruppen als den Einzelkunden ausgerichteten Dienste international tätiger Dokumentlieferfirmen wie z.B. infotrieve (*www.infotrieve.de*) oder ingenta (*www.ingenta.com*). Diese versuchen z.B. durch schnelle elektronische Lieferung aus digitalen Dokumentbeständen oder durch Konzentration auf nachfrageträchtige Themenbereiche (insbesondere Medizin und Pharmazie) Dienstleistungsspezifika anzubieten, die durch exklusive Lieferabkommen für Firmen die Einbindung in Intranets und vereinfachte Abrechnungsroutinen eine zielgruppenspezifische Nachfrage abschöpfen.

Alle genannten Dienste zeigen mittlerweile große funktionale Übereinstimmungen. Anders als die kommerziellen bieten die in Deutschland mit öffentlichen Mitteln geförderten Dienste fast alle für Besteller aus dem Hochschulbereich einen subventionierten Basisdienst. Darüber hinaus werden – in Abhängigkeit von den nachfolgend erläuterten Parametern – weitere Dienstleistungsvarianten angeboten, die für bestimmte Nutzergruppen und Nutzerwünsche ggf. gegen entsprechende Mehrkosten realisiert werden.

### D 10.3.1 Bestellverfahren

Die zwei typischen Verfahrensweisen bei der Bestellung sind zum einen

– die automatische Übernahme der bibliografischen Daten des gewünschten Dokuments aus dem Ergebnis einer Recherche in einer Datenbank. Dies können klassische Fachinformations- oder thematisch organisierte (webbasierte) Datenbanken sein, aber auch Zeitschrifteninhaltsverzeichnisse. Sie können zusammen mit dem Dokumentlieferdienst oder im Rahmen einer Dienstleistungskooperation angeboten werden.

– Alternativ besteht selbstverständlich die Möglichkeit zur manuellen Eingabe von Bestelldaten in ein Bestellformular.

Sofern die bei der Bestellung aufgegebenen bibliografischen Daten unvollständig bzw. nicht korrekt sind oder der Besteller sich nicht in der Lage fühlt, die Daten in der gewünschten formalisierten Form zu liefern, bieten manche Dienste eine formlose Bestellung gegen zusätzliches Entgelt an.

Die Identifizierung des Bestellers für die Abrechnung der anfallenden Entgelte erfolgt im Normalfall über eine Kundennummer ggf. mit Passwort oder – sofern die Bestellung über im Prinzip anonym erworbene nummerierte Bestellgutscheine (JASON: Transaktionsnummern) erfolgt – durch die Eingabe der sich hierbei verbrauchenden Nummer des Gutscheins. In diesem Fall muss dann ergänzend eine Lieferadresse sowie die gewünschte Lieferform angegeben werden, die bei einer festen Kundenbeziehung im Normalfall schon im Rahmen eines Bestellerprofils hinterlegt sind.

### D 10.3.2 Lieferfristen

Nahezu alle Lieferdienste unterscheiden ihre Dienstleistungsvarianten nach der Bearbeitungs- und Liefergeschwindigkeit (vgl. zu den Kundenerwartungen Lit. 07). Je nach Dringlichkeit des Kundenwunsches erfolgt die Bearbeitung im Rahmen des sogenannten

- **Standard- oder Normaldienstes** mit einer Lieferung zumeist innerhalb 72 Stunden (an Werktagen; in Einzelfällen auch länger),

- **Eildienstes** (in unterschiedlichen Bezeichnungen), bei dem die Lieferung zumeist innerhalb 24 Stunden erfolgt,

- **Superschnelldienstes** (z.B. *www.getinfo-doc.de* GetInfo, Super-Rush), mit dem – insbesondere dann, wenn das Dokument schon digital vorliegt – auch innerhalb von 2-3 Stunden eine Lieferung ermöglicht wird.

Die Dienstleistungsstufen unterscheiden sich selbstverständlich auch hinsichtlich der erhobenen Preise. Dies ist wesentlich damit begründet, dass im Prinzip für die unterschiedlichen Geschäftsgänge Personal vorgehalten werden muss.

### D 10.3.3 Lieferverfahren und -formate

Prioritäres Lieferformat nahezu aller Dokumentlieferdienste ist die digitale Kopie. Diese wird entweder als E-Mail-Anhang übermittelt (push-Dienst) oder – befristet – auf einem Web- bzw. FTP-Server bereitgestellt (pull-Dienst). Im zweiten Falle erhält der Besteller eine E-Mail mit einem Link, über den er das Dokument abrufen kann.

Darüber hinaus gibt es entsprechend den Kundenwünschen und gegen Aufpreis auch weiterhin die Lieferung der bestellten Dokumente als Kopie auf Papier oder als Fax. Schon seit den 90er Jahren (z.B. bei JASON) werden versandaufwändige Lieferformen mit erhöhten Kosten sanktioniert, um auf diesem Wege die Nachfrage nach personalintensiven Geschäftsabläufen zu reduzieren.

Die gängigen Dateiformate der digital gelieferten Dokumente orientieren sich normalerweise an dem Umstand, dass es sich um Kopien oder zumindest Parallelpublikationen handelt. Dementsprechend hat das Originallayout der Printpublikation wesentliche Bedeutung. Hinzu kommt, dass aus Verlagssicht jegliche Manipulationsmöglichkeit am Originaltext aus urheberrechtlichen Gründen verhindert werden soll. Layout- bzw. bildorientierte Dateiformate wie PDF, JPEG, TIFF o.ä. dominieren deshalb bei den Diensten. Außerdem sind diese Formate mittels frei verfügbarer Viewer-Programme allgemein nutzbar, wodurch die Akzeptanz deutlich erhöht wird. Aus Dienstleister- wie auch aus Kundensicht ist dabei wesentlich, dass für den Besteller möglichst wenig Zusatzaufwand entsteht.

Dennoch bleibt festzuhalten, dass – im Vergleich zur früher gängigen Lieferung von Papierkopien – dem Empfänger/Besteller mindestens der folgende Bereitstellungsaufwand abverlangt wird. Er benötigt

- die hard- und softwaretechnische sowie telekommunikative Infrastruktur zum Abruf bzw. Empfang der digitalen Dokumente und – damit verbunden – das entsprechende EDV-Wissen (z.B. Behandlung von Dateianhängen, Installation und Benutzung von Viewern) sowie

- Zeit und Infrastruktur, um das Dokument ggf. auszudrucken.

Wenn man unterstellt, dass der größte Teil der Dokumentbestellungen im weitesten Sinne beruflich bedingt und in diesem Umfeld die genannte Infrastruktur normalerweise vorhanden ist, so relativieren sich zwar diese Überlegungen, in eine Vollkostenkalkulation müssen sie jedoch einfließen. Der durch die digitale Lieferung erlangte wesentliche Vorteil besteht in einer im Vergleich zum postalischen Versand um mindestens 2-3 Tage reduzierten Lieferzeit.

An rein digitalen Dokumentbeständen orientierte entgeltbasierte, auf Kostendeckung ausgerichtete

Dienstleistungsangebote (wie z.B. GetInfo) verzichten völlig auf papierne Lieferformen, um auf diese Weise personalaufwändige Versandprozeduren auszuschließen. Perspektivisch ist davon auszugehen, dass die Lieferung auf Papier immer untypischer und damit ein teurer Zusatzdienst werden wird.

### D 10.3.4 Lieferorte

Kennzeichnend für die Dokumentlieferdienste ist die Beliebigkeit des Lieferortes. Schon seit langem kann bei der Lieferung einer Kopie auf Papier die Adresse des Bestellers von der des Lieferortes abweichen, wodurch z.B. innerorganisatorische Bestell-Dienstleistungen verbessert wurden. Diese Option ist mit der digitalen Lieferung nicht nur örtlich sondern auch zeitlich ausgeweitet worden. Nun erfolgt die Lieferung nicht mehr an einen zum Bestellzeitpunkt festgelegten konkreten Ort/Arbeitsplatz, sondern an den virtuellen Empfangsort einer E-Mail-Adresse. Mit der Bereitstellung auf einem WWW-Server kann auch der Abruf des Dokumentes delegiert und damit flexibilisiert werden. Alle mit der Dokumentlieferung verbundenen Dienstleistungen sind damit nicht mehr organisationsgebunden, sondern personell frei verortbar. Die Bereitstellungsform über einen Server vermeidet darüber hinaus hin und wieder auftretende technische Probleme im Kontext des E-Mail-Empfangs (u.a. Kapazitätsprobleme des E-Mail-Accounts oder Übertragungseinschränkungen).

Realistischerweise muss allerdings konstatiert werden, dass bei vielen Anwendern sowohl die Flexibilisierung der Lieferwege als auch der Lieferformen durchaus zu organisatorischen Komplikationen führt, die sich als Akzeptanzhürde für die ggf. parallel angebotenen digitalen Dienstleistungen erweisen.

### D 10.3.5 Kostenfaktoren und Preisbildung

Die Preisbildung für die Dokumentlieferung als kommerzialisierte Dienstleistung unterliegt den Marktmechanismen. Diese sind nur in Teilen transparent. Deshalb können hier nur für die Preisbildung relevante Kostenfaktoren angesprochen werden:

– *Dokumentvorhaltekosten:* Diese Kosten fallen nur bei jenen Dienstleistern an, die wirklich eigene Dokumentbestände aufbauen. Waren dies früher die klassischen Dokumentationszentren bzw. Bibliotheken (ggf. in Kooperationen), so fallen diese Kosten heute insbesondere beim Aufbau von digitalen Archiven/Repositorien (siehe Kap. D 8) durch die Dokumentlieferdienste an. Im Prinzip vergleichbar zur Kostenverteilung beim bibliothekarischen Bestandsaufbau werden diese Kosten auch anderen Dienstleistungen in Teilen zugerechnet, so dass eine Finanzierung des digitalen Bestandsaufbaus normalerweise auch über andere Vermarktungswege erfolgt.

– *Bereitstellungkosten:* Dieser Kostenfaktor wird wesentlich vom Personaleinsatz beeinflusst. Je höher der Automatisierungsgrad und je geringer der Personaleinsatz (sowohl nach Zeit als auch Höhe der Bezahlung) bei der Bereitstellung, umso stärker reduziert sich dieser Faktor. Die Häufigkeit der Zugriffe pro Dokumentvorlage wird insbesondere bei digitalen Vorlagen relevant. Deshalb konzentrieren sich die ertragsorientierten Dokumentlieferdienste beim digitalen Bestandsaufbau auf Themenbereiche und Dokumenttypen, die häufig nachgefragt werden. Komplementär wird die thematische Breite der Nachfrage unter Einsatz von Honorarkräften häufig aus öffentlich finanzierten Speichern (wissenschaftlicher Bibliotheken) abgedeckt. Hinsichtlich der Liefergeschwindigkeit erweist sich ein höherer Automatisierungsgrad als wesentlicher Wettbewerbsvorteil.

– *Urheberrechtsentgelte:* Während bei der klassischen Fernleihe die Urheberrechtsentgelte pauschal und auf der Grundlage statistischer Analysen ermittelt und in Deutschland von den Unterhaltsträgern der Bibliotheken an die Verwertungsgesellschaft WORT bezahlt werden, werden die Urheberrechtsentgelte im zumeist automatisierten kommerziellen Kontext nicht nur verlagsbezogen, sondern z.T. sogar publikationsbezogen berechnet. Wesentliches Problem aus Kundensicht ist dabei, dass die Festlegung dieser Entgelte durch die Verlage fast willkürlich zu erfolgen scheint und Kunden kaum mit Extrapolationen und vergleichenden Annahmen arbeiten können.

– *Kosten für spezielle Zusatzdienste:* Insbesondere personalintensive Zusatzdienstleistungen wirken als deutlicher zusätzlicher Kostenfaktor, der ggf. über eine Aufwandspauschale oder nach Zeit berechnet wird.

Typisch für die rein kommerziellen Dokumentlieferdienste ist der Umstand, dass sie im Prinzip einen zielgruppenspezifisch nicht differenzierten Dienst anbieten. Faktisch erfolgt aber in Anpassung an die Kundenwünsche wie auch in der Preisbildung durchaus eine Differenzierung nach dem von einem Kunden zu erwartenden Bestellaufkommen und der Exklusivität, mit der der kommerzielle Dienst z.B. von einer Firma in Anspruch genommen wird.

Bei den in Deutschland angebotenen, in ihrer Entstehung oder im laufenden Betrieb öffentlich geförderten Diensten erfolgt hingegen normalerweise eine statusbasierte Differenzierung der Kundengruppen. Sie hat politischen Hintergrund: Hochschulangehörige sollen einerseits von den Möglichkeiten der beschleunigten Dokumentlieferung profitieren können, andererseits soll ihre geringere wirtschaftliche Leistungsfähigkeit sowie der Umstand berücksichtigt werden, dass sie mit den Erkenntnissen aus den gelieferten Dokumenten normalerweise keine Gewinnerzielungsabsicht verbinden. Beispielhaft sei hier die Einteilung von subito dargestellt (vgl. für Preisdetails *www.subito-doc.de/base/subito-info/Page10.php*):

– *Nutzergruppe 1:* Schüler, Studenten, Mitarbeiter der Hochschulen, Forschungseinrichtungen und anderer, überwiegend aus öffentlichen Mitteln geförderten Einrichtungen

– *Nutzergruppe 2:* Kommerzielle Benutzer (Selbständige und Unternehmen), Firmenbibliotheken

– *Nutzergruppe 3:* Privatpersonen

– *Nutzergruppe 4 (nur bei subito):* Bibliotheken von Einrichtungen, die überwiegend aus öffentlichen Mitteln gefördert werden und für den Leihverkehr zugelassen sind.

Die subito-Preise für die Nutzergruppe 1 sind für die verschiedenen Lieferformen für alle Lieferanten verbindlich festgelegt (E-Mail-Lieferung am günstigsten; Fax-Lieferung am teuersten) und werden faktisch von den jeweils liefernden Bibliotheken subventioniert. Sie entsprechen nicht den tatsächlich anfallenden Kosten, die heute je nach Geschäftsganggegebenheiten bei ca. 10-20 EUR liegen dürften.

Die subito-Preise für Lieferungen an die Nutzergruppe 2 werden von den jeweils liefernden Bibliotheken festgelegt. Der Kunde wählt daher bei seiner Bestellung nicht zuletzt nach preislichen Aspekten zwischen den anbietenden Bibliotheken, die als konkurrierende Dienstleister unter dem subito-Angebotsdach auftreten.

Die Preise für die Nutzergruppe 3 liegen leicht über denen der Nutzergruppe 1 und berücksichtigen insofern den Umstand, dass die mit staatlichen Mitteln geförderten Dienste auch für die Bürger allgemein verfügbar sein sollten.

Exklusiv für die Nutzergruppe 4 wird der sogenannte *Library Service* angeboten, bei dem nur Zeitschriftenkopien im Normaldienst zwischen Bibliotheken geliefert werden. Dies wird als Ersatz für eine Fernleihlieferung betrachtet, also nicht als Dokumentlieferung mit Gewinnerzielungsabsicht angesehen. Deshalb wird bislang – im Gegensatz zu allen anderen subito-Lieferungen – keine Urheberrechtstantieme an die VG Wort abgeführt.

### D 10.3.6 Abrechnungs- und Bezahlverfahren

Entsprechend der ausgeprägten Kundenorientierung bieten insbesondere die kommerziellen Dienste an die jeweiligen Anforderungen der Kunden ausgerichtete Bezahlverfahren an – was nicht zuletzt vom jeweiligen Bestellaufkommen beeinflusst wird. Ihr Vorteil ist, dass sie es normalerweise mit nur einer zahlenden Stelle pro Kunde zu tun haben. Die von öffentlich (mit)finanzierten Dienstleistern angebotenen Abrechnungsverfahren berücksichtigen hingegen den Umstand, dass es hier eine Vielzahl von Bestellern mit unterschiedlichem Status gibt, die unregelmäßig und ggf. mit großen zeitlichen Abständen Bestellungen aufgeben.

Die aktuell gängigen Abrechnungs- und Bezahlverfahren sind:

– *Nummerierte Gutscheine/Transaktionsnummern (TAN):*
  Diese anonymen Gutscheine werden vorab erworben und im Rahmen einer Bestellung verbraucht. Die mit ihnen verbundenen Preisbildungsmöglichkeiten sind reduziert, da entweder verschiedene Nummernkreise verwaltet werden müssen oder die Preisstufungen immer ein Vielfaches des Basispreises ausmachen.

– *Bezahlung mittels Kreditkarte/über Micropayment-Dienstleister:*
  Sie kommen aktuell – bei öffentlich geförderten Dokumentlieferdiensten – nicht zuletzt wegen

Einschränkungen durch das öffentliche Haushaltsrecht noch kaum zum Einsatz, werden aber perspektivisch insbesondere für pay-per-view-Abrechnung relevant.

– *Guthabenkonto/Deposit-Account:*
Dieses Verfahren ist wegen des damit verbundenen Verwaltungsaufwandes vorzugsweise für Großkunden kommerzieller Dienstleister relevant.

– *Einzelrechnung:*
Nach Automatisierung der Abläufe wurde dieses im Prinzip arbeits- und kostenaufwändige Verfahren wieder vermehrt angeboten.

– *Sammelrechnung, ggf. mit interner Verrechnung auf Kostenstellen:*
Insbesondere für Großkunden mit interner Kostenverrechnung – ggf. mit Bereitstellung der Daten im vom Kunden gewünschten Datenformat.

## D 10.4 Dienstleistungen im Kontext der Dokumentlieferung

Dokumentlieferung entstand als Dienstleistung in Ergänzung zur erfolgreichen Suche in Referenzdatenbanken. Der Bestellvorgang wurde schon relativ bald durch die datentechnische Verbindung beider Bereiche optimiert. Heute ist die direkte Verlinkung aus Online-Katalogen auf eine Bestelloption und – falls vorhanden – auf eine digitale Version des gesuchten Dokumentes gängig. Dieses sogenannte Reference Linking wird unabhängig davon realisiert, ob die Dienstanbieter der Datenbanken und der Dokumentlieferung in einer geschäftlichen Verbindung stehen (was faktisch auch immer seltener der Fall ist).

Aus deutscher Perspektive hat das von Hehl entwickelte Multisuchsystem E-Connect besondere Bedeutung erlangt (*new.heimat.de/home/bibdat/bibdat.htm*; vgl. Lit. 03). Mit ihm ist es auf einfache Weise möglich, die tatsächlichen Verfügbarkeitsnachweise zu in einem vorangegangenen Suchverfahren ermittelten Dokumentnachweisen herzustellen. Konzeptioneller Ursprung dieses Linksystems ist das unter der Bezeichnung „Elektronische Zeitschriftenbibliothek" (EZB) entwickelte Zugriffssystems für digitale Zeitschriftenbestände, die aus der Lizenz- und Bestandsperspektive einer Bibliothek dem Nutzer Zugriffsoptionen auf digitale Dokumente ermöglicht (vgl. *new.heimat.de/home/bibdat/linksysteme2.htm* bzw. *http://rzblx1.uni-regensburg.de/ezeit*). Das Multisuchsystem E-Connect durchbricht damit den geschlossenen Angebotsraum eines (kommerziellen) Anbieters und bietet eine – derzeit noch unentgeltliche – Dienstleistung für beliebige Interessenten. Andere Verlinkungsformen, insbesondere die mittels dem von Verlegerseite propagierten Digital Object Identifier (DOI; vgl. *www.doi.org*), kommen ebenfalls zum Einsatz, setzen aber die Vergabe des DOI bei der Veröffentlichung voraus.

Angesichts der Vielfalt an Dokumentlieferdiensten sowie der dabei gegebenen Preisdifferenzierung z.B. für die subito-Nutzergruppe 2 wächst allerdings auch der für die Kunden notwendige Aufwand bei der Auswahl eines Dienstes. Den Orientierungsbedarf der Kunden bedienen entsprechende Übersichten ggf. mit Preisvergleichen (z.B. *www.sub.uni-goettingen.de/ebene_1/1_doklie.htm* oder *www.uni-duesseldorf.de/ulb/sc.html#Dokumentlieferung*) bzw. zielgruppenspezifische Beratungsangebote.

## D 10.5 Entwicklungsperspektiven der Dokumentlieferung

Hat die in Kap. D 8 beschriebene Entwicklung der nichtkommerziellen Bereitstellung von digitalen Wissenschaftspublikationen Erfolg, so wird dies die Marktanteile der kommerziellen Dokumentlieferdienste reduzieren. Durch die grundsätzliche digitale Bereitstellung besteht für Kunden und Dienste in gleicher Weise der Vorteil der automatisierten Bestandsermittlung und des direkten Dokumentbezuges. Die abrechnungstechnischen Servicevorteile kommerzieller Dokumentlieferdienste würden obsolet.

Der Marktanteil kommerzieller Dokumentlieferdienste wird in Deutschland gleichzeitig auch von der direkt oder indirekt aus öffentlichen Mitteln finanzierten Konkurrenz der (kooperativen) Dienste von Bibliotheken reduziert. Sie bieten als Wettbewerbsvorteil ihre große fachliche Breite sowie den Umstand, dass ein problemloser Übergang der Kunden aus dem Status Hochschulmitglied in einen anderen Kundenstatus möglich ist. Vorerfahrungen und Routine der Besteller dürften sich dabei langfristig als Wettbewerbsvorteil erweisen. Aus der Perspektive der Steuerzahler ist dies auch deshalb zu begrüßen, weil damit eine Kofinanzierung öffentlich zugänglicher Lieferbibliotheken erfolgt.

Als problematisch könnte sich in diesem Zusammenhang erweisen, dass die von den öffentlichen

Anbietern im Rahmen von subito geleisteten Lieferungen ins Ausland bislang unter den konkurrierenden Preisen liegen. Damit subventioniert der deutsche Steuerzahler diese Kunden der subito-Gruppe 1 im Ausland. Hier wird es vermutlich bald zu Marktanpassungen kommen.

Dokumentlieferung im Sinne entgeltpflichtiger Dokumentbeschaffung ist damit in Deutschland nicht mehr nur eine Dienstleistung kommerzieller Anbieter, sondern – nach einer mehrjährigen Phase dienstleistungsorientierter Optimierung – eine eben solche öffentlich finanzierter Bibliotheken und damit ein Beitrag zur Bestandssicherung der Infrastruktur des Wissenschaftsbetriebs geworden. Ganz wesentlich für die jeweiligen Marktanteile wird zukünftig sein, inwieweit die versprochene Dienstleistungsqualität konkurrenzfähig bleiben und garantiert werden kann. Hierauf werden die (urheber)rechtlichen Rahmenbedingungen der liefernden Bibliotheken, die in jüngster Zeit sowohl von Verlegerseite als auch aus der Politik erheblich in Frage gestellt wurden, ganz wesentlichen Einfluss haben.

### Weiterführende Internet-Quellen

– Als hochwertige und stabile Quelle für aktuelle und retrospektive Informationen zum Thema Dokumentlieferung aus deutscher Perspektive gilt die vom Bibliotheksservice-Zentrum Baden-Württemberg (BSZ) angebotene Übersicht „**Internet-Adressen für Fernleihe, Dokumentlieferung und Bibliographierdienst**" (InFeDo) unter *www.bsz-bw.de/wwwroot/text/infedo.html*. Die dort zusammengefassten Informationen werden im regelmäßig vom BSZ herausgegebenen Newsletter ZKBW-Dialog (vgl. den recherchierbaren Index unter *www.bsz-bw.de/wwwroot/text/zkdialog.html*) aktualisiert. Teil des Newsletters sind jeweils auch kurz zusammengefasste Übersichten zu aktuellen deutschsprachigen Veröffentlichungen zum Thema.

– Für international relevante Veröffentlichungen ist die Zeitschrift „**Interlending and Document Supply**" das einschlägige Organ.

– Vergleichende, z.T. auch bewertende Übersichten zu den jeweils aktuell relevanten Dokumentlieferdiensten bieten daneben u.a. *www.uni-duesseldorf.de/ulb/sc.html#Dokumentlieferung* oder *www.sub.uni-goettingen.de/ebene_1/1_doklie.htm*

### Literatur

01 Beyersdorff, Günter: Was kostet die Fernleihe? Untersuchungen und Empfehlungen zu Kosten, Finanzierung und Abrechnung des Leihverkehrs und von SUBITO-Diensten; Berlin 1996 (Arbeitshilfen Deutsches Bibliotheksinstitut)

02 Diedrichs, Reiner: Verbundübergreifende Fernleihe – erste Erfahrungen und Perspektiven. In: Benkert, Hannelore; Rosenberger, Burkard; Dittrich, Wolfgang (Hrsg.): 92. Deutscher Bibliothekartag in Augsburg 2002. Die Bibliothek zwischen Autor und Leser, Frankfurt am Main 2003; S. 417-432 (ZfBB-Sonderhefte 84)

03 Hehl, Hans: Die Linksysteme des Multisuchsystems E-Connect. Aufsatzrecherche mit Zugang zum Volltext und zu Verbundkatalogen. In: Bibliotheksdienst 37 (2003) 6, S. 774-789

04 Jackson, Mary: Measuring the Performance of Interlibrary Loan and Document Delivery Services in North American Research and Academic Libraries. Online unter: starfsfolk.khi.is/edg/Nordill/Authors&Abstracts/FullMary.htm (Zuerst veröffentlicht in ARL Bimonthly Report, no. 195, December 1997; *www.arl.org/newsltr/195/illdds.html*)

05 Kultusministerkonferenz (Hrsg.): Die Ordnung des Leihverkehrs in der Bundesrepublik Deutschland / Leihverkehrsordnung (LVO), Beschluss der Kultusministerkonferenz vom 19.9.2003. *www.bibliotheksverband.de/dbv/rechtsgrundlagen/lvo2003.pdf*

06 Oßwald, Achim: Electronic Document Delivery. In: Buder, Marianne et al. (Hrsg.): Grundlagen der praktischen Information und Dokumentation. Ein Handbuch zur Einführung in die fachliche Informationsarbeit, 4. völlig neu gefasste Ausgabe, Bd. 1, München 1997, S. 425-437

07 Reuter, Peter: Fernleihbestellungen von Zeitschriftenaufsätzen. Benutzererwartungen an Kosten, Erledigungsdauer und Qualität der kostenpflichtigen Dokumentlieferung, Berlin 1996 (DBI-Materialien 151)

# D 11 Informationswirtschaft

Willi Bredemeier und Patrick Müller

## D 11.1 Fünf Definitionsvorschläge für „Informationswirtschaft"

Es liegt eine Vielzahl von Vorschlägen darüber vor, was unter „Informationswirtschaft" verstanden werden soll. Tendenzen zu einer Einigung sind nicht in Sicht. Teilweise unterscheiden sich die Definitionen durch ihre unterschiedliche Reichweite, so dass die eine Definition von „Informationswirtschaft" als Teilmenge einer weitergehenden Definition von „Informationswirtschaft" gesehen werden kann. Beispielsweise versteht das Bundesministerium für Wirtschaft und Arbeit (BMWA) unter Informationswirtschaft die Summe der Teilbranchen „Telekommunikation, Informations- und Kommunikationstechnik, Elektronische Informationsdienste und E-Commerce". Hingegen sollte nach dem früheren Verband für Informationswirtschaft (VIW) unter „Informationswirtschaft" nur die Branche „Elektronische Informationsdienste" gesehen werden. Es gibt aber auch Definitionen von „Informationswirtschaft", die über kaum oder keine gemeinsamen Schnittmengen verfügen. So weist Wolfgang G. Stock darauf hin, dass sich die Definitionen von „Informationswirtschaft" in den Studiengängen der FH Darmstadt („zeitgemäße Spielart von Dokumentation bzw. Spezialbibliothek") und der TU Karlsruhe (vor allem Informatik, aber auch wirtschafts- und rechtswissenschaftliche Fragen) völlig voneinander unterscheiden. Auch dürfte es wichtige Probleme geben, für die es aus systematischen Gründen nahe liegt, sie der „Informationswirtschaft" zuzuordnen, die jedoch von keiner der gängigen Definitionsvorschläge erfasst werden. Darunter fallen zum Beispiel die wirtschaftlichen Probleme der Informationsgenerierung.

Angesichts dieser Heterogenität muss es nicht überraschen, dass sich auch im Rahmen gegebener Definitionen keine allgemein bewährten theoretischen Ansätze, Systematiken oder auch nur eine konsensfähige Liste relevanter Fragen ergeben haben. Vielmehr scheint das, was und wie es erörtert wird, eine Frage individueller Vorlieben, des Einflusses verschiedener Disziplinen (insbesondere Betriebswirtschaft, Volkswirtschaft, Marktforschung und Sozialwissenschaften), sich ergebender Konventionen von Erörterungen (die sich freilich immer nur auf Teilausschnitte der Informationswirtschaft beziehen) sowie aktueller wirtschaftlicher und politischer Probleme zu sein. Mehr noch als auf der allgemeinen Ebene definitorischer Bestimmungen und Abgrenzungen lassen sich auf den konkreteren Erörterungsebenen eine Vielzahl relevanter Themen, Thesen und Untersuchungsperspektiven finden, die kaum oder nicht oder nur unter einseitigen Interessentengesichtspunkten abgehandelt beziehungsweise eingenommen worden sind.

Wohl liegen zum Teil ausgefeilte begriffliche, theoretische und weitere methodologische Instrumentarien vor, die mehr oder minder geeignet erscheinen, Phänomene der Informationswirtschaft zu beschreiben. Diese Begriffe, Hypothesen und theoretischen Ansätze sind aber nur von einem geringen prognostischem und pragmatischem Wert. Wer über einen längeren Zeitraum informationswirtschaftliche Marktforschung betrieben hat, wird Jahr für Jahr die Erfahrung gemacht haben, dass er (und mit ihm die gesamte Expertengemeinschaft) von neuen Entwicklungen überrascht worden ist. Das beste Beispiel dafür ist der sich in der Mitte der 90er Jahre vollzogene Aufstieg des Internet, der weder in seinem Entwicklungstempo noch in der erreichten wirtschaftlichen und gesellschaftlichen Bedeutung des Internets von jemandem vorausgesehen worden ist.

Dennoch ist der pragmatische Wert des uns vorliegenden informationswirtschaftlichen Wissens keineswegs gleich Null. Man denke nur an die vielen nützlichen Werkzeuge und Technologien, die beispielsweise entwickelt worden sind, um Informationen zu ordnen, wiederzufinden, zu vervielfältigen und zu verbreiten (beispielsweise über Netze). Andererseits sind wir beispielsweise auch im Vergleich zu anderen „Emerging Markets" wie den der Biotechnologie weit davon entfernt, politische Erfolgsprogramme mit objektiv hohen Erfolgschancen konstruieren, den Take-off neuer informationswirtschaftlicher Teilmärkte voraussagen oder auch nur die Wirkungen neuer Ausbalancierungen der Internet-Gesetzgebung zwischen Gesetzlichkeit und Freiheit des Internet in Einzelheiten voraussehen zu können.

Im Folgenden werden die gegenwärtige Diskussionen unter Berücksichtigung eigener Präferenzen mit fünf Definitionsvorschlägen für „Informationswirtschaft" (einschließlich mehrerer „Untervorschläge") abzudecken versucht:

**Pluralistischer Ansatz:** verstanden als bewusste Entscheidung, die bestehende Vielfalt informationswirtschaftlicher Definitionen, Ansätze, Zusammenhänge und Fragestellungen als Chance und Herausforderung zu begreifen und die heuristischen Potenziale dieser Vielfalt – unter anderem durch einen systematischen Wechsel der einzunehmenden Untersuchungsperspektiven – möglichst weitgehend auszuschöpfen.

**Pragmatischer Ansatz:** verstanden als Offenheit gegenüber aktuellen informationswirtschaftlichen Problemen verbunden mit Bemühungen, einen Beitrag zur Lösung dieser Probleme zu leisten, häufig mit einer Präferenz zugunsten von Abgrenzungen informationswirtschaftlicher Erörterungen nach der Informations-Wertschöpfungskette.

**Betriebswirtschaftlicher Ansatz:** Informationswirtschaft als Summe der Möglichkeiten und Maßnahmen der Effektuierung, Effizienzsteigerung und Rationalisierung des

– Gebrauch von Informationen oder

– enger: des Einsatzes von Information als Produktionsfaktor oder

– anders enger: unter Einsatz des Instrumentariums der Wirtschaftstheorie.

**Gesamtwirtschaftlicher („makroökonomischer") Ansatz:** Informationswirtschaft als Summe der Möglichkeiten und Maßnahmen zur Professionalisierung von Aktivitäten rund um die Information, dies vorwiegend aus einer gesamtwirtschaftlichen oder gesellschaftspolitischen Sicht erörtert, und zwar

– ganz allgemein oder

– enger: zur Erzielung von Einkommen oder

– noch enger: zur Erzielung von Markteinkommen.

**Empirischer Ansatz:** Informationswirtschaft als statistische Konstrukte, die auf der Basis von Umfragen den Stand und die Entwicklung von Branchen, Märkten, Wirtschaftseinheiten usw. mit Hilfe von Kennzahlen (zum Beispiel Umsätze) widerspiegeln, und zwar hier insbesondere

– alle Arbeitsplätze, die primär mit Informationen befasst sind,

– die Summe der Teilmärkte Telekommunikation, Informations- und Kommunikationstechnik, Elektronische Informationsdienste und E-Commerce (BMWA-Definition),

– die Branche „Elektronische Informationsdienste" auf der Anbieterseite (VIW-Definition),

– die Branche „Elektronische Informationsdienste" auf der Anbieter- und Nutzerseite.

Die verschiedenen Ansätze schließen einander nicht aus. So stellen der pluralistische und pragmatische Ansatz eher „philosophische Grundsatzentscheidungen" dar, auf deren Basis dem betriebswirtschaftlichen, gesamtwirtschaftlichen und empirischen Ansatz gefolgt werden kann. Betriebswirtschaftlicher, makroökonomischer und empirischer Ansatz würden einander gut ergänzen. Allerdings können Veröffentlichungsgemeinschaften zu Clusterbildungen neigen, das heißt, sie neigen im Vergleich zu den bestehenden Möglichkeiten zu einem engen Bezugsrahmen, ohne allzu häufig darüber hinausschauen zu wollen.

## D 11.2 Der pluralistische Ansatz: Notwendige Vielfalt, Ausnutzung heuristischer Potenziale und Beschränkung auf kurzfristige Relevanz

Es könnte nahe liegen, die obigen Definitionsvorschläge unter einem allgemeineren Begriffszusammenhang einzuordnen oder die Vor- und Nachteile jedes einzelnen Vorschlages in der Hoffnung zu erörtern, dass man sich am Ende auf einen überlegenen Ansatz einigen kann. Generalisierungen sind immer möglich, würden aber hier verschleiern, dass gerade die Vielfalt informationswirtschaftlicher Ansätze Vorteile birgt, und Versuche entmutigen, diese Vielfalt zu nutzen. Wer versuchte, die Vor- und Nachteile der einzelnen Ansätze im Vergleich abzuwägen, käme vor allem darauf, dass diese in Abhängigkeit von den gewählten Fragestellungen variieren und einmal der eine und dann der andere oder vielleicht ein neuer Ansatz, der noch zu konstruieren wäre, der überlegene ist.

Ferner könnte nahe liegen, die obige Situationsbeschreibung mit der Bewertung „desolat" zu versehen. Daran ist richtig, dass die Möglichkeit einer gravierenden Kritik an den bestehenden (oder fehlenden) Erörterungen zu einzelnen informationswirtschaftlichen Bereichen und Fragestellungen nicht zu leugnen ist.

Andererseits ist eine Vielfalt definitorischer Vorschläge, theoretischer Ansätze, eingenommener Untersuchungsperspektiven und behandelter konkreter Probleme nicht nur nicht aufhebbar, sondern geradezu erwünscht. Ähnlich wie bei den Begriffen „Macht" oder „Normen (Werte)" handelt es sich bei „Information" um einen Begriff von universaler Bedeutung. Der sehr große heuristische Anregungswert des Begriffes „Information" etwa in dem Sinne, dass er zu einer Vielzahl sonst unberücksichtigter Fragen führt, ist denn auch unbestritten. Allerdings muss der Versuch, eine empirisch gehaltvolle „allgemeine Theorie der Information" (ähnlich wie eine allgemeine Theorie der Macht oder der Werte) oder auch nur eine „allgemeine Theorie der Informationswirtschaft" zu konstruieren, scheitern und sind Versuche, einen weitgehenden Konsens über diese Theorie(n) herzustellen, mit weitgehenden Gefahren verbunden, nämlich Erörterungen oberhalb aller konkreter Ausprägungen von Informationsproblemen und oberhalb aller Relevanz zu führen sowie eine Reihe relevanter Fragestellungen und Untersuchungsperspektiven mindestens nicht nahe zu legen, wenn nicht systematisch auszublenden.

Hingegen kann eine plurale Vielfalt definitorischer Vorschläge, theoretischer Ansätze, eingenommener Untersuchungsperspektiven und behandelter konkreter Probleme (die beispielsweise von der Praxis formuliert werden) geeigneter sein, eine realistische Einschätzung dessen, was derzeit machbar ist, zu fördern sowie das heuristische Potenzial der Begriffe „Information" und „Informationswirtschaft" zur Formulierung neuer Fragen, Hypothesen und pragmatischer Vorschläge sowie zur Aufbrechung erstarrender Erörterungsfronten weitergehend als bisher auszuschöpfen, dies allerdings unter der Voraussetzung, dass man *selbst willens und fähig ist, sich von „monarchischen Ansätzen" abwenden auf diese Pluralität einzulassen und systematisch und immer wieder die eigene Untersuchungsperspektive zu wechseln.*

Oder anders gesagt: Es wäre möglich, eine „Theorie der Informationswirtschaft" mit einem unbegrenzten zeitlichen und örtlichen Geltungsanspruch zu formulieren. Aber diese wäre ohne Zuhilfenahme von Zusatzannahmen, die nicht in der Theorie enthalten sind, sehr weitgehend irrelevant. Im besten Fall läge ein sehr weiter Bezugsrahmen vor, der die Verständigung unter denen, die sich mit informationswirtschaftlichen Fragen befassen, erleichtert. Oder man geht von aktuellen Zusammenhängen und Problemen aus und kommt unter Auswahl und Nutzung eines vielfältigen begrifflichen, heuristischen und weiteren methodologischen Instrumentariums zu konkreten auch pragmatisch relevanten Schlussfolgerungen, wohl wissend, dass man damit verbunden das Risiko eingeht, in drei, maximal sieben Jahren überholt zu sein. Auch wird damit verbunden hingenommen, dass eine wie immer geartete Liste besonders wichtiger informationswirtschaftlicher Probleme immer diskussions- und ergänzungsbedürftig ist und angesichts der Rapidität informationswirtschaftlicher Entwicklungen nach wenigen Jahren unter neuen Rahmenbedingungen radikal reformuliert und reformiert werden muss. Der damit zum Ausdruck kommende „Mut zur Lücke" wird hier allerdings als Vorteil gesehen. Ginge man „nicht-pluralistisch" vor, also von einem einzigen Ansatz zur Behandlung des Themas „Informationswirtschaft" aus, so bestünden die Lücken auch. Man sähe sie nur schwerer.

## D 11.3 Der pragmatische Ansatz: Zur optimalen Abgrenzung informationswirtschaftlicher Probleme –Der Bezugsrahmen „Informationswertschöpfungskette"

Auf eine weitgehende pragmatische Orientierung vieler informationswirtschaftlicher Erörterungen und eine damit verbundene Entwicklung vieler nützlicher Werkzeuge wurde bereits verwiesen. Eine andere Frage ist die, ob die ausgewählten Fragestellungen und die sich daran anschließenden Erörterungen immer angemessen abgegrenzt sind, das heißt, so zugeschnitten werden, dass die zu erarbeitenden pragmatischen Schlussfolgerungen zu einer bestmöglichen Problemlösung unter gleichzeitiger Minimierung negativer Nebenwirkungen führen.

In vielen Fällen stellt die sogenannte **„Kette der Informationswertschöpfung"** ein geeignetes Werkzeug dar um nachzuprüfen, ob man alle wichtigen Problemvariablen und Interdependenzen in einer informationswirtschaftlichen Betrachtung berücksichtigt hat. Ein Basismodell der Informationswertschöpfung kann zum Beispiel aus den folgenden Stufen bestehen:

- *Vorhaltung und Ausbau einer Informationsinfrastruktur:* zum Beispiel Buchhandel, Telekommunikationsnetzwerke;
- *Generierungsstufe:* Generierung von Informationen, Generierung von Informationslösungen (zum Beispiel eine bestimmte Software), Veredelung vorliegender Informationen und Weiterentwicklung bestehender Informationslösungen beispielsweise durch Individualisierung;
- *Erstverwertungsstufe:* technische Verfügbarmachung von Informationen, Erstverbreitung von Informationen;
- *Längerfristige Verwertungen:* längerfristige Vorhaltung von Informationen zum Zwecke weiterer Nutzungen (darunter Maßnahmen zum Ordnen und Wiederfinden von Informationen), Anwendung von Informationslösungen, weitere Verbreitung von Informationen;
- *Rezeption und Verwertung:* Rezeption von Informationen, sich daraus ergebende weitere Wertschöpfungen innerhalb und außerhalb des Informationsbereiches.

Dieses Basismodell einer Informationswertschöpfungskette ließe sich vor allem in zweifacher Hinsicht weiter ausbauen: Die einzelnen Stufen der Kette können nach weiteren (Unter-)Funktionen und Handlungsträgern differenziert werden (die längerfristige Vorhaltung von Informationen beispielsweise nach Datenbankanbietern, Bibliotheken und weiteren Archiven). Das Modell wäre um wirtschaftliche, politische, rechtliche, kulturelle und gesellschaftliche Rahmenbedingungen, soweit zwischen diesen und der Informationswertschöpfungskette relevante Interdependenzen bestehen, zu ergänzen.

Es kommt häufig vor, dass die einzelnen Stufen der Informationswertschöpfung in etwa der angegebenen Reihenfolge durchlaufen werden. Das muss aber nicht so sein. Vielmehr ist jede Stufe bis zu einem bestimmten Grade mit jeder anderen Stufe in der Informationswertschöpfung verbunden, und ist es beispielsweise möglich, dass jede Wertschöpfungsstufe zu einer Generierung weiterer Informationen führt.

Die obige Klassifizierung ist insoweit empirisch gehaltvoll, als sie rudimentär die gegenwärtige Arbeitsteilung innerhalb der Informationswirtschaft widerspiegelt und auf informationswirtschaftliche Akteure oder Handlungsträger mit jeweils eigenen Interessen verweist, die weitgehend eindeutig verschiedenen Wertschöpfungsstufen und zum Teil nur diesen zuzuordnen sind. Damit liegen erste empirische Thesen nahe:

- Informationswirtschaftliche Erörterungen bleiben häufig auf eine Wertschöpfungsstufe beschränkt und bleiben auch innerhalb einer Stufe oft hinter dem intellektuell Möglichen insoweit zurück, als sie vorwiegend lediglich eine Interessen- und Interessentensicht widerspiegeln.

- Inwieweit sich informationswirtschaftliche Probleme in der Öffentlichkeit und Fachöffentlichkeit bemerkbar machen, hängt auch von der wirtschaftlichen und gesellschaftlichen Macht der sich jeweils betroffen fühlenden Interessentengruppen ab.

- Informationswirtschaftliche Probleme, die einer stufenübergreifenden Lösung bedürfen, werden aus einer gesamtwirtschaftlichen Sicht, häufig aber auch aus einer einzelwirtschaftlichen Sicht, wenn nicht aus der Sicht aller Betroffener, suboptimal gelöst.

Ein aktuelles Beispiel stellen die Auseinandersetzungen um die Novellierungen des Urheberechtsgesetzes dar, in dem sich nur die Verlage (Wertschöpfungsstufe: Verbreitung von Informationen) und – in einem geringeren Maße – die Bibliotheken (Stufe: Vorhaltung von Informationen) hörbar zur Wort meldeten, während sich die Autoren (Generierung von Informationen) und Leser (Rezeption von Informationen) nicht zu Gehör bringen konnten und ihre Interessen allenfalls zu Alibizwecken erwähnt wurden und ansonsten unkonkretisiert blieben.

Mit dem Modell der Informationswertschöpfungskette wird ein Bezugsrahmen vorgelegt, für den ein beachtliches heuristischen Potenzial unterstellt wird. Diese sollte sich bei der Behandlung der jeweiligen informationswirtschaftlichen Fragestellung erschließen. Weitere Bezugsrahmen mit vergleichbaren Potenzialen wären willkommen. Für die Relevanz des hier gewählten Bezugsrahmens seien nachfolgend zwei weitere Beispiele angeführt:

**Tendenzen verabsolutierter Technikorientierungen in der Informationswirtschaft:** Die aktuelle Diskussion zum „Wissensmanagement" lässt sich zu guten

Teilen als Beschreibungen konkreter Softwareprodukte (die in einer vorausgegangenen Version vielleicht dem Informationsmanagement gedient haben) und als Kritik dieser vorgenommenen Beschränkung unter dem Tenor „Technik kann nicht alles sein" zusammenfassen. Beispielsweise müsste, um Wissensmanagementsysteme funktionsfähig zu machen, nach Wegen gesucht werden, wie Mitarbeiter dazu bewogen werden können, ihr Wissen zu teilen, und zusätzlich alle Mitarbeiter überzeugt werden, auf neue Wege der Informationsbeschaffung und -rückkoppelung umzusteigen. Nach dem gewählten Bezugsrahmen liegt eine suboptimale Koordination zwischen den Wertschöpfungsstufen „Generierung von Informationslösungen" und „Anwendung von Informationslösungen" vor.

Die aktuelle Diskussion zu E-Mail-Newslettern lässt sich wie folgt zusammenfassen: Aus einer rein technischen Sicht haben sich faszinierende technische Möglichkeiten ergeben. Allerdings hat man bei der Gestaltung von Newslettern fast in allen Fällen nahezu jede Informationsqualität vergessen. Nach dem gewählten Bezugsrahmen liegt eine suboptimale Koordination zwischen den Wertschöpfungsstufen „Generierung von Informationen" und „technische Verfügbarmachung von Informationen" vor.

Die Entwicklung aller informationswirtschaftlichen Teilmärkte lässt sich aus einer produktbezogenen Sicht damit beschreiben, dass eine zunächst rein technizistische Sicht im Laufe der Jahre bei weiterhin bestehenden Rückfallmöglichkeiten durch eine etwas umfassendere Sichtweise abgelöst wurde. Wiederum ist wie bei dem aktuellen Beispiel „Wissensmanagement" von einer suboptimalen Koordination zwischen der „Generierung von Informationslösungen" und „Anwendung von Informationslösungen" – diesmal auf einer allgemeineren Ebene – zu sprechen.

Im BMWA-Forschungsprojekt „Monitoring Informationswirtschaft" wurden in insgesamt mehreren hundert offenen Interviews die Existenz universaler und gravierender Kooperationsprobleme zwischen informationswirtschaftlichen Anbietern und Anwendern entdeckt. Die dabei entstehenden Effizienzverluste konnten nicht quantifiziert werden, machen aber mit Sicherheit viele Milliarden Euro aus. Hier liegt die Frage nahe, wie ein Problem noch entdeckt werden kann, von dem offensichtlich – siehe die entsprechenden Stellungnahmen der befragten Experten – alle wissen. Die Antwort lautet, dass die informationswirtschaftlichen Anbieter und Anwender nur punktuell – bezogen auf ein bestimmten Produkt und Projekt – miteinander kommunizieren, eine systematische und teilbranchenübergreifende Inangriffnahme der bestehenden Kooperationsprobleme aber bislang ausgeblieben ist, beispielsweise, weil es nur eine wertschöpfungsstufenbezogene, nicht aber eine wertschöpfungsstufenübergreifende Fachöffentlichkeit gibt. Neuerdings wird daher im Rahmen des Monitoring-Projektes über Workshops versucht, wertschöpfungsstufen-übergreifende Kommunikationszusammenhänge zu institutionalisieren.

***Fehlende Beiträge der Information Professionals zur Gestaltung der Informationsgesellschaft:*** In der Branche „Elektronische Informationsdienste" wird Klage darüber geführt, dass die sogenannten Information Professionals keinen nennenswerten Beitrag zur Gestaltung der Informationsgesellschaft leisten und auch von niemanden gefragt werden, wie man bei der Gestaltung der Informationsgesellschaft und damit auch der Informationswirtschaft als einer Teilmenge der Informationsgesellschaft verfahren soll. Offensichtlich wird hier eine Art Generalkompetenz für die Gestaltung der Informationsgesellschaft beansprucht. Ein solcher Anspruch wäre allerdings abwegig, wenn es ausschließlich um die Wahrnehmung vorwiegend informationsverwaltender Aufgaben, beispielsweise solchen des Ordnens und Wiederfindens von Informationen, ginge. Noch wären die Empfehlungen, die sich aus solchen Partialanalysen ergäben, aus einer allgemeineren Sicht notwendigerweise viel versprechend noch besonders relevant.

Offensichtlich ist man sich aber zumindest intuitiv bewusst, dass man von den Entwicklungen auf den vorgelagerten und nachgelagerten Stufen der Informationswertschöpfung betroffen ist und dass man deshalb auch zu diesen Entwicklungen aus eigener Sicht Stellung nehmen sollte. Eine Erarbeitung von Empfehlungen zur Entwicklung und Gestaltung von Informationswirtschaft und Informationsgesellschaft unter Beachtung der gesamten Wertschöpfungskette von Informationen, die auch in der Informationswirtschaft und darüber hinaus gehört wird, ist insbesondere dann möglich, wenn es zu einer Bildung von Allianzen mit Gruppen kommt, die auf anderen Stufen der Informationswertschöpfungskette dominieren. Dabei können sich auch Allianzen mit solchen Gruppen als sinnvoll erweisen, an die man – außerhalb des Bezugsrahmens der Informationswertschöpfungskette stehend – bislang nicht gedacht hat, beispielsweise den Autoren.

Die Transzendierung rein interessengebundener Argumentationsketten und eine weitergehende Verringerung des Engpasses wertschöpfungsstufenübergreifender Diskurse als bislang ist letztlich im Interesse aller, die am Informationswertschöpfungsprozess teilhaben. Im konkreten Fall kann es vorkommen, dass jemand, der über seinen Spezialisierungsbereich hinauszublicken versucht und zu nicht von vornherein selbstverständlichen Ergebnissen kommt, der Vorwurf der Inkompetenz gemacht wird. Besonders in jenen Disziplinen, in denen revolutionäre theoretische Fortschritte nicht zu erwarten sind, halten wir uns eine Forschung mit sehr großen Autonomiespielräumen vorwiegend deswegen, auf dass sie über den Tellerrand blicke und uns nicht mit unangenehmen Wahrheiten verschone. Darüber hinaus ist jeder, der an der Veröffentlichungswirtschaft teilnimmt, zu einem Mindestmaß an Mut aufgerufen.

## D 11.4   Der betriebswirtschaftliche Ansatz: Das Effizienz- und Rationalisierungsparadigma und seine notwendigen Ergänzungen

Unter „Informationsökonomie" kann die wissenschaftliche Beschäftigung mit Fragen der Informationswirtschaft verstanden werden. In der informationswirtschaftlichen Literatur im engeren wissenschaftlichen Sinn dominierten für längere Zeiten betriebswirtschaftliche Sichtweisen. Die entsprechenden Ansätze aus den angelsächsischen Ländern wurden von meinem verstorbenen Partner Werner Schwuchow in den deutschsprachigen Raum übertragen.

Geht man von dem Sinn der Worte „Information" und „Wirtschaft" aus, so liegt in der Tat ein naheliegender Ansatz für die Behandlung informationswirtschaftlicher Fragen darin, nach Möglichkeiten der Effektuierung, Effizienzsteigerung und Rationalisierung des Gebrauchs von Information – oder enger: des Einsatzes von Information als Produktionsfaktor oder anders enger: unter Einsatz des Instrumentariums der Wirtschaftstheorie – zu fragen. Dies ist ein fruchtbarer Ansatz in dem Sinne, dass es eine Vielzahl von privaten und öffentlichen Einrichtungen beziehungsweise eine Vielzahl von Unternehmensfunktionen gibt, in dem es bislang nicht oder kaum zu einer Entdeckung bestehender Informationsprobleme gekommen ist. Oder es liegt eine Umsetzungslücke vor, so dass die vorliegenden pragmatischen Vorschläge nicht erprobt noch angemessen weiterentwickelt werden können. Auch werden die vorliegenden pragmatischen Lösungen den Spezifika der Informationswirtschaft insoweit gerecht, als von bestimmten besonderen Merkmalen des Faktors oder Gutes Information ausgegangen und im Anschluss daran versucht wird, bestimmte Konsequenzen als Empfehlungen abzuleiten. Beispielsweise ist der Wert einer bestimmten Information weder ex ante noch ex post bestimmbar und erlangt diese Information in fast allen Fällen nur unter sehr spezifischen Umständen (also nur im eher seltenen „Anwendungsfall") einen Wert. Aus diesen besonderen Merkmalen ließe sich zum Beispiel die Notwendigkeit einer Vorratshaltung potenziell relevanter Informationen sowie die Sinnhaftigkeit von „Informationsschrotschüssen" ableiten.

Allerdings hat auch dieser Ansatz seine Grenzen und ist seine Anwendung mit Gefahren verbunden. Information hat nicht nur eine instrumentelle Bedeutung, sondern ist vor allem – insbesondere in übergreifenden Kommunikationszusammenhängen – ein Selbstzweck (beziehungsweise hat, wenn man die Kategorien der Wirtschaftstheorie anwenden will, konsumtive Bedeutung). Zwischen Information als Produktionsfaktor und Information als Selbstzweck bestehen insoweit Zusammenhänge, als neue Ideen, die später eine große produktive Bedeutung erlangen können, häufig zunächst auf weitgehend zweckfreien „intellektuellen Spielweisen" erdacht worden sind. Je radikaler der Innovationsgehalt einer Idee, desto wahrscheinlicher ist es, dass er nicht in den vorgefertigten Bahnen der Wissensgenerierung gefunden worden ist. Die Kenntnis dieses Zusammenhanges hat denn auch dazu geführt, bestehende Effektuierungs- und Rationalisierungszwänge gelegentlich zu lockern, indem der Forschung bedeutende Autonomie- und Finanzierungsspielräume zugestanden werden oder zweckfreie Kommunikation in Brainstorming-Sitzungen in unternehmensinternen Projektgruppen simuliert wird.

Das bestehende – in den betriebswirtschaftlichen informationswirtschaftlichen Ansätzen dominierende – Effektuierungs- und Rationalisierungs-Paradigma trägt weiter, wenn es darum geht, bereits etablierte Informationslösungen punktuell weiter zu verbessern. Es trägt nicht, wenn es um die Generierung weitgehend neuer Informationslösungen geht. Die Bedeutung dieser Überlegungen sei an zwei aktuellen Problemen plausibel gemacht:

– Der derzeitige besondere Rechtfertigungsdruck für innerbetriebliche Informationsvermittler lässt sich vor allem durch die „Eroberung" weiterer unternehmensinterner Aufgaben oder durch ein erfolgreiches Engagement auf externen Märkten lindern. Unter diesen Bedingungen ist eher kaum eine Beratung nach dem Effektuierungs- und Ratioanalisierungs-Paradigma, sondern nach dem Ansatz „Neue Geschäftsbereiche" angesagt.

– Internationale Informationsanbieter tendieren immer wieder dazu, für sie „neue Ideen", die ihre aufgekauften nationalen Töchter oder nationalen Vertriebsbüros „vor Ort" entwickelt haben oder inkorporieren, wegzuzentralisieren. Aus der isolierten Sicht des Rationalisierungs- und Effizienzparadigmas können sie damit recht haben, auch wenn damit Innovationskapazitäten und Eingehen auf die Besonderheiten nationaler Märkte wegrationalisiert werden. Die Möglichkeiten des Marktes, solche weltweiten regional kaum differenzierenden Strategien zu bestrafen, gehen desto mehr zurück, je mehr die Bedeutung nationaler Informationsanbieter rückläufig ist und ein am Markt unangemessenes Verhalten durch überlegene Finanzkraft kompensiert werden kann.

Mit der Anwendung des Effektuierungs- und Rationalisierungs-Paradigmas wird häufig unterstellt, dass Information als Produktionsfaktor verwendet wird und damit verbunden die Bezugseinheit das auf Märkten agierende Unternehmen oder eine seiner Einheiten sei. Dieser Ansatz greift aus zwei Gründen zu kurz: Öffentliche Informationseinrichtungen oder öffentliche Einrichtungen mit Einheiten zur Lösung von Informationsproblemen arbeiten unter weitgehend anderen Vorgaben und Rahmenbedingungen, so dass Vorschläge, die sich im privaten Bereich bewährt haben, nicht auf den öffentlichen Bereich übertragen werden können. Zwischen dem privaten und öffentlichen Sektor besteht auch im Handling von Informationsfragen eine Effizienzlücke. Damit besteht ein besonders dringlicher Bedarf nach Beiträgen, die zwar vom Effektuierungs- und Rationalisierungs-Paradigma ausgehen, in denen aber zentrale Merkmale des öffentlichen Bereiches bereits in den Ausgangsannahmen angemessen berücksichtigt worden sind.

Zweitens wird zu wenig zwischen vergleichsweise unmittelbar produktiven Wirkungen von Informationen und einer produktiven Bedeutung von Informationen unterschieden, die sich erst nach längerfristigen „Umwegproduktionen" ergeben. Ein Bereich, in dem sich Investitionen in Informationen erst langfristig – nämlich über ein aufeinanderaufbauendes System der allgemeinen und speziellen Ausbildung sowie der Fort- und Weiterbildung – auszahlen, ist das der „Humanressource" mit dem individuellen Arbeitnehmer als Referenzpunkt. Wir sind hier – auch und gerade bei den Mitgliedern von Informationsberufen – sehr weitgehend davon entfernt, diesen systematische Hinweise sowohl punktuell als auch für ihre lebenslange Laufbahn- und Karriereplanung an die Hand geben zu können, die wesentlich über die Selbstdarstellungen von Studiengängen und Seminarangeboten (und deren Eigenlob) hinausgehen.

In der Informationswirtschaft sind die Interaktionen zwischen dem privaten und öffentlichen Sektor mehr als in den meisten anderen Branchen von konstitutiver Bedeutung und zieht sich die faktische Grenze zwischen dem privaten und öffentlichen Bereich zum Teil innerhalb einzelner Einrichtungen („Hybridorganisationen") durch. Soweit beispielsweise in der Fachinformationspolitik versucht wurde, die Grenzen zwischen dem privaten und öffentlichen Sektor neu zu bestimmen, wurde der Wirtschaftstheorie allenfalls der Hinweis entnommen, dass man „im Zweifelsfall für den Markt" sein sollte und darüber hinaus keine weitere Diskussion geführt. Ein solcher sehr weitgehender Verzicht auf Information und Diskurs zu einer so zentralen Frage in der Informationswirtschaft musste nahezu zwangsläufig zu suboptimalen informationswirtschaftlichen Strukturen und damit zu langfristigen wirtschaftlichen Ineffizienzen führen. Komplexere Ansätze, nach denen beispielsweise die Phänomene des „Marktversagens" und „Politikversagens" simultan zu diskutieren sind und die entstehenden Kosten in einem Vergleich abgewogen werden können, sind hier dringend vonnöten.

## D 11.5 Das gesamtwirtschaftliche („makroökonomische") Paradigma: Unabgeschlossene Liste der Definitionsversuche – Abgrenzung von Informationswirtschaft und Informationsgesellschaft

Es dürfte kaum ein menschliches geschweige wirtschaftliches Handeln geben, das ohne Informationen (und deren rationalen Gebrauch) auskommt. Zu einem konkreteren Verständnis von Informationswirtschaft kommt man, wenn man den Begriff der Professionalisierung einführt und sich auf die wirtschaftlichen Aktivitäten beschränkt, in denen sich Akteure und Einrichtungen primär auf den Umgang mit Informationen (also auf die Erfüllung einer Aufgabe auf eine oder mehrere Stufen in der Informationswertschöpfungskette) spezialisiert haben.

Dieser Bezugsrahmen ermöglicht bereits Aussagen wie diese: Im historischen Verlauf hat die Professionalisierung von Informationen sowohl quantitativ als auch qualitativ so sehr zugenommen, dass die Informationswirtschaft insoweit mit der Gesamtwirtschaft gleichgesetzt werden kann, als Information in allen wichtigen Branchen zum zentralen Produktionsfaktor aufgestiegen sei. Es liegen Schätzungen vor, nach denen hierzulande in etwa jeder zweite Erwerbstätige einem Informationsberuf angehört. Der wichtigste langfristige Push-Faktor für das Niveau wirtschaftlicher Aktivitäten sind die Informationslösungen oder Informationstechnologien, die auf die Basisinnovationen des Chip (circa 1960) und des Internet (circa 1990) aufbauen. Auch dann, wenn diese Annahmen uneingeschränkt richtig wären, zeigt die gegenwärtige Rezession, dass auch Phasen langfristigen wirtschaftlichen Wachstums (hier der sogenannte „fünfte Kondratieff-Zyklus") konjunkturelle Schwankungen und strukturelle Krisen nicht ausschließen. Der wichtigste Kandidat, der die Informationswirtschaft als erhoffter Träger von Wirtschaftswachstum, Beschäftigungssicherung und neuer Beschäftigung ablösen könnte, sind die Biotechnologien.

Allerdings fragt es sich, ob ein Begriff, der sich auf 50% der Arbeitsplätze querbeet durch alle Branchen zieht, für viele Fragestellungen einen erkenntniserhellenden Wert hat. Weitergehende konsensfähige Differenzierungen sind daher willkommen, dies auch ein Hinweis auf die Notwendigkeit eines nationalen und internationalen Ausbaus der Wirtschafts- und hier insbesondere der Dienstleistungsstatistik. Eine Differenzierung, die sich sehr weitgehend bewährt hat, ist die zwischen professioneller oder Fachinformation auf der einen Seite und der Konsumenteninformation (mit Überlappungen zu Bildungs- und Unterhaltungsdiensten) andererseits.

Sinnvolle Einschränkungen des Begriffes Informationswirtschaft können darin bestehen, sich nicht auf Arbeitsplätze, sondern auf selbstständige Handlungseinheiten zu beziehen, die sich vorwiegend mit Informationsproblemen und -lösungen (einschließlich der Infrastruktur für die Lösung von Informationsproblemen wie die Telekommunikation) befassen. Damit liegt eine Fokussierung auf die Anbieterseite, im Falle eines marktbezogenen Ansatzes beispielsweise auf Verlage, Elektronische Informationsanbieter und die mit ihnen kooperierenden Softwarehäuser, oder auch auf die Definition des Bundesministeriums für Wirtschaft und Arbeit (BMWA) nahe. Ein „Hybrid-Ansatz" wäre beispielsweise dann gegeben, wenn man unter Informationswirtschaft nicht nur die Anbieter etwa nach dem BMWA-Ansatz, sondern auch deren Kunden, also die Anwender, verstünde. Das sind in den Anwenderbranchen meistens nicht die Unternehmensleitungen, sondern unternehmensinterne Handlungseinheiten eine oder mehrere Ebenen darunter. Ein solcher „Hybrid-Ansatz" ermöglichte es, die universal bestehenden gravierenden Kooperationsprobleme zwischen informationswirtschaftlichen Anbietern und Anwendern branchenübergreifend und das heißt unter Einbeziehung von Anbietern und Anwendern zu thematisieren.

Ist es sinnvoll, die Begriffe „Informationswirtschaft" und „Elektronische Informationsdienste" gleichzusetzen? Das kann dann bei einer Reihe von Fragestellungen sinnvoll sein, wenn die entscheidenden Impulse für die Weiterentwicklung der Informationswertschöpfungskette – beispielsweise über eine erstmalige wirtschaftliche Erschließung und Anwendung neuer technischer Möglichkeiten in Pionierunternehmen – von den „Elektronischen Informationsdiensten" ausgehen. Dies war in der Tat eine Reihe von Jahren der Fall. Neuerdings ist die Frage zu stellen, ob die Impulsfunktion für die Weiterentwicklung der Informationswirtschaft nicht an andere informationswirtschaftliche Sektoren abgegeben worden ist. Zwar wird nach wie vor behauptet: „Content is King." Diese Aussage lässt sich aber nach den Indikatoren Umsätze, Erträge, Sichtbarkeit in der Öffentlichkeit sowie wirtschaftliche und politische Einflussmöglichkeiten nicht aufrechterhalten. Allerdings kann die Bedeutung der informationswirtschaftlichen Teilbranche „Elektronische Informationsdienste" für die Bedeutung der gesamten Informationswirtschaft und darüber hinaus durch eine Erhöhung der eigenen Innovationskraft sowie eine Problemsicht auf die gesamte Informationswertschöpfungskette für die eigenen Erörterungen gestärkt werden.

Damit liegt mit dem Begriff „Informationswirtschaft" aus einer gesamt- und branchenwirtschaftlichen Sicht ein flexibles Konzept mit beachtlichen heuristischen Potenzialen vor, vorausgesetzt, man akzeptiert eine Pluralität der bestehenden Definitionen in Abhängigkeit von der gewählten Fragestellung und der konkreten Situation. Dies gilt auch für die kommenden Jahre, in denen es mit Sicherheit zu neuen Professionalisierungen um den Begriff „Information" kommen wird und neue Cluster wirtschaftlicher Aktivität und Innovationskraft entstehen werden, auf die der Begriff „Informationswirtschaft" sinnvoll angewandt werden kann.

Inwieweit ist auch aus einer gesamt- und branchenwirtschaftlichen Sicht auf Grenzen des Konzepts „Informationswirtschaft" zu verweisen? Reformuliert lautet die Frage, wie sich die Konzepte „Informationswirtschaft" und „Informationsgesellschaft" sinnvoll voneinander abgrenzen lassen und wie sie aufeinander zu beziehen sind.

Fragen des sogenannten „Digital Divide" gehören fraglos zum Domain der Informationswirtschaft. Allerdings fragt es sich, ob es nicht einen Nachholbedarf an systematischen verteilungspolitischen Erörterungen im Bereich der Informationswirtschaft gibt, nachdem bislang vorwiegend wachstums- und effizienzorientierte Erörterungen für die Informationswirtschaft angestellt wurden. Damit verbunden wäre zu erörtern, ob sich die dringendsten verteilungspolitischen Probleme der Zukunft weniger auf Einkommen denn auf die Verteilung von Access-, Bildungs- und Partizipationschancen beziehen.

Ohne hier die Grenzen zwischen Informationswirtschaft und Informationsgesellschaft genau festlegen zu können, lautet eine wichtige Aussage doch, dass es eine solche Grenze geben muss und insoweit der Ökonomisierung der Welt Grenzen zu setzen sind. Gegenwärtig führt die Globalisierung auf den Informationsmärkten zu einer Vereinheitlichung des Informationsangebotes für die Weltgemeinschaft und zu einem damit verbundenen Verlust an Vielfalt und Differenzierung. Diese möglichst aufrechtzuerhalten, ist nicht nur ein effizienz- und innovationspolitisches, sondern auch ein kulturpolitisches Gebot.

## Deutschlands Positionierungen

| Spitzenwerte weltweit | Platz 1 in Europa | Europäischer Spitzenplatz | Deutliche Verbesserungen |
|---|---|---|---|
| **Penetrationsraten**<br>• ISDN in Unternehmen (Platz 1)<br>• DSL-Penetration (Platz 4)<br>• Internet-Präsenz von Unternehmen (Platz1)<br>• Internet-Zugang in Unternehmen (Platz 2)<br>• Mobiler Internet-Zugang in Betrieben (Platz 2)<br>• Online-Handel in Unternehmen (Platz 3)<br>• Online-Shopper unter Internet-Nutzern (Platz 3)<br>• Potenzial Online-Shopper unter Internet-Nutzern (Platz 1)<br><br>**Absolute Werte**<br>• Anzahl B2B Markt-Plätze (Platz 2)<br>• IKT-Umsatz (Platz 3)<br>• Anzahl Internet-Nutze (Platz 3) | **Penetrationsraten**<br>• Hochgeschwindigkeits-Zugänge unter allen Internet-Anschlüssen<br>• Zugang und Nutzung des Internets über Mobiltelefone<br><br><br><br><br><br><br><br>**Absolute Werte**<br>• TK-Umsatz<br>• E-Commerce-Umsatz<br>• B2C-/B2B-Umsatz<br>• M-Commerce-Umsatz<br>• B2B-Marktplätze<br>• Anzahl Internet-Hosts<br>• Anzahl Internet-Nutzer<br>• Verweildauer im Internet<br>• Online-Werbeausgaben<br>• Online-Werbekampagnen | **Penetrationsraten**<br>• ISDN in der Bevölkerung (Platz 3)<br>• Satellitenanschlüsse in Haushalten (Platz 2)<br>• Zunahme der Mobilfunkverbreitung (Platz3)<br>• Externes/internes E-Mail in Unternehmen ( Platz 2)<br><br><br><br>**Absolute Werte**<br>• IT-Umsatz (Platz 2)<br>• Anzahl Online-Sessions pro Monat (Platz 2)<br>• Online-Banking-Nutzer (Platz 2) | **Penetrationsraten**<br>• Internet-Präsenz von Unternehmen<br>• Online-Handel in Unternehmen<br>• Online-Handel in kleinen Unternehmen<br>• E-Government-Nutzung in der Bevölkerung<br><br><br><br>**Absolute Werte**<br>• abnehmender Digital Divide bei den Internet-Nutzern nach Geschlecht<br>• Senkung der Internet-Zugangskosten |

*Abb. 1: Quelle NFO Infratest 2003*

## D 11.6 Der empirische Ansatz: „Monitoring Informationswirtschaft" und „Elektronische Informationsdienste"

Es vergeht kaum ein Tag, an dem nicht eine empirische Untersuchung über informationswirtschaftliche Teilmärkte und Aspekte veröffentlicht wird. Diese Studien sind in vielen Fällen angesichts unterschiedlicher Definitionen, Fragestellungen, Ansätze, Design und Sorgfalt nicht miteinander vergleichbar. Zum Teil ist diese mangelnde Vergleichbarkeit eine notwendige Folge des rapiden Strukturwandels auf „new emerging markets", mit dem die Methodologie zunächst nicht mithalten kann. In manchen Fällen wird aber eine Vergleichbarkeit gar nicht erst angestrebt, und könnte die gegenwärtige Dienstleistungsstatistik aus einer rein technischen Sicht gegenwärtig wesentlich weiter entwickelt sein.

Nach der weitgefassten Definition des Bundesministeriums für Wirtschaft und Arbeit von „Informationswirtschaft" wurden im Rahmen des Forschungsprojektes „Monitoring Informationswirtschaft" mittlerweile sechs Faktenberichte (von NFO Infratest) und drei Trendberichte (vom Institute for Information Economcis) verfasst. Die Faktenberichte bestehen aus umfassenden Paketen von Indikatoren und Zeitreihen zur Informationswirtschaft, zu den infrastrukturellen Voraussetzungen sowie zu den aktuellen Anwendungsfeldern moderner Informations- und Kommunikationstechnologien. Beispielsweise der dritte Trendbericht untersucht auf der Grundlage von über hundert Interviews mit Branchenexperten aus Wirtschaft, Wissenschaft und Verwaltung Fragen der konjunkturellen Aussichten, der Beschäftigungsentwicklung und des Qualifikationserwerbs, der Geschäfts- und Innovationschancen sowie der Perspektiven von E-Government und E-Learning. Die Berichte haben sich mittlerweile als unverzichtbare Informationsgrundlage in Wirtschaft und Wirtschaftspolitik erwiesen. Allein der vierte Faktenbericht wurde bislang 35.400 mal von der Website des BMWA und 26.600 mal von der Website von NFO Infratest heruntergeladen. Die aktuellen Berichte und Teile davon können kostenfrei heruntergeladen werden (Webadressen siehe Literaturverzeichnis).

"Monitoring Informationswirtschaft" geht von einem internationalen Benchmark-Ansatz aus, es fragt also in einer Mehrzahl von Dimensionen nach Deutschlands Positionierungen weltweit sowie innerhalb von Europa sowie danach, wie sich diese Positionierungen im Berichtszeitraum veränderten.

Für die Branche „Elektronische Informationsdienste" hat das Institute for Information Economics jährliche Umsatzerhebungen für den deutschen Markt durchgeführt. Wie die links stehende Tabelle zeigt, stieg der Gesamtumsatz von 800 Millionen DM 1990 auf 1,7 Milliarden DM 2000. Das entspricht einer Wachstumsrate von 117,9%. Bis Ende der 90er Jahre lag die jährliche Wachstumsrate fast immer um die 15%, bedingt durch den Take-off immer neuer Teilmärkte, insbesondere von CD-ROM Anfang der 90er Jahre, der (in der Tabelle nicht enthaltenen) Online-Konsumentendienste Mitte der 90er Jahre sowie der hostunabhängigen Informationsanbieter über das Internet Ende der 90er Jahre. Seitdem gehen die Wachstumsraten zurück, um in der aktuellen Rezession

| | 2000 Umsätze in Mio. DM | 1990 Umsätze in Mio. DM | Wachstumsraten in % | Marktanteile in % 2000 | 1999 |
|---|---|---|---|---|---|
| Realtime-Finanzinformationen | 547,2 | 370,0 | 47,9 | 31,4 | 46,3 |
| Nachrichtenagenturen | 368,6 | 165,0 | 123,4 | 21,1 | 20,6 |
| Kreditinformationen | 505,0 | 100,0 | 405,0 | 29,0 | 12,5 |
| Firmeninformat. über das Internet | 86,0 | - | - | 4,9 | - |
| Weitere Wirtschaftsinformationen | 73,4 | - | - | 4,2 | - |
| Rechtsinformationen | 74,8 | - | - | 4,3 | - |
| Wissenschaftl.-technisch-medizin. Informat. | 88,4 | - | - | 5,1 | - |
| Klassische Fachinformation | - | 90,0 | - | - | 11,3 |
| CD-ROMs | - | 35,0 | - | - | 4,4 |
| Weitere elektronische Informationsprod. | - | 40,0 | - | - | 5,0 |
| **Summe** | **1.743,4** | **800,0** | **117,9** | | |

*Quelle: Institute for Information Economics*

teilweise sogar zu schrumpfen. Eine Pionierbranche mit großen Wachstumspotenzialen hat sich in eine weitgehend konjunkturabhängige etablierte Branche verwandelt.

Auf der Basis einer von IIE und NFO erarbeiteten Methodologie wurden für die Geschäftsjahre 1994 und 1997 im Auftrage der Europäischen Kommission ähnliche Umsatzerhebungen durchgeführt. Während sich in beiden Erhebungen eine weitgehende Dominanz des britischen Marktes ergab und die skandinavischen Länder (mit Großbritannien) in den Kennzahlen vorn lagen, wurde für Deutschland im innereuropäischen Vergleich lediglich ein Mittelplatz verzeichnet.

**Literatur**

01 Willi Bredemeier, Sabine Graumann, Werner Schwuchow, The Markets for Electronic Information Services in the European Economic Area 1994 – 2003 – Vol. 1: Executive Summary, Introduction – General Methodology – Vol. 2: Future Developments, Case Studies, Supply Side Survey, Demand Side Survey, European Commission, Luxembourg 2000.

02 Willi Bredemeier, Mechtild Stock und Wolfgang G. Stock, Die Branche Elektronischer Geschäftsinformation in Deutschland 2000/2001, Hattingen, Kerpen und Köln 2001

03 Sabine Graumann und Willi Bredemeier, Monitoring Informationswirtschaft – 6. Faktenbericht und 3. Trendbericht. Verfügbar unter folgenden Adressen:
www.bmwa.de (Rubrik „Informationsgesellschaft")
www.nfoeurope.com (Rubrik „News")
www.password-online.de (Rubrik „Partner", dann „Institute for Information Economics").

04 Werner Schwuchow, Willi Bredemeier, Sabine Graumann, Manual on Assessing the Markets for Electronic Services in the European Economic Area (MS-STUDY II), 1997

05 Wolfgang G. Stock, Informationswirtschaft – Management externen Wissens, München/Wien 2000

# D 12 Wirtschaftsinformation

Martin Michelson

## D 12.1 Charakter und Bedeutung von Wirtschaftsinformation

Unter „Wirtschaftsinformation" versteht man einerseits Informationen *über* das Wirtschaftsgeschehen, andererseits auch Informationen *für* die „Wirtschaft". Während sich Privatleute, staatliche Institutionen und entsprechende Berufsgruppen (z.B. Journalisten, Wirtschaftsforscher) in der Regel mit dem wirtschaftlichen Geschehen allgemein befassen, bedeutet Wirtschaftsinformation für Unternehmen in erster Linie „Geschäftsinformation", Informationen also, die bei der zielorientierten Unternehmensführung, bei der Planung und Steuerung operativer Abläufe und bei der Beurteilung der Märkte und Marktchancen unterstützen. Der im angelsächsischen Sprachbereich gebräuchliche Begriff „Business Information" macht diesen Sachverhalt auch besser deutlich als der wenig spezifische deutsche Begriff „Wirtschaftsinformation". Nachfolgend wird Wirtschaftsinformation unter der Sicht der Unternehmensinformation betrachtet.

Der Bedarf eines Unternehmens an Wirtschaftsinformation resultiert aus seinen Geschäfts- und Aufgabenfeldern, aus seiner Marktstrategie und aus den das Unternehmensumfeld beeinflussenden Faktoren politisch-gesetzlicher, ökonomischer, technologischer und sozio-kultureller Art. Wirtschaftsinformationen bieten die Grundlage für wirtschaftliches Handeln und Entscheiden. Sie sollen die Erkenntnis der wahrscheinlichen Entwicklung eines Sachverhaltes ermöglichen bzw. die Auswirkungen bestimmter Entscheidungen oder Handlungen prognostizieren helfen.

Die rechtzeitige Identifikation und Erschließung von Marktpotentialen spielt eine wesentliche Rolle für die Sicherung von Wettbewerbsvorteilen und für die Festigung strategischer Marktpositionen. Neue Informations- und Kommunikationstechnologien machen Produkte und Leistungen auf dem Markt transparenter und vergleichbarer.

In einem wettbewerbsintensiven Markt wird der Zugang zur richtigen Information zur richtigen Zeit um so bedeutender, je mehr Marktteilnehmer potentiell über die gleichen Informationen verfügen. Das Wissen über Absatzmärkte, Marktanteile, Wettbewerber, Kundensegmente und Kundenanforderungen ist ein entscheidender Wettbewerbsfaktor. Der schnelle und umfassende Zugriff auf benötigte Informationen ist in Unternehmen eine maßgebliche Voraussetzung für die Wettbewerbsfähigkeit.

Neben den im operativen Geschäft und bei den betrieblichen Unterstützungsfunktionen anfallenden Daten sind es die öffentlich zugänglichen Informationen des externen Informationsmarktes, die einen wesentlichen Teil des Informationsbedarfs ausmachen.

Die auf dem Informationsmarkt angebotenen Informationsdienste und -produkte haben eine elementare Bedeutung in der Informationsversorgung

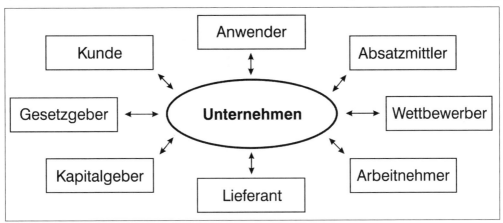

*Abb. 1: Einflussfaktoren auf die Unternehmung*

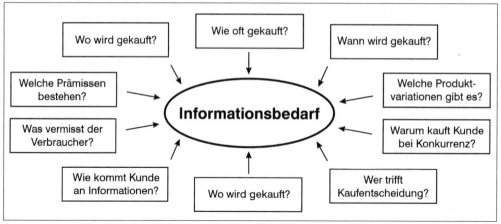

*Abb. 2: Informationsbedarf zum Kundenverhalten (in Anlehnung an Lit. 13)*

von Unternehmen. Bildeten vor einigen Jahren noch gedruckte Publikationen die Basis der Informationsversorgung, so werden heute aus Kosten- und Effektivitätsgründen überwiegend elektronische Informationsangebote in Anspruch genommen.

Die nachfolgende Auflistung wichtiger Themenbereiche der unternehmensrelevanten Wirtschaftsinformation zeigt, dass das inhaltliche Spektrum dessen, was unter Wirtschaftsinformation zu verstehen ist, sehr weit sein kann:

– Branchensituation, Marktsituation und -entwicklung
– Kundenverhalten, Verbrauchertrends
– Marktakteure (Unternehmen), speziell Wettbewerber
– Produkt- und Dienstleistungsangebote
– technologische Entwicklungen, Patente
– Marketing, Öffentlichkeitsarbeit, Werbung
– Preise, Preisentwicklungen
– Vertriebswege, Handel
– Arbeitsmarkt, Personalfragen
– Finanzierung, Subventionen, Förderprogramme
– Ausschreibungen und Projekte
– Kapitalmärkte, Börse
– Geschäftsverbindungen
– Auslandsmärkte

– Einschlägige Regularien und Rechtsvorschriften im In- und Ausland
– Unternehmensorganisationsformen, Unternehmenspolitik, Managementfragen (betriebswirtschaftliche Fragestellungen)
– Umweltfragen, Umweltrecht.

## D 12.2 Das Angebot an Wirtschaftsinformation

Wirtschaftsinformationen werden sowohl in gedruckter Form als auch über elektronische Medien angeboten. Vor allem die Ausbreitung und allgemeine Verfügbarkeit des Internets hat zu einem Anwachsen des Angebotes aber auch der Nutzung von Informationsdiensten geführt. Anhand der nachfolgenden Kategorisierung von Produzenten und Anbietern soll ein grober Überblick über das Angebot an Wirtschaftsinformation gegeben werden. Eine Unterscheidung zwischen Produzenten und Anbietern würde zwangsläufig zur Anhäufung von Doppelnennungen führen, daher wird darauf verzichtet. Der Überblick erhebt keinen Anspruch auf Vollständigkeit, sondern soll beispielhaft Formen von Wirtschaftsinformation aufzeigen. Bewusst nicht eingegangen wird im Rahmen dieses Beitrags auf Realtime-Börseninformationen, da sie eine eigenständige Thematik darstellen.

**Staatliche Einrichtungen, Bundes- und Länderbehörden, statistische Ämter**

– Im Rahmen ihrer geld- und währungspolitischen Aufgaben veröffentlichen die *Deutsche Bundesbank* und die *Europäische Zentralbank* in gedruckter und elektronischer Form Untersuchungen über wirtschafts- und währungspolitische Themen, darüber hinaus umfangreiche statistische Daten zu Leitzinsentwicklung, Mindestreservesätzen sowie volks- und finanzwirtschaftliche Daten der Mitgliedsländer der Währungszone.

– Die *Wirtschafts- und Finanzministerien des Bundes und der Länder* bieten u.a. Informationen über öffentliche Förderprogramme, Steuervorschriften, Import- und Exportregularien an.

– Das *Statistische Bundesamt* und die *statistischen Landesämter* stellen Daten zu Bevölkerung, Wirtschaft, Gesundheit, Verkehr und öffentliche Haushalte zur Verfügung, im Falle der Landesämter z.T. bis auf Ebene der Gemeinden. Weniger bekannt ist das umfangreiche Angebot des Bundesamtes zu Unternehmens-, Produktions- und Arbeitsstättenstatistik.

– Im internationalen Rahmen bieten das *Europäische Statistische Amt (EUROSTAT)* sowie internationale Organisationen wie die *Organisation of Economic Cooperation and Development (OECD)*, der *Internationale Währungsfonds (IWF)* und die *Weltbank* ausführliche Statistiken zu Volkswirtschaft, staatlichen Finanzen und Außenhandel der Mitgliedsländer an.

– Die *Bundesagentur für Außenwirtschaft (BfAI)* unterstützt als Serviceeinrichtung des Bundesministeriums für Wirtschaft und Arbeit deutsche Unternehmen mit Informationen über wirtschaftliche Situation, Märkte, gesetzliche Regularien, Geschäftswünsche sowie öffentliche Ausschreibungen in über 200 Ländern.

**Wirtschaftsforschungsinstitute**

Wirtschaftsforschungsinstitute veröffentlichen Konjunkturanalysen, Branchenuntersuchungen, Berichte zum Aussenhandel. Darüber hinaus werden Einzelanalysen und -prognosen im Rahmen des Dienstleistungsspektrums angeboten. Kurzberichte sind über die Interseiten meist als pdf-Dokumente kostenfrei abrufbar, umfangreichere Abhandlungen können entgeltlich erworben werden.

Zu den großen deutschen Wirtschaftsforschungsinstituten zählen:

– DIW Deutsches Institut für Wirtschaftsforschung, Berlin

– Institut für Weltwirtschaft, Kiel

– HWWA Hamburger Weltwirtschaftsarchiv, Hamburg

– ifo Institut für Wirtschaftsforschung, München

– IW Institut der deutschen Wirtschaft, Köln

– Institut für Wirtschaftsforschung, Halle.

Beispiele für sonstige öffentliche Institutionen, die wirtschaftliche Daten sammeln, aufbereiten und anbieten sind

– Deutsches Übersee-Institut, Hamburg

– Stiftung Wissenschaft und Politik, Berlin

– Institut für Auslandbeziehungen, Stuttgart.

**Medien**

Nachrichtenagenturen, Wirtschaftspresse, Funk und Fernsehen gehören auch und gerade im Zeitalter der internet-basierten elektronischen Medien zu den wichtigsten Quellen der Wirtschaftsinformation. Alle überregionalen Pressepublikation sind neben der herkömmlichen gedruckten Form mittlerweile auch elektronisch verfügbar. Der Vorteil für den Verlag liegt in der Mehrfachverwertung der eigenen Publikationen, der Vorteil für den Informationssuchenden in der Möglichkeit der selektiven Recherche. Die Online-Archivdatenbanken der *Frankfurter Allgemeinen Zeitung*, der *Süddeutschen Zeitung*, des *Handelsblatt* oder der *Financial Times Deutschland* oder auch der Wochen- und Monatszeitschriften wie *Capital* oder *Wirtschaftswoche* sind gerade dann interessante Informationsquellen, wenn es darum geht, einen ersten und aktuellen Überblick über einen Markt oder die Entwicklung eines Unternehmens zu gewinnen. Während die Nachrichtenagenturen wie *DPA, Reuters* und *VWD* früher als Tickerdienste nur reine Realtime-Informationen lieferten und damit hauptsächlich für Sekundärverwerter tätig waren, machen die heutigen Möglichkeiten, aus den umfangreichen Archiven Informationen zu gewinnen, die Angebote auch für andere Nutzer interessant. Auch Fernsehredaktionen bieten Beiträge aus Wirtschaftsmagazinen in entsprechend aufbereiteter Form nach der Sendung über das Internet an.

**Fachpublikationen**

Fachzeitschriften der eigenen Branche werden in Unternehmen seit jeher bezogen und als Informationsquelle genutzt. Das elektronische Publikationsangebot in Form von Online- oder CD-ROM-Datenbanken macht zwar nicht den Bezug der gedruckten Publikation überflüssig, wohl aber das Kopieren und systematische Abheften einzelner Artikel.

**Bibliotheken**

Öffentlich zugängliche Allgemein- und Fachbibliotheken sind maßgebliche Anlaufstellen, wenn es darum geht, sich einen Überblick oder umfassenderen Einblick in einen Sachverhalt zu verschaffen und sich über entsprechende Literatur beraten zu lassen. Neben den Universitäts-, Landes- und Stadtbibliotheken bieten gerade die Bibliotheken der Wirtschaftsforschungsinstitute Zugriff auf umfangreiche Buch-, Zeitschriften- und Pressesammlungen. Zu nennen ist in diesem Zusammenhang die Bibliothek des *Kieler Instituts für Weltwirtschaft*, die auch zugleich als *Deutsche Zentralbibliothek der Wirtschaftswissenschaften* fungiert. Alle bedeutenden Bibliotheken bieten Online-Kataloge als Web-OPAC über das Internet an.

**Verbände und Kammern**

Als Dienstleister für ihre Mitgliedsunternehmen publizieren Branchenverbände regelmäßig Reports und Statistiken zu ihrer Branche. Industrie- und Handelskammern bieten Recherche- und Auskunftsdienste an.

**Markt- und Meinungsforschungsinstitute**

Markt- und Meinungsforschungsinstitute führen einerseits Primärerhebungen exklusiv für ihre Auftraggeber durch, andererseits veröffentlichen sie regelmäßig Studien von allgemeinem Interesse. Diese Studien beinhalten in der Regel Ergebnisse von Markt- und Branchenuntersuchungen. Während individuelle, für einen Kunden durchgeführte primäre Marktforschung meist recht kostspielig ist, können Branchen- und Marktanalysen, die auf Primärstatistiken bzw. zugänglichen Daten beruhen, zu einem annehmbaren Preis erworben werden.

**Banken**

Alle größeren Banken bzw. auch die zentralen Organisationen von Sparkassen und Genossenschaftsbanken verfügen über eigene Researchabteilungen, die sowohl für die eigenen Häuser als auch für externe Interessenten Branchen- und Marktanalysen erstellen. Für einen ersten Überblick sind diese kostengünstigen Publikationen durchaus geeignet.

**Hochschulen / Forschungseinrichtungen**

Die an Hochschulen erstellten Dissertationen, Diplom- und Magisterarbeiten haben oftmals durch enge Kooperation mit Wirtschaftsunternehmen bei der Themenbearbeitung einen engen Praxisbezug und sind daher als Quellen für Entwicklungsvorhaben in ihrem potentiellen Wert nicht zu unterschätzen. Forschungseinrichtungen wie beispielsweise das Fraunhofer Institut für Arbeitswirtschaft und Organisation (IAO) arbeiten eng mit Unternehmen zusammen und veröffentlichen regelmäßig zusammenfassende Studien ihrer Forschungsergebnisse.

**Unternehmen**

Als Informationslieferanten nicht zu vergessen sind Unternehmen selbst. Über die Homepages, Geschäftsberichte, Unternehmensbroschüren, Produktkataloge, Stellenanzeigen und auch die Werbung stellen sich Unternehmen selbst dar.

**Wirtschaftsdatenbanken**

In den letzten 20 Jahren hat sich ein umfangreiches Angebot an Online- und CD-ROM (bzw. DVD)-Datenbanken im Wirtschaftsbereich etabliert. Eine thematisch orientierte Auswahl stellt das nachfolgende Kapitel vor. Der vermeintlichen Konkurrenz kostenfreier Information im Internet zum Trotz wird der Markt für professionelle Wirtschaftsinformationen von den kommerziell vertriebenen Datenbanken bestimmt.

**Internet**

Das Internet stellt den Unternehmen interessante Möglichkeiten der Beschaffung und Verarbeitung, aber auch der Übertragung und individuellen Nutzung von Information zur Verfügung. Es stehen nützliche Dienste und eine kaum übersehbare Fülle von Informationen zum Abruf bereit. Das Internet bietet sowohl kostenfreie als auch kostenpflichtige Wirtschaftsinformationsangebote. So steht das Datenbankangebot Hosts mittlerweile vollständig über Web-Oberflächen zur Verfügung. In der Regel nutzen aber Information Professionals die weitaus umfangreicheren Recherchemöglichkeiten der nach wie vor angebotenen herkömmlichen Retrievalsysteme. Es sollte nicht vergessen werden, dass hochwertige Information, deren Erstellung, Aufbereitung und Verfügbarmachung Kosten verursacht, nicht unentgeltlich angeboten werden kann. Trotzdem ist es bei Informationsbedarf auch zu wirtschaftlichen und geschäftlichen Themen sinnvoll, zunächst über Suchmaschinen im freien Informationsangebot des Internet zu recherchieren.

Die im folgenden Kapitel vorgenommene inhaltliche Kategorisierung von Wirtschaftsdatenbanken lässt sich prinzipiell auch auf Beispiele von Wirtschaftsinformationsangeboten im Internet vornehmen. Eine solche Auswahl zu treffen ist allerdings wegen des Umfangs und der teilweisen Flüchtigkeit des Angebot kaum sinnvoll und soll hier auch nicht versucht werden.

## D 12.3   Wirtschaftsdatenbanken

Eine wichtige Rolle beim Angebot von Wirtschaftsinformationen nehmen die Online-Datenbanken ein. Mehr als die Hälfte der weltweit angebotenen Online-Informationsdienste lassen sich den Themenbereichen der Wirtschaftsinformation zurechnen. Während ursprünglich mit dem Aufkommen elektronisch angebotener Information über Datenkommunikationsnetze die Datenbanken weitgehend Zweitverwertungsprodukte neben den gedruckten Publikationen waren - als Beispiel möge das „Hoppenstedt-Handbuch der großen und mittelständischen Unternehmen" dienen - , so sind die elektronisch und online angebotenen Wirtschaftsinformation vor allem dank der Zugriffsmöglichkeiten über leicht zu bedienenden Web-Oberflächen im Internet vielfach zur primären Veröffentlichungsform geworden.

Zu den Produzenten von Wirtschaftsdatenbanken gehören u.a. (Lit 06, S. 39)

- Zeitungs- und Fachverlage, Nachrichtenagenturen
- Wirtschaftsforschungsinstitute
- Marktforschungsinstitute
- Verbände und Kammern
- Staatliche bzw. öffentlich-rechtliche Einrichtungen, Statistische Ämter
- Banken und Versicherungen
- Reine Datenbankproduzenten und -anbieter (Datenbanken als Kerngeschäft).

Die im vorangegangenen Kapitel aufgeführten Anbieter von Wirtschaftsinformation sind gleichzeitig auch Produzenten und Anbieter von Wirtschaftsdatenbanken. Sofern Wirtschaftsdatenbanken nicht direkt beim Produzenten aufliegen, werden sie von kommerziellen Online-Anbietern (Host) vermarktet. Zu den wesentlichen Anbietern im deutschen Markt für Online-Wirtschaftsinformation gehören:

- GBI - Gesellschaft für betriebswirtschaftliche Information
- Genios
- Lexis-Nexis
- Dialog
- DataStar
- Profound
- Factiva (Dow Jones & Reuters)
- Bureau van Dijk.

Wirtschaftsdatenbanken lassen sich nach strukturellen und inhaltlichen Kriterien unterscheiden. Um zu verstehen, welche Informationsmöglichkeiten die Datenbanken bieten, ist es zunächst wichtig, die Merkmale der Datenbanktypen aufzuführen. Auf den besonderen Typ der statistisch-numerischen Datenbanken soll dabei etwas ausführlicher eingegangen werden.

### Bibliographische Datenbanken

Bibliographische Datenbanken dienen zum Nachweis von Literatur. Sie sind besonders dann von Interesse, wenn nicht Bedarf an schneller Information, sondern an grundsätzlichen und fundierten Abhandlungen zu einer Thematik besteht. Eine gute inhaltliche Erschließung mit informativen Abstracts hilft bei der Relevanzbeurteilung der entsprechenden Literatur. Aus aufwendig erstellten Nachweisdokumenten lässt sich zuweilen schon die gewünschte Information entnehmen. Die Möglichkeit der direkten Volltextbestellung erhöht den praktischen Wert einer bibliographischen Datenbank. Der Wert dieses Datenbanktyps für die Unternehmenspraxis sollte nicht unterschätzt werden, weil oft nur über entsprechende Nachweise die gesuchte Information zu finden ist.

### Volltextdatenbanken

Volltextdatenbanken sind letztlich das Folgeprodukt moderner Satzverfahren. Sie bieten den Verlagen eine Zweitverwertungsmöglichkeit ihrer Presse- und Fachpublikation, dem Nutzer die Möglichkeit, schnell und umfassend nach den benötigten Artikeln zu suchen. Durch den Archivcharakter nimmt die Relevanz der Inhalte mit der Zeit ab. Fast alle überregionalen Pressepublikationen sowie Fachzeitschriften sind heute als Online-Archiv verfügbar. Problematisch ist nach wie vor die geringe Abdeckung regionaler Quellen, denn die kostenfreien Angebote der Verlage im Internet bieten allgemein nur aktuelle bis wenige Wochen zurückliegende Beiträge an.

**Faktendatenbanken**

Der Sinn von Faktendatenbanken ist die Darstellung der als relevant geltenden Eigenschaften von Objekten, Vorgängen, Ereignissen oder Modellen. Die Datenbanken geben die benötigten Informationen direkt und unmittelbar wider und ermöglichen den Vergleich verschiedener Objekte oder Indikatoren und/oder die Erkenntnis einer zeitlichen Entwicklung. Im Gegensatz dazu sind bei Volltextdatenbanken die benötigten Daten erst noch herauszufiltern. Informationen sind in eine feste und einheitliche Struktur gefasst. Es dominieren numerisch und elementar ausgeprägte Werte. Die umfassenden und zugleich gezielten Selektiermöglichkeiten bei der Recherche sind eine entscheidende Stärke dieses Datenbanktyps. Faktendatenbanken werden in der Unternehmenspraxis am häufigsten genutzt.

**Statistisch-numerische Datenbanken**

Rein statistisch-numerische Datenbanken zeichnen sich dadurch aus, dass sie primär numerische Daten enthalten, die nicht in fest definierte Datensätze gefasst sind. Die Daten sind in einer Form gespeichert und abfragbar, die für die direkte Weiterverarbeitung und für die tabellarische und graphische Präsentation der Daten besonders geeignet ist. Die fehlende vorgegebene Strukturierung der Daten in Datensätzen ermöglicht dem Rechercheur die freie Auswahl von Merkmalskombinationen. Auch die Ausgabe der Datenreihen ist nicht wie bei Datensätzen an vorgegebene Formate gebunden, sondern kann nach Umfang, Inhalten und Zeiträumen frei definiert werden. Trotzdem hat jede Datenbank eine fest definierte Anzahl von Datenreihen, und zwar bestimmt durch die Anzahl von Merkmalskombinationen, zu denen Daten vorhanden sind. Statistisch-numerische Datenbanken enthalten Zeitreihen, die den zeitlichen Verlauf bestimmter Beobachtungsgrößen wiedergeben, oder Querschnittdaten, die sich auf einen aktuellen Zeitpunkt oder einen aktuellen Zeitraum beziehen. Die besondere Bedeutung von Zeitreihendaten liegt in der Erkenntnis bestimmter Entwicklungen sowie der Prognose möglicher Weiterentwicklungen. Inhaltlich dominieren makroökonomische Daten, Produktions- und Handelsstatistiken.

Wichtigste Produzenten von Datenbanken mit statistischen Inhalten sind staatliche Einrichtungen, die aufgrund ihrer Aufgabe und ihrer Befugnis die Primärerhebung der Daten durchführen. Dazu zählen vor allem die statistischen Ämter auf regionaler, nationaler und internationaler Ebene.

Daneben hat sich in den letzten zwei Jahrzehnten ein bedeutendes privatwirtschaftliches Angebot an statistischen Daten etabliert, das aufgrund seiner Nachfragestruktur überwiegend dem Bereich Wirtschaftsinformationen zuzuordnen ist. Unternehmensberatungen, Marktforschungsinstitute und Unternehmen der Informationsindustrie bieten kommerziell selbst produzierte Datenbanken an. Die Quellen für die Datenbanken bilden einerseits die amtlichen Statistiken, andererseits eigene Erhebungen. Die Daten des Statistischen Bundesamtes, der Bundesbank und sonstiger öffentlicher Einrichtungen, die selbst auch Anbieter ihrer Datenbanken sind, werden ggf. durch Homogenisierung (Angleichung unterschiedlich definierter Daten) und Aggregierung (Verdichtung) aufbereitet. Der praktische Wert dieser Bearbeitung sollte nicht unterschätzt werden: Im Gegensatz zu den amtlichen Einrichtungen, deren primäre Aufgabe die informatorische Unterstützung politischer und behördlicher Arbeit ist, orientieren sich die kommerziellen Produzenten und Anbieter am Markt und dem Bedarf ihrer Kunden. Zudem werden oft Daten aus den unterschiedlichen amtlichen Quellen zusammengeführt und vereinheitlicht, was das Auffinden relevanter Daten wesentlich erleichtert.

Wirtschaftsforschungsinstitute, Unternehmen der Kreditwirtschaft und Marktforschungsinstitute sind typische Anwender statistischer Datenbanken. Sie stellen die Grundlage für gesamtwirtschaftliche Analysen, Branchen- und Marktuntersuchungen, aber auch für die Durchführung prognostischer Untersuchungen dar und werden daher vor allem von den Stabsabteilungen, die Research-Funktionen erfüllen, benötigt. Bei kleineren und mittleren Unternehmen haben Datenbanken mit statistischen Wirtschaftsdaten – bisher – eher geringe Bedeutung.

Der nachfolgende Vorschlag einer Kategorisierung nach inhaltichen (und zum Teil formalen) Kriterien stellt eine Auswahl von überwiegend deutschsprachigen Wirtschaftsdatenbanken vor. Eine eindeutige Zuordnung zu einer Kategorie lässt sich allerdings nicht immer treffen. Die Auswahl soll auch hier nur einen beispielhaften Überblick über das Angebot geben.

**Wirtschaftsliteratur**

- BLISS: LIteraturnachweise mit Abstracts zu Buch- und Fachzeitschriftenliteratur aus allen betriebswirtschaftlichen Bereichen, produziert von GBI.

- HWWA: Literaturnachweise zu wirtschaftswissenschaftlicher Fachliteratur mit den Schwerpunkten Volkswirtschaft, Außenhandel, Sozialforschung, produziert vom HWWA.

- ECONIS: Literaturnachweise zu den Beständen der Deutschen Zentralbibliothek für Wirtschaftswissenschaften beim Institut für Weltwirtschaft Kiel.

- IFOKAT: Literaturkatalog des ifo-Institutes für Wirtschaftsforschung mit den Schwerpunkten Volkswirtschaft, Konjunktur, Branchen, Osteuropa.

- MIND: Datenbank des Informations- und Kommunikationsrings der Finanzdienstleister (ik) mit informativen Abstracts zu finanzwirtschaftlicher Literatur.

- ABI/Inform: Große englischsprachige Wirtschaftsliteraturdatenbank, Auswertung von Monographien und mehr als 1000 Periodica, teilweise auch Volltexte.

- WAO - World Affairs Online: Literaturdatenbank des Fachinformationsverbundes Internationale Beziehungen und Länderkunde.

- Wiso-Net: Das Verbundsystem der GBI umfasst mehrere Literaturdatenbanken unterschiedlicher Hersteller mit den Themenbereichen Betriebswirtschaft, Volkswirtschaft, Kreditwirtschaft, Empirische Sozialforschung, Politik und Psychologie.

**Wirtschaftspresse**

Zu den wichtigen überregionalen deutschen Presseorganen, die als Volltextdatenbanken bei verschiedenen Hosts aufgelegt sind, gehören

- Handelsblatt

- Frankfurter Allgemeine Zeitung (FAZ)

- Neue Zürcher Zeitung

- Financial Times Deutschland

- Börsenzeitung

- Süddeutsche Zeitung.

**Fachzeitschriften**

Zu praktisch allen Wirtschafts- und Themenbereichen wie EDV, Handel, Industrie, Technik, Dienstleistungen, Finanzwirtschaft etc. existieren Fachzeitschriften, die überwiegend auch online angeboten werden. Eine besonders große Auswahl vor allem an branchenbezogenen Publikationen bietet Genios. Beispiele für Datenbanken, die die Inhalte von Fachzeitschriften wiedergeben sind

- Der Betrieb

- Brauwelt

- Elektrotechnik - Das Automatisierungsmagazin

- Gebäudemanagement

- Fleischwirtschaft

- Bankmagazin

- Versicherungswirtschaft.

**Unternehmensprofile; Jahresabschlüsse und amtliche Daten**

Als typische Faktendatenbanken erlauben die Unternehmensprofil- und Bilanzdatenbanken eine selektive Recherche nach den unterschiedlichsten Merkmalen. So ist es möglich, Unternehmen nach Branche, Größenordnung, Sitz, Besitzverhältnissen bis hin zu Einzelindikatoren in der Bilanz zu selektieren. Praktisch alle Unternehmensdatenbanken ordnen das jeweilige Unternehmen einer oder mehreren Branchen mittels einer Branchencodierung zu. Neben einer eigenen Klassifizierung wird in auf Deutschland bzw. Europa bezogenen Datenbanken häufig die Klassifikation der Wirtschaftszweige des Statistischen Bundesamtes, die NACE (Nomenclature générale des activités économiques dans les Communautés Européennes) der Europäischen Gemeinschaft oder der SIC-Code (Standard Industrial Classification) verwendet.

- Hoppenstedt - Firmendatenbank
  ca. 150.000 Profile deutscher Industrie-, Handels- und Dienstleistungsunternehmen.

- Creditreform - Firmendatenbank
  Profile von ca. 850.000 deutschen Unternehmen, online und als CD-ROM „MARKUS" veröffentlicht.

- Dun & Bradstreet Market Identifiers
  Firmenprofile aus fast jedem europäischen Land.

- AMADEUS
  Online- und CD-ROM-Datenbank zu 3,5 Millionen Unternehmen aus 31 europäischen Ländern.

- Bundesanzeiger-Jahresabschlüsse
  Elektronische Version der im Bundesanzeiger seit 1987 veröffentlichten Jahresabschlüsse.

- Creditreform-Unternehmensbilanzen
  Aufbereitete Jahresabschlüsse und betriebswirtschaftliche Bilanzkennzahlen der größten deutschen Industrie-, Handels- und Dienstleistungsunternehmen (ca. 20.000).

- Hoppenstedt-Unternehmensbilanzen
  Aufbereitete Jahresabschlüsse von ca. 8.000 deutschen Unternehmen, zum Teil 3 Jahre zurückreichend, online und als CD-ROM-Version angeboten.

- Zentrales Handelsregister
  Unternehmenseintragungen an allen deutschen Amtsgerichten seit 1985.

Als Beispiel einer Datenbank, die Firmennachweise unter dem Aspekt der Produktinformation bietet, sei genannt

- Wer liefert was
  Diese Datenbank wird über Hosts, CD-Rom und direkt über das Internet vertrieben.

## Branchen- und Marktberichte

Daten zur Branchen- und Wettbewerbsstruktur, zu Nachfrageentwicklung und Verbrauchertrends sind für Unternehmen aller Größenordnungen zur Beobachtung des geschäftlichen Umfeldes und zur Eruierung neuer Marktchancen von Interesse. Darüber hinaus benötigen Banken, Unternehmensberatungen und Marktforschungsgesellschaften die Daten zur Einschätzung wirtschaftlicher Entwicklungstendenzen und zur Durchführung entsprechender Analysen.

- KOBRA: Volltexte aus vielen Branchen- und Markzeitschriften, produziert von *GBI*.

- FAKT: Tabellendokumente mit sekundärstatistischen Informationen zu den Bereichen Staat, Gesellschaft, Sozialstruktur, Medien, Gesundheit, Finanzdienstleistungen und Technik sowie Branchen- und Marktinformationen. Quellen sind 170 Zeitungen und Zeitschriften sowie zur Publikation freigegebene Marktforschungsuntersuchungen der *NFO Infratest*.

- INVESTEXT: Englischsprachige Branchen-, Markt-, Unternehmens- und Länderstudien im Volltext.

- MARKETING JOURNAL: Nachweis von Marktstudien zu allen Branchen, Quelle ist das „Marketing Journal".

- GALE TABLE BASE: Tabellarische Daten zu Unternehmen, Branchen, Ländern. Quellen sind ca. 1.000 englischsprachige Publikationen. Produzent ist die *Gale Group*.

- BFAI Märkte im Ausland: Berichte und Analysen der *Bundesagentur für Außenwirtschaft* zu Branchen und Märkten in allen Ländern der Welt.

## Ausschreibungen und Förderprogramme

Das Beobachten von (öffentlichen) Ausschreibungen und Förderprogrammen sollte für die meisten Unternehmen eine Selbstverständlichkeit sein, da eine regelmäßige Beteiligung an den Ausschreibungen und Programmen den Unternehmenserfolg befördern kann. Kleinere Unternehmen sind sich aber oft nicht der gebotenen Möglichkeiten bewusst.

- BFAI-Auslandausschreibungen: Gewerbliche Ausschreibungen aus aller Welt, von der *Bundesagentur für Außenwirtschaft* aufbereitet.

- REGIO TENDERS: Öffentliche und private Ausschreibungen aus Deutschland vorwiegend staatlicher und kommunaler Herkunft. Produzent ist die *Outlaw Informationssysteme GmbH*.

- DB-Select: Öffentliche Förderprogramme der Bundesländer, des Bundes und der Europäischen Union für die gewerbliche Wirtschaft und Freiberufler in Deutschland. Produzent ist die *Deutsche Bank*.

## Patente, Forschung und Entwicklung

Tiefergehende inhaltliche Recherchen in Patentschriften sollten, soweit es technische und rechtliche Fragestellungen betrifft, von Fachleuten durchgeführt werden. Allerdings enthalten die gängigen Online-Datenbanken im Patentbereich nicht die eigentlichen Patentschriften, sondern bibliographische Verweise. Sie bieten die Möglichkeit, die Forschungs- und Entwicklungsaktivitäten konkurrierender Firmen zu beobachten. Beispiele für online angebotene Patentdatenbanken sind

- PATDPA: Verweise auf Patentschriften des *Deutschen Patent- und Markenamtes.*
- INPADOC: Umfangreiche internationale Patentnachweisdatenbank

Bei der Suche nach Veröffentlichungen über Forschungs- und Entwicklungstätigkeiten sollten die einschlägigen Fachpublikationen nicht außer Acht gelassen werden. In Fachzeitschriften werden oft neuere technische Entwicklungen beschrieben, was von innovativen Firmen auch als Marketinginstrument genutzt wird.

**Bevölkerungsstruktur- und Verbraucherdaten**

Neben der amtlichen Statistik sind Erhebungen privater Marktforschungsinstitute Datenquellen zu Bevölkerungsstruktur, Verbraucherverhalten, Meinungstrends und regionalen und kommunalen Entwicklungen. Dabei ist zu berücksichtigen, dass in den öffentlich angebotenen Datenbanken nur ein relativ kleiner Teil der potentiell verfügbaren Datenbestände enthalten ist. Das Gros der Daten wird im Rahmen der Auftragsforschung erhoben und weitergegeben.

- GfK Regionaldatenbank: Die in einzelnen Datenbanksegmenten aufgelegte Datenbank enthält rund 500 Millionen aktuelle Einzelwerte zu Einwohnerzahlen, Altersgruppen, Haushaltsgrößen, Kaufkraft, Einzelhandelsumsätzen sowie Industrie-, Gewerbe- und Baudaten für Deutschland auf der Ebene von Bundesländern bis hinab zu Stadt-/Landkreisen, Ortsteilen und kleinräumigen, mikrographischen Einheiten. (Ortsteile, Straßenzüge, Wohnblöcke etc.).
- FAKT: siehe *Brachen- und Marktberichte*

**Länderinformationen, volkswirtschaftliche statistische Daten**

- EIU Country Data: Die von der Londoner *Economist Intelligence Unit* produzierte Datenbank enthält volkswirtschaftliche Kennzahlen zu mehr als 100 Ländern einschließlich Prognosedaten.
- Destatis: Online angebotene Datenbestände des *Statistischen Bundesamtes.*
- International Financial Statistics: Vereinheitlichte volkswirtschaftliche und finanzwirtschaftliche Daten aller Mitgliedsländer des *Internationalen Währungsfonds (IWF).*
- Main Economic Indicators: Vereinheitlichte volkswirtschaftliche Daten der in der *Organisation of Economic Cooperation and Development (OECD)* organisierten Industrieländer.
- Tradstat: Warenhandelsstatistik der führenden Industrieländer Europas, Asiens, Nord- und Südamerikas.

## D 12.4 Branchen-, Markt- und Wettbewerbsanalysen als Beispiel für Wirtschaftsinformation

Branchen-, Markt und Wettbewerbsanalysen sind eng miteinander verbunden. So untersucht eine als Branchenanalyse oder Branchenreport bezeichnete Untersuchung auch den Markt, entsprechend stellt die Markanalyse auch die strukturellen und konjunkturellen Indikatoren der Branche dar, ebenso werden die wichtigsten miteinander im Wettbewerb stehenden Marktakteure genannt. Branchen- sowie Markt- und Wettbewerbsanalysen untersuchen Strukturen, Markt- und Wettbewerbsbedingungen in einzelnen Wirtschaftszweigen. Erstellt werden die Analysen von Wirtschaftsforschungsinstituten, Unternehmensberatungen, Marktforschungsgesellschaften, Analysten, Datenbankproduzenten, Banken, Wirtschaftsverbänden und größeren Unternehmen selbst. Die Ergebnisse von Untersuchungen zur Wettbewerbssituation mit dem Vergleich konkurrierender Unternehmen bleiben in der Regel exklusiv einem Auftraggeber vorbehalten. Öffentlich und kostenpflichtig angebotene Branchen-, Markt- und Wettbewerbsanalysen können sowohl die Ergebnisse von primärstatistischen Erhebungen als auch sekundärstatistische Daten enthalten.

Sinn und Zweck von Branchen-, Markt- und Wettbewerbsanalysen ist, Entscheidungsgrundlagen für unternehmerisches Handeln bereitzustellen. Dazu gehört das Erkennen von Markttrends und der Veränderungen von Umfeld- und Rahmenbedingungen, das Wissen über neue Technologien, Prozesse und Produkte und im Einzelfall auch das Beobachten von Wettbewerberaktivitäten. Es geht also darum, die Sicherung bzw. Verbesserung der Markt- und Wettbewerbsposition von Unternehmen zu unterstützen.

Nach Porter (Lit. 08) unterliegt ein Unternehmen in seiner Marktstellung verschiedenen Einflussfaktoren, die in der Unternehmensstrategie zu berücksichtigen sind (siehe Abb. 3).

Die **Branchenanalyse** (oder auch Branchenbericht, Branchenreport) konzentriert sich auf die Struktur und konjunkturelle Situation einer Branche in der Regel innerhalb des eigenen Landes. Eine Branche oder ein Wirtschaftszweig ist die Gesamtheit der Unternehmen mit gleichem, substituierendem, miteinander konkurrierendem Produkt- oder Dienstleistungsangebot. Branchen lassen sich u.a. nach der Systematik der Wirtschaftszweige des Statistischen Bundesamtes voneinander abgrenzen. Die Zuordnung von Unternehmen ist nicht immer eindeutig zu treffen, da ein Unternehmen in verschiedenen Produkt- oder Dienstleistungssparten tätig sein kann und somit verschiedenen Branchen zuzuordnen ist. Dies führt u.a. auch zur Problematik der Vergleichbarkeit von Wettbewerbern, da Daten oft nur für Gesamtunternehmen vorliegen, nicht aber für Unternehmensbereiche. Während Branchen, die für den Endkunden produzieren, von der allgemeinen konjunkturellen Situation und speziellen Marktentwicklungen betroffen sind, bleiben Zuliefererbranchen in erster Linie vom Erfolg der Abnehmerbranchen abhängig.

Die **Marktanalyse** betrachtet speziell Absatzentwicklung und -potential des Produkt- bzw. Dienstleistungsangebotes einer Branche. Während die Analyse von Branchen in der Regel national ausgerichtet ist (dies gilt nicht für Branchen mit relativ wenigen Großunternehmen, die weltweit im Wettbewerb stehen), kann die Marktanalyse grundsätzlich auf ein Land oder mehrere Länder bezogen sein. Der Absatzmarkt kann Endverbraucher, nachgelagerte Unternehmen in der Wertschöpfungskette oder auch staatliche Institutionen (z.B. Straßenbau, Rüstungsgüter) umfassen.

**Wettbewerbsanalysen** werden fast ausschließlich individuell und exklusiv erstellt. Es geht darum, aus der Sicht eines Unternehmens die Wettbewerbssituation aufzuzeigen, das eigene mit konkurrierenden Unternehmen zu vergleichen, die Aktivitäten, das Produkt- und Leistungsangebotes, die Leistungsfähigkeit, Stärken und Schwächen der Konkurrenten zu erheben. Eine Methode ist dabei das Benchmarking, bei der die jeweils besten Unternehmen nach einzelnen Leistungskriterien ermittelt werden. Bei der Wettbewerbsanalyse geht es nicht nur um harte, messbare Indikatoren wie Umsatzzahlen, Marktanteile, Kosten etc., sondern auch um „weiche Fakten" wie Image, Führungsqualität, Personalentwicklung, Markenbekanntheit etc. Für den organisierten, systematischen und andauernden Aufbau strategischen Wissens über Wettbewerber - ein Verfahren, das keineswegs neu ist - hat sich der Begriff „Competitive Intelligence" durchgesetzt.

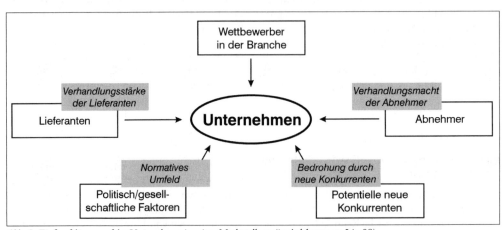

*Abb. 3: Einflussfaktoren auf das Unternehmen in seiner Marktstellung (in Anlehnung an Lit. 08)*

## Literatur

01 Bredemeier, Willi : Die Entwicklung der deutschen Informationswirtschaft bis 2006. Ergebnisse einer Expertenumfrage. 2. Trendbericht zur Informationswirtschaft. Hattingen: Institute for Information Economics 2002.

02 Goemann-Singer, Alja; Graschi, Petra; Weissenberger, Rita: Recherche-Handbuch Wirtschaftsinformationen - Vorgehen, Quellen und Praxisbeispiele. Berlin u.a.: Springer 2003.

03 Hörner, Heike: Auswirkungen der Internet-Ökonomie auf das Dienstleistungsangebot kommerzieller Wirtschaftsinformationsanbieter. Dipl-Arbeit FH Stuttgart - HBI, Stuttgart 2000.

04 Kuhlen, Rainer: Informationsmarkt: Chancen und Risiken der Kommerzialisierung von Wissen. - Konstanz: Universitätsverlag 1995.

05 Michelson, Martin: Statistisch-numerische Faktendatenbanken. - In: Wege zu einer verbesserten informationellen Infrastruktur. Gutachten der Kommission zur Verbesserung der informationellen Infrastruktur zwischen Wissenschaft und Statistik. Baden-Baden: Nomos 2001.

06 Michelson, Martin: Betriebliche Informationswirtschaft. - In: W.-F. Riekert/M. Michelson (Hrsg.): Informationswirtschaft. Innovation für die Neue Ökonomie, Wiesbaden: DUV-Gabler 2001.

07 Poetzsch, Eleonore: Wirtschaftsinformation - Online, CD-ROM, Internet. Materialien zur Information und Dokumentation, Band 15. Potsdam: Verlag für Berlin-Brandenburg 2001.

08 Porter, Michael E.: Competitive Strategy Techniques for Analyzing Industries and Competitors. / New York/London: Free Press 1998.

09 Roos, Alexander W.: Neue Ausbildungstrukturen für eine neue Ökonomie. - In: W.-F. Riekert/M. Michelson (Hrsg.): Informationswirtschaft. Innovation für die Neue Ökonomie, Wiesbaden: DUV-Gabler 2001.

10 Stiller, Henri: La fonction Information-Documentation dans les grandes entreprises. In: Revue Documentaliste - Sciences de l'information 9, 2001, S. 222-225.

11 Stock, Wolfgang: Informationswirtschaft: Management externen Wissens. München, Wien: Oldenbourg 2000.

12 Weigend, Arno: Wirtschaftsdatenbanken. - In: Buder, M.; Rehfeld, W.; Seeger, T.; Strauch, D. (Hrsg.) Grundlagen der praktischen Information und Dokumentation: Ein Handbuch zur Einführung in die fachliche Informationsarbeit, 4. Ausgabe, München u.a.: Saur 1997.

13 Zollner, Wolfgang: Handbuch der Informationsvermittlung. Buch a. E. Zollner: Managementberatung 2000.

## D 13 Chemie-Information

Ulrich Kämper

### D 13.1 Einleitung

Die Chemie-Information weist eine Reihe von Besonderheiten auf, die aus dem sehr aktiven Publikationsverhalten der beteiligten Wissenschaftler, aus dem hohen Anteil an praxisbezogenem Wissen und der weltweit einheitlichen Strukturformel-Taxonomie resultieren.

Das Publikationsverhalten der Chemiker ist gekennzeichnet durch zahlreiche kurze und prägnante Artikel, die oft nur einen bestimmten Teilbereich einer Entwicklung beschreiben. So wird in der Regel für einen neuen Stoff die Synthese in der einen und die Strukturaufklärung mittels Spektroskopie oder Röntgenanalyse in einer anderen Zeitschrift publiziert. Im Patentbereich kommen noch die anwendungstechnischen Aspekte, wie z.B. die Verwendung eines neuen Polymers in der Kunststofftechnik oder die therapeutische Indikation bei einem pharmazeutisch aktiven Wirkstoff hinzu.

Die Suche im Bereich der Chemie-Information findet in der Regel in einem der folgenden Bereiche statt:

– Suche nach Sachverhalten

– Suche nach Verbindungen

– Suche nach Reaktionen

– Suche nach Eigenschaften.

Vor der Recherche in kostenpflichtigen Datenbanken steht in der Regel ein Blick in Fachlexika wie etwa Ullman's Encyclopaedia of Industrial Chemistry oder Römpp's Chemie-Lexikon. Zusätzlich bieten sich die einschlägigen Chemie-Informationen im Internet an.

### D 13.2 Patent-Information in der Chemie

Der Patentbereich macht ähnlich wie in der Elektrotechnik und dem Maschinenbau etwa 20% der Publikationen aus. Konsequenterweise haben die Chemical Abstracts als führender Referatedienst in den letzten zehn Jahren den Anteil der Patentdokumente in ihren Datenbanken deutlich auf 4,2 Mio. Patent-Familien in 55 Ländern erhöht und die inhaltliche Erschließung signifikant verbessert. Dazu wurden über die Standard-Erschließung der Patente in der CAS-Bibliographie-Datenbank hinaus über 500.000 Patente nach dem Prinzipien der Markush-Formel-Darstellung und erweiterter Indexierung in der Datenbank MARPAT erfaßt. Die Markush-Formeln erlauben die Darstellung unbestimmter Substitutionspositionen, wie sie in den Claims chemischer Patente üblich sind. Erstmals war es Ende der 80er Jahre dem französischen Host QUESTEL gelungen, derartig komplexe Strukturformeln mit undefinierten Substitutionspositionen für die chemischen Patente des World Patents Index und der französischen Patent-Datenbank INPI online suchbar zu machen. Diese beiden Systeme existieren weiterhin als Konkurrenten der Chemical Abstracts und werden vor allem von der chemischen und pharmazeutischen Chemie im romanischen Sprachraum intensiv genutzt.

### D 13.3 Faktenbanken

Neben den in allen Natur-Wissenschaften, Medizin und Technik geläufigen Dokument-Typen Buch, Monografie, Zeitschriften-Artikel, Konferenz-Beitrag und Patent kennt die Chemie-Information bereits seit etwa 1850 den aggregierten Dokument-Typus der *physikalischen Eigenschaften* von Stoffen. Diese von Konrad **Beilstein** und Leopold **Gmelin** begründete Publikationskategorie beruht auf einer noch heute bewährten systematischen Klasseneinteilung chemischer Verbindungen und der Zuordnung von inzwischen ca. 120 physikalischen Parametern aus verschiedenen Publikationen, die auch heute noch regelmäßig ergänzt werden. Dadurch erhält der Chemiker komprimierte Zusammenfassungen von Daten, Synthesen und Reaktionen aus oft Dutzenden von Publikationen, die einen erheblichen Zeitgewinn beim Literaturstudium leisten. Dieser Publikationstyp hat seinen elektronischen Niederschlag in Fakten-Banken wie Beilstein, Gmelin, ICSD oder SpecInfo bei STN und MDL gefunden, die durch ihre Möglichkeit der numerischen Bereichssuche die Möglichkeiten der Recherche noch einmal nachhaltig verbessert haben. So ist es im Gegensatz zum gedruckten Wert in der Datenbank z.B. möglich, alle chemischen Verbindungen mit einem Schmelzpunkt zwischen 20 und 80 Grad Kelvin zu ermitteln.

## D 13.4  Reaktions-Datenbanken

„Theilheimer's Synthetic Methods of Organic Chemistry" ist eine halbjährig erscheinende Zusammenfassung, die als Inhouse-Datenbank auch bei MDL erhältlich ist. Analoge Informationen erhält man auch in den *Reaktionsdatenbanken* CHEMINFORM vom FIZ-Chemie, REACCS von ISI/MDL und CASREACT von den Chemical Abstracts.

Der Landolt Börnstein von Springer/Heidelberg war ursprünglich eine am Periodensystem der Elemente orientierte Sammlung von Einheiten und Fundamentalkonstanten in Physik und Chemie, stellt aber mittlerweile in 280 Bänden darüber hinaus komprimiertes Wissen zu den Bereichen

- Elementary Particles, Nuclei and Atoms
- Molecules and Radicals
- Condensed Matter
- Physical Chemistry
- Geophysics
- Astronomy and Astrophysics
- Biophysics
- Advanced Materials and Technologies

zusammen und ist elektronisch als Inhouse- oder Online-Datenbank verfügbar.

```
AB   The synthesis of the title compounds such as (2S)-myricoidine (IV)
     unambiguously corrects their absolute stereochemistry at C-2 to the
     (S)-configuration.
CC   U0600 alkaloids
DED  19980422

RX(1) OF 3    I + II ===> III...
```

[reaction scheme showing compounds I, II, and III with structural formulas]

```
RX(1)   RCT I, 587806, CHIRAL
            II, 587807
        SOL 214 (108-88-3), toluene
        PRO III, 587808, CHIRAL
        YDS 12.0 %
        T   -80.0 Cel
        KW  olefination
        NTE reaction:I* (II) -> III*
```

*Auszug aus einem Dokument von Cheminform RX*

## D 13.5 Sequenz-Datenbanken

**Protein Sequence Record aus der Datenbank CAS-Registry**

```
RN   91386-77-5  REGISTRY
CN   Interferon .alpha.1 (human leukocyte protein moiety reduced),
     1-L-serine- (9CI)   (CA INDEX NAME)
FS   PROTEIN SEQUENCE
SQL  166
SEQ      1  SDLPETHSLD NRRTLMLLAQ MSRISPSSCL MDRHDFGFPQ EEFDGNQFQK
        51  APAISVLHEL IQQIFNLFTT KDSSAAWDED LLDKFCTELY QQLNDLEACV
       101  MQEERVGETP LMNADSILAV KKYFRRITLY LTEKKYSPCA WEVVRAEIMR
       151  SLSLSTNLQE RLRRKE
MF   Unspecified
CI   MAN
LC   STN Files:   CA, CAPLUS
              1 REFERENCES IN FILE CA (1947 TO DATE)
```

Als früherer Grenzbereich zwischen Chemie und den verschiedenen Life Sciences haben neue **Protein- und Aminosäure-Sequenzen** mittlerweile den ersten Platz bei der Registrierung neuer Substanzen eingenommen. Am Ende des Jahres 2003 waren bereits über 38 Mio. Sequenzen bekannt und registriert. Der Zuwachs dieser Kategorie ist so rasant, dass die Zahl der Sequenzen im Laufe des Jahres 2003 die Zahl der klassischen chemischen Verbindungen incl. der Polymere übertroffen hat.

| The Latest CAS Registry Number® and Substance Count | |
|---|---|
| Date | Thu Jan 15 04:43:06 EST 2004 |
| Count | 22,642,569 organic and inorganic substances |
|  | 38,309,795 sequences |
| CAS RN | 637725-36-1 is the most recent CAS Registry Number |

## D 13.6 Chemie-Information aus dem Internet

Das **Internet** als Informationsquelle hat in der Chemie zwar nicht die gleich hohe Bedeutung wie beispielsweise in Medizin, Physik, Mathematik und Geisteswissenschaften, ist aber aus der chemischen Informationspraxis, insbesondere der Lehre und der fachlichen Diskussion im Vorfeld von Publikationen sowie der Verbreitung von Preprints und E-Journals nicht mehr wegzudenken. Eigentlich ist fast jede Chemie-Information über das WWW zu beziehen, jedoch keineswegs billiger als über die klassischen elektronischen Übermittlungsverfahren. Jeder der professionellen Informationsanbieter hat inzwischen parallele, meist abgespeckte Angebote mit geringeren Trainingsanforderungen, aber auch weniger suchtechnischer Leistungsfähigkeit entwickelt, die sich an den gelegentlichen Nutzer für Standard-Suchstrategien richten und daher mit dem Internet-Browser an Stelle einer professionellen Kommunikationssoftware auskommen. Wenn wir vom Internet als Informationsquelle sprechen, ist eher der kostenlose Teil des Internet gemeint. Insbesondere virtuelle Bibliotheken, Zugänge zu den Katalogen realer Bibliotheken in aller Welt sowie fachspezifische Mailinglisten und Newsgroups sind hier die herausragenden Quellentypen, z.B.:

http://www.vlib.org/
   Sammelverzeichnis virtueller Bibliotheken

http://www.chemistry.de/
   Chemie-Suchmaschine FIZ-Chemie Berlin

http://www.orglist.net/
   The Organic Chemistry Mailing List

http://www.chemie.de/
   Deutscher Chemie-Server

http://www.liv.ac.uk/Chemistry/Links/links.html
   Links for Chemists (Uni Manchester)

Oft sind sogar ausgewählte Volltexte von aktuellen Fachartikeln zu finden. Die Eingangsseiten aller gewerblichen Informationsanbieter bieten ihre Datenbank-Beschreibungen und Tutorials über Retrievalsprachen und Suchtechniken ebenso kostenlos an wie News und Preislisten. Da die Chemie-Patente fast 40% aller Patente ausmachen, stellen die kostenlosen Volltext-Angebote der Patentämter ebenfalls eine wichtige Quelle der Chemie-Information dar, deren Wert allerdings durch die nicht vorhandene Verschlagwortung und fehlende grafische Struktursuchmöglichkeiten beschränkt ist.

## D 13.7 Die Chemical Abstracts

Die **Chemical Abstracts** sind seit 1907 als chemischer Referatedienst tätig und nehmen seit dem Wegfall deutscher Konkurrenzprodukte in der Nachkriegszeit seit den 60er Jahren die führende Position ein. Obwohl weiterhin eine gedruckte Version vertrieben wird, nutzen fast alle Chemiker direkt als Endnutzer oder bei schwierigen Fragen mit Hilfe von institutions- und firmeninternen Recherchespezialisten oder externen Infobrokern eine der verschiedenen Online-Varianten. Die wesentlichen Vorteile der elektronischen Version sind neben ihrer Tagesaktualität die enorme Geschwindigkeit, die Verfügbarkeit von jedem Internetanschluss und vor allem die Möglichkeit nach Substrukturen, also Molekülfragmenten unabhängig von jeder Nomenklatur, zu suchen.

Erkauft werden diese Vorteile allerdings durch erheblich höhere Kosten. Die Erschließung der chemischen Publikationen durch CAS hat in den letzten Jahren erheblich an Qualität gewonnen. Durch sogenannte Rollenindikatoren, Index Terms und einen Thesaurus ist auch in Dokumenten mit zahlreichen beschriebenen Verbindungen eine eindeutige Zuordnung von Substanz und Funktion möglich.

Ergänzend zu Bibliographie, Abstracts und Verschlagwortung enthalten die CAS-Dokumente seit 2003 auch Referenzlisten der im Original-Artikel zitierten Literatur, ein Service der bisher nur bei ISI für die Life Sciences und den sozialwissenschaftlichen Bereich verfügbar war.

Ein große Hilfe stellen die Runtime-Module wie SEL CHEM und POLYLINK dar, die es ermöglichen, halbautomatisch aus dem Ergebnis einer Struktursuche die dort gefundenen Nomenklaturen und Repeating Units umzuwandeln in eine neue Suchanfrage, ohne dass die oft zahlreichen und unhandlichen Begriffe mit cut-and-paste übertragen oder gar abgeschrieben werden müssen.

Die Chemical Abstracts werten 9.000 Zeitschriften aus und veröffentlichen derzeit über 700.000 Referate pro Jahr.

## D 13.8 ISI

Das Institute for Scientific Information ISI wertet über 16.000 Zeitschriften aus und gibt eine Reihe von Datenbanken über Chemische Reaktionen und Literatur-Zitate heraus, u.a. den Index Chemicus und ChemPrep. Mit 400.000 Einträgen gehört ChemPrep™ zu den großen Reaktionsdaten-

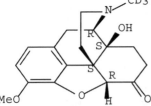

```
L4   41 ANSWERS   REGISTRY   COPYRIGHT 2004 ACS on STN
IN   Morphinan-6-one, 4,5-epoxy-14-hydroxy-3-methoxy-17-(methyl-d3)-,
     (5α)- (9CI)
MF   C18 H18 D3 N O4
```

*Teilergebnis einer Struktur-Recherche in der CAS-Registerdatenbank*

```
IT   76-41-5, Oxymorphone  124-90-3, Oxycodone hydrochloride
     465-65-6, Naloxone   2921-14-4, Carboxymethoxyamine hemihydrochloride
     2969-81-5, Ethyl 4-bromobutyrate   5466-06-8, Ethyl 3-mercaptopropionate
     RL: RCT (Reactant); RACT (Reactant or reagent)
        (preparation of haptens, immunogens and antibodies to oxycodone and its
        metabolites)
```

*Beispiel eines Index-Term-Blocks aus einem Dokument der CAS-Bibliographie-Datenbank*

banken, die ebenfalls Bestandteil von ISI's Web of Science sind. Inzwischen wurde ISI, das bereits in den 50er Jahren von dem Chemiker Eugene Garfield als erste bibliometrisch geführte und maschinenlesbare Datenbank gegründet wurde, vom kanadischen Thomson-Konzern akquiriert, zu dem auch die Hosts Dialog Datastar und Profound sowie der Datenbankhersteller Derwent gehören.

## Literatur

01 Barth, Andreas: Datenbanken in den Naturwissenschaften. Eine Einführung in den Umgang mit Online-Datenbanken. Weinheim u.a.: VCII 1992. 450 S. (Datenverarbeitung in den Naturwissenschaften)

02 Bottle, Robert Thomas; Rowland, J. F. B. (Hrsg.): Information Sources in Chemistry. 4. Aufl. London u.a.: Bowker Saur 1993. 340 S. (Guides to Information Sources)

03 Carr, Carol: Teaching and using chemical information – an updated bibliography. J. Chem. Educ., 1993 , 70 (9) 719-726

04 Mücke, Michael: Die chemische Literatur. Ihre Erschließung und Benutzung. Weinheim u.a.: Verlag Chemie 1982. 271 S.

05 Schutz, Hedda; Georgy, Ursula: Von CA bis CAS online Datenbanken in der Chemie. 2. Aufl. Berlin u.a.: Springer 1994. 321 S.

06 Zass, Engelbert: Chemical reaction information retrieval – sources and problems from a user's perspective, Journal of Molecular Structure: THEOCHEM, 1999, Vol. 463, Nr. 1-2, S. 43

# D 14 Information und Dokumentation in der Medizin

Wilhelm Gaus

## D 14.1 Medizinische Literaturdokumentation

**Literaturflut.** Medizinische Forschung gibt es nicht nur in Forschungsinstituten mit vielerlei Spezialgebieten wie Vergiftungen, Krebsforschung, Zellbiologie usw., sondern auch in Universitätskliniken, Spezialkliniken und nicht zuletzt in der pharmazeutischen Industrie. Ärzte sind fleißige Schreiber, die auch über Kasuistiken, retrospektive Auswertungen der Krankenakten, prospektive Erhebungen, klinische Studien und natürlich auch über vielerlei Laborforschung, Versuche mit Zellkulturen und über Tierversuche berichten. Hinzu kommt Literatur von Institutionen und Firmen, die Medizingeräte (z.B. Beatmungsgeräte, Narkosegeräte, chirurgisches Instrumentarium, Röntgengeräte usw.) oder Medizinprodukte (z.B. Verbandsmaterial, Prothesen, Nahtmaterial, orthopädische Hilfen) herstellen. Vermutlich ist die Literaturflut in der Medizin größer als in jedem anderen Fachgebiet (Lit. 03).

**Datenbasen und Datenbanken.** Die derzeit wichtigsten Datenbasen für die medizinische Literaturdokumentation sind MEDLINE der US National Library of Medicine (siehe Glossar), BIOSIS, hergestellt von BIOSciences Information Service, EMBASE, hergestellt von Elsevier Science B.V. sowie eine ganze Reihe von Datenbasen mit Spezialgebieten wie z.B. TOXLINE. Der wichtigste Anbieter medizinischer Datenbanken in Deutschland ist das *Deutsche Institut für Medizinische Dokumentation und Information (DIMDI)* in Köln, das 90 Datenbanken mit zusammen über 100 Millionen Dokumenten anbietet.

Die Bedeutung der medizinischen Literatur zeigt sich auch am *Science Citation Index (SCI)*. Im SCI sind 2345 medizinische Zeitschriften erfasst. Das sind 39% aller 6073 vom SCI erfassten naturwissenschaftlichen Zeitschriften. Nimmt man den Social-SCI mit 1798 Zeitschriften und den Art and Humanities-CI mit 1133 Zeitschriften noch hinzu, so haben die medizinischen Zeitschriften immer noch einen Anteil von 26%. Hinzu kommt, dass medizinische Zeitschriften meist mehr Hefte pro Jahr und dickere Hefte haben als die Zeitschriften anderer Fachgebiete.

## D 14.2 Befund- und Datendokumentation

**Dokumentation in der Klinik.** Zentrales Arbeitsgebiet der Medizinischen Dokumentation ist die *Klinische Dokumentation* (Lit. 06, Lit. 09). Zu dokumentieren sind alle Befunde aller Patienten. Befunde beziehen sich auf die Anamnese (Vorgeschichte einer Krankheit), den Zustand bei Aufnahme, alle diagnostischen Ergebnisse, die durchgeführten Maßnahmen und Therapien, den zeitlichen Verlauf wichtiger Befunde (z.B. Fieberkurve, Blutdruck), die eingetretenen Komplikationen bis hin zum Zustand bei Entlassung, Empfehlungen zur weiteren Diagnostik und Therapie und die Epikrise (zusammenfassende Bewertung des Geschehens).

**Befundtypen.** Befunde können *qualitativ* sein, z.B. Stenose eines bestimmten Seitenastes der Arteria Coronaria Dextra (Herzkranzarterie), distale Oberschenkelfraktur rechts oder eine bestimmte Diagnose wie akute myeloische Leukämie. Befunde können aber auch *Ratingmerkmale* sein wie z.B. kein Fieber, erhöhte Temperatur, leichtes Fieber, mittleres Fieber, hohes Fieber. Des Weiteren können Befunde *semiquantitativ* sein, z.B. die Leber ist bis zu 3 Querfinger unter dem Rippenbogen tastbar. Viele Befunde sind *quantitativ* wie z.B. Laborwerte, Gewichte, Längen und andere messbare Größen. Schließlich können sich Befunde auch in einem *Einzelbild* darstellen, z.B. ein Körperquerschnitt im CT (Computer Tomogramm) oder als Schatten auf der Lunge im Röntgenbild des Thorax als Verdacht auf Lungentuberkulose. Befunde können sich auch aus einer ganzen *Serie von Bildern* ergeben, wie z.B. kein Verdacht auf einen Bandscheibenvorfall im CT.

**Krankenakten.** Alle Befunde eines Patienten werden in seiner Krankenakte zusammengeführt. Zwar ist die medizinische Literaturdokumentation – vor allem im Vergleich zu anderen Fachgebieten – eine beachtliche Herausforderung, aber doch eine vergleichsweise harmlose Aufgabe gegenüber der Dokumentation aller Befunde und Daten aller Patienten in den Kliniken. Ein Krankenhaus – auch eine Arztpraxis – kann durchaus ernsthaft auch als „Datenerzeugungsfabrik" betrachtet werden. Wird konventionell auf Papier dokumentiert, so entsteht während einer typischen, durchschnittlichen, im Mittel etwa 10 Tage dauernden stationären Behandlung eine Krankenakte im Format DIN-A4 mit etwa 5 bis 10 mm Dicke. Der Bestand an Krankenakten eines Universitätsklinikums übertrifft die medizinischen Bestände einer Universitätsbibliothek bei weitem. Alle diese Krankenakten sind Unikate. Der Krankenaktenbestand enthält eine Fülle medizinischer Erfahrung, allerdings ist diese Informationsfülle bei konventioneller Krankenaktenführung schwierig zu nutzen.

**Retrieval.** Die Krankenakten und die in ihnen gespeicherten Informationen sind notwendig für eine spätere Weiterbehandlung des Patienten, auch für die Sicherung der Qualität des ärztlichen Handelns, für die Wissenschaft und vielleicht auch für forensische (rechtliche) Zwecke. Die Auswertung der Krankenakten, aber auch von speziellen Teilen daraus wie z.B. Operationsberichte, Narkoseprotokolle, Röntgenbefundberichte, Laborbefunde, Fieberkurve, Arzneimittelverordnungen usw. obliegt meist medizinischen Doktoranden und führt zur Bildung präziser Hypothesen. Die klinische Dokumentation von Befunden und Daten muss *verschiedene Retrievalfunktionen* erfüllen: (1.) Es muss auf einzelne Befunde zugegriffen werden können, z.B. die Rektaltemperatur des Patienten Max Moritz Schaufelstiel am 16.11.03 um 17:30 Uhr betrug 38.4°C. Information Retrieval kann sich aber auch auf (2.) alle Befunde eines Patienten zu einem Zeitpunkt beziehen und damit eine Patientenübersicht für einen bestimmten Zeitpunkt ermitteln. Gesucht wird (3.) auch der Verlauf eines bestimmten Merkmals eines bestimmten Patienten über die Zeit, z.B. der Verlauf der Leukozytenzahl (weiße Blutkörperchen) beim Patienten Max Moritz Schaufelstiel in den 14 Tagen nach Gabe einer zytotoxischen Therapie zur Karzinombehandlung. Schließlich (4.) können auch Daten verschiedener Patienten zusammengeführt werden, z.B. wie stark sinkt die Leukozytenzahl nach einer bestimmten zytotoxischen Therapie im Mittel und nach bisheriger Erfahrung mindestens und höchstens ab?

## D 14.3 Aufgaben und Ziele der klinischen Dokumentation

**Dokumentationspflicht des Arztes.** Schon Hippokrates empfahl seinen Schülern, Aufzeichnungen über ihre Patienten zu führen. Heute ist die Führung einer Krankenakte für jeden Patienten eine Standespflicht der Ärzte. Die **Dokumentationspflicht** umfasst Anamnese, Beschwerden, die durchgeführte Diagnostik, die gestellte Diagnose, die Behandlung, die eingetretenen Komplikationen und den erreichten Therapieerfolg. Sie umfasst auch OP-Berichte, Anästhesieprotokolle, Röntgenbilder, EKGs, Befundberichte, Laborbefunde und alle ähnlichen Unterlagen. Darüber hinaus kann der Arzt Vermutungen, persönliche Spekulationen oder unvollständige Gedanken als Gedächtnisstütze und *informelle Aufzeichnungen* niederlegen.

**Zusammenführen von Befunden.** Die Befunde eines Patienten entstehen an verschiedenen Orten, z.B. am Krankenbett, in der Röntgenabteilung, beim Belastungs-EKG, bei der Lungenfunktionsprüfung, im Operationssaal, beim Pathologen oder in entfernten Speziallabors. Sie entstehen aber auch zu verschiedenen Zeitpunkten. Oft ist nicht nur der einzelne Befund von Interesse, sondern die Veränderung gegenüber den früheren Befunden und der zeitliche Verlauf einer Kenngröße wie z.B. Fieberkurve, Blutdruckkurve, Pulskurve, Verlauf des Blutzuckerspiegels nach einer Standardmahlzeit usw. Die Dokumentation hat die an verschiedenen Orten zu verschiedenen Zeitpunkten gewonnenen Erkenntnisse über einen Patienten zusammenzuführen und zu einem **Gesamtbild** zusammenzufügen.

**Gegenseitiges Informieren.** In einer Arztpraxis, aber noch viel stärker in einer Klinik sind mehrere Personen an der Behandlung des einzelnen Patienten beteiligt: Der Stationsarzt, der Oberarzt, der Chefarzt, aber auch Fachärzte wie etwa der Kardiologe, der Radiologe, der Laborarzt und nicht zuletzt die Krankenschwester, die Krankengymnastin, die Laborassistentin usw. Besonders deutlich wird dies bei Fallbesprechungen und **Konzilien** (Besprechung von Ärzten verschiedener Fachgebiete über das weitere Vorgehen bei einem schwierigen Krankheitsfall). Die Fülle der an der Behandlung beteiligten Spezialisten ist aber für den Patienten und sein Wohlergehen nur dann segensreich, wenn sich die an der Behandlung Beteiligten gegenseitig umfassend informieren. Konventionelle Formen des gegenseitigen Informierens sind Berichte, Arztbriefe und Konzilien.

**Einmal erfassen, multipel verwenden.** Zentrale Idee des Informationsflusses im Krankenhaus ist, jedes Datum nur ein einziges Mal zu erfassen, und zwar dort und zu dem Zeitpunkt, zu dem der Befund entsteht (Lit. 09). Die erfassten Informationen sollen aber möglichst vielfältig und vielseitig benutzt werden. Dies gilt – wie eben dargelegt – für alle an der Behandlung Beteiligten. Jeder Einzelbefund ist aber darüber hinaus für die Abrechnung, die Qualitätssicherung und die Wissenschaft von Bedeutung.

**Einsichtsrecht des Patienten.** Heute ist höchstrichterlich anerkannt, dass einem Patienten Einsicht in seine Krankenakte zu gewähren ist. Das Einsichtsrecht des Patienten wird nur durch die schützenswerten Interessen des Patienten und anderer Personen begrenzt. So kann der Arzt beispielsweise bei Suizidgefahr aus therapeutischen Überlegungen die genaue Diagnose und Prognose vorenthalten.

**Frühere Behandlungen als Anamnese.** Kommt ein früherer Patient zur erneuten Behandlung, so ist es wichtig, seine früheren Untersuchungsbefunde, Behandlungen und den damit erreichten Therapieerfolg zu kennen. Den nicht vorbehandelten Patienten gibt es nur noch selten.

**Aufbewahrungsfristen.** Über die Aufbewahrungsdauer von Krankenakten gibt es widersprüchliche Vorschriften. Eine Aufbewahrungsdauer von 30 Jahren reicht aus, wird aber auch zunehmend als notwendig erachtet. Bei modernen, DV-gestützten Dokumentationen kann die Gewährleistung einer so langen Retrievalfähigkeit durchaus schwierig sein.

**Konsequenzen mangelnder Dokumentation für den Patienten.** Eine unzureichende Dokumentation kann zu Fehlern in der *laufenden Behandlung* des Patienten führen und bei *erneuter Behandlung* des gleichen Patienten schädlich sein. Außerdem beeinträchtigt sie die *wissenschaftliche Verwertbarkeit* der Krankenakte. Große Bedeutung hat eine mangelnde Dokumentation bei *Rechtsstreitigkeiten*. Bei Streitfällen zwischen Patient und z.B. Berufsgenossenschaft, Unfallversicherung oder dergleichen kann der Patient das Krankenhaus oder den Arzt verklagen, wenn er seine Ansprüche wegen der mangelnden Dokumentation nicht durchsetzen kann. Klagt ein Patient wegen eines Behandlungsfehlers oder wegen mangelhafter Aufklärung über Risiken gegen einen Arzt oder eine Klinik, so kann eine mangelnde Dokumentation oder eine nicht auffindbare Krankenakte die Beweislast umkehren, d.h. dann muss der Arzt oder das Krankenhaus darlegen, dass sie korrekt und umfassend behandelt und über die Behandlungsrisiken aufgeklärt haben. Dies ist ohne eine detaillierte Krankenakte praktisch nicht möglich.

**Konsequenzen mangelnder Dokumentation für Qualitätssicherung und Wissenschaft.** Die Krankenakten dienen auch der Sicherung der Qualität ärztlichen Handelns. Beispiel: Der Chefarzt einer Frauenklinik wird sicherlich wissen wollen, ob die **perinatale Todesrate** (d.h. der Tod des Kindes zwischen der vollendeten 22. Schwangerschaftswoche und dem 7. vollendeten Tag nach der Geburt) in seiner Klinik höher ist als in benachbarten Kliniken. An diesem Beispiel zeigt sich auch eine der Tücken der Statistik. Es ist bekannt, dass die perinatale Todesrate in Universitätsfrauenkliniken deutlich größer ist als in kommunalen oder regionalen Krankenhäusern, aber nicht, weil die Universitätskliniken eine schlechte Geburtshilfe leisten, sondern weil alle Risikoschwangerschaften zur Entbindung in eine Klinik der Maximalversorgung verlegt werden. Ebenso ist die **Komplikationsrate bei Operationen** dann am geringsten, wenn die Operation von einem Arzt ausgeführt wird, der noch am Anfang seiner Ausbildung zum Facharzt für Chirurgie steht, weil alle vorhersehbar schwierigen Operationen nicht den Anfängern, sondern den erfahrenen Oberärzten überlassen werden.

**Finanzielle Abrechnung.** Bisher wurden Krankenhausleistungen meist in allgemeinen oder speziellen *Pflegesätzen* (Kosten je Tag) oder in einigen wenigen Fallpauschalen mit den Kostenträgern (gesetzliche Krankenkassen und private Krankenversicherungen) abgerechnet. Derzeit wird die Abrechnung der Krankenhausleistungen auf so genannte *diagnoserelevante Gruppen* (**DRGs**) umgestellt, mit denen aus einer Reihe von Gegebenheiten beim Patienten eine *individualisierte Fallpauschale* berechnet wird. Damit ist eine detaillierte Dokumentation der von der Klinik erbrachten Leistungen für jeden einzelnen Patienten notwendig, um korrekt abrechnen zu können.

**Betriebssteuerung.** Krankenhäuser und Arztpraxen sind auch Betriebe, die rationell und wirtschaftlich geführt werden müssen. Dazu benötigen sie aktuelle Informationen über den derzeitigen Betriebszustand wie z.B. die Anzahl der derzeitigen Patienten. Benötigt werden auch **Betriebsstatistiken** wie z.B. die Anzahl der Patienten im letzten Monat, die mittlere Verweildauer, das behandelte Diagnosenspektrum, den Auslastungsgrad der einzelnen Stationen und so weiter. Die klinische Dokumentation kann wichtige Beiträge zur Betriebssteuerung liefern, unter anderem zur Erstellung der Dienstpläne, der Operationssaalbelegung, der Patienteneinbestellung und so weiter.

**Qualitätssicherung und Wissenschaft.** Bereits erwähnt wurde, dass die Erfassung der Befunde und Daten auch Zwecken der Qualitätssicherung ärztlichen Handelns und der Wissenschaft dient. Nach wie vor ist die Medizin in weiten Teilen eine *Erfahrungswissenschaft*, die Erfahrung muss aber formalisiert werden, um heutigen Wissenschaftsansprüchen zu genügen.

**Idealvorstellung.** Die Medizinische Dokumentation soll (1.) jederzeit (2.) jedem Berechtigten (3.) jede gewünschte Information, (4.) aber nur die gewünschte Information (5.) übersichtlich präsentieren. Die gewünschte Information kann ein einzelner Befund, ein zeitlicher Verlauf, der aktuelle Stand eines Patienten oder eine detaillierte Statistik sein.

## D 14.4 Warum ist Medizinische Dokumentation heute wichtiger als früher?

**Intensive medizinische Betreuung.** In den entwickelten Ländern ist die medizinische Betreuung intensiver, vielseitiger und leistungsfähiger geworden. Der Einzelne konsultiert heute viel häufiger einen Arzt als früher. Der Arzt bietet Hilfe nicht nur bei lebensbedrohenden Krankheiten, sondern auch zur Vorsorge, bei vielen Unpässlichkeiten, er vermittelt Annehmlichkeiten wie Schmerzlinderung, Beruhigungs- und Anregungsmittel, Empfängnisverhütung, künstliche Befruchtung, Leistungssteigerung im Sport und so weiter. Während früher z.B. ein kariöser Zahn in fortgeschrittenem Stadium gezogen wurde, wird er heute in frühem Stadium mehrfach gefüllt, dann überkront, später als Zahn ersetzt und schließlich wird vielleicht doch noch eine Gebissprothese verwendet.

**Naturwissenschaftliche Medizin.** Unsere Medizin hat sich von der „Heilkunst" zur „naturwissenschaftlichen Medizin" entwickelt. Die naturwissenschaftlich orientierte Medizin bemüht sich, ihre Diagnostik und Therapie durch vielseitige, objektive und meist quantitative Befunde und formalisierte Erfahrung zu begründen im Sinne einer *Evidence Based Medicine (EBM)*. Pro ärztlicher Untersuchung und je Behandlungstag entstehen heute sehr viel mehr Daten als früher, schon allein deshalb, weil der Arzt heute viel mehr und viel differenziertere Untersuchungs- und Behandlungsmöglichkeiten hat.

**Spezialisierung der Ärzte und Heilberufe.** Das medizinische Wissen ist fast explosionsartig gewachsen und hat zwangsläufig zu einer starken Spezialisierung der Ärzte und zu neuen Heilberufen geführt. Dieses Wissen und diese Spezialisierung erhöhen die Anzahl der Daten pro Patient und erfordern außerdem eine intensive Kommunikation zwischen den Fachärzten und zwischen Ärzten und Heilberufen. Als Folge der Spezialisierung entstehen die Daten eines Patienten an sehr vielen verschiedenen Stellen und müssen zusammengeführt werden. Dadurch rücken Aufgaben in der Dokumentation und Kommunikation in den Vordergrund.

**Chronische Krankheiten und Multimorbidität.** Die Fortschritte der Hygiene und der Medizin haben viele Akutkrankheiten besiegt und die Lebenserwartung erhöht. Damit treten jedoch chronische Krankheiten und Multimorbidität (ein Patienten hat mehrere Krankheiten gleichzeitig, z.B. Hypertonie, Diabetes, Koronare Herzkrankheit und aktuell eine Oberschenkelfraktur) in den Vordergrund. Diese Krankheiten erfordern einen hohen Dokumentationsaufwand, da über einen langen Zeitraum viele Komponenten gleichzeitig betrachtet werden müssen.

**Mobilität der Patienten und Ärzte.** Die traditionelle und oft jahrzehntelang bestehende *Patient-Hausarzt-Beziehung* ist nur noch vereinzelt anzutreffen. Die wechselnden Positionen eines einzelnen Arztes und die Mobilität der Patienten verleiht der Dokumentation und Kommunikation eine zusätzliche Bedeutung.

**Rechtliche Aspekte.** Auch in der Medizin haben rechtliche Aspekte an Bedeutung gewonnen. Die meisten Streitfälle beziehen sich jedoch nicht auf so genannte Kunstfehlerprozesse, sondern auf Streitfälle zwischen Patienten und Versicherung über Schadenersatz und Kostenübernahme.

**Kostendruck.** Der seit Jahren stark zunehmende Kostendruck hat die Bedeutung der Dokumentation stark erhöht. Eine detaillierte Erfassung, Analyse, Abrechnung und Begründung der Kosten erfordert auch eine detaillierte Dokumentation der Befunde, Therapien und Komplikationen.

**Intensive Forschung.** Die medizinische Forschung an Zellkulturen, Versuchstieren, Probanden und Patienten ist heute intensiver und naturwissenschaftlicher als früher. Damit benötigt sie in starkem Maße *systematisch gesammelte, reliable Daten*. Durch die biologische Variabilität – jeder Mensch ist ein einmaliges Individuum – reicht es nicht aus, einen Versuch einmalig durchzuführen, stattdessen sind Wiederholungen und *Statistiken* erforderlich. Die heutige Forschung ist auch in der Medizin geprägt durch Wissensvermehrung und Spezialistentum. Sie ist kooperativ und damit auf eine gute Dokumentation und einen intensiven Informationsaustausch angewiesen.

**Dokumentation einer fortschrittlichen Medizin.** Alle genannten Punkte sprechen für den Fortschritt und die Leistungsfähigkeit der heutigen Medizin. Eine moderne Medizin ist ohne leistungsfähige Dokumentation, Kommunikation und Information nicht möglich.

## D 14.5 Informationsfluss im Krankenhaus – Krankenhausinformationssystem

**Behandlungsbegleitende Dokumentation.** Typischerweise ist die klinische Dokumentation behandlungsbegleitend. Die dokumentierten Sachverhalte bestimmen das weitere diagnostische und therapeutische Vorgehen. Bewährte konventionelle Formen der Dokumentation und Kommunikation sind *Formulare, Fieberkurven, strukturierte Befundberichte, Arztbriefe* und dergleichen.

**Nachträgliche Datenerfassung.** Mit Beginn der Datenverarbeitung wurden wichtige Informationen nachträglich DV-erfasst, gespeichert und der maschinellen Dokumentation zugeführt. Dies konnte nur eine Anfangslösung sein.

**Direkte Erfassung.** Derzeit sind die Krankenhäuser im Informationsumbruch. Ziel ist die Dateneingabe direkt beim Entstehen der Befunde und Daten und die *laufende Aktualisierung der Datenbanken*. In einigen Bereichen ist dieser Umbruch schon abgeschlossen, z.B. bei der Patientenaufnahme, im klinisch-chemischen Labor, bei der Abrechnung. In anderen Bereichen steht die direkte Erfassung der Befunde und Daten noch am Anfang, z.B. bei der Visite, im Operationsbereich und bei Konzilien.

**Das Krankenhausinformationssystem (KIS) als Ziel.** An allen Arbeitsplätzen eines Krankenhauses, d.h. auf den Stationen, Arztzimmern, Schwesternzimmern, an allen Untersuchungsplätzen, Ambulanzkabinen, Labors usw. sind vernetzte PCs verfügbar. Alle entstehenden relevanten Informationen werden sofort erfasst, z.B. werden bei der Visite die Befunde der körperlichen Untersuchung, die getroffenen Entscheidungen, die verordneten Medikamente und dergleichen unmittelbar DV-erfasst. Ebenso gibt das Pflegepersonal seine Beobachtungen ein, bestätigt den Vollzug ärztlicher Anordnungen, z.B. das Verabreichen von Medikamenten. Dafür steht jede benötigte Information in der jeweils gewünschten Form jederzeit jedem Berechtigten zur Verfügung. Insgesamt also eine schöne, neue Informationswelt im Krankenhaus.

**Probleme eines Krankenhausinformationssystems.** Schwierig ist nicht so sehr die Leistungsfähigkeit der DV-Anlagen und deren Vernetzung, sondern dass viele Programme zusammenarbeiten müssen und eine möglichst *einheitliche Benutzungsoberfläche* dafür gefunden werden muss. Tatsächlich müssen bei einem Krankenhausinformationssystem praktisch *alle Mitarbeiter* des Krankenhauses bereit und fähig sein, mit dem System umzugehen. Auch die *Authentifizierung* der Benutzer (Wer sitzt vor Tastatur und Bildschirm?) und die Festlegung der *Benutzersichten* (Was darf dieser Benutzer tun und erfahren?) muss gelöst werden. Die Entwicklung eines Krankenhausinformationssystems für ein einzelnes Krankenhaus ist nicht rentabel, deshalb muss ein entwickeltes System an die Gegebenheiten des jeweiligen Krankhauses angepasst werden können. Derzeit gibt es zumindest Vorläufer von Krankenhausinformationssystemen. Unter dem derzeitigen Kostendruck wird ein zunehmend alle Dienste integrierendes Krankenhausinformationssystem immer wichtiger.

## D 14.6 Verflechtung der medizinischen Dokumentation mit Informatik, Statistik und Linguistik

**Entwicklung der Computer und Informatik.** Der vernetzte Computer ist heute das wichtigste, ja sogar das einzige technische Hilfsmittel des Dokumentars. Die heutige Dokumentation ist ohne Informatik nicht mehr vorstellbar. Die Verflechtung von Dokumentation und Informatik dürfte in der Medizin noch intensiver sein als in anderen Fachgebieten (Lit. 15).

**Literaturdokumentation.** Bei der DV-Erfassung, inhaltlichen Erschließung, Speicherung der Literatur und dem Information Retrieval war die Medizin eher Vorreiter als Schlusslicht. In der Medizin hat das gebundene Indexieren und damit die Abfrage mit Vorzugsbenennungen (Controlled Terms) immer noch etwa die gleiche Bedeutung wie die Freitextsuche.

**Datendokumentation.** Im Vergleich zur Literaturdokumentation hat die Befund- und Datendokumentation viele kleine Dokumentationseinheiten, die stark strukturiert und formatisiert sind und sich damit für **Datenbanken** bestens eignen. Demgegenüber ist das Indexieren verhältnismäßig einfach. Deshalb ist Befund- und Datendokumentation fast schon in der Informatik aufgegangen.

**Klinische Dokumentation.** Der Informationsfluss im Krankenhaus, die Datenerfassung, Datenspeicherung, Datenretrieval und -präsentation sind so intensiv und untrennbar mit dem **Betriebsablauf im Krankenhaus** verbunden, dass sie oft gar nicht als dokumentarische Aufgaben gesehen werden. Zweifellos sind sie Komponenten eines **Krankenhausinformationssystems** und zweifellos sind gerade bei der klinischen Dokumentation dokumentarische Aufgaben und Informatik fast untrennbar miteinander verwoben. Manche Komponenten eines Krankenhausinformationssystems haben ihren Schwerpunkt in der Dokumentation, andere Komponenten in der Informatik.

**Medizinische Informatik.** Die Anwendung der Informatik in Medizin und Klinik wird von den Informatikern als so speziell betrachtet, dass sie auch als medizinische Informatik oder kurz als Medizininformatik bezeichnet wird. Der Anteil der Dokumentation ist in der Medizininformatik deutlich größer als in der (allgemeinen) Informatik.

**Statistiken.** Das Auswerten von Befunden und Daten führt schnell vom Information Retrieval in die Statistik. Tatsächlich ist die medizinische Dokumentation eng mit der Statistik verbunden, weil sich viele Retrievalaufgaben über Patienten hinweg erstrecken und somit zu Statistiken, auch Betriebsstatistiken führen.

**Medizinische Biometrie.** Jeder Mensch ist ein einmaliges Individuum und reagiert damit auf Expositionen, Risiken, aber auch auf Therapien durchaus individuell. In der Medizin ist fast nichts sicher, sondern nur mehr oder weniger häufig, mehr oder weniger wahrscheinlich. Generelle Aussagen über die Zuverlässigkeit eines diagnostischen Verfahrens, über die Wirksamkeit und Verträglichkeit einer Therapie, über das Risiko für das Auftreten von Komplikationen und die Prognose über den Therapieerfolg, all diese Aussagen gelten nur für ein Kollektiv von Patienten, sind Statistiken und müssen mit **statistischen Verfahren** ermittelt und weiterverarbeitet werden. Die **medizinische Dokumentation ist eng mit der Statistik verbunden**. Ähnlich wie es eine medizinische Informatik gibt, so gibt es auch eine medizinische Statistik, eine medizinische Biometrie.

**Linguistische Erschließung medizinischer Texte.** Die Medizin hat eine Fülle von Texten, die auf den einzelnen Patienten bezogen sind wie Arztbriefe, Operationsberichte, Radiologieberichte, Pathologieberichte usw. Eine intellektuelle Erschließung dieser Texte mit gebundenem Indexieren ist heute zu teuer. Deshalb bieten sich Verfahren der **Freitextsuche** und der linguistischen Datenverarbeitung an, um die in diesen Texten enthaltenen Informationen dokumentarisch zu erschließen und dokumentarisch-statistisch auszuwerten (Lit. 01). Die **linguistische Datenverarbeitung** wird erleichtert durch die medizinischen Fachausdrücke und die Kürze der Dokumente. Problematisch sind die vielen Zahlenangaben, Aufzählungen und Verneinungen wie z.B. im Text „Hb, HK, AST, ALT waren unauffällig, die GT mit 36 U/l leicht erhöht".

**Weltweite Kooperation.** Die Ideen der Humanität, der Caritas und der Hilfe für Kranke haben schon früh zu einer weltweiten Kooperation der Mediziner geführt. Schon 1853 beim ersten internationalen statistischen Kongress in Brüssel wurde ein **Ordnungssystem für die Krankheitsbegriffe und Todesursachen** in Auftrag gegeben, um durch Vergleich der Todesursachenstatistiken der Länder die medizinische Versorgung zu verbessern (siehe Glossar). Bis heute hat die medizinische Dokumentation eine Reihe von weltweit verwendeten Ordnungssystemen, die meist von der **Weltgesundheitsorganisation (WHO)** betreut werden. Es gibt ernsthafte Bemühungen um ein weltweit gültiges **Unified Medical Language System (UMLS)**, nicht zuletzt, um die dokumentarischen und statistischen Aufgaben zu erleichtern und die Ergebnisse international vergleichbar zu machen (Lit. 10, Lit. 17).

## D 14.7 Dokumentation bei klinischen und epidemiologischen Studien

**Studientypen.** Bei **diagnostischen Studien** wird die Aussagekraft und Zuverlässigkeit eines diagnostischen Verfahrens überprüft und seine **Sensitivität** und **Spezifität** ermittelt (Lit. 06). In **therapeutischen Studien** (Lit. 04) wird geprüft, ob ein neues therapeutisches Verfahren wirksam ist – falls es noch keine anerkannte wirksame Therapie gibt – oder ob das neue therapeutische Verfahren der bisherigen Standardtherapie überlegen oder äquivalent ist. Außerdem wird in allen therapeutischen Studien die Sicherheit und Verträglichkeit beurteilt. **Epidemiologische Studien** dienen dazu, **Risiko- oder Prophylaxefaktoren** zu erkennen und in ihrer Bedeutung abzuschätzen. Beispiele für Risikofaktoren sind Rauchen, Asbestexposition, Übergewicht, für Prophylaxefaktoren hartes Trinkwasser und ein gewisses Maß an körperlicher Aktivität.

**Studienplan.** Alle planerischen Entscheidungen werden in einem Studienplan zusammengefasst *(Study Protocol)*. Der Studienplan enthält die gesamte gedankliche Konstruktion der Studie, er ist vergleichbar mit dem Bauplan eines Hauses oder dem Schaltplan eines Elektrogeräts. Der Studienplan sollte im Verlauf der Studie möglichst nicht abgeändert werden müssen. Ist dies unvermeidlich, so werden die Änderungen als Amendments (Ergänzungen, Nachträge) beigefügt.

**Datenerhebungsbogen.** Für jede Studie muss ein spezieller Satz von Datenerhebungsbogen *(Case Record Form, CRF)* entwickelt werden. Die Datenerhebungsbogen zeigen dem Studienarzt, welche Daten zu erheben sind und geben ihm gelegentlich auch Handlungsanweisungen, z.B. „Falls Rektaltemperatur >38.5°C, dann Blutprobe für mikrobiologische Untersuchung entnehmen". Die Datenerhebungsbogen sind auch juristische Belege, sie sind vom Prüfarzt zu datieren und zu unterschreiben. Der **Formularsatz einer klinischen Studie** variiert sehr stark von Studie zu Studie. Er kann insgesamt nur wenige Seiten umfassen oder ein ganzes Casebook sein. Wichtige **Formulartypen** sind Aufnahme in die Studie, Erstuntersuchung, Tages- und Wochen- oder Monatsbericht, Erhebungsbogen für besondere Ereignisse (z.B. Operation, Bluttransfusion), das Ende der stationären oder aktiven Behandlung, Nachbeobachtungen, Erhebungsbogen für Daten, die an anderen Orten entstehen (z.B. in der Pathologie oder in einem auswärtigen Labor), und schließlich der Abschlussbogen.

**Ethik.** Jede klinische Studie muss ethisch verantwortet werden können. Die Studienteilnehmer müssen ausreichend geschützt sein, und die Studie muss wissenschaftlich wichtige und zuverlässige Ergebnisse erwarten lassen. Jede klinische Studie muss vor Beginn einer **Ethikkommission** vorgelegt und von dieser für gut befunden werden. Studien mit geringem wissenschaftlichen Niveau sind unethisch, weil sie die Studienpatienten belasten, aber keinen zuverlässigen Erkenntnisgewinn liefern. Klinische Studien sind eine Art **Generationenvertrag**: Die heutigen Patienten haben den Nutzen davon, dass sich frühere Patienten für klinische Studien zur Verfügung gestellt haben, deshalb dürfen wir heutige Patienten um die Teilnahme bitten.

**Internationales Regelwerk.** Es wäre unethisch, die Ergebnisse einer klinischen Studie nur in einem Land zu verwenden. Deshalb haben die Europäische Union, die USA und Japan die **International Conference on Harmonisation of Technical Requirements for Registration of Pharmaceuticals for Human Use (ICH)** gegründet. An der ICH sind die Arzneimittelzulassungsbehörden, die pharmazeutische Industrie und Kliniker beteiligt. Die Ergebnisse von Studien, die nach den von der ICH erarbeiteten und herausgegebenen Regelwerken durchgeführt worden sind, werden weltweit anerkannt.

**Good Clinical Practice (GCP).** Die ICH, die amerikanische und die europäische Arzneimittelbehörde haben größenordnungsmäßig 100 **Regelwerke für klinische Studien** erstellt und veröffentlicht. Das wichtigste Regelwerk ist die gute klinische Praxis (GCP). Leitidee der GCP ist, dass eine klinische Studie so dokumentiert wird, dass jeder einzelne Arbeitsgang nachvollziehbar ist. Um diesen gewaltigen Dokumentationsaufwand besser zu bewältigen, werden einheitliche Arbeitsanweisungen *(Standard Operating Procedures, SOPs)* ausgearbeitet, die dann für viele verschiedene Studien gelten können. Bei der einzelnen Studie muss dann nur noch dokumentiert werden, welche Arbeiten nach welcher SOP durchgeführt wurden. Außerdem müssen alle Arbeiten, die nicht nach einer SOP ausgeführt wurden, genau beschrieben werden.

**Monitoring (Studienüberwachung).** Um eine hohe Datenqualität sicherzustellen, wird der Studienfortgang überwacht und die gewonnenen Daten laufend überprüft. Dafür werden spezielle, als **Monitore** bezeichnete Personen eingesetzt.

**Auditing, Qualitätssicherung.** In größeren Studien prüfen unabhängige Organisationen, ob für alle Arbeitsgänge SOPs oder Einzelregelungen vorhanden sind und eingehalten werden. Diese Organisationen *zertifizieren* die Einrichtungen der Studie.

**Datenmanagement und Datenkorrekturen.** Die in einer klinischen Studie gewonnenen Daten werden mehrmals überprüft. Zunächst wird der **Studienarzt** die Angaben, die er in den Datenerhebungsbogen einträgt, gedanklich überprüfen. Der

***Monitor*** geht alle ausgefüllten Erhebungsbogen durch und fragt den Studienarzt bei zweifelhaften Eintragungen. Die ***Qualitätssicherung*** überprüft die vom Monitor freigegebenen Erhebungsbogen zumindest stichprobenweise. Bei der Eingabe der Daten in den Computer erfolgen ***formale Plausibilitätsprüfungen*** per Programm.

**Indexierungen.** Bei klinischen Studien lassen sich ***Freitexte*** nicht völlig vermeiden, insbesondere für die Vor- und Begleiterkrankungen, Begleittherapien, Begleitmedikationen, für Komplikationen, unerwünschte Ereignisse und für Bemerkungen. Diese Freitexte müssen indexiert werden, damit ähnliche Sachverhalte zusammengeführt werden und statistisch ausgewertet werden können. Dazu gibt es eine Reihe internationaler Ordnungssysteme, wie z.B. **ICD, TNM** (siehe Glossar), ***Anatomical Therapeutic Chemical (ATC) classification index with Defined Daily Doses (DDDs), National adverse drug reaction directory with Coding Symbols for Thesaurus of Adverse Reaction Terms (COSTART)*** und die internationalen ***Freinamen der Arzneimittelsubstanzen***. Die für klinische Studien erforderlichen Ordnungssysteme werden zunehmend unter der Bezeichnung **MedDRA** zusammengefasst und weiterentwickelt (siehe Glossar).

**Datenfreigabe.** Eine größere Menge medizinischer Daten wird – trotz aller Mühe bei klinischen Studien – kaum jemals absolut lückenlos und fehlerfrei sein. Trotzdem muss irgendwann mit der Auswertung der gewonnenen Daten begonnen werden. Die Entscheidung, keine fehlenden Angaben mehr nachzutragen und keine Korrekturen mehr auszuführen, ist ein formaler Akt, der als ***Abschließen der Datenbank*** oder als Datenfreigabe zur Auswertung bezeichnet wird. Selbstverständlich wird der Akt der Datenfreigabe nach der entsprechenden SOP protokolliert und dokumentiert, außerdem wird die Datenbank zu diesem Zeitpunkt als Datei förmlich und unveränderlich hinterlegt, z.B. auf CD-ROM. Dies ist eine klare Schnittstelle der Verantwortlichkeiten: Studienleiter, Studienärzte und Monitore sind für die hinterlegten Daten verantwortlich, alle bei der Auswertung eingetretenen Mängel und Fehler gehen zu Lasten des auswertenden Biometrikers.

**Statistische Auswertung.** Die statistisch-biometrische Auswertung einer klinischen Studie umfasst u.a. die deskriptive Auswertung, Beurteilung der Datenqualität aus biometrischer Sicht, die Beschreibung der Studienpatienten, die Beurteilung der Vergleichbarkeit der Gruppen, die Darstellung und Beurteilung der Zuverlässigkeit der untersuchten diagnostischen Methode oder der Wirksamkeit oder Überlegenheit der untersuchten Therapie, die Darstellung und Beurteilung der unerwünschten Ereignisse, der Unverträglichkeiten und Behandlungsrisiken, die explorative Auswertung sowie die Bewertung der Aussagekraft der Studie und Zusammenfassung ihrer Ergebnisse.

**Archivierung der Studiendokumente.** Alle Unterlagen und Daten, die bei einer klinischen Studie entstehen, werden archiviert und als ***Trial-Master-File*** bezeichnet. Dazu gehören die Investigator-Brochure (die alle Erkenntnisse über die neue Therapie (Arzneimittelsubstanz) enthält, die bei Studienbeginn bekannt waren), Studienplan, Schriftwechsel und Votum der Ethikkommission(en), der Randomisierungsplan, die ausgefüllten Erhebungsbogen, alle Monitorberichte, alle Datenqueries mit allen Datenergänzungen und Korrekturen, das Protokoll über den Abschluss der Datenbank, bei Blindstudien das Protokoll über die Offenlegung der Behandlungen, die zur Auswertung freigegebene Datenbank, der biometrische Auswertungsbericht, der medizinische Abschlussbericht über die Studie und schließlich alle Auditprotokolle und Zertifizierungen. Der Trial-Master-File einer Studie kann bei konventioneller Speicherung viele Meter Regalboden beanspruchen.

**Dokumentationsqualität.** Meines Erachtens gibt es kaum größere Dokumentationen, an die so hohe Anforderungen gestellt werden wie an die Dokumentation bei klinischen Studien, die für die **Arzneimittelzulassung** relevant sind. Der dokumentarische Aufwand hat die Kosten für klinische Studien und damit auch für die Arzneimittelentwicklung deutlich erhöht. Dies wiederum führt dazu, dass nur noch Arzneimittel entwickelt werden, für die ein großer Markt zu erwarten ist.

## D 14.8 Dokumentation bei Einrichtungen des Gesundheitswesens

**Einrichtungen des Gesundheitswesens.** In entwickelten Ländern umfasst das Gesundheitswesen neben Arztpraxen und Krankenhäusern viele Einrichtungen, auch Einrichtungen, die nicht direkt mit dem einzelnen Patienten zusammenarbeiten und die deshalb dem Bürger oft nicht bekannt sind. Fast alle diese Einrichtungen haben auch dokumentarische Aufgaben. Die dokumentarischen Aufgaben der ***pharmazeutischen Industrie*** wurden oben skizziert. Nicht erwähnt wurden die dokumentarischen Aufgaben bei der Prüfung zukünftiger Arzneimittelsubstanzen mit Zellkulturen, im Tierversuch und in den frühen Phasen der Arzneimittelprüfung am Menschen, die Dokumentation der unverwünschten Ereignisse, die Erfassung der Risiken bei nicht bestimmungsgemäßem Gebrauch eines Arzneimittels (z.B. Kind trinkt ganze Flasche Hustensaft aus) und alle anderen Erkenntnisse, die nach der Zulassung des Arzneimittels gewonnen werden. Ähnliche Aufgaben wie Pharmafirmen hat die Industrie, die **Medizingeräte und Medizinprodukte** herstellt.

**Arztpraxis.** Alle Aufgaben der klinischen Dokumentation gelten auch für die Praxen der niedergelassenen Ärzte. Lediglich das Datenvolumen ist kleiner, zum einen, weil die Anzahl der Patienten kleiner ist, zum anderen, weil das Untersuchungsspektrum weniger umfangreich ist. Anstatt eines Krankenhausinformationssystems benutzt der niedergelassene Arzt ein auf seine Praxis zugeschnittenes **Praxisinformationssystem**. Besonders zuverlässig wird in den Arztpraxen jede für einen Patienten erbrachte Leistung dokumentiert, da die Vergütung der niedergelassenen Ärzte über die Abrechnung der erbrachten Einzelleistungen erfolgt.

**Abteilung für Pathologie.** Alle von den Chirurgen entfernte Körpermaterialien, aber auch die zu diagnostischen Zwecken entnommenen Gewebeproben, werden sowohl makroskopisch als auch mikroskopisch von Ärzten für Pathologie untersucht. Hinzu kommen die Daten aus Obduktionsbefunden. Jede eingehende Probe wird erfasst mit Beschreibung des Patienten, der anstehenden Fragestellung, des einsendenden Arztes und der Beschreibung des Materials. Jede Einsendung erhält eine **Signatur**. Zunächst wird das eingesandte Material in einzelne Proben aufgeteilt, Teilsignaturen vergeben, jede Teilprobe makroskopisch untersucht und dann ein makroskopischer Befundbericht diktiert. Anschließend werden von den Materialien Schnitte angefertigt, dies führt zu weiteren Untersignaturen. Die Schnitte werden mit ganz unterschiedlichen Färbemethoden behandelt und nach Beendigung des Vorbereitungsprozesses mikroskopisch untersucht. Daraus folgt der mikroskopische Befundbericht. Ein Teil der gewonnenen Präparate und Schnitte wird langfristig archiviert. Die Dokumentation muss nicht nur gewährleisten, dass für jedes Detail klar ist, mit welchen Färbemethoden und unter welchen Bedingungen es entstanden ist, sondern auch, von welchem Teil des eingesandten Materials es stammt und natürlich auch, zu welchem Patienten es gehört. Die eingelagerten Präparate und alle gewonnenen Befunde müssen auch später auswertbar sein unter der **Patientenidentifikation** (z.B. wenn sich zu einem späteren Zeitpunkt die Krankheit des Patienten verschlimmert), aber auch unter Material und Lokalisation, unter Färbemethode und unter den gewonnenen Ergebnissen für Zwecke der Lehre und der Forschung. Der gesamte Dokumentationsvorgang ist in den normalen Ablauf des Instituts einzubinden und darf keinen nennenswerten zusätzlichen Arbeitsbedarf erfordern.

**Blutspendedienst.** Zunächst sind Blutspender und Blutspenden zu unterscheiden, von einem Spender können mehrere Spenden vorliegen. Daten gibt es zu jedem Spender und zu jeder Spende. Aus jeder aktuellen Spende wird die Blutgruppe bestimmt und verglichen, ob sie mit den früheren Spenden des gleichen Spenders in allen Details übereinstimmt. Außerdem wird jede aktuell aufzuarbeitende Spende auf bestimmte Krankheiten untersucht, damit diese nicht bei der Bluttransfusion auf den Empfänger übergehen. Aus einer Spende (Vollblut) werden mehrere Produkte hergestellt: Die roten Zellen werden als Erythrozytenkonzentrat transfundiert, das Plasma (Blutflüssigkeit) ist Ausgangspunkt mehrerer Produkte. Jedes Blutprodukt muss bis zum Spender rückverfolgbar sein. Umgekehrt müssen alle Spenden eines Spenders vorwärts zu ihren Produkten verfolgbar sein. Entwickelt sich nach einer Bluttransfusion beim Empfänger ein ernsthaftes Problem, so muss nachprüfbar sein, von welchem Spender das angeschuldigte Produkt stammt. Außerdem wird man andere Spenden dieses Spenders und alle daraus entstandenen Produkte verfolgen wollen bis hin zu allen Empfängern, um dort nach ähnlichen Problemen zu suchen oder um noch nicht verwendete Produkte zu sperren und erneut zu analysieren. Im Blutspendewesen werden extrem hohe Zuverlässigkeitsanforderungen sowohl an die Produkte als auch an die Dokumentation gestellt, weil Fehler tödlich sein können. Extreme Anforderungen an die Dokumentation stellt die Suche gewebeverträglicher Knochenmarks- und Blutstammzellspender, bei der für einen Patienten in zentralen Registern weltweit ein geeigneter Spender gesucht wird.

**Kassenärztliche Vereinigungen.** Der niedergelassene Arzt trägt auf dem Kranken- oder Überweisungsschein des Patienten ein, wann er welche Leistungen für den Patienten erbracht hat. Am

Ende eines Quartals gibt er diese Scheine an seine Kassenärztliche Vereinigung weiter zur Abrechnung. Die Kassenärztliche Vereinigung prüft die Wirtschaftlichkeit der Behandlungs- und Verordnungsweise der Kassenärzte und verteilt das von den Krankenkassen für die niedergelassenen Ärzte bereit gestellte Budget. Auch dabei gibt es eine Fülle dokumentarischer Aufgaben, zumal sowohl die Wirtschaftlichkeitsprüfung als auch die Honorarausschüttung vor den Verwaltungsgerichten nachprüfbar sein muss.

**Staatliche Gesundheitsämter.** Zur öffentlichen Gesundheit gehört die regelmäßige Überwachung des Trinkwassers und die Lebensmittelkontrolle, die Überwachung der Einhaltung von Hygienevorschriften in Schlachthäusern, Großküchen, Alten- und Pflegeheimen, Schwimmbädern usw., die Überwachung der Fäkalienbeseitigung in Kläranlagen bis hin zur Verwesung auf den Friedhöfen. Eine besondere dokumentarische Aufgabe der Gesundheitsämter ist die Auswertung der Leichenschauscheine, aus denen die Lebenserwartung der heutigen Bevölkerung, die Sterbewahrscheinlichkeiten und die Todesursachen ermittelt werden.

## D 14.9  Ordnungssysteme

Wichtige *internationale Ordnungssysteme* sind Medical Subject Headings (MeSH) (Lit. 12, Lit. 13, Lit. 14), International Statistical Classification of Diseases and Health Related Problems (ICD-10) (Lit. 02), International Classification of Procedures in Medicine (ICPM) (Lit. 16), Tumor, Nodes, Metastasis (TNM) (Lit. 20), Systemised Nomenclature of Medicine (SNOMED) (Lit. 19) und Medical Dictionary for Regulatory Activities (MedDRA) (Lit. 11). (siehe Glossar)

**Moderne Ordnungssysteme.** Für spezielle Aufgaben wurden in der Medizin überschaubare, aber leistungsfähige Ordnungssysteme entwickelt, die auf dem *Ordnungsprinzip der Begriffskombination* aufbauen (Lit. 03). Zum Beispiel hat Helbing (Lit. 08) schon 1986 ein *Ordnungssystem für die Knochen- und Unfallchirurgie* vorgestellt, das mit nur 123 Deskriptoren auskommt und auf einem kleinen Poster über dem Diktiergerät im Nebenraum des Operationssaals hängt. Schon im ersten Jahr der Benutzung wurden damit 4 133 Operationen indexiert, denen im Mittel 4.1 Deskriptoren zugeteilt wurden. Die 4 133 Operationen hatten 2 848 verschiedene Deskriptorkombinationen, d.h. es wurde bei etwa jeder zweiten Operation eine andere Deskriptorkombination, ein anderer Sachverhalt, indexiert. Durch die Verwendung des Ordnungsprinzips Begriffskombination konnte also mit extrem wenigen Deskriptoren extrem detailliert indexiert und inhaltlich erschlossen werden. Neueste Ordnungssysteme, z.B. für die Rehabilitationsmedizin (Lit. 18), lassen eine *Gradierung der Deskriptoren* zu, z.B. wird der Deskriptor „Schmerz" einem Dokument nicht nur zugeteilt oder nicht, sondern kann die 5 Ausprägungen kein, gering, mäßig, stark, sehr stark annehmen. Das Ziel der Gradierung der Deskriptoren ist wiederum, mit möglichst wenig Deskriptoren im Ordnungssystem den Sachverhalt möglichst detailliert zu beschreiben. Das Retrieval von graduierten Deskriptoren erfolgt mit *Fuzzy-SQL*, d.h. einer um die Fuzzy-Logik (Unschärferelation) erweiterte Structured Query Language (Datenbankabfragesprache).

## D 14.10  Berufe der medizinischen Dokumentation

**Wer dokumentiert?** Nahezu alle in der Medizin Tätigen dokumentieren, also die Ärzte, Schwestern, das medizinisch-technische Personal, ja sogar der Patient ist durch das Ausfüllen von Formularen an der medizinischen Dokumentation beteiligt. Mehr oder weniger alle Mitarbeiter eines Klinikums sind sowohl „Datenlieferanten" als auch „Datennutzer". Ein *Krankenhausinformationssystem* kann erst dann seine volle Wirkung entfalten, wenn es für alle in der Klinik tätigen Personen nützlich ist. Die medizinischen *Literaturdokumentationssysteme* werden von den Ärzten benutzt, um Informationen über seltene Erkrankungen und schwierige Krankheitsfälle zu gewinnen. Dass wissenschaftlich tätige Mediziner selbst recherchieren, sei nur am Rande erwähnt.

**Berufe der medizinischen Dokumentation.** Entsprechend der großen Bedeutung der medizinischen Dokumentation gibt es eine Reihe von speziellen Berufen (Lit. 05). Dies sind Fachangestellte für Medien- und Informationsdienste (FAMI) Fachrichtung Medizinische Dokumentation, Medizinische Dokumentationsassistenten (MDA) und Medizinische Dokumentare (MD). Hinzu kommen Medizin-Informatiker sowie Inhaber der Zertifikate Medizinische Biometrie, Medizinische Dokumentation oder Medizinische Informatik. Diese Berufe werden im Glossar beschrieben.

## Literatur

01 Carstensen, K.-U.; Ebert, C.; Endriss, C. et al.: Computerlinguistik und Sprachtechnologie. Eine Einführung. Heidelberg, Berlin; Spektrum Akademischer Verlag; 2001; ISBN 3-8274-1027-4

02 Deutsches Institut für medizinische Dokumentation und Information (Hrsg.): Internationale statistische Klassifikation der Krankheiten und verwandter Gesundheitsprobleme (ICD), 10. Revision.
Als Buch: München; Urban & Fischer Verlag; 1995; ISBN 3-541-18701-8 und Bern; Verlag Hans Huber; 1999; ISBN 3-456-83404-7.
Als Diskette: Landsberg; ecomed-Verlag; 1994; ISBN 3-609-64230-0.
Online-Version: www.dimdi.de/de/klassi/diagnosen/icd10/ls-icdhtml.htm.
Englischsprachige WHO-Ausgabe:
International Statistical Classification of Diseases and Related Health Problems. Tenth Revision (ICD-10); Volume 1: Tabular list. Geneva; World Health Organization, 1992. ISBN 92-4-154419-8; Volume 2: Instruction manual. Geneva; World Health Organization, 1993; ISBN 92-4-154420-1; Volume 3: Alphabetical Index. Geneva; World Health Organization, 1994; ISBN 92-4-154421-X
Disketten-Version (2 diskettes): Geneva; World Health Organization; 1995; ISBN 92-4-154488-0
Siehe auch http://www.who.int/whosis/icd10/

03 Gaus, W.: Dokumentations- und Ordnungslehre. Lehrbuch für die Theorie und Praxis des Information Retrieval. Berlin, Heidelberg, New York, Tokyo; Springer-Verlag; 4. Aufl. 2003; ISBN 3-540-43505-0

04 Gaus, W.: Dokumentation und Datenverarbeitung bei klinischen Studien. In: Kuemmerle (Hrsg.): Klinische Pharmakologie. Loseblattsammlung, Kap. III-1.2.3 Ergänzungslieferung Okt. 2002; Landsberg, ecomed Verlagsgesellschaft; ISBN 3-609-19859-1. Außerdem erschienen als: Dokumentation und Datenverarbeitung bei klinischen Studien. Gesellschaft zur Förderung der Medizinischen Dokumentation (Hrsg.): Schriftenreihe zur Förderung der medizinischen Dokumentation; Band 1, 2003; ISBN 3-8330-0006-6

05 Gaus, W.: Berufe im Informationswesen. Ein Wegweiser zur Ausbildung. Berlin, Heidelberg; Springer-Verlag; 5. Aufl. 2002; ISBN 3-540-43619-7

06 Gaus, W.; Hingst, V. et al: Ökologisches Stoffgebiet. Stuttgart; Thieme-Verlag; 3. Aufl. 1999; ISBN 3-13-117543-5

07 Gaus, W.; Kugelmann, M. (Hrsg.): Medizinische Dokumentation. Entwicklung, heutiger Stand, Perspektiven. 25 Jahre Schule für Medizinische Dokumentation Ulm. Vierte Fachtagung des Deutschen Verbands Medizinischer Dokumentare. Ulm; Universitätsverlag Ulm; 1994; ISBN 3-89559-221-8

08 Helbing, G.; Burri, C.; Gaus, W.: Erfahrung mit der Erstellung und dokumentarisch-statistischen Auswertung von OP-Berichten mit EDV. Hefte zur Unfallheilkunde, Heft 181 (1986), S. 741-744

09 Leiner, F.; Gaus, W.; Haux, R.; Knaup-Gregori, P.: Medizinische Dokumentation. Lehrbuch und Leitfaden für die Praxis. Stuttgart; Schattauer-Verlag; 4. Aufl. 2003; ISBN 3-7945-2265-6

10 Lindberg, D. A.; Humphreys, B. L.; McCray, A. T.: The Unified Medical Language System. Methods Inform. Med. 32 (1993), S. 281-291

11 Maintenance and Support Services Organization (MSSO): MedDRA (Ordnungssystem für Symptome, Diagnosen, Todesursachen, therapeutische Indikationen, Laborbefunde, Operationen und Prozeduren sowie medizinische, familiäre und soziale Begleitumstände.) http://www.msso.org

12 National Library of Medicine: Medical Subject Headings (MeSH) – Tree Structures 2003. Bethesda, Md, USA; The Library; Vertrieb durch National Technical Information Service; ISSN 0147-099X

13 National Library of Medicine: Medical Subject Headings (MeSH) – Annotated Alphabetic List 2003. Bethesda, Md, USA; The Library; Vertrieb durch National Technical Information Service; ISSN 0147-5711

14 National Library of Medicine: Permuted medical subject headings 2003. Bethesda, Md, USA; The Library; Vertrieb durch National Technical Information Service; ISSN 1045-2338

15 Seelos, H. J. (Hrsg.): Medizinische Informatik, Biometrie und Epidemiologie. Berlin, New-York; Walter de Gruyter; 1997; ISBN 3-11-014317-8

16 Thurmayr, R.; Kolodzig, Ch.; Diekmann, F.: ICPM – Internationale Klassifikation der Prozeduren in der Medizin. Berlin; Blackwell Wiss.; 3. Aufl. 1995; ISBN 3-89412-251-X

17 Unified Medical Language System (UMLS). http://www.nlm.mih.gov/research/umls

18 Urban, M.: Beiträge der Dokumentation und Informatik für das Assessment in der Rehabilitationsmedizin. Diss. Universität Ulm; 2003

19 Wingert, F. (Hrsg.): SNOMED – Systematisierte Nomenklatur der Medizin. Berlin; Springer-Verlag; 1984; Band I, Numerischer Index; ISBN 3-540-12993-6. Band II, Alphabetischer Index; ISBN 3-540-13523-5

20 Wittekind, C.; Meyer, H. J.; Bootz, F.; (Hrsg.): TNM-Klassifikation maligner Tumoren. Berlin; Springer-Verlag; 6. Aufl. 2003; ISBN 3-540-43664-2

# D 15 Normung

Gottfried Herzog und Hans-Jörg Wiesner

## D 15.1 Weltweite Normung als Wirtschaftsfaktor

Nach OECD-Angaben kommen bei rund 80% des weltweiten Austauschs von Waren und Dienstleistungen technische Normen freiwillig oder durch deren Einbindung in die Gesetzgebung zur Geltung (Lit. 06). Der internationale Handel benötigt für einen fairen Wettbewerb Normen, die durch das Konsensprinzip legitimiert sind. Die **internationale und europäische** Zusammenarbeit hat deshalb für alle Normungsorganisationen einen hohen Stellenwert. Bei den internationalen und europäischen Normungsinstituten (ISO/IEC, CEN/CENELEC) ist das DIN mit seinen Normenausschüssen und anderen Gremien das alleinige deutsche Mitglied und nimmt somit die deutschen Interessen wahr.

## D 15.2 Beteiligung des DIN an internationaler und europäischer Normung

Das DIN Deutsches Institut für Normung e. V. ist Mitglied in ISO und CEN, den internationalen bzw. europäischen Normungsorganisationen. Das DIN bildet die deutsche Plattform, die den interessierten Kreisen aus Wirtschaft, Verwaltung, Technik und Wissenschaft die Mitarbeit auf allen Ebenen der technischen Normung ermöglicht.

## D 15.3 Grundgedanken der Normung

Das DIN orientiert seine Arbeit an den folgenden zehn Grundgedanken:

– Freiwilligkeit
– Öffentlichkeit
– Beteiligung aller interessierten Kreise
– Konsens
– Einheitlichkeit und Widerspruchsfreiheit
– Sachbezogenheit
– Ausrichtung am Stand der Technik
– Ausrichtung an den wirtschaftlichen Gegebenheiten
– Ausrichtung am allgemeinen Nutzen
– Internationalität.

Diese Grundgedanken werden von den Normungsgremien für alle Normungsvorhaben auf ihrem jeweiligen Fachgebiet angewendet. Das DIN versteht sich als ein neutrales Forum, dessen inhaltliche Arbeitsergebnisse ausschließlich von den Festlegungen seiner ausgewogen zusammengesetzten Expertengremien abhängen. In der Normungsarbeit stellt das DIN selbst keine Partei dar, die inhaltliche Auffassungen zur Sache gegen andere beteiligte Kreise durchsetzt.

## D 15.4 Normenausschüsse als fachliches Forum

Die Normenausschüsse sind mit ihren Arbeitsausschüssen das fachliche Forum für die Festlegung übergreifender Regeln, die über die Ebene einer einzelnen Institution hinausgehen. Die fachliche Arbeit wird in den verschiedenen Arbeitsausschüssen eines Normenausschusses von Experten aus den interessierten Kreisen geleistet. Die interessierten Kreise nehmen freiwillig an den einzelnen Normungsvorhaben teil und müssen für die Finanzierung der inhaltlichen und organisatorischen Arbeit grundsätzlich selbst aufkommen. Sie werden dabei von hauptamtlichen Mitarbeitern des DIN unterstützt (Lit. 03).

Die interessierten Kreise bringen die Themenvorschläge für Normungsvorhaben ein und erarbeiten in den Arbeitsausschüssen entsprechende Normen mit der Maßgabe, einen **Konsens** zu erreichen, der der **Öffentlichkeit** zur Stellungnahme vorgelegt wird. Konsens bedeutet nach DIN EN 45020 (Lit. 01), allgemeine Zustimmung durch ein Verfahren zu erreichen, in dem versucht wird, die Gesichtspunkte aller betroffenen Parteien zu berücksichtigen und Gegenargumente auszuräumen. Auch wenn sich Einstimmigkeit nicht immer erzielen lässt, werden alle Versuche unternommen, Widersprüche auszuräumen und zu einem ausgewogenen Interessenausgleich zu kommen. Dieses Prinzip wird sowohl innerhalb des Gremiums angewendet, das einen Norm-Entwurf erarbeitet, als auch beim darauf folgenden öffentlichen Einspruchsverfahren.

Das DIN pflegt intensive Kontakte zu den interessierten Kreisen aus Wirtschaft und Verwaltung sowie Wissenschaft und Technik, die auch einen wesentlichen Beitrag zur Finanzierung der Normungsarbeit leisten und den Normeninhalt gestalten. Durch diese Zusammenarbeit fließen die Aspekte **Ausrichtung am Stand der Technik** und **Ausrichtung an den wirtschaftlichen Gegebenheiten** in jede erarbeitete Norm ein. Darüber hinaus wird jede Norm in regelmäßigen Abständen (in der Regel alle fünf Jahre) darauf hin überprüft, ob sie dem Stand der Technik noch entspricht.

Die Anwendung der bereits genannten Grundgedanken der Normung stellen sicher, dass sich jede Norm für sich an den Bedürfnissen des Marktes orientiert und so zu einem hohen betriebs- und volkswirtschaftlichen Nutzen der Normungsarbeit beiträgt. Der Staat ist gleichberechtigter Partner und kann so die öffentlichen Interessen einbringen. Sicherheitsaspekte sowie Umwelt- und Verbraucherschutz sind seit langem wesentliche Ziele der technischen Normung. Damit ist die Normung am **allgemeinen Nutzen** ausgerichtet.

Schließlich ist auch die **Anwendung der Normen freiwillig**. Eine Ausnahme bilden diejenigen Normen, die vom Gesetzgeber - z. B. aus Sicherheitsgründen - für die Anwendung zwingend vorgeschrieben werden. Dass die zahlreichen anderen Normen trotzdem für Wirtschaft, Wissenschaft, Verwaltung und vielen anderen gesellschaftlichen Lebensbereichen Anerkennung finden, liegt in der fachlichen Kompetenz und hohen Relevanz des technischen Inhalts der Normen begründet. Aufgrund ihrer Erarbeitung durch interessierte und fachlich kompetente Gremien ist ihr Inhalt auf den unmittelbaren Nutzen für den Anwender ausgerichtet und orientiert sich an klar definierten Zielen.

## D 15.5 Ziele der Normungsarbeit

Die Ziele der Normungsarbeit sind am Grundgedanken der **Sachbezogenheit** ausgerichtet. DIN EN 45020 (Lit. 01) legt folgende Ziele der Normung fest:

- Gebrauchstauglichkeit
- Kompatibilität (Verträglichkeit)
- Austauschbarkeit
- Optimierung der Vielfalt (z. B. Festlegung von Größen und Formaten)
- Sicherheit
- Umweltschutz
- Schutz von Produkten (z. B. gegen klimatische oder andere schädliche Einflüsse während ihrer Benutzung und Lagerung oder beim Transport).

## D 15.6 Organisation und Koordination der Normungsarbeit

Die hauptamtlichen Mitarbeiter des DIN haben neben der organisatorischen Betreuung der einzelnen Normungsvorhaben auch die Aufgabe der Koordinierung zwischen den verschiedenen Vorhaben der Normenausschüsse. Im Hinblick auf übergreifende Regelfestlegungen für unterschiedliche Anwender ist das DIN dem Prinzip der **Einheitlichkeit und Widerspruchsfreiheit** des Normenwerks verpflichtet.

Darüber hinaus wird von den hauptamtlichen Mitarbeitern des DIN auch die Beteiligung der Normungsgremien des DIN an der europäischen und internationalen Normung organisiert. Dazu gehört

- die Beobachtung der ISO- und CEN-Gremien und eine entsprechende Berichterstattung in den DIN-Ausschüssen;
- die Betreuung der von DIN-Gremien nominierten Experten, die in europäischen oder internationalen Komitees mitarbeiten und an Sitzungen teilnehmen;
- die Organisation der nationalen Konsensfindung zu europäischen und internationalen Norm-Entwürfen und die Überwachung der einzuhaltenden Abstimmungsfristen;
- teilweise auch die Sekretariatsführung der europäischen oder internationalen Gremien, sofern das DIN diese Aufgabe im Rahmen seiner CEN- bzw. ISO-Mitgliedschaft übernommen hat.

## D 15.7 Die Finanzierung der Normungsarbeit

Die Grundgedanken und Ziele der Normungsarbeit sichern bereits, dass die Erarbeitung der Normen von allen Beteiligten als marktrelevante Dienstleistung betrieben wird. Dieser Ansatz kommt jedoch auch in der Finanzierung dieser Arbeit zum Tragen. „Die Erarbeitung von Normen ist eine Dienstleistung, die das DIN für die interessierten Kreise erbringt. Dafür steht im DIN ein Budget zur Verfügung, das derzeit zu 62% aus eigenen Erträgen, 25% durch Förderbeiträge der

Wirtschaft und 13% aus Zuwendungen der öffentlichen Hand finanziert wird." (Lit. 02)

Den Kosten für die Organisation und Koordination der Normungsarbeit stehen auf Seiten der interessierten Kreise die Kosten für die Mitarbeit ihrer eigenen Experten in den Normungsgremien von ca. 630 Mio. Euro gegenüber. Nach einschlägigen Untersuchungen beträgt jedoch der volkswirtschaftliche Nutzen der Normung jährlich etwa 16 Mrd. Euro (Lit. 02).

### D 15.8 Organisation der Internationalen Normung

ISO - International Organization for Standardization (Internationale Organisation für Normung, Sitz in Genf/Schweiz) ist die internationale Dachorganisation und weltweite Vereinigung nationaler Normungsinstitute, die im Jahre 1947 gegründet wurde. Die Erarbeitung der Internationalen Normen vollzieht sich in Technischen Komitees (TC) und deren Unterkomitees (SC) und Arbeitsgruppen (WG), die die verschiedenen Aspekte der Normungsarbeit abdecken. Die IEC (Internationale Elektrotechnische Kommission) ist eine entsprechende Organisation für die elektrotechnische Normung, die mit der ISO eng zusammenarbeitet. Beide Organisationen arbeiten nach einheitlichen Verfahrensrichtlinien. Zwischen den ISO- und den IEC-Gremien besteht eine enge Zusammenarbeit. Darüber hinaus bestehen auch enge Beziehungen zur ITU - International Telecommunication Union, der internationalen Normungsorganisation für Telekommunikation. Alle drei haben sich zur World Standards Cooperation zusammengeschlossen. Durch diesen Zusammenschluss soll auch der Abbau von Handelshemmnissen im Rahmen der Welthandelsorganisation (WTO) durch internationale Normen gefördert werden.

Alle ISO-Mitglieder haben die Möglichkeit, in allen für sie relevanten Gremien mitzuarbeiten. Die Arbeit ist dezentralisiert; die Sekretariate dieser Gremien werden jeweils durch ein Mitglied betreut. Gegenwärtig gibt es ca. 188 Technische Komitees (TC), 550 Unterkomitees (SC) und 2175 Arbeitsgruppen (WGs) verschiedenster Fachgebiete innerhalb der ISO. Die Grundgedanken der Normungsarbeit gelten auch für die internationale Arbeit. Eine Besonderheit ist jedoch, dass sich die Arbeit des Zentralsekretariats der ISO im Wesentlichen auf administrative und koordinierende Arbeiten beschränkt. Die Sekretariatsführung der meisten TC, SC und WG wird unter den Mitgliedsländern nach dem Prinzip der Freiwilligkeit aufgeteilt. Das DIN hat in Bezug auf die Anzahl der übernommenen Sekretariate eine herausragende Stellung. Aufgrund des Engagements der interessierten Kreise in Deutschland konnte das DIN z. B. im Jahr 2002 in über 16% der internationalen Arbeitsgremien das Projektmanagement übernehmen (Lit. 02). Angesichts von 146 ISO-Mitgliedern eine überproportionale Leistung, die die Stellung der exportorientierten deutschen Wirtschaft auf dem Weltmarkt stärkt.

### D 15.9 Die Organisation der Europäischen Normung

Das Europäische Komitee für Normung (CEN) und das Europäische Komitee für Elektrotechnische Normung (CENELEC) entstanden Anfang der 60er Jahre als regionale Normungsorganisationen. CEN bildet zusammen mit CENELEC die Gemeinsame Europäische Normungsinstitution. In CEN/CENELEC sind die nationalen Normungsinstitute sowohl aller EU-Länder als auch aller EFTA-Länder Mitglied (Sitz in Brüssel).

CEN ist ein „europäisches Forum", das Kontakte mit allen interessierten Kreisen fördert und organisiert: mit Regierungen, Körperschaften öffentlichen Rechts, Herstellern, Anwendern, Verbrauchern, Gewerkschaften, usw.

Das Ziel der europäischen Normungsarbeit ist es, ein einheitliches und modernes Normenwerk für den Binnenmarkt zu schaffen. Das soll durch folgende Maßnahmen erreicht werden:

- Harmonisierung der nationalen von den CEN-Mitgliedern veröffentlichten Normen

- Förderung der einheitlichen Einführung von Normen der Internationalen Organisation für Normung (ISO) und anderer internationaler Normen oder Empfehlungen durch die CEN-Mitglieder

- Erarbeitung Europäischer Normen (EN) von Grund auf, wenn dies durch Erfordernisse in Europa gerechtfertigt ist und keine geeigneten internationalen oder anderen Normen vorhanden sind, die als Bezugsdokument benutzt werden können

- Bereitstellung von Verfahren für die gegenseitige Anerkennung von Prüfergebnissen und Zertifizierungssystemen auf europäischer Ebene

- Unterstützung der weltweiten Normung innerhalb der ISO

- Zusammenarbeit mit der Europäischen Union (EU), Europäischen Freihandelszone (EFTA) und anderen internationalen staatlichen Organisationen, so dass in deren Richtlinien und anderen Rechtsgrundlagen auf Europäische Normen und Harmonisierungsdokumente verwiesen werden kann

- Zusammenarbeit mit anderen internationalen Regierungs-, Wirtschafts-, Berufs- und Wissenschaftsorganisationen in Fragen, wo ein Zusammenhang mit Normung besteht

- Zusammenarbeit mit CENELEC (Europäisches Komitee für Elektrotechnische Normung), dem anderen Bestandteil der Gemeinsamen Europäischen Normungsinstitution.

Die Normungsarbeiten auf internationaler und europäischer Ebene werden von den deutschen Experten mitgetragen. Dazu gehört, den nationalen Standpunkt zu den von anderen Mitgliedsländern in ISO- oder CEN-Arbeitsgremien vorgelegten Vorschlägen darzulegen und so die Interessen der deutschen Fachkreise zu vertreten.

Auch bei der europäischen Normung wird die Sekretariatsführung der meisten Arbeitsgremien unter den Mitgliedsländern nach dem Prinzip der Freiwilligkeit aufgeteilt Auch hier hat DIN hat in Bezug auf die Anzahl der übernommenen Sekretariate eine herausragende Stellung. Aufgrund des Engagements der interessierten Kreise in Deutschland konnte das DIN z. B. im Jahr 2002 in über 28% der europäischen Arbeitgremien das Projektmanagement übernehmen (Lit. 02). Angesichts von nunmehr 20 CEN-Mitgliedern eine überproportionale Leistung, die die Stellung der deutschen Wirtschaft auf dem europäischen Binnenmarkt festigt (Lit. 02).

### D 15.10 Normung in Wissenschaft und Technik

Eine repräsentative Umfrage hat vor einiger Zeit ergeben, dass 98% aller Deutschen das DIN kennen - wahrscheinlich dachten die Befragten dabei in erster Linie an DIN A4, eventuell an Normen für das Bauwesen, z. B. über Brandschutz, vielleicht noch an Alltagsgegenstände wie Kugelschreiberminen nach DIN 16554.

Spricht man von Normung allgemein, so hat bei verschiedensten Kreisen in letzter Zeit die internationale Normung der ISO 9000-Reihe über Qualitätsmanagement einen hohen Bekanntheitsgrad erlangt. Die weitaus meisten Normen richten sich jedoch an die Spezialisten der jeweiligen Fachgebiete. Insgesamt gibt es zur Zeit ca. 28.400 DIN-Normen, 12.300 Europäische Normen (EN) und 13.700 Internationale Normen (ISO) für nahezu alle Bereiche von Wissenschaft und Technik.

DIN-Normen werden ständig dem neuesten Stand der Technik und den wirtschaftlichen Verhältnissen angepasst. Die Erarbeitung von DIN-Normen auf nationaler Ebene wird zunehmend von der länderübergreifenden europäischen und weltweiten Zusammenarbeit der Normungsorganisationen geprägt.

Die europäischen und internationalen Arbeitsergebnisse werden als DIN-Normen, DIN-EN- oder DIN-ISO-Normen in das Deutsche Normenwerk übernommen; auch hier ist es durch die Beteiligung der Öffentlichkeit möglich, fachliche Stellungnahmen einzubringen. Der jährlich erscheinende DIN-Katalog für technische Regeln gibt einen Überblick über alle DIN-Normen, Norm-Entwürfe und technischen Regeln anderer Organisationen bzw. Regelsetzer.

### D 15.11 Aufgaben im Bereich Information und Dokumentation

Das DIN wurde 1917 unter der Bezeichnung Normenausschuss der Deutschen Industrie gegründet. In den folgenden Jahren weitete sich die Tätigkeit auf viele Bereiche in Wirtschaft, Wissenschaft und Technik aus, so dass bereits im Jahre 1927 der Normenausschuß Bibliotheks- und Dokumentationswesen (NABD) ins Leben gerufen wurde.

In etwa 78 Normenausschüssen des DIN werden Normen für nahezu alle Bereiche von Wissenschaft und Technik erarbeitet. Für den Bereich Information und Dokumentation sind vor allem der

- **Normenausschuss Bibliotheks- und Dokumentationswesen (NABD)** und der

- **Normenausschuss Terminologie (NAT)** verantwortlich.

Die Arbeiten der Normenausschüsse Bibliotheks- und Dokumentationswesen sowie Terminologie sind eng verknüpft mit der internationalen Normung in den Technischen Komitees **ISO/TC 46 „Information und Dokumentation"** und **ISO/ TC 37 „Terminologie und andere Sprachressourcen"**.

Weitere Normen zu einzelnen Fragen der Information und Dokumentation werden von folgenden Normenausschüssen und den entsprechenden Technischen Komitees (TC) der ISO erstellt:

– Bürowesen (ISO/TC 68, ISO/TC 154)

– Papier und Pappe (ISO/TC 6)

– Druck- und Reproduktionstechnik (ISO/TC 130)

– Bild und Film (ISO/TC 36, ISO/TC 42, ISO/ TC 171 - zuständig auch für Mikrographie)

– Informationstechnik (ISO/IEC JTC 1)

– Technische Produktdokumentation (ISO/TC 10)

– Einheiten und Formelgrößen (ISO/TC 12, ISO/ TC 145).

Der Normenausschuss Bibliotheks- und Dokumentationswesen (NABD) ist für die nationale Normung für das gesamte Bibliotheks-, Informations- und Dokumentationswesen zuständig.

In seinen Verantwortungsbereich fällt die Erarbeitung von Regeln für das Erstellen, Publizieren, Erschließen, Speichern, Wiederauffinden, Vermitteln und Nutzung von Dokumenten und Informationen im Bereich des gesamten Bibliotheks-, Informations- und Dokumentationswesens, insbesondere im Archiv-, Bibliotheks-, Dokumentations-, Museums- und Verlagswesen. Schwerpunktmäßig werden national und international Normen zu folgenden Bereichen erarbeitet:

– Technische Interoperabilität

– Transkription und Transliteration

– Bibliotheksmanagement

– Nummerungssysteme

– Identifizierung und Beschreibung von Dokumenten

– Länderzeichen

– Archiv- und Schriftgutverwaltung

– Bestandserhaltung in Archiven und Bibliotheken.

Die Arbeit des Normenausschusses Terminologie (NAT) richtet sich sowohl auf die grundlegende Bedeutung der Fachsprachen für die gesamte Normung als auch auf die Werkzeuge der Terminologiearbeit, Übersetzungspraxis und Lexikographie. Die wesentlichen Arbeitsbereiche sind die folgenden Schwerpunkte:

– Grundsätze der Begriffs- und Benennungsbildung

– Erarbeitung und Gestaltung von Fachwörterbüchern

– Übersetzungspraxis

– Computeranwendungen für die Terminologiearbeit und Lexikographie

– Terminologie der Terminologiearbeit.

Auch für den Bereich der Information und Dokumentation hat der NAT damit eine wichtige Grundlagenfunktion, insbesondere in den Bereichen Datenelemente, Klassifikation, Indexierung und Thesauri.

## D 15.12 Konsensbildung national und international

Für den Bereich Information und Dokumentation bildet der NABD im Rahmen des DIN ein Forum zur Konsensbildung zwischen den Vertretern von Datenbankanbietern, Bibliotheken, Informations- und Dokumentationsstellen, Archiven, Verlagen und Museen. Neben zentralen Einrichtungen wie Bundesarchiv oder Die Deutsche Bibliothek sind auch einzelne Bibliotheken, Bibliotheksverbünde, Informations- und Dokumentationsstellen von Großunternehmen und der mittelständischen Industrie sowie die Fachinformationszentren beteiligt. Darüber hinaus sind Bibliotheksverbände und die DGI Deutsche Gesellschaft für Informationswissenschaft und Informationspraxis e.V. vertreten.

An den Arbeiten des NAT beteiligen sich Sprachwissenschaftler (insbesondere Fachsprachenlinguisten), Übersetzer, Lexikographen und Experten aus der Terminologiepraxis. Dabei steht die Umsetzung der sprachwissenschaftlichen Grundlagen für die praktischen Anwendungen der Terminologie in Wissenschaft und Technik, Wirtschaft und Verwaltung im Mittelpunkt. Der NAT fühlt sich dabei der Pflege sprachkultureller Gesichtspunkte besonders verpflichtet. Für alle genannten Arbeitsgebiete bilden der NABD und der NAT nicht nur das nationale Forum für die interessierten Kreise, sondern übernehmen auch die Vertretung der deutschen Interessen auf internationaler Ebene. So arbeiten deutsche Experten an allen wichtigen Vorhaben im ISO/TC 46 und im ISO/TC 37 mit. Die Übernahme und Integration von Ergebnissen und Überlegungen anderer internationaler und europäischer Organisationen, z. B. IFLA, UNESCO, FIT sind Bestandteil der nationalen und internationalen Normungsarbeit.

## D 15.13 Normung für die Informationswirtschaft

Die Effektivität der Informationswirtschaft hängt von möglichst hoher Vernetzung und einer reibungslosen Gestaltung der Schnittstellen ab, zu der die Normung durch Regelfestlegungen für folgende Bereiche beiträgt:

- **Informationsdarstellung** auf Zeichenebene (alphabetische Ordnung, elektronische Codierung, graphische Symbole, Transliteration, Umschrift)

- abkürzende **Darstellung** durch **Codes** (ISBN, ISSN etc., genormte Länder- und Sprachenzeichen)

- **Gestaltung und Strukturierung von Dokumenten**, die eine einfache und einheitliche Verarbeitung ermöglicht und die Informationsnutzung erleichtert

- **Katalogisierung von Dokumenten** sowie deren Sammlung und Speicherung in Bibliotheken, IuD-Stellen und Archiven

- **Datenelemente**, die für die Katalogisierung und Erschließung benötigt werden

- **inhaltliche Erschließung von Dokumenten** durch Schlagworte, Indexierung, Klassifikation und Kurzreferate

- **Definitionsregeln und Grundsätze für Begriffssysteme** als Grundlage für die Erarbeitung einer einheitlichen Terminologie in Standardlisten und Thesauri

- **elektronische Übermittlung und Speicherung** von Dokumentennachweisen und Volltextdokumenten

- **Konservierung und Lagerungsbedingungen** als Maßnahmen für die physische Erhaltung von Dokumenten

- **Arbeitsverfahren und Qualitätsmanagement** des Informations-, Bibliotheks- und Dokumentationsbereiches (Leistungsmessung und Statistik, Bibliotheksbau, Aufbau von Dokumentationssystemen).

Normen als Grundlage für einheitliche Verfahrensweisen erlauben die Weiterverarbeitung von bereits vorhandenen Informationen, vermeiden Doppelarbeit und stellen durch ausreichende Eindeutigkeit der Regeln sicher, dass kein Informationsverlust entsteht.

Angesichts der Komplexität dieser Prozesse sind neben dem Normenausschuss Bibliotheks- und Dokumentationswesen auch Normenausschüsse zu den Gebieten Bürowesen, Photographie, Druck- und Reproduktionstechnik, Technische Produktdokumentation, Papier und Pappe, Terminologie und Informationstechnik an den Festlegungen beteiligt.

## D 15.14 Schwerpunktthemen

### D 15.14.1 Codierungssysteme

Einheitliche Codierungssysteme werden in den unterschiedlichen Systemen der Datenverarbeitung angewendet, dazu gehören z. B. international einheitliche Länderzeichen, Sprachen- und Währungszeichen sowie Nummerungssysteme wie ISBN, ISSN, ISMN, ISRC, ISRN, ISIL.

Für die Codierung von Ländernamen wurde die Internationale Norm ISO 3166 „Codes for the representation of names of countries" erstellt, die auch als Europäische Norm (EN 23166) übernommen wurde und jetzt als DIN EN ISO 3166-1 „Codes für die Namen von Ländern und deren Untereinheiten" vorliegt. Für viele große Informationssysteme ist ein korrekter Gebrauch dieser Norm von immenser Bedeutung, da sie auf den offiziellen Schreibweisen der Staatennamen beruht. Die offiziellen Staatennamen stammen aus Verzeichnissen der UNO bzw. für die deutsche Fassung aus dem Verzeichnis des Auswärtigen Amtes der Bundesrepublik Deutschland. Generell ist eines der Grundprobleme bei der Codierung von Ländernamen in der Festlegung vereinheitlichter Namensschreibweisen als Grundlage für die Code-Vergabe zu sehen. Hier tangiert die Normungsarbeit den diplomatischen Bereich und erfordert u. a. deshalb ein besonderes Maß an Aufmerksamkeit und Anwenderbetreuung.

Die praktische Anwendung dieses Länderzeichensystems erfordert aber auch ein Höchstmaß an Aktualität. Für den optimalen Einsatz wurde eine Internationale Agentur (ISO 3166/MA, MA: Maintenance Agency) eingerichtet. Zu den Aufgaben gehört die laufende Überwachung der Entwicklungen auf dem Gebiet der Ländernamen, des Neuentstehens und der damit verbundenen Codierungen von Ländern. Nach einem festgelegten Verfahren in Absprache u. a. mit dem Auswärtigen Amt, den Vereinten Nationen und großen Informationseinrichtungen werden neue Länderzeichen, wo dies erforderlich ist, vergeben. Eine weitere Norm, die u. a. genormte Codierungen für Gebietsuntereinheiten aller Länder der Welt enthalten wird, ist im Entstehen.

Ein anderer Themenkomplex, der mit der Normung von Länderzeichen in direktem Zusammenhang steht, ist die Festlegung von ISO 4217 („Codes for the representation of currencies and funds"). Die Ergänzung der bereits vorliegenden Sprachenzeichen in den Normen DIN 2335 und ISO 639-1 bzw. ISO 639-2, die einen Zweibuchstabencode für die Amts- und Verkehrssprachen festlegen, durch einen Dreibuchstabencode für die Codierung zahlreicher weiterer Sprachen, in denen Dokumente verfasst sind, ist ebenfalls ein umfangreiches Vorhaben.

Für die Identifizierung und Verwaltung von Dokumenten sind die auf internationaler Ebene entwickelten Nummerungssysteme aus Gründen der Maschinenlesbarkeit von entscheidender Bedeutung. Dies sind z. B. ISBN für Bücher und andere monographische Veröffentlichungen, ISSN für fortlaufende Sammelwerke, ISRC für Ton- und Videoaufnahmen einschließlich Copyright, ISIL für Bibliotheken und Informationseinrichtungen, ISMN für Musikalien, d.h. für Musikdrucke, und IRSN für Forschungsberichte.

Diese Nummerungssysteme sind in länderübergreifender Zusammenarbeit im Rahmen der ISO unter Mitwirkung deutscher Experten entstanden, zuerst als ISO-Normen veröffentlicht und dann als DIN- oder DIN-ISO-Normen herausgegeben worden.

Ein Codierungssystem, mit dem schnell, eindeutig und maschinell jede Ausgabe eines Buches ermittelt werden kann, ist die ISBN (Internationale Standardbuchnummer), die u. a. für die Geschäftsabwicklung im Buchhandel eingesetzt wird.

Für die Einführung und Anwendung dieser internationalen Standardnummern sind internationale Agenturen (Registration Authorities) eingerichtet worden. Die Einführung eines Nummerungssystems erfordert ein hohes Maß an Koordination, dazu gehört u. a. die Verwaltung und Betreuung des Gesamtsystems, der Anwender sowie der nationalen und regionalen Agenturen.

### D 15.14.2 Strukturierung elektronischer Dokumente

Die allgemeine formale Auszeichnungssprache SGML (ISO 8879 übernommen als DIN EN 28879) bietet den Rahmen, für einzelne Anwendungsfälle Dokumenttypdefinitionen zu erarbeiten. Diese Dokumenttypdefinitionen bieten vielfältige Möglichkeiten, eine durchgängige Informationsverarbeitung vom Autor über Verlage und Bibliotheken oder Datenbanken bis hin zum Nutzer zu organisieren. Die Dokumentbearbeitung, Dokumentverteilung und die anschließende Informationsnutzung können so erheblich vereinfacht werden.

Die grundlegende Internationale Norm ISO 8879 über SGML wurde bereits 1986 veröffentlicht. Schon früh wurde erkannt, dass SGML die Grundlage für weitere Festlegungen zum Dokumentenaustausch bietet. So legte die Association of American Publishers (AAP) 1987 eine Dokumenttypdefinition für Buchmanuskripte und Zeitschriftenartikel vor, die später auch im internationalen Rahmen weiterentwickelt und schließlich Ende 1994 als ISO 12083 veröffentlicht wurde.

Die Verarbeitung von Dokumenten mit SGML-Struktur bereitete lange Zeit mit gängigen Computerausstattungen Schwierigkeiten, die jedoch nunmehr im Zuge ständig wachsender Verarbeitungs- und Speicherkapazitäten als überwunden gelten können.

Neben den Verlagen entwickelten auch die Normenanwender der deutschen Industrie in Zusammenarbeit mit dem DIN eine Dokumenttypdefinition für Normen als spezifische SGML-Anwendung.

Auch im Bereich der computergestützten Terminologiearbeit werden die Möglichkeiten von SGML zur Strukturierung und Weiterverarbeitung von Datenbeständen genutzt. Unter Federführung des NAT und mit starker internationaler Beteiligung wurde im ISO/TC 37/SC 3 ein SGML-Austauschformat für terminologische Datenbestände erarbeitet (ISO 12200; Lit. 04). Darauf aufbauend wurde anschließend die Internationale Norm ISO 16642 mit einem Rahmenmodell für die Aufzeichnung terminologischer Daten entwickelt, das sich auf die aus SGML weiterentwickeltet Auszeichnungssprache XML bezieht.

### D 15.14.3   Datenelemente

Die inhaltliche und formale Erschließung von Dokumenten erfolgt im Bibliotheks- und Dokumentationswesen nach unterschiedlichen Regelwerken, die nach den Bedürfnissen der jeweiligen Bibliothek oder Dokumentationsstelle gestaltet sind. Als Grundlage für die formale Erschließung haben sich die „Regeln für die alphabetische Katalogisierung (RAK)" des Deutschen Bibliotheksinstituts und DIN 1505 durchgesetzt.

Die formale und inhaltliche Erschließung erfolgt grundsätzlich durch die Zuordnung von Informationen über das Dokument zu den durch das Regelwerk vorgegebenen Kategorien. Die Regelwerke können auch die Verwendung von bestimmten Codes für einzelne Kategorien vorschreiben.

Der nunmehr fast ausschließliche Einsatz von Datenbanken als Speicher- und Organisationsmedium für Erschließungsdaten und der damit mögliche Austausch haben die Notwendigkeit zur Vereinheitlichung und Präzisierung der verwendeten Regelwerke deutlich werden lassen. Für Datenbanken hat sich hier die Benennung Datenkategorie oder auch Datenelement als Bezugsgröße durchgesetzt.

Die Veröffentlichung der Normen der Reihe DIN 31631 führte zur Festlegung eines Kategorienkataloges für Dokumente. Dieser Kategorienkatalog enthält alle für die formale und inhaltliche Erschließung gebräuchlichen Datenelemente und ermöglicht dem Anwender, eine Auswahl zu treffen, die seinen Bedürfnissen gerecht wird. Im Zusammenhang mit der internationalen Normung von elektronischen Bibliotheks-Dienstleistungen wurden auch im ISO/TC 46 einige Kategorienkataloge für spezielle Bibliotheksanwendungen wie z. B. den Fernleihverkehr und die Erwerbung erarbeitet (Normen der Reihe ISO 8459).

Die Verbreitung des elektronischen Datenaustausches in nahezu allen Bereichen von Wirtschaft und Verwaltung hat auch in anderen Anwendungsbereichen zur Entwicklung von Kategorienkatalogen geführt, die häufig jedoch nicht nur zur Erschließung, sondern auch zur Strukturierung von Dokumenten eingesetzt werden. Eine besondere Bedeutung kommt hier den EDIFACT-Normen zu, die den elektronischen Datenaustausch für Verwaltung, Industrie und Handel regeln. Auch im Rahmen der terminologischen Grundlagen-Normung im ISO/TC 37 wird an einem Kategorienkatalog für Terminologiedatensammlungen gearbeitet, der als Norm ISO 12620 vorliegt.

Um der immer stärkeren Vernetzung der einzelnen Anwendungsgebiete durch den weltweiten elektronischen Datenverkehr gerecht zu werden, wurde von den internationalen Normungsorganisationen die Initiative zur Koordination der verschiedenen Datenelementsammlungen ergriffen.

An den laufenden Verhandlungen sind auch Vertreter von ISO/TC 46 beteiligt. Die Vertreter des Bibliotheks- und Dokumentationswesens haben hier insbesondere die Aufgabe, die elektronischen Schnittstellen zu folgenden Bereichen mitzugestalten:

– Handelsdatenaustausch mit dem Buchhandel bei der Erwerbung

– Einbindung elektronischer Verlagsdaten in bibliographische Nachweissysteme.

Die Probleme bei der Koordination und Harmonisierung der Datenkategorien in den verschiedenen Anwendungsbereichen sind häufig begrifflicher Natur, da die Grundlage für jede Datenkategorie eine exakte Verständigung über ihren Inhalt und ihre Abgrenzung zu anderen Datenkategorien voraussetzt. Kategorienkataloge basieren also auf exakt definierten Begriffen und ihrer Zusammenfassung zu Begriffssystemen. Dadurch ist wiederum die terminologische Grundsatznormung gefordert, die den Fachleuten hier die geeigneten Werkzeuge zur Verfügung stellt.

Auch im Bereich der computergestützten Terminologiearbeit werden Datenkategorien erarbeitet. Unter Federführung des NAT und mit starker internationaler Beteiligung wurde im ISO/TC 37/SC 3 ein Kategorienkatalog für terminologische Daten erarbeitet (ISO 12620). Dieser Datenkategorienkatalog wird derzeit an den Stand der informationstechnischen Normung im ISO/IEC JTC 1 angepasst, aus dem die Internationale Norm ISO/IEC 11179-3 vorgelegt wurde (Lit. 05). Darüber hinaus werden weitere Kategorienkataloge für den Bereich der Lexikographie und der anderen Sprachressourcen entwickelt.

## D 15.14.4 Physische Erhaltung von Dokumenten

Innerhalb des Informationskreislaufs gewinnt neben Gestaltungsregeln für die Präsentation von Information und Verfahren für ihre Übermittlung und das Retrieval zunehmend eine dritte Komponente an Bedeutung: die Eigenschaft der Datenträger, auf ihnen gespeicherte Informationen über lange Zeiträume haltbar zu machen, und somit den Fortbestand der Informationen, unterstützt durch sachgerechte Lagerung, zu sichern.

Fragen der Alterungsbeständigkeit und der physischen Aufbewahrung von Datenträgern werden national wie international in den entsprechenden Gremien behandelt, dazu gehören:

– Anforderungen an die Aufbewahrung und Voraussetzungen für die Alterungsbeständigkeit von Papier für Dokumente, d. h. für Bücher, Akten, Schriftstücke und sonstige Unterlagen, und für dauerhafte Dokumente

– Langzeitsicherung von Aufzeichnungen in maschinenlesbarer Form, von Datenträgern wie CD-ROM, Magnetbändern, Musikkassetten und Mikroformen ebenso wie von Schreib-, Druck- und Kopiermaterialien

– Anforderungen an die Lagerung von Dokumenten

– Empfehlungen für Buchbindematerialien und -methoden und für Bedruckfähigkeit von Bibliotheksmaterialien.

## D 15.14.5 Statistik und Leistungsmessung

Als Grundlage zur Qualitätssicherung, vor allem im Bereich der direkten Dienstleistung für Nutzergruppen, ist eine internationale Norm über Indikatoren zur Effektivitäts- und Leistungsmessung in Bibliotheken erarbeitet worden (ISO 11620). Die internationale Norm zur Bibliotheksstatistik (ISO 2789) stellt eine Grundlage für einen einheitlichen Nachweis von Leistungen und Leistungsmöglichkeiten dar und berücksichtigt in ihrer neuesten Fassung auch die statistische Erfassung elektronischer Medien und Dienstleistungen sowie deren Nutzung. Diese Norm war eine der Grundlagen für die Überarbeitung der Deutschen Bibliotheksstatistik, Teil B: Wissenschaftliche Bibliotheken, die seit dem Jahr 2002 angewendet wird. ISO 9230 über Preisindizes für Bücher und Zeitschriften sowie ISO 9707 zur Herstellungsstatistik für Bücher und andere Veröffentlichungen bieten eine weitere Grundlage für international vergleichbare Analyseinstrumente. Somit stellen diese Normen auch eine Entscheidungsgrundlage für den Auf- und Ausbau von Bibliotheken und ihre Zusammenarbeit untereinander dar.

### Literatur

01 DIN EN 45020 „Normung und damit zusammenhängende Tätigkeiten - Allgemeine Begriffe", auch abgedruckt in Lit. 03

02 DIN-Geschäftsbericht 2002

03 DIN-Normenheft 10 - Grundlagen der Normungsarbeit des DIN, 7. geänderte Aufl. 2001, Hg: DIN Deutsches Institut für Normung e. V.

04 ISO 12220:1999

05 ISO/IEC 11179-3, Ausgabe 2003-02. Information technology - Metadata registries (MDR) - Part 3: Registry metamodel and basic attributes

06 OECD: zitiert nach Lit. 02

### Anhang 1: DIN- und ISO-Normen zur Transliteration (Auswahl)

DIN 1460
 Umschrift kyrillischer Alphabete slawischer Sprachen

DIN 31634
 Umschrift des griechischen Alphabets

DIN 31635
 Umschrift des arabischen Alphabets

DIN 31636
 Umschrift des hebräischen Alphabets

**Normen des ISO/TC 46**

ISO 9
 Information und Dokumentation - Transliteration kyrillischer Buchstaben in lateinische Buchstaben - Slawische und nicht-slawische Sprachen

ISO 233
 Dokumentation; Transliteration von arabischen Buchstaben in lateinische Buchstaben

ISO 233-2
 Information und Dokumentation; Transliteration arabischer Buchstaben in lateinische Buchstaben; Teil 2: Arabische Sprache; Vereinfachte Transliteration

ISO 233-3
 Information und Dokumentation - Transliteration arabischer Buchstaben in lateinische Buchstaben - Teil 3: Persische Sprache - Vereinfachte Transliteration

ISO 259
: Dokumentation; Transliteration von hebräischen Buchstaben in lateinische Buchstaben

ISO 259-2
: Information und Dokumentation - Transliteration hebräischer Buchstaben in lateinische Buchstaben - Teil 2: Vereinfachte Transliteration / Achtung: Korrigierte Fassung vom Juli 1995

ISO 843
: Information und Dokumentation - Transliteration und Transkription griechischer Zeichen in lateinische Zeichen / Achtung: Korrigierte Fassung von Mai 1999

ISO 3602
: Dokumentation; Transkription des Japanischen (kana Schrift)

ISO 7098
: Information und Dokumentation; Umschrift des Chinesischen

ISO 9984
: Information und Dokumentation - Transliteration georgischer Zeichen in lateinische Zeichen

ISO 9985
: Information und Dokumentation - Transliteration armenischer Zeichen in lateinische Zeichen

ISO 11940
: Information und Dokumentation - Transliteration des Thailändischen

ISO/TR 11941
: Information und Dokumentation - Transliteration der koreanischen Schrift in lateinische Buchstaben

ISO 15919
: Information und Dokumentation - Transliteration des Devanagari und verwandter indischer Schriften in lateinische Buchstaben

**Anhang 2:**
**DIN- und ISO-Normen Informationswissenschaften, Dokumentation, Bibliothekswesen und Archivsysteme (Auswahl)**

**Normen des NABD**

DIN 1421
: Gliederung und Benummerung in Texten; Abschnitte, Absätze, Aufzählungen

DIN 1422-1
: Veröffentlichungen aus Wissenschaft, Technik, Wirtschaft und Verwaltung; Gestaltung von Manuskripten und Typoskripten

DIN 1422-2
: Veröffentlichungen aus Wissenschaft, Technik, Wirtschaft und Verwaltung; Gestaltung von Reinschriften für reprographische Verfahren

DIN 1422-3
: Veröffentlichungen aus Wissenschaft, Technik, Wirtschaft und Verwaltung; Typographische Gestaltung

DIN 1422-4
: Veröffentlichungen aus Wissenschaft, Technik, Wirtschaft und Verwaltung; Gestaltung von Forschungsberichten

DIN 1426
: Inhaltsangaben von Dokumenten; Kurzreferate, Literaturberichte

DIN 1461
: Lochung in Katalogkarten und zugehörige Schließstangen

DIN 1463-1
: Erstellung und Weiterentwicklung von Thesauri; Einsprachige Thesauri

DIN 1463-2
: Erstellung und Weiterentwicklung von Thesauri; Mehrsprachige Thesauri

DIN 1464
: Loseblattausgaben (-werke); Ergänzungslieferungen, Form und Einordnung

DIN 1505-1
: Titelangaben von Dokumenten; Titelaufnahme von Schrifttum

DIN 1505-2
: Titelangaben von Dokumenten; Zitierregeln

DIN 1505-3
: Titelangaben von Dokumenten - Teil 3: Verzeichnisse zitierter Dokumente (Literaturverzeichnisse)

DIN V 1505-4
: Titelangaben von Dokumenten - Teil 4: Titelaufnahme von audio-visuellen Materialien

DIN 1506
: Format für den Austausch von bibliographischen Daten

DIN 5007
: Ordnen von Schriftzeichenfolgen (ABC-Regeln)

DIN 5007-2
: Ordnen von Schriftzeichenfolgen - Teil 2: Ansetzungsregeln für die alphabetische Ordnung von Namen

DIN 31623-1
: Indexierung zur inhaltlichen Erschließung von Dokumenten; Begriffe, Grundlagen

DIN 31623-2
: Indexierung zur inhaltlichen Erschließung von Dokumenten; Gleichordnende Indexierung mit Deskriptoren

DIN 31623-3
: Indexierung zur inhaltlichen Erschließung von Dokumenten; Syntaktische Indexierung mit Deskriptoren

DIN 31630-1
   Registererstellung; Begriffe, Formale Gestaltung von gedruckten Registern
DIN 31631-1
   Kategorienkatalog für Dokumente; Begriffe und Gestaltung
DIN 31631-2
   Kategorienkatalog für Dokumente; Systematischer Teil
DIN 31631-2 Beiblatt 1
   Kategorienkatalog für Dokumente; Alphabetisches Register zum systematischen Teil
DIN 31631-3
   Kategorienkatalog für Dokumente; Indikator zur Verarbeitungssteuerung von Kategorien
DIN 31631-4
   Kategorienkatalog für Dokumente; Codes für Einträge zu Datenkategorien
DIN 31631-5
   Kategorienkatalog für Dokumente; Behandlung von Datenkategorien mit einem Eintrag oder mehreren Einträgen in Datenformaten
DIN 31631-6
   Kategorienkatalog für Dokumente; Kategorienkatalog für die Beschreibung von Institutionen
DIN 31631-7
   Kategorienkatalog für Dokumente; Kategorienkatalog für die Beschreibung von Projekten
DIN 31638
   Bibliographische Ordnungsregeln
DIN 32705
   Klassifikationssysteme; Erstellung und Weiterentwicklung von Klassifikationssystemen
DIN V 33901
   Information und Dokumentation - Anforderungen an die Aufbewahrung von Archiv- und Bibliotheksgut
DIN EN ISO 2789
   Information und Dokumentation - Internationale Bibliotheksstatistik (ISO 2789:2003); Deutsche Fassung EN ISO 2789:2003
DIN EN ISO 3166-1
   Codes für die Namen von Ländern und deren Untereinheiten - Teil 1: Codes für Ländernamen (ISO 3166-1:1997); Deutsche Fassung EN ISO 3166-1:1997
DIN EN ISO 9707
   Information und Dokumentation - Statistik zu Herstellung und Vertrieb von Büchern, Zeitungen, Zeitschriften und elektronischen Veröffentlichungen (ISO 9707:1991); Deutsche Fassung EN ISO 9707:1994
DIN ISO 2108
   Information und Dokumentation - Internationale Standard-Buchnummer (ISBN); Identisch mit ISO 2108:1992

DIN ISO 3166-2
   Codes für die Namen von Ländern und deren Untereinheiten - Teil 2: Code für Namen von Länderuntereinheiten (ISO 3166-2:1998)
DIN ISO 3166-3
   Information und Dokumentation - Codes für Namen von Ländern und deren Untereinheiten - Teil 3: Code für früher gebräuchliche Ländernamen (ISO 3166-3:1999)
DIN ISO 3901
   Information und Dokumentation - Internationaler Standard Ton- und Bildtonaufnahmeschlüssel (ISRC) (ISO 3901:2001)
DIN ISO 10444
   Information und Dokumentation - Internationale Standardnummer für Forschungsberichte (ISRN) (ISO 10444:1994)
DIN ISO 10957
   Information und Dokumentation - Internationale Standardnummer für Musikalien (ISMN); Identisch mit ISO 10957:1993
DIN ISO 11620
   Information und Dokumentation - Leistungsindikatoren für Bibliotheken (ISO 11620:1998)
DIN ISO 11798
   Information und Dokumentation - Alterungsbeständigkeit von Schriften, Drucken und Kopien auf Papier - Anforderungen und Prüfverfahren (ISO 11798:1999)
DIN ISO 11906
   Mikrographie - Mikroverfilmung von fortlaufenden Sammelwerken - Verfahrensweise (ISO 11906:1999)
DIN ISO 15489-1
   Information und Dokumentation - Schriftgutverwaltung - Teil 1: Allgemeines (ISO 15489-1:2001)
DIN-Fachbericht 13
   Bau- und Nutzungsplanung von wissenschaftlichen Bibliotheken

**Normen des ISO/TC 46**

ISO 4
   Information und Dokumentation - Regeln für das Kürzen von Wörtern in Titeln und für das Kürzen der Titel von Veröffentlichungen
ISO 8
   Dokumentation; Gestaltung von Zeitschriften
ISO 18
   Dokumentation; Inhaltsverzeichnis von Zeitschriften und anderen Veröffentlichungen
ISO 214
   Dokumentation; Zusammenfassung für Veröffentlichungen und für die Dokumentation

ISO 215
Dokumentation; Gestaltung von Beiträgen für Zeitschriften und andere fortlaufende Sammelwerke

ISO 639-1
Codes für Sprachnamen - Teil 1: Alpha-2-Code

ISO 639-2
Codes für Sprachennamen - Teil 2: Alpha-3-Code

ISO 690
Dokumentation; Titelangaben; Inhalt, Form und Gestaltung

ISO 690-2
Information und Dokumentation - Titelangaben - Teil 2: Elektronische Dokumente oder deren Teile

ISO 832
Information und Dokumentation - Bibliographische Beschreibung und bibliographische Nachweise - Regeln für die Abkürzung von bibliographischen Bezeichnungen

ISO 999
Information und Dokumentation - Richtlinien für den Inhalt, den Aufbau und die Darstellung von Registern

ISO 2145
Numerierung von Abschnitten und Unterabschnitten in Schriftstücken

ISO 2384
Dokumentation; Gestaltung von Übersetzungen

ISO 2709
Information und Dokumentation - Format für den Informationsaustausch

ISO 2788
Dokumentation; Richtlinien für die Erstellung und Entwicklung einsprachiger Thesauren

ISO 2789
Information und Dokumentation - Internationale Bibliotheksstatistik

ISO 3166-1
Codes für die Namen von Ländern und deren Untereinheiten - Teil 1: Codes für Ländernamen

ISO 3166-2
Codes für die Namen von Ländern und deren Untereinheiten - Teil 2: Code für Namen von Länderuntereinheiten

ISO 3166-3
Codes für die Namen von Ländern und deren Untereinheiten - Teil 3: Code für früher gebräuchliche Ländernamen

ISO 3297
Information und Dokumentation - Internationale Standardnummer für fortlaufende Sammelwerke (ISSN)

ISO 3901
Information und Dokumentation - Internationaler Standard Ton- und Bildtonaufnahmeschlüssel (ISRC)

ISO 5122
Dokumentation; Seiten mit Kurzfassungen (bibliographische Angaben) in fortlaufenden Sammelwerken

ISO 5123
Dokumentation; Überschriften (Titel) für Mikrofiche von Monographien und Serienpublikationen

ISO 5127
Information und Dokumentation - Begriffe

ISO 5963
Dokumentation; Methoden zur Analyse von Dokumenten, Bestimmung ihres Inhaltes und Selektion von Indexier-Benennungen

ISO 5964
Dokumentation; Richtlinien für die Schaffung und Weiterentwicklung von mehrsprachigen Thesauren

ISO 6630
Dokumentation; Steuerzeichenvorrat für bibliographische Daten

ISO 7144
Dokumentation; Gestaltung von Dissertationen und ähnlichen Hochschulschriften

ISO 7154
Dokumentation; bibliographische Ordnungsgrundsätze

ISO 7275
Dokumentation; Präsentation von Titeln von Serien

ISO/TR 8393
Dokumentation; ISO bibliographische Ordnungsregeln (internationale bibliographische Norm-Ordnungsregeln): Erläuterung von bibliographischen Ordnungsgrundsätzen anhand von Modellregelsätzen

ISO 9230
Information und Dokumentation; Preisindex für die Erwerbung von Büchern und fortlaufenden Sammelwerken

ISO 9706
Information und Dokumentation - Papier für Schriftgut und Druckerzeugnisse - Voraussetzung für die Alterungsbeständigkeit

ISO 9707
Information und Dokumentation; Statistik zur Herstellung und Vertrieb von Büchern, Zeitungen, Zeitschriften und elektronischen Publikationen

ISO 10324
Information und Dokumentation - Zusammenfassende Bestandsangaben in Katalogen

ISO 10444
Information und Dokumentation - Internationale Standardnummer für Forschungsberichte (ISRN)

ISO 11108
Information und Dokumentation - Papier für Dokumente - Voraussetzungen für Alterungsbeständigkeit und hohe mechanische Belastbarkeit

ISO 11620
  Information und Dokumentation - Leistungsindikatoren für Bibliotheken

ISO 11620 AMD 1
  Information und Dokumentation - Leistungsindikatoren für Bibliotheken; Änderung 1: Ergänzende Leistungsindikatoren für Bibliotheken

ISO 11798
  Information und Dokumentation - Alterungsbeständigkeit von Schriften, Drucken und Kopien auf Papier - Anforderungen und Prüfmethoden

ISO 11906
  Mikrographie - Mikroverfilmung von fortlaufenden Sammelwerken - Verfahrensweise

ISO 12199
  Alphabetisches Ordnen von mehrsprachigen terminologischen und lexikographischen Daten, die im lateinischen Alphabet vorliegen

ISO 15489-1
  Information und Dokumentation - Schriftgutverwaltung - Teil 1: Allgemeines

ISO/TR 15489-2
  Information und Dokumentation - Schriftgutverwaltung - Teil 2: Richtlinien

ISO 15706
  Information und Dokumentation - Internationale Standardnummer für audiovisuelle Aufnahmen (ISAN)

ISO 15707
  Information und Dokumentation - Internationale Standard-Werknummer für Musikalien (ISWC)

## Anhang 3: DIN- und ISO-Normen zur Terminologie (Auswahl)

**Normen des NA Terminologie**

DIN 2330
  Begriffe und Benennungen; Allgemeine Grundsätze

DIN 2331
  Begriffssysteme und ihre Darstellung

DIN 2332
  Benennen international übereinstimmender Begriffe

DIN 2335
  Sprachenzeichen

DIN 2336
  Darstellung von Einträgen in Fachwörterbüchern und Terminologie-Datenbanken

DIN 2340
  Kurzformen für Benennungen und Namen; Bilden von Abkürzungen und Ersatzkürzungen; Begriffe und Regeln

DIN 2342-1
  Begriffe der Terminologielehre; Grundbegriffe

DIN 2344
  Ausarbeitung und Gestaltung von terminologischen Festlegungen in Normen

DIN 2345
  Übersetzungsaufträge

**Normen des ISO/TC 37**

ISO 639-1
  Codes für Sprachnamen - Teil 1: Alpha-2-Code

ISO 639-2
  Codes für Sprachennamen - Teil 2: Alpha-3-Code

ISO 704
  Terminologiearbeit - Grundlagen und Methoden

ISO 860
  Terminologiearbeit - Harmonisierung von Begriffen und Benennungen

ISO 1087-1
  Terminologiearbeit - Begriffe - Teil 1: Terminologielehre und ihre Anwendung

ISO 1087-2
  Terminologiearbeit - Begriffe - Teil 2: Computeranwendungen

ISO 1951
  Darstellung und Repräsentation von Einträgen in Wörterbüchern (Neuausgabe in Vorbereitung; vorläufiger Titel der Neuausgabe)

ISO 10241
  Internationale Begriffsnormen - Ausarbeitung und Gestaltung

ISO 12199
  Alphabetisches Ordnen von mehrsprachigen terminologischen und lexikographischen Daten, die im lateinischen Alphabet vorliegen

ISO 12200
  Computeranwendungen in der Terminologiearbeit - Maschinenlesbares Terminologieaustauschformat (MARTIF) - Vereinbarter Datenaustausch

ISO 12616
  Übersetzungsorientierte Terminographie

ISO 12620
  Computeranwendungen in der Terminologiearbeit - Datenkategorien

ISO 15188
  Richtlinien für das Projektmanagement für die Terminologienormung

ISO 16642
  Computeranwendungen in der Terminologiearbeit - Rahmenmodell für die Aufzeichnung terminologischer Daten, CD-ROM

# D 16 Standardisierung und Heterogenität

Jürgen Krause

Standardisierung und Normierung sind einer der Grundpfeiler traditioneller Inhaltserschließung von Bibliotheken und fachbezogenen Informationszentren. Metadaten-Aktivitäten wie die Dublin Core Initiative greifen diese grundsätzliche Vorgehensweise für das WWW in erneuerter Form auf. Sie bildet auch das Fundament des Paradigmas von „Publizieren im Web" (siehe Lit. 06). Gleichzeitig gibt es aber klare Anzeichen dafür, dass die traditionellen Verfahren der Standardisierung und Normierung an ihre Grenzen stoßen. Für digitale Bibliotheken muss deshalb vor allem für die Inhaltserschließung eine neue Sichtweise auf die Forderung nach Konsistenzerhaltung und Interoperabilität gefunden werden. Sie lässt sich durch die folgende Prämisse umschreiben: Standardisierung ist von der verbleibenden Heterogenität her zu denken. Erst im gemeinsamen Zusammenwirken von intellektuellen und automatischen Verfahren zur Heterogenitätsbehandlung und denen einer neu verstandenen Standardisierung ergibt sich eine Lösungsstrategie, die den heutigen technischen und gesellschaftlichen Rahmenbedingungen gerecht wird.

## D 16.1 Standardisierung in einem polyzentrischen Dokumentenraum

Die Welt der Informationsanbieter ist als Folge der Entwicklung des WWW – im Gegensatz zur politischen – nicht mehr zentralistisch oder bipolar, sondern polyzentrisch. Technologisch kann weltweit auf die verschiedensten Informationsquellen relativ problemlos und unmittelbar zugegriffen werden (zu jeder Tageszeit und über jede räumliche Distanz hinweg). Dies vervielfacht – im Vergleich zu den herkömmlichen Medien – die Anzahl von aktiven Verbreitern von Inhalten, „verringert ... die Markteintrittsbarrieren", wirkt somit gegen bestehende Monopole und verschiebt gleichzeitig „die Marktmacht vom Produzenten zum Konsumenten" (Lit. 01, S. 15 und S. 19).

Bei der wissenschaftlichen Informationsversorgung traten neben die traditionellen Anbieter von Informationen, den Verlagen mit ihren Printmedien, den Bibliotheken und den fachbezogenen Informationszentren, die ihre Datenbanken über Hosts anbieten, verstärkt die Wissenschaftler selbst (siehe auch Lit. 08). Sie entwickeln und verbreiten heute über das WWW eigenständige Dienste unterschiedlichster Abdeckung, Relevanz und Erschließungsverfahren. Der Benutzer entscheidet sich nicht mehr nur zwischen dem Bibliothekskatalog oder den Fachdatenbanken der Informationszentren als alternative Zugänge, sondern durchsucht auch Preprintserver, Verlagsdatenbanken, die Portale einzelner Institute, benutzt generelle WWW-Suchmaschinen usw.

Eine Folge dieser Vielfalt auf der Angebotsseite sind Konsistenzbrüche:

– Relevante, qualitätskontrollierte Daten stehen neben irrelevanten und eventuell nachweislich falschen. Kein Gutachtersystem sorgt für eine Trennung von Ballast und potentiell erwünschter Information.

– Ein Deskriptor X kann in einem solchen System die unterschiedlichsten Bedeutungen annehmen, da selbst im engen fachbezogenen Kontext wissenschaftlicher Angebote die Art der Inhaltserschließung stark differiert. Ein Deskriptor X, der aus einem hochrelevanten, mit viel Aufwand intellektuell erschlossenen Dokumentenbestand ermittelt wurde, kann z. B. nicht mit dem Term X gleichgesetzt werden, den eine automatische Indexierung aus einem Randgebiet liefert.

Der Benutzer wird trotz solcher Probleme in einem einheitlichen Suchprozess auf die verschiedenen Datenbestände zugreifen wollen, gleich nach welchen Verfahren sie inhaltlich erschlossen oder in welchem System sie angeboten werden. Er hält auch in der Welt dezentralisierter, inhomogener Datenbestände die Forderung an die Informationswissenschaft aufrecht, dafür zu sorgen, dass er möglichst nur die relevanten Dokumente und möglichst alle relevanten bekommt, die seinem Informationsbedürfnis entsprechen.

Wie lässt sich dies bewerkstelligen und welche Änderung der traditionellen und den Bibliotheken und IuD-Stellen liebgewordenen Vorgehens- und Denkweisen ziehen die neuen Gegebenheiten des WWW nach sich?

Vor 30 Jahren waren Bibliotheken und fachbezogene Informationszentren, bedingt durch die technologischen Hilfsmittel, zwangsweise zentralistisch organisiert und im Einklang damit auch konzeptuell auf zentralistische Ansätze der Inhaltserschließung ausgerichtet. Ein Großrechner verwaltete die Daten. Die Klientel wurde über Terminals oder offline über Anfragen an eine Zentralstelle bedient. Dem entsprach die theoretische Grundlage der Inhaltserschließung. Nach einem normierten, intellektuell kontrollierten Verfahren, das die Zentralstelle entwickelte und durchsetzte, erfolgte eine einheitliche Erfassung der Dokumente. In diesem Denken kommt der Datenkonsistenz die höchste Priorität zu. Sie und die lückenlose Erfassung der relevanten Dokumente ohne Zeitverzug sicherzustellen wird im gegenwärtigen Umfeld jedoch immer zeitaufwändiger und schwieriger.

Zentralistische Ansätze im Sinne der Sammlung aller Daten in einer Datenbank durch eine Organisation werden heute kaum mehr vertreten. Auch in der Bibliothekswelt sind diese Vorstellungen durch das Denken in Netzwerken ersetzt worden. So sollen dezentral verteilte digitale Fachbibliotheken Wissenschaftlern von ihrem Computer aus einen optimalen Zugang zu den weltweit vorhandenen elektronischen und multimedialen Volltext-, Literaturhinweis-, Fakten- und WWW-Informationen einschließlich der dort vorhandenen Lehrmaterialien, Spezialverzeichnisse, z. B. zu Experten usw. ermöglichen. Auf technischer Seite setzt dies u. a. voraus, dass entsprechende Protokolle (bei den Bibliotheken Z39.50) und Softwarearchitekturen im Netz zugängliche verteilte Datenbanken auffindbar und abfragbar machen, so dass der Benutzer über eine gemeinsame Suchmaske im Gesamtbestand recherchieren kann. Beispiele für die erreichte technische Integration heterogener Datenbestände sind der Bibliotheksverbund KOBV (http://www.kobv.de/se/cont.html) oder der virtuelle Bibliotheksverbund NRW.

Was die Bibliotheksverbünde und vergleichbare Projekte bisher in der Regel nicht leisten, ist, die verschiedenen Inhaltserschließungsverfahren der Teilbestände adäquat zu berücksichtigen (als Überblick siehe Lit. 07). In der Regel ist man sich dieses Problems durchaus bewusst und versucht, die verlorengegangene Homogenität durch traditionelle Standardisierung neu zu gewinnen. Wissenschaftler, Bibliotheken, Verleger und die Anbieter von Fachdatenbanken, die heute mehrheitlich mit eigenen Klassifikation oder Thesauri arbeiten, müssten sich z. B. auf Dublin Core-Metadaten und eine einheitliche Klassifikation wie die DDC einigen. Damit würden homogene Datenräume geschaffen, deren Konsistenz qualitativ hochwertige Recherchen erlaubt. Leider gibt es jedoch klare Anzeichen dafür, dass diese traditionellen Verfahren der Standardisierung an ihre Grenzen stoßen. Bereits im traditionellen Bibliotheksbereich waren sie häufig mehr Anspruch als Realität (siehe Lit. 07). Durchgehende Standardisierung ist im Rahmen globaler Anbieterstrukturen auf der strukturellen und inhaltlichen Ebene nur noch partiell durchsetzbar, bei steigenden Kosten. Besonders im Teilbereich der Inhaltserschließung wird deutlich, dass für digitale Bibliotheken – bei allen notwendigen Bemühungen – nicht von der Durchsetzbarkeit einheitlicher Standards ausgegangen werden kann. Im Prinzip versuchen auch die Dublin Core oder OAI-Initiative – auf einem niedrigeren Niveau – dasselbe wie die IuD-Ansätze der 1970er Jahre. Sie versuchen, die verloren gegangene Datenkonsistenz durch freiwillige Absprachen aller am Informationsprozess Beteiligten wiederherzustellen. Es liegt auch nahe, der neu entstandenen Heterogenität mit der klassischen Forderung nach übergreifenden Standardisierungsbemühungen zu begegnen: Wenn alle den gleichen Thesaurus benutzen oder die gleiche Klassifikation, verschwindet die neue Heterogenität wieder. Wenn die einzelnen Anbieter von dieser Grundprämisse jedes Standardisierungsansatzes abgewichen sind, müsse man sie „irgendwie" dazu bringen (sie zwingen), sich an die Spielregeln zu halten.

Solange man sich darüber im Klaren ist, dass solch ein Vorgehen nur teilweise gelingen kann, spricht alles für Initiativen dieser Art. Ganz gleich jedoch, wie erfolgreich die Einführung von Metadaten in einem Fachgebiet sein wird, die verbleibende Heterogenität z. B. in Bezug auf verschiedene Arten der Inhaltserschließung (automatisch, verschiedene Thesauri, verschiedene Klassifikationen, Unterschiede der erfassten Kategorien) wird zu groß sein, um sie zu vernachlässigen. Überall auf der Welt können Gruppen auftreten, die zu Spezialgebieten Informationen sammeln. Der Benutzer wird auf sie zugreifen wollen, gleich nach welchen Verfahren sie inhaltlich erschlossen oder in welchem System sie angeboten werden. Ein Kooperationsmodell würde verlangen, dass das zuständige Informationszentrum mit allen einschlägigen Anbietern Kontakt aufnimmt und sie überzeugt, bestimmte Normen der Dokument- und Inhaltserschließung einzuhalten (z. B. den Dublin Core). Das mag im Einzelfall funktionieren, jedoch nie als generelle Strategie. Es wird immer eine Fülle von Angeboten geben, die sich vorgegebenen Leitvorstellungen nicht unterordnen lassen. Früher lehnten die Informationszentren Dokumente ab, die nicht bestimmte Regeln der inhaltlichen Erschließung einhielten, wodurch der Benutzer (idealiter) immer einem homogenisierten Datenbestand gegenüberstand. Darauf war die gesamte IuD-Methodik, einschließlich der Verwaltungsstruktur der Bibliotheken und Fachinformationszentren, ausgerichtet. Ob man dies für richtig oder falsch hält, diese Ausgangssituation ist in einem System weltweiter Vernetzung auf der strukturellen und inhaltlichen Ebene nicht mehr gegeben. Deshalb muss eine neue Sichtweise auf die bestehen bleibende Forderung nach Konsistenzerhaltung und Interoperabilität gefunden werden. Es sind Modelle zu entwickeln, die mit statt gegen diese Deregulation arbeiten.

Vorgeschlagen wird im Folgenden eine Doppelstrategie, deren Quintessenz heißt: „Standardisierung ist von der verbleibenden Heterogenität her zu denken". Sie wird in Lit. 07 weiter erläutert und in Lit. 05 mit dem heute erreichten Stand der Heterogenitätsbehandlung bei fachwissenschaftlichen Informationsangeboten verbunden. Sie betrifft vor allem die klare Abkehr fachwissenschaftlicher Benutzer vom geringen Qualitätsstandard herkömmlicher genereller Suchmaschinen im Web (Lit. 06) und hierbei die Art der Inhaltserschließung, ihre faktisch existierende und partiell nicht aufhebbare Unterschiedlichkeit zwischen den verschiedenen bestehenden Dokumentenbeständen und den einzuschlagenden Lösungswegen. Neue Problemlösungen und Weiterentwicklungen sind in beiden Bereichen nötig:

– den Metadaten

– und den Methoden des Umgangs mit der verbleibenden Heterogenität.

Beide Anforderungen hängen eng zusammen. Einerseits soll durch die Fortentwicklung im Bereich der Metadaten die verloren gegangene Konsistenz partiell hergestellt werden. Andererseits lassen sich mit Verfahren zur Behandlung von Heterogenität Dokumente unterschiedlicher Niveaus der Datenrelevanz und Inhaltserschließung aufeinander beziehen. Letzteres Vorgehen ist Inhalt der folgenden beiden Absätze.

### D 16.2 Verbleibende inhaltliche Heterogenität: Bilaterale Transfermodule

Will man Literaturinformationen – und später Fakteninformationen und multimediale Daten – aus verteilten und inhaltlich unterschiedlich erschlossenen Datenbeständen, die sich in miteinander nicht verbundenen, heterogenen Organisationsstrukturen und Zugänglichkeitskontexten befinden (Institutsbibliotheken, Sondersammelgebiete der Universitätsbibliotheken, wissenschaftliche Spezialbibliotheken, Referenzdatenbanken, digitale Volltexte), mit einer Anfrage integriert recherchieren, müssen die Probleme des inhaltlichen Zugriffs auf verteilte Dokumentenbestände gelöst werden, nicht nur die technologischen. Im Kontext fachwissenschaftlicher Informationen ist die Problematik der heterogenen und mehrfachen Inhaltserschließung generell besonders kritisch, weil die Heterogenität der Datentypen hoch ist. Z. B. sind Faktendaten, Literatur- und Forschungsprojektdaten gleichzeitig anzusprechen, und neben die traditionellen Benutzergruppen der Fachinformation treten Zielgruppen, die nicht fachsprachlich, sondern umgangssprachlich anfragen werden.

Trotz dieser heterogenen Ausgangslage soll der Benutzer z. B. nicht gezwungen werden, sich zuerst in das inhaltliche Erschließungssystem einer Bibliothek einarbeiten zu müssen, um dann bei einer Erweiterung seiner Suchintention auf unselbständige Publikationen ein zweites System der Inhaltserschließung lernen und in geeignete Suchstrategien umsetzen zu müssen, und wiederum ein anderes, wenn er weitere fachwissenschaftliche Datenbanken ergänzend durchsuchen möchte.

Das im Folgenden kurz skizzierte Modell stellt einen allgemeinen Rahmen dar, in dem sich bestimmte Klassen von Dokumenten mit unterschiedlicher Inhaltserschließung analysieren und algorithmisch aufeinander beziehen lassen. Zentral sind intelligente Transferkomponenten zwischen den verschiedenen Formen der Inhaltserschließung, die den semantisch-pragmatischen Differenzen Rechnung tragen. Sie interpretieren die technische Integration zwischen den einzelnen Datenbeständen mit unterschiedlichen Inhaltserschließungssystemen zusätzlich konzeptuell. Die Begriffswelten der fachspezifischen und generellen Thesauri, Klassifikationen, eventuell auch die der thematischen Begriffsfelder und Abfragestrukturen begrifflicher Datensysteme usw. werden aufeinander bezogen. Das System muss z. B. wissen, was es heißt, wenn Term X aus einer fachspezifischen Klassifikation oder einem Thesaurus zur intellektuellen Indexierung eines Zeitschriftenaufsatzes benutzt wurde, die WWW-Quelle aber nur automatisch indexiert vorliegt. Term X dürfte sich nur zufällig in den Termen des Fließtextes finden lassen, und dennoch gibt es konzeptuelle Relationen zwischen den beiden Termgruppen.

Generell gibt es drei Verfahrensweisen, die in Bezug auf ihre Wirksamkeit im Einzelfall zu überprüfen und zu implementieren sind. Keines der Verfahren trägt die Last des Transfers allein. Sie arbeiten ineinander verschränkt und wirken zusammen:

– **Crosskonkordanzen zu Klassifikationen und Thesauri**

Die verschiedenen Begriffssysteme werden im Anwendungskontext analysiert und der Versuch gemacht, ihre Begrifflichkeit intellektuell aufeinander zu beziehen. Das Konzept darf nicht mit dem der Metathesauri verwechselt werden. Es wird keine neue Standardisierung bestehender Begriffswelten angestrebt. Crosskonkordanzen enthalten nur die partielle Verbindung zwischen bestehenden Terminologiesystemen, deren Vorarbeit genutzt wird. Sie decken damit den statisch bleibenden Teil der Transferproblematik ab. Bei der Recherche bieten solche Verzeichnisse die Möglichkeit, Terme des einen Begriffssystems auf die des anderen auszuweiten, im einfachsten Fall im Sinne einer Synonymie- oder Ähnlichkeitsrelation, aber auch als deduktive Regelbeziehung.

– **Statistische Ansätze**

Das Transferproblem lässt sich allgemein als Vagheitsproblem zwischen zwei Inhaltsbeschreibungssprachen modellieren. Für die im Information Retrieval behandelte Vagheit zwischen den Termen der Benutzeranfrage und denen des Datenbestandes sind verschiedene Verfahren vorgeschlagen worden (probabilistische Verfahren, Fuzzy-Ansätze und neuronale Netze, siehe Lit. 10 und Lit. 02), die sich auf die Transferproblematik anwenden lassen. Verfahren dieser Art benötigen Trainingsdaten, bei denen einzelne Dokumente nach zwei Begriffsschemata erschlossen oder bei denen zwei unterschiedliche und unterschiedlich erschlossene Dokumente in Beziehung gesetzt sind. Für das multilinguale Information Retrieval kann dies z. B. der gleiche Text in zwei Sprachen sein.

Die Ausgangssituation für solche Verfahren ist

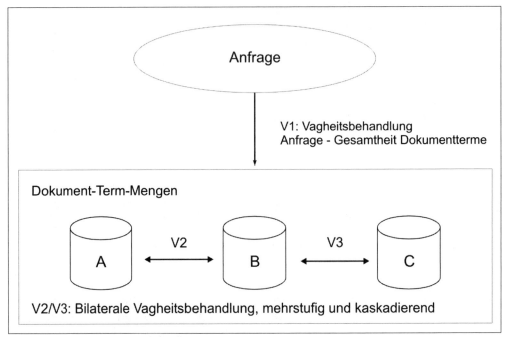

*Abb. 1: Bilaterale Heterogenitätsbehandlung*

bei der Zusammenführung von Bibliotheksbeständen mit den Fachdatenbanken der Informationszentren in der Regel besonders günstig, da fachbezogene Informationszentren neben den Aufsätzen immer auch die selbstständige Literatur aufgenommen haben, die damit zumindest doppelt verschlagwortet vorliegt. Bei der ViBSoz (Virtuelle Fachbibliothek Sozialwissenschaften) sind z.B. alle Dokumente des Sondersammelgebiets der Universität Köln gleichzeitig in SOLIS erfasst (siehe Lit. 11). In ELVIRA (siehe Lit. 12), bei dem es um die Zusammenführung von Texten und Fakten (Zeitreihen) für ein Verbandsinformationssystem geht, wurde eine Kookkurrenzanalyse zwischen Zeitreihen und automatisch indexierten Texten eingesetzt.

Im Unterschied zu den Crosskonkordanzen basiert die statistische Transformation nicht auf allgemeinen intellektuell ermittelten semantischen Beziehungen, sondern die Wörter werden in einen gewichteten Termvektor transformiert, der die Verwendung des Terms im Datenbestand widerspiegelt.

Welches konkrete Verfahren sich in einem spezifischen Anwendungskontext als erfolgversprechend erweist, lässt sich nur empirisch auf der Basis realer Daten klären.

**– Qualitativ-deduktive Verfahren**
Empirische Untersuchungen am Textmaterial einer virtuellen Fachbibliothek dürften deduktive Zusammenhänge offen legen, die mit Techniken aus dem Bereich der Expertensysteme behandelbar sind.
Deduktive Komponenten finden sich vor allem beim Intelligenten Information Retrieval (Lit. 03) und im Bereich der Expertensysteme.

Wesentlich ist, dass die hier postulierten Transfermodule bilateral auf der Ebene der Datenbestände arbeiten. Sie verbinden Terme der verschiedenen Inhaltsbeschreibungen.

Dies ist konzeptuell – und in der praktischen Auswirkung – etwas anderes als die Behandlung der Vagheitsproblematik zwischen Benutzeranfrage und dem Dokumentenbestand der Datenbank (entspricht V1 in Abb. 1, klassisches Information Retrieval). So können die bilateralen Transfermodule z. B. zwischen einem Dokumentbestand, der mit einer generellen Schlagwortliste wie der SWD indexiert wurde und einem zweiten, dessen Indexierung auf einem speziellen fachspezifischen Thesaurus beruht, durch qualitative Verfahren wie den Crosskonkordanzen und Deduktionsregeln aufeinander bezogen werden und der Recherchealgorithmus die Verbindung zur Benutzerterminologie mit einem probabilistischen Verfahren herstellen. Diese Möglichkeit, den Transfer jeweils differenziert an die Gegebenheiten der Verbindung unterschiedlicher Datentypen anpassen und dem Problem unterschiedlicher Begriffssysteme nicht nur undifferenziert im Recherchealgorithmus begegnen zu können, ist ein wesentlicher Unterschied zu den bisherigen IR-Lösungen (detaillierter in Lit. 05).

## D 16.3   Schalenmodell

Bilaterale Transfermodule sind von der Modellbildung her sehr einfache Grundbausteine, die jedoch durch ihre Variationsbreite und die kaskadierende Anwendung der Einzelelemente schnell sehr komplex werden können. Sie sind bei den bisherigen Anwendungen mit ihrer beschränkten Vielfalt der zu integrierenden Inhaltserschließungstypen noch übersichtlich analysier- und handhabbar. Bei der sehr viel größeren Anzahl von Variationen, die zu erwarten ist, wenn man die Integrationsmöglichkeiten des WWW ernst nimmt, dürfte sich das jedoch rasch ändern. Deshalb braucht das vorgeschlagene Modell abstraktere Ordnungsansätze, die auf einem höheren Niveau der Zusammenfassung arbeiten.

Dies soll das Schalenmodell leisten. Es wurde zusammen mit einem noch nicht weiter ausgearbeiteten Modell der Transfermodule erstmals 1996 für die Daten des IZ Sozialwissenschaften vorgeschlagen und bezieht neben der informationswissenschaftlichen Ebene organisatorische und wissenschaftspolitische Dimensionen mit ein. Es ergänzt die bilateralen Transfermodule um einige zusätzliche Annahmen: Verschiedene Niveaus der Inhaltserschließung und Dokumentenrelevanz werden zu sogenannten Schalen zusammen gefasst, die untereinander durch höherstufige Transfermodule verbunden werden (genauer Lit. 04). Wie viele Schalen angesetzt werden, welche Merkmale sie definieren und wie ihre innere Struktur aussieht, richtet sich nach den Gegebenheiten eines Fachgebiets und den sich beteiligenden Anbietern.

Generell wissen wir noch recht wenig über den richtigen Aufbau eines Schalenmodells. Sicher ist nur, dass sich die Lösungen in verschiedenen Anwendungsfeldern und abhängig von den zu integrierenden Dokumententypen deutlich unterschei-

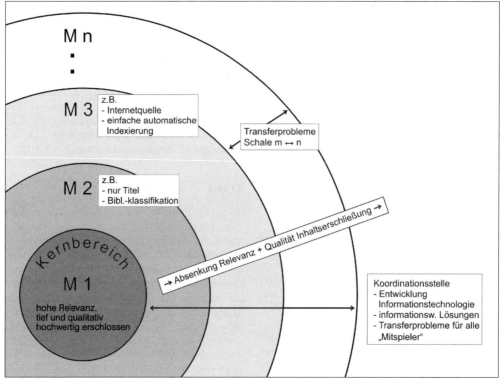

Abb. 2: Schalenmodell aus Lit. 04

den werden. Das Konzept der bilateralen Transfermodule ist dagegen heute so weit fortgeschritten, dass es sich konkret einsetzen lässt (Übersicht in Lit. 05). Die weitergehenden Anforderungen des Schalenmodells geben demgegenüber heute noch eher eine Denkrichtung an, die den weiteren Ausbau eines Richtungswechsels in der Fachinformation kennzeichnen soll.

## D 16.4 Fazit

Die Probleme beim Aufbau wissenschaftlicher Informationsangebote führen weit über die bisher gewohnten Denkweisen von fachbezogenen Informationszentren und Bibliothekaren hinaus. Die diskutierte Leitlinie, „Standardisierung von der Heterogenität her zu denken", charakterisiert den Wandel am deutlichsten. Er ist nicht nur technologisch, sondern inhaltlich-konzeptuell. Er lässt sich nur kooperativ und vernetzt, im Zusammenwirken aller bisher an der Informationsversorgung Beteiligten bewältigen, die jeweils ihre Fachkompetenz einbringen und sich neuen Lösungsansätzen öffnen. Die Zeiten einfacher, nur technisch orientierter Lösungen und die der Machtmonopole sind vorbei. Die Konsequenz der Veränderungen sind neuartige hochkomplexe Strukturen. Sie führen zu Fragestellungen, für die es keine vorgefertigten Lösungsmodelle mehr gibt, auf die bisher die Bibliothekare und die „Macher" der Informationszentren zugegriffen haben.

## Literatur

01 Cigan, Heidi: Der Beitrag des Internet für den Fortschritt und das Wachstum in Deutschland. Hamburg: Hamburg Institute of International Economics, 2002. (HWWA-Report 217)

02 Ferber, Reginald (2003): Information Retrieval. Heidelberg: dpunkt.verlag.

03 Ingwersen, Peter: The Cognitive Framework for Information Retrieval: A Paradigmatic Perspective. In: Krause, Jürgen; Herfurth, Matthias; Marx, Jutta (Hrsg.): Herausforderungen an die Informationswirtschaft. Konstanz 1996, S. 25-31

04 Krause, Jürgen: Sacherschließung in virtuellen Bibliotheken – Standardisierung von Heterogenität.

In: Rützel-Banz, Margit (Hrsg.): Grenzenlos in die Zukunft. 89. Deutscher Bibliothekartag in Freiburg im Breisgau 1999. Frankfurt am Main: Klostermann, S. 202-212

05 Krause, Jürgen (2003): Standardisierung von der Heterogenität her denken - Zum Entwicklungsstand bilateraler Transferkomponenten für digitale Fachbibliotheken. Bonn: IZ Sozialwissenschaften. Arbeitsbericht Nr. 28

06 Krause, Jürgen (2003): Suchen und „Publizieren" fachwissenschaftlicher Informationen im WWW. In: Audiovisuelle Medien online. Wien: Lang (im Druck).

07 Krause, Jürgen; Niggemann, Elisabeth; Schwänzl, Roland (2003): Normierung und Standardisierung in sich verändernden Kontexten: Beispiel: Virtuelle Fachbibliotheken. ZfBB: Zeitschrift für Bibliothekswesen und Bibliographie, 50, Nr. 1, S. 19-28

08 Kuhlen, Rainer (2002): Wie viel Virtualität soll es denn sein? Zu einigen Konsequenzen der fortschreitenden Telemediatisierung und Kommodifizierung der Wissensmärkte für die Bereitstellung von Wissen und Information durch Bibliotheken/ Teil I. Buch und Bibliothek (BuB), 54, Nr. 10/11, S. 621-632

09 Kuhlen, Rainer (2002): Wie viel Virtualität soll es denn sein? Zu einigen Konsequenzen der fortschreitenden Telemediatisierung und Kommodifizierung der Wissensmärkte für die Bereitstellung von Wissen und Information durch Bibliotheken/ Teil II. Buch und Bibliothek (BuB), 54, Nr. 12, S. 719-724

10 Mandl, Thomas (2001): Tolerantes Information Retrieval. Neuronale Netze zur Erhöhung der Adaptivität und Flexibilität bei der Informationssuche. Dissertation. Konstanz: Univ.-Verl.

11 Müller, Matthias N.O. (2003): Integration unterschiedlich erschlossener Datenbestände am Beispiel der Virtuellen Fachbibliothek Sozialwissenschaften. S. 335-345. In: Schmidt, Ralph (Hrsg.): Competence in Content: proceedings; 25. Online-Tagung der DGI, Frankfurt am Main, 03. bis 05. Juni 2003. Hrsg. von Ralph Schmidt. DGI, Deutsche Gesellschaft für Informationswissenschaft und Informationspraxis. Frankfurt am Main: DGI.

12 Stempfhuber, Maximilian (2003): Objektorientierte Dynamische Benutzungsoberflächen (ODIN). Behandlung semantischer und struktureller Heterogenität in Informationssystemen mit den Mitteln der Softwareergonomie. Bonn: IZ Sozialwissenschaften Forschungsberichte Bd. 6.

# D 17 Patentinformation

Reinhard Schramm

## D 17.1 Aufgabe der Patentinformation

Die Patentinformation erfüllt vorrangig die Aufgabe, unter Anwendung geeigneter Mittel, Methoden und Organisationsformen Informationen aus Patentschriften zu erfassen, auszuwerten, zu speichern, zu recherchieren, bereitzustellen und zu bewerten. Neben den Patentschriften als wichtigste Dokumente des gewerblichen Rechtsschutzes berücksichtigt die Patentinformation im weiteren Sinne auch Marken, Geschmacksmuster und andere gewerbliche Schutzrechte. Patentschriften sind von nationalen, regionalen und internationalen Patentämtern veröffentlichte Dokumente, die vorschriftsgemäße Informationen über Erfindungen enthalten, für die ein Patent angestrebt bzw. erteilt wurde. Gebrauchsmusterschriften sind Patentschriften besonderer Art.

Ein Patent verleiht dem Inhaber das ausschließliche, aber zeitlich und territorial begrenzte Benutzungsrecht an seiner Erfindung. Die Patenterteilung belohnt den Forschungs- und Entwicklungsaufwand beim Entstehen von Erfindungen und ermöglicht dem Inhaber eine Monopolstellung zur Verwertung seiner patentierten Erzeugnisse und Verfahren. Das bedeutet Sicherheit und Wettbewerbsvorsprung. Nach Ablauf der Schutzdauer kann auch die Allgemeinheit die Erfindung nutzen.

Patentfähig ist die Erfindung, wenn sie technisch, neu, auf einer erfinderischen Tätigkeit beruhend und gewerblich anwendbar ist. Ca. 1,2 Millionen Patentschriften, denen etwa eine 0,75 Millionen Erfindungen zugrunde liegen, bilden den jährlichen Zugang für die Systeme der Patentinformation. Hinzu kommen noch die Gebrauchsmusterschriften; sie vergrößern diesen Zugang wesentlich, wenn auch die einst große Anzahl der japanischen Gebrauchsmusteranmeldungen nach Wegfall der Sachprüfung im Jahre 1983 erheblich geschrumpft ist. Allein in der Datenbank INPADOC waren Anfang 2004 mehr als 28 Millionen Patentschriften und 2 Millionen Gebrauchsmusterschriften gespeichert.

Da nur 10 bis 30% der Erfindungen in anderen Quellen als in Patentschriften beschrieben werden, ist die Patentinformation für die Kenntnis des Weltstandes der Technik und seiner wirtschaftlichen Verwertungsbedingungen unersetzlich. Die aktuelle und vollständige Information über den Stand der Technik verdanken Wissenschaft, Technik und Wirtschaft dem Grundprinzip des Patentwesens: Das Patentwesen verhindert die Geheimhaltung technischen Wissens, indem es den Erfinder und Patentinhaber für die Preisgabe der Information rechtlich schützt, d.h. es verknüpft Technik und Recht auf wirtschaftsstimulierende Weise. Der daraus resultierende Doppelcharakter einer Patentschrift als Technik- und Rechtsdokument ist keine lästige Erschwernis, sondern ein zu nutzender Vorzug. Noch führt die ungenügende Kenntnis der Patentinformation zu unnötiger Doppelforschung und zu zurückgewiesenen Patentanmeldungen. Ein Drittel der Forschung und der Patentanmeldungen erfolgt nutzlos. Die Patentinformation kann – gestützt auf Patentdatenbanken und Volltextarchive in weltweiten und lokalen Informationsnetzen – einen wachsenden Beitrag an der Entwicklung und Markteinführung innovativer Produkte und Verfahren leisten.

## D 17.2 Patentdokumente

Patentdokumente sind insbesondere Patentschriften, deren Sekundärliteratur sowie Patentregisterauszüge. **Patentschriften** werden nach ihrer Prüfung veröffentlicht, wobei die Prüfung auf Neuheit und erfinderische Leistung besonders aufwändig ist. Der Prüfungsprozess kann sich über mehrere Jahre erstrecken. Um den Prüfungsaufwand zu reduzieren, wurde in nahezu allen Ländern die aufgeschobene Patentprüfung eingeführt, inzwischen auch in Russland. Die Prüfung erfolgt nach Antragstellung. Um aber zugleich die Aktualität der Patentinformation zu erhöhen, werden in diesen Ländern vorab die Patentanmeldungen ungeprüft, d.h. nach einer formellen Vorprüfung veröffentlicht. Diese ungeprüften Patentschriften werden als Offenlegungsschriften oder veröffentlichte Patentanmeldungen bezeichnet. Ihre Veröffentlichung erfolgt – inzwischen zum Teil auch in den USA – in der Regel 18 Monate nach der Anmeldung (Abb. 1 und 2).

Abb. 1: *Deutsches Anmelde- und Erteilungsverfahren für Patente*

Die mit der Einführung der ungeprüften Patentschriften gewonnene Aktualität wurde mit einem 2,5-fachen Anwachsen der Dokumentation erkauft, denn es werden auch jene Patentanmeldungen veröffentlicht, die einer Prüfung nicht standhalten. Nach bestandener Prüfung werden die geprüften Patentschriften zusätzlich zu den ungeprüften veröffentlicht.

Die **Sekundärliteratur** enthält Teile von Patentschriften in einer spezifisch bearbeiteten Form. Früher waren Patentbibliographien (z.B. INPADOC-Mikrofichedienste) sowie Patentreferatedienste (englischsprachige „Patent Abstracts of Japan", russischsprachige „Erfindungen der Länder der Welt") typisch. Inzwischen übernahmen Datenbanken ihre Funktion. Abb. 3 enthält einen Nachweis des Referatedienstes „Patent Abstracts of Japan", wie er im Datenbankcluster PATONbase (http://www.paton.tu-ilmenau.de) enthalten ist.

**Patentregister** (Patentrollen) enthalten den von den Patentämtern veröffentlichten bzw. bereitgestellten Verfahrensstand (Rechtsstand) der Patentanmeldungen sowie der sie begleitenden Patentschriften. Abb. 4 stellt einen Auszug aus der elektronischen Patent- und Gebrauchsmusterrolle DPINFO (https://dpinfo.dpma.de/index.html) des Deutschen Patent- und Markenamts vor.

**Patentschriften besonderer Art: Gebrauchsmusterschriften.** Gebrauchsmusterschriften, die in Deutschland und in einer Reihe weiterer Länder veröffentlicht werden, sind Patentschriften mit eingeschränkter, aber sehr zweckmäßiger Wirkung. Die nachfolgenden Informationen betreffen deutsches Gebrauchsmusterrecht, aber wie beim Patentschutz ist auch beim Gebrauchsmusterschutz eine weltweite Harmonisierung kennzeichnend. Ein europäisches Gebrauchsmuster wird angestrebt. Gebrauchsmuster werden als „kleine Patente" bezeichnet. Die zugrunde liegenden Erfindungen müssen ähnlich wie bei Patenten technisch, neu, auf einem erfinderischen Schritt beruhend und gewerblich anwendbar sein.

Bei Patenten ist jede Form der Mitteilung der Erfindung an die Öffentlichkeit vor der Anmeldung neuheitsschädlich. Bei Gebrauchsmustern dagegen gelten nur eine schriftliche Beschreibung oder eine inländische Vorbenutzung als neuheitsschädlich. Nicht neuheitsschädlich sind eine Beschreibung oder Vorbenutzung seitens des Anmelders innerhalb von sechs Monaten vor der Gebrauchsmusteranmeldung (Neuheitsschonfrist). Ebenfalls geringer als bei Patenten sind die Anforderungen an die Erfindungshöhe. Es wird ein erfinderischer Schritt gefordert, der einem Durchschnittsfachmann nicht nahe liegt. Verfahren sind nicht ge-

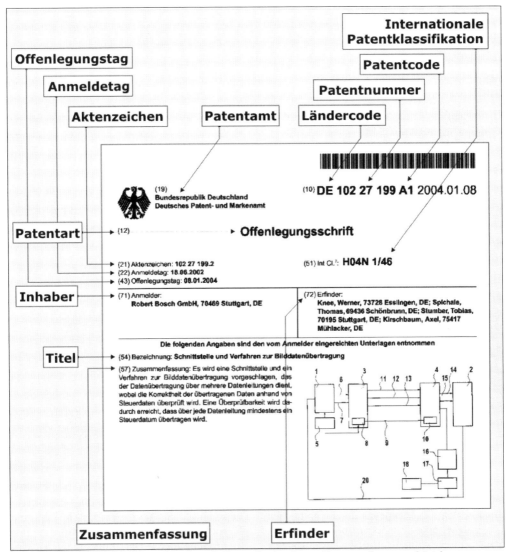

*Abb. 2: Titelblatt einer Offenlegungsschrift mit bibliographischen Daten, Zusammenfassung und Zeichnung*

brauchsmusterschutzfähig. Vorteile des Gebrauchsmusterschutzes gegenüber dem Patentschutz sind die Frühzeitigkeit der Veröffentlichung, die Einfachheit des Verfahrens und die niedrigen Kosten. Der Schutz wird mit der Eintragung in die Gebrauchsmusterrolle wirksam. Das erfolgt innerhalb weniger Wochen nach der Anmeldung, ohne dass eine Prüfung auf Neuheit und Erfindungshöhe erfolgt.

Möglich und zweckmäßig ist die Abzweigung einer Gebrauchsmusteranmeldung aus einer Patentanmeldung unter Inanspruchnahme ihrer Priorität. Damit kann der oft erhebliche Zeitraum zwischen Patentanmeldung und Patenterteilung überbrückt werden. In diesem Zeitraum ist der Patentschutz unbefriedigend, weil vor der Patenterteilung mit einer Offenlegungsschrift nur ein einstweiliger Schutz besteht. Das entstehende Gebrauchsmuster entfaltet bereits mit seiner Eintragung den vollen Schutz. Der Patentschutz beträgt maximal 20 Jahre, wenn man von der Möglichkeit des ergänzenden Schutzes für Arzneimittel um fünf Jahre absieht. Der Gebrauchsmusterschutz wird z.B. in

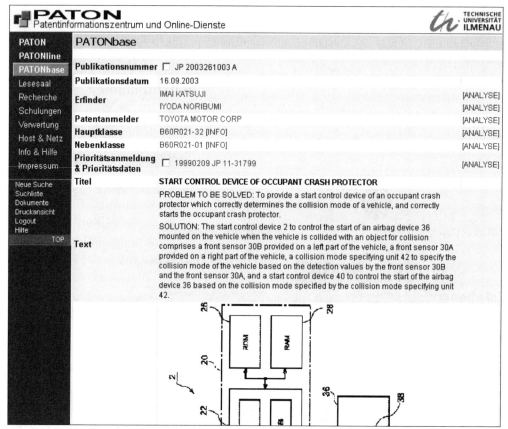

Abb. 3: Nachweis (Auszug) aus den „Patent Abstracts of Japan" mit strukturierter Zusammenfassung im Datenbankcluster PATONbase

Deutschland zunächst für drei Jahre gewährt; er ist aber auf zehn Jahre ausdehnbar. Diese Schutzdauer ist akzeptabel, da sie der durchschnittlichen Lebensdauer eines Patents entspricht. Der Gebrauchsmusterschutz ist insbesondere für kleine und mittelständische Unternehmen, aber auch für freie Erfinder empfehlenswert.

In folgenden Ländern bzw. Ämtern sind Gebrauchsmusteranmeldungen möglich: Australia, Argentina, Armenia, Austria, Belarus, Belgium, Brazil, Bulgaria, China, Colombia, Costa Rica, Czech Republic, Denmark, Estonia, Ethiopia, Finland, France, Georgia, Germany, Greece, Guatemala, Hungary, Ireland, Italy, Japan, Kazakhstan, Kenya, Kyrgyzstan, Malaysia, Mexico, Netherlands, OAPI, Peru, Philippines, Poland, Portugal, Republic of Korea, Republic of Moldova, Russian Federation, Slovakia, Spain, Tajikistan, Trinidad & Tobago, Turkey, Ukraine, Uruguay, Uzbekistan.

**Inhaltlicher und struktureller Aufbau von Patentschriften:** Der Aufbau von Patentschriften ist international weitgehend vereinheitlicht: Bibliographieteil, Beschreibungsteil, Patentansprüche und Patentzeichnungen. Der Bibliographieteil einschließlich einer Zusammenfassung mit Zeichnung bildet in der Regel die Titelseite (Abb. 2 und 5). Vollständig oder auszugsweise wird der Bibliographieteil in nationale, regionale und internationale Bibliographien und Referatedienste, vor allem aber in Patentdatenbanken übernommen. Die wichtigsten bibliographischen Daten sind Dokumentennummer, Dokumentenart, Notationen der Internationalen Patentklassifikation (IPC), Anmeldenummer, Prioritätsangaben, Datumsangaben, Erfinder, Anmelder, Patentanwalt/Vertreter und Titel der Erfindung.

Zur sprachunabhängigen Codierung der bibliographischen Daten werden WIPO-Standards verwen-

**Deutsches Patent- und Markenamt**

 Patent- und Gebrauchsmusterregister

Abfragezeitpunkt: 01.02.2004 19:23:15

## Aktenzeichen-DE: 102 27 199.2

### UG01 - Kurzer Überblick:

```
18.06.02 Anmeldetag
Die Anmeldung ist anhängig/das Schutzrecht ist in Kraft
Letzter Stand des Verfahrens:
25.11.02 (WAR)     Das Vorverfahren ist abgeschlossen
                   Erfassungsdatum: 25.11.2002
```

### UG11 - Veröffentlichung:

```
08.01.04 Offenlegung
```

### UG21 - Verfahrensablauf (mit Historie):

```
18.06.02           Die Anmeldung befindet sich in der Vorprüfung (Offen-
                   sichtlichkeitsprüfung)
25.11.02 (WAR)     Das Vorverfahren ist abgeschlossen
```

### UG23 - zuständige Abteilung:

```
                   Patentabteilung : 31
```

### UG41 - Hauptklassen:

```
Int. Klasse  (Stand) ..: (07) H04N   1/46      eingetragen: 18.06.02
```

### UG45 - Zusammenfassung:

```
Zusammenfassung:
 Es wird eine Schnittstelle und ein Verfahren zur Bilddatenübertragung
vorgeschlagen, das der Datenübertragung über mehrere Datenleitungen
dient, wobei die Korrektheit der übertragenen Daten anhand von
```

*Abb. 4: Auszug aus der elektronischen Patent- und Gebrauchsmusterrolle DPINFO mit dem Verfahrensablauf für eine Patentanmeldung*

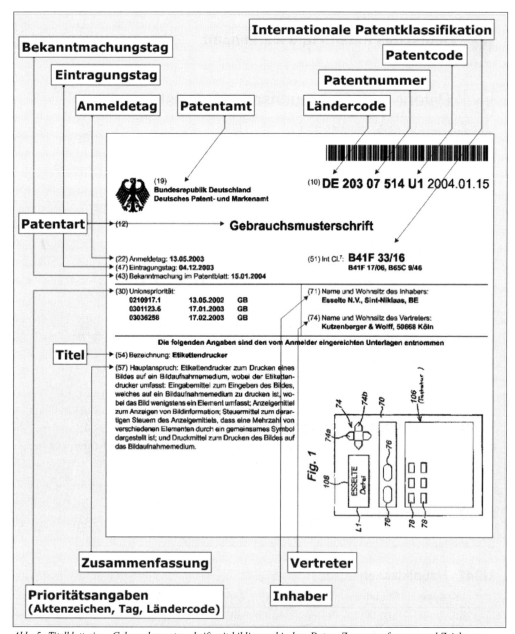

*Abb. 5: Titelblatt einer Gebrauchsmusterschrift mit bibliographischen Daten, Zusammenfassung und Zeichnung*

det: ST.9 Nummern zur Identifikation bibliographischer Daten, ST.16 Dokumentenartencode und ST.3 Ländercode. Die Notationen der IPC ermöglichen vor allem die sprachunabhängige Codierung der Bezeichnung (Gegenstand) der Erfindung.

Die Zusammenfassung dient ausschließlich der technischen Information, enthält meist 100 bis 150 Wörter und wird in der vom Anmelder eingereichten Form veröffentlicht. Die Festlegungen der Patentämter zu den Zusammenfassungen berücksichtigen den WIPO-Standard ST.12 B. In Deutschland muss eine Zusammenfassung enthalten (siehe Abb. 2 und 5):

– die Bezeichnung der Erfindung,

- eine Kurzfassung, die das technische Gebiet angibt sowie das technische Problem, seine Lösung und die hauptsächliche Verwendungsmöglichkeit verdeutlicht,
- eine ausgewählte Zeichnung, die die Erfindung am deutlichsten kennzeichnet.

Bei japanischen Zusammenfassungen sind Problem und Lösung als Positionen nutzerfreundlich hervorgehoben (siehe Abb. 3).

Für den Beschreibungsteil werden durch das Deutsche Patent- und Markenamt folgende Komponenten empfohlen:

- das technische Gebiet, zu dem die Erfindung gehört,
- der Stand der Technik mit Zitierungen sowie die Mängel des bisherigen Standes,
- das technische Problem,
- die Mittel der Problemlösung,
- die Ausführungsbeispiele.

Diese Komponenten sind mit ähnlicher Benennung auch für Patentschriften anderer Patentämter festgelegt; teilweise werden sie dort durch Zwischenüberschriften kenntlich gemacht. Die Patentansprüche sind in der Regel in Oberbegriff und kennzeichnendem Teil unterteilt. Im Oberbegriff werden die Merkmale der Erfindung aufgenommen, die den Stand der Technik bilden. Der kennzeichnende Teil wird meist mit „gekennzeichnet dadurch, dass" eingeleitet und enthält jene Merkmale der Erfindung, für die Schutz angestrebt wird.

## D 17.3 Internationale Patentklassifikation

Die Internationale Patentklassifikation (IPC) ist ein Mittel zur weltweit einheitlichen Klassifikation von Erfindungen. Sie dient vor allem als wirksames Recherchewerkzeug für das sprachunabhängige Wiederauffinden von Patentschriften durch die Nutzer. Seit 1968 entstanden sieben Ausgaben der IPC. Sie werden im 5-Jahres-Rhythmus revidiert. Die siebente Ausgabe ist seit dem 1.1.2000 gültig (Lit. 09). Sie enthält ca. 69.000 Notationen, d.h. sie unterteilt die Technik in ca. 69.000 Teilgebiete. Die IPC wird in Englisch und Französisch erstellt; aber auch in Deutsch, Japanisch, Russisch und in anderen Sprachen werden offizielle Texte bereitgestellt. Sie wird in mehr als 90 Ländern, in vier regionalen Ämtern und in der WIPO angewendet. In der Bundesrepublik löste die IPC 1975 die nationale Patentklassifikation (DPK) ab. Nur die USA benutzen weiterhin ihre nationale Patentklassifikation (U.S. Cl.) als Erstklassifikation. Die IPC wird als Zweitklassifikation verwendet, so dass ihre Notationen auf US-Patentschriften teilweise fehlerhaft sind.

Der hierarchische Aufbau der IPC wird am Beispiel der IPC-Notationen B 64 C 5/00 und B 64 C 5/12 aus dem Flugzeugbau verdeutlicht:

| **B** | **64** | **C** | **5/00** | Hauptgruppe |
|---|---|---|---|---|
| Sektion | | | oder | |
| | Klasse | | **5/12** | Untergruppe |
| | | Unterklasse | | |
| | | Gruppe | | |

Die Untergruppe B 64 C 5/12 ist nachfolgend so dargestellt, wie sie der Nutzer im systematischen Teil der Klassifikation findet:

**B64C 5/00**   Stabilisierungsflächen
    (Stabilisierungsflächenbefestigung am Rumpf 1/26)
5/02   . am Schwanz (fest angeordnete Flossen 5/06)
5/04   . an der Nase
5/06   . fest angeordnete Seitenflossen (am Tragflügel 5/08)
5/08   . am Tragflügel
5/10   . verstellbar
5/12   . . zurückziehbar an oder in den Rumpf oder die Gondel

Sie ist unter der Untergruppe 5/10 eingeordnet und muss innerhalb von deren Geltungsbereich gelesen werden: „Verstellbare Stabilitätsflächen, zurückziehbar an oder in den Rumpf oder die Gondel."

Als zusätzliches Hilfsmittel steht der alphabetische Teil der Klassifikation (Stich- und Schlagwörterverzeichnis) zur Verfügung (Lit. 10). In diesem Verzeichnis gelangt der Nutzer über ein Fachwort zu dem möglichen Notationsbereich:

**Stabilisierungsfläche**
    Leitfläche; *Flugzeug* ... B64C 5/00

Nach dieser Ermittlung der Notation im alphabetischen Teil sollte im systematischen Teil der Klassifikation die Relevanz der Notation überprüft werden.

Zu beachten ist die funktions- und anwendungsorientierte Vergabe von IPC-Notationen. So sind z.B. „Leitern allgemein" unter E06C 1/00 dem Bauwesen, aber „Außenbordleitern" unter B63B 27/14 dem Schiffbau zugeordnet.

### D 17.4  Patentrecherchearten

Im Zusammenhang mit der Entwicklung, dem Patentschutz und der Vermarktung neuer technischer Produkte und Verfahren werden drei grundsätzliche Fragen gestellt:

- Welcher Stand der Technik wurde in der Welt auf dem interessierenden Gebiet erreicht?
- Ist die gefundene technische Lösung neu gegenüber dem Weltstand?
- Verletzt die Nutzung der technischen Lösung die Rechte Dritter?

Diese Fragen beantworten die Weltstands-, Neuheits- und Verletzungsrecherche. Sie unterscheiden sich hinsichtlich Retrospektivität, Länderspektrum und Recherchevollständigkeit:

**Weltstandsrecherche**
Retrospektivität: 5-10 Jahre
Länderspektrum: PCT-Minimaldokumentation[1]
Recherchevollständigkeit: nicht unbedingt notwendig

**Neuheitsrecherche**
Retrospektivität: bis 1920
Länderspektrum: PCT-Minimaldokumentation[1]
Recherchevollständigkeit: unbedingt notwendig

**Verletzungsrecherche**
Retrospektivität: 20-25 Jahre[2]
Länderspektrum: Konkurrenz- und Exportländer
Recherchevollständigkeit: unbedingt notwendig

1 DE EP WO US JP RU GB FR. Diese Länderreihenfolge ist eine Empfehlung für die Recherche.
2 Laufdauer der Patente von 20 Jahren einschließlich der möglichen Verlängerung von Arzneimittelpatenten um fünf Jahre

Die Recherchen werden in der Patentdokumentation durchgeführt; die Neuheitsrecherche schließt Nichtpatentliteratur ein. Weltstandsrecherchen sind vor allem zu Beginn jeder F&E-Arbeit notwendig, um Doppelforschung zu vermeiden. Neuheitsrecherchen sind für den Patentschutz von Ergebnissen der F&E-Arbeit zwingend. Verletzungsrecherchen garantieren, dass bei Benutzung, Produktion und Vertrieb technischer Lösungen keine fremden Patentrechte beeinträchtigt werden.

Patentrecherchen sind bewertete Dokumentenrecherchen. Sie können in zahlreichen Patentdatenbanken als Inhalts- und/oder Formalrecherchen durchgeführt werden. Bei den Inhaltsrecherchen werden die Indexierungsergebnisse, insbesondere die IPC-Notationen genutzt. Ergänzend wird im Freitext recherchiert. Die Formalrecherchen umfassen bibliographische und Rechtsstandsrecherchen. Die Rechtsstandsrecherchen sind in der Patentdatenbank INPADOC und in einigen nationalen Patentdatenbanken wie PATDPA, vor allem aber in den Patentregistern der Patentämter (siehe Abb. 4) möglich.

### D 17.5  Patentdatenbanken

Patentrecherchen werden nahezu ausnahmslos in Patentdatenbanken durchgeführt. Das geschieht in lokalen Netzen mit eigenen Datenbanken sowie im Direktzugriff auf Patentämter oder kommerzielle Datenbankanbieter. In lokalen Netzen ist der Übergang von Datenbanken auf CD-ROM oder DVD zu Internet-Lösungen der gleichen Produzenten im Gange. Eine für Deutschland typische Lösung ist IPR-Village von WILA-Derwent. Die Mehrzahl der Nutzer besitzt keine lokalen Netze. Sie verwenden die Online-Datenbankangebote der Patentämter und der kommerziellen Anbieter wie z.B. STN International, Questel-Orbit oder Dialog. STN International bietet mehr als 30 bibliographische Patentdatenbanken und einige Volltextdatenbanken an, darunter im Gegensatz zu anderen Anbietern auch einige deutschsprachige Datenbanken.

Die Nachweise der bibliographischen Patentdatenbanken enthalten in der Regel die Informationen des Titelblatts der Patentschriften (Abb. 2 und 5). Außer den rein bibliographischen Daten können die Zusammenfassung und/oder der Patentanspruch, eine Zeichnung sowie die Rechtsstandsdaten erfasst sein.

Die Patentdatenbanken sind dokumenten-, verfahrens- oder familienorientiert. Dokumentenorientierte Datenbanken (mit je einem Nachweis pro Patentschrift; z.B. JAPIO) oder verfahrensorientierte Datenbanken (mit je einem Nachweis mit allen Patentschriften eines Patenterteilungsverfahrens; z.B. PATDPA) basieren auf den Nachweisen der Patentschriften einzelner Länder bzw. Ämter. Sie sind meist in der Landessprache recherchierbar. Größte Bedeutung besitzen familienorientierte Patentdatenbanken (mit je einem Nachweis pro Patentfamilie): World Patent Index (WPI) von Derwent und INPADOC vom Europäischen Patentamt (EPA). Eine Patentfamilie ist die Summe der Patentschriften, die zu einer Erfindung gehören. Patentfamilien entstehen, weil als wichtig eingeschätzte Erfindungen in der Regel innerhalb von 12 Monaten (Prioritätsfrist) nach der Erstanmeldung (prioritätsbegründende Anmeldung) im Ausland nachangemeldet werden und folglich mehrere Patentschriften entstehen. Innerhalb von 12 Monaten nach der Erstanmeldung wird die Nachanmeldung im Ausland bei der Prüfung auf Neuheit so behandelt, als wäre sie zum Tag der Erstanmeldung eingetroffen (Prioritätsrecht).

Die Zusammenführung der Patentschriften zu Patentfamilien reduziert die Redundanz in der Datenbank, ermöglicht die Bewertung einer Erfindung, signalisiert die Patentpolitik des Anmelders und sichert dem Nutzer die Auswahl eines sprachlich leicht zugänglichen Familienmitglieds. Die rechnergestützte Familienzusammenführung erfolgt anhand identischer Prioritätsangaben. Die Prioritätsangaben (Land, Aktenzeichen, Datum) erscheinen auf den veröffentlichten Nachanmeldungen allerdings nur dann, wenn das Prioritätsrecht in Anspruch genommen wurde.

Wird bei der Nachanmeldung einer Erfindung im Ausland die Priorität nicht in Anspruch genommen (z.B. infolge der Nichteinhaltung der 12-Monate-Prioritätsfrist), fehlen bei der Veröffentlichung der Patentschrift die Prioritätsangaben, so dass eine rechnergestützte Familienzusammenführung nicht möglich ist. Es entstehen so genannte korrespondierende Patentschriften als Patentfamilienmitglieder, die nur intellektuell der Familie zugeordnet werden können. Der World Patent Index berücksichtigt 40 wesentliche Länder bzw. Ämter. Die Nachweise besitzen eine englischsprachige Zusammenfassung (Abstract), einen erweiterten Titel und eine ausgewählte Zeichnung. Korrespondierende Patentschriften sind teilweise einbezogen.

Abb. 6 verdeutlicht anhand eines Patentschriftennachweises die Qualität des WPI.

INPADOC erfasst 71 Länder bzw. Ämter. Die Nachweise besitzen in der Regel keine Zusammenfassung und Zeichnung. Die Titel der Erfindungen werden meist nicht ins Englische übersetzt. Korrespondierende Patentschriften fehlen. Rechtsstandsdaten sind von 33 Ländern bzw. Ämtern enthalten.

Das kommerzielle Datenbankangebot mit seinen Mehrwertdiensten (umfassende Such- und Statistikmöglichkeiten) wird zunehmend durch die kostenfreien Datenbank- und Volltextarchivlösungen der Patentämter, insbesondere des Deutschen Patent- und Markenamt (DEPATISnet) und des Europäischen Patentamts *(esp@cenet)* ergänzt.

DEPATISnet (http://depatisnet.dpma.de) ermöglicht Inernet-Recherchen zu Patentschriften aus aller Welt, die sich im Datenbestand des amtsinternen deutschen Patentinformationssystems DEPATIS befinden. Im Ergebnis der Recherche werden aus der erhaltenen Trefferliste die Nachweise mit den bibliographischen Daten (Titel, Zusammenfassung, Anmelder, Erfinder ...) der gefundenen Dokumente angezeigt. Es kann zwischen Einsteiger- und Expertenrecherche gewählt werden. Eine eingeschränkte Patentfamilienrecherche ist möglich. Die Einsteigerrecherche eignet sich für einfache Suchabfragen in einer vorgegebenen Anzahl von Suchfeldern. Der Expertenmodus ermöglicht die Formulierung komplexer Anfragen. Hier können alle definierten Suchkriterien in einem freien Suchabfrage-Eingabefeld verwendet bzw. mit Booleschen Operatoren zu langen und komplexen Suchabfragen kombiniert werden. Die Patentvolltexte sind im PDF-Format dargestellt. Innerhalb eines dargestellten Dokuments kann seitenweise geblättert oder direkt auf bestimmte Dokumententeile wie z.B. Ansprüche, Zeichnung oder Beschreibung gesprungen werden. Der Ausdruck des Dokuments ist nur seitenweise möglich.

*esp@cenet* (http://ep.espacenet.com) ermöglicht als kostenfreier Dienst des Europäischen Patentamts die Recherche in 45 Millionen Patentschriften aus 71 Ländern bzw. Ämtern. Ähnlich wie DEPATISnet ist *esp@cenet* neben der Volltextbereitstellung für einfache Endnutzerrecherchen vorgesehen. Weder kommerzielle Patentdatenbanken noch professionelle Rechercheure sollen in Frage gestellt werden. Der Dienst basiert auf der amtsinternen Datenbank für die Patentprüfer. Die Hälfte der Nachweise besitzen einen Titel; mehr als fünf Millionen Nachweise enthalten eine Zusammenfassung. 17 Millionen Patentschriften können zusätzlich zur IPC mit der Europäischen Klassifikation (ECLA) recherchiert werden. Die ECLA ist eine Erweiterung der Internationalen Patentklassifikation (IPC). Mit ca. 130.000 Notationen verfügt die ECLA über ca. 60.000 Notationen mehr als die IPC und ist damit genauer.

Abb. 7 zeigt die *esp@cenet*-Suchmaske für die erweiterte Suche, die neben einer Kurz-, Nummern- und Klassifikationssuche angeboten wird. Unmittelbar nach dieser Recherche kann dank der INPADOC-Einbindung die Rechtsstands- und Patentfamilienrecherche sowie die seitenweise Volltextbereitstellung erfolgen. Wesentlich ergänzt wird *esp@cenet* durch das ebenfalls kostenfreie *epoline*-System des Europäischen Patentamts (http://www.epoline.org). Es ermöglicht elektronische Patentanmeldungen im Europäischen Patentamt und liefert elektronische Registerauszüge und Akteneinsichten zu den veröffentlichten Anmeldungen und zugehörigen Patentschriften.

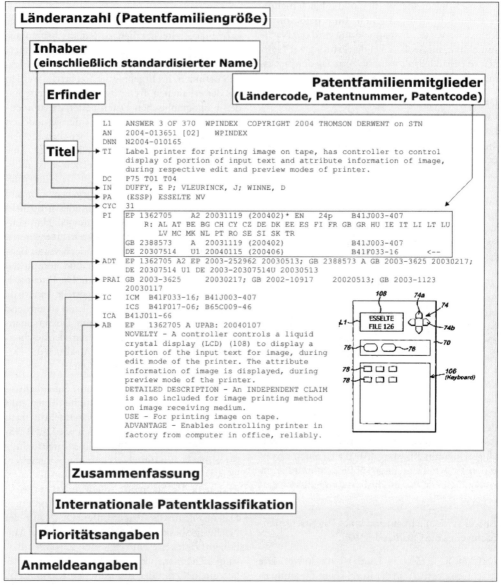

*Abb. 6: Nachweis einer Patentfamilie mit britischer Priorität in der familienorientierten Datenbank WPI (STN-Version WPINDEX)*

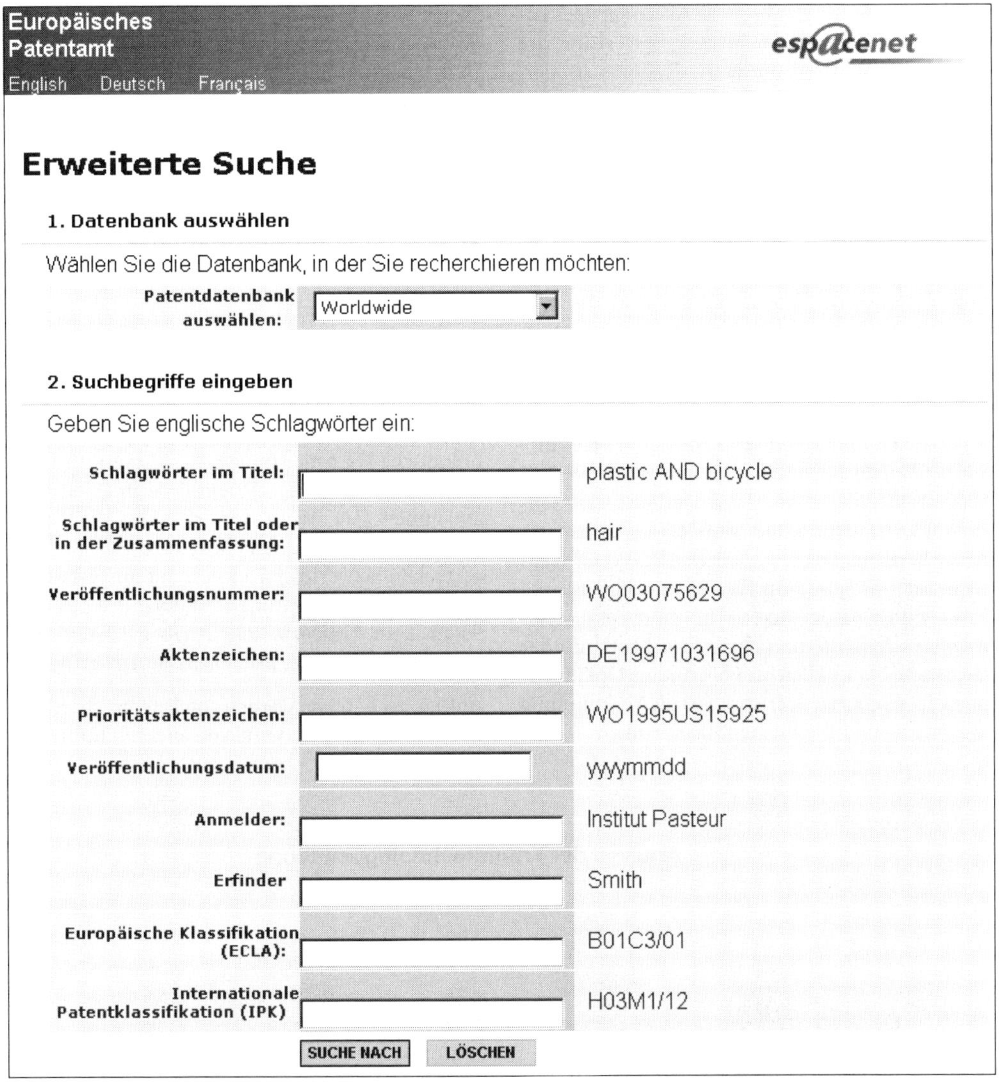

D 17 Patentinformation

**Europäisches Patentamt**
English  Deutsch  Français

esp@cenet

## Erweiterte Suche

**1. Datenbank auswählen**

Wählen Sie die Datenbank, in der Sie recherchieren möchten:

Patentdatenbank auswählen: [Worldwide]

**2. Suchbegriffe eingeben**

Geben Sie englische Schlagwörter ein:

| Feld | Beispiel |
|---|---|
| Schlagwörter im Titel: | plastic AND bicycle |
| Schlagwörter im Titel oder in der Zusammenfassung: | hair |
| Veröffentlichungsnummer: | WO03075629 |
| Aktenzeichen: | DE19971031696 |
| Prioritätsaktenzeichen: | WO1995US15925 |
| Veröffentlichungsdatum: | yyyymmdd |
| Anmelder: | Institut Pasteur |
| Erfinder: | Smith |
| Europäische Klassifikation (ECLA): | B01C3/01 |
| Internationale Patentklassifikation (IPK) | H03M1/12 |

[SUCHE NACH] [LÖSCHEN]

*Abb. 7: esp@cenet-Suchmaske für die erweiterte Suche*

## D 17.6 Patentometrie

Patentometrie hat die vorrangige Aufgabe, die Flut relevanter Informationen auf Kerninformationen betreffs Stand und Trends in Technologiefeldern, Firmenaktivitäten u.a. einzuschränken. Sie basiert auf der Durchführung und Bewertung informetrischer Recherchen in Patentdatenbanken, teilweise verknüpft mit Recherchen in Literaturdatenbanken. Bei informetrischen Recherchen werden die ermittelten Nachweismengen mittels statistischer Methoden analysiert. Als Ausgangspunkt für die Anwendung statistischer Methoden dienen vor allem die Statistikbefehle der Retrievalsprachen (z.B.

die Messenger-Befehl SELECT und ANALYZE bei STN). Es entstehen z.B. Rangreihen, Zeitreihen oder Patentportfolios. Patentdatenbanken sind aufgrund der Frühzeitigkeit, Vollständigkeit und Detailliertheit ihrer Angaben für informetrische Recherchen besonders geeignet (z.B. World Patent Index – WPI, Derwent Patent Citation Index – DPCI).

Als Basis für die Bewertung der Nachweismengen dienen sowohl einfache Indikatoren wie die Publikationshäufigkeit, Patentfamiliengröße und Zitierhäufigkeit als auch komplexe Indikatoren.

Es ist eine zunehmend breitere Akzeptanz der patentometrischen Methoden zur Bewertung des Wissenschaft-Technik-Industrie-Systems als Beitrag für ein betriebswirtschaftlich erfolgreiches Patentmanagement zu beobachten (Lit. 18 bis Lit. 20). Sie sind für die Analyse eines Unternehmens auf allen Aktivitätsebenen geeignet: von der Produktenanalyse (Lit. 21) über die Personalpolitik (Lit. 22) und Firmenpositionierung (Lit. 23) bis Technologiefeld- und Trendanalyse (Lit. 24). Schon seit Jahren werden die Analysen auch von den Policymakers genutzt (Lit. 25 bis 26). Für die unternehmerische Praxis wurden Analyseanwendungen geschaffen, z.B. Derwent Analytics von der Firma Derwent oder VxInsight von der Firma Sandia. Sie ermöglichen im Ergebnis der Recherche die Analyse umfangreicher Datensammlungen, wobei als Ausgangsbasis in der Regel vollständige Dokumentennachweise erforderlich sind. Um die Analysekosten herabzusetzen, ermöglicht z.B. PATONanalist von der TU Ilmenau (Lit. 27 und Abb. 8) eine Rationalisierung der Recherche- und Voranalyseprozesse. Außerdem erübrigt die Nutzung der Messenger-Statistikbefehle vollständige Dokumentennachweise. Charakteristisch ist die Verknüpfung von Patent- und Nichtpatentdatenbanken.

Neue Werkzeuge für Patentanalysen werden in Web-basierten Systemen geboten, wie Citation Link, Snapshot und Clustering von der Firma Delphion und Aureka von der Firma Micropatent. Einfache Analysefunktionalitäten bietet PATONbase (Lit. 27).

## D 17.7 Patentinformationsdienstleistungen

Den Nutzern von Patentinformationen steht in Deutschland neben den Einrichtungen des Deutschen Patent- und Markenamts (DPMA) ein Netz von regionalen Patentzentren zur Verfügung (Anhang A). In diesen Zentren entwickelt sich die technologische Dienstleistungskette „Patentinformation – Patentberatung – Patentförderung – Patentannahme – Patentverwertung", wobei die Patentinformation eine traditionelle Kernaufgabe ist. Nutzerrecherchen erfolgen in den gut ausgestatteten Lesesälen unter Anleitung erfahrener Patentspezialisten. Den Nutzern stehen neben kostenfreien auch kostenpflichtige Datenbanken zur Verfügung.

Auftragsrecherchen werden von Patentrechercheuren der Patentzentren und von anderen Informati-

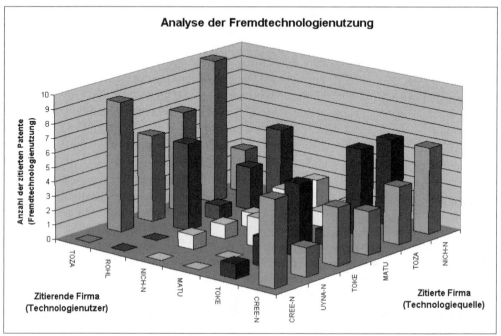

*Abb. 8: Teilergebnis einer Patentanalyse mittels PATONanalist*

onsvermittlern ausgeführt. Die Patentrechercheure und Informationsvermittler stützen sich auf die Dienstleistungen und die Datenbanken, die von den Patentämtern und kommerziellen Anbietern (Anhang B) in der Regel über das Internet bereitgestellt werden.

Während die Endnutzer zunehmend die Patentamtssysteme *esp@cenet* und DEPATISnet verwenden, konzentrieren sich die Patentrechercheure und Informationsvermittler weiterhin vorrangig auf die hochwertigen Datenbanken der kommerziellen Anbieter. Neben dem Angebot von Questel-Orbit und Dialog werden in Deutschland vor allem die Patentdatenbanken von STN International genutzt.

## Anhang:

### A. Deutsche Patentzentren

Aachen

Berlin

Bielefeld

Bremen

Chemnitz

Darmstadt

Dortmund

Dresden

Halle

Hamburg

Hannover

Hof

Ilmenau

Jena

Kaiserslautern

Kassel

Kiel

Leipzig

Magdeburg

Mönchengladbach

München

Nürnberg

Rostock

Saarbrücken

Schwerin

Stuttgart

### B. Internetadressen wesentlicher Patentämter und kommerzieller Anbieter von Patentdatenbanken

#### Patentämter

DE  Deutschland
    http://www.dpma.de

US  USA
    http://www.uspto.gov

GB  Großbritannien
    http://www.patent.gov.uk

FR  Frankreich
    http://www.inpi.fr

JP  Japan
    http://www.jpo.go.jp

RU  Russland
    http://www.rupto.ru

EP  Europäisches Patentamt
    http://www.epo.org

EA  Eurasisches Patentamt
    http://www.eapo.org

WO  Weltorganisation für geistiges Eigentum
    http://www.wipo.int

#### Kommerzielle Datenbankanbieter

FIZ Karlsruhe / STN International
    http://www.fiz-karlsruhe.de

FIZ Technik
    http://www.fiz-technik.de

Dialog
    http://www.dialog.com

Questel – Orbit
    http://www.questel.orbit.com/index.htm

Chemical Abstracts Service
    http://info.cas.org

Derwent
    http://www.derwent.co.uk

Wila – Derwent
    http://www.ipr-village.com/index_ipr.html

MicroPatent
    http://www.micropat.com

PATON an der TU Ilmenau
    http://www.paton.tu-ilmenau.de

## Literatur

01 Suhr, Claus: Patentliteratur und ihre Nutzung. Der Leitfaden zu den Quellen technischer Kreativität. Renningen-Malmsheim: expert-Verlag, 2000. 499 S. ISBN 3-8169-1901-4

02 Wurzer, Alexander J.: Wettbewerbsvorteile durch Patentinformationen. Karlsruhe: FIZ Karlsruhe, 2003. 216 S. ISBN 3-88127-106-6

03 Schramm, Reinhard; Höhne, Margit [Hrsg.]: PATINFO 2000. Patentinformation und Patentanalyse als Mittel zum Markterfolg. Ilmenau: TU Ilmenau, 2000. 225 S. ISBN 3-932488-04-0

04 Schramm, Reinhard; Höhne, Margit [Hrsg.]: PATINFO 2001. Internationale, nationale und betriebliche Patentinformationssysteme. Ilmenau: TU Ilmenau, 2001. 228 S. ISBN 3-932488-05-9

05 Schramm, Reinhard; Schwanbeck, Heike [Hrsg.]: PATINFO 2002. Basis- und Mehrwertdienste der Schutzrechtsinformation. Ilmenau: TU Ilmenau, 2002. 296 S. ISBN 3-932488-06-7

06 Schramm, Reinhard; Schwanbeck, Heike [Hrsg.]: PATINFO 2003. Gewerbliche Schutzrechte für den Aufschwung in Europa: Schutz und Verwertung, Recherche und Analyse. Ilmenau: TU Ilmenau, 2003. 285 S. ISBN 3-932488-07-5

07 Schmoch, Ulrich: Wettbewerbsvorsprung durch Patentinformation. Köln: Verlag TÜV Rheinland, 1990. 233 S. ISBN 3-88585-574-7

08 Cohausz, Helge B.: Patente & Muster. Ein Buch mit Programm. München: Wila Verlag, 1993. 303 S. ISBN 3-87910-162-0

09 Internationale Patentklassifikation. Bd.1-9. 7. Ausgabe (gültig ab 2000). München; Köln; Berlin; Bonn: Carl Heymanns Verlag, 1999. ISBN 3-452-24362-4

10 Stich- und Schlagwörterverzeichnis zur Internationalen Patentklassifikation. 7. Ausgabe (gültig ab 2000). München; Köln; Berlin; Bonn: Carl Heymanns Verlag, 1999. ISBN 3-452-24364-8

11 Derwent World Patents Index – STN online user guide. London, Karlsruhe: Thomson-Derwent, FIZ Karlsruhe, 2002. 232 S. http://www.stn-international.de/training_center/patents/stn_guide.pdf

12 Patent Information from CAS. Columbus: American Chemical Society, 2002. 97 S. http://www.cas.org/ONLINE/UG/patentmanual.pdf

13 Thomä, Elke; Tribiahn, Rudolf: Guide to STN Patent Databases. Karlsruhe: FIZ Karlsruhe, 2001. http://www.stn-international.de/training_center/patents/patents/guide2002en/Index.pdf

14 Schmoch, Ulrich; Grupp, Hariolf; Mannsbart, Wilhelm; Schwitalla, Beatrix: Technikprognosen mit Patentindikatoren. Köln: Verlag TÜV Rheinland, 1988. 367 S. ISBN 3-88585-492-9

15 Jaffe, Adam B.; Trajtenberg, Manuel: Patents, Citations and Innovations. Cambridge: The MIT Press, 2002. 478 S. ISBN 0-262-10095-9

16 Schramm, Reinhard; Bartkowski, Adam: Patentindikatoren zur Ermittlung von Kerninformationen. In: nfd 47 (1996) S. 293-300

17 Bartkowski, Adam; Schramm, Reinhard: Patentometrische Analyse mittels Datenbankverknüpfung. In: nfd 52 (2001) 5, S. 293-299

18 Deng, Zhen; Lev, Baruch; Narin, Francis: Science and technology as predictors of stock performance. In: Financial Analysts Journal 55 (1999) 5, S. 20-32

19 Harhoff, Dietmar; Narin, Francis; Scherer, Frederic M.; Vopel, Katrin: Citation frequency and the value of patented inventions. In: Review of Economics and Statistics 81 (1999) 3, S. 511-515

20 Griliches, Zvi: Patent statistics as economic indicators: A survey. In: Journal of Economic Literature 28 (1990) 4, S. 1661-1770

21 Trajtenberg, Manuel: A penny for your quotes: Patent citations and the value of innovations. In: RAND Journal of Economics 21 (1990) 1, S. 172-187

22 Kostoff, Ronald: Citation analysis for research performer quality. In: Scientometrics 53 (2002) 1, S. 49-71

23 Narin, Francis: Patents as indicators for the evaluation of industrial research output. In: Scientometrics 34 (1995) 3, S. 489-496

24 Meyer, Martin: Patent citation analysis in a novel field of technology: An exploration of nano-science and nano-technology. In: Scientometrics 51 (2001) 1, S. 163-183

25 Third European Report on Science & Technology Indicators 2003. Towards a knowledge-based economy. Luxembourg: Office for Official Publications of the European Communities, 2003. 463 S. ISBN 92-894-1795-1

26 National Science Board, Science and Engineering Indicators. Arlington, VA: National Science Foundation, 2002. 488 S. (Vol. 1), 634 S. (Vol. 2) NSB-02-1. NSB: Science & Engineering Indicators 2002. NSB 02-0l

27 Schramm, Reinhard; Hill, Jan; Lühr, Christoph; Bartkowski, Adam: Rationelle statistische Auswertung von Recherecheergebnissen. Ilmenau: Technische Universität, 2003. http://www.stn-international.de/training_center/patents/erfa_pat03/patonbsp03.pdf

# D 18 E-Commerce

Wolfgang Semar

Während in den vergangenen Jahren in Praxis und Wissenschaft viel darüber diskutiert wurde, welche Rolle moderne Informations- und Kommunikationssysteme in der Anbieter-Kundenbeziehung einnehmen werden, hat sich mittlerweile das Internet als alternativer Informations-, Präsentations- und Transaktionsweg von Produkten und Dienstleistungen etabliert. Die Voraussage, dass das Internet und der damit verbundene elektronische Handel alle bisherigen ökonomischen Gesetzmäßigkeiten außer Kraft setzen würde, stellte sich zwar als falsch heraus, dennoch ist die Entwicklung keineswegs an einem Endpunkt angelangt. Der elektronische Handel entwickelt sich weiter, allerdings mit einem höheren Bewusstsein für das wirtschaftlich Notwendige. Die Anwendung moderner Informations- und Kommunikationstechnologie (IuK) im Geschäftsbereich mit Kunden wird unter dem Stichwort „Electronic Commerce" oder „E-Commerce" diskutiert. In der mittlerweile sehr umfangreichen Literatur zu diesem Thema hat sich noch keine eindeutige Definition für diesen Begriff herauskristallisiert. Clement, Peters und Preiß (Lit. 02, S. 12) bezeichnen E-Commerce als „die digitale Anbahnung, Aushandlung und/oder Abwicklung von Transaktionen zwischen Wirtschaftssubjekten", während Picot, Reichwald und Wigand (Lit. 11, S. 317) darunter „jede Art von wirtschaftlicher Tätigkeit auf der Basis elektronischer Verbindungen" verstehen. Unbestritten ist jedoch, dass es um von E-Commerce sprechen zu können eines elektronischen Marktes und des Handelns auf selbigem bedarf. Wir müssen also zunächst klären, was man unter einem elektronischen Markt versteht und wer mit wem auf ihm Handel treibt.

## D 18.1 Elektronische Märkte und deren Akteure

„Ein Markt ist ein ökonomischer Ort, auf dem Güterangebot und -nachfrage zusammentreffen und der damit Tauschvorgänge ermöglicht. Je gleichartiger die Güter sind, die auf einem Markt gehandelt werden, desto mehr nähert man sich einem Markt, der als vollkommen oder homogen bezeichnet wird" (Lit. 11, S. 25). Der primär interessierende Gegenstand der Markttransaktion ist der Austausch von Gütern, meist eines materiellen oder immateriellen Gutes gegen Geld oder Dienstleistungen. In Anlehnung an die Definition eines Marktes realisiert ein elektronischer Markt das oben beschriebene Konzept des Marktes mit Hilfe der Telematik. Das Konzept elektronischer Märkte wurde seit dem Beitrag „Electronic Markets and Electronic Hierarchies" von Malone, Yates und Benjamin (Lit. 09) in der Literatur intensiv diskutiert. Deren Beitrag wurde von vielen Autoren aufgegriffen und seither in zahlreichen Konzepten weiterentwickelt. Elektronische Märkte entstehen durch die Mediatisierung der Markttransaktionen, also die elektronische Abbildung der Kommunikationsbeziehungen. Da die Eigenschaften von Standardprodukten informationstechnisch gut abbildbar sind, werden diese Märkte immer mehr durch die Informations- und Kommunikationssysteme mediatisiert und in sogenannte elektronische Märkte umgewandelt (Lit. 11, S. 318). Eine Form der Mediatisierung von marktlichen Transaktionen besteht in der Unterstützung einzelner Phasen der Transaktionen durch Informations- und Kommunikationstechnik, wo dies erforderlich oder sinnvoll erscheint. Der eigentliche Ablauf einer Marktbeziehung wird bei dieser Form der Mediatisierung nicht beeinflusst. Die angesprochenen Markttransaktionen werden ihrem logischen Ablauf nach in Transaktionsphasen unterteilt. In der Literatur werden immer wieder drei Phasenmodelle aufgegriffen, die sich grundsätzlich nicht allzu sehr voneinander unterscheiden. Einmal werden Phasen zusammen genommen (Zwei-Phasen-Modell von Langenohl und Neuburger), einmal werden sie getrennt (Vier-Phasen-Modell von Schmid). Das Vier-Phasen-Modell von Lincke fasst zwei Phasen von Schmid zusammen und erweitert das Modell um eine eigene vierte Phase, die speziell die Gegebenheiten elektronischer Märkte berücksichtigt (Lit. 13, S. 13). Im Einzelnen handelt es sich um die folgenden Transaktionsphasen (Lit. 12, S. 10):

– **Informationsphase:** In der Informationsphase geht es für den potenziellen Kunden darum, sich Informationen über Anbieter und zu Produkten zu beschaffen, welche geeignet sind, seine spezifischen Bedürfnisse zu befriedigen. Eine systemseitige Unterstützung kann dabei von Verzeichnisdiensten und elektronischen Produktkatalogen gewährt werden.

- **Vereinbarungsphase:** In der Agreement- (Vereinbarungs-)Phase wird versucht, Einigkeit über die Konditionen und Bedingungen, unter denen es zum Abschluss eines rechtsgültigen Kaufvertrags kommt, zu erhalten. Während oft nur eine Preis- und Konditionspolitik nach dem „Take it or leave it"-Prinzip unterstützt wird, ermöglichen manche Systeme auf Basis gespeicherter Profilinformationen kundenindividuelle Rabattsätze, Zahlungsverfahren und -fristen etc. zur Anwendung zu bringen.

- **Abwicklungsphase:** In der Settlement- (Abwicklungs-)Phase, der letzten Phase der Geschäftstransaktion, erfolgt die eigentliche Abwicklung des Kaufvertrags. Neben der Methode der Bezahlung gilt es sich für den Fall physischer Güter auch über das Versandverfahren sowie etwaige Transportversicherungen zu einigen. Auch sollte ein Dienst zur Verfügung gestellt werden, der ein Verfolgen des aktuellen Lieferstatus erlaubt (Tracking-Systeme).

- **After-Sales-Phase:** In der After-Sales-Phase werden die Kunden auch nach dem Kauf eines Produktes weiterhin betreut, um so die Kundenbindung zu festigen. Dies fängt bereits damit an, dass dem Kunden die Möglichkeit an die Hand gegeben wird, online den Lieferstatus seiner Bestellung abzufragen, und sollte in einen professionellen Customer-Support münden, welcher die Möglichkeit des Mediums Internet optimal nutzt.

Damit sind die einzelnen Transaktionsphasen eines elektronischen Marktes beschrieben, eine Definition elektronischer Märkte könnte somit folgendermaßen lauten: Elektronische Märkte sind Informations- und Kommunikationssysteme zur Unterstützung aller oder einzelner Phasen und Funktionen der marktmäßig organisierten Leistungskoordination (Lit. 12, S. 465).

Alle in den Phasenmodellen genannten Transaktionsphasen verursachen Transaktionskosten, da sie Zeit benötigen, kontrolliert werden müssen und bestimmte Kanäle und Dienste nutzen, die einzukaufen oder selbst zu produzieren sind (Lit. 13, S. 17). Sollen elektronische Märkte jedoch erfolgreich sein, so müssen die Transaktionskosten auf ihnen geringer sein als auf realen Märkten. Perales unterscheidet Informations-, Ex-Ante- und Ex-Post-Transaktionskosten (Lit. 10). Dem Kunden entstehen zunächst die sogenannten Informationskosten.

Die Ursache dafür sind Informationsasymmetrien (zwischen Käufer und Verkäufer) hinsichtlich des Produktes, wie z. B. Produktqualität. Hat sich der Käufer mit Hilfe der Informations- und Kommunikationstechnologie über ein Produkt informiert, entstehen Kosten durch die Aushandlung eines Vertrages, die sogenannten Ex-Ante-Transaktionskosten. Wurden der Vertrag erfüllt und die Leistungen ausgetauscht, so ergeben sich die Ex-Post-Transaktionskosten. Sie beinhalten Nachbesserungs-Kosten, die entstehen, wenn die Vertragsbedingungen nachträglich geändert werden müssen, sowie Kosten für die Überwachung und Durchführung des Leistungsaustauschs. Die Transaktionskosten aller Phasen sind eine Funktion der verwendeten Kommunikationsmittel sowie der implementierten organisationalen Strukturen.

In Abhängigkeit der an den Transaktionen beteiligten Teilnehmer/Akteure lassen sich spezifische Markt- bzw. Transaktionsbeziehungen unterscheiden. Hermanns und Sauter (Lit. 06, S. 23) unterscheiden drei Typen von möglichen Anbietern und Nachfragern einer Leistung, den Konsumenten (Bürger, Consumer), das Unternehmen (Wirtschaft, Business) und die öffentlichen Institutionen (Verwaltung, Administration). Das Gegenüberstellen dieser Marktteilnehmer jeweils in Anbieter und Nachfrager einer Leistung, führt zu einer dreimal-drei-Matrix, in der alle möglichen Transaktionsbeziehungen aufgeführt sind.

## D 18.2   Begriffsbestimmung

Unter **E-Commerce** verstehen wir den Handel wirtschaftlicher Güter auf elektronischen Märkten, bei dem mindestens die Informationsphase und die Vereinbarungsphase durchgeführt werden. Hier kann man auch von E-Commerce im weiteren Sinne sprechen. Um seine volle Wirkung zu entfalten, sollte E-Commerce jedoch weiter gehen und die Abwicklungs- und After-Sales-Phase mit einschließen. Hier sprechen wir dann von E-Commerce im engeren Sinne. In einem so vollständig mediatisierten Markt werden die Interaktionen zwischen den Marktpartnern in allen Phasen der marktlichen Transaktion bis zur vollständigen Durchführung in einem durchgehenden, integrierten elektronischen System abgewickelt.

**I-Commerce** (Internethandel) bezeichnet den Teilbereich des E-Commerce, der sich des Internet als technologischer Basis für elektronische Märkte bedient. Im Allgemeinen ist dies heutzutage der Fall, wenn von E-Commerce gesprochen wird, da sich das Internet zum technologischen Standard für elektronische Märkte entwickelt hat.

**M-Commerce** (mobiler, elektronischer Handel) bezeichnet den Bereich des E-Commerce, der mit Unterstützung von mobilen Endgeräten und somit ortsunabhängig durchgeführt wird.

**E-Government** (elektronische Verwaltung) bezeichnet den Bereich des E-Commerce, bei dem als Transaktionspartner eine öffentliche Verwaltung beteiligt ist (A-t-B, B-t-A, A-t-C, C-t-A und A-t-A).

**E-Business** (elektronischer Geschäftsverkehr) geht über E-Commerce hinaus. Es handelt sich dabei um Konzepte und Komponenten, die helfen, mittels Informations- und Kommunikationstechnik den Ablauf von intra- und interorganisationalen Prozessen zur Leistungserstellung zu optimieren. E-Business steht allgemein für die elektronische Abwicklung von Geschäftsprozessen.

## D 18.3  Organisationsformen elektronischer Märkte

Elektronische Märkte auf Basis des Internet realisieren alle Kundenbeziehungen, dies hat einschneidende Folgen für die Beteiligten. Die Auflösung der traditionellen Wertschöpfungsketten kann für Unternehmen zunächst den Verzicht auf einzelne Stufen (Disintermediation) bedeuten, so ist es möglich, dass ein Direktverkauf an Kunden den bisherigen Zwischenhändler ausschaltet. Dies trifft besonders für digitale bzw. digitalisierbare Produkte zu. In Branchen, deren Tätigkeit eine Vermittlung darstellt, kann der bisherige Zwischenhandel selbst sein Geschäft auf das Internet verlagern. Darüber hinaus können neue Intermediäre, deren Dienstleistungen erst durch das Internet entstehen, hinzukommen (Reintermediation). Die erhöhte Markttransparenz führt dazu, dass der Preis eines Produktes zunächst immer häufiger in den Vordergrund gestellt wird. Dies ist jedoch nur auf den ersten Blick ein Vorteil, bei einem reinen Preis-Akzeptanz-Verhalten kann das zu hohen Ex-Post-(Folge-)Kosten führen. Daher wird es wesentlich wichtiger, Transparenz bei den Mehrwertleistungen zu schaffen, um so adäquate Preise rechtfertigen zu können. Ein weiterer Effekt, die dynamische Preisfindung, hat sich bereits durchgesetzt, Preise und Konditionen werden in Realtime angepasst (Börsen, Auktionen). Die Markteintrittsbarrieren für neue Anbieter und Nachfrager fallen auf ein sehr niedriges Niveau, da die Kosten zur Teilnahme an einem elektronischen Marktplatz zunächst einmal sehr gering sind.

In den letzten Jahren haben sich grundsätzlich drei unterschiedliche Typen von elektronischen Märkten herausgebildet, die sich zunächst auf Grund ihrer Anbieter- und Nachfrager-Situation unterscheiden lassen. Erstens die elektronische Einkaufsplattform, sie wird dadurch gekennzeichnet, dass einige Nachfrager vielen Anbietern gegenüber stehen. Zweitens der elektronische Marktplatz, ihn kennzeichnet, dass viele Nachfrager vielen Anbietern gegenüber stehen. Und drittens das elektronische Fachportal, das dadurch gekennzeichnet ist, dass viele Nachfrager einigen Anbietern gegenüber stehen. Wir werden im Folgenden noch weitere Merkmale herausarbeiten.

### D 18.3.1  Elektronische Einkaufsplattformen

Elektronische Einkaufsplattformen unterstützen den Einkauf bei der Beschaffung von Produkten mit dem primären Ziel der Kostensenkung, so wie Electronic-Procurement-Systeme (EPS) auch. EPS verbinden aber nur einen Nachfrager mit vielen Anbietern. Bei elektronischen Einkaufsplattformen haben sich jedoch einige Unternehmen als Nachfrager zusammengeschlossen und treten gemeinsam und als Organisator der Plattform mit den Anbietern in Kontakt. Unter anderem werden elektronische Ausschreibungen und Auktionen (derjenige bekommt den Zuschlag, der das gewünschte Produkt am preiswertesten anbietet) durch das System durchgeführt. Bei fortgeschrittenen Systemen ist die EDV aller beteiligten Anbieter angeschlossen, so dass direkt bei Auktionsende der Lieferant, der den Zuschlag erhielt, automatisch mit der Produktion beginnen kann. Auch können etwaige Änderungen direkt über das System abgewickelt werden. Die Vorteile einer elektronischen Einkaufsplattform liegen in einer höheren Reichweite, einer verbesserten Abwicklung, geringeren Transaktionskosten und einer effizienteren Kommunikation für alle Beteiligten.

## D 18.3.2  Elektronische Marktplätze

Elektronische Marktplätze können wohl als die älteste Form elektronischer Märkte bezeichnet werden. Die Idee, einen elektronischen Marktplatz in der „Regio Bodensee" zu etablieren, wurde bereits 1995 vorgestellt und wenig später mit der „Electronic Mall Bodensee (EMB)" realisiert (Lit. 08). Elektronische Marktplätze sind nach Kuhlen die Organisationsformen elektronischer Märkte „oder anders formuliert: die institutionellen konkreten Vermittlungsformen elektronischer Märkte" (Lit. 07, S. 51). Weiterhin charakterisiert elektronische Märkte, dass sie zum einen für die Öffentlichkeit zugänglich sind und sie zum anderen eine offene Palette an Dienstleistungen anbieten, sie also nicht auf ein spezielles Fachgebiet oder eine spezielle Anwendung beschränkt sind. Elektronische Marktplätze sollen aber nicht nur auf kommerzielle Interessen ausgerichtet sein, sondern im Sinne der Idee eines Forums auch Informationsbedürfnisse der allgemeinen Öffentlichkeit, z. B. bezüglich Verwaltung, Politik, Kultur, Bildung, Soziales etc. befriedigen (ebenda). Hier wird besonders der Aspekt der Öffentlichkeit im Sinne des Forums hervorgehoben, es hat sich aber in der Zwischenzeit durchgesetzt, einen elektronischen Marktplatz auch dann als solchen zu bezeichnen, wenn der Aspekt der Öffentlichkeit fehlt. Gerade im Business-to-Business-Bereich entstehen elektronische Marktplätze, die ganz bewusst geschlossen bleiben, also nur für autorisierte Personen oder Unternehmen offen sind. Ein elektronischer Marktplatz bringt viele Nachfrager auf einer neutralen Web-Site, die von einem Organisator betrieben wird, mit vielen Anbietern zusammen. Er erfüllt die klassischen ökonomischen Funktionen eines Markts, ohne dass die Teilnehmer physisch vertreten sind. Der Marktplatz bzw. Organisator übernimmt die Mittlerfunktion, er stellt eine einheitliche Bedienoberfläche (z. B. Suchsystem für ein Produkt über alle Anbieter hinweg) zur Verfügung, integriert Bestell- und Bezahlungssysteme, organisiert die Auslieferung der Waren und übernimmt den After-Sales-Service, ergänzend können Mehrwertdienste wie Bonitätsprüfung, Treuhänderfunktion, Zollabwicklung u.v.m. angeboten werden. Er unterstützt somit alle Transaktionsphasen. Es lassen sich verschiedene Entwicklungsstufen bzw. Funktionen von elektronischen Marktplätzen unterscheiden. Die unterste Stufe ist die reine Linksammlung oder virtuelles Branchenbuch, hier können sich Anbieter mit ihren Produkten kurz darstellen. Die nächste Stufe sind so genannte Schwarze Bretter, die analog zu Kleinanzeigen Anbietern und Nachfragern einzelner Produkte eine Präsentations- und dem Medium entsprechend eine Kontaktmöglichkeit bieten. In der nächst höheren Stufe der Electronic Mall werden Internet-Shops auf dem Marktplatz integriert. Entweder wird der Shop direkt auf dem Marktplatz betrieben, oder es wird eine definierte Schnittstelle zur Anbindung eines externen Shops an den Marktplatz zur Verfügung gestellt. So entsteht ein virtuelles Shopping- und Dienstleistungszentrum, in dem mehrere elektronische Einzelhandelsmärkte präsent sind, die möglichst unter einer einheitlichen Oberfläche und Bedienlogik zu erreichen sind. Weitere Formen von elektronischen Märkten sind zum einen elektronische Auktionen, hier können Anbieter Verkaufsauktionen ihrer Produkte durchführen, während Nachfrager ihren Bedarf ausschreiben können. Zum anderen gibt es noch elektronische Börsen, hier werden die Transaktionen der Teilnehmer in Realzeit abgewickelt.

## D 18.3.3  Elektronische Fachportale

Fachportale werden entweder von einem Großhändler oder von einem Zusammenschluss von Fachhändlern betrieben. Elektronische Fachportale bieten den Facheinzelhändlern nicht nur die Möglichkeit sich elektronisch zu präsentieren, sondern auch ein breites Spektrum an Dienstleistungen. Sie unterstützen ihre Geschäftskunden bei deren eigenen Geschäftstransaktionen wie z.B. beim Marketing, Vertrieb und Service. Fachportale decken den gesamten Bedarf ihrer Kunden ab. Dadurch wird der Facheinzelhandel in die Lage versetzt, die gleichen Dienstleistungen und Produkte wie ein Großhändler anzubieten. Die Kundenbeziehung bleibt beim Fachhändler vor Ort, aber die Internet-Shop-Lösung wird zentral vom Großhändler zur Verfügung gestellt und zwar so, dass der Fachhändler weiterhin individuell auftreten kann.

## D 18.4  Erlös- und Geschäftsmodelle

Das Internet stellt einen neuen Kommunikations- und Distributionskanal dar. Aufgrund eines Rückkanals ist eine zwei- oder mehrseitige Kommunikation möglich, die Verkäufern den Empfang von Kaufaufträgen ermöglicht. Damit wird das Internet zu einem Distributionskanal für alle digitalisierbaren Produkte und der Handel für alle sonst in der realen Welt angebotenen Produkte und Dienstleistungen möglich. Mit dem Auftritt im Internet kann ein Unternehmen prinzipiell zwei Ziele verfolgen. Zum einen können kommunikative Aspekte unterstützt werden, wie die Darstellung des Unternehmens oder der vom Unternehmen angebotenen Produkte. Zum anderen können mit Hilfe des Internet auch Produkte verkauft und entweder online oder offline distribuiert werden (Lit. 01, S. 11). Auf elektronischen Märkten gibt es mehrere Wege Erlöse zu erwirtschaften, grundsätzlich haben alle beteiligten Gruppen die Möglichkeit zum Erzielen von Gewinnen. Die Anbieter von Produkten können durch deren Verkauf ihre Erlöse erwirtschaften. Die Kunden haben den Vorteil, dass die Transaktionen schneller und für sie kontrollierter und preisgünstiger durchgeführt werden. Aus diesem Grund sind sie möglicherweise bereit, für ihre Teilnahme auf einem elektronischen Markt entsprechende Teilnahmegebühren oder Mitgliedsbeiträge zu entrichten. Die Betreiber elektronischer Märkte können ihre Investitionen für den Aufbau und den Betrieb durch eine prozentuale Beteiligung/Provision an dem Transaktionsvolumen zurück gewinnen. Dieser Gewinn wird, neben den Einnahmen aus der Werbung und Sponsorengeldern sowie den Einnahmen aus dem Aufbau und Verkauf von Zusatzdiensten ein wesentlicher Finanzierungsfaktor für elektronische Märkte sein (Lit. 07, S. 20). Die Betreiber elektronischer Märkte verfügen mit der Zeit über Interessenprofile ihrer Kunden, die wiederum an andere Unternehmen verkauft werden können. Nicht zuletzt besteht die Möglichkeit durch den Verkauf oder die Lizenzierung der selbst entwickelten Technologie zum Betrieb elektronischer Märkte Erlöse zu erhalten. Es besteht also die Möglichkeit für eine direkte oder indirekte und eine transaktionsabhängige oder -unabhängige Erlösgenerierung. Transaktionsabhängige und direkte Erlöse können Verbindungs- und Nutzungsgebühren oder die eigentlichen Transaktionserlöse sein. Transaktionsabhängig und indirekt sind Provisionen. Transaktionsunabhängig und direkt sind Einrichtungsgebühren oder Grundgebühren. Transaktionsunabhängig und indirekt sind Erlöse durch Sponsorengelder, Bannerwerbung oder den Verkauf von Interessenprofilen oder Lizenzen (Lit. 15, S. 215). Wenn man es genau nimmt, sind Erlöse durch Sponsorengelder, Werbeeinnahmen und den Verkauf von Interessenprofilen im gewissen Sinne doch transaktionsabhängig, denn nur eine Web-Site, die entsprechend viele Transaktionen nachweisen kann, wird Sponsoren- und Werbegelder erhalten, ebenso sind nur die Kundenprofile von solchen Web-Sites für einen Kauf durch Dritte interessant genug. Um erfolgreich zu sein braucht man also mindestens ein Produkt oder eine Dienstleistung, durch welche Transaktionen auf elektronischen Märkten generiert werden können. Zuvor muss jedoch ein geeignetes Geschäftsmodell entwickelt werden. Durch ein Geschäftsmodell wird in vereinfachter Form abgebildet, welche Ressourcen in die Unternehmung fließen und wie diese durch den innerbetrieblichen Leistungserstellungsprozess in vermarktungsfähige Informationen, Produkte und/oder Dienstleistungen transformiert werden (Lit. 15, S. 211).

Zu Beginn des E-Commerce hatte man versucht alle bereits in der realen Welt gehandelten Produkte auch über das Internet zu verkaufen. Man musste jedoch sehr schnell feststellen, dass eine eins-zu-eins-Übertragung des Handels nicht sinnvoll ist, da das Internet andere Eigenschaften besitzt als die reale Welt. Das Internet ist ein digitales Informations- und Kommunikationsmedium, dem entsprechend sollten die gehandelten Produkte und Dienstleistungen entweder digital oder digitalisierbar sein. Zur Zeit haben sich vier unterschiedliche Geschäftsmodelle (Content, Commerce, Context, Connection) herauskristallisiert. Das Geschäftsmodell **Content** besteht aus der Sammlung, Selektion, Systematisierung, Kompilierung und Bereitstellung von Inhalten auf einer eigenen Plattform. Ziel ist es, den Nutzern Inhalte einfach, bequem, visuell ansprechend aufbereitet und online zugänglich zu machen (Kompilierung, Darstellung, Bereitstellung). Das Geschäftsmodell **Commerce** umfasst die Unterstützung oder gar Substitution der traditionellen Phasen einer Transaktion durch das Internet. Das Geschäftsmodell **Context** ist erst durch die Internetökonomie entstanden und hat in den letzten Jahren dramatisch an Bedeutung gewonnen. Context-Anbieter zeichnen sich dadurch aus, dass sie nicht primär eigene Inhalte anbieten, sondern vielmehr als Navigationshilfen und zunehmend als Aggregatoren innerhalb des Internet agieren wie z.B. Suchmaschinen, Metasuchmaschinen und Kataloge. Das Geschäftsmodell **Connection** umfasst die Herstellung der Möglichkeit des Informationsaustausches in Netzwerken, also die Verbindung der Teilnehmer miteinander. Zum einen sind dies technische Verbindungen, wie sie von Zugangsprovidern hergestellt werden, und zum anderen die Verbindung der Community via Chats, Foren oder Mailing Services. Die Entwicklung geeigneter Erlös- und Geschäftsmodelle ist eine von vielen Überlegungen, die vom Management eines Unternehmens als Strategieentscheidung durchgeführt werden muss.

## D 18.5 Erfolgsfaktoren

Das Engagement im E-Commerce ist aus der Perspektive der Unternehmen durch zwei gegenläufige Entwicklungen geprägt. Einerseits werden in der Literatur immer wieder die Nutzenpotenziale (z.B. niedrige Kosten, neue Absatzmärkte) herausgestellt, aber auf der anderen Seite zeigt sich eine Ernüchterung, da die tatsächlich realisierten Erfolge bislang hinter den Erwartungen zurückbleiben. Gründe dafür sind unter anderem zu euphorisch beschriebene Entwicklungsprognosen, fehlende Strategien, fehlende Geschäftsmodelle, fehlende Wertschöpfungsketten-Integration und Implementierungsprobleme bei den einzelnen Unternehmen (Lit. 14, S. 21). Erfolge beschränken sich im Allgemeinen auf die Verbesserung des Firmenimages, das Anbieten neuer Dienstleistungen und das Herstellen einer höheren Kundenzufriedenheit. Die viel versprochenen Potenziale wie Erschließung neuer Märkte, Reduzierung von Marketing- und Transaktionskosten und besserer Kundenbindung haben nur wenige Unternehmen tatsächlich erreicht.

### D 18.5.1 E-Commerce-Strategie

Um erfolgreich auf elektronischen Märkten bestehen zu können, bedarf es der Einhaltung einiger Grundregeln. Der Grundstein für den späteren Erfolg wird bereits mit der richtigen Positionierung eines Unternehmens im E-Commerce gelegt und ist mehr als der bloße Aufbau einer Web-Site. Sie erfordert vielmehr die Neudefinition eines Geschäftsmodells. Erfolgreiche E-Commerce-Ansätze gründen auf einer klaren Strategie, die vom Management voll unterstützt wird. Unternehmen, die die Anstrengungen zur Erarbeitung einer E-Commerce-Strategie und Umsetzungskonzeption auf sich genommen haben, sind wesentlich erfolgreicher als Unternehmen, die ohne diese Konzepte in den E-Commerce gestartet sind. Für das zu erarbeitende Konzept müssen unter anderem folgende Analysen unter Berücksichtigung der Eigenschaften elektronischer Märkte durchgeführt werden: Analyse der Kundenbedürfnisse, Analyse der bestehenden Konkurrenten, Analyse potenzieller Konkurrenten, Analyse des Geschäftsmodells, Analyse der Beziehungen zu den Lieferanten und Analyse neuer Technologien und Substitutionsprodukte. Etablierte Unternehmen müssen im Gegensatz zu Start-ups hinnehmen, dass sie sich mit ihrem Engagement im E-Commerce wahrscheinlich selbst Konkurrenz machen. Es ist daher oft sinnvoll eine separate Organisation aufzubauen, die sich ausschließlich mit dem E-Commerce beschäftigt und als selbständige Einheit agiert. Ein weiteres Argument für diese Vorgehensweise ist die höhere Flexibilität, die ein solches Unternehmen gegenüber dem alt eingesessenen besitzen würde.

### D 18.5.2 Strategische Partnerschaften

Ein elektronischer Markt ist bedingt durch die Globalität ein sehr großer Markt und für ein Unternehmen alleine nicht mehr zu bearbeiten. Deshalb ist es notwendig geeignete strategische Partnerschaften einzugehen, um sich selbst auf das Kerngeschäft zu konzentrieren. Es sollen dabei aber nur solche Partnerschaften eingegangen werden, die wesentlichen Einfluss auf den eigenen Geschäftserfolg haben. Es gilt also Partner für die Generierung von Mehrwerten zu gewinnen. Mehrwerte für den Konsumenten bieten beispielsweise das Anbieten komplementärer Produkte auf der unternehmenseigenen Web-Site (Cross-Selling) oder eine schnelle und zuverlässige Zustellung oder Bonusprogramme (z.B. Web-Miles) oder Informationsdienstleistungen rund um das Produkt. Zu beachten ist dabei, dass eine Abgrenzung zu den Wettbewerbern (Differenzierung) durch Einzigartigkeit in Bezug auf Qualität, innovative Angebote und Individualisierung der Kundenbeziehungen erreicht wird. Die Individualisierung von Produkten und Dienstleistungen, die von der Informationsphase bis zur After-Sales-Phase genau auf die Bedürfnisse des Kunden zugeschnitten sind, ist sicherlich ein weiterer Erfolgsfaktor im E-Commerce. Dies kann bis zum, auf der Auswertung des Kundenprofils basierenden, entsprechend gestalteten virtuellen Verkaufsraum gehen. Allerdings ist ein solches Konzept zur Integration von Kunden und Partnern in die Prozesse der Leistungserstellung sehr komplex und anspruchsvoll, der Anbieter muss über das entsprechende Know-how verfügen. Falsche oder gar übertriebene Individualisierung kann sehr schnell dazu führen, dass der Kunde zu einem anderen Anbieter wechselt. Die am weitesten verbreitete Individualisierung stellt das One-to-One-Marketing dar, das die Möglichkeit bietet, Kunden in einem Massenmarkt gezielt anzusprechen und mit Angeboten zu werben, die auf deren individuellen Wünsche und Bedürfnisse zugeschnitten sind. Auch hier ist zu beachten, dass nicht angeforderte oder falsch individualisierte Werbung den Kunden eher abschreckt. Durch die elektronische Erhebung und entsprechende Aufbereitung der individuellen Kundenbedürfnisse besitzt das Unternehmen ein Instrument, mit dessen Hilfe zukünftige Produkt- und Dienstleistungsentwicklungen an die Wünsche der Kunden besser und schneller angepasst werden können.

### D 18.5.3 E-Branding

Die Globalität eines elektronischen Marktes hat weiter zur Folge, dass es sehr schwierig ist von potenziellen Kunden gefunden zu werden, einen entscheidenden Vorteil haben hierbei Unternehmen, die eine bekannte Marke (im positiven Sinne) haben. Die Marke wird durch ihre Signalfunktion, ihre Steuerung des emotionalen Kauferlebnisses und ihre Sicherheitsgarantie in der virtuellen Welt zu einem entscheidenden Wettbewerbsfaktor. Für Besitzer einer etablierten Marke stellt sich die Frage, ob sie die Marke auf den elektronischen Markt übertragen können, oder ob es besser ist eine neue Marke, die auf die Bedingungen des elektronischen Marktes angepasst ist, zu etablieren (E-Branding). Der Erfolg einiger Newcomer scheint dafür zu sprechen (Amazon, Ebay, Yahoo!). Dabei wird jedoch übersehen, dass die Marke auf traditionelle Weise in traditionellen Medien teuer erkauft wurde. Der Aufwand, eine Marke in elektronischen Märkten zu etablieren, lohnt sich nur, wenn man gleichzeitig die Marktführerschaft erhalten kann. Für nachfolgende Unternehmen wird der hohe Aufwand in vielen Fällen nicht zu rechtfertigen sein. Aber auch etablierte Marken können erfolgreich auf elektronische Märkte übertragen werden und stellen damit ebenfalls einen Wettbewerbsvorteil dar. Oftmals wird eine duale Strategie eingeschlagen, indem auf elektronischen Märkten der etablierten Marke der Zusatz „e-" oder „-online" (z.B. e-sixt, o2-online) angehängt wird, um damit eine Differenzierung zu kennzeichnen. Welche Strategie die richtige ist, muss von Fall zu Fall geprüft werden und hängt von den Zielen, die ein Unternehmen auf dem elektronischen Markt verfolgt, ab.

### D 18.5.4 Vertrauens-Management

Die Anonymität, die ein Unternehmen auf elektronischen Märkten besitzt, wenn es nicht gerade eine bekannte Marke hat, stellt sich als ein entscheidendes Hindernis für den Online-Kauf dar. Der Kunde steht einem unbekannten Unternehmen häufig mit Skepsis und Misstrauen, was die angebotenen Leistungen und deren Qualität betrifft, gegenüber. Viele Menschen empfinden eine gewisse Unsicherheit und befürchten, bei einem Online-Kauf Risiken einzugehen, die persönliche Verluste nach sich ziehen könnten. Zur Reduzierung wahrgenommener Risiken im E-Commerce werden vielfach technische Sicherheitskonzepte eingesetzt. Hierbei stehen vor allem kryptografische Konzepte zum Erreichen von Vertraulichkeit, Integrität, Authentizität und Verbindlichkeit (siehe hierzu Kap. D 19) im Vordergrund. Ebenso werden oft auch vertragliche Absicherungen (Geld-zurück-Garantien oder Schadensübernahmeversicherungen) angeboten. Allerdings können diese Maßnahmen das wahrgenommene Risiko des Konsumenten in der Regel nie vollkommen ausräumen. Zur Überbrückung der Risiken, die trotz der erwähnten Maßnahmen bestehen, gilt das Vertrauen als ein besonders wirkungsvoller Mechanismus. Beim Vertrauen handelt es sich um die Reduktion des wahrgenommenen Risikos, welchem nicht durch explizite Verträge und Kontrollmaßnahmen vorgebeugt werden kann. Vertrauen spielt in Situationen, die von Konsumenten als riskant wahrgenommen werden, eine entscheidende Rolle. Die Bedeutung von Vertrauen für den Erfolg im E-Commerce ist in der Zwischenzeit unumstritten (Lit. 04). Vertrauen drückt sich im E-Commerce durch die Bereitschaft eines Konsumenten aus, sich auf einen Anbieter von Leistungen in einer Kaufsituation zu verlassen, obwohl das Eintreten negativer Konsequenzen möglich ist. Der Bereitschaft zugrunde liegen die vertrauensvollen Meinungen und Einstellungen des Konsumenten zum Anbieter, der eigenen Person sowie zum System des Internet als Einkaufsumgebung (Lit. 05, S. 82). Vertrauen gegenüber den Kunden zu entwickeln ist die Aufgabe des Vertrauens-Managements. Vertrauen ist nicht statisch, sondern entwickelt sich aufgrund von Erfahrung und Interaktion. Zunächst geht es darum sich (Anbieter und Nachfrager) kennen zu lernen bzw. bekannt zu machen. Dies kann geschehen, indem das Unternehmen E-Branding betreibt oder indem der Kunde Informationen über das Unternehmen von Dritten erhält. Danach geht es dem Kunden darum, sich über die Verlässlichkeit und das Verhalten des Unternehmens bei einem Online-Kauf zu informieren, auch hierbei kann das Unternehmen selbst oder Dritte die benötigten Informationen zur Verfügung stellen. Gibt es keine verlässlichen Informationen, so muss der Kunde zunächst seine eigenen Erfahrungen mit diesem Unternehmen machen. Besitzt das Unternehmen eine entsprechend gute Reputation, so kann der Kunde gleich auf diese zurück greifen. Darum sollte es das Ziel eines jeden E-Commerce-Unternehmens sein sich eine zum Online-Medium passende Reputation aufzubauen. Reputation ist der gute Ruf, er stellt die öffentliche Wahrnehmung Dritter über die Vertrauenswürdigkeit eines Akteurs dar. Der Reputation kommt insbesondere in solchen Situationen eine herausragende Rolle zu, in denen ein großer Informationsunterschied zwischen den Transaktionspartnern vorliegt. Diese Informationsasymmetrien führen zu einer verstärkten Unsicherheit auf Seiten des Vertrauensgebers, die es gilt abzubauen. Die Reputation, die ein Anbieter bei Dritten genießt, ist eine wichtige Information, auf Basis derer eine Person schließen kann, wie wahrscheinlich der Eintritt negativer Konsequenzen ist (Lit. 05, S. 105). Man kann die Vertrauensproblematik somit auf folgenden Nenner bringen: Mangelndes Vertrauen wird durch Information kompensiert.

### D 18.5.5 Differenziertes Preismanagement

Die zunehmende Markttransparenz auf elektronischen Märkten führt dazu, dass das Preismanagement im E-Commerce an Bedeutung gewinnt. Entgegen der weitläufigen Meinung, dass die Kunden im Internet alles billiger oder gar kostenlos erhalten wollen, haben einige Unternehmen gezeigt, dass mit einem dem Medium angepassten Preismanagement der Kunde sehr wohl bereit ist für Produkte und Dienstleistungen zu zahlen. So wurde dem Online-Auktionshaus Ebay prophezeit, dass die Einführung von Transaktionsgebühren zum Untergang des Unternehmens führen würde, aber das Gegenteil war der Fall. Die Einführung von Gebühren hat dazu geführt, dass die Ersteigerer eine höhere Sicherheit gegenüber den Produktanbietern erhalten. Denn jetzt (so kann man davon ausgehen) bieten nur Kunden ihre Produkte zum Kauf an, die ein ernsthaftes Interesse an dem Verkauf ihrer Waren haben, da sie bereits vorab eine entsprechende Transaktionsgebühr bezahlt haben. Ein differenziertes Preismanagement, das einen Value-Based-Price-Ansatz schafft, ist somit unabdingbar auf elektronischen Märkten. Differenzierungsmöglichkeiten für die Preisgestaltung kann zum einen der Leistungsumfang sein, eine Grundleistung ist durchaus kostenlos, für Mehrwertleistungen werden entsprechenden Preise angesetzt. Nicht nur der Umfang, auch die Qualität einer Leistung bietet sich zur Preisgestaltung an. Des Weiteren kann der Zeitaspekt bzw. die Aktualität oder die Regionalität einer Leistung zur Preisdifferenzierung herangezogen werden. Denkbar wären aber auch individuelle elektronische Verhandlungslösungen wie Auktionen oder Börsen, bei denen der Käufer seine Preisvorstellung für ein bestimmtes Produkt bekannt gibt. Ist der Verkäufer zu einem entsprechenden Verkaufspreis bereit, kommt die Transaktion zu Stande. Wichtig bei allen Systemen ist jedoch, dass die Preisgestaltung für den Kunden nachvollziehbar und transparent ist.

### D 18.5.6 Virtual Communities

Elektronische Märkte liefern die Mittel, Kunden untereinander zu vernetzen. Ziel eines Unternehmens sollte es sein, eine funktionierende virtuelle Gemeinschaft (Community) um die eigene Marke aufzubauen, um dadurch weitere Mehrwerte zu aktivieren. Eine virtuelle Gemeinschaft ist ein Zusammenschluss von Menschen mit gemeinsamen Interessen, die untereinander mit gewisser Regelmäßigkeit und Verbindlichkeit auf computervermitteltem Wege Informationen austauschen (damit Wissen gemeinsam aufbauen) und Kontakte knüpfen (Lit. 03). Communities sind eine wirkungsvolle Strategieoption zur Steigerung der Kundenbindung und zur Bündelung von Kaufkraft. Darum werden immer mehr Online-Communities unter kommerziellen Gesichtspunkten gezielt aufgebaut. Allerdings gilt, dass mit der Bereitstellung einer technischen Plattform allein noch keine soziale Community entsteht, es muss vielmehr das Community Building aktiv betrieben werden. Instrumente dafür sind Mitglieder-Anwerbung, Auswahl der Themen, Aufspüren des Erweiterungsbedarfs einzelner Angebote, Identifikation unbeliebter Angebote und deren Abschaltung, Förderung der Kommunikation der Kunden untereinander und Vieles mehr. Online-Communities lohnen sich in mehrfacher Hinsicht für das Unternehmen. Zum einen wird durch die Interaktion mit dem Kunden und zwischen den Kunden eine höhere Kundenbindung erzielt. Zum anderen kann die Auswertung der Community-Beiträge zur Produkt- und

Dienstleistungsentwicklung herangezogen werden, und nicht zuletzt bietet sich die zusätzliche (wohl dosierte) Vermarktbarkeit der bereits segmentierten Community an.

### D 18.5.7 Strategischer IuK-Einsatz

Der richtige Einsatz der erforderlichen IT-Infrastruktur sowie die notwendigen Investitionen sind weitere Bestandteile, die in den E-Commerce-Strategieüberlegungen zu berücksichtigen sind. Die Frage nach der Integration mit bestehenden Systemen hängt von der Frage der organisatorischen Einbindung des elektronischen Marktes in das Unternehmen ab. Unabhängig davon muss die Umsetzung modular und skalierbar erfolgen, nur so wird gewährleistet, dass die IT-Infrastruktur an die zukünftige Marktentwicklung angepasst werden kann. Weiterhin muss die Frage geklärt werden, ob das eigene Unternehmen zur Realisierung genügend Know-how besitzt oder ob die Realisierung besser durch externe Fachunternehmen durchgeführt wird.

Die Liste der hier genannten Erfolgsfaktoren ist sicherlich noch erweiterbar und wird von Fall zu Fall auch unterschiedliche Prioritäten aufzeigen. Dennoch muss nochmals hervorgehoben werden, dass die Entscheidung, ob und wie ein Unternehmen auf elektronischen Märkten agieren soll, eine strategisch wichtige Entscheidung des Top-Managements ist. Nur wenn das uneingeschränkte Bekenntnis zum E-Commerce besteht, sollte man diesen Schritt wagen. Halbherzige und mit mangelnden Ressourcen ausgestattete Aktionen sind zum Scheitern verurteilt. Aber auch Unternehmen, die eine wohlüberlegte Strategie besitzen, sollten sich auf eine längerfristige Auf- und Ausbauphase einstellen.

### Literatur

01 Albers, Sönke; Clement, Michel; Peters, Kay; Skiera, Bernd: Warum ins Internet? In: Albers, Sönke; Clement, Michel; Peters, Kay; Skiera, Bernd (Hg.): eCommerce. Einstieg, Strategie und Umsetzung im Unternehmen. 2., überarb. und erw. Aufl. Frankfurt am Main: FAZ-Inst. für Management-, Markt- und Medieninformationen 2000, 272 S.

02 Clement, Michel; Peters, Kay; Preiss, Friedrich J.: Electronic Commerce. In: Albers, Sönke; Clement, Michel; Peters, Kay (Hg.): Marketing mit interaktiven Medien: Strategien zum Markterfolg. 2., erw. Aufl. Frankfurt am Main: FAZ-Inst. für Management-, Markt- und Medieninformationen 1999, 380 S.

03 Nicola Döring: Virtuelle Gemeinschaften als Lerngemeinschaften!? Zwischen Utopie und Dystopie. http://www.die-frankfurt.de/Zeitschrift/32001/positionen4.htm, 19.08.2003

04 Eggs, Holger: Vertrauen im E-Commerce. Herausforderungen und Lösungsansätze. Wiesbaden: Deutscher Universitäts-Verlag, 2001

05 Einwiller, Sabine: Vertrauen durch Reputation im elektronischen Handel. Bamberg: Difo-Druck GmbH, 2003, 292 S.

06 Hermanns, Arnold; Sauter, Michael: Electronic Commerce: Grundlagen, Potentiale, Marktteilnehmer und Transaktionen. In: Hermanns, Arnold; Sauter, Michael (Hg.): Management-Handbuch Electronic Commerce. München: Vahlen, 1999, S. 3-29

07 Kuhlen, Rainer: Zur Virtualisierung von Regionen durch elektronische Marktplätze. Bericht der Informationswissenschaft 79-96. Konstanz: Universität Konstanz, 1996

08 Kuhlen, Rainer: Regionale elektronische Märkte für Wirtschaft und Infrastruktur am Beispiel der Electronic Mall Bodensee. In: Perspektiven multimedialer Kommunikation. Glowalla, U.; Schoop, E. (Hg.). Berlin et al.: Springer, 1996, S. 333-341

09 Malone, Thomas W.; Yates, Joanne; Benjamin, Robert I.: Electronic Markets and Electronic Hierarchies. In: Communications of the ACM Vol. 30, No. 6, 1987

10 Perales, Narciso Dominique: Exchange Costs as Determinants of Electronic Markets Bearings. In: Elektronische Märkte. Vol. 8, No. 1, 1998, S. 3-6

11 Picot, Arnold; Reichwald, Ralf; Wigand, Rolf T.: Die Grenzenlose Unternehmung: Information, Organisation und Management. 3., überarb. Aufl. Wiesbaden: Gabler, 1998, 565 S.

12 Schmid, Beat: Elektronische Märkte. In: Wirtschaftsinformatik. Nr. 5, 1993, S. 465-480

13 Semar, Wolfgang: Eine empirische Studie über die Auswirkungen elektronischer Märkte für eine Region: am Beispiel der Stadt Pfullendorf. Hochschulschrift: Konstanz, Univ., Diss., 2001

14 Strauss, Ralf; Schoder, Detlef: eReality: Das e-business-Bausteinkonzept. Strategien und Erfolgsfaktoren für das e-business-Management. Frankfurt am Main: FAZ-Inst. für Management-, Markt- und Medieninformationen 2002, 309 S.

15 Wirtz, Bernd W.: Electronic Business. 2. Aufl. Wiesbaden: Gabler, 2001, 679 S.

# D 19 Kryptografie

Wolfgang Semar

## D 19.1 Grundlagen

Kryptografie ist die Lehre von der Verschlüsselung von Daten und den Techniken, die zur Realisierung derselben verwendet werden (Lit. 01, S. 5). Sie hat längst die Grauzone der Spionage und des Militärbereichs überschritten und ist als Schlüsseltechnik für die Absicherung weltweiter Computernetze von zentraler Bedeutung. Die Art und vor allem die Menge der Daten, die schützenswert sind, haben sich mit der Verbreitung elektronischer Datenverarbeitung deutlich gewandelt. Es werden nicht nur im Berufs-, sondern auch zunehmend im Privatleben Informationen vor unberechtigtem Zugriff und vor Manipulation geschützt. Verschlüsselungsverfahren kommen im Rahmen der Datenübertragung, besonders in offenen Netzen wie dem Internet, eine besondere Bedeutung zu. Die Kryptografie soll die Vertraulichkeit von Daten ermöglichen. Schließlich hat jede Person und jede Organisation ein legitimes Interesse an dem Schutz ihrer Daten vor Ausspähung. Neben dem offensichtlichen Zweck der Geheimhaltung muss die Kryptografie weitere, grundlegende Kriterien erfüllen wie die Integrität, die Authentizität und die Verbindlichkeit beim Austausch von empfindlichen Daten. Diese vier Kriterien müssen erfüllt sein, wenn eine optimale Datensicherheit gewährleistet sein soll. Für jedes Kriterium gibt es eigene Lösungsmöglichkeiten, die Kunst liegt darin, mit einem Verschlüsselungssystem möglichst alle vier Kriterien gleichzeitig zu erfüllen. Ein weiteres Ziel kann in manchen Situationen Anonymität sein, z. B. beim elektronischen Geld. Darunter wird die Vertraulichkeit nicht des Nachrichteninhalts, sondern sogar des vollständigen Kommunikationsvorgangs als solchem verstanden. Genau genommen muss zwischen der Kryptografie, die sich mit der Verschlüsselung von Daten beschäftigt, und der Kryptoanalyse, die sich mit derer Entschlüsselung beschäftigt, unterschieden werden. Der Oberbegriff für beide Disziplinen ist Kryptologie (Lit. 05, S. 1).

### D 19.1.1 Vertraulichkeit

Das klassische Problem beim Austausch von Daten und Nachrichten ist die Vertraulichkeit (Privatheit bzw. Geheimhaltung). Der Inhalt soll nur autorisierten Personen zugänglich gemacht und vor anderen verborgen werden. Es stellt sich also die Frage: Wie kann Alice eine Mitteilung an Bob senden, ohne dass Mallory sie lesen kann? In diesem Fall kommt es nur darauf an, dass der Inhalt einer Nachricht vor Dritten geschützt ist. (In der Literatur werden fiktive Personen zum besseren Verständnis der Situation eingesetzt. Die beiden eigentlichen Partner werden als Alice und Bob bezeichnet. Mallory ist die Figur des Bösen, die den Schriftverkehr belauscht.) Dies lässt sich durch die Verfahren der Kryptografie realisieren. Ein Klartext wird in eine verschlüsselte Form, den Geheimtext, überführt, somit kann eine fremde Person den ursprünglichen Text nicht mehr erkennen. Der Verschlüsselungsvorgang wird als Chiffrieren, der Entschlüsselungsvorgang als Dechiffrieren bezeichnet (Lit. 06, S. 19).

### D 19.1.2 Integrität

Unabhängig davon, ob eine Nachricht geheim bleiben soll oder nicht, haben normalerweise der Absender und der Empfänger ein großes Interesse daran, dass sie unverändert ankommt. Es stellt sich hier die Frage: Wie kann Bob eine Nachricht von Alice erhalten, so dass er sicher sein kann, dass sie nicht von Mallory verändert wurde? Ein weiterer Unsicherheitsfaktor ist also die Integrität (Unversehrtheit) der ausgetauschten Daten. Um dies sicherzustellen kann der Text mit einer Art elektronischem Fingerabdruck versehen werden (Lit. 06, S. 22).

### D 19.1.3 Authentizität

Die Authentifikation stellt sicher, dass eine Nachricht auch wirklich von dem Absender stammt, der vorgibt, der Absender zu sein. Die Frage: Wie kann Bob sicher sein, dass die Nachricht wirklich von Alice stammt und nicht etwa von Mallory frei erfunden wurde? ist somit die Frage nach der Authentizität, der Echtheit der Nachricht. Erst der sichere Beweis, dass eine Person auch wirklich die ist, die sie vorgibt zu sein, führt beispielsweise beim E-Commerce zu befriedigenden Geschäftsabschlüssen. Um dies sicherzustellen werden Verschlüsselungsverfahren als auch Fingerabdrucksverfahren mit Unterschriftsfunktion (siehe D 19.3.2) verwendet (Lit. 06, S. 24). Die Wichtigkeit der Authentizität für den elektronischen Geschäftsverkehr zeigt sich im Gesetz zur Regelung der Rahmenbedingungen für Informations- und Kommunikationsdienste (Informations- und Kommunikationsdienste-Gesetz, IuKDG) vom 22. Juli 1997 (http://www.iid.de/rahmen/iukdg.html), das in Art. 3 das Gesetz zur digitalen Signatur (Signaturgesetz, SigG) enthält. Dieses hat zum Zweck, „Rahmenbedingungen für digitale Signaturen zu schaffen, unter denen diese als sicher gelten und Fälschungen digitaler Signaturen oder Verfälschungen von signierten Daten zuverlässig festgestellt werden können" (§ 1 Abs. 1 SigG). Das SigG ist nach Art. 11 IuKDG am 1. August 1997 in Kraft getreten.

### D 19.1.4 Verbindlichkeit

Sie soll sicherstellen, dass der Absender einer Nachricht später nicht leugnen kann, dass diese, zum Beispiel eine Bestellung, tatsächlich von ihm stammt. Es wäre durchaus denkbar, dass Alice (fälschlicherweise) nachträglich behauptet, die Nachricht stamme nicht von ihr (Lit. 06, S. 25). Bob hat somit ein Interesse daran sicherzustellen, dass Alice nicht leugnen kann diese Nachricht (so) gesendet zu haben. Die Verbindlichkeit stellt somit die Beweisbarkeit des Ursprungs einer Nachricht sicher. Dazu gehört neben der beschriebenen Authentifizierung auch die sorgfältige Schlüsselgenerierung, die gewährleistet, dass keine andere Person geheime Schlüssel kennen kann. Hinzu kommen Zertifikate, die eine vertrauenswürdige Stelle ausgestellt hat und die untrennbar mit der Identität des Besitzers verbunden sind (siehe D 19.4). Erst diese Verbindlichkeit sichert einen gelungenen Geschäftsabschluss.

### D 19.2 Verfahren zur Gewährleistung von Vertraulichkeit

Mit Hilfe so genannter Konzelationssysteme (lat. celare: verbergen, verheimlichen) lassen sich Nachrichten oder Daten vor unbekannten Mitlesern absichern. Die Auswahl geeigneter kryptografischer Verfahren hängt dabei von der Notwendigkeit ab, die Daten vor dem Zugriff Dritter zu schützen. Der Illusion, dass das verwendete Verschlüsselungsverfahren nicht knackbar ist, sollte man sich allerdings nicht hingeben. Aus der Tatsache, dass stets die Möglichkeit besteht, dass der verwendete Verschlüsselungsalgorithmus einem Dritten bekannt ist (Shannons Maxime), folgt eine weitere Grundregel der Kryptografie, die sogenannte Kerckhoffs Maxime. Die Sicherheit eines kryptografischen Verfahrens beruht nicht auf der Geheimhaltung des verwendeten Algorithmus sondern alleine auf der Geheimhaltung des Schlüssels, der zum Dechiffrieren benötigt wird (Lit. 05, S. 8). Aus ihr folgt, dass ohne Kenntnis des Schlüssels kein Rückschluss vom Geheimtext auf den Klartext möglich ist, selbst bei Bekanntsein des verwendeten Verschlüsselungsalgorithmus.

Die berühmteste Verschlüsselung überhaupt dürfte die von Gaius Julius Caesar sein. Er verschob jeden der 20 Buchstaben des lateinischen Alphabets um drei Stellen nach rechts. Da diese zyklische Vertauschung mathematisch wie eine Addition von 3 (mit den Sonderregeln 18+3=1, 19+3=2, 20+3=3) funktioniert, nennt man das Verfahren auch Caesar-Addition. Die heute älteste bekannte Verschlüsselung stellt jedoch die Skytale von Sparta (5. Jhdt. v. Chr.) dar. Ein Holzstab wurde mit einem schmalen Band aus Pergament spiralförmig umwickelt, der dann der Länge nach mit einer Nachricht beschrieben wurde. Den Text auf dem abgewickelten Pergamentstreifen sollten nur die Generäle lesen können, die über Stäbe vom gleichen Durchmesser verfügten (Lit. 02, S. 3). Im 16. Jhdt. entwickelte Blaise de Vigenère die Caesar-Methode weiter, indem er den Verschiebungsbetrag fortlaufend änderte, es wird somit eine Folge von Zahlen als Schlüssel, z.B. 12, 1, 19, 6, 2 auf den Klartext angewendet. Der erste Buchstabe wird um 12 Zeichen, der zweite um 1 Zeichen usw. verschoben. Nach dem Ende der Folge wird wieder von vorne angefangen. Man könnte sich den Schlüssel auch als Sequenz von Buchstaben (hier NBUGC; A wird um 12 Stellen auf N verschoben, usw.) vorstellen. Das Vigenère-Verfahren machen sich die so genannten Rotormaschinen wie die Enigma zu Eigen. Sie bestehen aus mehreren hintereinander liegenden drehbaren Scheiben. Jede dieser Scheiben weist vorne und hinten 26 Kontaktflächen auf, für jeden Buchstaben des Alphabets eine. Die Scheiben sind fest verdrahtet. Dies führt zu einer Permutation des Alphabets und somit zu einer einfachen Ersetzung von Buchstaben. Bereits bei drei Rotoren sind Schlüsselwörter mit einer Periodenlänge von $26^3 = 17.576$ Zeichen möglich. Der Schlüssel besteht in der Angabe, welcher Rotor in welcher Reihenfolge einzusetzen ist und wie ihre jeweilige Anfangsstellung aussieht. Die

Enigma bestand aus einer Kombination von bis zu acht austauschbaren Rotoren, die nach jedem Zeichen jeweils um einen anderen Betrag weitergeschaltet wurden. Zusätzlich besaß sie einen Reflektor, der dafür sorgte, dass jedes Zeichen zweimal in unterschiedlicher Richtung das Gerät durchlief, hinzu kam ein weiterer paarweiser Austausch von Zeichen, der je einmal am Anfang und am Ende der Operation durchgeführt wurde. Zum Schlüssel gehörte hier auch die Angabe, wie die Zeichenersetzung vorzunehmen war. Ist der Schlüssel genauso lang wie der zu chiffrierende Text, handelt es sich um das One-Time-Pad (Einmalblock)-Verfahren. Dies ist auch das einzige Verfahren, dessen Sicherheit bewiesen wurde. Natürlich muss bei diesem Verfahren jedes Mal ein neuer Schlüssel verwendet werden (Lit. 02, S. 51).

Die meisten aktuellen Verschlüsselungsverfahren arbeiten mit einem weiteren Trick. In jedem Verschlüsselungsschritt werden nicht Zeichen für Zeichen, sondern ein längerer Klartextblock verarbeitet und durch den Geheimtextblock ersetzt, wobei jedes Klartextzeichen eines Blocks das gesamte Ergebnis beeinflusst (Lit. 06, S. 42). Dadurch werden Regelmäßigkeiten im Klartext über mehrere Zeichen hinweg verteilt (Diffusion). Ein Chiffrierungsschritt muss dabei so beschaffen sein, dass zwei Klartextblöcke, die sich nur in einem Zeichen unterscheiden, zu völlig unterschiedlichen Geheimtextblöcken führen. Diese Verfahren werden Blockverschlüsselungen genannt. Heutzutage werden Methoden mit mindestens 8 Byte, also 64 Bit, verwendet. Bei vielen Verfahren wird der Eingabeblock zu Anfang einer jeden Runde in zwei Hälften (R und L) zerlegt. Die Operationen (Kombination von Addition, Multiplikation, exklusives oder (XOR) und Vertauschungen) werden nur auf den R-Teil angewendet, ihr Ergebnis wird durch XOR mit L verknüpft und bildet die rechte Hälfte des Rundenergebnisses, während die linke Hälfte von dem unveränderten R gebildet wird. So wird für eine Hälfte des Blocks mit der anderen Hälfte Konfusion erzeugt, während die andere Hälfte unverändert bleibt. Diese wird in der jeweils folgenden Runde dem Konfusionsverfahren unterworfen. In jede einzelne Runde gehen Teile des Schlüssels ein. Verfahren mit dieser Methode werden als Feistel-Netzwerke bezeichnet. Die Dechiffrierung gestaltet sich bei Kenntnis des Schlüssels einfach, denn sie läuft in umgekehrter Reihenfolge die Inversen der elementaren Operationen durch und liefert als Ergebnis den Klartext.

### D 19.2.1 Symmetrische Verschlüsselung

Symmetrische Kryptografie ist gleichsam die Grundform der Verschlüsselung. Sender und Empfänger haben sich dabei auf einen Schlüssel geeinigt (Secret Key) oder der Dechiffrierschlüssel lässt sich aus dem Chiffrierschlüssel berechnen und umgekehrt (Lit. 01, S. 154). Symmetrische Verschlüsselungsverfahren werden auch als Secret-Key-Verfahren bezeichnet.

#### D 19.2.1.1 DES und seine Varianten

Das bekannteste und am weitesten verbreitete symmetrische Verschlüsselungsverfahren ist der Data Encryption Standard (DES). Es wurde 1976 in den Vereinigten Staaten als Bundesstandard anerkannt, es benutzt eine Blocklänge von 64 sowie Schlüssellänge von 56 Bit und wird 16-mal durchlaufen. Er wird unter anderem bei der Abwicklung von Bargeldauszahlungen mit einer eurocheque-Karte verwendet. DES ist auf Standardrechnern in Wochen bis Monaten zu knacken. Anfang 1999 war es möglich, durch die Nutzung der Leerlaufzeit vieler per Internet verbundener Computer, eine durch DES verschlüsselte Nachricht innerhalb von 23 Stunden zu dechiffrieren. Erreicht wurde dies einfach durch das Ausprobieren aller möglichen Schlüssel (Brute-Force-Attack). Spezialrechner brauchen für die gleiche Aufgabe nur einen Bruchteil dieser Zeit. Eine auch heute noch sichere Variante von DES ist Triple-DES, die dreimalige, hintereinander geschaltete Anwendung von DES. Die Schlüssellänge steigt dadurch auf 168 Bit (etwa $3{,}74 \times 10^{50}$ mögliche Schlüssel). Derzeit läuft eine Ausschreibung des NIST (National Institute of Standards and Technology) für den Advanced Encryption Standard (AES), den Nachfolger von DES. Bei AES soll es sich um eine frei verfügbare symmetrische 128-Bit-Blockchiffre mit Schlüssellängen von 128, 192 und 256 Bit handeln, die schneller als Triple-DES arbeitet. Der IDEA (International Data Encryption Algorithm) wurde 1990 an der Eidgenössischen Technischen Hochschule in Zürich entwickelt, er hat eine Blocklänge von 64 Bit, eine Schlüssellänge von 128 Bit und wird 8 mal durchlaufen. IDEA ist besonders in Software effizient umzusetzen, da alle Rechenvorgänge in 16-Bit-Register durchgeführt werden. Ein weiterer Vorteil von IDEA ist, dass bei einer Schlüssellänge von 128 Bit Brute-Force-Attacken nicht mehr durchführbar sind (Lit. 06, S. 56). Als AES-Nachfolger ist der Algorithmus allerdings nicht geeignet, zudem ist IDEA noch bis 2011 patentrechtlich geschützt. Einen guten Kompromiss zwischen Sicherheit und Verfügbarkeit stellt der Blowfish-Algorithmus von Bruce Schneier da. Die Blocklänge beträgt 64 Bit, die Schlüssellänge kann bis zu 448 Bit beliebig gewählt werden und der Algorithmus wird 16-mal durchlaufen.

### D 19.2.2 Asymmetrische Verschlüsselung

Bei der symmetrischen Verschlüsselung besteht immer die Notwendigkeit den zu verwendenden Schlüssel über einen sicheren Kanal auszutauschen. Mitte der Siebziger Jahre veröffentlichten Whitfield Difflie und Martin Hellman sowie unabhängig von ihnen Ralph Merkle ein Verfahren, das dieses Problem löst, indem zum Chiffrieren ein anderer Schlüssel als zum Dechiffrieren verwendet wird (asymmetrisches Verfahren). Zusätzlich sollte es nicht möglich sein aus der Kenntnis eines Schlüssels den anderen abzuleiten. Wer ein solches Verfahren nutzt, muss zunächst ein Paar zusammengehörender Schlüssel generieren. Einen der beiden Schlüssel hält er geheim (Private Key), den anderen gibt er der Öffentlichkeit bekannt (Public Key). Diese Verfahren werden auch Public-Key-Verfahren genannt. Jeder, der nun eine verschlüsselte Nachricht an eine Person schicken will, besorgt sich deren öffentlichen Schlüssel, verschlüsselt seine Nachricht damit und verschickt den Geheimtext. Dieser so chiffrierte Text kann nur vom Empfänger mit seinem privaten Schlüssel dechiffriert werden (Lit. 02, S. 94). Von zentraler Bedeutung ist dabei, dass der Empfänger der Nachricht den Schlüssel vorgibt, nicht etwa der Sender.

### D 19.2.2.1 RSA

RSA, benannt nach den Entwicklern Ronald L. Rivest, Adi Shamir und Leonard M. Adleman, ist das bekannteste Public-Key-Verfahren und ein Quasi-Standard im Internet. Das Prinzip beruht darauf, dass es kein Problem darstellt, zwei große Primzahlen miteinander zu multiplizieren, es aber praktisch unmöglich ist, aus dem Produkt wieder die beiden Faktoren zu ermitteln. Dabei ist zu beachten, dass die beiden Faktoren sich in ihrer Länge deutlich unterscheiden. In praktischen Anwendungen variiert das Produkt zwischen 512 Bits (geringe Sicherheit) und 2048 Bits (sehr hohe Sicherheit) (Lit. 01, S. 207). Es wird allgemein angenommen, dass der Aufwand zur Wiederherstellung des Klartextes aus dem Chiffretext und dem öffentlichen Schlüssel äquivalent zur Faktorisierung des Produktes der beiden Primzahlen ist, allerdings gibt es dafür keinen Beweis. RSA ist um den Faktor 100 bis 1000 langsamer als DES. Dies mag als ein Nachteil von RSA erscheinen, ist aber tatsächlich eher von Vorteil. Denn für die Ver- und Entschlüsselung von normalen Mitteilungen fällt diese Zeit praktisch nicht ins Gewicht. Wer aber RSA mittels einer Brute-Force-Attacke brechen möchte, tut sich umso schwerer, je langsamer der Algorithmus ist.

### D 19.2.2.2 ElGamal

Das Prinzip des 1985 von Taher ElGamal entwickelten Algorithmus beruht auf dem Problem des „diskreten Logarithmus" (Lit. 03, S. 127). In praktischen Anwendungen variiert die Schlüssellänge zwischen 512 Bits (geringe Sicherheit) und 1024 Bits (sehr hohe Sicherheit). Eine Variante des ElGamal-Verfahrens ist der 1991 entwickelte Digital Signature Algorithm (DSA), der 1994 vom NIST zum Digital Signature Standard (DSS) erklärt wurde (Lit. 05, S. 555).

### D 19.2.3 Hybride Verschlüsselung

Da asymmetrische Verschlüsselungssysteme in der Regel sehr viel langsamer arbeiten als symmetrische Algorithmen, werden bei den im Internet gebräuchlichen Verschlüsselungsprogrammen häufig beide Verfahren eingesetzt. Bei einem Verbindungsaufbau erzeugt der Sender einen zufälligen Sitzungsschlüssel (Session Key), mit dem er die Nachricht verschlüsselt. Der Session Key wird mit dem öffentlichen Schlüssel des Empfängers verschlüsselt und zusammen mit der verschlüsselten Nachricht verschickt. Der Empfänger kann dann mit seinem privaten Schlüssel den asymmetrisch chiffrierten Schlüssel dechiffrieren und so die symmetrisch chiffrierte Nachricht dechiffrieren. Durch diese Kombination (hybride Verschlüsselung) vereinigt man einen gesicherten, aber langsamen Schlüsseltausch mit einer schnellen, aber weniger sicheren Verschlüsselung.

## D 19.3 Verfahren zur Gewährleistung der Integrität und der Authentizität

Moderne kryptografische Verfahren lassen sich aber nicht nur einsetzen um Vertraulichkeit sondern auch die anderen drei Ziele (Integrität, Authentizität und Verbindlichkeit) zu erreichen. Man spricht dabei von Authentifikationssystemen. Um dies zu erreichen sind so genannte Hashfunktionen notwendig. Hashfunktionen sind mathematische Methoden, die aus einem beliebigen Klartext nach einem bestimmten Verfahren einen Fingerabdruck (Hashwert, Message Digest – MD) der Nachricht generieren. Die Funktion verwandelt einen Klartext so in einen MD, dass auch die kleinste Veränderung des ursprünglichen Texts zu einem gänzlich anderen MD führt. Es gehört zu den Forderungen, dass aus dem einmal erzeugten MD der ursprüngliche Text nicht wieder rekonstruiert werden kann. Hashfunktionen sind nicht umkehrbar und gelten somit als Einwegfunktionen. Anders als beim Chiffrieren ist eine Wiederherstellung des Klartextes nicht möglich. Der Vorteil dieses Verfahrens liegt in der Tatsache, dass anstatt des gesamten Textes lediglich ein kurzer MD besonders geschützt werden muss. Die zur Zeit bekanntesten Hashfunktionen sind u.a. SHA-1 (Secure Hash Algorithm One), er wurde von der NSA (National Security Agency) entwickelt und als US-Standard angenommen. Der Hashwert hat eine Länge von 160 Bit. MD5, wurde von Rivest entwickelt und im Zusammenhang mit dem PEM-Standard (Privacy Enhanced Mail) vorgestellt. Der Algorithmus erzeugt einen MD von 128 Bit Länge. RIPEMD (RIPE-Message Digest) wurde im Rahmen des EU-Projektes RIPE (RACE Integrity Primitives Evaluation, 1988-1992) von Dobbertin, Bosselaers und Preneel entwickelt. Der MD ist entweder 128 Bit (RIPEMD-128) oder 160 Bit (RIPEMD-160) lang. Generell bieten Hashfunktionen mit längeren Prüfziffern höhere Sicherheit. RIPEMD-160 scheint sich in Europa und SHA-1 in den USA als de facto-Standard durchzusetzen.

### D 19.3.1 Symmetrische Authentifikationssysteme

Der Sender verschlüsselt den MD einer Nachricht und sie selbst mit dem Secret Key und sendet beide an den Empfänger. Der Empfänger dechiffriert den MD und die Nachricht. Durch erneute Anwendung der Hashfunktion auf die Nachricht und Vergleich des Ergebnisses mit dem entschlüsselten MD kann er feststellen, ob die Nachricht während der Übertragung verändert wurde (Lit. 02, S. 69). Ein solches System hat einige Nachteile. Zum einen kann nur eine Person, die den geheimen Schlüssel kennt, eine solche Überprüfung vornehmen; wünschenswert wäre aber in vielen Situationen, dass jeder Beliebige die Echtheit einer Nachricht überprüfen kann. Zum anderen kann jeder, der über den zur Überprüfung nötigen Schlüssel verfügt, auch authentifizierte Nachrichten erstellen. Das bedeutet, dass das System in Gruppen von mehr als zwei Teilnehmern dem Empfänger keine Auskunft mehr darüber gibt, von wem eine bestimmte Nachricht eigentlich stammt, und dass es auch bei nur zwei Teilnehmern stets möglich ist, das Erstellen einer bestimmten Nachricht abzustreiten. Den MD könnte genauso gut der Kommunikationspartner verschlüsselt haben, denn auch er hat den Schlüssel (Lit. 04, S. 108). Integrität und Authentizität einer Nachricht werden also nur gegen Angriffe von außen stehenden Personen gesichert, Verbindlichkeit dagegen wird überhaupt nicht erreicht.

### D 19.3.2 Asymmetrische Authentifikationssysteme

Erst die Kombination aus asymmetrischer Verschlüsselung und Hashwert bietet die Möglichkeit, ein Analogon zur menschlichen Unterschrift zu erzeugen, in diesem Zusammenhang wird von digitalen Signaturen gesprochen (Lit. 02, S. 115). Will jemand eine Nachricht als von ihm erstellt ausweisen (quasi unterzeichnen), wendet er eine Hashfunktion auf diese Nachricht an, den MD verschlüsselt er mit seinem Private Key und hängt das Ergebnis als digitale Signatur der zu übertragenden unverschlüsselten Nachricht an. Jeder, der im Besitz des zugehörigen Public Key ist, kann die Echtheit der Nachricht überprüfen, indem er den MD dechiffriert und diesen vergleicht mit dem von ihm neu berechneten MD, der sich aus der unverschlüsselten Nachricht ergibt (gleiche Hashfunktion). Sind diese Werte identisch, wurde die Nachricht unterwegs nicht verändert. Signieren kann die Nachricht nur der Besitzer des Private Keys, so dass Integrität, Authentizität und Verbindlichkeit realisiert werden können. Allerdings kann bei diesem Verfahren jeder den Klartext lesen. Will man noch Vertraulichkeit sicher stellen, muss das Verfahren erweitert werden (elektronischer Umschlag). Der mit dem Private Key des Senders chiffrierte MD wird der Nachricht angehängt. Die auf diese Weise verlängerte Nachricht wird mit dem Public Key des Empfängers chiffriert und übermittelt. Der Empfänger dechiffriert die verlängerte Nachricht mit seinem Private Key und trennt den immer noch chiffrierten MD von der nun dechiffrierten Nachricht ab, den er mit dem Public Key des Senders dechiffriert. Er berechnet selbst den MD der Nachricht und vergleicht diesen mit dem vom Sender übermittelten MD. Stimmen sie überein, kann er sicher sein, dass die Nachricht vom Sender stammt, unterwegs nicht verändert und von keinem Dritten belauscht wurde (Lit. 06, S. 114).

## D 19.4 Zertifizierungsinstanzen

Noch bleibt das Problem zu lösen, dass kein nachvollziehbarer Zusammenhang zwischen einem Private Key und der vorgeblich zu ihm gehörenden Person besteht. Jemand kann sich als eine andere Person ausgeben, indem er unter deren Namen einen selbst erzeugten Private Key in Umlauf bringt. Dieses Problem wird durch das Einschalten eines vertrauenswürdigen Dritten gelöst, der sich für die Identität einer Person verbürgt. Dies kann über Vertrauensnetzwerke (Web of Trust) oder offizielle Zertifizierungsinstanzen (Certification Authority – CA, Trustcenter – TC) geschehen. CAs liefern mit digitalen Zertifikaten und Schlüsseln die Grundausstattung zur Teilnahme am rechtsverbindlichen und vertraulichen elektronischen Geschäftsverkehr. Sie überprüfen zunächst die Identität des Nutzers und generieren einen elektronischen Ausweis, das Zertifikat, das bestätigt, dass der Public Key wirklich der beantragenden Person gehört (Lit. 03, S. 208). An dieses CA kann sich der Empfänger wenden und den Public Key des Senders abrufen. Das Format solcher Zertifikate lässt sich standardisieren, so dass sie automatisch auswertbar sind.

## Literatur

01 Bauer, Friedrich L.: Entzifferte Geheimnisse. Methoden und Maximen der Kryptologie. 3., überarb. Aufl. Berlin, Heidelberg, New York: Springer-Verlag, 2000, 503 S.

02 Beutelspacher, Albrecht: Kryptologie. Eine Einführung in die Wissenschaft vom Verschlüsseln, Verbergen und Verheimlichen; ohne alle Geheimniskrämerei, aber nicht ohne hinterlistigen Schalk, dargestellt zum Nutzen und Ergötzen des allgemeinen Publikums. 6., überarb. Aufl. Braunschweig; Wiesbaden: Vieweg, 2002, 152 S.

03 Buchmann, Johannes: Einführung in die Kryptographie. Berlin, Heidelberg: Springer, 1999, 229 S.

04 Grimm, Rüdiger: Kryptoverfahren und Zertifizierungsinstanzen. In: Datenschutz und Datensicherheit (DuD), 1996, S. 27-36

05 Schneier, Bruce: Angewandte Kryptographie. Protokolle, Algorithmen und Sourcecode in C. 1., korr. Nachdr. Bonn: Addison-Wesley, 1996, 844 S.

06 Selke, Gisbert: Kryptographie. Verfahren, Ziele Einsatzmöglichkeiten. 1. Aufl. Köln: O'Reilly, 2000, 225 S.

# D 20 Elektronische Zahlungssysteme

Knud Böhle

## D 20.1 Einleitung

Elektronisches Bezahlen für digitale Fachinformationen steht im Kontext sich entwickelnder Informationsmärkte und in dieser Perspektive ist der vorliegende Beitrag verfasst. Dass für elektronisch verfügbare Fachinformationen bezahlt wird, ist jedoch keineswegs neu. Ein Markt für elektronische Informationsdienste besteht seit mehr als 30 Jahren und entstand mit dem Angebot von Online-Datenbanken. In der jüngsten Erhebung des *Institute for Information Economics* (IIE) wurde für das Jahr 2000 ein Umsatzvolumen elektronischer Informationsdienste von 1.856,7 Millionen, damals noch DM, ermittelt, von dem knapp 20% Fachinformationen im engeren Sinne (Rechts-, Wirtschafts- und wissenschaftlich-technisch-medizinische Informationen) zuzurechnen ist, während das Gros auf Realtime-Finanzinformationen, Kreditinfomationen und Nachrichtenagenturen zurückgeht (Lit. 18, S. 14). Diese Informationsmärkte für professionelle Nutzer lassen sich im Wesentlichen dem B2B-E-Commerce *(Business to Business)* zurechnen, der über Verträge geregelt wird und mit den herkömmlichen Verfahren der Zahlungsabwicklung auskommt. Wenn professionelle Datenbankanbieter auch Online-Bezahlverfahren anbieten, dann tun sie dies derzeit, um einer „Laufkundschaft" mit sporadischem Informationsbedarf entgegenzukommen und um neue Kundenkreise zu erschließen.

Ein gesteigerter Bedarf, Zahlungsforderungen für digitale Informationsgüter direkt zu erfüllen oder den Zahlungsvorgang wenigstens online einzuleiten, entstand erst mit den aufkommenden B2C-Märkten *(Business to Consumer)*. Für den Bereich der Fachinformation begann dies rudimentär mit den kostenpflichtigen Angeboten so genannter Videotex- oder Comsumer-Online-Services (Btx, Compuserve, etc.) und weitete sich dann mit dem Internet erheblich aus. In einer vom Verband Deutscher Zeitschriftenverleger in Auftrag gegebenen Studie wird ein Umsatzwachstum für „Paid Content", d.h. hier für kostenpflichtig vertriebene digitale Produkte im Internet, von 14 Millionen Euro im Jahr 2002 auf 127 Millionen im Jahre 2005 geschätzt (Lit. 38, S. 40f). Sowohl Umsätze für Fachinformationen als auch für Unterhaltungsangebote (Spiele, Audio- und Video-Downloads, Erotik etc.) wurden für die Prognose berücksichtigt. Eine in etwa vergleichbare Studie der *Online Publishers Association* ermittelte für die USA einen Umsatz von etwa 1.300 Millionen US Dollar für das Jahr 2002 (Lit. 31, S. 7). Unter dem Aspekt der Zahlungssysteme ist die Beobachtung interessant, dass fast 90% dieses Umsatzes auf Abonnements zurückgehen und nur 10% auf Einzelkäufe mit direkter Zahlung. Bemerkenswert ist weiter, dass innerhalb dieses Segments der Anteil der Kleinbetragszahlungen (unter 5 $) im Steigen begriffen ist, von 2,6% im ersten Quartal 2001 auf 8% im zweiten Quartal 2003 (Lit. 31, S. 5, S. 13).

Kostenpflichtige Angebote öffentlicher Informationen im Internet – für private Endkunden und Geschäftskunden, G2C *(Government to Consumer)* und G2B *(Government to Business)* – sind relativ neu, werden aber an Bedeutung zunehmen. Auf Bibliotheken und öffentliche Informationseinrichtungen bezogen, geht es um neuartige Dienstleistungen, die kostenpflichtig angeboten werden sollen. Die recht kontroverse Diskussion dazu wird meistens im Zusammenhang mit Digitalen Bibliotheken *(Digital Libraries)* und ihrer Position in den entstehenden Märkten für digitale Informationsgüter geführt (vgl. weiterführend Lit. 27, Lit. 28, Lit. 22). Sowohl das Bundesministerium für Bildung und Forschung (BMBF), insbesondere im Programm Global Info, als auch die Deutsche Forschungsgemeinschaft (DFG) in ihrem Schwerpunktprogramm V3D2 (Verteilte Verarbeitung und Vermittlung digitaler Dokumente) haben Projekte zu kostenpflichtigen Diensten digitaler Bibliotheken gefördert. Im Projekt MeDoc *(Multimedia electronic Documents)*, gefördert vom BMBF zwischen 1995 und 1997, wurde am Aufbau einer Digitalen Bibliothek für die Informatik gearbeitet. Lizenz- und Abrechnungsmodelle standen im Vordergrund, während die Integration elektronischer Zahlungssysteme erst in Nachfolgeprojekten angegangen wurde. In den Projekten Chablis *(Charging, Accounting and Billing for Digital Library Sercvices)* und dem Projekt Chablis PS (PS = *Payment Server*) wurde dann vor allem an einem Zahlungsserver für Bibliotheken gearbeitet. Chablis wurde von 1997 bis 1999 von der DFG, Chablis PS zwischen Januar 2000 und September 2003 vom DFN-Verein gefördert. Im Rahmen des BMBF-Förderprogramms „Global Info" wurden in dem Projekt eVerlage (August 1999 bis Dezember 2002) elektronische Angebotsformen, Abrechnungsmodelle und Zahlungsverfahren erprobt. Intensiver noch als in MeDoc wurde hier mit Verlagen kooperiert, um Formen digitaler Angebote zu finden, die Bibliotheksinteressen und Verlagsinteressen ausbalancieren. Ohne Zweifel ist in den Projekten wichtige Forschungsarbeit geleistet worden (vgl. zu MeDoc und Chablis insbesondere Lit. 39, zu Chablis PS insbesondere Lit. 36, zu eVerlage Lit. 03 sowie Lit. 01). Ob diese Projekte realitätsgerechte Modelle des Interessenausgleichs hervorgebracht haben und ob Zahlungsserver für Bibliotheken neben denen professioneller Finanzdienstleister bestehen können, sei dahingestellt.

## D 20.2 Umbruch und Herausforderungen des elektronischen Zahlungsverkehrs

Die Elektronisierung des Zahlungsverkehrs und mithin die Entstehung elektronischer Zahlungssysteme begann vor mehr als 50 Jahren und stand von Anfang an im Zeichen der Rationalisierung (vgl. für den Zeitraum 1960-1980 Lit. 14). In den achtziger Jahren des vorigen Jahrhunderts, als Girokonten bereits weit verbreitet waren, wurden Kontoinhaber unter der Devise „Selbstbedienung" – man denke an Geldausgabeautomaten, Kontoauszugsdrucker oder Homebanking – zu aktiven Gliedern des elektronischen Zahlungsverkehrs gemacht. Zeitlich parallel wurden der Einzelhandel und seine Kunden über „Point of Sale"(POS)-Systeme nach und nach an den elektronischen Zahlungsverkehr angeschlossen. Zahlungskarten mit Magnetstreifen und später auch mit Mikrochip – eine technologische Umstellung, die noch andauert und derzeit für Kreditkarten massiv (EMV-Chip) vorangetrieben wird – werden für den Kunden das Zugangsinstrument zum bargeldlosen Zahlungsverkehr. Chipkarten wurden zwar hauptsächlich aus Sicherheitsgründen eingeführt, sie sind aber auch der Ausgangspunkt für die Entwicklung von Wertkarten (z.B. Telefonkarten) und elektronischen Geldbörsen (z.B. GeldKarte), deren Einsatz die Verwendung von Bargeld für kleine Beträge, vor allem auch an Automaten, zurückdrängen soll (vgl. zur Entwicklung Lit. 21). Die angesprochenen Entwicklungen finden vor dem Hintergrund einer Liberalisierung des Zahlungsverkehrs statt, d.h. dass bestimmte Geschäftsfelder nicht mehr allein Banken vorbehalten sind, etwa das Prozessieren elektronischer Zahlungen in POS-Netzwerken oder die Herausgabe von Wertkarten und elektronischen Geldbörsen. Nicht-Banken (Technologiefirmen, Mobilfunkbetreiber, Handelshäuser etc.) können folglich Banken Aufgaben im Zahlungsverkehr abnehmen und in Wettbewerb mit ihnen treten.

In jüngerer Zeit sind es mehrere parallele Entwicklungen – Globalisierung, Europäische Integration und Internet –, die Zahlungssysteme und Zahlungsverkehrsinfrastruktur unter Innovations- und Anpassungsdruck setzen. Die Globalisierung der Finanzmärkte erfordert insbesondere leistungsfähige Großbetragssysteme (vgl. dazu Lit. 34). Auf europäischer Ebene bemüht sich die Kommission, den rechtlichen Rahmen anzupassen (vgl. Lit. 19), um die europäische Zahlungsverkehrsinfrastruktur zu harmonisieren und den grenzüberschreitenden Zahlungsverkehr effektiv zu gestalten. Die Kreditwirtschaft ihrerseits koordiniert ihr Vorgehen bezogen auf die technisch-organisatorische Infrastruktur (vgl. Lit. 10 und die Website des European Payments Council; vgl. auch Lit. 02).

Das Internet markiert einen Umbruch und definiert neue Anforderungen in folgender Hinsicht:

1. Die Internetprotokolle sind zum Standard für offene Netze geworden, neutrale Auszeichnungssprachen für elektronische Dokumente haben sich mit HTML und später XML durchgesetzt, und die Internetdienste, die durch die Browser-Software integriert und mit einer einheitlichen Benutzerschnittstelle ausgestattet werden, geben den „Mainstream" der Anwendungsentwicklung vor. Lösungen von Finanzdienstleistern müssen entsprechend umgestellt werden.

2. Mit dem Internet taucht nicht nur die Herausforderung auf, Online-Banking und bestehende Zahlungssysteme für offene Netzwerke anzupassen. Es kommt auch darauf an, sie darüber hinaus in E-Commerce-Umgebungen zu integrieren und wo nötig neuartige Internet-Zahlungssysteme zu entwickeln.

3. Das Internet ist aber weit mehr als ein neuer Kanal des Tele-Banking oder ein weiterer Vertriebskanal des Versandhandels. Das Internet ermöglicht eine Vielzahl neuartiger Angebote und Vertriebsformen für digitale Güter. Die kommerzielle Verwertung digitaler Informationsgüter (vgl. zu deren Eigenheiten Lit. 33; Lit. 32) trifft auf eine besondere Schwierigkeit: Es muss erst künstlich Knappheit für diese Angebote hergestellt werden, um

überhaupt Zahlungsbereitschaft zu erzeugen. Dazu tragen in der Rechtsordnung verankerte Verwertungsrechte und technische Maßnahmen bei, mittelbar aber auch geeignete Abrechnungs- und Zahlungssysteme für digitale Produkte und Dienstleistungen. In diesem Zusammenhang ist es wichtig, auf die fortschreitende Umstellung der Verwertung von „Kauf" auf „Nutzung" zu achten (vgl. dazu Lit. 23) und darauf, dass immer mehr Informationen nur im Netz, als reine Internet-Dienstleistungen, zur Nutzung angeboten werden. Die Umstellung auf Nutzung erfordert Verfahren, die erlauben, berechtigte Nutzung zu kontrollieren, zu messen und zu bepreisen (nach vielerlei Kriterien, etwa: Menge, aufgewendete Zeit, Wissensstand, Nutzungshäufigkeit, Gruppenzugehörigkeit etc.). Abrechnungs- und Zahlungssysteme für digitale Informationsgüter müssen dieser gestiegenen Komplexität Rechnung tragen.

## D 20.3 Grundbegriff Zahlungsverkehr

Eine Zahlung ist die Übertragung eines *Zahlungsmittels* von einem Wirtschaftssubjekt auf ein anderes zur Begleichung einer Zahlungsverbindlichkeit. Geld ist ohne Frage ein solches *Zahlungsmittel*, wenngleich nicht jedes Zahlungsmittel Geld ist. *Geldersatzmittel* wären zum Beispiel Wertmarken, Wertkarten, Gutscheine oder Wechsel. Geld in seiner Form als *Bargeld* wird heute in der Regel von Zentralbanken herausgegeben (Zentralbankgeld); es ist das einzige mit staatlichem Annahmezwang versehene gesetzliche Zahlungsmittel. Daneben gibt es Geld als *Bankgeld*. Zahlungen mit Bankgeld werden *unbar* bewirkt. Wichtig ist hierbei, dass bei Zahlungen mit Bankgeld – im Unterschied zur Zahlung mit Bargeld – erstens stets Intermediäre auftreten, nämlich Banken, und dass der unbare Zahlungsverkehr zweitens zwingend auf *Zahlungsinstrumente* angewiesen ist.

Im Lauf der Zeit haben sich unterschiedliche *Zahlungsinstrumente* (genauer: Zahlungsverkehrsinstrumente) herausgebildet, die sich im Zuge neuer technisch-medialer Möglichkeiten weiter ausdifferenzieren. So lassen sich *Überweisungen* eben nicht nur per Überweisungsformular, sondern auch elektronisch tätigen. Bei den „belastenden" Zahlungsinstrumenten, d.h. solchen, bei denen ein dazu autorisierter Begünstigter eine Abbuchung vom Konto eines Zahlungspflichtigen bewirken kann, gibt es neben den beleghaften Formen des Schecks oder der Lastschrift auch kartengestützte elektronische Debitverfahren. Wird von *Zahlungssystemen* statt von Zahlungsinstrumenten gesprochen, wird damit der systemische Charakter betont, d.h. das Zusammenspiel aller beteiligten Akteure und die damit verbundene organisatorische, technische und rechtliche Ausgestaltung der Verfahren. Zu den Begrifflichkeiten des Zahlungsverkehrs, auch des elektronischen vgl. Lit. 29, S. 575-611 und Lit. 11.

Auf zwei weitere Ausdifferenzierungen des Zahlungsverkehrs ist noch hinzuweisen, die auch für die sich anschließende Beleuchtung des Zahlungsverkehrs im Internet relevant sind. *Erstens* ist auf Finanzdienstleistungen hinzuweisen, die zwar auf den altbekannten Zahlungsverfahren beruhen, diese aber modifizieren. Das ist etwa der Fall bei Kreditkartenzahlungen, die Zahlungsforderungen zunächst kumulieren, bevor das Bankkonto des Karteninhabers belastet wird. Ein anderes Beispiel wären Inkasso-Dienstleistungen (Einziehung fremder oder zu Einziehungszwecken abgetretener Forderungen), die Zahlungsforderungen für Dritte gegebenenfalls zu einer Rechnung zusammenfassen, die vom Zahlungspflichtigen dann mit herkömmlichen Zahlungsinstrumenten beglichen werden kann. Auch Zahlungen per Handy begründen keine eigenständigen Zahlungsinstrumente, sondern nur Varianten bestehender Verfahren (vgl. zu den mobilen Zahlungsverfahren Lit. 20; Lit. 15).

*Zweitens* ist das so genannte „elektronische Geld" (E-Geld) herauszustellen, eine Zahlungsverkehrsinnovation, die nicht mehr als eine weitere Ausdifferenzierung des herkömmlichen Giroverkehrs dargestellt werden kann. Im Unterschied zu den unbaren Instrumenten des Giroverkehrs bedarf E-Geld keines Girokontos, keiner Online-Autorisierung einer jeden Zahlung, und es wird möglich, Zahlungen relativ anonym vorzunehmen, d.h. dass weder der Zahlungsempfänger noch das herausgebende Institut bzw. der Systembetreiber E-Geld-Zahlungen einer Person zuordnen können. Nach geltendem europäischem Recht sind es derzeit nur Kreditinstitute, die eGeld herausgeben dürfen, wozu Banken gehören und so genannte E-Geld-Institute, d.h. Nicht-Banken, denen unter strikten Auflagen gestattet ist, Geld zu emittieren (Lit. 09). Gehen wir von der Situation in Deutschland und der Macht des Faktischen aus, dann finden wir E-Geld-Systeme heute in der Regel als Point of Sale-Systeme ausgestaltet, man denke etwa an das Bezahlen mit der „GeldKarte" an Fahrkartenautomaten, Parkuhren oder Kopierautomaten in Bibliotheken. Der Zahlungsablauf ist bei diesen Systemen als geschlossener Kreislauf organisiert, in dem die Herausgeber von eGeld (a), die mit eGeld zahlenden Kunden (b) und die eGeld annehmenden Händler als Zahlungsempfänger (c) und die Bank des Händlers (d) folgendermaßen verbunden sind: Um in den Besitz von eGeld zu kommen, wird dem Herausgeber von eGeld Bargeld oder Bankgeld gegeben. Im Gegenzug wird dem Kunden ein entsprechender Betrag in Form von eGeld zur Verfügung gestellt. Bis dieser Betrag ausgeschöpft ist, können Kunden damit bei den Stellen bezahlen, die als Händler an das System angeschlossenen sind. Die Händler erwerben mit der Zahlung des Kunden eine Forderung gegen das eGeld herausgebende Kreditinstitut, das Forderungen des Händlers in der Regel dadurch erfüllt, das es eine Gutschrift auf ein Girokonto des Händlers veranlasst. Im stationären Handel wird E-Geld üblicherweise auf Chipkarten implementiert, lässt sich für den Online-Handel aber auch als spezielle Zahlungssoftware für PCs auslegen.

### D 20.4 Klassifikation der Internet-Zahlungssysteme

Der Erfolg des Internet als Kommunikationsinfrastruktur und als Infrastruktur für den elektronischen Handel hat zur Anpassung und Weiterentwicklung bestehender Zahlungsinstrumente geführt, angefangen bei Kreditkarten, den belastenden Zahlungsinstrumenten, Überweisungen und eGeld. Das Internet hat auch zu weiteren Verfahrensvarianten geführt, die letztlich aber immer noch auf die bestehenden Zahlungsinstrumente rekurrieren und auf die bestehende Zahlungsverkehrsinfrastruktur angewiesen sind. Man denke hier etwa an Treuhandsysteme, die eingeschaltet werden, um bestimmte Risiken im Tausch Ware gegen Geld zu verringern, oder man denke, wie oben bereits angesprochen, an Finanzdienstleister, die viele kleine Zahlungen aggregieren, bevor es zu einer Zahlung mit den klassischen Zahlungsinstrumenten kommt. Neuartige Verfahren entstehen insbesondere dort, wo die bestehenden Verfahren des Giralverkehrs nicht hinreichen oder ihre Funktion (vermeintlich) nicht effektiv erfüllen können, und auch dort, wo das Fehlen von Bargeld kompensiert werden muss. Nischen lassen sich vermuten für bargeldnahe elektronische Varianten des eGeldes, für „Micropayment- und Microbilling"-Systeme, um für kleinpreisige digitale Güter kosteneffektiv zahlen zu können, oder für P2P-Zahlungen *(Person to Person)*

im Umfeld von Online-Auktionen. Das Internet bietet aber auch Spielräume, um mit privaten Tauschwährungen oder Bonussystemen zu experimentieren. Zur Geschichte der Internet-Zahlungssysteme vgl. Lit. 06, Lit. 05, Lit. 12.

Aus heutiger Sicht lassen sich die Internet-Zahlungssysteme pragmatisch (nicht juridisch) in vier Klassen einteilen. Eine Klasse (I) bilden alle Zahlungsinstrumente des Giroverkehrs, die für das Internet-Banking und insbesondere das Bezahlen am Point of Sale im Internet weiterentwickelt wurden. Neben diese Formen des Giroverkehrs stellen wir (II) eGeld (chipbasiert, softwarebasiert), das im Internet einsetzbar ist. Die dritte Klasse (III) bilden „virtuelle Guthaben-Konten": Guthaben, über die im Internet verfügt werden kann, entstehen hier durch eine Einzahlung (qua Bargeld oder Zahlungsinstrument) auf „virtuelle Konten". Mit den üblichen Formen des E-Gelds haben die „virtuelle Konten" das vorausgesetzte Guthaben gemein – andere würden von Vorauszahlung („prepaid") sprechen. „Virtuelle Guthaben-Konten" bilden in gewisser Weise eine Restkategorie, die jene guthabenbasierten Internet-Zahlungssysteme zusammenfasst, die weder als Form des E-Gelds noch als Instrument des Giroverkehrs eingeordnet werden können. Es gibt mehrere Varianten: Systeme wie das durch Online-Auktionen groß gewordene PayPal, mit dem Guthaben per E-mail von virtuellem zu virtuellem Konto transferiert werden können, Scratchcards (Rubbelkarten), die man in Geschäften wie „prepaid" Telefonkarten kaufen kann, spezielle virtuelle Konten (Cash Depots) bei einem ISP (Internet Service Provider), oder spezielle virtuelle Konten, die manche Banken ihren Kunden für Einkäufe im Internet einrichten. „Virtuelle Guthaben-Konten" können (müssen aber nicht) personalisiert sein und können (müssen aber nicht) P2P-Zahlungen ermöglichen. Gemeinsam ist diesen Ansätzen ihre spezifische Auslegung für Bezahlsituationen im Internet. Die vierte Klasse (IV) zeichnet sich demgegenüber gerade dadurch aus, dass sie zunächst Zahlungsforderungen aggregiert und mithin Kredit gewährt. Solche Aggregationssysteme können auf verschiedene Art betrieben werden: die Zahlungssystembetreiber können entweder selbst als Inkassostellen fungieren oder sie arbeiten mit einschlägigen Rechnungsstellern zusammen, wie Telekommunikationsfirmen, Internet-Providern etc., die ihren Kunden sowieso periodisch Rechnungen präsentieren. Die vorgeschlagene, einfache Klassifizierung, die in Tab. 1 im Überblick wiedergegeben wird, schließt an frühere Überlegungen an (vgl. mit vielen Beispielen Lit. 07, Lit. 04). Welche Systeme wie stark genutzt werden, hängt sehr stark von den Zahlungskulturen in den jeweiligen Ländern ab, vom betrachteten Marktsegment (B2B, B2C etc.) und natürlich davon, ob man sich auf materielle oder digitale Güter bezieht. Global dominieren Zahlungsverfahren der Klasse I mit der Kreditkarte an erster Stelle. Mit Bezug auf digitale Informationsgüter steigt jedoch die relative Bedeutung von Verfahren der Klassen II, III, und IV (zu Präferenzen der Nutzer in Deutschland vgl. Lit. 25).

## D 20.5    Das Micropayment-Problem

Bezahlvorgänge verursachen Kosten. Der Kern des Micropayment-Problems besteht darin, dass die Transaktionskosten für das Zahlungssystem beim Vertrieb niedrigpreisiger digitaler Güter den erwarteten Gewinn entweder empfindlich schmälern oder sogar zu Verlusten führen können. Umgekehrt hieße das, dass manches potenzielle Angebot erst gar nicht auf den Markt kommt. Micropayment-Systeme finden dort ihre Nische, wo die Transaktionskosten der traditionellen elektronischen Zahlungssysteme, die im Internet eingesetzt werden können, allen voran Kreditkartenzahlungen, bezogen auf den Wert der Güter bzw. die erwartete Gewinnmarge zu hoch sind. In der realen Welt ist Bargeld das dominante Micropaymentsystem, das die Zahlungssystemlücke schließt, im Internet müssen andere Lösungen dafür gefunden werden.

Die Zusammensetzung der Kosten bei den Zahlungsverfahren selbst ist komplex und wenig transparent. Über die Kommunikations- und Rechnerkosten hinaus fallen weitere Systemkosten an, zu denen Kosten für die Akquise von Händlern, Zahlungsausfälle, Einbußen wegen Betrugs, Kosten für Streitfälle und Rückzahlungen (charge backs) gehören. Es ist zu erwarten, dass die Kosten elektronischer Zahlungen noch weiter fallen werden, weil technisch-organisatorische Innovationen die Kommunikations- und Rechnerkosten senken werden, sich die Abwicklung von Rückzahlungen noch effektiver gestalten lässt und Betrugsfälle noch unwahrscheinlicher gemacht werden können. Hinzu kommt, dass für die Eroberung neuer Märkte auch bewusst nicht kostendeckende Preise angesetzt werden können. Die Micropaymentfähigkeit elektronischer Zahlungssysteme hängt in jedem Fall eng mit den Geschäftsmodellen von Banken und Kreditkartenorganisationen zusammen. Für Herzberg (Lit. 16) sind es vor allem fixe Mindestgebühren bei Kartenzahlungen, die das Micropayment-Problem einerseits und Chancen für Micropayment-Systeme andererseits entstehen lassen.

Entwickler von Micropayment-Systemen können im Wesentlichen zwei Strategien verfolgen, die sich auch kombinieren lassen. *Zum einen* kann versucht werden, die Kosten für die einzelne Zahlungstransaktion zu senken: der Aufwand für die Sicherheit kann verringert werden, indem weniger rechenintensive kryptographische Verfahren eingesetzt werden; es kann auf aufwändige Schritte wie eine Online-Autorisierung verzichtbar werden, und potenziell kostspielige Kundenansprüche können von vornherein ausgeklammert werden, wie z.B. ein Widerrufsrecht einer Zahlung oder Rückzahlungsforderungen nach Reklamationen. Wie günstig die einzelnen Micropaymentverfahren wirklich sind, lässt sich nicht genau sagen. Manche aber meinen, dass erst zirkulationsfähige, anonyme Formen elektronischen Geldes eine entscheidende Senkung der Transaktionskosten bewirken werden (vgl. Lit. 17).

*Zum anderen* rücken Entwicklungen von Micropaymentsystemen vom Modell der Einzeltransaktion

---

**I:    Internetfähige Zahlungsinstrumente des Giroverkehrs**

– Überweisungen (integriert in den elektronischen Handel)

– "Belastende" Zahlungsinstrumente (Lastschrift, Debitkarte, Scheck)

– Kreditkartenzahlungen (verschiedene Sicherheitstechniken)

**II:   Elektronisches Geld (chipkartenbasiert, softwarebasiert)**

**III:  Virtuelle Guthaben-Konten**

– Typ PayPal (e-mail-money)

– Typ Scratchcard

– Typ Giroderivat einer Bank

– Typ ISP-Konten

**IV:  Aggregationssysteme (Inkassostelle, angebunden an externen Rechnungssteller)**

*Tab. 1: Klassifikation der Internet-Zahlungsinstrumente*

ab, und der Zahlungsvorgang wird vom Kauf oder der Nutzung entkoppelt. Virtuelle Guthaben-Konten und Aggregationssysteme sind hierbei die zentralen Ansatzpunkte. Werden „virtuelle Guthaben-Konten" für Micropayments eingesetzt, entspricht eine Zahlung im Voraus vielen Kaufakten. Nicht wenige Informations- und Diensteanbieter im Internet setzen solche Verfahren bereits ein und verfügen damit vor der Leistungserbringung über eine garantierte Zahlung und erwirtschaften noch einen Zinsgewinn. Werden Aggregationssysteme eingesetzt, wird den Kunden dagegen ein Kredit eingeräumt. Aus Sicht des Kunden stehen viele Käufe wiederum einer Zahlung gegenüber. Durch die Aggregation der Zahlungsforderungen mehrerer Produkt- und Leistungsanbieter wird der Rechnungsbetrag erhöht und der administrative Aufwand für Rechnungsstellung, Bezahlung und Verbuchung verringert. Man kann in diesen Fällen auch von „Microbilling" oder Inkassosystemen sprechen.

Man sollte bei der Frage nach effizienten Zahlungssystemen für kleinpreisige Güter aber nicht aus den Augen verlieren, dass effiziente Geschäftsmodelle für niedrigpreisige Güter im Internet auch anders ansetzen können. Häufig wird das Problem der Micropayments zu eng auf das Modell einer Einzeltransaktion Ware gegen Geld fokussiert, vor allem von denen, die das „pay-per"-Prinzip (per view, per use, per download etc.) vertreten. Durch eine Steigerung des Verkaufswertes und eine gleichzeitige Reduktion der nötigen Zahlungsvorgänge, kann der Transaktionskostenanteil, der auf Zahlungen entfällt, entscheidend verringert werden. Die große Akzeptanz von Subskriptionsmodellen im Bereich digitaler Güter ist unübersehbar (vgl. Lit. 38, S. 27; weiterführend Lit. 35, Lit. 30, Lit. 24).

Das Zahlungsproblem kann auch umgangen werden, indem Güter und Dienste kostenlos angeboten werden, die weiterhin notwendige Finanzierung der Güter und Dienste aber indirekt durch Dritte erfolgt. Hier ist zunächst an Werbefinanzierung zu denken, aber auch an Sponsorenmodelle, Kommissionsmodelle (der Werbende führt eine prozentuale umsatzabhängige Quote ab) und den Verkauf von Kundendaten. Als indirekte Finanzierung sind auch Vorleistungen von Anbietern zu verstehen, die in der Erwartung späterer Abonnements oder Aufträge anderer Art getätigt werden.

Zusammengefasst lässt sich sagen, dass es zwar eine Nische für Micropayment-Systeme gibt, die sich aber gegen geschickte Geschäfts- und Erlösmodelle ebenso behaupten muss wie gegen die Anstrengungen klassischer Zahlungssystembetreiber, die Transaktionskosten ihrer Systeme weiter zu senken. Interessant in dieser Hinsicht ist der Ansatz, Kreditkartenzahlungen für niedrigpreisige digitale Güter gewissermaßen hinter dem Rücken der Kunden zu aggregieren. So verfährt der derzeit erfolgreiche „iTunes Music Store", der den Download von Musikstücken für je 99 Cent anbietet. Hier wird deutlich, dass durch Aggregation von Zahlungen die Kreditkarte zum Micropaymentinstrument werden kann (vgl. Einzelheiten Lit. 26). Perspektivisch kommt es darauf an, nicht nur Lösungen des *Micropayment*-Problems herauszustellen, sondern auf die neuartige Kombination der Dienstleistungen „Abrechnung" und „Bezahlung" hinzuweisen. Wie oben angesprochen, wird das Messen und Abrechnen der Nutzung digitaler Güter immer komplexer und wichtiger werden. Wie die Arbeitsteilung dabei zwischen Abrechnungssystemen und Zahlungssystemen und entsprechenden Dienstleistern aussehen wird, ist noch offen. Einiges spricht sogar dafür, die so genannten Micropaymentsysteme als rudimentär entwickelte Kontroll-, Mess- und Abrechnungssysteme zu verstehen, die über eine Schnittstelle zum Zahlungsverkehr verfügen.

### D 20.6 Weiterführende Informationsquellen

Für die im Folgenden ausgewählten Hinweise wurden nur Quellen berücksichtigt, die mit hoher Wahrscheinlichkeit auch noch in den nächsten Jahren verfügbar sein werden. Verlässliche **Quellen zum Zahlungsverkehr** sind (gedruckt) das Handbuch Obst/Hintner, derzeit in der 40. Auflage (2000) erhältlich (Lit. 29) und (online) die von Christian Bartsch und Stefan Krieg betreute *Zahlungsverkehr-FAQ* (http://www.zahlungsverkehrsfragen.de/).

**Ausführliche Beschreibungen einzelner Internet-Zahlungsverfahren**, die in Deutschland eingesetzt werden oder wurden, sind aus Anbietersicht in Teichmann et al. (Lit. 37, S.139-327) enthalten. Ergebnis einer Praxiswerkstatt an der Universität Ilmenau ist das *Handbuch/Praxisbericht – Elektronische Zahlungssysteme* (Lit. 13), das noch fortgeschrieben wird. Heute noch wegen seiner Klassifikation interessant ist die Zusammenstellung von mehr als 60 Systemen im *Projekt Chablis* (Lit. 39, S. 76-137, oder http://chablis.in.tum.de/). Nicht zuletzt ist auch auf die *ePSO Datenbank* mit mehr als 100 Systembeschreibungen hinzuweisen, die noch weiter ausgebaut wird (http://www.e-pso.info/epso/inventory/inventory.html).

**Ressourcen mit aktuellen Informationen** sind für Deutschland „egeld.org", dessen Seiten von Jörg Hladjk gepflegt werden (http://www.e-geld.org/) und „ECIN – Electronic Commerce Info Net" (http://www.ecin.de/), ein Informationsangebot zum elektronischen Handel in Deutschland, das auch Entwicklungen im elektronischen Zahlungsverkehr umfasst. Die jährlichen *Online-Umfragen* zum Internet-Zahlungsverkehr der Universität Karlsruhe (Institut für Wirtschaftspolitik und Wirtschaftsforschung) lassen Veränderungen aus Nutzersicht verfolgen (http://www.iww.uni-karlsruhe.de/IZV6/). International ist „ePaynews.com" als kostenfreies Portal einschlägig (http://www.epaynews.com/). Auf Europäischer Ebene ist auf das „electronic Payment Systems Observatory" (ePSO) hinzuweisen, das von der gemeinsamen Forschungsstelle der Europäischen Kommission aufgebaut wurde und von der Europäischen Zentralbank weitergeführt wird (http://www.e-pso.info/epso/index.html). Die *Europäische Kommission* unterhält eine eigene Seite zum Zahlungsverkehr unter der Perspektive des einheitlichen Zahlungsverkehrsraums (http://europa.eu.int/comm/internal_market/payments/index_de.htm). Für das an Bedeutung zunehmende **Thema des „Paid Content"** einschließlich Micropayments sind die Seiten von *Rafat Ali* empfehlenswert (http://PaidContent.org). Zum **Thema E-Geld und elektronische Geldbörsen** bietet die von einem belgischen Wirtschaftswissenschaftler gepflegte bibliographische Datenbank *(Leo Van Hove's database on E-purse)* mit mehr als 1700 Literaturnachweisen (Oktober 2003) einen ausgezeichneten Einstieg (zu erreichen über die ePSO-Seiten).

## Literatur

01 Bastian, K.; Schwantner, M.; Wabner, Th.: Die eVerlage-Zahlunggssystemplattform zum Handel mit digitalen Inhalten. In: Jantke, K. P; Wittig, W. S.; Herrmann, J. (Hrsg.): Von e-Learning bis e-Payment: Das Internet als sicherer Marktplatz. Berlin: Akademische Verlagsgesellschaft 2002, S. 265-275

02 BdB (Bundesverband deutscher Banken): Der europäische Zahlungsverkehr im Wandel. Berlin 2003 (Juni 2003)

03 Boles, D.: Integration von Konzepten und Technologien des Electronic Commerce in digitale Bibliotheken. Berlin: dissertation.de 2002

04 Böhle, K.: Internet-Zahlungssysteme in der Europäischen Union. In: Ketterer K.-H. und Stroborn K (Hrsg.): Handbuch ePayment: Zahlungsverkehr im Internet. Systeme, Trends und Perspektiven. Köln: Deutscher Wirtschaftsdienst 2002, S. 45-59

05 Böhle, K.: The Innovation Dynamics of Internet Payment Systems Development. IPTS Report (2002) 63, S. 26-33

06 Böhle, K.; Riehm, U.: Blütenträume – Über Zahlungssysteminnovationen und Internet-Handel in Deutschland. Karlsruhe: Forschungszentrum Karlsruhe 1998 (Wissenschaftliche Berichte, FZKA 6161, http://www.itas.fzk.de/deu/itaslit/lit98.htm)

07 Böhle, K.; Krueger, M.: Payment culture matters. A comparative EU-US perspective on Internet payments. Seville: European Communities 2001 (EUR 19936 EN, http://www.e-pso.info/epso/papers/Backgrnd-4.pdf)

08 BSI (Bundesamt für Sicherheit in der Informationstechnik). Erarb. vom Fraunhofer-Institut für Systemtechnik und Innovationsforschung (ISI): Elektronischer Zahlungsverkehr – Folgen fehlender oder unzureichender IT-Sicherheit. Ingelheim: SecuMedia 1998

09 Directive 2000/46/EC: Directive of the European Parliament and of the Council on the taking up, pursuit of and prudential supervision of the business of electronic money institutions. Official Journal L 275, 27/10/2000, S. 39-43

10 EPC: Euroland: Our single payment area! White Paper May 2002 – Summary. Brüssel: European Payments Council 2002 (zu beziehen über http://www.europeanpaymentscouncil.org/)

11 EZB: Elektronisierung des Zahlungsverkehrs in Europa. EZB-Monatsbericht Mai 2003, Frankfurt: Europäische Zentralbank 2003, S.66-78

12 GEF (Global Electronic Finance): The Internet and the future of institutional payment systems. FIWG Draft Position Paper. Brussels: Global Electronic Finance 2002 (June 6, 2002, http://www.fininter.net/payments/instpaydoc.htm)

13 Grimm, R.; Fasel, A.: Handbuch/Praxisbericht – Elektronische Zahlungssysteme. Studentische Arbeiten im Rahmen der „Praxiswerkstatt für Zahlungssysteme". Version 4.0.2 (Stand: 01.10.2003). Ilmenau: Technische Universität Ilmenau, Fachgebiet Multimediale Anwendungen 2003 (http://www.tu-ilmenau.de/~fasel/, Anmeldung erforderlich)

14 Harmsen, D.-M.; Weiß, G.; Georgieff, P.: Automation im Geldverkehr. Wirtschaftliche und soziale Auswirkungen. Opladen: Westdeutscher Verlag 1991 (Sozialverträgliche Technikgestaltung, Band 27)

15 Henkel, J.: Mobile Payment – Handygestützte Bezahlverfahren. In: Silberer, G.; Wohlfahrt, J.; Wilhelm T. (Hrsg.): Mobile Commerce. Wiesbaden: Gabler 2001, S. 327-351

16 Herzberg, A.: Micropayments. In: Kou, Weidong (Hrsg.): Payment technologies for E-Commerce. Berlin, Heidelberg: Springer 2003, S. 245-282

17 Hettinga, B.: A market model for digital bearer instrument underwriting. Boston: 1998 (May 1998, http://www.philodox.com/modelpaper.html)

18 IIE (Institute for Information Economics): Marktentwicklung. Password (2001) 12, S. 12-16

19 KOM(2003) 718 endgültig. Mitteilung der Kommission an den Rat und das Europäische Parlament. Ein neuer Rechtsrahmen für den Zahlungsverkehr im Binnenmarkt (Konsultationspapier). Brüssel: Europäische Kommission 2003 (2.12.2003)

20 Krueger, M.: Die Bedeutung von mobilen Zahlungsformen. In: Ketterer, K.-H; Stroborn, K. (Hrsg.): Handbuch ePayment: Zahlungsverkehr im Internet. Systeme, Trends und Perspektiven. Köln: Deutscher Wirtschaftsdienst 2002, S. 363-337

21 Kubicek, H.; Klein, St.: Wertkarten im Zahlungsverkehr: Trends und Perspektiven auf dem Weg zur elektronischen Geldbörse. Wiesbaden: Gabler 1995

22 Kuhlen, R.: Wie viel Virtualität soll es denn sein? Zu einigen Konsequenzen der fortschreitenden Telemediatisierung und Kommodifizierung der Wissensmärkte für die Bereitstellung von Wissen und Information durch Bibliotheken. BuB – Forum für Bibliothek und Information, Teil I, H. 10/11, 2002, S. 621-632; Teil II, H.12, 2002, S. 719-724

23 Kuhlen, R.: Medienprodukte im Netz. In: Picot, A. (Hrsg.): Digital Rights Management. Berlin: Springer 2003, S. 107-132

24 Kuhlen, R.: Kauf oder Leasing – Ambivalenzen pauschalierter und individualisierter Abrechnung der Nutzung intellektueller Produkte (http://www.inf-wiss.uni-konstanz.de/People/RK/Texte/beitrag_kuhlen_fuer_schmid03.pdf) erscheint in Stanoevska-Slabeva, K. (Hrsg.): The Digital Economy – Anspruch und Wirklichkeit. Festschrift für Beat Schmid. Berlin: Springer 2004

25 Leibold, K.; Stroborn, K.: Internet-Zahlungssysteme aus Sicht der Verbraucher. Ergebnisse der Online-Umfrage IZV6. Karlsruhe: Universität Karlsruhe (Institut für Wirtschaftspolitik und Wirtschaftsforschung) 2003

26 Loftesness, S.: Micropayments redux at the iTunes music store. o.O.: Glenbrook Partners 2003 (http://www.glenbrook.com/opinions/apple-itunes.html)

27 Mark Bide & Associates: Business models for distribution, archiving and use of electronic information: Towards a value chain perspective. Brussels: European Communities 2001

28 Neumann, A.; Heitmann A.; Stroborn, K.: Auswirkungen der Digitalisierung auf Fachinformationsmärkte am Beispiel kostenpflichtiger Dienste hybrider Bibliotheken. In: Jantke, K. P; Wittig, W. S.; Herrmann, J. (Hrsg.): Von e-Learning bis e-Payment: Das Internet als sicherer Marktplatz. Berlin: Akademische Verlagsgesellschaft 2002, S. 365-376

29 Obst/Hintner. Geld-, Bank- und Börsenwesen. Handbuch des Finanzsystems, 40. völlig überarbeitete Auflage, hrsg. v. von Hagen, J. und von Stein, J. H. Stuttgart: Schäffer-Poeschel 2000

30 Odlyzko, A. M: The case against micropayments. In: Wright, R. N. (Ed.): Financial Cryptography: 7th International Conference, FC 2003. Lecture Notes in Computer Science 2742. Berlin: Springer, 2003, S. 77-83.

31 OPA: Online paid content U.S. market spending report. o.O.: Online Publishers Association, September 2003

32 Orwat, C: Innovationsbedingungen des E-Commerce – der elektronische Handel mit digitalen Produkten. Berlin: Büro für Technikfolgen-Abschätzung beim Deutschen Bundestag (TAB) 2002

33 Pethig, R.: Information als Wirtschaftsgut in wirtschaftswissenschaftlicher Sicht. In: Fiedler, H. und Ullrich, H.: (Hrsg.): Information als Wirtschaftsgut. Köln: O. Schmidt 1997, S. 1-28

34 Riedl, G. R.: Der bankbetriebliche Zahlungsverkehr: Infrastruktur-Innovationen und Wandel der Zahlungsverkehrsabwicklung. Heidelberg: Physica 2002 (Bankinformatik-Studien 8; Zugl.: Regensburg, Univ., Diss., 2001)

35 Riehm, U.; Böhle, K.: Geschäftsmodelle für den Handel mit niedrigpreisigen Gütern im Internet. In: Thießen, F. (Hrsg.): Bezahlsysteme im Internet. Frankfurt am Main: Knapp 1999, S. 194-206

36 Strumpf, M.; Schöpf, Th.: Chablis – Ein Zahlungsserver für öffentliche Einrichtungen. Projekterfahrungen aus rechtlicher und technologischer Sicht. In: Jantke, K. P; Wittig, W. S.; Herrmann, J. (Hrsg.): Von e-Learning bis e-Payment: Das Internet als sicherer Marktplatz. Berlin: Akademische Verlagsgesellschaft 2003, S. 239-248

37 Teichmann, R.; Nonnenmacher, M.; Henkel J. (Hrsg.): E-Commerce und E-Payment. Wiesbaden: Gabler, 2001

38 VDZ (Verband Deutscher Zeitschriftenverleger) (Hrsg.): Paid Content – Der Markt für Online Inhalte. Berlin: VDZ 2003

39 Weber, R.: Accounting and payment concepts for fee-based scientific digital libraries. München: Utz 2000 (zugl. München: Technische Universität, Diss., 2000)

# E
## Information im Kontext

| | | |
|---|---|---|
| E 1 | Herbert Stoyan:<br>**Information in der Informatik** | ... 683 |
| E 2 | Gerhard Roth und Christian Eurich:<br>**Der Begriff der Information in der Neurobiologie** | ... 693 |
| E 3 | Margarete Boos:<br>**Information in der Psychologie** | ... 699 |
| E 4 | Harald H. Zimmermann:<br>**Information in der Sprachwissenschaft** | ... 705 |
| E 5 | Ulrich Glowalla:<br>**Information und Lernen** | ... 711 |
| E 6 | Eric Schoop:<br>**Information in der Betriebswirtschaft: ein neuer Produktionsfaktor?** | ... 717 |
| E 7 | Gerhard Vowe:<br>**Der Informationsbegriff in der Politikwissenschaft –<br>eine historische und systematische Bestandsaufnahme** | ... 723 |
| E 8 | Jürgen Krause:<br>**Information in den Sozialwissenschaften** | ... 733 |
| E 9 | Holger Lyre:<br>**Information in den Naturwissenschaften** | ... 739 |
| E 10 | Norbert Henrichs:<br>**Information in der Philosophie** | ... 745 |

# E 1  Information in der Informatik

Herbert Stoyan

1957 hat Karl Steinbuch mit seinem Mitarbeiter Helmut Gröttrup (Lit. 32) den Begriff „Informatik" erfunden. Er gebrauchte diesen Begriff nicht zur Bezeichnung eines wissenschaftlichen Fachgebiets, sondern eher für seine Abteilung bei der Firma SEL in Stuttgart.

Zu dieser Zeit standen sich in diesem Feld drei Parteien gegenüber: Die Mathematiker, die mit Rechenanlagen elektronisch rechneten, die Elektrotechniker, die Nachrichtenverarbeitung trieben und die Wirtschaftler und Lochkartenleute, die mit mechanisch-elektronischen Geräten zählten, buchten und aufsummierten. Während sich in den USA und England die Mathematiker mit dem Namen für das Gerät „Computer" durchsetzten und die Wissenschaft pragmatisch „Computer Science" genannt wurde, war in Deutschland die Diskussion bis in die 60er Jahre unentschieden: Die Abkürzung EDV hält sich noch immer gegenüber „Rechner" und „Computer"; Steinbuch selbst nannte 1962 sein Taschenbuch nicht „Taschenbuch der Informatik" sondern „Taschenbuch der Nachrichtenverarbeitung". 1955 wurde eine Informatik-Tagung in Darmstadt noch „Elektronische Rechenanlagen und Informationsverarbeitung" genannt. Die Internationale Gesellschaft hieß „International Federation for Information Processing". 1957 aber definierte Steinbuch „Informatik" als „Automatische Informationsverarbeitung" und war auf diese Art den Mathematikern entgegengegangen. Als Firmenbezeichnung schien der Begriff geschützt zu sein. Noch 1967 wurde der Fachbeirat der Bundesregierung „für Datenverarbeitung" genannt (Lit. 19). Erst als die Franzosen die Bezeichnung „Informatique" verwendeten, war der Weg frei für die Übernahme. So wurde der Ausschuss des Fachbeirats zur Etablierung des Hochschulstudiums bereits der „Einführung von Informatik-Studiengängen" gewidmet. Man überzeugte den damaligen Forschungsminister Stoltenberg und dieser machte in einer Rede den Begriff „Informatik" publik. Ende der 60er Jahre übernahmen F. L. Bauer und andere den Begriff, nannten 1969 die Berufsgenossenschaft „Gesellschaft für Informatik" und sorgten für die entsprechende Benennung des wissenschaftlichen Fachgebiets.

Die strittigen Grundbegriffe dieses Prozesses: Information/Informationen, Nachrichten und Daten scheinen heute nur Nuancen zu trennen. Damals ging es natürlich auch um Politik, um Forschungsrichtungen, um den Geist der Wissenschaft, um die Ausrichtung. Mehr Mathematik, mehr Ingenieurwissenschaft oder mehr Betriebswirtschaft, so könnte man die Grundströmungen vereinfachen. Mit der Ausrichtung der Informatik nicht versöhnte Elektrotechniker nannten sich Informationstechniker, die Datenverarbeiter sammelten sich im Lager der Wirtschaftsinformatiker.

Mit den Grundbegriffen der Informatik, Nachricht, Information, Datum, hat es seitdem umfangreiche Auseinandersetzungen gegeben. Lehrbücher mussten geschrieben werden, Lexika und Nachschlagewerke wurden verfasst, Arbeitsgruppen tagten. Die Arbeiten C. Shannons zur Kommunikation, mit denen eine statistische Informationstheorie eingeführt worden war, spielten dabei nur eine geringe Rolle.

## E 1.1  Lexika

### E 1.1.1  Taschenbuch der Nachrichtenverarbeitung, 1962

Das Taschenbuch (Lit. 34) versammelt eine Reihe von Fachexperten zu den unterschiedlichsten Themen. Information taucht als Synonym für Zeichenfolgen auf und im Abschnitt über Dokumentation im Sinne von potentiellem Wissen. So referiert Beauclair die geschichtliche Entwicklung (Lit. 03). Dabei muss er Begriffe klären: „Datenverarbeitende Maschinen müssen das erforderliche große Zahlenmaterial zuerst eingespeichert erhalten... Um solche ... Handarbeit zu vermeiden, ist es besonders wichtig, eingehende Informationen unmittelbar vom Originalbeleg ablesen zu können..." Er thematisiert den Unterschied elektronische Rechenautomaten – Datenverarbeitungsanlagen, indem er den ersteren umfangreiche Rechnungen zuweist, den letztern aber Ein-Ausgabe und schnelle Umordnung. Als Beispiel für die DV gibt er die Verarbeitung von Messergebnissen, Auskunft und Platzreservierung, Konten-, Lagerbuchführung, Buchung von Zeiten, Mengen, ..., Übersetzung und Dokumentation, Flugkontrolle.

C. Mohr im Abschnitt über Normen und Begriffe (Lit. 23) gibt keine Definition für Information: „Information bleibt ... ohne Begriffsbestimmung und wird im semantischen Sinn der Umgangssprache benutzt." Daten definiert er: „Durch Zeichen oder kontinuierliche Funktionen auf Grund bekannter oder unterstellter Abmachungen dargestellte Informationen."

K. Philipp im Abschnitt über Tastenfelder (Lit. 26) schreibt: „Eingabedaten können sein: numerische Zeichen ..." Kapitelüberschriften sind z.B. Nachrichtenwandler (Inhalt sind: Belegleser, Sprachkenner), Nachrichtenverarbeitende Systeme (erster Teil davon: Digitale Universalrechenautomaten).

Im Abschnitt über Grundbegriffe digitaler Übertragung von W. Deger und H. J. P. Rudolph (Lit. 05) treten Nachricht, Daten, Informationen fast synonym auf.

W. Händler führt in seinem Abschnitt über Rechenautomaten aus: „Informationen sind im Zusammenhang mit Rechenautomaten Kombinationen oder n-Tupel aus binären Elementen. Aus n binären Elementen lassen sich $2^n$ verschiedene Aussagen bilden. Da Aussagen in der allgemeinsten Form schwer übersehbar bzw. identifizierbar sind, werden im allgemeinen kleinere Informationseinheiten benutzt. Eine sehr gebräuchliche Einheit ist das Zeichen ..." (Lit. 11)

W. Piloty definiert im Abschnitt über Datenverarbeitung, diese sei „... maschinelle Bearbeitung großer Mengen von Informationen (Daten) durch ständig wiederholte Anwendung einiger weniger einfacher Bearbeitungsvorschriften ..." und merkt an: „Der Zustand eines jeden Objekts wird im allgemeinen durch einen Satz von Einzeldaten ... näher gekennzeichnet" (Lit. 27).

Ganz anders verwendet H. G. Körner das Wort Information in seinem Beitrag über Maschinelle Dokumentation: „Informationsflüsse ... geeignetes Ordnen der Informationen ... Personen kommunizieren, wobei Information und dadurch Wissen von einem zum anderen fließt" (Lit. 17). Er thematisiert bereits Informationsmarkt, Optimierung des Informationsflusses, Informationsreduktion usw.

Quintessenz: Wir finden zwei Informationsbegriffe, wovon einer im Plural stehen kann und synonym oder Oberbegriff für Daten ist.

### E 1.1.2 Lexikon der Datenverarbeitung, 1969

In diesem Lexikon wird zum ersten Mal Information als Zusammenfassung von Darstellung und Bedeutung verwendet (neben dem Synonym zu Daten): „In der DV ist Information eine allgemeine Bezeichnung für Daten. Oft werden die Begriffe Informationen und Daten als gleichbedeutend angenommen. Hin und wieder versteht man jedoch unter Information auch eine logisch in sich abgeschlossene Einheit und stellt sie als höhere Ordnung den Daten gegenüber, aus denen sie sich zusammensetzt. In beiden Fällen ist der nächste in der Praxis der DV angewendete Oberbegriff der Satz, der mehrere Informationen, die eine logische Einheit bilden, zusammenfaßt. Eine Information im Sinne der DV und auch der Informationstheorie ist eine Einheit aus Informationsträger (Bedeutungsträger) und einer zugeordneten Bedeutung (Information) ...". Und weiter: „Die Bezeichnung Daten wird allgemein verwendet für meist numerische oder alphanumerische Angaben über die verschiedensten Dinge und Sachverhalte. In der DV versteht man unter Daten alles, was sich in einer für die DVanlage erkennbaren Weise codieren läßt."

### E 1.1.3 Lexikon der Informatik und DV

Das von H. J. Schneider herausgegebene Lexikon liegt in 4 Auflagen vor. Von der 2. zur 3. Auflage ist eine bemerkenswerte Veränderung bei den Grundbegriffen zu konstatieren.

### E 1.1.3.1 1. Auflage 1983

H. J. Schneider schreibt: „Informatik ist die Wissenschaft von der systematischen Verarbeitung von Informationen ..." (Lit. 29). „Informationsverarbeitung wird gemeinhin aufgefaßt als Durchführung einer Abbildung zwischen Datenmengen, beschrieben durch einen Algorithmus. Für den Informatiker ist das nur die niedrigste Stufe; für ihn gehört zur Informationsverarbeitung auch die Verarbeitung solcher Abbildungen zwischen Datenmengen und ihre formale Beschreibung und effektive Durchführung sowie deren Transformationsmöglichkeiten." Und es wird eine Referenz auf Brauer „Studien- und Forschungsführer der Informatik" gegeben.

Beim Informationsbegriff stehen zwei Auffassungen unvermittelt nebeneinander: „Information ist Kenntnis über bestimmte Sachverhalte und Vorgänge in einem Teil der wahrgenommenen Realität" (Falkenberg). „Information ist, informationswissenschaftlich betrachtet, ein ideelles Handlungsmodell (Steinmüller)."

Ganz ohne Bezug auf Information kommt die Definition der medizinischen Informatik aus: „Lehre von den Eigenschaften, der Darstellung, der Konstruktion und der Realisierung von Algorithmen für die Bereiche der medizinischen Wissenschaften und der medizinischen Praxis (Seegmüller)."

### E 1.1.3.2  3. Auflage 1991

Nun tritt bei der Informatik-Definition Krückeberg neben Schneider: „Informatik ist die Wissenschaft, Technik und Anwendung der maschinellen Verarbeitung und Übermittlung von Informationen (Lit. 30)." Information wird definiert als „Kenntnis über bestimmte Sachverhalte und Vorgänge in einem Teil der wahrgenommenen Realität. Informationen sind mitgeteilte und aufgenommene Wissensbestandteile. Sie werden aus (sprachlich artikulierbarem) Wissen abgeleitet und mit Hilfe von (sprachlichen) Ausdrucksmitteln mitgeteilt. Damit repräsentieren sie einerseits ein (subjektives) Wissen (des Mitteilenden) und können andererseits ein (subjektives) Wissen (des Adressaten) aktualisieren oder erweitern (Falkenberg, Scheschonk, Barkow, Hesse, Kittlaus, Luft, v. Stülpnagel)."

### E 1.1.3.3  4. Auflage 1997

Obwohl die Informatikdefinition textuell kaum geändert ist, treten nun Schneider und Brauer als Autoren auf (Lit. 31). Die Information wird ganz anders, aber wiederum in zwei Varianten definiert:

Information 1: „Inhalt des Mitgeteilten, abstrahiert über: a) die Person des Mitteilenden (Sprecherinvarianz), b) die sprachliche Form der Mitteilung (Darstellungsinvarianz) ...". Und weiter: „Kommunikationshandlungen werden jedoch erst vor dem konkreten Hintergrund der Probleme, des Wissens und eines dadurch erforderlichen Handlungsbedarfs ihrer Empfänger zu einer Information."

Information 2 ist „.... in objektbezogener Auffassung zur Übermittlung und Aneignung in (passende oder angemessene) Form gebrachtes Wissen ... in vorgangsbezogener Auffassung Ablauf oder Ergebnis der Übermittlung und Aneignung von derartigem Wissen", sofern dieses Wissen folgenden Bedingungen genügt:

1. Solches Wissen soll beim Adressaten der Wissensvermehrung dienen,

2. es bezieht sich auf ausgewählte Aspekte eines Gegenstandes, die zu einem bestimmten Zeitpunkt subjektiv für bedeutsam genug gehalten werden, um Wissen über sie mitzuteilen oder entgegenzunehmen,

3. es ist in Sprache gefasst,

4. es ist an einen physischen Träger gebunden.

### E 1.1.4  Wirtschaftsinformatik-Lexikon, 1986

Das Lexikon definiert Informatik als „... die Wissenschaft vom Computer und seinem Anwendungsraum, die insoweit als eine selbständige Disziplin anzusehen ist, als sie sich primär mit der Informations- und Kommunikationstechnik befaßt (Theoretische Informatik), während die anwendungsbezogenen Fragen, die sich mit den Phänomenen anderer Fachdisziplinen beschäftigen, nicht als Angewandte Informatik sondern vielmehr als die Anwendungsinformatiken zu verstehen sind (Lit. 12)".

Zu Information finden wir: „Generell wird unter Information eine Auskunft, Aufklärung oder Belehrung verstanden ... Information im Sinne der Betriebswirtschaftslehre ist zweckorientiertes Wissen (Wittmann). Im Sinne der Wirtschaftsinformatik soll unter Information ‚handlungsbestimmte Kenntnis über historische, gegenwärtige oder zukünftige Zustände der Vorgänge in der Realität' verstanden werden... Information und Kommunikation stellen zwei Aspekte ein und desselben Objekts dar: Ohne Information keine Kommunikation vice versa."

Also blättern wir zur Kommunikation: „Generell wird unter Kommunikation die Beziehung zwischen Menschen, Lebewesen, maschinellen Systemen oder Geräten verstanden, die durch Austausch von Nachrichten erfolgt, die Information übermitteln. Im Sinne der Betriebswirtschaftslehre ist Kommunikation der Austausch von Information mit dem Zweck, das Handeln in Bezug auf die gegebenen Ziele optimal zu gestalten."

### E 1.1.5 Duden Informatik, 1989

Im Text zu Information lesen wir: „Energie, Materie und Information stellen die drei wichtigsten Grundbegriffe der Natur- und Ingenieurwissenschaften dar. Für die Informatik als der Wissenschaft von der systematischen Verarbeitung von Informationen sollte der Begriff ‚Information' von zentraler Bedeutung sein; doch ist er bisher kaum präzisiert worden ... (Lit. 08)." Und weiter: „Wird eine Zeichenkette übermittelt, spricht man von einer Nachricht ... Zunächst besitzt eine Nachricht keine Bedeutung; erst durch ihre Verarbeitung erhält die Nachricht einen Sinn. Umgangssprachlich bezeichnet man eine Nachricht, die einen Sachverhalt ausdrückt, die einem Zweck dient oder eine Aktion auslöst, als Information. Eine Information stellt Wissensgewinn dar oder ermöglicht gewisse Handlungen. Informationen stellen Bezüge her, und sie erklären Sachverhalte. Eine Nachricht wird zur Information entweder durch Interpretation durch den Menschen oder durch die Art und Weise, in der sie von Algorithmen verarbeitet oder in Dateien gespeichert wird." Für die Verarbeitung macht es natürlich einen großen Unterschied, ob ein Bitmuster als Zeichenfolge oder als Zahl zu verstehen und zu verarbeiten ist. Doch ist diese Klassifizierung nur ein geringer Aspekt der Bedeutung.

„Ein allgemeiner Informationsbegriff der Informatik muß dagegen auf Fragen folgender Art anwendbar sein: Wieviel Information muß ein Automat besitzen, damit er Bezeichner und Zahlen voneinander unterscheiden kann? Oder: Wieviel Informationen benötigt man, um den euklidischen Algorithmus beschreiben zu können. Oder: Durch welche Operation wird eine vorgegebene Information vernichtet?

Information umfaßt eine Nachricht zusammen mit ihrer Bedeutung für den Empfänger. Diese Bedeutung kann darin bestehen, daß ein Mensch der Nachricht einen Sinn gibt, oder die Bedeutung kann indirekt aus der Art der weiteren Verarbeitung der Nachricht geschlossen werden. Als Maß für die Information kann man die kürzeste Beschreibung wählen, die eine Nachricht benötigt, welche dieselbe Bedeutung für den Empfänger besitzt wie die ursprünglich vorgegebene Information."

Wir finden also Information als sinnvolle Nachricht, als interpretierte Nachricht und als Zusammenfassung von Nachricht und Bedeutung. Informatik wird definiert als „Wissenschaft von der systematischen Verarbeitung von Informationen, besonders der automatischen Verarbeitung mit Hilfe von Digitalrechnern".

### E 1.1.6 Informatik-Lexikon der GI

Das im Weltnetz verfügbare Lexikon enthält keine Definition von Information.

### E 1.2 Lehrbücher

### E 1.2.1 Lehrbücher ohne Bezug zu Information

Das 1965 verfaßte Lehrbuch von F. L. Bauer, J. Heinhold, K. Samelson und R. Sauer über Moderne Rechenanlagen (Lit. 01) kennt nur Zahlen. Auf S. 232 steht z.B.: „Ein digitaler Rechner muß Zahlen, mit denen er umgeht, ...." Das Wort Information kommt nicht vor. Ähnlich liegen die Verhältnisse in den Büchern von G. Hotz „Informatik: Rechenanlagen" (Lit. 14) und „Einführung in die Informatik" (Lit. 15).

### E 1.2.2 F. L. Bauer und G. Goos: Informatik

Das erste deutsche Lehrbuch zur Informatik (Lit. 02) widmet sich ungewöhnlich lange (55 Seiten) den Grundbegriffen Information und Nachricht. Ganz Wittgenstein folgend wird nach der Äußerung, Nachricht und Information seien nicht weiter definierbare Grundbegriffe, daran gegangen, die Erläuterung der Verwendung an Beispielen vorzunehmen. Dort wird ausgeführt: „(abstrakte) Information wird durch (konkrete) Nachricht mitgeteilt ... bei gegebener Information kann es verschiedene Nachrichten geben, welche diese Information wiedergeben ... eine Nachricht kann ganz verschiedene Informationen wiedergeben...". Information also als Abstraktum inhaltsgleicher oder bedeutungsgleicher Nachrichten. Die Ermittlung des Inhaltes wird aber nicht offen gelassen: „.... es muß eine Interpretationsvorschrift geben" (die zwischen Absender und Empfänger vereinbart ist). Auch die Form ist typischerweise vereinbart: „Für Nachrichten, die zwischen Menschen ausgetauscht werden, gibt es meist Abmachungen bezüglich ihrer Form."

Die Autoren beziehen den Informationsbegriff nicht nur auf menschliche Kommunikation. Nach Besprechung der Sinnesorgane fassen sie zusammen: „Der Ausblick in die Sinnesphysiologie und

-psychologie lehrt uns verschiedenes: Zunächst, daß Informationsverarbeitung (und nicht nur Informationsübertragung) ein unabdingbarer Bestandteil unserer Sinneswahrnehmung ist."

Dann kommt man mehr zur Sache: „Sprachliche Nachrichten in schriftlicher Form baut man normalerweise durch Nebeneinandersetzen von Schriftzeichen ... auf." Und es wird Codierung und die Shannonsche Informationstheorie behandelt. Die Autoren problematisieren nicht explizit den Begriff „Informationsverarbeitung," der nach dem Vorstehenden eigentlich unsinnig ist. Sie suchen aber einen Ersatz und präsentieren ihn mit dem Begriff der informationstreuen Verarbeitung: „Eine Verarbeitungsvorschrift heißt informationstreu, wenn die Zuordnung (zwischen der Interpretation der Eingabenachricht und der Interpretation der Ausgabenachricht) eine Funktion ist. Ist diese Zuordnung umkehrbar, so geht keine Information verloren."

Kurios ist der Schluss des Kapitels, wo die Autoren von der Nachricht direkt zu den Programmobjekten übergehen: „Nachricht zusammen mit der ihr zugeordneten Information soll ... Objekt genannt werden. ... Objekt ist also ein Paar (N, J), dabei wird die Information J Wert des Objekts, die Nachricht N Bezeichnung des Objekts genannt ." Nun ist also Information identisch mit dem Wert!

### E 1.2.3  F. Kröger: Einführung in die Informatik, 1987

Dass die Auffassung, Information sei als Abstraktor zu definieren, in der Informatik weit geteilt wird, kann auch durch Lektüre im Lehrbuch von F. Kröger belegt werden: „Typische Daten (Objekte) sind etwa Zahlen ... Bei einem Objekt sind also zwei Dinge zu unterscheiden: zum einen die Darstellung (Bezeichnung) des Objekts und zum anderen seine ‚eigentliche' Bedeutung. Letztere ist ein recht abstrakter Begriff, während die Bezeichnung des Objekts konkret handhabbar erscheint. Es ist daher konsequent, Verarbeitung von Daten genauer als Verarbeitung von Datendarstellungen zu verstehen. Alle grundsätzlich geeigneten Datendarstellungen lassen sich auf ein Grundprinzip zurückführen: die Bezeichnung von Daten durch ‚Zeichenreihen' (In einem engeren Sinn versteht man unter Daten von vornherein nur derartige Objektdarstellungen. Die Bedeutung eines Objektes bezeichnet man dann auch als ‚Information'.)."

### E 1.2.4  Informatik für Ingenieure

Mit einer treffenden Feststellung beginnen die Ausführungen zum Informationsbegriff im Lehrbuch von W. Merzenich und H. C. Zeidler: „Interessanterweise ist der Informationsbegriff i.a. nicht Gegenstand des Informatikstudiums. Dafür gibt es in der Nachrichtentechnik das gut ausgearbeitete Teilgebiet der Informationstheorie... Wenn wir aber von Information sprechen, dann meinen wir nicht nur den syntaktischen Aspekt. Ein Eingabewort ... kann für den Anwender eines Programms eine ganz bestimmte Bedeutung haben... Die(se) Beziehung zwischen der Bedeutung der Frage zur Bedeutung der Antwort stellt eine Verarbeitung von Information dar. Allerdings kann die Bedeutung der Frage und der Antwort vom Anwender abhängen, so daß der Informationsgehalt ein subjektiver Begriff ist. Man findet auch eine Unterteilung der Begriffe Nachricht und Information... zur Darstellung einer (subjektiven) Information (wird) stets eine (objektive) Nachricht verwendet (Lit. 22).''

### E 1.2.5  J. Blieberger etc.: Informatik, 1990

Die Autoren vergleichen zunächst die Behandlung der Grundbegriffe in Physik und Informatik und behaupten gleiches Vorgehen, weil beide Wissenschaften Grundbegriffe nicht definieren würden. Doch lassen sie völlig außer Acht, dass kein Informatik-Lehrbuch nach der Einleitung noch einmal das Wort Information verwendet, während dies für Physikbücher undenkbar ist (in Bezug auf den Begriff Masse). Der große Unterschied ist natürlich, dass die Physik Messverfahren für die Masse angibt und Bezüge zu den anderen Grundbegriffen in Definitionen und Gesetzen herstellt.

Später lesen wir: „Information ist die Bedeutung, die durch eine Nachricht übermittelt wird. Klarerweise ist Information in diesem Sinn subjektiv." Und: „Zur Übertragung von Information bedienen wir uns einer Sprache (Lit. 04)." Nach Eingehen auf den Shannonschen Informationsbegriff wird ein anderer Begriff für die Informatik festgestellt, ohne dass dieser präzise umschrieben wird. Neben ihm hätte der Shannonsche Begriff als Informationsbegriff der Nachrichtentechnik für Datenfernübertragung usw. seine Bedeutung.

### E 1.2.6 Rembold und Levi: Einführung in die Informatik, 1999

Die beiden Autoren (Lit. 28) gehen auf erprobte Weise vor: „Die drei Schlüsselbegriffe der Informatik sind Information, Nachrichten und Daten, die nicht weiter definiert werden ... Information setzt sich vorwiegend aus zwei schematisierten Teilen zusammen: dem syntaktischen ... und dem semantischen Teil (Darstellung und Bedeutung)."

## E 1.3 Diskussion in Ethik und Sozialwissenschaften

In einer interdisziplinären Diskussionsrunde (im Heft 9 des Jahrgangs 1998 der Ethik und Sozialwissenschaften) über Information haben sich Informatiker zu dem Informations-Begriff geäußert. Wir finden ein Spektrum von Ansichten, das für die ganze Informatik recht typisch ist.

Ein Urdiskutant, P. Janich (Lit. 16), stellt eine Definition von Information vor, die diesen Begriff menschlicher Kommunikation vorbehält. Information ist ein Abstraktor, der menschliche Aufforderungen (die auch als Antwort auf eine Auskunftsanfrage gegeben werden) beschreibt mit der Äquivalenzrelation Sprecherunabhängigkeit und Empfängerunabhängigkeit und Darstellungsunabhängigkeit und die Bedingung anknüpft, die Aufforderung sei wahr (gültig). Ob auch andere menschliche Nachrichten (z.B. Aussagen, Prognosen, Befehle, Bitten, Fragen, Klagen, usw.) Information sind/enthalten, ist unklar, obwohl im dritten Theorieschritt von der Darstellungsinvarianz und damit der Informationsgleichheit der ... Kommunikationshandlungen geschrieben wird. Wie man die Gültigkeit dieser verschiedenen Mitteilungen definieren kann, ließe sich aus dem Beispiel der Aufforderung entnehmen. In manchen Fällen räumt Janich (2. Theorieschritt) anscheinend ein, dass Maschinen Menschen Information senden können. Auch müsse man prinzipiell zwischen sprachverstehendem und nicht-sprachverstehendem Gerät unterscheiden.

Janich konstatiert die Invarianzen zum Teil als Sonderfall der Aufforderungspraxen: Aufforderungen seien sinnvoll standardisiert worden. Die Beispiele deuten durchweg an, dass er damit die Auszeichnung einer Darstellung meint. Im Zusammenhang mit Spielregeln bezieht er das aber explizit auf Adressateninvarianz: Jeder soll nach den Instruktionen das Spiel erlernen können. Das kann man aber eigentlich nur so lesen, dass der dümmste Adressat gemeint ist: Auch er soll das Spiel lernen können. Jedenfalls will er auf Aufforderungen hinaus, *wo festgelegten sprachlichen Formulierungen auch festgelegte Bedeutungen entsprechen* – gleichgültig, wer auffordert und gleichgültig, wer aufgefordert wird. Damit ist Sprecher- und Hörerinvarianz angesprochen, Darstellungsinvarianz nicht, sondern geradezu das Gegenteil: Darstellungseinzigkeit. Im Zusammenhang mit seiner Definition aber zeigt Janich, dass es ihm nicht um Hörerinvarianz, sondern um Adressateninvarianz geht: Der Sprecher soll jeden Hörer gleich behandeln. Dass diese mit der Auskunft etwas vollständig Verschiedenes anfangen wollen (der eine abfahren, der andere jemand abholen, der dritte den Zug in die Luft sprengen), spielt keine Rolle. Jeder Sprecher soll gleichermaßen verständlich und gültig sein; es soll nicht darauf ankommen, mit welchen Worten, in welcher Tonlage usw. gesprochen wird. Streng genommen ist das wieder die schlechte Abstraktion: Wir sehen von Worten, Tonlagen usw. ab. Das ist natürlich problematisch, weil es nicht stimmt. So ganz sehen wir von den Worten ja nicht ab. Ob der Bahnsteig 1 oder der Bahnsteig 2 erwähnt wird, das macht schon einen Unterschied. Es liegt eben keine allgemeine Darstellungsinvarianz vor. Es wird auch nicht thematisiert, dass die Reisenden unterschiedliches Wissen mitbringen: Einer könnte wissen, wo der Bahnsteig liegt, der andere nicht. Die Dialoge können aber auch nur gleichmäßig glücken, wenn sie gleiche Handlungen durchführen können und gleiche Ziele haben.

Auf die Ausführungen Janichs sind neben anderen Wissenschaftlern die folgenden acht Informatiker eingegangen.

### E 1.3.1 Deussen zu Information

Deussen (Lit. 06) widerspricht viel, stimmt aber faktisch der Definition zu, dass Information ein Abstraktor für Nachrichten ist. Er erwähnt aber nicht die Sender- und Empfängerunabhängigkeit, sondern nur die Darstellungsunabhängigkeit, die er mit Interpretationsgleichheit konkretisiert. Seine weiteren Ausführungen könnte man dahingehend deuten, dass er darlegen will, nicht nur Aussagen über Sachverhalte, die bestehen, seien als Information anzusehen/enthalten Information, sondern auch solche, die mögliche Objekte beschreiben (sein Beispiel: die Konstruktion eines Rechners, eines Autos oder Flugzeugs).

## E 1.3.2 Gitt zu Information

Gitt (Lit. 09) ist eher Elektrotechniker – Informationstechniker. Er stimmt Janich weitgehend zu, nimmt aber eine völlig andere Position ein. Er möchte Information gewissen Hervorbringungen aller Lebewesen zubilligen. Er präsentiert sogar ein Bild, in dem Kristalle und Sterne auftreten. Gleichzeitig meint er, Information könne immer nur durch einen geistigen Urheber erzeugt werden. Interessant ist eine Hierarchie von Abstraktionsebenen, die er einbringt: Statistik, Syntax, Semantik, Pragmatik und Apobetik. Die semantische Ebene entspricht dabei der Information von Deussen. In Parallele dazu wäre der pragmatische Informationsbegriff an der Handlung anzusetzen: Alle Nachrichten, die zu gleichen Handlungen führen (und sender-empfänger-darstellungsinvariant betrachtet werden) enthalten/sind gleiche Information. Der apobetische Informationsbegriff: Alle Nachrichten, die gleiche Ziele zu erreichen helfen enthalten/sind gleiche Information; wenn Sender und Empfänger Menschen wären und die Nachrichten Aufforderungen enthalten, entspricht das dem Informationsbegriff von Janich. Der „syntaktische" Informationsbegriff würde demnach die Darstellungsinvarianz aufgeben, aber (vielleicht) die Sender- und Empfängerinvarianz erhalten. Die unterste (statistische) Ebene stellt (vielleicht) den Shannonschen Informationsbegriff dar.

## E 1.3.3 Haefner zu Information

Haefner (Lit. 10) geht ganz von der Janichschen Definition ab. Für ihn ist Information eine Nachricht, die eine Veränderung eines informationsverarbeitenden Systems ergibt. Er sieht auf allen Ebenen der Natur und Technik Informationsverarbeitungssysteme (Elementarteilchen – Energiezustände als Nachricht, Zelle – DNA als Nachricht, Gehirn – elektrisch/chemische Nervennachrichten, Menschen – Sprachnachrichten, informationstechnische Systeme – elektrische Signale). Weitere Ausführungen scheinen anzudeuten, dass er der Abstraktor-Idee zugänglich wäre, die Mitteilungen aber nicht auf (menschliche) Aussagen begrenzen will. Er präsentiert eine Folge von Randbedingungen, unter der die zweite („eine Theorie der Information müsse deren Interpretation auf der strukturellen und letztlich der physikalischen Ebene berücksichtigen") verwirrend ist – ebenso die achte („eine Theorie der Information müsse die Gleichzeitigkeit des Empfangens, der Verarbeitung, des Speicherns und des Aussendens von Information in informationsverarbeitenden Systemen umfassen").

## E 1.3.4 Hesse zu Information

Hesse (Lit. 13) stimmt wiederum Janich weitgehend zu. Er präsentiert einen Semiotischen Tetraeder zur Illustration der Abstraktionen. Bei dem Bezug auf Aussagen könnte man eine Variante zu Janich erkennen: Hesse scheint Gebrauchsanleitungen als Mitteilungen zuzulassen, und die enthalten Handlungsvorschriften (die gelingen können) und Objektbeschreibungen (die wahr sein können).

## E 1.3.5 Krause zu Information

Krause (Lit. 18) ist mehr Informationswissenschaftler als Informatiker. Er meint, Janich bringe nur eine neue Variante des Konsenses der deutschen Informationswissenschaft (wonach Information die Teilmenge von Wissen ist, die von einer bestimmten Person ... in einer konkreten Situation zur Lösung von Problemen benötigt wird). Genau genommen kommt in dieser Ansicht der Sender keinesfalls vor, der Empfänger vermutlich und die Nachricht gar nicht, sondern nur der Effekt beim möglichen Empfänger.

## E 1.3.6 Luft zu Information

Luft (Lit. 20) schreibt gemeinsam mit Kötter, einem Philosophen. Sie fordern eine Verschärfung der Janichschen Definition (im Sinne der Informationswissenschaftler): Von Information könne bei einer Mitteilung nur gesprochen werden, wenn eine Wissensmodifikation stattfindet. (Allerdings unterschätzen die Autoren den Aspekt bei menschlicher Kommunikation. Selbst langweiligste Mitteilungen enthalten doch die Bestätigung: ‚Es ist noch so, wie du denkst.') Merkwürdigerweise stellen sich die Autoren die Speicherung von Wissensbeständen vor. Wenn so ein Wissensbestand von einem Menschen abgerufen wird (dabei vielleicht Deduktionsprozesse ablaufen) und eine Modifikation seines Wissens hervorruft, müsste man doch von Information sprechen?

## E 1.3.7 Marko zu Information

Marko (Lit. 21) ist Elektrotechniker – Nachrichtentechniker. Er hinterfragt die Empfängerunabhängigkeit im selben Sinne wie die Informationswissenschaftler. Er kann sich einen rein statistischen Informationsbegriff vorstellen. Zudem ist er mit der Einschränkung auf menschliche Kommunikation nicht einverstanden.

### E 1.3.8 Nake zu Information

Nake (Lit. 25) geht nur nebenbei auf Janich ein. Er präsentiert einen eigenen Informationsbegriff. Danach ist Information ein Zeichenprozess, der von einer Zeichensituation das in einer Gemeinschaft von Kommunizierenden Unumstrittene erfasst. Hier wundert zunächst der Prozess, der aber anscheinend auch eine Relation sein kann. Dann wundert das ‚Unumstrittene', was eigentlich nur sinnvoll auf das allen Bekannte bezogen werden kann.

### E 1.4 Mensch und Maschine

Alle Maschinen werden von Menschen erdacht und gebaut. Auch wenn es maschinenbauende Maschinen geben sollte, agieren diese für den Menschen. Wenn eine Maschine eine Nachricht sendet, dann vollzieht sie einen Akt, den ein Mensch vorgesehen hat. Wenn ein Mensch eine Nachricht nicht selbst sendet, sondern sich mechanischer oder maschineller Hilfsmittel bedient (ein hölzerner Wegweiser, eine Ampel, ein Messwerte aussendendes Gerät oder ein Ereigniszähler, die Sprachausgabe eines Computers usw.), hat man doch immer davon auszugehen, dass menschliche Absicht und Ziele hinter diesem Vorgang stehen. Deshalb sind diese Nachrichten wie menschliche Nachrichten anzusehen. Maschinen verstehen nie Nachrichten, denn sie haben kein Wissen und teilen dies nicht mit dem Sender, sie haben keinen Lebenszusammenhang mit ihrer Umwelt (und insbesondere i.a. nicht mit dem Sender) und keine kreatürlichen Ziele. Maschinen können aber so eingerichtet werden, dass sie auf Nachrichten mit Antworten reagieren, wie, rein äußerlich betrachtet, ein Mensch reagieren würde.

Da der planende und einrichtende Mensch beim Entwurf des Nachrichtenerzeugungsprozesses vielleicht nicht alle seine Festlegungen völlig überschaut und so das komplexe Wechselspiel der Komponenten in diesem Prozess nicht voraussagen kann, so ist es doch seine Vorrichtung, die zur Nachricht führt, es ist eigentlich er, der die Maschine zur Nachrichtenerzeugung veranlasst. Diese komplexe Situation immer so zu schildern, ist etwas unbequem. So spricht man verkürzt von der Nachrichten sendenden Maschine, meint damit aber ihre Dienstleistung für einen Menschen (der sie zum Nachrichtensenden benutzt). Insofern ‚sendet' eine Ampel Nachrichten an die Verkehrsteilnehmer in dem Sinne, dass sie von der Verkehrspolizei dazu aufgestellt wurde. Eine defekte Straße demgegenüber sendet normalerweise nichts, es sei denn, sie sei von Menschen zerstört worden, um Protest oder Ähnliches zu signalisieren.

Die Nachrichten, die eine Maschine auf diese Weise versendet, können bedeutungsvoll sein, können zu Information abstrahiert werden. Wenn eine Maschine sinnreich genug gebaut ist, kann sie auf Nachrichten mit unterschiedlichem Inhalt angemessen reagieren, auch auf Aufforderungen.

### E 1.5 Die Äquivalenzrelationen

Abstraktion nach den Vorschlägen der Konstruktivisten findet nicht durch Weglassen statt, sondern durch Betonen des Gleichen, des Äquivalenten. Bei der Information ist der Bezug auf die Inhaltsgleichheit (die besser ist als die Darstellungsinvarianz) typisch. Janich hatte daneben noch die Sender- und die Empfängerinvarianz gefordert.

Die Senderunabhängigkeit lässt sich dadurch begründen, dass jeder Sprecher etwas Verschiedenes sagen will, doch nur das zählt, was formuliert wurde. Senderunabhängigkeit lässt sich also realisieren, indem man den Sender nicht berücksichtigt. Das geht, weil er bei Vorliegen der Nachricht seinen Teil bereits getan hat. (Jeder Sender wird gleichbehandelt, auch wenn es eine Maschine ist.)

Die Empfängerunabhängigkeit ist ein großes Problem, denn seine Rezeptionsleistung spielt eine Rolle. Janich kam zu ihr, indem die Anfrage eingebaut ist. Anfragen erfolgen nur, wenn man etwas nicht weiß. Also sind alle Empfänger unwissend in Bezug auf die erhoffte Auskunft. Die Informatiker sprechen davon, dass der Empfänger eine Interpretationsvorschrift haben muss. Im Unterschied zu den Informationswissenschaftlern heben sie nicht auf das Vorwissen des Empfängers ab. (Jeder Empfänger mit Interpretationsvorschrift kann verstehen.)

Der komplizierteste Anteil an der Äquivalenzrelation ist die Inhaltsgleichheit. Darstellungsinvarianz ist unsinnig, weil sie nur in delikatem Maße anzuwenden ist. Wann haben zwei Nachrichten bei gegebener Interpretationsvorschrift den gleichen Inhalt? Wenn man eine Variante der Interpretationsvorschrift hätte, die jede Nachricht in eine Normalform standardisiert, kann könnte man den gleichen Inhalt prüfen. Das ist für eine formale Sprache vorstellbar, für die menschlichen kommunikativen Praxen aber nicht.

## E 1.6   Zusammenfassung

1. Zwei Hauptauffassungen stehen sich gegenüber: Information als Abstraktor (Bedeutung, Zielerreichung, Wissenserweiterung) und Information als Variante von Datum und Nachricht. Das zweite tritt oft in Pluralform auf, das erste nicht.

2. Einig ist man sich (im Unterschied zu den Informationswissenschaftlern), dass Information einer Nachricht zuzuordnen ist.

3. Inhaltsgleichheit, die sich bei formalen Sprachen durch Standardisierung prüfen lassen könnte, ist ein einfacheres Konzept als (partielle) Darstellungsinvarianz.

4. Die komplizierten Überlegungen, ob Maschinen menschliche Zwecke erfüllen oder nicht, umgehen Informatiker, um einfacher über die technischen Zusammenhänge sprechen zu können. Bei der Konstruktion großer Software-Systeme spielen die Nutzer und die Frage, ob sie die Systemnachrichten verstehen können und aus ihnen ein erweitertes Wissen aufbauen können, aber eine große Rolle.

5. Information nur Aufforderungen oder Aussagen zuordnen zu wollen, ist zu eng. Neben dem Inhalt und dem zu erreichenden Zweck spielen zudem bei zwischenmenschlichen Nachrichten weitere Dimensionen eine wichtige Rolle (Selbstbild, Beziehungsbild usw.).

6. Der Begriff Informationsverarbeitung ist nur sinnvoll, wenn Information als Variante von Datum und Nachricht verstanden wird.

7. Der Informationsbegriff ist für die Informatik nicht wichtig. Sie ist nicht die Wissenschaft von der Informationsverarbeitung, sondern die Wissenschaft von den informationstreuen Nachrichten-Verarbeitungen.

**Literatur**

01 F. L. Bauer; J. Heinhold; K. Samelson; R. Sauer: Moderne Rechenautomaten. Teubner, Stuttgart, 1965

02 F. L. Bauer; G. Goos: Informatik 1. Springer, Heidelberg etc., 1971

03 W. de Beauclair: Geschichtliche Entwicklung. In: Lit. 34

04 J. Blieberger; G. H. Schildt; U. Schmid; S. Stückler: Informatik. Springer, Wien, 1990

05 W. Degen; H. J. P. Rudolph: Grundbegriffe digitaler Übertragung. In: Lit. 34

06 P. Deussen: Informationsbegriff in der Informatik. Ethik und Sozialwissenschaften. Vol. 9, No. 2, 1998, S. 193-194

07 DIN 44300 Informationsverarbeitung, Begriffe. 1965

08 H. Engesser u.a.: Duden Informatik, Dudenverlag, Mannheim, Wien, Zürich, 1989

09 W. Gitt: Ist Information eine Eigenschaft der Materie? Ethik und Sozialwissenschaften. Vol. 9, No. 2, 1998, S. 205-206

10 K. Haefner: Wo ist die Information, Herr Janich? Ethik und Sozialwissenschaften. Vol. 9, No. 2, 1998, S. 209-211

11 W. Händler: Digitale Universalrechenautomaten. In: Lit. 34

12 L. Heinrich; F. Roithmayr: Wirtschaftsinformatik-Lexikon. Oldenbourg, München, Wien, 1986

13 W. Hesse: Information – Das Soma des ausgehenden Jahrhunderts? Ethik und Sozialwissenschaften. Vol. 9, No. 2, 1998, S. 212-214

14 G. Hotz: Informatik – Rechenanlagen. Teubner, Stuttgart, 1972

15 G. Hotz: Einführung in die Informatik. Teubner, Stuttgart, 1990

16 P. Janich: Informationsbegriff und methodisch-kulturalistische Philosophie. Ethik und Sozialwissenschaften. Vol. 9, No. 2, 1998, S.169-181

17 H. G. Körner: Maschinelle Dokumentation. In: Lit. 34

18 J. Krause: Alles schon da? – Der handlungsorientierte Informationsbegriff als Grundlage informationswissenschaftlicher Theoriebildung und Gestaltungsarbeit. Ethik und Sozialwissenschaften. Vol. 9, No. 2, 1998, S. 223-224

19 F. Krückeberg; U. Brauer: Zur Gründung der GI. Informatik Spektrum, Vol. 25, No. 6, 2002, S. 481-485

20 A. Luft; R. Kötter: Der Informationsbegriff – Einige Anmerkungen zu seiner kulturalistischen Deutung. Ethik und Sozialwissenschaften. Vol. 9, No. 2, 1998, S. 231-233

21 H. Marko: Über die Problematik einer Diskussion zwischen Philosophen und Naturwissenschaftlern (Technikern). Ethik und Sozialwissenschaften. Vol. 9, No. 2, 1998, S. 234

22 W. Merzenich; H. C. Zeidler: Informatik für Ingenieure. Teubner, Stuttgart

23 C. Mohr: Normen und Begriffe der Nachrichtenverarbeitung. In: Lit. 34

24 P. Müller u.a.: Lexikon der Datenverarbeitung. Verlag moderne Industrie, München, 1969

25 F. Nake: Information und Daten. Ethik und Sozialwissenschaften. Vol. 9, No. 2, 1998, S. 238-239

26 K. Philipp: Tastenfelder. In: Lit. 34

27 R. Piloty: Datenverarbeitung. In: Lit. 34

28 U. Rembold; P. Levi: Einführung in die Informatik für Naturwissenschaftler und Ingenieure. Hanser, München und Wien, 1999

29 H. J. Schneider: Informatik. In: Lexikon der Informatik und DV, Oldenbourg, München, Wien, 1983 (1. Auflage)

30 H. J. Schneider; F. Krückeberg: Informatik. In: Lexikon der Informatik und DV, Oldenbourg, München, Wien, 1985 (3. Auflage)

31 H. J. Schneider; Brauer: Informatik. In: Lexikon der Informatik und DV, Oldenbourg, München, Wien, 1989 (4. Auflage)

32 K. Steinbuch: INFORMATIK: Automatische Informationsverarbeitung. SEG-Nachrichten. Heft 4/1957

33 K. Steinbuch: Taschenbuch der Nachrichtenverarbeitung. Springer, Berlin 1962

34 K. Steinbuch: Taschenbuch der Nachrichtenverarbeitung. Springer, Berlin 1967 (2. Auflage)

# E 2 Der Begriff der Information in der Neurobiologie

Gerhard Roth und Christian Eurich

## E 2.1 Vorbemerkungen

Der Begriff der Information dient in den Neurowissenschaften zum einen zur Charakterisierung der Bedeutung von Reizen, die von Menschen oder Tieren mit Hilfe ihres Gehirns verarbeitet, in ihrer Verhaltensrelevanz eingestuft und in sinnvolles Verhalten umgesetzt werden. Zum anderen werden formale, mathematische Methoden der Informationstheorie und der statistischen Schätztheorie eingesetzt, um quantitative Aussagen über die Signalverarbeitung im Nervensystem zu treffen. Insbesondere wird die Frage untersucht, ob und mittels welcher neurobiologischer – insbesondere elektrophysiologischer – Größen Nervenzellen sensorische Reize oder motorische Handlungen codieren.

## E 2.2 Sinnesphysiologie und neuronale Verarbeitung

Lebewesen müssen zur Sicherung der eigenen Existenz sowie des Fortbestandes ihrer Fortpflanzungsgemeinschaft (Population) mit ihrer Umwelt gerichtet interagieren. Hierzu müssen sie bestimmte Gegebenheiten in dieser Umwelt hinreichend erkennen. Dies kann man als *Sammeln von Informationen* über die Umwelt ansehen, und es geschieht mit Hilfe der Sinnesorgane und des mit ihnen verbundenen Nervensystems.

Information wird hierbei verstanden als Maß für *biologisch relevante* Veränderungen in Zentren des Gehirns, die direkt oder indirekt auf das Verhalten einwirken. Entsprechend enthalten Reize viel Information, wenn sie zu deutlichen Veränderungen in diesen Zentren und im Verhalten führen, und Reize enthalten keine Information, wenn sie zu keinerlei Veränderungen führen. Information ist in diesem Zusammenhang gleichbedeutend mit *verhaltensrelevanter Bedeutung*. Die Informationsaufnahme wird bestimmt erstens von den physikalischen Eigenschaften der Sachverhalte der Welt, zweitens von der Beschaffenheit und Leistungsfähigkeit der Sinnesorgane und drittens von der Beschaffenheit und Leistungsfähigkeit des Nervensystems.

Das Nervensystem (Zentralnervensystem einschließlich des Gehirns plus peripheres Nervensystem) ist nicht in der Lage, *direkt* mit der physikalischen Umwelt zu interagieren und somit Information aufzunehmen. Nervenzellen können nur durch bestimmte elektrische und chemische Ereignisse gereizt werden. Sinnesorgane besitzen demgegenüber *Rezeptoren*, die in der Lage sind, mit der physikalischen Welt zu interagieren und elektrische bzw. äquivalente chemische Zustände zu erzeugen, die auf die nachgeschalteten Nervenzellen erregend oder hemmend einwirken können. Bau und Leistung der Sinnesrezeptoren legen damit die *Art* und den *Bereich* der sensorischen Interaktion des Lebewesens mit seiner Umwelt fest.

Generell unterscheidet man Rezeptoren für mechanische, elektrische, elektromagnetische und chemische Reize. Zu den *Mechanorezeptoren* gehören Rezeptoren, die auf Bewegungen bzw. Schwingungen fester Körper, Flüssigkeiten oder Schall reagieren und mit Druck-, Berührungs-, Hör-, Strömungs-, Beschleunigungs- und Lageempfindungen verbunden sind. Elektromagnetische Rezeptoren reagieren auf elektromagnetische Wellen und führen zur Wahrnehmung von UV-Licht, sichtbarem Licht, Wärmestrahlung und Magnetfeldern; Elektrorezeptoren reagieren auf elektrische Felder. Chemische Rezeptoren interagieren mit Molekülen, mit denen sie in Kontakt treten, etwa im Zusammenhang mit Nahrungserwerb, Feind-, Artgenossen- und Sexualpartnererkennung.

Sinnessysteme haben einen *Empfindlichkeitsbereich*, der meist nur einen sehr kleinen Ausschnitt aus dem entsprechenden physikalischen Spektrum darstellt. Im Fall der Photorezeptoren stellt dies bei Säugetieren einschließlich des Menschen einen Bereich von Wellenlängen elektromagnetischer Wellen zwischen 400 und 700 Nanometern dar, in dem das sichtbare Licht wahrgenommen wird. Wellenlängen zwischen 350 nm und 400 nm werden als UV-Licht und Wellenlängen jenseits von 700 nm als Wärme wahrgenommen. Innerhalb des Empfindlichkeitsbereichs gibt es Abschnitte höherer und geringerer Empfindlichkeit der Rezeptoren, die meist von verhaltensökologischer Bedeutung sind. Reize, welche die Rezeptoren in physiologischer (d.h. nicht-zerstörender) Weise erregen, nennt man *adäquaten Reiz*.

Die Reizung eines Rezeptors führt zum Entstehen eines *Rezeptorpotentials*, welches eine Verringerung

(Depolarisation) oder Verstärkung (Hyperpolarisation) des im Ruhezustand negativen Membranpotentials des Rezeptors darstellt. Diesen Vorgang nennt man *Transduktion*, d.h. „Übersetzung" des physikalischen oder chemischen Reizes in die „Sprache des Gehirns". Hierbei werden bestimmte membranständige Ionenkanäle geöffnet oder geschlossen. Dies kann auf sehr verschiedene Weise geschehen, und zwar entweder direkt durch mechanische Verbiegung der Membran bei Mechanorezeptoren oder durch komplizierte chemische Prozesse wie bei Geruchs-, Geschmacks- und Photorezeptoren. Sinnesrezeptoren können als *primäre Sinneszellen* direkt die Erregung zu nachgeschalteten Nervenzellen fortleiten (Beispiel sind Geruchsrezeptoren). *Sekundäre Sinneszellen* wie Photorezeptoren und die Haarzellen des Innenohrs sind umgewandelte Epithelzellen und benötigen zum Entstehen von Aktionspotenzialen und zu deren Fortleitung Nervenzellen, die mit ihnen in Kontakt stehen.

Nervenzellen bestehen in der Regel aus einem Dendritenbaum, über den sie mit Sinneszellen oder anderen Nervenzellen verbunden sind, einem Zellkörper und einem Axon (oft auch mehreren Axonen), das Erregungen abgibt. Meist sind Nervenzellen mit Tausenden anderer Nervenzellen verbunden. Kontaktstellen zwischen Nervenzellen können *elektrische Synapsen* sein, bei denen eine Erregung direkt von einer Zelle zur anderen läuft, oder *chemische Synapsen*, bei denen eine elektrische Erregung eine proportionale Ausschüttung von Überträgersubstanzen, Transmitter genannt, bewirkt, die dann in der nachgeschalteten Nervenzelle wieder eine elektrische Erregung (Depolarisation) oder eine Hemmung (Hyperpolarisation) hervorruft.

Rezeptorpotentiale sind *graduierte* oder *analoge* Signale, d.h. der Grad der Depolarisation oder Hyperpolarisation der Membran bildet in gewissen Grenzen die Intensität des adäquaten Reizes ab. Auch die am Dendritenbaum über chemische Synapsen hervorgerufenen Potenzialänderungen sind graduierte Potenziale. Diese wandern zum Zellkörper und schließlich zum Ansatzort des Axons und lösen dort gegebenenfalls Aktionspotenziale aus. Aktionspotenziale sind *diskrete* oder *Alles-oder-Nichts-Signale*. Sie haben bei einem gegebenen Neuronentyp alle dieselbe Amplitude (ca. 100 Millivolt von -70 bis +30 mV), Form und Dauer (um 1 Millisekunde).

## E 2.3 Qualitative Aspekte der Informationsverarbeitung im Gehirn

Das Sammeln von Informationen über die Umwelt beruht im ersten Schritt auf dem Erfassen der grundlegenden Merkmale von Umweltreizen für den Organismus. Hierbei handelt es sich um (1) die *Modalität* eines Reizes (visuelle, auditorische, somatosensorische, olfaktorische, gustatorische usw. Reize), (2) seine *Qualitäten* (bei visuellen Reizen beispielsweise Bewegung, Farbe und Form), (3) seine *Intensität*, (4) seine *zeitlichen Eigenschaften*, d.h. Beginn und Dauer, und (5) seinen *Ort*. Die Codierung dieser als *Primärinformation* bezeichneten Eigenschaften, also ihre Umsetzung in physiologische Eigenschaften von Sinnes- und Nervenzellen, ist höchst unterschiedlich.

Da sowohl graduierte Potentiale als auch Aktionspotenziale in allen Sinnessystemen gleichartig sind, kann die *Modalität* eines Reizes nicht direkt in neuronaler Aktivität codiert werden, sondern dadurch, dass entsprechende Sinnesorgane direkt oder über Zwischenstationen fest mit bestimmten Gehirnarealen verbunden sind (z.B. die Netzhaut mit dem visuellen Cortex und das Innenohr mit dem auditorischen Cortex). Aktivitäten in diesen Arealen repräsentieren eine Sinnesmodalität. Dies nennt man *Ortscodierung*. Die Codierung von *Ort* und *Qualitäten* eines Reizes geschieht ebenfalls nach dem Prinzip der Ortscodierung, und zwar dadurch, dass innerhalb eines Sinnessystems unterschiedliche Untertypen von Sinnesrezeptoren unterschiedlich (wenngleich meist überlappend) auf unterschiedliche Teilmerkmale von Reizen reagieren (im visuellen System zum Beispiel auf Bewegung, Kontrast und Wellenlängen), und dass ihre Erregungen auf spezifischen getrennten Bahnen direkt oder über Umschaltstellen zu Untergebieten der entsprechenden Sinnesareale geleitet werden. Aktivitäten in diesen Untergebieten repräsentieren dann den Ort oder eine bestimmte Qualität eines Reizes. Diese sind häufig topographisch in Form von so genannten Merkmalskarten angelegt. So gibt es in den visuellen Arealen des Cortex Gebiete für die Verarbeitung von Bewegungs-, Kontrast- und Wellenlängeneigenschaften eines visuellen Reizes, denen die Informationen über seinen Ort überlagert sind.

Die *Intensität* und die *zeitlichen Eigenschaften* eines Reizes werden in den Rezeptoren mehr oder weniger direkt über die Frequenz und die Zeitstruktur der Entladungssalven von Aktionspotenzialen codiert. Dieser Code überträgt sich im Allgemeinen jedoch nicht auf alle nachgeschalteten Nervenzellen. So kann die Frequenz der Aktionspotenziale eines corticalen Neurons im Sehsystem mit ganz unterschiedlichen Qualitäten des Reizes zusammenhängen.

Ein wichtiger Aspekt der Hirntätigkeit ist der Charakter der *Verarbeitung* von Signalen. Informationen werden keineswegs unverändert übertragen, sondern aktiv verändert: Neuronale Repräsentationen sind in den meisten Fällen das Ergebnis komplexer dynamischer Verarbeitungsschritte durch Populationen von Nervenzellen. So wird bereits die fünfte, oben genannte Primäreigenschaft, der *Ort* eines optischen, akustischen, taktilen oder olfaktorischen Reizes, stets indirekt über Triangulation (visuelles und olfaktorisches System) oder über die Berechnung von Laufzeit- und Intensitätsunterschieden von Schallereignissen (auditorisches System) bestimmt.

Komplexere Informationen entstehen im Gehirn zum einen durch Kombination von Primärinformationen. Dies geschieht durch eine Mischung von parallel-konvergent-divergenter Reizverarbeitung auf mehreren bis vielen Verarbeitungsstufen des Gehirns. Hierbei werden einerseits Primärinformationen (z.B. über den Ort und die Zeitstruktur) auf separaten Bahnen bis zu den höchsten Verarbeitungsebenen geleitet, zum anderen konvergieren Bahnen, und es kommt zu einer Verrechnung primärer Informationen; die neu entstandenen sekundären Informationen werden wieder teils separat weitergeleitet, teils konvergieren sie zur Verrechung und Schaffung tertiärer Informationen usw. Dadurch entsteht ein insgesamt auf jeder Verarbeitungsebene *stark divergierendes System*. So stehen im visuellen System des Menschen den zweimal eine Million Retinaganglienzellen als Ausgangselemente der Netzhaut ca. 20 Millionen visuelle Neurone im Zwischenhirn, 2 Milliarden Neurone im primären visuellen Cortex und ca. 20 Milliarden visueller Neurone in nachgeschalteten Cortexarealen gegenüber.

Ein weiterer und besonders wichtiger Prozess der Informationserzeugung besteht im Abgleich der aktuell einlaufenden sensorischen Erregungen (Primärinformationen) mit den in den sensorischen und kognitiven Gedächtnissen bereits vorhandenen Informationen. Letztere übertreffen in ihrem Anteil an dem schließlichen Wahrnehmungsinhalt die Menge der Primärinformationen um Größenordnungen, man schätzt dieses Verhältnis auf 999:1. Die dynamischen Prozesse, die in den sensorischen und kognitiven Gedächtnissystemen in Gang gesetzt werden, führen auf einer längeren Zeitskala von Minuten bis Tagen zu strukturellen Reorganisationsprozessen, die man unter dem Stichwort „Lernen" zusammenfassen kann: das signalverarbeitende System passt sich durch die Prozesse, die in ihm ablaufen, selbstorganisiert an seine Umwelt an.

## E 2.4    Neuronale Codes

Wie in den vorigen Abschnitten ausgeführt, zeigen Rezeptoren und Nervenzellen bei Präsentation geeigneter Reize physiologische Reaktionen: Es ändern sich im allgemeinen die analogen Membranpotentiale, und die meisten Nervenzellen erzeugen obendrein Aktionspotenziale, die an andere Nervenzellen oder Muskelfasern weitergeleitet werden. Solche Vorgänge können quantitativ in der Sprache der Signal- und Informationsverarbeitung betrachtet werden, um zu einem Verständnis der Arbeitsweise und der Funktionen des Gehirns zu gelangen. Typischerweise werden dazu in Experimenten Reize präsentiert und mittels mathematischer Methoden mit deren neuronalen Antworten korreliert. Dasselbe gilt für die Kombination von neuronalem Verhalten und motorischen Handlungen zur Überprüfung der Frage, ob die Reaktion einer betrachteten Gruppe von Nervenzellen die Ursache für bestimmte Körperbewegungen sein kann. In beiden Fällen würde man davon sprechen, dass die neuronale Aktivität die sensorischen Reize bzw. die motorischen Handlungen codiert. Die Beschäftigung mit Codierung im Nervensystem nimmt dagegen im allgemeinen keinen Bezug auf das Shannonsche Schema, nach dem ein Signal codiert, über eine Leitung geschickt und anschließend bei einem Empfänger decodiert wird. Im Gehirn findet sich keine Instanz, die eine solche Decodierung durchführen würde, zumal dieser Vorgang beispielsweise die Rück-Übersetzung neuronaler Signale in die ursprünglichen Sinnesqualitäten beinhalten würde (siehe Lit. 01 für eine Einführung in neuronale Codierung).

Untersuchungen zur neuronalen Codierung erfordern eine Hypothese darüber, welcher Aspekt der Aktivität von Zellen als Code angesehen werden kann. Dazu gibt es eine Reihe von Ideen, unter anderem den oben zitierten Ortscode sowie die Rate der Aktionspotenziale oder deren genaue Zeitpunkte. Im Folgenden sollen die gängigsten Hypothesen über neuronale Codes aufgelistet werden.

Zunächst stellt sich die Frage, ob Reize in der Aktivität einzelner Nervenzellen (so genannter *Kardinalzellen*) oder durch Gruppen *(Populationen)* von Nervenzellen repräsentiert sind. Experimentell ist bekannt, dass an jeglicher Signalverarbeitung im Nervensystem eine sehr große Anzahl von Nervenzellen beteiligt ist. So korrelieren bereits einfache Qualitäten eines Reizes, beispielsweise die Bewegungsrichtung eines visuellen Objekts, mit der Aktivität vieler Neuronen. Dies gilt auch für komplexe, zusammengesetzte Objekte. Zwar findet man im Cortex Nervenzellen, die vergleichsweise spezifisch reagieren (beispielsweise auf Gesichter); jedoch lässt sich keine 1:1-Zuordnung von Nervenzellen und Objekten feststellen – dies wäre schon aufgrund der Komplexität der Außenwelt aus kombinatorischen Gründen nicht möglich. Somit kann davon ausgegangen werden, dass für sensorische Reize und auch für die Repräsentation von Körperbewegungen ein Populationscode vorliegt.

Die meisten Untersuchungen stützen sich auf Codes, die auf der Erzeugung von Aktionspotenzialen beruhen. Der einfachste Vertreter ist der *Binärcode*: Betrachtet hier wird lediglich die Eigenschaft, ob in einer Nervenzelle als Antwort auf einen Reiz ein oder mehrere Aktionspotenziale entstehen. Warren McCulloch und Walter Pitts legten 1943 in dem historisch ersten Artikel über künstliche neuronale Netze ihren Untersuchungen eine binäre Codierung zu Grunde und konnten zeigen, dass beliebige logische Funktionen in Netzwerken repräsentiert werden können. Neuere mathematische Rechnungen und elektrophysiologische Untersuchungen haben ergeben, dass bereits mit einer binären Codierung die Eigenschaften von Reizen in neuronalen Populationen mit hoher Genauigkeit abgebildet werden können.

Viele experimentelle und theoretische Arbeiten beschäftigen sich mit dem *Ratencode*, bei dem Informationen über Reize in der Anzahl von Aktionspotenzialen, die pro Zeiteinheit erzeugt werden, angesiedelt sind. Ein wichtiger Kritikpunkt besagt, dass das Auslesen der Rate eines einzelnen Neurons eine vergleichsweise lange Zeit in Anspruch nimmt. Da Neuronen in unregelmäßigen Zeitabständen feuern, erfordert die Diskriminierung zweier Raten eine Statistik der Aktionspotenziale über Zeitintervalle, die der sehr schnellen sensorischen Verarbeitung im Gehirn widersprechen. Wird jedoch eine Population von Nervenzellen zu Grunde gelegt, so verkürzt sich die Zeit entsprechend der Populationsgröße: die *Populationsrate*, also die Anzahl der Aktionspotenziale, die pro Zeiteinheit in einer betrachteten Gruppe von Zellen erzeugt wird, erweist sich als sehr schnell. Mehrere Untersuchungen haben gezeigt, dass die Feuerraten von Neuronen tatsächlich Informationen über Reize enthalten. So ist es beispielsweise möglich, aus der Aktivität von Neuronen im Hippocampus von Ratten zu berechnen, welche Position die Tiere in einem Labyrinth, in dem sie sich frei bewegen, zu jedem Zeitpunkt haben; die entsprechenden Nervenzellen werden als „Place Cells" bezeichnet (Lit. 02).

Elektrophysiologische Untersuchungen haben ergeben, dass manche Nervenzellen bei geeigneter Stimulation ihre Aktionspotenziale mit hoher zeitlicher Präzision erzeugen können; dies legt die Vermutung nahe, dass die *Zeitstruktur neuronaler Antworten* ebenfalls Information trägt. Ein entsprechender Code wurde im auditorischen System von Schleiereulen nachgewiesen, in dem der horizontale Ort einer Schallquelle durch Auswertung der Zeitdifferenz des an beiden Ohren ankommenden Schalls ermittelt wird. Diese Zeitdifferenz wird durch neuronale Verzögerungsstrecken in beiden Hirnhälften kompensiert, und die Schalllokalisation erfordert das gleichzeitige Eintreffen von Aktionspotenzialen beider Seiten an gemeinsamen, nachgeschalteten Neuronen. Des Weiteren wird seit einigen Jahren der Vorschlag von Singer und Eckhorn diskutiert, dass das synchrone Auftreten von Aktionspotenzialen in neuronalen Populationen im Zusammenhang mit kognitiven Leistungen steht (Lit. 03, Lit. 04). Synchrone neuronale Ereignisse könnten beispielsweise in der Form von Oszillationen oder Lawinen von Aktionspotenzialen auftreten und eine Rolle bei der Segmentierung von Objekten und der Steuerung von Aufmerksamkeit spielen. Neuere Forschungen haben ergeben, dass auch selbstorganisierte Adaptationsvorgänge in Nervennetzen (sogenanntes *Hebbsches* Lernen) empfindlich von den genauen Auftrittszeitpunkten von Aktionspotenzialen hintereinander geschalteter Zellen abhängen.

Ein weiterer Kandidat für einen neuronalen Code ist die *Reihenfolge*, in der die Aktionspotenziale verschiedener Zellen bei einer nachgeschalteten Population eintreffen. Dieser so genannte *Rank-Order Code* wurde vorgeschlagen, um die sehr hohe Geschwindigkeit der visuellen Verarbeitung zu erklären; beispielsweise sind Erkennungsleistungen in komplexen, realen Bildern bereits nach 150 Millisekunden in EEG-Signalen nachweisbar. Elektrophysiologische Hinweise auf einen solchen Code wurden bisher allerdings nicht gefunden.

Neben dem Auftreten von Aktionspotenzialen korrelieren auch andere physiologische und chemische Signale mit sensorischen Reizen, motorischen Handlungen oder sogar mentalen Zuständen und können damit als Träger von Codes angesehen werden. Ein Beispiel sind die graduierten Potentiale, die in allen Neuronen auftreten und über Synapsen oder sogar direkten Membrankontakt an andere Zellen weitergegeben werden können. Unter dem Aspekt der Informationsverarbeitung ließen sich auch solche Signale im Hinblick auf ihren Repräsentationscharakter untersuchen. Ein weiteres Beispiel sind die neuromodulatorischen Systeme im Gehirn, die über die Ausschüttung besonderer Neuromodulatoren (z.B. Dopamin und Acetylcholin) die Wirkungsweise der schnellen Transmitter (z.B. Glutamat und Gamma-Aminobuttersäure) abschwächen oder verstärken können.

Eine Antwort auf die Frage, welcher Code nun tatsächlich im Nervensystem realisiert sei, hat mehrere Aspekte. Einerseits gibt es im Tierreich sehr unterschiedliche Nervensysteme, und das Wirbeltiergehirn besteht aus vielen Teilsystemen, so dass nicht notwendigerweise alle neuronalen Systeme denselben Code verwenden: das oben erwähnte auditorische System der Schleiereule beruht auf anderen Prinzipien als die Steuerung von Arm- oder Beinbewegungen in motorischen Cortexarealen. Zum anderen ist es gut möglich, dass ein- und dasselbe Neuronensystem mehrere Codes parallel verwendet, um unterschiedliche Aspekte eines Reizes zu verarbeiten. Insgesamt ist zu bemerken, dass die beschriebene Methode der Korrelation von Reizen oder Bewegungen mit neuronaler Aktivität nur Kandidaten für Codes liefert, während sich der tatsächliche Nachweis, dass die mittels des Codes an andere Hirnteile übermittelte Information als solche auch verwendet und der Code damit eine funktionale Bedeutung aufweist, als sehr viel schwieriger darstellt und bislang nur in Ausnahmefällen gelingt. Hierunter leiden auch die Versuche in der Neuroprothetik, wirkungsvolle Kontakte zwischen Nervenzellen und künstlichen Gelenken oder Sinnesorganen herzustellen oder sogar künstliche Hirnersatzteile zu entwickeln.

## E 2.5   Zusammenfassung

Zusammenfassend lässt sich die Informationsverarbeitung im Nervensystem als *aktiv* und *zielgerichtet* kennzeichnen. Der Begriff der *Aktivität* bezieht sich einerseits darauf, dass Tiere und Menschen als kognitive Systeme Signale nicht passiv aufnehmen, sondern ihre Umgebung explorieren und damit auf für sie bedeutungshafte Inhalte untersuchen. Andererseits ist auch die Signalverarbeitung im Nervensystem aktiv: Umweltreize werden keineswegs passiv abgebildet, sondern treffen auf ein hochstrukturiertes und komplexes dynamisches System aus Milliarden von Nervenzellen. Dieses System ist das Resultat der Stammesentwicklung und der Individualentwicklung eines Lebewesens. Die neuronalen Aktivitäten lassen sich auf funktionaler Ebene als Berechnungen interpretieren, die verschiedene Aspekte von Reizen analysieren und in schneller und zuverlässiger Weise ein für die Reizsituation adäquates Verhalten des Organismus erzeugen. Letzteres ist Ausdruck der *Zielgerichtetheit* neuronaler Informationsverarbeitung.

### Literatur

01 Rieke, F.; Warland, D.; de Ruyter van Steveninck, R.; Bialek, W. (1997). Spikes – Exploring the Neural Code. MIT Press, Cambridge, Mass.

02 Zhang, K.; Ginzburg, I.; McNaughton, B. L.; Sejnowski, T. J. (1998). Interpreting neuronal population activity by reconstruction: a unified framework with application to hippocampal place cells. Journal of Physiology 79:1017-1044.

03 Eckhorn, R.; R. Bauer; W. Jordan; M. Brosch; W. Kruse; M. Munk; H. J. Reitboeck (1988): Coherent oscillations: A mechanism of feature linking in the visual cortex? Multiple electrode and correlation analyses in the cat. Biol. Cybernetics 60: 121-130

04 Singer, W. (2000): Response synchronization: A universal coding strategy for the definition of relations. In: The New Cognitive Neurosciences (2. Aufl.), M. S. Gazzaniga et al. (Hrsg.), Bradford Book/MIT Press, Cambridge, Mass., S. 325-338.

05 Roth, G. (2003): Fühlen, Denken, Handeln. Wie das Gehirn unser Verhalten steuert. Suhrkamp-Verlag, Frankfurt.

# E 3 Information in der Psychologie

Margarete Boos

## E 3.1 Informationsverarbeitung beim Individuum

Mit der sogenannten kognitiven Wende in der Psychologie in den 1970er Jahren wurde das behavioristische Modell der Psychologie durch das kognitive Modell abgelöst. Während der Behaviorismus davon ausging, dass Verhalten vollständig durch Umweltbedingungen bestimmt ist, und als methodisches Prinzip formulierte, dass nur das unmittelbar beobachtbare Verhalten Gegenstand der Psychologie sein dürfe, sind nach dem kognitiven Modell Kognitionen der Hauptgegenstand der Psychologie (Lit. 01). Unter Kognitionen werden alle Prozesse des Wahrnehmens, Urteilens, Erinnerns, Problemlösens und Entscheidens und die Strukturen des Gedächtnisses, z. B. Begriffe und Einstellungen, verstanden. Im kognitiven Modell wird menschliches Handeln nicht als direkte Reaktion auf den Input von Informationen aus der Umwelt angesehen. Zwischengeschaltet ist der aktive Prozess der Kognition bzw. Informationsverarbeitung, bei dem die Person die Umwelt aktiv nach jenen Informationen absucht, die sie beispielsweise für eine Entscheidung braucht.

### E 3.1.1 Teilprozesse der Informationsverarbeitung

Der Vorgang der Informationsverarbeitung kann in drei Teilprozesse untergliedert werden. So wird die Fähigkeit, sich zu einem späteren Zeitpunkt an eine Information zu erinnern, dadurch bedingt, dass man den wahrgenommenen Reiz in einen Code transformiert, den das Gehirn verarbeiten kann (Enkodierung), dass dieser Code über die Zeit aufbewahrt wird (Speicherung), und dass die gespeicherte Information zu einem späteren Zeitpunkt wiedergefunden wird (Abruf).

**Enkodierung:** Die Transformation von Reizen in verarbeitbaren Code setzt voraus, dass die Aufmerksamkeit auf die jeweiligen Reize gerichtet wird. Danach müssen die besonderen Eigenschaften des Reizes identifiziert werden. Ist es ein Ton oder ein Bild? Das Reizereignis muss etikettiert („ein Hilferuf") und mit anderen in Verbindung gesetzt werden („ein Feuer ist ausgebrochen").

**Speicherung:** Die enkodierte Information wird über die Zeit aufbewahrt. Eine Information wird je besser behalten, desto öfter sie wiederholt wird und desto mehr Verbindungen man zwischen den neuen Informationselementen und dem, was man bereits weiß, knüpfen kann. Die Forschung befasst sich derzeit mit den neurophysiologischen Veränderungen, z. B. biochemischen Prozessen, die im Gehirn mit der Speicherung von Informationen einhergehen.

**Abruf:** Der Zugang zu der zuvor gespeicherten Information ist nur durch einen funktionierenden Abruf möglich. In der kognitiven Psychologie interessiert man sich dafür, wie eine bestimmte Informationseinheit aus all den gespeicherten Informationen des Gedächtnisses abgerufen wird. Antworten auf diese Frage geben Aufschluss darüber, wie das Gedächtnis funktioniert und wie man Gedächtnisleistungen verbessern kann.

### E 3.1.2 Gedächtnissysteme

Nach dem Modell von Atkinson und Shiffrin (Lit. 02) finden Enkodierung, Speicherung und Abruf in jedem von drei Gedächtnissystemen statt, dem sensorischen Gedächtnis, dem Kurzzeit- und dem Langzeitgedächtnis.

**Das sensorische Gedächtnis** ist die erste Stufe der Informationsverarbeitung und bewahrt flüchtige Eindrücke von Sinnesreizen für maximal einige Sekunden auf. So wird ein visueller Reiz etwa eine halbe Sekunde im sensorischen Gedächtnis als „Ikon" behalten, bevor er das Gedächtnis verlässt, um die Aufnahme neuer Information zu ermöglichen. Eine auditive Erinnerung, ein Echo, hält sich mehrere Sekunden (Lit. 03). Bereits an der Stelle, an der physikalische Reize, Klang- und Lichtwellen, von Sinnesrezeptoren aufgenommen und in Wahrnehmungen und Empfindungen umgesetzt werden, findet eine Auswahl statt. So haben für das Leben eines Organismus existenzielle Reize Vorrang vor anderen. Durch sensorische Kanalisierung infolge von Gehirnprozessen wird die Aufnahme in einem Kanal verstärkt und in einem anderen unterdrückt. Was geschähe, wenn es Ikon und Echo nicht gäbe? Ohne diese Reizspuren im sensorischen Gedächtnis würden wir Reize nur solange „sehen" und „hören", wie sie physikalisch vorhanden sind.

Dies ist nicht lange genug, um sie zu erkennen und weiterzuverarbeiten (Lit. 01). Trotz der Flüchtigkeit ist die Speicherkapazität des sensorischen Gedächtnisses beträchtlich. Es wird mehr Information aufgenommen, als Menschen berichten können.

**Das Kurzzeitgedächtnis:** Nur ein Bruchteil dessen, was wir mit unseren Sinnesorganen aufnehmen, bleibt in der Erinnerung erhalten. Diese enttäuschende Erfahrung hat wohl schon jede/r einmal gemacht, der/die versucht, sich an alles zu erinnern, was er/sie auf einer Reise gehört und gesehen hat. Wie gelangen die sensorischen Erinnerungen in das Kurzzeitgedächtnis, bevor sie sich auflösen? Die erste Voraussetzung ist, dass man die Aufmerksamkeit auf sie richtet. Aus der Vielzahl der Sinneseindrücke, die man kurz in das sensorische Gedächtnis aufnimmt, werden nur diejenigen zu dauerhaften Erinnerungen, die Aufmerksamkeit erlangen. Aufmerksamkeit ist immer selektiv. Auf einer Party können wir nur einer Unterhaltung aufmerksam folgen, die anderen Gespräche um uns herum blenden wir aus.

Nur die Reize, die unsere Aufmerksamkeit erringen, können weiter verarbeitet und damit möglicherweise später erinnert werden. Diese Reize werden in das Kurzzeitgedächtnis übertragen. Im Kurzzeitgedächtnis werden Informationen bewusst verarbeitet. Es hat eine sehr beschränkte Kapazität und eine kurze Behaltensdauer von etwa 20 Sekunden. Das Kurzzeitgedächtnis, auch Arbeitsgedächtnis genannt, ermöglicht uns, die sich ständig verändernde Umwelt zu repräsentieren und ihre Kontinuität aufrechtzuerhalten, d.h. zum Beispiel ein Thema im Gespräch zu verfolgen. Dabei werden Informationen über kurz zurückliegende Ereignisse (z. B. unmittelbar zurückliegende Äußerungen des Gesprächspartners) und Informationen aus dem Langzeitgedächtnis (z. B. die Erinnerung an das Thema zu Beginn des Gesprächs) benutzt, um neue Ereignisse (z. B. Themenwechsel) zu interpretieren (z. B. als Wiederaufgreifen eines alten Themas statt als abrupten Themenwechsel).

Die Enkodierung im Kurzzeitgedächtnis erfolgt als organisierte Bilder oder Muster, die meist als vertraut und bedeutungstragend erkannt werden. Die Speicherkapazität des Kurzzeitgedächtnisses wird als unmittelbare Gedächtnisspanne bezeichnet. Sie umfasst zwischen fünf und neun bedeutungstragende (Lit. 04), miteinander unverbundene Informationseinheiten, sogenannte *chunks. Chunking* ist neben der Wiederholung von Informationsitems eine Methode, um die Kapazität des Kurzzeitgedächtnisses zu steigern. Einzelne Items werden durch Gruppierung auf der Grundlage von Ähnlichkeit oder anderer Prinzipien organisiert. Durch (erhaltendes) Wiederholen wird die Information im Arbeitsgedächtnis gehalten, durch elaboratives Wiederholen wird die Information analysiert und mit bereits gespeichertem Wissen verbunden.

Wie Information wieder aus dem Kurzzeitgedächtnis abgerufen wird, wurde von Sternberg (Lit 05, Lit 06) erforscht. Er konnte experimentell bestätigen, dass das Gedächtnis mit Hilfe einer bestimmten Suchstrategie abgetastet *(scanning)* wird, und zwar vollständig und seriell.

Die Theorie des Kurzzeitgedächtnisses von Atkinson und Shiffrin (Lit. 02) wird heute nicht mehr als zutreffend akzeptiert. In einem einflussreichen Artikel legten Craik und Lockhart (Lit. 07) dar, dass nicht die Dauer des Memorierens entscheidend sei, damit eine Information in das Langzeitgedächtnis gelangt, sondern die Tiefe der Verarbeitung. Man kann daraus schließen, dass es kein Kurzzeitgedächtnis als Übergangsstation vom sensorischen Gedächtnissystem zum Langzeitgedächtnis gibt und Information direkt ins Langzeitgedächtnis gelangt.

**Das Langzeitgedächtnis** speichert alle Informationen, d.h. Erfahrungen, Emotionen, Urteile etc., die ihm aus dem sensorischen (oder dem Kurzzeitgedächtnis) übertragen werden. Es enthält das Wissen des Menschen über sich selbst und die Welt. Es ist jedoch nicht nur der Speicher vergangener Erfahrungen und Gedanken, sondern unterstützt auch die Verarbeitung und Speicherung neuer Information, indem es Kategorien zur Erkennung und Einordnung neuer Informationen enthält.

Die Enkodierung im Langzeitgedächtnis funktioniert entsprechend ihrer Bedeutung. Das System des Langzeitgedächtnisses entspricht dem einer Bibliothek, d. h. es ist nach Sinngebieten – meist hierarchisch – organisiert. So erinnert man sich meist nicht an den Wortlaut eines Satzes, sondern an seinen Sinn. Auch fällt es uns schwer, Sätze oder Abschnitte, deren Bedeutung wir nicht verstehen, zu einer erinnerbaren Informationseinheit zu organisieren. *Chunking* und elaborierendes Wiederholen helfen, Gedächtnismaterial mit Bedeutung zu versehen und damit besser für die langfristige Speicherung vorzubereiten.

### E 3.1.3 Gedächtnistypen

Nach dem Inhalt der gespeicherten Information unterscheidet man drei Typen von Gedächtnissen (Lit. 08): das prozedurale, das semantische und das episodische. Die beiden letzten werden häufig zum deklarativen Gedächtnis zusammengefasst.

Das prozedurale Gedächtnis umfasst Erinnerungen daran, wie Handlungen ausgeführt oder wie Fertigkeiten erworben, erhalten und genutzt werden (Lit. 09). Erinnerungen an Fertigkeiten (z.B. Schuhebinden) werden nur in den Anfangsstadien ihrer Durchführung bewusst abgerufen, bei Experten kann der bewusste Abruf sogar zu einer Leistungsverschlechterung führen.

Erinnerung an Fakten, das deklarative Gedächtnis, ist mit bewusster Anstrengung verbunden. So geht es beim semantischen Gedächtnis um das symbolisch repräsentierte Wissen, z. B. die grundlegenden Bedeutungen von Wörtern und Begriffen. Im episodischen Gedächtnis sind Bedeutungen nicht abstrakt und begriffsbezogen gespeichert wie im semantischen Gedächtnis, sondern bezogen auf ihre zeit- und kontextbezogene Kodierung in der persönlichen Erfahrung. Das episodische Gedächtnis speichert also autobiographische Informationen, die jedoch mit tatsachenbezogenen Informationen verbunden sein können. So erinnert man sich bei vielen Fakten, die man in der Schule gelernt hat, an die Situation, ob man sie im Unterricht hörte, aus Büchern lernte oder in der Lerngruppe diskutierte.

### E 3.1.4 Zusammenfassung

Oben wurde die Drei-Komponenten-Theorie des Gedächtnisses dargestellt, die einen Informationsfluss aus dem sensorischen Gedächtnis in das Kurz- und Langzeitgedächtnis postuliert (Lit. 02). Diese Theorie ist weithin akzeptiert, wurde jedoch auch angegriffen. Kritiker (z.B. Craik und Lockhart, Lit. 07) gehen von einem einzigen Gedächtnissystem aus, das unterschiedliche Tiefen der Verarbeitung der Information umfasse. Ein Befund, der dagegen spricht, dass man die Drei-Komponenten-Theorie des Gedächtnisses durch diese Theorie der Verarbeitungstiefe ersetzen kann, ist die bessere Reproduktion von Informationsitems, die jeweils am Anfang oder am Ende einer zu behaltenden Liste stehen. Das widerspricht der Annahme der Theorie der Verarbeitungstiefe, dass alle Items auf der gleichen Ebene verarbeitet werden.

Wichtig ist festzuhalten, dass die dargestellten Gedächtnissysteme nicht als Dinge, sondern als Prozesse zu betrachten sind. Neuere Ansätze begreifen das Erinnern als einen konstruktiven Prozess, denn häufig ist das, was wir erinnern, etwas anderes oder mehr als das, was wir erfahren haben. Bei der Aufnahme, Interpretation, Bewahrung und beim Abruf bedeutungstragenden Inputs orientieren sich Menschen an Schemata, d.h. Vorannahmen über Gegenstände, Menschen, Situationen. Diese beeinflussen die Informationsverarbeitung auf allen ihren Stufen.

## E 3.2 Informationsverarbeitung in Gruppen

Wenn man Informationsverarbeitungsprozesse als Aufnahme, Speicherung und Verarbeitung von Information definiert, stellt man fest, dass sich diese menschliche Grundtätigkeit zu einem Großteil in der sozialen Interaktion im Rahmen von Gruppen und Organisationen vollzieht. Es gibt eine Reihe von Arbeiten (Lit. 11, Lit. 12), die das Informationsverarbeitungsparadigma von der Ebene des Individuums auf die Ebene der Gruppe übertragen. Der zur individuellen Kognition analoge Prozess in der Gruppe ist dann die Kommunikation.

### E 3.2.1 Gruppengedächtnis: transaktives Gedächtnissystem

Wegner (Lit. 13, Lit. 14) definiert ein transaktives Gedächtnissystem einer Gruppe als eine Menge individueller Gedächtnissysteme und der Kommunikation zwischen diesen Gedächtniseinheiten. Andere Personen können als externe Gedächtniseinheit für uns fungieren, wenn wir Metawissen über das, was sie wissen, besitzen und Kommunikation möglich ist. Ein transaktives System beginnt dort, wo Individuen etwas über die Expertisebereiche der anderen Gruppenmitglieder lernen.

Enkodiert wird Information in der Gruppe beispielsweise durch Diskussion. Dabei wird auch festgelegt, wo die Information gespeichert wird. Dies geschieht entweder nebenbei oder durch direkte Zuweisung an „ExpertInnen". Expertisezuweisungen können aus ausgewiesenem Expertentum oder aus situationaler Verantwortlichkeit heraus entstehen. Bei ausgewiesener Expertise ergibt sich die Zuweisung von Information zu einer Person oft automatisch. Wenn es keine ausgewiesene Expertise gibt, werden Menschen zu Verantwortlichen gemacht. Dazu gibt es in Gruppen mit formalem Rahmen oft direkte Zuweisungen, wer sich als Experte/Expertin um welche bereichsspezifischen Informationen zu kümmern hat. Bei Gruppen mit weniger formalem Rahmen gibt es meist unterschwellig wirksame Lösungen: Diejenige Person, die ein Thema zuerst angesprochen hat oder die zuletzt damit zu tun hatte, wird aufgrund situationaler Verantwortlichkeit für das Thema zuständig.

Informationen müssen in einer Gruppe oft aus Fragmenten rekonstruiert werden, die über eine Gruppe hinweg verteilt sind. Diese Art des Abrufs ist vor allem dann üblich, wenn die Person, die das Informationsitem gespeichert hat, nicht auch diejenige ist, die es abrufen soll. Hierfür sind Austauschprozesse zwischen den einzelnen Knotenpunkten des Kommunikationsnetzes, den individuellen Gedächtnissen, vonnöten.

Transaktive Gedächtnissysteme können sich positiv auf die Erinnerung und das Verarbeiten von Informationen auswirken. Individuelles Erinnern wird leichter, integrative Prozesse ebenfalls; neue Wissensbereiche können erschlossen oder gar kreiert werden. Zudem gewinnt das Individuum durch den Zugriff auf die externalen Gedächtnisse anderer Gruppenmitglieder mehr Wissen, spart Zeit und schont die eigene Gedächtniskapazität.

Ein funktionierendes transaktives Gedächtnissystem setzt jedoch voraus, dass jedes einzelne Gruppenmitglied bestrebt ist, sein vorhandenes Wissen preiszugeben. Ein Vorenthalten von Informationen wirkt sich ebenso schädlich für das Gesamtsystem aus wie eine unklare Expertisestruktur. Wenn Zuständigkeiten und Wissensdomänen angezweifelt werden, kommen die Vorteile des Systems nicht zum Tragen. Eine weitere Gefahr liegt in der Überschätzung der Fähigkeiten des Gesamtgedächtnisses. Eine Person, die ihre eigenen Fähigkeiten zur Informationsgewinnung mittels anderer Personen überschätzt, kann leicht in Schwierigkeiten geraten, wenn sie zu viele Wissensbereiche vernachlässigt und sich zu sehr ihrem Spezialfeld widmet.

### E 3.2.2 Informationsaustausch in Gruppen: Collective Information Sampling

Viele Individuen besitzen Wissen, das sie mit anderen Menschen teilen. Hierunter würde z.B. die Antwort auf die Frage „Wie heißt die Hauptstadt von Deutschland?" fallen. Ein Großteil aller Gruppenmitglieder könnte diese Frage mit „Berlin" beantworten. Dieses Wissen nennt man geteiltes Wissen bzw. geteilte Information *(shared information)*.

Es gibt aber auch Wissen bzw. Informationen, die nur wenige Menschen besitzen. Hierzu könnte z.B. detailliertes Wissen über die Heisenbergsche Unschärferelation gehören, welches im Normalfall nur Physiker oder Physikinteressierte besitzen. Entsprechende Informationen hat vielleicht nur ein Mitglied einer Gruppe; sie sind ungeteilt *(unshared information)*.

In der Literatur herrscht die Auffassung, dass Gruppen über komplementäre Informationen und somit über mehr Mittel zur erfolgreichen Aufgabenbearbeitung verfügen als einzelne Individuen mit singulären Ressourcen. Dieser Vorteil der Gruppe wird als *assembly bonus effect* bezeichnet. Nach Stasser (Lit. 15) hängt der assembly bonus effect nicht nur vom Vorhandensein bestimmter einzigartiger Informationen *(unshared information)* ab, sondern auch von deren Austausch. Nur dann, wenn die Mitglieder ihr ungeteiltes Wissen den anderen Gruppenmitgliedern mitteilen, kann der Effekt auftreten.

Viele empirische Studien haben gezeigt, dass in Gruppendiskussionen eher solche Informationen genannt werden, die allen Gruppenmitgliedern bekannt sind *(shared information)* und Informationen vernachlässigt werden, die nur einzelnen Diskussionsteilnehmern bekannt sind *(unshared information)* (Lit. 16). Dieser Nennungsvorteil geteilter Informationen führt dazu, dass Gruppen ihre Wissensbasis nicht voll ausschöpfen. Sie profitieren nicht von den unterschiedlichen Informationen der Mitglieder. Das Phänomen des Nennungsvorteils der geteilten Information lässt sich theoretisch mit zwei unterschiedlichen Ansätzen erklären, wahrscheinlichkeitstheoretisch und motivational.

Die wichtigsten Vertreter des wahrscheinlichkeitstheoretischen Erklärungsmodells *(Collective Information Sampling Model)* sind Garold Stasser und William Titus. Sie erklären den Nennungsvorteil damit, dass die Wahrscheinlichkeit, mit der eine Information genannt wird, mit der Anzahl der Gruppenmitglieder steigt, die über die Information verfügen (Lit. 17, Lit. 18).

Diese Erklärung vernachlässigt jedoch die Möglichkeit, dass einzelne Gruppenmitglieder sich bewusst entscheiden, eine Information nicht zu nennen, über die nur sie verfügen. Im Sinne des Sprichwortes „Wissen ist Macht" stellen ungeteilte Informationen eine wertvolle Ressource dar, die zur Erreichung unterschiedlicher Ziele eingesetzt werden kann. Ob die Nennung einer Information in der Gruppe einem individuellen oder gruppenbezogenen Ziel dient, beeinflusst die Nennungswahrscheinlichkeit ebenfalls.

Die Frage nach der Motivation zum Informationsaustausch, d. h. der Bereitschaft einzelner, ihr Wissen mit anderen zu teilen, ist vergleichsweise neu in der Forschung zum Informationsaustausch in Gruppen (Lit. 19). Um den Zusammenhang von Motivation und Informationsaustausch zu analysieren, sollte man zwischen individueller und Gruppenorientierung unterscheiden. Während unter individueller Orientierung in Gruppensituationen die eigene Leistung im Vergleich zu den anderen Gruppenmitgliedern im Vordergrund steht, und das Ziel vorherrscht, in diesem Vergleich gut abzuschneiden, führt eine Gruppenorientierung dazu, dass die individuelle Leistung in unmittelbarem Zusammenhang mit der Gruppenleistung gesehen wird.

Deal (Lit. 20) konnte zeigen, dass Gruppenmitglieder bei individueller Orientierung berichten, die Informationen, die sie in einer Gruppendiskussion nennen, bewusster auszuwählen und mehr darauf zu achten, dass die von ihnen genannten Informationen ihre Position stützen. Unter Gruppenorientierung berichteten die Diskussionsteilnehmer signifikant seltener von solchen strategischen Überlegungen.

### E 3.2.3 Ausblick

Weiterführende Arbeiten zu transaktiven Gedächtnissystemen und zum kollektiven Informationsaustausch werden derzeit von verschiedenen Forschergruppen durchgeführt. So untersucht beispielsweise Brauner (Lit. 21) Prozesse der Entwicklung transaktiver Gedächtnissysteme in Organisationen. Ein noch zu lösendes Problem in der empirischen Untersuchung des motivierten Informationsaustausches ist die Unterscheidung zwischen strategischer Informationsaufnahme einerseits, d. h. der Enkodierung und Speicherung verfügbarer Informationen im Rahmen individueller Einstellungen und Präferenzen (selektive Informationsaufnahme), und strategischer Kommunikation von Informationen, d. h. der Modifikation verfügbarer Informationen für den Austausch, andererseits.

### Literatur

01 Zimbardo, P. G.: Psychologie. 7. Aufl. Heidelberg: Springer 2003.

02 Atkinson, J. W.; Shiffrin, R. M.: Human memory: A proposed system and its control processes. In K. W. Spence; J. T. Spence (Eds.), The psychology of learning and motivation: Advances in research and theory (Vol. 2, pp. 89-195). New York: Academic Press 1968.

03 Neisser, U.: Cognitive Psychology. New York: Appleton-Century-Crofts 1967. (Deutsch: Kognitive Psychologie. Stuttgart: Klett-Cotta 1974).

04 Miller, G. A.: The magic number seven plus or minus two: Some limits on our capacity for processing information. Psychological Review, 63, 1956, pp. 81-97.

05 Sternberg, S.: High speed scanning in human memory. Science, 153, 1966, pp. 652-654.

06 Sternberg, S.: Memory-scanning: Mental processes revealed by reaction time experiments. American Scientist, 57, 1969, pp. 421-457.

07 Craik, F. J.; Lockhart, R. S.: Levels of processing: A framework for memory research. Journal of Verbal Learning and Verbal Behavior, 11, 1972, pp. 671-684.

08 Tulving, E.: Episodic and semantic memory. In E. Tulving; W. Donaldson (Eds.), Organization of memory. New York: Academic Press 1972.

09 Anderson, J. R.: Kognitive Psychologie. Heidelberg: Spektrum 1996. (Englisch: Cognitive Psychology and its implications. New York: Freeman 1995)

10 Linton, R.: Memory for real-world events. In D. A. Norman; D. E. Rumelhart (Eds.), Explorations in cognition. San Francisco: Freeman 1975.

11 Larson, J. R.; Christensen, C.: Groups as problem solving units: Towards a new meaning of social cognition. British Journal of Social Psychology, 32, 1993, pp. 5-30.

12 Hinsz, V. B.; Tindale, R. S.; Vollrath, D. A.: The Emerging Conceptualization of Groups as Information Processors. Psychological Bulletin, 121, 1997, pp. 43-64.

13 Wegner, D. M.: Transactive memory: A contemporary analysis of the group mind. In B. Mullen; G. R. Goethals (Eds.), Theories of group behaviour (pp. 185-208). New York: Springer 1987.

14 Wegner, D. M.: A computer network model of human transactive memory. Social Cognition, 13, 1995, pp. 319-339.

15 Stasser, G.: Pooling of unshared information during group discussion. In S. Worchel; W. Wood; S. A. Simpson (Eds.), Group process and productivity (pp. 48-65). London: Sage 1992.

16 Wittenbaum, G. M.; Stasser, G.: Management of information in small groups. In J. L. Nye; A. M. Brower (Eds.), What's social about social cognition? Research on socially shared cognition in small groups (pp. 3-28). Thousand Oaks, CA: Sage 1996.

17 Stasser, G.; Titus, W.: Pooling of unshared information in group decision making: Biased information sampling during discussion. Journal of Personality and Social Psychology, 57, 1985, pp. 67-78.

18 Stasser, G.; Titus, W.: Effects of information load and percentage of shared information on the dissemination of unshared information during group discussion. Journal of Personality and Social Psychology, 53, 1987, pp. 81-93.

19 Wittenbaum, G. M.; Park, E. S. (2001): The collective preference for shared information. Current Directions in Psychological Science, 10, 2001, pp. 70-73.

20 Deal, J. J.: Gender Differences in the Intentional Use of Information in Competitive Negotiations. Small Group Research, 31, 2000, pp. 702-723.

21 Brauner, E.: Transactive knowledge systems in groups and organizations. Unveröffentlichte Habilitationsschrift. Berlin, Humboldt-Universität zu Berlin 2002.

# E 4 Information in der Sprachwissenschaft

Harald H. Zimmermann

Der Titel kann auf zweierlei Art verstanden werden: Als Beitrag von Semiotik/Sprachwissenschaft zum Bereich des Information Retrieval bzw. (allgemeiner) zu einer Theorie der Information oder als Frage zu einem Informationsbegriff in den „Disziplinen" Semiotik/Sprachwissenschaft. Im vorliegenden Zusammenhang wird aus praktischen Gründen auf den ersten Aspekt eingegangen. (Es gibt noch eine weitere, die hier ausgeklammert werden soll: Wissenschaftlich-technische Information und Dokumentation in Semiotik und Sprachwissenschaft. Vgl. dazu das „Virtuelle Informationszentrum" des DFKI, Saarbrücken, COLLATE – Computational Linguistics and Language Technology for Real Life Applications – http://collate.dfki.de.)

## E 4.1 Die „Informationstheorie" von Shannon und Weaver

Der Elektrotechniker und Mathematiker Shannon veröffentlicht 1948 den Artikel „A Mathematical Theory of Communication", der als Ausgangspunkt der mathematisch basierten Informationstheorie angesehen werden kann. (Etwa zeitgleich erschien N. Wieners Konzept einer wissenschaftlich begründeten Kybernetik, in der die Reaktion eines Automaten auf die empfangene Information durch Veränderung seines Zustands als Maßstab für den Informationsgehalt genommen wird. Vgl. Lit. 26).

Shannons Motivation entstammte seiner Tätigkeit bei einer Telefongesellschaft, den Bell Telephone Laboratories. Die Aufgabe, die er sich stellte, kann – etwas vereinfacht – als Optimierungsproblem in der Nachrichtenübertragung beschrieben werden, das sich etwa wie folgt formulieren lässt: Welche minimale Anzahl von Symbolen oder Signalen (heute würde man sagen: Bits) erlaubt ein Maximum an Übertragung von „Informationen"? Diese „Informationen" – auch „Message", d.h. „Botschaft" genannt – werden dazu von einer Quelle (dies kann z.B. eine menschliche Sprachäußerung sein) über einen sogenannten Transmitter in eine Form gebracht (codiert), die über einen Kanal (etwa eine Telefonleitung) als technisches Medium zu einem Zielort transportiert („gesendet") werden kann. An dem Zielort angelangt, wird sie durch ein Empfangsgerät (einen Receiver, der den gleichen Code wie der Transmitter beherrscht) wieder in eine Ausdrucksform gebracht, die von dem vorgesehenen Empfänger „verstanden" werden kann (vgl. Lit. 23, S. 33 f.). Da auf dem (technischen) Übermittlungsweg äußere Einflüsse als „Störungen" die originären Informationen verändern (verfälschen) können, lassen sich z.B. an sich redundante Lösungen (Codierungen) entwickeln, die es jedoch erlauben, die Störungen zu erkennen und ggf. auch auszuschließen.

Die theoretischen Modelle und daraus abgeleiteten mathematischen Beschreibungen (Formalisierungen) waren bahnbrechend für die Entwicklung der Informationstechnik und beeinflussten zunehmend auch Bereiche außerhalb der Nachrichtentechnik. Das Prozessmodell Sender – Kanal – Empfänger bildet bis heute eine wesentliche Grundlage der Informationstechnik.

## E 4.2 Die „Theorie der Information" von Kunz und Rittel

Das von Shannon (und Weaver) begründete Modell wurde schon in den 60er Jahren des 20. Jahrhunderts als nicht hinreichend zur Lösung bestimmter Probleme angesehen, die sich mit der „Informationsvermittlung" befassten. Kritisiert wurde vor allem, dass Fragen etwa nach der „Bedeutung" (Semantik) der übertragenen Daten ausgeklammert wurden (so Lit. 04; Lit. 13).

1968 argumentiert z.B. der Bibliothekswissenschaftler Ackoff: „Die klassische Informationstheorie ... betrachtete bisher aber nicht Inhalt und Wert der Information. Vorläufig ist die Informationstheorie ein recht formalistisches ... Werkzeug für die praktische Arbeit des Bibliothekars." (Lit. 02, S. 209). W. Kunz und H. Rittel suchen daher einen Ansatz, der die von Ackoff angesprochenen Aspekte (Bedeutung = Inhalt; Wert = Nutzen/Wirkung) von Information berücksichtigt. Sie argumentieren: „So muss eine Theorie der Information, wie sie den Informationswissenschaften zugrundeliegt, auch die Kosten und Nutzen von Nachrichten berücksichtigen sowie auf den ‚inneren Zustand' von Sender und Empfänger in viel komplizierterer

Weise Bezug nehmen, als es in dem System der Informationstheorie möglich ist.... Dennoch ist sie [d.h. die Informationstheorie nach Shannon/Weaver, Anm. d. Verf.] von großem Nutzen für den Informationswissenschaftler, wenn er die Kapazität von Übermittlungskanälen bestimmen will oder Abschätzungen für angemessene Redundanz oder eine geeignete Codierung sucht." (Lit. 12, S. 21)

Ausgangspunkt der „Theorie der Information" (so ausdrücklich der Terminus bei Kunz/Rittel 1972) wird ihr Zweck: Information dient der Wissensänderung. Daraus kann gefolgert werden: Information ist ein Prozess, der zum Zweck hat, das Wissen (den Wissenszustand) eines „Akteurs" zu verändern. Diese Zweckgerichtetheit ist in aller Regel nicht losgelöst von der Möglichkeit bzw. Fähigkeit des Empfängers zu sehen, auf der Basis dieser Wissensveränderung handeln zu können (pragmatischer Aspekt). Ob die Wissensveränderung durch den entsprechenden Informationsprozess die Handlungsfähigkeit verbessert (Reduktion von Ungewissheit; würde man den Informationsprozess nur für den Bereich der Reduktion von Ungewissheit einschränken, schränkte dies die Realität zu sehr ein) oder gar verschlechtert (statt mehr Sicherheit mehr Unsicherheit) und damit ggf. auch handlungsunfähig macht, ist davon unabhängig, wenn auch nicht das gängige Ziel.

Es ist im vorliegenden Zusammenhang nützlich, die Bandbreite des informationswissenschaftlichen Wissens-Begriffs zu präzisieren. Wissen wird hier zunächst als jedes von Außen beeinflussbare/beeinflusste Wissen eines Akteurs verstanden, also auch solches, das auf (gewollter oder ungewollter) Erfahrung (Trial-and-Error und/oder systematischer empirischer Forschung) aufbaut. Dieses Wissen muss zudem nicht notwendig „wahr" sein: die Vermittlung von Meinen oder Glauben kann – entsprechend differenziert und ggf. gekennzeichnet – mit einbezogen werden. (Es gibt in der Informationswissenschaft durchaus Vertreter, die hierbei das Wissen auf „wahres Wissen" einschränken (wollen). Ich halte dies für eine wenig zielführende Begrenzung.)

Der Informationsprozess im (engeren) informationswissenschaftlichen Sinn stellt einen weiteren Spezialfall des Wissenserwerbs bzw. der Wissensvermittlung dar. So setzt man dabei die Intention/Motivation des „Wissenden" als sendenden Akteurs voraus, sein Wissen (seine Meinung, seinen Glauben ...) an andere weiterzugeben. Man kann zudem die Intention/Motivation des empfangenden Akteurs voraussetzen, dieses Wissen erwerben zu wollen.

Bei der Lehre (dem Lernen) geschieht die Wissensvermittlung/der Wissenserwerb in der Regel systematisch (z.B. in Schule/Hochschule). Sie hat zum Ziel, ein allgemein(er)es Wissenspotenzial auszubilden, das z.B. auf gängige bzw. notwendige, zukünftig zu erwartende Problemlösungen/Handlungen (übrigens auch sozialer Art) ausgerichtet ist. Von diesem Informationsprozess der Lehre kann ein Informationsprozess im Sinne der Wissenschaftlich-technischen Information und Dokumentation ggf. dadurch unterschieden werden, dass der Vermittlungsprozess hier (häufig) mit einem konkreten und aktuellen Problem im Zusammenhang steht, das einer raschen Lösung (Handlung) bedarf. Dabei geht der „Informationssuchende" – wenn er selbst einen solchen Wissensvermittlungsprozess anstößt – davon aus, dass das für seine Problemlösungssituation notwendige Wissen „extern" verfügbar und erreichbar ist.

Die Prozesskette eines gelungenen Wissenstransfers (= Informationsprozesses) stellt sich dabei wie folgt dar:

Ausgangspunkt: Wissen des „sendenden Akteurs" (interne Wissensrepräsentation):

→ Erzeugung einer Wissenspräsentation (Transformation, Codierung) mit Bezug zum ausgewählten Wissenssegment,

→ medialer Transfer,

→ Empfang der Wissenspräsentation (Retransformation/Decodierung),

→ Veränderung des Wissens (der internen Wissensrepräsentation) beim „empfangenden Akteur".

Man kann sich diesen Prozess auch mehrstufig vorstellen (Beispiel „Artikel"):

Ausgangspunkt: Wissen des „sendenden Akteurs" (interne Wissensrepräsentation):

→ Schreiben eines Artikels (Autor): Erzeugung einer Wissens(re)präsentation („intellektuelle" Transformation, Codierung in Schriftsprache) mit Bezug zum ausgewählten Wissenssegment),

→ Technische Umsetzung dieser Wissenspräsentation in eine „maschinenlesbare" Codierung,

→ medialer Transfer,

→ Empfang der maschinenlesbaren Wissenspräsentation durch ein Gerät,

→ Detransformation/Decodierung: Umsetzung der „maschinenlesbaren" Form in eine Druck- oder Bildschirm(re)präsentation (Schrift),

→ Lesen des Artikels (Rezipient): Intellektuelle Decodierung des Textes, „Verstehen",

→ Veränderung des Wissens (der internen Wissensrepräsentation) beim „empfangenden Akteur".

## E 4.3 Semiotik/Sprachwissenschaft und Wissenstransfer

Im Folgenden wird versucht, die Wissenschaftsbereiche Semiotik und Sprachwissenschaft und ihre Konzepte in das beschriebene Gesamtmodell des Wissenstransfers einzubringen. Angesichts der Vielfalt der Konzepte und Theorien (vgl. vor allem Lit. 11) kann auch hier nur ein Ausschnitt geboten werden.

Die Semiotik kann allgemein als die Wissenschaft von den Zeichen bzw. von Zeichensystemen charakterisiert werden. Gegenstand sind die Prozesse der Zeichen-Produktion, der Zeichen-Struktur und des Zeichen-Verstehens. In einer Definition der Deutschen Gesellschaft für Semiotik (Lit. 08) heißt es: „Gegenstand der semiotischen Forschung sind nicht nur Kultur und Kommunikation, sondern auch die Prozesse der Wahrnehmung, Orientierung und Interaktion bei Lebewesen überhaupt. Zeichen und Signale erforscht die Semiotik auch bei Pflanzen, im Innern biologischer Organismen und bei der maschinellen Informationsverarbeitung."

In der Regel wird dem Zeichen eine strukturelle Komponente (Morphologie/Syntax, allgemein: das mit den Sinnesorganen Wahrnehmbare), eine Bedeutung (das Zeichen „steht" für ein Wissenssegment) und eine pragmatische Komponente (Handlungszweck) zugeordnet. Die Semiotik behandelt alle Arten von Zeichen in der verbalen und vor allem auch der nonverbalen Kommunikation. Beispiele für viele sind die Verkehrszeichen oder die Ikons in den Statuszeilen der Informations- und Kommunikationssoftware. Alle Arten der Wahrnehmung, vermittelt über alle Sinnesorgane, können zum Objekt der semiotischen Betrachtung werden.

Im Informationsprozess haben nicht-sprachliche Zeichen – soweit sie (wieder) erkannt werden – vor allem den Vorteil, weitestgehend unabhängig von einer Lokalisierung (Regionalisierung) eines Informationssystems zu sein, der „Wortschatz" und die Regeln sind jedoch eingeschränkt. Am Beispiel des Systems der Straßenverkehrs-Zeichen soll dies kurz veranschaulicht werden: Strukturregeln (Form, Farbe) differenzieren (grob) zwischen Gebots- und Verbotszeichen. Die (generelle) Bedeutung der Zeichen ist trotz einiger Bezüge zur „realen Welt" zunächst über eine Lernphase („Theorie" beim Fahrunterricht) zu erwerben und in Handlungswissen umzusetzen („Fahrstunde"). Wird dann bei einer Autofahrt etwa das „Ortseingangsschild" (in Deutschland) erkannt, wird beim Rezipienten die Handlungsanweisung „ab hier sind maximal 50 Stundenkilometer erlaubt" aktiviert (mit dem Ziel, die Fahrhandlungen darauf einzustellen). Dass sich Verkehrszeichensysteme in den verschiedenen Ländern unterscheiden, ist dabei sekundär.

Der Gegenstandsbereich der Sprachwissenschaft – auch hier müsste man eher den Plural (Sprachwissenschaften) benutzen – kann im vorliegenden Zusammenhang wie folgt (gegenüber dem semiotischen Ansatz einschränkend) beschrieben werden: Die Sprachwissenschaft befasst sich als eine Art „spezielle Semiotik" (u.a.) mit den Möglichkeiten und Grenzen des Wissenstransfers unter Verwendung von (geschriebenen wie gesprochenen) Sprachäußerungen (Zeichen), die Bestandteil eines Sprachsystems sind. Da es sich dabei um ein gleichsam jedermann nahezu „natürlich" zugängliches Wissensvermittlungsinstrument handelt, besteht ein besonderes Desiderat, Erkenntnisse über das Funktionieren des Wissenstransfers mit Hilfe von (meist geschriebener) Sprache zu vertiefen.

Analog zur „Dreiteilung" der Komponenten in der Semiotik lassen sich auch (natürlichsprachige) Sprachsysteme in die Bereiche Sprach-Morphologie/Sprach-Syntax, Sprach-Semantik und sprachliche Pragmatik unterteilen. Man würde den Anwendungen und Funktionen, die einem System einer natürlichen Sprache innewohnen, allerdings nicht gerecht, würde man sie auf die Wissensvermittlungsfunktion (= Informationsfunktion) reduzieren, selbst wenn man den Kommunikationsvorgang (Fragen/Antworten) zum Wissenserwerb hier mit einbezieht. Sprachliche Äußerungen können etwa einfach nur „Zuwendung" bedeuten

(Trost), man kann sich durch Sprachäußerungen etwa nur „Luft machen" wollen, schließlich sind Sprachäußerungen auch (direkte oder indirekte) Handlungsanweisungen („Es zieht, schließe bitte das Fenster"). (Es muss also hier – um Missverständnisse zu vermeiden – angemerkt werden, dass unter diesem Blickwinkel ein wichtiger Bereich von Sprachäußerungen nicht erfasst wird, z.B. Aufforderungen zu Aktionen (Befehl, Bitte ...), rituelle Sprachhandlungen, aber auch Sprachäußerungen (z.B. Texte), die nicht (zumindest nicht vordergründig) dem Wissenstransfer, sondern der Unterhaltung dienen.)

Aus dem vorgestellten Zusammenhang wird andererseits deutlich, dass sprachwissenschaftlich basierte informationstechnische Verfahren bei der Wissensvermittlung eine besondere Rolle spielen. Wissens(re)präsentationen in Textform liegen „maschinenlesbar" in zunehmendem Maße vor (im WorldWideWeb sind inzwischen mehr als 1 Milliarde Texte gespeichert) bzw. lassen sich durch hochwertige OCR-Verfahren in maschinell verarbeitbare Formen umsetzen.

Die (informationswissenschaftliche) Kernfrage lautet daher: Welche Verfahren gibt es oder sind zu entwickeln, die es ermöglichen, diese in einer natürlichen Sprache (auch Kunstsprachen wie Esperanto sind hier einbezogen) „zeichencodiert" (maschinenlesbar) vorliegenden Daten inhaltlich so aufzubereiten und einem Information-Retrieval-Prozess zugänglich zu machen, dass möglichst alle für die Problemlösung relevanten Quellen (Recall) und möglichst nur die relevanten Quellen (Precision) bereit gestellt (transferiert) werden.

Dies ist letztendlich auch eine Frage der Formalisierung bzw. auch Formalisierbarkeit natürlicher Sprache und Sprachäußerungen. Da sich natürliche Sprachäußerungen in Wörtern und Sätzen manifestieren, sind zunächst morphologisch-syntaktische Lösungen zu erarbeiten. Dazu gehört – in Verbindung mit elektronischen Wörterbüchern – die Erkennung von Flexions- und Grundformen, von Wortableitungen und Wortzusammensetzungen sowie der Satzstruktur. Hier sind inzwischen durchaus praktikable Lösungen verfügbar (vor allem im Zusammenhang mit Verfahren der maschinellen Übersetzung, die derartige Lösungen zwangsläufig voraussetzt), wenn auch die Vielfalt der Sprachen und der mit einer Implementierung und Pflege verbundene Aufwand bislang dazu geführt hat, dass die fast schon „traditionell" zu nennenden Verfahren des Textretrieval (Stichwörter: Wortformenindex, Trunkierung) nach wie vor die Anwendungen dominieren.

Unter den Bereich der (Sprach-)Semantik fallen traditionell die (intellektuelle) Erstellung und Anwendung von Thesauri. In jüngster Zeit werden sie wegen der Formalisierbarkeit in Form von Ontologien auf der Basis sogenannter „Ontologiesprachen" gestaltet (Lit. 06; Lit. 03). Die Problematik der semantischen Mehrdeutigkeit (Polysemie), die in natürlichsprachigen Systemen und damit Texten gängig ist, und damit auch die Frage einer automatischen bedeutungsdifferenzierenden semantischen Textanalyse ist allerdings bis heute nicht befriedigend gelöst.

Lange Zeit schien es, als sei es möglich, zu Fakten-Datenbanken bzw. auch zu Expertensystemen eine natürlichsprachige Interaktions-Schnittstelle (sogenannte Frage-Antwort-Systeme bzw. -Komponenten) zu entwickeln bzw. einzusetzen. Obwohl die prinzipielle Machbarkeit gezeigt werden konnte (Beispiel PLIDIS; Lit. 05), sind Anwendungen heute kaum mehr zu finden. Dies kann einen Grund darin haben, dass das Formular-gestützte Retrieval oder in neuerer Zeit auch grafische Suchmöglichkeiten hierzu weitgehend äquivalente Lösungen bieten und ein natürlichsprachig basiertes IR nach wie vor demgegenüber erheblich kosten- und aufwandsintensiver ist.

Der Eindruck – sollte er überhaupt entstanden sein – täuscht andererseits, dass mit Informationssystemen wie dem Internet (auch mit den jetzt anstehenden Entwicklungen eines „Semantic Web") und Suchinstrumenten wie Google (so nützlich und hilfreich sie sind) das Problem des Wissenstransfers auf textueller (oder auch akustischer) Sprachebene weitgehend gelöst ist. Richtig ist dabei, dass informationstechnisch betrachtet ein weitgehend freier (zumindest globaler) Zugang zu sprachlich codiertem (d.h. präsentiertem) Wissen (und vermeintlichem Wissen) möglich geworden ist.

Was im Internet, in Datenbanken, in elektronischen Bibliotheken „gespeichert" wird, sind sprachlich codierte (im weiteren Sinne vielleicht – wenn auch nicht kontextfrei „repräsentierte") Präsentationen von Wissenselementen. Die Umsetzung dieser sprachlich codierten Wissenselemente im Abgleich mit dem bereits vorhandenen (individuellen) Wissen zu „neuem Wissen" bleibt in aller Regel dem rezipierenden (menschlichen) Akteur vorbehalten.

## Literatur

01 Ackoff, Russel. L.: Towards a Behavioral Theory of Communication. In: Management and Science 1958, S. 218-234.

02 Ackoff, Russel L.: Towards a Behavioral Theory of Communication. In: Buckley, W.: Modern Systems Research for the Behavioral Scientist. Chicago 1968.

03 Angele, Jürgen: Einsatz von Ontologien zur intelligenten Verarbeitung von Informationen. In: industrie management 3/2003. (http://www.ontoprise.de/news/intelligente_verarbeitung_von_Informationen_2003_06)

04 Bar-Hillel, Yehoshua: Language and Information, Selected Essays on their Theory. In: Bar-Hillel, Yehoshua; Carnap, Rudolf: An Outline of a Theory of Semantic, 1964, S. 221 ff.

05 Berry-Rogghe, Godelive; Lutz, Hans Dieter; Saukko, Kaija: Das Informationssystem PLIDIS. In: Kolvenbach, Monika; Lötscher, Andreas; Lutz, Hans Dieter (Eds.): Künstliche Intelligenz und natürliche Sprache. Sprachverstehen und Problemlösen mit dem Computer. Tübingen 1979, S. 39-92.

06 Büchel, Gregor: Ontologien und eine Aufgabenstellung der Computerlinguistik. In: Computerlinguistik – was geht, was kommt? (Eds. Willée, Gerd, Schröder, Bernhard, Schmitz, Hans-Christian), Sankt Augustin 2002, S. 34-40.

07 Capurro, R.; Hjørland, B.: The Concept of Information. In: B. Cronin (ed.), Annual Review of Information Science and Technology (ARIST), Band 37, Medford, NJ, 2003.

08 Deutsche Gesellschaft für Semiotik (o. J.): Was ist Semiotik? http://www.uni-muenster.de/semiotik/semiotik.html.

09 Eco, Umberto: Semiotik, Entwurf einer Theorie der Zeichen, dt. Übersetzung von G. Memmert, 2. Auflage, München 1991

10 Endres-Niggemeyer, Brigitte; Ziegert, Carsten: Ontology-supported Text Interpretation in a Specific Domain. In: Computerlinguistik – was geht, was kommt? (Eds. Willée, Gerd, Schröder, Bernhard, Schmitz, Hans-Christian), Sankt Augustin 2002, S. 57-60.

11 Flückiger, Daniel Federico: Beiträge zur Entwicklung eines vereinheitlichten Informations-Begriffs. Diss. Bern 1995. (Anm. d. Verf.: Eine sehr gute Übersicht über die unterschiedlichen Ansätze der Informationstheorien mit dem Versuch einer disziplin-übergreifenden Lösung). Auch: http://splendor.unibe.ch/Activities/UCI/Ctrb2uci/Preface/Preface.htm

12 Kunz, Werner; Rittel, Horst: Die Informationswissenschaften – Ihre Ansätze, Probleme, Methoden und ihr Ausbau in der Bundesrepublik Deutschland. München Wien 1972. Auch zu finden: URL:http://scidok.sulb.uni-saarland.de/volltexte/2000/31/; URN:urn.nbn:de:bsz:291-scidok-314

13 MacKay, Donald M.: Information, Mechanism and Meaning. Cambridge, Massachusetts und London 1969.

14 Michailov, A. I.; Chernyi, A. I.; Gilyarevskii, R. S.: Informatics: Its Scope and Methods. In: Michailov, A. I. et al. (eds.): Theoretical Problems of Informatics. All-Union Institute for Scientific and Technical Information, Moscow 1969, S. 7-24. (Anm. d. Verf.: Informatik (Ost) war damals begrifflich gleichzusetzen mit Informationswissenschaft; die heutige Informatik wurde mit „cybernetics" bezeichnet.)

15 Morris, Charles W.: Signs, Language and Behavior. New York 1946.

16 Morris, Charles W.: Signification and Significance. A Study of the Relations of Signs and Values. Cambridge, 1964.

17 Nauta, Doede Jr.: The Meaning of Information. Den Haag, Paris 1970.

18 Quine, Willard van Orman: Ontologische Relativität. In: Quine, Willard van Orman: Ontologische Relativität und andere Schriften. dt. Wolfgang Spohn, Stuttgart 1975 S. 41ff.

19 Peirce, Charles Santiago Sanders: Einige Konsequenzen aus vier Unvermögen. In: C. S. Peirce, Schriften I: Zur Entstehung des Pragmatismus. Frankfurt am Main 1967.

20 Schmidt, Joachim (ed.): Denken und Denken lassen: Künstliche Intelligenz – Möglichkeiten, Grenzen, Herausforderung. Neuwied 1992.

21 Seiffert, Helmut: Information über die Information, Verständigung im Alltag, Nachrichtentechnik, wissenschaftliches Verstehen, Informationssoziologie, das Wissen des Gelehrten, München 1968.

22 Shannon, Claude E.; Weaver, Warren: The Mathematical Theory of Communication. Urbana, Chicago, London, 4. Auflage 1969 (Erstausgabe 1948).

23 Shannon C. E.; Weaver W.: Mathematische Grundlagen der Informationstheorie, München 1976.

24 Titze, Hans: Philosophische Aspekte des Informationsbegriffes. Basel 1974.

25 Weaver, Warren: Recent Contributions to the Mathematical Theory of Communication. In Lit. 23, S. 1 ff.

26 Wiener, Norbert: Kybernetik, Regelung und Nachrichtenübertragung im Lebewesen und in der Maschine, zweite, revidierte und ergänzte Auflage, Düsseldorf, Wien, 1963 (Originalauflage MIT, Boston 1948).

# E 5  Information und Lernen

Ulrich Glowalla

Menschen verfügen über ein breites Handlungsrepertoire und umfangreiches Wissen. Wir können laufen und sprechen, viele von uns sogar in verschiedenen Sprachen. Wir wissen, wie man ein Auto fährt, dass Mozart ein Komponist war, und fürchten uns, wenn uns ein aggressiver Hund begegnet. Ohne dieses vielfältige Wissen wären wir nicht in der Lage, uns in der Welt zurechtzufinden und zu behaupten.

Einen großen Teil dieses Wissens haben wir durch Beobachten unserer Artgenossen gelernt *(Beobachtungslernen)*. Anderes haben wir gelernt, weil die Umwelt auf unsere Handlungen reagiert. Reagiert die Umwelt positiv auf eine unserer Handlungen, dann zeigen wir diese Handlung in Zukunft häufiger, reagiert sie negativ, lassen wir es eher bleiben *(operantes Konditionieren)*.

Viele Kenntnisse und Fähigkeiten erwerben wir aber dadurch, dass wir extern vorliegende Informationen aufnehmen und so verarbeiten, dass dabei neues Wissen entsteht. Psychologen sprechen hier von *menschlicher Informationsverarbeitung* oder *kognitivem Lernen*, um zum Ausdruck zu bringen, dass die Informationen durch ein verstehendes, kognitives System verarbeitet werden. Das kognitive Lernen steht im Fokus dieses Beitrages.

Die hohe Bedeutung des kognitiven Lernens gerade im Zeitalter der Informationsgesellschaft liegt auf der Hand: Mächtige und effiziente Formen der externen Speicherung von Wissen stellen nur dann einen Vorteil dar, wenn die Mechanismen, mit denen wir aus Information Wissen schaffen, vergleichbar mächtig und effizient sind.

## E 5.1  Information und Wissen

Worin liegen für mich die Gemeinsamkeiten und Unterschiede von Information und Wissen? Alle extern vorliegenden Formen von Wissen bezeichne ich als Information. Information liegt also stets *physikalisch* vor, beispielsweise in Form eines Textes, als Bilder oder Zeichnungen. Damit daraus Wissen entsteht, muss ein Mensch diese Information in sein Gedächtnis aufnehmen und verarbeiten. Aus der neu gebildeten Wissensstruktur kann der betreffende Mensch wiederum Information schaffen, indem er sein Wissen publiziert. Neu wird diese Information vor allem dadurch, dass der Mensch beim Verfassen eines Textes sein neues Wissen mit vorhandenem Wissen kombiniert. Ein anderer Leser kann diese Information wiederum nutzen, um daraus für sich neues Wissen zu schaffen. Wissen ist somit immer an eine Person gebunden, Information an ein Medium (vgl. Kap. A 1)

## E 5.2  Vom Reiz zur Wissensstruktur

Physikalische Reize aus der Umwelt nehmen wir über unsere Sinnesorgane auf. Sinnesreize gelangen über das sensorische Gedächtnis in unser Arbeitsgedächtnis. Die Kapazität des Arbeitsgedächtnisses ist auf wenige bedeutungstragende Einheiten beschränkt. Außerdem verbleiben Informationseinheiten nur etwa 20 Sekunden im Arbeitsgedächtnis, wenn wir sie nicht wiederholen oder ins Langzeitgedächtnis überführen. Die zentrale Bedeutung unseres Arbeitsgedächtnisses liegt darin, dass es uns ermöglicht, die Kontinuität unserer sich ständig verändernden Umwelt aufrechtzuerhalten, beispielsweise dem Thema eines Textes über mehrere Sätze hinweg folgen zu können. In Abhängigkeit von Dauer und Intensität der Verarbeitung gelangt Information aus dem Arbeits- in das Langzeitgedächtnis, wo sie semantisch, also entsprechend ihrer Bedeutung enkodiert wird (zum Gedächtnis vgl. Kap. E 3).

## E 5.3  Repräsentation von Bedeutungen

Im Langzeitgedächtnis repräsentieren wir die *Bedeutung* von Dingen und Sachverhalten. So können wir uns im Allgemeinen nur schlecht an den Wortlaut einer Äußerung erinnern. Wenn uns jemand das Essen in einem neuen Restaurant als wohlschmeckend beschreibt, können wir später kaum sagen, ob er wohlschmeckend, lecker oder delikat gesagt hat. Das Adjektiv ungenießbar können wir jedoch problemlos als falsch zurückweisen. Ganz analog können wir uns häufig nicht an die syntaktische Struktur von Sätzen erinnern.

## E 5.4  Vorwissen und Lernen

Wenn wir fragen, was das Verstehen und Behalten von Information am stärksten beeinflusst, so lautet die Antwort: was wir bereits wissen. *Vorwissen* erleichtert auf vielfältige Weise und allen Ebenen der Informationsverarbeitung das Verstehen und den Aufbau von Wissensstrukturen.

Buchstaben werden beispielsweise im Kontext von Wörtern deutlich schneller erkannt als bei isolierter Darbietung. Der Einfluss unseres Vorwissens in dieser frühen Phase der Informationsverarbeitung geht so weit, dass derselbe physikalische Reiz je nach Wortkontext als ein anderer Buchstabe interpretiert wird (vgl. Abb. 1, Lit. 13).

*Abb. 1: Unterschiedliche Interpretation desselben physikalischen Reizes*

Wahrscheinlich lesen Sie „THE CAT", obgleich der mittlere „Buchstabe" in beiden Wörtern physikalisch identisch ist.

Der Einfluss von Vorwissen greift auch auf höheren Stufen der Informationsverarbeitung. Ein einzelner Begriff kann darüber entscheiden, ob uns ein Text als verständlich oder eher unverständlich erscheint:

„Das Verfahren ist wirklich ganz einfach. Als erstes teilen sie die Dinge in unterschiedliche Gruppen auf. Natürlich kann auch ein Haufen genügen. Das hängt ganz davon ab, wie viel zu tun ist. Es ist wichtig, die Dinge nicht zu übertreiben. Das heißt, es ist besser, nur wenige Dinge gleichzeitig zu bearbeiten als zu viele."

Um aus diesem schwer verständlichen Text einen leicht verstehbaren zu machen, muss man lediglich wissen, dass er vom Wäschewaschen handelt (Lit. 05).

Zusammenfassend kann man sagen, dass wir Information nicht verstehen und nur schwer behalten können, wenn wir nicht das nötige Vorwissen besitzen.

Vorwissen muss aber nicht nur vorhanden, es muss in der passenden Situation auch präsent sein. Denn obgleich unser Langzeitgedächtnis eine quasi unbegrenzte Speicherkapazität besitzt, ist die Abrufkapazität durchaus begrenzt. Was ist damit gemeint? Der Zugriff auf Wissen gelingt in der Regel nur dann, wenn dieses Wissen nach dem Lernen auch regelmäßig genutzt wird. Selbst wenn wir recht gut Französisch sprechen gelernt haben, können wir diese Fremdsprache nicht kompetent gebrauchen, wenn uns die regelmäßige Sprachpraxis fehlt. Nach einigen Tagen Übung allerdings gelingt das Sprechen wieder ganz gut.

Manche Gedächtnisforscher vermuten, dass wir überhaupt keine Information vergessen. Wenn wir uns an etwas nicht erinnern können, ist lediglich der Abruf gestört. Bei geeigneten Abrufstichworten fallen uns längst vergessen geglaubte Gedächtnisinhalte wieder ein.

Um genau das Vorwissen zu aktivieren, das das Verstehen eines bestimmten Lehrtextes erleichtert, sind *vorstrukturierende Lernhilfen* (*advance organizers*; Lit. 03) vorgeschlagen worden. Advance organizers erleichtern sowohl das Verstehen als auch das Behalten. Sie helfen uns, die neue Information situationsgerecht und möglichst konkret zu interpretieren – denken Sie an das Wäschewaschen –, und sie fördern das Behalten, indem sie uns helfen, das neu erworbene Wissen mit bereits vorhandenen Wissensstrukturen zu verknüpfen.

## E 5.5  Repräsentation von Wissen

Eine in der Psychologie breit akzeptierte Modellvorstellung lautet, dass unser Gedächtnis einem riesigen Netzwerk bestehend aus vielen Knoten und Kanten gleicht, wobei die Knoten des Netzwerks einzelne Informationseinheiten und die Kanten assoziative Verbindungen zwischen diesen Einheiten repräsentieren (vgl. Lit. 01). Diese Modellvorstellung wird durch viele Erkenntnisse aus der kognitions- und neurowissenschaftlichen Forschung gestützt.

Obwohl unser Gedächtnis einem riesigen semantischen Netzwerk mit einer Unmenge von Wissen gleicht, gelingt es uns in den meisten Fällen, eine bestimmte Information bei Bedarf rasch zu finden. Das liegt daran, dass wir unser Wissen hochgradig vernetzt und hierarchisch strukturiert gespeichert haben. Dasselbe Wissenselement kann über verschiedene assoziative Verbindungen aktiviert werden und weiter oben in einer Hierarchie abgelegte Wissenselemente werden in der Regel sicherer und schneller gefunden.

Wie effizient die verschiedenen Organisationsstrukturen sind, lässt sich recht gut am Beispiel unseres *mentalen Lexikons* illustrieren. Unser mentales Lexikon enthält eine Fülle verschiedener Begriffe. Die Hierarchie in der Struktur kommt dadurch zustande, dass umfassendere Begriffe wie „Tier" mit verschiedenen Unterbegriffen wie „Vogel" und „Fisch" verknüpft sind, die wiederum mit einzelnen Vertretern beider Gattungen verbunden sind wie „Rotkehlchen" oder „Lachs". Charakteristische Merkmale werden jeweils so weit oben wie möglich in der Hierarchie repräsentiert. Beispielsweise hat ein Tier eine Haut, es atmet und frisst. Bei „Vogel" kommt u.a. das Merkmal „hat Flügel" hinzu. Um nachzuprüfen, ob ein Rotkehlchen Flügel hat, müssen Sie sich in dem semantischen Netz von Rotkehlchen über den Gattungsbegriff Vogel bis zum Merkmal „hat Flügel" vorarbeiten, was aufgrund der größeren Distanz mehr Zeit beansprucht (vgl. Lit. 06). Eine zentrale Rolle in unserer Begriffswelt spielen *Basiskategorien* oder *Prototypen*. So ist für uns ein Rotkehlchen ein prototypischer Vogel, ein Pinguin hingegen nicht. Sollen wir entscheiden, ob ein Pinguin ein Vogel ist, dauert das länger als die Entscheidung, ob ein Rotkehlchen ein Vogel ist (vgl. Lit. 10).

Begriffe sind die Bausteine von Begriffshierarchien im mentalen Lexikon. Schemata sind komplexe mentale Strukturen, die den begrifflichen Rahmen bilden für unser Wissen über Gegenstände, Personen und Situationen (vgl. Lit. 11). So haben wir alle recht klare Vorstellungen davon, welche Gegenstände in ein Büro und welche in eine Küche gehören. Schemata beeinflussen unser Verstehen und Behalten auf vielfältige Weise. Betreten wir beispielsweise ein Büro und sehen dort einen Schaukelstuhl, so erinnern wir uns später sehr gut an diesen untypischen Gegenstand. Für das Erinnern typischer Gegenstände wie Schreibtisch oder Computer nutzen wir unser Büroschema. Dabei fällt es häufig schwer zu unterscheiden, ob wir die typischen Gegenstände tatsächlich gesehen haben oder ihr Vorhandensein auf der Basis unseres Schemawissens rekonstruieren.

Anderson und Pitchert (Lit. 02) haben gezeigt, wie stark Schemata die Verstehensprozesse beim Aufbau von Wissensstrukturen beeinflussen. Versuchspersonen lasen einen Text über zwei Jungen, die in einem Haus spielen. Die Versuchspersonen sollten sich entweder vorstellen, das Haus ausrauben oder kaufen zu wollen. Je nach Leseperspektive (Dieb oder Hauskäufer) berichteten die Personen ganz unterschiedliche Textinhalte. Die „Diebe" gaben häufiger Wertgegenstände und „günstige" Einstiegsmöglichkeiten wieder, die „Hauskäufer" die Größe und Lage der Räume.

Neben Schemata gibt es weitere Formen komplexer mentaler Strukturen wie *Skripte*, mit denen wir typische Protagonisten und Handlungsverläufe in bestimmten Szenarien wie einem Restaurant repräsentieren, und *Mentale Modelle*, mit denen wir kontinuierlich die aktuellen raum-zeitlichen Gegebenheiten beim Verstehen narrativer Information repräsentieren (vgl. Lit. 12).

## E 5.6  Aufbau von Wissensstrukturen

Informationen liegen in ganz unterschiedlicher Form vor und weisen meist komplexe Strukturen und vielfältige Verknüpfungen auf. Es liegt auf der Hand, dass der Aufbau von Wissensstrukturen aus diesen Informationen hohe Anforderungen an den Lerner stellt. Beim Verstehen von Texten zum Beispiel müssen wir die Bedeutung der Wörter kennen, syntaktische Regeln beherrschen und relevante Teile unseres Weltwissens parat haben. Wie umfangreich das zum Verstehen einer sprachlichen Äußerung aktiv verfügbare Wissen sein muss, verdeutlicht allein der Umfang unseres *mentalen Lexikons*. Erwachsene haben zwischen 30.000 und 50.000 Einträge in ihrem mentalen Wörterbuch.

Bei der Enkodierung neuer Information bemühen wir uns daher fortlaufend um das Verdichten einzelner Informationseinheiten zu größeren, bedeutungshaltigen Einheiten. Kein geübter Leser sieht beim Lesen der Buchstabenfolge H-U-N-D die einzelnen Buchstaben, sondern erkennt sofort das Wort HUND. Aus Einzelelementen geschaffene, bedeutungstragende Muster wie die Wörter werden als *Chunks* (engl. Klumpen) bezeichnet. Aus vier Einheiten, den Buchstaben H, U, N und D, wurde ein Chunk gebildet, nämlich das Wort HUND. Die Belastung des Arbeitsgedächtnisses hat sich damit auf ein Viertel reduziert.

Chunking funktioniert auch in vielen anderen Gegenstandsbereichen. Für die betreffenden Fachwissenschaftler stellen chemische und mathematische Formeln einzelne Bedeutungsmuster dar, die schnell und sicher verstanden werden – ganz anders als bei uns Laien. Ausführlich untersucht wurde der Aufbau von Chunks bei Schachexperten, die über 20.000 im Spiel tatsächlich vorkommende Figurkonstellationen sehr schnell als ein Muster erkennen und auf Wunsch nachstellen können (Lit. 07).

Am Beispiel des Chunking lässt sich auch der Prozess des *Automatisierens* gut erklären. Die Entlastung des Arbeitsgedächtnisses durch Chunking gelingt nur dann, wenn die Chunks automatisch, also ohne bewusste Kontrolle erkannt und genutzt werden. Geübte Leser unterscheiden sich von weniger geübten Lesern unter anderem genau dadurch: Sie erkennen die Wörter automatisch und ohne bewusste Kontrolle.

Wie bereits erläutert, nutzen wir beim Verstehen von Information eine ganze Reihe komplexer Wissensstrukturen, um einkommende Information richtig zu deuten. Im Folgenden wird illustriert, dass wir unser Weltwissen auch dazu nutzen, „Lücken" in der zu verarbeitenden Information zu schließen. In Kognitionspsychologie und Psycholinguistik bezeichnet man das als Bilden von *Inferenzen*. Auch Inferenzprozesse laufen weitgehend automatisch ab, also ohne bewusste Steuerung und Kontrolle. Zur Illustration folgt ein kurzes Textfragment:

„Phil betritt die Bar und schlendert zur Theke. Er macht es sich auf einem Hocker bequem, legt seinen Hut neben sich und bestellt bei Joe einen Whiskey."

Wir haben den Eindruck, beide Sätze recht gut zu verstehen. Das ist nur möglich, weil wir automatisch auf der Basis unseres Weltwissens bestimmte Inferenzen bilden und damit die Textinformation elaborieren. Wir sind zum Beispiel gar nicht überrascht, dass es in der Bar eine Theke gibt, weil wir wissen, dass das für Bars im Allgemeinen zutrifft. Auch interpretieren wir das Pronomen „er" als anaphorischen Verweis auf Phil und stellen auf diese Weise eine Kontinuität der handelnden Personen her. Joe halten wir ganz selbstverständlich für den Barkeeper und die Krimileser unter uns vermuten sicher, dass es sich bei Phil um Philip Marlowe handelt. All das „wissen" wir und machen es zum Teil der episodischen Gedächtnisspur, die wir für das Textfragment anlegen (vgl. Lit. 12).

## E 5.7 Lernstrategien

Wie wir im letzten Abschnitt erfahren haben, laufen bei der kognitiven Verarbeitung von Information eine ganze Reihe von Prozessen *unwillkürlich* ab. Wir nutzen möglichst große bedeutungstragende Einheiten (Chunks), um unser Arbeitsgedächtnis zu entlasten, wir bilden Inferenzen auf der Basis unseres Weltwissens, um Lücken in der zu verarbeitenden Information zu schließen, und wir führen möglichst viele Teilprozesse der Informationsverarbeitung automatisch, also ohne bewusste Kontrolle aus. Um jedoch neues Fachwissen aufzubauen, empfiehlt sich der Einsatz von *Lernstrategien*. Lernstrategien zielen auf das effiziente Einprägen neuer Information ab.

Eine wichtige Lernstrategie besteht darin, neue Lerninhalte falls möglich zu kategorisieren. Besonders wirksam ist dieses Verfahren, wenn dabei hierarchische Strukturen entstehen. Bower et al. (Lit. 04) konnten bereits 1969 zeigen, dass hierarchisch strukturierte Informationseinheiten etwa dreimal so gut behalten werden wie vergleichbar viele zufällig angeordnete Einheiten. Vermutlich findet man nicht für jeden Gegenstandsbereich eine gut passende hierarchische Organisationsform. Es gibt jedoch kaum ein Fachgebiet, in dem sich nicht viele Gegenstandsbereiche sinnvoll hierarchisch strukturieren lassen.

Die zweite Lernstrategie, die ich besonders hervorheben möchte, besteht im *Üben des Abrufs*. Auch mit dieser Strategie lässt sich die Behaltensleistung erheblich steigern. Gates konnte schon 1917 zeigen, dass das Üben des Abrufs das Einprägen von Sachtexten erleichtert (Lit. 08). Seine Versuchspersonen konnten sich an dreimal so viele Textinhalte erinnern, wenn sie 80 Prozent der ihnen zur Verfügung stehenden Lernzeit auf das Üben der Textwiedergabe und nicht auf das wiederholte Lesen des Sachtextes verwandten. Es ist offensichtlich zielführender, nur diejenigen Textstellen erneut zu studieren, die man sich nicht auf Anhieb merken konnte. Auch dem Erfolg des Arbeitens mit Lernkarteien, beispielsweise beim Vokabellernen, liegt das gezielte Üben des Abrufs zugrunde (vgl. Lit. 14). Aus meiner Sicht ist gerade das Üben des Abrufs diejenige Prozesskomponente, der beim gezielten und nachhaltigen Aufbau von Wissensstrukturen zu wenig Beachtung geschenkt wird.

Verfasser von Lehrtexten können Lerner auf vielfältige Weise beim Wissenserwerb unterstützen. Eine Möglichkeit, nämlich das Bereitstellen von vorstrukturierenden Lernhilfen, haben wir bereits im vierten Abschnitt kennen gelernt. Eine weitere Möglichkeit besteht darin, *Studierfragen* und *Übungsaufgaben* in den Lehrtext zu integrieren. Insbesondere dann, wenn Lerner über die Richtigkeit ihrer Antworten informiert werden und gezielte Hinweise zur weiteren Arbeit erhalten, bewirken beide instruktionalen Unterstützungsformen bessere Behaltensleistungen (Lit. 09).

## E 5.8 Fazit

Wie wir in den vergangenen Abschnitten erfahren haben, verfügen wir über sehr effiziente und mächtige Verfahren, um aus Information Wissen zu schaffen. Im Gedächtnis repräsentiertes Wissen ist gut strukturiert, kann im Regelfall leicht abgerufen werden und lässt sich sehr flexibel in ganz unterschiedlichen Nutzungskontexten einsetzen. Insbesondere die Leichtigkeit des Abrufs und die Flexibilität in der Anwendung hängen entscheidend davon ab, wie regelmäßig und variabel das Wissen genutzt wird. Aber das ist bei Information nicht viel anders. Bücher, die nie aus der Bibliothek geholt und gelesen werden, verlieren ebenfalls sehr rasch an Bedeutung.

## Literatur

01 Anderson, J. R.; Bower, G. H. (1973). Human associative memory. Washington, DC: Winston & Sons

02 Anderson, R.C.; Pitchert, J. W. (1978). Recall of previously unrecallable information following a shift in perspective. Journal of Verbal Learning and Verbal Behavior, 17, 1-12

03 Ausubel, D. P. (1960). The use of advance organizers in the learning and retention of meaningful verbal material. Journal of Educational Psychology, 51, 267-272

04 Bower, G. H., Clark, M. C., Lesgold, A. M.; Winzenz, D. (1969). Hierarchical retrieval in recall of categorical word lists. Journal of Verbal Learning and Verbal Behavior, 8, 323-343

05 Bransford, J. D.; Johnson, M. K. (1972). Contexual prerequisites for understanding: Some investigations of comprehension and recall. Journal of Verbal Learning and Verbal Behavior, 11, 17-21

06 Collins, A. M. ; Quillian, M. R. (1969). Retrieval time from semantic memory. Journal of Verbal Learning and Verbal Behavior, 8, 240-247

07 Ericsson, K. A.; Chase, W. G. (1982). Exceptional memory. American Scientist, 70, 607-615

08 Gates, A. I. (1917). Recitation as a factor in memorizing. Archives of Psychology, 13, 331-358

09 Glowalla, G.; Glowalla, U. Fragestrategien zu Lehrtexten im Studium. Beiheft Unterrichtswissenschaft (im Druck)

10 Rosch, E. H. (1978). Principle of categorization. In: E. Rosch; B. B. Llyod (Eds.), Cognition and categorization. Hillsdale NJ: Erlbaum

11 Rumelhart, D. E. (1980). Schemata: the building blocks of cognition. In: A. Spiro, B. Bruce and W. Brewer (Eds.), Theoretical issues in reading comprehension (pp. 33-58). Hillsdale NJ: Erlbaum

12 Sanford, A. J.; Garrod, S. C. (1981). Understanding written language. New York: John Wiley

13 Selfridge, O. G. (1955). Pattern recognition and modern computers. Proceedings of the Western Joint Computer Conference. New York: Institute of Electrical and Electronics Engineers

14 Steiner, G. (1996). Lernen. 20 Szenarien aus dem Alltag (2. Aufl.). Bern: Hans Huber

# E 6 Information in der Betriebswirtschaft: ein neuer Produktionsfaktor?

Eric Schoop

Dieser Beitrag beschreibt die Rolle von Information und Kommunikation in den Wirtschaftswissenschaften. Information als handlungsorientiertes Betrachtungsobjekt ist Bindeglied insbesondere zwischen der Betriebswirtschaftslehre und der Wirtschaftsinformatik. Zugunsten erleichterter Zugänglichkeit konzentriert sich die Literaturauswahl auf relevante Standardquellen dieser beiden Disziplinen. Wichtige Primärquellen sind benannt und können für eine vertiefende Nacharbeit der referenzierten Literatur entnommen werden.

## E 6.1 Wirtschaft und Wirtschaftswissenschaft

Unter dem Begriff Wirtschaft wird jegliches menschliches Handeln verstanden, das der Bedürfnisbefriedigung dient. Vor dem Hintergrund der naturgegebenen Knappheit an Gütern ist es erforderlich, zu wirtschaften, die Güter also so einzusetzen (zu kombinieren), dass eine optimale Bedürfnisbefriedigung erreicht wird. Dieses Ziel setzt einen Entscheidungsprozess über die Herstellung (Produktion) und den Verbrauch von Gütern (Konsumtion) voraus.

Die Volkswirtschaftslehre differenziert zwischen Boden und Arbeit einerseits (originäre Produktionsfaktoren) und Kapital andererseits (abgeleiteter Produktionsfaktor). Sie will primär erklären, wie sich der durch eine Kombination von Produktionsfaktoren erzielte Ertrag als Einkommen auf die beteiligten Produktionsfaktoren verteilt. Die Betriebswirtschaftslehre dient dagegen der Erklärung des Betriebsprozesses und befasst sich somit mit dem Handeln und mit dem Entscheidungsprozess im Betrieb im Sinne von Produktionswirtschaft.

Betrachtungsobjekt dieses Entscheidungsprozesses ist die zielorientierte Kombination der Produktionsfaktoren Arbeit, Betriebsmittel und Werkstoffe unter Berücksichtigung des Wirtschaftlichkeitsprinzips (ökonomisches Prinzip). Da diese Kombination selbst wiederum das Ergebnis leitenden, planenden und organisierenden menschlichen Handelns ist, wird der Produktionsfaktor Arbeit weiter differenziert in dispositive Arbeit (Betriebsführung) und in ausführende (objektbezogene) Arbeit (Lit. 10 unter Bezug auf Gutenberg 1961).

## E 6.2 Planung, Entscheidung und Information

Voraussetzung für die Realisierung der betriebswirtschaftlichen Zielsetzung, auf lange Sicht eine Gewinnmaximierung zu erreichen, ist die Planung über den zukünftigen Verlauf des Betriebsprozesses. Auf Basis der Pläne sind Handlungsalternativen zu entwickeln und zukünftige Entscheidungen zu treffen. Das Handeln von Entscheidungsträgern als personelle Repräsentanten des dispositiven Faktors in der Betriebswirtschaft vollzieht sich demnach in den Schritten Zielsetzung – Planung – Entscheidung – Durchführung – Kontrolle (Lit. 10, S. 139 f.).

Die Betriebswirtschaftslehre, verstanden als Managements- oder Entscheidungslehre, sieht Entscheiden als umfassenden Prozess der Willensbildung und -durchsetzung im Unternehmen (Lit. 09, S. 518 unter Bezug auf Heinen 1978). Der Versuch der Formalisierung und Typisierung von Entscheidungsproblemen im Sinne von Handlungsanweisungen führt zu einem situationsabhängigen Kontinuum von Entscheidungsarten mit den beiden Extrempolen

– wohl-definierte Aufgaben mit programmierten Entscheidungen – z. B. Routine-Entscheidungen mittels OR-Techniken – einerseits und

– schlecht-definierte Aufgaben mit nicht-programmierten Entscheidungen – z. B. komplizierte/neuartige Entscheidungen auf Basis heuristischer Problemlösungsverfahren – andererseits (Lit. 09, S. 531 unter Bezug auf Simon 1960).

Mit der Berücksichtigung der Umweltbedingungen von Entscheidungssituationen entsteht ein enger Bezug zwischen Entscheidung und Information. Die Betriebswirtschaftslehre fordert, da sich alle Entscheidungsprobleme auf die Zukunft beziehen, ein Informationssystem, welches den für die Zukunft relevanten (Umwelt-) Zustandsraum durch eine Menge sich gegenseitig ausschließender Nachrichten über die möglichen Zustände beschreibt. Die Struktur des Informationssystems ist dabei bestimmt durch die Eintrittswahrscheinlichkeit bestimmter Umweltzustände. Differenziert wird zwischen vollkommenem und unvollkommenem Informationssystem und somit zwischen

- Routine-Entscheidungen unter Sicherheit,
- adaptiven Entscheidungen unter Risiko infolge objektiver (mathematischer) oder subjektiver (erfahrungsabhängiger) Wahrscheinlichkeiten und
- innovativen Entscheidungen unter Unsicherheit bei Fehlen jeglicher Information über den Ergebniseintritt (Lit. 10, S. 158-160 unter Bezug auf Bamberg und Coenenberg 1980; Lit 09, S. 532 f. unter Bezug auf Kirsch 1971).

Die Qualität einer Entscheidung ist damit unmittelbar abhängig von dem Ausmaß, in dem sich der Entscheidungsträger vor der Handlungsauswahl einer sorgfältigen Informationssuche widmet (Lit. 09, S. 525). Diese Aussage lässt sich erweitern: Generell ist die Qualität der – in der Regel arbeitsteiligen – betrieblichen Aufgabenerfüllung und ihrer zentralen oder dezentralen Koordination von der Qualität und Aktualität der verarbeiteten Informationen abhängig. Hierfür bedarf es eines Kommunikationssystems, „um Informationen zur rechten Zeit am rechten Ort und in der notwendigen und nachgefragten Quantität und Qualität zur Verfügung zu stellen" (Lit. 09, S. 577).

Information und Kommunikation sind somit „indirekte Führungsmittel zur positiven Beeinflussung der Motivation der Mitarbeiter" (Lit. 10, S. 134). Sie werden aber auch als immer wichtigere Quelle von Macht in Organisationen identifiziert (Informationsmacht) und im Rahmen der Managementlehre unter verhaltenswissenschaftlicher Perspektive analysiert (Lit. 09, S. 400-406). Die Betriebswirtschaftslehre versteht Information dabei grundsätzlich als Erfolgsfaktor für das Handeln der Mitarbeiter und betont so den Ziel- und Handlungsbezug (Information als „zweckorientiertes Wissen", vgl. Lit. 10, S. 134 f.; Lit. 09, S. 577). Diese Begriffsinterpretation deckt sich mit der informationswissenschaftlichen Auffassung von Information als „Wissen in Aktion" (Lit. 06, S. 34).

## E 6.3 Betriebliche Informationssysteme

Konzentrieren wir uns in der weiteren Diskussion auf das interdependente Begriffspaar Information und Kommunikation in der Betriebswirtschaft als Unternehmung. Hier hat sich mit der Wirtschaftsinformatik ein interdisziplinäres Fach zwischen Betriebswirtschaftslehre und Informatik mit starker Betonung von Anwendungs- und Gestaltungsaspekten entwickelt. Zentraler Betrachtungsgegenstand sind Informations- und Kommunikationssysteme in Wirtschaft und öffentlicher Verwaltung, auch kurz als Informationssysteme bezeichnet. Informationssysteme werden als soziotechnische Systeme aufgefasst, im Fokus steht die kooperative Durchführung der Aufgaben durch personelle und maschinelle Aufgabenträger. Zur Analyse, Gestaltung und Nutzung von Informationssystemen baut die Wirtschaftsinformatik auf methodischen Vorarbeiten der Informatik auf und stellt besondere Methoden zur Abstimmung von Unternehmensstrategie und Informationsverarbeitung bereit (vgl. Lit. 01; Lit. 07, S. 11-14).

Ausgehend vom Begriffsverständnis von Information als Objektart – in Abgrenzung von Informieren als Tätigkeit – ist es Aufgabe betrieblicher Informationssysteme, die Objektart Information zu verarbeiten. Betriebliche Informationssysteme dienen dabei der „Lenkung betrieblicher Prozesse oder erstellen Dienstleistungen in Form von Informationen" (Lit. 02, S. 9). Mit anderen Worten: Eingebettet in die Umwelt der Unternehmung – Beschaffungs- und Absatzmärkte – dient das Informationssystem der Unternehmung der Planung, Steuerung und Kontrolle des Basissystems, in welchem die eigentlichen betrieblichen Leistungsprozesse stattfinden.

Dabei kann das Informationssystem in ein Planungs-, ein Steuerungs- und Kontroll- sowie ein operatives Informationssystem zerlegt werden. Auf operativer Ebene korrespondiert zu jedem Geschäftsvorfall im betrieblichen Basissystem eine diesen koordinierende Transaktion. Die Steuerungsaufgabe auf mittlerer Ebene disaggregiert langfristige Planungsvorgaben in detaillierte Vorgaben an das operative System, die Kontrollaufgabe aggregiert im Rahmen einer Berichterstattung an das Planungssystem die Transaktionen des operativen Systems. Aufgabe des Planungssystems ist die Entscheidung über mittel- und langfristige Pläne auf der Grundlage formaler Unternehmensziele.

Auch die Aufgaben betrieblicher Informationssysteme lassen sich mehrstufig zerlegen. Unterschieden werden

- Transformationsaufgaben ohne Speicher, bei denen die von der Aufgabe erzeugten Informationen (Output) ausschließlich von den eingehenden Informationen (Input) abgeleitet werden können,

- Transformationsaufgaben mit Speicher, bei denen die Input-Größe um Informationen ergänzt wird, die im Rahmen früherer Aufgabendurchführungen gespeichert wurden, und

- Entscheidungsaufgaben, die als weitere Input-Information über externe Führungs- oder Zielgrößen verfügen und als Output Entscheidungswerte erzeugen (Lit. 02, S. 28-36 unter Bezug auf das Grundmodell der Unternehmung nach Grochla 1975).

Das betriebliche Informationssystem ist somit als ein komplexes Netz von Transformations- und Entscheidungsaufgaben interpretierbar. Es ist Teilobjekt der Unternehmung, aufgefasst als „System von Objekten ..., die untereinander mit Hilfe von Leistungs- und Lenkungsflüssen kommunizieren" (Lit. 02, S. 38). Leistungsflüsse bestehen dabei aus Güter-, Zahlungs- oder Dienstleistungspaketen, Lenkungsflüsse aus Nachrichten.

## E 6.4 Informationsmanagement als betriebliche Querschnitt-Funktion

Unmittelbarer Ansatzpunkt für Gestaltungsmaßnahmen der Wirtschaftsinformatik sind die Aufgaben und Aufgabenträger des betrieblichen Informationssystems. Aufgabenkomplexe, bestehend aus Aufgaben und einem Netz von Informationsflüssen zwischen diesen Aufgaben, werden durch Zuordnung maschineller (Rechner) oder personeller (Mitarbeiter) Aufgabenträger integriert. Auch die Aufgabenträger können zu Aufgabenträgerkomplexen zusammengefasst werden, in denen das betriebliche Kommunikationssystem die Schnittstellen der Maschine-Maschine-, Mensch-Maschine- oder Mensch-Mensch-Kommunikation abdeckt. Im Ergebnis entstehen aufgaben- oder aufgabenkomplex-spezifische Anwendungssysteme, die als automatisierter Bestandteil betrieblicher Informationssysteme aufgefasst werden (Lit. 02, S. 52 f.).

Während Kompetenz und Verantwortung bei der Wahrnehmung personell integrierter Aufgaben Gegenstand der betriebswirtschaftlichen Organisationsgestaltung sind, werden sie für den maschinell integrierten Aufgabenteil des Informationssystems einem eigenen personell gestützten Aufgabenkomplex zugeordnet, der als Informationsmanagement bezeichnet wird. Als betriebliche Querfunktion, die sich bereichsübergreifend auf die Objektart Information bezieht, gestaltet das Informationsmanagement die für die Automatisierung vorgesehenen Aufgaben eines Informationssystems und führt diese Aufgaben durch (Informationsmanagement als Planung, Steuerung und Kontrolle des automatisierten Teils des betrieblichen Informationssystems; Lit. 02, S. 72).

Heinrich erweitert diese enge Interpretation zu einem leitungszentrierten Ansatz des Informationsmanagements und bezeichnet damit „das Leitungshandeln (Management) in einer Betriebswirtschaft in Bezug auf Information und Kommunikation ..., folglich alle Führungsaufgaben, die sich mit Information und Kommunikation in der Betriebswirtschaft befassen" (Lit. 04, S. 8). Informationsmanagement wird damit grundsätzlich zu einer ständigen Aufgabe jeder Führungskraft im Unternehmen, betont wird die Einbindung des Informationsmanagements und der von ihm wahrzunehmenden Schaffung einer geeigneten Informationsinfrastruktur in die Unternehmensziele und die Unternehmensstrategie. Im Fokus stehen sämtliche betrieblichen Entscheidungsprozesse und damit mehr als das Objekt Information im Sinne eines Produktionsfaktors (Betrachtungsgegenstand des Information Resource Management, vgl. Lit. 04, S. 9).

Krcmar modelliert diese aus den betriebswirtschaftlichen Zielen abgeleitete Perspektive als Kreisel, den er als „ganzheitliche Informationssystem-Architektur" bezeichnet (Lit. 05, S. 40). An der Spitze des Kreisels steht die Geschäftsstrategie, „deren Vision sich ... durch das ganze Unternehmen und damit durch seine Systeme zieht." Darunter liegt die organisatorische Ebene mit Struktur- und Prozess-Architektur, aus der die Anwendungs-, die Daten- und die Kommunikationsarchitektur als zentrale Betrachtungsobjekte des Informationsmanagements abgeleitet werden. Diese Architekturen basieren auf der Technologie-Architektur der Unternehmung als unterste Modellschicht. Konsequenter Weise leitet sich daraus ein 3-Ebenen-Modell des Informationsmanagements ab mit dem Management

- der Informationswirtschaft (Angebot von und Nachfrage nach Information als Ressource),

- der Informationssysteme (Anwendungssysteme und deren Daten, Prozesse sowie Lebenszyklus) und

– der Informations- und Kommunikationstechnologie (Technologiebündel zur Speicherung, Verarbeitung und Kommunikation von Daten).

Flankiert werden diese drei Ebenen durch eine senkrechte Säule, welche die Gestaltungsaufgabe des Informationsmanagements selbst zum Gegenstand hat (Lit. 05, S. 44 f.).

## E 6.5 Aktuelle Anforderungen an das Informationsmanagement

Die oben vorgenommene Differenzierung von Transformations- und Entscheidungsaufgaben kann auf eine zentrale Diskussion in der Wirtschaftsinformatik übertragen werden. Diese unterscheidet horizontale und vertikale Ansätze zur Aufgabenintegration im betrieblichen Informationssystem. Während die horizontale Integration von Teilsystemen wie Forschung und Entwicklung, Beschaffung, Produktion oder Absatz entlang der (inner-)betrieblichen Wertschöpfungskette erfolgt und damit auf Transformationsaufgaben in operativen Systemen fokussiert, beschreibt die vertikale Integrationsrichtung den Übergang von operativen Systemen zu Planungs- und Kontrollsystemen im Rahmen der Abbildung von Entscheidungsaufgaben. Die horizontale Integration von Teilsystemen über gemeinsame Datensysteme oder prozessunterstützende Anwendungssysteme (Workflow-Systeme) wird als grundsätzlich gelöst betrachtet. Dagegen besteht in der vertikalen Richtung aufgrund aktuellen Bedarfssogs und gleichzeitigem Technologiedrucks nach wie vor Handlungsbedarf (Lit. 07, S. 49-52).

Mertens leitet aus seiner Forderung nach „sinnhafter Vollautomation des betrieblichen Geschehens" im Sinne einer „konkreten Utopie bzw. Vision für die Wirtschaftsinformatik" neuerlichen Bedarf an der Gestaltung von „Top-Management-Informations-Systemen" ab. Dieser ergibt sich aus einer Steigerung des Unternehmenswertes unter den Bedingungen der Globalisierung, stärkeren rechtlichen und betriebswirtschaftlichen Anforderungen an das Risikomanagement, kurzen Lebenszyklen von Produkten und aus dem Zwang zur Kanalisierung von Informationsfluten (Lit. 07, S. 49 f.). Für das verstärkte Einbringen auch von externen qualitativen und quantitativen Informationen in die Planungs- und Kontrollsysteme wird eine „Entscheidungsarchitektur" vorgeschlagen, in der ein Informations- oder Redaktionsleitstand im Rahmen der „Business Intelligence"

– daten- und dokumentenbasierte Informationslager,

– Such-, Filterungs- und Mining-Techniken sowie

– Methoden des Wissensmanagements und der Personalisierung

vor dem Hintergrund situationsspezifischer Entscheidungsmuster zusammenführt. Eine wesentliche Rolle spielt dabei die Automatisierung betriebswirtschaftlicher Methoden zur Entscheidungsunterstützung (z. B. Kennzahlen- und Werttreiberbäume, Risikoanalysen oder Balanced Scorecard Ansätze; Lit. 07, S. 61-69).

Grundsätzlich ist zu bemerken, dass die Automatisierung der betrieblichen Informationsverarbeitung immer die Aufgabenträgerkomplexe aus maschinellen und personellen Aufgabenträgern und deren Interaktion berücksichtigen muss. Es gilt, neben Automationsaspekten auch Verhaltensaspekte im betrieblichen Informationssystem zu berücksichtigen. Gerade an der Unternehmensspitze sind Visionen, Intuition sowie nicht antizipierte Entscheidungen anderer Akteure vorrangiges Betrachtungsobjekt. Diese Eigenschaften lassen sich nicht in Vorgangsketten modellieren (Lit. 07, S. 71).

Die Rückbesinnung auf den „menschlichen Faktor" findet sich auch in aktuellen internationalen Untersuchungen, auf deren Ergebnisgrundlage gefordert wird, vom (automatisierten) Wissensmanagement wieder zum Management von Daten und Information zurückzukehren. Betont wird der interpretative Charakter von Daten und Information, also das stufenweise Entstehen von Semantik und Pragmatik aus Daten erst im Rahmen menschlicher Interpretation und sozialer Interaktion (Lit. 03, S. 10).

## E 6.6 Zusammenfassung

Abschließend können wir die in der Überschrift dieses Beitrags angerissene Frage nach Information als neuem Produktionsfaktor wie folgt beantworten: Information ist selbst kein isolierbarer Produktionsfaktor, stellt aber eine wichtige Objektart dar, die sich quer durch alle betrieblichen Funktionsbereiche zieht und koordiniert werden muss. Das hierfür erforderliche Leitungshandeln kommt der dispositiven Arbeit als einem der vier Produktionsfaktoren der klassischen Betriebswirtschaftslehre zu. Informationsmanagement erwächst damit zur konkreten Aufgabe dispositiver Arbeitsleistung in der Betriebswirtschaft.

**Literatur**

01 Fachbereich Wirtschaftsinformatik der Gesellschaft für Informatik; Wissenschaftliche Kommission Wirtschaftsinformatik im Verband der Hochschullehrer für Betriebswirtschaft (Hrsg.): Rahmenempfehlung für die Universitätsausbildung in Wirtschaftsinformatik. In: Informatik Spektrum 26 (2003) 2.

02 Ferstl, Otto K.; Sinz, Elmar J.: Grundlagen der Wirtschaftsinformatik. Band 1, 3. Aufl. München, Wien: Oldenbourg 1998, 415 S.

03 Galliers, Robert D.; Newell, Sue: Back to the future: from knowledge management to the management of information and data. In: Information Systems and e-Business Management 1 (2003) 1, S. 5-13.

04 Heinrich, Lutz J.: Informationsmanagement. Planung, Überwachung und Steuerung der Informationsinfrastruktur. 6. Aufl. München, Wien: Oldenbourg 1999, 615 S.

05 Krcmar, Helmut: Informationsmanagement. Berlin, Heidelberg: Springer 1997, 362 S.

06 Kuhlen, Rainer: Informationsmarkt. Chancen und Risiken der Kommerzialisierung von Wissen. Konstanz: Univ.-Verl., 1995, 608 S.

07 Mertens, Peter: Die Wirtschaftsinformatik auf dem Weg zur Unternehmensspitze – alte und neue Herausforderungen und Lösungsansätze. In: Uhr, Wolfgang; Esswein, Werner; Schoop, Eric (Hrsg.): Wirtschaftsinformatik 2003/Band I. Medien – Märkte – Mobilität. Heidelberg: Physika, S. 49-74.

08 Mertens, Peter; Chamoni, Peter; Ehrenberg, Dieter; Griese, Joachim; Heinrich, Lutz J.; Kurbel, Karl (Hrsg.): Studienführer Wirtschaftsinformatik. 3. Aufl. Braunschweig, Wiesbaden: Vieweg, 2002, 404 S.

09 Staehle, Wolfgang H.: Management. Eine verhaltenswissenschaftliche Perspektive. 8. Aufl., überarbeitet von Conrad, Peter; Sydow, Jörg. München: Vahlen 1999, 1098 S.

10 Wöhe, Günter unter Mitarbeit von Döring, Ulrich: Einführung in die Allgemeine Betriebswirtschaftslehre. 19. Aufl. München: Vahlen 1996, 1403 S.

# E 7 Der Informationsbegriff in der Politikwissenschaft – eine historische und systematische Bestandsaufnahme

Gerhard Vowe

## E 7.1 Einleitung: Zum Stellenwert des Informationsbegriffs in der Politikwissenschaft

Wie ein Blick in die jeweiligen Fachwörterbücher zeigt, ist der Stellenwert des Informationsbegriffs in der Politikwissenschaft sehr viel geringer als in der Wirtschaftswissenschaft oder in der Psychologie. Eine Durchsicht politikwissenschaftlicher Lehrbücher bestätigt diesen Eindruck, und es findet sich auch kein politikwissenschaftliches Standardwerk, in dem „Information" eine Titelrolle spielt. Die Politikwissenschaft hat keinen spezifisch auf die Belange „kollektiv bindender Entscheidung" (Lit. 40) zugeschnittenen Informationsbegriff entwickelt.

Bei genauerem Hinsehen zeigt sich allerdings, dass „Information" *implizit* als eine Grundbedingung politischen Handelns seit jeher im systematischen politischen Denken präsent ist, und zwar in allen Dimensionen eines kommunikationsbasierten Informationsbegriffs (vgl. Lit. 24; Lit. 09): sachlich als in kommunikative Form gebrachtes unwahrscheinliches Wissen („Nachricht"), sozial als eine asymmetrische Form von Kommunikation („Unterrichtung") und prozessual als „Verringerung von Ungewissheit durch Kommunikation" (Lit. 56). Dies wird im folgenden zunächst historisch und dann systematisch dargelegt.

## E 7.2 Der Informationsbegriff in der Geschichte des politischen Denkens

Das, was spät und zunächst nur vereinzelt explizit mit „Information" bezeichnet wird, kann bis zu den Anfängen des systematischen politischen Denkens zurückverfolgt werden. Man kann die Geschichte des politischen Denkens mit Gewinn unter dem Informationsaspekt lesen. Dies kann hier nur angedeutet werden; es bedürfte einer wesentlich gründlicheren Darlegung, wie „Information" in die jeweilige Sicht von politischer Kommunikation eingebettet ist (Lit. 54).

Bereits bei den *antiken Ahnherren* der politischen Philosophie bildet das, was wir mit „Information" bezeichnen, einen Eckpfeiler ihrer Gedankengebäude – mit unterschiedlicher Akzentsetzung. *Platon* (Lit. 41) entwirft im „Staat" als Maßstab für reale Ordnungen einen Idealstaat, in dem die Entscheidungen über allgemeine Angelegenheiten von der Idee des Guten geleitet sind. Zur deren Erkenntnis und damit zur Lenkung des Staates sind die Philosophen vorgesehen – so findet Macht ihre Schranke in der Weisheit. In einer anderen Schrift Platons (Lit. 42) werden die Aufgaben und Eigenschaften des Politikers deutlicher markiert, und damit tritt das Informationsmoment stärker hervor: Der nach Weisheit Strebende erkennt in der Formung durch Erziehung das für alle gemeinsame Gute, er wird davon geleitet und übernimmt die Aufgabe, die widerstreitenden Kräfte durch das Band der Vernunft zusammenzuhalten. *Aristoteles* (Lit. 02) hingegen beantwortet in seinem Werk „Die Politik" die Frage nach dem wohl geordneten Gemeinwesen durch eine empirisch gewonnene Klassifikation der Staatsformen. Sie ist danach gebildet, wie viele regieren und ob und wie sich die Regierenden beraten (lassen). Insoweit kann man seine Staatsformen als Informationskonstellationen auffassen. Zudem spielt in seiner erfahrungsbasierten Vorstellung von der Polis die öffentliche Debatte der öffentlichen Angelegenheiten eine zentrale Rolle. Daher rührt der Stellenwert der „Rhetorik" – dem Vermögen des Redners, die Zuhörer zu bewegen und zu überzeugen (Lit. 01). Einen gänzlich anderen politischen Zusammenhang betrachtet *Thukydides* (Lit. 51). Er sieht als den Kern der Politik die Auseinandersetzung zwischen Mächten; ein Staat muss seine Freiheit gegen andere Staaten bewahren und erweitern. In diesem Zusammenhang bekommt Information im o.g. Sinne ihren Platz: sie ist dann von Bedeutung, wenn die Kontrahenten die Chancen und die Risiken der Auseinandersetzung auf Grundlage von Erfahrung und Gesetzmäßigkeiten rational kalkulieren oder sich selbst täuschen; und wenn sie sich über ihre Absichten und Maximen in Kenntnis setzen oder einander darüber bewusst täuschen. *Marcus Tullius Cicero* (Lit. 11; Lit. 12) schließlich verwendet explizit den Informationsbegriff in einem politischen Kontext – als die Tätigkeit, die der politische Redner vollzieht, wenn er Zusammenhänge in eine anschauliche Form bringt und damit die Erinnerung prägt (Lit. 09. S. 81). Damit bildet sie den Schlüssel für die Lenkung des Gemeinwesens durch Männer, die sich dadurch auszeichnen, dass sie ihre Tugenden in der Rede zum Ausdruck bringen können.

Damit haben die politischen Denker der Antike für verschiedene Formen von politischer Information auf Basis der Kommunikation unter Anwesenden – vom Lehrgespräch über die Versammlung bis zur Verhandlung – eine universelle Grundlage geschaffen.

An Platon knüpft *Aurelius Augustinus* (Lit. 03) an, der mit seinem Werk die politischen Vorstellungen des *Mittelalters* nachhaltig geprägt hat. In „De Civitate Dei" wird die Bürgerschaft Gottes der Bürgerschaft des Teufels gegenüber gestellt. Dabei spielt „Information" eine gewichtige Rolle, denn damit bezeichnet er den Prozess, in dem die Menschen durch göttliche Erleuchtung geformt werden und sich an der Gottesliebe statt an der Selbstliebe orientieren. *Thomas von Aquin* (Lit. 52) schließt hingegen an Aristoteles an. Er gibt dem Informationsbegriff eine pädagogische Bedeutung und begründet mit seinem Werk die Tradition des Fürstenspiegels, der dem Fürsten vorgehalten wird und ihn mit dem Versprechen von Gottes Lohn zu tugendhafter Herrschaft führen soll, insbesondere zu Besonnenheit und Gerechtigkeit.

An Thukydides wiederum orientiert sich *Niccolò Machiavelli* (Lit. 30), der als Bindeglied zwischen Antike, Mittelalter und Neuzeit fungiert. Er deckt die faktischen Regeln des politischen Spiels um Macht auf. Einen zentralen Teil dieses Spiels bilden Information und Kommunikation in allen ihren Varianten – bis hin zu Täuschung des Gegners durch Intrige, Falschinformation und Lüge. Sein Maßstab ist die Nützlichkeit für die Sicherung der Herrschaft des Fürsten – Garant für die Stabilität der politischen Ordnung. Mit Blick auf die politische Stabilität werden Information und Kommunikation bei *Thomas Hobbes* (Lit. 21) zu einem zentralen Problem. Auf dem Hintergrund der Religions- und Bürgerkriege des 17. Jahrhunderts entwirft er den modernen Staat und stellt ihn auf die Basis eines Gesellschaftsvertrags. Der Staat hat den Bürgern Sicherheit und Schutz zu gewährleisten und darf dafür Unterwerfung verlangen. Damit die Auseinandersetzungen zwischen religiösen Gruppen beendet werden können, wird dem Staat auch die Autorität in geistlichen Streitfragen gegenüber Kirchen und Universitäten übertragen. Kommuniziertes Wissen wird in dieser Optik zu einer Quelle von Zwietracht und Aufruhr, die um so kräftiger sprudelt, je schneller und weiter die Botschaften verbreitet werden können. Information und Kommunikation müssen folglich uneingeschränkter Kontrolle unterworfen werden. Damit ist die Zensur aus dem Gemeinwohl heraus begründet. Die Gegenposition dazu markiert *John Locke* (Lit. 28): Er sieht umgekehrt die Rebellion in der Unterdrückung begründet und plädiert für Toleranz, die sich in Grundrechten wie der Religions- und der Pressefreiheit ausdrückt. Er will die um des inneren Friedens willen gebildete Staatsgewalt aufteilen und den einzelnen Teilen abgegrenzte Domänen zuweisen, damit keine Spezialinteressen in übergreifende Machtpositionen gelangen können. Die öffentliche Meinung („Gesetz der Reputation") und die Presse werden zu einem Moment im System der „Checks and Balances", zu einem Gegengewicht zur Herrschaft. Zwischen diesen Polen wird Information zu einem Element einer sich formierenden bürgerlichen Öffentlichkeit aus Parlament, Parteien und Presse.

Mit der *Aufklärung* rückt das Subjekt in den Mittelpunkt der politischen Konzepte. Von zentraler Bedeutung ist bei *Immanuel Kant* (Lit. 25) die Möglichkeit, selbstbestimmt über öffentliche Angelegenheiten zu räsonieren und somit von der Vernunft öffentlichen Gebrauch zu machen – nicht nur in politischen, auch in naturphilosophischen, ethischen und ästhetischen Angelegenheiten. Dies wird gedeckt durch die verfassungsrechtliche Garantie von Bürger- und Menschenrechten – insbesondere von individueller Gedanken- und Kommunikationsfreiheit, der „Freiheit der Feder". Die andere Seite wird bei *Jean Jacques Rousseau* (Lit. 44) betont: Bei ihm bekommt die öffentliche Kommunikation die Aufgabe, den Gemeinwillen („volonté générale") zu formen. In diesem Ausdruck der Volkssouveränität sollen die Positionen der Bürger aufgehen, und zwar in einem Prozess der ungefilterten Willensbildung, ohne dass organisierte Sprecher dazwischen treten. Wieder anders wird die Spannung von Individuum und Gesellschaft bei *Adam Smith* (Lit. 49) begriffen. Er zeigt, wie der Markt soziale Beziehungen zwischen den eigennützigen Individuen stiftet. Kognitiv wird dies ermöglicht durch die Fähigkeit der Menschen, sich mit den Augen der anderen zu sehen – ein folgenreiches Modell für das Verständnis von politischer Information und Kommunikation.

In dem Spannungsfeld, das diese drei Denker des 18. Jahrhunderts bilden, gewinnt das Konzept der modernen Öffentlichkeit sein Profil – und mit ihm Information und Kommunikation.

Den Stellenwert von Information im politischen Denken des *19. Jahrhunderts* sollen hier drei unterschiedliche Sichtweisen deutlich machen, die in das 20. Jahrhundert hineinragen. In der Sicht von *Karl Marx* ist kommuniziertes Wissen ein Element des Klassenkampfs. Der gesellschaftliche Hauptwiderspruch zwischen Lohnarbeit und Kapital prägt die politische Kommunikation in unterschiedlicher Weise. Einerseits dient die Öffentlichkeit im Kampf zwischen Fraktionen der Bourgeoisie als Instrument zur Mobilisierung verblendeter Massen; andererseits wird im publizistischen Kampf gegen die Bourgeoisie und ihre Ideologen das proletarische Klassenbewusstsein entwickelt und damit die Klasse „für sich" konstituiert (Lit. 33). Am anderen Ende des Spektrums steht *John Stuart Mill* (Lit. 36). Er sieht Information und Kommunikation aus der Perspektive des Individuums. Die Gewährleistung einer freien Meinungsbildung ist ein entscheidendes Moment, um eine „Tyrannei der Mehrheit" zu verhindern und die Freiheit des Individuums zu sichern – die Grundbedingung gesellschaftlichen Fortschritts. Seinen organisatorischen Ausdruck findet dies in einem möglichst plural zusammengesetzten „deliberativen Parlament", in dem die verschiedenen Vorschläge zur Lösung politischer Probleme öffentlich erörtert werden. Eine Synthese dieser entgegengesetzten Ansätze vollzieht der Begründer der politischen Soziologie, *Max Weber* (Lit. 55). Er verknüpft die Individual- mit der Strukturebene. Bei ihm wird Kommunikation (und ihre Erforschung) zum *Verstehen von Sinn*, dem Schlüsselbegriff, um das Spezifische sozialen Handelns zu erfassen. Aus den möglichen Sinnzuweisungen, den Handlungsorientierungen, ergeben sich die unterschiedlichen Typen von Handeln (wie zweckrationales oder traditionales Handeln). Darauf basieren die sozialen Beziehungen (wie Gemeinschaft oder Macht), die jeweils unterschiedliche Organisationsformen annehmen können (wie Anstalt oder Betrieb). Die Beziehungen sind eingebettet in eine Ordnung, die so weit gilt, wie sich die Handelnden an ihr orientieren. Auf diese Weise werden soziales Handeln, soziale Beziehungen, Ordnung und Entwicklung systematisch miteinander verschränkt – zwar ohne expliziten Rückgriff auf den Informationsbegriff, aber mit nachhaltiger Wirkung auf dessen soziologischen Bedeutungsgehalt.

### E 7.3 „Information" in den Paradigmen der modernen Politikwissenschaft

Die moderne Politikwissenschaft hat konkurrierende Paradigmen ausgebildet, die sich auf unterschiedlichen Koordinaten im Spannungsfeld zwischen individuellem politischem Handeln und sozio-politischer Struktur positionieren. Das Spektrum reicht von konsequent individualistischen Ansätzen, bei denen alle politischen Strukturen aus individuellen Entscheidungen erklärt werden, bis zu konsequent funktionalistischen Ansätzen, bei denen alle Formen von Akteuren verschwunden sind. Für diesen Überblick wurden sechs Paradigmen ausgewählt, die auf ihre jeweils eigene Weise den Wandel von politischer Information und Kommunikation im 20. Jahrhundert reflektieren. In ihnen wird „Information" ein unterschiedlicher Stellenwert zugestanden; wichtiger noch ist, dass jeweils andere Dimensionen des Informationsbegriffs akzentuiert werden. Sie sind nicht chronologisch geordnet, sondern nach ihrer Position auf dem Spektrum von Handlung und Struktur. Die Darstellung ist stark vergröbernd.

Den Mikro-Pol markiert *George C. Homans* (Lit. 22): Gesellschaft wird konsequent auf *individuelles Verhalten* mit seinen absehbaren und nicht absehbaren, beabsichtigten und nicht beabsichtigten Folgen zurückgeführt. Im Mittelpunkt steht die Rationalitätsannahme: Wenn ein Akteur zwischen Handlungsmöglichkeiten wählen kann, dann wird er diejenige Möglichkeit wählen, deren – nach der Wahrscheinlichkeit ihres Eintreffens gewichteter – Wert subjektiv größer ist als der anderer Möglichkeiten. Jeder Akteur strebt also nach der Maximierung seines Nutzens. Daraus ergeben sich Tauschbeziehungen, die ein mehr oder weniger stabiles Netz aus Kooperations- und Wettbewerbskonstellationen bilden. Mit Belohnung und Bestrafung kann Einfluss auf Handeln genommen werden. Auch politische Information und Kommunikation wird demzufolge als Tauschbeziehung rationaler Entscheider gesehen. Die Möglichkeiten der politischen Information werden in dem Maße genutzt, wie der Ertrag aus dieser Nutzung zum Aufwand in einem günstigen Verhältnis steht. Da der Politik im allgemeinen eine geringe Bedeutung zugemessen wird, bleibt der Aufwand eng begrenzt, den die Bürger bereit sind, in Suche und Nutzung politischer Information zu investieren – eine „rationale Ignoranz" (Lit. 15). Durch die Arbeiten von *Her-*

*bert A. Simon* (Lit. 48) ist diesem Paradigma nicht nur das griffige Label „*Rational Choice*" zugewachsen, es ist auch die Ambivalenz von Information präziser herausgearbeitet worden: Information ist nicht nur mehr oder weniger nützlich für den Entscheider bei der Vorbereitung von Entscheidungen; sie kostet ihn auch mehr oder weniger – vor allem Zeit. Von daher ist es rational, den Informationsaufwand zu begrenzen und sich mit einem zufriedenstellenden Wissen zu begnügen, statt vollständige Information über alle Umweltbedingungen, Handlungsmöglichkeiten und deren Konsequenzen anzustreben („bounded rationality"). Je nach Aufwand und Ertrag verändern sich die Ansprüche an das Informationsniveau und die Anforderungen an den Informationsprozess (z.B. in Form von Regeln für die Beendigung einer Suche nach einer Lösung).

Nimmt man hingegen den Ausgangspunkt bei *George H. Mead* (Lit. 34) und *Herbert Blumer* (Lit. 07), so wird Information zum Teil einer *symbolischen Interaktion*, die nicht mehr einem einzelnen der Beteiligten zugerechnet werden kann. Die Interaktion stützt sich auf wechselseitige Erwartungen (und Erwartungen der Erwartungen) und geteilte Bedeutungsmuster, insbesondere auf die standardisierte oder fallweise ausgehandelte Definition der sozialen Situation, in der sich die Akteure befinden. Daraus entwickeln sich soziale Strukturen, die sich in der Übernahme der Perspektive eines „generalisierten Anderen" ausdrücken. *Erving Goffman* (Lit. 18) hat dies noch einmal akzentuiert. Er legt den Schwerpunkt auf die Präsentation des Selbst, auf die überzeugende Ausfüllung von Rollen und die Kontrolle des Eindrucks, den Personen auf andere machen. Dabei sind die Einordnung der jeweiligen Situation („framing") und die Veränderung dieser Ordnungsmuster von besonderer Bedeutung für die Wahl der Strategie der Akteure und für die Interpretation der Darstellung durch andere Akteure. Dieses Paradigma wirft ein eigenartiges und gerade deshalb erhellendes Licht auf Information und Kommunikation im politischen Kontext.

Bei *James S. Coleman* (Lit. 13) schieben sich zwischen Individuum und Gesellschaft die *korporativen Akteure*, die Körperschaften, die auf der Basis der ihnen übertragenen Rechte und Ressourcen als eigenständige Einheiten handeln und die ihren Mitgliedern – individuellen Akteuren – Positionen, Interessen und Regeln vorgeben. Für das Handeln der Akteure und ihr Verhältnis spielt Information – im Sinne von Sachwissen – eine mehrfach problematische Rolle: Korporative Akteure prägen die Gesellschaft mehr und mehr, weil sie Informationen kontrollieren. An die Stelle des Vertrauens als sozialer Basis des Verhältnisses individueller Akteure tritt Information, die von korporativen Akteuren kontrolliert wird. Das Informationsungleichgewicht bildet ein Machtpotential für korporative Akteure. Noch weiter ins Zentrum rückt der Informationsbegriff bei den organisationstheoretischen Arbeiten, die Organisationen als Entscheidungssysteme sehen, in denen Informationen nach vorgegebenen internen Programmen aus der Umwelt aufgenommen, verarbeitet und abgegeben werden (Lit. 31). Von Information sind die Anpassung an veränderte Bedingungen (organisationales Lernen), die Zielvorgaben und die soziale Strukturierung der Organisation abhängig. Auch dabei werden die Kriterien begrenzt rationalen Entscheidens als maßgebend angesehen.

Mit seinen Beiträgen zur Wahl- und zur Medienforschung hat *Paul F. Lazarsfeld* (Lit. 27) auf eine eigene Weise Mikro- und Makroebene verbunden. Durch ihn hat die explizite Frage nach dem Stellenwert von massenmedialer Information Eingang in die politische Soziologie gefunden. In seiner Antwort verschränkt er *massenmediale und interpersonale Information und Kommunikation*. Medien verändern nicht die Einstellungen der Bürger, sie können sie aber verstärken, wenn die mediale Information – z. B. über politische Themen oder über Kandidaten – Eingang in die Netze interpersoneller Kommunikation finden. Diese Netze sind geprägt durch die sozialstrukturellen Konfliktlinien.

*Jürgen Habermas* (Lit. 20) hat den Politikbegriff explizit auf einem emphatischen Kommunikationsbegriff abgestützt, der an den immer schon vorausgesetzten Normen sprachlichen Handelns anknüpft. Politische Kommunikation wird zur *diskursiven Verständigung*. Ausgangspunkt ist die Gegenüberstellung von Lebenswelt und System. Die „Sozialintegration" der Gesellschaft – ihre Identitätsbildung und Vergewisserung – läuft über sprachliche Verständigung, das kommunikative Handeln. Dafür ist ein Horizont an selbstverständlicher Überzeugung und intersubjektiv anerkanntem Wissen erforderlich – die Lebenswelt. Dem gegenüber steht die „systemische Integration", die funktionale Koordination der Subjekte durch die Steuerungsmedien Geld und Macht. Gegen die „Kolonialisierung der Lebenswelt" durch die Ausdehnung der instrumentellen Vernunft setzt er eine eigenständige Rationalisierung der Lebenswelt in Gestalt von Diskursen (der Verständigung darüber, ob die Verständigung vernünftig ist). Damit ist theoretisch ausgearbeitet, was er historisch an der Entstehung der bürgerlichen Öffentlichkeit zu demonstrieren versucht hat: im Räsonnement der Privatleute über öffentliche Angelegenheiten bildet sich ein Publikum, das durch die öffentliche Meinung eine Kontrollinstanz gegenüber der öffentlichen Gewalt bildet. Diese bürgerliche Öffentlichkeit zerfällt in der sozialstaatlichen Massendemokratie und mutiert zur manipulativen Öffentlichkeit (Lit. 19). Sowohl in seiner systematischen als auch in seiner historischen Darlegung findet sich an vielen Stellen der Informationsbegriff – bisweilen auch explizit.

Noch strikter von der Makroebene her werden politische Information und Kommunikation im systemtheoretischen Paradigma gedacht. Information wird bei *Talcott Parsons* (Lit. 40) funktional gesehen als *Stabilisierung sozialer Systeme*. Bei *David Easton* (Lit. 16) wird die Politik konsequent als ein Informationssystem konzipiert. Er fragt nach der Möglichkeit von Stabilität eines politischen Systems in einer sich wandelnden Umwelt. Von dort kommen „demands" und „supports" als Input, werden im politischen System zu Entscheidungen verarbeitet, die als Output bzw. „outcome" die Umwelt verändern und damit wiederum die Inputs beeinflussen. Besonders akzentuiert hat den Informationsbegriff *Karl W. Deutsch* (Lit. 14) in seinem kybernetischen Modell einer stabilen Demokratie durch stetigen Wandel: Die Regierung wird daran gemessen, inwieweit sie ihre Aufgabe erfüllt, gesellschaftliche Lernprozesse in Gang zu setzen, und umgekehrt ist Macht bei ihm negativ konnotiert als die „Fähigkeit, nicht lernen zu müssen".

*Niklas Luhmann* (Lit. 29) markiert den Makro-Pol auf dem Spektrum der Politikwissenschaft. In seiner komplexen Begriffsarchitektur ist Information („eine Differenz, die eine Differenz erzeugt") eines der Elemente von Kommunikation. Wie alle funktionalen Teilsysteme von Gesellschaft besteht Politik aus nichts anderem als aus Kommunikation. In seinem Begriffsverständnis wird Kommunikation aber konsequent von Subjekten und Interaktion gelöst. Das aus sozialwissenschaftlicher Sicht Eigentliche an Kommunikation und damit auch an Information ist nicht das, was sich Menschen mitteilen. Statt dessen wird Kommunikation begriffen als eine Operation, in der sich ein Funktionssystem wie Politik reproduziert. Mit Kommunikation schafft ein System selbst die Elemente, aus denen es besteht („Autopoiesis"), und zwar nach einer jeweils eigenen Logik. Diese Operation wird als mehrfach selektiver Anschluss an vorangegangene Kommunikation verstanden. Die erste dieser Selektionen ist die Information – das Abtasten der Umwelt auf Überraschendes auf dem Hintergrund der Systemstruktur von Nicht-Überraschendem. Information ist eine spezifische Operation eines Systems, nicht etwas, das aus der Umwelt in das System eingeht. Die Selektivität der Kommunikation – und damit auch die Information – ermöglicht es dem System, sich von anderen abzugrenzen, die Komplexität der anderen Möglichkeiten zu reduzieren. Kommunikation ist deshalb von Funktionssystem zu Funktionssystem unterschiedlich, weil sie über ein systemspezifisches „Medium" läuft – in der Wirtschaft über Geld, in der Wissenschaft über Wahrheit, in der Politik über Macht. Diese Medien übertragen reduzierte Komplexität und ermöglichen damit systemspezifische Kommunikation. Macht sorgt für politikspezifische Kommunikation und hält damit die Abgrenzung der Politik von ihrer Umwelt aufrecht. Politik kreist um sich selbst, hat kein anderes Ziel, als sich selbst zu reproduzieren, und ist von außen allenfalls irritierbar. Sie kann ihrerseits die Kommunikation in anderen Funktionssystemen, wie der Wirtschaft oder der Wissenschaft, nur irritieren, sie bildet nicht das Zentrum der Gesellschaft.

## E 7.4 Systematik der informationsrelevanten Forschungsfelder in der Politikwissenschaft

Der historische Abriss und das Spektrum der grundlegenden Paradigmen bilden die Basis für eine systematische Darstellung der aktuellen Forschungsfelder. Sie ist nach den Facetten des Politikbegriffs gegliedert. Denn für die Thematisierung von „Information" in einem politischen Kontext ist maßgebend, ob man Politik als Gestaltung, als Auseinandersetzung oder als Ordnung sieht; in angelsächsischer Terminologie: ob man Information unter dem Policy-, dem Politics- oder dem Polity-Aspekt behandelt. Im Kontext von *Politik als Gestaltung gesellschaftlicher Verhältnisse* ist „Information" in dreifacher Hinsicht von Bedeutung: als Quelle für politische Problemlösung („Information für Politik"), als Instrument politischer Problemlösung („Politik durch Information") und als Gegenstand von Politik („Politik für Information").

Zum einen geht es um *Information für Politik*: Die Politikberatung hat sich seit den 60er Jahren in einem enormen Maße verwissenschaftlicht. Die substantiellen und institutionellen Voraussetzungen und Folgen dieses Prozesses sind Gegenstand einer intensiven Forschung (Lit. 37). In diesen Zusammenhang gehört auch die Modernisierung von Politik und öffentlicher Verwaltung durch Einführung von Planungs- und Budgetierungssystemen, neuerdings von Wissensmanagementsystemen und von betriebswirtschaftlichen Formen der Verwaltungsorganisation (Lit. 39).

Zum anderen geht es um *Politik durch Information*: Politische Problemlösung kann sich unterschiedlicher Instrumentarien bedienen: Informative und kommunikative Instrumente können substitutiv oder komplementär zu regulativen oder distributiven Instrumenten eingesetzt werden. Information ist dann unter dem Aspekt der funktionalen Äquivalenz zum Einsatz anderer Instrumente zu bewerten: Kann z. B. ein gesundheitspolitisches Ziel wie die Verringerung des Rauchens besser durch Ge- und Verbote, durch An- und Abreize oder durch positive oder negative Aufklärungskampagnen erreicht werden? Die Forschung hat die unterschiedliche Wirksamkeit dieser Instrumente untersucht (Lit. 32). Man geht nunmehr von eher moderaten Effekten aus. Langfristig, indirekt und adressatenspezifisch können Wissen, Einstellungen und Handeln beeinflusst werden. Grundlegende Voraussetzung dafür ist, dass in der entsprechenden Kampagne der Adressat als Tauschpartner begriffen wird, dem man attraktive Äquivalente für seine Aufmerksamkeit, seine Informationsaufnahme, seinen Einstellungswandel und sein Handeln anbietet – z. B. Erhöhung des Selbstwertgefühls, Möglichkeit für Kontakte u.a.m. Botschaften sind besonders erfolgreich, wenn sie glaubwürdig bei einer Entscheidung für die positive Seite Belohnungen verheißen und bei einer Entscheidung für die negative Seite Bestrafungen androhen, z. B. Einkommensverluste oder Sicherheitseinbußen. Darüber hinaus hat die Forschung die Ambivalenz von Information und Kommunikation unter diesem Aspekt herausgearbeitet. Grundlegend dafür ist der Terminus der „Symbolischen Politik" (Lit. 17; Lit. 45) in seiner Mehrfachbedeutung von Ersatz, Substanz und Vermittlung von Politik.

Zum dritten geht es um *Politik für Information*. Informationspolitik ist ein so facettierter Bereich, dass hier die bloße Nennung von Themenfeldern ausreichen muss (Literaturangaben siehe Lit. 05):

- Schaffung einer Infrastruktur für die Informationsversorgung in allen Bereichen und Ebenen – von der öffentlichen Bibliothek bis zu Fachinformationszentren

- Förderung der Nutzung von computervermittelter Kommunikation – vom Einsatz in Schulen bis zur Überbrückung des „Digital Divide" im Weltmaßstab

- Regulierung des Einsatzes von Informationssystemen durch nationale und supranationale Schutzvorschriften – vom Arbeitsschutz (ergonomische Vorschriften) bis zum Schutz der Privatsphäre (Recht auf „informationelle Selbstbestimmung")

- De-Regulierung bei Informationsbeschränkungen (z.B. Erlaubnis vergleichender Werbung)

- Durchsetzung regionaler und weltweiter Regeln für Information – von technischen Standards (zum Beispiel von Domainbenennungen im Rahmen der ICANN) über Produktinformationen (z.B. genormte Sicherheitshinweise und Inhaltskennzeichnungen) bis zu sozio-politischen Rechten (z. B. der Gewährleistung eines Grundrechts auf freien Zugang zu Information durch die UNESCO).

Im Kontext von Politik als *Politics* wird Information zu einem Element der *Auseinandersetzung zwischen politischen Akteuren*. Drei unterschiedliche politische Schauplätze stehen im Mittelpunkt der Forschung, die zunehmend mit ökonomischen Ansätzen die Auseinandersetzungen als Informationskonstellationen modelliert, so z.B. mit spieltheoretischen oder mit Principal-Agent-Modellen (vgl. Lit. 08).

Zum einen ist Gegenstand der Forschung, welche Rolle Information im *Wahlkampf* spielt. Für die Modelle, mit denen Wählerentscheidungen erklärt und vorausgesagt werden sollen, ist von entscheidender Bedeutung, welchen Stellenwert man den Informationen zu aktuellen politischen Themen und zu den jeweiligen Kandidaten im Verhältnis zu den eher „informationsarmen" langfristigen Parteiidentifikationen und Wertorientierungen einräumt. Die Gewinnung der mehr werdenden Unentschlossenen nimmt an Bedeutung gegenüber der Mobilisierung der weniger werdenden Stammwähler zu. Damit steigt die Bedeutung von aktuellen Themen und von Kandidatenimages – und von Information dazu (Lit. 53). Über die Beteiligung an Wahlen hinaus wird Information als eine zentrale Voraussetzung für *Partizipation* gesehen, also für die intentionale Beeinflussung politischer Entscheidungen durch die einzelnen Bürger. In den gängigen Typologien von Partizipation bildet die Nutzung politischer Medieninformation den Sockel, auf dem anspruchsvollere Partizipationsaktivitäten aufbauen. Von daher bildet medial vermittelte politische Information eine Voraussetzung für die Einbeziehung der Bürger in das politische System. Tatsächlich lässt sich empirisch feststellen, dass der demoskopisch feststellbare Anstieg des politischen Interesses in den 60er Jahren zu einem gewichtigen Teil aus der Verbreitung des Fernsehens zu erklären ist.

Auch die *internationalen Auseinandersetzungen* haben sich in einem rasanten Tempo „informatisiert". Dies beginnt dabei, in welchem Maße Konfliktparteien in regionalen Auseinandersetzungen mittlerweile versuchen, die Weltöffentlichkeit bzw. die Öffentlichkeit in bestimmten Schlüsselnationen durch Informationen und spektakuläre Aktionen zu mobilisieren und für ihre Zwecke zu nutzen. Dies setzt sich darin fort, dass die Forschung verstärkt feststellt, in welchem Maße kognitive Schemata und kollektive Deutungsmuster das Handeln gerade in internationalen Auseinandersetzungen bestimmen. Und dies endet bei der Veränderung der militärischen Auseinandersetzungen: Informations- und Kommunikationstechnologien spielen in allen Phasen der Vermeidung und der Durchführung von Kriegen mittlerweile eine zentrale Rolle (Lit. 23).

Einen dritten und letzten Aspekt bildet die Sicht von *Politik als Polity*. Information wird dann von der Forschung in den Zusammenhang *politischer Ordnung* gestellt, und zwar als Voraussetzung, als Ergebnis und als Veränderung politischer Ordnung. Eine zentrale *Voraussetzung legitimer politischer Ordnung* bildet Information in Gestalt der Vermittlung politischen Grundwissens durch die Pädagogik, ohne die eine demokratische Staatsbürgerkultur nicht denkbar wäre. Insofern ist Information ein tragendes Moment von politischer Kultur; sie beeinflusst die Identifikation mit dem politischen System und die Überzeugung von der Wirksamkeit des eigenen politischen Handelns.

Umgekehrt ist politische Information ein *Ergebnis* politischer Ordnung. Die politische Ordnung bildet den Rahmen für den Zugang zu und die Vermittlung von politischer Information. Im Wissen um die politische Bedeutung von Information setzt die Politik insbesondere der politischen Information in den Medien politische Regeln (Lit. 43). Ein Teil dieser Regeln sind grundlegende Ordnungsentscheidungen, die dem Mediensystem eine eher liberale oder eine eher sozialstaatliche oder eine eher autoritäre Orientierung geben (Lit. 46). Die komparative Forschung hat deutlich gemacht, welche Varianz man zwischen Nationen auch bei gleichartigen politischen und ökonomischen Bedingungen findet (Lit. 26). Der Forschung ist es aber erst ansatzweise gelungen, die normativen Forderungen wie Vielfalt oder Qualität zu operationalisieren und in systematische Ländervergleiche einzubringen – aus denen sich wiederum Konsequenzen für die Gestaltung des Mediensystems ergeben könnten.

In der deutschen Debatte zur Ordnung der politischen Kommunikation dominiert eine verfassungsrechtliche Auffassung, der zufolge die medienpolitische Ordnung in erster Linie die zentrale Funktion von Medien sichern soll, nämlich eine freie politische Meinungsbildung in einer pluralistischen Gesellschaft zu gewährleisten. Die grundgesetzliche Medienfreiheit ist damit nicht nur Gebot einer Staatsferne der Medien, sondern darüber hinaus Auftrag für ein aktives staatliches Handeln; dies soll vor allem sichern, dass sich jeder aus unterschiedlichen Quellen ungehindert informieren kann. Daraus folgen die „öffentliche Aufgabe" der Presse, die besondere Konstruktion des öffentlich-rechtlichen Rundfunks und zahlreiche Regulierungsentscheidungen, z. B. zur Anbieterstruktur im privaten Rundfunk und zum Schutz des öffentlich-rechtlichen Rundfunks gegenüber der privaten Konkurrenz. Infolgedessen ist die Rundfunklandschaft stark politisch geprägt.

Und schließlich werden mit politischer Information auch *Veränderungen* des Institutionengefüges verbunden und überwiegend negativ gesehen. Zum einen hat die Forschung darauf hingewiesen, dass mit der Verwissenschaftlichung von Politik die Entmachtung demokratisch legitimierter Organe einhergehe. Entscheidungen verlagerten sich aus dem Parlament in von Sachverständigen dominierte Gremien (Lit. 04). Zum anderen wird von der Forschung festgestellt, dass die Medien an Gewicht gegenüber den traditionellen politischen Akteuren gewinnen und mehr und mehr die Regeln des politischen Spiels bestimmten (Lit. 35). „Mediokratie" und „Expertokratie" sind also mit den informationellen Veränderungen identifizierte Degenerationen des politischen Systems.

## E 7.5 „Informationsgesellschaft" aus politikwissenschaftlicher Sicht

Die Durchsicht der Forschungsfelder hat deutlich gemacht, wie breit das Spektrum der politikwissenschaftlichen Probleme ist, bei denen Information eine tragende Rolle spielt. Ohne es szientometrisch belegen zu können, sei die Behauptung gewagt, dass die Kategorie Information in den letzten Jahren stark an Bedeutung für die politikwissenschaftliche Forschung gewonnen hat. Es wurde sogar von einer „kognitiven Wende" in der Politikwissenschaft gesprochen (Lit. 38).

Dies hat zum einen innerwissenschaftliche Gründe: Der psychologische und vor allem der wirtschaftswissenschaftliche Einfluss auf die politikwissenschaftliche Forschung ist erheblich gestiegen. Die Prominenz des Rational-Choice-Ansatzes in allen Teilgebieten ist dafür ein deutliches Indiz. Dadurch werden auch informationelle Aspekte politischen Handelns stärker als früher berücksichtigt. Der Hauptgrund für diese Veränderung ist aber das Ausmaß, in dem Information gesellschaftlich an Boden gewonnen hat. Insofern ist die Veränderung der Politikwissenschaft ein verzögerter Reflex auf gesellschaftliche Veränderungen – nicht nur politischer, sondern auch ökonomischer, sozialer und kultureller Art. Mit der Kybernetik wurde der „Information" neben Materie und Energie ein eigener Status zugestanden (Lit. 57). Auf Basis dieser neu gewonnenen Dignität als einer ubiquitären Kategorie setzte der Siegeszug der Informationsperspektive durch alle gesellschaftlichen Bereiche ein. Mit der Kennzeichnung unserer Gesellschaft als „Informationsgesellschaft" ist versucht worden, diese Veränderung begrifflich zu fassen und entsprechende Indikatoren zu entwickeln, um den Wandel präzise und im Vergleich beobachten (und gestalten!) zu können. *Daniel Bell* hat 1973 mit seiner „Postindustriellen Gesellschaft" für alle diese Ansätze die Folie geliefert, auf der die oben angeführten Forschungsfelder als Facetten einer Gesellschaft im Wandel zu interpretieren sind. Im Gegensatz zu vergangenen Gesellschaftsformen drehe sich unsere Gesellschaft um die Achse des theoretischen Wissens. Der Anstieg des durchschnittlichen Bildungsniveaus und der beruflichen Qualifikationsanforderungen, die Verschiebung der Beiträge volkswirtschaftlicher Sektoren zum Bruttosozialprodukt (weg von Landwirtschaft und Industrie, hin zu Dienstleistungen und Information), die Universalisierung von Computern und Telekommunikation – alles dies seien nur Indikatoren für diese Achsenverschiebung, aus der sich das „information age" entwickele (Lit. 06). Andere Konzepte wie die „Wissensgesellschaft" (Lit. 50) oder die weltweite „Netzwerkgesellschaft" (Lit. 10) knüpfen daran an, setzen aber die Akzente auf anderen Dimensionen des Informationsbegriffs.

Damit stellt sich drängender als je zuvor für die Politikwissenschaft die Notwendigkeit, für ihre spezifischen Verwendungszusammenhänge einen eigenständigen Informationsbegriff zu entwickeln, der auf die Bedingungen „kollektiv bindenden Entscheidens" ausgerichtet ist. Dabei – und das sollte in diesem Beitrag gezeigt werden – bieten sich zahlreiche Möglichkeiten, an etablierte politikwissenschaftliche Denkweisen anzuschliessen.

## Literatur

01 Aristoteles: Rhetorik, München, 1995

02 Aristoteles: Die Politik, Berlin, 2001

03 Augustinus, Aurelius: Vom Gottesstaat, Paderborn, 1979

04 Beck, Ulrich: Risikogesellschaft, Frankfurt/M., 1986

05 Becker, Konrad: Die Politik der Infosphäre, Opladen, 2003

06 Bell, Daniel: The Coming of the Post-Industrial Society, New York, 1999

07 Blumer, Herbert: Symbolic Interactionism, Berkeley, 1986

08 Braun, Dietmar: Theorien rationalen Handelns in der Politikwissenschaft, Opladen, 1999

09 Capurro, Rafael: Information, München, 1978

10 Castells, Manuel: The Information Age, Oxford, 1996

11 Cicero, Marcus Tullius: De re publica / Vom Gemeinwesen, Stuttgart, 1997

12 Cicero, Marcus Tullius: De oratore / Vom Redner, Stuttgart, 2001

13 Coleman, James S.: Foundations of Social Theory, Cambridge, 1990

14 Deutsch, Karl W.: The Nerves of Government, New York, London, 1968

15 Downs, Anthony: An Economic Theory of Democracy, New York, 1957

16 Easton, David: A Systems Analysis of Political Life, New York 1965

17 Edelman, Murray: The Symbolic Uses of Politics, Urbana, 1985

18 Goffman, Erving: Wir alle spielen Theater. München, 1997

19 Habermas, Jürgen: Strukturwandel der Öffentlichkeit, Neuwied und Berlin, 1962

20 Habermas, Jürgen: Theorie des kommunikativen Handelns, Frankfurt am Main, 1981

21 Hobbes, Thomas: Leviathan, Neuwied, Berlin, 1966

22 Homans, George C.: Elementarformen sozialen Verhaltens, Köln, 1968

23 Jäger, Thomas: Außenpolitische Kommunikation, in: Politische Kommunikation in der demokratischen Gesellschaft, hrsg. von O. Jarren, U. Sarcinelli und U. Saxer, Opladen, Wiesbaden, 1998, S. 516-524

24 Janich, Peter: Informationsbegriff und methodisch-kulturalistische Philosophie, in: Ethik und Sozialwissenschaften 9 (1998) 2, S. 169-182; 252-268

25 Kant, Immanuel: Zum ewigen Frieden, Berlin, 1985

26 Kleinsteuber, Hans J.: Mediensysteme in vergleichender Perspektive, in: Rundfunk und Fernsehen, 41. Jg., H. 3, 1993, S. 317-338

27 Lazarsfeld, Paul F.; Berelson, Bernhard; Gaudet, Hazel: The People´s Choice, New York, 1944

28 Locke, John: Zwei Abhandlungen über die Regierung, Frankfurt/M., 1983

29 Luhmann, Niklas: Soziale Systeme, Frankfurt am Main, 1984

30 Machiavelli, Niccolò: Der Fürst, Frankfurt/M., 1997

31 March, James G.; Simon, Herbert A.: Organizations, New York, 1958

32 Margat, Wesley A.; Viscusi, Kip W.: Informational Approaches to Regulation, Cambridge, 1992

33 Marx, Karl; Engels, Friedrich: Deutsche Ideologie, Berlin, 1953

34 Mead, George Herbert: Geist, Identität und Gesellschaft. Frankfurt/M., 1998

35 Meyer, Thomas: Mediokratie, Frankfurt/M., 2001

36 Mill, John Stuart: Über die Freiheit, Stuttgart, 1988

37 Murswieck, Axel (Hrsg.): Regieren und Politikberatung, Opladen, 1994

38 Nullmeier, Frank: Interpretative Ansätze in der Politikwissenschaft, in: Theorieentwicklung in der Politikwissenschaft – eine Zwischenbilanz, hrsg. von A. Benz und W. Seibel, Baden-Baden, 1997, S. 101-144

39 Nullmeier, Frank: Policy-Forschung und Verwaltungswissenschaft, in: Politikwissenschaft, hrsg. von H. Münkler, Reinbeck, 2003, S. 285-323

40 Parsons, Talcott: Politics and Social Structure, New York, 1969

41 Platon: Der Staat, in: Sämtliche Werke, Band 3, Reinbek, 1975

42 Platon: Der Politiker, in: Sämtliche Werke, Band 5, Reinbek, 1977

43 Ronneberger, Franz: Kommunikationspolitik, Mainz, 1978

44 Rousseau, Jean-Jacques: Der Gesellschaftsvertrag, Leipzig, 1978

45 Sarcinelli, Ulrich: Symbolische Politik, Opladen, 1987

46 Schramm, Wilbur; Siebert, Fred S.; Peterson, Theodore: Four Theories of the Press, Urbana, 1956

47 Schulz, Winfried: Politische Kommunikation, in: Öffentliche Kommunikation, hrsg. von G. Bentele; H.-B. Brosius und O. Jarren, Wiesbaden, 2003, S. 458-480

48 Simon, Herbert A.: A Behavioral Model of Rational Choice, in: The Quarterly Journal of Economics, 69. Jg., 1955, S. 99-118

49 Smith, Adam: Theorie der ethischen Gefühle, Hamburg, 1994

50 Stehr, Nico: Knowledge Societies, London, 1994

51 Thukydides: Geschichte des Peloponnesischen Krieges, München, 1993

52 Thomas von Aquin: Über die Herrschaft der Fürsten, Stuttgart, 1994

53 Vowe, Gerhard; Wolling, Jens: Amerikanisierung des Wahlkampfs oder Politisches Marketing, in: Trans-Atlantik – Trans-Portabel?, hrsg. von Kamps, K., Wiesbaden, 2000, S. 57-92

54 Vowe, Gerhard: Politische Kommunikation, in: Politikwissenschaft, hrsg. von Münkler, H., Reinbek, 2003, S. 519-552

55 Weber, Max: Wirtschaft und Gesellschaft, Tübingen, 1980

56 Wersig, Gernot: Information – Kommunikation – Dokumentation, Pullach, 1971

57 Wiener, Norbert: Cybernetics or Control and Communication in the Animal and Machine, Cambridge, 1996

# E 8   Information in den Sozialwissenschaften

Jürgen Krause

Die Informationswissenschaft, die sich am klarsten über ihren Informationsbegriff von ihren Nachbardisziplinen absetzt, ist ausgehend von der Zeit ihrer fruchtbarsten Definitionsphase in den siebziger und achtziger Jahren eng mit den Sozialwissenschaften verbunden. Welches ihr Anteil an der Informationswissenschaft ist, und – umgekehrt – wie der Informationsbegriff und die damit verbundenen Problemstellungen sich in den heutigen Sozialwissenschaften – vor allem in der Soziologie – widerspiegeln, das soll im Folgenden geklärt werden. Wersig (Lit. 17) dient hierbei als Ausgangspunkt. Er behandelte mit seiner Informationssoziologie vor dreißig Jahren – wenn auch sehr zeitbezogen – bis heute gültige Weichenstellungen. Für eine Sicht aus dem Blickwinkel der Soziologie bietet sich die Diskussion um die Informationsgesellschaft an, die mit Castells (Lit. 04) den bisher klarsten theoretisch-methodischen Ausdruck fand. Im Kern geht es bei diesen Fragen immer um den „praktischsten" und ertragreichsten Blickwinkel auf die Gestaltung von Informationssystemen und deren Folgen für uns alle, die wir die Gesellschaft im soziologischen Sinn bilden. Es geht aber auch um wissenschaftsorganisatorische Ansprüche und Abgrenzungen.

Gegenüber der technischen und informationstheoretischen Sicht auf Information verwenden Informationswissenschaftler kommunikative Vorgänge als Ausgangspunkt einer Begriffsklärung (von Daten, Information, Wissen) und definieren für Information einen „pragmatischen Primat", um für ihren zentralen Begriff einen eigenständigen Ansatz als Leitprinzip der Forschung zu gewinnen. Information im Sinne der Informationswissenschaft entsteht erst benutzerseitig in einer spezifischen Anwendungssituation (vgl. Kap. A 1). Kuhlen, auf den die programmatische Formel „Information ist Wissen in Aktion" zurückgeht, weist darauf hin, dass die Informationswissenschaft „claims to reflect upon the use of information in social environments". Er will „people make sensitive to the fact that information is, above and beyond its technical or computational aspects, a social phenomenon" (Lit. 11, S. 93f).

Aber was genau soll das bedeuten, vor allem für die praktische Entwicklungs- und Forschungsarbeit? Wo hört die Informationswissenschaft auf und wo beginnen die Sozialwissenschaften, speziell die Soziologie? Wie lassen sich ihre fachspezifischen Sichtweisen der Informationsgesellschaft aufeinander beziehen?

## E 8.1   Frühe Ansätze und die Informationssoziologie von Wersig

Bereits sehr frühe Ansätze wie Kunz/Rittel (Lit. 12) verorteten die Informationswissenschaft(en) in den Sozialwissenschaften. Wie bei den späteren Ansätzen erwuchs die Zuordnung aus der Gegnerschaft zu einer technisch orientierten „naturwissenschaftlichen" Denkweise, die sich auf Informationssysteme als technische Konstrukte konzentriert und alle psychologischen und sozialen Bezüge ausklammert. Diese Gegnerschaft bestimmt auch noch die letzte große interdisziplinäre Diskussion um den Informationsbegriff, die in Ethik und Sozialwissenschaften 1998, Heft 2 und 2001, Heft 1 geführt wurde. Die dortigen Auseinandersetzungen zeigen, dass sich die technikorientierte Einengung bis heute am deutlichsten in der Informatik gehalten hat. Der Streit wird zum Teil immer noch mit der aggressiven und unfruchtbaren Rhetorik der Anfangsphase geführt. Ernsthaft leugnen lässt sich jedoch heute nicht mehr, dass Human- und soziale Faktoren bei dem Einsatz von Informationssystemen für alle Denkrichtungen eine Rolle spielen. Es geht immer nur um die Frage, ob eine bestimmte Einengung bei der Modellbildung zu akzeptablen Ergebnissen führen kann, oder ob die vorgenommene Ausklammerung von einzelnen Komponenten, ihre Verlagerung in andere Fachwissenschaften, gerade wegen dieser Verengung die Zielerreichung verhindert.

Wersig (Lit. 17, S. 42) verdeutlicht, warum eine Definition, die vom Begriff der Ungewissheit ausgeht, für eine sozialwissenschaftliche Ausrichtung von Vorteil ist. Damit ist „direkt ein verhaltenssteuernder Faktor angesprochen". Er hält Definitionen für verfehlt, die nur auf dem Wissensbegriff aufsetzen. Berücksichtigt man dann noch mit Wersig, dass sich für den Benutzer Einschätzungen von Wahrscheinlichkeiten „in der Regel an seinen internalisierten Werten, Normen, Einstellungen u.ä. orientieren", bedingt die Definition des Informationsbegriffs, dass gesellschaftliche Fragestellungen zum kleinsten behandelbaren Nenner der Informationswissenschaft gehören.

Letztere Einbindung sozialwissenschaftlicher Aspekte geht über die Einbeziehung der menschlichen Entscheidungsfaktoren im Cognitive Viewpoint hinaus (siehe folgenden Abschnitt). Gemeinsam dagegen ist allen informationswissenschaftlichen Ansätzen, dass der Anteil der Soziologie zwangsläufig durch die Vermittlungsinstanzen (Bibliotheken, Fachinformationszentren, Verlage u. a.) und die Betrachtung der Folgewirkungen auf unsere Gesellschaft angesprochen wird. Gemeinsam ist ihnen auch, dass der sozialwissenschaftliche Bezug per se unverzichtbar wird, wenn es um die vernetzte Erarbeitung von Wissensfeldern oder um kollektive Methoden der Problemlösung geht, die durch die WWW-Entwicklung möglich erscheinen (Lit. 14).

Wersig geht es aber um mehr als darum, den Informationswissenschaften eine soziologisch orientierte Kerndefinition zu geben, die gesellschaftliche Betrachtungen untrennbar von technologischen und psychologischen in den Fokus des Faches stellt. Mit der Definition einer Informationssoziologie als Diffusionsfeld versucht er allen Wissenschaften, die sich mit informationellen Systemen befassen – und damit auch der Soziologie – die Sichtweise der Information als Wissen in Aktion als verbindlich nahe zu legen. Er definiert Diffusionsfelder als Fächer, die sich mit Informationsprozessen oder -systemen befassen, „wobei sie dies nicht nur unter der Fragestellung des eigenen Kernbereichs tun, sondern gleichfalls unter der informationswissenschaftlichen Aufgabenstellung" (Lit. 17, S. 48). Idealtypisch würde somit die Soziologie die informationswissenschaftlichen Kerndefinitionen übernehmen und damit einen einheitlichen Blickwinkel auf alle Komponenten von Informationssystemen einschließlich ihrer gesellschaftlichen Folgewirkungen sicherstellen. In diesem Fall wäre es ein relativ untergeordnetes wissenschaftsorganisatorisches Problem, ob z. B. die Benutzerforschung zu Bibliothekssystemen von der Soziologie oder in der Informationswissenschaft selbst durchgeführt wird. Dass Wersig (Lit. 17, Kap. 2) einmal von der „Informationssoziologie als Teilbereich der Informationswissenschaft" spricht oder Lit. 17, S. 53 die Definition wählt, Informationssoziologie sei „jener Teilbereich der Soziologie, der sich mit den sozialen Bezügen und Implikationen von Informationsprozessen und -systemen befasst", ist vor diesem Zielhintergrund und damit der letztendlichen Unwichtigkeit einer Fachzuordnung zu sehen.

Aber was ist aus diesem Anspruch nach dreißig Jahren geworden? Bevor dem weiter nachgegangen wird, soll das Verhältnis von Soziologie und Informationswissenschaft bei der bisher erfolgreichsten Modellbildung zur Informationswissenschaft geklärt werden, dem cognitive viewpoint.

## E 8.2   Cognitive viewpoint

Auch der Cognitive viewpoint wendet sich gegen die Verkürzung einer Betrachtung von Informationssystemen auf die technologische Problemstellung. Im Zentrum steht „the variety of different states of knowledge of the individual actors that take part in the entire information transfer process" (Lit. 07, S. 43). Er spiegelt eine „individualistic perspective" wider. Soziologische Aspekte im Sinne von Wersig „must be applied as a supplement", sind komplementär. Sie bilden in der grafischen Skizze des Zusammenwirkens der verschiedenen für die cognitive viewpoint-Analyse von Ingwersen notwendigen Komponenten eigene Kreise, die sich mit den zentralen kognitiv-psychologischen Aspekten berühren bzw. überlappen. „... its boundaries touch upon sociology in order to demonstrate the complementarity and interrelationship between individual mental behaviour and social impact" (Lit. 07, S. 46).

Diese additive Sichtweise von Informationswissenschaft und Soziologie, die sich auch auf die Softwareergonomie übertragen lässt, ist spannungsfreier als der weitergehende Modellansatz von Wersig, der zu seinem Funktionieren die Einigung auf den gemeinsamen Informationsbegriff bedarf.

## E 8.3   Informationsbegriff und Informationsgesellschaft in der Soziologie

Leider zeichnet sich die Soziologie durch eine wenig einheitliche Modellbildung und Terminologie aus, was komplexe Probleme beim Aufbau fachspezifischer Informationssysteme mit sich bringt (Lit. 06) und auch in unserem Zusammenhang ein pauschales Argumentieren angreifbar macht. Deshalb beschränkt sich die folgende Diskussion auf zwei Ausschnitte: den Beitrag der Soziologie zur Debatte um den Informationsbegriff in Ethik und

Sozialwissenschaften 1998, Heft 2 und 2001, Heft 1 und auf neuere Arbeiten von Soziologen zum Thema Informationsgesellschaft.

### E 8.3.1 Soziologischer Informationsbegriff in Degele

Ohne auf einen informationswissenschaftlichen Autor einzugehen und ohne die dort erarbeiteten Bestimmungen zu referenzieren, vertritt Degele (Lit. 05) sehr pointiert im Wesentlichen den informationswissenschaftlichen Informationsbegriff, den sie als soziologische „Informierung" von der Techniksoziologie her ableitet. Neben der technologischen Begriffseinengung wendet sie sich auch gegen die „informationsökonomische Verkürzung von Information auf handelbare Wirtschaftsgüter" (Lit. 05, S. 192). Ganz im Sinne von Wersig ist nicht „die Informatisation als solche" von Interesse, „sondern der soziale Kontext, der sie zu bedeutungsvollen Entitäten macht". Information wird (re) definiert als „Wissen in Aktion: Information ‚ist' nicht, sondern entsteht in (zunehmend technisch vermittelter) Kommunikation ... ist handlungsrelevantes Wissen" (Lit. 05, S. 192).

Dies erweckt den Eindruck, als ob sich die Diffusionsfelder-Wünsche von Wersig 25 Jahre später doch durchgesetzt haben und Soziologie und Informationswissenschaft auf der gleichen Basis aufbauen. Leider bestätigt sich dieser Eindruck beim zentralen Thema der Informationsgesellschaft nicht.

### E 8.3.2 Informationsgesellschaft

So interessant wie diese Diskussion ist, geht es hier nicht um eine Darstellung ihrer Ergebnisse. Aus soziologischer Sicht findet sich eine gute Übersicht in Lit. 15, der auch auf das soziologisch am weitesten gediehene Modell von Castells eingeht (siehe Lit. 04 als letzter Stand). Kaase (Lit. 08) diskutiert vor allem die bisherige empirische Fundierung der Ansätze kritisch.

Neu gegenüber älteren Ansätzen ist bei Castells die zentrale Rolle der gesellschaftlichen Netzwerke, die sich aus den technologischen Entwicklungen des Internet entwickeln. Bei Bell (Lit. 02) wie auch bei Wersig (Lit. 17) waren die beiden für die heutige Zeit entscheidenden technologischen Entwicklungen, das Internet und der PC statt der Mainframes, noch nicht prognostizierbar. Im Kontext einer Restrukturierung des Kapitalismus (der sich damit „rettet") wird der „Informationalismus" die neue materielle Basis der Gesellschaft. Innovation und Wertschöpfung ergeben sich aus Wissen und Informationsverarbeitung. Dabei postuliert Castells ein rekursives Element: „Information processing is focussed on improving the technology of information processing as a source of productivity" (Lit. 03, S. 17).

Mit Ausnahme von Kaase (Lit. 08), der zwei Arbeiten von Wersig anführt, gibt es in der soziologischen Diskussion um die Informationsgesellschaft kaum Nennungen informationswissenschaftlicher Autoren. Kaase benutzt die Arbeiten von Wersig nur als Beleg für die Gegnerschaft gegen enge technikzentrierte Konzepte. Typisch für die ganze Diskussion ist, dass Castells 2001 die Begriffsdefinitionen von Wissen und Information ohne weitere Diskussion in Fußnote 26, S. 17 abhandelt: „ ... sehe keinen zwingenden Grund, die Definition zu verändern, die Daniel Bell 1976: 175/1975: 180) selbst für Wissen gegeben hat: ‚Sammlung in sich geordneter Aussagen über Fakten und Ideen, die ein vernünftiges Urteil oder ein experimentelles Ergebnis zum Ausdruck bringen und anderen durch irgendein Kommunikationsmedium in systematischer Form übermittelt werden'. Damit grenze ich den Begriff von dem der Neuigkeiten oder Nachrichten und dem der Unterhaltung ab ... möchte ich mich der operationalen Definition von Information anschließen, die Porat ... (1972: 2) vorgeschlagen hat: ‚Informationen sind Daten, die organisiert und kommuniziert worden sind'."

Offensichtlich kommt Castells bei seiner Modellbildung ohne einen komplexeren Informationsbegriff im Sinne der Informationswissenschaft aus. Man hat auch nicht den Eindruck, dass Castells das, was er zur Sprache bringt, präziser behandeln könnte, wenn er sich auf die informationswissenschaftliche Blickrichtung einlassen würde.

Andererseits ist es sicher auch nicht ganz falsch zu vermuten, dass die fehlende Rezeption des informationswissenschaftlichen Ansatzes mit einer internen Kritik von Stichweh (Lit. 16, S. 439) zusammenhängt: „Erstens scheint es bei den Soziologen eine relativ enge Vorstellung davon zu geben, was das verwendbare konzeptuelle Instrumentarium des Faches ist. Das führt zu einem reduktiven Zugriff auf neue Phänomene ..., die das Phänomen in seiner potentiellen Neuheit vielleicht auch zum Verschwinden bringen. ... Subsumption ... unter ein konzeptuelles armes Vokabular ..., das

Phänomene wie Macht, Kontrolle und differentiellen Zugang zu Ressourcen als das eigentliche Gebiet der Soziologie ansieht."

Aber auch wenn Stichweh (Lit. 16, S. 439) mit seiner Diagnose Recht hat, dass „... eine der entscheidenden Schwächen der Soziologie ihre mangelnde interdisziplinäre Diskussionsfähigkeit ist", ändert das nichts an der Tatsache, dass die Wersigsche Diffusionsfeld-Vorstellung nicht Wirklichkeit geworden ist.

### E 8.4   Heterogenitätsbehandlung als Beispielbereich und Fazit

Letztlich geht es bei dem diskutierten Verhältnis von Soziologie und Informationswissenschaft prototypisch um die Frage, ob es genügt, interdisziplinär Berührungspunkte zwischen zwei Bereichen zu definieren, deren Fragestellungen sequentiell vor- oder nachgeschaltet mit den dem Fach jeweils eigenen Methoden, Definitionen und Modellen behandelt werden oder ob im Sinne von Wersigs Diffusionsfeldern gleiche Kernmodelle die jeweils spezifischen Fragestellungen beider Bereiche leiten sollten. Nimmt man die Fragestellungen von Castells als Prüfbereich, reicht Ersteres sicher aus. Die Soziologen behandeln den vorgeschalteten Aspekt der organisatorischen und gesellschaftlichen Rahmenbedingungen für die informationellen Prozesse und konkreten Informationssysteme und nachgeschaltet deren Folgen und Auswirkungen. Das geht solange gut, als der technologische Aspekt und die informationellen Prozesse selbst nur auf sehr hoher Abstraktionsebene in die Modellbildung mit eingehen. Es geht nicht mehr gut, wenn es um konkrete Informationssysteme und deren modelltheoretische Fundierung geht. In Deutschland sind die Aktivitäten der virtuellen Fachbibliotheken hierfür ein gutes Beispiel. Bei der wissenschaftlichen Informationsversorgung erwiesen sich die technischen Veränderungen als Türöffner für eine wachsende Dezentralisierung. Bibliotheken mit ihren OPACs und die Datenbanken der IuD-Stellen sind nur noch Teilelemente eines vielfältigen heterogenen Angebots, auf das die Benutzer aber weiterhin einheitlich zugreifen wollen. Traditionell wird im Kontext der virtuellen Bibliotheken versucht, konzeptuelle Integration durch Standardisierung sicherzustellen. Wissenschaftler, Bibliotheken, Verleger und die Anbieter von Fachdatenbanken müssten sich z.B. auf Dublin Core-Metadaten und eine einheitliche Klassifikation wie die DDC einigen. Damit würden homogene Dokumenträume geschaffen, deren Konsistenz qualitativ hochwertige Recherchen erlaubt. Leider gibt es jedoch klare Anzeichen dafür, dass die traditionellen Verfahren der Standardisierung an ihre Grenzen stoßen. Besonders im Teilbereich der Inhaltserschließung wird deutlich, dass für virtuelle Fachbibliotheken – bei allen notwendigen Bemühungen – nicht von der Durchsetzbarkeit einheitlicher Standards der Inhaltsbeschreibung ausgegangen werden kann. Auch die bewährten Verfahren des Information Retrieval wurden für homogene Dokumenträume geschaffen. Deshalb muss eine neue Sichtweise auf die bestehen bleibende Forderung nach Konsistenzerhaltung und Interoperabilität gefunden werden. Sie wird in Lit. 09 unter dem Motto „Standardisierung ist von der verbleibenden Heterogenität her zu denken" thematisiert. Es zeigt sich, dass die alten Verfahren nicht mehr greifen. Die neuen sind nur noch als komplexes Zusammenspiel zwischen Themenbereichen einer soziologisch erfassten Informationsgesellschaft, detaillierter Informatikkenntnisse und informationswissenschaftlicher Modellbildung begreifbar (siehe auch Lit. 10 und Kap. D 16). Diese Art der Forschung und Entwicklung, die Diffusionsfelder im Sinne von Wersig statt interdisziplinäres Miteinander voraussetzt, wird wohl auch in Zukunft in der Informationswissenschaft ihre Heimat behalten.

### Literatur

01 Bell, Daniel (1975): Die nachindustrielle Gesellschaft. Frankfurt am Main/New York: Campus

02 Bell, Daniel (1976): The Coming of Post-Industrial Society. A Venture in Social Forecasting. 2. Auflage. New York: Basic Books

03 Castells, Manuel (1996): The Network Society. The Information Age: Economy, Society and Culture, Bd. 1. Malden, MA; Oxford: Blackwell

04 Castells, Manuel (2001): Das Informationszeitalter: Wirtschaft – Gesellschaft – Kultur, Teil 1: Der Aufstieg der Netzwerkgesellschaft. Opladen: Leske + Budrich

05 Degele, Nina (1998): Vom Soziologischwerden der Philosophie: Informieren statt Information. In: Ethik und Sozialwissenschaften Nr. 9 (1998), Heft 2, S. 191-193

06 Herfurth, Matthias (1994): Prerequisites and Development Perspectives for Information Processing in the Social Sciences. In: Bock, Hans-

Hermann; Lenski, Wolfgang; Richter, Michael M. (Eds.): Information Systems and Data Analysis. Prospects – Foundations – Applications. Heidelberg: Springer, S. 96-110

07 Ingwersen, Peter (1994): Information Science as a Cognitive Science. In: Best, Heinrich; Endres-Niggemeyer, Brigitte; Herfurth, Matthias; Ohly, H. Peter (Hrsg.): Informations- und Wissensverarbeitung in den Sozialwissenschaften. Opladen: Westdeutscher Verlag, S. 23-56

08 Kaase, Max (1999): Deutschland als Informations- und Wissensgesellschaft – Konzepte, Probleme, Perspektiven. In: Kaase, Max; Schmid, Günther (Hrsg.): Eine lernende Demokratie: 50 Jahre Bundesrepublik Deutschland. Berlin: Ed. Sigma, S. 529-559

09 Krause, Jürgen; Niggemann, Elisabeth; Schwänzl, Roland (2003): Normierung und Standardisierung in sich verändernden Kontexten: Beispiel Virtuelle Fachbibliotheken. In: ZfBB – Zeitschrift für Bibliothekswesen und Bibliographie 50, Nr. 1, S. 19-28

10 Krause, Jürgen (2003): Suchen und „Publizieren" fachwissenschaftlicher Informationen im WWW. In: Audiovisuelle Medien online. Wien: Lang

11 Kuhlen, Rainer (1991): Information and Pragmatic Value-adding: Language Games and Information Science. In: Computers and the Humanities 25, S. 93-101

12 Kunz, W.; Rittel, H. (1972): Die Informationswissenschaften. Ihre Ansätze, Probleme, Methoden und ihr Ausbau in der Bundesrepublik Deutschland München/Wien

13 Porat, Marc (1977): The Information Economy: Definition and Measurement. Washington, DC: Government Printing Office

14 Rauch, Wolf (2003): Neue Informations-Horizonte? In: Hennings, Ralf-Dirk; Grudowski, Stefan; Ratzek, Wolfgang (Hrsg.): (Über-)Leben in der Informationsgesellschaft – Zwischen Informationsüberfluss und Wissensarmut. Festschrift für Prof. Dr. Gernot Wersig zum 60. Geburtstag. S. 7-14

15 Steinbicker, Jochen (2001): Zur Theorie der Informationsgesellschaft – Ein Vergleich der Ansätze von Peter Drucker, Daniel Bell und Manuel Castells, Opladen: Leske + Budrich (Lehrtexte Soziologie)

16 Stichweh, Rudolf (1998): Die Soziologie und die Informationsgesellschaft. In: Kölner Zeitschrift für Soziologie und Sozialpsychologie. Sonderheft 38: Die Diagnosefähigkeit der Soziologie. S. 433-447

17 Wersig, Gernot (1973): Informationssoziologie – Hinweise zu einem informations-wissenschaftlichen Teilbereich, Frankfurt/Main: Athenäum Fischer

# E 9 Information in den Naturwissenschaften

Holger Lyre

## E 9.1 Vorbemerkungen

Der Begriff der Information ist bis heute kein eigentlicher Fachterminus der Naturwissenschaften, findet aber dennoch Eingang und zunehmende Verwendung vor allem in Physik, Biologie und den kognitiven Neurowissenschaften (Lit. 01). Dabei divergieren die jeweiligen spezifischen Verwendungsweisen des Informationsbegriffs in den verschiedenen Naturwissenschaften und auch der Mathematik zum Teil erheblich und sind in aller Regel nicht mit einem Alltagsverständnis von Information als Nachricht oder Wissen gleichzusetzen. Statt dessen stützt man sich vorrangig auf die Formalisierung von syntaktischer Information im Rahmen der Shannonschen Informationstheorie, also im Kern auf die von Hartley 1928 eingeführte Definition $I = -\ln p$, die den Informationsgehalt eines Zeichens daran koppelt, wie unwahrscheinlich das Zeichen in seinem Auftreten ist. Die Shannonsche Theorie erlaubt eine differenzierte mathematische Handhabung von Kanalkapazitäten, Redundanz- und Codierungsformen, die als Grundlage beinahe sämtlicher Verwendungen von Information in den Naturwissenschaften dient (Lit. 02).

## E 9.2 Algorithmische Informations- und Komplexitätstheorie

Für praktische wie grundlegende Zwecke ist es von Interesse, die Komplexität oder umgekehrt die Komprimierbarkeit großer Datenmengen zu erfassen. Nach einem derartigen, sehr grundsätzlichen Maß fragt man in der algorithmischen Informationstheorie, die auf den Arbeiten von Chaitin, Kolmogorov und Solomonoff aus den 60er Jahren basiert und die zu einer von der Hartley-Shannonschen nochmals zu unterscheidenden formalen Definition von Information führt (Lit. 03): Der algorithmische Informationsgehalt als Komplexitätsmaß wird definiert als die Länge des kürzesten Computerprogramms (oder Algorithmus), das zur Erzeugung eines bestimmten Datenstrings geeignet ist. Beispielsweise lässt sich ein String der Form 1010101010... offensichtlich sehr viel kompakter als „x-mal 10" beschreiben, während ein zufällig erzeugter String in aller Regel durch keinerlei Algorithmus komprimiert werden kann. Die algorithmische Informationstheorie liefert auf diese Weise eine Definition von „Zufälligkeit": ein gegebener Datenstring der Länge n ist zufällig, falls sein algorithmischer Informationsgehalt von der Größenordnung n ist.

Der algorithmische Informationsgehalt liefert somit ein scheinbar objektives Kriterium für Zufälligkeit. Wie jedoch Gregory Chaitin zeigen konnte, ist der algorithmische Informationsgehalt im Allgemeinen keine berechenbare Größe. Diese sehr grundlegende Erkenntnis wird als Chaitinsches Zufallstheorem bezeichnet – ein Satz von vergleichbarer Tiefe wie die Gödelschen Theoreme oder die Formulierung des Turingschen Halteproblems. Die algorithmische Informationstheorie liefert somit einen alternativen Zugang zum Studium der Berechenbarkeits- und Vollständigkeitsfragen der Mathematik und Metamathematik.

## E 9.3 Information in der Physik

### E 9.3.1 Thermodynamik

Die Thermodynamik beschäftigt sich mit Wärmeerscheinungen und ihren energetischen Umwandlungsprozessen – zur Zustandsbeschreibung thermodynamischer Systeme werden makroskopische Eigenschaften wie Energie, Druck, Volumen und Temperatur betrachtet. Eine Zustandsgröße von besonderem Interesse ist die Entropie, die häufig vereinfacht als „Unordnung" eines Systems illustriert wird. So geht etwa beim Mischen zweier Gase die anfängliche Ordnung – die Gase in Trennung – in einen Zustand höherer Unordnung – die Gase in Mischung – über. Von entscheidender Bedeutung ist dabei die faktische Unumkehrbarkeit dieses Vorgangs, die sich in einem Anstieg der Entropie ausdrücken lässt (daher der Ursprung des Begriffs Entropie von griech. entrepein = umwenden, umkehren). Die Aussage, dass in abgeschlossenen Systemen die Entropie stets monoton steigt, wird als zweiter Hauptsatz der Thermodynamik bezeichnet (erster Hauptsatz ist der Energieerhaltungssatz).

Durch die Arbeiten von Boltzmann, Maxwell, Gibbs u.a. konnte die zuvor nur phänomenologisch beschriebene Thermodynamik Ende des 19. Jahrhunderts auf die Statistische Mechanik zurückgeführt werden, wobei die Zustandsgrößen und deren gesetzliche Verknüpfungen aus einer mikroskopischen Beschreibung einzelner Gasmoleküle resultieren. Fasst man $w_i$ als die Wahrscheinlichkeit eines Systems auf, den i-ten Mikrozustand bei gegebenem Makrozustand anzunehmen, so lässt sich die Entropie nach Boltzmann allgemein durch den Ausdruck $S = - k_B \Sigma_i w_i \ln w_i$ erfassen (mit Boltzmann-Konstante $k_B$). Dieser Ausdruck ist bis auf einen Vorfaktor formal identisch zur so genannten Shannonschen Informationsentropie, einer Größe, die den mittleren Informationsgehalt einer technischen Nachrichtenquelle bezeichnet und auf die Shannon Mitte des 20. Jahrhunderts seine bedeutsame nachrichtentechnische Informationstheorie gründete. Diese Tatsache gibt seither zu Überlegungen Anlass, auch die thermodynamische Zustandsgröße Entropie letztlich als Ausdruck des Informationsgehalts eines physikalischen Systems anzusehen (Lit. 04).

Die sachlichen und begrifflichen Schwierigkeiten, die sich durch den Entropiebegriff in der Physik ergeben, lassen sich anhand des Gedankenexperiments des Maxwellschen Dämons illustrieren. James Clerk Maxwell hatte 1867 die Idee, dass ein Wesen, „...dessen Fähigkeiten so geschärft sind, dass es jedes Molekül bei dessen Bewegung verfolgen kann", in der Lage wäre, beliebige Temperaturunterschiede praktisch ohne Arbeitsaufwand zu erzeugen. Ein derartiger Dämon könnte somit den zweiten Hauptsatz verletzen. Wie sich zeigte, lässt sich der Dämon aber nicht auf rein mechanische Weise realisieren, sondern es bedarf zusätzlich eines intelligenten Beobachters. Leo Szilard schlug 1929 vor, dass ein Beobachter bei jedem Messvorgang eine Entropieerhöhung verursacht, die dann zur Bereinigung der Entropiebilanz und Rettung des zweiten Hauptsatzes dient. Spätere Rechnungen führen auf das thermodynamische Wärmeäquivalent eines Bits $\Delta E = k_B T \ln 2$, das den energetischen Mindestaufwand zur Speicherung von 1 bit Information darstellen soll. Die Arbeiten von Landauer und Bennett über die grundsätzlichen physikalischen Grenzen maschinellen Rechnens zeigten schließlich, dass die eigentlichen thermodynamischen Kosten nicht bei der Messaufnahme, sondern beim Löschen des Speichers, in den die Mess-Information eingetragen wird, anfallen. Diese Überlegungen zur „Austreibung" des Maxwellschen Dämons verweisen nochmals auf einen möglicherweise tief liegenden Zusammenhang der Begriffe Entropie und Information (Lit. 05).

### E 9.3.2  Quantentheorie

Die Quantentheorie bildet den universellen Theorierahmen zur Beschreibung des fundamentalen Aufbaus und der Struktur der Materie in der modernen Physik. Wie keine andere physikalische Theorie zuvor zeigt die Quantentheorie einen beeindruckenden Grad an empirischer Bestätigung – wesentliche Bereiche moderner Technologien fußen auf ihren Anwendungen (etwa ein Viertel bis ein Drittel des Bruttosozialprodukts der westlichen Hochtechnologieländer ist auf Anwendungen der Quantentheorie zurückzuführen). Zugleich liefert diese Theorie in der Physik bislang beispiellose Vorhersagegenauigkeiten. Zwar ist der mathematische Rahmen der Quantentheorie hochabstrakt, ihre physikalische Minimalinterpretation kann jedoch wie folgt umrissen werden: Der Quantentheorie zufolge werden Objekte durch einen Zustandsraum (Hilbertraum) dargestellt und Objektzustände als Vektoren in diesem Raum. Alle physikalischen Beobachtungsgrößen sowie die zeitliche Dynamik lassen sich als Operatoren auf dem Zustandsraum definieren. Ein charakteristischer Zug der Quantentheorie tritt zu Tage, fragt man nach der physikalischen Interpretation der Metrik – also dem Abstandsmaß – des Zustandsraumes, denn die Metrik erweist sich als mit der Übergangswahrscheinlichkeit von Zuständen verknüpft. Die Quantentheorie ist in diesem Sinne eine probabilistische Theorie.

Aufgrund ihrer Universalität lässt sich die Quantentheorie auf beliebige Objekte anwenden – also auch auf abstrakte Objekte mit lediglich zwei Zuständen wie das Informationsbit. Dies hat in den 90er Jahren zum Aufkommen einer völlig neuartigen Disziplin, der Quanteninformationstheorie bzw. Quanteninformatik geführt. Ein quantisiertes Bit, kurz Quantenbit oder Q-Bit, besitzt wesentlich andere Eigenschaften als ein klassisches Bit. Zu den bedeutsamsten Eigenschaften gehört die Verschränkung von Quantenbits. Anschaulich bedeutet dies, dass in einem Viel-Quantenbit-Zustand die Veränderung eines einzelnen Bits nicht unabhängig vom Zustand der restlichen Bits erfolgen kann. Technisch gesprochen sind die einzelnen Zustände im Allgemeinen nicht faktorisierbar, sondern Überlagerungszustände (Superpositionen). Diese entscheidende Eigenschaft macht man sich in der Quanteninformationstheorie zunutze.

Drei Anwendungsmöglichkeiten werden im Wesentlichen diskutiert: Quantencomputer, Quantenkryptographie und Quantenteleportation (Lit. 06). Wie Shor 1994 zeigen konnte, erlauben Quantencomputer aufgrund der oben erwähnten Superpositionseigenschaften eine eminent schnellere Berechnung derjenigen Klasse von Rechenproblemen, deren Lösungszeit auf herkömmlichen Computern exponentiell mit der Zahl der Parameter steigt. Quantencomputer benötigen demgegenüber lediglich polynomiale Rechenzeit. Da in den Grundlagen der Informatik bislang ungeklärt ist, ob nicht letztlich jedes Rechenproblem in polynomialer Zeit lösbar ist (obgleich die Mehrheit der Experten dies klar ausschließt), ist noch offen, ob Quantencomputer auf grundsätzlich neue Berechenbarkeitsklassen führen. Diese Fragestellungen besitzen heutzutage Anwendungsrelevanz, da die gängigen Verschlüsselungsverfahren im Internet sich gerade auf nicht-polynomiale Probleme – und somit auf eine bislang unbewiesene mathematische Vermutung – stützen.

Es ist derzeit ungewiss, ob die theoretisch kaum zu bezweifelnden Möglichkeiten von Quantencomputern praktisch jemals genutzt werden können, da bei zunehmender Anzahl von Quantenobjekten die typischen Quanten-Überlagerungseigenschaften nach und nach verloren gehen – ein Effekt, der als Dekohärenz bezeichnet wird und als wesentlicher Grund dafür anzusehen ist, warum Quanteneffekte in unserer gewohnten Welt praktisch keine Rolle spielen. Das Versagen klassischer Verschlüsselungsverfahren bei Einsatz von Quantencomputern könnte bemerkenswerter Weise durch die Einführung quantenkryptographischer Verfahren kompensiert werden. Derartige Verfahren nutzen als weitere fundamentale Eigenschaft der Quantentheorie die Nicht-Klonier- bzw. Nicht-Kopierbarkeit von Quantenzuständen (basierend auf dem „no cloning-Theorem") und führen insofern aus naturgesetzlichen Gründen auf im Prinzip abhörsichere Verschlüsselungen.

Die bizarrste Anwendungsidee der Quanteninformationstheorie ist die Quantenteleportation, also die Möglichkeit der Fernübertragung von Quantenzuständen und mithin im Prinzip beliebiger physikalischer Objekte („Beamen"). Wie sich zeigt, wird etwa zur Teleportation eines Quantenbits zusätzlich ein gewöhnlicher Shannonscher Datenkanal zur Übertragung zweier klassischer Bits benötigt. Zwar ist die praktische Anwendbarkeit der Fernübertragung auf makroskopische physikalische Objekte sehr zweifelhaft, die prinzipielle Möglichkeit der Quantenteleportation deutet jedoch an, in welchem Maße physikalische Objekte aus der Sicht der Quantentheorie grundsätzlich auf Information reduzierbar sind (Lit. 07).

### E 9.3.3 Raumzeit-Theorien

Die moderne Physik von Raum und Zeit basiert auf der allgemeinen Relativitätstheorie, die die Gravitationswechselwirkung auf die Krümmungseigenschaften der Raumzeit zurückführt. Hohe Energie-Materie-Ansammlungen führen zu starken Raumzeitkrümmungen und im Extremfall zur Ausbildung schwarzer Löcher, bizarrer Objekte, bei denen der durch ihre Masse verursachte Gravitationskollaps nicht mehr aufgehalten werden kann. Theoretischen Vorhersagen zufolge bilden schwarze Löcher einen so genannten Ereignishorizont aus. Materie und Strahlung, die diesen Horizont überschreiten, können ihn nicht wieder verlassen (daher die Bezeichnung schwarze Löcher) – umgekehrt lässt sich die Region innerhalb des Ereignishorizonts von außen nicht beobachten. Basierend auf den Arbeiten von Hawking und Bekenstein in den 70er Jahren lässt sich eine Thermodynamik schwarzer Löcher formulieren, dabei wird insbesondere die Fläche des Ereignishorizonts als Maß für die Entropie eines schwarzen Lochs angesehen. Hieraus lassen sich konkrete – und überraschender Weise astronomisch hohe – Entropie- und mithin Informationsgehalte physikalischer Objekte gewinnen. Für den Sturz eines Protons in ein schwarzes Loch von der Masse des Universums ergibt sich ein Informationsgehalt des Protons von etwa $10^{40}$ Bits, der Gesamt-Informationsgehalt des Universums lässt sich analog auf etwa $10^{120}$ Bits abschätzen.

Auch diese Überlegungen verweisen auf einen möglicherweise tief liegenden, heute noch unbekannten Zusammenhang der Begriffe Masse, Entropie und Information. Einen besonders abstrakten Ansatz in dieser Richtung hat schon früh C. F. von Weizsäcker verfolgt: Seiner Auffassung nach lässt sich die Struktur der Raumzeit selbst aus einer fundamentalen Quantentheorie binärer Alternativen, also Quanteninformation, gewinnen (Lit. 08). In neueren Arbeiten über Quantengravitation versucht man, sich das „holographische Prinzip" zunutze zu machen. Hierunter versteht man die aus der Schwarz-Loch-Thermodynamik folgende heuristische Überlegung, dass das Wesen physikalischer Objekte nicht in ihrer Erscheinungsweise in der Raumzeit, sondern eventuell in ihrem auf dem zweidimensionalen Ereignishorizont darstellbaren Informationsgehalt liegt (Lit. 09).

## E 9.4 Information in der Biologie

### E 9.4.1 Der genetische Code

Die moderne Genetik fasst die Struktur des Erbmoleküls DNA (Desoxyribonukleinsäure) als eine informationscodierende Struktur auf (Lit. 10). Die DNA ist ein doppelfädiges, spiralartig geformtes Kettenmolekül, dessen Kettenglieder durch die vier Nukleotide mit den Basen Adenin (A), Guanin (G), Thymin (T) und Cytosin (C) gebildet werden. Innerhalb eines Doppelfadens liegen aus stereochemischen Gründen jeweils einem A ein T und einem G ein C gegenüber. Im Rahmen der Proteinbiosynthese der Zelle werden DNA-Sequenzen, die den Genotyp ausmachen, als Bauanleitungen zur Herstellung von Proteinen, die den Phänotyp ausmachen, herangezogen. Die Proteinbiosynthese kann vereinfacht durch ein dreistufiges Informationsfluss-Diagramm dargestellt werden, auf dessen erster Stufe sich der genetische DNA-Code kopiert und vermehrt (Replikation), dann von DNA auf RNA umschreibt (Transkription) und schließlich in den Ribosomen der Zelle zur Herstellung von Aminosäureketten ausgelesen wird (Translation). Die strenge Gerichtetheit dieses Informationsfluss-Diagramms, die als zentrales Dogma der frühen Molekularbiologie bekannt wurde, ist heute durch vielfältige Kenntnisse um die ungleich größere Komplexität genetischer und proteomischer Prozesse als starke Vereinfachung erkannt.

Die Syntax des genetischen Codes besteht aus den vier Buchstaben A, G, T und C. Je ein Basen-Triplett (Codon) codiert für eine Aminosäure, wobei insgesamt $4^3 = 64$ Codons möglich sind. Da nur 20 proteinogene Aminosäuren zur Verfügung stehen, ist der Code redundant, was für die Robustheit der Proteinbiosynthese eine Rolle spielt. Das Genom, also die Gesamtmenge genetischen Materials des Bakteriums Escherichia coli besteht bereits aus etwa $10^6$, das Genom des Menschen aus etwa $10^9$ Nukleotiden. Jedoch sind nur etwa zwei bis drei Prozent des Genoms informationstragend im obigen Sinne, codieren also zur Herstellung von Proteinen. Diese codierenden Abschnitte werden gemeinhin als Gene bezeichnet. Die Funktion der nicht-codierenden Abschnitte ist bislang unklar, ebenso der genaue Beitrag des genetischen Materials in den Zellmitochondrien. Als sicher kann aber gelten, dass bei Weitem nicht alle Eigenschaften, die im erwachsenen Organismus zum Tragen kommen, genetisch codiert sind, denn die tatsächliche Expression von Genen hängt von einem komplexen Gefüge von Regulationsmechanismen in der Zelle und mithin von Umwelteinflüssen ab.

Die Entschlüsselung der Semantik des genetischen Codes ist eine der großen heutigen Forschungsherausforderungen. Hier entstehen neuartige Gebiete wie die Proteomik oder die Bioinformatik, die die Anwendung spezieller Such- und Sequenzieralgorithmen sowie Datenbanktechniken auf Genom und Proteom behandeln (Lit. 11).

### E 9.4.2 Evolution

Biologische Entwicklungsvorgänge stehen unter dem evolutionären Paradigma. Die Evolution beruht auf drei konzeptionellen Säulen: Reproduktion und Variation betreffen den Genotyp und spielen sich auf der Ebene der Vermehrung genetischer Information und ihrer zufälligen Veränderung (Mutation) im Organismus ab. Das Prinzip der Selektion, die von Darwin Mitte des 19. Jahrhunderts formulierte These, dass nur die am besten angepasste Art überlebt, greift demgegenüber am Phänotyp, also an den Organismus selbst an. Dies führt weiterhin zu einer Auslese geeigneter genetischer Information. Im modernen Molekulardarwinismus hat sich die Vorstellung breit gemacht, die Evolution der Arten grundlegend als Evolution genetischer Information aufzufassen (Lit. 12). Zu den zentralen Erkenntnissen des informationstheoretischen Paradigmas in der Biologie gehört die Einsicht, dass zur Charakterisierung zentraler Begriffe wie Evolution und Leben abstrakte formale Stilprinzipien der Selbstorganisation von Information ausreichen, dass aber der konkrete materielle Träger dabei nur von allenfalls untergeordneter Bedeutung ist.

## E 9.5 Information in den kognitiven Neurowissenschaften

In den Kognitionswissenschaften werden kognitive Prozesse ganz grundsätzlich unter dem Gesichtspunkt der Informationsverarbeitung untersucht (Lit. 13). Dabei unterscheidet man grob zwischen zweierlei Berechenbarkeitsparadigmen: die in den 60er und 70er Jahren dominierende Künstliche-

Intelligenz-Forschung (KI) versucht Kognition auf das algorithmische Abarbeiten von Symbollisten zurückzuführen (Kognitivismus bzw. Symbolismus), während die – nach Vorläufern in den 50er Jahren – seit den 80er Jahren aufgekommene Neuroinformatik Informationsverarbeitung im Rahmen neuronaler Netzwerke in den Mittelpunkt rückt (Neo-Konnektionismus). Während KI-Systeme Information sequenziell und lokalisiert (im Sinne fester Speicheradressen) verarbeiten, nutzen neuronale Netze die Vorteile massiver Parallelverarbeitung und distributiver Speicherung. Noch entscheidender aber ist, dass neuronale Systeme adaptiv und lernfähig sind, und dass ihr Datenformat nicht symbolisch sondern subsymbolisch ist (Lit. 14).

Die Notwendigkeit der Unterscheidung zwischen Information im rein syntaktischen Sinne und Information im semantischen, also Bedeutungssinne, führt in den Kognitionswissenschaften auf schwierige und letztlich philosophische Fragestellungen. Es geht wesentlich darum zu verstehen, wie die im Zuge neuronaler Informationsverarbeitung herausgebildeten mentalen Repräsentationen bedeutungstragend in dem Sinne sein können, dass sie sich auf etwas in der Außenwelt beziehen. In diesem Zusammenhang sind auch speziell informationstheoretische Ansätze verfolgt worden (Lit. 15). Das bis heute ungelöste Problem der „Naturalisierung der Semantik" besteht in der Frage, wie etwa in unserem Gehirn auf rein physikalisch-biologischem Wege semantische Gehalte hervorgebracht werden können.

Die sich in jüngster Zeit unter den Stichwörtern „kognitive Robotik" und „embodied cognitive science" abzeichnende Entwicklung, die ein konsequentes Zusammenwachsen künstlicher kognitiver Systeme und sich autonom bewegender Roboter fordert (Lit. 16), könnte auch als Hinweis auf die gestellte philosophische Frage nach dem Zusammenhang von Syntax und Semantik angesehen werden. Demnach können informationsverarbeitende Systeme nur insofern semantische Fähigkeiten erlangen, als ihnen gleichzeitig eine pragmatische Rückkopplung und aktive Exploration ihrer Umwelt ermöglicht ist.

**Literatur:**

01 Lyre, H. (2002). Informationstheorie. Eine philosophisch-naturwissenschaftliche Einführung. Fink, München (UTB 2289).

02 Shannon, C. E.; Weaver, W. (1949). The Mathematical Theory of Communication. University of Illinois Press, Urbana.

03 Chaitin, G. J. (1987). Algorithmic Information Theory. Cambridge University Press, Cambridge.

04 Jaynes, E. T. (2003). Probability theory: the logic of science (ed. by G. L. Bretthorst). Cambridge University Press, Cambridge.

05 Leff, H. S.; Rex, A. F., Hg. (1990). Maxwell's Demon: Entropy, Information, Computing. Princeton University Press, Princeton.

06 Bouwmeester, D.; Ekert, A.; Zeilinger, A., Hg. (2000). The Physics of Quantum Information. Springer, Berlin.

07 Lyre, H. (1998). Quantentheorie der Information. Springer, Wien, New York.

08 Weizsäcker, C. F. v. (1985). Aufbau der Physik. Hanser, München.

09 Smolin, L. (2000). Three Roads to Quantum Gravity. Weidenfeld & Nicolson, London.

10 Küppers, B.-O. (1986). Der Ursprung biologischer Information. Piper, München.

11 Selzer, P. M., Marhöfer, R. J. und Rohwer, A. (2003). Angewandte Bioinformatik. Springer, Berlin.

12 Eigen, M. (1992). Stufen zum Leben. Piper, München.

13 Mainzer, K. (1994). Computer – Neue Flügel des Geistes? de Gruyter, Berlin.

14 Bechtel, W.; Abrahamsen, A. (2002). Connectionism and the Mind. Basil Blackwell, Oxford.

15 Dretske, F. I. (1981). Knowledge and the Flow of Information. Blackwell, Oxford.

16 Pfeifer, R.; Scheier, C. (1999). Understanding intelligence. MIT Press, Cambridge, Mass.

# E 10 Information in der Philosophie

Norbert Henrichs

In philosophischen Einführungswerken bzw. in Grundkursen der Philosophie sucht man in aller Regel vergebens nach einer Abhandlung zum Thema Information. Auch in der Mehrzahl der namhaften und im Studienbetrieb üblicherweise genutzten philosophischen Fachwörterbücher fehlt der Informationsbegriff als Terminus technicus: Nur in ganz wenigen Ausnahmen finden sich knappe Bezugnahmen auf seine ehedem – d.h. in Antike, Mittelalter und noch in der beginnenden Neuzeit – nachweisbare explizite Verwendung in ontologisch-erkenntnistheoretischem Kontext, die aber mit dem Abschied von den scholastischen Denksystemen und ihrer Fachterminologie ein Ende fand. Die in wenigen philosophischen Fachlexika nachzulesenden Hinweise auf die seit den späten 20er Jahren des vergangenen Jahrhunderts entwickelte Informationstheorie referieren meist „unbeteiligt" und sehen kaum Anknüpfungspunkte an die philosophische Tradition. Der heutige umgangssprachliche Gebrauch von Information im Sinne von Auskunft, Botschaft, Mitteilung, Nachricht ist Ergebnis einer Bedeutungsentwicklung, die sich eher aus den früh nachweisbaren juristischen und pädagogischen Verwendungszusammenhängen als aus dem klassischen philosophischen Sprachgebrauch ergeben hat. Gleichwohl dürfte für den informationswissenschaftlichen Klärungsprozess des Informationsbegriffs eine vorsichtige Wiederaufnahme des ursprünglichen ontologisch-erkenntnistheoretischen Verständnisses – nicht in traditionalistischer, sondern in pragmatischer Absicht – zur Festigung eines semantischen und zugleich anthropologisch begründeten Informationsbegriffs hilfreich sein. Dringlich erscheint sodann ein Hinweis auf die im allgemeinen Umgang mit Information zu meist vernachlässigte hermeneutische Dimension und nützlich dürften schließlich noch Anmerkungen sein zum begriffslogisch vertretbaren Umgang mit den im gegenwärtigen wissenschaftlichen wie alltäglichen Sprachgebrauch anzutreffenden verschiedenen Informationsbegriffen.

## E 10.1 Ontologisch-erkenntnistheoretische Aspekte

Die Informationsproblematik ist am Berührungspunkt zweier „Welten" angesiedelt, deren Realität uns gleichermaßen evident erscheint, auch wenn ihre Beschaffenheit (bislang) nur unzureichend erfasst und die Modi ihrer Relation zueinander streitig sind. Im Alltag „rechnen" wir fest mit der so genannten Geist-Materie-Dualität, der Subjekt-Objekt-Spaltung oder der (psychischen) Innenwelt-(physischen) Außenwelt-Differenz als offenbarem Resultat menschlicher Selbst- und Welterfahrung (i.S. eines „naiven Realismus"), aller monistischer Welterklärungstheorien zum Trotz und wiewohl wir wissen, dass „Geist" an (intakten) physiologischen Gehirnfunktionen hängt. K. R. Popper (Lit. 14) hat die beiden Welten als Welt-1, d.h. als Welt der physikalischen Gegenstände und Zustände, und als Welt-2, d.h. als Welt der Bewusstseinszustände (z.B. subjektives Wissen, Gedanken, Vorstellungen, erlebtes Gefühl) unterschieden. Soweit wir sehen, ist der Mensch dasjenige Wesen, das in bisher am weitesten entwickelter Weise den Schnittpunkt dieser beiden Welten besetzt hält. Den kann er allerdings zu Klärungszwecken des beiderseitigen Verhältnisses der zwei Welten und der erlebten Wechselwirkung zwischen Körperlichkeit einerseits und seelisch-geistigen Zuständen andererseits nicht verlassen, so dass ein letztes objektives Urteil ausgeschlossen bleibt.

Die „erlebte" Wechselwirkung von Welt-1 und Welt-2 im Menschen beruht einerseits auf funktionierendem Wahrnehmungs- und Erkenntnisvermögen sowie andererseits auf Bewegungs- und Handlungsvermögen, die beide durch einen komplexen Wechselwirkungsmechanismus (nach dem „Reiz-Reaktions-Schema") mit dem Ziel der Selbsterhaltung in Gang gehalten werden. In der philosophischen Beschreibung dieser Vorgänge spielen traditionell die Begriffe „Formung" (aktivisch/passivisch) – gelegentlich auch „Information" als Intensivum – und „Form" eine zentrale Rolle (vgl. zur „lateinischen Herkunft und zum „griechischen Ursprung" des Informationsbegriffs Lit. 01). Das Wahrnehmungsvermögen (teilweise auch das Erkenntnisvermögen) gilt als formempfangend. Formaufnehmendes „Organ" ist in klassischer Terminologie die Geistseele (die durch die aufgenommene Form „Eindrücke" erfährt bzw. der Form entsprechend „gebildet" wird). Formgebendes Vermögen ist das Handlungsvermögen, veranschaulicht etwa durch bäuerliche Eingriffe in die Natur

(Bodenbearbeitung), durch handwerkliche, technische Materialbearbeitung/Formungsprozesse oder durch künstlerisches „Bilden". Durch die „formgebenden Verfahren" wird im übrigen Welt-1, die Welt der Naturdinge durch Kulturdinge erweitert. Form (als „Vorbild" und sowohl als Ergebnis der Formung) meint in Welt-1 einmal die „äußere" Gestalt (auch Struktur) einer Sache etc. (was an ihr in Erscheinung tritt), meint vor allem aber die „innere" Form oder „Wesensform", d.h. das, was die Washeit eines Etwas ausmacht (z.B. ein Pferd, ein Baum zu sein). In der Welt der Bewusstseinszustände, also in Welt-2, ist „innere Form" der Inhalt, die Bedeutung, die einem subjektiv Erkannten, Erlebten, einer Vorstellung etc. zukommt (als das, als was es/sie begriffen wird, die begriffliche Form, z.B. der subjektive Begriff „Pferd", „Baum"); „äußere Form" ist die mentale Codierung des Begriffs durch das „innere", „stumme" Wort, dessen sich das auf Begriffe gerichtete (Sprache benutzende, sprechende) Denken bedient. Das Denken kann als ein der Welt-2 immanentes „Handeln" verstanden werden, als ein inneres Schalten und Walten mit den Bewusstseinsinhalten im Sinne von „Umschichtungen", Schaffung und Auflösung von Verknüpfungen und Bezügen, Vergleichen, Schlussfolgern, Beilegen von Sinn etc. Soweit das Denken Bewusstseinsinhalten, die z.B. als mentale Widerspiegelungen von Welt-1-Zuständen, gelten können, aber auch als gedankliche Konstrukte Gewissheit (d.h. „objektiv" nach logischen, wissenschaftlichen, historischen Kriterien bzw. „subjektiv" auf Intuition oder auf eigener Anschauung beruhende Unbezweifelbarkeit) zuspricht, heißen diese Bewusstseinsinhalte „Wissen". Wissen ist im Wechselwirkungsprozess von Welt-1 und Welt-2 in beiden Richtungen betroffen und beteiligt, wird auf der Grundlage von Wahrnehmungsprozessen aufgebaut, ergänzt, verändert etc. und beeinflusst umgekehrt Entscheidungs- und Handlungsprozesse (in beiden Fällen – d.h. „wissengenerierend" wie „handlungsgenerierend" – konnte im lat. Sprachraum ehedem das Verb „informare" gebraucht werden).

Bislang war von Welt-2 (wie von Welt-1) nur im Singular die Rede. Es scheint aber evident, dass der einen Welt-1 der physikalischen Objekte und Zustände nicht ohne weiteres auch nur eine Welt-2 der Bewusstseinszustände gegenübersteht. Soweit Bewusstsein für uns immer jemandes Bewusstsein ist und wir „jemand" als Subjekt, Selbst, Ego im Zentrum von Bewusstsein ansehen, gehen wir davon aus, dass jedem (menschlichen) Subjekt seine eigene Welt-2 zukommt. Die offensichtliche Unzugänglichkeit eines anderen Ego und seiner Bewusstseinszustände legt sodann die Annahme nahe, dass die individuellen Welt-2-Welten auch als getrennte Welten zu gelten haben (entsprechend der selbständigen und getrennten neuronalen Substrate). Da es aber offenbar zur (sozialbiologischen) Natur des Menschen gehört, anderen Menschen (mit unterschiedlichen Absichten und Zwecken) wahrnehmend-handelnd zu begegnen, stellt sich über Interaktionsmöglichkeiten auf der Welt-1-Ebene hinaus die Frage nach einer Überbrückungsmöglichkeit der Welt-2-Trennungen. Hilfreich ist dabei, dass wir diese Welt-2-Welten intentional (virtuell) zu einer „Welt des Geistes" verbinden und im Analogieschluss annehmen, dass die getrennten Welt-2-Welten funktional gleich sind, d.h. dass wechselseitige Übermittlungsverfahren von (jeweiligen) Bewusstseinsinhalten, also ein Gedanken- und Wissensaustausch hier und dort gleichen Bedingungen unterworfen sind. Da die Welt-2-Welten tatsächlich aber getrennt sind („telepathische" Übertragungen gehören in den Bereich der Esoterik) und die zwischen ihnen zu überbrückende Kluft nichts anderes als ein Raum-Zeit-Welt-Ausschnitt von Welt-1 sein kann, muss sich der Wissensaustausch einem Transformationsprozess unterwerfen, d.h. Welt-1 zugehöriger, den Austausch ermöglichender Formen bedienen. Das Ergebnis eines solchen (Ein-)Formungsprozesses heißt Information und hat eine triadische Struktur (vgl. Peirce, Lit. 13): Seine Elemente sind 1. die beteiligten Subjekte (als Repräsentanten ihrer jeweiligen Welt-2-Welt), 2. die (als Welt-2-Zustände i.d.R. mit Bedeutungsbezug zu Welt-1-Objekten ) mitzuteilenden (Wissens)Inhalte, 3. die Welt-1-angehörigen eingesetzten/variablen Codierungssysteme, Trägermedien, Übertragungstechniken (als Einheit gesehen). Keines dieser drei Elemente darf verabsolutiert werden, es liegt aber nahe, Information von der „Mensch-Komponente" (Peirce spricht von der Interpretenrolle) her zu erschließen und zu organisieren, eine Aufgabe des Informationsmanagements, aber auch Ansatzpunkt für eine Informationsanthropologie, die den Menschen existenziell von Informationsprozessen her deutet.

Popper kennt übrigens neben den beiden beschriebenen Welten noch eine weitere Welt, die Welt-3 des „objektiven Wissens". Sie entspricht der Intention nach dem Desiderat einer einheitlichen Welt-2-Überwelt (und kommt der platonischen Ideenwelt nahe). Sie darf nicht für die „Welt der Informationen" gehalten werden, die es i.d.R. mit zwar „objektiviertem" (in der Bedeutung von medial, z.B. in Büchern, auf CDs etc. gespeichertem und zugänglichem) aber dennoch mit „nur" subjektivem, ausschnitthaftem, punktuellem, konkret zweckbezogenen Wissen zu tun hat. Welt-3-Wissen meint eine (virtuell geschlossene) Wissensgesamtheit an sich, unabhängig von der Form seiner Zugänglichkeit und Verwertung, also etwa das Wissen, das ein wissenschaftliches System vollständig beschreibt, das in einer Volkswirtschaft, in einem Sprach- und in einem Kulturraum versammelte Wissen, aber auch das Wissen eines Unternehmens. Insofern könnte man auch hier von mehreren Welt-3-Welten reden, die aber, spricht man vom so genannten Menschheits- oder Weltwissen, letztlich doch zu einer verschmelzen. Informationswissenschaftlich von Belang ist diese Welt-3, als sich auf die Teilhabe und Verwaltung dieser Wissensgesamtheiten Wissensmanagement im Unterschied zum Informationsmanagement bezieht.

## E 10.2  Hermeneutisch-daseinsanalytische Aspekte

Information kann ihre informierende Wirkung nur entfalten, wenn ihr Inhalt zur Kenntnis genommen wird. Kenntnisnahme reicht dabei von einem mehr oder weniger oberflächlichen Notiznehmen von etwas bis zu seinem ausschöpfenden Verstehen. Nach C.-F. von Weizsäcker kann allerdings nur das und erst das, was auch verstanden wird, Information genannt werden (Lit. 14, S. 351). Verstehen heißt, Sach- und Sinngehalte und ggf. Sach- und Sinnzusammenhänge erkennen. Sinn ist der Wert oder die Bedeutung, die Objekten, Sachverhalten, Erlebnissen, Handlungen etc. von einzelnen oder kollektiven Subjekten (Gruppen, Völkern) per Konvention, meist zeit- und kulturraumbezogen und -abhängig und damit Veränderungen unterworfen beigelegt wird, und zwar „in der Vorstellung": Denn Sinn ist keine Eigenschaft von Objekten, Sachverhalten, Erlebnissen, Handlungen etc. selbst, sondern Prädikat ihrer Erkenntnisbilder, weil subjektiv und austauschbar, ohne dass sich die Bezugsobjekte etc. verändern müssten.

Als Verfahren der Sinnermittlung setzt Verstehen immer schon ein Vertrautsein mit Sinn voraus. Verstanden wird deshalb im Grunde nur, was zuvor schon (irgendwie) verstanden ist. Verstehen erscheint damit grundsätzlich als zirkulär. Das jeweils „vorgängige" Verstehen, das das Verstehen „leitet", heißt „Vorverständnis"; in ihm verbinden sich mit Sachkenntnissen Erfahrungen, Einstellungen, Gesinnungen, Wertungen, Wunschvorstellungen etc.. Vorverständnisse sind häufig kollektiv verbreitet und haben Traditionen, die sich – kulturkreisabhängig – in bestimmten gewohnten Sichtweisen und stereotypen Deutungsmustern zeigen. Vorverständnisse sind i.d.R. ungemein wirksam. Andererseits bedeutet dies nicht, dass Verstehen damit prinzipiell immer schon und ohne weiteres inhaltlich determiniert ist. Verstehen ist durchaus offen, sofern sich Vorverständnisse nicht unbedingt auf Dauer als starre Vorurteile und Voreingenommenheiten erweisen. Es kann nämlich immer wieder neu, anders, besser verstanden werden. Vorverständnisse können also gewandelt, Vorurteile revidiert werden. Daraus ergibt sich die so genannte „Geschichtlichkeit des Verstehens" (Lit. 08), die sich etwa beim Sprachgebrauch am Bedeutungswandel oder z.B. am Gesinnungswandel, Wandel sozialer und politischer Einstellungen festmachen lässt, aber auch daran, dass die Differenz der Welthorizonte von Autoren und ihren Interpreten nie vollständig überwunden werden kann. Verstehen ist keine triviale Operation, einmal wegen des erwähnten Vertrautseinmüssens, das nachhaltige Aneignungsprozesse (Erkenntnis- und Lernprozesse) komplexer Tatbestände, Methodenwissen und – sofern es sich um das Verstehen von Menschen oder menschlicher Artefakte (z.B. von Texten) handelt – Verhaltens- und Einstellungskenntnisse sowie Sprachkompetenz und entsprechend erhebliche Gedächtnisleistungen erfordert. Zum andern benötigt Verstehen die (sichere) Beherrschung formaler Verfahren z.B. der (unterscheidenden) Beobachtung, der Urteilsbildung, der Verallgemeinerung, der assoziativen Verknüpfung, des Vergleichens und der Analogiebildung, der Gliederung, Einteilung und Zuordnung bzw. der Analyse und Synthese etc. Schon früh wurde das Verstehen Gegenstand wissenschaftlicher Untersuchungen, schließlich sogar Gegenstand einer eigenen Disziplin, der Hermeneutik (ihrem mythologischen Ursprung nach die Technik des Götterboten Hermes, Informationen seiner GötterkollegInnen an die Menschen verständlich zu übermitteln). Als Kunstlehre des interpretierenden Verstehens hat sie insbesondere in den textorientierten Wissenschaften (Theologie, Jurisprudenz, überhaupt in den Geisteswissenschaften) zur Bildung eigener Interpretationskanoniken (Regelwerke der Auslegung) geführt (Lit. 05).

M. Heidegger hat das Verstehen über die methodischen Aspekte hinaus zu einer Grundbefindlichkeit („Existenzial") der menschlichen Existenz erklärt. Die Welt, in der sich der Mensch (zusammen mit den Mitmenschen) in Sorge um sein Dasein bewegt, muss ständig (neu) interpretiert und verstanden werden, weil nur so Handlungsorientierung zu gewinnen ist. Durch Weltinterpretation erfährt das Menschsein aber auch eine Selbstauslegung, nämlich die Auslegung und Offenlegung seiner Möglichkeiten. Die allgemeine Hermeneutik, die Methodenlehre des Verstehens wird so zur existenzialen Hermeneutik, d.h. zur Daseinsanalytik (Lit. 09). Konkret heißt dies: Verstehensprozesse sind nur erfolgreich, wenn sie die Lebenspraxis (in einem bestimmten sozialen, politischen, ökonomischen, kulturellen, wissenschaftlichen Umfeld oder auch ihre evolutionären Entwicklungen) im Auge haben und berücksichtigen.

Insofern Informationsprozesse in Interpretations- und Verstehensprozesse eingebettet sind, ist das Gesagte auch auf sie anzuwenden. Es ist nachdrücklich bewusst zu machen, dass Informationsprozesse ihren Ausgang in der Verstehenswelt der Nachrichtenquelle nehmen, in Vermittlungsvorgängen durch die Interpretationshorizonte der Vermittler beeinflusst werden und bei den Rezipienten auf deren jeweilige Verstehenswelten treffen. Die hermeneutischen Prinzipien sind daher von unmittelbarer Relevanz für die verschiedenen Informationstätigkeiten, worauf R. Capurro schon früh aufmerksam gemacht hat (Lit. 02). So sind vor allem Verstehensleistungen gefordert bei der Auswahl von Informationsquellen und konkret bei der Erschließung von Dokumenten, also beim Indexieren wie bei der Abfassung von Abstracts, aber zumal auch beim Information Retrieval, sofern hier relevante Information aus oft kontextreduziert gespeicherten Datensätzen aufgefunden werden soll. Insbesondere sind hier Vorverständnisse wirksam, nicht zuletzt aber schon bei der Konstruktion und bei der Anwendung von Regelwerken und Ordnungssystemen, oder z. B. von Thesauri samt ihren relationalen Bezügen. Vorverständnisse schließen aber auch die Qualitätsansprüche an Information ein. Kategorien z.B. der Aktualität, Relevanz, des Wertes und der Bedeutung bestimmen sich nicht absolut, sondern vor dem Erwartungshorizont der jeweiligen Lebenspraxis. Das Fazit ist: Informations- und Wissensmanagement müssen aus hermeneutischen Einsichten strategischen Gewinn zu ziehen versuchen, wenn sie z.B. die konkrete „Sinnwelt", die ein Unternehmen in seinem Marktsegment und im politischen Umfeld darstellt, für Entscheidungsprozesse verfügbar und nutzbar machen wollen.

Eine außerordentliche hermeneutische Herausforderung stellen die global-vernetzten Informationswelten dar. Kann es in ihnen überhaupt ein durchgängiges Verstehen geben oder stößt das Verstehenwollen hier nicht vielmehr an prinzipielle Verstehensgrenzen, die mit den vielfältigen kulturellen Grenzen, mit den „Blockgrenzen" und nicht zuletzt mit den Sprachbarrieren gegeben sind? Lassen sich die vielfältigen Vorverständnisse offen legen, um wenigstens Vorurteile auf die Dauer zu überwinden? Interkulturelles Informations- und Wissensmanagement ist ein dringliches hermeneutisches Desiderat. Letztlich stellt sich die Frage nach einer hermeneutischen Balance, also nach interkulturell ausgewogenem Verstehen und Verstandenwerden oder interkulturell verständlichem Informationsaustausch als eine moralische Frage, als Frage nach der Verteilgerechtigkeit in der Informationsgesellschaft, als Frage nach der informationellen Freiheit oder allgemein als Frage nach einer (rechtlich abgesicherten) Welt-Informations-Ordnung.

### E 10.3  Begriffslogische Hinweise

Abschließend ist noch die Frage nach der Vereinbarkeit der in unterschiedlichen (wissenschaftlichen) Gebrauchskontexten, aus unterschiedlichen Erkenntnis- und Anwendungsinteressen entwickelten Informationsbegriffe aufzuwerfen. Aus den voraufgehenden Darlegungen kann entnommen werden, dass zwar aus philosophischer Sicht ein „existenzialer" Informationsbegriff favorisiert wird, der das Informationshandeln zum anthropologischen Wesensmerkmal erklärt. Es kann aber nicht übersehen werden, dass mit der Entwicklung der modernen Informationstheorie in ihren mathematisch-nachrichtentechnischen (Shannon, Weaver), logisch-semantischen (Bar-Hillel, Carnap), kybernetischen (Wiener, Klaus) oder systemtheoretischen (Luhmann) Versionen weitere interessante Bedeutungsdimensionen von Information eröffnet worden sind. Aufzuführen sind darüber hinaus der sprachwissenschaftlich-semiotische (Peirce, Morris), „kulturalistische" (Janich), naturwissenschaftliche (z.B. bei v. Weizsäcker), sowie die im Kontext von Informations- und Wissensmanagementtheorien in der Informationswissenschaft diskutierten Informationsbegriffe (vgl. ihre Darstellung mit bibliographischen Nachweisen in Lit. 03, vgl. auch die älteren Arbeiten: Lit.10 und Lit. 12).

Wie sind diese Informationsbegriffe zu verstehen, wenn sie offensichtlich nicht „univok", d.h. bedeutungsgleich verwendet werden, aber womöglich auch nicht äquivok, d.h. mit völlig disparaten Bedeutungen bei lediglich gleicher Bezeichnung? Oder sind Verstehensversuche erfolgreich, die analoge Verwendungen annehmen und nach dem entsprechenden Analogon fahnden, d.h. einen gemeinsamen Bedeutungskern bzw. ein tertium comparationis unterstellen? Der Umstand, dass bisher keiner der Deutungsansätze richtig befriedigen kann, ist in jüngerer Zeit als das so genannte „Capurrosche Trilemma" in die Fachliteratur eingegangen (Lit. 06). R. Capurro selbst plädiert inzwischen dafür, dieses „Trilemma" wie einen gordischen Knoten zu durchschlagen und statt dessen mit einander verknüpfte „Bedeutungsnetzwerke" der benutzten Informationsbegriffe anzunehmen (Lit. 04) und mit ihnen – mit Blick auf die unterschiedlichen kulturellen Kontexte, aus denen sie und die sie verdeutlichende Metaphorik stammen (Lit. 11) – „kreativ" umzugehen, solange jedenfalls eine „Unified Theory of Information" (Lit. 07) fehlt, die informationelle Austauschprozesse aller Realitätsbereiche umfasst und Natur- wie Kulturwissenschaften gleichermaßen zufrieden stellt.

**Literatur**

01 Capurro, Rafael: Information. Ein Beitrag zur etymologischen und ideengeschichtlichen Begründung des Informationsbegriffs. K.G. Saur, München, New York, London, Paris 1978

02 Capurro, Rafael: Hermeneutik der Fachinformation, Alber-Broschur Philosophie, Karl Alber Verlag Freiburg (Breisgau), München 1986

03 Capurro, Rafael: Einführung in den Informationsbegriff, Vorlesungsskript, Stuttgart 2002

04 Capurro, Rafael: Informationsbegriffe und ihre Bedeutungsnetze, in Ethik und Sozialwissenschaften. Streitforum für Erwägungskultur 12 (2001) Heft 1, 14-17

05 Diemer, Alwin: Elementarkurs Philosophie. Hermeneutik, Econ-Verlag, Düsseldorf 1977

06 Fleissner, P., Hofkirchner, W.: Information revisited. Wider den dinglichen Informationsbegriff, in Informatik Forum 8 (1995) Heft 3, S. 126-131

07 Fleissner, P., Hofkirchner W.: The Quest for a Unified Theory of Information. World Futures General Evolution Studies, Vol. 13, Overseas Publ. Ass., Amsterdam 1999

08 Gadamer, Hans Georg: Wahrheit und Methode. Grundzüge einer philosophischen Hermeneutik, J. B. C. Mohr (Paul Siebeck), 4. Aufl., Tübingen 1975

09 Heidegger, Martin: Sein und Zeit, 15. Aufl., Max Niemeyer Verlag, Tübingen 1979

10 Kornwachs, H., Jacoby, K.: Information. New Questions to a Multidisciplinary Concept, Berlin 1996

11 Krippendorf, K.: Der verschwundene Bote, in Merten et al.: Die Wirklichkeit der Medien, Opladen 1994

12 Oeser, Erhard: Wissenschaft und Information, 3 Bde. Wien 1976

13 Peirce, Charles Sanders: Semiotische Schriften, 3 Bde. Suhrkamp-Verlag, Frankfurt 1986-1993

14 Popper, Karl R.: Objective Knowledge – An Evolutionary Approach, Clarendon Press, Oxford 1972

15 Weizsäcker, Carl Friedrich von: Die Einheit der Natur, Carl Hanser Verlag, München 1971

# Sachregister

**A**
AACR 168
ABD 506
Abstandsoperator 397
Abstract / Abstracting **189**ff.
Abstract, indikatives 193
Abstract, informatives 193
Abstract, informativ-indikatives 193
Abstract, modulares 194
Abstracting, automatisches 301f.
Adaptives Verfahren **299**ff.
Additionsmethode 183
AGB 102f.
Algorithmische Informationstheorie 739
Annotation 160, 193
Ansetzungsform 173f.
Antike 723f.
Äquivalenzrelation 147f., **690**f.
Archiv **497**ff., 506, 568
Archivierung 343f., 629
Archivierung, Langzeit- 111f., **567**ff., 629
Assoziationsrelation 147f.
Aufklärung 724
Ausbildung **37**ff., **44**ff.
Auszeichnungssprache 627
Auszug 193
Authentifikation 667, **671**ff.
Automatische Indexierung **215**ff.
Automatische Übersetzung **475**ff.
Automatisches Abstracting 301f.

**B**
B2B / B2C 673
Bangemann-Bericht 86
Befragung 279ff.
Begriffsbezeichnung 129
Begriffsbeziehung, s. a. Relation 129, 147ff., 156ff.
Benutzerdaten 300
Benutzerforschung **271**ff.
Benutzerfreundlichkeit **293**f., **360**ff.
Benutzermodellierung **299**ff.
Benutzungsoberfläche 371ff.
Beruf **37**ff., 618
Berufsbezeichnung 42
Berufsethik 62f.
Berufsvereinigung 40, **55**ff.
Beschreibung, bibliographische 170f.
Beschreibung, Dokument- 158ff.

Beschreibung, thematische 155ff.
Beschreibungslogik 157f.
Bestandsbildung 497ff.
Bestandserhaltung 497ff.
Betriebliches Informationssystem 245, **718**ff.
Betriebswirtschaft **584**ff., **717**ff.
Bezahlverfahren 576f., 675ff.
Bibliographie 25ff., 170f., 381
Bibliographische Beschreibung 170f.
Bibliographische Datenbank 396, 595
Bibliometrie 237f.
Bibliothek **505**ff.
Bibliothekstypologie **509**ff.
Binäre Unabhängigkeit 211ff.
Binäres System **326**ff.
Biologie 693ff., **742**
BOAI 562
Boolesches Retrieval 207f.
Buchhandel **525**ff., 545f.
Buchpreisbindung 527f.
Bumerang-Effekt 108f.

**C**
CATI 283
CEN 629
Chemical Abstracts 383f., **606**
Chemie-Information **603**ff.
CIO 250
CLEF 233
Codierung 273f., 668ff., 694, 699ff.
Codierungssystem 626
Cognitive Viewpoint 734
Colon-Klassifikation 135
Computerethik **61**ff.
Computergestützte Gruppenarbeit **453**ff.
Computergestützte Übersetzung **475**ff.
Computervermittelte Kommunikation **351**ff.
Content-Management-System 465
Coordinate Indexing 184
CPU 330
Creative Commons 564f.
Crossmedia Publishing 379ff., 536f.
CSCW **453**ff.
Current Contents 380
Cyberethik **61**ff.

**D**
Data Encryption Standard (DES) 669f.
Data Mining 215, **363**ff.

Dateiformat 346ff.
Daten 11ff.
Daten, personenbezogene 97ff., 300
Datenbank 385f., 389ff., **409ff.**, 449, **595ff.**, 609
Datenbank, bibliographische 396, 595
Datenbank, Fakten- 391f., 596ff., **603f.**
Datenbank, Firmen- 396
Datenbank, Patent- 598, 603, **650ff.**, 655
Datenbank, Reaktions- **603f.**
Datenbank, Referenz- 391f.
Datenbank, Sequenz- 605
Datenbank, statistische 596, 599
Datenbank, Volltext- 391f., 397, 595f.
Datenbank, webbasierte **393ff.**
Datenbank, Wirtschafts- **595ff.**
Datenbankanbieter 389f., 595, 609, 655
Datenbankbeschreibung 393
Datenbank-Gateway 400
Datenbankmanagementsystem (DBMS) **409ff.**
Datenelement 628ff.
Datenerhebung 276f.
Datenexploration 363f.
Datenformat 175f.
Datenschutz **96ff., 300f.**
Datensicherheit **99f.**
Datentyp 365f.
Datenverarbeitung 323ff., 683ff.
Datenverwaltung 409ff.
Datenvisualisierung **363ff.**
Deregulierung 80ff.
Deskriptor 80, 144f., 618
Dezimalklassifikation 26, 132ff., 148, 155
DGD 40
DGI 40
Dienstleistung 429, **543ff.**
Dienstleistungsqualität **315ff.**
Diffusion 445ff.
Digital divide 61ff., 111ff.
Digital Object Identifier (DOI) 171
Digital Rights Management (DRM) 561ff.
Digitale Signatur 668
Digitalisierung **501ff.**, 517, 546, **567ff.**
DIKW-Hierarchie 11ff.
DIMDI 609
DIN 621ff.
Disintermediation 441
Diskurs 65f.
Distribution 550, 660f.
Distributionsplanung **306ff.**
Document Delivery **571ff.**
Document Manager 534
Dokumentation **21ff.**, 506, 515
Dokumentation, klinische **609ff.**

Dokumentation, Literatur- **609**
Dokumentation, Medien- **516ff.**
Dokumentation, medizinische **609ff.**
Dokumentation, technische **461ff.**
Dokumentationssprache 156
Dokumentbeschreibung 158ff.
Dokumenteigenschaft 339f.
Dokumentenmanagement **339ff.**
Dokumentenmanagementarchitektur **345ff.**
Dokumentenmanagementsystem (DMS) 215, **342ff.**, 462
Dokumentformat 346ff.
Dokumentlieferdienst **573ff.**
Dokumentlieferung **571ff.**
Domain Name System (DNS) 337f.
Drei-Säulen-Modell 105ff.
Druckbranche **533ff.**
DTD 467, 503
Dublin Core 175, 341

**E**
E-Business 659f., 673
ECLA 651
E-Commerce **657ff.**
EDI/EDIFACT 628
EDV 323ff., 683ff.
Effektivitätsmessung **227ff.**, 301, 629
E-Government 659f.
Einkaufsplattform 659f.
Eintragung 171f.
E-Learning **469ff.**
Electronic, s. E-
Elektronische Publikation **549ff.**
Elektronischer Markt **657ff.**
Elektronisches Publizieren 463, **549ff.**
Elektrotechnik 324
Empirie **271ff.**
Entwicklung [historische] 25ff., 73, 139, 192, 237f., 245f., 289, 323ff., 339, **420ff.**, 482f., 505ff., 517, **525ff.**, **543ff.**, 673, 683, 723ff.
Enzyklopädie 385, **481ff.**
E-Print 553f.
Erfassung, formale **167ff.**, 628
Erfolgsfaktor **438ff.**, **662ff.**
Ergononomie 359ff., **371ff.**
Erhebung **273ff.**
Erkenntnistheorie **745ff.**
Erschließung, formale **170ff.**, 628
Ethik 43, **61ff.**, 108
Evaluierung **227ff.**, 301
Evaluierungsinitiative **232f.**
Extraktionsmethode 183

Sachregister

**F**
Facettenklassifikation 130, 155
Fachgruppe 7 41
Fachhochschule 45ff.
Fachinformation **21**ff., 55, 73ff., **563**ff.
Fachinformationsmarkt 80ff.
Fachinformationspolitik **73**ff.
Fachinformationsprogramm 80
Faktendatenbank 391f., 596ff., **603**f.
Fernleihe 571f.
Findmittel 499ff.
Firmendatenbank 396
Förderung 76ff., 598
Formale Erfassung **167**ff., 628
Formale Logik 163f.
Formalerschließung **170**ff., 628
Frage-Antwort-System **371**ff.
Fragebogen 279ff.
Fuzzy-Retrieval 207ff.

**G**
Gebrauchsmuster 644f.
Gedächtnis **699**ff.
Gedruckter Dienst **380**f.
Gehirn **694**f., 712
Geschäftsmodell **660**ff.
Geschäftsprozess, s. a. Workflow 215, 263
Gesellschaft 121, 725ff.
Gesetz **91**ff., 668
Gesundheitswesen **616**f.
GID 79
Gleichordnende Indexierung 184
GMD 79
Gruppenarbeit, computergestützte **453**ff.

**H**
Halbwertszeit 241
Hardware **331**ff.
Hash-Funktion 671
Haupteintragung 171f.
Hermeneutiik **747**ff.
Heterogenität **635**ff., 736
Hierarchie 11ff., 128, 158
Host 389f., 595, 609, 655
Hypermedia 419ff.
Hypertext **419**ff.

**I**
IFLA 164
IIB 26
IID 43
Impact Factor 242f.
Indexieren / Indexierung **179**ff., **215**ff., 342f.

Indexierung, automatische **215**ff.
Indexierung, gleichordnende 184
Indexierung, intellektuelle/manuelle **216**ff.
Indexierung, strukturierte 184
Indexierungsmaß 182
Indexierungsqualität 186
Indexierungstiefe 186
Indexierungsverfahren 182ff., 217ff.
Indikatives Abstract 193
INEX 233f.
Inferenz 158, 213f.
Informatik 323ff., 683ff.
Information 3ff., 21, 115f., 238f., **683**ff., **693**ff., **705**ff., **711**ff., **723**ff., **745**ff.
Information Broker 430
Information Extraction **224**f.
Information Life Cycle 249
Information Professional 123f.
Information Resources Management 246f.
Information Retrieval 122f., **207**ff., **215**ff., **227**ff., **389**ff.
Informationelle Selbstbestimmung 120
Informations- und Kommunikationstechnologie **32**ff., **323**ff.
Informationsagentur 431
Informationsanalyse **271**ff., **289**ff., 437f.
Informationsarbeit 16f., 28f., 32, 37ff., **429**ff., 510ff.
Informationsaufbereitung **167**ff., **179**ff., **189**ff., 437
Informationsbedarf 440, 591f.
Informationsbedarfsanalyse **271**ff., 303, 435
Informationsbegriff 3ff., 115f., 128, 158, 683ff., **693**ff., **705**ff., 723ff., **734**ff., **745**ff.
Informationsbeschaffung 437ff.
Informationsbewertung 228f.
Informationscontrolling 250f.
Informationsdienst **379**f., **399**ff., **588**ff.
Informationsdienstleistung 430ff., **654**f.
Informationsethik **61**ff.
Informationsgeschäft 100ff.
Informationsgesellschaft 84, 116, 583, **586**ff., **730**, **734**ff.
Informationslinguistik 219ff.
Informationsmanagement **245**ff., **719**ff.
Informationsmarketing **303**ff.
Informationsmarkt **25**ff., 31f., 580ff.
Informationsmenge 238f., 653f.
Informationsökonomie **584**ff.
Informationsprodukt **303**ff.
Informationsprozess 706f.
Informationsqualität **315**ff.
Informationsrecht 91ff.

Informationssoziologie 733f.
Informationssystem, betriebliches 245, **718**ff.
Informationstheorie 8ff., **705**ff., **739**
Informationsutopie **115**ff.
Informationsverarbeitung 694ff., **699**ff., 742f.
Informationsverhalten 251f., 290ff.
Informationsvermittlung 33f., **429**ff., 449
Informationsvermittlungsstelle 31, 59f., 434
Informationsversorgung 561ff.
Informationswirtschaft 31f., **91**ff., 101f., **579**ff.
Informationswissenschaft **5**ff., 733ff.
Informatives Abstract 193
Informativ-indikatives Abstract 193
Informetrie 237f.
Informierungsprozess **23**ff.
Inhaltserschließung **424**ff., 628, 635ff.
Inklusivität 66ff., 109ff.
INPADOC 651
Institution 6, 40f., **55**ff.
Institution, deutsche 56, 450f., 593f.
Institution, europäische 56, 451
Institution, internationale 57f.
Institution, politische 58f.
Integriertes Informationsmanagement **247**ff.
Integrität 667, **671**ff.
Integritätsregel 412ff.
Intellektuelle Indexierung **216**ff.
Internationalisierung 85ff.
Internet 325f., **399**ff., 518, 657ff.
Internet-Suchverfahren **400**ff.
Internet-Technologie **335**ff.
Internet-Zahlungssystem **676**ff.
Interview 283ff., 435ff.
IPC 135f., 649f.
ISBD 170f.
ISO 621ff.
IuD **21**ff., **74**ff., **609**ff., **624**f., 630ff.
IuD-Politik **73**ff.
IuD-Programm 76
IuD-Stelle 30f., 59
IuKDG 668

**K**
Kanalreduktionsmodell 356
Katalog 382, 400f.
Katalogisierung 167ff.
Klassieren **127**ff.
Klassifikation 26, **127**ff.
Klassifikation, Colon- 135
Klassifikation, Dezimal- 26, 132ff., 148, 155
Klassifikation, Facetten- 130, 155
Klassifikation, Patent- 135f., **649**ff.
Klassifikation, RIS- 138

Klinische Dokumentation **609**ff.
Knoten 419ff.
Knowhow-Schutz **96**ff.
Kognition 699ff., 742f.
Kohärenz 421f.
Kohäsion 421f.
Kommerzialisierung **406**ff.
Kommunikation 21ff., **127**ff., **351**ff., 458, **725**ff.
Kommunikationsform 355ff.
Kommunikationsökologie 107f.
Kommunikationsverhalten 356f.
Komplexitätstheorie 739
Konsistenz 186f., 463
Krankenhausinformationssystem 613
Kryptografie **667**ff.
Kundenkommunikation 309f.
Kurzreferat 189ff.

**L**
Langfristzugang 501
Langzeitarchivierung 111f., **567**ff., 629
Lemmatisierung 220, 486
Lernen **469**ff., **711**ff.
Lernstrategie **714**f.
Lexikon 482ff.
LID 41
Linguistik 219ff.
Literaturdokumentation 609
Logik, formale 163f.
Luhn-Algorithmus 201, 217

**M**
MAB 175
Makroökonomie **586**ff.
Makrostruktur 487
Manuelle Indexierung **216**ff.
MARC 175
Marketing **303**ff., 439f.
Marktforschung **271**ff., 599
Marktwert 240f.
Marktwirtschaft 109f.
Media Provider 534
Medical Subject Headings (MeSH) 618
Medien **515**ff.
Mediendokumentation **516**ff.
Medientiefe 536, **539**f.
Medienwahl 335, **456**f.
Medienwirtschaft 515ff.
Medizinische Dokumentation **609**ff.
Mehrautorenschaft **242**
Mensch-Computer-Interaktion (MCI) **351**ff., 357, 690
Metadaten 161f., 175, 340f., **569**

Sachregister

Metainformationsdienst **399**ff.
Metasuchdienst 403
Micropayment **677**ff.
Mikrostruktur 487
Modulares Abstract 194
Monohierarchie 128
Morphologische Zerlegung 144
MS DOS 333
MT/CAT **475**ff.
MUC 224

**N**
NABD 624
Nachhaltigkeit 105ff.
Nachschlagewerk 481ff., 551f.
NAT 624f.
Nebeneintragung 171f.
Neurobiologie 693ff., 742
Norm 373, **629**ff.
Normalform 412f.
Normdatei 174
Normenausschuss 621f.
Normung **621**ff.
Normungsorganisation **623**ff.
Notation 129
NTCIR 233
NWIKO 32f.

**O**
OAI 562f.
Öffentlichkeitsarbeit 312
Ökologie, Wissens- **105**ff.
Online Retrieval, s. Information Retrieval
Online-Bezahlverfahren 675ff.
Online-Datenbank, s. Datenbank
Online-Lexikon **489**ff.
Ontologie 156, 341f., 745
Open Access 111, **561**ff.
Ordnungssystem 618
OSI-Referenzmodell 336

**P**
Paid Inclusion 406f.
Patentdatenbank 598, 603, **650**ff., 655
Patentinformation 449, **603**ff., **643**ff.
Patentklassifikation 135, 649ff.
Patentometrie **653**f.
Patentrecherche **650**f.
Patentzentrum 654
Persistent Identifier 569
Personenbezogene Daten 97ff., 300
Philosophie **745**ff.
Physik **739**ff.

Physiologie 693ff.
PI 168f.
Politik 727ff.
Politikwissenschaft **723**ff.
Polyhierarchie 129
Polysemie 143
Portal 660
Positionsersteigerung 407
Postkoordination 129, 144, 182f.
Prädikatenlogik 157
Pragmatik 14, 581ff.
Präkoordination 129, 144, 182f.
Precision 187, 211, 228ff.
Preisbildung 575f., 664
Preisplanung **305**ff.
Print Factory 533f.
Privatheit 120
Privatisierung 80ff.
Probabilistisches Retrieval 211ff.
Produktionsfaktor **717**ff.
Produktplanung **303**ff.
Professionalisierung **37**ff., 62
Profildienst 385
Programmiersprache 333ff.
Prozessorganisation 215f.
Psychologie **699**ff.
Publizieren, elektronisches 463, **549**ff.

**Q**
Qualifikation 40f., 438
Qualität 315ff., **386**f., 438f., 490
Qualitätsmanagement **318**ff., 464f.
Quantentheorie 740f.

**R**
RAK 168f., 172
Ranking 211, 227ff., 239, 404
Raumzeit-Theorie 741f.
RBU 26
RDF **161**f., 341
Reaktionsdatenbank **603**f.
Rebound-Effekt 108f.
Recall 187, 211, 228ff.
Recherche, s. a. Suche **396**ff.
Rechnerarchitektur **329**ff.
Recht 91ff., 570
Reduktionsalgorithmus 221
Referat / Referieren 189ff.
Referatedienst 383f.
Referenzdatenbank 391f.
Regelwerk **168**ff., 615
Register 383f.
Relation 147ff.

Relation, Äquivalenz- 147f. , **690f.**
Relation, Assoziations- 147f
Relevanz 227ff.
Relevanzrückkopplung 209ff.
Retrieval, Boole'sches 207f.
Retrieval, Fuzzy- 207f.
Retrieval, probabilistisches 211ff.
Retrieval, s. Information Retrieval
Retrievalqualität 211, 227
Retrievaltest 187, 231
RIS-Klassifikation 138
RSA-Algorithmus 670

**S**
Schalenmodell **639**ff
Schichtenmodell 335f.
Schlagwort 155ff.
Schlüssel 669f.
SCI 241ff., 382, 609
Scope Note 150
Selbstbestimmung, informationelle 120
Selbstorganisation 562ff.
Semantic Web 160
Semantik 238, 707f.
Semantische Zerlegung 144
Semiotik 705ff.
Sequenzdatenbank 605
SGML 348, 627
Signalverarbeitung 693ff.
Signatur, digitale 668
Signaturgesetz 668
Sinneswahrnehmung 693ff., 742
Softwareergonomie **371**ff.
Software **331**ff.
Sozialwissenschaften **733**ff.
Soziologie **734**ff.
SPARC **563**ff.
Sprachmodell 214f.
Sprachspiele **9**ff.
Sprachwissenschaft **705**ff.
Stammsatz 174
Standardisierung 346f., 501f., **635**ff.
Statistische Datenbank 596, 599
Strategie 662f.
Strategische Planung 249f., 259
Strukturierte Indexierung 184
Strukturveränderung 32f.
Studiengang 44ff.
Styleguide 373f.
Subito 573
Suchdienst **379**f.
Suche, s. a. Recherche 400ff., **424**ff.
Suchmaschine 401ff.

Suchoberfläche 390ff.
Suchverfahren **400**ff.
Suchverhalten **290**ff.
Synonymie 143
Syntaxanalyse 218ff.
Systemarchitektur **345**ff., **416**ff.
Systematik 129
Szientometrie **237**ff.

**T**
TCP/IP 326ff.
Technische Dokumentation **461**ff.
Technische Redaktion **461**ff.
Technologietransfer **445**ff.
Termfrequenz 217f., 405
Terminologie 7, 157, 633
Terminologiekontrolle 142ff.
Testkollektion 232f.
Text Mining 215
Texttheorie **421**ff.
Thematische Beschreibung 155ff.
Thermodynamik 739f.
Thesaurus **141**ff.
Thesauruspflege 151ff.
Titelliste 380
Topic Maps 162f.
Transaktionsphase 657f.
Transfermodell **637**f.
Transformationsprozess **533**ff.
Translation Memory 477f.
Transliteration 629f.
TREC 187, 232

**U**
Übersetzung, automatische **475**ff.
Übersetzung, computergestützte **475**ff.
Ubiquitous Computing 120
Umfrage 282f.
Universität 45ff.
Unternehmenserfolg **253**f.
Unternehmenskultur 264
Unternehmensportal 266
Urheberrecht 92ff., **520**f., 564f.
Urheberschutz 95f.
URN 171
Usability 360f.
Utopie **115ff.**

**V**
vascoda 294
VDD 40
Vektorraummodell 208ff.
Verband, s. a. Institution 40f., **55**ff.

Sachregister

Verlagswesen **543**ff.
Vermarktung 307ff.
Verschlüsselung 667ff.
Verstehensprozess 747f.
Vertrag **100**ff.
Vertrauensmanagement 663f.
Vertraulichkeit 667
Vertrieb **528**ff.
Vervielfältigung 94f.
Verweisung 174
Verwertung 94f.
Virtual Communities 664f.
Visualisierung **363**ff.
VLB 545, 551
Vokabular, freies 184
Vokabular, kontrolliertes 142, 184
Volltextdatenbank 391f., 397, 595f.
Vorzugsbenennung 145

**W**
Webbasierte Datenbank **393**ff.
Web-Verzeichnis 400ff.
Werbemaßnahmen 310f.
Wertschöpfungskette **536**ff., **581**ff.
Wikipedia 481
Wirtschaftsdatenbank **595**ff.
Wirtschaftsinformation **591**ff.
Wirtschaftswissenschaft **717**ff.
Wissen 3ff., 23f., **110**f., 239ff., 258f., **711**ff.
Wissensbasiertes System **155**ff.
Wissensgenerierung 117
Wissensgesellschaft 116

Wissensökologie **105**ff.
Wissensorganisation 263f.
Wissensprozess 261ff.
Wissensrepräsentation 158ff., **712**f.
Wissensstruktur **713**f.
Wissenstransfer 106f., 430, **707**ff.
Wissenswachstum **237**ff.
Workflow, s. a. Geschäftsprozess 215f., 263
Wörterbuch **481**ff.
Wortformreduktion 144f., 221
Wortgutsammlung 142
Worthäufigkeit 217f.
WPI 651
WWW 399, 424, 463

**X**
XML 161, 175, 233, 348, 501

**Z**
Zahlensystem 323ff.
Zahlungsmittel 675ff.
Zahlungssystem **673**ff.
Zahlungsverkehr **675**ff.
Zerlegung 144, 220f.
Zertifizierung 672
Zielgruppe 284, 303
Zipfsches Gesetz 217, **239**
Zitationsanalyse **241**
Zitationsrate 241f.
Zitierindex 241ff., 382, 609
ZMD 45
Zukunft **115**ff., 478f., 546f.

# Autoren- und Herausgeberverzeichnis

**Heike Andermann (Kap. D 8)**
Universitätsbibliothek Potsdam/Babelsberg,
August-Bebel-Straße 89, 14482 Potsdam
andermann@rz.uni-potsdam.de

**Prof. Dr. Bernard Bekavac (Kap. B 18, C 3)**
Hochschule für Technik und Wirtschaft,
Ringstrasse, 7000 Chur, Schweiz
bernard.bekavac@fh-htwchur.ch

**Knud Böhle, Dipl.-Soz., M.A.
(Kap. D 7, D 20)**
Forschungszentrum Karlsruhe in der Helmholtz-
Gemeinschaft, Institut für Technikfolgenabschät-
zung und Systemanalyse (ITAS), Postfach 3640,
D-76021 Karlsruhe, Hermann-von-Helmholtz-
Platz 1, D-76344 Eggenstein-Leopoldshafen
knud.boehle@itas.fzk.de

**Rainer Bohnert (Kap. C 7)**
head4projects GmbH, Schönhauser Allee 188,
10119 Berlin
rainer.bohnert@head4projects.de

**Prof. Dr. Margarete Boos (Kap. E 3)**
Universität Göttingen, Georg-Elias-Müller-
Institut für Psychologie, Gosslerstraße 14,
37073 Göttingen
mboos@gwdg.de

**Dr. Willi Bredemeier (Kap. D 11)**
ICC - Institute for Informations Economics,
Erzberger Str. 11 u. 15, 45527 Hattingen
w.bredemeier@gmx.de

**Margarete Burkart (Kap. B 2)**
RBB Rundfunk Berlin-Brandenburg,
Masurenallee 8-14, 14057 Berlin
burkart@rbb-online.de

**Vertr.-Prof. Dr. Nicola Döring (Kap. B 20)**
Quantitative Methoden: Methoden der empirischen Sozialforschung und Statistik, Helmut-
Schmidt-Universität, Universität der Bundes-
wehr Hamburg, Fachbereich Pädagogik,
Holstenhofweg 85, D-22043 Hamburg
nicola.doering@unibw-hamburg.de
www.nicola-doering.de

**Dr. Christian Eurich (Kap. E 2)**
Universität Bremen, PF 330 440, 28334 Bremen
eurich@physik.uni-bremen.de

**Prof. Dr. Wolfgang F. Finke (Kap. C 10)**
Fachhochschule Jena, FB Betriebswirtschaft,
Carl-Zeiss-Promenade 2, 07645 Jena
wolfgang.finke@bw.fh-jena.de

**Prof. Dr. Norbert Fuhr (Kap. B 7)**
Universität Duisburg-Essen, Institut für Informatik und Interaktive Systeme, 47048 Duisburg
fuhr@uni-duisburg.de

**Prof. Dr. Wilhelm Gaus (Kap. D 14)**
Universitätsklinikum Ulm, Abt. Biometrie und
Medizinische Dokumentation, 89069 Ulm sowie
Universitätsklinikum Ulm, Schule für Medizini-
sche Dokumentation, 89070 Ulm
wilhelm.gaus@medizin.uni-ulm.de

**Prof. Dr. Franziskus Geeb (Kap. C 12)**
Hochschule für Angewandte Wissenschaften
Hamburg, Berliner Tor, 20099 Hamburg
franziskus.geeb@bui.haw-hamburg.de

**Prof. Dr. Ulrich Glowalla (Kap. E 5)**
Universität Gießen, Pädagogische Psychologie,
Otto-Behaghel-Str.10F, 35394 Giessen
ulrich.glowalla@psychol.uni-giessen.de

**Prof. Dr. Jürgen W. Goebel (Kap. A 7)**
Kanzlei RAe Goebel & Scheller,
Schöne Aussicht 30, 61348 Bad Homburg
goebelscheller@aol.com

**Prof. Dr. Stefan Grudowski (Kap. B 16)**
Hochschule der Medien, FB Information und
Kommunikation, Wolframstr. 32, 70191 Stuttgart
grudowski@hdm-stuttgart.de

**Prof. Dr. Rainer Hammwöhner (Kap. C 5)**
FG Informationswissenschaft,
Universität Regensburg, 93040 Regensburg
rainer.hammwoehner@sprachlit.uni-
regensburg.de

**Prof. i.R. Dr. Norbert Henrichs (Kap. E 10)**
Universität Düsseldorf, Institut für Sprache und
Information, Universitätsstraße 1,
40225 Düsseldorf
henrichs@uni-duesseldorf.de

**Prof. Dr. Josef Herget (Kap. B 11)**
Information und Dokumentation, Hochschule
für Technik und Wirtschaft, Ringstrasse,
7004 Chur/Schweiz
josef.herget@fh-htwchur.ch

**Gottfried Herzog (Kap. D 15)**
DIN Deutsches Institut für Normung e.V.,
NABD, Burggrafenstr. 6, 10787 Berlin
gottfried.herzog@din.de

**Prof. Dr. Hans-Christoph Hobohm
(Kap. D 2)**
Fachhochschule Potsdam, FB Informationswissenschaften, Friedrich-Ebert-Str. 4,
14467 Potsdam
hobohm@fh-potsdam.de

**Ulrich Kämper (Kap. D 13)**
WIND GmbH, Friesenwall 5-7, 50672 Köln
kaemper@wind-gmbh.com

**Prof. Daniel Keim (Kap. B 21)**
Universität Konstanz, Computer Science
Institute, PF D78, Universitätsstr. 10,
78457 Konstanz
keim@inf.uni-konstanz.de

**Prof. Dr. Joachim Kind (Kap. C 2)**
Hessenring 98 B, 61348 Bad Homburg
jkind2603@aol.com

**Michael Kluck (Kap. B 13, B 14)**
IZ Sozialwissenschaften,
Lennéstr. 30, 53113 Bonn
kluck@bonn.iz-soz.de

**Prof. Dr. Gerhard Knorz (Kap. B 5)**
Fachhochschule Darmstadt,
FB Informations- und Wissensmanagement,
Max-Planck-Straße 2, 64807 Dieburg
knorz@fh-darmstadt.de

**Prof. Dr. Alfred Kobsa (Kap. B 15)**
University of California, Irvine, School of
Information and Computer Science,
Irvine, CA 92 697-3425, USA
kobsa@uci.edu

**Prof. Dr. Jürgen Krause
(Kap. B 22, D 16, E 8)**
Informationszentrum Sozialwissenschaften (IZ),
Lennéstr. 30, 53113 Bonn und FB Informatik,
Institut für Computervisualistik,
Universität Koblenz-Landau
jk@bonn.iz-soz.de

**Prof. Dr. Rainer Kuhlen
(Kap. A 1, A 5, A 8, B 6, Hrsg.)**
Universität Konstanz, FB Informatik und
Informationswissenschaft, PF 87,
78457 Konstanz
rainer.kuhlen@uni-konstanz.de

**Prof. Dr. Elke Lang (Kap. C 4)**
Technik der Informationssysteme, Fachhochschule Darmstadt, Campus Dieburg, Fachbereich
Informations- und Wissensmanagement,
Max-Planck-Straße 2, 64807 Dieburg
lang@iuw.fh-darmstadt.de

**Hans Liegmann (Kap. D 9)**
Die Deutsche Bibliothek,
Adickesallee 1, 60322 Frankfurt am Main
liegmann@dbf.ddb.de

**PD Dr. Holger Lyre (E 9)**
Universität Bonn, Philosophisches Seminar,
Am Hof 1, 53113 Bonn
lyre@uni-bonn.de

**Prof. em. Dr. Hans-Jürgen Manecke
(Kap. B 1)**
Corona-Schröter-Str.10, 98693 Ilmenau
manecke@wirtschaft.tu-ilmenau.de

**PD Dr. Angelika Menne-Haritz (Kap. D 1)**
Direktorin beim Bundesarchiv,
Finkensteinallee 63, 12205 Berlin
a.menne-haritz@barch.bund.de

**Prof. Dr. Martin Michelson (Kap. D 12)**
Fachhochschule Darmstadt, FB Informations-
und Wissensmanagement, Campus Dieburg,
Max-Planck-Straße 2, 64807 Dieburg
michelson@iuw.fh-darmstadt.de

**Patrick Müller (Kap. D 11)**
7 rue de la Grossmatt,
67800 Hoenheim/Frankreich
patrick_mueller@yahoo.de

**Prof. Holger Nohr (Kap. B 8, B 12, C 8)**
Hochschule der Medien, Studiengang Information Systems / Wirtschaftsinformatik,
Wolframstraße 32, 70191 Stuttgart
nohr@hdm-stuttgart.de

**Marlies Ockenfeld (Kap. A 4, C 1)**
Viktoriaplatz 8, 64293 Darmstadt
ockenfeld@dgi-info.de

**Prof. Dr. Achim Oßwald (Kap. D 10)**
Fachhochschule Köln, Institut für Informationswissenschaft, Claudiusstraße 1, 50678 Köln
achim.osswald@fh-koeln.de

**Prof. Dr. Jiri Panyr (Kap. C 9)**
Siemens AG/CT IC 5,
Otto-Hahn-Ring 6, 81730 München
jiri.panyr@siemens.com

**Günter Peters (Kap. D 3)**
Gruner + Jahr Dokumentation,
Am Baumwall 11, 20444 Hamburg
peters.guenter@online.guj.de

**Prof. Dr. Wolfgang Ratzek (Kap. A 9)**
Hochschule der Medien,
Wolframstr. 32, 70191 Stuttgart
ratzek@hdm-stuttgart.de

**PD Dr. Ulrich Reimer (Kap. B 3)**
Universität Konstanz,
FB Informatik und Informationswissenschaft,
Postfach 87, 78457 Konstanz
ulrich.reimer@acm.org

**Ulrich Riehm, Dipl.-Soz. (Kap. D 4, D 7)**
Forschungszentrum Karlsruhe in der Helmholtz-Gemeinschaft, Institut für Technikfolgenabschätzung und Systemanalyse (ITAS), Postfach 3640, D-76021 Karlsruhe, Hermann-von-Helmholtz-Platz 1, D-76344 Eggenstein-Leopoldshafen
riehm@itas.fzk.de

**Prof. Dr. Marc Rittberger (Kap. B 17)**
Haute Ecole de Gestion de Genève, Département Information documentaire, Route de Drize 7, 1227 Carouge-Genève, Schweiz
marc@rittberger.ch

**Prof. Dr. Dr. Gerhard Roth (Kap. E 2)**
Universität Bremen, Institut für Hirnforschung,
PF 330 440, 28334 Bremen
gerhard.roth@uni-bremen.de

**Prof. Dr. Ralph Schmidt M.A. (Kap. C 6)**
Hochschule für Angewandte Wissenschaften Hamburg (HAW), FB Bibliothek und Information, Berliner Tor 5, 20099 Hamburg
rais.schmidt@t-online.de

**Prof. Dr. Eric Schoop (Kap. E 6)**
TU Dresden/Wirtschaftswissenschaften,
01062 Dresden
schoop@wiim.wiwi.tu-dresden.de

**Prof. Dr. Reinhard Schramm (Kap. D 17)**
TU Ilmenau / PATON,
PF 100565, 98684 Ilmenau
reinhard.schramm@tu-ilmenau.de

**Thomas Schütz (Kap. B 19)**
Universität Konstanz,
FB Informatik und Informationswissenschaft,
PF D 87, 78457 Konstanz
thomas.schuetz@uni-konstanz.de

**Ute Schwens (Kap. D 9)**
Die Deutsche Bibliothek,
Adickesallee 1, 60322 Frankfurt am Main
schwens@dbf.ddb.de

**Prof. Dr. Thomas Seeger
(Kap. A 2, A 3, A 6, Hrsg.)**
Stubenrauchstr. 15, 12161 Berlin
thseeger@aol.com

**Dr. Wolfgang Semar (Kap. D 18, D 19)**
Universität Konstanz,
FB Informatik und Informationswissenschaft,
Postfach D 87, 78457 Konstanz
wolfgang.semar@uni-konstanz.de

**Prof. Dr. Ulrike Spree (Kap. C 12)**
Hochschule für Angewandte Wissenschaften Hamburg, FB Bibliothek und Information,
Berliner Tor, 20099 Hamburg
ulrike.spree@bui.haw-hamburg.de

**Prof. Dr. Herbert Stoyan (Kap. E 1)**
Universität Erlangen, Am Weichselgarten 9,
91058 Erlangen-Tennenlohe
hstoyan@informatik.uni-erlangen.de

**Dietmar Strauch (Kap. D 6, Hrsg.)**
PROGRIS Projektgruppe Informationssysteme,
Auguste-Viktoria-Straße 64, 14199 Berlin
dietmar.strauch@progris.de

**Prof. Dr. Walther Umstätter (Kap. B 10)**
Humboldt Universität zu Berlin,
Institut für Bibliothekswissenschaft,
Dorotheenstr. 26, 10099 Berlin
walther.umstaetter@rz.hu-berlin.de

**Prof. Dr. Gerhard Vowe (Kap. E 7)**
Technische Universität Ilmenau, Institut für Medien- und Kommunikationswissenschaft,
PF 100 565, 98684 Ilmenau
gerhard.vowe@tu-ilmenau.de

**Heidrun Wiesenmüller M.A. (Kap. B 4)**
Württembergische Landesbibliothek, Konrad-Adenauer-Str. 8, 70173 Stuttgart bzw.
PF 10 54 41, 10047 Stuttgart
wiesenmueller@wlb-stuttgart.de

**Hans-Jörg Wiesner (Kap. D 15)**
DIN Deutsches Institut für Normung e.V.,
Burggrafenstr. 6, 10787 Berlin
hans-joerg.wiesner@din.de

**Bernd Wingert, Dipl.-Psych. (Kap. D 7)**
Forschungszentrum Karlsruhe in der Helmholtz-Gemeinschaft, Institut für Technikfolgenabschätzung und Systemanalyse (ITAS), Postfach 3640, D-76021 Karlsruhe, Hermann-von-Helmholtz-Platz 1, D-76344 Eggenstein-Leopoldshafen
wingert@itas.fzk.de

**Prof. Dr. Helmut Wittenzellner (Kap. D 5)**
Media Entrepreneur Center (MEC),
University of Applied Sciences,
Nobelstraße 10, 70569 Stuttgart
helmut.wittenzellner@hdm-stuttgart.de

**Prof. Dr. Christa Womser-Hacker (Kap. B 9)**
Universität Hildesheim, FB Informations- und Kommunikationswissenschaften,
Marienburger Platz 22, 31141 Hildesheim
womser@rz.uni-hildesheim.de

**Prof. Dr. Harald H. Zimmermann (Kap. C 11, E 4)**
Universität des Saarlandes, FR 5.6 Informationswissenschaft, PF 15 11 50, 66041 Saarbrücken
h.zimmermann@is.uni-sb.de

# Grundlagen der praktischen Information und Dokumentation

Rainer Kuhlen, Thomas Seeger
und Dietmar Strauch (Hrsg.)

# Grundlagen der praktischen Information und Dokumentation

Begründet von Klaus Laisiepen,
Ernst Lutterbeck
und Karl-Heinrich Meyer-Uhlenried

5., völlig neu gefasste Ausgabe

Band 2:
Glossar

Zusammengestellt und redigiert
von Dietmar Strauch

K·G·Saur München 2004

**Bibliografische Information Der Deutschen Bibliothek**
Die Deutsche Bibliothek verzeichnet diese Publikation
in der Deutschen Nationalbibliografie; detaillierte bibliografische Daten
sind im Internet über *http://dnb.ddb.de* abrufbar.


∞
Gedruckt auf säurefreiem Papier

© 2004 by K. G. Saur Verlag GmbH, München
Alle Rechte vorbehalten
In diesem Buch werden eingetragene Warenzeichen, Handelsnamen und Gebrauchsnamen verwendet. Auch wenn diese nicht als solche gekennzeichnet sind, gelten die entsprechenden Schutzbestimmungen.
Printed in the Federal Republic of Germany
Satz: Heiko Hanschke, Progris Berlin
Druck/Binden: Strauss GmbH, Mörlenbach
ISBN 3-598-11675-6

# Einleitung

Das Glossar umfasst Begriffsbestimmungen aus dem Bereich der Informationswissenschaft und -praxis, die dem aktuellen Verständnis entsprechen. Selbstverständlich sind diese Definitionen und Beschreibungen zeit- und kontextabhängig und sollten unter dieser Einschränkung gesehen werden. Die Auswahl der Lemmata folgt einer gewissen Repräsentativität, wobei die Schwerpunkte der Autoren des Aufsatzteils aus Band 1 berücksichtigt wurden. Aufgenommen wurden zusätzlich Definitionen von Sachverhalten, Techniken oder Methoden, die nicht in Band 1 behandelt werden, aber von historischen Interesse sind.

Nicht alle englischen Begriffe werden im Deutschen verwendet und umgekehrt. Es wurden daher nicht alle Begriffe ins Englische übersetzt, da sich viele englische Bezeichnungen im deutschen Sprachgebrauch soweit eingebürgert haben, dass auf eine Übersetzung verzichtet werden kann. Mit dem englischsprachigen Register wird mit dieser Einschränkung ein zusätzlicher Zugang zum Vokabular ermöglicht.

Das Glossar entstand in kooperativer Gemeinschaftsarbeit und enthält Beiträge von

**Heike Andermann, Bernhard Bekavac, Knud Böhle, Rainer Bohnert, Margarete Boos, Willi Bredemeier, Margarete Burkart, Nicola Döring, Christian Eurich, Wolfgang F. Finke, Norbert Fuhr, Wilhelm Gaus, Franziskus Geeb, Ulrich Glowalla, Jürgen W. Goebel, Stefan Grudowski, Rainer Hammwöhner, Norbert Henrichs, Josef Herget, Gottfried Herzog, Hans-Christoph Hobohm, Ulrich Kämper, Daniel Keim, Joachim Kind, Michael Kluck, Gerhard Knorz, Alfred Kobsa, Jürgen Krause, Rainer Kuhlen, Elke Lang, Hans Liegmann, Holger Lyre, Hans-Jürgen Manecke, Angelika Menne-Haritz, Martin Michelson, Patrick Müller, Holger Nohr, Marlies Ockenfeld, Achim Oßwald, Jiri Panyr, Günter Peters, Wolfgang Ratzek, Ulrich Reimer, Ulrich Riehm, Marc Rittberger, Gerhard Roth, Ralph Schmidt, Eric Schoop, Reinhard Schramm, Thomas Schütz, Ute Schwens, Thomas Seeger, Wolfgang Semar, Ulrike Spree, Herbert Stoyan, Dietmar Strauch, Walther Umstätter, Gerhard Vowe, Heidrun Wiesenmüller, Hans-Jörg Wiesner, Bernd Wingert, Helmut Wittenzellner, Christa Womser-Hacker, Harald H. Zimmermann.**

# Gesamtübersicht

## Band 1: Handbuch zur Einführung in die Informationswissenschaft und -praxis

| | |
|---|---|
| Geleitwort | V |
| Vorwort der Herausgeber | VII |
| Inhaltsverzeichnis Band 1 | XI |
| Abkürzungsverzeichnis | XXXV |
| A Grundlegendes | 1 |
| B Methoden | 125 |
| C Systeme – Produkte – Dienstleistungen | 377 |
| D Bereiche der Fachinformation und -kommunikation | 495 |
| E Information im Kontext | 681 |
| Sachregister | 751 |
| Autoren- und Herausgeberverzeichnis | 759 |

## Band 2: Glossar

| | |
|---|---|
| Einleitung | V |
| Glossar A-Z | 1 |
| Englisches Register zum Glossar | 139 |

# Inhaltsverzeichnis Band 2

**Glossar A-Z** ................................... 1

Englisches Register zum Glossar ............................ 139

# A

## AACR
*engl.: Anglo-American Cataloguing Rules*
AACR ist das Regelwerk der American Library Association für die Formalerschließung von Dokumenten, das vor allen in den USA, Kanada und den britischen Staaten Verwendung findet. Diese Katalogisierungsregeln sind das international am weitesten verbreitete bibliothekarische Regelwerk zur → Formalerschließung. Die erste Ausgabe (AACR1) stammt von 1967, die zweite (AACR2) von 1978; die jüngste Revision erfolgte 2002. Für 2006 ist die Ausgabe AACR3 angekündigt. Die AACR2 sind ein äußerst komplexes und eher konservatives Regelwerk. Eine Besonderheit im Vergleich zu den → RAK ist die Integration der Sondermaterialien in das Hauptwerk, wohingegen die Ordnungsregeln kein Bestandteil des eigentlichen Regelwerks sind. Charakteristisch bei der → Ansetzungsform ist die Verwendung englischsprachiger Formen, wo nach RAK originalsprachlich anzusetzen ist. Hierarchische Titelaufnahmen (z. B. für mehrbändige Werke) sind nach AACR2 möglich, werden in der Praxis jedoch kaum angewandt.

## Abstands-Operatoren
→ Kontext-Operatoren

## Abstraktionsrelation
→ Hierarchische Relation

## ADA
1979 wurde die → Programmiersprache ADA des US-Verteidigungsministeriums zu Ehren von Augusta Ada Byron benannt, der ersten „Programmiererin". Augusta Ada Byron wurde am 10. Dezember 1815 als Tochter von Anne Isabelle Milbanke und des Dichters Lord Byron geboren. 1841 hörte sie von der „Analytical Engine" von Charles Babbage; sie sagte unter anderem voraus, dass eine solche Maschine in der Lage sei, komplexe Musik zu komponieren, Grafiken zu erstellen und sowohl in der Wissenschaft als auch in Praxis Anwendung finden würde. Sie regte Babbage unter anderem dazu an, einen Plan zu entwickeln, wie die Maschine Bernoulli-Zahlen errechnen könne. Dieser Plan gilt als das erste Computer-Programm.

## Adaptierbares System
→ Benutzeradaptierbares System

## Adaptives System
→ Benutzeradaptives System

## Adobe
Adobe war Ende des 20. Jahrhunderts zweitgrößter PC-Softwarehersteller und maßgeblicher Hersteller von Grafik-Programmen, die in den jeweiligen Sparten oft als eine Art von Standard angesehen werden z.B. in der Bildverarbeitung (Adobe PhotoShop), in der Videoverarbeitung (Adobe Premiere) sowie im → Desktop Publishing (Adobe PageMaker) und im Dokumentenaustausch (Adobe Acrobat mit → PDF).

## AGB
*engl.: terms and conditions*
Unter AGB (Allgemeine Geschäftsbedingungen) versteht man alle für eine Vielzahl von Verträgen vorformulierten Vertragsbedingungen, die eine Vertragspartei der anderen bei Abschluss eines Vertrags stellt, d.h. einseitig auferlegt.

## Akte
*engl.: file*
Zusammenfassung aller Unterlagen, die in der Erledigung einer → Aufgabe entstehen und für ihre Fortführung benötigt werden und die gemeinsam abgelegt sind. Dazu gehören → Aufzeichnungen wie Aktenvermerke, Verfügungen und Konzepte oder Durchschläge mit Absendevermerken von Ausgängen sowie externes Schriftgut, also eingegangene Schreiben mit Eingangsvermerken. Akten entstehen als aktuelle Kommunikations- und Koordinationsinstrumente in der Verwaltungsarbeit und machen Dritten gegenüber Abläufe und Ereignisse, die zu ihrer Entstehung führten, transparent.

## Aktenplan
*engl.: filing plan*
Der Aktenplan ist ein mehrstufiges, gegliedertes Schema mit zugehörigen Notationen zur vorausschauenden Strukturierung des Aktenbestandes einer Organisation oder Behörde. Der Aktenplan wird vor der Entstehung einer → Akte auf der Basis einer Gliederung der Aufgaben einer Dienststelle erstellt. Die unterste Stufe benennt die Betreffseinheit, zu der zukünftig Akten entstehen können. Aus der Notation des Aktenplans zusammen mit den weiteren Kennzeichnungen, Ableitungen und Aktennummern ergibt sich das Aktenzeichen für einzelne Akten. Auf der Struktur des Aktenplans basiert das Aktenverzeichnis, das die tatsächlich entstandenen Akten auflistet.

**Akustikkoppler**
→ Modem

**Akzidenzdruck**
→ Werbedruck

**Algorithmischer Informationsgehalt**
*engl.: Algorithmic Information Content (AIC)*
In der algorithmischen Informations- oder Komplexitätstheorie wird der Informationsgehalt eines Datenstrings als ein Komplexitätsmaß definiert im Sinne der Länge des kürzesten Computerprogramms (→ Algorithmus), das zur Erzeugung des Datenstrings dient. Ein Zufallsstring besitzt demzufolge einen algorithmischen Informationsgehalt, der von der Größe der Länge des Strings ist.

**Algorithmus**
*engl.: algorithm*
Das Wort Algorithmus geht auf die lateinische Fassung eines arabischen Namens zurück. Der Gelehrte Al-Chwarizmi schrieb seine mathematischen Werke im 9. Jahrhundert am Hofe des Kalifen Al-Ma'mun in Bagdad. Eines von ihnen hieß Hisab al-gabr wal-muqabala, d.h. Rechenverfahren durch Ergänzen und Ausgleichen. Das Wort Algebra stammt aus diesem Titel und ist offenbar auch historisch mit dem Lösen von Gleichungen verbunden. In Spanien tauchte der Name des Verfassers rund drei Jahrhunderte später in einer lateinischen Bearbeitung seiner Bücher auf. Diese beginnt mit den Worten: Dixit Algoritmi... [Es sprach Algoritmi...]. Im Laufe der Zeit verband man die daraus entstandene Verballhornung „Algorithmus" ganz allgemein mit mechanisch ausführbaren Rechenverfahren. – Charakteristische Eigenschaften eines Algorithmus sind: Diskretheit (ein Algorithmus besteht aus einer Folge von Schritten); Determiniertheit (bei gleichen Startbedingungen erzeugt er stets dasselbe Endergebnis); Eindeutigkeit (nach jedem Schritt lässt er sich auf höchstens eine Art fortsetzen); Endlichkeit (er endet nach endlich vielen Schritten). (→ Programmiersprache)

**Allgemeine Geschäftsbedingungen**
→ AGB

**Alphabetische Katalogisierung**
→ Formalerschließung

**America Online**
→ AOL

**American National Standards Institute**
→ ANSI

**American Society for Information Science and Technology**
→ ASIS

**American Standard Code for Information Interchange**
→ ASCII

**Amiga**
Der Amiga-Computer wurde 1985 während einer großangelegten Präsentation im Lincoln Center in New York (Stargast u.a. Andy Warhol) von der Firma Commodore der Öffentlichkeit vorgestellt. Der sowohl als Desktop- als auch als Towerversion erhältliche Computer verfügte über ein schnelles und schlankes → Betriebssystem (Amiga OS), welches u.a. echtes präemptives Multitasking beherrschte. Der Amiga besaß von Anfang an eine graphische Oberfläche, die sogenannte Workbench, und bot schon immer Mausunterstützung. Der erste Amiga kam noch mit 512 kByte RAM aus, während heute auch GB-Bereiche erreicht werden. Der Amiga eignete sich zur Sound- und Grafikbearbeitung und für Spiele (Commodore entwickelte und verkaufte die erste 32bit-Spielekonsole der Welt, das sogenannte Amiga CD 32). Seine Eigenschaften waren ideal geeignet für private Anwendungen; er war damit der erste PC für „zu Hause". Das Ende dieser Ära wurde 1994 jäh durch den Konkurs der Herstellerfirma Commodore eingeläutet.

**Anglo-amerikanische Katalogisierungsregeln**
→ AACR

**Anhängezahlen**
→ Dezimalklassifikation

**Annotation**
*engl.: annotation*
Die Annotation ist eine Form der inhaltlichen Beschreibung von Dokumenten, bei der möglichst kurz und redundanzfrei eine deskriptive Inhaltsangabe verfasst wird. Sie ergänzt den Titel des Dokuments und wird z.B. bei Bibliographien verwendet. (siehe auch → Kurzreferat)

**Ansetzungsform**
*engl.: form of heading*
Kataloge und Bibliographien haben unter anderem die Aufgabe, Zusammengehöriges zusammenzuführen, z.B. alle Werke eines Verfassers an einer einzigen Stelle nachzuweisen. Dafür muss der Name einer Person, der als → Eintragung verwendet wird, immer gleich geschrieben werden. Die dafür gewählte maßgebliche Schreibung wird als

Ansetzungsform bezeichnet. Bibliothekarische Regelwerke wie ➙ RAK und ➙ AACR bestimmen im Einzelfall, welche Form dafür zu wählen ist. Auch für die Namen von Körperschaften sind Ansetzungsformen zu bestimmen; im Fall unterschiedlicher Sachtitel (z. B. Original und Übersetzung) wird entsprechend ein Einheitstitel ermittelt. Von anderen Formen wird jeweils auf die Ansetzungsform verwiesen. In einer Datenbank werden Ansetzungs- und Verweisungsformen meist in eigenen Datensätzen (Stamm- oder Normdatensatz) gespeichert, die mit der Titelaufnahme verknüpft sind. Ebenfalls verwendet werden dabei überregionale Normdateien. (➙ Normdatei)

**ANSI**
*engl.: American National Standards Institute*
Das American National Standards Institute (ANSI) ist Mitglied der ➙ ISO und tonangebend bei der weltweiten Vereinheitlichung von Normen und Regelwerken (➙ Normung). Solche einheitlichen Standards, etwa Netzwerkprotokolle, sind notwendig, um einen raschen, einfachen und einheitlichen internationalen Datenaustausch zu ermöglichen. Verschiedene, ursprünglich nationale ANSI-Normen, zum Beispiel ➙ ASCII oder ➙ Unicode, haben sich aber darüber hinausgehend international als Norm etabliert.

**Anwendungsschicht**
*engl.: application layer*
Die Anwendungsschicht (Schicht 7 im ➙ OSI-Schichtenmodell) stellt den eigentlichen Datenübertragungsanwendungen eine Vielzahl an Funktionalitäten in Form von Application Service Elements (ASE) zur Verfügung, die z. T. auf einer sehr abstrakten Ebene angesiedelt sind. Dazu gehören beispielsweise Funktionen wie Auf- und Abbau von Verbindungen, Aufruf von Prozeduren auf entfernten Rechnern (Client-Server), ➙ E-Mail, ➙ File Transfer.

**Anwendungssoftware**
*engl.: application software*
Oberbegriff für alle Programme, die nicht zum ➙ Betriebssystem gehören. Die Programme der individuellen Anwendungssoftware lösen die aus den Zielen des Anwenders definierten Aufgabenstellungen. (siehe auch ➙ Standardsoftware; ➙ Betriebliches Anwendungssystem)

**Anwendungssystem, betriebliches**
➙ Betriebliches Anwendungssystem

**AOL**
AOL (Abkürzung für „America Online") ist ein kommerzieller Online-Dienst; 2001 haben AOL und Time Warner das wahrscheinlich größte Medienunternehmen der Welt geschaffen. Die neue AOL Time Warner bringt es auf einen Umsatz von 40 Milliarden Dollar und AOL hatte Unternehmensangaben zufolge Mitte 2001 mehr als 30 Millionen zahlende Online-Kunden. Zu AOL gehören zudem ➙ CompuServe und ➙ Netscape. Die Fusion macht AOL die umfangreichen Medieninhalte des Time Warner-Konzerns zugänglich und eröffnet andererseits dem Medien-Branchenführer Time Warner die weltweiten AOL-Onlinedienste. Angesichts des sich abzeichnenden Breitband-Siegeszuges mit interaktivem Fernsehen sowie mit Hochgeschwindigkeits-Internet-, Video- und Kommunikationsdiensten hatten viele Verbrauchergruppen und Konkurrenten gegen den Zusammenschluss der Branchenführer protestiert.

**Apple**
Apple ist ein US-Hersteller von Computern wie Macintosh und iMAC und dem Betriebssystem MacOS. Das Unternehmen wurde am 1. April 1976 von dem 21-jährigen Steven P. Jobs und dem fünf Jahre älteren Stephen G. Wozniak in Palo Alto/Kalifornien gegründet. Im heimischen Schlafzimmer entwickelten und in der elterlichen Garage produzierten die beiden ihren ersten Computer – den Apple I. Erster Abnehmer von 50 Apple I-Computern war Paul Terrel, Inhaber des Byte Shops für Computerkomponenten. Für 666,66 Dollar stand der Apple I ab Mai 1976 zum Verkauf. Mit „Byte into an Apple" warb die Verkaufsanzeige für „das erste preiswerte Mikrocomputersystem mit Bildschirmanschluss und 8 Kilobyte RAM auf einer einzigen PC-Karte". Mit dieser Verkaufsanzeige, so eine der Legenden, war auch die Idee für das heutige Apple-Logo, den regenbogenfarbenen Apfel mit Biss, geboren. 1986 betrug der Umsatz knapp 2 Milliarden Dollar. 1977 stellte Apple Computer den Apple II mit 4 KByte RAM Arbeitsspeicher vor: Er kostete zusammengebaut 1.298 Dollar (798 Dollar für Bastler), bestand aus einem Plastik-Gehäuse mit Tastatur, enthielt ein eingebautes Basic zur Steuerung, verfügte über Erweiterungssteckplätze und Ports für externe Speicher, akzeptierte einen Fernseher als Bildschirm sowie einen normalen Kassettenrecorder als Speichergerät und gilt als der erste vollwertige PC. Zum Verkaufsschlager im Einsteiger-Markt avancierte Ende des 20. Jahrhunderts der farbige, sinnlich rundliche iMac.

Mit diesem Computer erschütterte Apple Computer die landläufigen Vorstellungen von einem preiswerten Internet-PC. Versehen mit einem ausgefallenen Design und überdurchschnittlichen Leistungsdaten, katapultierte sich der iMac in den Verkaufscharts sofort ganz nach oben und entwickelte sich zum bestverkauften Rechner in der Geschichte von Apple.

## Äquivalenzklasse
→ Äquivalenzrelation; → Terminologische Kontrolle

## Äquivalenzrelation
*engl.: equivalence relation; preferential relation*
Eine Äquivalenzrelation ist die Beziehung zwischen gleichwertigen Bezeichnungen (bedeutungsgleich oder bedeutungsähnlich), die ausgetauscht werden können, ohne die Bedeutung des Kontextes zu ändern. Diese gleichwertigen Bezeichnungen werden als Synonyme bzw. Quasi-Synonyme bezeichnet und bilden eine Äquivalenzklasse. Synonymie erscheint in unterschiedlichen Abstufungen: (a) Vollständige Synonymie tritt in Reinform sehr selten auf, in der Regel handelt es sich dabei um Schreibweisenvarianten (z.B. Photographie – Fotografie) oder die Alternierung zwischen Kurzform und Vollform (z.B. UN – UNO – Vereinte Nationen); (b) In den meisten Fällen weisen die Synonyme zumindest unterschiedliche Konnotationen auf, gehören verschiedenen Sprachstilen an oder haben eine unterschiedliche räumliche oder zeitliche Verbreitung (z.B. Pferd – Gaul; Samstag – Sonnabend); (c) Der Bedeutungsunterschied ist so geringfügig, dass er kaum wahrgenommen oder beachtet wird, bzw. eine pars-pro-toto-Übertragung zwischen Ober- und Unterbegriff stattgefunden hat (z.B. Rundfunk – Hörfunk). Man spricht dann von Quasi-Synonymen, wenn Terme mit nur geringer Bedeutungsdifferenz synonym behandelt werden (z.B. Sprachwissenschaft – Linguistik oder Wohnen – Wohnung).

## Arbeitsspeicher
→ Speicher

## Archiv
*engl.: archives*
Das Archiv ist diejenige Organisationseinheit, die die für eine dauerhafte Aufbewahrung in Frage kommenden Schriftstücke und Dokumente sammelt, erfasst, aussondert, bewertet und nach der Übernahme erschließt und zugänglich macht. Die Hauptmenge der Archivalien besteht aus Urkunden, Dokumenten und → Aufzeichnungen (→ Akte), die der Tätigkeit von Regierungen, Behörden oder Gerichten entstammen und im laufenden Betrieb nicht mehr benötigt werden. Im Unterschied zu gedruckten und publizierten Schriften handelt es sich hier meist um hand- oder maschinegeschriebene Einzelstücke. Die Archive ordnen und erschließen diese Materialien (→ Archivgut-Bewertung) und stellen ihren → Bestand für die historische und juristische Forschung zur Verfügung (→ Archivgut-Auswertung). Für die Wissenschaft sind die Staats- und Stadtarchive am bedeutendsten, doch haben auch Archive anderer Träger wie Kirchen-, Firmen- oder Familienarchive eine gewisse Bedeutung. Einen Sonderfall stellen → Pressearchiv sowie Medienarchiv dar mit vor allem praktischer Bedeutung für die tägliche Arbeit von Journalisten. Zu erwähnen sind noch die Krankenaktenarchive in Krankenhäusern. (→ Krankenakte, → Provenienz)

## Archivgut-Auswertung
*engl.: research (archives)*
Nutzung der Bestände in einem → Archiv. Die Auswertung setzt die → Archivgut-Bewertung und seine Erschließung voraus. Sie interpretiert die Zusammenhänge, die an Hand der physischen Beschaffenheit der im Geschäftsgang entstandenen Merkmale rekonstruiert werden, als Hinweise und Begründungen für mögliche Aussagen. Die jeweilige Fragestellung leitet die Auswertung von Archivgut für unterschiedliche, nicht vorhersehbare Zwecke. Die Auswertung sucht meist nicht bereits bekannte Informationen, sondern interpretiert das Archivgut neu oder unter geändertem Blickwinkel und schafft damit neues Wissen. Sie ordnet die im Archivgut genannten Fakten in ihre Zusammenhänge ein und ermittelt so die Gründe.

## Archivgut-Bewertung
*engl.: appraisal (archives)*
Sie dient der Identifizierung der archivwürdigen Teile des Schriftguts, das von einer Behörde nach der Aussonderung in einem → Archiv angeboten wird (→ Akte). Sie wird in der deutschen Tradition in alleiniger archivischer Kompetenz durchgeführt und umfasst vor der eigentlichen Auswahl der zu übernehmenden Unterlagen die Entscheidung auf der Grundlage einer intensiven Analyse des Schriftguts. Die Entscheidung kann entweder in der gemeinsamen Erarbeitung von Bewertungsmodellen mit der Gewährung von Pauschalgenehmigungen für Kassationen, in der Listenbewertung

anhand der Aussonderungslisten der Behörde oder in der Einzeldurchsicht vor Ort getroffen werden. Danach folgt die Übergabe. Der Sinn der Bewertung liegt in der Konzentration der Aussagemöglichkeiten durch die Reduzierung von Redundanzen.

**Archivwissenschaft**
*engl.: archival science*
Die Archivwissenschaft beschreibt, typologisiert und erläutert die Formen von ➙ Aufzeichnungen aus Verwaltungsarbeit und ihre inneren Strukturen und entwickelt Methoden zur Analyse der Entstehungszusammenhänge (siehe auch ➙ Akte). Sie liefert damit die Basis für die Zielbestimmung archivischer Arbeitsmethoden und für die Entwicklung angemessener Verfahren. Die Archivwissenschaft hat ihre Methode der distanzierten Analyse aus der Geschichtswissenschaft übernommen und wendet sie auch auf gegenwärtige Formen und ihre zukünftigen Entwicklungspotentiale in elektronischen Umgebungen an. Sie untersucht die Funktionen der verschiedenen Schriftgutformen in den Entscheidungsprozessen der Verwaltung in verschiedenen Zeiten und Staatsformen und hat damit viele Bezüge zur Verwaltungswissenschaft. Sie ist nötig für die fachliche Strategieentwicklung bei der Archivierung wie bei der Behördenberatung entsprechend dem Auftrag der Archivgesetze. (siehe auch ➙ Archiv)

**Arithmetische Operation**
➙ Operation, arithmetische

**Arzneimittel-Dokumentation**
*engl.: pharmaceutical documentation*
Der pharmazeutische Unternehmer muss die Wirksamkeit und Sicherheit der von ihm hergestellten und vertriebenen Arzneimittel gegenüber den Arzneimittelaufsichtsbehörden nachweisen. Für die Zulassung eines neuen Arzneimittels sind eine Reihe von klinischen Studien (➙ Klinische Studie) notwendig, die jeweils eine sehr ausführliche und detaillierte Dokumentation enthalten müssen. Aber auch bereits zugelassene Arzneimittel müssen laufend auf ihre Sicherheit überwacht werden, auch dies gelingt nur über eine ausführliche Dokumentation.

**ASCII**
*engl.: American Standard Code for Information Interchange*
Das ASCII-Format (American Standard Code for Information Interchange) ist das häufigste Format für Textdateien im Internet und auf Computern allgemein gebräuchlich. Die Zuordnung von Bytes zu Zeichen wird durch die standardisierte ASCII-Codierung durch das ➙ ANSI festgelegt. Dabei ist die Zuordnung der ersten 128 Zeichen (also 7 Bit) international und umfasst das lateinische Alphabet, die Ziffern 0 bis 9, international übliche Sonderzeichen sowie einige Steuerzeichen wie Zeilenumbruch oder Tabulator. Die restlichen 128 Zeichen, auch als erweiterter ASCII-Zeichensatz (EASCII) bezeichnet, sind landesspezifisch und wurden von der ➙ ISO genormt. So enthält z.B. die ASCII-Erweiterung Latin-1 (ISO 8859-1) alle schriftspezifischen Zeichen für westeuropäische und amerikanische Sprachen. Zum Teil überschneiden sich auch die ASCII-Erweiterungen. Latin-2 (ISO 8859-2) enthält schriftspezifische Zeichen für die meisten mitteleuropäischen und slawischen Sprachen, die deutschen Umlaute sind z.B. in beiden enthalten. (➙ Unicode)

**ASIS**
*engl.: American Society for Information Science and Technology*
Seit 1937 ist die ASIS die US-amerikanische Gesellschaft für Informationswissenschaftler und -Praktiker mit inzwischen rund 4000 Mitgliedern aus den Bereichen Computer science, Linguistik, Management, Bibliothekswesen oder Ausbildung.

**Assembler**
*engl.: assembler*
Assembler nennt man eine maschinenspezifische/computerabhängige ➙ Programmiersprache, die dem direkten Befehlssatz eines Prozessors sehr nahe kommt. Assembler ist die Programmiersprache, die zu der schnellsten Rechenzeit des auszuführenden Programms führt. Sie wird daher für viele Hochleistungsprogramme benutzt.

**Assoziationsrelation**
*engl.: associative relation*
Eine Assoziationsrelation ist eine zwischen Begriffen bzw. ihren Bezeichnungen als wichtig erscheinende ➙ Relation, die weder eindeutig hierarchischer Natur ist, noch als äquivalent angesehen werden kann (Beispiel: DIESELMOTOR und OTTOMOTOR sind verwandt durch gemeinsame Merkmale). Die Beziehungen dieser Relation haben ganz unterschiedlichen Charakter, z.B. instrumental, kausal, temporal, Antonymie, Vorgänger-Nachfolger oder Rohstoff-Erzeugnis. Der eigentliche Sinn dieser Relation besteht darin, zusätzlich zur hierarchischen Struktur Querbeziehungen zu anderen, für die Formulierung des Sachverhaltes

möglicherweise geeigneten Deskriptoren anzubieten. Im → Thesaurus wird diese Beziehung als Verwandter Begriff (related term) gekennzeichnet.

**Asymmetrische Verschlüsselung**
→ Verschlüsselung

**Aufbaustudium Informationswissenschaft**
*engl.: postgraduate studies in information science*
Ergänzungs- und Aufbaustudiengänge im Bereich → Informationswissenschaft existieren an der Fachhochschule Ansbach (Ergänzungsstudium Information und Multimedia; berufsbegleitendes Studium über 4 Semester; Abschluss zum Diplom-Informationswirt (FH)), an der Technischen Universität Ilmenau (Weiterbildungsstudium Wirtschafts- und Fachinformation; Fernstudium mit Präsenztagen über 3 Semester; Zertifikat Fachinformator), der Universität Konstanz (Master-Aufbaustudium Information Engineering, Schwerpunkt Informationswissenschaft; 4 Semester; Abschluss Masterprüfung) sowie der Fachhochschule Potsdam (Berufsbegleitende Fortbildung Wissenschaftlicher Dokumentar – Information Specialist; Ausbildungsdauer 1-2 Jahre).

**Aufgabe**
*engl.: task*
Eine Aufgabe beschreibt eine betriebliche Problemstellung. Sie ist definiert durch Anfangs- und Endzustände der durch die Aufgabe zu bearbeitenden betrieblichen Objekte, kann formal als Input-Output-System interpretiert werden, enthält abhängig von ihrem Komplexitätsgrad Freiheitsgrade bezüglich ihrer Durchführung und ist auf die Erreichung bestimmter Aufgabenziele (Sach- und Formalziele) ausgerichtet. (siehe auch → Akte und → Workflow-Management)

**Auflösung**
*engl.: resolution*
Unter Auflösung versteht man die Anzahl der waagerechten und senkrechten Bildpunkte (→ Pixel), aus denen sich ein Monitorbild zusammensetzt. Grundsätzlich gilt: je höher die Auflösung des Bildes, desto detailreicher ist die Darstellung des Bildschirminhaltes und desto größer ist der verfügbare Arbeitsbereich auf dem Bildschirm. Die Auflösung einer Grafikkarte ist abhängig vom Grafikkarten-Speicher, der Bildwiederholfrequenz und der Farbtiefe: je höher die Auflösung, um so geringer die Bildwiederholfrequenz und die Farbtiefe. Grafikkarten mit 2 MByte Speicher können bei 1280 x 1024 Bildpunkten nur 256 Farben darstellen, während bei einer Auflösung von 800 x 600 16,7 Mio. Farben möglich sind.

**Aufzeichnungen**
*engl.: records*
Aufzeichnungen sind schriftlich angefertigte Notizen, Vermerke und Texte einschließlich etwaiger graphischer Zeichen und Symbole zu ihrer Modifizierung, Korrektur oder für die Vorbereitung einer weiteren Verwendung, in analoger oder digitaler Form. Aufzeichnungen richten sich nicht unbedingt an bestimmte Adressaten und legen nicht selbst fest, wie sie verstanden werden sollen. Sie haben die Funktion von individuellen oder gemeinschaftlichen Gedächtnisstützen. Interne, koordinierende Aufzeichnungen sind der Hauptbestandteil von Unterlagen aus der Verwaltung und strukturieren das Schriftgut einer → Akte.

**Ausbildung**
*engl.: professional education*
Die Ausbildungsmöglichkeiten und Berufe im Informationsbereich umfassen neben den Teilbereichen Archiv- und Bibliothekswesen den Tätigkeitsbereich „Information und Dokumentation", wobei die Grenzen fließend sind zu Bereichen wie Wirtschaftsinformatik, Informations- und Kommunikationstechnologien, Publizistik oder Verlags- und Buchwesen. Hinsichtlich der vertikalen Differenzierung finden wir in Deutschland Ausbildungs- und Qualifikationsabschlüsse, die den Ebenen im Öffentlichen Dienst entsprechen. Man unterscheidet vier Ebenen: (1) Berufsausbildung, z.B. → Fachangestellter für Medien- und Informationsdienste; (2) Fachhochschulstudium, z.B. → Medizinische Dokumentation oder Fachhochschulstudium zum → Dokumentar oder → Informationswirt; (3) Hochschulstudium im Haupt- oder Nebenfach, z.B. → Studium Informationswissenschaft; (4) Postgraduale Ausbildung (Aufbau- und Ergänzungsstudium, Berufsbegleitende Ausbildung).

**Ausgabeformat**
*engl.: output format*
Rechercheergebnisse können in unterschiedlichen Formaten ausgegeben werden; entweder verwendet der Benutzer ein vordefiniertes Format wie z.B. FULL (alle Felder), MEDIUM (ausgewählte wichtige Felder) oder SHORT (nur Titel und Accession number), oder er stellt sich ein eigenes Ausgabeformat aus den verschiedenen Feldern zusammen. Weitere gängige Ausgabeformate sind → HTML, → PDF und Text-Format.

**Auskunftsinterview**
→ Informationsberatungsinterview

**Austauschbarkeitsbeziehung**
→ Äquivalenzrelation

**Auszeichnungssprache**
*engl.: markup language*
Eine Auszeichnungssprache hat die Aufgabe, die logischen Bestandteile eines Dokuments zu beschreiben. Sie enthält daher Befehle zum Markieren typischer Elemente eines Dokuments wie Überschriften, Textabsätze, Listen, Tabellen oder Grafikreferenzen. → HTML ist eine derartige Auszeichnungssprache, die für Dokumente im WWW verwendet wird. (siehe auch → SGML, → XML).

**Authentifizierung**
*engl.: authentification*
Bei Transaktionen im → Internet, speziell bei allen Transaktionen mit finanziellen oder rechtlichen Konsequenzen, müssen Objekt- und Subjektidentität gesichert sein. Das heißt Sender und Empfänger müssen für die jeweiligen Partner eindeutig referenzierbar sei. Auszutauschende Objekte (Dokumente jeder Art) müssen in genau dem Zustand ankommen, wie sie abgeschickt worden sind. Zu den Verfahren der Authentifizierung in Transaktionen gehören neben den digitalen Signaturen auch Zeitstempel und biometrische Verfahren (→ Biometrie), aber natürlich auch klassische Absicherungsverfahren wie Passwörter. – Die Authentifikation stellt sicher, dass eine Nachricht auch wirklich von dem Absender stammt, der vorgibt, der Absender zu sein, also die Echtheit der Nachricht. Erst der sichere Beweis, dass eine Person auch wirklich die ist, die sie vorgibt zu sein, führt beispielsweise beim → E-Commerce zu befriedigenden Geschäftsabschlüssen. Um dies sicherzustellen, werden Verschlüsselungsverfahren als auch Fingerabdrucksverfahren mit Unterschriftsfunktion verwendet. Die Wichtigkeit der Authentizität für den elektronischen Geschäftsverkehr zeigt sich im Gesetz zur Regelung der Rahmenbedingungen für Informations- und Kommunikationsdienste (Informations- und Kommunikationsdienste-Gesetz, IuKDG) vom 22. Juli 1997, das in Art. 3 das Gesetz zur digitalen Signatur (Signaturgesetz, SigG) enthält (siehe auch → Digitale Signatur). – Authentifikationssysteme verwenden sogenannte Hashfunktionen. Hashfunktionen sind mathematische Methoden, die aus einem beliebigen Klartext nach einem bestimmten Verfahren einen Fingerabdruck (Hash-Wert, Message Digest – MD) der Nachricht generieren. Die Funktion verwandelt einen Klartext so in einen MD, dass auch die kleinste Veränderung des ursprünglichen Texts zu einem gänzlich anderen MD führt. Es gehört zu den Forderungen, dass aus dem einmal erzeugten MD der ursprüngliche Text nicht wieder rekonstruiert werden kann. Hashfunktionen sind nicht umkehrbar und gelten somit als Einwegfunktionen. Anders als beim Chiffrieren ist eine Wiederherstellung des Klartextes nicht möglich. Der Vorteil dieses Verfahrens liegt in der Tatsache, dass anstatt des gesamten Textes lediglich ein kurzer MD besonders geschützt werden muss. Die zur Zeit bekanntesten Hashfunktionen sind u.a. SHA-1 (Secure Hash Algorithm One), er wurde von der NSA (National Security Agency) entwickelt und als US-Standard angenommen.

**Automatische Indexierung**
*engl.: automatic indexing*
Unter automatischer → Indexierung werden Verfahren verstanden, die vollautomatisch Dokumente analysieren und abgeleitet aus dieser Analyse entweder ausgewählte Terme aus dem Dokument extrahieren und – unter bestimmten Verfahrensvoraussetzungen in einer bearbeiteten Form – als Indexterme abspeichern (Extraktionsverfahren) oder Deskriptoren einer kontrollierten Indexierungssprache dem Dokument als Inhaltsrepräsentanten zuweisen (Additionsverfahren). Unterschieden werden die Verfahren: Volltext-Invertierung, statistische, regelbasierte (algorithmische), wörterbuchbasierte und begriffsorientierte Verfahren.

**Automatische Übersetzung**
→ Maschinelle Übersetzung

**Avatare**
*engl.: avatar*
Kunstfiguren vor allem in der elektronischen Unterhaltungsbranche, die die Möglichkeit bieten, anonymisierte Rollen über Stellvertreterfiguren einzunehmen.

# B

**B2B**
*engl.: Business to Business*
Mit B2B (Abkürzung für „Business-to-Business") im engeren Sinne ist der elektronische Handel zwischen Unternehmen gemeint. Die Vernetzung mit Zulieferern, Kunden und Transporteuren bietet den Unternehmen erhebliche Kostenvorteile. Preise für Waren und Dienste können weltweit abgeglichen werden. Lagerbestände werden erst gefüllt, wenn sie tatsächlich benötigt werden. Gleichzeitig werden Herstellungs- und Vertriebsprozesse beschleunigt und Beschaffungs-, Lager-, Personal- und → Informationskosten gesenkt. B2B und → E-Commerce können die wirtschaftlichen Abläufe revolutionieren. Im Idealfall wird der Marktzugang zu Angeboten und Ausschreibungen für alle Firmen gleich (→ Elektronische Einkaufsplattform). Voraussetzung dafür sind allerdings Programmstandards, die alle Computer beim Datenaustausch verstehen, sowie sichere Übertragungswege. Für die Vertragsfähigkeit von Dokumenten spielt dabei die → Digitale Signatur eine große Rolle. Die → Vertraulichkeit der Geschäftsbeziehungen muss auch im Internet garantiert werden.

**B2C**
*engl.: Business to Customer; Business to Consumer*
Mit B2C (Abkürzung für „Business to Customer" oder „Business to Consumer") wird im → E-Commerce eine Geschäftsbeziehung mit einem Endkunden bzw. Konsumenten/Verbraucher beschrieben.

**Bachelorstudium**
→ Studium Informationswissenschaft

**Balkencode**
→ Strichcode

**Bangemann-Bericht**
Benannt nach dem damaligen deutschen EG-Kommissar Martin Bangemann, in dessen Amtszeit 1994 dieser Bericht erarbeitet wurde. Es handelt sich um einen thematisch übergreifenden Aktionsplan der Kommission der Europäischen Gemeinschaften über die Zukunft der → Informationsgesellschaft unter dem Titel „Europa und die globale Informationsgesellschaft". Er zeigt künftige Perspektiven der Telekommunikation, der „Datenautobahnen" und Entwicklungen von neuen Informationsdiensten und -systemen auf und dient als Entwicklungsperspektive für eine europäische → Informationspolitik.

**Banner**
*engl.: banner*
Ein Banner ist ein Spruchband, ein Transparent oder eine Balkenüberschrift; es kombiniert im → Internet eine grafische Werbung mit einem Hyperlink zu der beworbenen Website. Der Bundesverband Deutscher Zeitungsverleger (BDZV) hat sich für eine Normung von Werbebannern in Online-Medien ausgesprochen. Dabei wurden verschiedene standardisierte Formate für die Bannergröße festgelegt.

**BASIC**
*engl.: Beginners All purpose Symbolic Instruction Code*
BASIC ist eine leicht erlernbare → Programmiersprache, die im Hobby- und Mikrocomputerbereich verwendet wird; aufgrund mangelhafter Strukturierungsmöglichkeiten wird BASIC für kommerzielle Anwendungen kaum eingesetzt. Neuere Versionen realisieren aber das Klassenkonzept der objektorientierten Programmierung.

**Basisregister**
*engl.: basic index*
Das Basisregister ist ein Wörterbuch, das alle Worteinträge der verschiedenen Datenfelder einer → Datenbank (z. B. Titel, Abstract, Deskriptoren) umfasst und so eine registerübergreifende Suche möglich macht.

**Baud**
Baud (Bd) ist ein nach dem französischen Ingenieur Emile Budot benanntes Maß für die Schrittgeschwindigkeit eines zeitdiskreten Signals (1 Baud = 1 Schritt/Sekunde). „Schritt" bedeutet hier eine Zustandsänderung des Signals bei zwei möglichen Zuständen, zum Beispiel eine Änderung der Stromstärke von 0 auf 10 Milliampere oder umgekehrt. Bei Fernschreibern war lange Zeit eine Schrittgeschwindigkeit von 50 Baud üblich. Ein altes Modem, bei dem die Übertragungsrate (wie viele Bits je Sekunde übertragen werden können) der Schrittgeschwindigkeit entsprach, schaffte schon 2400 Baud.

**Beat**
*engl.: beat*
Das → WWW benötigt aufgrund der zunehmenden Verdichtung der Zeit durch die Beschleuni-

gung der Informationserzeugung einen neuen Taktgeber. Der Uhrenhersteller Swatch hat eine neue Weltzeit eingeführt, die den Tag nicht mehr in 24 Stunden, sondern in 1000 Takte unterteilt, die sogenannten „Swatch-Beats". Ein Beat dauert also eine Minute und 26,4 Sekunden. Die Swatch-Beat-Zählung beginnt um Mitternacht mitteleuropäischer Winterzeit mit @000. Als Basis für die neue Zeit gilt ein Längengrad durch das Schweizer Städtchen Biel, der Heimat von Swatch. Zwölf Uhr Mittags MEWZ entspricht beispielsweise @500 Beats.

**Befehlszähler**
➙ Zentrale Recheneinheit

**Befragung**
*engl.: interview*
Das dominierende Verfahren in der empirischen Sozialforschung ist die Befragung. Es ist dabei zu beachten, dass die Antworten auf die gestellten Fragen in der Regel nicht unmittelbar die Ausprägungen der untersuchten Merkmale darstellen, sondern nur als Indikatoren für diese Ausprägungen verwendet werden können. Dies gilt insbesondere auch deshalb, weil die Aussagen der Befragten auf ihren Kenntnissen oder ihren Annahmen und den zugehörigen Fähigkeiten und der entsprechenden Bereitschaft, sie mitzuteilen, beruhen. Die Befragung ist also ein indirektes Verfahren der Ermittlung von Aussagen über Sachverhalte bzw. über Eigenschaften von Sachverhalten. Durch eine Befragung werden speziell für die jeweilige Untersuchung Daten „künstlich" produziert. Hinsichtlich der Validität und Repräsentativität von Befragungen ist zu berücksichtigen, dass sich trotz systematischer Auswahl mit dem Ziel, repräsentative Untersuchungseinheiten zu erhalten, vor allem Befragte einer Erhebungssituation stellen, die über entsprechend hoch ausgebildete Komponenten der Individualebene (Motivation, Kognition, Empathie) verfügen. Entscheidend ist der Versuch mit Hilfe systematischer Auswahl von Befragten Ergebnisse zu erhalten, die für die Gesamtheit der Zielgruppe gültig sind. Die Grundlage der Befragung bildet ein ausgearbeiteter Fragebogen. Wichtige Formen der Befragung sind die schriftliche Befragung, das Telefoninterview, die persönliche Befragung und die Online-Befragung. Bei der schriftlichen Befragung entfällt die persönliche Kommunikation zwischen Interviewer und Befragtem; sie ist ein indirektes Verfahren der Kommunikation. Gegenüber dem mündlichen Interview ist die schriftliche Befragung wesentlich kostengünstiger.

Dies ist besonders bedeutsam, wenn die Befragten räumlich weit verstreut sind oder die Zahl der Befragten sehr groß ist. Die Telefonumfrage ist eine – in der Regel standardisierte – Befragung, bei der das Interview nicht in einer Situation von Angesicht zu Angesicht erfolgt, sondern mittels des Telefons. Spezielle Probleme des Telefoninterviews sind die Auswahl, die Ziehung der Stichprobe, die Ausfälle und zusätzliche Anforderungen an die Fragebogenkonstruktion und an die Führung des Interviews. Für den Erfolg des Interviews ist eine intensive Interviewerschulung eine wichtige Voraussetzung. Mit der steigenden Verbreitung des Internets wird zunehmend die Online-Befragung, auch CAWI (Computer Assisted Web Interviewing) genannt, eingesetzt, wenn auch wegen der unzureichenden und ungleichmäßigen Verbreitung von Internet-Anschlüssen repräsentative Erhebungen mit diesem Verfahren noch nicht möglich sind. Die starke Tendenz zur Selbstselektion und die angemessene Form der Rekrutierung von Interviewpartnern (z.B. über ➙ E-Mail oder ➙ Banner) sind als die wichtigsten Probleme dieses Verfahrens zu nennen.

**Begriff**
*engl.: concept*
Ein Begriff ist eine zur Umweltstrukturierung gebildete Denkeinheit; die Umweltstrukturierung wird durch Klassenbildung erreicht. Unter Begriffsinhalt versteht man die Gesamtheit der Merkmale, die einen Begriff konstituieren, während der Begriffsumfang die Gesamtheit aller Gegenstände bezeichnet, die die Klassendefinition eines Begriffes erfüllen. Die sprachliche Repräsentation eines Begriffes ist dessen ➙ Bezeichnung.

**Begriffliche Kontrolle**
*engl.: term control*
Bei der begrifflichen Kontrolle werden die Beziehungen zwischen den Begriffen bzw. Äquivalenzklassen in einem ➙ Thesaurus zu einem semantischen Netz ausgebaut. Dieses Netz soll es dem Benutzer ermöglichen, für den gesuchten Sachverhalt einen zutreffenden ➙ Begriff aufzufinden. Die gebräuchlichsten Relationen in Thesauri sind die ➙ Äquivalenzrelation, die ➙ Hierarchische Relation sowie die ➙ Assoziationsrelation. Ein weiterer Relationstyp ergibt sich dann, wenn von der Möglichkeit der Begriffskombination Gebrauch gemacht wird. Der zusammengesetzte Begriff, der im Thesaurus durch die Kombination von zwei Deskriptoren wiedergegeben wird, ist formal ein Nicht-Deskriptor (Beispiel: Benutze Kombinati-

on „Gebäude" und „Diplomatische Vertretung" für den Sachverhalt „Botschaftsgebäude"). Diese Bedeutungsverschiebungen müssen im Thesaurus behandelt und die in seinem Bereich gültige Bedeutung muss explizit dargelegt werden. Fachsprachliche Bedeutungen, die vom eigenen Gebiet weit entfernt sind, können zwar häufig von einer Behandlung ausgeschlossen werden. Umgangssprachliche Bedeutungen können zumindest die Präferenz einer → Bezeichnung beeinflussen (z.B. bei positiv oder negativ belegten Konnotationen). Zumindest die Differenz zwischen Fachsprache und → Dokumentationssprache muss aufgezeigt werden, wenn ein Begriff im Thesaurus eingegrenzt oder erweitert wurde. Zum Teil geschieht dies indirekt, indem alle zur Äquivalenzklasse gehörenden Bezeichnungen und alle mit diesem Begriff in Beziehungen gesetzten Begriffe angezeigt werden. Reicht dies nicht aus, muss die Bedeutungsveränderung in einem Erläuterungsfeld für den Begriffssatz erklärt werden.

**Benennung**
→ Bezeichnung

**Benutzeradaptierbares System**
*engl.: user-adaptable system*
Ein Benutzeradaptierbares System ist ein Anwendungssystem, das – anders als ein → Benutzeradaptives System – „manuell" an die Bedürfnisse des jeweiligen Benutzers angepasst werden kann.

**Benutzeradaptives System**
*engl.: user-adaptive system*
Ein Benutzeradaptives System ist ein Anwendungssystem, das sich – anders als ein → Benutzeradaptierbares System – weitgehend automatisch an bestimmte Eigenschaften oder Verhaltensweisen des derzeitigen Benutzers anpasst. Als Grundlage dieser Anpassung dient ein Modell des gegenwärtigen Benutzers (→ Benutzermodell).

**Benutzerforschung**
→ Informationsanalyse

**Benutzerfreundlichkeit**
→ Gebrauchstauglichkeit

**Benutzermodell**
*engl.: user model*
Unter einem Benutzermodell (auch Benutzerprofil) versteht man die Sammlung von expliziten Informationen und/oder Annahmen über einen Benutzer, die als Grundlage zur Anpassung an den gegenwärtigen Benutzer verwendet wird (siehe → Benutzeradaptives System). Das Benutzermodell wird üblicherweise persistent gespeichert (d.h. es existiert über mehrere Benutzersitzungen hinweg) und wird laufend erweitert und verfeinert.

**Benutzerschnittstelle**
*engl.: User Interface (UI)*
Unter Benutzerschnittstelle versteht man den Punkt der Interaktion oder Kommunikation zwischen dem Computer und dem Benutzer. Gewöhnlich sind damit der Bildschirm sowie die Informationen und Graphiken, die auf ihm dargestellt werden, gemeint. Der größte Engpass, neben den Grenzen der menschlichen Aufnahmefähigkeit, stellt der Bildschirm dar. Er erlaubt den Blick auf das digitale Universum nur durch ein sehr kleines Fenster. Während die Leistungsfähigkeit von Prozessoren, das Speichervolumen von Festplatten und die Geschwindigkeit von Netzwerken um Zehnerpotenzen verbessert wurden, wuchs die Bildschirmauflösung einer Normalkonfiguration im vergangenen Jahrzehnt gerade von 640 x 480 auf 1280 x 1024 → Pixel. Der Frage der Gestaltung der Benutzeroberfläche muss deshalb eine zentrale Bedeutung zugemessen werden. (→ Graphische Benutzerschnittstelle, → Kommando-Benutzerschnittstelle, → Mentale Benutzerschnittstelle, → Sprach-Benutzerschnittstelle, → Mensch-Computer-Interaktion)

**Berufsausbildung**
→ Ausbildung

**Berufsbegleitende Fortbildung**
→ Aufbaustudium Informationswissenschaft

**Berufsfeld Information**
→ Ausbildung

**Berufsverband Dokumentation, Information und Kommunikation**
→ VDD

**Beschreibungslogiken**
*engl.: terminological logic*
Beschreibungslogiken (oder terminologische Logiken) sind eine Familie von Wissensrepräsentationssprachen, die in der KI (→ Künstliche Intelligenz) in den letzten Jahren intensiv untersucht wurden. Sie beheben das Defizit semantischer Netze (→ Semantisches Netz), bei denen lediglich ihre → Syntax und nicht ihre → Semantik explizit festgelegt war. Beschreibungslogiken sind Ontologiesprachen, die die Formulierung komplexer Begriffsdefinitionen durch die Beschreibung ihrer Eigenschaften, ihrer Beziehungen untereinander sowie zusätzlicher Axiome erlauben. Jeder Begriff

ist in eine Begriffshierarchie eingeordnet, und es sind verschiedene Arten von Schlussfolgerungen auf Begriffsdefinitionen und Begriffsinstanzen möglich, wie die Identifikation aller Ober- und Unterbegriffe eines vorgegebenen Begriffs, die Prüfung auf Konsistenz einer Begriffsdefinition oder das Auffinden aller Begriffe, zu der eine Instanz gehört. Ein Beispiel, das speziell für den Einsatz im Internet zugeschnitten ist, ist ➜ OWL.

**Bestand**
*engl.: fonds; collection; record group*
Ein Bestand umfasst eine zusammengehörende Gruppe von Archivgut aus derselben Ursprungsstelle (siehe auch ➜ Provenienz) und ist damit ein zentrales Strukturierungselement des Archivgutes in einem ➜ Archiv. Die Gesamtstruktur der Bestände bildet die hierarchisch gegliederte ➜ Tektonik eines Archivs. (➜ Beständeübersicht) – Ferner bezeichnet man mit Bestand die Sammlung von ➜ Medien in einer ➜ Bibliothek. Der Bestand ist wichtigstes Kriterium für viele Bibliotheken, die sich aus Zahl und Art des Bestandes definieren. Wenn nicht nur ein vorhandener Bestand weiter gepflegt werden soll (unter den Gesichtspunkten: Kontinuität, Vollständigkeit und Ausgewogenheit), geht der Bestandsaufbau von einer ➜ Informationsbedarfsanalyse der zu betreuenden Zielgruppe (➜ Zielgruppenanalyse) aus und führt nach einer Marktsichtung zu einer Profilbildung meist im Kontext kooperativer Erwerbung in Zusammenarbeit mit anderen Informationseinrichtungen. Eine Sammlung bzw. ein Bestand kann mit unterschiedlichen Schemata für ➜ Metadaten beschrieben werden, z.B. EAD aus eher archivarischer Perspektive oder allgemeiner mit ➜ RDF.

**Beständeübersicht**
*engl.: holdings guide*
Eine Beständeübersicht ist eine Übersicht über den ➜ Bestand in einem ➜ Archiv mit einer gegliederten Liste von Kurzbeschreibungen der einzelnen Bestände, strukturiert entsprechend der ➜ Tektonik des Bestandes. Die Kurzbeschreibungen enthalten Erläuterungen der Behördengeschichte und der im Bestand vorhandenen Betreffe sowie die Laufzeiten des Bestandes. Die Beständeübersicht führt zu den Findbüchern mit dem Überblick über je einen Bestand.

**Bestandserhaltung**
*engl.: preservation*
Die Bestandserhaltung ist der Arbeitsbereich im ➜ Archiv, der die Entwicklung von Konzepten der Prävention und aktiver Maßnahmen für die Erhaltung der Aussagekraft der Bestände umfasst. Es werden dabei Konzepte und Strategien für den Einsatz verschiedener Verfahren von der Originalerhaltung bis zur Substitution durch alterungsbeständige Aufzeichnungsformen benötigt. Die Wahrnehmung der Verantwortlichkeit für die Bestandserhaltung setzt eine archivfachliche Qualifikation voraus. Prävention, Konservierung, Restaurierung und Substitution sind als Erhaltungstechniken den Zielen des Gesamtkonzepts der Bestandserhaltung untergeordnet. Bei der Bestandserhaltung digitaler Ressourcen spricht man von ➜ Langzeitarchivierung.

**Bestandsrelation**
➜ Hierarchische Relation

**Beta-Version**
*engl.: beta version*
Mit Beta-Version wird eine lauffähige, aber noch nicht endgültige Version eines Rechnerprogramms bezeichnet. Solche Programmfassungen werden von Fachhändlern und ausgesuchten Testpersonen getestet, um letzte Fehlerquellen zu finden.

**Betriebliches Anwendungssystem**
*engl.: application; application software; application system*
Betriebliche Anwendungssysteme sind der Aufgabenträger-Ebene eines betrieblichen Informationssystems zuzurechnen. Sie sind speziell auf einzelne Aufgaben oder Aufgabenbereiche zugeschnitten und decken den automatisierten Teil der Informationsverarbeitungs-Aufgaben und der Abbildung der Informationsbeziehungen zwischen diesen Aufgaben und zwischen maschinellen und personellen Aufgabenträgern ab.

**Betriebliches Informationssystem**
*engl.: corporate information system*
Betriebliche Informationssysteme beschreiben zusammenfassend Aufbau und Funktionsweise von Informationssystemen in Wirtschaft und Verwaltung und damit den Gegenstandsbereich der ➜ Wirtschaftsinformatik. Ein betriebliches Informationssystem verarbeitet die Objektart Information. Es besteht aus dem Lenkungssystem zur Planung, Steuerung und Kontrolle der betrieblichen Leistungserstellung, sowie aus denjenigen Teilbereichen des Leistungssystems, die mit der Erstellung informationeller Dienstleistung vertraut sind.

**Betriebssystem**
*engl.: operating system*
Das Betriebssystem ist zuständig für den grund-

sätzlichen Betrieb der Rechenanlage und bildet zusammen mit den Eigenschaften der Rechenanlage die Grundlage für die ➙ Anwendungssoftware. Zu den wichtigsten Aufgaben gehören unter anderem das Initialisieren des Rechners nach Einschalten der Betriebsspannung, Zuordnung von Betriebsmitteln (➙ Prozessor, ➙ Speicher etc.), Betrieb und Überwachung von wichtigen Ein- und Ausgabegeräten wie Tastatur, Maus und Ausgabemedien, Verwaltung und Zugriffskontrolle auf Dateien und (Dienst-)Programme. Zudem ist es zuständig für die Ausführung und Überwachung von Programmen und bildet somit die ➙ Schnittstelle bzw. das Bindeglied zwischen der Computerhardware und Anwendungssoftware. Die frühere relativ komplexe Bedienung eines Betriebssystems über einzelne Befehle auf Kommandozeilenebene machte eine längere Einarbeitung in das jeweilige System erforderlich und sorgte so bei vielen Computer-Novizen für eine gewisse Abneigung gegenüber dem Umgang mit den Rechnern. Erst mit der Entwicklung grafischer Benutzeroberflächen, kombiniert mit der Maus als Eingabegerät, wurden Betriebssysteme einfach bedienbar, so dass auch Benutzer ohne viel Hintergrundwissen den Zugang zu den Funktionen des Rechners praktisch spielerisch erlernen konnten. Betriebssysteme unterscheiden sich durch den Platz, den sie im Haupt- und/oder Virtualspeicher belegen, durch die Betriebssystemresidenz, durch Bedienungskomfort und Leistung sowie durch Einsatzmöglichkeiten auf Rechnertypen. Im PC-Bereich sind die Betriebssysteme der Windows-Familie des US-Unternehmens ➙ Microsoft am weitesten verbreitet. Im Workstation-Bereich dominieren Unix-Systeme, welche ihren Ursprung in den 1960er Jahren haben und von der Technologie her sogar den NT-Betriebssystemen von Microsoft weit voraus waren. Unix wurde im wissenschaftlich-universitärem Umfeld entwickelt und lange Zeit auch nur dort eingesetzt. Verschiedene Firmen, darunter AT&T, IBM, DEC, Siemens, Sun Microsystems, HP (Hewlett & Packard), und sogar Microsoft, benutzten einen gemeinsamen Kern (Kernel) von Unix und programmierten um diesen ihre eigenen konkurrierenden Versionen, sogenannte „Derivate". Selbst Standardisierungsprojekte wie POSIX (Portable Operating System Interface for Unix), welche eine einheitliche Schnittstelle für Unix definierten, sowie ein Konsortium namhafter Firmen namens Open Software Foundation (OSF) mit dem Ziel einer einheitlichen Version namens OSF/1 konnten letztendlich keine Einheit im Unix-Umfeld erzielen. Nahezu alle Hersteller von Workstations bieten auch gleich ihr eigenes Unix-Derivat an (z.B. SINIX/Siemens, Solaris/Sun Microsystems, HP-UX/HP). Microsoft, welches einst die Entwicklung des eigenen Unix-Derivates Xenix zu Gunsten von MS DOS einstellte, spielt im Workstation-Bereich erst mit, seitdem dort auch leistungsstarke PCs eingesetzt werden. Als Betriebssystem wird allerdings Windows2000/-XP eingesetzt. Mit dem Beginn der Entwicklung von Linux durch den damals 21-jährigen Linus Torvalds Anfang der 1990er Jahre zog Unix nicht nur in den PC-Bereich ein, es formierte sich mit Hilfe des aufkommenden Internets auch ein bis dahin nicht bekanntes Phänomen einer freien weltweit-gemeinschaftlichen Softwareentwicklung. Unter dem Begriff General Public License (GPL) bzw. Open-Source wurde ein kostenloser Zugang zum Quellcode des Linux Betriebssystems eingerichtet.

**Bezeichnung**
*engl.: term*
Eine Bezeichnung ist die Repräsentation eines Begriffs, die als Zeichen interpretiert werden kann. Dabei wird die Benennung als Wort einer natürlichen Sprache für einen ➙ Begriff unterschieden von einem Namen, der eine Bezeichnung für eine individuelle Einheit darstellt (auch: Eigenname). Eine Nummer wiederum ist die dem Namen entsprechende Bezeichnung einer künstlichen Sprache innerhalb eines definierten Bezeichnungssystems (Nummernsystem, Nummerierungssystem).

**Beziehung**
➙ Relation

**Bibliographie**
*engl.: bibliography*
Bibliographien sind Informationsmittel, die innerhalb von Fachgebieten oder Problemstellungen nach bestimmten Kriterien literarische Dokumente durch überwiegend formale Beschreibungen nachweisen. Einteilen lassen sich die Bibliographien nach dem Umfang ihrer Information (nur bibliographische Angaben oder mit einer ➙ Annotation versehen) sowie nach ihren Ordnungsprinzipien (alphabetisch oder systematisch). Ergänzt werden sie meist durch ➙ Register (Sachregister bzw. Autorenregister). Hinsichtlich ihres Inhalts lassen sich unterscheiden: Nationalbibliographien (für einen Staat oder Sprachraum), Bibliographien für spezielle Publikationen (Patente, Konferenzen), von Institutionen (Universitäten, Organisationen wie

z.B. UNESCO). Von großer Bedeutung für den Buchhandel ist das VLB (➞ Verzeichnis lieferbarer Bücher der Buchhändler-Vereinigung), eine Bibliographie aller in Deutschland erscheinenden Bücher. Bibliographien gehören zu den ältesten Informationsmitteln und sind somit so etwas wie die Wiege der ➞ Dokumentation; bereits 1545-55 veröffentlichte Konrad Gesner in Zürich seine Bibliotheca universalis mit dem hohen Anspruch, „die gesamte Literatur aller Zeiten, Länder und Wissenschaften" zu kompilieren. Heute sind natürlich viele Bibliographien – wie auch das VLB – als Datenbank, als CD-ROM oder über das Internet, gegebenenfalls neben einer gedruckten Ausgabe, zugänglich.

**Bibliographische Beschreibung**
*engl.: bibliographic description*
Die bibliographische Beschreibung bildet einen zentralen Teil der ➞ Formalerschließung. Sie charakterisiert das zu erschließende Dokument nach formalen Merkmalen wie z.B. Verfasser, Sachtitel oder Erscheinungsjahr. Beschreibungsregeln legen je nach Dokumenttyp die zu erfassenden Merkmale (Auswertungselemente), ihre Reihenfolge und die Art ihrer Wiedergabe fest. Einen wichtigen Standard dafür bildet die ➞ ISBD. Zu definieren ist auch, welche Teile der Vorlage (d.h. des als Grundlage der Beschreibung dienenden Dokuments) als Quelle für die einzelnen Auswertungselemente heranzuziehen sind. In einer Zettelkartei bildet die bibliographische Beschreibung den Hauptteil (Korpus) der Katalogkarte. Bei Erfassung in einer ➞ Referenzdatenbank werden die einzelnen Auswertungselemente nummerierten Datenfeldern (Kategorien) zugeordnet.

**Bibliographische Datenbank**
➞ Referenzdatenbank

**Bibliometrie**
*engl.: bibliometrics*
Die Bibliometrie ist ein Teilgebiet der ➞ Szientometrie und befasst sich mit der Anwendung von quantitativen Methoden auf Sachverhalte des Bibliothekswesens (Publikationen, Autoren, Institutionen). Sie beschäftigt sich dabei mit der Messbarkeit von wissenschaftlichen und nicht-wissenschaftlichen Publikationen in Bibliotheken.

**Bibliothek**
*engl.: library*
Bibliotheken sind Einrichtungen, die „Literatur" sammeln, aufbewahren und zur Benutzung verfügbar machen. Sie sammeln vor allem veröffentlichte, meist gedruckte Texte (wie Bücher und Zeitschriften) wissenschaftlichen, belehrenden oder unterhaltenden Inhalts, daneben sind aber auch andere Medien wie Mikrofilme, Plakate, Dias, Tonkassetten, CDs, CD-ROMs, Filme, Videokassetten u.a. von Bedeutung. Das Bibliothekswesen gliedert sich in zwei Bereiche: die ➞ Öffentliche Bibliothek und die ➞ Wissenschaftliche Bibliothek. Die öffentlichen Bibliotheken wie z.B. die Stadt- und Gemeindebibliotheken sind aus öffentlichen Mitteln finanziert und wenden sich an die gesamte Bevölkerung, an Erwachsene, Jugendliche und Kinder und dienen der Information in den Bereichen Aus-, Fort- und Weiterbildung, Unterhaltung und Freizeitgestaltung. Die wissenschaftlichen Bibliotheken wie die Universitäts-, Staats- oder ➞ Spezialbibliothek bieten ihre Dienstleistungen für wissenschaftliche und berufliche Zwecke an; sie dienen vorwiegend der Forschung, der Lehre, dem Studium oder dem Bedarf von Firmen, Behörden und Organisationen. Die Bibliothek als spezielle Informationseinrichtung unterscheidet sich von ➞ Archiv und ➞ Dokumentation a) durch die Betonung von ➞ Ort bzw. der Institution als Einrichtung, b) durch die Art der gesammelten Information (publizierte Medien) und c) durch die Art ihrer Erschließung und Bereitstellung (synoptisch). Viele Dokumentationsstellen kann man in dieser Hinsicht als Bibliotheken bezeichnen. Darüber hinaus lassen sich drei grundsätzliche Funktionen von Bibliotheken in sozialen Systemen ausmachen: die Bibliothek als Speicher für das kulturelle oder wissenschaftliche Gedächtnis, als kultisch-herrschaftlicher bzw. hegemonialer Ort sowie als Werkstatt und Instrument zur Beförderung menschlicher Erkenntnis.

**Bibliotheksmanagement**
*engl.: library and information centre management*
Das Management der Informationseinrichtung an ihrem Ort und als soziale Organisation erweist sich als besondere Herausforderung der Betriebswirtschafts- und Managementlehre durch die häufig anzutreffende Einbindung von ➞ Informationsarbeit in den non-profit Bereich und den Öffentlichen Dienst sowie durch die Komplexität des Wirtschaftsproduktes „Information".

**Bildschirm-Design**
*engl.: screen design*
Von der Computersoftware im Sinne von ➞ Anwendungssoftware sind die auf dem Computerbildschirm dargestellten Inhalte (z.B. Websites) zu unterscheiden. Das Bildschirm-Design beschäftigt

sich mit der benutzer-, aufgaben- und mediengerechten Darstellung von Daten auf einem Computer-Monitor. Begrifflich wird – gerade im Online-Bereich – dabei die Grenze zur ➙ Gebrauchstauglichkeit oftmals aufgeweicht. So spricht man im Zusammenhang mit der Gestaltung von Websites sowohl von Web Usability als auch von Screen Design für das Web. Tatsächlich mischen sich bei der Gestaltung einer Website in der Praxis unterschiedliche Anforderungen. Zum einen geht es sehr grundlegend um Fragen der Gebrauchstauglichkeit, weil etwa unübersichtliche Navigation, zu kleine Schriftgröße oder kontrastarme Farbgebung eine effektive Nutzung verhindern können. Für die Verbesserung der Web-Usability auf dieser groben Ebene stehen im Internet zahlreiche Checklisten zur Verfügung, deren Kriterien dennoch oftmals verletzt werden. (siehe auch ➙ Software-Ergonomie)

**Biometrie**
*engl.: biometrics*
Biometrische Personen-Kontrollen erkennen eine Person anhand von eindeutigen Gesichtszügen, der Lippenbewegung und/oder der Stimme. Klassische Verfahren wie Passwörter und Code-Nummern haben es Computer-Hackern oft leicht gemacht. Biometrische Systeme sind nicht nur für die Nutzer bequemer, sondern auch sicherer – da es sehr schwer ist (wenn nicht sogar unmöglich), spezifische Eigenschaften eines Gesichtes oder einer Stimme nachzustellen bzw. Bewegungen zu imitieren. Biometrie ersetzt u.a. Code-Nummern und Passwörter – z.B. zum Öffnen von Türen, beim Aktivieren von Alarmanlagen, beim Einloggen in ein Computernetzwerk, beim Gelddrucken an einem Bankautomaten. Auch Computer lassen sich mit biometrischen Systemen absichern. So werden z.B. Tastaturen mit eingebauter Fingerabdruck-Kontrolle angeboten; zum Anmelden legt der Nutzer seinen Finger auf ein kleines Kamerafeld. Der Fingerabdruck wird eingelesen und mit dem „Original" verglichen. Auf den Fingerabdruck setzen auch Mobiltelefon-Hersteller. Das Telefon erkennt den Besitzer innerhalb von Sekunden und gibt den Zugang zum Telefonnetz frei.

**BIOS**
*engl.: Basic Input Output System*
Als BIOS bezeichnet man den Computerchip (➙ ROM) mit allen notwendigen Befehlen und Daten, welche der ➙ Prozessor direkt nach Einschalten der Betriebsspannung benötigt, um den Computer in Betriebsbereitschaft zu versetzen.

**Bit**
*engl.: binary digit*
Die kleinste Einheit, um innerhalb eines Rechners Informationen darstellen zu können, ist das Bit (Binary Digit). Es kann nur zwei Zustände annehmen, die technisch gesehen z.B. als Strom/kein Strom bzw. über Magnetpole realisiert und divers interpretiert werden können, z.B. wahr/falsch, ja/nein oder einfach nur als 1 und 0. Alle komplexeren Informationen erfordern mehrere zusammengehörende Bits, sogenannte Bitfolgen. Hat man zwei Bit zur Verfügung, so kann man damit z.B. die vier Himmelsrichtungen codieren: 00 für Norden, 01 für Süden, 10 für Osten und 11 für Westen. In der ➙ Informatik betrachtet man eine Zusammenfassung von acht Bit als eine Einheit mit der Bezeichnung Byte. Es dient als die eigentliche Maßeinheit in Computern, da die Arbeit mit einzelnen Bit zu ineffizient wäre. Dass ein Byte genau acht Bit besitzt, hat keine Notwendigkeit aus der Systematik heraus. Es bestand eine Zeit lang aus sechs, dann sieben Bit, später benötigte man vor allem bei Zeichendarstellungen in Texten noch mehr verschiedene Werte und so manifestierte es sich auf acht Bit. Das Byte ist zugleich auch die kleinste adressierbare Einheit innerhalb eines Rechners, auf einzelne Bit kann direkt gar nicht zugegriffen werden. Nahezu alle Angaben in der Informationsverarbeitung, vor allem im Speicherbereich, beruhen heutzutage auf Vielfachen von Bytes. Schöpfer des Begriffs „Bit" bzw. „Binary Digit" im Jahr 1946 war der Mathematiker John Tukey von der Princeton University, einem der bedeutendsten Statistiker des 20. Jahrhunderts. Tukey hatte eine besondere Begabung zur Prägung von Begriffen: er schuf auch den Begriff „Software".

**Bitmap**
➙ BMP

**Bitübertragungsschicht**
*engl.: physical layer*
Die Bitübertragungsschicht (oder auch physikalische Schicht) ist die Schicht 1 im ➙ OSI-Schichtenmodell und stellt die mechanischen, elektrischen, funktionalen und prozeduralen Eigenschaften zur Verfügung, um physikalische Verbindungen zwischen Datenendeinrichtungen und Datenübertragungseinrichtungen und/oder Datenvermittlungsstellen aufzubauen, aufrechtzuerhalten und abzubauen. Die Bitübertragungsschicht ist also für die eigentliche Bitübertragung von Daten zuständig. Abhängig vom benutzen Medium werden

die einzelnen Bits in Form elektrischer oder optischer Signale versendet.

**BMP**
*engl.: Bitmap*
BMP (Bitmap, Pixelgrafik) ist ein unkomprimiertes und damit speicherintensives Bildformat. Pixelgrafiken werden vor allem für Bilder und Fotos verwendet. Sie lassen sich im Gegensatz zu Vektorgrafiken nicht ohne Qualitätsverluste vergrößern. Bitmap-Dateien besitzen die Endung .bmp. Das häufigste Dateiformat für Bitmap-Bilder ist TIFF. (→ JPEG, → GIF)

**BOAI**
→ Budapest Open Access Initiative

**Boolesche Algebra**
*engl.: Boolean algebra*
Die Boolesche Algebra des englischen Mathematikers von George Boole (1815-1864), der die Algebra der Logik und die formale Logik überhaupt begründete, findet in der Mikroelektronik Anwendung zum Darstellen logischer Zusammenhänge. In der Datenverarbeitung sowie beim → Retrieval werden Boolesche Operatoren verwendet, um logische Beziehungen zwischen den verschiedenen Elementen einer Suchanfrage festzulegen. Folgende logische Verknüpfungen sind gebräuchlich: AND (logischer UND-Operator: Durch die Verknüpfung zweier Suchbegriffe mit dem logischen AND werden diejenigen Dokumente selektiert, die beide Begriffe enthalten = Schnittmenge), OR (ODER-Operator. Bei der Verwendung von OR muss mindestens einer der Suchbegriffe im Dokument enthalten sein = Vereinigungsmenge), NOT (NICHT-Operator, der logische Operator NOT selektiert die Dokumente, in denen der erste, nicht aber der zweite Begriff genannt ist = Restmenge). Weitere Operatoren sind NOR (NICHT ODER – negierter ODER-Operator), NAND (NICHT UND – negierter UND-Operator), NOR, NE (Not Equal, ungleich: Vergleichsoperator). Daneben Insbesondere → Boolesches Retrieval und → Fuzzy-Retrieval arbeiten mit Boolescher Algebra.

**Boolesches Retrieval**
*engl.: Boolean retrieval*
Beim Booleschen Retrieval sind die Frageterme ungewichtet und durch Boolesche Operatoren (→ Boolesche Algebra) verknüpft. Die Dokumente haben damit eine ungewichtete Indexierung. Aufgrund dieser Indexierung liefert das Boolesche Retrieval nur Retrievalgewichte von 0 und 1. Dieses Verfahren liefert im Unterschied zum → Fuzzy-Retrieval eine scharfe Trennung zwischen relevanten und nicht-relevanten Dokumenten, was bei der Suche nach formalen Kriterien auch von Vorteil sein kann. Bei der Suche nach inhaltsbezogenen Kriterien ist das Ignorieren von Vagheit und Unsicherheit durch die fehlende → Gewichtung von Nachteil.

**Börsenverein des Deutschen Buchhandels**
Eine Besonderheit im deutschen → Buchhandel ist die Organisation der Branche über alle Handelsstufen hinweg – also Verlage, Zwischenbuchhandel, Bucheinzelhandel umfassend – in einem einheitlichen Wirtschaftsverband, dem Börsenverein des Deutschen Buchhandels. Der Börsenverein vertritt die Interessen der Buchbranche nach außen und trachtet nach innen, die durchaus unterschiedlichen Interessen von Verlagen, Zwischenbuchhandel und Bucheinzelhandel sowie von großen und kleinen Unternehmen auszugleichen.

**Branchen-, Markt- und Wettbewerbsanalyse**
*engl.: industry-, market- and competitor-analysis*
Eine Branche oder ein Wirtschaftszweig ist die Gesamtheit der Unternehmen mit gleichem, substituierendem, miteinander konkurrierendem Produkt- oder Dienstleistungsangebot. Branchen lassen sich u.a. nach der Systematik der Wirtschaftszweige des Statistischen Bundesamtes voneinander abgrenzen. Branchen-, Markt- und Wettbewerbsanalysen untersuchen Strukturen, Markt- und Wettbewerbsbedingungen in einzelnen Wirtschaftszweigen. Erstellt werden die Analysen von Wirtschaftsforschungsinstituten, Unternehmensberatungen, Marktforschungsunternehmen, Analysten, Datenbankproduzenten, Banken, Wirtschaftsverbänden und größeren Unternehmen selbst.

**Browser**
*engl.: browser*
Als Browser (abgeleitet vom Englischen „to browse": durchblättern, schmökern, sich umsehen) werden Programme bezeichnet, welche Daten aus dem weltweiten → WWW (vom HTTP-Server) abrufen und dann am heimischen Computer (Client) verarbeiten und anzeigen können (siehe auch → Client-Server-Architektur). Mit Hilfe der Querverweise im → Hypertext werden die Dokumente im World Wide Web miteinander verknüpft. Neben Text beherrschen moderne Browser – z.T. mit Hilfe sogenannter PlugIns, AddOns oder Viewer

– auch die Anzeige von Graphiken, Videoclips und weiteren Datenformaten. Oftmals unterstützen Browser auch FTP und Gopher, können ➜ E-Mail versenden und für Videokonferenzen und als Newsreader eingesetzt werden. Der erste für das WWW entwickelte grafische Browser hieß Mosaic. Er war der Vorläufer der heute am meisten verbreitetsten Programme für MS Windows, ➜ Microsoft ➜ Internet-Explorer und ➜ Netscape Navigator.

**Browsing**
Browsing ist ein Ausdruck der Hypertextmethodologie und bezeichnet das für ➜ Hypertext typische Navigationsverhalten in umfänglichen Hypertextsystemen, vergleichbar dem Herumstöbern in systematisch geordneten Buchbeständen einer ➜ Bibliothek (umgangssprachlich und auf das ➜ WWW bezogen, spricht man auch von „Surfen"). (siehe auch ➜ Browser)

**Buchhandel**
*engl.: book trade*
Im allgemeinen Sprachgebrauch wird unter Buchhandel ein Wirtschaftszweig verstanden, der sich mit dem Vertrieb von Büchern und anderen Medien, im Wesentlichen Druckwerken, befasst. Die Buchhandlung als Ladengeschäft gilt dafür als die prototypische Betriebsform. Im fachlichen Sprachgebrauch wird der Begriff „Buchhandel" differenziert in die beiden großen Bereiche ➜ Herstellender Buchhandel (auch Verlagsbuchhandel) und ➜ Verbreitender Buchhandel (insbesondere Sortimentsbuchhandel).

**Buchpreisbindung**
*engl.: book price fixing*
Das Buchpreisbindungsgesetz, das in Deutschland am 1.10.2002 in Kraft trat und im Wesentlichen die bisherige über hundertjährige Praxis der Buchpreisbindung in Deutschland nun gesetzlich festschreibt, sieht vor, dass der Verlag den Laden- bzw. Endverkaufspreis verbindlich vorschreibt und der Letztverkäufer, in der Regel also der Buchhändler, daran gebunden ist. Das Gesetz schreibt weiter vor, dass die Verlage bei den Preisen, die sie dem Zwischen- und Einzelhändler in Rechnung stellen, deren Beitrag zur flächendeckenden Versorgung und deren spezifische buchhändlerische Vertriebsleistung angemessen berücksichtigen müssen. Neben der kulturpolitischen Komponente der Buchpreisbindung („Schutz des Kulturgutes Buch") verfolgt die Buchpreisbindung auch das Ziel den kleinen und mittelständischen ➜ Buchhandel zu schützen, da er als besonders geeignet erscheint, ein breites Buchangebot flächendeckend zu gewährleisten.

**Budapest Open Access Initiative**
Mit der Budapest Open Access Initiative (BOAI) aus dem Jahr 2001 liegt eine Forderung von Wissenschaftlern und Vertretern wissenschaftlicher Institutionen nach einem weltweiten freien Zugang (➜ Open Access) zu elektronischen Archiven und wissenschaftlicher Zeitschriftenliteratur in allen akademischen Feldern vor. Open access im Sinne der BOAI heisst, dass Zeitschriftenliteratur"... kostenfrei und öffentlich im Internet zugänglich sein sollte, so dass Interessierte die Volltexte lesen, herunterladen, kopieren, verteilen, drucken, in ihnen suchen, auf sie verweisen und sie auch sonst auf jede denkbare legale Weise benutzen können, ohne finanzielle, gesetzliche oder technische Barrieren jenseits von denen, die mit dem Internet-Zugang selbst verbunden sind". Das Open Society Institute (OSI), Initiator der BOAI, unterstützt diese Entwicklung im Rahmen des „Information Program" durch die Bereitstellung finanzieller Hilfen für solche Projekte, die den freien Zugang zu wissenschaftlicher Zeitschriftenliteratur realisieren. Hierzu zählt auch die Entwicklung geeigneter Geschäfts- und Finanzierungsmodelle für Fachzeitschriften. Von zahlreichen Initiativen und Unternehmungen wird bereits ein Geschäftsmodell angewendet, das der Forderung der BOAI nach einem freien Zugang zur wissenschaftlichen Information entspricht. (➜ E-Prints)

**Byte**
➜ Bit

# C

**CA**
➝ Chemical Abstracts

**CAD**
*engl.: Computer Aided Design*
Unter dem Begriff CAD (Computer Aided Design) werden alle zeichnerischen Aktivitäten zusammengefasst, die die ingenieurmäßige Planung und Konstruktion bis hin zur Fertigung analysieren, strukturieren und algorithmieren. AutoCAD gilt inzwischen als weltweiter Industriestandard für CAD-Software und wird von Autodesk angeboten. AutoCAD wurde auf der Comdex 1982 als erstes PC-CAD-System vorgestellt und wird heute in den Bereichen Architektur und Maschinenbau bis hin zu Vermessungswesen und Kartographie zum Konstruieren, Modellieren, Zeichnen, Bemessen, Rendern und Verwalten eingesetzt. Die weite Verbreitung von AutoCAD mit über 1,8 Millionen verkauften Versionen (über 110.000 in Deutschland) gewährleistet einen einfachen Austausch von Zeichnungen zwischen Lieferanten, Partner-Unternehmen, Beratern und Kunden.

**Caesar-Addition**
➝ Verschlüsselung

**Cascading Style Sheets**
Cascading Style Sheets (CSS) ist ein Standard des ➝ W3C für Layoutvorlagen für Dokumente in ➝ HTML oder ➝ XML.

**CBT**
➝ E-Learning

**CC**
Colon-Classification

**CD-ROM**
*engl.: Compact Disc Read Only Memory*
Die CD-ROM ist ein Massenspeicher, der sich z.B. als Datenträger für vielfältige Zwecke eignet. Eine CD-ROM kann circa 700 MByte speichern, besteht aus Kunststoff und wird mit einem Laserstrahl beschrieben und gelesen. Die CD-R (Compact Disc Recordable) kann nur einmal beschrieben werden. Löschen oder Ändern des Inhaltes einer CD-R ist nach Abschluss des Brennens nicht mehr möglich. Varianten wiederum der CD-ROM sind die CD-I (Compact Disc Interactive), die als ein unabhängig vom Computer arbeitendes System konzipiert war für die Aufzeichnung und das Abspielen von Daten, Audio- und Videoinformationen und direkt an ein normales Fernsehgerät angeschlossen werden konnte, sich aber in der Form nicht durchgesetzt hat; sowie die CD-MO als magneto-optische Version, deren Vorteil in der mehrmaligen Beschreibbarkeit liegt, die aber nur noch selten eingesetzt wird. (➝ DVD)

**CEN/CENELEC**
CEN (Comité Européen de Normalisation) bzw. CENELEC (Comité Européen de Normalisation Electrotechnique) sind Vereinigungen der europäischen Mitglieder von ➝ ISO und IEC und die offizielle europäische ➝ Normungsorganisation zur ➝ Normung unter anderem auf dem Gebiet der Informationstechnologie.

**CEPT**
*engl.: European Conference of Postal and Telecommunications Administrations*
Die CEPT (Europäische Konferenz der Verwaltungen für Post und Telekommunikation) ist die Vereinigung der europäischen Post- und Fernmeldeanstalten. 1959 wurde die CEPT durch 19 Staaten gegründet; inzwischen hat sie 26 Mitgliedsländer. Die Aktivitäten der CEPT beziehen sich vor allem auf die Koordination der Standardisierung in Europa. 1988 gründete CEPT das ETSI (European Telecommunications Standards Institute) für Zwecke der ➝ Normung.

**Chat boards, chat rooms**
Elektronische Räume für den „Schwatz" mit mehreren Benutzern, die zur gleichen Zeit anwesend sind. Chats sind ein beliebtes Kommunikationsmedium und dienen vor allem dem Zeitvertreib mit Anderen, dem Austausch von Ideen und der Kontaktanbahnung. Die Eingabe erfolgt zeilenweise über ein Eingabefeld.

**Chemical Abstracts**
Die Chemical Abstracts (CA) sind seit 1907 als chemischer ➝ Referatedienst tätig und nehmen seit dem Wegfall deutscher Konkurrenzprodukte in der Nachkriegszeit seit den 60er Jahren die führende Position ein. Obwohl weiterhin eine gedruckte Version vertrieben wird, nutzen fast alle Chemiker direkt als Endnutzer oder bei schwierigen Fragen mit Hilfe institutions- und firmeninterner Recherchespezialisten oder externer ➝ Information Broker eine der verschiedenen Online-Varianten. Die wesentlichen Vorteile der elektronischen Version sind neben ihrer Tagesaktualität die enorme Ge-

schwindigkeit, die Verfügbarkeit von jedem Internetanschluss und vor allem die Möglichkeit nach Substrukturen, also Molekülfragmenten unabhängig von jeder Nomenklatur, zu suchen. Die Chemical Abstracts werten 9.000 Zeitschriften aus und veröffentlichen derzeit über 700.000 Referate pro Jahr.

**Chemie-Information**
*engl.: chemical information*
Die Chemie-Information weist eine Reihe von Besonderheiten auf, die aus dem sehr aktiven Publikationsverhalten der beteiligten Wissenschaftler, aus dem hohen Anteil an praxisbezogenem Wissen und der weltweit einheitlichen Strukturformel-Taxonomie resultieren. Das Publikationsverhalten der Chemiker ist gekennzeichnet durch zahlreiche kurze und prägnante Artikel, die oft nur einen bestimmten Teilbereich einer Entwicklung beschreiben. Im Patentbereich kommen noch die anwendungstechnischen Aspekte hinzu (→ Patentinformation). Die Suche im Bereich der Chemie-Information findet in der Regel in einem der folgenden Bereiche statt: Sachverhalte, Verbindungen, Reaktionen, Eigenschaften. Vor der Recherche in kostenpflichtigen Datenbanken steht in der Regel ein Blick in Fachlexika wie etwa Ullman's Encyclopaedia of Industrial Chemistry oder Römpp's Chemie-Lexikon. Zusätzlich bieten sich die einschlägigen Chemie-Informationen im Internet an. (→ Chemical Abstracts)

**Chiffrierung**
*engl.: codification; encryption*
Methode, um einen lesbaren Text (Klartext) in einen nicht mehr lesbaren Text (Geheimtext oder Chiffretext) mit Hilfe einer geheimen Zeichenkette (Schlüssel) und eines kryptografischen → Algorithmus umzuwandeln. Die Dechiffrierung ist die Methode, um einen Geheimtext mit Hilfe entsprechenden Schlüssels und eines kryptografischen Algorithmus in den Klartext zurückzuwandeln.

**CIP-Kurztitelaufnahme**
*engl.: cataloguing in publication*
Dieser Dienst wurde 1974 in Deutschland eingeführt. Die Verlage liefern noch vor Erscheinen des Dokuments die entsprechenden Daten an die Deutsche Bibliothek; diese fertigt dann die Kurztitelaufnahme an, die im Dokument selbst veröffentlicht wird.

**CISC**
→ Prozessor

**CLEF**
*engl.: Cross-Language Evaluation Forum*
CLEF ist eine europäische Evaluierungsinitiative, deren Schwerpunkt der Vergleich von cross-lingualen Retrieval-Systemen ist. Zur Bewertung und Erprobung der Retrievalsysteme wird eine mehrsprachige → Testkollektion von Dokumenten zur Verfügung gestellt. (→ Effektivitätsmessung, → TREC)

**Client-Server-Architektur**
*engl.: client server architecture*
Die Client-Server-Architektur ist das Modell einer Netzwerkstruktur oder einer Datenbank, bei dem eine hierarchische Aufgabenverteilung vorliegt. Der Server ist Anbieter von Ressourcen, Dienstleistungen und Daten, die Arbeitsstationen (Clients) nutzen sie. Diese Architektur beruht auf einem arbeitsteiligen Vorgang: Nach dem Eingeben einer Adresse oder Anklicken eines Links wird die Information vom Client zum Server geschickt. Dieser erhält die Abfrage, bearbeitet sie und sendet dann die gewünschte Information zurück (siehe auch → Browser). Ein Großteil der im → Internet verwendeten Software basiert auf dieser Struktur, der Benutzer arbeitet mit einem Client und die Informationsanbieter mit einem entsprechenden Server. Diese Vorgehensweise unterscheidet sich insofern von den früher gängigen Host-Anbindungen, als nur ein Teil der Rechenarbeit am Client ausgeführt werden konnte.

**Cloaking**
Unter Cloaking versteht man das Ausliefern unterschiedlicher Inhalte im → WWW unter derselben → URL in Abhängigkeit von vorgegebenen Kriterien. Mit diesem Verfahren können die Toppositionen in den Suchmaschinen erreicht werden. Dabei wird insbesondere zwischen verschiedenen Typen von Besuchern differenziert, d.h. je nach Art des Besuchers werden unterschiedliche, speziell für diesen Besucher optimierte Webseiten zurückgegeben. Cloaking verfolgt meist den Zweck, bei einer → Suchmaschine hohe Positionen in den Trefferlisten zu erreichen und wird angewendet, um zwischen Suchmaschinen und menschlichen Besuchern zu differenzieren. Dazu werden den Suchmaschinen beim Spidern (siehe → Roboterbasiertes Verfahren) Seiten ausgeliefert, die auf die jeweiligen Rankingmechanismen (→ Ranking) optimiert sind, während menschlichen Besuchern unter derselben URL andere, in der Regel optisch attraktiv aufbereitete Seiten präsentiert werden.

**CMS**
➙ Inhaltsverwaltung

**Colon-Klassifikation**
*engl.: Colon Classification (CC)*
Die Colon-Klassifikation (CC) ist eine teilfacettierte Universalklassifikation, bei der der Doppelpunkt (englisch: colon) und andere Interpunktionszeichen wichtige Bestandteile der ➙ Notation bilden. Sie verfügt lediglich über eine knappe, an wenigen Stellen entwickelte Hierarchie, danach werden die Einzelbegriffe in ihren jeweiligen Facetten aufgeführt. – Die Entwicklung der CC geht auf den Inder Shiyali Ramamrita Ranganathan (1892-1972) zurück. Im Jahre 1972 wurde die siebente der ständig verbesserten und erweiterten Ausgaben vorgelegt. Die Facetten lassen sich fünf Fundamentalkategorien zuordnen, nämlich P: Personality, M: Materiel, E: Energy, S: Space und T: Time (P-M-E-S-T). Eine Klassenbeschreibung wird in dieser Reihenfolge gebildet, z.B. in folgendem (fiktivem) Beispiel: L (P-Facette für Medizin), 45 (M-Facette für Tuberkulose), 3 (E-Facette für Diagnostik), 53 (S-Facette für Frankreich) und N89 (T-Facette für 1989). L,45:3:53.N89 bedeutet dann „Diagnostik der Lungentuberkulose in Frankreich 1989". Die CC wird wegen ihrer ausgeprägten Bezüge auf die nationale indische Thematik international nicht und selbst in Indien in nur geringem Umfang benutzt. Ihr Einfluss aber auf die Entwicklung von Klassifikationssystemen ist unübersehbar, wurde doch mit ihr der Typ der ➙ Facettenklassifikation begründet und damit ein entscheidender Schritt in Richtung auf verbesserte Möglichkeiten zur ➙ Postkoordination und zum mehrdimensionalen Erschließen und Beschreiben selbst neuer und komplexer Sachverhalte getan. Erwähnenswert sind bei der CC auch die ihr eigene Phasen- und Facettenanalyse, ihre Erweiterungsfähigkeit und ihr gut ausgebautes Regelwerk.

**Comité Européen de Normalisation**
➙ CEN/CENELEC

**Comité Européen de Normalisation Electrotechnique**
➙ CEN/CENELEC

**Compiler**
➙ Programmiersprache

**CompuServe**
CompuServe ist ein globaler kommerzieller Onlinedienst, zentral verwaltet und mit definierten Ansprechpartnern für die Anfragen der Benutzer. CompuServe war einer der ersten Service-Provider, über den man Zugang zum Internet bekommen hatte. Mittlerweile wurde CompuServe von ➙ AOL übernommen.

**Computergestützte Übersetzung**
*engl.: Computer Aided Translation (CAT)*
Unter computergestützter bzw. computerunterstützter Übersetzung wird einerseits eine intellektuelle Übersetzung verstanden, die auf einer maschinellen Vorübersetzung/Rohübersetzung aufbaut, die nachfolgend intellektuell nachbereitet wird (Postedition); andererseits wird darunter eine intellektuelle Übersetzung verstanden, bei der vor oder während des intellektuellen Übersetzungsprozesses ein ➙ Translation Memory und/oder eine Terminologie-Bank verwendet werden. Unter ICAT wird eine spezielle Variante von CAT verstanden, bei der ein Nutzer ohne (hinreichende) Kenntnis der Zielsprache bei einer Übersetzung aus seiner Muttersprache so unterstützt wird, dass das zielsprachige Äquivalent relativ fehlerfrei ist.

**Computerlinguistik**
*engl.: computer linguistic*
Die zwei Pole, die das Spektrum definieren, innerhalb dessen sich die Computerlinguistik abspielt, sind die kognitive Linguistik und ingenieurswissenschaftlich orientierte Computerlinguistik. Unter kognitiver Linguistik kann man allgemein den Versuch verstehen, Theorien über das menschliche Sprachvermögen zu erstellen. Ingenieurwissenschaftlich ausgerichtete Computerlinguistik beschäftigt sich weniger mit Fragen der menschlichen Kognition, sondern damit, wie man funktionierende Systeme zur Verarbeitung natürlicher Sprache konstruieren kann. Traditionelle Bereiche sind: ➙ Maschinelle Übersetzung; Natürlichsprachliche Systeme, Frage-Antwort-Systeme; Textverstehenssysteme; Informationsgewinnung aus Volltexten; Lexikographie, Lexikonorganisation; Entwicklung von Formalismen zur Repräsentation grammatischen Wissens.

**Computerunterstütztes kooperatives Lernen**
*engl.: Computer Supported Cooperative Learning (CSCL)*
Mit dem Begriff des computerunterstützten kooperativen Lernens werden Ansätze beschrieben, kooperatives ➙ Lernen bzw. Lernen in Gruppen durch den Einsatz von IuK-Technologien zu unterstützen. Es werden dabei Situationen unterschieden, in denen die Akteure verteilt, d.h. von unterschiedlichen Orten aus verbunden durch Compu-

ternetze am Lernprozess beteiligt sind und Situationen, in denen die Akteure an einem Ort (z.B. CSCL-Labore) gemeinsam lernen. Beiträge der Forschung über → Rechnergestützte Gruppenarbeit, didaktische und lerntheoretische Erkenntnisse sowie Erfahrungen mit → E-Learning bilden den Rahmen von CSCL.

**Computervermittelte Kommunikation**
*engl.: Computer Mediated Communication (CMC)*
Unter computervermittelter Kommunikation (CvK) versteht man soziale (d.h. im weitesten Sinne zwischenmenschliche) Kommunikation, die über Computernetzwerke vermittelt wird. Damit Botschaften computervermittelt übertragen werden können, müssen sie digital vorliegen, weshalb man computervermittelte Kommunikation auch als digitale Kommunikation bezeichnen kann. Weitere Synonyme sind Online-Kommunikation, Netzkommunikation und Cyberkommunikation. Man unterscheidet Intrapersonale Kommunikation (denkende, sprechende oder anderweitig symbolische Selbstkommunikation), Interpersonale Kommunikation (verbale und nonverbale Kommunikation zwischen Individuen in Dyaden, Kleingruppen, Großgruppen und Organisationen), Unikommunikation (ein Massenpublikum wird durch ein Individuum adressiert) und → Massenkommunikation (ein Massenpublikum wird durch eine Medienorganisation adressiert, wobei im → Internet sowohl die klassischen Medienorganisationen aktiv sind als auch neue Medienorganisationen aktiv werden, z.B. Online-Werbeagenturen).

**Cross-Language Evaluation Forum**
→ CLEF

**Cross-Media**
→ Medientiefe

**CSCW**
→ Rechnergestützte Gruppenarbeit

**CSS**
→ Cascading Style Sheets

**CvK**
→ Computervermittelte Kommunikation

**Cyberkommunikation**
→ Computervermittelte Kommunikation

**Cybermetrics**
*engl.: cybermetrics; webometrics*
Cybermetrics bzw. Webometrics beschäftigen sich mit der Messung von elektronischen Dokumenten, insbesondere mit elektronischen Dokumenten im → Internet. Bei ihr stehen Analysen von Hyperlinks, Evaluation und Nutzung der e-Books bzw. e-Journals sowie das kooperative → Informationsmanagement im Internet im Vordergrund.

# D

**Darstellungsschicht**
*engl.: presentation layer*
Die Darstellungsschicht (Schicht 6 im ➜ OSI-Schichtenmodell) hat die Aufgabe, den semantisch korrekten Datenaustausch zwischen unterschiedlichen Systemen und die Interpretation von Kodierungen zu ermöglichen. Die Darstellungsschicht ermöglicht zusätzlich die Repräsentation komplexer Daten. Damit Daten zwischen verschiedenen Systemen ausgetauscht und korrekt dargestellt werden können, werden hier standardisierte Datenformate (siehe auch ➜ Normung) wie ➜ ASCII, ➜ Unicode, ➜ HTML, ➜ MIME, NVT (Network Virtual Terminal) etc. vereinbart und u.U. konvertiert (z.B. Alphabetumwandlungen, Datenkompression).

**Data Encryption Standard**
➜ Verschlüsselung

**Datei**
*engl.: file*
Eine Datei ist eine Menge von Dateneinheiten oder Datensätzen mit identischem bzw. kompatiblem Datenformat, die innerhalb eines Speichers auf Datenträgern fixiert und nach einem Ordnungsmerkmal geordnet sind.

**Datei-Anhang**
*engl.: attachment*
Ein Datei-Anhang (Attachment) ist eine beigefügte ➜ Datei zu dem geschriebenen Text einer Mitteilung per ➜ E-Mail.

**Dateiverwaltungssystem**
*engl.: file organization system*
Die ➜ Datei als sequentielle Abfolge von gleichförmig strukturierten Datensätzen ist als digitales Gegenstück zum Karteikasten mit Karteikarten anzusehen. In der praktischen Handhabung gibt es weitgehende Analogien: Beide Organisationsformen haben eine physische Reihenfolge, die für den Zugriff auf einzelne Datensätze genutzt werden kann; alle anderen Suchkriterien müssen durch sequentielle Suche überprüft werden. Um dies zu vermeiden, ist die Indexerstellung bei beiden Formen ein wichtiges Verfahren. Dateiverwaltungssysteme zeichnen sich durch die enge Verflechtung von Dateien und Zugriffsprogrammen aus: beide Komponenten werden für eine bestimmte Anwendung gemeinsam entworfen und entwickelt und sind aufeinander abgestimmt. Änderungen in einer Komponente verlangen die entsprechende Anpassung der anderen. Spezielle Programmpakete bieten Routinen für die Handhabung von Dateien, die grundlegende Aufgaben (Einfügen, Ändern oder Löschen einzelner Datensätze, Sortieren von Dateien, Indexerstellung) als fertige Algorithmen an. Die Ebene der Anwendungslogik wird von derartigen Programmen jedoch nicht unterstützt, sondern muss durch zusätzliche dedizierte Anwendungsprogramme bedient werden. Daher werden derartige Dateiverwaltungsroutinen meist nicht als ➜ Datenbankmanagementsystem eingestuft. Obwohl Dateiverwaltungssysteme erfolgreich auch für sehr große Datenbestände eingesetzt werden, haben sie Nachteile, die dazu führten, dass Datenbankmanagementsysteme entwickelt wurden, die mehr Verwaltungsaufgaben für den Datenbestand übernehmen und dafür die Anwendungsprogrammebene entlasten. Nachteilig ist bei Dateiverwaltungssystemen insbesondere die Notwendigkeit, bestimmte Datenelemente mehrfach bzw. in mehreren Dateien abzulegen, um ein schnelleres Auffinden bestimmter Datensätze zu ermöglichen. Dies macht Änderungen im Datenbestand kompliziert und bringt eine große Inkonsistenzgefahr mit sich. Datensammlungen, die selten Änderungen einzelner Datensätze erfordern, werden dagegen auch heute noch gelegentlich als Dateiverwaltungssysteme realisiert.

**Daten**
*engl.: data*
Daten sind die kleinsten Repräsentationen von Sachverhalten, die auf einem Datenträger fixiert werden können und die in einem gegebenen Kontext interpretierbar sind. (Als Singular verwende man Dateneinheit statt Datum.)

**Datenbank**
*engl.: database*
Eine Datenbank ist ein rechnerverwaltetes System großer Mengen von ➜ Daten, die so gespeichert sind, dass sie mit Hilfe bestimmter Suchverfahren (➜ Retrieval) nach verschiedenen Kriterien durchsucht und selektiert werden können. Datenbanksysteme bestehen aus zwei Bestandteilen: Die ➜ Datenbasis bildet die Grundlage der Informationssammlung, die durch das Datenbankverwaltungssystem organisiert und retrievalfähig gemacht wird. Der Inhalt einer Datenbank ist häufig auf ein Sachgebiet oder einen Anwendungsbereich begrenzt.

Oft wird Datenbank gleichbedeutend mit „Online-Datenbank" verwendet. Datenbanken lassen sich nach der Art der enthaltenen Informationen in drei Gruppen einteilen: (1) → Referenzdatenbank (Bibliographische Datenbank) lediglich mit Sekundärinformationen zu Veröffentlichungen und nicht die Informationen selbst. (2) → Faktendatenbank mit direkten Informationen wie z. B. statistische Daten, chemische Formeln, Produkt- oder Firmeninformationen. (3) → Volltextdatenbank mit dem vollständigen Text einer Veröffentlichung. – Diese Definition im Bereich der Information und Dokumentation sieht eine Datenbank also primär als Datensammlung, deren Organisationsform nicht explizit spezifiziert sein muss. In der → Informatik dagegen wird als Datenbanksystem nur eine bestimmte Architektur von Programmen und Datenbeständen betrachtet, die bestimmte formale Anforderungen erfüllen muss. Der Inhalt der Datenbestände ist für diese Betrachtung zweitrangig; seine physische Organisation wird durch das Gesamtsystem bestimmt und verwaltet. Dies bedeutet im Extremfall, dass der Informationspraktiker ein Dateisystem als Datenbank bezeichnet, während der Informatiker dies nicht tut. Dafür betrachtet der Informatiker jedoch ein System als Datenbanksystem, das (noch) gar keine Daten enthält, aber der formalen Definition im Sinne der Informatik genügt. (siehe auch → Datenmodell, → Datenbankmanagementsystem, → Normalformen)

### Datenbankbeschreibung
*engl.: database description; bluesheet*
Die Datenbankbeschreibung einer Online-Datenbank enthält u.a. folgende Informationen: Sachgebiete der → Datenbank, Suchhilfen, Indexe, Umfang, Aktualisierung, Beispieldokument und Produzent der → Datenbasis. Datenbankbeschreibungen sind auch online verfügbar und unerlässlich für eine effiziente Recherche.

### Datenbankmanagementsystem
*engl.: database managemant system*
Ein Datenbankmanagementsystem (DBMS) dient dem Aufbau, der Kontrolle und Verwaltung von Datenbanken. Es realisiert alle Funktionen der Datenbeschreibung und der Datenmanipulation, d.h. Schreiben, Lesen und Ändern von Daten in der → Datenbank. Dazu gehören auch diverse Dienstfunktionen, wie z.B. Zugriffskontrolle oder Speicherplatzoptimierung. Oft wird die Bezeichnung Datenbanksystem als Synonym verwendet. Das relationale Modell als Datenbankmanagementsystem wurde bereits ab 1970 eingesetzt, blieb aber zunächst weitgehend unbeachtet. Charakteristisch für das relationale Modell ist seine konsistente theoretische Basis, die auf der Relationalgebra beruht. Relationale DBMS haben eine in drei Schichten gegliederte Architektur, die noch konsequenter als bei den prärelationalen Systemen für eine vollständige Trennung zwischen Anwendung und Datenverwaltung sorgt. Populär wurden die relationalen DBMS erst durch die elegante Anfragesprache → SQL (Structured Query Language), die im Vergleich zu den Vorgängerkonzepten leicht erlernbar und sehr mächtig ist. Ein Übriges taten die auf dem relationalen Modell basierenden PC-Datenbanksysteme der 1980er Jahre wie z.B. DBase, die zwar als Einzelplatzsysteme zunächst gar nicht die theoretischen Anforderungen an ein „echtes" Datenbanksystem erfüllten, aber in kurzer Zeit das relationale Modell populär machten und für seine weitere Verbreitung auch im Großrechnerbereich (z.B. SQL/DS) sorgten.

### Datenbanksystem
→ Datenbankmanagementsystem

### Datenbasis
*engl.: database*
Die Datenbasis ist die Grundlage einer → Datenbank. Sie besteht aus den Rohinformationen, die von einem Datenbankproduzenten gesammelt und in maschinenlesbarer Form abgelegt wurde.

### Datenerfassungsschema
→ Kategorienkatalog

### Datenexploration
*engl.: data mining*
Ziel der Datenexploration bei der → Inhaltsanalyse von Texten ist die Erstellung einer Wörterliste. Damit verschafft man sich einen Überblick über den Text. Dieser Überblick erleichtert die Textkorrektur und die Bildung von Suchbegriffen. Weitere Analysetechniken sind Kreuzreferenzen, Konkordanzen und Restwörterlisten. Mit einer Wörterliste kann man ein Kategoriensystem operationalisieren, das nur aus Einzelwörtern besteht, eine Einbeziehung des Kontextes wie bei Wortfolgen oder Wortpermutationen. – Im engeren Sinne versteht man darunter die Suche in strukturierten Daten. So werden beispielsweise alltägliche Vorgänge des menschlichen Lebens, wie das Bezahlen mit Kreditkarte oder die Benutzung des Telefons, durch Computer aufgezeichnet. Dabei werden gewöhnlich alle verfügbaren Parameter abgespeichert, wo-

durch hochdimensionale Datensätze entstehen. Die Daten werden gesammelt und mit geeigneten Methoden des Data Mining analysiert (z. B. mit der ➝ Datenvisualisierung).

**Datenmodell**
*engl.: data model*
Mit Hilfe von Datenmodellen werden Daten in einer ➝ Datenbank strukturiert. (1) Hierarchisches Datenmodell: Das hierarchische Datenmodell ist das älteste Datenmodell, bei dem ein Datensatz mit allen hierarchisch von ihm abhängigen Datensätzen als Einheit betrachtet wird. Dieses Konzept eignet sich für Beziehungen, bei denen sich aus einem Oberbegriff viele Unterbegriffe ableiten lassen (1:n-Beziehungen). Eine Beziehung zwischen einzelnen, in verschiedenen Ebenen abgespeicherten Datensätzen ist nicht möglich, was bei komplexen Beziehungen eine hohe ➝ Redundanz der Daten zur Folge hat. Ein Zugriff kann nur über den Suchschlüssel des Objekts der obersten Ebene erfolgen, wobei der Anwender den Pfad zum gesuchten Datensatz kennen muss. – (2) Netzwerkmodell: Im Gegensatz zum hierarchischen Ansatz kann beim Netzwerkmodell ein Datensatz eine beliebige Anzahl übergeordneter Datensätze aufweisen (n:m-Beziehungen). Das Netzwerkmodell eignet sich zum Beispiel für die Modellierung einer Stückliste, da ein Bauteil aus mehreren untergeordneten Teilen bestehen und zum anderen in mehrere übergeordnete Baugruppen eingehen kann. Bezüglich der Daten besteht Redundanzfreiheit, da sich überschneidende Beziehungen nicht durch mehrmalige physische Speicherung, sondern durch Verkettungen realisiert werden. Der Zugriff kann über beliebige Datensätze erfolgen, allerdings muß wiederum ein möglicher Pfad zum gewünschten Datensatz bekannt sein. – (3) Relationales Datenmodell: Beim relationalen Datenmodell stehen als Strukturelemente ausschließlich Relationen, die sich durch Tabellen darstellen lassen, zur Verfügung. Die Datensätze bilden die Zeilen, und die Merkmale des Objekts bzw. die Datenfelder entsprechen den Spalten der Tabelle. Beziehungen zwischen beliebigen Datensätzen werden über gleiche Feldinhalte hergestellt. Der Zugriff auf bestimmte Datensätze wird über die Feldinhalte ermöglicht. Dementsprechend arbeitet der Benutzer nur mit logischen, mengenorientierten Abfragen, wobei die physische Speicherung und der Datenzugriff für ihn im Hintergrund bleiben. – (4) Objektorientiertes Datenmodell: Das objektorientierte Datenmodell beinhaltet eine Kombination von Ansätzen der klassischen Datenmodelle, der objektorientierten Programmierung und der Wissensrepräsentation. Ziel ist es, die Struktur und das Verhalten komplexer Objekte 1:1 in der Datenbank abzubilden.

**Datenschutz**
*engl.: data protection*
Das Datenschutzrecht ist die Gesamtheit der rechtlichen Regeln, die bezwecken, den Einzelnen davor zu schützen, dass er durch den Umgang mit seinen personenbezogenen Daten in seinem Persönlichkeitsrecht beeinträchtigt wird. Der Datenschutz wird in Deutschland durch zahlreiche gesetzliche Bestimmungen geregelt. Das Bundesdatenschutzgesetz (BDSG) gibt dem einzelnen Bürger verschiedene Möglichkeiten, den Umgang mit seinen personenbezogenen Daten durch Auskunft und Benachrichtigung selbst zu überprüfen und durch Berichtigung, Löschung und Sperrung von Daten zu beeinflussen. Daneben gibt es die interne Datenschutzkontrolle durch Datenschutzbeauftragte. Darüber hinaus sieht das Gesetz Kontrollinstanzen vor, die dem Betroffenen bei der Durchsetzung seiner Rechte helfen, die aber auch von sich aus in vorbeugender Weise die Einhaltung der Datenschutzbestimmungen überwachen. Aufgrund des föderativen Staatsaufbaus der Bundesrepublik Deutschland und mit Rücksicht auf die verfassungsrechtlichen Zuständigkeitsverteilungen ist die Kontrolle des Datenschutzes wie folgt aufgeteilt: Den Datenschutz bei den Bundesbehörden und anderen öffentlichen Stellen des Bundes sowie bei Telekommunikations- und Postunternehmen kontrolliert der Bundesbeauftragte für den Datenschutz. Den Datenschutz im Bereich der Verwaltungen der Länder und der Gemeinden kontrollieren Landesbeauftragte für den Datenschutz. Den Datenschutz im privaten Bereich (Unternehmen, Verbände, Selbständige usw.) kontrollieren die Aufsichtsbehörden der Länder. – Das im Amerikanischen gebräuchliche Wort für Datenschutz „Privacy" bedeutet aber mehr als das Recht „to be let alone", sondern das aktive Recht, darüber zu bestimmen, welche Daten über sich, auch solche, die beim Online-Navigieren in Web-Angeboten Spuren hinterlassen, von anderen gebraucht werden und welche Daten auf einen selber einwirken dürfen. (siehe auch ➝ Informationelle Selbstbestimmung)

**Datenträger**
➝ Speicherung

## Datenvisualisierung
*engl.: data visualation*
Die Grundidee der visuellen ➙ Datenexploration ist die geeignete Darstellung der Daten in visueller Form, die es dem Menschen erlauben, einen Einblick in die Struktur der Daten zu bekommen, Schlussfolgerungen aus den Daten zu ziehen sowie direkt mit den Daten zu interagieren. Die Datenvisualisierung hat einen hohen Stellenwert innerhalb des Forschungsbereichs Datenexploration. Ihr Einsatz ist immer dann sinnvoll, wenn wenig über die Daten bekannt ist und die Explorationsziele nicht genau spezifiziert sind. Dadurch dass der Mensch direkt am Explorationsprozess beteiligt ist, können die Explorationsziele bei Bedarf verändert und angepasst werden. Die visuelle Datenexploration kann als ein Prozess zur Generierung von Hypothesen aufgefasst werden. Sie ermöglicht dem Menschen ein tieferes Verständnis für die Daten, wodurch er neue Hypothesen über die Daten aufstellen kann. Die Hypothesen können dann wiederum mit Hilfe visueller Datenexplorationsverfahren untersucht und verifiziert werden. Die Verifikation kann jedoch auch mit Hilfe von Techniken aus dem Bereich der ➙ Statistik und durch ➙ Künstliche Intelligenz durchgeführt werden. Der zu visualisierende Datentyp wird untergliedert in: Ein-dimensionale Daten wie zeitabhängige Daten; Zwei-dimensionale Daten wie geographische Karten; Multi-dimensionale Daten wie tabellarische Daten aus relationalen Datenbanken; Text und ➙ Hypertext wie Nachrichten oder Web-Dokumente; Hierarchien und Graphen wie Telefon- oder Internetverbindungen; Algorithmen und Software wie Debugging-Operationen. Visualisierungstechniken sind: Standard 2D/3D-Visualisierungen wie zum Beispiel Balkendiagramme oder X-Y-Diagramme; Geometrische Transformationen wie künstliche Landschaften und Parallele Koordinaten; Icon-basierte Visualisierungen wie die „Strichmännchen"-Visualisierung; Pixel-Visualisierungen wie die Recursive Pattern oder Circle Segments Techniken; Geschachtelte Visualisierungen wie Treemaps oder Dimensional Stacking.

## DATEX-Dienste
*engl.: Data Exchange Services*
DATEX-Dienste sind Fernmeldedienste für den Datenaustausch. Man unterscheidet DATEX-L (leitungsvermitteltes Datenübertragungsnetz, das seit 1967 von der Deutschen Bundespost bzw. Telekom mit festen Standleitungen angeboten wird), DATEX-P (paketvermittelt; seit 1980 bestehendes Netz, bei dem mit Datenpaketen gearbeitet wird. Die Daten mehrerer Teilnehmer werden gleichzeitig und getrennt in kleinen Einheiten (Paketen) übers Netz übertragen. Damit kann das Netz besser ausgelastet werden.) und schließlich DATEX-J mit dem Versuch, den Übergang zwischen Telefonnetz und Datex-P für das Massenpublikum zu erschließen. Über Datex-J sind zum Ortstarif Verbindungen zu Online-Datenbanken wie Genios und den großen Telekommunikationsdienstleistern wie CompuServe möglich. Bildschirmtext war z.B. ein Teil von Datex-J.

## DBE
➙ Dokumentarische Bezugseinheit

## DBMS
➙ Datenbankmanagementsystem

## DDC
➙ Dewey-Dezimalklassifikation

## DE
➙ Dokumentationseinheit

## Dechiffrierung
➙ Chiffrierung

## Deklaratives Gedächtnis
➙ Gedächtnis

## DES
➙ Verschlüsselung

## Deskriptor
*engl.: descriptor*
Ein Deskriptor ist ein Wort innerhalb eines ➙ Thesaurus, das für die ➙ Indexierung zugelassen ist. Alle anderen Elemente des Thesaurus haben den Status von Nicht-Deskriptoren (Synonymen); sie werden in den Thesaurus aufgenommen und bilden somit einen Bestandteil des Zugangsvokabulars, können aber selbst nicht zur Indexierung und Recherche verwendet werden, sondern verweisen auf den zugehörigen Deskriptor. (siehe auch ➙ Terminologische Kontrolle)

## Desktop Publishing
Unter Desktop Publishing versteht man das Erstellen von druckfertigen Dokumenten mit dafür speziell entwickelter Software. Desktop Publishing (DTP) ist der Oberbegriff für das Verfahren, mit Hilfe eines Personal Computers und ergänzender Hard- und Software Texte zu erfassen, layoutmäßig zu bearbeiten und für eine Vervielfältigung vorzubereiten. Gängige DTP-Programme sind: Adobe InDesign (ehemals: Adobe PAGEMAKER),

Quark XPress (besonders auf Macintosch-Rechnern eingesetzt), Adobe FrameMaker (Mengentext-Programm für Bücher und Dokumentationen) und Corel Ventura.

**Desktop-Rechner**
→ Hardware

**Deutsche Gesellschaft für Dokumentation**
→ DGI

**Deutsche Gesellschaft für Informationswissenschaft und Informationspraxis**
→ DGI

**Deutsche Gesellschaft für Medizinische Informatik, Biometrie und Epidemiologie**
→ GMDS

**Dewey-Dezimalklassifikation**
*engl.: Dewey Decimal Classification (DDC)*
Die Dezimalklassifikation des Amerikaners Melvil Dewey (DDC) wurde bereits 1876 veröffentlicht und erlebte viele Auflagen bis in unsere Tage; sie ist vor allem in den Bibliotheken der USA verbreitet. Anfang des 20. Jahrhunderts wurde sie dann von Paul → Otlet und Henri → La Fontaine zur → Dezimalklassifikation weiterentwickelt.

**Dezimalklassifikation**
*engl.: decimal classification*
Eine Dezimalklassifikation ist eine → Klassifikation, bei der die → Notation durch 10 Ziffern (in der Regel 0 bis 9) dargestellt wird. Die Internationale Dezimalklassifikation (DK, auch Universale Dezimalklassifikation (UDK) genannt) ist eine universale Begriffsklassifikation, die im Wesentlichen als → Monohierarchie organisiert ist und bereits zu Anfang des 20. Jahrhunderts begonnen wurde; 1953 war die erste vollständige Ausgabe mit rund 130.000 Begriffen abgeschlossen und wurde von der → FID als internationales Regelwerk veröffentlicht. Das gesamte menschliche Wissen ist – mehr oder weniger gelungen – in 10 Hauptabteilungen gegliedert, die wiederum in 10 Abteilungen usw. weiter untergliedert werden. So ergibt sich aus der Hauptabteilung 5 = „Mathematik, Naturwissenschaften" über viele Schritte schließlich die Klasse 539.172.13 mit der Bedeutung „Kernreaktionen durch Deuteronen". Zudem werden durch Hilfstafeln und Anhängezahlen allgemeine Sachverhalte wie z.B. Zeitraum, Sprache oder Religion ausgedrückt; jeder Notation kann eine derartige Zahl angehängt werden. Vorteil der DK ist ihre international gute Verständlichkeit, Nachteil die Begrenzung auf ein starres System und die damit verbundene Schwerfälligkeit bei der Aktualisierung und der Integration neuer Sachverhalte. Mit der Einführung rechnergestützter Retrievalsysteme verlor die DK mehr und mehr an Bedeutung.

**DGD**
→ DGI

**DGI**
Die DGI (Deutsche Gesellschaft für Informationswissenschaft und Informationspraxis e.V., bis 1999 DGD – Deutsche Gesellschaft für Dokumentation, gegründet im Jahre 1941 und 1948 unter gleichem Namen wieder gegründet) ist der Zusammenschluss von Organisationen, Unternehmen und Beschäftigten aus der Informationswissenschaft und -praxis (z. B. Dokumentare, Bibliothekare, Informationsvermittler). Die DGI als wissenschaftliche und berufsständische Fachgesellschaft in der Informationsgesellschaft verfolgt die folgenden Ziele und Aufgaben: Förderung von Informationswissenschaft und -praxis, Kommunikationsforum für Anbieter und Nutzer, Promotion, Imageförderung, Public Relations für den Berufsstand, Interpretieren und Kommentieren von Fachinformationspolitik und gesetzlichen Vorschriften, Planen und Durchführen von Fachkonferenzen und Seminaren, Aus- und Weiterbildung, Zusammenarbeit mit nationalen und internationalen Fachverbänden, Durchführung von Forschungsprojekten, Förderung der Nutzung elektronischer Informationsmedien als Partner der Europäischen Kommission. Die DGI gibt → Information – Wissenschaft und Praxis (Fachzeitschrift) heraus. Innerhalb der DGI gibt es folgende Fachgremien: Arbeitsgruppe Elektronische Medien in der Patentinformation (AGM); Arbeitskreis Geschichte des Informationswesens in Deutschland; AG Infobroker; Komitee Praxis der Inhouse Informationsvermittlung (KPI); Kommission Wirtschaftlichkeit der Information und Dokumentation (KWID); Online Benutzergruppen in der DGI (OLBG). Auf regionaler Ebene organisieren mit der DGI verbundene Arbeitskreise den Erfahrungsaustausch und Fortbildungsveranstaltungen.

**Dialoghistorie**
*engl.: dialogue history*
Gesamtheit der bei der Navigation besuchten → Knoten in einem → Hypertext. Die Historie kann ungeordnet, zeitlich linear oder der Bezugnahme folgend hierarchisch organisiert sein. Dialoghistorien und zugehörige einfache Backtrack-Funktio-

nen erlauben dem Leser immer, zu vormals besuchten Knoten zurückzufinden. Ein vollständiges „Verirren" ist also nicht möglich. Durch das „Zurücklaufen" kann jedoch ein erhöhter Interaktionsaufwand entstehen.

### Dienstleistung
*engl.: service*
Dienstleistung kann im Gegensatz zum Sachgut definiert werden. Sie wird durch die Kriterien Immaterialität, das Zusammenfallen von Leistungserstellung und -verwertung (Uno-Actu-Prinzip), die Integration des externen Faktors, Intangibilität, Vergänglichkeit und Standortgebundenheit geprägt. Die Dienstleistungsqualität beschreibt die Bewertung von Dienstleistungen. Dabei können die Leistungsfähigkeit und das Potenzial des Dienstleistungserbringers, der Leistungserstellungsprozess und das Dienstleistungsergebnis beurteilt werden. Dabei wird unterscheiden zwischen Suchqualität (die durch den Kunden schon vor Inanspruchnahme und vor dem Kauf der Leistung beurteilt werden kann, bspw. durch Inaugenscheinnahme der Produkte), Erfahrungsqualität (die auf den Erfahrungen mit einem Produkt oder einer Dienstleistung basiert, und die erst während des Konsumptionsprozesses oder nach dem Kauf beurteilt werden kann) und Vertrauensqualität (alle jene Leistungen, die sich einer genauen, unmittelbaren Beurteilung entziehen, eventuell nur mit großem zeitlichen und inhaltlichen Aufwand bewertet werden können oder deren Wert und Nutzen überhaupt nicht genau bestimmt werden kann).

### Dienstleistungsnorm
*engl.: service standard*
Eine Dienstleistungsnorm ist eine → Norm, die Anforderungen festlegt, die durch eine → Dienstleistung erfüllt werden müssen, um die → Gebrauchstauglichkeit sicherzustellen.

### Diffusion
*engl.: diffusion*
Die Ausbreitung einer → Invention innerhalb eines begrenzten Zeitabschnittes innerhalb der Gesellschaft oder ihrer Teile im Anschluss an eine → Innovation. Im Zusammenhang mit dem Thema → Technologietransfer wird auf analytischer Ebene untersucht, wo in der Gesellschaft technisches Wissen entsteht, in welchen Bereichen es ökonomisch verwandt wird, wie die „Diffusion" des technischen Wissens zwischen verschiedenen Bereichen der Gesellschaft vonstatten geht, und vor allem welche Umstände dafür verantwortlich sind, dass nicht alles Wissen dort zur Verfügung steht, wo ein gesellschaftlicher Bedarf besteht.

### Digital Divide
Unter Digital Divide versteht man die digitale Bildungskluft. Dieser Begriff beruht auf der so genannten Wissensklufthypothese, die im Jahr 1970 an der Minnesota University entwickelt wurde: „Wenn der Informationsfluss von den Massenmedien in ein Sozialsystem wächst, tendieren die Bevölkerungssegmente mit höherem sozioökonomischen Status und/oder höherer formaler Bildung zu einer rascheren Aneignung dieser Information als die status- und bildungs-niedrigeren Segmente, so dass die Wissenskluft zwischen diesen Segmenten tendenziell zu- statt abnimmt." Diejenigen sozialen Gruppen, die wirtschaftlich besser gestellt sind bzw. über einen höheren Bildungsabschluss verfügen, nehmen den Informationsfluss durch die Massenmedien schneller auf. Dadurch wird die Wissenskluft zwischen diesen beiden Gruppen tendenziell größer. Diese Wissenskluft verstärkt sich durch die zunehmende Verbreitung der „Neuen Medien" (wie Computer, Internet, E-Mail, Chat usw.). Im Vordergrund der internationalen Debatte steht vor allem die Frage des materiellen Zugangs zu Online-Medien. Studien weisen darauf hin, dass Kriterien wie der Bildungsstand bzw. das Bildungsniveau der Herkunftsfamilie, das Geschlecht, das Alter sowie regionale Aspekte gravierende Bedeutung für die Entwicklung von Nutzungskompetenzen haben.

### Digitaldruck
→ Druck

### Digitale Bibliothek
*engl.: digital library*
Eine Informationseinrichtung, die vorwiegend Informationsträger in digitaler (d.h. elektronischer) Form sammelt und zur Verfügung stellt. Zu unterscheiden ist zwischen solchen, die lediglich anderorts vorhandene digitale Medien spiegeln (mirror) und solchen, die selber Material in digitaler Form produzieren (ggf. analoge Medien digitalisieren) und auf eigenen Servern anbieten (host). Wenige Informationseinrichtungen gehen noch einen Schritt weiter und verpflichten sich, gesammelte digitale Medien zu archivieren und auch in weiterer Zukunft durch → Emulation oder → Migration verfügbar zu machen (siehe auch → Langzeitarchivierung). Gemäß dem Gesetz der Komplementarität von Medien sammeln Informationseinrichtungen im Normalfall analoge und digitale

→ Medien gleichzeitig und werden diesbezüglich als „hybride Bibliothek" bezeichnet. (siehe auch → Virtuelle Bibliothek)

**Digitale Kommunikation**
→ Computervermittelte Kommunikation

**Digitale Signatur**
*engl.: digital signature*
Bei der Digitalen Signatur handelt es sich um ein Verfahren, um mittels kryptographischer Methoden die → Authentifizierung des Absenders einer Nachricht sicherzustellen. Das Gesetz zur Regelung der Rahmenbedingungen für Informations- und Kommunikationsdienste (Informations- und Kommunikationsdienste-Gesetz, IuKDG) vom 22. Juli 1997, enthält in Art. 3 das Gesetz zur digitalen Signatur (Signaturgesetz, SigG). Dieses hat zum Zweck, „Rahmenbedingungen für digitale Signaturen zu schaffen, unter denen diese als sicher gelten und Fälschungen digitaler Signaturen oder Verfälschungen von signierten Daten zuverlässig festgestellt werden können". Als digitale Signatur bezeichnet man einen kurzen Datenblock (Hash-Wert), der mit dem privaten Schlüssel des Absenders verschlüsselt ist und so die Authentizität der Nachricht bezeugt. Die Überprüfung der digitalen Signatur erfolgt mit dem öffentlichen Schlüssel des Absenders. Die digitale Signatur sichert Objekt- und Personenidentität. Die digitale Signatur basiert auf dem asymmetrischen Public-Key-Verschlüsselungsverfahren. Jeder Benutzer benötigt ein individuelles Schlüsselpaar, das aus einem privaten (geheimen) Schlüssel und einem öffentlichen Schlüssel besteht. Beide Schlüssel können auf einer „Smart Card" gespeichert sein. Der Benutzer erzeugt mit seiner Smart Card mittels des privaten Schlüssels zu jeder Nachricht als Siegel einen fälschungssicheren Unterschriftenzusatz, der als digitale Signatur bezeichnet wird. Diese Signatur wird für jede Nachricht individuell mittels Verschlüsselungsverfahren berechnet. Sie erlaubt es, die Unversehrtheit (→ Integrität) des Dokuments zu überprüfen und den signierenden Teilnehmer (Authentizität) nachzuweisen. Die Signatur kann nur von dem Besitzer des privaten Schlüssels erzeugt werden. Im Gegensatz zum privaten Schlüssel ist der öffentliche Schlüssel zur Überprüfung von Signaturen allen Benutzern zugänglich. Der öffentliche Schlüssel kann entweder in einem Zertifikatsverzeichnis, ähnlich dem Telefonbuch, eingesehen werden oder mit der Nachricht übermittelt werden. (siehe auch → Zertifizierungsinstanz)

**Digitalisierungs-Modell**
*engl.: digitalisation model*
Das Digitalisierungs-Modell hebt nicht wie das → Kanalreduktionsmodell und das → Filter-Modell darauf ab, dass die → Computervermittelte Kommunikation eine Schreiben-und-Lesen-Kommunikation ist, sondern es konzentriert sich auf das technische Datenformat. Denn erst das digitale Datenformat erlaubt es in umfassender Weise, Informationen kostengünstig und bequem in großer Geschwindigkeit über weite Strecken an vielfältige Teilnehmerkreise zu verbreiten, Dokumente automatisch zu archivieren, zu modifizieren und zu verknüpfen, Dienste parallel und kombiniert zu nutzen. Diese digitale Verarbeitung geht mit einer Reihe von genuin neuen Kommunikationseffekten einher, die oftmals in ihren sozialen Folgen ambivalent sind: Schnellere Erreichbarkeit kann soziale Netzwerke verdichten, andererseits aber auch zu Überlastung und Stress führen. Automatische Verarbeitung vergrößert einerseits unsere Kontrolle über das Kommunikationsgeschehen, erhöht gleichzeitig aber auch das Risiko einer Fremdkontrolle und Überwachung.

**DIN**
Das DIN Deutsches Institut für Normung e. V. in Berlin ist Mitglied in den Organisationen → ISO und → CEN/CENELEC, den internationalen bzw. europäischen Normungsorganisationen. Als deutsche → Normungsorganisation bildet das DIN die deutsche Plattform, die den interessierten Kreisen aus Wirtschaft, Verwaltung, Technik und Wissenschaft die Mitarbeit auf allen Ebenen der technischen → Normung ermöglicht. Das DIN orientiert seine Arbeit an den folgenden zehn Grundgedanken: Freiwilligkeit, Öffentlichkeit, Beteiligung aller interessierten Kreise, Konsens, Einheitlichkeit und Widerspruchsfreiheit, Sachbezogenheit, Ausrichtung am → Stand der Technik, Ausrichtung an den wirtschaftlichen Gegebenheiten, Ausrichtung am allgemeinen Nutzen, Internationalität. Diese Grundgedanken werden von den Normungsgremien für alle Normungsvorhaben auf ihrem jeweiligen Fachgebiet angewendet. Das DIN versteht sich als ein neutrales Forum, dessen inhaltliche Arbeitsergebnisse ausschließlich von den Festlegungen seiner ausgewogen zusammengesetzten Expertengremien abhängen. In der Normungsarbeit stellt das DIN selbst keine Partei dar, die inhaltliche Auffassungen zur Sache gegen andere beteiligte Kreise durchsetzt.

## Diplom- und Masterstudium (FH) Informationswirtschaft
→ Dokumentar

## Diplom-Dokumentar
→ Dokumentar

## Diplom-Informationswirt
→ Informationswirt

## Disintermediation
Disintermediation steht für einen Entwicklungsprozess im Online-Informationsmarkt, bei dem die Nachfrage nach professioneller, expertengebundener → Informationsvermittlung zunehmend an Bedeutung verliert, weil Informationsrecherchen aufgrund verbesserter und vereinfachter Zugriffsmöglichkeiten auf in der Regel über das Internet vermittelte Informationsangebote vom Endnutzer weitgehend selbstständig durchgeführt werden. Dabei führt Disintermediation im Wesentlichen zur Befriedigung einfacher, subjektiv empfundener Bedürfnisse (Informationsbedürfnis) beim Informationsnachfrager, doch ist zu befürchten, dass der objektiv vorhandene → Informationsbedarf ohne vermittelnde Beratungsleistungen meistens nicht erschöpfend abgedeckt werden kann.

## DK
→ Dezimalklassifikation

## DNS
→ Domain-Name

## Document Manager
Die größte Gruppe der Druckbetriebe in der → Druckindustrie gehört dem Typ des Document Managers an. Er verfügt in der digitalen Vorstufe neben Prepress-Systemen zusätzlich über eine Reproduktion mit Text- und Bildbearbeitung. Das wichtigste Merkmal eines Document Managers ist das Datenmanagement. Es beinhaltet den Datentransfer, die Datenpflege sowie einen umfassenden Datenservice für den Kunden. Bei diesem Typ von Druckerei handelt es sich um die üblichen kleineren und mittelständischen Betriebe.

## Dokument
*engl.: document*
Ein Dokument ist die materielle Einheit eines Trägers dokumentarischer Daten. Dabei unterscheidet man das Primärdokument (oft auch als Quelle oder Originalquelle bezeichnet) vom Sekundärdokument, das Ergebnis eines Dokumentationsprozesses ist (z.B. eine → Referenzdatenbank, eine → Bibliographie oder ein → Referatedienst). Das Tertiärdokument schließlich ist Ergebnis eines Dokumentationsprozesses, bezogen auf Sekundärdokumente (z.B. eine Bibliographie der Bibliographien oder ein Datenbankführer). Neben den klassischen Dokumenten – den Druckschriften – werden auch audiovisuelle und Bilddokumente, dreidimensionale Dokumente (Denkmal), Filme, Handschriften, Tondokumente oder maschinenlesbare Dokumente (z.B. Multi-Media-Dokumente) als Typen unterschieden. Jeder Dokumenttyp hat bestimmte Merkmale wie die Publikationsform (einmalig, periodisch, Entstehungsjahr), Art und Material des Datenträgers (Umfang, Abmessungen, Zustand) sowie Zweck und Anliegen seiner Publikation (Dissertation, → Patentschrift, Spielfilm). Diese Merkmale werden auch Auswertungsmerkmale genannt und gehen als Ordnungs- und Suchmerkmale in den Prozess der → Formalerschließung ein. (siehe auch → Dokumentarische Bezugseinheit)

## Dokumentalist
Dokumentalist/in ist die ältere Berufsbezeichnung für → Dokumentar bzw. Dokumentarin, bis 1972 galt diese Bezeichnung auch in der DDR.

## Dokumentar
*engl.: documentalist*
Dokumentar bzw. Dokumentarin war die frühe Berufskennzeichnung für den Bereich der IuD innerhalb der Informationsarbeit. Das Studium zum Diplom-Dokumentar (FH) ist vergleichbar zu dem vom Diplom-Informationswirt und wird an den Fachhochschulen Hamburg (Fachrichtung Mediendokumentation) und Potsdam angeboten. Auf der gleichen Ebene der → Ausbildung existieren ferner die Studiengänge zum Diplom-Informatiker (FH) in Köthen sowie das Diplom- und Masterstudium (FH) Informationswirtschaft an der Fachhochschule Stuttgart (→ Medizinischer Dokumentar).

## Dokumentarische Bezugseinheit
*engl.: documentary reference unit*
Eine dokumentarische Bezugseinheit (DBE) stellt das Objekt dar, dessen Merkmale im Dokumentationsprozess als Einheit behandelt werden. Es kann sich dabei um ein → Dokument oder ein Dokumentteil handeln, aber auch etwa um Institutionen, Werkstoffe, Produkte, Objekte oder Medien. Umgekehrt kann auch z.B. eine Dokumentensammlung als Konvolut eine DBE bilden. Die für die DBE in ein Informationssystem eingehende Datenmenge bezeichnet man als → Dokumentationseinheit.

## Dokumentation
*engl.: documentation*
Die klassische Definition des Begriffs Dokumentation verdanken wir Paul ➜ Otlet, der bereits 1907 diese Tätigkeit beschrieb: „Man versteht heute unter Dokumentation die Bearbeitung der Gesamtheit aller schriftlich fixierten und graphischen Quellen unseres Wissens, soweit dieses durch Dokumente aller Art und vor allem durch gedruckte Texte gebildet wird. Sie ist die Ergänzung der anderen Forschungsmethoden: der Beobachtung, des Experiments, der Deduktion." Später wurde Dokumentation nach der offiziellen Formulierung der internationalen Dachorganisation „International Federation of Information and Documentation (➜ FID) so definiert: „Documentation c'est réunir, classer et distribuer des documents de tout genre dans tout les domaines de l'activité humaine (um 1930)." Und um 1960: „Documentation is the collection and storage, classification and selection, dissemination and utilisation of all types of information."- In der Folgezeit wurde dieser Begriff erweitert auf die Methoden (Dokumentationsverfahren), den Tätigkeitsbereich (Dokumentationswesen) oder das Ergebnis des Dokumentierens. Da „Dokumentation" aber zunehmend in weiteren Bedeutungszusammenhängen (z.B. im Journalismus) verwendet und damit zunehmend unscharf wurde, verständigte man sich etwa in den sechziger Jahren des 20. Jahrhunderts allgemein darüber, für den gesamten Tätigkeitsbereich den Terminus „Information und Dokumentation", kurz IuD zu verwenden.

## Dokumentationseinheit
*engl.: documentary unit*
Die Dokumentationseinheit (DE) ist die Datenmenge, die stellvertretend für die ➜ Dokumentarische Bezugseinheit in den Dokumentationsprozess bzw. in Informationssysteme eingeht.

## Dokumentationssprache
*engl.: documentary language; documentation language*
Eine Dokumentationssprache ist eine künstliche Sprache zur ➜ Indexierung, Speicherung und zum ➜ Retrieval innerhalb von Dokumentationssystemen. Hierzu zählen insbesondere Verfahren zur Indexierung mit Stichwörtern (siehe auch ➜ Stichwort) oder Schlagwörtern (siehe auch ➜ Schlagwort) sowie der ➜ Thesaurus und die ➜ Klassifikation.

## Dokumentationsstelle
*engl.: documentation unit*
Dokumentationsstelle ist die Bezeichnung für eine Funktionseinheit bzw. Organisationsform (Stelle, Abteilung etc.), in der ➜ Dokumentation betrieben wird. Derzeit ist sie weniger gebräuchlich, sie wurde in den 1970er Jahren durch die Bezeichnung Informations- und Dokumentationsstelle (IuD-Stelle) abgelöst.

## Dokumentationswürdigkeit
*engl.: validity for documentation*
Auswahlkriterium bei der Entscheidung, ob ein ➜ Dokument bzw. eine ➜ Dokumentationseinheit in ein Dokumentationssystem wie z.B. eine ➜ Datenbank aufgenommen werden soll.

## Dokumentenformat
*engl.: document format*
Mit dem Dokumentenformat wird die technische Aufbereitung hinsichtlich der Art der Codierung und Struktur der Inhalte einer ➜ Datei definiert.

## Dokumentenmanagement
*engl.: document management*
Das Dokumentenmanagement unterstützt eine Organisation mit geeigneten Methoden zum Erstellen, Digitalisieren, Indizieren, Archivieren, Wiederfinden, Weiterleiten und Vernichten aller Arten von Dokumenten. Dokumentenmanagementsysteme unterstützen das Dokumentenmanagement mit hardware- und softwaretechnischen Werkzeugen.

## Dokumentlieferung
*engl.: document delivery*
Dokumentlieferung ist jene Dienstleistung in der Vermittlung wissenschaftlicher Ergebnisse, die lange Zeit als zentrale Alternative zur nationalen und insbesondere internationalen ➜ Fernleihe galt. Sie war häufig nur gegen relativ hohes Entgelt und damit nur eingeschränkt verfügbar. Entwicklungen in den 90er Jahren haben diese Situation deutlich verändert. Typische Bedarfssituationen für den Bezug publizierter Dokumente (im Regelfall Zeitschriftenaufsätze) oder Dokumentauszüge via Document Delivery sind naturwissenschaftlich-technische Arbeitskontexte. Ein deutlicher Schwerpunkt der Nachfrage kommt dabei aus dem medizinisch-pharmazeutischen Bereich. Die Nachfrage aus anderen Wissenschafts- und Anwendungsbereichen wie z.B. den Wirtschafts- oder den Geistes- und Sozialwissenschaften ist im Vergleich dazu eher gering. Die Originalpublikationen, von denen Dokumentkopien geliefert werden, sind auch heute noch überwiegend gedruckt. Folgende Trends sind erkennbar: eine zunehmende Zahl von digitalen Parallelpublikationen im Zeitschriftenbereich, wo-

bei diese Angebotsvariante von den wissenschaftlichen Verlagen entweder aggregiert bei Dokumentlieferdiensten oder von den Verlagen selbst vermarktet werden; wissenschaftliche Eigenpublikationen, die originär digital publiziert und zunehmend zumindest für bestimmte Zielgruppen auf der Basis alternativer Kostenmodelle lizenzfrei bereitgestellt werden (→ E-Prints); digitalisierte Sekundärpublikationen zu Archivierungszwecken sowie zur verbesserten Bereitstellung von originär gedruckten Publikationen.

**Dokumenttyp-Definition**
→ DTD

**Domain-Name**
*engl.: Domain Name System (DNS)*
Trotz der technischen Vorteile der Host-Adressen in Form von IP-Nummern hatten diese zunächst zwei nicht zu unterschätzende Nachteile: Zum einen sind sie aufgrund der vielen Ziffern für Menschen nur schwierig zu merken und zum anderen musste jede Veränderung einer IP-Nummer (z.B. beim Austausch eines Servers) den Beteiligten im Internet bekannt gemacht werden. Deshalb wurde in den 1980er Jahren ein neues Namenskonzept für das → Internet mit der Bezeichnung Domain Name System (DNS) entwickelt, welches dezentral aufgebaut ist und eine einfache Adressierung auf Basis von Buchstaben ermöglicht. Das Grundkonzept von DNS basiert auf einem eigenen hierarchischen Netzwerk von so genannten Domain-Name-Servern. Jede Hierarchieebene verwaltet hierbei einen bestimmten Teil (Zone) im Namensraum. Jeder Name-Server beinhaltet eine Tabelle mit logischen Namen und zugeordneten IP-Nummern. Die Host- bzw. Domain-Namen selbst sind ebenfalls hierarchisch angeordnet und bestehen aus verschiedenen Levels, die durch einen Punkt getrennt dargestellt werden. Top-Level-Domains gliedern sich in die Bereiche Generic wie „com", „net", „org" etc. und nationale Country-Codes wie „de", „ch", „at" etc. Die oberste Serverhierarchie im DNS, die so genannten Root-Server, enthalten Informationen über die Name-Server, welche diese Top-Levels verwalten. Diese wiederum verweisen auf Name-Server, die den Second-Level verwalten. Letzterer bildet den eigentlichen Domain-Namen, der unter gewissen Regeln frei wählbar ist und etwas über den Inhalt bzw. Inhaber der Domain aussagt (z.B. Firmen-, Institutions- oder Personennamen). Ab dem Third-Level ist dann der jeweilige Name-Server des Inhabers für die Verwaltung weiter untergeordneter Domain-Namen (Subdoma-

in) zuständig. Die Name-Server selbst beinhalten eine Tabelle mit den jeweils zuständigen Domain-Namen und der zugeordneten IP-Nummer, wobei einer Nummer auch mehrere Domain-Namen zugewiesen werden können. DNS wird häufig auch als Abkürzung für Domain Name Service oder Domain Name Server verwendet.

**Dosenfleisch**
→ Spam

**DRGs**
*engl.: Diagnosis Related Groups*
Ab 2004 wird die stationäre Behandlung in den Krankenhäusern über „Individualisierte Fallpauschalen" abgerechnet, die englisch als Diagnosis Related Groups bezeichnet werden. Dadurch gewinnt die Dokumentation in den Krankenhäusern stärkere Bedeutung, weil sich mangelnde Dokumentation direkt in geringeren Einnahmen für die Klinik auswirkt. Der Gesetzgeber hat mit der pauschalierten Abrechnung das Ziel, die Behandlung wirtschaftlicher und konzentrierter zu gestalten und damit kürzere Krankenhausverweilzeiten zu erreichen.

**Druck**
*engl.: print*
In den Bereichen der Kernkompetenz der Unternehmen der → Druckindustrie vollziehen sich weitreichende Veränderungen. Die hohe Automatisierung macht immer kleinere Auflagen wirtschaftlich. Es gilt, immer bessere und differenzierte Produkte zu minimalen Kosten zu ermöglichen, wobei sich bei allen Druckverfahren Optimierungsmöglichkeiten bieten: Im Bogenoffset bietet die Vernetzung hohe Rationalisierungspotenziale. Internationale Schnittstellenstandards wie CIP3/CIP4 und JDF werden die Verbreitung der horizontalen und vertikalen Vernetzung entscheidend fördern. Darunter versteht man die direkte Einbindung der Bogenoffsetmaschinen in den digitalen Vorstufenworkflow bzw. die Verknüpfung mit Management-Informations-Systemen. Generell treffen die Aussagen des Bogenoffsets besonders auch auf den Rollenoffset zu. Besondere Möglichkeiten ergeben sich im Coldset. Durch Selected Commercials können an Zeitungsrotationen weitere Deckungsbeiträge erwirtschaftet werden. Der Digitaldruck zeichnet sich durch veränderbare Inhalte auf jeder einzelnen Seite aus. Digitaldrucksysteme sind für Kleinstauflagen ideal. Größere Auflagen werden durch den proportionalen Anstieg der Verbrauchsmaterialkosten schnell unwirtschaftlich. Klassische

Offsetdrucker richten normalerweise ihr Hauptaugenmerk nicht auf den Digitaldruck, da sie einen anderen Markt bedienen.

**Druckindustrie**
*engl.: print industry*
Druckereien lassen sich in die Unternehmenstypen ➙ Print Factory, ➙ Document Manager und ➙ Media Provider einordnen, wobei die folgenden Arbeitsschritte anfallen: Konzeption, Datenhandling (Datenmanagement und die Layout-Umsetzung), Reproduktion (Text- und Bildbearbeitung, Composing, Grafikerstellung und das Erstellen von Printdaten), Prepress (in Datenform gelieferte Vorlagen werden in diesem Prozess zu Druckformen verarbeitet), Druck, Weiterverarbeitung (Falzen, Schneiden, Heften usw.), Veredelung (z. B. Laminieren, Prägen, Stanzen oder Lackieren), Distribution (Lagerung sowie Logistik, Adressierung, Verpackung, Versand usw.).

**DTD**
*engl.: Document Type Definition*
Die Dokumenttyp-Definition (DTD) ist die Definition der erlaubten Elemente und Attribute für eine Klasse von Dokumenten in ➙ SGML oder ➙ XML. Einen Dokumententyp in XML zu beschreiben heißt im Wesentlichen, aufzuzählen, welche elementaren oder zusammengesetzten Elemente er enthält (z.B. Titel, Autor, Vorname, Nachname, Bestellnummer, Preis) und in welchen Reihenfolgen und Verschachtelungen diese Elemente vorkommen können. Elemente werden im Dokument durch so genannte Tags als benannte Klammerstrukturen kenntlich gemacht. Diese Tags werden durch spitze Klammern kenntlich gemacht. Wird die DTD geändert, so wird in allen SGML- oder XML-Dokumenten, die mit dieser DTD arbeiten, diese Änderung nachvollzogen. Die DTD kann im Dokument selbst enthalten sein oder extern gespeichert werden. Zur Unterstützung der DTD-Erstellung werden am Markt verschiedene Software-Programme angeboten. Sehr verbreitet ist z.B. das Programm NEAR & FAR von Microstar Software Ltd.

**DTP**
➙ Desktop Publishing

**Dublin Core Metadaten**
*engl.: Dublin core metadata element set*
Das 1995 in Dublin/Ohio entwickelte „Dublin Core Metadata Element Set" (Dublin Core, DC) ist der am weitesten verbreitete Standard für ➙ Metadaten. Unter Metadaten im engeren Sinn versteht man eine Art bibliographischer Beschreibung für Online-Ressourcen, die von den Anbietern im Dokument selbst (typischerweise im Kopf) angebracht wird. Dahinter steht die Überlegung, dass die große Mehrzahl der Web-Dokumente nicht von Expertinnen und Experten beschrieben werden können, sondern dass die Metadaten durch die Autorinnen und Autoren zur Verfügung gestellt werden müssen. DC definiert eine Menge von einfachen Elementen, deren Namen intuitiv verständlich sind oder durch kurze Definitionen erläutert werden, mittlerweile sind es 15 Datenelemente, die für die Beschreibung von Online-Ressourcen für wichtig gehalten werden. Es enthält sowohl formale (z. B. Title und Author/Creator) als auch inhaltliche Elemente (z. B. Subject and Keywords), außerdem z. B. ein Element „Rights" (Copyright-Angaben, Benutzungsbedingungen). DC ist außerhalb der bibliothekarischen Welt entstanden und trifft keinerlei Regelungen für die inhaltliche Füllung der Datenfelder, ist also weder ein Regelwerk wie ➙ RAK und ➙ AACR, noch ein Datenformat wie ➙ MAB und ➙ MARC. Dennoch wird die DC-Struktur inzwischen auch im IuD-Bereich verstärkt für Internet-Projekte genutzt.

**DVD**
*engl.: Digital Versatile Disc*
Die DVD (Digital Versatile Disc – versatile = vielseitig; DVD war früher eine Abkürzung für Digital Video Disc) will als universeller Multimediastandard Compact-Discs, Videokassetten, CD-ROMs und PC-Wechselplatten ablösen. Äußerlich kaum von der etablierten CD zu unterscheiden, beeindrucken die inneren Werte. Man unterscheidet ein- oder zweiseitige Discs mit einer oder zwei Schichten (Kapazität bis zu 17 GB, das entspricht einer MPEG-Video-Spielzeit von ca. 482 Minuten). Diese Angaben gelten für DVD-ROMs bzw. DVD-Video – also DVDs, die nur gelesen werden können. Weitere Eigenschaften der DVD-Technologie sind: Bis zu neun parallele Videospuren, bis zu acht digitale Tonspuren mit jeweils acht Kanälen und einer Auswahl von maximal acht verschiedenen Sprachen.

# E

**E-Business**
*engl.: electronic business*
Unter E-Business versteht man die Unterstützung der verschiedenen unternehmensinternen oder unternehmensübergreifenden Wertschöpfungsprozesse durch die Nutzung von Informationstechnologie. In Abgrenzung zum ➙ E-Commerce, der eher den markt- und handelsbezogenen Blickwinkel, also den Absatz- und Beschaffungsmarkt berücksichtigt, beschäftigt sich E-Business mit der kompletten Wertschöpfungskette im Unternehmen und deren informationstechnischer Unterstützung. E-Business umfasst somit E-Commerce und ist als „E-Commerce im weiteren Sinne" zu verstehen.

**E-Commerce**
*engl.: electronic commerce*
Der Handel mit Gütern oder Dienstleistungen, die auf einer Webseite angeboten werden, und bei dem der Wertetransfer (Austausch von Ware und Geld) während der ➙ Transaktion stattfindet. Für E-Commerce gibt es noch keine einheitliche Definition; je nach Perspektive reicht das Spektrum der Definitionen von engeren bis sehr weitgefassten wie z.B.: „Jede Form elektronischer Geschäftsbeziehung, bei der die Beteiligten Informationen auf elektronischem Weg und nicht physisch austauschen oder in direktem physischen Kontakt miteinander stehen. „Unter E-Commerce versteht man im Allgemeinen den Handel wirtschaftlicher Güter auf elektronischen Märkten, bei dem mindestens die Informationsphase und die Vereinbarungsphase durchgeführt werden (E-Commerce im weiteren Sinne). Um seine volle Wirkung zu entfalten, sollte E-Commerce jedoch weiter gehen und die Abwicklungs- und After-Sales-Phase mit einschließen (im engeren Sinne). In einem so vollständig mediatisierten Markt werden die Interaktionen zwischen den Marktpartnern in allen Phasen der marktlichen Transaktion bis zur vollständigen Durchführung in einem durchgehenden, integrierten elektronischen System abgewickelt. (➙ Elektronischer Markt, ➙ B2B und ➙ B2C, ➙ I-Commerce, ➙ M-Commerce)

**E-Government**
*engl.: electronic government*
E-Government (elektronische Verwaltung) bezeichnet den Bereich des ➙ E-Commerce, bei dem als Transaktionspartner eine öffentliche Verwaltung beteiligt ist.

**E-Learning**
*engl.: electronic learning; computer based training; CBT; computer based learning; eLearning*
E-Learning bezeichnet das Erkenntnisgebiet bzw. das Wissenschaftsgebiet, welches sich mit der umfassenden Analyse von Wirkzusammenhängen beim Einsatz von einem ➙ E-Learning-Anwendungssystem aus informationstechnologischer, lerntheoretischer und organisatorischer Sicht sowie mit der Entwicklung und Implementierung von Gestaltungskonzepten für ein ➙ E-Learning-System befasst. E-Learning im Sinne eines Prozesses bezeichnet die Nutzung vernetzter computergestützter Informationssysteme zur systematischen Organisation und Unterstützung von ➙ Lernen, in denen ➙ Lerner das Ziel verfolgen, ihr Wissen und ihre Kompetenzen zu aktualisieren und/oder zu erweitern. – E-Learning bezieht sich auf den Einsatz von ausschliesslich elektronischen Lern-Medien. Damit sind alle computer-basierten Medien gemeint. Deshalb wird E-Learning oft auch als CBT bezeichnet (Computer-Based Training). Insofern deckt er sich sowohl mit dem Begriff des Online-Lernens, schließt aber auch die so genannten elektronischen Offline-Medien mit ein. Darunter sind insbesondere Lernprogramme auf CD-ROM gemeint, aber auch beispielsweise Power-Point-Präsentationen o. ä. zu verstehen. E-Learning ist im Kontext von Präsenz-/Distanz- und Online-Lernen zu sehen. (siehe auch ➙ Computerunterstütztes kooperatives Lernen)

**E-Learning-Anwendungssystem**
*engl.: eLearning application system*
E-Learning-Anwendungssysteme umfassen alle Hardware-, Software- und Kommunikationselemente, Datenressourcen, Menschen und Prozessregeln, die im Rahmen der DV-technischen Unterstützung von ➙ Lernen, d.h. Lernprozessen oder -programmen eingesetzt werden.

**E-Learning-System**
*engl.: eLearning system*
Gesamtheit von Elementen und Subsystemen, die – im engeren Sinne – zur planmäßigen Durchführung von ➙ Lernen durch ➙ E-Learning eingesetzt werden. Es umfasst nicht nur das ➙ E-Learning-Anwendungssystem, sondern auch Management- und Unterstützungssysteme, Organisations- und Prozesskonzepte, Menschen und Rollen. E-Learning-Systeme sind in vielfältiger und

komplementärer Weise mit anderen Funktionen, Geschäftsprozessen und IKT-Systemen der Lerndienstleistungen erbringenden Organisation verbunden, z.B. mit Personalmanagement-Systemen und Zahlungssystemen.

**E-Mail**
*engl.: electronic mail*
Ein privater und öffentlicher Teilnehmerdienst für Text-, Festbild- und Sprachmitteilungen, die vom Sender in das elektronische Postfach eines Empfängers abgelegt werden und aus dem sie der Empfänger abrufen muss. Das technische System, in dem E-Mail möglich ist, heißt Mailbox-System. E-Mail gehört zu den ersten und auch bis heute weitverbreitetsten Diensten im Internet. (siehe auch ↪ Datei-Anhang)

**E-Prints**
*engl.: electronic prints*
Elektronische Preprints (E-Prints) konnten sich in einigen Bereichen der Wissenschafts- und Fachkommunikation zu einem neuen Publikationstyp zwischen grauer Literatur und Zeitschriftenaufsatz etablieren. Der Umfang elektronisch zugänglicher wissenschaftlicher Dokumente umfasst schätzungsweise weltweit 12.000 Websites mit etwa einer Million E-Prints zum Abruf. Der Ansatz E-Prints hat teilweise einen ausdrücklich „antiverlegerischen", „antikommerziellen" Impuls und propagiert den allgemeinen, freien und kostenlosen Zugang zur wissenschaftlichen Information (↪ Open Access), die eigenständige Speicherung wissenschaftlicher Publikationen in elektronischen Archiven oder „repositories" und in ihrer extremsten Variante ein vom Autor selbst gesteuertes Publizieren. Damit soll eine Verbesserung der Sichtbarkeit von Literatur und eine Förderung des wissenschaftlichen Austausches über Literatur erreicht werden. Befördert wurde diese Diskussion ganz wesentlich durch den Erfolg eines elektronischen Preprint-Archivs auf dem Gebiet der Hochenergiephysik. (↪ Budapest Open Access Initiative)

**EAN**
↪ Strichcode

**ECLA**
↪ Europäische Klassifikation

**EDI**
*engl.: Electronic Data Interchange*
Bei Electronic Data Interchange (EDI) handelt es sich um ein standardisiertes Datenformat (hauptsächlich in der Anwendung EDIFACT – Electronic Data Interchange For Administration, Commerce and Transport) für den Austausch von Businessinformationen über Computer-Netzwerke mit einmaliger Erfassung, Übertragung und Weiterverarbeitung der Daten ohne manuelle Eingriffe. Per EDI wird ein Großteil des Business-to-Business-Datenflusses durchgeführt (↪ B2B). Vorteile sind der Wegfall der Mehrfacherfassung von Daten, die Reduktion der Übermittlungskosten, Reduktion der Datenerfassungskosten, die Beschleunigung der innerbetrieblichen Kommunikation, die Reduktion von Lagerbeständen und der damit verbundenen Kapitalbindung sowie eine schnelle Abwicklung des Zahlungsverkehrs. Heute fungiert das ↪ Internet (auch ↪ Intranet und ↪ Extranet) als Datenträger für des EDI. Es wirkt als Integrationstool unterschiedlicher Anwendungssysteme in und zwischen Unternehmen. Mit WebEDI, einer neuen Form der EDI-Nutzung, bieten große Unternehmen ihren kleinen nicht EDI-fähigen Geschäftspartnern die Möglichkeit, über das Internet und WWW-Formulare EDI-Nachrichten zu erzeugen bzw. zu empfangen. – Die Verbreitung des elektronischen Datenaustausches in nahezu allen Bereichen von Wirtschaft und Verwaltung hat auch in anderen Anwendungsbereichen zur Entwicklung von Kategorienkatalogen geführt. Der jeweilige ↪ Kategorienkatalog dient häufig nicht nur zur Erschließung, sondern auch zur Strukturierung von Dokumenten. Eine besondere Bedeutung kommt hier der ↪ Normung im Bereich EDIFACT zu, die den elektronischen Datenaustausch für Verwaltung, Industrie und Handel regelt. (↪ E-Business)

**Effektivitätsmessung**
*engl.: efficiency measurement*
Ein Retrieval-System verfügt über die Fähigkeit, relevante Dokumente wiederaufzufinden und gleichzeitig nicht-relevante zurückzuhalten. Beim ↪ Ranking der gängigen Suchmaschinen spielt die Positionierung der Ergebnisobjekte zusätzlich eine wichtige Rolle. Es geht darum, die relevantesten Dokumente in den vordersten Rängen der Ergebnislisten zu präsentieren. Dahinter steht die Annahme, dass ein derartiges System den Benutzer am besten zufrieden stellen wird. Die Bewertung der Effektivität erfolgt durch Bewertung der ↪ Relevanz, der ↪ Genauigkeit, der ↪ Vollständigkeit und der ↪ Signifikanz sowie mit Hilfe des ↪ Retrievaltest. (siehe auch ↪ CLEF, ↪ TREC)

**Eigenname**
↪ Bezeichnung

**Eingabe- und Ausgabewerk**
*engl.: input/output device*
Funktionseinheit innerhalb eines Rechners, die das Übertragen von Daten von Eingabe- (Tastatur, Maus etc.) und Ausgabegeräten (Drucker, Grafikkarte etc.) steuert und dabei ggf. die Daten modifiziert. Sie stellt die Schnittstelle des Rechners zur Außenwelt dar. (→ Von-Neumann-Architektur)

**Einmalblock-Verfahren**
→ Verschlüsselung

**Eintragung**
*engl.: entry*
Nach Anfertigen der Bibliographischen Beschreibung eines Dokuments werden die Eintragungen festgelegt, d.h. diejenigen Auswertungselemente, unter denen das → Dokument in einem Katalog oder in einer → Bibliographie suchbar sein soll. Eintragungen können – jeweils in der → Ansetzungsform – unter Namen von Personen (z. B. einem Verfasser), Namen von Körperschaften (z. B. einem Urheber) sowie Sachtiteln (z. B. bei einem anonymen Werk) angelegt werden. Bibliothekarische Regelwerke wie → RAK und → AACR bestimmen im Einzelfall, welche Elemente die Haupteintragung sowie eventuelle Nebeneintragungen erhalten. In einer Zettelkartei wird für letztere die Haupt-Katalogkarte vervielfältigt und mit einer neuen Ordnungszeile (Kopf) versehen. Unter den Bedingungen einer → Datenbank ist das Konzept der Eintragungen nur noch bedingt sinnvoll, weil einerseits auch Auswertungselemente suchbar sind, die keine Eintragung erhalten (z. B. ISBN-Nummer), und es andererseits bei der Anzeige keinen Unterschied zwischen Haupt- und Nebeneintragung mehr gibt. Man spricht daher besser von Sucheinstiegen (access points).

**Elektronische Einkaufsplattform**
*engl.: electronic procurement system (EPS)*
Elektronische Einkaufsplattformen unterstützen den Einkauf bei der Beschaffung von Produkten mit dem primären Ziel der Kostensenkung, ebenso wie Electronic-Procurement-Systeme (EPS). EPS verbinden aber jedoch nur einen Nachfrager mit vielen Anbietern. Bei elektronischen Einkaufsplattformen haben sich jedoch einige Unternehmen als Nachfrager zusammengeschlossen und treten gemeinsam und als Organisator der Plattform mit den Anbietern in Kontakt. Unter anderem werden elektronische Ausschreibungen und Auktionen (derjenige bekommt den Zuschlag, der das gewünschte Produkt am preiswertesten anbietet) durch das System durchgeführt. Bei fortgeschrittenen Systemen ist die EDV aller beteiligten Anbieter angeschlossen, so dass direkt bei Auktionsende der Lieferant, der den Zuschlag erhielt, automatisch mit der Produktion beginnen kann. Auch können etwaige Änderungen direkt über das System abgewickelt werden. (→ Elektronischer Markt, → E-Commerce, → M-Commerce)

**Elektronische Post**
→ E-Mail

**Elektronische Preprints**
→ E-Prints

**Elektronische Verwaltung**
→ E-Government

**Elektronischer Markt**
*engl.: electronic market*
Ein elektronischer Markt entsteht durch die Mediatisierung der Markttransaktionen, also die elektronische Abbildung der Kommunikationsbeziehungen. Eine Form der Mediatisierung von marktlichen Transaktionen besteht in der Unterstützung einzelner Phasen der → Transaktion durch Informations- und Kommunikationstechnik. Elektronische Märkte sind somit Informations- und Kommunikationssysteme zur Unterstützung aller oder einzelner Phasen und Funktionen der marktmäßig organisierten Leistungskoordination. – Elektronische Märkte im engeren Sinne sind mit Hilfe der → Telematik realisierte Marktplätze, d. h. Mechanismen des marktmäßigen Tausches von Gütern und Leistungen, die alle Phasen der Transaktion unterstützen (→ Elektronischer Marktplatz). In einem so vollständig mediatisierten Markt werden die Interaktionen zwischen den Marktpartnern in allen Phasen der marktlichen Transaktion bis zur vollständigen Durchführung in einem durchgehenden, integrierten elektronischen System abgewickelt. Angebot und Nachfrage treffen sich in elektronischen Informations- und Kommunikationssystemen. In diesem System wird auch die Preisbildung – der Koordinationsmechanismus des Marktes – elektronisch unterstützt. Ziel eines derart umfassend elektronisch realisierten Marktes ist die Annäherung an den vollkommenen Markt. Ein vollständig elektronisch realisierter Markt ist jedoch ein theoretischer Grenzfall, der praktisch nicht erreichbar ist. Aktuelle Systeme unterstützen meist nur einzelne Funktionen und Phasen der marktlichen Koordination. Werden nicht alle Phasen der Transaktion unterstützt, spricht man von elektro-

nischen Märkten im weiteren Sinne. (siehe auch ➜ E-Commerce)

**Elektronischer Marktplatz**
*engl.: electronic market place*
Elektronische Marktplätze stellen die Organisationsformen elektronischer Märkte dar. Ein elektronischer Marktplatz bringt viele Nachfrager auf einer neutralen Website, die von einem Organisator betrieben wird, mit vielen Anbietern zusammen. Er erfüllt die klassischen ökonomischen Funktionen eines Markts, ohne dass die Teilnehmer physisch vertreten sind. Der Marktplatz bzw. Organisator übernimmt die Mittlerfunktion, er stellt eine einheitliche Bedienoberfläche (z. B. Suchsystem für ein Produkt über alle Anbieter hinweg) zur Verfügung, integriert Bestell- und Bezahlungssysteme, organisiert die Auslieferung der Waren und übernimmt den After-Sales-Service, ergänzend können Mehrwertdienste wie Bonitätsprüfung, Treuhänderfunktion, Zollabwicklung u.v.m. angeboten werden. Er unterstützt somit alle Phasen der ➜ Transaktion.

**Elektronisches Fachportal**
Elektronische Fachportale werden entweder von einem Großhändler oder von einem Zusammenschluss von Fachhändlern betrieben. Elektronische Fachportale bieten den Facheinzelhändlern nicht nur die Möglichkeit sich elektronisch zu präsentieren, sondern auch ein breites Spektrum an Dienstleistungen. Sie unterstützen ihre Geschäftskunden bei deren eigenen Geschäftstransaktionen wie z.B. beim Marketing, Vertrieb und Service. Fachportale decken den gesamten Bedarf ihrer Kunden ab. Dadurch wird der Facheinzelhandel in die Lage versetzt, die gleichen Dienstleistungen und Produkte wie ein Großhändler anzubieten. Die Kundenbeziehung bleibt beim Fachhändler vor Ort, aber die Internet-Shop-Lösung wird zentral vom Großhändler zur Verfügung gestellt und zwar so, dass der Fachhändler weiterhin individuell auftreten kann. (➜ Elektronischer Markt, ➜ E-Commerce, ➜ M-Commerce)

**Elektronisches Publizieren**
*engl.: electronic publishing*
Das Spezifikum des Elektronischen Publizierens ergibt sich daraus, dass eine Klasse von Publikationen auftritt, die einerseits die Kriterien des Publizierens erfüllt, deren Nutzung jedoch andererseits an spezifische informationstechnische Mittel geknüpft ist. Das Besondere des Elektronischen Publizierens liegt so gesehen zunächst nur darin, dass zur Nutzung der elektronischen Publikationen technische Hilfsmittel – Software, Hardware, Anschluss an die Netzinfrastruktur – benötigt werden. Elektronisches Publizieren umfasst also öffentliche und zeitpunktunabhängige Formen indirekter Kommunikation über anerkannte Kanäle von derzeit überwiegend textlichen und grafischen Informationen in digitaler Form, wobei computerspezifische und multimediale Möglichkeiten zunehmend zum Einsatz kommen. Man kann zwei Distributionsformen für elektronische Publikationen unterscheiden: Offline- und Online-Medien, d.h. auf der einen Seite Disketten, CD-ROM, DVD und andere portable Speichermedien und auf der anderen Seite alle Distributionsformen, die über Telekommunikationsnetze abgewickelt werden.

**Eliza-Syndrom**
Die auf die Erfahrung Weizenbaums mit seinem frühen Künstliche-Intelligenz-System Eliza zurückgehende Beobachtung, dass Menschen dazu neigen, oft gegen besseres Wissen Computern Intelligenz (➜ Künstliche Intelligenz) zuzugestehen und sie zum Beispiel in einem psychiatrischen Gespräch als Gesprächspartner zu akzeptieren.

**Empirische Methoden**
*engl.: empirical methods*
Empirische Methoden der Sozialforschung dienen der Untersuchung, Analyse und Interpretation der Wirklichkeit oder Erwartungen und Einstellungen der untersuchten Personen(gruppen). In der empirischen Sozialforschung wird zwischen quantitativen und qualitativen Methoden unterschieden. Die quantitativen Methoden versuchen, mit möglichst genauen Messverfahren Daten über die soziale Realität zu gewinnen. Die qualitativen Methoden versuchen mit interpretativen Verfahren Muster der Realität festzustellen, ohne exakte Messungen vorzunehmen. Inzwischen haben sich auch Diskussionen über die Möglichkeit und Zulässigkeit der Kombination von quantitativen und qualitativen Methoden ergeben, oft wird dabei von Methoden-Triangulation gesprochen. (siehe auch ➜ Empirischer Forschungsprozess)

**Empirischer Forschungsprozess**
*engl.: empirical research process*
Die Reflektion des empirischen Forschungsprozesses dient dazu, jeweils angemessene ➜ Empirische Methoden auszuwählen. Ausgehend von der Aufgabenstellung sind alle Stufen des empirischen Forschungsprozesses daraufhin zu untersuchen, welche einzelnen Theorien, Methoden und Ver-

fahren im speziellen Forschungskontext anzuwenden sind. Im Sinne einer ethisch einwandfreien Vorgehensweise sind diese Überlegungen (insbesondere auch hinsichtlich der durch die Aufgabenstellung oder den Auftraggeber sowie die finanziellen und institutionellen Rahmenbedingungen gegebenen Restriktionen) explizit zu formulieren.

**Emulation**
*engl.: emulation*
Hard- oder Softwareeinrichtung, mittels derer ein System die Funktionalität eines anderen wohldefinierten Systems vollständig nachzubilden in der Lage ist. Zweck der Emulation ist es, auf einem System Daten und Programme zu verarbeiten, die ursprünglich für ein anderes System bestimmt waren. Die Anwendung von Emulationsverfahren bei der → Langzeitarchivierung digitaler Ressourcen wird vor allem dann erwogen, wenn → Migration wegen hoher Komplexität der digitalen Objekte ausgeschlossen ist.

**Encyclopédie**
Die in den Jahren 1751 bis 1780 von Denis Diderot und Jean le Rond d'Alembert herausgegebene „Encyclopédie" war ein den Gedanken der Aufklärung verpflichtetes Nachschlagewerk neuen Typs, dem eine wichtige Rolle in der gedanklichen Vorbereitung der französischen Revolution zugeschrieben wird. Die enzyklopädische Form wurde als politische Waffe genutzt, um abweichende politische und vor allem religiöse Haltungen im Alphabet zu verstecken. Diderot schreibt zu der Intention dieses Werks: „Tatsächlich zielt eine Enzyklopädie darauf ab, die auf der Erdoberfläche verstreuten Kenntnisse zu sammeln, das allgemeine System dieser Kenntnisse den Menschen darzulegen, mit denen wir zusammenleben, und es den nach uns kommenden Menschen zu überliefern, damit die Arbeit der vergangenen Jahrhunderte nicht nutzlos für die kommenden Jahrhunderte gewesen sei; damit unsere Enkel nicht nur gebildeter, sondern gleichzeitig auch tugendhafter und glücklicher werden und damit wir nicht sterben, ohne uns um die Menschheit verdient gemacht zu haben." (→ Enzyklopädie)

**Endnutzer**
*engl.: end user*
In der online-vermittelten Informationsversorgung wird ein Benutzer von Informationssystemen, der nicht über speziell geschulte Kenntnisse und Fähigkeiten im Umgang mit der Informations- und Kommunikationstechnik verfügt, als Endnutzer bezeichnet. Der Begriff Endnutzung bringt zum Ausdruck, dass im Rechercheprozess zwischen Online-Informationsquellen und Informationsnachfrager keine professionelle Vermittlungsinstanz zur Unterstützung der → Informationssuche eingeschaltet ist, sondern dass ein Informationsnutzer sich weitgehend selbstständig der Retrievalinstrumente bedient, die den Zugang zu den Ressourcen des Online-Informationsmarktes ermöglichen. Diese oft auch als → Disintermediation bezeichnete Entwicklung wurde aufgrund der Einführung der Internet- und Intranet-Technologie, durch die Entwicklung komfortabler Benutzungsoberflächen für Datenbanken und Informationssysteme sowie durch das ausgeweitete Angebot intuitiv bedienbarer Retrievalsysteme und Suchmaschinen begünstigt.

**Enigma**
→ Verschlüsselung

**Enkodierung**
*engl.: encoding*
Unter Enkodierung versteht man die gedankliche Umsetzung von Begriffen in kommunizierbare Zeichen (Bezeichnungen). In der Psychologie ist Enkodierung die Transformation eines wahrgenommenen Reizes (externe Information) in einen Code, den das Gehirn verarbeiten kann (interne → Information), z.B. ein Bild, ein Begriff.

**Entität**
*engl.: entity*
Eine Entität ist ein existierendes Objekt, das sich durch die Wertausprägungen seiner Attribute von allen anderen gleichartig strukturierten Objekten unterscheidet. Gleichartig strukturierte Entitäten werden in einem Entitätentyp (vergleichbar der objektorientierten Klasse) zusammengefasst.

**Entropie**
*engl.: entropy*
Die Entropie gehört zu den Zustandsgrößen thermodynamischer Systeme und wird in der statistischen Thermodynamik mit Hilfe der Boltzmann-Konstante beschrieben. Die Entropie wird häufig vereinfacht als „Unordnung" des Systems beschrieben, lässt sich aber begrifflich genauer als potentielle Information, also Unkenntnis über den Mikrozustand im Makrozustand charakterisieren. Die Aussage, dass in abgeschlossenen Systemen die Entropie stets monoton steigt, wird als zweiter Hauptsatz der Thermodynamik bezeichnet. (siehe auch → Schwarz-Loch-Entropie)

**Entscheidung**
*engl.: decision; decision process*
Eine Entscheidung ist zum einen die Wahl einer Handlung aus einer Menge möglicher Alternativen (Entschluss), kann zum anderen aber auch als ein Prozess von Entscheidungsakten verstanden werden, der sich über einen längeren Zeitabschnitt erstreckt. Ein Entscheidungsprozess lässt sich in mehrere Phasen gliedern (Problemerkennung, Alternativenbildung, Wahl und Kontrolle) und setzt Information voraus. Dabei sind Rationalitätsrestriktionen zur berücksichtigen (begrenzte, kontextuelle, prozedurale, retrospektive Rationalität).

**Entwicklungsdokumentation**
*engl.: development documentation*
Die Entwicklungsdokumentation ist die komplette Sammlung von Dokumenten, die während der Entwicklung eines Produktes oder Systems von den Entwicklern (auch in einer Interaktion mit dem Kunden) entstehen. Dazu können z.B. die erste Beschreibung einer Produktidee, die Pflichten- bzw. Lastenhefte, die Spezifikation und die Testpläne mitgezählt werden. Die Entwicklungsdokumentation unterliegt den gleichen Regeln wie die → Technische Dokumentation.

**Enzyklopädie**
*engl.: encyclopaedia*
Die definitorische Abgrenzung der Begriffe Wörterbuch und Enzyklopädie wird nicht einheitlich gehandhabt: Die auf den ersten Blick einleuchtende Unterscheidung in Wörterbücher als Nachschlagewerke, die Wörter erklären, und Enzyklopädien als solche, die Begriffe (Gegenstände, Sachverhalte, Dinge, Ereignisse) erklären, ist in der Praxis angesichts der Tatsache, dass Wörterbücher aufgrund des Verweischarakters der Sprache stets auch Sachinformationen enthalten, und Enzyklopädien auch linguistische Informationen liefern, wenig trennscharf. Vielmehr sind die Übergänge zwischen beiden Formen fließend. Die Bedeutung von Wörterbüchern und Enzyklopädien für die Informationserschließung und -vermittlung erschließt sich aufgrund dreier gemeinsamer Charakteristika: (1) Die strukturierte Anordnung der Einträge nach einem vorgegebenen Ordnungsprinzip, die vor allem darauf abzielt, den Gebrauch als Nachschlagewerk zu erleichtern. (2) Hieraus ergibt sich die atomistische Betrachtungsweise der Inhalte, die jeden Eintrag einzeln betrachtet. Auf diese Weise machen Wörterbücher und Enzyklopädien Informationen punktuell zugänglich und sind in der Regel nicht zur linearen Lektüre vorgesehen. (3) Wörterbücher und Enzyklopädien zeichnen sich durch ihre primär praktisch-informative Zielsetzung aus, das heißt die Orientierung an konkreten Informationsbedürfnissen des Nutzers. In ihrer Konzeption orientieren sie sich vorrangig daran, Zweifel des Nutzers in Hinblick auf den Gebrauch einzelner Worte oder Begriffe aufzulösen. Aus informationstheoretischer Sicht kann man formulieren: Wörterbücher und Enzyklopädien streben die Reduktion von Ungewissheit auf Seiten des Nutzers an. – Der Begriff Enzyklopädie lässt sich auf das griechische enkyklios paideia zurückführen, was übersetzt in etwa „Kreis des Wissens" bedeutet und mit unserem Begriff der „allgemeinen Bildung" korrespondiert. (→ Encyclopédie, → Mikrostruktur, → Makrostruktur, → Verteilungsstruktur, → Rahmenstruktur, → Zugriffsstruktur, → Verweisstruktur)

**Epidemiologische Studie**
*engl.: epidemiological survey*
Um gesundheitliche Risiken oder Prophylaxefaktoren herauszufinden, müssen viele Personen befragt und untersucht werden, die Befunde und Daten sind sorgfältig zu dokumentieren und statistisch auszuwerten. In epidemiologischen Studien wurden z.B. Übergewicht, Rauchen, Bewegungsmangel und Ernährung mit gesättigten Fettsäuren als Risikofaktoren für Herzinfarkt ermittelt. In epidemiologischen Studien werden auch Risiken am Arbeitsplatz ermittelt (z.B. Asbestverarbeitung, Gummivulkanisierung). Schließlich lassen sich auch Schutzfaktoren erkennen, wie z.B. die Verminderung von Karies durch hartes Trinkwasser. Die genaue Erfassung von Exposition und vielen medizinischen Befunden an einer Großzahl von Personen oft über mehrere Jahre erfordert einen beachtlichen dokumentarischen Aufwand.

**Episodisches Gedächtnis**
→ Gedächtnis

**EPROM**
→ ROM

**Erfindung**
*engl.: invention*
Patentfähig ist eine Erfindung, wenn sie technisch, neu, auf einer erfinderischen Tätigkeit beruhend und gewerblich anwendbar ist. Im Patentrecht wird die Zusammenfassung der Erfindung (Abstract) in der vom Anmelder eingereichten Form veröffentlicht und dient ausschließlich der technischen Information. Die Zusammenfassung soll die Bezeichnung der Erfindung und eine Kurzfassung der in der Beschreibung, den Patentansprüchen und

Zeichnungen enthaltenen Beschreibung enthalten.
(➙ Invention, ➙ Patent)

**Ergänzungsstudium Informationswissenschaft**
➙ Aufbaustudium Informationswissenschaft

**Erläuterungskategorie**
➙ Scope note

**ETSI**
➙ CEPT

**Europäische Klassifikation**
*engl.: European Classification (ECLA)*
Die Europäische ➙ Klassifikation (ECLA) ist eine Erweiterung der Internationalen Patentklassifikation (IPC). Mit ca. 130.000 Notationen verfügt die ECLA über ca. 60.000 Notationen mehr als die IPC und ist damit genauer. Sie wird laufend überarbeitet und rückwirkend angewendet. Der PCT-Mindestprüfstoff (außer Japan und Russland) sowie weitere Dokumente werden im Europäischen Patentamt (EPA) nach der ECLA klassifiziert. Bei der ECLA kann sich an das IPC-Symbol noch eine ECLA-Untergruppe in Form eines Buchstabens (sowie gegebenenfalls eines weiteren Buchstabens oder einer Zahl anschließen).

**Europäische Konferenz der Verwaltungen für Post und Telekommunikation**
➙ CEPT

**European Telecommunications Standards Institute**
➙ CEPT

**Evidenzbasierte Medizin**
*engl.: evidence based medicine*
In der heutigen Medizin wird erwartet, dass jede diagnostische und therapeutische Maßnahme begründet werden kann. Die Begründungen sollen sich auf Studien stützen, aus denen evident wird, dass eine geplante Maßnahme in der vorliegenden Situation den Patienten nützt. Eine Evidence Based Medicine erfordert einen extrem dokumentarischen Aufwand. (➙ Klinische Studie)

**Expert Review**
*engl.: expert review*
Einschätzung der ➙ Gebrauchstauglichkeit einer ➙ Software durch einen Experten oder ein Expertengremium. Expert Reviews erlauben – verglichen mit Usability Tests oder gar kontrollierten Experimenten – eine schnelle und vergleichsweise kostengünstige Evaluation von Software, die schon früh im Lebenszyklus der Software erfolgen kann. Dabei kann aus den folgenden Methoden ausgewählt werden: 1. Heuristische Evaluation (Die Experten kritisieren die Software auf der Basis einer Kollektion anerkannter Entwurfsheuristiken.) 2. Guidelines review (Es wird überprüft, ob die Software mit unternehmensspezifischen Entwurfsregeln in Übereinstimmung ist.) 3. Konsistenzprüfung (Die Experten prüfen, ob innerhalb einer Softwarefamilie Konsistenz hinsichtlich des Einsatzen von Stilmitteln, Terminologien etc. besteht.) 4. Cognitive Walkthrough (Die Experten versetzen sich in die Lage eines 'typischen' Nutzers und versuchen dessen Aufgaben nachzuvollziehen.) Ein Problem der Expertenevaluation ist die häufig unzulängliche Kenntnis des Anwendungsbereichs und der Motivationslage der Benutzer seitens der Experten.

**Expertensystem**
*engl.: expert system*
Ein Expertensystem ist ein wissensbasiertes System, das bereichsspezifisches Wissen eines Experten enthält und einem Anwender unter einer speziellen, erklärenden Form zur Verfügung stellt. Expertensysteme enthalten Problemstellungen und Lösungsalgorithmen nicht explizit in Form eines Programms, sondern beschreiben ein Problem deklarativ, wobei die systeminterne Problemlösungskomponente (Inferenzmaschine) selbständig Lösungen sucht und dem Benutzer anbietet. Dies wird dadurch möglich, dass Wissen von Experten in einer ➙ Wissensbasis abgespeichert wird. Die Akquisition von Wissen erfolgt mit Hilfe einer Wissenserwerbskomponente, wobei die Hauptproblematik in der adäquaten Formalisierung des Wissens in die systemeigene Darstellung liegt. ➙ Wissen wird dabei dargestellt als Fakten- bzw. Regelwissen. Regeln haben oft die Form „Wenn-Dann" und bilden die Grundlage für Ableitungen und Schlussfolgerungen.

**Explorer**
➙ Internet-Explorer

**Extraktionsprinzip**
➙ Stichwort

**Extranet**
Ein Extranet ist ein firmeneigenes Netz, das auf denselben Technologien wie das ➙ Internet basiert, jedoch auf eine bestimmte Benutzergruppe beschränkt ist. Extranets dienen der Zusammenarbeit zwischen ansonsten selbständigen juristischen Personen wie Unternehmen oder Verwaltungen.

# F

**Facettenklassifikation**
*engl.: facet classification*
Eine Facettenklassifikation (auch analytisch-synthetische ➙ Klassifikation genannt) geht von den in einer Systematik zusammengestellten, gleichrangigen Merkmalsbegriffen eines Wissensgebietes aus (z.B. Objekte, Eigenschaften, Personen, Zeit), denen entsprechende Einzelbegriffe (auch Foci oder Isolate genannt) zugeordnet werden. Derart entstandene Begriffsgruppen werden als Kategorien oder Facetten bezeichnet. Die notwendige Untergliederung erfolgt durch weitere (Unter-)Facetten. Klassifikationen dieser Art sind in der Regel ahierarchisch und mehrdimensional. Mit ihnen können durch ➙ Postkoordination, d.h. erst bei der Erschließung von Wissensquellen, auch sehr komplexe Sachverhalte, deren Bestandteile analytisch ermittelt wurden, durch Synthese von Begriffen aus verschiedenen Facetten (meist mit Hilfe einer so genannten „Facetten- oder Kategorienformel") wiedergegeben werden. Damit sind diese Klassifikationen synthetisch, polydimensional und kombinatorisch und unterstützen ➙ Polyhierarchie. Ein Beispiel hierfür ist die ➙ Colon-Klassifikation. Beispiele aus der Medizin sind ➙ TNM-System und ➙ Systemised Nomenclature of Medicine (SNOMED).

**Fachangestellter für Medien- und Informationsdienste**
Der Beruf des Fachangestellten für Medien- und Informationsdienste (FAMI) existiert in den Fachrichtungen ➙ Archiv, ➙ Bibliothek, Information und ➙ Dokumentation sowie Bildagentur. Es handelt sich um einen dualen Ausbildungsgang mit praktischer Ausbildung in einem Lehrbetrieb und theoretischer Ausbildung in einer Berufsschule. Die ➙ Ausbildung dauert zwei bis drei Jahre, je nach den individuellen Voraussetzungen. Seit dem Sommer 2000 gibt es bei der Ausbildung zum Fachangestellten für Medien- und Informationsdienste (FAMI) auch die Fachrichtung ➙ Medizinische Dokumentation. Die Anzahl der in der Fachrichtung Medizinische Dokumentation ausgebildeten FAMI ist noch verhältnismäßig klein.

**Fachgruppe 7**
Die „Fachgruppe 7 (Medienarchivare und -dokumentare)" im Verein Deutscher Archivare (FG 7/VDA) ist eine Vereinigung der Mitarbeitern/innen von Presse, Rundfunk und verwandten Bereichen.

**Fachhochschulstudium**
➙ Dokumentar; Informationswirt

**Fachinformation**
*engl.: specialized information*
Der Teil der Information, der in professionellen, bevorzugt wissenschaftlich-technischen, medizinischen und wirtschaftlichen Bereichen produziert und vor allem benötigt wird, zum andern auch das professionelle Gebiet, das dabei beteiligt ist; traditionell die Bereiche Archiv, Bibliothek (vor allem Spezialbibliothek) und Dokumentation, neuer die ➙ Informationswissenschaft und Informatik/Wirtschaftsinformatik, soweit letztere Methoden zur Erstellung und Verbreitung von Informationsprodukten entwickeln und dem Fachinformationsgebiet zur Verfügung stellen.

**Fachinformationseinrichtung**
Unter der Sammelbezeichnung „Fachinformationseinrichtungen" wurden Institutionen der Information und Dokumentation (IuD-Stellen) in den 1970er Jahren zusammengefasst. Die Bezeichnung wurde durch das Bundesministerium für Forschung und Technologie (BMFT) geprägt.

**Fachinformationsprogramm**
Das Fachinformationsprogramm 1985-1988 der Bundesregierung und das Fachinformationsprogramm der Bundesregierung für die Planperiode 1990-1994 waren Nachfolgeprogramme vom ➙ IuD-Programm von 1974.

**Fachinformator**
➙ Aufbaustudium Informationswissenschaft

**Faktendatenbank**
*engl.: factual database*
Im Unterschied zur ➙ Referenzdatenbank und zur ➙ Volltextdatenbank besteht die Aufgabe von Faktendatenbanken in der Darstellung der als relevant geltenden Eigenschaften von Objekten, Vorgängen, Ereignissen oder Modellen. Die Datenbanken geben die benötigten Informationen direkt und unmittelbar wieder und ermöglichen den Vergleich verschiedener Objekte oder Indikatoren und/oder die Erkenntnis einer zeitlichen Entwicklung. Die Informationen sind in eine feste und einheitliche Struktur gefasst. Es dominieren numerisch und elementar ausgeprägte Werte. Die umfassenden und zugleich gezielten Selektiermöglichkeiten bei der Recherche sind eine entscheidende Stärke dieser Datenbanken. Faktendatenbanken enthalten z.B.

physikalische, chemische oder technische Daten. Es können Wirtschaftsstatistiken (Import- und Exportzahlen, Branchenstatistiken oder Produktionsstatistiken) oder Finanzdaten von Wertpapieren recherchiert werden. (siehe auch ➙ Datenbank)

**FAMI**
➙ Fachangestellter für Medien- und Informationsdienste

**Fédération International de Documentation**
➙ FID

**Fernleihe**
*engl.: interlending*
Anders als die entgeltpflichtige kommerzielle ➙ Dokumentlieferung beruht die Fernleihe auf einem Rechtsverhältnis zwischen Bibliotheken unter Einbeziehung von deren Nutzern. Insbesondere von Hochschulbibliotheken erfolgt hierzu die Bereitstellung von Literatur für Wissenschaft und Forschung auf der Basis gegenseitiger, nicht verrechneter Dienstleistungen. Faktisch bietet die Fernleihe in Deutschland heute – auf der Grundlage von Online-Bestellungen und zum Teil auch Online-Lieferungen – einen funktional optimierten Basisdienst der Dokumentlieferung. Dieses Konzept sowie seine Umsetzung erfuhr in den letzten Jahren einen grundlegenden Wandel, der sich in einer Neufassung der so genannten Leihverkehrsordnung durch einen Beschluss der Kultusministerkonferenz (KMK) vom 19.9.2003 ausdrückt. Deren wesentliche Änderungen sind u.a.: Das Regionalprinzip, d.h. die prioritäre Beschaffung von Dokumenten aus jener Fernleihregion, der die bestellende ➙ Bibliothek angehört, bleibt bestehen; Die Online-Bestellung ist vorrangiges Bestellprinzip; Die Lieferbibliothek erhält von der bestellenden Bibliothek einen überregional abgestimmten Betrag für jede positiv erledigte Online-Bestellung, der über die regionalen Verbundsysteme abgewickelt wird; Vom Benutzer wird weiterhin lediglich eine Schutzgebühr/Auslagenpauschale (nach einer Empfehlung der KMK 1,50 EUR) und kein kostendeckendes Lieferentgelt erhoben.

**Fernseharchiv**
*engl.: television archives*
Das Fernseharchiv als Teil vom ➙ Rundfunkarchiv arbeitet nach dem „Regelwerk Fernsehen". Das am weitesten verbreitete Informationssystem hier ist die Datenbank FESAD (Fernseharchivdokumentation), ein Volltext-Retrievalsystem, mit dem seit 1986 viele Rundfunkanstalten arbeiten (geplant ist die Ablösung dieses Regelwerkes durch ein System namens „MMRW – Multimediales Regelwerk"). In dieser Datenbank können alle Teilnehmer auch auf die Produktionen der anderen Partner zugreifen, was im Zusammenhang mit dem Programmaustausch wichtig ist. Die Produktionskosten im Fernsehen sind so hoch, dass der Programmaustausch und die Wiederverwertung eine größere Rolle spielen als z.B. im Hörfunk. Demzufolge kann man im Fernseharchiv von einer „Fast-Totalarchivierung" sprechen.

**FID**
*engl.: International Federation of Information and Documentation*
Die Fédération International de Documentation (FID) wurde 1931 gegründet als internationale Dachorganisation der dokumentarischen bzw. informationspraktischen und -wissenschaftlichen Verbände und Vereine. 1986 erfolgte die Umbenennung in „International Federation of Information and Documentation". Die Deutsche Gesellschaft für Dokumentation (DGD bzw. ➙ DGI) ist seit 1958 Mitglied der FID. Die FID ist aus dem „Institut International de Documentation" (➙ IID) in Brüssel hervorgegangen.

**File Transfer**
Internetdienst zur Übermittlung großer Datenmengen, der auf dem FTP (File Transfer Protocol) basiert und zu den ersten Diensten im ➙ Internet gehört.

**Filter-Modell**
*engl.: filter model*
Während das ➙ Kanalreduktionsmodell implizit das Vorhandensein möglichst vieler Sinneskanäle für den Kommunikationserfolg fordert, konzentriert sich das Filter-Modell auf die konkrete Bedeutung der auf unterschiedlichen Sinneskanälen übermittelten Informationen. Das Modell hebt hervor, dass bei textbasierter medialer Kommunikation vor allem Hintergrundinformationen bezüglich sozialer Kategorien (z.B. Geschlecht, Alter, Ethnizität, sozialer Status) herausgefiltert werden. Dieses Herausfiltern von markanten Gruppenzugehörigkeiten führt zu kommunikativer Enthemmung. Enthemmung wiederum hat (jeweils situationsspezifische) sozial erwünschte Effekte zur Folge (z.B. Egalisierung, soziale Unbefangenheit, verstärkte Selbstoffenbarung, Intimisierung), birgt andererseits aber auch soziale Probleme (z.B. Regellosigkeit, Egozentrismus, Aggressivität).

**Fisheye Views**
Fisheye Views sind eine Klasse von Visualisierungsverfahren für Graphstrukturen für ➙ Hypertext, die je nach Abstand zu einem Ausgangspunkt den einzelnen informationellen Einheiten unterschiedlichen Raum in der Darstellung zuordnen. Fisheye Views sind paradigmatisch für Verfahren, die, von einer vorgegebenen Position im Hyperdokument ausgehend, ➙ Knoten im Hypertext bis zu einem gewissen Abstand berücksichtigen. Dabei wird die Detaillierung der Darstellung mit zunehmendem Abstand verringert. Visualisiert werden können die ausgewählten Hypertextfragmente dann als Graphen.

**FIZ**
➙ IuD-Programm

**Formale Analyse**
➙ Formalerschließung

**Formalerschließung**
*engl.: formal description; formal document description; document description; descriptive cataloguing*
Unter Formalerschließung (auch formale Analyse, Formalkatalogisierung, alphabetische Katalogisierung oder Titelaufnahme) versteht man die konsistent nach bestimmten Regeln erfolgende Beschreibung und das Wiederauffindbar-Machen von Dokumenten nach äußerlichen, formalen Kriterien. Sie stellt seit jeher eine zentrale Aufgabe von ➙ Bibliothek, ➙ Archiv und ➙ Dokumentation dar und bildet das Fundament, auf dem die ➙ Inhaltserschließung aufsetzt. Die formale Erschließung erfolgt meist nach bibliothekarischen Regelwerken wie ➙ RAK oder ➙ AACR. Sie beinhaltet nicht nur eine ➙ Bibliographische Beschreibung des Dokuments, sondern auch die Festlegung der Elemente, unter denen das Dokument suchbar sein soll (➙ Eintragung). Man nennt diese Daten auch Auswertungselemente: Beispiele sind Titelangaben, Verfasser, Ausgabe- und Auflagebezeichnung, ISBN-Nummer usw. Dafür ist jeweils auch die ➙ Ansetzungsform zu bestimmen. Die konventionelle Formalerschließung (z. B. als Zettelkatalog) wurde mittlerweile zumeist von der Erfassung in bibliographischen Datenbanken abgelöst. Diese Auswertungselemente stellen einen Teil der so genannten ➙ Metadaten dar. Als in den 1970er Jahren die rechnergestützte Arbeit auch bei der Erstellung von Bibliothekskatalogen durchsetzte, wurde der so genannte ➙ Kategorienkatalog entwickelt, der eine systemunabhängige Erfassung der Daten unterstützt und damit auch den Datenaustausch zwischen Bibliotheken erleichtert.

**Formalkatalogisierung**
➙ Formalerschließung

**Formkommentar**
➙ Mikrostruktur

**Forschungsfront**
*engl.: search front*
Forschungsfronten ergeben sich aus Clusteranalysen, bei denen bestimmte Arbeiten oberhalb eines Schwellenwertes gemeinsam zitiert werden. Dabei hat sich gezeigt, dass solche Cluster häufig zu so genannten hot spots, also zurzeit heiß umkämpften Themen in der Wissenschaft, führen. (siehe auch ➙ Zitatenanalyse und ➙ Kozitationsanalyse)

**Fragebogengestaltung**
*engl.: questionnaire design*
Der Fragebogen ist das zentrale Mittel der ➙ Befragung. Daher ist die Gestaltung des Fragebogens hinsichtlich der Art und Form der Fragen und der Antwortvorgaben oder -möglichkeiten von großer Bedeutung. Ausgehend von den formulierten Hypothesen sind die Fragen zu formulieren, die von den Befragten beantwortet werden sollen. Die Fragen sind Transformationen der Forschungsfragestellung in die Sprache bzw. den Bezugsrahmen des Befragten. Hinsichtlich der Form der Fragen unterscheidet man zwischen offenen Fragen und geschlossenen Fragen. Die offene Frage überlässt dem Befragten die Formulierung seiner Antwort in eigenen Worten. Die geschlossene Frage gibt dem Befragten feste Antwortmöglichkeiten vor, z. B. „ja – nein", „ist wichtig – ist unwichtig". Mitunter werden Antwortvorgaben gemacht, die eine Rangordnung beinhalten, so genannte Ratingskalen; dies kann verbal oder in graphischer Form (Zeichnung, Flächenvergleich, bezifferte Skala) erfolgen.

**Freitext-Methode**
➙ Stichwort

**FROM**
➙ ROM

**Fundstelle**
➙ Formalerschließung

**Fuzzy-Retrieval**
*engl.: fuzzy retrieval*
Fuzzy-Retrieval ist ein ➙ Information-Retrieval-Modell, das die gleiche Struktur der Anfragen wie ➙ Boolesches Retrieval verwendet, allerdings in

Kombination mit → Gewichtung bei der → Indexierung, wobei die Indexierungsgewichte auf das Intervall [0,1] beschränkt sind. Als Retrievalgewichte ergeben sich daher Gewichte aus diesem Intervall, wodurch eine echte Rangordnung (→ Ranking) der Dokumente entsteht.

# G

**Gebrauchsmuster**
*engl.: utility model*
Gebrauchsmuster können in ca. 50 Ländern angemeldet werden, darunter auch in Deutschland. Sie werden als „kleine Patente" bezeichnet. Die zugrunde liegenden Erfindungen müssen technisch, neu, auf einem erfinderischen Schritt beruhend und gewerblich anwendbar sein. Der erfinderische Schritt kann geringer sein als die erforderliche Erfindungshöhe bei Patenten. Verfahren sind nicht schutzfähig. Nur eine schriftliche Beschreibung oder eine inländische Vorbenutzung gelten als neuheitsschädlich. Nicht neuheitsschädlich ist eine Beschreibung oder Vorbenutzung seitens des Anmelders innerhalb von sechs Monaten vor der Gebrauchsmusteranmeldung (Neuheitsschonfrist). Der Schutz wird mit der Eintragung in die Gebrauchsmusterrolle wirksam. Das erfolgt innerhalb weniger Wochen nach der Anmeldung, ohne dass eine Prüfung auf Neuheit und Erfindungshöhe erfolgt. Die Schutzdauer beträgt in Deutschland maximal 10 Jahre. Die Vorteile des Gebrauchsmusterschutzes sind die Frühzeitigkeit der Veröffentlichung, die Einfachheit des Verfahrens und die niedrigen Kosten. Gebrauchsmusterschriften sind weitgehend wie Patentschriften gestaltet.

**Gebrauchstauglichkeit**
*engl.: usability*
Die Gebrauchstauglichkeit eines Produktes ist das Ausmaß, in dem es von einem bestimmten Benutzer verwendet werden kann, um bestimmte Ziele in einem bestimmten Kontext effektiv, effizient und zufrieden stellend zu erreichen. Die Gebrauchstauglichkeit ist international genormt in ISO 9241-11: Guidance on Usability. Gebrauchstauglichkeit ist eine hypothetische Eigenschaft, die z.B. Software zugeschrieben wird, wenn sie „benutzerfreundlich", „angenehm zu bedienen", „geeignet zur Erfüllung einer bestimmten Aufgabe" und dergleichen mehr ist. Sie umfasst also weit mehr als nur die Gestaltung der so genannten Oberfläche, sondern auch den gesamten Arbeitsprozess wie z.B. Navigations- und Dialogabläufe. Messgrößen sind objektivierbare Attribute, die sich auf Effizienz, Effektivität und Zufriedenheit beziehen, z. B. benötigte Zeit, Fehlerraten usw. Kriterien zur Evaluation sind Aufgabenangemessenheit, Selbstbeschreibungsfähigkeit, Steuerbarkeit, Erwartungskonformität, Fehlertoleranz, Individualisierbarkeit, Lernförderlichkeit. Die Gebrauchstauglichkeit kann z.B. durch ➜ Expert Review bestimmt werden. Die Benutzerfreundlichkeit oder Gebrauchstauglichkeit ist das entscheidende Merkmal für die Akzeptanz eines Produktes durch den Benutzer oder Käufer. Studien zur Benutzerfreundlichkeit sind ein wichtiger Gegenstand der ➜ Software-Ergonomie.

**Gedächtnis**
*engl.: memory*
In der Psychologie unterscheidet man unterschiedliche Arten des menschlichen Gedächtnisses: Das sensorische Gedächtnis ist die erste Stufe der Informationsverarbeitung beim Menschen. Es bewahrt flüchtige Sinneseindrücke für maximal einige Sekunden auf. Im Kurzzeitgedächtnis werden Informationen bewusst verarbeitet. Das Kurzzeitgedächtnis besitzt eine Kapazität von 7 plusminus 2 bedeutungstragenden Einheiten, so genannten chunks („Bündel", das sind akustische oder visuelle Einheiten aus mehreren Elementen bei der Speicherung im Gedächtnis; Synonym: Arbeitsgedächtnis). Das Langzeitgedächtnis speichert vergangene Erfahrungen und Gedanken entsprechend ihrer Bedeutung. Es ermöglicht so auch die Verarbeitung neuer Information, indem es Kategorien zur Erkennung neuer Information enthält. Das prozedurale Gedächtnis umfasst Wissen, wie Handlungen ausgeführt und Fertigkeiten erworben werden („gewusst wie", Synonym: Prozedurales ➜ Wissen). Das semantische Gedächtnis umfasst symbolisch repräsentiertes Wissen, z.B. die Bedeutungen von Wörtern, während das episodische Gedächtnis autobiographische Erfahrungen speichert (Synonym: autobiographisches Gedächtnis). Unter dem deklarativen Gedächtnis versteht man den Oberbegriff für das semantische und episodische Gedächtnis: Wissen von Sachverhalten (Synonym: Deklaratives Wissen). Das Transaktive Gedächtnissystem speichert Wissen, das einer Gruppe/Organisation insgesamt zur Verfügung steht. – Im übertragenen Sinn dienen Informationseinrichtungen wie ➜ Archiv und ➜ Bibliothek in nicht-oralen Gesellschaften als Gedächtnis (Magazin oder Speicher) für wertvolle (relevante) Medien. Dazu gehört die Beurkundung („Dokumentation") gesellschaftlich wichtiger Ereignisse wie z.B. der Beleg der Erstveröffentlichung wissenschaftlicher Entdeckungen. Dabei ist allerdings stets zu beachten, dass das Gedächtnis nicht nur die virtuelle Fähigkeit zum ➜ Retrieval bzw. die physische Präsenz

(Ort) von Informationen erfordert, sondern auch an die Aktivität des Erinnerns selbst gekoppelt ist; gespeichert wird nur, was (aus jeweils sozial oder zeitlich unterschiedlicher Perspektive) als erinnernswert empfunden wird: Das Gedächtnis ist kein Abbild der Realität, sondern wird immer wieder konstruiert. Ohne „Retrieval" bleibt der Speicher totes Gedächtnis. Die → Öffentliche Bibliothek unterscheidet hier zwischen aktivem und totem → Bestand.

**Geheimer Schlüssel**
→ Verschlüsselung

**Gemeinsame Körperschaftsdatei**
→ Normdatei

**Gemeinsamer Informationsraum**
*engl.: shared information space*
Gemeinsame Informationsräume dienen dem impliziten Informationsaustausch zwischen Gruppenmitgliedern. Gemeinsam nutzbare Informationen sind ein essentieller Teil der → Gruppenarbeit. Sie dienen einmal als Kommunikationsmedium zum → Wissenstransfer und Transfer von Tatsachen. Eine zweite Funktion erfüllen Informationsräume, indem sie als Mittel zum Festhalten der Diskussions- und Arbeitsabläufe sowie Ergebnisse der Gruppenarbeit dienen (Gruppengedächtnis). Eine dritte Funktion liegt darin begründet, dass Informationsräume Informationen über die Arbeitsgruppe bzw. über die → Kooperation abbilden, z.B. Informationen über die beteiligten Personen (Profile), über Rollen, über Kommunikationsbeziehungen oder über die Struktur der Arbeitsgruppe.

**Genauigkeit**
*engl.: precision*
Als komplementäres Maß zur → Vollständigkeit (Recall) wird die Genauigkeit (Precision) zur → Effektivitätsmessung eines Retrievalergebnisses herangezogen. Die Genauigkeit bezieht sich auf die Fähigkeit eines Retrievalsystems, unerwünschte Ballastdokumente auszufiltern. Sie ist definiert als der Quotient aus der Anzahl der selektierten relevanten und der Gesamtanzahl der nachgewiesenen Dokumente. Wie auch beim Recall liegt der Wertebereich wiederum zwischen 0 und 1. Da die Precision für sich alleine zu einer ebenso unvollständigen Bewertung des Retrievalergebnisses führt, weil sie nur die Filterfunktionalität misst, liegt eine paarweise Verwendung der Maße Recall und Precision nahe. (siehe auch → Relevanz, → Signifikanz)

**Generische Relation**
→ Hierarchische Relation

**Genetische Information**
*engl.: genetic information*
Die informationscodierende Struktur des Erbmoleküls DNA in Form der Abfolge der Nukleotide Adenin (A), Guanin (G), Thymin (T) und Cytosin (C) wird als genetischer Code bezeichnet. Im Rahmen der Proteinbiosynthese der Zelle werden DNA-Sequenzen als Bauanleitungen zur Herstellung von Proteinen in einem dreistufigen Prozess der Replikation, Transkription und Translation herangezogen. Je ein Triplett der vier Buchstaben A, G, T, C des genetischen Codes codiert eine Aminosäure, bei 20 proteinogenen Aminosäuren ist der Code daher redundant. Das Genom, die Gesamtmenge genetischen Materials beträgt beim Menschen etwa 109 Nukleotide, aber nur etwa zwei bis drei Prozent sind informationstragend und bilden die Gene.

**Geschäftsprozessorientiertes Wissensmanagement**
*engl.: business process-oriented knowledge management*
Wissensverarbeitung vollzieht sich in Geschäftsprozessen. → Wissensmanagement kann in mehrfacher Hinsicht prozessorientiert betrachtet werden: (a) Wissensmanagement im engeren Sinne ist ein (aa) klassischer (Wissens-) Management-Prozess, der (ab) den Rahmen setzt für einzelne oder kombinierte Wissensprozesse z.B. Identifikation, Suche, Verteilung, Nutzung von Wissen. Eine zweite Sicht betrachtet (b) den wissensbasierten Gestaltungsprozess von Geschäftsprozessen, wobei Prozesswissen generiert und angewendet wird. Die dritte Perspektive (c) beschäftigt sich (ca) mit der Integration von Funktionswissen in die Durchführung von Geschäftsprozessen und (cb) die Anbindung von Wissensprozessen an Geschäftsprozesse. (siehe auch → Prozessorganisation, → Workflow-Management)

**Gesellschaft für Information und Dokumentation**
Die Gesellschaft für Information und Dokumentation (GID) wurde als Großforschungseinrichtung in Frankfurt am Main Ende der 1970er Jahre aus bestehenden Vorläufer-Institutionen gegründet und war die Infrastruktureinrichtung der IuD. Die GID wurde in den 1980er schrittweise aufgelöst und in einen Dienstleistungsbereich mit dem Namen „Gesellschaft für Elektronische Medien" und einen Forschungsbereich als „Institut für integrierte Pu-

blikations- und Informationssysteme" (IPSI) in die „Gesellschaft für Mathematik und Datenverarbeitung (GMD)" überführt.

**Gewichtung**
*engl.: weighting*
Unter Gewichtung versteht man die aus dem Information ➙ Retrieval stammende Technik, die Bedeutungsstärke von Suchausdrücken in der Regel durch Zuweisung numerischer Werte zu definieren, damit im Retrieval Suchobjekte mit Treffern zu höher gewichteten Ausdrücken einer entsprechenden Rangfolge (➙ Ranking) angezeigt werden.

**GID**
➙ Gesellschaft für Information und Dokumentation

**GIF**
*engl.: Graphics Interchange Format*
Das GIF-Format gilt als das „Haus"-Format von ➙ CompuServe für Grafikdateien und wurde speziell für den Online-Einsatz entwickelt. Es zeichnet sich durch eine hohe Komprimierungsdichte aus (zum Vergleich: Bitmap-Dateien im BMP-Format sind bei gleichem Inhalt durchschnittlich zehn mal bis dreißig mal so umfangreich wie GIF-Dateien). Der aktuelle Standard des GIF-Formats ist das so genannte „89er-Format" und bietet verschiedene Möglichkeiten an, die das GIF-Format für den Einsatz im ➙ WWW besonders interessant machen („interlaced"-Abspeicherung führt zu schichtweisem Aufbau; animierte Grafiken, transparente Farbe). Auf Grund seiner Charakteristik ist das GIF-Format für hochauflösende Grafiken wie Fotos oder fein strukturierte „Wallpaper-Hintergründe" weniger geeignet. Ideal ist das GIF-Format für Buttons, Dots, Bars, Symbole und Cliparts. (➙ JPEG, ➙ BMP)

**GKD**
➙ Normdatei

**Gleichordnende Indexierung**
➙ Indexierung

**Global System for Mobile Communication**
➙ GSM

**GMDS**
Die Deutsche Gesellschaft für Medizinische Informatik, Biometrie und Epidemiologie (GMDS) ist der Berufsverband der Informationsfachkräfte im Bereich Medizin und Gesundheit.

**Graphische Benutzerschnittstelle**
*engl.: Graphical User Interface (GUI)*
Die Usereingaben erfolgen durch Wahlen in Menüs oder direkte Manipulation von Icons (verschieben, löschen etc.) unter Nutzung von Zeigegeräten (Maus, Touchpad, Joystick etc.).

**Großrechner**
➙ Hardware

**Groupware**
*engl.: groupware*
Unter Groupware werden Applikationen verstanden, die theoretische Erkenntnisse der Forschung über ➙ Rechnergestützte Gruppenarbeit in konkrete Systeme umsetzen und somit eine Computerunterstützung eher unstrukturierter ➙ Kooperation bei der ➙ Gruppenarbeit ermöglichen. Dabei wird in der Regel eine Abgrenzung zu Systemen für ➙ Workflow-Management vorgenommen, die der Unterstützung eher strukturierten Zusammenarbeitens dienen.

**Gruppenarbeit**
*engl.: team work*
Unter Gruppenarbeit versteht man aufgabenbezogene Tätigkeiten von Mitgliedern einer Arbeitsgruppe, die an einer gemeinsamen Aufgabe arbeiten und ein Gruppenziel verfolgen. Während in Arbeitsgruppen Tätigkeiten individuell gelöst werden können (➙ Kooperation), ist in Teams ein Zusammenwirken für die Zielerreichung (Kollaboration) erforderlich. Arbeitsteilung in der beschriebenen Form verlangt die elementaren Gruppenprozesse ➙ Kommunikation, ➙ Koordination und Kooperation. Ein ➙ Gemeinsamer Informationsraum und ➙ Gruppengewahrsein sind Grundlagen für Gruppenarbeit. (siehe auch ➙ Workgroup Computing, ➙ Groupware und ➙ Rechnergestützte Gruppenarbeit)

**Gruppenbewusstsein**
➙ Gruppengewahrsein

**Gruppengewahrsein**
*engl.: awareness; group awareness*
Gruppengewahrsein dient der Orientierung im Gruppenprozess sowie der Einordnung und Planung der ➙ Gruppenarbeit. Gewahrsein der Anwesenheit und des Verhaltens anderer Gruppenmitglieder ist die Grundvoraussetzung für ➙ Kooperation und ➙ Koordination in der Gruppe. In Awareness-Funktionalitäten liegt ein Hauptunterschied von Systemen für die ➙ Rechnergestützte Gruppenarbeit gegenüber einfachen Mehrbenut-

zeranwendungen. Unterschieden wird hinsichtlich informeller Awareness (Wissen über die Gruppe allgemein), Awareness bezüglich der Gruppenstruktur (Wissen über Rollen, Verantwortlichkeiten und Status von Gruppenmitgliedern), soziale Awareness (Wissen über den sozialen Kontext der Gruppenmitglieder) sowie Awareness bezüglich des gemeinsamen Arbeitsbereichs (Wissen über Aktivitäten, Zugriffe und Änderungen von Gruppendokumenten im gemeinsamen Arbeitsbereich).

**Gruppenvorteil**
*engl.: assembly bonus effect*
In der Psychologie bedeutet der assembly bonus effect einen potenziellen Vorteil einer Gruppe gegenüber Einzelpersonen aufgrund komplementärer Ressourcen (z.B. Informationen) der Gruppenmitglieder.

**GSM**
*engl.: Global System for Mobile Communication*
Das GSM ist ein internationaler Mobilfunkstandard für Mobiltelefone. GSM war das erste digitale zellulare Netz, das auch kommerziell genutzt wurde. Weit verbreitet in Europa und im Pazifikraum sind GSM-900 und GSM-1800, in Nordamerika wird GSM-1900 genutzt.

# H

**Halbwertszeit**
*engl.: half life*
Der Begriff der Halbwertszeit wird in der ➙ Szientometrie verwendet, z.B. bei der ➙ Zitatenanalyse. Sie ist die Zeit, in der eine Exponentialfunktion vom Ausgangswert C0 abgesunken ist auf C0/2. (siehe auch ➙ Verdopplungsrate)

**Handlochkarte**
*engl.: hand-operated punch cards*
Unter Handlochkarten versteht man Medien zur ➙ Speicherung von Daten, die manuell oder mit einfachen technischen Hilfsmitteln (Bohrer, Lochzange, Kerbzange) bearbeitet werden. Man unterscheidet drei Typen: Die Kerbloch-, die Schlitzloch- sowie die Sichtlochkarten. Kerbloch- oder Randlochkarte: Diese verfügt an ihren Rändern über eine oder zwei Reihen vorgestanzter Lochreihen; durch einen Buchstaben- und/oder Zahlenaufdruck ist jede Lochstelle auf der Karte eindeutig gekennzeichnet. Mit Hilfe einer Kerbzange kann nun die Lochstelle zum Kartenrand hin geöffnet (gekerbt) und dadurch markiert werden. Jeder Lochstelle kann ein Sachverhalt zugeordnet werden. Bei der Suche nach einem bestimmten Sachverhalt oder nach einer Kombination mehrerer Sachverhalte werden eine oder mehrere Suchnadeln in die entsprechenden Lochstellen eingeführt. Nach Anheben des Kartenpaketes mit den Suchnadeln fallen die zum Rand hin geöffneten Karten, die die gesuchten Sachverhalte repräsentieren, aus dem Kartenstapel heraus. – Schlitzlochkarte: Diese Karte entspricht in ihren Grundprinzipien der Randlochkarte mit dem Unterschied, dass ein Teil der Kartenfläche mit vorgestanzten Lochungen versehen ist; die Sachverhalte werden hier durch Verbinden von zwei oder mehr Lochungen markiert. – Sichtlochkarte: Im Unterschied zu Karteien und den oben beschriebenen Handlochkarten ist diese Karte nicht Stellvertreter eines Dokuments, sondern eines Sachverhalts; die Zahl der benötigten Sachverhalte ist gleich mit der Anzahl der Sichtlochkarten. Die Karte ist mit einem Raster bedruckt, das aus einem Koordinatensystem mit 100 bis mehreren tausend Lochstellen besteht. Die zu bearbeitenden Dokumente werden fortlaufend nummeriert; mit einem Bohrer wird auf der Sichtlochkarte die Stelle gelocht, deren Nummer dem Dokument entspricht. Bei der Suche nach einer Sachverhaltskombination werden die entsprechenden Sichtlochkarten gezogen und übereinander gelegt. Die Nummern von Dokumenten, die alle gesuchten Sachverhalte enthalten, sind durch die durchgehende Lochung sichtbar (daher Sichtlochkarte). (siehe auch ➙ Maschinenlochkarte)

**Hardware**
*engl.: hardware*
Bei den heute auf dem Markt befindlichen Computersystemen wird prinzipiell zwischen drei Typen unterschieden: Personal Computer (PC, Desktop-Rechner und Notebook), Workstation, Mainframe (Großrechner). Der Begründer der traditionellen Datenverarbeitung und in der Vergangenheit dominierende klassische Mainframe verliert gegenüber den heutigen Rechnersystemen mit ➙ Client-Server-Architektur immer weiter an Bedeutung. Seine einstigen Stärken, die Multitasking- und Multiuserfähigkeit sowie die große Speicherkapazität, werden inzwischen von modernen Betriebssystemen auf PC-Basis und durch die immer größer werdenden Speicherkapazitäten heutiger Festplatten und sonstiger ➙ Speicher kompensiert. PCs und Workstations sind heute die dominierenden Computersysteme. Sie unterscheiden sich weniger von ihrer ➙ Rechnerarchitektur her, sondern vielmehr von der Leistungsfähigkeit einzelner Komponenten wie Prozessorgeschwindigkeit oder Speichergröße sowie im Bereich der Sicherheitsanforderungen. Ihr Einsatz ist entsprechend aufgeteilt: PCs in Form von größeren Desktop-Rechnern und den kleinen mobilen Notebooks dienen dem Endbenutzer. Die Workstations sind Hochleistungsrechner und werden hauptsächlich im Serverbereich eingesetzt. Hierbei gilt es meist eine bestimmte Funktion (z.B. als Web- oder Datenbankserver) zu erfüllen, die mit hohen Anforderungen an Leistungsfähigkeit und Sicherheit einhergeht. Aber auch in Bereichen, bei denen rechenaufwändige Anwendungen (z.B. Multimediaproduktion) erforderlich sind, kommen Workstations zum Einsatz. Neben der technischen Ausstattung unterscheiden sich PCs und Workstations auch aus Sicht der eingesetzten ➙ Software. ➙ Betriebssystem und Softwarewerkzeuge (z.B. ➙ Datenbankmanagementsystem – DBMS) sind auf die jeweiligen Bereiche zugeschnitten. Die Hardwarekomponenten eines Computers können prinzipiell in den eigentlichen Rechner und die peripheren Geräte unterteilt werden (siehe auch ➙ Rechnerarchitektur). Zentraler Bestandteil des Rechners ist die Hauptplatine (motherboard), auf der zahlrei-

che elektronische Bauelemente miteinander über einen Datenbus verbunden sind. Hier ist die → Zentrale Recheneinheit (CPU), heutzutage selbst auf einer eigenen Prozessorkarte mit einem schnellen Zwischenspeicher (Cache) untergebracht, mit Speicherbausteinen und anderer Schnittstellenhardware (Festplattencontroller, Grafikkarte, Netzwerkkarte etc.), verbunden. In Hinblick auf den → Prozessor unterscheidet man zwischen CISC- und RISC-Prozessoren, in Hinblick auf den Speicher zwischen flüchtigen Speichern (→ RAM – Random Access Memory) und festen Speichern (→ ROM – Read Only Memory). Zu den Standardgeräten der Peripherie gehören im Eingabebereich Tastatur und Maus (bei Notebooks das Touchpad), und im Ausgabebereich Bildschirm, Drucker und Lautsprecher. Die Speichermedien können je nach Verwendung sowohl der Ein- als auch der Ausgabe zugerechnet werden. Hierbei gehören Festplatte, die mit einem schnellem Bus über einen Controller mit der Hauptplatine verbunden, sowie Disketten- und optische Laufwerke (→ CD-ROM, → DVD) zur Standardausstattung. Eine Vielzahl von genormten Schnittstellen ermöglichen die Kommunikation mit den peripheren Geräten. (siehe auch → Normung)

## Harmonisierung
*engl.: harmonization*
Unter Harmonisierung versteht man im Bereich der → Normung die Vermeidung oder Beseitigung von Unterschieden im technischen Inhalt einer → Norm mit gleichem Anwendungsbereich oder Zweck, insbesondere von solchen Unterschieden, die zu Handelshemmnissen führen könnten.

## Hash-Wert
→ Authentifizierung

## Haupteintragung
→ Eintragung

## Hauptplatine
→ Hardware

## Hermeneutik
*engl.: hermeneutics*
Unter Hermeneutik versteht man die Interpretationskunst, die Lehre vom Sinn- und Bedeutungsverstehen vorzugsweise von (theologischen, juristischen, literarischen) Texten, aber auch von Bildern und Kunstwerken etc. Auf der Grundlage älterer Arbeiten im 19. Jahrhundert durch Schleiermacher und Dilthey ausgebaute allgemeine Theorie und Methode der verstehenden Geisteswissenschaften im Unterschied zu den „erklärenden" Naturwissenschaften; durch Heidegger zur grundlegenden Methode der menschlichen Daseinsanalyse erhoben (existenziale Hermeneutik, hermeneutischer Zirkel). Verstehen wird maßgeblich bestimmt durch das so genannte Vorverständnis, d.h. durch bestimmte Interessen, Einstellungen, Vorurteile, die den Interpreten beim Verstehen leiten. Verstehen und Auslegen werden erschwert durch die prinzipiell zwischen Autor, Text und Interpreten bestehende geschichtliche/lebensweltliche Differenz, die nicht vollständig aufgehoben werden kann. Die informationswissenschaftliche Hermeneutik als Bereichshermeneutik befasst sich mit Verstehensprozessen im Zusammenhang von Informationstätigkeiten, z.B. bei der Selektion und → Inhaltserschließung von Informationsquellen, bei der Analyse von Vorverständnissen, die der Konstruktion und Anwendung eines Ordnungssystems oder einer → Dokumentationssprache zu Grunde liegen, bei Rückgewinnung von Information aus kontextreduzierter Datenspeicherung im → Retrieval, bei der Relevanzbestimmung von Suchergebnissen etc.

## Herstellender Buchhandel
*engl.: publishing company; publishing house*
Verlage sind die Unternehmen im Bereich des Buchhandels, die die Schriften eines Autors vervielfältigen und dem Publikum anbieten. Die Branche der Verlage wird als „Herstellender Buchhandel" oder „Verlagsbuchhandel" bezeichnet (Gegensatz: „→ Verbreitender Buchhandel", der den Weg von der Herstellung bis zum Kunden überbrückt). Das Deutsche Wörterbuch der Gebrüder Grimm weist im Mittelhochdeutschen das Wort „verlegen" nach mit der Bedeutung „was man hinwegsetzt, an einen anderen Ort bringt". Weiter heißt es da: „Heute hat sich Verlag besonders im Buchhandel festgesetzt, wo es das Verlegen, das Hingeben der Kosten für die Herstellung und Vertreibung des Buches, Übernahme des Aufwandes für Herstellung eines Druckwerkes bedeutet." Ein Verleger ist demnach ein Unternehmer, der Werke der Literatur, Kunst, Wissenschaft oder Musik vervielfältigt und über den Handel verkauft. Er erwirbt das Manuskript eines Autors und sorgt für Druck und Produktion des Werkes, besorgt die Werbung und den Vertrieb. Im → Börsenverein des Deutschen Buchhandels sind rund 1.900 Betriebe organisiert, die ausschließlich oder überwiegend Bücher, Fachzeitschriften oder wissenschaftliche Zeitschriften verlegen.

**Heterogenität**
*engl.: heterogeneity*
Strukturelle Heterogenität bezieht sich auf die Unterschiede in der Form der Speicherung von Daten oder der internen Strukturierung von Daten. Die Sichtweise, die dabei eingenommen wird, ist die des Benutzers eines Informationssystems. Von Interesse ist ausschließlich die Sicht auf das Datenbankmodell, die Struktur der → Datenbank oder auch der darin gespeicherten Daten, die dem Benutzer durch die Benutzungsoberfläche des Informationssystems vermittelt wird. Technische Aspekte wie Datentypen, Feldlängen bleiben dabei außer Acht. - Semantische Heterogenität resultiert aus unterschiedlicher → Formalerschließung und → Inhaltserschließung von Dokumenten. In der Praxis verwenden Informationsanbieter oft an ihre Bedürfnisse angepasste Indexierungsvokabularien, die sich in der Spezifität der Begriffe unterscheiden. Dies führt dazu, dass der Benutzer eine Anfrage nicht in unveränderter Form zur Suche in zwei Informationssystemen nutzen kann, sondern die Suchbegriffe zwischen den Vokabularen transformieren muss.

**HI**
Der Hochschulverband Informationswissenschaft (HI) wurde Ende der 1980er Jahre als Verein gegründet mit vorwiegend akademischer Ausrichtung und ist Veranstalter der alle zwei Jahre stattfindenden Tagungsreihe „Internationales Symposium für Informationswissenschaft". Der HI ist eine wissenschaftliche Vereinigung der auf den Gebieten informationswissenschaftlicher Forschung, Lehre und Praxis Tätigen und ist auf den europäischen Bereich bezogen. Durch diesen Hochschulverband wird auch in institutioneller Hinsicht Rechnung getragen, dass die Informatisierung unserer Gesellschaft nicht nur einen technischen Aspekt hat, sondern insgesamt eine gesellschaftliche Herausforderung darstellt. Die → Informationswissenschaft berücksichtigt deshalb alle Aspekte des Informationsgeschehens, zum Beispiel kognitive, ökonomische, soziale und politische. Zu den wichtigsten Aufgaben des HI gehören die Stärkung der informationswissenschaftlichen Arbeitsgruppen für Forschung und Lehre an den Hochschulen. Vor allem im universitären Bereich besteht weiterhin eine starke, auch z.B. vom Wissenschaftsrat monierte Diskrepanz zwischen dem unvollständigen Studienangebot bzw. der (vor allen in personeller Hinsicht) unzureichenden Ausstattung und der erheblichen Nachfrage von Seiten des Berufsmarktes nach wissenschaftlich ausgebildeten Informationsspezialisten. Weitere Aufgaben sind u.a. die Koordination der Ausbildungsgänge bzw. die Vereinheitlichung der Berufsbilder der Informationswissenschaft sowie die Organisation des wissenschaftlichen Austausches seiner Mitglieder. Dazu werden Fachkonferenzen und Workshops organisiert, Publikationen in der eigenen HI-Reihe angeregt und realisiert, neue Formen der elektronischen Information und Kommunikation über den Mail-Service iw-link und das WWW zur Verfügung gestellt sowie Arbeitsgemeinschaften eingerichtet, in denen die Mitglieder aktiv werden können.

**Hierarchie**
*engl.: hierarchy*
Eine Hierarchie ordnet Elemente eines Systems so, dass zwischen je zwei Elementen maximal eine Verbindung besteht. Hierarchien werden in der Regel von oben nach unten (z.T. auch von links nach rechts) als so genannte „Bäume" dargestellt. Elemente können dann „nach unten" mit mehreren anderen Elementen verbunden sein, „nach oben" führt jedoch immer höchstens eine Verbindung (siehe auch → Monohierarchie). Manchmal spricht man auch dann von Hierarchien, wenn die Ordnung ihrer Elemente weitgehend einer hierarchischen Ordnung entspricht und ignoriert die Ausnahmen (siehe auch → Polyhierarchie). Beispiel: Hierarchien finden wir beim → Begriff (Begriffshierarchien), bei Produkten (Teilehierarchien), in einem → Bestand (→ Tektonik), Datenmodellen (Hierarchisches → Datenmodell), → Beschreibungslogiken (→ Terminologische Inferenz) oder etwa in Institutionen (Mitarbeiterhierarchien). Dokumentationssprachen, wie → Thesaurus oder → Klassifikation, sind überwiegend hierarchisch organisiert (siehe auch → Hierarchische Relation), ebenso Verzeichnisse (siehe → Web-Katalog/Verzeichnis).

**Hierarchische Relation**
*engl.: hierarchical relation*
Eine hierarchische → Relation ist die Beziehung zwischen zwei Begriffen, bei der ein → Begriff im Begriffsumfang den anderen umfasst. Dabei sind zwei unterschiedliche Formen zu unterscheiden: Die Abstraktionsrelation und die Bestandsrelation. Die Abstraktionsrelation (auch: generische Relation) ist eine hierarchische Relation zwischen zwei Begriffen, von denen der untergeordnete Begriff die gleichen Merkmale wie der übergeordnete Begriff und mindestens ein weiteres aufweist (Bei-

spiel: Die Begriffe LASTKRAFTWAGEN und PERSONENKRAFTWAGEN besitzen die gleichen Merkmale des Oberbegriffs KRAFTWAGEN, sind aber durch den Beförderungszweck spezifiziert. Die Bestandsrelation (auch: partitive Relation) ist eine hierarchische Relation zwischen zwei Begriffen, wobei die dem untergeordneten Begriff zugeordneten Gegenstände Bestandteile der dem übergeordneten Begriff zugeordneten Gegenstände sind (Beispiel: Die Teilbegriffe AUTOMOTOR und AUTOKAROSSERIE stehen zum Verbandsbegriff AUTO in einer partitiven Relation). Im → Thesaurus werden die unterschiedlichen Relationen durch → Begriffliche Kontrolle festgelegt und wie folgt gekennzeichnet: OBERBEGRIFF (Abstraktionsrelation; engl.: broader term generic) bzw. UNTERBEGRIFF (Abstraktionsrelation; engl.: narrower term generic), VERBANDSBEGRIFF (Bestandsrelation; engl.: broader term partitive bzw. TEILBEGRIFF (Bestandsrelation; engl.: narrower term partitive).

**Hierarchisches Datenmodell**
→ Datenmodell

**Hochschulverband Informationswissenschaft**
→ HI

**Hollerith**
In den USA konstruierte um 1880 der Erfinder Herman Hollerith eine Methode zur → Speicherung von Daten, bei der die → Daten auf Karten durch ausgestanzte Löcher verschlüsselt wurden. Dabei verbindet die Karte einen Stromkreis an den Stellen, an denen Löcher auftreten. Auf dieser Basis baute er dann eine Maschine, welche die „Datenkarten", auch → Maschinenlochkarte genannt, mittels dieser elektrischen Kontakte auslesen und die Löcher zählen konnte. Der Einsatz von Holleriths Maschine bei der Volkszählung im Jahre 1890 in den USA wurde zum bahnbrechenden Erfolg und bedeutete den Einzug von Datenverarbeitungsanlagen in die Büros und Verwaltungen. Hollerith gründete daraufhin die Tabulating Machine Company, aus der später eines der bedeutendsten Computerunternehmen überhaupt wurde, die IBM (International Business Machines Corporation). (siehe auch → Zuse)

**Homonym**
*engl.: homonyms*
Homonyme sind Bezeichnungen mit gleicher Form und unterschiedlicher Bedeutung. Sprachwissenschaftlich ist zu unterscheiden zwischen Homonymen, das sind verschiedene Bezeichnungen, die durch die sprachliche Entwicklung „zufällig" zur gleichen Zeichenfolge geworden sind. In der Regel liegen ihre Bedeutungen weit auseinander. Homonymie kann nur auf lautlichen Ebene vorliegen als Homophonie (Homophone: Lehre – Leere), nur auf der graphischen Ebene als Homographie (Homographe: Tenor – Tenor) oder auf beiden Ebenen (Tau, Reif usw.). Von Homonymen zu unterscheiden sind Polyseme, Bezeichnungen, die ausgehend von einer Bedeutung inzwischen unterschiedliche Bedeutungen entwickelt haben (siehe auch → Polysem). Bei der Entwicklung eines → Thesaurus werden die verschiedenen Bedeutungen von Homonymen und Polysemen durch → Terminologische Kontrolle identifiziert und aufgelöst, sie können z.B. durch Identifikatoren ausgedrückt werden.

**Homonymkontrolle**
→ Terminologische Kontrolle

**Host**
Hosts sind Datenbankanbieter, die aus den Datenbasen recherchierfähige Online-Datenbanken (siehe auch → Datenbank) erstellen und verwalten. Kommerzielle Hosts sind z.B. DIALOG, Datastar, FIZ Technik oder GBI. Diese Hosts bieten neben den Online-Datenbanken weitere Informationsprodukte wie CD-ROM, Intranet-Lösungen oder Datenbank-Schulungen an.

**HTML**
*engl.: Hypertext Markup Language*
HTML ist eine → Auszeichnungssprache für Dokumente im → WWW und eine Untermenge von → SGML. HTML weist (ursprünglich) keine direkten Attribute wie Schriftart, -farbe oder -größe zu, sondern Strukturanweisungen für den Seitenaufbau und die Funktion der Elemente wie Überschrift, Tabellenkopf, hervorgehobener Text oder Bild und vor allem Hyperlinks zur Strukturierung von → Hypertext. Wie der Benutzer die Seite sieht, bestimmt er über die Einstellungen in seinem → Browser. Derzeit wandelt HTML zunehmend von einer Auszeichnungssprache mit logischen Anweisungen (wichtige bzw. große Überschriften oder z. B. hervorgehobenen Text) zu einem Instrument mit festlegbaren Formatierungen (definierte Schriftart, Größe, Farbe, Position), wie es bei jeder Textverarbeitung und beim → Desktop Publishing (DTP) üblich ist. Gestaltungsmöglichkeiten fast wie bei Printmedien sind dabei von Vorteil, von Nachteil ist jedoch, dass HTML zunehmend seine Platt-

formunabhängigkeit verliert und browserspezifisch bzw. herstellerspezifisch wird.
→ XML

**Human-Übersetzung**
*engl.: Human Translation (HT)*
Unter Human-Übersetzung wird die intellektuelle Übersetzung eines Textes mit oder ohne maschinelle lexikalische Hilfen mit oder ohne Textverarbeitung verstanden. (→ Maschinelle Übersetzung, → Computergestützte Übersetzung)

**Hybride Verschlüsselung**
→ Verschlüsselung

**Hyperbasis**
*engl.: hyperbase*
→ Datenbasis, welche Inhalt und Struktur des → Hypertext repräsentiert und recherchierbar macht. Zur Verwaltung von Hyperbases wurde ein spezielles → Datenbankmanagementsystem entwickelt.

**Hyperlink**
→ Verknüpfung

**Hypermedia**
*engl.: hypermedia*
Als Hypermedia bezeichnet man → Hypertext, der Einheiten mit kontinuierlichen Medien (Animationen, Ton, Video) enthält.

**Hypertext**
*engl.: hypertext*
Hypertext bezeichnet eine nicht-lineare Organisationsform zur Darstellung von Wissen und zur Erarbeitung von Informationen. Hypertext beruht entscheidend auf der Idee der → Verknüpfung heterogener, atomisierter Objekte. Im Allgemeinen wird unter einem Hypertext eine elektronische textuelle bzw. multimediale Ansammlung verstanden, bei der der Nutzer mit Hilfe von Links nicht zum sequenziellen Lesen gezwungen ist, sondern selektiv und rasch nur die für ihn interessanten Informationen ansteuern kann. Die Hypertextstruktur kann z.B. in → HTML dargestellt werden. (Informations-)wissenschaftlich präziser, werden in einem Hypertext Informationseinheiten (auch genannt: → Knoten) atomisiert (Hypertextifizierung). Mit Verknüpfungen, den so genannten Hyperlinks, können weiterführende Informationseinheiten verbunden werden, die dem Zugriff auf Informationen durch Matching und → Browsing dienen. Ein → Hypertextmodell definiert die Gegenstände und ihre Verknüpfungsmöglichkeiten. Zur Visualisierung können → Fisheye Views eingesetzt werden.

**Hypertextmodell**
*engl.: hypertext model*
Hypertextmodell ist die formale oder zumindest exakte Definition der in einer Klasse von → Hypertext auftretenden Gegenstände. Die simple Grundstruktur von Hypertexten – → Knoten und → Verknüpfung – ist im Prinzip ausreichend, um sehr komplexe diskursive Strukturen abzubilden. Verknüpfungen können Knoten entweder nur in einer Richtung oder bidirektional verbinden, sie können sogar mehrere Knoten gleichzeitig verknüpfen. Manche Hypertextsysteme bieten die Möglichkeit, Verknüpfungen nach unterschiedlichen Kriterien zu unterscheiden. Dies kann durch Vergabe sinnvoller Etiketten geschehen oder durch die Zuordnung von eigenen Datentypen mit spezifischen Verhaltensausprägungen und Konsistenzregeln. Grundlagen der Unterscheidungen können sein: der Inhalt der verknüpften Knoten (Assoziation, Begriffserläuterung etc.); die rhetorische oder argumentative Funktion der verknüpften Knoten (Bestätigung, Widerspruch etc.); das Navigationsverhalten (Austausch von Inhalten, Pop-Up-Window, Fly-Out etc.) und Aktivierungsbedingungen (Mausklick, Berühren mit dem Cursor, Ereignis aus einer Animationsfolge etc.).

# I, J

**I-Commerce**
*engl.: Internet commerce*
I-Commerce (Internethandel) bezeichnet den Teilbereich des → E-Commerce, der sich des Internet als technologischer Basis für elektronische Märkte bedient. Im Allgemeinen ist dies heutzutage der Fall, wenn von E-Commerce gesprochen wird, da sich das → Internet zum technologischen Standard für elektronische Märkte entwickelt hat.

**ICANN**
→ TCP/IP

**ICD**
→ International Statistical Classification of Diseases and Health Related Problems

**IDEA (International Data Encryption Algorithm)**
→ Verschlüsselung

**IDW**
→ Institut für Dokumentationswesen

**IIB**
Das Institut International de Bibliographie (IIB) in Brüssel wurde 1898 von Paul → Otlet und Henry → La Fontaine gegründet. Ziel war es, das Weltrepertoire des gesamten Schrifttums zusammenzustellen.

**IID**
Das Institut International de Documentation (IID) ging aus dem Institut International de Bibliographie (→ IIB) 1931 hervor und führte das „Répertoire Bibliographique Universel" (→ RBU) fort, welches dann in der Mitte der 1930er Jahre eingestellt wurde, nachdem es bereits 40 Mio. Einträge umfasste.

**ik**
Der Informationsring Kreditwirtschaft (ik) in Frankfurt am Main wurde 1970 gegründet als Forum für Mitarbeiter der Informationsstellen deutschsprachiger Kreditinstitute.

**Impact Factor**
Der Impact Factor wird durch → Zitatenanalyse ermittelt. Er ist ein Maß für die Häufigkeit, mit der ein durchschnittlich zitierter Aufsatz in einer Zeitschrift in einem bestimmten Jahr zitiert wird. Es werden dabei alle Zitationen der → Zitierungsregister Science Citation Index, des Social Science Citation Index und des Arts and Humanities Science Citation Index in einem bestimmten Jahr, die auf eine Zeitschrift entfallen, durch die Zahl der darin erschienenen Aufsätze in den beiden vorhergehenden Jahren geteilt.

**Index Medicus**
→ MEDLINE

**Indexierung**
*engl.: indexing*
Als Indexierung bezeichnet man Verfahren, Methoden und Prinzipien der → Inhaltserschließung von Texten (→ Dokumentarische Bezugseinheit) durch Zuweisung von inhaltskennzeichnenden Wörtern, den so genannten Index-Termini. Diese werden Stichwörter (→ Stichwort) genannt, wenn sie den Texten direkt entnommen werden, Schlagwörter (→ Schlagwort), wenn sie einer Schlagwortliste entnommen sind, und → Deskriptor, wenn sie einem geordneten und strukturierten Vokabular (z.B. → Thesaurus) entstammen. Intellektuellen Verfahren geht eine Inhaltsanalyse voraus, → Automatische Indexierung benutzt im Wesentlichen statistische Textinformation, fortgeschrittenere Verfahren greifen auch auf linguistische Methoden zurück, seltener auf wissensbasierte. Die Syntax von Indexierungssprachen ist meist nur schwach ausgeprägt: Bei der gleichordnenden Indexierung fehlt jegliche Syntax; die Index-Termini werden unabhängig von ihrem Niveau und ihren inhaltlichen Zusammenhängen gleichrangig zugeordnet. Dagegen wird bei der strukturierten Indexierung mit → Gewichtung der Index-Termini (→ Kopplungsindikator oder → Rollenindikator) gearbeitet. Indexieren erfüllt den Zweck der inhaltlichen Repräsentation von Dokumenten durch → Metadaten mit dem Ziel, sie für das → Retrieval such- und findbar zu machen. Unterschieden werden Extraktionsverfahren, die Terme aus dem Dokument (evtl. in bearbeiteter Form) übernehmen und Additionsverfahren, die eine Repräsentation des Inhalts von Dokumenten durch sprachliche Elemente einer Indexierungssprache vornehmen.

**Indexierungsbreite**
→ Indexierungsmaße

**Indexierungsgenauigkeit**
→ Indexierungsmaße

**Indexierungskonsistenz**
→ Indexierungsmaße

**Indexierungsmaße**
*engl.: indexing measures*
Zur Beurteilung und Evaluierung von Indexierungsmethoden und -verfahren existieren die folgenden Kriterien: Unter Indexierungsspezifität oder Indexierungsgenauigkeit versteht man den Grad, in dem Index-Termini eine Dokumentarischen Bezugseinheit bzw. ihren Inhalt repräsentieren. Die Indexierungstiefe stellt die Kombination von Indexierungsbreite (also der Anzahl der zugeteilten Index-Termini) und deren Spezifität dar; eine hohe Indexierungstiefe liegt dann vor, wenn die vergebenen Index-Termini den fachlichen Inhalt des Dokuments sehr spezifisch abdecken. Bezogen auf die Übereinstimmung verschiedener Indexierungen in Hinblick auf dieselbe ➜ Dokumentarische Bezugseinheit spricht man von Indexierungskonsistenz, wobei unterschieden wird zwischen der Intra-Indexiererkonsistenz (der Übereinstimmung einer ➜ Indexierung von demselben Indexierer zu verschiedenen Zeitpunkten) und der Inter-Indexiererkonsistenz, die das Maß der Übereinstimmung bei verschiedenen Indexierern bedeutet.

**Indexierungsspezifität**
➜ Indexierungsmaße

**Indexierungstiefe**
➜ Indexierungsmaße

**Informatik**
*engl.: information systems; computer science*
Zwischen 1940 und 1950 erkannten einige Pioniere (Konrad ➜ Zuse, Alan Turing, John von Neumann u.a.), dass die Forschungen im Bereich der Verarbeitung, Speicherung und Übertragung von Informationen nicht nur in eine neue Dimension von Werkzeugen münden, sondern dass sich nun prinzipiell alle Arbeitsprozesse durch Maschinen ausführen lassen. Daraus entwickelte sich die Wissenschaftsdisziplin, die in Europa als Informatik bezeichnet wird; in den USA wird ein Teil der Wissenschaft als „Computer Science" bezeichnet, ein anderer anwendungsorientierter Teil als „Information Systems". Nach dem „Großen Wörterbuch der deutschen Sprache" die „Wissenschaft von den elektronischen Datenverarbeitungsanlagen und den Grundlagen ihrer Anwendung". Arbeitsschwerpunkte sind Theoretische Informatik (Komplexitätstheorie, Formale Sprachen, Semantik, Schaltwerktheorie); Praktische Informatik (Softwaretechnik, Systemarchitektur, Informationssysteme, Programmiersprachen, Wissensbasierte Systeme, Parallelverarbeitung, Verteilte Systeme, Simulation); Technische Informatik (Schaltungen, Höchstintegration, Rechnerarchitektur, Vernetzte Systeme); Angewandte Informatik (Systemanalyse, CAD/CAM, Dialogsysteme, Lehr- und Lernsysteme, Integrierte Systeme); Künstliche Intelligenz (Automatisches Beweisen, Expertensysteme, sprachliche und visuelle Kommunikation, Robotik); Didaktik der Informatik; Wirtschaftsinformatik. Die Gesellschaft für Informatik e.V. (GI) wurde 1969 in Bonn mit dem Ziel gegründet, die Informatik zu fördern. Die rund 24.000 Mitglieder der GI kommen aus allen Bereichen der Wissenschaft, der Informatikindustrie, der Anwendungen, der Lehre und der Ausbildung.

**Information**
*engl.: information*
Information im philosophischen Sinne ist ein in (symbol)sprachlicher Form dargestellter mentaler/begrifflicher Ausdruck mit bestimmter (lebensweltbezogener) inhaltlicher Bedeutung, der mit Trägermedien verbunden zur (raum-zeitlichen) Übermittlung seines Bedeutungsgehaltes zwischen verstehensfähigen (menschlichen) Subjekten bestimmt ist. Information hat damit eine triadische Struktur: Sender/Empfänger-Relation (Interpreten), inhaltliche Bedeutung (Weltbezug), sprachliche/mediale-übermittlungsfähige Gestalt. Der Umgang mit Information verändert die Bewusstseinszustände der beteiligten Subjekte wie ihr Verhalten (Weltbezug). – Im engeren Sinn ist Information ein referentieller pragmatischer Begriff, der sich auf zugrunde liegendes Wissen bezieht und seine Relevanz erst durch eine aktuelle Entscheidung bzw. einen aktuellen Handlungskontext gewinnt. Information referenziert demnach auf das Wissen, das, um handeln zu können, in einem aktuellen Kontext benötigt wird. Ging es der klassischen ➜ Informationstheorie (nach Shannon/Weaver) und über lange Zeit auch der technisch, formal bestimmten ➜ Informatik um die syntaktische Korrektheit im Umgang mit den Daten, so geht es in der informationswissenschaftlichen Sicht um die semantische Stimmigkeit der Daten und ihre pragmatische Relevanz. Daher ist der informationstheoretische Begriff von Information – und damit quantitative Aussagen zum Informationsgehalt von Wissensobjekten – zwar auch in der ➜ Informationswissenschaft brauchbar, kann aber nicht zur allgemeinen Fundierung der Informationswissenschaft verwendet werden. Der Informationsbegriff nimmt seinen Ausgang vom Wissensbegriff. Information

gibt es nicht als Objekt für sich, sondern kann nur in einer Repräsentations-/Kodierform von Wissen aufgenommen werden. Wissen selber ist eine interne kognitive Struktur. Information ist ein referentielles Konzept. Informationen referenzieren nicht nur auf repräsentiertes Wissen, sondern entfalten diese Bedeutung nur mit Referenz auf die aktuelle Benutzungssituation. Informationen bedeuten etwas, aber – und das macht das pragmatische Grundverständnis aus – sie existieren nicht losgelöst von ihrer Nutzung. Von Information sollte man nur im aktuellen Kontext ihrer Verwendung sprechen, unter Berücksichtigung der verschiedenen Rahmenbedingungen ihrer Benutzung. Dazu gehören die individuelle Befindlichkeit des die Information verwendenden Subjekts (z.B. sein bisheriger Wissensstand oder seine Informationsverarbeitungskapazität, seine Intelligenz) und die situativen Rahmenbedingungen (z.B. die Verfügbarkeit über Zeit und andere Ressourcen wie Geld für die Informationsverarbeitung, Verwendungszweck, organisationeller Hintergrund, allgemeine Informationskultur der aktuellen Umgebung). Verschärft wird die Anforderung an Information nicht nur dadurch, dass sie relevant, also einschlägig für die aktuelle Situation, sondern auch noch in ihrem Wissensgehalt neu für den Aufnehmenden sein muss. Etwas, was man schon weiß, ist keine Information. Dieses pragmatische Verständnis von Information – als aktiv gewordenes → Wissen, zuweilen ausgedrückt in der Formel „Information ist Wissen in Aktion" – kann auch auf den Begriff der Informationsarbeit übertragen werden. Zwar bedeutet die Arbeit zur Erstellung von Informationsprodukten zwar noch nicht unmittelbar deren Nutzung, aber der Zweck der Erstellung besteht doch darin, dass die Produkte in realen aktuellen Situationen einmal genutzt werden können. Sie sollen ihren Nutzern dadurch einen Nutzen verschaffen, dass die speziell daraus entnommenen Informationen neu und relevant (und hoffentlich auch richtig) sind. Je mehr Informationsarbeit schon pragmatisch konzipiert durchgeführt werden kann, je mehr also die Nutzungskontexte antizipiert werden können, desto wahrscheinlicher und höher ist der spätere informationelle Nutzen.

**Information – Wissenschaft und Praxis (Fachzeitschrift)**
Die Fachzeitschrift der → DGI „Information – Wissenschaft und Praxis" (bis 1997 nfd – Nachrichten für Dokumentation. Zeitschrift für Informationswissenschaft und -praxis). Die Zeitschrift stellt sowohl theoretische Überlegungen des Gesamtbereichs Information und → Dokumentation sowie → Informationsmanagement dar, gibt aber auch einen kontinuierlichen Überblick über die Realisierungsmöglichkeiten theoretischer Ansätze und beschreibt den praktischen Einsatz unterschiedlicher Technologien im Bereich → Archiv, → Bibliothek und Dokumentation. Angesprochen sind Informationsfachleute und Entscheidungsträger in allen Bereichen von innerbetrieblichen und öffentlichen Informationsstellen, Bibliotheken, Archiven, Dokumentationszentren und Verlagen.

**Information Broker**
Als Information Broker (Synonym: Informationsmakler, Informationsagent, Informationshändler) werden kommerziell orientierte und privatwirtschaftlich selbstständige Informationsunternehmen bezeichnet, die auf Anfrage gegen Honorar Online-Informationsrechercheleistungen anbieten. Aufgrund der unzureichenden Nachfrage nach Dienstleistungen der → Informationsvermittlung, die sich auf die Lieferung von Rechercheergebnissen aus dem Internet, aus Online-Datenbanken und aus CD-ROMs beschränkt, können → Information Broker nur dann wirtschaftlich operieren, wenn sie die Palette ihrer Angebote (→ Informationsdienstleistung) ausweiten, ihr Angebot durch Mehrwertdienste ergänzen und so dem tatsächlichen → Informationsbedarf beim Kunden anpassen.

**Information Retrieval**
→ Retrieval

**Information-Retrieval-Modell**
engl.: information retrieval model
Information-Retrieval-Modelle spezifizieren, wie zu einer Anfrage die Antwortdokumente aus einer Dokumentensammlung bestimmt werden. Dabei macht jedes Modell bestimmte Annahmen über die Struktur von Dokumenten und Anfragen und definiert daraus die sogenannte Retrievalfunktion, die das Retrievalgewicht (→ Gewichtung) eines Dokuments bezüglich einer Anfrage bestimmt. Die Dokumente werden dann nach fallenden Gewichten sortiert und dem Benutzer präsentiert. → Boolesches Retrieval bestimmt eines der Gewichte 0 oder 1. Andere Ansätze arbeiten mit Wahrscheinlichkeiten, z.B. im Hinblick auf → Relevanz (→ Probabilistisches Retrieval) oder verwendetes Vokabular (→ Sprachmodell), mit gewichteter → Indexierung (→ Fuzzy-Retrieval) oder mit geometrischen Interpretationen (→ Vektorraum-Modell).

**Informationelle Autonomie**
*engl.: informational autonomy*
Informationelle Autonomie ist die Voraussetzung dafür, nicht absolut, aber mit Rücksicht auf aktuelle Situationen wissensautonom zu werden. Informationelle Autonomie bedeutet nicht, alles selber zu wissen, sondern in der Lage sein, sich der (auf den Informationsmärkten vorhandenen) Ressourcen auf gewinnbringende Weise zu vergewissern. ➜ Informationelle Entfremdung ist das Gegenteil von Informationeller Autonomie.

**Informationelle Entfremdung**
*engl.: informational alienation*
Unter informationeller Entfremdung versteht man den Verlust, den Wahrheitsgehalt und die Handlungsrelevanz von Informationen bei autonom operierenden Informationsmaschinen (Assistenten, Agenten) nicht mehr selber bestimmen zu können und damit nicht mehr informationell autonom zu sein. ➜ Informationelle Autonomie ist das Gegenteil von Informationeller Entfremdung.

**Informationelle Grundversorgung**
*engl.: informational basic supply*
Der im Begriff der informationellen Grundversorgung angesprochene Auftrag (des Staates) auf Gewährleistung des Informationszugriffs muss über die klassischen Medien hinaus auf publizierte Information jeder medialen Art ausgeweitet werden, insbesondere insofern diese über elektronische Räume angeboten und genutzt werden. Informationelle Grundversorgung bezieht sich also auf die Menge publizierter Information, die von jedermann für seinen persönlichen Gebrauch benötigt wird, um sein privates, professionelles, soziales und politisch-öffentliches Leben informationell abgesichert bestreiten zu können. Diese Information muss öffentlich frei zugänglich sein, insofern nicht gewichtige, ebenfalls schützenswerte Interessen dagegen sprechen.

**Informationelle Selbstbestimmung**
*engl.: informational self-determination*
Darunter versteht man den Schutz des Einzelnen gegen unbegrenzte Erhebung, Speicherung, Verwendung und Weitergabe seiner Daten sowie seine Befugnis, grundsätzlich selbst über die Preisgabe und Verwendung seiner persönlichen Daten zu bestimmen. (➜ Datenschutz)

**Informations-Manager**
*engl.: information manager*
Der Informations-Manager ist eine sich langsam etablierende Berufsrolle in der ➜ Informationsarbeit, die mit der Gestaltung, Organisation, Lenkung und der kontinuierlichen Aufrechterhaltung von Informationsflüssen in Wirtschaft und Verwaltung beschäftigt ist. In diese Berufsrolle werden auch Leitungsfunktionen einbezogen.

**Informationsagent**
➜ Information Broker

**Informationsagentur**
*engl.: information agency*
Unternehmen, Institutionen oder Personen, die professionalisierte, bedarfsgerecht zugeschnittene Leistungen (➜ Informationsdienstleistung) anbieten und dabei auf ein breites Methodenarsenal der Informationsbeschaffung, ➜ Informationsvermittlung, Informationsverarbeitung, ➜ Informationsaufbereitung und ➜ Informationsberatung zurückgreifen, werden unter dem Begriff Informationsagentur zusammengefasst. Informationsagenturen zeichnen sich dadurch aus, dass sie einen intensiven Kontakt zu Anfragern bzw. Auftraggebern pflegen, nicht an ein Verständnis von klassischen Informationsinstitutionen gebunden sind, handlungsorientiert arbeiten, um Informationswirkungen zu erzielen, aktiv arbeiten und sich flexibel auf bestehende und absehbare Nutzerbedürfnisse einstellen sowie vielseitig alle zur Verfügung stehenden Ressourcen und Möglichkeiten des Informationszugangs und der Informationsgewinnung nutzen. Informationsagenturen können als Unternehmensberatungen oder Gründer- und Technologiezentren auftreten, sie können als Innovationsberatungsstellen oder Technologie-Transferstellen arbeiten, und sie sind in Industrie- und Handelskammern, Wirtschaftsverbänden und berufsständischen Vertretungen angesiedelt. Im Begriff Informationsagentur konkretisiert sich damit ein Verständnis von Informationsarbeit, das über die einfachen Informationsvermittlungsprozesse von explizit mit ➜ Fachinformation betrauten Einrichtungen hinaus auch weitergehende Informationsfunktionen, -leistungen und -wirkungen von beliebigen in den ➜ Wissenstransfer involvierten Institutionen, Unternehmen und Individuen berücksichtigt.

**Informationsanalyse**
*engl.: information analysis*
Die Informationsanalyse umfasst die Benutzerforschung, die ➜ Kommunikationsanalyse, die ➜ Informationsbedarfsanalyse, die Analyse der Bedienungsfreundlichkeit im Kontext von Informationsangeboten jeglicher Art. Sie zielt auf die Untersu-

chung der Interessen und der Bedürfnisse der Benutzer einer ➝ Informationsdienstleistung, die Nutzung durch und die Nützlichkeit für die Benutzer. Dabei werden die Benutzer verstärkt im Sinne von Kunden behandelt und die Untersuchungen als Marktforschung betrachtet. Bestandteil der Informationsanalyse sind auch die Untersuchung von ➝ Suchverhalten und die ➝ Inhaltsanalyse, z.B. ➝ Log-File-Analyse. – Der Prozess der Informationsanalyse als Form der synthetisierenden ➝ Informationsvermittlung zielt darauf ab, durch Selektion, Vergleich, Bewertung, Aufbereitung und Verdichtung von Rechercheergebnissen informationellen Mehrwert zu schaffen, neues Wissen zu generieren und Wissensdefizite zu identifizieren.

### Informationsanalytiker
*engl.: information analyst*
Informationsanalytiker/in ist eine für Zwecke der EU-weiten Harmonisierung der Vergleichbarkeit innerhalb der Informationsberufe analytisch geschaffene Bezeichnung für eine qualifizierte Fachkraft der Informationsarbeit mit Fachausbildung (dritthöchste Qualifikationsstufe; Niveau 2). Ziel der Bemühungen um Vergleichbarkeit in der EU ist die gegenseitige Anerkennung von Fachabschlüssen in der EU, derzeit nach drei Qualifikationsstufen unterteilt, die Niveau genannt werden. Frühere Bezeichnung dieser Qualifikation war ➝ Informationsassistent.

### Informationsarbeit
Informationsarbeit bzw. Informationstätigkeit im professionellen Sinn ist ein spezifischer, eigenständiger und von anderen abgrenzbarer Ausschnitt gesellschaftlicher Arbeitsleistung. Im Zuge der fortschreitenden Arbeitsteilung in modernen Gesellschaften erfüllt Informationsarbeit die immer wichtiger werdende Funktion, Wissen über die Barrieren Zeit und Raum zu Informationen zu transformieren und an die gesellschaftlichen Akteure zu vermitteln. Zum Begriff der professionellen Informationsarbeit gehören u.a. die Bereiche ➝ Archiv, ➝ Bibliothek, IuD, ➝ Informationsvermittlung, ➝ Informationswirtschaft, ➝ Informationsmarkt.

### Informationsassistent
Mitarbeiterinnen und Mitarbeiter aus der Wirtschaft, der Verwaltung oder den Medien, die eine zusätzliche Qualifikation im Informationsbereich wünschen, können in einer Weiterbildungsmaßnahme (8 Wochen verteilt auf 3 Monate) bei der ➝ DGI in Frankfurt am Main das Zertifikat „Informationsassistent" erhalten. (➝ Informationsanalytiker)

### Informationsaufbereitung
*engl.: information editing*
Informationsaufbereitung bzw. Informationsverdichtung ist der Prozess der Zusammenfassung und Verknüpfung von Wissenselementen, die als Ergebnis einer ➝ Informationsanalyse aus verschiedensten Informationsquellen extrahiert und zu einem formal, schematisch und sprachlich einheitlichen Resultat verdichtet werden.

### Informationsbankensystem
Unter dem Namen „Informationsbankensystem" wurde 1970 vom Bundesministerium des Inneren (BMI) ein Gutachten (Planungsstudie) zum Aufbau eines nationalen Informationssystems mit weitreichenden technischen Projektionen in Auftrag gegeben. Dieses System ist nie – auch nur ansatzweise – realisiert worden. Statt dessen wurde 1974 das ➝ IuD-Programm der Bundesregierung vorgelegt und vom Bundesministerium für Forschung und Technologie (BMFT) beschlossen.

### Informationsbedarf
*engl.: information demand; information requirements; information need*
Der Informationsbedarf bzw. das Informationsbedürfnis wird definiert als Art, Umfang und Qualität aller Informationsressourcen, die zur zielgerichteten Bewältigung einer problematischen Situation (Durchführung einer bestimmten Aufgabe, Treffen einer Entscheidung) zu einer bestimmten Zeit und an einem bestimmten Ort benötigt werden. Von dem aufgabenorientierten, objektiven Informationsbedarf ist das subjektbezogene Informationsbedürfnis zu unterscheiden, das sich lediglich auf solche Informationsressourcen bezieht, die ein individueller Nachfrager brauchen kann bzw. will. Danach drückt das Informationsbedürfnis aus, was ein Informationskonsument zu wissen wünscht.

### Informationsbedarfsanalyse
*engl.: determination of information demand*
In diesem speziellen Teil der Benutzerforschung werden das Informationsverhalten und der ➝ Informationsbedarf von Kunden der Informationseinrichtungen untersucht. Eine probate Methode sind Gruppendiskussionen, um Einstellungen, Präferenzen und Vorbehalte von Benutzern zu bestimmten Problemen der fachlichen Informationsgewinnung, -aufbereitung, und -verarbeitung qualitativ zu erfassen. Die Gruppendiskussionen die-

nen der unmittelbaren anschaulichen Information und liefern zudem Hypothesen und Fragestellungen, die später in normierten Interviews bei einem repräsentativen Sample überprüft und quantifiziert werden können.

### Informationsbedürfnis
→ Informationsbedarf

### Informationsberater
*engl.: information consultant*
Informationsberater ist eine spezielle Berufsrolle im Bereich der → Informationsarbeit, die sowohl mit fachinhaltlichen als auch technologischen Fragen der → Informationsvermittlung befasst ist. Derzeit sind wenig scharfe Konturen erkennbar.

### Informationsberatung
*engl.: information consultancy*
Informationsberatung ist eine zumeist kommerziell angebotene entscheidungs- und planungsbegleitende Hilfeleistung, die sich zur Lösung eines Informationsproblems auf die Vermittlung, Aufbereitung und Anwendung von Informationsressourcen beschränkt. Die Übergänge jeweils zur Unternehmens- oder Innovationsberatung sind fließend. Eine Unternehmensberatung ist eine klassische → Informationsagentur, die jedoch auch die Umsetzung und Implementierung empfohlener Problemlösungen im Unternehmen beratend begleitet. Im Einzelnen werden im Informationsberatungsprozess Fragen dazu geklärt, welche, wie häufig, wann und in welcher Form Informationsinhalte benötigt werden.

### Informationsberatungsinterview
*engl.: information interview*
Beim Informationsberatungsinterview handelt es ich um eine kommunikative Situation zwischen Informationsdienstleister und Informationsnachfrager, in der im Hinblick auf eine Optimierung der bedarfsorientierten → Informationsvermittlung durch geeignete Gesprächstechniken das artikulierte Informationsbedürfnis des Klienten ergründet, die Bedeutungsgehalte der Anfrage interpretiert, informationelle Verwertungsabsichten ermittelt und der objektive → Informationsbedarf analysiert und antizipiert werden.

### Informationsbewertung
*engl.: evaluation of information*
Die Informationsbewertung ist ein Element der → Informationsanalyse, bei der zum einen unter betriebswirtschaftlichen Aspekten der monetäre Wert bestimmter Informationsressoucen ermittelt werden soll, zum anderen die Qualität und der Wirkgehalt einzelner Informationen in Hinblick auf eine konkrete Problemlösung untersucht werden.

### Informationsdienst
→ Informationsdienstleistung

### Informationsdienstleistung
*engl.: information service*
Unter Informationsdienstleistung fallen alle Prozesse zur Deckung von → Informationsbedarf Dritter dienenden geistigen und/oder materiellen Prozesse, die von geschulten Informationsspezialisten gezielt und im gegenseitigen synchronen Kontakt mit Informationsnachfragern und in deren Auftrag für die Befriedigung aktueller und latenter Informationsbedürfnisse und zur Lösung konkreter Informationsprobleme unter Ausnutzung aller verfügbarer Ressourcen des Informationsmarktes angeboten und ausgeführt werden. Von der Informationsdienstleistung ist der Informationsdienst zu unterscheiden, bei dem es sich um ein im Rahmen einer Informationsdienstleistung erstelltes Informationsprodukt handelt, das in der Regel kontinuierlich und mit Bezug auf aktuelle Benutzerbedürfnisse als Dokument veräußert und verbreitet wird.

### Informationsdistributionsplanung
*engl.: information distribution planning*
Die Distributionsplanung besteht darin, zu planen, wie die Information am besten und sinnvollsten zum → Endnutzer gelangt. Die Distribution ist die Brücke, über die der Informationsaustausch zwischen der IuD-Abteilung und dem Endnutzer erfolgt, also eine wichtige Entscheidungsvariable für das → Informationsmarketing. Hierbei sind interne Vertriebswege, Medien und interne Organisationsstrukturen der IuD-Abteilung zu berücksichtigen.

### Informationsempathie
*engl.: information empathy*
Informationsempathie bezeichnet die Fähigkeit von Informationsvermittlern, sich bei der → Informationsberatung in die persönliche Informationswelt und informationsbezogenen Aufgaben anderer zu versetzen, um deren Informationswünsche, Informationsbedürfnis und → Informationsbedarf verstehen, antizipieren und interpretieren zu können.

### Informationsethik
*engl.: information ethics*
Informationsethik handelt um die Konsequenzen des Umgangs mit → Wissen und → Information,

oder um die Bedingungen der Möglichkeit eines gerechten, inklusiven und nachhaltigen Umgangs mit Wissen und Information, nicht nur, aber vor allem in elektronischen, durch den → Vorgang der Telemediatisierung bestimmten Räumen.

**Informationsexperte**
Informationsexperte/in ist eine für Zwecke der EU-weiten Harmonisierung der Vergleichbarkeit innerhalb der Informationsberufe analytisch geschaffene Bezeichnung für eine qualifizierte Fachkraft der Informationsarbeit mit Hochschulabschluss (höchste Qualifikationsstufe). Ziel der Bemühungen um Vergleichbarkeit ist die gegenseitige Anerkennung von Fachabschlüssen in der EU, derzeit nach drei Qualifikationsstufen unterteilt.

**Informationsextraktion**
*engl.: information extraction*
Ziel der Informationsextraktion ist es, in semi- oder unstrukturierten Texten domänenspezifisch relevante Informationen zu identifizieren, diese zu extrahieren und in ein formales Modell zu übertragen. Die identifizierten Informationen werden in Form von Templates spezifiziert, also Bündeln von Attribut/Wert-Paaren. Ein Information Extraction-Tool ist ein Werkzeug, das unstrukturierte Informationen aus Text in strukturierte Datenbankeinträge überführt.

**Informationsgesellschaft**
*engl.: information society*
Die Informationsgesellschaft ist die Wirtschafts- und Gesellschaftsform, welche hauptsächlich auf der zunehmend interaktiven Gewinnung, Speicherung, Verarbeitung und Nutzung von Informationen und Wissen basiert und in welcher der produktive Umgang mit der Ressource Information eine herausragende Rolle spielen.

**Informationshändler**
→ Information Broker

**Informationsinfrastruktur**
*engl.: information infrastructure*
Zu der Informationsinfrastruktur einer Unternehmung zählen die Einrichtungen, Mittel und Maßnahmen zur Produktion, Verbreitung und Nutzung von Information im Unternehmen. Bestandteile der Informationsinfrastruktur sind damit die Komponenten der informationstechnischen Infrastruktur (Rechner, Kommunikationsinfrastruktur), → Betriebliches Anwendungssystem, personelle Aufgabenträger im betrieblichen → Informationsmanagement, die von ihnen genutzten Methoden und Werkzeuge, sowie die beachteten Normen und Regeln.

**Informationskosten**
*engl.: information costs*
Informationskosten sind Kosten, die durch den Abbau der Informationsasymmetrien (zwischen Käufer und Verkäufer) hinsichtlich eines Produktes, wie z. B. Produktqualität, entstehen.

**Informationslinguistik**
*engl.: information linguistic*
Informationslinguistik befasst sich mit der Verarbeitung natürlicher Sprache in bzw. für Informationssysteme. Sie beschäftigt sich mit linguistischen Grundlagen, Methoden, Ressourcen und Verfahren, die bei der Entwicklung und die Nutzung von Informationssystemen überall da relevant sind, wo es um sprachlich kodierte Information geht, bzw. wo Sprachbarrieren zu überwinden sind. Methoden und Verfahren sind etwa: Spracherkennung, Sprachanalyse (Parsing) und -synthese, → Indexierung (→ Lemmatisierung), Übersetzung. Zu den Ressourcen können gerechnet werden: (Computer-)Lexika, Wörterbücher, Klassifikationen, Thesauri. Als Disziplin bewegt sich Informationslinguistik auf einer Schnittstelle von → Informationswissenschaft und → Informatik.

**Informationsmakler**
→ Information Broker

**Informationsmanagement**
*engl.: information management; information technology management; information systems management*
Aus funktionaler Sicht umfasst Informationsmanagement das Leitungshandeln in einer Organisation in Bezug auf die Bereitstellung und Nutzung der „informationsinhaltlichen" (Datenbanken, Dokumentationen etc.) und „informationstechnologischen" (Hardware, Software etc.) Infrastruktur und der darauf basierenden Informationssysteme. Dadurch soll die richtige Information zur richtigen Zeit am richtigen Ort bereitgestellt werden und ein Beitrag zur Erfüllung der Organisationsziele geleistet werden. Bei einer institutionellen Betrachtungsweise wird Informationsmanagement mit jener Struktureinheit in einer Organisation gleichgesetzt, die obige Tätigkeiten wahrnimmt. Informationsmanagement (IM) wird bewusst auf das Leitungshandeln (Planung, Organisation, Kontrolle) in Bezug auf Information und Informationstechnologie eingeschränkt. Ein IM-Verständnis im Sinne von Wissen und Können im persönlichen Umgang mit Information (mitunter findet man

dafür die Bezeichnung „persönliches IM") soll damit ausgeschlossen werden. Vielmehr besteht die Aufgabe des IM darin, das Informationshandeln in einer Organisation zu erleichtern bzw. verbessern. – Informationsmanagement als betriebliche Querfunktion ist das an den Unternehmenszielen ausgerichtete Leitungshandeln in der Betriebswirtschaft für die Gestaltung und den Betrieb des automatisierten Teils des betrieblichen Informationssystems (siehe ➙ Betriebliches Informationssystem). Dafür werden den personellen Aufgabenträgern des Informationsmanagements die Kompetenz und die Verantwortung für Planung, Steuerung und Kontrolle der automatisierten Aufgabendurchführung übertragen. – In der Literatur gibt es zahlreiche Definitionsvorschläge. Von einem einheitlichen Begriffsverständnis kann aber keine Rede sein. Dies liegt zum Teil auch darin begründet, dass die Bezeichnung „Informationsmanagement" von verschiedenen Disziplinen belegt wird, zwischen denen es bisher kaum zu Berührungspunkten gekommen ist. Im Wesentlichen kann zwischen technologie- und informationsorientierten IM-Ansätzen unterschieden werden. Technologieorientierte IM-Ansätze beschäftigen sich mit dem effizienten und effektiven Einsatz von Informationstechnologie. Sie werden primär von der ➙ Wirtschaftsinformatik bzw. Management Information Systems (MIS) wahrgenommen. Im Gegensatz dazu befassen sich informationsorientierte IM-Ansätze mit Information per se. Besonderes Augenmerk liegt beim Menschen, sei dies als Nutzer, Vermittler oder Träger von Information. Stärkere Berücksichtigung finden hier externe und unstrukturierte Informationen. Diese Ansätze fallen hauptsächlich in den Wirkungsbereich der ➙ Informationswissenschaft.

**Informationsmarketing**
*engl.: information marketing*
Hierunter wird das Marketing innerbetrieblicher IuD-Abteilungen verstanden. Dieses konkretisiert sich in folgenden vier Schritten: Informationsproduktplanung, ➙ Informationspreisplanung, ➙ Informationsdistributionsplanung und Kommunikationsplanung.

**Informationsmarkt**
*engl.: information market*
Der Markt für kommerziell angebotene Informationen, meist Wirtschafts- oder Geschäftsinformationen. Zu den Anbietern gehören Medien, Wirtschaftsforschungsinstitute, Marktforschungsunternehmen, Banken, Datenbankproduzenten und -anbieter sowie auch staatliche Einrichtungen. Zielgruppen des Informationsangebotes sind vor allem Unternehmen, aber auch Organisationen und Privatpersonen, die für eine ➙ Informationsdienstleistung zu zahlen bereit sind.

**Informationsmedien**
*engl.: information media*
Informationsmedien sind die Einheit von Information und Informationsträger, bei denen die Information allerdings von einem Träger auf einen anderen übertragen werden kann.

**Informationsökologie**
➙ Wissensökologie

**Informationspolitik**
*engl.: information policy*
Informationspolitik befasst sich u.a. mit folgenden Themenfeldern: ➙ Informationelle Grundversorgung, Schaffung einer Infrastruktur für die Informationsversorgung in allen Bereichen und Ebenen – von der öffentlichen Bibliothek bis zu Fachinformationszentren; Förderung der Nutzung von computervermittelter Kommunikation – vom Einsatz in Schulen bis zur Überbrückung des ➙ Digital Divide im Weltmaßstab; Regulierung des Einsatzes von Informationssystemen durch nationale und supranationale Schutzvorschriften – vom Arbeitsschutz (ergonomische Vorschriften) bis zum Schutz der Privatsphäre (Recht auf ➙ Informationelle Selbstbestimmung); De-Regulierung bei Informationsbeschränkungen (z.B. Erlaubnis vergleichender Werbung); Durchsetzung regionaler und weltweiter Regeln für technische Standards (z. B. von Domainbenennungen im Rahmen der ICANN) über Produktinformationen (z.B. genormte Sicherheitshinweise und Inhaltskennzeichnungen) bis zu ➙ Informationsrecht und soziopolitischen Rechten (z. B. der Gewährleistung eines Grundrechts auf freien Zugang zu Information durch die UNESCO).

**Informationspreisplanung**
*engl.: information calculation*
Im Rahmen des innerbetrieblichen Informationsmarketings wird der Preis für ➙ Informationsprodukte festgelegt. Bei innerbetrieblichen IuD-Abteilungen wird der Preis in Form eines internen Verrechnungspreises als Kosten auf Kostenstellen oder Kostenträger umgeschlagen oder auch innerbetrieblich von Projektetats oder auch Informationsbudgets abgebucht. Wie hoch der Verrechnungs- oder Marktpreis im jeweiligen Unternehmen sein sollte, ist sowohl eine Marketingfrage, als auch eine Frage der Kostenrechnung des jeweili-

gen Unternehmens, in das die IuD-Abteilung eingebunden ist. Die Preise für die Informationsprodukte einer IuD-Abteilung schwanken also zwischen dem, was die Kostenrechnung des Unternehmens vorgibt und dem Marketinggesichtspunkt der Nachfragesteuerung. Der Preis wird also zusammenfassend bestimmt durch Ertragsziele (Kostendeckung, Umsatzsteigerung, Gewinnmaximierung), im öffentlichen Bereich durch vorgeschriebene Gebühren bzw. Gebührenordnung, Nachfragesteuerung (Erhöhung der Nutzerzahl durch niedrige Preise oder Begrenzung der Nachfrage durch hohe Preise oder Schutzgebühren), Imageüberlegungen der IuD-Abteilung, Make-or-Buy-Überlegungen und Benchmarking (Vergleich mit dem, was in der Branche üblich ist und sich als erfolgreich erwiesen hat).

**Informationsprodukte**
*engl.: information products*
Der Ausdruck Informationsprodukte wird synonym mit Informationsgüter gebraucht. Darunter werden sowohl materielle und immaterielle Produkte (z.B. Bücher, Software) als auch (in der Regel immaterielle) Dienstleistungen (z.B. Nachweis von Rechercheleistungen oder informationelle Beratung) verstanden. Mit Informationsprodukten sind auch die überwiegend auf Kommunikation bezogenen Produkte gemeint, z.B. E-Mail, Konferenzsysteme oder elektronische Diskussions-/Besprechungs-Foren.

**Informationsqualität**
*engl.: information quality*
Informationsqualität bezeichnet das Maß, mit dem Informationen relevant im gegebenen Kontext einem → Informationsbedarf entsprechen. Rahmenbedingungen für eine hohe Informationsqualität sind der Gehalt der → Information, der Zugang zur Information, die Präsentation der Information, die technische und methodische Unterstützung zur Organisation und Strukturierung der Informationen sowie die sozialen Rahmenbedingungen, die bei der Nutzung der Information von Bedeutung sind.

**Informationsqualitätsframework**
*engl.: information quality framework*
Die Bewertung von → Informationsqualität mit Frameworks steht unter der Annahme, dass ein globales Qualitätsurteil die Summe einer Vielzahl (Multi) systematisch bewertbarer Qualitätsmerkmale (Attribute) darstellt, die zu einem Ganzen im Sinne eines Kennzahlensystems zusammengefügt werden. Es dient zur detaillierten Darstellung der Informationsqualitätsverhältnisse und -probleme und bietet einen Rahmen zur Analyse und Lösung von Informationsqualitätsproblemen.

**Informationsrecht**
*engl.: information laws*
Hierunter versteht man die rechtlichen Rahmenbedingungen und Einzelregelungen, die sich auf den Einsatz der Informationstechnik, die sich daraus ergebenden Folgen in Staat, Gesellschaft und Wirtschaft sowie generell auf Informations- und Kommunikationsvorgänge beziehen. (→ Informationsvertragsrecht)

**Informationsring Kreditwirtschaft**
→ ik

**Informationssoziologie**
*engl.: information sociology*
Informationssoziologie ist „jener Teilbereich der Soziologie, der sich mit den sozialen Bezügen und Implikationen von Informationsprozessen und -systemen befasst". Die Informationssoziologie ist ein Diffusionsfeld, d.h. sie gehört zu den Wissenschaftsbereichen, „die dadurch entstehen, dass bestehende Wissenschaftsdisziplinen sich mit Komponenten von Informationsprozessen oder -systemen befassen, wobei sie dies nicht nur unter der Fragestellung ihres eigenen Kernbereichs tun, sondern gleichfalls unter der informationswissenschaftlichen Aufgabenstellung. Dies sind die Querschnittsgebiete, die sich innerhalb traditioneller Wissenschaftsdisziplinen bei Berührung mit einer neuen Fragestellung ergeben." (Wersig)

**Informationsspezialist**
*engl.: information specialist*
Informationsspezialist ist eine Sammelbezeichnung (in Anlehnung an den anglo-amerikanischen Begriff „information specialist") für eine Reihe von Berufsrollen und Berufsbezeichnungen in der Informationsarbeit, etwa → Dokumentar, Informationsvermittler, → Informations-Manager, → Information Broker etc. Ferner eine für Zwecke der EU-weiten Harmonisierung der Vergleichbarkeit innerhalb der Informationsberufe analytisch geschaffene Bezeichnung für eine qualifizierte Fachkraft der Informationsarbeit mit Hochschul- oder Fachhochschulabschluss (zweithöchste Qualifikationsstufe; Niveau 3). Ziel der Bemühungen um Vergleichbarkeit ist die gegenseitige Anerkennung von Fachabschlüssen in der EU, derzeit nach drei Qualifikationsstufen unterteilt, die Niveau genannt werden.

**Informationssuche**
*engl.: information seeking*
Die Informationssuche ist der Prozess der Ausarbeitung und Formulierung eines Informationsbedürfnisses als Suchanfrage. Die Suchanfrage wird mit Hilfe verschiedener Instrumente (Bibliothek, Internet, Datenbank) und Medien realisiert. Ferner gehören die Bewertung der Ergebnisse in Hinblick auf → Relevanz, → Vollständigkeit und Vertrauenswürdigkeit und die Reformulierung der Suchanfrage zu diesem Prozess.

**Informationssystem, betriebliches**
→ Betriebliches Informationssystem

**Informationstheorie**
*engl.: information theory*
Der Elektrotechniker und Mathematiker Shannon veröffentlichte 1948 den Artikel „A Mathematical Theory of Communication", der als Ausgangspunkt der mathematisch basierten Informationstheorie angesehen werden kann. Shannon stellte sich die Aufgabe, die Nachrichtenübertragung zu optimieren: Welche minimale Anzahl von Symbolen oder Signalen erlaubt ein Maximum an Übertragung von „Informationen"? Diese „Informationen" werden dazu von einer Quelle über einen sogenannten Transmitter codiert und über einen Kanal als technisches Medium zu einem Zielort transportiert. Am Zielort angelangt, werden sie durch ein Empfangsgerät (Receiver) wieder in eine Ausdrucksform gebracht, die von dem vorgesehenen Empfänger „verstanden" werden kann. Die theoretischen Modelle und daraus abgeleiteten mathematischen Beschreibungen (Formalisierungen) waren bahnbrechend für die Entwicklung der Informationstechnik und beeinflussten zunehmend auch Bereiche außerhalb der Nachrichtentechnik. Das Prozessmodell Sender – Kanal – Empfänger bildet bis heute eine wesentliche Grundlage der Informationstechnik.

**Informationsvermittlung**
*engl.: information intermediation; information brokering*
Informationsvermittlung umfasst die in der Regel professionelle Tätigkeit der Recherche, Selektion, Beschaffung, Bewertung, Aufbereitung und Weitergabe von Daten, Dokumenten, Materialien und Medien zur Deckung eines Informationsbedürfnisses Dritter. Damit übernimmt Informationsvermittlung eine Brückenfunktion zwischen Informationsangebot und Informationsnachfrage und konkretisiert sich sowohl als Tätigkeit und Methode (von Informationsspezialisten, Rechercheuren, → Information Broker), als auch Institution und Programm (→ Informationsagentur, → Informationsvermittlungsstelle, → Bibliothek, Informationszentrum). Die personalisierte und institutionallisierte Informationsvermittlung bekommt in den letzten Jahren zunehmend Konkurrenz durch intelligent und benutzerfreundlich gestaltete technische Intermediationssysteme, die den → Endnutzer in die Lage versetzen, direkt auf netzvermittelte Informationsressourcen zuzugreifen.

**Informationsvermittlungsstelle**
*engl.: information unit; information agency; referral unit; referral agency*
Unter einer Informationsvermittlungsstelle (IVS) ist zunächst ein Betriebsbereich in einem Unternehmen, in einer Organisation, einer Bibliothek oder Dokumentationseinrichtung zu verstehen, in dem geschultes Personal auf Anfrage von Benutzern bzw. Kunden der IVS Recherchen durchführt, Auskünfte erteilt und die Dokumentenbeschaffung unterstützt. Doch lassen sich darüber hinaus zwei weitere Typen unterscheiden: Neben der internen IVS, die sich als innerbetriebliche Abteilung in Produktions- und Dienstleistungsunternehmen zur Unterstützung anderer Bereiche wie z. B. Beratung, Forschung, Entwicklung, Marketing mit Aufgaben der Marktbeobachtung, Beschaffung produktionsrelevanter Fachinformation oder Recherchen zum → Stand der Technik und Methodik befasst, versuchen kommerziell orientierte externe IVS, mit der → Informationsvermittlung für externe Auftraggeber Profite zu erwirtschaften. Daneben existieren Mischformen, die sowohl innerbetriebliche Informationsfunktionen erfüllen als auch als Profit-Center ihre Broker-Dienste für externe Dritte anbieten.

**Informationsvertragsrecht**
*engl.: information contract law*
Unter Informationsvertragsrecht werden die jeweils einschlägigen rechtlichen Regelungen bezeichnet, die sich auf das Rechtsverhältnis zwischen einem Informationsanbieter und einem Nutzer beziehen.

**Informationswirt**
Das Studium zum Diplom-Informationswirt (FH) ist vergleichbar zu dem vom Diplom-Dokumentar und wird in verschiedenen Fachrichtungen angeboten, an den Fachhochschulen Darmstadt (mit den Schwerpunkten Bibliothek, Chemieinformation, Medieninformation und Wirtschaftsinformation), Köln und Hannover.

## Informationswirtschaft
*engl.: information economy*
Der Teil der Volkswirtschaft, durch den auf elektronischen Märkten Informations-/Kommunikationsprodukte und -systeme (Online-Datenbank, Mehrwertdienst, Metainformationsdienst (➔ Suchmaschine), ➔ Elektronischer Marktplatz, Communities, Portale etc.) erstellt und gehandelt werden. In der Wirtschaftswissenschaft wird der Ausdruck Informationswirtschaft auch auf die innerorganisationelle Informationsarbeit unter besonderer Berücksichtigung ihrer Wirtschaftlichkeit bezogen.

## Informationswissenschaft
*engl.: information science*
Wissenschaftliche Disziplin, die Information als ganzheitliches Phänomen ins Zentrum der Behandlung rückt. ➔ Information wird nicht nur als technisches Problem gesehen, vielmehr sollen alle den Informationserfolg bestimmenden Kontextbedingungen mit berücksichtigt werden (sprachliche, ökonomische, organisationelle, kognitive, ästhetische, soziale, politische etc.). Für die Informationswissenschaft ist der pragmatische Primat (Situiertheit und Handlungsrelevanz von Information) und die daraus abgeleitete Theorie informationeller Mehrwerte grundlegend. (➔ Studium Informationswissenschaft)

## Informationswissenschaftliche Hermeneutik
➔ Hermeneutik

## Informationswissenschaftliches Studium
➔ Studium Informationswissenschaft

## Informator
Informator/in war eine in der DDR gebräuchliche Bezeichnung für IuD-spezifisches Personal mit dreijähriger Fachschulausbildung. Fachinformator/in war die in der DDR gebräuchliche Bezeichnung für wissenschaftlich ausgebildete Fachkräfte, die ein zweijähriges postgraduales Studium der IuD absolviert hatten. (siehe auch ➔ Aufbaustudium Informationswissenschaft)

## Informetrie
*engl.: informetrics*
Die Informetrie beschäftigt sich mit der Messbarkeit von Information in Dokumenten aller Art. Sie ist damit nicht nur auf Bücher, Zeitschriften und andere Publikationen beschränkt, sondern bezieht sich auch auf Dokumente aus Archiven, Dokumentationseinrichtungen und dem Internet. Ihre Methoden sind grundsätzlich statistischer Art. Sie kann als Oberbegriff der ➔ Bibliometrie, ➔ Cybermetrics, ➔ Patentometrie und in gewissem Rahmen auch der ➔ Szientometrie verstanden werden.

## Informetrische Einheit
*engl.: informetric units*
Dokumente als informetrische Einheiten sind als Oberbegriff verschiedener Dokumenttypen wie Akten, Bilder, Briefe, Bücher, CD-ROMs, Ton- und Videoaufzeichnungen oder Zeitschriften handhabbare informetrische Einheiten, die sich auf verschiedenen Informationsträgern befinden können und damit sehr unterschiedlichen Umfang und variable Gestalt zeigen. Ihre Archivierbarkeit kann aufgrund hoher Authentizität beim Kopieren, aber auch durch hohe Haltbarkeit des Informationsmediums gewährleistet sein.

## Infotainment
Bezeichnung für ein Informationsangebot, das eine Mischung aus Information und Unterhaltung („Entertainment") bietet.

## Inhaltsanalyse
*engl.: content analysis*
Die Inhaltsanalyse als sozialwissenschaftliche Datenerhebungsmethode befasst sich – im Gegensatz zur ➔ Befragung – mit ➔ Informationsmedien über bereits abgelaufene soziale Prozesse, also mit Dokumenten verschiedenster Provenienz und auf verschiedenen Trägern (Ton, Bild, Kunstwerke, Produkte, Akten, Protokolle (➔ Log-File-Analyse) usw.), die über bereits stattgefundene Aktionen oder Aktivitäten Auskunft geben. Die Inhaltsanalyse ist darüber hinaus ein nicht-reaktives Verfahren, d.h. durch sie wird die Erhebungssituation nicht verändert. Sie kann auch wiederholt mit demselben Material durchgeführt werden. Die Inhaltsanalyse kann sich auf ein bereits vorher festgelegtes Auswertungsschema (z.B. ein Kategorienschema oder ein Begriffslexikon) stützen oder das jeweilige Dokument daraufhin untersuchen, inwieweit sich in ihm selbst Indikatoren für die Analyse finden lassen. (siehe auch ➔ Informationsanalyse)

## Inhaltsangabe
➔ Annotation

## Inhaltserschließung
*engl.: document analysis*
Die inhaltliche Erschließung ist die Gesamtheit der Methoden, Verfahren und Hilfsmittel zur inhaltlichen Beschreibung von Dokumenten. Sie geschieht hauptsächlich mit Hilfe einzelner Bezeichnungen und/oder ganzen Sätzen in solchen Strukturen, die

einen Zugriff zum Zweck der Be- und Verarbeitung erlauben. Durch inhaltliche Erschließung wird informationeller Mehrwert in Form von Verdichtung, Darstellung und Ordnung der in der DBE (→ Dokumentarische Bezugseinheit) enthaltenen Inhalte erzeugt. Dies erleichtert ihre Wiederauffindbarkeit, erhöht die Zugriffsgeschwindigkeit und beschleunigt die Relevanzentscheidung. Die inhaltliche Erschließung erfolgt u.a. mit Hilfe von Inhaltsangaben oder dem → Kurzreferat, mit dem → Register und vor allem den Verfahren der → Indexierung. Zusammen mit der → Formalerschließung liefert die Inhaltserschließung → Metadaten zur Beschreibung von Dokumenten.

**Inhaltsverwaltung**
*engl.: content management; Content Management System (CMS)*
Unter Inhaltsverwaltung (oder gebräuchlicher: Content Management) wird die systematische und strukturierte Beschaffung, Erzeugung, Aufbereitung, Verwaltung, Publikation und Wiederverwendung von Inhalten verstanden. Ein Content Management System (CMS) ist eine Software, welche die Aufgaben des Content Management mit programmtechnischen Mitteln lösen hilft.

**Innovation**
*engl.: innovation*
Unter Innovation versteht man die Umwandlung neuen Wissens, einer → Invention, in wirtschaftlichen und gesellschaftlichen Nutzen. → Technologietransfer ist der steuerbare Prozess, der unternehmerische und volkswirtschaftliche Prozesse der Innovation und → Diffusion einleiten soll.

**INPADOC**
→ Patentdatenbank

**Institut für Dokumentationswesen**
Das Institut für Dokumentationswesen (IDW) bei der Max-Planck-Gesellschaft (MPG) in Frankfurt am Main wurde 1961 gegründet. Das IDW fungierte bis zur Gründung der → Gesellschaft für Information und Dokumentation (GID) in den 1970er Jahren als Förderinstitution für informationspraktische und -wissenschaftliche Projekte.

**Institut International de Bibliographie**
→ IIB

**Institut International de Documentation**
→ IID

**Institute for Scientific Information**
→ ISI

**Integrität**
*engl.: integrity*
Die Integrität ist die Sicherstellung, dass eine Nachricht auf ihrem Transportweg nicht verändert wird. Unabhängig davon, ob eine Nachricht geheim bleiben soll oder nicht, haben normalerweise der Absender und der Empfänger ein großes Interesse daran, dass sie unverändert ankommt. Ein Unsicherheitsfaktor ist also die Integrität (Unversehrtheit) der ausgetauschten Daten. Um dies sicher zu stellen, kann der Text mit einer Art elektronischem Fingerabdruck versehen werden.

**Integritätsregeln**
*engl.: integrity constraints*
Integritätsregeln sind Vorschriften zur Sicherung der Datenintegrität. Es wird zwischen physischer, semantischer, referentieller und Ablauf-Integrität unterschieden. Die physische → Integrität wird vom → Datenbankmanagementsystem garantiert, die semantische durch die Anwendungslogik. Die referentielle Integrität sichert die konsistente Handhabung von logisch zusammenhängenden Objekte, die Ablauf-Integrität befasst sich mit dynamischen Aspekten (Wert-Änderungen).

**Inter-Indexiererkonsistenz**
→ Indexierungsmaße

**International Classification of Procedures in Medicine**
Die International Classification of Procedures in Medicine (ICPM) ist eine Klassifikation, die ebenso wie die → International Statistical Classification of Diseases and Health Related Problems von der WHO herausgegeben wird. Sie umfasst etwa 23.000 Klassen, davon belegen die Operationen etwa 21.000 Klassen. Die vom DIMDI herausgegebene deutsche und geringfügig erweiterte Form der ICPM heißt Operationenschlüssel nach § 301 Sozialgesetzbuch V und wird als OPS-301 bezeichnet.

**International Federation of Information and Documentation**
→ FID

**International Organization for Standardization**
→ ISO

**International Statistical Classification of Diseases and Health Related Problems**
Die International Statistical Classification of Diseases and Health Related Problems (ICD) ist eine →

Klassifikation, die von der WHO herausgegeben wird. Die 10. Revision der ICD (ICD-10) trat 1993 in Kraft und wird weltweit verwendet. Ihr Kernstück umfasst knapp 2.500 Klassen (Diagnosen) und wird als dreistellige allgemeine Systematik bezeichnet. Die → Notation besteht aus einem Buchstaben und einer zweistelligen Zahl. Bei der vierstelligen ausführlichen Systematik, die insgesamt ca. 25.000 Klassen (Diagnosen) umfasst, wird an die Notation der dreistelligen allgemeinen Systematik ein Punkt und eine weitere Ziffer angehängt. Vermutlich gibt es weltweit kein Ordnungssystem, das so stark verbreitet ist und so intensiv genutzt wird wie die ICD. (siehe auch → International Classification of Procedures in Medicine)

**Internationale Dezimalklassifikation**
→ Dezimalklassifikation

**Internationale Patentklassifikation**
*engl.: International Patent Classification (IPC)*
Die Internationale Patentklassifikation (IPC bzw. IPK) dient weltweit einheitlich zur → Klassifikation der Schwerpunkte oder der wichtigsten Bestandteile von Erfindungen, die entsprechenden Notationen werden auf den Patentschriften aufgedruckt. Mit ihr können technische Gegenstände sowohl funktionsorientiert als auch anwendungsorientiert eingeordnet werden. Die IPC umfasst in ihrem Begriffsumfang die gesamte Technik und solche Teile der angewandten Naturwissenschaften, die in den meisten Ländern dem Patentschutz zugänglich sind. Sie ist somit ein wesentliches Hilfsmittel für das Einordnen und Auffinden von Patentdokumenten. Sie gehört zu den monohierarchischen, präkoordinierten Klassifikationssystemen (siehe auch → Monohierarchie, → Präkoordination). – Die IPC, die auf eine internationale Übereinkunft aus dem Jahre 1954 zurückgeht, löste im Laufe der Zeit die nationalen Patentklassifikationen ab, z.B. die seit Arbeitsaufnahme des Kaiserlichen Patentamtes im Jahre 1877 eingeführte deutsche Patentklassifikation. Etwa seit Mitte der 70er Jahre verwenden die meisten Patentämter die IPC, die heute rund 70.000 Unterteilungen aufweist. Die Revisionsarbeit ist straff organisiert, so dass in regelmäßigen Abständen (etwa alle fünf Jahre) neue Fassungen der IPC vorgelegt werden konnten, die sowohl das System verbesserten als auch der technischen Entwicklung Rechnung trugen. Die erste Fassung stammte vom 1. September 1968, die siebente galt vom 1. Januar 2000 an. Die IPC ist in mehrere Sprachen (u.a. Deutsch, Japanisch, Chinesisch, Russisch, Spanisch) übersetzt worden, als offizielle Versionen gelten die englische und die französische Fassung. In der Bundesrepublik löste die IPC 1975 die nationale Patentklassifikation (DPK) ab. Nur die USA benutzen weiterhin ihre nationale Patentklassifikation (U.S. Cl.) als Erstklassifikation. Die IPC wird als Zweitklassifikation verwendet, so dass ihre Notationen auf US-Patentschriften teilweise fehlerhaft sind. Eine Weiterentwicklung der IPC stellt die → Europäische Klassifikation ECLA dar.

**Internationale Standard-Buchnummer**
→ ISBN

**Internationale Standard-Werknummer für Musikalien**
→ ISWC

**Internationale Standardisierte Bibliographische Beschreibung**
→ ISBD

**Internationale Standardnummer für fortlaufende Werke**
→ ISSN

**Internationale Standardnummer für Musikalien**
→ ISMN

**Internet**
Das Internet verbindet weltweit verteilte und dezentral organisierte Computer und Computernetzwerke auf der Basis einer einheitlichen Protokoll- (→ TCP/IP) und Adressierungsarchitektur (→ Domain-Name). Es bildet die Grundlage für diverse Dienste, die es ermöglichen über das Internet zu kommunizieren, Informationen/Daten abzurufen (download) bzw. zu speichern (upload) sowie mit entfernten Rechnern und Anwendungen zu arbeiten. Das Internet ist ein weltweiter Verbund von Computernetzwerken und dient dem Austausch von Daten und Informationen zwischen den angeschlossenen Computern. Seinen Ursprung hat das Internet in den 60er Jahren, wo es im Rahmen des ARPANet-Projekts (Advanced Research Projects Agency Network) des US-Verteidigungsministeriums entstand. Ziel war es ein Netzwerk aufzustellen, welches dezentral aufgebaut und so organisiert ist, dass Daten dynamisch weitergeleitet werden (Routing) und so das Netzwerk nicht mehr von bestimmten Rechnern abhängig ist. Als Grundlage für die Netzwerkkommunikation dient das paketorientierte Protokoll TCP/IP (Transmission Control Protocol/Internet Protocol), welches vom

Aufbau und seiner Client/Server-Architektur her unabhängig von Plattform und Hersteller der angeschlossenen Rechner ist. Jedem dieser Rechner wird eine eindeutige numerische Netzadresse zugeteilt (IP-Adresse), zu der dann während der Kommunikation die einzelnen Datenpakete dynamisch zugestellt werden. Damit die Netzadressen leichter zu merken und zu verwalten sind, werden zusätzlich logische Adressen, bestehend aus frei wählbaren alphanumerischen Zeichen, vergeben. Die Verwaltung und Umsetzung von logischen Adressen zu den entsprechenden numerischen Adressen übernimmt das DNS (Domain Name System). Eine Reihe von so genannten Internetdiensten übernimmt die anwendungsorientierte Übertragung von Daten zwischen den Benutzern und/oder Anwendungen (Programmen). Zu den ersten und auch bis heute weitverbreitetsten Diensten gehören E-Mail zum Austausch von Nachrichten, FTP (→ File Transfer Protocol) zur Übermittlung großer Datenmengen, sowie der Dienst telnet, der das Arbeiten mit entfernten Rechnern ermöglicht. Das Internet populär und der breiten Öffentlichkeit zugänglich gemacht hat aber erst der in der Mitte der neunziger Jahren entstandene Dienst → WWW (World Wide Web). Auf der Basis einer grafischen Oberfläche und auf Verweisstrukturen (→ Hypertext) aufgebauten Angeboten, können nicht nur Texte, Grafiken, Bilder, Ton und Videos per Mausklick übertragen und dargestellt, sondern auch entfernte Programme ausgeführt und bedient werden. Durch die seit Jahren weltweit exponentiell ansteigende Anzahl von Benutzern und Anbietern wird das Internet immer mehr zu einer Plattform, welche alle privaten und öffentlichen Lebensbereiche durchdringt. (siehe auch → W3C)

**Internet-Explorer**
Der Internet-Explorer ist der WWW-Browser von → Microsoft. Auf MS-Windows-Plattformen ist dieser → Browser stark verbreitet, zumal er jahrelang standardmäßig zusammen mit den Betriebssystemen Windows95 und Windows NT ausgeliefert wurde und damit in den USA kostenträchtige Prozesse wegen Marktmachtmissbrauch auslöste.

**Internet-Zeit**
→ Beat

**Internethandel**
→ I-Commerce

**Interpreter**
→ Programmiersprache

**Intra-Indexiererkonsistenz**
→ Indexierungsmaße

**Intranet**
Unter Intranet versteht man ein firmeninternes Netz, das auf denselben Technologien basiert wie das → Internet. Intranets dienen der Zusammenarbeit von Mitarbeitern oder Arbeitsgruppen.

**Invention**
*engl.: invention*
Das Ergebnis von Forschungs- und Entwicklungsaktivitäten. Als Beispiel für den engen Innovationsbegriff wird häufig Schumpeter zitiert, der zwischen → Erfindung (Invention), erstmaliger Nutzung (→ Innovation) und Verbreitung (→ Diffusion durch Imitation) unterscheidet, wobei erstmalige Nutzung mit Markteinführung gleichzusetzen ist und damit das Ende des Neuerungsprozesses beschreibt. (→ Technologietransfer)

**Inverse Dokumenthäufigkeit**
*engl.: inverse document frequency*
Die inverse Dokumenthäufigkeit besagt, dass die Bedeutsamkeit eines Terms proportional zur Häufigkeit des Terms in einem Dokument vorkommt, aber umgekehrt proportional zur Gesamtanzahl der Dokumente einer Kollektion, in denen dieser Term auftritt. Um bei der → Indexierung beide Faktoren in ein Verhältnis zu setzen, wird die inverse Dokumenthäufigkeit herangezogen. Dabei wird die Frequenz eines Terms in einem Dokument ermittelt und in Beziehung gesetzt zu der Anzahl der Dokumente, in denen er auftritt. (→ Sprachmodell)

**IPC**
→ Internationale Patentklassifikation

**IPK**
→ Internationale Patentklassifikation

**IR-Modell**
→ Information-Retrieval-Modell

**ISBD**
*engl.: International Standard Bibliographic Description*
Die Internationale Standardisierte Bibliographische Beschreibung geht auf eine Katalogisierungskonferenz in Kopenhagen (1969) zurück und stellt einen internationalen Standard für die → Bibliographische Beschreibung von Dokumenten dar, der von bibliothekarischen Regelwerken wie → AACR und → RAK übernommen wurde. Die Grundversion der ISBD definiert acht bibliographische Bereiche (z.B. Sachtitel- und Verfasserangabe, Aus-

gabevermerk), die in einer verbindlichen Reihenfolge aufzuführen und jeweils durch die Deskriptionszeichen „Punkt, Spatium, Gedankenstrich, Spatium" voneinander zu trennen sind. Für Sondermaterialien wie Karten oder Musikalien gibt es eigene ISBD-Versionen, so für Monographien ISBD (M), für Serien und Periodika (S), für audiovisuelle Materialien (NBM), für kartographisches Material (CM), für Noten (PM), für antiquarische Bücher und Rara (A) sowie für Aufsätze aus Zeitschriften und Büchern (CP). Der große Vorteil der ISBD besteht darin, dass sie bibliographische Beschreibungen übersichtlich strukturiert präsentiert und unabhängig von ihrer Beschreibungssprache verständlich macht.

### ISBN
*engl.: International Standard Book Numbering*
Die Internationale Standard-Buchnummer (ISBN) muss bei allen Titel- und Copyrightinformationen auf Veröffentlichungen von Büchern und anderen monographischen Werken (z.B. Broschüren, Mixed-Media-Publikationen) erscheinen. Sie dient dazu, eindeutig einen Titel einem Verleger oder Hersteller zuzuordnen. Die ISBN besteht aus 10 Ziffern (z.B. ISBN 90-571-0898-5), aus denen die geographische Zuordnung sowie der Verleger hervorgeht. (→ ISSN, → ISMN, → ISWC)

### ISI
Das Institute for Scientific Information (ISI) wertet über 16.000 Zeitschriften aus und gibt eine Reihe von Datenbanken über Chemische Reaktionen und Literatur-Zitate heraus, u.a. den Index Chemicus und ChemPrep. Mit 400.000 Einträgen gehört ChemPrep zu den großen Reaktionsdatenbanken, die ebenfalls Bestandteil von ISI's Web of Science sind. Inzwischen wurde ISI, das bereits in den 50er Jahren von dem Chemiker Eugene Garfield als erste bibliometrisch geführte und maschinenlesbare Datenbank gegründet wurde, vom kanadischen Thomson-Konzern akquiriert, zu dem auch die Hosts Dialog Datastar und Profound sowie der Datenbankhersteller Derwent gehören. – Ferner publiziert ISI die bekanntesten und umfangreichsten → Zitierungsregister Science Citation Index, Social Science Citation Index (SSCI) und Arts & Humanities Citation Index (A&HCI).

### ISMN
*engl.: International Standard Music Number*
Die Internationale Standardnummer für Musikalien (ISMN) gilt analog zur → ISBN für Musikdrucke (jedoch nicht für Musik- und Videoaufnahmen) und besteht aus dem Buchstaben M sowie neun Ziffern (z.B. ISMN M-01-123456-3). (ISBN, → ISSN, → ISWC)

### ISO
*engl.: International Organization for Standardization*
Die ISO ist die weltweite Föderation nationaler Standardisierungsorganisationen mit Mitgliedern aus mehr als 140 Staaten. ISO wurde als nichtstaatliche Einrichtung 1947 gegründet und befasst sich mit der → Normung auf (fast) allen Gebieten geistiger, wissenschaftlicher, technischer und wirtschaftlicher Aktivität. – Interessant ist die Herkunft des Namens „ISO": Da wir bei Kurzformen normalerweise Akronyme gewöhnt sind, müsste die Kurzform IOS statt ISO heißen. Tatsächlich ist „ISO" vom griechischen Wort „isos" abgeleitet (Bedeutung: gleich), wie wir es aus dem Präfix „iso-" z.B. bei „isometrisch" oder „Isonomie" kennen. Die Denklinie führt also von „gleich" zur „Norm".

### ISO 900X
Die Normenreihe → ISO 900X ist eine Verfahrensnorm, in welcher Forderungen an die Aufbau- und Ablauforganisation eines Unternehmens bezüglich des Qualitätsmanagementsystems erhoben werden. Mit einem Qualitätsmanagementsystem soll sichergestellt, aber nicht überprüft werden, dass die Qualitätsforderungen erfüllt werden. Mit Hilfe von 20 Qualitätsmanagementelementen soll der Erstellungsprozess möglichst fehlervermeidend durchgeführt werden.

### ISSN
*engl.: International Standard Serial Number*
Die Internationale Standardnummer für fortlaufende Werke (ISSN) gilt analog zur → ISBN für Veröffentlichungen, die in aufeinanderfolgenden Teilen herausgegeben werden (z.B. Zeitungen, Zeitschriften, Jahresberichte, Serien) und besteht aus acht Ziffern (z.B. ISSN 0251-1479). (ISBN, → ISMN, → ISWC)

### ISWC
*engl.: International Standard Musical Work Number*
Die Internationale Standard-Werknummer für Musikalien (ISWC) gilt analog zur → ISBN für musikalische Werke wie Kompositionen, Arrangements (jedoch nicht für Musik- und Videoaufnahmen) und besteht aus einem neunziffrigen Code. (ISBN, → ISSN, → ISMN)

### ITU
*engl.: International Telecommunication Union*
Die ITU mit Sitz in Genf ist ein internationales

Gremium zur Festlegung von Normen für den Telekommunikations- und Fernsprechdienst. Vorgängerorganisation war die CCITT (Comité Consultativ International Télégraphique et Téléphonique).

**IuD**
→ Dokumentation

**IuD-Programm**
Das Programm der Bundesregierung zur Förderung der Information und Dokumentation 1974-1977 (kurz IuD-Programm) war das erste nationale Förderungsprogramm für den Bereich Information und Dokumentation für Deutschland; federführend war das Bundesministerium für Forschung und Technologie (BMFT). Geplant waren dabei: Die Umorganisation und Umgestaltung der „strukturlosen" IuD-Landschaft durch Schaffung leistungsfähiger Betriebseinheiten; die Fachinformationssysteme sollten zentral gegliedert werden mit jeweils einem Fachinformationszentrum (FIZ) an der Spitze, die sich zudem auf kompatible Methoden und Technologien für die Erstellung der Informationsdienstleistungen einstellen sollten; die Schaffung bzw. Verbesserung der Infrastruktur durch Aufbau einer zentralen Einrichtung für Infrastruktur mit dem Namen → Gesellschaft für Information und Dokumentation (GID); Stärkung der Forschung und Entwicklung (F+E) im Rahmen eines umfassenden F+E-Programms für die IuD; Realisierung einer geschlossenen Ausbildungskonzeption für den Gesamtbereich Dokumentation, Bibliothekswesen und Archivwesen.

**IVS**
→ Informationsvermittlungsstelle

**Java**
Java/Java-Applet ist eine von der Firma SUN entwickelte → Programmiersprache für Hypermedia-Dokumente, die dem Entwickler erlaubt, WWW-Seiten mit verschiedenen, auch interaktiven Spezialeffekten auszustatten. Zur Ausführung von Java-Programmen wird eine „Java Virtual Machine" benötigt. Diese ist heute in den verbreiteten Browsern eingebaut. Damit lassen sich Java-Programme auf nahezu jedem Computer, unabhängig von dessen Hardware oder Betriebssystem ausführen. Ursprünglich war Java zur Steuerung von Set-Top-Boxen auf Fernsehgeräten gedacht.

**JPEG**
*engl.: Joint Photographic Experts Group*
JPEG ist ein Kompressionsverfahren für Grafikdateien. JPEG beschränkt sich nicht auf das Packen von Bilddaten nach den üblichen Algorithmen, sondern beinhaltet raffinierte Verfahren, die selektiv einzelne Bildinformationen löschen, ohne dabei den optischen Gesamteindruck zu zerstören. JPEG eignet sich daher gut für Bilder mit Farbübergängen, wie sie z.B. in gescannten Fotografien vorkommen.

# K

## Kanalreduktionsmodell
*engl.: channel-reduction model*
Das populärste Modell zur medialen Kommunikation (→ Computervermittelte Kommunikation) ist das Kanalreduktionsmodell. Dieses kultur- und technikkritische Modell geht davon aus, dass bei technikbasierter Kommunikation im Unterschied zur Face-to-Face-Situation die meisten Sinneskanäle und Handlungsmöglichkeiten fehlen und dieser allgemeine Informations- und Aktions-Verlust den zwischenmenschlichen Austausch verarmt. Enträumlichung, Entzeitlichung, Entsinnlichung, Entemotionalisierung, Entwirklichung und schließlich auch Entmenschlichung sind Stichworte, die den defizitären Charakter medialer Kontakte unmissverständlich hervorheben sollen. Gemäß dem Kanalreduktions-Modell greifen wir wegen äußerer Zwänge, unreflektierter Gewohnheiten und diverser Kommunikationspathologien auf technische Kommunikationsmedien zurück, obwohl wir diese zugunsten persönlichen Zusammenseins lieber meiden sollten.

## Kapselarchiv
→ Kartei

## Kartei
*engl.: card file*
Die Kartei oder Steilkartei wird heute vor allem für manuelle Bibliothekskataloge verwendet. Ihr Vorteil besteht darin, dass bei systematischer oder alphabetischer Aufstellung ein unbegrenztes Zusortieren weiterer Karten möglich ist. Nachteil ist allerdings, dass die Karte als Stellvertreter des Dokuments nur unter einem Sachmerkmal bzw. Ordnungsmerkmal abgestellt werden kann; die Mehrfachabstellung ist nur durch Vervielfältigung der Karten möglich, was schnell zu einem unhandlichen Umfang führt. Es gibt (oder gab) allerdings auch Versuche, diesen Mangel auszugleichen, z.B. mit den so genannten „Kapselarchiven", wobei die vervielfältigten Karten in riesigen Regalen gelagert wurden und der Benutzer sich nach Bedarf die benötigten Karten zusammensuchte und in einer individuellen „Kapsel" (eine Art Mini-Ordner) einheftete. Aber auch in diesem Fall ist die Suche nach kombinierten Sachverhalten und unterschiedlichen Aspekten so gut wie unmöglich. Der Wunsch, in Steilkarteien einen Zugang auch zu verschiedenen Aspekten zu ermöglichen, führte zur Entwicklung der → Handlochkarte.

## Kategorienkatalog
*engl.: data element directory*
Zur Unterstützung der → Formalerschließung von Dokumenten existieren Kategorienkataloge, die eine systemunabhängige Auswertung von Dokumenten ermöglichen. Für den deutschen Bereich wurden vom NABD (Normenausschuss für Bibliothekswesen und Dokumentation im → DIN) verschiedene dieser Kataloge publiziert (vgl. DIN 31631-1 bis -7), für den internationalen Bereich gibt es die ISO-Norm 8459-1 bis -3. Auf der Basis dieser genormten Kataloge lassen sich dann für spezielle Zwecke systeminterne, kompatible Kataloge erstellen (siehe auch → EDI). Aus den Kategorienkatalogen werden dann wiederum Datenerfassungsschemata erstellt, bei denen jeder Kategorie ein Feldname, die zulässige Feldlänge, die zulässigen Einträge usw. zugeordnet werden, die dann wiederum mit Plausibilitätsprogrammen abgeprüft werden können. In der Praxis werden für die Erfassung Formulare (Auswertebögen) oder heutzutage meist Bildschirmmasken verwendet.

## Kerblochkarte
→ Handlochkarte

## Kernkompetenz
*engl.: core competence*
Der Kernkompetenzansatz wurde im Rahmen des ressourcenbasierten Ansatzes des strategischen Managements entwickelt. Kernkompetenzen bestehen aus einem Bündel von Wissen, Fähigkeiten, Fertigkeiten und Technologien, die durch ihren Niederschlag in (Kern-)Prozessen einen spezifischen Kundennutzen generieren. Kernkompetenzen zeichnen sich weiterhin dadurch aus, dass sie transferierbar sind auf neue Produkte, neue Märkte oder neue Geschäftsfelder und damit Basis einer innovativen und nachhaltigen Unternehmensentwicklung sind. Damit eine Nachhaltigkeit gegeben ist, dürfen Kernkompetenzen für andere Unternehmen nur schwer oder gar nicht imitierbar oder substituierbar sein.

## Key Word Sponsoring
Verfahren zur gezielten Werbung bei einem → Suchdienst. Bei Eingabe bestimmter Suchbegriffe werden entsprechend assoziierte Werbebanner eingeblendet (z.B. beim Suchbegriff „Mietwagen" die Werbung einer Mietwagenfirma). (→ Paid Submission, → Paid Inclusion, → Paid Placement)

**KI**
➜ Künstliche Intelligenz

**Klasse**
➜ Klassifikation

**Klassieren**
*engl.: classing*
Klassifikationen werden verwendet vor allem zum Klassieren, d.h. zur Zuteilung von Notationen zu Objekten. Angewendet auf die ➜ Inhaltserschließung hat das Klassieren die Gesamtheit des Inhalts einer Wissensquelle im Blickfeld und ordnet aus dem Vorrat an Notationen des jeweilig verwendeten Klassifikationssystems diejenigen zu, die den Inhalt am besten und vollständigsten wiedergeben. Insofern handelt es sich beim Klassieren um eine spezielle Variante des Indexierens, um das so genannte additive Indexieren. Beim Klassieren kommen folgende wesentliche Eigenarten einer ➜ Klassifikation zum Tragen, die sich insgesamt positiv auf die Leistungsfähigkeit von Retrievalsystemen auswirken: (1) Klassifikationsnotationen ermöglichen eine „mechanisierte" Gruppenbildung. Das bedeutet, dass beim ➜ Retrieval mittels eines Oberbegriffs im allgemeinen auch alle Wissensquellen gefunden werden, die richtigerweise mit detaillierten Unterbegriffen klassiert worden sind. Es muss daher nicht jede einzelne ➜ Notation als Suchmerkmal festgelegt werden, es genügt die Notation des gemeinsamen Oberbegriffs. (2) Klassifikationsnotationen erleichtern die Bedeutungsklärung von Fachausdrücken (= Desambiguierung). In dieser Eigenschaft tragen sie zur Ballastvermeidung beim Retrieval bei. (3) Mit Hilfe von Klassifikationsnotationen wird vermieden, dass scheinbare Verwandtschaftsbeziehungen beim Retrieval wirksam werden können. Die Suche nach dem Metall Silber mit Hilfe des Fragments „silber" ergibt z.B. auch „Silberne Hochzeit" oder „Silbertanne". Derartige Fehler sind bei der Verwendung von Notationen nicht möglich. (4) Mit Notationen lassen sich rascher Begriffe eindeutig beschreiben, insbesondere dann, wenn es noch an von der Allgemeinheit akzeptierten Wortschöpfungen für die verbale Bezeichnung mangelt oder wenn bestimmte Begriffe nur mit längeren Paraphrasen beschrieben werden können (beispielsweise entspricht in der DK die Notation „663.432" der Paraphrase „Waschen und Weichen von Gerste zur Malzbereitung in der Brauerei. Weichwasserbehandlung"). Unterschieden werden muss das Klassieren vom ➜ Klassifizieren, dem Zuordnen von Gegenständen zu Klassen auf der Grundlage eines gemeinsamen Merkmals.

**Klassifikation**
*engl.: classification*
Eine Klassifikation ist eine strukturierte Darstellung von Klassen und der zwischen den Klassen bestehenden Begriffsbeziehungen, wobei jede Klasse durch eine (von natürlichen Sprachen unabhängige) ➜ Notation repräsentiert wird (vgl. DIN 32705-2). Bei der Verwendung des Begriffs Klassifikation ist zu unterscheiden zwischen dem Prozess der Klassifikationserarbeitung (d.h. der Klassenbildung), dem Klassifikationssystem als Ergebnis des Klassenbildungsprozesses und den Prozessen ➜ Klassieren bzw. ➜ Klassifizieren, d.h. dem gegenseitigen Zuordnen von Objekten und Klassen des Klassifikationssystems. Verwendet werden Klassifikationen unter anderem als ➜ Dokumentationssprache zur inhaltlichen Groberschließung. Beispiele sind die Internationale ➜ Dezimalklassifikation und die ➜ Internationale Patentklassifikation. – Eine Klassifikation ist ein Ordnungsmittel, das eine Einteilung eines Gegenstandsbereiches mit Hilfe von Klasseneinteilungen leistet, wobei die – insbesondere hierarchische – ➜ Relation zwischen den Klassen ausgewiesen wird. Die Elemente der Klassifikation werden als Klassen bezeichnet. Hinter jeder Klasse verbirgt sich ein dreistufiger Abstraktionsprozess, d.h. zunächst die Abstraktion vom Objekt bzw. Sachverhalt einer Klasse zum ➜ Begriff, der die Merkmale bestimmt, die diese Klasse von einer anderen unterscheidet. Dieser Begriff ist dann in einer nächsten Abstraktionsstufe durch eine äquivalente Bezeichnung auszudrücken. Klassifikationen gehören zu den am weitesten verbreiteten Dokumentationssprachen und zeichnen sich durch ihre Systematik aus. Die große Verbreitung, die viele Klassifikationen als Begriffssystematik in der Praxis der Informationsarbeit gefunden haben, beruht vor allem auf drei Eigenschaften: (1) Universalität, d.h. die Orientierung auf den gesamten Bereich der Wissenschaft (als Universalklassifikation) bzw. auf viele ihrer Teilgebiete (als Fachklassifikation); (2) Kontinuität, d.h. die Verwendbarkeit über einen längeren Zeitraum hinweg; (3) Aktualität, d.h. die Fähigkeit zur Berücksichtigung neuer Erkenntnisse. Die Stärke der Klassifikationen liegt ferner in ihrer Sprachunabhängigkeit, denn die einzelnen Klassen werden meist durch eine Notation ausgedrückt. Diese Notationen werden bei der ➜ Inhaltserschließung und der ➜ Indexierung als Index-Termini verwendet und sind

somit Grundlage für das Speichern und das ➙ Retrieval. Typische Klassifikationen sind – im Gegensatz zur ➙ Facettenklassifikation – die analytischen Klassifikationen, bei denen die Untergliederung von oben nach unten erfolgt (z.B. Schiff – Frachtschiff – Tankschiff). – Die in Deutschland gültigen Regeln zur Erarbeitung und Weiterentwicklung von Klassifikationssystemen sind festgelegt in der Norm DIN 32705: Klassifikationssysteme. Erstellung und Weiterentwicklung von Klassifikationssystemen. Berlin, Januar 1987. Zu den weltweit am weitesten verbreiteten Klassifikationen gehören die ➙ International Statistical Classification of Diseases and Health Related Problems und die ➙ International Classification of Procedures in Medicine.

### Klassifizieren
*engl.: classifying*
Unter Klassifizieren versteht man das Zuordnen von Gegenständen zu Klassen auf der Grundlage eines gemeinsamen Merkmals. (siehe auch ➙ Klassieren)

### Klinische Dokumentation
*engl.: medical documentation*
In Klinik und Arztpraxis sind alle von einem Patienten erhobenen Befunde und Daten in der ➙ Krankenakte zu dokumentieren. Sie dient der Kommunikation der Ärzte und aller an der Behandlung Beteiligten, aber auch der Darstellung des Krankheitsverlaufs. Sie ist notwendig für spätere Behandlungen und für die Abrechnung der erbrachten Leistungen, aber auch zur Sicherung der Qualität des ärztlichen Handelns, für die Wissenschaft und für juristische Zwecke.

### Klinische Studie
*engl.: medical survey*
Bei einer bestimmten, wohl definierten Patientenschaft werden alternativ zwei zu vergleichende Maßnahmen (meist Varianten einer Therapie) angewandt, um herauszufinden, welche der beiden Maßnahmen zu einem besseren Therapieerfolg führt oder weniger Risiken birgt. An einer klinischen Studie werden viele Patienten meist über längere Zeit außerordentlich detailliert beobachtet und dokumentiert. Dies gilt insbesondere für Studien, mit denen ein pharmazeutischer Unternehmer die Zulassung eines neuen Arzneimittels erreichen will. Dabei muss für jede einzelne Beobachtung, für jeden einzelnen Befund, für jedes einzelne Datum nachvollziehbar sein, unter welchen Bedingungen an welchem Patienten zu welcher Uhrzeit es ermittelt worden ist. Für die Dokumentation bei klinischen Studien gibt es große internationale Regelwerke, deren Einhaltung eine extrem hohe Datenqualität garantiert. (➙ Evidenzbasierte Medizin)

### Knoten
*engl.: unit*
Die kleinste verknüpfbare Einheit in einem ➙ Hypertext bezeichnet man als Knoten. Unter einem aggregierten Knoten versteht man Hypertext-Knoten, die geschlossene oder offene Teilnetze des Hypertexts enthalten. Mit Authority bezeichnet man einen Hypertext-Knoten, der von vielen anderen Knoten von anderen Servern aus referenziert wird. Mit Hub wird ein Hypertext-Knoten bezeichnet, der auf viele relevante Inhalte verweist.

### Kohärenz
*engl.: coherence*
Unter Kohärenz versteht man die inhaltliche und strukturelle Stimmigkeit von Texten. Bei ➙ Hypertext ist dies insbesondere auf die Verknüpfungsstruktur zu beziehen. Auf der semanto-pragmatischen Ebene wird Kohärenz durch konsistente Referenz (referenzielle Kohärenz) auf ein eingegrenztes Inventar von Objekten und durch eine widerspruchsfreie Menge von Aussagen (propositionale Kohärenz) im Sinne einer durchgängigen Kommunikationsabsicht erzeugt (illokutionäre Kohärenz). Kohärenz in diesem Sinne ist allenfalls von Hypertexten geringer Größe zu erwarten, die von einem Autor oder von einem Autorenkollektiv mit einer gemeinsamen Absicht konzipiert und geschrieben wurden. Große Hypertexte, wie im Extremfall das ➙ WWW, verfolgen keine übergreifende Absicht und können auch inkonsistente Aussagen enthalten. Die von einem Leser gelesene Abfolge von Hypertext-Einheiten sollte jedoch stets als kohärent interpretierbar sein. Hilfreich ist in diesem Zusammenhang eine Auszeichnung der Semantik von Verknüpfungen, um so die inhaltliche Beziehung der verbundenen ➙ Knoten zu verdeutlichen. Auch dies ist eine Funktionalität, die bis heute kaum in WWW-Umgebungen realisiert ist.

### Kohäsive Geschlossenheit
*engl.: cohesive closedness*
Kohäsive Geschlossenheit ist eine Bezeichnung aus der Theorie des ➙ Hypertext. Informationelle Einheiten in Hypertexten sollen aus sich heraus verständlich sein, sollten also z.B. keine anaphorischen Elemente wie Deixis, Pronomina, die nicht aufgelöst sind, etc. enthalten, und auch keine textuellen

Rückbezüge wie: „wie ich früher gezeigt habe". Sofern doch auf Externes referenziert wird, sollte dieses direkt über Links verknüpft sein.

**Kollaboratives Filtern**
*engl.: collaborative filtering*
Spezielle (positive) Filtertechnik, bei der Erfahrungen früherer Nutzer, z.B. bei ihrer Navigation im ➝ Internet oder bei ihrem Einkauf auf elektronischen Marktplätzen (➝ Elektronischer Marktplatz), für neue Such- oder Einkaufsprobleme ausgenutzt werden, so dass das angeboten wird, was sich entsprechend den Erfahrungen anderer bewährt hat.

**Kommando-Benutzerschnittstelle**
*engl.: character based interface; Command-line User Interface (CUI)*
Die Usereingaben erfolgen bei dieser ➝ Benutzerschnittstelle als Kommandos, Dialog-Antworten oder Formular-Eintragungen unter Nutzung der Tastatur.

**Kommunikation**
*engl.: communication*
Kommunikation ist die Übertragung von Bedeutungen zwischen Zeichen aussendenden, empfangenden und interpretierenden Systemen. Im engeren Sinne versteht man darunter die Verständigung zwischen Personen. Kommunikation ist damit ein grundlegender Prozess, ohne dessen reibungsloser Ablauf ➝ Koordination und ➝ Kooperation unmöglich sind. Kommunikation kann in synchroner (zur gleichen Zeit) oder in asynchroner Weise (zu verschiedener Zeit) erfolgen.

**Kommunikation zwischen offenen Systemen**
➝ OSI-Schichtenmodell

**Kommunikationsanalyse**
*engl.: communication analysis*
Bei der Kommunikationsanalyse als Teil der Benutzerforschung ist die Methode des Expertengesprächs am sinnvollsten, da sowohl die Analyse der objektiven Zusammenhänge komplex ist, als auch vorhandene Interessenkonflikte (z. B. Informationszurückhaltung aus Machtaspekten, Angst vor der Aufdeckung von Unzulänglichkeiten) beachtet werden müssen. Ein standardisiertes Interview, gleichgültig ob schriftlich oder mündlich durchgeführt, würde einerseits ein Antizipieren vieler noch offener Fragen erfordern und andererseits die vorhandenen Vorbehalte nur schwer aufbrechen können. Im Expertengespräch kann flexibler auf die jeweiligen Befindlichkeiten der Akteure und die inhaltlichen Schwerpunkte eingegangen werden. Natürlich ist eine vorgängige Systematisierung der relevanten Problembereiche erforderlich, aber eben nur als grober Leitfaden für die Gespräche mit den einzelnen Experten der verschiedenen Organisationseinheiten. Auf die Auswahl der Experten sollte große Sorgfalt verwendet werden, um einen problemadäquaten Querschnitt der Mitarbeiter (z.B. Vorgesetzte, Sachbearbeiter) einzubeziehen.

**Kommunikationsdesign**
*engl.: communication design*
Neben informatischen und softwareergonomischen Aspekten etablieren sich im Kontext computergestützter Medien aller Art zunehmend auch gestalterische Ansätze und Lösungsvorschläge. Aufgabe der visuellen Kommunikation oder des Kommunikationsdesign ist zunächst die Formulierung visueller und zunehmend auch audiovisueller Botschaften und Formate in vermittelnden Handlungszusammenhängen aller Art und damit die ästhetische Gestaltung medialer Oberflächen. Je nach Anwendungszusammenhang soll damit ein Kommunikationsziel bestmöglich unterstützt und erreicht werden. Die eigentliche Stärke des Design ist zugleich seine besondere Schwäche. Indem es im sinnlich-emotionalen Bereich siedelt, entzieht es sich rein technisch-rationaler Betrachtung. Und doch ist es auch eine technisch-handwerklich-intellektuelle Disziplin. Design bewegt sich generell im Spannungsfeld zwischen sinnlicher Wahrnehmung, emotionaler Bewertung und rationaler Begründung und muss insofern ganzheitlich und personenvermittelt agieren. (➝ Bildschirm-Design)

**Kommunikationsökologie**
*engl.: communication ecology*
Vorläufer der ➝ Wissensökologie ist die Kommunikationsökologie, die sich als Analyse der wechselseitigen Durchdringung von technisierter Kommunikation und menschlicher Natur, Kultur und Gesellschaft versteht. Heute versteht man unter Kommunikationsökologie in erster Linie eine Disziplin im Schnittfeld von Kommunikationswissenschaft und Humanökologie. Entsprechend werden die Auswirkungen technisierter Kommunikation auf Mensch, Natur und Gesellschaft untersucht und unter dem Leitbild der ökologischen Kommunikation Vorschläge zur Entwicklung nachhaltigen und humanen Austauschs von Information entwickelt. Theoretisch stützt sich die Kommunikationsökologie u.a. auf Gedanken von Neil Postman ab, der mediale Entwicklung in Analogie zur Ökolo-

gie der Umwelt betrachtet, und leitet sich allgemein theoretisch u.a. aus der Medientheorie von M. McLuhan ab. Deren Grundgedanke besteht darin, dass Medien nicht nur neutral auf gesellschaftliche Strukturen reagieren, sondern diese mitprägen.

### Kommunikationssteuerungsschicht
*engl.: session layer*
Die Kommunikationssteuerungsschicht (oder auch Sitzungsschicht genannt) ist Schicht 5 im → OSI-Schichtenmodell und stellt Dienste für einen organisierten und synchronisierten Datenaustausch zur Verfügung. Zu diesem Zweck werden in der Sitzungsschicht so genannte Token eingeführt. Hier befinden sich die Protokolle der verwendeten Dienste wie z.B. HTTP beim WWW-, SMTP beim E-Mail-, FTP beim → File Transfer. Sie dienen der Sitzungs- bzw. Dialog- und Kommunikationssteuerung (Synchronisation). Auf dieser Ebene werden Verbindungen zwischen Clients und Servern aufgebaut sowie die Daten über Anfrage/Antwort-Nachrichten (Request/Response) übertragen.

### Konsens
*engl.: consensus agreement*
Konsens spielt bei der → Normung eine Rolle. Die interessierten Kreise bringen die Themenvorschläge für Normungsvorhaben ein und erarbeiten in den Arbeitsausschüssen entsprechende Normen mit der Maßgabe, einen Konsens zu erreichen, der der Öffentlichkeit zur Stellungnahme vorgelegt wird. Konsens bedeutet nach DIN EN 45020 allgemeine Zustimmung durch ein Verfahren zu erreichen, in dem versucht wird, die Gesichtspunkte aller betroffenen Parteien zu berücksichtigen und Gegenargumente auszuräumen. Auch wenn sich Einstimmigkeit nicht immer erzielen lässt, werden alle Versuche unternommen, Widersprüche auszuräumen und zu einem ausgewogenen Interessenausgleich zu kommen. Dieses Prinzip wird sowohl innerhalb des Gremiums angewendet, das einen Norm-Entwurf erarbeitet, als auch beim darauf folgenden öffentlichen Einspruchsverfahren.

### Kontext-Operatoren
*engl.: proximity operators*
Kontext-Operatoren (auch Nachbarschafts-, Abstands- oder Stellungs-Operatoren genannt) werden neben den Booleschen Operatoren (→ Boolesche Algebra) bei Retrievalsprachen in Datenbanken verwendet. Mit ihrer Hilfe ist es möglich, eine Kontextabhängigkeit von den einen Suchbegriff umgebenden Wörtern zu erzielen; z.B. können Wörter gesucht werden, die nebeneinander, im gleichen Satz, im gleichen Abschnitt usw. stehen. Besonders bei der Recherche in einer → Volltextdatenbank ist der Abstands-Operator ein wichtiger Verknüpfungsoperator, weil durch ihn relevantere Suchergebnisse erzielt werden können als durch das einfache AND.

### Konversationslexikon
→ Lexikon

### Konzelationssystem
→ Kryptografie

### Kooperation
*engl.: cooperation*
Kooperation bezeichnet jene Kommunikation, die zur → Koordination und zur Vereinbarung gemeinsamer Ziele notwendig ist.

### Koordination
*engl.: coordination*
Koordination bezeichnet jene Kommunikation, welche zur Abstimmung aufgabenbezogener Tätigkeiten, die im Rahmen von → Gruppenarbeit ausgeführt werden, notwendig ist.

### Kopplungsindikator
Bei der so genannten strukturierten → Indexierung werden Kopplungsindikatoren eingesetzt, um eine Verbindung von zwei oder mehreren Index-Termini herzustellen. (→ Rollenindikator)

### Kozitationsanalyse
*engl.: co-citation analysis*
Bei der Kozitation besteht zwischen zwei Dokumenten dann ein Zusammenhang, wenn beide von einem anderen Dokument (gemeinsam) zitiert werden. Da bei Kozitationsanalysen der Zusammenhang zwischen zitierten Dokumenten ermittelt wird, ändern sich auch die Kozitationshäufigkeiten im Zeitablauf. Kozitationsmuster spiegeln daher die Änderungen der jeweiligen Wissenschaftsdisziplin wider, sie können z.B. ein Indikator für eine → Forschungsfront sein. (→ Zitatenanalyse)

### Krankenakte
*engl.: patient file*
Alle von einem Patienten in einer Arztpraxis oder in einem Krankenhaus gewonnenen Daten, Befunde und Beobachtungen werden in seiner Krankenakte zusammengefasst. Während einer typischen, etwa zehntägigen stationären Behandlung entsteht eine etwa 5 bis 10 mm dicke Krankenakte. Oft übertreffen die Bestände der Krankenaktenarchive ei-

nes Universitätsklinikums die medizinischen Bestände der Universitätsbibliothek bei weitem. Die Krankenakten sind meist nach Patientenidentifikation abgelegt. Eine weitergehende inhaltliche Erschließung, die einen Zugriff nach Diagnosen, eingesetzten diagnostischen Verfahren, einzelnen Befunden oder Komplikationen ermöglicht, erfordert einen hohen dokumentarischen Aufwand und wird wohl erst in großem Stil möglich sein, wenn die gesamte Krankenakte elektronisch geführt wird. (➙ Klinische Dokumentation)

**Krankenhausinformationssystem**
*engl.: medical information system*
Ein Krankenhaus kann auch als eine „Datenerzeugungs- und Nutzungsfabrik" betrachtet werden. Fast alle in einem Krankenhaus Tätigen sind sowohl Datenlieferanten als auch Datennutzer. Die Idee eines Krankenhausinformationssystems ist, jede einen Patienten betreffende Angabe, jeden Befund oder jedes Datum möglichst am Ort und zum Zeitpunkt der Entstehung zu erfassen und dann immer wieder zu nutzen. Dabei sollte jeder Berechtigte jede gewünschte Information ohne Ballast übersichtlich präsentiert bekommen. Schwierigkeiten bei der Entwicklung eines guten Krankenhausinformationssystems ist die Vielfalt der Anforderungen einerseits und eine einheitliche und gut verständliche Benutzerführung andererseits. (➙ Medizinische Dokumentation; ➙ Klinische Dokumentation)

**Kryptografie**
*engl.: cryptography*
Kryptografie ist die Lehre von der ➙ Verschlüsselung von Daten und den Techniken, die zur Realisierung derselben verwendet werden (griechisch: krypto: verbergen, graphe: Schriftstück). Sie hat längst die Grauzone der Spionage und des Militärbereichs überschritten und ist als Schlüsseltechnik für die Absicherung weltweiter Computernetze von zentraler Bedeutung. Die Art und vor allem die Menge der Daten, die schützenswert sind, haben sich mit der Verbreitung elektronischer Datenverarbeitung deutlich gewandelt. Es werden nicht nur im Berufs-, sondern auch zunehmend im Privatleben Informationen vor unberechtigtem Zugriff und vor Manipulation geschützt. Verschlüsselungsverfahren kommen im Rahmen der Datenübertragung, besonders in offenen Netzen wie dem ➙ Internet, eine besondere Bedeutung zu. Ein Klartext wird in eine verschlüsselte Form, den Geheimtext, überführt, somit kann eine fremde Person den ursprünglichen Text nicht mehr erkennen. Der Verschlüsselungsvorgang wird als Chiffrieren, der Entschlüsselungsvorgang als Dechiffrieren bezeichnet. Mit Hilfe so genannter Konzelationssysteme (lat. celare: verbergen, verheimlichen) lassen sich Nachrichten oder Daten vor unbekannten Mitlesern absichern. Die Auswahl geeigneter kryptografischer Verfahren hängt dabei von der Notwendigkeit ab, die Daten vor dem Zugriff Dritter zu schützen. Der Illusion, dass das verwendete Verschlüsselungsverfahren nicht knackbar ist, sollte man sich allerdings nicht hingeben. Die Sicherheit eines kryptografischen Verfahrens beruht nicht auf der Geheimhaltung des verwendeten ➙ Algorithmus, sondern alleine auf der Geheimhaltung des Schlüssels, der zum Dechiffrieren benötigt wird. Aus ihr folgt, dass ohne Kenntnis des Schlüssels kein Rückschluss vom Geheimtext auf den Klartext möglich ist, selbst bei Bekanntsein des verwendeten Verschlüsselungsalgorithmus.

**Kryptologie**
*engl.: cryptology*
Kryptologie ist der Oberbegriff zu ➙ Kryptografie, die sich mit der ➙ Verschlüsselung von Daten beschäftigt, und der Kryptoanalyse, die sich mit der Entschlüsselung beschäftigt und Angriffe auf Verschlüsselungsverfahren behandelt. Unter dem Kryptosystem schließlich versteht man die Gesamtheit eines ➙ Algorithmus und aller zu ihm gehörenden Schlüssel, Klartexte und Geheimtexte.

**Künstliche Intelligenz**
*engl.: Artificial Intelligence (AI)*
Künstliche Intelligenz (KI) ist ein Teilgebiet der ➙ Informatik, das sich mit der Entwicklung von Computersystemen befasst, die Leistungen vollbringen, die man allgemeinhin als intelligent bezeichnen würde. Dies wird durch die Organisation und Manipulation von ➙ Wissen über das Anwendungsgebiet und durch die Verwendung von Heuristiken erreicht. Typische Gebiete der KI sind ➙ Wissensbasiertes System, ➙ Expertensystem, sprachverstehendes System, Bilderkennung und Robotik. Die Technologie der ➙ Semantic Web Services (siehe auch ➙ Semantisches Netz) basiert zum großen Teil auf Ansätzen der KI. Die in den 60er und 70er Jahren dominierende Forschung zur Künstlichen Intelligenz (KI) versucht Kognition auf das algorithmische Abarbeiten von Symbollisten zurückzuführen. KI-Systeme verarbeiten Information sequenziell und lokalisiert (feste Speicheradressen) und ihr Datenformat ist symbolisch.

## Kurzreferat
*engl.: abstract; abstracting*
Ein Abstract ist die Zusammenfassung eines Textes, im speziellen die nicht wertende Angabe des wesentlichen Inhalts eines Dokuments, die das Ziel hat, dem Benutzer die Beurteilung der Relevanz des Dokuments zu ermöglichen. In der Dokumentationspraxis wird im Wesentlichen zwischen indikativen und informativen Abstracts unterschieden. Erstere haben im Wesentlichen eine Referenzfunktion, sollen also zu relevanten Texten hinführen; letztere können auch eine substitutive Funktion haben, indem sie über die wesentlichen Inhalte im Detail tatsächlich informieren. Automatische Verfahren des Erstellens von Kurzreferaten benutzen im Wesentlichen statistische Textinformation, fortgeschrittenere Verfahren greifen auf linguistische und wissensbasierte Methoden (→ Wissensbasiertes System) zurück. (→ Annotation, → Referatedienst)

## Kurzzeitgedächtnis
→ Gedächtnis

## KWAC-Register
*engl.: Keyword-And-Context Index*
Ein KWAC-Register ist ein alphabetisches Stichwortregister, wobei neben den Einträgen der Kontext angegeben wird. (→ Register, → Stichwort)

## KWIC-Register
*engl.: Keyword-In-Context Index*
Ein KWIC-Register ist ein alphabetisches Stichwortregister, bei dem die Einträge in einer zentralen Spalte angeordnet sind und der jeweils vorausgehende und nachfolgende Kontext innerhalb einer vorgegebenen Länge vor bzw. hinter dem Eintrag in der natürlichen Wortfolge steht. (→ Register, → Stichwort)

## KWOC-Register
*engl.: Keyword-Out-Of-Context Index*
Ein KWOC-Register ist ein alphabetisches Stichwortregister, bei dem anschließend an die Einträge der Kontext in der natürlichen Wortfolge steht. (→ Register, → Stichwort)

# L

**La Fontaine**
Henri La Fontaine (1854-1943) war zusammen mit Paul ➙ Otlet Pionier der Idee der Dokumentation und wesentlicher ideeller und materieller Förderer der Dokumentation. Ab 1895 war er für fast 30 Jahre Mitglied des Senats des Belgischen Parlaments. 1913 wurde ihm der Friedensnobelpreis als Initiator der damaligen europäischen „Friedensbewegung" verliehen.

**LAN**
➙ Lokales Netz

**Langzeitarchivierung**
*engl.: long-term preservation*
Mit Langzeitarchivierung meint man mehr als die Erfüllung gesetzlicher Vorgaben über Zeitspannen, während der Daten verfügbar gehalten werden müssen. „Langzeit" ist die Umschreibung eines nicht näher fixierten Zeitraumes, währenddessen wesentliche nicht vorhersehbare technologische und soziokulturelle Veränderungen eintreten, die sowohl die Gestalt als auch die Nutzungssituation digitaler Ressourcen in rasanten Entwicklungszyklen vollständig umwälzen werden. Dabei spielen nach bisheriger Erfahrung das Nutzerinteresse der Auf- und Abwärtskompatibilität alter und neuer Systemumgebungen eine Rolle nur dann, wenn dies dem Anbieter für die Positionierung am Markt erforderlich scheint. „Langzeit" bedeutet für die ➙ Bestandserhaltung digitaler Ressourcen nicht die Abgabe einer Garantieerklärung über fünf oder fünfzig Jahre, sondern die verantwortliche Entwicklung von Strategien, die den beständigen, vom Informationsmarkt verursachten Wandel bewältigen können, z.B. durch ➙ Emulation oder ➙ Migration der Daten. (siehe auch ➙ Open Archival Information System und ➙ Digitale Bibliothek)

**Langzeitgedächtnis**
➙ Gedächtnis

**Learning Facilitator**
Bezeichnung für Lehrer, Tutor, Coach oder andere Unterstützungskraft, die für die erfolgreiche Bewältigung von Lernprozessen individueller ➙ Lerner oder in einem ➙ Lernteam verantwortlich ist und im Rahmen von Lernprozessen Organisations- bzw. Koordinations- und ➙Unterstützungsleistungen erbringt. (siehe auch ➙ Computerunterstütztes kooperatives Lernen)

**Learning Resource Centre**
Im Gegensatz zur traditionellen Rolle der ➙ Bibliothek als rein materieller Speicher des kulturellen und wissenschaftlichen ➙ Gedächtnis ergibt sich zunehmend ein aktives Selbstverständnis, bei dem Bibliotheken als ➙ Ort des Wissens und für ➙ Lernen neue Aufgaben übernehmen, z.B. als ➙ Teaching Library im Zusammenhang mit der eigenen aktiven Beteiligung an Schulungs- und Bildungsaufgaben oder durch Kooperation mit anderen informationsverarbeitenden Einrichtungen (Rechenzentrum, Medienzentren) durch den Betrieb von Dokumentenservern und die technische Betreuung von ➙ E-Learning.

**Lehrinstitut für Dokumentation**
➙ LID

**Leistungsplan Fachinformation**
Unter dem Namen „Leistungsplan Fachinformation" wurden Folgeprogramme für die Jahre 1980-1984 für das ➙ IuD-Programm von 1974-1979 bezeichnet.

**Leitwerk**
*engl.: control unit*
Funktionseinheit eines Prozessors, welche Befehlsfolgen aus dem Speicher in den ➙ Prozessor transferiert, diese entschlüsselt und zur Befehlsausführung an andere Funktionseinheiten weiterleitet. (➙ Eingabe- und Ausgabewerk, ➙ Von-Neumann-Architektur)

**Lemmatisierung**
*engl.: lemmatisation*
Eine umfassende Aufgabe bei der Erstellung lexikographischer Nachschlagewerke (➙ Enzyklopädie, ➙ Lexikon) stellt die Lemmatisierung dar. Sie ist der Vorgang der Auswahl von Elementen für Lemmalisten (Abfolge der Artikel und damit der Lemmata im lexikographischen Nachschlagewerk). Bei der Lemmatisierung werden die verschiedenen Wortformen zu einem Lexem zusammengefasst und das Lexem als Lemma in die Lemmaliste aufgenommen (gebe, gib, gab, gegeben = Lexem geben = Lemma geben). Die Auswahl der Lemmata für ein lexikographisches Nachschlagewerk kann auf verschiedene Weise durchgeführt werden, wobei diese Formen in der Praxis oft gemeinsam angewandt werden: (1) Bestehende Wortlisten aus lexikographischen Nachschlagewerken; (2) Das persönliche (Fach-)Wissen des/der LexikographIn-

nen und/oder hinzugezogener ExpertInnen; (3) Fachliteratur/-zeitschriften (einschließlich ihrer Inhaltsangaben und Register); (4) Internetrecherchen; (5) Korpusbasierte Lemmatisierung. In der korpusbasierten Lemmatisierung werden die Lexeme für die Lemmatisierung aus einen Textkorpus (= Textmenge) gefiltert. Dieser Textkorpus wird in Anlehnung an das zu bearbeitende Fachgebiet aus repräsentativen Texten zusammengestellt, und die Definition dieses Textkorpus hat entscheidenden Einfluss auf die Ausprägung der Lemmaliste. Aus diesem Textkorpus wird dann mit elektronischen Werkzeugen und Abgleich gegen eine Liste unerwünschter Wörter (z.B. Pronomen etc.) eine Wortliste mit Frequenzangaben (Häufigkeit des Wortes im Textkorpus) erstellt. Der Lexikograph wählt dann aus dieser Wortliste die zu lemmatisierenden Lexeme aus. Über die Wortliste aus dem Textkorpus ist bei der Erstellung der Artikel ein Rückgriff auf die Originaltexte möglich. So können z.B. Kollokationen, Beispielangaben oder auch diatechnische Markierungen am Originaltext belegt werden.

**Lernen**
*engl.: human learning; learning*
Lernen kann aufgefasst werden als der Prozess des Aufnehmens (→ Lesen) von auf Medien gespeicherten bzw. übertragenen Informationen im Sinne der Anpassung an Anforderungen durch die Umwelt. Hierzu ist ein → Ort der Kommunikation nötig, an dem aus einem Bestand (→ Speicher, Magazin, → Gedächtnis) → Wissen gelesen (→ Retrieval) und in einen neuen Speicher übertragen wird. Jede Organisation muss genau wie die Individuen in sich ständig wandelnden Umwelten stets neu lernen. Das Lernen in/von Organisationen erfordert von diesen neben einer gemeinsamen Zielrichtung (Vision) Teamgeist, Vorurteilsfreiheit und Selbstmotivierung vor allem vernetztes und ganzheitliches Denken. Dies gilt für große wie für kleine Organisationen in privater oder öffentlicher Trägerschaft und für ganze Gesellschaften. Der geeignete Ort dafür ist die → Bibliothek als dem kulturellen und wissenschaftlichen Gedächtnis der Organisation. – Menschliches Lernen kann im Hinblick auf den Themenbereich → E-Learning verstanden werden als ein durch einen Lernenden aktiv betriebener Prozess der Rekonstruktion und Erweiterung der individuellen → Wissensbasis sowie die darauf aufbauende Erweiterung/Verbesserung seiner Handlungskompetenz.

**Lerner**
*engl.: learner*
Person, die aktiv eine Verbesserung ihres Wissens- und Kompetenzniveaus anstrebt und mit diesem Ziel planmäßige Lernprozesse durchführt.

**Lernteam**
*engl.: learning team*
Ein Lernteam ist eine überschaubare Gruppe von Lernenden, die ein ähnliches Lernziel anstreben und im Rahmen ihres Lernprozesses kontinuierlich oder auch zeitweise im Hinblick auf die Erreichung ihres Lernziels zusammenwirken. Lernteams bzw. die Qualität der in ihnen ablaufenden Interaktionsprozesse können für die erfolgreiche Bewältigung des Lernprozesses von erheblicher Bedeutung sein. Häufig werden Lernteams und die ihnen zugehörigen → Lerner systematisch durch einen → Learning Facilitator unterstützt. (siehe auch → Computerunterstütztes kooperatives Lernen)

**Lesen**
*engl.: reading*
Jede Aufnahme von Informationen in unterschiedlichen Medien ist mit Lesen verbunden. Lesekompetenz als Alphabetisierung ist dabei die grundlegende Kulturtechnik unserer Gesellschaft und die Voraussetzung für höherwertige Kommunikationsprozesse wie Mathematik oder „Neue" Medien (Computer, Internet etc.). Lesen ist die wichtigste Medienkompetenz und Grundlage für jedes → Lernen. Die → Öffentliche Bibliothek versteht sich nicht nur als → Ort zur Förderung des Lesens, sondern auch der allgemeinen Medienkompetenz und betont die Medienvielfalt in ihrem Bestand. Kulturwissenschaftliche Leseforschung ist jedoch bisher nicht in ausreichendem Maße von der Bibliothekswissenschaft rezipiert worden.

**Lexikon**
*engl.: lexicon*
Im Übergang vom 18. zum 19. Jahrhundert entstand im deutschen Sprachraum aus den Zeitungslexika das Konversationslexikon, dessen erklärter Zweck es war, gerade so viel Wissen zu vermitteln, wie zu einer gebildeten Unterhaltung notwendig war. Die Zusammenstellung der Inhalte erfolgte nach dem aktuellen Interesse und spiegelte den Zeitgeist wider. Adressat war die neu entstehende Gesellschaftsschicht des gebildeten Bürgertums, speziell auch die Frauen. Die Leipziger Verlegerfamilie Brockhaus baute das „Konversationslexikon" im Verlauf des 19. Jahrhunderts zu einer ganzen

Familie von allgemeinen Nachschlagewerken aus. Der Verlag war in der Produktdiversifikation und im damit eng verbundenen Aufbau einer eigenständigen Lexikonredaktion, die durch zahlreiche Experten in nerhalb und außerhalb der Universitäten ergänzt wurde, so erfolgreich, dass der Name Brockhaus bis in die Gegenwart synonym für lexikographische Nachschlagewerke schlechthin verwandt wird. (➜ Enzyklopädie, ➜ Mikrostruktur, ➜ Makrostruktur, ➜ Verteilungsstruktur, ➜ Rahmenstruktur, ➜ Zugriffsstruktur, ➜ Verweisstruktur)

**LID**
Das Lehrinstitut für Dokumentation (LID), Frankfurt am Main bei der DGD, wurde 1957 gegründet als Institut, welches Qualifikationsmaßnahmen und formelle ➜ Ausbildung für den Bereich der IuD durchführte. Es wurde 1992 geschlossen, nachdem zuvor die durchgeführten formellen Qualifikationsgänge in staatliche Bildungsinstitutionen überführt werden konnten.

**Linguistische Datenverarbeitung**
➜ Computerlinguistik

**Link**
➜ Verknüpfung

**Link Popularity**
Unter Link Popularity versteht man eine Berechnungsmethode für ➜ Ranking (z.B. im ➜ Page Rank – TM). Dem Kern dieser Methode liegt die Theorie zugrunde, dass je öfter ein Dokument im ➜ WWW von anderen Web-Seiten referenziert wird, desto mehr kann davon ausgegangen werden, dass das referenzierte Dokument inhaltlich hochwertig ist. Dabei wird auch die „Qualität" der referenzierenden Seiten selbst betrachtet: Sind diese schon als „hochwertig" erachtet worden oder wird von einem bekannten Web-Katalog bzw. einschlägigen Websites referenziert, so erhöht dies ebenfalls die Wertigkeit des referenzierten Dokuments.

**Linux**
➜ Betriebssystem

**Literarisches Büro**
Literarisches Büro ist eine frühe Bezeichnung für eine Stelle, in der bibliographische Arbeiten oder Dokumentation im klassischen Sinne betrieben wurde.

**Lochkarte**
➜ Handlochkarte; ➜ Maschinenlochkarte

**Lochstreifen**
*engl.: punched strip*
Dieses Speichermedium von nur noch historischem Interesse war nicht so flexibel wie die ➜ Maschinenlochkarte, da die darauf gespeicherten Daten nicht sortierfähig waren. Verwendet wurde ein Papierstreifen mit einer Länge von 350 m und einer Breite zwischen 17,5 und 25,4 mm. Beim Schreiben mit einer Schreibmaschine, der technische Einrichtungen zum Lochen angeschlossen waren, konnten Texte beliebiger Länge auf die Lochstreifen übertragen werden. Mit Lochstreifenlesern wurden dann die Codierungen abgetastet und rückübersetzt. Hauptsächlich wurden Lochstreifen als Eingabemedium in EDV-Anlagen eingesetzt, da diese mit der für damalige Verhältnisse hohen Geschwindigkeit von 200 Zeichen pro Sekunde optisch gelesen werden konnten.

**Log-File-Analyse**
*engl.: log file analysis*
Die Log-File-Analyse umfasst die statistische und inhaltliche Auswertung von Protokolldaten der Recherchen der Benutzer eines Informationsangebotes. Neben ganz einfachen Listen (z.B. alphabetische Liste der bei der Suche eingegeben Zeichenketten, einschließlich aller Schreibfehler) können auch ausgefeiltere statistische Verfahren angewendet werden. Es können auch komplexe Modelle der Darstellung von „Sessions" verwendet werden, um den Interaktionsprozess einzelner Nutzer mit dem Informationssystem im Detail zu untersuchen. Die Log-File-Analyse ist eine Variante der ➜ Inhaltsanalyse und der ➜ Informationsanalyse.

**Logische Operatoren**
➜ Boolesche Algebra

**Lokale Suche**
*engl.: local search*
Suche innerhalb eines lokal eingegrenzten Informationsraumes im ➜ Internet. Dabei handelt es sich meist um eine Stichwortsuche innerhalb des Dokumentverzeichnisses eines Web-Servers bzw. -Auftritts. Die lokale Suche ist jedoch nicht nur auf Web-Dokumente beschränkt, sie kann auch auf eine über einen Web-Server angeschlossene ➜ Datenbank oder externe Anwendungen erfolgen und ist so für diverse Informationsräume einsetzbar. Beispielsweise nutzen viele Datenbankanbieter und Produzenten des klassischen Informationsmarktes diese Technik, um ihre Bestände über Web-Schnittstellen anzubieten. (siehe auch ➜ Suchdienst)

**Lokales Netz**
*engl.: Local Area Network (LAN)*
Ein lokales Netz ist ein ➙ Rechnernetzwerk mit homogener Technologie, das für bitserielle Übertragung verwendet wird und die Verbindung unabhängiger Geräte erlaubt. Es unterliegt vollständig der Zuständigkeit eines Anwenders und ist auf dessen Grundstück beschränkt. Ein lokales Netz kann ein Subnetz sein, das mit anderen (öffentlichen oder privaten) Subnetzen über Gateways ein globales Netz bildet.

# M

### M-Commerce
*engl.: mobile commerce*
M-Commerce (mobiler elektronischer Handel) bezeichnet den Bereich des ➜ E-Commerce, der mit Unterstützung von mobilen Endgeräten und somit ortsunabhängig durchgeführt wird.

### MAB
*engl.: machine-readable interchange format for libraries*
Für den Austausch bibliographischer Datensätze zwischen verschiedenen IuD-Einrichtungen gibt es standardisierte Austauschformate. In Deutschland und Österreich wird dafür meist das „Maschinelle Austauschformat für Bibliotheken (MAB)" verwendet. Die erste Version von MAB (MAB1) wurde 1972 entwickelt; seit 1995 liegt MAB2 vor. Anders als ➜ MARC kennt das MAB-Format keine Aufgliederung von Kategorien in Teilfelder. Typisch für MAB ist außerdem die hierarchische Verknüpfung von Datensätzen (z. B. Haupt- und Untersätze bei mehrbändigen Werken).

### Magisterstudium
➜ Studium Informationswissenschaft

### Mailbox-System
➜ E-Mail

### Mailing lists
Elektronische Abonnement-/Verteildienste, die in der Regel auf bestimmte Interessenprofile ausgerichtet sind und das Verteilen von Nachrichten, z.B. über ➜ E-Mail, an die eingeschriebenen Mitglieder des Dienstes erlauben.

### Makrostruktur
*engl.: macrostructure*
Die Makrostruktur beschreibt die allgemeinen Eigenschaften der Anordnung von Lemmata in einem lexikographischen Nachschlagewerk (➜ Enzyklopädie, ➜ Lexikon). Die Lemmata werden in (mindestens) einer Liste dargestellt, deren Ordnungsform variieren kann. Unterschieden werden: (1) Alphabetische Makrostruktur: Lemmata in Reihenfolge des Zugangsalphabets (Alphabet des lexikographischen Nachschlagewerks; gemäß „normalem" Alphabet unter Berücksichtigung von z.B. Umlauten oder Sonderzeichen). (2) Systematische Makrostruktur: Die Lemmata erscheinen in fachlich/inhaltlich motivierter Abfolge. In gedruckten lexikographischen Nachschlagewerken ist in der Regel hierbei lediglich eine Über-/Unterordnung und evtl. eine Gleichordnung z.B. durch eine Ziffernnotation realisierbar. (➜ Mikrostruktur)

### MARC
*engl.: Machine-Readable Cataloguing*
Für den Austausch bibliographischer Datensätze zwischen verschiedenen IuD-Einrichtungen gibt es standardisierte Austauschformate. Bei Einsatz des Regelwerks ➜ AACR wird dafür meist das MARC-Format verwendet. MARC (Maschinenlesbare Katalogisierung) existiert seit 1969 in zahlreichen Varianten. Die heute wichtigste wird als MARC21 (früher USMARC) bezeichnet. Charakteristisch für MARC ist die Aufgliederung von Kategorien in Teilfelder. Anders als ➜ MAB kennt MARC keine hierarchische Verknüpfung von Datensätzen.

### Marketingkommunikation
*engl.: marketing communication*
Eine Informationseinrichtung sollte, um erfolgreich zu sein, gegenüber Nutzern, Kunden und Geldgebern auch Marketing-Kommunikation bzw. -Information betreiben. Das bedeutet verkaufsfördernde, öffentlichkeitswirksame und werbliche Information über die Fachinformation. Die IuD-Abteilung sollte gegenüber ihren Zielgruppen (siehe auch ➜ Zielgruppenanalyse) planmäßig und kontinuierlich über den Nutzen ihrer Arbeit und ihre ➜ Informationsprodukte informieren. Diese Informations- und Kommunikationsaktivitäten umfassen im Rahmen des Marketings: Werbung für die IuD-Abteilung und ihre Leistungen; Einleitung von Verständigungsprozessen über die Arbeit und die Ziele der IuD-Abteilung mit Nicht-Informationsfachleuten bzw. Laien; Persönliche Beratung von Nutzern der IuD-Abteilung; Erstellung und Verteilung von sachlich-technischen ➜ Informationsmedien wie Broschüren, Ratgebern, Demo-Informationsprodukten; Präsentation der IuD-Abteilung auf innerbetrieblichen Ausstellungen, Versammlungen, Informationsbörsen oder sonstigen Kommunikationsanlässen sowie Verkaufsförderungsmaßnahmen.

### Maschinelle Indexierung
➜ Automatische Indexierung

### Maschinelle Übersetzung
*engl.: Machine Translation (MT)*
Unter Maschineller Übersetzung versteht man die vollautomatische Übersetzung eines Textes in natürlicher Sprache in eine andere natürliche Sprache. (siehe auch ➜ Human-Übersetzung, ➜ Computergestützte Übersetzung)

**Maschinelles Austauschformat für Bibliotheken**
→ MAB

**Maschinenlesbare Katalogisierung**
→ MARC

**Maschinenlochkarte**
*engl.: machine-operated punch cards*
Maschinenlochkarten sind Lochkarten, auf die Daten maschinell geschrieben (gelocht, gestanzt) werden und die mit Maschinen seriell verarbeitet werden können. Die von → Hollerith um 1890 entwickelte Karte war bis in die 1970er Jahre das wichtigste Medium zur Speicherung von Daten in der Elektronischen Datenverarbeitung. Die gebräuchlichste Karte enthielt 960 Lochfelder, die in 80 Reihen zu je 12 Feldern (Zeilen) angeordnet waren. Mit entsprechenden Kartenlochern konnten Löcher gestanzt werden, die wiederum von Kartenlesegeräten gezählt werden konnten. Mit bis zu drei Lochungen pro Zeile konnten die Buchstaben des Alphabets, die Ziffern und Sonderzeichen so kodiert werden, dass die Lochkarte als Schriftzeile mit 80 Zeichen gelesen werden konnte. Aufgrund ihrer Sortierfähigkeit konnte die Herstellung z.B. von Registern oder Literaturverzeichnissen in für die damalige Zeit hoher Geschwindigkeit realisiert werden.

**Maschinensprache**
→ Programmiersprache

**Maskierung**
*engl.: truncation*
Mit Hilfe der Maskierung können beim → Retrieval durch die Verwendung von Stellvertreterzeichen („Jokern" wie z. B. *, ?, $) morphologisch ähnliche oder verwandte Begriffen gesucht und gefunden werden. Beispiel: Der Suchterminus G?LD steht für die Deskriptoren GOLD und GELD.

**Massenkommunikation**
*engl.: mass communication*
Die Definition von Massenkommunikation erfolgte in den vergangenen Jahrzehnten vor allem in Abgrenzung zur interpersonalen Kommunikation. Ausgangspunkt war dabei die Unterscheidung in Kommunikationsarten wie direkte versus indirekte, gegenseitige versus einseitige und private versus öffentliche Kommunikation. Diese Merkmale finden sich auch in der vielzitierten Definition von Maletzke von Massenkommunikation als „jene Form der Kommunikation, bei der Aussagen öffentlich (also ohne begrenzende und personell definierte Empfängerschaft) durch technische Verbreitungsmittel (Medien) indirekt (also bei räumlicher oder zeitlicher oder raumzeitlicher Distanz zwischen den Kommunikationspartnern) und einseitig (also ohne Rollenwechsel zwischen Aussagendem und Aufnehmenden) an ein disperses Publikum vermittelt werden". Das Zusammenwachsen der Technologien ermöglicht neue Rezeptions- und Kommunikationsformen. Diese neue Qualität der Medien kann mit dieser Definition z.B. im Hinblick auf das dort postulierte Unterscheidungsmerkmal der Einseitigkeit bzw. Wechselseitigkeit der Kommunikation nicht erfasst werden. Der Begriff der einseitigen Kommunikation bzw. der so genannten Einweg-Kommunikation war allerdings schon immer umstritten, da der Kommunikationsprozess eine Wechselbeziehung zwischen den an der Kommunikation Beteiligten unterstellt. Weitere Kritik entzündete sich an der Bezeichnung „Masse" im Terminus Massenkommunikation, der kulturkritische Assoziationen hinsichtlich einer Massengesellschaft, in der die Majorität der Gesellschaft aus Massenmenschen besteht, die durch Persönlichkeitsverlust gekennzeichnet sind, nahelegt bzw. nicht ausschließt. Auf diese Problematik hat Maletzke auch bereits hingewiesen und hat den Terminus „disperses Publikum" eingeführt. Da der Terminus „Massenkommunikation" lediglich auf der Übernahme des amerikanischen Ausdrucks „mass communication" ins Deutsche beruht, sollte man diesen aufgrund der skizzierten Kritik im informationswissenschaftlichen Zusammenhang durch den Begriff „Publikumsinformation" ersetzen, wie es ja vieler Orten bereits geschehen ist. Damit wäre zunächst gewonnen, dass die oben genannten und bisher als grundlegend geltenden Kriterien der Definition von Massenkommunikation nicht ständig eingeschränkt bzw. erweitert werden müssen, wie z.B. in Form der „individualisierten Massenkommunikation". Eine Definition von Publikumsinformation wäre dann: „Ein kommunikatives Geschehen bei dem Aussagen öffentlich (mit einer Variationsbreite hinsichtlich einer Eingrenzung der Empfängerschaft) durch technische Verbreitungsmittel (→ Medien) indirekt (also bei räumlicher oder zeitlicher oder raumzeitlicher Distanz zwischen den Kommunikationspartnern) und wechselseitig (mit unterschiedlichen Interaktionsdimensionen zwischen Aussagenden und Aufnehmenden) an disperse Publika vermittelt werden."

**Master Teacher**
*engl.: master teacher*
Master Teacher haben Managementfunktionen in Bildungsdienstleistungsorganisationen. Sie sind für die Ausbildung, Koordination und Qualitätssicherung von ➙ Learning Facilitator und anderer Unterstützungskräfte zuständig, nehmen die Verantwortung für die Wartung und Weiterentwicklung von Lerninhalten und -prozessen wahr und verantworten die ➙ Zertifizierung des Wissens- und Kompetenzniveaus der ➙ Lerner zum Abschluss einer Lernphase bzw. die Eignung der Wissens- und Kompetenzvoraussetzung der Lerner für einen geplanten Lernprozess. (siehe auch ➙ Computerunterstütztes kooperatives Lernen)

**Matching-Paradigma**
*engl.: matching paradigm*
Das für eine ➙ Suchmaschine bzw. für ➙ Retrieval allgemein typische Verfahren, die formal bestimmten Suchanfragen in Übereinstimmung mit den Systemmöglichkeiten zu bringen, damit relevante Objekte, z.B. Web-Seiten, nachgewiesen werden können.

**MCI**
➙ Mensch-Computer-Interaktion

**MDA**
➙ Medizinischer Dokumentationsassistent

**MedDRA**
➙ Medical Dictionary for Regulatory Activities

**Media Provider**
Der Media Provider als bestimmter Typ eines Unternehmens der ➙ Druckindustrie erweitert sich gegenüber den anderen Unternehmenstypen um ein medienübergreifendes Datenhandling. Er ist in der Lage, Daten für die unterschiedlichsten Ausgabemedien aufzubereiten. Seine Kernkompetenz jedoch bleibt der ➙ Druck. Diesen Unternehmen kann zusätzlich zur Datenkompetenz auch noch die Medienkompetenz zugesprochen werden. Die Dateninformationen müssen nicht nur speziell für das Druckprodukt, sondern auch medienübergreifend aufbereitet werden.

**Medical Dictionary for Regulatory Activities**
Das Medical Dictionary for Regulatory Activities (MedDRA) ist eine Nomenklatur für die medizinischen Sachverhalte bei Studien zur Arzneimittelzulassung und Arzneimittelsicherheit. Es hat eine Reihe bereits bestehender Ordnungssysteme in sich aufgenommen und enthält Bezeichnungen für Symptome, Befunde, Syndrome und Diagnosen, aber auch Bezeichnungen für Untersuchungsverfahren (z.B. Blutzuckertests), Lokalisationen (z.B. Reaktionen an der Applikationsstelle), therapeutische Indikationen, chirurgische und internistische Verfahren sowie Bezeichnungen zur ärztlichen und sozialen Individual- und Familienanamnese. (➙ Arzneimittel-Dokumentation)

**Medical Subject Headings**
Das Ordnungssystem des Index Medicus und von ➙ MEDLINE sind die Medical Subject Headings (MeSH). Während ➙ Dezimalklassifikation (DK) und andere Ordnungssysteme für die Literaturdokumentation ihre Bedeutung weitgehend verloren haben, wird der MeSH immer noch gepflegt und benutzt, wenngleich Freitextsuche natürlich auch in der medizinischen Literaturdokumentation gewaltig an Bedeutung gewonnen hat. Das Ordnungssystem MeSH besteht aus den drei Teilen MeSH Trees Structures, MeSH Annotated Alphabetic List und Permuted MeSH. Es werden Main Headings, Subheadings und Entry Terms unterschieden. Die 22.000 Main Headings sind die Deskriptoren. Subheadings werden auch als Qualifier bezeichnet und haben die Aufgabe, die Main Headings näher zu spezifizieren und bestimmte Eigenschaften der Dokumentationseinheit zu erfassen. Die 23.000 Entry Terms sind Nichtdeskriptoren, von ihnen wird auf die Deskriptoren verwiesen. Insgesamt hat der MeSH etwa 45.000 Eingänge. Das Ordnungssystem MeSH ist in Jahrzehnten entwickelt worden und gewachsen, es enthält viele Eigentümlichkeiten und die Einarbeitung ist nicht ganz einfach. Würde man heute ein neues Ordnungssystem für die Medizin konzipieren, so würde man eine geringere Indexierungsgenauigkeit, aber auch weniger Deskriptoren und eine komfortablere Handhabung anstreben. Trotz der heutigen Bedeutung der Freitextsuche führt das gebundene Indexieren mit dem MeSH und die damit verbundene Abfrage von Deskriptoren zu einem besseren Vollzähligkeits-/Relevanzverhältnis.

**Medien**
*engl.: media*
Medien (wie z.B. Licht, Luft, Schall, Geld, Tontafeln) sind Träger von Information. Es „gibt" Medien nur zusammen mit dem, was wir durch sie übermittelt bzw. zur Kenntnis bekommen (z.B. kein Geräusch ohne Schall, kein Laut ohne Geräusch) – wie es umgekehrt das medial Vermittelte nicht ohne die Vermittlung der Medien gibt. Medien sind

konstitutiv für die Handlung, die in ihrem Element ausgeführt werden (Sehen, Sprechen). Medien sind Elemente, ohne die es das in einem Medium Artikulierte nicht gibt: sie sind stets materielles Produkt und Ergebnis eines kontinuierlichen (Zeichen-) Prozesses. Insofern sind ➞ Archiv und ➞ Bibliothek Medien für das kulturelle und wissenschaftliche ➞ Gedächtnis und den Prozess seines Erinnerns.

**Medienarchiv**
➞ Rundfunkarchiv

**Medientiefe**
*engl.: media depth*
Bis zu Beginn des 20. Jahrhunderts waren die Printmedien ohne Konkurrenz. Erst das 20. Jahrhundert brachte durch Innovationen wie Telegrafie, Telefon, Rundfunk und Fernsehen sowie den verschiedensten Zweigen elektronischer Datenspeicherung und -übermittlung Mitbewerber für die gedruckten Medien auf den Markt und schuf die Voraussetzungen für Cross-Media, d. h. dem Publizieren quer durch alle Medienwelten. Neben dem Medium ➞ Druck sind gleichberechtigt Online-Datenbanken, ➞ Intranet, ➞ Internet, die ➞ CD-ROM und immer mehr auch die ➞ DVD getreten. Sie wiederum verknüpfen sich mit der Welt der digital übertragenen bewegten Bilder. Die Medientiefe gibt an, in welchem Umfang Unternehmen der ➞ Druckindustrie Inhalte über papierbasierende Medien hinaus verwerten. Inhalte werden folglich über verschiedene Medien und Plattformen mehrfach verwendet. Cross-Media-Strategien werden als Diversifikationsstrategien von Druckunternehmen definiert, die andere Medienmärkte als Zielmärkte fokussieren.

**Mediostruktur**
➞ Verweisstruktur

**Medizingeräte**
*engl.: medical devices*
Für medizinische Geräte (z.B. Prothesen, Herzschrittmacher, chirurgisches Nahtmaterial, Narkosegeräte, Röntgengeräte) muss die Funktion und Betriebssicherheit in ähnlicher Form dokumentiert und nachgewiesen werden wie die Wirksamkeit und Sicherheit von Arzneimitteln. (siehe ➞ Arzneimittel-Dokumentation)

**Medizinische Dokumentation**
*engl.: medical documentation*
Dies Teilgebiet des Informationswesens wird vor allem an den großen Krankenhäusern, in medizinisch-wissenschaftlichen Instituten und bei Einrichtungen des Gesundheitswesens (Gesundheitsämter, Kassenärztliche Vereinigungen, Krankenkassen u. ä.) betrieben. Die wichtigsten Aufgaben sind ➞ Inhaltserschließung und Archivieren von Patientendaten und Krankenakten in den Krankenhäusern (➞ Klinische Dokumentation). Schwerpunkt in der pharmazeutischen Industrie sind die Literatursuche sowie die Aufbereitung der bei der Arzneimittelprüfung entstehenden Daten (➞ Klinische Studie). Spezielle Berufsausbildungen oder Spezialisierungen im Rahmen der dokumentarischen Studiengänge führen zu den Berufen ➞ Medizinischer Dokumentationsassistent bzw. ➞ Medizinischer Dokumentar.

**Medizinische Informatik**
*engl.: medical informatics*
Die medizinischen Dokumentationen müssen besonders intensiv in den Betriebsablauf eines Krankenhauses, einer Gesundheitseinrichtung oder dergleichen eingebunden sein. Deshalb ist Medizinische Dokumentation, insbesondere die Klinische Dokumentation eng mit der ➞ Informatik verbunden. Auch aus Sicht der Informatiker sind in der Medizin besondere Anforderungen zu erfüllen. Deshalb wird im Informatikstudium oft das Nebenfach Medizin gewählt, es gibt aber auch spezielle Ausbildungs- und Studiengänge in medizinischer Informatik. – An 21 deutschen Studiengängen für Informatik kann das Nebenfach Medizin gewählt werden. Darüber hinaus bieten drei Fachhochschulen, die Berufsakademie Heidenheim und die Universitäten Heidelberg und Leipzig Studiengänge für Medizinische Informatik an. Neben der Informatik vermittelt das Studium Kenntnisse in Medizin, in Dokumentation und Information Retrieval, Kenntnisse in Statistik sowie die speziellen Anwendungen der Informatik in der Medizin wie z.B. Biosignalverarbeitung, Bildverarbeitung, Datenbanken, Netzwerke und ➞ Krankenhausinformationssystem.

**Medizinischer Dokumentar**
Eine dreijährige Vollzeitausbildung zum Medizinischen Dokumentar gibt es seit 1969. Derzeit gibt es in Deutschland fünf Ausbildungsstätten, die meist von einem Universitätsklinikum getragen werden. Außerdem gibt es an der Fachhochschule Hannover die ➞ Ausbildung zum Diplomdokumentar Fachrichtung Biowissenschaften und an der Fachhochschule Ulm die Ausbildung zum Diplomdokumentar (FH) Fachrichtung Medizin.

Schwerpunkte der Ausbildung sind Medizin, Dokumentation, ➞ Informatik, Mathematik und Statistik sowie berufskundliche Fächer. Ihre wichtigsten Tätigkeitsbereiche sind die Dokumentation im Krankenhaus, das Führen von Spezialdokumentationen, z.B. für Forschungsvorhaben, ➞ Arzneimittel-Dokumentation, das Monitoring von klinisch-wissenschaftlichen Studien (➞ Klinische Studie), statistische Auswertungen, ➞ Medizinische Informatik und Literaturdokumentation. Sie arbeiten vor allem in Universitätskliniken, Tumorzentren, Spezialkliniken, Forschungsinstituten und nicht zuletzt in der pharmazeutischen Industrie. Voraussetzung für die Ausbildung ist Abitur oder Fachhochschulreife, in Einzelfällen auch ein guter Realschulabschluss. Derzeit kann die Nachfrage nach Medizinischen Dokumentaren durch die Ausbildungsstätten bei weitem nicht gedeckt werden.

**Medizinischer Dokumentationsassistent**
Eine reguläre Vollzeitausbildung für den Beruf des Medizinischen Dokumentationsassistenten (MDA) gibt es seit 1993. Derzeit gibt es 17 Ausbildungsstätten, die meisten davon sind in den neuen Bundesländern und die meisten Teilnehmer dort sind Umschüler. Medizinische Dokumentationsassistenten sind tätig vor allem in der Datenerfassung, der Datenkontrolle, der Verschlüsselung von Diagnosen und medizinischen Prozeduren, der Textverarbeitung, der Informationsspeicherung, der Archivierung der ➞ Krankenakte und der Informationswiedergewinnung. Ihre Tätigkeit gewinnt weiter an Bedeutung durch die zukünftige Abrechnung der Krankenhausbehandlung nach diagnoserelevanten Gruppen (➞ DRGs). Voraussetzung für die Ausbildung ist Realschulabschluss, die Ausbildung dauert zwei oder drei Jahre.

**MEDLARS**
➞ MEDLINE

**MEDLINE**
Aufgrund der Literaturflut in der Medizin ist es nahe liegend, dass die Erschließung der Literatur mit dokumentarischen Methoden zuerst in der Medizin intensiv angegangen worden ist. Der Index Medicus ist ein periodisch erscheinendes Verzeichnis der neu erschienenen medizinischen Aufsätze, Bücher, Berichte und sonstiger medizinischer Literatur und erscheint seit 1879. Seit 1964 wird er mit dem Medical Literature Analysis and Retrieval System (MEDLARS) hergestellt. Bis 1970 wurden Literaturanfragen deutscher Mediziner gesammelt, auf Magnetband geschrieben, die Bänder zur National Library of Medicine in Bethesda (Nähe Washington D.C.) geflogen, dort bearbeitet und die Ausdrucke als Luftpost zurückgesandt. Seit 1971 kann online zugegriffen werden und seither heißt MEDLARS MEDLINE. Auf Grund des US-Freedom of Information Act ist der Zugriff seit 1997 unter PubMed kostenlos. (➞ Medical Subject Headings)

**Meistzitierte Aufsätze**
*engl.: most cited articles; highly cited articles*
Diese Publikationen erreichen durch eine besonders plötzlich auftretende häufige Zitierung überdurchschnittlich hohe Zitationsraten, bei meist sehr kurzer ➞ Halbwertszeit. Sie werden durch ➞ Zitatenanalyse ermittelt.

**Mensch-Computer-Interaktion**
*engl.: Human Computer Interaction (HCI); Human Computer Communication (HCC)*
Unter Mensch-Computer-Interaktion/-Kommunikation (MCI/MCK) versteht man die Interaktion oder Kommunikation zwischen Mensch und Computer. Diese Interaktion ist kein Selbstzweck, sondern zielt auf die Bewältigung bestimmter Aufgaben bzw. das Erreichen bestimmter Ziele ab. Dabei kann es sich um Informationsabruf, Unterhaltung oder erfolgreiche computervermittelte zwischenmenschliche Kommunikation handeln. Als Spezialfall der Mensch-Maschine-Kommunikation umfasst die Mensch-Computer-Interaktion die Interpretation des Computers und vor allem der ➞ Benutzerschnittstelle durch die Nutzerinnen und Nutzer, die Eingaben der Benutzer an der ➞ Schnittstelle über entsprechende Eingabegeräte (Computer-Tastatur, Handy-Tastatur, Touchscreen, Touchpad, Maus, Joystick, Datenhandschuh etc.), die Verarbeitung der Benutzereingaben durch den Computer und die Ausgaben des Computersystems an der Schnittstelle über die jeweiligen Ausgabegeräte (Computer-Monitor, Handy-Display, Lautsprecher, Datenhelm, Drukker, Plotter etc.). Mensch-Computer-Interaktion unterscheidet sich in zweierlei Hinsicht von Mensch-Mensch-Interaktion: Während zwar der Mensch sich auf den Computer intentional handelnd, fühlend und denkend einlässt, reagiert der Computer mit seinen Systemausgaben nur nach festgelegten Algorithmen. Im Mensch-Computer-Dialog ist somit eine wechselseitige Verständigung im Sinne von Empathie oder gemeinsamer Konsens- und Zielbildung wie bei der zwischen-

menschlichen Kommunikation nicht möglich. Im Unterschied zu einem menschlichen Gegenüber weist der Computer als maschinelles Gegenüber dafür diverse Vorteile im Dialog auf: Er reagiert z.B. nicht mit Ermüdung, Ungeduld, unerwünschten Annäherungsversuchen, Antipathien oder Vorurteilen. Die Kommunikationscodes sind in der Mensch-Computer-Interaktion stark eingeschränkt. Insbesondere die für zwischenmenschliche Kommunikation zentrale mündliche und schriftliche Sprachkommunikation sowie die mimische und gestische Kommunikation können als Nutzereingaben vom Computer (bislang) nicht zufrieden stellend verarbeitet werden (Spracherkennung, Handschrifterkennung, Mimikerkennung, Gestenerkennung), stattdessen sind Steuerbefehle über die Eingabegeräte notwendig. Ebenso sind die Systemausgaben des Computers in ihren Codes und Modalitäten eingeschränkt (z.B. mangelnder Einbezug von Bewegung im Raum oder von Geruch). Die Nutzung des Computers erfordert also starke Anpassungsleistungen auf Seiten des Menschen an den Computer.

**Mentale Benutzerschnittstelle**
*engl.: Mental User Interface (MUI)*
Innovativ sind Mentale Benutzerschnittstellen, bei denen die Gehirnstromaktivität über Sensoren abgenommen und dazu genutzt wird, den Computer oder andere elektronische Geräte an- und auszuschalten (z.B. Mind-Switch-Technologie) oder sogar per „Gehirnfinger" die Maus zu steuern (z.B. Cyerlink-Technologie). Entsprechende Schnittstellen sind besonders hilfreich für Menschen mit anatomischen oder motorischen Handicaps. Darüber hinaus werden hierbei grundsätzlich neue Wege der direkten („freihändigen") → Mensch-Computer-Interaktion deutlich. Unter Ergonomie-Gesichtspunkten stellt sich die Frage, wie entsprechende mentale Schnittstellen zu gestalten sind, damit sie leicht erlernbar, zuverlässig einsetzbar und ohne gesundheitliche Beeinträchtigungen nutzbar sind.

**MeSH**
→ Medical Subject Headings

**Meta-Tag**
Das Meta-Tag ist ein spezielles Element in → HTML, über das Autoren diverse → Metadaten in strukturierter Form über die publizierte Web-Seite ablegen können. Neben inhaltlichen Zusatzinformationen wie z.B. Deskriptoren, kurzen Zusammenfassungen, Dokumentart oder Autoreninformationen (Namen, E-Mail-Adressen etc.) können auch technische Angaben wie z.B. Zugriffseinschränkungen (→ Standard for Robot Exclusion) für eine → Suchmaschine bzw. Roboter oder zur Steuerung des Web-Browsers (z.B. zum Umleiten der Zugriffe auf eine andere → URL) hinterlegt werden.

**Metadaten**
*engl.: metadata*
Mit Metadaten werden die Daten bezeichnet, die semantische, strukturelle, administrative und technische Daten über andere Daten bereitstellen. Ein Metadatenstandard ist eine Sammlung von Elementen, die als Metadaten dienen können, über deren eindeutige Bezeichnung und Semantik sich eine nationale oder internationale Gruppierung geeinigt haben. Metadaten in elektronisch nachnutzbarer Form liegt eine Struktur (→ Syntax) zugrunde, die maschinell interpretiert werden kann. Die Interpretierbarkeit der einzelnen Datenelemente und ihrer Inhalte muss durch ausreichend präzise semantische Regeln sichergestellt sein. Gegenwärtig existieren Standards für bibliografische Metadaten wie z.B. → Dublin Core Metadaten. Für administrative, technische, strukturelle Metadaten sowie Metadaten zur Archivierung und zur Rechteverwaltung wird an der → Normung gearbeitet.

**Metainformationsdienst**
→ Suchdienst

**Metasuchmaschine**
*engl.: meta search engine*
Globale Suchmöglichkeit im → Internet auf Basis von Stichworten. Metasuchmaschinen besitzen keine eigene Index-Datenbank, sondern bedienen sich den Suchschnittstellen anderer Suchdienste bzw. Suchverfahren. Die Leistung von Metasuchmaschinen beschränkt sich auf Verfahren zur Verschmelzung bzw. Sortierung verschiedener Ergebnislisten zu einer Treffermenge sowie auf die Eliminierung von Dubletten (siehe auch → Suchdienst).

**Methoden, empirische**
→ Empirische Methoden

**Metropolitan Area Network (MAN)**
Dies ist eine spezielle Form eines lokalen Computernetzes (→ Lokales Netz, LAN) im städtischen Bereich. Es wird ähnlich den öffentlichen Datennetzen betrieben. Das durch die Norm IEEE 802.6 standardisierte DQDB-Verfahren arbeitet mit Übertragungsraten von 45 bis 155 Mbit/s.

## Microsoft

Microsoft ist ein Hersteller von ➜ Software. 1975 wurde im US-Bundesstaat Washington von Bill Gates und Paul Allen der heute größte Hersteller von Software gegründet. Im Jahre 1980 begann die Erfolgsgeschichte, als IBM die damals noch sehr kleine Firma beauftragte, das ➜ Betriebssystem für den ersten PC von IBM zu schreiben. Bekannt wurde Microsoft zunächst durch das Betriebssystem MS DOS, später auch durch sein weit verbreitetes Windows-System, welches heute in vielen verschiedenen Versionen auf dem Markt ist. Mit Windows 95 gelang Microsoft der weltweite Durchbruch im Anwendungsbereich. Die Entwicklung von ➜ Standardsoftware wie Word, Exel und Powerpoint machte Microsoft schließlich zum Weltkonzern mit jährlichen Milliardenumsätzen. (➜ Internet-Explorer)

## Microsoft Disc Operating System

➜ Betriebssystem

## Migration

*engl.: migration*

Migration ist die Übertragung digitaler Ressourcen zwischen unterschiedlichen Hardware- und Software-Konfigurationen oder Hardware- und Softwaregenerationen. Zweck der Migration ist es, die ➜ Integrität und die Verfügbarkeit digitaler Ressourcen trotz des stetigen Wandels der technischen Umgebung zu erhalten. Migration schließt das Kopieren zwischen Datenträgern gleicher Generation ein, kann jedoch auch strukturelle Eingriffe in die Objekte beinhalten, um die Kompatibilität zu veränderten technischen Umgebungen herzustellen. Migration ist im Anwendungsbereich der Informationstechnologie ein bereits umfangreich erprobtes Verfahren. Migration wird auch zur ➜ Langzeitarchivierung digitaler Ressourcen eingesetzt.

## Mikroformen

*engl.: microforms*

Mikroformen sind Speichermedien, auf denen Mikrobilder (optische Verkleinerungen von Originalen) abgebildet sind, die mit einem Vergrößerungsgerät gelesen werden können. Vor allem zwei Varianten waren bis in die 1970er Jahre von Bedeutung: Mikrofiches und Mikrofilm. Mikrofiches sind Planfilmkarten, auf denen streifenförmig Folgen von Mikrobildern aufgetragen sind, während Mikrofilme die Bilder auf einem fortlaufenden Rollfilm gespeichert haben. Typische Einsatzbereiche für diese Speichermedien waren (und sind zum Teil noch) große Dokumentsammlungen wie Pressearchive oder Bildarchive, bei denen es nicht nur auf den Inhalt, sondern auch auf die äußere Form ankommt (Layout, Abbildungen usw.).

## Mikrostruktur

*engl.: microstructure*

Die Mikrostruktur beschreibt die Anordnung der Elemente eines Artikels zu dem Eingangslemma in einer ➜ Enzyklopädie oder einem ➜ Lexikon. In der Regel werden die Artikel in einem lexikographischen Nachschlagewerk zumindest jeweils einer Wortklasse nach demselben zuvor festgelegten Schema mikrostrukturell aufgebaut. Zu unterscheiden sind vom Formkommentar (Angaben zur schriftlichen und mündlichen Form des Lemmas) der Semantische Kommentar (inhaltliche Angaben). Der Formkommentar steht in der Regel direkt nach dem Lemma. Zu dem Formkommentar zählen vor allem Angaben zur Abkürzung, Aussprache, Formvarianten, Genus, Grammatik, Rechtschreibung, Trennung, Wortart u.a.m. Auf den Formkommentar folgt in der Regel der semantische Kommentar und darin bei mehrsprachigen Wörterbüchern auch die Äquivalente (Übersetzungen) der Lemmata. Je nach Ausrichtung des mehrsprachigen lexikographischen Nachschlagewerks (intendierte Nutzung des lexikographischen Nachschlagewerks zur Übersetzung in eine oder aus einer Fremdsprache) treten hinter dem Äquivalent weitere Formkommentare zu den Äquivalenten auf. Im semantischen Kommentar finden sich darüber hinaus hauptsächlich und abhängig von dem Konzept des lexikographischen Nachschlagewerks Angaben (Reihenfolge frei) zu Antonymen, Synonymen, Bedeutungserklärung, Belegen, Fachgebieten, Wortverbindungen (Kollokationen u.a.) etc. In der Bedeutungsangabe oder prinzipiell an allen anderen Orten des Artikels sind Verweise zu Wörterbuchteilen (andere Artikel, Umtexte wie Einleitung, Grammatik etc.) möglich. Weitere Daten im semantischen Kommentar sind die verschiedenen Arten der Markierungen wie z.B. diatechnische Markierungen (abgekürzte Fachgebietsangaben, die auf eine Liste von Fachgebieten z.B. an anderer Stelle des lexikographischen Nachschlagewerks verweisen). (➜ Makrostruktur)

## MIME

*engl.: Multipurpose Internet Mail Extensions*

Mime war ursprünglich für E-Mails gedacht – und zwar für E-Mails mit Attachments. So genannte Multipart-Mails enthalten die gesamten zu übertragenden → Daten in einer → Datei. Innerhalb der Datei musste eine Konvention gefunden werden, wie die einzelnen Teile (z.B. Text der Mail und angehängte ZIP-Datei) voneinander zu trennen seien. Dabei wurde auch ein Schema entwickelt, das der interpretierenden Software mitteilt, um welchen Datentyp es sich bei dem jeweils nächsten Teil der Mail handelt. Das Schema erwies sich nicht nur für E-Mails als nützlich. Fast immer, wenn entfernte Programme (z.B. Web-Browser und Web-Server) wegen einer bevorstehenden Datenübertragung miteinander kommunizieren, geht es auch um die Art der zu übertragenden Daten. Dabei hat sich im gesamten → Internet das Schema der Mime-Typen durchgesetzt.

**Modem**
*engl.: modem*
Da Computer nur digitale Signale aussenden können, benötigt man ein Modem, welches diese digitalen Signale in analoge umwandelt. Dadurch können die Daten über herkömmliche Telefonleitungen versendet werden. An der Gegenstelle übersetzt ein Modem die analogen Signale wieder in Computer-verständliche digitale Signale. Das Wort Modem ist aus den Wörtern Modulator und Demodulator gebildet. – Als Akustikkoppler bezeichnete man ein Modem, das über Muffen an den Hörer und das Mikrofon des Telefonapparates gekoppelt wird. Der Akustikkoppler kann dadurch auch in Telefonzellen ohne Eingriff verwendet werden. Akustikkoppler sind überholt und finden heutzutage keine Verwendung mehr.

**Monodimensionalität**
*engl.: monodimensionality*
Monodimensionalität besagt im Zusammenhang mit der → Klassifikation und dem → Thesaurus, dass jedes Element des Ordnungssystems in einem Unterteilungsschritt nur nach einem Unterteilungsgesichtspunkt unterteilt wird. (→ Monohierarchie)

**Monohierarchie**
*engl.: monohierarchy*
Monohierarchie ist ein Begriff, der in Zusammenhang mit der → Klassifikation und dem → Thesaurus gebräuchlich ist. Er besagt, dass jedes Element des Ordnungssystems genau einen Oberbegriff besitzt, also eine echte → Hierarchie ohne jede Ausnahme darstellt. Eine „starke" Hierarchie (= Monohierarchie) liegt vor, wenn zu jedem → Begriff mehrere Unterbegriffe existieren (z.B. Schiff – Frachtschiff – Tankschiff). Es entsteht eine Art Begriffspyramide, bei der jeder Artbegriff umgekehrt nur einen Oberbegriff hat. Eine Recherche ist hier nur nach einem Aspekt möglich (= eindimensionale Suche). (→ Monodimensionalität)

**Mooresches Gesetz**
*engl.: Moore's law*
Das Gesetz des Intel-Gründers Moore besagt, dass sich die Speicherdichte auf Chips (→ RAM) seit ihrer Erfindung in den fünfziger Jahren etwa alle 18 Monate verdoppelt. Allerdings kann die Leistungsfähigkeit massentauglicher PCs zukünftig nur dann weiter erhöht werden, wenn die dritte Dimension erschlossen wird, denn auf den zweidimensionalen, hauchdünnen Siliziumscheiben ist für die Integration weiterer Schaltkreise kein Platz mehr. Bereits bei der neusten Chip-Generation sind die Leitungen zwischen den Transistoren 0,18 Mikrometer dünn, was einem Fünfhundertstel der Dicke eines menschlichen Haares entspricht. Nach Moore müssten die Leitungen in drei bis vier Jahren nur noch 0,1 Mikrometer messen und wären somit nach heutigem Technologiestand nicht mehr kontrollierbar. Eine Lösung hierfür bieten holographische, laserbeschriebene Kristalle, die mindestens ein Terabyte Information aufnehmen können und zudem eine höhere Lebensdauer haben.

**Morphologie**
*engl.: morphology*
Morphologie beschäftigt sich mit Regularien der inneren Struktur von Wörtern und der Bildung von Wortklassen. Die Flexionsmorphologie beschäftigt sich mit der Abwandlung von Wörtern, um grammatikalische Kontraste innerhalb von Sätzen auszudrücken, die Derivationsmorphologie untersucht Prinzipien, die der Konstruktion neuer Wörter zugrunde liegen. Bei der Erstellung eines → Thesaurus bietet die Morphologie den theoretischen Rahmen für Wortformreduktionen und Kompositazerlegung.

**MP3**
*engl.: MPEG-1 audio layer 3*
MP3 ist ein Dateiformat, mit dem sich Musik in hoher Qualität auf kleinste Dateigröße komprimieren lässt. MP3 steht für MPEG-1 Audio Layer 3 und ist abgeleitet vom MPEG-Standard, der zum Komprimieren von Filmdaten entwickelt wurde. Das MP3-Format macht es möglich, Audio-Dateien nahezu in CD-Qualität mit geringem Speicherbedarf auf einem Computer zu speichern und das so genannte File-Sharing zu betreiben, d.h. den Austausch von Daten. Man kann MP3s einen Da-

teinamen zuweisen, der dem Interpreten und dem Song-Titel entspricht, dadurch schneller auffinden und jeden Computer in eine Jukebox umfunktionieren. Dazu lädt man gewünschte Dateien in die Playlist (Abspielliste) eines MP3-Players und lässt diese dann in beliebiger Reihenfolge abspielen.

**MS DOS**
→ Betriebssystem

**Mundaneum**
Mundaneum ist der Name des Gebäudes in Brüssel, in dem → Otlet und → La Fontaine spezielle Sammlungen, das bibliographische Institut, eine Bibliothek und ein Museum eingerichtet hatten. Der Name verweist auf den Anspruch, alle Aspekte und Formen des Weltwissens unter einem Dach zu versammeln.

**Musikarchiv**
→ Schallarchiv

# N

**Nachbarschafts-Operatoren**
→ Kontext-Operatoren

**Nachrichten für Dokumentation**
→ Information – Wissenschaft und Praxis (Fachzeitschrift)

**Name**
→ Bezeichnung

**Nebeneintragung**
→ Eintragung

**Netiquette**
Unter Netiquette versteht man allgemein akzeptierte Regeln innerhalb des Internets, besonders im Umgang mit E-Mails, dem Chatten oder in Newsgroups. Danach sollen ausufernde Werbung per → E-Mail unterbunden, große Datenmengen stets in komprimierter Form übertragen, verbale wie schriftliche Angriffe (so genannte Flame Wars) innerhalb von E-Mails oder Chatrooms vermieden werden und die Verbreitung verbotener Bilder oder geschützter Daten unterbleiben. Im → Internet hat sich darüber hinaus eine Hilfsbereitschaft etabliert, die zu Shareware, Open-Source-Plattformen und Newsgroups geführt hat.

**Netscape**
Der → Browser bzw. WWW-Navigator von Netscape basiert auf den Ideen von Mosaic. Mosaic war der erste „moderne" WWW-Browser, der Text und Grafik einer HTML-Seite integriert darstellen konnte. Als 28 Browser auf Mosaic-Basis in der Welt waren, stellte Mosaic Communications 1994 den 29. vor: Navigator 1.0. Geleitet wurde Mosaic Communications von Jim Clark, der mit der schließlich zu Netscape umgetauften Firma einen formidablen Börsengang veranstaltete, an dem sich alle nachfolgenden Internet-Hypes orientierten. Mit 10 Millionen Kopien pro Jahr wurde Netscape aus dem Stand weg Marktführer bei den Browsern. Als 1996 der erste → Internet-Explorer (2.0) von → Microsoft erschien, hatte Netscape einen Anteil von 86 Prozent.

**Netzwerk-Computer**
*engl.: network computer; NC*
Netzwerk-Computer (NCs) sind Terminals, die an das → WWW angeschlossen sind. Sie besitzen einen lokalen → Prozessor, haben aber keine Festplatte und müssen sich deshalb ihre Software aus dem → Internet herunterladen. Hierzu wird eine schnelle CPU, ein dynamisches → RAM, ein Display, ein → Browser sowie ein verkleinertes → Betriebssystem benötigt. Für den Betrieb in einem Client-Server-Netzwerk ist ein schneller Zugriff vom jeweiligen NC über das Netz auf einen Server erforderlich. Netzwerksysteme ohne zentrale Zugriffskontrolle, d.h. ohne Serververbindungen, heißen Peer-to-Peer-Netze. Netzwerk-Computer als Desktop-NCs, Set-Top-Geräte oder NC-Phones können sowohl für das Internet als auch für Corporate Networks eingesetzt werden.

**Netzwerkmodell**
→ Datenmodell

**Neuroinformatik**
*engl.: neural computation*
Die Neuroinformatik fasst kognitive Prozesse unter dem Gesichtspunkt der neuronalen Informationsverarbeitung im Rahmen neuronaler Netze auf. Nach Vorläufern in den 50er Jahren ist sie seit den 80er Jahren wieder dominant (Neo-Konnektionismus). Neuronale Netzwerke nutzen die Vorteile massiver Parallelverarbeitung und distributiver Speicherungsowie subsymbolischer Datenformate.

**nfd**
→ Information – Wissenschaft und Praxis (Fachzeitschrift)

**Norm**
*engl.: standard*
Eine Norm ist ein Dokument, das mit → Konsens erstellt und von einer anerkannten → Normungsorganisation angenommen wurde und das für die allgemeine und wiederkehrende Anwendung Regeln, Leitlinien oder Merkmale für Tätigkeiten oder deren Ergebnisse festlegt, wobei ein optimaler Ordnungsgrad in einem gegebenen Zusammenhang angestrebt wird.

**Normalformen**
*engl.: normal forms*
Zur Vermeidung von Anomalien im Datenbestand einer → Datenbank wurden die Normalformen entwickelt, die während des Modellierungsprozesses erzielt werden sollen. Von den insgesamt fünf Normalformen sind die ersten drei bedeutsam, die Atomarität der Daten fordern sowie die Vermeidung direkter und transitiver Abhängigkeit von Attributen, die keine Schlüsselattribute der betreffenden Relation sind.

## Normdatei
*engl.: authority file*
Bei der Bildung einer ➜ Ansetzungsform wird häufig auf überregionale Normdateien zurückgegriffen. Für die ➜ Formalerschließung sind dies in Deutschland und Österreich vor allem die „Gemeinsame Körperschaftsdatei (GKD)" und die „Personennamendatei (PND)". Erstere hat einen sehr großen Umfang und hohen Qualitätsstandard erreicht; sie ist in die großen bibliothekarischen Verbundkataloge integriert. Die PND ist jünger und noch recht heterogen; sie wird daher meist nur als Informationsdatei genutzt. Auch die Zeitschriftendatenbank (ZDB) kann als eine Art Normdatei für die Titel von Periodika betrachtet werden. Die zentrale Normdatei im angelsächsischen Bereich sind die Library of Congress Authorities, die neben Namen von Personen und Körperschaften auch Normdatensätze für Einheitstitel und Serien enthalten.

## Normung
*engl.: standardization*
Normen bzw. Standards sind „jedwede in einem Konsensprozess entstandenen Spezifikationen, wobei es hinsichtlich des Konsensrahmens beträchtliche Abstufungen geben kann" (➜ DIN). Bei den Normen kommt die Konsensbildung in einem öffentlichen Einspruchsverfahren hinzu. Nach DIN 820 ist Normung „die planmäßige, durch die interessierten Kreise gemeinschaftlich durchgeführte Vereinheitlichung von materiellen und immateriellen Gegenständen zum Nutzen der Allgemeinheit. Sie darf nicht zu einem wirtschaftlichen Sondernutzen Einzelner führen. Sie fördert die Rationalisierung und Qualitätssicherung in Wirtschaft, Technik, Wissenschaft und Verwaltung. Sie dient der Sicherheit von Menschen und Sachen sowie der Qualitätsverbesserung in allen Lebensbereichen. Sie dient außerdem einer sinnvollen Ordnung und der Information auf dem jeweiligen Normungsgebiet." Die Ziele der Normungsarbeit sind am Grundgedanken der Sachbezogenheit ausgerichtet. DIN EN 45020 legt folgende Ziele der Normung fest: ➜ Gebrauchstauglichkeit, Kompatibilität (Verträglichkeit), Austauschbarkeit, Optimierung der Vielfalt (z. B. Festlegung von Größen und Formaten), Sicherheit, Umweltschutz, Schutz von Produkten (z. B. gegen klimatische oder andere schädliche Einflüsse während ihrer Benutzung und Lagerung oder beim Transport). (➜ ISO)

## Normungsorganisation
*engl.: standardizaton organization*
Eine Normungsorganisation ist eine normenschaffende Institution, die auf nationaler, regionaler oder internationaler Ebene anerkannt ist und als wesentliche Funktion, dank ihrer Statuten, die Erstellung, Anerkennung oder Annahme von Normen hat, welche der Öffentlichkeit zugänglich sind. Ein Normungsgremium ist Teil einer Normungsorganisation, die Normen für ein bestimmtes Fach- und Wissensgebiets erarbeitet. Das ➜ DIN z.B. gliedert sich in ca. 80 Normenausschüsse, ➜ CEN/CENELEC und ➜ ISO in Technische Komitees. Weitere wichtige Normungsorganisationen sind ➜ ANSI und ➜ ITU. Für die Standardisierung von Web-Technologien spielt das ➜ W3C eine bedeutende Rolle.

## Notation
*engl.: notation*
Eine Notation ist eine nach bestimmten Regeln gebildete (meist numerische oder alpha-numerische) Zeichenfolge, die in einer ➜ Klassifikation eine Klasse (Systemstelle) repräsentiert und in der Regel deren Stellung im systematischen Zusammenhang andeutet. Damit ist eine Notation der Ausdruck einer verkürzten Darstellung einer Klasse oder von Relationen zwischen Klassen. Zum üblichen Zeichenvorrat einer Notation gehören Buchstaben, Ziffern und Sonderzeichen sowie Kombinationen dieser Zeichen. Je nach ihrer Verwendung werden Alpha-Notationen (nur Buchstaben), Ziffernnotationen (nur Ziffern) und alphanumerische Notationen (Buchstaben und Ziffern) unterschieden. Für Notationssysteme werden sehr häufig folgende Unterteilungsmöglichkeiten genutzt: (1) Dezimale Unterteilung: Zur Notationsbildung werden die Ziffern 0 bis 9 verwendet, pro Ebene wird eine Stelle beansprucht. Die ➜ Hierarchie ist gut überschaubar, nachteilig ist häufig die Beschränkung auf maximal zehn Unterteilungen. Wichtigster Vertreter dieser dezimalen Klassifikationen ist die Internationale ➜ Dezimalklassifikation (DK). (2) Nonische Unterteilung: Zur Notationsbildung werden auch hier Ziffern verwendet, wobei in der Regel auf die Null verzichtet wird. Ihr werden in den entsprechenden nonischen Klassifikationen andere Funktionen zugeordnet (z.B. eine Verwendung als Anhängezahl). (3) Polydezimale Unterteilung: Mit ihr werden mehr als zehn Unterteilungen ermöglicht, z.B. durch die Verwendung von Buchstaben an Stelle von Ziffern (26 Möglichkeiten im deutschen Alphabet) oder durch die Ver-

wendung mehrerer Stellen pro Position und Ebene. Polydezimale Klassifikationen mit zwei Stellen haben bei der Verwendung von Ziffern bereits 100 Möglichkeiten, bei der Verwendung von zwei Buchstaben insgesamt 676 Möglichkeiten zur weiteren Unterteilung. – Die Notationen werden bei der → Inhaltserschließung als inhaltskennzeichnende Merkmale vergeben und sind somit Grundlage für das Speichern und Wiederauffinden.

Hauptfunktion von Klassifikationen dieser Art ist also das Ordnen der Sachverhalte und Aussagen, die bei der Analyse von Publikationen und anderer Wissensquellen als wesentlich erkannt und mit Hilfe von Notationen repräsentiert worden sind.

**Nummer**
→ Bezeichnung

# O

**OAI**
→ Open Archives Initiative

**OAIS**
→ Open Archival Information System

**Objektorientiertes Datenmodell**
→ Datenmodell

**ODA**
*engl.: Open Document Architecture*
Die ODA/ODIF (Open Document Architecture/ Office Document Interchange Format) wurde als ISO 8613 in Kraft gesetzt. Die Zielsetzung von ODA ist die Unterstützung von Austausch, Verarbeitung und Präsentation von Dokumenten in offenen Systemen. Innerhalb von ODA wird die Kombination von drei Möglichkeiten der Informationsrepräsentation unterschieden. Zum ersten wird der Inhalt, d.h. die einzelnen Text- und Grafikelemente, getrennt von der logischen Struktur gespeichert, die als eine baumartige Darstellung der Überschriftenhierarchie, der Listen und der Fußzeilen dargestellt wird. Als drittes Element eines Dokumentes kann die Layout-Struktur als eine baumartige Beschreibung von Größe und Position der verschiedenen Layoutelemente mitgespeichert werden. (→ Open Archives Initiative)

**ODIF**
→ ODA

**Offenlegungsschrift**
→ Patentschrift

**Öffentliche Bibliothek**
*engl.: public library*
Öffentlich zugängliche, von „öffentlichen" Trägern eingerichtete → Bibliothek, die die breite Öffentlichkeit als Zielgruppe hat. Es handelt sich meist um Kommunalbibliotheken. Ihre Rolle für die Informationsgesellschaft wird von den meisten Volkswirtschaften als zentral empfunden. Sie gilt vielfach als der Motor für Demokratie und Informationsfreiheit und als wichtiger → Ort für Bildung, lebenslanges → Lernen und lokale Kulturarbeit. Ihre Bestände werden stets aktuell gehalten (Gegensatz: → Wissenschaftliche Bibliothek). Der Typus der „public library" des angloamerikanischen Raumes legt viel Wert auf Dienstleistungsorientierung und versteht sich in erster Linie als → Informationsagentur für die breite Öffentlichkeit.

**Öffentlicher Schlüssel**
→ Verschlüsselung

**Office International de Bibliographie**
Das Office International de Bibliographie wurde 1895 in Brüssel durch Paul → Otlet und Henry → La Fontaine gegründet. Das Institut gilt als Ursprung der dokumentarischen Bewegung. Es wird 1898 in Institut International de Bibliographie (→ IIB) umbenannt.

**Offsetdruck**
→ Druck

**Online-Datenbank**
→ Datenbank

**Ontologie**
*engl.: ontology*
Eine Ontologie ist die formale, explizite Spezifikation einer Konzeptualisierung eines Weltausschnitts, die innerhalb einer Gemeinschaft geteilt wird. Unter Konzeptualisierung versteht man dabei die Bildung eines Modells der realen Welt. Im Gegensatz zum Begriff einer → Terminologie verlangt der Begriff einer Ontologie den formalen Charakter der Begriffsdefinitionen und betont den Aspekt, dass die Definitionen von allen Mitgliedern einer Gemeinschaft akzeptiert sind und von ihnen in gleicher Weise verstanden werden. Im Gegensatz zur Terminologie sind die Begriffe in einer Ontologie formal durch ihre Merkmale, durch Beziehungen zu anderen Begriffen sowie durch Axiome näher charakterisiert, während allein die Festlegung einer Menge von Begriffen und ihrer Bezeichner schon eine Terminologie ausmacht. (siehe auch → Ontologiesprache)

**Ontologiesprache**
*engl.: ontology language*
Eine Ontologiesprache ist eine formale Sprache, die die Definition von Begriffen erlaubt, indem ihre Eigenschaften, ihre Beziehungen untereinander sowie zusätzliche Axiome festgelegt werden können. → Beschreibungslogiken sind Ontologiesprachen. Beispiele für Ontologiesprachen sind → RDF Schema und → OWL.

**Open Access**
Unter Open Access ist ein Publikationsmodell zu verstehen, das wissenschaftliche Inhalte über das → Internet frei zur Verfügung stellt. Der Zugang zu den Veröffentlichungen unterliegt keinen finan-

ziellen, rechtlichen oder technischen Beschränkungen. Mit der „Berliner Erklärung" vom Oktober 2003 über den offenen Zugang zu wissenschaftlichem Wissen unterstützen unter anderem die Fraunhofer-Gesellschaft, der Wissenschaftsrat, die Hochschulrektorenkonferenz, die Max-Planck-Gesellschaft, die Wissenschaftsgemeinschaft Gottfried Wilhelm Leibniz, die Helmholtz-Gemeinschaft und die Deutsche Forschungsgemeinschaft den Gedanken des Open Access. Einen fächerübergreifenden Überblick über Open-Access-Zeitschriften bietet das Directory of Open Access Journals an der Universität Lund. (→ Budapest Open Access Initiative)

**Open Archival Information System**
Open Archival Information System (OAIS – ISO 14721:2001) beschreibt ein generisches Archivsystem mit dem Ziel der → Langzeitarchivierung digitaler Ressourcen. Das Referenzmodell definiert eine → Terminologie für den Anwendungsbereich, konzipiert die erforderlichen Funktionsmodule als Bausteine eines Gesamtsystems und enthält ein Prozessmodell. Auf der Ebene der Datenobjekte werden „Informationspakete" definiert, die an standardisierten Systemschnittstellen zur Ein- und Ausgabe bereitgestellt werden.

**Open Archives Initiative**
Im Jahr 1999 wurde die Open Archives Initiative (OAI) ins Leben gerufen mit dem Ziel, den wissenschaftlichen Kommunikationsprozess durch die Entwicklung einheitlicher Zugänge zu den elektronischen Archiven verschiedener Fachdisziplinen zu verbessern. Die Wurzeln der OAI liegen in der preprint-Kultur (→ E-Prints) der naturwissenschaftlichen und technischen Fachgebiete und ihrem Bedarf an beschleunigten Publikations- und Kommunikationsverfahren. Heute bezieht sich der Begriff „Archives" nicht länger nur auf preprints, sondern umfasst alle wissenschaftlichen Dokumente, z.B. qualitätsgeprüfte Fachartikel, Qualifikationsarbeiten, Lehr- und Lernmaterialien etc. Während der Begriff → Open Access auf den freien, d.h. kostenlosen Zugang zur wissenschaftlichen Information abzielt, verbindet sich mit dem Begriff „Open Archives" eine software-technische Lösung, die einen einheitlichen Zugang zu verteilt vorliegenden elektronischen Archiven gewährleisten soll. Diese als Interoperabilität bezeichnete technische Lösung wird durch die Anwendung der Metasprache Extended Markup Language (→ XML), den → Dublin Core Metadaten und dem Protokoll für → Metadaten Harvesting ermöglicht.

International ist der Aufbau elektronischer Archive, so genannter fachlicher und institutioneller Repositorien an Hochschulen und außeruniversitären Forschungseinrichtungen, zu beobachten. Für Wissenschaftler wird eine Publikationsumgebung bereitgestellt, in der sie ihre Dokumente selbst archivieren können (Self-Archiving). Beispiele für fachliche Repositorien sind der 1991 für das Fachgebiet Physik von Paul Ginsparg entwickelte e-print-Server ArXiv und das nach diesem Vorbild für die Kognitionswissenschaften entwickelte Repositorium CogPrints sowie RePEC, ein Archiv für das Fachgebiet der Wirtschaftswissenschaften. Um ein fachliches Repositorium mit einem erweiterten Spektrum an wissenschaftlichen Dokumenten handelt es sich bei dem Forum Qualitative Sozialforschung (FQS), einem interdisziplinären und mehrsprachigen elektronischen Archiv für qualitative Methodenforschung.

**Open Document Architecture**
→ ODA

**Operation, arithmetische**
*engl.: arithmetical operation*
Eine arithmetische Operation ist eine Verknüpfung (z.B. Addition oder Multiplikation) von Zahlen. Man unterscheidet Operationen, die auf ganzzahligen oder reellwertigen Zahlen (Gleitpunkt- bzw. Fließkommazahl) definiert sind. Mehrere arithmetische Operationen können zu einem arithmetischen Ausdruck zusammengefasst werden.

**OPL**
*engl.: One Person Library*
Die OPL ist eine Informationseinrichtung, die von nur einer Fachkraft (auch „Solo-Librarian") organisiert wird. Viele Einrichtungen wie die → Spezialbibliothek und die → Dokumentationsstelle zeichnen sich durch besonders geringen Personalbestand aus. Diese berufliche Situation erfordert eine breite Kompetenz und eine ausgeprägte Kommunikation mit Berufskollegen außerhalb der eigenen Institution. Entgegen weit verbreiteter Meinung erfordert eine OPL aber auch Kenntnisse im → Bibliotheksmanagement und sei es nur, um sie im Unternehmenskontext besser platzieren zu können.

**Organisationale Wissensbasis**
→ Organisationsgedächtnis

**Organisationsgedächtnis**
*engl.: organizational memory; Organizational Memory System (OMS)*

Die „Gedächtnis-Metapher" wird auf Organisationen übertragen, um auf diese Weise zu beschreiben, wie diese Gebilde lernen und ➙ Wissen verarbeiten. Dabei wird einerseits die Organisation, die in ihren Strukturen, Prozessen, Routinen, Werten und Normen Wissen verarbeitet und speichert als ➙ Gedächtnis betrachtet (struktureller Ansatz), andererseits eine Erweiterung um Informationssysteme vorgenommen, die als Organizational Memory System (OMS) beschrieben werden (technologischer Ansatz). Synonym = organisationale Wissensbasis.

**Ort**
*engl.: place*
Informationsarbeit hat immer eine Verankerung in der physischen und sozialen Realität im Sinne der (semiotischen) ➙ Pragmatik. Für die Verarbeitung und Speicherung von Informationen wird Raum beansprucht und zwar für die eigentliche Speicherung von Informationen auf Medien genauso wie für die „Organisation" dieser Tätigkeit. Je nach zugeschriebener Bedeutung der Informations- und Wissensarbeit im jeweiligen sozialen Kontext (der Organisation: in der Gesellschaft als ➙ Lernen und Bildung, im Unternehmen als ➙ Wissensmanagement) wird aus dem Ort der jeweiligen Informationseinrichtung ein zutiefst menschlicher Ort (anthropologischer Ort, „lieu anthropologique" im Gegensatz zum „Nicht-Ort" = „lieu de passage"). Image und jeweiliger Stellenwert von Informationseinrichtungen hängt so mit dieser anthropologischen Konstante der Informationsarbeit zusammen.

**OSI-Schichtenmodell**
*engl.: Open Systems Interconnection layers*
Von der ➙ ISO wurde ein Schichtenmodell entwickelt, das die Abläufe bei der Datenkommunikation in funktionelle Teilabläufe gliedert und die Schnittstellen zwischen diesen Teilabläufen standardisiert (siehe auch ➙ Schnittstelle). Das Modell dient aufgrund der offen gelegten Schnittstellen zur Kommunikation zwischen offenen Systemen. Das OSI-Modell teilt die Netzwerkkommunikation in sieben Schichten auf, wobei jeder Schicht eine andere Aufgabe erfüllt. Je höher die Schicht im Modell angesiedelt ist, desto abstrakter sind ihre Funktionen. Die Kommunikation ist dabei in vertikaler Richtung ausgerichtet, d.h. die zu übertragenden Daten werden von Schicht zu Schicht weitergereicht. Auf der Senderseite läuft die Kommunikation von oben nach unten und auf der Empfängerseite von unten nach oben. Die Aufteilung der Aufgaben in Schichten hat den Vorteil, dass die Gesamtkomplexität reduziert wird und die einzelnen Schichten auf verschiedene Einheiten (➙ Hardware oder ➙ Software) und Hersteller aufgeteilt werden können. (➙ Anwendungsschicht, ➙ Bitübertragungsschicht, ➙ Darstellungsschicht, ➙ Kommunikationssteuerungsschicht, ➙ Sicherungsschicht, ➙ Transportschicht, ➙ Vermittlungsschicht)

**Otlet**
Der belgische Bibliothekar und Dokumentar Paul Otlet hat einen nachhaltigen Einfluss auf die Entwicklung der ➙ Dokumentation ausgeübt. Zu Beginn des 20. Jahrhunderts strebte er gemeinsam mit dem Physikochemiker und Nobelpreisträger Wilhelm Ostwald eine Dokumentation des von der Wissenschaft als gültig verifizierten Wissens an. Ab 1893 begann Otlet, ein internationales Dokumentationszentrum in Brüssel aufzubauen. Als Ordnungssystem verwendete er die ➙ Dewey-Dezimalklassifikation, die er zu einer universalen Wissensklassifikation, der ➙ Dezimalklassifikation erweiterte. Mit dieser Methode wurden viele Millionen Karteikarten und deren Verweise untereinander gekennzeichnet. Durch Gründung des Institut International de Bibliographie (➙ IIB) im Jahre 1898 wurde der organisatorische Grundstock für das Weltrepertoire des Schrifttums „Répertoire Bibliographique Universel" ➙ RBU gelegt. Ab 1906 setzte Otlet bereits die damalig fortgeschrittenste Informationstechnik, nämlich ➙ Mikroformen (Mikrofilm und Mikrofiche) ein. Zusätzlich zu dem textbasierten Wissensspeicher versuchte Otlet, ein Weltbildarchiv, ein Fotoarchiv und ein Weltmuseum unter dem Namen ➙ Mundaneum aufzubauen. Gewissermaßen stellt Otlets Konzeption eines nichtlinearen, globalen, multimedialen Speichers die Grundlage von Wissensspeichern dar, wir wir sie heute z.B. im Internet zur Verfügung haben.

**OWL**
*engl.: Ontology Web Language*
OWL ist die vom ➙ W3C standardisierte ➙ Ontologiesprache, die speziell für den Einsatz im ➙ Internet zugeschnitten ist (siehe auch ➙ Semantisches Netz). OWL erweitert die Ausdrucksmächtigkeit von ➙ RDF Schema. Sie basiert auf ➙ Beschreibungslogiken und ist der Endpunkt der vorangegangenen Folge von Sprachen DAML, OIL und DAML+OIL.

# P

**Page Rank – TM**
Ein von der ➛ Suchmaschine Google entwickeltes Verfahren des ➛ Ranking, welches die Verlinkung zwischen Web-Dokumenten (➛ Link Popularity) mit in die Reihenfolgenberechnung der Ergebnisdokumente einbezieht.

**Paid Inclusion**
Unter dem Begriff Paid Inclusion bieten verschiedene Betreiber einer ➛ Suchmaschine gegen Gebühr eine schnellere Bearbeitung der Anmeldung einer Website, garantierte Registrierung im Index und manchmal auch eine häufigere Aktualisierung des Index-Eintrags an. Zudem werden bei Bezahlung gleich mehrere Seiten einer Website aufgenommen. Eine bestimmte Position im ➛ Ranking der Suchmaschine wird damit nicht zugesichert. (siehe auch ➛ Paid Submission, ➛ Key Word Sponsoring, ➛ Paid Placement)

**Paid Listing**
➛ Paid Placement

**Paid Placement**
Paid Placement (auch Paid Listing) ist die Veräußerung von Suchbegriffen in einer Art Versteigerung. Dabei wird der Meistbietende bei der Suche nach dem gekauften Begriff im ➛ Ranking der Treffermenge an die erste Position gesetzt. Die zweite Position erhält derjenige mit dem zweitbesten Angebot usw. Die Gebühr wird in der Regel erst dann fällig, wenn der Link in der Trefferliste tatsächlich angeklickt wird (Pay per Click). Mit diesem Verfahren versprechen sich Suchdienste (z.B. Overture) Vorteile vor allem im Bereich ➛ B2B. Dabei liegt die Annahme zugrunde, dass Unternehmen, die dafür bezahlen, um in Trefferlisten ganz weit oben zu stehen, meist auch ein seriöses Interesse haben, ihre Produkte zu vermarkten bzw. Kunden- und Geschäftsbeziehungen aufzubauen. (➛ Paid Inclusion, ➛ Paid Submission, ➛ Key Word Sponsoring)

**Paid Submission**
Paid Submission (oder Pay for Consideration) ist eine Gebühr für die redaktionelle Bearbeitung (Begutachtung, Einordnung etc.) einer Referenz-Anmeldung bei einem ➛ Web-Katalog/Verzeichnis. Die Gebühr garantiert nur die Bearbeitung, ein tatsächlicher Eintrag wird damit nicht erkauft. Die Aufnahme in einen Katalog hängt letztendlich vom Inhalt der Referenz (fragwürdige Inhalte oder ➛ Spam werden abgelehnt) und evtl. deren Qualität ab. (➛ Paid Inclusion, ➛ Key Word Sponsoring, ➛ Paid Placement)

**Partitive Relation**
➛ Hierarchische Relation

**Patent**
*engl.: patent*
Ein Patent verleiht dem Inhaber das ausschließliche, aber zeitlich und territorial begrenzte Benutzungsrecht an seiner ➛ Erfindung. Der Patentschutz beträgt maximal 20 Jahre, wenn man von der Möglichkeit des ergänzenden Schutzes für Arzneimittel um fünf Jahre absieht. Die Patenterteilung belohnt den Forschungs- und Entwicklungsaufwand beim Entstehen von Erfindungen und ermöglicht dem Inhaber eine Monopolstellung zur Verwertung seiner patentierten Erzeugnisse und Verfahren. Das bedeutet Sicherheit und Wettbewerbsvorsprung. Nach Ablauf der Schutzdauer des Patents kann auch die Allgemeinheit die Erfindung nutzen.

**Patentanspruch**
*engl.: patent claim*
Patentansprüche definieren den Schutzumfang, der für die ➛ Erfindung begehrt wird. Zur Auslegung der Patentansprüche werden die Patentbeschreibung und die Patentzeichnungen herangezogen. Ein Patentanspruch besteht in der Regel aus einem Oberbegriff und einem kennzeichnenden Teil. Im Oberbegriff sind die durch den ➛ Stand der Technik bekannten Merkmale der Erfindung enthalten. Der kennzeichnende Teil enthält die Merkmale, für die in Verbindung mit dem Oberbegriff Schutz begehrt wird. In den unabhängigen Patentansprüchen (Haupt- und Nebenansprüche) sind die wesentlichen Merkmale der Erfindung wiedergegeben. Jeder unabhängige Patentanspruch kann von einem oder mehreren abhängigen Patentansprüchen (Nebenansprüchen) gefolgt sein, die sich auf besondere Ausführungsarten der Erfindung beziehen.

**Patentdatenbank**
*engl.: patent data base*
Patentdatenbanken sind dokumenten-, verfahrens- oder familienorientiert. Dokumentenorientierte Datenbanken (mit je einem Nachweis pro ➛ Patentschrift; z.B. JAPIO) oder verfahrensorientierte Datenbanken (mit je einem Nachweis mit allen

Patentschriften eines Patenterteilungsverfahrens; z.B. PATDPA) basieren auf den Nachweisen der Patentschriften einzelner Länder bzw. Ämter. Sie sind meist in der Landessprache recherchierbar. Größte Bedeutung besitzen familienorientierte Patentdatenbanken (mit je einem Nachweis pro ➞ Patentfamilie): World Patent Index (WPI) und INPADOC. World Patent Index berücksichtigt 40 wesentliche Länder bzw. Ämter. Die Nachweise besitzen eine englischsprachiges ➞ Kurzreferat, einen erweiterten Titel und eine ausgewählte Zeichnung. Korrespondierende Patentschriften sind teilweise einbezogen. INPADOC erfasst 71 Länder bzw. Ämter. Die Nachweise besitzen in der Regel keine Zusammenfassung und Zeichnung. Die Titel der Erfindungen werden meist nicht ins Englische übersetzt. Korrespondierende Patentschriften fehlen. Rechtsstandsdaten sind von 33 Ländern bzw. Ämtern enthalten.

**Patentfamilie**
*engl.: patent family*
Die Patentfamilie ist die Summe der Patentschriften (➞ Patentschrift), die zu einer ➞ Erfindung gehören. Patentfamilien entstehen, weil als wichtig eingeschätzte Erfindungen in der Regel innerhalb von 12 Monaten (Prioritätsfrist) nach der Erstanmeldung (prioritätsbegründende Anmeldung) im Ausland nachangemeldet werden und folglich im In- und Ausland mehrere Patentschriften entstehen. Innerhalb von 12 Monaten nach der Erstanmeldung wird die Nachanmeldung im Ausland bei der Prüfung auf Neuheit so behandelt, als wäre sie zum Tag der Erstanmeldung eingetroffen (Prioritätsrecht). Eine rechnergestützte Familienzusammenführung erfolgt anhand identischer Prioritätsangaben. Die Prioritätsangaben (Land, Aktenzeichen, Datum) befinden sich auf den veröffentlichten Nachanmeldungen, wenn das Prioritätsrecht in Anspruch genommen wurde. Die Zusammenführung der Patentschriften zu Patentfamilien reduziert die Redundanz in der Datenbank, ermöglicht die Bewertung einer Erfindung, signalisiert die Patentpolitik des Anmelders und sichert dem Nutzer die Auswahl eines sprachlich leicht zugänglichen Familienmitglieds.

**Patentinformation**
*engl.: patent infromation*
Die Patentinformation erfüllt vorrangig die Aufgabe, unter Anwendung geeigneter Mittel, Methoden und Organisationsformen Informationen aus Patentschriften zu erfassen, auszuwerten, zu speichern, zu recherchieren, bereitzustellen und zu bewerten. Gebrauchsmusterschriften werden als Patentschriften besonderer Art einbezogen. Neben den Patentschriften als wichtigste Dokumente des gewerblichen Rechtsschutzes berücksichtigt Patentinformation im weiteren Sinne auch Marken, Geschmacksmuster und andere gewerbliche Schutzrechte.

**Patentometrie**
*engl.: patentometrics*
Patentometrie hat die vorrangige Aufgabe, die Flut relevanter Informationen auf Kerninformationen betreffs Stand und Trends in Technologiefeldern, Firmenaktivitäten u.a. einzuschränken. Sie basiert auf der Durchführung und Bewertung informetrischer Recherchen in Patentdatenbanken, teilweise verknüpft mit Recherchen in Literaturdatenbanken. Bei informetrischen Recherchen werden die ermittelten Nachweismengen mittels statistischer Methoden analysiert (➞ Informetrie). Als Ausgangspunkt für die Anwendung statistischer Methoden dienen vor allem die Statistikbefehle der Retrievalsprachen (z.B. SELECT bei Messenger und ANALYZE bei STN). Es entstehen z.B. Rangreihen, Zeitreihen oder Patentportfolios. Patentdatenbanken sind aufgrund der Frühzeitigkeit, Vollständigkeit und Detailliertheit ihrer Angaben für informetrische Recherchen besonders geeignet (z.B. World Patent Index – WPI, Derwent Patent Citation Index – DPCI). Als Basis für die Bewertung der Nachweismengen dienen sowohl einfache Indikatoren wie die Publikationshäufigkeit, Patentfamiliengröße und Zitierhäufigkeit als auch komplexe Indikatoren.

**Patentrecherche**
*engl.: patent retrieval*
Patentrecherchen sind bewertete Recherchen, die den Weltstand der Technik, die Neuheit technischer Lösungen oder die mögliche Verletzung fremder Patente nachweisen sollen. Man unterscheidet deshalb in Weltstands-, Neuheits- und Verletzungsrecherchen, die unterschiedliche Anforderungen an ihre Retrospektivität, ihr Länderspektrum und ihren Zwang zur Vollständigkeit besitzen. Bei Neuheitsrecherchen wird neben der Patentliteratur auch Nichtpatentliteratur einbezogen. Die Recherchen werden als Inhalts- und Formalrecherchen durchgeführt. Die Formalrecherchen umfassen neben bibliographischen Recherchen Rechtsstandsrecherchen. Die Recherchen zum Rechtsstand der Patentanmeldungen und der zugehörigen Patente sind nur in einigen Datenbanken und im amtlichen ➞ Patentregister (Patentrolle) möglich.

**Patentregister**
*engl.: patent registry*
Die Patentregister (Patentrollen) der Patentämter sind in der Regel selbständige Datenbanken, die den von den Patentämtern veröffentlichten bzw. bereitgestellten Rechtsstand (Verfahrensstand) der Patentanmeldungen sowie der sie begleitenden Patentschriften enthalten. Die Registerangaben einer Reihe von Ländern bzw. Ämtern werden in eine ➜ Patentdatenbank wie z.B. PATDPA, INPADOC, esp@cenet übernommen.

**Patentrolle**
➜ Patentregister

**Patentschrift**
*engl.: patent specification*
Patentschriften sind von nationalen, regionalen und internationalen Patentämtern im Rahmen ihrer Anmelde- und Erteilungsverfahren veröffentlichte Dokumente, die vorschriftsgemäße Informationen über Erfindungen enthalten, für die ein ➜ Patent angestrebt bzw. erteilt wurde. Patentschriften, die vor der Patenterteilung ohne Prüfung auf Neuheit und Erfindungshöhe entstehen, werden als Offenlegungsschriften oder veröffentlichte Patentanmeldungen bezeichnet. Eine Patentschrift besteht aus Titelblatt (bibliographische Angaben, Zusammenfassung, Zeichnung), Patentbeschreibung, Patentansprüchen und Patentzeichnungen. – Korrespondierende Patentschriften: Wird bei der Nachanmeldung einer ➜ Erfindung im Ausland die Priorität nicht in Anspruch genommen (z.B. infolge der Nichteinhaltung der 12-Monate-Prioritätsfrist), fehlen bei der Veröffentlichung der Patentschrift die Prioritätsangaben, so dass eine rechnergestützte Familienzusammenführung nicht möglich ist. Es entstehen sogenannte korrespondierende Patentschriften als Patentfamilienmitglieder, die nur intellektuell der Familie zugeordnet werden können. (➜ Patentfamilie)

**Pay for Consideration**
➜ Paid Submission

**Pay per Click**
➜ Paid Placement

**PC**
➜ Hardware

**PDF**
*engl.: Portable Document Format*
Das PDF-Format dient zum Dokumentaustausch, vor allem von Dokumenten mit komplexem Layout. Mit der Software von ➜ Adobe lassen sich Dokumente in das PDF-Format umwandeln. Dabei wird das Layout und der Inhalt des Originals, einschließlich Schriften und Grafiken, exakt beibehalten. PDF-Dokumente sind schreibgeschützt und können unabhängig von ➜ Browser oder ➜ Betriebssystem mit dem Acrobat Reader von Adobe angezeigt werden. Das PDF-Format ist eine Weiterentwicklung des Postscript-Formats.

**Persistent Identifier**
Persistent Identifier (dauerhafte Identifikatoren) sind eindeutige Identifikatoren für digitale Ressourcen, die (im Gegensatz zum Uniform Resource Locator – ➜ URL) eine ortsunabhängige Identifikation ermöglichen sollen. Verschiedene konkurrierende Konzepte (Digital Object Identifier, Uniform Resource Name, PURL – Persistent URL) werden derzeit erprobt. Allen Konzepten ist gemeinsam, dass der Zugriff vom Persistent Identifier nicht direkt auf die digitale Ressource erfolgt, sondern ein System (resolver) zwischengeschaltet ist, in dem die jeweils aktuellen Speicherorte verwaltet und für den direkten Zugriff verwendet werden. – Weiterführende Informationen werden von Der Deutschen Bibliothek unter http://www.persistent-identifier.de zur Verfügung gestellt.

**Persistenz**
*engl.: persistence*
Unter Persistenz versteht man die Dauerhaftigkeit von Daten. Programmiersprachen sichern die Erhaltung von Daten während eines Programmlaufs (transient) und können Dateien bearbeiten (erzeugen, lesen, schreiben, löschen) (persistent). Umfangreiche und strukturierte Daten müssen in Datenbanken mit speziellen Verwaltungssprachen gespeichert werden, um ihre Persistenz zu sichern.

**Personal Computer**
➜ Hardware

**Personalisierung**
*engl.: personalization*
Anpassung insbesondere von webbasierten Systemen an individuelle Eigenschaften und Bedürfnisse des gegenwärtigen Benutzers. (➜ Benutzeradaptives System, ➜ Benutzeradaptierbares System)

**Personennamendatei**
➜ Normdatei

**Pfad**
*engl.: path; guided tour*
Ein Pfad beim ➜ Hypertext ist eine zumeist lineare, mitunter verzweigte, vom Autor vorgeschlage-

ne Lesefolge. Aggregate aus Hypertext-Verknüpfungen bieten die Möglichkeit, eine vorgegebene Menge an ➞ Knoten mit einer alternativen Verknüpfungsmenge zu versehen und sie situativ in andere Netze einzubetten. Sequenzen von Verknüpfungen können im Sinne von Guided Tours oder Pfaden vorbereitete Wege durch den Hypertext markieren und somit die Orientierung erleichtern. Derartige Pfade können wie konventioneller Text linear angelegt sein, aber auch Verzweigungen enthalten. Die Auswahl aus den Alternativen einer Pfadverzweigung kann dabei aufgrund der Entscheidung des Lesers oder aufgrund von Kontextbedingungen automatisch erfolgen.

**Physikalische Schicht**
➞ Bitübertragungsschicht

**PI**
➞ RAK

**Pixel**
*engl.: picture element*
Pixel (Kunstwort für „Picture Element") ist das kleinste Element eines digitalen Bildes mit definierten Orts- und Farbkoordinaten.

**Planung**
*engl.: planning; planning process*
Planung (auch: Planungsprozess) ist die gedankliche Vorwegnahme zukünftigen Handelns. Es werden verschiedene Handlungsalternativen verglichen und die ➞ Entscheidung für den günstigsten Weg getroffen. Planung ist also zukunftsbezogen, setzt das Sammeln von Informationen über den Zustand der Planungsobjekte voraus und schätzt auf dieser Basis die Erwartungen an deren zukünftige Entwicklung.

**PND**
➞ Normdatei

**Polydimensionalität**
*engl.: polydimensionality*
Polydimensionalität ist ein Begriff, der in Zusammenhang mit der ➞ Klassifikation und dem ➞ Thesaurus gebräuchlich ist. Er besagt, dass jedem Element des Ordnungssystems mehrere Unterbegriffe unterschiedlicher Dimension zugeordnet werden können, z.B. generische Unterbegriffe und partitive Teilbegriffe. Z.B. können ausgehend vom ➞ Deskriptor BAUM zwei Ketten verzweigen: BAUM > OBSTBAUM > STEINOBSTBAUM und BAUM > BAUMSTAMM > RINDE. (siehe auch ➞ Hierarchische Relation) Das Prinzip der Polydimensionalität ist in der ➞ Facettenklassifikation (z.B. ➞ Colon-Klassifikation) stark ausgeprägt. Der Unterschied zur ➞ Polyhierarchie ist, dass bei der ein Element mehr als einen direkten Oberbegriff haben kann. Gegenteil: ➞ Monodimensionalität wie z.B. bei der ➞ Monohierarchie realisiert.

**Polyhierarchie**
*engl.: polyhierarchy*
Polyhierarchie ist ein Begriff, der in Zusammenhang mit der ➞ Klassifikation und dem ➞ Thesaurus gebräuchlich ist. Er besagt, dass jedes Element des Ordnungssystems im Allgemeinen nur einen Oberbegriff besitzt, aber in Einzelfällen ein Element auch mehr als einen Oberbegriff haben kann (z.B. kann die Klasse Fahrgastschiff sowohl den Oberbegriff Personentransport als auch Schiff haben). In diesen Fällen ist eine Recherche unter mehreren Aspekten möglich, die Suche kann mehrdimensional erfolgen. Eine „schwache" ➞ Hierarchie (= Polyhierarchie) liegt also dann vor, wenn ein und derselbe ➞ Begriff auf Grund der Berücksichtigung mehrerer unterschiedlicher Merkmale jeweils zwei oder mehr Oberbegriffen zugeordnet wird. Polyhierarchien können in den typischen hierarchischen Klassifikationen beispielsweise durch das Einarbeiten von Verweisungen oder durch die Mehrfacheinordnung eines Begriffs dargestellt werden. Die bisherige Konzentration auf monohierarchische Strukturen und damit auf eindimensionale Recherchen ist durch den verstärkten Einsatz der Informationstechnik bei der Erarbeitung, Pflege und Anwendung von Klassifikationen vielfach in Richtung auf flexiblere Strukturen aufgegeben worden.

**Polysem**
*engl.: polysemes*
Polyseme sind Bezeichnungen, die ausgehend von einer Bedeutung, durch Übertragung, Analogie, geschichtliche oder regionale Auseinanderentwicklung zu unterschiedlichen Bedeutungen geführt haben (z.B. Fuchs, Leitung), oder so allgemein sind, dass sie in ganz unterschiedlichen Kontexten verwendet werden (z.B. Verfahren, System). Polysemie entsteht häufig auch durch umgangssprachliches Weglassen eines ursprünglich vorhandenen spezifizierenden Elements (z.B. Schirm für Regenschirm, Bildschirm usw.). Im Unterschied zu Polysemen hat bei Homonymen keine Auffächerung von Bedeutungen stattgefunden, sondern eine Konvergenz von Bezeichnungen. (siehe auch ➞ Homonym)

## Postkoordination
*engl.: post-coordination*
Indexierungsprinzip, bei dem Kombinationen von Begriffen während der Suche durch Kombination von Index-Termini gebildet werden und nicht – wie bei der ➜ Präkoordination – schon bei der ➜ Indexierung. Dies ist die gängige Methode beim ➜ Retrieval in den meisten Datenbanken: Der Benutzer beschreibt sein Suchthema mit Hilfe einfacherer Suchtermini. Historisches Vorbild für dieses Prinzip ist das von Mortimer Taube 1950 entwickelte UNITERM-Verfahren, bei dem Komposita vermieden und nur Wörter als elementare Basisbegriffe verwendet wurden. Nachteil: Es entsteht eine große Unschärfe beim Retrieval, denn im Nachhinein ist nicht mehr feststellbar, welche der möglichen Kombinationen in einem konkreten Indexat gemeint war (so kann die Kombination aus Geschichte + Wissenschaft eben Geschichtswissenschaft, aber auch Wissenschaftsgeschichte bedeuten).

## Pragmatik
*engl.: pragmatics*
Pragmatik als Teil der Sprachwissenschaft beschäftigt sich damit, unter welchen Bedingungen eine Äußerung in ihrem Kontext akzeptabel ist.

## Präkombination
*engl.: pre-combination*
Anders als bei der ➜ Postkoordination werden bei der Präkombination die Termini bereits zum Indexierungszeitpunkt zu komplexen Themenbeschreibungen zusammengesetzt; dieses Verfahren nennt man ➜ Präkoordination. Sind solche Themenbeschreibungen bereits im Vokabular verankert (als Komposita oder Nominalgruppen), so spricht man von Präkombination. Präkombination ist das Prinzip, mehrere oder viele Merkmale in einem Element einer ➜ Dokumentationssprache (➜ Klassifikation, ➜ Thesaurus) zusammenzufassen. Die Tiefe einer Klassifikation könnte man als ein Maß für die Präkombination benutzen, denn mit jeder Stufe einer Abstraktionshierarchie kommt mindestens ein weiteres Merkmal hinzu.

## Präkoordination
*engl.: pre-coordination*
Indexierungsprinzip, bei dem Kombinationen von Begriffen bereits während des ➜ Indexierung gebildet werden und nicht – wie bei ➜ Postkoordination – erst während der Suche. Typisches Beispiel für Präkoordination ist die Vergabe von Notationen einer hierarchischen ➜ Klassifikation, oder aber die Bildung von Komposita für die Beschreibung komplexer Sachverhalte. Nachteil: Gerade in der deutschen Sprache mit ihrer starken Tendenz zur Kompositabildung führen Termini wie etwa „Donaudampfschifffahrtsgesellschaftskapitän" zu sehr umfangreichen Dokumentationssprachen. Bei Klassifikationen werden in der Regel viele Begriffe und Begriffskombinationen von vornherein festgelegt, um für alle bei der inhaltlichen Erschließung auftauchenden Sachverhalte über eine möglichst vollständige Begriffssystematik zu verfügen. Dadurch haben Klassifikationen vielfach einen geschlossenen, starren Charakter, der eine Weiterentwicklung und Anpassung an die Entwicklungen auf dem jeweiligen Gebiet erschwert. Durch das bei Klassifikationen vorherrschende Prinzip der Präkoordination sind in ihnen auch die Möglichkeiten syntagmatischer Begriffsbeziehungen (z.B. Funktionsanzeiger, Verknüpfungsanzeiger, Relatoren, Modifikatoren) eher schwach entwickelt. Denn Klassifikationen, bei denen dieser Verknüpfungsapparat (zu vergleichen mit einer primitiven Grammatik) weit ausgebaut worden ist, können leicht unübersichtlich und damit unhandlich werden. Beispiele für präkoordinierte Systeme sind die ➜ Facettenklassifikation oder auch komplexe Nominalgruppen zur Darstellung der in Dokumenten behandelten Themen.

## Pressearchiv
*engl.: press archive*
Pressearchive gab es schon im 18. Jahrhundert. In den deutschsprachigen Ländern Europas entstanden die ersten Redaktionsarchive in der Mitte des 19. Jahrhunderts, als einige bedeutende bürgerliche Zeitungen wie die Frankfurter Zeitung, die Neue Zürcher Zeitung, das Hamburger Fremdenblatt, der Ullstein-Verlag in Berlin und die Kölner Zeitung erkannten, dass sich mit einem eigenen ➜ Archiv die redaktionellen Leistungen verbessern lassen, dem Leser damit aber auch schneller und gezielter Auskunft über erschienene Beiträge gegeben werden konnte. Denn von Beginn an besaß das Redaktionsarchiv eine doppelte Aufgabe: es befriedigt den Informationsbedarf der eigenen Redaktion(en), ist aber gleichzeitig eine der populärsten Anlaufstellen für Auskunftsuchende. Damit ist das Redaktionsarchiv nicht nur ein Bürgerinformationssystem, sondern zugleich ein Instrument der von den Zeitungen intensiv gepflegten Leser-Blatt-Bindung. Dies gilt noch heute, obwohl die Informationstätigkeit des Pressearchivs gegenüber Dritten durch die elektronischen Medien und

das Internet eine neue Dimension und eine andere Qualität gewonnen hat. Dank der Kommerzialisierung der Archivdienstleistungen wurde das Redaktionsarchiv zum Profit-Center. Es entwickelte sich, in den letzten Jahren verstärkt, zu einem Teilnehmer am Informationsmarkt, auf dem es seine Dienstleistungen anbietet, und übernahm damit neue Aufgaben. Pressearchive werden nicht nur von Presseverlagen unterhalten, sondern auch von vielen anderen Institutionen. Auch viele Unternehmen der Wirtschaft, vor allem Banken und Versicherungen, verfügen über ein Pressearchiv. Auch die großen Chemieunternehmen unterhalten Pressedokumentationsstellen, oft als Bestandteil einer Stabsstelle für Öffentlichkeitsarbeit. Die spezielle Ausprägung von Pressearchiven der Wirtschaft ist stets bestimmt durch die Interessenlage des Auftraggebers, und die Informationsdienstleistungen richten sich nach dem Bedarfsprofil des Unternehmens, in dem die ➞ Dokumentationsstelle angesiedelt ist.

**Preußische Instruktionen**
➞ RAK

**Primärdokument**
➞ Dokument

**Print Factory**
Print Factories umfassen alle Unternehmen der ➞ Druckindustrie, bei denen Datenhandling und Repro fehlen. Im Normalfall verfügen sie jedoch über Prepress-Systeme, um Druckformen herzustellen. Die Hauptaufgabe einer Print Factory ist das Vervielfältigen fertig angelieferter, druckreifer Vorlagen. Ihre Aufgabe besteht ausschließlich darin, die Informationen auf verschiedene Bedruckstoffe zu übertragen.

**Probabilistisches Retrieval**
*engl.: probabilistic retrieval*
Die üblicherweise beim Information ➞ Retrieval verwendeten Modelle berechnen unterschiedliche Arten von Ähnlichkeiten zwischen Fragen und Dokumentbeschreibungen. Dabei wird jedoch innerhalb des jeweiligen Modells keine Aussage darüber gemacht, inwieweit die jeweilige Vorschrift zur Berechnung des Retrievalwertes das angestrebte Ziel erfüllt, eine hohe Retrievalqualität zu erreichen (siehe auch ➞ Information-Retrieval-Modell). Im Unterschied dazu kann für probabilistische Modelle gezeigt werden, dass ein Zusammenhang zwischen Modell und Retrievalqualität tatsächlich existiert. Probabilistische Modelle schätzen die Retrievalwahrscheinlichkeit, also die Tatsache, dass ein Dokument als relevant beurteilt wird, und ordnen die Dokumente nach dieser Wahrscheinlichkeit. Diese Vorgehensweise bezeichnet man als probabilistisches ➞ Ranking. Solch eine Anordnung führt zu optimaler Retrievalqualität: Ein Benutzer sieht sich die Dokumente in der Rangordnung von oben nach unten durch und bricht irgendwann ab. Bricht er nach einer vorgegebenen Anzahl von Dokumenten ab, so sind Recall (➞ Vollständigkeit) und Precision (➞ Genauigkeit) maximal; will er eine vorgegebene Anzahl relevanter Dokumente (vorgegebener Recall), ist wiederum die Precision maximal. – Ein Beispiel für ein probabilistisches Retrieval-Modell ist das Retrieval mit binärer Unabhängigkeit.

**Produktionsfaktor**
*engl.: production factor*
Produktionsfaktoren sind Input-Größen der Wirtschaft. Diese wird verstanden als planvolle menschliche Tätigkeit mit dem Zweck, die bestehende Knappheit an Gütern zu verringern und unter Beachtung des ökonomischen Prinzips menschliche Bedürfnisse zu befriedigen. Ein Betrieb als Produktionswirtschaft kombiniert zur Erreichung seiner Ziele die Produktionsfaktoren Arbeitsleistung, Betriebsmittel und Werkstoffe. Die Arbeitsleistung wird dabei weiter unterteilt in dispositive (leitende) Arbeit und in ausführende (vollziehende) Arbeit.

**Produktionsregel**
*engl.: production rule*
Ein ➞ Wissensbasiertes System enthält neben den logikbasierten Formalismen die Produktionsregeln. Unter einer Produktionsregel versteht man eine mit einer Vorbedingung versehene Aktion. Die Aktion gilt als ausführbar, wenn die Vorbedingung erfüllt ist. Die Vorbedingungen werden auf einer Menge bekannter Fakten ausgewertet. Eine durch eine Produktionsregel angestoßene Aktion kann in der Faktenmenge Änderungen vornehmen. Eine Menge von Produktionsregeln, eine zugehörige Faktenmenge und ein Mechanismus, der Produktionsregeln auf Ausführbarkeit testet und ihre Aktionsteile bei erfüllter Vorbedingung zur Ausführung bringt, nennt man ein Produktionssystem.

**Produktkatalog**
*engl.: product catalogue*
Im Produktkatalog legt die IuD-Abteilung fest, welche ➞ Informationsprodukte sie ihren Kunden anbietet. Die einzelnen Produkte werden klar de-

finiert, mit eindeutigen Produktnamen versehen und voneinander abgegrenzt systematisiert und auf Produktblättern hinsichtlich ihres Inhalts, ihrer Zielgruppe, ihrer Qualität, ihres Preises und ihres Mengengerüstes beschrieben. Der Produktkatalog enthält eine Übersicht der angebotenen Produkte, in der Regel in Produktgruppen oder nach Kernleistungsprozessen der IuD-Abteilung gegliedert.

**Professionalisierung**
*engl.: professionalization*
Professionalisierung ist der Prozess der Verberuflichung von besonderen, von anderen abgrenzbaren gesellschaftlichen Arbeitsleistungen. Dieser Prozess schließt ein: Kontrolle über die Zugangswege, Festlegung qualifikatorischer Erfordernisse und interner Gliederung, gültige Bezeichnungen für den Beruf/Tätigkeit, staatliche Anerkennung aller Maßnahmen.

**Programm der Bundesregierung 1996-2000**
Das unter dem Titel „Information als Rohstoff für Innovation" (herausgegeben vom Bundesministerium für Bildung, Wissenschaft, Forschung und Technologie – BMBF) veröffentlichte Programm der Bundesregierung 1996-2000 ist das vorläufig letzte Förderprogramm für die Fachinformation bzw. Information und Dokumentation. (➙ IuD-Programm, ➙ Fachinformationsprogramm)

**Programmcode**
➙ Programmiersprache

**Programmiersprache**
*engl.: programming language*
Eine Programmiersprache ist eine künstliche Kommandosprache zur Kommunikation zwischen Mensch und Computersystem, die genaue Angaben zu einer Kette von internen Verarbeitungsschritten, deren Daten, Struktur und deren Verlauf in Abhängigkeit von internen oder externen Ereignissen enthält. Es wäre sehr umständlich und mühsam, die vielen Formen der Informationsverarbeitung als Binärzahlen zu kodieren. Daher hat sich schnell ein Übersetzungsmechanismus etabliert, der häufig verwendete Zahlen und Zeichen und häufig verwendete grundlegende Operationen in symbolischen Befehlen angibt. Eine weitere technische Einrichtung übersetzt dann diese Angaben in interne Daten, einfachste Datenänderungsbefehle und Kontrollanweisungen, die der Computer dann schließlich ausführt. Wird ein Programmtext als Ganzes übersetzt, spricht man in Bezug auf den Übersetzungsmechanismus von einem Compiler (Programm, welches den Maschinen-Code liefert, der direkt vom ➙ Prozessor verstanden wird; Objectcode, EXE-Datei). Wird ein Programmtext hingegen jeweils Schritt für Schritt übersetzt und jeweils ein übersetzter Schritt sofort ausgeführt, spricht man von einem Interpreter. Eine logische Abfolge von Befehlen in einer Programmiersprache nennt man allgemein ➙ Algorithmus, Programm, Programmcode, Quelltext (➙ Software). Die meisten Befehle einer Programmiersprache lassen sich auf fünf Hauptkategorien zurückführen: Eingabe, Ausgabe, mathematische Berechnung, Vergleich und Auswahl, Wiederholung. Programmiersprachen werden in verschiedene Generationsklassen eingeteilt: (1) Maschinensprachen: Binäre Prozessorbefehle, absolute (direkte) Speicheradressen; (2) Assemblersprachen: Mnemotechnische (symbolische) Abkürzungen für binäre Prozessorbefehle, Verwendung von Variablen (z.B. anstatt absoluter Speicheradressen). ➙ Assembler werden heute noch für systemnahe und technische Anwendungen verwendet; (3) Problemorientierte Sprachen (z.B. FORTRAN, COBOL, C++, JAVA): Eigene Anweisungen unabhängig von Prozessortyp und Rechenanlage. Sie einhalten diverse Hilfskonstrukte zur Formulierung von Algorithmen wie Schleifen, Auswahl, Unterprogrammaufruf etc. sowie verschiedenartige Programmierparadigmen (imperativ/objektorientiert); (4) Spezielle (datenorientierte) Sprachen (z.B. ➙ SQL, NATURAL): Beschreiben nicht mehr den Lösungsvorgang, sondern bestimmen nur noch Ergebniseigenschaften. Sie eignen sich nur für spezielle Bereiche wie z.B. Datenbankabfragen; (5) Wissensorientierte Sprachen (z.B. LISP, PROLOG): Anwendung im Bereich der KI (➙ Künstliche Intelligenz). Es werden Lösungen mit Hilfe von Logik-basierten Konstrukten (Regeln, Funktionen, Rekursion, Backtracking etc.) aufgestellt.

**PROM**
➙ ROM

**Promotionsstudium**
➙ Studium Informationswissenschaft

**Protokolle**
*engl.: protocols*
Protokolle regeln die Kommunikation in Rechnernetzen. Dabei gilt es diverse physikalische und logische Vereinbarungen wie Übertragungsrichtung und -geschwindigkeit, Datenformat, Fehlererkennung u.a. zu treffen. Aufgrund der dabei entstehenden hohen Komplexität werden die Aufgaben

in der Regel auf mehrere Protokolle bzw. Protokollschichten aufgeteilt. Das → OSI-Schichtenmodell gilt hierfür als das weit verbreitetste Referenzmodell. (siehe auch → TCP/IP)

**Provenienz**
*engl.: provenance*
Die Sachgemeinschaft von → Aufzeichnungen, die durch die Entstehungszusammenhänge begründet wird. Sie kann, muss aber nicht mit der Herkunftsgemeinschaft identisch sein. Die Provenienz in funktionalem Sinn bezeichnet die Ursache der Entstehung der Aufzeichnungen oder ihren Primärzweck, also etwa einen Aufgabenkomplex. Die Aufzeichnungen aus einheitlicher Provenienz erklären sich gegenseitig und grenzen sich in ihrem Bedeutungsumfang ein. Die Perspektive auf die Provenienz bestimmt alle Arbeitsverfahren von der → Archivgut-Bewertung über die Erschließung bis zur → Bestandserhaltung. Sie garantiert die Erhaltung der Kontexte als Erklärungshintergrund für die → Archivgut-Auswertung.

**Prozedurales Gedächtnis**
→ Gedächtnis

**Prozessor**
*engl.: processor*
Prozessoren sind die hardwaretechnische Entsprechung für die → Zentrale Recheneinheit. Dabei wird zwischen den Bauarten CISC und RISC unterschieden: CISC-Prozessoren (complex instruction set computer) besitzen einen umfangreichen Befehlssatz auf Maschinenebene und gelten immer noch als Standard im PC-Bereich. RISC-Prozessoren (reduced instruction set computer) hingegen stellen zwar nur einige wenige Befehle zur Verfügung (dies bedeutet mehr Aufwand bei der Erstellung des Betriebssystems und Programmiersprachen), sind dafür aber wesentlich schneller als die der Bauart CISC.

**Prozessorganisation**
*engl.: business process engineering; business process reengingeering*
Die Prozessorganisation, auch als Prozessmanagement bezeichnet, ersetzt die funktionale Gliederung betrieblicher Aufgaben durch das organisatorische Leitbild bereichs- und unternehmensübergreifender Geschäftsprozesse. Die betrieblichen Vorgänge werden – häufig unter Einsatz prozessorientierter Anwendungssysteme (Workflow) – funktionsübergreifend organisatorisch neu ausgerichtet, wobei der Fokus auf der kundenorientierten Wertschöpfung liegt. Diese setzt bei den personellen Aufgabenträgern Service-orientierte Haltungen und gewisse Handlungsspielräume voraus.

**Prozesstiefe**
*engl.: process depth*
Die Prozesstiefe ist ein Stufenmaß für die Fertigungstiefe eines Unternehmens der → Druckindustrie. Einstufige Unternehmen konzentrieren sich auf den → Druck. Sie verfügen zumindest über eine Prepress-Abteilung für die Druckformherstellung und den Druck. Vollstufige Betriebe verfügen in der Regel über eine Vorstufe mit Repro und Prepress, Druck und Weiterverarbeitung. Die Prozesse, die ein Unternehmen nicht anbietet, können als Prozesspotenziale bezeichnet werden. Da in jeder Druckerei der Prozess „Druck" vorhanden ist, bieten vor- und nachgelagerte Bereiche besonders viele Entwicklungsmöglichkeiten.

**Public-Key-Verfahren**
→ Verschlüsselung

**PubMed**
→ MEDLINE

# Q

**Qualifikation**
→ Ausbildung

**Qualität**
*engl.: quality*
Qualität ist die Gesamtheit von Eigenschaften und Merkmalen eines Produktes oder einer Dienstleistung, die sich auf deren Eignung zur Erfüllung festgelegter oder vorausgesetzter Erfordernisse beziehen.

**Qualitätsmanagement**
*engl.: quality management*
Unter Qualitätsmanagement versteht man die Zusammenfügung verschiedener relevanter Bausteine, um unternehmensintern und -extern → Qualität systematisch zu analysieren, zu planen, zu organisieren, zu sichern und zu kontrollieren.

**Quantenbit**
*engl.: quantum bit (qubit)*
Einheit der Quanteninformation und Grundgröße der → Quanteninformationstheorie. Zu den wesentlichen charakteristischen Eigenschaften von Quantenbits gehört die Überlagerungsfähigkeit in Viel-Quantenbit-Zuständen, was auf eine Abhängigkeit der einzelnen Zustände untereinander führt.
Ferner sind Quantenbits nicht klonierbar („No cloning-Theorem"). Bei der Quantenteleportation müssen zum Ferntransport eines Quantenbits zwei klassische Bits übertragen werden.

**Quanteninformationstheorie**
*engl.: quantum information theory*
Anwendung der Quantentheorie auf die klassische Shannonsche → Informationstheorie, wobei die charakteristischen Eigenschaften der Quantentheorie wie die Existenz von Überlagerungszuständen und die Nicht-Kopierbarkeit von Quantenzuständen vorteilhaft eingesetzt werden, um zu Informationsverarbeitungsformen und Berechnungsmöglichkeiten völlig neuartiger Komplexität und Qualität zu gelangen. Die Einheit der Quanteninformation ist das → Quantenbit. Zu den wichtigsten Anwendungsmöglichkeiten gehören Quantencomputer, Quantenkryptographie und Quantenteleportation.

**Quelltext**
→ Programmiersprache

**Quasi-Synonym**
→ Äquivalenzrelation

# R

**Rahmenstruktur**
*engl.: frame structure*
Die Rahmenstruktur (Wörterbuchtextstruktur, Megastruktur) beschreibt die übergeordneten Elemente eines lexikographischen Nachschlagewerks (→ Enzyklopädie, → Lexikon) in ihrem Zusammenspiel: Umtexte und Lemmaliste(n). Umtexte enthalten alle die Teile des lexikographischen Nachschlagewerks, die nicht Teil der Lemmaliste(n) sind: Vorwort, Benutzerführung, Einleitung, Fachliche Einführung, Grammatik, Register und Anhänge sowie ausgelagerte längere und in Bezug auf die lemmatisierten Lexeme übergreifende Artikel. In elektronischen lexikographischen Nachschlagewerken wird bei Rahmentexten die aus dem Buch bekannte lineare Abfolge der Elemente auf Grund des Mediums in eine horizontale Informationsarchitektur aufgebrochen. Die Rahmentexte stehen nicht mehr in einer Seitenabfolge.

**RAK**
*engl.: rules for alphabetical cataloguing; rules for descriptive cataloguing*
Die Regeln für die alphabetische Katalogisierung sind in Deutschland und Österreich seit den 1980er Jahren weit verbreitet. Die erste Ausgabe erschien 1976 (DDR) bzw. 1977 (BRD). Die Version für die Wissenschaftlichen Bibliotheken (RAK-WB; Gegenstück: RAK-ÖB) erscheint seit 1993 als Loseblattausgabe; darüber hinaus existieren verschiedene Sonderregeln (z. B. RAK-Musik für Musikalien oder RAK-NBM für Nichtbuch-Materialien). Die RAK sind wie die → AACR sehr komplex und noch stark auf Zettelkataloge ausgerichtet. Die Vorarbeiten für ein grundlegend erneuertes Regelwerk (RAK2) wurden im Zug der Diskussion um einen möglichen Umstieg auf AACR2 im Jahr 2001 ausgesetzt. Charakteristisch für die RAK sind u. a. die originalsprachliche → Ansetzungsform und eine Vorliebe für rein formale Entscheidungskriterien, z. B. bei der Entscheidung, wann eine Körperschaft die Haupteintragung (→ Eintragung) erhält. Die RAK stehen in der Nachfolge der „Instruktionen für die alphabetischen Kataloge der preußischen Bibliotheken – PI", die bereits aus dem Jahre 1899 stammen und 1932 durch die DIN 1505 „Titelangaben von Schrifttum" erweitert wurden.

**RAM**
*engl.: Random Access Memory*
Schreib-/Lesespeicher in Form eines Halbleiters (Computerchip), der nur während der Betriebsspannung die gespeicherten Inhalte behält. Die Adressierung erfolgt durch eine eindeutige, feste Zuordnung von Adressen zu einzelnen Speicherzellen. Die Zugriffszeit ist bei allen Speicherzellen in etwas gleich, weshalb der Chip als Speicher mit wahlfreiem Zugriff (Random Access Memory) bezeichnet wird. (siehe auch → Speicher, → Hardware, → ROM)

**Ranking**
Unter Ranking (Reihung, Sortierung) versteht man das Verfahren einer → Suchmaschine, die bezüglich einer Suchanfrage ermittelte Ergebnisliste in eine aus Benutzersicht nach → Relevanz sortierten Reihenfolge zu bringen. Suchanfragen enthalten in der Regel nur wenige Suchbegriffe, so dass meist mehrere tausend, manchmal gar mehrere hunderttausend Dokumente mit den gesuchten Begriffen übereinstimmen. Benutzer betrachten hingegen meist nur die ersten ein bis zwei Ergebnisseiten (also 10-20 Referenzen). Aufgabe des Ranking ist es also, die „objektiv" relevantesten Dokumente ganz oben in die Ergebnisliste zu platzieren. Neben statistischen Auswertungen innerhalb der Dokumente wie z.B. die Worthäufigkeit werden bei den Rankingalgorithmen auch Hyperlink-Strukturen (→ Page Rank – TM) wie z.B. die Anzahl eingehender bzw. ausgehender Links (→ Link Popularity) eines Web-Dokuments mit in die Reihenfolgenberechnung einbezogen. (siehe auch → Probabilistisches Retrieval)

**RBU**
Das Répertoire Bibliographique Universel (RBU) ist der Name des im Institut International de Bibliographie (→ IIB), Brüssel, von Paul → Otlet und Henry → La Fontaine erarbeiteten Weltrepertoire des gesamten Schrifttums.

**RDF**
*engl.: Resource Description Framework*
RDF ist eine auf der Syntax von → XML basierende Sprache zur Beschreibung von Entitäten (die in RDF Ressourcen genannt werden). In RDF formulierbare Aussagen ordnen einer → Entität eine Eigenschaft (bzw. eine Beziehung) und einen zugehörigen Eigenschaftswert (bzw. eine in Beziehung stehende Entität) zu. RDF unterscheidet nicht zwischen Eigenschaften und Beziehungen. RDF ermöglicht, beliebige Aussagen als → Metadaten zu einem Dokument vollkommen unabhängig von seiner Textoberfläche und seiner Strukturierung

darzustellen. Die Metadaten können in das Dokument eingebettet sein und werden bei seiner Präsentation ignoriert oder sind getrennt davon, z.B. in einer Datenbank gespeichert, wobei eine Referenz auf das Dokument mit abgelegt sein muss. Mit Hilfe der ➨ Ontologiesprache ➨ RDF Schema wird das für die Formulierung von Aussagen zur Verfügung stehende Vokabular festgelegt. (siehe auch ➨ Topic maps)

**RDF Schema**
*engl.: RDF scheme*
RDF Schema ist die zu ➨ RDF gehörige ➨ Ontologiesprache. Sie erlaubt, Begriffe und Eigenschaften (bzw. Beziehungen) festzulegen, die für die Formulierung von Aussagen in RDF herangezogen werden können. Typischerweise werden mit RDF Schema Begriffe beschrieben und mit RDF Aussagen über Instanzen dieser Begriffe gemacht. (siehe auch ➨ OWL)

**Rechenwerk**
*engl.: arithmetic logical unit*
Das Rechenwerk ist die Funktionseinheit im ➨ Prozessor, die Verarbeitungsbefehle ausführt. Dabei handelt es sich meist um arithmetische Operationen (➨ Operation, arithmetische) wie z.B. Ganzzahl- oder Gleitpunktberechnungen, logische Verknüpfungen (UND, ODER, NICHT) oder Adressberechnungen. (➨ Von-Neumann-Architektur, ➨ Zentrale Recheneinheit)

**Recherche**
➨ Retrieval

**Rechnerarchitektur**
*engl.: computer architecture*
Unter dem Begriff Rechnerarchitektur versteht man den „inneren" Aufbau, den so genannten Systemaufbau, eines Computers. Sie beschreibt die Zusammensetzung und Zusammenarbeit diverser Einzelkomponenten wie z.B. Prozessoren, Speicherbausteine, Bussysteme (interne Datenübertragung) etc. auf einer Ebene, die noch ganz unabhängig von bestimmten Hardwareprodukten und elektronischen Standards ist. Ebenso wird die ➨ Schnittstelle vom Rechner zur „Außenwelt" spezifiziert, wobei diese sowohl benutzer- (z.B. Eingabe-/Ausgabegeräte) als auch systemorientiert (z.B. Speicher, Netzwerkverbindung) sein kann. Die grundlegende Architektur von Rechnern unterteilt sich in zwei Bereiche: Die Organisation der Hardware (HSA – Hardware System Architecture), welche Angaben über die ➨ Zentrale Recheneinheit (CPU, Central Processing Unit) oder das Speichermanagement enthält, und die so genannte Befehlssatzstruktur (ISA – Instruction Set Architecture), welche grundlegende Anweisungen spezifiziert, die der entsprechende Rechner ausführen können soll. Diese entsprechen keineswegs den Befehlen höherer Programmiersprachen wie z.B. C oder ➨ Java, sondern sind ganz „primitive" Anweisungen auf Hardwareebene, welche von Betriebssystemen und Systemprogrammierern angewandt werden, damit ein Rechner überhaupt durch Anwender oder andere Softwaresysteme genutzt werden kann. Die Trennung dieser zwei Bereiche gibt der Rechnerarchitektur eine sehr wichtige und notwendige Flexibilität: So können z.B. unter dem gleichen Befehlssatz zum Teil grundverschiedene Hardwaresysteme gebaut werden. Nur so ist es möglich, dass ein und dieselbe Software, allen voran die komplexen Betriebssysteme, sowohl auf Hardwaresystemen verschiedener Hersteller als auch auf immer wieder neu entwickelten und leistungsstärker werdenden Prozessoren ablaufen können. Da zusätzlich die ➨ Anwendungssoftware in der Regel betriebssystemabhängig erstellt wird, wäre eine Neuerstellung von Betriebssystemen bei Neuentwicklungen oder gar nur Verbesserungen von Prozessoren schlicht undenkbar. Die am weitesten verbreitete und wohl bekannteste Rechnerarchitektur wurde von John von Neumann aufgestellt (➨ Von-Neumann-Architektur). Die so genannten Nicht-von-Neumann-Rechner basieren auf diversen anderen Überlegungen, wie Rechnerkomponenten zusammengesetzt und zugehörige Befehlssätze effizient ausgeführt werden könnten. Dabei wird nach Art ihrer Befehlsausführung unterschieden, ob zu einem Zeitpunkt ein oder mehrere Befehle (single/multiple instruction, SIMD) abgearbeitet werden und ob Befehle auf den gleichen oder auf unterschiedlichen Daten (single/multiple data) angewendet werden können. SIMD-Rechner führen identische Befehle zu einem Zeitpunkt gleich auf mehreren Datenströmen aus. Diese Architektur wurde bei den so genannten Feld- und Vektorrechnern angewandt, welche als Höchstleistungsrechner (supercomputer) nur in geringer Stückzahl gebaut wurden.

**Rechnergestützte Gruppenarbeit**
*engl.: Computer Supported Cooperative Work (CSCW); computer aided team*
Rechnergestützte Gruppenarbeit steht für Systeme der Bürokommunikation, bei denen Informationsversorgung und Kommunikation innerhalb von

Arbeitsgruppen gefördert wird. Mit der zunehmenden Bedeutung von Teams in Unternehmen steigt auch die Notwendigkeit zur Unterstützung kooperativer Arbeitsabläufe. Zu diesem Zweck werden vor allem Workflow-Management-Systeme eingesetzt, die eine Automatisierung der Vorgangsbearbeitung und damit eine Verkürzung der Arbeitsabläufe ermöglichen. Unterscheiden kann man dabei: zur gleichen Zeit am gleichen Ort (z.B. Protokollierungssysteme), zur gleichen Zeit an verschiedenen Orten (z.B. Internet Relay Chat oder Videokonferenzsysteme), zu unterschiedlicher Zeit am gleichen oder anderen Ort (z.B. e-Mail oder Bulletin Board Systeme/Newsgroups). In der Informatik befasst sich CSCW mit der Entwicklung von Computersystemen zur Unterstützung dieser Formen der Zusammenarbeit. Gerade bei Formen der Zusammenarbeit an unterschiedlichen Orten spielt das → Internet eine große Rolle. Ziel aller Bemühungen im Gebiet CSCW ist es, unter Verwendung aller zur Verfügung stehenden Mittel der Informations- und Kommunikationstechnologie Gruppenprozesse zu untersuchen und dabei die Effektivität und Effizienz der → Gruppenarbeit zu erhöhen. (siehe auch → Workgroup Computing, → Groupware)

**Rechnernetzwerk**
*engl.: computer network*
Netzwerksystem, welches einzelne Rechner miteinander verbindet. Eine Verbindung bedeutet, dass zwei Rechner (innerhalb von Netzwerken auch als → Host bezeichnet) miteinander kommunizieren, d.h. Daten austauschen können. Dies geschieht in erster Linie über feste Leitungen im Sinne von Netzwerk- bzw. Telefonkabel, es kommen aber immer mehr kabellose Funksysteme, sowohl bei kürzeren (WLAN – Wireless LAN) als auch bei längeren Distanzen (Satellitenverbindung), zum Einsatz. Die Kommunikation selbst wird über diverse Arten von Protokollen gesteuert. Handelt es sich bei dem Rechnernetzwerk um ein lokales Netzwerk, welches sich meist innerhalb eines Gebäudes befindet und einer lokalen Verwaltung (Administration) unterliegt, so spricht man von einem LAN (→ Lokales Netz). Als ein WAN (Wide Area Network) wird hingegen ein weitreichendes größeres Netzwerk bezeichnet, welches über grosse Distanzen (national/international) sowohl einzelne Rechner als auch kleinere lokale Rechnernetze (LAN) miteinander verbindet und in der Regel einer dezentralen Verwaltung unterliegt. (→ TCP/IP)

**Redaktionssystem**
*engl.: publishing system*
Redaktionssysteme sind Software-Systeme, die ursprünglich für die Redaktionen im Print-Bereich entwickelt wurden. Die Kernfunktion ist Workflow. Die Grenzen zur → Inhaltsverwaltung durch Content Management Systeme (CMS) ist fließend.

**Redundanz**
*engl.: redundance*
Unter Redundanz (von lateinisch redundantia = Überfülle) versteht man in einer Nachricht überflüssige Zeichen, die keine zusätzliche Information liefern, sondern nur die Grundaussage stützen. Die gesprochene Sprache benutzt zur stärkeren Absicherung ihrer Aussagen mehr Redundanz als z.B. die Formelsprache. Bei Datenbanken werden als redundant mehrfach vorhandene Informationen bezeichnet. Redundanz kann sowohl gewollt als auch ungewollt sein. Bei Datensicherungen ist Redundanz aufgrund der höheren Zuverlässigkeit und Sicherheit erwünscht.

**Referatedienst**
*engl.: abstracting service*
Referatedienste oder -blätter sind Informationsmittel, die Dokumente inhaltlich durch das → Kurzreferat und weitere Mittel der inhaltlichen Erschließung wie → Register erschließen. Im Unterschied zu Bibliographien weisen sie auch unselbständige Veröffentlichungen (z.B. Aufsätze aus Sammelbänden) nach. Ihre Hauptfunktion besteht darin, einschlägige Primärpublikationen zum Thema des Lesers nachzuweisen, um die Entscheidung zu erleichtern, ob sich die Beschaffung des Originaldokumentes lohnt. Darüber hinaus dienen sie der oft wichtigen Frage, ob ein Sachverhalt bereits von einem anderen Autor behandelt wurde. Die Frage der Priorität ist etwa bei Patenten oder chemischen Verbindungen von herausragender Bedeutung – und zwar weltweit und so aktuell wie möglich. Deswegen gehören die → Chemical Abstracts für die Chemie oder der World Patent Index (→ Patentdatenbank, WPI) zu den umfangreichsten und aktuellsten Nachweisdiensten (heute natürlich online). – Referateblätter verfügen über eine sehr lange Tradition: Bereits zu Anfang des 19. Jahrhunderts erschienen in vielen Wissenschaftsbereichen Referateblätter wie z.B. das „Summarium des Neuesten aus der gesammten Medicin“ oder das „Pharmaceutische Centralblatt“ (das als Chemisches Zentralblatt bis 1970 existierte).

## Referenzdatenbank
*engl.: reference database*
Referenzdatenbanken (auch Bibliographische → Datenbank) verzeichnen Fachliteratur (z. B. Monographien, Zeitschriftenaufsätze, Reports, Konferenzbeiträge, Dissertationen) zu einem Wissensgebiet. Dabei werden im Gegensatz zur → Faktendatenbank und → Volltextdatenbank nur die Sekundärinformationen über die Originaldokumente angegeben: → Metadaten wie Autor, Titel, Quelle usw. sowie Angaben aus der → Inhaltserschließung (z.B. → Deskriptor, → Notation einer → Klassifikation, Zusammenfassung des Inhalts mit Hilfe von → Annotation oder → Kurzreferat). Nach der Recherche in einer bibliographischen Datenbank folgt die Beschaffung der Originalveröffentlichungen anhand der Hinweise aus der Datenbank. Viele Hosts bieten heute die Möglichkeit des Online-Orderings, bei der die ermittelte Literatur direkt bei einer Bibliothek bestellt werden kann. Die Referenzdatenbank tritt beispielsweise auf als Bibliographische Datenbank, Firmen-Datenbank oder Experten-Datenbank.

## Regeln für die alphabetische Katalogisierung
→ RAK

## Register
*engl.: index*
Ein Register besteht aus geordneten Bezeichnungen, die formale oder inhaltliche Eigenschaften einer bestimmten Menge von Dokumenten, deren Teilen, Gegenständen oder anderen Sachverhalten beschreiben und Hinweise zur Identifizierung des Beschriebenen geben. Die gebräuchlichsten Register sind Sachregister, Autorenregister, Ortsregister oder Institutionenregister. Aufgebaut sind Register aus dem Registereingang, der zur Einordnung in das Register dient (meist die Bezeichnung) und der Registerinformation, der zur Identifizierung dient (also z.B. die Seitenzahl in einem Buchregister). Klassische Aufbereitungsformen sind → KWAC-Register, → KWIC-Register und → KWOC-Register. Im Kontext von Online-Datenbanken wird die chronologische oder alphabetische Auflistung der Suchwörter mit der Angabe ihrer Worthäufigkeit als Index bezeichnet. Geläufige Indexe sind z.B. Autoren-, Deskriptoren-, Sprachen- oder Quellen-Index.

## Relation
*engl.: relation*
Eine Relation im allgemeinen Sinne ist das Verhältnis zwischen zwei Elementen eines Gegenstandsbereiches (z.B. Gegenstände, Begriff oder Klasse); sie kann eine Inhaltsdefinition durch Angabe der Merkmale (intensional) oder eine Umfangsdefinition durch Festlegung der Menge der Paare, für die die Relation gilt, sein (extensional). Für eine → Dokumentationssprache sind vor allem die → Äquivalenzrelation, die → Assoziationsrelation sowie die → Hierarchische Relation von Bedeutung (siehe auch → Begriffliche Kontrolle). In → Beschreibungslogiken spielt die Festlegung von Relationen zwischen Begriffen eine zentrale Rolle. – Im weiteren Sinne ist eine Relation ein mathematisches Konzept, das im relationalen Modell zur Repräsentation von Daten und ihren Beziehungen verwendet wird. Eine Relation ist eine Menge von Tupeln (Attributwert-Mengen), deren Werte jeweils aus vorgegebenen Wertemengen stammen. Formal ist eine Relation eine Teilmenge (tatsächlich vorkommende Wertausprägungen) des Kreuzproduktes der Attribut-Wertemengen (Potenzmenge). Anschaulich ist eine Relation eine Tabelle, die aus Zeilen (Tupeln) mit bestimmten Spalteninhalten (Attributwerten) besteht.

## Relationales Datenmodell
→ Datenmodell

## Relevanz
*engl.: relevance*
Ein Großteil der Bewertungsmaße bei der → Effektivitätsmessung von Retrievalsystemen basiert auf der Differenzierung der Ergebnisdokumente in relevant und nicht-relevant. Häufig ist es jedoch gerade die Relevanzbestimmung, welche Kritik an der Retrievalmessung hervorruft. Es wird ein Widerspruch zwischen der statistisch-quantitativen Anwendung von Maßen und ihrer relativ unscharfen, nur schwer in quantitativen Kategorien fassbaren Basis der Relevanzbewertung gesehen. Das traditionelle Verständnis des Relevanzbegriffs geht von einer Relation zwischen einer bestimmten Anfrage und den Ergebnisdokumenten aus. Die Forderung nach objektiver Relevanzbestimmung durch einen unabhängigen Juror wurde durch eine intensive Analyse der Relevanzurteile und der Umstände ihrer Abgabe sowie durch die subjektive Relevanz durch verschiedene Benutzerbedürfnisse und Relevanzvorstellungen relativiert. Man begegnet dieser Problematik durch den Einsatz komparativer Evaluierungsverfahren, welche die beteiligten Retrievalsysteme gleich behandeln, so dass die Ergebnisse im Vergleich ihre Gültigkeit bewahren, jedoch nicht als Einzelbewertung pro System

valide sind. (siehe auch ➔ Relevanzrückkopplung sowie ➔ Genauigkeit, ➔ Vollständigkeit und ➔ Signifikanz)

**Relevanzrückkopplung**
*engl.: relevance feedback*
Relevanzrückkopplung beim ➔ Retrieval besteht darin, dass dem Benutzer einige Antwortdokumente zu einer initialen Suchfrage gezeigt werden, die er bezüglich ihrer ➔ Relevanz beurteilen soll. Aus diesen Urteilen kann dann eine modifizierte Suchfrage berechnet werden, die in der Regel zu besseren Antworten führt. (siehe auch ➔ Genauigkeit, ➔ Vollständigkeit und ➔ Signifikanz)

**Répertoire Bibliographique Universel**
➔ RBU

**Repositorium**
➔ Open Archives Initiative

**Resource Description Framework**
➔ RDF

**Retrieval**
*engl.: retrieval*
Retrieval (auch Recherche oder Information Retrieval genannt) bezeichnet den Arbeitsvorgang des gezielten Suchens bzw. Wiederfindens von relevanten Daten und Fakten zu einer speziellen Fragestellung in gedruckten oder elektronischen Informationsmitteln. Im heutigen Sprachgebrauch wird Recherche häufig mit dem Online-Retrieval gleichgesetzt. Bei der Online-Recherche werden Suchanfragen mit Hilfe der Retrievalsprache unter Verwendung von Operatoren formuliert und von einem Rechner im Direktzugriff auf eine ➔ Datenbank durchgeführt. Retrieval beschäftigt sich mit der Suche nach Informationen und mit der Repräsentation, Speicherung und Organisation von Wissen. Information Retrieval modelliert Informationsprozesse, in denen Benutzer aus einer großen Menge von Wissen die für ihre Problemstellung relevante Teilmenge suchen. Dabei entsteht Information, die im Gegensatz zum gespeicherten Wissen problembezogen und an den Kontext angepasst ist. (siehe auch ➔ Information-Retrieval-Modell)
– In der Psychologie bedeutet Retrieval (Abruf) den Zugang zu der zuvor gespeicherten Information im ➔ Gedächtnis (Erinnerung).

**Retrievaltest**
*engl.: retrieval test*
Retrievaltests dienen der ➔ Effektivitätsmessung von Retrievalsystemen und verfolgen das generelle Ziel, die reale Situation und die Wirkungsweise von Retrievalsystemen möglichst genau abzubilden. Bei der Durchführungsmethodik und Architektur von derartigen Tests konkurrieren zwei Positionen, die in unterschiedliche Verfahrensweisen münden: das Experiment und die Untersuchung. Während Experimente unter Laborbedingungen einer strengen Kontrolle im Hinblick auf die einflussnehmenden Variablen unterliegen, legen Untersuchungen den Schwerpunkt auf möglichst große Realitätsnähe in allen den Testaufbau betreffenden Faktoren, z.B. „echte" Benutzer, realistische Größenverhältnisse bei der ➔ Testkollektion, „natürliche" Formulierung der Aufgabenstellung.

**RISC**
➔ Prozessor

**Roboterbasiertes Verfahren**
*engl.: robot; bot; crawler; spider; wanderer; worm*
Ein im ➔ WWW einzigartiges Verfahren zur automatischen Dokumentbeschaffung: Eine HTML-Seite wird geladen und auf Hyperlinks durchsucht. Danach werden alle von dieser Seite aus referenzierten Web-Dokumente geladen und wieder das gleiche Prinzip angewendet. Da dieses rekursive Verfahren automatisierbar ist, wird auch von einem maschinellen bzw. roboterbasierten Verfahren gesprochen. Die entsprechenden Programme selbst werden neben Roboter auch als Crawler, Spider, Wanderer oder Worm bezeichnet, wobei die Unterschiede nur geringfügig sind. Roboter bilden die Grundlage beim automatischen Indexaufbau bei einer ➔ Suchmaschine.

**Rollenindikator**
*engl.: role indicator*
Bei der so genannten strukturierten ➔ Indexierung werden Rollenindikatoren als Qualifikatoren eingesetzt, um Funktionen von zwei oder mehreren Index-Termini zu spezifizieren.

**ROM**
*engl.: Read Only Memory*
Die Bezeichnung geht aus einem Speicher in Form eines Halbleiters (Computerchip) hervor, der während der Herstellung mit Daten und Programmen beschrieben wird und danach nicht mehr veränderbar ist (Read Only Memory bzw. Factory Read Only Memory – FROM). Dabei werden die gespeicherten Informationen auch ohne Strom/Spannung beibehalten. Bei dem Programmable ROM (PROM) können Anwender den Speicher selbst mit Hilfe eines speziellen Programmiergerätes einmalig beschreiben. Es folgten weitere Formen die-

ser Speicherform, deren Inhalte auch gelöscht bzw. wiederbeschrieben werden konnten: Erasable PROM (EPROM), bei dem Inhalte mit ultraviolettem Licht gelöscht und ebenfalls mit einem speziellen Programmiergerät beschrieben werden, wozu der Chip allerdings aus dem Computer herausgenommen werden muss. Der Electrical EPROM (EEPROM) lässt sich, wie der Name schon sagt, mit elektrischen Impulsen sowohl löschen als auch beschreiben und kann im Anwendungsgerät (Computer, Digitalkamera etc.) belassen werden. Bekannter ist der EEPROM unter dem Namen Flash-Speicher. (→ Speicher, → Hardware, → RAM).

## Rundfunkarchiv
*engl.: broadcast archive*
Die Vielfalt der zu behandelnden Medien – Film, Ton, Schrift, Bild – kennzeichnet die Dokumentation in den Rundfunkanstalten. Hier verschmelzen die ansonsten getrennten klassischen Berufsbilder der archivarischen, dokumentarischen und bibliothekarischen Tätigkeiten zu einem eigenen Profil und erfordern neuartige Ausbildungsgänge. Die Hauptaufgabe der Rundfunkarchive ist die Bereitstellung von Materialien und Informationen für die Produktion von Hörfunk- und Fernsehsendungen, Nutzer sind also vor allem die programmgestaltenden Journalisten. Ein weiteres Merkmal ist der schnelle Zugriff auf das Material und die rasche Aufbereitung, denn oft liegen zwischen Anfrage und Sendung nur Stunden. Fernsehjournalisten arbeiten vorrangig mit dem → Fernseharchiv, Hörfunkjournalisten mit dem Hörfunkarchiv, beide mit → Pressearchiv und → Bibliothek. Weitere Aufgaben sind die Zusammenarbeit mit den Bereichen Lizenzen und Honorare sowie Programmaustausch. Übergeordnetes Kriterium der Dokumentation als auch der Selektion (Kassation) ist die Wiederverwertung im Programm. Außerdem folgen die Rundfunkanstalten dem Auftrag, ihre Produktionen als kulturelles Erbe zu bewahren.

# S

**Schallarchiv**
*engl.: music archive*
Das Schallarchiv (Teilbereich von ➜ Rundfunkarchiv, auch Musikarchiv genannt) dient der Archivierung von Tonträgern und wurde zunächst von den Musikredaktionen selbst, später mit der Zunahme der Tonträger (Schallplatten) von eigenständigen Organisationseinheiten durchgeführt. Während früher Verzeichnisse des Handels sowie Lieferkataloge der Musikindustrie wichtige Arbeitsmittel waren, wurden mit der Einführung elektronischer Systeme einheitliche Regelwerke entwickelt. Seit 1975 ist im öffentlich-rechtlichen Hörfunk das „Regelwerk Hörfunk Musik" in Kraft, das Richtlinien für die Erschließung, Formal- und Inhaltsbeschreibung enthält. Der Datenaustausch mit dem Deutschen Rundfunkarchiv (DRA) erfolgt ebenfalls auf der Basis dieses Werkes. Der Südwestfunk begann in den 1970er Jahren mit dem Datenbanksystem MUSIS (Musik-Informations-System), das inzwischen in MUSAD aufgegangen ist. Andere Rundfunkanstalten haben eigene System, z.B. der Westdeutsche Rundfunk „Archimedes Audio", der Hessische Rundfunk „ZUN".

**Schichtenmodell**
➜ OSI-Schichtenmodell

**Schlagwort**
*engl.: subject heading*
Ein Schlagwort ist eine Benennung, die einer dokumentarischen Bezugseinheit bei der Inhaltskennzeichnung zugeordnet wird. Dabei unterscheidet man das gebundene Schlagwort, das einer verbindlichen Liste entstammt, von einem freien Schlagwort. Unter einer Vorzugsbenennung in einem ➜ Thesaurus versteht man eine Benennung, die aus einer Äquivalenzklasse von Benennungen diejenige ist, deren Verwendung empfohlen oder vorgeschrieben wird. (➜ Deskriptor)

**Schlitzlochkarte**
➜ Handlochkarte

**Schnittstelle**
*engl.: interface*
Schnittstellen dienen der Abgrenzung von technischen Funktionen oder von Verwaltungszuständigkeiten bei Geräten, Anlagen oder Leitungsnetzen sowie bei ➜ Software. Bei der Datenübertragung ist es die Übergabestelle zwischen Datenendeinrichtung und Datenübertragungseinrichtung. Sie umfasst die Gesamtheit der Festlegungen der physikalischen Eigenschaften der Schnittstellenleitungen, der Bedeutung der auf den Schnittstellenleitungen ausgetauschten Signale und der gegenseitigen Abhängigkeiten der ausgetauschten Signale. Die Grundlage bilden die ITU-T-Empfehlungen der V-Serie für die analoge Datenübertragung über Telefonnetze und der X-Serie für die digitale Datenübertragung in Datennetzen. (➜ ITU)

**Schriftgutverwaltung**
*engl.: records management*
Records Management, verstanden als Kernelement des betrieblichen Informationsmanagements, stellt sicher, dass die aus den Geschäftsprozessen generierten Informationsinhalte in bestimmten reproduzierbaren Aufzeichnungsformen (Papierdokument, elektronisches Dokument) die Nachvollziehbarkeit des Geschäftshandelns garantieren. Schriftgutverwaltung beinhaltet – da „organisch" mit den Prozessen verknüpft – wesentlich mehr als ➜ Dokumentenmanagement, da es über das reine Verwalten hinaus, die Bearbeitung und Steuerung von Geschäftsunterlagen in ihrem Lebenszyklus umfasst.

**Schrifttums-Auskunftsstelle**
Schrifttums-Auskunftsstelle ist die Bezeichnung für Funktionseinheiten bzw. Organisationsformen (Stellen, Abteilungen etc.), in denen Dokumentation betrieben wurde. Die Bezeichnung war überwiegend bis zum 2. Weltkrieg gebräuchlich.

**Schwarz-Loch-Entropie**
*engl.: black hole entropy*
Grundgröße der Thermodynamik schwarzer Löcher, die mit der Fläche des Ereignishorizonts eines schwarzen Lochs zusammenhängt. Der Gesamt-Informationsgehalt des Universums lässt sich demnach auf etwa 10 hoch 120 Bits abschätzen. (siehe auch ➜ Entropie)

**Scope note**
Die Scope note ist eine Erläuterungskategorie mit Hinweisen zum spezifischen Gebrauch eines Deskriptors in einem ➜ Thesaurus; hier werden Hinweise zum spezifischen Gebrauch eines Deskriptors festgehalten entsprechend der durch ➜ Begriffliche Kontrolle festgelegten Abweichungen, Einschränkungen oder Ausweitungen im Vergleich zum Sprachgebrauch in der natürlichen Sprache. Während die Definitionen oder Festlegungen in der

Scope note immer nur für den jeweiligen Thesaurus Gültigkeit haben, werden mitunter in einer zusätzlichen Kategorie – der Definitionskategorie – Begriffsdefinitionen angegeben, die für das Fachgebiet allgemeine Verbindlichkeit haben (etwa aus Terminologienormen, Lexika, Handbüchern).

### SDI
*engl.: Selective Dissemination of Information*
SDI-Dienste dienen der → Informationsdienstleistung durch gezielte Verbreitung von dokumentarischen Daten nach vorgegebenen Benutzerprofilen. Diese Dienste werden meist von den Datenbank-Produzenten erstellt, indem regelmäßig themenbezogene Auszüge zusammengestellt und als Druckerzeugnisse oder online an den Kunden weitergegeben werden. Man unterscheidet individuelle Profildienste und Standardprofildienste; letztere werden z.B. von → Chemical Abstracts zu mehr als zweihundert Themen oder vom FIZ Technik zu rund 150 Sachgebieten angeboten. Die individuellen Profile werden auf die Bedürfnisse einzelner Kunden zugeschnitten; der Kunde erhält beim Aktualisieren der Datenbank jeweils die Neuzugänge, die mit seiner Suchfrage abgeglichen worden sind.

### Sekundärdokument
→ Dokument

### Selbstwirksamkeit
*engl.: self-efficacy*
Selbstwirksamkeit ist der Glaube an die eigene Fähigkeit, die Aktionen organisieren und vornehmen zu können, die notwendig sind, um die erwarteten Lösungen zu erreichen. Der Begriff stammt aus der Sozialpsychologie von Bandura, der auch eine schöne Webseite zur Erläuterung des begrifflichen Umfeldes anbietet (http://www.emory.edu/EDUCATION/mfp/ effpage.html).

### Semantic Web Services
Semantic Web Services gehen über die Funktionalität von → Web Services hinaus, indem sie nach inhaltlichen Kriterien aufgefunden und zu neuen Services zusammengesetzt werden können, ohne dass ein menschlicher Programmierer involviert ist. Das Auffinden von Semantic Web Services basiert auf → Metadaten, die beschreiben, was der Service anbietet, wie er funktioniert und wie er implementiert ist. Anhand einer formalen Beschreibung der intendierten Funktionalität lässt sich ein neuer Web Service mittels zielbasiertem Schließen aus schon bestehenden Web Services zusammensetzen. (siehe auch → Semantisches Netz)

### Semantik
*engl.: semantic*
Semantik als Teil der Sprachwissenschaft beschäftigt sich damit, unter welchen Bedingungen eine sprachliche Struktur eine Bedeutung hat. Unter den Bereich der (Sprach-)Semantik fallen die Erstellung und Anwendung eines → Thesaurus. Thesauri werden auch wegen der Formalisierbarkeit in Form von Ontologien (→ Ontologiesprache) gestaltet. Die Problematik der semantischen Mehrdeutigkeit (→ Polysem, → Homonym), die in natürlichsprachigen Systemen und damit Texten gängig ist, und damit auch die Frage einer automatischen bedeutungsdifferenzierenden semantischen Textanalyse, ist allerdings bis heute nicht befriedigend gelöst.

### Semantische Heterogenität
→ Heterogenität

### Semantischer Kommentar
→ Mikrostruktur

### Semantisches Gedächtnis
→ Gedächtnis

### Semantisches Netz
*engl.: semantic web*
Die Semantic Web Initiative des → W3C hat sich zum Ziel gesetzt, „Beschreibungsstandards und Technologien zu entwickeln, mit denen im Web nicht nur die Suche nach Informationen und Dokumenten verbessert werden kann, sondern auch die automatische Verarbeitung von Daten und Wissen aus unterschiedlichen Quellen unterstützt wird. Dadurch sollen automatisierte Dienste in den unterschiedlichsten Bereichen wie digitale Bibliotheken angeboten werden können." Semantic Web ist eine Erweiterung des bestehenden Internets, in der jedes Dokument (bzw. jede Informationseinheit) um Meta-Informationen angereichert ist, die Angaben zum Inhalt des Dokuments und zu seinem Kontext machen, z.B. für welchen Zweck es von wem und wann erstellt wurde, worüber es handelt, bis hin zur expliziten Darstellung darin enthaltener Aussagen. Solche ergänzenden Angaben zu einem Dokument nennt man Annotation. Die Meta-Informationen liegen als → Metadaten in einem Format mit festgelegter → Syntax und → Semantik vor, so dass sie von rechnergestützten Informationssystemen automatisch verarbeitet werden können. Gemeinsam mit der Bereitstellung von Ontologien (→ Ontologie), die ebenfalls über das Internet zugreifbar sind, bilden diese Meta-In-

formationen die Basis für völlig neuartige Informationsdienste. Autonome Software-Agenten, so genannte → Semantic Web Services, stellen unter Verwendung der Meta-Informationen unterschiedlichste Dienste bereit, wie die Kombination von Informationen aus verschiedenen Wissensquellen, die Induktion neuen Wissens, die Suche weiterer Agenten, deren Dienste anschließend in Anspruch genommen werden, bis hin zur automatischen Aushandlung der Bedingungen, unter denen ein Agent seine Dienste einem anderen zur Verfügung stellt. (siehe auch → Digitale Bibliothek)

**Semiotik**
*engl.: semiotics*
Die Semiotik als Teil der Sprachwissenschaft behandelt die Eigenschaft von Zeichen bzw. Zeichensystemen. Gegenstand sind die Prozesse der Zeichen-Produktion, der Zeichen-Struktur und des Zeichen-Verstehens. In der Regel wird dem Zeichen eine strukturelle Komponente (Morphologie/Syntax, allgemein: das mit den Sinnesorganen Wahrnehmbare), eine Bedeutung (das Zeichen „steht" für ein Wissenssegment) und eine pragmatische Komponente (Handlungszweck) zugeordnet. Die Semiotik behandelt alle Arten von Zeichen in der verbalen und vor allem auch der nonverbalen Kommunikation. Beispiele sind die Verkehrszeichen oder die Ikons in den Statuszeilen der Informations- und Kommunikationssoftware. Alle Arten der Wahrnehmung, vermittelt über alle Sinnesorgane, können zum Objekt der semiotischen Betrachtung werden.

**Sensorisches Gedächtnis**
→ Gedächtnis

**SGML**
*engl.: Standard Generalized Markup Language*
SGML ist ein ISO-normierter Standard (ISO 8879:1986) für plattformunabhängige Auszeichnungssprachen. Er wird sehr häufig zur Definition branchenspezifischer Austauschformate herangezogen. Die → Auszeichnungssprache → XML wurde als vereinfachte Untermenge von SGML entwickelt.

**Shannon**
→ Informationstheorie

**Sicherungsschicht**
*engl.: data link layer; link layer*
Die Aufgabe der Sicherungsschicht als Schicht 2 im → OSI-Schichtenmodell ist das Erkennen und/oder Beheben von Übertragungsfehlern. Dazu wird eine gewisse → Redundanz in Form von Kontrollinformationen der zu übertragenden Daten in die Datenpakete eingefügt, mit deren Hilfe Bitfehler bis zu einer gewissen Anzahl korrigiert oder zumindest erkannt werden können. Weitere Aufgaben sind die Flusskontrolle sowie die Medienzugangskontrolle. Die zu übertragenden Daten werden in kleinere Datengruppen eingeteilt und über ein System von Sender-/Empfängerquittungen gesichert übertragen, d.h. es wird geprüft, ob das was abgeschickt wurde, auch beim Empfänger angekommen ist. Protokollbeispiele hierfür sind Ethernet, ISDN (Integrated Services Digital Network) und ADSL (Asynchronous Digital Subscriber Line).

**Sichtlochkarte**
→ Handlochkarte

**Signifikanz**
*engl.: significance*
Bei der → Effektivitätsmessung von Retrievalsystemen werden bei der Überprüfung der Signifikanz quantitative Kennwerte (z.B. Mittelwerte, Korrelationskoeffizienten) überprüft, um festzustellen, ob sich diese Kennwerte tatsächlich oder zufällig unterscheiden. Ein echter Unterschied liegt vor, wenn zwei Kennwerte aus zwei oder mehreren Stichproben so stark von einander abweichen, dass die Signifikanztests den Schwellenwert einer Testkennziffer überschreiten. Ansonsten kann der Zufall nicht ausgeschlossen werden. (siehe auch → Genauigkeit, → Vollständigkeit, → Relevanz)

**SINIX**
→ Betriebssystem

**Sitzungsschicht**
→ Kommunikationssteuerungsschicht

**SNOMED**
→ Systemised Nomenclature of Medicine

**Software**
*engl.: software*
Bezeichnung für alle immateriellen Teile, d.h. alle Arten von Programmen, einer Rechenanlage. Dabei wird zwischen → Anwendungssoftware (auch → Standardsoftware) und → Betriebssystem unterschieden. Schöpfer des Begriffs „Software" war der Mathematiker John Tukey von der Princeton University, einem der bedeutendsten Statistiker des 20. Jahrhunderts. Tukey hatte eine besondere Begabung zur Prägung von Begriffen: er schuf auch den Begriff „Bit".

## Software-Ergonomie
*engl.: human factors of software systems*
Menschen- versus Technikzentrierung ist die eigentliche Leitlinie, die das Aufkommen der Ergonomie als wissenschaftliche Disziplin bestimmte. Die industrielle Revolution hatte mit ihrem ökonomiefördernden Einsatz von Maschinen dazu geführt, dass Menschen nur noch Lücken füllten, die die technologischen Werkzeuge offen ließen. Die Maschinen standen im Vordergrund, der Arbeitnehmer hatte sich anzupassen. Die Folgen traten als gesundheitliche Schädigungen zutage. Deshalb begann man über Gestaltungsrichtlinien für die Bedienung der technischen Werkzeuge und den Ablauf der Arbeitsprozesse nachzudenken und sie zum Schutz der Menschen rechtsverbindlich festzulegen. Mit dem Aufkommen der Computer wurden diese Überlegungen auf die neuen Werkzeuge übertragen (Hardware-Ergonomie). Die klassische Software-Ergonomie (international human factors-Forschung) tat dann im Kern nichts anderes, als den Schutzgedanken vom Körper auf den Geist des Menschen, von den anthropometrischen und psychologischen Faktoren auf die menschliche Informationsverarbeitung auszudehnen. Arbeitswissenschaft, Psychologie und Informatik verbinden sich zu einem neuen Wissenschaftsfeld, das den Menschen zum Ausgangspunkt nimmt, nicht die Technik. Negative Auswirkungen wie unnötige geistige Belastungen, hoher Einarbeitungsaufwand, erzwungenes Arbeiten gegen die gewohnten und natürliche Arbeitsweisen, sinnlose Teilarbeiten als Anpassung an programmtechnische Effizienzüberlegungen, geistige Fließbandarbeit und Ähnliches sollen vermieden werden. Benutzerfreundlichkeit und Effizienz der Bedienung werden zu Kernbegriffen der Softwareergonomie (→ Gebrauchstauglichkeit). Nicht der Mensch soll sich an den Computer anpassen, sondern der Computer an die Bedürfnisse, Fähigkeiten und Eigenschaften des Menschen.

## Software-Roboter
*engl.: software robots; softbots; bots*
Softbots (oder auch kurz Bots) erbringen informationelle Serviceleistungen in elektronischen Räumen und sind damit mobilen Agenten vergleichbar. Bots sollen allerdings immer menschliche bzw. Avatar-Züge vorweisen (→ Avatare), sei es im Aussehen oder sei es in ihrem Verhalten bzw. ihren Leistungen. Bots sind nicht auf Informationsarbeit beschränkt, sondern zeichnen sich auch durch spielerische, emotionale, ästhetisierende, auf Unterhaltung und Kommunikation abzielende Eigenschaften aus.

## Sortimentsbuchhandel
→ Verbreitender Buchhandel

## Spam
Mit dem Begriff Spam bezeichnet man unerwünschte, massenweise verschickte E-Mail-Nachrichten und Newsgroup-Artikel (z.B. nicht ausdrücklich bestellte E-Mail-Werbung). Der Begriff Spam (engl. gebildet aus spiced ham, in Deutschland als Dosenfleisch oder Frühstücksfleisch bekannt) wurde aus einem Sketch der britischen Comedy-Gruppe Monty Python übernommen, in dem bei einem Restaurantbesuch zwei Gäste mit einem absurden Menüangebot konfrontiert werden, das überwiegend aus Gerichten mit Spam besteht. Die Gäste scheitern im Sketch letztlich bei ihrem verzweifelten Versuch, etwas ohne Spam zu bestellen – ähnlich wie die Internet-Nutzer daran scheitern, ihre E-Mail-Briefkästen von unerwünschter Werbung freizuhalten. Im Zusammenhang mit einer → Suchmaschine werden Web-Seiten, die mit diversen (Spam-)Techniken (z.B. häufige Wiederholung von „populären" Schlüsselbegriffen, die mit dem Inhalt selbst nichts zu tun haben) versuchen, lediglich die Position im → Ranking der Suchmaschinen zu verbessern, ebenfalls als Spam bezeichnet. Hinter solchen Spam-Seiten stehen meist Anbieter von fragwürdigen Inhalten.

## SPARC
*engl.: Scholarly Publishing & Academic Resources Coalition*
Bei der Scholarly Publishing & Academic Resources Coalition (SPARC) handelt es sich um eine Initiative der im amerikanischen Bibliotheksverband „Association of Research Libraries" (ARL) zusammengeschlossenen Bibliotheken und einzelner Wissenschaftler, die als Reaktion auf die so genannte Zeitschriftenkrise mit dem Ziel gegründet wurde, den Prozess wissenschaftlicher Kommunikation neu zu gestalten und neue Kooperationsformen zwischen Wissenschaftlern, Verlagen, Hochschulen und Bibliotheken zu entwickeln. Um dies auch auf europäischer Ebene realisieren zu können, wurde im Jahr 2002 SPARC Europe gegründet. Die Initiative hat drei Arbeitsschwerpunkte: SPARC – „Leading Edge Program": Entwicklung neuer Modelle wissenschaftlicher Publikation, neuer Technologien, neuer Geschäftsmodelle; SPARC „Scientific Communities": Unterstützung von Kooperationen zwischen Bibliotheken, Wissenschaftlern,

Fachgesellschaften und akademischen Institutionen, die zur Reformierung des wissenschaftlichen Publikationsprozesses beitragen; SPARC „Alternative Program". Im Rahmen des „Alternative Program" unterstützt SPARC die Produktion solcher Zeitschriften, die in direkter Konkurrenz zu hochpreisigen Fachzeitschriften großer kommerzieller Fachverlage herausgegeben werden. Mit der Publikationsalternative sollen die Wettbewerbsbedingungen auf dem Markt wissenschaftlicher Information wiederhergestellt werden und die Preissteigerung für die Fachzeitschriften dieser Verlage verlangsamt werden. SPARC koordiniert diesen Prozess und unterstützt die kooperierenden Partner durch eine offensive Informationspolitik.

**Speicher**
*engl.: storage*
Aufbewahrungsort für Daten und Programme innerhalb von Rechenanlagen. Je nach Zugriffshäufigkeit, Schnelligkeit und Kapazität werden diverse Speicherformen unterschieden: Arbeitsspeicher werden in Form von Speicherchips gefertigt (→ RAM, → ROM). Sie dienen dem schnellen sowie häufigen Zugriff durch den → Prozessor und enthalten die Daten und Programme, die aktuell verarbeitet werden. Externe Speicher wie Festplatte oder optische Speicher (→ CD-ROM) haben große bis sehr große Kapazitäten, jedoch einen langsameren Zugriff und dienen eher der längerfristigen Aufbewahrung.

**Speicherung**
*engl.: storage; storing*
Um Informationen gezielt suchen und finden zu können, müssen sie in irgendeiner Form gewonnen, aufbereitet, geordnet und gespeichert werden. Hierfür werden → Speicher, d.h. Datenträger benutzt, die eine befristete oder unbefristete Speicherung erlauben. Dazu zählen die auch heute noch bei manuellen Bibliothekskatalogen weit verbreitete → Kartei, die → Handlochkarte, die → Maschinenlochkarte und → Lochstreifen (nur noch von historischem Interesse) sowie die magnetischen, optischen und magneto-optischen Medien.
– In der Psychologie versteht man unter Speicherung die Aufbewahrung einer enkodierten Information über die Zeit.

**Spezialbibliothek**
*engl.: special library*
Die Spezialbibliothek ist eine in Inhalt, Medienform oder Zielgruppe spezialisierte Informationseinrichtung. Da es sich häufig um unternehmensinterne Informationseinrichtungen der Privatwirtschaft handelt, ist der Übergang zur → Dokumentation fließend. Berufsbild und Tätigkeitsfeld vom deutschen → Dokumentar oder → Informationswirt entspricht am ehesten dem eines „special librarian" im angloamerikanischen Bereich. Sie sind unmittelbarer in die Unternehmenspolitik der tragenden Organisation eingebunden als die → Öffentliche Bibliothek oder eine große → Wissenschaftliche Bibliothek, mit der Konsequenz, dass sie oftmals mehr als diese den Wert ihrer Informationsarbeit belegen müssen. Ein häufiges Charakteristikum von Spezialbibliotheken ist, dass sie nur von einer einzigen Fachkraft betreut werden und deshalb als „One Person Libraries" (→ OPL) bezeichnet werden können.

**Sprach-Benutzerschnittstelle**
*engl.: Speech-based User Interface (SUI)*
Die Usereingaben erfolgen durch natürliche Sprache über Mikrofon, was jedoch bislang nur eingeschränkt funktioniert.

**Sprachmodell**
*engl.: language model*
Mit der Hinwendung zu statistischen Modellen in der → Computerlinguistik sind zunehmend auch im Information → Retrieval so genannte Sprachmodelle populär geworden, nicht zuletzt aufgrund ihrer hervorragenden Retrievalqualität. Ein statistisches Sprachmodell als → Information-Retrieval-Modell ist eine Wahrscheinlichkeitsverteilung über die Terme des betrachteten Vokabulars. Man nimmt an, dass jedes Dokument durch ein dem jeweiligen Dokument zugrunde liegendes Sprachmodell erzeugt wird, wobei verschiedene Dokumente auch unterschiedliche Sprachmodelle haben. Berechnet wird die Wahrscheinlichkeit, dass eine Anfrage vom gleichen Sprachmodell erzeugt wurde, das auch dem Dokument zugrunde liegt. Das Hauptproblem besteht in der Bestimmung der Wahrscheinlichkeiten des Sprachmodells, für das nur spärliche Daten in Form eines einzelnen Dokuments zur Verfügung stehen. Um das Problem zu entschärfen, verwendet man eine Mischung aus den dokument- und den sammlungsspezifischen Häufigkeitsdaten. (siehe auch → Inverse Dokumenthäufigkeit)

**SQL**
*engl.: Structured Query Language*
Die Anfragesprache SQL ist im Vergleich zu den Vorgängerkonzepten leicht erlernbar und sehr mächtig. SQL bot erstmals als eine von bestimm-

ten Anwendungskontexten völlig unabhängige Sprache die Möglichkeit, Suchanfragen ad hoc zu formulieren. Anwender waren nicht gezwungen, alle gewünschten Suchanfragemöglichkeiten während der Datenbank-Entwicklungsphase endgültig festzulegen; statt dessen hatten sie die Chance, das Anwendungssystem im Gebrauch weiter zu entwickeln und auszubauen.

**Stand der Technik**
*engl.: state of the art*
Unter Stand der Technik versteht man ein entwickeltes Stadium der technischen Möglichkeiten in Bezug auf Produkte, Prozesse und Dienstleistungen, basierend auf den zu einem bestimmten Zeitpunkt bestehenden gesicherten Erkenntnissen aus Wissenschaft, Technik und Erfahrung. Der Stand der Technik wird in der → Normung aufgegriffen.

**Standard for Robot Exclusion**
Standard for Robot Exclusion ist eine spezielle Datei („robots.txt") auf einem Web-Server bzw. eine Angabe innerhalb eines HTML-Dokuments (über → Meta-Tag) mit Zugriffsinformationen für Roboter-Programme (→ Roboterbasiertes Verfahren). In der Datei bzw. über das spezielle Meta-Tag wird festgelegt, welche Dokumente bzw. Teile des Servers durch Roboter automatisch gelesen werden dürfen und welche nicht. Der Standard for Robot Exclusion ist jedoch kein technischer Zugriffsschutz, sondern erfordert eine Einhaltung auf freiwilliger Basis und wird in der Regel von Suchmaschinen-Betreibern (→ Suchmaschine) eingehalten.

**Standardisierung**
→ Normung

**Standardsoftware**
*engl.: standard software*
Weit verbreitete Anwendungen (→ Anwendungssoftware), die für den Massenmarkt entwickelt werden und sehr hohe Installationszahlen aufweisen wie z.B. → Microsoft Office bei Büroanwendungen oder SAP im betriebswirtschaftlichen Bereich. Häufig kann eine Standardsoftware mit Hilfe einer Programmierschnittstelle (kurz API – Application Programing Interface) dem individuellen Einsatzzweck angepasst werden (z.B. Makroprogramme, Datenbankzugriff).

**Stapelbetrieb**
*engl.: batch mode*
Unter Stapelbetrieb versteht man das sequentielle Abarbeiten von Einzelfunktionen; z.B. kann ein Programm erst dann bearbeitet werden, wenn das vorherige beendet ist. Der Batch-Betrieb ist nicht dialoggeführt, es müssen also vorher schon alle benötigten Daten und Parameter zur Verfügung stehen.

**Statistik**
*engl.: statistics*
Statistik ist eine angewandte Disziplin der Mathematik für die Analyse und Interpretation von Daten mit Mitteln der Wahrscheinlichkeitstheorie. Sie beschäftigt sich mit Versuchsplanung/Erhebungsvorbereitung (Erhebungskonzept, Fragebogenentwicklung, Stichprobenziehung), Datengewinnung/Erhebung (von Stichproben), Nutzung von Betriebsdaten, Aufbereitung (Datenprüfungen, Typisierungen/Merkmalszusammenfassungen), Auswertung (Tabellierung, Modellierung, Hoch- und Fehlerrechnung, Wahrscheinlichkeit, Fehler, Schätzen und Testen) sowie Ergebnispräsentation (Tabellen, Grafiken, Ergebnisinterpretation). Oft wird aber das → Retrieval eines ganzen Datenpakets gewünscht, das dann zu einer Statistik oder mehreren Statistiken zusammengefasst wird. Jede Statistik ist nur so gut wie die Dokumentation der ihr zu Grunde liegenden Beobachtungen.

**Statistische Datenbank**
*engl.: statistical database*
Statistische Datenbanken enthalten Zeitreihen, die den zeitlichen Verlauf bestimmter Beobachtungsgrößen wiedergeben, oder Querschnittdaten, die sich auf einen aktuellen Zeitpunkt oder einen aktuellen Zeitraum beziehen. Die besondere Bedeutung von Zeitreihendaten liegt in der Erkenntnis bestimmter Entwicklungen sowie der Prognose möglicher Weiterentwicklungen. Inhaltlich dominieren makro- und mikroökonomische Informationen. Die Daten sind in einer Form gespeichert und abfragbar, die für die direkte Weiterverarbeitung und für die tabellarische und graphische Präsentation der Daten besonders geeignet ist. Die fehlende vorgegebene Strukturierung der Daten in Datensätzen ermöglicht dem Rechercheur die freie Auswahl von Merkmalskombinationen im Rahmen der tatsächlich verfügbaren Daten.

**Steilkartei**
→ Kartei

**Stellungs-Operatoren**
→ Kontext-Operatoren

**Stereotyp**
*engl.: stereotype*
Stereotype sind – meist sozial geteilte – Meinungen, die sich auf die Eigenschaften einer Gruppe

von Menschen beziehen, die zu einer sozialen Kategorie zusammengefasst werden, z.B. Männer oder Frauen. (→ Stereotypenansatz)

**Stereotypenansatz**
*engl.: stereotype approach*
Methode der Annahmenbildung über Benutzer, bei der in einem ersten Schritt empirisch Untergruppen der Gesamtbenutzerpopulation identifiziert werden, die eine Reihe von homogenen Merkmalen aufweisen. Neue Benutzer werden auf Grund von Schlüsselmerkmalen einer oder mehreren dieser Untergruppen zugewiesen, und ihnen deren homogenen Merkmale zugesprochen, auch wenn diese bei den neuen Benutzern noch nicht beobachtet wurden. (→ Stereotyp)

**Steuerwerk**
→ Zentrale Recheneinheit

**Stichwort**
*engl.: catchword*
Ein Stichwort ist eine Benennung, die zum Zweck der Inhaltskennzeichnung nach dem Extraktionsprinzip aus dem Titel, dem Text oder auch dem → Kurzreferat zugeordnet wird. Während dies bei der manuellen Auswertung mit einer dokumentbezogenen Relevanzentscheidung gekoppelt ist, werden bei der Freitext-Methode alle im Text vorkommenden Wörter (eventuell gekoppelt mit einer Stoppwort-Liste) in ein → Register gestellt und damit als Suchtermini zugänglich gemacht.

**Strategisches Wissensmanagement**
*engl.: strategic knowledge management; knowledge-based view of the firm*
Strategisches → Wissensmanagement beschäftigt sich zunächst mit der Identifizierung erfolgskritischen Wissens, die so genannte → Kernkompetenz des Unternehmens (z.B. mittels SWOT- oder Portfolio-Analyse). Planerische Aufgabe des strategischen Wissensmanagements ist die Ableitung von Wissenszielen zur langfristigen Stärkung der Kernkompetenzen sowie die Entwicklung von Steuerungs- und Bewertungsinstrumenten.

**Strichcode**
*engl.: barcode*
1973 stellte IBM den ersten Barcode (UPC – Universal Product Code) für Kassensysteme vor mit gleichzeitiger Einführung eines entsprechenden elektronischen Kassensystems. Beides zusammen war der Beginn einer neuen Ära für den Alltag von Handel und Verbraucher. Bereits 1997 waren in Deutschland über 50.000 IBM-Kassensysteme installiert, 300.000 in Europa und weltweit etwa 1,5 Millionen. Auf der IBM-Erfindung des US-amerikanischen Barcodes UPC basieren heute weltweit alle Standard-Barcodes, darunter auch der in Deutschland gebräuchliche European Articel Number Code (EAN) von 1997. Nach dessen Definition erfolgte in raschen Schritten die Auszeichnung des deutschen Artikelsortiments mit dem 13-zeiligen Balkencode, und bei allen führenden Handelsunternehmen hielten Scannerkassen ihren Einzug. Der Handel war damit in der Lage, seine Warenbewegungen artikel- und tagesgenau zu erfassen und EDV-gestützt einen umfassenden Automatisierungsprozess seiner gesamten Warenwirtschaft einzuleiten.

**Strukturelle Heterogenität**
→ Heterogenität

**Strukturelle Indexierung**
→ Syntaktische Indexierung

**Studium Informationswissenschaft**
*engl.: studies in information science*
Informationswissenschaft als Haupt- oder Nebenfach im Magister- und Promotionsstudium wird in verschiedenen Kombinationen und Schwerpunkten angeboten. Im Einzelnen gibt es → Informationswissenschaft als Nebenfach im Bachelor- und Magisterstudium sowie Promotionsstudium (Uni Düsseldorf), Bachelorstudium Informationsmanagement/Informationstechnologie sowie Magisterstudium Internationales → Informationsmanagement (Uni Hildesheim), Bachelor- und Masterstudium Informationsmanagement (Uni Koblenz-Landau), Magisterstudium Informationsverarbeitung (Uni Köln), Magister- und Promotionsstudium Informationswissenschaft (Uni Regensburg sowie Uni des Saarlandes).

**Style Sheets**
Vom → W3C festgelegte Layoutvorlagen für Dokumente in → HTML oder → XML. Beispiele sind → Cascading Style Sheets oder → XSL.

**subito**
Der Dienst subito hat sich mit jährlich über einer Million Bestellungen zum bedeutendsten Dienst der → Dokumentlieferung im deutschsprachigen Raum entwickelt. Im Gegensatz zur → Fernleihe steht subito allerdings allen potenziellen Nutzergruppen offen – aus rechtlichen Gründen neuerdings mit Einschränkungen auch jenen des Auslands. Subito wurde damit auch zu einer Konkurrenz zu den Schnelllieferdiensten einzelner deut-

scher Sondersammelgebiets- und Spezialbibliotheken, die außerhalb der Fernleihe thematisch hochspezialisierte, dringende Dokumentlieferwünsche gegen zusätzliches Entgelt bedienten. Mittelfristig ist anzunehmen, dass diese Dienste mit subito verschmelzen werden.

**Suchdienst**
*engl.: search service*
Ein Suchdienst ermöglicht das Auffinden von Informationen im ➞ Internet und kann verschiedene Suchverfahren beinhalten. Lokale Suchverfahren ermöglichen dabei die Suche innerhalb eines (Web-)Servers oder angeschlossenen Datenbanken oder Anwendungen (➞ Lokale Suche). Ein redaktionell aufgebauter ➞ Web-Katalog/Verzeichnis ermöglicht die globale Suche über verschiedene thematisch geordnete Rubriken. Eine globale Suche auf Basis von Stichworten ermöglicht eine ➞ Suchmaschine oder ➞ Metasuchmaschine. Suchdienste werden im Sprachgebrauch häufig mit Suchmaschinen gleichgestellt. (➞ Paid Submission, ➞ Paid Inclusion, ➞ Paid Placement, ➞ Key Word Sponsoring)

**Sucheinstieg**
➞ Eintragung

**Suchmaschine**
*engl.: search engine*
Als Suchmaschinen werden diejenigen Webseiten oder Softwareprogramme bezeichnet, die eine große Zahl anderer Webseiten in regelmäßigen Abständen und nach bestimmten Regeln durchsuchen und deren Inhalte (vorwiegend die Texte, aber auch die Bilder u.a.) in Indexen abbilden und ablegen, um sie für inhaltsbezogene Suchen zugänglich zu machen. Suchmaschinen können sehr domänenspezifisch ausgelegt sein oder den Versuch machen, alle Informationen im ➞ Internet abzubilden. Durch spezifische Algorithmen bei der Indexerstellung wird die Reihenfolge der Dokumente bei der Ergebnispräsentation (➞ Ranking) beeinflusst. Als Metasuchmaschinen werden solche Suchmaschinen bezeichnet, die gleichzeitig mehrere andere Suchmaschinen abfragen und die Ergebnisse dieser Abfragen zu einem Ergebnis zusammenfassen.

**Suchverhalten**
*engl.: search behaviour*
Suchverhalten ist die tatsächliche Handhabung der Suche im Information ➞ Retrieval (einschließlich der Suche im ➞ Internet). Es umfasst die Formulierung der Suchbegriffe, die Verwendung logischer oder anderer Operatoren, die Verwendung entsprechender Suchmasken (einfache Suche, erweiterte Suche, Expertenmodus), die Zahl der Iterationen und Reformulierungen bei einer Suchanfrage, die Suchzeit und die für die Einsicht in die Ergebnismenge verwendete Zeit, die Art und die Schreibweise der Suchbegriffe.

**Surfmaschine**
*engl.: surf engine*
In Analogie zur ➞ Suchmaschine geprägter Ausdruck. Die Leistung von Surfmaschinen beruht nicht auf dem ➞ Matching-Paradigma, d.h. nicht auf dem Nachweis von Zielobjekten, die einer Frageformulierung ähnlich sind, sondern darauf, dass im Ausgang von einer Fundstelle (z.B. einer Web-Seite) weitere (zum Surfen) angeboten werden, zu denen früher schon andere Nutzer gesprungen sind.

**Swatch-Beat**
➞ Beat

**Symmetrische Verschlüsselung**
➞ Verschlüsselung

**Synonym**
➞ Äquivalenzrelation

**Synonymkontrolle**
➞ Terminologische Kontrolle

**Syntaktische Indexierung**
*engl.: syntactic indexing*
Syntaktische (oder strukturierte) ➞ Indexierung setzt die Index Terms mit Hilfe verschiedener Verfahren in eine Beziehung zueinander (Gegensatz: Gleichordnende Indexierung). Als strukturierte Indexierung der einfachsten Form kann ein Text verstanden werden, der im „Freitext" unter Verwendung von Kontextoperatoren recherchierbar ist: Jedes bedeutungstragende Wort ist ein suchbares ➞ Stichwort, und so besteht die Indexierung aus einer Folge (Sequenz) von Index Terms. Die Nachbarschaftsbeziehungen der einzelnen Wörter bleiben erhalten und können bei der Suche berücksichtigt werden. Eine andere Interpretation einer Reihung liegt vor, wenn Index Terms nach Wichtigkeit geordnet sind. Vor allem automatische Indexierungsverfahren ordnen Deskriptoren oft Gewichte zu, die eine weitere Differenzierung darstellen. Genauso wie man in der natürlichen Sprache über die Neubildung zusammengesetzter Wörter (➞ Präkombination) hinaus komplexe Begriffe als Nominalphrasen oder Teilsätze konstruieren kann, so können mehrere Index Terms durch syn-

taktische Mittel zu einer neuen Einheit zusammengesetzt werden, um den gemeinten →Begriff präziser zu benennen. Oder mittels so genannter Links (Verbindungsdeskriptor, → Kopplungsindikator) wird markiert, welche Index Terms inhaltlich zusammen gehören, wenn in einer → Dokumentationseinheit verschiedene getrennte Sachverhalte behandelt werden. Das (technische) Zusammenfassen und Abgrenzen verschiedener Teilmengen von Indexierungsergebnissen kann auf unterschiedliche Weise erfolgen: Durch separate Indexierungsfelder, durch andere Gliederungseinheiten des Retrievalsystems oder aber durch Nummern (Verbindungsdeskriptoren).

**Syntax**
*engl.: syntax; grammar*
Syntax als Teil der Sprachwissenschaft beschäftigt sich damit, wie die sprachliche Struktur beschaffen ist. In Dokumentationssprachen wird unter Syntax die Menge der Regeln verstanden, wie die Elemente der →Dokumentationssprache miteinander kombiniert werden können.

**Syntaxanalyse**
*engl.: parsing*
Bei der automatischen →Indexierung dient die Syntaxanalyse der Grundformenreduktion sowie der Identifizierung von Homographen (→Automatische Indexierung). Ehrgeizigere Ansätze versuchen zudem komplette syntaktische Strukturen zu erschließen. Dabei wird versucht, über die Wortebene hinaus, Einheiten der Sprache zu identifizieren, die aus mehreren Elementen (z.B. Phrasen, Mehrwortgruppen) bestehen. Bei der Analyse werden beispielsweise folgende oberflächensyntaktische Strukturen erkannt, um Nominalgruppen als Indexterme zu gewinnen: Adjektivattribut – Substantiv, Substantiv – Genitivattribut oder Substantiv – Präpositionalattribut.

**Systemised Nomenclature of Medicine**
Das Ordnungssystem SNOMED (Systemised Nomenclature of Medicine) wird vom College of American Pathologists herausgegeben und ist wie das → TNM-System eine → Facettenklassifikation. Es hat die 7 Facetten Lokalisation (T = topgraphy), Morphologie (M), Ursache (E = Exposure), Funktion (F), Krankheitsgeschehen (D = Diagnose), Prozedur (P) und Beruf (J = Job). Im Gegensatz zum TNM-System ist SNOMED extrem umfangreich, detailliert und schwierig zu benutzen. Es hat schöne theoretische Eigenschaften, wird aber praktisch nicht benutzt.

**Systemsoftware**
→ Betriebssystem

**Szientometrie**
*engl.: scientometrics*
Die Szientometrie befasst sich mit der Anwendung von quantitativen Methoden bei der Untersuchung der Wissenschaft. Sie ist ein Teilgebiet der „Wissenschaftswissenschaft". Eng mit diesem Begriff hängen die beiden Termini → Bibliometrie und → Informetrie zusammen. Während das Untersuchungsobjekt der Szientometrie die Wissenschaft ist, beschäftigen sich die Bibliometrie mit Phänomenen im Bereich des Bibliothekswesens und die Informetrie mit Sachverhalten des Informationswesens. Dass die Grenzen zwischen diesen Anwendungsgebieten fließend sind, kommt auch dadurch zum Ausdruck, dass die drei Begriffe oft synonym verwendet werden. Vor allem im angloamerikanischen Raum ist die Bezeichnung „bibliometrics" üblich. Bei einer szientometrischen (bibliometrischen, informetrischen) Analyse versucht man, mittels Indikatoren Aussagen zu gewinnen. Beispielsweise schließt man von der Zitierhäufigkeit auf den wissenschaftlichen Einfluss (Impact) eines Autors oder von der → Halbwertszeit auf die Veralterung des Wissens in einer Disziplin. Als Quelle für szientometrische Studien dienen unter anderem Bibliographien, Zitierindizes und verschiedene Verzeichnisse. In der Regel liegen diese Daten elektronisch in Datenbanken vor, meist werden die → Zitierungsregister des „Institute for Scientific Information" (→ ISI) verwendet. Konkrete Anwendungsgebiete sind: Auswahl und Beurteilung von Buch- und Zeitschriftenbeständen; Ermittlung unterschiedlicher Charakteristika der Literatur (Wachstum, Halbwertszeit, länderweise Vergleiche); Forschungsevaluierung; wissenschaftshistorische und -soziologische Anwendungen.

# T

**TCP/IP**
*engl.: Transmission Control Protocol/Internet Protocol*
Das → OSI-Schichtenmodell definiert nur die Funktionalität der Datenübertragung und ist völlig unabhängig von konkreten Protokollen und Technologien. Damit jedoch alle Rechner, die über → Internet verbunden sind, miteinander kommunizieren können, ist eine „gemeinsame Sprache" in den Protokollschichten Transport und Vermittlung unabdingbar. Während der frühen Internetentwicklung einigte man sich diesbezüglich auf das Protokoll TCP/IP. Die Entwicklung lokaler Netzwerke (LAN) benutzte lange Zeit diverse unterschiedliche → Protokolle, die zum Teil nicht mit TCP/IP kompatibel waren (nur Unix-Systeme verwenden i.d.R. ausschließlich TCP/IP). Erst seit dem Internetboom Anfang der 90er Jahre wurde auch bei den kleineren Netzwerktechnologien immer mehr auf TCP/IP umgestellt, so dass eine Anbindung an das Internet relativ problemlos zu bewerkstelligen war. Dennoch existieren auch heutzutage noch Sub-Netze im Internet, die nicht über TCP/IP laufen. Diese werden über so genannte Gateway-Rechner an das Internet angeschlossen, welche für die notwendigen Umwandlungen zur Sicherung der Kompatibilität sorgen. Das Charakteristische an der Protokollfamilie TCP/IP ist die paketorientierte Aufteilung der zu übertragenden Daten und die Adressierung von Rechnern über IP-Nummern. Dabei übernimmt IP zunächst die Zerlegung der Daten in kleinere Pakete, versieht jedes Paket mit der Adresse des Zielrechners und schickt diese ab. Auf Empfängerseite werden die Pakete aufgrund der Paketnummerierung wieder in der richtigen Reihenfolge zusammengesetzt. TCP überprüft dabei über Prüfziffern, ob Daten fehlen oder evtl. fehlerhaft übertragen wurden. Sind solche Fehler aufgetreten, so fordert TCP eine erneute Versendung der entsprechenden Pakete über die IP-Schicht an. Jedem Rechner im Internet wird eine weltweit eindeutige Adresse in Form einer IP-Nummer zugeordnet. Damit nicht zwei Rechner die gleiche IP-Nummer bekommen, wird die Adressvergabe von zentraler Stelle bei der Internet Corporation for Assigned Names and Numbers (ICANN) koordiniert. In der aktuellen Version wird eine IP-Adresse durch eine 32-Bit-Zahl dargestellt.

**Teaching Library**
Die Teaching Library ist eine → Bibliothek, die ihre Rolle als → Ort der → Informationsarbeit einer sozialen Organisation besonders ernst nimmt und in dem Sinne interpretiert, dass sie in verstärktem Maße Schulungen nicht nur zur Informationskompetenz vornimmt, sondern auf der Basis ihres Wissensspeichers zentrale aktive Bildungsfunktionen für die sie tragende Organisation (Stadt, Unternehmen, Hochschule) übernimmt. (→ Learning Resource Centre)

**Technische Dokumentation**
*engl.: technical documentation*
Die Technische Dokumentation ist die Gesamtheit aller notwendigen und zweckdienlichen Informationen über ein Produkt und seine Verwendung, die in strukturierter Form – sei es auf Papier oder als elektronische Medien – festgehalten sind. Als Produkte sind in diesem Zusammenhang nicht nur Gegenstände zu verstehen, sondern auch Dienstleistungen jeder Art, die eine Beschreibung für den Nutzer oder Kunden bedürfen.

**Technologietransfer**
*engl.: technology transfer*
Unter Technologietransfer versteht man den planvollen, zeitlich limitierten Prozess der Übertragung einer Technologie, sowohl inter- als auch intrasystemar, zur Reduzierung der Diskrepanz von potentiellen und aktuellen Nutzungsgrad einer Technologie, die beim Technologienehmer mit dem Ziel der organisatorischen und/oder technologischen Veränderungen im Hinblick auf unternehmerische und/oder volkswirtschaftliche → Innovation oder → Diffusion einhergeht. Technologietransfer wird von einer Vielzahl öffentlicher Institutionen wie Fachhochschulen, Technologietransfer-Zentren, Technoparcs, Universitäten, Fraunhofer-Instituten, Stiftungen etc. angeboten.

**Technologietransferpolitik**
*engl.: technology transfer policy*
Die Summe verfügbarer oder angewandter Maßnahmen der Politik (insbesondere der Wirtschaftspolitik und Forschungspolitik) zur Initiierung und Unterstützung von → Technologietransfer. Letztlich ist es das Ziel der Technologietransferpolitik, die Entstehung von → Innovation zu fördern.

**Tektonik**
*engl.: tectonics*
Gliederung der übergreifenden Struktur aller Be-

stände in einem ➜ Archiv in Gruppen oder Archivabteilungen, meist nach ➜ Provenienz und zeitlichen Zäsuren. (siehe auch ➜ Bestand)

**Telekommunikation**
*engl.: telecommunication*
Begriff der klassischen Nachrichten- und Kommunikationstechnik, angefangen vom Telefon bis hin zum Nachrichtensatelliten. Jede Übertragung, Sendung oder jeder Empfang von Zeichen, Signalen, Schriftbildern oder Tönen und Nachrichten gleich welcher Art mittels Leitungen, Radio oder optischer sowie anderer, elektromagnetischer Systeme.

**Telematik**
*engl.: telematics*
Dieser Mischbegriff aus ➜ Telekommunikation und ➜ Informatik symbolisiert die immer intensivere Integration klassischer, ursprünglich analoger Nachrichtenübertragung mit der digital orientierten Computertechnik und Informatik; er steht für die Integration von Sprach-, Daten- und Stand-/Bewegt-Bild-Übertragungstechnik.

**Terminologie**
*engl.: terminology*
Unter einer Terminologie versteht man eine Menge von Begriffen und die ihnen zugeordneten Bezeichnungen. Ein ➜ Begriff ist eine gedankliche Einheit, die durch eine ➜ Bezeichnung identifiziert wird. Ein Begriff besitzt eine Extension und eine Intension. Die Extension ist die Menge aller Objekte, die unter den Begriff fallen, während die Intension eine Definition ist, die festlegt, wann ein Objekt als zugehörig zu der Extension des Begriffs anzusehen ist, also eine Instanz des Begriffs ist. Im Gegensatz zur ➜ Ontologie sind in einer Terminologie keine weiteren Angaben wie Definitionen und Beziehungen zu anderen Begriffen erforderlich.

**Terminologie-Datenbank**
*engl.: terminological data base*
Bei Terminologie-Banken bzw. elektronischen Lexika handelt es sich um elektronische Vokabulare, die während der Übersetzung entweder vom menschlichen Übersetzer individuell angesprochen oder auch bei einer maschinellen Vorlage des Quelltexts automatisch (im Hintergrund) „nachgeschlagen" werden. Es ist heute kaum mehr denkbar, dass ein Übersetzer ohne diese Hilfen arbeitet. (siehe auch ➜ Maschinelle Übersetzung, ➜ Computergestützte Übersetzung)

**Terminologienorm**
*engl.: terminological standard*
Eine Terminologienorm ist eine ➜ Norm, die sich mit ➜ Terminologie, d.h. mit Begriffen und Bezeichnungen beschäftigt, welche üblicherweise mit ihren Definitionen und manchmal mit erläuternden Bemerkungen, Bildern, Beispielen und ähnlichem mehr versehen sind.

**Terminologische Inferenz**
*engl.: terminological inference*
Begriffshierarchien entstehen in ➜ Beschreibungslogiken auf zweierlei Weise. Einerseits kann ein neuer ➜ Begriff explizit als Unterbegriff eines anderen eingeführt werden. Dies bedeutet, dass alle Instanzen des Unterbegriffs auch Instanzen des Oberbegriffs sind, die Extension des Unterbegriffs somit eine Teilmenge der Extension des Oberbegriffs ist (siehe auch ➜ Terminologie). Daneben kann eine ➜ Relation bzw. eine ➜ Hierarchie, die nicht eingeführt wurde, auch aus den vorliegenden Begriffsdefinitionen folgen und mittels so genannter terminologischer Inferenzen hergeleitet werden. Das ist der Fall, wenn aufgrund der Begriffsdefinitionen alle Instanzen des einen Begriffs notwendigerweise auch Instanzen des anderen sind, der erstere damit ein Unterbegriff des zweiten ist. Der Oberbegriff muß in einem solchen Fall so detailliert definiert sein, dass er notwendige und hinreichende Bedingungen angibt, die eine zugehörige Instanz erfüllen muss. Notwendige Bedingungen machen Aussagen darüber, welche Eigenschaften und Beziehungen ein Objekt aufweist, falls es eine Instanz des Begriffs ist, z.B. für den Begriff eines Junggesellen, dass jede Instanz die Eigenschaft männlich besitzt. Hinreichende Bedingungen charakterisieren eine Instanz derart, dass bei Vorliegen eines Objekts geschlossen werden kann, ob es eine Instanz des betreffenden Begriffs ist oder nicht. Die Herleitung von Ober-/Unterbegriffsbeziehungen spielt eine wichtige Rolle beim Aufbau großer Begriffshierarchien, denn sie hilft, diese konsistent und vollständig zu halten. Auch die Auswertung von Suchanfragen basiert auf der Herleitung von Ober-/Unterbegriffsbeziehungen. (➜ Hierarchie)

**Terminologische Kontrolle**
*engl.: terminological control*
Terminologische Kontrolle ist die Anwendung von Regeln, die die Überführung von Termini natürlicher Sprachen in eine natürlich-sprachlich basierte ➜ Dokumentationssprache ermöglicht und somit insbesondere Synonym- und Homonymkon-

trolle erlauben. Bei der Synonymkontrolle werden Synonyme und Quasi-Synonyme zu Äquivalenzklassen einer Dokumentationssprache zusammengeführt. Bei der Homonym- oder Polysemkontrolle handelt es sich um den der Synonymkontrolle entgegengesetzten Vorgang. Eine ➜ Bezeichnung weist unterschiedliche Bedeutungen auf, die auf mehrere Äquivalenzklassen aufgeteilt werden. (siehe ➜ Homonym und ➜ Polysem; ➜ Äquivalenzrelation)

**Tertiärdokument**
➜ Dokument

**Testkollektion**
*engl.: test collection*
Unter einer Testkollektion im Information ➜ Retrieval wird eine repräsentative Menge an Testdokumenten, an Testaufgaben und entsprechenden Relevanzurteilen verstanden. Die Testkollektion kann für die vergleichende Evaluierung und ➜ Effektivitätsmessung, aber auch für die Optimierung der Systeme eingesetzt werden. (➜ Retrievaltest)

**Text Retrieval Conference**
➜ TREC

**Thematische Repräsentation**
*engl.: thematic representation*
Unter der thematischen Repräsentation von Dokumentinhalten versteht man die Beschreibung, worüber ein ➜ Dokument handelt – im Gegensatz zur formalen Darstellung des Dokumentinhalts selber. Thematische Dokumentbeschreibungen (oder Dokumentindexierungen) erlauben leistungsfähigere Retrievalsysteme als das zurzeit verbreitete Freitext-Retrieval, das lediglich die in einem Dokument auftretenden Wörter berücksichtigt. Die Erstellung von Dokumentbeschreibungen erfordert jedoch einen zusätzlichen, in der Regel manuell zu leistenden Aufwand, der bei Freitext-Retrieval nicht anfällt. (➜ Inhaltserschließung, ➜ Topic maps)

**Thesaurus**
*engl.: thesaurus*
Der Thesaurus als ➜ Dokumentationssprache wird in der DIN 1463 in seinen wesentlichen Merkmalen beschrieben. Dort wird der Thesaurus im informationswissenschaftlichen Sinne so definiert: „Ein Thesaurus im Bereich der Information und Dokumentation ist eine geordnete Zusammenstellung von Begriffen und ihren (vorwiegend natürlichsprachigen) Bezeichnungen, die in einem Dokumentationsgebiet zum Indexieren, Speichern und Wiederauffinden (siehe auch ➜ Retrieval) dient. Er ist durch folgende Merkmale gekennzeichnet: (a) ➜ Begriff und ➜ Bezeichnung werden eindeutig aufeinander bezogen (➜ Terminologische Kontrolle), indem Synonyme möglichst vollständig erfasst werden, Homonyme (siehe auch ➜ Homonym) und Polyseme (siehe auch ➜ Polysem) besonders gekennzeichnet werden, für jeden Begriff eine Bezeichnung (Vorzugsbenennung, Begriffsnummer oder ➜ Notation) festgelegt wird, die den Begriff eindeutig vertritt, (b) Beziehungen zwischen Begriffen (repräsentiert durch ihre Bezeichnungen) werden dargestellt." Diese Definition ist zu ergänzen um: Der Thesaurus ist präskriptiv, indem er für seinen Geltungsbereich festlegt, welche begrifflichen Einheiten zur Verfügung gestellt werden und durch welche Bezeichnungen diese repräsentiert werden. Ein Thesaurus ist damit eine natürlich-sprachlich basierte Dokumentationssprache, die die umkehrbar eindeutige Zuordnung von Begriff und Bezeichnung der natürlichen Sprache anstrebt.

**TIFF**
➜ BMP

**Titelaufnahme**
➜ Formalerschließung

**Titelliste**
*engl.: Current Contents (CC); current titles*
Titellisten oder Current Contents (CC) sind bibliographische Informationsmittel, die zum schnellen Überblick durch Wiedergabe der Inhaltsverzeichnisse von Fachzeitschriften die darin enthaltenen Aufsätze nachweisen. Dabei kann man unterscheiden die Current Contents im engeren Sinne, bei denen die Inhaltsverzeichnisse der Fachzeitschriften in unveränderter Form oder formal vereinheitlicht abgedruckt werden, sowie die Titellisten, die zeitschriftenübergreifend organisiert sind und oft auch durch Autoren- und Sachregister ergänzt sind. Der umfassendste CC-Dienst wird vom ➜ ISI (Institute of Scientific Information, Philadelphia) seit den 1950er Jahren wöchentlich herausgegeben und wertet mehrere tausend Fachzeitschriften aller möglichen Wissenschaftsdisziplinen aus. Beispiel für eine Titelliste sind die Chemical Titles, die seit 1991 erscheint und weltweit die erste Zeitschrift war, die vollautomatisch von einem Computer erzeugt wurde; sie enthält neben den Titeln auch ein ➜ KWIC-Register sowie ein Autorenregister.

## TNM-System
*engl.: Tumor, Nodes, Metastasis*
Eine überschaubare ➜ Facettenklassifikation für solide Tumoren ist das von der Union Internationale contre le Cancer herausgegebene TNM-System (Tumor, Nodes, Metastasis). Zunächst muss bekannt sein, um welchen Tumor es sich handelt, z.B. um ein Mammakarzinom oder ein Colonkarzinom. Das TNM-System beschreibt eine Tumorerkrankung unter den drei Facetten Art und Größe des Primärtumors (T), Befall der regionären Lymphknoten (N = Nodes = Lymphknoten) und das Vorhandensein von Fernmetastasen (M). Für die meisten Tumoren hat die T-Facette vier bis fünf, die N-Facette drei bis vier Klassen. Die M-Facette hat zwei Klassen, nämlich 0 = keine Fernmetastasen und 1 = Fernmetastasen. Das TNM-System ist anschaulich, gut überschaubar, hat eine kurze ➜ Notation und ist deshalb in der Klinik außerordentlich weit verbreitet.

## Topic maps
*engl.: topic maps*
Als ein Ansatz zur Beschreibung von Dokumentinhalten haben sich die Topic Maps herausgebildet. Eine Topic Map besteht aus einer Menge von Begriffen und Begriffsinstanzen, „Themen" genannt, die über verschiedene Beziehungen, so genannte Assoziationen, miteinander verbunden sind. Die Themen sind über Vorkommensangaben oder „Occurrences" mit den Dokumenten verbunden, deren Inhalt sie charakterisieren. Eine Topic Map enthält somit thematische Beschreibungen mehrerer Dokumente, wobei die Themenbeschreibungen miteinander in Beziehung stehen. Auf diese Weise lässt sich eine themenorientierte Navigation über eine beliebig große Menge an Dokumenten realisieren. Die aufgrund der schieren Größe solcher Netze resultierende Unübersichtlichkeit ist jedoch ein potenziell ungelöstes Problem. Da große Überlappungen zwischen ➜ RDF und Topic Maps bestehen, gibt es Bestrebungen, beide Ansätze miteinander zu verbinden.

## Transaktion
*engl.: transaction*
Transaktionen werden ihrem logischen Ablauf nach in Transaktionsphasen unterteilt. Im Einzelnen handelt es sich um folgende vier Phasen. Informationsphase: In der Informationsphase geht es für den potenziellen Kunden darum, sich Informationen über Anbieter und zu Produkten zu beschaffen, welche geeignet sind, seine spezifischen Bedürfnisse zu befriedigen. Eine systemseitige Unterstützung kann dabei von Verzeichnisdiensten und elektronischen Produktkatalogen gewährt werden. Vereinbarungsphase: In der Agreement-(Vereinbarungs-)Phase wird versucht, Einigkeit über die Konditionen und Bedingungen, unter denen es zum Abschluss eines rechtsgültigen Kaufvertrags kommt, zu erhalten. Während oft nur eine Preis- und Konditionspolitik nach dem „Take it or leave it"-Prinzip unterstützt wird, ermöglichen manche Systeme, auf Basis gespeicherter Profilinformationen kundenindividuelle Rabattsätze, Zahlungsverfahren und -fristen etc. zur Anwendung zu bringen. Abwicklungsphase: In der Settlement-(Abwicklungs-)Phase, der letzten Phase der Geschäftstransaktion, erfolgt die eigentliche Abwicklung des Kaufvertrags. Neben der Methode der Bezahlung gilt es sich für den Fall physischer Güter auch über das Versandverfahren sowie etwaige Transportversicherungen zu einigen. Auch sollte ein Dienst zur Verfügung gestellt werden, der ein Verfolgen des aktuellen Lieferstatus erlaubt (Tracking-Systeme). After-Sales-Phase: In der After-Sales-Phase werden die Kunden auch nach dem Kauf eines Produktes weiterhin betreut, um so die Kundenbindung zu festigen. Dies fängt bereits damit an, dass dem Kunden die Möglichkeit an die Hand gegeben wird, online den Lieferstatus seiner Bestellung abzufragen, und sollte in einen professionellen Customer-Support münden, welcher die Möglichkeit des Mediums ➜ Internet optimal nutzt. (➜ Elektronischer Markt)

## Transaktionskosten
*engl.: transaction costs*
Alle Phasen während einer ➜ Transaktion verursachen Transaktionskosten, da sie Zeit benötigen, kontrolliert werden müssen und bestimmte Kanäle und Dienste nutzen, die einzukaufen oder selbst zu produzieren sind. Dem Kunden entstehen zunächst die so genannten ➜ Informationskosten. Die Ursache dafür sind Informationsasymmetrien hinsichtlich des Produktes. Hat sich der Käufer mit Hilfe der Informations- und Kommunikationstechnologie über ein Produkt informiert, entstehen Kosten durch die Aushandlung eines Vertrages, die sogenannten Ex-Ante-Transaktionskosten. Wurden der Vertrag erfüllt und die Leistungen ausgetauscht, so ergeben sich die Ex-Post-Transaktionskosten. Sie beinhalten Nachbesserungs-Kosten, wenn die Vertragsbedingungen nachträglich geändert werden müssen, sowie Kosten für die und Durchführung des Leistungsaustauschs. (➜ Elektronischer Markt)

**Transaktives Gedächtnissystem**
→ Gedächtnis

**Translation Memory**
Translation Memory (TM) ist ein wichtiges Hilfswerkzeug, das vor allem bei der Übersetzung von Texten/Dokumenten genutzt wird, bei denen sich bei Produktentwicklungen nicht alle Textteile völlig ändern (Beispiel: Wartungs- und Bedienungsanleitungen). Hierbei wird vor Bereitstellung eines Textes oder Satzes bei der intellektuellen oder MT (→ Maschinelle Übersetzung) oder auch intellektuellen Übersetzung ein Segment elektronisch mit einem Speicher verglichen, der einmal übersetzte (und geprüfte oder korrigierte) Segmente („Sätze") enthält. Dabei kann unterschieden werden zwischen einer völligen Übereinstimmung und einer teilweisen Übereinstimmung (sog. Fuzzy Matching). Beim Vergleich werden zum Teil mathematische Ähnlichkeitsverfahren benutzt. Unterscheiden sich das TM-Segment und das Textsegment (nur) in Datums- oder Preisangaben, Ortsnamen u.ä.m., so werden die Daten automatisch „angepasst". Das Translation-Memory-Verfahren kann bei MT wie bei CAT (→ Computergestützte Übersetzung) verwendet werden, es kann also den Prozess der Humanübersetzung ebenso wie den der maschinellen Übersetzung flankieren.

**Transportschicht**
*engl.: transport layer*
Die Transportschicht ist die Schicht 4 im → OSI-Schichtenmodell; der Transportdienst stellt eine transparente Datenübertragung zwischen Kommunikationssteuerungsinstanzen bereit und befreit sie von allem Wissen über die Art und Weise, wie eine zuverlässige kosteneffektive Datenübertragung erreicht wird. Die Transportschicht optimiert die Benutzung des verfügbaren Netzdienstes, um die von den kommunizierenden Kommunikationssteuerungsinstanzen geforderte Dienstgüte zu minimalen Kosten bereitzustellen. Die Transportschicht verbirgt vor den TS-Benutzern die Unterschiede in den Dienstgütemerkmalen, die vom Vermittlungsdienst bereitgestellt werden. Die Transportschicht ist die unterste Schicht, die eine vollständige Ende-zu-Ende-Kommunikation zur Verfügung stellt, d.h. für alle darüber liegenden Schichten ist das darunter liegende Netzwerk transparent. Die zugehörigen → Protokolle wie z.B. TCP (Transmission Control Protocol) oder UDP (User Datagram Protocol) übertragen Daten unabhängig von der Netzwerkart und den verwendeten Diensten/Anwendungen. Die Daten werden auf dynamische Speicherbereiche, sogenannte Ports, weitergeleitet und werden dort von den zugeordneten Diensten übernommen.

**TREC**
*engl.: Text Retrieval Conference*
TREC ist eine amerikanische Evaluierungsinitiative, die seit 1992 das Ziel verfolgt, die Forschung im Information → Retrieval durch Bereitstellung einer umfangreichen → Testkollektion, standardisierter Bewertungsverfahren und großangelegter Experimente voranzutreiben. (siehe auch → Effektivitätsmessung, → CLEF)

**Trunkierung**
→ Maskierung

**Tumor, Nodes, Metastasis**
→ TNM-System

# U

**Übersetzung**
→ Maschinelle Übersetzung; → Human-Übersetzung; → Computergestützte Übersetzung

**UDK**
→ Dezimalklassifikation

**UMLS**
→ Unified Medical Language System

**Unicode**
*engl.: unicode*
Da im → Internet der Zugriff auf Web-Seiten bzw. Dokumente aus anderen Ländern und verschiedenen Sprachen alltäglich ist, der Web-Browser aber den länderspezifischen Zeichensatz des Dokuments nicht kennt, kann der Text falsch dargestellt werden. Um diesem Problem zu begegnen, hat die → ISO einen speziellen Zeichensatz, den Unicode, entwickelt und normiert (ISO 10646). Das Besondere an Unicode ist, dass dieser 2 Byte als Einheit für ein Zeichen verwendet und so 65.536 verschiedene Zeichen darstellen kann. Die ersten 128 Zeichen entsprechen dabei dem „normalen" Zeichensatz → ASCII, die zweiten 128 der Latin-1- Erweiterung. Die restlichen Positionen enthalten alle Zeichen aus den anderen Erweiterungen, also auch griechische, kyrillische oder chinesische Schriftzeichen. Der Vorteil liegt auf der Hand: Systeme, welche den Unicode benutzen, können alle Dokumente darstellen, ohne dass der Zeichensatz gewechselt werden muss. Unicode enthält alle Welt-Zeichensätze und soll zukünftig die verschiedenen Versionen der Zeichensätze von ASCII ersetzen.

**Unified Medical Language System**
Traditionell hat die Medizin eine eigene Fachsprache, die sich aber zunehmend vom Lateinischen zum Englischen verschiebt. Außerdem haben in der Medizin karitative und humanitäre Ideen zu einer relativ intensiven weltweiten Zusammenarbeit geführt. Deshalb gibt es ernsthafte Ansätze, zu einer weltweiten, normierten medizinischen Fachsprache zu kommen.

**Universalklassifikation**
→ Klassifikation

**Unix**
→ Betriebssystem

**Unternehmensportal**
*engl.: enterprise information portal; corporate portal*
Portale sind seit längerer Zeit aus dem → Internet bekannt, sie integrieren und personalisieren Inhalte, Dienste und Funktionen. Unternehmensportale stellen diese Form der Integrationsleistung den Mitarbeitern innerhalb eines Unternehmens zur Verfügung. Hier ist ein Portal ein wesentliches Element für die Integration von Geschäftsprozessen und betrieblichen Informationssystemen. Unternehmensportale können in umfassendere Geschäftsarchitekturen integriert sein, die Lieferanten- und Kundenprozesse abbilden.

**URL**
*engl.: Uniform Resource Locator*
URL ist ein Adressierungsformat (kurz Adresse) eines Internet-Angebotes, welches das zu verwendende Protokoll, den Server bzw. → Host und evtl. die genaue Position spezifiziert. Der Aufbau von URL sieht folgendermaßen aus: Protokoll://Host/Position (z.B. http://www.de/pfad1/pfad2/index.html, ftp://ftp.de/pub/, telnet:// rechner1.de). Da die URL meist nur mit WWW-Adressen in Verbindung gebracht wird, wird die Protokollspezifikation „http://" oft auch ganz weggelassen.

**USMARC**
→ MARC

# V

## VDD
Der Verein Deutscher Dokumentare e.V. (VDD) wurde 1961 als berufsständischer Verein gegründet, der die berufs- und ausbildungspolitischen Interessen seiner Mitglieder vertritt. 1985 erfolgte die Unbenennung des VDD in „Berufsverband Dokumentation, Information und Kommunikation" (VDD), der dann 1993 aufgelöst wurde.

## Vektorraum-Modell
*engl.: vector space model*
Beim Vektorraum-Modell handelt es sich um ein → Information-Retrieval-Modell mit einer geometrischen Interpretation, bei der Dokumente und Anfragen als Punkte in einem Vektorraum aufgefasst werden, der durch die Terme der Dokumentensammlung aufgespannt wird. Anfragen besitzen eine lineare Struktur, wobei die Frageterme gewichtet sein können. Die Anfrage wird als Vektor dargestellt, als Retrievalfunktion kommen Vektor-Ähnlichkeitsmaße zur Anwendung, im einfachsten Fall das Skalarprodukt. Experimentelle Untersuchungen haben die hohe Retrievalqualität dieses Modells belegt. Viele Suchmaschinen basieren auf diesem Verfahren.

## Verbindlichkeit
*engl.: liability*
Sie soll sicherstellen, dass der Absender einer Nachricht später nicht leugnen kann, dass diese, zum Beispiel eine Bestellung, tatsächlich von ihm stammt. Die Verbindlichkeit stellt somit die Beweisbarkeit des Ursprungs einer Nachricht sicher. Dazu gehört neben der → Authentifizierung auch die sorgfältige Schlüsselgenerierung, die gewährleistet, dass keine andere Person geheime Schlüssel kennen kann. Hinzu kommen Zertifikate, die eine vertrauenswürdige Stelle ausgestellt hat und die untrennbar mit der Identität des Besitzers verbunden sind. Erst diese Verbindlichkeit sichert einen gelungenen Geschäftsabschluss. (→ Verschlüsselung)

## Verbreitender Buchhandel
*engl.: book trade*
Der verbreitende → Buchhandel nimmt eine vermittelnde Funktion ein zwischen den Produzenten von Büchern, im Wesentlichen den Verlagen (→ Herstellender Buchhandel), und den Endabnehmern von Büchern, die sich aus Privatkunden wie aus institutionellen Kunden (Bibliotheken, Unternehmen etc.) zusammensetzen. Folgt man der betriebswirtschaftlichen Handelstheorie, übernimmt der Buchhandel die folgenden Funktionen: Transportfunktion; Lagerfunktion; Aggregationsfunktion; Bereitstellung der Infrastruktur und Dienstleistungen der Verkaufsabwicklung; Selektions- und Sortimentsfunktion; Informations-, Beratungs- und Servicefunktion; Preissetzungsfunktion; Zahlungsabwicklungsfunktion. Der Vertrieb von Büchern erfolgt grundsätzlich über zwei Stufen, den Zwischenhandel und den Bucheinzelhandel. Der Zwischenhandel tritt im Wesentlichen in zwei Varianten auf. Einerseits die Barsortimente, das sind Buchgroßhandlungen, die auf eigene Rechnung Bücher bei den Verlagen kaufen und an den Bucheinzelhandel weiter verkaufen. Andererseits sind dies Kommissionäre, die im Auftrag von Verlagen und auf deren Rechnung eine Buchvertriebsleistung erbringen und zwar in Deutschland insbesondere in der Form der Verlagsauslieferung, des Büchersammelverkehrs und der Buchbestellanstalten.

## Verdopplungsrate
*engl.: doubling rate*
Der Begriff der Verdopplungsrate wird in der → Szientometrie verwendet. Sie ist die Zeit, in der eine Exponentialfunktion vom Ausgangswert C0 auf 2C0 angestiegen ist. (siehe auch → Halbwertszeit)

## Verein Deutscher Dokumentare
→ VDD

## Verknüpfung
*engl.: link, hyperlink*
Eine Verknüpfung ist eine gerichtete oder ungerichtete Verbindung zwischen zwei → Knoten eines → Hypertext.

## Verlag
→ Herstellender Buchhandel

## Verlagsbuchhandel
→ Herstellender Buchhandel

## Verlagsdruck
*engl.: printer, bookprinter*
Zum Verlagsdruck zählen beispielsweise Anzeigenblätter, Bücher, Buchumschläge, Grußkarten, Landkarten, Kalender, Zeitschriften und Zeitungen.

**Vermittlungsschicht**
*engl.: network layer*
Die Vermittlungsschicht (Schicht 3 des ➙ OSI-Schichtenmodell) stellt die Fähigkeit bereit, Netzverbindungen zwischen offenen Systemen aufzubauen, zu betreiben und abzubauen. Die Vermittlungsschicht bietet den Transportinstanzen Unabhängigkeit von Wegewahl- und Vermittlungsentscheidungen, die mit dem Aufbau und Betrieb einer Netzverbindung verbunden sind. Die Vermittlungsschicht hat also die Aufgabe, Pakete vom Sender-Host über die dazwischenliegenden Router zum Empfängerhost zu leiten. Dabei können insbesondere auch verschiedene Netzwerktypen (LANs, ISDN, ATM) dazwischenliegen. Weitere Funktionen der Netzwerkschicht sind u.a. Verbindungsauf- und Verbindungsabbau, Multiplexing und Überlastkontrolle. Neben der Adressierung und dem Verbindungsaufbau der Rechner findet hier auch das Routing (Weg der Dateneinheiten/Pakete) und eine evtl. Fehlerbehebung statt. Das Internet-Protokoll ➙ TCP/IP ist dieser Schicht zuzuordnen.

**Verpackungsdruck**
*engl.: package printing*
Dieses Segment in der ➙ Druckindustrie ist eindeutig in den Bereich der „Unersetzlichen" zu rechnen. Aufkleber, Banderolen, Etiketten und Faltschachteln werden niemals durch virtuelle Medien zu ersetzen sein.

**Verschlüsselung**
*engl.: encryption*
Die berühmteste Verschlüsselung überhaupt dürfte die von Gaius Julius Caesar sein. Er verschob jeden der 20 Buchstaben des lateinischen Alphabets um drei Stellen nach rechts. Da diese zyklische Vertauschung mathematisch wie eine Addition von drei funktioniert, nennt man das Verfahren auch Caesar-Addition. Die heute älteste bekannte Verschlüsselung stellt jedoch die Skytale von Sparta (5. Jh. v. Chr.) dar. Ein Holzstab wurde mit einem schmalen Band aus Pergament spiralförmig umwickelt, der dann der Länge nach mit einer Nachricht beschrieben wurde. Den Text auf dem abgewickelten Pergamentstreifen sollten nur die Generäle lesen können, die über Stäbe vom gleichen Durchmesser verfügten. Im 16. Jh. entwickelte Blaise de Vigenère die Caesar-Methode weiter, indem er den Verschiebungsbetrag fortlaufend änderte, es wird somit eine Folge von Zahlen als Schlüssel auf den Klartext angewendet. Das Vigenère-Verfahren machen sich die so genannte Rotormaschinen wie die Enigma zu Eigen. Die Enigma bestand aus einer Kombination von bis zu acht austauschbaren Rotoren, die nach jedem Zeichen jeweils um einen anderen Betrag weitergeschaltet wurden. Zusätzlich besaß sie einen Reflektor, der dafür sorgte, dass jedes Zeichen zweimal in unterschiedlicher Richtung das Gerät durchlief, hinzu kam ein weiterer paarweiser Austausch von Zeichen, der je einmal am Anfang und am Ende der Operation durchgeführt wurde. Zum Schlüssel gehörte hier auch die Angabe, wie die Zeichenersetzung vorzunehmen war. Ist der Schlüssel genauso lang wie der zu chiffrierende Text, handelt es sich um das One-Time-Pad (Einmalblock)-Verfahren. Dies ist auch das einzige Verfahren, dessen Sicherheit bewiesen wurde. Natürlich muss bei diesem Verfahren jedes Mal ein neuer Schlüssel verwendet werden. Die meisten aktuellen Verschlüsselungsverfahren arbeiten mit einem weiteren Trick. In jedem Verschlüsselungsschritt werden nicht Zeichen für Zeichen, sondern ein längerer Klartextblock verarbeitet und durch den Geheimtextblock ersetzt, wobei jedes Klartextzeichen eines Blocks das gesamte Ergebnis beeinflusst. Dadurch werden Regelmäßigkeiten im Klartext über mehrere Zeichen hinweg verteilt (Diffusion). Ein Chiffrierungsschritt muss dabei so beschaffen sein, dass zwei Klartextblöcke, die sich nur in einem Zeichen unterscheiden, zu völlig unterschiedlichen Geheimtextblöcken führen. Diese Verfahren werden Blockverschlüsselungen genannt. Heute werden Methoden mit mindestens 8 Byte, also 64 Bit, verwendet. Symmetrische Verschlüsselung ist gleichsam die Grundform der Verschlüsselung. Sender und Empfänger haben sich dabei auf einen Schlüssel geeinigt (Secret Key) oder der Dechiffrierschlüssel lässt sich aus dem Chiffrierschlüssel berechnen und umgekehrt. Das bekannteste und am weitesten verbreitete symmetrische Verschlüsselungsverfahren ist der Data Encryption Standard (DES). Es wurde 1976 in den Vereinigten Staaten als Bundesstandard anerkannt, es benutzt eine Blocklänge von 64 sowie Schlüssellänge von 56 Bit und wird 16 mal durchlaufen. Er wird unter anderem bei der Abwicklung von Bargeldauszahlungen mit einer eurocheque-Karte verwendet. DES ist auf Standardrechnern in Wochen bis Monaten zu knacken. Anfang 1999 war es möglich, durch die Nutzung der Leerlaufzeit vieler per ➙ Internet verbundener Computer, eine durch DES verschlüsselte Nachricht innerhalb von 23 Stunden zu dechiffrie-

ren. Erreicht wurde dies einfach durch das Ausprobieren aller möglichen Schlüssel (Brute-Force-Attack). Spezialrechner brauchen für die gleiche Aufgabe nur einen Bruchteil dieser Zeit. Der IDEA (International Data Encryption Algorithm) ist besonders in Software effizient umzusetzen, da alle Rechenvorgänge in 16-Bit-Register durchgeführt werden. Ein weiterer Vorteil von IDEA ist, dass bei einer Schlüssellänge von 128 Bit Brute-Force-Attacken nicht mehr durchführbar sind. Bei der symmetrischen Verschlüsselung besteht immer die Notwendigkeit den zu verwendeten Schlüssel über einen sicheren Kanal auszutauschen. Mitte der 1970er Jahre wurde ein Verfahren entwickelt, das dieses Problem löst, indem zum Chiffrieren ein anderer Schlüssel als zum Dechiffrieren verwendet wird (asymmetrische Verschlüsselung). Wer ein solches Verfahren nutzt, muss zunächst ein Paar zusammengehörender Schlüssel generieren. Einen der beiden Schlüssel hält er geheim (Private Key), den anderen gibt er der Öffentlichkeit bekannt (Public Key). Jeder, der nun eine verschlüsselte Nachricht an diese Person schicken will, besorgt sich deren öffentlichen Schlüssel, verschlüsselt seine Nachricht damit und verschickt den Geheimtext. Dieser so chiffrierte Text kann nur vom Empfänger mit seinem privaten Schlüssel dechiffriert werden. Von zentraler Bedeutung ist dabei, dass der Empfänger der Nachricht den Schlüssel vorgibt, nicht etwa der Sender. RSA ist das bekannteste Public-Key-Verfahren und ein Quasi-Standard im Internet. Das Prinzip beruht darauf, dass es kein Problem darstellt, zwei große Primzahlen miteinander zu multiplizieren, es aber praktisch unmöglich ist, aus dem Produkt wieder die beiden Faktoren zu ermitteln. Dabei ist zu beachten, dass die beiden Faktoren sich in ihrer Länge deutlich unterscheiden. In praktischen Anwendungen variiert das Produkt zwischen 512 Bits (geringe Sicherheit) und 2048 Bits (sehr hohe Sicherheit). Das Prinzip des ElGamal-Algorithmus beruht auf dem Problem des „diskreten Logarithmus". Eine Variante des ElGamal-Verfahrens ist der 1991 entwickelte Digital Signature Algorithm (DSA), der 1994 vom NIST zum Digital Signature Standard (DSS) erklärt wurde. Die Hybride Verschlüsselung kombiniert asymmetrische und symmetrische Verschlüsselungssysteme. Bei einem Verbindungsaufbau im Internet erzeugt der Sender einen zufälligen Sitzungsschlüssel (Session Key), mit dem er die Nachricht verschlüsselt. Der Session Key wird mit dem öffentlichen Schlüssel des Empfängers verschlüsselt und zusammen mit der verschlüsselten Nachricht verschickt. Der Empfänger kann dann mit seinem privaten Schlüssel den asymmetrisch chiffrierten Schlüssel dechiffrieren und so die symmetrisch chiffrierte Nachricht dechiffrieren. Durch diese Kombination (hybride Verschlüsselung) vereinigt man einen gesicherten, aber langsamen Schlüsseltausch mit einer schnellen, aber weniger sicheren Verschlüsselung. (siehe auch ➜ Digitale Signatur, ➜ Zertifizierungsinstanz)

**Verteilte Datenbank**
*engl.: distributed database*
Eine Verteilte Datenbank ist eine logisch einheitliche ➜ Datenbank, die physisch auf mehrere Speicherorte verteilt ist. Das ➜ Datenbankmanagementsystem hat die Aufgabe, für die Koordination der Zugriffe auf die Datenbank zu sorgen und so schnelles Auffinden von Daten sowie Konsistenzwahrung zu sichern. Die Verteilung kann aus Speicherplatzgründen erfolgen oder die geografische Verteilung der Datenbankbenutzer abbilden.

**Verteilungsstruktur**
*engl.: distribution structure*
Durch die Verteilungsstruktur wird die Anordnung sprachlicher und sachlicher Daten im lexikographischen Nachschlagewerk (➜ Enzyklopädie, ➜ Lexikon) erfasst. Diese Daten existieren nicht nur in den einzelnen Artikeln, sondern auch in Einleitung, Grammatik oder auch Rahmenartikeln (Sachinformationen in einer größeren Gesamtdarstellung). Wenn die Länge der einzelnen Artikel nicht über ein zugangsfreundliches, lesbares Maß wachsen soll, ist es vor allem in fachlich spezialisierten und inhaltlich klar definierten lexikographischen Nachschlagewerken sinnvoll, gesonderte fachliche Einleitungen oder Artikel zu erstellen. Daten zu einem Thema – repräsentiert durch ein Lemma – lassen sich damit an verschiedenen Stellen im lexikographischen Nachschlagewerk finden.

**Vertraulichkeit**
*engl.: confidentiality*
Das klassische Problem beim Austausch von Daten und Nachrichten ist die Vertraulichkeit (Privatheit bzw. Geheimhaltung). Der Inhalt soll nur autorisierten Personen zugänglich gemacht und vor anderen verborgen werden (siehe auch ➜ Authentifizierung). In diesem Fall kommt es darauf an, dass der Inhalt einer Nachricht vor Dritten geschützt ist. Dies lässt sich durch die Verfahren der ➜ Kryptografie realisieren.

**Verweisstruktur**
*engl.: mediostructure; cross-reference structure*
Die Verweisstruktur (Mediostruktur) enthält die Elemente, die von lexikographischen Daten auf andere (lexikographische) Daten verweisen in einer ➙ Enzyklopädie oder einem ➙ Lexikon. Verweise können explizit (siehe) oder implizit sein. Bei impliziten Verweisen sucht der Benutzer selbständig und ohne Hinweis an entsprechender Stelle weitere Daten; z.B. die Deklination eines Substantivs in der Grammatik. Im Druckbereich finden sich Verweise zwischen Lemmata, Verweise zu Umtexten und Verweise zu Daten außerhalb des lexikographischen Nachschlagewerks. Bei elektronischen lexikographischen Nachschlagewerken, besonders im Hypertextbereich, ist die Verweisstruktur ein wesentlicher Faktor vor allem des semantischen Kommentars. Mono- und bi- und multidirektionale Verweise (z.B. in ➙ XML) lassen sich ebenfalls nach diesen Kriterien strukturieren. Die ➙ Verteilungsstruktur greift durch Verweise z.B. auf Referenzwerke und Fachliteratur in den Artikeln auch in die Verweisstruktur über.

**Verzeichnis lieferbarer Bücher**
Das Verzeichnis lieferbarer Bücher (VlB) wird seit 1971 durch den ➙ Börsenverein des Deutschen Buchhandels herausgegeben und hat das Ziel, einen vollständigen Nachweis aller in Deutschland lieferbaren Bücher zu geben. Es umfasst heute fast eine Million Titeleinträge. Das VlB kann als Beispiel für die Koexistenz von gedruckter und elektronischer Publikation herangezogen werden. Seit 1989 gibt es das VlB auf CD-ROM. Es gehörte damit zu den CD-ROM-Pionieren. Das VlB ist seit 1997 auch im Internet zugänglich und zwar in zwei Funktionen: als endnutzerorientiertes und gebührenfreies Recherche- und Vertriebsinstrument unter dem Namen Buchhandel.de und für die Verlage zur direkten Neuanmeldung von Buchtiteln und der Pflege des Titelbestands.

**Vigenère-Verfahren**
➙ Verschlüsselung

**Virales Marketing**
*engl.: viral marketing*
Virales Marketing bezeichnet Strategien, die es Einzelpersonen erlauben, Marketing-Meldungen per ➙ E-Mail rasend schnell im ➙ WWW zu verbreiten (beste Beispiele hierfür sind der kostenlose E-Mail-Dienst Hotmail.com und das „Moorhuhn"-Spiel). Die strategischen Schlüsselfaktoren für den Erfolg des viralen Marketing sind das Verschenken von Produkten oder Dienstleistungen, die Möglichkeit einer einfachen Übertragung, das Ausnutzen der allgemeinen Verhaltensmuster der Kunden, die Verwendung bestehender Netzwerke sowie das Profitieren von fremden Ressourcen.

**Virtuelle Bibliothek**
*engl.: virtual library*
Virtuelle (Fach)bibliothek – wie der Term bei Global-Info, den DFG-Sonderprogrammen und in der Literatur verwendet wird – bedeutet, dass Wissenschaftler von ihrem Computer aus einen optimalen Zugang zu den weltweit vorhandenen elektronischen und multimedialen Volltext-, Literaturhinweis-, Fakten- und WWW-Informationen haben, einschließlich der dort vorhandenen Lehrmaterialien, Spezialverzeichnisse zu Experten etc. Virtuelle Fachbibliotheken sind somit hybride Bibliotheken mit einem gemischten Bestand aus elektronischen und gedruckten (und ggf. noch anderen) Daten. Letztere sind über elektronische Dokumentbestell- und -lieferdienste erreichbar. Auf technischer Seite setzt dies im Netz zugängliche verteilte Datenbanken voraus, auf konzeptueller Seite die Integration verschiedener Informationsgehalte und -strukturen. – In frühen Phasen des ➙ WWW wurde unter Virtueller Bibliothek ein lose organisiertes System fachlicher Linksammlungen verstanden. Bildet sich daraus eine als „dauerhafte Einrichtung" organisierte Website mit professioneller Informationsarchitektur, werden hier meist auch andere „bibliothekarische" Funktionen angesiedelt, wie die virtuelle Auskunft (ask-a-librarian-service) oder online Tutorials in Informationskompetenz etc. Frühe Formen von virtuellen Bibliotheken (z.B. die Internet Public Library „IPL") benutzten auch in ihrer Webpräsenz die bildliche Metapher der ➙ Bibliothek. (➙ Digitale Bibliothek)

**Virtuelle Realität**
*engl.: virtual reality*
Die Virtuelle Realität bezeichnet das Eintauchen eines Benutzers in eine computergenerierte Parallelwelt ohne Verbindung zur Außenwelt. Jaron Lanier erfand den Begriff, den Timothy Leary als neue Form der Halluzination beschrieb. Um eine virtuelle Szene abzubilden, sind Systeme mit einer hohen Leistungsfähigkeit notwendig – so genannte Computer Graphics. Darüber hinaus müssen VR-Systeme die Interaktion in Echtzeit ermöglichen. Die drei wesentlichen Anwendungsbereiche für VR sind die ➙ Datenvisualisierung, z.B. das

Virtual Prototyping von Flugzeugen, Remote-Anwendungen, z.B. entfernte medizinische Eingriffe eines Arztes sowie Trainingsanwendungen, z.B. das Astronautentraining.

**VlB**
➞ Verzeichnis lieferbarer Bücher

**Vokabularkontrolle**
*engl.: vocabulary control*
Vokabularkontrolle ist die Anwendung von Regeln, die über die Zugehörigkeit von Elementen zu dem Vokabular bzw. über die Aufnahme von Elementen in das Vokabular einer ➞ Dokumentationssprache entscheiden.

**Vollständigkeit**
*engl.: recall*
Für Benutzer stellt es ein wesentliches Qualitätskriterium dar, wie viele relevante Dokumente ein Retrievalsystem auf eine Anfrage nachweist, d.h. wie vollständig das Retrievalergebnis ist. Diese Fähigkeit des Systems, relevante Dokumente zu selektieren, wird durch die Vollständigkeit (Recall) gemessen. Der Recall stellt die Anzahl der gefundenen relevanten Treffer geteilt durch die Anzahl der relevanten Dokumentationseinheiten insgesamt dar. Der Wertebereich des Recall liegt zwischen 0 und 1, wobei 0 das schlechteste Ergebnis und 1 das bestmögliche darstellt. Durch Multiplikation mit 100 lässt sich der Recall als Prozentwert interpretieren. Die Kritik, die am Recall geübt wurde, betrifft im Wesentlichen die folgenden Punkte: Der Recall bezieht die Ballastquote nicht mit ein. Bei der ➞ Effektivitätsmessung wird deshalb die Vollständigkeit oft mit der Messung der ➞ Genauigkeit (Precision) kombiniert. Da es bei umfangreichen Retrievalexperimenten nicht möglich ist, den gesamten Dokumentenbestand bezüglich jeder Anfrage/Aufgabe einer Relevanzbewertung zu unterziehen, muss für die Gesamtmenge im Nenner der Recall-Formel ein Schätzwert angenommen werden. (➞ Relevanz, ➞ Signifikanz)

**Volltextdatenbank**
*engl.: full-text database*
Im Unterschied zur ➞ Referenzdatenbank, die nur Sekundärinformationen über Dokumente verzeichnet, enthalten Volltextdatenbanken den vollständigen Text und z.T. auch Bilder und/oder Tabellen der Originalveröffentlichung. Pressedatenbanken mit den Artikeln von Tages- und Wochenzeitungen und Zeitschriften sind die wichtigsten Vertreter dieser ➞ Datenbank.

**Von-Neumann-Architektur**
*engl.: von Neumann architecture*
Die am weitesten verbreitete und wohl bekannteste ➞ Rechnerarchitektur wurde von John von Neumann aufgestellt. Sein schon 1945 zum ersten Mal vorgestelltes Konzept hat sich bis heute bewährt und bildet die Basis nahezu aller auf dem Markt befindlichen Rechnersysteme. Nach diesem Konzept besteht ein Rechner aus verschiedenen Komponenten bzw. Funktionseinheiten: Dem ➞ Rechenwerk, welches arithmetische Operationen und Befehle durchführt, dem Arbeitsspeicher, welcher Daten und Programmcode beinhaltet, dem Steuerwerk, welches Befehle und Daten zwischen den Komponenten transportiert und die Arbeitsabläufe koordiniert sowie einem ➞ Eingabe- und Ausgabewerk, welches die ➞ Schnittstelle des Rechners nach außen bildet. Steuer- und Rechenwerk werden dabei unter der Bezeichnung ➞ Zentrale Recheneinheit (CPU) zusammengefasst. Nach Neumann muss ein Rechner universal einsetzbar sein, d.h. völlig unabhängig von bestimmten Aufgaben. Programme und Daten befinden sich im Arbeitsspeicher und sind binär codiert. Alle Befehle eines Programms sind durchnummeriert und werden, von einem Befehlszähler gesteuert, einzeln nacheinander (sequenziell) ausgeführt. Spezielle Sprungbefehle innerhalb der Programme ermöglichen es von der Sequenz abzuweichen. Erst die so ausgeführten Programme definieren die bestimmten Aufgabenstellungen und machen den Computer arbeitsfähig.

**Vorgang**
*engl.: procedure*
Vorgänge beschreiben die Durchführung von Aufgaben im Rahmen betrieblicher Abläufe. Sie werden durch Ereignisse ausgelöst und können selbst wiederum Ereignisse produzieren. Standardisierbare Vorgänge werden, gegebenenfalls mehrstufig, in Teilvorgänge zerlegt, deren Beziehungen in Form von Vorgangsnetzen definiert werden.

**W3C**
*engl.: World Wide Web Consortium*
Das W3C ist eine international anerkannte Institution, die sich seit 1994 mit der Schaffung von Standards für die Web-Technologien für das ➜ Internet befasst. Auf das W3C geht beispielsweise die ➜ Normung von Auszeichnungssprachen wie ➜ HTML oder ➜ XML, die Normung von ➜ Style Sheets (z.B. ➜ Cascading Style Sheets, ➜ XSL), die ➜ Ontologiesprache ➜ OWL oder die Initiative ➜ Semantisches Netz zurück.

**WAN**
➜ Rechnernetzwerk

**Web Design**
➜ Bildschirm-Design

**Web Services**
Web Services sind autonome Software-Agenten, die im ➜ Internet veröffentlicht, dort aufgefunden und aufgerufen werden können. Sie erlauben die Bereitstellung unterschiedlichster Dienste, von der Durchführung einfacher Suchaufträge bis hin zu komplexen Geschäftsprozessen. Ein Web Service kann von anderen Web Services oder von innerbetrieblichen Anwendungssystemen aufgerufen werden. (➜ Semantic Web Services)

**Web-Katalog/Verzeichnis**
*engl.: web catalogue*
Web-Kataloge bzw. Verzeichnisse enthalten Referenzen (Links) auf Dokumente und Einstiegspunkte im ➜ Internet und sind thematisch in hierarchisch angeordnete Rubriken organisiert. Die verlinkten Objekte werden vor der Aufnahme in den Web-Katalog einer redaktionellen Begutachtung unterzogen, so dass nur auserwählte Dokumente bzw. Einstiegspunkte referenziert werden. Immer mehr Betreiber verlangen für die Aufnahme bzw. schon für die reine Begutachtung (➜ Paid Submission) vorgeschlagener Objekte eine Gebühr. Die Suche über Web-Kataloge/Verzeichnisse verläuft in der Regel über Navigation durch die verschiedenen Rubriken. Bei größeren Anbietern wie z.B. Yahoo wird auch eine einfache Stichwortsuche, basierend auf den Referenz- und Rubrikbezeichnungen (d.h. keine Suche innerhalb der referenzierten Objekte selbst) angeboten.

**Web-Roboter**
*engl.: web crawler; web wanderer; web robots*
Die Größe des ➜ WWW macht die Suche nach Informationen zu einem bestimmten Thema sehr schwer. Allein durch manuelles Durchsuchen von Web-Seiten mit einem ➜ Browser ist eine umfassende Informationssuche nicht möglich. Man hat eine bessere Chance die gewünschte Information zu finden, wenn man die Dienste einer ➜ Suchmaschine in Anspruch nimmt. Diese verwalten in der Regel einen Index, der Stichwörter mit Web-Seiten verbindet. Eine Anfragesprache ermöglicht eine gezielte Suche in diesem Index. Die Indizes werden meistens automatisch aufgebaut. Programme, die diese Aufgabe übernehmen, gehören zur Gruppe der Web-Roboter. Web-Roboter kommunizieren mit Web-Servern, sie können Web-Seiten laden, diese analysieren und aufgrund dieser Analyse über das weitere Vorgehen entscheiden. Die wichtigsten Anwendungsfelder sind: Aufbau von Registern für Suchdienste, Überwachung von Änderungen von Web-Seiten, intelligente Informationsbeschaffung. Web-Roboter gehören zur Kategorie der ➜ Software-Roboter, auch Softbots genannt. (➜ Roboterbasiertes Verfahren)

**Werbedruck**
*engl.: advertising print*
Dieses auch häufig mit dem Begriff Akzidenzdruck belegte Segment umfasst zum Beispiel Anzeigenblätter, Beilagen, Broschüren, Kataloge, Direct Mails, und Geschäftsdrucksachen. Diese Produkte lassen sich also überwiegend den „Wachstumsstarken" in der ➜ Druckindustrie zuordnen. Der Werbedruck bildet das wachstumsstärkste Segment und bietet damit das größte Potenzial für die Druckmedien, aber auch große Chancen auf neuen Märkten zu bestehen.

**Werk**
Werk ist eine persönliche geistige Schöpfung im Sinne des § 2 Abs. 2 UrhG und damit wichtigstes Schutzgut des gesamten Urheberrechts.

**Wertekette**
*engl.: value chain*
Das Modell der Wertekette systematisiert die wertschöpfenden Aktivitäten eines Unternehmens (Wertaktivitäten) und stellt ihren Beitrag zur Wertschöpfung fest. Das Ziel im ➜ Informationsmanagement ist es, durch Automatisierung der Wertaktivitäten mit hohem Wertschöpfungspotential einen deutlichen Beitrag zur Kostensenkung und/oder Differenzierung der betrieblichen Leistungserstellung zu ermöglichen.

**Wikipedia**
Bei der online zugänglichen ➜ Enzyklopädie Wikipedia handelt es sich um ein offenes Gemeinschaftsprojekt. Jeder kann über das ➜ Internet nicht nur Artikel lesen, sondern sogar ohne Anmeldung neue Artikel schreiben und vorhandene Artikel bearbeiten. Die Wikipedia basiert auf dem Konzept der so genannten Wikis, das sind im ➜ WWW veröffentlichte Webseiten, die von den Benutzern direkt am Bildschirm in einer Editbox verändert werden können. Das 2001 in den USA ins Leben gerufene Projekt arbeitet bereits an über 160.000 Artikeln und die deutsche Version weist immerhin über 30.000 Artikel auf. Mit der „Wikipedia" ist das Experiment geglückt, dass unterschiedliche Autoren, teilweise renommierte Wissenschaftler, die sich persönlich überhaupt nicht kennen, ohne eine zentrale Redaktion zusammen arbeiten. Das Benutzerverzeichnis der deutschen Version weist über 4.000 eingetragene Nutzer auf. Die Artikel sind nicht namentlich gekennzeichnet und eine redaktionelle Bearbeitung findet nicht statt. Verantwortlich für den Inhalt der Artikel zeichnet vielmehr die Wikipedia-Community als Ganzes.

**Windows**
➜ Betriebssystem

**Wirtschaftsdatenbank**
*engl.: business database, economic database*
Über einen Datenbankanbieter (➜ Host) oder direkt vom Produzenten in elektronischer Form kommerziell angebotene ➜ Datenbank mit wirtschaftlichen bzw. unternehmensrelevanten Inhalten. Wirtschaftsdatenbanken können als bibliographische, Volltext-, Fakten- oder statistische Datenbanken strukturiert sein. Die Inhalte entsprechen dem Themenspektrum der ➜ Wirtschaftsinformation.

**Wirtschaftsinformatik**
*engl.: information systems*
Die Wirtschaftsinformatik befasst sich mit der Konzeption, Entwicklung, Einführung, Wartung und Nutzung von Systemen, in denen die computergestützte Informationsverarbeitung im Unternehmen angewendet wird. Die Wirtschaftsinformatik versteht sich als interdisziplinäres Fach zwischen Betriebswirtschaftslehre und ➜ Informatik und enthält auch informationstechnische Lehr- und Forschungsgebiete.

**Wirtschaftsinformation**
*engl.: economic information; business information*
Unter Wirtschaftsinformation versteht man einerseits Informationen über das Wirtschaftsgeschehen, andererseits auch Informationen für die „Wirtschaft". Für Unternehmen bedeutet Wirtschaftsinformation in erster Linie „Geschäftsinformation", Informationen also, die bei der zielorientierten Unternehmensführung, bei der Planung und Steuerung operativer Abläufe und bei der Beurteilung der Märkte und Marktchancen unterstützen. Im Sinne dieser unternehmensrelevanten Information umfasst Wirtschaftsinformation ein weitgefächertes Themenspektrum, das Märkte, Produkte, Unternehmen, Technologien, Managementfragen, Länderdaten und vieles mehr umfasst. (siehe auch ➜ Wirtschaftsdatenbank)

**Wissen**
*engl.: knowledge*
Unter Wissen versteht man im Bewusstsein verfügbare Kenntnisse über Gegenstände, Sachverhalte, Personen, Ereignisse, Methoden, Regeln etc. einschließlich des zugehörigen lebensweltlichen (historischen) Begründungszusammenhangs – im Unterschied zu bloßen Meinungen, Vermutungen – verknüpft mit der Einsicht in ihre Gewissheit, die (objektiv) auf Tatsachenfeststellung, logischen, wissenschaftlichen Kriterien bzw. (subjektiv) auf Intuition oder eigener Anschauung beruht. Wissen ist intersubjektiv (in Raum und Zeit) austauschbar, wenn seine (mentale) begriffliche Form durch ein (adäquates) Symbolsystem einen sinnlich erfahrbaren Ausdruck erhält. Damit kann Wissen auch als eine Information interpretiert werden, die auf Grund von Erfahrung oder durch logische Ableitung begründet ist. Wissen stammt etymologisch von lat. videre = sehen; mhd. wizzen eigtl. = gesehen haben, durch eigene Erfahrung oder zuverlässige Mitteilung Kenntnis von etwas haben, so dass man zuverlässige Aussagen machen kann. Nach F. Bacon bedeutet richtig zu wissen, durch Gründe zu wissen, und auch Descartes versteht unter Wissen eine Erkenntnis der Wahrheit aus ihren ersten Ursachen. Wissen ist vorhersagbare Information auf der Empfängerseite (eintreffende Information). Obwohl das englische Wort knowledge als die korrekte Übersetzung des deutschen Wortes Wissen angesehen werden muss, darf nicht übersehen werden, dass sich im Deutschen auch das Wort Wissenschaft daraus ableitet, womit das englische Science eingeschlossen ist. – Wissen wird als Phänomen kognitiver Systeme aufgefasst, das als Gesamtheit der Kenntnisse, Erfahrungen, Fähigkeiten, Fertigkeiten und Wertvorstellungen verstanden wird. Damit stellt es einerseits den Struk-

turrahmen für die Aufnahme, Bewertung und Eingliederung neuer Erfahrungen und Informationen, andererseits ist es handlungsleitend für Individuen. Wissen kann darüber hinaus als emergentes Phänomen in kollektiven Systemen (beispielweise Systeme der Organisation) auftreten. In Unternehmen wird Wissen vielfach in Form von Information in Dokumenten und Informationssystemen gespeichert, die damit eine wichtige Unterstützungsfunktion für das → Wissensmanagement bieten. Auf der organisationalen Ebene fließt Wissen in Routinen, Prozesse oder Normen ein.

**Wissensbasiertes System**
*engl.: knowledge based system*
Ein wissensbasiertes System enthält → Wissen über ein Anwendungsgebiet, welches notwendig ist, um die intendierte Funktionalität zu realisieren. Das Wissen ist explizit in Symbolstrukturen in einer dedizierten Teilkomponente des Systems – der → Wissensbasis – repräsentiert. Das Wissen kann deshalb inspiziert und verändert werden sowie durch Wissen über ein anderes Anwendungsgebiet ausgetauscht werden. Die Untersuchung von Methoden und Techniken zur Erstellung wissensbasierter Systeme erfolgt im Gebiet → Künstliche Intelligenz.

**Wissensbasis**
*engl.: knowledge base*
Eine Wissensbasis ist eine Sammlung von → Wissen, das in einer geeigneten Darstellung formalisiert wird, um Schlussfolgerungen ziehen zu können (→ Expertensystem, → Wissensbasiertes System). Typischerweise wird dabei das Wissen in Form von Erzeugungsregeln ausgedrückt und stellt den heuristischen Zugang dar, den ein Experte oder Praktiker im Verlaufe der Problemlösung entwickelt hat. Andere Formalismen für die Wissensdarstellung sind logische Algorithmen, → Semantisches Netz und Frames.

**Wissenschaftliche Bibliothek**
*engl.: academic library, scientific library*
Wissenschaftliche Bibliotheken sind Bibliotheken im Hochschul- und Wissenschaftskontext oft mit historischen Medienbeständen und damit mit einer expliziten Archivfunktion. Im Gegensatz zur → Spezialbibliothek, die eher auf aktuelle Informationsversorgung einer spezifischen Wissenschaftlergruppe ausgerichtet ist, können vor allem größere wissenschaftliche Bibliotheken weiter gefasste Zielgruppen als Nutzer haben.

**Wissenschaftlicher Dokumentar**
→ Aufbaustudium Informationswissenschaft

**Wissensgemeinschaften**
*engl.: Communities of Practice*
Communities of Practice (CoP) sind Praxis- bzw. Wissensgemeinschaften, die sich in der Regel auf informeller Ebene bilden und Mitarbeiter mit gleichen fachlichen Aufgaben und Interessen zusammen führen. Communities of Practice bilden einen relevanten Teil der informellen Organisation eines Unternehmen. → Lernen in der betrieblichen Lebenswelt vollzieht sich hauptsächlich in diesen Gemeinschaften. Damit tragen sie zur Wissensentwicklung bei, indem sie ein geteiltes Verständnis von Annahmen, Aufgaben und Abläufen schaffen.

**Wissensmanagement**
*engl.: knowledge management*
Wissensmanagement bezweckt die zielorientierte Entwicklung und Nutzung von → Wissen und Fähigkeiten, welche für die Ziele einer Organisation als notwendig erachtet werden. Das Management von Wissen verfolgt ein Interventionskonzept, das sich mit den Möglichkeiten der Einflussnahme auf die → Wissensbasis einer Organisation (Organizational Memory) beschäftigt. Als Interventionsebenen des Wissensmanagements werden die Organisation, der Mensch und die Technik angesehen.

**Wissensökologie**
*engl.: knowledge ecology*
Wissensökologie im Zusammenhang mit → Informationsethik verfolgt die Zielsetzung, Bedingungen der Möglichkeit eines inklusiven und gerechten Umgangs mit → Wissen und Information auszuloten. Dabei spielt der Gedanke der Nachhaltigkeit eine Rolle. Wissensökologie bezieht die für Ökologie allgemein grundlegende Idee der Nachhaltigkeit nicht allein auf die natürlichen Ressourcen, sondern schließt den nachhaltigen Umgang mit den intellektuellen Ressourcen mit ein.

**Wissensorganisation**
*engl.: knowledge organization*
Als Wissensorganisation wird eine Kombination aus Verfahren, Techniken und Regeln beschrieben, die das → Wissen im Innern einer Körperschaft organisiert. Damit ist die organisatorische Interventionsebene von → Wissensmanagement angesprochen. Eine Form, Wissensmanagement zu organisieren und einen ganzheitlichen Rahmen zu ge-

ben, ist die Übertragung der Marktmetapher auf die intraorganisationale Ebene. Ein Unternehmen wird so als ein Wissensmarkt betrachtet und beschrieben. Grundsätzlich wird davon ausgegangen, dass Wissen eine knappe Ressource ist und nur unter Wettbewerbsbedingungen entwickelt und geteilt werden kann. Ein solches Marktmodell des Wissensmanagements definiert daher marktähnliche Regeln sowohl für den Austausch von Wissen innerhalb der Organisation, als auch entsprechende Rollen für die Mitglieder der Organisation. Dieses Szenario sieht Mitarbeiter als Anbieter und Nachfrager von Wissen sowie als Intermediäre (Knowledge Broker). Diese Akteure auf dem Wissensmarkt können nacheinander oder auch gleichzeitig verschiedene Rollen einnehmen. Darüber hinaus werden Spielregeln und regulative Rahmenbedingungen für einen Wissensmarkt definiert, die den Austausch von Wissen fördern und regeln. Zu diesen zählen in der Hauptsache ein Preissystem (Anreize) für den Wissenstausch und Bewertungsmöglichkeiten hinsichtlich der Qualität der Angebote.

**Wissensprozess**
*engl.: knowledge process*
Direkt auf die Verarbeitung von → Wissen bezogene Prozesse werden als Wissensprozesse verstanden. Solche Wissensprozesse sind beispielsweise die Identifikation von Wissen, die Verteilung von Wissen oder die Suche nach Wissen. Diese Prozesse können – wie andere Geschäftsprozesse auch – modelliert und in betrieblichen Informationssystemen abgebildet werden.

**Wissensstruktur**
*engl.: knowledge structure*
Wissensstrukturen bilden eine standardisierte Metasprache über die Wissensquellen (Dokumente, Datenbanken, Experten usf.) und ihren Beziehungen untereinander. Zugleich bilden Wissensstrukturen eine Mittlerschicht zwischen Geschäftsobjekten und Geschäftsprozessen sowie den Wissensquellen. Die Wissensstrukturen werden durch → Knoten (Wissenscluster) und Kanten gebildet. Wissenscluster fassen → Wissen zum selben Inhalt zusammen. Die Kanten stellen Beziehungen (z.B. „ist ein", „verwendet für") zwischen den Wissensclustern dar. Wissensstrukturen werden im Rahmen von Informationssystemen in technische Verbindungen (z.B. Hyperlinks) überführt. Instrumente für die Bildung von Wissensstrukturen sind Ontologien (→ Ontologie) oder → Topic maps.

**Wissenstransfer**
*engl.: knowledge transfer*
Wissenstransfer zielt darauf ab, wissenschaftliche, technische oder praktische Erkenntnisse als Handlungswissen zwischen Produktions- und Anwendungsbereich zu transferieren und für weitergehende Problemlösungen nutzbar zu machen. Dabei befassen sich die im Wissenstransfer involvierten Mittlerinstanzen mit den technologischen, betriebswirtschaftlichen, sozialwissenschaftlichen und gestalterischen Inhalten des Wissensaustausches und übernehmen dabei problembezogene Übersetzungs-, Vermittlungs- und Adaptionsaufgaben. Die auf Wissenstransfer spezialisierte → Informationsagentur ist insbesondere an den Schnittstellen zwischen diversen Informationsbereichen mit unterschiedlichen Wissensstrukturen und Informationsstandards zu verorten. Die Prozesskette eines gelungenen Wissenstransfers stellt sich dabei wie folgt dar: Ausgangspunkt: → Wissen des „sendenden Akteurs" (interne Wissensrepräsentation), Erzeugung einer Wissenspräsentation (Transformation, Codierung) mit Bezug zum ausgewählten Wissenssegment, medialer Transfer, Empfang der Wissenspräsentation (Retransformation/Decodierung), Veränderung des Wissens (der internen Wissensrepräsentation) beim „empfangenden Akteur".

**WLAN**
→ Rechnernetzwerk

**Workflow-Management**
Workflow-Management umfasst alle Aufgaben, die bei der Modellierung, Spezifikation, Simulation sowie bei der Ausführung und Steuerung der Workflows erfüllt werden müssen. Ein Workflow ist eine automatisiert ablaufende Gesamtheit von Aktivitäten, die sich auf Teile eines Geschäftsprozesses oder andere organisatorische Vorgänge beziehen. Er hat einen definierten Anfang, einen organisierten Ablauf und ein definiertes Ende. Allgemein sind Workflows organisationsweite arbeitsteilige Prozesse, in die eine große Anzahl von Personen bzw. Software-Systemen einbezogen sind. Ein Workflow-Management-System (WfMS) dient der aktiven Steuerung arbeitsteiliger Prozesse. Eine Workflow-Management-Anwendung ist eine implementierte Lösung zur Steuerung von Workflows auf der Basis eines Workflow-Management-Systems. (siehe auch → Rechnergestützte Gruppenarbeit, → Prozessorganisation)

**Workgroup Computing**
Workgroup Computing beschreibt die Computer-

unterstützung der ➜ Gruppenarbeit, bei der die enge Kooperation von Gruppenmitgliedern bei der Bearbeitung insbesondere schwach bis mittel strukturierter Aufgaben im Vordergrund steht. Beispiele solcher Arbeitsszenarien sind gemeinsame Gruppensitzungen am selben Ort (Electronic Meeting Rooms, GDSS), verteilte Meetings (Konferenzsysteme) oder die gemeinsame und verteilte Bearbeitung von Dokumenten (Gruppeneditoren). Anwendungen der Systemklasse Workgroup Computing zeichnen sich vor allem durch eine hohe Flexibilität aus. (siehe auch ➜ Rechnergestützte Gruppenarbeit, ➜ Workflow-Management und ➜ Groupware)

**Workstation**
➜ Hardware

**World Patent Index**
➜ Patentdatenbank

**World Wide Web Consortium**
➜ W3C

**Wortarchiv**
*engl.: sound braodcasting archive*
Die Wortdokumentation im ➜ Rundfunkarchiv befasst sich im Wesentlichen mit der sendereigenen Hörfunkproduktion. Die ➜ Inhaltserschließung erfolgt im allgemeinen klassisch mit ➜ Kurzreferat und Deskriptoren. Da die Besonderheiten der Sendung mit dokumentiert werden müssen (O-Töne, Atmosphäre, Reportageteile usw.), ist die Auswertung sehr arbeits- und zeitintensiv. Das „Regelwerk Hörfunk Wort" bietet Richtlinien und Kriterien für die Feststellung der ➜ Dokumentationswürdigkeit, Datenelemente für die ➜ Formalerschließung und Anleitungen zur strukturierten Inhaltserschließung.

**Wörterbuch**
➜ Enzyklopädie

**Wortformreduktion**
*engl.: stemming*
Wortformreduktionen dienen der Zusammenführung verschiedener Formen eines Wortes auf die formale Grundform, die lexikalische Grundform oder die Stammform. Sie werden für die ➜ Automatische Indexierung eingesetzt und verwenden unterschiedliche Algorithmen.

**WPI**
➜ Patentdatenbank

**WWW**
*engl.: World Wide Web*
WWW ist die Bezeichnung für „weltweites Netz" (auch 3W, W3, Web), gemeint ist der Dienst im ➜ Internet, der sich durch hohe Benutzerfreundlichkeit sowie multimediale Elemente auszeichnet. Nicht selten wird das „World Wide Web" mit dem Internet gleichgesetzt wird, aber tatsächlich ist es nur eine Untermenge – also einer von mehreren Diensten. Der Zugriff auf die Informationen erfolgt über ➜ Browser. Das World Wide Web nahm 1989 seinen Anfang am CERN (Europäisches Kernforschungszentrum in Genf); wissenschaftliche Texte sollten online erreichbar sein, wobei eine einfache Textformatierung und das Einbinden von Grafiken erwünscht waren. Entscheidend für den Erfolg des WWW dürften die Funktionen des ➜ Hypertext gewesen sein. Die beiden technischen Säulen des CERNer Projekts bildeten von Beginn an die damals neue Dokumentenbeschreibungssprache ➜ HTML und das High-Level-Internet-Protokoll (HTTP). Als vollständiges Paket hatte die neue Technologie schließlich im Juli 1992 im Internet einen öffentlichen Auftritt. 1996 begannen ➜ Microsoft und ➜ Netscape den Kampf um die Web-Vorherrschaft. Im März 2003 nutzen 95 Prozent der Surfer weltweit den Internet Explorer, nur noch 3 Prozent verwenden Netscape-Software.

# X

## XML
*engl.: Extensible Markup Language*
XML ist eine Metasprache zur Definition einer ➜ Auszeichnungssprache, die das ➜ W3C in der Version 1.0 als Recommendation als Subset von ➜ SGML verabschiedet hat. Grundlage der Entwicklung von XML (seit ca. 1990) war SGML, welches deutlich vereinfacht und an die Bedürfnisse der Internet-Entwicklungen angepasst wurde. Dadurch wird die Entwicklung von XML-Werkzeugen und XML-basierten Anwendungen wesentlich unterstützt. XML legt mittels einer Dokumenttyp-Definition (➜ DTD) bzw. mittels ➜ XML Schema fest, wie Dokumente einer bestimmten Klasse strukturiert sind und gleichzeitig, in welchem Format Dokument-Instanzen zu handhaben sind. Dokumente, die auf die Einhaltung allgemeiner syntaktischer Regeln von XML geprüft sind, werden als wohlgeformt bezeichnet. Wichtigstes Prinzip von XML ist die Trennung von Struktur (Markup), Inhalt und Präsentation. Die breite Anwendung von XML hat dazu geführt, dass neben die ursprüngliche „Dokument-Perspektive" des Publikationsbereiches die „Datenbeschreibungs-Perspektive" datenbankbasierter und verteilter Anwendungen getreten ist. XML stellt sich gleichzeitig als allgemeines Paradigma für den Umgang mit Daten und Information dar, als Protokoll für die Handhabung von Daten und als Familie von Technologien zur Übermittlung, Speicherung, Analyse, Selektion, Transformation und Präsentation von Datensätzen bzw. Dokumenten. Wichtige begleitende Standards der XML-Familie, deren Komplexität die von XML selbst deutlich übersteigen kann, sind Namespaces (Integration verschiedener Dokumenttypen), XLinks (Dokument-Verknüpfungen), XPath (Adressierung von Dokumentteilen), XPointer (Lokalisierung von Internet-Dateien), XQL (Abfragesprache), ➜ XSL (Transformation und Präsentation). Wichtige Schnittstellen für die Verarbeitung von XML-codierten Daten sind u.a. das Document Object Model (DOM) oder das Simple API für XML (SAX). Prominente XML-Anwendungen (Dokumentklassen) sind z.B. XHTML (Anpassung von ➜ HTML an die XML-Konventionen), SVG (Dokumenttyp zur Realisierung zweidimensionaler interaktiver Schnittstellen) oder MathML, das die Defizite überwinden soll, die gängige Textsysteme mit Formeln und Gleichungen haben.

## XML Schema
*engl.: XML scheme*
Mit Hilfe der Sprache XML Schema lassen sich Klassen von XML-Dokumenten definieren (siehe ➜ XML). Ihre Struktur wird durch die verwendbaren Markierungen (Tags) sowie deren Reihenfolge und Verschachtelung im Dokument festgelegt. Eine Schemabeschreibung entspricht einem konzeptionellen Datenbankentwurf. Jedes XML-Dokument, das zu einer bestimmten, durch XML Schema definierten Klasse gehört, muss der festgelegten Struktur genügen. Dokumente, die der spezifischen Strukturdefinition einer Dokumentenklasse entsprechen, heißen „valide". Der Übergang von der ➜ DTD zum XML Schema bedeutet eine technische Vereinfachung insofern, dass XML Schemata (im Gegensatz zu DTDs) auch XML-Dokumente sind. Darüberhinaus bieten XML Schemata neben größerer Flexibilität die Möglichkeit, den Elementen differenzierte Datentypen zuzuordnen.

## XSL
*engl.: Extensible Style Sheet Language*
XSL ist der Standard des ➜ W3C für eine Sprache für die Formulierung von Layoutvorlagen in ➜ XML. XSL wird primär von der Firma ➜ Microsoft unterstützt. Inzwischen wurde der Standard in XSLFO und XSLT aufgeteilt: XSLFO (Extensible Style Sheet Language Formatted) wird ähnlich wie XSLT verwendet, wenn ein XML-Dokument z.B. in eine der proprietären Sprachen (wie z.B. ➜ PDF) konvertiert werden soll. XSLT (Extensible Style Sheet Language Transformation) erlaubt aus einem XML-Quelldokument ein umgewandeltes Zieldokument zu erzeugen, das selbst wieder ein XML-Dokument bzw. ein Dokument in einer beliebigen ➜ Auszeichnungssprache sein kann, aber nicht muss.

# Z

**ZDB**
→ Normdatei

**Zeitschriftendatenbank**
→ Normdatei

**Zentrale Recheneinheit**
*engl.: Central Processing Unit (CPU)*
Die Zentrale Recheneinheit (CPU) ist die komplexeste Einheit eines Rechnersystems. Hier treffen alle Befehle und Daten zusammen, egal ob diese vom → Betriebssystem oder von Anwendungsprogrammen stammen. Obwohl in der heutigen Zeit nahezu alle Computersysteme als Multiuser- und Multitasking-fähig bezeichnet werden und somit sowohl Benutzer als auch Programme/Prozesse parallel bedienen, findet auf der Ebene der CPU keine echte Parallelverarbeitung von Befehlen statt. Es ist nur die Geschwindigkeit heutiger Prozessoren, die es ermöglicht, innerhalb kürzester Zeit von einem Programm zum anderen zu wechseln und somit dem Benutzer eine quasi gleichzeitige Verarbeitung zu suggerieren. Bei einem ablaufenden Programm muss jeder auszuführende Befehl (Anweisung, Operation) zuerst aus dem Arbeitsspeicher in die CPU geladen werden. Falls weitere Operanden (Daten) notwendig sind, so müssen auch diese über den Datenbus in das Innere der CPU gelangen. Für den reibungslosen Ablauf dieser Transferarbeiten sorgt das Steuerwerk, es ist mit allen anderen Komponenten des Rechners verbunden. Es besitzt kleine Speichereinheiten, so genannte Register. Das Befehlszählregister (Befehlszähler) enthält die aktuelle Adresse eines Befehls im Arbeitsspeicher. Nach dem Laden des Befehls, welcher zunächst in codierter Form vorliegt, wird dieser im Befehlsregister abgelegt. Nach Interpretation des Befehls durch das Steuerwerk werden alle an der Ausführung beteiligten Funktionseinheiten mit den jeweiligen Informationen versorgt und die Abarbeitung der Anweisung veranlasst. Ist die Ausführung abgeschlossen, so wird der Befehlszähler um eins erhöht (inkrementiert) und somit die nächste Programmanweisung in das Befehlsregister geladen. Auf diese Weise wird das Programm sequenziell bis zur letzten Anweisung abgearbeitet. Nur so genannte Sprungbefehle können selbst den Befehlszähler mit einer anderen Adresse versehen und ermöglichen so die Unterbrechung der Sequenz. Auf diese Art können Programmteile übersprungen (z.B. bei IF-Anweisungen) oder wiederholt ausgeführt werden (z.B. bei Schleifen u.ä.). Wie es die Bezeichnung schon sagt, ist das → Rechenwerk für das Rechnen innerhalb eines Computers zuständig. Hier werden arithmetische Operationen sowie eine Reihe logischer Verknüpfungen (z.B. UND, ODER, NICHT) durchgeführt. Auch das Rechenwerk besitzt mehrere Register, in denen Operanden sowie Zwischen- und Endergebnisse festgehalten werden. Der Ablauf einer Rechenoperation fällt allerdings recht primitiv aus: Vielmehr als einfaches Addieren und logisches Verknüpfen sowie das Verschieben von Bits innerhalb der Register ist nicht möglich. Auch hier spielt die Geschwindigkeit die zentrale Rolle: Alle komplexen arithmetischen Rechenoperationen lassen sich auf die vier Grundrechenarten zurückführen.

**Zentraleinheit**
→ Zentrale Recheneinheit

**Zentralstelle für Maschinelle Dokumentation**
Die Zentralstelle für Maschinelle Dokumentation (ZMD) wurde 1964 in Frankfurt am Main bei der Max-Planck-Gesellschaft (MPG) gegründet und widmete sich den Techniken der Dokumentation (Reprographie und Computertechnik). Die ZMD ist Ende der 1970er Jahre dann in die Gesellschaft für → Information und Dokumentation (GID) integriert worden.

**Zertifikat Medizinische Biometrie**
Die Deutsche Gesellschaft für Medizinische Informatik, Biometrie und Epidemiologie (→ GMDS) und die Deutsche Region der Internationalen Biometrischen Gesellschaft (IBS) verleihen unter bestimmten Voraussetzungen das Zertifikat Medizinische Biometrie. Es wendet sich an Ärzte, die eine Zusatzausbildung in → Biometrie erhalten und an Statistiker, die eine Zusatzausbildung in Medizin erhalten.

**Zertifikat Medizinische Dokumentation**
Die Deutsche Gesellschaft für Medizinische Informatik, Biometrie und Epidemiologie (→ GMDS) und der Deutsche Verband Medizinischer Dokumentare (DVMD) verleihen das Zertifikat Medizinische Dokumentation. Es ist für Medizinische Dokumentationsassistenten (siehe auch → Medizinischer Dokumentationsassistent) gedacht, die zum Medizinischen Dokumentar aufsteigen wollen. (siehe auch → Medizinischer Dokumentar)

## Zertifikat Medizinische Informatik
Die Deutsche Gesellschaft für Medizinische Informatik, Biometrie und Epidemiologie (➙ GMDS) und die Gesellschaft für ➙ Informatik (GI) verleihen unter bestimmten Voraussetzungen das Zertifikat Medizinische Informatik. Es wendet sich an Ärzte, die eine Zusatzausbildung in Informatik erhalten und an Informatiker, die eine Zusatzausbildung in Medizin erhalten. (siehe auch ➙ Medizinische Informatik)

## Zertifizierung
*engl.: certification*
Zertifizierung beschreibt ein Qualitätsverfahren (siehe auch ➙ Qualitätsmanagement), welches zu einem erfolgreichen Abschluss gebracht, der zu beurteilenden Institution oder Person ein Qualitätssigel verleiht. Dieses Zertifikat dient der Institution oder der Person zur Kommunikation nach außen. Es zeigt an, dass gewisse Verfahren oder Kompetenzen erfolgreich bewertet wurden. Bekannte Beispiele sind die Zertifizierungen von Institutionen nach ➙ ISO 900X oder die Zertifizierung von Personen (siehe auch ➙ Zertifizierungsinstanz). Beispiele für Zertifikate sind das ➙ Zertifikat Medizinische Informatik, das ➙ Zertifikat Medizinische Dokumentation und das ➙ Zertifikat Medizinische Biometrie.

## Zertifizierungsinstanz
*engl.: certification authority; trustcenter*
Bei der ➙ Verschlüsselung besteht von vorn herein kein nachvollziehbarer Zusammenhang zwischen einem Private Key und der vorgeblich zu ihm gehörenden Person. Jemand kann sich als eine andere Person ausgeben, indem er unter deren Namen einen selbst erzeugten Private Key in Umlauf bringt. Dieses Problem wird durch das Einschalten eines vertrauenswürdigen Dritten gelöst, der sich für die Identität einer Person verbürgt. Dies kann über Vertrauensnetzwerke (Web of Trust) oder offizielle Zertifizierungsinstanzen (Certification Authority, Trustcenter) geschehen. Diese liefern mit digitalen Zertifikaten und Schlüsseln die Grundausstattung zur Teilnahme am rechtsverbindlichen und vertraulichen elektronischen Geschäftsverkehr. Sie überprüfen zunächst die Identität des Nutzers und generieren einen elektronischen Ausweis, das Zertifikat, das bestätigt, dass der Public Key wirklich der beantragenden Person gehört. An dieses Zentrum kann sich der Empfänger wenden und den Public Key des Senders abrufen. Das Format solcher Zertifikate lässt sich standardisieren, so dass sie automatisch auswertbar sind.

## Zielgruppenanalyse
*engl.: target group analysis*
Mit der Zielgruppenanalyse werden klare Zielgruppen der IuD-Abteilung definiert. Denn eine IuD-Abteilung kann aufgrund der Vielfältigkeit der Informationsmöglichkeiten und Spezialisierung des Personals es nicht jeglicher Gruppe bzw. Abteilung im Unternehmen Recht machen, sondern muss klare Schwerpunkte hinsichtlich der Befriedigung klar definierter Zielgruppen setzen. Für umfangreiche Zielgruppenanalysen können die Methoden der Benutzerforschung und ➙ Informationsbedarfsanalyse genutzt werden. Speziell für den IuD-Bereich ist die Benutzerforschung von der Informationswissenschaft als Methode entwickelt worden. Sie stellt in einigen Teilen eine Konkretisierung der Marktforschung hinsichtlich spezieller IuD-Anforderungen dar. Die Zielgruppenanalyse ist ein Hilfsmittel zur Erforschung der Kundenwünsche bzw. Informationsnutzerwünsche und vom ➙ Informationsbedarf von bestimmten Zielgruppen. (siehe auch ➙ Informationsanalyse)

## Zitatenanalyse
*engl.: citation analysis*
Zitatenanalysen umfassen jenes Teilgebiet von ➙ Bibliometrie, ➙ Szientometrie und ➙ Informetrie, das sich mit der Untersuchung der Beziehungen zwischen zitierten und zitierenden Dokumenten beschäftigt. Den einfachsten Fall einer Zitatenanalyse stellt die Ermittlung der erhaltenen Zitate dar. Analyseeinheit können u. a. einzelne Artikel, Zeitschriften, Autoren, Organisationen, Institute, Universitäten oder Länder sein. In vielen Fällen ist es aus Vergleichbarkeitsgründen sinnvoll, die absoluten Zitationshäufigkeiten mit anderen Größen in Beziehung zu setzen, zum Beispiel mit dem ➙ Impact Factor. Zitatenanalysen können auch dazu verwendet werden, um den Zusammenhang zwischen den Analyseeinheiten zu untersuchen. Dies kann auf Basis der bibliografischen Kopplung oder durch ➙ Kozitationsanalyse erfolgen. Da Zitatenanalysen mit einer Reihe von Problemen behaftet sind (unterschiedliche Motive für ein Zitat, Selbstzitate, Gefälligkeitszitate, unterschiedliches Zitierverhalten in verschiedenen Disziplinen, schlechte Datenqualität etc.), ist bei deren Durchführung mit entsprechender Sorgfalt vorzugehen. Durch Zitatenanalysen können z.B. ➙ Meistzitierte Aufsätze und ➙ Zitierungsklassiker ermittelt werden und ➙ Zitierungsregister erstellt werden.

## Zitierungsklassiker
*engl.: citation classics*
Zitierungsklassiker sind Publikationen, die durch eine besonders lang andauernde Zitierung überdurchschnittlich hohe Zitationsraten in überdurchschnittlich hoher → Halbwertszeit erreichen. Sie beziehen sich meist auf klassische Arbeiten und führen damit zu einer leichten Abweichung (insgesamt etwa 5%) von der typischen Halbwertszeitfunktion bei weit zurückliegenden Publikationen. Sie werden durch → Zitatenanalyse ermittelt.

## Zitierungsregister
*engl.: citation index*
Ein Zitierungsregister beschreibt die formalen Eigenschaften eines Dokuments und zeigt an, in welchen anderen Dokumenten das betreffende Dokument zitiert ist. Zitierindizes geben also Auskunft darüber, welche Dokumente in die Erstellung einer Arbeit eingeflossen sind. Der Grundgedanke von Zitierindizes besteht darin, dass aus den Zitaten ein inhaltlicher Zusammenhang zwischen zitiertem und zitierendem Dokument abgeleitet werden kann. Dieser Sachverhalt kann sowohl zur Informationssuche als auch für eine → Zitatenanalyse genutzt werden. Die bekanntesten und umfangreichsten Zitierindizes sind jene des → ISI (Institute for Scientific Information): Science Citation Index, Social Science Citation Index (SSCI) und Arts & Humanities Citation Index (A&HCI) decken mit Naturwissenschaften, Sozialwissenschaften sowie Geisteswissenschaften und Kunst das gesamte Spektrum wissenschaftlicher Forschung ab. Es handelt sich um so genannte multidisziplinäre Datenbanken. Diese Datenbanken können online über die meisten Hosts abgefragt werden, sind aber auch auf CD-ROM verfügbar. Zusätzlich werden diese drei Datenbanken in einer Web-Version, dem sogenannten „Web of Science" angeboten. Dieser umfasst über 20 Millionen Quellenartikel mit mehr als 300 Millionen Zitaten. Pro Jahr wächst die Datenbank um 1,1 Mio. Quellendokumente und 23 Mio. Zitate. Die Quellenartikel stammen aus 5700 naturwissenschaftlich/technischen, 1700 sozialwissenschaftlichen und rund 1100 geisteswissenschaftlichen Periodika. Zitierungsregister basieren auf der Zitatenanalyse von Dokumenten.

## ZMD
→ Zentralstelle für Maschinelle Dokumentation

## Zugriffsstruktur
*engl.: access structure*
Die Zugriffsstruktur beschreibt die Merkmale der Schritte, die ein Benutzer bis zum Auffinden der gewünschten Informationen in einer → Enzyklopädie oder einem → Lexikon beschreiten muss. In der äußeren Zugriffsstruktur werden dabei Merkmale des Zugriffs auf das lexikographische Nachschlagewerk (Titel usw.) beschrieben. Die innere Zugriffsstruktur beschäftigt sich mit den Merkmalen der Benutzung innerhalb des lexikographischen Nachschlagewerks (Auffinden und Verstehen der Lemmaliste(n), Zugriff auf Umtexte etc.).

## Zuse
Der deutsche Ingenieur Konrad Zuse erkannte als erster, dass sich das binäre Zahlensystem wesentlich besser für Rechenmaschinen eignet als das bisher verwendete Zehnersystem. Er baute daraufhin eine Rechnerfamilie, welche als die ersten modernen Computer gelten: Der Z1 von 1936 arbeitete mit dem binären Zahlensystem, war allerdings noch mechanisch. Die Weiterentwicklung resultierte dann im Jahre 1941 in dem elektromechanischen Modell Z3, welches mit circa 2.500 Relais arbeitete und den ersten betriebsfähigen programmgesteuerten „Digitalrechner" überhaupt darstellte. Der Z3 hatte eine Speicherfähigkeit von 64 Zahlen mit je 22 Dualstellen und konnte 15-20 Rechenoperationen pro Sekunde durchführen. Ähnlich wie → Hollerith gründete auch Zuse seine eigene Firma, die Zuse KG, welche später dann in der Siemens AG aufging.

# Englisches Register zum Glossar

**A**
AACR → AACR
abstract → Kurzreferat
abstract journal = Referateblatt → Referatedienst
abstracting → Kurzreferat
abstracting service → Referatedienst
academic library → Wissenschaftliche Bibliothek
access point = Sucheinstieg → Eintragung
ADA → ADA
added entry = Nebeneintragung → Eintragung
adjacency operator = Abstandsoperator
　→ Kontext-Operatoren
Adobe → Adobe
advertising print → Werbedruck
AI → Künstliche Intelligenz
AIC → Algorithmischer Informationsgehalt
Algorithmic Information Content
　→ Algorithmischer Informationsgehalt
algorithm → Algorithmus
American National Standards Institute → ANSI
American Society for Information Science and Technology → ASIS
American Standard Code for Information Interchange → ASCII
Amiga → Amiga
Anglo-American Cataloguing Rules → AACR
annotation → Annotation
ANSI → ANSI
Apple → Apple
application → Betriebliches Anwendungssystem
application layer → Anwendungsschicht
application software
　→ Betriebliches Anwendungssystem
application software → Anwendungssoftware
application system
　→ Betriebliches Anwendungssystem
appraisal (archives) → Archivgut-Bewertung
archival science → Archivwissenschaft
Arificial Intelligence → Künstliche Intelligenz
arithmetic logical unit → Rechenwerk
ASCII → ASCII
ASIS → ASIS
assembler → Assembler
assembly bonus effect → Gruppenvorteil
associative relation → Assoziationsrelation
attachment → Datei-Anhang
authentification → Authentifizierung
author index = Autorenregister → Register
authority → Knoten
authority file → Normdatei

AutoCAD → CAD
automatic indexing → Automatische Indexierung
auxiliary tables = Hilfstafel
　→ Dezimalklassifikation

**B**
B2B → B2B
B2C → B2C
barcode → Strichcode
BASIC → BASIC
basic index → Basisregister
Basic Input Output System → BIOS
batch mode → Stapelbetrieb
Baud → Baud
Bd → Baud
beat → Beat
Beginners All purpose Symbolic Instruction Code → BASIC
bibliographic description
　→ Bibliographische Beschreibung
binary digit → Bit
biometrics → Biometrie
BIOS → BIOS
bit → Bit
Bitmap → BMP
bluesheet → Datenbankbeschreibung
bmp → BMP
BOAI → Budapest Open Access Initiative
body-punched aspect cards = Sichtlochkarte
　→ Handlochkarte
book price fixing → Buchpreisbindung
book trade → Buchhandel
book trade → Verbreitender Buchhandel
bookprinter → Verlagsdruck
Boolean retrieval → Boolesches Retrieval
bot → Roboterbasiertes Verfahren
bots → Software-Roboter
broadcast archive → Rundfunkarchiv
broader term = Oberbegriff
　→ Hierarchische Relation
browser → Browser
browsing → Browsing
Budapest Open Access Initiative
　→ Budapest Open Access Initiative
business Information → Wirtschaftsinformation
business process engineering
　→ Prozessorganisation
business process reengingeering
　→ Prozessorganisation
business process-oriented knowledge manage-

ment → Geschäftsprozessorientiertes Wissensmanagement
Business to Business → B2B
Business to Consumer → B2C
Business to Customer → B2C
byte → Bit

**C**
CA → Chemical Abstracts
cache = Zwischenspeicher → Hardware
CAD → CAD
CAT → Computergestützte Übersetzung
cataloguing in publication
  → CIP-Kurztitelaufnahme
CAWI = Online-Befragung → Befragung
CBT → E-Learning
CC → Colon-Klassifikation
CC → Titelliste
CCITT = Comité Consultativ International Télégraphique et Téléphonique → ITU
CD-I = Interaktive CD-ROM → CD-ROM
CD-MO = Magneto-optische CD-ROM
  → CD-ROM
CD-R = CD-Rohling → CD-ROM
CD-ROM → CD-ROM
CEN → CEN/CENELEC
CENELEC → CEN/CENELEC
Central Processing Unit
  → Zentrale Recheneinheit
CEPT → CEPT
certification authority → Zertifizierungsinstanz
channel-reduction model
  → Kanalreduktionsmodell
character based interface
  → Kommando-Benutzerschnittstelle
chat boards → Chat boards, chat rooms
chat rooms → Chat boards, chat rooms
Chemical Abstracts → Chemical Abstracts
chemical information → Chemie-Information
Chunk = Bündel → Gedächtnis
CIP → CIP-Kurztitelaufnahme
citation analysis → Zitatenanalyse
citation classics → Zitierungsklassiker
citation index → Zitierungsregister
classification → Klassifikation
classification scheme = Klassifikationssystem
  → Klassifikation
classifying → Klassifizieren
classing → Klassieren
CLEF → CLEF
client server architecture
  → Client-Server-Architektur
cloaking → Cloaking

CMC → Computervermittelte Kommunikation
CMS → Inhaltsverwaltung
codification → Chiffrierung
coherence → Kohärenz
cohesive closedness → Kohäsive Geschlossenheit
collaborative filtering → Kollaboratives Filtern
collection → Bestand
Command-line User Interface
  → Kommando-Benutzerschnittstelle
communication → Kommunikation
communication design
  → Kommunikationsdesign
communication ecology
  → Kommunikationsökologie
Compact Disc Read Only Memory
  → CD-ROM
Compact Disc Recordable = CD-Rohling
  → CD-ROM
Compact Disk Magneto Optical
  = Magneto-optische CD-ROM → CD-ROM
Complex Instruction Set Computer
  = CISC-Prozessor → Hardware
Computer Aided Design → CAD
computer aided team
  → Rechnergestützte Gruppenarbeit
Computer Aided Translation
  → Computergestützte Übersetzung
Computer Assisted Web Interviewing
  = Online-Befragung → Befragung
computer based learning → E-Learning
computer based training → E-Learning
computer linguistic → Computerlinguistik
Computer Mediated Communication
  → Computervermittelte Kommunikation
computer network → Rechnernetzwerk
computer science → Informatik
Computer Supported Cooperative Learning
  → Computerunterstütztes kooperatives Lernen
Computer Supported Cooperative Work
  → Rechnergestützte Gruppenarbeit
concept → Begriff
confidentiality → Vertraulichkeit
consensus agreement → Konsens
consistency of indexing
  = Indexierungskonsistenz
  → Indexierungsmaße
content analysis → Inhaltsanalyse
content management → Inhaltsverwaltung
Content Management System
  → Inhaltsverwaltung
control unit → Leitwerk
cooperation → Kooperation

coordinate indexing
    = gleichordnende Indexierung → Indexierung
coordination → Koordination
CoP → Wissensgemeinschaften
corporate information system
    → Betriebliches Informationssystem
corporate portal → Unternehmensportal
CPU → Zentrale Recheneinheit
crawler → Roboterbasiertes Verfahren
cross-reference structure → Verweisstruktur
cryptography → Kryptografie
cryptology → Kryptologie
CSCL → Computerunterstütztes kooperatives
    Lernen
CSCW → Rechnergestützte Gruppenarbeit
CSS → Cascading Style Sheets
CUI → Kommando-Benutzerschnittstelle
Current Contents → Titelliste
current titles → Titelliste
cybermetrics → Cybermetrics

## D
data → Daten
data acquisition scheme
    = Datenerfassungsschema
    → Kategorienkatalog
data element directory → Kategorienkatalog
Data Exchange Services → DATEX-Dienste
data media = Datenträger → Speicherung
data model → Datenmodell
data protection → Datenschutz
database → Datenbank
database description → Datenbankbeschreibung
database managemant system
    → Datenbankmanagementsystem
DATEX → DATEX-Dienste
DC → Dublin Core Metadaten
DDC → Dewey-Dezimalklassifikation
Decimal Classification → Dezimalklassifikation
decision → Entscheidung
decision process = Entscheidungsprozess
    → Entscheidung
declarative memory = Deklaratives Gedächtnis
    → Gedächtnis
depth of indexing = Indexierungstiefe
    → Indexierungsmaße
descriptive cataloguing → Formalerschließung
desktop → Hardware
desktop publishing → Desktop Publishing
determination of information demand
    → Informationsbedarfsanalyse
development documentation
    → Entwicklungsdokumentation

Dewey Decimal Classification
    → Dewey-Dezimalklassifikation
dialogue history → Dialoghistorie
diffusion → Diffusion
Digital Divide → Digital Divide
Digital Versatile Disc → DVD
digitalisation model → Digitalisierungs-Modell
distributed database → Verteilte Datenbank
distribution structure → Verteilungsstruktur
DNS → Domain-Name
document → Dokument
document delivery → Dokumentlieferung
document description → Formalerschließung
document format → Dokumentenformat
document management
    → Dokumentenmanagement
document management system
    = Dokumentenmanagementsystem
    → Dokumentenmanagement
document manager → Document Manager
Document Type Definition → DTD
documentary language
    → Dokumentationssprache
documentary reference unit
    → Dokumentarische Bezugseinheit
documentary unit → Dokumentationseinheit
documentation → Dokumentation
documentation language
    → Dokumentationssprache
documentation unit → Dokumentationsstelle
doubling rate → Verdopplungsrate
DRGs → DRGs
DTD → DTD
Dublin Core → Dublin Core Metadaten
DVD → DVD

## E
E-Commerce → E-Commerce
E-Government → E-Government
E-Learning → E-Learning
e-mail → E-Mail
E-prints → E-Prints
ECLA → Europäische Klassifikation
economic database → Wirtschaftsdatenbank
economic information → Wirtschaftsinformation
EDI → EDI
EDIFACT → EDI
efficiency measurement → Effektivitätsmessung
eLearning → E-Learning
eLearning application system
    → E-Learning-Anwendungssystem
eLearning system → E-Learning-System
electronic business → E-Business

electronic commerce → E-Commerce
Electronic Data Interchange → EDI
electronic data interchange for administration, commerce and transport → EDI
electronic government → E-Government
electronic learning → E-Learning
electronic mail → E-Mail
electronic market place
 → Elektronischer Marktplatz
electronic prints → E-Prints
electronic procurement system
 → Elektronische Einkaufsplattform
Eliza syndrome → Eliza-Syndrom
empirical methods → Empirische Methoden
empirical research process
 → Empirischer Forschungsprozess
emulation → Emulation
encryption → Verschlüsselung
encryption → Chiffrierung
encyclopaedia → Enzyklopädie
enterprise information portal
 → Unternehmensportal
entity → Entität
entropy → Entropie
epidemiological survey
 → Epidemiologische Studie
episodic memory = Episodisches Gedächtnis
 → Gedächtnis
EPROM → ROM
EPS → Elektronische Einkaufsplattform
Erasable Programmable Read Only Memory
 → ROM
European Conference of Postal and Telecommunications Administrations → CEPT
evaluation of information
 → Informationsbewertung
evidence based medicine
 → Evidenzbasierte Medizin
expert review → Expert Review
expert system → Expertensystem
Extensible Markup Language → XML
Extensible Style Sheet Language → XSL
Extensible Style Sheet Language Formatted
 → XSL
Extensible Style Sheet Language Transformation
 → XSL
extraction principle = Extraktionsprinzip
 → Stichwort
extranet → Extranet

**F**
facet classification → Facettenklassifikation
Factory Read Only Memory → ROM

file → Akte
file organization system
 → Dateiverwaltungssystem
file transfer → File Transfer
filing plan → Aktenplan
filter model → Filter-Modell
fisheye views → Fisheye Views
fonds → Bestand
form of heading → Ansetzungsform
formal description → Formalerschließung
formal document description
 → Formalerschließung
frame structure → Rahmenstruktur
FROM → ROM
full-text database → Volltextdatenbank

**G**
generic relation = Generische Relation
 → Hierarchische Relation
genetic code = Genetischer Code
 → Genetische Information
GIF → GIF
Global System for Mobile Communication
 → GSM
grammar → Syntax
Graphical User Interface
 → Graphische Benutzerschnittstelle
group awareness → Gruppengewahrsein
GSM → GSM
GUI → Graphische Benutzerschnittstelle
guided tour → Pfad

**H**
half life → Halbwertszeit
hand-operated punch cards → Handlochkarte
hardware → Hardware
harmonization → Harmonisierung
hash algorithm = Hash-Wert
 → Authentifizierung
HCC → Mensch-Computer-Interaktion
HCI → Mensch-Computer-Interaktion
hermeneutics in information science
 = informationswissenschaftliche Hermeneutik
 → Hermeneutik
heterogeneity → Heterogenität
hierarchical relation → Hierarchische Relation
highly cited articles → Meistzitierte Aufsätze
holdings guide → Beständeübersicht
Hollerith → Hollerith
homographs = Homograph → Homonym
homonym → Homonym
homonym control = Homonymkontrolle
 → Terminologische Kontrolle

homophones = Homophon → Homonym
HT → Human-Übersetzung
HTML → HTML
hub → Knoten
Human Computer Communication
    → Mensch-Computer-Interaktion
Human Computer Interaction
    → Mensch-Computer-Interaktion
human factors of software systems
    → Software-Ergonomie
human learning → Lernen
Human Translation → Human-Übersetzung
hyperlink → Verknüpfung
hypertext → Hypertext
Hypertext Markup Language → HTML
hypertext model → Hypertextmodell

I
I-Commerce → I-Commerce
ICAT → Computergestützte Übersetzung
ICD → International Statistical Classification of Diseases and Health Related Problems
ICPM → International Classification of Procedures in Medicine
IDEA → Verschlüsselung
IE → Internet-Explorer
index heading = Registereingang → Register
index term = Index-Term → Indexierung
indexing measures → Indexierungsmaße
information → Information
information agency
    → Informationsvermittlungsstelle
information analysis → Informationsanalyse
information analyst → Informationsanalytiker
information brokering
    → Informationsvermittlung
information calculation
    → Informationspreisplanung
information condensation
    = Informationsverdichtung
    → Informationsaufbereitung
information consultancy
    → Informationsberatung
information contract law
    → Informationsvertragsrecht
information costs → Informationskosten
information distribution planning
    → Informationsdistributionsplanung
information editing → Informationsaufbereitung
information empathy → Informationsempathie
information ethics → Informationsethik
information intermediation
    → Informationsvermittlung

information interview
    → Informationsberatungsinterview
information laws → Informationsrecht
information linguistic → Informationslinguistik
information manager → Informations-Manager
information market → Informationsmarkt
information marketing
    → Informationsmarketing
information media → Informationsmedien
information need → Informationsbedarf
information products → Informationsprodukte
information quality → Informationsqualität
information quality framework
    → Informationsqualitätsframework
information requirements → Informationsbedarf
information science → Informationswissenschaft
information seeking → Informationssuche
information society → Informationsgesellschaft
information specialist → Informationsspezialist
information systems → Informatik
information systems → Wirtschaftsinformatik
information systems management
    → Informationsmanagement
information technology management
    → Informationsmanagement
information unit
    → Informationsvermittlungsstelle
informational alienation
    → Informationelle Entfremdung
informational autonomy
    → Informationelle Autonomie
informational basic supply
    → Informationelle Grundversorgung
informational self-determination
    → Informationelle Selbstbestimmung
informetric units → Informetrische Einheit
infotainment → Infotainment
innovation → Innovation
INPADOC → Patentdatenbank
Institute for Scientific Information → ISI
integrity constraints → Integritätsregeln
inter-indexer consistency
    = Inter-Indexiererkonsistenz
    → Indexierungsmaße
interlending → Fernleihe
International Data Encryption Algorithm
    → Verschlüsselung
International Federation of Information and Documentation → FID
International Organization for Standardization
    → ISO
International Standard Book Numbering
    → ISBN

International Standard Music Number → ISMN
International Standard Musical Work Number
  → ISWC
International Standard Serial Number → ISSN
International Statistical Classification of Diseases
  and Health Related Problems → International
  Statistical Classification of Diseases and Health
  Related Problems
International Telecommunication Union → ITU
Internet commerce → I-Commerce
Internet Explorer → Internet-Explorer
intra-indexer consistency
  = Intra-Indexiererkonsistenz
  → Indexierungsmaße
intranet → Intranet
invention → Erfindung
invention → Invention
inverse document frequency
  → Inverse Dokumenthäufigkeit
IPC → Internationale Patentklassifikation
ISBD → ISBD
ISBN → ISBN
ISI → ISI
ISMN → ISMN
ISO 900X → ISO 900X
ISO → ISO
ISSN → ISSN
ISWC → ISWC
ITU → ITU

**J**
Joint Photographic Experts Group → JPEG
JPEG → JPEG

**K**
key word sponsoring → Key Word Sponsoring
Keyword-In-Context Index → KWIC-Register
Keyword-Out-Of-Context Index
  → KWOC-Register
knowledge → Wissen
knowledge base → Wissensbasis
knowledge based system
  → Wissensbasiertes System
knowledge ecology → Wissensökologie
knowledge management → Wissensmanagement
knowledge organization → Wissensorganisation
knowledge process → Wissensprozess
knowledge structure → Wissensstruktur
knowledge transfer → Wissenstransfer
knowledge-based view of the firm
  → Strategisches Wissensmanagement
KWAC → KWAC-Register
KWIC → KWIC-Register

KWOC → KWOC-Register

**L**
La Fontaine → La Fontaine
LAN → Lokales Netz
language model → Sprachmodell
learner → Lerner
learning → Lernen
learning resource centre
  → Learning Resource Centre
learning team → Lernteam
lemmatisation → Lemmatisierung
lexicon → Lexikon
liability → Verbindlichkeit
library → Bibliothek
library and information centre management
  → Bibliotheksmanagement
link layer → Sicherungsschicht
Local Area Network → Lokales Netz
log file analysis → Log-File-Analyse
long-term memory = Langzeitgedächtnis
  → Gedächtnis

**M**
M-Commerce → M-Commerce
machine-operated punch cards
  → Maschinenlochkarte
Machine-Readable Cataloguing → MARC
machine-readable interchange format for libraries
  → MAB
macrostructure → Makrostruktur
mailing lists → Mailing lists
main entry = Haupteintragung → Eintragung
Mainframe = Großrechner → Hardware
MAN → Metropolitan Area Network (MAN)
Management Information Systems
  → Informationsmanagement
MARC → MARC
marketing communication
  → Marketingkommunikation
markup language → Auszeichnungssprache
mass communication → Massenkommunikation
master teacher → Master Teacher
matching paradigm → Matching-Paradigma
MedDRA
  → Medical Dictionary for Regulatory Activities
media → Medien
Medical Dictionary for Regulatory Activities
  → Medical Dictionary for Regulatory Activities
medical documentation
  → Klinische Dokumentation
medical documentation
  → Medizinische Dokumentation
medical informatics → Medizinische Informatik

medical information system
    → Krankenhausinformationssystem
Medical Literature Analysis and Retrieval System
    → MEDLINE
Medical Subject Headings
    → Medical Subject Headings
medical survey → Klinische Studie
mediostructure → Verweisstruktur
MEDLARS → MEDLINE
memory → Gedächtnis
Mental User Interface
    → Mentale Benutzerschnittstelle
MeSH → Medical Subject Headings
metadata → Metadaten
metadata set = Metadatenstandard → Metadaten
metadata standard = Metadatenstandard
    → Metadaten
microfiches = Mikrofiches → Mikroformen
microfilm = Mikrofilm → Mikroformen
microforms → Mikroformen
Microsoft → Microsoft
Microsoft Internet Explorer → Internet-Explorer
microstructure → Mikrostruktur
MIME → MIME
MIS → Informationsmanagement
mobile commerce → M-Commerce
modem → Modem
monodimensionality → Monodimensionalität
monohierarchy → Monohierarchie
Moore's law → Mooresches Gesetz
morphology → Morphologie
most cited articles → Meistzitierte Aufsätze
motherboard = Hauptplatine → Hardware
MP3 → MP3
MPEG-1 audio layer 3 → MP3
MSIE → Internet-Explorer
MT → Maschinelle Übersetzung
MUI → Mentale Benutzerschnittstelle
Multipurpose Internet Mail Extensions
    → MIME
music archive → Schallarchiv

## N

narrower term = Unterbegriff
    → Hierarchische Relation
NC → Netzwerk-Computer
Netscape → Netscape
network → Rechnernetzwerk
network computer → Netzwerk-Computer
network layer → Vermittlungsschicht
normal forms → Normalformen
notation → Notation
notched cards = Kerblochkarte
    → Handlochkarte
notebook → Hardware

## O

OAI → Open Archives Initiative
OAIS → Open Archival Information System
ODA → ODA
ODIF → ODA
Office Document Interchange Format → ODA
OMS → Organisationsgedächtnis
One Person Library → OPL
one time pad = Einmalblock-Verfahren
    → Verschlüsselung
ontology → Ontologie
ontology language → Ontologiesprache
Ontology Web Language → OWL
Open Access → Open Access
Open Archival Information System
    → Open Archival Information System
Open Archives Initiative
    → Open Archives Initiative
Open Document Architecture → ODA
Open Systems Interconnection layers
    → OSI-Schichtenmodell
operating system → Betriebssystem
OPL → OPL
Organizational Memory System
    → Organisationsgedächtnis
OSI layers → OSI-Schichtenmodell
Otlet → Otlet
output format → Ausgabeformat
OWL → OWL

## P

package printing → Verpackungsdruck
Page Rank - TM → Page Rank - TM
paid inclusion → Paid Inclusion
paid submission → Paid Submission
parsing → Syntaxanalyse
partitive relation = Partitive Relation
    → Hierarchische Relation
patent claim → Patentanspruch
patent data base → Patentdatenbank
patent family → Patentfamilie
patent infromation → Patentinformation
patent registry → Patentregister
patent retrieval → Patentrecherche
patentometrics → Patentometrie
patient file → Krankenakte
pay for consideration → Paid Submission
pay per click → Paid Placement
PDF → PDF
peep-hole cards = Sichtlochkarte

→ Handlochkarte
persistence → Persistenz
persistent identifier → Persistent Identifier
picture element → Pixel
pixel → Pixel
place → Ort
planning → Planung
planning process → Planung
polyhierarchy → Polyhierarchie
polysemes → Polysem
post-coordination → Postkoordination
pragmatics → Pragmatik
pre-combination → Präkombination
pre-coordination → Präkoordination
precision → Genauigkeit
preferential relation → Äquivalenzrelation
preferred term = Vorzugsbenennung
    → Schlagwort
presentation layer → Darstellungsschicht
preservation → Bestandserhaltung
press archive → Pressearchiv
primary document = Primärdokument
    → Dokument
print → Druck
print factory → Print Factory
print industry → Druckindustrie
printer → Verlagsdruck
privacy → Datenschutz
private key = Geheimer Schlüssel
    → Verschlüsselung
probabilistic retrieval
    → Probabilistisches Retrieval
procedural memory = Prozedurales Gedächtnis
    → Gedächtnis
procedure → Vorgang
process depth → Prozesstiefe
product catalogue → Produktkatalog
production factor → Produktionsfaktor
production rule → Produktionsregel
professional education → Ausbildung
professionalization → Professionalisierung
program counter = Befehlszähler
    → Zentrale Recheneinheit
Programmable Read Only Memory → ROM
programming language → Programmiersprache
PROM → ROM
protocols → Protokolle
provenance → Provenienz
proximity operators → Kontext-Operatoren
public key = Öffentlicher Schlüssel
    → Verschlüsselung
public library → Öffentliche Bibliothek
publishing company

→ Herstellender Buchhandel
publishing house → Herstellender Buchhandel
publishing system → Redaktionssystem
punch cards = Lochkarte → Handlochkarte

## Q

quality management → Qualitätsmanagement
quantum bit → Quantenbit
quantum information theory
    → Quanteninformationstheorie
quasi-synonym = Quasi-Synonym
    → Äquivalenzrelation
qubit → Quantenbit
questionnaire design → Fragebogengestaltung

## R

RAM → RAM
Random Access Memory = RAM-Speicher
    → Hardware
Random Access Memory → RAM
ranking → Ranking
RDF scheme → RDF Schema
Read Only Memory → ROM
Read Only Memory = ROM-Speicher
    → Hardware
reading → Lesen
recall → Vollständigkeit
record group → Bestand
records → Aufzeichnungen
records management → Schriftgutverwaltung
Reduced Instruction Set Computer
    = RISC-Prozessor → Hardware
redundance → Redundanz
reference database → Referenzdatenbank
referral agency → Informationsvermittlungsstelle
referral unit → Informationsvermittlungsstelle
related term = Verwandter Begriff
    → Assoziationsrelation
relation → Relation
relevance feedback → Relevanzrückkopplung
research (archives) → Archivgut-Auswertung
resolution → Auflösung
Resource Description Framework → RDF
retrieval → Retrieval
retrieval test → Retrievaltest
role indicator → Rollenindikator
ROM → ROM
rules for alphabetical cataloguing → RAK
rules for descriptive cataloguing → RAK

## S

Scholarly Publishing & Academic Resources
    Coalition → SPARC

scientific library → Wissenschaftliche Bibliothek
scope note → Scope note
screen design → Bildschirm-Design
SDI → SDI
search behaviour → Suchverhalten
search front → Forschungsfront
secondary document = Sekundärdokument
  → Dokument
secret key = Geheimschlüssel → Verschlüsselung
Selective Dissemination of Information → SDI
semantic → Semantik
semantic memory = Semantisches Gedächtnis
  → Gedächtnis
Semantic Web Services → Semantic Web Services
semiotics → Semiotik
sensoric memory = Sensorisches Gedächtnis
  → Gedächtnis
service → Dienstleistung
service standard → Dienstleistungsnorm
session layer
  → Kommunikationssteuerungsschicht
SGML → SGML
shared information space
  → Gemeinsamer Informationsraum
short-term memory = Kurzzeitgedächtnis
  → Gedächtnis
slotted cards = Schlitzlochkarte
  → Handlochkarte
SNOMED
  → Systemised Nomenclature of Medicine
softbots → Software-Roboter
software robots → Software-Roboter
SPARC → SPARC
special library → Spezialbibliothek
Speech-based User Interface
  → Sprach-Benutzerschnittstelle
spider → Roboterbasiertes Verfahren
SQL → SQL
Standard for Robot Exclusion
  → Standard for Robot Exclusion
standardization → Normung
standardizaton organization
  → Normungsorganisation
state of the art → Stand der Technik
statistical database → Statistische Datenbank
statistics → Statistik
stereotype → Stereotyp
stereotype approach → Stereotypenansatz
storage → Speicherung
storage → Speicher
storage media = Speichermedien → Speicherung
storing → Speicherung
strategic knowledge management

  → Strategisches Wissensmanagement
Structured Query Language → SQL
studies in information science
  → Studium Informationswissenschaft
Style Sheets → Style Sheets
subject index = Sachregister → Register
SUI → Sprach-Benutzerschnittstelle
surf engine → Surfmaschine
synonym = Synonym → Äquivalenzrelation
synonym control = Synonymkontrolle
  → Terminologische Kontrolle
syntactic indexing → Syntaktische Indexierung
syntax → Syntax
Systemised Nomenclature of Medicine
  → Systemised Nomenclature of Medicine

**T**
target group analysis → Zielgruppenanalyse
task → Aufgabe
TCP/IP → TCP/IP
Teaching Library → Teaching Library
team work → Gruppenarbeit
technical documentation
  → Technische Dokumentation
technology transfer → Technologietransfer
technology transfer policy
  → Technologietransferpolitik
tectonics → Tektonik
telecommunication → Telekommunikation
telematics → Telematik
television archives → Fernseharchiv
term → Bezeichnung
term control → Begriffliche Kontrolle
terminological control
  → Terminologische Kontrolle
terminological data base
  → Terminologie-Datenbank
terminological inference
  → Terminologische Inferenz
terminological logic → Beschreibungslogiken
terminological standard → Terminologienorm
terminology → Terminologie
terms and conditions → AGB
tertiary document = Tertiärdokument
  → Dokument
Text Retrieval Conference → TREC
thesaurus → Thesaurus
TM → Translation Memory
TNM → TNM-System
topic maps → Topic maps
transaction → Transaktion
transaction costs → Transaktionskosten
transactive memory system

= Transaktives Gedächtnissystem
↳ Gedächtnis
Transmission Control Protocol/Internet Protocol
↳ TCP/IP
transport layer ↳ Transportschicht
TREC ↳ TREC
trustcenter ↳ Zertifizierungsinstanz
Tumor, Nodes, Metastasis ↳ TNM-System

## U
UDC = UDK ↳ Dezimalklassifikation
UI ↳ Benutzerschnittstelle
UMLS ↳ Unified Medical Language System
Unified Medical Language System
   ↳ Unified Medical Language System
Uniform Resource Locator ↳ URL
uniform title = Einheitstitel ↳ Ansetzungsform
unit ↳ Knoten
Universal Decimal Classification
   = Universale Dezimalklassifikation
   ↳ Dezimalklassifikation
URL ↳ URL
usability ↳ Gebrauchstauglichkeit
user ↳ Endnutzer
User Interface ↳ Benutzerschnittstelle
user model ↳ Benutzermodell
user profile = Benutzerprofil ↳ Benutzermodell
user-adaptive system
   ↳ Benutzeradaptives System
utility model ↳ Gebrauchsmuster

## V
validity for documentation
   ↳ Dokumentationswürdigkeit
value chain ↳ Wertekette
vector space model ↳ Vektorraum-Modell
viral marketing ↳ Virales Marketing
virtual library ↳ Virtuelle Bibliothek

virtual reality ↳ Virtuelle Realität
von Neumann architecture
   ↳ Von-Neumann-Architektur

## W
W3C ↳ W3C
WAN ↳ Rechnernetzwerk
wanderer ↳ Roboterbasiertes Verfahren
web catalogue ↳ Web-Katalog/Verzeichnis
web crawler ↳ Web-Roboter
web robots ↳ Web-Roboter
Web Services ↳ Web Services
web wanderer ↳ Web-Roboter
webometrics ↳ Cybermetrics
Wide Area Network ↳ Rechnernetzwerk
Wikipedia ↳ Wikipedia
Wireless LAN ↳ Rechnernetzwerk
WLAN ↳ Rechnernetzwerk
work ↳ Werk
workflow management systems
   = Workflow-Management-Systeme
   ↳ Rechnergestützte Gruppenarbeit
workgroup computing
   ↳ Workgroup Computing
workstation ↳ Hardware
World Wide Web Consortium ↳ W3C
worm ↳ Roboterbasiertes Verfahren
WPI = World Patent Index ↳ Patentdatenbank

## X
XML ↳ XML
XML scheme ↳ XML Schema
XSL ↳ XSL
XSLFO ↳ XSL
XSLT ↳ XSL

## Z
Zuse ↳ Zuse